中華大藏經編輯局編

中華大藏經

漢文部分
七八

中華書局

圖書在版編目(CIP)數據

中華大藏經:漢文部分.第78册/《中華大藏經》編輯局編.—
北京:中華書局,1984.4(2023.8 重印)
ISBN 978-7-101-01272-9

Ⅰ.中… Ⅱ.中… Ⅲ.大藏經 Ⅳ.B941

中國版本圖書館 CIP 數據核字(2016)第 050276 號

內封題簽:李一氓
裝幀設計:伍端端

中華大藏經(漢文部分)
第七八册
《中華大藏經》編輯局 編
*
中華書局出版發行
(北京市豐臺區太平橋西里 38 號 100073)
http://www.zhbc.com.cn
E-mail:zhbc@zhbc.com.cn
北京建宏印刷有限公司印刷
*
787×1092 毫米 1/16 · 68¼印張 · 2 插頁
1984 年 4 月第 1 版 2023 年 8 月第 4 次印刷
定價:600.00 元

ISBN 978-7-101-01272-9

中華大藏經（漢文部分）

第七十八册目録

千字文編次　塞

一七一一　古尊宿語録（別本）四十八卷　宋頤藏主集

（明徑山藏本）

卷一　一
南嶽大慧禪師語録　一
馬祖大寂禪師語録　一
百丈懷海禪師語録　二
卷二　七
百丈懷海禪師語録　七
黄檗斷際禪師語録　一〇
卷三　一三
黄檗斷際禪師宛陵録　一三
卷四　一九
臨濟慧照禪師語録　一九
卷五　二六
臨濟慧照禪師語録之餘　二六
興化禪師語録　二八
臨濟慧照禪師塔記　二九
卷六　三〇
睦州和尚語録　三〇
睦州和尚語録小序　三五
卷七　三六
汝州南院禪師語要　三六
風穴禪師語録　三七
重刻古尊宿語録序　三八
卷八　四〇
汝州首山念和尚語録　四〇
卷九　四六
石門山慈照禪師鳳巖集　四六
鳳巖集序　五〇
卷一〇　五一
汾陽昭禪師語録　五一
并州承天嵩禪師語録　五三
卷一一　五六
慈明禪師語録　五六

卷一二 六〇
池州南泉普願禪師語要 六〇
題南泉和尚語要 六三
南泉和尚短記 六三
衢州子湖山第一代神力禪師語録 六三
卷一三 六六
趙州真際禪師語録并行狀 六六
卷一四 七二
趙州真際禪師語録 七二
卷一五 七九
雲門匡真禪師廣録上 七九
卷一六 八七
雲門匡真禪師廣録中 八七
卷一七 九三
雲門匡真禪師廣録中 九三
卷一八 九八
雲門匡真禪師廣録下 九八
雲門山光泰禪院匡真大師行録 一〇五
請疏 一〇五
後記 一〇五
卷一九 一〇六
袁州楊岐山普通禪院會和尚語録 一〇六
潭州道吾真禪師語要 一〇八
潭州雲蓋山會和尚語録序 一一〇
題楊岐會老語録 一一〇
卷二〇 一一二
舒州白雲山海會演和尚初住四面山語録 一一二
次住太平語録 一一四
次住海會語録 一一六
卷二一 一一九
舒州白雲山海會演和尚語録 一一九
卷二二 一二五
黄梅東山演和尚語録 一二五
序 一三〇
卷二三 一三一
汝州葉縣廣教省禪師語録 一三一
卷二四 一三七
潭州神鼎山第一代諲禪師語録 一三七
卷二五 一四二
筠州大愚芝和尚語録 一四二

目録

卷二六
舒州法華山舉和尚語要 一四七
卷二七 一四七
佛眼禪師語録序 一五一
舒州龍門佛眼和尚語録 一五一
卷二八 一五一
舒州龍門佛眼和尚語録 一五七
卷二九 一五七
舒州龍門佛眼和尚語録 一六三
卷三〇 一六三
舒州龍門佛眼和尚語録 一六九
卷三一 一六九
舒州龍門佛眼和尚小參語録 一七六
卷三二 一七六
舒州龍門佛眼和尚普説語録 一八一
卷三三 一八一
舒州龍門佛眼和尚普説語録 一八七
卷三四 一八七
舒州龍門佛眼和尚語録 一九二
佛眼禪師語録序 一九二
宋故和州褒山佛眼禪師塔銘 一九八
卷三五 一九八
大隨開山神照禪師語録 二〇〇
序 二〇〇
行狀 二〇三
祭文 二〇三
卷三六 二〇三
報子和尚語録 二〇四
序 二〇四
短記 二〇七
卷三七 二〇七
鼓山先興聖國師和尚法堂玄要廣集 二〇八
序 二〇八
書後 二一三
短記 二一四
卷三八 二一四
襄州洞山第二代初禪師語録 二一五
卷三九 二一五
智門祚禪師語録 二二二
序 二二二

卷四〇 二二六
雲峯悦禪師初住翠巖語録 二二六
次住法輪語録 二二九
卷四一 二三二
雲峯悦禪師初住翠巖語録 二三二
題雲峯悦禪師語録 二三六
卷四二 二三七
寶峰雲庵真淨禪師住筠州聖壽語録一 二三七
住洞山語録 二三九
卷四三 二四五
寶峰雲庵真淨禪師住金陵報寧語録二 二四五
住廬山歸宗語録 二四六
住寶峰禪院語録 二五〇
卷四四 二五三
寶峰雲庵真淨禪師住金陵報寧語録三 二五三
卷四五 二五八
寶峰雲庵真淨禪師偈頌 二五八
請疏 二六八
序 二六八
卷四六 二六九
滁州瑯琊山覺和尚語録 二六九
卷四七 二七八
東林和尚雲門庵主頌古 二七八
卷四八 二八九
佛照禪師奏對録 二八九
一七一二　輔教篇三卷
宋藤州東山沙門釋契嵩撰
（影印宋磧砂藏本）
上卷 二九五
原教 二九五
勸書第一并叙 二九七
勸書第二 二九八
校勘記 三〇〇
中卷 三〇二
廣原教并叙 三〇二
校勘記 三〇七
下卷 三〇九
孝論 三〇九
壇經贊 三一一
真諦無聖論 三一三

校勘記　三一三

一七一三　傳法正宗記九卷　宋藤州東山沙門釋契嵩編修　（清藏本）

卷一　三一四
契嵩上皇帝書及中書劄子等　三一四
始祖釋迦如來表　三一六
校勘記　三一九
卷二　三二一
天竺第一祖摩訶迦葉尊者傳　三二一
天竺第二祖阿難尊者傳　三二三
天竺第三祖商那和修尊者傳　三二三
天竺第四祖優波毱多尊者傳　三二四
天竺第五祖提多迦尊者傳　三二五
天竺第六祖彌遮迦尊者傳　三二六
天竺第七祖婆須蜜尊者傳　三二七
天竺第八祖佛陀難提尊者傳　三二七
天竺第九祖伏馱蜜多尊者傳　三二八
天竺第十祖脇尊者傳　三二八
天竺第十一祖富那夜奢尊者傳　三二九
校勘記　三三一
卷三　三三二
天竺第十二祖馬鳴大士傳　三三二
天竺第十三祖迦毘摩羅大士傳　三三三
天竺第十四祖龍樹大士傳　三三三
天竺第十五祖迦那提婆大士傳　三三四
天竺第十六祖羅睺羅多大士傳　三三五
天竺第十七祖僧迦難提大士傳　三三六
天竺第十八祖伽耶舍多大士傳　三三七
天竺第十九祖鳩摩羅多大士傳　三三八
天竺第二十祖闍夜多大士傳　三三九
校勘記　三四一
卷四　三四二
天竺第二十一祖婆修盤頭大士傳　三四二
天竺第二十二祖摩拏羅大士傳　三四三
天竺第二十三祖鶴勒那大士傳　三四四
天竺第二十四祖師子尊者傳　三四六
天竺第二十五祖婆舍斯多尊者傳　三四七
校勘記　三五〇
卷五　三五一

天竺第二十六祖不如密多尊者傳 三五一
天竺第二十七祖般若多羅尊者傳 三五二
天竺第二十八祖菩提達磨尊者傳上 三五三
天竺第二十八祖菩提達磨尊者傳下 三五七
契嵩關於達磨之論述 三六〇
校勘記 三六〇
卷六 三六一
震旦第二十九祖慧可尊者傳 三六一
震旦第三十祖僧璨尊者傳 三六二
震旦第三十一祖道信尊者傳 三六二
震旦第三十二祖弘忍尊者傳 三六三
震旦第三十三祖慧能尊者傳 三六四
校勘記 三六七
卷七 三六八
正宗分家略傳上并序 三六八
校勘記 三八〇
卷八 三八一
正宗分家略傳下 三八一
校勘記 三九〇
卷八 三九一
旁出略傳并序 三九一
宗證略傳并序 三九四
校勘記 三九八

一七一四 傳法正宗論二卷
宋藤州東山沙門釋契嵩者
（明永樂北藏本）
卷上 四〇〇
第一篇 四〇〇
第二篇 四〇三
校勘記 四〇六
卷下 四〇七
第三篇 四〇七
第四篇 四一三
校勘記 四一五

一七一五 傳法正宗定祖圖一卷
宋藤州東山沙門釋契嵩撰
（清藏本）
序 四一七
校勘記 四二五

一七一六 傳法正宗定祖圖（別本）一卷 四二六

宋藤州東山沙門釋契嵩撰
（影印宋磧砂藏本）

一七一七　天目中峯和尚廣録三十卷
元明本撰述
參學門人慈寂上進
（影印宋磧砂藏本）

表、劄、序、總目　四三一
校勘記　四三四
卷一上　四三五
校勘記　四四〇
卷一下　四四一
校勘記　四四九
卷二　四五〇
校勘記　四五一
卷三　四五二
校勘記　四五五
卷四上　四五六
校勘記　四六一
卷四下　四六二
校勘記　四六八
卷五上　四六九
校勘記　四七三
卷五下　四七四
校勘記　四七八
卷六　四七九
校勘記　四八一
卷七　四八二
校勘記　四八三
卷八　四八四
校勘記　四八六
卷九　四八七
校勘記　四八九
卷一〇　四九〇
校勘記　四九一
卷一一上　四九二
校勘記　四九七
卷一一中　四九八
校勘記　五〇三
卷一一下　五〇四
校勘記　五〇九

卷一二上 五一〇
校勘記 五一五
卷一二中 五一六
校勘記 五二〇
卷一二下 五二一
校勘記 五二六
卷一三 五二七
校勘記 五三〇
卷一四 五三一
校勘記 五三三
卷一五 五三四
校勘記 五三八
卷一六 五三九
校勘記 五四一
卷一七 五四二
校勘記 五四六
卷一八上 五四七
校勘記 五五二
卷一八下 五五三
校勘記 五五六
卷一九 五五七
校勘記 五六一
卷二〇 五六二
校勘記 五六六
卷二一 五六七
校勘記 五六八
卷二二 五六九
校勘記 五七二
卷二三 五七三
校勘記 五七四
卷二四 五七五
校勘記 五七七
卷二五 五七八
校勘記 五八一
卷二六 五八二
校勘記 五八四
卷二七上 五八五
校勘記 五八八
卷二七下 五八九
校勘記 五九〇

卷二八 五九一
校勘記 五九二
卷二九 五九三
校勘記 五九七
卷三〇 五九八
校勘記 六〇五
一七一八 永嘉集一卷 六〇六
唐慎水沙門玄覺述
(明永樂北藏本)
永嘉集序 六〇六
慕道志儀第一 六〇六
戒憍奢意第二 六〇七
淨修三業第三 六〇七
奢摩他頌第四 六〇八
毗婆舍那頌第五 六一〇
優畢叉頌第六 六一一
三乘漸次第七 六一二
事理不二第八 六一四
勸友人書第九 六一五
發願文第十 六一六
校勘記 六一八
一七一九 永嘉證道歌一卷 六二〇
唐慎水沙門玄覺撰
(清藏本)
校勘記 六二一
一七二〇 禪宗頌古聯珠通集二十一卷
宋池州報恩寺沙門法應集
元紹興天衣禪寺住持普會續集
明僧録司右闡教兼靈谷禪寺
住持淨戒重校
(明永樂南藏本)
序 六二二
卷一 六二三
校勘記 六三五
卷二 六三六
卷三 六四三
卷四 六五四
卷五 六六六
卷六 六七九

卷七 六九二
卷八 七〇三
卷九 七一六
卷一〇 七二六
卷一一 七三五
卷一二 七四九
卷一三 七六一
卷一四 七七二
卷一五 七八四
卷一六 七九六
卷一七 八〇五
卷一八 八一五
卷一九 八二八
卷二〇 八三七
卷二一 八四七

一七二一 禪宗頌古聯珠通集（別本）四十卷

宋池州報恩光孝禪寺沙門法應集

元紹興天衣萬壽禪寺沙門

普會續集

（明徑山藏本）

卷一 八五五
序五篇 八五五
目録 八五六
卷二 八六一
卷三 八六六
卷四 八七一
卷五 八七六
卷六 八八一
卷七 八八六
卷八 八九一
卷九 八九六
卷一〇 九〇二
卷一一 九〇八
卷一二 九一四
卷一三 九二〇
卷一四 九二六
卷一五 九三二
卷一六 九三八

卷一七　九四四
卷一八　九五〇
卷一九　九五五
卷二〇　九六一
卷二一　九六七
卷二二　九七二
卷二三　九七七
卷二四　九八三
卷二五　九八九
卷二六　九九五
卷二七　一〇〇〇
卷二八　一〇〇六
卷二九　一〇一二
卷三〇　一〇一七
卷三一　一〇二三
卷三二　一〇二九
卷三三　一〇三五
卷三四　一〇四一
卷三五　一〇四七
卷三六　一〇五三
卷三七　一〇五九
卷三八　一〇六四
卷三九　一〇七〇
卷四〇　一〇七六
中華大藏經（漢文部分）校勘凡例　一〇八〇

古尊宿語録卷第一

大鑑下一世

南嶽大慧禪師諱懷讓金州人也俗姓杜於儀鳳二年四月八日降誕感白氣應於玄象在安康之分太史瞻見遂奏聞高宗皇帝乃問何祥瑞太史對曰國之法器不染世榮帝傳敕金州太守韓偕親往存慰其家家有三子惟師最小年始三歲炳然殊異性惟恩讓父乃安名懷讓至年十歲惟樂佛書時有三藏玄靜過舍見而奇之告其父母曰此子若出家必獲上乘廣度衆生至垂拱三年方十五歲辭親往荆州玉泉寺依弘景律師出家通天二年受戒後習毗尼藏一日自歎曰夫出家者爲無爲法天上人間無有勝者時同學坦然知師志氣高邁勸師同謁嵩山安禪師安啓發之乃直詣曹谿禮六祖六祖問什麼處來師云嵩山安和尚處來祖云什麼物與麼來師無語遂經八載忽然有省乃白祖云某甲有箇會處祖云作麼生師云說似一物即不中祖云還假修證也無師云修證即不無汚染即不得祖云只此不汚染是諸佛之護念汝既如是吾亦如是西天二十七祖般若多羅讖汝曰震旦雖闊無別路要假兒孫脚下行金鷄解銜一粒粟供養什邡羅漢僧（又讖傳道一法）心裏能藏事說向漢江濱湖波探水月將照二三人祖云先師有言從吾向後勿傳此衣但以法傳若傳此衣命如懸絲惟示道化聽吾偈曰心地含諸種普雨悉皆萌頓悟華情已菩提果自成汝向後出一馬駒踏殺天下人應在汝心不須速說師侍奉一十五載唐先天二年始往南嶽居般若寺示徒云一切萬法皆從心生心無所生法無能住若達心地所作無礙非遇上根宜愼辭哉僧問如鏡鑄像像成後光歸何處師云如大德未出家時相狀向什麼處去僧云成後爲什麼不鑑照師云雖然不鑑照謾他一點不得

馬祖居南嶽傳法院獨處一庵唯習坐禪凡有來訪者都不顧師往彼亦不顧師觀其神宇有異遂憶六祖讖乃多方而誘導之一日將甎於庵前磨馬祖亦不顧時既久乃問曰作什麼師云磨作鏡馬祖云磨甎豈得成鏡師云磨甎既不成鏡坐禪豈能成佛祖乃離座云如何即是師云譬牛駕車車若不行打牛即是打車即是又云汝學坐禪爲學坐佛若學坐禪禪非坐臥若學坐佛佛非定相於無住法不應取捨汝若坐佛即是殺佛若執坐相非達其理馬祖聞斯示誨豁然開悟禮拜問云如何用心即合無相三昧師云汝學心地法門如下種子我說法要譬彼天澤汝緣合故當見其道馬祖云道非色相云何能見師云心地法眼能見乎道無相三昧亦復然矣祖云有成壞否師云若以成壞聚散而見道者非也聽吾偈曰心地含諸種遇澤悉皆萌三昧華無相何壞復何成馬祖一蒙開悟心地超然侍奉十秋日益深奧師入室弟子六人各印可曰汝等六人同證吾身各契其一一人得吾眉善威儀（常浩）一人得吾眼善顧盼（智達）一人得吾耳善聽理（坦然）一人得吾鼻善知氣（神照）一人得吾舌善談說（嚴峻）一人得吾心善古今（道一）後馬祖闡化於江西開元寺師問衆曰道一爲衆說法否衆曰已爲衆說法師云未見通箇消息來遂遣一僧去囑云待伊上堂時但問作麼生記取答話來僧如教迴舉似師馬祖云自從胡亂後三十年不曾少鹽醬師然之師天寶三年八月十一日示寂於南嶽敕謚大慧禪師最勝輪之塔吏部侍郎歸登撰塔記

大鑑下二世

馬祖大寂禪師師諱道一漢州什邡人也俗姓馬氏江西法嗣布於天下時號馬祖爲問如何是修道師云道不屬修若言修得修成還壞即同聲聞若言不修即同凡夫云作何見解即得達道云自性本來具足但於善惡事上不滯喚作修道人取善捨惡觀空入定即屬造作更若向外馳求轉踈轉遠但盡三界心量一念妄想即是三界生死根本但無一念即除生死根本即得法王無上珍寶無量劫來凡夫妄想諂曲邪僞我慢貢高合爲一體故經云但以衆法合成此身起時唯法起滅時唯法滅此法起時不言我起滅時不言我滅前念後念中念念念不相待念念寂滅喚作海印三昧攝一切法如百千異流同歸大海都名海水住於一味即攝衆味住於大海即混諸流如人在大海中浴即用一切水所以聲聞悟迷凡夫迷悟聲聞不知聖心本無地位因果階級心量妄想修因證果住其空定八萬劫二萬劫雖即已悟却迷諸菩薩觀如地獄苦沉空滯寂不見佛性若是上根衆生忽遇善知識指示言下領會更不歷於階級地位頓悟本性故經云凡夫有反覆心而聲聞無也對迷說悟本既無迷悟亦不立一切衆生從無量劫來不出法性三昧長在法性三昧中著衣喫飯言談祗對六根運用一切施爲盡是法性不解返源隨名逐相迷情妄起造種種業若能一念返照全體聖心汝等諸人各達自心莫記吾語縱饒說得河沙道理其心亦不增總說不得其心亦不減說得亦是汝心說不得亦是汝心乃至分身放光現十八變不如還我死灰來淋過死灰無力喻聲聞妄修因證果未淋過死灰有力喻菩薩道業純熟諸惡不染若說如來權教三藏河沙劫說不可盡猶如鉤鎖亦不斷絕若悟聖心總無餘事久立珍重

上堂龐居士問不與萬法爲侶者是什麼人師云待汝一口吸盡西江水即向汝道又問不昧本來身請

師高著眼師直下覷士云一等沒弦琴唯師彈得妙師直上覷士禮拜師歸方丈居士隨後云適來弄巧成拙問如何是佛師云即心是佛問離四句絕百非請師直指西來意師云我今日無心情汝去西堂問取智藏僧至西堂問西堂以手指頭云我今日頭痛不能爲汝說得汝去問海兄僧去問海兄海兄云我到者裏却不會僧囘舉似師師云藏頭白海頭黑師採藤次見水潦便作放勢水潦近前接師即便踏倒水潦起來呵呵大笑云無量妙義百千三昧盡在一毛頭上識得根源去師令僧馳書與徑山欽和尚書中畫一圓相徑山纔開見索筆於中著一點後有僧舉似忠國師國師云欽師猶被馬師惑問和尚爲甚麼說即心即佛師曰爲止小兒啼曰啼止時如何師曰非心非佛曰除此二種人來如何指示師曰向伊道不是物曰忽遇其中人來時如何師曰且教伊體會大道問如何是西來意師曰即今是甚麼意師問僧什麼處來云湖南來師云東湖水滿也未云未師云許多時雨水尚未滿(道吾云滿也雲巖云湛湛地洞山云什麼劫中曾欠少)又問如水無筋骨能勝萬斛舟此理如何師曰這裏無水亦無舟說甚麼筋骨一夕西堂百丈南泉隨侍翫月次師問正恁麼時如何堂曰正好供養丈曰正好修行泉拂袖便行師曰經歸藏禪歸海唯有普願獨超物外師問百丈汝以何法示人丈竪起拂子師曰祇這箇爲當別有丈拋下拂子僧問如何得合道師曰我早不合道問如何是西來意師便打曰我若不打汝諸方笑我也有小師耽源行脚囘於師前畫一圓相就上拜了立師曰汝莫欲作佛否曰某甲不解捏目師曰吾不如汝小師不對有講僧來問曰未審禪宗傳持何法師却問曰座主傳持何法主曰忝講得經論二十餘本師曰莫是師子兒否主曰不敢師作噓噓聲主曰此是法師曰是甚麼法主曰師子出窟法師乃默然主曰此亦是法師曰是甚麼法主曰師子在窟法師曰不出不入是甚麼法主無對(百丈代云見麼)遂辭出門師召曰座主主囘首師曰是甚麼主亦無對師曰這鈍根阿師洪州廉使問曰喫酒肉即是不喫即是師曰若喫是中丞祿不喫是中丞福師入室弟子一百三十九人各爲一方宗主轉化無窮師於貞元四年正月中登建昌石門山於林中經行見洞壑平坦謂侍者曰吾之朽質當於來月歸茲地矣言訖而囘旣而示疾院主問和尚近日尊候如何師曰日面佛月面佛二月一日沐浴跏趺入滅元和中諡大寂禪師塔名大莊嚴

大鑑下三世

百丈懷海禪師福州長樂人也師參馬大師爲侍者檀越每送齋飯來師纔揭開盤蓋馬大師拈起一片胡餅示衆云是甚麼每日如此師經三年一日隨侍馬祖路行次聞野鴨聲馬祖云什麼聲師云野鴨聲良久馬祖云適來聲向什麼處去師云飛過去馬祖迴頭將師鼻便搊師作痛聲馬祖云又道飛過去師於言下有省卻歸侍者寮哀哀大哭同事問曰汝憶父母耶師曰無曰被人罵耶師曰無曰哭作甚麼師曰我鼻孔被大師搊得痛不徹同事曰有甚因緣不契師曰汝問取和尚去同事問大師曰海侍者有何因緣不契在寮中哭告和尚爲某甲說大師曰是伊會也汝自問取他同事歸寮曰和尚道汝會也教我自問汝師乃呵呵大笑同事曰適來哭如今爲甚卻笑師曰適來哭如今笑同事罔然明日馬祖昇堂纔坐師出來卷卻簟馬祖便下座師隨至方丈馬祖云適來要舉轉因緣你爲什麼卷卻簟師曰爲某甲鼻頭痛馬祖云你什麼處去來師云昨日偶有出入不及參隨馬祖喝一喝師便出去馬祖一日問師什麼處來師云山後來祖云還逢著一人麼師云不逢著祖云爲什麼不逢著師云若逢著即舉似和尚祖云什麼處得者箇消息來師云某甲罪過祖云却是老僧罪過師再參馬祖祖竪起拂子師云即此用離此用祖挂拂子於舊處良久祖云你已後開兩片皮將何爲人師遂取拂子竪起祖云即此用離此用師亦挂拂子於舊處祖便喝師直得三日耳聾後住洪州大雄山以居處巖巒峻極故號百丈旣處之未朞月參玄之賓四方麏至潙山黃檗當其首一日師謂衆曰佛法不是小事老僧昔被馬大師一喝直得三日耳聾黃檗聞舉不覺吐舌師曰子已後莫承嗣馬祖去麼檗曰不然今日因和尚舉得見馬祖大機大用然且不識馬祖若嗣馬祖已後喪我兒孫師曰如是如是見與師齊減師半德見過於師方堪傳授子甚有超師之見檗便禮拜因僧問西堂有問有答即且置無問無答時如何堂曰怕爛卻那師聞舉乃曰從來疑這箇老兄曰請和尚道師曰一合相不可得師謂衆曰有一人長不喫飯不道饑有一人終日喫飯不道飽衆無對雲巖問和尚每日區區爲阿誰師曰有一人要嚴曰因甚麼不教伊自作師曰他無家活僧問抱璞投師請師一決師云昨夜南山虎咬大蟲云不謬眞詮爲甚麼不垂方便師云掩耳偷鈴漢云不得中郎鑑還同野舍薪師便打僧云蒼天蒼天師云得與麼多口云罕遇知音拂袖便出師云百丈今日輸卻一半(佛鑑云雖得一場榮刪却一雙眼)至晚侍者問和尚被這僧不肯了便休師便打者云蒼天蒼天師云罕遇知音者作禮師云一狀領過有一僧哭入法堂師云作什麼僧云父母俱喪請師揀日師云明日一時埋卻問如何是奇特事師云獨坐大雄峯僧禮拜師便

打西堂問師你向後作麼生開示於人師以手斂舒兩邊堂云更作麼生師以手點頭三下上堂云靈光獨耀迥脫根塵體露眞常不拘文字心性無染本自圓成但離妄緣卽如如佛問依經解義三世佛寃離經一字如同魔說時如何師云固守動靜三世佛寃此外別求如同魔說馬祖令人馳書并醬三甕與師師令排向法堂前乃上堂衆纔集師以拄杖指醬甕云道得卽不打破道不得卽打破衆無語師便打破歸方丈

上堂衆纔集師以拄杖趁下却召大衆大衆回頭師云是什麼潙山問仰山百丈再參馬祖豎拂因緣此二尊宿意旨如何仰山云此是顯大機大用潙山云馬祖出八十四人善知識幾人得大機幾人得大用仰山云百丈得大機黃檗得大用餘者盡是唱道之師潙山云如是如是師因普請開田回問運闍梨開田不易檗云衆僧作務師云有煩道用檗云爭敢辭勞師云開得多少田檗作鋤田勢師便喝檗掩耳而出師問黃檗甚處來檗云山下採菌子來師云山下有一虎子汝還見麼檗便作虎聲師於腰下取斧作斫勢檗約住便掌師至晚上堂云大衆山下有一虎子汝等諸人出入好看老僧今朝親遭一口後潙山問仰山云黃檗虎話作麼生仰山云和尚如何潙山云百丈當時便合一斧斫殺因什麼到如此仰山云不然潙山云子又作麼生仰山云不唯騎虎頭亦解把虎尾潙山云寂子甚有險崖之句師每日上堂常有一老人聽法隨衆散去一日不去師乃問立者何人老人云某甲於過去迦葉佛時曾住此山有學人問大修行底人還落因果也無對云不落因果墮在野狐身今請和尚代一轉語師云汝但問老人便問大修行底人還落因果也無師云不昧因果老人於言下大悟告辭師云某甲已免野狐身住在山後乞依亡僧燒送師令維那白槌告衆齋後普請送亡僧大衆不能詳至晚參師舉前因緣次黃檗便問古人錯對一轉語落在野狐身今人轉轉不錯是如何師云近前來向汝道黃檗近前打師一掌師云將謂胡鬚赤更有赤鬚胡時潙山在會下作典座司馬頭陀舉野狐話問典座作麼生典座以手撼門扇三下司馬云太麤生典座云佛法不是者箇道理後潙山舉黃檗問野狐話問仰山仰山云黃檗常用此機潙山云汝道天生得從人得仰山云亦是稟受師承亦是自宗通潙山云如是如是黃檗問從上古人以何法施人師良久黃檗云後代兒孫將何傳授師云將謂你者漢是箇人便歸方丈師與潙山作務次師問有火也無潙山云有師云在什麼處潙山把一莖柴吹過與師師接云如蟲蝕木因普請鋤地次有僧聞鼓聲舉起鋤頭大咲歸去師云俊哉此是觀音入理之門後喚其僧問你今日見甚道理云某甲早辰未喫粥聞鼓聲歸喫飯師呵呵大笑問如何是佛師云汝是阿誰云某甲師云汝識某甲否云分明箇師豎起拂子問汝見拂子否云見師更不管師令僧去章敬處見伊上堂說法你便展開坐具禮拜起將一隻鞋以袖拂却上塵倒頭覆下其僧到章敬一依師旨章敬云老僧罪過

廣錄夫語須辯緇素須識總別語須識了義不了義教語了義教辯清不了義教辯濁說穢法邊垢揀凡說淨法邊垢揀聖從九部教說向前衆生無眼須假人雕琢若於聾俗人前說直須教渠出家持戒修禪學慧若是過量俗人亦不得向他與麼說如維摩詰傅大士等類若於沙門前說他沙門已受白四羯磨訖具足全是戒定慧力更向他與麼說名非時語說不應時亦名綺語若是沙門須說淨法邊垢須說離有無等法離一切修證亦離於離若於沙門中剃除習染沙門除貪瞋病不去亦名聾俗亦須教渠修禪學慧若是二乘僧他歇得貪瞋病去盡依住無貪將爲是是無色界是障佛光明是出佛身血亦須教渠修禪學慧須辯清濁語濁法者貪瞋愛取等多名也清法者菩提涅槃解脫等多名也只如今鑑覺但於清濁兩流凡聖等法色聲香味觸法世間出世間法都不得有纖毫愛取旣不愛取依住不愛取將爲是是初善是住調伏心是聲聞人是戀筏不捨人是二乘道是禪那果旣不愛取亦不依住不愛取是中善是半字教猶是無色界免墮二乘道免墮魔民道猶是禪那病是菩薩縛旣不依住不愛取亦不作不依住知解是後善是滿字教免墮無色界免墮禪那病免墮菩薩乘免墮魔王位爲智障地障行障故見自已佛性如夜見色如云佛地斷二愚一微細所知愚二極微細所知愚故云有大智人破塵出經卷若透得三句過不被三段管教家舉喻如鹿三跳出網喚作纏外佛無物拘繫得渠是屬然燈後佛是最上乘是上上智是佛道上立此人是佛有佛性是導師是使得無所礙風是無礙慧於後能使得因果福智自由是作車運載因果處於生不被生之所留處於死不被死之所礙處於五陰如門開不被五陰礙去住自由出入無難若能與麼不論堦梯勝劣乃至蟻子之身但能與麼盡是淨妙國土不可思議此猶是解縛語彼自無瘡勿傷之也佛瘡菩薩等瘡但說有無等法盡是傷也有無管一切法十地是濁流河衆作清流說竪清相說濁過患向前十大弟子舍利弗富樓那正信阿難邪信善星等箇箇有病様箇箇有則假一一被導師說破不是四禪八定阿羅漢等住定

八萬劫他是依執所行被淨法酒醉故聲聞人聞佛
法不能發無上道心所以斷善根人無佛性教云喚
作解脫深坑可畏之處一念心退墮地獄猶如箭射
亦不得一向說退亦不得一向說不退秖如文殊觀
音勢至等却來須陁洹地同類誘引不得言他退當
與麼時秖喚作須陁洹人秖如今鑑覺但不被一切
有無諸法管透三句及一切逆順境得過聞百千萬
億佛出世間如不聞相似亦不依住不聞亦不作不
依住知解說他者箇人退不得量數管他不著是佛
常住世間而不染世法說佛轉法輪退亦是謗佛法
僧說佛不轉法輪不退亦是謗佛法僧肇云菩提之
道不可圖度高而無上廣不可極淵而無下深不可
測語也梁生招箭言鑑覺猶不是從濁辯清許說如
今鑑覺是除鑑覺外別有盡是魔說若守住如今鑑
覺亦同魔說亦名自然外道說如今鑑覺是自巳佛
是尺寸語是圖度語似野干鳴猶屬纏膠門本來不
認自知自覺是自巳佛向外馳求覺佛假善知識說
出自知自覺作藥治箇向外馳求病既不向外馳求
病瘥須除藥若執住自知自覺是禪那病是徹底聲
聞如水成冰全冰是水救渴難望亦云必死之病世
醫拱手無始不是佛莫作佛解佛是衆生邊藥無病
不要喫藥病俱消喻如清水佛似甘草和水亦如蜜
和水極是甘美若同清水邊數則不著不是無是本
有亦云此理是諸人本有諸佛菩薩喚作示珠人從
來不是箇物不用知渠解渠不用是渠非渠但割斷
兩頭句割斷有句不有句割斷無句不無句兩頭迹
不現兩頭捉汝不著量數管汝不得不是欠少不是
具足非凡非聖非明非暗不是有知不是無知不是
繫縛不是解脫不是一切名目何以不是實語若爲
雕琢虛空作得佛相貌若爲說道虛空是青黃赤白

作得如云法無有比無可喻故法身無爲不墮諸數
故云聖體無名不可說如實理空門難湊喻如太末
蟲處處能泊唯不能泊於火焰之上衆生亦爾處處
能緣唯不能緣於般若之上參善知識求覓一知一
解是善知識魔生語見故若發四弘誓願願度一切
衆生盡然後我始成佛是菩薩法智魔誓願不相捨
故若持齋戒修禪學慧是有漏善根縱然坐道場示
現成等正覺度恒沙數人盡證辟支佛果是善根魔
起貪著故若於諸法都無貪染神理獨存住甚深禪
定更不昇進是三昧魔久就翫翫至上涅槃離欲寂
靜是魔業若智慧脫若干魔網不去縱解百本圍陁
經盡是地獄滓若覓如佛相似無有是處如今聞說
不著一切善惡有無等法卽爲墮空不知棄本逐末
却是墮空也求佛求菩提及一切有無等法是棄本
逐末秖如今麤食助命補破遮寒渴則掬水喫餘外
但是一切有無等法都無纖毫繫念此人漸有輕明
分善知識不執有不執無脫得十句魔語出語不繫
縛人所有言說不自稱師說如谷響言滿天下無口
過堪依止若道我能說能解說我是和尚汝是弟子
者箇同於魔說無端說道目擊道存是佛不是佛是
菩提涅槃解脫等無端說一知一解見舉一手豎一
指云是禪是道者箇語繫縛人未有住時秖是重增
比丘繩索縱然不說亦有口過甯作心師不師於心
不了義教有人天師有導師了義教中不爲人天師
不師於法未能依得玄鑑且依得了義教猶有相親
分若是不了義教秖合聾俗人前說秖如今但不依
住一切有無諸法亦不住無依住亦不作不依住知
解是名大善知識亦云唯佛一人是大善知識爲無
兩人餘者盡名外道亦名魔說如今秖是說破兩頭
句一切有無境法但莫貪染及解縛之事無別語句

教人若道別有語句教人別有法與人者此名外道
亦名魔說須識了義教不了義教語須識遮語不遮
語須識生死語須識藥病語須識逆順喻語須識總
別語說道修行得佛有修有證是心是佛卽心卽佛
是佛說是不了義教語是不遮語是總語是升合擔
語是揀穢法邊語是順喻語是死語是凡夫前語不
許修行得佛無修無證非心非佛亦是佛說是了
義教語是遮語是別語是百石擔語是三乘教外語
是逆喻語是揀淨法邊語是生語是地位人前語從
須陁洹向上直至十地但有語句盡屬法塵垢但有
語句盡屬煩惱邊收但有語句盡屬不了義教了義
教是持不了義教是犯佛地無持犯了義不了義教
盡不許也從苗辯地從濁辯清秖如今鑑覺若從清
邊數鑑覺亦不是清不鑑覺亦不是清亦不是不清
亦不是聖亦不是不聖亦不是見水濁說水濁過患
水若清都無可說說却濁他水若有無問之問亦有
無說之說佛不爲佛說法平等眞如法界無佛不度
衆生佛不住佛名眞福田須辯主客語貪染一切有
無境法被一切有無境惑亂自心是魔王照用屬魔
民秖如今鑑覺但不依住一切有無諸法世間出世
間法亦不作不住知解亦不依住無知解自心是佛
照用屬菩薩心心是主宰照用屬客塵如波說水照
萬像以無功若能寂照不自幺旨自然貫串於古今
如云神無照功至功常存能一切處爲導師衆生性
識他爲未曾踏佛堦梯是黐膠性多時黏著有無諸
法乍喫玄旨藥不得乍聞格外語他信不及所以菩
提樹下四十九日默然思惟智慧冥朦難說無可比
喻說衆生有佛性亦謗佛法僧說衆生無佛性亦謗
佛法僧若言有佛性名執著謗若言無佛性名虛妄
謗如云說佛性有則增益謗說佛性無則損減謗說

佛性亦有亦無則相違謗說佛性非有非無則戲論謗始欲不說衆生無解脫之期始欲說之衆生又隨語生解益少損多故云我寧不說法疾入於涅槃向後返尋過去諸佛皆說三乘之法向後假說假立名字本不是佛向渠說是佛本不是菩提向渠說是菩提涅槃解脫等知渠擔百石擔不起且與渠一升一合擔知渠難信了義教且與渠說不了義教且得善法流行亦勝於惡法善果限滿惡果便到得佛則有衆生到得涅槃則有生死到得明則有暗到但是有滿因果翻覆無有不相鼎獻者若欲免見翻覆之事

但割斷兩頭句量數管不著不佛不衆生不親不疎不高不下不平不等不去不來但不著文字隔渠兩頭捉汝不得免苦樂相形免明暗相形責理真實亦不眞實虛妄亦不虛妄不是量數物喻如虛空不可修治若心有少許作解即被量數管著亦如封乖被金木水火土管亦如黐膠五處俱黏魔王捉得自在還家夫教語皆三句相連初中後善初直須教渠發善心中破善心後始名好善菩薩即非菩薩是名菩薩法非法非非法總與麼也若秖說一句令衆生入地獄若三句一時說渠自入地獄不干教主事說到

如今鑑覺是自己佛是初善不守住如今鑑覺是中善亦不作不守住知解是後善如前屬然燈後佛秖是不凡亦不聖莫錯說佛非凡非聖此土初祖云無能無聖爲佛聖若言佛聖者亦非九品精靈龍畜等類及釋梵已來皆能通變上品精靈亦知今古百劫時事豈得是佛如阿修羅王身極長大敵兩倍須彌山與帝釋戰時知力不如領百萬兵衆入藕絲孔裏藏通變辯才不少他且不是佛教語飾穀脊穢陞降不同未悟未解時名貪瞋悟了喚作佛慧故云不異舊時人秖異舊時行履處問斬草伐木掘地墾土爲

有罪報相否師云不得定言有罪亦不得定言無罪有罪無罪事在當人若貪染一切有無等法有取捨心在透三句不過此人定言有罪若透三句外心如虛空亦莫作虛空想此人定言無罪又云罪若作了道不見有罪無有是處若不作罪道有罪亦無有是處如律中本迷煞人及轉相煞尚不得煞罪何況禪宗下相承心如虛空不停留一物亦無虛空相將罪何處安著亦云禪道不用修但莫汚染亦云但融冶表裏心盡即得亦云但約照境秖如今照一切有無等法都無貪取亦莫取著亦云合與麼學學似浣垢

衣衣是本有垢是外來聞說一切有無聲色如垢膩都莫將心湊泊菩提樹下三十二相八十種好屬色十二分教屬聲秖如今截斷一切有無聲色流過心如虛空相似合與麼學如救頭然始得臨命終時尋舊熟路行尚不徹到與麼時新調始學無有得期臨終之時盡是勝境現前隨心所愛重處先受秖如今不作惡事當此之時亦無惡境縱有惡境亦變成好境若怕臨終之時慞狂不得自由即須如今便自由始得秖如今於一一境法都無愛染亦莫依住知解便是自由人如今是因臨終是果果業已現如何怕

得怕是古今古若有今今亦有古古若有佛今亦有佛如今若得直至未來際得秖如今一念一念不被一切有無等法管自古自今佛秖是人人秖是佛亦是三昧定不用將定入定不用將禪想禪不用將佛覓佛如云法不求法法不得法法不行法法不見法自然得法不以得更得所以菩薩應如是正念於法聲然獨存亦無知獨存之法智性自如如非因所置亦名體結亦名體集不是智知不是識識絕思量處凝寂體盡忖度永亡如海大流盡波浪不復生亦云如大海水無風帀帀之波忽知帀帀之波此是細中

之麤亡知於知還如細中之細是佛境界從此初知名三昧之頂亦名三昧王亦名爾燄智出生一切諸三昧灌一切諸法王子頂於一切色聲香味觸法刹土成等正覺內外通達悉無有閡一色一塵一佛一色一切佛一切色一切塵一切佛一切色聲香味觸法亦復如是一一徧滿一切刹土此是細中之麤是善境界是一切上流知覺聞見亦是一切上流出生入死度一切有無等是上流所說亦是上流涅槃是無上道是無等等呪是第一之說於諸說中最爲甚深無人能到諸佛護念猶如淸波能說一切水淸濁

深流廣大之用諸佛護念行住坐臥若能如是我時爲現淸淨光明身又云如汝自等語等我亦如然一佛刹聲一佛刹香一佛刹味一佛刹觸一佛刹事悉皆如是從此上至蓮華藏世界縱廣總皆如是若守初知爲解名頂結亦名墮頂結是一切塵勞之根本自生知見無繩自縛所知故繫世有二十五又散一切諸煩惱門縛著於他此初知二乘見之名爲爾燄識亦名微細煩惱便即斷除既得除已名爲回神住空窟亦名三昧酒所醉亦名解脫魔所縛世界成壞定力所持滿向別國土都不覺知亦名解脫深坑可

畏之處菩薩悉皆遠離亦云失脚作轉輪王令四天下人一日行十善此福智猶不能算自己鑑覺名王緣念著有無諸法名轉輪王秖如今於藏腑中都不納一切有無等法離四句外名空空名不死藥爲喚前王名不死藥離云不死藥與王共服亦非二物亦非一物若作一二解亦名轉輪王秖如今有人以福智四事供養四百萬億阿僧祇世界六趣四生隨其所欲滿八十年已後作是念然此衆生皆已衰老我當以佛法而訓導之令得須陀洹果乃至阿羅漢道如是施主但施衆生一切樂具功德尚自無量何況

今得須陁洹果乃至阿羅漢道功德無量無邊猶不如第五十人聞經隨喜功德報恩經云摩耶夫人生五百太子盡得辟支佛果而皆滅度各各起塔供養一一禮拜歎言不如生於一子得無上菩提省我心力秖如今於百千萬衆中有一人得者價直三千大千世界所以常勸衆人須玄解自理自理若玄使得福智如貴使賤亦如無住車若守此作解名髻中珠亦名有價寶珠亦名運糞入若不守此爲解如王髻中明珠與之亦名無價大寶亦名運糞出佛直是纏外人却來纏內與麽作佛直是生死那邊人直是玄絶那邊人却來向者岸與麽作佛人及獼猴俱不能行人喻十地菩薩獼猴喻凡夫讀經看教求一切知解不是一向不許解得三乘教善得瓔珞莊嚴具得三十二相富宅覓佛即不得教云貪著小乘三藏學者猶不許親近何況自爲是破戒比丘名字羅漢涅槃經中被配入十六惡律儀中同於畋獵漁捕爲利養故殺害大乘方等猶如甘露亦如毒藥消得去如甘露消不去如毒藥讀經看教若不解他生死語決定透他義句不過莫讀最第一亦云須看教亦須參善知識第一須自有眼須辯他生死語始得若辯白不得決定透不過秖是重增比丘繩索所以教學玄旨人不遣讀文字如云說體不說相說義不說文如是說者名眞說若說文字皆是誹謗是名邪說菩薩若說當如法說亦名眞說當令衆生持心不持事持行不持法說人不說字說義不說文說道欲界無禪亦是帶一隻眼人語既云欲界無禪憑何得至色界先因地上習二種定然後得至初禪有想定無想定有想定生色界四禪等天無想定生無色界四空等天欲界灼然無禪禪是色界問如今說此土有禪如何師云不動不禪是如來禪離生禪想問如何是有情無佛性無情有佛性師云從人至佛是聖情執從人至地獄是凡情執秖如今但於凡聖二境有染愛心是名有情無佛性秖如今但於凡聖二境及一切有無諸法都無取捨心亦無無取捨知解是名無情有佛性秖是無其情繫故名無情不同木石太虛黃華翠竹之無情將爲有佛性若言有者何故經中不見受記而得成佛者秖如今鑑覺但不被有情改變喻如翠竹無不應機無不知時喻如黃華又云若踏佛階梯無情有佛性若未踏佛階梯有情無佛性

古尊宿語錄卷第一

古尊宿語録卷第二

大鑑下三世 語之餘

百丈大智禪師僧問大通智勝佛十劫坐道場佛法不現前不得成佛道如何師云劫者滯也亦云住也住一善滯於十善西國云佛此土云覺自已鑒覺滯著於善善根人無佛性故云佛法不現前不得成佛道觸惡住惡名衆生覺觸善住善名聲聞覺不住善惡二邊不依住將爲是者名二乘覺亦名辟支佛覺既不依住善惡二邊亦不作不依住知解名菩薩覺既不依住亦不作無依住知解始得名爲佛覺如云佛不住佛名眞福田若於千萬人中忽有一人得者名無價寶能於一切處爲導師無佛處云是佛無法處云是法無僧處云是僧名轉大法輪問從上祖宗皆有密語遞相傳授如何師云無有密語如來無有秘密藏秖如今鑑覺語言分明覓形相了不可得是密語從須陁洹向上直至十地但有語句盡屬法之壓垢但有語句盡屬煩惱邊收但有語句盡屬不了義教但有語句盡不許也了義教俱幷也更討什麽密語問空生大覺中如海一漚發如何師云空喻於漚海喻於性自已靈覺之性過於虛空故云空生大覺中如海一漚發問伐林莫伐樹如何師云林者喻於心樹者喻於身因說林故生怖故云伐林莫伐樹問語也垜生招箭言既垜生不得無患累既同繼素何辯師云但却發箭途中相拄如其相差必有所傷谷中尋響累劫無形響在口邊得失在於來問却問所歸還被於箭亦如知幻不是幻三祖云不識玄旨徒勞念靜亦云認物爲見如持死礫用將何爲若言不見木石何殊是故見與不見二俱有失舉一個諸問本無煩惱三十二相如何師云是佛邊事本有煩惱今有三十二相秖如今凡情是問無邊身菩薩不見如來頂相如何師云爲作有邊見無邊見所以不見如來頂相秖如今都無一切有無等見亦無無見是名頂相現問如今沙門盡言我依佛教學一經一論一禪一律一知一解合受檀越四事供養爲消得否師云但約如今照用一聲一色一香一味於一切有無諸法一一境上都無纖塵取染亦不依住無取染亦無不依住知解者箇人日食萬兩黃金亦能消得秖如今照一切有無等法於六根門頭刮削併當貪愛有纖毫治不去乃至乞施主一粒米一縷絲箇箇披毛戴角牽犁負重一一須償他始得爲不依佛佛是無著人無求人無依人如今波波貪覓佛盡皆背也故云久親近於佛不識於佛性唯觀救世者輪迴六趣中久乃見佛者爲說佛難值文殊是七佛祖師亦云是娑婆世界第一主首菩薩無端作見佛想聞法想被佛威神力故猶降二鐵圍山不是不解特與諸學人作標則令諸後學人莫作與麽見聞但無一切有無等法有無等見一一箇箇透過三句外是名如意寶是名寶華承足若作佛見法見但是一切有無等見名眼翳見所見故亦名見纏亦名見蓋亦名見障秖如今念念及一切見聞覺知及一切塵垢祛得盡但是一塵一色總是一佛但起一念總是一佛三世五陰念念誰知其數是名佛闔塞虛空是名分身佛是名寶塔是以常歎言嗟見今日所依之命依一顆米一莖菜餉時不得食飢死不得水渴死不得火寒死欠一日不生欠一日不死被四大把定不如先達者入火不燒入水不溺倘要燒便燒要溺便溺要生即生要死即死去住自由者箇人有自由分心若不亂不用求佛求菩提涅槃若著佛求屬貪貪變成病故云佛病最難治謗佛毀法乃可取食食者是自已靈覺性無漏飯解脫食此語治十地菩薩病是從初至十地也秖如今但有一切求心盡名破戒比丘名字羅漢盡名野干灼然銷他供養不得秖如今聞聲如響等嗅香如風等離一切有無等法亦不住於離亦無不住知解此人一切罪垢不能相累爲求無上菩提涅槃故名出家猶是邪願況乎世間諍論覓勝負說我能我解貪一門徒愛一弟子戀一住處結一檀越一衣一食一名一利又言我得一切無悶秖是自誑秖如今能於自已五陰不爲其主被人割截節節支解都無怨吝之心亦不煩惱乃至自已弟子被人鞭打從頭至足如上一一等事都無一念生彼我心猶依住無一念將爲是此名法塵垢十地之人脫不去流入生死河所以常勸衆人須懼法塵煩惱如懼三塗乃有獨立分假使有一法過於涅槃者亦無少許生珍重想此人步步是佛不假脚踏蓮華分身百億秖如今於一切有無等法有纖毫愛染心縱然脚踏蓮華亦同魔作若執本清淨本解脫自是佛自是禪道解者即屬自然外道若執因緣修成證得者即屬因緣外道執有即屬常見外道執無即屬斷見外道執亦有亦無即屬邊見外道執非有非無即屬空見外道亦云愚癡外道秖如今但莫作佛見涅槃等見都無一切有無等見亦無無見名正見無一切聞亦無無聞名正聞是名摧伏外道無凡夫魔來是大神呪無二乘魔來是大明呪無菩薩魔來是無上呪乃至亦無佛魔來是無等等呪一變衆生諂曲修羅二變二乘諂曲修羅三變菩薩諂曲修羅是三變淨土但是一切有無凡聖等法喻如金鑛自已如理喻如於金金與鑛各相去離眞金露現忽有人覓錢覓寶變金爲錢與他亦如麪體眞正無諸沙鹵有人乞餅變麪爲餅與他亦如智臣善解王意王若行時索僊陁婆即便奉馬食時索僊陁婆即便

秦壁此等喻學玄旨人善能通達應機不失亦云六絕師子誌公云隨人造作百變十地菩薩不飢不飽入水不溺入火不燒倘要燒且不可得燒他被量數管定佛則不與麼入火不燒倘要燒便燒要溺便溺他使得四大風水自由一切色是佛色一切聲是佛聲自已滓穢諂曲心盡透過三句外得說此語菩薩清淨弟子明白所有言說不執無有一切照用不拘清濁有病不喫藥是愚人無病喫藥是聲聞人定執一法名定性聲聞一向多聞名增上慢聲聞知他名有學聲聞沈空滯寂及自知名無學聲聞貪瞋癡等是毒十二分教是藥毒未銷藥不得除無病喫藥藥變成病病去藥不消不生不滅是無常義涅槃經云有三惡欲一欲得四衆圍繞二欲得一切人爲我門徒三欲得一切人知我是聖人及阿羅漢迦葉經云一欲求見未來佛二欲求轉輪王三欲求剎利大姓四欲得婆羅門大姓乃至厭生死求涅槃如是惡欲先須斷之秖如今但有取染動念盡名惡欲盡屬六天總被波旬管問二十年中常令除糞如何師云但息一切有無知見但息一切貪求箇箇透過三句外是名除糞秖如今求佛求菩提求一切有無等法是名運糞入不名運糞出秖如今作佛見作佛解但有所見所求所著盡名戲論之糞亦名麤言亦名死語如云大海不宿死屍等閑說話不名戲論說者辯清濁名戲論教文都總有二十一般空淘擇衆生塵累沙門持齋持戒忍辱柔和慈悲喜捨尋常是僧家法則會與麼會宛然依佛教秖是不許貪著依執若希望得佛得菩提等法者似手觸火文殊云若起佛見法見應當害已所以文殊執劍於瞿曇驀揭持刀於釋氏如云菩薩行五無間而不入無間地獄他是圓通無間不同衆生五逆無間從波旬直至佛盡是垢

膩都無纖毫依執如是名二乘道況乎諍論覓勝負說我能我解秖名諍論僧不名無爲僧秖如今但不貪染一切有無諸法是名無生是名正信信著一切法名信不具亦名信不圓亦名偏信不具故名一闡提如今欲得驀直悟解但人法俱泯人法俱絕人法俱空透三句外是名不墮諸數人者是信法者是戒施聞慧等菩薩忍不成佛忍不作衆生忍不持戒忍不破戒故云不持不犯智濁照清慧清識濁在佛名照慧在菩薩名智在二乘及衆生邊則名識亦名煩惱在佛名果中說因在衆生名因中說果在佛名轉法輪在衆生名法輪轉在菩薩名瓔珞莊嚴具在衆生名五陰叢林在佛名本地無明是無明明故云無明爲道體不同衆生暗蔽無明彼是所此是能彼是所聞此是能聞不一不異不斷不常不來不去是生語句是出轍語句不明不暗不佛不衆生總與麼也來去斷常佛與衆生是死語偏不偏同異斷常等是外道義般若波羅蜜是自已佛性亦云摩訶衍摩訶是大義衍是乘義若守住自已知覺又成自然外道不用守如今鑑覺不用別求佛若更別求又屬因緣外道此土初祖云心有所是必有所非若貴一物則被一物惑若重一物則被一物惑信被信惑不信又成謗莫貴莫不貴莫信莫不信佛亦不是無爲雖不是無爲又不是冥寞猶如虛空佛是大心衆生鑑覺多鑑覺雖多他鑑覺清淨貪瞋鬼挺他不著佛是纏外人無纖毫愛取亦無無愛取知解是名具足六度萬行若要莊嚴具種種皆有如不要他不用亦不失他使得因果福智自由是修行非是執勞負重喚作修行却不與麼三身一體一體三身一者法身實相佛法身佛不明不暗明暗屬幻化實相由對虛得名本無一切名目如云佛身無爲不墮諸數成佛獻蓋

等是升合擔語要從濁辯清得名故云實相法身佛是名清淨法身毗盧遮那佛亦名虛空法身佛亦名大圓鏡智亦名第八識亦名性宗亦名空宗亦名佛居不淨不穢土亦名在窟師子亦名金剛後得智亦名無垢檀亦名第一義空亦名玄旨三祖云不識玄旨徒勞念靜二報身佛菩提樹下佛亦名幻化佛亦名相好佛亦名應身佛是名圓滿報身盧舍那佛亦名平等性智亦名第七識亦名覓因答果佛同五十二禪那數同阿羅漢辟支佛同一切菩薩等同受生滅等苦不同衆生繫業等苦三化身佛秖如今於一切有無諸法都無貪染亦無無染離四句外所有言說辯才名化身佛是名千百億化身釋迦牟尼佛亦名大神變亦名遊戲神通亦名妙觀察智亦名第六識供養者淨三業前際無煩惱可斷中際無自性可守後際無佛可成是三際斷是三業清淨是三輪空是三檀空云何比丘給侍於佛所謂不漏六根者亦名莊嚴空無諸漏林樹莊嚴空無諸染華果莊嚴空無佛眼約修行人法眼辯清濁亦不作辯清濁知解是名乃至無眼寶積經云法身不可以見聞覺知求非肉眼所見以無色故非天眼所見以無妄故非慧眼所見以離相故非法眼所見以離諸行故非佛眼所見以離諸識故若不作如是見是名佛見同色非形色名真色同空非太虛名真空色空亦是藥病相治語法界觀云不可言即色不即色亦不可言即空不即空眼耳鼻舌身意不納一切有無諸法名轉入第七地七地菩薩不退七地向上三地菩薩心地明白易染說火即燒從色界向上布施是病慳貪是藥從色界向下慳貪是病布施是藥有作戒者割斷世間法但不身手作無過名無作戒亦云無表戒亦云無漏戒但有舉心動念盡名破戒秖如今但不被一

切有無諸境惑亂亦不依住不惑亂亦無不依住知解是名徧學是名勤護念是名廣流布未悟未解時名母悟了名子亦無無悟解知解是名母子俱喪無善纏無惡纏無佛纏無衆生纏量數亦然乃至都無一切量數纏故云佛是出纏過量人貪愛知解義句如母愛子唯多與兒酥喫消與不消都總不知此語喻十地受人天尊貴煩惱生色界無色界禪定福樂煩惱不得自在神通飛騰隱顯徧至十方諸佛淨土聽法之煩惱學慈悲喜捨因緣煩惱學空平等中道煩惱學三明六通四無閡煩惱學大乘心發四弘誓願煩惱初地二地三地四地明解煩惱五地六地七地諸知見煩惱八地九地十地菩薩雙照二諦煩惱乃至學佛果百萬阿僧祇諸行煩惱唯貪義句知解不知却是繫縛煩惱故云見河能漂香象問見否答曰見問見後如何答曰見無二既云見無二不以見見於見若見更見爲前見是爲後見是如云見見之時見非是見見猶離見見不能及所以不行見法不行聞法不行覺法諸佛疾與授記難曰見既不是授記之言復何用記師云先悟宗人不被一切有無諸法相拘如浣垢衣故云離相名佛虛實盡不存中旨獨玄玄逵一路同道後進契其階故云授記耳無明爲父貪愛爲母自巳是病還醫自巳是藥自巳是刀還殺自巳無明貪愛父母故云殺父害母一語類破一切法喫非時食者亦復如是秖如今但是一切有無等法盡是喫非時食亦名惡食是穢食置於寶器是破戒是妄語是雜食佛是無求人如今貪求一切有無諸法但是所有所作皆背也却是謗佛但有貪染盡名授手秖如今但不貪染亦不依住不貪染亦無不依住知解是名般若火是燒手指是不惜身命是節節支解是出世間是掌世界於他方秖如今若

於十二分教及一切有無諸法於藏腑中有纖毫停留是不出網但有所求所得但有生心動念盡名野干秖如今於藏腑中都無所求都無所得此人是大施主是師子吼亦不依住無所得亦無不依住知解是名六絕師子人我不生諸惡不起是納須彌於芥子中不起一切貪瞋八風等是悉能嚥四大海水入口中不受一切虛妄語言是不入耳中不令身起一切惡於人是納一切火於腹中秖如今於一一境不惑不亂不瞋不喜於自巳六根門頭刮削併當得淨潔是無事人勝一切知解頭陁精進是名天眼亦名了照爲眼是名法界性是作車載因果佛出世度衆生則前念不生後念莫續前念業謝名度衆生前念若瞋即將喜藥治之即名爲有佛度衆生但是一切言教秖如治病爲病不同藥亦不同所以有時說有佛有時說無佛實語治病病若得瘥箇箇是實語治病若不瘥箇箇是虛妄語實語是虛妄語生見故虛妄是實語斷衆生顛倒故爲病是虛妄秖有虛妄藥相治佛出世度衆生是九部教語是不了義教語瞋及喜病及藥總是自巳更無兩人何處有佛出世何處有衆生可度如經云實無衆生得滅度者亦云不愛佛菩提不貪染有無諸法名爲度他亦不守住自巳名爲自度爲病不同藥亦不同處方不同不得一向固執依佛依菩提等法盡是依方故云至於智者不得一向教中所辯喻於黃葉亦如空拳誑小兒若人不知此理名同無明如云行般若菩薩不得取我語及依教敕瞋如石頭愛如河水秖如今但無瞋無愛是透山河石壁直爲治聾俗病多聞辯說治眼病從人至佛是得從人至地獄是失是非亦然三祖云得失是非一時放却不執住一切有無諸法是名不住有緣亦不依住不依住是名不住空恐執自巳是

佛自巳是禪道解者名內見執因緣修證而成者名外見誌公云內見外見俱錯眼耳鼻舌各各不貪染一切有無諸法是名受持四句偈亦名四果六入無迹亦名六通秖如今但不被一切有無諸法閡亦不依住不閡亦無不依住知解是名神通不守此神通是名無神通如云無神通菩薩足迹不可尋是佛向上人最不可思議人是自巳天是智照讚卽喜喜者屬境境是天讚是人人天交接兩得相見亦云淨智爲天正智爲人本不是佛向渠說是佛名體結秖如今但莫作佛知解亦無無不依住知解是名滅結亦名眞如亦名體如求佛求菩提名現身意秖如今但有一切求心盡名現身意如云求菩提離是勝求重增塵累求佛是佛衆求一切有無諸法是衆生衆秖如今鑑覺但不依住一切有無諸法是不入衆數秖如今於一一聲香味觸法等不愛於一一境不貪但無十句濁心是了因成佛學文句覓解者名緣因成佛見佛知佛則得說佛有知有見却是謗佛若云佛知佛見佛聞佛說卽得見火卽得火見卽不得如刀割物卽得物割刀卽不得知佛人見佛人聞佛人說佛人如恒河沙是佛知是佛見是佛聞是佛說萬中無一秖爲自無眼依他作眼教中喚作比量智秖如今貪佛知解亦是比量智世間譬喻是順喻不了義教是順喻了義教是逆喻捨頭目髓腦是逆喻如今不愛佛菩提等法是逆喻難捨喻於頭目髓腦如照著一切有無境法名頭被一切有無境法相撓著名手都未照前境時名髓腦聖地習凡因佛入衆生中同類誘引化導同渠餓鬼肢節火然與渠說般若波羅蜜令渠發心若一向在聖地憑何得至彼共渠語佛入諸類與衆生作船筏同渠受苦無限勞極佛入苦處亦同衆生受苦佛秖是去住自由不同衆生佛

不是虛空受苦何得不苦若說不苦此語違負等閑莫說錯說佛神通自在不自在且慚愧人不敢說佛是有爲是無爲不敢說佛自由不自由除讚歎方外不欲得露現兩頭醜陋教云若人安佛菩提置有所是邊其人得大罪亦云如不識佛人前向渠與麼說無過如無漏牛乳能治有漏病其牛者不在高原不居下隰此牛乳堪作藥高原喻於佛下隰喻於衆生如云如來實智法身又無此病辯才無閡昇騰自在不生不滅是名生老病死疼痛瘡痏是瘠喫蘭羹患痢疾而終是暗爲藏明頭迹明暗都遣莫取無取亦無無取他不明不暗王宮生納耶輸陁羅八相成道聲聞外道妄想所計如云非雜食身純陁云我知如來決定不受不食第一須具兩隻眼照破兩頭事莫秖帶一隻眼向一邊行卽有邪箇邊到功德天黑暗女相隨有智主人二俱不受秖如今心如虛空相似學始有所成西國高祖云雪山喻大涅槃此土初祖云心心如木石三祖云兀爾忘緣曹谿云善惡都莫思量先師云如迷人不辯方所肇公云閉智塞聰獨覺冥冥者矣文殊云心同虛空故敬禮無所觀甚深修多羅不聞不受持秖如今但是一切有無諸法都不見不聞六根杜塞若能與麼學與麼持經始有修行分者箇語逆耳苦口可中與麼作得至第二第三生能向無佛處坐道場示現成等正覺變惡爲善變善爲惡使惡法教化十地菩薩使善法教化地獄餓鬼能向明處解明縛能向暗處解暗縛撮金成土撮土成金百般作得變弄自由於恒沙世界外有求救者婆伽婆卽披三十二相現其人前同渠語音與渠說法隨機感化應物殊形變現諸趣離我我所猶屬彼邊事猶是小用亦是佛事門中收大用者大身隱於無形大音匿於希聲如木中之火如鐘鼓之聲因緣未具時不可言其有無傍報生天棄之如涕唾菩薩六度萬行如乘死屍過岸如在牢獄廁孔得出佛披三十二相相喚作垢膩之衣亦云若說佛一向不受五陰無有是處佛不是虛空何得一向不受佛秖是去住自由不同衆生從一天界至一天界從一佛刹至一佛刹諸佛常法又云若據三乘教受他信施供養他在地獄中菩薩行慈悲同類化導報恩不可常在涅槃又云如火見火但莫手觸火不燒人秖如今但無十句濁心貪心愛心染心瞋心執心住心依心著心取心戀心但是一句各有三句箇箇透過三句外但是一切照用任聽縱横但是一切舉動施爲語默啼笑盡是佛慧

大鑑下四世

筠州黃檗斷際禪師諱希運乃福州人也師初到洛京行乞吟添鉢聲有一嫗出林扉閒云太無厭生師云汝猶未施責我無厭何耶嫗笑而掩扉師異之遂而與語多所發犖須臾辞去嫗告之曰可往南昌見馬大師師至南昌大師已遷寂聞塔於石門遂往瞻禮時百丈大智禪師廬于塔傍師序其遠來之意願聞平日得力句百丈乃問巍巍堂堂從何方來師曰巍巍堂堂從嶺南來丈曰巍巍堂堂當爲何事師曰巍巍堂堂不爲別事便禮拜又舉我再參馬大師侍立次大師顧繩牀角拂子我問卽此用離此用大師云汝他後開兩片皮將何爲人我取拂子豎起大師云卽此用離此用我掛拂子舊處被大師震威一喝我直得三日耳聾師聞是語不覺吐舌丈云子已後莫承嗣馬大師否師云不然今日因師舉得見馬祖大機大用且不識馬祖若嗣馬祖已後喪我兒孫丈云見與師齊減師半德子甚有超師之作百丈一日問師甚處來師云大雄山下採菌子來丈云還見大蟲麼師作大蟲聲丈拈斧作斫勢師與丈一摑丈吟吟而笑卽歸上堂云大雄山下有一大蟲汝等諸人也須好看百丈老漢今日親遭一口師在百丈普請開田次丈問運闍黎開田不易師云隨衆作務丈云有煩道用師云爭敢辭勞丈云開得多少田師將钁築地三下丈便喝師掩耳而去師問百丈從上宗乘如何指示於人丈據坐師云後代兒孫將何傳受丈云我將謂你是箇人便起去南泉問師黃金爲城白銀爲壁是甚麼人居止處師云聖人居止處泉云更有一人居何國土師近前叉手而立泉云道不得何不請王老師道師云更有一人居何國土泉云可惜許

師上堂大衆纔集師拈拄杖一時打散復召大衆衆迴首師云月似彎弓少雨多風師一日捏拳謂衆云天下老和尚總在這裏我若放一線道從汝七縱八横若不放過不消一捏時有僧問放一線道時如何師云七縱八横云不放過時如何師云普裴相國一日請師至郡以所解一編示師師接置於座略不披閱良久曰會麼裴曰未測師曰若便恁麼會得猶較些子若也形於紙墨何有吾宗裴乃贈詩一章曰自從大士傳心印額有圓珠七尺身挂錫十年棲蜀水浮杯今日渡漳濱一千龍象隨高步萬里香華結勝因擬欲事師爲弟子不知將法付何人師亦無喜色自爾黃檗門風盛于江表矣問如何是道如何修行師云道是何物汝欲修行問諸方宗師相承參禪學道如何師云接引鈍根人語未可依憑云此既是接引鈍根人語未審接上根人復說何法師云若是上根人何處更就他覓他自己尚不可得何況更別有法當情不見教中云法法何狀云若如此則都不要求覓也師云若與麼則省心力云如是則渾成斷絕

不可是無也師云阿誰教他無他是阿誰你擬覓他云既不許覓何故又言莫斷他師云若不覓卽便休誰教你斷你見目前虛空作麼生斷他云此法可得便同虛空否師云虛空早晚向你道有同有異我暫如此說你便向者裏生解云應是不與人生解耶師云我不曾障你要且解屬於情情生則智隔云向者裏莫生情是否師云若不生情阿誰道是問纔向和尚處發言爲什麼便道話墮師云汝自是不解語人有什麼墮負問向來如許多言說皆是抵敵語未曾有實法指示於人師云實法無顛倒汝今問處自生顛倒覓什麼實法云既是問處自生顛倒和尚答處如何師云你且將物照面看莫管他人又云只如箇癡狗相似見物動處便吠風吹草木也不別又云我此禪宗從上相承已來不曾教人求知求解只云學道早是接引之詞然道亦不可學情存學者却成迷道道無方所名大乘心此心不在內外中間實無方所第一不得作知解只是說汝如今情量處爲道情量若盡心無方所此道天眞本無名字只爲世人不識迷在情中所以諸佛出來說破此事恐你諸人不了權立道名不可守名而生解故云得魚忘筌身心自然達道識心達本源故號爲沙門沙門果者從息慮而成不從學得汝如今將心求心傍他家舍只擬學取有什麼得時古人心利纔聞一言便乃絕學所以喚作絕學無爲閑道人今時人只欲得多知多解廣求文義喚作修行不知多知多解翻成壅塞唯知多與兒酥乳喫消與不消都總不知三乘學道人皆是此樣盡名食不消者所謂知解不消皆爲毒藥盡向生滅中取眞知之中都無此事故云我王庫內無如是刀從前所有一切解處盡須併却令空卽是空如來藏如來藏者更無纖塵可有卽是破有法王出現世間亦云我於然燈佛所無少法可得此語只爲空你情解知量但消融表裏情盡都無依執是無事人三乘教網只是應機之藥隨宜所說臨時施設各各不同但能了知卽不被惑第一不得於一機一教邊守文作解何以如此實無有定法如來可說我此宗門不論此事但知息心卽休更不用思前慮後問從上來皆云卽心是佛未審卽那箇心是佛師云你有幾箇心云爲復卽凡心是佛卽聖是佛師云何處有凡聖心耶云卽今三乘中說有凡聖和尚何得言無師云三乘中分明向你道凡聖心是妄你今不解返執爲有將空作實豈不是妄妄故迷心汝但除却凡情聖境心外更無別佛祖師西來直指一切人全體是佛汝今不識執凡執聖向外馳騁還自迷心所以向汝道卽心是佛一念情生卽墮異趣無始已來不異今日無有異法故名成等正覺云和尚所言卽者是何道理師云覓什麼道理纔有道理便卽心異云前言無始已來不異今日此理如何師云只爲覓故汝自異他汝若不覓何處有異云既是不異何更用說卽師云汝若不認凡聖阿誰向汝道卽卽若不卽心亦不心可中心卽俱忘阿你更擬向何處覓去問妄能障自心未審而今以何遣妄師云起妄遣妄亦成妄妄本無根只因分別而有你但於凡聖兩處情盡自然無妄更擬若爲遣他都不得有纖毫依執名爲我捨兩臂必當得佛云既無依執當何相承師云以心傳心云若心相傳云何言心亦無師云不得一法名爲傳心若了此心卽是無心無法云若無心無法云何名傳師云汝聞道傳心將謂有可得也所以祖師云認得心性時可說不思議了了無所得得時不說知此事若教會何堪也問只如目前虛空可不是境豈無指境見心乎師云什麼心教汝向境上見設汝見得只是箇照境底心如人以鏡照面縱然得見眉目分明元來只是影像何關汝事云若不因照何時得見師云若也涉因常須假物有什麼了時汝不見他向汝道撒手似君無一物徒勞謾說數千般云他若識了照亦無物耶師云若是無物更何用照你莫開眼寱語去

上堂云百種多知不如無求最第一也道人是無事人實無許多般心無事亦無散去問如何是世諦師云說葛藤作什麼本來清淨何假言說問答但無一切心卽名無漏智汝每日行住坐臥一切言語但莫著有爲法出言瞬目盡同無漏如今末法向去多是學禪道者皆著一切聲色何不與我心心同虛空去如枯木石頭去如寒灰死火去方有少分相應若不如是他日盡被閻老子拷你在你但離却有無諸法心如日輪常在虛空光明自然不照而照不是省力底事到此之時無棲泊處卽是行諸佛路便是應無所住而生其心此是你清淨法身名爲阿耨菩提若不會此意縱你學得多知勤苦修行草衣木食不識自心盡名邪行定作天魔眷屬如此修行當復何益故誌公云佛本是自心作那得向文字中求饒你學得三賢四果十地滿心也只是在凡聖內坐不見道諸行無常是生滅法勢力盡箭還墜招得來生不如意爭似無爲實相門一超直入如來地爲你不是與麼人須要向古人建化門廣學知解誌公云不逢出世明師枉服大乘法藥你如今一切時中行住坐臥但學無心久久雖實爲你力量小不能頓超但得三年五年或十年須得箇入處自然會去爲汝不能如是須要將心學禪學道佛法有什麼交涉故云如來所說皆爲化人如將黃葉爲金止小兒啼決定不實若有實得非我宗門下客且與你本體有甚交涉

說經云實無少法可得名爲阿耨菩提若也會得此意方知佛道魔道俱錯本來清淨皎皎地無方圓無大小無長短等相無漏無爲無迷無悟了了見無一物亦無人亦無佛大千沙界海中漚一切聖賢如電拂一切不如心眞實法身從古至今與佛祖一般何處欠少一毫毛既會如是意大須努力盡今生去出息不保入息問六祖不會經書何得傳衣爲祖秀上座是五百人首座爲教授師講得三十二本經論云何不傳衣師云爲他有心是有爲法所修所證將爲是也所以五祖付六祖六祖當時只是默契得密授如來甚深意所以付法與他汝不見道法本法無法無法法亦法今付無法時法法何曾法若會此意方名出家兒方好修行若不信云何明上座走來大庾嶺頭尋六祖六祖便問汝來求何事爲求衣爲求法明上座云不爲衣來但爲法來六祖云汝且暫時斂念善惡都莫思量明上座乃禀言六祖云不思善不思惡正當與麼時還我明上座父母未生時面目來明上座於言下忽然默契便禮拜云如人飲水冷暖自知某甲在五祖會中枉用三十年功夫今日方知不是六祖云如是到此之時方知祖師西來直指人心見性成佛不在言說豈不見阿難問迦葉云世尊傳金襴外別傳何法迦葉召阿難阿難應諾迦葉云倒卻門前剎竿著此便是祖師之標牓也甚生阿難三十年爲侍者只爲多聞智慧被佛訶云汝千日學慧不如一日學道若不學道滴水也難消夫出家人須知有從上來事分始得且如四祖下牛頭橫說竪說猶未知向上關棙子有此眼目方辯得邪正宗黨且當人事宜不能體會得但知學言語念向皮袋裏安著到處稱我會禪還替得汝生死麼輕忽老宿入地獄如箭我纔見汝入門來便識得了也還知麼急須努力莫容易事持片衣口食空過一生明眼人笑汝久後總被俗漢算將去在宜自看遠近是阿誰面上事若會卽便會若不會卽散去珍重問如何是西來意師便打自餘施設皆被上機中下之流莫窺涯涘唐大中年終於本山謚斷際禪師塔曰廣業

古尊宿語錄卷第二

古尊宿語録卷第三

黄檗斷際禪師宛陵録

丞相裴公問曰山中四五百人幾人得和尚法師云得者莫測其數何故道在心悟豈在言說言說秪是化童蒙耳問如何是佛師云卽心是佛無心是道但無生心動念有無長短彼我能所等心心本是佛佛本是心心如虛空所以云佛眞法身猶如虛空不用別求有求皆苦設使恒沙劫數行六度萬行得佛菩提亦非究竟何以故爲屬因緣造作故因緣若盡還歸無常所以云報化非眞佛亦非說法者但識自心無我無人本來是佛問聖人無心卽是佛凡夫無心莫沈空寂否師云法無凡聖亦無沈寂法本不有莫作無見法本不無莫作有見有之與無盡是情見猶如幻翳所以云見聞如幻翳知覺乃衆生祖宗門中只論息機忘見所以忘機則佛道隆分別則魔軍熾問心既本來是佛還修六度萬行否師云悟在於心非關六度萬行六度萬行盡是化門接物度生邊事設使菩提眞如實際解脫法身直至十地四果聖位盡是度門非關佛心心卽是佛所以一切諸度門中佛心第一但無生死煩惱等心卽不用菩提等法所以道佛說一切法度我一切心我無一切心何用一切法從佛至祖並不論別事唯論一心亦云一乘所以十方諦求更無餘乘此衆無枝葉唯有諸眞實所以此意難信達磨來此土梁魏二國秪有可大師一人密信自心言下便會卽心是佛身心俱無是名大道大道本來平等所以深信含生同一眞性心性不異卽性卽心心不異性名之爲祖所以云認得心性時可說不思議問佛度衆生否師云實無衆生如來度者我尚不可得非我何可得佛與衆生皆不可得云現有三十二相及度衆生何得言無師云凡所有相皆是虛妄若見諸相非相卽見如來佛與衆生盡是汝作妄見秪爲不識本心謾作見解纔作佛見便被佛障纔作衆生見便被衆生障作凡作聖作淨作穢等見盡成其障障汝心故總成輪轉猶如獼猴放一捉一無有歇期一等是學直須無學無凡無聖無淨無垢無大無小無漏無爲如是一心中方便勤莊嚴聽汝學得三乘十二分教有一切見解總須捨卻所以除去所有唯置一牀寢疾而臥秪是不起諸見無一法可得不被法障透脫三界凡聖境域始得名爲出世佛所以云稽首如虛空空無所依出過外道心既不異法亦不異心既無爲法亦無爲萬法盡由心變所以我心空故諸法空千品萬類悉皆同盡十方空界同一心體心本不異法亦不異秪爲汝見解不同譬如諸天同寶器食隨其福德飯色有異十方諸佛實無少法可得名爲阿耨菩提秪是一心實無異相亦無光彩亦無勝負無勝故無佛相無負故無衆生相云心既無相豈得全無三十二相八十種好化度衆生耶師云三十二相屬相凡所有相皆是虛妄八十種好屬色若以色見我是人行邪道不能見如來問佛性與衆生性爲同爲別師云性無同異若約三乘教卽說有佛性有衆生性遂有三乘因果卽有同異若約佛乘及祖師相傳卽不說如是事唯指一心非同非異非因非果所以云唯此一乘道無二亦無三除佛方便說問無邊身菩薩爲什麼不見如來頂相師云實無可見何以故無邊身菩薩便是如來不應更見秪教汝不作佛見不落佛邊不作衆生見不落衆生邊不作有見不落有邊不作無見不落無邊不作凡見不落凡邊不作聖見不落聖邊但無諸見卽是無邊身若有見處卽名外道外道者樂於諸見菩薩於諸見而不動如來者卽諸法如義所以云彌勒亦如也衆聖賢亦如也如卽無生如卽無滅如卽無見如卽無聞如來頂卽圓亦無無圓見故不落圓邊所以佛身無爲不墮諸數權以虛空爲喻圓同太虛無欠無餘等閑無事莫強辯他境辯著便成識所以云圓成沈識海流轉若飄蓬秪道我知也學得也契悟也解脫也有道理也強處卽喜弱處生瞋似者箇見解有什麼用處我向汝道等閑無事莫謾用心不用求眞唯須息見所以內見外見俱錯佛道魔道俱惡所以文殊暫起二見貶向二鐵圍山文殊卽實智普賢卽權智權實相對治究竟亦無權實唯是一心心且不佛不衆生無有異見纔有佛見便作衆生見有見無見常見斷見便成二鐵圍山被見障故祖師直指一切衆生本心本體本來是佛不假修成不屬漸次不是明暗不是明故無明不是暗故無暗所以無無明亦無無明盡入我此宗門切須在意如此見得名之爲法見法故名之爲佛佛法俱無名之爲僧喚作無爲僧亦名一體三寶夫求法者不著佛求不著法求不著衆求應無所求不著佛求故無佛不著法求故無法不著衆求故無僧問和尚見今說法何得言無僧亦無法師云汝若見有法可說卽是以音聲求我若見有我卽是處所法亦無法法卽是心所以祖師云付此心法時法法何曾法無法無本心始解心心法實無一法可得名坐道場道場者秪是不起諸見悟法本空喚作空如來藏本來無一物何處有塵埃若得此中意逍遙何所論問本來無一物無物便是否師云無亦不是菩提無是處亦無無知解問何者是佛師云汝心是佛佛卽是心心佛不異故云卽心卽佛若離於心別更無佛云若自心是佛祖師西來如何傳授師云祖師西來唯傳心佛直指汝等心本來是佛心心不異故名爲祖若

直下見此意卽頓超三乘一切諸位本來是佛不假修成云若如此十方諸佛出世說於何法師云十方諸佛出世秖共說一心法所以佛密付與摩訶大迦葉此一心法體盡虚空徧法界名爲諸佛理論這法豈是汝於言句上解得他亦不是於一機一境上見得他此意唯是默契得者一門名爲無爲法門若欲會得但知無心忽悟卽得若用心擬學取卽轉遠法若無歧路心一切取捨心心如木石始有學道分云如今現有種種妄念何以言無師云妄本無體卽是汝心所起汝若識心是佛心本無妄那得起心更認於妄汝若不生心動念自然無妄所以云心生則種種法生心滅則種種法滅今正妄念起時佛在何處師云汝今覺妄起時覺正是佛可中若無妄念佛亦無何故如此爲汝起心作佛見便謂有佛可成作衆生見便謂有衆生可度起心動念總是汝見處若無一切見佛有何處所如文殊纔起佛見便貶向二鐵圍山云今正悟時佛在何處師云問從何來覺從何起語默動靜一切聲色盡是佛事何處覓佛不可更頭上安頭嘴上加嘴但莫生異見山是山水是水僧是僧俗是俗山河大地日月星辰總不出汝心三千世界都來是汝箇自已何處有多般心外無法滿目青山虚空世界皎皎地無絲髮許與汝作見解所以一切聲色是佛之慧法不孤起仗境方生爲物之故有其多智終日說何曾說終日聞何曾聞所以釋迦四十九年說未曾說著一字云若如此何處是菩提師云菩提無是處佛亦不得菩提衆生亦不失菩提不可以身得不可以心求一切衆生卽菩提相云如何發菩提心師云菩提無所得你今但發無所得心決定不得一法卽菩提心菩提無住處是故無有得者故云我於然燈佛所無有少法可得佛卽與我授記明知一切衆生本是菩提不應更得菩提你今聞發菩提心謂將一箇心學取佛去唯擬作佛道任汝三秖劫修亦秖得箇報化佛與你本源眞性佛有何交涉故云外求有相佛與汝不相似問本旣是佛那得更有四生六道種種形貌不同師云諸佛體圓更無增減流入六道處處皆圓萬類之中箇箇是佛譬如一團水銀分散諸處顆顆皆圓若不分時秖是一塊此一卽一切一切卽一種種形貌喻如屋舍捨驢屋入人屋捨人身至天身乃至聲聞緣覺菩薩佛屋皆是汝取捨處所以有別本源之性何得有別問何者是精進師云身心不起是名第一牢强精進纔起心向外求者名爲歌利王愛遊獵去心不外遊卽是忍辱僊人身心俱無卽是佛道問若無心行此道得否師云無心卽便是行此道更說什麼得與不得且如瞥起一念便是境若無一念便是境忘心自滅無復可追尋問如何是出三界師云善惡都莫思量當處便出三界如來出世爲破三有若無一切心三界亦非有如一微塵破爲百分九十九分是無一分是有摩訶衍不能勝出百分俱無摩訶衍始能勝出上堂云卽心是佛上至諸佛下至蠢動含靈皆有佛性同一心體所以達磨從西天來唯傳一心法直指一切衆生本來是佛不假修行但如今識取自心見自本性更莫別求云何識自心卽如今言語者正是汝心若不言語又不作用心體如虚空相似無有相貌亦無方所亦不一向是無有而不可見故祖師云眞性心地藏無頭亦無尾應緣而化物方便呼爲智若應緣之時不可言其有無正應之時亦無蹤跡旣知如此如今但向無中棲泊卽是行諸佛路經云應無所住而生其心一切衆生輪迴不息生死者意緣走作心於六道不停致使受種種苦淨名云難化之人心如猿猴故以若干種法制禦其心然後調伏所以心生種種法生心滅種種法滅故知一切諸法皆由心造乃至人天六道地獄修羅盡由心造如今但學無心頓息諸緣莫生妄想分別無人無我無貪瞋無憎愛無勝負但除卻如許多種妄想性自本來清淨卽是修行菩提法佛等若不會此意縱你廣學勤苦修行木食草衣不識自心皆名邪行盡作天魔外道水陸諸神如此修行當復何益誌公云本體是自心作那得文字中求如今但識自心息卻思惟妄想塵勞自然不生淨名云唯置　牀寢疾而臥心不起也如人臥疾攀緣都息妄想歇滅卽是菩提如今若心裏紛紛不定任你學到三乘四果十地諸位合殺秖向凡聖中坐諸行盡歸無常勢力皆有盡期猶如箭射於空力盡還墜卻歸生死輪迴如斯修行不解佛意虚受辛苦豈非大錯誌公云未逢出世明師枉服大乘法藥如今但一切時中行住坐臥但學無心亦無分別亦無依倚亦無住著終日任運騰騰如癡人相似世人盡不識你你亦不用教人識不識之心如頑石頭都無縫罅一切法透汝心不入兀然無著如此始有少分相應透得三界境過名爲佛出世不漏心相名爲無漏智不作人天業不作地獄業不起一切心諸緣盡不生卽此身心是自由人不是一向不生秖是隨意而生經云菩薩有意生身是也忽若未會無心著相皆屬魔業乃至作淨土佛事並皆成業乃名佛障障汝心故被因果管束去住無自由分所以菩提等法本不是有如來所說皆是化人猶如黃葉爲金錢權止小兒啼故實無有法名阿耨菩提如今旣會此意何用驅驅但隨緣消舊業更莫造新殃心裏明明所以舊時見解總須捨卻淨名云除去所有法華云二十年中常令除糞秖是除去心中作

見解處又云鋤除戲論之糞所以如來藏本自空寂祇是迹不停留一法故經云諸佛國土亦復皆空若言佛道是修學而得如此見解全無交涉或作一機一境揚眉動目祇對相當便道契會也得證悟禪理也忽逢一人不解便道都無所知對他若得道理心中便歡喜若被他折伏不如他便即心懷惆悵如此心意學禪有何交涉任汝會得少許道理祇得箇心所法禪道總沒交涉所以達磨面壁都不令人有見處故云忘機是佛道分別是魔境此性縱汝迷時亦不失悟時亦不得天眞自性本無迷悟盡十方虛空界元來是我一心體縱汝動用造作豈離虛空虛空本來無大無小無漏無爲無迷無悟了了見無一物亦無人亦無佛絶纖毫的量是無依倚無黏綴一道清流是自性是無生法忍何有擬議眞佛無口不解說法眞聽無耳其誰聞乎珍重有僧辭歸宗宗云往甚處去云諸方學五味禪去宗云諸方有五味禪我者裏祇是一味禪云如何是一味禪宗便打僧云會也會也宗云道道僧擬開口宗又打其僧後到師處師問甚麼處來云歸宗來師云歸宗有何言句僧遂舉前話師乃上堂舉此因緣云馬大師出八十四人善知識問著箇箇屙漉漉地祇有歸宗較些子師在黃檗會裏大中帝爲沙彌師於佛殿上禮佛沙彌云不著佛求不著法求不著衆求長老禮拜當何所求師云不著佛求不著法求不著衆求常禮如是事沙彌云用禮何爲師便掌沙彌云太麤生師云者裏是什麼所在說麤說細隨後又掌沙彌便走師行脚時到南泉一日齋時捧鉢向南泉位上坐南泉下來見便問長老什麼年中行道師云威音王已前南泉云猶是王老師孫在師便下去師一日在茶堂內坐南泉下來問定慧等學明見佛性此理如何師云十二時中不依倚一物泉云莫便是長老見處麼師云不敢泉云漿水錢且置草鞋錢教什麼人還師便休後溈山舉此因緣問仰山莫是黃檗構他南泉不得麼仰山云不然須知黃檗有陷虎之機溈山云子見處得與麼長一日五人新到同時相看一人不禮拜以手畫一圓相而立師云還知道好隻獵犬麼云尋羚羊氣來師云羚羊無氣汝向什麼處尋云尋羚羊蹤來師云羚羊無蹤汝向什麼處尋云尋羚羊跡來師云羚羊無跡汝向什麼處尋云與麼則死羚羊也師便休來日陞座退問昨日尋羚羊僧出來其僧便出師云老僧昨日後頭未有語在作麼生其僧無語師云將謂是本色衲僧元來祇是義學沙門師曾散衆在洪州開元寺裴相公一日入寺行次見壁畫乃問寺主者畫是什麼寺主云畫高僧相公云形影在者裏高僧在什麼處寺主無對相公云是間莫有禪僧麼寺主云有一人相公遂請師相見乃舉前話問師師召云裴休休應諾師云在什麼處相公於言下有省乃再請師開堂

夫學道者先須併卻雜學諸緣決定不求決定不著聞甚深法恰似清風屆耳瞥然而過更不追尋是爲甚深入如來禪離生禪想從上祖師唯傳一心更無二法指心是佛頓超等妙二覺之表決定不流至第二念始似入我宗門如斯之法汝取次人到者裏擬作麼生學所以道擬心時被擬心魔縛非擬心時又被非擬心魔縛非非擬心時又被非非擬心魔縛非外來出自你心唯有無神通菩薩足跡不可尋若以一切時中心有常見即是常見外道若觀一切法空作空見者即是斷見外道所以三界唯心萬法唯識此猶是對外道邪見人說若說法身以爲極果此對三賢十聖人言故佛斷二愚一者微細所知愚二者極微細所知愚佛既如是更說什麼等妙二覺來所以一切人但欲向明不欲向暗但欲求悟不愛煩惱無明便道佛是覺衆生是妄若作如是見解百劫千生輪迴六道更無斷絶何以故爲謗諸佛本源自性故他分明向你道佛且不明衆生不暗法無明暗故佛且不強衆生且不弱法無強弱故佛且不智衆生且不愚法無愚智故是你出頭總道解禪開著口便病發不說本祇說末不說迷祇說悟不說體祇說用總無你話論處他一切法且本不有今亦不無緣起不有緣滅不無本亦不有本非本故心亦不心心非心故相亦非相相非相故所以道無法無本心始解心心法法即非法非法即法無法無非法故是心心法忽然瞥起一念了知如幻如化即流入過去佛過去佛且不有未來佛且不無又且不喚作未來佛現在念念不住不喚作現在佛佛若起時即不擬他是覺是迷是善是惡輒不得執滯他斷絶他如一念瞥起千重關鎖鎖不得萬丈繩索索他不住既若如是爭合便擬滅他止他分明向你道爾燄識你作麼生擬斷他喻如陽燄你道近十方世界求不可得始道遠看時秖在目前你擬趁他他又轉遠去你始避他他又來逐你取又不得捨又不得既若如此故知一切法性自爾即不用愁他慮他如言前念是凡後念是聖如手翻覆一般此是三乘教之極也據我禪宗中前念且不是凡後念且不是聖前念不是佛後念不是衆生所以一切色是佛色一切聲是佛聲舉著一理一切理皆然見一事見一切事見一心見一切心見一道見一切道一切處無不是道見一塵十方世界山河大地皆然見一滴水即見十方世界一切性水又見一切法即見一切心一切法本空心即不無不無即妙有有亦不有不有即有即眞空妙有既

若如是十方世界不出我之一心一切微塵國土不出我之一念若然說什麼內之與外如蜜性甜一切蜜皆然不可者箇蜜甜餘底苦也何處有與麼事所以道虛空無內外法性自爾虛空無中間法性自爾故衆生即佛佛即衆生衆生與佛元同一體生死涅槃有爲無爲元同一體世間出世間乃至六道四生山河大地有性無性亦同一體言同者名相亦空有亦空無亦空盡恒沙世界元是一空既若如此何處有佛度衆生何處有衆生受佛度何故如此萬法之性自爾故若作自然見即落自然外道若作無我無

我所見墮在三賢十聖位中你如今云何將一尺一寸便擬量度虛空他分明向汝道法法不相到法自寂故當處自住當處自眞以身空故名法空以心空故名性空身心總空故名法性空乃至千途異說皆不離你之本心如今說菩提涅槃眞如佛性二乘菩薩者皆指葉爲黃金拳掌之說若也展手之時一切大衆若天若人皆見掌中都無一物所以道本來無一物何處有塵埃本既無物三際本無所有故學道人單刀直入須見者箇意始得故達磨大師從西天來至此土經多少國土秖覓得可大師一人密傳心

印印你本心以心印法以法印心心既如此法亦如此同眞際等法性法性空中誰是授記人誰是成佛人誰是得法人他分明向你道菩提者不可以身得身無相故不可以心得心無相故不可以性得性即便是本源自性天眞佛故不可以佛更得佛不可以無相更得無相不可以空更得空不可以道更得道本無所得無得亦不可得所以道無一法可得秖教你了取本心當下了時不得了相無了無不了相亦不可得如此之法得者即得得者不自覺知不得者亦不自覺知如此之法從上已來有幾人得知所以

道天下忘已者有幾人如今於一機一境一經一教一世一時一名一字六根門前領得與機關木人何別忽有一人出來不於一名一相上作解者我說此人盡十方世界覓者箇人不可得以無第二人故繼於祖位亦云釋種無雜純一故言王若成佛時王子亦隨出家此意大難知秖教你莫覓覓便失卻如癡人山上叫一聲響從谷出便走下山趁及乎覓不得又叫一聲山上響又應亦走上山趁如是千生萬劫秖是尋聲逐響人虛生浪死漢汝若無聲即無響涅槃者無聞無知無聲絕迹絕蹤若得如是稍與祖

師隣房也問如王庫藏內都無如是刀伏願誨示師云王庫藏者即虛空性也能攝十方虛空世界皆總不出你心亦謂之虛空藏菩薩你若道是有是無非有非無總成羊角羊角者即你求覓者也問王庫藏中有眞刀否師云此亦是羊角云若王庫藏中本無眞刀何故云王子持王庫中眞刀出至異國何得言無師云持刀出者此喻如來使者你若言王子持王庫中眞刀出去者庫中應空去也本源虛空性不可被異人將去是什麼語設你有者皆名羊角問迦葉

受佛心印得爲傳語人否師云是云若是傳語人應不離得羊角師云迦葉自領得本心所以不是羊角若以領得如來心見如來意見如來色相者即屬如來使爲傳語人所以阿難爲侍者二十年但見如來色相所以被佛呵云唯觀救世者不能離得羊角問文殊執劍於瞿曇前者如何師云五百菩薩得宿命智見過去生業障五百者即你五陰身是以見此夙命障故求佛求菩提涅槃所以文殊將智解劍害此有見佛心故故言你善害云何者是劍師云解心是劍云解心既是劍斷此有見佛心秖如能斷見心何能除得師云還將你無分別智斷此有見分別心云

如作有見有求佛心將無分別智劍斷爭奈有智劍在何師云若無分別智害有見無見無分別智亦不可得云不可以智更斷智不可以劍更斷劍師云劍自害劍劍相害即劍亦不可得智自害智智相害即智亦不可得母子俱喪亦復如是問如何是見性云性即是見見即是性不可以性更見性聞即是性不可以性更聞性秖你作性見能聞能見性便有一異法生他分明道所可見者不可更見你云何頭上更著頭他分明道如盤中散珠大者大圓小者小圓各各不相知各各不相礙起時不言我起滅時不言我滅所以四生六道未有不如時且衆生不見佛佛不見衆生四果不見四向四向不見四果三賢十聖不見等妙二覺等妙二覺不見三賢十聖乃至水不見火火不見水地不見風風不見地衆生不入法界佛不出法界所以法性無去來無能所見既如此因什麼道我見我聞於善知識處得契悟善知識與我說法諸佛出世與衆生說法迦旃延秖爲以生滅心傳實相法被淨名呵責分明道一切法本來無縛何用解他本來不染何用淨他故云實相如是豈可說乎汝今秖成是非心染淨心學得一知一解繞天

下行見人便擬定當取誰有心眼誰強誰弱若也如此天地懸殊更說什麼見性問既言性即見見即性秖如性自無障礙無劑限云何隔物即不見又於虛空中近即見遠即不見者如何師云此是你妄生異見若言隔物不見無物言見便謂性有隔礙者全無交涉性且非見非不見法亦非見非不見若見性人何處不是我之本性所以六道四生山河大地總是我之性淨明體故云見色便見心色心不異故秖爲取相作見聞覺知去卻前物始擬得見者即墮二乘人中依通見解也虛空中近則見遠則不見此是外

道中收分明道非內亦非外非近亦非遠近而不可見者萬物之性也近尚不可見更道遠而不可見有什麼意旨問學人不會和尚如何指示師云我無一物從來不曾將一物與人你無始已來祇爲被人指示覓契覓會此可不是弟子與師俱陷王難你但知一念不受即是無受身一念不想即是無想身決定不遷流造作即是無行身莫思量卜度分明即是無識身你如今纔別起一念即入十二因緣無明緣行亦因亦果乃至老死亦因亦果故善財童子一百一十處求善知識祇向十二因緣中求最後見彌勒彌勒卻指見文殊文殊者即汝本地無明若心心別異向外求善知識者一念纔生即滅纔滅又生所以汝等比丘亦生亦老亦病亦死酬因答果已來即五聚之生滅五聚者五陰也一念不起即十八界空即身便是菩提華果即心便是靈智亦云靈臺若有所住著即身爲死屍亦云守死屍鬼問淨名默然文殊讚歎云是眞入不二法門如何師云不二法門即你本心也說與不說即有起滅無言說時無所顯示故文殊讚歎云淨名不說聲有斷滅否師云語即默默即語語默不二故云聲之實性亦無斷滅文殊本聞亦不斷滅所以如來常說未曾有不說時如來說即是法法即是說法說不二故乃至報化二身菩薩聲聞山河大地水鳥樹林一時說法所以語亦說默亦說終日說而未嘗說既若如是但以默爲本問聲聞人藏形於三界不能藏於菩提者如何師云形者質也聲聞人但能斷三界見修已離煩惱不能藏於菩提故還被魔王於菩提中捉得於林中宴坐還成微細見菩提心也菩薩人已於三界菩提決定不捨不取不取故七大中覓他不得不捨故外魔亦覓他不得汝但擬著一法印子早成也印著有即六道四生文出印著空即無相文現如今但知決定不印一切物此印爲虛空不一不二空本不空印本不有十方虛空世界諸佛出世如見電光一般觀一切蠢動含靈如響一般見十方微塵國土恰似海中一滴水相似聞一切甚深法如幻如化心心不異法法不異乃至千經萬論祇爲你之一心若能不取一切相故言如是一心中方便勤莊嚴問如我昔爲歌利王割截身體如何師云僊人者即是你心歌利王好求也不守王位謂之貪利如今學人不積功累德見者便擬學與歌利王何別如見色時壞卻僊人眼聞聲時壞卻僊人耳乃至覺知時亦復如是喚作節節支解云祇如僊人忍時不合更有節節支解不可一心忍一心不忍也師云你作無生見忍辱解無求解總是傷損云僊人被割時還知痛否又云此中無受者是誰受痛師云你既不痛出頭來覓箇甚麼問然燈佛授記爲在五百歲中五百歲外師云五百歲中不得授記所言授記者你本決定不忘不失有爲不取菩提但以了世非世亦不出五百歲外別得授記亦不於五百歲中得授記云了世三際相不可得已否師云無一法可得云何故言頻經五百世前後極時長師云五百世長遠當知猶是僊人故然燈授記時實無少法可得問教中云銷我億劫顛倒想不歷僧祇獲法身者如何師云若以三無數劫修行有所證得者盡恒沙劫不得若於一剎那中獲得法身直了見性者猶是三乘教之極談也何以故以見法身可獲故皆屬不了義教中收問見法頓了者見祖師意否師云祖師心出虛空外云有限劑否師云有無限劑此皆數量對待之法祖師云且非有限量非無限量非非有無限量以絕待故你今學者未能出得三乘教外爭喚作禪師分明向汝道一等學禪莫取次妄生異見如人飲水冷暖自知一行一住一剎那間念念不異若不如是不免輪迴問佛身無爲不墮諸數何故佛身舍利八斛四斗師云你作如是見祇見假舍利不見眞舍利云舍利爲是本有爲復功勳師云非是本有亦非功勳云若非本有又非功勳何故如來舍利唯鍊唯精金骨常存師乃呵云你作如此見解爭喚作學禪人你見虛空曾有骨否諸佛心同太虛覓什麼骨云如今見有舍利此是何法師云此從你妄想心生即見舍利云和尚還有舍利否請將出來看師云眞舍利難見你但以十指撥盡妙高峯爲微塵即見眞舍利

夫參禪學道須得一切處不生心祇論忘機即佛道隆分別即魔軍盛畢竟無毛頭許少法可得問祖傳法付與何人師云無法與人云云何是二祖請師安心師云你若道有二祖即合覓得心覓心不可得故所以道與你安心竟若有所得全歸生滅問佛窮得無明否師云無明即是一切諸佛得道之處所以緣起是道場所見一塵一色便合無邊理性舉足下足不離道場道場者無所得也我向你道祇無所得名爲坐道場云無明者爲明爲暗師云非明非暗明暗是代謝之法無明且不明亦不暗不明祇是本明不明不暗祇者一句子亂卻天下人眼所以道假使滿世間皆如舍利弗盡思共度量不能測佛智其無礙慧出過虛空無你語論處釋迦量等三千大千世界忽有一菩薩出來一跨跨卻三千大千世界不出普賢一毛孔你如今把什麼本領擬學他云既是學不得爲什麼道歸源性無二方便有多門如之何師云歸源性無二者無明實性即諸佛性方便有多門者聲聞人見無明生見無明滅緣覺人但見無明滅不見無明生念念證寂滅諸佛見衆生終日生而無生

終日滅而無滅無生無滅卽大乘果所以道果滿菩提圓華開世界起舉足卽佛下足卽衆生諸佛兩足尊者卽理足事足衆生足生死足一切等足故不求是你今念念學佛卽嫌著衆生若嫌著衆生卽是謗他十方諸佛所以佛出世來執除糞器蠲除戲論之糞秖教你除卻從來學心見心除得盡卽不墮戲論亦云搬糞出秖教你不生心心若不生自然成大智者決定不分別佛與衆生一切盡不分別始得入我曹谿門下故自古先聖云少行我法門所以無行爲我法門秖是一心門一切人到者裏盡不敢入不道全無秖是少人得得者卽是佛珍重問如何得不落階級師云但終日喫飯未曾齩著一粒米終日行未曾踏著一片地與麼時無人無我等相終日不離一切事不被諸境惑方名自在人念念不見一切相莫認前後三際前際無去今際無住後際無來安然端坐任運不拘方名解脫努力努力此門中千人萬人秖得三箇五箇若不將爲事受殃有日在故云著力今生須了卻誰能累劫受餘殃

古尊宿語錄卷第三

古尊宿語錄卷之四

鎭州臨濟慧照禪師語錄

住三聖嗣法小師慧然集

府主王常侍與諸官請師升座師上堂云山僧今日事不獲已曲順人情方登此座若約祖宗門下稱揚大事直是開口不得無你措足處山僧此日以常侍堅請那隱綱宗還有作家戰將直下展陣開旗麽對衆證據看僧問如何是佛法大意師便喝僧禮拜師云這箇師僧却堪持論問師唱誰家曲宗風嗣阿誰師云我在黄檗處三度發問三度被打僧擬議師便喝隨後打云不可向虛空裏釘橛去也有座主問三乘十二分教豈不是明佛性師云荒草不曾鋤主云佛豈賺人也師云佛在什麽處主無語師云對常侍前擬瞞老僧速退速退妨他別人請問復云此日法筵爲一大事故更有問話者麽速致問來你纔開口早勿交涉也何以如此不見釋尊云法離文字不屬因不在緣故爲你信不及所以今日葛藤恐滯常侍與諸官員昧他佛性不如且退喝一喝云少信根人終無了日久立珍重

師一日到河北府府主王常侍請師升座時麻谷出問大悲千手眼那箇是正眼師云大悲千手眼那箇是正眼速道速道麻谷拽師下座麻谷却坐師近前云不審麻谷擬議師亦拽麻谷下座師却坐麻谷便出去師便下座

上堂云赤肉團上有一無位眞人常從汝等諸人面門出入未證據者看看時有僧出問如何是無位眞人師下禪牀把住云道道其僧擬議師托開云無位眞人是什麽乾屎橛便歸方丈

上堂有僧出禮拜師便喝僧云老和尚莫探頭好師云你道落在什麽處僧便喝又有僧問如何是佛法大意師便喝僧禮拜師云你道好喝也無僧云草賊大敗師云過在什麽處僧云再犯不容師便喝是日兩堂首座相見同時下喝僧問師還有賓主也無師云賓主歷然師云大衆要會臨濟賓主句問取堂中二首座便下座

上堂僧問如何是佛法大意師豎起拂子僧便喝師便打又僧問如何是佛法大意師亦豎起拂子僧便喝師亦喝僧擬議師便打師乃云大衆夫爲法者不避喪身失命我二十年在黄檗先師處三度問佛法的的大意三度蒙他賜杖如蒿枝拂著相似如今更思得一頓棒喫誰人爲我行得時有僧出衆云某甲行得師拈棒與他其僧擬接師便打

上堂僧問如何是劒刃上事師云禍事禍事僧擬議師便打問秖如石室行者踏碓忘却移脚向什麽處去師云沒溺深泉師乃云但有來者不虧欠伊總識伊來處若與麽來恰似失却不與麽來無繩自縛一切時中莫亂斟酌會與不會都來是錯分明與麽道一任天下人貶剝久立珍重

上堂云一人在孤峯頂上無出身之路一人在十字街頭亦無向背那箇在前那箇在後不作維摩詰不作傅大士珍重

上堂云有一人論劫在途中不離家舍有一人離家舍不在途中那箇合受人天供養便下座

上堂僧問如何是第一句師云三要印開朱點窄未容擬議主賓分問如何是第二句師云妙解豈容無著問漚和爭負截流機問如何是第三句師云看取棚頭弄傀儡抽牽都藉裏頭人師又云一句語須具三玄門一玄門須具三要有權有用汝等諸人作麽生會下座

師晚參示衆云有時奪人不奪境有時奪境不奪人有時人境倶奪有時人境倶不奪時有僧問如何是奪人不奪境師云煦日發生鋪地錦嬰孩垂髮白如絲僧云如何是奪境不奪人師云王令已行天下徧將軍塞外絶烟塵僧云如何是人境兩倶奪師云并汾絶信獨處一方僧云如何是人境倶不奪師云王登寶殿野老謳謌師乃云今時學佛法者且要求眞正見解若得眞正見解生死不染去住自由不要求殊勝殊勝自至道流秖如自古先德皆有出人底路如山僧指示人處秖要你不受人惑要用便用更莫遲疑如今學者不得病在甚處病在不自信處你若自信不及卽便茫茫地徇一切境轉被他萬境回換不得自由你若能歇得念念馳求心便與祖佛不別你欲得識祖佛麽秖你面前聽法底是學人信不及便向外馳求設求得者皆是文字勝相終不得他活祖意莫錯諸禪德此時不遇萬劫千生輪回三界徇好境掇去驢牛肚裏生道流約山僧見處與釋迦不別今日多般用處欠少什麽一道神光未曾間歇若能如是見得秖是一生無事人大德三界無安猶如火宅此不是你久停住處無常殺鬼一刹那間不揀貴賤老少你要與祖佛不別但莫外求你一念心上清淨光是你屋裏法身佛你一念心上無分別光是你屋裏報身佛你一念心上無差別光是你屋裏化身佛此三種身是你卽今目前聽法底人秖爲不向外馳求有此功用據經論家取三種身爲極則約山僧見處不然此三種身是名言亦是三種依古人云身依義立土據體論法性身法性土明知是光影大德你且識取弄光影底人是諸佛之本源一切處是道流歸舍處是你四大色身不解說法聽法脾胃肝膽不解說法聽法虛空不解說法聽法是什麽解說法聽法是你目前歷歷底勿一箇形段孤明是這箇

解說法聽法若如是見得便與祖佛不別但一切時中更莫間斷觸目皆是秖爲情生智隔想變體殊所以輪回三界受種種苦若約山僧見處無不甚深無不解脫道流心法無形通貫十方在眼曰見在耳曰聞在鼻齅香在口談論在手執捉在足運奔本是一精明分爲六和合一心既無隨處解脫山僧與麼說意在什麼處秖爲道流一切馳求心不能歇上他古人閑機境道流取山僧見處坐斷報化佛頭十地滿心猶如客作兒等妙二覺擔枷鎖漢羅漢辟支猶如厠穢菩提涅槃如繫驢橛何以如此秖爲道流不達三祇劫空所以有此障礙若是眞正道人終不如是但能隨緣消舊業任運著衣裳要行卽行要坐卽坐無一念心希求佛果緣何如此古人云若欲作業求佛佛是生死大兆大德時光可惜秖擬傍家波波地學禪學道認名認句求佛求祖求善知識意度莫錯道流你秖有一箇父母更求何物你自返照看古人云演若達多失却頭求心歇處卽無事大德且要平常莫作模樣有一般不識好惡禿奴便卽見神見鬼指東劃西好晴好雨如是之流盡須抵債向閻老前吞熱鐵丸有日好人家男女被這一般野狐精魅所著便卽捏怪瞎屢生索飯錢有日在

師示衆云道流切要求取眞正見解向天下橫行免被這一般精魅惑亂無事是貴人但莫造作秖是平常你擬向外傍家求過覓脚手錯了也秖擬求佛佛是名句你還識馳求底麼三世十方佛祖出來也秖爲求法如今參學道流也秖爲求法得法始了未得依前輪回五道云何是法法者是心法心法無形通貫十方目前現用人信不及便乃認名認句向文字中求意度佛法天地懸殊道流山僧說法說什麼法說心地法便能入凡入聖入淨入穢入眞入俗要且不是你眞俗凡聖能與一切眞俗凡聖安著名字眞俗凡聖與此人安著名字不得道流把得便用更不著名字號之爲玄旨山僧說法與天下人別秖如有箇文殊普賢出來目前各現一身問法纔道咨和尚我早辨了也老僧穩坐更有道流來相見時我盡辨了也何以如此秖爲我見處別外不取凡聖內不住根本見徹更不疑謬

師示衆云道流佛法無用功處秖是平常無事屙屎送尿著衣喫飯困來卽臥愚人笑我智乃知焉古人云向外作工夫總是癡頑漢你且隨處作主立處皆眞境來回換不得縱有從來習氣五無間業自爲解脫大海今時學者總不識法猶如觸鼻羊逢著物安在口裏奴郎不辨賓主不分如是之流邪心入道鬧處卽入不得名爲眞出家人正是眞俗家人夫出家者須辨得平常眞正見解辨佛辨魔辨眞辨僞辨凡辨聖若如是辨得名眞出家若魔佛不辨正是出一家入一家喚作造業衆生未得名爲眞出家秖如今有一箇佛魔同體不分如水乳合鵞王喫乳如明眼道流魔佛俱打你若愛聖憎凡生死海裏浮沉

問如何是佛魔師云你一念心疑處是佛魔你若達得萬法無生心如幻化更無一塵一法處處清淨是佛然佛與魔是染淨二境約山僧見處無佛無衆生無古無今得者便得不歷時節無修無證無得無失一切時中更無別法設有一法過此者我說如夢如化山僧所說皆是道流卽今目前孤明歷歷地聽者此人處處不滯通貫十方三界自在入一切境差別不能回換一剎那間透入法界逢佛說佛逢祖說祖逢羅漢說羅漢逢餓鬼說餓鬼向一切處游履國土敎化衆生未曾離一念隨處清淨光透十方萬法一如道流大丈夫兒今日方知本來無事秖爲你信不及念念馳求捨頭覓頭自不能歇如圓頓菩薩入法界現身向淨土中厭凡忻聖如此之流取捨未忘染淨心在如禪宗見解又且不然直是現今更無時節山僧說處皆是一期藥病相治總無實法若如是見得是眞出家日消萬兩黃金道流莫取次被諸方老師印破面門道我解禪解道辯似懸河皆是造地獄業若是眞正學道人不求世間過切急要求眞正見解若達眞正見解圓明方始了畢

問如何是眞正見解師云你但一切入凡入聖入染入淨入諸佛國土入彌勒樓閣入毗盧遮那法界處處皆現國土成住壞空佛出于世轉大法輪却入涅槃不見有去來相貌求其生死了不可得便入無生法界處處游履國土入華嚴世界盡見諸法空相皆無實法唯有聽法無依道人是諸佛之母所以佛從無依生若悟無依佛亦無得若如是見得者是眞正見解學人不了爲執名句被他凡聖名礙所以障其道眼不得分明秖如十二分敎皆是表顯之說學者不會便向表顯名句上生解皆是依倚落在因果未免三界生死你若欲得生死去住脫著自由卽今識取聽法底人無形無相無根無本無住處活潑潑地應是萬種施設用處秖是無處所以覓著轉遠求之轉乖號之爲秘密道流你莫認著箇夢幻伴子遲晚中間便歸無常你向此世界中覓箇什麼物作解脫覓取一口飯喫補毳過時且要訪尋知識莫因循逐樂光陰可惜念念無常麤則被地水火風細則被生住異滅四相所逼道流今時且要識取四種無相境免被境擺撲

問如何是四種無相境師云你一念心疑被地來礙你一念心愛被水來溺你一念心嗔被火來燒你一念心喜被風來飄若能如是辨得不被境轉處處用

境東涌西沒南涌北沒中涌邊沒邊涌中沒履水如地履地如水緣何如此爲達四大如夢如幻故道流你秖今聽法者不是你四大能用你四大若能如是見得便乃去住自由約山僧見處勿嫌底法你若愛聖聖者聖之名有一般學人向五臺山裏求文殊早錯了也五臺山無文殊你欲識文殊麽秖你目前用處始終不異處處不疑此箇是活文殊你一念心無差別光處處總是眞普賢你一念心自能解縛隨處解脫此是觀音三昧法互爲主伴出則一時出一卽三三卽一如是解得始好看教

師示衆云如今學道人且要自信莫向外覓總上他閑塵境都不辨邪正秖如有祖有佛皆是教迹中事有人拈起一句子語或隱顯中出便卽疑生照天照地傍家尋問也大忙然大丈夫兒莫秖麽論主論賊論是論非論色論財論說閑話過日山僧此間不論僧俗但有來者盡識得伊任伊向甚處出來但有聲名文句皆是夢幻却見乘境底人是諸佛之玄旨佛境不能自稱我是佛境還是這箇無依道人乘境出來若有人出來問我求佛我卽應清淨境出有人問我菩薩我卽應慈悲境出有人問我菩提我卽應淨妙境出有人問我涅槃我卽應寂靜境出境卽萬般差別人卽不別所以應物現形如水中月道流你若欲得如法直須是大丈夫兒始得若萎萎隨隨地則不得也夫如嘶嗄上音西下所嫁切之穊不堪貯醍醐如大器者直要不受人惑隨處作主立處皆眞但有來者皆不得受你一念疑卽魔入心如菩薩疑時生死魔得便但能息念更莫外求物來卽照你但信現今用底一箇事也無你一念心生三界隨緣被境分爲六塵你如今應用處欠少什麽一剎那間便入淨入穢入彌勒樓閣入三眼國土處處遊履唯見空名

問如何是三眼國土師云我共你入淨妙國土中著清淨衣說法身佛又入無差別國土中著無差別衣說報身佛又入解脫國土中著光明衣說化身佛此三眼國土皆是依變約經論家取法身爲根本報化二身爲用山僧見處法身卽不解說法所以古人云身依義立土據體論法性身法性土明知是建立之法依通國土空拳黃葉用誑小兒蒺藜菱刺枯骨上覓什麽汁心外無法內亦不可得求什麽物你諸方言道有修有證莫錯設有修得者皆是生死業你言六度萬行齊修我見皆是造業求佛求法卽是造地獄業求菩薩亦是造業看經看教亦是造業佛與祖師是無事人所以有漏有爲無漏無爲爲清淨業有一般瞎禿子飽喫飯了便坐禪觀行把捉念漏不令放起厭喧求靜是外道法祖師云你若住心看靜舉心外照攝心內澄凝心入定如是之流皆是造作是你如今與麽聽法底人作麽生擬修他證他莊嚴他渠且不是修底物不是莊嚴得底物若教他莊嚴一切物卽莊嚴得你且莫錯道流你取這一般老師口裏語爲是眞道是善知識不思議我是凡夫心不敢測度他老宿瞎屢生你一生秖作這箇見解孤負這一雙眼冷噤噤地如凍凌上驢駒相似我不敢毀善知識怕生口業道流夫大善知識始敢毀佛毀祖是非天下排斥三藏教罵辱諸小兒向逆順中覓人所以我於十二年中求一箇業性如芥子許不可得若似新婦子禪師便卽怕趂出院不與飯喫不安不樂自古先輩到處人不信被遞出始知是貴若到處人盡肯堪作什麽所以師子一吼野干腦裂道流諸方說有道可修有法可證你說證何法修何道你今用處欠少什麽物修補何處後生小阿師不會便卽信這般野狐精魅許他說事繫縛他人言道理行相應護惜三業始得成佛如此說者如春細雨古人云路逢達道人第一莫向道所以言若人修道道不行萬般邪境競頭生智劍出來無一物明頭未顯暗頭明所以古人云平常心是道大德覓什麽物現今目前聽法無依道人歷歷地分明未曾欠少你若欲得與祖佛不別但如是見不用疑誤你心心不異名之活祖心若有異則性相別心不異故卽性相不別

問如何是心心不異處師云你擬問早異了也性相各分道流莫錯世出世諸法皆無自性亦無生性但有空名名字亦空你秖麽認他閑名爲實大錯了也設有皆是依變之境有箇菩提依涅槃依解脫依三身依境智依菩薩依佛依你向依變國土中覓什麽物乃至三乘十二分教皆是拭不淨故紙佛是幻化身祖是老比丘你還是娘生已否你若求佛卽被佛魔攝你若求祖卽被祖魔縛你若有求皆苦不如無事有一般禿比丘向學人道佛是究竟於三大阿僧秖劫修行果滿方始成道道流你若道佛是究竟緣什麽八十年後向拘尸羅城雙林樹間側臥而死去佛今何在明知與我生死不別你言三十二相八十種好是佛轉輪聖王應是如來明知是幻化古人云如來舉身相爲順世間情恐人生斷見權且立虛名假言三十二八十也空聲有身非覺體無相乃眞形你道佛有六通是不可思議一切諸天神仙阿修羅大力鬼亦有神通應是佛否道流莫錯秖如阿修羅與天帝釋戰戰敗領八萬四千眷屬入藕絲孔中藏莫是聖否如山僧所舉皆是業通依通夫如佛六通者不然入色界不被色惑入聲界不被聲惑入香界不被香惑入味界不被味惑入觸界不被觸惑入法界不被法惑所以達六種色聲香味觸法皆是空相不能繫縛此無依道人雖是五蘊漏質便是地行神

通道流眞佛無形眞法無相你秖麽幻化上頭作模作樣設求得者皆是野狐精魅並不是眞佛是外道見解夫如眞學道人並不取佛不取菩薩羅漢不取三界殊勝逈然獨脫不與物拘乾坤倒覆我更不疑十方諸佛現前無一念心喜三塗地獄頓現無一念心怖緣何如此我見諸法空相變即有不變即無三界唯心萬法唯識所以夢幻空花何勞把捉唯有道流目前現今聽法底人入火不燒入水不溺入三塗地獄如遊園觀入餓鬼畜生而不受報緣何如此無嫌底法你若愛聖憎凡生死海裏沉浮煩惱由心故有無心煩惱何拘不勞分別取相自然得道須臾你擬傍家波波地學得於三秖劫中終歸生死不如無事向叢林中牀角頭交脚坐道流如諸方有學人來主客相見了便有一句子語辨前頭善知識被學人拈出箇機權語路向善知識口角頭攛過看你識不識你若識得是境把得便拋向坑子裏學人便即尋常然後便索善知識語依前奪之學人云上智哉是大善知識即云你大不識好惡善知識把出箇境塊子向學人面前弄前人辨得了不作主不受境惑善知識便即現半身學人便喝善知識又入一切差別語路中攛撲學人云不識好惡老禿奴善知識歎曰眞正道流如諸方善知識不辨邪正學人來問菩提涅槃三身境智瞎老師便與他解說被他學人罵著便把棒打他言無禮度自是你善知識無眼不得嗔他有一般不識好惡禿奴即指東劃西好晴好雨好燈籠露柱你看眉毛有幾莖這箇具機緣學人不會便即心狂如是之流總是野狐精魅魍魎被他好學人嗌嗌微笑言瞎老禿奴惑亂他天下人道流出家兒且要學道秖如山僧往日曾向毗尼中留心亦曾於經論尋討後方知是濟世藥表顯之說遂乃一時抛却即訪道參禪後遇大善知識方乃道眼分明始識得天下老和尚知其邪正不是娘生下便會還是體究練磨一朝自省道流你欲得如法見解但莫受人惑向裏向外逢著便殺逢佛殺佛逢祖殺祖逢羅漢殺羅漢逢父母殺父母逢親眷殺親眷始得解脫不與物拘透脫自在如諸方學道流未有不依物出來底山僧向此間從頭打手上出來手上打口裏出來口裏打眼裏出來眼裏打未有一箇獨脫出來底皆是上他古人閑機境山僧無一法與人秖是治病解縛你諸方道流試不依物出來我要共你商量十年五歲並無一人皆是依草附葉竹木精靈野狐精魅向一切糞塊上亂咬瞎漢枉消他十方信施道我是出家兒作如是見解向你道無佛無法無修無證秖與麽傍家擬求什麽物瞎漢頭上安頭是你欠少什麽道流是你目前用底與祖佛不別秖麽不信便向外求莫錯向外無法內亦不可得你取山僧口裏語不如休歇無事去已起者莫續未起者不要放起便勝你十年行脚約山僧見處無如許多般秖是平常著衣喫飯無事過時你諸方來者皆是有心求佛求法求解脫求出離三界癡人你要出三界什麽處去佛祖是賞繫底名句你欲識三界麽不離你今聽法底心地你一念心貪是欲界你一念心嗔是色界你一念心癡是無色界是你屋裏家具子三界不自道我是三界還是道流目前靈靈地照燭萬般酌度世界底人與三界安名大德四大色身是無常乃至脾胃肝膽髮毛爪齒唯見諸法空相你一念心歇得處喚作菩提樹你一念心不能歇得處喚作無明樹無明無住處無明無始終你若念念心歇不得便上他無明樹便入六道四生披毛戴角你若歇得便是清淨身界你一念不生便是上菩提樹三界神通變化意生化身法喜禪悅身光自照思衣羅綺千重思食百味具足更無橫病菩提無住處是故無得者道流大丈夫漢更疑箇什麽目前用處更是阿誰把得便用莫著名字號爲玄旨與麽見得勿嫌底法古人云心隨萬境轉轉處實能幽隨流認得性無喜亦無憂道流如禪宗見解死活循然參學之人大須子細如主客相見便有言論往來或應物現形或全體作用或把機權喜怒或現半身或乘師子或乘象王如有眞正學人便喝先拈出一箇膠盆子善知識不辨是境便上他境上作模作樣學人便喝前人不肯放此是膏肓之病不堪醫喚作客看主或是善知識不拈出物隨學人問處即奪學人被奪抵死不放此是主看客或有學人應一箇清淨境出善知識前善知識辨得是境把得拋向坑裏學人言大好善知識即云咄哉不識好惡學人便禮拜此喚作主看主或有學人披枷帶鎖出善知識前善知識更與安一重枷鎖學人歡喜彼此不辨呼爲客看客大德山僧如是所舉皆是辨魔揀異知其邪正道流寔情大難佛法幽玄解得可可地山僧竟日與他說破學者總不在意千徧萬徧脚底踏過黑沒焌地無一箇形段歷歷孤明學人信不及便向名句上生解年登半百秖管傍家負死屍行擔却擔子天下走索草鞋錢有日在大德山僧說向外無法學人不會便即向裏作解便即倚壁坐舌拄上齶湛然不動取此爲是祖門佛法也大錯是你若取不動清淨境爲是你即認他無明爲郎主古人云湛湛黑暗深坑寔可怖畏此之是也你若認他動者是一切草木皆解動應可是道也所以動者是風大不動者是地大動與不動俱無自性你若向動處捉他他向不動處立你若向不動處捉他他向動處立譬如潛泉魚鼓波而自躍大德動

與不動是二種境還是無依道人用動用不動如諸方學人來山僧此間作三種根器斷如中下根器來我便奪其境而不除其法或中上根器來我便境法俱奪如上上根器來我便境法人俱不奪如有出格見解人來山僧此間便全體作用不歷根器大德到這裏學人著力處不通風石火電光卽過了也學人若眼定動卽沒交涉擬心卽差動念卽乖有人解者不離目前大德你擔鉢囊屎檐子傍家走求佛求法卽今與麼馳求底你還識渠麼活潑潑地秖是勿根株擁不聚撥不散求著卽轉遠不求還在目前靈音屬耳若人不信徒勞百年道流一刹那間便入華藏世界入毗盧遮那國土入解脫國土入神通國土入清淨國土入法界入穢入淨入凡入聖入餓鬼畜生處處討覓尋皆不見有生有死唯有空名幻化空花不勞把捉得失是非一時放却道流山僧佛法的的相承從麻谷和尚丹霞和尚道一和尚廬山拽石頭和尚一路行徧天下無人信得盡皆起謗如道一和尚用處純一無雜學人三百五百盡皆不見他意如廬山和尚自在眞正順逆用處學人不測涯際悉皆茫然如丹霞和尚翫珠隱顯學人來者皆悉被罵如麻谷用處苦如黃檗近傍不得如石鞏用處向箭頭上覓人來者皆懼如山僧今日用處眞正成壞翫弄神變入一切境隨處無事境不能換但有來求者我卽便出看渠渠不識我我便著數般衣學人生解一向入我言句苦哉瞎禿子無眼人把我著底衣認青黃赤白我脫却入清淨境中學人一見便生忻欲我又脫却學人失心茫然狂走言我無衣我卽向渠道你識我著衣底人否忽爾回頭認我了也大德你莫認衣衣不能動人能著衣有箇清淨衣有箇無生衣菩提衣涅槃衣有祖衣有佛衣大德但有聲名文句皆悉是衣變從臍輪氣海中鼓激牙齒敲磕成其句義明知是幻化大德外發聲語業內表心所法以思有念皆悉是衣你秖麼認他著底衣爲寔解縱經塵劫秖是衣通三界循還輪回生死不如無事相逢不相識共語不知名今時學人不得蓋爲認名字爲解大策子上抄死老漢語三重五重複子裹不教人見道是玄旨以爲保重大錯瞎屢生你向枯骨上覓什麼汁有一般不識好惡向教中取意度商量成於句義如把屎塊子向口裏含了吐過與別人猶如俗人打傳口令相似一生虛過也道我出家被他問著佛法便卽杜口無詞眼似漆突口如楄檐如此之類逢彌勒出世移置他方世界寄地獄受苦大德你波波地往諸方覓什麼物踏你腳板闊無佛可求無道可成無法可得外求有相佛與汝不相似欲識汝本心非合亦非離道流眞佛無形眞道無體眞法無相三法混融和合一處辨既不得喚作茫茫業識衆生

問如何是眞佛眞法眞道乞垂開示師云佛者心清淨是法者心光明是道者處處無礙淨光是三卽皆是空名而無寔有如眞正學道人念念心不間斷自達磨大師從西土來秖是覓箇不受人惑底人後遇二祖一言便了始知從前虛用功夫山僧今日見處與祖佛不別若第一句中得與祖佛爲師若第二句中得與人天爲師若第三句中得自救不了

問如何是西來意師云若有意自救不了云既無意云何二祖得法師云得者是不得云既若不得云何是不得底意師云爲你向一切處馳求心不能歇所以祖師言咄哉丈夫將頭覓頭你言下便自回光返照更不別求知身心與祖佛不別當下無事方名得法大德山僧今時事不獲已話度說出許多不才淨你且莫錯據我見處寔無許多般道理要用便用不用便休秖如諸方說六度萬行以爲佛法我道是莊嚴門佛事門非是佛法乃至持齋持戒擎油不潤道眼不明盡須抵債索飯錢有日在何故如此入道不通理復身還信施長者八十一其樹不生耳乃至孤峯獨宿一食卯齋長坐不臥六時行道皆是造業底人乃至頭目髓腦國城妻子象馬七珍盡皆捨施如是等見皆是苦身心故還招苦果不如無事純一無雜乃至十地滿心菩薩皆求此道流蹤跡了不可得所以諸天歡喜地神捧足十方諸佛無不稱歎緣何如此爲今聽法道人用處無蹤跡

問大通智勝佛十劫坐道場佛法不現前不得成佛道未審此意如何乞師指示師云大通者是自己於處處達其萬法無性無相名爲大通智勝者於一切處不疑不得一法名爲智勝佛者心清淨光明透徹法界得名爲佛十劫坐道場者十波羅蜜是佛法不現前者佛本不生法本不滅云何更有現前不得成佛道者佛不應更作佛古人云佛常在世間而不染世間法道流你欲得作佛莫隨萬物心生種種法生心滅種種法滅一心不生萬法無咎世與出世無佛無法亦不現前亦不曾失設有者皆是名言章句接引小兒施設藥病表顯名句且名句不自名句還是你目前昭昭靈靈鑒覺聞知照燭底安一切名句大德造五無間業方得解脫

問如何是五無間業師云殺父害母出佛身血破和合僧焚燒經像等此是五無間業云如何是父師云無明是父你一念心求起滅處不得如響應空隨處無事名爲殺父云如何是母師云貪愛爲母你一念心入欲界中求其貪愛唯見諸法空相處處無著名爲害母云如何是出佛身血師云你向清淨法界中無一念心生解便處處黑暗是出佛身血云如何是

破和合僧師云你一念心正達煩惱結使如空無所依是破和合僧云如何是焚燒經像師云見因緣空心空法空一念決定斷逈然無事便是焚燒經像大德若如是達得免被他凡聖名礙你一念心秪向空拳指上生寔解根境法中虛捏恠自輕而退屈言我是凡夫他是聖人秃屢生有甚死急披他師子皮却作野干鳴大丈夫漢不作丈夫氣息自家屋裏物不肯信秪麼向外覔上他古人閑名句倚陰博陽不能特達逢境便緣逢塵便執觸處惑起自無准定道流莫取山僧說處何故說無憑據一期間圖畫虛空如彩畫像等喻道流莫將佛爲究竟我見猶如廁孔菩薩羅漢盡是枷鎖縛人底物所以文殊仗劍殺於瞿曇鴦掘持刀害於釋氏道流無佛可得乃至三乘五性圓頓教迹皆是一期藥病相治並無實法設有皆是相似表顯路布文字差排且如是說道流有一般秃子便向裏許著功擬求出世之法錯了也若人求佛是人失佛若人求道是人失道若人求祖是人失祖大德莫錯我且不取你解經論我亦不取你國王大臣我亦不取你辯似懸河我亦不取你聰明智慧唯要你眞正見解道流設解得百本經論不如一箇無事底阿師你解得卽輕懱他人勝負修羅人我無明長地獄業如善星比丘解十二分教生身陷地獄大地不容不如無事休歇去飢來喫飯睡來合眼愚人笑我智乃知焉道流莫向文字中求心動疲勞吸冷氣無益不如一念緣起無生超出三乘權學菩薩大德莫因循過日山僧往日未有見處時黑漫漫地光陰不可空過腹熱心忙奔波訪道後還得力始到今日共道流如是話度勸諸道流莫爲衣食看世界易過善知識難遇如優曇花時一現耳你諸方聞道有箇臨濟老僕出來便擬問難教語不得被山僧全體作用學人空開得眼口總動不得懵然不知以何答我我向伊道龍象蹴踏非驢所堪你諸處秪指胷點肋道我解禪解道三箇兩箇到這裏不柰何咄哉你將這箇身心到處簸兩片皮誑謼閭閻喫鐵棒有日在非出家兒盡向阿修羅界攝夫如至理之道非諍論而求激揚鏗鏘以摧外道至於佛祖相承更無別意設有言教落在化儀三乘五性人天因果如圓頓之教又且不然童子善財皆不求過大德莫錯用心如大海不停死屍秪麼擔却擬天下走自起見障以礙於心日上無雲麗天普照眼中無翳空裏無花道流你欲得如法但莫生疑展則彌綸法界收則絲髮不立歷歷孤明未曾欠少眼不見耳不聞喚作什麼物古人云說似一物則不中你但自家看更有什麼說亦無盡各自著力珍重

勘辨

黃蘗因入厨次問飯頭作什麼飯頭云揀衆僧米黃蘗云一日喫多少飯頭云二石五黃蘗云莫太多麼飯頭云猶恐少在黃蘗便打飯頭却舉似師師云我爲汝勘這老漢纔到侍立次黃蘗舉前話師云飯頭不會請和尚代一轉語師便問莫太多麼黃蘗云何不道來日更喫一頓師云說什麼來日卽今便喫道了便掌黃蘗云這風顚漢又來這裏捋虎鬚師便喝出去後溈山問仰山此二尊宿意作麼生仰山云和尚作麼生溈山云養子方知父慈仰山云不然溈山云子又作麼生仰山云大似勾賊破家

師問僧什麼處來僧便喝師便揖坐僧擬議師便打

師見僧來便竪起拂子僧禮拜師便打又見僧來亦竪起拂子僧不顧師亦打

師一日同普化赴施主家齋次師問毛吞巨海芥納須彌爲是神通妙用本體如然普化踏倒飯牀師云太麤生普化云這裏是什麼所在說麤說細師來日又同普化赴齋問今日供養何似昨日普化依前踏倒飯牀師云得卽得太麤生普化云瞎漢佛法說什麼麤細師乃吐舌

師一日與河陽木塔長老同在僧堂地爐內坐因說普化每日在街市掣風掣顚知他是凡是聖言猶未了普化入來師便問汝是凡是聖普化云汝且道我是凡是聖師便喝普化以手指云河陽新婦子木塔老婆禪臨濟小厮兒却具一隻眼師云這賊普化云賊賊便出去

一日普化在僧堂前喫生菜師見云大似一頭驢普化便作驢鳴師云這賊普化云賊賊便出去

因普化常於街市搖鈴云明頭來明頭打暗頭來暗頭打四方八面來旋風打虛空來連架打師令侍者去纔見如是道便把住云總不與麼來時如何普化托開云來日大悲院裏有齋侍者回舉似師師云我從來疑著這漢

有一老宿參師未曾人事便問禮拜卽是不禮拜卽是師便喝老宿便禮拜師云好箇草賊老宿云賊賊便出去師云莫道無事好首座侍立次師云還有過也無首座云有師云賓家有過主家有過首座云二俱有過師云過在什麼處首座便出去師云莫道無事好後有僧舉似南泉南泉云官馬相踏

師因入軍營赴齋門首見員僚師指露柱問是凡是聖員僚無語師打露柱云直饒道得也秪是箇木橛便入去

師問院主什麼處來主云州中糶黃米去來師云糶得盡麼主云糶得盡師以杖面前畫一畫云還糶得這箇麼主便喝師便打典座至師舉前語典座云院主不會和尚意師云你作麼生典座便禮拜師亦打

有座主來相看次師問座主講何經論主云某甲荒虛粗習百法論師云有一人於三乘十二分教明得有一人於三乘十二分教明不得是同是別主云明得即同明不得即別樂普為侍者在師後立云座主這裏是什麼所在說同說別師回首問侍者汝又作麼生侍者便喝師送座主回來遂問侍者適來是汝喝老僧侍者云是師便打

師聞第二代德山垂示云道得也三十棒道不得也三十棒師令樂普去問道得為什麼也三十棒待伊打汝接住棒送一送看他作麼生普到彼如教而問德山便打普接住送一送德山便歸方丈普回舉似師師云我從來疑著這漢雖然如是汝還見德山麼普擬議師便打

王常侍一日訪師同師於僧堂前看乃問這一堂僧還看經麼師云不看經侍云還學禪麼師云不學禪侍云經又不看禪又不學畢竟作箇什麼師云總教伊成佛作祖去侍云金屑雖貴落眼成翳又作麼生師云將謂你是箇俗漢

師問杏山如何是露地白牛山云吽吽師云啞那山云長老作麼生師云這畜生

師問樂普云從上來一人行棒一人行喝阿那箇親普云總不親師云親處作麼生普便喝師乃打

師見僧來展開兩手僧無語師云會麼云不會師云渾崙擘不開與你兩文錢

大覺到參師舉起拂子大覺敷坐具師擲下拂子大覺收坐具入僧堂衆僧云這僧莫是和尚親故不禮拜又不喫棒師聞令喚覺覺出師云大衆道汝未參長老覺云不審便自歸衆

趙州行脚時參師遇師洗脚次州便問如何是祖師西來意師云恰值老僧洗脚州近前作聽勢師云更要第二杓惡水潑在州便下去

有定上座到參問如何是佛法大意師下繩牀擒住與一掌便托開定佇立傍僧云定上座何不禮拜定方禮拜忽然大悟

古尊宿語錄卷之四

古尊宿語錄卷第五

臨濟禪師語錄之餘

師問洛浦云從上來一人行棒一人行喝阿那箇親洛浦云總不親師曰親處作麼生洛浦便喝師便打一日大覺到參師舉起拂子大覺敷坐具師擲下拂子大覺收坐具入僧堂衆僧云這僧莫是和尚親故不禮拜又不喫棒師聞令喚覺覺出師云大衆道汝未參長老覺云不審便自歸衆麻谷到參敷坐具問十二面觀音阿那面正師下繩牀一手收坐具一手搊麻谷云十二面觀音向什麼處去也麻谷轉身擬坐繩牀師拈拄杖打麻谷接却相捉入方丈師問僧有時一喝如金剛王寶劍有時一喝如踞地金毛師子有時一喝如探竿影草有時一喝不作一喝用汝作麼生會僧擬議師便喝師問一尼善來惡來尼便喝師拈棒云更道更道尼又喝師便打龍牙問如何是祖師西來意師云與我過禪板來牙便過禪板與師師接得便打牙云打即任打要且無祖師意牙後到翠微問如何是祖師西來意微云與我過蒲團來牙便過蒲團與翠微翠微接得便打牙云打即任打要且無祖師意牙住院後有僧入室請益云和尚行脚時參二尊宿因緣還肯伊也無牙云肯即深肯要且無祖師意徑山有五百衆少人參請黃檗令師到徑山乃謂師曰汝到彼作麼生師云某甲到彼自有方便師到徑山裝腰上法堂見徑山徑山方舉頭師便喝徑山擬開口師拂袖便行尋有僧問徑山這僧適來有什麼言句便喝和尚徑山云這僧從黃檗會裏來你要知麼自問取伊徑山五百衆太半分散普化一日於街市中就人乞直裰人皆與之普化俱不要師令院主買棺一具普化歸來師云我與汝做得箇直裰了也普化便自擔去繞街市叫云臨濟與我做直裰了也我往東門遷化去市人競隨看之普化云我今日未來日往南門遷化去如是三日人皆不信至第四日無人隨看獨出城外自入棺內倩路行人釘之即時傳布市人競往開棺乃見全身脫去秖聞空中鈴響隱隱而去

行錄

師初在黃檗會下行業純一首座乃歎曰雖是後生與衆有異遂問上座在此多少時師云三年首座云曾參問也無師云不曾參問不知問箇什麼首座云汝何不去問堂頭和尚如何是佛法的的大意師便去問聲未絕黃檗便打師下來首座云問話作麼生師云某甲問聲未絕和尚便打某甲不會首座云但更去問師又去問黃檗又打如是三度發問三度被打師來白首座云幸蒙慈悲令某甲問訊和尚三度發問三度被打自恨障緣不領深旨今且辭去首座云汝若去時須辭和尚去師禮拜退首座先到和尚處云問話底後生甚是如法若來辭時方便接伊向後穿鑿成一株大樹與天下人作陰涼去在師去辭黃檗檗云不得往別處去汝向高安灘頭大愚處去必為汝說師到大愚大愚問什麼處來師云黃檗處來大愚云黃檗有何言句師云某甲三度問佛法的的大意三度被打不知某甲有過無過大愚云黃檗與麼老婆心切為汝得徹困更來這裏問有過無過師於言下大悟云元來黃檗佛法無多子大愚搊住云這尿牀鬼子適來道有過無過如今却道黃檗佛法無多子你見箇什麼道理速道速道師於大愚脅下築三拳大愚托開云汝師黃檗非干我事師辭大愚却回黃檗黃檗見來便問這漢來來去去有什麼了期師云秖為老婆心切便人事了侍立黃檗問什麼處去來師云昨奉慈旨令參大愚去來黃檗云大愚有何言句師遂舉前話黃檗云作麼生得這漢來待痛與一頓師云說什麼待來即今便喫隨後便掌黃檗云這風顛漢却來這裏捋虎鬚師便喝黃檗云侍者引這風顛漢參堂去後溈山舉此話問仰山臨濟當時得大愚力得黃檗力仰山云非但騎虎頭亦解把虎尾師栽松次黃檗問深山裏栽許多作什麼師云一與山門作境致二與後人作標榜道了將钁頭打地三下黃檗云雖然如是子已喫吾三十棒了也師又以钁頭打地三下作噓噓聲黃檗云吾宗到汝大興於世後溈山舉此語問仰山黃檗當時秖囑臨濟一人更有人在仰山云有秖是年代深遠不欲舉似和尚溈山云雖然如是吾亦要知汝但舉看仰山云一人指南吳越令行遇大風即止（讖風穴和尚也）師侍立德山次山云今日困師云這老漢寐語作什麼山便打師掀倒繩牀山便休師普請鋤地次見黃檗來拄钁而立黃檗云這漢困那師云钁也未舉困箇什麼黃檗便打師接住棒一送送倒黃檗喚維那維那扶起我維那近前扶云和尚爭容得這風顛漢無禮黃檗纔起便打維那師钁地云諸方火葬我這裏一時活埋後溈山問仰山黃檗打維那意作麼生仰山云正賊走却邏蹤人喫棒師一日在僧堂前坐見黃檗來便閉却目黃檗乃作怖勢便歸方丈師隨至方丈禮謝首座在黃檗處侍立黃檗云此僧雖是後生却知有此事首座云老和尚脚跟不點地却證據箇後生黃檗自於口上打一摑首座云知即得師見普化乃云我在南方馳書到溈山時知你先在此住待我來及我來得汝佐贊我今欲建立黃檗宗旨汝切須為我成褫普化珍重下去克符後至師亦如是道符亦珍重下去三日後普化却上問訊云和尚前日道甚麼師拈棒便打下又三日克符亦上問訊乃問

和尚前日打普化作什麼師亦拈棒打下師會下有同學二人相問離却中下二機請兄道一句子一人云擬問即失一人云恁麼則禮拜老兄去也前人云賊師聞得陞堂云要會臨濟賓主句問取堂中二禪客便下座有僧來問禮拜則是不禮拜則是師便喝僧作禮師云這賊僧亦云這賊便出去師云莫道無事好首座侍立師回顧云還有過也無座云有師云賓家有過主家有過座云二俱有過師云過在甚麼處座便出去師云莫道無事好後有僧舉似南泉泉云官馬相踏師問僧什麼處來僧便喝師便揖坐僧擬議師便打師見僧來便竪起拂子僧禮拜師便打又見僧來亦竪起拂子僧不顧師亦打

示衆云叅學之人大須子細如賓主相見便有言論往來或應物現形或全體作用或把機權喜怒或現半身或乘師子或乘象王如有真正學人便喝先拈出一箇膠盆子善知識不辨是境便上他境上作模作樣便被學人又喝前人不肯放下此是膏肓之病不堪醫治喚作賓看主或是善知識不拈出物秖隨學人問處即奪學人被奪抵死不肯放此是主看賓或有學人應一箇清淨境出善知識前知識辨得是境把得拋向坑裏學人言大好善知識知識即云咄哉不識好惡學人便禮拜此喚作主看主或有學人披枷帶鎖出善知識前知識更與安一重枷鎖學人歡喜彼此不辨喚作賓看賓大德山僧所舉皆是辨魔揀異知其邪正師到明化化問來來去去作什麼師云秖徒踏破草鞋化云畢竟作麼生師云老漢話頭也不識又往鳳林路逢一婆婆問甚處去師云鳳林去婆云恰值鳳林不在師云甚處去婆便行師乃喚婆婆回頭師便行

師陞堂有僧出師便喝僧亦喝便禮拜師便打問僧甚處來曰定州來師拈棒僧擬議師便打僧不肯師曰已後遇明眼人去在僧後叅三聖纔舉前話三聖便打僧擬議聖又打師應機多用喝會下叅徒亦學師喝師曰汝等總學我喝我今問汝有一人從東堂出一人從西堂出兩人齊喝一聲這裏分得賓主麼汝且作麼生分若分不得已後不得學老僧喝

示衆云我有時先照後用有時先用後照有時照用同時有時照用不同時先照後用有人在先用後照有法在照用同時駈耕夫之牛奪飢人之食敲骨取髓痛下鍼錐照用不同時有問有答立賓立主合水和泥應機接物若是過量人向未舉已前撩起便行猶較些子師見僧來舉起拂子僧禮拜師便打又有僧來師亦舉拂子僧不顧師亦打又有僧來叅師舉拂子僧曰謝和尚指示師亦打師在堂中睡黃檗下來見以拄杖打板頭一下師舉頭見是黃檗却睡黃檗又打板頭一下却往上間見首座坐禪乃云下間後生却坐禪汝這裏妄想作什麼首座云這老漢作什麼黃檗打板頭一下便出去後溈山問仰山黃檗入僧堂意作麼生仰山云兩彩一賽一日普請次師在後行黃檗回頭見師空手乃問钁頭在什麼處師云有一人將去了也黃檗云近前來共汝商量箇事師便近前黃檗竪起钁頭云秖這箇天下人拈掇不起師就手掣得竪起云為什麼却在某甲手裏黃檗云今日大有人普請便歸院後溈山問仰山钁頭在黃檗手裏為什麼却被臨濟奪却仰山云賊是小人智過君子師為黃檗馳書去溈山時仰山作知客接得書便問這箇是黃檗底那箇是專使底師便掌仰山約住云老兄知是般事便休同去見溈山溈山便問黃檗師兄多少衆師云七百衆溈山云什麼人為導首師云適來已達書了也師却問溈山和尚此間多少衆溈山云一千五百衆師云太多生溈山云黃檗師兄亦不少師辭溈山仰山送出云汝向後北去有箇住處師云豈有與麼事仰山云但去已後有一人佐輔老兄在此人秖是有頭無尾有始無終師後到鎭州普化已在彼中師出世普化佐贊於師師住未久普化全身脫去師因半夏上黃檗見和尚看經師云我將謂是箇人元來是揞黑豆老和尚住數日乃辭去黃檗云汝破夏來不終夏去師云某甲暫來禮拜和尚黃檗遂打趂令去師行數里疑此事却回終夏師一日辭黃檗檗問什麼處去師云不是河南便歸河北黃檗便打師約住與一掌黃檗大笑乃喚侍者將百丈先師禪板机案來師云侍者將火來黃檗云雖然如是汝但將去已後坐却天下人舌頭去在後溈山問仰山臨濟莫辜負他黃檗也無仰山云不然溈山云子又作麼生仰山云知恩方解報恩溈山云從上古人還有相似底也無仰山云有秖是年代深遠不欲舉似和尚溈山云雖然如是吾亦要知子但舉看仰山云秖如楞嚴會上阿難讚佛云將此深心奉塵刹是則名為報佛恩豈不是報恩之事溈山云如是如是見與師齊減師半德見過於師方堪傳授師到達磨塔頭塔主云長老先禮佛先禮祖師云佛祖俱不禮塔主云佛祖與長老是什麼冤家師便拂袖而出師行脚時到龍光光上堂師出問云不展鋒鋩如何得勝光據坐師云大善知識豈無方便光瞪目云嗄師以手指云這老漢今日敗闕也到三峰平和尚問曰什麼處來師云黃檗來平云黃檗有何言句師云金牛昨夜遭塗炭直至如今不見蹤平云金風吹玉管那箇是知音師云直透萬重關不住清霄內平云子這一問太高生師云龍生金鳳子衝破碧琉璃平云且坐喫茶又問近離甚處師云龍光

平云龍光近日如何師便出去到大慈慈在方丈內
坐師問端居丈室時如何慈云寒松一色千年別野
老拈花萬國春師云今古永超圓智體三山鏁斷萬
重關慈便喝師亦喝慈云作麼師拂袖便出到襄州
華嚴嚴倚拄杖作睡勢師云老和尚瞌睡作麼嚴云
作家禪客宛爾不同師云侍者點茶來與和尚喫嚴
乃喚維那第三位安排這上座到翠峯峯問甚處來
師云黃檗來峯云黃檗有何言句指示於人師云黃
檗無言句峯云為什麼無師云設有亦無舉處峯云
但舉看師云一箭過西天到象田師問不凡不聖請
師速道田云老僧秖與麼師便喝云許多禿子在這
裏覓什麼椀到鳳林林問有事相借問得麼師云何
得剜肉作瘡林云海月澄無影遊魚獨自迷師云海
月既無影遊魚何得迷林云觀風知浪起翫水野帆
飄師云孤輪獨照江山靜自笑一聲天地驚林云任
將三寸輝天地一句臨機試道看師云路逢劍客須
呈劍不是詩人莫獻詩鳳林便休師乃有頌大道絕
同任向西東石火莫及電光罔通溈山問仰山石火
莫及電光罔通從上諸聖將什麼為人仰山云和尚
意作麼生溈山云但有言說都無實義仰山云不然
溈山云子又作麼生仰山云官不容針私通車馬到
金牛牛見師來橫按拄杖當門踞坐師以手敲拄杖
三下却歸堂中第一位坐牛下來見乃問夫賓主相
見各具威儀上座從何而來太無禮生師云老和尚
道什麼牛擬開口師便打牛作倒勢師又打牛云今
日不著便溈山問仰山此二尊宿還有勝負也無仰
山云勝即總勝負即總負師臨遷化時據坐云吾滅
後不得滅却吾正法眼藏三聖出云爭敢滅却和尚
正法眼藏師云已後有人問你向他道什麼三聖便
喝師云誰知吾正法眼藏向這瞎驢邊滅却言訖端
然示寂

興化禪師語錄（南嶽下六世嗣臨濟）

師諱存獎初謁臨濟濟令師充侍者濟問新到甚處
來云鑾城濟云有事相借問得麼云新戒不會濟云
打破大唐國覓箇不會人難得叅堂去師問適來新
到是成褫伊耶濟云我誰管你成褫不成褫師云和
尚只會將死雀就地彈不解將一轉語蓋覆却濟云
你又作麼生師云請和尚作新到濟遂云新戒不會
師云却是老僧罪過濟云你語藏鋒師擬議濟便打
至晚濟謂師云我今日問新到是將死雀就地彈就
窠裡打及你出得語又喝起向青雲裡打師云草賊
大敗濟又打
師開堂日拈香云此一炷香本為三聖師兄三聖為
我太孤便合承嗣大覺大覺為我太賖我於三聖處
會得賓主句若不遇大覺師兄泊乎誤却我平生我
於大覺處喫棒見得臨濟先師在黃檗處喫棒底道
理此一炷香供養我臨濟先師
示眾云今日不問如何若何便請單刀直入興化與
你證明時有旻德長老出作禮起便喝師亦喝德又
喝師又喝德作禮歸眾師云適來若是別人三十棒
一棒也不較何故為他旻德長老會一喝不作一喝
用師入堂見首座乃云我見你了也座便喝師打露
柱一下便出去首座隨後上方丈云適來觸忤和尚
便作禮師就地打一棒座無語師見同叅來纔上法
堂師便喝僧亦喝行三兩步師又喝僧亦喝須臾近
前師拈棒僧又喝師云你看這瞎漢猶作主在僧擬
議師便打直打下法堂時有僧問適僧有甚觸忤和
尚處師云是伊適來也有權也有實也有照也有用
及乎我將手向伊面前橫兩遭便去不得似這般瞎
漢不打更待何時僧問四方八面來時如何師云打
中間底僧作禮師云興化今日赴箇村齋中路遇一
陣卒風暴雨却去古廟裡避得過僧問多子塔前共
談何事師云一人傳虛萬人傳實師舉三聖僧問如
何是祖師西來意三聖云臭肉來蠅師云興化即不
然破脊驢上足蒼蠅
上堂云我聞三聖道我逢人即出出即不為人興化
即不然我逢人即不出出即便為人下座師巡堂次
垂語云我有一隻聖箭過作家即分付至下間有一
道者云便請師云你喚什麼作聖箭道者把衲衣便
拂師接住云秖者箇別更有在。以者擬議師便打師
到雲居問權借一問以為影草時如何雲居道不得
師三度舉話頭雲居無語師云情知和尚道不得且
禮三拜雲居一日上堂云我二十年前興化問我當
時機思遲鈍道不得為他致得問頭奇特不敢辜他
如今秖消一箇何必後有僧舉似師師云二十年秖
道得箇何必興化即不然不消一箇不必後三聖拈
云二十年道得底是雲居如今商量猶較興化半月
程師見僧來云你未恁麼來山僧早行了也僧便喝
師云據令而行僧又喝師云作家僧又喝師便打問
王程有限時如何師云日馳五百
同光帝駕幸河北回至魏府行宮帝坐朝僧錄名員
來朝後帝遂問左右此間莫有德人否近臣奏曰適
來僧錄名員皆是德人帝曰此是名利之德莫有道
德之人否近臣奏曰此間有興化長老甚是德人帝
乃召之師來朝見帝賜坐茶湯畢帝遂問朕收下中
原獲得一寶未曾有人酬價師云如何是陛下中原
之寶帝以手舒幞頭脚師云君王之寶誰敢酬價聖
顏大悅賜紫衣師號師皆不受宣馬一疋與師乘騎
馬忽驚墜師遂傷足帝聞宣藥救療師喚院主院主
至侍立次師云與我作箇木枴子院主做了將來師

接得遠院行問僧云汝等還識老僧麼僧云和尚爭得不識師云癡腳法師說得行不得又至法堂上令維那聲鐘上堂師如前垂示衆皆無對師擲下柺子端然而逝敕諡廣濟大師搶日通叙

臨濟慧照禪師塔記

師諱義玄曹州南華人也俗姓邢氏幼而穎異長以孝聞及落髮受具居於講肆精究毗尼博賾經論俄而歎曰此濟世之醫方也非教外別傳之旨即更衣游方首參黄檗次謁大愚其機緣語句載于行録既受黄檗印可尋抵河北鎮州城東南隅臨滹沱河側小院住持其臨濟因地得名時普化先在彼佯狂混衆聖凡莫測師至即佐之師正旺化普化全身脫去乃符仰山小釋迦之懸記也適丁兵革師即棄去太尉默君和於城中捨宅爲寺亦以臨濟爲額迎師居焉後拂衣南邁至河府府王王常侍延以師禮住未幾即來大名府興化寺居于東堂師無疾忽一日攝衣據坐與三聖問答畢寂然而逝時唐咸通八年丁亥孟陬月十日也門人以師全身建塔於大名府西北隅敕諡慧照禪師塔號澄靈合掌稽首記師大槩

住鎮州保壽嗣法小師延沼謹書

住大名府興化嗣法小師存獎校勘

古尊宿語録卷第五

古尊宿語錄卷第六

睦州和尚語錄南嶽下五世嗣黃檗

上堂對機第一

上堂云你諸人還得箇入頭處也未若未得箇入頭須得箇入頭若得箇入頭不得辜負老僧又云明明向你道尚自不會豈況蓋覆將來問如何是學人自巳師云觀世音菩薩進云學人不會師云大慈悲菩薩問如何是祖師西來意師云一隊衲僧來一隊師僧去問如何是展演之言師云量才補職進云如何是不展演之言師云伏惟尚饗問如何是向上一路師云你問將來我與你道進云便請道師云抖擻多年穿破衲襤毿一半逐雲飛問請師講經師云買帽相頭進云謝師慈悲師云拈頭作尾拈尾作頭還我第三段來問如何是徑截一路師云大衆久立速禮三拜進云請師道師云有頭無尾漢又云來來還我徑截一路來僧無語有座主問某甲雖講得經兼行脚不會教意時如何師云灼然實語當懺悔進云乞師指示師云你若不問老僧緘口無言你既問老僧不可緘口去也進云便請道師云心不負人面無慚色問知時者是大沙門如何是大沙門師云我向鼻孔裏問你進云作麽生問師云自領出去又云來來我共你葛藤你却問我問如何是大沙門師云觀世音菩薩會麽進云不會師云大慈悲菩薩問以一重去一重即不問不以一重去一重時如何師云昨日栽茄子今朝種冬瓜問一句道盡時如何師云義墮也進云什麽處是某甲義墮處師云三十棒教誰喫問祖意與教意是同是別師云青山自青山白雲自白雲進云如何是青山師云還我一滴雨來進云學人道不得請師道師云法華峰前陣涅槃句後收

上堂大衆雲集師云童表將來時有僧出應諸師云據狀領過問佛法大意請師舉唱師云我者裏不曾泥裏洗土塊你諸方作麽生道僧無語有大德曾講法華經來問和尚某甲雖講不會教家大意極則處師云不得錯舉問如何是向上事師指一僧云那箇師僧何不問僧無語有僧舉雪峰語乞師指示峰云是什麽學云乞師指示峰云因什麽到與麽地舉了僧遂問秖如雪峰和尚意作麽生師便打師看經次僧問看什麽經師云金剛經僧云六朝翻譯次當第幾師云一切有爲法如夢幻泡影問如何是教意師云我不答你進云和尚爲什麽不答師云爲你念來問如何是西來意師云那箇師僧何不近前來僧便近前師云我喚浙東人于浙西人什麽事問如何是曹溪的的意師云路逢劍客須呈劍不是詩人莫獻詩時有座主問三乘十二分教某甲粗知未審宗門事乞師提綱師云問著宗門事有什麽難道恰問著老僧鼻孔你頭上漫漫脚下漫漫教家喚作什麽主云教家無這箇意旨師以拄杖趂

上堂云汝等快與快與老僧七十九也看看脫去也僧便問師百年後向什麽處去師云三十年後有人舉在問迦葉上行衣誰人合得披師云抖擻多年穿破衲襤毿一半逐雲飛會麽僧云不會師云有時掛向肩頭上也勝時人着錦衣問終日著衣喫飯如何免得著衣喫飯師云著衣喫飯進云不會師云不會即著衣喫飯有座主問三乘十二分教即不問如何是宗門中事師云老僧入你鉢囊裏主云和尚爲什麽在學人鉢囊裏師云有什麽檳榔豆蔻速將來主云和尚欠少箇什麽師云這賊今日敗也進云學人乍入叢林乞師指示師云量才補職進云學人咨和尚師咄云這扶籬摸壁漢三家村裏保頭也不能作得師因赴齋廻有僧就師乞䞋錢師云赴齋得三十文僧云便請師云施者雖無厭受者應知足問佛法大意請師提綱師云拈將來與你提綱進云便請和尚道師云拆東籬補西障有僧名宗闡宗闡咨和尚師云任僧便任師咄云名也不識又云有闡即判快道快道閙無對有俗官問一氣還轉得一大藏經麽師云有什麽絕納快將來問古人有言究竟一路如何是究竟一路師云吽吽你這旃子我這裏難遇筆壘兩狀一時領過進云某甲有什麽過師便打趂出

從上已來老宿作家還有差別異路難會底道理麽師云有進云如何是差別異路難會底道理師云待你三生六十劫信去始得進云某甲乍入叢林乞師指示師云你不解問進云和尚作麽生師云放你三十棒自領出去問十方國土中唯有一乘法如何是一乘法師云你若不問我即不知你若問我我即知進云爲什麽如此師云吽吽什麽處得這箇問來僧無語問說即振動乾坤不說即絲毫不掛說即是不說即是師云道什麽僧再舉師云這脫空謾語漢進云某甲話在師云說即振動乾坤是你恁麽道僧云是師拈拂子便打云吽吽這賊諕我來問教意請師提綱師云但問將來我與你道進云便請道師云佛殿裏裝香三門頭合掌問學人有問未審師還許也無師云灼然賊來須打客來須看進云未審和尚作麽生道師云這賊不能打得你問三乘十二分教從何而得師云對機故得問請和尚答一轉語得麽師云得進云請便道師拽拄杖趂

上堂云不受謾底人出來有僧出應諸師云被我挑一堁屎擗喉嚨塞却擗眼打也爭不受謾師因看金剛般若經僧問和尚看甚經師云無二無二分無別無斷故會麽僧云不會師云我念經也不得有俗官門和尚依教不依教師云光剔頭淨洗鉢作麽生不

依教師因齋次有俗官問請師施食師云三德六味施佛及僧吽吽快將來老僧要喫俗官云請和尚施財師云弟子施財和尚施法先到老僧後到佛又俗官問弟子今日開藏經乞師一句提綱藏經師云此問難得官云便請提綱師云對牛彈琴師因看經次僧問和尚看什麼經師云涅槃經茶毗品最在後問如何是超佛越祖之談師驀拈拄杖示衆云我喚作拄杖你喚作什麼僧無語師再將拄杖示之云超佛越祖之談是你問麼僧無語師因焦山借斧頭師喚童子取斧頭來童子取得來向師前云未有繩墨且斫麤師遂喝又喚童子來來作麼生是你斧頭童子遂作斫勢師云斫你屋裏老爺頭不得師舉黃檗和尚語云天下老和尚一氣道在我者裏要放你也在我這裏要不放你也在我這裏僧便問如何是一氣道師云量才補職僧云如何是不放一氣道師云伏惟尚饗問如何是禪師云猛火著油煎問不擇一切請師提綱佛法師云山河大地畜生驢馬進云爲什麼不會師云你若被我把住直須百雜碎僧云和尚不可一向師云不信道百雜碎問近入叢林乞師方便師云你近入叢林進云是師云心不負人面無慚色進云某甲不會師云近前來與你注解僧近前師云去

上堂大衆侍立師喝出去大衆不出去師又再喝大衆茫然師舉拄杖一時趁下去

師因看華嚴經僧問是什麼經師云大光明雲青色光明雲紫色光明雲那邊是什麼雲僧云南邊是黑雲師云今日應有雨又云將爲是箇師子兒元來是箇老鼠兒

上堂云還有踏倒禪林底出來有僧出來應諸師云北來抛鈎釣鯨鯢下場頭却釣得箇蝦蟆出來問如何是禪師云還我第二段來進云不會師云三段不同萬里崖州問如何是佛師云裂轉鼻孔問如何是葛藤一句師云山河大地是你問進云如何提綱拈掇師云到我問問托卽乾坤大地不托卽絲髮不逢時如何師云吽吽不曾見師却問先跨跳三千里倒退八百你作麼生學云諾師云先責一狀好打者漢又云來來我共你葛藤托卽乾坤大地你且道洞庭湖水深多少進云不曾量度師云是洞庭湖水又作麼生進云秖爲今時師云這葛藤尚不奈得便打問大衆雲臻合談何事師云作麼問華藏海卽不問如何是向上一路師云好來好來

師舉古人語次問大衆云三乘十二分教成得箇什麼邊事有僧云今日大衆普請不易師云不要將出來僧云打鼓喫藥石師云莫拈出僧云和尚得恁麼忉忉生師云我也秖要你恁麼道問如何是觸途成滯底句師云我也秖道進云作麼生道師云吽吽箭過西天十萬里向大唐國裏等候僧打門問巳事不明乞師指示師纔開門僧擬開口問師便搊口搊問如何是學人入頭處師云一不得了進云某甲不會師云這箇語話二十年後大行問如何是禪師云摩訶般若波羅蜜進云不會師云抖擻冬年穿破衲襤毿一半逐雲飛睦州僧正并諸大德衆請師上堂師問僧正僧正應諾師云監寺喏正云不在師云都監闍黎喏正云不在師云上座喏正云不在師云三段不同今當第一向下文長赴在來日不詞謹退便起諸大德罔措

師舉古人語云捏聚也在我裂破也在我僧問如何是裂開師云菩提涅槃真如解脫三九二十七還我第一籌來又云卽心是佛我且恁麼道你作麼生僧云某甲不恁麼道師云盞子落地楪子成七片僧云如何捏聚師乃斂手而坐一日睦州刺史問如何是禪宗事師云近前來近前來史近前師云得恁麼脫空妄語史無語師遂問曾見什麼人來史云曾見恁麼老宿來師云史作麼生史云看經來師驀打牀一下云教中喚這箇作什麼史云教中不說師云教中道治生產業與正理不相違背又作麼生史無對師又打牀一下云大凡喚這箇作什麼史云喚作牀師云這喫飯粘漢睦州陳操尚書因齋次尚書自行餅餤與僧僧遂引手接尚書却縮手僧無語尚書與諸官在鐘樓上坐忽見有數僧來官人云有幾箇衲僧來尚書云不是官人云爭知不是書云待來到這裏與你勘其僧遂至尚書處喚云上座上座僧廻首無語書云不信道

上堂衆集師云忽然忽然有僧出來云却請大衆歸堂去師拍繩牀一下云苦殺人僧遂回頭師舉拄杖一時趂下問如何是佛法徑截師云三人兩人不問進云便請和尚道師云三人一狀領過問一言道盡時如何師云吽吽築著老僧當門齒進云巳蒙和尚指示師云有頭無尾漢錢唐去國三千里僧無語問一句淨盡時如何師云摘却你眉毛換却你眼睫僧無語師云吽吽脫空謾語漢問如何是向上一路師云朝看東南暮看西北問不涉廉纖請師道師云三段不同今當第一向下文長赴在來日問如何是教意師云還我一問來進云未審和尚作麼生道師云吽吽不敢望你分外話也不領問如何是量才補職師云不要補進云爲什麼不要補師云蝦蟆之類別有一僧出來請和尚道師云不要攪擾自姓養子方知父慈僧云如何是養子方知父慈師云心不負人面無慚色問如何是禪師云歸依佛法僧進云不會師云咄這蝦蟆得與麼惡業問學人有疑請師

一決師云獨掌不浪鳴進云不會師云隻絲不成束自領出去問徑截處乞師指示師云早朝有人問了也進云早朝有人問了且致請師道師云三門頭市合金剛脚下小兒子簸錢問如何是教意師云一問不再舉問如何是一代時教師云上大人丘乙巳問如何是急師云通你一問進云如何是急中急師云朝向西瞿耶尼暮向北鬱單越俗官問弟子廣陳供養師有何方便師云秪怕你不問官云便請和尚道師云心不負人面無慚色問以八不成是何章句師彈指一下云會麼進云不會師云上來講讚無限勝因蝦蟆跨跳上天蚯蚓驀過東海問如何是鷂子師云這死雀兒進云如何是鷂子之機師云昨日有師僧趂出去你今日又來這裏進云過在什麼處師云敕賜朝官問如何是機前一句師云老僧一問教你摸進云莫便是麼師云對牛彈琴問正當說時時如何師云你爲什麼話墮進云什麼處是話墮處師云擔枷過狀萬里崖州自領出去問大衆雲集合談何事師云那箇師僧置將一問來學人舉頭師便打云老僧却不恁麼進云未審和尚作麼生問師云佛殿裏裝香三門頭合掌又云你不解問進云未審作麼生問師云速禮三拜放你三十棒又云後園生菜蘇水澆飯問如何是向上事師云向下文長又云慚愧解問進云請和尚道師云心不負人面無慚色問如何是教眼師云十方國土中唯有一乘法進云此是經文師云驢年會麼進云如何是教眼師云量才補職問如何是衲僧眼師云朝看東南暮看西北

上堂云觀自在菩薩行深般若波羅蜜多時信受奉行問僧我適來念什麼僧云和尚念經師便打云此老古錐心不負人面無慚色問如何是諸佛師師云釘釘東東骨低骨董進云乞師慈悲師云我問你第三句作麼生道進云不會師云灼然灼然師坐次有僧驀然問請師道師云蘇嚕蘇嚕娑婆訶問如何是向上關棙子師云新羅國裏坐朝大唐國裏打鼓

上堂云爍電之機罕遇且向摸窰村裏作活計僧問如何是摸窰村裏作活計師云歸依佛法僧進云如何是爍電之機罕遇師云灼然問三界唯心萬法唯識時如何師云牙齒敲磕更置將一問來僧無語師云舌頭無骨又拈拄杖一劃云會麼僧云不會師云鶻鶻鳥問不落玄機便請道師云老僧二十年來行脚未曾置此一問進云請師答話師云這箇阿師什麼處得此一箇問頭來問高揖釋迦不拜彌勒時如何師云到老僧這裏覓箇什麼速禮三拜又云近前來早是教七敎八進云也知和尚恐某甲不實師云拄杖不在掃帚柄打二十下問古人點土成金意旨如何師云老僧不與麼道進云和尚作麼生道師云金變爲土問學人乍入叢林乞師指示師云佗喫飯了顛言倒語作什麼進云與麼即一切法不可得也師云你道我語作麼生進云一切法不可得也師便打問學人近入叢林乞師指示師云不得埋沒老僧進云乞師慈悲師云一箭過西天一不成兩不是有長講法華經座主來問某甲雖講經不明教意乞師方便師云悟即實初三十一中九下七面前背後相去多少主云某甲不會乞師指示師云拈起著主再問師云摩訶般若波羅蜜進云某甲不會師云入鄉隨俗進云如何是教意師云妙法緊那羅王大法緊那羅王主云某甲不會師云眞箇是無孔鐵槌近前來主便近前師以手空撈一轉却云會麼主云不會師云不在這裏

上堂云識賤即貴僧便問秖如長街裏還有貴也無師云有進云如何長街裏貴師云陳蒼陳蒼進云恁麼則學人買得也師云一兩二兩還我三文錢來僧無語師云吽吽這脫空妄語漢師問僧什麼處來僧云天台來師云見說石橋作兩段是否僧云和尚什麼處得這箇消息師云將爲是華頂峰前客元來是平田莊裏人因見新到師云老僧不曾向第一句裏勘人近前來僧遂近前師云近離什麼處僧云請和尚辯師云今日雲色稍高問僧什麼處來僧云和尚合知師云我即知僧云且道某甲從什麼處來師云猪跳圈不出問僧你是行脚僧是否僧云諾師云築著便蝦蟆叫僧云某甲未曾有語在師云來來作麼生道僧云還曾過得住也無師便打問僧近離什麼處僧喝師云老僧今日被你喝一喝僧又喝師云三喝四喝後作麼生僧無語師便打云這掠虛漢問僧什麼處來僧便喝師云你以古人作得主僧又喝師云話破也僧云某甲什麼處是話破處師便棒問僧什麼處來僧云請和尚鑒師拈起拄杖云你喚作箇什麼僧云請和尚鑒看師便打問僧什麼處來僧云知道和尚有此一問師云一破兩破三破作麼生僧云和尚什麼處得許多破來師云吽吽這箇阿師好與三十棒問僧夏在什麼處僧叉手退後師云鉢盂裏失却匙筯草鞋根下失却一文古老錢僧云某甲不與麼師云共你葛藤尚自不會來實道夏在什麼處僧云江西師云念你遠來放你三十棒問僧什麼處來僧云從山來師云何得五戒不持僧云過在什麼處師云我這裏不著沙彌師見新到來叅云尅尤叵耐僧罔測一邊立師云什麼處得這一隊打野榸漢出去問僧什麼處來其僧瞪目視師云驢前馬後漢問僧什麼處來僧云適來有人問了也師云因什麼敗闕僧云莫錯師云自領出去問僧什麼處來僧云識得即知來處師喝云這蝦蟆保老和尚作活

討僧云莫錯師云放你三十棒自領出去問僧莫是從河北來麽僧云某甲近離江西師云大展坐具禮三拜著其僧禮拜了便出去師云不空不空僧廻首師云來來近前來皓是黑正好辯僧無語問僧幾人新到僧云五人師云瓦解氷消僧云和尚未曾有問師云賊把賊爲驗問僧近離什麽處僧云也知和尚有此一問師云脫空妄語漢僧云什麽處是妄語師云三十棒教阿誰喫問僧夏在什麽處僧云待和尚有箇住處即說似和尚師云狐非師子類燈非日月明問僧什麽處來僧云靈山來師云涅槃是第幾座僧無語師又問迦葉什麽處去僧云不知師云脫空妄語漢有時纔見新到云現成公案放你三十棒僧云某甲如是師云三門頭金剛爲什麽却舉起拳僧云金剛尚乃如是師便打問僧什麽處來僧云須知有不涉程途者師乃咄云開口便作屎臭氣有僧叅師師乃拈起針云一時穿過鼻孔僧云莫錯師云吽吽近前來你適來道什麽僧云和尚莫錯師云西天斬頭截臂這裏自領出去師有時見新到云何得五戒不持僧云某甲未曾人事師云這沙彌問僧什麽處來僧云婺州來師云還見傅大士麽僧云某甲不見師云在雙林寺裏問僧什麽處來僧云婺州來師云鄉中偏出此人問僧什麽處來僧云適來途中早有人問了也師云這裏爲什麽瓦解氷消僧云某甲過在什麽處師云擔枷過狀漢問僧什麽處來僧云那處來師云老僧屈僧云和尚知便得師云擔枷過狀便打問僧什麽處來僧云莫錯伸此一問師云更江西來僧云莫錯師云三十棒教阿誰喫問僧什麽處來僧便喝師拍手大笑僧罔措師便打問僧什麽處來僧云深知和尚有此一問師云七縱八橫老僧鼻孔在什麽處僧云和尚鼻孔爲什麽却問某甲師云吽吽放你三十棒問僧什麽處來僧云靈泉來師云吽吽放你三十棒又云你適來恁麽道叱僧云是師云三門頭金剛爲什麽倒地僧無語師云將爲是箇僧元來秖是蝦蟆問僧什麽處來僧云請和尚辨師云向你脚下辨僧無語師云吽吽什麽處並無土宰問僧什麽處來僧云消錯秖對和尚師咄云將條繩縛保老師著僧云某甲有什麽過師云去問僧什麽處來僧云靈山來師云近日打殺一門僧是否僧無語師云這箇蝦蟆問僧什麽處來僧叉手近前師云太狠籍生僧無語師云這掠虛漢問僧什麽處來僧云江西來師云江西米貴賤僧云不曾入鄽師云急你遠來放你三十棒問僧什麽處來僧云江西來師云江西此去多少僧云不曾量度師云文彩巳彰問僧什麽處來僧云江西來師云夏在什麽處僧云雲居師云有何言教僧云即今作麽師云道箇師僧親從高處來僧云和尚爲什麽與麽道師云本色打米餅保老師問僧什麽處來僧云江西來師作打勢云蹤破多少草鞋僧無語師云來來你曾過梅嶺麽僧云過師云今日好秋涼問僧什麽處來僧云江西來師云還有不喫飯底麽僧云有師云這箇是噇飯底問僧你頭上一問爲什麽不道僧云什麽處不道師云且喜得你出頭來問僧什麽處來僧云雙林來師云途中事借問得麽僧云和尚問什麽處師云你上大人也未曾夢見出去

勘看經僧第二

問僧看什麽經僧云般若經師云鼻孔裏藏身鉢盂裏藏却匙筯眼睛裏換却髑髏刪在什麽經裏僧云某甲不知刪在什麽經裏師云來來秖如大般若經一切智智清淨是麽僧云是師拈起拄杖云見這箇麽僧云此是色法師云忽有人供養看經僧你也隨隊喫飯問僧曾看經是麽僧云是師云是又云不得謾我僧云和尚爲什麽不領話師云果然謾我問僧什麽處來僧云雙林寺來師云傅大士道什麽僧云他不問和尚又問他作什麽師云什麽處得這老婆說話來問僧什麽處來僧云雙林寺來師云還見傅大士麽僧云不錯秖對和尚師云吽吽牢裏作活計問僧什麽處來僧云雙林寺裏來師云在彼看經麽僧云和尚什麽處得這箇消息師云兩俱失有同學師兄來相看喫茶次師兄問行脚事作麽生師恰遇沙彌過茶次便與一摑咄這沙彌師兄云是即是你道我作麽生師云蝦跳不出斗問一僧今日施主開經麽僧云是師云好生著莫教錯僧云某甲不敎錯師云入地獄如箭射問僧曾講經麽僧云不會師云去問僧看什麽經僧云涅槃經師云茶毗品最在後曾看麽僧云曾看師云大喻三千小喻八百問僧什麽處來僧云齋來師云將䞋錢來僧云和尚欠少什麽師云蝦蟆吽問僧什麽處來僧云齋來師云猴猻繫露柱問僧什麽處來僧云齋來師云打草蛇驚問僧什麽處去來僧云齋來師云施主還具眼麽僧云某甲罪過師云你爲什麽隨我僧無語問僧什麽處來僧云齋來師云將什麽報荅施主僧云不用吏言師云斤不當兩僧云此是和尚分上事師云吽吽且放你三十棒問僧什麽處來僧云和尚莫錯伸一問師云爭奈頭上一條繩何僧云莫錯師云枷上更著杻問僧什麽處去來僧云齋來師云施主眼瞎師見僧驢覷云你大有年幾也僧云請和尚道師云四十六也未僧云莫錯師云這死蝦蟆問僧今日喫得多少鹽醋僧拈起鉢盂師云可惜許鹽醋牛欄裏作活計問一上座何不覓箇住處座云盡大地覓箇住處不可得師云繩子爲什麽在我手裏座云和尚

恁麽道即得師云非但髑髏鼻孔也穿過問一覺上座見說在叢林裏多口把不住是闍黎麽覺云和尚什麽處得這箇消息師云一任跨跳覺云不可語不得師云吽吽轉見敗闕又云老僧若罵一問教你喪身失命覺云和尚不可壓良爲賤師云蘇嚕蘇嚕娑訶又云來來是你曾看教麽教中道謗斯經故獲罪如是作麽生是教意覺云教中不說有意師云入地獄又拈起拄杖云這箇是什麽覺云拄杖師云這粘鏤湯漢問河北僧彼中有趙州和尚你曾到麽僧云某甲近離彼中師云有何言教示徒僧云尋常問新到什麽處來僧云南方來州云喫茶去師乃呵呵大笑云慚愧又問秖如趙州意作麽生僧云此亦是方便師云趙州被你一杓屎潑僧無語師見僧辭去問什麽處去僧云往徑山去師云忽然有人問你作麽生道得一句語塞得伊口僧云某甲有語師云去問僧什麽處去僧云禮拜徑山去師云這老漢好打破髑髏著師見一僧云恰似箇律師一般驀然悟去一箭穿過髑髏三千里僧擬作問勢師云蘇嚕蘇嚕娑訶

勘講經論座主大師第三

師問僧正正應諸師云講唯識論麽正云不敢小年曾讀文字來師拈起糖餅擘破作兩片你作麽生正無語師問僧正喚作糖餅是不喚作糖餅是正云不可不喚作糖餅師却喚沙彌來來你喚作什麽沙彌云糖餅師云你也講得唯識論有紫衣大師來參師師見來便拈起帽子問大師京中喚作什麽大師云朝天帽師云恁麽則老僧不去也大師無語師問大德曾蘊何業德云小年曾習唯識論師云一界唯心萬法唯識是麽德云是師指門扇云這箇是什麽德云色法師云簾前賜紫對御談玄五戒不持德無語

問座主講什麽經主云法華經師云與老僧講來主云某甲依章疏師云你不會講主云某甲實不會講却請和尚講師云你不是聽經人主云昨日蒙和尚慈悲爲某甲今日講師云三段不同今當第一主云此是古人章疏師云你見箇什麽道理主無語師云這喫夜飯漢不能打得你去有座主善解二十四家書師問你解二十四家書是否主云不敢師遂於空中作書勢云是什麽字主云不會師云吽吽這箇阿師脫空妄語道我解二十四家書永字八法也不識主無語師云來來曾講華嚴經否主云不敢師云不怪伸一問得麽主云和尚問什麽師咄云講得椀裏又云你問我主云請和尚講師云心不負人主云不會師云對牛彈琴問座主講什麽經主云涅槃經師云開口便作屎忌氣主云爭奈古教何師云奴見婢慇懃不肯休主無語師云近前來主便近前師云秖這也無主守便打　一日有座主來師問見說座主講得經是否主云不敢師云吽吽這喫夜飯保老師云來來講得什麽經論主云唯識法華經師云拈起鼻孔將兩耳來主云鼻孔作麽生拈得師云這念言語漢又云法華經云十方國土中唯有一乘法是否主云是師云佛殿裏即不問三門頭鴟鴞上道將一句來主云此是玄機師云玄你屋裏老爺脫空妄語漢有講論座主來參師師云你爲什麽義墮主云和尚未曾問某甲師云西天則斬頭截臂我這裏與你口喫飯有一座主講得七本經論來參師師云你是講得七本經論是否主云不敢師拈起拄杖驀頭打一下主云某甲不因和尚洎虛過一生師云道什麽主凝開口師便打主云謝和尚重重相爲師云依稀近佛恭肉爲僧有一座主講得六本經論來參師師云見經中有問論中有主主云某甲依章疏講不會玄機師云你講得椀裏主云某甲也未曾分外師云出去有座主來參師師問莫便是講唯識論是麽主云不敢師云朝去西天暮歸唐土會麽主云不會師云吽吽五戒不持問座主講什麽經主云講華嚴經師云更有箇漢子郎不問你文殊普賢又作麽生主云不會師云近前來主便近前師便打一棒云會麽主云不會師云飢逢王膳不能飡病遇醫王爭得瘥與你註解了問僧講什麽經主云金剛經師云曾講辨正論麽主云不敢師云五戒不持又問講金剛經是否主云是師拈拄杖云是什麽主云此是色法師云講得椀裏又云經中道凡所有相皆是虛妄若見諸相非相即見如來是否主云是師云這脫空妄語漢喫夜飯保老師問座主蘊何業主云唯識論師云教中言作麽生主云某甲秖是尋行數墨却是禪門中不知師云實語當懺悔問講金剛經座主荷擔如來即不問你寺門前金剛爲什麽入你鼻孔裏去主云和尚什麽語話師云你講得貴裏問講楞嚴經座主經中有八還四義是否主云是師以拄杖點一童子頂上一下云是什麽義主無語師云此義文長赴在來日問如何是自己事師云老僧不解相怪速禮三拜又云觀世音菩薩進云不會師云大慈悲菩薩西峯長老來置茶果次師問今夏在甚麽處安居峯云蘭溪師云多少衆云七十餘人師云時中將何示徒峯拈起柑子師云著甚死急師問僧近離甚處云瀏陽師云彼中老宿秖對佛法人意道甚麽云徧地無行路師云老宿實有此語耶云實有師拈拄杖打云這念言語漢師見僧行胡餅乃問行甚麽云胡餅師云這俗漢雲門來敲門師云阿誰門云文偃師開門攔胸扭住云道道門擬議師便推出云秦時𨍏轢鑽師問秀才先輩治甚經才曰治易師云易中道百姓

日用而不知且道不知箇甚麽才曰不知其道師曰作麽生是道才無對僧問一氣還轉得一大藏教也無師曰有甚饆饠餓子快下將來問如何是禪師曰猛火著油煎師臨終召門人曰此處緣息吾當逝矣乃跏趺而寂郡人以香薪焚之舍利如雨乃收靈骨塑像於寺壽九十八臘七十六

古尊宿語録卷第六

睦州和尚語録小序

師法嗣黄檗初住睦州觀音院常餘百衆得數十載後捨衆住開元寺房織蒲鞋鬻養母親時人號爲陳蒲鞋其機鋒語句今集之二三焉

睦州和尚名道蹤嚴州人姓陳氏受業不載得法於黄檗運和尚馬祖第四世唐宣宗懿宗時人

古尊宿語錄卷第七

汝州南院禪師語要 南嶽下七世嗣興化

師諱慧顒河北人也上堂云赤肉團上壁立千仞有僧問赤肉團上壁立千仞豈不是和尚語師云是僧便掀倒禪牀師云你看這瞎漢亂做僧擬議師便打趁出院

上堂云諸方只具啐啄同時眼不具啐啄同時用僧問如何是啐啄同時用師云作家不啐啄啐啄同時失僧云猶是學人問處師云你問處作麼生僧云失師便打其僧不肯後到雲門會裏舉前因緣說不肯其時有傍僧云當時南院棒折那僧聞此語言下大悟方見南院答話處僧却來汝州省覲值南院已遷化却上風穴禮拜風穴認得便問上座是當時問南院啐啄同時話者否僧云是穴云會也未僧云會也穴云當時作麼生僧云當時如在燈影裏行相似穴云你會也問大用不逢人時如何師云鷄鷄舞道引入千峯問十方通暢時如何師云八極連門禍問龍躍江湖時如何師云瞥嗔瞥喜問傾湫倒岳時如何師云老鴉無巢問從上古人見不盡處師還見也無師云擬髮吐食人不顧滿朝盡道好周公僧向口上打師云道者大煞瞎僧云有恁麼瞎老漢恁麼道師便打問從上諸聖向什麼處去也師云不上天堂即入地獄僧云和尚作麼生師云你還知寶應老落處也無僧擬議師便打一拂云你還知喫拂子底麼僧云不會師云正令却是你行又打一拂子問如何是第一句師云你試道看僧便喝師拍手云大衆好喝僧又喝師便打問回旋空中時如何師云四面連架打問龍獸相交時如何師云狗脊坡頭問丹霄獨步時如何師云日馳五百問金榜題名請師印可師云日下拽脚問大震虹霓請師引驗師云日下三刻問黃巢過後何處回避師云六纛旗下問忽遇捉著時如何師云賊首頭犯問寶劒未出匣時如何師云泥乾跌宕僧云出匣後如何師云天魔唱快問楊朱泣歧時如何師云白狗臨刑莫怨天問人逢碧眼時如何師云鬼爭漆桶問獨步青霄時如何師云四衆圍繞僧云四衆圍遶時如何師云梵音絕處行問寂寂無聲時如何師云打了拖聲勢問鳳栖不到處時如何師云忽聞庭前撲煞老鵐梟問如何是歸宗理事絕師云納孺遽錯問如何是日輪正當午師云理事甚分明便打問如何是獨步四山頂師云深深海底行問如何是自在如師子師云金縋勒咽索白棒擁將行問久在貧中如何得濟師云滿掬摩尼親自捧學云教人眼瞎師云眼裏無筋一世貧學云挑筋了瞎師便打問奔流度刃疾焰過風時如何師云住學云住即瞎師打禪床僧便喝師拈棒僧云老和尚莫掣㩳奪棒打老和尚去在師云今日被這瞎漢鈍置煞我僧云陣敗不禁苕帚掃問疋馬單鎗來時如何師云且待我斫棒問如何是佛法大意師云無量大病源僧云請師醫師云世醫拱手問師唱誰家曲宗風嗣阿誰師云掌搭戴鴨冠口中更河海問如何是無相涅槃師云前三點後三點僧云無相涅槃請師證照師云三點前三點後問萬里無雲時如何師云飢虎投崖問古殿重興時如何師云明堂瓦插簷僧云與麼則莊嚴畢備也師云斬草蛇頭落問二王相見時如何師云十字街頭吹尺八問如何是無相道場師云斫破鬼神村

上堂云是你諸人盡曾向諸方去來不是不知不見還知老僧這裏有諱麼僧便問請和尚諱師云推筭決疑問如何是薝蔔林師云鬼厭箭問如何是不動尊師云邂逅到崖州問擬驀要津時如何師云灰糞堆問百了千當時如何師云未是好手問大義爭權時如何支擬師云光漆交社僧云將何奉獻師云切以生薪祭惟驢糞問如何是乾坤主師云周人遺刀心剜九竅問麟閣圖形請師讚念師云纓拂面塵問如何是解脫漿師云苞萌滲血篁物不多問如何是金剛不壞身師云老僧在你脚底僧便喝師云未在不是僧又喝師便打問南宗北祖如何顯示師云大庾嶺頭雲太行山下賊僧云如何明會師云幽燕經刼殺吳越笑呵呵僧云畢竟如何師云莫言無法說最苦是新羅問薄地凡夫如何辨識師云有什麼難辨僧云便請辨師云瘦眼生盲莖毛㵼索僧云如何醫治師云氣針挾古上雷電震雲間僧云忽遇葉公時如何師云見假不知驚着死三今猶是眼睫天問日出扶桑時如何師云闇浮樹下過問凡聖同居時如何師云兩箇猫兒一箇獰問栴檀鬱密時如何師云獨柳樹下坐問近不得時如何師云寃家難解脫問萬仞龍門今朝透過時如何師云全存霹靂聲僧云恁麼則全承布雨去也師云泥人眼赤問如何是道師云鷹過長空無一物問獨遊滄海時如何師云雷震青空畜生燒尾問蓮足不知路時如何師云鳥道盲人過問中間不會時如何師云靜處蹤了打問投機不遇時如何師云足下全身去問金鑠斷時如何師云失僧云金鑠既斷為什麼却失師云崖州路上問行人問燃燈前即不問燃燈後亦不問如何是正燃燈師云滅僧從東過西邊立師云野狐精問不施寸刃便登九五時如何師云單杖揬天街太白過後望問如何是無縫塔師云八花九裂問如何是塔中人師云頭不梳面不洗問萬里無雲時如何師云寸步不可過問剪鐵鎖鉀猶恨鈍謠鐮當鋒事如何師云前即死僧便喝師拍膝一下僧又喝師拈棒僧

云老和尚莫盲枷瞎棒奪却棒來打老和尚去莫言不道師云今日無端黃面浙子鈍置一場僧云老和尚莫掣猱好問如何是佛師云如何不是佛問惜宗風護三乘如何是道師云更夢見什麽

上堂云過去祖佛盡皆恁麽道時有僧問道箇什麽師云大哉問上上根器人來師還接也無師云接僧云便請和尚接師云且喜共你平交問如何是佛師云我不曾知僧禮拜師便打

上堂云有解問話者出來時有僧出禮拜師云是者老漢罪過便下座問如何是和尚家風師云秋收冬藏問如何是實應正主師云杓大椀小問如何是實應水師云了云飲者如何師云了問牛頭未見四祖時如何師云今日不答話問擬伸一問師意如何師云是何公案僧應諾師云放你三十棒問如何是祖師西來意師云五男二女問如何是實應劍師云天下老和尚荅話了也將此語別處問去僧云用者如何師便打問祖意與教意是同是別師云貞尚書李僕射僧云不會師云牛頭南馬頭北問萬代留名時如何師云光漆郊社問如何是佛法大意師便喝僧云老和尚莫探頭好師又喝僧便禮拜師云放過卽不可便打問如何是佛法大意師便喝僧便禮拜師云今夜兩箇俱是作家禪客與寶應老稱提臨際正法眼藏若要一喝下辨賓主問取二禪客問學人有一問在和尚處時如何師云你問道什麽僧便喝師便休至明日上堂衆集師云昨日問話師僧在什麽處僧才出師拈棒便打問如何是佛師云待有卽向你道僧云與麽則和尚無佛也師云正當好處僧云如何是好處師云今日是三十日

上堂云諸方盡是把蚰頭求敬終不敢向第二頭荅實家話若是本色衲僧便莫共語作麽生是本色衲僧良久云有輸有贏有防禦使問長老還具見聞覺知也無師與一踏踏倒

勘辯

問僧近離什麽處云襄州師云來作什麽僧云特來禮拜和尚師云恰遇寶應不在僧便喝師云向你道不在又喝作什麽僧又喝師便打僧禮拜師云這棒本是你打我我且打你要此話行瞎漢參堂去師見新到來竪起拂子僧云敗闕師放下拂子僧云猶有這箇在師便打問園頭瓠子開花也未僧云開花已久師云還著子也無僧云昨日遭霜了也師云大衆喫箇什麽僧擬議師便打問風穴南方一棒作麽商量穴云作奇特商量穴却問和尚此間一棒作麽商量師拈拄杖云棒下無生忍臨機不讓師問僧近離甚處云長水師云東流西流僧云總不恁麽師云作麽生僧珍重師便打問僧近離什麽處僧云龍興師云發足莫離葉縣否僧便喝師云好好問你又惡發作什麽僧云喚作惡發卽不得師便喝云你旣惡發我也惡發近前來僧近前師云我也沒量大罪過瞎漢參堂去師有時把住一僧云作麽作麽僧無對師云三十年來弄馬騎有時把住一僧云會麽僧云不會師云牛頭南馬頭北問僧夏在什麽處僧云五臺師云文殊還說著老僧也無僧云不說著師云今日遇作家有時見僧來參便把住參頭云是什麽僧無語師云三十年弄馬騎今日被驢撲又自云大衆莫道閑處語問僧近離甚處云襄州師云什麽物恁麽來云和尚試道看師云適來禮拜底僧云錯師云錯箇什麽僧云再犯不容師云三十年弄馬騎今日被驢子撲瞎漢參堂去問大德講什麽經僧云維摩經師拈云會麽僧云不會師云侍者點茶來問僧夏在什麽處云湖南師云喚維那來上板頭安排著問僧名什麽云普參師云忽遇屎橛作麽生僧不審師便打

風穴禪師語錄　南嶽下八世嗣南院

師諱延沼餘杭劉氏子也上堂舉寒山詩曰梵志死去來魂識見閻老讀盡百王書未免受捶拷一稱南無佛皆以成佛道問滿目荒郊翠瑞草却滋榮時如何師曰新出紅爐金彈子簉破闍黎鐵面皮問如何是互換之機師曰和盲愬瞎問真性不隨緣如何得證悟師曰猪肉案上滴乳香問如何是清淨法身師曰金沙灘頭馬郎婦問一色難分請師顯示師曰滿爐添炭猶嫌冷路上行人衹守寒問如何是學人立身處師曰井底泥牛吼林間玉兎驚問如何是道師曰五鳳樓前曰如何是道中人師曰問取皇城使問不傷物義請師便道師曰劈腹開心猶未性燥問未定渾濁如何得照師曰下坡不走快便難逢問如何是衲僧行履處師曰頭上喫棒口裏喃喃問靈山話月曹谿指月去此二途請師直指師曰無言不當痖曰請師定當師曰先度汨羅江問任性浮沉時如何師曰牽牛不入欄問凝然便會時如何師曰截耳臥街問狠煙永息時如何師曰兩脚捎空問祖令當行時如何師曰黠問不施寸刃便登九五時如何師曰鞭屍屈項

上堂舉古云我有一隻箭曾經九磨煉射時徧十方落處無人見師云山僧卽不然我有一隻箭未嘗經磨煉射不徧十方要且無人見僧便問如何是和尚箭師作彎弓勢僧禮拜師曰拖出這死漢問牛頭未見四祖時如何師曰披席把碗曰見後如何師曰披席把碗問未達其源時如何師曰鶴冷移巢易龍寒出洞難問不露鋒鋩句如何辯主賓師曰口銜牟角鰾膠粘問將身御險時如何師曰布露長書寫罪原

問學人解問諦訛句請師舉起詩人機師曰心裏分明眼睛黑問生死到來時如何師曰青布裁衫招犬吠曰如何得不吠去師曰自宜歸避寂無聲問如何是眞道人師曰竹竿頭上禮西方問魚隱淺潭時如何師曰湯盪火燒問如何是諸佛行履處師曰青松綠竹下問如何是大善知識師曰殺人不眨眼曰既是大善知識爲甚麼殺人不眨眼師曰塵埃影裏不拂袖畫戟門前磨寸金問一即六六即一一六俱亡時如何師曰一箭落雙鵰曰意旨如何師曰身亡跡謝問摘葉尋枝即不問直截根源事若何師曰赴供淩晨去開塘帶雨歸問問問盡是揑恠請師直指根源師曰罕逢穿耳客多遇刻舟人問正當恁麼時如何師曰盲龜值木雖優穩枯木生花物外春

上堂大衆集定師曰不是無言各須英鑒問大衆雲集師意如何師曰景謝祁寒骨肉疎冷師在南院作園頭一日南院到園問云南方一棒作麼生商量師曰作奇特商量良久師却問和尚此間作麼生商量南院拈棒云棒下無生忍臨機不讓師師於是豁然大悟南院云汝乘願力來荷大法非偶然也汝聞臨濟將終時語不曰聞之南院云臨濟道誰知吾正法眼藏向這瞎驢邊滅却某平生如師子逢人即殺及其將死何故屈膝妥尾如此對曰密付將終全主即滅又問三聖如何亦無語乎對曰親承入室之眞子不同門外之遊人南院頷之又問汝道四種料簡語料簡何法對曰凡語不滯凡情即墮聖解學者大病先聖哀之爲施方便如楔出楔云如何是奪人不奪境曰新出紅罏金彈子遂破闍黎鐵面門又問如何是奪境不奪人曰芻草乍分頭腦裂亂雲初綻影猶存又問如何是人境俱奪曰躡足進前須急急促鞭當鞅莫遲遲又問如何是人境俱不奪曰常憶江南三月裏鷓鴣啼處百花香又問臨濟有三句當日有問如何是第一句臨濟云三要印開朱點窄未容擬議主賓分師隨聲便喝又問如何是第二句臨濟云妙解豈容無著問漚和爭負截流機師曰未問已前錯又問如何是第三句臨濟云但看棚頭弄傀儡抽牽全藉裏頭人師曰明破即不堪於是南院以爲可以支臨濟不辜負興化先師所以付託之意師依止六年而南院歿後唐長興二年雲遊至汝水見草屋數椽依山如逃亡人家問田父此何所田父云古風穴寺世以律居僧物故又歲饑衆棄之而去餘佛像鼓鐘耳師曰我居之可乎田父云可師乃入留止晝乞村落夜燃松脂單丁者七年檀信爲新之成叢林晉天福二年州牧聞其風盡禮致之上元日開法嗣南院漢乾祐二年牧移守郢州師又避寇往依之牧館於郡齋陞座曰祖師心印狀似鐵牛之機去即印住住即印破只如不去不住印即是不印即是時有盧陂長老出問某甲有鐵牛之機請師不搭印師曰慣釣鯨鯢澄巨浸却嗟蛙步驟泥沙盧陂佇思師喝曰長老何不進語盧陂擬議師打一拂子曰還記得話頭麼試舉看盧陂擬開口師又打一拂子牧主云信知佛法與王法一般師問曰太守見何道理牧主云當斷不斷反受其亂師便下座寇平汝州有宋太師者施第爲寶坊號新寺迎師居焉法席冠天下學者自遠而至周廣順元年賜寺名廣惠師凡住二十有二年以皇宋開寶六年癸酉八月旦日升座說偈曰道在乘時須濟物遠方來慕自騰騰他年有叟情相似日日香烟夜夜燈至十五日跏趺而化前一日手書別檀越閱世七十有八坐五十有九夏

古尊宿語錄卷第七

重刻古尊宿語錄序

過去如是如是見在如是如是未來如是如是辛自可憐生無端黃面老漢拈花瞬目金色頭陀忍俊脫頤不覺漏泄一人傳虛萬人傳實何時而已哉人根有利鈍故機語有開歛鉗鎚栗餌膏肓頓起縱橫展拓太虛不痕雖古人用過時無古今死路活行死棊活著觀照激發如龍得水故門言語載道之器雖佛祖不得而廢也七佛偈及西天此土三十三傳枝出派列莫知其幾授受證據洎大抑揚示誨見於傳燈而多有載不盡者往往散落與時有賾藏主者旁蒐廣採僅得南泉而下二十二家示衆機語厥後又得雲門眞淨佛眼佛照等數家總曰古尊宿語非止乎此也據其所搜採而言耳夫古人得親故用親行到故說到其所說者如國家兵器不得已而用之從上爲人只貴眼正是皆未流刻楮畫花雕蚶鏤蛤瞎學者眼所可同日語覺心居士出善女倫秉烈丈夫志操不爲富貴所障世相所縻宥淨名衣坐空生室安住正受動靜提撕是孰使之然哉謂賾所編古尊宿語刊于閩中而板亦漫矣兩浙叢林得之惟艱勇捐己資鋟梓流通命禪衲精校重楷不鄙索序噫亦異矣昔月上女抗舍利弗發明人涅槃菴提遮對曼殊室利不生生不死死義達磨來震旦以後其間善女等倫橫機諸大老發明向上者多矣近世秦國計氏與夫空室道人皆以鍾鼎家世而爲般若眷屬今覺心則發揮古宿機語以遺佛種無二無二分無別無斷故覺心魏氏紹興丞相文節公孫余文昌之室先瑩任林菴虛席命慈林解無言者攝解催請主菴人覺心著語云菴主只在菴中爲甚麼不見道有又無道無却有又不近又不遠舉頭鷂子過新羅參得著喫盌麩餘偈語多有旨不計較而得則日用中無非禪悅法喜之樂矣併見于此旹

聖宋咸淳丁卯春清明日江浙等處明州府阿育王山廣利禪寺住持沙門物初大觀序唐宋諸碩師傳佛心宗道大德備室中垂示勘辨學者徵拈代別皆有機語流布寰中久矣惟傳燈一書嘗賜入藏諸師之語傳燈不能備載者有賾公藏主別集南泉趙州黄檗臨濟雲門眞淨佛眼東山二十餘家總若干卷題之曰古尊宿語實有補於宗門

[illegible]

古尊宿語錄卷第八

汝州首山念和尚語錄 南嶽下九世嗣風穴

師諱省念萊州狄氏子入院上堂云佛法付與國王大臣有力檀那令其佛法不斷絕燈燈相續至于今日大衆且道續箇甚麽良久云今日須是迦葉師兄始得時有僧問靈山一會何異今朝師云墮坑落塹僧云為什麽如此師云瞎僧問師唱誰家曲宗風嗣阿誰師云少室巖前親掌示僧云更請洪音和一聲師云如今也要大家知問如何是和尚家風師云一言截斷千江口萬仞峯前始得玄問如何是首山境師云一任衆人看僧云如何是境中人師云喫棒得也未僧禮拜師云喫棒且待別時問如何是佛法大意師云楚王城畔汝水東流僧云如何是學人親切處師云五五九盡日又逢春僧云畢竟事如何師云冬到寒食一百五問司徒邸中臨座側祖胤西來願舉揚師云王臣三請今朝赴萬民樂業普皆安僧云與麽則慈雲普潤處處皆通也師云野老謳歌時人皆唱復云諸上座佛法無多子只是你諸人自信不及若也自信得去千聖出頭來你面前亦無下口處何故只為你自信得及不向外馳求所以柰何不得直饒釋迦老子到這裏也與三十棒然則如此初心後學憑箇什麽道理且問你諸人還得恁麽也未良久云若得恁麽直須恁麽無事珍重

上堂僧問從上諸聖向什麽處行履師云牽犁拽杷問古人拈槌竪拂意旨如何師云孤峯無宿客僧云未審意旨如何師云不是守株人問如何是菩提道師云此去襄縣五里僧云向上事如何師云往來不易

上堂僧問如何是首山師云東山高西山低僧云如何是山中人師云恰遇棒不在僧禮拜師便打問如何是道師云爐中有火無心撥處處無蹤任意遊僧云如何是道中人師云坐看煙霞秀不與白雲齊問諸聖說不到處請師提唱師云萬里神光都一照誰人敢並日輪齊問學人身心聚散時如何師云不聞天樂響僧云如何收攝師云莫逐四時移問菩薩未成佛時如何師云衆生僧云成佛後如何師云衆生衆生問覺花未發時如何辨眞實師云冬不寒臘後看僧云莫便是也無師云錯問六國未寧時如何師云什麽處去來僧云寧後如何師云大地火起問寶劒未出匣時如何師云怨阿誰僧云出匣後如何師云不斬無罪之人僧禮拜師云斬問寶劒未出匣時如何師云你不惜猶可僧云出後如何師云伏惟尚饗僧云忽遇師子吼時如何師云一任野干鳴僧便喝師云果然僧又喝師云放你三十棒僧禮拜師云這瞎漢復云諸上座不得盲喝亂喝者裏尋常向你道賓則始終賓主則始終主賓無二賓主無二主若有二賓二主即是兩箇瞎漢所以我若立時你須坐我若坐時你須立坐則共你坐立則共你立雖然如是到這裏急著眼始得若是眼孔定動即千里萬里何故如此如隔窻看馬騎相似擬議即没交涉諸上座既然於此留心直須子細不要掠虛好他日異時賺著你在諸人若也有事近前無事珍重

上堂僧問蓮花未出水時如何師云徧天徧地問出水後如何師云特地一場愁問殺父殺母佛前懺悔殺佛殺祖向什麽處懺悔師云水深一丈問離凡離聖請師一句師云不可錯怪老僧也僧云謝師指示師便打問魚鼓未鳴時如何師云望天不見天僧云鳴後如何師云覷地不見地問和尚是大善知識為什麽却首山師云不坐孤峯頂常伴白雲閑問四衆圍繞師說何法師云打草秖要驚蛇僧云未審怎生下手師云適來泊合喪身失命問不落三寸請師速道師云老僧到這裏却道不得闍黎道看僧云猶落三寸請師別道師云首山今日失利問如何是首山境師云千花逈秀一葉長芳僧云如何是境中人師云好事不如無問因緣未熟如何師云進僧云熟後如何師云退問二龍爭珠誰是得者師云得者失僧云不得者又如何師云珠在什麽處僧擬議師便打問維摩默然未審意旨如何師云罕逢穿耳客多遇刻舟人問如何是首山出身路師云誰人障閡得僧云與麽則自在去也師云手即打折你腰師乃云要得親切第一莫將問來問還會麽問在答處答在問處你若將問來問老僧在你脚底你若擬議則没交涉時有僧出禮拜師便打僧問挂錫幽巖時如何師云錯僧云錯師便打

上堂僧問終日忙忙那事無妨如何是那事師云孤峯頂上千花秀萬仞崖邊嶮處行僧云莫便是和尚為人處也無師云大衆詳謡迊卜峯亦不同僧云回來底事又作麽生師云粉骨碎身猶未報三年一度送錢財僧禮拜師云噓噓問一切諸佛皆從此經出未審此經從何而出師云低聲低聲僧云如何受持師云切不得染汙問作何行業報得四恩三有師云殺人放火僧云與麽則大作業底人也師云苦痛深問世尊滅後法付何人師云好箇問頭無人答得僧云如何是世尊不說說師云任從滄海變終不為君通僧云如何是迦葉不聞聞師云瞶人徒側耳問古人言見色便見心諸法無形將何所見師云一家有事百家忙僧云學人不會乞師再指師云三日後看取問入京朝聖主只到潼關却便回時如何師云猶是鈍漢問路逢達道人不將語默對未審將什麽對師云瞥爾三千界僧云與麽則目視不勞也師云天

恩未遇後悔難追問杖鏌鎁劒來取師頭時如何師嘘一聲僧云苦痛深師便打問得船便渡時如何師云猶是鈍漢問權借一問以爲影草時如何師云放你三十棒問久在貧中請師賑接師云不接僧云爲什麽不接師云喫棒得也未隨聲便打問如何是古佛心師云鎮州蘿蔔重三斤問龍宮海藏當有何物請師一别師云不掛一寸僧云爲什麽不掛三寸舌師云誰知句後親問不落僧祇如何修證師云近前來與你道僧近前師便打問丹霞掩耳黄蘗拄杖意旨如何師云坐參都不問暢殺平生僧云稀逢難遇請師指示師云莫槐鳴問虚空以何爲體師云老僧在你脚底僧云和尚爲什麽在學人脚底師云知你是瞎漢問秖如和尚道老僧在你脚底意旨如何師云横身不怕使泥水識者方知人作家問秖如和尚道知你是箇瞎漢又作麽生師云將寶奉君君不識却令瞽叟陷生盲問如何是玄中的師云有言須道却僧云此意如何師云無言鬼也嗔問如何是衲僧眼師云此問不當僧云當後如何師云堪作恁麽問如何得離衆緣去師云千年一遇僧云不離時如何師云立在衆人前問諸佛未見時如何師云拈匙不把筯僧云見後如何師云喫飰忘却匙問佛未出世時如何師云不可錯怪老僧也僧云出後如何師云舉似天下人問如何是超毗盧之句稱釋迦之諱師云妙語無多子親言舉似誰僧云湛然時如何師云未明心地諦難過首山關僧擬進語師便打問如何是大安樂底人師云不見有一法僧云將何爲人師云謝闍梨領話問如何是常在底人師云亂走作什麽問一毫未發時如何師云路逢穿耳客僧云發後如何師云不用更遲疑問無絃一曲請師音韻師良久云還聞麽僧云不聞師云何不高聲問著問大悲千手眼那箇是正眼師云即便歡瞎僧云歡瞎後如何師云撈天摸地問如何是和尚說法底口師云掛在壁上僧云忽有人來問時如何師云待我取回來即向你道問學人此處不薦擬向南方時如何師云速僧云却不恁麽去時如何師云後會難逢問如何是離凡聖底句師云嵩山安國師僧云莫便是和尚極則處也無師云南岳讓和尚僧云如何是和尚家風師云無絲傀儡有人牽僧云牽後如何師云妙有無言不較多僧云如何是妙有無言不較多師云有言須得句僧云如何是無絲傀儡有人牽師云當明提祖道方得後人樓問學人乍入叢林乞師指示師云闍梨到老僧會裏得多少時僧云經冬過夏師云莫錯舉似人問有一人蕩盡來時師還接也無師云蕩盡即致那一人是誰僧云風高月冷師云僧堂内幾人坐臥僧無語師云賺殺老僧問學人求出世間時如何師云借水獻花先供養莫教落後索香錢僧云死生事大乞師一薦師云透漏遺蹤無走路僧云恁麽則被他捉著也師云今日到長安問如來演說三乘教未審是什麽教師云千言無一中僧云爲什麽千言無一中師云不是上鈎人問一切法皆空如何悟得眞空理師云南地先抽笋塞北著皮裘僧云莫落是非也無師云自家看取問青青翠竹還有佛性也無師云南天北地僧云恁麽則推窮佛理也師云北地南天問鐘鼓未鳴時如何師云問前不鳴問後打僧擬議師便喝問如何是迦葉門前一盞燈師云孤峯朗月連天照性似寒泉徹底清僧云勞而無功時如何師云日輪當午無私照自是時人見有移問寶劒未出匣時如何師云大洋海底澄心鏡僧云出匣後如何師云天外吒沙獨擺搖師乃云第一句薦得堪與祖佛爲師第二句薦得堪與人天爲師第三句薦得自救不了時有僧問如何是第一句師云大用不揚眉棒下須見血僧云慈悲何在師云送出三門外問如何是第二句師云不打恁麽驢漢僧云將接何人師云如斯爭奈何問如何是第三句師云解問無人荅僧云即今秖對者是誰師云莫使外人知僧云和尚是第幾句薦得師云月落三更穿市過問維摩一默文殊贊善未審此意如何師云當時聽衆必不如是僧云既不如是維摩默然又且如何師云知恩者少負恩者多乃云若論此事實不掛一箇元字脚便下座

次住廣教語録

師入院上堂有僧問曹溪一句天下人聞廣教一句什麽人聞師云不出三門外僧云爲什麽不出三門外師云舉似天下人僧問如何是眞如體師云徧乾坤僧云如何是眞如用師云動天地問如何是大海師云出頭天外看僧云恁麽則包含不盡也師云不見本來身問如何是學人自己師云是你自己問黑豆未生芽時如何師云萬里崖州君自去臨行惆悵怨他誰僧云有何罪過師云昨夜貶文殊僧云未審什麽時迴師云尊候天恩僧云天恩到日如何師云齊賀太平年問牛頭未見四祖時如何師云不啣嚼僧云見後如何師云不啣嚼問久負沒絃琴請師彈一曲師云正值嚴凝久披簑帶雨歸問觀身無相觀法亦然時如何師云晴天開水路僧云恁麽則掃地而盡去也師云孤月照高岑問萬機喪盡時如何師云死水不藏龍僧云轉動後如何師云碧眼胡僧笑點頭問如何是止修行路師云貧兒不雜食僧云撒手歸家去也師云香臭不曾聞僧云三春無二月十五正團圓師云不是闍黎用心處僧云如何是學人用心處師云要行即行要坐即坐問十二時中作何

行業即免生死師云你喚什麼作生死僧云與麼則無生死可免師云大衆盡皺眉問如何是超佛越祖之談師云塞北風霜緊江南雪不寒問承古有言自從一見桃花後直至而今更不疑意旨如何師云三尺杖子兩人舁僧云還許學人舁也無師云放下著師問僧恁麼來者是甚麼人僧云問者是誰師云老僧僧便喝師云向你道是老僧又惡發作麼僧又喝師云恰遇棒不在手僧云草賊大敗師云今日又似得便宜又似落便宜問如何是道師云脚下淺三尺問蓮花未出水時如何師云水淺一丈進云出水後如何師云從地高三尺其時有化主問學人與麼去時將何稟受師云又手奉賓德舉似莫沉吟僧云恁麼還當也無師云物逐人興僧云今日點茶當爲何人師云去此無消息無心永莫回問如何是眞如體師云敲磚打瓦僧云此意如何師云切忌踏著僧云有一人不會唐言梵語來時師還接也無師云舉意便知有何勞側耳聽問學人不識文畧拾得箇字來未審喚作什麼字師云久爲雲水客休作問禪賓問如何是現前三昧師云三更不閉戶僧云還許學人商量也無師云切忌五更初問若能轉物即同如來三門佛殿請師轉師云長安道上無私曲縱遇知音到者稀問學人親到寶山空手回時如何師云家家門前火把子問靈丹一粒點鐵成金至理一言轉凡成聖如何是至理一言師云更舉一徧僧云與麼則退身三步師云笑破大衆口問如何是學人自己師云放參三下鼓喫粥五更鐘問久轉不逢時如何師云闍黎有問老僧有荅僧云如何得逢師云闍黎不問老僧不荅問維摩方丈不以日月爲明未審和尚方丈以何爲明師云穿破天下人髑髏問久負無絃琴請師彈一曲師云無言顯大道僧云還許學人和也無師云更莫遲疑問十方薄伽梵一路涅槃門如何是一路涅槃門師云龍蟠鳳舞子時前日出崑崙照大千問塵塵見佛刹刹聞經如何是塵塵見佛師云好箇燈籠僧云學人不會意旨如何師云還我話頭來問無邊身菩薩爲什麼不見如來頂相師良久云即今還見也無僧擬議師便打問如何是學人本來身師云牽牛不入市僧云如何是有相身中無相身師云泊合錯對闍黎問萬仭峯前如何卓立師云罕僧云意旨如何師云苦問巧說不得只要心傳如何是心傳底法師云有疑須假問僧云恁麼則巧說不得也師云無言正好聽問如何是佛法的的大意師云不將小意對闍黎僧云如何領會師云逢人莫錯舉問德山棒臨濟喝未審明得什麼邊事師云你試道看僧便喝師云瞎僧又喝師云這瞎漢只管亂喝作什麼僧欲禮拜師擬拈棒僧約住云莫亂打人好師擲下拄杖云明眼人難瞞僧云草賊大敗問如何是生滅法師云新羅喫冷淘問久處沉迷請師一接師云老僧無恁麼閑工夫僧云和尚豈無方便師云要行即行要坐即坐僧云臨機一句截斷衆流請師垂示師云棒下迸流星僧云恁麼則萬象顯然師云遣人拽出問世尊說法如雷吼未審誰是不聞者師云無人敢定當僧云爲什麼無人敢定當師云果然不聞問亡僧遷化向什麼處去師云散闍正望三泉路厚朴花開始覺春問古人道東山西嶺青意旨如何師云一回舉著一回新僧云謝師指示師云功不浪施問如何是佛師云苦問如何是然燈前師云諸佛在我前僧云如何是然燈後師云諸佛在我後僧云如何是正然燈師云青山無異路問有問有荅盡在魔界無問無荅事如何師云庭前罷舞休思曲僧云大衆證明也師云野老謳謌正好音問如何是和尚截人之機師云三門前點燈僧云未審意旨如何師云佛殿後燒香問如何是佛師云新婦騎驢阿家牽僧云未審此語什麼句中收師云三玄收不得四句豈能該僧云此意如何師云天長地久日月齊明問如何是佛師良久云會麼僧云不會師云何不高聲問僧再問師云瞎漢顛言倒語作什麼問如何是寂寂惺惺底人師云莫向白雲深處坐切忌寒灰煨煞人師復舉興化示衆云今日放諸人一線道不用如何若何便請單刀直入興化爲你證明有旻德長老出衆禮拜起來便喝興化亦喝旻德又喝興化又喝德禮拜興化却云適來若是別人三十棒一棒也不較何故爲他旻德會一喝不作一喝用師云看他興化與麼作用爲什麼放得伊過諸上座且道什麼處是一喝不作一喝用是前一喝是後一喝那箇是賓那箇是主雖然如此也須子細始得良久云二俱有過二俱無過珍重

次住寶應語録

師入院上堂有僧問盡大地人來各各置一問問問各別未審寶應如何祗對師云好僧禮拜師云見何道理僧云謝師答話師云賊是小人智過君子劉司徒問龍庭金口問如何對主機師云一輪迥脫三界外當軒照破萬家門司徒云恁行一句請師指示師云莫錯認定盤星座主問云如從何國來忽遇王饍未敢便飡食即是不飡即是師云名利已彰天下播手中如意有誰知主云與麼則珍重去也師云負師子兒一擬便轉問既是清淨伽藍爲什麼打魚鼓喫飰師云知恩者少負恩者多問承師有言金沙灘頭馬郎婦意旨如何師云高梳雲鬢恐人怪笑問得力處乞師一言師云山高無與爲僧云畢竟如何師云莫守白雲閑問向上一路請師指示師云對面不相

識僧云爲什麽不相識師云問處分明荅處親問如何是觀音門入者師云超然一境無異路僧云如何是普賢門入者師云野雲不向目前飛問有問有荅皆落脣吻無問無荅請師道看師云不可錯怪老僧也僧云猶落脣吻師云落在什麽處僧無語師便打問萬法歸於一體時如何師云三斗喫不足僧云畢竟歸於何處師云二斗却有餘問文殊讚維摩不二法門意旨如何師云問前不明問後瞎僧云未審此意畢竟如何師云瞎問離聲離色如何舉唱師云一點青霄里僧云如何是異師云透過萬重關僧云只這如何透師便打云言前薦得辜負平生句後投機殊乖道體離此二途請師方便師竪拂云爭柰這箇何僧云與麽則太保證明師云你莫帶累太保問如何是佛師云朝看東南暮看西北問德山棒臨濟喝意旨如何師云寶應今日不用僧擬進語師云瞎漢便打問疑則與賊爲伴不疑則野塚爲家時如何師云北邙山下千丘萬丘未審那箇是你家僧以坐具摵一摵師云泊不問過問如何是古佛心師云三箇婆婆排班拜問如何是清淨法身師云新羅人不裹頭僧云向上還有事也無師云有僧云如何是向上事師云新羅人不裹頭安員外問弟子不會請師垂示師云水急浪開漁父見錦鱗透過碧波中員外云承教有言是法住法位世間相常住如何是常住底法師竪起拄杖召員外云且道這箇是住底法不是住底法員外云未曉之徒如何賑濟師云依稀似曲纔堪聽又被風吹別調中員外云一物不將來時如何師云何得對衆妄語員外擬議師便喝問如何是祖師西來意師云風吹日炙問只如龍牙問德山山乃引頸此意如何師云德山引頸寶應卽偃身縮項問秪如和尚道新婦騎驢阿家牽意旨如何師云百歲翁翁失却父僧云百歲翁翁豈有父師云汝會也師復云諸上座不見興化老人道直饒汝喝得興化向虛空裏撲下來一點氣也無忽然甦息却向汝道未在何故我未向紫羅帳裏撒眞珠與你諸人胡喝亂喝作麽師云實爲如斯今時兄弟只管橫喝竪喝及至窮著並無言說看他臨濟會下有僧出來禮拜臨濟便喝僧云老漢莫探頭好濟云汝道落在什麽處僧便喝又有僧問如何是佛法大意濟便喝僧禮拜濟乃召衆云你道適來這一喝好喝也無僧云草賊大敗濟云過在什麽處僧云再犯不容濟云要識臨濟賓主話問取堂中二禪客師云諸兄弟學般若菩薩直須諦當去始得雖然如是曉者還稀珍重

師一日上堂汾陽昭和尚出問百丈卷蓆意旨如何荅云龍袖拂開全體現進云未審師意如何荅云象王行處絶狐蹤昭於是言下大悟遂提起坐具顧視大衆云萬古碧潭空界月再三撈漉始應知禮拜歸衆時葉縣省和尚作首座纔退便問昭兄你適來見箇什麽道理便與麽道云正是我放身捨命處省便休

小參示衆云老僧擬欲歸鄉什麽人隨得去時有僧問未審和尚什麽時去師云待有伴卽向汝道僧云無伴底事作麽生師云盡日不逢人明明不知處僧云忽遇一人又作麽生師云迷子不歸家失却來時路僧云請師指箇歸鄉路師云枯木藏龍不存派倚僧云和尚什麽時節却回師云一去不知音六國無消息僧云正當歸鄉底事又作麽生師云獨唱胡家曲無人和得齊僧云忽遇知音在時如何師云山上石人齊拍掌溪邊野老笑呵呵僧云歸鄉回來底事又作麽生師云八國奉朝衣四相無遷改僧云未審居何位次師云文殊不坐金臺殿自有逍遥竹拂枝問如何是梵音師云驢鳴狗吠問如何是截徑一路師云或在山間或在樹下問如何是和尚不欺人底眼師云看看冬到來僧云畢竟如何師云卽便春風至問遠聞和尚無絲可掛及至到來爲什麽有山可守師云道什麽僧便喝師亦喝僧禮拜師云放你三十棒久立衆慈伏惟珍重

師出鏡清十二問荅洎翠岩代語師於一語下代三轉

問時至草庵無一物爲什麽却有盈餘清云要道何難岩云適來道什麽師代云自不知又云洎成忘却又云共語不知音問盡乾坤不出一剎那今時人向什麽處辨明清云共語商量岩云向你道什麽處辨明師代云不問他別人又云明眼人笑你又云用辨卽非問無神通菩薩爲什麽蹤跡難尋清云波斯眼黑岩云莫鬼語師代云不是用心處又云被他捉著又云不勞舉振問辨得親踈底人爲什麽却被親踈不肯清云不平按劒岩云當得也無師代云莫守閑又云大有人不解恁麽問又云不可辨親踈問明知生是不生之相爲什麽却被生之所流清云明知無力岩云不鬬老兄事師代云自領過又云喚什麽作生死又云爭得不知有問人人具眼逢訪道人道卽是不道卽是清云頭上仙陁岩云莫道乞辨明師代云分明舉似他又云莫道乞荅話又云若不是寶應洎合遭他毒手問體本無瑕翳爲什麽坐施良藥清云却正道著岩云且放老僧過師代云知過人難得又云更教誰喫棒又云今日草賊大敗問達者同遊一路行爲什麽不行清云已到平頭岩云老兄還達也未師云不爭先又云到了不知又云但請先行問盡令提綱爲什麽不寒時人口清云自還得岩云老兄還知明州米價麽師代云還曾失麽又云須知老

兒又云爭知今日問無形本寂寥爲什麼有物先天地清云寶公曲尺誌公剪刀岩云領過得也未師代云欺他作什麼又云阿誰與麼道又云不是闍黎置問問十方薄伽梵爲什麼一路涅槃門清云家無二主岩云怪得人麼師代云到者方知又云一尚不可得又云常防此問問同氣連枝爲什麼却根莖有異清云部案逬彩岩云阿誰道有異師代云紹得麼又云見有前後又云今朝二十五師出風穴四賓主語僧云如何是賓中賓穴云攢眉看白雲師別云去來長自在不與白雲齊問如何是賓中主穴云入市雙瞳瞽師別云高聲唱吽遶街行問如何是主中賓穴云回鑾兩耀新師別云定國安邦賀太平問如何是主中主穴云磨礱三尺劒待斬不平人師別云收番猛將寸草不留師出四種照用語問如何是先照後用師云南岳嶺頭雲太行山下賊問如何是先用後照師云太行山下賊南岳嶺頭雲問如何是照用同時師云收下南岳嶺頭雲捉得太行山下賊問如何是照用不同時師云昨日有雨今日晴師出四賓主語問如何是賓中賓師云青山綠水分問如何是賓中主師云棒下取分明問如何是主中賓師云退已讓人問如何是主中主師云斬盡不留身師出四料簡語問如何是奪人不奪境師云人前把出遠送千峯問如何是奪境不奪人師云打了不曾嗔寃家難解免問如何是人境兩俱奪師云萬人作一塚時人盡帶悲問如何是人境俱不奪師云問處分明荅處親師出德山三轉語於一句中各下三轉問如何是函蓋乾坤句師云大地雪漫漫又云普天匝地又云海底紅塵起如何是截斷衆流句師云不通凡聖又云汨合放過又云横身三界外問如何是隨波逐浪句師云要道便道又云有問有荅又云此去西天十萬八千師舉僧問禾山如何是道山云耕人田不種僧云如何是道中人山云禾熟不臨場因僧問師出語云耕人田不種意旨如何師云大勛不竪賞僧云禾熟不臨場意旨如何師云任從風雨爛師出盤龍和尚問行者接待不易行者云開心椀子盛將來無縫合兒合將去師云横擔拄杖登霄漢使煞農夫羨粥人師出僧問如何是祖師西來意荅云風吹日炙師又云多年塵土無人拂一身常在鎮天涯

勘辯語

師在風穴會中密常勤誦蓮經衆咸謂念法華也偶知客退即就請師一日風穴見師侍立次乃垂涕告之曰不幸臨際之道至吾將墜于地矣師云觀此一衆豈無人邪穴云雖敏者多見性者少師云如某者如何穴云吾雖望子之久猶恐耽著此經不能放下師云此亦可事願聞其要於是風穴上堂舉世尊以青蓮目顧視大衆迦葉正當與麼時且道說箇什麼若道不說而說又是埋沒先聖且道說箇什麼師乃拂袖而退穴擲下拄杖便歸方丈侍者隨後入室請益念法華爲什麼不祇對和尚穴云念法華會也次日師與眞園頭同上問訊次穴又問眞曰作麼生是世尊不說說眞曰鵓鳩樹頭鳴穴云你作許多癡福作什麼何不體究言句又問師曰以作麼生師曰動容揚古路不墮悄然機穴云你何不看法華下語師受風穴印可之後泯迹韜光人莫知其所以因楚和尚初至汝州宣化安下風穴令師傳語纔相見展坐具次便問展即不展即是楚云自家看取師便喝楚云我曾親近知識來未嘗輙敢恁麼造次師云草賊大敗楚云來日若見風穴和尚待一一舉似師云一任一任不得忘却師乃先回舉似風穴穴云今日又被你收下一員草賊師云好手不張名楚次日纔到相見便舉前話穴云非但昨日今日連贓捉敗於是師乃名振四方遠近學者承風而湊初住汝州首山爲第一世也石門遣使馳開堂書至師乃集衆於法堂上使纔近前人事師約住云是洞上宗乘是雲嶺家風使云書中已載師云一不成二不是使無語師云且坐喫茶一日師問僧近離甚處僧云襄州師云路上曾逢達磨也無僧近前不審師云這箇是驢前馬後底僧云和尚又如何師云非公境界且坐喫茶僧纔坐師又問在什麼處過夏僧云石門師云水牯牛安樂麼僧云及時水草師云爲什麼傷人苗稼僧云對和尚不敢造次師云放過即不可便打師一日問僧是凡是聖僧云非凡非聖師云太不定生僧云離此二途請師速道師云首山今日燒香供養你去也僧云某甲特來禮拜師云滴水難消一日問僧近離什麼處僧云廣慧師云穿雲不渡水渡水不穿雲離此二途速道速道僧云某甲昨夜宿長橋師云你恁麼合喫首山棒僧云某甲未曾參堂師云兩重公案僧云恰是師云𠸄𠸄又一日師見僧參次乃問近離甚處僧云襄州師云夏在甚處僧云洞山師云還我洞山鼻孔來僧云不會師云却是老僧罪過又一日問僧上人近離甚處僧云南方師云遠來不易且坐喫茶又一日問僧近離甚處僧云襄州師云有事相借問得麼僧云便請師云且喜沒交涉又云鷂子過新羅又問僧近離甚處僧云西京師云路上還逢達磨也無僧云適來已參見和尚了也師云爲什麼築著鼻孔僧云已知痛痒師云打破大唐國覓箇知痛痒底人了不可得且坐喫茶有僧來參師乃問近離甚處僧云龍門師拽僧摑一摑喝出去一日有僧侍次師乃喚僧名僧應諾師云且去別時來爲你說僧云而今尚自不說別時決定不說師云我

也罪過你也罪過僧一日入室師云且去別時來僧應諾師便打師每見僧來便云恁麽來者是誰僧云問者是誰師云是老僧僧便喝師云向道是老僧又惡發作什麽僧又喝師云恰遇棒不在僧云草賊大敗師云得便宜是落便宜有僧入室師便喝僧亦喝師又喝僧禮拜師便打云伏惟尚饗一日因僧入室師喚僧名僧應諾師云錯僧云某甲有什麽敗闕處師云錯有新到相見師問從什麽處來僧云芭蕉來師云芭蕉有何言教僧云曾見有僧問牛頭未見四祖時如何蕉云知僧云見後如何蕉云不知後有僧舉問襄陽石門徹禪師只如二尊宿意旨如何徹云先行不到末後爲初僧一日入室師云恁麽來者是誰僧云某甲師云莫道是別人僧禮拜師云適來見箇什麽道理即禮拜僧云今日大似因齋慶讚師云我適來一期向你恁麽道還須吐却僧云也知和尚曲爲某甲師云後有人問你向他道什麽僧拂袖便出去師召僧名僧回首師便喝僧云這老賊師乃以頌示之曰四門通一要一要具三玄在賓全正令立主要須圓又一夜師行道次見暗裏有僧師乃問是誰僧不對師云我也識得你僧大笑師云你不得道是別人復作一頌示之輕輕踏步恐人知語笑分明更莫疑智者只此猛提取莫待天明失却鷄

師次住寶安山廣教禪院亦爲第一世後徇衆請入城下寶應禪院即南院第二代三處法席海衆常臻淳化三年十二月初四日午時上堂示衆曰今年六十七老病隨緣且遣日今年記却來年事來年記著今朝日果至四年十二月日與時無爽前記上堂辭衆仍作偈曰白銀世界金色身情與無情共一眞明暗盡時俱不照日輪午後是全身言訖安坐日將昳而逝壽年六十八茶毗收舍利

偈頌示衆

諸子謾波波過却幾恒河觀音指彌勒文殊不奈何

靈雲見桃花

分明歷世三十春因悟桃花色轉新人人盡得靈雲意不識靈雲是何人

玄沙云諦當甚諦當

玄沙道處少人知密密相逢更莫疑今古相傳親的旨少年多是白頭兒

四賓主頌

悟了却從迷累悟迷悟從來無差互始知本末至于今今古相承無別路無別路莫問人說今古問來事元是主從他人問賓主識得賓全是主主中賓賓中主更互用無差互賓中賓主中主兩家用莫讓主把定乾坤大作主不容擬議斬全身始得名爲主中主

偶作三頌

我有一機不假修持若人問著便喚沙彌

我有一著不自樓泊若人更問劈口便著

我有一宗勿示西東若人擬議別喚王公

送化主四頌

報你參禪賓人中有見親若求端的旨臘月望陽春

臨行少語足人嫌莫辱家風汙舊賢保護盡從今日去靜坐寒窗月那邊

幾多眞子向西東物外縱横莫用功隨處化緣皆是道臨行一句盡流通

廓然無事少人闚任意縱横勿計程步步登高看前路莫教失脚墮深坑

示衆三首

背陰山子向陽多南來北往意如何若人問我西來意東海東面有新羅

咄哉巧女兒攛梭不解織貪看鬬鷄兒水牛也不識

咄哉拙郎君巧妙無人識打破鳳林關穿靴水上立

古尊宿語録卷第八

古尊宿語錄卷第九

石門山慈照禪師鳳巖集 南嶽下十世嗣首山

師開堂拈香云西天二十八祖唐土六祖過去聖人盡得傳衣付法至唐代六祖之後得道者如稻麻竹葦不傳其衣只傳其法皆以香爲信今日一瓣香爲什麼人通信某甲雖不言大衆已委悉爇此一炷香也僧問師唱誰家曲宗風嗣阿誰師云山連嵩嶺地近洛川問和尚開堂於此日先將何法報君恩師云撑天拄地云君恩如此祖意如何師云分明領話問如何是佛師云卭州多出九節杖云謝師指示師云莫作荅佛話會却問如何是祖師西來意師云九里江上望船船云意旨如何師云示船亭前人不識問寶劒未出匣時如何師云在匣裏云出匣後如何師云放汝一線道僧禮拜師便打

上堂云上上之機人法俱遣中下之機但除其問猶有法在下下之機據問而行若是出格道人全體作用諸上座盡是出格道人老僧爭敢作用問如何是一着子師云明明似日連天照暗暗昏昏人自迷云如何得不迷師云千里萬里

早參示衆云且道昨日與今朝是同是別古人道昨日今朝事恰同又道昨日今朝事不同同與不同卽且置且道卽今一句作麼生波隨月照影逐日移師入州看官路逢延慶長老問中路相逢一句作麼生道師云某甲禮拜和尚有分明日到院茶話次昨日聞學士說新石門和尚和尚久在石門爲什麼說新去師云腦後合掌問來時無物去時空二路都迷如何得不迷去師云秤頭半斤秤尾八兩

上堂云十五日已前諸佛生十五日已後諸佛滅十五日已前諸佛生你不得離我這裏若離我這裏我有鉤子鉤你十五日已後諸佛滅你不得任我這裏若任我這裏我有錐子錐你且道正當十五日用鈎卽是用錐卽是遂有頌云正當十五日鈎錐一時息更擬問如何回頭日又出問如何是無縫塔師云直下看云如何是塔中人師云退後退後問如何是古佛心師云踏著秤槌硬似鐵云意旨如何師云明日向你道問青山緑水卽不問急切一句作麼生道師云垂手過膝兩耳垂肩汝州先師忌問先師還來也無師云三巡茶罷一炷香云齋後向什麼處去師云風擾樹響人不顧葉落歸根始知音

上堂云鳳凰巖下鐘皷喧轟石門家風朝朝舉唱問荅賓主甚是分明棒喝臨機誰人同道若是同道者對衆證據良久云霜天冷徹骨雪路少人行問如何是石門境師云一任衆人看云如何是境中人師云明日來喫棒問嵩少地近汝海波深石門玄機請師指示師云幾時到汝海來僧無語師便打問如何是和尚家風師云一句每當機逢人直是道問如何是賓中賓師云禮拜甚分明云如何是賓中主師云覷地無回顧云如何是主中賓師云徃復問前程云如何是主中主師云萬里絶同侶問如何是奪人不奪境師云山河大地云如何是奪境不奪人師云畨人失氊帳云如何是人境俱奪師云有何佛祖云如何是人境俱不奪師云問荅甚分明問如何是先照後用師云突兀峯頭無巨火長安城裏不通風云如何是照用同時師云突兀峯頭無巨火長安城裏絶人行云如何是照用不同時師云昨日十五今日十六大傑張茂崇問摩騰入漢已涉繁詞達磨單傳請師指示師云冬、不寒臘後看問五目不覩其容二聽不聞其響落聲色卽是不落聲色卽是師云問從何來問瞻之在前忽然在後復是何物師云築着鼻孔問若能轉物卽同如來萬象是物如何轉得師云喫了飯無些子意智問拈槌竪拂皆是止啼之說揚眉瞬目未爲作者之機如何是現前受用師云早銜放過曉後出來問寸絲不挂法網無邊爲什麼却分迷悟師云兩桶一擔問心隨境轉境逐心生心境兩忘甚處卽是師云待你悟始得問有情有用無情無用如何是無情應用師云獨扇門子晝夜開問法尚應捨何況非法如何是非法師云喫粥喫飯問愛河浮更沒苦海出還沉如何出得師云錯

早參示衆云月未沒日已出萬象凝然什麼處不分明旣然分明一句作麼生道良久云日月照臨無影樹不勞把住遶街行

示衆問荅須教起倒全龍頭蛇尾自欺瞞如王秉劒由王意似鏡當臺要絶觀開口早經千萬里低頭思慮萬重關指人若也無正眼何啻前程作野干

上堂云朝朝皷響夜夜鐘鳴聚集衆流復有何事過去諸聖成就此門諸上座各各不欠少某甲已是不識好惡諸上座更要喫辛受苦

上堂云無事不要生事歸堂

上堂云鐘皷才罷賓主已分大衆齊來照用俱了若恁麼會得繼紹古人若會不得賓爲罔措莫有會者麼出來對衆證據

上堂云切忌蹉過歸堂喫茶

上堂云第一句道得石裏迸出第二句道得挨撥將來第三句道得自救不了歸堂

上堂云但得本莫愁末如何是諸上座本莫是上來下去禮佛禮塔入室摳衣歡娛笑樂麽若認得這箇是四大五蘊莫是趣寂息念不出不入不聚不散麽會得認得箇精魂如何是上座本良久云歸堂

上堂云春景溫和萬物蘇舒山青水緑眞堪養道游方禪子甚是及時祖佛家風且宜沒交涉僧侍立次

師云已是撒沙着諸人眼裏也如今更不敢不識好惡歸堂問寒時又寒熱時又熱寒底是熱底是師云杖頭傀儡人長弄問逐日開單展鉢以何報荅施主之恩師云被這一問和我愁殺云恁麼則謝供養也師云得什麼人氣力僧禮拜師云明日更喫一頓

上堂云春景溫和春雨普潤萬物生芽什麼處不沾恩且道承恩力一句作麼生道良久云春雨一滴滑如油問如何是學人自己法身師云每日搬柴不易云此是大衆底如何是學人自己底師云三生六十劫問大悲千手眼爲什麼在此師云見箇什麼云恁麼則千百億化身師云且領前話乃云上來下去爲什麼事若有所得埋沒諸兄弟若無所得圖箇什麼得與不得且置如何是見前妙用底事良久云雲覆千山不露頂雨滴街前漸漸深歸堂問請師指示箇修行路師云殺人放火云彼此修行爲什麼却如此師云果然不修行問親切處請師的旨師云莫忘却云莫忘却時如何師云一年三百六十日云恁麼則不忘却也師云你見箇什麼道理云適來謝茶師云未在云請師別道師云兩社一寒食

早叅示衆月未没日又出日月往來無間隔奉勸禪流莫追尋追尋特地生疑惑

上堂云鳳凰山下鐘鼓喧轟石門家風朝朝舉唱大衆上來賓主已分開口動舌照用俱了若恁麼薦得甚處有佛祖若未薦得憑何過日薦得薦不得卽且致作麼生是無佛祖底句良久敲禪牀下座

小叅早朝擊鼓法堂上聚會晚後鐘聲方丈裏相見法堂上聚會卽不問作麼生是方丈裏相見底句自代云不通風問還有不報四恩三有者麼師云有云如何是不報四恩三有者師云撒手卧長街光音非旨趣問牛頭未見四祖時爲什麼百鳥啣花獻師云果熟馨香鳩鳥啄云見後爲什麼不啣花師云萬象頓息鬼神愁云見與不見是同是別師云山河不碍青霄路妙用縱橫處處通問親到寶山求寶時如何師云求得卽不中云求得後如何師云不中不中乃云擬心卽差動念卽乖不擬不動正在火水裏作活計作麼生是衲僧轉動一句良久云朝聞鼓動暮聽鐘聲

上堂云三春景裏日暖風和水畔經行林間宴坐覩茲時景賓主已分開口動舌照用俱了若能如是解去會得賓中主作麼生是主中主良久云一條濟水透過新羅一日問直歲淸涼堰從你堰若遇洪水滔天時堰得麼云在裏頭師云與誰同伴歲無語却請和尚代云透過新羅問和尚若遇洪水滔天時堰得麼師云上拄天下拄地云若遇劫火洞然時作麼生師云橫出竪没

上堂云四山霧起大地黯黑日月收光正當與麼時如何辨主良久拍禪牀下座師浴出僧問三身中那身澡洗師云困送亾僧歸喫茶次問亾僧遷化向什麼處去師云風擺樹響葉落歸根學人良久師云會麼云不會師乃澆茶三滴問如何得入身去師云我常欲作驢身

上堂云上來下去參請不無作麼生是依時及節底句良久云朝聞鼓響夜聽鐘聲歸堂問門外三車學人欲上牛車時如何師云未是極則處云如何是極則處師云犬吠虛聲切癡人望太陽問三叉路頭未審教學人往何路師云莫錯

上堂云鐘聲才罷鼓聲喧鐘鼓相交會人天臨機妙用無別法開口動舌顯三玄臨機照用須子細互換賓主疾如烟進前更欲求佛祖擬議早是隔西天

上堂云五白猫兒爪距獰養來堂上絕蟲行分明上樹安身法切忌遺言許外甥作麼生是許外甥底句莫錯舉

上堂舉普化語僧便問大悲院裏有齋意旨如何師云日暖偎陽坐大寒不舉頭

上堂云聞鐘聲卽尋鐘聲來無鐘聲向什麼處來若不來叢林何在旣來是何面目直饒不來不去正在火水裏作活計作麼生是衲僧出氣一句良久云珍重問十二時中如何用心師云喫粥喫飯云與麼則打軟去也師云打軟去也問昨夜轉一位今朝轉一位兩頭俱轉時如何師云未是衲僧極則云如何是衲僧極則師云春末臨朱夏云畢竟了如何師云九九八十一

上堂云各各英雄丈夫兒堂堂物我更何疑現前歷歷明如日展縮當人示疾時超然不得長空路獨脫禪光得自知多聞方便談今古濟物須彰閃電機良久云去去西天路迢迢十萬餘

上堂云天地與我同根萬物與我一體諸上座維那打鐘還覺心痛也無若不覺痛與古人相違若覺痛爲什麼含笑上來直須子細僧入室問正當與麼時還有師也無師云燈明連夜照甚處不分明云畢竟事如何師云來日是寒食問古人急水灘頭毛毬子意旨如何師云雲開月朗問急水灘頭連底石意旨如何師云屋破見青天云屋破見青天意旨如何師云通上徹下

小參示衆云學般若菩薩須具般若眼不具般若眼卽被般若謾却你去作麼生是上座般若眼出來對衆道看良久云沉却也珍重問如何是佛法大意師云出你口入你耳云莫秖這便是也無師云分明聞分明聽問爲什麼朝朝風起雨點全無師云只是龍王不動頭云畢竟事如何師云待雨下了向你道云

雨下了和尚爲什麼不說師云老僧罪過問如何是人境兩俱奪師展兩手云不會師彈指三下問十二時中如何辨主師云着衣喫飯量家第云辨得後如何師云作麼生是主僧無語

上堂云擬心即差動念即乖不擬不動正在死水裏作活計作麼生是衲僧轉身處只如古人與麼道還有爲人處也無若言爲人依言縛殺你若言不爲人意在什麼處所以道涅槃心易曉差別智難明又云知見立知即無明本知見無見斯即涅槃若向這裏明得去未具衲僧眼直須子細

上堂云三春景謝朱夏將臨是禪子罷游之際幽窗掛錫之辰林下相逢合談何事良久云擬指千差路回光百萬程問牛頭未見四祖時如何師云雲散見青天云見後如何師云澄潭月現問如何是道師云車碾馬踏云如何是道中人師云竪坐橫眠

上堂云香烟才起是處皆知大衆雲臻從上宗乘只可如是若能如是解擊鼓奪旗互換主賓照用同時棒喝齊彰直饒你如是解只是箇賓中主作麼生是主中主便有僧問香烟才起是處皆知未審主山後如何師云向你道還信麼云特伸請益師便喝云和尚爲什麼諱人道着師云瞎僧禮拜乃云一句語中須具三玄一玄門中須具三要從上諸聖總具三玄三要他若不具三玄三要總屬盲用既能如此留心直須子細良久云石門後輩諸事寡拙久立先參歸堂憇歇問佛未出世時如何師云出世後如何師云平云未審出世與未出世是一是二師云妙用當機顯回光只在人間大事未辦時如何師云切云辦後如何師云切問如何是玄談師云掉向墻南問如何是祖師西來意師云叉手當胸云意旨如何師云打躬近前問一處火發任從你救八方齊發如何師云快云還求出也無師云若求出即燒殺你僧禮拜師云直饒你不求出也燒殺你

大雨上堂云朝陽雲掩夜月收光四山烟霧起大地絕纖埃正當與麼時什麼人作主雖然如是爭奈千江競注萬派流源被大海一時包了也莫道總包容了爭奈奔波濟水透過新羅

上堂云金烏西墜玉兔東升晝夜循環有何了日何不日南午處正位上看半夜子時長連牀上偃息正當與麼時可謂千聖情盡影像全無雖然如是未是極則處直須動轉始得直饒動轉只是肯得洛浦灌溪未肯得佗三聖興化開口動舌早成病棒喝臨機標也難貶眼直須行正令

上堂云晚看千家戶不扃時聽秋杵一聲聲途中多少未歸客却到家中事怎生諸上座休向途中直須歸家若得歸家直得親於父母不得敎生其恩愛直須殺却父母既殺却父母便須出家既然出家便能親於佛祖雖然如是須去却佛祖始得既殺却父母去却佛祖方可有纖毫衲僧見解猶未得衲僧全體作用良久云作麼生是衲僧全體作用殺父殺母去佛去祖未是衲僧極則處進前更擬問如何北邙山下有甚數

上堂云雲山聚會意爲平生挈杖諸方擬逃生死何得空過道日爲什麼不進步商量若欲進步商量特地乖違便言只恁麼休去更辜負平生總不如是又向什麼處留心良久云歸堂

上堂云龍騰滄海魚躍潛蹤虎嘯高岩野狐屏跡象王蹴踏寶岸皆崩師子嚬呻百獸隱匿鳳凰展翅衆鳥迷巢祖師家風中下莫湊目連鶖子運智運通金色頭陀瞬眸釋主聲聞莫測十地寧知空生才唱天早雨花豈況繁詞率爾亂說通一線道直須滿口道將來道道直饒道得也是順逆將來

上堂云參玄上士遊方高人直須具衲僧眼目良久云開口直教千聖情盡萬緣無繫父母俱亡賓主不立若如是解者猶是衲僧少許見解未是衲僧全體受用作麼生是全體受用良久云歸堂喫茶

上堂云諸上座各各氣宇如王須具衲僧眼目大地山河不礙眼光莫受人瞞且道于闐國王作何面目時有僧問承和尚有言山河大地不礙眼光未審于闐國王作何面目師云不出戶云未審與什麼人同道師云至切是家親

上堂云朝朝擊鼓夜夜鐘聲聚集禪流從有何事若言無事屈延諸德若言有事埋沒從上宗乘開口動舌總沒交涉雖然如是初機後學須藉言語顯道作麼生是顯道底良久云林中百鳥鳴柴門閑不扃

上堂問承古有言十五日已前用鈎十五日已後用錐即今十五日和尚用什麼師云這一條拄杖是清化王捨云和尚莫盲枷瞎棒師云罪不重科乃云虛空有盡此道無窮如拳作手如手作拳皆是自己展縮並不欠少不由佗人各各具足不肯承當勸請諸上座承當埋沒諸上座直下承當去承當箇什麼歸堂喫茶董侍郎問文殊是七佛之師未審文殊以何爲師師云獨鎮五峰頭查學士與師坐次弄鎗來參士便問弄鎗如何下手師云道場作戲問無情說法意旨如何師云朝朝樹響夜夜風鳴云如何委悉師云晝有日照夜有月明問德山棒臨濟喝如何是一喝下事師云我不作這活計云意旨如何師云非公境界問金鱗未出網時如何師云待汝出網來向汝道云即今出也師意如何師云西海裏事作麼生僧便喝師云瞎僧禮拜問若能轉物即同如來未審三門佛殿如何轉師云我向汝道汝還信麼云和尚誠

言安敢不信師云這漆桶僧禮拜問如何是衲衣下事師云露地不逼風云與麽則一百五日看也師云放你三十棒僧禮拜問不施寸刃便登九五時如何師云七縱八横云與麽則簾卷扇開去也師云舌拄上齶僧禮拜問黑荳未生芽時如何師云正與麽云生芽後如何師云鬼門關外今霄路萬里崖州獨自行問如何是吹毛劒師云鋹云用後如何師云伏惟尚嚮僧侍立次師問什麽處坐云後架裏坐師云你向什麽處舉話云與主人公舉話師云主人公姓什麽云不得姓師云名什麽云不得名師云與麽則不識主人公也僧便喝師不對問如何是互換之機師云東邊立了西邊立云還相見也無師云相見事作麽生僧便喝師云瞎僧禮拜問師唱誰家曲宗風嗣阿誰師云汝水河邊曾對勝失却槐棹至于今云汝原一曲師親唱向上宗乘事若何師云當處不留人劉時送千里師勘僧云孤輪獨照深山裏近離何方到此來云近離白馬師云更不再勘僧無語師云且坐喫茶師問僧韶陽境土君知好六祖家風試道看僧無語師云却是石門罪過且坐喫茶舉鹽官和尚喚侍者將犀牛扇子來者云扇子破也官云扇子既破還我犀牛兒來者無語代云欄下舉僧問龍牙十二時中如何著力牙云如無手人行拳始得師云道即殺道只得一半云和尚作麽生師云如無舌人欲唱歌始得舉僧問石門徹和尚實際理地如何進步徹云鳥道無前僧進語云幽谷白雲藏白雀擬心捿處隔山迷師別云栖心不任栖心地物外縱横任法閑舉徹和尚離谷隱有僧問師住襄陽去盡襄陽男女各置一問問問各別和尚如何支遣徹云一音剖出塵沙句豁達虚空應萬機師別云頭頭上活物物上具師問僧昔日叢林親際會再登鳳嶺事若何云奉別和尚經今一年師云本分行脚僧僧無語師云坐喫茶

次住谷隱山太平寺語

陞座拈香云此一炷香供養十方諸佛人天大衆先願國安民泰教法興隆此一炷香十五年前已呈醜拙了也如今還有委悉者麽對衆商量時有僧問不施寸刃便登九五時如何師云罕逢此問云與麽則人天有賴大衆沾恩師云是何言歟乃云問話且止欲得親切莫將問來問你擬進前早没交涉了也昔況切切有何所益若論佛法不在問處雖然如是早是多途況久立尊官珎重

上堂云襄陽蕩蕩廣闊而無際無涯漢水滔滔深遠而有終有始峴山一帶横貫乾坤楚岫千峰竪該日月鳳林關下直透荆南來往遊人且無障碍諸上座盡是透關底人作麽生是透關底句試道看擬議千差路回光萬里程問祖令未行時如何師云獨卧沙場云未審其中事作麽生師云寒灰不再焰問終日忪忪郷事無妨如何是郷事師云覔頭不見云爲什麽如此師云三日後看僧禮拜師噓問如何是沙門行師云三三兩兩各不相知云畢竟如何師云截舌有分問一陽才啓天地咸知依時及節事如何師云午夜燈光連宵照云照後如何師云茶烟香篆一時清問逐境不入流時如何師云早入了也云入流不逐境時如何師云未是極則處云如何是極則處師云七棒對十三問如何是奪人不奪境師云峴山亭邊好用功云如何是奪境不奪人師云雪消流水湧云如何是人境俱奪師云霜結滿亭寒云如何是人境俱不奪師云放你一線道問日往月來還不覺年衰老還有不老者麽師云有云作麽生是不老者師云虬龍觔力高聲吽晩後精靈轉更多問如何是畢人深深處師云烏龜水底深藏六云未審其中事若何師云路上行人莫與知問如何是印空底句師云舌拄上齶云如何是印水底句師云說話對聾人云如何是印泥底句師云頭上喫棒口裏喃喃問一句當機請師說法師云莫妄想云不妄想後如何師云仙人禮枯骨餓鬼打灾屍問浩浩之中如何辨主師云襄江競渡船云未曉之人如何領會師云且領前話問學人擬歸郷請師指路頭師云借人扶上馬云莫便是和尚爲人處也無師云舊嶺郷邊看問師子是獸中之王爲什麽却被六塵呑師云須知六塵好手僧禮拜師云得便宜是落便宜問不斷廉纖句如何絶眹迹師云絶迹即不奸云與麽去如何師云瞎僧禮拜問只尺之間爲什麽不覩師顏師云折角泥牛無欄圈云與麽則依而行之師云徧地閑田任意耕問承教有言當觀法王法法王法如是如何是法王法師云如是云畢竟如何師云我知你與麽道問王子未登九五時如何師云六宫深處坐云登朝後如何師云當殿不稱尊問世尊說法天雨四花和尚說法有何祥瑞師云莫椀鳴問有問有荅俱落魔境無問無荅如何辨道師云舌拄上齶云與麽則學人罪過師云放你三十棒問如何是先照後用師云外頭月明屋裏黑云如何是先用後照師云屋裏月明外頭黑云如何是照用同時師云今日好寒云如何是照用不同時師云喫棒了呈欵問如何是函蓋乾坤句師云好雪寒云如何是截斷衆流句師云好怕你云如何是隨波逐浪句師云今日立春問馬大師一喝百丈直得三日耳聾如何師云萌芽未出土枯葉已遭風僧擬議師使喝僧云喝即任喝某甲不耳聾師云罪不重科問海宴河清爲什麽龍王不現師云待有即現云即今爲什麽不現師云踈田不貯水

龍王不柰何問若人有福曾供養佛未審佛曾供養什麼人來師云明月照臨山谷裏背岩陰樹不招風云恁麼則早晨燒香晚後禮拜師云苦痛蒼天伏惟尚饗問承古有言只這如今誰動口意旨如何師云莫認驢鞍橋作阿爺下頷問伯牙遇子期時如何師云夜靜更深彈一曲云遇後如何師云琴破絃斷一時休問承教有言如我按指海印發光汝暫舉心塵勞先起如何是海印發光師云青霄無異路問說通行不通時如何師云莫以己妨人云行通說通時如何師云未信你在問不施寸刃便登九五時如何師云南面事作麼生云才施小刃便獲大功也師云大好不施寸刃問如何是和尚不涉泉詞底句師云我向你道還信麼云與麼則鐵卵生兒樹上飛師云一任揑恠

上堂云二年前葛藤今日再舉知有者已暢平生不知有者對面千里諸上座盡是知有者二年前事作麼生道良久云頗回不知何處去却教天子淚漣漣

上堂云道安岩下朝朝鐘鼓聲喧傘蓋山前日日烟霞覆地猿啼嶺上魚躍淵中山高則九夏花開谷深則三冬積雪知有者暢快於平生不知有者空愛好山好水諸上座盡是知有者不嘆作山不嘆作水且道嘆作什麼開口即邈擬議即差

上堂次遇狂風起乃曰狂風忽起拔樹鳴條祖令正行誰人當抵善戰者不顧其首善鬬者必獲其功莫有善戰妙鬬者麼出來山僧為你證明良久云陣雲横海上拔劒攪乾坤

上堂云寶花王座獨有慈尊旃檀林中別無異黨狐非師子類燈非日月明知有者已暢平生未知有者直須子細

上堂舉仰山三生話次僧問古人且致和尚即今第幾生中師云快活快活云與麼則隨流認得無碍去也師云縛繫不自在

上堂云若據對荅如撒砂相似若約提綱宗乘舉唱佛法無一人半人雖然如是被箇衲子出來請師舉唱佛法向伊道什麼即得若打他即龍頭蛇尾且道向伊道什麼良久云山僧與上座兩家不着便

偈頌

歲旦示衆

一句為君宣今朝是大年桃符已入土徧地撒金錢俗情多失位山僧獨欣然直饒不恁麼塚上別鉏田

冬日示衆

一句為君說諸法及時節冬月是冬寒夏熱是夏熱甚處不周旋何勞苦施設施設不施設言詞盡須決更擬問如何船底用鑽鐵

僧請益溈山三生話師以頌荅

昨夜三更得一夢清凉河裏泥牛鬬天明問取郭大翁識得南莊李胡子

拄杖

我有一條拄杖亘古横按膝上大小節目分明頭尾無非一樣卓下大地豁開竪起擎撞萬象開帀若遇知音回頭劈脊便棒

照用

照時把斷乾坤路驗破賢愚喪膽魂饒君解佩蘓秦印也須歸欵候天恩

用便生擒到命終却令蘓息盡殘軀歸欵已彰天下報放汝殘年解也無

照用同時棒下玄不容擬議驟愚賢輪劒直衝龍虎陣馬喪人亡血滿田

照用不同時人人會者稀秋空黃葉墜春盡落花飛

總頌

一喝分賓主照用一時行會得箇中意日午打三更

三玄

報你諸方道三玄句不分欲明親的旨臘月太陽春

三句

第一句點刻分明莫莽鹵更擬進前問如何西天移來安此土第二句妙用臨機無差互開口動舌勿交涉棒下分明須薦取第三句明荅分明有言語諸方盡有好商量三歲孩兒皆怕苦

古尊宿語錄卷第九

石門山慈照禪師鳳巖集序

夫能仁出現若秋月落於寒潭祖意西來似春雷開於蟄戶蟄生靈之聵耳指濵若之迷頭不凡超凡唯能轉物得道者世無窮數紹法者代有奇人師汝水投針首山立雪親傳祖印匣秘禪刀查太守致三請之書遠禪師付一乘之座揮倚天之寶劒外道魂亾振踞地之金毛野干腦裂繼即立明方便互換主賓奪即坐斷乾坤誰論佛祖喝明四種棒顯三玄照出千差用非一句以此參徒退集學者雲臻師既露於詞鋒禪子常親於語要編成一卷集號鳳巖光溥幸愧得聞實慚序引

金陵……二十五……刻 古尊宿語錄第九 計字八十二……

古尊宿語錄卷第十

汾陽昭禪師語錄 南嶽下九世 嗣首山念

師太原俞氏子剃髮受具杖策遊方所至少留隨機叩發歷參知識七十一員後到首山問百丈卷席意旨如何山曰龍袖拂開全體現曰師意如何山曰象王行處絕狐蹤師於言下大悟拜起而曰萬古碧潭空界月再三撈漉始應知有問者曰見何道理便爾自肯師云正是我放身命處後遊衡湘及襄沔間每爲郡守以名刹力致乃曰我長行粥飯僧傳佛心宗非細事也前後八請堅臥不答洎首山歿西河道俗遺僧契聰迎請住持師閉關高枕聰排闥而入讓之曰佛法大事靖退小節風穴懼應讖憂宗旨墜滅幸而有先師先師已棄世汝有力荷擔如來大法者今何時而欲安眠哉師矍起握聰手曰非公不聞此語趣辦嚴吾行矣既至燕坐一榻足不越閫者三十年道俗同曰汾州而不敢名

住後上堂謂衆曰汾陽門下有西河師子當門踞坐但有來者即便齩殺有何方便入得汾陽門見得汾陽人若見汾陽人者堪與祖佛爲師不見汾陽人盡是立地死漢如今還有人入得麼快須入取免得孤負平生不是龍門客切忌遭點額那箇是龍門客一齊點下舉起拄杖曰速退速退珍重

上堂先聖云一句語須具三玄門一玄門須具三要阿那箇是三玄三要底句快會取好各自思量還得穩當也未古德已前行脚聞一箇因緣未明中間直下飲食無味睡臥不安火急決擇莫將爲小事所以大覺老人爲一大事因緣出現於世想計他從上來行脚不爲遊山翫水看州府奢華片衣口食皆爲聖心未通所以驅馳行脚決擇深奧傳唱敷揚博問先知親近高德蓋爲續佛心燈紹隆祖代興崇聖種接引後機自利利他不忘先跡如今還有商量者麽有即出來大家商量僧問如何是接初機底句師曰汝是行脚僧曰如何是辨衲僧底句師曰西方日出卯曰如何是正令行底句師曰千里持來呈舊面曰如何是立乾坤底句師曰北俱盧州長粳米食者無貪亦無嗔乃曰將此四轉語驗天下衲僧纔見你出來驗得了也問如何是學人着力處師曰嘉州打大像曰如何是學人轉身處師曰陜府灌鐵牛曰如何是學人親切處師曰西河弄師子乃曰若人會得此三句已辨三玄更有三要語在切須薦取不是等閑與大衆頌出三玄三要事難分得意忘言道易親一句明明該萬象重陽九日菊花新

上堂汾陽有三訣衲僧難辨別更擬問如何拄杖驀頭楔時有僧問如何是三訣師便打僧禮拜師曰爲汝一時頌出第一訣接引無時節巧語不能詮雲綻青天月第二訣舒光辨賢哲問答利生心拔却眼中楔第三訣西國胡人說濟水過新羅北地用鑌鐵復曰還有人會麼會底出來通箇消息要知遠近莫秖恁麼記言記語以當平生有甚利益不用久立珍重

問布鼓當軒擊誰是知音者停鉏傾麥飯臥草不擡頭問如何是道場師曰下脚不得問如何是祖師西來意師曰徹骨徹髓曰此意如何師曰徧天徧地問眞正修道人不見世間過未審不見箇甚麽過師曰雪埋夜月深三尺陸地行舟萬里程曰和尚是何心行師曰却是你心行問大悲千手眼如何是正眼師曰瞎恁麽則一條拄杖兩人舁師曰三家村裏唱巴歌曰恁麽則和尚同在裏頭師曰謝汝殷勤問如何是和尚家風師曰三玄開正道一句破邪宗曰如何是和尚活計師曰尋常不掌握供養五湖僧曰未審喫箇甚麽師曰天酥酡飯非珍饌一味黐羹飽卽休問牛頭未見四祖時如何師曰新神更着師婆賽曰見後如何師曰古廟裏遭措大題僧問如何是大道之源師曰掘地覓青天云何得如此師曰識取幽玄

師舉三玄語曰汝還會三玄底時節麽直須會取古人意旨然後自心明去更得通變自在受用無窮喚作自受用身佛不從他教便識得自家活計所以南泉云王老師十八上巳解作活計僧便問古人十八上巳解作活計未審作箇什麽活計答曰兩隻水牯牛雙角無欄棬復曰若要於此明得去直須得三玄旨趣始得受用無礙自求慶快以暢平生大丈夫漢莫教自辜觸事不通彼此無利濟與汝一切頌出曰第一玄法界廣無邊森羅及萬象總在鏡中圓第二玄釋尊問阿難多聞隨事答應器量方圓第三玄直出古皇前四句百非外閭氏問豐干乃曰這箇是三玄底頌作麽生是三玄底旨趣直教決擇分明莫只與麽妄道我曾親近和尚來與我說了脫空謾語誑嚇他人喫鐵棒有日莫言不道又因採菊謂衆曰金花布地玉蕋承天杲日當空乾坤朗耀雲騰致雨露結爲霜不傷物義道將一句來還有道得底麽若道不得眼中有屑直須出却始得所以風穴云若立一塵家國興盛野老嚬蹙不立一塵家國喪亡野老安貼於此明去闍黎無分全是老僧於此不明老僧卽是闍黎闍黎與老僧亦能悟却天下人亦能瞎却天下人要知闍黎與老僧麽拊其兩膝曰這裏是闍黎這裏是老僧且問諸上座老僧與闍黎是同是別若道是同去上座自上座老僧自老僧若道是別去又道老僧卽是闍黎若能於此明得去一句中有三玄三要賓主歷然平生事辦參尋事畢所以永嘉云粉骨碎身未足酬一句了然超百億又曰臨濟兩堂首座一日相見齊下喝僧問臨濟還有賓主也無答云

賓主歷然師作偈曰兩堂首座總作家其中道理有紛拏賓主歷然明似鏡宗師爲點眼中花師舉揚宗乘渠渠惟以三玄三要爲事臨濟宗眞要訣也汾州在河東地苦寒立者往往足指墮師因此罷夜參一日宴坐有異僧仗錫乘雲而至問曰和尚何故罷夜參師答以苦寒之故異僧云和尚會下有六人成大器願勿惜法施言訖乘雲而去師明日陞座記以偈曰胡僧金錫光爲法到汾陽六人成大器勸請爲宣揚自此夜參遂不復罷時楚圓守芝慧覺智圓谷泉齊舉等俱在座下叢林知名

師初開堂有僧問靈山一會迦葉親聞今日一會什麼人得聞師云大衆側聆進云恁麼則羣生有賴師云不因陞寶座爭顯六師能問師唱誰家曲宗風嗣阿誰師云不歷僧祇劫直出古皇前進云恁麼則郡城有望師云五嶽峯巒秀四海盡歸潮問虛空權譬喻隨處得彰名未審是箇什麼物師云居天人不測入地更深埋進云恁麼則學人雖不識歷劫盡沾恩師云劒長胳膊從他關劈腹開心始是明

師小參云莫有人問話麼有卽出來僧問水縱魚散時如何師云水清魚不現長波自往來進云龍王當居何位師云在處存金殿乾坤我獨尊進云恁麼則更無過者師云按劒誰得妙當人不自傷師乃云若是按劒手汾陽不奈何還識得劒麼與你註破寰中無當剋海內獨横行珍重問如何是祖師西來意師云多年松樹饒皴皺心間自有一條明問凡有問答賓主各逞嘉奇少室無言將何委的師云千人叢裏罕逢此問學云千山萬水來於此已奉慈悲事坦然師云坐斷日頭天地黑萬象森羅在目前學云官不容鍼私通車馬學人禮拜師云不禮拜更待何時問如何是一句前事師云不落言詮明的旨纖毫纔動卽參差學云如何是一句後事師云兩陣相逢不迴避學云恁麼則透皮徹骨去也師云横拖倒拽任塵漫學云終不敢辜負和尚師云至孝是重華問如何是法眼師云巳曾戳瞎學云未審向上事如何師云撈天摸地問久嚮汾陽威勢全略展金毛示衆看師云三日後露學云恁麼則退身三步師云一月後再來問祖師心印絕有言詮臨機一句事如何師云三千里外看途程學云恁麼卽退後去也師云萬仞峯嵒不離此處問問問不轉時如何師云龍馬加鞭急鑾鈴嚮洛川問久嚮西河師子及乎到來爲什麼不見師云汝識師子學云恁麼則大衆盡得隨喜師云腦裂始知忙問正法門中如何是和尚得入處師云衆星攢夜月不落紫微宮學云恁麼則朗月獨當天也師云不昧夜行人

師上堂云一切衆生本源佛性譬如明月當空秖爲浮雲遮障不得顯現便有僧問明月當天却被片雲遮時如何師云老僧有過闍黎須知學云恁麼則分明辨的師云退後莫思量問舉步涉千谿尋源路轉迷箇中一句子請師爲提撕師云千年無影樹今日見枝柯學云若不申此問爭得見師機師云瞽人看畫壁

上堂云夫說法者須及時節觀根逗機應病用藥不及時節總喚作非時語所以稜嚴會上云欲知佛性義當觀時節因緣若明君臣父子邪正觸淨顯然自分喚作野老謳歌皇道坦然佛法現前擒縱自在生殺臨機或明賓中主或明主中賓或明賓中賓或明主中主或兼帶或探竿影草或一句中有三玄三要還有問者麼出來對衆商量時有僧問智慧門難解難入學人不會請師指示師云眞正無私語句下要分明學云恁麼則謝師親開方便門也師云千萬年後不得忘却問靈龜未兆時如何師云海裏搖船笑舉棹望程途問甘露水頻淋爲什麼百草不生芽師云田疎不貯水龍王爭奈何問寒暑漸盛貧者何依師云不掛無私服終日樂哈哈學云恁麼則應不孤露也師云深岩隱不得露地不彰形問不悟祖宗不信大道時如何師云打破琉璃卵透出鳳凰兒學云今日親見和尚也師云三千里外筭途程問匹馬單鎗離羣獨戰時如何師云舉手不拈弓低頭失却箭學云和尚是大善知識爲什麼如此師云敗將不斬問學人欲涉雲霄去到彼如何爲有情師云塞外將軍行正令不展紅旗得勝歸問面前無障礙爲什麼開口不得師云盡日無記說喃喃語更新學云恁麼則巳能師子吼也師云不用野干鳴學人便喝師云恰是學人擬議師便喝學人禮拜師云敗將不斬問如何是衲衣下事師云赫赤窮漢學云乞師方便指妙捷句來看師云木女穿鍼山色秀石人牽線海雲生問涅槃無異路方便有多門作麼生是無異路底句師云鍾皷分明在日月不曾昏學云恁麼則狗子吠人聲師云不咬破人衣

師上堂纔陞座便有僧問從上一人行棒一人行喝未審成得箇什麼邊事師云總不曾用學云堪嗟楚下鍾離昧師云庚子當機失戰場學人便喝師云作家學人禮拜師云却不作家以拄杖點便喝問殺父殺母佛前懺悔殺佛殺祖向什麼處懺悔師云燈連挻夜月度盡幾多人學云恁麼則水精宮裏觀明月師云映輝明寶燭炎赫爍旌幢問日裏不點燈卽不問如何是黑裏不揚眉師云尗底揷不出學云恁麼則和尚是用心人也師云天外豈能知

師上堂大衆方集便有僧問如何是汾陽境師云子夏峯高登者少西河水滿問津多學云如何是境中

人師云坐久看風信燒香燭聖燈師因頌五位機單便有僧問如何是正中來師云旱地蓮花朵朵開學云開後如何師云金蓋銀絲承玉露高僧不坐鳳凰臺問如何是正中偏師云玉兎就明初夜後金鷄須報五更前問如何是偏中正師云毫末成大樹滴水作江河問如何是兼中至師云意氣不從天地得英雄豈藉四時推問如何是兼中到師云玉女拋梭機軋軋石人打鼓響鼕鼕師因僧請問逐位頌出云正中來金剛寶劒拂天開一片神光橫世界晶輝朗耀絕塵埃正中偏霹靂鋒機着眼看石火電光猶是鈍思量擬議隔千山偏中正看取輪王行正令七金千子總隨身途中猶自覓金鏡兼中至三臺金毛牙爪備千邪百怪出頭來哮吼一聲皆伏地兼中到大顯無功休作造木牛步步火中行真箇法王妙中妙

六相頌

見是阿那律分明無一物大地及山河演出波羅蜜聞是跋難陀聲通總莫過遠近一齊了更不念摩訶香是殑加女慈悲心徧普淨穢盡能知即此我人母味是憍梵鉢甜苦尋常說入口辨辛酸恰似當天月觸是瞬若多善惡總能和屠割無瞋喜祇箇是彌陀意是大迦葉毗盧俱一法幽室顯然分枝派千花葉龍德府尹李侯與師有舊虛承天寺致之使者三反不赴使者受罰復至云必欲得師俱往不然有死而已師笑曰老僧業已不出院借往當先後之何必俱耶使者云師諾則先後惟所擇師乃令設僎具裝畢告衆曰老僧去也誰人隨得一僧出云某甲隨得師曰汝日行幾里僧云五十里師云汝隨我不得又一僧出云某甲隨得師曰汝日行幾里僧云七十里師云汝也隨我不得侍者出云某甲隨得但和尚到處某甲即到師曰汝却隨得老僧言訖謂使者曰吾先行矣怡然坐逝侍者即立化師壽七十八坐六十五夏

并州承天嵩禪師語錄 南嶽下十世 嗣首山念

上堂云文殊仗劒五臺橫行唐明一路把斷諸訛三世諸佛未出教乘網底遊魚龍門難波垂鈎四海只釣獰龍格外玄談為求知識若也舉揚宗旨須彌直須粉碎若也說佛說祖海水便須枯竭寶劒揮時神光萬里放汝一路通方說話把斷咽喉諸人甚處出氣師問僧迦葉門前客祇園會裏人云特來禮拜師云泊不問過僧便喝師云錯僧又喝師云放你三十棒僧云許和尚具一隻眼師云喫棒了聰然問師唱誰家曲宗風嗣阿誰師云地連嵩嶽水接伊川云與麼則風穴一句親明旨未審家風事若何師云汝原無異路寶應萬羣機問萬法還從一法生一法從甚處生師云湘州匙筯管陶綿問如何是學人的的用心處師云着衣喫飯自家事云與麼則和尚慈悲也師云寒溫冷暖大家知問如何是承天家風師云胡餅日日新鮮佛法年年依舊云只這便是為別更有師云更有則錯云與麼則笑殺衲僧口也師云不得不笑云泊合不問過師云苦痛蒼天問鈍根樂小法不自信作佛作佛後如何師云水裏捉麒麟云與麼則便登高座也師云騎牛上三十三天問古人東山西嶺青意旨如何師云波斯鼻孔大云與麼則西天迦葉東土我師師云金剛手板闊問大悲千手眼那箇是正眼師云閑化石佛拍手笑晉祠娘子解謳歌問如何是不動尊師云鎮天涯云意旨如何師云或在山中或在樹下問如何是佛師云金榜題名天下傳云與麼則承天皷響天下咸聞師云紫羅帳裏盛莫遣外人聞問古人拈槌竪拂意旨如何師云騎驢不着韈

上堂云全衆生之佛性寂寂涅槃便得心心寂照法法虛融物物是道佛佛密契祖祖潛通三世坦然十方不泯只為衆生不了迷已認他便乃塵勞擾擾妄想攀緣即相離真迷已逐物都為一念不覺便見空裏花生不覺眼中有翳此迷無本性畢竟空覺本無迷似有迷覺覺迷迷滅覺不生迷所以經云諸法如是生諸法如是滅若能如是解諸佛常現前誰復釋迦毗盧文殊普賢是有是無若道是有作何面目若道是無諸上座向什麼處行立諸上座何不外遺於法界內脫於身心心不繫身身如虛空身不繫心心同法界且道喚作虛空即是喚作法界即是若喚作虛空又不與諸人說話若喚作法界三界無法何處求心衲僧分上還怎生得若於本分猶是葛藤問有相即不問如何是無相師云忻州齊和尚云如何會得師云代州鴈門關問牛頭未見四祖時如何師云魚龍攪不轉云見後如何師云河枯水竭問未具胞胎時還有語句也無師云百尺竿頭揚眉瞬目云未審意旨如何師云路上行人點頭嚥唾問六國未寧時如何師云王令不在云寧後如何師云獨坐無憂樹自然見太平問隔闊年深時如何師云迷子不歸家云歸後如何師云誰肯問孫臏問如何是一色師云九月嚴寒節云一色後如何師云家家造寒衣問臨濟推倒黃檗為什麼維那喫棒師云正狗不偷油鷄啣燈盞走問劒刃磨來久請師握刃看師云梟首髑人攜劒去云與麼則喚九作十也師云國除三害定無迍問蓮華未出水時如何師云隱隱地云出水後如何師云不礙衆人看師掛紫衣僧問和尚是大善知識不拘名利為什麼却著紫衣師云世尊黃金相老僧紫磨身云與麼則前佛後佛同一字也師云過去梵王引現在釋迦欽問如何是奪人不奪境師

云家鄉有路無人到云如何是奪境不奪人師云暗傳天子勅陪行一百程云如何是人境兩俱奪師云無頭蝦蟇脚指天云如何是人境俱不奪師云晉祠南畔長柳巷問十二時中如何用心師云鷄寒上樹鴨寒下水云與麼則不假修證不尋佛祖師云省得山僧一半力問萬法歸一一歸何所師云梁王城畔趙官家云與麼則四海歸依也師云當今天子聖堯舜也不如師因開方丈門不得有僧問石壁山河無阻碍此門鎖爲什麼開不得師云石壁山河即易就中此門難開云開後如何師云是什麼問如何是此經師云郭家剪子天下人聞問和尚能救世間苦還救得這箇也無師云喚什麼作這箇云與麼則漸漸地凍冬後數九師以手一劃云爭奈者箇何云和尚今日上堂師云只有牽船人不知有梢翁問如何是賓中主師云相逢不相識云如何是主中賓師云家貧未是貧路貧愁殺人云如何是主中主師云王言如絲其出如綸師因賀歲太保問今日新歲已臨舊歲何在師云今日釘桃符保無語師云會麼云不會師云去年今日事保罔措乃有頌今日釘桃符摧邪道自如誰人相委悉除是碧眼胡問三乘教外別傳一句如何是別傳一句師云高麗元是新羅國云法海之中得其用也師云波斯鼻孔長三尺新羅走馬大唐知問到此城幾里師云五里云往還不易師云賊打不防家問如何是吹毛劒師云好云用者如何師云棺木裏努眼問不在內不在外不在中間在什麼處師云露地白牛嚙瑞草云未審意旨如何師云滿月溪山一帶烟

上堂云第一單鎗甲馬第二甲馬單鎗第三撒星排陣第四衣錦歸鄉有僧問如何是單鎗甲馬師云不是金牙作爭敢射尉遲云如何是甲馬單鎗師云金鐵馬前落雲變喪膽寬云如何是撒星排陣師云陣雲橫海上未辨聖明君云如何是衣錦歸鄉師云四海無消息回奉聖明君百法座主問百法千重鎖因明閉不開師云且出千重鎖云出後如何師云處處無障碍縱橫任意遊鄭工部入院見法座便問是什麼人位次師云老僧云自家爭敢師云工部莫壓良爲賤部云眞箇師云不敢遂把手入方丈部云此室常出入未嘗有難得之法長老還有也無師以袖拂工部面云與麼則今日得清涼也師云且與後人作牓樣問如何是學人用心處師云光剃頭淨洗鉢云如何是學人行履處師云僧堂前佛殿後問如何是截人之機師云要用便用云請和尚便用師云拖出這死漢有尼大德會四衆到院設齋乃脫羅綺服布素問卸却珍御服著弊垢衣入塵化導是維摩分上事是弟子分上事師云維摩會上誇天女今日闍黎決衆疑云今日不昧於當時也師云眞師子兒一撥便轉女弟子問金剛經中六波羅密那箇第一師云長城齊崩倒方見本來人云學人不會請師直指師云白骨如山嶽滴血驗眞容問如何是佛師云擬心卽差用心卽乖云畢竟如何師云大盡三十日小盡二十九問祖師西來三藏東被當明何事師云佛殿部署恭僧堂老僧俯云恁麼則全明今日事也師云今日事作麼生僧便喝師云放汝三十棒鄭工部至茶話次云汾陽有箇昭禪師愛看讀某甲留一偈師云略請見示部舉云黃紙休遮眼青雲自有階莫將閑學解埋没祖師心師云工部慣得其便部云者賊師云更不再勘工部問百尺竿頭獨打毬萬丈懸崖絲繋腰時如何師云幽州著腳廣南斷襆部無語師云勘破這漢部云二十年江南界裏道回却見禪師師云瞎老婆吹火知郡張侍郎與部署到見方丈劉破問和尚有護法善神爲什麼却被惡人窺算師云賊是小人智過君子

上堂辭親割愛拋離俗網來入寶所禮拜金仙爲師作釋種眷屬既離苦海已達彼岸長行般若之慈舟撈漉愛河之溺子脚踏十方肩擔四海口說一乘之法眼識不二之門內無所有外無所依身如虛空虛空難比豈不號爲無着邪既到此地黃河爲酥酪須彌爲飯食大地爲臥具帝釋梵王執侍巾瓶維摩爲侍者文殊普賢掃床摺被等妙二覺隨驢把馬所以經云一切衆魔及諸外道皆吾侍者諸德不教你作鄉頭里正者長大戶一箇箇作師子兒去成佛作祖去入如來藏去如來者諸法如義無所從來亦無所去故號如來豈不快哉諸德三界無法何處求心四大本空佛依何住莫衮衮下多藏毒藥自傷其身乃有頌曰苦哉苦哉寡苦哉萬劫千生金地來衮衮底下藏毒藥却教佛自受沉埋問靈草未生芽時如何師云切忌動著云生芽後如何師云昨夜遭霜了問師子未出窟時如何師云衆獸潛藏云出窟後如何師云衆獸腦裂問二邊純莫立中道不須安意旨如何師云廣南出象牙云不會請師直指師云番國皮毬八百價問如何是先照後用師云打動漢下皷和起楚王歌云如何是先用後照師云龍沮解布千般計韓信能施堰水功云如何是照用同時師云長虵偃月齊排出韓信張良唱大歌云如何是照用不同時師云霸王已歸烏江去竪起金鷄賀太平問不在內不在外不在中間在什麼處師云西天日氈東土絲綿云未審此語如何師云南嶽五臺問寶所化城相去多少師云舉足下足問六塵境上施號染方便門中爲指歸師云懷州牛膝天下人聞云與麼則慈音一唱開玄路頓使歸程直到家師云鎮州蘿蔔可

重三斤問三句之中那句是極則師云徧地露形終不見云更有安身立命處也無師云一生長是鎮天涯

楊大年李駙馬與師問荅問彌陁演化在西方達磨傳心來東土胡來漢現水到渠成五臺鎮靜以崢嶸百谷朝宗而浩渺一靈之性托境而現形三有之中憑何而立命師云仙人無婦玉女無夫楊云尼剃頭不復生子師云陝府鐵牛能哮吼嘉州大像念摩訶李云側跳上山顛師云騎牛不着靴李問玄沙不出嶺保壽不渡河善財參知識五十三員惠遠結黑白

一十八士雪峯三度上投子智者九旬講法華達六祖漢爲復野干鳴爲復師子吼道道師云水急魚行澁峯高鳥不棲楊云泗州大聖師云土上加泥又一重李云舌上覆金錢師云半夜歌樂動誰人得知音又問風穴提印南院傳衣昭公演化於西河葛師領徒於并鼎南宗之旨北土大與且道二師承誰恩力師云不入蓮池浴懶向雪山遊楊云清涼山裏萬菩薩師云維摩會中諸聖集李云背負乾薪遭野火師云只是禍門開切利透日月之上四禪免風火之災三文駕大牛之車臨汝握全提之印彌猴有一面古

鏡狸奴有萬里神光直下承當是何人也師云朝看東南暮觀西北楊云狸奴白牯却知有師云淹殺塚頭蒿李云月裏煮油鐺師云石人腰帶又問一切諸佛盡在裏許動即喪身失命覷着兩頭俱瞎擬議之時千山萬水直下會得也是炭庫裏坐地有不惜眉毛者通個消息來師云百雜碎楊云平生不妄語師云也要道過李云出究兔遭胥師云東西無滯礙南北得自在復有頌曰　言纔出微龍庭攪動須彌帝釋驚三世諸佛齊坐了杖頭傀儡弄北晴楊荅云今年桃李味甘香一顆千金買得嘗盱眙胡盧拖鼠尾穴門小窄轉難藏師又荅千年桃核未聞香幾度逢春難得嘗靈龜曳尾除蹤迹沙中抱子更難藏楊又荅五臺山裏有文殊羅漢天台洞裏居爲問紫胡一隻狗何如普化一頭驢師又荅忽聞師子吼引出象王威把定聖凡路誰人敢揚眉擬議塵沙劫動念隔千岐瞬目他方去早已著灰泥楊再荅蜘蛛網中坐蟲兒不敢過昨夜三尺雪百鳥盡遭餓果熟樹低垂鵝肥鼠竄破借問末山尼何如劉鐵磨師再荅山高人難上海深不見底樵夫誤踏鞋漁父休誇水言却起百億收來維摩詰若覓同道人曠劫不相識師作

宗本頌左顧右覷黃昏乔鹵展手回來早是彰露且道作麼生是彰露底句楊云正殺人時瞥出頭師云兩脚梢空手叉胷李云左鬢右髮隱文章師云名利已彰天下去丫頭女子倒騎牛師復云維摩一默文殊贊善若遇老僧在彼各與三十棒且道這二老漢過在什麼處楊云頭破作七分如阿梨樹枝師云迦葉不擊拳阿難不合掌李云似犢牛兒未用角時師云仏屈拳打令師復云教有明文佛身充滿於法界老僧今日充滿於法界侍郎即今在什麼處楊云布裙一截泥努出膝蓋子師云寬口布袴三尺杖李云

河水一擔直三文師云只見鼻頭津不見頂後濕鄭工部到汾陽昭和尚處茶話次部云某甲留一偈贈師偈曰黃紙休遮眼青雲自有陰莫將閑學解埋沒祖師心復云只將此偈驗天下長老汾陽云與麼則汾陽也在裏頭部云擔枷過狀昭云更不再勘部云兩重公案昭云知即得部良久昭噓一聲部云文官文實昭云在甚所在部云不容某甲出氣爭得嘎他道淹滯長老在此昭云是何言歟部云寔昭云也不得放過部云請師一偈昭云不閑紙墨遂上化荒草尋幽徑岩松迴布陰幾多玄學客失却本來心師在首山會下因一日問如何是佛法的的大意山云楚王城畔汝水東流師於此大悟乃作三玄偈曰要用直須用心意莫定動三歲師子吼十方没狐種我有真如性如同幕裏隱打破六門關顯出毗盧印真骨金剛體可誇六塵一拂永無遮廓落世界空爲體體上無爲真到家時首山聞得乃請師喫茶問云三頌是汝作耶師云是山云或有人教汝現三十二相時如何師云某甲不是野狐精山云惜取眉毛師云和尚落了多少山以竹篦向師頭上打云這漢向後亂

做去在師自後辭山山以拄杖付師接得有頌云和尚拄杖照破龍象臨濟家風落在我掌山云莫相帶累師以坐具便打山云果然帶累師云今日捉敗這老賊山云又似得便宜又似落便宜

古尊宿語録卷第十

古尊宿語錄卷第十一

慈明禪師語錄 南嶽下十世 嗣汾陽

師諱楚圓族出全州清湘李氏少為書生年二十二依城南湘山隱靜寺得度其母有賢行使之遊方師連眉秀目頎然豐碩然忽繩墨所至為老宿所呵以為少叢林師笑曰龍象蹴踏非驢所堪嘗橐骨董箱以竹杖荷之遊襄沔間與守芝谷泉俱結伴入洛中聞汾陽昭禪師道望為天下第一決志親依時朝廷方問罪河東潞澤皆屯重兵多勸其無行師不顧渡大河登太行易衣類廝養竄名火隊中露眠草宿至龍州遂造汾陽先是汾陽預語首座非久有異僧至傳持吾道一日忽率首座遊山首座云何往汾州云接侍者去首座云和尚顛倒作什麽汾州云但去果逢師至即與同歸經二年未許入室師每謁方丈汾州擂其志必罵詬使令者或毀詆諸方及有所訓皆流俗鄙事一夕訢曰自至法席不蒙指示念歲月飄忽已事未明有失出家之利語未卒汾陽叱曰是惡知識敢裨販我舉杖逐之師擬伸救汾陽忽掩其口乃大悟曰是知臨濟道出常情乃服役七稔去謁唐明嵩神鼎諲洞山聰暨楊大年李都尉之門機語契投於是法道大振宜春守黄公宗旦請開法南源次遷道吾石霜福巖興化都尉李侯遵勗奏賜命服徽號僧問如何是道曰踏着不顧云如何是道中人曰背馱背負問如何是祖師西來意曰渾家送上渡頭船問如何是異類中人曰頭長脚短云謝師指示曰半幅全封云直恁麽去也曰闍黎鼻孔為甚麽在山僧手裏僧無語師便打問蓮花未出水時如何曰水淺蓋不得云出水後如何曰不礙往來看云花開後如何曰南北馨香云結子後如何曰餧魚餧鼈問如何是禪曰鼻孔入地師同大愚數華辭汾陽相讓不肯作粥頭汾陽云此行不可以戒膽推聽吾偈曰天無頭吉州城外起戈矛將軍走馬林下過員州城裏鬧啾啾師遂出班云楚圓何人敢受和尚如此記莂即領衆作禮汾復視之曰吾在先師處親證三昧汝今已得宜往南方大興吾道即造洞山寶禪師席終日面壁寶問達磨九年面壁意旨如何師云空腹高心寶翌日陞堂請師充第一座師住南源開堂日白槌云法筵龍象衆當觀第一義師乃云大衆會麽宜陽秀水南嶽石橋若也不會讓你諸人去也所以道達磨西來教外別傳一句且道別傳個什麽直指人心見性成佛祇如諸人盡是祖師指出底人還信得及麽若信得及與祖佛同參若信不及可謂自生退屈此日一會不是小緣將一瓣香為我無得禪師且道諸人還識無得禪師麽若也不識有疑請問僧問世尊出世梵王前引帝釋後隨今日和尚出世請師說法師云好僧云恁麽則粉骨碎身去也師云三月野花鋪地錦九秋黄葉以為陰問如何是祖師西來意師云畝地三蛇九鼠

上堂云若論此事絶有言詮侍者拈香早成多事所以釋迦掩室已涉繁詞居士默然却成多說何故彼彼出家彼彼行脚且問諸人作麽生是出家行脚底事莫是着衣喫飯行住坐臥廣學多聞無言無說麽若恁麽會大似掉棒打月既不許恁麽會又作麽生會衆中還有識好惡者麽有即出來對衆證明若也未能如是有疑請問僧問鼓聲纔罷大衆雲臻祖意西來請師舉唱師云汝從甚處來僧云汾陽一句師親唱南源今日事如何師云汝見南源問有言有說皆是世諦之談無言無說未是衲僧行履處空對人天請師垂示師云放出僧一線道與闍黎葛藤僧云恁麽則專為流通師云一片白雲橫世界個中誰是出頭人

師入州崇勝和尚請上堂云若裏崇勝法堂不可向者裏說佛說法去也然雖如是官不容針私通車馬恁麽大似擔水河頭賣衆中還有倬點得底麽試出來檢點看有麽有麽時有僧問諸法已聞今日響請師方便演真乘師云天不高地不退僧云孤峯出羣嶽萬里百花新師云不是直鈎客徒勞到海壖問昔日靈山分半座二師相見意如何師云來風可鑒進云恁麽則大衆側聆學人禮拜師云劍利人難得問如何是古佛家風師云金蟾初出海何處不分明進云還許學人請益否師云大海無邊際不宿水雲人乃云若向言中取則埋沒宗風直饒句下精通敢保此人未悟所以道山青水綠雀噪鴉鳴萬派同源海雲自散未來諸佛口似懸籠過去諸佛應病施方現在諸佛墮坑落塹不落凡聖一句作麽生道良久云矢上更加尖便下座

師至仰山請上堂云寶鏡當臺妍醜自顯太阿在手殺活臨時且道還有該不着者麽有即倒道將一句來如無後學初心有疑請問時有僧問知師久臥滄潭裏今入仰陞堂事若何師云雨來山裏暗雲出洞中明進云學人不會再伸請益師云拈取幡竿別處舂僧無語師云弄潮須是弄潮人問大通智勝佛十刧坐道場佛法不現前不得成佛道未審意旨如何師云一塲懡㦬進云秖如大通智勝佛又如何師云八十翁翁若少年進云學人耳順之年乞師再垂方便師云衆人伏事問如何是佛師云蓮花捧足

上堂僧問油盡燈滅時如何師云養子不及父問海上雲遊時如何師云若問如何是和尚受用處師云困僧擬進語師便打問失前夜後時如何師云不

上堂竪起拄杖云過去諸佛現在諸佛未來諸佛西

天二十八祖唐土六祖天下老和尚總變成南源拄杖子去也汝諸人向什麼處安身立命看看拄杖子穿過你諸人髑髏去也還有識痛癢者麼有卽出來對衆跨跳看若無南源今日失利喝一喝卓拄杖一下下座

示衆云無明實性卽佛性幻化空身卽法身諸仁者若也信得去不妨省力可謂善財入彌勒樓閣無邊法門悉皆周徧得大無礙悟法無生是謂無生法忍無邊剎境自他不隔於毫端十世古今始終不離於當念且問諸人阿那個是當念只如諸人無明之性卽汝本覺妙明之性蓋爲不了生死根源逐妄爲實隨妄所轉致墮輪迴受種種苦若能迴光反照自悟本來眞性不生不滅故無明實性卽佛性幻化空身卽法身只如四大五蘊不淨之身卽無實義如夢如幻如影如響從無量劫來流浪生死貪愛所使無暫休歇出此入彼積骨如毗富羅山飲乳如四大海水何故爲無智慧不能了知五蘊本空都無所實逐妄所生貪欲所拘不能自在所以世尊云諸苦所因貪欲爲本若滅貪欲無所依止汝等若能了知幻身虛假本來空寂諸見不生無我人衆生壽者法皆如故幻化空身卽法身法身覺了無一物唯有聽法說法虛玄大道無着眞宗故云本源自性天眞佛又云五陰浮雲空去來三毒水泡虛出沒若如是者爲度一切苦厄乃至無量無邊煩惱知解悉皆清淨是爲清淨法身若到這個田地便能出此入彼捨身受身地獄天堂此界他方縱橫自在任意浮沉應物舒光隨機逗教喚作千百億化身恁麼說話可謂癡人說夢和泥合水撒屎撒尿不識好惡乃呵呵大笑云若向衲僧門下十萬八千未夢見他汗臭氣在雖然如是事無一向但以假名字引導於衆生喝一喝

示衆云馬大師卽心卽佛當人未悟盤山非心非佛只成戲論之談雪峯輥毬誑謼小兒之作雲門顧鑒笑殺傍觀少室自傷一場大錯德山入門便棒未濶奇人臨濟入門便喝太殺輕薄黃梅呈頌人我未忘更言祖祖相傳遞相誹謗到這裏須是個人始得所以道鷹生鷹子鵲生鵲兒然雖如此也是鞏縣茶瓶乃彈指一下

示衆云上來也步步登高下去也通身無礙所以道有時先敲後唱有時先唱後敲有時敲唱同時有時敲唱不同時所以王登寶殿野老謳歌如今還有謳歌者麼良久云木人雖舉手石女不擡頭喝一喝

示衆云百千法門同歸方寸河沙妙義總在心源無三界可出無菩提可求人與非人性相平等既然如是爲甚麼那吒撲帝鍾良久云波斯鼻孔長又長

示衆說佛說祖合泥合水向上向下衲僧破草鞋總不與麼無繩自縛且獨脫一句作麼生道遙有人道得麼試對衆倒道將一句來有麼有麼良久云塚上更加泥喝一喝師問僧名甚麼僧云海滿師云海無增減爲甚麼却滿云和尚莫謾海滿師云南源罪過

師問僧近離什麼處云雲過千山碧師云着忙作甚麼云鴈去水聲淒師便喝僧亦喝師便打僧亦打師云你這瞎漢本分打出三門外念汝是新到且坐喫茶師問僧行脚人須知有行脚事作麼生是行脚事云知師云知底事作麼生云山高水淡師云念汝遠來且坐喫茶僧云諾諾師問顯英首座近離甚處云金鑾師云夏在甚處云金鑾云前後夏在甚處云金鑾師云先前夏甚處云和尚何不領話師云我也不能勘得你教庫下供過奴子來勘且點一椀茶與你濕口師問僧近離甚處僧以手而前一劃師云是何言敷僧便喝師云作甚麼僧撫掌一下便打師云瞎漢亂做作麼以坐具直打出法堂師道過瑯琊時覺禪師住焉先是舉道者到瑯琊造方丈覺問近離甚處云兩浙覺云船來陸來云船來覺云船在甚處云步下覺云不涉程途一句作麼生道舉以坐具摵一摵云杜撰長老如麻似粟拂袖便出覺問侍者此是甚人云舉上座覺遂親下旦過堂問莫是舉上座麼勿恠適來相觸忤舉便喝云我在浙江早聞你名元來見解只如此何得名播寰宇舉遂作禮云慧覺罪過及師至瑯琊覺留之師爲退迎數日因夜話及之師笑曰舉見處纔能自了覺默然師爲作牧童歌曰

牧牛童實快活跣足披蓑雙角撮橫眠牛上向天歌人問如何牛未渴回首看平田闊四方放去休攔遏八面無拘任意遊要收只在索頭撥小牛兒順毛捋角力未充難提掇且從放在小平坡慮上高峯四蹄脫日巳高休喫草担定鼻頭無少老一時牽向圈中眠和泥看伊東西倒笑呵呵好不好又將橫笛順風吹震動五湖山海島倒騎牛脫布襖知音休向途中討若問牧童何處居鞭指東西無一寶覺默得其遊戲三昧僧問如何是賓中賓師云禮拜更殷勤如何是賓中主師云拄杖常在手如何是主中賓師云拄杖撥乾坤如何是主中主師云劍握甑人手問如何是佛師云瀟湘斑竹杖問祖佛不立時如何師云口上生茆問纔見便回時如何師云湖南鎮去進云未後殷勤請師道師云多少分明進云大衆側聆師云未敢相許問進前不得時如何師云截斷衆疑問步步登高時如何師云雲生足下問如何是南源狗師云觜問如何是禪師云鼻孔入地問如何是佛師云石打不入

上堂云諸佛放光明助發實相義乃竪起拄杖子云者個是南源拄杖子阿那個是實相義你若見去被

見聞所轉也若不見行脚眼在什麽處喝一喝下座
上堂云一塵纔舉大地全收一毛頭師子百億毛頭現百億毛頭師子一毛頭現千頭萬頭但識取一頭乃竪起拄杖子云者個是南源拄杖了那個是一頭喝一喝卓拄杖一下下座問如何是佛師云人老病生問如何是接初機底句師云一刀兩段問如何是驗衲僧底句師云寒山拾得問如何是正令行底句師云來千去萬問如何是立乾坤句師云天高海闊問與師並坐時如何師云綫穿黃葉
上堂云天地與我同根萬法與我一體乃竪起拄杖子云者個是南源拄杖子那個是體良久云渡河須用筏到岸不須船喝一喝卓拄杖一下下座
上堂竪起拄杖云河沙諸佛河沙國土總被南源拄杖子一口吞却其中衆生不覺不知你衲僧鼻孔在什麽處若知去處橫擔拄杖目視雲霄若也不知長連牀上有粥有飯喝一喝下座俗官問如何是南源境師云鑿池秋待月種竹夏遮陽如何是境中人師云城中公子般般貴林下道人事事貧問久昧衣珠請師指示師云草賊大敗僧云透走無路師云脚踏不動座主問承教有言因緣自然即不問如何是因緣師云記來多少時也進云如何是自然師云速退速退妨他別人問
師住道吾上堂僧問達磨西來曲爲今時不屈宗乘請師舉唱師云雲雨灑長空花開徧地春進云澗松清冷濟曉月照長川師云一言旣流通今古誰言異進云雲生嶺上花發巖前師云相逢盡道休官去林下何曾見一人進云今日遭逢和尚師便喝
上堂云佛以一音演說法衆生隨類各得解且道晝行夜臥一句作麽生道良久以拄杖卓一下云德山證明下座問解多當軒學人擬議如何得入師云還覺頭痛麽
上堂云心隨萬境轉轉處實能幽隨流認得性無喜復無憂拈起拄杖子云者個是道吾拄杖子那個是諸人心河沙國土河沙諸佛西天二十八祖唐土六祖盡在道吾拄杖子上轉大法輪諸人還見麽若見朝遊西天暮歸東土若也不見莫朝有粥齋時有飯卓拄杖一下下座
上堂云有物先天地無形本寂寥能爲萬像主不逐四時凋拈拄杖云者箇是道吾拄杖那箇是萬像主良久云若見諸相非相即見如來喝一喝卓拄杖一下下座
上堂云有時先照後用有時先用後照有時照用同時有時照用不同時所以道有明有暗有起有倒乃喝一喝云且道是照是用緇素辨得麽試出來呈醜拙看若無道吾今日失利喝一喝下座
上堂僧出禮拜起便喝師云作麽生僧又喝師云瞎僧禮拜師云二十棒且待別時來與你喫問古人面壁意旨如何師云有年無德
師住石霜開堂日僧問維摩一默未稱師宗棒喝齊施中流罔措今日一會請師方便師云石笋逢春長霜花向日開進云與麽則陽鳥喃喃語雨過百花新師云不因漁父引爲知水淺深僧云峻水隨流急雲開照碧天師云我行荒草裏你又入深村僧應諾云官不容鍼更借一問師意如何師云放你三十棒三十年後方始知痛癢僧舞袖而退師云曼見問方木調弦時如何師云幡竿一尺二進云恁麽則和尚手出令時也師云脚擬不動僧云且道不知音師云三十年後語去不定問古鏡未磨時如何師云新羅打鼓進云磨後如何師云西天作舞
上堂云青蓮祝瞬已多繁迦葉微微笑自謾少室坐痴凝截臂黃梅五解頌多被入門棒喝裏埋錯向上宗乘肉自剜公案現成誰懺懺鑿爽啐啄吶傷觀一宿覺來知是誤不言師範更無端丈夫皆有衝天志北斗南星背面看

偈頌

因僧請益三玄三要頌

第一玄三世諸佛擬何宣垂慈夢裏生輕薄端坐還成落斷邊
第二玄俐俐衲僧眼未明石火電光知是鈍揚眉瞬目涉關山
第三玄萬象森羅宇宙寬雲散洞空山嶽靜落花流水滿長川
第一要豈話聖凡妙擬議涉長途撞眸七顛倒
第二要峯頂戲揵召神通自在來多聞門外叫
第三要起倒令人笑掌內握乾坤千差都一照

因僧請益臨濟兩堂首座齊下喝頌

報你通玄士棒喝要臨時若明親的旨半夜太陽輝啐啄之機箭拄鋒瞥然實主當時分宗師悠物垂緇素北地黃河徹底渾

因人請益慧超佛話有頌

僧問如何是佛師云汝是慧超禮拜進前叉手思量十萬過道

因僧請益雲門超佛越祖之談

超佛越祖若何宣兄齋餬餅恣情飡湖南展鉢新羅咬大石波斯索渡船

因僧請益乃述三訣頌

第一訣大地山河泄維摩綴默然文殊便饒舌
第二訣展拓看時節語默豈相干夜半秋天月
第三訣遠路難登涉陸地弄舟船眼中藏日月

三句頌

第一句天上他方皆罔措俱輪顛倒論多端鐵[illegible]未到尼俱樹
第二句臨濟德山涉路布未過新羅棒便揮達者途中亂指注
第三句維摩示疾文殊去對談一黙震乾坤直至如今作笑具

因僧請益五位有頌

正中偏半夜烏鷄室裏鳴海底然燈光世界石上栽花長枝靈
偏中正日落西山觀異影分明影像顯宗乘休把眉頭窺月井
正中來木馬生兒偏九垓進退任行通鳥道豈並巢居界内隈
兼中至彼彼丈夫全意氣矛盾交互不傷鋒展拓縱横不相離
兼中到黒白巳前休作造須明露柱未生兒莫認狂辭途路走

都一頌

偏中歸正極幽玄正去偏來理事全須知正立非言説联兆依係屬有緣兼至去來興妙用到兼何更逐言詮出没豈能該世界蕩蕩無依鳥道玄

因僧請益風穴佛話

杖林山下竹筋鞭南北禪人萬萬千莫恠相逢不下馬東西各自有前程

寄李駙馬

分身千百億悲智願難窮在俗還隨俗居宫即順宫頭頭皆已護處處現神通珍重吾宗李各能立古風仰觀天畔一輪日幾度清光四上出大士逢頭問志公摩訶般若波羅蜜

注杜顒和尚頌

懷州牛喫禾[illegible]益州馬腹脹[illegible]天下召醫人[illegible]炙猪左膊上[illegible]

冬不入事頌一首示衆云

東山林木高幾歲幾回雨南嶺松枝瘦乙石生石畔上金色見瞿曇一二三七八五

僧請益古人十二時歌乃頌之

鷄鳴丑夢裏逢人莽莽鹵平旦寅覺來路上弄𤩱黿日出卯赫赫光明影裏坐食時辰食飽還知是病因禺中巳買賣論量入市肆日南午萬像分明作笑具日昳未張公喫酒李公醉晡時申省來端坐醉醺醺日入酉茆逢竹戶硬撑柱黄昏戌日落西山狐魅出夜半子一輪明月蘇嚧哩人定亥老鼠牀頭作隊隊

古尊宿語録卷十一

金壇居士[illegible]
古尊宿語録卷[illegible]
銀三兩[illegible]
銀山[illegible]
萬曆甲寅[illegible]

古尊宿語錄卷第十二

池州南泉普願禪師語要（南嶽下三世 嗣馬祖）

師諱普願鄭州王氏子也示衆云王老師賣身去也還有人買麼時有僧出衆云某甲買師云不作貴不作賤你作麼生買僧無對師同魯祖歸宗杉山喫茶次祖提起盞子云世界未成時便有這箇師云今時只識這箇且不識世界宗云是師云師兄莫同此見麼宗提起盞子云向世界未成時道得麼師作掌勢宗以面作受掌勢師與魯祖杉山歸宗辭馬祖各謀住庵中路分袂次師插下拄杖云道得也被這箇礙道不得也被這箇礙宗拽拄杖便打云也只是這箇王老師說甚麼礙不礙魯祖云只此一句大播天下宗云還有不播底麼祖云有宗云作麼生是不播底祖作掌勢師寄書與茱萸云理隨事變寬廓非外事得理融寂寥非內僧問茱萸如何是寬廓非外萸云問一答百也無妨云如何是寂寥非內萸云覩對聲色不是好手又問趙州州作喫飯勢僧進後語州作拭口勢又問長沙岑岑聯目視之僧進後語岑閉目示之僧舉似師師云此三人不謬爲吾弟子趙州問和尚百年後向甚麼處去師云山下作一頭水牯牛去州云謝師指示師云昨夜三更月到窻師刈茆次有僧問南泉路向甚麼處去師竪起鎌云我這鎌子是三十文買僧云我不問這箇南泉路向甚麼處去師云我用得最快師住庵時有一僧來師云某甲上山作務齋時上座做飯喫了却送一分來其僧齋時做飯喫了將家具一時打破就床而臥師何不來遂歸見僧偃臥師亦去身邊臥僧便起去師云得恁麼靈利師住後云我往前住庵時有箇靈利道者直至如今不見師問僧夜來好風云夜來好風師云吹折門前一株松僧云吹折門前一株松又問一僧云夜來好風云是甚麼風師云吹折門前一株松云是甚麼松師云一得一失有一庵主人謂之曰南泉近日出世何不去禮拜主云非但南泉直饒千佛出興亦不去師聞令趙州往勘之州纔見庵主便作禮主不顧州從西過東從東過西而立主亦不顧州云草賊大敗拽下簾子便行舉似師師云我從來疑著這漢僧問牛頭未見四祖時爲甚麼百鳥銜花獻師云爲渠步步蹋佛階梯云見後爲甚麼不銜花獻師云直饒不來猶較王老師一線道師問座主講甚麼經云彌勒下生經師云彌勒幾時下生云現在天宮未來師云天上無彌勒地下無彌勒

上堂云諸子老僧十八上解作活計有解作活計者出來共你商量是住山人始得良久顧視大衆合掌曰珍重無事各自修行大衆不去師曰如聖果大可畏勿量大人尚不柰何我且不是渠渠且不是我渠爭柰我何他經論家說法身爲極則喚作理盡三昧義盡三昧似老僧向前被人教返本還源去幾恁麼會禍事兄弟近日禪師太多覓箇癡鈍人不可得不道全無於中還少若有出來共你商量如空劫時有修行人否有無作麼不道阿你尋常巧脣薄舌及乎問著總皆不道何不出來莫論佛出世時事兄弟今時人擔佛著肩上行聞老僧言心不是佛智不是道便聚頭擬推老僧無你推處你若束得虛空作棒打得老僧著一任推時有僧問從上祖師至江西大師皆云即心是佛平常心是道今和尚云心不是佛智不是道學人悉生疑惑請和尚慈悲指示師乃抗聲荅曰你若是佛休更涉疑却問老僧何處有恁麼傍家疑佛來老僧且不是佛亦不曾見祖師你恁麼道自覓祖師去曰和尚恁麼道教學人如何扶持得師曰你急手托虛空著曰虛空無動相云何托師云你言無動相早是動也虛空何曾解道我無動相此皆是你情見曰虛空無動相尚是情見前還某甲托何物師曰你既知不應言托擬何處扶持他曰即心是佛既不得是心作佛否師曰是心是佛是心作佛情計所有斯皆想成佛是智人心是采集主皆對物時他便妙用大德莫認心認佛設認得是境被他喚作所知愚故江西大師云不是心不是佛不是物且教你後人恁麼行履今時學人披箇衣服傍家疑恁麼閑事還得否曰既不是心不是佛不是物和尚今却云心不是佛智不是道未審如何師曰你不認心是佛智不是道老僧勿得心來復何處著曰總既不得何異太虛師曰既不是物比什麼太虛又教誰異不異曰不可無他不是心不是佛不是物師曰你若認遮箇還成心佛去也曰請和尚說師曰老僧自不知曰何故不知師曰教我作麼生說曰可不許學人會道師曰會什麼道又作麼生會曰某甲不知師曰不知却好若取老僧語喚作依通人設見彌勒出世還被他燒却頭毛曰使後人如何師曰你且自看莫憂他後人曰前不許某甲會道今復令某甲自看未審如何師曰寔會妙會許你作麼生會曰如何是妙會師曰還欲學老僧語縱說是老僧說大德如何曰某甲若自會即不煩和尚乞慈悲指示師曰不可指東指西賺人你當哆哆和和時作麼不來問老僧今時巧點始道我不會圖什麼你若此生出頭來道我出家作禪師如未出家時曾作什麼來且說看共你商量曰恁麼時某甲不知師曰既不知即今認得可可是邪曰認得既不是不認是不師曰認不認是什麼語話曰到遮裏某甲轉不會也師曰你若不會我更不會曰某甲是學人即不會和尚是善知識合會師曰遮漢向你道不會誰論善知識莫巧點看他江西

老宿在日有一學士來問如水無筋骨能勝萬斛舟此理如何老宿云遮裏無水亦無舟論什麽筋骨他學士便休去可不省力所以數數向道佛不會道我自修行用知作麽曰如何修行師曰不可思量得向人道恁麽修恁麽行大難曰還許學人修行否師曰老僧不可障得你曰某甲如何修行師曰要行即行不可專尋他輩曰若不因善知識指示無以得會如和尚每言修行須解始得若不解即落他因果無自由分未審如何修行即免落他因果師曰更不要商量若論修行何處不去得曰如何去得師曰你不可逐背尋得曰和尚未説教某甲作麽生尋師曰縱説何處覓去且如你從旦至夜忽東行西行你尚不商量道去得不得別人不可知得你曰當東行西行總不思量是否師曰恁麽時誰道是不是曰和尚每言我於一切處而無所行他拘我不得喚作徧行三昧普現色身莫是此理否師曰若論修行何處不去不説拘與不拘亦不説三昧曰何異有法得菩提道師曰不論異不異曰和尚所説修行迢然與大乘別未審如何師曰不管他別不別兼不曾學來若論看教自有經論座主他教家實大可畏你且不如聽去好曰究竟今學人作麽生會師曰如汝所問元只在因緣邊看你且不柰何緣是認得六門頭事你但會佛那邊却來我與你商量兄弟莫恁麽尋逐不住恁麽不取古人道行菩薩行唯一人行天魔波旬領諸眷屬常隨菩薩後覓心行起處便擬撲倒如是經無量劫覓一念異處不得方與眷屬禮辭讚歎供養猶是進修位中下之人便不柰何況絶功用處如文殊普賢更不話他兄弟作麽生道行是無覓一人行底人不可得今時傍家從年至歲只是覓究竟作麽生空弄唇舌生解曰當恁麽時無佛名無衆生名使某甲作麽圖度師云你言無佛名無衆生名早是圖度了也亦是記他言語曰若如是悉屬佛出世時事了不可不言師曰你作麽生言曰設使言亦不及師曰若道言不及是及語你虛恁麽尋逐誰與你爲境曰既無爲境者誰是那邊人師曰你若不引教來即何處論佛既不論佛老僧與誰論遮邊那邊曰果雖不住道而道能爲因如何師曰是他古人如今不可不秉戒我不是渠渠不是我作得伊如狸奴白牯行履却快活你若一念異即難爲修行曰云何一念異難爲修行師云纔一念異便有勝劣二根不是情見麽他因果更有什麽自由分曰每聞和尚説報化非眞佛亦非説法者未審如何師曰緣生故非曰報化既非眞佛法身是眞佛否師曰早是應身也曰若恁麽即法身亦非眞佛師曰法身是眞非眞老僧無舌不解道你教我道即得曰離三身外何法是眞佛師曰遮漢共八九十老人相罵向你道了也更問什麽離不離擬把楔釘他虛空曰伏承華嚴經是法身佛説如何師曰你適來道什麽語其僧重問師顧視歎曰若是法身説你向什麽處聽曰某甲不會師曰大難大難汝看亮座主是蜀中人解講三十二本經論於江西講次來見開元寺老宿宿問見説座主解講經是否主云不敢宿云將什麽講主云將心講宿云心如工技兒意如和伎者爭解講得主云莫是虛空講得宿云却是虛空講得主拂袖便行宿召座主主回首宿云是什麽主便開悟兄弟看他快利麽僧云據和尚説即法身説法師云若如是會早應身了也僧云既是應身豈無説法者師云我不知僧云某不會師云不會却好免與他分疎問教中道法身大士會處即見法身佛地位菩薩即見報身佛二乘唯見化身佛莫是此理否師云我眼不曾看教兼無耳孔不曾聽你自看取若如是憶持即巳後始不柰何如似弄珠説珠光徧有金盤在即得忽被拈却金盤去何處弄珠向什麽處尋他光徧與不徧學人禮拜和尚笑云大難大難古人罵你喚作田獵漁捕喚作撥蓋人好去珎重

師示衆云眞理一如潛行密用無人覺知呼爲滲智亦云無滲不可思議等空不動性非生死流道是大道無礙涅槃妙用自足始於一切行處而得自在故云於諸行處無所而行亦云徧行三昧普現色身只爲無人知他用處無蹤跡不屬見聞覺知眞理自通妙用自足大道無形眞理無對所以不屬見聞覺知無纖細想如云不聞不聞是大涅槃道者箇物不是聞不聞僧問大道不屬見聞覺知未審如何契會師云須會冥契自通亦云了因非從見聞覺知有見知屬緣對物始有者箇靈妙不可思議不是有對故云妙用自通不依倚物所以道通通不是依通事須假物方始得見所以道非明暗法離有離無潛理幽通無人覺知亦云冥會眞理非見聞覺知故云息心達本源故號如如佛畢竟無依自在人亦云本果不從生因之所生文殊云惟從了因之所了不從生因之所生從上巳來只教人會道更不別求若思量作得道理盡屬句義三乘五性義理無不喚作行履處處受用具足即得若論道即不是一向耽著被他識拘亦云世間智教云一向耽著三藏學者爲田獵漁捕爲利養故殺害大乘亦云貪欲成性所以云佛不會道我自修行我自有妙用亦云正因了六波羅蜜空即物拘我不得所以祖師西來恐你諸人迷著因果地位故來傳法救迷情頓悟花情巳性是花種性亦云菩提花故江西老宿云不是心不是佛不是物先祖雖説即心即佛是一時間語空拳黃葉止啼之説如

今多有人喚心作佛喚智爲道見聞覺知皆是道若如是會者何如演若達多迷頭認影設使認得亦不是汝本來頭故大士呵迦旃延以生滅心說實相法皆是情見若言即心即佛者如兎馬有角非心非佛牛羊無角汝心若是佛亦何用非他有無形相以何是道所以教中不許寧作心師不師於心心如工伎兒意如和伎者故云心智俱不是道見聞覺知皆屬因緣而有皆是招物而有不可常招所以心智俱不是道且大道非明暗法離有無數數不能及如空劫時無佛名無衆生名與麽時正是道只是無人覺知見他數不及他喚作無名大道早屬名句了也所以眞理一如更無思想纔有思想即被陰拘便有衆生名有佛名佛出世來喚作三界智人只如未出世時喚作什麽如云智不得有無而興大悲心佛出世只令人會道體非凡聖喚作還源歸本體解大道今日既如是會道即無量劫來六道四生皆有去來是暫時行履處先聖本行集云我無所不行一切衆生雖在如是行處爲無了因故生貪欲名爲在纏不得自在暫時岐路雲駛月運舟行岸移衆生妄想物無不住豈況理能遷變今既如是會却向裏許行履不同前時爲了因會本果故了陰界空六波羅蜜空所以得其自在若不向裏許行履如何摧剉得五種貪二種欲不守住聲聞隨於劫數所以諸佛菩薩具福智二嚴爲了因了六波羅蜜空體者箇受用所以不存知見始得自在若有知見即屬地位便有分劑心量被因果隔喚作酬因答果佛不得自在所以大聖訶他爲內見外見情量不盡二障二愚所以見河能漂香象眞理無形如何知見大道無形理絶思量今日行六波羅蜜先用了因會本果故了此物是方便受用始得自由去住自在無障礙亦云方便懃莊嚴亦云微妙淨法身具相三十二只是不許分劑心量若無如是心一切行處乃至彈指合掌皆是正因萬善皆同無終始得自在所以天魔外道求我不得喚作無住心亦云無滲智不思議妙用自在菩提涅槃皆是修行人境界皆屬明句若會本來非是物即水不能洗水何以故本來無物故經云我王庫中無如是刀又云功德天黑暗女有智主人二俱不受所以道非明暗故云性海不是覺海覺海涉緣即眞對物他便妙用無人覺知喚作極微洞透金水色塵菩薩所因喚作受用具若水不洗水即體不是明暗亦云無滲智又云無礙智若如是即一切處拘我不得如今更別求建立義句覓勝負知解語言衆生劣有佛聖救衆生求佛菩提皆屬貪欲亦云破戒比丘與道懸隔大道無明未曾有暗非三界攝非去來今如來藏實不覆藏師子何曾在窟五陰本空何曾有處所且法身無爲不墮諸數法無動搖不依六塵故經云佛性是常心是無常所以智不是道心不是佛如今且莫喚心作佛莫作見聞覺知會者箇物且本來無許多名字妙用自通數量管他不得是大解脫所以道人心無住處蹤跡不可尋故云無滲智不思議智看他池州崔使君問五祖大師云徒衆五百何以能大師獨受衣傳信餘人爲什麽不得五祖云四百九十九人盡會佛法唯有能大師是過量人所以傳衣信崔云故知道非愚智便告大衆總須記取師云記得屬第六識不堪無事珍重

示衆云空劫之時無一切名字佛纔出世來便有名字所以取相師又云只爲今時執著文字限量不等大道一切實無凡聖若有名字皆屬限量所以江西老宿云不是心不是佛不是物且敎後人與麽行履今時盡擬將心體會大道道若與麽學直至彌勒佛出世還須發心始得有什麽自由分只如五祖會下四百九十九人盡會佛法惟有盧行者一人不會佛法只會道不會別事若認心是佛心是三界米集主若認智是道智是多嬌詐若論佛出世時喚作三界智人說一切教義句理喚作暫時受用具若喚心是佛認智是道皆是處所所以道無心意而現行暫時披垢膩之衣來爲人說破不是凡聖物他家早晚與人爲因亦不曾與人爲果若與人爲因即不自在被因果所拘不得自由佛未出世時無人會得若出世邊論還許少分會但以實理自通無師自爾本自無物由是見聞覺知即是報化所以三十二相異體故若離彼即同如來報化佛總打却何處存立不是不許只如彌勒又作凡夫他熾然行六波羅密他家觸處去得因什麽便不許他他不曾滯著凡聖所以那邊會了却來者邊行履始得自由分今時學人多分出家不肯入家好處即認惡處即不認爭得所以菩薩行於非道是爲通達佛道他家去住得自由且如何若知即被知處所拘若不恁麽爭得不許他他者箇定不曾變異若不定即屬造化也他那箇早晚曾變動所以十二分教決定不是我我即向十二分教中行履得若十二分教是我即受變也若論有滲果是二乘位若論無滲是大乘名所以得名爲大乘若是者箇不是拘繫底物所以潛通密理無人覺知不是見聞覺知問以意會得否師云若以意會即思量得也他教中亦云種種生身我說爲量那箇不可思議不是意會得底物如水裏有水即有影若無水時喚什麽作影法身由對報化得名若無報化法身向那邊認法身亦云是影經論極則頭只到法身實入理地那箇早晚同於經論經論不管伊如何排遣他且不到者裏大難大難

師示衆云佛出世來只爲衆生不會道若不因善知識聞名無師自爾若因善知識聞忽引經論作證若自作得主不引經論最省心力若引經論將他眼作自己眼不得自由大道一如無師自爾若能如如不變故不曾迷報化非眞佛莫認法身凡聖果報皆是影若認著卽屬無常生滅也麤細而論纖毫不立窮理盡性一切全無如世界未成時洞然空廓無佛名無衆生名始有少分相應直向那邊會了却來者裏行履不證凡聖果位據本而論實無少法可得豈況三乘五性差別名數但是有因有果盡屬無常生滅也並是出世安立假名相說非關本來事道不是明暗物一切莫認著大道實通智莫能測故云相逢不相識共語不知名好去無事珍重

師示衆云自夏已來不安皆是罪過死者已死在者好自安排如今學人直須會取佛未出世時都無名字密意潛通無人覺知喚作道人佛出世權說三乘五性他不是三乘五性人從那邊行履他是自由人會取今有本有不從佛聞與他爲緣如今直須截斷兩頭句透那邊不被凡聖拘繫心如枯木始有少許相應引經說義皆是與他分踈向他屋裏作活計終無自由分恰如水母得蝦爲眼如何得自由佛是受果報人如今學人極則只認得箇法身猶如水月空花影象不中兄弟直須會取不從佛聞無師自爾報化非眞佛根本一如無變異故法過眼耳鼻舌身意心以無心意而現行如今知解不是嘍囉漢此物不是凡聖不是愚智強喚作愚智本不是名字不得道著道著則頭角生喚作如如早是變也兄弟直須向異類中行始得大難大難

師示衆云佛出世來只教會道不爲別事祖祖相傳直至江西老宿亦只教人會者箇道佛法先到此土五百年達磨西來此土恐爾滯著三乘五性名相所以說法度汝諸人迷情且五祖下五百人只盧行者一人不會佛法不識文字他家只會道如今學人直須明其道不論別智決定不是物大道無形眞理無對等空不動非生死流三界不攝非去來今所以明暗自去來虛空不動搖萬象自去來明暗實不鑑如今有人將鑑覺知解者是道皆前境所引隨他生死流何曾得自由若作此見解實未有自由分所以智不是道可不難矣云是什麼智是什麼道若論世間福智只得喚作莊嚴具亦云福智二嚴亦云受用具皆是對治喚作什麼佛出世只得喚作三界智人未出世時喚作什麼物若論無滲本自具足妙用自通無人覺知潛行密用蹤跡難尋所以天魔波旬將諸眷屬久遠劫來覓菩薩一念起處不可得天魔讚歎云佛法至妙我實難測如今但會如如之理直下脩行何不問如何修行但會取無量劫來性不變異卽是修行妙用而不住便是菩薩行達諸法空妙用自在色身三昧熾然行六波羅蜜空處處無礙游於地獄猶如園觀不可道伊不得作用衆生無量劫來迷於本性不自了體雲塵昏翳著諸惡欲雲駛月運舟行岸移暫時岐路不得自在種種受苦不自覺知乃至今日會取從來性與今日不別若言卽心卽佛如兎馬有角若言非心非佛如牛羊無角所以如來藏實不覆藏五蘊本空師子何曾在窟亦云性水亦云法水法水如波性水如濕水不洗水佛不度佛演若達多迷頭認影便道失却頭傍家覓縱覓得又不是已頭功德天黑暗女有智主人二俱不受直道性無住處是築著物亦云闍闍是大涅槃道者箇物不是聞不聞江西老宿只道不是心不是佛不是物直須體會諳實修行莫道我是禪師知解傍家舌上取辦兩脚稍空莫將爲是共道不相應兄弟麤細想念分劑但是貪求皆屬境三乘五性麤細而論不出情量纖毫皆起精魅所附他且不許見聞覺知自似箇癡鈍人少神人百事不知最好普賢其時道我將心聞文殊云初心不能入云何獲圓通被一棒粉碎無事珍重

示衆云燃燈佛道了也若心想所思出生諸法虛假皆不實何以故心尚無有云何出生諸法猶如形影分別虛空如人取聲安置篋中亦如吹網欲令氣滿故老宿云不是心不是佛不是物且教你兄弟行履據說十地菩薩住首楞嚴三昧得諸佛祕密法藏自然得一切禪定解脫神通妙用至一切世界普現色身或示成菩薩正覺轉大法輪入涅槃使無量入毛孔演一句經無量劫其義不盡教化無量億千衆生得無生法忍尚喚作所知愚極微細所知愚與道全乖大難大難珍重

題南泉和尚語要

王老師與體道者也所言皆透脫無毫髮知見解路只責人離見聞覺知自透本來底方得自由若著法報化便是依他無自由分是故發明直行者不會佛法只是體道所以得衣鉢此皆過量人行履處千萬人中難得一箇半箇眞藥石常當直貴無事行履處也圜悟禪師克勤題

南泉和尚名普願鄭州人姓王氏大隗山受業得法於馬祖一和尚壽八十七臘五十八唐文宗大和中示寂

衢州子湖山第一代神力禪師語録 諱利蹤

師示衆云諸法蕩蕩何絆何拘汝等於中自生難易心源一統糊豆丁方上上根人自然明白不見南泉道如斯凝鈍世且還稱歷然分明有無不是只少箇

丈夫之志致見如斯疲勞汝今欲得易麽自古及今未曾有一箇凡夫聖人出現汝前亦無有一箇善語惡語到汝分上爲什麽故爲善善無形爲惡惡無相既以無我把什麽爲善惡立那箇是凡聖汝信否還保任否有什麽囘避處恰似日中逃影相似還逃得麽今之既爾古之亦然今古齊時汝還諱得麽佛法玄妙了得者自相策發無爲小緣妨於大事汝不見道寧可終身立法誰能一旦亡緣仁者要會禪麽各歸衣鉢下著僧問如何是一心三觀師云我尚不見有一心你喚什麽作三觀進云如何是三觀一心法身還喫飯也無師云鉢盂鎖子什麽人受持進云未會請師慈誨師云未會幾許法身

師示衆云幸自可憐生苦死向人前討些子聲色脣吻作麽我且問你聲色兩字作麽生討得還會麽我道聲色如泡爲復爲你說破爲當爲你討聲色試商量看莫生容易志剛用心若了根源終非他物譬如圓鏡男來男現女來女彰乃至僧俗青黃山河萬物隨其色相一鏡傳輝不可是鏡有多般但能映物而露仁者還識得鏡未若不識鏡盡破男女青黃山河類等礙汝光明有什麽出氣處若識鏡去乃至青黃男女大地山河有想無想四足多足胎卵情生天堂地獄咸於一鏡中悉得其分劑長短劫數若色若空並能了之更非他物汝豈不聞諸法如義光陰箭疾莫謾悠悠大事因緣決須了取僧問如何是大圓鏡師云一切物著不得進云爲什麽一切物著不得師云汝是一切物還著得汝否僧問如何是南泉不變句師云道什麽進云如何領會師云道什麽僧問一塵之内大千世界如何是一塵師云即汝是進云如何是大千師云但識取一塵師復云設得千般美食不如一頓麄飡能奇能異省徑省心還假如是疲勞馳求趍逸也無本自非有誰强言無與麽道可謂虛空之心合虛空之理只少箇承受底漢子變弄接續得去能有利人之分也根劣之徒自益未圓焉能益彼著些子骨氣秉些子丈夫作麽生門風如何圖度須作難遭之想可懷負荷之心歷歷分明有什麽一錢事到汝意根下與汝爲於彼此生滅仁者如世良醫隨方與藥先識彼病然後施方法法如斯心心若此須要作箇無繩自縛漢作麽莫立去

師示衆云子湖一隻狗上取人頭中取人心下取人足僧便問如何是子湖一隻狗師乃吠三聲進云如何領覽師云縱饒領覽也只箇吠聲僧問如何是祖師西來意師云你道祖師西來有意麽進云既無意用西來作麽師乃云祖師西來也只箇冬寒夏熱夜暗日明只爲你徒無意立意無事生事無内外强作内外無東西謾說東西所以奢摩不能明了以至根境不能自由僧問如何得不被諸境惑去師云你試點惑你境出看進云某甲不見師云你既不見惑境何來僧禮拜師云又見妄想去也師云心源朗朗無物莫疑直下承當不勞功用只少箇信之一字然實不易信莫非夙習之徒聞著便能承受若是鈍學之輩將三寸脣舌惑亂於人後進初機把他古聖言談向意根下測度直至頭白齒黃並無纖毫得力處仁者須打疊及時莫待臨終摧攉佛法因緣浩浩快須徹了無疑可中向這箇皮袋子内辨得者箇去坐却天下人咽喉性命盡被汝蓋覆乾坤盡被汝自由自在皎皎明白何勞汝上來下去仁者本性具足本自周滿直教無纖塵法礙你眼光始得若有微塵底不盡不是一生半劫賺汝皮囊汝性命根境法中造諸妖怪山精鬼魅附汝行持得少爲足故弄片皮於佛法却爲毒害謗禮塔廟毀彼持經師子身中蟲自食師子身中肉仁者切莫向心田中認些子妄想將爲極則他上祖是什麽榜樣下去莫立問未了根源請師提奬師云還會麽僧云未會師云更問千則萬則也無益僧問機不曉如何得心地無疑去師云心地有多少疑僧云如何是心地師云多少分明

師示衆云據仁者分上何得一生一滅一斷一常與汝爲於拘繫作其取舍是非及諸顛倒汝還知道諸聖門風無結縛麽只欲仁者承當還承當得麽可惜光陰莫令辜負却仁者豈不見曰前太虛還有纖毫欠少處麽若也於中體得者箇消息不妨出得凡聖境界了得世間出世間之智一法既爾萬法亦然仁者還樂也無僧問如何是佛師云不重道僧云如何是法師云嫌什麽

師示衆云天上人間輪廻六道乃至蠢動含靈未曾於此一分真如中有些子相違處還信麽還領受得麽大凡行脚也須具大信根作箇丈夫始得何處得與麽難信他古人只見道箇即心是佛即心是法便承信去隨處茅茨石室長養聖胎只待道果成熟汝今何不傚他行取仁者可煞分明並無參雜治生産業與諸實相不相違背僧問如何是千聖不傳底事師云阿誰向你說進云與麽則信受奉行去也師云信得及者即行之信不及恰草强爲不是口頭說信便信得去如人說食終不得飽縱然口頭說飽爭奈肚内飢何仁者直須飽去莫謾悠悠僧問如何是古聖心師云汝是凡夫心僧云如何是信得師云信亦不由汝不信亦不由汝僧云信不信且置作麽生師云是你心師云仁者還知子湖親切相爲麽行時但行坐時但坐乃至喫茶喫飯種種施爲有甚麽相礙處仁者信取無別强爲只是汝今無疑作疑無事生事於自心源却生顛倒譬如百千溪澗大海棄之爲

認此子浮漚目爲全湖亦認此子螢光作於日㸃還生懸耶盡諸聖得道得果數如恒沙汝今却作箇凡劣凡夫者恰莫因循僧問如何是無凝底心師云恰是師又云莫道千聖同風便當得本參事好日問仁者什麽處是千聖同你處行時坐時起時卧時試說看還有法處麽仁者大道無邊誰前誰後眞空絕際是正是邪乃至眩目青黄作何形段到汝分上喚作百工居肆各遂營生多少分明何煩造作一切普備無法不彰了了現前還諱得麽道郤問如何是人人具足底事師云汝豈不是道郤

劉鐵磨領衆至師云見說劉鐵磨莫便是否磨云什麽處得者箇消息師云左轉右轉磨云莫顛倒被師打出師半夜巡堂叫有賊大衆皆驚動師於僧堂前見一僧攔胷把住叫云捉得也喚維那來僧云不是某甲師云是卽是你自不肯承當勝光因在子湖钁地次勝光钁斷一條蚯蚓問云某甲今日钁斷一條蚯蚓兩頭俱動未審性命在那頭師提起钁頭向蚯蚓左頭打一下右頭打一下中心空處打一下擲却钁頭便歸師又於钁地次亞钁頭回視勝光云事卽不無擬心卽差勝光便問如何是事被師攔胸踏倒從此省悟

僧問招慶云勝光被子湖一踏意作麽生招慶云古人叅玄不滯一踏師嘗作頌云三十年來住子湖二時粥飯氣力麤無事上山走一轉試問時人會也無又嘗作頌云從來事非物方便名爲佛中下競是非上流始知佪師臨行示頌三首我聞過去佛縱橫盡丈夫示汝眞歸處千江月影孤觀音與文殊示我常飛動吾今已歸眞觸處皆無用佛性本來無阻障衆生不識難歸向若見如來成佛時莫向世間求取相師於門前下牓云子湖一隻狗上取人頭中取人心下取人足往來好看臨濟下有二僧聞得遂遠來尋訪纔到果見其牓遂入門以手揭簾欲起未起被師喝云看狗下大僧近前禮拜便問承師有言子湖有一隻狗上取人頭中取人心下取人足如何是子湖狗師云嘷嘷僧無語師便歸方丈後章州羅漢展和尚聞衆云者箇是喫屎狗僧便問如何是子湖狗展云學嘷却僧擬議展云早被我咬殺了也明招和尚在羅山聞舉遂云涓睞數緉草鞋我本欲遊章南如今不用去也休休僧便問如何是子湖狗招以手按膝放身近前云嘘嘘子湖山下有陶家爲無子夫妻每日焚香發願求一男子師遂往其家乞竹先問是汝夫妻每日起心發願擬作箇什事云切緣家內無子願求男師云我就汝乞一種物還得否云和尚要甚物但乞指揮師云不要别物欲乞一擔竹與汝一箇男子其家忻喜云此是小事一任所去師所大竹近一千竿陶公云和尚只討一擔何辭許多師云只此一擔尚未足在遂將大竹長者捻數竿破相接作一束將歸其家當夜感夢生得男子因此遂號神力子湖和尚名利蹤澧州人姓周氏幽州開元寺受業得法於南泉願和尚壽八十一臘六十一馬祖第三世唐僖宗廣明中示寂

古尊宿語録卷第十一

古尊宿語錄卷第十三

趙州眞際禪師語錄并行狀卷上

師卽南泉門人也俗姓郝氏本曹州郝鄉人也諱從諗鎮府有塔記云師得七百甲子歟値武王微沐避地岨崍木食草衣僧儀不易師初隨本師行脚到南泉本師先人事了師方乃人事南泉在方丈內臥次見師來參便問近離什麽處師云瑞像院南泉云還見瑞像麽師云瑞像卽不見卽見臥如來南泉乃起問你是有主沙彌無主沙彌師對云有主沙彌泉云那箇是你主師云孟春猶寒伏惟和尚尊體起居萬福泉乃喚維那云此沙彌別處安排師受戒後聞受業師在曹州西住護國院乃歸院省覲到後本師令郝氏云君家之子遊方已迴其家親屬忻懌不已祇候來日咸往觀焉師聞之乃云俗塵愛網無有了期已辭出家不願再見乃於是夜結束前邁其後自携瓶錫遍歷諸方常自謂曰七歲童兒勝我者我卽問伊百歲老翁不及我者我卽教他年至八十方住趙州城東觀音院去石橋十里已來住持枯槁志効古人僧堂無前後架旋營齋食繩床一脚折以燒斷薪用繩繫之每有別制新者師不許也住持四十年來未嘗賫一封書告其檀越因有南方僧來舉問雪峰古澗寒泉時如何雪峰云瞪目不見底學云飲者如何峰云不從口入師聞之曰不從口入從鼻孔裏入其僧却問師古澗寒泉時如何師云苦學云飲者如何師云死雪峰聞師此語讚云古佛古佛雪峰後因此不答話矣厥後因河北燕王領兵收鎮府既到界上有觀氣象者奏曰趙州有聖人所居戰必不勝燕趙二王因展筵會俱息交鋒乃問趙之金地上士何人或曰有講華嚴經大師節行孤邈若歲大旱咸命往臺山祈禱大師未迴甘澤如瀉乃曰恐未盡善或云此去一百二十里有趙州觀音院有禪師年臘高邈道眼明白僉曰此可應兆乎二王稅駕觀焉既屆院內師乃端坐不起燕王問曰人王尊耶法王尊耶師云若在人王人王中尊若在法王法王中尊燕王唯然矣師良久中間問阿那箇是鎮府大王趙王應諾弟子[illegible]師云老僧濫在山河不及趨面須臾左右請師爲大王說法師云大王左右多爭敎老僧說法乃約令左右退師身畔時有沙彌文遠高聲云啓大王不是者箇左右大王乃問是什麽左右對曰大王尊諱多和尚所以不敢說法燕王乃云請禪師去諱說法師云故知大王曩劫眷屬俱是冤家我佛世尊一稱名號罪滅福生大王先祖纔有人觸著名字便生嗔怒師慈悲非倦說法多時二王稽首讚嘆珍敬無盡來日將迴燕王下先鋒使聞師不起凌晨入院責師傲亢君侯師聞之乃出迎接先鋒乃問曰昨日見二王來不起今日見某甲來因何起接師云待都衙得似大王老僧亦不起接先鋒聆師此語再三拜而去尋後趙王發使取師供養既屆城門闔城威儀迎之入內師纔下寶輦王乃設拜請師上殿正位而坐師良久以手斫額云堦下立者是何官長左右云是諸院尊宿并大師大德師云他各是一方化主若在堦下老僧亦起王乃命上殿是日齋筵將罷僧官排定從上至下一人一問一人問佛法師既望見乃問作什麽云問佛法師云這裏已坐却老僧那裏問什麽法二尊不並化王乃令止其時國后與王俱在左右侍立國后云請禪師爲大王摩頂受記師以手摩大王頂云願大王與老僧齊年是時迎師權在近院駐泊獲時選地建造禪宮師聞之令人謂王曰若動著一莖草老僧却歸趙州其時竇行軍願捨菓園一所直一萬五千貫號爲眞際禪院亦云竇家園也師入院後海衆雲臻是時趙王禮奉燕王從幽州奏到命服鎮府具威儀迎接師堅讓不受左右舁箱至師面前云大王爲禪師佛法故堅請師著此衣師云老僧爲佛法故所以不著此衣左右云且看大王面師云又干俗官什麽事乃躬自取衣挂身上禮賀再三師惟知應諾而已師住趙州二年將謝世時謂弟子曰吾去世之後焚燒了不用淨淘舍利宗師弟子不同浮俗且身是幻舍利何生斯不可也令小師送拂子一枝與趙王傳語云此是老僧一生用不盡底師於戊子歲十一月十日端坐而終于時竇家園道俗車馬數萬餘人哀聲振動於時盡送終之禮感歎之泣無異金棺匿彩於俱尸矣莫不高營鴈塔特豎豐碑謚號曰眞際禪師光祖之塔後唐保大十一年孟夏月旬有三日有學者咨聞東都東院惠通禪師趙州先人行化厥由作禮而退乃授筆錄之

師問南泉如何是道泉云平常心是道師云還可趣向不泉云擬卽乖師云不擬爭知是道泉云道不屬知不知知是妄覺不知是無記若眞達不疑之道猶如太虛廓然蕩豁豈可強是非也師於言下頓悟玄旨心如朗月

南泉上堂師問明頭合暗頭合泉便歸方丈師便下堂云這老和尚被我一問直得無言可對首座云莫道和尚無語自是上座不會師便打又云這棒合是堂頭老漢喫師問南泉知有底人向什麽處去泉云山前檀越家作一頭水牯牛去師云謝和尚指示泉云昨夜三更月到窗師在南泉作爐頭大衆普請擇菜師在堂內叫救火救火大衆一時到僧堂前師乃關却僧堂門大衆無對泉乃抛鏁匙從窗內入堂中師便開門師在南泉井樓上打水次見南泉過便抱

桂懸却脚云相救相救南泉上欄梯云一二三四五師少時問却去禮謝云適來謝和尚相救南泉東西兩堂爭猫兒泉來堂内提起猫兒云道得卽不斬道不得卽斬却大衆下語皆不契泉意當時卽斬却猫兒了至晚間師從外歸來問訊次泉乃舉前話了云你作麽生救得猫兒師遂將一隻鞋戴在頭上出去泉云子若在救得猫兒師問南泉異卽不問如何是類泉以兩手托地師便踏倒却歸涅槃堂内叫悔悔泉聞乃令人去問悔箇什麽師云悔不剩與兩踏南泉從浴室裏過見浴頭燒火問云作什麽云燒浴泉云記取來喚水牯牛浴浴頭應諾至晚間浴頭入方丈泉問作什麽云請水牯牛去浴泉云將得繩索來不浴頭無對師來問訊泉泉舉似師師云某甲有語泉便云還將得繩索來麽師便近前驀鼻便拽泉云是卽是太麁生師問南泉離四句絶百非外請師道泉便歸方丈師云這老和尚每常口吧吧地及其問著一言不措侍者云莫道和尚無語好師便打一掌南泉便掩却方丈門便把灰圍却問僧云道得卽開門多有人下語並不契泉意師云蒼天蒼天泉便開門師問南泉云心不是佛智不是道還有過也無泉云有師云過在什麽處請師道泉遂舉師便出去

師上堂謂衆曰此事的的沒量大人出這裏不得老僧到潙山僧問如何是祖師西來意潙山云與我將床子來若是宗師須以本分事接人始得時有僧問如何是祖師西來意師云庭前栢樹子學云和尚莫將境示人師云我不將境示人云如何是祖師西來意師云庭前栢樹子師又云老僧九十年前見馬祖大師下八十餘員善知識箇箇俱是作家不似如今知識枝蔓上生枝蔓大都是去聖遙遠 代不如一代只如南泉尋常道須向異類中行且作麽生會如今黃口小兒向十字街頭說葛藤博飯噇覓禮拜聚三五百衆云我是善知識你是學人僧問如何是淸淨伽藍師云丫角女子如何是伽藍中人師云丫角女子有孕問承聞和尚親見南泉是否師云鎮州出大蘿蔔頭問和尚生緣什麽處師以手指云西邊更向西問法無別法如何是法師云外空内空内外空問如何是佛眞法身師云更嫌什麽問如何是心地法門師云古今榜樣問如何是賓中主師云山僧不問婦問如何是主中賓師云老僧無丈人問如何是一切法常住師云老僧不諱祖其僧再問師云今日不答話

師上堂云兄弟莫久立有事商量無事向衣鉢下坐窮理好老僧行脚時除二時齋粥是雜用心力處餘外更無別用心處也若不如此出家大遠在問萬物中何物最堅師云相罵饒汝接嘴相唾饒汝潑水問曉夜不停時如何師云僧中無與麽兩稅百姓問如何是一句師云若守著一句老却你師又云若一生不離叢林不語十年五載無人喚你作啞漢已後佛也不柰你何你若不信截取老僧頭去

師上堂云兄弟你正在第三寃裏所以道但改舊時行履處莫改舊時人共你各自家出家比來無事更問禪問道三十二十人聚頭來問恰似欠伊禪道相似你喚作善知識我是同受拷老僧不是戲好恐帶累他古人所以東道西說問十二時中如何用心師云你被十二時使老僧使得十二時你問那箇時問如何是趙州主人公師咄云這籠桶漢學人應諾師云如法籠桶着問如何是學人本分事師云樹搖鳥散魚驚水渾問如何是少神底人師云老僧不如你學云不占勝師云你因什麽少神問至道無難唯嫌揀擇是時人窠窟師云曾有問我直得五年分疏不得有官人問丹霞燒木佛院主爲什麽眉鬚墮落師云官人宅中變生作熟是什麽人云所使師云却是他好手僧問毗目仙人執善才手見微塵佛時如何師遂執僧手云你見箇什麽有尼問如何是沙門行師云莫生兒尼云和尚勿交涉師云我若共你打交涉堪作什麽問如何是趙州主人公師云田厙奴問如何是王索仙陁婆師云你道老僧要箇什麽問如何是玄中玄師云說什麽玄中玄七中七八中八問如何是仙陁婆師云靜處薩婆訶問如何是法非法師云東西南北學云如何會去師云上下四維問如何是玄中玄師云道僧若在今年七十四五問王索仙陁婆時如何師驀起打躬叉手問如何是道師云不敢不敢問如何是法師云敕敕攝攝問趙州去鎮府多少師云三百學云鎮府來趙州多少師云不隔問如何是玄中玄師云玄來多少時也學云玄來久矣師云賴遇老僧泊合玄殺這屢生問如何是學人自己師云還見庭前栢樹子麽

師上堂云若是久參底人莫非眞實莫非亘古亘今若是新入衆底人也須究理始得莫趂老邊三百五百一千饒邊二衆叢林稱道好箇住持泊乎問著佛法恰似炒沙作飯相似無可施爲無可下口却言他非我是面赫赤地良由世間出非法語眞實欲明者意莫辜負老僧問在塵爲諸聖說法總屬披搭未審和尚如何示人師云什麽處見老僧學云請和尚說師云一堂師僧總不會這僧語話別有一僧問請和尚說師云你說我聽問眞化無跡無師弟子時如何師云誰教你來問學云更不是別人師便打之問此事如何辨師云我怪你學云如何辨得師云我怪你不辨學云還保任否師云保任不保任自看問如何是無知解底人師云說什麽事問如何是西來意師

下禪床學云莫便是否師云老僧未有語在問佛法久遠如何用心師云你見前漢後漢把攪天下臨終時半錢也無分問時人以珎寶爲貴沙門以何爲貴師云急合取口學云合口還得也無師云口若不合爭能辨得問如何是趙州一句師云半句也無學云豈無和尚在師云老僧不是一句問如何得不被諸境惑師垂一足僧便出鞋師收起足僧無語有俗官問佛在日一切衆生皈依佛佛滅度後一切衆生皈依什麼處師云未有衆生學云現問次師云更覓什麼佛問還有不報四恩三有者也無師云有學云如何是師云這殺父漢筭你只少此一問問如何是和尚意師云無施設處

師上堂云兄弟但改往修來若不改大有著你處在老僧在此間三十餘年未曾有一箇禪師到此間設有來一宿一食急走過且趂軟暖處去也問忽遇禪師到來向伊道什麼師云千鈞之弩不爲鼷鼠而發機師云兄弟若從南方來者卽與下載若從北方來卽與裝載所以道近上人問道卽失道近下人問道者卽得道兄弟正人說邪法邪法亦隨正邪人說正法正法亦隨邪諸方難見易識我者裏易見難識問善惡惑不得底人還獨脫也無師云不獨脫學云爲什麼不獨脫師云正在善惡裏尼問離却上來說處請和尚指示師咄云煨破鐵瓶尼將鐵瓶添水來請和尚答話師笑之問世界變爲黑穴未審此箇落在何路師云不占學云不占是什麼人師云田厙奴問無言無意始稱得句既是無言喚什麼作句師云高而不危滿而不溢學云卽今和尚是滿是溢師云爭柰你問我問如何是靈者師云淨地上屙一堆屎學云請和尚的旨師云莫惱亂老僧問法身無爲不墮諸數還許道也無師云作麼生道學云與麼卽不道也師笑之問如何是佛如何是衆生師云衆生卽是佛佛卽是衆生學云未審兩箇那箇是衆生師云問問問大道無根如何接唱師云你便接唱無根又作麼生師云既是無根什麼處繫縛你問正修行底人莫被鬼神測得也無師云測得云過在什麼處師云過在覓處云與麼卽不修行也師云修行問孤月當空光從何生師云月從何生問承和尚有言道不屬修但莫染汚如何是不染汚師云檢校內外云還自檢校也無師云檢校云自已有什麼過自檢校師云你有什麼事

師上堂云此事如明珠在掌胡來胡現漢來漢現老僧把一枝草作丈六金身用把丈六金身作一枝草用佛卽是煩惱煩惱卽是佛問佛與誰人爲煩惱師云與一切人爲煩惱云如何免得師云用免作麼

師示衆云老僧此間卽以本分事接人若教老僧隨伊根機接人自有三乘十二分教接他了也若是不會是誰過歟已後遇著作家漢也道老僧不辜他但有人問以本分事接人問從上至今卽心是佛不卽心還許學人商量也無師云卽心且置商量箇什麼問古鏡不磨還照也無師云前生是因今生是果問三刀未落時如何師云森森地云落後如何師云迥迥地問如何是出三界底人師云籠罩不得問牛頭未見四祖百鳥銜花供養見後爲什麼百鳥不銜花供養師云應世不應世問白雲自在時如何師云爭似春風處處閑問如何是露地白牛師云月下不用色云食噉何物師云古今嚼不著云請師答話師云老僧合與麼

師示衆云擬心卽差僧便問不擬心時如何師打三下云莫是老僧辜負闍黎麼問凡有問答落在意根不落意根師如何對師云問學云便請師道師云莫向者裏是非問龍女親獻佛未審將什麼獻師以兩手作獻勢

師示衆云此間佛法道難卽易道易卽難別處難見易識老僧者裏卽易見難識若能會得天下橫行忽有人問什麼處來若向伊道從趙州來又謗趙州若道不從趙州來又埋沒自已諸人且作麼生對他僧問觸目是謗和尚如何得不謗去師云若道不謗早是謗了也問如何是正修行路師云解修行卽得若不解修行卽恭差落他因果裏又云我教你道若有問時但向伊道趙州來忽問趙州說什麼法但向伊道寒卽言寒熱卽言熱若更問道不問者箇事但云問什麼事若再問趙州說什麼法便向伊道和尚來時不交傳語上座若要知趙州事但自去問取問不顧前後時如何師云不顧前後且置你問阿誰

師示衆云迦葉傳與阿難且道達磨傳與什麼人問且如二祖得髓又作麼生師云莫謗二祖師又云達磨也有語在外者得皮在裏者得骨且道更在裏者得什麼問如何是得髓底道理師云但識取皮老僧者裏髓也不立云如何是髓師云與麼皮也摸未著問與麼堂堂豈不是和尚正位師云還知有不肯者麼學云與麼卽別有位師云誰是別者學云誰是不別者師云一任叫問上上人一撥便轉下下人來時如何師云汝是上上下下云請和尚答話師云話未有主在云某甲七千里來莫作心行師云據你者一問心行莫不得麼此僧一宿便去問不紹傷來者如何師云誰學云惠延師云問什麼學云不紹傷來者師以手撫之問如何是衲衣下事師云莫自瞞問眞如凡聖皆是夢言如何是眞言師云更不道者兩箇學云兩箇且置如何是眞言師云唵嘟啉嚩問如何是趙州師云東門西門南門北門問如何是定師云

不定學云爲什麼不定師云活物活物問不隨諸有時如何師云合與麼學云莫便是學人本分事師云隨也隨也問古人三十年一張弓兩下箭只射得半箇聖人今日請師全射師便起去

師示衆云至道無難唯嫌揀擇纔有言語是揀擇是明白老僧却不在明白裏是你還護惜也無問和尚既不在明白裏又護惜箇什麼師云我亦不知學云和尚既不知爲什麼道不在明白裏師云問事即得禮拜了退

師示衆云法本不生今則無滅更不要道纔語是生不語是滅諸人且作麼生是不生不滅底道理問早是不生不滅麼師云者漢只認得箇死語問至道無難唯嫌揀擇纔有言語是揀擇和尚如何示人師云何不盡引古人語學云某甲只道得到這裏師云只這至道無難唯嫌揀擇

上堂云看經也在生死裏不看經也在生死裏諸人且作麼生出得去僧便問只如俱不留時如何師云實即得若不實爭能出得生死問利劒鋒頭快時如何師云老僧是利劒快在什麼處問大難到來如何廻避師云恰好

上堂良久大衆總來也未對云總來也師云更待一人來即說話僧云候無人來即說似和尚師云大難得人

師示衆云心生即種種法生心滅即種種法滅你諸人作麼生僧乃問只如不生不滅時如何師云我許你者一問師因叅次云明又未明道昏欲曉你在阿那頭僧云不在兩頭師云與麼即在中間也云若在中間即在兩頭師云這僧多少時在老僧者裏作與麼語話不出得三句裏然直饒出得也在三句裏你作麼生僧云某甲使得三句師云何不早與麼道問如何是通方師云離却金剛禪

師示衆云衲僧家直須坐斷報化佛頭始得問坐斷報化佛頭是什麼人師云非你境界

師示衆云大道只在目前要且難覩僧乃問目前有何形段令學人覩師云任你江南江北學云和尚豈無方便爲人師云適來問什麼問入法界來還知有也無師云誰入法界學云與麼即入法界不知去也師云不是寒灰死木花錦成現百種有學云莫是入法界處用也無師云有什麼交涉問若是實際理地什麼處得來師云更請闍黎宣一遍問萬境俱起還有惑不得者也無師云有學云如何是惑不得者師云你還信有佛法否學云信有佛法古人道了如何是惑不得者師云爲什麼不問老僧學云問了也師云惑也問未審古人與今人還相近也無師云相近即相近不同一體學云爲什麼不同師云法身不說法學云法身不說法和尚爲人也無師云我向惠裏答話學云爭道法身不說法師云我向惠裏救你阿爺他終不出頭問學人道不相見時還廻互也無師云測得廻互學云測他不得廻互箇什麼師云不與麼是你自已學云和尚還受測也無師云人即轉近道即轉遠也學云和尚爲什麼自隱去師云我今共你語話學云爭道不轉師云合與麼著

師示衆云教化得底人是今生事教化不得底人是第三生冤若不教化恐墮却一切衆生教化亦是冤是你還教化也無僧云教化師云一切衆生還見你也無學云不見師云爲什麼不見學云無相師云即今還見老僧否學云和尚不是衆生師云自知罪過即得

師示衆云龍女心親獻盡是自然事問既是自然時爲什麼師云若不獻爭知自然

師示衆云八百箇作佛漢覓一箇道人難得問只如無佛無人處還有修行也無師云除却者兩箇有百千萬億學云道人來時在什麼處師云你與麼即不修行也其僧禮拜師云大有處著你在問白雲不落時如何師云老僧不會上象學云豈無賓主師云老僧是主闍黎是賓白雲在什麼處問大巧若拙時如何師云喪却棟梁材

師示衆云佛之一字吾不喜聞問和尚還爲人也無師云爲人學云如何爲人師云不識玄旨徒勞念靜學云既是玄作麼生是旨師云我不把本學云者箇是玄如何是旨師云答你是旨

師示衆云各自有禪各自有道忽有人問你作麼生是禪是道作麼生祇對他僧乃問既各有禪道從上至今語話爲什麼師云爲你遊魂學云未審如何爲人師乃退身不語

師示衆云不得閑過念佛念法僧乃問如何是學人自已念師云念者是誰學云無伴師叱者驢

上堂示衆云若是第一句與祖佛爲師第二句與人天爲師第三句自救不了有僧問如何是第一句師云與祖佛爲師又云大好從頭起學人再問師云又却人天去也

師示衆云是他不是不將來老僧不是不祇對僧云和尚將什麼祇對師長吁一聲云和尚將這箇祇對莫辜負學人也無師云你適來肯我我即辜負你若不肯我我即不辜負你

師示衆云老僧今夜答話去也解問者出來有僧纔出禮拜師云比來拋磚引玉只得箇墼子問狗子還有佛性也無師云無學云上至諸佛下至螘子皆有佛性狗子爲什麼無師云爲伊有業識性在問如何是法身師云應身云學人不問應身師云你但管應

身問朗月當空時如何師云闍黎名什麼學云某甲師云朗月當空在什麼處問正當二八時如何師云東東西西學云如何是東東西西師云覓不著問學人全不會時如何師云我更不會云和尚還知有也無師云我不是木頭作麼不知云大好不會師拍掌笑之問如何是道人師云我向道是佛人問凡有言句舉手動足盡落在學人網中離此外請師道師云老僧齊了未喫茶馬大夫問和尚還修行也無師云老僧若修行即禍事云和尚既不修行教什麼人修行師云大夫是修行底人云某甲何名修行師云若不修行爭得穩在人王位中餧得來赤凍紅地無有解出期大夫乃下淚拜謝

師示衆云闍黎不是不將來老僧不是不祇對又云闍黎莫擊拳合掌老僧不將禪床拂子對問思憶不及處如何師云過者邊來云過者邊來即是及處如何是思不及處師豎起手云你喚作什麼云喚作手和尚喚作什麼師云百種名字我亦道云不及和尚百種名字且喚什麼師云與麼即你思憶不及處僧禮拜師云教你思憶得及者云如何是師云釋迦教祖師教是你師云祖與佛古人道了也如何是思憶不及處師再舉指云喚作什麼僧良久師云何不當頭道著更疑什麼問如何是和尚家風師云老僧耳背高聲問僧再問師云你問我家風我却識你家風問萬境俱起時如何師云萬境俱起云一問一答是起如何是不起師云禪床是不起底僧纔禮拜次師云記得問答云記得師云試舉看僧擬舉師問問如何是目前佛師云殿裏底云者箇是相貌佛如何是佛師云即心是云即心猶是限量如何是佛師云無心是學云有心無心還許學人揀也無師云有心無心總被你揀了也更教老僧道什麼即得問遠遠投師未審家風如何師云不說似人學云為什麼不說似人師云是我家風學云和尚既不說似人爭奈四海來投師云你是海我不是海學云未審海內事如何師云老僧釣得一箇問祖佛近不得底是什麼人師云不是祖佛學云爭奈近不得何師云向你道不是祖佛不是衆生不是物得麼學云是什麼師云若有名字即是祖佛衆生也學云不可只與麼去也師云卒未與你去在問如何是平常心師云狐狼野干是問作何方便即得聞於未聞師云未聞且置你曾聞箇什麼來問承教有言隨色摩尼珠如何是本色師召僧名僧應諾師云過者邊來僧便過又問如何是本色師云且隨色走問平常心底人還受教化也無師云我不歷他門戶學云與麼則莫沉却那邊人麼師云大好平常心問如何是學人保任底物師云盡未來際揀不出問如何是大修行底人師云寺裏綱維是問學人纔到總不知門戶頭事如何師云上座名什麼學云惠南師云大好不知問學人欲學又謗於和尚如何得不謗去師云你名什麼學云道皎師云靜處去者米團子問如何是和尚大意師云無大無小學云莫便是和尚大意麼師云若有纖毫萬劫不如問萬法本閑而人自鬧是什麼人語師云出來便死問不是佛不是物不是衆生這箇是斷語如何是不斷語師云天上天下唯我獨尊問如何是毗盧圓相師云老僧自小出家不曾眼花學云和尚還為人也無師云願你長見毗盧圓相問佛祖在日佛祖相傳佛祖滅後什麼人傳師云古今總是老僧分上學云未審傳箇什麼師云箇箇總屬生死云不可埋沒却祖師也師云傳箇什麼問凡聖俱盡時如何師云願你作大德老僧是障佛祖漢問遠聞趙州到來為什麼不見師云老僧罪過問朗月當空未審室中事如何師云老僧自出家不曾作活計學云與麼即和尚不為今時也師云自疾不能救爲能救諸疾學云爭奈學人無依何師云依即踏著地不依即一任東西問在心心不瀾時如何師云瀾阿誰學云自己師云無兩箇問不見邊表時如何師指淨瓶云是什麼學云淨瓶師云大好不見邊表問如何是歸根師云擬即差問不離言句如何得獨脫師云離言句是獨脫學云適來無人教某甲來師云因什麼到此學云和尚何不揀出師云我早箇揀了也問非心不即智請和尚一句師云老僧落你後問如何是畢竟師云畢竟學云那箇畢竟是師云老僧是畢竟你不解問着話學云不是不問師云畢竟在什麼處問不挂寸絲時如何師云不挂什麼學云不挂寸絲師云大好不挂寸絲問如救頭燃底人如何師云便學學云什麼處師云莫占他位次問空劫中阿誰為主師云老僧在裏許坐學云說甚麼法師云說你問底問承古有言虛明自照如何是自照師云不稱他照學云照不著處如何師云你話墮也問如何是的師云一念未起時問如何是法王師云州裏大王是云和尚不是師云你擬造反去那來一箇王不認問如何是佛心師云你是心我是佛奉不奉自看學云師即不無還奉得也無師云你教化我看問三身中那箇是本來身師云闕一不可問未審此土誰為祖師師云達磨來這邊總是學云和尚是第幾祖師云我不落位次學云在什麼處師云在你耳裏問不棄本不逐末如何是正道師云大好出家兒學云學人從來不曾出家師云歸依佛歸依法學云未審有家可出也無師云直須出家學云向什麼處安排他師云且向家裏坐問明眼人見一切還見色也無師云打却著學云如何打得師云莫用力學云不用力如何

打得師云若用力即乖問祖佛大意合爲什麽人師云只爲今時學云爭柰不得何師云誰之過學云如何承當師云如今無人承當得學云與麽即無依倚也師云又不可無却老僧問了事底人如何師云正大修行學云未審和尚還修行也無師云著衣喫飯學云著衣喫飯尋常事未審修行也無師云你且道我每日作什麽崔郎中問大善知識還入地獄也無師云老僧末上入崔云既是大善知識爲什麽入地獄師云老僧若不入爭得見郎中問毫氂有差時如何師云天地懸隔云毫氂無差時如何師云天地懸隔問如何是不睡底眼師云凡眼肉眼又云鑪未得天眼肉眼力如是學云如何是睡底眼師云佛眼法眼是睡底眼問大庾嶺頭趂得及爲什麽提不起師拈起衲衣云你甚處得者箇來學云不問者箇師云與麽即提不起問不合不散如何辨師云你有一箇我有一箇云者箇是合如何是散師云你便令問如何是不錯路師云識心見性是不錯路問明珠在掌還照也無師云照即不無喚什麽作珠問靈苗無根時如何師云你從什麽處來云太原來師云大好無根問學人擬作佛時如何師云大煞費力生云不費力時如何師云與麽即作佛去也問學人昏鈍在一浮沉如何得出師只據坐云某甲實問和尚師云你甚處作一浮一沉問不在凡不在聖如何免得兩頭路師云去却兩頭來答你僧不審師云不審從什麽處起在者裏時從老僧起在市裏時從什麽處起云和尚爲什麽不定師云我教你何不道今日好風問如何是大闡提底人師云老僧答你還信否云和尚重言那敢不信師云覓箇闡提人難得問大無慚愧底人什麽處著得師云此間著不得云忽然出頭爭向師云將取去問用處不現時如何師云用即不無現是誰問空劫中還有人修行也無師云喚什麽作空劫云無一物是師云者箇始稱修行喚什麽作空劫問如何是出家師云不履高名不求垢壞問不指一法如何是和尚法師云老僧不說茆山法云既不說茆山法如何是和尚法師云向你道不說茆山法云莫者箇便是也無師云老僧未曾將者箇示人問如何是目前獨脫一路師云無二亦無三云目前有路還許學人進前也無師云與麽即千里萬里問如何是毗盧向上事師云老僧在你脚底云和尚爲什麽在學人脚底師云你元來不知有向上事問如何是合頭師云是你不合頭云如何是不合頭師云前句辨取問如何是和尚的的意師云止止不須說我法妙難思問澄澄絶點時如何師云墮坑落塹云右什麽過師云你屈著與麽人問未審出家誓求無上菩提時如何師云未出家被菩提使既出家使得菩提有秀才見師手中拄杖乃云佛不奪衆生願是否師云是秀才云某甲就和尚乞取手中拄杖得否師云君子不奪人所好秀才云某甲不是君子師云老僧亦不是佛師因出外見婆子插田云忽遇猛虎作麽生婆云無一法可當情師云除婆子云除師云猶有者箇在有秀才辭去云某甲在此括撓和尚多時無可報答和尚待他日作一頭驢來報答和尚師云教老僧爭得鞍師到道吾處纔入僧堂吾云南泉一隻箭來師云看箭吾云過也師云中也問百骸俱潰散一物鎮長靈時如何師云今朝又風起問三乘十二分教即不問如何是祖師西來意師云水牯牛生兒也好看取云未審此意如何師云我亦不知問萬國來朝時如何師云逢人不得喚問十二時中如何淘汰師云奈河水濁西水流急云還得見文殊也無師云者瞎驢漢什麽處去來問如何是道場師云你從道場來你從道場去脫體是道場何處更不是問萌芽未發時如何師云驢著即腦裂云不驢時如何師云無者閑工夫問如何數量師云一二三四五云數量不拘底事如何師云一二三四五問什麽世界即無晝夜師云即今是晝是夜云不問即今師云爭奈老僧何問迦葉上行衣不踏曹溪路什麽人得披師云虛空不出世道人都不知問如何是混而不雜師云老僧菜食長齋云還得超然也無師云破齋也問如何是古人之言師云諦聽諦聽問如何是學人本分事師云與麽嫌什麽問萬法歸一一歸何所師云我在青州作一領布衫重七斤問如何是出家兒師云不朝天子父母返拜問覿面事如何師云你是覿面漢

古尊宿語錄卷第十三

廬山棲賢寶覺禪院住持傳法賜紫沙門

澄諟重詳定

金壇[illegible]施貲刻此
古尊宿語錄卷第十三計字一萬零五百十該
銀五兩四錢六分五厘
錄山釋[illegible]亮對金陵[illegible]書上元[illegible]鐫刻
萬曆甲寅歲秋八月徑山化城識

古尊宿語錄卷第十四

趙州眞際禪師語錄之餘

師上堂示衆云金佛不度爐木佛不度火泥佛不度水眞佛內裏坐菩提涅槃眞如佛性盡是貼體衣服亦名煩惱不問即無煩惱實際理地什麽處著一心不生萬法無咎但究理而坐二三十年若不會截取老僧頭去夢幻空花徒勞把捉心若不異萬法亦如既不從外得更拘什麽如羊相似更亂拾物安口中作麽老僧見藥山和尚道有人問著但教合取狗口老僧亦道合取狗口取我是垢不取我是淨一似獵狗相似專欲得物喫佛法向什麽處著一千人萬人盡是覓佛漢子覓一箇道人無若與空王爲弟子莫教心病最難醫未有世界早有此性世界壞時此性不壞從一見老僧後更不是別人只是箇主人公者箇更向外覓作麽與麽時莫轉頭換面即失却也問如何是佛向上人師云只者牽耕牛底是問如何是急師云老僧與麽道你作麽生云不會師云向你道急急著靴水上立走馬到長安靴頭猶未濕問四山相逼時如何師云無路是趙州問古殿無王時如何師咳嗽一聲云與麽即臣啟陛下師云賊身已露問和尚年多少師云一串數珠數不盡問和尚承嗣什麽人師云從諗問外方忽有人問趙州說什麽法如何祇對師云鹽貴米賤問如何是佛師云你是佛麽問如何是出家師云爭得見老僧問佛祖不斷處如何師云無遺漏問本源請師指示師云本源無病云了處如何師云了人知云與麽時如何師云與我安名字著問純一無雜時如何師云大煞好一問問無爲寂靜底人莫落在沉空也無師云落在沉空云究竟如何師云作驢作馬問如何是祖師西來意師云床脚是云莫使是也無師云是即脫取去問澄澄絕點時如何師云老僧者裏不著答作漢問風飛不到時如何師云起自何來問實際理地不受一塵時如何師云一切總在裏許問如何是一句師應諾僧再問師云我不患聾問初生孩子還具六識也無師云急流水上打毬子問頭頭到來時如何師云猶較老僧百步問如何是和尚家風師云老僧自小出家抖擻破活計問請和尚離四句道師云老僧常在裏許問扁鵲醫王爲什麽有病師云扁鵲醫王不離床枕又云一滴甘露普潤大千問如何是露地白牛師云者畜生問如何是大人相師側目覷之云猶是隔階趨附在師云老僧無工夫趨得者閑漢僧問纔有心念落在人天直無心念落在眷屬時如何師云非但老僧作家亦答你不得問凡有施爲盡落糟粕請師不施爲答師叱尼云將水來添鼎子沸問如何是般若波羅蜜師云摩訶般若波羅蜜問如何是咬人師子師云放你佛放你法放你僧莫咬老僧問離却言句請師道師咳嗽問如何得不謗古人不負恩去師云闍黎作麽生問如何是一句師云道什麽問如何是一句師云兩句問唯佛一人是善知識如何師云魔語問如何是菩提師云者箇是闡提問如何是大人相師云好箇兒孫問寂寂無依時如何師云老僧在你背後問如何是伽藍師云別更有什麽云如何是伽藍中人師云老僧與闍黎問二龍爭珠誰是得者師云老僧只管看問如何是離因果底人師云不因闍黎問老僧實不知問衆盲摸象各說異端如何是眞象師云無假自是不知問如何是第一句師咳嗽云莫便是否師云老僧咳嗽也不得問大海還納衆流也無師云大海道不知云因什麽不知師云終不道我納衆流問如何是毗盧師師云毗盧毗盧問諸佛還有師也無師云有云如何是諸佛師師云阿彌陁佛阿彌陁佛問如何是學人師師云雲有出山勢水無投澗聲云不問者箇師云是你師不認問諸方盡向口裏道和尚如何示人師脚跟打火爐示之云莫便是也無師云恰認得老僧脚跟問不行大道時如何師云者販私鹽漢云却行大道時如何師云還我公驗來問如何是本來身師云自從識得老僧後只這漢更不別云與麽即與和尚隔生去也師云非但今生千生萬生亦不識老僧問如何是祖師西來意師云東壁上掛葫蘆多少時也問方圓不就時如何師云不方不圓云與麽時如何師云是方是圓問道人相見時如何師云呈漆器問諦爲什麽覩不得師云諦即不無覩即不得云畢竟如何師云失諦問行又不到問又不到時如何師云到以不到道人看如淤壁云其中事如何師喚地問如何是祖師西來意師云如你不喚作祖師意猶未在云本來底如何師云四目相覩更無第二主宰問不具形儀還會也無師云即今還會麽問如何是大無慚愧底人師云皆具不可思議問學人擬向南方學些子佛法去如何師云你去南方見有佛處急走過無佛處不得住云與麽即學人無依也師云柳絮柳絮問如何是急切處師云一問一答問不籍三寸還假今時也無師云我隨你道你作麽生會問如何是和尚家風師云泓泓宇宙人無數云請和尚不答話師云老僧合與麽問二龍爭珠誰是得者師云失者無虧得者無用問如何是大人相師云是什麽有俗士獻袈裟問披與麽衣服莫辜負古人也無師抛下拂子云是古是今問如何是沙門行師云展手不展脚問牛頭未見四祖時如何師云飽柴飽水云見後如何師云飽柴飽水問如何是學人自己師云喫粥了也未云喫粥也師云洗鉢盂去問如何是毗盧師師云白駝來

也未云來也師云牽去餵草問如何是無師智師云老僧不曾教闍黎問如何是親切一句師云話墮也問不借口還許商量也無師云正是時云便請師商量師云老僧不曾出問二祖斷臂當爲何事師云粉骨碎身云供養什麽人師云來者供養問無邊身菩薩爲什麽不見如來頂相師云你是闍黎問晝是日光夜是火光如何是神光師云日光火光問如何是恰問處師云錯云如何是不問處師云向前一句裏辨取問如何是大人相師以手摸面又手斂容問如何是無爲師云者箇是有爲問如何是祖師西來意師云欄中失却牛問學人遠來請和尚指示師云纔入門便好驀面唾問如何是直截一路師云淮南船子到也未云學人不會師云且喜到來問栢樹子還有佛性也無師云有云幾時成佛師云待虚空落地云虚空幾時落地師云待栢樹子成佛問如何是西來意師云因什麽向院裏罵老僧云學人有何過師云老僧不能就院裏罵得闍黎問如何是西來意師云板齒生毛問貧子來將什麽過與師云不貧云爭奈覓和尚何師云只是守貧問無邊身菩薩爲什麽不見如來頂相師云如隔羅縠問諸天甘露什麽人得喫師云謝你將來問超過乾坤底人如何師云待有與麽人即報來問如何是伽藍師云三門佛殿問如何是不生不滅師云本自不生今亦無滅問如何是趙州主師云大王是問急切處請師道師云尿是小事須是老僧自去始得問如何是丈六金身師云腋下打領云學人不會師云不會請人裁問學人有疑時如何師云大宜小宜學云大疑師云大宜東北角小宜僧堂後問如何是佛向上人師下禪床上下觀瞻相云者漢如許長大截作三橛也得問什麽向上向下尼問如何是密密意師以手掐之云和尚猶有者箇在師云是你有者箇

師示衆云老僧三十年前在南方火爐頭有箇無賓主話直至如今無人舉著問和尚受大王如是供養將什麽報答師云念佛云貧子也解念佛師云喚侍者將一錢與伊問如何是和尚家風師云屏風雖破骨格猶存問如何是不遷之義師云你道這野鴨子飛從東去西去問如何是西來意師云什麽處得者消息來問如何是塵中人師云布施茶鹽錢來問大耳三藏第三度覓國師不見未審國師在什麽處師云在三藏鼻孔裏問盲龜值浮木孔時如何師云不是偶然事問久居巖谷時如何師云何不隱去問如何是佛法大意師云禮拜著僧擬進話次師喚沙彌文遠文遠到師叱云適來去什麽處來問如何是自家本意師云老僧不用牛刀問久嚮趙州石橋到來只見掠彴子師云闍黎只見掠彴子不見趙州石橋云如何是石橋師云過來過來又云度驢度馬問和尚姓什麽師云常州有云甲子多少師云蘇州有

上堂云纔有是非紛然失心還有答話分也無有僧出撫侍者一下云何不祗對和尚師便歸方丈後侍者請益適來僧是會不會師云坐底見立底立底見坐底問如何是道師云墻外底云不問者箇師云問什麽道云大道師云大道通長安問撥塵見佛時如何師云撥塵即不無見佛即不得問如何是無疾之身師云四大五陰問如何是闍提師云何不問菩提云如何是菩提師云只者便是闍提師有時屈指云老僧喚作拳你諸人喚作什麽僧云和尚何得將境示人師云我不將境示人若將境示闍黎即埋没闍黎去也云爭奈者箇何師便珍重問一問一答總落天魔外道設使無言又犯他匡網如何是趙州家風師云你不解問云請和尚答話師云若據你合喫二十棒

師示衆云纔有是非紛然失心還有答話分也無有僧出將沙彌打一掌便出去師便歸方丈至來日問侍者昨日者師僧在什麽處侍者云當時便去也師云三十年弄馬騎被驢子撲問與麽來底人師還接也無師云接云不與麽來底人師還接也無師云接云與麽來從師接不與麽來師如何接師云止止不須說我法妙難思鎮府大王問師尊年有幾箇齒在師云只有一箇牙大王云爭喫得物師云雖然一箇下下咬著問如何是學人珠師云高聲問僧禮拜師云不解問何不道高下即不問如何是學人珠何不與麽問僧便再問師云洎合放過者漢問二邊寂寂師如何闡揚師云今年無風波問大衆雲集合談何事師云今日拽木頭豎僧堂云莫只者箇便是接學人也無師云老僧不解雙陸不解長行問如何是眞實人體師云春夏秋冬云與麽即學人難會師云你問我眞實人體問如何是佛法大意師云你名什麽云某甲師云含元殿裏金谷園中問如何是七佛師師云要眠即眠要起即起問道非物外物外非道如何是物外道師便打云和尚莫打某甲已後錯打人去在師云龍蛇易辨衲子難瞞師見大王入院不起以手自拍膝云會麽大王云不會師云自小出家今已老見人無力下禪床問如何是忠言師云你娘醜陋問從上至今不忘底人如何師云不可得繫心常思念十方一切佛問如何是忠言師云喫鐵棒問如何是佛向上事師便撫掌大笑問一燈燃百千燈一燈未審從什麽處發師便趯出一隻履又云作家即不與麽問問歸根得旨隨照失宗時如何師云老僧不答者話云請和尚答話師云合與麽問如何是不思處師云快道快道問夜昇兜率晝降閻浮其中爲

什麼摩尼不現師云道什麼僧再問師云毗婆尸佛早留心直至如今不得妙問非思量處如何師云速道速道問如何是衣中寶師云者一問嫌什麼云者箇是問如何是寶師云與麼即衣也失却問萬里無店時如何師云禪院裏宿問狗子還有佛性也無師云家家門前通長安問覿面相呈還盡大意也無師云低口云收不得處如何師云向你道低口問如何是目前一句師云老僧不如你問出來底是什麼人師云佛菩薩問靈草未生時如何師云觸著即腦裂云不觸時如何師云如同立死漢云還許學人和合否師云人來莫向伊道問祖意與教意同別師云才出家未受戒到處問人問如何是聖師云不凡云如何是凡師云不聖云不凡不聖時如何師云好箇禪僧問兩鏡相向那箇最明師云闍黎眼皮蓋須彌山問學人近入叢林乞師指示師云蒼天蒼天問前句已往後句難明時如何師云喚作即不可云請師分師云問問問高峻難上時如何師云老僧不向高峯頂問不與萬法爲侶者是什麼人師云非人問請師宗乘中道一句子師云今日無錢與長官問學人不別問請師不別答師云奇怪問三乘教外如何接人師云有此世界來日月不曾換問三處不通如何離識師云識是分外問衆機來湊未審其中事如何師云我眼本正不說其中事問淨地不止是什麼人師云你未是其中人在云如何是其中人師云止也問如何是萬法之源師云棟梁椽柱云學人不會師云拱斗叉手不會問一物不將來時如何師云放下著問路逢達道人不將語默對未審將什麼對師云人從陳州來不得許州信問開口是有爲如何是無爲師以手示之云者箇是無爲云者箇是有爲如何是無爲師云無爲云者箇是有爲師云是有爲

師示衆云佛之一字吾不喜聞問和尚還爲人也無師云佛佛問盡却今時如何是的的處師云盡却今時莫問那箇云如何是的師云向你道莫問云如何得見師云大無外小無內問離四句絕百非時如何師云老僧不認得死云者箇是和尚分上事師云恰是云請和尚指示師云離四句絕百非把什麼指示問如何是和尚家風師云內無一物外無所求問如何是歸根得旨師云答你即乖問如何是疑心師云答你即乖也問出家底人還作俗否師云出家即是座主出與不出老僧不管云爲什麼不管師云與麼即出家也問無師弟子時如何師云無漏智性本自具足又云此是無師弟子問不見邊表時如何師云因什麼與麼問澄而不清渾而不濁時如何師云不清不濁云是什麼師云也可憐生云如何是通方師云離却金剛禪問如何是囊中寶師云嫌什麼云用不窮時如何師云自家底還重否又云用者即重不用即輕問如何是祖師的的意師涕唾云其中事如何師又唾地問如何是沙門行師云離行問眞休之處請師指師云指即不休問無問時如何師云乖常語問四山相逼時如何師云無出跡問到者裏道不得時如何師云不得道云如何道師云道不得處問但有言句盡不出頂如何是頂外事師喚沙彌文遠文遠應諾師云今日早晚也問如何是毗盧師師云莫惡口問至道無難唯嫌揀擇如何得不揀擇師云天上天下唯我獨尊云此猶是揀擇師云田庫奴什麼處是揀擇問如何是三界外人師云爭奈老僧在三界內問知有不有底人如何師云你若更問即故問老僧

師示衆云向南方趨叢林去莫在者裏僧便問和尚者裏是甚處師云我者裏是柴林問如何是毗盧師

師云性是弟子問歸根得旨時如何師云太慌忙生云不審師云不審從甚處起劉相公入院見師掃地問大善知識爲什麼却掃塵師云從外來問利劍出匣時如何師云黑云正問之時如何辨白師云無者閑工夫云又手向人前爭奈何師云早晚見你又手云不又手時如何師云誰是不又手者問如何是沙門得力處師云你什麼處不得力問如何是和尚示學人處師云目前無學人云與麼即不出世也師便珍重問祖意與教意同別師作拳安頭上云和尚猶有者箇在師卸下帽子云你道老僧有箇什麼問心不停不住時如何師云是活物是者箇正被心識使在云如何得不被心識使師便低頭問道從何生師云者箇即生也道不屬生滅云莫是天然也無師云者箇是天然道即不與麼問祖意與教意同別師云會得祖意便會教意問如何是異類中行師云喃嚕啉喃嚕啉問高峻難上時如何師云老僧自住峯頂云爭奈曹溪路側何師云曹溪是惡云今時爲什麼不到師云是渠高峻問如何是寶月當空師云塞却老僧耳問毫釐有差時如何師云麤云應機時如何師云屈問如何是沙門行師展手拂衣問祖佛命不斷處如何師云無人知問未審權機喚作什麼師云喚作權機問學人近入叢林不會乞師指示師云未入叢林更是不會問從上古德將何示人師云不因你問老僧也不知有古德云請師指示師云老僧不是古德問佛花未發如何辨得眞實師云是眞是實云是什麼人分上事師云老僧有分闍黎有分問如何是佛師云你是什麼人問驀直路時如何師云驀直路問如何是玄中不斷玄師云你問我是不斷玄問佛花未發時如何辨得眞實師云已發也云未審是眞是實師云眞即實實即眞問還有不報四恩三

有者也無師云有云如何是師云者辛恩負德漢問貧子來將什麽物與他師云不欠少問如何是趙州正主師云老僧是從諗有婆子問婆是五障之身如何免得師云願一切人生天願婆婆永沉苦海問朗月當空時如何師云猶是堦下漢云請師接上堦師云月落了來相見

師有時示衆云老僧初到藥山時得一句子直至如今齁齁地飽師因在室坐禪次主事報大王來禮拜大王禮拜了左右問土王來爲什麽不起師云你不會老僧者裏下等人來出三門接中等人來下禪床接上等人來禪床上接不可喚大王作中等下等人也恐屈大王大王歡喜再三請入内供養師因問周員外你還夢見臨濟也無員外竪起拳師云那邊見外云者邊見師云什麽處見臨濟員外無對師問周員外什麽處來云非來非去師云不是老鴉飛來飛去

師示衆云纔有是非紛然失心還有答話分也無後有僧舉似洛浦洛浦扣齒又舉似雲居雲居云何必僧舉似師師云南方大有人喪身失命僧云請和尚舉師纔舉僧便指傍僧云者箇師僧喫却飯了作什麽語話師休去師因看金剛經次僧便問一切諸佛及諸佛阿耨菩提皆從此經出如何是此經師云金剛般若波羅蜜經如是我聞一時佛在舍衛國僧云不是師云我自理經也不得因僧辭去師云闍黎出外忽有人問還見趙州否你作麽生祇對云只可道見師云老僧是一頭驢你作麽生見僧無語師問新到從什麽處來云南方來師云還知有趙州關麽云須知有不涉關者師叱云者販私鹽漢又云兄弟趙州關也難過云如何是趙州關師云石橋是有僧從雪峯來師云上座莫住此間老僧者裏只是避難所在佛法盡在南方云佛法豈有南北師云直饒你從雪峯雪峯來也只是箇擔板漢云未審那邊事如何師云你因甚夜來屎床云達後如何師云又是屙屎示衆云我此間有出窟師子亦有在窟師子只是難得師子兒時有僧彈指對之師云是什麽云師子兒師云我喚作師子兒早是罪過你更行趂踏師問新到離什麽處云離雪峯師云雪峯有什麽言句示人云和尚尋常道盡十方世界是沙門一隻眼你等諸人向什麽處屙師云闍黎若迴寄箇鍬子去師因捨衣俵大衆次僧便問和尚纔捨却了用箇什麽去師召云湖州子僧應諾師云用箇什麽

師示衆云未有世界早有此性世界壞時此性不壞僧問如何是此性師云五蘊四大云此猶是壞如何是此性師云四大五蘊定州有一座主到師問習何業云經律論不聽便講師舉手示之還講得者箇麽座主茫然不知師云直饒你不聽便講得也只是箇講經論漢若是佛法未在云和尚即今語話莫便是佛法否師云直饒你問得答得總屬經論佛法未在主無語師問一行者從什麽處來云北院來師云那院何似者院行者無對有僧在邊立師令代行者語僧代云從那院來師笑之師又令文遠代之文遠云行者還是不取師語話師問座主所習何業云講維摩經師云維摩經步步是道場座主在什麽處主無對師令全益代座主語全益云只者一問可識道場麽師云你身在道場裏心在什麽處速道取云和尚不是覓學人心師云是云只者一問一答是什麽師云老僧不在心所裏法過眼耳鼻舌身意而知解云既不在心數裏和尚爲什麽覓師云爲你道不得云法過眼耳鼻舌身意而不解作麽生道不得師云喫我涕唾師問僧你曾看法華經麽云曾看師云經中道衲衣在空閑假名阿練若誑惑世間人你作麽生會僧擬禮拜師云你披衲衣來否云披來師云莫惑我云如何得不惑去師云自作活計莫取老僧語師問座主所習何業云講維摩經師云那箇是維摩祖父云某甲是師云爲什麽却爲兒孫傳語主無對

師一日上堂僧纔出禮拜師乃合掌珍重又一日僧禮拜師云好好問云如何是禪師云今日天陰不答話問新到從何方來云無方面來師乃轉背僧將坐具隨師轉師云大好無方面問新到從什麽處來云南方來師云三十里外逢莫戲云不曾師云摘楊花摘楊花豐干到五臺山下見一老人干云莫是文殊也無老人云不可有二文殊也干便禮拜老人不見有僧舉似師師云豐干只具一隻眼師乃令文遠作老人我作豐干師云莫是文殊也無遠云豈有二文殊也師云文殊文殊師問二新到上座曾到此間否云不曾到師云喫茶去又問那一人曾到此間否云曾到師云喫茶去院主問和尚不曾到教伊喫茶去即且置曾到爲什麽教伊喫茶去師云院主院主應諾師云喫茶去師到雲居雲居云老老大大何不覓箇住處師云什麽處住得雲居云前面有古寺基師云與麽即和尚自住取師又到茱萸茱萸云老老大大何不覓箇住處去師云什麽處住得茱萸云老老大大住處也不識師云三十年弄馬騎今日却被驢撲師又到茱萸方丈上下覷瞻茱萸云不地喫文作什麽師云只爲心麤師一日將拄杖上茱萸法堂上東西來去萸云作什麽師云探水萸云我者裏一滴也無探箇什麽師將杖子倚壁便下去臺山路上有一婆子要問僧僧問臺山路向什麽處去云驀直去僧纔行婆云又與麽去也師聞便去問臺山路向什麽處去云驀直去師纔行婆云又與麽去也師歸舉

似大衆云婆子被老僧勘破了也師見僧來挾火示之云會麼僧云不會師云你不得喚作火老僧道了也師挾起火云會麼云不會師却云此去舒州有投子山和尚你去禮拜問取因緣相契不用更來不相契却來其僧便去纔到投子和尚處投子乃問近離什麼處云離趙州特來禮拜和尚投子云趙州老人有何言句僧乃具舉前話投子乃下禪床行三五步却坐云會麼僧云不會投子云你歸舉似趙州其僧却歸舉似師師云還會麼云未會師云也不較多也洞山問僧什麼處來云掌鞋來山云自解依他云依他山云他還指闍黎也無僧無對師代云若允即不違普化喫生菜臨濟見云普化大似一頭驢普化便作驢鳴臨濟便休去普化云臨濟小廝兒只具一隻眼師代云但與本分草料保壽問胡釘鉸莫便是胡釘鉸否云不敢保云還釘得虛空麼云請打破虛空來保壽便打却云他後有多口阿師與你點破在胡釘鉸後舉似師師云你因什麼被他打云不知過在什麼處師云只者一縫尚不奈何更教他打破釘鉸便會師又云且釘者一縫師因行路次見一婆子問和尚住在什麼處師云趙州東院西師舉問僧云你道使那箇西字一僧云東西字一僧云依栖字師云你兩人總作得鹽鐵判官師與侍郎遊園見兎走過侍郎問和尚是大善知識兎子見爲什麼走師云老僧好殺師因見僧掃地次遂問與麼掃還得淨潔也無云轉掃轉多師云豈無撥塵者也云誰是撥塵者師云會麼云不會師云問取雲居去其僧乃去問雲居如何是撥塵者雲居云者瞎漢師問僧你在此間多少時也僧云七八年師云還見老僧麼云見師云我作一頭驢你作麼生見云入法界見師云我將爲你有此一著枉喫了如許多飯僧云請和尚道師云

因什麼不道向草料裏見師問菜頭今日喫生菜熟菜菜頭提起一莖菜師云知恩者少負恩者多有俗行者到院燒香師問僧伊在那裏燒香禮拜我又共你在者裏語話正與麼時生在那頭僧云和尚是什麼師云與麼即在那頭也云與麼已是先也師笑之師與小師文遠論義不得占勝占勝者輸餬餅師云我是一頭驢遠云我是驢胃師云我是驢糞遠云我是糞中虫師云你在彼中作麼遠云我在彼中過夏師云把將餬餅來師因入內廻路上見一幢子無一截僧問云幢子一截上天去也入地去也師云也不上天也不入地云向什麼處去師云撲落也師坐次一僧纔出禮拜師云珍重僧伸問次師云又是也師因在簷前立見燕子語師云者燕子喃喃地招人言語僧云未審他還甘也無師云依稀似曲纔堪聽又被風吹別調中有僧辭去師云什麼處去云閩中去師云閩中大有兵馬你須廻避云向甚處廻避師云恰好有僧上參次見師衲衣蓋頭坐次僧便退師云闍黎莫道老僧不祇對師問僧從什麼處來云南方來師云共什麼人爲伴云水牯牛師云好箇師僧因什麼與畜生爲伴云不異故師云好箇畜生云爭肯師云不肯且從還我伴來師問僧堂中還有祖師也無云有師云喚來與老僧洗脚堂中有二僧相推不肯作第一座主事白和尚師云總教他作第二座云教誰作第一座師云裝香著云裝香了也師云戒香定香師問僧離什麼處云離京中師云你還從潼關過麼云不歷師云今日捉得者販私鹽漢因送亡僧師云只是一箇死人得無量人送又云許多死漢送一箇生漢時有僧問是心生是身生師云身心俱不生云者箇作麼生師云死漢有僧見貓兒問云某甲喚作貓兒未審和尚喚作什麼師云是你喚作貓兒

因鎮州大王來訪師侍者來報師云大王來師云大王萬福侍者云未在方到三門下師云又道大王來也因上東司召文遠文遠應諾師云東司上不可與你說佛法也因在殿上過乃喚侍者侍者應諾師云好一殿功德侍者無對師因到臨濟方始洗脚臨濟便問如何是祖師西來意師云正值洗脚臨濟乃近前側聆師云若會便會若不會更莫啗啄作麼臨濟拂袖去師云三十年行脚今日爲人錯下注脚師因到天台國淸寺見寒山拾得師云久嚮寒山拾得到來只見兩頭水牯牛寒山拾得便作牛鬪師云叱叱寒山拾得咬齒相看師便歸堂二人來堂內問師適來因緣作麼生師乃呵呵大笑一日二人問師什麼處去來師云禮拜五百尊者來二人云五百頭水牯牛聻尊者師云爲什麼作五百頭水牯牛去山云蒼天蒼天師呵呵大笑師行脚時見二菴主一人作丫角童師問訊二人殊不顧來日早晨丫角童將一鐺飯來放地上分作三分菴主將席子近前坐丫角童亦將席近前相對坐亦不喚師師乃亦將席子近前坐丫童目顧於師菴主云莫言侵早起更有夜行人師云何不教詔這行者菴主云他是人家男女師云洎合放過丫童便起顧視菴主云多口作麼丫童從此入山不見師因看經次沙彌文遠入來師乃將經側示之沙彌乃出去師隨後把住云速道速道文遠云阿彌陁佛阿彌陁佛便歸方丈因沙彌童行參師向侍者道教伊去侍者向行者道和尚教去行者便珍重師云沙彌童行得入門侍者在門外師行脚時到一尊宿院纔入門相見便云有麼有麼尊宿竪起拳頭師云水淺船難泊便出去又到一院見尊宿便云有麼有麼尊宿竪起拳頭師云能縱能奪能取能撮禮拜便出去師一日拈數珠問新羅長老彼中

還有者箇也無云有師〻云何似者箇云不似者箇師云既有爲什麽不似無語師自代云不見道新羅大唐問新到什麽處來云南方來師竪起指云會麽云不會師云動止萬福不會師行脚時問大慈般若以何爲體慈云般若以何爲體師便呵〻大笑而出大慈來日見師掃地次問般若以何爲體師放下掃箒呵〻大笑而去大慈便歸方丈師到百丈〻問從什麽處來云南泉來百丈云南泉有何言句示人師云有時道未得之人亦須峭然去百丈叱之師容愕然百丈云大好峭然師便作舞而出師到投子處對坐齋投子將蒸餅與師喫師云不喫〻不久下糊餅投子教沙彌度與師〻接得餅却禮沙彌三拜投子默然因僧寫師眞呈師〻云若似老僧即打殺我若不似即燒却師因與文遠行次乃以手指　片地云這裏好造一箇巡鋪子文遠便去彼中立〻云把將公驗來師便打一摑遠云公驗分明過師問新到近離甚處云臺山師云還見文殊也無僧展手師云展手頗多文殊難覩云只守氣急殺人師云不覩雲中鴈焉知沙塞寒問遠〻投師請師一接師云孫臏門下因什麽鑽龜僧拂袖出去師云將爲當榮折他雙足師與首座看石橋乃問首座〻是什麽人造云李膺造師云造時向什麽處下手座無對師云尋常說石橋問著下手處也不知有新羅院主請師齋師到門首問此是什麽院云新羅院師云我與你隔海問僧什麽處來云雲居來師云雲居有什麽言句云有僧問靈羊掛角時如何雲居云六〻三十六師云雲居師兄猶在僧却問未審和尚尊意如何師云九〻八十一有一婆子日晚入院來師云作什麽婆云寄宿師云者裏是什麽所在婆呵〻大笑而去師出外逢見一箇婆子提一箇籃子師便問什麽處去云偷趙州笋去師云忽見趙州又作麽生婆子近前打一掌師因見院主送生飯鵶子見便總飛去師云鵶子見你爲什麽却飛去院主云怕某甲師云是什麽語話師代云爲某甲有殺心在師問僧什麽處來云江西來師云趙州著在什麽處僧無對師從殿上過見一僧禮拜師打一棒云禮拜也是好事師云好事不如無師因叅潼關潼關問師云你還知有潼關麽師云知有潼關〻云有公驗者即得過無公驗者不得過師云忽遇鑾駕來時如何關〻云也須檢點過云你要造反師到寶壽〻見師來遂乃背面而坐師便展坐具寶壽起立師便出去師在南泉時泉牽一頭水牯牛入僧堂內巡堂而轉首座乃向牛背上三拍泉便休去師後將一束草安首座面前首座無對有秀才見師乃讚歎師〻云和尚是古佛師云秀才是新如來有僧問如何是涅槃師云我耳重僧再問師云我不害耳聾乃有頌騰〻大道者對面涅槃門但坐念無際來年春又春有僧問生死二路是同是別師乃有頌道人問生死〻若爲論雙林一池水朗月耀乾坤嗅他句上識此是弄精魂欲會箇生死顛人說夢春有僧問諸佛有難火燄裏藏身和尚有難向什麽處藏身師乃有頌渠說佛有難我說渠有灾但看我避難何處有相隨有無不是說去來非去來爲你說難法對面識得來

十二時歌

鷄鳴丑愁見起來還漏逗裙子褊衫箇也無袈裟形相些〻有裩無腰袴無口頭上青灰三五斗比望修行利濟人誰知變作不唧𠺕

平旦寅荒村破院實難論解齋粥米全無粒空對閑窻與隙塵唯雀噪勿人親獨坐時聞落葉頻誰道出家憎愛斷思量不覺淚沾巾

日出卯清淨却翻爲煩惱有爲功德被塵幔無限田地未曾掃攢眉多稱心少叵耐東村黑黄老供利不曾將得來放驢喫我堂前草

食時辰煙火徒勞望四鄰饅頭䭔子前年別今日思量空嚥津持念少嗟歎頻一百家中無善人來者祇道覓茶喫不得茶噇去又嗔

禺中巳削髮誰知到如此無端被請作村僧屈辱飢悽受欲死胡張三黑李四恭敬不曾生些〻子適來忽爾到門頭唯道借茶兼借紙

日南午茶飯輪還無定度行却南家到北家果至北家不推註苦沙鹽大麥醋蜀黍米飯虀萵苣唯稱供養不等閑和尚道心須堅固

日昳未者回不踐光陰地曾聞一飽忘百飢今日老僧身便是不習禪不論義鋪箇破席日裏睡想料上方兜率天也無如此日炙背

晡時申也有燒香禮拜人五箇老婆三箇癭一雙面子黑皴皴油麻茶實是珍金剛不用苦張筋願我來年蠶麥熟羅睺羅兒與一文

日入酉除却荒涼更何守雲水高流定委無歷寺沙彌鎮常有出格言不到口枉續牟尼子孫後一條拄杖麤楋藜不但登山兼打狗

黄昏戌獨坐一間空暗室陽燄燈光永不逢眼前純是金州漆鐘不聞虛度日唯聞老鼠鬧啾唧憑何更得有心情思量念箇波羅蜜

人定亥門前明月誰人愛向裏唯愁卧去時勿箇衣裳著甚蓋劉維那趙五戒口頭說善甚奇怪任你山僧囊罄空問著都緣總不會

半夜子心境何曾得暫止思量天下出家人似我住持能有幾土榻床破蘆䕸老榆木枕全無被尊像不燒安息香灰裏唯聞牛糞氣

見起塔乃有頌

本自圓成何勞疊石名邈雕鐫與古懸隔若人借問終不指出

因見諸方見解異途乃有頌

趙州南石橋北觀音院裏有彌勒祖師遺下一隻履直至如今覓不得

因魚鼓有頌

四大償來造化功有聲全貴裏頭空莫怪不與凡夫說只爲宮商調不同

因蓮花有頌

奇異根苗帶雪鮮不知何代別西天淤泥深淺人不識出水方知是白蓮

附趙王與師作眞贊

碧溪之月清鏡中頭我師我化天下趙州

哭趙州和尚二首

師離瀌水動王侯心印光潛麈尾收碧落霧霾松嶺月滄溟浪覆濟人舟一燈乍滅波旬喜雙眼重昏道侶愁縱是了然雲外客每瞻瓶几淚還流

佛日西傾祖印隳珠沉丹沼月沉輝影敷丈室爐烟慘風起禪堂松韻微隻履乍來留化跡五天何處又逢歸解空弟子絕悲喜猶自潸然對雪幃

廬山棲賢寶覺禪院住持傳法賜紫沙門

澄諟重詳定

古尊宿語錄卷第十四

余塘居士[illegible]刻此
古尊宿語錄卷第十四 計字一萬一千一百
[illegible]銀[illegible]分[illegible]
[illegible]
萬曆甲寅歲秋九月徑山化城識

古尊宿語録卷之十五

雲門匡真禪師廣録上

門人明識大師賜紫守堅集

對機

師上堂良久云夫唱道之機固難諧剖若也一言相契猶是多途況復忉忉有何所益然且欲乘之中各有殊分律為戒學經為定學論為慧學三藏五乘五時八教各有所歸然一乘圓頓也大難明直下明得與衲僧天地懸殊若向衲僧門下句裏呈機徒勞佇思門庭敲磕千差萬別擬欲進步向前過在尋佗舌頭路布從上來事合作麼生向者裏道圖道頻得麼者邊那邊得麼莫錯會好莫見與麼道便向不圖不頓處上度者裏也須是箇人始得莫將依師語相似語測度語到處呈中將為自已見解莫錯會秖如今有什麼事對衆決擇看時有州主何公禮拜問曰弟子請益師云目前無異草有官問佛法如水中月是不師云清波無透路進云和尚從何得師云再問復何來進云正與麼時如何師云重疊關山路有官問千子圍繞何者為的師云化下住持已奉來問問今日開筵將何指教師云來風深辨進云莫秖者便是麼師云錯問從上古德以心傳心今日請師將何施設師云有問有答進云與麼則不虛施設也師云不問不答問凡有言句皆是錯如何是不錯師云當風一句起自何來進云莫秖者便是也無師云莫錯問如何是啐啄之機師云響進云還應也無師云且緩緩問如何是學人的的事師云痛領一問問如何是教外別傳一句師云對衆問將來師云莫道今日瞞諸人好抑不得已向諸人前作一場很籍忽被明眼人見成一場笑具如今避不得也且問汝諸人從來有什麼事欠少什麼向汝道無事已是相埋沒也須到這箇田地始得亦莫趂口亂問自已心裏黑漫漫地明朝後日大有事在你若根思遲廻且向古人建化門頭東覷西覷看是什麼道理你欲得會麼都緣是你自家無量劫來妄想濃厚一期聞人說着便生疑心問佛問法問向上問向下求覓解會轉沒交涉擬心即差況復有言莫是不擬心是麼更有什麼事珍重問如何是雲門一曲師云臘月二十五進云唱者如何師云且緩緩問如何是祖師西來意師云日裏看山問如何是和尚家風師云久雨不晴進云如何是久雨不晴師云箚眼著問如何是不帶眹師云天台普請南嶽遊山問如何是向上一路師云九九八十一問如何是學人自已師云遊山翫水進云如何是和尚自已師云賴遇維那不在問如何是教主師云太無禮生問如何是一代時教師云對一說問如何是正法眼師云普問如何是端坐念實相師云河裏失錢河裏摝問如何是沙門行師云會不得進云為什麼會不得師云秖守會不得問如何是尋常之用師云且那裏葛藤去問如何是教意師云你看什麼經僧云般若經師云一切智智清淨邊夢見未僧云一切智智清淨且置如何是教意師云心不負人面無慙色放你三十棒問如何報得四恩三有去師云抱頭哭蒼天問如何是正法眼師云粥飯氣問如何是三昧師云到老僧一問還我一句來問如何是諸佛出身處師云東山水上行問乞師指箇入路師云喫粥喫飯

師示衆云我事不獲已向你諸人道直下無事早是相埋沒也更欲躡步向前尋言逐句求覓解會千差萬別廣設問難贏得一場口滑去道轉遠有什麼歇時秖此箇事若在言語上三乘十二分教豈是無言語因什麼道教外別傳若從學解機智秖如十地聖人說法如雲如雨猶被訶責見性如隔羅縠以此故知一切有心天地懸殊雖然如是若是得底人道火何曾燒口終日說事未曾挂著脣齒未曾道著一字終日著衣喫飯未曾觸著一粒米挂著一縷絲雖然如此猶是門庭之說須是實得與麼始得若約衲僧門下句裏呈機徒勞佇思直饒一句下承當得猶是瞌睡漢時有僧問如何是一句師云舉問如何是說時默師云清機歷掌進云如何是默時說師云嗄進云不默不說時如何師將棒趂僧問如何是雲門劒師云祖問如何是諸佛出身處師云更請一問問如何是露地白牛師云觀機無改路進云放著什麼處師云再舉不適塵問如何是塵塵三昧師云桶裏水鉢裏飯問如何是一如體玄師云欠你一問問如何是玄中的師云恐進云如何即是師云速退速退妨他別人問問如何是非思量處師云識情難測問鑿壁偷光時如何師云恰問一言道盡時如何師云裂破進云和尚作麼生下手拈掇師云拈取糞箕掃帚來問如何舉唱即得不負來機師云道什麼進云還可來意也無師云且緩緩師云三乘十二分教橫說竪說天下老和尚縱橫十字說與我拈針鋒許說底道理來看與麼道早是死馬醫雖然如是有幾箇到此境界不敢望你言中有響句裏藏鋒瞬目千差風恬浪靜伏惟尚饗問如何是透法身句師云北斗裏藏身問如何是本來宗師云不問不答問如何是三界唯心萬法唯識師云我今日不答話進云為什麼不答話師云驢年會麼問如何是吹毛劍師云骼又云胔問如何是內外光師云向什麼處問學云如何明達師云忽然有人問你作麼生道進云明達後如何師云明即且置還我達來問如何是切急一句師云吃問如何是本來心師云舉起分明問如何是衲

僧孔竅師云放過一著進云請師道師云對牛彈琴問如何是大乘修行師云一榼在手問如何是一切智智清淨師云僧堂入佛殿問如何是不挂脣吻一句師云合取狗口問如何是海印三昧師云你但禮拜問著待我東行西行問如何轉動即得不落階級師云南斗七北斗八

上堂云諸兄弟盡是諸方叅尋知識決擇生死到處豈無老宿垂慈方便之辭還有透不得底句麼出來舉看待老漢與汝大家商量有麼有麼時有僧出擬伸問次師云去去西天路迢迢十萬餘便下座問如何是當今施設師云道即不難鑿從何來問如何是不睡底眼師云不省問如何是不犯之令師云那箇師僧還見麼問如何是大人相師乃擊拳問如何是學人急切處師云你怕我不知問如何是佛法大意師云一佛二菩薩問如何是雪嶺泥牛吼師云山河走進云如何是雲門木馬嘶師云天地回問如何是兄弟添十字師云我共你說葛藤問如何是和尚為人一句師云心不負人面無慚色速禮三拜問如何是天然之事師云蹋步向前作什麼問如何是教意師云吃嘹舌頭更將一問來問如何是七縱八橫師云放你一著

上堂云舉一則語教汝直下承當早是撒屎著你頭上也直饒拈一毛頭盡大地一時明得也是剜肉作瘡雖然如此也須是實到者箇田地始得若未且不得掠虛却須退步向自己脚跟下推尋看是什麼道理實無絲髮許與汝作解會與汝作疑惑況汝等且各各當人有一段事大用現前更不煩汝一毫頭氣力便與祖佛無別自是汝諸人信根淺薄惡業濃厚突然起得如許多頭角擔鉢囊千鄉萬里受屈作麼且汝諸人有什麼不足處大丈夫漢阿誰無分獨自承當尚猶不著便不可受人欺瞞取人處分纔見老和尚開口便好把特石驀口塞便是屎上青蠅相似鬬唼將去三箇五箇聚頭商量苦屈兄弟古人一期為汝諸人不柰何所以垂一言半句通你入路知是般事拈放一邊自著些子筋骨豈不是有少許相親處快與快與時不待人出息不保入息更有什麼身心閑別處用切須在意珍重

上堂良久云觸目不會道運足焉知路僧問如何是觸目菩提師云與我拈却佛殿問如何是最初一句師云九九八十一僧便禮拜師云近前來僧便近前師便打問如何是實學底事師云大好消息進云畢竟是誰家之子師云臘月二十五問承教有言一切智智清淨時如何師便唾之進云古人方便又作麼生師云來來截却汝脚跟換却汝髑髏鉢盂裏拈却匙筯拈却鼻孔來進云甚處有許多般師云者掠虛漢便打問如何是禪師云是進云如何是道師云得問如何是一切法皆是佛法師云三家村裏老婆盈衢溢路會麼學云不會師云非但汝不會大有人不會在問學人簇簇地商量箇什麼師云大衆久立

上堂云盡乾坤一時將來著你眼睫上你諸人聞與麼道不敢望汝出來性躁打僧一摑且緩緩子細看是有是無是箇甚麼道理直饒你向這裏明得若遇衲僧門下好槌脚折若是箇人聞道什麼處有老宿出世便好驀面唾汙我耳目汝若不是箇手脚纔聞人舉便承當得早落第二機也汝不看他德山和尚纔見僧入門拽拄杖便趂睦州和尚見僧來便云現成公案放你三十棒自餘之輩合作麼生若是一般掠虛漢食人涕唾記得一堆一擔搕𢶍到處馳騁驢脣馬觜誇我解問十轉五轉話饒你從朝問至夜答到夜論劫還夢見麼什麼處是與人著力處似這般底有人屈衲僧齋也道得飯喫有什麼共語處他日閻羅王面前不取你口解說諸兄弟若是得底人他家依衆道日若未得切莫掠虛不得容易過時大須子細古人大有葛藤相為處秪如雪峯和尚道盡大地是你火山和尚道百草頭上薦取老僧閙市裏識取天子洛浦和尚云一塵纔起大地全收一毛頭師子全身總是你把取飜覆思量看日久歲深自然有箇入路此箇事無你替代處莫非各在當人分上老和尚出世秪為你作箇證明你若有箇入路少許來由亦昧汝不得若實未得方便撥你即不可兄弟一等是踏破草鞋行脚抛却師長父母直須著些子眼睛始得若未有箇入頭處遇著本色咬豬狗手脚不惜性命入泥入水相為有可咬嚼眨上眉毛高挂鉢囊十年二十年辦取出頭莫愁不成辦直是今生未得來生亦不失却人身向此門中亦乃省力不虛孤負平生亦不辜負施主師長父母直須在意莫空過時遊州獵縣橫擔拄杖一千里二千里走這邊經冬那邊過夏好山好水堪取性多齋供易得衣鉢苦屈苦屈圖他一斗米失却半年粮如此行脚有什麼利益信心檀越一把菜一粒米怎麼生消得直須自看無人替代時不待人一日眼光落地前頭將何抵擬莫一似落湯螃蟹手脚忙亂無你掠虛說大話處莫將等閑空過時光一失人身萬劫不復不是小事莫據目前俗子尚云朝聞道夕死可矣況我沙門合履踐何事大須努力珍重問如何是諸佛出身處師云佛前裝香佛後合掌問十二時中如何得不被諸境惑去師云三門頭合掌問四面森森如何是靈樹師云風鳴雨息進云如何是靈樹枝條師云臘脹皮草問如何是觸目菩提師云拈却露柱學云露柱豈干他事師云驢年會麼問醍醐上味為什麼飜成毒

藥師云殺問如何是活師云心不負人學云如何是殺師云三日後不得唱衣學云不殺不活時如何師以拄杖趁出問學人與麼來請師實說師云知問金剛為什麼倒地師云不著力問殺父殺母佛前懺悔殺佛殺祖向什麼處懺悔師云露問不起一念還有過也無師云須彌山問如何是和尚家風師云有讀書人來報問學人有疑請師不責從上宗乘事作麼生師云二升不虛問生死到來如何排遣師云在什麼處問如來唯一說無二說如何是如來說師云那箇師僧何不問問闇中如何辨主師云務原是什麼人坐問學人實問請師實荅師云你作麼生辨進云正當與麼時如何師云的問從上古德以何為的師云看取舌頭

上堂云諸和尚子莫妄想天是天地是地山是山水是水僧是僧俗是俗良久云與我拈案山來看便有僧問學人見山是山見水是水時如何師云三門為什麼從這裏過進云與麼則不妄想去也師云還我話頭來

上堂良久云還有人道得麼道得底出來眾無語師拈拄杖云適來是箇小屎坑如今是箇大屎坑下座

問萬法歸一一即不問如何是萬法師云你來這裏說葛藤瞞我問聖僧為什麼被大蟲咬師云與天下人作榜樣問十二時中如何用心即得不負於上來師云省力進云省力事如何師云省取前話問萬機不到處如何知有師云該得麼進云日用事如何師云一箭到新羅大漢國裏說葛藤問學人擬伸一問還許也無師云佛不奪眾生所願問如何舉唱即得不負來機師云痛領一問問千聖功圓冥然時如何擊塚師云句裏明人問三界中何物勝於佛師云攝你一問問摘葉尋枝即不問如何是直截根源師云連禮三拜問已事未明如何指示師云不避來機還當得麼問盡其機來師還接也無師云一問不錯學云一問且置師還接不師云細看前話問毗盧向上即不問虛空請師留些子師云把却汝咽喉你作麼生道問如何是學人自已師云一杈一劄進云莫便是不師云蘇嚕蘇嚕

上堂云今日與諸人舉一則語大衆聳聽良久有僧出禮拜擬伸問次師以拄杖趁云似這般滅胡種長連牀上納飯阿師堪什麼共語處這般打野榸漢以拄杖一時趁下

問大衆雲集合談何事師云向下文長付在來日進云便與麼去時如何師云墮進云什麼處是墮師云長連牀上飽喫飯了脫空妄語問靈山一會何似今日師云言中有響學云如今事作麼生師云不煩再問問以字不成八字不是未審是什麼字師云九九八十一進云學人不會請師指示師云我又辜你什麼處問從上古德得箇什麼便稱尊貴師云愛問不愛荅進云與麼則不假和尚舌頭嚼去也師云熨斗煎茶銚不同問和尚為人語話還有未道著底句也無師云說不及進云為什麼如此師云秖為如此問大拍盲底人來師還接也無師放身倒

問如何是雲門山師云庚峰定穴問牙齒敲磕皆落名言如何得不落古人蹤師云通機自辨問如何是和尚家風師云皮枯骨瘦問如何是道師云七顛八倒進云為什麼如此師云一不得向二不得問暗室得明時如何師云朗州此去多少

上堂云一言纔舉千差同轍該括微塵猶是化門之說若是衲僧合作麼生若將祖意佛意這裏商量曹溪一路平沉還有人道得麼道得底出來時有僧問如何是超佛越祖之談師云餬餅進云這箇有什麼交涉師云灼然有什麼交涉師乃云你勿可作了見人道著祖師意便問超佛越祖之談你且喚什麼作佛喚什麼作祖即說超佛越祖之談便問箇出三界你把將三界來有什麼見聞覺知隔礙著你有甚聲色法與汝可了了箇什麼椀以那箇為差殊之見他古聖勿奈你何橫身為物道箇舉體全真物物覿體不可得我向汝道直下無事早是相埋沒了也你若實未得箇入頭處且中獨自參詳除却著衣喫飯屙屎送尿更有什麼事無端起得如許多般妄想作什麼更有一般底如等閑相似聚頭舉得箇古人話識性記持妄想卜度道我會佛法了也秖管說葛藤取性過日更嫌不稱意千鄉萬里拋却父母師資作這去就這箇打野榸漢有什麼死急行脚去以拄杖便趁下

問父母不聽不得出家如何得出家師云淺進云學人不會師云深問從上來事請師提綱師云朝看東南暮看西北進云便與麼會時如何師云東家點燈西家暗坐問當今一句請師道師云放你一線道還我一句來問不涉廉纖請師道師云一怕汝不問二怕汝不舉三到老僧勃跳四到你退後速道速道僧便禮拜師便打問萬機喪盡時如何師云與我拈佛殿來與汝商量進云豈干他事師咄云這掠虛漢問日前蕩盡時如何師云熱發作麼其僧禮拜而退師云且來且來僧近前師便棒云這掠虛漢譯我問如何是法王王言云叉手著問盲龜值浮木孔時如何師云老僧叉手去也

上堂云故知時運澆漓代干像季近日師僧北去言禮文殊南去謂遊衡嶽與麼行脚名字比丘虛消信施苦哉苦哉問著黑漆相似秖管取性過日設有三箇兩箇狂學多聞記持話路到處見相似語句印可老宿輕忽上流作薄福業他日閻羅王釘釘之時莫道無人向汝道若是初心後學直須擺動精神莫空

記說多虛不如少實向後秖是自賺有什麼事近前問學人正在迷途請師一接師云道什麼問如何是教意師云答猶未了進云和尚什麼處答師云將謂汝靈利問如何是衲僧正眼師云那箇師僧近前來其僧近前師咄云去問如何會得和尚一句師云臘月二十五問教中即不問如何是宗門中事師云既有來問迷禮三拜問絶消息處如何履踐師云三十年後進云秖今如何師云莫亂統問性源還有語也無師云莫問問佛病祖病將何醫師云審即諳進云將何醫師云幸有力問百步穿楊請師指的師云答這話去也問言詮不及處如何體會師云對衆快禮三拜問羚獼之子如何進步師云目前不辨進云昔無尊貴師云不較多進云作麼生師云作麼生問凡有言說皆是葛藤如何是不葛藤師云大有人見汝問問急急相投請師指教師云作麼生道進云不會請師道師云作麼

上堂云大衆汝等還有郢州針麼若有試將來看有麼有麼衆無對師云若無散被衣裳去也便下座

上堂大衆集定乃以拄杖指云乾坤大地微塵諸佛總在裏許爭佛法覓勝負還有人諫得麼若無人諫得待老僧與汝諫看時有僧云請和尚諫師云這野狐精問盡大地人來師如何接師云提綱有路進云莫秖這便是指示不師云合取狗口問時中不明如何得不落緣塵去師云閉門哭蒼天問十二時中如何體悉師云不難辨進云還有學人入頭處也無師云細看前話問靈山一會迦葉親聞未審聞箇什麼句師云不避來鋒速道速道進云是什麼句師云犂雷之機徒勞竚思問千聖不傳古今不歷如何是和尚接人一句師云觸忤老兄得麼進云如何是接人一句師云作麼問有何遐要令學人心息師云放你三十棒問目前坦然時如何師云海水在汝頭上進云還著得也無師云向這裏脫空妄語問施主設齋將何報答師云量才補職進云不會師云不會即與飯問如何是向上事師云截却汝肚腸換却匙筯拈將鉢盂來看僧無對師云這掠虛漢問如何是佛法大意師云來鋒有路問如何是學人轉身處師云利問一口吞盡時如何師云我在汝肚裏進云和尚爲什麼在學人肚裏師云還我話頭來

上堂良久云秖這箇帶累殺人便下座

上堂云道即道了也時有僧出禮拜欲伸問大師拈拄杖便打云識什麼好惡這一般打野榸漢總似這箇僧爭消得施主信施惡業衆生總在這裏覓什麼乾屎橛咬以拄杖一時趂下問牛頭未見四祖時如何師云家家觀世音進云見後如何師云火裏蝍蟟吞大蟲問如何是禪師云拈却一字得麼問扶桑樹旿日輪未出時如何師云知問背楚投吳時如何師云面南看北斗問六國未寧時如何師云千里何明進云爭柰不明何師云賴遇適來道了問如何是本源師云受什麼人供養問如何是直截一路師云寸山後進云謝師指示師曰合取皮袋問曹溪的旨請師垂示師云三十年後問密室玄宮時如何師云倒進云宮中事作麼生師云重問萬機吐不出時如何師云大衆不匿進云猶是學人疑處在師云語覆前機去問要急相應唯言不二時如何師云對衆舉大衆可不知進云如何承當師云驢年問一生積惡者不知善一生積善者不知惡此意如何師云燭問遼遼投師師意如何師云七九六十三進云學人近離衡州師喝云是你草鞋跟斷僧云珍重師喝云靜處薩婆訶問如何是學人自已師云一佛二菩薩

上堂云汝等諸人皆是河南海北來各各盡有生緣所在還自知得麼試出來舉看老漢與汝證明有麼有麼汝若不知老漢瞞汝去也汝欲得識麼生緣若在向北北有趙州和尚五臺文殊總在這裏生緣若在向南南有雪峯卧龍西院鼓山總在這裏汝欲得識麼向這裏識取若不見莫掠虛見麼見麼若不見且看老漢騎佛殿出去也珍重問六國未寧時如何師云雲擎雨色問上無攀仰下無已躬時如何師云藏身一句作麼生道僧便禮拜師云放過一著當將一問來脩無語師云這死蝦蟇問如何是色即是空師云拄杖敲汝鼻孔問如何是和尚非特爲人一句師云早朝牽犂晚間拽杷問三乘五性即不問如何是衲僧門下事師云日勢稍晚速禮三拜問久值爲什麼不識師云洲問如何是心師云心進云不會師云不會進云究竟如何師云出云靜處東行西行問三界唯心萬法唯識時如何師云舌根裏藏身進云藏身後如何師云蘇嚕蘇嚕問如何是途中受用師云七九六十三進云如何是世諦流布師云江西湖南新羅渤海問密室不通風時如何師云響露鳴風進云如何是密室中人師云再陳難辨問直與麼來時如何師云照從何立進云不去不來時如何師云前語道什麼問進向無門時如何師云三千八百

上堂云放你橫說竪說從朝至暮無人塞你口不放你說又作麼生

上堂大衆集良久驀拈拄杖云看看北鬱單越人見汝般柴不易在中庭裏相撲供養你更爲你念般若經云一切智智清淨無二無二分無別無斷故僧便問如何是一切智智清淨師云西天斬頭截臂這裏自領出去問桂錫幽巖時如何師云在什麼處問如何是深中淺師云山河大地進云如何是淺中深師云大地山河進云如何是深師云朝到西天暮歸唐

土問迦葉入定時如何師云匿得麼進云還見十方不師云好手透不出問真如湛寂妙絕無門時如何師云自機廻照進云祇這裏如何師云莫錯問千般方便誘引歸源未審源中事如何師云有問有答速道將來僧應諾師云迢迢也問如何是雲門劍師云揭進云用者如何師云蘇嚕蘇嚕問如何是祖師西來意師云沒即道進云不會師云壯一問問能詮表裏時如何師云風不入進云表裏事如何師云錯問萬機俱罷時如何師云塚上生芝草問觀身無巳觀外亦然時如何師云熱發作麼進云與麼則氷消瓦解去也師便打問龍門有意進水無能時如何師云來機即易再舉還難進云正與麼時如何師云快

上堂云我看汝諸人二三機中尚不能權得空披衲衣何益你還會麼我爲汝注破久後到諸方若見老宿舉一指豎一拂子云是禪是道拽拄杖打破頭便行若不如此盡落天魔眷屬壞滅吾宗汝若實不會且向葛藤社裏看我尋常向汝道微塵刹土中三世諸佛西天二十八祖唐土六祖盡在拄杖頭說法神通變現聲應十方你還會麼若不會且莫掠虛雖然如此且諦當實見也未直饒到此田地也未夢見衲僧沙彌在三家村裏不逢一人師驀拈拄杖劃地一下云總在這裏又劃一下云總在這裏出去也珍重問古人面壁意旨如何師云念七又云定問百不會底人來師如何接師云話墮也進云什麼處是話墮師云七棒對十三問承古有言了即業障本來空未了還須償宿債未審二祖是了未了師云確問從上古德相傳何事師云速禮三拜問如何是雲門一路師云親進云如何即是師云顛言倒語作麼問承古有言擬心即差如何得不差師云洪機歷掌進云後人再問作麼生師云暹風難改問三身中阿那身說法師云要問如何是釋迦身師云乾屎橛問請師提綱宗門師云南有雪峯北有趙州問大徹底人見一切法是空不師云蘇嚕蘇嚕問終日切切不得箇入路乞師指箇入路師云當機有路問如何是超佛越祖之談師云蒲州麻黃益州附子問如何是教意師云撩起來作麼生道進云便請師道師云對牛彈琴問玄機一路如何體會師云三十年後問標示雙趺當表何事師云言進云未審師意如何師云緊峭草鞋問不是玄機亦非目擊時如何師云倒一說問劫火洞然時如何師云更夢見什麼

上堂云天親菩薩無端變作一條榔栗拄杖乃劃地一下云塵沙諸佛盡在這裏說葛藤去便下座

上堂云我共汝平展遇人識人與麼老婆說話尚自不會每日飽飯喫了上來下去覓什麼椀這野狐隊仗向這裏作什麼以拄杖一時趁下問初秋夏末前程忽有人問如何祇對師云大衆退後進云過在什麼處師云還我九十日飯錢來問學人近到法席未審家風事如何師云不壓一問作麼生道問十方國土中唯有一乘法如何是一乘法師云何不別問進云謝師指示師便喝問承古有言一塵偏含一切塵如何是一塵師云乞祭舌頭更將一問來問學人不問師還答也無師云將汝口挂壁上不得問一切尋常時如何師云雖然屎臭氣熏我我且問你晝行三千夜行八百你鉢盂裏什麼處著僧無對師云脫空妄語漢問如何是教眼師云速禮三拜問承古有言牛頭橫說豎說不知有向上關棙子如何是向上關棙子師云東山西嶺青問如何是露地白牛師云歸依佛歸依法歸依僧進云白牛何在師咄之問樹凋葉落時如何師云體露金風問如何是布袋裏真珠師云說得麼問如何是祖宗的子師云言中有響

上堂云夫學般若菩薩須識得衆生病即識得學般若菩薩病還有人揀得麼出來對衆揀看衆無語乃云若揀不得莫妨我東行西行

上堂云我今日共汝說葛藤屎灰屎尿火泥猪疥狗不識好惡屎坑裏作活計所以道盡乾坤大地三乘十二分教三世諸佛天下老師言教一時向汝眼睫上會取去饒汝便向這裏一時明得亦是不著便漢無端跳入屎坑可中於我衲僧門下過打脚折時有三僧出一時禮拜師云一狀領過問如何得速超三界去師云如何得速超三界去進云是師云是即休問終日忪忪時如何師云覿機無響路進云作麼生師云說不得問一擺淨盡時如何師云爭奈老僧何進云此是和尚分上師云這掠虛漢問如何是道師云透出一字進云透出後如何師云千里同風問古人道知有極則事如何是極則事師云爭奈在老僧手裏何進云某甲問極則事師便棒云叫叫正當撥破便道請益這般底到處但知亂統近前來我問你尋常在長連牀上商量向上向下超佛越祖你道水牯牛還有超佛越祖的道理麼僧云適來已有人問了也師云這箇是長連牀上學得底不要有便言有無便言無僧云若有更披毛戴角作麼師云將知你祇是學語之流又云來來我更問你諸人橫擔拄杖道我參禪學道便覓箇超佛越祖底道理我且問你十二時中行住坐卧屙屎送尿至於茆坑裏蟲子市肆賣買羊肉案頭還有超佛越祖底道理麼道得底出來若無莫妨我東行西行便下座師見僧入來便云瓦解氷消僧云學人有什麼過師云七棒對十三問如何是西來意師云長連牀上有粥有飯問承古有言道無橫徑立者皆危如何是道師云普請看問如何是三乘教外一句師云闍黎一問老僧勃跳三千

里進云謝師指示師云住住你道老僧話作麽生僧無對師云三十年後來與汝三十棒問大衆雲集合談何事師云諱汝屋裏老爺問曹谿一句闍國知聞未審雲門一句什麽人得聞師云闍黎不聞進云學人覲近得不師云子細覷斷看

上堂云如來明星現時成道有僧問如何是明星現時成道師云近前來近前來僧近前師以拄杖打趂

上堂有僧出禮拜云請師荅話師召大衆大衆舉頭師便下座

上堂良久有僧出禮拜師云太遲生僧應諾師云這漆桶

上堂云有解問話者置將一問來僧出禮拜云請師鑒師云抛釣釣鯤鯨釣得箇蝦蟇僧云和尚莫錯師云朝走三千暮走八百作麽生僧無語師便打

上堂僧問如何是本源師拈起拄杖云若是提起卽向上去也僧又問如何是本源師云南贍部洲北鬱單越問普賢爲什麽騎象文殊爲什麽騎師子師云我也無象也無師子且騎佛殿出三門去也問如何是教意師云山河大地又云正好辨猶是曲説教意若約提綱卽未在問一切智通無障礙時如何師云播地潑水相公來問隨流認得性時如何師云東堂月朗西堂闇問如何是三乘教外別傳底事師云你若不問我卽不荅你若問我卽朝到西天暮歸唐土僧云乞師指示師云一不成二二不是問如何是祖師西來意師云青天白日寱語作麽問如何是佛法大意師云日裏麒麟看北斗問學人到這裏爲什麽道不得師云野狐窟裏坐問不落古今是何曲調師拊拄杖便下座問如何是佛法大意師云面南看北斗問古人斬蛇意旨如何師便打問如何是和尚家風師云闍黎受戒太早問如何是賓中主師云騎一問進云如何是主中主師云叉手著進云賓主相去多少師云如眼如目進云合談何事師云三九二十七問自到和尚法席不會乞師指示師云截却你頭得麽問乞師指示令學人頓息昏迷師云襄州米作麽價問二尊相見時如何師云不是偶然

上堂云天帝釋與釋迦老子在中庭裏相爭佛法甚鬧便下座問如何是曹溪的的意師云老僧愛瞋不愛喜進云爲什麽如此師云路逢劒客須呈劒不是詩人不獻詩問二尊相見共談何事師云不決卽道問人天交接其意如何師云對衆呈機

上堂云和尚子且須明取衲僧鼻孔且作麽生是衲僧鼻孔乃云摩訶般若波羅蜜今日大普請便下座問如何是西來意師云山河大地進云向上更有事也無師云有進云如何是向上事師云釋迦老子在西天文殊菩薩居東土問父母俱喪時如何師云俱喪且置那箇是你父母僧云苦痛深師云灼然灼然問如何是大施主師云對機不辨問徹底冥濛濛人來師如何拯濟師云兩重公案一狀領過問説教當爲何人師云近前來高聲問僧近前問師便打問和尚年多少師云七九六十八進云爲什麽七九六十八師云我爲你減却五年

上堂云和尚子直饒你道有什麽事猶是頭上安頭雪上加霜棺木裏眨眼炙瘢上更著艾爇這箇是一場狼藉不少也你合作麽生各自覓箇託生處好莫空遊州獵縣秖欲捏攞閑言語待老和尚口動便問禪問道向上向下如何若何大卷抄將去壓向皮袋裏卜度到處火爐邊三箇五箇聚頭舉口喃喃地便道這箇是公才語這箇是就處打出語這箇是事上道底語這箇是體語體汝屋裏老爺老孃噇却飯了秖管説夢便道我會佛法了也將知與麽行脚驢年得休歇麽更有一般底纔聞説箇休歇處便向陰界裏閉目合眼老鼠孔裏作活計黑山下坐鬼趣裏體當便道我得箇入路也還夢見麽這般底打殺萬箇有什麽罪過喚作打底不遇作家至竟秖是箇掠虛漢你若實有箇見處拈將來共汝商量莫空過不識好惡認認詷詷地聚頭説爲滕莫教老僧見捉來勘不相當槌折髑莫言不道汝皮下還有血麽到處自欲受屈作麽這滅胡種盡是野狐羣隊總在這裏作麽以拄杖一時趂下問十方薄伽梵一路涅槃門如何是一路涅槃門師云我道不得進云和尚爲什麽道不得師云是你舉話卽得問如何是法説師云七衆久立速禮三拜進云如何是隨意説師云晨時有粥齋時有飯如何是隨宜説師云三德六味施佛及僧如何是方便説師云是汝鼻孔重三斤半如何是大悲説師云歸依佛法僧問生死根源卽不問如何是目前三昧師云吃嚓舌頭三千里進云今日得遇和尚也師云放你三十棒問乞師指示師云上大人丘乙巳進云學人不會師云化三千七十士問不離三德六味還有佛法也無師云秖怕你不問進云請師道師云三德六味施佛及僧

上堂云眼睫横亘十方眉毛上透乾坤下透黄泉須彌山塞却汝咽喉還有會處麽若會得拽取占波國共新羅國鬬額

上堂云江西卽説君臣父子湖南卽説他不與麽我此間卽不如此良久云汝還見壁麽

上堂云去去遮相鈍置有什麽了時却問衆云我與麽道還有過麽問如何是祖師西來意師云一不得問進云諾師咄云話也不領問今日供養羅漢羅漢還來也無師云汝若不問我卽不道進云請師道師云三門頭合掌佛殿裏裝香問如何是衲僧本分事

師云南有雪峰北有趙州進云請和尚不繁辭師云不得失却問學云諾師便打問承古有言會卽事同一家不會卽離牙聲齒如何得事同一家師云亂走作麽

上堂云從上來且是箇什麽事如今抑不得已且向汝諸人道盡大地有什麽物與汝爲緣若有針鋒與汝爲隔爲凝與我拈將來喚什麽作佛作祖喚什麽作山河大地日月星辰將什麽爲四大五蘊我與麽道喚作三家村裏老婆說話忽然遇著本色行脚漢聞與麽道把脚拽向堦下有什麽罪過雖然如此據箇什麽道理便與麽莫趂口快向這裏亂道須是箇漢始得忽然被老漢脚跟下尋著勿去處打脚折有什麽罪過旣與麽如今還有問宗乘中話麽待老漢答一轉了東行西行有僧擬問次師以拄杖劈口打便下座問師子嚬呻時如何師云嚬呻且置試哮吼看僧應諾師云這箇是老鼠啼

上堂云我有一句語不敢望你會還有人舉得麽良久云將謂胡鬚赤更有赤鬚胡便下座

上堂云不得已且作死馬醫向汝道是箇什麽是東是西是南是北是有是無是見是聞是向上是向下是與麽是不與麽這箇喚作三家村裏老婆說話甚你有幾箇到此境界相當卽相當不相當靜處薩婆訶便下座

上堂云諸方老和尚道須知有聲色外一段事似這箇語話誑諕人家男女三間法堂裏獨自妄想未曾夢見我本師宗旨在作麽生消得他信施臘月三十日箇箇須慣他始得任汝勃跳去是你諸人各自努力珍重問目前無一法還免得生死不師云你驢年未免得在問如何是道師云去進云學人不會乞師道師云闍梨公驗分明何在重判問維摩一默這同說也無師云痛領一問進云與麽則同說也師云適來道什麽問如何是清淨法身師云花藥欄進云便與麽會時如何師云金毛師子

上堂因聞鐘鳴乃云世界與麽廣闊爲什麽鐘聲披七條

上堂云不可雪上加霜去也珍重便下座

上堂云諸方老禿奴曲木禪牀上坐地求名求利問佛答佛問祖答祖屙屎送尿也三家村裏老婆傳口令相似識箇什麽好惡總似這般底水也難消

上堂云人人自有光明在看時不見暗昏昏便下座

師入京在受春殿聖上問如何是禪師云皇帝有敕臣僧對師在文德殿赴齋有鞠常侍問靈樹果子熟也未師云什麽年中得信道生

上堂云你諸人無端走來這裏覓什麽老僧祇解喫飯屙屎別解作什麽你諸方行脚參禪問道我且問你諸方參得底事作麽生試舉看又云中間諱汝屋裏老爺得麽向老漢腦臀後覓得些子唾唾嚼將爲自己便道我解禪解道饒你念得一大藏教擬作麽生去古人事不得已見你亂走向汝道菩提涅槃是埋沒你是釘橛繫却你又見你不會向汝道非菩提涅槃知是般事早是不著便也又更覓他注解這般底滅胡種族從上來總似這般何處到今日我向前行脚時有一般人與我注解他是不惡心被我一日覷見是一場笑具是我三五年不死這般滅胡種底一斧打折脚如今諸方大有出世紐揑你何不去彼中在這裏覓什麽乾屎橛師便下地以拄杖一時打趂下去問如何是萬法一決師云莫教失却問問死中得活時如何師云朝行三千夜行八百問大衆雲集合談何事師云今日放下令行去也僧禮拜師便打問如何是學人自己師云怕我不知問如何是透法身句師云海晏河清道士問視聽無聲無形老君說了也雲門一句請師指示師云逈然西天路士無語師擬下座士云再請師舉揚宗旨師云道得底出來衆無對師云與麽則辜負請主去也便下座

上堂大衆集定師乃拈起拄杖云不得已且向這裏會取看看三門在露柱上便下座

十二時歌

夜半子愚夫說相似　雞鳴丑癡人捧龜首
平旦寅曉何人　日出卯韓情枯骨咬
食時辰歷歷明機是俁眞　禺中巳去來南北子
日南午認向途中苦　日昳未夏逢說寒氣
晡時申張三李四會言眞　日入酉恒機何得守
黄昏戌看見時光誰受屈　人定亥直得分明沉苦海

偈頌

雲門聳剔白雲低水急遊魚不敢棲入戶已知來見解何勞更舉轢中泥
藥病相治學路醫扶羸摸壁小兒戲幽谷不語誰人測管解師承孰不知
康氏圓形滯不明魔深虛喪擊寒氷鳳羽展時超碧漢晋鋒八博擬何憑
是機是對對機迷闢機機遠遠機棲夕日日中誰有挂因底底事隔情迷
太陽溢目極玄微誰人說道我渠非句中有路人皆嚮覿面難遭第一機
卅歲依山人事稀松下相逢話道奇鋒前一句超調御擬問如何歷劫違
歆古松高雲不齊鴻鶴抱數年棲剖蒂同時殊有異羽張騰漢碧霄低
萬象森羅極細微素話當人却道非相逢相見呵呵

笑顧佇佇機復是誰

話盡途中事言多何省機貴人言是妙上士見知齡

大道何曾討無端入荒草卷來復卷去不覺虛生老

上不見天下不見地塞却咽喉何處出氣笑我者多

哂我者少

裒時光蔭林荒岡人意滯肌尪

舉不顧即差互擬思量何劫悟

咄咄咄力韋希禪子訝中眉垂

抽顧頌　鑒咦

雲門匡真禪師廣錄卷第十六

古尊宿語錄卷之十五

金壇居士于玉立施貲刻此
古尊宿語錄第十五計字一萬二千五百六十
陸該銀七兩五錢三分
[illegible]輝無念社南京丘義民寫上元李文燁刻
萬曆乙卯歲冬十二月徑山化城識

古尊宿語錄卷之十六

雲門匡真禪師廣錄中

門人明識大師賜紫守堅集

室中語要

師示衆云盡十方世界乾坤大地以拄杖一畫百雜碎三乘十二分教達磨西來放過即不可若不放過不消一喝

師示衆云西天二十八祖唐土六祖天下老和尚總在拄杖頭上直饒會得倜儻分明秖在半途若不放過盡是野狐精師一日云古來老宿皆爲慈悲之故有落草之談隨語識人若是出草之談即不與麼若與麼便有重話會語不見仰山和尚問僧近離甚處僧云廬山仰山云曾遊五老峯麼僧云不曾遊仰山云闍黎不曾遊山師云此語皆爲慈悲之故有落草之談師有時云若言即心即佛權且認奴作郎生死涅槃恰似斬頭覓活若說佛說祖佛意祖意大似將木槵子換却你眼睛相似舉古云聞聲悟道見色明心師云作麼生是聞聲悟道見色明心乃云觀世音菩薩將錢來買餬餅放下手云元來秖是饅頭師有時云燈籠是你自己把鉢盂喫飯飯不是你自己有僧便問飯是自己時如何師云者野狐精三家村裏漢復云來來不是你道飯是自己僧云是師云驢年夢見三家村裏漢師有時云真空不壞有真空不與色僧便問作麼生是真空師云還聞鐘聲麼僧云此是鐘聲師云驢年夢見麼舉疎山和尚問僧什麼處來僧云嶺中來山云曾到雪峯麼僧云曾到山云我已前到時是事不足如今作麼生僧云如今足也山云粥足飯足僧無語師云粥足飯足舉乎上座叅雪峰峰聞乃集衆乎到法堂上顧視雪峰便下看知事明日却上禮拜云某甲昨日觸忤和尚峰云知是般事便休時有僧問師作麼生是觸忤和尚處師便打舉僧問資福古人拈槌竪拂意旨如何福云古人與麼那僧云拈槌竪拂又作麼生福便喝出師云古人是什麼眼目僧云和尚作麼生師云驢年會麼僧無對師復召僧來來僧近前師以拂子驀口打舉三平頌云即此見聞非見聞師云喚什麼作見聞無餘聲色可呈君師云有什麼口頭聲色箇中若了全無事師云有什麼事體用無妨分不分師云語是體體是語復拈起拄杖云拄杖是體燈籠是用是分不分見道一切智智清淨舉一宿覺云幻化空身即法身

師拈起拄杖云盡大地不是法身舉僧問趙州某甲乍入叢林乞師指示州云喫粥了也未僧云喫粥了也州云洗鉢盂去師云且道有指示無指示若道有指示向他道什麼若道無指示者僧何得悟去舉僧問雪峰乞師指示峰云是什麼其僧於言下大悟師云雪峰向伊道什麼師有時云平地上死人無數過得荆棘林是好手僧云與麼則堂中第一座有長處也師云蘇嚧蘇嚧舉無情說法忽聞鐘聲云釋迦老子說法也舉拈起拄杖問僧者箇是什麼僧云拄杖子師云驢年夢見師一日云三家村裏賣卜東卜西卜忽然卜著也不定僧便問忽然卜著時如何師云伏惟師有時云大用現前不存軌則僧便問如何是大用現前師乃拈拄杖高聲唱云釋迦老子來也師有時以拄杖打火鑪一下大衆眼目定動師乃云火鑪勃跳上三十三天見麼見麼衆無語師云無智人前莫說打你頭破百裂師有時云看看法身變作燈籠超佛越祖之談從你脚跟下過也僧云脚跟下認得時如何師云鈍置殺我僧云與麼則迥然不在者裏也師云十萬八千舉梁山語云光境俱忘復是何物師云直饒與麼道猶在半途未是透脫一路僧便問如何是透脫一路師云天台華頂趙州石橋舉仰山云如來禪即許師兄會僧便問如何是如來禪師云上大人又拈起扇子云我喚作扇子你喚作什麼僧無語師云扇子上說法燈籠裏藏身作麼生僧却問如何是和尚禪師叱云元來秖在者裏舉雪峰喚僧近前來僧近前峰云去師舉了問僧你作麼生道得叉手句你若道得叉手句即見雪峰舉三祖云一心不生萬法無咎師云秖者裏悟了乃拈起拄杖云乾坤大地有什麼過舉一宿覺云一切數句非數句與吾靈覺何交涉師云行住坐卧不是靈覺喚什麼作數句

舉梁山云光境俱忘復是何物師云東海裏藏身須彌山上走馬復以拄杖打牀一下大衆眼目定動乃拈拄杖趂散云將謂靈利者漆桶舉僧問乾峰十方薄伽梵一路涅槃門未審路頭在什麼處峰以拄杖劃云在者裏師拈起扇子云扇子勃跳上三十三天築著帝釋鼻孔東海鯉魚打一棒雨似盆傾相似會麼師有時云諸方拈槌竪拂云會麼但云莫壓良爲賤却云是待伊擬議便打舉教云心生種種法生心滅種種法滅乃拈起拄杖云重多少僧云半斤師云驢年夢見舉夾山語云百草頭上薦取老僧

師合掌云不審不審又以拄杖指露柱云夾山變作露柱也看看舉仰山問僧近離甚處僧云向南山拈起拄杖云彼中還說者箇麼僧云不說山云不說者箇還說那箇麼僧云不說山召大德叅堂去其僧便去山復召其僧僧應諾山云近前來僧近前山便打師云仰山若無後語爭識得人舉雪峰喚僧近前來僧近前峰云甚處去僧云普請去峰云去師云此是隨語識人舉叅同契云回互不回互師云作麼生是不回互乃以手指板頭云者箇是板頭作麼生是回互師云喚什麼作板頭舉見聞覺知無障礙聲香

味觸常三昧師云一切處不是三昧行時不是三昧有處云聲香味觸體在一邊聲香味觸在一邊見解偏枯舉夾山半大洞山到來云作麼生夾山云秖與麼師代洞山云不放過又作麼生代夾山便喝師又拈夾山云秖與麼也秖在蝦蟇窟裏又云秖與麼也難得衆中師僧云法法本來法師云行住坐臥不是本來法一切處不是本來法秖如山河大地與你日夕著衣喫飯有什麼過又云法本法無法師拈起拄杖云不是本無法舉傅大士頌云空手把鋤頭步行騎水牛師云是你從向北騎一頭水牯牛到這裏乃拈起拄杖云不見道千頭萬頭到這裏但識取一頭舉寶公云如我身空諸法空千品萬類悉皆同師云你立不見立行不見行四大五蘊不可得何處見有山河大地來是你每日把鉢盂噇飯喚什麼作飯何處定得一粒米來舉一切聲是佛聲一切色是佛色師拈起拂子云是什麼若道是拂子三家村裏老婆禪也不會舉南方禪客問國師此間佛法如何國師云身心一如身外無餘師云山河大地何處有也師有時云要識祖師麼以拄杖指云祖師在你頭上㪍跳要識祖師眼睛麼在你脚跟下又云這箇是祭鬼神茶飯然雖如此鬼神也無厭足師有時云若說菩提涅槃真如解脫是燒楓香供養你若說佛說祖是燒黃熟香供養你若說超佛越祖之談是燒餅香供養你歸依佛法僧下去師一日拈起拄杖舉教云凡夫實謂之有二乘析謂之無緣覺謂之幻有菩薩當體即空乃云衲僧見拄杖但喚作拄杖行但行坐但坐總不得動著舉夾山語云百草頭上薦取老僧鬧市裏識取天子又云一塵纔起大地全收舉雪峰云三世諸佛向火燄上轉大法輪師云火燄爲三世諸佛說法三世諸佛立地聽師因喫茶了拈起盞子

云三世諸佛聽法了盡鑽從盞子底下去也見麼見麼若不會且向多年曆日裏會取舉槃山語云光非照境境亦非存光境俱忘復是何物師云盡大地是光喚什麼作自己你若識得光去境亦不可得有什麼屎光境光境既不可得復是何物又云此是古人慈悲之故重話會語者裏個憶分明大放過即不可若不放過復舉手云蘇盧蘇盧舉傅大士云禪河隨浪靜定水逐波清師拈拄杖指燈籠云還見麼若言見是破凡夫若言不見有一雙眼在你作麼生會良久復拈拄杖云盡大地不是浪師有時拈拄杖打牀一下云一切聲是佛聲一切色是佛色你把鉢盂噇飯時有箇鉢盂見行時有箇行見坐時有箇坐見者般底作與麼去就把棒一時趂散師有時拈起拂子云者裏得箇入處去捏怪也日本國裏說禪三十三天有箇人出來喚云叫叫特俺兒擔枷過狀舉古人道一處不通兩處失功兩處不通觸途成滯師拈起拄杖云山河大地三世諸佛盡在拄杖頭上有甚滯礙如今明也暗向什麼處去秖者明便是暗一切衆生秖被色空明暗隔礙便見有生滅之法舉一宿覺云六般神用空不空一顆圓光色非色師拈起拂子云者箇是圓光是色非色喚什麼作色與我拈將來看舉夾山云百草頭上薦取老僧鬧市裏識取天子師云蝦蟇入你耳朶裏毒蛇穿你眼睛中且向甚麼處會取舉十方薄伽梵一路涅槃門師云你若不識大食國裏人在你眼睫裏賣香藥舉般若經云無二無二分無別無斷故師乃指露柱云與般若經相去多少舉經云經書呪術一切文字語言皆與實相不相違背師拈拄杖云者箇是什麼若道是拄杖入地獄不是拄杖是什麼師一日拈拂子擲一下云日月星辰撲落地上見麼良久起身云近後突著你眼睛

舉十方薄伽梵一路涅槃門師云者箇是屋上頭是天手裏是拄杖作麼生是涅槃門師有時云彈指聲欬揚眉瞬目拈槌竪拂或即圓相盡是撩鈎搭索佛法兩字未曾道著道著即撒屎撒尿舉瓦官參德山瓦官爲侍者同入山斫木德山將一椀水與瓦官接得便喫却山云會麼官云不會山又將一椀水與瓦官官接得又喫却山云會麼官云不會山云何不成褫取那不會底官云不會又成褫箇什麼山云子大似箇鐵橛瓦官住院後雪峰去訪茶話次峰云當時在德山會裏斫木因緣作麼生官云先師當時肯我峰云和尚離先師太早其時面前有一椀水峰云將水來官便過與雪峰峰接得便潑却師代云莫壓良爲賤因齋次將餬餅一咬云咬著帝釋鼻孔帝釋[illegible][illegible]復以拄杖指云在你諸人脚跟下變作釋迦老子見麼見麼阿羅上聞說呵呵大笑云者箇師僧相當去不奈你何若不相當總在我手裏師有時以拄杖打牀一下云你若是箇漢忽然者裏聞聲悟了一切山河大地日月星辰有什麼過舉洛浦云一塵纔起大地全收師云烏窠拈布毛便有人悟去因喫茶次舉一宿覺云三身四智體中圓八解六通心地印師云喫茶時不是心地印乃拈拄杖云且向者裏會取舉僧問雪峰如何是觸目菩提峰云好箇露柱有處云還見露柱麼師拈起拄杖云有底體上會事見露柱秖喚作露柱有處道不見有露柱見解偏枯見露柱但喚作露柱見拄杖但喚作拄杖有什麼過舉僧問雲門佛未出世時如何雲門拈起拂子僧云出世後如何門亦竪拂子師云前頭却實後底打不著又云不說出不出何處有一問時節秖如雪峰見衆於僧堂前坐衆纔集峰拈起拄杖云者箇爲中下根人便有僧問忽遇上上人來時如何峰拈起拄杖師

云我不似雪峰打破狼籍僧便問未審和尚如何師
便打舉僧問玄沙如何是學人自己沙云是你自己
師云沒量大人被語脈裏轉却有僧問如何是學人
自己師云忽然路上有人喚衲僧齋你也隨倒得飯
喫師因齋次拈起餬餅云我祇供養江西兩浙人不
供養向北人僧云為什麼祇供養江西兩浙人不供
養向北人師云天寒日短兩人共一椀舉國師云南
方佛法半生半滅此間身心一如身外無餘師云喚
什麼作身心一如又云汝等要識國師麼師代云
不可辜負國師去也舉肅宗帝請國師看戲國師云
有什麼身心看戲帝再三請國師云幸自好戲師云龍
頭蛇尾舉國師三喚侍者侍者三應國師云將謂吾
辜負你誰知你辜負吾師云作麼生是吾辜負你處
你若會得也是無端又云作麼生是侍者辜負國師
處師云粉骨碎身未報得舉藥山問僧什麼處來僧
云湖南來山云洞庭湖水滿也未僧云未滿山云許
多時雨水為什麼未滿雲巖代云湛湛地洞山代云
什麼劫中曾欠少師云秖在這裏舉雪峰云飯籮邊
坐餓死人臨河渴死漢玄沙云飯籮裏坐餓死漢水
裏沒頭浸渴死漢師云通身是飯通身是水舉僧問
資福古人拈槌竪拂意旨如何福云嗄師云雪上加
霜舉僧問資福云如何是一塵入正受福作入定勢
僧云如何是諸塵三昧起福云你問阿誰師云道阿
師話墮也不知又云前頭早是葛藤又道你問阿誰
舉參兼上堂云你諸人莫向虛空裏釘橛時有靈虛
上座出衆云虛空是橛參兼便打虛云和尚莫錯打
某甲兼便歸方丈師云矢上加尖僧云和尚適來與
麼道那師云槌鐘謝響得箇蝦蟇出來舉僧問投子
密嚴意旨如何子云須是與麼人始得趙州云何不
與他本分草料師問僧作麼生是本分草料僧擬議

師便打舉古云寂寂空形影師展兩手云山河大地
何處得也又云一切智通無障礙師云拄杖走到西
天却歸新羅國裏乃敲牀云這箇是你鼻孔舉僧問
大山如何是道山云太陽溢目萬里不挂片雲師云
不喚作一句不喚作法身是什麼僧問如何是學人
自己師云老僧入泥入水僧云某甲粉骨碎身去也
師喝云大海水在你頭上速道速道僧無語師代云
也知和尚恐某甲不實師有時云直得乾坤大地無
纖毫過患猶是轉句不見一色始是半提直得如此
更須知有全提時節師有時云泡幻同無礙一切處
不是幻一切處不是無礙師有時云橫說竪說菩提
涅槃真如佛性總是向下商量直得拈槌竪拂時節
亦是橫說竪說對前頭猶較些子僧問請師向上道
師云大衆久立速禮三拜舉崇壽問僧還見燈籠麼
僧無語師代云推倒燈籠舉趙州問僧什麼處去僧
云摘茶去師云閑口舉法身說法青青翠竹盡是法
身未是提綱拈掇時節舉有為無三世無為有三世
有為是斷滅法何處得三世無為有三世不是守寂
處法衆實學是葛藤言句拈槌竪拂時節於實學猶
在半途舉三種人一人因說得悟一人因喚得悟第
三人見舉便迴去你道便迴去意作麼生復云也好
與三十棒舉法身喫飯早是剜肉作瘡將謂合有與
麼說話舉僧問雲居湛然時如何居云不流師云不
流說什麼湛然又云此是截鐵之言舉藥病相治盡
大地是藥那箇是你自己師云遇賤即貴僧云乞師
指示師拍手一下拈起拄杖云接取拄杖子僧接得
拗作兩截師云直饒與麼也好與二十棒舉翠巖夏
末上堂云我一夏已來與師僧說話看翠巖眉毛在
麼保福云作賊人心虛長慶云生也師云關師有時
云不敢辜你有逆水之波且不順水之意也難得乃

舉艮遂初參麻谷谷見來便去鋤草艮遂到鋤草處
谷都不顧便歸方丈閉却門艮遂連三日去敲門至
第三日纔敲門麻谷問阿誰艮遂云和尚莫瞞艮遂
若不來禮拜和尚泊被經論賺過一生師云便有逆
水之波如今得入是順水之意亦喚作慶快時節又
云麻谷問阿誰艮遂道莫瞞艮遂不是識破麻谷相
見時節若不來禮拜和尚泊被經論賺過一生亦知
有賺人處自後艮遂歸京辭皇帝父左右街大師大
德再三相留茶筵次艮遂云諸人知處艮遂總知艮
遂知處諸人不知師云作麼生是艮遂知處舉心經
云無眼耳鼻舌身意師云為你有箇眼見所以言無
不可如今見時不可說無也然雖如此見一切有什
麼過一切不可得有什麼聲香味觸法衆光明寂照
徧河沙問僧豈不是張拙秀才語僧云是師云話墮
也舉僧辭石霜霜問船去陸去僧云遇船即船遇陸
即陸霜云我道半途稍難僧無語師代云二十年後
此話大行又云臨行一句永劫不忘舉生法師云敲
空作響擊木無聲師以拄杖空中敲云阿耶耶又敲
板頭云作麼僧云作聲師云這俗漢又敲板頭云
喚什麼作聲舉僧問石霜教中還有祖師意麼霜云
有僧云如何是教中祖師意霜云莫向卷中求師代
云不得辜負老僧却向屎坑裏坐地作什麼舉石霜
云須知有教外別傳一句僧問如何是教外別傳一
句霜云非句師云非句始是句洞山云須知有佛
向上事僧問如何是佛向上事山云非佛師云名不
得狀不得所以言非舉洞山云塵中不染丈夫兒師
云拄杖但喚作拄杖一切但喚作一切舉法身清淨
一切聲色盡是廉纖語話不涉廉纖作麼生是清淨
又云作麼生是法身師云六不收又云二十三天二
十八宿舉古云如我身空諸法空千品萬類悉皆同

師云身不可得一切諸法豈是有也所以古人道無情有佛性又云無情不喚作法什說法師有時云光不透脫有兩般病一切處不明面前有物是一又透得一切法空隱隱地似有箇物相似亦是光不透脫又法身亦有兩般病得到法身為法執不忘已見猶存坐在法身邊是一直饒透得法身去放過即不可子細點檢來有什麼氣息亦是病舉僧問國師如何是本身盧舍那國師云與老僧過淨瓶來僧取淨瓶至國師云却安舊處著僧送安舊處又來問如何是本身盧舍那國師云古佛過去久矣師云無朕跡舉

僧問灌溪久嚮灌溪到來祇見箇漚麻池溪云你祇見漚麻池且不識灌溪僧云如何是灌溪溪云劈箭急師云何不與第一機祇對舉韋監軍見帳子畫牛抵樹問僧牛抵樹樹抵牛無對師代云歸依佛法僧舉老宿問僧聞說雪峰有毬子話是不僧云不見說著宿云聞說有僧云祇是師僧亂舉宿云不亂舉底事作麼生無對師代云某甲新到未曾參堂舉佛問外道汝義以何為宗師代外道云者老和尚我識得你也外道云以一切不受為宗代佛云放過一著佛云汝以一切不受為宗耶代外道云者瞿曇莫教失

却問舉雪峰云盡大地是你將謂別更有師云不見楞嚴經云衆生顛倒迷已逐物若能轉物即同如來舉教云諸法寂滅相不可以言宣師云見定如今說話何處有說不說不見道去不到去來不到來舉一切眞如合一切師云喚什麼作山河大地又云是諸法空相不生不滅不垢不淨師或拈拄杖示衆云拄杖子化為龍吞却乾坤了也山河大地甚處得來師或畫圓相云還有人出得麼良久云是法住法位世間相常住師云釋迦老子甚處去也舉僧問投子如何是此經子云維摩法華又問塵中不染丈夫兒時如何子云不著師云不喚作法身不喚作第一義亦為說法亦為說眞空師因齋次拈起匙筯云我不供養南僧祇供養北僧時有僧問為什麼不供養南僧師云我要鈍置伊僧云為什麼祇供養北僧師云一箭兩垛有僧拈問祇如前意作麼生師云好即同槃師或時以拄杖打露柱一下云三乘十二分教說得著麼自云說不著復云咄者野狐精僧問祇如師意作麼生師云張公喫酒李公醉舉古云有驚人之句僧問如何是驚人之句師云響舉國師云語漸也返常合道論頓也不留朕跡師云拈槌豎拂彈指時節

若檢點來也未是無朕跡師有時拈拄杖云乾坤大地殺活總在這裏僧便問如何是殺師云七顛八倒僧云如何是活師云要作飯頭僧云不殺不活時如何師便起云摩訶般若波羅蜜師有時云遇人即途中受用乃拈起拄杖云拄杖不是途說話不是途舉法身喫飯幻化空身即法身師云乾坤大地何處有也物物不可得以空曈空若約點檢來將謂合有與麼說話舉應化非眞佛亦非說法者師曰應化之身說即是法身說亦喚作觀體全眞以法身喫法身又云飯不是法身拄杖不是法身師有時云宗門七縱

八橫殺活臨時僧便問如何是殺師云冬去春來僧云冬去春來時如何師云橫擔拄杖東西南北一任打野榸

示衆云任你橫說豎說未是宗門苗裔若據宗門苗裔是甚熱椀鳴三乘十二分教說夢達磨西來說夢若有老宿開堂為人說法將利刀殺却百千萬箇有什麼過又云將謂合有與麼說話底道理師一日云拈槌豎拂彈指揚眉一問一答並不當向上宗乘僧便問如何是向上宗乘師云地下闍浮大家總道得祇如鬧市裏坐朝時猪肉案頭茆坑裏蟲子還有超佛越祖之談麼僧云有底不肯師云有底不肯不可商量時便有不商量時便無也若約那箇語話體上會事直言未到見解偏枯師有時云我尋常道一切聲是佛聲一切色是佛色盡大地是法身枉作箇佛法中且如今見拄杖但喚作拄杖見屋但喚作屋師有時云作而無作用而無用乃拈起拄杖云不是用而無用喚什麼作拄杖舉丹霞云百骸俱潰散一物鎮長靈師云拄杖不可不喚也喚什麼作百骸甚處得來舉一切賢聖皆以無為法而有差別師云拄杖不是無為法一切不是無為法舉誌公云鷄鳴丑一

顆圓光明已久師云腦後即不問你三千里外道將一句來舉睦州喚僧趙州喫茶入水之義雪峰輥毬歸宗拽石經頭以字國師水椀羅漢書字諸佛出身處東山水上行總是向上時節

示衆云直得觸目無滯達得名身句身一切法空山河大地是名名亦不可得喚作三昧性海俱備猶是無風匝匝之波直得忘知於覺覺即佛性矣喚作無事人更須知有向上一竅在師有時云一切處無不是說法打鐘打鼓時不可不是若與麼一切處亦不是有一切處亦不是無又云不可說時即有不說時

便無也若約提唱即未在為人門中即得舉生死涅槃合成一塊乃拈起扇子云是什麼不是合成一塊得與麼不靈利直饒與麼也是鬼窟裏作活計舉僧問南泉牛頭未見四祖時為什麼百鳥銜花獻泉云步步蹋佛階梯僧云見後為什麼不銜花獻泉云直饒不來猶較王老師一線道師云南泉祇解步步登高不解從空放下僧云如何是從空放下師云香積世界僧云如何是步步登高師云塡溝塞壑師有時云若問佛法兩字東西南北七縱八橫朝到西天暮歸唐土雖然如此向後不得錯舉舉祖師偈云心隨

萬境轉轉處實能幽僧問如何是轉處實能幽師云吃嶚舌頭老僧倒走三千里又問如何是隨流認得性師云餿頭健子摩訶般若波羅蜜舉玄沙與韋監軍茶話次軍云占波國人語話稍難辨何況五天梵語還有人辨得麽玄沙提起托子云識得這箇即辨得師云玄沙何用繁辭又云適來道什麽又云有什麽難辨舉古人云以空名召空色師云拄杖不是空名召得不是空色喚什麽作拄杖不是空名因南泉示衆云自小養一頭水牯牛擬向溪東牧不免食他國王水草擬向溪西放不免食他國王水草不如隨處納些些他總不見復有僧舉似師師云南泉水牯牛隨處納些些你道在牛內納牛外納直饒你向這裏說得納處分明我更問你索牛在後長慶云你道古人前頭爲人後頭爲人舉王大王向雪峰道擬蓋一所佛殿去如何峰云大王何不蓋取　所空王殿大王云請師様子峰展兩手師云一舉四十九舉報慈讃龍牙偈云日出連山月圓當戶不是無身不欲全露有僧問請師全露龍牙撥開帳子云還見麽僧云不見牙云將眼來後報慈聞舉云龍牙祇道得一半師令僧舉我與你道其僧便舉師云我不妨與你道師有時云諸方盡向繩墨裏脫出我者裏即不然僧問未審和尚如何師云草鞋三十文買舉攬値成云還見燈籠麽僧云見師云靜處薩婆訶

立色相宛然一切法不還僧便問作麽生是不還師示衆云你等諸人每日上來下去問訊即不無若過水時將什麽過有久住僧對云步師深喜之舉僧辭大隨隨問什麽處去僧云峨嵋禮拜普賢去隨拈起拂子云文殊普賢總在者裏其僧畫一圓相抛向背後却展兩手隨云侍者將一貼茶來與者僧師舉了云我即不與麽有僧云和尚又如何師云西天斬頭截臂者裏自領出去舉黃檗一日舉手作捏勢云大下老和尚總在者裏我若放一線道從汝七縱八橫若不放過不消一捏僧問放一線道時如何檗云七縱八橫又問不放過不消一捏時如何檗云普復有僧問師如何是七縱八橫師云念老僧年老僧云如何是普師云天光廻照僧云如何是天光廻照師云骼齒少人知師有時云一顆圓光明已久還有人間麽僧便問如何是一顆圓光明已久師云西天斬頭截臂又云除却須彌山拈却佛殿脊師一日披袈裟云我抖擻法身也總無對師云汝問我僧便問和尚抖擻法身意旨如何師云我也知你覰舉玄沙示衆云諸方老宿盡道接物利生忽遇三種病人來作麽生接患盲者拈槌竪拂他又不見患聾者語言三昧他又不聞患瘂者教伊說又說不得且作麽生接若接此人不得佛法無靈驗有僧請益師師云你禮拜著僧禮拜起師以拄杖便挃僧退後師云你不是患盲復喚近前僧近前師云你不是患聾乃竪起拄杖云還會麽僧云不會師云你不是患瘂其僧於此有省舉古云一言撥轉大地全收師云且道是什麽言自云春鳥啼時西嶺上遊令僧你問我僧便問是什麽言師云嚗舉馬大師云一切語言是提婆宗以此箇爲主師云好語祇是無人問僧便問如何是提婆宗師云西天九十六種你是最下種舉肇法師云諸法不異者不可續鳧截鶴夷嶽盈壑然後爲無異者哉師云長者天然長短者天然短又云是法住法位世間相常住乃拈起拄杖云拄杖不是常住法舉古云一念劫收一切智師拈起拄杖云乾坤大地總在上頭若透得去拄杖也不見有直饒與麽也是不著便舉須菩提說法帝釋雨華尊者問曰此華從天得耶帝曰弗也從地得耶帝曰弗也從人得耶帝曰弗也從何得耶帝釋舉手尊者云如是如是師云帝釋舉手處作麽生與你四大五蘊釋迦老子同別舉世尊初生下一手指天一手指地周行七步目顧四方云天上天下唯我獨尊師云我當時若見一棒打殺與狗子喫却貴圖天下太平舉禾山示衆云有作家戰將麽出來時有僧出云未審彼中還有也無師云格舉僧問雪峯佛未出世時如何峯橫按拄杖而坐師云常舉德山問維那有幾人新到那云八人山云喚典座來一時生按過師拈云更說什麽生按過舉雪峯勘僧什麽處去僧云識得即知去處峯云你是了事人亂走作什麽僧云莫塗汙人好峯云我即塗汙你古人吹布毛作麽生與我說來看僧云殘羹餿飯已有人喫了也師別前語云築著便作屎臭氣代後語云將謂是鑽天鷂子元來是死水裏蝦蟇舉韶山勘僧云莫便是多口白頭因麽因云不敢山云有多少口因云徧身是山云大小二事向甚處屙因云向韶山口裏屙山云有韶山口即向韶山口裏屙無韶山口向甚處屙因無語山便打師代云這話墮阿師放你三十棒又代云將謂是師子兒又云韶山今日死解冰消舉僧到曹谿有守衣鉢上座提起衣云此是大庾嶺頭提不起底僧云爲什麽在上座手裏座無語師云彼彼不了師代云遠嚮不如親到又云將謂是師子兒舉睦州問僧莫便是淸華嚴麽僧云不敢州云夢見華嚴麽僧無語師云門前大狼藉生舉湖南報慈垂語云我有一句子徧大地僧便問如何是徧大地底句慈云無空缺師云不合與麽道別云何不庵外問舉南泉示衆云昨夜三更文殊普賢相打各與二十棒貶向二鐵圍山趙州出衆云和尚棒教誰喫泉云王老師有什麽過州便禮拜師代云深領和尚慈悲某甲歸衣鉢下得箇安樂舉崇壽見

僧做餬餅次隔窻問云你還見我麽僧云不見壽云
還我餬餅錢來僧無語師代云和尚禮拜餅鑪好衆
僧問趙州如何是妙峯頂州云不答你者話僧云為
什麽不答州云我若答落在平地師代云俱胝和尚
舉長慶見僧來云何得無禮師代云某甲罪過又云
甲辰乙巳舉長慶問秀才云佛教云衆生日用而不
知儒書亦云日用而不知不知箇什麽秀才云不知
大道師云灼然不知舉僧問睦州靈山還有蛇不州
云者蚯蚓師代云白骨連山舉長慶拈拄杖云識得
這箇一生叅學事畢師云識得這箇為什麽不住舉
雲巖掃地次道吾云何得太區區生巖云須知有不
區區者吾云與麽則第二月也巖竪起掃帚云這箇
是第幾月吾拂袖出去師云奴見婢殷勤舉仰山問
俗官云官居何位官云推官山乃竪起拂子云還推
得這箇麽官無語師代云久嚮和尚舉僧到翠巖值
巖不在乃下看主事主事云叅見和尚也未僧云未
主事却指狗子云要見和尚但禮拜者狗子僧無語
後翠巖歸聞此語云作麽生道免得與麽無語師代
云欲觀其師先觀弟子舉座主就華嚴講請翠巖齋
巖云山僧有箇問座主若道得即齋巖便拈起餬餅
云還具法身麽主云具法身巖云與麽則喫法身也
主無語本講座主代云有什麽過巖不肯東使云諸
諸師代云特謝和尚降重空莚舉雪峯示衆云世界
闊一丈古鏡闊一丈世界闊一尺古鏡闊一尺玄沙
指面前火鑪云火鑪闊多少峯云似古鏡闊沙云這
老漢脚跟未點地在後東使拈問僧為復古鏡致火
鑪與麽大火鑪致古鏡與麽大西院云與麽問人也
未可在師云餿飯泥茶鑪舉僧問雲居山河大地從
何而有居云從妄想有僧云與某甲想出一鋌金得
麽居便休去僧不肯師聞得云已是葛藤不能折合
得待伊道想出一鋌金得麽拈拄杖便打舉閩中韋
監軍尋常見僧云某甲待官滿出江西湖南置一問
問叙江西湖南老宿僧云監軍作麽生問軍云不勞
手脚僧無語師代云話墮也又云伏惟尚饗舉王太
傅問北院云古人道普現色身徧行三昧佛法為什
麽不到北俱盧洲院云祇為徧行所以不到師云如
法置一問來舉王太尉入佛殿指鉢盂問僧這箇是
什麽鉢僧云藥師鉢尉云秖聞有降龍鉢僧云待有
龍即降尉云忽遇拏雲攫浪來又作麽生僧云他亦
不顧尉云話墮也玄沙云盡你神力走向什麽處去
保福云歸依佛法僧百丈作覆鉢勢師云他日生天
莫辜負老僧舉地藏問崇壽你久後將什麽利濟於
人壽云無不利濟藏云無一法得利濟師云直饒與
麽也好喫棒又云當時但喚近前來已後教伊無鍋
喙處舉泉州王太傅問僧上座住甚處僧云半月山
傅云忽遇月頭月尾又作麽生僧無語師代云將謂
與麽更有與麽舉龍牙尋常道雲居師兄得第二句
我得第一句西院云秖如龍牙與麽道還扶得也無
師云須禮拜雲居始得西院云傍觀者哂舉崇壽問
僧還見燈籠麽僧云見壽云兩箇師代云三頭兩面
又云七箇八箇

古尊宿語錄卷第十六

[illegible]

古尊宿語錄卷之十七

雲門匡真禪師廣錄

門人明識大師賜紫守堅集

垂示代語

師因不安云打草鞋行脚去無對師云汝問我與汝道僧便問和尚什麼處去師云四維上下對機設教去代前語云和尚宜喫薑附湯

上堂云劄久雨不晴代云一箭兩衆或云過賤即貴遇明即暗代云一起一倒一日云咬齒一句作麼生道代云合或云初秋夏末責情三十棒代云某甲如是問僧新羅國與大唐國是同是別代云僧堂佛殿廚庫三門

上堂云教意提不起過在什麼處代云為你蝦蟇活

上堂云你道古佛與露柱相交是第幾機無對師云汝問我與汝道僧便問師云一條條三十文代前語云南山起雲北山下雨僧又問作麼生是一條條三十文師云打與一日云商量舉覺箇什麼代云驢貫米賤或云佛法兩字拈却成得箇什麼代云死蝦蟇或云佛法不用學燈籠露柱欺你去作麼生得不欺你去代云趙州南石橋北一日云古人面壁閉却門還透得這裏麼代云這裏是什麼乾屎橛又云一或云般柴來去行住坐卧四威儀中還出得釋迦老子鼻孔麼代云和尚也是量才補職師或舉手云古佛為什麼不到這裏代云不可降尊就卑因僧設報慈和尚齋師問僧汝道報慈和尚有幾身代云今日齋飯如法問僧般柴來去昔賢菩薩在什麼處代云般柴早是辛苦

上堂大衆集定云是大過患子細點檢代云不用別人問僧世間是什麼人罪最重代云平出一日云古人道一句合頭語萬劫繫驢橛作麼生聽得免此過代云趙州石橋嘉州大像或云虛空還有長短也無代云這箇師僧得與麼肥這箇師僧得與麼瘦一日云常徒之見過在什麼處代云洎作箇中會

上堂大衆集定云有理不伸死而不弔有理能伸罪遇奇人置將一問來代云過師有時問僧作麼生代云少喫或云是你諸人繞天下行脚不知有祖師意露柱却知有祖師意你作麼生明得露柱知有祖師意代云九九八十一

示衆云一舉不再說作麼生是一舉又云你若不相當且覓箇入頭路微塵諸佛盡在你舌頭上三藏聖教在你脚跟下不如悟去好還有人悟得麼出來道看代云養子之緣代前語云長安雖樂

上堂大衆集定云風不來樹不動便下座代云樹折船沉或云第一句作麼生道若道不得作麼生得心息代云和尚莫要草鞋拄杖麼一日云從上古人作麼生辨人代云城地因君置師因摘茶云摘茶辛苦置將一問來無對又云你若道不得且念上大人更不相當且順朱代云功不浪施代前語云勞而無功或云今日二十七拈向什麼處代云壁上掛問僧三乘十二分教什麼人承當得代云沙彌童行一日云汝作麼生辨得無礙法代云閑家具或云還有句內藏身麼代云領一日云京華還有棟梁也無代云家家觀世音或云不相當且順朱識取好代云因學人置得

示衆云劄即難七九六十三作麼生道代云不可總無人去也又云洎合向後道師或云日裏來往日裏辨人忽然中夜教取箇物來未曾到處作麼生取代云瞞却多少人

示衆云看看佛殿入僧堂裏去也代云羅浮打鼓韶州舞

上堂拈起拄杖云看看三千大千世界一時搖動便下座代云拽一日云作麼生是雙明一句代云一箭兩衆或云作麼生是不瞞人底句代云莫道這箇是瞞人底一日云泥水不分過在什麼處代云昨日莫播人該壽或云日裏來往總識你作麼生是影身一句代云某甲亦見日頭從東邊上一日云盡力作麼生道代云五箇餬餅三椀茶或云作麼生是平伸一問代云便擱傷僧一日云空不異色作麼生道代云團頭甚要或云作麼生是不沉影底句代云現

上堂大衆集師良久云久雨不晴代云一挖雨當蓋覆將來一日云教中有言誘斯經故獲罪如是拈却當門齒將經來代云不空買賣或云你多年在叢林裏乃舉手便放下云向後不得與麼代云若與麼便成辜負和尚一日云昨日有一句語不敢望你會還有人舉得麼代云驀又云走殺多少人

上堂大衆集定云總上來也各自東行西行便下座代云不少或云古人一言悟道編緣見性拈起作麼生商量代云雲居鼓上藍鐘一日云日裏來往上上下下一問一答件汝當荷夾差一問來作麼生當荷代云謂言侵早起更有夜行人又云一起一倒又云生在冀州

上堂云乾坤側日月星辰一時黑作麼生道代云好事不如無師因說事了起立以拄杖打禪床一下云適來如許多葛藤取向什麼處去靈利底即見不靈利底著我熱瞞代云雪上加霜

示衆云日月傷照三天下正照四天下我與你注破了也一句道將來代云東弗于代西瞿耶尼或云佛法不用道著世間什麼物最貴代云莫道這箇是賊底又云乾屎橛一日云今日十五入夏也寒山子作麼生代云和尚問寒山學人對拾得或云你諸人傷

家行脚還識西天二十八祖麼代云坐底坐臥底臥又云少喫因齋次指白甕器云這箇知有超佛越祖之談代云五九四十五又云和尚自喫飯一日云是你傍家行脚作麼生是不落賓主底句道將來代云便出去或云是你師僧在江西湖南所在過夏衣鉢分付什麼人了來代云不是瞞却一人來又云不作大人相一日云非貴賤據什麼代云蝦跳不出斗

示衆云看看殺了也便作倒勢云會麼若不會且向拄杖頭上會取代云龍頭蛇尾蛇尾龍頭又代作倒勢一日云我每日共你葛藤不能到夜如今在這裏置將一問來代云秖恐和尚不荅或云作麼生是脚跟下一句代云有麼師或問僧你爲什麼帶累我代云某甲帶累和尚或云作麼生出得這裏代云朝遊羅浮暮歸檀特一日云明巳底人還見有巳麼代云把將來又代展兩手或云作麼生是麼舌一句代云和尚秖待某甲道一日云你師僧繞天下行脚見老和尚開口便上來東聽西聽何不向洗鉢盂處置將一問來代云也知和尚爲物之故因見火頭云你辛苦我賞你這箇拄杖子吞却祖師也無對代云功不浪施又云禍不單行師因披衲衣云古人道披衣蓋乾坤乃拈起衲衣抖擻云北斗一時黑作麼生代云也知和尚出身早又云不道與麼去或云佛法還有變易也無代云鉢盂鞋履拄杖針筒一日云佛法拈却我不問你還有識世諦法麼代云某甲若道有被和尚領過或云摩竭顯正過在什麼處代云有什麼過

示衆云大衆函蓋乾坤目機銖兩不涉春緣作麼生承當代云一鏃破三關師或云南來北往飛禽走獸爲什麼却有異代云辨却多少人或云你諸人擔鉢囊行脚不知有佛法佛殿上蚩吻却知有佛法代云佛殿裏裝香三門外合掌師或以拄杖一劃云微塵諸佛盡在這裏還辨得盡麼代云日出東方夜落西一日云作麼生是扣門一句代云打或云迷本底人觸途俱滯悟本底人爲什麼有四大見代云益州附子建州薑師或云你諸方愛荅話還有透不得底句麼代云來或云達磨西來爲什麼難得兒孫代云放

師因說事了起立云你諸人忽然今夜總悟去早起將刀截却我頭我說了也乃拈衲衣抖擻云作麼生代云學人不得辜負和尚或云口秖堪喫飯你道古人拈槌豎拂揚眉動目作麼生辨代云潙山笠子江西別又云龍頭蛇尾或云佛法中菩提涅槃眞如解脫並爲增語汝道世諦以何爲增語代云鬧市裏一箇兩箇又云菩提涅槃師或云古人道觸目是道拈却鬍甕阿那箇是道無對師云蒼天蒼天代前語云是什麼心行或云見卽不可子細看代云長安雖樂

示衆云十五日巳前不問你十五日巳後道將一句來代云日日是好日

上堂良久云鈍置殺人便下座代云不獨因看誌公頌問僧半夜子心任無生卽生死古人意作麼生代云不可總作野狐精見解也或云古人道人人盡有光明在看時不見暗昏昏作麼生是光明代云廚庫三門又云好事不如無一日云佛法大殺有秖是舌頭短代云長也又云大斧斫了手摩挱師齋次問僧麼是從前叢林學得底言語總拈却你道我飯作麼生滋味代云菜裏少鹽醋或云是你諸人行脚須知有隔身句作麼生是隔身句代云初三十一或云大智非明眞空絕跡還有人明得這箇道理麼若有人明得出來道看代云提問僧常徒底人過在什麼處你與我拈出來代云不可平地生堆阜又云和尚佛法身心何在或云一言纔舉千差同轍是什麼言代云如是我聞又云要道有什麼難因見狗子乃打一下云你爲什麼咬這露柱代但以脚趯狗子便去舉華嚴經云金色光明雲青色光明雲你道我尋常還有這箇時節麼代云亦不得屈着和尚因開法堂門云作麼生是入門一句有僧云諾師云漆桶無對代云掩面出去代後語云道著一日衆集定云莫錯認一着便下座代云謝和尚重重相爲或云是你諸人行脚須知有入頭路還有人道得麼出來道看代云也不得辜負和尚

示衆云中有一寶祕在形山拈燈籠向佛殿裏將三門來燈籠上作麼生代云逐物意移又云雷起雲興一日云宗門作麼生舉令代云吽師或云阿耶耶新羅國裏打鐵火星燒著我指頭自代云非但指頭師或云從上祖師三世諸佛說法山河大地草木爲什麼不省去代云新到行人事又云和尚京中喫麵多師或云萬法紜紜三世諸佛天下老和尚一時出頭過在什麼處代云著什麼來由一日云忽然有一箇老宿把弓刀接劒入地獄如箭射還有人會得這箇時節麼代云鑰匙在和尚手裏或云古人道難得不錯怪人句作麼生是不錯怪人句代云爭塞得人口一日云眼睫橫亘十方眉毛上透乾坤下透黃泉須彌塞却你咽喉還有人會得麼若有人會得拽取占波共新羅鬬額代云哂或云古人道聲香味觸常三昧我與你葛藤乃拈拄杖云這箇拄杖子是三昧你若識得拄杖子卽識得天下老宿又云你若識得拄杖子未夢見天下老宿脚跟下一莖毛代云和尚不使別人一日云一箭兩垜作麼生代云長安雖樂或云日謝樹無影這箇是佛殿那箇是無影代云泊分南北一日云作麼生道得不落第二問代云洪州鞋履一日拈起拄杖云解脫深坑勃跳代云出或云一

語明得不要分外代云將謂是天地師或云塵無自性攙眞成立作麽生是成立底事代云五尺拄杖三尺竹一日云說卽天地懸殊不說卽眼睫裏藏身眉毛上勃跳代云三三或云古人道一語無二語作麽生是一語代云早朝粥齋後茶師或拈起拄杖云是你諸人作麽生辨雲門雲門作麽生辨你諸人代云平問僧佛法還有靑黃赤白也無代云東方甲乙木西方庚辛金一日云作麽生是塵中辨主代云道州去江華不遠師或云有一人問著口似木楔有一人問著口似懸河你道二人過在甚處代云有過師拈出

示衆云叢林言話卽不要作麽生是宗門自己代但展兩手或云迷身一句作麽生道代云何處有也或云目前不溺作麽生道代云下不墚上

示衆云江西卽說君臣父子湖南卽說佛不與麽我此間總不如是你還識壁麽代云何異一日云作麽生是不續再問代云秋風過去春風至因齋時聞鼓聲師云釋迦老子叫喚也時有僧問未審釋迦老子叫喚作麽師云你與麽驢年夢見麽代云今日喫飯甚是遲或云我今年老七十八也所作事難也良久問僧你道淨瓶年多少無對代云甲子會一日云靈利底人難得作麽生是靈利底人代云不妨或云問一答十問十答百底人從什麽處來代云西京來一日云會佛法底人共什麽人語話代云行者問僧云三藏聖教天下老和尚言語總拈却蝦蟇口裏道將一句來代云昨日新雷起師舉古人道看經千徧紙上見經不識忽然國師問你作麽生又云忽然國師拈起作麽生代前語云唵代後語云朝看華嚴夜讀般若或云凡有請問不得離於秖對作麽生道代云路逢劍客須呈劍一日云作麽生是一句通衆底代云雖是善因而招惡果或云行住坐臥著衣喫飯是法身那箇是你四大代云和尚今年年尊一日云你若辨我我辨你是尋常更有一條作麽生辨代云識得或云師前語須是箇人始得作麽生是節角語代云塵斯吒落水一日云繞天下行脚辨人底人你道具什麽眼代云聽水

上堂云遇人卽鼻孔遼天便下座代云識好惡師或云鬧市裏道將一句來代便喝聲云人家莫點燈或

上堂云爲衆竭力禍出私門代云衆禍已除或云那盤一句作麽生道代云某甲不欲開蝦蟇口師在齋餠餈喫茶云不向汝道罪過無對復云第一須忌火便起去代云大衆不得辜負和尚師或云佛法大殺有秖是灸瘡痛代云灸瘡痛猶可一日云臨坑不損人代云也是又云某甲識好惡或云古人道衆卽易作麽生代云以貌取人一日云驀點是什麽時節代云不可道是蝦蟇蚰蜒或云不是雲門罪過便起去代云事不孤起師或云巳事若明始消他供養作麽生是你明底事又云舉一明三萬里崖州代云一切由和尚代前語云飽師或拈起拄杖問僧這箇汝不得道若作麽生是衲僧孔竅無對又云你若道不得向鼻孔裏道將一句來代云新羅火鐵鄆州針又云疋上不足因僧來叅師拈起袈裟云你若道得落我袈裟縫繢裏你若道不得又在鬼窟裏坐作麽生代云某甲無氣力或云不明巳底人過在什麽處代云大人不合如此一日云放下一句無不盡代云養子之緣或云不用指東劃西什麽人會佛法代云三家村裏老翁婆一日云你若衣鉢下坐縛殺你你若走上來走殺你作麽生是不停之句代云速或云新羅國裏置將一問來代云便請一日云萬法從甚處起代云糞堆頭師或云第一句作麽生道你若明得陝府鐵牛吞却乾坤代云謝和尚重重相爲一日云作麽生是問中具眼代云瞽

示衆云舉一不得舉二你若舉二放你舉三代云閑師或云天堂地獄鑊湯鑪炭蓋却你頭三世諸佛總在你脚跟下三十年後鼻孔遼天代云不可更作野狐精見解也一日云五音六律是有是無代云不可蝦蟇窟裏作活計師或云一句該通五千餘首蘇嚕薩訶代云三門頭打鼓佛殿裏行香師或云如今半夏也敲磕處道將一句來師復云蜜怛哩孤蜜怛哩智又云蜜怛哩孤蜜怛哩智作麽生代云嘟啉又云磕一日云三十年後會去在代云點兒落節或云頭上霹靂卽不問你脚下龍過道將一句來代云朝起雲夜降雨師問僧德山便棒你道學人還有長處也無代云無端一日云一切智智淸淨中還有生滅麽代云夜叉說半偈或云若知去處什麽劫中無祖佛代云發

示衆云作麽生是不露鋒骨句代云今時人須是明明向道始得師乃有頌不露鋒骨句未語先分付進步口喃喃知君大罔措或云十方國土中唯有一乘法你道自已在一乘法裏一乘法外代云入又云是一日云紐半破三針筒鼻孔裏道將一句來代云海裏使風山上船或云折半列三針筒鼻孔在什麽處與我箇箇拈出來看代云上中下或云分疆列土作麽生道代云文殊自文殊解脫自解脫師或云衲僧須得巴鼻卽識得天下人作麽生是衲僧巴鼻代云德山棒

示衆云淺聞卽深悟深聞卽不悟代云迷逢達磨或云衲僧須識古人眼作麽生是古人眼代云蝦蟇跳上天一日云處處道將一句來代云鬧市裏天子百草頭上老僧或云瞎道將一句來代云藏頭露尾一

日云將南作北將北作南作麽生道代云由阿誰或云未打板已前道將一句來代云著什麽來由一日云以有爲有作麽生免得去代云患師或云解患非患明得了作麽生是眼代云晝見日夜見星一日云明暗爲什麽不相管代云難爲怪笑或云過在什麽處得與麽難代云辨一日云泚漫不分是什麽人分上事代云不可作沙彌行者見解也師或拈起拄杖云莫道老和尚瞞你貴之與賤縱橫十字一時這裏會得了莫辜負老僧代云百鳥爲子屈又云抑與之與師或云見麽自云見又云見什麽代云花師舉古人云至道無難唯嫌揀擇這箇是僧堂這箇是佛殿那箇是不揀擇代云何必如此師或云个柚半柚作麽生道復云作麽生是半柚代云跳出死蝦蟇又云作麽生是全柚代云案山當主山雨師或云你自鈍置第一不得錯舉代云事不孤起一日云識得道得出來道看話端作什麽代云識罪或云作麽生是不再問底句代云今年春氣早夜來陽鳥啼又云佛殿裏裝香三門前合掌一日云入夏來十一日也還得入頭麽作麽生道代云來日十二師因喫茶拈起茶盞云一口吞盡作麽生代云茶又喫却

示衆云西天二十八祖唐土六祖天下老和尚總出頭來過在什麽處又云你在此間三冬兩夏忽然出外有人問雲門老和尚道什麽你向他道什麽代云驀面唾這野狐精代前語云他不是顛或云古人道從門入者非寶作麽生是門代云道得也無用處因聞鼓聲云鼓聲咬破七條又指僧云抱取貓兒來代云不用別人師問僧行脚事即不問汝三十二相八十種好道將一句來還有人道得麽代云恒薩阿竭二千年師或云不問汝叢林言教這箇是天這箇是地以手指身云這箇是我又指露柱云這箇是露柱那箇是佛法代云也大難師在僧堂中喫茶拈起托子云蒸餅饅頭一任汝喫你道這箇是什麽代云乾狗屎又云茶又喫了也師或云你還識德山麽莫道我壓良爲賤代云也知和尚因某甲置得師聞齋鼓聲云你道鼓因什麽置得代云因皮置得師聞齋鼓聲云你還識得老婆禪麽代云鼓聲喚喫飯去一日云古人道巧拙具生殺作麽生是生殺代云足上不足足下有餘

上堂大衆集已師云大衆齋去却問僧你道我教伊去還有過也無代云也不是和尚特地如此師行次以拄杖打露柱一下云新羅天子勑跳上梵天代云無端師或云世諦不要道佛法道將一句來代云父子之情一日云通明底人什麽物與麽來代云莫教屈著人又云釋迦老子須彌山或云古人道朝朝抱佛眠起時還共起你道見解朦朧底人作麽生代云未到問僧云眼中無色識識中無色眼色眼一俱無何能令見色去却古人道將一句來代云把將饅頭蒸餅來又云雪上更加霜又云有什麽師或云幡竿頭倒卓是第幾機代云打一日云學佛法底人如恒河沙百草頭上道將一句來代云俱師因出門云古人道從門入者非寶汝道從門出者作麽生代云一師入堂齋次指聖僧供鉢問僧云你若喫盡又在解脫深坑裏你若喫不盡又不唧嚠作麽生代云大衆喫飯次

上堂云劃斷即不可復云你若不會三十年後莫道不見老僧代云和尚恐人埋沒代前語云今日上堂大衆著便師或以拄杖打露柱一下云你作麽生不說禪復云埋沒人家男女無對自云搭枷過狀自代前語云爭怪得別人師或云湖裏魚變成龍即不問你作麽生是針眼魚代云點師聞打槌聲云妙喜世界百雜碎擎鉢盂向湖南城裏喫粥代云浴後喫一日云什麽語中無世諦什麽語中無地獄代云天晴日出雨下雷興或云平常心是道你平常道將一句來代云五箇餬餅三箇饆一日云一句辨邪正忽有人問作麽生是辨邪正底句你作麽生道代云西天與此土不同或云今日已前不要今日已後不要正當今日道將一句來代云正好師或云病遇因即瘥你道遇什麽因道得底道看代云尚或云鉢盂匙筯與露柱相去多少代云分開好又云尋常得此便一日云當鋒一句作麽生道代云領或云作麽生是辨慈風一句代云識取好一日云迷身一句作麽生道代云昨日雷聲起今朝陽鳥啼師或云不用勃跳道將一句來代云死蛤蚾也無用處一日云作麽生是提婆宗代云西天今嚴此土遷較或云汝道何物具四德代云死貓兒又云把不具底來一日云荊棘不彫擇道將一句來代云拈放一邊或云有一切見底人是什麽人代云三家村裏納稅漢一日云不占田地道將一句來代云總屬和尚或云倒道將一句來看代云訶薩一日云息飾一句作麽生道代云知時好師或云天下亂走將什麽過水代云且曬著師或時拈拄杖作射勢云官家進器械來也看看代云和尚不得放過又云僧堂前師或云一夜展脚睡天明道將一句來代云何不快起或云作麽生是赤脫一句代云也大無端一日云以有爲有此人過在什麽處代云苦或云還有不識祖師底人麽代云仁義道中又云不患一日云識過無過不識過過也不知代云熱或云曹溪路上還有俗漢也無代云二事一時一日云佛法外置將一問來代云一箇便多或云既知來處什麽劫中無祖師代云某甲今年不著便或云寸草不生不學禪不學道代云是什麽閑或云還

有吞不盡句麼代云蛇師行次以拄杖打露柱一下云什麼處來自云西天來復云長[illegible]這裏作什麼自云說佛法乃喝云欺我唐土人又以拄杖打一下便行却拈問僧汝道我意作麼生[illegible]師意作麼生代云不用行主又云師子咬人復[illegible]紙如當機合下得什麼語代云發又云百歲[illegible]舞一日云驀劄一句作麼生道代云因一事長一智或云大藏教將什麼辨代云點一日云佛殿爲什麼不見僧堂代云痛或云衲僧鼻孔即不問汝泥裏洗土塊道將一句來代但彈指又云衲僧鼻孔又作麼生道代云甑山甑水師或問僧作麼生是不寂句無對師云汝問我與汝道僧便問作麼生是不寂句師云嘟代前語云不可向鬼窟裏作活計又云作麼生是嘟代云會此意又云文殊五字或云作麼生是入鄉隨俗底句代云君子可八一日云作麼生是提綱一句代云雪峰南趙州北一日云靈苗不動根過在什麼處代云慄却多少人或云一顆圓光明已久作麼生是一顆圓光代云謝和尚重重相爲師或云作麼生是對明一句代云露師或云非色非聲體上明得是第幾機代云不可向野狐窟裏作活計一日云布幔子網打龍布絲網撈鰕攙蜆你道螺蚌落在什麼處代云具眼師因卸却七條語僧云汝道來牛莫不會佛法麼僧無語代云和尚幸是大人又云某甲不敢道復云爲什麼不敢道又云自有和尚在師歲夜問僧餧餕是羅漢櫱石還將得餺饠餡子來麼無對代云今日東風起師或云你若不相當且向古人建化門中道將一句來若道不得向異處道將一句來作麼生道代云前來猶是可一日云達即照近即明作麼生道代云入水始見長人又云更不要也師或拈拄杖云且向這裏會也有利益也無利益總不會顢頇佛性儱侗眞如代云足上不足足下有餘一日云萬法從什麼處起代云不可向和尚道蝦蟇口裏也因齋時聞鼓聲云古人道一切聲是佛聲喚作佛聲喚作鼓聲代云和尚道了也又云和尚不宜喫麪因見僧來參師打露柱一下云來這里瞞我代云但打露柱一摑云爲人自安一日云至道無難唯嫌揀擇作麼生是不揀擇又云如來妙色身羅羅李代云不出代前語云古人道了也因齋時打帳座一下云這箇喫又打飯牀一下云這箇不喫代云一槌兩當因搬米問僧人擔米米擔人代云總得又云搬米辛苦僧是可又問僧大稱有多少米僧云七十碩師拈起拄杖云七十碩米一時在拄杖頭上擔將來即得若擔不得餓殺你代云不可爲小小一日云有所說野干鳴無所說師子吼我與麼是野干鳴作麼生是師子吼代云九九八十一師或云埋沒兩字不用道著代云深領和尚慈悲又云因某甲所置師或云善財入門也作麼生道得出去代云朝遊羅浮師或云鋤解從你橫咬豎咬不離這裏道將一句來代云今日新麪一日云有賞有罰道將一句來代云過賤即貴天晴日出或云龍淸師湯起自何來作麼生是不活底句代云有什麼難辨一日云敲磕一句作麼生道代云驢生駝駒馬生騾或云作麼生得道斷商量代云來年更有新條在惱亂春風卒未休一日云辨得親疎爲什麼被親疎所使代云阿誰置得或云古人道會即途中受用不會即世諦流布完圖道將一句來代云一錢兩箇二錢三箇一日云一句道將來代云足上不足因夏末問僧初秋夏末不觸平常道將一句來代云初三十一中九下七師問僧通身是水阿誰喫代云洎與和尚作笑具一日云三日不相見不得作舊時看作麼生代云千

古尊宿語錄卷之十七

金壇居士于玉立施貲刻此
古尊宿語錄第十七卷　計字八千四百二十
六爾該銀四兩三錢八分
銀山釋寿亮對　上元李鼎書　旌德劉邦瀛刻
萬曆乙卯歲春三月徑山化城識

古尊宿語錄卷之十八

雲門匡真禪師廣錄下

門人明識大師賜紫守堅集

勘辨

師見新到云雪峰和尚道開却路達磨來也我問你作麼生僧云築著和尚鼻孔師云地神惡發把須彌山一捆勃跳上梵天揆破帝釋鼻孔你為什麼向日本國裏藏身僧云和尚莫瞞人好師云築著老僧鼻孔又作麼生無對師云將知你祇是學語之流代無語處云和尚祇恐某甲不實又云邏邏哩問新到你是甚處人僧云新羅人師云將什麼過海僧云草賊大敗師云你為什麼在我手裏僧云恰是師云勃跳無對代前語云常得此便又云一任勃跳問新到你在南岳山借我二百錢為什麼不還無對代云今日小出大遇又云今日不著便問僧心法雙忘是第幾座僧云第二座師云作麼生是第一座僧云不敢虧於和尚師不肯代云韶州糴米問僧什麼處來僧云摘茶來師云人摘茶茶摘人無對代云和尚道了某甲不可更道師問僧你是修造那云是師云盡乾坤是箇屋作麼生是屋主無對師云你問我與汝道僧便問師云蕘代前語云瞞却多少人來師問僧汝是湖南出家那僧云是師云識三門下金剛麼僧云不可更識也師云野狐窟裏出頭無對代云若不出頭代初問處云祇是箇泥人又云識得者泥人有甚用處又云念某甲新入衆師問僧甚處來僧云禮塔來師云祖師道什麼僧云和尚道什麼師云將謂是箇靈利漢無對代云祇為仁義道中師問僧甚處來僧提起衲衣師云我問你甚處來僧云和尚為什麼不領話師便打代云且喜代前語云和尚休得也未僧辭師師云你辭去那云是師云前頭江難過僧云一切臨時師云蘇盧薩訶代前語云臨行不可無禮去也代後語云太麤心又云近日世界不好師問僧甚處過夏僧云和尚合知師云我即知僧云且道某甲甚處過夏師云老鼠孔裏出頭無對代云道著代前語云便出去僧辭師師云莫教敗闕僧云和尚有什麼事但問師云草賊大敗無對代云敗也代前語云不少因普請般米了坐次云近日不啣嚼紙擔得一斗米不如快脫去僧云和尚脫向甚處去師云嗄僧擬再問師云釘釘了代云灼然代前語云今日般米困又云尚近師問僧還見燈籠麼僧云不可更見也師云猢猻繫露柱代云深領和尚佛法深心代前語云好事不如無問僧近離甚處僧云查渡師云踢破多少草鞋無對代云可惜草鞋又云不虛踢破草鞋師見飯頭云汝是飯頭麼云是師云顆裏有幾米米裏有幾顆無對代云某甲瞻星望月又云福利門中不得不作師因齋次問僧你是甚處人云淮南人又問一僧你是甚處人云京兆人師拈起蒸餅云我也無可到你淮南人也無可到你京兆人二僧無對師遂拈蒸餅捌轉云我惜你作麼生又無對代云不是和尚惜代前語云普同供養又云且留供養和尚問僧看什麼經云已有人問了師云你為什麼在我脚下僧云恰是師云伏惟尚饗代云蒼天蒼天又云將謂韶州無問僧看什麼經云般若燈論師云西天金剛座上甚人說佛法僧云和尚合知師云你夢見麼無語代云不獨某甲代前語云跳出死蝦蟇又云將謂西天無又云啞因齋次問僧喫得幾箇餬餅僧云喫得四箇師云你為什麼鼻孔裏祇有一莖毛無對師云脫空妄語代前語云直須慎初又須護末因齋次問僧羹受飯裏飯受羹裏過在什麼處道得別有商量無對代云好羹好飯又云不可道和尚蝦蟇窟裏因僧辭師師下座把僧手云著幾錢無對師云你問我僧便問師云都不直半分錢代云有什麼信物送路將來又云臨行因見龍藏字問僧龍藏出得箇什麼無對師云你問我與你道僧便問師云出箇死蝦蟇代云屎臭氣又云饅頭蒸餅因般米次師以拄杖打僧一下云這箇師僧不去般米是不僧云般米入倉了也師云般米入倉了且置阿誰喫飯僧便出去師云脫空妄語漢又拈問僧作麼生免得不被主家道得脫空妄語代云為什麼壓良為賤又云因一事長一智代是不處云和尚著甚來由師在僧堂前問僧這箇鐘子是什麼物作無對師云你問我僧便問師云衲僧作代但打鐘一下云摩訶般若波羅蜜又云衆僧堂前師問修造僧甚處來僧云山上斫木來師云還斫得合盤麼僧云和尚放某甲過郎道師云放你過作麼生道僧便禮拜師便打代云某甲也消麼又云可惜成功不毀又云斫問僧甚處來僧云般柴來師云維那打鼓不般柴作麼生無對代云錯領又云可惜般柴工夫又云和尚位處當人某甲忝學又云纔施少許功勞師問僧甚處來云山下來師云有幾人僧云四人師豎起拄杖云總在者裏無對代云抑已而已又云悞却多少人問僧喫得幾箇餬餅云三箇師拈起餬餅云這箇是第幾箇無對師云你問我僧便問師云不出代云欺敵者亾問僧甚處來僧云湖南來師云夏在甚處僧云湖南師云開通寺在甚處僧云不會師云叅堂去無對代云諾代初語云和尚遠問學人近對又云纔始新到師齋次問僧你道鉢盂裏多少飯無對代云野又云飽便休又云一杓兩杓師見僧齋次問鉢盂匙筯拈向一邊把將餵飩來無對代云好羹好飯又云休問僧看什麼經僧拈起經師云鬼窟裏出頭僧云和尚見箇什麼

師云賊物見在無對代云仁義道中不合如此問僧看什麼經僧云般若經師云經中道一切智智清淨是麼僧云是師云你眼爲什麼穿過石榴樹僧云古人何在師云古人卽知是你不知無對代云大有人不識勢師問僧甚處來云嶺中來師云夏在甚處僧云招慶師云招慶有何言句僧云近前應諾師云一不成二不是無對師云灼然代云秖守是師因齋次拈起餕餡謂僧云擬分一半與你又却不分僧云爲什麼不分師云爲你打野榸代云將食與人也不惡又云謝和尚供養又云和尚無端作麼師因喫茶次云茶作麼生滋味僧云請和尚鑒師云鉢盂無底尋常事面上無鼻笑殺人無對師云趂隊喫飯漢代云秖守是又代以茶便潑又云且待某甲熱一椀茶師問僧甚處過夏僧云和尚合知師云我卽知僧云且道某甲甚處過夏師云不消一劄代云更不消也問僧看什麼經僧應諾師云因甚失却僧云某甲甚處失却師云自領出去代云同路又云和尚大人不合自作問僧完團餅角子卽不要你半截底把將來僧應諾師云這箇是完團底把將來代云齋與不齋當來無礙又云檀越所修福師問新到什麼處來僧云郴州師云夏在甚處僧云荆南分金師云分得多少僧展兩手師云這箇是瓦礫僧云和尚莫別有麼師云乾屎橛一任咬代云若不言暇爭得玉轉問僧看什麼經僧云瑜伽論師云爲甚義墮僧云什麼處義墮師云自領出去代云悔不先下手問僧曾講百法論是不僧云是師云爲什麼脫空妄語代云事不孤起又云著因爲人僧唱衣次問僧如今唱衣人僧還向這裏麼代云勞煩大衆不能等候打徧槌去也問僧甚處來僧云般柴來師云般得多少轉一宿覺僧云二十轉師云你爲什麼打落當門齒無對師便打云

學語之流代云也知和尚佛法身心又代前語云般柴早是辛苦問僧看什麼經其僧却指傍僧云和尚問何不秖對師云露柱爲什麼倒退三千里僧云豈干他事師云學語之流代云洎合不識勢又代珍重便出又云著著非一師在西京時問僧你是甚處人僧云于闐國人師云還到西天麼僧云到師拈起拄杖云擊電之機不問你還到這裏麼僧云不會師呵呵大笑代云深領和尚降尊就卑又云將謂此土無又云勳問新到甚處來僧云南嶽來師云觀音爲什麼入洞庭湖裏去僧云某甲初心不會師云參堂去代云諾又云惑著多少人來又云和尚問觀音某甲對彌勒師齋次問僧半夜般柴卽不問你齋時將什麼喫飯僧拈起鉢盂師以拄杖打落僧無語代云乳又云兩片皮又云匙筯鉢盂手巾單子因喫茶次問僧你是柴頭不僧云是師云更勸一甌茶代云辛苦学盡又云功不浪施又云和尚念某甲辛苦問僧你是園頭不僧云是師云蘿蔔爲什麼不生根無對代云雨水多又云不解悅豫使人問僧你是甚人僧云知客師云客來將何秖待僧云隨家豐儉師云這箇是瓦椀竹筯客來將何秖待僧云謝和尚慈悲師云鮫跳不出手無對師云你問我僧便問將何秖待師便打代初問處便打又云一盤飯兩椀茶又云貪觀天上月師問僧你是甚處出家僧云趙州孫師云師翁是甚處人代云喫飯老和尚師因見水磨題梁云永爲不朽後卽破損師問僧既是永爲不朽爲什麼却被水推無對代云不因一事難長一智又云堯舜之君猶稽於化師問僧不惹泥水作麼生道代云南山打鼓北山舞因齋次問僧者裏還有超佛越祖之談麼僧云有師云什麼處去也無對代云新羅國裏又云和尚恐某甲不實代前語云喫飯時不合與麼

道師問柴頭你爲什麼拽折大梁鋸僧云無師云無卽休代云彼此又云平地又云也知和尚爲頭首辛苦師問僧什麼處來僧云南嶽來師云我此間不曾與人葛藤近前來僧乃近前師云去代云念學人遠來又云今日無彩因僧在師前立以拄杖打一下其僧廻首師展手云把錢來無對代云若不轉頭爭知後事又云但驀面唾因入廚問菜頭云鍋裏多少茄子無對師云你問我與你道僧便問師云消不得代云一桶又代後語云是因普請歸三門下問僧困作什麼面目僧云和尚合知師云我卽不知僧却問困作什麼面目師拈拄杖云遇長卽長遇短卽短僧云未審困與麼道和尚與麼道師云我也知你親無對代云爭知又代前語云老少黃白師問飯頭佛是千百億化身你每日作飯一杓幾箇釋迦老子無對代云一僧一升米又云今日齋飯較細問僧甚處來僧云南華塔頭來師云祖師有什麼言句僧云有師云不得錯舉僧云請和尚領話師云我道你一不成二不是代云和尚大殺教令問磨頭人打羅羅打人無對代云近來喫麪多又云客來須看賊來須打問僧什麼處來僧云南華塔頭來師云還見祖師麼僧云用見作什麼師云你又去那裏作什麼僧云有什麼過師云既去無過見有什麼過無對代云若不如是爭知慈悲問僧甚處來僧云赴齋來師云將䞋錢來僧云和尚欠少箇什麼師云你又欠少箇什麼僧云不欠少師云不欠少又赴齋作什麼無對代云何妨又云趂塊問僧你是向北人僧云是師以一摑無對師云你問我僧却問和尚甚處人師又以一摑無對代前問處打一摑又代後云仁義道中有僧粥後來見師師云喫粥了也未僧云了也師云咬著露柱麼僧云咬著師云看硬著你無對代云也知和尚恐人

不實又云硬阿誰師因開門有僧便入師驀胷擒住云有甚麼事僧云有什麼事師以一摑無對代云退已進於人爲存賓主禮代搶住處云驀面唾這野狐精又代云因學人置得師指露柱問東京僧你鄉中還有這箇麼僧云有師云喚作什麼僧云喚作露柱師云三家村裏老翁也解與麼道無對代云本色師見僧來乃舉起拳作打勢僧近前作受勢師與一摑無對代云便出去又云一彩兩賽又代云行因招禍又云謝重重相爲問僧甚處來僧云大普請般柴來師云小普請爲什麼不到無對代云依前又是大普請又云辛苦受盡問新到甚處來僧云不敢師云放你三十棒無對代云某甲也消麼又云可惜許七間法堂問僧甚處來云荊南來師云夏在什麼處僧云分金師云有事相借問得麼僧云便請師云鷂子過新羅僧無對代云是於借問處代云鷂子過新羅師在僧堂內喫茶問設茶僧云什麼處安排僧指板頭云在這裏師云你更設一堂茶始得無對代云近日錢難得又云小財不去大財不來又云上間下板頭問僧甚處來僧云郴州師云夏在什麼處僧云西禪師云說什麼法僧展兩手垂兩邊師便打僧云某甲話在師却展兩手無對師打趁出代云便出去問僧甚處來僧云南華禮塔來師云莫脫空僧云實去來師云五戒不持無對代云彼此不出因齋次問僧盂裏幾餅餅裏幾盂僧拈起餅師云問著箇老婆無對代云不消又於問處云大衆喫飯次師因普請入柴寮云老底不用去還有老底麼僧云有師云在什麼處僧乃推出一僧師云這箇猶是後生無對代云若與麼却普請去始得師因喫茶次云什麼人接盞子有僧便接師云村裏老翁拜冬至無對代云秖爲行仁義却招禍及身有僧來參師問曾聽講來麼僧云是師云見說有唯識論是不僧云是師云非非想天說箇什麼僧云不會師云且念文書代云禪師受欺座主又云吽發又云維摩頭法華尾有僧辭師師云甚處去僧云湖南去師云前頭津鋪難過僧云某甲有隨身公驗師云這箇是念上大人無對代云小小村鎮不足可言又云和尚大殺代前語云便珍重出去師問新到云把將公驗來僧云有人問了也師云由是念上大人僧云莫錯師云草賊大敗無對代前語云且存仁義代後語云人似村鎮頭又云久嚮問僧一切聲是佛聲一切色是佛色拈却了也與我道僧云拈却了也師云與麼說驢年會麼無對代云君子一言代初語云狂又云不存少許佛法身心問僧甚處來僧云摘茶來師云摘得幾箇達磨代云新茶宜少喫又云因摘春茶不廢功力因僧辭師師云甚處去僧云虔上去師云打野榸漢代云珍重又云臨行因曬麥問僧曬了也未僧云了也師云儱頭從你橫咬竪咬不離這裏道將一句來代云新麥麵少喫又云三事蒸作餬餅糖餅問僧看什麼經云顯揚聖教論師云適來一問爲什麼照不著僧云什麼處照不著師云夢見顯揚聖教麼代云若不如是爭見當人又云照不著師問看經僧表首是什麼字僧拈起經師云我也有僧云和尚既有爲什麼却問師云爭柰與麼何僧云有什麼過師云自屎不覺臭代云今日方知又云德山拄杖紫胡狗又云和尚此問大殺靈利鼓山有小師久在崇壽却歸嶺中到保福處相看福知來却入帳子內衲衣蓋頭坐僧云和尚出汗耶不對有僧舉似師師云見成公案不能折合代云鈍置殺人又云草賊大敗師問僧看什麼經僧云呪師云與麼語話未有主在僧云和尚莫錯師云自領出去代云便出去問僧我有箇不露鋒骨底句作麼生有長老云收師云與麼道得一半代云深領和尚慈悲又云句你又云泪不別處因修藏問僧作麼生是藏僧應諾師云這箇是藏脚還我藏來無對代云爭得不修藏又云玉問新到甚處過夏云雲蓋師云多少人僧云七十人師云你爲什麼不在數代云新到分上未受與麼又云恐久住瞋問僧甚處來僧云郴州師云你爲甚麼失脚代云舉脚門下序大斧又云客是主人相問僧甚處來云杳渡師云你爲什麼蓋不著僧云和尚莫塗糊某甲師云觔跳不出十代云新到便參和尚重重嚴飾又云見面問僧古人道無邊剎境自他不隔於毫端新羅日本與這裏作麼生僧云不別師云入地獄代云不可作地獄見解又云爭得玉歸問僧你不得鈍置我僧云和尚因什麼到與麼地師云我鈍置你猶可你鈍置我更殺代云事不孤起又云和尚也大無端又云某甲甚處不下馬問僧你諸人行脚道我知有與我拈三千大千世界來眼睫上著僧云諾師云錢塘爲什麼去國三千里僧云豈干他事師云者掠虛漢代云和尚倚勢欺人又云常得此便問僧甚處來僧云南華塔頭來師云還見祖師麼僧云南華橋折師云南嶽石橋又作麼生無對師云學語之流代云便出去又云上也問僧甚處來僧云涅槃堂裏來師云亡僧還喫飯麼僧云不喫師云活人還喫飯麼無對代云一杓兩杓又云欠他一箇餬餅也不得又云也能秪對師問僧講律來是麼僧云是師云律鈔中說大小乘無分別作麼生是無分別無對代云靈樹置將一句來師問僧法身還喫飯麼僧云諸方老宿不肯法身無形無相作麼生喫師云與麼道夢見法身麼僧云有不肯處作麼生師云自不知乃云法身喫飯又代云將謂有衲僧孔竅猶是潑屎潑尿復云灼然百千人中未有

一人到此境界自云和尚作麽生代云咄這有頭無尾漢師問僧三藏聖教古今老和尚憑箇什麽照僧云高也著低也著師云你與麽不得代云得與麽狼籍生因鑄鐘歸山齋了請師打鐘師打了大衆打師問僧打鐘圖甚麽僧云喚和尚喫飯師不肯代云譬如閑又云息苦停酸師入京朝覲歸至大橋山門煎茶迎師師喫茶果次僧侍立師語二叅隨僧云是你京中無可喫乃拈一棵果子與一僧其僧接得便去又語一僧云我不與你僧無對師云那裏也有也其僧又無對別有僧出云某甲今日也隨和尚來請一分得麽師云嗄僧云某甲罪過觸忤和尚師云我不能嚥得你無對代前語云也知果子少兩人共一棵又云未到山便蒙和尚管顧代後語云某甲更是師歸山受大衆叅了乃云我離山得六十七日問你六十七日事作麽生衆無對代云和尚京中歸無信物又云和尚京中喫麵多因數僧來叅師問作什麽來云般柴來師云歸向北去不得辜負老僧無對復云來來三愚共成一智作麽生代云一畆地代前語云不因一事不長一智因齋次云今日喫飯不得遷化去也排比唱衣無對復云你問我僧便問將什麽唱師云驢年模著麽又云我與你三家村裏葛藤更問僧又問師擎起椀云這箇是定州椀子一唱三十文代前語云錢是足陌因齋次問僧你道人喫飯飯喫人無對師云你問我與你道僧乃問師云謝你荅話代前語云不因喫飯難得此言因僧隨師出三門師問古人道大用現前不存軌則作麽生是不存軌則無對復云你問我與你道僧便問師引聲云釋迦老子來也僧又無對師遂行數步以拄杖打松樹一下云嗄嗄會麽僧云不會師云你與麽驢年會麽代前語云多華樹嘲無半子代後語云由是師因見僧量米乃問籮裏多少達磨無對師云你問我僧便問師云斗量不盡代云因一事長一智又代趯却米籮便行因園頭請師喫茶師云你若煎茶我有箇報荅你園無對師云汝問我與汝道園頭云請師報荅師云多著水少著米代云得人一牛還人一馬又云金字叅六百錢一斤師因齋次拈起蒸餅云我這箇秖供養向北人是你諸人總不得時有僧問某甲爲什麽不得師云鈍置殺人代云某甲猶可代前語云兩彩一賽問僧古人道直須一句下悟去作麽生僧云直須一句下悟去師云你爲什麽鼻孔裏秖對我僧云某甲什麽處是鼻孔裏秖對師云夢見代云某甲愼初和尚護末又云南柯又云少喫又云衣文一切總不犯師問侍者客來將什麽接待者無對代云和尚要拄杖即道因歲日在堂中點茶師問僧設羅漢齋得生天福你得飯喫無對師云你問我與你道僧便問爲什麽與麽道師云先來不著便如今著屎潑代前語云非唯施主某甲也蒙因聞鼓聲問僧打鼓爲什麽人無語師云你問我僧便問師云打鼓爲三軍不爲你代云柴不辦師坐次有僧非時上來師云作什麽僧云請益師云你有什麽疑僧云某甲曾問和尚一宿覺般柴柴般一宿覺師乃敲椅子三下云你作麽生會僧云一切臨時師乃搥拳云我共你相撲一交得麽無對次日其僧再上値師漱盥次師乃將水椀過與僧云送去厨下著其僧送去了却來師見來乃從後門出去其僧云比來請益却得一口椀問僧作麽生是打靜一句僧云誰敢出頭師云你問我僧便問師以拄杖劃地一下問僧將什麽轉大藏教僧云莫越於此師云拈却菩提換却涅槃又作麽生僧云今日七明日八師云依稀似佛莽鹵如僧因僧請喫湯次師云作麽生無對師云你問我僧便問師以湯潑云一滴落地萬神俱醉會麽僧云不會師云不會即禮拜著因見僧商量大師打牀一下僧默然師云作麽生是打靜一句僧云出頭即修羅師云三十年後不得錯舉因供養羅漢問僧今夜供養羅漢你道羅漢還來也無無對師云你問我與你道僧便問師云換水添香僧云與麽即來也師云有什麽饅頭餕子速下來師拈拄杖問僧這箇是什麽僧云拄杖子師云入地獄師見僧乃召來來僧便來師云蒼天蒼天僧無語師云蒼天本是你哭爲什麽却我哭因入菜園見糞堆上牌子問僧道什麽僧無對師云你問我僧便問師云恐人無信問修造庵主云佛殿拆了也忽然施主來將何贍敬庵主合掌師云奴見婢殷勤因聞蚊子叫問僧蚊子吞却祖師也僧云非蚊子吞祖師祖師亦吞蚊子師不肯乃云你問我僧便問師云何怪香林云爲渠有分師問僧近離甚處僧云查渡師云夏在甚處僧云湖南報慈師云甚時離彼僧云去年八月師云放你三頓棒僧至來日却上問訊云昨日蒙和尚放三頓棒不知過在什麽處師云飯袋子江西湖南便與麽去僧於言下大悟遂云某甲自今已後向無人煙處卓箇草菴不畜一粒米不種一莖菜接待十方往來知識與他出却釘去却楔除却膱脂帽子脫却鶻臭布衫教伊灑灑地作箇衲僧豈不俊哉師云飯袋子身如椰兒大開與麽大口問僧佛法還有長短也無僧云這簾子長五尺師云這箇是簾子那箇是佛法僧云喚什麽作簾子師云脫空妄語漢因一日齋晚僧看厨庫而立師見乃打一棒僧回首師云文殊普賢香積世界去也問僧看什麽經僧云般若經師云作麽生是淸淨僧云共和尚商量了師云驢年夢見又云來來更共你葛藤蚊蚋裏藏身東海鯉魚勃跳上三十三天作麽生

僧云和尚與麽道即得師云這虛頭漢問僧看什麽經僧云般若經師云作麽生是清淨僧云什麽處不清淨師云繩牀入枇杷樹裏去也見麽僧云和尚莫瞞人師云瞞人且置你道我作麽生無對師云這掠虛漢師因見僧在殿角立乃拍手一下云佛殿露柱走入厨庫去也僧迴首看師云見你不會却來祇候佛殿因僧侍立次師云不問有言不問無言你作麽生道僧無語師云你問我僧便問師喚小師某甲小師應諾師云你又得箇師弟也師問僧今日般柴那僧云是師云古人道不見一法是你眼睛乃於般柴處抛下一片柴云一大藏教祇說這箇師於普請處謂衆云今日困有解問話底置將一問來若不問向後鼻孔遼天莫道我瞞你師問僧轉金剛經那云是師云一切法即非一切法是名一切法乃拈扇子云喚作扇子是名拈了也在什麽處從朝至暮顛倒妄想作麽因喫茶次問僧色香味觸具四塵你道茶具幾塵僧無語師云不得辜負我師因見僧看經乃云看經須具看經眼燈籠露柱一大藏教無欠少拈起拄杖云一大藏教總在拄杖頭上何處見有一點來展開去也如是我聞十方國土廓周沙界師問僧從苗辨地因語識人作麽生僧云不錯師云不敢因僧設齋師云你是甚處人僧云某處人師云報典座與阿師設齋師因喫茶次問僧曹溪路上還有俗談也無僧云請和尚喫茶師云靜處薩婆訶師問僧餬餅是什麽人做僧拈起餬餅師云這箇且放一邊長連牀上學得來餬餅是甚人做僧云和尚莫瞞某甲好師云這虛頭漢師行次一僧隨後行師豎起拳云如許大栗子喫得幾箇僧云和尚莫錯師云是你錯僧云莫壓良爲賤師云靜處薩婆訶師問直歲今日作甚來歲云刈茅來師云刈得幾箇祖師歲云三百箇師云朝行三千暮行八百東家杓柄長西家杓柄短作麽生歲無語師以拄杖打趂因僧齋歸師問齋主有什麽供養僧豎起拳師云我這裏問你即恁麽僧堂前有人問你作麽生道僧云一切臨時師云學語之流師問僧你作什麽僧云涅槃頭師云還有不病者麽僧云不會師云恁麽不會恁麽不會僧無語師云汝問我僧便問作麽生是不病者師指傍僧有南雄僧上白氈一段師云汝道我向什麽處著僧無語師代云拄杖頭上師却問傍僧你在南雄時識此僧麽僧云識師云喚去茶堂内喫茶師問僧不占田地句作麽生道僧云不會師云不會且作韶州客師問僧喫得幾箇餬餅僧云忘却師云喫了忘却未喫忘却僧云忘却說什麽喫與未喫師云是你忘却甚處得來師問僧你從向北來還曾遊臺麽僧云是師云關西湖南還曾見長嘴鳥說禪麽僧云不見師拈起拄杖以口作吹勢引聲云禪禪師問僧甚處過夏僧云和尚實問即道師云作賊人心虛舉臨濟三句語問塔主秖如塔中和尚得第幾句主無語師云你問我主便問師云不快即道主云作麽生是不快即道師云一不成二不是師一日從方丈出有僧過拄杖與師師接得却過與僧僧無語師云我今日著便僧云和尚爲什麽著便師云我拾得口喫飯師問僧甚處來僧云崇壽來師云崇壽有何言句僧云崇壽指凳子謂衆云識得凳子周帀有餘師云我即不與麽僧云和尚又如何師云識得凳子天地懸殊師問堂中首座云你道乾坤大地與汝自己同別首座云同師云一切物命蛾蜉蟻子與你自己同別首座云同師云你爲什麽干戈相待因在醋寮内指云這一甕醋得與麽滿那一甕醋得與麽淺僧云人貧智短馬瘦毛長師大笑而出問座主講什麽經主云涅槃經師云涅槃具四德是不主云是師拈起椀子云這箇具幾德主云一德也無師云古人因甚與麽道主云古人與麽道如何師敲椀子云會麽主云不會師云且講經著因齋欠有僧侍立師云你還飽也未僧無語師拈拄杖云拄杖却飽

頌雲門三句語并餘頌八首

門人住德山圓明大師緣密述

函蓋乾坤

乾坤并萬象地獄及天堂物物皆真現頭頭總不傷

截斷衆流

堆山積岳來一一盡塵埃更擬論玄妙氷消瓦解摧

隨波逐浪

辯口利舌問高低總不虧還如應病藥診候在臨時

三句外別置一問

當人如舉唱三句豈能該有問如何事南岳與天台

褒貶句

金屑眼中翳衣珠法上塵已靈猶不重佛祖爲何人

辨親疎

黑豆未生前商量已成顛更尋言語會特地隔西天

辨邪正

聞緣談真旨都緣未辨明守他山鬼窟不免是精靈

通賓主

目達趣風問分明向道休再三如不曉消得箇非遙

據鷹商量

相見不揚眉君東我亦西紅霞穿碧海白日繞須彌

提綱商量

若欲正提綱直須大地荒欲來衝雪刃不免露鋒鋩

據實商量

驀來合眼飯來餐起坐終須勿兩般同道盡知言不密十方刹土目前觀

委曲商量

得用由來處處通臨機施設認家風揚眉瞬目同一眼竪拂敲牀為耳聾

遊方遺録

師初叅睦州蹤禪師州纔見師來便閉却門師乃扣門州云誰師云某甲州云作什麼師云已事未明乞師指示州開門一見便閉却師如此連三日去扣門至第三日州始開門師乃撥入州便擒住云道道師擬議州托開云秦時轆轢鑽師從此悟入師到雪峰莊見一僧師問上座今日上山去那僧云是師云寄一則因縁問堂頭和尚秖是不得道是別人語僧云得師云上座到山中見和尚上堂衆纔集便出握腕立地云這老漢項上鐵枷何不脫却其僧一依師教雪峰見這僧與麼道便下座攔胷把住其僧云速道速道僧無對雪峰托開云不是汝語僧云是某甲語雪峰云侍者將繩棒來僧云不是某語是莊上一浙中上座教某甲來道雪峰云大衆去莊上迎取五百人善知識來師次日上山雪峰纔見便云因什麼得到與麼地師乃低頭從茲契合師在雪峰時有僧問雪峰如何是觸目不會道運足焉知路峰云蒼天蒼天僧不明遂問師蒼天意旨如何師云三斤麻一疋布僧云不會師云更奉三尺竹後雪峰聞喜云我常疑箇布衲師行脚時見一座主舉在天台國清寺齋時雪峰拈鉢盂問某道得即與你鉢盂某云此是化佛邊事峰云你作座主奴也未得某云不會峰云你問我與你道某始禮拜峰便蹋倒某得七年方見師云是你得七年方見主云是師云更與七年始得師在浙中蘊和尚會裏一日因喫茶次舉蘊和尚垂語云見聞覺知是法法離見聞覺知作麼生有傍僧云見定如今目前一切見聞覺知是法法亦不可得師拍手一下蘊乃舉頭師云猶欠一著在蘊云我到這裏却不會師到共相共相問什麼處來師云雪嶺來相云要急言句舉一則來師云前日典座來和尚何不問他相云典座且置師云前過新羅師在嶺中時問卧龍和尚明已底人還見有已麼龍云不見有已始明得已又問長連牀上學得底是第幾機龍云第二機師云作麼生是第一機龍云緊峭草鞋師在嶺中時有僧問如何是法身向上事師云向上與你道即不難汝喚什麼作法身僧云請和尚鑒師云鑒即且置作麼生說法身僧云與麼與麼師云此是長連牀上學得底我且問你法身還解喫飯麼僧無語後有僧舉似梁家庵主主云雲門直得入泥入水資[illegible]云大一粒也不得剩一粒也不得師在雪峰與長慶西院商量雪峰上堂云盡大地撮來如粟米粒大拋向面前漆桶不會打鼓普請看西院問師雪峰與麼道還有出頭不得處麼師云有院云作麼生是出頭不得處師云不可總作野狐精見解也又云狼籍不少又云七曜麗天又云南閻浮提北鬱單越師一日與長慶舉趙州無賓主話雪峰當時與一蹋作麼生師云某甲不與麼慶云你作麼生師云石橋在向北師與長慶舉石鞏接三平話師云作麼生道免得石鞏喚作半箇聖人慶云若不還價爭辨眞偽師云入水見長人師到洞巖巖問作什麼來師云親近來巖云亂走作什麼師云暫時不在巖云知過即得師云和尚亂走作什麼師到踈山踈山問得方處道將一句來師云請和尚高聲問山便高聲問師云和尚早朝喫粥麼山云作麼生不喫粥師云亂叫喚作麼又因踈山示衆云老僧咸通年已前會得法身邊事咸通年已後會得法身向上事師問承聞和尚咸通年已前會得法身邊事咸通年巳後會得法身向上事是不山云是師云如何是法身邊事山云枯椿師云如何是法身向上事山云非枯椿師云還許學人說道理也無山云許你說師云枯椿豈不是明法身邊事非枯椿豈不是明法身向上事山云是師云法身還該一切不山云作麼生不該師指淨瓶云法身還該這箇麼山云闍黎莫向淨瓶邊會師便禮拜師到曹山山示衆云諸方盡把格則何不與他道一轉語教伊莫疑去師便問密密處為什麼不知有山云秖為密密所以不知有師云此人作麼生親近山云不向密密處師云不向密密處還得親近也無山云始得親近師應諾諾師問曹山如何是沙門行山云喫常住苗稼者師云便與麼去時如何山云你還畜得麼師云學人畜得山云你作麼生畜師云著衣喫飯有什麼難山云何不道披毛戴角師便禮拜因瑫長老舉菩薩手中執赤幡問師作麼生師云你是無禮漢瑫云作麼生無禮師云是你外道奴也作不得師到天童童云你還定當得麼師云和尚道什麼童云不會即目前包裹師云會即目前包裹因見信州鵝湖上堂云莫道未了底人長時浮逼逼地設使了得底人明得知有去處尚乃浮逼逼地師下來舉此語問首座適來和尚示衆云未了底人浮逼逼地了得底人浮逼逼地意作麼生首座云浮逼逼地師云首座在此久住頭白齒黃作這箇語話首座云未審上座又作麼生師云要道即得見即便見若不見莫亂道首座云秖如堂頭道浮逼逼地又作麼生師云頭上著枷脚下著杻座云與麼則無佛法也師云此是文殊普賢大人境界師行脚時有官人問還有定乾坤底句麼師云蘇嚕蘇嚕悉哩薩訶師到江州有陳尚書請師齋相見便問儒書中即不問三乘十二分教自有座主作麼生是衲僧行脚事師云曾問幾人

來書云卽今問上座師云卽今且置作麼生是敎意書云黃卷赤軸師云這箇是文字語言作麼生是敎意書云口欲談而辭喪心欲緣而慮忘師云口欲談而辭喪為對有言心欲緣而慮忘為對妄想作麼生是敎意尚書無語師云見說尚書看法華經是不書云是師云經中道一切治生產業皆與實相不相違背且道非非想天有幾人退位書無語師云尚書且莫草草十經五論師僧拋却特入叢林十年二十年尚不柰何尚書又爭得會尚書禮拜云某甲罪過師到歸宗僧問大衆雲集合談何事宗云兩兩三三僧云不會宗云三三兩兩師却問其僧歸宗意旨如何僧云全體與麼來師云上座曾到漳州龍牙麼僧云曾到來師云打野榸漢師因乾峯上堂云法身有三種病二種光須是一一透得更須知有照用臨時向上一竅在峰乃良久師便出問庵內人為什麼不見庵外事峰呵呵大笑師云猶是學人疑處在峰云子是什麼心行師云也要和尚相委峰云直須與麼始解穩坐地師應諾諾乾峰示衆云舉一不得舉二放過一著落在第二師云衆云昨日有人從天台來却往徑山去峰云典座來日不得普請便下座師問乾峰請師荅話峰云到老僧也未師云與麼則學人在遲也峰云與麼那與麼那師云將謂猴白更有猴黑師到灌溪時有僧舉灌溪語云十方無壁落四面亦無門淨躶躶赤灑灑沒可把問師作麼生師云與麼道卽易也大難出僧云上座不肯和尚與麼道那師云你適來與麼舉那僧云是師云你驢年夢見灌溪麼僧云某甲話在師云我問你十方無壁落四面亦無門淨躶躶赤灑灑沒可把你道大梵天王與帝釋商量箇什麼事僧云豈干他事師喝云逐隊喫飯漢陳尚書問雲居供養主云雲居高低於弟子主無語尚書問師師云尚書莫敎話墮師在嶺中時問一老宿一切時中如何辨明老宿云喚什麼作一切時中師云釋迦老子道了也彌勒猶自不知又見一老宿上堂云若是商量舉覺如當門利劒相似一句下須有殺活始得師出衆云和尚上堂多時大衆歸堂老宿云道什麼師云日月易流師在嶺中順維那處起彼時問古人豎起拂子放下拂子意旨如何維那云拂前見拂後見師云如是如是又云是諾伊是不諾伊又云可知禮也師聞洛浦勘僧云近離甚處僧云荊南浦云有一人與麼去還逢麼僧云不逢浦云為什麼不逢僧云若逢卽頭粉碎浦云闍黎三寸甚密師後於江西見其僧乃問云還有此語不僧云有師云洛浦倒退三千里師在靈樹知聖大師會中為首座時僧問知聖如何是祖師西來意聖云老僧無語却問僧忽然上碑合著得什麼語時有數僧下語皆不契聖云汝去請首座來洎師至聖乃舉前話問師師云也不難聖云著得什麼語師云有人問如何是祖師西來意但云師知聖深肯

大師遺表

伏聞有限色身詎免榮枯之數無形實相豈云遷變之期既風燈炬焰難留在水月空華何適將避與彝之咎將陳委蛻之詞臣中謝伏念臣跡本寒微生從草莽爰自髫亂切慕空門潔誠誓屏於他緣銳志唯探於內典其或忘餐待問立雪求知困風霜於十七年間涉南北於數千里外始見心猿罷跳意馬休馳身隈留石之雲頭變楚山之雪以至榮逢景運慶沐天波詰道談空誓荅乾坤之德開蒙發滯星馳雲水之徒獲揚利益之因迴自聖明之澤加以聯叨鳳詔累對龍庭繼奉頒宜重覃慶賜撫躬惆悵殞命何酬不誚臣駑馬年衰難勝谷澥遼索淪於疲瘵唯待盡於明時星漢程遙遐聘而繾睠北極波濤去速迴睇而已逐東流伏願鳳曆長春扇皇風於拂石之劫龍圖永固齊壽考於芥子之城臣限餘生無時徹躬將謝不獲奔辭丹闕祝別彤庭臣無任瞻天戀聖激切屏營之至謹奉表以聞

遺誡

夫先德順化未有不留遺誡至若世尊將般涅槃亦遺教敕吾雖無先聖人之德既忝育衆一方殆盡不可默而無示吾自居靈樹及徙當山凡三十餘載每以祖道寅夕激勵汝等或有言句布在耳目具眼者知切須保任吾今已衰邁大數將絕剎那遷易頃息待盡然淪溺生死幾經如是非獨于今矣吾自住持已來甚煩汝等輔贊之勞但自知媿耳吾滅後置吾於方丈中上或賜塔額秖懸於方丈勿別營作不得哭泣孝服廣備祭祀等是吾切意蓋出家者本務超越毋得同俗其住持等事皆仍舊貫接諸來者無失常則諸徒弟等仰從長行訓誨凡係山門莊業什物並盡充本院支用勿互移屬他寺敎有明旨東西廊物尚不應以互用汝當知矣或能遵行吾誡則可使佛法流通天神擁衛不負四恩有益於世或違此者非吾眷屬勉旃勉旃大期將迫臨行略示遺誡努力努力好住還會麼若不會佛有明教依而行之

雲門匡眞禪師廣錄序

祖燈相繼數百年間出類邁倫超今越古盡妙盡神道盛行於天下者數人而已雲門大宗師特為之最擒縱舒卷縱橫變化放開江海魚龍得游泳之方把斷乾坤鬼神無行走之路草木亦當稽首土石為之發光其傳於世者對機室錄垂代勘辨行錄歲久或有差舛今參考刊正一新鏤板以永流播益使本分鉗鎚金聲而玉振崢嶸世界瓦解而冰消必若列派

分宗不免將錯就錯論功紀德已是埋沒前賢謾㨾起模適足糊塗後學若是頂門有眼甚處與雲門相見熙寧丙辰三月二十五日權發遣兩浙轉運副使公事蘇澥序

雲門山光泰禪院匡眞大師行錄

師諱文偃姓張氏世爲蘇州嘉興人寔晉王冏東曹參軍翰十三代孫也師夙負靈姿爲物應世故纔自髫齓志尚率已厭俗遂依空王寺志澄律師出家爲弟子以其敏質生知慧辯天縱凡誦諸典無煩再閱澄深器美之及長落髮稟具於毗陵壇後還澄左右侍講數年窮探四分旨既毗尼嚴淨悟器淵發乃辭澄謁睦州道蹤禪師蹤黃蘗之裔也知道不偶世引已自處潛居古伽藍維揖世高蹈而爲世所慕凡應接來者機辯峭捷無容佇思師初往參三扣其戶蹤纔啓關師擬入蹤托之云秦時䡨轢鑽因是釋然朗悟既而諮參數載深入淵微蹤知其神器充廓覺難可任因語之曰吾非汝師今雪峰義存禪師可往參承之無復留此師依旨入嶺造雪峰溫研積稔道與存契遂密以宗印付之由是回禀存焉師參罷出嶺徧謁諸方覈窮殊軌鋒辯險絕世所盛聞後抵靈樹知聖禪師道場知聖夙已憶其來忽鳴鼓告衆請往接首座時師果至先是知聖住靈樹凡數十年堂虛首席衆屢請命上座知聖不許嘗曰首座纔遊方矣及師至始命首衆焉洎知聖將示滅欲師躡其席乃潛書祕函中謂門弟子曰吾滅後上或幸此請以遺上果會駕幸山知聖預測上至乃升堂跏趺而終及帝至已滅矣帝詢師遺示門人出函奏之上啓函得書云人天眼目堂中上座帝乃敕刺史何希範具禮命師以襲法會上於是欽美之累召至闕每所顧問酬答響應帝愈揖服遂賜紫袍師名後徙居雲門山鼎革廢址大新棟宇師自衡踐祖域凡二紀有半風流四表大弘法化禪徒湊集登門入室者莫可勝紀今白雲山實性大師乃其甲也師以乾和七年己酉四月十日順寂夙具表以辭帝兼述遺誡然後加趺而逝尋奉敕賜塔額以師遺旨令置全軀於方丈中或上賜塔額秖懸於方丈勿別營作門人乃依教奉師於丈室以爲塔焉師先付法于弟子實性俾紹覺場僉識爲實性已傳道育徒乃革命在會門人法球以繼師席嗚呼世尊云滅矣適楨冥行着何所從適哉岳幸叅目師之餘化知師所爲之大略敢不書之以貽方來時己酉歲孟夏月二十有五日集賢殿雷岳譔

請疏

弟子韶州防禦使兼防遏指揮使權知軍州事銀青光祿大夫檢校兵部尚書御史大夫上柱國何希範洎闔郡官僚等請靈樹禪院第一座僴和尚恭爲皇帝陛下開堂說法上資聖壽者竊以伽跋西來克興大乘之教達磨東至乃傳心印之宗然法炬以燭幽運慈舟而濟溺伏惟和尚慧珠奮彩心鏡發輝性海深沉不可以識識言泉玄奧不可以智知能造一相之門迥出六塵之境靈樹禪院者實古靈蹤最上勝槩自知聖大師順世密授付囑之詞皇帝巡狩榮加寵光之命足可以爲祇園柱礎梵苑梯航緇徒虔心以歸依仕庶精誠而信仰希範叨權使命謬治名藩幸逢法匠之風請踞方丈之室願以廣濟爲益無將自利處懷少徇披榛之徒佇集如雲之衆俯從所請即具奏聞

師歸寂後十七載感夢於雄武軍節度推官阮紹莊紹莊夢師以拂子招曰與吾寄語秀華宮使特進李托奏請開塔吾久蔽塔中宜令暫出時托奉使部陽監修營諸寺因得紹莊之語乃以所夢聞上尋奉敕令韶州刺史梁延鄂同托請雲門山開塔果見眞容如昔髭髮猶生遂具表聞奉使奉敕令托迎眞身赴闕留內庭供養逾月乃送還塔仍改寺爲大覺謚大慈雲匡眞弘明禪師

住福州鼓山圓覺宗演校勘

古尊宿語錄卷之十八

入[illegible]沙門[illegible]施資刻此
古尊宿語錄第十八卷計字一萬二千九百
一十一箇該錢[illegible]兩二錢四分
鼓山禪寺[illegible]南京[illegible]氏書[illegible]元[illegible]戴[illegible]刻
萬曆乙卯歲春三月[illegible]山化城識

古尊宿語錄卷之十九

袁州楊岐山普通禪院會和尚語錄

江寧府保寧禪院嗣法小師仁勇編

師在筠州九峰山受疏了披法衣乃拈起示衆云會麼若也不會今日無端走入水牯牛隊裏去也還知麼筠陽九曲萍實楊岐乃陞座時有僧出衆師云漁翁未擲釣躍鱗衝浪來僧便喝師云不信道僧撫掌歸衆師云消得龍王多少風問師唱誰家曲宗風嗣阿誰師云有馬騎馬無馬步行進云少年長老足有機籌師云念你年老放你三十棒問如何是佛師云三脚驢子弄蹄行進云莫只者便是師云湖南長老問人法俱遣未是衲僧極則佛祖雙亡猶是學人疑處未審和尚如何爲人師云你只要看破新長老進云與麼則旋斫生柴帶葉燒師云七九六十三師云更有問話者麼試出衆相見楊岐今日性命在你諸人手裏一任橫拖倒拽爲什麼如此大丈夫兒須是當衆決擇莫背地裏似水底捺葫蘆相似當衆引驗莫便面赤有麼有麼出來決擇看如無楊岐失利師纔下座九峰勤和尚把住云今日喜遇同叅師云同叅底事作麼生峰云九峰牽犁楊岐拽杷師云正當與麼時楊岐在前九峰在前峰擬議師托開云將謂同叅元來不是

師入院上堂僧問如何是楊岐境師云獨松巖畔秀猿向下山啼進云如何是境中人師云貧家女子携籃去牧童橫笛望源歸師乃云霧鎖長空風生大野百草樹木作大師子吼演說摩訶大般若三世諸佛在你諸人脚跟下轉大法輪若也會得功不浪施若也不會莫道楊岐山勢嶮前頭更有最高峰

上堂云百丈把火開田說大義是何言歟楊岐兩日種禾亦有箇奇特語乃云達磨大師無當門齒

上堂楊岐一要千聖同妙布施大衆拍禪床一下云果然失照

上堂楊岐一言隨方就圓若也擬議十萬八千下座

上堂楊岐一語呵佛叱祖明眼人前不得錯舉下座

上堂楊岐一句急著眼覷長連床上拈匙把筯下座

上堂僧問急水江頭須下釣如何釣得巨鼇歸師云撒手長空外時人總不知進云知底事作麼生師云雲生嶺上進云作家宗師天然猶在師云念言語漢師乃云不見一法是大過患拈起拄杖云穿却釋迦老子鼻孔作麼生道得脫身一句向水不洗水處道將一句來良久云向道莫行山下路果聞猿叫斷腸聲

上堂拍禪床一下云只箇心心心是佛十方世界最靈物釋迦老子說夢三世諸佛說夢天下老和尚說夢且問諸人還曾作夢麼若也作夢向半夜裏道將一句來良久云人間縱有眞消息倫向楊岐說夢看叅

上堂坐斷乾坤天地黯黑放過一著雨順風調然雖如是俗氣未除在僧問欲免心中鬧應須看古教如何是古教師云乾坤月明碧海波澄進云未審作麼生看師云脚跟下進云忽遇洪波浩渺時如何師云放過一著十字縱橫又作麼生僧便喝撫掌一下師云看者一員戰將進云打草蛇驚師云也要大家知師拈起拄杖云一即一切一切即一劃一劃云山河大地天下老和尚百雜碎作麼生是諸人鼻孔良久云劒爲不平離寶匣藥因救病出金瓶喝一喝卓一下叅

上堂秋雨洗秋林秋林咸翠色傳語傅大士何處尋彌勒

上堂薄福住楊岐年來氣力衰寒風凋敗葉猶喜故人歸囉囉喫咀拈上死柴頭且向無煙火

上堂楊岐無旨的栽田博飯喫說夢老瞿曇何處覓蹤跡喝一喝拍禪床一下叅

上堂凡聖不存佛祖何立大衆清平世界不許人攙奪行市

上堂楊岐乍住屋壁踈滿床皆布雪眞珠縮却項暗嗟吁良久云翻憶古人樹下居

後住潭州雲蓋山海會寺語録

舒州白雲峰嗣法小師守端編

師於興化寺開堂府主龍圖度疏與師師纔接得乃提起云大衆府主龍圖駕部諸官盡爲你諸人說第一義諦了也諸人還知麼若知家國安寧事同一家若不知曲勞僧正度與表白宣讀且要天下人知表白宣疏了乃云今之日賢侯簇擁海衆臨筵最上上乘請師敷演師云若是最上上乘千聖側立佛祖潛蹤何故如此爲諸人盡同古佛還信得及麼若信得及大家散去若不散去山僧說你諸人去也遂陞座拈香云此一瓣香祝延今上皇帝聖壽無窮又拈香云此一瓣香奉爲知府龍圖駕部諸官伏願常居祿位復拈香云大衆還知落處麼若也不知却爲注破奉酬石霜山慈明禪師法乳之恩山僧不免熏天炙地去也便燒淨行大師白槌云法筵龍象衆當觀第一義師云大衆早是落二落三了也諸人何不負丈夫之氣若不然者有疑請問僧問昔日梵王請佛天雨四花府主臨筵有何祥瑞師云片雲收岳面浪自靜瀟湘進云大衆霑恩學人禮謝師云斷頭船子下楊州僧問埋兵掉鬭即不問今日當場事若何師云楊岐入界來未曾逢見著作家僧以手劃一劃師云分身兩處看師乃云若有問話者請出來諸供養中法供養最勝若據祖宗令下祖佛潛蹤天下黯黑豈

容諸人在者裏立地更待山僧開兩片皮雖然如是且向第二機中說些葛藤其與大用舉步全真既立名真非離真而立立處即真者裏須會當處發生隨處解脫此喚作鬧市裏上竿子是人總見你道金不博金一句作麼生道還有人道得麼試出來踏跳看如無山僧今日失利但某此際榮幸伏遇知府龍圖通判駕部洎諸官僚請住雲蓋道場可謂諸官願弘深廣爲國忠臣建立法幢上嚴帝祚然願諸官壽齊山岳永佐明君作大股肱爲佛施主諸院尊宿在會信心世世生生共營大事久立珍重

上堂春雨普潤一滴滴不落別處拈拄杖卓一下云會麼九年空面壁年老轉心孤

歲旦上堂僧問舊歲已隨殘臘去今日新春事若何師云鉢盂裏滿盛進云與麼則三年逢一閏九月是重陽師云野火燒不盡春風吹又生進云專爲舉似諸方去也師云你道雲蓋末後一句作麼道進云七九六十三師云念言語漢師乃云春風如刀春雨如膏律令正行萬物情動你道脚踏實地一句作麼生道出來向東涌西沒處道看直饒道得也是梁山頤子

上堂賀朝清旦古今總見更問如何也是癡漢

上堂一塵纔舉大地全收拈起拄杖云如今舉也卓禪床一下云山河大地塞却諸人眼睛有不受人謾底出衆道看良久云玉笛橫吹動天地未曾逢著箇知音參

上堂身心清淨諸境清淨諸境清淨身心清淨還知雲蓋老人落地處麼乃云河裏失錢河裏摝下座

上堂雲蓋是事不如說禪似吞栗蒲若向此處會得佛法天地懸殊

上堂三春將杪四海廓清風恬浪靜是人知有且道將長就短一句作麼生道良久云幾度黑風翻大海未曾聞道釣舟傾參

上堂拈拄杖卓一下云大衆達磨縱有真消息也落諸人第二機參

上堂景色乍晴物情舒泰舉步也千身彌勒動用也隨處釋迦文殊普賢總在者裏衆中有不受人瞞底便道雲蓋和麩糶麵然雖如是布袋裏盛錐子

上堂有句無句如藤倚樹文殊維摩撒手歸去雲蓋與麼道也是看鋼鄒更有後語不得錯舉下座

上堂阿呵呵是什麼僧堂裏喫茶去下座

上堂擲下拄杖云釋迦老子著跌偷笑雲蓋亂說雖然世界坦平也是將勤補拙參

參駕部歸寺上堂釋迦老子爲先鋒彌勒大士爲殿後衆中還有著力者麼出衆來與雲蓋著力看如無雲蓋自逞神通也三五日出入相看首座大衆你且道於者裏還有膈礙底道理麼上座僧堂裏展鉢時與上座同展睡時與上座同睡立地時與上座同立地長者長法身短者短法身彌勒運用與去來何處有間隔雖然如是你且道雲蓋在船頭在船尾衆中還有靈利底衲僧覷得見麼良久云人人盡道平地險登樓方覺遠山青參

上堂雪雪處處光輝明皎潔黃河凍鎖絕纖流赫日光中須迸烈須迸烈那吒頂上喫蒺藜金剛脚下流出血參

上堂踏著秤鎚硬似鐵啞子得夢向誰說須彌頂上浪滔天大洋海底遭火爇參

上堂拍禪床一下云休戀江湖五六月收取絲綸歸去來

上堂雲蓋不會禪只是愛嗑眠打動震天雷不直半分錢

上堂舉古人一轉公案布施大衆良久云口只好喫飯

楊岐詮老來師上堂拈花付囑有屈當人面壁九年胡言漢語當人分上把斷乾坤且道作麼生是把斷乾坤底句還有人道得麼如無雲蓋失利楊岐提刑山下過師出接提刑乃問和尚法嗣何人云慈明大師楊云見箇什麼道理便法嗣他云共鉢盂喫飯楊云與麼則不見也師捺膝云什麼處是不見楊大笑師云須是提刑始得師云請入院燒香楊云却待回來師乃獻茶信楊云者箇却不消得有甚乾曝曝底禪希見示些子師指茶信云者箇尚自不要豈況乾曝曝底禪楊擬議師乃有頌示作王臣佛祖罔措爲指迷源殺人無數楊云和尚爲什麼就身打劫師云元來却是我家裏人楊大笑師云山僧罪過萬壽先馳書至師問萬壽峰前師子吼當人返擲事如何僧云踏跳上三十三天師云與麼則雲蓋直下覷也僧云草賊大敗師云更不再勘且坐喫茶龍興孜老遷化僧馳書至師問世尊入滅槨示雙趺和尚歸真有何相示僧無語師搥胷云蒼天蒼天慈明遷化僧馳書至師集衆挂真舉哀師至真前提起坐具云大衆會麼遂指真云我昔日行脚時被者老和尚將一百二十斤擔子放在我身上如今且得天下太平却顧視大衆云會麼衆無語師搥胷云嗚呼哀哉伏惟尚饗慈明忌晨設齋衆集師至真前以兩手捏拳安頭上以坐具劃一劃打一圓相便燒香退身三步作女人拜首座云休捏怪師云首座作麼生首座云和尚休捏怪師云兎子喫牛妳第二座近前打一圓相便燒香亦退身三步作女人拜師近前作聽勢第二座擬議師打一掌云者漆桶也亂做送武泉常老出門乃問出門便作還鄉計到家一句作麼生道泉云

和尚善為住持師云與麼則身隨寒影去脚大草鞋寬泉云和尚善為開田師云兎子何曾離得窟一日三人新到師問三人同行必有一智提起坐具云叅頭上座與者箇作什麼僧云坐具師云真箇那僧云是師云喚作什麼僧云坐具師顧視左右云叅頭却具眼又問第二座欲行千里一步為初如何是最初一句僧云到和尚者裏爭敢出手師以手劃一劃僧云了師展兩手僧擬議師云了又問第三座上座近離什麼處僧云南源師云楊岐今日被上座勘破且坐喫茶一日七人新到師問陣勢既圓作家戰將何不出陣與楊岐相見僧以坐具便打師云作家僧又打師云一坐具兩坐具又作麼生僧擬議師背面立僧又打師云你道楊岐話頭落在什麼處僧指面前云在這裏師云三十年後遇明眼人不得錯舉且坐喫茶一日道吾供養主馳書至師問春雨霡霂無暫息不綱波瀾試道看主云適來已通信了師云者箇是道吾底那箇是化主底主指云春雨霡霂師撫掌大笑云不直半分錢主便喝師云者瞎漢向道不直半分錢又惡發作什麼主撫掌一下師云且坐喫茶一日石霜供養主至師問征行戰將假道經過劄寨既圓何不與楊岐草戰主云昔時謬向途中覓今日親逢老作家師云楊岐且輸小捷去也主便喝師云亂做作什麼主將坐具劃一劃師云齋後鐘主云噓師云只者箇別更有在主無語師云收將不斬且坐喫茶師問僧楊岐路僻高步何來僧云和尚幸是大人師云嗄僧云和尚幸是大人師云楊岐近日耳聾且坐喫茶師問僧秋色依依朝離何處僧云去夏在上藍師云不涉程途一句作麼生道僧云兩重公案師云謝上座答話僧便喝師云那裏學得者虛頭來僧云明眼尊宿難謾師云與麼則楊岐隨上座去也僧擬議師云念你鄉人在此放你三十棒師問僧雲深路僻高步何來僧云天無四壁師云踏彼多少草鞋僧便喝師云一喝兩喝又作麼生僧云你看者老和尚師云拄杖不在且坐喫茶師問僧敗葉堆雲朝離何處僧云觀音師云觀音脚跟下一句作麼生道僧云適來已相見了也師云相見底事作麼生僧無語師云第二上座代叅頭道看僧亦無語師云彼此相鈍置一日八人新到師問一字陣圓作家戰將何不出陣與楊岐相見僧云和尚照顧話頭師云楊岐今日抱馬拖旗去也僧云新戒打退鼓師云道僧擬議師云道僧撫掌一下師云謝上座答話僧無語師云將頭不猛累及三軍且坐喫茶

潭州道吾真禪師語要

開堂日表白宣疏罷乃云請和尚不勞謙讓為衆舉揚師云直饒與麼道也落第三繼便陞座上首白槌了師乃云便與麼觀得一時著便若論玄微見與不見一時戳瞎時有僧問承師有言明暗兩字截斷衆流請師便道師云作麼生道僧云作家師便喝僧撫掌師云恰是問三千劍客無施用便卷珠簾賀太平時如何師云遍塞虛空內開眼日月前進云恁麼則千花爍畔澄孤月五鳳樓前舞纛旗去師云白雲千里萬里僧拂袖歸衆師云瞎問疋馬單鎗請師布陣師云分為兩段僧撫掌師云你又作麼生僧無語師喝云瞎漢乃云一問一答未有休期直饒你問到未來際我也答到未來際所以古人喚作無盡法藏亦喚作無礙辯門且道如今喚作無盡法藏是無礙辯門是還有道得底麼試出來道看如無拄杖子為你諸人道去也以拄杖劃一劃云一時領過下座

師在北禪上堂云青山峭峻白日如梭龍門無客關市人多諸人且道卽今下菜行頭有幾人納稅百姓時有僧出禮拜師云北禪寺裏却有一箇僧問不落二三請師速道師云前三點後三點僧便喝師亦喝僧禮拜師云有恁麼瞎漢

師上堂舉洞山云五臺山上雲蒸飯佛殿堦前狗尿天幡竿頭上煎餅子三箇猢猻夜播錢師云老僧卽不然三面貍奴脚踏月兩頭白牯手擎煙戴冠碧兎立庭栢脫殼烏龜飛上天老僧葛藤盡被汝諸人覷破了也洞山老人甚是奇特雖然如是只行得三步四步且不過七跳八跳且道誵訛在什麼處老僧今日不惜眉毛一時布施良久云叮嚀損君德無言眞有功任從滄海變終不為君通

上堂云拗折秤衡將什麼定斤兩拈却鉢盂匙筯將什麼喫粥飯不如向三家村裏東卜西卜忽然卜著脫却鼻孔

上堂拈拄杖卓一卓喝一喝云你還肯麼你若肯心肝五臟頭目髓腦一時屬老僧你若不肯心肝五臟頭目髓腦一時分付擲下拄杖便下座

上堂一切智智清淨無二無二分又道無法可說是名說法且道龍宮海藏甚處得來良久云三要點開天地眼一曲無私豁古今

上堂舉僧問首山如何是佛山云新婦騎驢阿家牽師乃有頌手提巴鼻脚踏尾仰面看天聽流水天明送出路傍邊夜靜還歸茅屋裏

上堂直上直下如何指南十字縱橫作麼生提綱良久云風散亂雲長空靜夜深明月照窓前

上堂師子兒哮吼龍馬駒跨跳古佛鏡中明三山孤月皎乃作舞下座

上堂乃喚維那令昨日四人新到人事新到纔出師乃云雖是小過令人大怒新到纔展坐具師云當處空王如來作禮便歸方丈

上堂云遍界元正又逢令節問諸禪人是生是滅紅日長輝玉輪圓缺疾發過鋒眼中電掣觸體常吟是決不決汝等諸人還拜父母墳墓也無良久云人行荒草裏鬼哭密林間

上堂僧問疑然便會時如何師云老鼠尾上帶研槌問王老夜燒錢意旨如何師云門外看星月僧擬議師云會麼僧云不會師乃云王老夜燒錢白日看犀月磕額禮慈尊手把寘香燄

上堂拈拄杖卓一卓喝一喝乃云一喝一卓眼生八角鼻孔吒沙眉毛卓朔若也會得西山月落若也不會胡餅餺飥下座

上堂僧問如何是第一句師云直下衝雲際東山絶往來 問如何是第二句師云面前深不見背後稱冤苦 問如何是第三句師云頭上一堆塵脚下三尺土問如何是佛師云洞庭無蓋問古人道來時不將絲頭來去時不將絲頭去意旨如何師云一生六十劫未是長朝僧無語師云會麼僧云不會師云洞庭八百里未是闊問如何是真如體師云夜叉屈膝眼睛黑問如何是真如用師云金剛杵打鐵山摧問如何是透出乾坤句師云棒下最分明僧無語師乃云濟出乾坤句未語先剖陳屈躬來更問棒下取分明

上堂衆集師以拄杖擲下來隨後跳下衆擬散師乃名大衆衆回首師乃云爲老僧收取拄杖便歸方丈

上堂云開心椀子盛將來無縫合盤合取去擬思量何劫悟看取眉毛有幾許去

上堂云夜來雷聲震地今朝細雨霏霏乾枯滋潤萬物萌芽且道嘉州大象髭鬚長得多少還有道得者麼若也道得陝府鐵牛是常不輕菩薩若道不得土宿搥脫你鼻孔

上堂若據祖令到這裏總須茫然放老僧一線且向眉睫裏東覷西覷

上堂僧問如何是第一玄師云釋尊光射阿難肩如何是第二玄師云孤輪衆象攢如何是第三玄師云泣向枯桑淚漣漣如何是第一要師云最好精麄照如何是第二要師云閃爍乾坤光晃耀如何是第三要師云夾路青松老問如何是先照後用師云語路分明說投針不迴避如何是先用後照師云金剛覿面親分付話道分明好好陳如何是照用同時師云祖佛道中行路異森羅影裏不留身如何是照用不同時師云清涼金色光先照峨嵋銀界一時鋪乃云參須實參學須實學又須要明古人血脉且道作麼生是古人血脉良久云智不到處切忌道著

上堂云寒風浩浩無時節浪打懸崖石頭裂洞庭湖裏釣船傾雪路行人山路絶清風月白透幽關畢竟以何爲妙訣下座

上堂向上一路千聖不傳學者勞形如猿捉影你等諸人還明得這時節麼若明得去天上人間堪受供養若明不得閻羅老子眼目分明

上堂汝等諸人盡學佛法非即便言非是即便言是直須緇素分明不得錯認定盤星好珍重

上堂有僧問如何是常照師云針鋒上須彌云如何是寂照師云眉毛裏海水云如何是本來照師云草鞋裏踏跳師乃云常照寂照本來照草鞋底下常踏跳要會針鋒上須彌眉中海水常湫湫

上堂云如天普蓋似地普擎三世諸佛總在你鼻孔裏三十年後不得辜負老僧

上堂普化明打暗打布袋橫撒豎撒石室行者踏碓因甚忘却下脚

上堂衆僧問大隨劫火洞然大千俱壞未審這箇壞不壞隨云壞僧云與麼則隨他去隨云隨他去又問龍濟劫火洞然大千俱壞未審這箇壞不壞濟云不壞僧云爲什麼不壞濟云爲同大千此二老宿一人道壞一人道不壞且道壞底是不壞底是會麼壞與不壞俱非内外不隔纖毫尋常面對

上堂問如何是奪人不奪境師云庵中閑打坐白雲起峰頂如何是奪境不奪人師云閃爍紅霞散天重措路親如何是人境兩俱奪師云剛骨盡隨紅影沒芳苗總逐白雲消如何是人境俱不奪師云久旱逢初雨他鄉遇舊知問如何是賓中賓師云誰說有跡親如何是賓中主師云磕額無回互對面與誰陳如何是主中賓師云瑞雲空裏布霹靂震乾坤如何是主中主師云古皇今高舉巧辨徒中吐問如何是正中來曰皎潔乾坤震地雷如何是正中偏曰諸子投來見大仙如何是偏中正曰萬水千山明似鏡如何是兼中至曰施設縱橫無所畏如何是兼中到曰黑白未分已前過師乃云古人道王宮元不異問答理俱全同安又云賓主睦時全是妄君臣合處正中邪一等是出世宗師接物利生言教有異爲復見處偏枯爲復利生不曾明眼底人通箇消息

上堂云有物先天地無形本寂寥能爲萬象主不逐四時凋且道是什麼物還識得麼若識得乾坤大地森羅萬象明若也不識被物撥著轉身不得

上堂云古人道迦葉依前還不是實難會子宿領下髭鬚多波斯眼深鼻孔大甚奇怪欻然透過新羅界

上堂云古今日月依舊山河若明得去十方薄伽梵一路涅槃門若也不明謗斯經故獲罪如是

上堂云鋒刃上踏跳微塵裏走馬勞勞去復來箇是知音者

上堂云昨日三人新到出來人事僧纔出禮拜師云不落平常封鋒直述來情僧云和尚休得也師云此

猶是落平常僧云恰是歸衆師云龍蛇易辨衲子難
瞞下座

勘辨

師問僧先行不到末後太過僧擬提起坐具師指云
離却坐具作麽生道僧云和尚那裏得這消息來師
便打僧擬提坐具師又打云瞎漢僧擬議師又打云
且坐喫茶僧便坐師云什麽處來僧云石霜師云怪
得師問僧有一事借問上座只是不得打老僧僧云
著甚來由師提起坐具云爭奈這箇何僧云莫亂做
師便打僧云莫亂做莫亂做師又打云且坐喫茶僧
云適來道著甚來由和尚爲什麽却打某甲師云你
適來去什麽處來僧無語師乃拋胸一下師問僧昨
日莊上已相見了也今日人事又作麽生僧云合取
狗口師云也是僧便打師云老僧過在什麽處僧云
再犯不容師却云將謂是箇漢師便打云叅堂去數
人新到禮拜師云總是浙裏師僧僧云獮猻向火師
云踣跳作麽僧云今日得見和尚師云伏惟尚饗僧
無語師便打師在慈明會裏一日提螺螄一籃遶院
云賣螺螄令衆下語皆不契有一老宿揭簾見以目
顧視師放身便卧師放籃子便行師問僧什麽處來
僧云堂中來師云聖僧道什麽僧近前不審師云東
家作驢西家作馬僧云過在什麽處師云萬里崖州
師問僧甚處來僧云殿寮裏來師云釋迦老子作何
面孔僧便喝師云作麽僧又喝師云恰是僧云一任
踣跳師便打一日新到人事乃云請和尚相看師云
不易道得且坐喫茶溈潭專使禮拜乃云德華禮拜
師云是箇浙裏師僧僧云不消如是師云猶是舊時氣
息僧云喏師云喏即且致別作麽僧良久云一任踣
跳師撫掌一下師一日不安僧問訊次乃云和尚近
日尊位如何師云粥飯頭不了事僧無語師鳴指一
下王提刑問璉三生云某甲四十年爲官作麽脫得
此塵去生無對師代云一任踣跳又有上峰路璉云
這箇是上峰路提刑云寺在上頭那璉云是提刑云
恁麽則不去也璉無語師代云今日勘破

偈頌

潙山水牯牛

水牯潙山峭峻機分明人類兩奇兩途語出分明
處夜鳥投林曉復飛

杖林山下竹筋鞭

杖林山下竹筋鞭鞭搭索拏鈎火裏牽拽迴不能推放
復回旋却到使君前

北斗藏身

雲門透法身從此覔踈親盡道和風煖三春寒更新

百丈野狐

語路分明在憑君子細看和雨西風急近火轉加寒

庭前栢

趙州庭前栢眼裏電光掣雲水往來多村翁行步劣

靈雲桃花

靈雲桃花見親切英俊超越古今哲星蔟孤輪明皎
潔利刃精輝用無絶玄沙敢保君未徹雲水休話箇
生滅新羅打鐵燒脚熱磨礱還用三尺雪

麻三斤

同袍叅學問通津來扣宗師上佛因爲說三斤麻最
好三斤天下說尖新幾多匠者韻拈掇叅緣緇侶有
踈親余今更爲重秤過那吒太子析全身

興化問雲居何必話

何必不必一七二七龍樹馬鳴儀光透出

前三三後三三

前三後三是多少大事光輝明皎皎回頭不見解空
人滿目白雲卧荒草

僧請益三妙三訣師以頌示之

第一妙古老門風甚奇要縱去收來總不傷此箇蹤
由堪繼紹
第二妙浩浩途中有多少子細推來對月華未了須
明衲僧竅
第三妙高高峰頂猿時嘯孤輪穿透碧潭心倏然自
入清平道
第一訣門風盡施設分明萬象分徒勞更立雪
第二訣過去現在說疾焰要須分評量還斷舌
第三訣巧拙定生殺頭頭總鋒鋩休論箇生滅

潭州雲蓋山會和尚語錄序

李唐朝有禪之傑者馬大師據江西泐潭出門弟子
八十有四人其角立者唯百丈海得其大機海出黃
檗運得其大用自餘唱導而已運出顒顒出沼沼出
念念出昭昭出圓圓出會會初住袁州楊岐後止長
沙雲蓋當時謂海得其大機運得其大用兼而得者
獨會師歟師二居法席凡逾一紀振領提綱應機接
誘富有言句不許抄錄衡陽守端上人黙而記諸編
成一軸愚仰惠師之名久矣因就端求其編軸焚香
啓讀大矣哉師之機辯也若巨靈神劈開太華首陽
河流迅急得無凝滯匪上上大乘根器曷能湊之乎
端命愚爲序貴師之道流傳天下且會師之名與道
深於識者悉聞之故不可辯飾但實序其由師袁州
宜春人姓冷氏落髮於潭州瀏陽道吾山俗齡五十
四卒於雲蓋山塔存焉皇祐二年仲春既望日湘中
苾芻文政述

題楊岐會老語錄

楊岐會老跨三脚驢入水牯牛隊中拽杷牽犂種田
博飯橫吹玉笛飽吞栗蒲四十年來叢林以爲奇特
豈不聞三世諸佛說夢諸方老宿說夢是楊岐當日

語不知楊岐自作夢後還覺也未若要清風再振舊今重行明眼底人試將此錄看元祐三年立春日無爲子楊傑書於望海樓

金陵[illegible]植供刻[illegible]
古尊宿語錄第十九卷　字八千[illegible]百八十[illegible]
[illegible]
[illegible]蘇[illegible]
[illegible]

古尊宿語錄卷之十九

古尊宿語錄卷第二十
舒州白雲山海會演和尚初住四面山語錄
參學才良編
師開堂日授疏示衆云貞隨官轉將逐符行請對衆
宣分明剖露宣疏了指法座云此一寶華王座從朝
至暮與諸人同起同坐諸人還見麼若見更不在陞
若不見莫道今日謾你便陞座拈香云此一瓣香先
爲今上皇帝伏願常居鳳扆永鎮龍樓次拈香云此
一瓣香奉爲州縣官僚伏願乃忠乃孝惟清惟白永
作生民父母長爲外護紀綱又拈香云此一瓣香得
來久矣十有餘年海上雲遊討一箇究竟未曾遭遇
一到龍舒果遇其人方契憤憤之心今日對大衆雪
屈須至燒却爲我見住白雲端和尚從教熏天炙地
一任穿過蔡州有鼻孔底辦取龍門和尚白槌云法
筵龍象衆當觀第一義師云若論第一義西天二十
八祖唐土六祖立在下風一大藏教白雲萬里摩竭
掩室毗耶杜口正在夢中千佛出世寐語未了文殊
普賢拗曲作直所以道設使言前薦得猶是滯殼迷
封縱饒句下精通未免觸途狂見若也把定封疆說
什麼法堂前草深一丈直得凡聖路絕鳥飛不度天
下衲僧無出氣處衆中莫有不甘底麼出來相見時
有僧問優曇花現方便門開朝宰臨筵如何舉唱師
云今日好晴學云果日當空清風匝地師云省得我
多少問如何是人中境師云寶閣凌空金鐸響怪松
隈險野猿啼學云如何是境中人師云努目直眼橫乃
云更有問話者麼若無雙泉今日向第二義門放一
綫道與諸人相見和泥合水一上且要釋迦彌勒動
地雨花文殊普賢觀音勢至各賭一方助佛揚化皆
務本事器徒堪任雙泉不免也入一分共說東家杓
柄長西家杓柄短任從春草青青炎光爍爍秋樹葉

寒冬冰片薄何故如是且要諸人順時保愛乃
拈起拄杖云古人道拈起也天回地轉放下也草偃
風行四面即不然拈起也七穿八穴放下也錦上鋪
花且道還有爲人處也無良久云來年更有新條在
惱亂春風卒未休
師在白雲授帖拈起示衆云大衆只恁麼會得埋沒
宗風過犯不小若有見成公案請維那對衆宣讀宣
帖了授法衣提起云既是大庾嶺頭提不起爲什麼
却在者裏且道者裏底是那裏底是乃云携缾自汲
澗涼水却著袈裟作上人便披指法座前云象王回
師子步儼家存者雙行聚然雖如是事到如斯難爲
辭讓但有路可上更高人也行便陞座僧問禪非意
想道絕功勳轉身一句作麼生道師云大衆見你學
云也知和尚有此機鋒師云獨出闍黎學云今日却
成造次師云捧上不成龍問沙場久戰名遂今朝不
涉功勳作麼生道師云長蛇猶自可伏月急生當學
云金鏃質調付自戰鐵鞭多力恨無[illegible]師云知君不
是金牙作爭解射射得過學云眼親不如手親師
云新長老敗闕學云只是禍門師噓乃云秋風颯颯
玉露垂珠水碧山青鳥吟蟬噪回通門大啓文殊普
賢穿過汝諸人鼻孔自是汝諸人當面諱却復云諸
佛不出世四十九年說未審說箇什麼少林有妙訣
殃及子孫至今分疎不下更說什麼妙訣若人識祖
佛當處便超越超越與未超越則且置你道祖佛即
今在什麼處若無人道得山僧不惜眉毛與汝諸人
拈出拍禪床一下
小參僧問如何是佛師云肥從口入乃舉德山示衆
云今夜不答話有問話者三十棒衆中舉者甚多會
者不少且道向什麼處見德山有不顧性命底漢試
出來道看若無山僧爲大衆與德山老人相見去也

待德山道今夜不答話問話者三十棒但向伊道某
甲話也不問棒也不喫你道還契他德山老人麼到
者裏須是箇漢始得況法演遊方十有餘年海上參
尋見數員尊宿自謂了當及到浮山圓鑑會下直是
開口不得後到白雲門下咬破一箇鐵酸餡直得百
味具足且道餡子一句作麼生道乃云花發黠冠媚
早秋誰人能染紫絲頭有時風動頻相倚似向堦前
鬬不休
入院日上堂僧問携筇領衆祖令當行把斷封疆師
意如何師云秋風吹渭水落葉滿長安學云四面無
門山岳秀今朝且得主人歸師云你道路頭在什麼
處學云爲什麼對面不相識師云且喜到來乃舉祖
師道吾本來茲土傳法救迷情一花開五葉結果自
然成達磨大師信脚來信口道後代兒孫多成計校
要會開花結果處麼鄭州梨青州棗萬物無過出處
好
上堂舉古人道若有一人發真歸源十方虛空悉皆
消殞雙泉則不然若有一人發真歸源十方虛空築
著磕著
到興化上堂僧問和尚未離四面時如何師云在座
裏坐學云離後如何師云走殺闍黎乃舉法眼頌云
山水君居好城隍我亦論靜聞鐘角響閑對白雲屯
大衆法眼雖不學雲攫霧爭奈徧地清風四兩今日
試與法眼把手共行靜聞鐘角響且不是靜閑對白
雲屯且不是色既非聲色作麼生商量乃云洞裏無
雲別有天桃花似錦柳如煙仙家不解論冬夏石爛
松枯不記年
上堂云天上無彌勒地下無彌勒十字街頭立被人
喚作賊便下座
上堂僧問四面無門山岳秀箇中時節若爲分師云

東君須子細徧地發萌芽學云春去秋來事㸌然也師云纔方搓彈子便要捏金剛乃舉古人云我若向你道即秃却我舌若不向你道即啞却我口且道還有爲人處也無四面有時擬爲你吞却只被當門齒礙擬爲你吐却又爲咽喉小且道還有爲人處也無乃云四面從來柳下惠

歲旦上堂云元正啓祚萬物咸新揚盡大千沙界都來只在一塵乃展手云是新是舊有人出來道有若無四面且世諦流布去也遂叉手云孟春猶寒伏惟首座大衆泊諸知事尊體起居萬福

上堂僧問千峯寒色師不問雨滴巖花事若何師云今日也相似學云一何逈超千聖外千山鎖斷萬重關師云一滴落在什麽處學云錯師云錯學云錯錯師便打乃云千峯列岸柳垂金樵父謳歌漁人鼓棹笙簧聒地鳥語喃喃紅粉佳人風流公子一一爲汝諸人發上上機開正法眼若向者裏薦得金色頭陀無容身處若也不會喫粥喫飯許你七穿八穴

自衆出隊上堂云明日足馬單鎗爲國出戰得勝回戈之日滿路歌謡大衆作麽生是歌謡一曲乃云囉邏哩囉邏哩還有人和得麽良久云鴛鴦繡了從君看莫把金針度與人

寒食夜小參僧問羣迷久滯冒雨登山向上之機請師方便師云不免入山一回學云恁麽則步步踏實去也師云空手却回去學云若是那邉還的當也無師云罕遇知音學云謝師證明師云知音底事作麽生僧劃一劃師云又被風吹別調中學云往往隨他口頭走師云更是阿誰乃云李白桃紅山青水綠雲横洞口月皎長空若只向者裏薦得法眼道月明幽室寒星分拱辰異便須瓦解氷消韶國師道通玄峯頂不是人間心外無法滿目青山亦須百雜碎何也盡乾坤大地不消一捏然雖如是事無一向今夜且放過一著

上堂舉梁武帝問達磨如何是聖諦第一義磨云廓然無聖帝云對朕者誰磨云不識又僧問六祖黄梅意旨什麽人得祖云會佛法底人得僧云和尚還得麽祖云不得僧云和尚爲什麽不得祖云我不會佛法師云大小大祖師問著底便是不識不會爲什麽却兒孫徧地乃云一人傳虛萬人傳實

小參僧問施主遠趨於丈室請師一句利於人師云教天下人成佛去學云悠悠塵內客不識入山來師云中間猶有衆生在僧便喝師云且道是佛是衆生學云四面眼難謾師云你向什麽處見四面僧拂袖歸衆師云作家乃云滿口道得底却不知有知有底又道不得且道過在什麽處將成九仞之山莫惜一簣之土

上堂舉雲門垂語云古佛與露柱相交是第幾機自代云南山起雲北山下雨師云大小大雲門大師元來小膽四面道古佛與露柱相交是第四機良久却云者箇說話面皮厚三寸出語成不遜好將臨濟棒一日打三頓什麽人下得手雖然罪過彌天新歲咸放

結夏上堂僧問五天結制分付蠟人未審雙泉如何示衆師云足不履地乃云結夏無可供養大衆作一家醜僧續諸人遂拱手云囉邏招囉邏摇囉邏送莫怪空疎伏惟珍重

上堂云於三七日中思惟如是事釋迦老子半夜逾城直往雪山早是漏逗不少更思惟箇什麽便下座

上堂舉藥山久不上堂主事報云大衆久思和尚示誨山云打鼓著大衆方集山便歸方丈主事云和尚許爲衆說法何故一言不措山云經有經師論有論師爭怪得老僧師云雖然如已妨人爭奈賊身已露諸人要識藥山麽開持經叙倚松立笑問客從何處來

上堂舉僧問洞山如何是善知識眼山云紙撚無油師云洞山老漢不是無只是大偸忽有人問四面如何是善知識眼只向伊道瞎何故且要相稱乃云紙撚無油也大奇不堪拈掇有誰知回身却憶來時路月下騰騰信脚歸

上堂舉教中道若謂如來有所說法即爲謗佛只如一大藏教甚處得來若言無說五千四十八卷什麽處消遣到者裏須是箇人始得還會麽莫謗四面好

上堂舉僧問投子如何是十身調御投子下禪牀立或有人問四面如何是十身調御老僧亦下禪牀立爲什麽却依樣畫猫兒待我口授成即說向你

上堂舉藥山問石頭三乘十二分教某甲粗知承聞南方直指人心見性成佛某實未明乞師指示石頭云恁麽也不得不恁麽也不得恁麽不恁麽總不得山僧在衆日聞見商量道即心即佛亦不得不即心即佛亦不得若恁麽說話敢稱禪客何故殊不知石頭老人文武兼備韜畧雙全若是四面見處也要諸人共知只見波濤涌不見海龍宮

上堂云三世諸佛遥望頂禮六代祖師開口不得四面今日且權爲指使且道是箇什麽一二三四五雷門誇布鼓謾說李將軍藍田射石虎

上堂云眞如凡聖皆是夢言佛及衆生並爲增語或有人出來道盤山老也但向伊道不因紫陌花開早爭得黄鸎下柳條若更問道四面老也自云喏喏惺惺著

上堂云仲冬嚴寒伏惟首座大衆尊體起居萬福兩彩一賽便下座

上堂云有一則語舉似諸人第一不得錯舉便下座

上堂云昨宵年暮夜今朝是歲旦都大無常月世人生異見不解迷根元只管尋枝蔓新舊只如今子細分明看若也更商量秦時𨍏轢鑽

諸院長老入山師上堂云臨濟入門便喝是甚盌鳴聲德山入門便棒拘曲作直雲門三句曹洞五位大開眼了作夢何故如此國清才子貴家富小兒嬌

到龍門上堂云有舌胡利無口非啞七出八沒風流儒雅便下座

到海會上堂云白雲山裏白雲人把定封疆無縫罅無縫罅知幾價莫有知價底麽乃云一二三四五

到興化上堂云世事冗如麻空門路轉賒青松林下客幾個得歸家共唱胡笳曲分開五葉花幸逢諸道友同上白牛車大衆車在者裏牛在什麽處芳草渡頭尋不見夜來依舊宿蘆花下座甘露責長老把師住云舒州管界元來有箇草賊師云和尚也須隄防賓擬議師便拓開

上堂云祖師道葉落歸根來時無口祖師恁麽道猶欠悟在便下座

上堂僧問祖意教意是同是別師云人貧智短馬瘦毛長乃云祖師說不著佛眼看不見回面老婆心爲君逗一線便下座

上堂云春氣乍寒乍暖春雲或卷或舒引得韶陽老子放出針眼裏魚乃云錯

謝主事上堂僧問王索仙陀婆時如何師云七孔八竅學云如何是王索仙陀婆師云鸞駕未排齊號令學云如何是仙陀婆師云眼瞤耳熱僧禮拜師云點乃云文殊張帆普賢把柂勢至觀音共相唱和贏得雙泉鬧中打坐打坐即不無且道下水船一曲作麽生唱囉邏哩囉邏哩俗氣不除

上堂云今宵正月半乾坤都一片普賢門大開相逢不相見乃云過在阿誰

上堂云默默無上菩提從此得賺殺人便下座

上堂云適來思量得一則因緣而今早忘了也却是拄杖記得乃拈起拄杖云拄杖子也忘了遂卓一下云同坑無異土咄

上堂舉鏡清問玄沙學人乍入叢林乞師指箇入路沙云還聞偃溪水聲麽清云聞沙云從者裏入師云果是得入一任四方八面若也未然輙不得離却者裏

謝典座上堂云小繩錢貫大繩井索日急要用笊籬木杓雖然破家具應用有處者著錯南北東西水灑不著

冬至上堂云少年天子此日拜郊林泉之士遠望歌謠萬歲萬歲便下座

有一道姑入山禮拜請上堂云道可道非常道眞可笑姮娥一夜繡鴛鴦解把金針呈巧妙將並老黃梅兒孫一何拙如今箇箇口吒呀問著烏龜喚作鼈四面今日與君決列怎生雪冤家冤家莫向背地裏吐舌

次住太平語錄

參學清遠集

師入院日僧問遠別雙泉來臨禪衆入門一句願師舉揚師云也待一一覷過學云恁麽則清涼山遠人休去只此焚香便見師師喝云話也不領學云今朝親見面端的勝聞名師云猶自喃喃問如何是太平境師云數層寶塔侵天起萬本喬松帀地寒學云如何是境中人師云閑持經卷倚松立笑問客從何處來學云人境已蒙師指示向上宗乘事若何師云須信下方城郭近果然鐘磬接笙歌問如何是佛師云露智跳足學云如何是法師云大赦不放學云如何是僧師云釣魚船上謝三郎乃云我本無心有所希求今此寶藏自然而至世間之寶能變窮爲富此之一寶能轉凡成聖且道如今是凡是聖太平道總不是何故苦瓠連根苦甜瓜徹蒂甜

上堂云達磨無端少林面壁二祖斷臂一生受屈黃蘗樹頭討甚木蜜太平今日兩眼如漆李廣神箭是誰中的

上堂云十方諸佛六代祖師天下善知識皆同者箇舌頭若識得者箇舌頭始解大脫空便道山河大地是佛草木叢林是佛若也未識得者箇舌頭只成小脫空自謾去明朝後日大有事在太平恁麽說話還有實頭處也無自云有如何是實頭處歸堂喫茶去

上堂僧問如何是賓中賓師云少喜多瞋學云如何是賓中主師云傳言送語學云如何是主中賓師云鍾馗小妹學云如何是主中主師云一言纔出口地上繡綱開乃云近日太平院禪和多聚散參底老婆禪喫底粥米飯知事失照顧主人少方便雖然沒滋味要且綾綾嘫

謝莊主上堂云一不做二不休不風流處也風流若要公私濟辦好看露地白牛

上堂云此箇物上拄天下拄地皖水作口皖山作鼻太平退身三步放你諸人出氣

上堂僧問牛頭未見四祖時如何師云頭上載鼎垂學云見後如何師云青布遮前學云未見四祖時爲什麽百鳥銜花獻師云富與貴是人之所欲學云見後爲什麽百鳥不銜花獻師云貧與賤是人之所惡乃云西天二十八祖也恁麽道唐土六祖也恁麽道天下老和尚也恁麽道獨有太平不恁麽道何故寡不敵衆且道畢竟如何妙舞更須知徧拍三臺須是

大家催

上堂云上上是天下是地南北東西依舊位釋迦老子弄精魂達磨西來多忌諱忽有箇漢出來道和尚低聲但向伊道秪要拋塼引玉

上堂云山僧今日將山河大地盡作黃金[illegible]該有情無情總令成佛去然後太平不入者保社何故爭之不足讓之有餘

上堂云太平不會禪一向外邊走臘月三十日贏得一張口且道那箇是太平口自云兩片皮也不識

上堂舉寶壽作街坊時見兩人相諍一人以手打一拳云你得恁無面目寶壽因而得入若人於此知落處可謂公辦私辦大衆聽取一頌甚妙也甚妙於此知性命擗鼻與一拳當時便打正

上堂云太平漏滷漢事事盡經徧如是三十年也有人讚歎且道讚歎箇什麽好箇漏滷漢

上堂舉教中道假使滿世間皆如舍利弗盡思共度量亦復不能知尋常衲僧家高揖釋迦不拜彌勒是會佛智不會佛智衆中有則有只是藏牙伏爪太平有箇見處不惜眉毛舉向諸人待有人問隨口便荅

上堂僧問如何是奪人不奪境師云秋風吹渭水落葉滿長安學云如何是奪境不奪人師云路上逢人半是僧學云如何是人境俱不奪師云少婦棹輕舟歌聲逐流水學云如何是人境俱奪師云高空有月千門掩大道無人獨自行乃云數日已來連緜大水所到之處皆有損傷曹源一滴瀰滿人間衲僧一吸鼻孔遼天且道名字既同爲什麽損益有異誰知遠煙浪別有好思量

上堂云一葉落天下秋一塵起大地收收卽不無何八親手月中仙桂和根拔海底驪龍把角牽

上堂云撮土爲金猶容易變金爲土却還難轉凡成聖猶容易轉聖成凡却甚難何故誰肯屈尊就卑且道不凡不聖一句作麽生道乃云不得教壞人家男女

上堂舉三祖見二祖禮拜問曰請師懺罪二祖云將罪來與汝懺三祖云求罪不可得二祖云與汝懺罪竟因成一頌舉似大衆無孔笛子氈拍板五音六律皆普徧時人不識黃幡綽笑道儂家登寶殿

上堂云淺聞深悟深聞不悟爭奈何爭奈何獻佛不在香多

上堂云開眼爲晝合眼爲夜坐斷舌頭誰談般若金色頭陀不入保社

上堂舉風穴云若立一塵家國興盛野老嚬蹙不立一塵家國喪亡野老謳歌太平卽不然若立一塵法堂前草深一丈不立一塵錦上鋪花何也不見道九九八十一窮漢受罪畢纔擬展脚眠蚊蟲猶齊出

上堂因雪舉僧問雲門不起一念還有過也無門云須彌山師云有時問著師僧或竪一指或進一步或下一喝或拂袖便去上座未在何故太平未曾向二三月間下一陣雪向汝諸人在如今有箇漢出來道老和尚莫七顛八倒見今下也不是乃展手云了

上堂僧問蓮花未出水時如何師云在泥裏學云出水後如何師云在水上問王子未登九五時如何師云逢人多問路學云正登九五時如何師云天下太平學云登九五後如何師云誰論好醜乃云末後最慇懃儂家隨處新大千沙界裏不免箇中人且道那箇是箇中人平蕪盡處是青山行人更在青山外

上堂舉雲門道平地上死人無數出得荆棘林者是好手時有僧云恁麽則堂中第一座有長處雲門云蘇嚧蘇嚧太平卽不然平地上箇箇丈夫荆棘林裏坐得底是好手何故乃云格

上堂云將四大海水爲一枚硯須彌山作一管筆有人向虛空裏寫祖師西來意五字太平下座大展坐具禮拜爲師若寫不得佛法無靈驗有麽有麽便下座大衆散師高聲云侍者侍者應喏師云收取坐具復問侍者云還收得坐具麽侍者提起坐具師云我早知你恁麽也

上堂僧問佛未出世時如何師云大憨不如小憨學云出世後如何師云小憨不如大憨乃云入荒田不揀信手拈來草不認大哥妻元來是嫂嫂鄭州出梨梨青州出大棗無事巾單下箇箇從頭咬

上堂云山僧昨日入城見一棚傀儡不免近前看或見端嚴奇特或見醜陋不堪動轉行坐青黃赤白一一見了子細看時元來青布幔裏有人山僧忍俊不禁乃問長史高姓他道老和尚看便休問什麽姓大衆山僧被他一句直得無言可對無理可伸還有人爲山僧道得麽昨日都裏落節今日者裏拔本

上堂云有鹽曰鹹無鹽曰淡太平聞說口似匾檐便下座

上堂云神通妙用不欠絲毫逼人分上何用切泥多佛大水長船高

上堂云一月普現一切水一切水月一月攝誠哉是言也可謂塑不成畫不就昨夜三更日如晝

謝典座上堂云變生作熟雖然易衆口調和轉見難鹹淡若知眞箇味自然佩他不相干

上堂拈起拄杖云昨夜三更夢見拄杖子教我一片禪向我道和尚明日早起上堂舉似大衆前日錦上鋪花今日脚踏實地但看今日明朝說甚祖師來意翻思黃面老人漫道靈山授記直饒大地山河借我鼻孔出氣不如放下身心自然仁義禮智爲丁僧下火舉起火把云火風四大互相遣背當此時節隨緣

自在次日又爲一僧舉起火把云昨日也恁麼今日也恁麼且道昨日是今日是說甚是不是你看是甚火色

上堂云今朝正月半與諸人相見㩀冬長新苗粒粒皆成穗穗不穗今節春風扇

次住海會語錄

參學景淳集

師入院開堂日宣疏了乃云疏帖一時讀了若是具金剛眼睛底何必重說偈言雖然如是事無一向便陞座拈香罷四面白槌云法筵龍象衆當觀第一義師云金鐵犢將平祖道鐵鞭多在恨無聲莫有不顧危亡底衲僧麼出來相見僧問白雲山下祖令當行如何是祖令師云一二三四五學云恁麼則昨日太平今朝海會師云高著師僧問昔日爲霖去今朝領衆來朝賢臨座下願震一聲雷師云你還聞麼學云風送好雲歸碧洞水潮滄海助波濤師云知心有幾人學云寒山常撫掌拾得每慇懃師云將謂無人學云也不得壓良爲賤師云且禮拜著乃云問話且止夫第一義適來若於四面槌下薦得千聖不能近祖師言不到天下作者拱手歸降何也況第一義本來清淨不受諸塵如何說得同道方知今日放過一著向建化門中別作箇解話會是以紹先聖之遺蹤稱提祖令爲後學之模範建立宗風若非當人曷能傳授了謝詞錄乃云陳謝既畢不可空然有一頌舉似大衆日暖風和花正開七重山鎖白雲來誰思城市繁華處又出松門步一回

師在太平受帖拈起示衆云恁麼會去早是鈍漢何也若憑說五千四十八卷豈不是說若不憑說又如何辨白請維那分明拈出讀疏了遂陞座乃云祖令當行十方坐斷其中莫有不惜性命者麼出來與老僧相見時有僧出云日月易見好事難逢師云令人疑著問公驗已至師令受祖意西來願舉揚師云雲從龍風從虎學云人天既獲聞旨諦更有尖新事也無師云有學云如何是尖新底事師云蹉過也不知問白雲長老太平禪師於其中間未審如何辨的師云你試定當看學云莫是月無來去影現千江師云一任鑽龜打瓦遂云法不孤起仗境方生明鏡當臺好醜自現久參上士言下知歸晚學初機當須子細是以古人道法無去來無動轉者輙成山嶺舉似大衆觸目光明處處新其中那箇辨疎親祇園枝上千花秀一度芬芳一度春

上堂僧問如何是佛師云悉達多太子學云適城時如何師云自有四天王在學云到雪山時如何師云鹿身穿膝鵲巢頂上學云爭奈未是學人安身處師喝云禮拜了退乃云天地爲洪爐雪燒煉强與弱大道本無元卷舒由橐籥凡聖路坦然各自看謀略

謝首座上堂云槌破蟠桃核得見其仁將斷驪龍頷得遇其寶雖然如是也未是好手黃帝失玄珠於赤水使智索之而不得使離未索之而不得使喫詬索之而不得乃使罔象直饒罔象得之亦未是好手爭似今日與大衆同使一箇通事舍人雖然如是也只得一半

上堂云永嘉道取不得捨不得不可得中只麼得祖師道不是心不是物不是佛大衆且道是箇什麼乃云到江吳地盡隔岸越山多

結夏上堂僧問如何是白雲境師云七重山鎖潺湲水學云如何是境中人師云來千去萬學云人境已蒙師指示向上宗乘又若何師云而亦不如語直乃云此夏居白雲禪人偶聚會三月九旬中尊卑相倚賴粥飯與茶湯積籠隨忍耐逐意習經書任運行三昧彼此出家兒放教肚皮大

上堂云昨日有一則因緣擬舉似大衆却爲老僧忘事都大一時思量不出乃沉吟多時云忘却也忘却也復云教中有一道真言號聰明王有人念者忘即記得遂云唵阿盧勒繼娑婆訶乃拍手大笑云記得也記得也覓佛不見佛討祖不見祖甜瓜徹蔕甜苦瓠連根苦下座

解夏上堂云一塵起大地收一葉落天下秋金風動處警砌畔之蛩吟玉露零時引林間之蟬噪遠煙別浦行行之鷗鷺爭飛絕壁危巒處處之猿猱競嘯又見漁人舉櫂樵子謳歌數聲羌笛牧童戲一片征帆孤客夢可以發揮祖道建立宗風九旬無虛棄之功百朔在今時之用如斯話會衲子攢眉不見道一塵不立始歸家若有纖毫非眷屬

上堂僧問見來不采時如何師云各自守疆界進云見來却采時如何師云看築著你鼻孔學云謝師答話師云放乃云古人道如何是不動尊朝到西天暮歸唐土大衆莫是動而不動不動而動麼只者便是白雲見處

郡中回上堂云船上無散工時時事不同昨朝城郭裏今日白雲中且道不動尊在什麼處良久云氣似袋令人可愛

自出繚化回上堂云白雲海會院足水兼柴疾唯少麻與麥衆人皆盡見親去化恒那疎却阿羅漢且望大慈悲一一看佛面大衆佛身充滿於法界且作麼生看我道不隔一條線

上堂云幸然無一事行脚要參禪却被禪相惱不透祖師關如何是祖師關把火入牛欄

上堂云我有一柄箒掃盡雪山雪我有一張口臨事無可說我有一雙眼和盲悖諦瞎任意過平生爲龜

喚作鰲處世學為人喫水須防噎仰山曾道底兩口一無舌四海五湖人當陽瞥不瞥

上堂舉靈雲悟桃花頌云三十年來尋劍客幾經葉落又抽枝自從一見桃花後直至如今更不疑玄沙云諦當甚諦當敢保老兄未徹在師云說什麼諦當更叅三十年始得

上堂僧問如何是佛師云獨木橋子學云如何趣向師云緊峭草鞋乃云幸然可怜生剛地學叅問既然叅得了未免肚裏悶悶即自家悶困即自家困祖佛生冤家好與槌一頓且道佛祖過在什麼處若人會得許你具一隻眼桐樹郭宅請陞座云桐林郭評事家門幸食祿性靜好吾宗溫良如美玉封疏請諸山僧眾蘊洪福二人長老共談玄正值陽和二月天渴鹿飲溪永作水野猿啼樹霧成煙黃梅路上多知已今日同乘般若船乘船即不無且道說箇什麼事幸遇三春明媚因行不妨掉臂囉邏哩囉邏哩乃拍手大笑云是何曲調萬年歡

上堂云二月春將半相呼同賞翫寒食近清明百花開爛熳或上白雲峯或遊赤水畔野外縣墳人路傍酒醉漢半笑半悲啼真誠堪讚嘆人人謂我渾天[illegible]子細分明與批判看看五湖衲客莫輕訕記取今朝者公案

上堂舉趙州問婆子什處去婆云偷趙州笋去州云忽遇趙州又作麼生婆連打兩掌州便休去師云趙州休去不知眾中作麼生商量白雲也要露箇消息貴要眾人共知婆子雖行正令一生不了趙州被打兩掌咬斷牙關婆子可謂去路一身輕似葉趙州高名千古重如山

上堂云僧問雲門如何是一代時教門云對一說師云對一說卷盡五千四十八風花雪月任流傳金剛腦後添生鐵

施主請上堂云道吾與漸源往山下弔慰源拊棺問曰生耶死耶吾云生也不道死也不道源云為什麼不道吾云不道不道回至中路源云和尚須與某甲道若不道即打和尚去也吾云打即任打道即不道源便打至院吾令潛去白雲今日忿氣不甘須要斷者公案道吾第一不解與身作主第二不能隨機入俗當初待伊問道生耶死耶但向伊道等歸院裏向你道當時若著得者語靈利漢一踢踢著大小大道吾和尚也又免得一頓拳頭有眼底子細看

解夏上堂云九旬三箇月彈指瞥然間忙者直然忙閑者直然閑事事無窮盡千古白雲山

上堂舉雲門一日普請般柴次乃拋下一片柴云一大藏教只說者箇師云大小雲門錯下註脚老僧當時若見向伊道普請處不得狼藉若點檢得出免你普請

上堂僧問如何是先照後用師云王言如絲學云如何是先用後照師云其出如綸學云如何是照用同時師云舉起軒轅鑑蚩尤頓失威學云如何是照用不同時師云金將火試乃舉僧問首山如何是佛首山云新婦騎驢阿家牽大眾莫問新婦阿家免煩路上波吒過飯即飯過茶即茶同門出入宿世冤家

上堂僧問如何是臨濟下事師云五逆聞雷學云如何是雲門下事師云紅旗閃爍學云如何是曹洞下事師云馳書不到家學云如何是溈仰下事師云斷碑橫古路僧禮拜師云何不問法眼下事學云留與和尚師云巡人犯夜乃云會即事同一家不會萬別千差一牛喫泥喫土一牛食麥食麻或即降龍伏虎或即攙覷撈蝦禾山唯解打鼓祕魔一向擎杈者箇一場戲笑皆因微笑拈花白雲隨隊骨董攔風撇土撒沙若無者箇腸肚如何衣錦還家且道還家一句作麼生道今日榮華人不識十年前是一書生

上堂云但知喫果子莫管樹曲彔不識曲彔樹爭解喫果子不過祖師關爭會敵生死如何是祖師關拈却大案山

上堂云一向任麼去路絕人稀一向任麼來孤負先聖去此二途祖佛不能近設使與白雲同生同死亦未稱平生何也鳳凰不是凡間鳥不得梧桐誓不棲

上堂舉法眼道識得橙子周帀有餘雲門道識得橙子天地懸殊師云這兩人一人過船一人渡水若點檢得出許你具正法眼

上堂云望天祈好雪祥瑞實難加鵲噪青松上變成白老鴉紫騮牽出薄寒馬金鐙粧成銀鐙花苦苦苦箇什麼忽然變成兩

石臺師弟至上堂僧問如何是和尚家風師云鐵旗鐵鼓學云只有者箇為復別有師云采石渡頭看學云忽遇客來如何祇待師云龍肝鳳髓且待別時學云客是主人相師師云謝供養乃云昔日先師頌臨濟三頓棒云一拳拳倒黃鶴樓一踢踢翻鸚鵡洲有意氣時添意氣不風流處也風流大眾若到白雲門下須要眾人助拳

上堂舉起拳頭云若喚作拳頭一似不曾行脚若不喚作拳頭對面相謾除此之外也少一拳不得

出隊歸上堂云出隊半箇月眼不見鼻孔忘却祖師禪拾得箇骨董且道向什麼處著一分奉釋迦牟尼佛一分奉多寶佛

謝首座上堂云彌勒看不見釋迦說不得任麼尊貴生日用無差忒得不識不識三德六味味逾多千古萬古為規則

上堂僧問如何是燃燈前師云今人疑著學云如何

是正燃燈師云錯認定盤星學云如何是燃燈後師云一場懡㦬乃云每月有箇十五無始劫來盡數數到彌勒下生未免有甜有苦且道畢竟如何南山白額大蟲元是西山猛虎

上堂云日可冷月可熱衆魔不能壞眞說大衆作麼生是眞說潑狠潑賴若信不及白雲爲你道一要衆人會二要龍神知乃拈起法衣云者箇眞紅色嘣然道是緋

古尊宿語錄卷之二十

金壇居士于玉立施貲刻
古尊宿語錄第二十卷 計字一萬零四百七
十六箇該銀五兩四錢四分
緣山釋海亮對 上元李渭書 句容蔣繼忠刻
萬曆乙卯歲春三月徑山化城識

古尊宿語録卷二十一

舒州白雲山海會演和尚語録

上堂云風和日暖古佛家風柳綠桃紅祖師巴鼻眼親手辦未是恍惚口辯舌端與道轉遠從門入者不是家珎且道畢竟如何相見又云無事不來還憶君

上堂僧問如何是白雲爲人親切處師云嗄換轉人鼻孔學云便恁麼去時如何師云不知痛痒漢乃云四海五湖奇士圜逩無狀村夫只解拖犁拽杷水草無底鉢盂高懸羊頭賣狗肉時中那辨精與麁恁麼續佛壽命誠哉天地懸殊誰有拔山之力横身擔荷也無有麼有麼有即家門富貴無即𨚫負老盧

上堂舉僧問巴陵鑒和尚祖意教意是同是别鑒云鷄寒上樹鴨寒下水師云大小大巴陵只道得一半白雲即不然掬水月在手弄花香滿衣

上堂云春風別有巧工夫吹綻百花品類殊唯有牡丹并芍藥時人一見便歡娛且道衲僧分上成得什麽邊事拈來嗅罷歸何處透骨馨香付老盧

上堂僧問達磨面壁時如何師云計較未成學云二祖立雪時如何師云將錯就錯學云只如斷臂安心時又如何師云煬帝開汴河學云總不恁麼時如何師云却問取二祖乃舉達磨問二祖作什麽二祖曰請師安心白雲當時若見好與二十棒何故他人覷見將謂兩箇說安心法畢竟如何菩薩龍上行雨潤遍身向上數重雲

上堂云昨日鬧鬨鬨今朝靜悄悄子規枝上啼蝦蟆鑽入草好箇寒食天喜負白雲老爲亡僧下火提起火把云大衆三世諸佛向火焰裏轉大法輪聞名不如見面今日智悟上座見面不如聞名

上堂舉龐居士問馬大師不與萬法爲侶是什麽人大師云待汝一口吸盡西江水即向汝道師云一口吸盡西江水洛陽牡丹新吐蘂鐵上颺塵勿處尋擡頭撞著自家底

結夏上堂云聖制已臨時當初夏幽邃之巖磐養草單鉢無差潺湲之溪谷清冷曹溪芳躅稱衲子安居之地寶壽家禁足之方大溈禪關巨延儔侶扶立宗肯高建法幢上答君親下資含識莫不栴檀林中栴檀林師子王多師子衆師子衆共蹄擎萬象森羅指掌間大衆灰頭土面從他笑竊得白雲堆裏閑

上堂卓拄杖一下乃舉起云拄杖子敢問你還說得如來禪麽自云說不得還說得祖師禪麽自云說不得既說不得白雲今日出自已意去也出自已意小兒子戲人天衆前討甚巴鼻

上堂僧問如何是白雲一滴水師云打唯打磨學云飲者如何師云教你無著麵處乃云恁麼恁麼蝦跳不出斗不恁麼不恁麼弄巧成拙軟似鐵硬如泥金剛眼睛十二兩衲僧手裏秤頭低有價數沒商量無鼻孔底將什麽聞香邑中壓座云白雲相送出山來滿眼紅塵撥不開莫謂城中無好事一塵一刹一樓臺

上堂舉馬大師不安院主問云和尚近日尊位如何大師云日面佛月面佛師云會麽如不會白雲與你頌出晏嬢女子畫娥眉鸞鏡臺前語似癡自說玉顏難比並却來架上著羅衣

炙茄會上堂云六月三伏天火雲布郊野松間臨水坐解帶同歡謳琵琶弄荷花貧則傾玉斝紅塵事繁華碧洞何瀟洒重會在明年相期莫相捨白雲曾有約願結青蓮社

上堂云佛祖生冤家悟道染泥土無爲無事人聲色如聾瞽且道如何即是恁麼也不得不恁麼也不得恁麼不恁麼總不得忽有箇漢出來道恁麼也得不恁麼也得恁麼不恁麼總得則向伊道我也知你向鬼窟裏作活計

上堂云先人白雲門次過白雲浪呑底菜潚禪喫底籼米飯君子如到來好好看方便

上堂僧問如何是道師云治平郡學云如何是道中人師云赤心爲上學云未審道與道中人相去多少師云名傳天下乃舉僧問南泉如何是道泉云平常心是道又龐居士問馬大師不與萬法爲侶是什麽人大師云待你一口吸盡西江水即向你道師云爲復是同是别同則神出鬼沒别則醉後添盃畢竟如何待你念得熟向你道

上堂舉古人云釋迦彌勒猶是他奴且道他是誰便下座

上堂云五千四十八卷教理行果成見祖師門下商量須知一貴一賤貴則珠玉難傳賤則分文太遠有人於此辨得白雲與你三十忍有箇漢出來道大丈夫賞罰分明不知是那箇三十良久云三十年後

上堂云三處移場定是非頭心不改在家時呼兄喚弟長如此且作隈崖老古錐

陳助教入山煎茶上堂云戒定慧相扶堂堂大丈夫吹毛光爍爛佛也不同途

謝典座上堂云白雲揪枯老漢裏喫無皮餕餡與麼取巧安排一任衆人咽噉良久云羊羹雖美衆口難調

上堂舉僧問馬大師離四句絶百非請師直指西來意大師云我今日勞倦不能爲汝說去問取智藏僧問智藏藏云我今日頭痛不能爲你說去問取海兄僧問海兄海云我到者裏却不會僧却舉似大師大師云藏頭白海頭黑師云馬大師無著慚愧處只道得箇藏頭白海頭黑者僧將一擔矇矓換得箇不會

若也眼似流星多少人失錢遭罪

上堂云庭開金菊宿根生來鷹鶻聞一兩聲昨夜七峯牽老與千思萬想到天明

冬日上堂云達磨西來事久多變後代兒孫門風無限攪撓身心一團麻線白雲今日都通截斷大衆一百單五近清明上元定是正月半

次日上堂云一陽生後正嚴寒蛟潦蟠蜍挂碧天水鎖瀑泉聲細碎風搖危木影拏拳狂猿抱子藏深澗羸鶴將鶵逐　仙蹊謂可師徒立雪方知古德用心堅

上堂舉德山問龍潭久嚮龍潭及乎到來潭又不見龍又不現潭云子親到龍潭師云龍潭老人可謂贓賊馬趁賊便下座

送諸郡化主上堂云荷衆諸禪流才能足機劃達人定有錢見向寧無麥巳是吾家兒久爲物外客溫柔一手撞剛硬雙拳搦牙爪一時全勝南山白額

上堂云一代時教五千四十八卷空有頓漸豈不是有永嘉道亦無人亦無佛大千沙界海中漚一切聖賢如電拂豈不是無大衆若道是有違他永嘉若道是無又違釋迦老子作麼生商量得恰好若知落處朝見釋迦暮參彌勒若也未明白雲爲你點破道無不是無道有不是有東望西耶尼面南看北斗

上堂云說佛說法拈槌竪拂白雲萬里德山入門便棒臨濟入門便喝白雲萬里然後恁麼也不得不恁麼也不得恁麼不恁麼總不得也則白雲萬里忽有箇出來道長老你恁麼道也則白雲萬里者箇說話喚作矮子看戲隨人上下三十年後一場好笑且道笑箇什麼笑白雲萬里

上堂云白雲門前路往復行大步中間有一片方塼你諸人爲什麼却蹋不著

王提刑入山上堂云祖師門下如箭中的手辨眼親無得無失僧問朝奢臨筵清風帀座學人上來請師決破師云殘臘一雨即漸迎春學云天垂寶益地布金蓮去也師云未爲多在學云多底事作麼生師云人天衆前不欲造次學云覺海波瀾增浩渺釋天日月轉光輝師云也不消得乃舉阿難問迦葉世尊傳金襴外別傳何物迦葉召阿難阿難應喏迦葉云倒却門前刹竿著又永嘉道建法幢立宗旨明明佛勅曹溪是師云迦葉教倒却刹竿永嘉又教立宗旨且道倒底是立底是到者裏須是具擇法眼始得畢竟如何倒也七縱八橫立也二三成六七峯閣上共談玄一句一言清耳目

歸新僧堂上堂云十月令朝初一新構雲堂已畢聖衆已得安居雅麗全勝舊日於中受用之時凡百互相愛惜願存古佛家風三有四恩獲益慶懺別有上問具位題名立石敢勸遠近諸樹越記取摩訶般若波羅蜜忽有箇出來道長老不妨好文章乃云啣白雲口裏道誰敢道不好

提刑入寺上堂云兵隨印轉將逐符行大權菩薩覆護衆生相順者善言誘諭凶頑者枷棒縱橫中間有箇沒量大漢金鎖玄關留不住聖凡位裏莫能收奈何不得佛法無靈驗白雲有箇消息試說看古人云無邊刹境自他不隔於毫端十世古今始終不離於當念納須彌於芥中擲大千於方外變大地爲黃金攪長河爲酥酪到者裏合作麼生國土動搖迎勢至寶花彌滿送觀音

端午上堂舉昔有秀才造無鬼論論就纔放筆有鬼現身斫手謂秀才云你爭奈我何白雲當時若見便以手作鶻鳩觜向伊道谷谷孤

上堂舉肅宗帝問忠國師百年後所須何物國師云與老僧造箇無縫塔帝曰請師塔樣國師良久云會麼帝曰不會國師云吾有弟子耽源却諳此事請詔問之師云衆中盡道國師良久錯不知忠話待擬當時肅宗若是作家君王待伊道教詔耽源但向道國師國師何必肅宗後詔耽源源呈頌湘之南潭之北中有黃金充一國無影樹下合同船瑠璃殿上無知識師代肅宗云闍言語雪竇頌道無縫塔見還難澄潭不許蒼龍蟠層落落影團團千古萬古與人看師云雪竇可使千古傳名老僧秖愛他道澄潭不許蒼龍蟠首尾一時貫串秖如前來一絡索拈放一邊且道畢竟如何乃云姹女已歸雲漢去獃郎猶自守空房

上堂舉僧問雲門如何是超佛越祖之談門云糊餅白雲即不然忽有人問如何是超佛越祖之談只向伊道驢屎似馬糞又云破草鞋又云露龜兒尾且道是同是別試辨看

上堂僧問如何是極則事師云何須特地乃舉僧請益瑯琊清淨本然云何忽生山河大地瑯琊云清淨本然云何忽生山河大地其僧有省師云金屑雖貴落眼成翳

上堂云祖師遺下一隻履千古萬古播人耳空自攢跳足行何曾踏著自家底

上堂云行者不報來打鼓曲彔木頭上不免將錯就錯參

上堂云子丑寅卯辰巳午未申酉戌亥終而復始有貺有受畢竟如何但管熟念

上堂云遍周沙界幾曾移步深山白雲是何報土若是真道人家日洗鉢盂兩度

新鞔法鼓上堂云多截頑皮擊不響新皮纔動震天雷無滯莫言隨勢去有解誰謂不平來何也雙眼聽

不聞雙耳覷不見一條平坦路是誰沒方便
上堂云本末須歸宗尊卑用其語利劍輕虛空大棒打老鼠
上堂舉世尊滅後諸聖弟子於畢鉢巖中結集法藏阿難既陞座形儀與佛無殊大衆遂生三疑一疑阿難成佛二疑佛再現身三疑他方佛化阿難唱云如是我聞衆疑皆息當時若有箇漢出衆云大衆佝而行之各自散去免見滿藏現面攪人腸肚然雖如是猶未剿絕在何也阿難道如是我聞白雲也道如是我聞若道當時是直古輕今若道即今是直今輕古
上堂云六祖能大師是箇大癡漢後代兒孫多展轉生惑亂子細好思量白雲不著便要會麼從此花不開跡絕無香氣
上堂僧問百尺竿頭如何進步師云快走始得乃舉雲門道聞聲悟道見色明心觀世音菩薩將錢來買餬餅放下手元來却是箇饅頭雲門好則甚好奇則甚奇要且只說得老婆禪若是白雲即不然作麼生是聞聲悟道見色明心遂舉手作打板勢云珊八囉札
上堂云四五百石麥二三千石稻好箇休糧藥者咨不得妙
上堂舉龍牙云天下名山到因脚年深辛苦與擴著而今老大不能行手裏把柄破木杓白雲即不然脚也不能著草鞋手亦不能把木杓端坐受供養施主常安樂
上堂云達磨西來事今人謾揣揣大河爭起浪月桂不聞香何也見成公案
安樂院主修齋上堂云昨夜得一夢夢見孫公在天宮與帝釋對坐孫問帝釋曰天上有五衰相是否釋云此是佛之所說豈可妄言於是帝釋却問孫云我聞閻浮提有不持戒者是否孫云此是佛之所說豈可妄言且久孫云天宮雖樂不是久居遂下十八重地獄乃見閻王居正殿與地藏菩薩耳語孫便出門首見一青衣童稱躬云東海龍王請伴諸羅漢齋孫遂往赴齋迴得數顆如意珠一時分付諸門人白雲被珠光一爍忽然夢覺以至今朝諸法孔爲孫公說齋請白雲陞座大衆且道昨夜夢底是適來說底是衆中盡是久參先德禪道之精若人辨得試出來當箇消息看有麼有麼若無白雲又有箇古話釋迦老子在跋提河側般涅槃了迦葉始至遶金棺而哭於是世尊爲現雙趺大衆且道般涅槃時是現雙趺時是乃云止止不須說我法妙難思諸增上慢者聞必不敬信
謝監收上堂云人之性命事第一須是〇欲得成此〇先須防於〇若是真〇人〇〇
上堂僧問不昧當機請師直道師云揑聚放開乃舉僧辭趙州州云有佛處不得住師云換却你心肝五臟無佛處急走過師云鴈過留聲三千里外逢人不得錯舉師云出門便錯僧云恁麼則不去也師云稀累却生豆州云楊花楊花楊花師云不覺日又夜爭教人少年
小叅云達磨西來不立文字直指人心見性成佛忽有箇出來道長老尋常室中愛問人如何是你心某甲即不會却問長老如何是和尚心老僧卯向他道却來者裏得虎鬚什麼心遺次說向你他若又問稻樹子話長老作麼生會向伊道我有箇方便有甚方便却須先問取首座又問德山入門便棒作麼生會我聞便肉戰臨濟入門便喝作麼生會是什麼破草鞋直饒一時透過也是七九六十八
中秋上堂云中秋月中秋月古今盡謂尋常別別不別皎皎清光過大千任從天下紜紜說
上堂僧問一代時教是箇切脚未審切那箇字師云鉢囉穰學云學人秖問一字為什麼却有許多師云七字八字學云也是慣得其便師云許多時茶飯元來也有人知滋味乃云祖師心印好消息處無消息無消息古象分明拈起也大千沒量放下也凡聖同源有時印却諸人向門自知諸人甘伏不肯承當都累白雲受屈且道過在什麼處
上堂拈起拄杖云者箇拄杖子不從天台南岳得亦不在此土西天且道生在什麼處若也知生處得受用若也不知遂靠却下座
上堂云妙湛總持不動尊首楞嚴王世希有銷我億劫顛倒想不歷僧祇獲法身大衆若作禪會則謗經若作經會則謗禪若作一闡則儱侗有人跳得出日銷萬兩黃金若跳不出有處著你在
上堂云但知月圓月缺誰知月缺月圓忙忙乘船過水不知過水乘船百年三萬六千日等閑老却朱顏各自照鏡看是什麼面孔
上堂舉僧問洞山如何是善知識眼山云紙撚無油若問白雲對道無油不點燈雖然如是也較洞山三十里祇是其間有箇好處有甚好處諸人黑地裏撞著露柱悟去也不定
歲朝上堂云威音王已前也恁麼威音王已後也恁麼三世諸佛也恁麼西天四七唐土二三也恁麼前年去年也恁麼明年後年更後年外後年也恁麼忽有箇出來道和尚和尚和尚自云若不破他與伊便一百年也只恁麼復云元正啓祚萬物咸新去年乞火和煙得今日擔泉帶月歸覺運推移日南長至當軒有直道無人肯駐脚孟春猶寒伏惟首座大衆起居萬福蘇武牧羊海畔累日忻然李陵望漢臺邊終

朝笑發落在甚處仁義只從貧處斷世情偏向富門多

上堂僧問如何是本分事師云結舌無言乃云每日起來拄却臨濟棒吹雲門曲應趙州拍擔仰山鍬驅溈山牛耕白雲田七八年來漸成家活更告諸公每人出一隻手共相扶助唱歸田樂從來淡飯且恁麼過何也但願今年蠶麥熟羅睺羅兒與一文

上堂舉南泉云文殊普賢昨夜三更起佛見法見各與二十棒貶向二鐵圍山白雲則且大慈悲遂拍手云文殊室利普賢大士不審不審今後更敢也無自云一度被蛇傷怕見斷井索

上堂云狗子還有佛性也無也勝猫兒十萬倍下座

上堂舉雪峯問德山從上諸聖以何法示人山云我宗無語句亦無一法與人雪峯從此有省後有僧問雪峯和尚見德山得箇什麼便休去雪峯云我空手去空手歸白雲今日說向透未過者有兩箇人從東京來問伊什麼處來他却道蘇州來便問伊蘇州事如何伊道一切尋常雖然如是設白雲不過何故只為語音各別畢竟如何蘇州菱鄧伯藕

上堂云二十五年坐這曲彔木頭上舉古舉今則不無祇是未曾遇著第一句衆中莫有具大慈悲者試出來道看也要衆人共知兼乃平生行脚有麼有麼莫道無忽有箇出來却問如何是第一句白雲不免向他道放憨作麼

上堂六難難幾何般易易沒巴鼻好好僧人老熟熟從此得過這四重關了泗洲人見大聖恭

上堂云是法不可示言詞相寂滅這兩句猶較些子忽遇拎十指角時如何由上指云天天久立

上堂僧問如何是佛師云口是禍門乃云今日上元之節處處燈光皎潔不知天意如何瑞雪翻為苦雪貧窮變作蝦蟆烏龜喫得成鼈嘴有四海禪流箇箇眼中添屑何故不說不說下座

請化主上堂云造化之功根[illegible]下于天地發生之氣春夏秋冬決含靈頭創之心當樂我淨若據衲僧用處又且不然變大地為黃金攪長河為酥酪猶未稱白雲在忽有箇漢出來道似恁說話只是箇貪心不足漢自云道著恭

上堂舉達磨大師云誰得吾正宗出來與汝證明尼總持云據某見處如慶喜見阿閦佛國一見更不再見達磨云汝得吾皮道育云據某見處實無一法當情磨云汝得吾肉二祖禮三拜依位而立磨云汝得吾髓師云當時若見他三人恁麼道各人好與三十棒只如白雲今日也合吃二十九棒留一棒與汝諸人其間若有知痛痒者不辜負先聖亦乃得見白雲其或未知堂裏喫粥喫飯更須爛嚼多見是渾圇吞却

上堂舉釋迦如來往忉利天為母說法優填王思佛命匠人雕栴檀像及至世尊下來像亦出迎諸人且道下來底是出迎底是又教中道如來者無所從來亦無所去莫是法身無來去化身有來去麼若人辨此見得日銷萬兩黃金其或未然草鞋錢教什麼人還

上堂云說禪被禪纏不說却成現若具箇不說具箇好方便如馬前相撲似霹靂閃電會即大富貴不會空對面

因齋上堂云不寒不暖宜春遊士女傾心結預修自覺一生如幻夢始知百歲類浮漚子規啼處與消息丐藥開時對與幽此箇門風誰會得等閑白却少年頭

上堂云前遇底今日使不著今日底後次使不著使不著說不著重遭撲自古至如今誰錯誰不錯忽有箇出來道白雲不是今日錯也自云錯錯下座

師一日拈錫遶方丈行問僧還有恁人間命麼無對遂云孫臏今日開鋪並無一人垂顧可惜三尺龍泉喚作尋常破布

上堂云有一則尋常因緣衆似諸人欲說又被說礙不說又被不說礙衆山河大地又被山河大地礙設教頭上且安頭與金不博鍮石大意如此快樂自無憂

上堂舉僧問曹山佛未出世時如何山云曹山不如出世後如何山云不如曹山師云若以世諦觀之曹山合喫二十棒若以祖道觀之白雲合喫二十棒然雖如是棒頭有眼兩人中一人肯一人不肯若人點檢得出許你具半隻眼

上堂云你等諸人見老和尚鼓動唇吻竪起拂子便作勝解及乎山僧聚集牛動尾巴却將作等閑殊不知脣皮不斷前宵雨電影還連後夜雷

上堂云釋迦已滅彌勒未生森羅萬象推向一邊且作麼生是你諸人常住法身乃云有功無功莫使脫空

請供頭修造上堂云白雲今日權將大宋世界作一局棋盤先將東嶽太山南嶽衡山西嶽華山北嶽恒山中嶽嵩山定却方方次將五臺峨嵋文殊羅浮以為相助左畔則斜飛鳩陣右邊則虎口雙關遂擡手云且道這一著落在什麼處若知落處便為敵手若也未然白雲試通箇消息十九條平路爭功勞未休莫教一著錯敗了卒難收

正旦上堂元正啓祚西天此土萬物咸新獅子麒麟應時納祐誠言不謬孟春猶寒種種多般伏惟首座大衆普天齊用洎諸知事懷才抱義并諸化主如龍

似虎尊體起居萬福直是如金如玉歲歲三百六十管取粥足飯足

因齋上堂云二月中春物象鮮盡塵沙界一般大春時雨洗去冬雪野火風飄昨夜煙危橫午闇籠日長江時見客乘船人生幾度逢斯景好是誠心種福田

端午上堂僧問今朝五月五權龍好芸鼓雖是無事人亦請燒一炷師云急急如律令進云也待小鬼做箇伎倆師云鍾馗嚇你乃云今日端午節白雲有一道神符也有些小靈驗不敢隱藏舉似諸人一要今上皇帝太皇太后聖躬萬歲二要合朝卿相文武百官州縣寮寀常居祿位三要萬民樂業雨順風調有箇符使却來報白雲道諸處盡去徧只為神通小不柰一件事何遂問他是甚事使云禪和子鼻孔遼天白雲向伊說莫道你我尚不柰何然雖如是澤廣藏山理能伏豹畢竟如何一抽三二添四黃牛角向天八脚垂過昇急急下座

上堂舉尼問趙州如何是密密意州於尼腕上搯一搯尼云和尚猶有這箇在州云你猶有這箇在師云此尼若是箇人但向他道也放和尚不得

上堂僧問天下人舌頭盡被白雲坐斷秖如白雲舌頭未審是什麼人坐斷師云東村王大翁乃云日用事無別憑君為甄別若於言上會知君打不徹不於言上會心頭似火熱先過趙州關剪斷白雲舌不負先聖恩歸堂且憩歇

上堂云若要天下橫行見老和尚打鼓升堂七十二八十四將拄杖驀口便築然雖如是拈却門前上馬臺剪斷五色索方始得安樂

小參僧問德山不答話千古把斷要津白雲今夜小參未審如何施設師云我不可承嗣端和尚不得也學云作家宗師天然有在師云是何言歟進云只者說又為甚人施設師云你還信得及麼進云教某甲作麼生信師云你是會來問不會來問進云某甲却是不會來問師云昨日也恁麼一僧來進云今日為甚却干戈相待師云只為買賣不當價進云壓良為賤則得爭柰有諸方在師云大眾看取者一員禪客進云放過一著師云噓乃舉陸亘大夫問南泉弟子家中有一片石也曾坐也曾臥擬欲鐫作佛得麼泉云得陸云莫不得麼泉云不得大眾夫為善知識須明決擇為什麼他人道得也道得他人道不得也道不得還知南泉落處麼白雲不惜眉毛與你注破得又是誰道來不得又是誰道來你若更不會老僧今夜為你作箇樣子乃舉手云將三界二十八天作箇佛頭金輪水際作箇佛脚四大洲作箇佛身雖然作此佛兒子了你諸人又却在那裏安身立命大眾還會也未老僧作第二箇樣子去也將東弗于逮作一箇佛南贍部洲作一箇佛西瞿耶尼作一箇佛北鬱單越作一箇佛草木叢林是佛蠢動含靈是佛既恁麼又喚什麼作眾生還會也未不如東弗于逮還他東弗于逮南贍部洲還他南贍部洲西瞿耶尼還他西瞿耶尼北鬱單越還他北鬱單越草木叢林還他草木叢林蠢動含靈還他蠢動含靈所以道是法住法位世間相常住既恁麼你又喚什麼作佛還會麼忽有箇漢出來道白雲休寐語大眾記取這一轉

上堂云平生百了千當底正好吹棒且道過在什麼處打你百了千當

上堂云古聖貽道人多懈怠進則生嗔顧則生愛且道作麼生是不嗔不愛東海剪刀西番皮袋

上堂僧問承師有言山前一片閑田地秖如威音王已前未審什麼人為主師云問取寫契書人學云和尚為甚僧人來答師云秖為你教別人問學云與和尚平出去也師云大遠在乃云五日莫覩其容二聽絕聞其響有功者罰無功者賞拈須彌山秤來二兩忽有箇道一力知識為什麼大秤秤人物事自云官不容針私通車馬

謝街坊上堂云街坊昨日將一把沙到方丈前一見老僧劈面便撒賴遇老僧先見衫袖一遮並不妨事今朝舉似大眾不敢隱藏何故貴伊贍大下得者箇手脚忽有人問白雲為什麼只恁休去不見道老不以筋力為能然雖如是賓主歷然

上堂僧問如何是佛師云許多時向什麼處去來乃云達磨未來時冬寒夏熱達磨來後夜暗晝明諸人若下得一轉平實語喚醒闍黎眼若道不得迦葉門前底

上堂云若論此事如人博戲相似忽然贏得身心歡喜家業昌盛覆蔭兒孫不覺輸他自然迷悶然雖有輸有贏此事還在白雲今日有條攀條無條攀例不見陸亘大夫與南泉看雙陸次大夫撮起骰子問南泉云恁麼不恁麼便恁麼信彩去時如何南泉云臭骨頭十八大眾此去縣城不遠外人聞得便來捉賭時又且如何乃云白雲自有道理記得龍牙道學道先須有悟由還如曾鬪快龍舟雖然舊閑田地一度贏來方始休

上堂云目犍連雙足越坑大迦葉聆箏起舞畢陵迦訶罵河神迦留陁夷埋身糞壞此事教中一一有出處總道是習氣秖如祖師門下達磨九年面壁秘魔擎杈禾山打鼓石鞏彎弓雪峯輥毬國師水椀歸宗拽石德山入門便棒臨濟入門便喝無業擬有人問便道莫妄想且道是箇什麼眾中還有久參先德天下橫行具頂門上眼底衲僧麼出來為白雲證據看

要暢快平生有麼有麼若無三十年後此話大行且道畢竟如何朱夏火不歸碧洞清秋危露滴金盤

先師忌晨上堂六十九年正當恁麼時多前年　行事今年正當恁麼時多去年七件事這十件事數不過者甚多何也去却七三行一事是去年說是今日恁如箭黑似漆無言童子口吧吧無足仙人將曾趕乃云交下坐與能表白起喪云本是你送我今朝我送你生死是尋常推倒又扶起至墳所復謂衆云今朝正當三月八送殯之人且聽說君看陌上桃花紅盡是離人眼中血

上堂云仲春漸暖牡丹生卵紫鷺橫身青鶯開眼共賀芳春三盃兩盞唯有白雲一生檐板

古尊宿語錄卷二十一

金壇居士王[illegible]施此[illegible]
古尊宿語錄第二十一卷[illegible]字八千五百五十
個該銀四兩四錢[illegible]
徑山釋[illegible]書李[illegible]刻
萬曆乙卯歲春三月[illegible]識

古尊宿語録卷二十二

黄梅東山演和尚語録

門人惟慶編

師在海會受請拈香示衆云八十翁翁輥繡毬遂付維那宣疏畢陞座云三處住持只這滋味這回寛家難為迴避白蓮峯鼻孔海會山出氣

當晚小參云一則三三則七牧羊慶呼女貞花柜馬河邊望夫石石擊尺赤土畫簸箕從教眼搭癡復云淮甸三十載今作老黄梅好是明明說從教鴨聽雷

入院祖師塔燒香以手指云當時與麼全身去今日重來得無復云以何為驗以此為驗遂禮拜

開堂黄梅寺公慶疏師拈起示衆云見麼差珎異寶盡在其中若也不見請表白對衆拈出宣疏畢乃云便與麼散去早是多事了也若也不信遂指法座云少間向上頭撒沙撒土去也便陞座拈香祝聖罷復拈香云此一炷香在舒州二十七年三處住院諸人總知遂欲燒次復云不得也須說破某十五年行脚初參遷和尚得其毛次於四海參見尊宿得其皮又到浮山圓鑑老處得其骨後在白雲端和尚處得其髓方敢承受與人為師今日爇向爐中從教薫天炙地有耳朶者辨取四祖和尚白槌云法筵龍象衆當觀第一義師云當觀第一義寶劍霜鋒利掣電隔三千最勝無倫誓眼辨手能親出來相比試僧問舊店新開列寶珎一回拈著一回新師今已據盧能位端的如何拂鏡塵師云朝到西天暮歸唐土進云已得軒轅辨端的靈光從此照恒沙師云最初一句作麼生進云不辭山路遠踏雪也須過師云你猶醉在僧問靈山一會迦葉親聞未審今日一會什麼人得聞師云與靈山無異進云古之今之盡是知音師云知音一句又作麼生進云點頭不吐舌師云無人孟浪過你進云忽遇拏雲陵霧來時又作麼生師云老僧打退鼓乃云適來四祖師叔白槌云當觀第一義只如第一義且作麼生觀要會麼三世諸佛若無第一義將什麼化度有情西天四七唐土二三乃至天下老和尚若無第一義將什麼建立宗風只如當今聖帝若無第一義將什麼統御天下知郡學士知縣宣德合座尊官若無第一義將什麼為民父母乃至在會耆主若無第一義將什麼崇敬三寶然雖如是也須各各自悟始得

上堂舉古人道夫為善知識須是驅耕夫之牛奪飢人之食驅耕夫之牛令他苗稼滋盛奪飢人之食令他永絕飢虚衆中聞舉者多是如風過耳相似既驅其牛為什麼却得苗稼滋盛既奪其食因什麼永絕飢虚到者裏須是有驅耕夫之牛奪飢人之食底脚手便與授一授過一過趕教走到結角處便好向伊道福不重受禍不單行

上堂云二月春中漸暖咍歌嬾打拍板烏鶵走入鸞羣鴨兒凍得蕭偏水上或浮或沉何時解成瑚璉子細好好思量天地去此不遠復云頻婆娑羅王

上堂今朝二月初五行者先來打鼓長老肚裏茫然思量說佛說祖大地雪深三尺禽獸喫泥喫土今年必定豐熟自然五風十雨者裏有箇好處且道有什麼好處遂作雷聲云是什麼復云雷乃發聲

上堂云夫為禪客如出塞將軍你將得雲門半片餬餅來我便與半箇須彌山若不如是焉敢稱禪客

上堂云夫為出家之人須有出家之見具擇法眼方為出家如何是擇法眼破燈盞畢竟如何擔板擔板

結夏日上堂云孟夏漸熱伏惟首座大衆尊候萬福却似夾竹桃花錦上鋪花徧地花莫眼花每年事例不用張查下座人事巡寮喫茶

上堂舉永嘉道亦無人亦無佛大千沙界海中漚一切聖賢如電拂大衆這裏若不具金剛眼睛便見髑髏徧野如何即是明闘路雖險夜行人更多

上堂云立雪斷臂指踰後人人能弘道非道弘人這箇是什麼語江城子

上堂云時人住處我不住時人行處我不行畢竟作麼生牛角長三寸兎角長八尺四溟東海流般若波羅蜜

上堂云門外有人路不肯大開口臘月三十日胡亂外邊走好大哥

上堂云無法可說是名說法夜月展燄霜天凛冽池裏烏龜凍得成鐵更說兩句古頭成鐵

聖節上堂云十二月初八日今上皇帝降誕之辰不得說別事乃高聲云皇帝萬歲皇帝萬歲

上堂云無邊身菩薩將竹杖量世尊頂丈六了又丈六量到梵天不見世尊頂相乃擲下竹杖合掌說偈云虛空無有邊佛功德亦然若有能量者窮劫不可盡大衆無邊身菩薩說偈且止諸人還解自量也無若教老僧自量直是無下手處不見古人道諸佛座功德難量三千燒香禮雲鶏鳴何故如是別是一家春

上堂云一年只餘此月天道未曾降雪奉告三界龍神各自廻相報說普天普地鋪銀且要應時應節更望大衆慈悲為念普賢菩薩畢竟作麼生摩訶薩

郡朝奉祥正請上堂朝奉於法座前燒香云此一瓣香爇向爐中為光明雲遍滿法界供養我堂頭師兄禪師伏願於此雲中方廣座上擘開面門放出光師形相與諸人描貌何以如此白雲昔時舊相逢往日今朝事不同夜靜水寒魚不食一爐香散白蓮風師遂云最憶鐘恒暇鉢盂幾度白雲溪上

望青梅花向雪中開不恁麼不恁麼嫩柳條金線且要應時來不見龐居士問馬大師不與萬法為侶者是什麼人馬大師云待汝一口吸盡西江水即向你道大衆一口吸盡西江水萬丈深潭窮到底掠彴不是趙州橋明月清風安可比

上堂云春雨洒無涯乾坤已具知東君行正令梅柳一枝枝祖師門下客相見在今時相見即不無說什麼事便下座

上堂舉肅宗帝問忠國師云和尚百年後所須何物國師云與老僧造箇無縫塔帝云請師塔樣國師良久云會麼帝云不會國師云吾有付法弟子耽源却諳此事請詔問之師云前面是真珠瑪瑙後面是瑪瑙真珠東邊是觀音勢至西邊是普賢文殊中間有一首幡被風吹著道胡盧胡盧

上堂顧視禪床左右遂拈拄杖在手中云只長一尺下座

上堂云世有一物亦不屬凡亦不屬聖亦不屬邪亦不屬正萬事臨時自然覷令祇死要知換却性命

上堂云擔水河頭賣諸人盡笑怪滯貨沒人猜一似欠他債昨夜三更半石人鬪禮拜這箇說話莫道你理會不得我也理會不得

上堂云古人道無邊刹境自他不隔於毫端十世古今始終不離於當念師云是即是只是太舊雪峯示衆道盡大地撮來如粟米粒大拋向面前漆桶不會打鼓普請看大衆雪峯對面熱瞞諸人不少也然雖如是還有與雪峯同步底麼試出來與五祖相見有麼若無遂拈拄杖卓一下舉起云五祖今日與雪峯同乘槎泛四大海穿八大龍王髑髏得過百千邑嶺彌山却同來法座上坐又送雪峯歸雪峯山只是不了動著一步諸人還信得及麼若信不及遂舉拄杖云豈不見先師翁道放在臥床頭專要打老鼠

上堂云凡心聖意露堂堂念念無差即道場向去莫言今日事觀音自在放毫光良久云莫瞞老僧好

上堂云三月安居今已滿九旬不足事如何西天蠟驗聞聲久此土驪珠說者多參道十年遠意泥流水乳積成河林泉開士作弘護從須著衆力

上堂云時候季秋霜今皎潔銀河耿耿松窗一炷爐煙頗稱吾家好景

上堂舉僧問投子大藏教中還有奇特事也無投子云演出大藏教師云投子被人一問直得杜撰沒交涉若是五祖即不然或有人問大藏教中還有奇特事也無老僧即向伊道作禮而去信受奉行然雖如是與他投子同雲萬里畢竟如何要你諸方眼作麼

上堂云悟了同未悟歸家尋舊路一字是一字一句是一句自小不曾空兩歲學校步濕水生蓮花一年生一度

上堂云嬾嬾喚汝不歸家會向門前弄土沙每到年年三月裏滿城開盡牡丹花

上堂云青蘿夤緣直上寒松之頂白雲淡泞出沒太虛之中自十九至二十三日萬餘人來此赴會鬧閧地如今只見老漢獨自口吧吧地皆道多人是鬧一人是靜直是白雲萬里畢竟如何一人鬧浩浩多人靜悄悄不如歸堂喫茶好

上堂云心隨萬境轉轉處實能幽雲門道觀世音菩薩將錢買胡餅放下手云却是箇饅頭如此則隨他脚跟轉也五祖有箇隨流認得性快樂永無憂底因緣舉似大衆忽然於此省去也不定良久喚侍者侍者應諾師云我害癡

上堂云仲冬嚴寒普徧世間富貴即易貧窮即難唯我林泉之人無易無難為什麼如此良久云無人處向你說

上堂舉普化道明頭來明頭打暗頭來暗頭打虛空裏來虛空裏打四方八面來連架打臨濟聞得遣僧問云總不恁麼來時如何化云明日大悲院裏有齋若是五祖即不然有人問總不恁麼來時如何和聲便打是他須道五祖盲枷瞎棒我只要你恁麼道何故一任舉似諸方

上堂云應接無方唯是此一毛端上廓心用生枝延蔓魔家族點點舒光耀祖天

上堂云風和日暖喬樹嚶嚶桃李妍而爛錦成行芳草濃而鋪茵作陣花落一片兩片浮碎玉以娑娜舞三回五回曳長絲而冉冉當是時也古人道幽鳥語如簧柳垂金線長煙收山谷靜風送杏花香永日瀟然坐澄心萬慮忘欲言言不及林下好商量良久云你且商量看

上堂舉僧問雪峯云古澗寒泉時如何峯云瞪目不見底僧云飲者如何峯云不從口入趙州聞得云不可從鼻孔裏入也僧却問趙州古澗寒泉時如何州云苦僧云飲者如何州云死師云若有人問五祖古澗寒泉時如何即向伊道水飲者如何但云當下止渴或有箇人出來問道與曹溪水是一是二我即向伊道分枝列派縱橫自在低處流田高處潑菜

上堂云趙州道箇栢樹子廬陵隨後道白米中間有箇白連峯一口吸盡西江水喜美囉哩囉哩囉哩我自我你自你深村有箇白頰黑吒膘鬃頷九條尾良久云喚好怕人

小參舉藥山初參石頭問云三乘十二分教某甲粗知訪聞南方直指人心見性成佛實未明了石頭云恁麼也不得不恁麼也不得恁麼不恁麼總不得藥山罔措一日坐次石頭遂問云汝在此作什麼山云

一物也不爲頭云恁麼則喇坐也山云閙坐則爲也頭云你道不爲不爲箇什麼山云千聖亦不識石頭遂有頌云從來共住不知名任運相將只麼行自古上賢猶不識造次凡流豈易明師云大衆須是過得祖師關曾爲道玄路始會此般說話石頭恁麼垂示便須趙州庭前栢樹子洞山麻三斤雲門超佛越祖之談五祖亦有一頌任運不知名輕輕著眼聽水上青青綠元來是浮萍

四面專使文詳特法嗣書到師於法座前接書拈起問專使云這箇是四面底關棙底在什麼處使云驗在目前師云幾不問過遂陞座云好事難逢何不出來大家唱和時有僧出問云石頭馳書僧是鈍漢玄沙白紙說說何風四面齎來有何祥瑞師云春氣發來無硬地進云與麼則佛祖千里浪透過祖師關師云真箇也無進云可謂是黃梅熟後無人識獨許東山一老師師云更有人在進云和尚也不要疑著師云也落在關棙後進云只如四面無門老和尚向甚處得道消息來師云你向甚麼處去來僧指東畔云這箇直饒得恁麼黑又指西畔云這箇知客得恁麼肥師云不得指東劃西僧以坐具一劃云者箇不可喚作東西也師云看你亂走進云和尚低聲恐人聞得師云你適來也郎當不少僧以手掴口云是我招得師乃云大衆四面長老有書封大衆前須當說過四面大漆桶詳師分半桶自遂拳下開書却我鼻孔且道爲什麼如此無你出氣處

太平專使至上堂云萬里無雲點太清祖天日月自分明太平不許將軍見却許將軍建太平

上堂云舉則公案事事成辦向外馳求癡漢癡漢

上堂云有物先天地無形本寂寥能爲萬象主不逐四時彫古人恁麼道可謂錦上鋪花不妨奇特諸人且作麼生會白蓮今日曲順從機不惜眉毛亦爲頌出有中有無中無細中細麁中麁

上堂云今朝三月初五老漢亦無所補無字指路堂堂柱見衲僧受苦畢竟如何如人學射

上堂云嫩景中春暖色暄塵塵沙界一般天林嬌鶯鬱爭蒼翠花柳芬芳鬭色鮮蝶弄牡丹飛勢緊蜂游芍藥說遲延人生幾度逢春景何不於中種福田

上堂舉興化云我逢人則不出出則便爲人三聖道我逢人則出出則不爲人師云此二古德一人文章浩渺一人武藝全施若道興化是文亦不得若道三聖是武亦不得還於此辨得出麼若辨得出許你通身是命若辨不出你自相度

上堂云如何是禪閙浮樹在海南邊近則不離方寸遠則十萬八千畢竟如何禪禪

上堂云賤賣擔板漢貼稱麻三斤百千年滯貨何處著渾身

上堂云今朝八月二十佛法兩字難入深村大小老翁遶磨祖師不及

上堂云未透祖師關莫問大雪山一步一萬里千難與萬難

上堂舉僧問趙州狗子還有佛性也無州云無僧云一切衆生皆有佛性狗子爲什麼却無州云爲伊有業識在師云大衆你諸人尋常作麼生會老僧尋常只舉無字便休你若透得這一箇字天下人不奈你何你諸人作麼生透還有透得徹底麼有則出來道看我也不要你道有也不要你道無也不要你道不有不無你作麼生道珎重

呂寶文嘉問入山上堂僧問世尊拈花迦葉微笑台邴光臨於法席願師方便爲宜揚師云六耳不同謀進云不於花上覓爼赫自開明師云好進云可謂獨露無私許伊有分師云甚進云覷面知機又作麼生師云不許與別人說進云和尚只知其一且不知其二師云汝作麼生進云祖師却道知來也歸作監梅正是時師云被你道著進云已得真人好消息人間天上更無疑師乃云記得昔日僧問六祖黃梅衣鉢什麼人得祖云會佛法底人得僧云和尚還得也無祖云不得僧云爲什麼和尚却不得祖云我不會佛法又舉僧問雪峯和尚見德山後得箇什麼道理便休去峯云我當時空手去空手迴師云大衆此二尊宿一人是祖師一人是禪師及乎問著便道我不會佛法又道我空手去空手迴你諸人還信伊恁麼說話也無若要會他恁麼說話須是透祖師關始得若不透祖師關輒不得正眼覷着

唐提舉栢到院上堂舉三聖問雪峯透網金鱗以何爲食峯云待汝出網來即向汝道聖云一千五百人善知識話頭也不識峯云老僧住持事煩衆中或謂雪峯與三聖宗派不同故言不相契或謂三聖作家雪峯不能達其意如斯話會有何交涉忽有人問五祖透網金鱗以何爲食老僧向伊道好箇問頭復云大衆且道與雪峯是同是別不能爲你說得聽取一首洞裏無雲別有天桃花似錦柳如煙仙家不會論春夏石爛松枯是一年

資福專使持法嗣書至師於法堂上受書拈起問專使云本無名字什麼處得這箇來專使擬議師云因誰致得遂陞座舉石頭問長髭什麼處來髭云嶺南來石頭云大庾嶺頭一鋪功德成就也未髭云成就久矣只欠點眼在石頭云莫要點眼麼髭云便請石頭垂下一足髭便禮拜石頭云你見箇什麼道理便禮拜髭云如紅爐上一點雪師云紅爐一點雪知音管不瞥龜毛扇子扇泥牛一點血

偈頌

投機

山前一片閑田地叉手叮嚀問祖翁幾度賣來還自買爲憐松竹引清風

山居

床是柴棚蓆是茅枕頭爲但半中凹霜天未寒人投宿睡到平明手脚交

自貽

白雲堆裏古家風萬里霜天月色同林下水邊人罕到方知吾道樂無窮

遣興

冉冉白雲間颼颼微風起至哉造化功孰爲死終始究之既不能徒然自憂喜

聞角

幽幽寒角發孤城十里山頭漸杳冥一種是聲無限意有堪聽有不堪聽

病起

病來又病皮黏骨抖擻起來無一物行不成步語聲低鼻孔依前空突兀

山中四威儀

山中行携籃採蕨稱幽情牧童習罷胡家曲子規枝上一聲聲

山中住萬疊千重誰作侶縱使知音特地來雲深必定無尋處

山中坐月夜霜天寒鴈過爐灰撥盡未成眠報曉雲禽清耳朵

山中臥一片清光高鑑我但得身心到處閑多年布衲從教破

讚白雲先師真

一月在天影含衆水師真之真非月非水青黃碧綠亂茶糊看來半唄半喜

贊四祖演和尚

枉花包裏老黃梅不向陰陽地上開蜂蝶豈知香遠拆難尋蹤跡去還來

自贊

眼暗耳聾行步龍鍾人前強笑叉手當胸

自述真贊二首

以相取相都成幻妄以真求真轉見不親見成公案無事不辦百年三萬六千日翻覆元來是這漢

我異我贊唯已自知面面相覷有甚了期

僧請問師爲頌之

師室中嘗舉趙州狗子還有佛性也無州云無

趙州露刃劒寒霜光燄燄更擬問如何分身作兩段

示禪者二首

學道先須得指歸聞聲見色不思議長天夜夜家家月影落澄潭幾箇知

祖道何殊世路平時人行處不須驚擬心未到先移步直似玄沙問鏡清

示學徒四首

學道之人得者稀是非長短幾時虧若憑言語論高下恰似從前未悟時

空門有路人皆到到者方知滋味長心地不生閑草木自然身放白毫光

一片秋光對草堂籬邊金菊獨含香蟬聲未息涼風起勝似征人歸故鄉

終日談玄第一宗枯河道裏覓魚蹤直饒祖佛無階級須向奇人棒下通

送巴德二禪者之長安謁師

二人同心其義斷金古今有此吾道堪任山之巖重海之淵深白雲留不住祖佛莫能禁極目少林峭峙傍觀華岳金峯分付維摩拈指法且彈一曲訪知音

悼四祖演和尚

此病彼圓寂吾門何得失生死若空花去來如鳥跡東涌忽西沒影挂寒堂壁三十三天撲帝鐘普念般若波羅密

悼投子青禪師

寂住峯頭雲灑落曹溪水高張浮渡帆直入大洋裏還載所緣終昨夜狂風起骨角女子戴瑯花八十翁翁穿繡鞋

悼浮渡圓鑑禪師

浮渡巖前高殘梧桐林聳出標風格夜來寒影落西齋誰唱胡笳十八拍

弔崇勝大師

苦霧罩庭軒悲雲鎖暮天師歸真淨界影挂月孤圓去不去兮若之夢來不來兮誰後先誰後先閑浮樹在海南邊

悼陳吉先

子既卜遷居聯家第一機有帆不挂樹無住坦然遂世態那堪戀恩情甚痛恩祖師門下客到此辨緇素

訪信和尚

維摩之後室長開立雪求心悟善財木老花彫兮白雲亂卷波澄霜夜兮皎月徘徊不二門高遙相訪又騎龍馬入塵埃

送白首座回鄉

歸心休問路多端四海爲家未足觀隻履消名思達磨諸侯九合笑齊桓

次韻訓甘露顯長老

本自居山不厭山水聲山色異人間知音若會儂家意任是危層亦共攀

送仁禪者

白雲巖上月太平松下影深夜秋風生都成一片境

送文禪人寧親

今生父母當親觀從本爺娘子細行動轉施為全得力一回舉着骨毛寒

送蜀僧

相聚淮南四十年而今歸去路三千有人若問西來意水在江湖月在天

寄信上人

一瓶一鉢且隨緣此事時時強為宣知已不來春漸老孤峯皎月對寒泉

次韻酬黃龍圖

海會雲山疊亂青龍潭瀉碧聲泠泠使君乞與安閑地時共禪徒終夜聽

次韻酬高臺師兄

每覺高隱絕清風益可愛有時說向人時人都不會回首望衡岳岳山千里外獨步立斜陽颯颯聞秋籟

疏雲送信禪者作丐

春晴觸石欲高飛晥伯臺前變翠微本自無心為雨露何曾有意泄天機風雷倚勢聲光遠草木乘陰色澤肥莫謂功成空聚散微岑嶺約幾時歸

送化主三首

幾縫道開雲片片半龍幽石半從龍為霖普潤焦枯後卻入煙蘿第一重

莫論人情與道情大都物理自分明皖公山下長流水今古滔滔徹底清

處無立雪人路有塵埃客傾蓋此時心松間蟠行色

與瓌禪化麥

水中撈得麥恐懼瓌禪客往復假溪邊間聲隔不隔

寄太平燈長老

偏遊五祖山話笑令人愛極目情量寬禮貌多自在

恩鄉便欲回不慮他人怪再見是明年往來無罣礙

寄高臺本禪師法兄

春山望極幾千重獨凭危欄誰與同夜靜子規知我意一聲聲在翠微中

送住白雲入院後示二三執事

登山須拄杖渡水要行船有客開顏笑無愁展腳眠萬般存此道一味信前緣試比紅塵裏清虛直幾錢

寄諸郡丐者

坐一須走七古聖留蹤跡此土與西天簡簡明格尺熙鐵化為金喝石變成寶大力那羅延是誰親中的

寄舊知二首

闊濶多時未是疏結交豈在頻相見從教山下路崎嶇萬里嶠光都一片

朔風掃盡千岩雪枝上紅梅包欲裂綠綠寒雲天外來吾家此境憑誰說

送化士四首

何事秋風入夜涼稻花時候送餘香要知此箇真消息末後殷勤味最長

晥伯臺前送別時桃花似錦柳如眉明年此日凭欄望候舊青青一兩枝

透出龍門未是難幾人得過趙州關白雲片片青山外為雨為霖去復還

出自白雲山携筇步煙渚心中幾萬端唯我能相許

寄舊三首

木落高秋玉露垂窗前黃菊漸離披白雲片片迎新鴈不是知音說向誰

寄書未到他先望傳語不來我未知虔日林泉無世慮欲眉偷看白猿兒

梅花欲謝不謝桃花欲開不開思君共聽猿啼處一片白雲天外來

偶作

多時欲寫天邊鷹毛色觀來苦未全猶可不妨知節令養成飛去有何難鷹塔當初占古殿禪禪入理深淵無形無狀千難萬難後生晚長心堅石穿

賦祖花次李提刑韻三首

此花過與人間別結果開花當處生要會祖師端的青未萌天地已先成

此土西天祖佛名雙峯頂上鐵花生世間無限丹青手只恐吟成畫不成

造化之功品物情亞齊生處不曾生尋枝摘葉空勞力一朵開時一佛成

次韻酬彭運使留題七峯閣

山展層小閣聊且寄生平三四危峯頂晴霞分外清

次韻寄彭運使吏部

縱使千回眼見爭如手親一徧透得此箇重關乃是平生方便

次韻酬吳都曹

山家直趣最幽微路轉峯回到者稀一鉢黃菁清永日滿頭白髮已忘機瀑布窻前落哭月狂後角上飛自得平生觀不足都知浮世是兼非

次韻酬前倅李峴韻

歸當之言不在多文殊不二問維摩趙州眼條四天下願有同參凌行婆

贈東嶺西湖簡太守李秘監

脩竹喬松積翠臨綠楊紅蕖徧園林到頭須讓西湖水淺靜還如君子心

東嶺途中

一宿成家恭孤雲萬里逝吾門隨處靜世路幾時休舉首問明月憑心寄斗牛歸期何太晚猶尚往他州

題[illegible]亭

眼觀不足耳聽不盡水窮山盡山遠送邊

答禹希道

老病蹤慵不記心應無升處到地林水聲山色長為伴利害從教到海深

酬石秀才

能飽兩間齊瀉若車輪帶長沙波浪深淵流轉海濤
作夜西風激怒濤將飛作浪沒絲毫憑欄笑能思量著聲斷長大月色高

送朱大卿

但得心閒到處閑莫拘城市與溪山是非名利渾如夢正眼觀時一瞬間

送吕公輔

送客別金沙行行去路隱溪煙籠碧漢濤霧綴紅霞百舌吟新樹千株長嫩芽離思分袂處舉首見桃花

送黃宗純

秋雲秋水兩依依塞雁聲聲度翠微多向洞庭衡草岸楚天空闊不知歸

重會郭功甫

淨空居士久相知三十年來只片時今日白蓮花下見維摩元是舊容儀

寄李元中

寄盡千張紙徒煩心手勞人情如太華爭似道情高

嘉隱堂

一松一竹一溪雲時有清風伴日曛忽外泉聲長似雨迴然居者不知春

黃梅東山演和尚語終

古尊宿語錄卷第二十二

附錄序文

益聞言語道斷而未始無言心法無亡而率相傳法有得兔忘蹄之妙無執指為月之迷故宗師起而稱揚若尺捶取之不竭學者從而指出連環解之無窮教外別傳道斯為美前師和尚諸方遂久詢請無私周旋黃蘗之庭踐履白雲之室密心是道信手成金紅粉佳人發最上之機金色頭陀無容身之處念聰明呪唱太平歌皆諸方之所未聞後人之所警策其他妙語不可殫論廣于簡編庶為龜鑑云耳知台州黃巖縣事張景脩序

粤自靈山拈出曹溪傳來天下叢林分枝布葉石霜古月海會東園介在祖山隱若敵國誰主茲地演公其人演公系本蜀川今行淮甸二提宗印一紀于茲仁義道中空華結果荊棘林內石筍抽條莫疑段怖見前織作葛藤會去兒勤七人録其語要俾之發揚愚用龜七敢言有俱狐疾焉終愧非宜紹聖二年十二月二十四日河間劉跂謹序

海會演師昔行腳至白雲峯頂逢一善知識據師子座現比丘身為無所為說無所說有時擊雲棧浪游戲自如有時截鐵斬釘紀干不可諸方輻湊四衆歸從罔測其由舉皆自失師獨熟視而笑莫逆於心會未踰時遂蒙受記天人叶贊自四面而往太平父子相承由太平而來海會隨機答問因事舉揚不假尖新自然奇特其徒纂集請余為之序欲傳於世云紹聖二年十一月初十日吳郡朱元衬序

[illegible]

古尊宿語錄卷二十三

汝州葉縣廣教省禪師語錄

師初開堂日纔陞法座大衆雲集師拈香示衆云此一瓣香不從他方得卽汝州水土然願皇帝萬歲重臣千秋文武百僚常居祿位但某道薄人微濁事荒疎謝郞中巡檢司徒諸官員等光揚佛日野干說法釋迦和南梵王前引帝釋後隨重法不重人謝西州和尚遠發緘封曲聲卑能棟惕無盡兩院主首街市檀越堂內僧衆請某開堂說箇什麼卽得若說三乘五姓來又有經律論座主宣揚若說仁義禮智信又有夫子夫子是儒童菩薩入鄉化俗若是闡揚宗旨又有諸方宿德和尚穿鑿了也更教某甚處運斤荅即得便有僧問祖祖相傳心印印印皆說師今出世法嗣何人師云寰中天子勑塞外將軍令學云法海一滴蒙師指向上家風事若何師云高祖殿前樊噲怒須知萬里絕烟塵問昔日世尊說法梵王親躬此日朝騎臨筵將何指教師云塞鴈過時聲咽咽高鵠喃喃悅殺人進云與麼卽法雨洪傾人天有賴也師云雲綻家家月春來處處花問不落諸緣請便道師云落問如何是無縫塔師云頭不梳面不洗問如何是出家人師云豎殺頭進云與麼卽在家出家師云簏麻鞋問喫却施主食將何報荅他師云老僧罪過進云與麼卽萬兩黃金亦消得師云家醜不外揚問寶劍未出匣時如何師云不可錯怪老僧進云出匣後如何師云換手搥胸問如何是禪師云文殊殿問如何是道師云法堂是老僧荅進云禪道相去多少師云汝問我荅進云向上還更有事也無師云有如何是向上事師云七棒對十三學家禮拜師云救休不肯休直待雨霖頭問如何是清淨法身師云厠坑頭籌子問臨機一句請師速道師云速進云與麼師沙場無朕跡也師云滴水驗身客師乃云達磨西來為傳東土直指人心見性成佛獨標象外竹揭悟之者織毫不隔迷之者背覺合塵中下之機也須子細莫虛過時光各各有之況以西來的意教外別傳道契一言縱橫自在打破髑髏揭却腦蓋豈不是慶快僧問學人來日擬入帝京帝王不顧將如何師擧時頌荅云一年春盡一年春觸目無私遍乾坤時人盡唱無私曲舉遇知音對者稀進云與麼卽處處遍身去也師云底事作麼生進云十方世界盡是學人行履處師云與師子兒進云謝師證明師云一翳在眼空花亂墜問如何是佛法大意師云麥賤米貴問如何是當機一句師云有你驢漢問進云與麼卽打鼓弄琵琶也師云捺嘴放屁聲問如何是隨色摩尼珠師云鬧市散本進云未審意旨如何師云拍手唱歌行問維摩丈室不以日月爲明和尚丈室以何爲明師云眉分八字進云未審意旨如何師云雙耳垂肩問如何是古佛心師云何不高聲問進云莫者便是也無師云是卽錯進云如何得不錯師云千錯萬錯問如何是非非法義師云十字路頭坐進云不會意旨如何師云一任衆人看問如何是金剛不壞身師云白雞碎進云不會意旨如何師云終是一堆灰問如何是出家人師云草際不露頂進云露頂後如何師云搒殺塚頭爲問無邊身菩薩來還起也無師云水牯牛進云與麼卽頭上安頭師云一頓五升料問蓮花未出水時如何師云覺生頭角進云出水後如何師云一場懡㦬問承古有言未得入頭直須入頭既得入頭不得孤負老僧意旨如何師云獨腳蝦蟆能上樹進云未審意旨如何師云野鵲帶廂帽問如何是戒定慧師云破家具

師上堂良久云夫行腳禪流直須著忖參學須具參學眼見地須得見地何方始有出眼分始得不被諸境惑亦不落於惡道畢竟如何委悉有時句到意不到妄緣前塵分別影事有時意到句不到對日揆象各說異端有時意句俱到打破乾坤界光明照十方有時意句俱不到無目之人縱橫走忽然不覺落深坑問如何是道師云萬緣俱頓息夜半納驚驚問如何是祖師西來意師以手劃一劃進云不會此意如何師云合掌靈山問世尊問如何是和尚心師云長三尺進云如何通信師云方圓二寸餘問學人未到來時如何師云競殺老僧進云到來後如何師兩手提胸問慈雲起處法雷大震救門下蒙恩攀時如何師云今冬顛雨雪來年麥大熟進云恁麼即大衆有依倚也師云頌頭誇富貴今古化成群問起坐相隨為什麼不識師以手劃一劃進云恁麼即截根源也師云冥冥一去香香何知

師上堂良久云宗師血脈或凡或聖龍樹馬鳴天堂地獄鑊湯爐炭牛頭獄卒森羅萬像日月星辰他方此土有情無情以手劃一劃云俱入此宗門中亦能殺人亦能活人殺人須得殺人刀活人須得活人句作麼生是殺人刀活人句道得底出來對衆道看若是道不得即辜負平生珍重問忽遇大闡提人來還相爲也無師云西天出白氍進云未審此意如何師云東土波斯鼻孔大問十方薄伽梵一路涅槃門如何是一路涅槃門師云洞山見雲門進云未審意旨如何師云山僧是冀州人問如何是眞道人師云露柱是進云不會意旨如何師云莫道外人聞問心地法門與佛相去多少師云關山萬里致問老僧有荅進云未審意旨如何師云五九盡日春問如何是道師云家家門前長安路問如何是西來意師云齋後一椀茶問巳事未明以何爲驗師云鬧市裏打靜槌

進云意旨如何師云日午點金燈問如何是無縫塔師云破皮厚三寸進云未審意旨如何師云金牓題名天下傳問如何是清淨法身師云蝗蟲步嚙驚人恐貪食苗稼盡傷心進云為什麽學人不識師云無心伏物賀太平

師上堂有僧問纔上法堂來時如何師拍禪床一下進云未審此意如何師云無人酬價打與三百問清淨伽藍為什麽打魚鼓喫飯師云打草蛇驚問路絕煙塵時如何師云無手行者能打餅進云恁麽即傀儡人抽牽也師云無目之人不假粉

師上堂云聞鐘聲即奉鉢而來如無鐘聲向甚處去即得若是上來下去是何面目不來不去又濕池上坐了也作麽生是衲僧出氣底鼻孔道得底出來道看直饒道得也是勿交涉若是道不得也即陷坑落塹便下座問煞父煞母佛前懺悔煞佛煞祖向甚麽處懺悔師云長連城進云不會意旨如何師云大靈蓋問承古有言良由取捨師是不捨即是師云大洋海底鐵龜上進云恁麽即取捨俱忘也師云週明眼人舉似問如何是佛法大意師云杏熟來年麥進云不會意旨如何師云豪收當年禾學人禮拜師云彭祖壽年八百歲莫忘却稀不傾尖問如何是衲僧活計師云城東太山廟進云不會意旨如何師云判官手裏筆問如何是露地白牛師云破盆子進云未審意旨如何師云堪作屎問不落言詮請師便道師云西方極樂世界進云恁麽即滿口道不得也師云東土樹子大問如何是和尚受用處師云長三尺問如何是毗盧體師云寒時寒殺熱時熱殺進云不會意旨如何師云冬天著火向夏月取涼行問學人心病請師一服妙藥師云破皮厚三寸進云未審意旨如何師云杖頭挑取

師上堂云廣教有驗人關截人機活人句還有人道得麽若是道不得辜負平生問和尚朝也說暮也說還接得幾人師云泊合疑殺老僧問靈山如畫月曹溪如指月如何是眞月師云昨日鑿金鐘告報天下問進云恁麽即山河大地也師云大衆齊合掌香煙滿乾坤問無目人來請師指路師云坐食都不問莫作問禪賓進云不會此理如何師云紫羅袋裏盛官語金牓題名天下傳問大施門開請師垂示師云腦後抽簪進云便恁麽會時如何師云孤峯無宿客進云噓噓師便打問如何是世尊不說說師云涅槃山側畔香煙滿乾坤進云如何是迦葉不聞聞師云鯉音勢至引到西方問如何是學人親切處師云昨日十九今日二十問如何是毗盧師法身主師云僧排夏臘俗列耆年進云向上還更有事也無師云有進云如何是向上事師云萬里崖州君自去臨行惆悵怨他誰問布鼓當軒擊誰是知音者師云眼中有釘進云未審此意如何師云喬翁賽祈神

師上堂云諸禪德若是說禪說道說佛說法來叉匝匝地遍天遍地也更教廣教說箇什麽即得若約至理論似此之輩且夫涅槃堂內粥飯裏將養始得與何如此當言不避截舌若是說禪禪是病若是說道道亦非眞說佛被佛謗說法被法障也錯怪廣教雖是善因而招惡果何不離此之外試與廣教相見看方有參學分始得不被諸境惑亦不落於惡道還委悉得麽直饒委得入地獄如箭射無人替代渠莫道不道珍重問遍歷寰中未曾逢一人時如何師云椀進云恁麽即碧霄雲外無依倚也師云未曾解開榭僧云錯師云尋時打二十棒趁出院問如何是密密處用心師云闇市裏輥毬進云未審意旨如何師云一任衆人看問如何是涅槃門師云三更無忌諱進云未審此意如何師云却忌五更時問西州和尚遷化向什麽處去師云寶塔元無縫霧骨鎖天涯問如何是涅槃路師云玄沙不出嶺寶壽不渡河問如何是正令一句師云古墓裏點燈猶作怪樹上叫喚闍梨意如何問六國來朝時如何師云南有雪峯北有趙州進云恁麽即萬里絕煙塵也師云目前無一物不換大陽春問遠遠相投請師一接師拈起火示云會麽云不會師云滿爐添炭猶嫌冷路上行人只守寒問維摩默然文殊讚善此意如何師云莫埋沒維摩進云恁麽即清淨道場師云莫錯認定盤星問春來萬物秀石頭為什麽不生芽師云為報退方參禪子只為麁心致令廣教打二十進云又太不慈悲生師云禍福無門唯人自召

師上堂云說底法即便是也十二時中行住坐臥喫粥喫飯合掌頂禮麁言細語鬭打相爭揮拳捏臂是也不是若道不是即法有二見若道是為什麽不休去不歇去若約至理論須是待廣教與你打破髑髏揭却腦蓋那然山河無礙豈不慶快還委悉得麽直饒委悉得入地獄如箭射無人替代渠莫言不道珍重問彼自無瘡勿傷之也道合時機請師應用師云今年頻雨水何人不傷心進云恁麽即雲散青天出山高衆岫歸師云日出天然與森羅絕問忽逢大闡提人來師還相為也無師云法久成弊進云慈悲何在師云年老却成魔問如何是第一句師云失如何是第二句師云最肉來蠅如何是第三句師云今日好晴云三句不分時如何師云來日到岸州問寶劍未出匣時如何師云掛口著云出匣後如何師云拈却牙齒問如何是論頓不留朕跡師云日午打三更石人側耳聽云如何是語漸返常而合道師云問處分明說向相呈問三災競起如何救之師云廣

敎不問何來日喫鈴槌云不會師意如何師云涅槃山側念彌陀問如何是百骸俱潰散一物鎭長靈師云晴乾開水道無事設曹司云未審此理如何師云雨下街頭濕晴乾便無泥問禁足九旬須藉無蟲之地其處是無蟲之地師云趁熟人民亂縱橫五月麥熟盡息心云不知甚麼處立身師云夏月多毒熱行人盡休歇問雪山童子捨身爲求諸行此行如何師云棹臂街頭走仰面看青天云恁麼即進人尋著向城路也師云此人入地獄萬劫出應難問如何賓中賓師云懃惶没心情如何是賓中主師云相手覩前程如何是主中賓師云起坐甚分明如何是主中主師云大祭不留身問如何超師之作師云老僧眉毛長多少問古人一言便悟和尚種種說學人爲什麼不悟師云尊對無底云畢竟如何師云皮襪無根問如何是和尚四無量心師云放火煞人云慈悲何在師云遇明眼人舉似

師上堂良久云惣彼須彌山塞却你諸人眼也還會麽莫不識痛痒若是去却須彌山方有參學分作麼生是去却須彌山底句若是道得底試對衆道看若道不得也且莫亂磕便下座問師子吼時全威氣文殊仗劍意如何師云飛砂走石人驚怪決定會弓射尉遲問如何是佛師云白馬馱經云如何是道師云善信拖㫐問本來無一物以何法示於人師云無法示於人問不施寸刃便登九五時如何師云不封不樹云未審此意如何師云今古不同且應時問承古有言藏身不吞炭意旨如何師云莫遣外人聞云山雉枉遭傷此意如何師云天網恢恢疎而不漏問夏終此日師意如何師云今年夏末去年秋東京西洛任意游問大用現前不存軌則時如何師云虛空無筋骨金槌打不入進云恁麼即百雜碎也師云靈

隴佛前親聞玉偈問如何是塵中獨露身師云塞北千人帳江南萬斛船進云恁麼即非塵也師云學論之流一北萬行問如何是和尚深深處師云猫有歃血之恩虎有起屍之德進云莫便是也無師云唯擣東南磨推西北問承教中有言二人同坐解脫床如何是解脫床師云有言須得句進云未審此意如何師云不用更遲疑問萬法歸一一歸何處師云北邙山下進云未審意旨如何師云千年中一遇問世尊爲一大事因緣故出現於世如何是一大事因緣師云梁園城裏丹鳳門進云不會意旨如何師云襄州出大悲問行住坐臥如何用心得不落於惡道師云莫用心問如何是文殊活人底劍師云須彌頂上雨霖霖進云如何是文殊殺人底劍師云錯問如何是功用智師云舉目千山秀大海澈底淸問疑情未息如何除遣師云碓擣東南磨推西北問學人迷路請師直指師云三更不閉戶進云未審此意如何師云日午不點燈問承古有言不在內不在外未審在什麼處師云南斗六星北斗七問一物不將來時如何師云放下著進云恁麼即纖毫不屬也師云且擔着

師上堂云諸苦所因貪欲爲本若滅貪欲無所依止若是無貪欲心在處滂滂隨所碌碌山河大地不礙眼光不礙眼光則且止你道雪山童子眉毛長多少衆中還有道得者麼試對衆道看爲你證據若道不得辜負平生便下座問學人不曉三玄義請師方便第一玄師云截舌三分進云如何是第二玄師云没騎驢子夜三更進云如何是第三玄師云晴乾開水道無事設曹司問美玉黃金門何異荊山體師云錯進云恁麼即鳳飛在處祥雲聚龍行何處少風雷師云騎驢不把鞭一世勿模樣問如何是第一要師云全令提綱行正令却須當道與人看進云如何是第二要師云米價都不問莫作問禪賓進云如何是第三要師云包含大地人皆喜滿洛謳謠賀太平問如何是西來意師云骨崙抒象牙問色身病法身病師云江山無阻滯日月鎭長明問承聞一子出家九族生天某甲兩人出家合作甚道理師云截舌三分進云未審意旨如何師云鬧市裏臥街問棹過青山時如何師云金州出好漆問文殊云前三三後三三未審意旨如何師云昨夜風寒緊今日又溫和問如何是百尺竿頭進步底句師云南贍部洲北鬱單越問如何是西來意師云冬無積雪夏無餘糧問如何是古今無異路師云俗人盡戴帽進云未審意旨如何師云開標無席帽問得船便渡時如何師云鈍根阿師進云恁麼即截根源也師云下坡不走快便難逢問如何是奪人不奪境師云豬肉來蠅進云如何是奪境不奪人師云没鐙騎驢子夜三更進云如何是人境兩俱奪師云光漆無人識進云如何是人境俱不奪師云須彌頂上雨霖霖問如何是一印印空師云今年夏末臈人氷進云如何是一印印水師云末逢秋草死爭忍下堦行進云如何是一印印泥師云雨重公按就萬里江山應不迴問寂寂無依時如何師云觀身實相進云與麼即謝師指示師云廓然無邊問龍女獻珠得成佛學人無珠可獻還得成佛也無師云好日多同贈土不贈金進云恁麼即謝師指示師云恐魔逐我後須壓任騷堦問古路重開時如何師云無目之人不假燈進云恁麼即七縱八橫没去處也師云拍手唱歌行問師子吼時羣獸喪氣文殊仗劍意如何師云一段荒郊裏千峯永不還進云恁麼即大衆齊合掌一時念彌陀師云不因寒食節餘日且難來問香煙起處大衆側聆當爲何事師云尊鼕三下鼓喫粥五更時進云此理如何師云朝霞不

出門猶從行千里問阿師禮何儀大千忘古如何師云驚動十方刹進云此理如何師云當言不避截舌

師上堂云僧堂入佛殿裏佛殿入僧堂裏行須彌山騎牛說話木人打鼓唱歌露柱每日指筆徒椎拍手笑他若遇大乘根器不在於言下若是中下之機也須了剛咄東問木遇眾緣時如何師云虛空無暇騎到者當息心進云遇眾緣後如何師云任你大海變桑田爭敢諱能管得你問拋甎投師請師賜琢師云把將來看進云恁麼即得遇和尚師云元來是箇漆桶問古人有不了之句請師為學人說師云破草鞋三十問自己面目終日不見時如何師云拈却牙齒者進云見面後如何師云大眾盡皺眉問黑雲遮日時如何師云道士戴簪冠進云見日後如何師云金剛眼睛人如今問生死事大如何免得攀緣去師云喚什麼作生死進云與麼即是佛性也師云又是七顛八倒問看經即是不看即是師云靑山無異路東西任意遊進云太不定生師云自是盲者過非日月咎問萬里無雲時如何師云今年大旱問古鏡未磨時如何師云磨他作什麼進云磨後如何師云埋作什麼問古佛舍利為什麼拈不上來師云家藏利器盜者息心問路逢達道人不將語默對未審將什麼對師云將拄杖對問驪龍頷下有珠如何取得師云用這黃毬作什麼

師有時上堂大眾雲集師良久以手拋智三兩下喚侍者侍者應喏師云老僧今日頭痛你重問開聲只有這箇聲為復別有師云腦後三斤問與性不隨緣如何得正悟師云大洋海底紅塵起須彌頂上浪滔天問如何是大作業底人師云城外斬屠兒進云不會此意如何師云一斤秤不住問大乘以心能何萬善時如何師云上天無路入地無門進云不會此理如何師云沙門島裏望家鄉

汝州寶應顒開堂法嗣眚來上堂有僧問花開五葉法遍乾坤時如何師云九月重陽節菊花撲鼻香進云恁麼即慈雲普潤也師云廓然無一物光明照十方問如何是第一玄師云平常道在語必幽玄問如何是第二玄師云有問有答日月長明問如何是第三玄師云何勞題上問行年問鐘聲纔罷大衆臨筵向上宗乘請師舉唱師云僧排夏臈俗列耆年進云恁麼即一雨普潤於大千也師云日出天然異光明照十方問善法堂中伸一問未審師還接也無師云蜀地錦觀陶絹進云恁麼即和尚慈悲也師云廓然無障礙縱橫任意遊

師上堂云諸禪德衲僧是通變道人若遇鐵鴻嬉底諸般厄難又如何免得若是免不得何名通變道人作麼生是透脫諸般厄難底句還有透脫得者麼試對衆道看若你恁據若是透脫不得即是常人作家無人替代然便下座問師登師子座祖意事若何師云行為佛事坐是道場進云恁麼即橫身三界外也師云三界外底事又作麼生僧便喝師云提殺老僧道瞎驢問向上一路千聖不傳如何是不傳底事師云爐中添火猶嫌冷路上行人只守寒進云未審此理如何師云冬無積雪夏無餘根進云恁麼即謝師指示師云杖鄉高聲唱棒頭頂見血學家禮拜師云教休不肯休直待雨霖頭問承古有言盡日忙忙那事無妨如何是那事師云大衆一時聞進云此理如何師云行人盡帶悲問百丈昔時參馬祖豁然蕩盡更無疑學人今日專請益乞師方便為全提師云黃河有九曲陝府出鐵牛進云大盡三十日小盡二十九已蒙師指示向上機鋒又如何師云深領這一問撈伽過狀有辱先宗進云恁麼即學人禮拜有分也師云兩重公案就萬里江山應不迴問衆手淘金誰是得者師云杖頭著眼看進云請師點入師云灼然落深坑問定光錦離群獨戰時如何師云腦後抽箭進云恁麼即陣敗將軍馬空迴也師云受箭銀錢莫久停

廣教勘辯語并行錄偈頌

師勘一僧曰近離什麼處僧云東京師云你因甚口上破僧云和尚也須子細師云七棒對十三師下喚茶去師問僧曰恭投林朝離何處僧云新戒不曾學禪師云生身入地獄下去後有僧舉到隨州智門明教大師大師云何不道鑊湯在和尚手裏因僧入事一箇書箱師問曰是箇什麼僧云和尚識取好師云元來是箇漆桶僧云請和尚收師云棺木裏努眼因問童子念經聲乃問僧曰聞念經聲麼僧云今日勘破師云作家僧云草賊大敗師云老僧今日失利師勘九人新到云惣是雲居供養主那僧云是師云是即一齊坐因僧入室請益趙州和尚柏樹子話師云我不辭與汝說還信麼僧云和尚重言爭敢不信師云汝還聞簷頭水滴聲麼其僧豁然不覺失聲云哪師云你見箇什麼道理僧便以頌對云簷頭水滴分明瀝瀝打破乾坤當下心息師為許然師因不安有僧問四大本空病從何來師云日識解久終不堪僧云不會此意如何師云唯有饒餘心地涼師因與僧俗三五人行次師拈一條白杖一僧問云只是小箇皮五指師遂竪起展五指問曰會麼其僧俗云不會師云五輪指上放毫光師因去將息云看病僧僧乃問云和尚四大本空病從何來師云從闍梨問處來其僧喘氣又進云不問後如何師云撒手臥長空其僧云哪便告寂師與僧行路次因見死人僧便問車在這裏牛在什麼處師云你覺蹤行僧云牛又無

行箇什麽師云你既無牛因甚踏破脚僧云恁麽郎親從葉縣來也師云莫亂走師因與僧摘藤花次有僧問此日摘藤花他時還有果報也無師云有郎錯僧云恁麽郎無果報也師云你却是箇作家師在首山會裏首山一日問云喚作竹篦郎觸不喚作竹篦郎背合喚作什麽物郎得師於言下豁然頓契遂於手中掣得竹篦拗折擲于堦下却云是什麽首山云瞎師便禮拜師後到襄州廣德廣德垂示云廣德道須是箇師子兒始得諸人惣具箇師子兒師便出問承和尚有言諸人總具個師子兒如何是和尚師子廣德便作師子吼師云這箇猶是野干鳴還我師子來隨後便喝撫一掌德云真師子兒師云是何語話德云好好問兒爺師云也不得放過師到洞山問洞山廓然無依法歸何處山云三縣羯摩師云恁麽郎知音不和也山云知音不和底事作麽生師云龜毛拂子長三尺山云你因什麽得離陀洛師便禮拜問僧近離甚麽處僧云襄州師拈拄子打一摑便喝出

埔庵

廣教埔庵廓然無邊隨緣度日任性癡憨森羅萬像凡聖共傳有人到此雪山西畔

送僧往東京

攀送老兄入梁園某日當軒不計年爲報我師林下偈無心照破萬重關

師有頌三首上監務祠部

祠部見處少人知猿心歇地更無疑有人借問平生事日出東方月落西

祠部見處處處通山河大地是家風任他前面花錦樹無心伏物演眞宗

祠部見處廓然安森羅萬像在目前任他前面歡與樂隨緣度日化人天

先師有頌師逐句下釋語

背陰山子日陽多南來北往意如何

有人借問西來意東海東頭有新羅

師不安有二頌

我今有病無見無聞清虛之理日月長明

我今有病罕遇知音直饒明得喪却平生

年老有頌

幻年七十三真性不隨緣廓然無障礙清虛獨湛然

僧不問話乃述頌五首

是你不問話山僧不荅禪日頭恰正午笑破土地口

是你不問話山僧沒合煞日午打三更露柱夜說法

是你不問話山僧買驚訝冬後一百五潰南出象牙

是你不問話山僧沒可把鼻孔在這裏枯來驀頭打

是你不問話山僧沒可誇蕩蕩隨緣去湖南出紵麻

木魚頌

木魚謝木魚謝橫身三界臥擺頭掉尾瞬金鱗凡聖縱橫不奈何老胡聞聲耳聽聲聲振動古佛心逍遥自在無私曲蕩蕩行時任騰騰揹日月大山崩踴躍躍躍魔軍驚哮吼吟時雲隊隊大洋海底霹靂聲

共施主送羅漢供到南岳有頌

風生慶幸共結良緣羅漢遺蹤日月青天松蘿鬱茂取性威遂道人行遊滿目江山露地白牛廓然無伴森羅萬像只在目前若人不會何處相見有人問著直下看箭

邀僧遊山頌

遊山日促路嶮巇結束行裝莫駐疑來日逍看山有色攙心境處隔山迷

山門供養上經過晚頌

諸方化主往來多青山綠水意如何演若達多應有影不知鷂子過新羅

讃寶應第一代和尚眞

師眞師眞貌古稜層言直訣烈去住分明森羅萬像普濟攀心往來禪子大岳石崩我師之眞何用丹青形如滿月偏布乾坤

送僧往東京有頌

攀送高僧入梁園春去秋來不計年蕩蕩行時無邪路江山無滞笑西天雪山童子言下喝擬議中間萬萬年

燈籠

一盞金燈號玲瓏四方八面不施工照破乾坤黑暗處山河大地是家風

送供養主

化主別仙邑南北無西東超然威音外縱橫透底通明暗皆自爾寂然天地空萬緣俱頓息哮吼振乾坤

先師三周年忌

師眞似日三周已畢遍布乾坤翹足七日大展真風狐魅屏跡香茶供養光滋誰識

與僧看棋子

棋子黑棚檔無心是道場尚僧貪一頓果熟自馨香

送粥供養主

前程化道莫辭辛隨緣兀兀任浮沉雲去水來爲伴侶時時哮吼振乾坤

雪下有頌四首

此日好雪誰言水潔粟米白銀新羅日月

此日好雪萬民樂業大展長空凡聖路絶

此日好雪何勞言說萬物無心江山日月

此日好雪廓然敗贓遍塞乾坤誰人分別

夏末送僧

高僧相伴過九旬誰人言說話宗乘離凡聖縱橫妙何人擬議落千峯

僧親近云不知和尚門風師有頌
廣教無門風縱橫處處通大地紅塵起失却主人翁
雨下
此日好雨乾坤無路日月長明西方淨土
人事手巾與史諫議述十頌
廣教手巾無功無能觸目受用青山白雲
廣教手巾亘古亘今寂寥虛廓打破乾坤
廣教手巾不協衆情有人借問大岳石崩
廣教手巾何勞心神明暗自爾青山白雲
廣教手巾瞬目相呈露地白牛非凡非聖
廣教手巾誰見誰聞直下便會喪却平生
廣教手巾日月長明縱橫自在新羅國人
廣教手巾非功織成隨緣度日任性浮沉
廣教手巾遍塞乾坤賢愚意解笑殺胡僧
廣教手巾不用持論言前薦得豁却眼睛
西禪深和尚請齋頌云莫推延莫推延從來此
事只如然騰雲勞勞兩度降不由人主不由
天
大師答頌
不推延不推延森羅萬像在目前騰雲勞勞天地黑
露地白牛遍大千
遊草庵頌
忽覩庵閑任性凝然有人到此如隔關山
備茶筵送供養主師後述句識
有晴無晴 有來無油
隨緣兀兀 百味珎羞
僧言話次乃有頌
一到仙州四十秋隨緣兀兀到此休宜遇高僧相伴
後縱橫不意到峯頭
僧寫眞呈師師遂成頌自識之

誰人寫眞 妙筆丹青 明暗自爾
何勞心神 吾眞非假 圖畫非眞
容貌陋質 遍布乾坤應物現形
年邁乃有頌
廣教六十八凡聖俱歇滅有人相借問九月重陽節
廣教六十八誰人相體察直下便會得腦後三斤鐵
送供養主
一年春盡一年春相煩化道任浮沉森羅萬像無私
曲一聲敲動斷乾坤
扇子
廣教一柄扇本來無背面有時在手中要且無人見
拄杖
山僧一條杖縱橫無比量有時在手中應用遍十方
筇竹杖
筇竹九節縱橫無邪大展長空凡聖路絕
頌兩堂上座下喝
兩堂上座齊下喝瞥目之人無分別凡言賓主句下
分何勞驅上問前程
示徒
廣教一言凡聖共傳直下便會萬里江山
僧請益
兀兀隨緣任浮沉不拘春夏及秋冬開襟請益平生
事聞取寒山始知音
衲僧衲僧不用持論言前薦得腦後三斤
李都尉問和尚生日述成十頌
山僧生日處處眞隨緣兀兀任浮沉森羅萬像無私
曲日出天然照乾坤
山僧生處廓然寬不拘凡聖自在行任他前面歎與
樂無心伏物賀太平
山僧生處碧峯中僧與非僧共一眞明暗盡時無邪
路明明不墮聖凡前
山僧生處少知音任性隨緣過幾春有人借問平生
事石人打鼓木人聽
山僧生處振令行十方禪子盡皆驚若人解接無根
樹海裏能挑水底燈
山僧生處正令行野老謳歌盡傳名若人不識金剛
用涅槃山側井中人
山僧生處亘古今誰人言說話宗乘離凡離聖縱橫
妙腦後抽簪祭鬼神
山僧生處在林中碧澗虎聲聽英雄[illegible]迴驚動十方
刹萬里江山入千峯
山僧生處峯頂上迦葉聞鐘出洞門粉骨碎身千萬
劫思量難報我師恩
山僧生處碧潭中不拘春夏及秋冬一刀兩段須休
去何人擬議落千峯
僧親近乃有頌
廣教一言直下人嫌若人借問萬里江山
上堂有頌
四十五年在仙州凡聖縱橫任君遊有人借問如何
事夜至三更到崖州

古尊宿語錄卷二十三

古尊宿語錄卷之二十四

潭州神鼎山第一代諲禪師語錄

神鼎禪師名洪諲襄水扈氏子自遊方一衲以度寒暑嘗與數耆宿至襄沔間一僧舉論宗乘頗敏捷會野飯山店中供辦而僧論說不已師曰三界唯心萬法唯識唯識唯心眼聲耳色是甚麼人語僧曰法眼語師曰其義如何曰唯心故根境不相到唯識故聲色縱然師曰舌味是根境否曰是師以筯夾菜置口中含胡而語曰何謂相入邪坐者駭然僧不能答師曰途路之樂終未到家見解入微不名見道參須實參悟須實悟閻羅大王不怕多語僧拱而退後返長沙隱於衡嶽三生藏有湘陰豪貴來遊福嚴即師之室見其氣貌閑靜一鉢掛壁餘無長物領愛之遂拜跪請曰神鼎乃我家植福之地久乏宗匠願師俱往何如師笑而諾之卽以己馬負師至十年始成叢席一朽林爲說法座

開堂日指法座云未登此座化緣已畢諸人還委悉麼若委悉散去得也若不散去不免登於此座入方便品第二去也且不得恠山僧便陞座拈香此一炷香奉爲今上皇帝聖壽無疆第二炷香爲府主學士合郡尊官伏願長光佛日永佐明君第三炷香此香不是戒定慧香亦非解脫沉水只是汝州土宜便燒云供養首山和尚以酬法乳師遂斂座顧視大衆云摩竭掩國親行此令大衆還知落處麼一句子該天括地迥超格外在衆聖之前所以五天和不齎梵夾不持釋迦掩室於摩竭淨名杜口於毗耶三乘教外一句別傳敢問大衆作麼生是別傳底試對衆道看遞相證明良久云直饒道得亦未稱祖師意且道如何稱得祖師意諸兄弟直須打辦精神究徹根源到這裏不可說菩提涅槃眞如解脫向上向下坐禪入定造橋梁開義井得麼然則如是不可無言也山僧初行脚時發足亦無正意參禪學道只欲東京聽一兩本經論以資平生不期行來行去到汝州襄城縣始遇汝州風發鼓上首山就中見一老和尚彼時當它劈頭一錐直得汗流浹背當時不覺禮拜了悔之不及大衆且道悔箇什麼悔不拽下禪牀痛與一頓雖然如是官不容針私通車馬下座

小參舉洞山云貪嗔癡太無知賴我今朝識得伊行便打坐便槌分付心王子細推無量劫來不解脫問汝三人知不知師云古人與麼道神鼎則不然貪嗔癡實無知十二時中任從伊行卽往坐卽隨分付心王擬何爲無量劫來元解脫何須更問知不知舉資福三句語第一句祖師不知有師云無人解會第二句與祖佛爲師師云鼻孔在山僧手裏第三句稱提祖佛師云分明向你道舉僧問首山如何是和尚家風山云一言截斷千江口萬仞峯前始得玄師云首山只解說家風不解用家風僧問如何是用家風師云捏乃云首山老漢若在聞神鼎恁麼道必然大笑一場且道肯神鼎不肯神鼎試商量看諸上座夫參學須具參學眼始得若只愛它人語句記在意識下自不能裁斷俗士尚云男兒不用分時財衲僧家合作麼生猛著精彩始得珍重舉僧問靈泉和尚云如何是靈泉印泉云不傳不受曰交代時如何泉云淮南船子在洛陽師云古人與麼道意在如何要會麼不傳不受珍重舉僧問靈泉云如何是靈泉曲泉云無弦琴有韻絲竹動搖天曰還有知音也無泉云有曰如何是知音者泉云山上石人齊撫掌溪邊野老始知音師云神鼎卽不然僧便問如何是神鼎曲師云要唱便唱曰還有知音也無師云有曰未審是什麼人師云無心意識者師云神鼎與麼道與靈泉如何試商量看須知各各家風事不同珍重

小參舉古金峰頌云學道如鑽火逢煙未可休直待金星現歸家始到頭師云神鼎卽不然學道如鑽火逢煙卽便休莫待金星現燒脚又燒頭且道神鼎恁麼道爲當違古人順古人別有道理汝道入麼去底人好入麼來底人好到這裏須具衲僧眼始得莫受人瞞珍重

小參良久舉鏡清上堂良久有僧問祖歇鋤何明清云施送辭人酒曰入麼則辜負和尚也清云猛虎不食伏肉師云古人恁麼道句前明句後明會麼未問已前會取好

小參舉僧問趙州黑豆未生芽時如何州云好合醬師云神鼎卽不然若問黑豆未生芽時如何向伊道堪作什麼乃有頌曰黑豆未生芽誰道好合醬本色衲僧閑堪是甚模樣華岳頭倒卓須彌脚直上莫言無法用看取者相狀乃云古人與麼道神鼎與麼頌且道違古人順古人還會麼合醬也不中是什麼道理了取始得珍重舉僧問香嚴如何是道嚴云枯木裏龍吟曰如何是道中人嚴云髑髏裏眼睛後有僧舉問石霜枯木裏龍吟時如何霜云猶有喜在曰髑髏裏眼睛時如何霜云猶有識在師云石霜一向打疊去空界裏作活計後有僧舉似曹山山云道石霜老聲聞作道見解曹山有頌云枯木龍吟眞見道髑髏無識眼初明意識盡時消息盡當人那辨濁中清師云恁麼會取好

小參舉烏窠和尚有小師辭窠問向什麼處去曰學佛法去窠云若是佛法我這裏也有些子小師便問如何是和尚佛法窠於身上拈起布毛示之隨後便吹小師忽然大悟師遂於身上拈起布毛呈大衆爲後與一吹云會麼久後不得辜負老僧珍重

小參舉令初上座領衆上石門門曰萬仞峯前石牛吼穿雲渡水意如何初無對門云山僧住持事大參堂去石門後舉令僧下語曰久嚮和尚又云訪道尋師明的旨覺了根源顯異機門曰當時令初上座若下得遮語不將它作參學人師云不喚它作參學人喚作什麼人會麼把手共行無間路舉古人曰游江海涉山川尋師訪道爲參禪自從認得曹溪路了知生死不相關作麼生是曹溪路有僧云得者飲水之義向阿誰說之師曰知云某甲卽如是師意又如何師云出僧堂入佛殿便下座

小參舉紫胡有狗上取人頭中取人腰下取人脚你若擬議卽喪身失命師云古人提唱一段因緣你道恁麼時下得什麼語神鼎當時若在他會裏便出云者畜生又云死亦作退身勢白兆和尚亦云白兆有狗上不取人頭中不取人腰下不取人脚也不擬議咬得他死便得僧問如何是白兆狗師作狗聲僧云猶是嚇屎狗兆云作麼生是咬人狗僧把衲衣角便拂兆便打師云白兆道也不擬議咬得死便休且道其僧便拂兆便打誰得誰失白兆大似喪車後掉藥袋亦有僧問如何是神鼎狗伊道誰敢倚門傍戶僧禮拜向伊道神鼎也大嶮有僧便請益此語師云我當時要倚不惜身命底人直至如今無人稱得老僧意你兩個吐露個消息有僧擬議師云死

小參擧溈山示衆云老僧百年後於山下作一頭水牯牛左脇下書溈山僧某甲正當與麼時喚作溈山僧又是水牯牛喚作水牯牛又是溈山僧且作麼生商量師乃有頌不道溈山不道牛認著何處有來由分明裂破應須會會得還同不繫舟

舉石門示衆云家山好家山內有無根草澄源聚草競芬芳春雷一震金山道師云作麼生是春雷與大衆說破得麼喝一喝下座

小參舉南泉上堂僧問摩尼珠人不識如來藏裏親收得珠卽不問如何是藏泉云與你往來者是僧云不往不來者又如何泉云亦是藏僧云如何是珠泉喚僧僧應諾泉云你不會我意師乃有頌曰摩尼珠摩尼在何許呼名應答皆諸方莫錯舉

小參舉僧問風穴如何是第一句穴云三要印開朱點窄未容擬議主賓分師隨後一喝如何是第一句穴云妙解豈容無著問漚和爭赴截流機師着語云未問已前錯如何是第三句穴云但看棚頭弄傀儡牽抽都在裏頭人師着語云明破卽不堪所以首山和尚道第一句薦得與祖佛爲師第二句薦得與人天爲師第三句薦得自救卽不可又云自救也不了師云神鼎亦有人問如何是第一句云蒼天蒼天如何是第二句云有什麼驢漢如何是第三句云近前來向你道才近前便打若恁麼會得也不辜負祖師西來若是從頭一一問過幾時得休佛法不是磨稜合縫底道理似這一脉說話須是久在它門風來始得直是嫌佛不作嫌法不說方可如是子細珍重

小參舉古人云是日已過命亦隨減如少水魚斯有何樂師云古人恁麼道非有利益非無利益神鼎卽不然是日已過命亦隨減如少水魚有何不樂且道違古人順古人試檢點看珍重

舉古

僧問首山一毫未發時如何山云路逢穿耳客曰發後如何山云不用更遲疑曾有僧問神鼎一毫未發時如何神鼎只向伊道白雲嶺上云發後如何師云澗下水流師乃云若是前來兩轉語有可咬嚼東看西看若是神鼎者語如喫木札羹片相似實無滋味直是自見自悟始得會麼天高東南地傾西北

肅宗帝問忠國師百年後所須何物國云與老僧作箇無縫塔帝云請師塔樣國師良久云會麼帝云不會師云吾有付法弟子耽源却諳此事乞後但問此人國師遷化後帝詔問耽源源亦良久云會麼帝云不會源有頌湘之南潭之北中有黃金充一國無影樹下合同船琉璃殿上無知識師曰前來國師如此作用不能明了次問耽源恁麼頌且道盡善不盡善雖成方便須體解始得會麼神鼎爲你諸人下四轉語湘之南潭之北師云君臣有路中有黃金充一國師云淨妙體常無影樹下合同船師云千聖同轍琉璃殿上無知識師云凡聖路絕師云若是恁麼會去必不相賺神鼎恁麼注解只是辜負國師焉耳諸有門

韞和尚住夾山參鸞出接且問如何是西來大道韞云御駕六龍千古秀玉街排杖出金門師云一等是祇對王臣太哥三昧覓師何也恁麼祇對又不辜負西來大意又爭能回互其中事理縱然若有問神鼎如何是西來大道對云行且道與古人是同是別久參禪客於神鼎語中有箇見處始畫大人只怕往往蹉過

僧問大哥和尚千鈞之弩不爲鼷鼠而發機忽遇大殺活底人來時如何哥云黃王纔入鴻門會項莊舞劍始知難又云舉雄解弄木槊射進隨後喝番歌師云如有問千鈞之弩不爲鼷鼠而發機忽遇大殺活底人來時如何神鼎卽向他道千鈞之弩不爲鼷鼠而發機亦曾有人問神鼎千鈞之弩不爲鼷鼠而發機恁他道阿剌剌阿剌剌其僧擬議劈脊便打且問諸人是什麼道理須知各各家風事不同究取好

忠國師問僧近離什麼處僧云南方國云南方知識以何法示人曰南方知識道一朝風火散滅如蛇脫皮如龍換骨本來眞性宛然無壞國云苦哉苦哉南方佛法半生半滅僧便問未審和尚此間如何

國云我此間身心一如身外無餘僧云何得將泡幻之身同於法體國云你爲什麼入於邪道僧云什麼處是某入於邪道國云不見教中道若以色見我以音聲求我是人行邪道不能見如來師云若據者僧恁麼道傳語也不解累它南方知識據國師恁麼亦是龍頭蛇尾前來身心一如何什麼處去試撿點看珍重

小參舉溈山與仰山行次溈問仰曰前頭是什麼仰云枯樹子溈又問芸田翁翁亦云枯樹子溈云道田翁他後亦匡五百衆師云溈復意在芸田翁處爲在仰山處爲復總不恁麼諸上座一切諸法縱然更不用生事乜是父子說話同道者方知珍重僧問先德遠遠投師請師一接德云兩股金環鳴歷歷如來寶杖親蹤跡要會麼行問有吝罕遇知音又問一先德云遠遠投師請師一接德云地湧無源水石人駕慈舟師云此語爲復與前來語同耶別耶雖然一箇門風也須是知它尊宿發語處始得作麼生是地湧無源水石人駕慈舟會麼海闊無母任來不隔你重南泉云我十八上便會作活計趙州云我十八上便會破家散宅你道破家散宅好解作活計好初機底人且紹前語久叅底人直須破家散宅更有一言萬里崖州僧問石門如何是和尚家風門云解接無根樹能挑海底燈後其僧入室問學人不解挑燈意請師方便接無根門云賈島筆頭挑古韻下筆之處阿誰分又云難遇知音神鼎當初問如何是知音門云逢迎直言三歲子唱起巴歌異路行又頌無形無相大威神爲接羣生展手頻烏道不遮圓鑑體金烏常出海東門師云石門恁麼道恁麼頌還會石門家風麼良久云金烏常出海東門莎裏栗山觀和尚悟道頌云昔時珍寶被塵埋何事今朝出故懷叅道喜明鑑說句通玄不是意中猜一灯定光輝法界萬重塵礙豁然開趣今與古終難況乍感西胡特地來師云諸上座古人恁麼道意在於何且問諸人作麼生見得時珍貴試對衆道看道得神鼎與你酬箇價沒若道不得施如賴上久立

小參風不鳴條雨不破塊即且止作麼生打得箇翻車筋斗到梵天去若有出來作箇伎倆有麼莫教帝釋瞋發後有僧入室某甲當時出來左轉一轉便歸衆師云莫教帝釋發惡又作麼生僧云知恩者少負恩者多師云築着鼻孔

應機揀辨

問如何是賓中賓師云晗如何是賓中主師云一似晗問如何是主中賓師云放你三十棒問如何是主中主師云耶了問如何是接初機句師云山河大地問如何是辨衲僧句師云七棒對十三問如何是正令行句師云不通眨眼云如何是立乾坤句師云你擬作麼會問古人有言靈山話月曹溪指月如何是眞月師云照問六國未寧時如何師云道什麼云寧後如何師云謹殺人問內外追尋一物無時如何師云月似彎弓少雨多風問古澗寒泉時如何師云不是衲僧行履處云如何是衲僧行履處師云不見有古澗寒泉問家家門前火把子爲甚如何師云四時八節問問不轉時如何師云即今是轉不轉六湖和尚點破師云通身覺路玄問輪回六道底人畢竟如何師云不願成佛曰爲什麼不願成佛師云佛亦不究竟云請一言師云昨日猶記得今朝話無門問不施寸刃便登九五時如何師云海晏河清日治化事如何師云萬戶無門鑰皺眼和人平問路逢達道人時如何師云勘破問學人擬入海時如何師云海生海日恁麼則全承此恩力也師云黑風吹羅刹回光卻得妙問曉夜不停時如何師云是誰不停問倒戈卸甲時如何師云大無不堅實曰請師原賜師云退筍乍馬舉鎗時如何師云神鼎打退鼓曰畢竟事如何師云想你不是者手腳問菩提涅槃即不問截角被毛事若何師云不是上座分上事如何是學人分上事師云待你到道田地始爲你道曰便恁麼時如何師云退身三步問二王相見時如何師云應行財步曰恁麼則全歸一半也師云天下浩浩問丹霄獨步時如何師云老僧只管覷破也曰覷破後如何壓云還我話頭來問古人道午前來者不入喫得回頭午後來者不入喫不回頭正當午時喫即是不喫即是師云臘月二十五問然燈前即不問然燈後亦不問如何是正然燈師云一輪光灼灼今古無昏暗問諸法未聞時如何師云風薦雨颯颯云聞後如何師云飢話好問蓮花未出水時如何師云千山萬水云出水後如何師云萬水千山問古帆未掛時如何師云到岸也云到岸後如何師云猶是鈍漢問師子未出窟時如何師云吼日出窟後如何師云恰問魚鼓未鳴時如何師云看天看地云鳴後如何師云捧鉢上堂問和尚未見先德時如何師云東行西行云見後如何師云橫擔拄杖問達磨未來時如何師云西天此土云來後如何師云此土西天問寶劍未出匣時如何師云很煙競起云出後如何師云天下太平問牛頭未見四祖時如何師云天知地知云見後如何師云猶較些子問和尚未見先德時如何師云山河大地云見後如何師云日月星辰問摩摩見佛時如何師云佛亦是塵問雪花未發時如何辨其眞實師云冬寒夏熱又云天寒打戰問兩手獻尊堂時如何師云是什麼問學人到寶山空手回時如何師云臘月三十日問戴角披毛即不問寶劍出匣事

如何師云闊處甚分明曰恁麼則盡法無民師云知
時別淺堪作闍黎問三車引不出時如何師云好日
意旨如何師云宜應自忻慶問如何是和尚家風師
云饑不擇食又云逢迎不展手門外有三車問如何
是接人之機師云齋後來向你道曰即今為什麼不
道僧隨聲一喝師云好僧禮拜云放你三十棒問如
何是和尚為人句師云拈柴擇菜曰莫只者便是也
無師云更須子細問如何是和尚衲僧句師豎起
拳曰未審意旨如何師云你不妨辨得好師在衆日
僧問上座久後唱誰家曲調師云手執無絃琴騎牛
脚打鼓問如何是道人活計師云山僧自小不曾入
學堂問濟物利生事如何師云闍黎有問山僧有荅
問如何是和尚深深處師云柴門不掩任聽往來曰
還許人就近也無師云且領前話官人指木魚問這
個是什麼師云驚回多少瞌睡人官云消不到此間
師云無心打無心問古人道解挑無根樹能挑海底
燈如何是無根樹師云日用不知如何是海底燈師
云微塵問如何是清淨法身師云灰頭土面為什麼
如此師云爭怪得山僧曰未審法身向上還有事也
無師云有曰如何是向上事師云毗盧頂上金冠子
問殺父殺母佛前懺悔殺佛殺祖什麼處懺悔師云
水長船高問如何是真如佛師云如如不動云如何
是真如用師云斬問隔墻見角早知是牛隔山見烟
便知是火隔墻不見角是什麼師云不應問山僧問
布以七淨花浴此無垢人既是無垢人為什麼却浴
師云清淨亦不立問菩提本無樹何處得子來師云
喚作無得麼問持地菩薩修路等佛和尚修橋等何
人師云[illegible]未了在僧問首山如何是佛
山云新婦騎驢阿家牽問意旨如何師乃有頌新婦騎
驢阿家牽誰後誰先張三與李四拱手賀兜年又
須從上諸聖總皆然起坐松諸沒兩般有問又須向
伊道新婦騎驢阿家牽師復云然雖如此未盡首山
大意在僧云如何是首山大意師云天長地久日月
齊明

靈雲桃花

傳燈尋劍客桃花遇春開靈雲一見處今我哄哈哈

偶述三偈

長安甚樂到人稀千聖同源到者須知不是歸方可此二子[illegible]
道適超凡聖外云有人不肯在由是曹溪第二槌無路青霄
自在神鼎寺少叢林無體內外推窮一物無雲水若到來撒
手空回去[illegible]直下無一物休言無著處
[illegible]禪流間道說不用更重[illegible]

歲日云衆不下山

今年六十九[illegible]四大將衰朽[illegible]自此不下山[illegible]
白雲且相守[illegible]

僧見師舉話略有揀辨乃問如何得似和尚去
師云闍黎受屈作麼
一自學參玄諸方不問禪水聲流自響㵾日看青天
有宰官問師坐禪如何師頌云
寂寂無一事醒醒亦復然森羅及萬象法法盡皆禪

冬節頌

冬節年年事世俗多般異祖師門下客長舒兩脚睡
食後三巡茶以表山僧意鼓聲若動時敢望同來至
師不赴王莽山請僧問佛不違衆生之願和尚
為什麼有請不赴師云莫錯怪老僧好頌曰
一月普現一切水一切水月一月攝若人解了如斯
意大地衆生無不徹
師在衆時與汾陽昭和尚共作拄杖頌

昭頌

一條拄杖攝將來重重文采節有時情擔有上大地
乾坤挑括

師頌

得處不在高峯亦非深溪澗豎如今幸得扶持老病
是為依托一朝卓在孤峯一任諸方拈掇

頌上玉泉和尚

一種輪回又一廻入鄽垂手化群迷智大悲留生死
界悲深不住涅槃堦毗盧經卷塵中現優鉢羅花火
裏開非但我今難比況千佛稽首歎奇哉

示初機

一步一登臨無非般若心逢人只麼道終不悞他人
珍重何方去家山一道光箇中若不會塵劫受忪忪

送清首座

神峯塞露別知音此後同誰話此心出匣大聲驚宇
宙甚時終得會衣襟

偶述八偈

此日登途去烟雲氣色全我無相憶語更在離於言
淡薄且隨時家風誰得知有人來請益攞頭未許伊
神鼎有一機不用更遲疑日午打三更白淨自相見
神鼎有一言絕慮不忘緣日頭恰正午曉夜過西天
神鼎有一約不用更斟酌分明向你道文殊問無著
神鼎家風水泄不通禪客上來換手槌胸
神鼎一言暫關三千禪客上來急急前行
神鼎一說不用分別禪客上來清風明月
生緣裂水度歲華偶携鉢錫看天涯路逢一人穿耳
客咄我回頭得到家自此端然無一事今居神鼎臥
雲霞有人若問西來意遙指南山一段奢

門人寫真求贊

神鼎真誰人寫吾之相一如也真相既爾秋天月夜
聽之寫之摩訶般若

古尊宿語錄卷之二十四

金壇居士于玉立施貲刻此
古尊宿語録卷第二十四計字六千九百九十
個該銀三兩六錢三分五厘
宛陵釋如圭對 上元丘數民書 陶文沈刻
萬曆丁巳歲春三月徑山化城寺識

古尊宿語錄卷之二十五

筠州大愚芝和尚語錄

師太原王氏子陞座僧問如何是和尚家風師云一言已出駟馬難追問如何是城裏佛師云十字街頭石幢子問如何是爲人一句師云四角六張進云意旨如何師云八凹九凸問不落三寸時如何師云乾三長坤六短進云意旨如何師云切忌地盈虛問昔日靈山分半座二師相見事如何師云記得麼僧良久師打禪牀一下云多年忘却也師云且住且住若向言中取則句裏明機也似迷頭認影若也舉唱宗乘大似一場寐語雖然如是官不容針私通車馬放一線道有箇葛藤處師遂打禪牀一下云三世諸佛盡皆頭痛且道大衆還有免得底麼若一人免得無有是處若免不得海印發光師乃竪起拂子云者箇是印那箇是光者箇是光那箇是印掣電之機徒勞佇思會麼老僧說夢且道夢見箇什麼南柯十更若不會聽取一頌北斗挂須彌杖頭挑日月林泉好商量夏末秋風切

開堂升座僧正宣疏白槌罷有僧問大用現前不存軌則請師揮劍師云點眼知人意看取令行時進云羅後穿師云齋後鐘問如何是佛法大意師云推天磕地問心法無形如何彫琢師云一丁兩丁進云未曉者如何領會師云透七透八問如何是大愚境師云四面峯巒秀沿江一帶清進云如何是境中人師云滿城公子青林下道人棲問拈槌竪拂即不問當機一句事如何師云焦頭爛面進云雷音已徹青雲外向上極則又如何師云且領前話乃云問話且住淨名杜口猶涉繁詞達磨西來平欺漢地放一線道去也放箇葛藤處所以李長者云有情之本同智海以還源抱識含流總法身而爲體諸仁者既是總法身而爲體還知道須彌吞却法身法身吞却須彌麼諸仁者朝夕與古佛同參與諸方老和尚同參山僧今日與大衆同參且道參箇什麼如是定當得且認得箇著衣喫飯猶去衲僧半月程在若定當不得來年更有新條在惱亂春風卒未休

上堂僧問如何是道師云八斛四斗進云如何是道中人師云煮粥煠飯問寶劍未出匣時如何師云切忌道著進云出匣後如何師云天魔膽裂乃云舉一步須彌岌峇海水騰波不舉一步放微塵國土助一切諸佛出興於世轉大法輪還信得麼若信得西瞿耶尼喫飯去

上堂僧問如何是祖師西來意師云白日燒地眠夜間炙地卧問既是清淨法身爲什麼却淚落師云頭出頭沒進云爲什麼如此師云只爲如此問古鏡未磨時如何師云照破天下人髑髏進云磨後如何師云黑似漆

上堂僧問洪鐘纔擊大衆雲臻祖意西來乞師垂示師云六丁六甲進云未曉者如何領會師云會即錯問馬師未見讓師時如何師云緊進云見後如何師云切問如何是佛師云縣解稱鍵師云德山入門便棒臨濟入門便喝一棒一喝若雙峰而互出賓主未辨栖栖而萬里鄉關照用雙行擬擬而千差塞路諸上座到者裏如何話會乃云棒喝齊施早已賒古今皆錯出問進二途不涉憑何說南海波斯進象牙

上堂僧問特特上來伸三拜乞師分付拄杖子師云科進云恁麼則功不虛施也師云重因請首座開堂僧問承和尚有言一人悟道三界平沉首座悟道三界還沉也無師云不淹不抑進云一言纔出人地全收師云落三落四師乃云爲衆竭力將爲袈裟同有一處喫飯莫是人各披一條同鍋喫飯麼此是分見還知道三世諸佛共披一條所以釋迦身長丈六留下袈裟與彌勒彌勒身長千尺披得恰好何故如此蓋爲長者長法身短者短法身要得易會麼古佛與露柱相交佛殿與天王鬭額若也不會單重交拆

上堂云有時一喝只作一喝用有時一喝作探竿影草有時一喝如踞地師子有時一喝如金剛王寶劍若是金剛王寶劍不敢正眼覷著覷着即喪身失命乃有頌云不是干將鑄那關四氣吹匣內青蛇吼達妖任便揮若得全提者當機豈失時吡盧驚得走大衆盡攢眉

上堂云大愚相接大雄孫五湖雲水競頭奔競頭奔有何門擊箭寧知枯木存枯木存一年還曾兩度春兩度春帳裏眞珠撒與人撒與人思量也是慕西秦衆僧問汾州和尚如何是接初機句州云汝是行脚僧如何是辨衲僧句西方日出卯如何是正令行句千里特來呈舊面如何是立乾坤句北俱盧州長粳米食者無貪亦無嗔師云將此四句語以驗天下衲僧子細思量將此四句語被天下衲僧一時勘破

筠州府王李密諫請就上藍開堂乃拈香云恭爲今上皇帝萬歲太后千秋又拈香云此一瓣香奉爲府主密諫洎闔郡官僚常居祿位此一瓣香奉爲施主檀那在筵龍象師乃云還有人委得落處麼若委得隨機利物應化無方天上人間出沒卷舒縱横自在若也未委落處釋迦老子三世諸佛二十八祖天下老和尚一時抛在爐中從聽老僧葛藤時有僧問如何是佛師云還記得麼僧云若不請益爭知如是師擊禪牀一下云早是忘却了僧云放和尚一線道師云一任踍跳問如何是洪州境荅云滕王閣下千峯秀孺子亭前薄霧生僧云如何是境中人荅云出入敲金鐙朱衣對錦屏問如何是聖嚴境師云洪井滔

滔急山高勢近人問如何是境中人師云朝去暮歸
師復云問話且止山僧道濟人徹素無德行叨承密
諭諸官僚同伸堅請陞於此座上荅皇恩國祚永安
法輪常轉且道法輪作麽生轉欲得會麽須彌山上
倒騎身却來堂中疊足坐呵呵呵是什麽飯籮裏坐
却受餓和泥合水與麽過上士聞之嘿嘿下士聞之
肯可子細思量却成口過要會麽一六三四二直言
曲七一桃李火中開黄昏候日出久立尊官伏惟珍
重

上堂云翠巖路滑徒勞佇思又云翠巖路嶮巇衆步
涉千谿更有洪源水滔滔在嶺西擊禪牀下座

上堂云樵婦擔柴醫王辨價藥多病甚便下座

上堂舉雪竇和尚云一問一荅總未有事在假饒盡
大地乾坤草木叢林盡爲衲僧與口同音致百千問
難不消老僧彈指一下並乃高低普應前後無差師
云翠巖卽不然盡乾坤大地微塵化爲衲僧各致一
問問問各別却向伊道你許多衲僧皮下還有血麽

上堂云爲衆竭力禍出私門便下座

上堂云槌鐘擊鼓聚集諸上座上來下去子承父業
賺殺多少人

上堂舉盤山頌云光非照境境亦非存光境俱忘復
是何物師乃竪起拂子云微塵諸佛光明總在這裏
照破你諸人心肝五臟脾胃肝膽衲僧面前不得道
着切宜忌口擊禪牀下座

小參示衆云一聲霹靂喧轟宇宙通知音幾側耳
項羽過江東與麽會恰認得驢鞍橋作阿爺下頷

小參示衆云僧中有奇人俗士中亦有奇人聖朝楊
億侍郎有頌云八角磨盤空裏走金毛師子變作狗
擬欲藏身北斗中應須合掌南辰後師云要會麽一
倡播諸方塞斷衲僧口下座

上堂云有句無句如藤倚樹樹倒藤枯恰認得箇倒
根處

上堂云霧卷雲收江山迥秀不傷物義波斯去帽

上堂云麤言及細語皆歸第一義諸上座每日上來
老僧說夢誑嚇諸人雖然如是子承父業賺殺多少
人下座

上堂云十地驚心二乘罔測銅頭鐵額擊禪牀下座

上堂云端然據坐度脚買靴左視右顧不准一錢

上堂舉先翠巖云我一夏與師僧東說西話你看我
眉毛在麽保福云作賊人心虛師云何故如是得人
一牛還人一馬下座

上堂云大洋海底排班位從頭第二鬚毛斑爲什麽
不道第一鬚毛斑要會麽金藥銀絲成玉露高僧不
坐鳳凰臺下座

上堂云竪窮三際橫徧十方拈起也帝釋心驚放下
也地神膽戰不拈不放喚作什麽自云蝦蟆下座

上堂云若有仙陀者更不待毫光下座

上堂云三世諸佛不知有狸奴白牯却知有乃拈起
拂子云狸奴白牯總在這裏放光動地何謂如此兩
段不同下座

上堂云德山入門便棒臨濟入門便喝翠巖這裏卽
不然三門前好與三十棒何謂如此棒喝齊施早已
賺古今皆贊絕周遮二途不涉憑何說南海波斯獻
象牙下座

上堂云大衆集定現成公案也是打楪不辦下座

上堂拈起香匣云明頭暗合道得天下橫行若道不
得且合却下座

上堂云砂裏無油事可哀翠巖嚼飯餧嬰孩他時好
惡知端的始覺從前滿面灰擊禪牀下座

因筠州張一郞到上堂云久思張處士相別十餘月
今日上山來鐵鉢黄山巖歸去到鈞陽但請與麽說

上堂僧問一切有爲法如夢幻泡影與實事諦師舉
師云兩段不同問下文長問滿身是眼口在什麽處
師云三跳僧云學人不會特伸請益師云章底詞秋
罷歌韻向春生師乃云雲收霧卷江山白皎日凝波
又多途下座

拈古

舉外道問佛不問有言不問無言世尊據坐外道云
世尊大慈大悲開我迷雲令我得入師云大小世尊
被外道當面塗糊只如外道云令我得入要且不曾
夢見既不曾夢見爲什麽悟去阿難問迦葉佛傳金
襴外別傳箇什麽迦葉召阿難難應諾迦葉云倒却
門前刹竿着師云千年無影樹今時沒底靴五通仙
人問佛云佛有六通我有五通如何是那一通佛召
五通仙人仙人應諾佛云那一通你問我師云五通
仙人如是問佛如是荅要且不會那一通祖師問童
子云汝從何來子云我心非往祖云你住何所子云
我心非止祖云汝定也子云諸佛亦然祖云你非
諸佛子云諸佛亦非師云祖師一問童子一荅總欠
會在如今諸人作麽生會罽賓國王仗劍問師子尊
者云師得蘊空否者云已得蘊空王云還離生死否
者云已離生死王云既離生死當施我頭者云身非
我有豈況於頭王斬之白乳高數尺王臂自落師云
當時尊者引頸王便舉刃當恁麽時有人出來諫得
恁麽至今無人斷此公案如今衲僧作麽生斷傅大
士云夜夜抱佛眠朝朝還共起起坐鎮相隨如身影
相似欲識佛去處只這語聲是玄沙云大小傅大士
只認得箇昭昭靈靈師云認與不認來年更有新條
在惱亂春風卒未休寶公令人傳語思大和尚云何
不下山來教化衆生一向目視雲漢作什麽思云三

世諸佛被我一口吞盡何處更有衆生可度師云思大只見錐頭利不見鑿頭方臨濟見僧來竪起拂子僧便禮拜濟便打師云這僧有理不伸众而不弔如今且作麼生與這僧出氣思和尚問神會從什麼處來會云曹溪來思云你在曹溪得何意旨會振身而立思云猶帶瓦礫在會云和尚這裏莫有真金與人麼思云設有向什麼處着師云真金瓦礫錯下名言如今喚作什麼思和尚令石頭送書與讓和尚回來與你一箇鈯斧子住山石頭才到便問不求諸聖不重己靈時如何讓云子問太高生何不向下問頭云寧可永劫受沉淪不從諸聖求解脫便歸去思云書達否頭云書亦不達信亦不通去日蒙和尚許箇鈯斧子便請思垂下一足頭便禮拜師云思和尚垂足石頭禮拜出去要且不得他鈯斧子且道後來石頭用箇什麼五洩到石頭便問一言相契即住一言不契即去石頭據坐洩云與麼則不相契也便出石頭召云闍梨洩回首頭云從生至老只是這箇回頭作麼洩忽然大悟便拗折拄杖洞山云當時若不是五洩先師也大難承當雖然如是猶涉途在師云石頭據坐五洩便去石頭召他却成多事

有尼參臨濟要開堂談空劫云你有五障不得開堂尼云龍女成佛有幾障空云龍女現十八變你試變看尼云不是野狐精變箇什麼空便打載下師云且道尼具眼麼只擔得箇斷貫索且作麼生會僧問藥山學人有疑請師決山云晚間上來為闍梨決疑至晚上堂大衆集定山云今日決疑僧在麼其僧便出來山下座把住云大衆這僧有疑與一推便歸方丈師云藥山決疑土上加泥然雖如是這僧也不得孤負藥山藥山尋常不為師僧說話院主白云堂中師僧久思和尚示誨山云楗鎚着大衆集定便歸方丈院主隨後問云和尚許為大衆說話為什麼一言不措山云經有經師論有論師爭恠得老僧師云藥山歸方丈當初院主恠藥山不為他說話可謂誤他三軍

藥山示衆云智不到處切忌道着道着即頭角生道吾便出去雲巖問藥山智師兄為什麼不祇對和尚山云却是智頭陀會得你去問取雲巖却去問師兄適來為什麼不秪對和尚吾云我今日頭痛你問取和尚雲巖遷化了吾云雲巖不知有悔不當初向伊道雖然如是要且不違藥山之子師云雲巖不知有悔不當初向伊道只如道吾與麼道還有也無大慈和尚云老僧一生不會答話只解識病時有僧出來大慈便歸方丈師云這僧出來大慈便歸方丈並無箇道理什麼處是識病處如今也須子細僧參汝州南院纔到面前僧云敗也院引拄杖向僧面前僧無語院便打師云這僧只知頂上生光不知脚下有刺觀和尚見新到來作麵引次以引示之其僧便去觀至晚問問首座新到在什麼處座云當時便去觀云是即是秪得一橛師云觀和尚道他得一橛大似壓良為賤何故為他彼此是出家兒南泉拈起鍬菜問

杉山這箇大好供養山云非但者箇百味珍羞他亦不顧泉云雖然如是總須嘗過師云杉山與麼道還免得麼若免得去未具眼在若免不得又違前言魯祖見僧來便面壁師云魯祖何勞如此不用面壁若有僧來云見什麼知時好鄧隱峯在襄州破威儀堂只著襯衣拈靜槌云道得即不打道不得即打衆皆默然峯便打師云此語有勘破處且道勘破阿誰臨濟上堂有僧出立濟便喝僧禮拜濟便打師云臨濟也大正如今作麼生會僧問洞山時時勤拂拭莫使有塵埃為什麼不得他衣鉢山云直道本來無一物也未得他衣鉢在師云總不得他衣鉢與佛同參且道參得阿誰同光帝問興化朕收得中原之寶只是無人酬價化云如何是陛下中原之寶帝引手展襆頭脚化云君王之寶誰敢酬價師云興化下一着語可謂酩酊如今作麼生斷靈雲悟桃花頌三十年來尋劒客幾回落葉又抽枝自從一見桃花後直至如今更不疑遂舉似溈山山云從緣得入永無退失汝善護持又舉似玄沙沙云諦當甚諦當敢保老兄未徹在師云有人如今問玄沙意作麼生且道這箇人還徹也未臨濟上堂有僧出來濟便喝僧亦喝便禮

拜濟便打僧無語師云臨濟也太心麁好彩是這僧若是今時衲僧且作麼生出氣地藏問僧什麼處來僧云南方來藏云南方有何言教示徒僧云彼中金屑雖貴眼裏着不得藏云我道須彌山在你眼裏師云且道地藏還免得這僧眼麼僧問趙州大耳三藏第三度覓國師不見未審在什麼處州云在大耳三藏鼻孔裏師云只如三藏還見得國師鼻孔麼國師三喚侍者侍者三應國師云將為吾辜負汝誰知汝辜負吾師云國師與侍者總欠會在如今作麼生會欽山問德山云天皇也與麼道龍潭也與麼道未審

德山如何道德山云你試舉天皇龍潭底欽山擬議德山便打師云欽山只顧其前不顧其後如今作麼生舉欽山出氣石鞏為獵人趂一鹿從馬祖庵前過問云還見我鹿麼祖云你是甚人鞏云我是獵人祖云你會射麼鞏云解射祖云一箭射幾箇鞏云一箭射一箇祖云你不解射鞏云和尚莫解射否祖云我解射鞏云一箭射幾箇祖云一箭射一羣鞏云彼此生命何用射他祖云你既如是何不自射鞏云若教某甲自射直是無下手處祖云這漢無明煩惱頓歇鞏於是以刀斷髮在庵中執侍師云馬祖一箭射一

忍猶未會射山僧一箭射殺動合當無不中者雖然如是只道一半留一半與後人道大禪佛參仰山翹一足云釋迦老子亦如是西天二十八祖亦如是和尚亦如是某甲亦如是仰山打四藤條師云此不得作賞不得作罰如今作麼生會香嚴示衆云如人上樹口啣樹枝脚不蹈樹手不攀枝忽有僧人問西來意擬欲酬他又喪身失命不對他又違他所問師云問者荅者俱不免喪身失命如今衲僧作麼生會玄沙示衆云諸方老宿盡道接物利生忽遇三種病人作麼生接患盲者拈槌豎拂他又不見患聾者語言三昧他又不聞患瘂者教伊說又說不得且道作麼生接若接此人不得佛法無靈驗師云早知燈是火飯熟也多時玄沙上堂衆集定以拄杖一時趂下向侍者道我今日喫入地獄若箭射者云且喜和尚再復人身師云大小玄沙前不至村後不至店且作麼生道得出身路龍牙問翠微如何是祖師西來意微云與我過禪板來牙取禪板微接得便打牙云打卽任打要且無祖師意又問臨濟如何是祖師西來意濟云與我過蒲團來牙取蒲團濟接得便打牙云打卽任打要且無祖師意後住龍牙僧問和尚那時問二尊宿祖師意此二尊宿道明也未牙云明卽明矣只是無祖師意師云當初如是如今衲僧皮下還有血麼南泉歸宗麻谷禮拜國師到半路南泉於地上畫一圓相云道得卽去歸宗入內坐麻谷作女人拜泉云與麼則不去也宗云是什麼心行師云當初若見每人打一棒且得天下太平法燈和尚示衆云某甲本欲栖山藏拙養道過時柰緣先師有不了底公案出來了卻時有僧問如何是先師不了公案燈打一拄杖云祖禰不了殃及兒孫僧云某甲有什麼過燈云過在我殃及你師云為衆竭力禍出私門龍牙

問德山學人收得鏌鎁劒擬取師頭時如何山云你向什麼處下手牙指地後到洞山纔人事了便舉前話洞山拽拄杖云還我德山頭來牙無語洞山便打師云當斷不斷如今作麼生斷雲居齊和尚問僧從什麼處來僧云堂中來居云何得自護師云若不如是爭知如是豐干欲遊五臺謂寒山拾得云你若共我遊臺便是我同流你若不共我遊臺不是我同流寒山云你去遊臺作什麼干云禮拜文殊山云你不是我同流師云豐干大似辨才過薦嚴潙山問仰山甚處來仰山云田中來潙山云田中多少人仰山插鍬叉手而立潙山云南山大有人刈茆仰山拔鍬便行師云只得一橛諸人別有會處麼南泉一日兩堂爭猫兒泉遂提起云道得卽不斬衆無語泉便斬後舉似趙州州將草鞋戴頭上出去泉云子若在救得猫兒師云大小趙州只可自救僧問六祖黃梅意旨什麼人得祖云會佛法人得僧云和尚還得否祖云不得僧云和尚為什麼不得祖云我不會佛法師云會得二頭不會一首作麼生道得出身路僧問趙州狗子還有佛性也無州云無僧云一切衆生皆有佛性為什麼狗子無佛性州云他有業識性在師云說有說無也好兩彩一賽如今作麼生道雲蓋問石霜萬戶俱閉卽不問萬戶俱開時如何霜云堂中事作麼生蓋云無人接得渠霜云道也煞道只道得八九成蓋云卻請師道霜云無人識得渠師云先行不到末後太過吽紫湖和尚夜於僧堂前叫捉賊大衆皆驚有一僧堂中出紫湖攔胸把住云捉得也捉得也僧云某甲不是湖云是卽是只是你不肯承當師云紫湖買帽相頭趙州一日雪裏卧叫云相救相救有一僧亦來邊卧州便起去師云這僧在趙州圈裏還有人出得麼洞山普請次巡寮見一僧不出山云你

何不出普請僧云某甲不安山云你尋常安時又幾曾去師云且道此僧幾曾不去龐居士問大梅和尚久嚮大梅未審梅子熟也未梅云你向什麼處下口士云百雜碎梅云還我核來師云此二人前不至村後不至店馬祖見僧來便面壁南泉云我尋常不欲向師僧道未具胞胎已前會取尚不得一箇半箇馬祖與麼驢年去師云大愚道裏卽不然未具胞胎已前會得打折你腰中邑和尚見僧來乃拍口作和和聲仰山來邑亦拍口山從東過西邑又拍口山從西過東邑又拍口山當面而立邑云你從何得山云從潙山得山卻問邑師從何得邑云我從章敬得師云看兩箇老和尚可煞漏逗對面相謾耶云愁人莫向愁人說達磨臨順世時謂二祖云你在吾身邊得箇什麼祖禮拜依位立磨云汝得吾髓師云二祖被達磨塗糊道得髓皮也未夢見因什麼紹嗣祖師位秘魔巖常持一叉見僧來乃云道得也叉下死道不得也叉下死後大禪佛來跳向秘巖懷裏巖便撫大禪背三下大禪起來斫手云三千里外賺我來師云還有賺處也無非但賺他大禪佛大愚今日也賺大衆上來耶云雷聲浩大雨點全無仰山有僧來辭山以手劃一劃其僧不去山又劃一劃其僧乃去師云前為什麼不去後為什麼卻去要會麼特為注破前一劃與後一劃都成兩劃佛在日有一女子旋遶世尊三匝乃入定世尊勅文殊出此女子定文殊盡其神力不能出得女子定世尊云下方去四十二恒河沙國有罔明菩薩能出此女子定于時罔明至女前彈指三下女子從定而出師云文殊是七佛之師為什麼出女子定不得罔明具什麼神力卻出得要會麼僧投寺裏宿賊入不良家文殊問無着近離什麼處着云南方殊云南方佛法如何住持着云末法比丘

少㕘戒律殊云多少衆着云或三百或五百着却問此間佛法如何住持殊云龍蛇混雜凡聖同居着云多少衆殊云前三三與後三三師云文殊道前三三後三三作麼生會要會麼千年無影樹今時没底靴古人道我有一句子待犢牛生兒即向汝道師云我即不然犢牛生兒也不向你道何故如是若向你道何處更有王老師道吾聞趙州來吾取豹皮裩着將吉嘹杖於三門下翹一足州纔到吾便唱諾州云小心伏事着吾又唱諾師云有人見得此二人落處不妨具眼若不知落處未具眼在乃擊禪床一下云若也不會打與三百德山小叅示衆云今夜不答話有問話者三十棒有僧出禮拜德山便打僧云某甲話也未問和尚爲什麼打某甲德山云你是甚處人僧云新羅人山云未踏船舷好與三十棒師云時人盡道德山作家用得好若與麼還曾夢見麼大愚道德山被這僧一推直得瓦解氷消雖然如是今日覓一個尊宿也大難得普眼菩薩入定遍觀三千大千世界覓普賢菩薩不見未審普賢在什麼處佛言汝但於靜三昧中起一念必見普賢在空中乘六牙白象師云諸人者且作麼會普眼推倒世尊世尊推倒普眼你且道普賢在什麼處

偈頌

輝日流光勢還曾結衆疑吹毛橫宇宙擬把却施爲䁥起和根去攙胏早已遲投機須得妙何處覓牢尼

古尊宿語錄卷之二十五

〔金壇居士于玉立施貲刻此古尊宿語錄卷第二十五計字七千六百三十該銀三兩九錢七分

雪足庵釋負懃對上元丘繼民書溧水端堯刻

萬曆丙辰歲冬十月徑山化城寺識〕

古尊宿語錄卷之二十六

舒州法華山舉和尚語要

師入院上堂示衆云夫第一義諦非智辯所詮心機所測教外別傳不立文字旣到這裏復且如何直須坐斷毗盧不存凡聖還能如是麼若也未能山僧重說偈言去也不結毗盧印那弘古佛心明月照幽谷寒濤助夜砧諸人委悉麼各希發問昔日靈山分半座師今登陟意如何師云你承當得麼問如何是法華境師云後不構前如何是境中人師云三日後看問祖意西來事請師直指陳師云截耳卧街僧云見者盡攢眉師云非公境界問不落今時請師道師云落問如何是佛師云蘆華穿膝僧云如何是道師云七縱八橫僧云如何是道中人師云衆聚頭僧云如何是和尚家風師云廣額屏龕問如何是祖師西來意師云朱脣皓齒僧云學人不會師云斜陸播首問牛頭未見四祖時爲什麼百鳥啣花師云果熟猿猱重僧云見後爲什麼不啣花師云踈林鳥不過問雪覆千山時如何師云燕人迷古路漁父鎖孤舟問可來白雲裏教你紫芝歌如何是紫芝之歌師云不是吳音切須漢語問數日不聞師誨語今朝陞座意如何師云一年春盡一年春師乃云夫衆學須具擇法眼不得顢頇若得正眼精明一切無滯不見古人道一句語中須具三玄一玄中須具三要古人恁麼道意在於何鷲王擇乳素非鴨類

上堂云卽心卽佛黃葉止啼非心非佛驗病施方你道到這裏作麼生

上堂云擬著卽喪生招箭不擬著卽三千里外

上堂云白眉不展手長安路坦然歸堂喫茶去

上堂云釋迦不出世達磨不西來佛法遍天下談玄口不開

上堂云若開口又成增語不開口去又成剩語乃云金輪天子勅草店家風別

上堂云菩提離言說從來無得人雖然如是不免口過

上堂云心不是佛智不是道且道是什麼刻舟求劍膠柱調絃

上堂云三乘十二分教只是箇藥方且道治什麼病乃云父母緣生口

上堂云鐘鳴鼓響鵲噪鴉鳴爲你諸人說般若講涅槃了也諸人還信得及麼觀音勢至向諸人面前作大神通若信不及却往他方救苦利生去也

上堂云三世諸佛口掛壁上天下老和尚作麼生措手你諸人到諸方作麼生舉山僧恁麼道也是久日樺來脣一唱

上堂云古人有一轉不了底因緣舉似大衆分明記取

上堂云諸高德叢林規矩朝晚二時上來相見一回卽不可若約佛法事塵劫來未曾昧雖然如是敗種且不發芽

上堂云大衆會麼師子一滴乳能破八斛驢乳記得僧問老宿如何是佛對云不封不樹大衆會麼若不會重下注脚去也不封不樹以棘欒

上堂云古人道我若一向舉揚宗乘法堂裏草深一丈不可爲闍黎緣却僧堂門去也雖然如是也是爲龜陸地吞壓行

上堂舉古人道一塵起大地收師云一葉落天下秋

上堂舉南泉云道箇如如早是變也今時師僧須向異類中行始得且道作麼生是異類中行乃云石牛長卧三春霧木馬嘶時秋後泉

上堂舉僧問曹山如何是一不老山云枯木僧云如何是一老山云不扶持有僧舉似九峯峯云三從六義請上座會麼愛他年少婦須是白頭兒

上堂云語漸也返常合道論頓也不留朕迹直饒論其頓返其常也是抑而爲之

開爐示衆云一二三四五任君顛倒舉露柱與燈籠何曾成佛祖不惜眉毛者直下便道取僧問未審道箇什麼師云潔已輕裝外瓶盂共毳袍僧云正當與麼時如何師云夜禪孤月冷晨朝片雲高僧擬議師云會麼僧云不會師遂作頌示之云三十五十何須覓東方圓變通去除佛祖他未彰名余不能取僧問如何是賓中賓師云開口雖無力吐氣却衝[illegible]僧云如何是賓中主師云一條新竹杖三事舊麻衣僧云如何是主中賓師云崚岏何人顧坦然孰可關僧云如何是主中主師云萬仞齊開觀千峯露出頭僧問如何是奪人不奪境師云春生夏長秋收冬藏僧云如何是奪境不奪人師云一朝權在手看取令行時僧云如何是人境兩俱奪師云寰中天子勅塞外將軍令僧云如何是人境俱不奪師云一等乾坤日月俱明問如何是佛師云手不如脚僧云如何是諸佛家風師云荒田耕不罷又被別人爭問自古及今不從人得六祖黃梅傳箇什麼師云德山棒僧云傳後如何師云那用臨濟喝問如何是佛師云紫金容棒足黑霧攤身行問法身無形如何建立師云古廟香爐問牛頭未見四祖時如何師云新鞔鼓子槃響僧云見後如何師云舊皷皮寬打不鳴問生成事大請師相救師云洞庭湖裏失却舡問如何是本源師云山高峯峻問語不投機請師提唱師云山藏海納問久居岩谷一物全無時如何師云脚瘦草鞋寬問不犯一切請師提綱師云聾人達聽問自知當作佛未審什麼人證據師云志公剪刀問如何是親切一句師

云六祖是新州人問如何是最初一句師云父母未生前問如何是不動尊師云今日遭逢問如何是透法身句師云三箇猫兒一箇悴僧云如何是法身師云無過於此問不動根源如何接物師云惡虎不如善猫兒問祖意教意是同是別師云赤水求珠孫賓打瓦僧入室次師垂語云重整釣竿橫海上拋釣未必愛魚吞僧云多年枯木今日重生師以代云紅絲曲裹無金聲碧旗歌外有文官僧云手下綠絲重著餌必然釣得大金魚僧入室展坐具始收師云一展一收法法皆周擬欲更問著甚來由遂問會麼僧云不會師便打問既是善知識為什麼事養生殺生師云生者自生死者自死未雨先驚蟄只要小蛇知問師唱誰家曲宗風嗣阿誰師云裁頭白海頭黑僧云汾陽的子臨濟兒孫去也師云莫亂針錐問法華專使伸三請祖意西來事若何師云天晴道路乾問德山棒臨濟喝意旨如何師云截舌三分僧云四海傳揚去也師云苦痛深僧問如何是賓中賓師云寞然渡曉春僧云如何是賓中主師云莫謾窺門戶僧云如何是主中賓師云威儀濟濟淪僧云如何是主中主師云光寒星斗稀問如何是奪人不奪境師云白菊乍開重日暖百年公子不逢春僧云如何是奪境不奪人師云大地絕消息儼然獨任眞問如何是人境兩俱奪師云草荒人變色凡聖兩齊亾問如何是人境俱不奪師云清風伴明月野老笑相親僧問承古有言須彌為槌虛空為鼓還許學人打也無師云無你下手處僧云更不請鎚師云我不能打得你遂頌云鹽官有鼓高低辦于此南泉使整齊背面須來曹士幹當頭不為北番提入番忽磨腰下劒出塞須用自家才珍重老師不轟破我在江東君在西僧問學人未遇大機請師一喝師云是什麼機僧云大機

師云若是大機爭受一喝僧便喝師云一潭綠水兩處洪波僧有頌云高提祖印息任機坐卧應須鑑者知却被明師全打破外求佛祖豈為奇問承師有言一物不將來放下箇什麼意旨如何師云作是了因放下箇什麼僧云佛法無多子師云欠我勞眷轉你作麼生僧云元來無許多般如今却作模樣師以頌示云汝錫高飛我卽休此生無喜亦無憂雲開任待風吹散留取碧潭月正秋僧問趙州東門西門南門北門意旨如何師云有問有荅僧云不問不荅將如何師云却被你道著以頌示之云四般俱已息六種豈能分倚南閑度日傍北別無門巧語從教設玄辭讓共論過出威音外不到是非本僧問如何是雲門一竅師云開張閉合遂以頌示之云雲門一竅坐閻心把斷遊人更莫尋任是有誰居壁上也教無事訪知音僧問如何是本來宗師云密室不通風却問你作麼生會僧云春日櫻桃朵朵紅僧云如何是本來宗師云不問不荅僧云豈無方便師云明明向你道僧云謝師方便師云汝莫受方便僧云官不容針私通車馬師云千山堆皓玉萬木折寒梅遂以頌示之今古甚有方便是物頭頭露現坦然萬樣千般突兀無過有悟未悟且須保惜悟了便生厭賤中下急急着眼上士誰能顧盻因僧參有頌要接諸人向上坡左手提携右手過太陽焰裏分八字南海波斯不較多僧問要接諸人卽不問如何是向上坡師云窻外月微曉室中燈更明僧云左手提携卽不問如何是右手過師云放開非在手却閑不從他僧云太陽影裏卽不問如何是分八字師云船主能藏寶青巾蓋頂門僧問如何是西來的的意師云與我取拂子來僧過拂與師師便打僧於此有省遂以頌呈蒙師一拂太多端打破從來滿肚愁別處不能求妙解目前

却覩自家顏僧問久在途中請師一接師云虛空絕嶮無涯岸海月圓時別有天僧云不會師云却是眞箇遂以頌示之學道如行路途中未得休直到長安日方能見聖游歸南懃和尚有頌示本禪人云林葉始經秋游雲出幽谷禪人錫亂飛往復不往復往復不往復六六三十六師因見乃問僧本生是往復不往復本云歷歷乾坤外的的宇宙中師云作麼生是六六三十六本云今日既然頌道用得師坦蕩至無為師游因見千葉蓮池乃問僧六池在甚處蓮在甚處僧云白浪起時應難見未覩波瀾別却逢師云明向上事僧却問師池在此蓮在甚處師云未至日藏青筆外時來透向碧波心僧遂以頌呈四海應難見五湖易得存綠波還有月白浪忽成紋朵朵分千葉數株共一根久在池中長誰人折上盤問七星光彩天將曉不犯皇風試道看師云將軍馬蹄紅僧云錯師便打僧云灼然師云七棒對十三僧禮拜師噓噓問法華會演汾陽旨白雲今日事如何師云誰知席帽下元是昔愁人問驪珠遂月卽不問龍劒衝星事若何師云寒光急急問萬里無雲卽不問一條霜刃事如何師云誰敢動著僧禮拜師云小慈妨大慈便打問智識不到處時如何師云三門不出屆僧云誰是知音者師云口似鼻孔問質朴未出匣時如何師云在僧云出匣後如何師云點僧禮拜師云三三問如何是佛師云波斯倚夜臺問古人道承言者喪滯句者迷學人總不恁麼時如何師云點檢舌頭看僧云官不容針私通車馬師云伶俐人難得問明月海雲遮不得舒光直透水晶宮時如何師云打破了來相見問佛身充滿於法界未審向什麼處行履師云眉毛重多少僧云不辨當處常湛然師云滯殺迷封問不落言詮請師端的師云截門路喻問驪龍含月

郎且置龍劒衝天試用看師云山河泼谷日月十昏僧禮拜師嚱嚱僧問如何是佛師云老僧當門無齒僧云爲什麼如此師云只爲老僧謗佛

小叅示衆云諸上座禪僧家以寂任爲本夫行脚者不在觀州甑府看山門景致過時爲什麼事盡爲生死事大從上古人凡到所在見一箇村院主也須問過如今晚學往往蹉過不肯遍相博問記得龍牙問德山學人仗鏌鎁劒擬取師頭時如何德山便引頸牙云師頭落也德山便休諸上座莫是德山無機鋒麼爲當別有道理乃云德山引頸龍牙劍斷

小叅示衆云諸上座佛法有什麼事也莫見老和尚道無事便無事大決身無爲不墮諸數古德道不信佛菩提是則解空第一所以道說佛說祖談玄說妙皆屬增減語既然如是諸人又向什麼處參須具行脚眼始得乃拈拄杖云有人道得麼出來相見有麼有麼衆無對師云老僧今日失利師因入縣看官李員外問文殊騎師子普賢騎象王和尚爲什麼不乘騎師云院中無外云達磨乘蘆渡能慶江和尚打輪又且何妨師云山僧不捏怯師訪郡王郎中云舍弟屯田雖不會祖師道師云屯田雖不會刑部又且標格不同中云雖然如是奈何心中未達師云文彩已彰中云不敢師云爭敢埋沒中又云今時參學人好款他見德山師云見後如何中大笑師云對覩不施天使牛太保入寺舉李都尉法身頌請師指示師云天使甚處人事使云東京城裏人東京城裏說話西京城裏應諾使云不會乙師指示師云張公喫酒李公醉鍾馗解舞十指子使云弟子風生多幸作禮而去戚殿丞入寺遊山行次見粟種遂問黃底是白底是師云粟戚公令人搓破師云今日遭皮剝戚云也須點檢師云今日失利戚到清泉又問泉爲什麼太混師云昨日山中大會戚云今日事作麼生師云閑依何處來王學士同運使到院師云請學士秪應運使說話山僧只知林下事學士云未審林下事如何師云苦益菜羹粟米飯又云偏打不防家

行錄

師至荆南分金善和尚處問回互不回互師云總不恁麼金云爲什麼喚福昌棒師云一家有事百家忙金云爲什麼脫空謾語師云事不孤起金云入水見長人師云調琴澄太古琢句體全眞遂呈頌云回互不讓前當頭戶底開罕逢臨濟喝蹉過老德山世事從他到鳥道絕人蹤倜儻天然致坐斷趙州關到公安遠和尚處問作麼生是伽藍師云深山藏獨虎淺草露羣蛇遠云作麼生是伽藍中人師云青松蓋不得黃葉豈能遮遠云道什麼師云少年翫盡天邊月潦倒浮桑沒日頭遠云一句兩句雲開月露作麼生師云照破佛祖師到荆南延壽賢和尚問海竭人亡作麼生師云毒蛇不咬人賢云爲什麼如此師云風引溪雲斷泉衝石徑斜師到夾山入眞首座室眞云還見麼師云萬事全無眞云還不見麼師云千般皆在手師遂問首座未見澄散聖時如何座云湖南江西師云見後如何座云江西湖南師云却共首座一般座云打草要蛇驚師云巢中終不捏恠偶述頌呈同往韶陽路行來過日殊南念猶不頓北獄豈能拘有語深藏却無言淺露珠雖然名得免聲已振西嶽師到神鼎鼎問一衆零落上獨樹不成林作麼生師云水分紅樹淺澗進碧泉深鼎云作麼生是回互之機師云盲人却無眼頌云天曉不明海徹珠情無模出背擎書步形馳步愁長路絕念還同上太虛師到福嚴承和尚問作麼生是圓容相師云木人嶺上休相覩石女溪邊更莫逢師遂問如何是和尚圓容相嚴云老病尋常發蹤跡無較時師云容卽不問如何是圓嚴云法界廣無邊師云圓卽不問如何是容嚴云消却了也嚴遂問不容不圓時如何師云虛空無背面鳥道絕東西遂呈頌云溢月流波灌紫微文彩紅浮海心飛圓容妙相權施設倜儻無門說向誰師在福嚴入惠照室問承古有言狸奴白牯却知有三世諸佛爲什麼不知有照云只爲太惺惺師云狸奴白牯爲什麼却知有照云爭怪得伊師却問如何是福嚴境照云漱泉秋鶴至蟬樹夜猿過照却問作麼生是南嶽境師云風休林自直雲靜月彌新照云作麼生是境中人師云草色高臨步嵐光碧照衣師到石霜入慈明室明云作麼生是向上一竅師云一竅俱明霜云還見七十二家麼師云有共掩處霜云道什麼師云今日觸忤和尚霜便打師云作麼生霜云將謂收番猛將元來是小小長行師云雅淡呈秋色馨香噴月華遂呈頌云收番猛將彼方奇勢劣翻思握劒歸寒外從教誇勇徒衆中爭敢鬭能威放開急着金牛牧吏閑那吒撫節旗幟武夫雄能透出張良喪却目前機到大愚芝和尚處問古人見桃花意作麼生師云曲不藏直愚云那箇且從者箇作麼生師云大街拾得金四隣爭得知愚云上座還知麼師云路逢劒客須呈劒不是詩人莫獻詩愚云作家詩客師云一條紅線兩人牽愚云玄沙道諦當甚諦當又作麼生師云海枯終見底人死不知心愚云却是師云樓閣凌雲勢峯巒疊翠層遂呈頌云鳳返丹霄漢去靈雲桃樹老鴉棲古今休頌桃花意天上人間不可陪師到廬山羅漢祖印大師處印舉頌云北斗藏身事已彰法身從此露堂堂雲門賺殺他家子直至如今亂度量乃云老僧當時作此頌直得天下老和尚不肯上座作麼生師云爭敢印云作麼生師云

凌晨昇寶座應不讓南能遂呈頌云北斗藏身事押
然法身無狀透何邊後人不曉前人意水底撈鞋捉
月天師到棲賢入室問如何是佛賢云張三李四師
云意旨如何賢云餬餅討甚汁遂呈頌云去短求長
本不移他人與汝未爲奇雖然搆得些些飽終久何
曾見得饑師到祖峯戒和尚處入室戒問作麼生是
絕羈絆底人師云番手把馬籠戒云却是作家師云
背邊打不著戒云爲什麼却上來下去師云和尚向
甚處見上來下去戒便打師云一言無別路千古不
來人遂呈頌云直上禪樓到回來轉更尋君言禪與
理特地隔須彌師到蘇州翠峯素和尚處入室舉僧
問風穴如何是佛穴云嘶風木馬緣無絆背角泥牛
痛下鞭峯問背鞭一句作麼生道師云翻身師子威
雄大爭敢當頭露爪牙峯云放你一線道師云七顛
八倒峯云收師云了到翠峯顯和尚處問牛喫草草
喫牛師云回頭一就尾死轉萬重關峯云應知不肯
面須教在目前師云驗在目前峯云自領出去師到
杭州興教入室舉僧問一和尚如何是佛一云陳橘
皮師遂問意旨如何教云猫兒頭上雀兒窠師遂呈
頌云問佛師言答橘皮更無一法可相違眉毛斷起
應難見背向終教是與非復頌云寸草密藏師子多
猫兒頭上雀兒窠擬欲向窠不喪命直闇鷂子過新
羅到杭州西庵庵主曾見明招舉一頌云絕頂西峯
上峻機誰敢當超然凡聖外曾起兩重光師問如何
是兩重光主云月從東出日向西沒師云庵主未見
明招時如何主云滿傾油難蓋見後如何多心易得
乾師到鄉鄉問上座近離甚處師云兩浙鄉云船來
陸來師云船來鄉云船在甚麼處師云步下鄉云不
涉程途一句作麼生道師云杜撰長老如麻似粟便
拂袖而去鄉遂問侍者此是什麼人者云衆上座鄉
云莫是舉師叔麼當時先師教我尋見伊遂親下且
過堂問上座莫是舉師叔麼莫恠某甲適來相觸忤
師叔喝復問長老何時到汾陽鄉云恁麼時到師云
我在浙江早聞你名元來見解只如此何得名播寰
宇耶遂作禮

頌首山西來意

風吹日炙少人知頂仰先賢對此機饒君曠劫生前
會穿耳胡僧也皺眉

透法身二頌

入門透法身隨宜爲指陳大地如膠漆長江波麼[illegible]
須彌起舞大帝不順一人之力不如百人

綱宗

兩刃交鋒事喻鐵沙場六月雪花飛如今更擬問真
實白眉應教入素閑

十二時歌

夜半子伊余靜坐寒堂裏月圓日滿不曾虧方朔由
來快官微
鷄鳴丑森羅萬象歸元首一聲聲後九衢聞年光任
你侵蒲柳
平旦寅烏龜穿破攜門山伯不知何處去杖來夫
子笑忻忻
日出卯千門萬戶呈機巧織成蜀錦與吳綾到頭成
壞行相撓
食時辰飢餒將來不厭怙與則有衣飢喫飯途中往
往問跦親
禺中巳甚藏巳開見慈氏鷲起毗盧頂上人拍手呵
呵閙閙裏
正中午移乾城猶未許金輪天子下閻浮移却西
天作東土
日昳未石室老僧禪未起門前時有問津人樓至攀
拳先指示
晡時申柴門不掩去來人石室丹霞讚贊力歷歷分
明真不真
日入酉時擊疎鐘滿林吼自他來朕各方圓開被時
人分好醜
黃昏戌才燭銀缸昏暗失瞬覺山童速報來金烏早
向西方出
人定亥抖擻壞衣線長在不羨羅紈錦繡袍迎來師
兄相笑待

古尊宿語錄卷之二十六

佛眼禪師語録序

豫章徐俯撰

佛眼禪師之語侍者道昕所録上堂小參普説垂示垂代心要偈頌古凡八種蓋數十萬言其義則一也所謂佛語心爲宗無門爲法門也單傳直指者也今圓頂方袍者孰非求此道柄拂高座者孰非傳此法然謂之直焉而反透明焉而反昧直而不透其禪師之言乎明而不昧其禪師之道乎觀其反覆丁寧輸誠苦口斯亦勤矣其意果何爲哉學者可不刳心爲夫禪師之説寔無説無示也是爲真説聽者之聞也實無聞無得是爲真聞真説緒言餘論之尚存真聞至音希聲之常在不作文字之解不生紙筆之見者觀之有暇矣

師川此敘足以標榜此録矣老朽不可更重説偈言也具擇法眼人一一辨取淛湖呂勤云

古尊宿語録卷第二十七

舒州龍門佛眼和尚語録

住南康雲居嗣法善悟編

佛眼清遠禪師臨邛李氏子師初住舒州天寧開堂日提刑學士權郡承議燒香度疏與師接得示大衆云天不能蓋地不能載漏泄天機言言堪愛且道如何是堪愛之言良久云分明記取舉似作家遂度與表白宣罷師指法座云古聖道爲法來耶爲床座來耶我爲法來非爲床座師咄云是何言歟便陞座拈香云此一瓣香祝延今上皇帝陛下伏願龍圖永固鳳曆長新八表稱臣四維歌化次拈香云此一瓣香奉爲提刑學士權郡承議洎闔郡寮官伏願嘉聲益著善政日新頻承雨露之恩坐聽鹽梅之詔次拈香云此一瓣香還知落處麼欲隱彌露往晦愈明本欲拋擲巖阿泥于沙石苦爲諸人敦遣不免細説來由奉爲我先蘄州黃梅東山演禪師一炷爇却用陪法乳之恩聊表化儀雖然恩大難酬未免拋三放二遂趺坐山谷和尚白槌云法筵龍象衆當觀第一義師云觀即不一一即不觀第一義門今在何所（問答不録）師云太阿橫按截萬機於掌握之中寶鑑當臺現群象於無心之表有緣即應故問答以縱橫不令而行乃言象而罕測影響之士斯何足云所以佛付佛祖付祖更無絲髮之異豈有東西之殊不立階梯單傳是事若非靈根頓悟大用現前未免業惑海深妄塵自隔遂拈起拂子示衆云還見麼若見見箇什麼若見箇拂子正是凡夫若言不見此是拂子如何説不見底道理道人到此須是忖量不可輕心取於流轉識非小事實在悟明所以聖人得此事莫不統三界領四生號令聖凡扶顛拯物大衆從上諸聖入此門中各各啓悟勞生破諸塵妄記得靈山會上四十九年説不盡末後分付飲光少林九年之間畢竟獨許二祖爾後光分震旦道滿寰中臨濟德山威行雷電皆爲上祖不了致令殃及子孫遂舉拂子云大衆從上許多賢聖如今總在山僧拂子頭上各各坐大蓮花説微妙法交光相羅如寶絲網還信得及麼若信得及山僧出世一期之事已得周圓其或未然不免自通消息去也十字路頭吹玉笛淡雲輕日正清秋久立

上堂世尊拈花迦葉微笑親切親切省要省要眼目定動料料掉掉爲報先生莫打之遶何也文不加點下座

上堂云達磨未來此土時須信事元眞實二祖三拜而立不得說有商量大衆何故人到于今疑情不息良久曰早知燈是火飯熟已多時直饒恁麼信得及猶是錯承當自餘一切何足論之歸堂

上堂奇怪尋常道出門便作還鄉計直至如今計未成誠哉是言也豈不見僧問古德學人欲歸鄉時如何古德曰子父母徧身紅爛臥在荊棘林中子歸何處曰恁麼則不歸也古德曰却須歸去有箇絕糧方子與你僧曰便請古德曰二時上堂不得咬破一粒米大衆荊棘林中紅爛盡無路還鄉二時堂內絕糧方却須歸去所以山僧二十年披雲嘯月未始遊方十來年接物利生何嘗出世諸人皆把父母癸恭論量祖業田園就赤水以求珠珠沉赤水向荊山而覓玉玉隱荊山說道赤水無珠荊山無玉是誑謼你說道赤水有珠荊山有玉亦是誑謼你山僧有時走方成圓指南成北何故如此蓋爲諸人唱還鄉曲子曲調不同熟路難忘鄉談未改非指南之不妙也如何得曲調圓去豈不見道平窺紅爛處暢殺子平生下座

上堂良久云山僧今日與諸人同參一箇眞善知識便下座

上堂僧問德山入門便棒臨濟入門便喝未審師如何接人師云不斷不欠進云便恁麼去時如何師云第一不得埰根師復云光陰倏忽變化密移始見望朝又已念日諸人還知光陰不變化日月不遷流麼快須究取昔日六祖大師作居士時隱於廣州法性寺印宗法師廊下遇夜廊廡間有二僧風幡競辯未盡厥理祖師躡步而謂曰可容俗士得預高論不直以非風幡動仁者心動告之大衆秖如夜來風起且

道是風動不是風動若道不是風動如此觸簾動戶蹴上揚塵作麽生不是風動還斷得出麽山僧道也不是風動也不是旛動也不是心動有人識得麽青山無限好僧道不如歸珎重

上堂兩岸蘆花一葉舟凉風深夜月如鉤絲綸千尺慵抛放歸到家山即便休

上堂舉僧問趙州萬法歸一一歸何處州云我在青州作一領布衫重七斤大衆至音絶韻妙曲非聲道身不挂寸絲赤體全無忌諱諸人切莫拈鎚舐指直須截斷舌頭放下身心自然快活眼若不睡諸夢自除心若不異復名何物快活快活歸堂喫茶下座

上堂若有一人發眞歸源十方虛空悉皆消殞從前先聖豈不發眞歸源如何十方虛空至今尚在又云漚滅空本無況復諸三有幻漚既滅虛空殞無三有衆生從玆殄悴四生九類如何得無又云清淨本然云何忽生山河大地既生山河大地如何得復清淨本然既復清淨本然云何却見山河大地大衆如何即是良久曰水自竹邊流去冷風從花裏過來香好大哥歸堂

結夏上堂揮戈佛日不西流照徹人間洞九幽從此安居無一事休將玄妙挂心頭

五祖演和尚遷化遺書至上堂昨朝六月二十六無角鐵牛生四足哮吼一聲人未知撼動天關并地軸隻履又西歸唱箇胡家曲可憐末後太分明無限清聲徧溪谷我先師出世四十餘年於舒蘄二郡四坐巨刹垂慈苦口接物利生未嘗少假於二十五日早陞座告衆至晚淨髮歸方丈二十六日早安然長往自始及末從初至終盡善盡美眞善知識淸遠忝承提訓痛傷可量古人道將此深心奉塵刹是則名爲報佛恩昔日大梅遷化上堂聞鼠聲乃云即此物非他物汝善護持吾當逝矣我先師上堂告衆云富嫌千口少貧恨一身多以今校古絲毫無差諸人還知大梅東山二老子去處麽若知得則不辜負先師若也未知有寒暑兮促人壽有鬼神兮妬人福下座

上堂卓拄杖一下喝一喝云棒喝齊施古佛宗三玄三要絶狐蹤白雲消散青山在明月蘆花對蓼紅又卓拄杖一下喝一喝下座

解夏上堂以一粒芥子擊修羅窟於中宴坐九旬振六鐶錫杖登須彌盧直上安居三月倚長松而自誓臨綠水以經行周游井邑則動止蕭然依處叢林則威儀濟濟豈論城隍聚落寧分勝地寶坊心月孤圓神珠炳煥六門虛靜萬法咸如如此護生豈有生之可護如此持律豈有律而可持囊內蠍人通身雪冷誠堪慶賀宜何如哉

吳居士爲師施門創起然菴請上堂淨名居士在家人不二門深入者幾一鉢十方香積飯莫容千古轉通津大衆細摩法力居士神通斷妙喜世界來了此中持香積佛飯悉飽衆會三萬二千師子座不爾莊嚴十方三世諸如來現前證據有佛作一場佛事眞箇希奇皆不思議之功勳自心之神力者也公明居士希風摩詰棲跡龐公大省幻身久趨正覺頓延龍錫修建庵宇遂爾來此聚集禪徒記得昔日臨濟栽松次黃蘗問云深山裏栽許多松作什麽濟云一與山門作境致二與後人作標牓道了以鍬頭打地兩下蘗云吾宗到子大行于世大衆臨濟所栽者松可謂根盤沙界葉覆彌盧三賢十聖爲憩息之方諸佛祖師爲作止之地故得後代子孫昌盛永茂宗枝自古及今綿綿不斷如今衆中若有一員禪客出來道深山裏用起庵作什麽山僧也秖向伊道一與山門作境致二與後人作標牓且道與他古人相去多少大衆一與山門作境致見者頓超無學地二與後人作標牓凡聖悟迷皆一樣若是叢林向上關有人踏着喜無量下座

上堂少室無言語曹溪有消息可憐門大開而人不能入蒼龍得水猛虎生翼與但解自承當何勞問知識

上堂僧問劫火洞然大千俱壞未審此箇壞不壞師云黑漆桶裏黃金色進云請師答話師云開言語師復云古人道我有時揚眉瞬目有時不揚眉瞬目有時揚眉瞬目是有時揚眉瞬目不是如今人不委得了便別作解會說道得底人道是也得不是也得問伊作麽生是得底人便道他分上不說得與不得也好不得也好乃長噓一聲曰有什麽共語處秖如古人道恁麽也不得不恁麽也不得恁麽不恁麽總不得又作麽生他便道此是拂跡語拂你屋裏老爺老孃又問伊此是拂跡語不拂跡語如何便道恁麽也得不恁麽也得恁麽不恁麽總得此喚作實頭語實你屋裏老爺老孃師復吁兩聲曰有什麽共語處夫為衲僧須作衲僧說話你等合作麽生莫道龍門不肯我埋沒我心行我壓良我龍門恁麽是要你到不要你到也須子細有詳好珎重

上堂總也不得天花滿砌縱有千言不如一默下座

上堂昔玄沙大師示衆云諸方尊宿盡道接物利生忽遇三種病人如何接得患盲者來拈槌竪拂他又不見患聾者來向他說他又不聞患啞者來教伊說又說不得若接此三人不得佛法無靈驗師云好諸兄弟還知眞實相爲處麽山僧不惜眉毛爲諸人說破秖如諸人尋常有雙眼又何曾見來有雙耳又何曾聞來有片舌又何曾說來既無說無聞無見何處有色聲香味來雖然如是又能有幾人到者般田地

所以道大俊機石女兒三冬陽氣盛六月降霜時有語非干舌無言切要詞會我敢後句出世少人知午齋晨粥無佗事盞茗爐香話道奇下座

上堂普光明殿在人間凡聖交羅絶往還若向一塵親得見毫光照處本慈顔

上堂昔日百丈大智禪師再參馬祖侍立次祖舉拂子丈云即此用離此用祖掛却拂子問云你他後開兩片皮將何爲人丈取拂子竪起祖云即此用離此用丈掛拂子於舊處祖便喝百丈直得三日耳聾大衆說甚三日耳聾直得龍門打鼓上堂大衆盡皆雲集會堂横吞佛殿露柱倒掛燈籠天高地厚月白風清河順風調河清海晏飢則共君飡苦菜渴則與子飲寒泉直饒天外山花飛爭似歸堂喫茶去下座

上堂臺山路上過谷全稀破竈堂前感恩無地雪埋庭栢氷鎖假溪雖在南方火爐頭不入他家叢裏看看臘月三十日便是孟春猶寒你等諸人各須努力向前切忌自生退悔下座

上堂山僧適在疑堂中法堂上無山僧疑堂上有山僧下至法堂法堂上有山僧疑堂上無山僧有則心外有法無則心法不周諸上座在衣鉢下聞打鼓便上法堂法堂上添得上座衣鉢下減却上座添則成增減則成減故落斷常故落常行脚人如何得離有離無離常離斷生死疑情大難透脫此是如來清淨心要宜須決擇不可等閑光景遷流動如飛箭浮世如此人生幾何彼此出家三界逆旅竹戶茅堂執爲其主冷淡共居寂寞同住何故何新何舊何處下座

行者落髮上堂露柱多年出家燈籠久已落髮佛殿堅持禁戒三門近得休歇大事本來平等無貴清涼滿月度盡草木叢林一似陽和齊發下座

元日上堂萬物咸新論故鄉權胖元是舊爺娘先春花發箏吞遠物外山河日月長僧問昔日跋陀尊者問法照大師未審與今日是同是別師云古之今之進云栽松人老雖傳鉢盧老區區入嶺南師云你試舉古人底看進云厨庫三門鐘樓佛殿師云恁麼又爭得進云忽遇七手八脚底人來又作麼生師云截斷脚根道將一句來進云昨日有人從舒州去師云亦是悠悠者復舉僧問百丈如何是奇特事丈云獨坐大雄峯僧禮拜丈便打師云錯打人僧問德山如何是奇特事山云我宗無語句亦無一法與人師云猶較些子僧問羅山如何是奇特事羅山云道什麼師云成何道理大衆古人鈎頭着餌意在得魚如今洗脚上船能有幾箇或若人問龍門如何是奇特事山僧向伊道此去太湖不遠恁麼說話有甚奇特又向伊道咫尺是棠梨大衆還會麼等閑如不會須作等閑看下座

上堂身中有生老病死念上有生住異滅國土有成住壞空此十二種事甚能奇特凡夫不識爲之漂流如來出世指出涅槃妙心常樂我淨譬如還丹一粒點鐵成金至理一言轉凡成聖此十二種秖是一法現定如今歷歷聽法者是還信得及麽乃云月中丹桂偏禁冷雪裏寒梅獨放香下座

上堂悟時此事元來易迷後斯門實大難處處緑楊堪繫馬家家門口透長安

上堂三月初三二月二不壞假名談大義衆生役役趁光陰道流所以無虚棄二月念九三月一摩訶般若波羅蜜假使多聞達古今歷劫何曾異今日今日事作麽生良久曰何更今日

上堂從上諸聖見人樂著塵勞不求出離遂生憐愍之心告之曰你隨聲逐色名曰狂人大衆好言語戀愧諸聖恁麼道雖然如是已是打開布袋不能折合得龍門今日倒底傾出有人得者永息希求乃拈拄杖卓一下云若不是聲你尋常作麼生隨又舉起拄杖云若不是色你尋常作麼生逐還會麼若能隨逐元無縛使是叢林了達人久立

浴佛上堂如來妙色身眞實難藏覆不掛本來衣豈着娘生袴無憂樹下降生時南北東西行七步行七步度盡衆生無所度今晨四月初八我佛如來降生之日天下精藍煎湯浴佛則從諸人浴且道如何是佛要知麼佛名如來常在不滅有人見得山僧更不忉忉若無人見得山僧重說偈言昨日如來乘法雨今朝法雨洗如來了然一味無差別雲外青山朶朶開欲報如來深恩殿上重新浴過下座

結夏上堂龍門結夏勝諸方大地山河爲舉揚若向九旬裕得透更無佛法可商量

上堂萬古長空一朝風月古人恁麼告報大好言詮豈可以一朝風月昧却萬古長空豈可以萬古長空不明一朝風月此是廣大深法自在之宗若也明得何處更有一絲頭剩法來久立

上堂三日不相見莫作舊時看山僧近來非昔人也天是天地是地山是山水是水僧是僧俗是俗別也非昔人也有人問未審已前如何山僧往時天是天地是地山是山水是水僧是僧俗是俗所以迷情擁蔽翳障心源如今別也或有人出來道恭甲亦如和尚天是天地是地山是山水是水僧是僧俗是俗還得否不可直是未在還有揀辨得麼若揀得是上座道眼圓明若揀不得絲竹喧天船上樂綺羅照水岸邊人坏軸

上堂僧問道遠乎哉觸事而眞如何是道師云頂上八尺五進云未審此理如何師云方圓七八寸進云

向上一路還許學人會也無師云不論向上向下却許你會進云恁麽則當處出生隨處滅盡師云參少人恁麽錯會進云作家宗師天然有在便禮拜師云未曾與上座共行在師復云親切中直是親切省要中直是省要還會得麽諸人盡是發志探玄意求出離山僧這裏終不拈今舉古取是捨非惑亂諸人你若不來山僧也無可得說你若上來山僧不免在你身上割一塊子似與你還知痛痒麽忽然知得可謂親切也若不知來由便道者一塊子那裏得來得恁麽香得恁麽臭得恁麽生得恁麽熟還奏得麽不離當處常湛然覓即知君不可見珎重

上堂了知一萬事畢釋迦彌勒欣今日但得心安是處安無災無難無今昔要知佛法根源記取五月初一下座

端午上堂今日端午世間人釘桃符書門閭使萬邪不窺其戶百鬼不入其門世間人又使針燒灸採藥登山使萬病不干其體疫癘不入其身遂失聲叫曰阿唧唧阿唧盡大地人燒破皮肉教山僧受無限苦痛昔楚大夫以忠言不用沉于湘江後人哀之以竹筒盛飯繫五色絲祭之風俗至今流傳不斷遂嘔吐數聲曰世間人喫却米粽教老僧脹破肚皮大衆別人燒灸別人喫物爲什麽龍門長老受痛受飽未能情忘緣慮事由見聞於此門中遂爲戲論豈不見先聖有言曰懷州牛喫禾益州馬肚脹天下覓醫人灸猪左膊上何也遂走不如近觸久立

上堂入得龍門事事奇聞聲見色不思議山青水綠緣何事盡是諸人力使之

上堂卓拄杖云還構得麽莫道今日猶較些子直須向無摸索處傾湫倒岳構得始得山僧恁麽道可殺不識好惡雖然如是直饒你構得我更問你從前敘盜婬妄罪飲酒食肉罪教什麽人還又卓拄杖云金剛作傀佛受香油

東山和尚忌辰上堂先師當年末後句與人皮下挑出刺譬如六月日中氷銷鎔處處皆相似後來聽響各流傳更加一二與三四箇中孰是無耳人明見去來不生死先師老和尚某奉侍日久多蒙苦口提撕追遠之誠何可忘也聊設小供諸人且道先師還來也無若道來入滅十餘年如何見得來底道理若道不來又用設齋作什麽道來也有誵訛道不來也有誵訛若爲得無誵訛去還知得麽三箇渾崙鐵餕餡一雙無縫木楔頭久立

上堂大衆或有人喚上座上座便應設使不應心中也須領覽今時學人便道應底是也領覽底是也若如此會便是入地獄漢子是即且置且道向前是阿誰喚你是有人喚耶是無人喚耶還裁斷得麽若是有人喚山精鬼魅喚你時天魔外道喚你時如何辨白若道無人喚你又不聾不騃如何得無人喚者箇是十二時中生死路頭事諸人明得麽有人喚生迷亂無人喚遭繫絆若能行生死斷萬兩金終不換下座

解夏上堂眂目仙人執善財手頓見過去微塵諸佛及其放手宛然依舊龍門長老領諸大衆夏於此地結足安居及其解夏宛然依舊善財依舊處微塵諸佛舍攝有歸大衆依舊處三月九旬斂收無跡還會麽毛端藏剎海芥子納須彌不離見聞緣超然登十地四生六道即心自性三塗八難普現色身居華藏海之中住不思議之內如斯之旨乃吾輩之常分耳還信得及麽

上堂今日七月二十解夏來又是五日也你輩僧家盡道我會也且道今日是七月二十不是七月二十或若當此一問於佛法中如何祇對有底師僧道你何不問本分事者箇是世間日月大衆那箇是世間日月又豈有不曾底法又有師僧道不動世間一星子就上便明取恁麽事今日七月二十也大衆那裏是不動底一星子得安樂底人終不作者般去就山僧問你今日是七月二十不是七月二十有人明得麽古人云世間事明不得佛法大大涼在者裏若分踈不下一切處礙塞殺人還知麽大小聚中難著手清涼地内易安身久立

上堂擧僧問雲居如何是道中人對云如死人手道中人相見時如何對云如死人眼大衆作麽生是如死人手師拈拄杖云不執捉怎生是如死人眼師擘開眼云不照燭你諸人好會取祇如前日送亡僧山僧道一隊死漢送箇活漢有人會恁麽說話麽怎生是一隊死漢師云移身不移步怎生是一箇活漢師云萬機俱不到後生兄弟初秋夏末何不哮吼一聲壁立千仞今我知道你是箇人向活中明取死句死中明取活句若不然者求生不得生求死不得死喫辛苦也直須哮吼一聲下座

上堂僧問道在僧開口詩成自點頭時如何師點頭數下僧云今日得遇也師云莫亂開口師復云諸人每日行千行萬不是不到何故却不分曉祇爲信之不及若信得及則不行而到也十方世界事不待思量一時曉了得諸人每日說千說萬不是說不到何故却不分曉亦是信之不及若也信得及則實無所說也三世如來所說之法不待思量一時曉了待大衆還到恁麽田地也未我此宗門祇論證悟不論會解若是爲生死底人須求親證若是人我發學之人恥爲不會須求覓解會到處充相似語句遞相印證滅胡種族巳後胡亂教壞人家男女我此門中都無

是事還知麼聾人也唱胡笳曲好惡高低自不聞

上堂世人盡道路行難本分眞金入火看煉去煉來金體淨一槌打作玉欄干

請化主上堂一竿一笠一蓑衣急水灘頭下釣絲釣上錦鱗容易得蘆花深處月明歸舉古人問三尊宿二龍爭珠誰是得者一云得即失一云老僧祇管看一云誰是不得者師曰得即失著忙作什麼老僧祇管看濟什麼事末後一則語誰是不得者若人會得祖師言句一大藏教自然不疑去還明得麼誰是不得者非取亦非捨馬載驢馱時便是歸來也下座

上堂打動龍門鼓喚起鐵餕餡請君一咬破山僧豈相賺先師曾得力滋味今不減若也不柰何好箇鐵餕餡

上堂舉長沙和尚云我若一向舉揚宗教法堂前草深一丈誠哉是言也玄沙和尚云因汝顛倒知見方有往來誠哉是言也龍門尋常見汝諸人恁麼所以向汝道不恁麼你須是不恁麼始得諸人不恁麼龍門所以向汝道恁麼你須是恁麼始得諸人道恁麼不恁麼龍門所以道非恁麼非不恁麼你須是非恁麼非不恁麼始得諸人非恁麼非不恁麼龍門所以道恁麼不恁麼你須恁麼不恁麼始得大衆情亡智現病去藥除豈不是箇脫灑衲僧龍門尋常還有一句子到諸人分上麼不見僧問馬大師離四句絶百非請師直指西來意大師云我今日無心情汝去問取智藏僧問智藏藏云今日頭疼汝去問取海兄僧又去問海海云我到者裏却不會僧舉似馬大師師云藏頭白海頭黑大衆說白道黑理甚分明諸人還見馬大師麼久立也太無端

上堂云若論此事如中秋夜望圓月相似淨無雲翳人皆見之南閻浮提無所不照諸人各在他鄉異井各有父母家山你道彼中還有麼山川溪谷迥絶無人到處彼中還有麼又爭得無來人各自謂得見是月然此滿月不此方來不彼方去若此方來彼則無也若彼方去此何故見之四維上下亦復如是所以道並安千器千器皆同一道澄江一月孤瑩皆有人指月問南泉和尚何時得恁麼去南泉曰王老師二十年前亦曾恁麼來大衆向你道此事無你下度處無你名邈處如今禪和家盡道我會得也什麼處是照不著且問你照得著底事上座前生自何趣中來此身沒後復生何處作天耶人耶地獄耶餓鬼耶作畜生耶若不委知空然有此語要作何用馬大師一日翫月次二三弟子侍坐大師曰正當恁麼時如何西堂曰大好供養百丈曰大好修行南泉拂袖而去大師曰經歸藏禪歸海唯有普願獨超物外看他如斯論量也大奇惟大師致此一問諸大士直得息黥補劓笙作全人塞竅移峯貫就平坦還要得馬大師此一問麼委悉得麼良久曰幸無偏照處剛有不明時

上堂祖師云亦莫愛聖憎凡會得凡夫法便是聖人法識得聖人法即是凡夫法盡知道凡聖不二爲什麼凡夫漂流者聖解脫又道亦莫擬迷就悟如今悟底是向來迷底如今迷底是向來悟底盡知道迷悟不二爲什麼迷者依前迷悟者依舊惺惺諸人還辨得麼凡聖悟迷知透了洞然明見本來人敢問人還如何是本來人尋常師僧家道什麼處不見本來人驀作先生曾是泗州大聖又道渠無面目甚處逢渠遠水不救近火離此二途如何是本來人良久云設使開來悟爭如自得親下座

上堂昔無著和尚游五臺禮拜文殊到山下投一寺宿遇一老僧祇待次問無著曰上人自何而來無著曰南方來老僧曰南方佛法近日如何無著曰末法比丘少奉戒律僧曰多少衆著曰或三百或五百著問和尚此間佛法如何住持僧曰凡聖同居龍蛇混雜著曰多少衆僧曰前三三後三三著不肯遂令童子以琉璃盞點茶度與著遂問曰南方還有者箇麼著云無曰既無將什麼喫茶著又不肯復令童子送出門外著觀寺無額乃問童子此寺因何無額童子指背後金剛著回顧忽然不見童子止見身在一林中人衆無著遂遁遊五臺禮拜文殊及乎親見要且不識誠實苦哉是故明昭和尚頌云廓周沙界聖伽藍滿目文殊接話談言下不知開佛眼回頭祇見翠山巖雪竇和尚亦有頌云千峯盤屈色如藍誰謂文殊是對談堪笑清涼多少衆前三三與後三三大衆此二頌通古徹今美則美矣要且不見文殊山僧今爲諸人頌出乃云青山門外白雲飛綠水溪邊引客歸莫怪坐來頻勸酒自從別後見君稀下座

上堂背拄杖有上謂衆曰好笑好笑乃呵呵而笑昨日有兩人共說一件事與山僧山僧聞得一夜笑得腸肚痛又呵呵而笑大衆要知麼有一人云今日是初三官曆上寫來村裏人道是初四乃村下曆頭問老僧道是初三麼山僧向道是初三是官曆云山僧云是官曆村裏謂之初四是村下曆頭麼山僧云初四是村下曆頭其人點頭又有一人云今日是初四官曆上寫來村裏人道是初三乃村下曆頭長老如何山僧向伊道是初四初三是村下曆頭其人點頭兩人相見具說其事一人云長老向我道是初三一人云長老向我道是初四兩人遂來見山僧云今日是初三是初四山僧聞得笑殺兩人云長老不要漏泄好好分明說山僧向道汝自不分明何處是漏泄大衆會得此意麼山僧見伊不曉也不柰何衆中禪

僧道長老如何鳴鼓集衆了也不說些佛法及祖師西來意却理會世間閑日子此是世人情見山僧鬪了問伊道世間有什麼閑日子又那箇是情見把來辯伊元來不會見伊不會更作箇頌子舉似伊頌道言說示亦說無僞亦無眞愚俗稱爲我邪徒喚作神是我何曾我言神豈是神人生須特達乃提拄杖下禪牀曰丈六紫金身座前又謂衆曰也不屈着你

上堂僧問大用現前不存軌則時如何師云誰信你僧便喝師云更進一步看僧云幸有一弓三下箭當機要射不平人師云少年曾決龍蛇陣潦倒還同稚子歌僧又喝師云元來秖是野狐精僧禮拜師云何曾大用現前師復云古來有一人南泉和尚諸人還識否若識得一生不空過好南泉和尚莫教見而不識還識麼僧有一俗士問曰弟子家中有片石也曾坐也曾臥如今欲鐫作佛不知還得否南泉云得莫不得麼不得有人明得此言也無南泉道得龍門云好箇佛南泉道不得龍門云好片石還見否是他道弟子家中作麼生說家家在什麼處諸仁者親從家裏來家中何所有持此一片石廣大堅且久靈山曾獻佛帝釋聊舉手心中出何物安樂并長壽下座

古尊宿語録卷第二十七

[illegible]

古尊宿語錄卷第二十八

舒州龍門佛眼和尚語錄

住南康雲居嗣法善悟編

聖節上堂皇帝以天下爲家兆民爲子父子一體天
下一家王愛於民民敬於王愛敬既同王道無外所
以佛言如民得王又云如民之王且王外無民民外
無王王在民外民不受賜民在王外王道不廣如何
曰民無知曰民如何曰王聖神曰王今上皇帝至神
至聖爲民父母天寧降誕之節日月星辰連珠合璧
江河淮濟激濁揚清乾坤造化草木蟲魚呈祥瑞顯
奇特皆皇帝至德之所感致也伏願南山比壽北嶽
齊齡永永萬年無窮無極遂下禪床作舞曰會麼山
僧舞蹈揚塵萬歲萬歲萬萬歲下座

上堂拈起拄杖卓一下云圓明了知不由心念抵死
要道憧坑落塹畢竟如何乃靠拄杖下座

上堂舉昔有一秀才見長沙和尚看千佛名經問曰
許多佛秖聞其名未審居何國土長沙曰黃鶴樓崔
顥題後秀才還曾題否對曰不曾長沙曰無事題一
篇好秀才罔措大衆秀才問佛居何國土長沙爲什
麼却恁麼道秀才尋常嘲風詠月爲什麼長沙面前
一辭不措若是黃鶴樓有什麼難題底聽取山僧題
破遂云容顏甚奇妙光明照十方我適曾供養今復
還親覲下座

上堂平旦寅狂機內有道人身大衆二六時中折旋
俯仰行來走去就是說非分南說北運用施爲開單
展鉢喫粥喫飯盡是狂機且道那箇是道人身良久
云碧落有情空悵望瑤臺無路可追尋下座

上堂適來山僧夢在僧堂上聞法鼓遂下堂階夢見
諸人上來近前問訊便登法座侍者燒香了如今正
在夢中之人施陳夢事你等諸人還夢見麼若眞見
得是爲覺人不省夢鄉死爾沉沒還有一法與你爲
對麼不見古人道目前無法意在目前不是目前法
非耳目之所到可不是奇特還夢見麼釋迦如來道
如豬時人心縱精明欲何因緣取夢中物遂拈起拂
子敲禪床云是什麼還聞麼復竪起拂子云還見麼
良久云人間天上諸知識爭似龍門夢得親下座

上堂僧問古者道諸佛不出世四十九年說諸佛既
不出世爲什麼四十九年說師云你疑來多少時也
進云祖師不西來少林有妙訣祖師既不西來爲什
麼少林有妙訣師云知恩者少負恩者多進云恁麼
則一人傳虛萬人傳實師云處處作麼生傳來進云
任從滄海變終不爲君通師云禮拜著師復云始自
雙履西歸卷衣南邁空聞消息流落人間古往今來
遞相敬受大似一人傳虛萬人傳實山僧病多諳藥
性年老變成精不是刻剝古人免見互相埋沒諸人
應是從前覺觸往日見知從人邊請益得來言語中
舉時中的出入遊戲則不無究竟眞實大事萬不可
得但能情亡理喪計盡途窮無施設處用心正是作
功夫處山僧尋常秖道喫茶去今日也道喫茶去會
盡諸方五味禪何似山僧喫茶去下座

上堂擬思量何劫悟不思量終莽鹵欲思不思跨破
時萬里無片雲常顯露常顯露妙用恒沙非日藉諸禪
伯正好休征罷戰永息干戈傍水倚山成就大事況
是人生幾許高命幾何或若生死現前畢竟將何支
準不見古德道若不安禪靜慮到者裏總須茫然久
立

上堂來來去去去來時去去來來離覺知了得去來
無罣礙方知塵劫不思議所以道來無所來去無所
去去來之際生死昭然前念生是來後念滅是去求
其來去了不可得乃至前生後生今年去年更無絲
毫遷變之相如斯會得始絶去來但以衆生背覺合
塵去夾輪轉苟能洞達復有何事昔石頭大師一日
問龐居士子近日如何居士曰卒說不及乃呈一頌
日用事無別唯吾自偶諧頭頭非取捨處處勿張乖
朱紫誰爲號丘山絶點埃神通并妙用運水及搬柴
石頭默然許之後造江西問馬大師不昧本來人請
師高看眼大師直下覷士云一等沒絃琴唯師彈得
妙大師直上覷大衆若不是馬大師被他一問百雜
碎諸人喚什麼作本來人若無本來人作麼生眼見
色耳聞聲種種施爲還轉諸人還見本來人麼如今
盡道本來人無形無相不曾著衣喫飯不生不死如
此會得爭合本來人要知麼諸人總是本來人一段
生死變化煩惱無明又如何消遣聽取一頌與子借
行个日路如君共看本來人同名同姓同形段無死
無生無色塵畢竟如何切忌喚作本來人下座

上堂舉僧問洞山初和尚如何是佛對云麻三斤大
衆有恁一件事何故無人知得洞山見人不知了遂
自頌曰七寶畫牛頭黃金爲點額春晴二三月農人
皆取則寒食好新正鐵錢三四百諸仁者此一轉因
緣盡謂觕言及細語皆歸第一義又云臨機應用一
切尋常如斯會解埋沒古人要見洞山老子麼鴻鵠
一舉千里飛鑽雲鷂子與天齊鳳凰不是凡間物爲
瑞爲祥自有時久立

師到眞乘請上堂眞乘舉石霜徧界不曾藏語師云
徧界不藏全體露絲毫有見事還差會中誰是先覺
客不動纖塵便到家眞實到家之者得意忘言伶俜
在外之人隨情起解情解既起名相是興言意兩忘
十方咸暢豈不見適來堂頭已普告大衆如何更令
山野稱提益爲妙旨幽深人難洞達何也既知咫尺
之間爲什麼却道不覩師顏既言遍界遍空如何更

云不曾藏覆還見落節處麼若見得便見石霜老子雪峯大師亦知龍門山僧與眞乘長老又此一衆禪和總有分什處山僧未離本院不到此中時眞乘無一人能門長老山僧離本院度荒山來到眞乘諸人一一相見此間有一人能門長老若有一人能門長老於法成增若無一人能門長老於法成減減故落斷增故落常既憧斷常豈云正見一似上座未出家時無一人上座既出家後有一人上座你諸人如何裁斷得心地安樂去還裁辨得麼向此有箇入處更有什麼事也或若未明良久曰不解作客久立

上堂獨自坐方信西來有達磨獨自行不用紅蓮足下生獨自語分明向誰誰肯許獨自參剎剎塵塵示指南相逢相問窮端的莫道山僧解放憨

端師翁忌辰上堂昔人已乘白雲去此地空餘綠水流綠水一去不復返白雲千載空悠悠湖南舊說老楊岐失却金毛師子兒江南江北無覓處龍門今日願風吹順風吹囉囉哩水急風高下釣綫

上堂鳥從空裏飛人向心中住人死心究然鳥没空何預人生一過鳥此心實可據但自了其心無勞問來去所以須菩提問世尊云何住世尊答曰如是住卵生胎生濕生化生有色無色有想無想等皆令入無餘涅槃而滅度之而實無有一衆生實滅度者還會得麼三界萬法實無絲毫生滅動靜之相秖由迷此决定惑爲色身之內所以質礙名色領納曰受思惟曰想遷流曰行分別曰識皆由自心之所成立爲不知此名爲五陰遂成色心二法不見道照見五蘊皆空度一切苦厄現前五陰之身爲有耶爲無耶若能如是見得實無生死等事或未然者豈無夫來有一則無生死因緣舉似大衆昔漸源同道吾弔慰乃拊棺問道吾曰生耶死耶道吾曰生也不道死也不道漸源不省後聞僧念蓮經應以比丘身得度者即現比丘身而爲說法忽然省得遂至石霜攜鍬法堂上從東過西從西過東石霜曰作什麼漸源曰覓先師靈骨石霜曰洪波浩渺白浪滔天覓什麼先師靈骨漸源曰先師靈骨猶在大衆還見得麼拈起拄杖曰者箇是拄杖子那箇是靈骨者箇是靈骨那箇是拄杖子遂卓一下云長安夜夜家家月影落寒潭幾箇知

上堂若論此事如人買田地相似四至界畔一時分明結契了也唯有中間樹子猶屬我在大衆既是四至分明結契了也爲什麼中間樹子猶屬他不見道千年田八百主若識得中間樹子耕鋤任你耕鋤布種任你布種開花任你開花結子任你結子若無中間樹子爭喚作常住良久云作麼生自云高處高平低處低平

上堂云龍門別無奇妙剛謂單傳心要豈惟沒水無魚撥剔全無孔竅二時展鉢開單遂日屙屎送尿萬事與人一般子細看來好笑既是萬事與人一般爲什麼稱善知識良久云我也理會不出

上堂今之叢林天下多有求一人會無情說法則無莫道會得討一人舉此話亦難得何也須是曾親聞說法來方可舉示如未曾親聞縱有舉示秖益塵勞於其慧命無所滋益大衆會既少舉尤難叢林雖有日澗幾若欲明斯旨應須離念若一人如領解大衆盡心安既是一人領解爲什麼大衆盡心安若不如此爭稱出離之門

上堂舉志公曰我見世間之人各執一般異見秖知傍𨒌求餅不解返本觀麵餅則從來是麵造作由人百變大衆會麼俚奴白牯念摩訶猫兒狗子長相見諸禪客爲不爲若言自性本圓明大似將空追閃電知得麼含元殿上覓長安慈氏宮中願生內院

上堂僧問千尺絲綸直下垂一波纔動萬波隨如何是一波師云你尋常如何吞吐僧云如何是衆波師云著衣喫飯有甚難僧云鈎頭一句請師道師云你自道取僧云雄雄江上垂綸者年上時有錦鱗師云没交涉師復云諸仁者無過此時也恁麼亦有不恁麼時禪學人道無有不恁麼時說箇恁麼已是不恁麼也恁麼時名爲得念不恁麼時名爲失念如今問諸人爲當失念亦有不失念時禪學人道當名得念時說箇得念已是失念了也要知得恁麼但了取不恁麼時要明得念但識取失念時故先德道恁麼恁麼又云不恁麼不恁麼好奇怪諸高德是以釋迦如來又云得念失念無非解脫成法破法俱名涅槃地獄天宮皆爲淨土你等還知得一段真實事否若知得永超終始之患十二時中自然安樂無事也下座

上堂云不動龍門內行祭古佛機親逢渠面目昔話自容儀凡聖心平等高低路坦夷丹霞燒木佛院主落鬚眉何故○下座

上堂舉六祖大師在大庾嶺頭示明上座曰不思善不思惡正當恁麼時阿那箇是明上座本來面目明即大悟大衆還會者話麼正當恁麼時歷劫不曾迷赤壯超三界歸家頓絕疑

上堂舉僧問忠國師如何是本身盧舍那師曰與我過淨缾來其僧過淨缾師曰却將舊處著其僧送去舊處再來問如何是本身盧舍那師曰古佛過去久矣此一則法門若非證入莫覷宗猷若縱心猿終成解會尋常盡道甚處來不是盧舍那更不識了再問豈不是過去久矣又道國師自受用三昧再三若問盧舍那自是古佛過去久矣又云如何是本身盧舍

邢良久處好會取若不麥知遂落草向你道與我過淨餅來如斯解會但縱心猿不見國師云得之於心伊蘭作栴檀之樹失之於言甘露乃蒺藜之園要知麽太陽門下日日三秋明月堂前時時九夏大衆如何是盧舍那歸堂喫茶去下座

上堂昔趙州和尚訪庵主問曰有麽有麽庵主竪起拳頭趙州曰水淺不是泊船處拂袖而出又訪一庵主問曰有麽有麽庵主竪起拳頭趙州曰能縱能奪能殺能活禮三拜而去師云庵主一般竪起拳頭趙州何故肯一箇不肯一箇且道得失在什麽處趙州自起自倒勘破多少阿師庵主坐斷要津過了多少衲僧若要識趙州麽拍禪床右角云識取趙州要識二庵主麽拍禪床左角云識取庵主還有人點檢得失處出麽良久云易開終始口難保歲寒心下座

吳居士請上堂身是佛身須信六根清淨行名佛行故知三業圓明身淨則垢無所生行明則暗無所起垢生由乎迷淨作垢而莫覺莫知暗去必由得明明即暗而難信難解所以諸聖常加被羣生自棄遺苟易慮於可作之初革情向悞爲之後親開智鑰仰扣慈關他心慧眼以洞知重罪宿冤皆可懺菩薩悲願遍滿娑婆衆生哀投無不冥感是知明暗共體垢淨同源凡夫有成佛之期大士有度生之分苟不如此萬善徒興公達居士與知道人洞明泡幻了悟浮生共入山來究明斯事今晨請山僧陞座說法記得昔日裴休訪華林和尚問曰師還有侍者否林曰有一兩箇休曰在什麽處林乃喚大空小空時二虎自庵後哮吼而出休覩之驚悸林語二虎曰有客且去二虎哮吼而去休問曰師作何行業感得如斯林乃良久曰會麽休云不會林云山僧常念觀音大衆會從此箇意旨麽常念觀音力伏猛獸道眼通明萬緣何有良哉大士時時垂手念茲在茲安樂長壽下座

上堂永嘉一宿而悟遂曰幾回生幾回死生死悠悠無定止自從頓悟了無生於諸榮辱何憂喜大衆說有生死亦是言詮說無生死亦是言詮既涉言詮則是事迹且事麁易顯理妙難彰故言近而旨遠如何以至近之言明其至遠之旨不其難哉先聖道得旨忘言遺事觀理後人不曉便乃事外尋理言外求旨譬如以手撒摩虛空徒自疲勞然無所益要知得力用意處麽須即事無事即言無言悟入方親解會不得若如是隱顯施爲神用難測也不見僧問首山如何是佛法大意首山曰楚王城畔汝水東流便有人悟去歸堂

上堂五色燈光眚所成但除其眚莫除塵若言本眼何曾眚乃是臨河渴死人

上堂僧問劫火威音前別有一壺天御樓看射獵不是刈茅田乃提起坐具云未審者箇喚作什麽師云正見刈茅田僧便喝師云猶作主在師復云秖宜說一句有人會得去猶較些子式若無人會得山僧却成妄語思量了不如且休各自大家堂中喫茶自由自在免見他時異日被人覷破何也將軍自有嘉聲在不得封侯也是閑喫茶去下座

上堂舉南泉和尚謂衆曰王老師賣身去也有人買麽時有一僧云某甲買師曰好一箇禪客南泉云不作貴不作賤你作麽生買其僧無對師云嘿嘿殺人有數等宿爲此僧若話趙州道明年與和尚作一領布衫一人道成何道理一人道和尚某甲後來寧賣道別處客和尚不得大衆許多年箇事直饒賣也要運出自巳家財王老師交關未成不敢胡亂分付者般行貨古今亦少見之龍門今日亦賣身去也然則有貴有賤貴則分文不直賤則金玉難酬你買也屬你你不買也屬你若識得龍門龍門與你作道伴有人處無人處起心動念總知得你善則令汝行惡則令汝止縱經二塗歷八難一步不相捨離常與你作道伴你若不識龍門龍門與你作冤家敎你出家使汝行脚令汝尋師遣汝體究遂敎你不會令汝茫然令汝求覓解會令汝巧作道理遂令淨妙國土而作土石山河常樂法身而作無明煩惱成不自在常生退失一步不放捨常與你作冤家大衆龍門屬你諸人來多時識得是道伴不識是冤家還有人明得此旨麽乃拈拄杖點一下曰一道伴二冤家通逆順徧河沙眼是空華是花得龍門道無涯遂放下拄杖了云少賣弄歸堂去

上堂臘月扇子功勳絕浩浩涼風動寒泬豈止炎蒸六月天暫時與君解煩熱下座

五祖和尚到上堂曹溪大師傳衣歸嶺南後來讓和尚得法授與馬大師馬大師接得百丈百丈得黃檗黃檗得臨濟臨濟得興化興化得南院南院得風穴風穴得首山首山得汾陽汾陽得慈明大師慈明大師接得一人楊岐和尚如今衆中得底事有此老子云我者裏如鬧市裏上竿子相似是人皆見瞞你眼得麽楊岐老後來接得端和尚一人此老子曾住此山來有頌曰海底珠動時雲中月還現涼夜無狂風清光都一片端師翁後來接得先師一人先師有言曰秖從咬破一箇鐵餕餡直得百味具足此老子所以一生口硬好說硬話伏自先師付囑之後大法傳持以來未後東山一時分付今五祖堂頭和尚此日幸對人天廣衆請示慈悲重爲與揚使先宗有據吾道益明莫不大幸

上堂泡幻同無礙如何不了悟眼裏瞳人吹叫子達法在其中非今亦非古六隻骰子滿盆紅大衆時人

為什麼坐地看揚州鉢盂看柄斫斵樣牛上騎牛笑殺人

上堂諸人未到龍門山將道龍門在世間既到龍門心自在杉松拂拂水潺潺諸人還識龍門山麼若也不識未免山青水綠有年光陰能有幾許未囘光達本已前都成夢幻遂拈拄杖云六道衆生造業造業三世諸佛成佛作祖盡在山僧拄杖頭上諸人還見麼卓一下云百雜碎了也復展手云把將絲亳許來又卓一下云手執夜明符幾箇知天曉下座

上堂獼豸同欄辨者嗤薰蕕共處須芬郁諸仁者得底人終不自異於人而從前千聖悉所稱讚實有異於人處譬如二人同胞胎共父母同舍同學同一師授至於飲食語言之間悉無有異一日同入試院同一題目而一人得第一人落第及第者永異民庶落第者乃是常人是二人初無改易而貴賤高低有異恰如得與不得初無有異而一人得之位齊諸聖一人迷之遂作凡夫人雖不殊迷悟逡遠大衆可不驚怖者哉所以香林和尚云老僧二十年前見與我一般一輩人盡皆得道我日夜思量他得箇什麼便如此去我二十年中常看後來也得恁麼你看他先德苦切之言實可取信豈可守株徒喪日月各宜勤烝已後也須得去不勞久立下座

上堂龍門三月半大鼓聲鼕鼕喚得一時來特地生迷亂大衆既是喚得一時來為什麼特地生迷亂此段好因緣諸人怎生斷不解斷轉迷亂若解斷較一半良久曰因緣一段無人斷留與諸方共斷看

上堂收得本名度牒踏遍自己山川閱有龍門長老走來學道叅禪恁麼惺惺漢子如何立地瞌眠忽然睡醒眼開元來天生自然師乃失聲曰恐討殺我討殺我皇天皇天尋殺我雖然如是知是般事便休直須運出自己家財莫自拘於小節叅堂

上堂且道山僧即今還有為人處麼若有為人處即埋沒山僧若無為人處即埋沒上座彼此出家兒莫與相埋沒好要知麼山僧將你本分事來似你諸人何不於你本分事上識取識得麼若道便是某甲本分事也如向眼睛上下一釘相似若道我雖有本分事實未了知你又被什麼衣服大衆既是恁麼人識取恁麼事久立又奚為珍重

上堂僧問納須彌於芥中擲大千於方外衲僧門下總用不著學人欲使泥牛耕巨海須彌駕鐵船師還許也無師云十字縱橫一任行取僧云踏破澄潭月穿開碧落天師云猶未知衲僧分上事在僧云行意氣時添意氣不風流處也風流師云洪州腰帶師復云春光漸盡夏景將臨悠悠之徒貪生過日我今問你諸人從早至夜心念不住是有思量是無思量人人必謂是有思量我且問你作麼生思量何不識取你諸人思量了隨而興作運為也我問你作麼生興作何不識取你諸人於興作將起種種言說且作麼生言說何不識取都緣是自家先迷了秪管隨處流浪所以道道源不遠性海非遥但向已求莫從外覓覓即不得得亦不眞如在虛空退至何所還肯麼你諸人在我者裏或暫經冬夏或久涉炎涼若到別處人問龍門事不可指東劃西亂有所說却成欺罔也各將為事各將為事因成四偈思無思萬邪一正不識玄旨徒勞念靜作無作作貫色通聲水中鹽味不見其形言無言不費脣舌未說之法林中之葉龍門滂倒告報諸人既然如是何故因循

賢牖頭納踈上堂一葉飄飄水上歸姑蘇春色照岩扉坐禪片石重來看却笑山雲拂蘚衣所以沉空滯寂之士名為貪著小乘混世同塵之人謂之圓通之但不捨道法而現凡夫事豈是栖神於空現前日用是大總持門一一親得其力如斯之言事可量哉昔日黃梅散席道在七盧坐祈連床湖南寂盛古今勝樣作者同知進止合儀動靜可法況龍門新興保社意在東人衆手淘金誰是得者有麼有麼今人思百丈解路馬駒行叅

上堂杜順文殊事可知定光如來老大隋張三李四何干趙問你渠今是阿誰鄽市賣魚忘進趣案頭分肉露全機男兒鎖了黃金骨苦痛無明墮汙泥

結夏上堂登龍門下無凡客不假風雷自有奇三月進修從此始經行宴坐可思議三月安居九旬禁足實如來之教旨乃釋子之清規橋彴津梁人間天上或垂手入鄽者未嘗離於此座觀心入定者亦常遊乎十方此豈可以有心知豈可以無心會苟能如是何生而不護何足而不禁覆被萬靈廣益羣品或不由斯道者吾未如之何也下座

上堂今時學者不究佛語秪究祖師語殊不知祖師語即是佛語莫如此揀擇却成謗佛法去秪如雲門大師示衆曰人人盡有光明在看時不見暗昏昏作麼生是光明自代云三門佛殿廚庫僧堂又云好事不如無者箇是祖師語是他道三門佛殿廚庫僧堂諸人尋常有時是看是不看若看他道看時不見暗昏昏如何得成光明既是光明了又道好事不如無作麼生又不要去且如楞嚴會上說箇晦昧為空空晦暗中結暗為色色雜妄想想相為身聚緣內搖趣外奔逸昏擾擾相以為心性一迷為心決定惑為色身之內不知色身外洎山河虛空大地咸是妙明眞精妙心中所現物者箇說話甚是子細且道與雲門道底事相去多少莫秪明祖師語不究佛語有人曰我亦不用佛語不用祖師語秪用自語祖師語佛語

尚了要更用自語又道我宗無語不用言語有語尚不是況無語耶莫作夢從朝至夜佛法作一邊祖師語作一邊有語作一邊無語作一邊妄想作一邊無妄想作一邊若恁麽與可謂看時不見暗昏昏也久立

上堂十方世界龍門寺大地山河是學徒隨順衆緣成解脫算來全不費工夫

上堂擧僧問趙州學人乍入叢林乞師指示趙州曰喫粥了也未僧云喫粥了也州云洗鉢盂去其僧言下便悟大衆山僧今朝喫粥也洗鉢盂秖是不悟既是爲善知識爲什麽却不悟還會麽豈可喚鐘作甕終不指鹿爲馬吾人雖犯水銀無假冷地忽然覷破管取一時放下

上堂龍門若爲作端午打動衆人塗毒鼓髑髏破後道誰聞鑿覺盡時敢言普是謂南山鼈鼻虵好箇大雄白額虎可憐開眼皃眼人赫日光中尋入路

上堂飄飄颻颻楊柳花紅紅赤赤透天霞屈屈曲曲龍門路僻僻靜靜野僧家尚不心頭決勝解誰能劫外笄河沙休粮方子齋兼粥任運還鄉苦澀茶好大哥喫茶去

上堂七七四十九面南看北斗死去與生來泥牛大哮吼所以釋迦老子未離兜率已降王宮未出母胎度人已畢如此則毗盧境界止在人間涅槃妙心更於何覓昔日那吒太子析肉還母析骨還父然後現本身運大神通大衆肉既還母骨既還父用什麽爲身學道人到者裏若見得去可謂廓淸五蘊吞盡十方聽取一頌骨還父肉還母何者是身分明聽取山河國土現全軀十方世界在裏許萬劫千生絶去來山僧此說非言語下座

上堂撫掌大笑良久曰大衆笑箇什麽山僧笑古往今來一切人有瞥地有不瞥地不瞥地之人如黑地數突有甚分曉瞥地之人便自回頭轉腦東問西問瞥如衣錦夜遊問來問去問來忽然如晝見日便云瞥如有日日光明照見種種色多少分明雖然如此更須知有向上事末後句始得龍谿大衆始於瞥地終於罷參古往今來莫過如此山僧所以笑他恰如春夢相似諸人還曾夢見麽莫道無事法衍天頭好豈不見大庾嶺頭曾趕上少室岩前立到腰豈得不遇於人好大哥喫茶去下座

行者剃髮上堂山僧因而度得小師一人遂拈起拄杖示衆云見麽法名崇木俗姓葛良久又云爾既投吾出家今爲汝受三皈五戒乃云崇木皈依佛皈依法皈依僧已爲汝作三皈今爲汝翻十邪受五戒汝當聽受所謂身口意也身有三過謂殺盜婬意有三過謂貪恚癡口有四過妄言綺語兩舌惡口作此十者名爲十惡無此十者名爲十善汝今於三業門中稟受戒法所謂不殺不盜不妄不婬不飲酒是五戒相汝依吾教信受奉行復卓拄杖一下云崇木聞吾教訓乃告吾曰和尚所說但崇木從來無身口意亦不知何以爲持犯縱聞三皈我不知何者名佛法僧聞五戒相從何受持雖煩和尚如此崇木並無領覽處師放下拄杖曰此眞吾弟子也是眞皈依也眞受得戒也所以昔人云和尚何不畜一沙彌老宿云有無眼耳者爲吾尋一人來正是此意也好得力小師大衆會得否拈起拄杖云扶過斷橋水伴歸明月村久立

上堂總別同異兼成壞秖是山僧與衆人高廣須彌入芥子無邊刹海在微塵春復夏秋復春境寂心融事事眞七寶大車既如此去來語默莫因循禪和子聞說了呵呵大笑道我會也我會也師乃呵呵笑云你會也且道西天那蘭陀寺後孤峯頂上如今有什麽人在彼中修行見麽見麽下座

上堂趙州道箇洗鉢去其僧豁爾知歸鳥窠吹起布毛侍者當下得旨爲復是就伊明破爲復是吐露向伊亦不是就伊明破亦不是吐露向伊大衆會麽本有之性爲什麽不會爲四而蔽和尚拄眞虛空無物不拒諸相發揮寶鏡無形豈礙羣形頓現相與形而常僞空與鏡而常眞故即僞即眞不生不滅大衆或若虛空頓消寶鏡不臨臺光境俱亡復是何物六十三年即且置且道即今四面老子在什麽處遂拈起拂云生涯何所有今古與人傳

上堂夏已半山中早晚不甚熱知事毗贊外無悉首座大衆康休西庵首座且慈流慈法樂無量山門內外雍肅表裏安裕涅槃山法性海豈容取證造詣擬議於其間哉在夫山僧與諸人登高而履深不可坐取安佚而無所得也各宜悉察昔有一禪客覲近一老宿甚勤老宿每見來即揮手曰未在未在且去如是經久其僧中夜思惟曰並不蒙一言開示秖管道我未在教我怎生奈何思量來思量去忽然省得歡喜無量至明日上去見老宿老宿見來便點頭曰是也是也大衆者箇便是達磨大師所傳宗旨且如何便見得良久云鼯鼯鳥守空池魚從脚下過鼯鼯總不知歸堂

五祖忌辰上堂趙州不見南泉山僧不識五祖甜瓜徹蒂甜苦瓠連根苦

上堂達磨大師入中國至今數千年得其道者甚衆領其旨者實多大似一人傳虛萬人傳實大衆流言止於智者諸人三十年後莫道見龍門來

上堂先聖道法性海中覩認得豎起拂子云還有認得底麽良久云認得也在法性海中認不得也在法

性海中大衆既總在法性海中何故却有認得認不得且道此理如何每常兄弟道何處不是法性海山僧而是不肯你道病在何處有人道病在有道理處山僧問伊如何得無道理去他道亦重便出或道今日七來日八大衆若總恁麽如何見得古人道法性海中親認得去莫將閑學解埋沒祖師心

解夏上堂尊者憍陳如九旬最親切老少幸相依上下皆欣悅瞻聽離聞見承覽亦超絕四海五湖人勿謂眞機泄

上堂昔仰山夏末禮拜溈山溈山問曰子一夏作何所務仰山云開得一片田種得一籮粟溈山云子今夏也不空過仰山却問和尚今夏作何所務溈山云晝日一飡早晨一粥仰山云和尚今夏亦不空過言了退後吐舌溈山云子何得自持白刃斷其命根仰山拂袖便出大衆溈山父子尋常相見遊戲神通不同小小還有知得底麽若無山僧與諸人說看開一片田密密綿綿兩頓粥飯其道自辦山僧一夏與諸人相見自是諸人不薦若或薦成一片是什麽一片看取當門箭

古尊宿語錄卷第二十八

古尊宿語録卷第二十九

舒州龍門佛眼和尚語録

住南康雲居嗣法善悟編

爲亡僧下火幾度曾經恁麽來者回又晁入天台一堂道侶同相送珎重峨嵋下五臺遂下火云過辣辣

上堂近日亡僧遷化此一則因縁有人會得麽大凡參學須見生死根源生死若有則不明道生死若無又作麽生無得參見時流錯會妄作主宰今日試舉先聖兩則語證驗今人錯處秖如臨濟和尚示衆云有一無位眞人常在你等面門出入未證據者看如今一氣才斷便乃爛壞蟲生面門出入無位眞人此時作麽生主張既無可主張古人因縁又作麽生消殺古人又道你去父母未生時明取你本來面目諸人如今盡是父母生後所有許多時行住坐臥施爲運用却分付何人若無分付處古人語又作麽生消殺莫是不干此身之事任生任滅直明本性否莫錯會且如骸身如桎梏眹智如雜毒山三界了尚秖名羊鹿之人見身心無起滅無内外不住不去不取不捨于寧趣入故名大乘根機看來亦秖爲明生死之道諸人未了生死疑情參學有什麽是處要得省心力麽但明取若身若心若外世界種種變化悉由何發現須是一得了始得迷情不現説得恒沙不了後並無用處達磨大師曰吾本來玆土傳法救迷情一花開五葉結果自然成可謂無承當人也歸堂喫茶去

上堂僧問德山如何是宗門奇特事山曰我宗無語句實無一法與人師云漏逗了也僧問雪峯和尚見德山得箇什麽便歸來峯云我當時空手去空手回師云漏逗了也睦州喚僧僧回頭州云擔板漢師云漏逗了也一漏逗二漏逗三漏逗用意攙前先在後莫於佛祖結冤親好看衣珠常離垢家中人鬬頭走淮南笑殺龍門叟有人若會笑因由眼似銅鈴大如斗呵呵呵歸堂去

郭公朝散施寶蓋上堂衆木平和尚行脚時問洛浦漚未發時如何浦云移舟諳水脉舉棹別波瀾木平不契遂問盤龍龍云移舟不辨水舉棹即迷源木平遂於言下大悟後住木平李王詔至金陵問道於他法眼有偈云木平山裏人貌古言復少相有陌路同論心秋月皎壞衲線非蚕助歌聲有烏城郭今日來一漚曾已曉誠哉是言也作麽生明他向盤龍言下悟底事若有人問龍門一漚未發時如何龍門實難吐露良久遂云一漚未發時寶蓋向空垂瑞色飄飄起香風飀飀吹何勞輕舉拂不假畧揚眉五百曾親獻如來印可之昔日毗耶離城五百長者子各持七寶蓋來詣佛所佛之威神令諸寶蓋合成一蓋遍覆三千大千世界諸人還信得及麽非但古人今諸人皆有此一蓋還曾窺覷得着麽若窺覷得着步步莫非玄路言言盡轉法輪其或未然山僧雖老拙實蓋助宣揚久立

上堂龍門老白云作麽復問你畢竟是誰對云是你復云你夏中做得箇什麽事對云雖説向你秖恐你落在見聞又云但説無妨師乃提出拄杖云有見有聞是凡夫無見無聞是二乘有人識得否良久云鴛鴦繡了從君看不把金針度與人參

撥田割子至上堂謝恩畢舉百丈和尚謂衆云你等爲我開田我與你説一段大義衆開田了請師説大義百丈起來展手舒伸大衆古人得恁麽徑截還會他恁麽方便處麽百丈説大義辛懃事可知龍門無道理大衆絶狐疑帝力乾坤重君恩雨露垂有人相借問雲外累揚眉爲什麽揚眉良久云萬古長春

上堂鼓聲纔動法義已周大衆上來尋光而至山野高提祖印諸人共息狐疑直須倒岳傾湫切莫尋枝摘葉所以道者裏聚集爲你僧堂裏底者裏聚集爲你寮舍裏底會得麽好於處處參知識休用從前解會禪

上堂云南閻浮提人就中多鬧亂無想四禪天根性最遲緩遲速不同倫染淨難同換兩箇五伯文元來是一鬥鬥鬥喝子拍手高聲喚聾人聽得伴不管天明日出是夜半智者大師譚止觀大衆此理如何良久云看

謝越請上堂舉端師翁住圜通日楊次公郭功甫爲任參問此道後來往復淮南常求法要一日功甫訪之白雲師翁遂上堂云前來蒙次公大儒訪及爲上堂舉一過今日功甫到來不可隱覆更爲舉一過此語甚是奇特乃曰上大人丘乙已化三千七十士尒小生八九子佳作仁可知禮也遂下座大衆言雖麤淺理實甚深若不會上大人如何登孔聖門通曉六經子史百氏詩書縱使身名顯達不曉上大人如何佐國安邦使功成身退至於百工伎藝負販庸人孩稚小童無上大人如何成就能事山林河海日月星辰上聖下凡無上大人不能安立大衆好上大人還會麽孔門弟子如能識折桂登科第一人下座

上堂三平禪師道秖此見聞非見聞師云撿土爲香更無聲色可呈君師云人思舊念箇中若了無餘事師召大衆云立處孤危體用無妨分不分師云巡堂看取下座衆巡堂了復謂衆云有人會得麽又云會得麽衆無對師云癡漢癡漢

黃龍山死心和尚退書至上堂死心心已死心死死由生抝折黃龍角翻身臥地行者老子從來翻着褊衫倒拶席帽口頭饒儱肚裏柔和縣檢叢林呵叱學

者雖傳晦堂道愛用雲門禪以罵風罵雨爲訓徒以
種菜種蔬爲作務興災降禍少喜多嗔愚人見即擔
俏智者點頭相許要去便去果然作家驀身元是莫
搖人睡中失却死心老嗚呼哀哉法門不幸
上堂虛名虛相谷音鑑像棄而不修豈明幻妄少不
努力老矣惆悵靜以思之隨機稱量古德云譬如百
歲老兒作歌舞豈是小兒戲大衆會他恁麼道麼百
歲老兒作歌舞側首低眉聽飾鼓心中聽拍轉了然
手脚來遲轉辛苦乃起身作舞云會麼老作少難下
座
上堂一葉落天下春無路尋思笑殺人下是天上是
地此言不入時流意南作北東作西動而止喜而悲
蚰頭蠍尾一試之猛虎口裏活雀兒是何言歸堂去
上堂眉毛眼睫最相親鼻孔脣皮作近隣至近因何
不相見都緣一體是全身
上堂提拄杖卓一下乃顧視曰拄杖子拄杖子你無
住持于懷又無病痛苦惱如此黑瘦何也拈拄杖呵
呵大笑云是何言也若色見聲求是行邪道昔臨濟
德山由之發明兒孫後來明眼尊宿由之接物度人
豈不見黃檗普請次檗謂臨濟云我最得者拄杖氣
力臨濟近前奪下拄杖推倒黃檗黃檗遂云扶起我
來扶起我來時有一僧近前扶起云和尚爭容得者
風顛漢恁地無禮檗却打其僧數下臨濟乃云蒼天
蒼天大衆當時拄杖子如今却在龍門手裏乃提起
召大衆云還有臨濟手段底麼出來出來龍門却是
放得下遂拋下拄杖放身便倒云有扶得者出來良
久云既無臨濟之人又無扶起之者龍門自起自倒
有甚用處歸堂去下座
甘露和尚入山上堂達磨不來唐土地久天長二祖
不往西天山青水綠龍吟霧起虎嘯風生秋雨垂空

浮雲散日諸人有眼還見麼有耳還聞麼既具見聞
何者是迷何者是悟何物爲緣何物爲對要知迷悟
昇沉理畢竟須還木分師先佛道身相屬四大心性
歸六塵四大各離誰爲和合者大衆身心既乃如
此現今復是何物近來參學之人盡皆奔馳語句堆
論古今於本分事个不明了所以正宗淡薄道法澆
漓幸遇和尚到來伏望震潮音示眞音扶重聵顯衣
珠四衆傾誠不勝虔請
黃龍震源和尚遺書至上堂昔開正續銘今示眞歸
告一路涅槃門行說皆親到明然臨濟燈妙唱黃龍
道空海久澄虛不碍方浩浩橫吞巨海高駕鐵船隱
顯同源卷舒無際者其唯靈源乎禪師居究竟地住
本覺場雖曰示生實無生而可示雖曰示滅實無滅
而可示明明落落落落明明與化不移何方出沒所
以遺書作訓眞告普聞能事始終一期云爲而其義
蔵遊方之始邂逅能舒許以半面之交氣投分感雖
則荊山隱玉已遇良知尔後蚌腹剖珠登册復紉歟
峯再會素願尤諧歡洽妙期有同符節自初及此三
十年間理契同風至音無間夫何遽別特示遺書感
存念亡此情彌切雖然如是佛佛不思議不許長在
世大衆審思惟畢竟祇者是然則子期既沒伯牙絕
絃益傷其無知音尔況此至道離見超情莫逆于心
夫何言也昔人問長沙南泉遷化向什麼處去沙云
石頭作沙彌時參見六祖云不問石頭作沙彌時參
見六祖南泉遷化向什麼處去沙云教伊尋思去師
乃呵呵笑云會麼會麼木長船高泥多佛大共至靈
前不勞觀聽
蔣山佛鑑和尚遺書至上堂啞啞師兄師兄出在我
前去復我先啞啞師兄師兄出在我前許我並駕而
齊肩去復我先使我隻翼而孤騫豈不念茲苦海盡

迷未度況乃五湖玄學負笈趨筵遽辭册轍孰濟長
川然佛法道理自有因緣此蓋衆生無福薄福使然
木違哉社法炬無傳我聞如來雙林示滅又聞達磨
隻履西遷佛佛祖祖其道綿綿況我鍾山佛鑑法兄
妙機無間出沒應緣去來生死吾何預焉而其於師
門最爲深契在脈序手足相連義交金石氣凌雲天
聽遺音而何忍念朽質以非堅同心共照夫復何言
尚記得如來滅度阿難問迦葉曰世尊傳金襴外更
傳何法迦葉曰阿難阿難應喏迦葉曰倒却門前刹
竿著大衆若無者箇公案生死燃然白雲師翁道金
襴之外復何傳箭應兒呼豈偶然倒却門前刹竿著
免教依舊倚墻邊大衆會得麼倚墻邊倚墻邊寂滅
光中禮白蓮
上堂達磨大師所傳心印看看掃地盡也如今還有
人見達磨大師麼若見得方解承當若見未得切忌
認著所以正宗淡泊異道崢嶸昔日王常侍參睦州
一日州問曰今日何故入院遲侍云爲看馬打毬州
以來遲州云人打毬馬打毬侍云人打毬州云人困
麼侍云困馬困麼侍云困州云露柱困麼侍惘然無
對歸至私第中夜間忽然省得明日見州云某會得
昨日事也州曰露柱困麼侍曰困州遂許之此是達
磨大師宗旨露柱不解打毬如何却困還有明得者
麼人困馬困未是困露柱之困始是困好於言下證
無生莫向言中尋尺寸百丈若無雙耳聾臨濟爭解
領三頓盡將業識作流傳此道今人棄如糞久立
上堂昔有使頭使下二人一時奉事觀音一日使下
偷使頭錢走使頭燒香禱告觀音願我捉得使下使
下亦燒香禱告觀音願使頭不見我當此之際觀音
救誰即是祇救使頭又違使下祇救使下又違使頭
若一時總救事甚相違山南辯和尚道若要行大道

三步作一跳大衆好語秖恐人麤心子細究之又却分踈不出山僧爲你一一分剖看若人要會先須識取觀音要識觀音麽大慈悲心是更須知大慈悲心從甚處流出現今歷歷聽法者無心而流出萬宗若識得了使頭方解作得使頭非唯作得使頭亦乃識得使下此使下是使頭底使下離使頭外別無使下若識得觀音了使下方解作得使下非但作得使下亦乃識得使頭此使頭是使下底使頭離使下外別無使頭若恁麽使頭使下但是空名使下使頭悉皆無寄大慈悲心𡨚然得脱也既識得使頭又識得使下更須識得錢帛使頭見之是使頭錢帛使下見之是使下錢帛離使頭使下外別無有錢帛亦須知使頭錢帛自不干使下事使下錢帛亦不干使頭事各不相到雖不相到使頭錢帛即是使下錢帛使下錢帛即是使頭錢帛同一物耳若恁麽既同若恁麽既興皆大慈悲心之作用也即知得錢帛又須明取得失使頭失財時是使頭失使下得財時是使下得得失不在別人分上如此則使頭失時是使下得時使下得時是使頭失時得失雖殊而不異得失各異而常同豈別有一物作同作異也若使頭若使下若錢帛若得失一一明了方名觀自在菩薩古人云得失是非諸佛智一人無心眼耳聾

上堂云西瞿耶尼打鼓南贍部洲上堂大衆十方齊至等閑野客稱揚此聲徧滿十方眼破聞見色香塵笑釋迦老子等閑動地放光大衆歸堂

徐公大夫入山上堂何處求通達疑根自不凡頓明心即佛陡覺海非鹹善財樓閣路日進丹霄步凡夫云未然我道常披露大衆譬如自面豈辨眉目又如眼根不自見眼而若有見即非本頭若見眼根眼即同境所以石霽自射無下手處乃證全身曬公罔心一口吸盡遂得眞實此所謂大丈夫之事業也不見道大丈夫秉慧劍般若鋒兮金剛焰非但能摧外道心早曾落却天魔膽莫不是了見本來面目證得清淨法眼故得稱爲大丈夫也此日伏蒙提宮大夫朝旆入山光臨泉石頂若山野輒効先德闢法施場住持此山數年之間傍資修換爲禪者遊心之地工役既畢輒以土木之功干于視聽願得雄偉之文以彰不朽爲來者之益伏蒙惠示莫大之幸山僧雖不曉義理觀此嘉作近世所稀豈此邦此山之幸亦天下叢林之幸甚也昔向居士木食澗飲以所悟布之文字求二祖大師印證曰影由形起響逐聲來弄影勞形不識形爲影本揚聲止響不知聲是響根除煩惱而趣涅槃喻去形而覓影離衆生而求佛果喻默聲而尋響當知得無所得失無所失未及造謁聊伸此意伏望荅之二祖大師荅曰備觀來意皆如實眞幽之理竟不殊本迷摩尼謂瓦礫豁然自覺是眞珠無明智慧等無異當知萬法悉皆如愍此二見之徒輩伸詞措筆作斯書觀身與佛不差別何須更覓彼無餘居士得偈欣然奉侍諸仁者古人悟心布之文字實是希有還見二祖大師與居士所證所得之事麽良久云浩劫有窮斯文不泯久立

上堂處而解思而知孤燈雖並太陽輝不是心不是佛爲君爲蕩精靈窟摩天鷂子入雲飛千里萬里秖一突阿刺刺下座

上堂不起踈慵不進修實無言說實無求得飢人口中之食驅耕夫手裏之牛眞快活自無憂自是不歸歸便得五湖風浪拍天流

陳與明還佛頂心經願請上堂唵齒臨唵齒臨唵部臨唵部臨大衆此是甚麽言語義理如何還有人會得麽若道是言語又不成言語若道有道理又不盧道理可訓言詮不到分別不及先聖呼爲密語又曰眞言一切言音從是而生一切語教從是而出山僧適來看經中得七字陀羅尼能滅千災成就萬德今對諸人舉此七字陀羅尼一徧諸人諦聽遂默然屈第一指至第七指曰諸人聞得麽恐諸人不聞更舉一徧又默然屈一指至七指曰聞得麽大衆唯佛與佛乃能知之自餘羣生悉皆罔措有方便門名曰重說偈言今更再三分明說此七字呪曰佛頂心經齊願了大衆曉得其中旨趣麽待山僧奉爲解釋一字字要知落處若論佛秖是當人更無物若論頂晝夜舒光照前境若論心看時無相用時深若論經解語能言不是聲若論齊所爲所作盡和諧若論願徧如身在龍門院若論了無慮無疑心皎皎心皎皎增添福壽災殃少論量功德廣難思須弥未大滄溟小山僧適來說者是眞言世人秖知有言不知有眞若不知眞所言皆妄何者名爲眞言能出萬宗故曰眞言亦名三昧王亦名萬字頂亦名微妙章句亦名秘密大總持至心受持大有靈驗所謂山僧七字呪也乃屈指曰一二三四五六七諷誦受持皆秘密如人親入寶山中一切珎奇從此出久立

上堂道可學耶實不可學心可悟耶實不可悟不學不悟眞機全露明月娑婆浮生旦暮眼若不睡諸夢除古今出入無門戶遂召大衆曰是什麽

上堂山僧界歷此座大衆永息狐疑各各金毛師子去來哮吼全威臨濟高聲連喝德山拈棒痛棰縱有一言半句終不別作路歧大衆抖擻精神着瞌睡作麽是甚生次第事你自鈍置山僧恁麽道要人到不要人到試點檢看

上堂舉洞山和尚示衆曰兄弟初秋夏末或東去西去直須向萬里無寸草處去始得又云秖如萬里無

寸草處作麽生去石霜聞之乃曰出門便是草僧舉似洞山洞山曰大唐國內能有幾人師曰出門便是草閙殺龍門老北去禮文殊南來登五老贊曰已暮滾言歸恨不早獨立秋風前相思望江島好好不用更尋討

上堂什麽物恁麽來休將明鏡挂高堂什麽物恁麽去分明不用當頭舉舉得分明得更難澄潭不許蒼龍蟠便恁麽會太無端遂拍手呵呵大笑云華藏毗盧世界寬

上堂好一隊其中人還見其中事麽若是其中人必見其中事也良久呵呵大笑曰會麽苟不然者蝦有其中事元來不是其中人縱是其中人元來不了其中事了得其中事作得其中人復何憂哉不見溈山問有何無何如藤倚樹時有人問樹倒藤枯時如何溈山呵呵大笑又有乾峯示衆曰法身有三種病二種光一一透得始解穩坐雲門出衆而問曰庵內人何故不見庵外事乾峯呵呵大笑大衆有人或問道此二老宿意旨如何龍門拍手呵呵而笑良久曰你諸人何不與我放下布袋解開肚皮笑一聲子

上堂釋迦世尊已成正覺彌勒大士當來下生老盧持過嶺南達磨携來東土各謂度生已畢我願云周如何六道四生猶在土石諸山未類淨妙國土不逢爲是願力未充爲是業果難盡爲復別有道理還有人斷得麽若不同床睡焉知被底穿歸堂喫茶去

上堂空生不解嵒中坐春暖桃花樹樹紅漏泄天機無覓處都緣露柱挂燈籠燈籠燈籠却有古風露柱露柱善解提舉一旦師姑是女兒大悟堂中喫茶去

上堂心是根法是塵兩種猶如鏡上痕痕垢盡時光始現心法雙亡性即真根塵既謝鏡光現前心法雙亡如何則是赤骷髏身無妄想眼聞耳見離聲緣

上堂迎日出門去已覺披煙霧冒月望山歸重露濕禪衣心悄悄步遲遲無孔笛再三吹哩哩囉囉囉哩遊子乍聞征袖濕佳人猶唱翠眉低君更聽莫狐疑是何曲歸堂去

上堂真實到家之士何暇論家決定證得之人寧標所證論家論證乃闤闠負販之徒無證無家試飄零伶俜之子何不與決烈之志擺特達之機舉措看他上流勿設隨於庸鄙一一從自己胸中流出與我蓋天蓋地去始得戀似你恁麽參學驢年去

上堂海門山長安道茫茫煙水遠芳草渡頭客馬上郎一聽落梅悲故鄉春風過眼花飛盡蝴蝶翩翩過短墻君更聽是何章會不得參堂去

政和八年九月奉勅住和州褒禪上堂謝恩畢僧問千里遠聞音信好不涉程途事若何師云不挂三寸進云一輪明月當空照萬里清風宇宙寬師云却有商量進云路上忽遇禪人問將如何師云有甚難荅進云雲雖谷口千山秀月到天心四海明師云誰是恁麽人師復云大衆現前豈不是舒州龍門山適來勅旨豈不是和州褒禪寺今山僧往彼傳法住持且何者是傳底法要知佛法旨趣麽不離龍門山要見褒禪寺不離褒禪寺要見龍門山龍門山則易見褒禪寺即難見有人見得褒禪寺麽若明得便有佛法旨趣若也未明良久云帝力丘山重君恩宇宙寬不才何以報處處得心安久立到褒禪入方丈師據座云昔定明禪師燕坐此峯住大三昧悲濟弘普澤及一方山僧忝繼先蹤續明後焰十方坐斷祖令當行鳴鼓陞堂各須諦聽

上堂聖皇帝賜與名山賢宰臣宣行聖旨俾令貧道傳法住持衆中還有荷擔重任者麽試出衆道看僧問古人道權借一問以爲影草未審此理如何師云子是何心行進云可謂手執夜明符幾箇知天曉師云曾問幾人來進云到者還多少人錯會師云闍梨又作麽生進云三十年後有人會去師云猶較些子僧問一塵纔起大地全收時如何師云兩塵也進云恁麽則無邊刹境自他不隔於毫端十世古今始終不離於當念師云合山縣裏事作麽生見得進云山河及大地全露法王身師云者箇闍梨却好商量師復云能知易辨衲子難瞞辨別得否山僧未來此間時是山法席久虛叢林不振當此之時還知定明禪師是汝諸人善知識麽山僧既來此間法席初開叢林復建亦定明禪師是汝諸人善知識所以道有佛無佛性相常住若解恁麽看得吾道有光矣昔日有一員尊宿與衆集定起來作舞曰諸人會此意否諸人無對宿曰山僧不捨道法而現凡夫事師乃呵呵笑曰奇怪若是褒禪即不然乃起作舞告衆曰諸人會我意否良久云清貧長樂下座

上堂褒禪乍住太乾枯月白風清入畫圖人間縱有千般樂不及今朝事事無乃呵呵大笑好大哥

上堂雲中石塔摩星斗定明禪師大張口是你之言若解恭不必腰包天下走遂卓拄杖一下曰烏對初陽自在啼犬逢生漢遶籬吼又卓拄杖一下曰歸堂

上堂秖知今日明朝不覺今朝明日事事一似安排箭箭自然中的甜者甜於蜜連苦者苦過白蠶喫得者般滋味乃以手作舞曰不妨邏邏哩哩下座

正月一日上堂以拄杖劃一劃云天得一斗牛女虛危室畢地得一草木山河并土石君得一上下四維無等匹召大衆曰萬象森羅影現中一顆圓明光的歷有歡樂有愁戚或寬鞭或順逆富且貴貧且乞萬條千般準運爲空谷之聲隨應出鴛鴦繡了任君看不露金針太絕密褒禪奉勸各回頭莫待臨行却歇

喞識取摩訶般若光萬古悠悠是今日久立

上堂如來無二種語諸人如何會如來語作麼生是二種語須明取始得一離間語二和合語無此二者是名如來語何名離間語能聽法者雖願樂聽受而所說法者不爲開示是名離間語能說法者雖樂開示而聽法者不樂聽受是名離間語雖說無有能說可說雖聽無有能聽可聽得如此者方名和合語當觀此離間語和合語一耶二耶同耶異耶如此證知捨離間語當得和合語而如來無此二語者不說不聽而已然不說不聽亦有二事一凡夫二聖智正如凡夫無所開示無所聽受冥然莫覺故曰無明亦名爲無說無聽二聖智所到到其無說無聽亡賓主絕行解自居究竟實地亦名無說無聽學者當善分別勿生異見不可儱侗不分

上堂舉趙州和尚一日趙王來不下禪床曰會麼王曰不會州曰自小持齋身已老見人無力下禪床騰騰和尚朝見則天仰視則天曰會麼天曰不會騰騰曰山僧持不語戒忠國師見肅宗帝以手指頭帽子曰會麼帝曰不會國師曰天寒莫怪不下帽子大衆明得三人意旨麼譬如實舟到岸獲大富而濟有餘玉戶抽關升乎堂而入乎室猶在門外無奈不入之何困守孤貧豈是珠寶之咎還會麼卞和刖足歸堂

上堂面前過便知是張三李四背後過爲什麼却不見壁者邊便見是條臺倚子壁那邊爲什麼分疎不得咫尺之間尚尔況十方世界耶叅學人若不明當知叅學事卒未在光陰迅速入寺來早巳九十日諸郡發心化士且寬懷打疊遂拈柱杖曰東西南北四方人地濶天遥最是覩衡岳天台連魏闕乃彈指一下曰輕輕彈指不勞神復拈柱杖曰山河大地日月星辰草木叢林盡在柱杖頭上還見麼良久曰腰纏十萬貫騎鶴上揚州久立

上堂趙州有喫粥因緣好一則因緣者僧當下悟去會得麼你拈動鉢盂是錯時便不會古人意了也祖師有風幡話你諸人十二時中爲什麼一似大蟲看水磨相似國師有無情說法據你諸人合明得爲什麼却不聞若一一明得便是有地頭底驢和子歸堂

祈雨上堂定明妙應禪師說法如雲如雨不是時人不聞又非不善其語如斯一味靈通過了幾多寒暑纔逢敗種焦芽方便一時救取

知府曾公舍人入山祈雨上堂舉劉禹端問雲居雨從何來對云從端公問處來師云雨從何來不須尋討徧滿虛空拔濟枯槁定明妙應靈通知府舍人台造眞箇是爲雨爲霖莫不爲忻爲好且問諸人是定明雨舍人雨百姓雨定當得麼良久卓拄杖一下云三三下座

上堂卓拄杖一下云大衆你諸人昨夜爲什麼一時在露柱裏藏身及乎天既明喫粥了上來聽叅爲什麼却在欄干上立地見麼直饒如此通神變更問起雲塔裏師

上堂抵死要行雲水脚剛然求悟本來心爲蛇畫足勞筋骨辜負青山綠水深豈不見德山老子向你道未踏船舷時好與三十棒也諸人也著些子精彩著飯袋子也好與三十棒遂卓拄杖一下下座

退褒禪上堂一去一來松上鶴半開半合嶺頭雲猶節獨立千峯外唯把南山祝聖君

知府錢公奏請再住褒禪上堂大衆君命重宣降辭羅不容辭處薩婆訶襴衫席帽寒酸甚又向人前唱哩囉哩囉拍一拍哩囉又拍一拍云去年梅今歲柳顏色馨香依舊人漸老水長流無心道合頭下座

上堂舉蓮花峯庵主拈拄杖示衆云古人到者裏爲甚麼不肯住自云爲他途路不得力如是二十年無人會得此語後有老宿聞舉云是即是少進語在有僧問如何進語宿云但問畢竟如何僧持此語問庵主主曰楖栗橫擔不顧人却入千峯萬峯去師橫按拄杖於肩上高聲喚云和尚和尚又云闔國人追不再來千古萬古空相憶

上堂舉嚴陽尊者問趙州一物不將來時如何州云放下著尊者當下大悟師云好大衆還見得悟處麼盡力放不下著力擔不起將謂一物無元是自家底見得自家底心中大歡喜自哉家業與一舉九萬里

臘月初一上堂僧問萬法是心光諸緣唯性曉盡大地是色那箇是心師云不要瞞老僧進云盡大地是心那箇是色師云闍黎念來多少時進云祇如色心二字如何透得師云祇知渡水不覺腰深進云彼此沒便宜師云一任啗啄師復云一年止有此三十日二陽發生之月學般若者與汝道情相應否今有二問問諸人一問問肯者一問問不肯者先問肯者曰你恁麼來多少時也你須道多時也問你既多時所對目前聲色與你爲惱害否若與你爲惱害上座未恁麼在若不與你爲惱害是照見了然後不爲惱害不用照見了不爲惱害若用照見了方見不爲惱害即名照見心未名恁麼在若不用照見心如何知得無惱害據作此見了我問頭不得第二問不肯者云你不恁麼來得多少時也師大笑云好一問你出家沙門作佛弟子含齒戴髮巍巍堂堂如何却不恁麼得何異俗人直饒你眞箇不恁麼也則因恁麼然後有不恁麼在據此見亦了我問不得不見石頭大師道恁麼也不得不恁麼也不得恁麼不恁麼總不得尚有人講不得被馬大師道我有時揚眉瞬目有時不揚眉瞬目有時揚眉瞬目者是有時揚眉瞬目者

不是他便會去師良久曰還知麼泥多佛大水長船高下座

上堂不違境惟心起種種分別違境唯心巳分別即不生分別既不生便捨外塵相乃拈拄杖示衆云不可不喚作拄杖子也且作麼生說捨底道理有人於此云喚什麼作拄杖子便違他古佛道不壞假名而談實相又道更有什麼拄杖子也則世間萬法不成安立又道依舊喚作拄杖子則一切凡夫莫不幸甚也大衆到者裏如何即是須信道雲中石塔不是人間檻外雲山非由心變風摩雨揺日照煙蒙妙用縱橫隱顯一際自可以幽栖鳥道閑谿會機妙契異境十方洞照直得如此更須知有衲僧孔竅始得如何是衲僧孔竅咄卓拄杖下座

上堂舉潙山和尚坐次見仰山從方丈前過潙山云若是百丈先師子須喫痛杖始得仰山云今日事作麼生潙云合取兩片皮有分仰云此恩難報潙云潙山年邁非子不才仰云今日親見百丈師翁潙云子向什麼句中見先師仰云不道見祇是無别潙云始終作家師云從上來至百丈有不犯之令潙山深得其旨能向劒刃上行仰山飲氣扶持且不犯鋒傷手有般漢秖管行棒下喝還明他不犯之令麼不見道始終作家諸人每日來去什麼處得見百丈

上堂暫時斂念是處是慈氏門門有善財介尒有心土石山河瓦礫荊棘大衆作聖作凡能染能淨有如是威神具如是妙用直得恁麼曹溪門下客見時猶未是少林消息秖如少林消息你曹溪門下客合作麼生下座

上堂蘇武牧羊辱而不屈李陵望漢柴矣忘歸是在外國在本國佛諸弟子中有者雙足越坑有者聆箏起舞有者身埋糞壤有者呵罵河神是習氣是妙用至於拏杖打地竪拂敲床睦州一向閉門書祖紙等面壁是爲人是不爲人信知一切凡夫埋沒寶藏殊不丈夫諸人何不擺施張帆拋江過岸不可釘樁搖櫓何日到家既作曹溪人又是家裏漢還見是家裏事麼

上堂舉先師在白雲會中作磨頭一日端師翁下來曰你還知一件事麼先師曰不知師翁曰近有數禪客自廬山來問他皆有悟入處敎伊說亦說得有來由舉因緣向伊亦明得敎下語亦下得端師翁良久謂先師曰磨頭秖是未在你還如何先師聞了心下不安得七日七夜不成睡肚正中心下乃自思惟曰既悟了說亦說得明亦明得如何却未在忽然中夜方會得從前寶惜一時放下遂白端師翁師翁起來手舞足蹈某曾侍奉先師聞先師舉此因緣謂某曰參學須是一時放下方得安樂大衆還見得否放得下好脫洒放不下牛拽杷堪笑諸方老古錐打鼓說禪無尾欄無尾欄不驚怕不驚怕可嗟訝解將毗盧頂上行不言亦自傳天下好大哥

上堂舉百丈大智禪師謂衆曰併却咽喉脣吻道將一句來潙山云却請和尚道五峯云和尚也須併却雲巖云和尚有也未師云此是叢林中流布底事雪竇禪師後來品評此三人語各有淺深却請和尚道虎頭生角出荒草和尚也併却龍蛇陣上看謀畧和尚有也未金毛師子不踞地如今衆中或去請益或去過話有人道此三句語未契得百丈喚作抑而不揚却請和尚道百丈云不辭向汝道恐已後喪我兒孫此豈不是抑而不揚和尚也須併却百丈云無人處斫額望汝何處是有肯他也則是抑而不揚和尚有也未百丈云喪我兒孫更是不肯也秖如百丈道併却咽喉脣吻道將一句來甚生次第事旣併却咽喉脣吻明箇什麼邊事也好扶持取下座

退院辭衆禪辭衆上堂舉六祖大師示衆云汝等速理舟楫吾欲歸新州去弟子曰和尚去後早晚却回祖曰葉落歸根來時無口師云是什麼說話去了却更來做什麼不見東山先師道大小大祖師猶欠悟在師呵呵大笑云諸人還會得麼聽取一頌歸根得旨復何論洞口秦人半掩門花落已隨流水邊空留纍纍野塋屯

到蔣山上堂玄沙白紙當封題一聽雷音萬仞低慰釋私懷已無量那堪更唱囉囉哩乃呵呵大笑曰古人道笑須三十年誠哉此語其項在白雲時與堂上佛果師兄道聚其樂無涯至今樂猶未已也又呵呵大笑云一手不獨拍兩手鳴偈偈舉意超情念相看同路陌塵雲鍾阜高偏界烏輪赫妙機速雷電神殊不在額珍重人天大導師衲僧一見喪魂魄何也誰敢正眼覰著下座

古尊宿語錄卷第二十九

金壇居士于玉立施貲刻此
古尊宿語錄卷第二十九 計字一萬零二百
八十九 該銀五兩二錢
雙足庵釋眞慧對上元李潤書句容潘鳳德刻
萬曆丙辰冬十月徑山化城寺識

古尊宿語録卷第三十

舒州龍門佛眼和尚語録

住南康雲居嗣法善悟編

偈頌

示道三偈并叙

宗乘一舉作者埋寃古路縱橫若爲措足苟非知方俊眼出格上機舉一明三普同流浪共或循言執滯病在見聞杜口藏形過歸傍認欲得決求大寶莫作小商撒手懸崖當空便擲百千三昧豈在外求若認語言即名邪解至於譬物垂薪衡鑒將來百匝千重少諸手足或中途病轍半路絕根引諸子以伶俜蓋指南之不妙良由澄潭月影隱迷蹤直須坐斷毗盧優游大徑故作示道三偈以資唱道之萬一固非次第淺深數量名字之所得也與達之士相期於茲矣

隨流

千聖靈蹤百草頭卓然放去號隨流從敎萬古無人識笑殺溈山水牯牛

合轍

水中月是天邊月南北東西更無別新羅打鐵火星飛燒著指頭名合轍

雙唱

坐斷千差古路頭解開空岸濟人舟明明一句該羣衆善唱非聲作麽求

標指六偈并叙

諸佛出世無法示人祖師西來無道可指唯諗自悟是謂頓門若尚筌蹄必難話會然則忘其方便迷者難以進途標指示人或有可曉故稱好言之士唱偈六篇以舉一隅無勞三返後之冥合者或有可取焉

迷悟

迷者迷悟悟者悟迷迷悟同體悟者方知迷南爲北實情取則北本是南悟無移改返究迷緣莫得來處忽悟正方迷復何去其迷則迷妄自高低生死惡覺枉受膠糲達迷無妄歡喜無量殺無明賊秪在一餉一餉之間冥通大千直下了了三際虛玄無始時來總由今日盡未來際更不尋覓當念無念靈光焰焰靈焰騰輝心知難掩靈源湯碧森羅普入海印發明非關動息根塵不偶心珠寧守返不我觀出兮還有有無齊出無有蹤跡智用雖奇猶遭悟覓悟爲法障身招罔象犴狢無風徒勞展掌祖父書契本來家業舊日風光不妨要截唆唆和和依前疑著元無病痛何勞說藥足踏實地開眼瞌睡大地茫茫會我如是如是之法不因迦葉是誰見孫喃喃亂說你解亂說智者便瞥此門廣大愚人自歎自謗自斃不干我事我是癡人汝能靈利

坐禪

心光虛映體絕偏圓金波匝匝動寂常禪念起念滅不用止絕任運滔滔何曾起滅起滅寂滅現大迦葉坐臥經行未曾間歇禪何不坐坐何不禪了得如是始號坐禪坐者何人禪是何物而欲坐之用佛覓佛佛不用覓覓之轉失坐不我觀禪非外術初心鬧亂未免回換所以多方敎渠靜觀端坐收神初則紛紜久久恬淡虛閑六門六門稍歇於中分別分別纔生似成起滅起滅轉變從自心現還用自心返觀一徧一返不再圓光頂戴靈焰騰輝心心無礙橫該豎入生死永息一粒還丹點金成汁身心客塵透漏無門迷悟且說逆順休論細思昔日冷坐尋覓雖然不別也大狼藉剎那凡聖無人能信匝地茫茫大須謹慎如其不知端坐思惟一日築著伏惟伏惟

入道

道本無瑕擬心已差纔生朕兆徧界空花若欲全舉除非直與不用增添現成規矩洞徹根源法法周圓靈明法爾妙絕言詮言詮不得得亦差忒逈出根塵古今取則存不可見亡兮對面匪存匪亡森羅自現心外無法法外無心心法齊照境智甚深心忘照滅境智同歇一道通同十方俱徧生死涅槃元無兩般四生六道息苦停酸平等大道無有邪正胡漢不來欲何爲鏡像虛鏡皎鏡像斯照像去鏡亡千聖非妙此門難入唯君自悉若入此門牛鈍不直不直牛鈍萬國爭觀所以說云大道體寬

見聞

見極垂光聽圓含響若謂見聞法成塵想光流大千響傳沙界對現全彰無在不在聲不是聲色不是色非色非聲山高水急眼不可見耳不可聞非見非聞究爾見聞見色聞聲脫出根塵水月鏡像夢幻施陳文殊寶刹觀音普門周羅法界唯子一人身土交映妙絕凡聖本有天真非病不病長歌且唱妙舞更誇東西南北示現恠花生死去來去來生死若不如是多過多咎茲言未論此語皆宗標指若示古人同風

水月

水月指陳最疎最親若謂可見還滯重輪月皎於上水流於下彼此非干應緣何假聲迴響轉梁成招箭指喻甦明標門誰辨凡夫見聞月皎水潭心波業識奔流苦門二乘聞見如鏡中面對像迷真渠還未薦水澄月映孤光逈逈滅此化城更須前進一月耀天光吞大千森羅頓現亘爾無邊齊含寶月交光廓徹非中非外一多融攝毗盧性海自他無礙迷悟悟迷相亡相在一塵百億百億一塵奔走塵刹不動本身光亡月落幾人摸索四十九年渾用不着丈夫壯志

自有行市十字路頭看人失利不忻諸聖不厭凡夫
拈貧奉富跨馬騎驢若人笑我我亦笑渠更問如何
我不識書

語默

至道非言言亦可傳可傳何也應物而宣言雖應物
物自無物無物之言言音自沒絶言之語妙應還普
道非晦明語默同取舉復誰唱物物虛曠咸通大千
徧乎塵想品類非一同言與出圓音落落凡聖俱適
千品萬類兼含種智故此一門稱無量義山河宜演
草木揚音長說無間所謂甚深深兮甚淺不動情見
最省工夫凡夫不薦不薦最親妙義數陳歎言即笑
恚怒即嗔嗔為金剛喜為迦葉華藏毗盧心心相接
接兮可見莫看背面無字密言從茲出現現復誰論
非用耳聞六根共戶妙偈星分森羅經文不出一塵
非舌非辯雷轉電奔展之在手何法不有縱橫三界
無一滲漏時人不信執言說病依倚前塵以為決定
決定是心決定是塵心塵所使非自由人諸聖苦口
隨愚過咎巧說多詞强為分剖法無言說汝須善別
捨離語言生死自絶凡夫聞此無說過咎取彼無言
異然長久端坐暗獄以心相續背却語言猶如土木
捨有之無落在邪途有無俱病二病俱祛祛復何去
不離當處當處不生語默相取取兮不知是東是西
說即不說不疑即疑故稱佛子了事凡夫是何凡夫
問取李胡

彼我不二

諸人行李處非我君不能我今憑子力還與汝同心
彼我無差忒超然絶古今千差非止水生死自乎沉
對容誰不妙拂袖省知音不附機前路明明定淺深
其如未覺了彼我徒自侵

動靜常一

本自未常迷何勞今日悟守住寂寞城知君還錯悞
從前諸聖人元是凡夫做豈有別路歧教人離憂苦
秖者生死中即是佛去處有人忽睹著選甚淨穢土
一向不回頭喚之亦不顧千聖不柰何可不省言語
了却貪嗔癡即是諸佛母

妙語方知

佛與祖師言拈花示癡子我今發此讖何言顛倒爾
當人自天真譬之秋潭水一物著不得豈用安名字
切莫向其中認之遮不是不見須菩提空空遣彼被

丁亥元真

問汝貪嗔癡家住在何處我今要與汝各各分頭去
好好細思量免被他官府大者名為貪養得二舍弟
二郎都一處日夜共活計令汝家戶大使汝善調制
子今苦厭我我與子發誓一要子自知二要子依倒
三要當處生四要歡喜偈與汝善和同一一無凡穢
一覺一切了何須去煩擾我是諸佛母十方及三世

物我無差

青山是我身流水為我命養之以四時熙然自條正
覆育諸眾生六度自修行栽花種菩提拂石要安靜
不見楊柳飛自有蒲萄影玩之且不厭去亦無覓蹤
一性一切性莊嚴大圓鏡

同居善說

世人不識我求我以形容形容不相似徒觀紙上龍
若要識得我問取主人翁主人好家業物物要安藏
六兄誇藝術三母足溫良南鄰善書算北庫多財粮
住來但覺久懶去問張王君若一識得與汝同屋梁

美容可觀

一別海山中十年春草綠相思在方寸顏容皎如玉
音書杳不來桃李繁且熟唯有意中人使我眉頭蹙

妙容非覩

遍身無影像脫體露堂堂不話非聲色何曾有短長
河沙恒徧現故號法中王優曇花正開嗅著不聞香

延促自爾

春日春山裏春事盡皆春春光照春水春氣結春雲
春客春情動春詩春更新唯有識春人萬劫元一春

體寂咸周

妙體無方具徧知近邦遐刹絶毫釐根塵應念周沙
界坐斷毗盧發大機

應緣不錯

法法無差是正修見聞從此絶漂流窮心未到忘心
處一聚根塵安得休

祖師地種花及總頌四首

地

性地本無生因生說有地流傳古至今非愚亦非智

種

從昔未曾迷於今何所悟秪緣種性深更亦無別路

花

有種有心地因緣花自開果知成果處却笑祖師來

總

五葉花開後山長水更深亂雲橫谷口游子謾追尋

六句偈六首并敘

六句偈者各盡自心功德藏無少閒然也不離六
句而超六句方曉此意

前念是凡

前念是凡短布裁衫長亭送客落日張帆

後念是聖

後念是聖一拳打正千丈寒巖拾得性命

前念非凡

前念非凡語正言謙天高海闊毛羽毿毿

後念非聖

後念非聖萬象明鏡不假薫修本來清淨
前念卽凡
前念卽凡凡不能測若人要知終不揩劃
後念卽聖
後念卽聖聖不能知鐵牛過海石女生兒
十憶偈并敘
余嘗謂先聖雖往其道則存苟或契同吾斯在矣
百丈因言之潙山曰如忘忽憶所言憶者歷然神
解如耳目所對更不差錯者也故作十憶偈十首
以自發明先育使千載之下咸令信受少貫知余
未始少忘也吾旣知之矣爾等知之乎
憶少林
一從三拜後千古錯流通永日無人到蕭蕭檜栢風
憶曹溪
葉落歸根後曹溪一滴深山居人少到剪竹好知音
憶南泉
一歸方丈後何處覓南泉昨夜三更月寒光照座前
憶趙州
不下禪床後曾無善巧言平常安樂事今古設流傳
憶南陽
丹霞相訪後從此歸南陽草作青青色春風任短長
憶雙林
一入雙林後天宮事可猜賣魚人不厭何處見如來
憶寒山
一住天台後身單布亦穿雖然筋骨露歌笑不堪傳
憶龐翁
石上栽花後生涯自是春若逢親切問端的不饒君
憶先師
一見先師後堪悲復堪笑爲問何以然八十重年少
憶伊余
憶着伊余後呵呵笑未休何人知此意有語不堪酬
十可行十頌并敘
華嚴以十法界總攝多門示無盡之理禪門有十
玄談以明習道洞山有十不歸以表超證山僧述
十可行以示後生庶資助道譬諸蓬生麻中不扶
而直又如染香之人亦有香氣有少益者書之于
后
宴坐
淸虛之理竟無身一念歸根萬法平物我頓忘全體
露箇中殊不計功程
入室
問道趁師印自心入門端的訪知音此生不踏曹溪
路到老將何越古今
普請
拈柴擇菜師先匠進業修身見古人若到諸方須審
實龍門此法是通津
粥飯
三下板鳴生死斷十聲佛唱古今通開單展鉢親明
取不可麁心昧苦空
掃地
田地生塵便掃除房廊蕭灑共安居焚香掃地無餘
事黙耀韜光示智珠
洗衣
臨流洗浣莫踈慵入衆衣裳垢不中上下睟肩薫炙
久身心動念肯消鎔
經行
石上林間鳥道平齋餘無事畧經行歸來試問同心
侶今日如何作麽生
誦經
夜靜更深自誦經意中無惱睡魔惺雖然暗室無人
見自有龍天側耳聽
禮拜
禮佛爲除憍慢垢由來身業獲淸涼玄沙有語堪歸
敬是汝非他事理長
道話
相逢話道莫虛頭大語高聲笑上流言下若能窮本
末肯將無義結朋儔
感興二首
空裏形骸夢裏身夢中身世莫追尋可憐一脉崑崙
水流入人間古到今
夢幻空花秖自知潛思二十九年非夕陽芳草曾行
處誰料紅蓮步步隨
海會歸老和尚
來時無有語去亦不知聞此曲誰能和轟轟出白雲
五祖老和尚寄鐵牛歌與師 附
昨夜三更前鐵牛耕盡田喫着三春草吐氣在青天
也無欄也無圈前山後山任方使不曾造次損田苗
愛惜皮毛不輕賤忽然大哮一聲雷始覺從前俱顯
現
師和
混沌未分先剖判生成不假陰陽煅頭角崢嶸是好
牛皮毛更不重更換滿目平田無寸草飢飡渴飲無
生老威音王佛是知入有甚衆生可尋討哮吼一聲
天地動逢人見處丟無用坐斷毗盧世界寬自是衲
僧眼皮重一遇知音和始齊自餘總是閑陪從
山中閒寂蝕遥靜坐因思四十年人間世外林
泉之樂與夫區區世上者何遑遠也諦思究極
于至道遂成山偈聊以自勉并示諸禪人使勿
如老夫之回頭晚也
動境徧娑婆以之成道道安心一處坐從是虛生白

遐追何遐追青火煎魂魄虛白何虛白廣莫揚孤翮良哉靜者心四海猶爲窄匹彼在動士天地何遼隔故茲審觀究二者俱介僻棄彼而奔此安得有深益樂者自何至苦者自何適苦樂忘根緒由夫征路陌路陌苟不征躭躭本家宅昔未厭瓦礫今豈重金璧金璧有所重瓦礫未可擲瓦礫謂金璧殺盜應非逆金璧謂瓦礫聖賢失蹤跡金璧而金璧瓦礫而瓦礫苦樂各平等法法無假借大空離衆念眞實無改易樂而無樂相苦亦無苦跡苦樂同十虛心門廣開闢龍吟而鳳鳴天淵發金液人不念諸道飢口枉求食一也及夫此曹溪稱上客因思賢聖人不寐微綫夕將哉各勉旃升沉在咫尺

題四面法智禪師塔

环重疊知者綿綿亘古今人居千聖外塔鎖亂雲碧嶂杉松色丹崖虎豹音回光如到此必也見師心

與太平四面夜坐

環中應接同摩詰雲外無心似老盧月白風清深夜坐出家全不費工夫

示看經僧

何義縱橫那畔彰五千餘卷總含藏如何不向根源意空看枝邊木葉黃

讀傳燈錄二首

虛名虛說傳來久與語與蹤示後人虛實灼然知下落清風千古見芳塵

家家門前火把子半夜愚夫說相似碧天如水月如鉤古今流落閑名字

示栽松僧

一寸靈苗手自栽前簡後隴作良材敢將不朽傳他日唯把青青示後來

山中偶作三首

分明不了却成迷無限風光付與誰若得家山田地穩自然處處不思議

舊事成空莫可追舊心將把再思惟古今不隔絲毫許會得如斯也大奇

休處言休便好休五湖蹤跡任遨遊莫嫌活計無參子此箇牟尼用到頭

示衆

求心心未諦等人人不來曇花曉來雨寂寞爲誰開

三句頌

禹穴龍門寺探珠欲問龍驪珠吞在腹（如何取得續末後句）

讀靈源十二時歌

一日日一時時龍門老心自知

師常以六隻骰子示禪人六面皆六點復作三頌

六隻骰子滿盆紅不用安排秖麼通擬欲進前求解會人似西行却向東

六隻骰子滿盆紅塵塵河沙用莫窮誰能解展金剛手祖佛親來亦掃蹤

六隻骰子滿盆紅馬載驢馱一擲空赫赤窮來無可賽請君從此現神通（僧問六隻骰子滿盆紅時如何師云纔人識實云忽遇恁麼人來時如何師云千出云請君從此現神通作麼生現師云骰子在我手裏）

迷逢達磨

信步遊梁魏乘時別少林長安車馬客無限利名心

因法眼頌

呪咀毒藥形聲之逆眼耳若通本人何適師復頌之根問本人何所適塗割等平忘順逆有爲雖僞性常眞法法無依稱善吉

無情說法

無情說法與盲聾聽得之人眼耳通不但近塵并遠剎十方度盡顯全功

寒食禮先師與五首

雲水將尋訪此宗十年磨刮太虛空區區力盡還依舊方知萬法本來同

一悟吾師心便息信門入處還無入二十年中事寵如何人殊不勞心力

前人說法後人聽由來兩箇總無情秖緣口耳都相似所以流通道自成

去人去矣可嗟嗟住者相承無斷續若遇知音一和時乃知去住常充足

清明寒食與諸人共禮先師不動身萬法本閑心亦爾將來誰是得吾眞

和珪首座二頌

秖論親切不論時回笑諸方陷虎機一句未容開口對片帆先逐便風歸頭頭有路堪行履物物無差莫棄違不見黃梅足奇士盧公却得祖師衣

媿爾相求識歲寒不嫌危磴路千盤歸堂一劄嘗親訪閉戶深山肯自瞞月下篇章應獨和畫中天地共誰看臨機大用全收放何必區區握雪圖

送郭大夫知鉅野

東歸半載漁樵樂北去三年父母來金馬玉堂彈指入寶樓香閣一時開

題陳子美息陰堂

湛湛寒溪疊疊山息陰投老得身閑武陵花好春常在漁棹歌淸事不關眼底兒孫從富貴鐏前鬢髮任斕斑天機日有眞消息頻許禪僧共往還

題孫欽之養素軒

善養不教聲色亂素絲無染是大眞有時來此軒中坐作箇忘機混沌人

智海化士乞頌

乞食山城歸帝里毗耶鉢飯香而美莫念故園桃李

春吏叅上國西來旨

示閩爐僧

爐邊靜坐默無言勿論䏊踈若市鄽冷暖此中看火色祖師心印爲親傳

題徐四翁壁

徐翁活計天真年老無喜無嗔叅取面前桑樹乾坤不出一塵

題秖園庵

秖園誰作此謂是钁頭邊物外庵邊竹人間耳畔風霖畦青戢戢煙浦綠濛濛秖箇潛心處分明古者同

又放慵病既病且慵因青山偶示一二禪者

萬劫一瞬觀塵沙不動移若爲論過未併總入無時海濶波仍市心通佛可齊床頭木桃子推出恐人迷

題侍者恭香林閣

葛厨松桃午窻涼臥看風雲草木香彈指偏遊塵刹盡故山歸路笑千腸

送常侍者西歸省親

木從綿竹過南方依前歸入綿竹去井舍猶爲舊日居山川不改當時處鄰人見之莫驚愕親里歡迎斷思慮有問南方所得時瘦藤爲我聊輕擧

小師崇堅乞偈

事辦須叅道方明爾本來禪關無鎖鑰秖要用心開

龍門偶作五首

朔月何皎皎永夜入我室照出萬古心念此百年質

隔窻風露泫擁毳衣衾密遲遲不能寐餘光在東壁

叨叨林鳥啼披衣中夜坐撥火悟平生窮神歸破墮

事皎人自迷曲淡誰能和念之永不忘門開少來過

鳴鳴飈鼠啼時人皆不喜得意即相呼意去當自止

吉凶由之生吾未見其理此言如未聞大梅有宗旨

初夜涼生早微雲卷太空燈懸松竹露簾捲蘚龕風

可笑千年事能將一念通相逢禪客問細細話吾宗

伸心心中事類開掌內珠欲憑人上鴈待寄水中魚

此意終難寫斯言不可書含毫竟寂寞逃屋樹扶疎

題嵩光塔壁

政和七年院戌別於南山下作嵩光塔於上立雙浮圖西向見日沒處是謂歸根收藏之旨也一窣堵波以奉前後宗師化盡報體一窣堵波用安十方禪僧火後遺骨是二者於寂滅之道殊途而同歸萬靈咸會者也吾亡之歿骨亦藏于此世世宜遵守之長而且久與大虛空齊壽者斯雙塔之所以建也其年寒食日住山清遠記并述二偈云

吾初欲作真常語更恐真常暗流注不如不語人共知人欲知之反勞慮崖頭浮圖不共相臺上野雲飛不住周遊獨步或可追錦繡谷中歸舍去（舍是大靜門山頂閣）

遊大路

百骸潰散此日言一物長靈異時語此日長靈猶可知異時潰散憑誰舉可知所以有生滅解舉方能忘取與光明寂照徧河沙慎勿於中論爾汝

化山

石龜不念歲月古舊記已滅名尚留道傍蒼木老靈雪凋畔野草隨春秋訛傳細讀華陽傳盡跡獨聞姚比丘可憑定力驗今昔人間萬事徒悠悠

木魚

無端擊此溝中斷鐘鼓相叅無雜亂能聞所聞非二緣以此及此通回換凡夫何故作追攀達士若爲成智觀可憐流入陰婆若醉眠尚爾排魚貫

讀經

不染而染妄不虛染而不染悉無餘本虛自是能成事體淨何妨應萬殊斷妄證真心豈息非真非妄智還透了真了妄如無礙自在圓明始是珠

不寐

毗耶離城居士家㘞堵十笏容河沙八萬四千高座衆咄嗟已辦薰天花迢迢不到迷是陳念念常入心無差須彌盧山四大海我見如一粟與麻

早起

老來愈見心無事夜永偏知膽更涼淺淺地爐猶有火依依山月尚臨墻試將寂滅那伽定暗寫雕蟲篆刻章剛被啼鷄匆驚斷一時歸入正思量

起晚

晨脚縮脚飢鼠啼合眼開眼重露睎覺來始了夢時事夢處寧容覺後知睡息黃粱猶未熟翩翩蝴蝶正壯飛披衣獨坐日正午試問何如半夜時

遊定明塔院作二頌

大士安禪地千峯塔院存門深松檜老事古歲時新入禮香燈夜鳥啼花雨晨秖應禪石上去住亦通神

日塔雲中路晴空鳥外懸好山長入望終日坐無厭幾箇竹生石數枝花映簾長安曾未到神力勃飛潛

因舉楞嚴經七處徵心成頌

吾逝明知直不邪娶貂妄識是空花故令慶喜推心目勝相初觀始出家在內何緣昧肝胃相知在外又成差琉璃比眼還同境閉暗開明未有涯合處隨生難定體根塵兼帶轉逢麻世間一切都無著水陸空行作擊瑕七處無歸全失措從茲始得徧河沙

述懷示學者

細思五十三年事併入初中後夜心須信刹那通過未更無危疑作追尋陸消舊業根先斷永絕新殃道已深此是安身立命處故吹一曲報知音

病中示光道者

我病無形不可見曼殊室利得深知再三若欲通消息推出床頭木枕兒

舒山送無著道人歸舒州

巳禮雲中塔更瞻堂上師方思江水北共集定林西一句無多子千差永不疑到家勤愛護此道少人知

送禪人入京

千人叢與萬人叢無喜無嗔耳目通要識太原孚上座六街鐘鼓鬧轟轟

再得旨退褒山成三偈代違和守錢公

住山久有煙霞疾得請放還麋鹿羣厚意於公殊未報深禪聊復對爐薰

公家忠靖有遺德乃與定明開道緣異世今時豈人意一庵千里是家傳

出岫油然亦乘興勧飛隨意即知還有心知到無心域鳥戀故林雲在山

眞贊

釋迦如來出山像贊

妙色非身形容乃普闊浮未下雙林巳親濟功深六年行苦塵沙相好萬億剎土衆生心淨佛日常午正念豪光迷人外取雕檀寫𣯍像求孩乳今茲觀樣傳從乃古象步出山智珠河吐水月頻澄豁開覺戶聽之仰之豈敢自侮常在不滅此言手舞

觀音像贊二首

曠大劫來離衆苦心心永斷諸分別聞處眞聞實不聞說時雖說常無說法身普現凡聖等耳根乘聽音聲絕娑婆最有大因緣一念清涼除惱熱

曠大劫來不虛妄言言故得皆眞實應念豪光迅電飛聲聲救苦奔風疾千章萬句離文字與韻殊音臺祕密現相宜揚遇此時見聞頓脫欣今日

天台三大士像贊

岩岩天台曠瀏寰宇大士不我毫端莫取蜀客心在纖塵一縷屈指樹掌松石猛虎生涯何有流傳今古靜對虛堂非謂無補

達磨大師贊

振播梁魏斟酌皮髓孰云西來空柳而巳素壁虛堂少林熊耳

百丈大師贊

慧燈續傳福庭宜啟常住世間水月鏡像是謂叢林大智百丈

楊岐和尚贊

鬧市竿頭呈戲衆與會驚栗棘蒲上橫吞諸方盡畏宜陽秀水淨實楊岐兩處雲橫天高地下

白雲端和尚贊

綱紀者明不忘付授淨空無際如日處晝欲究根源瞻之龍岫

五祖演和尚贊

禍寬則親傳虛果當剛硬齒牙生鐵腸藏風清淮楚道實宗匠不有智悲子孫安嚮

浮山圓鑒和尚贊

并汾鐵騎老息荒丘雲施雨龍花落水流

褒山定明禪師贊

四海稱唐師出華陽不起燕坐翱翔帝鄉名與山俱道逐時芳濟民助國能雨能暘貧者獲富熱者得涼羣蒙所歸實在不亡

悟首座圖余幻質復求爲贊

廓然無聖儼爾有容明明絕朕密密垂蹤昔也懷實枯木藏龍今其示人巨嶽喬松龍吞萬類松茂三冬神而不改風雲必從吾形既得爾道自鍾褒斜路險漢水朝宗

珪首座求贊

如珪如璋惟子非我且陋且拙在余是可子今傳余拙則成奇物感神會形動心隨峰雲不飛寒月下映孰謂之凡孰謂之聖余總爾也奇拙同貫嚟嚟期文大朴未散

順知藏求贊

色裏閑青不見形影中所以邈吾真吾真定有非形礙爲對凡夫顯幻塵塵既顯道爾新不貴西來彼上人

淵禪人求贊

似余似余類我類我復謂誰如火與火猶遞不就迎隨不果寫出龍門衲僧災禍

如大師求贊

比類則疎現形仍昔得在一瞬照窮千古雲起吟龍風生嘯虎贊之絕詳瞻焉奚覩

賢監院求贊

徧界不藏毫端獨妙縱未嚬呻已先微笑吾子識也水月斯照纖塵不遺是爲宗要

肱維那求贊

識余者誰請觀端的孰云丹青設勞尋覓斷雲架蠍皎月在壁昭爾惺惺悟哉寂寂

勤禪人求贊

滄溟一滴無際無邊塵塵有餘何事陋容入寫得秪緣蹤跡在龍舒

昕侍者求贊

吾行爾隨吾喚爾應唯隨與應不欠不剩因吾識爾此像果親靜而瞻之道實絕倫

元侍者求贊

道雖光明形則山野提折腳鐺住深蘭若拙韻無取陋容誰寫常在左右覺元侍者

小師崇戒求贊

似即疎比仍失廓爾空皎然日顧丹青寫容質誰使之省尋覓

無着道人求贊

植杖望雲何處空山獨立凝情媿我蕭然無物謝伊裝點相成

馮濟川教授求贊

天地無物我無物隱顯空雲隨出没此間誰是悟玄人霹靂光中轟一咄

吳公明求贊

欲識坦然老乃是龍門人聲名落四方坐臥今十春會見移庵去何妨邀形貝平生香火緣對此即神通

張公壽求贊

首到東山晚覩龍岫藏經寒暑人非新舊坐壽長鳴優曇勿嗅靜對終日弟子公壽

戴巨濟求贊

叢出人皆識相逢道更親起雲峯後路記得往來頻

龍門常住圖師具知事求贊

寥廓無狀孰爲龍門有指南路絶刀斧痕因緣去住任物所論黄竹寒湫曉而復昏

古尊宿語録卷第三十

金[illegible]居士[illegible]立施費[illegible]刻此
古尊宿[illegible]卷三十[illegible]字八千三百六十二個
張銀四[illegible]錢八分定[illegible]如圭對上元李瀾書
時[illegible]今十月[illegible]山化城寺藏

古尊宿語錄卷第三十一

舒州龍門佛眼和尚小參語錄

住南康雲居嗣法善悟編

小叅云好一轉語還有人荅得麼良久云問荅俱備所以古人道夫說法者當如法說且如法說又作麼生說諸人既無風起浪者裏不免將無作有所以道其說法者無說無示其聽法者無聽無聞諸人既無聽而聽我者更無說而說若得恁麼目前無一法可得何故目睹外無一絲毫說底說外無一絲毫聽底便能透過一關俱無異相不必說與不說聽與不聽自然大地山河色空明暗更非別法可謂透出塵勞頓居實地雖現在三界中爍然出三界現在聲色裏爍然出聲色且如今與諸人說聽同時作麼生說箇不說不聽底道理須知端的明悟始得不見古人道非色聲香味觸法者箇去處也大殺不易叅學之士若非到此田地管取目前有法外既有法內必有心內外緣生汨沒三界諸聖由茲而出現達磨特地而西來還知諸聖用心處麼秖是諸人心是更無別心亦無別法所以道十方薄伽梵一路涅槃門誠實無差方知道無迷無悟非聖非凡若實得恁麼便好韜光晦跡履踐諸聖玄塗其或未然直須管帶始得不見趙州和尚云十二時中許你一時外學僧便問許一時外學未審學什麼州云學佛學法秖如佛法尚為外學其餘十二時中作箇什麼始得大難其人所以如今與諸人相會喚作非時言論既是非時言論如何得相親去達道之人若能鍮鉼盤釵釧作一金攪酥酪醍醐為一味說什麼時與不時盡皆中的奉勸諸人决好究取二六時中去離塵緣莫起異念豈不聞昔日有人在高樓上見二比丘從樓前過有二鬼使持何道路復有二鬼散花隨後及乎二比丘過次二鬼復在前叱喝唾二鬼隨後掃除脚迹其人遂下樓問二比丘所以其二人方悔感悟乃云我等去時共談佛理及至廻時却言雜語諸禪德此雖麤境界子細推來乃是學道之人大事何故秖為情念暫起外境現前念若不生無境可得所以先聖道以無念為宗而今但無凡聖異念種種心量亦無煩惱可斷亦無菩提可求於生無生於死無死不見昔日洞山和尚與密師伯游山次忽見白兎從草中突出密云大似白衣拜相山云老老大大作者箇語話密云兄又作麼生山云積代簪纓暫時落魄者箇公案如何消遣得去且道是何道理諸人若會得白衣拜相便乃獨步丹霄永出常流若會得積代簪纓便解奪飢人之食祛耕夫之牛還委悉麼直饒一一委悉分明諸人分上總使不着如何是諸人分上事試斷看良久云討甚兎子邛重

師還東山省覲眾請小叅云暫下蓮峯輕屈指光陰倏爾又三年雖然不隔絲毫許爭似躬親到座前某伏自數日前陪從太平禪師象馭再登蓮嶠歸侍老師大和尚瞻禮慈容之間須知有相見底事敢問大眾作麼生是相見底事不可是你見我我見你是相見若恁麼全無佛法得力處何故世間諸趣彼此見存常在生死之中未有脫離之地所以雪峯和尚向人道望州亭與你相見了也烏石嶺與你相見了也僧堂前與你相見了也若據如斯指示豈待音容相接言氣相交始為相見諸高德夫為叅學之士須實有去處始得還知麼如今敢道千里同風相見却易會對面相見却難知何故難知夾山老子道目前無闍黎座上無老僧諸來大眾盡在于此如何見得目前無闍黎堂上老師大和尚在座與諸大眾證明作麼生見座上無老僧不可等閑過却將為閑事晝夜被見聞風所飄鼓根塵陰界諸入纏縛不得自由生死事大須得箇悟由入頭處始得雖然如是格外道人實遭怪笑何故須知有向上一着且待異日他時別為諸人點破因記得昔日南泉趙州二尊宿皆是道超物外名播寰中時有一僧往山中見一禪伯在盤陀石上卓庵而坐僧遂問曰南泉出世浩浩地何不往彼問訊空坐何為庵主曰莫道南泉出世佛出世我亦不去僧持此語見南泉南泉大驚遂令趙州往驗看州到庵主處從東過西庵主不顧州又從西過東庵主亦不顧州遂當門立曰庵主你敗也庵主亦不顧遂攬下簾子而行庵主亦不顧大眾者一則因緣諸人作麼生委悉莫是趙州南泉不到庵主田地返被庵主勘破落他陷虎之機也無莫是庵主雖然並無受用臨機不解互換平地上死人也無諸仁者素非此理大凡行脚人須具道眼分明始得若道眼不明秖被南泉趙州庵主三人換却眼睛了也實無少許相應處若也道眼分明南泉趙州庵主便是上座更無異見也還相肯諸也無不見道曾經大海休誇水除却須彌總是塵久立

解夏夜小叅云一二三無言童子口喃喃三二一上下四維無等匹衲僧活計絕絲毫萬古微猷是今日大眾作麼生是今日事現定東西僧俗燈燭熒煌作麼生見得箇絕絲毫底事若於此見得歷劫孤明未曾昏昧方信道達磨不來唐土二祖不往西天如是之事蓋是諸人背覺合塵流浪日久是以智光不得顯現所以遊方問道徧叅知識若於一句下見得分明方知無量劫來事秖在今日然今日之事也大難委悉何故蓋為諸人現分別者心本元真實誤認分別致背真源但無許多分別之心自然時常顯露秖如此事還假方便也無山僧有箇方便普施大眾乃

豎起拂子云還見麽若道見拂子驀却兩眼了也若道不見拂子生盲却兩眼了也眼則且留且道者拂子是有是無拂子若是有便心外有法拂子若是無壞却世諦學道之士到此如何理論如斯梢注太甚壓良爲賤若是真正道人也無如許多事故我釋迦如來在日建立箇方便門庭亦無如許多事每至結足安居不相往來各各求證道果於九十日中或有所得或無所得或有疑慮或無疑慮或有罪或無罪至休夏自恣之日方詣佛所各呈已見求佛印可故謂之自恣自大覺韜光已來人心鬧亂致有朝參暮請種種見知所以不能得契本源也憶昔佛在竹園精舍與大比丘結足安居至自恣日時優波離尊者觀諸大衆如海清淨無有缺犯唯有文殊師利菩薩不樂所止之處好遊聚落違犯禁戒時優波離具以白佛欲擯出文殊世尊謂曰若擯得但擯時優波離遂集衆鳴揵椎左右上下皆是文殊徧虛空界一切之處悉是文殊世尊謂優波離曰汝欲擯那箇文殊時優波離放下揵椎禮拜懺悔云我小德小智不識大士境界大衆當時可惜放過甘爲樂小法者若下得者一椎莫道文殊假使釋迦老子亦無容身之處諸人還知得者一椎落處麽若知得盡大地一切衆生四生六道一時冺解氷消無絲毫可見或有箇衲僧出來道請和尚試下手看即向伊道動不如靜放過一着何故落霞與孤鶩齊飛秋水共長天一色

小叅云古人道若是陶淵明攢眉却回去如今敢問大衆攢眉去是具眼不具眼若是具眼何故回去若不具眼何故回去去底且從你道如今却來者裏圍繞者是具眼不具眼若是具眼何故圍繞若不具眼何故圍繞還有人裁辨得麽若裁得出無絲毫遺漏五日一叅勞諸人訪及於此實爲希有然既勞諸人訪及爲後世諦人情爲復是佛法受用若是世諦人情我輩沙門釋子聚會不可作世諦流通也如此則有何利益若是佛法受用作麽生見箇佛法受用底道理還有人會麽莫是諸人從門前恁麽來問訊叉手立地是佛法麽若是呼之無形應之有聲一切處受用無盡是佛法麽莫是渠不恁麽一切該不得驟不見耳不聞孔孔洞洞是佛法麽莫是阿師恁麽說諸人恁麽聽是佛法麽莫是本來無事何消得恁麽大似頭上安頭但隨時及節是佛法麽莫是佛法兩字不用道着山是山水是水僧是僧俗是俗如今且建立箇化門接引初機是佛法麽大衆莫非此理莫錯好恁麽則佛法秖憑口裏意裏學差將來若秖如此何處有佛法盡是無義語不實語虛誑語謗般若罪人不可當乍可不會却永劫無事切莫未得謂得起大我慢輕忽先達若也實得箇安樂處便須識得些子好惡辨取些子邪正不可瞞瞞盰盰朧朧統統秖恁自欺自誑山僧直是不昧諸聖如今在這裏不惜口業與諸人如此論量喚作論實不論虛我秖要一箇見解明白徹底悟得底人不要你許多作用普特機鋒玄絶棒喝齊施如此者總不消得拈出也何故你未入門來時脚跟下已與你三十棒了也更來者裏揚眉動目彈指拂袖便出去道我勿麼纖無話會拂袖出去則且從你者一段疑情如何得見諦去且問你拂袖出道是了也秖如你大小二事時何不拂袖喫粥喫飯時何不拂袖相見問訊時何不拂袖須要說佛法時拂袖意在於何一處通千處百處一時通莫怪逆耳莫道絮無滋味我不圖你名聞利養秖要你悟得同報佛恩除此之外亦無別事你若真箇有箇入處方知山僧不分外已得者便好長養聖胎未得者正好疾速決擇你不見藥山久不上堂院主白曰大衆久思和尚示誨山曰但打鐘着院主打鐘衆已集山掩方丈門院主白曰和尚相許爲大衆說法何故不出山曰院主經有經師論有論師律有律師又爭怪得老僧大衆你看他古人得恁麽奇特豈似而今教者兩片皮喃喃地一似教書相似有甚麽利濟各請散去珍重衆散師復云大衆三十年後不得錯舉

小叅云今時人須是自尊自貴自成自立始得若能如此方有箇休歇處雖有箇休歇亦無休歇之量若不如此捏目生花見事便差但識山僧拂子便得秖如拂子且作麽生識乃豎起云還見麽若見且不識山僧拂子若不見亦不識山僧拂子且如何是自尊自貴底道理近來兄弟以遊山爲訪道觀看名叅學稱爲行脚還當行脚事麽要見五臺清涼京師兩浙廬山湖南天台鴈蕩江南江北好山好水好寺院拈起拂子云子細看取一生行脚事畢或若勤勞跋涉眞實自輕大衆切須自尊自貴將知尊貴邊合着得箇什麽無事不須久立師姑本是女人做阿嫂元是大哥妻好大哥歸堂去

普說

師云法身有三種病二種光一一透得始解穩坐地又楞嚴會上如來說五十種禪病如今向諸人道直是無病始得龍門道秖有二種病一是騎驢覓驢二是騎却驢了不肯下你道騎却驢了更覓驢可殺是大病山僧向你道不要覓靈利人當下識得除却覓底病狂心遂息既識得驢了騎了不肯下此一病最難醫山僧向你道不要騎你便是驢盡大地是箇驢你作麽生騎你若騎管取病不去若不騎十方世界廓落地此二病一時去心下無事名爲道人復有什麽事所以趙州問南泉和尚如何是道泉云平常心

是近忖從此頓息馳求識得祖病佛病無不透得後來徧到諸方無有出其右者蓋緣他識病不見一日去訪茱萸策杖從東過西從西過東茱萸作麽州云探水萸云我者裏一滴也無探箇什麽州靠却杖而出看他露些風規甚能奇特如今僧家例以病爲法莫救心病好久立

師云不與萬法爲侶者豈不是出塵勞耶心不知心眼不見眼既絶對待見色時無色可見聞聲時無聲可聞豈不是出塵勞耶無路徑處入得無縫罅處見得佛法亦無東西南北不道你是弟子我是師若已躬分明無有不是者參師時不見有師參自已時不見有自已看經時不見有經喫飯時不見有飯坐禪時不見有坐日用不差求絲毫相不可得恁麽見得豈不是自由自在久立

師云不問又不得纔問來又成自輕了不問又焉知亦須解問始得我向頂上錐劄你要你識痛痒如搊你灸擠甲相似靈利人便知始得莫自欺我不瞞你不見古人問如何是祖師西來意尊宿大驚曰你問他西來意作麽何不問你自已意如何是自已意曰當觀密作用如何是密作用尊宿以目開合示之古人多少苦口後來子孫又不恁麽也入門來便喝覓無如何若何生怕你明不得有恁麽一件事何不識取諸方愛教人看公案我者裏現成公案好看莫教看破大小大事諸人十二時中秖是妄想塵勞心念智慧未能發生所有流布皆從意思中來要作何用智慧如日出無不開明喚作無分別智現前須得恁麽一回了從此去有著脚手處有與你語言分若是妄想塵勞山僧於你無著脚手處好笑好笑說東入西說西入東不柰你何若能轉頭來智慧開時便解道和尚元來與我說了我也與和尚說了摇頭時便擺尾受整理也你諸人說道十年五歲參禪何曾做者般功夫來秖是趁口快你方來我者裏肯就已覷在也則功夫未成没滋味在你在者裏十年五歲做得功夫熟也管取悟得去我也尋常教人做功夫說底話皆與他古人合不差一字你但會得了便知古人事也你莫道古人恁麽道我恁麽會得不是了也秖如古人說不是風動不是幡動仁者心動有多少言語到你分上是耶不是耶又道我是你你是我無過此也又人問雲門學人自已雲門道山河大地多少好是有是無山河大地若有去怎生見得自已若無現今山河大地如何說無來古人說與你了不悟不知龍門尋常向你道本有之事你分上現行現用不着尋討不着整理不着修證秖要你一信信得甚是省力難得如此人先師在白雲會裏端師翁常曰此道者天眞自得之妙蓋緣有生知底事山僧見先師十年道不得秖爲疑得深後來徹底理會得如今總不費力不是思量時有不思量時又不是也佛法不如此袈裟下事莫教埋没山僧若不退思參究時一生也則埋没了豈有者箇消息也而今道眼不明出世者多罪過罪過如何敢爲人高座上也竪起拂子示人唬嚇殺人如盲如聾相似不驚不怖秖趁目前不愛後世打鬼骨臀苦若你諸人有福德因緣未悟心切不可作出世人禍事禍事若有眞實事自然馨香你看多少虛頭禪師久久一日不如一日如刻人糞作栴檀形到了秖是屎臭氣你諸人求出生死求要出離打發成一片又不是你和融然後成一片若教成一片決定不成一片也昔日有一僧曾參擧道者一日遊山問曰和尚香林遠侍僧二十年求成一片不可得此意如何擧道者曰老僧也恁麽却問其僧會麽曰不會擧道者又與者僧一偈曰香林成一片老僧也恁麽不待此月終重爲子決破至月末擧道者遂遷化去你道一片事作麽生好不好香林成一片龍門也恁麽爲報諸禪和當面莫蹉過各自下去久立

師云看見了不柰何者多既看見如何却不柰何秖爲不識所以不柰何若看見識得便柰何得也然發心參禪便要會得誰不願樂秖爲無箇入處又强會不得一切處不契合一切處緣差用力取不得良久云你十二時中行住坐臥折旋俯仰種種事業一切處有超佛越祖底事秖是你纔要解會時已無也眞箇是無也你擬湊泊已背了也所以道看見秖是不柰何莫是不擬心不起解會時得麽展轉更是不得也會尚不得豈況不會若是靈利底人纔聞山僧說向你便能大開眼見得豈不是没量大人向道是法非思量分別之所能解又道智不到處若不如此爭稱佛法而今兄弟家秖是呈箇解會呈箇見處作道理何曾解恁麽來何曾得到恁麽田地來若是有道種性底人肯恁麽去覷須是深深地體究密密地看詳忽然柰何得便無疑情也你每不明秖爲十二時中被雜念奪將去也蓋爲你要學事業見物便愛見文字便愛尋逐時便緣將去也道業何由得辦凡學事業人各有時三十已上便不可學也學亦難成學得又何用若已事辦去學亦得仕益已點化了也若已事辦又豈肯學也若二十上下猶可學若是靈利念生死之人亦不肯學也又凡是參禪須是心地平直心口相應心言直故如是始終地位無委曲相莫道我會也我柰何得也若柰何得那裏更去問人也你纔說會禪也人覷你脚手看你說話所爲底事因甚却道者箇如何那箇如何既是會禪又却是爭無明也秖如道默耀韜光是如何藏名晦跡又如何不

與人心是道又如何各自省緣莫說是非且如行住坐臥進退俯仰一切處皆是趣佛趣祖山前水牯牛有佛法你纔尋究則已無也何不恁麼識取久立

師云龍門活計是千聖之骨髓未有一人不與諸人說自是諸人不肯承當所以却成山僧瞞你且什麼處不是與諸人說處禪僧家說道山僧不教人思量不教人會解不教人商量因緣不舉古舉今秖恁麼空過我若在別處一夏須明得公案三兩則須聽一件文字你若要商量舉古舉今却請別處去我者裏秖是一味禪所以喚作千聖骨髓我且問你適來因什麼問訊聖僧且問訊時還印證你麼還肯諾你麼若道印證你他是土聖僧豈解印證你若道肯諾你豈解肯諾你既不解肯諾印證又問訊作麼莫是仁義道中麼莫是覩相生善麼若是仁義道中衲僧家豈有仁義豈有覩相生善莫是事不獲已隨眾問訊麼又成何道理到這裏須是一一明始得不見長沙大師一日回頭見聖僧忽然知歸便云回頭忽見本來身本身非見亦非真若將本體同真體歷劫迢迢受苦辛諸人還會此箇道理麼珍重

師云有時問着師僧總言不知不會秖管道飢來喫飯困來眠似此說話有什麼救處更道不知月之大小不管歲之餘閏誰理會你者般事我且問你作麼生說箇不知底道理你見人說了便恁麼道還曾會得那不知底道理麼古人道不知者無所不知無所不到喚作不知要你今時人到那不知底田地此是諸聖境界豈比如今拍盲不會喚作不知若總如此盡道我不知不管忽有人問着如何流通曹溪一路恐無人相續去也不得如此須是懃懃決擇始得珍重

師云古有禪德問老宿云如何是出離之要宿云闍梨足下煙生禪德頓於言下得旨諸人還知出離事麼若起解會心則隔了也後來有尊宿云不敢辜負和尚足下煙生又有北院通辭洞山山謂曰子何處去通曰入嶺去山曰飛猿嶺峻好看通遲疑山曰通闍梨通應諾山曰何不入嶺去通頓於言下得旨古人為人處甚徑直每見人來無不示他是伊道入嶺去此意如何今人不明了須做箇會處以些子會是自隔了秖許體究不許會解一體體得了更不疑也然亦不易保任若入得是則無退失所以會處明得不如不會處見得亦有可保任分更無不照顧時不曉了時所以古人道平常心是道還可趣向也無擬向即乖看他不許你趣向又作麼生保任不易不易此豈不是出離事你若尋出離處所謂苦屈玄沙道盡大地是地獄劫住若向者衣線下不明是大苦屈不可等閑久立

師云三祖大師道不用求真唯須息見又道纔有是非紛然失心者箇言語便是教你如今人作功夫處也你見他道不用求真便道更不須求也此便是見不息是非紛然終不到無求心秖成見解今時學道例皆如此看一轉語向語下通箇見處便將一切言句云無不是此事也恁麼記在心下用為已有殊不知道起見解失心了也執而不肯捨大小大癡人要得無所求心麼但莫生種種諸見非是冥然百不會喚作無求尋常十二時中目前不了盡是見心取捨你又豈得知無分別心所以先聖曰有為無為有異耶答曰無異也天地河海風雲草木鳥獸人物生死變化目前皆名有為之相無為之道寂然不動無狀無名謂之無為如何得無異去永嘉大師道無明實性即佛性幻化空身即法身此兩者各別且如何明得即底道理須是證得無求心也便和融得無事十地中第五難勝地謂真智俗智極難得等入地時二皆平等故名難勝地學道兄弟二六時中了取教等好還知是你無分別心所畫出麼如畫師畫出種種好醜畫出五陰畫出人天正畫時不借他力能畫所畫俱無分別以不了故而起諸見見我見人自生好醜所以道畫師畫地獄醜狀百千般放筆從頭看特地骨毛寒若知是畫出何所怖畏也古人明得了一切處現成玄沙大師伐木次遇虎跳出侍者曰虎和尚沙叱曰是你虎又有僧禮拜次沙云因我得禮你此箇方便深符佛意法眼大師指面前狗子曰畫出諸人看時莫說狗子身上明應須將來向自己分上看取始得方解他道纔有是非紛然失心識取好久立

師云如今直下信道是也已名不喞溜者況更不能直下信得又堪作什麼也直下信道是何名不喞溜者從前許多時什麼處去來須知已失一橛了也便見從前不了底却成分外之見我觀從上古人有從迷得悟者所有流布皆是從迷得悟法門有悟了知迷者所有流布皆是悟了知迷法門有無迷無悟者所有流布皆是無迷無悟法門其次來迷外得悟者亦甚多故不足道況不知悟亦不了迷此正是凡夫也從上南泉歸宗諸人方喚作無迷無悟之見如今學者也趣口說無迷無悟又何曾到來不得容易出言蓋為你有疑在我今問你一件事初入母胎時將得什麼物來你來時並無一物秖有箇心識又無形無貌及至死時棄此五蘊揩子亦無一物秖有箇心識如今行脚入眾中者箇是幸也如今問你受父母氣分精血執受名為我身始於出胎漸漸長成此身皆屬我也且道屬你不屬你若道屬你初入胎時並不將一物來此箇父母精血幾時屬你又秖合長

在百年依舊拋却死屍又何曾屬你若言不屬見今一步也少不得罵時解嗔痛時能忍作麼生不屬你得議定省看道是有是無管取分疎不下益爲疑根不斷道有來初生時漸長至三歲五歲乃至二十時決定不移到四十五十而此身念念遷謝念念無常決定喚作有不得道無來種種運爲皆解作得道無且不得昔有一人因行失路宿一空屋中夜有一鬼負一死屍至續有一鬼來云是我屍前鬼云我在彼處將來後鬼強力奪之前鬼曰此中有一客子可證二鬼近前云此屍是誰將來客子思惟道二鬼皆惡必有一損我我聞臨死不妄語者必生天上遂指前鬼曰是者鬼將來後鬼大怒拔去客子四肢前鬼愧謝曰你爲我一言之證令你肢體不全遂將死屍一一補却頭首心腹又被後鬼所取前鬼復一一以屍補之二鬼遂於地爭食其肉淨盡而去於是客子服前見父母身體已爲二鬼所食却觀所易之身復是何物是我耶非我耶有耶無耶於是心大狂亂奔走至一精舍見一比丘具述前事比丘曰此人易可化度已知此身非有也乃爲畧說法要遂得道果汝等諸人秖說叅禪舉因緣便喚作佛法此是禪髓何不恁麼疑來叅取會得麼你身不是有不是無有是心有身則未嘗有無是心無身則未嘗無你會得麼更說箇心亦不有亦不無畢竟不是你本有今無本無今有斷常見解久立

古尊宿語錄卷之三十一

金壇居士于玉立施貲刻此

古尊宿語錄卷第三十一計字八千零三十三個

該銀四兩一錢七分六釐

雙徑寂照庵募緣對上元學聞書楷刻

萬曆丙辰冬十月徑山化城寺識

古尊宿語録卷第三十二

舒州龍門佛眼和尚普說語録

住南康雲居嗣法善悟編

師到禪牀前立云山僧立地待你諸人構去還構得麽良久遂坐曰看見了也不易作箇主宰不見古人喚僧云上座僧回首古人云擔板漢正當恁麽時如何作箇主宰免他喚作擔板漢此事也不易構喚作業識茫茫不見潙山問仰山盡大地人業識茫茫子如何辨仰山云某有箇驗處潙山云作麽生驗時有一僧從面前過仰山云上座上座其僧回首仰山曰秖者箇便是業識茫茫師云正當恁麽時如何作箇主宰免被他道業識茫茫去有般禪僧家强作主宰道待他喚時但莫應他便去應他作什麽你又不是木頭有底不然豎一拳下一咄喚作强作主宰且問你若與喚時且從你豎拳下咄秖如前廊後架照顧不到忽然被人問着又如何秖對不可更下一咄豎一拳却須是實始得此事直是平等不論貴賤你看陳操尚書是箇俗官一日與僚屬在樓上見數僧打包過有一官人云數員禪客操云未信在待與勘過僧行到樓前操喚云上座僧皆舉頭操顧謂僚屬云不信道當恁麽時如何作得箇主宰免被他勘破古人道擔板漢則且置秖如後來人又道者僧喚既回頭因什麽却成擔板又作麽生會佛法到此信知有深遠處須久久淹浸不可强作主宰久立

師云大凡修行須是離念此箇門中最是省力秖要離却情念明得三界無法方解修行離此外修較似辛苦不見古來有一持戒僧一生持戒忽因夜行踏着一物作聲謂是一蝦蟆腹中有子無數驚悔不已忽然睡着夢見數百蝦蟆來問索命其僧深懷怖懼及至天曉觀之乃一老茄耳其僧當下疑情頓息方知道三界無法始解履踐修行山僧問你諸人秖如夜間踏着時爲復是蝦蟆爲復是老茄若是蝦蟆天曉看是老茄若是老茄天未曉時又有蝦蟆索命還斷得麽山僧試爲諸人斷看蝦蟆情已脫茄解尚猶存要得無茄解日午打黃昏久立

一日衆集師出來大衆前行兩匝長嘘一聲云山僧在你諸人肚裏走兩遭了也還知麽非但今日如此常在你諸人肚裏走來走去還知得麽喚作無瞞人之心實是如此山僧盡知得你是好是惡所以道諸人知處良遂總知良遂知處諸人不知良遂座主是箇解義阿師却明得者箇事不見一日去見麻谷見來不肯他自將鍬入菜園裏良遂亦隨後去谷亦不顧便歸方丈閉却門他於是定省精神忽然明得便道和尚莫瞞良遂好你諸人如今還得恁麽也無也不易搆更有百丈會下古靈和尚得法歸來棲他受業師非但古人今人亦有不見四五十年前有茶陵郁和尚作山主時因廬山化士到言話間爲舉僧問法燈百尺竿頭如何進步燈云噁由是每日叅詳至於喫粥喫飯時未嘗離念一日因赴外請騎驢子過橋橋損陷驢子脚倒不覺口中云噁忽然大悟乃有悟道頌云我有明珠一顆久被諸塵封裹今朝塵盡光生照破山河朶朶着箇便是樣子喚作實頭叅學今時人但恁麽學取若信言語解會要明者箇事明不得也將合頭語合者箇事合不得也須知有省悟之由若眞實叅學但恁麽看據現定會些子言句便休也在諸人彼此行脚決擇生死大事不可據現定便休去也須是與他古人用心日討箇省發處始有眞實叅學分久立

師云本有之性因什麽不會佛法無多子秖要省[illegible]也不欲滅除妄想遏捺身心閉目合眼便道是[illegible]不如斯也須看現定是何道理爲什麽却迷去恁麽最是親切秖如老僧未說向你諸人未曾聽時還有往來底分麽正當恁麽時切忌强作道理上至諸佛下至一切總皆如是所以聖與凡等邪與正等生死與涅槃等且問諸人過去毗婆尸佛迦葉佛古今三世是什麽人分上事十方有漏剎土是什麽人分上事山僧道總是你三十年後悟去始知龍門老僧說來切不得道是若恁麽此名外道見解久立

師云如今被人問着道不得過在什麽處蓋爲於無色處見色無聲處聞聲無道理處强作道理無主宰中强作主宰者與消遣不下喚作瞖眼猶存空花亂降何故秖爲心存在便道不得佛法無多子秖要平白地道得一句子便了且道作麽生是平白地一句子若有人問山僧秖向伊道兩句了也還會麽古人道佛祖言外邊事一一分明說了也秖是到者裏參是錯亂昏醉不省此若不見便是立地瞌睡漢子也諸人常在光明中開眼見了而不知教山僧怎生柰何久立

師云恁麽與你東舉西舉便道與你說禪纔轉脚時便作世諦流布將去你但念念在其中便有省發底分看來多秖在眼耳見聞覺觸處蹉過了也須是不離分別心識取無分別心不離見聞識取無見聞底不是長連牀上閉目合眼喚作無見須是即見處便有無見所以道居見聞之境而見聞不到居思議之地而思議不及久立

師云諸人上來要箇什麽事須是當人自作活計莫聽他人說古人道我十八上便解作活計你諸人須是解自作活計始得你道作箇什麽活計但莫別求如今人多愛動脚動手者箇不解作活計了也喚作拋家散宅漂流去分明不會秖管尋討學些子知解

記此三乎言句此喚作逆費入到者裏須是行李正當日久月深淹浸得熟便會去古人道一切處是你東去也是你西去也是你你是阿誰若云某甲者箇是情識須是透得過始得昔日天親問無著兄往內院見彌勒說什麽法着云說者箇法且道者箇是什麽法須是揀得出始得不要認着者箇多是被者箇一句子瞞住了也所以說病爲法是故名爲可憐愍者久立

師云莫謂如今說底是未是在若有箇是便有箇不是所以道一切言句皆不與此事相應直須相應去此事不在別人還得相契也未且契阿誰若道契於古人古人已往若道契他善知識善知識與你無交涉所以諸聖慈悲告報教契自心源且道那箇是自契底心源若有心可契決然契不得須是以無心之心則契矣久立

師云十二時中須有箇契合處始得你豈不見靈雲一見桃花便契合此事香嚴擊竹便乃息心古人道若不契合此事則山河大地瞞你也燈籠露柱欺你也如今四生六道浩浩地秖爲此事不明奉勸諸兄弟且先去却麁緣你十二時中思衣念食種種雜慮如燈焰相似未有一時停歇但除麁緣所有微細自然淨盡日久歲深自然會去也不着參喚作息意忘緣不與諸塵作對所以西來妙旨意在自明龍門長老也無禪與人參也無法與你商量秖要諸人自契參學門中唯以忘緣息慮爲要者箇是從上宗旨祖不云乎以無念爲宗無相爲體若秖一喝一拍有什麽了期久立

師云弘道而心常淡泊順事而意識奔馳但顧道富身貧情疎德厚山僧者裏日日恁麽時時恁麽且道恁麽是什麽離却分別心識意度言句外道將一句來此事無你解會處如今但是心慮覺觀者皆有窗解會得及乎返窮已眼返思思慮之心爲什麽人到者裏不知便說道從本已來非青黃赤白無相無狀我說向你道此喚作言語不是你本心本心如何思量已眼如何得見正當返觀時亦無能見之者有人去者裏一口吞盡慧眼豁開頓達本鄉也今時人若爲到得見無間處現定萬法亘然見人見屋種種萬象如湯涌沸未有一時停住秖如作嬰兒時也聞聲也見色秖是不解分別纔曉事來便采聽分別自那時前後分披了也到者裏要人整理不妨難爲他得道人行時不見行坐時不見坐所以如來道眼見色與盲等耳聞聲與聾等作麽生說如盲如聾聞聲時無聲可聞見色時無色可見所見所聞皆如響等又如嬰時見種種境界覺來還有許多般也無若有牀上枕見被與桃了若道無許多般又心中歷歷地記得說得如今自日所見所聞亦復如是所以道眼見耳聞底事經論可學唯有靈臺作麽生學久立

師云釋迦老子在什麽處自云作麽作麽復云達磨大師在什麽處自云秖在作麽生說秖在底道理也不妨難明若於斯明得始知正法常住禪僧家多分秖道那畢處便是你若身壞命盡時若病說不得時又作麽生須是證入始得不見僧問德山從上諸聖向什麽處去山云作麽作麽莫是作麽便是諸聖麽你諸人若不將言語會便落他聲響流布縱饒不會他聲響言句便落他無言無說處此事實無你意解卜度若存一絲毫便成趣向於已踈也饒你將玄機妙義去合他決定合不着若總不思量亦不可須是親證始得明見無疑矣久立

師云今時人參學錯學不出二種病一是五蘊窟宅無言無說無形無段湛然不動處便道任他佛祖出來我也秖恁麽此是一病次認能言能語能聞運用施爲行住坐臥者此亦是一病你還知道動是苦本量力而行麽若有人能離此二病解去體究者此人須有箇省發時節若不如是亦無惟頓處又有二種善知識爲兩般學人方便苦口有一般學人自作道理日日消息進前退後豎拳合掌以爲禪道善知識見也恁麽便苦口向伊道你錯會了也你無事硬立着作麽此是一種善知識又有一般學者云某甲不會不知未審如何某甲並無箇契入處是故善知識見伊恁麽了便向伊道你無事用求會求入作麽此亦是一種善知識前後兩般學者若聞善知識恁麽道若能回光體究必然明得若秖管道不會是自生退屈任是一千年也秖恁麽幸在其中更道不會求契合有什麽了日要會麽須是不立限量直下構取始得久立

師云今夜與你諸人說箇譬喻恰似諸人有箇眼能照見一切長短方圓等象爲什麽却不自見但識取長短方圓等象若要見眼則不可你心亦如是其光照爍通徹十方包容萬有爲什麽却不自知要會麽但識取照爍等事若見心則不可也古人道刀不自割指不自觸心不自知眼不自見則眞實矣久立

師云諸人許多時任此立地還見一人具善知識麽不可空立去也山僧秖喚作假良老先聖所以道但以假名字引導於衆生佛是西天老比丘不勞仁者分別取相何者是釋迦老人阿那箇是達磨大師祖師未來此時還有佛法麽作麽生道無得有道無秖成自瞞在少林面壁時還有許多言教公案麽恁麽覷得破多少省徑你不上來時山僧亦不見你上座亦不見山僧你不見我我不見你如何辨明若明得復有何事佛未出世時也恁麽佛出世後也恁麽佛

汝度你若作麼名相恁麼田地直無一星事你諸人行住坐臥忽忘故忽生說箇無事除非見到底人方解如是此人如實住靈山會上禮佛見彼大眾儼然便有僧見處道今此諸大眾如木未曾有你道此意如何諸人適來在下頭不見有許多人及乎上來分明見有許多人忽生說箇如本未曾有古有老宿問僧近離什麼處云城中宿云如今在什麼處云山中宿云我有一問問你若道得即住若道不得即去上座離城中城中少上座上座到山中山中剩上座城中若無上座則心法不周山中剩上座則心外有法僧無語諸人苟能於此參詳得所謂不落斷常二見六根怡然行住寂默一心不生萬緣俱息如或不然隨有隨無落斷落常譬如捨父逃走也到者裏直是不教你費一絲毫力便恁麼會取你若要和合者事教無縫罅時早已離披了也山僧往日思惟此事將謂三生兩生始可得悟去後來秪聞什麼人打發什麼人有見處便覺今人也解悟得時寒有緣辦得明究已躬此是大事久立

師云若有人問你作麼生道還道得麼你等思量看帶道得一句子來有什麼用處三更半夜作麼生道天明起來作麼生道前廊後架作麼生道還道得麼須是眼明始得久立

師云適來侍者報道雨不住若恭時恐大眾不聞如今雨住也諸人還聞麼山僧道雨不住時最親切何故卻為諸人無來聽底心秪如諸方示人道雨聲為你說法了也還端的也無山僧即不然雨聲是你說法了也還會得麼直下明得更有什麼一絲毫頭子也今時行腳人須待將一句子契他善知識恁麼自苦自屈作什麼我更問你契那箇善知識若要契他善知識意但識取你心我更問你那箇是你心又作麼生識向者裏強會不得須是一回省發乃可古人不得已向無言路處假立一路無方便中巧施方便玄沙一日入山逢虎侍者報云和尚虎玄沙云是你虎見今山河相對剎土縱橫分別思惟千差萬別怎生說箇是你底道理者裏若不了一切處礙塞殺人秪為諸人歷劫徧塵為物所轉你試指出那箇是物何者是你所以有僧問玄沙學人乍入叢林乞師指箇入路沙云還聞偃溪水聲麼云聞沙云從者裏入今時人不明了秪管道心性周遍更是誰聞如此言論有何交涉直須是通身赤條條地不相寸絲始得且問諸人還看來麼良久云得恁麼不識羞恥久立

師云纔作道理便難會去須是不作道理始得有般聞恁麼說了便道我都無言說亦無道理卻不知正是道理了也如今與你斷約一件事以明見自心為極則此一句便是龍門山裏佛法也古人道心不自知心不自見諸人作麼生明見去自心也難見從上諸聖皆是明見自心底人先師便是明見自心底人也秪如當時先師會中有多少方來兄弟能有幾人明見自心極是少也心不見心須是不見是心始得此乃離念境界如今若與諸人說便道既剎諸方若不說此事亦難明曉有般宗師向人道擬漢者一段事你因何不會先將自心做箇窠臼然後將心去取證喚作釘樁了遶樁走便恁麼流傳去便恁麼承當去敲牀豎拂用將去喚作將心用心又有般宗師向人道莫作計較道理開口便沒交涉了與他不相應也大空劫已前認取都無言說一似坐箇氣毬相似有甚安樂處又似蝦蟆努氣相似你作恁麼見解直師一似黑霧罩定了也山僧至誠相勸不是妄說不是作道理籠罩人不肯人壓良人山僧都無如是道理若貳你秪麼認將去也由你若道我也如此見得也由你若道據我見處總得也由你若道某心下未穩在也由你須是不自欺始得世間有多少宗師說禪說道為自欺不自欺為欺人不欺人須是子細山僧往日在先師會裏受廬州化士行至與斗寺前值泥雨忽然滑倒心中煩惱自云我行脚禪又參不得自早至今飯又未喫更恁麼受辛苦聞有兩人相罵道你猶自煩惱在山僧聞得忽然歡喜卻尋不煩惱處不得益為打疑情不破後來四五年方知得如今兄弟須是如此用心照顧始得今夏舉無情說法因緣秪是錯會者多你見無情便說無情若見有情便喚作有情你參禪人不明無情說法如何了得行脚事做善知識不會無情說法如何接物利生相勸諸人子細窮究令情去如未有領覽處且緩緩參取不要忙久立

師云先師常說箇譬喻如外國有二人來大朝探事初入界時兩人商量了各自分首一人東去一人西去從一州至一州從一縣至一縣行來行去忽然到東京城裏兩人在朝門前相撞著因者箇覷那箇那箇覷者箇並無言說從前許多商量本國中事歷歷地分明挾肩便過無人知得奇怪諸人且道恁麼撞著時如何恰似禪和家做功夫相似今日體得些箇明日究得些箇窮來窮去一日現前全似朝門前撞著一般喚作打發須得恁麼一回始得方謂之行脚事辦又如去鄉多年鬧市中逢見老爺相似便乃識得無疑亦不須問人是爺不是爺兄弟但恁麼管帶莫為等閑時不得人祖師道光陰莫虛度各自宜努力久立

師云古人道鐘中無鼓響鼓中無鐘聲今時學者那裏得向者般田地有時入室見兄弟下一轉語及乎

更與一拶便秖管主張道道來巳秖對了也不可別有也多少分明恁麽做功夫有甚巴鼻癡漢豈不見先聖道言言見諦句句歸宗你未會了秖管胡亂主張今後入室不要如此作可道不會却受整理久立

師云稱禪客須是信人說話始得若不信了教人千說萬說亦無用處呵呵不信了秖管聽人說乎名禪客夫禪客者風塵草動時悉皆曉會朕兆未生未落思量急路未動時便識取方名禪客何故者般事用敵生死也須是箇不爭多底漢始得不見雲巖叅百丈二十年不明此事道吾爲他直得咬斷指頭你看他古人雖不明亦不憂道我不會心亦不休亦不馳求言句又如雪峯和尚三到投子九上洞山在投子時一日揭簾入庵投子見來便下禪床立峯擬議子便托出峯直得哭後來到洞山又理會不得乃到德山問從上諸聖學人還有分也無山打一棒云道什麽峯當下如桶底脫相似及至鼇山尚云有疑在看他古人直以疑團子破也方始休便道事巳了意亦休此箇元來觸處周今時兄弟叅請多是俟言起解亂作主宰不然將古人悟處喚作因緣去那裏看喚作過話有什麽交涉秖如雪峯三上投子九上洞山豈爲言語兄弟直須退步纔見如何退步且不是教你長連床上閉眼坐硬樣身心如土木相似百千萬劫也無用處若要退步時你有不會底語言不了底因緣便頓在面前退步自看因什麽不會去良久曰僧家道思量也不得不思量也不得却教人如何看我向你道但退步看良久又長噓云好悶殺人好難會秖你那悶殺人是什麽悶殺人是誰你恁麽退步來看漸漸惺也一日光明一日漸見廣大又不得一向去者裏認了便道是了當也便是柱定殺了也濟甚事須是着些智慧來觀看古人許你管帶一路若如是休歇退步曾取有箇道理此是爲都不會無所知者又有般胡說亂說如何若何底漢你但亦退步看你那胡說亂說底是什麽但恁麽回光返照看方是若一向如此做功夫畢竟亦有悟期若不相信也無可柰何山僧初叅勝和尚教看如何是佛法大意楚王城畔汝水東流又令看風幡話及至下來叅老和尚乃請問古人聲色純眞老和尚千說萬說秖是理會不得後來又令看如何是奇特事云你道什麽遂却喜歡益爲有箇撈摸處遂常看云如何是奇特事云你道什麽獨自思量云我道什麽來我道奇特事又不見有奇特處看三年不會遂去游浙中途回來却令看殺父殺母佛前懺悔殺佛殺祖向什麽處懺悔雲門道露着公案一似熱鐵一團在心中七年喫盡辛苦衆中久叅方知更與你說晦堂初叅禪時自桂府來先見雲峯悅和尚三年不會他說話又叅南禪師二年不會却過去山主院裏過夏因看傳燈錄僧問多福如何是多福一叢竹福云一莖兩莖斜晦堂遂開悟今時人秖喚作問荅語蓋用功不子細不曉古人方便山僧相勸兄弟既在林下各自學道勿空過時以悟爲則久立

師云親近善友先聖叮嚀付囑也今時學者須是依佛祖之言尋師決擇始得若不恁麽何名學者若要明此事須是起疑叅究你若深疑此事便是般若智現前何故行脚事秖要疑情息你若不起疑爭得疑情息不見先師三十五方落髮便在成都聽習唯識百法因聞說菩薩入見道時智與理冥境與神會不分能證所證外道就難既不分能所證却以何爲證時無能對者不鳴鐘鼓返披袈裟後來唐三藏至彼救此義云智與理冥境與神會時如人飲水冷暖自知遂自思惟冷暖則可矣作麽生是自知底事無不深疑因問講師不知自知之理如何講師不能對乃云座主要明此理我却說不到南方有傳佛心宗師宿却知此事汝須行脚始得先師便行脚游京師兩浙先是尊宿便問此事無不對者也有說底也有下語底秖是疑情不破後來浮渡山見圓鑑看他陞堂入室所說者盡皆說着心下事遂作一年令看如來有密語迦葉不覆藏之語一日云子何不早來吾年老矣可往叅白雲端和尚先師到白雲一日上法堂便大悟如來有密語迦葉不覆藏果然果然智與理冥境與神會如人飲水冷暖自知誠哉是言也乃有投機頌云山前一片閑田地叉手叮嚀問祖翁幾度賣來還自買爲憐松竹引清風端和尚覩了點頭諸人此豈不是深疑了親近善知識然後明得秖如先師行脚叅善知識後來却道問祖翁是如何自賣了却自買是如何須知無有剩也古人道總是你又道我未有一句子到你若有一句子到你堪作什麽諸人要疑情破麽亦須是似先師一回始得久立

師云你但看馬大師見僧下堦乃召云大德僧回首大師云從生至老秖是者漢回頭轉腦作什麽其僧言下領旨此理如何從生至老秖是者漢你道是那箇漢你纔起心要見者漢時便不見者漢者漢難見千難萬難今時人秖道是者箇漢更是阿誰不可別有也一百箇中有九十九箇如是會有甚巴鼻若恁麽如何明得從生至老底事如何便見得秖是者漢你若不見者漢四大五蘊總未知下落處且如秖今說法聽法是有說聽是無說聽若道你立我坐我說你聽三家村裏人也解恁麽道焉敢稱禪客若謂無聽無說又道從生至老秖是者漢所以到此須是求一箇了達底人決擇山僧向前未明得時總不柰何了便請益先師纔問著時先師秖道我不會我不知

我不如你又問禪畢竟是易叅難叅秖向我道你無事問難問易作麽叅禪喚作金屎法未會一似金會了一似屎山僧甚不肯此語如今思量了語雖麄其間旨趣不淺此盡是了達之士發一言半句皆不虛也凡爲人時皆不胡亂指示亦不亂許人今時有諸方知識有時說得是有時說得無巴鼻此理如何叅爲他亦未了達有時許人道是有時却道不是若如此爭明得從生至老秖是者漢子細看來今時人也秖是舊時人今時作用也秖是舊時作用千變萬化也秖是要你者裏自肯一肯方始得了當今時人不了當者秖是不解決擇如何是不解決擇處秖是將古人言句作解會將自已來雖鏁秖是如此到彌勒下生也不會何故向你道回頭轉腦便不是了也向者裏省力處更不用如何若何直下明取你諸人先將道理近前用古人言句自纏自縛一似淨潔潔一片地却將一千土撒在上面相似山僧前日入室垂示道你如今到者裏不可也似適來相似且有箇會處始得有者道適來也秖恁麽如今也秖恁麽你先走入情識裏了爭怪得你古人多少慈悲向你道行是佛行坐是佛坐一切法皆是佛法一切聲皆是佛聲你錯會了便道一切聲眞箇是佛聲一切色眞箇是佛色既不許如此會却如何即是向你道纔涉朕兆時早支離了也欲將智照顯他時早昏瞎了也如今但莫取我口各自由你做功夫看古人因緣亦得靜坐亦得一切處觀察亦得皆是你做功夫處一切處是你證入處但一處精專日來月往須被你打發去不見古靈和尚行脚歸其師問云汝離吾行脚得何事業曰某見百丈得箇安樂處遂舉百丈須云靈光獨耀迥脫根塵體露真常不拘文字心性無染本自圓成但離妄緣即如如佛其師於言下省悟又雪峯和尚見風吹芋葉動遂指似僧僧云某甲甚生怕怖峯咄云是你屋裏事怕作什麽其僧亦有省既一時是你屋裏事爲什麽却不會叅爲你隨處流浪不常在家但如今對善知識時莫教忘却喚作順理而行就已知歸復云從生至老秖是者漢回頭轉腦作什麽各自看取久立

師云如今明得了向前明不得底在什麽處如今明不得到幾時明得去秖恁麽鶻鶻體究也須會去所以道向前迷底便是即今悟底即今悟底便是向前迷底若言從前迷即今悟也又言明來暗謝智起惑忘恁麽還得麽那裏得如此則有暗可滅有惑可除不見古人道不改舊時人秖改舊時行履處你禪和家道有什麽難迷也秖是者漢悟也秖是者漢不可別有及乎問着他那箇是者漢便去不得不然胡說益緣未曾諦當證入此是諸人入骨髓底病謬底漢便認著一生休非但一生千生萬生亦秖休去若是靈利底他須解體究那箇是者漢直求入路處師乃嘘一聲今時佛法淡泊衆中也難得人諸人既在叢門學道不可空過十二時管帶搆取覷見諸人也似不爭多你不見臨濟和尚道赤肉團上有一無位眞人常從汝等諸人面門出入未證據者看看時有僧出問如何是無位眞人濟下禪床把住曰道道僧擬議濟便拓開又道汝眼放光照破山河也古人多少慈悲如今人不以爲事須是尋人決擇你不見嵓頭雪峯欽山去見臨濟路上逢定上座頭問什麽處來定云臨濟來頭云和尚萬福定云和尚已遷化也頭云某等特去禮拜又値和尚遷化不知和尚有何言句請上座舉一兩則定遂舉臨濟上堂示衆云赤肉團上有一無位眞人常從汝等諸人面門出入未證據者看看時有僧問如何是無位眞人濟下禪牀擒住云道道僧擬議濟便托開云無位眞人是什麽乾屎橛便歸方丈嵓頭不覺吐舌欽山云何不道赤肉團上非無位眞人定便擒住云且道無位眞人與非無位眞人相去多少速道速道欽山直得面青面黑嵓頭雪峯同勸云者新戒觸忤上座且望慈悲定云若不是者兩箇老漢椎殺者尿牀子你看他道非無位眞人定何故不肯今時學者那裏到者般田地秖管認箇五蘊身田强作主宰不能放下我今舉幾則語教諸人看雪峯參投子問者裏還有人參麽子擲下鋤頭峯云恁麽則當處掘也子云不快漆桶他道當處掘尚做漆桶又有南際長老見雪峯語論無不相契峯令見玄沙沙問古人道此事唯我能知長老作麽生會際云須知有不求知者沙云山頭老漢喫許多辛苦作麽你道此理如何又先師在海會端和尚會中時端和尚舉古人道如鏡鑄像像成後鏡光向什麽處去會中有頭角兄弟下語皆不契端和尚云須是道者子始得先師時作街坊却從外歸端和尚舉前話問之先師近前問訊云也不爭多端和尚撫掌大笑人皆謂摩捋他教做化主什麽說話山僧此中秖要學道如要學道十二時中須是先去却無明人我何故人我乃庸人之事先師一生無人我山僧在他身畔作侍者見多少不曾有一念煩惱曾說舊時有箇上座在海會做知客先師因送一箇長老住四面乃率知客相送不知如何者上座便劈面唾先師你是甚人却教我送他惡言不止先師遂休總無人知得後來仍來太平先師請伊作知藏又做首座復自求作監院亦從之及先師住海會乃舉住太平知州不肯又惡罵謂不主張他先師方出言道者漢兩度罵我也以此見伊無人我今人纔有些言語便要理會如此作麽生學道有時見初機兄弟入室秖

是爭山僧覰他了也不柰何一似村裏人把[illegible]僧共上將軍鬪我若裏七事隨身手中是關羽八十斤刀儞便把偏擔劈頭打一棒見人不動又連打數下去我不是怕他蓋不是對手呵呵勸諸人不要麤心日夜行持做箇向上人縱然不悟亦是高上之士切須用心久立

師云你纔認着道見便被縛脚得手更轉動不得也則被你一認認了縱有千般亦不是也你若不認若却有箇救處譬如造得一隻船上面一一裝載了要千里外至平實州縱動手你先自釘下樁繫却船了却用力搖櫓你搖到彌勒下生也秖在岸邊你見[illegible]東簸西簸將謂是轉動又何曾離得一步來又似磨茶碾子從早至夜團欒旋轉極是好笑若眼目不分明底見你認着向你道是也被明眼人覰見點檢出來多少露柱索如今多分秖用箇如今底道總[illegible]如今不得秖被恁麽地釘下樁恭學不得旨趣一時把來錯會了做箇主宰不知佛法不恁麽會不見麻谷持錫見章敬谷振錫一下卓然而立敬曰是是又見南泉亦如前泉曰不是不是谷曰章敬道是和尚何得道不是泉曰章敬則是是汝不是此是風力所轉終歸敗壞谷方省道你諸人看幾錯會一生爭得不就人決擇山僧初行脚時見先師偈句便信道此人似古聖說底事必有實證處便十年間參扣先師領道學道先須得旨歸聞聲見色不思議若憑言語論高下一似從前不悟明又云空門有路人皆到到者方知旨趣長心地不生閑草木自然身放白毫光我後生時雖造道未得心中知此非常句也秖如聞聲見色皆可思議又何緣得不思議及乎論箇證處却云一似[illegible]時未悟時皆可思議如何見箇證處此人得無所得至究竟地方解如此我後來十年外始領他事大凡行脚學道參尋莫癡坐就人決擇此法難了喚作隔宿不問道若得了便別也昨日也喫粥喫飯今日也喫粥喫飯豈昔人耶別也不同也趙州向人道喫粥了也未曰喫粥了也州曰洗鉢盂去便是別也吾豈常人也你道何處是別處久立

古尊宿語錄卷第三十二

古尊宿語録卷第三十三

舒州龍門佛眼和尚普說語録

住南康雲居嗣法善悟編

師云山僧教人識取自己師僧家聞得了却云初機學人有底事有甚難會你且緩緩且子細你用何者名自己秖如古德對自己語云遊山翫水你道我會也更是阿誰又對自己云是你自己你道我也會得是我自己且如對伊道山河大地又道喫飯時飯是你自己又怎生會又却去不得古德云盡人地是你自己又且如何消遣每常見人錯會了舉轉古人事問伊秖如鏡清問玄沙曰學人乍入叢林乞師指箇入路沙云還聞偃溪水聲麼清云聞沙云從者裏入清從是得入我問你聞時聞箇什麼箇箇對曰聞水聲如此見解堪作何用據他所見聞處歷歷地一時領得離此聞外無聲可得盡從我者裏顯現者箇是業識有底對云不是水聲是聞自己山僧向道自己了如何聞自己所謂認心認性佛法是箇省力易會法門人自辛苦古人見不奈何了向人道你試一念靜思看好言語後人不明古人意了去那裏閉眉合眼捺伏身心堆堆地坐了等憒好癡好癡久立

師云不見祖師道風鳴耶鈴鳴耶便好休歇也更煩他道非風鈴鳴乃心鳴耳你更討什麼參請也及至此土道非風幡動仁者心動祖師恁麼印證因何不會秖爲箇能所所以道因能立所所既妄立生汝妄能無同異中熾然成異今時人言決擇且如何決擇莫是道者箇是入門底語者箇是初機語那箇是久參語麼總不如是元來一時放下正是決擇於一切時無異緣自早辰起披衣洗面歸寮等事你喚作雜想也秖要你見色時無能見所見那裏不是聞聲時無能聞所聞心裏思量時無能思所思佛法最易最省力自是你費力自作艱難若易處不見且究理而坐既來龍門參禪莫將來比諸處妄想卜度但退步自領會去然有般兄弟受整理有不受整理有愚者有智者有可救有不可救且如不受整理者硬將生死業識來用將粥飯氣來用問着則瞠眼進前退後眼坐且在髑髏裏皮袋裏昏昏地認箇識情此不可救你但放下了退步來看方會又有般上座道我都不作道理都無計較不着聲色不依染淨聖凡迷悟一道清虛大光明中都無是事此又被智光蓋却着在智邊亦不可救有此兩般病前病猶淺後病更深你但肯拈放一邊退步看亦自然會去此事甚是省力古人道甚是省要又道費力作麼有時見師僧來此間費力喫許多辛苦作什麼須要求些言語向皮袋裏有甚交涉然有一具實方便極好若非久參者不會疑着如玄沙一日欲說法大衆立久都不說一言遂兩兩三三散去沙云你看今日真實爲他也無一人備得待我開兩片皮一時近前來也你來龍門討方便討法門討安樂龍門也無方便與人也無一法與人也無安樂法與人何故若有方便却成埋沒上座盡日上座趙州道你但究理而坐三二十年若不會截取老僧頭去亦則要成一片去豈不見二祖大師隨處說法聞者皆得正念不立文字不論修證因果時有禪師聞之遣高弟潛聽說法不回禪師大怒因大會次覷語云我費許多力挑撥你你因何得恁麼學法耶彼云我眼本正因師故邪者箇是參學樣子也後人問岑峯云我眼本正因師故邪時如何峯云迷逢達磨僧云我眼何在峯云不從師得須是恁麼始得古云道常合人人自迷物經中道若能轉物即同如來物且如何轉又道凡所有相皆是虛妄若見諸相非相即見如來古人道若見諸相非相即不見如來但退步絕機照子細看忽然覷着怎生奈你何久立

師云無迷無悟到得恁麼田地方安樂最省力秖是箇無迷無悟底人十二時中有何法迷却上座應須裏私自家裁斷有三界二十五有迷心故有如今如何得無去既無未得迷情決然不奈何須證取無迷無悟事方得灑落行脚人喚作袈裟下事事若未了禍事也此是大苦馬鳴祖師說箇三細六麤動即有苦如何得不動去不是說一句兩句便當得譚玄譚妙說義說理坐禪入定當得自家無事獨自思量看平生所作所爲他人不知你自返照是合道理不合道理到者裏自瞞不得也好時好日不趣取究令徹去先師出世時道此大寶華王座每日與諸人同起同坐自是諸人當面諱却也好言語又道十餘年海上雲遊從箇究響不曾遭遇及到龍舒果見其人方契憤憤之心好言語恁麼說話少有人說得山僧行脚二十有餘年也老僧得道時諸人未生在後生家信取恁麼說底事逐日退省看教徹去久立

師云禪門名迦葉大寂定門不動一絲子無所不通不動一毛頭無所不達非是秖恁麼不動便休去諸人十二時中但不起心動念了一時會得通達一切名迦葉門下人方入得大寂定且何法爲緣爲礙雖許人參究許人學秖是不許人起心動念會若逢緣遇境或一言半句纔念動心起作解俱在散位也明上座大庾嶺上不思善惡了方見得便道某甲雖在黃梅實不知得佛言不此岸不彼岸不中流南泉云不是佛不是物正是你今人管帶處但恁麼學如秀才及第一回從此是官人心要一回了是佛方無疑各自將爲事莫延間過久立

師云諸人分上各有一段事回頭方識得須是解回

頭且如何回頭不尋尋不尋者箇便是人難措入處也不尋如何尋尋如何不尋若但尋何異尋聲逐色若一向不尋又何異土木瓦石須是尋而不尋不尋而尋若入得也始和會得尋與不尋所以道不尋不尋法身圓寂尋尋應用不差尋不尋不尋尋境智冥會體用一如故得三身四智五眼六通從是開明學道人解恁麼回頭尋究始得豈不見僧問仰山和尚別有何徑截願乞指示山云別有別無轉令汝昏昧汝是甚處人云幽州人山云汝還思彼中不云常思山云所思者樓臺殿閣市井人煙有許多般你返思思底還有許多般麼云無許多般山云據汝見處秖得一玄得坐披衣向後自看大衆者僧道所思有許多般思底無許多般見解有偏致令仰山道秖得一玄道眼不正若據山僧所思樓臺殿閣有許多般便是無許多般思底無許多般便是有許多般可驗現今目前有許多般便是無許多般無許多般便是有許多般亦如毗目仙人執善財手善財見無量世界微塵數諸佛仙人放手宛然依舊好大衆放下手了宛然依舊且作麼生會會取好久立

師云先聖道法法本來法好雲門拈拄杖云不是本來法良久曰若如是則三毒四倒五蘊六入十二處十八界一十五有不是本來法何不恁麼會取多少省力佛法是箇最省力底事何嘗不現前自是你不會又向你道無法無非法何於一法中有法有不法秖為馳求不息了一切處皆是馳求思惟道理也是馳求看古人公案也是馳求看禪冊子也是馳求假饒靜坐念念不住亦是馳求要會麼則你那馳求便是不馳求箇中極難信入難做功夫不安樂者爲你等不沉則掉所以道不會去如今如何得不沉不掉則你那一念起是生滅流轉爲是業識耶爲是不動耶恁麼纔覆有來便有些子道理久立

師云同床共被夢各不同先聖云同共一法中而不得此常且如生死一法中入得生死而不被生死縛者在生死被生死縛者同共一法中一人縛一人脫豈不是夢各不同你尋常生死作一邊無生死作一邊思量作一邊不思量作一邊有言說作一邊無言說作一邊山僧此中也無納僧事及向上事秖論出生死事不秖恁麼說一句了休須是即生死中見無生死事豈不見永嘉大師見六祖云生死事大無常迅速六祖云何不體取無生了無速乎嘉云體即無生了本無速又如曹山辭洞山洞山云什麼處去曹山云不變異處去洞山云不變異處豈有去耶曹山云去亦不變異豈不是了得底人你思量爲一邊不思量爲一邊於言說外做箇無言說縱饒你會得箇無言說處分明纔有言說便礙著你也終日行住坐臥不曾行住坐臥何不恁麼參究有時師僧來此下一句拍一拍那裏當得見解不出二邊你須是去思量看我分明在生死中如何得無生死去莫道便是也我本來無生死不由你說者一句子便了有底聞人說無生死便道是也本來無生死若恁麼作解便難會也既不許人作道理起會解又不許人說却如何作功夫你不見古人道我秖把你將來底示你箇入處珍重

師云有見今時叢林中兄弟似總不說此事相似秖如天下到處叢林知識說禪說道入室陞堂無不是說此事何故道不曾說著說則說也則是說不著不惟說不着亦不解覷不解恁麼作功夫秖管道正令全提十方坐斷佛來也打魔來也打一向說禪元來緊要處不曾說著山僧者裏所說者是諸方掉下不要者等閑地糞掃堆頭拈將來問人又却道不得秖如今早入室問道明得底人見香臺時是香臺不是香臺若道是香臺與尋常人一般若不是香臺香臺却分付與誰輕輕將來問着便七花八裂蓋緣尋常總去閑處做功夫我且問你不說入衆來不行脚未入衆時見香臺時喚作什麼曰喚作香臺又曰大家喚作香臺何不思量因什麼喚作香臺須是恁麼參要明你無始時來事修山主道不見本來法障礙是從來若人有障礙顛倒幾了回光師道如人將着將一點糞着在鼻端上初不覺知及至起來或聞臭氣嗅徧衫謂是徧衫臭遂脫却徧衫拈得物來一切皆臭不知道臭在他鼻上忽有智人向伊道不干別物事剛自不信智人云你但將手向鼻上揩看則是不肯若肯揩一揩方知早較些子遂以水洗去之全無臭氣若嗅一切物元來皆無臭氣參禪亦然不肯自休歇向已看者下尋會解那下尋會解覓道理做計較皆總不是若肯回光就已看之無所不了不見道一根既返源六用皆不行但如此覷却有悟明分久立

師纔坐呵呵笑曰儈自不會良久又曰我恁麼說儈你儈自不會若到別處更作麼生會也諸方不是走作你便坐定你我者裏也不走作你亦不坐定你直是省力易會因何却不會秖爲你千方萬便巧作道理所以難會去佛法是箇易會安樂底法雖然易會秖是難入難做功夫若是諸方坐定你便有箇做功夫處走作你便有箇咬嚼處兄弟家來說道不敢道是則你那不敢道是却如何何不恁麼去看秖恐你向者裏亂會亂有領覽秖要教你不動一念便明得去又有道據我見處千是萬是也此正是如焦穀芽如敗種子永不發生你已道是了也更如何救須是深疑著此事所以道凡夫有返覆又有者會了却說

不得幾說得亦不成道理不要草草子細體究山僧與你同參我若會時你也須會始得你若不會山僧亦不會也不見玄沙指簡前一點白問僧見麼僧云見沙云我也見你也見因甚却不會有簡同參禮上座見先師得一年半凡入室秖向伊道上座也分此緇素麽度度去度度如此似恁麽說話如何解會如何做功夫今之時也無恁麽尊宿爲人也亦無恁麽上座參請也若是別人則煩悶去了也一日聞先師上堂云向門出入宿世冤家憍然地心下如落秤鎚相似從前見解如大空中花相似從此見諦須是如此做功夫如此澄語禪祇是恁麽參今夏已一月是殊不見兄弟有從觸處而祇是省精神若是無人說着無人問亦使難做功夫也既是遇人便好做功夫須是分緇素始得久立

師云而今有頓悟見解可信道有頓悟底事也諸方亦可說有頓悟底事只若無頓悟底事如何却名叢林叢爲從來相傳祇是有古人公案或有一則或兩則要有一知一解若有不會不得處亦將經讚研求會取會得了道此事祇如此也便在叢林中流布將去皆不說著頓悟底事若無頓悟底事則三界二十五有如何消遣疑情如何消落去今早有箇師僧來說道見聞不昧一向去認見聞便道是也則是不見那不非處問他方世界事又不知問根塵下事又不破如何却以凡夫情量便同頓悟底事山僧今日普告大衆但信取有頓悟底事譬如村夫於耕田處拾得一粒金丹服後渾家上昇又似白衣拜相相似敬中說你那凡夫情量如似土坏未曾經大火中煆過都用不得須是經大火中煆過始得却似得一回頓悟相似山僧日用中來秖參一人知道此人說話與古人一般曾問先師道聞禪門中有悟道果否先師云是若無悟那裏得你但綴綴地參山僧便寬心參究有役首座見地明白所以山僧常去詢問秖向山僧道須是自家做活計見來問我一日舉趙州夾火示僧云不得喚作火是什麽山僧深疑著分明是火如何却不喚作火如是有二年常自思惟爭敢以凡夫情量便問他聖人所證處又曾聽法華云是法非思量分別之所能解常得此一念如今見作家道便是者箇也爲你一起解會了使不會也又先師曾到李提刑宅提刑請就書閣中燒香了將傳燈錄白先師某雖俗人素留心此道每看此錄多有不會處一一望和尚開示先師云此事不如是理會須有省悟始得若有悟處無不會者自不消問人若無省悟秖那會處亦未是在提刑云吾師說得是又山僧平生事因作知客在火爐上會得自後無有不會底事衆中兄弟須是見頓悟底事始得今時叢林中例皆不說着也久立

師云山僧分上無有不是者若有一絲毫不是處爭敢說向人爭敢指示人山僧分上是時無能是底心又無所是底法所以方敢說向人若約諸人分上明知有不是處所以來就人決擇若已是了更幾時去問人也然而山僧者裏秖指你是處你若不是終不敢道你是等你是也山僧肯你也秖賭是大衆山僧無有不識者或會見人來或有悟處或無悟處有無曾解皆知得伊如世良醫一見便識病或冷或熱可醫不可若一一問候方知此乃庸醫如前日舉法眼指簾子有二僧去捲法眼云一得一失你等事須不得道有什麽得失又道一人會來去捲是得一人不會來去捲是失若恁麽怎生會得如今明未得蕃爲悟心未諦如不識病稱醫者他人會也不識不會也不識有無見處總辨別不得却如何爲人如何說向人須是參究實始得若肯去免骨究實無有不會者不見古人道你但究理而坐二三十年若不會截取老僧頭去作屎杓子僧家行時道是也却到起行究實却走作不定如隔壁有馬騎相似忽不便道箇須似三二萬斤鐵相似各不前但不後方知是實你等饒彼人撼著早動也更着力推一下便倒了也須是自己頭見三百六十骨節八萬四千毛竅一時開張內身外器法法皆是本來法無有不是始得而今師僧依倚方能道得若一時去却則無湊泊處又謂空過了諸人無過此時好也既在其中定省精神努力究取珍重

師云若論平等無過佛法唯佛法最平等若道我會你不會不是佛法也你會我不會亦不是佛法也教中道是法平等無有高下名阿耨菩提山僧見處與諸人齊等諸人見處亦與山僧齊等又古人道諸人知處良遂總知良遂知處諸人不知因何却不知去良由仁者心有高下不依佛慧遂見此土土石諸山穢惡充滿須依佛慧始得也聖人說底便是平等法也道卵胎濕化四生九類我皆令入無餘涅槃而滅度之如是滅度無量衆生實無衆生得滅度者豈不是平等法古人道涅槃名廣度無餘一味收卵胎并濕化空有及沉浮薩埵能降住菩提道自周條然纖芥在此岸永淹留纔有纖毫不盡便是此岸也又道刹那流入意地便爲生死根栽豈可亂有所證妄生解會耶古有尊宿向人道各各有初心在最初發心行脚必爲生死故發心或厭苦故發心或爲事緣逼迫不獲已發心皆名發心何故令人看初發底心謂你最初發底一念不易轉頭來最有力此是你參底禪也若得現前時秖是此心明淨也中間求訪宗師日夜推究秖是養育此心乃至悟得了便見未發心

時亦則不失馬鳴祖師謂之始覺卽本覺本覺卽不覺本始不二名究竟覺又道初發心時卽成正覺謂先證得果頭佛六度萬行成熟之事也所以令你但推究初發底心且山僧見處與諸人一般何不恁麽會去久立

師云明眼漢沒窠臼你尋常構不及者秖是眼不明眼若明却構得也所以說道明眼人難得你纔道是恁麽便是窠臼也若是明眼人卽不恁麽不見德山示衆道今夜不荅話問話者三十棒若不是明眼漢怎生構得纔構不得便落意思卽成朕兆故德山平生則嵓頭一人構得所以道須是明眼漢始得久立

師良久告衆曰祖師眞實好知音呵呵笑了又云也秖得恁麽說也若明得者親得受用便有履踐處若涉道理涉計較涉言說則不會也亦不親得受用也你在廊下東行西行時寮舍裏洗衣擇菜時還見得祖師眞實好知音麽良由不見問著便脚忙手亂病在什麽處病在你尋常秖是思量計較中來不親得受用皆是去長連牀上閉目藏睛擘劃思量得盡上窮銀漢下徹黃泉方說得一兩句却到鬧處時又不知下落也目前盡是礙人之物輕輕問著便去不得如今據實理論不要亂說我且問你不與粥飯喫三日時還動得麽定是動不得也纔方喫得些粥飯方能動得若恁麽盡是粥飯氣到者裏便要得人也須是見得非粥飯氣底事始得禪須是恁麽叅如此方名決擇既喫粥飯了須扶持你者事把來叅取恁麽一件事你却總不知却去閙處用了也說是非管閙事或思量或擘劃可惜許盡把來胡亂用了你不知纔擬心早是後世也刹那流入意地便爲生死根栽也又五蘊身存尚不知百骸散後何處覔近日有者一向秖恁坐地初時惺惺地餉間便瞌睡十箇九箇坐地睡著苦苦不會做功夫那裏硬坐要會不是此理怎生見得丹霞豎起拂子龐居士舉起槌子丹霞擲下拂子居士放下槌子又云昨日公案作麽生丹霞放身臥居士便出去此豈不是眞實知音豈容你亂說容你下注脚又嵓頭道夫沙門者一一從自己胸襟流出蓋天蓋地始得那裏是靜坐思量來先師道你睡時睡時叅取喫飯時喫飯時叅取又古人道坐時有坐時道理立時有立時道理豈不見投子問翠微西來密旨可得聞乎翠微竚立顧視投子云未曉玄言乞師再指翠微云更要第二杓惡水潑在投子便悟諸人不得受用在十二時中蹉過多少好事所以我道祖師眞實好知音良久又道祖師之道如青天白日相似爲什麽有人迷路久立

師云你諸人會不得過在何處你都盧是不會根本是不會了更求覔會處古人道莫棄者邊著那邊若如此轉難會也向你道根本是不會何不恁麽看如法眼行脚時地藏問何往法曰行脚去曰還會行脚事麽曰不會曰要知行脚事不會者是法眼從此省悟我問你既不會又如何是得須有入路方知不是強會底事乃會千般你根本不會了堪作何用須著用意究你看不會從何處得來你要知麽你者不會本無來處既無來處此不會却如何及乎明得者不會無去處恁麽地看時你管取須明得秖被你不解做佛法中人一向秖在世間用心未曾片時究此事如何得便會去及乎被人問着胡道亂說不是恁麽事舊日曾聞一人老僧說香林和尚見僧來曰你說得不無你下堦兩三步早不恁麽也莫亂說好你看古人根窮人是如何將爲事佛法無虛棄底道理會取會取珍重

師云雲門大師曰汝若實未構且順朱識取叢林中叅學人亦須順理而進不敢望有超過底事大凡今之學人事作一邊理作一邊所以致令身心不得安樂何不且教事常順理去未說無始劫來事秖撿一念入母胎頓變根身器界自是已來莫不皆是事一報身中種種何嘗有一法不是事者如今如何消遣此箇事得順理去且事有形段理無相狀古人一得其理了事便如理融通去豈不見昔人聞蛙鳴乃撫掌大笑曰我會也我會也此豈不是順理而學何不且去十二時中恁地觀究做得者般功夫久久成熟自然與理相應祖師道要急相應唯言不二不秖說了便了要得相應始得溈山道事理不二眞佛如如多見不能順朱把來一時顚倒了空理會古人言語公案差別問難節記門庭以為叅學苦哉苦哉學道不如此後生兒弟更是不知空腹高心十年五歲過却光陰並無所得無明人我客氣蘇不念出家事將來如何去各各究取莫久立

爲李舍人普說師云實無一法爲緣爲對若有一絲頭便是一絲頭你諸人如何見得無一法爲緣爲對底道理若向者裏明得現前何處更有身心可求若實無箇諸入處都來秖是生死流注如今問諸人你現今種種分別念慮作麽生都無法爲緣現前我見你你見我作麽生無法爲對道人家須是恁麽纖毫體究始得山僧道佛法便是諸上座諸上座便是佛法是有語路來體解無語路來體解是有可趣向處無可趣向處從上古佛先德現前在此盡大地凡夫四生六趣現前在此向者裏直下了得實無一絲毫子豈是取一邊捨一邊豈有一段本來事有一分今時妄想則爲馳求取捨至今不得現前既有許多流轉法可厭可棄所以諸佛出世祖師西來使汝尋師訪道祖師邊事透不過時直下如銀山鐵壁相似且

如何是銀山鐵壁元來是自家屋裏事思量來者般事我未會已前如銀山鐵壁如今會了元來我是鐵壁噁鐵壁鐵壁所以道祖師常在世間秖如世間如何了先聖道自從認得曹溪路了知生死不相干須是你自家踏着始得方知道佛祖常時垂手須一一從自已胸中流出自然明得諸聖出世善巧方便秖如諸人每日說底話還有方便善巧麼乃至動轉去來種種施爲有善巧方便無善巧方便豈不見洞山參見雲門門見來便問近離甚處山云查渡者一句語如何是會來恁麼說是不會來恁麼說是肯了恁麼道是未肯了恁麼道雲門又問夏在什麼處山云湖南報慈門云幾時離山云八月二十五門云放你三頓棒洞山一夜不安明日上去問訊云昨日蒙和尚放某甲三頓棒不知過在什麼處門云飯袋子江西湖南便恁麼商量也山於言下見道且有過無過合喫棒不合喫棒卽且置你道者僧悟處是如何古人爲人作麼生試若者裏明得自從無始劫來是實無一絲毫爲解礙方從是出生便了他諸聖行履處不能如此莫道是諸聖行履處十二時中行履處何嘗分明秖爲無始劫來顚倒迷亂六趣何曾見還猶如蠅子透窻相似不見端師翁有頌云爲愛尋光紙上鑽不能透處幾多難忽然撞着來時路始覺從前被眼瞞如今既在此門中不可中途困頓縱然學道得旨後閫閾中物颺不下明得此事還被此事留滯不見道金鎖玄關留不住行於異類且輪迴到得恁麼田地方可爲人師如今去聖時遥人多懈怠尋常說正法像法末法山僧道法無正像末佛法常在世間得時便是正法失時便是像末法諸人決然要辦此事緊要是出生死然本無生死可得何故三際求之不可及先佛道過去心不可得現在心不可得未來心不可得秖如歷歷分明聽法者是誰是過去耶現在耶未來耶須知是一箇無始時來無知覺者如此看來豈是與一法爲緣爲對如今天下禪僧盡道秖是者箇漢是定有者箇漢是定無者箇漢道橫也是者箇漢竪也是者箇漢也道六十二見諸外道種盡從佛法中來所以省道頃在舒之龍門時常勸人如此做功夫後到褒山亦不忘此肯非時愛與兄弟東說西說喚作非時語緊要處却在當人不見昔日溈山和尚在百丈作典座一日司馬頭陀問云野狐話作麼生會溈山撼門扇司馬云是則是太麤生溈山曰佛法說什麼麤細你道問他野狐話他却撼門扇且道緊要在什麼處要會麼盡是金毛師子子莫於中路却輪迴久立

古尊宿語錄卷第三十三

金壇居士于玉立施資刻此
古尊宿語錄卷第三十三　計字六千二百二
十八箇　該銀四兩二錢八分
永嘉徐海亮對　上元李潤書　蔡總錦承刻
萬曆丙辰歲冬十月徑山化城寺識

古尊宿語錄卷第三十四

舒州龍門佛眼和尚語錄

住南康雲居嗣法善悟編

頌古

外道問佛

果日連天照有無執云善逝坐跏趺如今要見當年事邪正猶來在半途

世尊陞座文殊白槌

法王法令若爲酬潦倒文殊强出頭賴是釋迦猶可事至今千古鬧啾啾

世尊拈花迦葉微笑

百萬人天望擧揚拈花微笑大乖張幾多蒙識茫茫者問著分生沸似湯

二祖請達磨安心

若有絲毫付與人可師何得更全身人間天上迷逢處八兩元來是半斤

六祖風幡

非風幡動唯心動大海波瀾常泅湧魚龍出沒任昇沉生死聖凡無別共無別共底怎麼樣祖佛傍觀空合掌

國師三喚侍者

潦倒江湖上竿頭事可咍一回浮子動又是上鈎來

百丈野鴨子

草裏尋常萬萬千報云飛去豈徒然鼻頭是甚閑皮草十字縱橫一任穿

百丈歸與同事坐次忽然哭事問曰憶父母耶丈云無事曰被人罵耶丈云無事曰哭作什麼丈云問取和尚事往問大師大師曰你去問取他事回至寮中見百丈呵呵大笑事曰適來爲什麼哭而今爲什麼却笑丈曰適來哭而今笑同事惘然

一回思想一傷神不覺翻然笑轉新雲在嶺頭閑不徹水流澗下太忙生

馬祖陞堂百丈捲席

挂得帆來遇便風須臾千里到家鄉臨門上岸逢妻子歡喜情懷不可當

百丈再叅馬祖

挂拂遺呵耳便聾衲僧若驗宗風金剛腦後抽牛鐵華岳三峯倒卓空

黃檗一日問百丈曰和尚在大師處有甚奇特言句乞師不悋丈遂擧再叅馬祖因緣乃曰我當時被大師一喝直得三日耳聾黃檗不覺縮項吐舌丈曰子已後莫承嗣馬祖麼檗曰不然今因和尚得見馬祖大機大用要且不識馬祖若承嗣馬祖恐已後喪我兒孫丈曰如是如是

家肥生孝子國霸有謀臣拳頭劈口槌未到無兒孫

百丈開田說大義

開田說大義後人莫容易百丈總持門淡而還有味

黃檗問百丈從上宗乘苗裔此間如何商量百丈默然檗曰教後人如何委悉丈云我將謂你是箇人便起去檗隨後入方丈曰某甲得得而來秖要箇印信足矣丈曰若恁麼他後不得辜負老僧

打麵還他州土麥唱歌須是帝鄉人現成財本成家者多見飢寒在子孫

百丈一日問黃檗何處去來檗曰大雄山下採菌子來丈曰還見大蟲麼檗便作虎聲丈便拈斧作斫勢檗約住便與一摑丈便休至晚上堂謂衆曰大雄山下有一虎汝等諸人好看老漢今日親遭一口

大雄山下斑斑虎觸著傍人誰敢犯親遭一口老婆心何曾用著腰間斧

百丈問黃檗甚處來檗云開田來丈云辛苦不易檗云隨衆作務丈云有勞道用檗云爭敢辭勞丈云開得多少田檗遂钁地數下丈便喝檗掩耳而去

相見言談理不虧等閑轉面便相輝畢竟水須朝海去到頭雲定覓山歸

黃檗示衆汝等諸人盡是噇酒糟漢

大唐國裏無禪師不許會今秖許知著肉汗衫如脫了方知體駱漉漉

黃檗一日在南泉位中坐南泉遂問長老是甚年中行道檗云威音王佛已前泉云猶是王老師孫在檗遂歸本位坐

彼此老來誰記得人前各自强惺惺一坑未免俱埋却幾個如今眼子青

南泉問黃檗定慧等學明見佛性此理如何檗云某甲十二時中不依倚一物泉云莫是長老見處麼檗云不敢泉云漿水錢且置草鞋錢教什麼人還檗不對

問荅分明是切磋幾人於此見誵訛少年俱決龍蛇陣潦倒同吟稚子歌

南泉門送黃檗泉曰如許大身材戴柳子大笠子檗云三千大千世界總在裏許泉曰王老師聻黃檗戴笠子便行

相見錦江頭相携上酒樓會醫還少病知分不多愁

百丈問南泉何處來泉曰江西來丈曰還將得馬師眞來麼泉曰秖這是丈曰背後底聻泉拂袖便出

八面當風秖這是拂袖之談動天地堪笑贊身王老

師不作賤兮不作貴

南泉坐次一僧叉手而立泉云太俗生僧合掌泉云太僧生僧無對

南北東西無不利令人深愛老南泉眉毛撕繫如相似鼻孔遼天不着穿

洞山謂雲居云昔南泉問座主講何經論主云彌勒下生經泉云彌勒幾時下生主云見在天宮當來下生泉云天上無彌勒地下無彌勒時雲居遂問洞山祇如天上無彌勒地下無彌勒未審誰與他安名着字洞山直得禪床震動乃曰闍黎

禪床驚震被搽糊惹得兒孫不丈夫拄杖劈頭連打出也教知道赤鬚胡

南泉示衆云馬大師道卽心卽佛又云非心非佛老僧却不恁麼不是心不是佛不是物恁麼道還有過也無趙州出禮拜歸衆僧問趙州適來禮拜歸衆意作麼生州云却問取和尚僧上問南泉適來諗上座意作麼生泉云他却領得老僧意旨

祖佛場中不展戈後人剛地起誵訛遭秦不傳天子令時清休唱太平歌

南泉斬猫兒

五色狸奴盡力爭及乎按劍總生盲分身兩處重相為直得悲風動地生

晚趙州從外歸泉舉前話問之州脫草鞋戴頭上而出泉云子適來若在卽救得猫兒

安國安家不在兵魯連一箭亦多情三千劍客今何在獨許莊周致太平

南泉歸宗麻谷三人去禮忠國師

同氣相求事可論一回見面一歡情兩行何處問文字一隊誰家好弟兄

大隋蓋龜

骨裏皮兮皮裏骨大隋老子無窠窟上士聞之笑未休中流特地生疑惑

俱胝竪指

老大宗師竪指頭一生用得最風流玄沙拗折無人會年來年去冷颼颼

德山叅見龍潭吹紙燭

黃金為骨玉為稜莫把他家此日尊多少從來悟心匠盡將底事繼威音唉

魯祖面壁

池陽何處得捫摸後代商量苦也無古人剛地成多事敢問如今會也無

雪峯示衆云望州亭與上座相見了也烏石嶺與上座相見了也僧堂前與上座相見了也

密密堂堂早二三本來無物更何堪擬人見了生歡喜作者相逢滿面慚

米和尚令僧問仰山今時人還假悟也無山云悟卽不無爭柰落在第二頭米聞深肯之

悟人千箇道無憂肯信遭他第二頭寂寞山花寒食後夕陽西去水東流

金牛和尚每至齋時自將飯於僧堂前作舞呵呵大笑云菩薩子喫飯來

長連床上狐屎屎三聖堂前狗吠春跳出金牛窠窟千月明照見夜行人

玄沙三種病人

玄沙三種病人有理不在高聲引得香嚴老子走來樹上懸身

破竈墮和尚居嵩嶽山塢有一廟甚靈廟中唯安一竈遠近祭祀不歇烹殺物命甚多師一日領侍者入廟以拄杖敲竈數下云汝本甎瓦泥土合成靈從何來聖從何起又敲數下竈乃傾破墮落師云破也墮也須臾有一青衣峩冠忽然設拜師前師云是什麼人神云我本廟神久受業報今日蒙和尚說無生法忍遂得生天特來禮謝師曰是汝本有之性非吾強言神再禮而沒

倚福威嚴不自靈殘盃冷肉享何人一從去後無消息野老猶敲祭鼓聲

大衆遂曰如某等久在和尚左右不蒙示誨適來竈神說何法便得解脫師曰我也別無道理秖向伊道元是一堆泥土合成靈從何來聖從何起你等諸人何不禮拜衆遂作禮師云破也墮也大衆一時悟入

春寒料峭凍殺年少切忌參商別無奇妙低頭侍奉歡喜問訊佛法商量傷子性命

趙州勘婆

趙州言勘破笑殺老禪和院主顰眉落南泉打粥鍋趙州勘破却成罪過大地衆生千箇萬個

百丈野狐

醉眠醉臥不歸家一身流落在天涯祖佛位中留不住夜來依舊宿蘆花

黃檗問百丈古人錯答一轉語墮在野狐身今人轉轉不錯時如何丈曰近前來向汝道檗近前打師一掌丈呵呵大笑云將謂胡鬚赤更有赤鬚胡

一問當機絕異同定乾坤箭驗勳功轟轟一掌胲腮下笑殺雄山者老翁

司馬頭陀問溈山百丈野狐話你作麼生會溈山以手撼門扇三下司馬云太麁生溈山云佛

法說甚麼偈
春至是花開生前安在哉可怜園裏色不入鏡中來
靈雲見桃花
春來發出一枝枝同地同天道不疑未徹之言人莫
問今今日是笑嘻嘻
臨濟參黃蘗首座令問如何是佛法的的大意
三度問三度被打
擘開華岳連天色放出黃河到海聲瞎驢死後萬枝
折大地如今有幾人
雲門三頓棒
本君三頓曲闌遮屈辱雲門老作家渡水穿雲五湖
客欲將何物當生涯
雲門餬餅
雲門答餬餅言前句後須驢鞍爺下領到了終不省
寒却你咽喉把將餬餅來速道速道
劉寶問王自將劒至師子尊者處問師得蘊空
否尊者云已得王云既得蘊空可施我頭否尊
者云身非我有豈況於頭王即斬之白乳高數
丈王臂遂落
楊子江頭楊柳春楊花愁殺渡頭人一聲殘笛離亭
晚君向瀟湘我向秦
仰山挿鍬
數目分明舉即難衲僧無不膽毛寒須知更有壺中
路但向須彌頂外看
長慶萬象之中獨露身
萬象之中獨露身一回相見一回嗔東西南北吾皇
化莫向江頭苦問津
雪峯鼇山成道
鼇山成道足人傳莫是從前話不圓賴有玄沙知始
末徧身紅爛在漁船

子胡狗
老大宗師沒巴鼻養狗之緣太兒戲奪牌禪客如到
來鉛刀爭及吹毛利
鳥窠吹布毛
汝求佛法往南方老大宗師爲舉揚山花滿地雖狼
藉一陣風來一陣香
玄沙虎
宗師方便太慈悲是汝之言實古錐萬里神光騰頂
後肯將生死嚇愚痴
五洩叅石頭
在途在舍若爲酬莫把先師一例求雄雄宇宙如王
者未免牛邊無髑髏
藥山一句子
犢牛生子頗相諳兩眼通紅色似藍把火照來無覓
處大家普請一時叅
趙州喫茶
趙州一椀茶驗盡當行家一期雖似好爭免事如麻
盤山臨入滅垂示云還有人邈得吾眞麽衆人
競寫呈師師皆不納時普化出衆云某甲邈得
山云何不呈似老僧普化乃打筋斗而出
師眞醜拙不堪呈用盡身心笑殺人彼中莫覓絲頭
意白身崑崙賀新正
女子出定
出得出不得初不離是定聖者起凡情凡人而乃聖
倒用與橫拈扶邪及顯正春雨春風竹戶涼落花啼
鳥千峯靜
良遂叅見麻谷
十生心膽向人傾到此門中有幾人別後都城舊知
已暖煙斜日又黃昏
黃龍三關

佛手驢脚生緣黃龍元無此語直饒恁麽知之我儂
亦未相許奉報四海禪人第一不得錯舉
晦堂拳頭
若眼有來寧免瞎全身何用佩金魚黃龍意氣雄豪
甚秖爲他家不識書
五祖老和尚凡見僧來便云屈屈僧云屈作什
麽師云如今不屈更待何時
識力不余何按牛頭喫草若無錦繡文難以論嘉藻
又每見僧來展手問云何故喚作手
何故喚作手衲僧難開口撥蘇自顢頇可怜大蒙千
又每遇僧請益秪云無這閑工夫
彼此且無佃負累行人無不失鈎錐雖然不瞎衆生
眼也好拳頭劈口槌
室中垂示
師云不負平生眼目還知龍門老爲人處麽若知得
終不相辜負若不知實無爲人底道理師云上座未
來此間時無一人上座既來此間後有一人上座秖
是一人上座爲什麽成有成無師云正恁麽時作麽
生辦師云得底人還具四大五蘊麽師云眞佛住在
何處師云盡十方世界是你自己折旋俯仰是何
人師云古人道無情有佛性師云有情具覺知可容
知有佛性無情無覺知若爲知有佛性師云昨夜山
前虎咬大蟲師云無目仙人能揣骨既是無目將什
麽辨貴賤師從東過西顧謂衆曰是復從西過東
顧謂衆曰不是不是遂歸位立曰適來猶記得舉魯
祖凡見人來便面壁而坐不知後來有甚人會得師
云雖却三界還見香臺麽師云有情說法易見無情
說法難聞秖如無情說法什麽人得聞師云潙山接
仰山師云現今是箇什麽何不猛會取師云有人問
你隨問便荅無人問你時作麽生道師云芥子納須

彌且問你諸人即今在芥子內若道在芥子外如何納得須彌若道在芥子內許多大身材如何却在芥子內師云隔宿不問道今朝事作麼生師云山僧問你諸人尋常一件事諸人舊時曾到處忽然思量著一一在目前為將眼見耶將心見耶若道將眼見諸人思量舊時到處如何是眼見若道是心見心豈有見耶現今目前燈籠露柱是心見耶是眼見耶世尊道從本已來非心非眼且道是箇什麼衆古人道一堆火兩人坐我是你你是我師云你自是你向火我自是我向火為什麼却道我是你你是我師云無舌人解說說則說了也師却吐舌云爭奈者一片子何師云明來暗謝智起惑亡正當明時暗向什麼處去祖師道秖者明便是暗明暗覩體不可得師云黑地裏行時為什麼脚高脚低師云古人道世間法便是出世間法露柱是世間法如何明得知是出世間法去師云一切衆生眼見耳聞先聖去者裏有箇指示人處道即此見聞非見聞師云諸人正當見聞時作麼生見得非見聞師云忽然被人攢名道姓喚你一聲時你去者裏還入得麼師云山僧與諸人總在者裏其間有了者不了者作麼生辨得者箇是了者道箇是不了者作麼生辨師云諸人還會古人說底話麼那箇是古人作麼生是說底話若不恁麼明得祖教佛教俱為剩語作麼生是古人說底話師云十二時中作麼生是你相應底句師云不是山僧瞞你却是你瞞我作麼生是你瞞我處師云中夜間忽然會得去今朝起來所見所聞別也作麼生是別處師云此事易見難曉你等諸人還見狗子麼見生客則吠見熟客則搖尾且道是一耶是二耶若道是一吠則咬人搖尾則求食若道二來生也是客熟也是客所以道易見難曉須是向不一不二處會取山僧不誑謼你子細檢點看師云山僧齋時見箇蠛蠓子在聖僧鼻孔裏出來入去得大無畏你諸人十二時中出來入去在什麼處師云古來有箇禪客依栖一人尊宿每日上去問訊纔見來便道且去未在如是數年忽一日省得便上去宿纔見來便云恁是也師云作麼生見得便知道是也師云不重久習不輕初學久習之人有何過不重初學之人有何能不輕正當撞着此二人相見時如何師云諸人大似開眼尿床還見開眼處麼師云須得作衲僧家說話且道衲僧家如何說話師云你上來時早是分外也更口吧吧堪作什麼師云曹溪大師道繫與永處那伽定祖師在你背後還見麼

垂代

師一日問侍者三人中那箇不在數代云和尚問不着又云某甲秖得緘口又云慚愧且得和尚委悉

因病臂示衆云我一隻左臂因你諸人教我動不得因你諸人教我受無限辛苦代云和尚要如此分疎作麼又云不敢辜負和尚一隻左臂又云學人鬧得不安不樂又云此是和尚底碌某甲秖恐某甲不到者田地舉古人云飛猿嶺峻你好看問僧你如何代云恁麼則不去也又云為什麼不去代云秖者便是飛猿嶺問大庾嶺頭提不起時如何代云你却會得好又云你適來披袈裟來麼據款結案又云依樣畫葫蘆開書問門開云無風自動好與三十棒舉古云泉眼不通被沙礙道眼不通被什麼礙古云被眼礙問僧秖如眼如何礙代云早知燈是火飯熟已多時問僧你許多時在什麼處安身立命代云少人知問南泉牽牛巡堂如何代云你尋常東行西行有佛法道理無佛法道理又云錯行此路問高麗淨缾為什麼在者裏代云非但在者裏舉龐居士問馬大師不與萬法為侶者是甚麼人代云某甲已荅和尚了也一日聞茶版聲又聞浴鼓聲問僧云赴那處即是代云聞時雖普不妨應處成偏應處雖偏不礙聞時常普問僧如鏡鑄像像成後鏡光向什麼處去代云老僧出家三十年也問孤燈獨照時如何代云露柱證明問如何是你受胎處代云和尚甚處去來問念念攀緣心心永寂時如何代云復有何事問我與釋迦老子同叅釋迦老子具三十二相八十種好如何說同叅底事代云莫來污我耳目問久嚮千佛到來為什麼一佛也不見代云已見千佛問識情不到處如何代云大蟲看水磨問識情不到處還聞雨聲麼代云將為某甲落他情識裏問大安樂底人還見有春夏秋冬麼代云若不恁麼爭喚作大安樂底人問衲僧家如何商量代云寒時言寒熱時言熱問如何是古人田地代云豈有異耶問飯袋子如何代云正道着因遊白蓮峯至半山亭有僧後到云和尚在這裏師云我到了來也僧無語代云也是齋後鐘呂少馮入室問和尚有何提誨師云若有提誨即埋沒足下又問請和尚徑直指示師云太迂曲生問有一物上拄天下拄地黑似漆常在動用中動用中收不得過在什麼處代云有什麼過謂僧云我為你着盡氣力如何着力代云早朝有粥齋時有飯問會佛法人為什麼病代云也知和尚心切師拈一隻火筯在爐中云此意如何代云頂門上着一隻金剛箭又云剌破你眼睛穿過你心肝又云莫向虛空裏釘橛有一屠兒身上常出乳香舍利此意如何代云恐人不信又問別底屠兒為甚却無代云他得大闡提問虛空還有變異也無代云青黃赤白長短大小師豎起拂子問僧從什麼處得來代云也秖是某甲底夢中僧問和尚因什麼得悟代云莫搽糊我見畫兎子相咬

師云咬殺也又云我也知你親
示衆云會佛法底人不得龍門飯喫不會佛法底人亦不得龍門飯喫總不恁麼人亦不得龍門飯喫且道什麼人得喫代云無慚媿底人又云似我者得喫
遊山次問僧竹密不妨流水過如何代云不許夜行投明須到問僧癩狗爲什麼無毛代云已被和尚道了也又云直得恁麼因僧問病師云我身在這裏爲什麼心不在這裏代云身在這裏你疑箇什麼又云泪合空過一生問亡僧遷化向什麼處去代云你問我又云深領和尚一問一日喫粥了白衆云許多人喫粥也無一人講得便起去舉古德一日不赴堂侍者白云請和尚赴堂德云我今日在莊裏喫油糍來也者云和尚不曾出入爲什麼却道在莊裏喫油糍來德云你但去問取莊主者纔出莊主歸謝和尚莊中喫油糍代云事實如此聞鼠聲侍僧問古人道即此物非他物急言如何師云這老漢不識好惡與人說作什麼又云你尋常來舍裏東語西話還有吉凶麼問僧頷下見手中席刀如何放下代云不須放也問向前是什麼代云無物問六祖不識字爲什麼陞腰石上題云龍朔二年老盧記代云更須子細問侍僧汝恁麼供養老僧老僧將什麼報荅你代云謝和尚報荅因看月問侍僧那一半在什麼處去代以手指月問大地衆生如何度得去代云有箇度處僧云和尚如何度師云莫管他因僧亡問衆云齋後燒你也你如何代云事不徒然又云非但某甲又云深領此問師謂侍僧云我尋常向你說却成罪過代云也知和尚小心呂少馮再至褒禪見師師尋常以六隻骰子示禪人遂將三隻令侍者送與少馮仍傳語云此是老僧平生用不盡底少馮接得復令回語云謝和尚見惠秖得一半在師復令侍者傳語云一半留與老僧餅一日到寶公塔前忽云雲光好法師安角在頭上既是雲光法師爲什麼安角在頭上代云即披不騎金色馬回來却着破襴衫師在方丈坐見僧上來師云入室來到你火在代云恁麼則某甲伏惟譴退師因喫藥次問僧云適來背中似有一物且道是何物代云肺氣又云猶有者箇在又云者箇是什麼乃跳步而去師謂僧云開鋪席了也來買西賣僧云好茶師云賤貨自救師問僧你忽然死去時如何僧無語師呵呵大笑僧問如何是朕兆未生時事師云你何不早問師一日謂僧云扶不起設使一萬人也扶不起良久云秖有一人扶得起僧云未審是什麼人師云無力者師問僧燈籠什麼處得來代云驗在目前問僧忽遇虎狼刀劒時如何代云是虎狼刀劒問僧子已後如何代云一似今日問僧從緣得者永無退失者裏見得自已亦是生冤家還會麼僧云自已亦不見時如何師云時教阿誰敘僧無語師代云孟春猶寒師舉僧問雪峯知有向上事始有語話分時如何峯提起僧手云作麼生僧無語代云引得者老和尚到恁麼田地舉僧問法燈百尺竿頭如何進步燈云噁問僧下得什麼語代云平地神仙舉藥山謂高沙彌云見說長安甚鬧高云我國晏然師問僧如何是我國代云四五百條花柳巷二三千處管絃樓五祖老和尚常展手問人云因何喚作手代云瞞我太煞

示禪人心要

不應於無際空中立分限若立無分限是無際空乃自負贓所以解空者無空想若人以語言名狀心終不得心不以語言名狀心亦不得心語言本是心名狀之故不得也無語言本是心不名狀之故不得也種種會當皆不與自心契上祖曰默契而已爲若此道若未達但無妄念爾若人知是妄念作意止之者見有妄念故也知有妄念作意觀察令見正理亦見有妄念也知妄元是道乃無妄焉故達道者無所得也發意求道道即得之但不別求知無迷妄謂之見道近世皆曰無不是道但如飯籮邊坐說食終不能飽爲不親下口也達者絕能所也非別有玄理在尋常日用處如見色時是證時聞聲時是證時飲水食粥是證時一一絕能所此非久習不假薰煉益現成之事世人不識名曰流浪故云唯證乃知難可測學道者明知有是事何故不得言而長疑蓋信未極疑未深也唯深與極若信與疑眞是事也不解如此返照遂迷亂不知由緒因躓中途能自返省更無第一人也既曰此事又豈更知耶知是妄慮此事則不失也道不止說與示而後顯蓋體自常露說示者方便道用爾省悟者亦暫時歧路也或因說而證或因示而入或自覺觸以歸終無異事別得至心源而止也人言悟了方修此屬對治門雖然禪門亦許以正知見治之若論當人即不須若是也佛道長遠久受勤苦乃可得成者縣亘三世凡聖一如故曰佛道長遠不起異見未始違乖故曰久受勤苦畢竟無別法故曰乃可得成此大丈夫事人不識問遂假來而答不知乃自問爾欲答誰耶人不識答遂假言起見不知乃自答爾何有言趣耶故曰總是你好看好看或人曰從上古聖佛祖指示言教流布世間一一分明何故都是自已深負上古先聖苦口垂慈也今對之曰吾傾佛祖宗趣爾自負吾不負也若言有所說即是謗佛祖曰莫作最後斷佛種人若不就已知歸所作皆成造僞縱記得河沙會蓋塵墨於已何益故曰將問持佛佛何不自開闢外求有相佛與汝不相似尊宿云我今對你一句子亦不難你若一言下薦去猶

較些子若不會老僧却成妄去夫今時學者競以問答為禪宗中關要不知是取捨作想心嗚呼就理就事之學益是近家語縱有少領覽未可休息豈不聞說涅槃之道闊度絕矣直須解自點檢始得人以迷心故進道乃來山林中見知識將謂別有一道可令人安樂不知返究向來迷處工夫最第一若不及此入山林而不返徒尔為也迷處極易而難入故先德曰雖信難解又曰此是頓宗說道返照向來已是走作語況不求耶後世遂用此語為平常無事一味實頭此又後學之不明服食之不審也從上來有二種方便有真實方便所謂說無有間有善巧方便所謂妙應羣機若從真實方便得入不假思量性自神解永無有退妙用河沙也若從善巧方便得入得坐披衣向後自看始得未足將為究竟此二種方便皆一法也不可須更有失學者思之雪峯示人曰莫教老僧有一句子到你分上若有一句子到你分上堪作什麽也此是古人不得已而已後者不了古人意便謂自已分上無許多言談所以錯會也今時人多將目前鑒覺用為極則玄沙所以向人道深山迴絕無人處你道還有否悟心見性當如雪峯玄沙履實踐與當如南泉趙州今時學者但以古人方便為禪道不能與古人同參也譬如有力人負一百二十斤檐過獨木橋不傾不側何物扶持得如此耶其精緻無雜而已為道亦尔經中稱譬如師子捉象亦全其力捉兔亦全其力人問全什麽力曰不欺之力若見一毛髮與於心者則自喪身命故達道人無有不是者此力甚大但為無邊惡覺侵蝕致令力用有虧若無如許多異法異狀異緣異念則隨心轉變自在無礙道不用苦求求之即道失事不在苦融融之即事有不求不融道與事會也則何事而非道耶譬如目明之士入寶聚中而不知方便為無火燭光明所照也入矣即被觸擊自損身首謂是毒穴非寶聚也有智入中持燈燭光照見種種寶任意揀擇得寶而出十二時中須用智光勿令六塵自傷觸也昔日永首座與慈明同辭汾陽而永未盡其妙相從慈明二十年終不脫灑一夕圍爐深夜慈明以火筯敲炭曰永首座永首座永乃咄之曰野狐精慈明遂指永而謂曰訝郎當又恁麽去也永由是方得究竟然畢命相臨凡慈明居常差別激問衆不能酬對惟永至慈明即點頭許可此所謂無病之藥學者罕得其要況後世知見會解之徒何由領是事哉得之當若永發藥當若慈明庶幾可也閙中得解則并邑成山林煩惱即菩提衆生成正覺此語初心學人例道得會得作一種平等知見及其放心凡聖依前兩般靜躁殊用明知是解會須有安穩處始得一味不可強會近世多以問荅為禪家家風不明古人事一向逐末不反可怪可怪昔人因迷而問故問處求證入得一言半句將為事究明令徹去不似如今人胡亂問趂口荅取笑達者十二時中學道無頃刻棄捨此人縱未得入念念已是修行也尋常說修行不過三業六根清淨禪門更不必如是何故禪定之門念念與智波羅蜜平等一切處自無過患也久久心地通明之日從前並得滿足名一行三昧今時人全無定力復不開智眼所有機緣語句秖成諍論生滅心行夫禪學不是小小未用超佛越祖得了要超亦不難高郵孫承務作書問不落意想不在有無如何則可師荅云若問如何則不可不問如何亦不可醉客醉醒神珠自瑩豈可預為之計然後領耶第一等靈利人尋討不着此一念難得自見見之即是無別有蹊路也尋常例以前念為是以後念照之前後追逐以心用心心則成境界初已成心境了展轉更不堪如今後念不取自無起滅處當處解脫念本不生何更有有無意想為留礙一念悟心成正覺此之謂也念念無生念念無相與虛空等觸物遇緣皆佛之妙用無絲頭許對待衣珠獨耀十方世界事目擊可了不俟舉意然後知之此各大丈夫事業不可不成就取欲要是蓋有不是法為礙欲要得念良由前後皆失念故也晝夜不自在要與道合然無少許合處念念不合病在取一捨一不善用心不得要術茫然不知日與道遠若安坐寧神不勞自辦故達磨大師謂楊衒之曰亦不捨智而近愚亦不拋迷而就悟達大道兮過量通佛心兮出度不與凡聖同纏超然名之曰祖不着棄一邊就一邊當知明明顯著明明作用拄定會取轉凡成聖點鐵成金要徑不可不如此究秖恐人兩頭走一既不成二又不是不識玄旨徒勞念靜二乘斷煩惱得證名為偏修不若應念化成無上知覺之速也修道人若遇煩惱起時如何古人云但以正知見治之余則不然秖以煩惱治之如此看來即不見有煩惱也何故煩惱不可更治煩惱如火不更燒火水更不濕水體性一同無可得露現此了煩惱本空不着除遣若起智斷治捺伏却成別用心有對待被他二境回換縱得亦透曲有分限須行徑直路為上古人云劫火曾將無氣吹不勞功力當時萎此之謂也有時靜坐則心念馳散或然臨事又全失却都緣未得親證落二落三致有錯謬展轉之失古人云動靜不二真妄不二維摩明一切法皆入不二門若領此要為動自寂滅也且如眼不至色色不至眼聲不至耳耳不至聲法法皆爾元是自心功德藏無可得取捨契者何往不利此正是那伽大定也今生出來自肯學道者蓋夙生曾種善根素有根本便解發心亦

解縛者就已尋究又煩惱障薄有因有緣此人易可化度若未薰得此心正信不生縱聞之亦不生疑但如風過耳勸之又生瞋加誹謗此又何緣得顯露所以千人萬人中但一二人而已若自解作活計收拾得上生生從此去展轉明利更不退失功德一生勝一生入他諸佛闍域常與此事相應人間天上亦秖如此設對五欲八風一切境界與理符合不行三塗道一味平等正知見復有何事生死不可不畏須了此一段死生情僞始得安樂無過身心爲累耳身如桎梏當知身去來處心如猿猴當知心起滅處此二自何處去來起滅則身心圓明內外一如而已且心爲內身則爲外身爲內物爲外國師曰身心一如身外無餘則不見有生死當情可謂解脫大道也故能令人見聞不得不脫意想不得不息物境不得不融復奚疑哉

三自省察

一是身壽命如白駒過隙何暇閑情妄爲雜事旣墮釋種須紹門風諦審先宗是何標格二道叢未辦去聖時遥善友師教誡不可捨自生勉勵念報佛恩惟已自知大心莫退三報緣虛幻不可强爲浮世幾何隨家豐儉苦樂逆順道在其中動靜寒溫自愧自悔

誡問話

近代問話多招譏謗益緣不知伸問致疑咨請之意後生相承多用祝贊順時語並非宗乘中建立如古人問若爲得出三界去又問聲色如何透得又問此間宗乘和尚如何言論並是出衆當場決擇近時兄弟進十轉五轉沒巴鼻語或奉在座官員或莊嚴修設檀信俱不是衲僧家氣味又抽身出衆便道數句或時云某甲則不恁麼道又云和尚何不道夫問話看激揚玄極也不在多能語三兩轉而已貴得生人信不至流蕩取笑俗子也

古尊宿語錄卷第三十四

佛眼禪師語錄序

佛眼老師自得法東山三坐道場二十餘年行祖令於淮甸四方衲子雲奔輻湊不到龍岫謂之空回而師端居方丈惟以傳道爲任的的示人晨夕無倦昇堂入室當陽直指全用大機普說小叅方便開諭巧除禪病要使學者頓悟本心大地山河森羅萬象會非外物十方諸佛歷代祖師秖是當人心外無法心亦無心一道靈光隨處出現自然無法可取無法可捨不見一法爲無爲有爲逆爲順不見一法爲內爲外爲去爲來能所兩亡千差獨露從前惡覺情見妄想塵勞當體化爲微妙三昧塵塵刹刹情與無情皆是自己真實本體之所建立若到這裏穩密田地便可縱橫變化任運施爲於不二法中現作無量差別境界使人於千頭百面處見得根本毫髮不移便廼不爲萬境回換獨出獨入透脫自由如是神通録中具載言言皆正令句句盡圓宗雖然鏤板示人切忌喚作言句若人開卷洞見指歸當知佛眼禪師至今不曾遷化宣和七年八月上休日遂寧馮楫謹敘

宋故和州褒山佛眼禪師塔銘

宣教郎前管句西京嵩山崇福宮李彌遜述

江淮之南有大禪師號曰佛眼道行聞于朝勑居和州之褒山踰年以疾辭歸隱蔣山之東堂遠近奔湊執弟子禮以求法者不知幾何人名山大刹馳使延請者方來而未已也宣和二年冬至之前一日飯食訖整衣趺坐合掌加額怡然而逝其徒哀慕如亡津梁如失舟檝莫知攸濟嗣法兄佛果大師克勤狀師之行且謂彌遜曰師之於公聞風而悅一言而契今其逝公實見之知師莫若公是宜爲銘乃序而銘云師姓李氏名清遠蜀之臨卭人捨家十四受具嘗依毗尼師究其說因讀法華經至是法非思量分別之所能解持以問講師莫能對乃曰義學名相非所以了生死大事遂捐舊習南遊江淮間徧歷禪席聞舒州太平演道者爲世第一流宗師徑造其室叅事勤謹旣久益堅演深竒之謂可以弘持法忍壁立不少假與其深造師七年未嘗妄發一語一日有所契洞徹超詣機辯峻捷莫當其鋒自是衲子爭歸之而師益靜默自晦不自爲得隱居四面山大中庵聞天下新崇寧萬壽寺方擇人以處舒守王公渙之迎師住持師輙引去會龍門虛席遂補處焉居十有二年遷住褒禪師三領名刹所至莫不興起其在龍門道望尤振四方學者皆曰吾必師龍門由是雲集至居無所容師不起于座而化湫隘爲巨刹壯者効筋力智者授軌度富者施貲財初不靳也師嚴正靜重澹泊寡言笑動有矩則至出語和懌中節人服膺之其爲衆則簡易深密絕蹊徑離文字不滯於空無汗漫之說不以見聞言語辯博爲事使人洞見源底實際非大有所契證不妄許可平居以道自任不從事於務營曰長老但端居方丈傳道而已與士大夫游不爲勢利屈苟道合則欣然造之不爾雖過門或不得見公卿大人高之樞密鄧公洵武聞其風奏賜紫衣師名司諫陳公瓘見所傳法語歎曰諸佛心宗衆生性海遠公涵泳深矣昔未識師也況其親炙者乎與佛果佛鑑同門莫逆道價相尚世稱東山二勤一遠云暨宗百門義海圓融禮文又撫楞嚴法華著普門禮字並行于世其叅學得法者無慮數十人士珪善悟爲之首而宿松無着道人李法慧頗臻其奧師壽五十有四僧臘四十將逝謂其徒曰諸方老宿必留偈辭世世可辭耶且將安往遂終無一言初在龍門作

靈光臺以會壓茲蒭之火化者且自為志曰余他日亦藏于此後門人函骨以歸龍門龍門之人悲且喜奉之如生以宣和三年正月壬寅塔成銘曰

大智唯心　無南北祖　一離其源　遂開牖戶
守玄尚同　執解隨趣　岐行泒流　既倒莫迴
洪融混合　演得其醇　師則嗣之　道益以尊
如收全潮　衆波莫分　如舉大地　偽有以陳
用晦而明　厥問四馳　覺迷解繆　遠邇是依
用捨孰測　動言有覬　嚴以治巳　曳以示機
端居叢林　唯道是則　化行事修　不識靜默
大興龍門　壘壞以飾　洞明眞源　深履實際
圓融普門　並照兼利　最後說法　不立一偈
嗚呼師乎　孰識其歸　淵澄月現　卅行岸移
於一舉手　示大慈悲　元珠在前　罔象莫窺
後學誰師　靈光之碑

福州鼓山白雲峯湧泉禪院住持嗣法士珪重勘

金谿居士王立穟貲刻此
古尊宿語錄卷第三十四　計字一萬一千四
百六十箇該銀五兩九錢六分
餘山釋淨亮對上元李潮書旌德劉邦彥刻
萬曆丁巳歲春三月徑山化城寺識

古尊宿語錄卷之三十五

大隨開山神照禪師語錄

西蜀沙門元德重編

上堂云你不見道一塵含法界所以道有一智人破塵出經卷量等三千大千世界你欲破不破我今舉起大家求此事三千世界收在一微塵四大海水歸一滴須彌納芥子中若求自己秖在一毫毛你若一毫毛處見得三千大千總成經卷秖是自己動這箇境界不得所以與境不現說什麼纖毫覺處總是假刀避箭慣境藏形你喚這箇作什麼兄弟如石壓草相似或然枯却石依舊習氣秖在須是隨處了却始得與境爲主免塵境使喚始得大難大難千難萬難秖是成解他後銜鐵負鞍阿誰苦纔有些子覺觸處便凝埿與人爲師人錯須說凡了却凡須說聖了却聖衆一例諸無非恁麼不易不易珍重珍重下座問如何是大隨一面事師云無東西南北問如何是生死中事師云水上浮漚內外不見問如何是中理一句師云表裏不從進云師決志事如何師云言下知音問如何是道用心處師云莫自謾問佗那微細識到此如何分師云你眼秖解觀色還解聽聲否問萬法歸一一歸何處師云萬法元不歸問六國未寧時如何師云臣灰功進云直得君臣道合時如何師云不見有君臣問如何是自在師云不自在進云不自在時如何師云却自在問中雪瑞堵時如何師云不厭世境問曹溪一路事如何師云老僧道如不淨坑進云何以如此師云佛祖兩路了不相干問久處寒巖何以日不照師云不照寒巖寒巖終不出來就你日光問離光影如何是師性師云和光吐出進云莫鬼語師便打問如何是最初一句師云是末是本問如何是大隨境師云不似學人進云何故不道師云不然問如何是最初處師云莫妄想問隱隱不停波時如何師云敬禮常住三寶進云息浪停波爲什麼沙石轉多師云爲你斷伊問學人秖如浮雲以鏡捉光何處安排師云與雲爲主問寸草未生時如何師云老僧無米喫終不下大隨山問祖意教意是同是別師云不究始不顧末問路逢古佛時如何師云你或逢駝驢象馬喚作什麼師云夫上代諸德莫非求實不自瞞昧豈比飛蛾投火自傷自壞他明白了被生死輪廻拘障不得所以識不能識智不能知不聞道釋迦掩室淨名杜口須菩提無說而說釋梵絕聽而聽此事大難大難珍重

上堂問萬法從心起未審心從何起師云石牛沿江走水底火燒天問如何是大隨山師云耳不聞眼不見進云如何是山中人師云千人衆裏萬人衆裏不向一人不背一人問攝一丈見一丈空將一丈土塡一丈空未審空歸何處師云莫將這箇道理爲佛法出去出去問佛法遍一切處未審教學人什麼處駐足師云大海從魚躍長空任鳥飛問撲碎驪龍珠請師明活寶師云明活寶且置作麼生是你撲碎底珠僧無語問法報化三身佛亦非說如何是本來身師云海底如意珠始終無不應問如何是大人相師云卄上不帖牓師問僧向什麼處去僧云西山住庵去我向東山喚汝汝便來得麼僧云不然師云汝住庵未得問生死到來時如何師云遇茶喫茶遇飯喫飯進云誰受供養師云合取鉢盂師庵側有一龜僧問一切衆生皮裹骨這箇衆生爲什麼骨裹皮師遂拈草履向龜背着復云會麼僧無語問如何是諸佛法要師衆拂子云會麼僧云不會師云塵尾拂子問如何是學人自己師云是我自己進云爲什麼却是和尚自己師云是你自己問如何是無縫塔師云高尺五進云某不會師云鶻爲嘍問如何是一切智空師云心空即是進云更有來時作麼生師云不是空進云還稱向上事也無師云不隈問和尚百年後付法與何人師云露柱火爐進云還受也無師云火爐露柱有一行者領衆到師處師問云汝得底人喚東作什麼對云不可喚作東師咄云老驢漢又喚作什麼行者無語衆皆散問但有一法耳不聞眼不見皆是光影如何是光影中人師咄云莫無禮莫無禮問理不言詮時如何師云言詮即理問如何是和尚家風師云赤土畫簸箕進云未審此理如何師云簸箕有唇米跳不出師問座主講什麼教主云百法論師拈拄杖云從何而起主云從緣而起師云苦哉苦哉師問僧什麼處去僧云禮普賢去師豎拂子云文殊普賢總在這裏僧作圓相拋向背後却展兩手師叫侍者云取一帖茶與這僧去問遠聞大隨水到來秖見箇漚麻池師云汝秖見漚麻池阿裏見大隨水進云如何是大隨水師云苦澀難下嚥進云還喫得否師云喫着便死師因燒山次見一蛇以杖挑向火中咄云這箇形骸猶自不放捨你向這裏死如暗得燈遂有僧問正當恁麼時還有罪也無師云石虎叫時山谷響木人吼處鐵牛驚僧因馳書辭師問曰學人此去未審師將何言到彼中師云好爲通達再問臨岐叅晚請師垂示師云無事早歸僧從五臺山來師問云五臺山何似大隨山僧問云如何是大隨山師云老僧耳背高聲問來僧高聲問如何是大隨山師云若干山與萬山問魚遊陸地時如何師云拗不曲處是闍黎所貴進云却下碧潭時如何師云立足事難明師勘僧云從什麼處來僧云從蜀中來師云未入蜀時在什麼處盤泊僧云無處所師云莫是處所有過耶僧云若有處所鈍置人眼師云天堂地獄有一

坐具分似落坑䖍相似不鼓而自鳴堪作什麼問生死到來時還免得否師云飢時喫飯寒則著衣

上堂云夫沙門釋子見有如無始得向一切時中與凡聖等與解脫等方有少許出處若不如此大難大難珍重

上堂問大地及日月時至皆歸盡未曾有一事不被無常吞還有吞不得者也無師云汝喚什麼作無常進云不究竟為無常師云無常却究竟自是汝不究竟其僧不肯師便打師勘居士云此身是什麼服制十云父母俱亡師云喫茶去居士應諾出去師喚回嘿云你對老僧說語父母秖在你貞說學無上道自巳父母尚乃不知出去出去問如何是玄旨師云直須玄去進云如何是玄中玄師云不返去問古人立雪斷臂為求何法師云古人不斷臂進云古人斷臂因什麼道却不斷臂師云自是向雪堆裏樂問金雞未啼時如何師云失却威音王進云正當啼時如何師乃笑問柴裏蟲柴裏死水裏蟲合作麼生師云一切尋常問金鳫附書為什麼不露翼師云不通虛信問道場獻寶誰人能辨師云虛空能辨師忽示微疾不見客時有僧隔簾問咫尺之間為什麼不相覩師云如今相覩何不問來僧便問如何是相覩底事師云老僧不安有什麼心情對你

上堂云閑即遊天寂即歸地問上無片瓦下無卓錐時如何師云汝即今在什麼處居止問無常迅速不與人期忽若到來時如何師云遠問遠問進云便問師云太不道遠生問啐啄同時如何曉覩師云是動是靜問出殼時如何師云是末是本又云見麼問普雨為什麼不潤師云普雨問滴水成冰古人為什麼不許師云古人即如此若是老僧道向虛空裏挂破琉璃鉢問既是師子為什麼被文殊騎師云調伏自在問孤巖無紋繡特達事如何師云孤巖有紋繡特達事顯現問處水之魚為什麼渴死師云秖為魚不親下口問父子至親岐路各別時如何師云為有父子俗士施師鉢盂問未施鉢時師用什麼師云便最末後者一僧欲下山為衆化緣辭師師云汝若道得一句即放汝去若未然且歸堂休歇辦取自巳事去師問盡十方空界是王老師檀越未審化什麼人去僧云但請和尚跳頭來便與師道師云汝且辦自巳事大問毀佛謗僧時如何師云僧有何過佛辜負你箇什麼你毀謗他僧無語

上堂云今時沙門向因中辨果果裏辨因始得僧便問有一人不屬因果時如何師近前捉定云我今時沙門向因中辨果果裏辨因汝云一人不屬因果別道別道僧無語師便打出

上堂僧問過去未來即不問如何是現在師云虛空還若得懒㑊石麼問來時無阻隔去時無滯礙正當恁麼乙師一句師云虛空無邊際大海平如学般若性等等

上堂普告大衆云汝等還知有二處不立質礙有緣二際無分豈知來去三身四智非聖不無八解六通非凡不有雖則衆生盡有佛性不可將蠢蠢而對佛耶然則高下無偏爭奈途中有異此身難得胎卵易成况是釋子之徒又乃祖宗苗裔三衣覆體纍劫修來四事供須非從今日人前行相總似高僧乃至語言不如俗子稱名便是傳法沙門子細尋思還傳箇什麼一向毀他經教有日如盲純乃謗於祖宗有心也秖如木石不解忖巳德行終日恣縱無明以無慚愧之心兀兀何曾覺悟此身若失永劫沉淪非但却復人身有禍底畜生也難得問孤峯頂上玩月輪時如何師云何不了却孤峯事玩他月輪作什麼進云豈無內外明徹事耶師云內外明徹事作麼生進云無有不照師呵曰這鈍驢也擬學馬走僧無語師復云問你諸方雲水闍黎莫道老僧這裏有佛法與你諸人說向諸方行脚参尋知識說箇什麼汝又領箇什麼莫道禮三拜後便起近前問若也言下便契時猶未是了底人莫向口頭取侫他時人天眼目者非是一生兩生修來盡是恒沙劫功成果滿始得如是所以向你叢林裏示現下來祇圖你今時人勤苦修行祇恐你出家人失却人身莫等閑過日老僧這裏有什麼佛法與你諸人說自是你諸人上得山來云我修行學道是佛向上人且問你佛向下人作什麼模樣不可老僧這裏有佛向上人有佛向下人來向諸人說邪你若不言我不可知你肚皮裏事也你或若問老僧也則隨汝根機與汝說不可教老僧亂道得麼祇如老僧行脚時不揀叢林有供養無供養處祇要求他眼目稍似根性有些些器量方欲過一夏或一冬若是根性鄙劣者三朝兩日便行莽來參六十餘員人知識有大眼目者郁無一二餘者豈有眞實知見祇是誑你諸人供養欲望福報你又有什麼福報與伊不可出家來空趁聚頭喫飯耶雖然如是因人之身誰免得直饒心超聖境身是凡夫又乃假借增修今時人便去向裏許埋沒却人身諸人莫謾向口頭裏無礙却成謗佛毀法見須實見聞須實聞始得假饒說似析釘截鐵直須時中不瞞自己始得一東芥子猶未照著在來時便道我是不思議底人縱然除得身邊荊棘猶餘微細不知麁重尚乃不知豈可說於解脫之法細中之細佛尚不知微恐凡夫豈能測得但是世間有者並從顛倒所生欲得解脫摩勞無過心中自省摩訶般若是解脫法身子細尋思復是誰有誰無老僧也不是醉凡詐聖祇是習氣

不除上合諸佛心印中合一切人天下合蠢動含靈師僧家披如來法服須求出離時不待人光陰頃刻珍重珍重

上堂僧問眞如法界以三昧爲香花廓周沙界亦同一家龍門爲什麼無宿客瀼水爲什麼足蝦蟆師云眞如法界不以三昧爲香花廓周沙界亦無家目前問者豈不是智淵座主耶主云是師云秖這便是瀼水足蝦蟆師復云拋却從前活計認本源生涯主無語師云經有經師論有論師律有律師你十二時中合談何事還因箇什麼做得模樣不可三箇作隊五箇成群趁衣劫食邪到處不免撓他施主坐卧心頭難勝於檀越直饒你跨跳向虛空裏行也是國王管界不可將持齋奉戒隨時轉一卷經用答四恩三有也又爭報答得自是諸人時中事修行到辟支佛地方能消得人天供養博地凡夫秖是異俗之形喫了不知慚愧空自趁說已是他非出言欲斷人命根吐氣便作毒蛇之行說者自已三界無過毀挫他人秖如蟲蟻若是古佛有此標牓如今欲徹做此一些從上已來或無此則因何所起如此容縱豈言清德若也不達本源未免滴瀝還他改皮換骨泥犂苦海誰人替得諸人大須竭力不得因循過日學禪學道則不無你諸人且道禪有可參道有可學否若言有學者無有是處若言無學者亦無有是處不可顚然去也因地還從此去直須打底分明了却生死根本縱饒異類中受生也終不昧已靈始得四大合成秖是汝之窟宅這邊脫去那邊早生那邊脫來這裏早別作箇模樣汝不思量有阿那箇是汝本來之身須向彼中究取莫漫求南州北州終無了日光陰迅速珍重珍重

上堂云此性本來清淨具足萬德但以隨染淨二緣而有差別故諸聖悟之一向淨用而成覺道凡夫迷之一向染用沒溺輪迴其體不二故般若云無二無二分無別無斷故時僧遂問劫火洞然大千俱壞未審此箇性壞不壞師云壞進云恁麼則隨他去也師云隨他隨他去也僧無語時會中三百餘僧盡皆不肯昔云從上已來秖說不壞之性和尚何故却云壞耶衆各惶然時有一僧上堂頭白師云適來僧問和尚話和尚答他其僧似不肯和尚答底語師云只有此一僧不肯爲如更有人不肯耶僧云只是一僧師云直得三千大千世界人總不肯老僧猶較些些子非但這一僧其僧後至投子和尚處投子云闍黎近離甚處僧云遠離西川大隨投子問云彼中還有尊宿也無僧云有一禪師住大隨山現有三百餘衆子云有何言句接人試與老僧擧看僧云某甲昨問大隨劫火洞然大千俱壞未審此箇壞不壞子云大隨如何答僧云大隨答道壞僧云某更問恁麼則隨他去也大隨又答道隨他隨他去也子云汝作麼生會大隨語僧云某甲不肯此語子云闍黎早錯了也大隨恁麼道隨他隨他去汝又如何僧云至今未決子遂呼侍者令裝香大展坐具望西川大隨山遙禮三拜已嘆曰不是大隨和尚伊是箇古佛此乃眞善知識汝速往彼懺悔叅取老僧無如是法與汝說速去速去於是僧便回大隨和尚已歸寂復回投子投子和尚亦乃歸寂蜀主賜師紫衣師號并遣內侍朱延津侍奉師師不受師復云山僧偶住未經多時猥蒙傷水養道存眞何人虛懸致令王者如斯異恩謝使遠來勞煩却送還王老僧秖可布衣遮體不須名服向身王恩雖重老朽何堪於是天使遂回奏凡三次送來不受師又云老僧不爲名利來此須要得箇人不可青山白雲中趁你是非將來之世拾一報身後草也無喫多少金毛師子問著便作驢鳴馬嘶諸仁者似老僧行脚時到於諸方多是一千少是七百五百衆或在其中經冬過夏未省時中空過向潙山會裏做飯七年於洞山會中做柴頭三年重處即便先去秖是了得自已干他人什麼事如諸佛菩薩盡是勤苦不計劫數捨金輪王寶位及頭目髓腦所愛之物國城妻子不可算數所以始得名爲佛似諸闍黎還曾捨得箇什麼作得箇什麼勤苦便道我會出世間法世間法尚不會些些子境界現前便自張眉努目消容不得說什麼解脫法長連牀上坐不搖十指喫他信施了合眼合口便道我修行修道感果如是合消得秖是謾自已如百丈和尚置于堂宇秖要辦事底人諸闍黎還辦得箇什麼事其中有不動身手日消得萬兩黃金若是消得者豈可如此見解不可從母腹中來如是邪但會得世間法是則名爲出世間法世間法尚乃不會豈況佛法秖如一大藏教盡是金口所宜如來祕密汝口裏念將來總成魔語豈得了爲什麼不了若了時達磨不從西來也秖如達磨未來此土時還有佛法也無又爭得道無譬如人有一寶墜在淤泥中勤苦累劫尋求不得或有一人善知寶所直從泥中掐出此寶以示失寶之人失寶之人一見便識是我本物了無得失達磨西來亦復如是不可秖是老僧是善知識邪遍地衆生總是善知識秖是見覺未明不可道伊無也若言有時諸人肯禮叅叅之徒作佛麼譬如明珠陷在泥中未遇其人豈有出期有此衆生比如無情還同頑物既在三衣之下直須親近知識早是幾生修來始得如此不可却入輪迴六趣去也若是得自在底人論箇什麼鑊湯爐炭刀山劍樹四生六道於中如喫美食若未得如是便實受此報一失人身載求欲似如今者萬

中無一莫未得謂得未證謂證未聞謂聞自護自誑失却光陰虛延日月展轉秖是無明熾盛乍可爲俗隨所任運過時日却乃無業如今作沙門每日有業有什麽業踏底是國王地着底是檀信衣食底是檀信食骨肉是父母之體若也不了將何酬答所以言有業秖如老僧不可是了底人捨此一報身隨業而行唯言定得唯佛與佛乃能知之時有僧問不假言句如何得知師云假言何尚乃不知僧無語禮拜師忽一日上堂衆集定師乃作患風勢告衆曰還有人醫得老僧口麽衆僧競送藥俗士聞之亦多送藥師並不受經七日後師自摑口令正復云如許多時鼓這兩片皮至今無人醫得老僧口於是齋前陞座辭衆儼然端坐告終

古尊宿語録卷之三十五

大隨開山神照禪師語録序

開封邵凝述

元德上人自蜀挈大隨老録欲罄囊資鋟梓於杭廣其説于天下余曰自老盧衣止不傳遂數百年枝分派别披法衣據座唱道者不啻萬數大抵穿鑿破裂隨言取義析文生解求其直截根源如古尊宿者罔未易得今欲闢其邪而示之正使知所趨嚮不亦難哉然世必有一覩斯録然契而獨得者庶乎佛日重輝慧命不絶於是乎書時崇寧四年閏二月十五日也

大隨開山神照禪師行狀

師諱法眞貌古有威骨垂覆睫嘗聞老宿輩皆稱爲定光佛示蹟於劒南梓州鹽亭縣王氏家生族本簪纓妙齡夙悟決志尋師於慧義寺今護聖寺竹林院是也師圓具後遂遊南方初見藥山道吾雲巖先洞次至嶺外大溈和尚會下數載食不至充臥不求暖淸苦錬行履操不群大溈一見乃深器之一日大溈問曰闍黎在老僧此中不曾問一轉話師云教某甲向什麽處下口溈云何不道如何是佛師便作手勢掩溈口溈嘆曰子眞得其髓從此名傳嶺外聲振寰中爾後聿旋西蜀寄錫於天彭堋口山龍懷寺路傍煎茶普施三年忽一日往後山見一古院號大隨山群峰巍秀澗水淸泠中有一樹圍四丈餘根蟠切石勢聳雲霄南開一門裏面虛通不假斤斧自然一庵師乃居之比夫迦葉二峰維摩丈室不遠矣時人皆目之爲木禪庵師居十有餘年影不出山迹不出俗道德彌著聲聞遐彰知者四方不遠千里攜足函丈朝夕參詢咸往實歸時蜀王崇重師名凡三詔不從王慕師道風無由一見遂於光天元年十月十五日遣内侍賫紫衣師號寺額等賜師師不受凡三度送至師確意却之王愈欽師德再遣使出敕云寡人心願此回禪師如准前不受乃卿之罪也回必誅卿天使奉聖旨再往師處師亦不受天使懇懇拜禮告云禪師此回若更不受君命某必受戮願師慈悲免某禍患師不獲已受之師既受已使復告師求回表謝恩師云老僧自住山來無紙墨汝隨我口傳語大王須善保治家治國事無偏傾領取傳言無令忘失欲求相見是何年月使依師言回闕奏王王深悦再令天使詣山中長生侍奉師師亦不受復云老僧不爲名利須得箇人作什麽天使怳然師凡權留之師於乾德元年己卯七月十五日齋前辭衆端坐而化俗壽八十六僧臘六十六時王聞之哀慕師心不勝憐但急宣中書令王宗壽賫香燭備具等到山致祭敕葬歸塔神異頗多不可具述

祭文

維乾德元年歲次己卯十月乙未朔十五日己酉弟子扶天佐命忠烈功臣開府儀同三司檢校太尉太子太傅兼中書令食邑五千户嘉王宗壽謹以香燭茶果之奠致祭于故神照禪師之靈惟靈大教蓍龜釋宗水鑑傳心印以悟道握智珠以談空三乘洞曉其眞如四衆頗皮於精妙自攜瓶錫來駐靈山斥鷲嶺之高僧超人天之勝果雲臻上庶渴法如仰於醍醐雨驟緇黄得旨似沾於甘露方化緣而大布何香火而或虧蓋以諸行無常是生滅法爰歸眞寂永斷沉淪弟子宗壽幸以忝庸久欽德宇克慕出塵之益將隆離垢之能豈料法舟俄登彼岸今則還神已十歸塔行期恨無縮地之能併寫終天之訣敢陳蘋藻式表追攀靈鑑澄明伏惟尚饗

公會居士王立施貲刻此
古尊宿語録卷第三十五計字六千八百四十
三箇該銀二兩伍錢六分
雙足庵釋眞福對金陵丘義明書上元李熠刻
萬曆丁巳歲春三月徑山化城寺識

古尊宿語錄卷之三十六

投子和尚語錄

師示衆云你諸人來者裏覓言覓語新鮮句纔花四六徒口裏有可道我老兒氣力稍劣口觜遲鈍亦無閑言語與你你若問我我便隨你問答也無玄妙可及你亦不教你垛根終不向上向下有佛有法有凡有聖亦不存坐繫縛你諸人變現千般總是你諸人生解自檐帶將來自作自受我者裏無物到你也無表無裏說似你諸人有疑更問僧問表裏不收時如何師云你擬向者裏垛根問大藏教中還有奇特事也無師云演出大藏教問如何是佛向上人師云現佛身問如何是無情說法師云惡罵問如何是眼未開時事師云目淨脩廣如青蓮問一切諸佛阿耨菩提皆從此經出未審此經從何而出師云已有名字你當奉持問如何是諸佛出身處師云惡人問枯木裏還有龍吟也無師云我道你髑髏裏有師子吼僧問如何是密密不傳師云你與麼問有什麼益問如何是不點汙師云啞

師示衆云上祖周行七步目覷四方一手指天一手指地云天上天下唯我獨尊如今諸方道向上更有事在若言道有道無即是走作諸人未有了期若道有言有句即同夢幻無如許多名目為你問故所以有言你若不問教老漢向什麼處道若有一法與你即是誑謼你所以古人圓滿十方無一法可是可非有事請道問講師說法師云教我說箇什麼問一剎那頃珠在什麼處師云啞問金鏁未開時如何師云開也問如何是露地白牛師云叱叱學云飲噉何物師云喫喫問國師三喚侍者意旨如何師云賺殺人問一法普潤一切群生如何是一法師云雨下也問和尚講什麼經師云槌鐘著問如何是佛語師云對衆生說問如何是佛法師云佛法問如何是法中法師云法中法問如何是祖師西來意師云莫諱問還鄉曲子什麼人唱得師撫掌問一塵含法界時如何師云早是數塵也問如何是無相佛師云錯著名字問纔問便知時如何師云遲也問如何是沙門立足處師云若有立足處不名沙門學云如何是沙門師云沙門問沙門問切急相投乞師指示師云緩緩問來

師示衆云你與麼問了也大好莫閑處脫不得相稱無量劫來閑處著急向自已處却閑所以難得相稱蓋緣日夕一切處路熟恰到自已緊急處便懈怠去便不欲得去所以辛苦過在阿誰切莫因循各自辦事作麼生辦向一切處辦令後不得取次過日莫待臨脫衣裳時忙不及也事多之際各自取靜莫說閑話去問三身如何分師云一二三問請師一句塞斷衆人口師放下拂子問如何是量外事師云無你下口處學云者裏事如何師云不喚量外事問如何是投子實頭為人處師拽學人向前却推向後問金鷄未鳴時如何師云無者音響學云鳴後如何師云各自知時問如何是大庾嶺頭提不起底師提起衲衣學云不問者箇師云看你提不起問和尚如何接人師云你也近前問最省心力處請師一言師名學人名學云與麼則千生萬劫不忘和尚也師云費力問祖祖相傳未審傳箇什麼師云老僧不解妄語問學人擬欲修行時如何師云虛空不曾爛壞問如何是投子一源水師云一滴也無學云飲者如何師云絕飢渴問如何是語中骨師云無可露學云無可露是骨是語師云據你者一問毛也摸不著作問不逐境緣請師一句師云好問師指菴前一片石謂雪峰云三世諸佛總在裏許雪峰云須知有不在裏許者師云不快漆桶師與雪峰遊龍眠路有兩條峰問云那箇是龍眠路師以杖子指之峰云東去西去師云不快漆桶雪峰一日哭入庵師便起身立峰竹思被師推出問一槌便成時如何師云不是性躁漢學云不假一槌時如何師云漆桶雪峰又問此間還有人參也無師將钁頭拋向面前峰云恁麼則當處掘去也師云不快漆桶峰辭師送出門召曰道者峰回首應師曰途中善為趙州和尚出桐城路見師乃問云莫是投子庵主麼師云茶鹽錢布施我趙州先歸庵內坐師後攜一瓶油歸趙州云久嚮投子到來只見箇賣油翁師云汝只識賣油翁不識投子趙州云如何是投子師拈起油瓶云油油問出門不見佛時如何師云佛亦夾山刈草次師送一盞茶與夾山云森羅萬象盡在裏許夾山撥得茶潑却云森羅萬象在什麼處師云可惜一盞茶問大作家底人來師如何接師云你有什麼蓋覆處學云正與麼時合作麼生師云不合一切不共一切問如何是露刃劍師云殺一切人活一切人學云忽遇師來又作麼生師云鈍屢生問如何是入室則爺娘師云無所生問如何是徑截一路師云無迂曲問知有道不得時如何師云每日向你道學云如何道師云拈却口著問如何是祖佛未經歷處師云名邈不得學云正與麼時如何師云不是祖佛經歷處問的的不明時如何師云明也問盡乾坤是箇什麼人師云不持名字學云不持名字如何體會師云體會即闕問如何是末後一句師云最初明不得問如何是寂住實頭事師云牽不向前推不向後問十二時中如何行履師云一念萬年學云瞥起時如何師云覺即失問只者箇什麼劫中有師云不隨時學云誰是不隨時者師云汝與麼問不得學云請師道師云不從千劫萬劫得學云與麼則天上人間覓不得也師云切忌作與麼知解問從

前所地因語識人未審將什麼辨識師云引不著問古琴無絃時如何師云無絃琴最妙學云請師彈師云無音響問道人相見合談何事師云我者裏無道人問不將一物來時如何師云者箇什麼處得來問如何是火談裏轉法輪師云處處了却學云了後如何師云無法輪可轉問暫時不在時如何師云阿誰向你道問萬象未臻即不疑未審特立四天下是什麼人師云現佛現祖問祖佛如何辨師云嘔吐未詳問如何是法祖師云聞言語問如何是大善知識師云毗盧也喻不及問學人欠闕請師接師云不現無盡藏問萬法從一法生未審一法從何生師云你聽看問喚作如如早是變也今時沙門須向異類中行如何是異類師云恰似你與麼問我學云古人意旨如何師云不與麼問我問歸根得旨隨照失宗如何是旨師云旨學云如何是失師云失問如何是伽藍師云已有名字問虛空喻不及時如何師云恰是恰是問念念不錯時如何師云誤語問如何是孤峰頂上節操松師云平地上著不得學云請師著師云聊問如何是無語師云不與麼問問世間名言即不問如何是出世事師云聽學云莫便是否師云救會向你道是不是問三身那身說法師乃彈指問學人不明請師獨師云啞學云爭奈學人不會師云會即水生問萬法從何生師云佛法僧學云法從何起師云聽看問擧目是犯如何是不犯師云大有人見過覓過不得學云豈無指示也師云不可更將過與你也問如何是沙門行師云不作模樣問承古有言唯言不二不二事如何師云你好問我便道學云如何道師云唯言不二問明暗不掛時如何師云道什麼問如何是無礙一句師云與麼學云此猶是礙師云是是問如何是死人舌師云你道不得問如何是活人眼師云無暖氣問得座披衣時如何師云你有什麼蓋覆處問院中有三百人還有不在數者也無師云一百年前五十年後看取問如何是不起模畫樣師云不誑謼你學云師意如何師云不可教你起模畫樣也學云與麼則誑謼人也師便打問能所俱忘時如何師云無與麼事莫作與麼知解問抱璞再呈請師彫琢師云不爲棟梁材學云與麼則卞和無出身處也師云擔帶即伶俜辛苦學云不擔帶時如何師云不教你抱璞再呈請師彫琢問如何是學人本分事師云不遮處問人問那吒析骨還父析肉還母如何是那吒本來身師放下拂子叉手問佛法二字如何辨得淸濁師云佛法淸濁學云不會師云你適來問箇什麼問世間什麼物最先師云你問底問不作罪不作業底人還有過也無師云喚伊出來學人擬議次師云去不干你事問請師歷落道一句師云好問如何是毗盧師云已有名字問如何是毗盧師師云未有毗盧時會取問大衆雲臻合談何事師云聽問妙觀察智誰是當者師云不是你分上事學云雖然如此也要分明師云不妙也問大衆雲臻和尚如何祇待師撫掌三下問和尚有什麼力抵當得許多師云水性多柔軟能乘萬斛舟學云忽遇大力者來時如何師云不消一盞水問閑言長語即不問適來問底和尚道什麼師云閑言長語問十二分教是有是無師云無與麼惡言語問共語不知音時如何師云與麼學云與麼時如何師云共語不知音問三乘教外別傳箇什麼師云一二三學云不會乞師指示師云你問我不可將別語對你也學云不將別語對請師道師云道道問學人有一問未曾有人荅時如何師云你見者烏龜子縮頭縮尾爭奈者一塊子何問請師耳裏道師云道道問貧子還家時如何師云無貸藏與你學云爲什麼向外馳走師云誰遣你鬧晃爍不分時如何師云什麼處得者箇來問親手分付一去不來如何師云不可得學云却返時如何師云正好供養問如何是法王主師云四大本空五陰非有問大庾嶺趁得及爲什麼提不起師云不可向你道祖師道下一隻履問針頭不露時如何師云露也學云何似師云不喚作針頭問一息未分時如何師云即今是幾息問不犯目前請師道師云早是犯了也學云者箇是犯不犯目前請師道師云不識好惡問貧子入門時如何師云不教汝除糞穢學云見師後如何師云不向你道衣中有寶問請師一劒師驀口摑問墮落三塗底人如何師云深達罪福相問如何是一句子師云兩句也問一念未生時如何師云得與麼謾語問如何是不鷹處師云汝與麼問不得問如何是動師云恰似你與麼問學云如何是靜師云也不嫌鬧問如何是不道師云合取口問瞎色未分時如何師云無與麼言語問天上天下唯我獨尊如何是我師云推倒者老胡有什麼罪過問如何是和尚師師云迎之不見其首隨之罔眺其後問如何是一代時教師云法華維摩楞伽思益問祖意與教意同別師云踈不得親不得學云親踈不得請師道師云祖意教意問如何是逆行師云叱叱問一等是水爲什麼海鹹河淡師云天上星地下木問不有不空時如何師云說有說空問一人辨心諸天辨供未審辨什麼心師云今日請供養主了也問木人謌什麼人和師云令人和學云莫是和尚意旨也無師云是什麼曲調問不凡不聖時如何師云立凡立聖學云總不與麼時如何師云你問箇什麼問如何是道師云道道學云如何用師云用用師在京日往檀越家投齋檀越將一盤草出師前師以兩手作拳安

頭上標越便將飯來後有僧問師在京投齋意旨如何師云觀世音菩薩問一問便休時如何師云不了問鑄像未成時身在什麼處師云莫造作學云爭柰不現何師云隱在什麼處問如何是佛法綱宗師云今日無錢借長官問古澗寒泉時如何師云不流於海學云飲者如何師云口也無問無目底人如何進步師云遍十方學云無目爲什麼遍十方師云還更著得目也無問如何是一色師云不似銀盤裏盛白玉問照燭不破時如何師云智盡不是道問佛用工得不得師云大有人定當定當不得學云請師定當師云終不向你道用工得用工不得問石筍未抽條時如何師云爭合與麼問學云還解抽條也無師云雖然不是石筍抽條葉更多問密室內事如何師云無人知學云和尚還知也無師云爭肯你亂道問日月未明佛與衆生在什麼處師云見老僧嗔便嗔見老僧喜便喜問纔生便死時如何師云何生何死問彼成比丘什麼處著師云不與罪福爲主問一句子無人道得時如何師云屋子蓋了也問覿面事如何師云莫諂曲問如何是祖師西來意師云彌勒佛覓箇授記處不得問如何是玄中的師云不到你口裏道問亡僧向什麼處去也師彈指云與麼去也問諸佛出世爲一大事因緣和尚出世當爲何事師云尹司空請我開堂問文彩未生時如何師云虛空合喫多少棒問和尚自住此山有何境界師云了角女子白頭絲問古人拈槌豎拂還當不當師云不當學云爲什麼不當師拈起拂子云只爲者箇問未問已前事如何師云爭解開口問古人拈槌豎拂意旨如何師云只爲你問學云不問時如何師豎起拂子問忘却將來時如何師云者箇吥舒州太守尹建峰送茶椀子與師云者箇是某甲自將來底茶椀子師接得了召太守建峰應諾師云喫茶問不從萬有如何覓心師云你從我覓箇什麼問者裏是什麼所在足人爭師云不知學云爲什麼不知師云爭箇什麼問放下不明時如何師云誰教你執學云不敢執師云放下不明箇什麼問終日區區爲什麼不得成就師云無你用工處學云用工不得請師接師云終日區區問默默無言請師答話師云不是無言不同默默學云不同默默底事作麼生師云不與麼學云不與麼時如何師云苦哉問言不干舌時如何師云詹頭水滴滴地問和尚每日上堂供養什麼人師云不可說不可說問不可以智知不可以識識時如何師云不與麼學云不會乞師指示師云不可以智知不可以識識問未達道底人如何接師云飢即喫飯渴即飲水問三寸明不得句下不從師時如何師云高聲問老僧耳聾學云請師指示師云鈍漢生問有句無句如藤倚樹樹倒藤枯時如何師云將知你誑謼多少人來問凡聖相去幾何師下禪床立問萬法從一法生未審一法從何生師云迴首看問牛頭未見四祖時如何師云與人爲師學云見後如何師云不與人爲師問如何是沙門最苦處師乃皺眉問未有言句已前如何辨其尊貴師云已有句是尊是貴問靈松無異色時如何師云不是靈松標不出問三拜已前事如何師云不知學云現問次師云三拜已前事作麼生問學人不別問請師不別答師云奇怪問古人密用如何師云不從蹤處起學云合從什麼處起師云蹤也有座主叅師師云近前來座主便近前師云去問未有此身作箇什麼來師云無所不經無所不歷問如何是千年石上古人蹤師云碑碣上著不得問二祖斷臂當爲何事師云粉骨碎身問收攝不得時如何師云無可拋擲問劫火洞然時如何師云隳威威地問累劫來來無盡燈不曾挑剔鎮長明時如何師云累劫來來無盡燈不曾挑剔鎮長明問頭頭不到時如何師云你問什麼事問一問便休時如何師云太多也問暗裏得時如何師云不向你道煩惱山是菩提學云與麼則雲遊垛根也師云雲遊則伶俜辛苦垛根則禍患俱生問十二時中如何行履師云不從一法學云如何報得四恩三有師云莫受一法問玄中認得時如何師云得即失問曹溪一路閩國知聞未審枝子意旨如何師撫掌三下問萬仞峰頭時如何師云什麼處不是問如何是法身主師擊掌三下問徑截一路乞師指示師云會麼問如何是空王殿師云建立不得問句句相投請師接師云不接學云爲什麼不接師云句句相投問如何是和尚師師云莫造次問有言有句皆有所歸無言無句事作麼生師堫起拄杖云者箇是什麼問如何是衲衣下事師云天不能蓋地不能載問古人道法不孤起仗境方生如何是境師敲禪床學云與麼則觸目是也師云是什麼問塵劫來誰爲主師召僧名僧應諾師云是什麼問蓮華未出水時如何師云隱隱地學云出水後如何師云蓋覆不得問諸佛師學人不識乞師指示師云天不能蓋地不能載問如何是和尚活計師提起衲衣云盡底呈似你學云爲復只是者箇別更有在師云不識好惡問六國未寧時什麼人作主師云自有本來者學云如何是本來者師以拂子驀口打問四山相逼時如何師云身在什麼處學云爭柰四山何師云遍殺你問千里投師乞師一接師云老僧今日腰痛問和尚未見先師時如何師云通身不柰何學云見後如何師云通身撲不碎學云還從師得也無師云終不相辜負學云與麼則從師得也師云得箇什麼學云與麼則辜負先師也師云

井但辜負先師亦乃辜負老僧問七佛是文殊弟子文殊還有師也無師云適來與麼道也大似問作甚麼東來過身紅爛師云諸見不生問師子是獸中之王爲什麼被六塵吞師云不作大無人我問雷聲振地爲什麼有早不抽芽師云芭蕉只麼長問僧繇爲什麼寫誌公真不得師云只爲看他面孔學云不看他面孔時如何師云是什麼問達磨未來時如何師云遍天遍地學云來後如何師云蓋覆不得問如何是空王佛師云不應量問雪覆蘆花時如何師云明白無邊際問如何是十身調御師下禪床立師不安時有李司徒令人送藥到傳語師云若斷得人間來往生彌勒內院若未斷人間來往卻向弟子家中結緣師回傳語云不如具正法眼好山下有弟子家中失卻牛上山請師卜師乃召孩子應諾師云牛在問如何是無情說法師云莫惡口

師上堂示衆云他古人纔出來便一手指天一手指地道天上天下唯我獨尊十方世界無有過者如今更被諸方出來道向上別有事在若言道有道無即是走作學家未有休時有什麼了期但莫著名言數句了諸事自然不著即無位大不同你一切法一切法攝不得本無得失夢幻如許多名目不可強與他安立詮諱你諸人得麼爲你諸人問故所以有言你若不問我向你道什麼即得若有一法與你老僧罪過你若道無你諸人又問我箇什麼所以道早不屬你巧言妙句若與麼會去即第一不得擔帶你諸人莫是可憐生擔帶負物作什麼見即便見你若不見一切不得作巧言妙句問老僧巧來妙去即轉轉勿交涉賺殺人所以我尋常問你諸人佛前佛後不說別事你諸人道看是什麼見什麼問如何是無生曲師云無人唱得學云忽有人唱得時如何師云生也

師上堂云是你諸人口似刀子鑷子相似有什麼當處雖然如此莫趂後道有不潦底打你在莫言不道問蓮花在水時如何師云千人萬人覷不見學云出水後如何師云應量恰好問法從何生師豎起一指

師示衆云人人總道投子實頭忽若下山三步外有人問你投子實頭底事你作麼生向他道問和尚年多少師云春風了又秋風問如何是截鐵之言師云莫費力師問翠微二祖見達磨有何所得微云你今見吾有何所得師又問如何是佛理微云佛即不理師云莫落空否微云真空不空翠微有頌送師其有識矣佛理何曾理真空有不空大同居寂住敷演我師宗

古尊宿語錄卷之三十六

投子和尚語錄序

鄮山野叟居素述

投子和尚王化舒州桐城投子山寂住院師初參翠微問如何是祖師西來意微以目顧視師欲進語微云更要第二杓惡水潑從此識通超諸三昧智辯猶雷發雲漢瀉懸崖函蓋相應諸方取則而有陞堂問答語要盛行叢林入道禪者皆以師語參問知識其有所歸數亦多矣予因僧入室舉師之訛舛衆矣乃於閑暇披閱詳究內有繁詞不涉理者與除之後語不及初者與刪之以爲一集庶叢林學者於鄮匠前無訝乳水而失醍醐者也時辛酉季夏月四明鄮山紫礫供奉山堂刪定云耳

投子和尚名大同舒州人姓劉氏洛下保唐寺受業得法於翠微無學和尚壽九十六石頭第四世五代梁乾化中示寂

古尊宿語錄卷之三十七

鼓山先興聖國師和尚法堂玄要廣集

上堂大衆已集時有學人纔禮拜師云高聲問學人谷和尚師便喝出問從上宗乘如何體會師叱之問攙攙將來皆不相似單刀直入時如何師云失命漢問如何是學人自己親照事師云還返仄麼學云即今事如何師云不可點去也問如何是本參底事師云因什麼得到與麼地師云若是猛利底擔著便休去大蟲著角相似有什麼近處更有一格人脚不跨石門怪他得麼不可事須踏前踏後納箇如何醉人相似且宗門中事作麼生降茲已下根性遲迴事須從人決擇方定紀綱且作麼生決不可問一句答一句喚作決也若與麼驢年去到這裏也須是箇漢始得大不容易兄弟決擇之大如履輕氷將為等閑句裏相闕道我解問話貴轉數多合殺成得箇什麼邊事只是箇識路中人且無自由分兄弟事本因人因人立事人達即事渾事渾即無成無成須得無成句有人道得麼出來無事莫立珍重

師有時上堂云實不敢欺兄弟亦不敢昧兄弟然且沒人辨時有學人問和尚與麼道還盡師本意也未師云放汝殘生問從上宗乘如何舉唱師以拂蓋口打學人禮拜起纔問有問有答師云老兄不是這脚手問承師有言從門入者非寶黃梅行者傳何事師云道什麼學人再問師云去不為汝有僧纔禮拜起師云道什麼學云佛未出世時如何師云合取口問如何是從上來不昧底事師云是什麼問纔施方便蓋為今時向上宗乘復何言論師云攙出著問如何是正宗師云別日來商量問若將寂默為宗維摩一生受屈如何道即得不屈於維摩師云合取鉢盂著師云諸和尚盡道向諸方參學未委參什麼學什麼還有參得者無有即出來對衆驗看諸和尚為復參禪參道參佛參法參毗盧師法身主參佛向上事涅槃後句若定參此句得為大妄喚作望上心不息與諸和尚了無交涉時有學人問如何是佛法大意師云吐却著問凡有言句盡是觸犯宗風未審如何是宗門中事師云合取口問衆星攢簇時如何師云覓什麼師云大事未辨宗脉不通切忌記持言句意識裏作活計不見道意為賊識為浪盡被漂淪沒溺去無自由分諸和尚必若大事未通不如休去大歇去身心純靜去好時中莫駐著事却易得露這箇是事不得已相勸之言古人喚作死馬醫若是箇漢向他與麼道如同寱語一般且諸人分上作麼生十二分教還用得一字麼諸方老宿語還用得一句麼若十二分教是兄弟在阿那教中若諸方老宿語當得兄弟兄弟在阿那句中所以道十二分教唱不得凡聖攝不得今古流不得言句該不得與麼話蓋為刺頭入在教門裏且與伊拆開若有箇漢纔未通這箇消息向他與麼道被伊驀口摑屎沸作麼不可怪得他也兄弟大須甄別莫吉凶不辨有辨者出來對衆驗看時寒久立珍重

師別時上堂云兄弟有什麼近前商量若待這裏說無好事及兄弟牽經引論得麼若有人問但向宗乘中致一問來待今日與兄弟答宗乘中話時有學人纔禮拜師云大衆看有與麼不識羞漢其僧罔措師便喝出師云若也宗脉未露已著一字如飲毒藥喪身失命為什麼故如此都來是不具眼如今更有一般底大作群隊聚頭念經念論說圓說頓披這衣服作箇與麼語話還羞麼還返仄麼還有些些子衲僧氣息麼且問圓為什麼人施頓為什麼人設還辨得端由麼相共衆論不識好惡還知道十二分教唱不起麼且唱什麼不起不可只與麼道便休去也豈不見古來丹霞石鞏石室高僧熏天炙地登時端出衆皆具委道他在什麼經裏披尋於阿那論中討得古人道西天一段事總被今時人埋沒却覓箇出頭處不得更有老宿道大唐國內盡是　隊滅胡種賊即者便是人家男女乍入叢林何處會得聞舉經舉論便刺頭入裏許念言念句便遇著這般底便是殺人賊是汝一人半人猶可在惑賺他多少人家男女千生累劫披枷帶鎖於自己事轉踈轉遠如今奉勸諸兄弟大丈夫漢一等是離鄉涉井訪道尋師為自己事也須眨上眉毛著些子精彩於親躬事有辨明處確乎不拔莫受人謾莫受人惑如今且不受謾不受惑底事作麼生到這裏也須是箇惡漢殺人不眨眼漢沒意智漢始得切不得掠虛亂呈解數被向脚跟下帶著就已築著沒去處二十柳欏棒揣脊攧鼓山打這般掠虛底尋常人難得喫別處即放過鼓山即不得若放過到處轉見虛頭轉打著一兩箇亂與底聲鐘集衆勘過一下下交到所在不是行棒圖逞威風同這行戶有什麼惡心悲他僧相圖備只是事持掠虛業次輕慢上流與他整頓插脊梁骨圖他改悔別換身心遇著鼓山與麼鎚鍛也須慶幸始得有一兩處將向頭頂上擎著敢把揞頭揞著怕伊發去無如是理不是立兄弟說這葛藤然且理要區分事須甄別莫滅胡種各歸堂珍重

師上堂大衆雲集衆人盡皆罔測於師師乃云南泉在日亦有人舉南泉時事要且不識南泉還有識者麼試出來驗看時有學人纔禮拜起師云作麼生學人咨和尚師云不才謹退師云若是靈利底擔著便休去似這般漢千里萬里去也有什麼救處進前退後納箇如何醉人相似有什麼衲僧氣息既然如此

且宗門中事作麼生諸和尚到這裏也須是箇漢始得大不容易兄弟鼓山不惜口業向汝諸人道不假記一字亦不用一功亦不用眨眼亦不用呵氣大坐著便紹却去諸和尚且道紹什麼爲復紹佛紹法紹禪紹道紹佛向上事涅槃後句若紹此句得爲大妄喚作望上心不息與諸兄弟了無交涉於諸人分上作麼生紹著請驗看是什麼爲復是凡是聖是毗盧師法身主在什麼處居住什麼年月有渠方圓闊挾長短大小試道看還有絲髮大物解蓋覆得麼還有分毫許間隔得麼向阿那裏抄向阿那裏寫諸和尚與麼顯露與麼節要何不直下便承當取又更刺頭入他言句裏意識中學有什麼交涉不見道意爲賊識爲浪走作馳求終無歇分若自不具眼就人揀辨卷子裏抄冊子裏寫假饒百千萬句龍宮海藏一時吞納盡是他人不干自已亦喚作識學依通猶如水母借蝦爲眼無自由分亦如盲者辨色依他語故實不能辨色之正相若是學經律論他自有人在所以鼓山尋常道經有經師律有律師論有論師有函有軌有部有帙白日明窗夜附燈燭自有人傳持在禪師作麼生還有人道得麼試出來道看時有學人問如何是目前顯現底機師云道什麼學人再問師喝出問四十九年前即不問四十九年後事如何師云句超方外千聖難追問常辯無念者如何師云關關祭什麼事學云常辯於此師云莫受屈學云不屈者如何師云有什麼救處問擬心即差不擬心如何體會師云待汝好心問問如何是向上一路師云即今是什麼路學人無對師云去看汝不是這脚手問如何得不辜負於師師云汝有什麼罪過師云諸和尚與麼問還會麼還識辨緇素麼鼓山向前見一兩箇長老被人問著雖麼言什麼生他便眼孔定動地恰似箇泥捏聖僧相似有什麼交涉還當得本分底事麼若言當去何不立取維摩傅大士爲祖師問取露柱聖僧即休何故更用達磨與麼來所以鼓山道凡聖不到今古那追不唱言前寧談句後他家諸聖與來盡爲人心不等遂展多門爲病不同處方各異在有斥有居空破空二患既除中道須遣直道釋迦掩室居士杜耶大士梁時童子當日一問二問三問盡有也是衲僧分上事作麼生還有人道得麼試出來道看不可說君說臣說父說子得麼諸和尚古人是事不得已立箇君臣父子外進內紹是功紹得了非功合是功合得了非功意爲中下之流權施此句所以鼓山道君臣父子盡爲成特立事立功以明緇素既墮中下須合須同得合得同無人辨識當與麼時還有肯重者麼有當荷者麼有這邊那邊麼若有還是托開去也更有一句作麼生敢道托開麼莫錯會好到這裏須是箇沒意智漢殺人不眨眼漢始得若是鈍根底只向言句上脫去爭能會得時有學人問得句忘言時如何師云即今得什麼句學云不是西來亦非自已師云吐却著問已事未明以何爲驗師云瓌學人再問師曰一點道流食咸不重問如何是包盡乾坤底句師云近前來學人便近前師云是什麼學云不會乙師指示師云去鈍置人作麼問峭絕無依時如何師云病鳥栖蘆學云直得醒醒還有紹處也無師云亦不關黎事問如何是真實人體師云因什麼得到與麼地問未到玄源如何究理師云相去多少師云更有作家解問者出來良久無人師云入到石門何處得如許多疑來歸堂珍重

師別日上堂云諸和尚古人道佛之與法是建立化儀禪道兩名是止啼之說名不干事事不干名依執滯名於他玄點所以鼓山普勸兄弟說句不當機宣非展事承言者喪滯句者迷得魚忘筌得意忘言借網求魚魚非網也所以道教排不到祖不西來盡乾坤人口到這裏百雜碎直道十二分教唱不得凡聖攝不得今古流不得言句該不得與麼道也只爲他向化門裏作活計事須與伊拆開若是箇漢總未通這消息向伊與麼道被伊驀口摑屎沸作麼不可怕他也雖然如此據什麼道理所以鼓山道更有一人不跨石門不跨石門事作麼生諸和尚衆中亦有江西湖南幽燕魏府三千五千一萬里地盤山涉嶺既到這裏高山頂上終不爲看山翫水無非決擇萬劫千生事故委萬劫千生事也只在如今如今安即如今便安徹只如今便徹忽若衆中有一人大肯去大安樂去是不虛食人之施不辜於已不負於彼去住自由出入無難蓋乾坤無敵宗風不墜後進有依所以古聖道若有一人悟道地神報虛空神虛空神報非想非非想天遞相告報云下界有人得道有濟人之分天上人間遞相慶賀盡是諸和尚分上更窮於阿誰既然未得如此便須兢兢惕惕如臨深泉如履薄氷時不可延命不可待似箇當風燭子纔地脫去也如今且不如休去歇去身心淳朴去似一亘長空去時中莫間但且與麼去鼓山所以道明道爲之傳不聞爲之行德行俱備今時稱斷稱斷是今時更有一人作麼生到這裏也須自有來由始得莫記他人言句就人揀辨終無自由分於諸和尚作麼生出來商量時有學人纔禮拜起云某甲咨和尚師云咄學人云輪中不轉時如何師云弥重師云諸和尚更有什麼事出來問良久無人師乃云總不出來蓋爲把他稍緊不相共扶持致令如此有江西湖南諸處參學師僧好織造底出來莫道鼓山口似褊擔只戀埋沒宗風走作兄弟但出來待與捏些子時有學人問

心珠不曉巳事未明請師一照師云乾坤不掩爾自徒迷問作何方便得紹師宗師云岸谷無風徒勞展掌學云如何卽是師云錯也問萬機不湊本事何來師云傷機之患千聖難除問四面松林如何是直路師云岳秀千枝盲龍不辨問卽今如何唱師云洪雷一震聾戶無私仁者作麼生問巳事未明如何明得師云鏡中無影演若自迷問如何是鼓山師云衆岳難儕學云還許學人躡也無師云汝試下足看問如何是諦實一路師云一句迢然古今難辯問彼無消息如何知音師云汝自罪過我不將來學云還有爲人處也無師云與麼卽成鼓[illegible]擊問巨海驪珠如何取得師云來言雖重不實鋒跓問十二時中不涉緣麼如何棲驗師云浪息千江孤輪不墜問如何是鼓山正主師云岳不明根迷人自重問如何是目前一路師云耶合掌不得問如何合得諸聖位師云玄直渠不踐千聖位在什麼處問步步進前如何得達祖意師云鼻地人難舉問古人卸臂當爲何事師云方外之說仁者難知師云諸和尚鼓山與麼東道西道亦不辜兄弟只是教綴然卽如此奉勸諸和尚莫學言句走作兄弟昧卻兄弟直饒道得也只是箇識路中人不見古人喚作食瘡膿鬼喫涕唾鬼喫不淨鬼未喚作人在諸和尚莫與切不得亂呈解數若亂與被鼓山聲鐘集衆向脚跟下尋著勘著無去處二十枷標棒櫑脊揩莫道不道更有什麼事出來無事各歸堂珍重

師上堂云諸和尚上來爲什麼有什麼苦屈底事有什麼不了處還有疑者麼若有卽出來與兄弟定當時有學人問承古人有言橫說豎說未知有向上一重關捩如何是向上關捩師便打一棒問如何是宗門中事師便側掌問如何是鼓山一路師云卽今是什麼路問承古人有言妙旨迅速師側掌云住住學云和尚爲什麼不道師云且行脚去問目前一句如何脫得師云什麼處不曉學云爭奈這箇何師云這箇是什麼問如何得成道去師云害頗作麼學云不害頗如何得成道師云這鈍漢問根性遲迴如何用功師云功卽不得學云爲什麼不得師云向什麼處功問從上宗乘以何爲的師云無的問學者憑何師云汝曾學得多少來學云與麼卽不從今日去師云從什麼處去學云待有去處卽咨和尚師云有什麼交涉問如一燈然百千燈如何是一燈師云是什麼問如何是和尚家風師云莫少去就問古路無蹤如何進步師云不是途中客進什麼學云向去者如何師云無闍黎下足處學云總不與麼時如何師云莫自恥問自古相傳窮其際卽今妙旨示何人師云岳秀靈芝異學云異底事如何師云過也問如何是直下事師云莫自欺學云不自欺事如何師云還返仄麼師云諸和尚還會麼此事不露蓋爲塵沙劫來多遊異徑所以於自巳事卻成違背如今若欲得易會麼但是從前記持食噉之事一時瀉卻著身心純靜去一片去忽被道伴觸撥著此事便發明去所以鼓山曾向兄弟道得如一池沼衆人共臨但把杖攪其水免見形影了不可得轉渾轉濁所以傍邊有一人便問汝與麼攪作麼云我要見形影便被與一咄這癡漢汝與麼攪騙年去任經塵沙劫無有見期汝但一時放下杖者各自休歇去良久中間波澄浪靜沙土自沉非但形影森羅萬象悉現其中這衆便須問[illegible]道水始得喫這水還照也無若道照亦是汝與麼道若道不照亦是汝與麼道水道什麼雖然如此須問得水有水句若問不得問者無功這箇便是驗兄弟處至有人道得麼出來良久無人師乃云今日說這多多無事久立珍重

師上堂大衆巳集時有學人問承古人有言寂是法王根動是法王苗如何是法王師云是什麼問承和尚有言直下猶難會尋言轉更賒如何是直下事師云賖也學云還許學人進步也無師便喝出問學人在塵還有出身處也無師云汝卽今在什麼處學云與麼卽任運隨流也師云莫縱語問進者不明請師一撥師云近前來與汝撥學云謝和尚指示師云鴉鳴聲作麼問如何是大悟底人師云不鳴學云爲什麼不鳴師云不向悟中取問不起于座請師[illegible]之機師云辭作麼問如何是無價珍師云莫妄想問如何是不假言說第一義師云放汝殘生問不辯古機如何建立師云不立學云如何卽是師云是卽非學云爲什麼如此師云紡闍黎什麼處問生死海廣如何得渡師云汝卽今在阿那邊問如何是妙旨師云如何不妙旨問如何是徑截一路師云這瞎漢學云與麼卽學人得問力師云盡底不曾呈師云汝莫一向於途路上走無有了時一等行脚直須身心淳朴日夜飢苦救取徹始得莫只是問得一言半句便將當自巳實襟腑汝只如兄弟行脚來還曾遇什麼老宿發覺肉什麼道伴得入還得噴地大省也未若有出來便定得兄弟虛之與實向這裏下得一句盡乾坤撼不動這箇便是諸兄弟不虛行脚底事只如盡乾坤撼不動向作麼生試出來道看若也未得如此奉勸兄弟直不得念言念語明朝後日見箇欲處不得有事近前無事歸堂珍重

師有時上堂云當人分上各有與麼事爲什麼不承當取又更上來覓什麼近日多見師僧入叢林只是舉經家論於自巳事有什麼交涉時有學人問既不許看經又不許讀外書如何是大曉一句師便打一

棒問已事不明乞師指示師云什麼劫中曾昧問目前一路如何指的師云目前是什麼問如何是大道之源師云不囑學云爲什麼不囑師云不是源中事問古人道但得本不愁末如何是本師云是什麼問波澄浪息爲什麼摩尼不現師云汝且喚什麼作摩尼學云與麼學人退一步師云汝無端進前退後作麼問凡有言句盡是與蛇畫足如何是不畫足師云放汝二十棒學云今日得遇和尚師云莫鼎語問風不鳴條雨不破塊時如何師云闍黎分上作麼生學云却請和尚道師云屈汝什麼處問如何得不徇諸有師云闕汝什麼事問欲出輪廻如何得出師云卽今在什麼處問如何是佛法大意師云佛法大意卽且置問如何是本來心師云如今是什麼心問如何是直下事師云尋言轉更賒問寂是法王枫動是法王苗如何是法王師云闍黎什麼事學云爲什麼不關師云根苗俱不得問無風爲什麼往往波生師云什麼處得來學云卽今有師云把將來問十二時中如何行履卽得決定師云我道乾坤不跨足學云如何進向師云若進向卽跨足學云畢竟事如何師云咽中不践師云諸和尚問得百千句亦不干自已只如仁者自已事作麼生莫只向這邊那邊經冬過夏因循度日無有了時塵沙劫來流浪生死如没井輪轆無停息今生既得人身又是男子又得出家倫相闕備不痴講肆擁義入叢林這箇便是昇騰之時除疑殄惑之時得大無畏之時得大自在之時各自清白取更弱阿誰各自努力歸堂珍重

師別日上堂云諸和尚有什麼病敗什麼處欠少亘古亘今恒然如是何須向長連床上擬兀兀地便當得去汝但於一切處驗還出得汝去處麼不見古聖道如人在空如魚在水或行或坐不離於空逆流順流不離於水旣然如此且合作麼生兄弟莫自受屈莫自淪自溺旣到這裏不柰何也只成一場妄想有什麼事出來時有學人問如何學卽得不昧眞機師云什麼劫中曾昧問已事未明請師直指師云瞎却汝得麼問生死沉輪如何得出師云在裏許多少時問盡令提綱猶是野干鳴如何是師子吼師便掴口打問六國不寧如何聲葺師云古殿不曾坐什麼處不寧學云如何領會師云是汝不會問如何是大圓鏡師云不曾照學云辨者如何師云不曾照辨什麼問於當人分上如何發言師云不是途中客發什麼言學云還與麼道也無師云是汝與麼道問此座高廣吾不能昇未審什麼人昇得師云得此病來多少時學云便請和尚藥師云道鈍漢問已事未明如何明得師云彼常不隱鏡指顏開問從上諸聖還有不依師者無師云闍黎因什麼人師云兄弟諸聖興來蓋爲人多錯會言佛演法祖唱玄微只爲風昧天機致使迷倒所以教排不到祖不西來仁者分上作麼生各自有與麼事莫自退屈莫只踏步向前覓若覓卽失若親卽踈塵沙劫來未曾有一捻土解蓋覆得兄弟各自努力歸堂珍重

師於佛殿前上堂大衆雲集師登座顧視大衆乃却起立項問便歸法堂僧從師到法堂後師問僧投機不辨隔岸難明仁者作麼生其僧無對便問如何是不假言說第一義師云驢年會得麼問強弱卽不問如何是平常之道師云因什麼得到與麼地學云還得平常也無師云莫椀鳴聲問宗乘中事乞和尚提撕師云是什麼師却喚近前這箇是提撕汝喚作宗乘中事卽不得學云未審宗乘中事如何師便打一棒問如何是西來意師云石人筆下看問如何是作家師云你行脚爲什麼學云與麼卽某甲不疑師云何處得作家問如何是最初一句師云什麼處收拾得來問如何是末後一句師云自鈍致作麼問臨行之際乞師一言師云終不敢鈍汝問千年松樹尚有偃枝學人綳被入衆衣木曉出塵路乞師方便師云九霄雖異世界寬容雅同問空空地來時如何師云空堂不柰何問已事未明如何爲驗師云乾坤不掩時人自迷問如何是學人立足處師云不從諸聖得云便與麼去時如何師云猶是時人進向處學云不落進向事如何師云還从从麼諸和尚大凡行脚須識辨宗風莫只是尋言逐句無有了時雪峰和尚道三世諸佛不能唱十二分教載不起所以鼓山道有一人與麼來總不會通這箇消息向伊與麼道被伊把黄泥鬆口塞還怪得他也無恐人亂塞人口所以道鼓山有不跨石門句作麼生道到這裏須是其人莫亂道時有學人問如何是不跨底事師以拂子鬆口打師却問還會麼學云不會師便咄云不是者脚手師云若已事未就人揀得卷子裏抄册子裏寫有什麼用處不如明取自已事明道爲之德不間爲之行德行俱備今時稱斷更有一人作麼生諸和尚也莫沉水不分清濁不辨末法時代天下文驪兄弟得其林泉與道什一處斟酌此事也須慶幸始得直須晝夜悲苦莫虛度光陰各歸珍重

師於三門前上堂問僧有一人從水墻頭來便轉去汝作麼生學云和尚也須許他始得師云便擲脊棒汝作麼生學無對師云不才謹退也是掠虛漢問如何是不假言說第一句師云放汝二十棒問不起於座如何是佛道之機師云辭作麼問凡有言句盡落樗指如何是月師云還識蓋麼問擬何眼目消得人天應供師云瞎漢問未達本源如何領踐師云相去多少云未審學人疑何師云阿誰罪過問只在途中

請師指示師云在途中多少時云謝和尚指示師云莫塗汚人好問苦澀處請師道師云收取好問十二時中如何履踐即得不辜於自巳師云直須不辜於自巳問澄源浪靜爲什麼眞形不現師云什麼處收拾得云究竟如何師云非究竟不與闍黎通云豈無方便師云方便是什麼人分上問承和尚有言不許學人揀話又不許擇話如何行履即得不違和尚所囑師云還自恥麼問九霄峰外月室內一輪燈如何是一輪燈師云岸谷無風徒勞瞪目問名言妙句教網所詮不涉三科請師直道師云肘後不曾傳問十二時中如何究竟生死師云將生死來學云與麼即無究竟處師云似你與麼話問祭禪學道須是其人學人與麼來請師直道師云瞎顛作麼學云謝和尚指示師云放你一十棒問人人盡言請益未審師如何拯濟師云鼻地人難肯問作何準則即得不背於古師云不可諱去也學云謝師指示師云便被喫棒問千手千眼阿那箇是正眼師云用正眼作麼問如何是目前機師云即今是什麼機學云不會乞師指示師云殺地人不蹉問二邊不立中道不存是如何師云即今在什麼處學云豈無和尚爲人處師云教我爲阿誰學云屈什麼處師乃與杖問古人道相逢不擎出舉意便知有如何是舉意便知有師云阿誰與問如何是學人最親最切處師云妄想作什麼學云還得當也無師云收取好什麼語話問作麼生施問作麼生是動容揚古路師云不欲得商量問作麼生是別傳底事師云收取蝦蟇口不得師云諸和尚各自有與麼事莫受屈未曾欠少未曾有寸土解蓋覆得汝爲什麼却不會去更踏步向前覓途中趣士不曉室中且室中事作麼生只欲得人說是汝自巳事爲什麼却不會唯是他人屋裏事總會得只是傍家喫老師涕唾向意識裏作解有什麼交涉行脚不遇其人所以道苦屈在初記著一字歷劫作野狐精若靈利底不假老師多多久立各自努力珍重

師有時上堂云將時與麼打鐘打鼓上來覓什麼有什麼苦屈底事不見古人道總是一隊喫酒糟漢把棒一時趁下鼓山如今直下老婆心有疑者出來問時有學人問近入叢林不會乞和尚慈悲指示師云我不敢謾謼汝學云不謾謼事作麼生師打一棒問如何是徑截之言師云最徑學云如何是不假言詮師云即今有多少問承古人有言有相身中無相身如何是有相身中無相身師云即今是什麼身學云如何是無明路上無生路師云即今是什麼路問學人單貧請師拯濟師云有什麼事學云爭奈單貧何師云論劫受苦問承古人有言巧說不得只用心傳如何是心傳師云道什麼學云不會師便喝出問投機便轉是如何師云作麼生轉學人纔進前師便喝出問大事未辦時中以何爲驗師云時中不得步學云如何得相應師云不相應學云爲什麼不相應師云不爲汝問急切處乞師一言師云調達不得肯問承古人有言大體寬無際小心塵不容如何是大體寬無際師云大小學云如何是小心塵不容師云因什麼到與麼地問承古人有言一切衆生日用而不知如何是日用事師云道箇是什麼人語問一一龍珠誰是得者師云珠在什麼處問承古人有言一花開五葉結果自然成如何是自然成底果師云即今是什麼問從上宗乘請師直示師乃叱之問諸聖來與以何爲眼師云闍黎眼在什麼處問和尚慈悲如何體會師打一棒問只如僧問洞山云三身中阿那身不墮於諸數洞山云吾常於此切只如洞山云吾常於此切是隨是不隨師云汝又向這裏弄性命也問終日動靜爲什麼不明自巳師云只爲終日動靜所以不明學云不動靜時如何師云是什麼問山中和尚纔見師僧禮拜便喫棒意作麼師云因什麼不行脚去問南泉以手打膝云這裏即易又云這裏即難僧問云只如却手豈不是舉唱宗乘師便以手打膝云此不是舉唱宗乘作麼學云只如却手意作麼生師云汝自看問如何是第一句師便把杖作驀口剌勢問深深無底淺淺無源時如何師云得此病來多少時也師云近來師僧只愛舉經舉論說圓說頓所以道經有經師論有論師律有律師有函有號有部有帙白日明總夜附燈燭自有人傳持在關汝衲僧什麼事汝且道圓爲什麼人施頓爲什麼人設因偏說圓得成圓頓本自圓成不因偏說這箇是圓頓教於衲僧分上作麼生各有區分莫滅胡種各歸堂珍重

師勸僧語

問古人道喃鍬擬開口驢年亦不會師云古人與道有損有益師問新羅僧上山來作什麼對云禮拜和尚師云盡世不標向什麼處禮對云向不標處禮師云念汝是新羅人放汝三十棒問徑山小師云徑山偈道回首還家不得歸師云歸是時人歸豈不是對云是師云他不得你箇歸豈不是對云是師與云嚴闍黎對云喏師云是歸是不歸有僧製得雪峰實錄云師每至上堂良久顧視大衆遂云是什麼師云雪峰只有此語爲當別更有僧云別更有師云衆圓也下山去問學人纔施三拜便知有二十下鐵棒未審從上宗乘諸當不謬本參乞師方便顯垂決擇師便與一下棒其僧歸堂不肯師云令打鐘喚上勸師云汝道纔施三拜便知有二十下鐵棒豈不是汝與麼

道對云是師云還有過否對云有過師云有過不打作麼便與棒趂下山師問修納維摩座主云文殊讚淨名乃至無有文字語言是名真入不二法門與麼讚還合得維摩意也無對云作麼不得師云維摩意作麼生對云語默平等師云道箇是座主與麼道維摩意作麼生座主道不得方乃禮拜問莊上座從什麼處來對云從西院來師云西院還接上座也無對云接師云西院作麼生接上座對云問某甲道是什麼師云西院與麼問上座對云是師云識得上座也對云與麼即不得未審西院意作麼生師云是什麼問淨道者云古人道這裏即易這裏即難這裏即不問這裏事作麼生對云還有這裏那裏也無師云此猶是這裏事也道不得喫棒趂下山師云這漢向後覓箇死處不得

審問諸院老宿語

師與囯山上雪峰囯山問共和尚闕行師云輸也歸將下船問共和尚闕船師云若道闕船也是輸也囯山云重重失利師與長慶入佛殿見佛前鉢盂拈起云家常師云何得又更厭師却拈起問長慶長慶云飯未熟師云太惜生長慶云穩便即收取師云恰是師問保福古人道是不是非不非是即龍女頓成佛非即善星生陷墜與麼道還留是非不當是非保福云未却是非師云與麼是非有什麼了時師見保福共僧在茶堂説話師云莫葛藤保福云葛藤即不得商量佛法還得也無師作個勢保福云過在什麼處師又行一摑問東使只如仰山祇對溈山於面前與一畫意作麼生東使云作家麼師云兒真箇與麼作麼生東使云日可冷月可熱被師攔胸與一托問翠嵓古人道無端起佛見聞法想被佛威神力故左降二鐵圍間作麼生是二鐵圍嵓云起佛見聞法想師云起什麼佛見聞什麼法想無對問大普云於萬像中還有自己否老宿云有師云這箇豈不是儱籠云是師云識得老兄也師共長慶囯山在道場院見託真郎君來長慶問見說郎君是中塔還是否郎君只在面前立長慶云何曾是中塔師云正是中塔囯山云不是中塔保福指雪峰上院主山問長慶教中云妙峰頂莫只這便是否長慶云是即是可惜許問師只如長慶與麼道意作麼生師云若不與麼紅旗遍野白骨連山

前後帝王問訊語

忠懿王入萬歲寺見佛像指問師云是什麼佛師云請大王鑒王云鑒即不是佛師云鑒即不是佛是什麼忠宗見師不安問莫是時節至否師云即今是什麼時忠宗云與麼即無來去也師云亦是聖躬與麼道又因志上座說云昨夜見天王面前現忠宗問因師什麼不向某甲面前現云却是陛下見少帝遣內臣送書上山只乃封題而已師覽而神之尋內臣拜辭師云聖人若問如何祇對師云但道盡乾坤有所依賴師在雪峰日往泉州問盤龍侍中疾其時尹司徒聞到司徒令傳語云數日四大不安風勞發動師傳語云此是司徒句即令司徒在阿那侍中無對清源王太尉問安國了院主云劫火洞然向什麼處廻避院主云這裏廻避太尉不肯自代云不廻避進云爲什麼不廻避太尉云他不出頭廻避什麼師云什麼處見他道不出頭師因與清源王太尉說話云但是世間一切雜學底事盡是網太尉云只如今還網得也無師云太尉吽太尉乃展手云即今有什麼師云只這一網亦不少太尉舉南陽喚侍者事趙州云如空中書字雖然不成而文彩已彰師云只如與麼道是宗國師不宗國師太尉云宗與不宗俱是彰也師云只如趙州意作麼生太尉云不辜負趙州師云此是句也趙州意作麼生太尉云作麼師云彰也趙州意作麼生太尉無對

偈頌七首

直下猶難會尋言轉更賒擬論佛與祖特地隔天涯

有曲無絃索宮商調不同若人纔和得拍拍盡爲龍

絲筆除裝色更濃針挑瘡患理難同維摩昔日稱何事迷從西上却還東

何事最堪依巖中獨坐時路險人難到巒高鳥不飛

白雲長滿洞論劫未曾虧不話曹溪旨焉千道者機

石室周圓慶已多有人不到復如何待封此樣呈諸友開時只好笑呵呵

十八郎殿下送絲毯上於方丈頂掛便請偈

衆綵裁成巳工多妙最殊收歸方丈裏長訛一明珠

十八郎殿下又送偈上國師兼請和師乃答之

建化開遮假立名無名之說亦難停其中爲得非關識朗月當空不自明北京秀長稱爲澤南派傳宗祖諱能黃卷暫詮呼作性教外須參有別行

附十八郎殿下原偈

無形無本亦無名日用驅驅不暫停對面向人多不識縱橫自在轉分明權時來寄君家宅萬種千般是事能認取當來眞本性一時拋棄事皆行

古尊宿語録卷之三十七

颺闔鼓山先興聖國師和尚法堂玄要廣集序

夫釋迦西現張教網於多門達磨東來指人心於徑路不由名相頓悟真乘歷化城直之寶所而自少室之花開六葉漕溪之胤布諸方爰出石頭號純金鋪蓋以格高調古言險理幽厥後子孫從宗行步闊狹毫釐弗差矣即有先興聖國師法嗣雪峰乃石頭五葉也師坐道場則三十二年擁毳侶則一千餘衆

或牴牾學者提唱宗乘機鋒迅而金翅取龍格致高而般倕匠物言如雷火搓之而一點隨游事比蟾輝唱之而孤輪不墜破空有而旋敲中道話君臣而匪稱當人排淨名而未是本叅斥圓常而非爲極則往前所集漏落者多漸邁金烏恐成水鶴今以了宗大師昔推入室今契傳衣凡於樞要之言並蘊胸襟之內寫瓶傳蠟分燈散明慮有拋遺再從編錄總一十六會偈頌次之自量淺識之徒獲覩未聞之教揮毫承命聊述端由時乾德三年乙丑角叅後五日紹文序

書鼓山國師玄要廣集後

廣辯興聖國師語錄一小編唱高和寡後世禪學或不能知舊本差大難入包囊中帶行今禪者守賾倡挺重刊小本以廣流通禪衲有自江西湖南來者知南方雪峰宗旨則復少挫鋒銳行[illegible]矩卷波瀾於性海也紹興戊午三月晦日住鼓山老禪士珪書

鼓山國師和尚名神晏大梁人姓李氏衛州白鹿山受業得法於雪峰存和尚壽七十七臘五十八石頭第六世五代晉天福中示寂

金壇居士于玉立施貲刻此
古尊宿語錄卷第三十七 計字一萬零九百
五十個該銀五兩八錢五分六厘
雙足庵釋眞贊對 上元丘羲民書李應章刻
萬曆丙辰歲冬十月徑山化城寺識

古尊宿語錄卷之三十八

襄州洞山第二代初禪師語錄

師上堂云楚山北面漢水南江擊法鼓而會禪徒舉宗風而明祖道若以揚眉瞬目竪拳竪指謦欬咳嗽是廚中拭鉢帚道什麼會也無也是衲僧䟦草鞋者瞎漢者漆桶是箇弄精魂鬼總與麼總不與麼是東司頭廁籌子以此稱提從上來事盡是邪魔所作謗大乘滅胡種與你大地懸殊且道衲僧據什麼道理出來對衆道看折脚鐺子各出一隻手責得宗乘不斷亦表叢林有人有麼若無洞山不惜眉毛打葛藤去也葛藤之事只在目前萬象森羅乾坤大地百千諸佛日月星辰地獄三途起心動念每日經歷皆是諸德自已何不向這裏體當尋覓看驀然覷得儻分明不虛行脚也自得箇安樂田地洞山此語且作死馬醫若據明眼衲僧將草鞋驀口搨還怪得他也無怪即不怪你道憑箇什麼提得將來脚跟下推尋毫末參差摠折你脚莫麤心好便下座

上堂良久有僧問列祖昇堂人天堅請不昧宗乘乞師指示師云頭鬅鬙耳卓朔僧云一句流通人天登耳師云墨黲黲彩日裏曬進云師唱誰家曲宗風嗣阿誰師云重言不當吃問赤水求珠猶是人間之寶和雲唱出猶非格外之談未審今日將何示人師云夜聞祭鬼鼓朝聽上灘歌問言超象表青霄外出語幽玄事若何師云岸上行人聲有韻船中漁父和不齊云幽玄事若何師云鈎長線短問從上來事未有人當頭道得請師當頭道師云八十翁翁不拄杖問聞師引出潭中意直透青霄事若何師云甲已之年丙作首云今日事若何師云大好雪晴問如何是佛師云麻三斤問海竭人亡時如何師云大難得云便與麼去時如何師云雲在青天水在瓶問道本無言如何理論師云十里鼓問如何是古佛心師云巢知風穴知雨問牛頭未見四祖時如何師云柳櫟木拄杖云見後如何師云齎八布衫問佛法兩字即不問如何是從上來事師云眼裏瞳人吹木笛問百尺竿頭須進步如何是進底步師云炎裏放木鵝問如何是諸佛出身處師云寒山不語拾得笑問纔生便死時如何師云鍾馗解舞十八拍問如何是正法眼師云紙撚無油問智不落千差請師通不犯師云蒸餅揾餳問心未生時法在什麼處師云池中荷葉動決定有魚行問不當之言請師不發師云水流霧下云誠如是言師云人無遠慮必有近憂云與麼則因地而倒因地而起師云不當之言不發問佛及涅槃並爲增語理既如此事又作麼生師云釋迦老子誠實之言問如何是禪不禪師云猢猻摘仙果問諸上善人皆說不二法門居士默然意旨如何師云無目不畫眉問如何是學人入理之門師云陽烏啼時西嶺上問如何是學人本源師云山高雲峻問心非意想道絕功勳如何是心師云鸎子不入楚云如何是道師云還我話頭來問幻與非幻未是學人極則處如何是入理之談師云八十翁翁牙不動問見境不動時如何師云眉長三尺二云如何是見境不動底事師云鼻孔占却三畝地師乃云明機自昧息慮迷源萬法同塵語默難顯不是情中法莫生種種心離此章句別有商量且道離却作麼生商量還有委悉者麼明明地揀破明明地顯示明明地舉唱明明地諷詠更無囊藏被蓋純說乾爆爆地禪若是靈利禪僧纔聞舉著便合眼卓朔地知箇落處豈不是自家具眼其奈罕遇奇人蓋緣洞山這裏言無味食無味法無味無味之句塞斷人口兄弟到這裏難爲湊泊若向這裏覷得分明天下尊宿到與不到徹與不徹總被你驗破何故蓋智有邪正道有虛僞多只與麼心機意識認得門前屋後底學得路布葛藤一堆一擔蘊在胸襟道我會禪會道還夢見禪道也未喚作打底不遇作家到老只成惜懂待到明朝後日驀劄地踏著正脉省前所行履處方始羞見本命元辰下座

上堂時有僧問師登文殊座請師唱道情師云天晴開水路無事設齋司僧云謝師指示師云賣鞋老婆著隻履問險路不通風如何通得信師云戴著襴衫戴席帽問如何是道師云啄云如何是道中人師云失啄問平常心是道如何是平常心師云路不拾遺問和尚百年後向什麼處去師云從上孔丘甲乙巳云此意如何師云不會即問人問如何是和尚樸不破底句師云親問劫火洞然大千俱壞未審這箇壞不壞師云天降蕭蕭紙方圓一尺餘問大通徹底人作何語話即得不傷物義師云道士登醮壇問澄而不清混而不濁時如何師云頹裂幞頭問萬法歸一一歸何所師竪兩指云如何得歸一去師云學語之流問如何是清淨法身師云烏龜不入水陸地弄塵行問如何是洞山圓鏡師云人將語試水將杖試問不向心頭安了義如何達得祖師言師云六脚蜘蛛上板床問動轉無私如何施設師云撥問根本智中如何趣向師云把火照魚行問如何是正法眼師云郭郎鼻孔云還鑒照也無師云纖毫總見問言不投機請師提撕師云六七對夜月問言無朕跡如何理論師云鍾馗不讀書問三界唯心萬法唯識識即不問如何是心師云泥裏蝦蟇雲裏走旱地蛇師水底行問如何是透法身句師云兩箇布針三箇眼問如何是出家師云剃頭不持鉢師乃云舉唱宗乘闡揚大教須得法眼精明方能鑒辯緇素切緣真要一源水乳同器到此難分洞山尋常以心中眼觀身外相

觀之又觀乃辯眞僞若不如是何名善知識者夫善知識者驅耕夫之牛奪飢人之食方名善知識即今天下那箇是眞善知識諸德叅得幾箇善知識來也不是等閑直須叅教徹覻教透千聖莫能證明方顯大丈夫兒不見釋迦老子明星出時豁然大悟與大地衆生同時成佛無前後際豈不暢哉雖然如是若遇明眼衲僧也好擲孖棒便下座問法不孤起仗境方生向上一路請師便道師云聽事不眞喚鐘作甕問如何是道師云竹竿頭上禮西方問如何是洞山水師云雲裏電子云飲者如何師云大小問朕兆未生以何爲證師云烏龜背上紋問金鱗不點額時如何師云左眼半斤右眼八兩問如何是免生死底人師云措大席帽問絕功勲處如何趣向師云蟻子不食鐵問如何是摩尼珠師云手攜針筒臂懸藥袋問如何是大通徹人師云漢高大王問文殊普賢來叅師時如何師云趂向水牯牛欄裏著云與麼則和尚入地獄如箭射師云全憑子力問乾坤休駐意宇宙不留心時如何師云峴山亭起霧灘峻不留船問佛法無形從何建立師云神前木虎子問諸方盡落縫模請師出數道師云十八女兒不繫裙云與麼則平地起骨堆師云自領出去問奔流渡刃疾焰過風時如何師云平常心是道

上堂云言無展事語不投機承言者喪滯句者迷還得麼你衲僧分上事到者裏須具擇法眼始得只如洞山與麼道也有一場過且道過在什麼處僧問如何是透法身句師云十星犯牛宿問亡言事不到開口理相乖未審如何即是師云釋迦老了頭白問如何是衲僧本分事師云雲裏楚山頭決定多風雨問承教有言如人含一口水自不能言萬法不出於心各各皆住本位當與麼時請師接師云六隻骰子不成雙云畢竟如何師云插標嫌水淺問石門遷化向什麼處去師云麝香不合藥問學人未達本源時如何師云脚底毛生問遠遠投師時如何師云爭怪得老僧云終不敢造次師云恰似不齋來問如何是頭頭物物盡底句師云三歲孩兒入戲場問路逢達磨時如何師云鼻孔大小問四海無浪月輪孤時如何師云眼裏鬚眉長二尺問不落心機意識乞師一句師云楚山入漢水云未會請師更道師云湖南橘子問不惜時機用如何話[illegible]師云三箇胡桃兩塊餳問如何是洞山劒師云[illegible]州客云用者如何師云伏惟尚饗問離却心機意識請師道一句師云道士著黃甕裏坐問如何是不動底心師云賜紫金魚袋問生死海中以何爲津梁師云年盡不燒錢問祖師西來唯傳一心諸方爲什麼各說異端師云貪觀白浪失却手橈問龍庭金口問如何對玉機師云海底紅塵起石裏瑞花生問智隔千重鑠如何擎得開師云波斯不戴帽問三乘十二分教即不問祖師西來意請師直指師云小兒不著鞋問如何是和尚臨機爲人一句師云官差不自由云與麼則得一失一也師云自知較多少問大用現前時如何師云天不長[illegible]問文殊問維摩以何爲入不二法門維摩默然未審意旨如何師云六隻骰子一時赤問如何是當處常湛然師云淨手裝香云如何是覓即知君不可見師云觸手拈經問如何是竺土大僊心師云草鞋不入市問鐵石之心如何去得師云張良下殿走問如何是入不二法門師云眉長三尺二

上堂云語中有語名爲死句語中無語名爲活句諸禪德作麼生是活句到者裏實難得人若也不動一壓不撥一境見事便道答話長老下脚不得東西南北莫知多少要得去離泥水活人眼目舉唱宗風激揚大事不道全無其奈還少即緣未達其源落在第入魔境界中識得箇不名不物無是無非頭頭物物無不具足道我得安樂田地更不求餘凡有扣擊問難即敲床竪拂更不惜便施說便行便用向惡水坑裏頭出頭沒弄箇無尾獮猻到臘月三十日鼓也打破獮猻又走却了手忙脚亂一無所成悔將何及你若是箇衲僧乍可凍殺餓殺終不著你鶻臭布衫便下座問不犯一切請師提綱師云瘂子得夢問如何履踐即得無譊訛師云見之不取思之千里問劫火飈然大千俱壞未審什麼人爲主師云陳平不舉令問如何是和尚擘不破底句師云孫臏不入市問如何是眞出家師云剃除鬚髮云只者莫便是也無師云因什麼五戒不持問言無展事意旨如何師云漢江不渡船問不落是非請師道師云責云慈悲何在師云苦口是良藥問如何是禪師云熊耳山下問如何是無縫塔師云十字路頭石師子問實際本無憑何建立師云新豐老人八十八問眞淨無朕兆如何話祖宗師云起席不謝坐問如何是清淨法身師云渤土裏雀兒問如何是佛法大意師云三日風五日雨問如何是露地白牛師云針劄不入云飮啖何物師云一任東西問如何是通身一句師云月似彎弓少雨多風問萬緣俱息時如何師云甕裏石人[illegible]團問如何是道師云頭不梳面不洗問牛頭未見四祖時如何師云三山帽子大袖布衫云見後如何師云市食齋僧問一言道盡時如何師云吉凶不上卦問月不當戶時如何師云矮子騎馬問如何是眞空妙用師云契書鐵券權爲用妙句無私也是閑問絕點無蹤時如何師云尖斗量不盡問如何是學人佛性師云來日二十七問如何是衲僧本分事師云路騎渡漢江問如何是親切一句師云達磨無當門齒

上堂學須實學見須實見若未諦見當須克己叅尋博問先達稍是不得且向洞山處討箇入路一切塵刹一切境界一切佛界一切衆生界盡十方界一切物類一時拈來手內在眼睛裏亦無來往等相不礙見聞覺知舉起一足乾坤一時震動行著一步海水盡皆波濤湧沸提起一足須彌山百雜碎唾一唾虛空撲落地諸德每日受用還自知也無洞山不獲已且作死馬醫對上機兄弟面前渾成一場笑具向他上機人前說箇什麼即得挨一挨撥一撥喝一喝棒一棒得麼拈天拈地五言七字得麼好風好雨得麼如斯衆唱遍大地攪不轉把箒掃作一堆將火燒把篾縛掉放江裏從他流下去且作麼生去也珎重問如何是洞山境師云村裏人油葫蘆問身手作罪補[illegible]口占時如何師云看鋼鏴著生鐵云知過後如何師云望煙守食地錯入燻皮家問將何指示令學人得透金塵師云天子馬蹄鳴問心若無事萬法不生時如何師云風鈴有韻真堪聽聽得猶來出不成云正當與麼時文殊普賢在什麼處師云長者八十一其樹不生耳云意旨如何師云一不成二不是問如何是學人本來眼師云旋風不左轉問維摩掌擎四世界未審維摩身在什麼處師云在闍黎後底云爲什麼在學人後底師云還我話頭來問法無羈鏁爲什麼趣入却難師云波斯讀梵書問便與麼去猶涉程途省力處乞師一言師云腰帶不著鞓問如何是大道之源師云天寬地窄問一切諸佛及諸佛法從此經出未審此經從什麼處出師云一字不著點云如何是一字不著點師云碧眼胡僧笑點頭問如何是離却生死底句師云掃地添瓶問長蛇偃月即不問疋馬單鎗事如何師云線大鼻孔小問口欲談而詞喪心欲緣而慮忘猶是生死邊事如何是向上事師云阿難不持梵夾問但得本莫愁末如何是本師云手纖脚大云如何是末師云量不著

上堂云洞山者裏尋常方丈內不似諸方一个上來一个下去啾啾唧唧地衷私說底禪道佛法盡是向你兄弟面前滿口說滿口道滿口拈提滿口欒揀無你左遮右掩處一時和底䶩出諸德作麼生委悉汝試對衆道看譬如太末虫處處泊得不能泊於火焰之上被他諸方老禿甜唇美舌說作配當道這箇是禪這箇是道這箇是菩提涅槃者箇是眞如解脫被丈二釘八尺楔楔在眼裏不知不覺作到洞山這裏不知是何說話會得麼直饒會得眞如涅槃菩提解脫毫末無差也被條繩子於脚跟下繫却不得出離若是靈利衲僧一咬咬斷作箇脫洒衲僧豈不快哉若三咬兩咬不斷準前打入悄懂社裏有什麼出頭時洞山事不獲已傍地與爲你著力珎重問如何是和尚接人一句師云雞啼不著時隣人半夜行云如何領會師云一任東西問只與麼便請益時如何師云千斤秤不仕云鳥道不存也師云錯數定盤星問說者聽者二俱如幻無說無聽時如何師云馬趂不上云與麼則信受奉行師云還我話頭來問如何理論即得不昧師宗師云天地玄黃問不變不動是何境界師云臘月三十日問如何是一眞境界師云衲僧破草鞋問離却有無請師端的師云三脚鐺了無耳橡問兩處俱亡時如何師云把針失却線問不歷古今句請師運普音師云措大騎驢云與麼則學人側聆也師云手提巾子問即今心即不問如何是本來心師云腰長脚短問不動智源如何接物師云大悲菩薩無手眼問面前三事變背後萬般形如何師云那吒不識父云如何是那吒不識父師云眼裏瞳人椠氣毬問匝地普天即不問應機不失事若何師云三白大衆問如何是正法眼師云六祖愛喫和羅飯問未曾開口道十方佛已知時如何師云不來諸比丘說欲及清淨問生死事大請師相救師云三家村人失却火問承古有言刹說衆生說三世一時說即不無未審爲什麼人說師云三頭兩面者云爲即不無還當也無師云蝦跳不出斗問如何是不從師邊得底事師云夜觀乾象問釋迦以何爲師即得無上菩提師云三千條罪莫大於不孝問知有亦不立妄有亦不生正當與麼時如何話道師云六耳不同謀問如何是大道本源師云赤脚上船問古鏡未磨時如何師云三番羯磨云羯磨後如何師云爲什麼五戒不持問只者猶不是如何即是師云天性不喫酒問自古及今不從人得六祖黃梅夜聞何事師云志公拄杖云得用時如何師云用那曲尺作什麼問如何是毛呑巨海師云六祖口脣大問如何是會佛法底人師云兩道行纏問青青翠竹盡是眞如此理如何師云朝遊山水暮宿草菴問自肯已常人知見已不見已時如何師云看鋼鏴著生鐵問纔伸一問悔思不及請師方便師云兩得便宜問如何是學人本分事師云三脚蝦蟆無後脚問目前無朕兆如何顯眞宗師云八十婆婆手擎扇問如何是無心鏡師云水深三尺云還照學人心也無師云徹膽見問一塵纔舉大地全收如何是一塵師云波斯上廟問只見龜毛長不見兎角生請師現兎角師云目裏瞳人椠氣毬問絲盡停機是諸佛權行之義向上事請師直道師云多毋失愛問諸方即心即佛未審和尚此間如何師云無底楪子七八片問如何是超毘盧越釋迦之談師云迦葉目視佛

上堂法鼓纔動大地全收諸德在鼓聲裏來往還知也無對衆道看若道不得被洞山熱瞞下座

上堂卽心卽佛破執二疑非心非佛止宿草菴且居門外向上一路千聖不傳葛藤言語作麼生是衲僧分上事良久云拈得出來也是破草鞋下座問天堂地獄是什麼人居止師云洞山問如何是法身師云穿靴水上行云莫便是否師云水上烏龜頭赫赤問作止任滅猶是禪那之病如何免得師云梵僧不袒肩問未問未答如何商量師云持鉢不得撲破鉢盂問金烏出海精天地與此光陰事若何師云崑崙渡海誇珍寶波斯門下騁驕多

上堂無邊刹境自他不隔於毫端洞山魚鼓聲動延慶白馬驚嶺谷隱師僧盡隊隊入僧堂裏喫飯諸德識得幾箇對衆道看若向這裏道得卽有可良善不無行脚若道不得閻老徵你草鞋錢有日在便下座問超佛越祖人難得請師一句顯根源師云戴衫錯却領問古寺清幽如何辯主師云責云你何方便得親慈悲師云焚香胡跪問不斷佛種請師一言師云犯著太白星問遍地黃金便與麼用時如何師云滿天列宿白日雨下

上堂諸德提將鉢囊拄杖千鄉萬里行脚蓋爲生死不明要得達法悟道到處豈無親覲尊宿善知識若爲你解粘去縛道眼分明甄別是非堪爲師匠卽便拗折拄杖高掛鉢囊取箇徹頭莫愁不成辦或若開口動舌說向上向下這邊那邊玄會妙會道出道入君臣父子明體明用盡是渤般若埋沒宗風不識好惡尿床鬼子帶累後人無有了日拽下繩床落脊棒趁出三門再教行脚與伊爲增上緣也與宗門出得氣更向其中叉手並脚唱諸攝他野狐涎唾自肯自重云得和尚爲我揀爲我說得箇安樂處還睡覺也未還洒洒也未喚作病不遇良醫悞服他毒藥認得箇驢鞍橋喚作阿爺下頷與你本分事有什麼交涉將知你一生行脚只是踏破草鞋始終成得箇不喞溜漢下去問剋己求眞是修行人之大錯能辯邪正猶乖道體未審如何修證師云六隻骰子一時赤問不在內不在外不在中間未審在什麼處師云偏衫不蓋體問如何是學人自己師云親人不著便問萬緣俱罷六户齊寧時如何師云天晴不肯去云便與麼去時如何師云須待雨霖頭問盡大地人來如何指示師云舌頭拄上腭問請師出手師云七顛八倒問心境未明時如何師云吐舌至頂相問大藏教是一場是非學人親切請師道師云有手不彈指問天皇打典座意如何師云喫酒不謝座問如何是學人究竟事師云說云未審說箇什麼師云泥裏搣椿問如何趣向卽得至理無差師云垂鈎水上云與麼則誤向途中枉施功師云自知較一半問但得本莫愁末如何是學人本師云草鞋無底問如何是塵劫不昧底事師云脫衣不渡水問添一減一理歸何所師云三年一閏問眞修道人不見世間過未審世間有什麼過師云兩人着緋一人著皁問煙雲不到處喚作什麼師云燒錢不及時云與麼則劃地作佛像去也師云自屎不覺臭問三身中阿那身說法師云親言出親口問如何是說底口師云還我話頭來問如何是撥塵見佛底句師云楚山頭上播紅旗問心不是佛智不是道還有過也無師云知他大小問生死根源請師指箇入路師云頭破額裂云學人不會乞師指示師云天上天下問承古有言天得一以清地得一以寧君王得一以治天下衲僧得一時如何師云五九四十五太陽來入戶問佛法禪道是同是別師云梳頭不洗面問明月當空如何鑒照師云董之不是問久淘砂磧未覩眞金請師指示師云入水不濕脚云與麼則學人得用去也師云爭柰脚板濶云一言可以喪邦師云不知是不是是卽也大奇問諸方盡在繩墨裏未審和尚此間如何師云蒿箭射須彌問扶籬摸壁時人盡知諸佛正法眼請師直指師云夢裏打三更問十二時中行住坐卧自省覺時如何師云看人喫飯云爭柰樹影不斜何師云親言出親口問一法若有毗盧墮在凡夫萬法若無普賢失其境界未審如何卽是師云眼裏瞳人築氣毬問森羅及萬象皆從一法所印如何是一法師云要你眼作什麼云還許學人受用也無師云可惜許問金鎗現前請師辯師云兩脚蝦蟆吞却月問的言無證時如何師云牙疼灸左耳云甘苦常言師云聽事不眞喚鐘作甕問如何是不歷巨海獲驪珠底人師云四手八臂問久昧衣珠請師指示師云磁石不轉針問彎彎似月廓落三星西土卽無此間事如何師云東南西北問十二時中如何得與道相應去師云拈東摸西問從上宗乘請師垂示師云老鴉線斷問一念未生爲什麼不見自己師云劃地成牢問盡未來際遍法界中盡此一句時如何師云有錢千里通無錢隔壁聾

上堂丸丹一顆點鐵成金至理一言轉凡成聖世間法亦復如是洞山且問諸德作麼生是轉凡成聖底道理試對衆道看雖然不出頭肚裏道了也作麼生是轉凡成聖底道理且道轉箇什麼莫瞌睡作麼生覓是一喝一棒麼如此見解是街頭巷尾打鐵磨輪木槵數珠念喲囉怛那行者輩見解在你衲僧家合作麼生須是具眼方能辯邪正莫只與麼過諸德時不待人切須努力睡一覺起來看取是什麼道理久立珍重問不與萬法爲侶底人還有向上事也無師云道士頭戴冠問如何是佛師云灼然諦當問如何是三寶師云商量不下問如何是清淨法身師云齎

甕裏蝍兒問一箇便中時如何師云過云過在什麼處師云著

上堂且如禪師者須是已事分明具擇法眼遍參知識方辯祖宗法餇水乳岐分若不然者何名衲僧行脚不遇師匠最苦莫過於此可惜許大丈夫兒莫限限催催地禪德洞山尋常道待我家園麥熟事持磨麵作箇餕餡屈取東西南北善知識同共一毽破除了盡與伊出却釘拔却楔拈却炙脂帽子脫却鶻臭布衫作箇洒洒地禪師後代學人有可依倚豈不俊哉問如何是洞山劍師云問作什麼云也要知師云罪過問如何是古佛劍師云何不問云用有如何師云鉛刀子問承古有言諸旋未息彼物先往尚不可得意旨如何師云虛空瓣殼子

上堂莫捏目妄想總不如是道本無機豈留心法諸德且作麼生領會莫錯會好珍重問承古有言其中長者子箇箇盡無裩如何是長者子師云只你是云是箇什麼師云猫兒打筋斗問如何是洞山師云動則傾湫倒岳不動即天地黑暗問學人欲殺父殺母如何下手師云急問非時覩觀請師一句師云對衆作麼生舉云據現定舉師云放你三十棒云有什麼罪過師云罪不重科問風不鳴條雨不破塊是什麼人分上事師云要道即道云便請道師云分付不着人却令道者怪問久居洞中爲什麼一物全無師云脚大木腹小云如何領會師云直饒步問如何是室中人師云不在外問壁上有一高僧至時還說法也無師云來去不住問大衆雲臻請師略舉綱要師云水上浮漚呈五色海底蝦蟇叫月明問洞山鬱茂爲什麼無味師云驗在目前問朗月當空是什麼人境界師云闇冥境界云爲什麼日用不知師云非洞山過問如何是籠中鳥師云在籠中多少時云只爲籠中鳥師云却飛去問學人欲伸一問爲自己不見時如何師云無背面問朗月當空爲什麼不見自己師云近後問如何是沙門行師云不損人問雲水是人遊是什麼人能到峰頂頭師云無足人能行無手人能執問佛即不問如何是法師云你爲什麼不出家問無佛無人處法從何生師云你在什麼處出家云現在目前和尚自看師云五戒也不持問目覩瞿曇猶如黃葉意旨如何師云襄州土宜不出別物問量闊無邊爲什麼不容自己師云窄問曹溪一句即不問如何是雲門一句師云天下人咬不著云還當得生死也無師云是何生死問佛佛相應祖祖相傳未審相傳底事如何師云此去韶州八百五十云與麼則有口不如無聲師云速須懺悔問擘破成狼藉渾崙又不成藥病俱消處便請師商量師云雲生嶺上水出高源云與麼則師子吼也師云還我師子吼來問無心道人還有法示人也無師云黑地入漆甕云既是無法緣何得入師云到老惺惺問如何是動乾坤底人師云須彌山上打筋斗問作可永劫受沉淪誓不將身求半偈師云官不容針私通車馬云與麼則和尚容許也師云且領話問大藏教是箇切脚如何是字母師云啞子上刀梯兵馬都監太保問眼處入正受諸塵三昧起此意如何師云洞山茶椀裏有太保太保茶椀裏有洞山太保無語將此話問尊宿谷隱云不落無言說延慶云喚什麼作三昧師問僧莫便是新到否僧云是師云夜來投栖處今朝事如何僧云今朝風較急青山背上行師云不是更道僧云珍重師便打問如何趣向即得至理無差師云坐釣水上云與麼則謬向途中枉施功師云自知者少問鼓聲纔罷大衆雲臻學人與麼來請師速道師云撥雲看日皐坐水看山行問釋迦掩室於摩竭淨名杜口於毗耶猶是中下之機向上一路請師說破師云玄玄無倚靠迥迥勿人知問輪王寶劒常露現前輪王即不問如何是寶劒師云水裏無魚人皆信空裏行船笑殺人問諸佛非我道誰是最道者師云樓上打鼓聽聲在外問父母非我親誰是最親者師云瘂子買甜瓜問眞即幻幻即眞離此二途如何道師云臨河照影云與麼則乂手當胷退身三步師云若不同床卧焉知被裏穿問衆魔到來如何支遣師云鍾馗解舞十八拍云還受厭禳也無師云信邪倒見死入地獄問自知當作佛未審什麼人證明師云普菱賞針筒問寂寂無惺惺時如何師云波斯不過江問勝雜高萬丈身與白雲齊時如何師云昔時東海曾相識却向西山弄日頭問擬問和尚有煩尊重擬欲不問巳事未明今日上來問即是不問即是師云今日敗闕云爲什麼如此師云虛空焰赫無涯岸海月圓時無別大問如何是透法身句師云千江有水千江月萬里孤舟萬里身問學人擬歸鄉請師指路頭師云楚山頭向東問如何是祖師西來意師云衣衫不整問以字不成八字不是未審是什麼字師云波斯入市問大海有珠驪龍守護時如何師云囷問如何是諸佛出身處師云楚山頭問心外無法不可所求法内無心不可所得離此二途如何是道師云紙上畫鍾馗問眞空得之不空妙有得之不有衲僧得之如何師云拈匙不把筯云與麼則一切法常也師云只爲不常問承師有言禪子相投西山月落未審落在什麼處師云手裏把釣問心外觀法法不際心心内觀法法源不達如何是本源師云面上眉長三尺二問停眞罷想時如何師云水底弄傀儡云誰是看翫者師云停眞罷想者云與麼則大盡三十日小盡二十九也師云你見什麼道理云某甲合喫

和尚擔棒問知而不悟時如何師云草鞋繫子斷問虛空無口憑何說師云木屐觜長三尺二問撥塵見佛時如何師云旛竿頭上不插標問德山入門便棒臨濟入門便喝未審和尚意旨如何師云尖斗量不盡云還有爲人處也無師云頭戴天脚履地師到雲門雲門問近離什麼處師云楂渡門云夏在什麼處師云湖南報慈門云幾時離彼師云八月二十五門云放你三頓棒師晚間入室次却問今日祇對次蒙和尚放三頓棒未審過在什麼處門云江西湖南便與麼商量師於言下大悟遂云他後向無人煙處卓箇庵子不畜一粒米不種一莖菜接待十方往來盡與伊抽釘拔楔拈却炙脂帽子脫却鶻臭布衫教伊洒洒地作箇衲僧豈不俊哉門云你身如椰子大開得許大口

上堂洞山普樂無言展托終日現前誰知適莫無遮無障不知不覺更有一言乾乾爆爆

歌頌

隨物通真頌并序

至大莫若於道至廣莫若於法無言表而不顯於道無物象而不出於法且夫衆生浩浩窮本末以何歸處處忪忪據生死而何托洞山聊述一頌提舉大綱號隨物通真頌曰

現在目前何易何難將何指陳表法無言物之有物言之有言明明無礙了了無邊見之成道不用再三物物是我河沙體全法法無法言無可言眼見耳聞白日青天東西南北竺土大僊印之可印燈之燈傳著衣喫飯文殊普賢手提巾子赤脚上船是水是火本絕諸緣禪僧座主庶民大官寬衣大袖窄領布衫接延賓客對答語言高之與下不在許言上徹天界下透黃泉不是別物古聖皆傳得之可保見之安然今之浪說出自無端更有一言好看好看

明道頌

大道坦然廓落無邊了了虛徹寂然何安含容妙用隨物方圓自本心法衆生迷源道無別道玄無別玄向說不信須要攀緣識心是佛了即是安心將何識識者何心心識兩亡見道在先從古至今體自如然凡聖共有沙界同源前賢後哲悟此而傳著衣喫飯語默言詮不是別物是箇疑頑快須提取勿放任顛巧施妙句廣引多般揚眉瞬目閃爍機關以此爲解千山萬山人迷逐物切要自看自看得力諸聖准則行住坐卧皆承恩力成佛作祖越此不得不得伊何要你消磨坐看北斗立覰黃河天南海北於我於何明明了了你何不曉惺惺皎皎於何不照世界根源衆生祖老終日現在名名善巧說之已說聽亦甚好會與不會任自長保

真讚

一巧一拙誰許甄別青山白雲兒孫皆說窈窈邪身頭尖鼻缺斫額看魚焚香祭獺

又

空生幻身幻滅空存谷傳其聲鐘受其音取之寫邈號之曰神一言纔發四蹄難尋月之有水鏡之有像不可虛傳洞山之真

又

身不奇兮貌不揚語不異兮法不藏滿天星宿兮月中月白日金烏兮海岳彰

又

我教不寫又被寫我教不圖又被圖可惜半匹青絲絹畫了令人笑一場

又

月兔走入海日烏飛上山見此若不會虛度幾千年

色空頌

眼病生色空病仍存真空真色日月乾坤白日買賣夜裏屈人東西南北碧眼胡僧

示徒頌

洞山寂寞無可依托禪子相投西山月落

提綱頌

洞山月冷雪漫漫綠水清風刮骨寒言談語句無滋味釋迦達磨海東邊

投機頌

向你道泄天機我不會汝惺惺徧法界何不明開眼睡悟即驚好問伊是阿誰共商量莫相謾快道取者衆生

剪商量頌

見非言說知真語即是非畫龍頭似馬那箇得便宜

指話會頌

洞山語孤孤言淡人難措舉自會宗風辜負西來祖

指迷機頌

洞山寂寞一無可有無味之句塞斷人口

明心頌

禪不禪律不律赤脚著鞋水上立大洋海底黑雲生回頭西山日初出

因事頌

五臺山上雲蒸飯佛殿階前狗尿天幡竿頭上煎䭔子三箇猢猻夜簸錢

牛兒頌

自牧一牛兒出入無攔閡放在芳草中毛色方能顯朝去無人趁暮歸無人喚其力不可當有角無鼻綫不使任從伊使著隨人轉天下無荒田盡是此牛變有人若覓伊走去天涯畔牽來似諸人問汝見不見

隨牛狗兒

家有一狗兒駿小人難見終日隨牛去未省使人喚見客不作聲見人偏能善擬議上門來早是輸他便好好報禪師須著精神看任汝靈利人不覺爲死漢

法身頌

法身寥廓徧河沙萬象森羅共一家法法盡含真妙用莫將眼病見空花

報身頌

報身具足無窮體現用分明勿是非悟了始知言無異休將巧妙用心機

化身頌

化身來往任縱橫隱顯諸緣應萬機只這見心非不見剛須見外強生疑

又述一頌

洞山有一語道得無用處對面共商量脫衫著却袴

又

道本無言詮言詮非本妙對面共商量誰人能得了

又

洞山有一言對荅須提舉瞎目若思量者漢去太去

彭殿直問和尚年多少師有頌

一臘更一臘相續已年高住持無別物化導勿劬勞勸人常有語不用苦忉忉只爲他不信佛大郎泥多

十心頌

心是春普雨山河及大地澀酸鹹淡甘與苦盡交春功滋助力

心是水任器方圓與寬窄或直隨人得濁惡諸般皆盡法王法

心是火熱得衆生煩惱果枝枝葉葉普皆開得心蓮花一朵

心是秤萬戶千門同共用纖毫輕重自低昂使合自知不高穩

心是尺示與世人生條直莫教掊下有推那地獄三塗難得出

心是斗量盡天涯是非口堆山積岳在心思死後波吒親自受

心是燈照見人間黑暗心指教直行不能行須作欺瞞地獄因

心是鏡照破人間邪與正對面言談恰似直背後猶來黑似漆

心是道凡聖同居月皓皓只於鬧處證菩提便合如來真正道

心是師條貫六賊不暫離時時呼喚在目前纔便出門不柰伊

廓書狀上頌

十載學玄微今朝方息機洞山一句子落處少人知師却問作麼生是洞山一句子書云遍塞虛空師云大好少人知書却問作麼生是洞山一句子師云覗山亭上無字碑

古尊宿語錄卷之三十八

三

金壇居士于玉[illegible]助貲刻此
古尊宿語錄卷[illegible]八計字一萬一千一百
八[illegible]銀六[illegible]
[illegible]主[illegible]上元丘義民書秦大榮宗森刻
萬曆丁巳歲[illegible]月徑山化城寺識

古尊宿語錄卷之三十九

智門祚禪師語錄

門人住明州雪竇山資聖寺明覺大師賜紫

重顯述

上堂良久師顧視左右云莫有作家戰將出來雖然如是風不來樹不動時有僧問十地菩薩見性如隔羅縠秖如初地菩薩又隔什麼師云須彌山進云如何透得師云三生六十劫僧問一機未發如何辨其語脉師云大衆可驗僧云學人如何進向師云退後二步僧問格外稱提請師舉唱師云你合作麼生進云與麼則承指示也師云莫妄想問曹溪路上還有俗談也無師云六祖是盧行者問一切智智清淨還有地獄也無師云閻羅王是鬼做問如何是佛師云踏破草鞋赤脚走進云如何是佛向上事師云拄杖頭上挑日月問蓮華未出水時如何師云蓮華進云出水後如何師云荷葉師乃云一法若有毗盧墮在凡夫萬法若無普賢失其境界正當與麼時文殊向什麼處出頭若也出頭不得金毛師子腰折又云正好一盤飯莫待糝椒薑便下座因舉僧問香林雲門親的旨今夜為何人林云涅槃經僧云與麼則親的林云末後品時有僧問師涅槃經意旨如何師云大喻八百小喻三千進云末後品意旨如何師云雖足三峰頭倒卓又云會麼僧云不會師云直待彌勒下生來問師子返擲卽不問虎頭生角時如何師云生得幾箇進云消麼則學人退身三步師云龍頭蛇尾問如何是大乘修行師云擔枷帶鏁問既是龍居未審龍在什麼處師云眼下一帶青僧云學人未曉此意如何師云瞎

上堂云汝若進一步卽迷其理若退一步又失其事若也寂然地又同無性作麼生免得此過所以古人道明知與麼故合不犯正當與麼時切忌傾倒著便下座問古人拈起拄杖意旨如何師云看樓打樓進云放下拄杖意旨如何師云百雜碎問聖僧為什麼被大蟲咬師云不錯問如何是離却藥忌一句師云口是禍門又云又手當胸問魚游陸地時如何師云取死不遲進云却下碧潭時如何師云鑽泥剌土問牛頭未見四祖時如何師云天寬地窄進云見後如何師云地窄天寬

上堂云德山入門便棒臨濟入門便喝你且道山僧者裏用箇什麼還有人委悉麼不如歸堂向火珍重

上堂云三兩日來好春雨可謂霶霈凡夫人見水是水天人見水是琉璃魚龍見水是窟宅餓鬼見水是火你衲僧家喚作什麼你若喚作水又同凡夫見若喚作琉璃又同天人見若喚作窟宅又同魚龍見若喚作火又同餓鬼見是你尋常還作麼生所以道若是得底人道火不燒口道水不溺身你每日喫飯還少得一粒麼又古人云終日著衣喫飯未曾咬著一粒米未曾掛著一縷線雖然如此又須實到者裏始得若未到者田地且莫掠虛問諸法寂滅相不可以言宣時如何師云好箇問頭進云消麼則市地普天師云更是一堆問如何是無縫塔師云四楞著地進云如何是塔中人師云鼻孔三斤稱不起問威音王以前是什麼人先悟師云何不問露柱僧云便消麼會時如何師云二頭三手問威音一響妙色已彰時如何師云兩重公案問既是普眼為什麼不見普賢師云弄巧成拙問學人有龜毛拂子將奉師時如何師云老僧有兎角拄杖與闍黎進云與麼則進貢得賞也師云三十年後此話大行

上堂云諸上座且得秋涼正好進道決擇還有疑情出來對衆大家共你商量理長處就所以趙州八十尚自行脚秖是要飽叢林又且不惜板若有作者但請對衆施呈忽有騎墻察辨呈中藏鋒忽棒忽喝或施圓相忽象王迴旋忽師子返擲忽作大師子吼忽拗折拄杖忽掀倒禪床但請施設還有麼衆無對又云若是宗門中兒孫須瞻祖師機方可是祖師苗裔不可喫却祖師飯著却祖師衣趂日過日便道我是行脚僧者箇秖喚作名字比丘徒消信施閻羅王久後徵你草鞋錢有日在莫道我得便宜忽然一日眼光落地入地獄如箭射又圖箇什麼各自著便宜又不是惡漢也久立

因歲朝上堂云斬新日月特地乾坤人人盡加一歲你道露柱年多少還有人道得麼對衆道看若道不得山僧與你註破也秖是甲子會時有僧問大用現前不存軌則時如何師云你為什麼趯破脚指頭問日用而不知常用事如何師云兩重公案進云消麼則更不運步也師云草鞋底穿問金剛眼中著得箇什麼師云一把沙進云為什麼如此師云非公境界問如何是學人自己師云問底是誰僧云學人請益師云也是作賊人心虛問絕功勳處如何履踐師云更買兩緉草鞋進云消麼則退步也師云太少在問如何是如來禪師云橫擔拄杖緊繫草鞋問如何是祖師禪師云上大人又云會麼僧云不會師云不會且順朱

上堂云是你諸人橫擔拄杖出一叢林入一叢林你道叢林有幾種或有栴檀叢林栴檀圍繞或有荊棘叢林荊棘圍繞或有荊棘叢林栴檀圍繞或有栴檀叢林荊棘圍繞秖如四種叢林是你諸人在阿那箇叢林裏安身立命若無安身立命處虛踏破草鞋閻羅王久後徵你錢有日在問衆生有難來庫裏藏身諸佛有難火燄裏藏身衲僧有難甚處藏身師云你

不是衲僧問既是龍居爲什麼不降甘雨師云踈田不貯水進云恁麼則衆生無賴也師云悲龍爭柰何問國師三喚侍者意旨如何師云憐兒不覺醜進云國師辜負侍者意旨如何師云美食不中飽人喰進云侍者辜負國師意旨如何師云粉骨碎身未足酬問三身中那身說法師云闍黎鼻孔塌進云因什麼如此師云謗斯經故獲罪如是問既是諸法寂滅相爲什麼却有與說師云話墮也進云寂滅相又何在師云不在你口裏問如何是一大事因緣師云問取目犍連進云學人不會乞師再指師云舍利弗當知進云未審如何領會師云大似不齋來問作麼生是和尚歇人一句師云待闍黎不恁麼來卽得僧云祇如恁麼來還得休歇也未師云驢年問盡大地人各置一問問問各別未審和尚如何祇對師彈指一下進云未審還副得他問也無師云隋州紙貴問如何是一合相師云明鏡當臺進云如何是貪着底事師云胡是胡漢是漢問從上古德以何酬効於師承師云驗在目前進云恁麼則心不負人面無慚色師云你爲什麼辜負我僧云和尚也須領話師云放你三十棒問承教中有言譬如摩尼寶殿三角當懸一角常現如何是常現底一角師云險

上堂云數日好雨且道雨從什麼處來若道從天降那箇是天若道從地出喚什麼作地若更不會所以古人道天地之前徑時人莫強移箇中生解會眼上更安錐又云昨日裏我入雲霧裏慈悲霜雪裏假禍雹子裏藏身還藏得身麼若藏不得却被雹子打破你髑髏

上堂云茫茫宇宙人無數幾箇男兒是丈夫且道男兒與丈夫是同是別所以古人道佛法無多子其中難得人且道難得什麼人祇是難得不會佛法底人衆中還有不會佛法人麼若有吐露箇消息來看所以黃梅七百衆却被行者傳衣得法去且道行者還會佛法麼故知壽盈石室童子悟道又何關多口衲僧之事

上堂云雪峰輥毬羅漢書字歸宗斬蛇大隨燒畬且道明什麼邊事還有人明得麼試道看若明不得所以道斬蛇須是斬蛇手燒畬須是燒畬人瞥起情塵生妄見眼裏無筋一世貧問如何是大通智勝佛師云言無再勦進云如何是十劫坐道場師云禍不單行進云如何是佛法不現前師云金屑雖貴進云如何是不得成佛道師云眼裏著不得問久雨不晴時如何師云蘿蔔不生根進云既是久雨爲什麼不生根師云一任叫皇天問如何是形山寶師云你有幾條袈裟進云請師指示師云一任亂走問如何是不變異句師云變也進云畢竟如何師云兎脚長鶴脚短

上堂云若欲多求恐妨於道祇如諸上座各得道業成辦也未若也未辦千般巧說不益其心高穩思量是何道理所以古人道你若無心我也休晴乾不肯去須待雨淋頭問如何是般若體師云蚌含明月進云如何是般若用師云兎子懷胎問三春已去九夏又臨學人未明乞師直指師云打你頭破作七分僧云也知師爲迷徒切爭柰學人未曉何師云非日月咎問經有方便學人情學人上來乞師直指師云見成公案進云未審學人過在什麼處師云放你三十棒問未有世界時還有佛法也無師云少一時不生剩一時不死問拈槌竪拂揚眉瞬目卽不問向上一路請師舉唱師云你爲什麼擔枷過狀進云與麼則謝師方便師云罪不重科問師唱誰家曲宗風嗣阿誰師云重疊關山路進云今日一會又奚爲師云對牛彈琴問與源無朕兆如何話祖宗師云句裏明人進云恁麼則南山起雲北山下雨師云楊花得暖風問如何是透法身句師云猢猻繫露柱

上堂云千人排門不如一人拔關僧便問如何是千人排門師云守株待兎進云如何是一人拔關師云你不是者手脚問如何是禪師云黃芩是黃連進云如何是道師云甜底是甘草

上堂云鼓聲纔罷牢過作家僧出禮拜師云打鼓爲三軍僧云長蛇偃月休施展匹馬單鎗請立功師云氷消瓦解僧云蘇嚕蘇嚕問空王殿中以何爲侍者師云樓至佛

上堂云南泉道自小養一頭水牯牛擬向谿東放不免食他國王水草擬向谿西放不免食他國王水草不如隨處納些些佗總不見所以雲門大師道平地上死人無數過得荊棘林是好手只饒你截斷凡聖及盡有無也祇是老鼠入飯甕未知有向上一竅在便有僧問如何是向上一竅師便打云我早是將一塊屎驀口抹了你更來咬我手作麼僧擬議師便趁

上堂云神方秘術子父不傳山僧有箇藥方黑豆好合醬便下座問如何是清淨法身師云滿眼是埃塵問如何是色空師云羅圍裏賓頭問應化非眞佛亦非說法者未審是什麼人說師云露柱口脣鈇問如何是無底鉢盂師云挂向壁上進云未審將何齋粥師云瓦椀竹筯問如何是佛師云抱贓叫屈問如何是祖師西來意師云山堂野雉問如何是然燈前師云空劫無聞人僧云如何是正然燈師云火星入牛斗進云如何是然燈後師云衲僧天下走問古鏡未磨時如何師云也祇是箇銅片進云磨後如何師云且收取問學人有一問未審師還答也無師云南地竭北地孫進云意旨如何師云三月裏看問善財入

樓閣是何時節師云未後殷勤進云畢竟如何折倒
師云不如退後三步僧云恁麼則古人不先今人不
後師云秦王擊缶問終日切切祇爲庭前殘雪如何
得雪消去師云相逢春來進云恁麼則紅輪起處底
穿過盡師云雪上更加霜問閉門造車時如何師云
還得成就也未進云出門合轍時如何師云魯般門
下問承教有言一人發真歸源十方虛空悉皆銷殞
既是虛空云何銷殞師云歸源者合知進云恁麼則
一漚生處衆波同師云細看前話
因李都尉奏師紫衣到日上堂僧問皇恩遠降紫服
新披未審師今將何報答師云頭戴天脚踏地進云
恁麼則知恩報恩也師云你也是老鼠喫鹽問照日
絲綸自天而降皇恩極大師將何報師云大好天涼
進云與麼則雲龍會合日月重明師云閑言語師乃
云問話且止斯日皇恩且道自何而降老僧本志弊
衣遮幻質糲食補飢瘡無何都尉聞天榮頒紫服着
郎又違本志不著又負天心挂不挂且致你道祖師
挂什麼衣若也委悉許上座終日着衣未曾挂著一
縷絲終日喫飯未曾咬著一粒米若不委悉看老僧
今日披衣去也遂乃披衣
師示衆云智門記得在母胎中時有一則語今日舉
似大衆諸人又不得作道理商量還有人商量得麼
若商量不得三十年後不得錯舉或云登天不假梯
徧地無行路正當消麼時向什麼處安身立命或云
千人排門不如一人拔關還有人拔得關麼試對衆
道看若道不得且在門外或云日來月往痠爽轉多
你將什麼醫得你若醫不得作麼生叅者痠爽何或
云三十年前郎不問你三十年後不用將來正當郎
今還道得麼若道不得一處不通兩處失功或云荆
棘叢林則不問你出身一句作麼生道或云頭上霹
靂則不問你雲開雨散道將一句來或云天下行脚
道我叅禪你道禪是什麼義或云日裏來往總不疑
著半夜裏道將一句來或云橫擔拄杖則不問你針
筒鼻孔裏道將一句來或云鉢盂無底成得箇什麼
或云狂象無鉤將何制勒若制勒不住莫教犯他苗
稼或云大降時雨爲什麼枯木不生花或云天地及
日月時至皆歸盡作麼生是透脫一句或云出身一
句則不問你三家村裏道將一句來或云衲僧須是
透得名身句身方可具得衲僧一隻眼還有道得底
麼或云滿口道不著底句還道得麼或云仰面看天
爲什麼不識月或云低頭拾芥爲什麼不見地或云
初秋夏末遊山翫水且從你驀劄一問快道將來或
云出門一句不問你萬里無雲道將一句來或云險
峻路上則不問你平田淺草道將一句來或云黃卷
赤軸則不問你衲僧分上一句作麼生道或云直得
凡聖情盡未是衲僧本分事且作麼生是衲僧本分
事試通箇消息來若也道不得莫道龍居相埋沒好

綱宗歌

昆明池裏失却劍曲江池內撈得鋸齟齬齗齗且過
時莽莽鹵鹵河沙數擺竭節棧路布劍利衲僧通一
路師子不捉麒麟兒猛獸那堪林下顧摩斯吒入水
去者回休吐黑雲霧俊鷹俊鷂摶天飛鈍鳥籬根捱
不去佛祖言休更舉直饒格外猶未許見成公案早
多端那堪更涉他門戶夜烏雞誰捉去天明戴雪遊
指注胡蜂不戀舊時窠猛將那肯家中死

三巴鼻

座主巴鼻休誇不二維摩一默文殊大利
衲僧巴鼻高原陸地不生蓮華豈容香氣
禪師巴鼻師子遊戲水漲船高攔牢[illegible]員

示衆

何物若求而不得何物不求而自來何物鐵棍打不
破何物夜合而晝開若人不會山僧意琉璃寶殿生
靑苔

因事二首

左轉復右轉身被摩訶衍放下撐深泉不論深與淺
猛燄爐中看月輪急須著眼莫因循若未垂得旁生
手如何出得燄光身
世尊一日陞座大衆雲集文殊從座而起白槌
云諦觀法王法法王法如是世尊便下座
文殊白槌報衆知法王法令合如斯會中若有仙陀
客不待眉間毫相輝

汾州莫妄想頌

馬祖出得一汾州妄想如雷播九州叅禪若無衲子
眼多於海上覓浮漚
雪峯示衆云南山有一條鼈鼻蛇你等諸人切
須好看
鼈鼻事難提當陽爲者迷舉頭錯入草萮上鷓鴣啼

雪峯輥毬頌

象骨輥毬說辨機一千五百幾人知貶起眉毛千萬
里須是吾門師子兒
僧問雲門如何是吹毛劍門云祖頌
吹毛寶劍問雲門來者投機豈更存路逢劍客如何
也骯人擕首向南奔
僧問雲門如何是和尚家風門云有讀書人來
報
在處叢林有家風且與雲門事不同門外若有讀書
看任是顏回亦不通
僧問雲門如何是祖師西來意門云日裏看山

頌

日裏看山也是常西來祖意誰商量金毛師子稀逢

有多是狐狸喚作狼

雲門抽顧頌

雲門抽顧笑嘻嘻擬議遭他顧鑑咦任是張良多計策到頭於此亦難施

僧問大隨劫火洞然大千俱壞未審者箇還壞也無隨云壞僧云與麼則隨他去也隨云隨他去頌

切忌隨他不會他大隨此語播天涯真淨性中纔一念早是千差與萬差

大隨和尚看烏龜在陸地僧便問一切衆生皮裹骨者箇衆生爲什麼骨裹皮隨脫一隻鞋蓋却烏龜便去

如龜藏六已彰名休向人前弄眼睛一隻皮鞋都蓋却直至如今猶未惺

僧問洞山如何是佛山云麻三斤

麻皮三斤不用秤秤頭那有坐於蠅一念纔生筋骨露徒勞更覓定盤星

僧問雲門如何是沙門行門云會不得僧云爲什麼會不得門云祇守會不得

君問沙門行沙門行最高若教人會得業性卒難逃

僧問趙州久嚮趙州石橋到來祇見掠彴不見石橋僧云如何是石橋州云渡驢渡馬

趙州石橋本無星水急游魚不易停橋上祇說驢馬跡誰人敢向御街行

趙州問南泉離四句絕百非請師道泉便歸方丈州云老漢尋常口吧吧地不消一問

離却四句絕百非作者相諳識得伊跳下禪林便歸去從他諸子搏天飛

同光帝命諸禪師坐次云朕收得中原之寶祇是無人酬價興化云如何是陛下中原之寶帝以兩手展幞頭脚化云君王之寶誰敢酬價

君王之寶貴難酬興化形言下一籌兩手展開幞頭脚軟書挂在鳳皇樓

南泉齋次自將生盤去首座前云出生杉山時爲首座云無生泉云無生猶是末便過杉山乃召長老長老泉回首云作麼杉云莫道是末頌

古老巡堂親掠生渡水行舟不易耕莫道無生猶是末纖毫不了亂縱橫

僧問長慶有問有答賓主歷然不問不答時如何慶云相逢盡道休官去林下何曾見一人頌

人人盡道我心休問者何曾有地頭口說心違臘自己業河迅速任漂流

僧問長慶衆手淘金誰是得者慶云有伎倆者得僧云學人還得也無慶云大遠在頌

衆手淘金得者誰纖塵窒礙豈能爲洪波浩渺黃金遠一事無成空手歸

古尊宿語録卷之三十九

智門祚禪師語録序

利生機要捨悲智無以立言暢道軌圍存中下無以緣極苟非曠發擊動超絕孤應則何以繼續千燈芳騰五葉師韶陽的孫香林嗣子闢天人之深域振今古之洪謨建化度門高運寰海既編聯而互出致流落以交衆敢議窺斑顯形刪定但貴其簡略而已於戲祖胄之來星布彼廣或局一方一師之解玷瀆先知蘊半禪半律之宜加諸後進起異端於筆舌固狃狥於辭鋒識圓明有三句接人指淨慧列三聚之諦既非撫實頗共傳虛衒惑見聞盜求聲利蓋叢室之巨蠹也豈堪忍乎夫欲抑其宗必先入其奧儒未覩別徒自傷殘嘗語所謂君子非詩書不言非禮樂不動故昔賢人三緘其口以誠于心况吾徒萌一意立一事得不務於弘濟而恣銷金銷骨之毀說寧不畏慎滅身之斧耶可爲龜鑑矣庶知我者覩斯文而絕其謗閱千集而味其道則凜凜慧風無遠不及時辛未歲蕤賓月之五日門人住明州雪竇山資聖寺明覺大師賜紫重顯序

金壇居士王之鑰施貲刻此 計字六千一百八
古尊宿語録卷第三十九
十八個該銀三兩二錢二分
武陵釋知圭對 上元之養民書 歷縣徐世鑑刻
萬曆丁巳歲秋山化城寺識

古尊宿語錄卷之四十

雲峰悅禪師初住翠巖語錄

門人齊曉編

師在同安受翠巖請陞座僧問師唱誰家曲宗風嗣阿誰師云新長老不答話進云恁麼則大愚的子汾陽親孫師云放你二十棒師乃云山僧今日平地喫交了也你等諸人還知敗闕麼然官不容針私通車馬拍禪床下座

次夜小叅僧問昔日靈山分半座二師今日意如何師云天高誰側首進云恁麼則昔日靈山今日翠巖也師云地闊少知音學人喝師便打僧問抱璞投師請師雕琢師云不雕琢進云為什麼不雕琢師云雲從龍風從虎僧問佛不化本國和尚為什麼歸鄉住持師云放過一着僧擬議師便打乃云莫更有作家禪客本分衲僧何妨出來共相證據有麼布袋裏盛錐子不出頭來也大好大凡扶竪宗乘亦須是箇人始得若未有奔流度刃石火電光底眼不勞拈出臨濟大師與德山座次德山云今日困濟云老漢寐語作麼山擬拈棒濟便掀倒禪床師云奇怪諸禪德看此二員作家一擒一縱略露風規大似把手上高山然雖如是未免傍觀者哂且道誰是傍觀者喝一喝擊禪床下座

離同安衆請上堂僧問今離鳳嶺將屆龍沙如何是不動尊師云天寒雨至進云特地上來伸此問師為如何不指南師云緊捎草鞋乃云山僧道慚荒薄德揣無堪豈謂使命遐飛僧徒雲請此蓋堂頭和尚友于情深發揮道廣但勵履冰之志敢忘報德之誠而又翠巖一行專使附近四十餘人數日之間頗多喧聒其於慙愧併集山懷兼此者一行叅隨高德既蘊成人之美更敦尅志之心其如跋涉長途各希爱護然出家達士以利人為已任動若行雲止猶谷神豈有心於彼此情繫於動靜者哉既無心於彼此亦無繫於去來所以紜紜自彼於我何為如是則冀諸上人高橫金錫輕卷雲袍明日遂行胡往弗利

師在上藍開堂宣䟽罷遂指法座云還有不受人謾底麼有即出來推倒禪床喝散大衆然未是作家也且救得一半還有麼良久云既無人出來山僧今日不惜眉毛不免指鹿為馬翻日作月去也三十年後莫錯怪人好便陞座祝聖畢又拈香云大衆此一瓣香天不能蓋地不能載塵沙諸佛天下老師未敢正眼覷著諸人向什麼處摸索然官不容針私通車馬奉為先翠巖芝禪師乃跏趺而坐維那白椎云法筵龍象衆當觀第一義師云祖禰不了殃及子孫事到如斯寧容分雪所謂出世利生之事呼為第一義門但有言說都無實義諸人若也委悉山僧出世事畢其或未然有疑請問僧問承敎有言若有聞法者無一不成佛此日叨蓋臨筵如何是法師云劒過遠矣爾方刻舟進云大愚山上曾施力豫章今日正宣揚師云臨崖看滸眼特地一場愁問師唱誰家曲宗風嗣阿誰師云識法者懼進云一言纔出駟馬難追師云放過一著僧撫掌師云自領出去問朝蓋已伸三請禮乞師一句露尖新師云重言不當吃進云恁麼則雲散家家月春來處處花師云斫額望扶桑問師有衝天之略學人有入地之謀兩陣交鋒如何即是師云山僧打退鼓僧擬議師便喝學云相逢盡道休官去林下何曾見一人師云拖出去乃云問話且止佛法正論非競辨而可求擊揚鑿錯以推異學諸祖之道豈其然乎所以一大藏敎不能自詮十方諸佛不能提唱輝騰今古逈絶見知開滿十虛寧有方所只為情生智隔想變體殊雖終日行而不自覺是以勞他先聖廻首塵勞曲開方便才便即有叅證明得麼若也證明得便能隨機利物應化無方出沒卷舒人間天上然雖如是即不得向衲僧門下何故笑破他口師入山大衆出接首座問德山宗乘即不問作麼生是臨濟大用師云你甚處去來首座擬議師便掌首座云勝王閣又作麼生師喝云領衆歸去入院陞座僧問鼓聲絶名香爇臨濟德山請師決師云頭戴天脚踏地進云學人今日失利去也師云錢唐去國三千里進云真善知識師云放你一頓問知師久蘊囊中寶今日當機事若何師云何不高聲問進云恁麼則學人退身去也師云還我話頭來學云諸師云杜撰衲僧乃云山僧昔年曾到今日重來非唯人事增歎抑亦林泉加秀且道不傷物義一句作麼生道良久云天高東南地傾西北下座

上堂僧問師登寶座舉唱宗乘學人上來請師垂示師云楚石不當玉進云相識滿天下知心能幾人師云朽木不可雕復云此是普光明殿華藏師子之座人天普集凡聖共居今日曲順人情如何剖露若以宗乘舉唱直須大地荒涼競下平高未免遭他笑怪且道不落化門一句作麼生道良久云惜取眉毛好便下座

上堂諸佛出世平地陷人祖師西來承虛接響一大藏敎詃謼閻閻明眼衲僧自救不了諸人到者裏溺何話會良久云為衆竭力禍出私門擊禪床下座

上堂寶劒已失虛舟徒刻買帽相頭江南江北擊禪床下座

上堂僧問如何是道師云路不拾遺進云如何是道中人師云草賊大敗僧禮拜師噓一聲乃云臨濟先鋒放過一著德山後令且在一邊獨露無私一句作麼生道良久云翠巖今日失利以拂子擊禪床便下

座

上堂三轉法輪於大千其輪本來常清淨毗婁尸佛在你諸人眉毛眼睫上放光動地轉大法輪看看見諸人不會却向翠巖拂子頭上般涅槃去也擊禪床下座

上堂僧問名喧宇宙知師久翠巖家風略借看師云滑石不打連底凍僧便喝師云作什麼僧擬議師便打問鴻門未踏時如何師云擗進云踏後如何師云裂進云恁麼則天下歸漢去也師噓一聲乃云千人排門不如一人踏關一人踏關千人萬人得到無疑安樂之地豈不快哉如今還有踏關者麼良久云見義不為何勇之有擊禪床下座

上堂拈起拄杖云金鱗不現虛勞力收取絲綸歸去來擲拄杖下座

上堂過去諸佛已滅未來諸佛未生正當今日佛法委在翠巖放行則隨機利物把住則瓦解氷銷且道把住好放行好良久云咄這野狐精以拂子擊禪床下座

上堂髑髏常干世界鼻孔摩觸家風驀拈起拄杖云玄沙老子穿過了也會麼復云無人過價打與三百擊禪床下座

上堂僧問寶劍未出匣時如何師云在匣裏進云出匣後如何師云京三汴四問如何是和尚家風師云大木大皮裹進云忽遇客來將何祇待師云小木小皮纏問如何是祖師西來意師云解纜放船問如何是佛法大意師云天長地久進云恁麼則大盡三十日小盡二十九師云釋迦老子為什麼失却鼻孔僧無語師云脫空謾語漢復云真不掩僞曲不藏直現在可驗固是謾人眼不得且作麼生是諸人眼還驗得麼若也驗得翠巖瓦解氷消若驗不得分付德山和尚便下座

四月八日上堂僧問如何是佛師云寸釘入木進云意旨如何師云三生六十劫復云教中道四月八是佛生之日放大光明照耀十方地湧金蓮華自然捧雙足東西及南北各行於七步分手指天地作師子吼聲上下及四維無能尊我者後來雲門大師舉了云老僧當時若見一棒打殺與狗子喫却且圖天下太平師曰奇怪諸禪德雲門雖有定亂之謀且無出身之路若也辯得許你頂門具一隻眼便下座

上堂翠巖今日不惜眉毛向你諸人道一大藏教祖師西來天下老和尚橫說竪說並不是衲僧分上事且作麼生是衲僧分上事驀拈起拄杖云這一隊漆桶便下座

上堂竿木隨身逢場作戲然雖如是一千不獨拍衆中莫有作家禪客本分衲僧何妨出來共相唱和有麼時有僧出禮拜師云依稀似曲纔堪聽又被風吹別調中下座

上堂僧問靈山拈花意旨如何師云一言纔出駟馬難追進云迦葉微笑意旨如何師云口是禍門問國師三喚侍者意旨如何師云有年有德復云不用欣聖聖是空名不用厭凡凡是妄立若得聖凡情盡喚作體露真常所以古者道但盡妄緣即如如佛諸人還信得及麼若信得及止宿草庵且居門外三十年後鼻孔撩天莫錯怪人好擊禪床下座

上堂官不容針私通車馬今日不惜身命與大衆舉箇古人話良久云毗婆尸佛早留心直至如今不得妙便下座

上堂汝等諸人與麼上來大似剌頭入膠盆與麼下去也是平地喫交直饒不來不去朝打三千暮打八白便下座

上堂一刃兩段未稱宗師就下平高固非作者翠巖到這裏口似匾檐你等諸人作麼生商量良久云欲得不招無間業莫謗如來正法輪便下座

上堂看風使帆諸方共用斬釘截鐵翠巖不然光吞萬象一句作麼生道良久云龍頭蛇尾漢下座

上堂未達境唯心起種種分別達境唯心已分別即不生知諸法唯心便捨外塵相諸禪德只如大地山河明暗色空法法現前作麼生說箇捨底道理於此明得止在半途須知向上更有一竅在便下座

上堂三界無安猶如火宅出身一句作麼生道良久云雲在嶺頭閑不徹水流澗下太忙生下座

上堂若見諸相非相即山河大地並無過咎諸上座終日著衣喫飯未曾咬破一粒米未曾挂著一條絲便能變大地作黃金攪長河為酥酪然雖如是著衣喫飯即不無衲僧門下汗臭氣也未夢見在下座

解夏上堂僧問西天以蠟人為驗和尚此間以何為驗師云鐵彈子進云學人無用功處也師云學語之流問如何是諸佛出身處師云十字街頭進云豈無方便師云千重百匝復云日月易流光陰倏忽始見安居又當自恣也還喜得大衆各各道體安然出家之流曠達無礙初秋夏末或東去或西去出一叢林入一叢林忽有人問上座翠巖和尚今夏如何為人被他一問如何祇對莫道九九八十一莫道但得雪消去自然春到來莫道日出東方夜落西莫道合取狗口莫是下一喝撫一掌坐具驀口摵拂袖便行諸禪德如斯布露深屈翠巖既不然者別作麼生披露試對衆道看還有道得底麼衆無語師云若到諸方莫道我從翠巖來便下座

上堂僧問萬法歸一一歸何所師云黃河九曲進云恁麼則今古無間斷也師云可憐沙塞鴈嗚咽與春

期問如何是第一句師云垂手過膝問如何是第二句師云萬里崖州問如何是第三句師云養箕掃帚問顛山巖崖還有佛法也無師云有進云如何是巖山巖崖佛法師云猢猻倒上樹復云老儒道仁者見之謂之仁智者見之謂之智百姓日用而不知是故君子之道鮮矣擊法師亦謂在天而天處人而人處夫能天能人者豈天人之所能哉諸禪德故知先聖垂範理契必同你等諸人如何委悉良久云穿僧堂入佛殿北斗裏藏身三門騎合掌呵呵呵是什麼擊禪床下座

上堂僧問學人心眼未通乞師方便師云十字街頭石幢子僧無語師云會麼僧云不會師云你豈不是洪州人問達磨未來時如何師云流沙濵關進云來後如何師云熊耳山高問如何是禪師云軍期急速進云有什麼交涉師云日馳五百復云雲從龍風從虎水流濕火就燥且道衲僧就箇什麼竪起拂子云總在這裏裂開也在我捏聚也在我良久喝一喝云土令稍嚴下座

寒食日上堂諸上座還會麼冬至寒食一百五家家塚上添新土翻思拾得與寒山南北東西太莽鹵南泉不打鹽官鼓以拂子擊禪床下座

上堂天明平旦萬事成辦北俱盧州長粳米飯下座

因入城衆請上堂僧問如何是豫章境師云樹色遠分仙尉宅湖光寒浸昔賢亭進云如何是境中人師云朝看東南暮看西北問如何是名無翼而長飛師云天上星進云如何是道無根而永固師云地下木有俗弟子問如何是佛師云著衣喫飯量家道進云恁麼則退身三步叉手當胸去也師云辭後添盃不如無復云語不投機承言者喪直饒你說得天雨四花地搖六震衲僧門下總是喫棒數然事無一向理出多門曲順機緣豈無方便所以古者道鬧市裏識取天子百草頭上薦取老僧枸留孫佛在你諸人脚跟下放光動地轉大法輪乃竪起拂子云看看見你諸人不會却向拏㩧拂子頭上入火光三昧去也擊禪床下座

上堂未離兜率已降王宮未出母胎度衆生畢古人與麼道只見錐頭利不見鑿頭方下座

上堂僧問承教有言唯此一事實餘二即非眞如何是此一事師云鼻孔大頭向下進云與麼則晨朝有粥齋時有飯也師云惜取眉毛好問如何是無縫塔師云四稜著地如何是塔中人師云香風吹萎花更雨新好者問如何是衲衣下事師云皮裏骨問牛頭未見四祖時如何師云庵内人不知庵外事見後如何師云水流澗下任縱横問丹霞燒木佛意旨如何師云横三竪四進云院主爲什麼眉鬚墮落師云七通八達復云始從鹿野苑終至跋提河四十九年關都來說一夢你等諸人還曾夢見麼所以道眼若不睡諸夢自除且作麼生是不睡底眼還驗得麼若也驗得塵沙諸佛天下祖師總向上座眼裏百雜碎若驗不得㩧㩧今日死中得活

上堂道是常道法是常法汝等諸人切莫枉用身心馳求語句所以道但有纖毫即是塵塵意便遭魔境撓且道不涉廉纖一句作麼生道驀拈起拄杖云放過一著便下座

上堂看窩籠著楔罕遇當人通褒貶一句作麼生道良久云不得春風花不開花開又被風吹落以拄杖卓一卓下座

上堂僧問學人解問謗訛句請師不答訝人機師云鬓長僧貌醜進云恁麼則日日香煙夜夜燈師云臘後合掌問承教有言但一月眞中間自無是月非月如何是眞月師云驢騎趂大隊進云恁麼則早知今日事悔不愼當初師云脚頭脚尾乃拈拄杖示衆云我喚這箇作拄杖子你諸人喚作什麼若喚作拄杖子蝦跳不出斗若不喚作拄杖子平地上喫交還有道得底麼良久云㩧㩧今日失利擲拄杖下座

上堂有佛處不得住無佛處急走過你等諸人横檐拄杖向什麼處行脚良久云東勝身洲持鉢西瞿耶尼喫飯下座

上堂假使心通無量時歷劫何曾異今日且道今日事作麼生良久云烏龜鑽破壁以拂子擊禪床下座

上堂乾坤之内宇宙之間中有一寶秘在形山諸禪德頭上是天脚下是地口裏有舌面上有鼻寶在什麼處良久喝一喝下座

上堂見聞覺知無障礙聲香味觸常三昧衲僧道會也山是山水是水飢來喫飯困來打睡忽然須彌山跨跳入鼻孔裏摩竭魚穿你眼睛中作麼生商量良久云叅堂去

上堂北鬱正中宵閻浮即當晝輪廻如未惺唇楮何曾覺諸上座還會麼有智不假年高無智徒勞百歲

冬至上堂晷運推移日南長至大家知有何勞特地日落二更騎驢入市叅

上堂觸目不會道猶較些子蹉足焉知路錯下名言諸上座㩧㩧今日將錯就錯你等諸人見色有眼聞聲有耳齅香有鼻了味有舌因什麼却不會去良久云武帝求仙不得仙王喬端坐却升天以拂子擊禪床下座

上堂門裏出身易身裏出門難冬行春令即且置不涉程途一句作麼生道良久云漁家送上釣魚船便下座

上堂普賢行文殊智補陁巖上清風起騎驢趂隊過

新羅古獠古頭三千里
上堂觀色卽空成大智而不住生死觀空卽色成大悲而不住涅槃諸禪德還會麼東勝身洲走馬西瞿耶尼著撲看看不審維摩老子喝一喝擊禪床下座
上堂天得一以清地得一以寧君王得一以治天下衲僧得一旱地遭釘以拂子擊禪床下座
上堂動容揚古路不墮悄然機師云古人與麼放開了也還跳得出麼直饒你跳得出鼻孔也在翠巖手裏且道翠巖鼻孔在什麼人處良久云得人一牛還人一馬下座
上堂僧問不涉廉纖請師速道師云須彌山僧擬議師便打問如何是第一要師云蛇穿鼠穴如何是第二要師云猢猻上樹如何是第三要師云村裏草鞋問如何是般若體師云前穿楊葉進云如何是般若用師云李廣陷番問如何是清淨法身師云紫枝菽樹云向上更有事也無師云有進云如何是向上事師云風吹日炙復顧視左右云放憨作什麼便下座
上堂謹白參玄人是何言歟光陰莫虛度雪上更加霜下座
上堂道遠乎哉觸事而真聖遠乎哉體之卽神所以娑婆世界以音聲爲佛事香積世界以香飯爲佛事翠巖這裏秖於出入息內供養承事過去未來塵沙諸佛無一空過者過現未來塵沙諸佛是翠巖侍者無一不到如一不到三十拄杖諸上座還會麼將此身心奉塵剎是則名爲報佛恩擊禪床下座
歲旦上堂僧問大衆雲集合談何事師云花須連夜發進云與麼則草偃風行也師云萬里望雲關進云入水見長人師云速禮三拜復云三十六旬覓今朝還復起剎那不相知諸法何曾爾尊卑敘禮儀歡感同居止廓哉總持門而人不能啓玉兎金烏藏頭露尾以拂子擊禪床下座
上堂德山入門便棒臨濟入門便喝看這兩箇老漢一場敗闕然則事不孤起起必有因翠巖不著便蓋是爲衆竭力你等諸人平地喫交過在阿誰良久云當斷不斷反遭其亂拈拄杖一時趁下
上堂摩竭掩室已不及初毗耶杜詞至今話構向上一路千聖不傳是什麼熱𥈈衲僧門下壁立千仞也是賊過後張弓是你諸人心憤憤口悱悱皮下還有血麼總在這裏遮相埋沒有什麼了期以拄杖趁下
上堂卽今休去便休去若覓了時無了時此事若向言語上作解會意根下卜度天地懸殊大丈夫一刀兩段猶未相應豈況被人喚去方丈裏塗糊指注舉揚嚴學論根塵色法向上向下有無得失他時後日死不得其地近世更有一般宗匠二三十年馳聲走譽只管教人但莫上他言句喚作透聲色便問東答西以爲格外之句將此狂解遞相沿襲從此混傷宗教誑惑後生苦哉苦哉我王庫中無如是刀總若似與麼行脚清風月下守株人涼兎漸遙芳草綠下座
上堂汝等諸人與麼上來大似拋却甜桃樹尋山摘醋梨大凡行脚人十二時中也須管帶些子始得豈可只與麼隨行逐隊虛生浪死看他先聖百般不柰何了向人道我今爲汝保任此事終不虛也你等諸人還信麼直饒向這裏信得及也是聽事不真喚鐘作甕以拂子擊禪床下座
到南嶽承天陞座僧問二師相見時如何師云石橋通大路進云恁麼則千里同風師云一字兩頭垂進云大衆證明學人禮謝師云鈍置殺人問寶座既登於此日翠巖家風略借看師云兩來山色暗進云莫便是和尚家風也無師云鐵山南面三千里師乃云承天師兄早是瞞你諸人了也翠巖作到不可雪上更加霜然則一言纔出駟馬難追事到如斯不免塗灰抹土蓋爲祖禰不了殃及兒孫三十年後鼻孔遼天莫錯怪人好下座

次住法輪語録

初入寺陞座僧問法席久虛師子吼乞師方便震雷音師云好生聽取進云與麼則一音纔剖大衆沾恩師云雲綻不須藏九尾恕君殘壽速歸丘僧便禮拜師乃云法不孤起仗境方生道不虛行遇緣卽應然通方之士舉必知歸游涉之徒何妨進步有麼良久云釣竿斫盡重栽竹不計功程得便休
上堂一道直如弦家家當戶前有人爭共進至竟總論先喝一喝擊禪床下座
上堂觀色卽空成大智故不住生死觀空卽色成大悲故不證涅槃驀拈拄杖云豎窮三際橫遍十方塵沙諸佛天下祖師盡在拄杖頭上縱橫十字轉大法輪見麼見麼見你諸人不會走入新羅國裏去也卓拄杖下座
上堂春日雨滋震澤遂根苗得門戶甜者甜兮苦者苦便下座
上堂相逢不擧出擧意便知有也是萬里望鄉關所以保福有言擊石火閃電光透得透不得未免喪身失命而今還有透得底麼良久云爲衆竭力禍出私門下座
上堂火熱風動搖水濕地堅固然於一一法依根葉分布所以雲從龍風從虎水流濕火就燥且道衲僧就箇什麼良久云千箇作圖萬箇作隊困則一處睡覺則各自做便下座
上堂僧問久戰沙場爲什麼功名不就師云誰遣你進云道泰不傳天子令時淸休唱太平歌師云誰遣

你復云元首明哉股肱良哉風以時雨以時五穀熟萬民安有什麼事但能隨順世緣自然合於正理不見祖師道入得世間出世無餘諸禪德還會麼良久云三邊若得渾無事四海何愁不太平下座

開堂陞座僧問善法堂開於此日第一義諦請師宣師云何不早問進云學人未曉師深旨乞師方便再垂慈師云去去西天路迢迢十萬餘問如何是法輪境師云崎嶁峰高雲半出進云如何是境中人師云五湖來往任縱橫問如何是和尚爲人一句師曰雨來山色暗進云莫便是和尚爲人處也無師云你識在什麼處僧擬議師便打乃云且住且住大象既沿希音杳絕旁通實化開拓權門於是三藏五乘對機設教猶國家兵器不得已而用之爾後達磨西來單傳心印一花五葉分布寰中大似持蟒作啞何故況你諸人各有一段事耀古騰今通廓等於太虛明淨同乎皎鏡現在可驗固是瞞人眼不得且何者是諸人眼還驗得麼若也驗得塵沙諸佛三乘十二分教六代祖師天下老和尚盡向諸人眼裏百雜碎若驗不得前是案山後是主山良久復拈香云此日一會固非小緣匝地普天孰不欣慶更不敢祝贊皇風回向諸寮何故古人道吾禱久矣豈況當今聖主賢臣者哉久立大衆伏惟珍重

上堂直得地搖六震天雨四花祖師門下白雲千里萬里下座

上堂叮嚀損君德無言最有功任從滄海變終不爲君通諸禪德還會麼口是禍門擊繩床下座

上堂拈起拄杖云掌鉢盂向香積世界爲什麼出身無路挑日月於拄杖頭上爲什麼有眼如盲直得風行草偃響順聲和無纖芥可留猶是交爭底法作麼是不交爭底法以拄杖卓一卓下座

上堂舉教中道此見及緣元是菩提妙淨明體又道林木池沼皆演法音交光相羅如寶絲網奇怪諸禪德古聖與麼說話喚作回首塵勞曲開方便所以道如我按指海印發光汝暫舉心塵勞先起會麼拂子且將揮世界拄杖權爲答話人以拂子擊禪床下座

上堂僧問浩浩之中如何辨主師云波斯入鬧市進云與麼則不假披沙也師云學語之流僧便禮拜師云語不離窠道焉能出蓋纏片雲橫谷口迷却幾人源下座

上堂有情之本依智海以爲源含識之流總法身而爲體只爲情生智隔想變體殊達本情亡知心體合諸禪德會麼古佛與露柱相交佛殿與天王鬬額若也不會單重交拆擊禪床下座

上堂拂子吞却須彌山尋常言論德山卓脚鬧市裏作麼生商量良久云官不容針私通車馬下座

上堂僧問金烏未必常當午玉兔半夜不曾昏時如何師云點即不到僧無語師云會麼僧云不會師云到即不點問如何是心地法門師云莫從人覓進云不從人覓如何得師云此去衡陽不遠乃云諸禪德既入叢林善參知識知識非他非他識覺法性徧圓心源湛寂避尚無門求之何益君不見黃檗掩耳百丈卷席直下分明無別消息得失是非一時氷釋喝一喝下座

上堂玄沙不出嶺保壽不渡河善財參知識五十三慧遠結黑白一十八士雪峰三度上投子智者九旬談法華且道這箇漢是野干鳴師子吼喝一喝擊禪床下座

上堂未離兜率已降王宮未出母胎度衆生畢法輪到這裏有口無用處你等諸人還相委悉麼若相委悉天下老和尚鼻孔總在你手裏若也不會啼得血流無用處不如緘口過殘春下座

上堂舉不顧即差互擬思量何劫悟乃竪起拂子云如今舉了也你作麼生顧良久云擬思量何劫悟擊禪床下座

上堂舉教中道於三七日中思惟如是事我寧不說法疾入於涅槃師便喝云當時若有人出來下得這一喝塞却老胡咽喉豈不天下太靜四衆蕩蕩而今放開了也是你諸人還定下有無麼良久云爲衆竭力禍出私門拍禪床下座

上堂古鏡照精其精自形古教照心其心自明諸禪德會麼心明諸法朗性昧衆緣昏日月不到處特地好乾坤喝一喝下座

上堂十方同聚會箇箇學無爲此是選佛場心空及第歸古人一期與麼道衲僧家還甘也無若甘去行脚眼在什麼處若不甘轉身一句作麼生道良久喝一喝拍禪床下座

上堂聲色不到處病在見聞言詮不及處過在脣吻離却咽喉一句作麼生道還有人道得麼若道得坐却天下人舌頭若道不得法輪門下有粥有飯下座

上堂便與麼會也是雪上加霜更待鼓兩片皮白雲千里萬里擊禪床下座

上堂語不離窠臼焉能出蓋纏白雲橫谷口迷却幾人源所以言無展事語不投機承言者喪滯句者迷你等諸人到這裏憑何話會良久云欲得不招無間業莫謗如來正法輪珍重

上堂舉教中道林木池沼皆演法音交光相羅如寶絲網又道鍾鳴鼓響宣真實水綠山青爲舉揚諸禪德還會麼忽若有箇衲僧出來道話墮也且作麼生道良久云啼得血流無用處不如緘口過殘春

上堂舉古者道學道先須有悟由還如曾鬬快龍舟

雖然舊闕閑田地一度贏來方肯休古人與麼道大似貪觀白浪失却手橈衆中還有檢點得出底麼若檢點得出救取古人若檢點不出法輪今日失利去也擊禪床下座

後住雲峯語錄

上堂古者道風動心搖樹雲生性起塵若明今日事暗却本來人今日事且置作麼生是本來人良久云鶴有九皐難翥翼馬無千里謾追風珍重

冬日上堂節令屆書雲山家何所論一輪纔出海萬類盡沾恩以拂子擊禪床下座

上堂舉明教大師示衆云初秋夏末莫道我不向你諸人道大家看火燭師云明教老人憐兒不覺醜蓋由土曠人稀是你諸人今夏在這裏老僧深不欲向你道惜取眉毛好便下座

上堂古者道古路若爲登金僊道可憑不分平有物不物未全稱且道全稱一句作麼生道雲峰打退鼓以拂子擊禪床下座

上堂臨濟先鋒放過一著德山後令且在一邊獨露無私一句作麼生道良久云堪嗟楚下鍾離末以拂子擊禪床下座

上堂古人道動容揚古路不墮悄然機還會麼古人與麼和底穌了也有般漢聞之如風過樹有什麼救處以拂子擊禪床下座

上堂舉興化問克賓維那汝不久爲唱道之師克賓云我不入這保社化云你會了不入不會了不入克賓云我總不恁麼化便打遂罰錢五貫設饡飯了趂出院後來却法嗣興化師云還會麼路遙知馬力歲久見人心以拂子擊禪床下座

上堂古人道言多去道轉遠秪如未言道在什麼處乃云欲得不招無間業莫謗如來正法輪以拂子擊禪床下座

上堂教中道種種取捨皆是輪迴未出輪迴而辨圓覺彼圓覺性即同流轉若免輪迴無有是處你等諸人到這裏且作麼生解圓覺良久云荷葉團團團似鏡菱角尖尖尖似錐以拂子擊禪床下座

上堂舉僧問法眼云秋風纔動貪者何依法眼云若能知恩即解報恩師乃云還會麼一葉飄空便見秋法身須透鬧啾啾來年更有新條在惱亂春風卒未休以拂子擊禪床下座

上堂僧房閴寂夏修持閉戶踈人怪亦知儂家自有同風事千里無來却肯伊且作麼生是同風事還會麼餬餅蒸作家常茶飯一言半句古人葛藤雲峰與你兩無交涉下座

上堂舉教中道歸源性無二方便有多門聖性無不通順逆皆方便還會麼所以道不浪階隨功涉位經有經師論有論主你道衲僧門下還有這箇消息麼良久云一言纔出駟馬難追下座

上堂聲色不到處病在見聞言詮不及處過在脣吻離却咽喉脣吻一句作麼生道還有人道得麼若也道得坐却天下老師三世諸佛舌頭若道不得但知隨例餐餕子也得三文買草鞋下座

上堂舉教中道知幻即離不作方便離幻即覺亦無漸次大衆還會麼須彌跨跳入你鼻孔裏即且從你道娑竭龍王年多少肉重千斤智無銖兩下座

古尊宿語錄卷之四十

金壇居士于玉立施貲刻此
古尊宿語錄卷第四十　計字九千四百十六
該銀四兩九錢九分
宛陵釋如圭對上元丘養民書　連贊陳叔道刻
萬曆丁巳歲春三月徑山化城寺識

古尊宿語錄卷之四十一

雲峰悅禪師初住翠巖語錄

室中舉古

師一日謂侍者曰汝問訊了一邊立地是什麼道理答云不會師云過這邊立侍者便過師云無端無端舉僧問雪峰如何是佛峰云寐語作什麼師云古人與麼道喚作應病與藥放過即不可若不放過你這裏下得什麼語僧擬議師以拂子驀口打舉法燈禪師初開堂日示衆云山僧本欲跧棲巖竇隨衆過時又緣清涼老人有不了底公案今日出來為他分析時有僧問如何是不了底公案燈便打云祖禰不了殃及兒孫僧云過在什麼處燈云過在我殃及你師云這漢一期與奪也似光前絕後及乎撥著又却龍頭蛇尾如今莫有為清涼作主底麼舉教中道法身流轉於五道是故衆生現時法身不現乃竪起拂子云這箇是拂子那箇是法身又云這箇是法身那箇是拂子會麼法身吞却拂子拂子吞却法身於此若不會十月仲陽春舉黃檗一日問百丈云從上相承底事和尚如何指示於人百丈據坐檗云後代兒孫將何傳受百丈云我將謂你是箇人便歸方丈師云憐兒不覺醜然雖如是盡法無民舉玄沙和尚一日見長生乃作一圓相生云一切人出此不得沙云情知你向鬼窟裏作活計生云某甲只恁麼和尚作麼生沙云一切人出此不得生云某甲適來與麼道為什麼不得和尚便道得沙云我道得你道不得師云道得道不得總在玄沙圈繢裏如今還有出得底麼舉僧問趙州學人乍入叢林乞師指示趙州云你喫粥了也未僧云喫粥了也州云洗鉢盂去其僧大悟後雲門拈云且道有指示無指示若道有指示向伊道什麼若道無指示其僧因什麼悟去師云雲門不識好惡恁麼說話大似為蛇畫足與黃門栽鬚翠巖則不然這僧與麼悟去入地獄如箭射舉雪峰示衆云盡乾坤大地撮來如一粒粟米大拋向面前漆桶不會打鼓普請看師云雖然匹上不足翠巖更與葛藤拈拄杖云還見雪峰麼舉黃檗在南泉會裏為首座一日捧鉢盂向南泉位上坐南泉入堂見乃問長老什麼年中行道檗云威音王已前泉云猶是王老師兒孫在下去檗便過第二位坐泉便休師云從來叢林極有商量或有道須知黃檗有陷虎之機又道須知南泉有殺虎之威若據與麼說話誠實苦哉殊不知這般老賊有年無德一箇喫飯坐處也不依本分若在翠巖門下說什麼威音王已前王老師更大直須喫棒了趂出舉雲門大師示衆云佛法也大有只是舌頭短師云雲門大師與麼道也是泰州來僧云和尚作麼生師便打舉祖師道泡幻同無礙云何不了悟達法在其中非今亦非古師驀拈拄杖云三世諸佛六代祖師天下衲僧鼻孔總在這裏又打香臺一下云南贍部洲北鬱單越舉汾州和尚示衆云識得拄杖子行脚事畢師拈起拄杖云這箇豈不是拄杖子阿那箇是你行脚事復云楖栗橫擔不顧人直入千峰萬峰去舉古者道有物先天地無形本寂寥能為萬象主不逐四時凋且道是什麼物又云水長船高舉古者道過去諸如來斯門已成就現在諸菩薩今各入圓明未來修學人當依如是法師云停囚長智養病喪軀驀拈拄杖云什麼處去也舉古者道禪非意想道絕功勳汝等諸人作麼生參舉祖師道如來一切法為度一切心我無一切心何用一切法還信得及麼若信得及止宿草庵且居門外若信不及長連床上有粥有飯舉肇法師道智有窮幽之鑒而無知焉神有應會之用而無慮焉古人與麼道也大殺費力爭如諸上座寒即圍爐向火熱即竹林溪畔坐然雖如是我且問你畢竟事作麼生舉祖師道吾本來茲土傳法救迷情你道這漢還自救得也未又道一花開五葉結果自然成一人傳虛萬人傳實舉古者道剃髮著袈裟宜應行聖道自餘閑雜事俱為生死因師云你等諸人橫擔拄杖撥草瞻風遶天下行脚且道還曾踏著田地也無僧無對師云虛生浪死漢舉瑞巖空寂禪師尋常方丈內自召主人公自云喏又云惺惺著師云鬼窟裏作活計却問傍僧云你還識瑞巖老漢麼僧無對師云蒼天蒼天舉教中云有智若聞則能信解無智疑悔則為永失師云釋迦老子壓良為賤你還甘麼若甘去行脚眼在什麼處若不甘轉身一句作麼生道舉智門和尚道何物苦求而不得何物不求而自來何物鐵椎打不破何物畫令而伎倆若人會得山僧意琉璃殿上長青苔師云會麼穿破你髑髏撥破你鼻孔師一日僧侍立次師忽召云某甲僧應諾師云過去諸佛也與麼未來諸佛也與麼僧云和尚又作麼生師便打復云來來僧近前師云我早是無端入屎坑裏是你屎晃氣也不知舉盤山和尚道似地擎山不知山之孤峻如石含玉不知玉之無瑕師云這老漢生來莽鹵學處顢頇似地擎山如石含玉什麼處得這消息來舉教中道此見及緣元是菩提妙淨明體祖師亦云六塵不惡還同正覺師云會麼直饒你向這裏參見祖師了更買草鞋行脚三千里外也被翠巖換却眼睛了也還有不甘底麼舉睦州見僧來云見成公案放你三十棒師云作賊人心虛舉古者道虛堂闃寂夏修持閉戶疎人性亦知儂家自有同風事千里無來却肯伊師云說什麼千里無來直得萬里無來鼻孔也在翠巖手裏僧云和尚只見錐頭利不見鑿頭

方師呵呵大笑云道什麽僧擬議師以拄杖趁出舉盤山道心若無事萬法不生師云會麽僧云不會師云賴遇你不會山僧拾得口喫飯舉睦州示衆云放開也在我捏聚也在我師云負入不負出舉古人道山河石壁不礙眼光師云作麽生是眼又拈起拄杖打禪床一下云須彌山百雜碎即不問你且道娑竭羅龍王年多少舉舍利弗問須菩提夢中説般若波羅蜜與覺時是同是別師遂喝云當時若下這一喝免見落三落四須菩提云此義幽深吾不能説此會有彌勒大士當往問之師云果然舍利弗迷廻首問彌勒彌勒云誰名彌勒誰是彌勒者師云什麽處去也舉五洩初叅石頭纔到門便問一言相契即住一言不契即去石頭據坐五洩拂袖便行石頭遂召闍黎闍黎五洩廻首石頭云從生至死只是這箇廻頭轉腦作什麽五洩因而有省師云石頭老生不定把不住似這般擔板漢教去便休又喚廻頭來却被他塗糊一上道我向這裏有箇悟處驢年未夢見在舉古德云擬將心意學玄宗狀似西行却向東徒經累劫終難會會得還歸六道中僧云某甲不會師云苦瓠連根苦甜瓜徹蔕甜舉木平叅洛浦問一漚未發時如何浦云移舟諳水脉舉棹別波瀾木平不契後叅盤龍亦如前問龍云移舟不別水舉棹即迷源木平於是大省師云這漢當初於洛浦言下悟去猶校些子却向盤龍死水裏淹殺後來有人問如何是木平答云不勞斤斧師云果然只在這裏諸禪德大凡發足超方也須甄別邪正識辨真偽帶此眼筋始得然雖如是賊過後張弓舉趙州問南泉知有底人向什麽處去泉云山下作一頭水牯牛去州云謝和尚指示泉云昨夜三更月到窻師云若不是南泉洎乎打破蔡州舉法眼示衆云識得凳子周匝有餘雲門云識得凳子天地懸殊師云官不容針私通車馬舉僧問葉縣省和尚諸餘即不問如何是當今施設省云有你這驢漢問僧云恁麽則打鼓弄琵琶去也省云捺胷放屁聲師云然則倚勢欺人爭柰事不孤起葉縣失却一隻眼還有點檢得出麽若也點檢得出翠巖分坐與你若檢點不出横按鏌鎁全正令太平寰宇斬癡頑舉祖師示衆云吾有一物非青黄赤白男女等相汝等諸人還識麽師云當時忽有箇漢出來爲衆竭力不惜身命便與掀倒禪床喝散大衆子孫也未到斷絶却有沙彌出來道某甲識祖云你旣識喚作什麽云是諸佛之本源神會之佛性祖便打云吾喚作一物尚不中你更喚做本源佛性此子已後設有把茅蓋頭只成得箇知解宗徒師便喝云祖禰不了殃及兒孫如今還有不甘底麽舉僧問汾州如何是接初機句州云你是行脚僧如何是驗衲僧句州云西方日出卯如何是正令行底句州云千里馳來呈舊面如何是定乾坤底句州云北俱盧洲長粳米飯食者無貪亦無瞋州云將此四轉語驗天下衲僧師云將此四轉語被天下衲僧勘破舉保壽開堂三聖爲請主纔陞座聖推出一僧保壽便打聖云似恁麽爲人瞎却鎮州一城人眼去在壽擲下拄杖便歸方丈師云臨濟一宗掃地而盡因什麽到這裏纂祐起拄杖云什麽處去也舉興化一日與同光帝坐次帝云朕收下中原獲得一寶只是無人酬價興化云略借陛下寶看帝以兩手舒開幞頭脚化云君王之寶誰敢酬價師云會麽真不掩僞曲不藏直有眼者辨取舉睦州問僧什麽處來僧云那邊劄州云老僧屈僧云和尚即得州云擔枷過狀擗脊便打師云睦州何用繁詞那邊劄擗脊便打舉先地藏問修山主甚處來主云南方來藏云南方近日佛法如何主云商量浩浩地藏云爭如我這裏插田博飯喫師云會麽插田博飯喫言中誰辨的午後打齋鐘金剛曾失色舉睦州示衆云裂開也在我捏聚也在我時有僧問如何是裂開州云三九二十七菩提涅槃眞如解脱即心即佛我且恁麽道你又作麽生僧云某甲不恁麽道州云盞子落地楪子成七片師云會麽相罵饒你接嘴相唾饒你潑水舉雪竇示衆云要知眞實相爲但以上無攀仰下絶巳躬自然常光現前箇箇壁立千仞師云雪竇與麽爲人入地獄如箭舉五通仙人問佛佛有六通我有五通如何是那一通佛召仙人仙人應喏佛云那一通你問我師云大小瞿曇被這外道勘破了也有傷不肯的出來我要問你如何是那一通舉古人道牽牛向水東不免官中徭役牽牛向水西不免官中徭役不如隨分納些子師云説什麽納些子盡乾坤大地色空明暗情與無情總在翠巖這裏放行則隨緣有地把住則逃竄無門且道放行好把住好舉僧叅南院纔入方丈以手指云敗也院乃拈起拄杖度與僧僧纔接院便打師云這僧雖然頂上有光爭柰脚下似漆直饒十字縱横朝打三千暮打八百舉古人道無邊刹境自他不隔於毫端十世古今始終不離於當念師云手擎日月背負須彌即不問你新羅國裏一句作麽生道舉古人道鬧市裏識取天子百草頭上薦取老僧雲門道蝦蟆入你鼻孔裏毒蛇穿你眼睛中且向薦處會取師云雲門大師恁麽道大似和泥脱墼若無後語疑殺天下人翠巖今日因行不妨掉臂乃竪起拂子云還見雲門麽舉世尊一日於涅槃會上人天普集以手摩胷告大衆云汝等善當觀我紫磨黄金身瞻仰令足莫令後悔若言吾滅非吾弟子若言吾不滅亦非吾弟子于時百千萬衆一時悟道師云然則

膏肓之門不足以發藥翠巖且作死馬醫你等諸人皮下還有血麼舉南泉一日問黃檗定慧等學明見佛性此理如何檗云十二時中不依倚一物始得泉云莫是長老見處云不敢泉云槳水錢且致草鞋錢教什麼人還檗便休師云若不同牀臥焉知被裡穿舉古者道露裸裸赤灑灑四維無遮障上下沒可把師云朝游羅浮暮歸檀特卽不問你脚跟下一句作麼生道舉龐居士問馬祖不昧本來人請師高著眼祖直上覷士云一等無弦琴唯師彈得妙祖直下覷士禮拜祖便歸方丈士隨後云今日弄巧成拙師云且道賓家弄巧成拙主家弄巧成拙還有人揀得出麼若揀得出三十棒一棒也較不得若揀不出來年更有新條在惱亂春風卒未休舉敎中云有諍則生死無諍則涅槃師云直得風行草偃響順聲和不求諸聖不重己靈無纖芥可留猶是爭諍法且作麼生是無諍底法舉古者道三世諸佛不知有師云如蟲蝕木狸奴白牯却知有師云雪上加霜舉德山問龍潭久嚮龍潭及乎到來潭又不見龍又不現潭云子親到龍潭山便休師云你識龍潭老麼僧擬議師以拂子驀口打僧入室舉僧問趙州萬法歸一一歸何所師便喝僧茫然師却問趙州道什麼僧擬議師以拂子驀口打舉僧問智門祚和尚如何是佛門云踏破草鞋赤脚走如何是佛向上事門云拄杖頭上挑日月師乃問僧會麼僧云不會師乃以頌示之鞋穿赤脚走衲僧休大口日月杖頭挑面南看北斗僧便禮拜出師云來來僧乃迴頭師云莫教撞著露柱舉溈山祐和尚方丈頌云溈山方丈峭峻難上若人踏著氣如樊將師云作家宗師天然有在僧云和尚作麼生師有頌示之翠巖方丈曾無遮障衲子入來便見和尚僧便禮拜起師云還見翠巖這箇老漢麼僧擬議師以拂子驀口摵舉僧問香林如何是衲衣下事林云臘月火燒山師乃問僧會麼僧云不會師云你為什麼謾老僧其僧良久云某甲也有箇會處師云香林亦須喫棒

小參舉先百丈因歲暮示衆云你一隊後生經律論固是不知也入衆參禪禪又不會臘月三十日且作麼生折合去師云灼然諸禪德去聖時遙人心淡薄看却今之叢林更是不得也所在之處或聚徒三百五百浩浩地只以飯食豐濃寮舍穩便為旺化也中間孜孜為道者無一人設有十箇五箇走上走下半青半黃會卽總道我會各各自謂握靈蛇之寶孰肯知非洎乎挨撥鞭逼將來直是萬中無一苦哉苦哉所謂般若叢林歲歲凋無明荒草年年長就中今時後生纔入衆來便自端然拱手受他別人供養到處菜不擇一莖柴不般一束十指不霑水百事不干懷雖則一朝快意爭柰三塗累身豈不見敎中道寧以熱鐵纏身不受信心人衣寧以洋銅灌口不受信心人食上座若是去直饒變大地作黃金攪長河為酥酪供養上座也未為分外若也未是至於滴水寸絲便須披毛戴角牽犂拽杷償他始得不見祖師道入道不通理復身還信施此是決定底事終不虛也諸上座光陰可惜時不待人莫待一朝眼光落地茵田無一簣之功鐵圍陷百刑之痛莫言不道珍重

偈頌

原居 二首

挂錫西原上玄徒苦問津千峰消積雪萬木自迴春
谷暖泉聲遠林幽鳥語新翻思遺隻履深笑洛陽人

挂錫西原上誰同振此風卷簾千嶂日坐石一枝筇
雪嶺青無說衡陽信不通迴觀清景外雲鳥自憧憧

三印

一印印泥賢愚共知裂轉鼻孔頂上金槌
一印印水徒張脣觜未涉流沙洪濤競起
一印印空明月清風爍迦羅眼劑後之鐘

春日閑居 四首

林下春時節融融萬物新颸茲和煦力孰不謂通津
林下春時節幽居境倍清曉雲分岳色流水帶鶯聲
林下春時節遲遲日漸暄不知歌有道泉石自相便
林下春時節誰同狎此心野花開不盡巖檜冷森森

布袋和尚 五首

散誕不拘儀軌終日拖泥帶水茫茫竟未知歸教伊從誰雪恥
困來抱囊無語傍觀盡生疑慮未免開獻諸人是甚閑家破具
貧道本無遮護舉目知君罔措可憐二月三月是處蜂狂蝶舞
莫訝衣裳破碎入廛且無忌諱橫身要道等人那箇便知圈繢
日暮受游貧里豈是圖他小利分明報你諸人臘水水霜滿地

和泥合水 五首

余有一道千聖不到北走南奔相頭買帽是何之道雲橫碧嶠
余有一辯風生岳面舉目千差知君不薦是何之辯僧堂佛殿
余有一說善知時節若人會得眼裏添楔是何之說春寒秋熱
余有一劍寒光若練虎嘯風生飛霞走電是何之劍灰頭土面
余有一機聖凡共知拈却鼻孔舉起須彌是何之機淵明皺眉

示學者 三首

赫日光中誰不了底事堂堂入荒草檐簦負笈苦勞心從門入者非家寶演宗乘提祖教千年枯骨何堪咬南北東西歸去來拈得鼻孔失却口

經不看禪不會終日擁爐長瞌睡五湖禪子競頭來眨上眉毛三門外

翠巖不會禪仰面看青天打破大唐國笑殺老南泉

因雪示衆 二首

雪雪片片交飛無暫歇萬里江山一様平要津把斷底時節文殊印普賢訣杲日當空還漏泄無言童子

念摩訶懦梵鉢提長吐舌

宗本義

宗本纔彰義已睽徒將心識話周遮漁人夜唱歸煙島樵父春行踏落花

六相義

成壞總別同異帝網交𥻘六義拈起大地山河透出過現未世文殊蔓裏揚眉普賢空中彈指三十年後目看且恁和泥合水

頌古十二首

灌水不滿尼運雪不塡井吁哉碧眼人迯迯涉葱嶺

絕粒既無功孕春寧有省一花五葉開狼嚵諸峰頂

入門何必辨來機潦倒禪和不自知栢樹庭前剛指注翻令平地下針錐

抱拙少林已九年趙州忽長庭前栢可憐無限守株人寥寥坐對千峰色

平常心是道舉步入荒草翻嗟王老師到底不能曉玉兎金烏任飛走

桃花見後謂無疑壯志由來本是伊若問玄沙言未徹現前贓物自家知

趙州有語喫茶去明眼衲僧皆賺舉不賺舉未相許堪笑禾山解打鼓

杖林山下竹筋鞭頭尾拈來總一般莫怪玄沙不出嶺他家元是釣魚船

言中辨的老禪和驀直臺山路不蹉勘破却回人莫問岳陽船子洞庭波

踏着秤槌硬似鐵朦朧禪和猶未瞥三冬嶺上火雲生六月長天降大雪

杜禪和杜禪和一箇餬餅無奈何禮拜任君頭着地海東船子過新羅

洞山有語麻三斤衲子紛紛要問津因憶舊年看草字張顛顛後更無人

休問藏身北斗撩他露柱煩惱踍跳撞入燈籠穿却湖南長老

因僧舉洑潭頌乃有頌示之

北斗藏身事不孤韶陽猶是喪殘軀而今澤國垂綸者猶把髑髏詐儜夫

留僧

侍余函丈二三秋日損由來道未訓何事解衣輕取別鉢囊猶挂樹梢頭

數珠

落落循環在手中茫茫未知出跳離然本自圓成爭奈其中一竅放行恒薩舒光把住毗沙匿耀有時捉向手中貫與衲僧取笑

南峰師子山

狀奪西河類雄雄鎮北峰爪牙終不露狐兎自潛蹤

雲門上庵

草堂危構若耶西九夏幽居景物奇簾卷亂峰初雨後白雲流水自相隨

送化士 二首

化門舒卷豈同時出塞還須斬萬機道泰却旋林下日卷簾閒看岳雲歸

送文禪者

禪人別我訪南宗奥楚山川去幾重莫謂臨岐無可贈萬年松在祝融峰

送甯首座

一語通諸密用權涉化門當機如有路北斗坐南坤

送勍維那

振錫歸韶石重來效竹扉無言宣祖意洛日太陽輝

送華禪者

一字不出頭十字不挑脚可惜少林人端坐無斟酌

送聰山主

孰云錯金錫高擊返故鄉清風浩浩生寥廓

故國曾不住他鄉無暫留肩橫一枝錫何處問蹤由

寄慈濟大師

凛凛氷風臨晚泉環廬獨坐雙峰頂浩浩六合曾未知月寫千江萬江影

寄福嚴禪師 二首

跡遁寒巖雲鳥絕陰崖流水花微發昨夜天風掃石床寥寥坐對三生月

一葉落兮天下秋古今人事謾悠悠寰區三讓名還大千載真風詠未休

寄雲蓋鵬禪師

情忘應許道相交肯謂川途有所遙月皎五峰湘水白雲蒸石廩露偏饒

寄南華慈濟禪師

曹溪何幸示來青忽憶當年在大愚堪笑堪悲無限事甜瓜生得苦葫蘆

握草爲金未足奇韶陽風骨與誰知年來老大渾無用應對盧公獨斂眉

寄木山長老

刋石休誇自點頭武陵法道欲誰儔年來應是慵開眼獨坐龍門見九州

寄龍王進長老

南北山居道不殊不殊猶未得通途龍峰地暖花應秀石廩雲寒萬仞孤

與李君行者

辭家日久慕參禪不憚崎嶇甚可憐報汝速須歸故里闔冬耕取昔年田

暮冬旅懷

雪壓怪松枝欲折衰病長寒長擁爐添薪坐久眼忽瞑偃卧不知山月晡

贈木平道人

岳頂雲披清風貌古一漚未形萬機起纔道極致淳行敎亡矩稽首木平不勞斤斧

禪人寫余眞固命余贊

頂高頰峯祖佛之怨脣尖鼻鈌禪庭之孽天下人憎道箇老傑

十五十六天輪地軸日面月面神號鬼哭少室從風竹馬年而今莫問胡家曲咄

自詒一首

壞衲曾披蒙雪頂邃軒松竹冷相侵虛堂夜永坐將半花落嵓前知幾深

山居四首

片片殘紅隨遠水依依烟樹帶斜陽橫筇石上誰相問猿嘯一聲天外長

靜聽涼飈遠洞溪漸看秋色入冲微漁人撥破湘江月樵父踏開松子歸

攏麥重重覆紫烟太平時節見豐年野雲忽散孤峰出列派橫飛落澗泉

凍把嚴根雪尚稠暴雲開鎖遠峰頭地爐榾柮高燒起石銚烹茶時一甌

荅雲峰正大師 二首

溢目江山雪正深旅庭寒色尚沉沉尤忻象外有良契時以嘉言慰此心

竹齋欹枕病方廻春候梅花忽寄來珎重此恩何以報搘筇時上石樓臺

寄道友

散盡浮雲落盡花到頭明月是生涯天垂六幕千山外何處清風不舊家

對菊

瀟然金菊映秋光底事無人泛玉觴翻憶陶潛舊池上肯敎和草過重陽

退居寄承天偶作 五首

道薄常慙繼祖猷退居嵓谷任春秋齋時自有盂羮飯六合清風卒未休

道薄常慙繼祖天瞬眸金色已虛傳而今猶舉僧伽服端坐雞峰詎後賢

道薄常慙繼祖燈老來林下笑盧能抱贜持石長三尺不愧黃梅會裏僧

道薄常慚繼祖心九年何事絕知音到頭無賴空廻首皮髓紛拏直至今

道薄常慙繼祖門隨家豐儉且安貧掌閒日月須彌走把住南星對北辰

十二時歌

鷄鳴丑眹兆之前還亂走夢裏論量幾萬般天明無是虛開口

平旦寅山河大地掌中擎金剛焰裏空彈指碧眼胡僧來未能

日出卯烜赫威光無剩少茫茫宇宙未知歸兢向途中關機巧

食時辰南北東西誰是親鉢裏不逢香積飯深慙枉作出家人

禺中巳信手拈來無不是迷却南街走北街草鞋路破因誰置

日南午翻出囊中無一縷銅頭鐵額知未知草偃風行立千古

日昳未休話眞如論實義官家不許夜行人誰敎醉酒街頭睡

晡時申遊子前來問要津鉢盂打破渾閑事茶鹽少了却生嗔

日入酉朝猿暮請何曾有不如靜坐命金剛從他笑破衲僧口

黃昏戌一點寒燈照幽室鐘鼓喧轟閙一場摩訶般若波羅蜜

人定亥呼吸之機遭洒怪自從胡亂知幾年不曾少人一文債

夜半子開眼尿床到如此老胡猶自涉崎嶇石塔空留鎮熊耳

師嘉祐七年七月將示寂上堂有頌

住世六十五年爲僧五十七夏玄徒休問指歸鼻孔大頭向下

古尊宿語錄卷之四十一

題雲峰悅禪師語錄

悅禪師語者青山白雲開遮自在碧潭明月撈攏方知鐵石崩崖霜弓劈箭不受然燈記莂自提三印正宗假令古佛出頭也下一椎定當前則激惠南老子出泐潭死水而印慈明後則勸祖心禪師撥大愚寒灰而見黃檗看儂兩着須天下恭客受先破此一塵與四海禪宗點眼有懷疑者是不肯山谷老人擬欲全提且救取無爲居士黃庭堅題

古尊宿語錄卷之四十二

寶峰雲庵眞淨禪師住筠州聖壽語錄一

嗣法門人法深錄

開堂日宣疏罷師乃云大通智勝佛十劫坐道場佛法不現前不得成佛道今日四衆圍繞佛法現前還得不得良久云欲行千里一步爲初便登座拈香祝聖罷又拈香云大衆此一瓣香還知落處麼更不覆藏直爲先黃龍南禪師爇向爐中去也於是趺坐白椎竟師召大衆云當須自觀若此觀者名爲正觀若他觀者名爲邪觀邪正未分有疑請問僧問列祖陞堂賢侯堅請向上宗乘請師舉唱師云六六三十六進云常憶江南三月裏鷓鴣啼處百花香師云好箇消息進云今日郎中承此善退身三拜謝師恩師云深僧禮拜問語默二途皆易辨師今得法嗣何人師云早來向你道了也進云恁麼則黃龍的子臨濟親孫去也師云猶自十度在進云而今四海清如鏡行人莫與路爲雠師云速禮三拜問世尊出世梵釋相隨郎中請師將何報答師云一雨普及萬物成滋進云一言生筆下萬古落人間師云人間事又作麼生進云浪盡還歸水月落不離天師云閑言語行者問天地以萬物爲芻狗聖人以百姓爲芻狗未審和尚以何爲芻狗師云點進云禍入僧門師云交行者擬議師便喝行者禮拜師云得與麼有前無後問此日人天普集太守臨筵祖意西來乞師端的師云的進云一句已蒙師指示向上宗乘事若何師云向下底進云若不登樓望焉知滄海深師云過進云四衆沾恩學人禮謝師云猶欠一着在進云傷觀者醜師云放有僧出云這裏是什麼所在師云好好問着且莫虛頭問如何是虛頭一句師云這虛頭漢僧無語師便喝僧擬進語師云鈍置殺人進云眞善知識師云你是不得已也復云問話且止祇知問佛問法殊不知佛法來處且道從什麼處來乃垂下一足云昔日黃龍親行此令十方諸佛無敢違者諸代祖師一切聖賢無敢越者無量法門一切妙義天下老和尚舌頭始終一印無敢異者無異卽且止印在什麼處還見麼若見非僧非俗無偏無黨一一分付若不見而我自收遂收足乃喝云兵隨印轉將逐符行佛手驢脚生緣老好痛與三十棒而今會中莫有不甘者麼若有不妨奇特若無新長老護你諸人去也故我大覺世尊昔日於摩竭陁國十二月八日明星現時豁然悟道大地有情一時成佛今有釋子沙門克文於東震旦國大宋筠陽城中六月十三日赫日現時又悟箇什麼以拂子畫一畫云我不敢輕於汝等汝等皆當作佛下座

師於熙寧八年在洞山受請於法座前拈帖示衆云最初一句子便要衆人知還會麼良久云符到奉行維那宣帖罷師乃云大衆諸佛出興於世總秖赴箇時節且道貧道今日赴箇什麼時節遂指法座召大衆云今古應無墜分明在目前便陞座乃云還有問話者麼時有僧問承古有言不見一法卽如來方得名爲觀自在如何是自在底事師云透七透八進云龍得水時添意氣虎逢山色長威獰師云瞎進云前村深雪裏昨夜一枝開師云閑言語問施主慇懃佛三請今日當筵事若何師云新豐洞裏水潺潺進云若然者得聞於未聞去也師云且道聞底事作麼生僧提起坐具師云柱撰禪和進云大衆證明學人禮謝師乃噓噓復云更有問話者麼良久乃喝云昔日大覺世尊起道樹詣鹿苑爲五比丘轉四諦法輪唯憍陳如最初悟道貧道今日向新豐洞裏只轉箇拄杖子遂拈拄杖向禪牀左畔云還有最初悟道底麼良久云可謂丈夫自有衝天志不向如來行處行喝一喝下座

初入院陞座僧問天地九陽願垂一雨師云自有清源者進云與麼則羣生有賴也師云知恩者少進云雲散家家月春來處處花師云不易念得來問如何是聖壽境師云參差舊屋宇到者始應知進云如何是境中人師云　似不相識進云人境已蒙師指示向上宗乘事若何師便喝僧禮拜師云不消一喝問昔日世尊出世坐斷乾坤今朝和尚出世意旨如何師云四衆圍繞進云大衆證明學人禮拜師云何不更問復云青山淥水不能住白日紅塵却自歸而今避不得也且混俗和光灰頭土面笑他林下人也要笑若解笑甚奇妙十字街頭拈得箇破布衲襖抖擻塵埃示衆人好不好曉不曉從他肉案頭歌吽喝一喝云回頭轉腦

晚參上堂僧問不離當處常湛然覓卽知君不可見見卽不問如何是不離底事師云傾心吐膽進云若不登樓望安知滄海深師云秖如湛然底事又作麼生進云三門佛殿長相對翠竹松風滿院寒師云多虛不如少實進云也須檢點過師便喝復云彌勒眞彌勒分身百千億時時示時人時人皆不識拈拄杖云還識麼千箇萬箇但識取這箇擲下拄杖下座

因請首座維那典座上堂問流水下山非有意片雲歸洞本無心如何是無心一句師云你是有心耶無心耶進云疊石峰高嶮白雲出故關師云莫道無心好僧禮拜師云二十年後醒去在復云三德六味施佛及僧香積廚中善調在手三世諸佛向砧槌上聲聲相應且道相應箇什麼良久云問取堂中第一座

上堂僧問曉色未分人盡望及乎天曉意如何師云你見麼進云城隍雖淡灩林下道相親師云這裏是

什麼處所復云有進有退有急有緩道在變通事乃成就臨院荷檐竭力街坊善巧化人知客臨時接引長老據欵結案還有不涉斯美者麼良久云明年更有新條在惱亂春風卒未休

上堂僧問真則是幻幻則是真真幻既除道歸何處師云若有處所堪作什麼進云千江有水千江月萬里孤舟萬里身師云却不如是進云江上漁人空點頭師云適來向你道什麼僧便喝師云好一喝僧又喝師云兩喝後又作麼生僧禮拜云猶嫌少在師乃蹺蹺復云大衆宿來萬福數日人事相煩更不一一陳謝禮繁則亂知是般事便休且道是什麼事卓拄拄杖云風不鳴條雨不破塊堯風蕩蕩行人讓路萬姓歌歡筠陽城中誰家竈裏無煙張公吃酒李公醉卓拄杖云寒山拾得

上堂昨日有僧從溈潭來却往仰山去驀拈拄杖云筠陽城中聖壽院裏打鼓普請喫茶

上堂有化主問承古有言天得一以清地得一以寧君王得一以治天下未審衲僧得一時如何師云善為化導進云恁麼則紅塵路上無閑客也師云家家觀世音僧禮拜師云更須著力復云我觀法王法法王法如是驀拈拄杖云穿却你諸人鼻孔換却你諸人眼睛還我法王法來乃喝云差之毫釐失之千里擲下拄杖下座

上堂僧問十方佛土中唯有一乘法如何是一乘法師云百尺幡竿尾指天進云學人退身三步去也師云脚跟下七縱八橫進云月色和雲白松聲帶露寒師便喝僧亦喝師云這野狐精復云宿來大衆萬福方期首夏已是初秋今朝改旦七月一日嗟乎流光電速四序推移是事不常人亦漸老還有不涉老不者麼良久云八十翁翁著繡靴

因逍遙長老來上堂僧問一句了然超百億一句即不問如何是百億師云道士繫腰帶進云一堂風冷淡千古意分明師云番人頭戴冠進云大衆證明且禮三拜師喝云瞎漢復云青山深處人來我紅塵裏紅塵偶不見白雲與流水耳目何所分浮名與浮利為是紅塵非為復青山是是非兩途間幾多殊未已幸遇逍遙人可述逍遙理下座

上堂天地與我同根萬物與我一體脚頭脚尾橫三竪四北俱盧洲火發燒著帝釋眉毛東海龍王忍痛不禁轟一箇霹靂直得傾湫倒岳雲黯長空十字街頭廖胡子醉中驚覺起來撫掌呵呵大笑云筠陽城中近來少賊乃拈拄杖云賊賊下座

上堂開雲門門七通八達却須知有關棙子去著若也不知雖活如死現黃龍龍千變萬化更須到伊窟宅潛處若不到有眼如盲諸德我觀法王法法王法如是有眼者辨取

因清涼長老到上堂熱惱既盡清涼現前分別不生虛明自照然後我當按指海印發光汝暫舉心塵勞先起乃喝云三世諸佛一棒打殺塡溝塞壑拋東擲西一任諸人看驀拈拄杖云過去諸佛亦如是現在諸佛亦如是未來諸佛亦如是遂擲下云看

上堂僧問如何是珠師云烜赫光明在目前進云滿城盡是知音者吟出新詩與衆看師云誰是知音者僧云大衆證明學人禮拜師云虛頭漢復云一葉落天下秋老僧懶剃雪霜頭風浩浩水潺潺忙者自忙閑者閑終南山色翠相倚湘岸檣朶紅鈎舉諸禪德會即途中受用不會且世諦流傳拈拄杖云不是途中受用又作麼生傳良久乃喝云夜靜水寒魚不食滿船空載月明歸

謝月化主上堂靈山話月曹溪指月聖壽今朝謝月且道與古人誰親誰疎莫有人辨得麼若也辨得將此身心奉塵刹是則名為報佛恩若辨不得無角鐵牛眠少室生兒石女老黃梅笑殺栽松道者參

上堂方經七月十五巳是八月中秋徒知暑往寒來人老區區未休休休看看便是結交頭大衆丹霞老道底百骸俱潰散一物鎮長靈乃喝云無端騎聖僧

上堂東西南北四維上下觀機設教應病與藥驀拈拄杖云馬大師來也看看日面佛月面佛一一為君重拈出若善服者病瘥藥除舉足下足無非道場不善服者藥病相治盡大地是藥觸途成滯遂擲下云秖在諸人面前便下座

上堂有時灰頭土面橫身荒草衆生處處著引之令得出其奈飢逢王饍不能飡又爭怪得老僧

上堂德山呵佛罵祖承其言者多見德山者少黃龍佛手驢脚見黃龍者衆善其機者稀驀拈拄杖云欲得見德山麼遂左邊卓云看要知佛手驢脚麼復右邊卓云看乃橫云佛手驢脚我宗恢廓德山披毛黃龍戴角萬化目前磊磊落落乃喝云眼孔定動總是著縛下座

上堂道泰不傳天子令行人盡唱太平歌五五九四十五莫有人從懷州來麼若有不得忘却臨江軍豆豉

因等慈長老到上堂以平等慈度一切生洒一法雨潤一切物良由根機不等所受不同互有得失又爭怪老僧下座

上堂因城中失火僧問養兵千日用在一朝正當立國安邦為什麼各生退志師云千兵易得一將難求進云忽遇軍旗急速又作麼生師云自有安邦者進云與麼則汗馬不施功勞不著也師云你是什麼人僧便喝師云敗將不斬復云歘然火起焚燒舍宅及至煙消火滅萬事成空冷地裏一場懡㦬遂喝云轉

凡成聖又是什麼人
永固長老至上堂幽固深遠無人能到到則山青水淥別是人間好諸禪德江月照松風吹永夜清宵何所爲却怪長時杜鵑子春山無限好猶道不如歸
上堂十月十五迎寒送暑唯有這箇不來不去該天括地亘今亘古雖則全彰要且不露喝一喝下座
晚叅上堂十七十八早是漏泄若也不會守繫驢橛
上堂聖壽有時壁立千仞欲發人人之大機我與麽來你擬心早是蹉過了也何故此事非汝思心注意常情之所能諸禪德盡情說了也合作麽生
上堂十月二十五臨濟太麤嶮開却雲門門德山罵佛祖下座
上堂以字不成八字不是有利無利不離行市驀拈拄杖云寰中天子塞外將軍擊禪床下座
晚叅上堂十月二十三天寒下暖簾黃昏一覺睡南海出榆甘
上堂聖壽長老不會禪不會道秖會解粘去縛應病與藥諸佛子無禪可叅無法可學棄本逐末區區客作不如歸去來識取自家城郭城中自有法王尊一呼百諾晷見明月珠手振黃金鐸還要一切羣生自家省覺來來應是從前佛法知見一時放却乃得自已毗盧心印明廓乃喝云大丈夫兒莫錯莫錯
上堂真不掩僞曲不藏直雪後始知松栢操夜深方見把針人叅
檀越散藏經請上堂奉佛至孝四郎及孝眷等爲先考二郎終七追薦乃請真如聖壽一禪衆開轉大藏經一遍供僧一千員斷送閤郭齋以用表儭上件龍藏琅函靈文聖教經律論三藏五乘十二分諸佛之秘詮頓也漸也半也滿也中也邊也權也實也種種法門智慧海種種因果德相海種種進修行願海種種智導方便海種種依正究竟海種種互融攝入海不可說不可說法門功德光明海薦嚴先考二郎超生淨界然資四郎及孝眷等生生世世獲大善慶居諸佛法會中共證菩提乃召大衆今日與諸人在什麽會中驀拈拄杖敲香卓云大衆還聞麽佛以一音演說法衆生隨類各得解諸佛於此得之成一切種智具正遍知菩薩於此得之獲無生忍法眼清淨獨覺於此得之現神通光明出無佛世聲聞於此得之證寂滅樂永斷後有天人於此得之增長十善世人於此得之永盡三業地獄於此得之頓超十地阿脩羅餓鬼畜生於此得之永除癡業四生六類一切有情於此得之各隨根性一一解脫且道長老於此得之又作麽生良久喝一喝下座
上堂聖壽有時戴寶冠挂瓔珞出來十人有九人一時驚怖毀謗罵詈避走遠去見伊不識遂更著垢弊衣與伊相見百人千人一時讚歎尊信知我所得智慧微妙最第一衆生之根鈍著樂癡所盲如斯之等類云何而可度以拄杖擊香卓下座
因快山長老至上堂快然大道秖在目前縱横十字擬即留連乃顧大衆良久喝一喝下座
上堂舉僧問古德云深山裏還有佛法也無德云有進云如何是深山裏佛法德云石頭大底大小底小忽有人問聖壽云十字街頭還有佛法也無但向伊道無爲什麽無倚名利大衆聖壽道無古人道有是同是別試斷看斷得出也大奇
在洞山受請衆請小叅師云新豐古洞萬壑爭揩悟本真宗千林競演古今勝地佛事常興所以昔日悟本大師有時提唱唯有佛菩提是真歸仗處復喝一喝云猶有者箇去就在諸德秖如大師道猶作者箇去就在且道意作麽生還知落處麽叢林中多有商量者有底道聞佛聞法似生冤家況更有歸仗處故禮悟本大師檢點有底道悟本秖要人休歇去有底道悟本秖見錐頭利不見鑿頭方似與麽匹配又何曾夢見他古人既不如是又且如何諸德此箇事大須子細不可麤心一等叅禪窮教到底宗門中千差萬別隱顯殊途唯大智方明降茲已往莫測涯際而今多是抱不哭孩兒打淨潔毬子把纜放船抱橋柱澡洗彼此丈夫阿誰無分若便明去驅耕夫之牛奪飢人之食入火不燒入水不溺於一切處不留一切處成就靈光獨耀烜赫殊分可謂蕩蕩乎落落乎張起濟岸帆撥動渡人舟於生死海内白浪堆中出沒去來逍遥自在乃喝云從他謗任他非雨中簑箬笠裴衣而今暫别海門月攜魚且向市鄽歸下座

住洞山語錄

在聖壽開堂衆官燒香宣疏至白槌竟師良久乃云會麽少室峰前曾示此高安灘上復誰傳會中若有優陁客莫學神光麼九年遂喝云有疑請問僧問有一人欲出長安有一人欲入長安未審那箇在先師云多少人疑著進云不許夜行師云蚊子錐鐵牛進云山頂老猿啼古木渡頭新鴈下平沙師云長安人已入你合作麽生進云春日華山青師云者僧蝉然後生却可與商量問新豐勝刹古佛道場侯伯請師願垂方便師云耀古騰今進云此莫是和尚爲人處也無師云將謂是古佛道中人進云洞山境色重添翠悟本玄風復振濤師云有甚了期復云問話且止言多道遠然則通人分上無可不可問答縱横何是何非不二門開　道清淨所以古人云道無不在觸事而真心若不邪所爲自正正覺之道得在乎心不在乎言語道斷心行處滅非去來今今日一會法法本然心心本佛官也私也僧也俗也智也愚也凡

也聖也天也地也悟則事同一家迷乃萬別千差差之毫釐失之千里遂拈拂子召大衆云一花開五葉結果自然成

施主捨法衣上堂僧問久晴無雨時如何師云點進六學人有賴也師云赫日爍破闍黎面門僧回首召云大衆高著眼師云三十年後有人笑你復云諸佛出世成披此衣說法度人洞山今日亦披此衣說法度人遂拈起衣角召大衆云還有不受惡水潑者麽良久云月到天心白波歸海上淸

上堂久晴忽雨久雨又晴天機莫測吾道可明乃喝云具頂門眼者看

因請知事上堂至道無難唯嫌揀擇豈可以親疎好醜擇而然後用之要用便用入到手中土作黃金拋來擲去滿目光輝也要衆人見諸德又作麽生不揀擇好醜而用之喝一喝下座

上堂佛法不順人情諸方長老大開口盡道我會禪會道且道伊會也未無端向屎坑裏坐醋神講鬼似者般的打殺下箇與狗子喫有什麽過又有一般禪和子大開者眼被伊狐魅殊不自知驀頭著屎澆亦不厭惡名云大衆彼此丈夫爭受與麽自巳合作麽生下座

上堂欲雨不雨使我伸舉半陰半晴要汝惺惺果惺惺也與天地合其德日月齊其明乃喝云切忌拖泥帶水下座

上堂智不到處切忌道著道著則頭角生諸禪德古人一期唱道則無可不可若是洞山即不然智不到處正好道道不著時無所生無生大道闊縱橫縱橫任運人難測新羅日午打三更叅

上堂今朝八月一漸熱既消漸涼復至調變人間育養萬類成就四時無思焉無爲焉寂然不動感而遂通祖師門下豈孤然哉是以眞機無定祖道難思有時熱有時涼生也殺也撈龍萬有提拔四生破妄想塵出大經卷而無心焉而無爲焉緣感乃應豈預擬而待賽乎諸禪德且作麽生是各各當人一卷大經會麽垢盡則明現也三千大千世界遐邇祇在於毫端十世古今始終不離於當念乃喝云不信自殊勝甘爲下劣人

上堂摩尼珠人不識如來藏裏親收得既收得不護惜也要衆人見驀拈拄杖擲下云還識麽若識燒沉水香供養諸禪德明月照見夜行人良由不是他家事叅

上堂佛法現前僧俗儼然八月初五冷落秋天

晚叅上堂有相身中無相身無明路上無生路志公和尚欺我等愚迷壓良爲賤然則敢問諸人而今四大五蘊是有相之身那箇是當人無相之體良久噓欲報先聖護念恩粉骨碎身又安得

上堂舉雪峰云南山有條鼈鼻蛇汝等諸人出入好看玄沙云用南山作麽師云奇哉善知出處非父不生其子驀拈拄杖召大衆云南山鼈鼻蛇却在者裏便擲下云擬即喪身失命

上堂昔有五百羅漢以六神通降一毒龍了不能得忽異方有一尊者至衆謂曰我等盡其神力降不可得尊者可能降之尊者乃彈指一下其龍便伏諸禪德據此還有優劣也無若言無五百衆盡其神力皆曰不能此尊者一彈指而毒龍便伏既有優劣如何可明於此明得作箇出格道人動靜去來五眼不能覩十力不能知堪受人天供養日消萬兩黃金於此未明山門今日作齋供養羅漢且隨隊長連床上開單展鉢下座

上堂秖知今日明日不覺前秋後秋諸禪德休得也未便好休而今更有什麽事見麽四大海水灌入你諸人鼻孔裏須彌山突出額角邊三十年後不得辜負洞山長老

上堂師子吼無畏說百獸聞之皆腦裂遂拍禪床左邊云不是師子吼又拍禪床右邊云不是無畏說你擬心早是腦裂也更擬如何若何 隊野狐精喝一喝下座

上堂平旦寅狂機中有道人身乃喝云不是狂機又唾云不是狂機若作狂機會又爭得行住坐卧山河大地不是狂機且道作麽生是道人身良久云各自歸堂喫茶

晚叅上堂此箇事學不得教不得傳不得須是當人厝始得悟得也可可地閑闊地了了明明地歷歷落落地一切神通變化悉自具足不用外求乃拈拄杖橫按云橫按鏌鎁全正令太平寰宇斬癡頑遂擲下良久喝一喝下座

上堂師子不食鵰殘快鷹那打尉兎放出臨濟大龍抽却雲門一顧遂拈拄杖云雲行雨至三草二木

上堂撫掌左右顧大衆云歸堂喫茶去

因發化主上堂出家沙門當淸淨自活以乞食爲正命食不過分離憍慢故以乞法爲正念增長智慧不滯寂故驀拈拄杖云你有拄杖子與你拄杖子你無拄杖子奪却你拄杖子於此薦得增汝智慧破汝憍慢火焰裏藏身淤泥中出現千手千眼大悲菩薩一任神通變化於此不薦有清泉兮恣汝飲有碧巖兮從汝棲切忌寒猿深夜啼

謝主首上堂實際理地不受一塵佛事門中不捨一法乃拈拄杖云不是一法又捨箇什麽佛事也三德六味施佛及僧法界人天普同供養受供養則不無還知滋味也無若不知分付與首座復敲香臺云五

千餘軸言言異一一龍宮海藏來遂擲下云實際理地不用安排分付與藏主

上堂九日無白醪飽餐黃栗飥十日有黃菊催人打禾穀五更鐘未鳴隣雞已數聲相逢不下馬各自奔前程參

上堂昨日風氣暖今朝天色寒乾坤共著力衲子眼皮寬下座

上堂古德道從門入者不是家珍又作麼生是家珍驀拈拄杖召大衆云還見麼遂敲香臺復乃噓噓釋迦老子棒打不殺文殊普賢與不回頭休休虛費力且隨流待伊時節至一葉落天下秋

上堂洞山門下要行便行要坐便坐鉢盂裏屙屎淨瓶中吐唾執法修行如牛拽磨參

上堂謝黃檗先馳云分枝列派共闡宗猷祖令合提各隨機變洒黃龍之一雨枯木重榮繼斷際之遺蹤眞燈再焰光我先覺以進後昆不任歡慶其無似之者何承先馳上人遠離鷲嶺深入洞山得得馳書叙其泆乳過沐周勤仰荷弗已復拈拄杖召大衆云實謂雖與我同條生不與我同條死阿喇喇也大奇築來彼此丈夫兒睡則同床各自夢古今此理少人知少人知付先馳傳歸鷲嶺分明舉向師

上堂洞山門下要道便道要用便用救得眉毛失却鼻孔乃喝云久雨不晴參

出縣回上堂云三日不相見不得故眼相看是何言歟洞山數日不相見相見秖是舊時人乃合掌云不審過去諸佛現在諸佛未來諸佛參退喫茶

上堂洞山門下有時和泥合水有時壁立千仞你諸人擬向和泥合水處見洞山洞山且不在和泥合水處擬向壁立千仞處見洞山洞山且不在壁立千仞處擬向一切處見洞山洞山且不在一切處你不要見洞山鼻秖在洞山手裏擬瞌睡也把鼻索一掣秖見眼孔定動又不相識也不要你識洞山且識得自巳也得下座

謝監院上堂僧問用之則行捨之則藏時如何師云斬新日月特地乾坤進云龍得水時添意氣虎逢山色長威獰師云且得天下太平進云與麼則道泰不傳天子令師云老僧被你鈍置一場復云身是光明幢心是神通藏大衆各自照顧抖擻精神而今現定僧也如是俗也如是釋迦也如是彌勒也如是還有人信得及麼若信得及不爲分外若信不及亦不虧欠信與不信光明幢神通藏各自參堂去下座

上堂舉僧問雲門如何是和尚家風門云有讀書人來報諸德千聞不如一見又作麼生見良久云秖爲分明極翻令所得遲

上堂洞山門下凹凹凸凸交交加加屈屈曲曲崎崎嶇嶇嶮嶮屼屼水雲掩映煙嵐重疊一道直截觀者遊者十人九人舉步早是迷却路頭也其中莫有不迷者麼乃喝云且道洞山路頭在什麼處

上堂舉昔日天台國清寺因炙茄次有拾得以竹串向維那背上打一下維那叫直歲你看這風顛漢拾得云蒼天蒼天寒山問你打伊作什麼拾得云費却多少鹽醬諸禪德拾得打維那實謂費鹽醬多也唯當別有道理明眼衲僧試出來斷看一爲衆決疑巳曉未悟二表自巳參學辨其是非今地裏說葛藤貶剝古今不爲好手有麼若無老僧爲你決疑去也直歲苦苦告退再三留得寒山拾得總分付却掃地底教掃地燒火底教燒火諸寮兒子莫令空過饒舌豐干到來老僧爲伊勘過監院維那典座直歲更須要知寒山拾得姓箇什麼若也不知異日他時總遭伊把鼻孔領過喝一喝下座

上堂光剃頭淨洗鉢好便住惡便脫好諸禪德莫將世俗見埋沒道人心

上堂洞山深幽且兩千年林木生煙霧林間多少葛藤枝左拏右惹難回互回而更相涉不爾依位住呵呵呵將謂洞山多葛藤元來却是參同契乃喝云明眼衲僧莫容易

上堂但知隨例粥飯子也得三文買草鞋秖如新婦騎驢阿家牽又作麼生直饒道得更問祖師鼻孔長多少在下座

上堂襯無襠袴無口頭上青灰三五斗趙州老漢少賣弄然則國清才子貴家富小兒嬌其奈禾黍不陽艷競栽桃李春翻令力耕者半作賣花人

上堂但離虛妄名爲解脫其實未得一切解脫作麼生是一切解脫驀拈拄杖云嗣又云雲門大師在拄杖頭上踍跳還見驀巇眉毛麼若也不見洞山爲你注破長慶來也遂擲下云吹笛打鼓普請看

上堂謝莊主監收云參玄上士味道高人於動靜日用間百事成現受用具足一一要知來處所以古人云譬如大地何物不從地之所生諸佛唯指一心何法不從心之所立洞山分野地之所生或麥或麻或豆或稍然非其人則不能成辦安立既有安立得不勞乎神用然神用雖勞粒粒不落別處且道落在什麼處遂拈拄杖擲下召大衆云見麼阿誰無分知來處麼若知可謂不風流處也風流

上堂久參先德不在斯限後進初機不用妄想更依倚箇什麼何不撥開自巳心地靈源放出神通光明滔滔流注成辦佛事豈不快哉驀拈拄杖云不是神通光明又擊香卓云不是佛事遂擲下良久喝一喝云夜半烏雞誰捉去天明帶雪遭指註

上堂識情安排工夫造作一向攀緣巳事危却不信

吾家正偏知論劫莫能成正覺喝一喝下座

上堂舉三聖云我逢人卽出出卽不爲人興化云我逢人卽不出出卽便爲人師云看看兩箇老古錐竊得臨濟些子活計各自分疆列界氣衝宇宙使明眼衲僧只得好笑諸禪德且道笑作什麼還知落處麼若知一任七顛八倒若不知且向三聖興化葛藤裏咬嚼下座

除夜小叅云一年將盡夜萬里未歸人今夜一衆盡是他鄉之子因何不歸呵呵直饒便歸得歸得亦無家正是諸人歸處歸得麼君不聞龐居士云十方同聚會箇箇學無爲此是選佛場心空及第歸以拂子敲禪床便起

歲旦上堂不見一法卽如來方得名爲觀自在諸禪德今日人人添一歲還見麼若不見又道人人添一歲若見在什麼處安著既見著處便見出處出處既明方能世出世間於法自在觀自在菩薩將錢買餬餅放下却是饅頭好諸禪德一年添一歲一歲一如來拈拄杖云拄杖子亦成佛也看

上堂佛法二字不用道著道著則頭角生古人秖解殺人不解活人何不道佛法二字一一現成諸禪德欲知佛麼秖諸人是欲知法麼秖諸人日用者是是不是是卽也大奇不是也大奇殺也活也一處不通兩處失功兩處不通觸途成滯

出州回上堂山中城裏事不相知有一句子未敢泄機候遍到寮中一一當面分付直是臨時各自著精彩莫教蹉過

上堂汾州莫忘想俱胝豎指頭古今佛法事到此一時休休休却憶趙州勘婆子不風流處也風流拈拄杖云爲衆竭力

發化主後上堂丐者月餘刺東裝有煩知事首座大衆一動一靜寧不有勞然則勞動若是道人分上無非佛事所謂往復無際動靜一源苟契神於動靜則無滯於往還心迹不生順逆何咎此則於心無心於事無事又何妨於動靜往還之勤其或得之者正乎心失之者亂乎性蓋得失之自殊非動靜之有異乃拈拄杖擲下喝一喝下座

上堂放過一著落在第二仲春漸暄景色明媚一衆高人起居輕利莫有不涉春緣底麼良久云遠道聲空鉢深山踏落花

上堂相拋又十日歸來山水中眼開如夢覺是事半成空喝一喝下座

上堂欲識佛性義當觀時節因緣古人無端向虛空裏釘橛誑惑後人今日四月一初夏時節久雨不晴伏惟知事首座大衆道體萬福更討什麼佛性義你諸人各自有眼有鼻有口有耳何不散去莫妨我東行西行下座

上堂舉雲門云劄久雨不晴師云雲門雖善臨時變豹東劄西劄未免和泥合水和泥合水卽且止秖如雲門云劄是那箇劄字莫有明眼衲僧識麼若識雲門有甚氣息若不識衲僧有甚氣息秖者氣息有鼻孔者辨下座

上堂世尊拈花迦葉微笑乃拈起拄杖云洞山拈起拄杖子你諸人合作麼生遂擊香卓下座

上堂此事如明珠在盤不撥自轉有底撥不轉按不活又爭怪得老僧要識明珠麼各自歸堂喫茶

上堂聖僧每日入骨入髓爲諸人說適來擊鼓重爲宣揚更待長老開口動舌又堪作什麼老僧恁麼道也是爲蛇畫足

結夏日上堂十方聚會三月一結息狂妄心除苦惱熱獲勝淸凉證大寂滅到波羅岸出生死轍以此聖制故不虛設解開緣覺不見不聞三世諸佛秖可自知衲僧跳不出打在𦂳纆裏動卽開眼尿床夢中說夢且向洞山門下九十日討箇活路

上堂舉昔日鹽官常教僧看見性法門聞大溈亦爾密遣二僧往探之既至座下凡百提唱俱不識乃生慢意一日會小釋迦曰你莫𪐝心小釋迦遂作一圓相以手捧向前二僧又不識小釋迦云你莫麤心便起去師云小釋迦三昧二僧不知洞山門下莫有知著麼是什麼三昧良久云打麵還他州土麥唱歌須是帝鄉人

上堂槌鐘復擊鼓日輪正當午拾得語寒山晝龍却得虎下座

上堂佛法兩字直是難得人有底不信自巳佛事推遜少許古人影響相似般若所知境界定相法門動卽背覺合塵黏將去脫不得或學者來如印印泥第相印授不雅自誤亦乃誤他洞山門下無佛法與人秖有一口劒凡是來者一一斬斷使伊性命不存見聞俱泯却向父母未生前與伊相見伊纔向前便爲斬斷然則剛刀雖利不斷無罪之人莫有無罪底麼也好與三十拄杖

上堂臘月二十新豐一衆衲僧巳鼻滴水滴凍

上堂人貧智短馬瘦毛長趙州云我青州做一領布衫重七斤師云有年無德洞山見兎放鷹知生不知其死大衆欲出生死不涉有無人用現前勿隨言語

請首座與座及逍遙和尚來上堂不動眞際爲諸法立處昨日監院名今朝首座號緣應百千般立處頭頭妙與座把杓柄一一臨時料衆口若能調逍遙同一道諸法立處今巳彰作麼生說箇不動眞際底道理喝一喝下座

上堂佛法門中有縱有奪縱也四五百條花柳巷二

三千所管絃樓參也天上天下唯我獨尊不縱不奪又作麽生良久云長把一聲歸去笛夜深吹過汨羅灣下座

因華嚴座主到上堂法界者一切衆生身心之本體也乃拈拄杖云不是法界是諸人無始已來靈明廓徹廣大虛寂之妙體故此土他界天堂地獄六凡四聖情與無情同一無異無壞無雜猶帝網之明珠互相融通更相涉入可謂無邊刹境自他不隔於毫端十世古今始終不離於拄杖頭上若爾則何啻擲大千於方外納須彌於芥中而今百億日月百億須彌百億世界都在拄杖子裏許乃擲下云都在諸人面前還見麽信得及麽不思議解脫力神通遊戲妙用現前非假於他術皆吾心之常分耳喝一喝下座

出州回上堂古人道去去實不去途中好善爲來來實不來路上莫蹉危古人見不透脫強生節目惑於後人洞山卽不然來但言來去但言去有什麽過老僧入州途中晚便住曉便行又善爲箇什麽歸來路上困便歇飢便飯又有什麽蹉危今復林下與諸道人相見又有什麽事參退喫茶

上堂季冬極寒伏惟知事首座大衆尊體萬福仲冬已過孟春未來季冬現前過去已過去未來實未來現在當無住三世既不留四時何處去若爾則衲僧門下是非非長長短短有什麽過喝一喝下座

上堂入州僅十日出縣又兩朝此心苟無爲動靜皆逍遥拈拄杖云拄杖子不可不逍遥良久云莫動著動著則打折你驢腰

晚參上堂舉僧問古德覿面來時如何答云分付與典座又云如何是有漏答云笊籬如何是無漏答云木杓師云笊籬木杓一時分付與典座更莫外求一一現成物雖常式妙在乎人有底秖在面前拽不來推不去縱拽得來又千疑萬慮不敢用有底信手拽來超今越古所以僧問雲門如何是超佛越祖之談門云餬餅諸禪德好省力是卽是還有超佛越祖底道理也無試斷看斷得出僧堂裏一任横咬竪咬若斷不出有煩新舊二典座

上堂舉古有僧半夜大叫云我悟也衆僧把住云你悟箇什麽其僧云師姑元是女人做師云善卽甚善賺殺多少人却須知有賺人處洞山也有箇悟處且道悟箇什麽化主元是徒弟做美卽甚美笑殺多少人却須知有笑人處賺人笑人兩語雙陳飽參衲子試辨疎親

上堂僧問新豐吟雲門曲舉世知音能和續大衆臨筵願清耳目師以右手拍禪床一下進云木人撫掌石女揚眉師以左手拍禪床一下進云猶是學人疑處師云何不脚跟下薦取僧以坐具拂一拂師云爭柰脚跟下何進云却是和尚見處師云爾見處又作麽生僧云三十年後自有人舉著師云蒼天蒼天復云僧問雲門如何是雲門一曲門云臘月二十五師云今日是臘月二十五若作雲門曲又是臘月二十五若作臘月二十五又是雲門曲又云唱者如何門云且緩緩師云雲門云且緩緩爲不肯這僧也别有道理良久云一般佛法從人妙兩處諸訛試斷看

歲旦上堂去年貧未是貧今年貧始是貧去年貧猶有卓錐之地今年貧錐也無師云香嚴與麽道奇特甚奇特要且只知其貧不知其富洞山卽不然去年富未是富今年富始是富去年富唯有一領墨黲布褊衫今年富添得一條百衲山水袈裟歲朝抖擻呈禪衆實謂風流出當家諸禪德洞山與麽爲復是不肯古人耶爲復扶古人耶試辨看

立春日因雪上堂大地雪漫漫春來依舊寒說禪說道易成佛作祖難洞山則不然而今坐立一一成佛作祖何更有難有易遂拈拄杖云不可不成佛所以假言三十二八十也空聲拄杖子喚作成佛不是空聲釋迦彌勒文殊普賢不是空聲而今觸目遇緣萬别千差不是空聲都無實事佛法到者裏也要人有麽有麽乃擊香臺下座

上堂發化主舉王大王向雪峰會裏請晏監院住鼓山雪峰謂衆曰有一隻聖箭子入九重城裏建立佛事去也有孚上座去中路截住問云承聞聖箭子入九重城裏去是不晏云是孚云忽遇三軍圍繞時如何晏云他家自有通霄路孚云與麽則離宮失殿去也晏云何處不稱尊孚遂回謂雪峰云聖箭子途中折了也峰云他道什麽孚舉前話峰云奴奴他語也得孚云和尚肐膊終不向外曲師云雪峰雖爲一千五百人善知識受侯王供養福報因緣卽不無若是佛法未在洞山則不然云和尚聖箭子途中折了也云他道什麽師云待伊舉了拽拄杖打將出去一使孚上座於後作箇本色衲僧二與聖箭子出其鋒鋩三與禪門作箇眞正宗匠爲後人眼目諸禪德是也不是有眼者辨取良久云洞山也有三隻聖箭子各往一方作大佛事眞有作家戰將向途中截住將聖箭子總與摺折却來洞山手裏請椊喫有麽有麽若無明日普請向新豐亭上隨例喫茶相送

上堂舉悟本大師云古路坦然誰措足無人解唱還鄉曲清風月下守株人涼兔漸遥春草綠乃拈拄杖云不是古路豈不坦然我措足也海印發光只是少人信復擊香卓云不是還鄉曲且作麽生唱若唱得五音六律應難比步步逍遥達本鄉唱未得也守株月下渾閑事却恐蹉跎過一生喝一喝下座

施主捨大藏經函上堂僧問施主入山崇勝事琅函

星布意如何師云大無私蓋地無私載進云恁麼則佛法得人永鎮龍宮師云日月昭彰進云一人有慶兆民賴之師云者僧却善知時節進云施主需恩學人禮拜復云世出世間法立處皆相參舉天便有地舉北便知南舉僧便見俗舉聖便明凡以新當見舊以緇方顯函宜哉一一法所立皆雙兼雙兼不涉二所立無不堪此大解脫門智者乃深諳故石頭禪師云當明中有暗勿以暗相覩當暗中有明勿以明相遇明暗各相對比如前後步乃拈拄杖云且道是明是暗跳得出也大奇跳不出且在明暗裏只這明暗也大難明遂擊香卓下座

上堂丹霞燒木佛院主眉鬚落又教中云未見自作他受他作自受若爾則禪門與教乘敵體相違故丹霞自燒木佛傍僧受殃未審此理如何莫有人明得麼良久云若無人唯澄公首座深明此理希諸高德且暮覩而扣之就而明之下座

上堂丹霞燒木佛院主眉鬚墮落驀拈拄杖云不是木佛便擲下云誰敢燒你擬卽眉鬚墮落不擬又且如何遂高聲叫行者拈起拄杖下座

上堂僧問江西佛手驢脚接人未審聖壽如何接人師云鮎魚上竹竿進云全因今日去也師云烏龜入水僧云大衆證明學人禮謝師云你作麼生會僧便喝師云掠虛漢僧又喝師云一任跨跳僧云也不得放過師却喝復云五月六月飛霜散雪水中火中藕白蓮紅參

解夏日小參師云有問話者麼乃以拂子擊禪床云天地造化有陰有陽有生有殺日月照臨有明有暗有隱有顯江河流注有高有下有擁有決明王治化有君有臣有禮有樂有賞有罰佛法住世有頓有漸有權有實有結有解結也四月十五十方法界是聖是凡若草若木以拂子左邊敲云從者裏一時結舉拂子云總在拂子頭上還見麼乃喝云解也七月十五日十方法界若草若木乃聖乃凡以拂子右邊敲云從者裏一時解舉拂子云總在拂子頭上還見麼乃喝云秖如四月十五日已前七月十五日已後且道是解是結舉拂子云總在拂子頭上還見麼乃喝云諸高德此二喝中有一喝是金剛王寶劒有一喝是踞地師子有一喝是探竿影草若人一一辨得始見臨濟大師道出常情黃檗被掌大愚遭築雖相去三二百年許你親爲的子然後大開不二妙門權諸祖道摧邪顯正扶宗立教整頓綱紐縱大知見擢大法眼不動本際決勝魔軍乃喝云更須知有一喝不作一喝用到者裏須是具鑠迦羅眼向未衍已前驀提得去諸德且道提得箇什麼良久喝一喝下座

因檀越入山小參師云衆中還有具頂門上眼底衲子出來照天照地看問鋪席既開當路喚行人爭忍不相過師云我者裏釣鼇魚跛鼈出來作什麼進云未審招賢事如何師云你不是賢者進云欲觀深閫內更打一重關師云笑殺傍觀問一棒一喝未當宗乘說妙談玄全乖道體去此二途請師端的師云蔦藤社家別置一問來進云若然者猶未是衲僧分上事師云是進云相識滿天下知心能幾人師云杜撰禪和進云三十年後有人舉此話去在師呵呵大笑問昔日龍女獻珠得成佛道未審施主設齋還成佛也無師云善惡若無報乾坤必有私進云施主知心如何領會師云知心底事作麼生進云有水皆含月無山不帶雲師云却是闍黎會得好復云還更有問話底麼良久云三十年弄馬騎却被驢撲遂撫膝云直得須彌岌嶪海水騰波三十三天一時退位十八大地獄盡乃停酸見麼若者裏見得釋迦拱手彌勒攢眉文殊普賢與伊作侍者若也不見看我七縱八橫且向爲蔴裏鷰取阿呵呵諸高德且道我笑箇什麼噫我笑昔日雲門臨濟德山巖頭螢火之光蚊蚋之解一人道我呵佛罵祖一人道我得末後句一人道黃檗佛法無多子一人道大覺世尊初生下時一手指天一手指地天上天下唯我獨尊我當時若見一棒打殺與狗子喫似者一隊掠虛漢總直一期無佛處稱尊若是如今喚來一時與伊生按過百餘之輩放過卽不可豈不聞僧問乾峰云十方薄伽梵一路涅槃門未審路頭在什麼處乾峰拈拄杖云在者裏秖如乾峰恁麼曾夢見也未若是老僧卽不然十方薄伽梵一路涅槃門未審路頭在什麼處擬呑便棒却問伊路頭在什麼處待伊擬開口熱喝出去更有箇雲門折脚老比丘不分緇素不辨正邪拈扇子云跨跳上三十三天築著帝釋鼻孔東海鯉魚打一棒雨似盆傾似者般和泥合水漢糞掃堆裏埋却十箇五箇又有甚過阿呵呵樂不樂足不足而今幸對山青水綠年來是事一時休信任身心懶拘束大衆休瞌睡好下座

古尊宿語錄卷之四十二

古尊宿語錄卷之四十三

寶峰雲庵眞淨禪師住金陵報寧語錄二

師開堂日拈香云此一瓣香恭爲今上皇帝祝延聖壽萬歲萬萬歲伏願堯風永扇同日月之盛明湯德彌新共乾坤而久固此一瓣香恭爲報寧大檀越主特進相公判府左丞伏願舉族享於百祥小大增乎善慶更冀特進相公判府左丞兄兄弟弟長爲佛法之壍牆子子孫孫永作皇家之梁棟此一瓣香奉爲提刑大夫運判朝奉洎文武官僚常居祿位然提刑衆官總同二相公夙承佛記示作王臣佛法長興外護斯在以因向果皆成佛道於是趺坐白槌云法筵龍象衆當觀第一義師乃垂一足云大衆爲是一耶是二耶良久云七十一央一切了中下多聞多不信有疑請問僧問昔日梵王請佛蓋爲群迷今朝相公請師當爲何事師云看進云與麽則靈山一會今日親聞師云聞底事作麽生進云大衆證明師云錯問遠離洞山丈室已坐報寧道場如何是不動尊師云東西南北進云一言已布王官耳吾道今朝得再昌師云大家在者裏進云相公證明學人禮謝問昔日李公登藥嶠雲在青天水在瓶今日丞相請師未審有何言句師云金桃帶葉摘綠李和衣嚼進云與麽則法不孤起仗境方生師云重疊關山路進云洎乎踐過師云不少也僧問曹溪一路闔國人聞報寧一路什麽人聞師云天下人聞進云莫是和尚爲人處也無師云且得你承當進云作家宗師師云一任闍黎卜度復云欲識佛性義當觀時節因緣時節既至因緣自會大衆今日一會要知麽是大衆成佛時節淨緣際會大丞相荊國公及判府左丞施宅舍園林爲佛刹禪門固請大善知識開演西來祖道所以教外別傳直指大衆即心見性成佛大衆信得及麽若自信得及即知自性本來作佛縱有未信亦當成佛但爲迷來日久一乍聞說誠難取信以至古今天下善知識一切禪道一切語言亦是善知識自佛性中流出建立而流出者是末佛性是本近代佛法可傷多弃本逐末背正投邪但認古人一切言句爲禪爲道有甚干涉直是達磨西來亦無禪可傳唯只要大衆自悟自成佛自建立一切禪道況神通變化衆生本自具足不假外求如今人多是外求蓋根本自無所悟一向客作數他人珍寶都是虛妄終不免生死流轉大衆今二相公特建此大道場作大佛事出大衆生死流轉復大衆本來廣大寂滅妙心開發本來神通大光明正法眼藏但迷則長居凡下悟則即今聖賢大衆言多去道轉遠笑他明眼道人衆中莫有明眼道人麽今時佛法混濫要分邪正使大衆不墮邪見作人天正眼有麽良久云我終不敢輕於汝等汝等皆當作佛下座

上堂淨法界身本無出沒大悲願力示現受生乃拈拄杖云釋迦老子又來也只爲子孫不了大衆若喚作釋迦又是拄杖子若喚作拄杖子又是釋迦於此裏有人斷得麽若無報寧潑惡水去也良久云容顏甚奇妙光明照十方我昔曾供養今復還親覲遂擲下下座

因請主事上堂祖師門下燈燈相續心心相印一燈滅而一燈然一心隱而一心照故萬般之事須藉心明心若不明是事失準諸禪德要不失準麽僧堂裏大家著力

上堂日出心光曜天陰性地昏不知天地者剛道有乾坤直饒識得心大地無寸土廓徹十方自性境界觸事全眞若透不過眼不開俱屬勝量已見愚故菩薩遊戲神通淨佛國土成就衆生心不喜樂所以若論此事實謂止止不須說我法妙難思諸增上慢者聞必不敬信乃喝一喝云向下文長

上堂臘月二十八一年將合煞孟春又到來萬事從頭活遂拈拄杖敲下召大衆云拄杖子已活也見麽爲他無佛法禪道知見所以不被四時入節聲色所轉諸禪德莫也要活麽但是事一時放下當人一大事全體出現自然活鱍鱍著著轆轆斬斬如虎戴角阿呵呵下座

上堂好諸禪德若能離諸相定入法王家法王法道恢廓無涯威德自在勝伏群邪一心空寂妙用河沙

上堂七分八分百億妙門黃龍老傑累及兒孫然則知恩方解報恩莫有解報恩底麽你是箇漢纔聞報寧說汝只道得七八分便好拽倒地上驀面唾槌笞擲與狗喫豈不快哉亦未爲分外阿呵呵空將未歸意說向欲行人

上堂舉臨濟一日與普化在施主家齋次濟云毛吞巨海芥納須彌爲復是神通妙用法爾如然化便踏倒卓子濟云得即得太麤生化云者裏是什麽所在說麤說細至明日又去一家齋濟又問昨日供養何似今日化又踏倒卓子濟云得即得太麤生化云瞎漢佛法說甚麤細師云古人一等參禪悟得脫灑見處明白得用便用不在擬議之間何也爲他無佛法知見爲礙而今莫有無佛法爲礙者麽良久喝一喝云設有又打在無事甲裏

請首座上堂一番新一番舊新舊相資要成就諸禪德且道成就箇什麽爲成就佛事耶成就道場耶成就叢林耶若與麽成就豈有教外別傳乃拈拄杖云此爲復是教內教外是新是舊不得喚作拄杖子便成就取好遂擲下下座

上堂僧問如何是佛師呵呵大笑進云何哂之有師

云我笑你隨語生解進云偶然失利師遂高聲云不要禮拜僧便歸衆師復笑云隨語生解復云好大衆也無禪也無道也無玄也無妙快活當明者一竅一竅不明愁殺人動即依他和屎合尿參

上堂法無定旨深淺隨機通人分上秖可自知莫有通人麼照則不到喝一喝下座

上堂僧問學人一面琴不是凡間木今朝棒上來請師彈一曲師云大衆側耳進云得聞於未聞去也師云是何指法僧提起坐具師云哀哉哀哉汝命何太短進云且喜勿交涉師云不是知音進云不如歸去來葱嶺有人憶師云何得忘却焦桐進云在者裏師云放下著復云適來一曲諸人罔措再爲一彈快須聽取驀拈拄杖橫按良久云一曲兩曲聞不聞悲風流水何方去卓拄杖下座

上堂長安甚鬧我國晏然驀拈拄杖云雲門大師來也剳久雨不晴以拄杖敲香卓云新羅在海東臨濟小厮兒秖具一隻眼普化賊漢佯狂詐顛歐耐豐干饒舌指出文殊普賢

上堂心隨萬境轉轉處實能幽隨流認得性無喜亦無憂好諸禪德恁麼也得不恁麼也得恁麼不恁麼總得如來說一合相即非一合相須菩提好與三十棒下座

上堂僧問聲前薦得未是作家喝下承當猶爲鈍漢學人上來請師相見師云家富小兒嬌進云也是說道理師云與你一文錢進云今日不著便師云養子之緣僧便喝師云不要哭不要哭問昔日相國之家今朝佛僧之否未審是同是別師云白鷺灘頭月進云不曉師機願垂方便師云緊悄草鞋僧擬議師云重疊關山路復云萬般施設不如常又不驚人又久長好諸禪德古人道處今人行處可謂似地擎山不知山之孤峻如石含玉不知玉之無瑕良久云秖恐不是玉是玉也大奇

上堂舉三聖問雪峰透網金鱗以何爲食峰云待你出得網來即向你道三聖云一千五百人善知識話頭也不識師云俊哉俊哉快活快活恰似一隻鷂子莫驚著報寧即不然透網金鱗以何爲食待你出得網來即向你道待他道一千五百人善知識話頭也不識但拽拄杖打出三門外復云也好快活恰似一隻虎莫動著諸禪德且道報寧快活何似三聖快活莫有快活底漢麼出來定當看良久喝一喝云把手拽不住

上堂僧問爇香煙上騰集四衆座下爲復是神通法爾爲復是總不與麼師云一時破闍黎道了也進云有意氣時添意氣不風流處也風流師云你作麼生會僧便喝師云儱侗禪和僧又喝師擲下拂子云何不更打一棒僧擬議師云棒上不成龍問眞淨界中纔一念閻浮早是八千年還許學人稱眞淨之名也無師云許進云忽然者永劫飄流無時解脫師云百草頭上薦取老僧進云恁麼則小出大遇去也師云且莫錯認好僧禮拜師云果然復云佛法二字也大難明三世諸佛向你諸人脚跟下走過你擬要見他早是眼睛落地驀拈拄杖擲下云你且道三世諸佛與拄杖子相去幾何良久喝一喝下座

上堂舉雪峰云南山有條鼈鼻蛇你等諸人出入好看師云雪峰無大人相然則蛇無頭不行長慶恰如箇新婦兒怕阿家相似便道堂中今日大有人喪身失命雲門拽拄杖攛向雪峰面前作怕勢師云爲蛇畫足玄沙云用南山作什麼師云道我見處親切不免只在窠窟裏更無一人有些子天然氣槩報寧門下莫有天然氣槩底麼不敢望你別懸慧日獨振玄風且向古人鶻臭布衫上知些子氣息也難得

上堂舉起拄杖云舉起也靈光洞耀迥脫根塵復斜亞云放下也體露眞常不拘文字不舉不放復名何物遂擲下云看良久喝一喝下座

上堂云東家杓柄長西家杓柄短拈起黑漆盆却是白甆盌大唐天子笑不休火裏蝍蟟三隻眼參

住廬山歸宗語錄

開堂日宣疏罷師拈香乃趺坐棲賢長老白槌了便有僧出問草庵孤坐誰知出格家風拄杖橫空未審是何宗旨師云雲開五老水滿雙溪進云若然者倘爲不平離寶匣藥因救病出金瓶師云一條界破青山色進云忽遇五馬行春日萬家和氣生又且如何師云却被闍黎道著進云海神知貴不知價留與人間光照夜師云靈利衲僧問飛錫一聲天地動爐煙起處遍乾坤爲國開堂於此日師將何法報皇恩師云耶舍塔前消息在進云皇恩各處蒙師指朝宰臨筵事若何師云已有隨車雨何須動地雷進云若然者虎出渡河皆此日珠還合浦賀今朝師云知恩有幾人復云諸佛心印祖師傳授所謂教外別傳者蓋取其要妙也其要妙之道在人不在教乘所以歸宗長老得之以妙明心印印僧俗大衆彼我無差同成佛道還信得及麼權郡大夫得之以妙明心印印一郡千里之事則自然殊途同歸一毛頭一一明了一一無差然後卷舒自在縱奪臨時皆吾心之常分非假於他術提刑都官得之以妙明心印印十方華藏世界海秖在一毛頭於中或行或坐或去或來遊山翫水選勝尋幽法喜禪悅皆吾心之常分非假於他術衆官得之各以妙明心印印之則王事民事一一明了一一無差然後可行則行可止則止皆吾心之常分非假於他術諸山禪師得之三世諸佛一切法

門各以妙明心印印之則法法明了一一無差然後應機接物通變臨時或日面月面佛手驢脚或竪拂拈槌或呵佛罵祖作大佛事皆吾心之常分也遂拈拂子劃云劃斷葛藤便擲下云是什麼良久喝一喝下座

師在筠州九峯辭衆晚叅遂舉拂子云昔日世尊拈花迦葉微笑今夜歸宗舉拂大衆寂然爲復寂然者是微笑者是又是箇什麼只如歸宗舉拂與世尊拈花是同是別若言同法無同相若言別豈有兩般久叅先德聞舉便了後進初機却須子細良久云法法總歸宗臨機要變通靈源明妙處平等主人翁師初入寺陞座僧問遠公符命禪師俯應機祖令當行也方便指群迷師云深進云深意又如何師云淺進云學人如何領會師云點云大衆證明學人禮謝師云老僧今日失利問遠離九峯丈室已屆歸宗道場如何是不動尊師云鷓鴣啼處百花香進云萎花風掃去香水雨飄來師云今也如是古也如是進云若然者將爲少林消息斷如今蹤跡宛然存師云如何是少林消息僧禮拜師云點卽不到師云佛法要妙但歸其宗苟歸宗也自然無可不可一切成現海印發光今與大衆同已歸宗住平等本際敢問何者是宗何者是要妙良久云祇爲分明極翻令所得遲

上堂爲新舊化主云舊者已還新者復作新舊相資放過一著遂拈拂子云不可作新舊會旣不作新舊會又落在什麼處若知落處受用無窮若不知落處亦受用無窮知落處受用無窮則可知不知落處因甚麼受用無窮明眼衲僧試斷看

上堂舉赤眼因見蛇便與斷斷傍僧云久嚮歸宗元來只是箇麤行沙門眼曰你麤我麤師云大衆只知赤眼斬蛇向其僧道你麤我麤且古人見處作麼生遂舉拂子云今日歸宗舉拂子與當時歸宗斬蛇是同是別良久云人人有箇負天佛妙用縱橫總不知今日分明齊指出斬蛇舉拂更由誰

上堂頭陀石被莓苔裹擲筆峰遭薜荔纏羅漢院一年度三箇行者歸宗寺裏叅退喫茶

上堂今日乃是第二箇四月不見古人道放過一著落在第二雖然第二未免祇是前來孟夏漸熱乃呵呵大笑云有利無利不離行市西川成都府漏藍子一文錢三箇五箇撒在諸人面前一一可以治病又且不知廬陵米作麼價

上堂師乃到法座前顧視大衆便歸方丈

上堂云南泉斬猫兒與歸宗斬蛇叢林中商量還有優劣也無優劣且止只如趙州戴靸鞋出去又作麼生若也於此明得德山呵佛罵祖有什麼過於此不明丹霞燒木佛院主眉鬚墮落所以禍福無門唯人自召喝一喝下座

上堂你有拄杖子我與你拄杖子你無拄杖子奪却你拄杖子大衆見錢買賣莫受人謾知麼有利無利不離行市阿呵呵却憶趙州勘婆子不風流處也風流喝一喝下座

上堂舉僧問雲門如何是雲門一曲門云臘月二十五忽有人問歸宗如何是歸宗一曲但向伊道五月二十五且道歸宗與雲門意作麼生今之與古相去幾何又云唱者如何門云且緩緩忽有人問歸宗唱者如何向他道莫錯莫錯且道歸宗是雲門非雲門是歸宗非乃喝一喝云是非總去却是非裏薦取

上堂擲下拂子云歸宗擲下拂子大衆一時覷見任是鶻眼龍睛也須遭伊繫絆喝一喝下座

上堂今朝七月二十秋風凉冷相及一切佛法現前只是常情不入遂舉拂子云拂子已入也爲伊無佛法知見解會汝諸人見道無佛法知見便道大盡三十日小盡二十九作箇無事商量喝一喝云腊屡生

上堂舉僧問悟本大師寒暑到來如何回避本云何不向無寒暑處去僧云什麼處是無寒暑處本云寒時寒殺闍棃熱時熱殺闍棃師云大衆若也會得不妨神通遊戲一切臨時寒暑不相干若也不會且向寒暑裏經冬過夏喝一喝下座

上堂八月中秋凉風蕭索衲僧去來如雲似鶴山北山南有路通一條拄杖橫擔却是卽是覺不覺切忌隨他老鹿脚喝一喝下座

上堂今日淵上座設道吾齋飯點趙州茶拈出如來一大經卷爲諸人徹困驀拈拄杖擲下云道吾飯趙州茶如來一大經卷此三種法門盡在拄杖頭上徹開也東西南北四維上下一任變通自在受用二十年後不得辜負淵上座若也不知數日雨寒秋風漸冷喝一喝下座

施主捨法衣上堂大衆諸佛法衣得之者出三界離五欲成大道度衆生遂舉衣云舉起也地獄停酸脩羅息戰放下也帝釋搭頭諸天罷樂不舉不放上方法界情與無情同成佛道未審施法衣者成得箇甚麼良久云自從盧老收歸後須信人人總有之

長安化主歸上堂大衆一兩絲一匹絹一一盡從箇口現口中吐出濟人間衲僧如何總不薦若也薦家家門裏合元殿喝一喝下座

開爐日上堂凡夫色礙二乘空礙菩薩色空無礙目前萬象森羅理事融通自在僧堂又添爐火十方高人共會不必更分彼此同是一眞法界喝一喝下座

上堂云今朝十月二十五須知有法離言句本明本妙不假修一隊古佛叅堂去

上堂冬後一陽生乾坤解道變衲僧莫守株彼此丈

夫漢日日天眞活人人自可見如何都不顧隨他物所轉喝一喝下座

啓聖節上堂舜日共佛日長明堯風與祖風竝扇所謂一人有慶兆民賴之祝延聖壽今正是時乃呼萬歲萬萬歲下座

上堂僧問乾坤之內宇宙之間中有一寶秘在形山山即不問如何是寶師云闍黎終日騎牛不識牛進云恁麼則從今日歸家去也師云如何是那一寶僧便喝師云前三三後三三又作麼生進云謝師指示師却喝云不識雲門關捩子等閑動著眼睛職復云那一寶非今非古非僧非俗非男非女十二時中光明烜赫還有人著得價麼若有人著得價三十年後不得辜負歸宗莫有人著價麼這一隊漢十二時中是箇甚麼喝一喝下座

上堂今朝十月半天上月初圓遂拈拂子云拂子豈不是圓又敲禪床云何曾偏來大衆只這偏圓道應色闇浩浩眼耳但見聞莫問歸宗老

上堂衲僧門下無非過量境界自在禪定乃喝一喝云豈不是過量境界又聲欬一聲云豈不是自在禪定阿呵呵將此深心奉塵剎是則名爲報佛恩

上堂好雪大衆米麵柴炭之屬一切成現衆則圍爐向煖火困來拽被蓋頭眠好大衆總從僧堂來却向僧堂去喝一喝下座

上堂大衆休得也無了期共來林下學無爲箬簑同肩一拂子相逢能得幾多時喝一喝下座

化城大師來上堂三界無安猶如火宅出得火宅未到寶所且在化城今日相逢化城不見寶所何在元來只是舊時源上座大衆元來一時總是舊時人伏惟珍重

上堂大衆古人道盡大地是箇解脫法門枉作佛法會却何不見山是山見水是水歸宗則不然盡大地是箇解脫法門不作知見解會有時見山不喚作山有時見水不喚作水大衆彼此丈夫莫受人謾

上堂大衆歸宗不是無禪可談無法可說正值雪寒不宜久立乃喝一喝云歸堂向火

上堂云今朝正月初五未免爲君重舉新新日月分明禪家且莫莽鹵還有不莽鹵底麼且道是什麼喝一喝下座

上堂今朝正月初十晴暖春風驀鼻觸目無礙法門大家一時證入喝一喝下座

上堂云大衆佛法兩字彼此不著便衆中莫有師子兒麼不敢望你哮吼一聲使大衆一時頂門上眼開且莫嚼他古人殘羹餿飯也難得歸宗今日謾你諸人去也驀拈拄杖擲下云南山鼈鼻蛇解弄者收取喝一喝下座

上堂二月仲春漸暄時來萬物爭妍莫待桃花悟道出門芳草芊芊喝一喝下座

上堂舉教中道不見一法是大過患乃喝一喝云有什麼過驀拈拄杖卓云有什麼患復橫按云德山棒臨濟喝舉世何人解提掇天高地迥萬象閑總是僧家好時節遂擲下云是什麼時節喝一喝下座

上堂世尊三昧迦葉不知迦葉三昧阿難不知因甚不知只爲淺深有異三德六味施佛及僧法界有情普同供養首座三昧大衆不知因甚不知對面不相識開單展鉢拈匙放筯大衆三昧各不相知因甚不知阿呵呵復拈拄杖橫按云我觀法王法法王法如是卓拄杖下座

上堂拈拄杖云涅槃心易曉差別智難明古人道你有拄杖子我與你拄杖子你無拄杖子我奪却你拄杖子歸宗則不然你有拄杖子我奪却你拄杖子你無拄杖子我與你拄杖子大衆芭蕉與麼歸宗不與麼且道與麼是不與麼是擲下拄杖云是什麼良久云是即龍女頓成佛非即善星生陷墜

上堂山門今日供養羅漢爲十方檀越酬還心願亾者生天現存獲福召云大衆但祇隨例喫餕子莫問人間短與長復拈起拄杖云我生已盡梵行已立所作已辦不受後有三界不奈伊何堪受人天供養這一隊少叢林漢總好與二十拄杖喝一喝下座

上堂大衆彼我雖殊根塵有異然則性自平等無平等者平等尚無況有不平等者驀拈拄杖云情與無情共一體處處皆同眞法界遂擲下云撲落非他物且道是什麼物喝一喝下座

隆慶長老來上堂大衆教中道佛滅度後爲善知識者總是見佛來然則其爲善知識者亦不可容易覩善知識者亦不可輕慢隆慶禪師斯之謂也老僧與知事首座大衆同增慚愧乃喝一喝云虎溪宗派龍山子孫吉州隆慶大啓禪門古人所謂從門入者不是家珍驀拈起拄杖云爲是家珍爲是外物大衆却請隆慶禪師決斷擲下拄杖下座

閩帥福專使至上堂近有人從成都來乃得潭州信却說廬陵米價高驀拈起拄杖云風行草偃擲下云是什麼喝一喝下座

上堂日往月來大盡小盡光陰已去生死漸近大衆總是祖師門下客須知生死不相關且道歸宗與麼說話還有過也無良久云父母不聽不得出家

上堂舉昔日臺山路上有一婆子凡有僧問臺山路向什麼處去婆云驀直去僧擬行婆云好箇阿師又恁麼去師云遊臺山者憧憧往來莫知其數未有一人不被伊瞞唯趙州一日謂衆曰臺山下婆子被老僧勘破了也大衆雖然不受伊瞞若點檢來也好喫

婆子中棒且道趙州過在什麼處若知趙州過方解不受人瞞歸宗門下莫有不受人瞞底麼喝一喝下座

上堂如來大師云不能了自心如何知正道又寒山菩薩云一念了自心開佛之知見大衆是什麼直下了取拄杖云阿誰不見阿誰不知知見分明又擊禪床云阿誰不聞阿誰不了了心平等若此觀者名爲正觀若他觀者名爲邪觀卓拄杖下座

上堂良久云船子下楊州大地無寸土蚍蜉蝦蟇嚗更有衆生苦驀拈拄杖擲下云今朝二十五喝一喝下座

上堂今朝六月旦萬物隨時變地肥茄子多雨足甜瓜賤紅桃大似拳綠李圓如彈誰識歸宗大道心拈來一一人難辨驀拈拄杖云你有拄杖子我與你拄杖子你無拄杖子我奪却你拄杖子又作麼生辨若辨得出不虛在歸宗過夏若辨不出禪床且替他喫棒乃擊禪床下座

上堂大道不假雕鐫人心何須造作但知一切臨時拈來無非妙藥驀拈拄杖云豈不是妙又擲下云拋來擲去有什麼過乃喝云纔有是非紛然失心

上堂古人有大智慧隨宜自在無可不可故僧問古德如何是古佛心答云墻壁瓦礫是僧云墻壁瓦礫豈不是無情德云是僧云無情還解說法否德云常說熾然說無間歇其僧於言下大悟證無情說法師云古佛身心如飲醍醐渴心永寂奇特甚奇特安樂則不妨安樂若是德山臨濟烜赫兒孫他亦不喫這般茶飯何也不是他所食之物且道德山臨濟兒孫所食何物良久乃噓噓佛法門中可謂刀刀莫辨魚魯難分下座

上堂今朝六月二十五莫問超佛及越祖但祇粥飯飽便休日月朝昏自回互驀拈拄杖云回互不回互佛殿走出三門僧堂趂過厨庫拄杖子穿却諸人鼻孔廻而更相涉乃擲下良久云不爾依位住喝一喝下座

上堂一葉落天下秋廬山山北到江州驀拈拄杖擲下云若知撲落非他物須信縱橫得自由

解夏日上堂四月十五結夏七月十五解夏世俗諸中有秋有夏有解有結佛法門中無是無非無得無失莫非妙用有時結也九十日内水泄不通聖凡路絕誰敢咳嗽若咳嗽也須是你解咳嗽始得有時解也十方通徹去來自在亦須知有路頭去處始得且道不解不結又作麼生良久喝一喝下座

上堂欲識佛性義當觀時節因緣昨日撞鐘迭法眼入塔今朝擊鼓集禪衆陞堂千般時節萬種因緣總不出這箇大衆且道這箇是什麼乃喝云異生見解我執不同又爭怪得老僧

上堂今朝八月中秋正是月圓當戶所謂盲者不見非日月之咎故經云是法平等無有高下迷者自迷悟者自悟大衆當知不得莽鹵

上堂一切衆生總一般妙明日用更無偏等閑却被邪師指蒯道西來別有禪驀拈拄杖云且道是西來是妙明心地復擲下云試斷看喝一喝下座

上堂云今朝九月一夜來霜氣寒當知門外路一一透長安喝一喝下座

上堂諸州丙士經年去次第歸來復納跡打鼓普請共證明今朝九月二十五大衆證明則不無須知鉢盂飯粒粒皆辛苦鉢裏飯滋味大衆總知歸宗道今朝九月二十五又且如何良久乃呼侍者恭退請諸郡化主喫茶喝一喝下座

上堂今朝十月一天下煖爐開衲僧頂門眼依舊塵埃歲月既已往死生還到來床添新蒲薦一任雪成堆遂拈袈裟角云大衆人人有分須是頂門眼開始得喝一喝下座

上堂古人所謂終日忙忙那事無妨師云不妨簡要只如開單展鉢拈匙把筯揚眉瞬目有什麼妨處行住坐卧動静去來又有何興驀拈拄杖敲香卓云妨箇什麼復擲下云不可喚作忙也敢問大衆那事作麼生良久喝一喝下座

上堂是日已過命亦隨減如少水魚斯有何樂唯二乘禪定寂滅爲樂是爲真樂學般若菩薩法喜禪悅爲樂是爲真樂三世諸佛慈悲喜捨四無量心爲樂是爲真樂石霜普會云休去歇去冷湫湫地去是謂二乘寂滅之樂雲門云一切智通無障礙拈起扇子云釋迦老子來也是謂法喜禪悅之樂德山棒臨濟喝是三世諸佛慈悲喜捨之樂除此三種樂不爲樂也且道歸宗一衆在三種内三種外良久云今日莊主設齋飯俵䞋錢參退僧堂内普請喫茶去喝一喝下座

上堂萬法是心光諸緣唯性曉本無迷悟人只要今日了好大衆修山主見處與大衆見處日用無差大衆見處與歸宗長老見處日用無差歸宗見處與雲峰山主日用無差雲峰見處與深首座日用無差乃喝云莫分彼我彼我無差心光共曉日用堪誇驀拈拄杖云阿誰不見阿誰不曉擊香卓云阿誰不聞復擲下云是什麼喝一喝下座

上堂舉龐居士云十方同聚會箇箇學無爲此是選佛場心空及第歸大衆總是選佛之人既到歸宗門下須是一箇箇心空及第歸不可作長行粥飯僧彼此出家離世俗誰言祖獨有南能

上堂今朝臘月初五有事爲君直舉雲湯禪師到來

救濟十開府庫差珍異寶不惜所好臨時揀取雖然一一歸宗不妨知分賓主乃喝云且道是賓是主復喝云賓主歷然久參到此也須參內

上堂獨樹不成林人人總知有梵刹一纔興大家出隻手驀拈拄杖云家家門前火把子復擲下云各自看取喝一喝下座

上堂今朝臘月二十五雲門一曲爲重舉驢脚佛手總現前明眼衲僧多參閙喝一喝下座

上堂滿目文殊普賢境界直下分明道無不在驀拈拄杖擲下云拋來擲去有什麼過喝一喝下座

上堂二月仲春漸暄時來萬化可憐到處桃紅柳綠石頭也生暖烟驀拈拄杖擲下云有意氣時添意氣不風流處也風流喝一喝下座

上堂靈光獨耀迥脫根塵體露真常不拘文字此是百丈大智禪師舉揚大衆作麼生良久云在家疑是客別國却爲親喝一喝下座

上堂南閻浮提衆生以音聲爲佛事所謂此方真教體清淨在音聞是以三乘十二分教五千四十八卷一一從音聲演出乃至諸代祖師天下老和尚種種禪道莫不皆從音聲演出庭前栢樹北斗藏身德山呵佛罵祖臨濟喝豈不從音聲演出何況世間所有一切事法不從音聲成就者然後音聲無盡演說無盡見聞無盡利樂無盡苟入此法門得旋陁羅三昧自在海良久唱云十方羅漢喝一喝下座

上堂今朝二月初五正是清明景序豈獨游人往來更兼蜂狂蝶舞須信自在神通彼此性具妙具萬物總非斷滅衲僧別求禪悟棄本逐末喝一喝云驢年下座

上堂今朝三月初十劄久雨不晴船子下揚州東海鯉魚打一棒洞庭湖裏浪滔天須知大道本無偏喝一喝下座

上堂今朝三月十五又是月圓當戶祖意教意同別但看鷄寒上樹驀拈拄杖云春無三日晴夏無十日雨復擲下云處處綠楊堪繫馬家家門底透長安喝一喝下座

上堂如來世尊云菩薩覺成就故不與法縛不求法脫不敬持戒不憎毀禁不重久習不輕初學何以故一切究竟覺彼此成佛故如是則僧也如是俗也如是凡也如是聖也如是賢也如是愚也如是驀拈拄杖云拄杖子亦如是擲下云如是如是

上堂舉西天昔有七女遊屍陁林見一死屍妹問姊曰屍在這裏人在什麼處姊曰妹妹妹應喏姊曰在什麼處於是空中散花女曰空中散花者誰應曰我是帝釋見聖者善說般若感我天宮特來散花聖者欲何所須我當供給女曰別無所須只要箇無根樹子帝釋曰我天宮無種不有若要無根樹子即無女曰帝釋帝釋應喏女曰這箇是什麼帝釋遂隱去大衆且道帝釋是會了隱去不會了隱去又道善說般若感我天宮又道無無根樹子大衆且作麼生明得不辜負聖女若也不會不得辜負帝釋歸宗亦有箇無位真人憨憨癡癡跛跛挈挈且恁麼過時喝一喝下座

王主簿到上堂僧問雲門大師欲一棒打殺釋迦老子和尚又欲糞掃堆頭窖殺雲門未審和尚罪過還許學人點檢也無師云且莫造次學云和尚坐斷盧山爲什麼不識某甲這話師云三十棒學云開師云點學云劄師云念汝做街坊復云憶在報寧時彼彼各年少而今住山來各各已衰老休話人間短與長相逢把手呵呵笑呵呵笑逍遥自合無爲道驀拈拄杖敲香臺云不可不自在復擲下云不可不逍遥喝一喝下座

上堂僧問馬祖下尊宿一箇箇嗣轆轆地唯有歸宗老較些子黃龍下兒孫一箇箇硬剝剝地秖有真淨老師較些子學人恁麼道還扶得也無師云打殺而前搕𢶍知進云若不同床睡焉知被底穿師不對進云這箇爲上上根忽遇中下之流如何指接師亦不對進云非但和尚一場懡㦬學人亦乃一場敗闕師云三十年後悟去在復云一切禪與道觸目無非妙貫騐但臨時不要生機巧驀拈拄杖云三世諸佛說不到諸代祖師傳不及遂擲下云是什麼喝一喝下座

住寶峰禪院語錄

師開堂日接得左司手中疏乃示衆云左司傳授烜赫現前泐潭把呈分明薦取薦與不薦却付與表白表白擬接復收廻云不見到權柄在手縱奪臨時非但泐潭如是左司衆官神通變化各各具足却度與表白宣罷於是就座問話畢師乃云適來白槌云法筵龍象衆當觀第一義且道何名第一義如何所觀大衆當知欲得分明現前可以直截自觀若能自觀名爲正觀若他觀者名爲邪觀而今莫有能自觀者麼既能自觀仰能他觀且道即今左司衆官僧俗大衆一一是箇什麼喚觀音妙智力能救世間苦可謂一一圓妙一一本靈一一神通變化總不欠少了無生死可相關若不能自觀者爲迷真覺性還却受輪廻然洪州乃江西大都督府古今已來人傑地靈佛事興盛昔有馬祖以禪道化人亮座主乃教法拔世亮一日來參馬祖祖曰見說座主大講得經論是否亮云不敢祖云將什麼講亮云將心講祖曰心如工伎兒意如和伎者又爭講得經亮乃抗聲云心既講不得虛空莫講得麼祖曰却是虛空講得亮不肯便

出去祖召云座主亮廻首豁然大悟師云而今聞起是虛空講得多便向虛空裏釘橛殊不識馬大師神通光明解黏去縛又龐居士問馬祖云不與萬法為侶者是什麼人祖曰待汝一口吸盡西江水即向汝道師云禪門多作奇特商量玄妙解會又不見馬大師威光自在裁長補短又大梅初參馬祖問如何是佛祖曰即心是佛師云如今往往向即心裏喪身失命須還他馬大師觀機設法應病與藥一切臨時無可不可其大梅蒙馬師開示豁悟本心一得永得更不他觀直入深山庵居巖穴後因有僧遊山見之問曰庵主住此山多少時梅曰只見四山青又黃僧又問出山路向甚麼處去梅曰隨流去祖聞之令一僧去問云和尚見馬師得箇什麼便住此山梅曰馬師向我道即心是佛我便向這裏住僧云馬師近日佛法又別梅云作麼生別僧云又道非心非佛師云且道馬大師還有為人底意也無梅云這老漢惑亂人未有了日任汝非心非佛我祇即心是佛師云知恩方解報恩僧廻舉似祖祖召大眾云梅子熟也龐居士遂去問梅曰久嚮梅子熟還許學人摘喫也無梅云你向什麼處下口士云百雜碎梅云還我核子來師云且道此二人相見還有優劣也無梅臨遷化時聞鼯鼠聲乃曰即此物非他物汝等善護持之吾今逝矣師云大眾既非他物是什麼物復云近有無盡居士曰大都此物非他物豈有南宗與北宗如今衲子多是爭南宗北宗雲門臨濟却被箇俗漢子點破雲門臨濟兒孫不勝慚懼久立諸官伏惟珍重

入院上堂馬祖傳心石門泐潭乾師總師前三後三老僧到來如何指南遂拈拄杖云你有拄杖子我與你拄杖子你無拄杖子我奪却你拄杖子良久云我雖與你同條生不與你同條死乃擲下拄杖喝一喝下座

因雙林下生長老來上堂云寶山不易到既到莫空廻莫有不空廻者麼遂擲下拄杖云是什麼良久云不見雙林釋迦老又聞彌勒下生來喝一喝下座

上堂今朝正月二十五孟春猶寒人共舉分明佛法不二門甜者自甜苦者苦喝一喝下座

開馬祖塔日上堂放過一著落在第二有利無利不離行市家家門外綠柳垂不獨春風折桃李馬祖堂開二月初二觸目遇緣法門大啓不如歸去來良久云向什麼處去馬祖堂中燒香罷僧堂裏喫茶

施主看藏經請上堂云毗盧藏中有大經卷含真空而體寂鏡妙色以圓明遂拈拄杖云三世諸佛一大藏教盡在裏許阿誰不見阿誰不聞聞見分明是箇什麼喝一喝下座

出外歸上堂歸來閏二月聞寂寶山中城隍耳目盡塵勞萬事空春水綠野花紅須信禪家道真窮信手拈來一枝草臨機生殺任西東

上堂舉僧問馬祖如何是佛祖曰即心是佛師云馬大師也是看孔著楔然現前一衆雖不受馬駒所踏是不可忘古人大慈悲故誰教從來今日清明良久云與大衆同到塔上燒香

上堂今朝二月二十五野草閒花相共舉信手拈來一一玄凝人莫認庭前樹衆中莫有不受惡水潑者麼遂拈拄杖擲下云秖這拄杖子亦不辜負大衆喝一喝下座

上堂時光迅速那事如何雖然如是我不敢輕於汝等汝等皆當作佛故先覺云一切障礙即究竟覺遂拈拄杖云不是究竟覺遂擲下拄杖云拋來擲去有何障礙喝一喝下座

上堂今朝三月初十知事首座大衆尊候萬福良久云山前大小麥穗也未直歲照顧牛馬莫教踐踏秧苗典座廚中調和衆口監院庫下坐籌帷幄決勝千里諸寮舍各各照顧火燭勝上座設饡飯供養馬祖大寂禪師大衆總飽老僧亦飽遂拈拄杖云拄杖子亦飽山河大地亦飽遂卓一卓云參退堂中喫茶

上堂擲下拄杖云撲落非他物且道是什麼物縱橫不是塵既不是塵是箇什麼山河及大地全露法王身山河大地諸人總見那箇是法王身良久云只為分明極都緣日用親

上堂一夏九十日看看將欲畢爲報求佛人今朝七月一教中道佛身無為不墮諸數且道如何是無為佛身於此薦得不逐四時之所遷萬物之所變若也不薦人漸老又經秋等閑白却少年頭喝一喝下座

上堂今朝八月初五禪家安閑國土甜則甘草元甜苦則黃蘗元苦若也得意忘言自然超今越古

上堂古人道毫釐有差天地懸隔且道毫釐不差又如何良久云僧堂裏喫茶

上堂今朝八月十五又是月圓當戶月不照人人不問月彼此不相干趙官家國土不如歸去來田中晚稻近日好雨喝一喝下座

化主廻上堂演上人今日作齋供養羅漢為供養過去耶見在耶未來耶若供養過去已過去未來未至見在無住三世既不有一心何所依乃召云演上座正好供養過去亦如是見在亦如是未來亦如是彼亦如是此亦如是一切諸法亦如是復召云演上座正好供養供養亦如是如是如是

上堂道德經曰大巧若拙大辯若訥師云達人到此身心一如身外無餘十方世界只在目前

上堂一年十二月倏忽又臨頭人漸老水長流世有何人便肯休休休不如歸去來自有無繩水牯牛喝

一喝下座
上堂方丈人今日爲施主供養雖漢且道羅漢來也
無若來在什麼處若不來又供養他作什麼乃顧謂
大衆云要識真羅漢麼元來總在這裏復召云方丈上
座還見麼出好供養來無所從去無所至一一不生
一一不滅性真妙明常住世間清淨本然周徧法界
若也如是萬兩黃金亦消得若不如是滴水難消老
僧隨例飡飽了也得三文買草鞋
聖節上堂率土之上皆屬王土率土之民莫非王民
今朝臘月八日當釋迦如來成道之辰是今上皇帝
降誕之日所謂前聖後聖德共明人王法王王道
同久應千年之慶運統萬國之歡心伏惟皇帝陛下
萬歲萬萬歲復召衆云大般若念佛祝延聖壽下座
上堂舉佛在之日有一女人禮佛乃於座前入定佛
遂敕文殊出之文殊入百千金剛三昧出女子定了
不可得時有網明亦入三昧唯彈指三下女子從定
便起師云且道文殊與網明見處還有優劣也無若
道無文殊何故出女子定不得只如今日擊動法鼓
大衆齊到座前與網明出女子定爲是同是別不見
古人道欲識佛性義當觀時節因緣大衆總是祖師
門下參玄上士試觀看若見得出家事畢解脫安樂
世俗塵勞不用聞觀喝一喝下座
上堂數日出入或風或雨或陰或晴或聚或散或鄉
或村或縣或邑及至歸來三門依舊向南開復云大
衆歸堂喫茶
上堂出家沙門清淨佛子莫於袈裟下失却人身所
以古人道了即業障本來空未了還須償夙債且道
袈裟下了箇什麼便業障本來空未了箇什麼還須
償夙債出家門中也須子細不得莽鹵一等行脚離
鄉別井出一叢林入一叢林訪尋善知識決擇生死
直須子細假饒了得我更問你只如僧問雲門二祖
是了未了雲門云確衆中作麼生商量時中如何受
用大衆要會麼良久云昨日化主歸山一年在外化
導不易有利無利不離行市喝一喝下座
上堂西瞿耶尼北鬱單越家家門前長安道到處通
徹驀拈拄杖云拄杖頭上千差萬別乃擲下拄杖喝
一喝下座

古尊宿語錄卷之四十三

古尊宿語録卷之四十四

寶峰雲庵眞淨禪師住金陵報寧語録三

上堂今朝欲入室侍者報言祭槌鐘并擊鼓分明爲指南非但鐘鳴鼓響飛禽走獸草木叢林森羅萬象昨日仁上人設齋一一爲諸人徹困還有知恩報恩者麼老僧亦在其間良久云欲知端的意盡在不言中下座

上堂今朝二月二十五金銀琉璃握成土禪家如意自在心妙用縱横無不是彼此男兒大丈夫勸君莫咬他人語

上堂三月本不生二月何曾滅不滅與不生人心自分别分别既不生一切皆寂滅山河大地不可不寂滅如今一一現前不可不寂滅大衆還入此境界麼即今又總在何處喝一喝下座

上堂今朝三月初五天地不晴久雨雲門劄意分明衲僧如何伸吐驀拈拄杖云雲門大師來也劄久雨不晴臨時變化不涉途程遂擲下云切忌隨他拄杖子去下座

上堂今日三月十朝衲僧知見雄豪步步直須有主擬議打折驢腰

上堂先上座齋粟黄粥供養禪衆喫了總飽納納地掛起鉢盂知恩方解報恩三十年後不得辜負趙州老直饒當下見得儱侗分明不隨古人言語所轉各證無生法忍得大解脱須知三年一閏九月重陽是何宗旨喝一喝下座

上堂今朝九月初五佛法未嘗間阻開單心印發光何況上來下去大衆了然生死不相干快樂自在喝一喝下座

上堂今朝九月初十衲僧門風壁立不是宗乘强爲欲破禪家法執遂拈拄杖云若喚作拄杖子驀汝眼睛不喚作拄杖子避色逃聲乃擲下云還我師子兒來喝一喝下座

上堂今朝九月十五月色十分顯露人心纔有是非便被浮雲點污喝一喝下座

上堂今朝九月二十大道本無拘執放開把住自由還要人人悟入喝一喝下座

因施主上堂佛以一音演説法衆生隨類各得解僧俗男女平等心一一皆同證法界

上堂今朝十月初十滴水滴凍禪衆上來長老説夢忽然夢裏覺來顯發人人佛之妙用乃垂一足云不是佛之妙用又喝一喝云不是佛之妙用大衆上來下去不是佛之妙用復召云大衆分明是夢師一日到法座前乃提起數珠復顧視云大衆數珠一百八便歸方丈

上堂茲日夏首衆僧結制之辰潙潭山比丘克文與清淨大衆踞菩薩乘修寂滅行以大圓覺爲我伽藍身心安居平等本際涅槃自性無繫屬故今我敬請不依聲聞當與十方如來及大菩薩三月安居爲修菩薩無上妙覺大因緣故離諸垢染清淨梵行若能如是所謂如蓮華不著水心清淨超於彼

上堂清大師則上人數年在浙中緣化石覓供具等此者廻山不勝欣喜然於道人分上一切所作而無作意既無作意則是無功用大解脱法門所謂無爲而無所不爲信手拈來不勞心力種種聖像種種經卷種種莊嚴種種供具種種佛事驀拈拄杖云總在拄杖頭上東涌西没南涌北没撒開也堂上庫下佛殿僧堂及諸寮舍種種莊嚴種種清淨法喜禪悦遂擲下云撲亦撲不破蕩亦蕩不散來無所從去無所至無成無壞東海鯉魚打一棒雨似盆傾若信不及華藏世界所有塵一一塵中現法界寶光化佛如雲集此是如來刹自在却還清公大師伏惟珍重

上堂今朝四月二十五爲報禪家莫莽鹵淥水青山在目前一一分明佛淨土擬心早不淨了也不擬心又作麼生歸堂喫茶

上堂倏忽又是五月時節交祭總别同異成壞重重一一融通皎潔驀拈拄杖云一切時分總在拄杖頭上不見有一塵一衆生不成佛者且道潙潭山一衆有不成佛者也無乃擲下云是成是壞喝一喝下座

上堂今朝五月復端午隨衆生心解分布糉子雖然應所知要須一一知來處且道從什麽處來驀拈拄杖云若知拄杖子來處即知一切法來處所以道隨衆生心應所知量循業發現只如大衆從甚麽處發現一一分明在目前若知發現不妨奇特若也不知何名出家遂擲下云只者末後一著也大難會喝一喝下座

上堂今朝五月半爲衆決定斷普請共成佛不須怪老漢下座

出外歸上堂古人所謂有物流動人之常情情若不生則老僧出入動靜無去來之作自然人事周徧又何妨遊戲神通藏法喜禪悦樂則與大衆同住如來寂滅海究竟覺喝一喝下座

上堂今朝六月又初一爲報諸人莫自屈日用無非大智門摩訶般若波羅蜜

上堂般若靈智拔二親而歸佛國沙門誠信設一飯以餉禪僧因緣既在功德何窮驀拈拄杖云所謂靈源明皎潔枝派闇流注乃擲下云參同不二心歸堂喫茶去喝一喝下座

上堂今朝六月二十却歎時光催急看看解夏到來拂拭拄杖與笠無非妙用神通盡是心心證入不須向外馳求拋却自家城邑

上堂今朝又是七月一夏去秋來自相失各悟自巳性無生人人當下成佛訖大衆莫道我不受者惡水潑如今叢林多作此解

上堂舉古德問僧云是什麽聲云虵咬蝦蟆聲德云將謂衆生苦更有苦衆生又有古德問僧曰是什麽聲曰雨滴芭蕉聲德曰莫謗如來正法輪師云有一轉語可以安邦定國主聖臣賢有一轉語國清才子貴家富小兒嬌若是辨得出許你於十字路頭不畜一粒米不種一莖菜接待往來眞善知識若辨不出炙脂帽子鶻臭布衫且與麽東過西過喝一喝下座

上堂但以禪門了却心頓入無生知見力驀拈拄杖云不是無生墅著你鼻孔東海鯉魚打一棒雨似盆傾不是知見誰不明了誰不具足阿誰無分不是頓入閻老子呵呵大笑云溈潭山裏一衆若於者裏薦得去盡作雲門烜赫兒孫若薦不得總屬閻羅老子所管遂擲下拄杖下座

上堂昨日有人從袁州來却得洪州信說道長安米價高福建路荔枝熟前三三後三三溈潭山裏五日一參下座

上堂今朝又是九月一暑往寒來春復秋須信人人一段事不同時節遂遷流既是人人一段事爲什麽有信者有不信者不見世尊云一雨所潤三草二木

上堂舉古人云如珠在盤不撥而自轉只如大衆開單展鉢拈匙把筯一切時中所作所爲又何假人撥而後轉乃至雲門糊餅趙州栢樹德山棒臨濟喝又何假人撥而後應自是你諸人不悟後錯會又干他糊餅栢樹棒喝甚麽事豈不見六祖大師云汝當一念自知非自己靈光常顯現

上堂舉雲門大師云盡大地是箇解脫門杻作佛法會却何不見山是山見水是水師云大小雲門錯下名言好與三十棒如今既不喚作山不喚作水又喚作什麽若有明眼衲僧辨得出三十棒却還溈潭若辨不出三十棒分付闍棃喝一喝下座

上堂舉祖師云正說知見時知見即是心當心即知見知見即如今師云若道是教外別傳又說道即如今況此一心知見爲復是諸人即今一心知見爲復是諸佛知見若道是諸人即今一心知見有底又不肯說心說性若道是諸佛知見又有何差別試爲溈潭定當看若定當不出虛消信施

上堂今朝十一月節候又嚴寒倐忽光陰過死生君自看是日已過命亦隨減如少水魚斯有何樂須知人人赤肉團上有一物能隨萬事變不逐四時凋且道是什麽喝一喝下座

上堂舉僧問雲門如何是學人自巳門云遊山翫水師云且道雲門荅這僧不荅這僧莫謗雲門好若道不荅這僧什麽處是不荅處衆中多是師承學解承言者喪縱不在文字語言上又打在無事裏所謂滯句者迷若識得雲門大師即識得自巳可見不見一法即如來方得名爲觀自在

上堂祖師西來教外別傳所謂如牛駕車車若不行打車即是打牛即是大衆人各有一頭水牯牛駕箇車子即是毛色有異心相不同有赤者白者青者黃者黑者如今莫待下痛鞭各自拽箇車子歸堂喫茶去下座

元旦日上堂問話畢師云一問一荅皆是當人各各神通光明清淨妙心一一從自巳運將出來烜赫現前自是衆生迷情不覺不知改旦新元伏惟知事首座大衆尊候萬福良久云昨日今朝事不同人人依舊主人翁雖然平等添新歲夢覺元來總是空是空却不空二十空門元不著一性如來體共同喝一喝下座

供養羅漢上堂三界唯心萬法唯識未有一法不從心之所生心若滅也一切法滅所以過去心不可得未來心不可得現在心不可得三際既不有一心何所生大衆但盡浮想盡證阿羅漢浮想不盡總屬流浪生死喝一喝下座

上堂古人云仁者見之謂之仁智者見之謂之智雲門云一切智通無障礙拈起扇子云釋迦老子來也又拈起扇子云跨跳上三十三天築著帝釋鼻孔東海鯉魚打一棒雨似盆傾好一切智智清淨無二無二分無別無斷故佛手開驢脚步東西生緣別處喝一喝下座

上堂今日供養羅漢夜來四方高人諷誦妙法蓮華經安樂行品一遍大衆作麽生是安樂行擬心早不安樂了也乃喝一喝云豈不是安樂行如何是透法身北斗裏藏身豈不是安樂行如何是祖師西來意庭前栢樹子豈不是安樂行如何是超佛越祖之談糊餅豈不是安樂行以至僧俗大衆一一清淨光明住持豈不是安樂行乃至一佛二菩薩一一羅漢一一辟支佛無不清淨實相住持所謂安樂行也大衆唯有髻中寶珠不妄與之雖然不與亦人人具足十二時中光明烜赫阿誰欠少還會麽歸堂喫茶去喝一喝下座

上堂衲僧門下有賓有主有時賓也和其光同其塵四五百條花柳巷二三千處管絃樓有時主也奪賊馬殺乎賊披毛戴角入鄽來優鉢羅花火裏開大衆只如賓主未分時如何今朝三月十五

章江長老來上堂舉僧問雲門如何是諸佛出身處門云東山水上行溈潭即不然若有人問如何是諸佛出身處但向伊道遠離洪井深入寶山大衆且道

是同是別忽有箇衲僧出來云這裏是什麼所在說同說別也難得須是實到這田地始得若未到且不得草草

上堂衆僧問雲門如何是學人自己門云遊山翫水而今多作自己會承言者喪既不作自己會又作麼生會滯句者迷德山入門便棒其僧擬議山云不得作棒會既不作棒會又作麼生會臨濟一喝不作喝用既是一喝何故不作一喝用宗旨如何其宗旨者諸佛諸祖教外別傳不屬文字言句其文字言句是心外戲論之法既不屬戲論直須自悟若自悟也事同一家苟不然者彼我途轍喝一喝下座

上堂今朝四月二十五栽秧漸漸徧南畝半飢半飽淡飯羹泥裏雨裏可憐許唯有高僧總不知各自歸堂喫茶去

上堂衲僧門下有春有冬有秋有夏有陰有陽有晝有夜天地蓋載日月運行成就四時長養萬物善知識者觀機設教應病與藥成就衆生種種方便亦復如是然則無智人前莫說打你頭破額裂

上堂釋迦老子道一切衆生生死相續皆由不知常住眞心性淨明體用諸妄想此想不眞故有輪轉大衆要得生死不相續妄想心滅但直下識取自己常住眞心性淨明體則自然生死不相關共生慶快所謂一得永得若信不及不聽受則沉在業識無明海喝一喝下座

供養羅漢上堂大衆一切法即諸佛法一切心即諸佛心一切語即諸佛語一切道即羅漢道法也心也語也道也且道是一也是二也是同別也一由一有一亦莫守一心不生萬法無咎

上堂二月復三月一一應時節柳絲弄春風梨花白如雪門門法界門門法法離言說驀拈拄杖云欲知交紛處杖頭諸佛刹乃擲下云不妨拋來擲去總在諸人眼睛裏

上堂今朝二月初五普天之下好雨非但百姓歌謠老僧不勝手舞何也豈不見乾闥婆王奏樂迦葉起舞直得須彌岌峇海水騰波驀拈拄杖云大衆一波纔動衆波隨萬法皆從一法歸衲子人家同會取七顛八倒總光輝擲下拄杖下座

上堂今朝又是二月半離念身心登彼岸洪其所以歸自然兩箇五百作一貫喝一喝下座

上堂舉世尊問波斯匿王曰汝以何相觀佛王曰觀身實相觀佛亦然觀佛實相觀法亦然法界衆生界根根塵塵一切清淨大衆欲識如來大寂滅汝但盡舉緣喝一喝下座

閑馬祖塔上堂祖宗門下總有關捩子應機接物有開有閉苟開而不能閉喪家失計閉而不能開誰辨往來或開而能閉也不妨遊戲閉而能開也重重善用或不開不閉時又作麼生大衆僧堂裏隨例軟餅餡頭橫咬竪咬喝一喝下座

上堂心生種種法生心滅種種法滅喚什麼作釋迦老子驀拈起拄杖云假名三十二八十也空聲一切人間總强名卓拄杖下座

上堂云天心得自在盛熱復清涼衲僧如鷹得环重法中王喝一喝下座

上堂佛言捨家出家難學道見性難元來捨家出家難學道見性復難如今學道者如恒河沙見性者未有一二佛又言性成無上道永嘉云自性天眞佛雲門云如今諸方多是說心說性教裏少喞師云雲門又不許說心說性佛言性成無上道且道佛說底是雲門說底是大衆差之毫釐謬以千里

上堂知事首座大衆出入相拋歸來依舊南山對北山㤼者自㤼閑自閑㤼彼此不相關依舊水雲間

上堂衆僧問雲門如何是佛法大意門云春來草自青又僧問首山如何是佛法大意山云楚王城畔汝水東流忽有人問泐潭如何是佛法大意向伊道久雨不晴此三轉語有一轉語可以作諸佛如來之法藥治一切衆生病有一轉語可以作諸祖之秘關菩薩直截之要道有一轉語可以作衲僧解脫大道場是禪者放身命處大衆若揀得出如久客歸家若揀不出若行人失路喝一喝下座

上堂諸佛如來說一切衆生身中有三大何者爲三體大相大用大又古德云十方無壁落四面亦無門露倮倮赤灑灑沒可把既沒可把喚什麼作三大莫有人揀得出麼若揀得出不妨好手若揀不出衆生日用而不知喝一喝下座

上堂大衆好雨點點不落別處且道落在什麼處莫是落在法堂前麼莫是落在田野中麼莫是落在山林間若是通達底人神通妙用無可不可有一般人更不求妙悟但作平常一路實頭見解又喚做不走作人此之見解未出常流若妙悟明眼底人他一一知來處一一知落處更不顢頇大衆且道落在什麼處久參先德一舉便了後進初機更宜子細

因雪上堂舉龐居士辭藥山因緣師云今禪客當斷不斷返遭其亂且道今禪客當時合下得什麼語免被龐公折挫如今莫有扶持佛事者麼出來開發大衆眼目亦表自己參學身心如無老僧爲你說破今日臘月初十山門街坊出者入寮打疊忽有人問諸可首已在寮中時又作麼生良久乃喝云相逢不下馬各自有前程

上堂今朝又是三月一大道何曾有得失桃花處處靈雲心却笑玄沙弄不出只這弄不出罕遇知音

上堂今朝七月秋初一時節循環夏又畢衲僧活計拄杖頭去兮住兮無固必去住自由且道祖意是同是別只如古人云雞寒上樹鴨寒下水意旨如何喝一喝下座

上堂雲門云久雨不晴劄大衆且道雲門一劄與德山林臨濟喝是同是別若道別祖宗門下豈有兩般若道同爭奈德山臨濟雲門家風有異衲僧判這裏如何剖判若剖判得出可謂無邊刹境自他不隔於毫端十世古今始終不離於一劄今朝三月二十五各自歸堂喫茶去

上堂舉印宗法師問盧行者云仁者在黃梅有何言教旨趣傳授盧曰彼指授者唯論見性成佛不說禪定解脫無念無爲宗云何故不說禪定解脫無念無爲盧曰況是二法不是佛法不二之法宗云如何是不二之法盧曰如仁者講涅槃經明見佛性是名佛法不二之法師云彼時小巧禪道早是中半了也如今叢林多是唯論禪定解脫無念無爲且道六祖底是如今底是分即是不分即是若分去有違有順有是有非若不分又不辨邪正埋沒我宗乘會如世間道路有直有迂有險有善其行路者可行即行可止即止大衆還識渤潭老僧麼良久云將此深心奉塵刹是則名爲報佛恩喝一喝下座

師首座時在仰山結夏小參云莫有眞師子兒試出來對衆哮吼看時有僧出禮拜師云不知是不是是即也大奇僧問錦絛纔動大衆雲臻禁足已臨如何指示師云大家在這裏進云莫便是和尚爲人處也無師云多是向言句中轉却進云一堂風冷淡千古意分明師云且莫亂道僧問承古有言衆生日用而不知未審不知箇什麼師云道進云忽然知後如何師云十萬八千僧提起坐具云爭奈者箇何師便喝僧云好一喝未有斷在師云喫棒且待別時復云更有問話者麼良久云泊合放過乃喝復舉拂子云耶耶盡十方世界若凡若聖若僧若俗若草若木盡向拂子下成佛作祖無前無後一時解脫還有不解脫者麼設有命若懸絲又撫掌云知音者少所以此箇事論實不論虛參須實參悟須實悟若纖毫不盡總落魔界豈不見古人道平地上死人無數過得荊棘林是好手如今人多是得箇身心寂滅前後際斷一念萬年去休去歇去似古廟裏香爐去冷湫湫地去便爲究竟殊不知却被此勝妙境界障蔽自己正知見不能現前神通光明不得發露或又執箇一切平常心是道以爲極則天是天地是地山是山水是水僧是僧俗是俗大盡三十日小盡二十九此依草附木不知不覺一向迷將去忽然問他我手何似佛手便道是和尚手我脚何似驢脚便道是和尚脚人人盡有生緣處那箇是上座生緣處便道某是某州人是何言歟且莫錯會好凡百施爲須要平常一路子以爲穩當定將去合將去更不敢別移一步怕墮坑落塹長時一似雙盲底人行路一條拄杖子寸步拋不得緊把著恁將去步步依倚一日若道眼豁開頓覺前非拋却杖子撒開兩手十方蕩蕩七縱八橫東西南北無可不可豈可一向倚他門戶傍他行脚有甚快活自己畢竟如何不見雲門大師道而今天下老和尚多是師承學解路布葛藤印板上打來模子裏脫出當人若是明去何不一切臨時又不見臨濟大師云我者裏是活祖師西來意把來便用立處皆眞他不說古又如何今又如何者語得那語不得那裏是虛者裏是實你與我拈出絲毫許實底道理來看此蓋當人眼不開自無見處一向承虛接響百般忌諱自纏自縛直饒與麼說當下忽然見得倜儻分明去也是棺木裏瞪眼如今還有無師智自然智不與萬法爲侶者烜赫底丈夫漢諸諸廝廝千變萬化見我恁麼胡言漢語便好近前搊口摑拽下椅子擗向三門外喝散大衆豈不快哉還有麼良久云若無且看老僧騎案山跳入你諸人眼睛裏七顛八倒呵佛罵祖去也喝一喝下座

師到崇勝衆請小參僧問未明心地印難過趙州關如何是趙州關師云過進云莫便是和尚爲人處也無師云你作麼生會僧作一圓相師云且喜勿交涉進云也不得壓良爲賤師便喝復云更有問話者麼良久無人出師云不因一事不長一智說事亦不妨說理亦無礙爲報學道人莫作理事會呵呵欲求長須入水是非中辨色裏放一倒扶一起是何宗囉囉哩蘇拈拄杖畫一畫云適來許多葛藤向甚麼處去也復舉拄杖云拄杖子變作觀世音菩薩以甘露水灌入你諸人頂門裏還有眼開心悟神清氣爽底麼乃喝云莫妄想活落落須彌山把便撲擲下拄杖云耶耶三十三天不知不覺帝釋居善法堂爲諸天說法勸諭云汝等諸仙盡是閻浮提歸依佛歸依法歸依僧不殺不盜不邪婬不妄語不飲酒不食肉布施持戒廣作善業來生此間受種種勝妙快樂汝等諸仙不得一向迷於妙樂須知無常念念不停念念遷謝速疾速疾便是到來相將墮落汝等當求不來不去不生不滅究竟解脫淸淨涅槃之樂師乃嘘嘘今日爲衆竭力禍出私門笑破衲僧口然雖如是也不得草草乃撫膝下座

師到九峯山衆請小參僧問古人道前三三後三三前三三即不問如何是後三三師云的進云恁麼則進前三步也師云關進云大衆證明眞善知識師云杜撰衲僧復云大衆此事若全提也便須荒却院散

[illegible][illegible]參例須彌山踏翻四大海三世諸佛諸代祖師天下老和尚十二分教塡其溝塞其壑雖然如此盡法無民且向世諦流布建化門中即不可乃拈拂子云三世諸佛諸代祖師天下老和尚十二分教總在拂子頭上分開也懷州牛喫禾益州馬腹脹天下覓醫人灸豬左膊上以拂子左邊敲云太虛爲鼓須彌作槌逐喝云築著鬧市裏識取天子將錯就錯以拂子右邊敲云大地作床長天爲幕驀倒打睡百草頭上鷹取祖師病鳥栖蘆噫九年空面壁撫掌不回頭笑煞傍觀如今莫有傍觀底麼良久乃喝云消合停囚長智又舉拂子云穿却你鼻孔却向脚跟下走出東西南北土曠人稀大千天下惟我獨尊阿喇喇遂擲下拂子云是什麼下座

師到大愚衆請小參師云二三月來天氣和暖萬物生長百鳥和鳴桃花紅李花白到處園林翠迷野色誰家年少賞勝游青惟有古寺老僧坐對庭栢遂以拂子敲禪床云敲枷打鎖出釘拔楔大有凝頑相[illegible]無鐵醍醐上味倏伊時節趙州石橋循途守轍百丈野狐爲君一決狐疑淨盡眼光電掣南北東西有誰辨別還有辨別底麼試出來撫掌呵呵大笑打箇筋斗供養大衆一者慶快平生二與天下人作標牓有麼有麼祇爲情生智隔想變體殊我者裏不免拆東籬補西壁去也以拂子畫云十方世界百雜碎何處更有山河大地耶看看四大海水在諸人面前滔滔地氣象萬端魚龍變化還見麼見則不無忽然有箇巡海夜叉山來道禪和子如何是脫生死底句向他道什麼即得若不向他道被他一吉撩棒打殺鰻魚驚喫當此之際以何爲身以何爲心以何爲人以何爲我以何爲佛以何爲祖以何爲禪以何爲道會麼良久云五更侵早起更有夜行人乃以拂子擊禪床下座

古尊宿語録卷之四十四

古尊宿語錄卷之四十五

寶峯雲庵真淨禪師偈頌下中

嗣法門人福深錄

僧請問二聖問雪峯云透網金鱗以何為食峯
云待你透出網來即向你道聖云一千五百人
善知識話頭也不識師以頌示之

潦倒漁翁坐釣臺金鱗赫赫鼓波來海門空闊纔施
網霹靂一聲天地開

雪峯云老僧住持事大

放去收來得自由不堪優處亦堪優可憐滯句承言
者爭見爭非空白頭

僧請問丹霞騎聖僧意旨如何

千變萬化七顛八倒騎卻聖僧踏倒水潦釋迦起身
北斗轉首若會此意宗來有喫

僧請問雪竇拈鼻孔因緣

打鼓弄琵琶相逢兩會家雲門能合調長慶解隨邪
古曲非音律南山鼈鼻蛇何人知妙訣的的是玄沙

僧問南臺和尚大隨龜話因以了翻覆示之
其僧不肯乃質於師師以頌釋之

少室之妙訣觀根而密付大隨曾泄機南臺亦失悞
翻手與覆手脫殼著猶處明明言外傳信何有今古
擲金鎚輥鐵鼓水東流日西去

僧請問馬大師日面佛月面佛

日面月面胡來漢現一點靈光萬化千變

僧請益僧問雲門如何是正法眼門云普

但無一切心自然合大道應用在臨時莫分妙不妙

僧請問雲門如何是諸佛出身處門云東山水
上行

目前有路誰解通方東山水上求者茫茫
諸佛出身處東山水上行目前一彈指偏現煞分明
日面月面過佛了驢脚笑皆承此箇方言外度迷情

僧因衆中多以無事商量師復成頌

多將無事會無事困人心有無俱勿念自可剖靈音
落落雖殊應寥寥不在尋宜哉萬化首都秖屬于今

僧請問僧問首山如何是佛法的的大意山云
楚王城畔汝水東流

楚王城畔水東流樹倒藤枯笑不休好是自從拔子
大史無人解道滴油

僧舉趙州庭前栢樹子話或云有此語或云無
此語師以頌決之

庭前栢樹子趙州無此語若是本色人直下未相許
庭前栢樹子趙州有此語爲報同道流覿面如何舉

僧舉雲門北斗裏藏身

東涌西沒北斗藏身法王法令德非有鄰

趙州勘破婆子

似狂不狂趙州老或凡或聖人難曉是非長短任君
裁老婆被伊勘破了

婆子云好箇阿師又與麼去

臨岐有水復有火遇賤即貴全可可臺山一路去無
差幾箇行人脫羈鎖

庭前栢樹子二首

庭前栢樹子我道不如松枯枝折落地打著去年僧
造化無私不思力一一青青歲寒色長短大小在目
前可笑時人會不得

頌黃龍和尚垂示佛手驢脚生緣

我手何似佛手翻覆誰辨好醜若非師了之兒野干
謾爲開口
我脚何似驢脚隱顯千差萬錯欲開金剛眼睛看取
目前善惡
人人盡有生緣處認著依前迷失路長空雲破日華
開東西南北從君去

烏窠和尚吹布毛

烏窠吹布毛紅日午方高道上因好劍滿國人帶刀

僧問雲門如何是啐啄之機門云響

有問啐啄機雲門答云響昨日雷轟大夜來山水長

寶壽開堂三聖推出僧

探騎飛來捧下寧瞎人翻滿鎮州城太平本是將軍
致不許將軍見太平
石火光中電影分怒雷隨震動乾坤耳聾眼瞎人無
數誰是知恩解報恩

僧問風穴如何是佛穴云杖林山下竹筋鞭

杖林山下竹筋鞭水在深溪月在天良馬不知何處
去阿難依舊世尊前

靈雲見桃花悟道

奇哉一見桃花後為別千差更不疑獨有玄沙言未
徹子孫幾箇是男兒
昔日靈雲見悟時香苞紅萼一枝枝如今到處還
也陌上相逢說何誰

僧問趙州狗子還有佛性也無州云無僧云上
至諸佛下至螻蟻皆有佛性狗子為什麼無州
云有業識在

言有業識在誰云意不深海枯終見底人死不知心

僧問雲門如何是吹毛劍門云骼

誰謂吹毛利雲門斲可知一朝權在手看取令行時

僧問龍牙古人得箇什麼道理便休去歇去牙
云如賊入空室

買帽相頭量不補職明眼衲僧面前不識

僧問長沙了即業障本來空未了還須償夙債
秖如二祖是了不了沙云空

臨機無巧妙得意不勞功其如人不會閑空便謂空

僧問趙州一物不將來時如何州云放下著

移高就下縱威權解脫門開信可憐不得空王真妙訣動隨聲色被勾牽

僧問雲門如何是超佛越祖之談門云餬餅

超佛越祖之談餬餅相呈誰領不知簡過新羅動地鬧爭餬餅

雲門關捩了

雲門關捩了消息少人知有時一撥動大地眼瞎瞎

雲門抽顧

雲門抽顧自有來由一點不到休休休休

臨濟三度問黃檗佛法大意三度被打

賓權更不著些些岐路年深恐轉賒直下痛施三頓棒夜來依舊宿蘆花

臨濟到大愚處悟

便言黃檗無多法大丈夫兒豈自乖脇下喲拳明有信不從黃檗付將來

僧問首山如何是佛法大意山云新婦騎驢阿家牽

張顛不似首山顛不動毫芒百怪全猶得黃龍再拈出四方明眼若爲傳

新婦騎驢阿家牽低頭拈得一文錢十字街頭拍手笑東村王老屋頭穿

雲門云火裏蝍蟟吞大蟲

秦時䡾轢鑽頭通大施門開妙莫窮火裏蝍蟟依舊活枯來誰解恣英雄

火裏蝍蟟吞大蟲去年不似今年窮直得黃茅瘴氣發雪壓桃花處處紅

臨濟鋤茶園次見黃檗來遂拄鋤頭而立檗云者漢困那濟云鋤也未鋤困箇什麼檗以拄杖便打濟接住一送檗便倒叫云維那相救維那近前扶云爭容得這風顛漢與麼無禮檗以拄杖却打維那濟乃連鋤地數下云諸方火葬這裏一時活埋

奪旗擊鼓者精神父子雖親法不親爲報四方禪者道等閑莫作守株人

百丈再參馬祖

各情步步隨人轉有大威光不能現突然一喝雙耳聾那吒眼開黃檗面

興化打克賓維那

丈夫當斷不解斷興化爲人徹底漢已後從教眼自開棒了罰錢趂出院

雲門臘月二十五

臘月二十五一曲超今古鎮州大蘿蔔生長在深土

僧問雲門不起一念還有過也無門云須彌山

不起一念海裏須彌把來便用休別針錐

百丈野狐

不落藏鋒不昧分要伊從此脫狐身相逢盡道休官去林下何曾見一人

寄百丈韶首座

百丈雄峰倚碧虛其間今古道非孤不如一句墮狐事借問當時有也無

有無聞說笑咍咍不是知音不問來莫把祖機容易泄待伊狐眼自豁開

潛能展事索投機落草之談信有之言下罕逢師子子成群作隊野狐兒

和酬運使蔣公頌古入絕句

仰山

潙仰法幢摧已久從頭提起又重新誰知斷臂傳來事光顯須憑大智人

父子有時揚密意神通變化不相知喚回業識茫茫者笑倒潙山老古錐

踈山

呵呵大笑意難論樹倒藤枯問有因縱向明招言下悟眼開只是舊時人

因玆自抱無弦琴歸隱踈山煙翠深有箇荆溪將居士曾聞得訪知音

末山

末山不露凌雲頂今古分明在目前又道本無男女相非君莫辨火中蓮

非色非心非行業成男成女解隨緣而今僧俗并群有一一昭然總不偏

洞山

掩耳藍開眼界寬[illegible]廓然無法不同觀山林死石縱橫說若到常情取信難

挖部不妨問訪道新豐一宿話皮膚水聲山色紅塵外軒蓋重來得也無

寄雲居長老五頌

絕頂雲居北斗齊雲門知見便高提莫將透脫常情解須是當機離水泥

絕頂雲居北斗齊藏身北斗最難提叢林總作平常解無限高僧沒在泥

絕頂雲居北斗齊出羣消息要人提其中未善宗乘者奇特商量滿眼泥

絕頂雲居北斗齊參差光裏鬧中提擊頭觸角誇能解一一重妝上細泥

絕頂雲居北斗齊橫三豎四目前提空中鶴眼殊無礙還笑狝她不離泥

諸禪者

雪朝上堂舉龐居士辭藥山因緣復頌其意示

龐翁境界滴水滴凍藥山閤黎兩目定動機不發時

一場困夢本自天眞阿誰解用
師室中問僧云了也未僧云未了師云你喫粥了也未僧云了師云又道未了復云門外什麽聲僧云雨聲師云又道未了復云面前是什麽僧云屏風師云又道未了復云還會麽僧云不會乃云聽取一頌
隨緣事事了日用何欠少一切但尋常自然不顚倒
見僧來以火筯敲火爐僧云不會師乃頌曰
火筯敲火爐日用更無餘開單并展鉢何處有親疎
僧又問達磨西來單傳心印又如何復乃成頌
火筯敲火爐直指更無餘開單并展鉢一一見心珠
師室中問僧如何是無文字一句僧無語僧却問如何是無文字一句師云廬陵米作麽價又云面前是屏風
一一絕然一一玄莫將情計自留連從來大道無文字不要安排喚作禪
僧云洞山禪難參師乃有頌
洞山禪也不爲難與君時復且閑閑柳標迸開天地眼一重山後一重山
示衆二頌
了無一法秖在臨時把來便用莫更遲疑
於法應自由更莫向餘求殺活劒在手到處得風流
法界三觀六頌
色空無礙如意自在萬象森羅影現中外出沒去來此土他界心印廓然融通廣大
理事無礙如意自在倒把須彌卓向纖芥清淨法身圓滿土塊一點鏡燈十方海會
事事無礙如意自在不動道場十方世界東涌西沒千差萬怪火裏蝍蟟吞却蚼蟧
事事無礙如意自在手把豬頭口誦淨戒趁出婬坊未還酒債十字街頭解開布袋
事事無礙如意自在拈起一毛重重法界一念遍入無邊刹海只在目前或顯或晦
事事不知空色誰會理事既休鐵船下海石火電光咄哉不快橫按鏌鎁魔軍膽碎
讀金剛經是法平等無有高下佛意非傳大士頌指南則異說者多矣故水陸同眞際飛行蠕一如則佛道同信斯也因成一頌用示諸禪者
平等群生類迷爲七趣因悠悠終莫覺擾擾但隨塵賴我從凡質何緣運法身神通雖未具作佛亦天眞
短歌寄端上人
鷲峰深黄檗苦一來知味便回去去去不回顧大地何曾有寸土廓然胸臆裹宇寛東涌西沒胡爲雜草言云往道遥山又聞已住袁城間因思孤坐雪寒夜松風瑟瑟添蕭洒端師端師聽我言玉鑰在手須牢把
寄人
一二三四五清平打鼓道吾舞脚踏金船海月高無根樹下蹲龍虎優鉢羅花火裏開軒轅寶鑑埋塵土爲報桐川善女人信受摩耶千佛母
送和禪者南雄作丐
見不見逢不逢千里萬里圓光中左顧右眄華藏海輕提重按開自然此箇妙窮不窮是處園林落花紅乾坤造化有時節莫比仁者無間風忽釋迦慢彌勒彼既丈夫我亦爾都來秖在一毛頭也解分身千百億臨機一一不思量好笑時人識不識
送清禪者石城丐
菩提數珠一百八柳標拄杖六七尺象王蹴踏潤無邊達磨唯留履一隻至今天下重黃金笑殺寒山與拾得觀音慈布袋慈維摩問疾文殊堪千奇萬怪狀無盡皎然此理誰相諳石城人物多賢善仁者一到皆和南有人問著新豐老切忌不言落二三
送生禪者袁州丐
箭穿紅日影山鬼把住麒麟兒寶八破布衫海神捧出珊瑚枝臨濟三關透不透雲門一字知不知開思昔日同參者笑倒新豐老古錐小釋迦大禪佛集雲峰下有窠屈相逢須辨是與非莫順人情剛負屈鸞鼻蛇遼天鵬偏問知音是底物奇哉高步下層巒好向前途恣輕忽
送從禪者廬陵丐 次韻人石霜文韋
鼓山頭上雲成蓋石霜霜水清如鏡新豐洞裏伸脚眠眼開起來天地迴拍手呵呵笑不休堂上老胡俗生鄧廬陵米價高復低兎角拄杖須親携欲度門門一切境當知密室爛如泥
送長上人袁州丐
集雲峰下四藤條誰復得逍遥帆融峰頂萬年松天下名標新豐五位拄杖頭挑橫一豎四東西南北徧中來正中去遇賤即貴逢低且高撞著三家村裏老婆掣斷裙腰十字街頭醉漢子扶起來與伊繫條或是或非胡抄亂抄休話祖師西來莫問世俗塵勞道人活計舉措堪褒咄將此深心奉塵刹諸子不同袍海裏須彌日月高
送雅禪者石城丐
雖不鎭無功之食水長船高物歸乎有道之心泥多佛大德山呵佛罵祖曾遭嚴頭僧堂前領過臺山路上老婆有箇趙州不出門勘破獨有雲門古錐有口不妨道火火本無火承言者紛紛自我不然也非言道不通非事理不果理事通達人利生無不可既然也有却解臨時建立又不善逐旋包裹但可以直用

好心殊不知返遭惡禍末法衆生知恩者能有幾箇雅禪者爲爾老婆爲麽會麽

寄南康魏處士寄茶

南康有箇魏處士生來心淨開蓮華蓮華妙心空無物能爲佛事如塵沙衆生佛種不自發莫不覩相生道芽觀音勢至自可仰文殊普賢人共瞻豈惟慈善佛菩薩不獨忿怒惡耶吒有時人頭及鬼面有時虎豹諸龍蛇一一臨時能變化一一所應無差當知皆承此箇力不知處士自知耶此也從來最爲物當頭一著輸丹霞誰言僧俗有南北我道聖凡同一家音通不問識不識逢人便寄趙州茶助我日用作佛事喫者唯嫌苦澀加苦也澀也益何盡泥也水也與無涯人間萬事即佛事正者自正邪者邪因思昔日洞山老問佛解道三斤麻

寄吉州清平跨牛庵

庵內不知庵外事跨牛誰識衆生緣或舒驢脚步荒草又把佛手開人前頭頭應現頭頭別元與跨者會不偏肥苗嫩稼觸途秀飽亦不餐牛可憐青煙萬戶太和邑白雪一曲清平禪客來欲辨牛毛色唯見長老庵中眠世人有牛自可識毛角分明頭角全跨行一一乘他力莫問清平別有玄

送淨禪者丐南康

逢人便出有理但伸一錐一劄要見通人三頭兩面任起情塵道不屬淨法何有因心既無住道乃通津南康教化平等爲人富亦不富貧元不貧男之與女佛也天真賢之與愚性也法身孰爲彼我誰爲踈親一一明妙一一精神臨事活潑應機妙陳不自悦悟逐樂因循從頭拈出無使漂淪海淨禪者莫憚苦辛

送言隆二禪者之南華禮六祖眞

曾聞菩提本無樹又云一花開五葉是非有眼分不分可使吾道生辟瓣曹溪分派共入海寶山人間翠相接其中塔廟居眞身同往瞻禮不可輟又聞彼既丈夫我亦爾不應自當生退怯又不見古人已靈尚不重況求諸祖解脱乎大丈夫大丈夫靈光烜赫阿誰無當機大用脱知解樂措何曾涉道途本非文字不屬教亦非禪道莫昧某明明一一離諸相剛把迷頭頌麴糊二禪者是不是若是不妨南去見老盧

送十一禪者往諸方緣化

身是光明寶幢心是神通法藏多虛不如少實千語終歸一當欲知教外別傳便是西來勝樣神通利物照照光明到處見見不偏諸方語言豈開森羅萬象大機大用大真或是或非過從一得水絶攀緣無法更堪比況唯此一事真實其餘總是虛妄可使法界有情同悟此心無上十一禪者化行雄雄法王大將

後又添一人之萬成緣化

化是十一人添了成十二有利及無利終不離行市木塔老婆禪河陽新婦子普化解風顛我今故直指

上高李居士求頌

李翁李翁忘性自通知身幻妄處世皆空得事貴淡暫且相逢共若朝露總如春紅倏忽變滅誰是我儂唯心即佛靈妙難窮長生不死人性皆同明明日用不自信崇悟無彼此迷有西東李翁李翁夙植善功一家蒙庇吉慶常隆兒孫樂善齊心融融正信清淨諸佛法中或讚或毀如盲如聾一切魔惱自然銷鎔道心堅固有始有終

送照禪者

轆轤轆轤人謂我惡是是非非我謂人莫不莫不作不惡不樂法喜禪悦去黏解縛黃龍家風佛手驢脚後代兒孫須自開拓大啓三關末後一著雖涉語言不在糟粕皎潔靈源此彼何若神通光明圓滿大覺切忌思量應病與藥

方禪人求師親書偈送

字要親手書偈不憑人作彼此有如意應病即與藥闍裏何妨佛手開擬議之前出驢脚任是碧眼胡兒也須路頭迷却不是特地要辨清濁活潑潑明落落本自天然何須自縛還鄉曲調和者稀千木逢場但戲樂

送諸郡丐者

諸郡丐者道無此彼直截根源更何擬議性本一源用無有二但盡凡情別無勝義觸目遇緣無非佛事有利無利不離行市千木隨身逢場作戲或逆或順或非或是一主一賓一坐一起照用臨時縱奪有以臨濟兒孫衲僧巴鼻教化衆生成就根器家家觀音門門勢至兒女大小神通活計通人不疑法王已矣

送德禪者丐平江

平江一派東流穿過千門萬戶佛法大意分明自是時人不顧直到大海方休浩浩無今無古滔滔自有靈源亦似參禪大悟若也心地洞然正法眼藏發露何妨運出家珍所在觀機救度明年是日歸來不爾却依位住

南臺和福嚴長老結夏

今夏南嶽南臺晚飯不通水泄杉松空引寒風出地每苦不潔又道禁足九旬人人口中一舌去夏臘人消盡今後渾鑄成鐵殊不知有佛有法豈更解移凹就凸秖得道箇島衫准備來年夏熱

送果道人

一葉落天下秋夕陽西去水東流黃河澄清聖人出三千年事何悠悠稀復稀少復少使我虛生幾廻老如今共息居太平何妨學佛間訪道歸去來歸去來老盧得不在黃梅普光心印神通藏日用分明眼自

開

送琪道者作丏

衲僧門下縱奪臨時靈蛇在手猛虎當騎有髯便捋
無尾莫追放去防渴把住知飢賓主易見隱顯難思
禪家大道法眼慈悲

送開上人之黃龍覲老師

開開一片祥雲別海山卷舒出沒自有信豈同薄霧
縈漁灣閑閑閑情意態西南還黃龍久約待爲雨我
今日送胡商琴

和黃檗老和尚送李居士

踏斷秤槌兩截分明爲君直說黃檗苦口多嫌三冬
何處無雪難難翻憶龐公與兒女不婚不娉共頭活

送吉州曾居士昆季

來從山下來去從山下去行也曉便行住也晚便作
在路同弟兄到家會兒女莫嫌言語太尋常最是爲
君省要處省要處三三四五須彌跨跳迦葉舞

寄福嚴諱上人時在南臺

白雲籠高峰明月照淺水誰云與日同方曰爲知巳
北嶺壤邊人南臺石上子救得老盧頭失却少林齒

送一禪者袁州丏

佛子之心絲毫不掛無底籃子驪珠滿寫袁州城裏
任人著價異日歸來倒騎鐵馬

送儼禪者吉州丏

佛子之心大喜大捨喚龜作鼈指鹿爲馬假溪水聲
廬陵米價一一法門死蛇活把

送慶禪者崇陽丏

佛子之心無非利樂衆生界中應病與藥或呈佛手
或出驢腳我宗赫然莫錯莫錯

送泰禪者丏米

佛子之心能施惠澤山前數熟人間米白十升一斗
大翁二伯但盡凡情錢不露陌

送際修造

佛子之心逐場作戲遇緣即興常可如意佛殿三門
觀音自勢至彈指乃成九峰山寺

過義井莊猛才上人求頌

古佛家風在尋常已自知不勞心力處忽迸電光時
既作韶陽客當爲師子兒目前凡與聖一一莫存伊

又滿莊主求頌

智者能孤立開花自有春不爲萬法侶肯作半途人
快聽乾坤大威光日月新尋常拋擲裏誰識是天真

寄饒守鄒幾聖

此身穢惡聚無佗又不得智者知是幻飲食聊滋益
中有淨法身精明妙誰識君與我無差一得即永得

寄葉推官二首

此心難是便忘機況屬衣冠富貴時終日素飡甘自
得浮生虛幻許誰知能將悟意唯書偈不把吟情更
作詩一種家居超俗類西天摩詰亦如斯
近想道彌著前來所得深虛通真法性皎潔淨名心
王事何妨及塵勞已不侵妙靈居日用誰古復誰今

和宜春張簿見寄

萬類紛然居有爲一一天真本無住豈是明公獨妙
明我亦從中獲靈悟情與無情及聖凡解脫門開同
一路王也臣也白可知此是如來親付囑

卿上人禮師乞頌

有僧近從廬山來輒然問我求禪偈我既臨時解變
通人頭鬼面超言義而況佛法無定機宗門自有通
人至了應久歷叢林師凛倒所說是也不是

張道人寂庵

離念性虛明居此常寂照萬象閃光中清淨同一妙
開池養白蓮門當市井道我無人事心人事不相到

寄塘浦張道人

世俗塵勞今已徹如淨琉璃含寶月鍊磨不易到如
今寶月身心莫教別死生倏忽便到來幻化身心若
春雪唯有道人明月心日用廓然長皎潔

靖安令程節推一日遊山以諸堂寮名求各隨事易之揭爲惠修精進廓然證宗性空實際不二了義法忍妙用和集雲鶴老拙乃一一頌之又作通人偈共十三首寄呈

惠修

圓滿菩提道惠修乃得成理雖頓悟勝事要漸除輕
鏡借車磨莽金須再煉精勤今先自利然後利群生

精進

六種波羅蜜先乘般若舟自然無所住何更有蹤由
勇猛能成佛踈慵不到頭蒙君共着力禪者總精修

廓然

每來常默坐却洞廓然襟廣大乾坤量包含日月心
龐公雖去世老復知音別聽爲霖雨當期外護深

證宗

達佛心宗也寸無差互時相應存解行瞻敬見師資
琢玉當成器磨塼莫問伊西來諸祖令一一總如斯

性空

佛及衆生性圓明體本同見聞皆共有取捨總非空
在事能潛隱當機解變通談禪并治俗一一見全功

實際

妙湛總持際光明覺性身在家疑是客別國却爲親
漸誘終難信高提復倍嗔如今法末世教我若爲人

不二

平等觀諸子家門不二開客程無是處浪迹總歸來
法寶名如意禪朋號善財共遊華藏界寰宇一塵該

了義

迷頭曾認影了悟總成非唯有道心在更無禪病依
靜中聞水過鬧裏見蜂飛一一天眞事何人共所歸

法忍

對境心常寂靈源本不生事隨高下應機逐淺深評
剖判彰神用觀瞻洞覺明無非法忍力更莫外求聲

妙用

神通并妙用迎送及攀陪更不假人教自然隨事來
幻身同草木淨性出塵埃多謝程居士迷頭總喚迴

和集

法門元不二所到便爲家圓頂栴檀樹方袍薝葍花
六和儀有伴四攝道無涯豈獨攜禪者俱登大寶車

雲鶴

且過晚應宿山堂任去留孤雲能自在隻鶴更優游
柳標開青眼袈裟伴白頭未明西祖意萍迹謾悠悠

寄通人

通人何揀擇一一道無偏擬欲分優劣還應落蓋纏
心心同作佛法法共談禪但盡常情也東流水滿川

禪定軒十偈

攝心名淨戒禪定號波羅到岸仍留筏行慈復度他
倍懷生極樂見性識彌陀即此明軒下菩提薩摩訶

其二

廸然迷悟別平等一禪心莫向雲門覓休從臨濟尋
妝銷成白玉鑛盡得黃金無比不思議靈源最甚深

其三

本來同作佛妄想共留連此日不爲道何時能去纏
便宜歸寶所休更認空拳一一天眞性花開火裏蓮

其四

西來元不二天下所傳差佛法無多子門庭有幾家
主賓分兕馬棒喝辯龍蛇學者宜詳審如今正可嗟

其五

諸祖傳心印何曾別有禪宗乘迷有異佛法悟無偏
寶覺人人大靈機事事圓莫求奇特說荒却自家田

其六

小乘不見性心外別有禪妄求涅槃樂迷遭煩惱纏
豈知潭底月元在屋頭天更把古人語將爲奇特傳

其七

神通遊戲力一一本無生菩薩能親證如來更妙明
聲聞未信緣覺猶驚唯有大乘器靈源發便清

其八

佛性天眞事誰言別有師男兒彈指處女子出禪時
不費纖毫力何曾動所思衆生總平等日用自多疑

其九

學道先須明有悟法王法印印無偏拈來事事皆過
量把出心心總離緣由是衆生顛倒解不觀諸祖上
來傳蓮花世界同遊戲主伴交參影像前

其十

龍象朝參禪悅處幽深難勝此軒窗心爲遊戲神通
藏身是光明智照幢銜物高低雖有一歸源本末且
無雙但能知見同眞正外道天魔稽首降

大義寮

大義無文字誰云達磨傳此心元淨妙是法本明圓
有據人人佛無生念念禪開單兼展鉢一一火中蓮

其二

大義即爲寮包容起一朝聖凡同寂滅主伴共逍遙
少語工夫大多聞慧解饒禪餘遊覺苑朋友好相邀

照軒

本性本明妙如何却妄緣常光常寂照淨智淨空圓
舉衆皆平等臨機總見前唯除不信者教外豈虛傳

其二

西來教外傳開悟却憑言心是神通藏身爲智照軒
法空平等座善巧總持門大義靈無盡禪家各有源

法會寮蘭軒

曉應清涼候花芭吐國香誦庭家世短孔子教風長
有德更誰並無人亦自芳蘭軒禪者衆佛性戒氷霜

其二

無人亦自秀兒植梵王家僧衆共白業禪庭開柰花
對談爲法會長養雜溪沙正似修行者常將戒定加
春秋皆有蘭復作偈以原之
鶴白兼烏黑心爲造化元二儀雖有象一氣本無言
萬物遂其性四時歸所存秋花與春藍香每滿蘭軒

寄荊南高司戶五偈

若把心無却教誰辨主賓不知妄想性便是聰明人
秖要自覺了頓悟能所親但觀佛與祖一一洞天眞

其二

知見無生力禪門已了心不從達磨得豈向釋迦尋
莫被無言溺須妨有語沈現成常現在唯悟始知深

其三

小乘修小法妄見寂寥禪務靜欣無念嫌喧怖有緣
不知佛世界即是巳心田起坐明如日衆生共皎然

其四

學道多沙數阿誰能自尋二人禪悅性千里月明心
學徹同僧俗靈通共古今莫將開悟解可惜枉埋沈

其五

男兒丈夫志開鑿自家田莫逐雲門語休依臨濟禪
人人元具足法法本周圓但作主中主門門日月天

和開福長老送強禪者七偈

逆行順行皆青春或是或非不動神往往總隨聲色
轉迴頭又昧本來人
一氣纔和萬物春不勞功力豈勞神非言非句非文
字快活當機有主人

多執平常覓春依他妄計自傷神更傳臨濟雲門
語奇特商量愁殺人
雲門臨濟百花春一一靈機總有神到底不聞言語
事錯傳錯解誤他人
直截根源教外春同歸不聖不通神雖然向道離蚖
舍文作無心常醉人
言句清新便謂春平常爲實用安神希望成道不求
悟更把糟糠教授人
悟來無物不爲春荊棘林中解養神常與不常虛對
實臨機提出總由人

寄浮山巖中溪達二上人

若是金毛那守窟翛然東西警群物有時踞地吼一
聲突然驚起遶人鵰
所食不食離之殘戲來遶是弄活物翻嗟猞猁一何
擬到處荒園咬枯骨

送宜上人

落落空門了心空法亦空肩橫榔栗杖南北與西東

寄昭首座時在大愚

高安灘上古禪關吾祖曾聞徹困顏經幾百年真遂
在長應留待子孫還

和洛鈞守錢郎中閒相頌送住洞山

未有雖名既形可指回消現前翠迷得路

送榮上人往黃梅禮積翠菴老和尚

了然道順符今便往往宗師昧者多君欲決明心地
即須尋問取老禪和
到日應須久帀參入方境界妙堪觀重重無盡重重
異一一也存有得有

和頭首座庵茶

從南府地知音少獨有吾師鑒最靈烹出異常還普
照一人外味得令醒

留與首座

名山靈迹遍優游賞勝心應近巳休好住新豐古洞
裏共揚佛事老春秋

因事

祖師心印鐵牛機直要當鋒決是非擊電未收轟霹
靂相逢誰是丈夫兒

南臺石頭真堂

南臺石上彬彬子今古何人道可齊昔日住庵真答
在夜來明月落前溪

寄信上人時在般若臺

要行便行住便住去住尋常與誰語而今又在般若
臺無鏹取妻衣自補

和香巖和尚石磬

亂山深處雲藏久不是知音辨也難一日禪堂高掛
着時時響應萬機寒
玎璫鏗晄倚茶長直下無私喚起人各各殷勤驚覺
了可憐幽韻又虛陳

送道嚴沙彌南康功

步步登高鳥道玄心心開發火中蓮沙彌品格沙門
行始解南康化有緣

送則上人

困魚止濼鳥棲蘆空倚雙林大丈夫一一盡從胸臆
裏蓋天蓋地灑醍醐

送全禪者廣南作功

達磨遺下一隻履老盧把住出祖衣家家門前赫日
月太平不用將軍威

送文禪人之古州功

自心隨色摩尼寶莫問盧陵米價高更欲徧遊華藏
界都歸仁者一眉毛

滁州全椒蔡院鑒上人邀宿草庵

未能直到覺元妙且向途中息草庵勿謂無心便休
去前三三有後三三
庵內不知塵世事此心能有幾人全黑龍山寺椒城
外路入青林隱翠嵐

和酬運判李大夫

同鄉同姓通玄士應念羣迷復現身時向庵中開舊
論還隨法界在微塵
按行雖是江西漕藜杖分明長者身須信此心能自
在外官作論總非塵李公自言是長者之後

又贈李運判

公道生平爲布施況聞高潔到如今利民利國何人
識元是仁慈古佛心
竹炬點來明有盡智燈然去照無窮故知般若靈光
妙行處輝華到處通

和泐潭乾長老見寄

泐潭乾老真淨翁白頭彼此雪霜蒙道人不必重相
見千里長同月下風
長愛未山塵世外老來無用更深藏人間是事只如
此巖穴誰同一炷香

答新昌簿求圓通頌

何妨識取主人公妙性雖空用不空王事更繁皆自
了未聞裴楷獨清通

送昭禪者

馬駒踏處水雲深問道無非特訪尋別我又投三祖
去取魚不在一清潯

和楊川秀才見別

詩句清新已出塵西來祖道更能親雖然頭戴烏紗
帽心是蓮花社裏人

龍湫

參天四面碧崔嵬中有龍湫偃石堆往往山前爲雨

窓正應從此起風雷

別江西漕王正言

滌盡塵勞破盡疑廓然還得本心時荒田不揀枯來草生殺臨風自在施

和人歲日

剃髮因驚雪滿刀年華須信不相饒逃生脫死勤爲佛莫謂明朝與後朝

送華禪者

此心本是法中王南北東西豈有方若遇風雲興霹靂任教群鴈不成行

寄程承事

老也須知不老身同行同坐有精神雖然無相無容貌能爲羣生作主人

筠洪中路有驛名大通其傍精舍曰竹下因投宿題之

有寺路傍名竹下去洪一驛大通前偶來投宿滿窓月伴我寥寥永夜禪

送曉化主

勝王閣上江山勝洪井城中萬事閑祖意西來本清淨不須更要離人間

仙遊觀愚溪閣

濟用古今流不盡閣中誰是不言人此心若似愚溪水天下悠悠總任眞

觀彭學士會黃檗老宿覺林院頌遂乃詠之

性覺瑩無垢廓然圓滿心發生功若地長養行如林居士從元大禪師復本深相逢一家內僧俗世殊欽

雪朝陞座僧問雪上蹤由事若何師云片片色無別

高僧因雪問長老今當行片片色無別紛紛性共明一陽曾告報萬物待生成不獨資禪悅臨機要盡情

弔黃龍和尚塔

示滅師何速空遺塔此中僧閒四海錫誰復九年風鳥外千峰迸人間一徑通寥寥朝與暮惟有白雲同

新荷示徒

濁泥終不染况在梵宮生潔性一池碧幽香滿座清團團初映水短短漸分莖更待蓮花出禪心妙可明

投老庵示衆

九峰山色裏拙者草庵深投老遂疎懶問禪徒訪尋欲知諸祖道不越衆人心彼此同成佛聊爲直指吟

題清居栢樹

昔人曾指出今古道傳馨祖意憑君悟禪心使我惺故知非俗物還長在僧庭凡木幾回老高標依舊青

呈筠守徐朝議辭九峰命二首

捨家從學道無用檗大眞豈謂至愚者仍慚老病身不堪爲度世止合作閒人乞放歸山去翛然老白春

六十四年期歸閒已是遲一身終有限萬事畢無時學道當求靜爲僧亦合宜蜀江賢太守外護却應知

張文結再任洪州

洪都王者府復鎮見君臣不責辭台越唯佳奉老親江山千里舊賓主一時新曾對談禪客慚非下榻人

大寧山堂

禪家能自靜住處是深山門外事雖擾座中人亦閒漁歌聞別浦鴈陣下前灣即此非他物何妨洪府間

散珠亭

一一分龍口當軒號散珠若教收拾得却恐久長無合浦圓相似隋庭夜不殊豈惟能善利萬物有工夫

擬王元澤題鳳凰臺

鳳去臺長在園林別嶼連因傷故國事願學老盧禪淨練澄江地餘霞散綺天六朝人不見極目舊山川

寄西庵法眼安師

不聞庵外事此意有誰知林壑路窮處世途心盡時鐘聲來舊寺月色下新池却笑承風者區區老若爲

寂軒

本來心自寂不必更論禪我欲辨多事誰來共少緣萬杉青靄裏五老碧峰邊第一幽藏處廬山小洞天

留題天水居士靜寞關

收心安養處靜不在山中冬暖一爐火夏涼三面風遣時緣旣薄樂道意何窮莫問人間事勞生總是空

洞山訥庵

寂寂坐無語何人知此心別傳來自昔密付到如今胡氏田園上雷家洞府深高僧庵舍在誰爲試相尋

留題東軒

佛子異行藏開軒亦有方故因迎夜月仍得待朝陽群木煙初煖幽蘭花正芳坐來禪性澹蜂蝶自輕狂

寄香城順禪師

靈觀抛頭後名山護有神道場千古舊法席幾緣新廢去何由物興來故在人况師先達者不與衆同塵

寄程承事

七十六七八時來又共新青嬉池上柳白髮鏡中人但逐年華轉焉知佛性眞寄言程老子有酒且歌春

答靖安黃尉問疾二首

書來蒙慰問外護力何偏趁鼓會雲侶焚香開雪牋滿池蓮出水迴漢月生天又似新裁錦文章少比肩

老病連綿發寧忘苦惱縈百骸雖朽敗一物却精明古屋縱傾倒閒心亦坦平但知行大道懶更問前程

宿彬上人房

人事少相干亦由居處偏不隨流過日常得自安禪野色郊原接雞聲市井連此身仍老矣風暖杏花天

退洞山上毛大夫

名山不到處閒欲遍追尋擬把新豐月將還悟本心

禪門無著性仙府有知音〔無闗乃李入作 昔隱之地也〕聞説寒巖
在天台第一深

遊東鼓寺

東鼓與西鼓開先瀑布前廬山圍不屈勢更近南邊

遊景福訪省長老

人生倏忽間春色又東還方丈新宗匠禪門舊竹間
嶺雲飛片片溪水瀉潺潺總是天眞物高僧心共閒

寄績溪蘇子由

達人居處樂准謂績溪荒但得雲山在從教塵世忙
文章三父子德行二賢良却恐新天子無容老石房

蘇子由闢東軒有顏子陋巷之説因而寄之

才淹居亦弊道在不爲貧未洒傳巖雨且蒙顏巷塵
曠懷隨處樂大器任天眞半夜東軒月勞生屬幾人

訪寶雲長老

相見呵呵笑園林落葉多青松色尚在仁者道如何
世態期朝暮風光逐綺羅居山禪寂子無狀我頻過

經宣梵院延亭

積善一方人延祥日益新共當千百載長若二三春
座客心心靜環簷物物眞院頒宣梵號天子福黎民

寄無爲居士

世俗事無盡養尚心自閒蔬園通綠野林塢帶青山
丹竈牖添火雲庵懶著關別應修有術七十見朱顏

泱亭

門徑松杉老悠悠日月閒法王眞境界禪者舊家山
祖意傳來久人情自別攀如何快我聰蒲座水聲還

清涼軒

夏閒逃暑處軒戸對巖阿溪水漱無盡竹風來更多
百骸煩既滌諸祖意如何坐久聞魚戲時時動淥波
師在雙嶺清旦維那問訊乃曰寂寞師曰寂寞
僧家事遂成其偈

迥然生計別趣向少知音寂寞僧家事誼譁世俗心
長遺兒女累莫厭水雲深但樂西來意塵勞久自沉

途中逢建州三秀才

桃紅兼柳綠天地雨初澄琴劍三才子瓶盂一老僧
文章投北闕道業繼南能邂逅征途上生平識未曾

送周道士

歸去靈溪觀匡廬碧嶂深澗松多偃蓋岩溜盡鳴琴
不死從飡藥長生可練心他年如有道飛錫一相尋

送張僉判遊開先

步入青松裏迢迢一徑通漸分華藏界深隱法王宮
道與神仙別人非世俗同欲知西祖意庭栢老春風

謝新昌權宰見訪

秋試舉人廻峨峨將相材過橋分路處勒馬入山來
邑佐閑空望林僧靜可陪何當布霖雨天下活枯荄

送然上人化導

曾聽新豐曲簷頭雨滴聲還吹無孔笛用度有緣生
欲破他迷暗當開巳悟明春風活萬物天道美何評

清公默庵

久息遊方念庵居道可親依依雖有主寂寂似無人
池裏蓮從老門前事自新此心誰會得庭栢對長春

留題珞公寂照軒

幽軒名寂照四海坐中聞景物有遷色主人無異顏
野泉澄檻外香霧起簷間涼夜誰相問寥寥月滿山

送人之南嶽

境幽南嶽寺一一碧巖分遠近松相接高低鐘共聞
靈禽時奏樂香石日籠雲想到經行處昭然趣不羣

雷秀才顯閣

静構南池上群芳益我曹蘭仍雲雨添松下隱蓬蒿
環坐山川秀開懷意氣豪爲儒斯有業何慮桂枝高

上藍清涼軒

觀機唯説法一聽一清涼欲盡衆生病當開甘露場
幽深方丈後掩映府門傍有問西來意城頭角韻長

遊桃源贈劉君實

宛若神仙府疑無世俗風人家山色裏門徑水聲中
柳線共垂綠桃花相映紅煙光正和暖遊樂意何窮

與道士話長生

悠悠人共老誰復解追尋豈信長生道分明不滅心
寬飛瑤闕遠夢役海山深語此迷方者無勞競寸陰

書道士壁

仙學迷多説當依柱史評無心歸大道有得失長生
物我同眞宰親疎豈可名良哉衆妙本一一在忘情

留贈香城淳長老

簾卷西山色禪心共月華香城深處寺靈悦上人家
絕頂壇猶在盈頭乳巳酴而今淳道者經誦白蓮華

題矮鷄冠

潔白異衆卉堦前莎草齊曉來和露看只欠一聲啼

再遊永固院

悠悠塵世外居者少關心是事有遷謝斯門無古今
乾坤同永久山水共幽深我愧重來此諸方懶去尋

淨頭端上人求洗滌之説因而成偈

段食共滋養皆名有漏身焉知大小事不昧往來人
歷歷隨間見惺惺應屈伸變通元自在鑒照本天眞
由逐江湖客恥爲堯舜臣所依投旅舍安計困風塵
病故嫌王膳饑仍預國民既能外早自須解別疎親
朽宅蚖蛇命浮泡尿尿陳何妨觀穢惡却要滅貪嗔
除垢超凡果淡空入聖因迦文教雖舊釋子道應新
華屣排朱戸禪衣掛綠筠攝心彰戒定彈指覺坑神
吐唾防塗壁拋穢怕動隣爲僧當異俗學佛便行仁
伏忍寃憎盡興悲鳥獸馴及湯宜讓伴盥手忌淋垠
受用生慚愧供承識苦辛堦甎同鏡面宛宇若魚鱗

根耨欣歡少光明讚歎頻捕盆遲次第灰上最精淳寒鼻斧紅棗迎賓蠛絳脣去驢終遠害習慢必遭迍曲器易盈滿曠懷忘賤貧沙門修慧命菩薩振慈綸總具如蓮性誰偏可意珍莫迷臭皮袋苦海枉沉淪

石筧二十韻

帶月眠霜磨復琢南康匠者好規模引廻鹿野靈源水瀉入梵宮香積廚宜作奇祥當聖代永為盛事在元符戊午依依數里松蘿下往往諸方佛剎無左搘右盤何鞣繞高來低去更縈紆屈伸宛若蒼虬活裁剪分明碧玉俱解逐方圓槨上善能隨甜苦任殊途既成蔬飯鳴犍椎還奉林僧洗鉢盂及物冷泠離洞府漱湍瑟瑟近簾隅禪堂客喜滋茶味祖席人傳美畫圖澄湛池塘縈菡萏清涼肺腑飲醍醐調和口腹功非小蕩滌塵埃德不孤遐邇溪山同掩映朝昏鳥獸共歡呼屯雲坳裏龍擡首盼雪巖前虎踞軀夾道我杉根漸著傍垠種竹葉微甦橋橫深澗優游也亭起危巒悅望乎佛于開時慚潦倒馬蹄踏處媿疎愚賢將世子勤其力則與清師忘所劬清則監寺世乃十人共成充寺于截石門憑沃潤萬家檀越賴需濡飄將長句伽陀讚誰謂江河壯帝都

題雙嶺曇顯法師影堂

雨花臺下其身在便是梁朝顯法師南嶽早傳思大道北齊曾挫陸修詞沙門既悟神通妙道士休誇呪術奇衆一無人能舉二至今佛日聖明時

秋夜宿景德院

荷滿秋塘菊滿籬變涼軒檻冷風吹西來祖意堪任處方丈禪心正寂時岸住何妨停棹子車行須是打牛兒通人聞說呵呵笑帶水拖泥老古錐

和植翠庵老和尚送季二十歸袁州

深入靈山龍問禪還家林徑步苔錢悟懷此去須知幸付偈誰來得有緣隱俗但忘憎愛見同塵寧畏是非遷時時好味庵中盲若遇如君始可傳

和楊川秀才

同是浮泡幻化身鬢邊白髮但驚春隆星灣裏曾分舊卷寶山中又話新君把詩篇多適性我將佛法獨怡神雖然禪悅吟情別得意逍遙總要津

謝毛大夫見留

山野欣逢太守賢故伸鄙臆下雲巔莫嫌苦死辭幽隱却為勞生屬晚年多病况慚非道德疎慵虛占好林泉片雲飄逸情無限不用羈留重愛憐

次韻郡倅李朝散留題洞山

凌空疊翠嵐光裏一簇樓臺釋子宮誰謂道場無事到自須蓮社有緣通曾迎彩旆長松下得奉冰顔累日同從此承恩何以報悠悠心在白雲中

悟本道場三百載至今香火盛玄關未遊長謂於人外及到分明在世間境屬化風林壑靜僧依勝迹錫瓶開訟庭無事民情樂洞寺何妨一再還

寄蘇子由

徧因訪祖叅禪後拙直尋常見愛稀有道却從人事得無心應與世情違時光易變誰驚老真趣難窮自覺微尤荷多才深此意宜譁幣裏共忘機

與會勝禪老同坐夏瑯琊至秋作偈相別以敘一時之事

涼秋時節諸禪子去去楊朱路任差到處有山容駐錫何方無寺不為家萬緣脫去輕浮世一性常來看落花我亦與師雖老大更尋幽隱過年華

送祥長老住雲門

曾學雲門自在禪而今歸去豈無緣南山下雨機雖妙北斗藏身語更玄衣到老盧長把住法從少室廣流傳諸方彼此休分別唯佛功深見處圓

退居彭判官以詩見留大韻奉答

勝剎當年偶重棲老來猶占自知非欲憑別選僧中德可使重拈石上衣法付王臣千古振道期高下一心歸何妨絶我篤留事開為君通佛祖機

和饒守周開祖見贈

休話東西北與南群生佛性妙相參詩書未必無夫子道德何妨有老聃不二靈源誰共覺以三真教自深探山間老也為遺物多謝通人鑒草庵

寫懷寄五峰長老

此寄欲拋拋未得長思來伴老高元道因無念殊途會入到有年諸事休閑徑草深方禁足碧林蟬叫又驚秋世情追逐何時盡覽鏡那堪更白頭

送西安丐者

禪性天真蓮出水等慈及物別嚴阿供投野老門門到飯歸林僧寺寺過獨木溪橋人戶少孤村草店路頭多風寒日晚宿歸處猶隔俞園五里坡

別洪師張左司歸沩潭

自笑年來七十三餅盂又汲石門潭偶迎府帥一時意拋却雲山幾處庵大道也知無固必通人應亦重相諳翻思恩德何由報潦倒扶持強指南

寄洪師張天覺

雲頰德風輕舉力飆然又寄寶山中龍蛇每用春雷覺草木時將法雨蒙馬祖妙心傳不盡沩潭靈派瀉無窮回頭爲報張居士豈獨今生外護功

聞說當年虵虎穴法王居後杳無蹤庭幽寂寂深深處山好千千萬萬重張氏腴田圍大嶼馬師靈塔蔟長松勝遊輸却君先到還屬南昌一化封

楞嚴偈寄撫守許朝散

十卷楞嚴萬行林法門開闢備機深八還四就丑塗鑛三漸七徵猶煉金見見時當見性聞聞時處要

開心使君爲物延僧講付囑無忘佛正音

留題佚老菴

勞生唯有僧無事若悟眞乘老更閑三徑困林禪性在一庵風月道心還傍欄碧澗長來水隔岸青岑不買山却顧群情塵土裏名牵利役自忘艱

送僧遊南嶽

住亦無求去亦閒飄然到處是家山偶棲龍嶠重嵓寺又憶融峰絶頂關禪性誰同秋月皎吟情自得古風還平生聚散三回也知向何時更會顏

送莆州丐者

東西南北齊安道舜日高高照不偏千里江山稱佛國萬家香火祝堯天麻城長者思聞道栢子眞身尚坐禪機但大悲平等化無人無我智爲先

和僊上人秋夜對月

香殘火冷漏將沉孤坐寥寥對碧岑萬井共當門有月幾人同在道無心風傳喬木時時雨泉瀉幽巖夜夜琴爲報恭玄諸子道西來消息好追尋

附録

大丞相請疏

觀文殿大學士司空上柱國荆國公王安石

伏以肇置仁祠永延睿算歸誠善導開迹勝緣文公長老獨受正傳歷揚戲論求心之所祈嚮發趣之所歸宗俯惟慈哀勉徇勤企謹疏元豐八年三月日

判府左丞請疏

資政殿學士太中大夫魏郡開國侯王安禮

伏以施緣野之林園蔚然華構立青蓮之場地寵以嘉名申祝壽祺推明美報必資達識爲覺迷情文公長老夙悟眞乘久臨清衆若心數法非外假於虛名由聞思修可內觀於實相舉揚宗教和會勝緣謹疏

元豐八年三月日

寶峰雲菴眞淨禪師語錄序

眉山蘇轍述

水流於地發爲草木鹹酸甘苦皆水也火傳於薪化爲飲食飯餅羹胾皆火也心藏於人見於百骸視聽言動皆心也古之達人推而通之大而天地山河細而秋毫微塵此心無所不在無所不見是以小中見大大中見小一爲千萬千萬爲一皆心爾法然而非有所造也故其指心法以示人也有以光明相好化人有以飲食卧具衣服有以園林臺觀虛空有以寂默無說無示蓋事無非法者然有聞思修法門衆生由之以入如大衢路既徑且易自達磨西來諸祖相承皆因言以曉人心地既明出語皆法譬如古木生氣調達華葉無數顛倒向背穠纖長短無一不可譬如大海濕性融溢隨風舒卷波濤流轉充遍洲浦無一不到觀者眩耀莫測其故然至於循流返源識其終始可以拊手而笑有禪師文公幼治儒業弱冠出家求道得法於黄龍南公説法於高安諸山晚居洞山實繼悟本辯博無礙徒衆自遠而至元豐三年轍以罪來南一見如舊相識既而其徒以語錄相示讀之縱橫放肆爲之茫然自失蓋余雖不能詰然知其爲證正法眼藏得遊戲三昧者也故題其篇首

寶峰雲菴眞淨禪師語錄後序

鄱陽任軒程袞述

眞淨文老以華嚴海藏無量珍奇放大光明照四天下高安閫處妙應化城赫日現時最初一句新豐古洞悟本家風路逕依然七凹八凸開山建業宰軸樞邢冉拊清音天然氣格斬蛇機峻祖令重行鵲眼龍睛亦遺摽駁石門壁立宴坐寶山雲慧西堂潭澄秋月緒餘珠霧流落人間衲子允平留穿收拾揭爲標鑒掛向叢林自性天眞此味元無差別百千三昧諸方各任招提崇寧改元季春望日靖安日舒軒序

古尊宿語錄卷之四十五

古尊宿語錄卷之四十六

滁州瑯琊山覺和尚語錄

叅學門人元聚集

示衆云主賓互換坐斷乾坤料簡雙施誰人具目釋迦聖主示滅雙林達磨大師真歸熊耳瑯琊門下還有具眼衲僧真正道流麼若無應病與藥診候臨時

示衆云汝等諸人在我這裏過夏與你點山五般病一不得向萬里無寸草處去二不得孤峯獨宿三不得張弓架箭四不得物外安身五不得滯於生殺何故一處有滯自救難爲五處若通方名導師汝等諸人若到諸方遇明眼作家與我通箇消息貴得祖風不墜若是常從卽須寢息何故躶形國內誇服飾想君太殺不知時

師上堂有僧出打一圓相師便打云道道僧云不道不道師又打僧云三世諸佛不出於此師又打乃云大衆教中道以手指比丘犯波逸提山僧今日入地獄如箭射

師一日上堂舉汾陽先師道汾陽門下有西河師子當門據坐但有來者卽便咬煞作何方便入得汾陽門得見汾陽人瑯琊者裏也有些子瑯邪有據坐師子若有來者卽自喪身失命作何方便入得瑯邪門得見瑯邪人此兩轉語汝等諸人還點檢得出也無若點檢得出方名釋法眼若不如是且無安身立命處卓拄杖一下便下座

上堂云彼我無差色心不二遂拈拄杖云你若喚作拄杖子有眼如盲若不喚作拄杖子還同避溺而投火你若脫體會去但知喚作拄杖子卓拄杖一下便下座

上堂舉釋尊道若見諸相非相卽見如來遂拈拄杖云山僧喚者箇作拄杖子阿那箇是相良久云向下文長付在來日以拄杖卓一下便下座

上堂拈起拄杖云山僧有時一棒諸佛降生有時一棒轉大法輪有時一棒入般涅槃你且道諸佛降生轉大法輪入般涅槃相去多少良久云莫謗如來正法輪珍重

小叅有僧問放過一着滿目光生把斷要津萬木凋弊學人上來請師垂示師云老僧退後學云放過總由和尚去也師云闍黎進前三步學云不入虎口爭見虎牙師云十字路頭望空啓告又僧問十年磨一劒霜刃未曾試時如何師云本分作家學人便喝師云老僧失利學云恰是師乃呵呵大笑師乃舉先梁山云南來者與三十棒北來者與三十棒然雖如是不當宗乘師云梁山好一片真金將作頑鐵賣却瑯邪卽不然南來者與三十棒北來者與三十棒從教天下衲僧貶駁珍重

上堂云夫學般若菩薩須得智觀現前方有少分相應所以先聖道當觀過去猶夢故不可得當觀未來猶電故不可定當觀現在猶雲故夢觮而有且道學般若菩薩當如何觀不用思量低頭難得卓拄杖便下座師因巡寮次舉布袋和尚凡在市鄽中以破紙裹一片乾薑見人便相呈云兜率陀天底兜率陀天底遂令學衆下語竟有云云師末後下語云慈氏菩薩又舉布袋和尚凡見人以手背上便拍一下人纔廻首云與我一文錢遂令學徒下語師末後云但擲一文錢與伊

上堂舉汾陽先師云夫學般若菩薩須叅活句莫叅死句如今人便道函蓋乾坤是活句截斷衆流是死句潛麼會莫辜負他汾陽也無衆中有一般禪客商量道如何是活句今日好天晴如何是死句萬里崖州若潛麼會學到驢年也卽是死句山僧與你一時注破了也作麼生是活句遂卓拄杖便下座

上堂云夫叅學之人直須具慧見前鑒照無差不見道差之毫釐失之千里纔有異見名爲異道所以異道有二種見因緣自然以斯爲執故乃成於異所謂因而無始緣而無終又先聖道諸法不自生亦不從他生不共不無因是故說無生山僧雖然與麼道你且不得與麼會若與麼會入地獄如箭射珍重

上堂舉僧問馬大師如何是佛大師云卽心是佛如何是道云無心是道云佛與道相去多少大師云佛如展手道似握拳師云古人方便卽不可山僧者裏也有些子若無人買山僧自賣自買去也如何是佛巖前多瑞草如何是道澗下足靈苗佛與道相去多少數片白雲籠古寺一條淥水繞青山珍重

師因小叅僧問言前薦得辜負平生句下承當又成狂見未審和尚如何爲人師云橫挑日月竪括乾坤僧云真學人師師云本分衲僧其僧便喝師嘿坐僧云了師笑云不能打得你師乃舉僧問汾陽先師切急相投時如何汾陽云水中抱鶯子又問急切相投時如何汾陽云裸形見阿難師云有一轉語截斷天下人舌頭有一轉語能開人眼目你若揀得出與你一條拄杖擲下拄杖便下座

上堂舉三聖老人去叅德山纔相見便展坐具德山云不用展不用展若裏無殘羹餿飯三聖云設有向什麼處著德山不語三聖將取坐具叅堂去衆中商量極有云云不見道若無欒布作爭得見韓光珍重

上堂云諸仁者未出僧堂時聖僧已相爲了也未到佛殿上重說偈言來至法堂上三通鼓罷一炷香焚便好散去何故不見安養國中水鳥樹林悉皆念佛知足天上樹相撐觸演說苦空山僧與麼道爲是壓良爲賤爲當是據理而論若不甘者但請對衆出來

山僧與你證據若也無去褒衣著笠從偏側收取絲
綸歸去來珍重
上堂云有句無句如藤倚樹樹倒藤枯恰好喫棒你
且道過在什麼處良久云不是僧繇手徒說合丹青
以拄杖卓一下便下座
上堂云與麼來者上間安排不與麼來者下間挂搭
向上人來獨自悽悽暗渡江更有一人向什麼處著
良久云釣竿斫盡重栽竹不計工程得便休珍重
升座僧問承師有言與麼來者上間安排不與麼來
者下間挂搭總不與麼來者又作麼生師云今日渴
著衲僧其僧便喝師云廚前喫飯師乃云先聖道明
暗交謝寒暑迭遷有物流動人之常情又放光云法
無去來無動轉故若然者旋嵐偃岳日月歷天江河
競注野馬飄鼓而無流動若如是諦觀且道條然一
句作麼生道良久云石火夜燒山大地齊合掌珍重
上堂舉祖師道真性心地藏無頭亦無尾應緣而利
物方便呼為智師云既是方便呼為智且道畢竟喚
作什麼良久云任從滄海變終不與君通珍重
上堂云世尊三昧迦葉不知迦葉三昧阿難不知阿
難三昧商那和修不知吾有三昧汝亦不知師云為
什麼不知不是不知理合如斯若人會得南北東西
若不如是更擬何之卓拄杖一下
上堂云你等諸人但自隨緣飲啄任性浮沉在聖而
不增處凡而非減若能如是方乃皇風蕩蕩觸處開
閑乃云道也太煞道了更須子細始得珍重
上堂舉先聖云若也廣尋文義猶如鏡裏求形更乃
息念觀空恰似日中逃影諸禪德不涉二途作麼生
道良久云看看便是春風至氷釋魚行鳥亂飛珍重
上堂舉汾陽先師頌云三玄三要事難分得意忘言
道易親一句分明該萬象重陽九日菊花新師乃喝
一喝云是第幾玄良久云你也沒量罪過我也沒量
罪過卓拄杖便下座
上堂云君臣道合猶是法身邊事君不見君臣不見
臣猶是法身向上事向上向下轉使心地不安且作
麼生是法身良久云任是僧繇手難畫志公真珍重
上堂云若論此事說什麼龍樹馬鳴提婆鶖子辯似
懸河智如流水莫能知之摩竭掩室衆手難淘淨名
默然如何即是百丈卷席諸方云云祖師面壁叢林
浩浩到者裏若辨得出山僧與你一條拄杖若辨不
出山僧有通方句且道作麼生是通方句良久云手
攜隻履西天去珍重
上堂舉先聖道有物先天地無形本寂寥能為萬象
主不逐四時凋師云好箇頌却成兩橛若有人點檢
得出許你具一隻眼珍重
上堂云若欲求佛即心是佛若欲求道無心是道無
心故非法而不生即心故歷劫而常堅若然者法法
無差心心不斷所以古德道但隨緣得似風飛砂
走石不乖空但於事上通無事見色聞聲不用聾珍
重
上堂云春風颰颰古佛嘉猷淥水潺潺道人活計若
與麼會貶向崖州本色衲僧如何理論良久云果聞
猿叫斷腸聲珍重
上堂舉世尊云一切衆生妄認四大為自身相六塵
緣影為自心相且問諸仁者在眼曰見在耳曰聞在
鼻嗅香在舌知味在手執捉在足運奔亦不喚作衆
生亦不喚作佛性你且道喚作什麼良久云香嚴舍
悲接拄杖仰山撲破溈山鏡珍重
上堂云承言須會宗勿自立規矩若人下得通方句
我當刎頸而謝之珍重
上堂舉雪峰云若論此事如一面鏡相似胡來胡現
漢來漢現有僧云忽遇明鏡來時如何雪峰云胡漢
俱隱師云不見道驗人端的處下口即知音珍重
上堂云山僧因看華嚴金師子章第九由心迴轉善
成門又釋云如一尺之鏡納重重之影像若然者道
有也得道無也得道非亦得道是亦得雖然如是更
須知有拄杖頭上一竅若也不會拄杖子穿燈籠入
佛殿撞著釋迦箍倒彌勒露柱拊掌呵呵大笑你且
道笑箇什麼以拄杖卓一下便下座
上堂舉先德道吾早年來積學問亦曾討疏尋經論
分別名相不知休入海算沙徒自困却被如來苦呵
責數他珍寶有何益且問諸人作麼生是自家珍寶
若也不會拄杖子叫屈去也卓一下珍重
上堂云江月照松風吹永夜清宵何所為淥水澗中
流不住白雲片片嶺頭飛珍重
上堂云先德道今古應無墜分明在目前片雲生晚
谷孤鶴下遠天岸柳含烟綠溪花帶雨鮮誰人知此
意令我憶南泉師云你且道南泉意作麼生良久云
兩眼已隨青嶂合雙眉猶帶野花馨珍重
上堂舉傳大士云未有無心境曾無無境心境忘心
自滅心滅境無侵師遂拈起拄杖云山僧喚者箇作
拄杖子你等諸人喚什麼作境你若道得山僧有通
方句若道不得與你七百錢珍重
上堂云若論此事直饒辯似懸河智如流水且與那
事沒交涉昔有僧問風穴大師如何是道大師云五
鳳樓前如何是道中人大師云問取城隍使道與道
中人相去多少大師云月似羅中鏡星如霧裏燈師
云衆中商量極有云云山僧今日與你領出月似羅
中鏡星如霧裏燈滿堂清淨衆盡是坐禪僧珍重
上堂云如釋尊言應如是知如是見如是信解不生
法相師遂拈起拄杖云山僧喚者箇作拄杖子何者

是法相卓拄杖下座

上堂云山僧常向諸人道擬心即差動念即錯不擬不錯一任你諸人眨剎你且道眨剎什麼處良久云想君不是金牙作爭解彎弓射尉遲

上堂衆僧問曹山雪覆千山為什麼孤峰獨露曹山云須知有異中異進云如何是異中異曹山云不覆千山頂師云曹山慈悲濃厚接引羣生要會即不可山僧者裏不然如何是異中異片片梅花飛落地弥高

上堂拈起拄杖云山僧有時一棒作箇幔天網打俊鷹俊鷂有時一棒作箇布絲網撈蝦摝蜆有時一棒作金毛師子有時一棒作蝦蟇蚯蚓山僧打你諸人一棒且作麼生商量你若緇素得出不妨拄杖頭上眼開照四天下若也未然從教立在古屏畔待使丹青人畫圖弥重

上堂舉祖凡見僧來便面壁而坐衆中商量極有多般梁山受業先師曾有一頌魯祖三昧最省力才見僧來便面壁若是同心達道者不在揚眉便相悉山僧即不然祖師面壁播諸方無限禪人謾度量無事晚來江上立數株寒栢倚斜陽弥重

師衆行脚時在衆中與一尊宿談論次因衆僧問長沙和尚南泉遷化向什麼處去長沙云東家作驢西家作馬僧云畢竟如何長沙云要騎即騎要下即下其尊宿遂問師云莫是對他語否師云無莫是成他問否師云無莫是點他語否師云無畢竟如何師云磬聲斷後不許易價因成一頌示衆云要騎即騎要下即下磬聲斷後不許易價

師上堂拈起拄杖示衆云先佛世尊道觀法性空是無上智山僧唤者箇作拄杖子汝諸人作麼生觀有智不假年高無智徒勞百歲卓拄杖下座

上堂示衆云古人道有時先照後用有時先用後照有時照用同時有時照用不同時若也先照後用露師子之爪牙若也先用後照縱象王之威猛若也照用同時如龍得水致雨騰雲若也照用不同時提獎嬰兒憐愛子諸仁者此古德建立法門為合如是不合如是若合如是似紀信登九龍之輦不合如是若項羽失千里烏騅還有人為琅邪出氣也無如無山僧自道去也卓拄杖下座

上堂云夫參學人須是不滯於性相始得若談於性即滯於相若談於相即滯於性者裏須是性相都泯理事混融方解即事即理即性即相當此之時如拳十指展縮自由乃拈起拄杖云拄杖走入新羅高麗國中大醉報道今年米貴地神惡發生嗔拄杖即今入地便擲下拄杖下座僧問大事未辦時如何師云金燈連夜照不覺五更鐘進云大事已辦時如何師云跣足踏氷雪方知徹骨寒問談真即逆俗順俗即違真離此二途請師舉唱師云水底石牛吼木裏瑞花開進云若然者不因觀北斗爭得見南星師云世亂奴欺主年衰鬼弄人放汝三十棒遂舉大陽和尚示衆云平常無生句妙玄無私句體明無盡句後有僧請益如何是平常無生句白雲覆青山青山頂不露如何是妙玄無私句寶殿無人不侍立不種梧桐免鳳來如何是體明無盡句手指空時天地轉迴途石馬出紗籠第一句道得師子嚬呻第二句道得師子踞地第三句道得師子返擲縱也周遍十方擒也坐在一處正當與麼時作麼生委悉若委悉不得來朝更向是千看便下座

上堂云山僧昨日因禪人請益郢州大陽和尚三句語山僧昔曾參侍巾瓶來今日不可不報答他大陽和尚去也山僧亦有三句語如何是平常無生句言前無的旨句後絕追尋如何是妙玄無私句金鳳不棲無影樹玉兎何曾下碧霄如何是體明無盡句三冬枯木秀九夏雪花紅將此三轉語供養大陽和尚雖然如此又不可辜負我汾陽先師去也山僧亦有三轉語供養我汾陽先師如何是平常無生句卒如何是妙玄無私句家如何是體明無盡句好師乃頌云卒家好林間問三老不飡王母桃自有仙家棗便下座

上堂衆一老宿道臨濟入門便喝也是賊後打鐘德山入門便棒也是平地陷人諸仁者便道是幸然無事向好肉上剜瘡枝條上强生節目似這般見解更買三二十緉草鞋始得又有一般老宿云臨濟入門便喝德山入門便棒到者裏凡聖路絕纖毫不立坐斷天下人舌頭汝若擬議喪身失命似這般見解滴水也難消所以先師道德山棒臨濟喝獨步乾坤橫該抹吳邪即不然臨濟入門便喝且不得瞞心德山入門便棒更須子細且道教汝諸人子細箇什麼云停囚長智養病喪軀以拄杖卓一下

上堂拈起拄杖云一方諸佛降生也在拄杖頭上轉大法輪也在拄杖頭上入般涅槃也在拄杖頭上汝等諸人作麼生委悉良久云不可待緣木求魚見危致命卓拄杖下座

上堂云夫參學者須是智眼開明始得今時諸尊宿纔見竪拂敲床揚眉瞬目便作是非褒貶不見汾陽先師道識得拄杖子一生參學事畢又沕潭澄和尚道識得拄杖子入地獄如箭射聽取山僧一頌汾陽拄杖子天下走禪流秋風急似箭春雨潤如油便下座僧問昔日靈山以梓擊鼓轉大法輪今日師登法座請師演唱師云白雲靄靄進云大衆臨筵如何證據師云淥水潺潺進云准旬一輪月長江萬里清師

云寧遇知音僧問如何是瑯邪境師云山高海闊進云如何是境中人師云天長地久進云人境已蒙師指示向上宗乘事若何師云速禮三拜僧問談真即逆俗順俗即違真如何得不相違去師云杖頭挑日月進云施主臨筵請師再垂方便師云袖裏貯乾坤進云野花連地發春草徧園生師云釣人江上立不覺失漁舟師乃云只麼地散去亦有少分相應雖然有少分相應有似鈍鳥棲於枯枝遊魚處於涸轍作麼生是透脫一句卓拄杖下座僧問承師有言開口錯擬心差離此二途請師別道師云蘇武不入單于帳進云與麼則今日失利去也師云旁觀塞草亂堆斑進云早知今日事悔不慎當初師云愁人莫向愁人說師因出州看陳轉運喫茶次乃問師云佛法總不在思量是否師云既不在思量如何道得運使大笑云爭到者裏道不得師云請運使問待山僧道運使遂將前問問師師答云有過者且恕十三無罪者莫決入棒運使呵呵大笑乃就師乞頌師遂與頌云莫於言上覓切忌意中尋疾燄過風吉思量海岳沉師歸山升座舉似大衆頌後續兩句云祇陁親捨樹長者布黃金

師因雪上堂云雪雪大地山河一齊說文殊普賢真妙訣拈取拄杖驀頭擊豐干林下笑呵呵兩箇彌勒探水月僧問一法若有毗盧墮在凡夫萬法若無普賢失其境界正當與麼時還許文殊出頭來也無師云樓頭吹畫角妄聽五更鐘進云學人未曉乞師再指師云未到長城不肯休進云不入洪波裏爭見弄潮人師云草上斑斑衆者看師乃舉靈樹和尚欲竪行狀碑要選一轉語上碑如契和尚意者可以問如何是祖師西來意人人下語皆不契雲門為首座下語云師方乃契得靈樹師頌云師師師知知知三三兩兩過遼西一雙紅杏換消梨

上堂拈起拄杖云盤山道向上一路師云滑南院道壁立千仞師云險臨濟道石火電光師云鈍瑯邪有定乾坤底句各各高著眼高著眼卓拄杖下座僧問承教有言法不在內不在外不在中間未審在什麼處師云逢人莫錯舉進云還許學人請益也無師云啼得血流無用處其僧禮拜師云猶較些子問九夏賞勞誰人得薦師云周秦漢魏進云與麼則昨夜一聲鷹西風萬里秋師云靜處薩婆訶師乃拈起拄杖云在天則清在地則濁在人則神在物則靈且道在山僧手裏與作什麼良久云拄杖子

上堂舉仰山和尚見雪師子遂問雲門還有過得此色者麼雲門遂推倒著雪竇拈云雲門只會推倒不會扶起即今問汝諸人推倒扶起相去多少拄杖子撥過眉毛鼻孔裏呵呵大笑便擲下拄杖僧問雪峰三度上投子九度上洞山為什麼却去德山倒戈卸甲師云人平不語水平不流進云石火電光人不顧隨機設化有誰聞師云地無三寸土人無隔宿恩進云霜後始知松栢操事難方見丈夫心師云江南兩浙水師乃云見苦斷集取捨難忘獨契真常悲心未廣三祇五位滯在長途一念成佛心源未曉諸仁者若也薦得去如金鱗透網游泳波瀾似俊鳥辭籠翱翔碧落諸仁者若能如是方有少分相應若也未然且莫雲居羅漢僧問古人借問田中事插鍬叉手意如何師云袈裟浮漾水螺髻拂青雲進云不入洪波裏爭見弄潮人師云作麼生是弄潮人其僧便喝師云七棒對十三問古人道承言者喪滯句者迷離此二途如何即是師云逢人莫舉僧應諾師云作什麼僧便喝師云好箇衲僧僧拊掌便禮拜師云不消答師乃舉先聖道法爾不爾俱為唇齒汝等諸人作麼生會若會得開眼尿床若也不會遼之遠矣便下座師遂持此語遍問諸禪者云汝作麼生會衆皆下語不契末後有僧云請和尚下語師便起歸方丈僧問古人道問無橫竪答者由師擬伸一問師意如何師云你試問看進云劒閣路雖險夜行人更多師云想君不是金牙作進云與麼則為衆竭力禍出私門師云教休不肯休師乃云諸方盡道拈槌竪拂瞬目揚眉曲為中下之流山僧即不然山僧拈起者拄杖子也不為上上之人亦不為中下之者且道尋常用處作麼生若知得一竅方解穿竅透臟動地搖天若也未然且向天台看華頂却來南嶽度石橋便下座

上堂舉先聖道見身無實是佛身了心如幻是佛幻了得身心本性空斯人與佛何殊別者箇是拄杖子阿那箇是佛良久云一時吹取入門來

上堂云千說萬說不如一決諸人者且道決箇什麼良久云點鐵化為金玉易勸人除却是非難歸堂去

上堂舉永嘉和尚道但得本莫愁末如淨瑠璃含寶月遂拈起拄杖云者箇是拄杖子阿那箇是本云任是深山更深處也應無計避王徭珎重

上堂舉清平有僧問如何是有漏答云笊籬云如何是無漏答云木杓師云古人與麼道實謂奇特山僧為你諸人頌出有漏笊籬無漏木杓烜赫禪和安生卜度靈利座主何處摸揉金牙解使神鎗李廣箭穿雙鵰歸去

上堂云東湧西沒蓋是尋常南北縱橫未為極則透皮徹骨則不問汝鼻孔遼天一句作麼生道良久云堪羨一堂無事客卧雲深處不朝天珎重

上堂云拄杖若是頭上安頭拄杖不是斬頭覓活離此二途猶是無依滯餽透脫一路猶是著肉汗衫汝等諸人各具金剛眼睛到者裏作麼生會若也不會

拄杖子透過渤海看看卓拄杖一下

上堂云盡大地是箇餬餅從他江南兩浙河北關西咬者咬嚼者嚼賺瞌禪和被山僧擗頭打一棒走入露柱裏藏身且道露柱裏明得什麽邊事若也不會拄杖子爲汝念箇揭諦眞言以拄杖卓一下

上堂拈起拄杖云永嘉道心是根法是塵兩種猶如鏡上痕痕垢盡除光始現心法雙忘性即眞者箇是拄杖子阿那箇是心卓拄杖一下

上堂云依經解義三世佛冤離經一字又同魔說且作麽生得不傷物義去汝等諸人聽山僧一頌地凍草枯水寒氷結借問禪人是何時節臨濟走過新羅德山愁眉不悅珎重

上堂舉先梁山云從南來者與二十棒從北來者與二十棒雖然如此且不當宗乘師遂拈拄杖云點與不點等盡抹爲微塵卓拄杖一下

上堂舉先聖道森羅及萬象一法之所印盡大地是一條拄杖汝等諸人作麽生會卓拄杖一下便下座

上堂舉虎溪菴主僧問在者裏多少年主云只見春生夏長年代總不記得僧云大好不記得菴主云你道我在者裏多少年僧云春生夏長菴主云鬧市裏虎師云聽取山僧一頌鬧市中心虎能歌不解舞命值木星君不遇羅睺土便下座

上堂舉先聖道纔有是非紛然失心到者裏還有商量也無云心麤者失欺敵者亾珍重僧問今夜鐘鳴時道人盡來此向上宗乘請師舉唱師云我到者裏總開口不得學云退身三步去也師云言不虛設學云今日失利師云放你三十棒問拈槌竪拂即不問瞬目揚眉事若何師云趙州曾見南泉來進云學人未曉乞師再垂指示師云今冬多雨雪貧家爭奈何進云百花皆毀折冬後一陽春師云眞師子兒善師子吼師乃舉先韶陽大師道咄咄咄力韋希禪子訝中眉垂諸高德韶陽只有先鋒且無殿後山僧者裏即不然咄咄咄横該抹天不長兮地不闊珎重僧問久欽尊德今日功明時如何師云山高日出早進云與麽則白馬敲金鐙朝天萬里歸師云親面龍顏一句作麽生道學云一片月生海幾家人上樓師云在舍只言爲客易臨岐方覺告人難師乃云過去諸佛已般涅槃好與三十棒見在諸佛轉大法輪好與三十棒未來諸佛當出於世好與三十棒諸高德若要報佛之深恩當如是學學則從諸人不得辜負老僧珎重

上堂云先聖道在有破有居空破空二幻既除中道不立若然者山僧拄杖向什麽處著魚躍已隨流水去鶯啼猶送落花來珎重

上堂云拈起拄杖作寒山猛虎放下拄杖如入水蛟龍寒山猛虎作麽生商量入水蛟龍如何話會若也不知者一夜拄杖子笑汝去也卓拄杖一下便下座

上堂云若論此事如洪鐘待扣聲應長空如寶鏡當軒影臨萬象天不能蓋地不能載賢愚共處其間聖凡出之不得山僧與麽道大有人笑去在他也笑我也笑誰人知此竅三十年更笑去在珎重僧問一塵不起大地全收一塵未起時如何師云李廣射落雲中鴈進云龍吟霧起虎嘯風生也師云驚得胡兒走似煙問開口即錯動舌即乖如何是的師云摩竭䧟國金剛怒學云離咽喉脣吻又作麽生道師云驗人端的處下口即知音進云與麽則野花開滿地流水自西東師云者回放過後度難逢卓拄杖一下師云拈起拄杖千花競發放下拄杖萬樹齊凋不拈不放一月在天衲僧當此之時作麽生道良久云秋燕不聞梁上語却看鴻鴈過長天珎重

上堂云擊水魚頭痛穿林宿鳥驚黄昏不擊鼓日午打三更諸禪德既是日午爲甚却打三更良久云昨見垂楊緑今逢落葉黄珎重

上堂示衆云色即是空非色滅空我喚者箇作拄杖子你等諸人喚作什麽乃云欲知瀚海路須是去來人珎重

上堂云句中薦得遊子返於故鄉意中薦得方解事於尊堂若然者須是轉身吐氣始得若能如是方解自尺竿頭進步句中無意意中無句既能如是且作麽生轉身吐氣若也不會拄杖子爲汝吐氣去也卓拄杖下座

上堂示衆云拈起拄杖更無上上放下拄杖是何模樣衲僧鋒後即不問汝諸人馬鋒裏藏身一句作麽生道若道不得拄杖子道去也卓一下便歸方丈

上堂示衆舉先聖道說法不有亦不無山僧不可欺賢罔聖埋沒諸人去也何以如此也是湖南人賣麩便下座

上堂舉先百丈禪師示衆云百丈有三訣喫茶珎重歇直下若承當知君猶未徹師拈云百丈與麽道美則美矣善則善矣雖然如是即有順水之波且無滔天之浪山僧即不然瑯琊有三訣潦水青山月三冬枯木花九夏寒巖雪珎重僧問把斷綱宗則不問通風一句請師宣師云清風晃地紅燄亘天學云若然者撒手叫長空揚眉却廻去師云眞師子兒善師子吼學人便喝師卓拄杖一下學云和尚著忙作什麽師呵呵僧問昔日優闐王刻像者爲佛在忉利天說法今日施主刻像未審佛在什麽處說法師云三山鎖夜月進云大衆側聆學人未曉師云照破萬家門進云恁麽則日出乾坤耀雲收山岳青師云驗人端的處進云早知燈是火師云直待兩淋頭師乃舉先

聖道至道無難唯嫌揀擇下面注云但莫憎愛洞然明白師云汝諸人到者裏作麼生下得一轉語契古人良久云汝也不著便我也不著便兩箇蒸餅一斗好麵歸堂去僧問古人對拄杖子爲什麼哭蒼天師云蓬頭跣足進云蒼天蒼天師云瞎漢放你二十棒學云諾諾師云棺木裏瞠眼僧問無言無說猶辱宗風衆唱談玄埋沒宗旨離此二途請師別道師云千年田八百主進云將謂胡鬚赤更有赤鬚胡師云試對衆驗看僧禮拜師云將謂南番舶主元來此土商人師乃云內空故無眼耳鼻舌身意外空故無色聲香味觸法不是無何故不見石頭大師道然於一一法依根葉分布歸堂去僧問客路如天遠侯門似海深琅邪門下如何進道師云六六三十六進云學人未曉乞師再垂方便師云卧雲深處不朝天進云恁麼則雲收山嶽靜春暖百花榮師云靜處薩婆訶問承教有言諸法從本來常自寂滅相學人見山是山見水是水時如何師云賊是小人智過君子進云莫言侵早起更有夜行人師云此回放過後度難逢卓拄杖一下師乃云上不在天下不在地中不在人若然者四生六道承何恩力汝且道著力一句如何道得若道不得拄杖子與彌勒釋迦闘打去也卓拄杖一下

拈古

舉外道問佛不問有言不問無言世尊據坐外道云世尊大慈大悲開我迷雲令我得入外道去後阿難白佛外道見何道理讃歎而去世尊云如世良馬見鞭影而行師拈云依俙似曲纔堪聽又被風吹別調中仰山夜夢入五百聖堂爲第二座時有一尊者起來白槌云次當第二座說法仰山遂起白槌云摩訶衍法離四句絕百非謹白其五百聖衆各各散去

師拈云且道五百聖衆散去是肯他仰山不肯他仰山若肯他仰山又辜負仰山若不肯仰山猶如平地上喫交山僧今日不惜兩莖眉毛與汝諸人注破摩訶衍法離四句絕百非你若舉似諸方諸方若與麼會入地獄如箭射

舉趙州一日與文遠論義鬬劣不鬬勝勝者輸果子文遠云請和尚立義州云我是一頭驢文遠云某甲是驢糞趙州云將果子來

師拈云趙州大似蕭何制律文遠也似蕭何制律

舉僧問如何是夾山境夾山云猿抱子歸青嶂裏鳥銜花落碧巖前法眼云我二十年作境話會

師拈云且道如今作麼生會良久云上士游山水中人坐竹林

舉崔禪上堂云出來打出來打時有僧出來云崔禪撐崔禪擲下拄杖下座

師拈云久經行陣者終不展旗鎗

舉臨濟示衆云但有問訊不虧欠伊總識得伊來處與麼來者恰似失却不與麼來無繩自縛一切時中莫亂斟酌會與不會都來是錯分明與道一任天下人貶剝

師拈云作麼生貶作麼生剝良久云垂鈎四海爲釣驪龍格外玄談蓋尋知己喝一喝

舉順德問僧窗外什麼聲僧云雨滴聲順德云衆生顛倒迷己逐物

師拈云得即得大似平地上陷人

舉鼓山示衆鼓山門下不得咳嗽時有僧出來咳嗽一聲鼓山云作什麼僧云傷寒山云傷寒即得

師拈云雷聲甚大雨點全無

舉寶壽初開堂日三聖爲請主便推出一僧問話其僧纔禮拜寶壽便打三聖云若與麼爲人已後瞎却鎮州一城人眼任寶壽擲下拄杖便歸方丈

師拈云不是三聖爭到今日然雖如此錯會者多

舉巖頭問德山云是凡是聖德山便喝巖頭禮拜後洞山聞云若不是㢘公大難承當巖頭云洞山老人錯下名言我當時一手擡一手搦

師拈云巖頭無人問著不妨奇特纔被洞山瞎後一錐直得瓦解氷消

舉興化道此一炷香擬欲承嗣三聖三聖與我太孤擬欲承嗣大覺大覺與我太賒此一炷香不如承嗣臨濟先師

師拈云且道因甚承嗣臨濟良久云路逢劍客須呈劍不是詩人莫獻詩

舉僧問疎山如何是法身疎山云枯樁僧云如何是法身向上事山云非枯樁僧云法身還遍一切處也無山云遍僧云淨瓶內還有也無山云無僧云大好遍山便打又僧問曹山云滿月彎弓時如何師云善射不中的學云爲什麼不中的師云左來左中右來右中學云大好不中的師便打又僧問雲居明鏡當臺如何師云不鑒照學云爲什麼不鑒照師云胡來胡現漢來漢現學云大好不鑒照師便打

師拈云一轉語賓家有道理主家無道理一轉語主家有道理賓家無道理一轉語賓主俱無道理若也揀得出鼻孔在琅琊手裏若也揀不出一任草鞋裏跨跳

舉僧問洞山初和尚如何是道山云卓學云擬向如何山云失卓後僧持此語問徹和尚未審洞山意旨如何徹云虎鬬龍傷

師拈云金烏藏海岸玉兔離青霄

舉百丈一日陞堂大衆集定以拄杖一時趁下法堂却召大衆大衆回首乃云月似彎弓少雨多風

師拈云若入洪波裏須是弄潮人
舉雲門云釋迦老子初生下時目顧四方一手指天一手指地道天上天下唯我獨尊我當時若見一棒打殺與狗喫却圖得天下太平
師拈云將此身心奉塵刹是卽名爲報佛恩
舉曹山云莫行心處路不掛本來衣何須更與麽切忌未生時
師拈云不傷物義一句作麽生道良久云庭前翠竹禪人種嶺上青松野客栽
舉閑禪師示衆云不生想念本來無體大用現前不說時節後臨遷化時問侍者云坐去者誰侍者云僧伽又云立去者誰侍者云僧會閑禪乃周行七步垂手而終
師拈云生既如是死亦如然
舉趙州行脚時到一鄉院經旬日臨去乃辭院主院主云何往趙州云臺山禮拜文殊去院主云某甲有頌相送云何處青山不道場遥須策杖禮清凉雲中縱有金毛現正眼觀時非吉祥趙州乃問作麽生是正眼院主無語
師拈云嗁得血流無用處
舉米倉與寶壽同赴州主齋次州主令客司傳語請二人長老談論佛法寶壽云請師兄長老答話米倉便喝寶壽云未曾奉問喝箇什麽米倉云猶欠少在寶壽却與一喝
師拈云大似點火夜行
舉臨濟上堂云赤肉團上有一無位眞人常從汝等面門出入未證據者看時有僧出問如何是無位眞人臨濟下禪床搊住其僧擬議濟乃托開云無位眞人是什麽乾屎橛便歸方丈
師拈云臨濟可謂氷凌上度過九夠劍刃上拾得全身
舉百丈開田次問黃檗遮闍梨開田不易檗云衆僧作務百丈云有煩道用檗云爭敢辭勞百丈云開得多少田也檗乃將鋤頭築地三下百丈便喝黃檗掩耳便出
師拈云百丈一喝可謂垂絲於萬丈潭中黃檗掩耳獨犇於千峰之上
舉雲居上堂云譬如人將三十貫錢買得一隻獵狗只解尋得有蹤跡忽遇羺羊挂角時莫道蹤跡氣息也覓不著時有僧出便問羺羊挂角時如何雲居云六六三十六僧無語雲居云會麽僧云不會居云不見道絕蹤跡
師拈云雲居與麽稱提大似八尺布衫丈二袖
舉趙州到茱萸處執杖子於法堂上從東邊過西邊茱萸便問作什麽州云探水茱萸云我者裏一滴也無探箇什麽趙州當丁杖子便出去
師拈云世亂奴欺主年衰鬼弄人
舉僧問藥山平田淺草麈鹿成羣如何射得麈中主山云看箭僧便作倒勢山云拖出者死屍著僧踍跳便出山云捏泥丸漢有什麽限
師拈云賊出關門家中呼屈
舉乾峰上堂云舉一不得舉二放過一著落在第二雲門在座下出來云昨日一人新到從天台來却往南岳去也乾峰下座搊住云維那來日不得普請便托開歸方丈
師拈云路遥知馬力歲久見人心
舉趙州聞俗行者拗僧云我有十貫錢若有人下得一轉語卽捨此錢前後有人下語並不契趙州遂往行者家行者云若下得一轉語卽捨其錢趙州戴笠子便行
師拈云武帝求仙不得仙王喬端坐却昇天
舉巖頭爲渡子時凡見人來舉棹示之忽有一婆子抱一孩子來問云呈橈舞棹卽不問且道婆手中孩兒甚處得來巖頭便打婆云婆生七子不遇知音只者一箇也不消得便抛向水中
師拈云欺敵者亾
舉百丈見趙州來恭百丈云甚麽處來州云南泉來丈云南泉近日有何言句示徒州云今時人直教悄然去百丈云悄然且致茫然一句作麽生道州近前三步百丈咄之州作縮頭勢百丈云大好悄然趙州拂袖便出去
師拈云趙州老人向師子窟中換得牙爪
舉小乘毗沙論有一聚落毒龍所居時有五百脩者往彼降他不得後有一尊者彈指一下其龍卽降
師拈云若據敎來自有科判瑯琊者裏卽不然只者彈指也不消得然雖如是且莫困魚止濼病鳥棲蘆
舉仰山叅巖頭巖頭纔見豎起拂子仰山便展坐具巖頭放下拂子仰山收坐具巖頭云我不重你放卽重你收
師拈云巖頭與麽道錯批判者多仰山出去切不得麤心
舉黃檗見僧來乃云諸方老宿盡在我拄杖頭上僧便禮拜僧後到大樹處舉前話大樹云黃檗與麽道曾夢見諸方也未其僧却回舉似黃檗黃檗云我者話巳行遍天下
師拈云大樹與麽道大似有眼如盲黃檗一條拄杖天下人咬嚼不碎
舉臨濟上堂有僧出禮拜濟便喝僧云老和尚莫探頭好濟云你道落在什麽處僧便喝又僧問如何是

佛法大意濟使喝僧禮拜濟云你道好喝也無僧云草賊大敗濟云過在什麼處僧云再犯不容臨濟乃云要會臨濟賓主句請問取適來問話二禪客

師拈云眞金須入火

舉金剛經云一切有爲法如夢幻泡影如露亦如電應作如是觀

師拈云先聖可謂誠實之言然雖如是錯會者如麻似粟

舉僧問石霜咫尺之間爲什麼不覩師顏霜云我遍界不曾藏僧又到雪峰處問云遍界不曾藏意旨如何峰云什麼處不是石霜

師拈云雪峰雖有利人之心且無出人之眼石霜雖有出人之眼未知向上一竅

舉淨名經云諸菩薩各各説不二法門於是文殊曰如我意者於一切法無言無説無示無識離諸問答是爲入不二法門於是文殊師利問維摩詰我等各各自説巳仁者當説何法是菩薩入不二法門維摩默然文殊讚言善哉善哉乃至無有文字語言是爲眞入不二法門

師拈云文殊與麼讚歎也是灼卜聽虛聲維摩默然切不得鑽龜打瓦

舉國明云瘥病不假驢駝藥三角云瘥病須假驢駝藥

師拈云國明可謂小慈妨於大慈三角貪他一斗米失却半年糧

舉僧問同安如何是向去底人安云寒蟬抱枯木哭盡不回頭又問如何是却來底人安云火裏蓮花秀逢春恰似秋又問如何是不來不去底人安云石羊遇石虎相逢早晚休

師拈云古人雖解箭穿鴻鴈要且不解遶樹射猿

舉僧問白兆師唱誰家曲宗風嗣阿誰師云自小不曾歷他家門戶僧云與麼則竺乾的子白兆兒孫師云承言者喪滯句者迷

師拈云巧人須得巧人佐拙人須得拙人扶

舉僧問風穴寶塔元無縫金門卽日開時如何穴云智積佐來空合掌天王捧出不知音如何是塔中人穴云萎花風掃去香水雨飄來

師拈云風穴若無後語大似紀信詐降

舉大般若經云善現問舍利弗云以何爲佛眼舍利答云以性空爲佛眼善現嘆云善哉善哉從上諸佛皆以性空爲佛眼從佛口生從法化生

師拈云望天不見天覷地不見地

舉教中道清淨本然云何忽生山河大地

師拈云清淨本然云何忽生山河大地

舉肇法師云旋嵐偃嶽而常靜江河競注而不流野馬飄鼓而不動日月歷天而不周

師拈云肇法師與麼道也是平地上陷人山僧者裏卽不然嶽前潑水嶺上白雲

舉無著到五臺文殊處喫茶次文殊提起琥珀盞子問云南方還有這箇麼無著云無文殊云尋常將什麼喫茶無著無語便休去

師拈云若也是去可謂虎口裏奪餐若也非去移舟看水勢舉棹別波瀾

舉石霜在潙山會下作米頭一日篩米次潙山云施主物不要拋撒石霜云不拋撒潙山於地上拈得一粒米云汝道不拋撒者箇是什麼石霜無語潙山云莫欺者一粒百千粒盡從者一粒生石霜云百千粒從者一粒生未審者一粒從什麼處生潙山呵呵大笑便歸方丈至晚上堂云大衆米裏有蟲

師拈云潙山一粒米彈破衲僧牙

舉僧問寶壽萬境來侵時如何寶壽云莫管他僧禮拜壽云莫動著動著卽打折你驢腰

師拈云若無遺蛇手怏煞世間人

舉泰首座到洞山處洞山晚間排果子管顧他洞山便問云首座有一物上拄天下拄地黑如漆常在動用中動用中收不得且道過在什麼處首座云過在動用中洞山喚侍者收却果子牀不得果子喫

師拈云若不是洞山老人　能辨得雖然如此洞山老人猶欠一著在

舉水潦參馬大師問如何是祖師西來意被馬大師一踏踏倒起來拍手呵呵大笑當下大悟便承嗣馬大師住後有僧問如何是祖師西來意水潦云自從馬師一踏後直至如今笑不休

師拈云大衆你道水潦還曾悟也未

舉龐居士問馬大師不昧本來身請師高著眼馬大師直下覷居士云一等沒絃琴唯師彈得妙馬大師直上看居士便禮拜馬大師便歸方丈居士隨後入方丈内云弄巧得拙

師拈云一夜作竊不覺天曉

舉南院見僧來豎起拂子僧云敗闕南院放下拂子僧云猶有者箇在南院便休

師拈云狂狗趁塊師子咬人

舉南泉示衆云道非物外物外非道時有趙州出來便問如何是物外道南泉便打趙州接住拄杖云和尚莫打某甲巳後錯打人去在南泉云龍蛇易辯衲子難謾乃擲下拄杖便歸方丈

師拈云不見道酒逢知巳飲詩向會人吟

舉順德問僧近離什麼處僧云三峯德云夏在什麼處僧云五峯德云放你三十棒僧云未審某甲過在什麼處德云爲你出一叢林入一叢林

師拈云劄茉鎌子

舉僧問廣德如何是佛德云畫戟門開見墜仙僧聽此語至州中悟空處便問畫戟門開見墜仙意旨如何空云直饒親見釋迦來智者咸云不是佛廣德後聞遥望城中禮拜云悟空古佛豈止羊二十口

師拈云廣德腦後添釘悟空眼中拔楔雖然善順機宜敢保他家未徹

舉雪峯與玄沙行次峯指一片地云好造無縫塔玄沙云高多少雪峯看上又看下玄沙云人天福報即不無若是靈山受記未夢見在峯云你作麽生玄沙敲轎子云昇昇

師拈云國清才子貴家富小兒嬌

舉桐峯庵主有一老人參庵主問從什麽處來老人不對主云善能對機善能對機老人遂拈一枝草示庵主庵主便喝老人禮拜庵主便歸庵老人隨後看庵主云與麽疑煞天下人在

師拈云不見道當斷不斷反遭其亂

古尊宿語録卷之四十六

[illegible]

古尊宿語錄卷之四十七
東林和尚雲門庵主頌古
侍者悟本錄
舉世尊未離兜率已降王宮未出母胎度人已
畢
東林頌
是非海裏橫身入犲虎群中自在行莫把是非來辨
我平生穿鑿不相關
雲門頌
利刃有蜜不須舐蠱毒之家水莫嘗不舐不嘗俱不
犯端然衣錦自還鄉
舉世尊纔生下乃一手指天一手指地周行七
步目顧四方云天上天下唯我獨尊
東林頌
老胡不免出胞胎也解人前恁麼來指地指天稱第
一衆生四十九年災
雲門頌
老漢纔生便著忙周行七步似顛狂賺他無限癡男
女開眼堂堂入鑊湯
舉世尊在靈山會上拈花示衆是時衆皆罔措
唯迦葉尊者破顏微笑世尊云吾有正法眼藏
涅槃妙心分付摩訶大迦葉
東林頌
海水翻空滚底流魚龍蝦蟹信沉浮可憐金色頭陀
子直至如今笑未休
雲門頌
拈起一枝花風流出當家若言付心法天下事如麻
舉外道問佛不問有言不問無言世尊良久外
道遂讚嘆云世尊大慈大悲開我迷雲令我得
入作禮而去阿難問佛云外道有何所證而言
得入佛云如世良馬見鞭影而行
東林頌
迷悟髑髏前後勞更舉鞭只持鷄狗戒不學祖師禪
雲門頌
兩處牢關擊不通纖塵不動自乖宗忽然業鏡百雜
碎黃面瞿曇失却蹤
舉達磨大師九年面壁
東林頌
少室山前風過耳九年人事隨流水若還不是弄潮
人切須莫入洪波裏
雲門頌
金鼇一掣滄溟竭徒自悠悠泛小舟今日烟波無可
釣不須新月更爲鈎
舉二祖立雪多時達磨問曰汝當何求二祖云
請師安心達磨云將心來吾爲汝安二祖良久
云覓心了不可得達磨云爲汝安心竟
東林頌
二祖當年立少林滿庭積雪到腰深叉手當胸無一
事不求不覓不安心
雲門頌
覓心無處更何安嚼碎通紅鐵一團縱使眼開張意
氣爭如不受老胡瞞
舉世尊在靈山會上有一女人近彼佛坐入于
三昧文殊白佛云何此女人得近佛坐而我不
得佛云汝但覺此女令從三昧起汝自問之文
殊遶女人三匝鳴指一下乃托至梵天盡其神
力而不能出世尊云假使百千文殊亦出此女
人定不得下方過四十二恒河沙國土有罔明
菩薩能出此女人定須臾罔明從地涌出作禮
世尊世尊勑罔明出此女人定罔明却至女人
前鳴指一下女人於是從定而出後有老宿問
僧文殊是七佛之師爲什麼出女人定不得罔
明爲甚却出得
東林頌
不假文殊神通休要罔明彈指兩時靈山會中女子
從定而起
雲門頌
出得出不得是定非正定罔明與文殊喪却窮性命
舉讓和尚一日云道一在江西爲人說法總不
見寄箇消息來遂遣一僧往馬祖處候見伊上
堂但出問云作麼生待渠有語記取來其僧依
教往問之祖曰自從胡亂後三十年不曾少鹽
醬
東林頌
胡亂三十年不少鹽與醬江西馬大師南嶽讓和尚
雲門頌
見得分明識得親舉來猶自涉途程直饒不犯毫芒
者也是拈鎚舐指人
舉百丈再叅馬祖祖竪起拂子丈云即此用離
此用祖掛拂子於舊處良久祖云你已後開兩
片皮將何爲人丈取拂子竪起祖云即此用離
此用丈亦掛拂子於舊處祖便喝百丈直得三
日耳聾
東林頌
江西一喝動乾坤大用全機是滅門三日耳聾風過
樹累他黃蘗喪兒孫
雲門頌
馬駒喝下喪家風四海從茲信息通烈火焰中撈得
月巍巍獨坐大雄峯
舉南陽忠國師一日喚侍者侍者應喏如是三

召三應國師云將謂吾辜負汝却是汝辜負吾

東林頌

世路風波不見君一回見面一傷神水流花落知何處洞口桃源別是春

雲門頌

啞子得夢與誰說起來相對眼麻迷巳向人前輪肺腑從教他自覓便宜

舉溈山示衆云有句無句如藤倚樹踈山問忽遇樹倒藤枯時如何溈山呵呵大笑歸方丈踈山隨後云某甲三千里賣却布單特爲此事來和尚何得相弄溈山遂喚侍者云取錢與這上座去遂囑云向去有箇獨眼龍爲子點破去在後聞明招出世徑去禮拜招問甚處來曰七閩云曾到大溈麼曰曾到云大溈有何言句山遂舉前話招云溈山頭正尾正只是不遇知音山便問忽遇樹倒藤枯時如何招云却使溈山笑轉新山於言下省悟乃曰溈山元來笑中有刀

東林頌

有句無句藤倚樹元來白飯用米做高樓吹笛柳如烟滿地春風落飛絮

雲門頌

若將此語定綱宗孤負明招獨眼龍笑裏忽分泥水路方知千里共同風

舉明招問僧虎生七子那箇無尾僧云第七箇無尾

東林頌

無尾大虫難傍近前便是傷人命除非自解據虎頭自然頭正尾亦正

雲門頌

第七菸菟沒尾巴食牛之氣巳堪誇叢林悱悱爭唇吻幾箇行人得到家

舉南泉示衆云江西馬大師說即心即佛王老師不恁麼不是心不是佛不是物恁麼道還有過麼

東林頌

剔起便行三萬里只今休去八千年分明更爲從頭舉一任諸方取次傳

雲門頌

倒腹傾腸說向君不知何故尚沉吟而今便如猛提取付與世間無事人

舉南泉和尚示衆云心不是佛智不是道

東林頌

心不是佛智不是道青山白雲落花芳草若是靈利阿師終不回頭轉腦

雲門頌

雨散雲收後崔嵬數十峯倚欄頻顧望回首與誰同

舉黃檗示衆云汝等諸人盡是噇酒糟漢恁麼行脚何處有今日還知大唐國裏無禪師麼時有僧出問只如諸方匡徒領衆又作麼生黃檗云不道無禪只是無師

東林頌

大唐國內無禪師禮拜歸堂更不疑堪笑河陽新婦子不如臨濟小廝兒

雲門頌

身上着衣方免寒口邊說食終不飽大唐國裏老婆禪今日爲君注破了

舉臨濟凡見僧入門便喝

東林頌

一喝喝上四禪天臨濟元來不會禪盡道朝陽生戶外不知夜月落堦前

雲門頌

入門便喝全無巴鼻引得兒孫弄粥飯氣

舉臨濟坐次麻谷問十二面觀音那箇是正面濟下禪牀擒住云十二面觀音甚處去也速道速道麻谷却轉身坐禪牀濟拈棒便打麻谷接住相捉歸方丈

東林頌

大悲觀音開正面官不容針通一線鼠拽葫蘆有底忪鬼爭漆桶無人頌

雲門頌

眛却當陽箇一着拳來拽去牙施呈不知除却王維手更有何人畫得成

舉臨濟問僧什麼處來僧便喝濟便揖坐僧擬議濟便打又一僧來濟竪起拂子僧禮拜濟便打復見僧來立竪起拂子僧不顧濟亦打

東林頌

王賓都落第三機陣陣開旗不展旗石火光中分勝負倒騎鐵馬上須彌

雲門頌

五月五日午時書赤口毒舌盡消除更饒急急如律令不須門上畫蜘蛛

舉臨濟云赤肉團上有一無位眞人常在汝等諸人面門出入未證據者看看時有僧出問如何是無位眞人濟下繩床搊住云道道僧擬議濟托開云無位眞人是什麼乾屎橛

東林頌

面門出入見還難無位眞人只尺問去路一身輕似葉高名千古重如山

雲門頌

後見胣村僧大開眼了作夢雖然趂得老鼠一棒

打破油甕

舉趙州訪臨濟州纔洗脚濟便下來問如何是祖師西來意州云正値老僧洗脚濟近前側聽州云會即便會啗啄作麽濟拂袖便行州云三十年行脚今日爲人錯下注脚

東林頌

洗脚處更不安排側聆時非是啗啄趙州臨濟二老人相見何曾不注脚

雲門頌

一人眼似鼓槌一人頭似木杓兩箇老不識羞至今無處安着

舉趙州問南泉如何是道泉云平常心是州云還假趣向也無泉云擬向即乖州云不擬又爭知是道泉云道不屬知不屬不知知是妄覺不豁豈可强是非耶州於言下頓悟玄旨

東林頌

若謂平常心是道枝蔓向上更生枝貼肉汗衫如脫了喚來眼上與安眉

雲門頌

勸君不用苦勞神喚作平常轉不親冷淡全然没滋味一回舉起一回新

舉趙州云諸人被十二時使老僧使得十二時

東林頌

百年三萬六千日一日朝昏十二時使殺老僧渾不管不知闍裏有誰知

雲門頌

便得十二時辰呼來却教且去倚官挾勢欺人苾苾無本可據

舉趙州一日將拄杖上茱萸法堂東西來去萸云作什麽州云探水萸云我這裏一滴也無探箇什麽州將拄杖靠壁而去

東林頌

茱萸這裏無一滴趙老無言便走去春去秋來三百年拄杖至今猶靠壁

雲門頌

深淺聊將拄杖探忽然平地起波瀾傾湫倒嶽驚大地到海方知徹底乾

舉趙州一日從殿上過乃喚侍者一聲侍者應喏州云好一殿功德侍者無對

東林頌

殿上喚來先應喏不知業識太茫茫雖然功德已成就爭奈當初不放光

雲門頌

好一殿功德總是過去佛百福相嚴身不使旃檀刻日日香烟夜夜燈看來當甚乾蘿蔔

舉趙州問投子大死底人却活時如何投子云不許夜行投明須到

東林頌

大死底人還却活不許夜行投明到陳州人出許州門翁翁八十重年少

雲門頌

禾黍不陽豔競栽桃李春翻令力耕者半作賣花人

舉臺山有一婆凡僧問臺山路向甚處去婆云驀直去僧纔行三五步婆云好箇師僧又恁麽去後有僧舉似趙州州云待我去爲勘過這婆子明日便去亦如是問婆亦如是對州歸謂衆曰臺山婆子我已爲勘破了也

東林頌

劈面三拳連腮七掌盡大地人不知痛癢

雲門頌

天下禪和說勘破爭知趙州已話墮引得兒孫不丈夫人人蹈過冷地卧

舉趙州問南泉知有底人向什麽處去泉云山前檀越家作一頭水牯牛去州云謝師答話泉云昨夜三更月到窗

東林頌

眼中見慣是尋常又不驚人又久長留得寒窗夜來月三更依舊照茅堂

雲門頌

度體裁衣量水打帷毫髮不差且居門外

舉趙州一日在方丈內聞沙彌喝參州向侍者云教伊去侍者纔教去沙彌便珍重州向傍僧云沙彌得入門侍者在門外

東林頌

得入門在門外說向人人不會更高聲我耳背

雲門頌

琴瑟風松蕭蕭雨檜師子咬人韓獹逐塊

舉趙州一日在東司上見文遠過遂喚云文遠遠應喏州云東司上不可與你說佛法

東林頌

老僧正在東司上不將佛法爲人說一般屎臭旃檀香父子之機俱漏泄

雲門頌

趙州有密語文遠不覆藏演出大藏教功德實難量

舉趙州一日共文遠行次忽指面前地云這裏好造箇巡鋪遠便近前展兩手云把將公驗來州與一掌遠云公驗分明過

東林頌

天子居闤市裏老僧在百草頭攏手御街來往不怕巡火所由

雲門頌
一正一邪一倒一起文遠趙州轆裏動指
舉趙州一日在佛殿上見文遠禮佛以拄杖打
一下遠云禮佛也是好事州云好事不如無
東林頌
平生侍奉老師全無些子氣息佛法妙性天機一字
教他不得
雲門頌
文遠修行不落空時時瞻禮紫金容趙州拄杖雖然
短惱後圓光又一重
舉僧問趙州狗子還有佛性也無州云無僧云
上從諸佛下及螻蟻皆有佛性狗子為什麼却
無州云為伊有業識在
東林頌
宣德門前過回頭便搐搦若要無事時且歸屋裏坐
雲門頌
有問狗佛性趙州答曰無言下滅胡族猶為不丈夫
舉趙州示衆云金佛不度爐木佛不度火泥佛
不度水真佛屋裏坐
東林頌
金佛木佛泥佛度爐度水度火盡入趙州紅爐烈焰
光中煆過一聲白雪陽春萬古無人能和
雲門頌
九十七種妙相顧睦筆端難狀趙州眼目精明覷見
心肝五臟
舉僧問趙州萬法歸一一歸何所州云我在青
州作一領布衫重七斤
東林頌
半夜墨漆黑捉得一箇瞎點火照來看元是王大伯
雲門頌
青州七斤衫盡力提不起打破趙州關總是自家底
舉僧問趙州承聞和尚親見南泉是否州云鎮
州出大蘿蔔頭
東林頌
鎮州出大蘿蔔頭師資道合有來由觀音院裏安彌
勒東院西邊是趙州
雲門頌
參見南泉王老師鎮州蘿蔔更無私拈來塞斷是非
口雪曲陽春非楚詞
舉僧辭趙州州云甚處去僧云南方學佛法去
州云你到南方有佛處不得住無佛處急走過
三千里外逢人不得錯舉僧云恁麼則不去也
州云摘楊花摘楊花
東林頌
有佛之處不得住無佛之處急走過三千里外摘楊
花他日歸來舉似我
雲門頌
有佛處不得住生鐵秤鎚被虫蛀無佛處急走過撞
着嵩山破竈墮三千里外莫錯舉兩箇石人相耳語
恁麼則不去也此語已行遍天下摘楊花摘楊花唵
嚤呢嚏哩吽嚄吒
舉趙州問僧甚處來僧云雪峯來州云雪峯近
日有何言句僧云雪峯道盡大地是沙門一隻
眼汝等諸人向甚處屙州云上座若去為我寄
箇鍬子與雪峯
東林頌
大地是眼何處屙天下不柰雪老何趙州寄箇鍬子
去方得此話鬧堉堉
雲門頌
途路波吒數十州傳言送語當風流不知脚下泥生
剌踏着錐人脚指頭
舉保壽問胡釘鉸莫便是否鉸云不敢壽云還
釘得虛空麼鉸云請打破虛空來壽便打云他
後有多口阿師與你點破在胡釘鉸後舉似趙
州州云你因什麼被他打鉸云不知過在什麼
處州云只這一縫尚不柰何更教打破胡釘鉸
便領州却云且釘這一縫
東林頌
一縫分明在當頭下手難饒君釘鉸得終是不圓全
雲門頌
直饒釘得這一縫點檢將來非好手可憐兩箇老禪
翁却向俗人說家醜
舉有僧與踈山造壽塔了來白踈山山問你將
多少錢與匠人僧云一切在和尚山云為將三
文與匠人為將兩文與匠人為將一文與匠人
若道得與吾親造塔僧無對羅山時在大庾嶺
住庵其僧到羅山問甚處來云踈山來羅山云
近日有何言句僧遂舉前話羅山云還有人道
得麼僧云未有人道得羅山云你却回舉似踈
山道大嶺和尚聞舉云若將三錢與匠人和尚
此生決定不得塔若將兩錢與匠人和尚與匠
人共出一隻手若將一錢與匠人帶累匠人眉
鬚墮落其僧便回舉似踈山山聞此語具威儀
望大庾嶺禮拜歎曰將謂無人大庾嶺有古佛
光明射到此間却向僧云汝去大庾嶺道猶如
臘月蓮花其僧却回舉似羅山山云早已龜毛
長數文
東林頌
抽頭打領無添減服下剜襟有短長大庾嶺頭一尊
佛踈山兩度放毫光

雲門頌
鑿壞十方常住地三錢使盡露屍骸羅山古佛難靈
驗未免將身一處埋
舉羅山在禾山送同行矩長老出門次山把拄
杖向前一擶矩無對山云石牛攔古路一馬勿
雙駒後有僧舉似疎山山云石牛攔古路一馬
生三寅
東林頌
不踏門前路春歸又一年落花紅滿地芳草碧連天
雲門頌
出門握手話分携古路迢迢去莫追却笑波心遺劒
者區區空記刻舟時
舉德山一日飯遲先托鉢下堂雪峯時作飯頭
纔見便問這老漢鐘未鳴鼓未響托鉢向什麼
處去德山便歸方丈雪峯舉似巖頭頭云大小
德山不會末後句德山聞舉令侍者喚巖頭來
問你不肯老僧那頭密啓其意德山來日上堂
言語異常頭於僧堂前撫掌大笑云且喜得堂
頭老漢會末後句他後天下人不柰何雖然如
是只得三年後三年果遷化
東林頌
鐘未鳴鼓未響依前托鉢歸方丈德山不會末後句
巖頭密意誰相亮只得三年也大奇留與諸門作榜
樣
雲門頌
一棰塗毒聞皆喪身在其中總不知八十翁翁入場
屋眞誠不是小兒戲
舉雲門大師示衆云世界恁麼廣闊爲什麼鐘
聲披七條
東林頌
七條披向鐘聲上徧界難藏比丘相若以色見音聲
求迦葉師兄是虛妄
雲門頌
鐘聲披起鬱多羅碧眼胡兒不柰何一箭雙鵰隨手
落拈來元是欄中鵞
舉德山凡見僧入門便棒
東林頌
棒下眞鍮不博金德山徹底老婆心後人只看波濤
湧不見龍王宮殿深
雲門頌
入門便棒郎當不少依而行之胡麻厮織
舉百丈每日上堂常有一老人聽法一日不去
百丈乃問立者何人老人云某甲於過去迦葉
佛時曾住此山有學人問大修行底人還落因
果也無對云不落因果墮在野狐身今請和尚
代一轉語丈云汝但問老人便問大修行底人
還落因果也無丈云汝昧因果老人於言下大
悟
東林頌
百丈野狐塞雁啣蘆李廣神箭張顛草書
雲門頌
不落不昧石頭土塊驀路相逢銀山粉碎拍手呵呵
笑一場明州有箇憨布袋
舉深明二上座同行見捕魚忽見一魚跳出網
深云俊哉一似箇衲僧相似明云爭似當時不
入他網深云你猶欠悟在明行三十里方省
東林頌
網中跳出便飛騰好箇天然俊衲僧何似當初未入
網悟來方始是知音
雲門頌
俊哉一躍透重淵霹靂追之去不還却笑龍門燒尾
者依前點額在波瀾
舉甘贄行者詣南泉設粥南泉白槌云爲狸奴
白牯念摩訶般若波羅密行者便出去泉粥後
問典座行者在甚處典座云當時便去也泉遂
打破粥鍋
東林頌
狸奴白牯念摩訶爭似南泉打粥鍋雖然佛法無多
子入了叢林不柰何
雲門頌
南泉打破閑家具浩浩諸方作話看今日爲君重舉
過明明歷歷不顢頇
舉首山和尚拈起竹篦子問僧云喚作竹篦即
觸不喚作竹篦即背且道喚作什麼
東林頌
舉起竹篦子如何便道家秘魔擪不會隨後便擎叉
雲門頌
背觸非遮護明明直舉揚吹毛雖不動遍地是刀鎗
舉玄沙問僧甚處來僧云瑞巖來沙云瑞巖有
什麼言句云和尚尋常喚主人公自應喏云惺
惺着他後莫受人瞞沙云　等弄精魂猶較些
子
東林頌
一主人公幷一主人公活若解弄精魂兩頭皆透脱
雲門頌
瑞巖家風喚主人公昨夜南山虎咬大蟲
舉興化見同叅來纔上法堂化便喝僧亦喝化
又喝僧復喝化近前拈棒僧又喝化云你看這
瞎漢猶作主在僧擬議化直打出法堂侍僧問
適來僧有何相觸忤化云是他適來也有權也

有實也有照也有用我將手向伊面前橫兩遭
到這裏去不得似這般瞎漢不打更待何時
東林頌
霹靂驚天地那容掩耳聽須知興化老一半是人情
雲門頌
鏌鎁在握天魔膽落明眼衲僧休更卜度
舉興化謂克賓維那曰汝不久爲唱導之師賓
云不入這保社化云會了不入不會了不入賓
云總不恁麼化便打云克賓維那法戰不勝罰
錢五貫設饡飯一堂至來日興化自白槌云克
賓維那法戰不勝罰錢五貫設饡飯一堂不得
喫飯即時出院
東林頌
法戰從來許克賓掣旗奪鼓兩分明直須盡法方無
媿老漢他年要話行
雲門頌
丹山生鸑鷟師子産狻猊棒下摩醯眼徒誇第一機
舉興化謂衆曰我聞長廊下也喝後架裏也喝
諸子汝莫盲喝亂喝直饒喝得興化上三十三
天却撲下來一點氣也無待興化蘇息起來向
汝道未在何故如此我未曾向紫羅帳裏撒眞
珠與你諸人去在你虛空裏胡喝亂喝作什麼
東林頌
紫羅帳裏撒眞珠禪客相承總掠虛拍手呵呵開口
笑釋迦彌勒是他奴
雲門頌
對衆全提摩竭令豈是閑開兩片皮喝下瞎驢成隊
走夢中推倒五須彌
舉興化上堂云今日不用如何若何便請單刀
直入興化爲你證據時有旻德長老出衆禮拜
起來便喝化亦喝德又喝化又喝德禮拜歸衆
化云適來若是別人三十棒一棒也較不得何
故爲他旻德會一喝不作一喝用
東林頌
單刀直入更休論擬議之間賓主分不是放他旻德
過須知興化棒頭明
雲門頌
暗中携手上高山及至天明各自行無限中途未歸
客明明開眼墮深坑
舉三聖云我逢人則出出則不爲人興化云我
逢人則不出出則便爲人
東林頌
人貧多智短馬瘦見毛長獨宿雙峯寺同焚一炷香
雲門頌
陽焰何曾能止渴畫餅幾時充得饑勸君不用栽荊
棘後代兒孫惹着衣
舉南泉見鄧隱峯來指淨缾云淨缾是境你不
得動着境與我將水來峯將淨缾傾水於南泉
面前泉便休歸宗云鄧隱峯也是亂瀉
東林頌
南泉不指淨缾隱峯何曾瀉水從教打瓦鑽龜佛法
不在這裏
雲門頌
眼中無翳休挑刮鏡上無塵不用磨信脚出門行大
路橫擔拄杖唱山歌
舉石頭云恁麼也不得不恁麼也不得恁麼不
恁麼總不得
東林頌
四海狠烟靜中原信息通罷拈三尺劒休弄一張弓
雲門頌
好箇話端阿誰解舉舉得十分未敢相許
舉三聖問雪峯透網金鱗以何爲食峯　待汝
出網來即向汝道聖云一千五百人善知識話
頭也不識峯云老僧住持事煩
東林頌
錦鱗透網欲吞舟一向衝波逆水流却被漁翁閑引
釣隨波逐浪共悠悠
雲門頌
全殺中全活全活中全殺一箇訝郎當一箇福建子
舉夾山云猿抱子歸青嶂後鳥啣花落碧巖前
法眼云我二十年作境話會
東林頌
三十年前此寺遊木蘭花發院新修如今再到經行
處樹老無花僧白頭
雲門頌
境話會來雖未是却問如今作麼生清凉元本鼻頭
直夾山依舊兩眉橫
舉睦州喚僧僧回首州云擔板漢
東林頌
電火光中休草草劒輪鋒上莫忉忉等閑却放全身
入終不當頭犯一毫
雲門頌
睦州擔板那容眨眼闊狹短長不須增減
舉僧問睦州一氣還轉得一大藏經也無州云
有甚饆饠䭔子快下將來
東林頌
睦州只受錐頭利這僧不見鑿頭方直饒轉得百千
藏這般供養也尋常
雲門頌
一氣轉一大藏教頓漸偏圓權與實無邊妙義炳然

彰元來一字也不識
舉臨濟會中兩堂首座齊下喝僧問還有賓主
也無濟云賓主歷然
東林頌
作家相見終不錯兩兩同時有啐啄喝下雖然賓主
分爭如普化搖鈴鐸
雲門頌
以平報不平王法本無親臨濟雖明眼也是黃龍精
舉普化常於街市搖鈴云明頭來明頭打暗頭
來暗頭打四方八面來旋風打虛空來連架打
臨濟令侍者去纔見如是道便把住云總不與
麼來時如何普化托開云來日大悲院裏有齋
東林頌
儸儸須要逞聰明金榜何曾得掛名捋下幞頭歸去
也莫騎驢子傍人門
雲門頌
先師會裏呈真虎臨濟堂前喫菜時連此三回露拴
索咄這訟臺盤乞兒
舉明招一日天寒上堂大衆才集招云風頭稍
硬不是你安身立命處且歸暖室商量便歸方
丈大衆隨至立定招云才到暖室便見瞌睡以
拄杖一時趁下
東林頌
風頭稍硬難安立暖氣纔通瞌睡來却笑明招閑費
力無端兩處强差排
雲門頌
夜半明星當午現愚夫猶待曉鷄鳴可憐自屎不知
臭又欲重新拈似人
舉保壽開堂三聖推出一僧壽便打聖云恁麼
為人非但瞎却這僧眼瞎却鎮州一城人眼在
壽擲下拄杖歸方丈
東林頌
棒頭瞎却一城人三聖據地保壽興正令只堪提一
中一盲引得衆盲行
雲門頌
提起須彌第一槌電光石火太遲遲象王行處狐蹤
絕師子咆哮百獸危
舉有一古德一日不赴堂侍者來請赴堂德
云我今日在莊裏喫油糍飽侍者云和尚不曾
出入德云你但去問取莊主侍者才出門忽見
莊主歸謝和尚到莊喫油糍
東林頌
近在口皮邊遠過河沙國世間多少人不得油糍喫
雲門頌
和尚不赴堂莊主謝臨屈一字入公門九牛撤不出
舉玄沙云若論此事喻似一片田地四至界分
結契賣與諸人了也只有中心樹子猶屬老僧
在
東林頌
是事由王老師樹子未屬你在廣額屠兒成佛二祖
大師償債
雲門頌
祖父田園都賣了四邊界至不曾留柰何猶有中心
樹惱亂春風卒未休
舉僧問首山如何是佛山云新婦騎驢阿家牽
東林頌
阿家新婦兩同條只尺家鄉路不遥可笑騎驢覓驢
者一生錯認馬鞍橋
雲門頌
新婦騎驢阿家牽步步相隨不着鞭歸到畫堂人不
識從今嬾更出門前
舉烏臼見玄紹二上座來遂問二禪伯近離什
麼處僧云江西臼便打僧云久嚮和尚有此機
要臼云你既不會第二箇近前來僧擬議臼亦
打云同坑無異土參堂去
東林頌
赤身挨白刃死中還得活一箭自迷蹤萬車皆失轍
雲門頌
猛燄不容蚊蚋泊大海那能宿死屍任是三頭并六
臂望風無不豎降旗
舉僧問雲門如何是佛門云乾屎橛
東林頌
不用唐言譯休將梵語傳摩騰首羅眼對面隔西天
雲門頌
雲門乾屎橛全超法報化無事出山遊百錢杖頭掛
舉僧問雲門不起一念還有過也無門云須彌
山
東林頌
一念不起須彌山纔着褊衫退步看直上拄天下拄
地言前薦得也顢頇
雲門頌
巍巍一座大彌盧荷負非干氣力麁縱使不隨言語
會却來當面受茶糊
舉僧問大愚芝和尚如何是佛芝云鋸解秤搥
東林頌
鋸解秤搥渾似鐵大愚老子重饒舌水流澗下太忙
生雲在嶺頭閑不徹
雲門頌
問佛如何是宗師即便酬秤搥將鋸解言外度迷流
舉僧問興化四方八面來時如何化云打中間

底僧便禮拜化云興化今日赴箇村齋回來中路撞著一陣卒風暴雨却向古廟子裏閃避得過

東林頌

一陣狂風驟雨來却於古廟且閑偎雖然打入鬼窟裏吞炭藏身又一回

雲門頌

古廟裏頭回避得紙錢堆畔暗嗟吁閑神野鬼皆驚怕只爲渠儂識梵書

舉雪峯示衆云望州亭與汝相見了也烏石嶺與汝相見了也僧堂前與汝相見了也

東林頌

盡道親曾相見來依前還是狗來肥好將大棒驀頭榾貴得盲人便眼開

雲門頌

望州烏石與僧堂業識忪忪不可當提起衲僧拄杖子五湖四海沸如湯

舉夾山示衆云目前無法意在目前不是目前法非耳目之所到

東林頌

年來萬事總成魔老去閑添白髮多道泰不傳天子令時清休唱太平歌

雲門頌

凝人面前休說夢生鐵團上須尋縫明明說與却作聲只管外邊閑打鬨

舉無業國師云若一毫頭凡聖情念未盡不免入驢胎馬腹裏去白雲端和尚云設使一毫頭凡聖情念淨盡亦未免入驢胎馬腹裏去

東林頌

一道如絃直心親手更親箭穿紅日影方是射鵰人

雲門頌

移身不移步移步不移身走却金師子捉得玉麒麟

舉靈雲見桃花悟道

東林頌

桃花尋劒客不語笑春風白頭歸未得家住海門東

雲門頌

靈雲道見桃花悟道此語不知還是無汯汯宇宙人無數那箇男兒是丈夫

舉玄沙云諦當甚諦當敢保老兄未徹在

東林頌

敢保老兄猶未徹玄沙之言何太切君看陌上桃花紅盡是離人眼中血

雲門頌

打破鬼門關日輪正當午一箭中紅心大地無寸土

舉洞山云言無展事語不投機承言者喪滯句者迷

東林頌

只要扳梢抽釘爲人解粘去縛如何洞山老人先自滕蛇纏脚

雲門頌

言無展事語不投機承言者喪滯句者迷（迷人不得錯舉）

舉琅琊和尚問舉和尚近離甚處舉云浙中琊云舡來陸來舉云船來琊云船在甚處舉云舡在步下琊云不涉程途一句作麽生道舉云杜撰長老如麻似粟拂袖便行琊却問侍者適僧是何人侍者云舉道者琊遂去安下處見問莫便是舉師叔麽莫恠某甲適來相觸忤舉便喝復問長老何時到汾陽琊云恁時舉云我在浙中早聞你名元來見解只如此何得名喧宇宙琊乃作禮

東林頌

官路無人獨自行兩家公驗甚分明路傍偷販私鹽客草裏蹲身過一生

雲門頌

奪得驪珠即便回小根魔子盡疑猜拈來拋向洪波裏撒手大家歸去來

舉僧問風穴語默涉離微如何通不犯穴云常憶江南三月裏鷓鴣啼處百花香

東林頌

快騎駿馬上高樓南北東西得自由最好腰纏十萬貫更來騎鶴下揚州

雲門頌

忍寒山門先見路才方洗脚便登船神仙秘訣眞堪惜父子雖親不可傳

舉趙州訪道吾吾見來着豹皮裩把吉撩棒在三門前等候才見州來便高聲唱喏而立州云小心祇候着吾又唱喏一聲而去

東林頌

稽首兩足尊瞻仰不蹔捨眉間白毫光照耀大千界

雲門頌

有禮有樂有唱有酬人平不語水平不流

舉臨濟遷化時示衆云吾滅後不得滅却吾正法眼藏三聖出云爭敢滅却和尚正法眼藏濟云已後有人問你向他道什麽三聖便喝濟云誰知吾正法眼藏向這瞎驢邊滅却

東林頌

到老不曾開話路臨行回首却叮嚀深深海底猶嫌淺直向金剛水際行

雲門頌

瞎驢一跳衆皆驚正法那堪付與人三要三玄俱喪

盡堂堂地手出重城
舉僧問乾峯十方薄伽梵一路涅槃門未審路
頭在什麼處峰拈拄杖畫一畫云在這裏
僧請益雲門門拈起扇子云扇子勃跳上三十
三天築著帝釋鼻孔東海鯉魚打一棒雨似盆
傾
東林頌
乾峯不用指蹤雲門休打骨董自然東海鯉魚築著
帝釋鼻孔
雲門頌
擉破雲門一柄扇拗折乾峯一條棒二三千處管弦
樓四五百條花柳巷
舉雲門大師云聞聲悟道見色明心作麼生是
聞聲悟道見色明心乃云觀世音菩薩將錢來
買糊餅放下手云元來却是饅頭
東林頌
南無觀世音菩薩補陀岩上紅蓮舌不知成佛是何
時打刀須用并州鐵
雲門頌
見色明心事已差聞聲悟道更交加觀音妙智慈悲
力荆棘林生優鉢花
舉雲門大師拈起拄杖舉教云凡夫實謂之有
二乘析謂之無緣覺謂之幻有菩薩當體即空
乃云衲僧見拄杖但喚作拄杖行但行坐但坐
總不得動着
東林頌
二乘菩薩向下諸佛凡夫早晚休世情但將公道
斷人心難似水長流
雲門頌
剔開金殿鎖撞動玉樓鐘泣露千般草吟風一樣松

舉陸亘大夫問南泉肇法師也甚奇恠解道天
地與我同根萬物與我一體泉乃指庭前花召
大夫云時人見此一株花如夢相似
東林頌
若知天地本同根終不應來更問人却得南泉親指
似等閑花發夢中春
雲門頌
天地同根伸一問未曾擡步已亡家無陰陽處花重
發玉本無瑕却有瑕
舉玄沙示衆云諸方老宿盡道接物利生忽遇
三種病人來作麼生接患盲者拈搥竪拂他又
不見患聾者語言三昧他又不聞患瘂者教伊
說又說不得且作麼生接若接此人不得佛法
無靈驗
東林頌
盲聾瘖瘂接不得玄沙枉費閑心力徧鵲盧醫拱手
歸[illegible]人俱是膏肓疾
雲門頌
玄沙三種病人話若出其門入不收莫待是非來入
耳從前知已反爲讎
舉玄沙見新到才禮拜沙云因我得禮你
東林頌
利刀自斷命根不要依草附木若有一法與人永入
拔舌地獄
雲門頌
大千不識字達摩不會禪玄沙無此語切莫妄流傳
舉南院上堂云赤肉團上壁立千仞時有僧問
赤肉團上壁立千仞豈不是和尚道院云是僧
便掀倒繩床院云你看這漢亂做僧擬議院便
打出院

東林頌
掌中擎日舌上覆金錢壁立千仞毫光徹梵天
赤肉團邊所得親主賓有理各難伸兩箇驢子相蹅
着世上如今無直人
舉百丈侍馬祖遊山歸忽然哭同事問曰憶父
母耶丈云無事曰被人罵耶丈云無事曰哭作
什麼丈云問取和尚同事往問馬祖祖云你去
問取他同事回至寮中見百丈呵呵大笑同事
曰適來爲甚哭如今爲什麼笑丈云適來哭而
今笑同事罔然
東林頌
世間名利鬧榮辱雲雨紛紛手翻覆悲歌相繼不堪
論棒頭無眼黃粱熟
雲門頌
有時笑兮有時哭悲喜交并暗催促此理如何舉向
人斷絃須得鸞膠續
舉楊岐和尚問僧栗棘蓬你作麼生吞金剛圈
你作麼生跳
東林頌
楊岐老人瑣口訣萬里長城一條鐵斫牌禪客如到
來不動金槌腦門裂
雲門頌
金剛圈栗棘蓬玄沙三種病石輦一張弓直截爲君
說新羅在海東
舉僧問楊岐如何是佛岐云三脚驢子弄蹄行
僧云便恁麼去時如何岐云湖南長老
東林頌
三脚驢子忒蹺好長放後園教喫草等閑牽出向人
前踢倒湖南瞎長老

雲門頌

楊岐一頭驢只有三隻脚潘閬倒騎歸攔殺黃幡綽

舉僧問青原思和尚如何是佛法大意原云廬陵米作麼價

東林頌

廬陵米價少知音佛法商量古到今繡出鴛鴦從人看無端須要度金針

雲門頌

[illegible]青原沒縫罅問佛法酬米價若是露成話霸無端目得人怕

舉[illegible]因僧問古帆未掛時如何[illegible]云拔闍驢[illegible]

[illegible]

東林頌

[illegible]大魚[illegible]騎來性長安道

雲門頌

拔[illegible]老不[illegible]老翁地掉出來問公得恰好

[illegible]頭[illegible]如何[illegible]小魚[illegible]大魚

東林頌

小魚吞大魚門上釘桃符[illegible]不入[illegible]

雲門頌

小魚吞大魚直路太縈紆古帆休更問處處得逢渠

舉僧問五祖如何是臨濟下事祖云五逆聞雷

東林頌

從來五逆耕聞雷不似大蟲看水磨孤各頭上要同行十字街頭還共坐

雲門頌

五逆聞雷曾發願[illegible]

舉僧問[illegible]如何[illegible]

東林頌

的的當陽句明明前後路若能入吹內亦脚入迹兎

雲門頌

口是禍門[illegible]滄海[illegible]動乾坤

舉弗眼和尚讀肇源十二時歌有偈云日日時時能門老心自知

東林頌

時時日日日日時時[illegible]十二時八[illegible]熟是[illegible]

雲門頌

日日日日時時時時[illegible]

舉南禪師云鐘樓上念讚床脚下種菜時如何

黃檗勝禪師云猛虎當路坐

東林頌

猛虎當路坐游魚脚底過不學紫胡老便打劉鐵磨

雲門頌

直出直入當面不識更擬如何著甚死急

舉二十四祖師子尊者因罽賓國王秉劍於前云師得蘊空否曰已得曰既得蘊空離生死否曰已離曰既離生死可施我頭否曰身非我有豈況於頭王便斬之白乳湧高數尺王臂自墮

東林頌

船子下揚州浮萍逐水流一聲河滿子千古動悲愁

雲門頌

殺人須是殺人漢當下一刀成兩段頭臂雖虧劍刃鋒何似奉時轆轆鑽

舉芭蕉和尚云你有拄杖子我與你拄杖子你無拄杖子我奪却你拄杖子

東林頌

綿州附子漢州薑最好沉黎出麝香鸚子師僧才一嗅鼻頭裂破眼睛黃

雲門頌

十字街頭見成行貨擬欲商量漆桶蹉過

舉汾陽十智同眞

東林頌

十年海上覓冤讎不得冤讎未肯休芍藥花開菩薩面櫻櫚葉散夜叉頭

雲門頌

兎角龜毛眼裏栽鐵山當面勢崔嵬東西南北無門入曠劫無明當下灰

舉雲門大師抽顧頌鑒咦

東林頌

韶陽一鑒生鐵餕餡直下咬破[illegible]莫怪相賺

雲門頌

雲門鑒咦少有人知咄無孔鐵鎚

舉龐居士問馬大師不與萬法爲侶者是什麼人大師云待汝一口吸盡西江水即向汝道

東林頌

大海波濤淺小人方寸深海枯終見底人死不知心

雲門頌

一口吸盡西江水甲乙丙丁庚戊己咄咄咄囉囉哩

舉法華經大通智勝佛十劫坐道場佛法不現前不得成佛道

東林頌

種穀不生豆苗蒸砂豈能成飯大通智勝如來一箇擔板底漢

雲門頌

燕坐道場經十劫一一從頭俱漏泄世間多少守株人掉棒擬打天邊月

舉維摩云其施汝者不名福田供養汝者墮三惡道

東林頌

入　不動草入水不動波鑊湯無冷處合眼跳黃河

雲門頌

獨坐許誰知青山對落暉花須連夜發莫待曉風吹

舉圓覺經云居一切時不起妄念於諸妄心亦不息滅任妄想境不加了知於無了知不辨眞實

東林頌

舉手攀南斗翻身倚北辰出頭天外看誰是我般人

雲門頌

荷葉團團似鏡菱角尖尖似錐風吹柳絮毛毬走雨打梨花蛺蝶飛

舉楞嚴經云見見之時見非是見見猶離見見不能及

東林頌

拄杖頭邊無孔竅大千沙界猶嫌小毗婆尸佛早留心直至而今不得妙

雲門頌

春至自開花秋來還落葉黃面老瞿曇休搖三寸舌

舉文殊菩薩所說般若經云清淨行者不入涅槃破戒比丘不入地獄

東林頌

鵠白烏本玄松直棘自曲清淨比丘僧却須入地獄

雲門頌

壁上安燈盞堂前置酒臺悶來打三盞何處得愁來

舉楞伽經五法三自性二種無我

東林頌

破瓶豈復作瓶事焦種不應生蘖芽如彼虛空無大子毛輪垂髮翳開花

雲門頌

陜府鐵牛付瀨嘉州大象耳聵兩箇病痛一般咄哉漆桶不快

舉殃崛摩羅尊者於一長者家持鉢適值其家一婦人產難長者遂白尊者曰尊者是佛弟子如何救得我家產難尊者曰我乍入道未能相救當去問佛尊者遂往見佛具陳斯事佛言汝但去說我自從賢聖法來未曾殺生尊者依佛所說往告長者婦人聞之當時分免

東林頌

月裏姮娥不畫眉只將雲霧作羅衣不知夢逐青鸞去猶把花枝蓋面歸

雲門頌

華陰山前百尺井中有寒泉徹骨冷誰家女子來照影不照其餘照斜領

東林和尚雲門庵主頌古終

古尊宿語錄卷之四十七

金壇居士于玉立施貲刻此
古尊宿語錄第四十七計字一萬二千二百
七十五個該銀六兩三錢八分
竟陵釋如圭對上元丘熊祥書溧水陳為武刻
萬曆丁巳歲春三月徑山化城寺識

古尊宿語錄卷第四十八

佛照禪師奏對錄

宋淳熙三年十一月初三日

孝宗皇帝召對便殿致恭三呼訖賜坐師奏云今春伏蒙聖旨令灑掃靈隱三月三十日又准降香開堂實增感激今蒙召對獲覩清光千載一遇帝問師生何處嗣法何人師對曰臣生長臨江軍禮南山光化禪院長老普吉爲師荷陛下天地覆載之恩行脚參五十餘員善知識末後於大慧禪師宗杲處打徹遂法嗣之上曰朕惜不見大慧師云陛下既留心祖道時時與大慧於大光明藏把手共行豈在聚頭接耳爲相見耶當蒙賜語錄入藏作萬世光明種子非獨法門增輝臣與天下衲子不勝榮幸上曰且喜得晴師云郊祀在即乃陛下聖德所感上曰朕此心與佛心通師云直下更無第二人聞陛下萬機之暇留心祖道游泳楞嚴圓覺自古帝王未有如陛下篤信此道上曰自古帝王英雄者有之信此道者極少如梁武帝亦未徹師云當面蹉過達磨上曰陷在泥坑裏師云只爲欛柄不入手不得受用師云臣山野語言無倫恐瀆聖聽上曰這裏正要與長老忘懷論道師云陛下日應萬機直須向一切處著眼看是什麼道理上曰天下事來即應之師云可謂明鏡當臺物來斯照上曰步步踏著實地師云直須恁麼始得上曰臨濟因緣可舉一二師遂舉臨濟在黃蘗因第一座勉令問黃蘗如何是佛法的的大意蘗遂與三十棒如是三次問每蒙賜棒所恨愚魯且往諸方去第一座遂白黃蘗云義玄上座雖是後生却甚奇特他日爲一株大樹蔭覆天下人去在他若來辭和尚願垂提誨濟明日力辭黃蘗蘗指往大愚處必爲汝說濟至大愚愚問甚處來濟云黃蘗來愚云黃蘗有何言何濟遂舉前話復云不知過在甚處愚云黃蘗恁麼老婆心切爲汝得徹困猶覓過在濟於是大悟乃云元來黃蘗佛法無多子愚云尿床鬼子適來道我不會而今道甚無多子是多少扭住云道道濟便向大愚肋下築三拳愚托開云汝師黃蘗非干我事濟返黃蘗蘗問云來來去去有甚了期濟云只爲老婆心切遂舉前話蘗云這大愚老婆饒舌待見與打一頓濟云說甚待見即今便打遂與黃蘗一掌蘗吟吟而笑云這風顛漢來這裏捋虎鬚濟便喝蘗云侍者引這風顛漢來參堂去上曰悟了直是快活師云溈山問仰山云臨濟得大愚力得黃蘗力仰云非但捋虎鬚亦解坐虎頭自此臨濟法道大興上曰源流好師云臣曾有頌上曰舉看師舉云黃蘗山頭遭痛棒大愚肋下報冤讎當機一喝驚天地直得曹溪水逆流又問興化打克賓克賓如此答興化如何便打師云不可放過臣有頌上曰舉看師舉云罰錢出院揚家醜興化聲頭遇克賓父子不傳眞秘訣棒頭敲出玉麒麟師復云翠巖可眞禪師頌即心即佛非心非佛因緣曰百萬雄兵出將軍獨濟城不閑弓矢力斜漢月初生令晦堂心禪師看復因答客問西來意有頌東吳幾度爲閑客南越曾經作主人可笑年來身老大得同塵處且同塵上見之云了徹也且如即心即佛非心非佛陛下如何會上云包含萬像師云包含萬像底是什麼上曰對面底是師云認著依前還不是上乃默契上曰長老且歸觀堂師云謹領聖旨乃辭下殿繼而道中使賜御製頌一首曰大暑流金石寒風結凍雲梅花香度遠自有一枝春師答山頌一首曰當陽一句子平地步青雲踏翻關棙處便是主家春初四日復進即心即佛非心非佛一頌即心即佛無蹊徑非佛非心有變通直下兩頭俱透脫新羅不在海門東上復答師頌一首曰欲言心佛難分別俱是精微無綻通跳出千重縛不住天涯海角任西東師再山頌云一句截流心路絕千差萬別豁然通等閑更進竿頭步莫問西來及與東復召對賜坐師云夜來今日兩蒙宣示御頌紬思煥發夜來頌好不如今日頌語句尤痛快上曰夜來得長老開發乃有此頌師云陛下前後宣諸山尊宿論道如何上曰難得似長老直截師云聞陛下於心隨萬境轉轉處實能幽隨流認得性無喜亦無憂處得箇入頭但未曾遇人上曰眞箇如此師云如人學射久久自然中的所以五祖演禪師云悟了須是遇人始得若不遇人十個有五雙杜撰上曰須要遇人師云正是遂舉維山問石霜云起滅不停時如何霜云直須寒灰枯木去一念萬年去函蓋相應去純清絕點去山不契却往巖頭處問起滅不停時如何巖頭喝云是誰起滅山於此大悟上曰長老意謂如何師云巖頭與他本分草料上曰長老見大慧幾年後打徹師云臣癸亥年有箇發明了却被禪道佛法礙又做十五年工夫後到育王一見大慧便打徹慧一日掛牌臣入室慧舉僧問趙州如何是趙州州云東門西門南門北門你作麼生會答云大小趙州坐在屎窖裏慧云你甚處見趙州答云莫瞌睡慧打一竹篦云只恁麼做工夫答云莫掩彩乃喚侍者問這僧名什麼答云不得名慧云你看這漆桶亂做答云未爲分外便出又一日入室慧問喚作竹篦則觸不喚作竹篦則背如何答云請和尚放下竹篦與學人相見慧擲下竹篦云如何相見答云伎倆已盡慧云你看這漢又來老僧頭上行答云也是尋常行履處禮拜便出又一日入室慧問喚作竹篦則觸不喚作竹篦則背不得下語不得無語不得意根下卜度不得向舉起處承

當速道速道谷云杜撰長老如麻似粟慧云你是第幾個谷云今日捉敗這老賊慧深肯之上曰如此相投師云禪家當機不讓遂舉靈雲見桃花悟道頌云三十年來尋劍客幾回葉落又抽枝自從一見桃花後直至如今更不疑玄沙云諦當甚諦當敢保老兄未徹在每舉問禪和子那裏是不疑處陛下且道那裏是不疑處上擬議師云只就疑處看驀然看破不疑處便是陛下受用不盡底上曰長老且道那裏是不疑處師云紅爐上一點雪上乃點頭師云昔黑齒梵志得五神通常在雪山說法得梵王帝釋閻羅王泊諸天神常來聽法曰說法畢閻羅王目視梵志而泣志曰大王何得視吾而泣王曰吾觀於汝善能說法七日後命終當來吾界受諸苦痛梵志惶怖求免無門雪山諸天神謂梵志曰欲免斯難唯有大覺世尊乃能為汝免得此難梵志曰世尊者何人也天神曰豈不聞淨飯王太子十九出家三十成道為人天師其名曰佛諸大菩薩八部龍天常轉法輪度一切衆生梵志聞已復作思惟我去見佛將何供養乃運神力手執合歡梧桐華兩株飛空向世尊前供養世尊召五通梵志梵志應諾世尊云放下著梵志棄左手華於世尊前世尊又云放下著梵志又棄右手華於世尊又云放下著梵志云世尊我祇擎兩株華一時放下了我今空身無可放捨世尊云五通梵志吾非教汝放捨其華汝當放捨內六根外六塵中六識一時捨却到無可捨處是汝免生死處梵志乃於言下悟無生法忍上曰只是人不向緊要處做工夫師云欲得徑捷須離却語言文字真實參究所以古德道心得楞嚴圓覺經猶如瀉水響冷冷有人問著西來意恰似蚊蝱咬鐵釘上曰直是難入師云正好著力上曰如長老者難得真可為人師師云陛下過褒初

六日復召對上曰觀堂中穩便麼師云荷陛下聖眷極穩便上曰前日長老云直至如今更不疑處朕有一轉語師云那裏是不疑處朕有一轉語師云那裏是不疑處上曰空手牽鐵牛師云如何見得上擬議師云纔入思惟便成剩法上曰若問長老如何祇對師云千聞不如一見上喜曰朕且做工夫師云陛下果位中承願力來示現帝王身不被富貴聲色籠罩但念念扣己而參驀然一念相應如桶底子脫相似直至成佛永無退轉師云若論此事如兩陣對敵進前則有活路若望崖而退不是丈夫昔香嚴參溈山溈山云我聞你在百丈處問一答十問十答百是否嚴云不敢山云試向父母未生已前道一句看嚴無語乃云請和尚為某甲道山云我若為汝說破子他時後日眼開罵我去在嚴遂檢尋平日看讀文字討一句祇對了不可得乃云今生不學佛法也且作長行粥飯僧乃辭溈山往南陽覩忠國師遺跡遂憩止焉一日芟除草木以瓦礫擊竹作聲忽然大悟遂歸沐浴遙禮溈山云和尚大慈恩踰父母當時若為我說破何更有今日事乃述一頌云一擊忘所知更不假修持動容揚古路不墮悄然機處處無蹤跡聲色外威儀諸方達道者咸言上上機歸告溈山溈山舉似仰山仰山云待某甲勘過乃云聞師弟有悟道頌試舉看香嚴舉了仰山云此是閑時討較得底香嚴再舉一頌云去年貧未是貧今年貧始是貧去年貧有卓錐之地今年貧錐也無仰山云只會得如來禪未會祖師禪香嚴又舉一頌云吾有一機瞬目視伊若也不會別喚沙彌仰山云且喜師弟會祖師禪上曰如來禪與祖師禪一般何故分別師云殺人活人不貶眼上曰莫便是昨日道諦當甚諦當敢保老兄未徹麼師云陛下須具透關眼始得上曰如長老

直饒者難得想見為衲子也切師云臣不避誅所以直言上曰正要如此師云先師大慧與溈山佛性泰禪師同參問悟一日特論古今次泰曰香嚴悟道頌云一擊忘所知只消此一句便了大慧云五祖演和尚頌狗子無佛性話云趙州露刃劒一句便了下面都是注脚悟了底人與悟了底人說話如兩鏡相照直是明白如陛下道欲言心佛難分別一句便了下面三句亦是注脚上曰適來道父母未生前一句子朕道得也師云如何是父母未生前一句上曰昨夜今朝又明日師云若如此方得古今無間斷上曰何不挨拶師云挨著須是有出身之路上曰長老可謂循循然善誘人聖訓謙沖非臣敢當師云臣不敢久居觀堂乞歸靈隱上曰更要與長老說話在師云謹領聖旨却歸觀堂至初七日中使傳旨且歸靈隱待賜禪號師遂歸靈隱四年正月二十四日特賜佛照禪師號師領衆門迎勅黃歸寺次至法堂捧勅黃示衆云天書親自日邊來一道神光徧九垓為瑞為祥感力大直教枯木解花開舉起便知不妨慶快苟或未然重宣一偈遂陞座拈香云此一瓣香恭為祝延兩宮皇帝聖壽無疆乃斂衣就座僧問九重宣對超過南陽忠國師五宿禁闈提持聖帝第一義與二千年前釋迦老子出氣使後五百世比丘增長威光佛照禪師蒙特賜世間出世更無雙是什麼得恁麼奇特師云彼此一時皆盛事未必令人媿古人進云兵隨印轉將逐符行師云正令已行風凛凛斗間劒氣燭天光進云同光帝問興化朕收中原獲得一寶至今未有人酬價興化云略借陛下寶看帝引手舒幞頭脚示之意旨如何師云奇特中奇特進云龍袖拂開千聖眼金毛師子現全威師云點進云興化道君王之寶誰敢酬價又作麼生師云古今牓樣進云普

光明殿裏撥轉上頭關師云虎頭虎尾一時收進云只如知恩報恩一句如何話會師云一雨普霑沙界潤澤生何處不承恩進云飛來峯頂聽天關選佛場中謝聖恩師云錦上鋪花僧禮拜又僧問直截根源到月邊帝恩降自九重天中興吾道超今古佛放毫光照大千既沐宸恩請師祝聖師云萬年松在祝融峯進云一言已祝南山壽八表無私賀太平師云當頭道著進云直得九重城畔祥雲起七寶山前瑞氣生師云清風來未休進云君恩師已報祖息又如何師云一著高一著一步闊一步進云王道與祖道相去多少師云不隔一絲毫進云靈雲見桃花悟道意旨如何師云更參三十年進云只如空手牽鐵牛意旨如何師云非干境界進云未審向什麽處見靈雲師云撞著額頭磕著鼻進云莫謂靈雲消息斷桃花依舊笑春風師云逢人不得錯舉僧禮拜師乃云當陽目擊直下知歸左右逢原七通八達著著有出身之路頭頭具透脫之機有時神出鬼沒換斗移星有時八字打開兩手分付恁麽也得不恁麽也得恁麽不恁麽總得我爲法王於法自在放去收來有何圭礙直得龍驤鳳翥鶚翎奇特中奇特殊勝中殊勝正當恁麽時且道知恩報恩一句作麽生道吾皇萬萬年復舉黃檗和尚示衆云汝等諸人盡是不著便底恁麽行脚何處有今日還知大唐國裏無禪師麽師著語云打草要蛇驚時有僧出衆云只如諸方聚徒領衆又作麽生檗云不道無禪只是無師師云黃檗眼觀東南意在西北點檢將來未免面皮厚三寸且道靈驗恁麽批判意在什麽處從前汗馬無人識只要重論蓋代功下座師淳熙戊戌十月初二日召對便殿引見致恭即日孟冬薄寒恭惟　皇帝陛下聖躬萬福臣前冬得奉清光蒙賜禪號仰荷聖慈賜坐師就坐上曰朕近看華嚴經至善財入法界品思見善知識如鄉在前師云陛下今日召臣僧陛下是主臣僧是伴主伴交參機感相投便是入華嚴法界所以道無邊刹境自他不隔於毫端十世古今始終不離於當念此乃不出陛下一念上曰是朕得暇常於損齋靜坐但日用事繁不能純一師云陛下但正心術自然如明鏡當臺物來斯照上曰朕每見臣僚上殿開口便知他肺腑可與者即與不可即不與師云世間事不出一個公字上曰是如此朕每看方册自古帝王無悟道者師云古今唯陛下一人更須退步體究方得純一覺得省力處便是得力處上曰秀才家多不信佛法師云佛者覺也須是當人見性成佛昔有一官人著無佛論呈仰山接得便問云公所述論意謂本來有佛故論謂本來無佛故論官人無對山又云若本來有公爭得云無若本來無無今變此論豈不成有官人又無對上曰好一撥師云三教聖人設教只要整頓令人脚手且如孔子道二三子以我爲隱乎吾無隱乎爾此乃八字打開自是時人不會上曰孔子好孟子辨不及孔子師云陛下聖明見得甚親切昔德山和尚道凡有文字語言盡是保界縛木竹石精靈所以老僧從頭作將出去待有獨脫底出來共伊商量陛下須是獨脫始得上曰朕未嘗放捨此事師云此事無有窮盡譬如入海轉深上曰是宗門緊要因緣更舉一二師云昔興化和尚一日見同參來纔上法堂化便喝僧亦喝行三兩步化又喝僧亦喝須臾近前化拈棒僧又喝化云你看這漢猶作主在僧擬化便打直打下法堂却歸方丈侍僧問云適來僧有甚言句觸忤和尚化云是他適來也有權也有實也有照也有用我將手向伊面前橫兩遭却去不得似這般漢不打更待何時上曰如此了如水潦參江西馬大師當作踏倒忽然大悟起來撫掌大笑云百千三昧無量妙義只向一毫頭上識得根源去已後示衆每云自從一喫馬師踏直至如今笑不休又呵呵大笑上曰悟後直得如此快活師云這個便是啐地折曝地斷底樣子上曰德山巖頭如何師云德山參龍潭因侍立至夜深潭云子且下去山便珍重揭簾而出却回云外面昏黑龍潭乃點紙燭度與德山山擬接潭即吹滅山便禮拜潭云子見個什麽道理山云某甲從今日去更不疑天下老和尚舌頭後來保寧勇和尚頌云一條瀑布巖前落半夜金烏掌上明大開口來張意氣與誰天下共橫行又巖頭參德山纔跨門便問是凡是聖德山便喝巖頭便禮拜洞山聞得乃云若不是奯公也大難承當巖頭云洞山老漢不識好惡我當時一手擡一手搦上曰祖師也是性燥俗人中還有如此者麽師云有如本朝李附馬問石門聰和尚云弟子欲學禪得否門云此是大丈夫事非將相之所能爲李於是契悟乃述頌云學道須是鐵漢著手心頭便判直趣無上菩提一切是非莫管上曰俗人能如此也難得師云此事無僧無俗上至佛祖下及蠢動皆悉具足蓋古人有言悟則事同一家不悟則萬別千差上曰至言朕須到此田地方已師云佛法至妙無有窮已如有窮已則成住著纔成住著便有窠臼如僧問石霜撥塵見佛時如何霜云直須揮劍若不揮劍漁父棲巢望陛下卓起脊梁以金剛王寶劍揮除見刹自然一著高一著一步闊一步佛祖亦奈何不得也上曰當如禪師之言今辭朕去後幾時復來師云臣既歸林下不敢妄動上曰每遇朕生辰可來一次師云謹領聖旨乃辭下殿上賜御製云禪師所陳菩薩十地乃是修行漸次從凡入聖夫復何疑方知脚踏實處

十二時中曾無間斷以至圓熟雜染純淨俱成障礙任作止滅脫此禪病當如禪師之言常揮劒夕卓起脊梁發心精進猶恐退墮每思到此兢兢業業未嘗敢忽今俗人乃有以禪爲虛空以語爲戲論其不知道也如此事至大豈在筆下可窮也聊敘所得耳師淳熙九年十月十一日恭奉聖旨召對便殿起居并進香畢師云臣恭別聖顏二載荷陛下恩覆隆厚臣與徒衆日夕焚誦仰報萬一上曰聞安衆行道不易師云上感聖恩良久賜坐上曰久思與禪師說話師云陛下聖明天縱道德日新大圓鏡中初無間隔上曰做工夫如何得徹師云做工夫是有心打徹是無心陛下但於日用應緣處常提撕上曰朕於日用應緣俱覺得力師云只這得力便是受用處陛下地位中人乘願力而來示現帝王身但正心術於富貴聲色中使得富貴聲色乃見力量正如趙州道時人被十二時辰使老僧使得十二時辰底道理七月間蒙賜問以物見則惑以目見則著臣嘗對云見見之時見非是見此語乃體聖意而對上曰善師有語云心不負人面無慚色上曰好個心不負人面無慚色如向來所答圓覺經中四病語亦愜朕意且如經中道居一切時不起妄念於諸妄心亦不息滅住妄想境不加了知於無了知不辯眞實大意如何師云這個境界須是親證自然世出世間打成一片昔妙喜因讀至此嘗有頌上曰舉看師云荷葉團團團似鏡菱角尖尖尖似錐風吹柳絮毛毬走雨打梨花蛺蝶飛上曰好頌別有甚因緣更舉一二師云昔興化大覺會下每云我在南方二十年脚尖頭未嘗踢著個會佛法底覺云你擬什麼道理化便喝覺便打化又喝覺又打至明日大覺在法堂上見興化乃云我直下疑你昨日兩喝化便喝覺便打化又喝覺又打化作家師云只如興化道我將手向伊面前橫兩遭處道些子須是著眼向上看得透始得此是臨濟骨髓上曰山中想多有衲子理會得者師云做工夫者極多亦有受得鉗鎚者上曰聞說住持甚好師云上感聖恩乃辭下殿師淳熙七年四月二十九日進劄乞歸老明州阿育王山廣利禪寺奉聖旨依准至五月三十日召對便殿賜坐上曰禪師何遽思山林而去朕耶師云臣本是山林人今復山林去理當然也旣此心契合雖千里對面又安能逃於至化也昔南泉和尚道山僧自小牧得一頭水牯牛擬向溪東放不免食他國王水草擬向溪西放亦不免食他國王水草臣今雖歸林下實不出陛下所統上曰然但不得時復論道師云道不可說時有不說時無日諸天天鼓常演苦空彌陀國土水鳥樹林皆悉念佛念法儻正念現前喧寂不間則彈絲吹竹皆譚實相也上曰造次必於是師云直須如此上曰朕今心意釋然常自怡悅且如尋常所做工夫并所作偈頌語言透徹已否師云陛下乘夙願力下生以夙熏種智純熟聞舉便知落處旣知落處自然身心喜悅此乃初心入道境界暫得如是實未曾啐地折㘞地斷百了千當如臣所見陛下所得正住歡喜地耳上曰何謂歡喜地師云菩薩進修有十地歡喜乃初地故經云若有菩薩深種善根善修諸行善集助道乃至廣大智生廣大解慈悲現前又云菩薩始發如是心卽得超凡夫地入菩薩位生如來家乃至決定當得無上菩提住如是法名住歡喜地菩薩住此地成就多歡喜今陛下心意釋然常自怡悅正合此耳上曰餘九地可盡說師云辭繁恐滯聖聽容別具奏聞上曰古來悟得性燥者誰師云臨濟水潦德山巖頭諸大老皆悟得性燥上曰說看師云臨濟因緣向來已曾舉云我在三聖處學得箇賓主句總被師兄折倒了也覺云這漢來這裏納敗闕脫下衲衣痛打一頓化於是大悟上曰古人相見直是痛快師云臨濟下作用當如此上曰見禪師舉此曾次豁然師云又如俱胝住菴時有一尼戴笠子繞禪牀一帀云道得卽放下笠子胝無對尼拂袖便行胝云何不且住尼云道得卽住胝又無對尼去後自歎云我雖是丈夫漢無丈夫志氣擬棄菴往諸方參學其夜山神告曰不須下山將有肉身大士來爲和尚說法也果旬日天龍舉起一指示之胝下大悟後凡有問只舉一指有一童子每見人問事也舉指祇對有人謂胝曰和尚這童子也會佛法凡有所問也舉一指胝聞得一日潛袖刀子喚童子問云聞你也會佛法是否童子云是胝云如何是佛童子舉起一指頭被胝一刀斫斷童子叫喚走出胝遂喚童子子回首胝云如何是佛童子將手起不見指頭忽然大悟上曰俱胝爲人如此切師云俱胝自謂我得天龍一指頭禪一生受用不盡上曰正如彈琴初拘指法已後絃指俱忘自然得妙師云又如惠超問法眼如何是佛眼云汝是惠超法眼與麼答聖意以謂如何上曰昨夜三更月正明師云陛下多了這一句上曰曾有人如此問師云有雪竇頌云江國春風吹不起鷓鴣啼在深花裏三級浪高魚化龍癡人猶戽夜塘水又白雲端云一文大光錢買得個油糍喫放肚裏了當下便不饑上曰古人製頌大能顯理師云昔保寧作淨行者不入涅槃破戒比丘不入地獄頌云平生疎散無拘檢酒肆茶坊任意游漢地不收秦不管又騎驢子下揚州上曰可謂雲無心而出岫鳥倦飛而知還師云陛下此語暗合孫吳昔佛果與妙喜俱受前頌佛果云我二人各說一頌要勝過他底時有小兒子於窗外念壁上安

燈盞堂前置酒臺悶來喫三盞何處得愁來妙喜云某甲須得了也適來兒子念便是圓悟大言乃云我與你改一字可作悶來打三盞大底古人皆揚先德因緣所有言句乃借路經過爾其實縱橫妙用於言意之外初不在文師上日甚善復云臣不敢久坐謝恩下殿師紹熙元年十一月初八日壽皇召對賜坐師云陛下釋萬機禁御重華想於此道日有新證壽皇云朕向來得禪師開發日用便覺省力師云省力處得無限力得力處省無限力壽皇云朕於一切事物亦不著師云陛下視天下如脫敝屣以寶位授聖子俾太祖不祚中興的的相承綿億萬載若非得大自在受用三昧焉能如是遂舉喚作竹箆則觸不喚作竹箆則背陛下如何會壽皇云放下著師云放下即不無著在什麼處壽皇云一邊不立師云如何行履壽皇云中道不安師云正坐在百尺竿頭陛下如何進步壽皇擬議師喝一聲壽皇云謝禪師提撕壽皇云世法佛法不出這背觸兩字師云若能轉物即同如來遂指御案淨瓶云只如淨瓶作麼生轉壽皇云去來自在師云去來自在底是什麼壽皇咳嗽一聲師云更進一步始得壽皇朕直是要打徹師云但辦肯心必不相賺壽皇復云禪師所陳直指因緣甚好其間亦有理會不得處師云陛下但扣已研窮自然七通八達壽皇云因緣更舉一二師舉夾山初住潤州鶴林時道吾到遇上堂有僧問如何是法身云無相如何是法眼云法眼無瑕吾不覺失笑夾山便下座請道吾問某甲適來秖對僧話必有不是處致令上座失笑望上座不吝慈悲吾云和尚一等是出世未有師在夾山云某甲甚處不是望為說破吾云某甲終不說請和尚却往秀州華亭船子處去夾山云此人如何吾云此人上無片瓦下無寸土和尚若去須易服裝束夾山乃散衆易服直造華亭船子纔見便問大德住什麼寺夾山云寺即不住住即不似船子云不似又不似個什麼夾山云不是目前法船子云甚處學得來夾山云非耳目之所到船子云一句合頭語萬劫繫驢橛船子又問垂絲千尺意在深潭離鈎三寸子何不道夾山擬開口船子以篙打落水中纔上船船子又云道道擬開口又打夾山於此有省乃點頭三下壽皇云他到此悟也師云可謂慶快平生師又曰船子云竿頭絲線從君弄不犯清波意自殊夾山遂問抛綸擲鈎師意如何船子云絲懸淥水浮定有無之意夾山云語帶玄而無路話頭談而不談船子云釣盡江波金鱗始遇夾山乃掩耳船子云如是如是遂囑云汝向去直須藏身處沒蹤跡沒蹤跡處莫藏身吾二十年在藥山祗明斯事汝今既得他後不得住城隍聚落但向深山裏钁頭邊接取一個半個接續無令斷絕夾山乃辭行頻頻回顧船子遂喚闍黎闍黎夾山回首船子舉起橈云汝將謂別有乃覆船入水而逝壽皇云此公案好禪師曾頌否師云有頌舉口一橈全殺活點頭三下鼻遼天至今千古風流在誰道華亭覆却船壽皇云好頌師云不敢謝恩下殿師紹熙四年二月十九日壽皇聖帝召對於苑門宣引壽皇喜見師曰遠來不易師云即日仲春謹時恭惟至尊聖躬萬歲萬萬歲至尊賜坐師云臣昨自庚子年蒙恩歸老育王今十四年矣幸無曠敗藉陛下陰覆去年臘月十六日蒙聖恩移住徑山臣兩入奏告兩宮辭免至尊云此兩内之意朕亦要與禪師說話遂教師速渡江相見師云今日再覩清光不勝榮幸至尊云朕意師十六七渡江師云臣十四渡江如履平地至尊云聞古有浮笠而渡者師云昔日黃蘗和尚路逢異僧同行乃一谿漢至天台值江漲不能濟植杖久之異僧以笠當舟登之浮去黃蘗指而罵曰這自了漢我早知汝定捶折其脛異僧乃歎曰道人猛利非我所及至尊云可謂神通師云宗門下不貴神通只貴眼明至尊云須是如此始得朕尋常不信幻怪等事師云陛下聖智洞明見得如此至尊云莫也曾住幾日師云臣已遷二十五日入院至尊云師所至處緣熟師云上感聖恩至尊云朕每日常誦楞嚴圓覺并儒書終日翛然無一事師云足見陛下聖學日新大抵看經教展卷時便與古人對偶正不在多誦至尊云朕常念茲在茲師云陛下乃菩薩地位中來[illegible]固然一切語默動靜處須教正念現在莫起[illegible]一念只如臣即今與陛下相對時又安知陛下心不隨流注處只此微細流注處謂之偷心偷心若無自然不起第二念至尊云朕得禪師提逗一念不為無補師云昔日雪峯和尚出嶺恭秀州精嚴寺光禪師值靈光遷化雪峯問其徒曰靈光在日如何指示學者其徒曰但云莫起第二念至尊云這一則語可以指示人做工夫師云所謂棒打石人頭曝曝論實事至尊云有甚機緣更舉一二則師云昔紙衣道者參曹山山云如何是紙衣下事道者云一裘纔挂體萬法悉皆如山云如何是紙衣下用道者近前應諾便脫去山云汝只解恁麼去不解恁麼來道者忽然開眼問云一靈真性不假胞胎時如何山云未是妙道者云如何是妙山云不借借道者珍重便脫去曹山乃有頌云覺性圓明無相身莫將知見妄疎親念異便於玄體昧心差不與道相鄰情分萬法沉前境識鑒多端喪本真如是句中全曉會了然無事昔時人至尊云參禪到這裏方始得受用師云古人念念無間方得到此真實田地不敢久坐聖躬謝恩下殿三月初五日壽皇諭問

札云朕每日止是塊坐別做得個什麼煩師寫來師答云恭承至尊垂問每日止是塊坐別做得個什麼陛下但於塊坐處提撕看是什麼若別有即是剩法所以南臺和尚有頌云南臺靜坐一炷香終日凝然萬慮忘不是息心除妄想都緣無事可思量此是古德脚踏實地處陛下於此契諳非但塊坐向四威儀中總是現成受用安樂法也謹奏四月初六日詩皇諭問朕近頗悟佛法無多子一言以蔽之但無妄念而已若起妄念則有生滅未知此說是否師云恭承聖諭近頗悟佛法無多子足見聖心豁徹陛下所謂一言以蔽之但無妄念而已若起妄念則有生滅誠如聖意更能到妄忘起滅處則乾坤獨露應用縱橫方是受用三昧謹奏

古尊宿語錄卷第四十八

輔教篇上卷第五　法五

藤州鐔津東山沙門釋契嵩撰

原教

勸書

原教

萬物有性情古今有死生然而死生性情未始不相因而有之死固因於生生固因於情情固因於性使萬物而浮沉於生死者情爲其累也有聖人者大觀乃推其因於生之前示其所以來也指其成於死之後教其所以修也故以其道導天下排情僞于方今資必成乎將來夫生也既有前後而以今相與不亦爲三世乎以將來之善成由今之所以修則方今窮通由其已往之所習斷可見矣情也者發於性皆情也苟情習有善惡方其化也則冥然與其類相感而成其所成情習有薄者爲有篤者爲機器有大者焉有小者焉聖人宜之故陳其法爲五乘者爲三藏者別乎五乘又岐出其繁然殆不可勝數上極成其聖道下極世俗之爲農者商者技者醫者百工之鄙事皆示其所以然然與五乘者皆統之於三藏舉其大者則五乘首之其一曰人乘次二曰天乘次三曰聲聞乘次四曰緣覺乘次五曰菩薩乘後之三乘云者蓋導其徒超然之出世者也使其大潔情汙直趣乎真際神而通之世不可得而窺之前之二乘云者以世情膠甚而其欲不可輒去就其情而制之曰人乘者五戒之謂也一曰不殺謂當愛生不可以己輒暴一物不止不食其肉也二曰不盜謂不義不取不止不讓他物也三曰不邪淫謂不亂非其匹偶也四曰不妄語謂不以言欺人五曰不飲酒謂不以醉亂其修心曰天乘者廣於五戒謂之十善也一曰不殺二曰不盜三曰不邪淫四曰不妄語是四者其義與五戒同也五曰不綺語謂不爲飾非言六曰不兩舌謂語人不背面七曰不惡口謂不罵亦曰不道不義八不嫉謂無所妬忌九曰不恚謂不以忿恨宿於心十曰不癡謂不昧善惡然謂兼修其十者報之所以生天也修前五者資之所以爲人也脫天下皆以此各修假令非生天而人人足成善人人皆善而世不治未之有也昔宋文帝謂其臣何尚之曰適見顏延之宗炳著論發明佛法甚爲名理並是開獎人意若使率土之濱皆感此化朕則垂拱坐致太平矣夫復何事尚之因進曰夫百家之鄉十人持五戒則十人淳謹千室之邑百人修十善則百人和睦持此風教以周寰區編户億千則仁人百萬夫能行一善則去一惡去一惡則息一刑一刑息於家萬刑息於國則陛下之言坐致太平是也斯言得之矣以儒校之則與其所謂五常仁義者異號而一體耳夫仁義者先正一世之治迹也以迹議之而未始不異也以理推之而未始不同也迹出於理而理祖乎迹迹末也理本也君子求本而措末可也語曰視其所以觀其所由察其所安人焉廋哉人焉廋哉孟子曰不揣其本而齊其末方寸之木可使高於岑樓謂事必揣量其本而齊等其末而後語之苟以其一世之迹而責其三世之謂何異乎以十步之獲而詰其百步之獲曰而何其迹之紛紛也曷不爲我之鮮乎是豈知其所適之遠近所步之多少也然聖人爲教而恢張異宜言乎一世也則當順其人情爲治其形生之間言乎三世也則當正其人神指緣業乎死生之外神農誌百藥雖異而同於療病也后稷標百穀雖殊而同於勝人也聖人爲教不同而同於爲善也曰佛之道其治三世非耳目之所接子何以而明之曰吾謂人死而其神不死此其驗矣神之在人猶火之在薪也前薪雖與火相盡今所以火者曷嘗燼乎曰神理冥眇其形既謝而孰能御其所適果爲人邪果爲飛潛異類乎曰斯可通也苟以其情習之業推之則其報也不差子豈不聞洪範五福六極之謂乎五福者謂人以其心合乎皇極而天用是五者應以嚮勸之六極者謂人不以其心合乎皇極而天用是六者應以威沮之夫其形存而善惡之應已然其神往則善惡之報豈不然乎佛經曰一切諸法以意生形此之謂也曰謂佛道絕情而所爲也如此豈非情乎佛亦有情邪曰形象者舉有情佛獨無情邪佛行情而不情耳曰佛之爲者既類夫仁義而仁義烏得亦謂之情乎曰仁者何惠愛之謂也義者何適宜之謂也宜與愛皆起於性而形乎用非情何乎就其情而言之則仁義乃情之善者也情而爲之而其勢近權不情而爲之而其勢近理性相同也情相異也異焉而天下鮮不競同焉而天下鮮不安聖人欲引之其所安所以推性而同羣生聖人欲息之其所競所以推懷而在萬物謂物也

無昆蟲無動植佛皆槩而惠之不敢損之謂生也無貴賤無賢鄙佛皆一而導之使自求之推其性而自同羣生豈不謂大誠乎推其懐而盡在萬物豈不謂大慈乎大慈故其感人也深大誠故其化物也易故夫中國之内四夷八蠻之外其人聞佛之言爲善有福爲惡有罪而靡不測然收其惡心勸然舉其善意守其說拳拳不敢失之若嚮之所謂五戒十善云者里巷何甞不相化而爲之自鄉之邑自邑之州自州之國朝廷之士 天子之宫掖其修之至也不殺必仁不盜必廉不淫必正不妄必信不醉不亂不綺語必誠不兩舌不讒不惡口不辱不恚不讐不嫉不爭不癡不昧有一于此足以誠於身而加於人況五戒十善之全也豈有爲人弟者而不悌其兄爲人子者而不孝其親爲人室者而不敬其夫爲人友者而不以善相致爲人臣者而不忠其君爲人君者而不仁其民是天下之無有也爲之者唯恐其過與不及爲癖耳佛豈苟癖於人爲如此者佛之道豈一人之私爲乎抑亦有意於天下國家矣何甞不存其君臣父子邪豈妨人所生養之道邪但其所出不自吏而張之亦其化之理隱而難見故世不得而盡信易曰默而成之不言而信存乎德行孟子曰民日遷善而不知爲之者豈不然乎人之惑於情久矣情之甚幾至乎敝薄古聖人憂之爲其法交相爲賛治謂之帝謂之王雖其道多方而循不暇救之以仁恩之以義教之賞欲進其善罰欲沮其惡雖罰日益勞賞日益費而世俗益薄苟簡有不以

賞罰而得民遷善而遠惡雖聖如堯舜必歎然善而致之豈曰斯人不因吾道而爲善吾不取其善必吾道而爲善乃可善之若是是聖人私其道也安有聖人之道而私哉夫游龍振於江海而雲氣油然四起暴雷聲於山林而飄風颼颼而來善其類自相應也故善人非親而善人同之惡人非恩而惡人容之舜好問而好察邇言隱惡而揚善及聞一善言見一善行若決江海沛然莫之能禦也禹聞善言則拜孔子甞謂善人吾不得而見之得見有常者斯可矣又曰三人行必得我師焉擇其善者而從之其不善者而改之顔子得一善則拳拳服膺不敢失之孟子謂好善優於天下又謂誠身有道不明乎善不誠其身矣此五君子者古之大樂善人也以其善類固類於佛苟其不死見乎吾道之傳是必泯然從而推之噫亦後世之不幸不得其相遇而相證尚使兩家之徒猶豫而不相信噫人情莫不專己而略人是此而非彼非過則爭專過則拘君子通而已矣何必苟尊君子當而已矣何必苟非飲食男女人皆能知實而君子不貴君子之所貴貴其能知道而識理也今有大道遠理若是而余不知識余愧於人多矣甞試論曰夫欲人心服而自修莫若感其内欲人言順而貌從莫若制其外制其外者非以人道設教則不能果致也感其内者非以神道設教則不能必化也故佛之爲道也先乎神而次乎人蓋亦感内而制外之謂也神也者人之精神之謂也非謂鬼神溷惑之事者也謂人修其精神善其履行生

也則揺應死也則其神清昇精神不修履行邪妄生也則非慶死也則其神受誅故天下聞之其心感動惡者沮而善者加之如此默化而何代無有然其教之作於中國也必有以世數相宜而來應人心相感而至不然何人以其法修之天地應之鬼神效之苟其宜之數之未盡相感之理未窮又安可以愛之而苟存惡之而苟去方之人事若王者霸者其順時應人而爲之豈不然哉況其有妙道冝權又至於人事者邪夫妙道也者清淨寂滅之謂也謂其滅盡衆累純其清淨本然者也非謂死其生取乎空蕪滅絶之謂也以此至之則成乎聖神以超出其世冝權也者以道起乎不用之用之謂也謂其拯拔羣生而出乎情溺者也考其化物自化則皇道幾之考其權用應世則無所不至言其化也固後世不能臻之言其權也默而體之則無世不得昔者聖人之將化也以其法付之王付之臣付之長者有力之人非其私己而苟尊於人也蓋欲因其道而爲道因其善而爲善佛之經固亦多方矣後世之徒不能以宜而授人致其信者過信令君有使善輒欲捐國爲奴隷之下俗有淺悟遽欲棄業專勝僧之高此非謂用佛心而爲道也經豈不曰諸佛隨宜說法意趣難解故爲佛者不止緇其服剪其髮而已矣然佛之爲心也如此豈小通哉此有欲以如楊墨而譏之夫楊墨者滞一而拘俗以之方佛不亦甚乎世不探佛理而詳之徒譊譊然誣佛謂其說之不與佛之見出於人遠矣烏可以己不見而方人之見謂佛

之言多劫也誕耶世固有積月而成歲積歲而成世又安知其積世而不成劫耶苟以其事遠耳目不接而謂之不然則六藝所道上世之事今非承其傳而孰親視之此可謂誕乎謂佛言大地誕耶世固有遊心凌空而往雖四隅上下冥然曷嘗有涯方之佛謂其世界無窮何不然乎謂佛言化也誕耶世固有夢中而夢者方其夢時而其所遇事與身世與適夢或其同或其異莫不類之夢之中既夢又安知其死之中不有化耶佛之見既遠而其知故亦多故聖人廣其教以教多類欲其無所適而不化也今曰佛西方聖人也其法宜夷而不宜中國斯亦先儒未之思也聖人者蓋大有道者之稱也豈有大有道而不得曰聖人亦安有聖人之道而所至不可行乎苟以其人所出於夷而然也若舜東夷之人文王西夷之人而其道相接紹行于中國可夷其人而拒其道乎況佛之所出非夷也

或曰佛止言性性則易與中庸云矣而無用佛爲是又不然如吾佛之言性與世書一也是聖人同其性矣同者郄之而異者何以處之水多得其同則深爲河海土多得其同則積爲山嶽大人多得其同則廣爲道德烏呼余烏能多得其同人同誠其心同齋戒其身同推德于人以福吾親以資吾君之康天下也曰而何甚不厭耶子輩雖然盈乎天下不籍四民徒張其布施報應以衣食於人不爲困天下亦已幸矣又何能補治其世而致福於君親乎曰固哉居吾語汝汝亦知先王之門論德義而不計工力耶夫先王之制民也恐世敝民混而易亂遂爲之防故四其民使各屬其屬豈謂禁民不得以利而與人爲惠若今佛者然則誠語則善所至則以其道勸人舍惡而趨善其一衣食待人之餘非黷也苟不能然自其人之罪豈佛之法謬乎孟子曰於此有人焉入則孝出則悌守先王之道以待後之學者而不得食於子子何尊梓匠輪輿而輕爲仁義者哉儒豈不然耶堯舜已前其民未四當此其人豈盡農且工未聞其食用之不足周平之世井田之制尚舉而民已匱且敝及秦廢王制而天下益擾當是時也佛老皆未之作豈亦二教加於四民而爲癘然耶人生天地中其食用恐素有分子亦爲世之憂太過爲人之計太約報應者儒言休證咎證積善有慶積惡有殃亦已明矣若布施之云者佛以其人欲有所施惠必出於善心心之果善方乎休證則可不應之孰爲虛張耶夫舍惠城人情之難能也斯苟能其難能其爲善也不亦至乎語曰如有博施於民而能濟衆何如可謂仁乎子曰何事於仁必也聖乎堯舜其猶病諸蓋言聖人難之亦恐其未能爲也佛必以是而勸之者意亦釋人貪悋而廓其善心耳世宜視其與人爲施者公私如何哉不當傲其所以爲施也禮將有事於天地鬼神雖一日祭必數日齋蓋欲人誠其心而潔其身也所以祈必有福于世今佛者其爲心則長誠齋戒則終身比其修齋戒之數日福亦至矣豈盡無所資乎曰男有室女有家全其髮膚以奉父母之遺體人倫之道也而子輩反此自爲其修超然欲高天下然修之又幾何哉混然何足辨之曰爲佛者齋戒修心義利不取雖名亦忘至之遂通於神明其爲德也抑亦至矣推其道於人則無物不欲善之其爲道抑亦大矣以道報恩何恩不報以德嗣德何德不嗣已雖不娶而以其德資父母形雖外毀而以其道濟乎親泰伯豈不虧形耶而聖人德之伯夷叔齊豈不不娶長往於山林乎而聖人賢之孟子則推之曰伯夷聖之清者也不聞以虧形不娶而少之子猶過吾徒耶夫世之不軌道久矣雖賢父兄如堯舜周公尚不能必制其子弟今去佛世愈遠教亦將季烏得無耶人寄我以偷安耶雖法將如之何大林中固有不材之木大畝中固有不實之苗直之可也不可以人廢道曰而言而之教若詳可尚也然則三教之說皆張於方今較之孰爲優乎曰叟愚也若三者皆聖人之教小子何敢輒議然佛吾道也儒亦竊嘗聞之若老氏則予未存意不已而言之三教也亦猶同水以涉而厲揭有深淺儒者聖人之治世者也佛者聖人之治出世者也

勸書第一 并敘

余五書出未逾月客有踵門而謂曰僕粗聞大道適視若廣原教可謂涉道之深矣勸書者蓋其警世之漸也大凡學者必先淺而後深欲其不煩而易就也若今先廣教而後勸書僕不識其何謂也曰此吾無他義例第以茲原教廣原教相因而作故以其相次而列之耳客曰僕固欲公擢勸書於前而排廣教於後使夫覽之者先後有序沿淺而及奧不

亦善乎余然之矣而客又請之曰若五書雖各有其目也未若統而名之俾其流百世而不相離不亦益善乎余從而謝其客曰今夫搢紳先生厭吾道者殷矣而子獨好以助之子可謂篤道而公於爲善矣即爲其命工移易乎二說增爲三帙總五書而名之曰輔教編

潛子爲勸書或曰何以勸乎曰勸夫君子者自信其心然後事其名爲然也古之聖人有曰佛者先得乎人心之至正者乃欲推此與天下同之而天下學者反不能自信其心之然遂斅然相與排佛之說以務其名吾嘗爲其悲之夫人生名孰誠於心今[十]忽其誠說而徇乎區區之名惑亦甚矣夫心也者聖人道義之本也名也者聖人勸善之權也務其權而其本不審其爲善果善乎其爲道義果義乎今學者以適義爲理以行義爲道此但外事中節之道理也未預乎聖人之大道也大理也夫大理也者固常道之主也凡物不自其主而爲爲之果當乎漢人有號牟子者嘗著書以諭佛道曰道之爲物也居家可以事親宰國可以治民獨立可以治身履而行之則充乎天地此蓋言乎世道者資佛道而爲其根本者也夫君子治世之書頗嘗知其心之然乎知之而苟排之是乃自欺其心也然此不直人心之然也天地之心亦然鬼神與類之心皆然而天地鬼神益不可以此而欺之也然此雖槩見百家之書而百家者未始盡之佛廼窮深極微以究乎死生之變以通乎神明之往來乃至於大妙故世俗以其法事於天地而天地應之以其書要於鬼神而鬼神順之至乎四海之人以其說而舍惡從善者不待爵賞之勸斐然趨以自化此無他也蓋推其大誠與天地萬物同而天人鬼神自然相感而然也曰此吾知之矣姑從吾名教乃爾也曰夫欲其名勸之但[十一]誠於爲善則爲聖人之徒固已至矣何必資乎佛乃賢邪今有人日爲善物於此爲之既專及寢則夢其所爲宛然當爾則其人以名夢乎以魂夢邪是必以魂而夢之也如此則善惡常與心相親柰何徒以名夸世俗而不顧其心魄乎君子自重輕果如何哉昔韓子以佛法獨盛而惡時俗奉之不以其方雖以書抑之至其道本而韓亦頗推之故其送高閑序曰今閑師浮圖氏一死生解外繆是其心必泊然無於所起其於世必澹然無於所嗜稱乎大顚則曰頗聰明識道理又曰實能外形骸以理自勝不爲事物侵亂韓氏之心於佛亦有所善乎而大顚禪書亦謂韓子嘗相問其法此必然也逮其爲絳州刺史馬府君行狀乃曰司徒公之薨也臂出血書佛經千餘言期以報德又曰其居喪有過人行又曰摭其大者爲行狀託立言之君子而圖其不朽焉是豈盡非乎爲佛之事者邪韓子賢人也臨事制變當自有權道方其讓老氏則曰其見小也坐井觀天曰天小者非天罪也又曰聖人無常師長弘師襄也聃郯子之徒其賢不及孔子孔子三人行則必有我師是亦謂孔子而師老聃也與夫曾子問司馬遷所謂孔子問禮於老聃類也然老子固薄禮者也豈專言禮乎是亦在其道也驗太史公之書則孔子問道於老子詳矣昔孟子故擯夫爲楊墨者而韓子則與墨曰孔子必用墨子墨子必用孔子不相用不足爲孔墨儒者不尚說乎死生鬼神之事而韓子原鬼稱乎羅池柳子厚之神奇而不疑韓子何嘗膠於一端而不自通邪韓謂聖賢也豈其是非不定而言之反覆蓋鑒在其心抑之揚之或時而然也後世當求之韓心不必隨其語也曰吾於吾儒之書見其心亦久矣及見李氏復性之說益自發明無取於佛也曰止渴不必東井而飲充飢不必擇庖而食得子審其心爲善不亂可也豈抑[十二]人必從於我不然也他[十三]書雖見乎性命之說大較恐亦有所未盡者也吾視本朝所撰高僧傳謂李習之嘗聞法於道人惟儼及取李之書詳之其微旨誠若得於佛經但其文字與援引爲異耳然佛亦稍資諸君之發明乎曰雖然子盡子之道歟曰於此吾且欲諸君之易曉耳遽盡吾道則恐世誕吾言而益不信也勿已幸視吾書曰廣原教者可詳也

勸書第二

天下之教化者善而已矣佛之法非善乎而諸君必排之是必以其與己教不同而然也此豈非莊子所謂人同於己則可不同於己雖善不善謂之矜吾欲諸君爲公而不爲矜也語曰多聞擇其善者而從之又曰君子之於天下也無適也無莫也義之與比聖人抑亦酌其善而取之何嘗以與己不同而棄人之善也自三代其政既衰而世俗之惡滋甚

禮義將不暇獨治而佛之法乃播於諸夏遂與儒並勸而世亦翕然化之其遷善遠罪者有矣自得以正乎性命者有矣而民至于今賴之故吾謂三教者乃相資而善世也但在冥數自然人不可得而輒見以理而陰校之無不然也故佛之法爲益於天下抑亦至矣

今曰佛爲[注五]害於中國斯言甚矣[十三]君子何未之思也大凡害事無大小者不誅於人必誅於天鮮得久存於世也今佛法入中國垂千年矣果爲害則天人安能久容之如此也若其三發於中國而三益起之是亦可疑其必有大合乎天人者也君子謂其癈天常而不近人情而惡之然其遺情當絕有陰德乎君親也而其意甚遠不可遽誣且以天道而與子質之父子夫婦天常也今佛導人割常情而務其修絜者蓋反常而合道也夫大道亦恐其有所至於常情耳不然則天厭之久矣若古之聖賢之人事於佛而相賛之者繁乎此不可悉數姑以唐而明其大略夫爲天下而至於王道者孰與太宗當玄奘出其衆經而太宗父子文之曰大唐聖教序相天下而最賢者孰與房杜姚宋耶若房梁公玄齡則相與玄奘譯經杜萊公如晦則以法尊於京兆玄琬逮其亟薨乃命琬爲世世之師宋丞相璟則以佛法師於曇一裴晉公勳業於唐爲高丞相崔羣德重當時天下服其爲人而天下孰賢於二公裴則執弟子禮於徑山法欽崔則師於道人如會惟儼抱大郎忠於國家大下死而不變者孰與顏魯公魯公嘗以戒稱弟子於湖州慧明問道於江西嚴峻純孝而清正孰與於魯山元紫芝紫芝以母喪則刺血寫佛之經像（已上之事見於劉昫唐書及本朝所撰高僧傳）自太宗逮乎元德秀者皆其君臣之甚聖賢者也借使佛之法不正而善惑亦烏能必惑乎如此之聖賢耶至乃儒者文者若隋之文中子若唐之元結李華梁肅若權文公若裴相國休若柳子厚李元賓此八君子者但不詬佛爲不賢耳不可謂其盡不知古今治亂成敗與其邪正之是非也而八君子亦未始謂佛爲非是而不推之如此諸君益宜思之今吾人之所以爲人者特資乎神明而然也神明之傳於人亦猶人之移易其屋廬耳舊說羊祜前爲[注五]李氏之子崔咸乃盧老[十四]後身若斯之類古今頗有諸君故亦嘗聞之也以此而推之則諸君之賢豪出當治世是亦秉昔之神明而致然也又烏知其昔不以佛之法而治乎神明耶於此吾益欲諸君審其形始而姑求其中不必徒以外物而自緣今爲書而必欲勸之者非直爲其法也重與諸君皆禀靈爲人殊貴於萬物之中而萬物變化甚乎紛綸唯人爲難得諸君人傑愈難得也然此亦死生鬼神之惚恍不足擅以爲諭請即以人事而言之幸諸君少取焉夫立言者所以勸善而沮惡也及其善之惡之當與不當則損益歸乎陰德今閭巷之人欲以言而辱人必亦思之曰彼福德人也不可辱之辱則折吾福矣然佛縱不足頼世聖賢豈不若其閭巷之福德人耶今詆訶一出則後生末學百世效之其損益陰德亦少宜慎思之昔韓退之不肯爲史蓋懼其褒貶不當而損乎陰德也故與書乎劉生曰不有人禍則有天刑又曰若有鬼神將不福人彼史氏之褒貶但在乎世人耳若佛者其道德神奇恐不啻於世之人也此又未可多貶也列禦寇稱孔子嘗曰丘聞西方之有大聖人不治而不亂不言而自信不化而自行蕩蕩乎民無能名焉使列子妄言[注五]即已如其稱[十五]誠則聖人固不可侮也

勸書第三

余嘗見本朝楊文公之書其意自謂少時銳於仕進望望常若有物礙於胷中及學釋氏之法其物騰然破散無復蔽礙而其心泰然故楊文公資此終爲良臣孝子而天下謂其有大節抑又聞謝大夫泌與查道待制甚通吾道故其爲人能仁賢其爲政尚清靜而所治皆有名迹及謝大夫之亡也沐浴儼其衣冠無疾正坐而盡昔尹待制師魯死於南陽其神不亂士君子皆善師魯死得其正吾亦然之也及會朱從事炎於歙唐聞其所以然益詳朱君善方脈當師魯疾華而范資政命朱夜往候之尹待制即謂朱曰吾死生如何朱君曰脉不可也而師魯亦謂朱曰吾亦自知吾命已矣因說其素學佛於禪師法昭者吾乃今資此也及其夕三鼓屏人遂隱几而終余晚見尹氏退說與其迭迥光之序驗朱從事之言是也然佛之法益人之生也若彼益人之死也如此孰謂佛無益於天下乎而大下人人黙自得之若此四君子者何限至乃以其五戒十善陰自修者而父益其善子益其孝夫婦兄弟益其和仰亦衆矣余昔見潯陽之民曰周懷義者舉家稍以十善慈孝

仁惠稱於鄉里鄉人無相害之意雖街童市豎見周氏父子必曰此善人也皆不忍欺之吾嘗謂使天下皆如周氏之家豈不爲至德之世乎夫先儒不甚推性命於世者蓋以其幽奥非衆人之易及者也未可以救民之弊姑以禮義統乎人情而制之若其性與神道恐獨待乎賢者耳語曰回也庶幾乎屢空不其然乎今曰三代時人未有夫佛法之説豈不以其心而爲人乎曰何必三代如三皇時未有夫孔氏老子之言其人豈不以心而爲君臣父子夫婦乎夫君子於道當精麤淺深之不宜如此之混説也佛豈直爲世不以其心而爲人邪蓋欲其愈至而愈正也泰山有鳥巢於嶒崖木末而弋者不及千仞之淵有魚潛於深泉幽穴而筌者不得蓋其所託愈高而所棲愈安所潜愈深而所生愈適孟子曰孔子登東山而小魯登泰山而小天下此言喻道至矣吾昔與人論此而其人以名矜以氣抗雖心然之而語不即從夫抗與矜人情而心固至妙烏可任人情而忽乎至妙之心其亦昧矣諸君賢達無爲彼巳昧者也

輔教篇上卷第五

丁卯冬沙門良鍇書

輔教篇上卷

校勘記

一　底本，影印宋磧砂藏本。此本輔教篇編入千字文「法」字函。該函包括傳法正宗記（卷九）一卷、傳法正宗定祖圖一卷、傳法正宗論上、下二卷、輔教篇上、中、下三卷，共七卷。除輔教篇下卷外，依次編爲「卷第一」、「卷第二」、「卷第三」、「卷第四」、「卷第五」、「卷第六」。此上卷卷首、卷末書名下之編次「卷第五」，即是該卷在「法」字函中之編次。中卷例同。輔教篇下卷因係以明永樂南藏本補闕，而南藏本無此編次，故卷首、卷末書名下無「卷第七」之編次。傳法正宗定祖圖亦係以南藏本補磧砂藏之所缺。因南藏本亦將傳法正宗記（卷九）、傳法正宗定祖圖、傳法正宗論上、下卷依次編爲「卷第一」、「卷第二」、「卷第三」、「卷第四」，故傳法正宗定祖圖又有編次「卷第二」。

一　二九五頁上一行經名，南作「輔教篇卷上」；徑、清作「輔教編卷上」。卷末經名同。

一　二九五頁上二行撰者，徑、清作「宋藤州鐔津東山沙門釋契嵩撰」。中卷、下卷同。

一　二九五頁上二〇行「技者」，徑、清作「牧者」。

一　二九五頁中七行「八不嫉」，南、徑、清作「八日不嫉」。

一　二九五頁中一四行「名理」，清作「明理」。

一　二九五頁中二三行首字「正」，南、徑、清作「王」。

一　二九五頁中末行第一五字「誥」，南、徑、清作「詰」。

一　二九五頁下七行第四字「膳」，徑、清作「養」。

一　二九六頁上七行第一三字「勸」，南、徑、清作「歡」。

一　二九六頁上八行「嚮之」，清作「尚之」。

一　二九六頁上二三行第四字「更」，經、清作「吏」。

一　二九六頁上二八行「不暇」，經、清作「不暇」。

一　二九六頁中六行第九字「善」，南、經、清作「蓋」。

一　二九六頁中九行「江海」，清作「江河」。

一　二九六頁中一一行「必得」，南、經、清作「必有」。

一　二九六頁下三行第九字「涅」，南、經、清作「沮」。

一　二九六頁下六行末字「宜」，經、清作「相宜」。

一　二九七頁上五行「大地」，南、經、清作「大也」。

一　二九七頁中一八行第七字「城」，南、經、清作「誠」。

一　二九七頁下四行第一〇字「道」，經、清作「道也」。

一　二九七頁下一五行第一四字「可」，南作「誠可」。

一　二九七頁下一八行末二字「予未」，南、經、清作「未顏」。

一　二九八頁中一五行第一〇字「繆」，清作「膠」。

一　二九八頁中二一行第七字「臂」，南、經、清作「剌臂」。

一　二九八頁中二七行「長弘」，經、清作「萇弘」。又「也聃」，南、經、清作「老聃」。

一　二九八頁下一〇行「季氏」，經、清作「李氏」。

一　二九八頁下二八行「大下」，南、經、清作「天下」。次頁上二九行及下二七行同。

一　二九九頁上一四行首字「也」，南、經、清作「者也」。

一　二九九頁上一五行「天常」，經、清作「固天常」。

一　二九九頁上二九行「孰與」，經作「孰於」；清作「孰如」。

一　二九九頁中二行夾註右「劉的」，南作「劉昫」；經、清作「劉煦」。

一　二九九頁中二七行末字「閪」，經作「陋」。

一　二九九頁下一四行「清靜」，經、清作「清淨」。

一　二九九頁下二九行第一一字「仰」，南、經、清作「抑」。

輔教編中卷第六　法六

藤州鐔津東山沙門釋契嵩撰

廣原教 幷叙二十六篇

叙曰余昔以五戒十善通儒之五常為原教急欲解當世儒者之訾佛若吾聖人為教之大本雖槩見而未暇盡言意待別為書廣之原教傳之七年會丹丘長吉遺書勸余成之雖屬草以所論未至輟之適就其書幾得乎聖人之心始余為原教師華嚴經先列乎菩薩乘蓋取其所謂依本起末門者也師智度論而離合乎五戒十善者也然立言自有體裁其人不知頗相誚訝當時或為其改之今書乃先列乎人天乘亦從華嚴之所謂攝末歸本門者也旨哉五戒十善則不復出其名數吾所以為二書者蓋欲發明先聖設教之大統以諭夫世儒之不知佛者故其言欲文其理欲簡其勢不可枝辭蔓說若曲辨乎衆經之教義則章句者存焉知余譏余其原教廣原教乎廣原教凡二十五篇總八千三百餘言是歲內申也振筆于靈隱永安山舍

惟心之謂道闡道之謂教教也者聖人之垂迹也道也者衆生之大本也甚乎羣生之緣其本也久矣聖人不作而萬物終昧聖人所以與萬物大明也心無有外道無不中故物無不預道聖人不私道不棄物道之所存聖人皆與是故其為教也通幽通明通世出世無不通也通者統也統以正之欲其必與聖人同德廣大靈明莫至乎道神德妙用莫至乎心徇妄縛業莫甚乎迷本流蕩諸趣莫甚乎死生知衆生之過患莫善乎聖人與萬物正本莫善乎設教五固明明固妙妙固其道凝焉是故教也者聖人明道救世之大端也

夫教也者聖人乘時應機不思議之大用也是故其機大者頓之其機小者漸之漸也者言乎權也頓也者言乎實也實者謂之大乘權者謂之小乘聖人以大小衍攬乎羣機而幽明盡矣預頓而聞漸預漸而聞頓是又聖人之妙乎天人而天人不測也聖人示權所以趣實也聖人顯實所以藉權也故權實偏圓而未始不相顧權也者有顯權有冥權聖人顯權之則為淺教為小道與夫信者為其小息之所也聖人冥權之則為異道為他教為與善惡同其事與夫不信者預為其得道之遠緣也顯權可見而冥權不測也實也者至實也至實則物我一也物我一故聖人以羣生而成之也語夫聖人之權也則周天下之善徧百家之道其救世濟物之大權乎語夫聖人之實也則旁礡法界與萬物皆極其天下窮理盡性之大道乎聖人者聖人之聖者也以非死生而示死示生與人同然而莫覩其所以然豈古神靈叡智博大盛備之聖人乎故其為教有神道也有人道也有常德也有奇德也不可以一槩求不以世道擬議得在於心通失在於迹較

治人治天莫善乎五戒十善修夫小小聖小聖莫盛乎四諦十二緣修夫大聖以趣乎大大聖莫盛乎六度萬行夫五戒十善者離之所以致天合之所以資人語之成功則有勝有劣語其所以然則大人之道一也夫四諦十二緣者離之則在乎小聖合之則在乎小小聖語其成功則有降殺語其乘之則小聖小小聖同道也夫六度也者首萬行廣萬行者也大聖與乎大大聖其所乘雖稍分之及其以萬行超極則與夫大大之聖人一也萬行也者萬善之謂也聖人之善蓋神而為之適變乘化無所而不在也是故聖人預天人之事而天人不測夫神也者妙也事也者麤也麤者唯人知之妙者唯聖人知之天下以彼我競以儒佛之事相是非而天下之知者儒佛之事豈知其蜒埴乎佛儒者耶夫含靈者溥天溥地徧幽徧明偏乎夷狄禽獸非以神道彌綸而古今殆有棄物聖人重同靈懼遺物也是故聖人以神道作

心必至至必變變者識也至者如也如者妙萬物者也識者紛萬物異萬物者也變也者動之幾也至也者妙之本也天下無不本天下無不動故萬物出于變入于變萬物起于至復于至萬物之變見乎情天下之至存乎性以情可以辨萬物之變化以性可以觀天下之大妙善夫情性可以語聖人之教道也

萬物同靈之謂心聖人所履之謂道道有大者焉有小者焉心有善者焉有惡者焉善惡有厚薄大小有漸與故有大聖有次聖有小聖有天有人有須倫有鬼神有介羽之屬有地道羣生者一心之所出也聖人者一道之所離也聖人之大小之端不可不審也羣生之善惡之故不可不慎也夫心與道豈異乎哉以聖人羣生姑區以別之曰道曰心也心乎大哉至也矣幽過乎鬼神明過乎日月博大包乎天地精微貫乎鄰虛幽而不幽故至

幽明而不明故至明大而不大故絕大微而不微故至微精日精月靈鬼靈神而妙乎天地三才咎有乎咎無乎咎不有不無咎不不有咎不不無是可以言語狀及乎不可以絕待玄解論得之在乎瞬息笔之在乎毫釐者是可以與至者知不可與學者語聖人以此難明難至也乃爲諸教言之義之論之正之雖夥然多端是皆欲人之不繆也而學者猶眛今夫天下混謂乎心者言之而不詳知之而不審苟認意識謂與聖人同得其趣道也不亦遠乎

性出乎情情隱乎性性隱則至實之道息矣是故聖人以性爲教而教人天下之動生於情萬物之惑正於性情性之善惡天下可不審乎知善惡而不知夫善惡之終始其至知乎知其終而不知其始其至知乎唯聖人之至知知始知終知微知亡見其貫死生幽明而成象成形天地至遠而起於情宇宙至大而內於性故萬物莫盛乎情性者也情也者有之初也有有則有愛有愛則有嗜欲有嗜欲則男女萬物生死焉死生之感則善惡以類變始之終之循死生而未始休性也者無之至也至無則未始而無出乎生入乎死而非死非生聖人之道所以寂焉明然唯感所適夫情也爲僞爲識得之則爲愛爲惠爲親親爲疎疎爲或善爲或惡失之則爲欺爲狡爲兇爲不遜爲貪爲溺嗜欲爲喪心爲滅性夫性也爲眞爲如爲至爲無邪爲清爲靜近之則爲賢爲正人遠之則爲聖神爲大聖人聖人以性爲教教人而不以情此其蘊也情性之在物常然宛然探之不得決之不絕天地有窮性靈不竭五趣迭改情累不釋是故情性之謂天下不可不柬也夫以情教人其在生死之間乎以性教人其出夫死生之外乎情教其近也性教其遠也誕乎死生之外而罔之其眛天理而絕乎生生之源也小知不及大知醯雞之局乎甕𤮊之間不亦然乎

心動曰業會業曰感感也者通內外之謂也天下之心孰不動萬物之業孰不感業之爲理也幽感之爲勢也遠故民不睹而不懼聖人之教謹乎業欲其人之必警也欲其心之慎動也內感之謂召外感之謂應召爲其因應爲其果因果形象者皆預也夫心動有逆順故善惡之情生焉善惡之情已發故禍福之應至焉情之有淺深報之有輕重輕乎可以還重乎不可却善惡有先後禍福有遲速雖十世萬世而相感者不逸豈一世而已乎夫善惡不驗乎一世而疑之是亦昧乎因果者也報施不以夫因果正則天下何以勸善人樹不見其長而日茂礪不見其銷而日無業之在人也如此可不愼乎

物有性物有命物好生物惡死有血氣之屬皆然也聖人所以欲生而不欲殺夫生殺有因果善惡有感應其因善其果善其因惡其果惡夫好生之心善好殺之心惡善惡之感可不愼乎人食物物給人昔相負而冥相償業之致然也人與物而不覺謂物自然天生以養人天何頗邪害性命以育性命天道至仁豈然乎哉夫相償之理冥而難言也宰殺之勢積而難休也故古之法使不暴天物不合圍不揜羣也子釣而不綱弋不射宿其止殺之漸乎佛教教人可生而不可殺可不思耶諒哉

大信近也小信遠也近反遠遠反近情蔽而然也天下莫近乎心天下莫遠乎物人夫不信其心而信其物不亦近反遠遠反近乎不亦迷繆倒錯乎心也者聰明叡智之源也不得其源而所發能不繆乎聖人所以欲人自信其心也信其心而正之則爲誠常爲誠善爲誠孝爲誠忠爲誠仁爲誠慈爲誠和爲誠順爲誠明誠明則感天地振鬼神更死生變化而獨得是不宜感天地動鬼神而已矣将又致乎聖人之大道者也是故聖人以信其心爲大也夫聖人博說之約說之直示之巧示之皆所以正人心而與人信也人而不信聖人之言乃不信其心耳自棄也自惑也豈謂明乎哉賢乎哉

修多羅藏者何謂也合理也經也經也者常也貫也攝也顯乎前聖後聖所說皆然莫善乎常也持義理而不亡莫善乎貫也揔羣生而教之莫善乎攝也阿毗曇藏者何謂也對法也論也論也者判也辨也發明乎聖人之宗趣莫善乎辨指其道之淺深莫善乎判毗尼藏者何謂也戒也律也律也者制也啓衆善遮衆惡莫善乎制也人天乘者何謂也漸之漸也導世俗莫盛乎至漸聲聞乘者何謂也權也漸也小道也緣覺乘者何謂也亦小道也從其器而宜之莫盛乎權與其進而不與其退莫盛乎漸菩薩乘者何謂也實也頓也大道也即大心而授大道莫盛乎菩薩乘

也其乘與妙覺通其殆庶幾者也四輪者何謂也曰風也曰水也曰金也曰地也四輪也者天地之所以成形也觀乎四輪則天地之終始可知也三界者何謂也曰欲也曰色也曰無色也三界也者有情者之所依也觀乎三界則六合之內外可詳而不疑也六道者何謂也曰地獄也曰畜生也曰餓鬼也曰修羅也曰人也曰天也六道也者善惡心之所感也觀乎六道則可以慎其爲心也四生者何謂也曰胎也曰卵也曰濕也曰化也四生也者情之所成也觀乎四生則可以知形命之所以然也何家無教何書無道道近而不道遠天下何以知遠乎教人而不教他類物其有所遺乎夫幽者遠者固人耳目之所不及也惚恍者飛潛者固人力之不能卹也人之不能及宜聖人能及之人之不能恤宜聖人能恤之聖人不能及天下其終昧夫幽遠者耶聖人不能卹含靈者將淪而無所拯乎是故聖人之教遠近幽明無所不被無所不著天下其廣大悉備者孰有如吾聖人之教者也

天之至高地之至遠鬼神之至幽修吾聖人之法則天地應之舉吾聖人之言則鬼神順之天地與聖人同心鬼神與聖人同靈蓋以其類相感而然也情不同則人睽類不同則物反非其道則孺子不從今夫感天地振鬼神得乎百姓夷狄更古今而其心不離則吾聖人之道其大通大至斷可見矣

佛者何謂也正乎一者也人者何謂也預乎一者也佛與人一而已矣萬物之謂者名也至理之謂者實也執名而昧實天下其知至乎道在乎人謂之因道在乎佛謂之果因也者言乎未至也果也者言乎至也至則正矣正則無所居而不自得焉佛乎豈必形其形迹其迹形迹者乃存其教耳教也者爲其正之之資也別萬物莫盛乎名同萬物莫盛乎實聖人以實教人欲人之大同也聖人以遺名而勸人防人之大異也觀夫聖人之所以教則名實之至斷可見矣

何人無心何心無妙何教無道何道無中縣言乎中則天下不趨其至道混言其妙則天下不求其至心不盡乎至心至道則僞者狂者矜者慢者由此而不修也生者死者因循變化由此而不警也妙有妙有大妙中有事中有理中有理中夫事中中也者萬事之制中者也理中也者性理之至正者也夫妙也者妙之者也大妙也者妙之又妙者也妙者百家者皆言而未始及其大妙也大妙者唯吾聖人推之極乎衆妙者也夫事中者百家者皆然吾亦然矣理中者百家者雖預中而未始至中唯吾聖人正其中以驗其無不中也曰心曰道名焉耳曰中曰妙語焉耳名與言雖異而至靈一也一即萬萬即一一復一萬復萬轉之展之交相融攝而浩然不窮大妙重玄其如此也矣夫故其擲大千於方外納須彌於芥子而至人不疑曰妙而已矣曰中而已矣又何以加焉曰海罔深矣而九淵深於海夷貉之子豈諒於戲

教不可泥道不可罔泥教滛迹罔道棄本泥也者過也罔也者不及也過不及其爲患一之聖人所以爲理必誠爲事必權而事與理皆以大中得也夫事有宜理有至從其宜而宜之所以爲聖人之教也即其至而至之所以爲聖人之道也梁齊二帝（梁武齊文宣也）反其宜而事教不亦泥乎魏周二君（魏武周武）泥其至而預道不亦罔乎夫聖人之教善而已矣夫聖人之道正而已矣其人正人之其事善事之不必僧不必儒不必彼不必此彼此者情也僧儒者迹也聖人垂迹所以存本也聖人行情所以順性也存本而不滯迹可以語夫權也順性而不溺情可以語夫實也昔者石虎以柄國殺罰自疑其事佛無祐而佛圖澄乃謂石虎曰王者當心體大順動合三寶如其兇愚不爲教化所遷安得不誅但刑其可刑罰其可罰者朕刑罰不中也雖傾財奉佛何以益乎昔宋文帝謂求那跋摩曰孤媿身徇國事雖欲齋戒不殺安得如法也跋摩曰帝王與匹夫所修當異帝王者但正其出言發令使乎人神悅和人神悅和則風雨順風雨順則萬物遂其所生也以此持齋齋亦至矣以此不殺德亦大矣何必輟半日之餐全一禽之命爲之修乎帝撫机稱之曰俗迷遠理僧滯近教若公之言真所謂天下之達道可以論夫天人之際矣圖澄跋摩古之至人也可謂知權乎

聖人以五戒之導世俗也教人修人以種人修之則在其身種之則在其神一爲而兩得故感人心而天下化之與人順理之謂善從善無迹之謂化善之故人慕而自勸化之故在人而不顯故天下不可得以校其功天下

不可得以議其得然天下鮮惡孰知非因是而損之天下多善孰知非因是益之有謂佛無所助夫王者之治天下者此不睹乎理者也

善不修則人道絕矣性不明則神道滅矣天地之生生者神也萬物之靈族者人也其神睹生生者所以異也其人失靈族者所以衰也聖人重人道所以推善而益之也聖人重神道所以推性而嗣之也人者天者聖人者孰不自性而出也聖人者天者人者孰不自善而成也所出者固其本也所成者固其致也衆成之大成者也爲本之大本者也聖人以性嗣蓋與天下尊其大本也 十 聖人以善益蓋與天下務其大成也父母之本者次本也父母之成者次成也次本次成能形人而不能使其必人也必人必神必先其大本大成也而然後及其次本次成是謂知本也夫天下以父子夫婦爲人道者是見人道之緣而不見其因也緣者近也因者遠也夫天下知以變化自然爲乎神道者是見其然而不見其所以然也然者顯也所以然者幽也是故聖人推其所以然者以盡神道之幽明也推其遠而略其近者以驗人道之因果也聖人其與天下之終始乎聖人不自續其族舉人族而續之其爲族不爲大族乎我聖人不自嗣其嗣舉性本而與天下嗣之其爲嗣不亦大嗣乎哉

教謂布施何謂也布施吾原教雖論而未盡此盡之也布施也者聖人之欲人爲福也夫福豈有象邪在其爲心之善不善耳貪婪慳悋者心之不善者也濟人惠物者心之善者也善心感之則爲福不善心感之則爲極福極之理存乎儒氏之皇極矣皇極者蓋論而不議者也夫布施之云爲者聖人欲人發其感福之心也其發之者有優劣則應之者有厚薄以佛事而發其施心者優也以世事而發其施心者劣也聖人欲人之 十一 福必厚故先優而後劣劣者謂之卑優者謂之勝儒曰福者備也備者百順之名也無所不順之謂備此道其緣而不道其因非因則天下不知其所以爲福也所種之地薄則所成之物不茂所種之地嘉則所成之物必碩也矣是故聖人示人之勝劣豈有所茍乎如以財而施人者其福可量也以法而施人者其福不可量也可量者弁世而言之也不可量者以出世而言之也

教必尊僧何謂也僧也者以佛爲性以如來爲家以法爲身以慧爲命以禪悅爲食故不恃俗氏不營世家不修形骸不貪生不懼死不溷乎五味其防身有戒攝心有定辨明有慧語其戒也潔清三惑而畢身不汙語其定也恬思慮正神明而終日不亂語其慧也崇德辨惑而必然以此修之之謂因以此成之之謂果其於物也有慈有悲有大誓有大惠慈也者常欲安萬物悲也者常欲拯衆苦誓也者誓與天下見真諦惠也者惠羣生以正法神而通之天地不能揜密而行之鬼神不能測其演法也辯說不滯其護法也奮不顧身能忍人之不可忍能行人之不能行其正命也丐食而食而不爲恥其寡欲也糞衣綴鉢不爲貧其無爭也可辱而不可輕其無然也可同而不可損以實相待物以至慈修已故其於天下也能必和能普敬其語無妄故其爲信也至其法無我故其爲讓也誠有威可敬有儀可則天人望而儼然能福於世能導於俗其忘形也委禽獸而不惜其讀誦也冒寒暑而不廢以法而出也遊人間徧聚落視名若谷響視利若遊塵視物色若陽豔煦嫗貧病瓦合輿僮而不爲卑以道而處也雖深山窮谷草其衣木其食晏然自得不可以利誘不可以勢屈謝天子諸侯而不爲高其獨立也以道自勝雖形影相弔而不爲孤其羣居也以法爲屬會四海之人而不爲 十三 混其可學也雖三藏十二部百家異道之書無不知也他方殊俗之言無不通也祖述其法則有文有章也行其中道則不空不有也其絕學也離念清淨純真一如不復有所分別也僧乎其爲人至其爲心溥其爲德備其爲道大其爲賢非世之所謂賢也其爲聖非世之所謂聖也出世殊勝之賢聖也僧也如此可不尊乎

以世法籍僧何謂也籍僧者非古也其暴周之意耳僧也者遠塵離俗其本處乎四民之外籍僧乃民畜僧也吾聖人之世國有僧以僧法治國有俗以俗法治各以其法而治之也未始聞以世法而檢僧也豈非聖人既隱其道大衰其徒汙雜大甚輔法不勝其人而然乎羽嘉生應龍應龍生鳳皇鳳皇生衆鳥物久乃變其勢之自然也既變則不可不制也制乎在於區之別之邪正曲直不可槩視

也石有玉草有蘭人乎豈謂無其聖賢邪雄一善則天下勸善禮一賢則天下慕賢近古之高僧者見天子不名預制書則曰師曰公鍾山僧遠鑾輿及門而牀坐不迎廬阜慧遠天子臨潯陽而詔不出山當世待其人尊其德是故其聖人之道振其徒尚德儒曰貴德何爲也法大爲其近於道也儒豈不十三然哉後世之慕其高僧者交卿大夫尚不得預下士之禮其出其處不若庸人之自得也況如僧遠之見天子乎況如慧遠之自若乎望吾道之興吾人修其可得乎存其教而不須其人存諸何以益乎惟此未嘗不涕下

教謂住持者何謂也住持也者謂藉人持其法使之永住而不泯也夫戒定慧者持法之具也僧園物務者持法之資也法也者大聖之道也資與具待其人而後舉善其具而不善其資不可也善其資而不善其具不可也皆善則可以持而住之也昔靈山住持以大迦葉統之竹林住持以身子尸之故聖人之教盛聖人之法長存聖人既隱其世數相失茫然久乎吾人徼倖乃以住持名之勢之利之天下相習皆焉紛然幾乎成風成俗也聖人不復出其孰爲之正外衛者不視不擇欲吾聖人之風不衰望聖人之法益昌不可得也悲夫吾何望也

僧置正而秩比侍中何謂也置正非古也其姚秦之所始也置正可也置秩不可也僧也者委榮利以勝德高世者也豈預寵祿乎與僧比秩不亦造端引後世之競勢乎道碧不亦不知窒其漸道碧之過也夫僧也者出於戒定慧者也夫正也者出於誠明者也僧非誠明孰能誠戒誠定誠慧也不誠乎戒定慧則吾不知其所以爲正也宋齊梁陳四代亦沿纂而置正二魏高齊後周華秦之制而置統隋承乎周亦置之統唐革隋則罷統而置錄國朝沿唐之制二京則置錄列郡則置正夫古今沿革雖異而所尸一也天下雖於得人而古今皆然果得其正則吾人庶幾無邪也愼之乎愼之乎難其人乎

有形必無形無形出有形故至神之道不可以有尋不可以無測不可以動失不可以靜得聖人之道空乎則生生奚來聖人之道不空乎則法六生孰不泯善體乎十四空不空於聖人之道其庶幾乎夫驗空莫若審有形審有形莫若知無形知無形則可以窺神明窺神明始可以語道也道也者神之蘊也識之所自出也識也者大患之源也謂聖人之道空此乃溺乎混茫之空也病益病矣天下其孰能治之乎哉

天下不信性爲聖人之因天下不信性爲聖人之果天下惑性而不知修性天下言性而不之見性不信性與聖人同因自昧也不信性與聖人同果自棄也不修性而性溺惑也不見性而其言性非審也二浅而無字上是故指修莫若乎因尅成莫若乎果全性莫若乎修審性莫若乎證因也者修性之表也果也者成性之效也修也者治性之具也證也者見性之驗也天下其心方散之亂之情之慢之謂不必因而罔其表者則天下何以勸其修性而趨其成乎天下之心方疑之惑之而不定也謂不必果而罔其效者則天下何以示其或性而顯其果有所至乎謂不必修而罔其具者則天下其性能不蔽而果明且淨乎天下之有見無見斷見常見其說方紛然相糅而不辯謂不必證而罔其驗者則天下何以別其見性之正乎邪乎至哉不至哉百家者言性而法六不事乎因焉果焉十五修焉證焉其於性也果效白乎諸子務性而不求乎因也果也修也證也其於性果能至之乎是故吾之聖人道性必先夫因果修證者也旨哉天下可以思之矣

聖人之教存乎道聖人之道存乎覺覺則明不覺則不明不明則羣靈所以與聖人相間也覺也者非漸覺也極覺也極覺乃聖人之能事畢矣覺之之謂佛況之之謂乘覺之以成乎聖人之道乘之以至乎聖人之域前聖也後聖也孰不然乎哉稽聖人之所覺在乎羣生之常覺也衆生日覺而未始覺覺猶夢曉而猶昧是故聖人振而示之欲其求之引而趨之欲其至人夫謂佛何拒而詘之爲家而投跡蹈路而捨地惑亦盛矣覺也者以言乎近則息塵勞靖神明正本以修末以言乎遠則了大僞外死生至寂而常明閑閑與聖人同德覺之效也如此大哉至乎不可以言盡不可以智淂神而明之存乎其人

吾聖人之作當周之盛世也端氣見乎昭王而周書不書避與也化人自西極而至將穆王以神游聖人其兆於諸夏也十八異僧如秦而始皇怪之佛法其東播之漸也夢於漢而聲教遂振其冥數之當與也出於彼而不

出於此何也以彼一天下之大中也將表其心其權其道之大中乎聖人以道作以權人宜以所出示迹夫道也者聖人之理中也權也者聖人之事中也所出也者聖人之示中也示中則聖人之心可知也理中則聖人之道之至也事中則聖人之事之得也傳謂彼一天下其所統者𠷣中國之所謂其天下者殆有百數而中國者以吾聖人非出中國而夷之豈其所見之未悖乎春秋以徐伐莒不義乃夷狄之以狄人與齊人盟于邢得義乃中國之春秋國儒者聖人之法也豈必以所出而議其人乎然類不足以盡人迹不足以盡道以類而求夫聖人不亦繆乎以迹而議夫聖人之道不亦妄乎聖人見乎五帝三王之後而不見乎五帝三王之先何謂也聖人非茍見也聖人以人心所感而見也五帝三王之前羣生之心不感而聖人不來也五帝三王之後羣生之心感聖人之迹所以至也道在衆生之謂因道在聖人之謂緣因緣有稔焉有未稔焉因緣稔矣雖羣生不求而聖人必至因緣未稔雖羣生求之而聖人不應是知聖人與衆生蓋以道而自然相感非𠷣世之有所爲者以情而取之以情而合之也聖人之知遠至遠也聖人之先覺至覺也是故其教推索乎太極之前𨚫道乎天地之更始故其書爲悖爲多爲不約浩浩乎不可以一往求不可以一日盡治其書之謂學學其教之謂審審其道之謂至天下非至無本非教無明非書無知是故研聖人之道者不可捨其教也探聖人之教者不可捐其書也今辨其道而拒其教校其教而不顧其書不亦妄乎儒曰雖有嘉肴弗食不知其旨也雖有至道弗學不知其善也不其然哉謂其道不足法推己道以辨之謂其書不足詳援己書以較之夫與鄉人訟而引家人證當乎必也不當矣道也者天下之本也書也者天下之迹也事也者天下之異也理也者天下之同也以理而質事天下之公也尋迹以驗本天下之當也夫委書而辨道舍理而斷事天下君此而爲之者公乎當耶

古之有聖人焉曰佛曰老曰儒其心則一其迹則異夫一焉者其皆欲人爲善者也異焉者分家而各爲其教者也聖人各爲其教故其教人爲善之方有淺有奧有近有遠及乎絕惡而人不相擾則其德同焉中古之後其世大漓三者其教相望而出相資以廣天下之爲善其天意乎其聖人之爲乎不測也方天下不可無儒不可無老不可無佛虧一教則損天下之一善道損一善道則天下之惡加多矣夫教也者聖人之迹也爲之者（本或無之）聖人之心也見其心則天下無有不是循其迹則天下無有不非是故賢者貴知夫聖人之心文中子曰觀皇極讜議知三教可以一矣王氏殆見聖人之心也

輔教篇中卷第六

當寺沙弥　良祐書　并刊

輔教篇中卷

校勘記

一　底本，影印宋磧砂藏本。

一　三〇二頁上一行經名，南作「輔教篇卷中」；徑、清作「輔教編卷中」。卷末經名同。

一　三〇二頁中一行第八字「五」，南、徑、清作「正」。

一　三〇二頁中二九行「大人」，徑、清作「天人」。

一　三〇二頁下七行「不測」，清作「不測也」。

一　三〇三頁上一〇行第三字「審」，徑作「密」。

一　三〇三頁上二五行「爲患」，南、徑、清作「爲惠」。

一　三〇三頁中八行第一六字「請」，南、徑、清作「謂」。

一　三〇三頁中一〇行第一三字「睹」，南、徑、清作「睹」。

一　三〇三頁下一二行第七字「宜」，

南、徑、清作「直」。

一　三〇四頁上二一行末字「也」，清無。

一　三〇四頁中二行首字「千」，南、徑、清作「乎」。

一　三〇四頁下一行第二字「之」，南、徑、清作「也」。

一　三〇四頁下一五行第一二字「也」，徑、清無。

一　三〇四頁下一八行第四字「四」，南、徑、清作「匹」。

一　三〇五頁上一行第七字「淂」，徑、清作「德」。

一　三〇五頁上二行「益之」，徑、清作「而益之」。

一　三〇五頁中九行「百順」，清作「百物」。

一　三〇五頁中二一行「畢身」，徑作「異身」。

一　三〇五頁下一行「不爲」，徑、清作「而不爲」。又末字「然」，南、徑、清作「怨」。

一　三〇五頁下五行夾註左末字「驚」，徑、清作「警」。

一　三〇五頁下九行第二字「煦」，南、徑、清作「眗」。

一　三〇六頁上一一行「吾人修」，南、徑、清作「吾人之修」。

一　三〇六頁上二〇行末字「失」，徑、清作「法」。

一　三〇六頁上二一行第八字「倲」，南、徑、清作「俸」。

一　三〇六頁中一〇行第三字「必」，南、徑、清作「出」。

一　三〇六頁中二二行第二字「之」，南、徑、清作「知」。

一　三〇六頁下二行首字「或」，南、徑、清作「成」。

一　三〇六頁下三行「且淨」，徑、清無。

一　三〇六頁下六行「那乎」，南、徑、清作「邪乎」。

一　三〇六頁下一九行第二字「而」，清無。

一　三〇六頁下二〇行第七字「人」，南、徑、清作「之」。

一　三〇六頁下二六行「端氣」，南、徑、清作「瑞氣」。

一　三〇七頁上二行末字「人」，南、徑、清作「適」。

一　三〇七頁上一一行第六字「國」，南、徑、清作「固」。

一　三〇七頁中二〇行夾註「本或無之」，徑、清作「或無之字」。

輔教篇卷下

藤州鐔津東山沙門釋　契嵩　撰

孝論

壇經贊

眞諦無聖論（元在嘉祐集中）

孝論并叙　一十二篇

叙曰夫孝三教皆尊之而佛教殊尊也雖然其說不甚著明於天下蓋亦吾徒不能張之而吾嘗慨然甚媿念七齡之時吾先子方啓手足即命之出家稍長諸兄以孺子可教將奪其志獨吾母曰此父命不可易也逮攜衣將訪道于四方族人留之亦吾母曰汝已從佛務其道宜也豈以愛滯汝汝其行矣嗚呼生我父母也育我父母也吾母又成我之道也昊天罔極何以報其大德自去故鄉凡二十七載未始不欲南還墳隴修法爲父母之冥贊猶不果然辛卯其年自以弘法嬰難而明年鄉邑亦嬰於大盗吾父母之墳壚得不爲其剽暴望之漣然泣下又明年會事益有所感故著孝論一十二章示其心也其發明吾聖人大孝之奧理密意會夫儒者之說殆亦盡矣吾徒之後學亦可以視之也

明孝章第一

二三子祝髮方事於吾道遠其父母命之以佛子辭而不往吾嘗語之曰佛子情可正而親不可遺也子亦聞吾先聖人其始振也爲大戒即曰孝名爲戒蓋以孝而爲戒之端也子與戒而欲亡孝非戒也夫孝也者大戒之所先也戒也者衆善之所以生也爲善微戒善何生耶爲戒微孝戒何自耶故經曰使我疾成於無上正眞之道者由孝德也

孝本章第二

天下之有爲者莫盛於生也吾資父母以生故先於父母也天下之明德者莫善於教也吾資師以教故先於師也天下之妙事者莫妙於道也吾資道以用故先於道也夫道也者神用之本也師也者教誥之本也父母也者形生之本也是三本者天下之大本也白刃可冐也飲食可無也此不可忘也吾之前聖也後聖也其成道樹教未始不先此三本者也大戒曰孝順父母師僧孝順至道之法不其然哉不其然哉

原孝章第三

孝有可見也有不可見也不可見者孝之理也可見者孝之行也理也者孝之所以出也行也者孝之所以形容也修其形容而其中不修則事父母不篤惠人不誠修其中而形容亦修豈唯事父母而惠人是亦振天地而感鬼神也天地與孝同理也鬼神與孝同靈也故天地鬼神不可以不孝求不可以詐孝欺佛曰孝順至道之法儒曰夫孝置之而塞乎天地溥之而橫乎四海施之後世而無朝夕故曰夫孝天之經也地之義也民之行也至哉大矣孝之爲道也夫是故吾之聖人欲人爲善也必先誠其性而然後發諸其行也孝行者養親之謂也行不以誠則其養有時而匱也夫以誠而孝之其事親也全其惠人卹物也均孝也者効也誠也者成也成者成其道也効者効其孝也爲孝而無効非孝也爲誠而無成非誠也是故聖人之孝以誠爲貴也儒不曰乎君子誠之爲貴

評孝章第四

聖人以精神乘變化而交爲人畜更古今混然茫乎而世俗未始自覺故其視今牛羊唯恐其是昔之父母精神之所來也故戒於殺不使暴一微物篤於懷親也諭今父母則必於其道唯恐其更生而陷神乎異類也故其追父母於既往則逮乎七世爲父母慮其未然則逮乎更生雖譎然駭世而在道然也天下苟以其不殺勸則好生惡殺之訓猶可以移風易俗也天下苟以其陷神爲父母慮猶可以廣乎孝子愼終追遠之心也況其於變化而得其實者也校夫世之謂孝者局一世而闇玄覽求於人而不求於神是不爲遠而孰爲遠乎是不爲大而孰爲大乎經曰應生孝順心愛護一切衆生斯之謂也

必孝章第五

聖人之道以善爲用聖人之善以孝爲端爲善而不先其端無善也爲道而不在其用無道也用所以驗道也端所以行善也行善而其善未行乎父母能溥善乎驗道而不見其道之溥善能爲道乎是故聖人之爲道也無所不善聖人之爲善也未始遺親親也者形生之大本也人道之大恩也唯大聖人爲能重其大本也報其大恩也今夫天下之爲道者孰與於聖人夫聖人之道大臻巍巍乎獨尊於人天不可得而生也不可得而死也及其應物示同乎天人尚必順乎人道而不敢忘其母之既死不敢拒其父之見命故方其成道之初而登天先以其道諭其母氏三月

復歸乎世應命還其故國示父於道而其國皆化逮其喪父也而聖人躬與諸釋負其棺以趨葬聖人可謂與人道而大順也今夫方為其徒於聖人則曉路末學耳乃欲不務為孝謂我出家專道則吾豈敢也是豈見出家之心乎夫出家者將以道而濟善也濟善而不善其父母豈曰道邪不唯不見其心抑亦辜於聖人之法也經謂父母與一生補處菩薩等故當承事供養故律教其弟子得減衣鉢之資而養其父母父母之正信者可恣與之其無信者可稍與之有所訓也矣

廣孝章第六

天下以儒為孝而不以佛為孝曰既孝矣又何以加焉嘻是見儒而未見佛也佛也極焉以儒守之以佛廣之以儒人之以佛神之孝其至且大矣水固趨下也泓而決之其所至不亦遠乎火固炎上也噓而鼓之其所舉不亦遠乎元德秀唐之賢人也喪其母哀甚不能自效刺肌瀝血繪佛之像書佛之經而史氏稱之李觀唐之聞人也居父之憂刺血寫金剛般若布諸其人以資其父之冥遠有奇香發其舍郁然連日及之其鄰夫善固有其大者也固有其小者也夫道固有其淺者也固有其奧者也奧道妙乎死生變化也大善徽乎天地神明也佛之善其大善者乎佛之道其奧道者乎君子必志其大者奧者焉語不曰乎多聞擇其善者而從之

戒孝章第七

五戒始一曰不殺次二曰不盜次三曰不邪淫次四曰不妄言次五曰不飲酒夫不殺仁也不盜義也不邪淫禮也不飲酒智也不妄言信也是五者修則成其人顯其親不亦孝乎是五者有一不修則棄其身辱其親不亦不孝乎夫五戒有孝之蘊而世俗不睹忽之而未始諒也故天下福不臻而孝不勸也大戒曰孝名為戒蓋存乎此也今夫天下欲福不若篤孝篤孝不若修戒戒也者大聖人之正勝法也以清淨意守之其福若取諸左右也儒者其禮豈不曰我戰則克祭則受福蓋得其道矣其詩豈不曰愷悌君子求福不回是皆言以其正也夫世之正者猶然況其出世之正者乎

孝出章第八

孝出於善而人皆有善心不以佛道廣之則為善不大而為孝小也佛之為道也視人之親猶已之親也衛物之生猶已之生也故其為善則昆蟲悉懷為孝則鬼神皆勸資其孝而處世則與世和平而亡忿爭也資其善而出世與世大慈而勸其世也是故君子之務道不可不辨也君子之務善不可無品也中庸曰苟不至德至道不凝焉如此之謂也

德報章第九

養不足以報父母而聖人以德報之德不足以達父母而聖人以道達之道也者非世之所謂道也妙神明出死生聖人之至道者也德也者非世之所謂德也備萬善被幽被明聖人之至德者也儒不曰乎君子之所謂孝者先意承志諭父母於道參直養者也安能為孝乎曰君子之所謂孝也國人稱願然曰幸哉有子如此所謂孝也已雖然蓋意同而義異也夫天下之報恩者吾聖人可謂至報恩者也天下之為孝者吾聖人可謂純孝者也經曰不如以三尊之教度其一世二親書曰黍稷非馨明德惟馨不其然哉吾從聖人之後而其德不修其道不明吾徒負父母而媿於聖人也矣

孝略章第十

善天下道為大顯其親德為優告則不得其道德不告則得道而成德是故聖人輒遁于山林逮其以道而返也德被乎上下而天下稱之曰有子若此尊其父母曰大聖人之父母也聖人可謂略始而圖終善行權也古之君子有所為而如此者吳泰伯其人也必大志可以張大義必大衆可以持大正聖人推勝德於人天顯至正於九衢故聖人之法不顧乎世嗣古之君子有所為而如此者伯夷叔齊其人也道固尊於人故道雖在子而父母可以拜之冠義近之矣禮曰已冠而字之成人之道也見於母母拜之俗固本於真其真已修則雖僧可以與王侯抗禮也而武事近之矣禮曰介者不拜為其拜而蓌拜也不拜重節也母拜重禮也禮節而先王猶重之大道烏可不重乎俗曰聖人無父固哉小人之好毀也彼睆然而豈見聖人為孝之深渺也哉

孝行章第十一

道紀事其母也母游必以身荷之或與之助而道紀必曰吾母非君母也其形骸之累乃吾事也烏可以勞君耶是可謂篤於親也慧能始鬻薪以養其母將從師患無以為母儲

殆欲爲傭以取資及還而其母已殂慟不得
以道見之遂寺其家以善之終亦歸砭于是
也故曰葉落歸根能公至人也豈測其異德
猶示人而不忘其本也道丕會其世之亂乃
負母逃於華陰山中丐食以爲養父死於事
而丕往求其遺骸旣至而亂骨不辨道丕卽
祝之遷有髑髏躍至其前蓋其父之骸也道 七
丕可謂全孝也智藏古僧之勁直者也事師
桒於事父師沒則心喪三年也常超事師中
禮及其沒也奉之如存故燕人美其孝悌焉
故律制佛子必減其衣盂之資以養父母也
然此諸公不遺其親於聖人之意得之矣智
藏常超謹於奉師蓋亦合於其起教之大戒
者也可法也矣

終孝章第十二

父母之喪亦哀縗絰則非其所宜以僧服大
布可也凡處必與俗之子異位過斂則以時
往其家送葬或扶或導三年必心喪靜居修
我法贊父母之冥過喪期唯父母忌日孟秋
之旣望必營齋講誦如蘭盆法是可謂孝之
終也昔者天竺之古皇先生居父之喪則肅
容立其喪之前如以心喪而略其哭踊也大
聖人也夫及其送之或舁或導大聖人也夫
目犍連喪母哭之慟致饋於鬼神目犍連亦
聖人也尚不能泯情吾徒其欲無情邪故佛
子在父母之喪哀慕可如目犍連也心喪可
酌大聖人也居師之喪必如喪其父母而十
師之喪期則有降殺也唯稟法得戒之師心
喪三年可也法雲在父母之憂哀慕殊甚飲
食不入口累日法雲古之高僧也慧約殆至
人乎其父母垂死與訣皆歸泣若不能自存
然喪制哭泣雖我教略之蓋欲其泯愛惡而
趣淸淨也苟愛惡未忘遊心於物臨喪而弗
哀亦人之安忍也故泥洹之時其衆擗膺大
叫而血現若波羅奢華蓋其不忍也律宗曰
不展哀苦者亦道俗之同恥也吾徒臨喪可
不哀乎

壇經贊（[illegible]　在其本經下卷之末）

贊者告也發經而溥告也壇經者至人之所
以宣其心也何心邪佛所傳之妙心也大哉
心乎資始變化而淸淨常若凡然聖然幽然 八
顯然無所處而不自得之聖言乎明凡言乎
昧昧也者變也明也者復也變復雖殊而妙
心一也始釋迦文佛以是而傳之大龜氏大
龜氏相傳之三十三世者傳諸大鑒（六祖大鑒禪師）
大鑒傳之而益傳也說之者抑亦多端固有
名同而實異者也固有義多而心一者也曰
血肉心者曰緣慮心者曰集起心者曰堅實
心者若心所之心益多也是所謂名同而實
異者也曰眞如心者曰生滅心者曰煩惱心
者曰菩提心者修多羅其類此者殆不可勝
數是所謂義多而心一者也義有覺義有不
覺義心有眞心有妄心皆所以別其正心也
方壇經之所謂心者亦義之覺義心之實心
也昔者聖人之將隱也乃命乎龜氏敎外以
傳法之要意其人滯迹而忘返固欲後世者
提本而正末也故涅槃曰我有無上正法悉
已付囑摩訶迦葉矣天之道存乎易地之道
存乎簡聖人之道存乎要要也者至妙之謂
也聖人之道以要則爲法界門之樞機爲無
量義之所會爲大乘之椎輪法華豈不曰當
知是妙法諸佛之祕要華嚴豈不曰以少方
便疾成菩提要乎其於聖人之道利而大矣
哉是故壇經之宗尊其心要也心乎若明若
冥若空若靈若寂若惺有物乎無物乎謂之
一物固彌於萬物謂之萬物固統於一物一 九
物猶萬物也萬物猶一物也此謂可思議也
及其不可思也不可議也天下謂之玄解謂
之神會謂之絶待謂之默體謂之冥通一皆
離之遣之又遣亦烏能至之微其果然
獨得與夫至人之相似者孰能諒乎推而廣
之則無往不可也探而裁之則無所不當也
施於證性則所見至親施於修心則所詣至
正施於崇德辯惑則眞妄易顯施於出世則
佛道速成施於救世則塵勞易歇此壇經之
宗所以旁行天下而不厭彼謂卽心卽佛淺
者何其不知量也以折錐探地而淺地以屋
漏窺天而小天豈天地之然邪然百家者雖
苟勝之弗如也而至人通而貫之合乎羣經
斷可見矣至人變而通之非預名字不可測
也故其顯說之有倫有義密說之無首無尾
天機利者得其深天機鈍者得其淺可擬乎
可議乎不得已況之則圓頓教也最上乘也
如來之清淨禪也菩薩藏之正宗也論者謂
之玄學不亦詳乎天下謂之宗門不亦宜乎
壇經曰定慧爲本者趣道之始也定也者靜
也慧也者明也明以觀之靜以安之安其心
可以體心也觀其道可以語道也一行三昧
者法界一相之謂也謂萬善雖殊皆正於一

行者也無相爲體者尊大戒也無念爲宗者尊大定也無住爲本者尊大慧也夫戒定慧者三乘之達道也夫妙心者戒定慧之大資也以一妙心而統乎三法故曰大也無相戒者戒其必正覺也四弘願者願度度苦也願斷斷集也願學學道也願成成寂滅也滅無所滅故無所不斷也道無所道故無所不度也無相懺者懺非所懺也三歸戒者歸其一也一也者三寶之所以出也說摩訶般若者謂其心之至中也般若也者聖人之方便也聖人之大智也固能寂之明之權之實之天下以其寂可以泯衆惡也天下以其明可以集衆善也天下以其權可以大有爲也天下以其實可以大無爲也至矣哉般若也聖人之道非夫般若不明也不成也天下之務非夫般若不宜也不當也至人之爲以般若振不亦遠乎我法爲上上根人說者宜之也輕物重用則不勝大方小授則過也從來默傳分付者密說之謂也密也者非不言而闇證也眞而密之也不解此法而輒謗毀謂百劫千生斷佛種性者防天下亡其心也偉乎壇經之作也其本正其迹効其因眞其果不謬前聖也後聖也如此起之如此示之如此復之浩然沛乎若大川之注也若虛空之通也若日月之明也若形影之無礙也若鴻漸之有序也妙而得之之謂本推而用之之謂迹以其非始者始之之謂因以其非成者成之之謂果果不異乎因謂之正果也因不異乎果謂之正因也迹必顧乎本謂之大用也本必顧乎迹謂之大乘也乘也者聖人之喻道

也用也者聖人之起教也夫聖人之道莫至乎心聖人之教莫至乎脩調神入道莫至乎一相止觀軌善成德莫至乎一行三昧資一切戒莫至乎無相正一切定莫至乎無念通一切智莫至乎無住生善滅惡莫至乎無相戒篤道推德莫至乎四弘願善觀過莫至乎無相懺正所趣莫至乎三歸戒正大體裁大用莫至乎大般若發大信務大道莫至乎大志天下之窮理盡性莫至乎默傳欲心無過莫善乎不謗定慧爲始道之基也一行三昧德之端也無念之宗解脫之謂也無住之本般若之謂也無相之體法身之謂也無相戒戒之最也四弘願願之極也無相懺懺之至也三歸戒眞所歸也摩訶智慧聖凡之大範也爲上上根人說直說也默傳傳之至也戒謗戒之當也夫妙心者非脩所成也非證所明也本成也本明也以迷明者復明所以證也以背成者復成所以脩也以非脩而脩之故曰正脩也以非明而明之故曰正證也至人暗然不見其威儀而成德爲行藹如也至人頹然若無所持而道顯於天下也蓋以正脩而脩之也以正證而證之也于此乃曰罔脩罔證罔因罔果穿鑿叢脞競爲其說繆乎至人之意焉噫放戒定慧而必趨乎混茫之空則吾未如之何也甚乎含識溺心而浮識識與業相乘循諸嚮而未始息也象之形之人與物偕生紛然乎天地之間可勝數邪得其形於人者固萬萬之一耳人而能覺幾其解矣聖人懷此雖以多義發之而天下猶有所不明者也聖人救此雖以多方治之而天

下猶有所不醒者也賢者以智亂不肖者以愚壅平平之人以無記惛及其感物而發喜之怒之哀之樂之益蔽者萬端曖然若夜行而不知其所至承於聖人之言則計之博（音圖）之若蒙霧而望遠謂有也謂無也謂非有也謂非無也謂亦有也謂亦無也以不見而却蔽固終身而不得其審焉海所以在水也魚龍死生在海而不見乎水道所以在心也其人終日說道而不見乎心悲夫心固微妙幽遠難明難湊其如此也矣聖人既隱天下百世雖以書傳而莫得其明驗故壇經之宗舉乃直示其心而天下方知即正乎性命也若排雲霧而頓見太清若登泰山而所視廓如也王氏以方乎世書曰齊一變至於魯魯一變至於道斯言近之矣涅槃曰始從鹿野苑終至跋提河中間五十年未曾說一字者示法非文字也防以文字而求其所謂也曰依法不依人者以法眞而人假也曰依義不依語者以義實而語假也曰依智不依識者以智至而識妄也曰依了義經不依不了義經者以了義經盡理也而菩薩所謂即是宣說大涅槃者謂自說與經同也聖人所謂四人出世（即四依也）護持正法應當證知者應當證知故至人推本以正其末也自說與經同故至人說經如經也依義依了義經故至人顯說而合義也合經也依法依智故至人密說變之通之而不苟滯也示法非文字故至人之宗尚乎默傳也聖人如春陶陶而發之也至人如秋濯濯而成之也聖人命之而至人効之也至人固聖人之門之奇德殊勳大也夫

悉人者始起於微自謂不識世俗文字及其成至也方一席之説而顯道救世與乎大聖人之云爲者若合符契也固其玄德上智生而知之將自表其法而示其不識乎死殆四百年法流四海而不息帝王者聖賢者更三十世求其道而益敬非至乎大聖人之所至天且厭之久矣烏能若此也予固豈盡其道幸蚊蚋飲海亦預其味敢稽首布之以遺後學者也

十二

真諦無聖論

真諦者何極妙絶待之謂也聖人者何神智有爲之謂也有爲則以言乎權絶待則以詣乎實實之所以全心而泯迹權之所以攝末而趨本然則真諦也者豈容擬議於其間哉聊試寓言以明其蘊耳夫真諦者羣生之元心也衆聖之實際也如也非如也非非如也隱羣心而不昧現聖智而不曜神明不能測巧歷不能窮故般若曰第一真諦無成無得言其體而存之則清淨空廓聖凡泯然言其照而用之則彌綸萬有鼓舞羣動然則體而存之若其本乎照而用之似其末乎當其心冥於至本也默乎清淨而絶聖棄智是亦宜爾所謂第一義諦廓然空寂無有聖人孰爲繆乎而秦人以爲大甚逕廷不近人情若無聖人而知無者誰歟是亦未諭其微旨也若夫凡聖知覺者真諦之影響妄心之攀緣耳存乎影響即凝滯於名數以乎攀緣則眩惑於分别是則非聖而聖而聖人所以大聖無知而知其真知所以徧知昔人有問於昔人曰云何是第一義諦應曰廓然無聖問者或曰對朕者誰應曰不識然斯人也非昧聖而固不識也蓋不欲人以形言而求乎真諦者也而問人不悟乃復云云刻舟求劒遠亦遠矣以指標月其指所以在月以言喻道其言所以在道顧言而不顧其道非知道也眡指而不眡其月非識月也所以至人常妙悟於言象之表而獨得乎形骸之外淨名默爾而文殊稱善空生以無説而説天帝以無聞而聞不其然乎

輔教篇卷下

輔教篇下卷

校勘記

一　底本，影印宋磧砂藏本。此卷係以明永樂南藏本補頁。未連接上卷、下卷編爲「卷第七」的原因，見上卷之校勘記。

一　三〇九頁上一行經名，徑、清作「輔教編卷下」。卷末經名同。

一　三一〇頁下二九行末字至末行首字「慧能」，清作「大鑑」。

一　三一一頁上三行「能公」，清作「大鑑」。

一　三一一頁上一三行第一一字「於」，徑無。

一　三一一頁上二六行「哀慕」，徑、清作「哀慕」。二九行同。

一　三一一頁中一五行「釋迦文佛」，清作「釋迦文殊」。

一　三一一頁中二二行「修多羅」，徑、清作「諸修多羅」。

一　三一二頁下二八行「洵洵」，清作「陶陶」。

一　三一二頁下末行「大也」，徑、清作「者也」。

傳法正宗記　　　　百一

上皇帝書

十二月日杭州靈隱永安蘭若傳法沙門賜紫臣僧契嵩謹昧死上書皇帝陛下臣聞事天者必因於山事地者必因於澤然其所因高深則其所事者易至也若陛下之崇高深明則與夫山澤相萬矣適人有從事其道者舍陛下而不即求之雖其渠渠終身絕世烏能得其志耶抑又聞佛經曰我法悉已付囑乎國王大臣者此正謂佛教損益弛張在陛下之明聖矣如此則佛之徒以其法欲有所云爲豈宜不賴陛下而自棄于草莽乎臣忝佛之徒實欲扶持其法今者起巖穴不遠千里抱其書而趨闕下願幸陛下大賜以成就其志也臣嘗謂能仁氏之垂教必以禪爲其宗而佛爲其祖祖者乃其教之大範宗者乃其教之大統大統不明則天下學佛者不得一其所詣大範不正則不得質其所證夫古今三學輩競以其所學相勝者蓋宗不明祖不正而爲其患矣然非其祖宗素不明不正也特後世爲書者之悞傳耳又後世之學佛者不能盡考經論而校正之乃有束教者不信佛之微旨在乎言外語禪者不諒佛之能詮遺乎教內始草書即云佛之所詮槩見乎教內及寫奏時迺改曰佛之能詮遺乎教內意謂佛之善巧詮發此法之語存乎教部之內先爲學徒以始草者傳出遂與奏本有異然此二說其義皆可用他本或云所詮顯見乎教內者蓋兩出之也雖一圓顱方服之屬而紛然自相是非如此者古今何嘗稍息臣不自知量平生竊欲推一其宗祖與天下學佛輩息諍釋疑使百世而知其學有所統也山中嘗力探大藏或經或傳校驗其所謂禪宗者推正其所謂佛祖者其所見之書果謬雖古書必斥之其所見之書果詳雖古書必取之又其所出佛祖年世事迹之差訛者若傳燈錄之類皆以衆家傳記與累代長曆校之修之編成其書垂十餘萬言命曰傳法正宗記其排布狀畫佛祖相承之像則曰傳法正宗定祖圖其推會祖宗之本末者則曰傳法正宗論總十有二卷又以吳縑繪畫其所謂定祖圖者一面在臣愚淺自謂吾佛垂教僅二千年其教被中國殆乎千歲禪宗傳于諸夏僅五百年而乃宗乃祖其事迹本末於此稍詳可傳以補先聖教法萬分之一耳適當陛下以至道慈德治天下天地萬物和平安裕而佛老之教得以毗贊大化陛下又垂神禪悅彌入其道妙雖古之帝王百代未有如陛下窮理盡性之如此也是亦佛氏之徒際會遭遇陛下萬世之一時也臣所以拳拳懇懇不避其僭越冒犯之誅輒以其書與圖偕上進欲幸陛下垂于大藏與經律皆傳臣螻蟻之生已及遲暮於世固無所待其區區但欲教法不微不昧而流播無窮人得資之而務道爲善臣雖死之日猶生之年也非敢僥倖欲忝陛下雨露之渥澤耳其所證據明文皆出乎大經大論最詳於所謂傳法正宗論與其定祖圖者儻陛下天地垂察使其得與大賜願如景德傳燈錄玉英集例詔降傳法院編錄入藏即臣死生之大幸耳抑亦天下教門之大幸也如陛下睿斷允臣所請乞以其書十有二卷者特降中書施行其傳法正宗記與其定祖圖兼臣

舊著輔教編印本者一部三册其書亦推會二教聖人之道同乎善世利人矣謹隨書上進干瀆冕旒臣不任激切屏營之至誠惶誠恐謹言

知開封府王侍讀所奏劄子

臣今有杭州靈隱寺僧契嵩經臣陳狀稱禪門傳法祖宗未甚分明教門淺學各執傳記古今多有諍競因討論大藏經論備得禪門祖宗所出本末因删繁撮要撰成傳法正宗記一十二卷并畫祖圖一面以正傳記謬誤兼舊著輔教編印本一部三册上陛下書一封並不干求恩澤乞臣繳進臣於釋教粗曾留心觀其筆削著述固非臆說頗亦精微陛下萬機之暇深得法樂願賜聖覽如有可採乞降付中書看詳特與編入大藏目録取進止

中書劄子許收入大藏

權知開封府王素奏杭州靈隱寺僧契嵩撰成傳法正宗記并畫圖乞編入大藏目録取進止

輔教編三册此是中書重批者蓋降劄子後數日又奉聖旨更與輔教總入藏批此

右奉聖旨正宗記一十二卷宜令傳法院於藏經内收附劄付傳法院準此

嘉祐七年三月十七日宰相押字

百一　四

中書劄子不許辭讓師號

杭州靈隱永安蘭若賜紫沙門契嵩狀今月二十二日伏蒙頒賜明教大師號勑牒一道伏念契嵩比以本教宗祖不明法道衰微不自度量輒著傳法正宗記輔教編等上進乞賜編入大藏惟欲扶持其教法今沐聖朝特有此旌賜不唯非其素望亦乃道德虚薄實不勝任不敢當受其黄牒一道隨狀繳納申聞事

右劄付左街僧録司告示不許更辭讓準此

嘉祐七年四月五日宰相押字

契嵩嘉祐之辛丑歲十二月六日以此正宗記輔教編進明年三月十七日先皇帝賜入大藏使與經律偕傳蓋留于政府七十一日丞相諸鉅公躬屈詳閲佛教光賁雖振古未有如此者也契嵩佛子尊豈不榮且幸宜何以報其大賜還吴之三年吴郡人有曰曹仲言弟玘仲昇者樂聞其勝事乃募工于其州之萬壽禪院施財鏤板仰贊國家之鴻休也傳法覺初守堅知一詳僧善慧宗遇較治平改元甲辰四月十一日題

百二　五

廣右藤之釋契嵩字仲靈少習儒業遊方入吴著書于錢塘之西湖嘉祐間以所業傳法正宗記定祖圖輔教編詣闕以文贄見韓魏王歐陽文忠公工莫公當時群巨公極可許之復表進仁宗皇帝御覽至爲道不爲名爲法不爲身之句嘉歎留禁中久之有旨宣賜入大藏建炎間兵火散失逮紹興庚辰秋福州太平寺正言長老因遊東山龍首澗得正宗記十二卷仍以輔教編三册增之重新校勘謂開元解空明禪師曰吾家之嵩輔教定慧操修冬夏唯一衲常坐不卧日止一食夜頂戴觀音像行道誦菩薩號十萬聲以爲常

宋之高僧北斗以南一人而已雖殫竹帛不可紀其道行於是率諸禪同力刋板于福州開元寺大藏流傳利益無窮住壽山廣應禪寺嗣祖佛燈大師法珊䟦教忠崇報禪寺住持嗣祖比丘道印校正

嵩明教之在釋氏扶持正宗排斥異說辭而闢之成有援據所謂障百川而東之迴狂瀾於既倒者也諸老出力共廣此書皆湜籍輩用心也隨喜之緣有大於此者乎隆興甲申十一月既望左奉議郎前提舉福建路市舶晉安林之奇書

傳法正宗記卷第一

宋藤州東山沙門釋契嵩編修

始祖釋迦如來表

天地更始而閻浮洲方有王者興曰大人大人者没後王因之繼作而不已古今殆不可勝數然其聖神而有異德者謂之轉輪王德不至者謂之粟散王既德有大小而其所治亦從之降殺自四天下減之至于三二至于一天下至于列國其所謂王者雖更萬億之世而釋氏一姓相襲不絕益後世有王者曰大善生大善生出懿師摩懿師摩出憂羅陀憂羅陀出瞿羅瞿羅出尼浮羅尼浮羅出師子頰師子頰出淨飯（亦曰浮飯）然此七世皆王獨懿師摩淨飯號為聖王如來即出於淨飯聖王者也生於中天竺國釋加其姓也牟尼尊稱也始如來以往世會然燈佛於蓮華大城因布髮席其所履以至敬然燈遂受之記曰汝後成佛如我其號釋迦牟尼後之更劫無數聖人皆積修勝德逮迦葉佛世迺以菩薩成道上生於覩史陀天應其補處號護明大士說法天上以度天衆及其應運適至迺會天人議所下生衆未有所定大士乃自以迦毗羅國處閻浮提之中白淨飯王者其家世世帝王聖德之至寔轉輪族宜因之以生於是示天衰相將欲下化然天衆皆泣願更留之大士乃為說往生成佛之意以釋其攀緣大士即指天壽示乘白象從日中降神于其母右脇淨飯之后摩耶氏是夕遽白王曰令我潔身請奉八關齋法王從之尋夢大士以所乘入其右脇而止諸天慕為其屬同時生於人間者無限其始在孕則母體大寧自得禪樂及其將生摩耶乃意往園苑如宮監者即嚴寶輦王復廣詔侍衛以從之至園之無憂樹下其花方妍后欲取之舉手而聖子乃自其右脇而誕神龍即澍水以澡之地發金蓮以承之聖子乃四方各踏七步以手上下指之曰四維上下唯我最尊如內謁者以喜入奏王聞以其無數貴屬偕至視之乃不勝大慶是時也天神地祇皆見而視之曰願大士速成正覺王尋持之與謁天廟天像起為之致禮還宮大集賢者為其名之衆乃上號曰薩婆悉達及募相者而仙人阿私陀應召方見聖子遽禮其足而泣曰此三界之至尊也年至十九當為轉輪王不爾則出家成佛度人無量恨吾老矣不能見之王以仙人之

言憂之益謹寶守稍長當命師傅教以世書聖子乃以其法問之而師皆不能對至於世所有藝天文地理射御百工之事皆不待教而能之未幾立爲太子而付之國實然聖人已大潔清雖示同世娶而非有凡意以夙業緣乃指其妃之腹云却後六年汝當生男一旦命駕欲遊雖更出四門而皆有所遇終以其老病死與沙門者感之而出家之意愈篤既還乃以其志建白父王王以國無坐嗣乃執太子手泣之欲阻其心會淨居天人自天而至禮太子足曰大士夙務勝德出家今其時矣請宜往之太子曰如汝之言然宿衛甚嚴欲何以往天人乃以神通厭其守者皆昏睡不能覺太子遂寤命御者車匿車匿控神驥犍陟來前然而馬悲御泣太子慰之明相遠發光燭大千太子曰過去諸佛出家亦然於是諸天爲捧馬之足并接車匿自其城之北門超然陵虛而去太子復曰不斷八苦不轉法輪不成無上菩提終不還也天之衆稱善爲其誌之及至其山號旃特者初小息林間遂釋衣冠自以所佩寶劒絕其鬚髮誓曰願共一切斷此煩惱即以髮授之天帝當是淨居天化人以麤布（別本或云鹿布）僧伽棃請易太子寶衣因得法服服之益進其山之嘉處曰彌樓寶山居其阿藍伽藍其舊隱仙人見太子皆致敬讓坐與其論法及遣還車匿父王思甚必欲歸之雖諫者不聽卒詔迎之其臣屬來請者萬計雖諭勸懇至而確然益不迴其意乃留憍陳如等五人以充侍衛於此聖人乃習不用處定三年既而以其法非至捨之復進鬱頭藍處習非非想定三年（即調伏阿羅邏迦蘭二仙人處也）復以其法不至進象頭山雜外道輩爲之苦行日食麻麥居六載而外道亦化聖人乃自思之曰今此苦行非正解脫吾當受食而後成佛即沐浴於泥連河天爲之偃樹聖人援之而出受牧牛氏女所獻乳糜尋詣畢鉢樹下天帝化人擷瑞草以席其坐景雲祥風雜然交至天魔駭之帥其衆乃來作難聖人以指按地而地大震魔皆顛仆於是降之尋以二月七日之夕入正三昧八日明星出時示廓然大悟乃成等正覺是時大地震搖天地瑞事畢出而應之天者魔者人者神者交集以致敬及昇金剛座天帝師之請轉法輪先是憍陳如五人侍從於山中至此首與度之故入鹿野苑談四諦法然因是而得道果者亦億計既而語諸比丘曰汝等皆可爲世福田宜其各往化物如來遂獨之摩竭提國其國先有奇人號優樓迦葉弟兄三人皆得仙術願以其道自高有徒數千及如來至乃靡然從化與其徒皆得證道初瓶沙王有竹林園號爲美景王嘗心自計曰如來若先詣我我則捨此如來即知其意遂往止其園王喜聞遽人列導從不啻千萬來趨如來既見而衆或疑之如來即命迦葉爲之說法以解其惑王衆與無量天人遂得法眼乃施其園爲之精舍請如來館之居未幾會有比丘分衛於王舍城而舍利弗目揵連聞法於其人因得開悟遂與之返如來曰彼二來者當爲我上足弟子於是度之初大迦葉自去鬚髮入山習禪一旦空中有神告曰今佛

出世汝盍師之以是亦趣竹林精舍既至如來起迎顧謂衆曰吾滅後而法被來世六萬歲者此人之力也是時如來成道已六載矣而與其父王未始相見王甚懷之侍臣優陀夷請往道王久別之意因請歸國陀夷既來如來慰之尋亦得道成第四果即遣還國告父王曰佛後七日乃來歸也至期王出其國四十里大羅儀仗以迎如來慶動天地王相見大喜因詔其族五百貴子從之出家及其還宮也羅睺羅禮之持聖人之衣而告之曰此正如來也用是爲毋釋其群疑然而福被無極生靈賴之家國遂大嚮其教化自是應機說法天上也人間也龍宮也他方也所至皆作大饒益然其聖神之所爲不可得而備紀其後以化期將近乃命摩訶迦葉曰吾以清淨法眼涅槃妙心實相無相微妙正法今付於汝汝當護持并勑阿難副貳傳化無令斷絕而說偈曰

法本法無法　無法法亦法　今付無法時　法法何曾法

偈已復謂大迦葉曰吾將金縷僧伽梨衣亦付於汝汝其轉授補處慈氏佛（亦云彌勒佛）俟其出世宜謹守之大迦葉聞命禮足稱善敬奉佛勑一旦果往拘尸那城娑羅雙樹之間告其大衆欲般涅槃會長者純陀懇獻供養如來因之復大說法而後度須跋陀羅已而歷諸三昧起其座褰僧伽梨示紫金光體囑累大衆遂右脇而卧泊然大寂其時四部弟子億萬人天哀號追慕動大千界天花大雨而其地皆震及內之金棺待大迦葉而世火不能然迦葉適至其足自棺雙出慰其哀慕既而金棺自舉周尸那城却下以三昧火燔然自焚燼已而舍利光燭天地其會天者人者神者龍者皆分去塔之稽夫如來之生也當此周昭王之九年甲寅之四月八日其出家也當昭王之二十七年壬申之二月八日其成道也當昭王三十三年之戊寅其滅度也當穆王三十六年壬申之二月十五日化已凡一千一十七年以漢孝明之永平十年丁卯之歲而教被華夏嗚呼如來示同世壽凡七十九歲以正法持世方四十九年（舊譜云世尊十九出家六年雪山修行三十成道住世說法四十九年七十九歲滅度今以歲數推較若秖六年修行其成道則二十五歲若云三十則須并六年在二仙處學法方可合其元數）化度有情其不可勝數所說之法經者律者論者浩若百千大海探者隨力而淺深皆得然其推於悠遠則極乎天地之終始指其昵近則盡乎髮膚之成壞幽則窮乎鬼神妙則通乎變化大必周於天人小不遺於昆蟲其天下禍福之端性命之本盡於是矣其爲道大至也其爲教廣被也自視鄙凡不足知之不敢讚之念有生人已來未有尊於聖人者也有聖人已來未有至於如來者也昔列禦寇謂孔子嘗語商太宰曰西方之人有聖者焉不治而不亂不言而自信不化而自行蕩蕩乎民無能名焉丘疑其爲聖弗知眞爲聖歟眞不聖歟太宰嘿然心計曰孔丘欺我哉以是驗之而列氏之言不爲誕也若如來之生與滅及其出家成道或當周昭王穆王之年然周自武王至厲王皆無年數及宣王方有之舊譜乃曰昭王九年二十七年三十三

年穆王之三十六年或者頗不以爲然吾嘗辨之故考太史公三代世表視其叙曰余讀諜記黄帝以來皆有年數稽其曆譜諜終始五德之傳古文咸不同乖異夫子之弗論次其年月豈虚哉以此驗三代已前非實無年數蓋太史公用孔子爲尚書之志故不書其年乃作世表疑則傳疑及後世學者之賢若皇甫謐輩復推而正之故爲釋氏之舊譜者因之以書此可詳也孰謂不然

評曰付法於大迦葉者其於何時必何以而明之耶曰昔涅槃會之初如來告諸比丘曰汝等不應作如是語我今所有無上正法悉已付囑摩訶迦葉是迦葉者當爲汝等作大依止此其明矣（見涅槃第二卷）然正宗者蓋聖人之密相傳受不可得必知其處與其時也以經酌之則法華先而涅槃後也方説法華而大迦葉預焉及涅槃而不在其會吾謂付法之時其在二經之間耳或謂如來於靈山會中拈花示之而迦葉微笑即是而付法又曰如來以法付大迦葉於多子塔前而世皆以是爲傳受之實然此未始見其所出吾雖稍取亦不敢果以爲審也曰他書之端必列七佛而此無之豈七佛之偈非其舊譯乎曰不然夫正宗者必以親相師承爲其効也故此斷自釋迦如來已降吾所以不復列之耳吾考其實林傳燈諸家之傳記皆祖述乎前魏支彊梁樓與東魏之那連耶舍此二梵僧之所譯也或其首列乎七佛之偈者蓋亦出於支彊耶舍之二譯耳豈謂非其舊本耶然寶林傳其端不列七佛猶吾書之意也

傳法正宗記卷第一

傳法正宗記卷第一

校勘記

一　底本，清藏本。

一　三一四頁上一行「傳法正宗記」，磧無。此行之前，磧、南有題記如下：「平江路磧沙延聖寺大藏經局今依福州開元禪寺校定元本傳法正宗記一十二卷重新刊板流通祝延聖壽萬安者其明教大師所上之書及入藏劄子舊本皆在衷尾今列於首庶期展卷備悉所從延祐二年歲在乙卯五月　日住持傳法比丘清表題」。

一　三一四頁中七行「圓顱」，磧作「圓臚」。

一　三一四頁中一七行「祖宗」，磧、南作「宗祖」。

一　三一四頁下四行「佛老」，南作「佛氏」。

一　三一五頁上一六行首字「止」，南作「上」。末行末字同。

一　三一五頁中一行「輔教編」，磧、南作「右奉輔教編」。

一　三一五頁中三行「右奉」，磧、南無。

一　三一六頁上一一行「林之奇」，磧作「林之音」。

一　三一六頁上一三行編修者，磧、南作「藤州東山沙門釋契嵩編修」。以下各卷同。

一　三一九頁上六行「不書」，磧、南作「不言」。

一　三一九頁中卷末經名，徑作「傳法正宗記卷第一終」。以下各卷卷末經名例同。

傳法正宗記卷第二　　百二

宋藤州東山沙門釋契嵩編修

天竺第一祖摩訶迦葉尊者傳

天竺第二祖阿難尊者傳

天竺第三祖商那和修尊者傳

天竺第四祖優波毱多尊者傳

天竺第五祖提多迦尊者傳

天竺第六祖彌遮迦尊者傳

天竺第七祖婆須蜜尊者傳

天竺第八祖佛陀難提尊者傳

天竺第九祖伏馱蜜多尊者傳

天竺第十祖脇尊者傳

天竺第十一祖富那夜奢尊者傳

天竺第一祖摩訶迦葉尊者傳

摩訶迦葉尊者摩竭陀國人也姓婆羅門其父號飲澤母號香志始生姿質美茂其體金色而照曜甚遠相者曰是子夙德清勝法當出家父母憂之乃相與謀曰必美婦可縻其心稍長苦為擇娶而尊者辭不得已乃紿之曰非得女金色如我不可為偶父母乃以婆羅門計鑄金人肇行其國因觀者求之果得金色女如迦葉者遂以室之先是毗婆尸佛滅後衆以其舍利建塔塔之像其面金色缺壞是時迦葉方為鍛金師會有貧女持一金鐵求治為簿欲往補之迦葉聞且樂為補已因相與願世世為無姻夫婦以是報九十一劫體皆金色後生梵天天之壽盡乃出此婆羅門富家及是夫婦而其體復然故初名迦葉波此曰飲光蓋取其金色之義也（記內翻梵語義類通華言者如此迦葉波之類多有或國本前錄已傳不敢輒以梵學較之也）然皆清淨雖偶未嘗有男女意終亦懇求出家其父母從之即為沙門入山以杜多行自修會空中有告者曰佛已出世請往師之尊者即趨於竹林精舍致禮勤敬如來乃分座命之坐而大衆皆驚謂其何以與此如來知之乃說其夙緣以斷群疑尋為之說法而尊者即座成道然其積修勝德而智慧高遠故如來嘗曰我今所有大慈大悲四禪三昧無量功德以自莊嚴而迦葉比丘亦復如是一朝乃以正法付之囑其相傳無令斷絕復授金縷袈裟命之轉付彌勒及如來般大涅槃而尊者方在耆闍崛山是時地震光明照曜即以天眼知之乃謂衆曰佛涅槃矣嗟乎正法眼滅世間空虛與其徒即趍于拘尸那城既至乎雙樹之間而如來既化已內於金棺尊者大慟遂感如來足出於棺以慰其哀慕尋致栴檀白氎以資其闍維既而尊者謂金剛舍利宜與人天為其福田吾等比丘當務結集以惠來世為其大明即以神通自昇須彌之頂而說偈曰

如來弟子　且莫涅槃　得神通者　當赴結集

遂擊金鐘其偈因鐘聲而普聞故五百應真（或云一千）皆會於畢鉢羅巖唯阿難以漏未盡不得即預宿戶外終夕思之及曉乃得正證遂以之叩戶相告尊者曰若然汝可以神通自戶鑰中入阿難如其言而至是時僉議三藏者宜何為先尊者曰乃宜先修多羅因謂諸聖曰此阿難比丘總持第一而常侍如來其所聞法如水傳器無有遺餘宜命以集修多羅藏次命優波離以集毗尼藏復命阿難集

阿毘曇達磨藏（他部或云命迦旃延）已而尊者即入願智三昧觀其所集果無謬者然尊者處世方四十五年終以結集既畢而說法度人亦無量矣念自衰老宜入定於雞足山以待彌勒故命阿難曰昔如來將般涅槃預以正法眼付囑于我我將隱矣此復付汝汝善傳持無使斷絕乃說偈曰

法法本來法　無法無非法　何於一法中
有法有非法

阿難於是作禮奉命復念如來舍利皆在諸天欲往辭之遽陵虛徧至塔廟禮已而還復以夙約必別於阿闍世王及至其門會王方寢因謂閽者曰摩訶迦葉將入定於雞足山故來相別王起奏之遂以此周孝王之世宵然入其山席草而坐自念今我被糞掃服持佛僧伽梨必經五十七俱胝六十百千歲至于彌勒出世終不致壞乃語山曰若阿闍世王與阿難偕來汝當爲開去已復合於是寂然乃入滅盡定是時大地爲之動而阿闍世王亦夢其殿梁忽折及覺而司門者果以尊者之語奏王聞泣下爲之歎息即詣竹林精舍拜阿難命之同往逮至雞足而其山果闢尊者定體而儼在其間王且哀且禮命香薪欲爲焚之阿難謂王曰未可燔也此大迦葉方以禪定持身而俟彌勒下生授佛僧伽梨乃般涅槃王聞此而敬之益勤及王與阿難引去而其山合如故

天竺第二祖阿難尊者傳

阿難尊者王舍城人也姓刹帝利斛飯王子而釋迦如來之從弟也始名阿難陀此云慶喜亦云歡喜蓋當如來成道之夕而尊者乃生王之家大慶且喜以故名之然有奇相而聰明叡智不比凡者少時聞如來出世乃用世幻自感以如來初從釋氏而出家成大聖道因往求爲其弟子如來許爲之說法遂成須陀洹果方如來欲人參侍而尊者獨爲大衆所推其智慧善巧而知時所宜頗合聖意然其往世於佛有大功德故所聞法皆能記之若水傳器而無有失者故如來嘗稱其總持第一及如來垂般涅槃而尊者方在娑羅林外爲魔所亂如來即勑文殊師利將呪往解尊者因與文殊偕還而禮覲如來如來化已大迦葉會諸羅漢於畢鉢羅巖結集法藏獨以尊者大智多聞而常侍如來其聞法最詳乃白衆請之以集修多羅阿毘曇達磨藏尊者領命遂說偈曰

比丘諸眷屬　離佛不莊嚴　猶如虛空中
衆星之無月

尋作禮大衆乃升法座而曰如是我聞一時佛在某處說某經教乃至天人等信受奉行是時大迦葉復問衆曰阿難所言其錯謬乎皆曰無異世尊之所說者也及大迦葉將入定於雞足山乃以如來所授正法眼付之尊者使其傳之勿絕自是以法遊化諸方一日尊者至一竹林之間初聞比丘有悞誦偈曰若人生百歲不見水老鶴不如生一日而得覩見之尊者因之歎息曰如來乃世正法之眼何速寂滅使此群生失所依止而迷謬聖教乃語其人曰是非佛意不可依之汝應聽我演正偈云若人生百歲不解生滅法不如

生一日而得解了之是比丘乃以聞其師師反謂阿難衰老其言謬妄豈宜信乎汝可如前誦之尊者他日復聞誦其前偈問其何以然而不從所教是比丘者遂說其師之意尊者以其不重自語而益感之因入三昧欲求尊聖爲之證者然終不能得於是念之佛與衆聖皆已涅槃必何從而明之當是時也地爲之動少頃光明遽發俄然有一聖宿大士示現爲其說偈而證之曰

彼者諷念偈　實非諸佛語　今遇歡喜尊
而可依了之

彼師弟子視大士神奇乃稟其言即誦尊者所說遂以之得第二果尊者既得見證而益自警謂身危脆猶若聚沫況其衰老何堪久乎欲趣泥洹復以阿闍世王嘗慨不見如來迦葉二尊聖所般涅槃因約阿難若當寂滅願示其期而尊者故往告之及王之門而閽者詞之以王方寢不敢以聞然王於其夢適見一蓋七寶飾之千萬億衆繞而瞻之俄有風雨暴至遂吹折其柄寶皆委地王嚇及寤會閽者以阿難事奏王聞之遂失聲號慟哀感天地即詣毘舍離城方見尊者坐恒河中流王遽禮之而說偈曰

稽首三界尊　棄我而至此　暫憑悲願力
且莫般涅槃

是時毘舍離王亦在河側復說偈曰

尊者一何速　而歸寂滅場　願住須臾間
而受於供養

尊者見二國王皆來勸請亦說偈曰

二王善嚴住　勿爲苦悲戀　涅槃當我淨
而無諸有故

尊者於是乃自念曰我若偏住一國而滅度之諸國必諍非其當也此應以平等而度諸有情遂即恒河之中流而欲涅槃其時大地六種皆震先有五百仙人棲於雪山及是相與乘空而來禮尊者足曰今我等定於長老當證佛法願乘見度尊者默而許之即變殑伽河悉爲金地遂爲之說大法要尊者又念先時所度弟子宜當來集須臾五百羅漢自空而下爲其出家受戒仙者舉皆得四果然其仙衆之中有二羅漢一曰商那和修一曰末田底迦（亦云末田地）尊者知其皆大法器而命之曰昔如來以正法眼付大迦葉迦葉入定而付於我我今將滅用傳汝等汝受吾教當聽偈言

本來付有法　付了言無法　各各須自悟
悟了無無法

復謂商那和修曰汝善行化而護持正法無令斷絕謂末田底迦曰昔佛記云滅度五百歲中當汝於罽賓國敷宣大法後宜往之以興教化已而尊者超身虛空作一十八變入風輪奮迅三昧乃分身四分一惠忉利天一惠娑竭羅龍宮一惠阿闍世王一惠毘舍離王得者各建寶塔而供養之是時當此周夷王之世也

天竺第三祖商那和修尊者傳

商那和修尊者摩突羅國人也亦曰舍那婆斯姓毘舍多其父號林勝母號嬌奢耶處胎凡六載始生而身自有衣隨體而長梵曰商諾迦猶此曰自然服者始西域有瑞草常產

於勝地遇得道聖人出世其草則化爲九枝以應之及尊者之生而化草果然初事雪山仙者會其仙師從阿難求度而尊者皆預其出家尋成道爲阿羅漢至是其胎衣遂變爲九條法服先是如來行化嘗至摩突羅國見一茂林顧謂阿難曰此林其地名優留荼吾滅度後近百年當有比丘商那和修於此說法度人阿難滅後而尊者以其法遊化至是欲圖居之會有二火龍偕占其地遂暴作風雨以張其威尊者乃入慈三昧以降之因謂龍曰佛昔記此當爲伽藍汝宜見捨龍以佛記故喜捨之尊者遂以立精舍而說法廣度人天果符佛語久之尊者念欲付法因入三昧觀佛所記聖士爲其後者必在何國出定乃以神通獨之吒利國訪其長者首陀善意之舍善意相見禮已乃問其所以來尊者曰我生子然故來命侶善意曰我嗜世樂不暇相從俟有子當以奉法尊者即稱善去之其後善意果有子一曰優波吉羅二曰優波餤摩及育其三者曰優波毱多尊者知必法器復詣善意而謂之曰此第三子者優波毱多適合佛記當襲我傳法汝宜捨之善意以佛記故不敢見拒於是毱多即從其出家尊者因問之曰汝年幾耶曰我年十七又曰汝身十七性十七耶毱多乃曰師髮已白爲髮白耶而心白耶尊者曰我但髮白非心白也毱多因曰我年十七性非十七耳尊者益器異之及其得戒成道乃命之曰昔如來以大法眼付囑大迦葉迦葉入定而付我大師慶喜以至於我我今以授於汝汝善傳之勿使其絕聽吾偈曰

非法亦非心　無心亦無法　說是心法時
是法非心法

已而尊者往隱於罽賓之象白山欲以禪寂自居未幾會於定中乃見毱多五百弟子慢而不恭遂往正之既至會毱多不在即坐其座毱多之徒不測其何人皆憤然不伏遂馳報毱多毱多還見其師遽禮之而其徒慢意尚爾尊者乃以右手上指即有香乳自空而注遂問毱多曰汝識之乎曰不測毱多即入三昧觀之亦不能曉乃請之曰是瑞事果何三昧耶尊者曰是謂龍奮迅三昧如是五百三昧而汝皆未之知復謂毱多曰如來三昧辟支不識辟支三昧羅漢不識吾師阿難三昧而我不識今我三昧汝豈識乎是三昧者心不生滅住大慈力遞相恭敬其至此者乃可識之而毱多弟子既見其神奇皆伏而悔謝和修復爲說偈而教之曰

通達非彼此　至聖無長短　汝除輕慢意
疾得阿羅漢

毱多諸徒以是皆得證四果尊者尋超身虛空作一十八變以三昧火而自焚是時也當此周宣王之世也毱多乃以其舍利建寶塔於迦羅山勝處與人天共其供養

天竺第四祖優波毱多尊者傳

優波毱多尊者吒利國人也亦曰優波崛多亦曰鄔波毱多姓首陀氏父曰善意年始十七會尊者商那和修至其舍化導因從之出家至二十乃證道成阿羅漢遂廣遊化初至摩突羅國說法其衆翕然大集而所聞者皆

得證道方尊者説法之時諸天雨華地祇皆現雖魔宮亦爲之動而波旬憂之遂來作難以其魔力屢化花與玉女欲亂其聽法者尊者即入三昧察其所以魔乘其在定持瓔珞輒縻其頸尊者定起知魔所爲乃取人狗蛇三者之屍化爲花鬘命波旬以柔語慰之曰汝與我瓔珞甚爲珍惠吾有花鬘以相奉酬魔大喜乃引頸受之即復爲三者腐屍臭穢魔甚惡之詞於尊者曰何用屍而相加乎尊者曰汝以非法之物欲亂我道衆吾以是物應汝之意又何厭乎魔於是盡自神力而不能去之即昇六欲天告諸天主又詣梵王求其解免天各謂曰彼十力弟子所作神變豈我天屬而能去之波旬曰其將奈何梵王曰汝可歸心尊者必得除之乃爲説偈教其回向曰

若因地倒　還因地起　離地求起　終無其理

波旬稟其言下天復趨於尊者禮悔恐至尊者曰先聖命我降汝雖然汝以是還善乃得事佛不墮惡趣魔聞喜之曰尊者蓋爲我致大饒益願爲去此腐屍曰汝於正法不嬈害否波旬曰伏而奉教不敢爾也尊者即爲釋之因謂波旬曰汝嘗覩如來今可試現示我瞻之魔曰現固不憚傾尊者不必致禮即入林間化爲如來而奇相儼如與其侍從自林而出尊者一見其心忻然若真覩大聖不覺體自投地乃即禮之魔不勝其禮戰掉自失及尊者拜起不復見適尊儀波旬自禮足尊者而説偈曰

稽首三昧尊　十力大慈足　我今願迴向　勿令有劣弱

後之四日波旬大領天衆復來作禮讚歎而去然尊者化導而後聖因其所證者最多初每度一人則以一籌置於石室其室縱十八肘廣十二肘而籌盈之昔如來嘗記尊者當爲傳法四世之祖謂其雖無相好而所化度如如來之日無異至是而大聖之言驗矣最後乃有長者子曰香衆從尊者固求出家尊者問之曰汝身出家心出家耶香衆曰我來出家非爲身心曰不爲身心復誰出家曰夫出家者無我我故無我我故即心不生滅心不生滅即是常道諸佛亦常心無形相其體亦然尊者曰汝當大悟心自通達宜依佛法僧紹隆聖種即爲披剃受具足戒仍告之曰汝父嘗夢金日而生汝以是可名提多迦尋謂之曰如來以大法眼藏次第傳受以至於今今復付汝聽吾偈曰

心自本來心　本心非有法　有法有本心　非心非本法

既而起身太虚示十八變復其座跏趺而化當此周平王之世也多迦乃以室籌而闍維之收其舍利建塔供養

評曰他書列毱多之事甚衆此何略乎曰此蓋務其付受之本末耳夫如來之後其化導得人唯毱多尊者最爲多矣然其事迹之繁吾恐雖竹帛不可勝載而孰能盡書若室籌者聊誌其得聖果者耳未必極其所化

天竺第五祖提多迦尊者傳

提多迦尊者摩伽陀國人也其姓未詳初名香衆少時會毱多尊者盛化於摩突羅國因

從其出家以應對詣理毱多器之則與落髮受具始尊者生時其父嘗夢金日自舍而出灼然照曜天地復有寶山與日相對而山之頂流泉四注至是毱多尊者乃爲解之曰寶山者吾身也流泉者法無盡也日從屋出者汝入道之相也其照曜天地者汝智慧之發暉也因易今之名梵語提多迦此曰通眞量蓋取其夢之義也然如來昔嘗記之及此皆驗尊者得其師之說忻然奉命遂禮之乃以偈讚曰

巍巍七寶山　常出智慧泉　迴爲眞法味
能度諸有緣

毱多尊者亦以偈而答曰

我法傳於汝　當現大智慧　金日從屋出
照曜於天地

既而尊者以法自務遊化尋至中印度會其國有大仙者八千人其首曰彌遮迦聞之遂帥衆詣尊者而禮之曰念昔與尊者同生梵天我遇阿私陀仙授之仙術而尊者證果乃得應眞自是分離已更六劫尊者曰仙者所指誠如其言然汝之務仙終何所詣曰我雖未遇至聖然私陀尊仙嘗記之曰却後六劫當因同學得無漏果今之相遇豈不然耶尊者曰汝既知爾便可出家仙法小道非能致人解脫吾久於化導亦欲休之汝果趣大法豈宜自遲遮迦喜其言即求出家是時遮迦之衆見其尊仙如此皆慨之謂多迦何足師者而從之出家尊者遂知衆心齟齬欲其信之即放光明超步太虛而若履平地乃以所化寶蓋覆其仙衆復有香乳自其指端而注乳間現蓮蓮間化佛仙衆視其神變非常遂率服皆求出家尊者受之因謂雖然汝屬宜正念依佛使僧威儀自然而成不須工爲仙衆如其言而鬚髮果自除去袈裟生體尋得戒皆成四果聖人尊者尋獨命遮迦曰昔如來以大法眼密付大迦葉展轉而至於我我今付汝汝當傳持勿絕聽吾偈曰

通達本心法　無法無非法　悟了同未悟
無心亦無法

偈已尊者起身太虛呈十八變用火光三昧而自焚之是時也當此周莊王之世也彌遮迦與衆收其舍利建塔於班茶山而供養之

天竺第六祖彌遮迦尊者傳

彌遮迦尊者中印土人也未詳姓氏既與其神仙之衆皆師提多迦尊者得度而證聖果遂以其所得之道遊化諸方一日至北天竺國俄見其城堞之上有瑞雲如金色乃顧謂左右曰此大乘氣也兹城當有至人與吾嗣法及入其國至市果有一人持酒器逆遮迦而問之曰尊者何方而來欲往何所答曰從自心來欲往無處又曰識我手中物否答曰此是觸器而負淨者又曰尊者其識我否答曰我即不識識即不我遮迦復謂之曰汝可自道姓氏吾則後示本因其人遂說偈而答之曰

我今生此國　復憶昔時日　本姓頗羅墮
名字婆須蜜

尊者聞之乃悟其緣謂婆須蜜曰吾師提多迦嘗言如來昔遊北天竺謂阿難曰此國吾滅後三百餘年當有聖人姓頗羅墮名婆須

蜜出爲禪祖當第七世斯如來記汝汝應出家其人遂置器禮於尊者傍立而言曰我思往劫嘗爲施者獻一如來寶座彼如來記我曰汝於賢劫當得佛法爲第七祖今之所會乃其緣也尊者大慈幸見度脫尊者即爲其剃度以圓戒德尋命之曰我方老邁將般涅槃如來正法眼藏今以付汝汝當傳之無使斷絕聽吾偈曰

無心無可得　說得不名法　若了心非心

始解心心法

偈已尊者即入師子奮迅三昧騰身太虛高七多羅樹却返其座化火自焚而天人悲慟哀感天地其時當此周襄王之世也婆須蜜乃收其舍利以七寶函貯之建塔寘其上層而供養之

天竺第七祖婆須蜜尊者傳

婆須蜜尊者北天竺國人也姓頗羅墮常衣淨衣持酒器遊處里巷而吟嘯自若人頗不測或謂其狂及遇彌遮迦尊者明其夙緣遂投器即從之出家尋得付法及遮迦滅已乃廣其教化至迦摩羅國方大爲勝事遽有一智士趨其座前自謂我名佛陀難提今與尊者論義須蜜曰仁者論即不義義即不論若擬論義終非義論難提以其義勝甘心服之遂告曰我願求道預甘露味尊者乃與度之特命四果聖人爲其受戒未幾乃命之曰如來正法眼藏今以付汝汝其傳之愼無斷絕聽吾偈曰

心同虛空界　示等虛空法　證得虛空時

無是無非法

已而須蜜超身呈十八變乃入慈三昧以趣寂定是時釋梵與諸天衆皆來作禮而說偈曰

賢劫聖衆祖　而當第七位　尊者哀念我

請爲宣佛地

須蜜定已七日以是乃出而示衆曰我所得法而非有故若識佛地離有無故語已復入寂定示涅槃相天衆聞法皆喜而禮之遂散其天花其時當此周定王之世也難提即其本座建寶塔以秘其全體

天竺第八祖佛陀難提尊者傳

佛陀難提尊者迦摩羅國人也姓瞿曇波氏生時頂有肉髻光彩外發性大聰明文字能一覽悉記年十四乃慕出家專以梵行自修及婆須蜜尊者來其國難提一旦就之發問遂伏其勝義則依之爲師尋得付法亦領徒廣務遊化初至提伽國先是其國有毗舍羅家生一子號伏馱蜜多年已五十而口未嘗言足未嘗履父母不測其何緣皆爲憂之或以問其國之習定業者定者不能決謂其父母曰將有大士傳佛心印非久至此汝可問之及尊者入國過毗舍羅之門俄見有白光發其舍上尊者指之謂其衆曰此家當有聖人口無言說眞大乘器不行四衢知所觸穢是必嗣吾大隆教化其所度者當有五百成聖果者又曰其光上貫者表其承我而得法其光下燭者表其所出得人然其所出之者號脇比丘心大如地當繼我爲第三世也於是毗舍家主遂出問其所來欲須何物尊者曰我來求人非須物也主曰我家豈有奇人

而可求耶然唯有一子不語不行年巳五十尊者欲之固亦不恪難提曰汝之言者正吾所求其父母即持子以與之及尊者携至精舍忽自發語即履七步合掌說偈而相問曰

父母非我親　誰爲最親者　諸佛非我道
誰爲最道者

尊者即以偈答之曰

汝言與心親　父母非可比　汝行與道合
諸佛心即是　外求有相佛　與汝不相似
若識汝本心　非合亦非離

蜜多聞法甚喜乃慇懃致禮尊者遂與之出家召衆賢聖爲其受戒後乃命曰如來法眼密傳至我我今以付囑汝汝其相傳勿令其絕聽吾偈曰

虛空無內外　心法亦如此　若了虛空故
是達眞如理

蜜多幸得法偈即超身太虛散衆寶花說偈而讃之曰

我師禪祖中　適當爲第八　法化衆無量
悉獲阿羅漢

尊者付其法巳遽起本座卓然而立現大神變自其腹發異光八道照曜大衆而被其照者僅五百人獲第二果乃般涅槃其時當此周景王之世也衆遂即其所建寶塔以閟其全體

天竺第九祖伏馱蜜多尊者傳

伏馱蜜多尊者提伽國人也姓毗舍羅氏蜜多父母既疑其平生及遇難提尊者說其夙緣曰此子往世明達於佛法中欲爲大饒益悲濟群生故嘗自願若我生處當不爲父母恩愛所纏隨其善緣即得解脫其口不言者表道之空寂也其足不履者表法無去來也於是其父母之疑渙然大釋遂樂以師於難提得法乃遊化至中印土先是其國有長者曰香蓋香蓋有子曰難生難生雖穀食而絕無滓穢至是香蓋携之來禮尊者且曰此子處胎凡一十六年及誕頗有奇夢亦嘗會仙者相曰此兒非凡器當遇菩薩見度適會尊者蓋其緣也願以之出家香蓋遂謂其子曰汝巳出家無以我在玆而心喜我返家而生惱尊者即曰我今所在豈有彼此諸漏巳盡安得生惱蜜多以故度之未幾遂以法付之曰如來大法眼藏今以付汝汝其傳之無使斷絕汝受吾教聽吾偈曰

眞理本無名　因名顯眞理　受得眞實法
非眞亦非僞

尊者付其法巳自念久於化導所化巳辦當以滅盡三昧而自息之於是遂般涅槃諸天皆作樂供養沸涌於虛空是時也當此周敬王之世也脇比丘遂以香薪而闍維之斂其舍利建寶塔於那爛陀寺

天竺第十祖脇尊者傳

脇尊者中天竺國人也其姓未詳本名難生以其久處胎故也初尊者將生而其父香蓋遂夢一白象背負寶座座之上寘一明珠從其門而出至一法會其光照曜於衆既而忽然不見及誕果光燭於室體有奇香父異之成童會伏馱蜜多尊者化於其國香蓋遂携以詣之道其所生之異求與出家蜜多許之會七阿羅漢爲受具戒方納戒乃於壇之上

現其瑞相空中復雨舍利三七粒然尊者修行精苦未嘗寢寐雖晝夜而脇不至席以故得號脇尊者既預付法乃遊化他土尋至花氏國而憩於樹下遽以右手指地而謂衆曰此地變金色當有聖者入會少頃其地果爲金色俄有一長者之子曰富那夜奢遽至其前合掌而立脇尊者遂問曰汝從何來夜奢曰我心非往尊者曰汝從何住曰我心非止尊者曰汝不定耶曰諸佛亦然尊者曰汝非諸佛曰諸佛亦非尊者因說偈曰

此地變金色　預知於聖至　當坐菩提樹

覺花而成巳

夜奢亦說偈而酬之曰

師坐金色地　常說眞實義　迴光而照我

令入三摩諦

因告之曰我今願師尊者幸與出家脇尊者聽之即爲剃度命四果聖者與其受戒後乃命之曰如來大法眼藏今以付汝汝其流傳勿令之絕聽吾偈曰

眞體自然眞　因眞說有理　領得眞眞法

無行亦無止

既付其法即本座超身太虛而入涅槃以三昧火而自焚之其舍利自空而下不可勝數衆竟以衣裓接之是時當此周正定王之世也其衆尋建塔廟以秘舍利而諸天布寶蓋以覆之

天竺第十一祖富那夜奢尊者傳

富那夜奢尊者花氏國人也姓瞿曇氏其父曰寶身號爲長者初寶身有子七人各有所尚其一曰富那般多好學仙術次二曰富那金子好常寂靜次三曰富那月光好角力相擊次四曰富那勝童好惠施念佛次五曰富那波豆好殺嗜酒次六曰富那吉丹躭於嗜欲次七即富那夜奢淡然無所好惡其心不靜不亂非凡非聖嘗曰若遇大士坐於道場我則至彼親近隨喜及脇尊者至其國方興佛事而尊者遂詣其會應對響捷言皆造理果於脇尊者得正法眼遂以之遊化道德所被不啻千萬之衆然其得聖果者盈五百人後至波羅奈國遂有一長者來趨其會尊者謂其衆曰汝等識此來者耶佛昔記云吾滅後將六百年當有聖者號馬鳴出於波羅奈國說法於花氏城摧伏異道度人無量今其人也然吾亦夜夢大海偏溢乎一隅方欲決之其水遂沛然流潤諸界今此來者蓋其大海者也將從吾出家以法濟人其流潤者也於是馬鳴致禮前而問曰我欲識佛何者即是尊者曰汝欲識佛不識者是曰佛既不識焉知是乎尊者曰既不識佛焉知不是曰此是鋸義尊者曰彼是木義却問鋸義者何馬鳴曰與師平出却問木義者何夜奢曰汝被我解馬鳴遂悟其勝義忻然即求出家夜奢乃爲度之以受具戒然其會中因之而證第四果者凡二百人其後命馬鳴曰汝當轉法輪爲十二世祖昔如來大法眼藏今以付汝汝其傳之聽吾偈曰

迷悟如隱顯　明暗不相離　今付隱顯法

非一亦非二

付法巳尊者即琨神通爲一十八變却反其座泊然寂滅其時當此周安王之世也衆遂

建塔以閟其全體

評曰唐高僧神清不喜禪者自尊其宗乃著書而抑之曰其傳法賢聖間以聲聞如迦葉等雖則迴心尚爲小智豈能傳佛心印乎即引付法藏傳曰昔商那和修告優波毱多曰佛之三昧辟支不知辟支三昧聲聞不知諸大聲聞三昧餘聲聞不知阿難三昧我今不知我今三昧汝亦不知如是三昧皆隨吾滅又有七萬七千本生經一萬阿毘曇八萬清淨毘尼亦隨我滅固哉清也徒肆已所愛惡而不知大屈先聖吾始視清書見其較論三教雖文詞不嘉蓋以其善記經書亦别事之重輕不即非之及考其譏禪者之說問難凡數十端輙採流俗所尚及援書傳復不得其詳余初謂此非至論固不足注意徐思其所謂迦葉等豈能傳佛心印尤爲狂言恐其熒惑世俗以增後生末學之相訾不已乃與正之非好辯也大凡萬事理爲其本而迹爲末也通其本者故多得之束其末者故多失之若傳法者數十賢聖雖示同聲聞而豈宜以聲聞盡之哉經曰我今所有無上正法悉已付囑摩訶迦葉傳曰我今所有大慈大悲四禪三昧無量功德而自莊嚴而迦葉比丘亦復如是又謂毱多爲無相好佛又謂僧伽難提者乃過去娑羅王如來降迹爲祖如此之類甚衆是豈非聖人欲扶其法互相尊敬而示爲大小耶楞伽所謂三種阿羅漢者一曰得決定寂滅聲聞羅漢一曰曾修行菩薩行羅漢一曰應化佛所化羅漢此羅漢者以本願善根方便力故現諸佛土生大衆中莊嚴諸佛大會衆故若大迦葉傳法數十賢聖者豈非應化佛所化之羅漢耶佛所化者宜其所有四禪三昧無量功德與如來不異也不異乎如來而傳佛心印孰謂其不然乎若商那曰阿難三昧而我不知我今三昧而汝不知云此恐其有所抑揚耳未可謂其必然經曰入遠行地已得無量三昧夫入遠行地者蓋七地之菩薩也七地菩薩尚能得無量三昧而化佛豈盡不能得耶然佛之所傳心印與餘三昧宜異日而道哉夫心印者蓋大聖人種智之妙本也餘三昧者乃妙本所發之智慧也皆以三昧而稱之耳心印即經所謂三昧王之三昧者也如來所傳乃此三昧也清以謂餘三昧耶其所謂七萬七千本生經一萬阿毗曇八萬清淨毗尼亦隨我滅者此余未始見於他書獨付法藏傳云爾尚或疑之假令其書不謬恐非爲傳法賢聖不能任持而然也是必以後世群生機緣福力益弱不勝其教以故滅之方正像末法三者之存滅皆亦隨世而汙隆曷嘗爲其弘法賢聖而致正末者耶嗚呼學者不求經不窮理動謬聖人之意爲其說雖能編連萬世事亦何益乎書曰記誦之學不足爲人師清之謂歟

傳法正宗記卷第二

傳法正宗記卷第二

校勘記

一　底本，清藏本。

一　三二四頁上一七行第三字「子」，磧、南作「孑」。

一　三二六頁上一六行「中印度」，磧作「中印上」；南作「中印土」。

一　三二七頁上四行末字「會」，磧、南作「喜」。

一　三二七頁下一七行第四字「燭」，磧、南作「屬」。

一　三二八頁中末行第九字「茲」，徑作「慈」。

一　三二九頁上一四行第五字「地」，磧、南作「城」。

一　三三〇頁中五行「娑羅王」，磧、南作「婆羅王」。

傳法正宗記卷第三

宋藤州東山沙門釋契嵩編修

天竺第十二祖馬鳴大士傳
天竺第十三祖迦毗摩羅大士傳
天竺第十四祖龍樹大士傳
天竺第十五祖迦那提婆大士傳
天竺第十六祖羅睺羅多大士傳
天竺第十七祖僧伽難提大士傳
天竺第十八祖伽耶舍多大士傳
天竺第十九祖鳩摩羅多大士傳
天竺第二十祖闍夜多大士傳

天竺第十二祖馬鳴大士傳

馬鳴大士者波羅奈國人也未詳其姓氏亦名功勝蓋以其夙有功德殊勝而命之然初詣富那夜奢尊者以問答有所合乃慕其道遂從之出家受戒夜奢因謂之曰汝夙世以有所愛被降梵天生於毗舍離國然其國有上中下三類人其上之者身有光明其衣食自然從念而得中之者身無光明衣食求之乃得下之者裸形如馬汝憫此類嘗以神力分身爲蠶其人得以爲服由是功德汝得復生今之中國方汝捨彼國時其馬人衆感戀汝德皆共悲鳴汝亦以偈慰之曰

我昔生梵天　爲有小愛故　而墮毗離國
與汝同憂苦　我見汝無衣　心生保護
示化於蠶圍　當得諸濟度

偈已汝即此生以故得今馬鳴之號也然汝當轉法輪爲第十二世祖師尋以大法眼付之已而大士以其法遊化至花氏國方大興佛事雖三乘學人皆能度之一旦遽有一老叟陽爲疾者至其會前坐而仆地大士因曰此非常也將有異相其人遂即不見俄而從地涌出爲一女子其狀端美絶如金色舉手指大士而說偈曰

稽首長老尊　當受如來記　今於此地上
而度生死衆

復瞥然不見大士曰此魔來欲與吾較有頃果風雨暴至天地忽冥復曰魔之信至矣吾當除之即以手揮空遂現一千尺金龍其威神奮張雖山丘爲之震蕩而魔事遂息後七日復有一小蟲狀類蟭螟潛其座下大士執之以示衆曰此魔之所變盜聽吾法尋縱之令其自爲終懼而不能動尋慰之曰吾非害汝汝但復其本形魔乃現其正體作禮而懺悔大士因問曰汝之名誰其眷屬幾何魔曰我名迦毗摩羅其屬三千曰汝盡神力能變幾何魔曰我化大海不爲難事曰汝化性海得耶魔茫然乃曰此言非我所知大士即爲說法曰此性海者山河大地皆依建立三昧六通由茲發現魔聞法大起信心遂與其三千徒屬皆求出家大士即爲剃度乃召五百應眞與之受戒謂之曰汝趣菩提當即成聖道摩羅果得戒體發光明而異香普薰大士因之乃大造論議尋而命之曰如來大法眼藏今以付汝傳之勿令斷絶汝聽吾偈曰

隱顯即本法　明暗元不二　今付悟了法
非取亦非棄

付法已即入龍奮迅三昧挺身空中如日輪相尋趣大寂是時也當此周顯聖王之世也四衆遂以其眞體閟之於龍龕

天竺第十三祖迦毗摩羅大士傳

迦毗摩羅者花氏國人也未詳其姓初爲外道有大幻術因詣馬鳴大士較法不勝遂與其徒皆求出家既證聖道馬鳴即以大法眼付之已而遊化至西天竺會其國太子有曰雲自在者德於大士乃欲請往其宮中供養大士辭之曰佛制沙門不得親於王臣勢家此不敢從命太子曰然則吾國其城之北有一大山山有石窟清靜絶俗亦可禪棲雖龍蛇異物所護而尊者至德其必順化大士曰諾從之而往方至其山果有大蟒長可一里瞋目相視大士即直進不顧至山之南方坐於坦處蟒復盤繞其身亦不之顧蟒須臾遂去大士視其所隨之衆已皆逃散無一在者尋獨進將至其石窟俄然有一老人素服而出合掌致敬大士問曰汝何所居曰我昔嘗爲比丘甚好寂靜煩於初學所問因起瞋心以故命終墮爲蟒身止於此窟今已千載適値尊者聖德故來敬之大士因問曰是山復有何人所居其務道乎汝示我知之老人曰此北去十里有巨樹焉能蔭五百大龍其樹之王號龍樹者常爲龍衆說法而我亦預聽大士又集其徒相將而前及至巨樹龍樹果出迎之忻然致禮而問之曰深山孤寂龍蛇所居大德至尊何屈至此大士曰吾非至尊來訪賢者龍樹即默而計之曰此尊者其得決定性明道眼耶是大聖人繼眞宗乎大士曰汝雖心念吾已意知但能出家何慮我之非聖龍樹於是悔謝大士即與度之未幾乃命之曰今以如來大法眼藏付囑汝傳之汝聽吾偈曰

非隱非顯法　說是眞實際　悟此隱顯法　非愚亦非智

大士付法已遽起身太虛逞其神變乃趣寂滅以化火自焚是時當此周赧王之世也龍樹遂斂其五色舍利建寶塔以閟之

評曰寶林傳燈二書皆書天竺諸祖入滅之時以合華夏周秦之歲甲然周自宣王已前未始有年又支竺相遠數萬餘里其人化滅或有更千餘歲者其事渺茫隔越吾恐以重譯比校未易得其實輙略其年數甲子且從而存其帝代耳唯釋迦文佛菩提達磨至乎中國六世之祖其入滅年甲稍可以推校乃備書也

天竺第十四祖龍樹大士傳

龍樹大士者西天竺國人也未詳其本姓或曰出於梵志之族其性大聰晤才慧卓犖殆非凡器少時已能誦四韋陀典稍長善天文地理悉通百家藝術所知若神明始其國有山號龍勝者素爲龍之所棲而山有巨樹能蔭衆龍及大士有所感悟意欲出家遂入山修行乃依其樹然而三藏與義亦自洞曉已能爲其龍衆說法以故得號龍樹及摩羅尊者來其山相遇甚善大士乃與龍衆禮之爲師方剃度時其國之君與帝釋梵王皆赴其勝會受戒於大羅漢即成聖道得六神通摩羅尋以大法眼付之已而遊化至南天竺國先是其國之人好修福業洎大士至說正法要乃遞相謂曰唯此興福最爲勝事佛性之說何可見耶大士因語之曰汝衆欲見佛性

必除我慢乃可至之其人曰佛性大小曰非小非大非廣非狹無福無報不死不生其人衆以大士所説臻理皆喜好願學其法大士即於座上化其身如一月輪時衆雖聞説法而無覩其形適有長者之子曰迦那提婆在彼人之中視之獨能契悟遽謂其衆曰識此相乎衆曰非我等能辨提婆曰此蓋大士示現以表佛性欲我等詳之耳夫無相三昧形如滿月佛性之義廓然虛明語方已而輪相忽隱大士復儼然處其本座而説偈曰

身現圓月相　以表諸佛體　説法無其形
用辨非聲色

於是其人皆大感悟即求爲師而大士悉與度之會衆聖與其受戒而提婆爲之上首會有五千外道先於其國興大幻術王與國人皆靡然從之而佛道將塞當此大士感慨遂易其威儀白衣持幡伺王每出則趨其前行或隱或顯如此凡七載一旦王大異之以書辭命而致之問曰汝果何人而常吾前行追之不得縱之不去大士曰我是智人知一切事王復驚其語即欲驗之曰諸天今何所爲曰天今方與阿修羅戰王曰天事豈易明耶曰且待將有應効少頃俄有戈戟雜人手足紛然自空而下王見乃信遂加歎服命外道輩歸禮大士然外道皆求正其見大士遂因之造衆論議若智度者若中觀者若十二門者不啻其千萬偈悉皆方便開釋正法以應其機宜其後乃命迦那提婆曰如來以大法眼付囑迦葉乃至於我我今付汝聽吾偈曰

爲明隱顯法　方説解脱理　於法心不證
無瞋亦無喜

復謂提婆曰汝善傳持勿使斷絶當於未來之世大興佛事已而騰身太虛入月輪三昧大逞神變返其座即入寂定及後七日天雨舍利而大士復從定起以手指空謂其衆曰此舍利者蓋昔拘那含佛之弟子號摩訶迦葉者嘗發三願之所致也其一曰願我爲佛之時若有聖士化度於世者遇天澍雨至於其身即爲舍利其二曰願大地所生之物皆堪爲藥療衆生病其三曰願凡有智者皆得所知微妙以通宿命言已仍泊然大寂其時當此秦始皇帝之世也提婆與其四衆遂建塔以閟之

評曰正宗貴乎簡妙而龍樹大士以廣論發之何哉曰然簡妙常難其至之者方其人機器有上下此非以方便導之則淺信者安得其進耶是故大士爲論務發彼一機者也涅槃豈不云乎汝愼勿爲利根之人廣説法語鈍根之人略説法也夫簡妙者要在其心有所到耳不必以其言不言爲之當否是故證之於簡妙也彌説而彌至不證於簡妙也彌説而彌遠

天竺第十五祖迦那提婆大士傳

迦那提婆者南天竺國人也姓毘舍羅天性才辯幼習其國風喜修福業及趣龍樹大士方至其門龍樹試之遣以滿鉢水先置其前大士即以一針投之而進相見忻然契會龍樹現月輪以表佛性衆皆罔測獨大士識之遂以諭其衆人尋亦相與師龍樹出家而提婆果爲其高足弟子及龍樹大士垂入泥洹

遂以大法眼傳之其後大士以其所證廣化手他方先是迦毘羅國有富人曰梵摩淨德其國稱爲長者有二子長曰羅睺羅次曰羅睺羅多淨德好治園林種植嘉木一朝其園木無故忽然生耳如菌大於車輪其美味可食如此終年唯貧淨德與其子羅睺羅多所啖餘家人輙欲取食其菌即隱然淨德疑之謂其子曰此木之耳唯我與汝得食必非常事何人能爲明之羅睺羅多遂說偈以他告曰

此木生奇耳　我食不枯槁　智者解此因
我迴向佛道

適會大士入國至其家而淨德父子喜得所遇致禮遂以其事問之大士乃與辯之曰昔汝二十之時嘗命一比丘於舍供養其比丘雖小有戒行而法眼未明心不詣理坐虛受汝惠然其能少修行不陷惡趣故報爲此木耳以償於汝初此比丘居汝舍時汝諸家人皆不喜之唯汝與其次子能以誠待故今耳菌獨汝父子得饗復問淨德曰汝年幾何答曰七十有九大士因說偈曰

入道不通理　復身還信施　汝年八十一
此木亦無耳

淨德聞其說心遽廓然益勤歎伏且曰我媿衰老雖欲出家豈堪事師今此次子素樂入道願捨以備給侍幸尊者容之大士謂曰昔如來記此子云後五百年中有大菩薩號羅睺羅多因木之耳出家成道遂問其子曰汝何名耶曰我名羅睺羅多大士曰此誠合佛所記汝今出家必成大果尋與剃度會聖衆與受具戒遂專隨遊化一日大士復至巴連弗城俄聞外道相計欲掩抑佛法乃自持長幡往立其會所外道遽問曰汝何不前答曰汝何不後又曰汝似賤人答曰汝似良人又曰汝解何法答曰汝百不解又曰我欲得佛答曰我灼然得又曰汝不合得答曰元道我得汝實不得又曰汝既不得云何言得答曰汝有我故所以不得我無我故我當自得於是外道詞屈自相謂曰此必大聖宜皆歸之遂問曰汝名爲誰大士曰我名迦那提婆外道輩以風聞其名於是服膺悔過其未即化者後發百千難問而大士恣其無礙之辯一皆折之由是廣造論議若百論之類是也然其勝事既集終命羅睺羅多付之法眼其說偈曰

本對傳法人　爲說解脫理　於法實無證
無終亦無始

已而入奮迅三昧體放八光而趣寂滅其時當此前漢孝文帝之世也四衆營塔而梵天助飾共供養之

天竺第十六祖羅睺羅多大士傳

羅睺羅多者迦毘羅國人也姓梵摩氏既得明其家木耳之緣即從提婆大士出家隨侍往巴連弗城尋受付正法於彼城其後大士亦統徒廣行教化未幾至室羅筏城之南臨金水河遽謂其徒曰汝等知之乎適五佛影現於中流吾勺其水輙有異味此河之源凡五百里當有至人居之然如來昔已記曰後五百年中當有聖者號僧伽難提出於此處相繼以爲十七世祖遂將衆泝流而上既至

果見難提禪定於石窟中伺之凡三七日會其出定大士乃問之曰汝身定耶心定乎難提答曰我身心俱定又曰心身俱定何有出入答曰雖有出入不失定相如金在井金體常寂又曰若金在井若金出井金無動靜何物出入答曰言金動靜何物出入許金出入金非動靜又曰若金在井出者何物答曰金若出井在者非金金若在井出者非物又曰此義不然答曰彼理非著又曰此義當墮答曰彼義不成又曰彼義不成我義成矣答曰我義雖成法非我故又曰我義已成我無我故答曰我無我故復成何義又曰我無我故故成汝義難提乃曰仁者師於何聖得是無我大士曰我師迦那提婆大士證是無我曰稽首提婆師而出於仁者仁者無我故我欲師仁者大士曰我已無我故汝須見我我汝若師我故知我非我我難提心即廓然遂稽首而說偈曰

三界一明燈　迴光而照我　十方悉開朗
如日處空住

偈已再禮必求見度大士曰汝心自在非繫我所何須依託而求解脫大士即以右手擎其金鉢舉至梵天取天香飯命衆共食而其大衆忽生厭惡皆不能饗大士曰讓而不能食非吾所恪汝業自然乃命難提分座同食衆復疑之意其師弟子混而無品大士知之曰汝不得食皆由此故今與吾分座之者乃過去娑羅王如來也應物降迹將爲第十七世祖師汝輩亦莊嚴劫中嘗趣三果而未純無漏適雖親我豈大見性正宜專意歸此仁者然吾滅後即爲大衆上首復出一師號伽耶舍多亦宜知之衆曰大師神力不敢不信彼云過去佛者尚或疑之難提以其衆心未伏於已乃謂羅多曰世尊在日世界平正無有堆阜江河溝洫水皆甘美草木滋茂國土豐盈人無八苦而行十善及乎雙林示滅今將欲千年而世界丘墟樹木枯悴人寡至信正念輕微不務妙悟但樂神力然我自不爲爲亦何難即展右手入地至于金剛輪際取甘露水以瑠璃器持至會中分諸大衆然飲者其心益寧於是衆皆推伏作禮悔過大士後乃命之曰吾今老矣非久處世如來之大法眼用付於汝聽吾偈曰

於法實無證　不取亦不離　法非有無相
內外云何起

難提聞命敬奉勤至復說偈而讚之曰

善哉大聖者　心明逾日月　一光照世界
暗魔無不滅

羅多大士即其座上入滅是時也當此漢武帝之世也四衆建塔以閟全體

天竺第十七祖僧伽難提大士傳

僧伽難提者室羅伐國人也姓刹帝利父曰寶莊嚴實其國之王也大士生即能言與其母語雅稱佛事父母異之詔其國師問子所以然其國師異人也能知往事謂王曰此子乃昔娑羅王佛也欲有所化度故示生王家七歲當復入道出居于金河石窟其父母愛之常恐如其說及七歲大士果說偈告父母欲求出家曰

稽首大慈父　和南骨血母　我今欲出家

幸願哀愍故

初父母不從苦求方得其志王遂命沙門禪利多為其落髮師留宮中九年始會勝僧與之受戒一夕大士乃自誓曰我已具戒而尚處俗舍年復二十六矣何遇聖者而得聞道乎遂感天光下照俄見一坦路而前有大山大士即趣之以往至其山而天色亦曉自視已坐於石窟間及旦王以亡子求不能得遂擯去禪利多然大士於此修禪方且十年而徒稍歸之一日因見瑞氣忽謂之曰將有聖人為我而來汝速潔前窟待之未幾羅睺羅多果至是時大士在定候七日會其起相與問答凡數百言而羅睺羅多義勝大士伏膺遂從其求道羅多曰如來記汝當為十七世祖尋命之傳大法眼大士一旦謂其眾曰羅睺羅多大士嘗說摩提國當出聖士號伽耶舍多繼吾傳法今與汝等往訪其人行之無何有禪風自西而來清襲眾人大士曰此道德風也西之三千里必得聖者相會然是風不類天龍鬼神阿須倫之風者雖有以揚而不損萬物病遇則愈學遇則通惡業遇之則無於是以神通攝眾少選偕至一山謂眾曰此山之頂有紫雲如蓋必聖人在茲眾四顧不遠果有山舍進之方及其門俄見一童子持鑑趨迎於前大士即問曰汝幾歲耶答曰百歲又曰汝方童幼何謂百歲答曰我不解理正若百歲又曰汝善機耶答曰佛偈豈不云若人生百歲不會諸佛機未若生一日而得決了之大士復問曰汝持圓鑑意欲何為童子乃以偈答曰

諸佛大圓鑑　內外無瑕翳　兩人同得見
心眼皆相似

父母以其與大士應對有異遂使之出家難提受之携還精舍會眾與受具戒即命其名曰伽耶舍多他日風撼其殿之銅鈴鏗然發聲復問舍多曰鈴鳴乎風鳴耶答曰非風非鈴我心鳴耳又曰我心誰乎答曰俱寂靜故大士曰善哉妙會佛理宜說法要嗣吾道者非子而誰尋付大法眼乃說偈曰

心地本無生　因地從緣起　緣種不相妨
花果亦復爾

已而舉右手攀木而化其時當此漢孝昭帝之世也其眾議曰大士滅度於茂木之下其亦垂蔭於後裔乎或者欲還於高原而闍維之雖盡力舉之終不能動遂即其處而焚之斂舍利復塔于彼

天竺第十八祖伽耶舍多大士傳

伽耶舍多者摩提國人也姓鬱頭藍氏父曰天蓋母曰方聖初方聖得孕之時夢有人持一寶鑑而嚮之曰我來也及寤覺體暢於平日然其室即有異香祥光數現方七日而誕大士其體瑩然若淨瑠璃生十二歲不浴而常潔每以閑寂自處或與人語言必高勝其家本居寶落迦山及生大士乃有紫雲蓋之初僧伽難提來其家相求大士因而師之尋得付法遂往化於月支國先是其國有婆羅門曰鳩摩羅多家有一大而食息偏處其舍之簷下霖潦潰濕未始暫離如此十載雖苦驅亦不之去羅多疑訝欲得所決當時羅多年方三十意氣勇壯不顧有果報唯外道自

然之說樂聞而師之尋以問其所師梵志曰此犬者何以而然梵志曰犬之心自好而然非因緣也羅多復曰我夜嘗夢一金日其明赫然照曜天地而我與梵志方在暗室其日之光忽來燭之我之身即如瑠璃徐有無數螻蟻周而食之師之體則洸然無物斯何自而然幸師原之梵志亦以自然說之皆無所驗羅多疑既不決遂曰非適人意也皆謂自然何異夢而說夢若別遇智者能爲解釋我願師之即絕梵志而還當此大士俄見有異氣起即座而謂其衆曰今所見者大乘之氣也復釋之曰氣如金環其事必圓氣若玉璫菩薩在旁今氣類璫其下必有聖人焉然佛亦記曰吾滅之後後五百年間當有菩薩現月支國其後復出一大士於此天竺國繼世爲二十祖今之此瑞必其應也尋率衆往其氣所至是少頃果有婆羅門者狀類三十許人來問侍者曰此師何人侍者曰此佛弟子也婆羅門即返閉戶大士曰適氣乃驗在此家遂叩其扉內有應曰此舍無人大士曰答無者誰鳩摩羅多以外語有異疑必智者思求決前事乃開戶納之遜大士坐其主榻座列供養因以犬事問之曰若智者所說解我疑心即師事之大士曰吾說若有所驗汝實如其言乎曰不妄大士遂爲辯之曰此犬者是汝之父以有微業乃墮畜中昔汝父先以黃金千鋌貯於器中而竊埋簷下及其死會汝不在未得所付今故戀此若汝取之是犬必去羅多命工發掘果然得金其犬即去羅多信之乃慕佛法復以昔夢問之大士亦爲原之曰汝夢日者蓋佛日也照曜天地者度二衆也二人處暗室者心未明了也日光照身者出無明宅也身如瑠璃者汝所清淨也彼體無物者自利一身非能度他也蟻食汝身者必衆知識之所湊泊食汝法味也羅多以二事皆決意大廓然益加歎伏遂師之出家擔尊給侍然大士以其道力夙尤雖列之弟子獨器異之故命聖衆與受具戒欲速其證果後果命曰昔如來以大法眼付之迦葉乃至於我我今用傳於汝汝受吾教聽是偈曰

有種生心地　因緣能發萌　於緣不相礙
當生生不生

鳩摩羅多敬奉其命拜受勤至大士即座起身作一十八變乃趣大寂用三昧火於空中而自焚之兩舍利繽紛而下四衆接之隨處各建窣堵波而供養之其時當此漢孝成帝之世也

天竺第十九祖鳩摩羅多大士傳

鳩摩羅多者月支國人也姓婆羅門氏往世嘗生於梵天泊以貪愛菩薩瓔珞乃墮于欲界他天於彼爲一天人說佛知見彼天人因之證遂成初果以故得其天衆尊爲導師其時適有天玉女來禮其法會會之衆有千二百人未之成果輒起情愛故相牽累亦其紹祖之寘數適至復示今之所生然其天女亦墮偕生此國爲梵志氏初大士之家巨富金寶不可勝數而其父貪悋不知紀極會其國有羅漢曰海勝者往在彼天得大士說法乃證今果至此思報其往總恐大士汨沒於俗

富故從之乞金寶欲導而出之遂至其家適見大士爲童即語之曰汝能施我之金當得福利大士曰我方十五未專家事雖父不在俟聞於母遂以告其母母從其所施大士遂以金一斤施之羅漢尋爲記曰更十五年汝當遇善薩得證聖道然小有難亦折大業及其父還大士以此違白父怒笞之一百其父既死大士亦得決所疑於伽耶舍多即伏膺爲師尋預傳法後行教化至中天竺國會一智士曰闍夜多先此客遊輒來禮之而致問曰我家父母素敬三寶如法修行而乃多疾病所營不遂我隣之人兇暴殺害作惡日甚而其身康寧所求如意善惡報應豈非虛說乎我甚惑此願仁者一爲決之大士曰佛說業通三世者蓋以前世所作善業而報在此生此生苟爲不善則應在來世故人有此生雖爲善而不得其福者前惡之報勝也今世雖作惡而不受其殃者前善之勝也苟以今生非得福報復務爲惡而來世益墮惡趣也苟以此世得其福報復務爲善而來世益得善趣也又前世爲善其德方半而改志爲惡及此生也先福而後禍此生爲惡其事方半而變行爲善及來世也先禍而後福適今汝父與汝之隣其善惡之應不以類至蓋先業而致然也豈可以一世求之耶夜多聞其說頓解所疑大士復曰汝雖已信三世之業而未明業從惑生惑因識有識依不覺不覺依心然心本清淨無生滅無造作無報應無勝負寂寂然靈靈然汝若入此法門可同諸佛一切善惡有爲無爲皆如夢幻夜多承其言即發宿慧遂求出家大士曰汝何許人父母在乎誠欲入道可返汝國白之父母得志却來未晚夜多曰我國北印土也去之三千餘里豈宜却來願屈仁者就之供養因得度脫大士曰我往雖遠不難汝何以去夜多曰我有小術亦可從之少頃而至大士曰何術曰我兄闍夜摩先爲比丘於國當主俱那含佛塔得其塔前末訶木子然此神物用之塗足須臾可以致遠欲止則以其葉拭去塗油足乃不舉大士從用其法與之偕去請禮其塔佛即放光遍照其衆夜多既聞父母即就剃度於佛塔之前會聖僧與之受戒大士乃爲說偈曰

此佛放光明　示度於汝相　汝已得解脫

諸衆亦當然

尋命夜多曰佛昔嘗記汝當爲二十世祖今如來大法眼藏乃以付汝汝善傳持聽吾偈曰

性上本無生　爲對求人說　於法既無得

何懷決不決

復曰此偈蓋妙音如來見性清淨之說汝宜受持夜多再禮奉教大士即其座上以指爪劈面如紅蓮開出大光明照耀四衆乃趣寂滅其時當此王莽新室之世也闍夜多即其處建塔而供養之

天竺第二十祖闍夜多大士傳

闍夜多者北天竺國人也未詳其姓氏素有道識慕通妙理初客遊中印土會鳩摩羅多大士化於其國以所疑報應問之羅多爲說業通三世其事既明因求之出家羅多不即

許與之歸本國使白其父母方度爲比丘羅多知其眞大法器復以佛所授記遂以法付之既而大士歷化諸國至羅閱城而其國素多道衆聞大士來皆趨從之先是其衆之首者曰婆修盤頭修行精至晝夜不卧六時禮佛糞衣一飡而淡然無所欲其徒甚以此尊之大士即謂彼衆曰汝此頭陀苦修梵行可得佛道乎曰是上人者如此精進豈不得道大士曰是人與道遠矣縱其苦行歷劫適資妄本豈能證耶曰仁者何蘊而相少吾師大士曰我不求道亦不顚倒我不禮佛亦不輕慢我不長坐亦不懈怠我不一食亦不雜食我不知足亦不貪欲盤頭聞其說忻然乃述偈而讃曰

稽首三昧尊　不求於佛道　不禮亦不慢
心不生顚倒　不坐不懈怠　但食無所好
雖緩而不遲　雖急而不躁　我今遇至尊
和南依佛教

大士復謂衆曰此頭陀者非汝輩所並彼於往劫修常不輕行而致然也適吾抑之蓋以其趣道心切恐其如絃甚急必絶故吾不即讃之欲其趣無所得住安樂地耳謂盤頭曰吾言相逆汝得不動心乎盤頭曰何敢動乎我念前之七世生安樂國以務道故嘗事智者月淨而其人謂我曰汝非久當證斯陀含果宜勤精進夫修行譬若昇天必慕漸上不可退之苟有所墮而復上益難其時我年已八十扶杖不能履適會大光明菩薩出世我欲禮之乃詣其精舍事已而月淨俄來相責曰咄哉汝何輕父而重子吾昨視汝將得證果今已失之我時自以無咎不伏其語即問月淨示其所過月淨曰汝適禮大光安得以杖倚畫佛之面汝以坐此故退果位我熟思之實如其言此後凡有所聞不復不信縱彼惡語猶風度耳況今尊者以正法見教豈宜悔吝大士尋命之曰如來大法眼藏今以付汝汝宜傳布勿令其絶聽吾偈曰

言下合無生　同於法界性　若能如是解
通達事理竟

婆修盤頭禮以受命大士於其座上即以首倒植娑羅樹枝奄然而化衆欲正之爲其闍維雖百千人共舉終不能動又諸羅漢同以神力舉之亦不能動大衆遂炷香祝之其體乃自傾委焚已斂舍利衆建浮圖以供養之其時當此後漢孝明帝之世也

評曰是大士者反植而化何其異乎曰聖人逆順皆得故其神而爲之不可以常道求

傳法正宗記卷第三

傳法正宗記卷第三

校勘記

一　底本，清藏本。

一　三三二頁中一一行第一二字「什」，磧、南、徑作「仆」。

一　三三三頁上一九行末字「復」，磧、南作「後」。

一　三三六頁下末行「和南」，磧、南作「和尚」。

一　三三八頁中一七行第二字「揩」，徑作「擔」。

一　三三八頁下一九行「羅漢」，徑作「羅難」。

一　三三九頁中一三行「北印土」，磧、南、徑作「北印度」。

一　三三九頁下一八行「中印土」，磧、南、徑作「中印度」。

一　三四〇頁上一八行「和南」，徑作「和尚」。

一　三四〇頁下一行「娑羅樹」，徑作「婆羅樹」。

傳法正宗記卷第四

宋藤州東山沙門釋契嵩編修

天竺第二十一祖婆修盤頭大士傳
天竺第二十二祖摩拏羅大士傳
天竺第二十三祖鶴勒那大士傳
天竺第二十四祖師子尊者傳
天竺第二十五祖婆舍斯多尊者傳

天竺第二十一祖婆修盤頭大士傳

婆修盤頭者羅閱國人也姓毗舍佉氏父曰光蓋母曰嚴一大士與其弟偕生俱有瑞事而大士尤勝初光蓋以家巨富而未始有嗣與妻嚴一謀偕往求子於城北佛塔既禱之其夕嚴一果夢二珠一長明一或明或晦皆得吞之即覺有娠後七日會有羅漢比丘賢衆者至其家曰我自他國尋異氣至此汝家謂誰光蓋即延之與其妻俱拜賢衆獨避嚴一而不當其禮夫婦怪曰鄙哉比丘禮不讓丈夫而恭女子佯施寶珠欲驗其識量賢衆皆受之亦不辭讓光蓋見其不動如初遂以實問之曰尊者不讓我丈夫之禮而避婦人何耶賢衆曰我以汝凡夫當汝之禮受其所施欲資汝福耳汝妻方孕菩薩乃上乘法器其將出世號婆修盤頭者其所度之人如我輩無量我故避之非重女人也光蓋即謝之曰尊者聖人也能知未然賢衆復曰復有一子與其同孕者夙曰芻尼嘗爲野鵲往於雪山巢如來頂尋以遇佛之緣生爲那提國王及如來至其國爲說夙因復記曰吾滅之後後五百年外汝卻生羅閱城毗舍佉家與聖者婆修盤頭同胎彼聖者乃賢劫二十一世之祖師也其人復出聖弟子號大力尊者那提王稱幸遂以寶蓋獻之佛復記曰汝後以會此菩薩得生忉利天也王乃說偈讚歎其後嚴一果誕二子而大士先之在襁褓令淑易育不類凡孺稍長其志超然高勝年十五求從光度羅漢出家毗婆訶菩薩爲之受戒乃慕飲光尊以杜多行自修故時人高之號爲徧行頭陀尋會闍夜多大士激發大慧乃得付法因歷化諸方至那提國初其國素多惡象爲害而物不聊生及其王號常自在生二子長曰摩訶羅其年四十次曰摩拏羅其年三十當拏羅三十載而象害遂弭國人安之然皆不知其所賴至大士入其國王請供於宮中因問曰敝國風俗曷若羅閱城之淳美耶大士曰羅閱昔有三佛德庇而此國適有二賢福之王曰二賢誰耶曰昔佛記云吾滅後又後五百歲後那提國王姓剎帝利號多滿有子曰摩拏羅得大神力勝十那羅延此其一也其二則吾亦與焉未幾俄有使入奏曰有象巨萬將逼國城王憂之以問盤頭曰此何以禦之大士曰不須用兵但命王子拏羅當之其難自解王曰可乎曰此子非直威巨萬之象益多益可遂命拏羅出其城之南拏羅乃嚮象撫其腹發聲大喝雖城廬爲之動群象即仆地不能興少時皆馳去至是而國人方知三十年所安乃其庇也王以子道勝遂大奇之謂大士曰此子佛昔所記亦其神通之力非俗可留願尊者受之出家大士亦謂此非我爲師後莫能度者即命聖衆於王宮與摩拏羅落髮受戒拏羅得度忻然

乃以偈讚曰

爲摧百萬象　鼓腹作神通　一切諸宮殿
無不震動者　遇師方便力　而得度脱我
稽首辭父毋　而出於愛火

大士將之他國乃告王曰我來所求法器耳今已度至人吾即往矣王不須留遂與摩拏羅去之後乃命摩拏羅曰如來大法眼今悉付汝汝其傳持聽吾偈曰

泡幻同無礙　云何不悟了　達法在其中
非今亦非古

大士付法已即座超身高半由旬凝然而居四衆遽告曰我輩欲奉舍利願尊者無爲神化乃頽然復其座而滅焚已衆斂舍利建寶塔而供養之其時當後漢孝安帝之世也

天竺第二十二祖摩拏羅大士傳

摩拏羅尊者那提國人也姓刹帝利父曰常自在其國之王也拏羅即其次子生有異迹父不敢以俗拘之遂命師盤頭出家戒已尊得付法遊化初至西天竺國其王曰瞿曇得度崇佛常自持金蓮花供養願遇聖人以知其前後世事七年行道於宮中一日俄有佛塔高一尺四寸出其行道之地其色青玄四面皆有像似前示尸毗王割股救鴿後示慈力王刺身然燈左示薩埵太子投崖飼虎右示月光王捐捨寶首得度異之即舉不動左右助之至命衆力士皆不能舉尋集其國之智者共辨欲圖遷之是時大士與會讓其國善呪者先之呪者作法即能起王鎮殿銀山次以法欲振其塔方三喝塔末稍搖而其體已損遽狂走雖力士不能駐大士出衆謂王曰此不足驚徐臨其殿軒呼狂者曰汝住其人即趨大士自悔其過王見大士即止其狂遂問曰尊者何法乃能致然大士曰佛法也王曰願聞佛法其可學乎曰佛法者能具七事去三物乃可學之王曰事物何者耶曰一去貪二去愛三去癡一具大慈二具歡喜三具無我四具勇猛五具饒益六具降魔七具無證人所以得其明了不明了皆由有無此三七者也王今苟能去三具七於前後際如視諸掌成菩提登佛地豈遠乎哉王稱善必求聞佛塔之所以大士復讓大衆衆皆曰唯尊者言之不必遜也大士乃曰是塔蓋昔者阿育王所作八萬四千七寶之塔以秘我釋迦如來之舍利此其一也引阿育爲塔之故事云云備如諸經復謂王曰初每置一塔其地必賢聖成道入滅之所也今之宮苑蓋昔有比丘波羅迦者嘗此證果故塔出之亦王修德之所致也王聞其事遂大感悟慨聞道之晚即命太子傳國乃求師大士出家大士以其勢不可沮即度之炷香祝曰今西印土天子從佛出家願衆聖幽贊使其速至聖道空中尋有報曰汝度是王不必慮也更後七日當得第四果如期初有風雨暴至宮殿肅然人皆恐引去王端坐至日停午怳然若夢俄見有人引手極長持異果與之啖及醒其心大明已成阿羅漢道即以三昧將去其宮乃謂大士曰我未證時自大此國豈信有佛土之廣今得大觀却視舊地易異蟻垤之微然此閻浮提亦如一食器間耳雖有三千餘國而其品不等上國者若干中國者若干下

國者若干然其上之國復有三品而中下者亦如之若眞修行盡能隨心生之於是大士告別得度曰我將他適訪大法器得度曰尊者神通不測於此自可接之何必躬往大士即焚寶香玄語曰鶴勒那汝當證道其時適至汝知之乎初鶴勒那比丘於月支國九白棲一林間以誦大品般若爲業感群鶴依之適值其國王寶印命齋於宮中方坐俄有香煙飄然至前問王識乎王曰天香耶鶴勒曰不然此西印土摩拏羅尊者所示信也然是尊者乃那提王子昔爲娑羅樹王佛與釋迦如來所記於此賢劫當爲二十二世法祖其化人無量王宜相從西嚮禮之而大士即以手三點於地衆羅漢問其何以然曰適鶴勒那於月支王宮致禮此故答之遂謂衆曰吾即欲至彼汝得神通者悉宜從往遂與其衆乘虛趣月支國是時鶴勒那率其王各駕寶象列御仗遠出迎之尋與大士俱還其宮鶴勒先以其弟子龍子者問之曰此子才辯冠世我嘗以三昧觀其夙習而終不能見尊者以謂何如大士曰汝以三昧觀得幾劫鶴勒曰我止三世曰此子功德非唯三世第五滅劫巳於妙喜國生婆羅門家時會其國有佛伽藍新成大鍾是子曾以栴檀爲梃助其聲擊彼爲鍾者巳得菩提而此報之聰明鶴勒敬其說即欲事之復問曰我雖感群鶴相依未始識其何緣大士曰汝昔第四劫時嘗爲比丘道德巳充凡有五百弟子每遇龍宮命汝供養汝以其皆未勝龍食常不與俱往彼弟子恠曰師說法則曰於食若等於法亦等今乃獨往食耶及後命必從汝赴當時以汝德廕無患及汝滅彼亦漸終坐是濫食皆報爲羽族然巳五劫乃今轉受此鶴蓋昔師弟子緣之所牽故復此會鶴勒那大感遂曰此宜修何法資其復於人耶大士因告之曰我有無上法寶是如來藏世尊昔付大迦葉展轉至我我今付汝汝能傳之不絕彼鶴之衆亦資以解脫汝受吾教聽其偈曰

心隨萬境轉　轉處實能幽　隨流認得性
無喜復無憂

鶴勒那忻然敬奉傳法大士即騰身太虛呈一十八變返座指地發一神泉復說偈曰

心地清淨泉　能潤於一切　從地而涌出
徧濟十方世

巳而泊然寂滅四衆闍維之斂舍利建塔供養是時當此後漢孝桓帝之世也

天竺第二十三祖鶴勒那大士傳

鶴勒那者月支國人也姓婆羅門氏父曰千勝母曰金光初千勝以未有嗣子詣其國之七佛眞幢求之還謂其婦曰我巳求子於七佛幢也是夕金光遂夢有童子臨須彌山手持玉環謂金光曰我來也寤者有娠他日忽有異僧來其舍謂金光曰護汝孕愼勿汙之金光曰潔身巳十月矣因問僧曰此若生子有福德乎僧曰是當生男子也然其於第四劫時巳能爲龍宮說法故佛嘗記之謂其將爲大法祖及誕大士天即雨華地出金錢國人瑞之以聞其王王乃取子使乳於宮中宮嬪百千爭欲育之子即能分身各爲其一子王神之然莫辨其正子遂語曰我無儲嗣育

汝欲以爲太子適變多身我甚感之汝果得通當復神化未爾則終爲千子言已其子放光忽然失之尋見於父母家及七歲會其國人淫祀拘羅神爲之歎曰三界微劣寡得正法之人而邪魅恣作因詣之其廟貌即隳年二十遂從羅漢比丘出家受戒於其山初其師使專誦大品般若如此者三十年後棲月支之林間感群鶴依之以故加今之號晚遇摩拏羅於王宮得其付法始務遊化及至中天竺國會其國王曰無畏海者先夢月照其身臣爲原曰非久當有賢聖來應此夢王即以告四門及大士之至司門者奏之王遽以法仗出迎還宮禮於正殿方坐俄有二緋素衣人前拜鶴勒王黙駭此何人不挹土者大士知之謂王曰此日月天子非人也以吾至是故來致禮王曰何以識之曰吾往劫嘗與其說法因之得生於日月宮少頃其人忽隱唯異香久薰王因問曰若此日月國土凡有幾何大士曰忍土日月山王凡有百億而四天之下約有四千八國然其大小不等王曰

是國土者一時有耶有前後乎曰此隨前後三劫而有無耳王曰三劫者依何所而有之曰三劫依六冥而有之王曰何爲六冥曰上下二氣四維相合謂之六冥六冥之間三劫相更其初乃有主其人者曰田主田主之後而國土益分然其生於六冥之間而壽亦有品有萬歲者有千歲者有百歲者有夭有不夭者報既不等而形類亦別雖儒童迦葉二菩薩亦不能悉知我適約說猶滿城芥子而方探一粒王聞益自小其見大士尋出王宮始大士有弟子曰龍子者夭亡其父母與兄師子比丘皆來將遷殯其喪而衆舉不動兄恠之問大士曰衆盡力舉之何以不動曰過自汝也師子曰何過願聞其所以曰汝初師婆羅門僧出家以去汝弟二年日夜相憶乃欲營福資之遂告汝師塑一佛像久之工未加飾汝惡之遂投於地而復爲之汝今但去收其棄像此喪必舉師子如其言復來弟喪果舉及婆羅門師死師子以大士言驗復求師之初問曰我欲求道當何用心大士曰汝

若求道無所用心曰既無用心爭作佛事曰汝若有用即非功德汝若無作即是佛事故經云我所作功德而無我所作師子聞法即解乃趨於弟子之列時其徒或從而問曰師以無我所修行而得此宿命是必知我之衆有無福業願聞其説大士即指東北謂之曰見此乎衆曰不見曰此鸁相尚不能見況其微妙功德耶師子前之曰我適見矣大士曰汝何見耶曰我見異氣皎如白虹貫乎天地復有黑氣五路横布其前類切利天梯大士曰汝見是氣知其應乎曰所應未之知也唯師言之大士曰我滅之後五十年末難興于北天竺汝當知之師子因告曰我將遊方敢請教於尊者大士曰吾今老矣涅槃即至此如來大法眼藏悉以付汝汝往他國然其國有難而累在汝躬慎早付受無令斷絶聽吾偈曰

認得心性時　可說不思議　了了無可得

得時不説知

付法已大士即騰身太虛作一十八變復其

壓寂然遷化四衆闍維已將分去其舍利務各塔之大士復現而說偈曰

一法一切法　一法一切攝　吾身非有無

何分一切塔

衆即合一浮圖而供養之其時當此後漢孝獻帝之世也

天竺第二十四祖師子尊者傳

師子尊者中天竺國人也姓婆羅門氏素聰晤有出世智辯少依婆羅門僧出家習定晚師鶴勒那尋得付法往化於罽賓國初其國有沙門曰婆槃迦者專習小乘禪觀槃迦之後其徒承其法者遂分爲五家學有曰禪定者有曰知見者有曰執相者有曰捨相者有曰持不語者然競以其能相勝尊者皆往正之首謂持不語者曰佛教勤演般若孰爲不語而反佛說耶次謂捨相者曰佛教威儀具足梵行清白豈捨相耶次謂執相者曰佛土清淨自在無著何執相耶次謂知見者曰諸佛知見無所得故此法微妙覺聞不及無爲無相何知見耶然四者之衆皆服其教其五禪觀之衆爲其首者曰達磨達號有知識衆皆尊之以前四衆之屈憤然不甘遂造尊者欲相問難始至尊者問曰仁者習定何乃來此若此來也何嘗習定答曰我來此處心亦不亂定隨人習豈在處所又曰仁者之來其習亦至既無處所豈在人習答曰定習人故非人習定我雖去來其定常習又曰人非習定定習人故當自來去其定誰習答曰如淨明珠内外無翳定若通達乃當如此又曰定若通達必似明珠今見仁者非珠所類答曰其珠明徹内外悉定我心不亂猶若是珠又曰其珠無内外仁者何能定穢物非動搖此定不是淨達磨達義屈遂禮之曰我於學道蓋虛勞耳非聞斯言幾不知至尊者當察我師之尊者固遜而其請不已乃謂之曰諸佛禪定無有所得諸佛覺道無有所證無得無證是眞解脫酬因答果世之業報而此法之中悉不如是汝若習定乃當然也達磨達忻然奉教未幾其國有一長者子曰斯多年僅二十其左手常若握物而未始輙開一夕其父夢神人令送師子醫之父明日遂携子從尊者求驗其夢然先自心計果得此子病愈當恣之出家而尊者方慮久於是國而其法未得所傳一朝而長者父子偕至以其手與夢聞於尊者禮之願即受其出家尊者乃謂衆曰此子手所握者汝等知之乎衆皆罔測復曰此之所持乃一寶珠耳蓋我先世於一國土嘗爲比丘以誦龍王經爲業其時此子已從我出家號婆舍者一日會龍宮請我供之以珠爲嚫時此子從往因付其掌之及我終彼而生此其師資緣業未絶所以復有今會即命斯多展手其珠果爛然在掌於是尊者即爲剃度會聖衆與受具戒謂之曰汝之前身出家已號婆舍而今復然宜以兼之即名婆舍斯多適觀此國將加難於我然我衰老豈更苟免而我所傳如來之大法眼今以付汝汝宜奉之即去自務傳化或遇疑者即持我僧伽黎衣爲之信驗聽吾偈曰

正說知見時　知見俱是心　當心即知見

知見即于今

婆舍斯多奉命即日去之居無何其國果有兄弟二人者兄曰魔目多弟曰都落遮相與隱山學外道法一旦都落遮所學先成謂其兄曰我將竊入王宮作法殺王以奪其國兄曰汝無悞事致累吾族及落遮入宮遂易其徒皆爲僧形計其事集則自顯不爾則歸罪沙門既作其法無効爲國擒之兵者果以沙門奏之王大怒曰我素重佛其人何以爲此大逆遂斥敎盡誅沙門尊者即謂其衆曰王今不利我等汝宜遠避其徒欲奉尊者隱之尊者曰吾見蘊空復何逃乎其王彌羅崛果仗劒毅然詣尊者而問曰師得無相法耶曰得王曰既得生死有懼乎荅曰已離生死何有懼也王曰不懼可施我頭耶曰身非我有豈況於頭王即斬之尊者首墜其白乳湧高丈許然王之右臂即截然自絕尋病七日而殂乃王疾時其太子曰光首者憂之大募方士圖爲父悔謝俄有仙者自象白山至謂光首曰此夙對不必憂也太子前之曰願聞夙事仙者曰前今數世汝父嘗生此國爲白衣

者然其爲人賢善好重佛道一日糺衆爲無遮齋時師子前身亦爲白衣來與其會當時師子聰明有辯博凡與人論未始輒屈是日乃以佛法發問汝父白衣其白衣雖應對中理而師子白衣心欲勝之輒橫發難勢既紛紜其義遂屈以故憤恨尋竊使持毒藥以斃汝父白衣雖其先歷多世而寘數未至事故不作今其緣業相會汝父王所以橫殺師子太子其憂稍解後乃塔師子比丘遺骸其被害時當此前魏廢帝齊王曹芳之世也

評曰預付法以何驗乎曰以聖人驗之唯聖人故能玄知今師子德能爲祖自謂則曰巳得蘊空此其爲聖人亦至矣豈無玄知乎又鶴勒那嘗以難語之勉其傳道此可不預付法乎他傳（付法藏傳也）能知其臨刑湧之白乳而乃曰相傳法人於此便絕何不思而妄書乎（其妄驗於禪經）

天竺第二十五祖婆舍斯多尊者傳

婆舍斯多者罽賓國人也姓婆羅門氏亦號婆羅多羅亦號婆羅多那父曰寂行母曰常安樂初常安樂夢人授之寶劒因孕尊者此後室有異香天數雨花其家及誕奉其左手常若握物至年十一有異僧來其舍謂寂行曰此子年至二十當得大法寶其手所握亦得發明言已僧忽不見及尊者勝冠父寂行携詣師子尊者辨其夙緣即恣從師子出家因加今名既爲沙門而師子方老又其夙累寖邇乃以法付之若令其去國尊者從命即日去之初至中天竺國其王曰迦勝逆而禮之先是其國有爲外道者號無我恃其術頗訾佛法王常不平至此命尊者抑之及會外道者要之默論欲不以言尊者詆之曰若不以言爭辯勝負外道曰不爭勝負但取其義尊者曰何者名義外道曰無心爲義尊者曰汝既無心安得義乎外道曰我說無心當名非義尊者曰汝說非心當名無義我說非心當義非名外道復曰當義非名誰能辯義尊者曰汝當名非義此名何名外道曰爲辯非義是無名名尊者曰名既非名義亦非義辯者是誰當辯何物如此凡五十餘反外道詞

屈遂伏之時王宮殿俄有異香酷烈尊者肅然曰此吾師謝矣其信適至遂北面作禮尋謂王曰我始去師計往南印土今此久留豈辭師之意遽别王將去王曰尊者少留容有所請今余苑中有泉熱不可探其涯之石夜則發光雖甚恠之終不知其然願爲決之尊者曰此爲湯泉有三緣所致其一神業其二鬼業其三熱石熱石者其色如金其性常炎故其出泉如湯鬼業者謂其鬼方出罪所遊於人間以餘業力煎灼此泉以償其夙債神業者謂神不守其道妄作禍福以取饗祀惡業貫盈冥罰役之亦使煎灼此泉以償濫祭王曰幸尊者驗之三緣此果何者而致之尊者曰此神業所致也即命爇香臨泉爲其懺悔須臾瀕水現一長人前禮尊者曰我有微祐得遇尊者即生人中故來辭耳已而遂隱後七日其水果清冷如常泉時中印之人以其言有効乃以婆羅多那稱之及北天竺聞之復以婆羅多羅稱之然二國之所稱猶此曰别業衆衆也尊者終告往於南天竺王躬羅御仗以送之既至南印其王曰天德者亦迎而禮之初王有子奉佛頗如法爲其功德然病且經年王因以問尊者曰吾子奉佛作善而乃得久疾善惡報應將如之何尊者謂王曰王子之疾誠功德之所發也然此理幽遠王其善聽佛謂人有重業在躬猶内病已深藥不能攻將死其病益作病之在淺遇藥即動動而後較重業亦然雖有功德無如之何及其死矣業報益現業之輕也資於功德其報即現後乃清淨今王之子爲善久疾必其所爲功德發此微業適雖小苦後當永寧經不云乎於三惡道中若應受業報願得今身償不入惡道受王何疑乎王信其說復爲營福其疾果愈然其國先有呪師曰靈通者王所信重及此乃嫉斯多謀以毒藥中之藥不能害復以術較術益不勝以是深銜之時尊者去王之宮化於他部已十六年會王天德崩後王德勝即位尤好呪者之說呪者因譏之謂其王曰婆舍斯多非師子弟子豈有道耶請王試之王從其言時王太子曰不如蜜多者知其構惡於尊者乃詩之曰婆舍斯多祖王所重前呪師不能害尊亦自斃其道甚至國家不須試之王怒謂太子黨於斯多遂囚之一日果召尊者御正殿而問之曰我國不容邪法師之所學乃是何宗斯多對曰我所學者佛法之正宗也王曰佛滅已過於千歲而汝安得之尊者曰自釋迦如來傳法更二十四世至于吾師師子我適所得蓋承於師子比丘也王曰師子戮死安得以法相傳果爾亦何以爲信尊者曰吾師授我傳法僧伽梨在焉即進於王王初不然遂命焚而驗之火方熾遽有異光自其衣而發掩於世火祥雲覆之天香馥郁及燼而僧伽梨如故王大信乃盡禮於尊者其僧伽梨衣王即請之遂詔出其太子初不如蜜多被囚左右不得以時進膳飢渴之甚方危死在旦夕俄有白乳一道自空而來注其口中味若甘露形神即寧因有所感竊自謂曰我若脫此當求出家少頃而赦命至太子見王謝已遂稱疾請免儲副乞從出家王許其志不可奪許之

太子即詣尊者致弟子禮尊者曰父王聽乎曰俞又曰汝欲出家當爲何事曰我爲佛事尊者以其懇至尋爲度之當此地動月於晝現舉國皆驚王恐其不祥尊者告曰此非不祥勿憂也王曰吾聞月晝出日夜現此陰陽相反安得祥乎尊者曰晝而見月表遇聖人夜而覩日表大暗皆明王憂遽解因謂尊者曰我亦夙有五疑今遇尊者聖智敢以問之一者往見地動或近或遠由何所致今日復爾同不同耶二者日月星宿何故隱現不時三者地產異物其應誰乎雲霓佳氣自地而作何人感召四者東西極望霞彩不定倏明倏滅與其五者天色青紺其孰使然尊者無專佛法而不言世諦願爲決之尊者曰三千大千百億日月皆佛境界而執不可談豈有佛法世諦說不說耶王無爲是語然王之所疑皆有以也君其聽之夫世有佛出地則四震晝則現月夜則現日世有佛成道地則五震日月增明世有佛涅槃地則六震日月皆晦世有菩薩出者地則三震晝則現月世有菩薩成道地則四震夜則現日世有菩薩滅度地則五震天之明星皆即瞹眛世有羅漢出者地則一震晝則星現世有羅漢證果地則三震夜星皆明世有羅漢寂滅地則四震夜星皆晦世有比丘二生不退學佛之道及其出世也地則一震若是比丘將證聖果地則二震若是比丘遷謝之時地則三震世有比丘三生不退學菩薩之道及其出世也地則半震此學比丘將證聖果地則一震此學比丘欲寂滅時地則二震世有比丘四生不退學羅漢道者及其出世也衆星皆明此學比丘將證聖果地則半震此學比丘將入滅時地則一震世有人爲至孝者地則半震世有人作五逆者地亦半震是八者功德有大小而業有善惡隨其所感故地動有遠近日月隱顯東西霞氣不定其色者蓋須彌山之東西二面隨日蔽虧故衆寶之色明滅不一天色紺青者亦須彌山之南面以吠瑠璃所成及其晴映故有是色夫天地人三者之瑞各有上中下三品其應現不同王曰夫三品者何尊者曰感日上上瑞感月上中瑞感星上下瑞感其上上瑞者唯佛大聖人能之感其上中瑞者唯菩薩其次聖人能之感其上下瑞者唯阿羅漢又其次聖人能之雲氣虹霓起於地者亦有上中下之三品也虹霓之氣上上瑞也唯君有道故能感之景雲五色上中瑞也唯臣有德乃能感之彩雲如蓋上下瑞也唯人有善乃能感之禽獸之瑞亦有九品夫物有罕見於世而忽有之形非雌牝色如璧玉若麟龍之類者此上上瑞也物有本非白色而忽雪如若龜師子之類者此上中瑞也物有本非角者而忽角之色復如金此上下瑞也物有本非翼者而忽翼之色復如銀此中上瑞也物有本非鱗者而忽鱗之色復皎如此中中瑞也（其中下一識元古本脫落）物有本色非紫者而忽紫之此下上瑞也物有其色非青非黃復不雌牝此下中瑞也物有本色非黑而忽緇之不必雌雄此下下瑞也草木之瑞亦有九品夫草木有本性堅正而益其秀異本色非白而忽皎如此上上瑞也草木

有性稍堅正本色非紫而忽紫之此上中瑞也草木有本非標秀而忽秀之此上下瑞也草木有花而不實而忽實之此中上瑞也草木以異本相接而生者此中中瑞也草木有忽變而生異花者此中下瑞也草木有忽生人之象似者此下上瑞也草木有忽發光者此下中瑞也草木有忽生飛走之象者此下下瑞也夫釋迦佛化境若此祥瑞者無限殆不可紀然皆隨世福力大小感召而出之王得其異聞前而加禮尊者謂王曰王子出家其所感若是誠大士也宜其繼我紹隆法寶不如蜜多尋亦證果即與蜜多還其前之化所其後乃命曰吾老甚非久謝世昔如來大法眼藏今以付汝聽吾偈曰

聖人說知見　當境無是非　我今悟其性
無道亦無理

蜜多既受付法復告斯多曰尊者以祖師僧伽梨衣祕於王宮不蒙授之其何謂耶斯多曰我昔傳衣蓋先師遇難付法不顯用爲今之信驗汝適嗣我五天皆知何用衣爲但勸化導汝之已後者度人無量蜜多默然奉命已而尊者超身太虛作一十八變大放光明照耀天地即於空中化火自焚雖雨舍利而不墜于地大衆各以衣裓接之尋建浮圖合而祕之其時當此東晉明帝之世也

評曰謂衣不焚不亦太神乎曰寶劒出乎良冶尚能變化不測而光貫星斗方士資乎世術亦能入水不濡入火不焚況乎聖人之上衣大法之勝器此可然乎能無曜乎其言地動至乎雲日草木之祥瑞遠以業理求之至哉宜異世俗五行之說

傳法正宗記卷第四

傳法正宗記卷第四

校勘記

一　底本，清藏本。

一　三四二頁下一三行首字「威」，磧作「滅」。

一　三四五頁上六行「二十」，磧作「一十」。

一　三四五頁上一四行第一五字「主」，磧作「王」。

一　三四五頁下一八行「心性」，磧、南作「心地」。又「可說」，磧、南作「不說」。

一　三四七頁中八行第三字「今」，徑作「金」。

傳法正宗記卷第五

宋藤州東山沙門釋契嵩編修

天竺第二十六祖不如蜜多尊者傳
天竺第二十七祖般若多羅尊者傳
天竺第二十八祖菩提達磨尊者傳上下

天竺第二十六祖不如蜜多尊者傳

不如蜜多尊者南天竺國人也姓刹帝利父曰德勝即其國之王蜜多蓋德勝之太子也誕時宮中有異香氤氳家人奇之然其天性淳懿少崇佛事初婆舍斯多道化其國尊者會事因稱疾乞免太子從斯多出家王聽斯多即宮中爲其剃度會勝僧受之具戒事見於斯多傳尋從斯多出宮乃得付法其後遊化至東天竺國先是其國王刹帝堅固信重長爪外道梵志者及尊者入境外道之徒患之以告其師曰適知不如蜜多入國其人道勝恐吾黨不如宜先謀斥之外道即請從其王登高因西望謂王曰西有妖氣必魔入境王見之乎王曰不見然則奈之何外道曰此魔所至家國必衰然爲王計者不如誅之王曰未見其罪豈忍爲乎外道復進其徒之善呪者曰其法能動天地此可以禦魔然尊者已知託以望氣先戒其衆曰我至此城必有小難汝輩勿驚及見王果詰曰師來何爲尊者曰我來欲度衆生曰當以何法度何類衆生曰隨其類而以法度之曰苟有術者師敢敵乎曰我佛法至正雖天魔不足降之安有妖術而不敢當耶外道輩聞其語益憤作法即化一大山凝空將壓尊者尊者遂以指按地地動五百外道皆不能立移山却臨其首外道黨大懼尊者復按地地靜化山亦沒外道皆羅禮悔過王亦謝之曰吾不識大士乃令螢火欲爭曜日月是時王新遷其都他日張大齋落之亦以慰外道欲尊者預會尊者初不奉命徐觀其地將陷即以神通往之王見曰師果來耶曰我非應供來欲有所救耳王曰何救曰此地已爲龍之所有須臾當陷衆不便去必溺王恐急起其衆去之未遠至一高原反顧其地果陷淵然成湫王益敬蜜多即嚴象駕命尊者偕還其故城因曰余五日之前嘗夢空中墜一金鎖垂至于地我即舉之今日之事非其應乎尊者亦謂王曰吾昔將至此國嘗夢一奇童持寶蓋趨我之後此必聖人出王所治以相繼傳法王曰下國豈有至人耶曰王無謙是必應之先是其國有婆羅門子幼無父母子然放達自號瓔珞閭里不能測其爲人一日遽發隱語曰神人脚踏土會裏逢龍虎是日趣王來王便隨他去自是出處益不常及王與尊者駕至其舊城之東此子特來迎之禮於駕前尊者語王曰所謂王國之聖士此其人也尊者即謂瓔珞曰汝記往事乎瓔珞曰我念昔同法會尊者演摩訶般若波羅蜜而我轉甚深修多羅緣當復會故此相候蜜多謂王曰此子蓋大勢至菩薩降迹爲吾嗣法然其後復出二大士其一先化南天竺而後緣在震旦然其九年却返本國尊者即爲之剃度謂瓔珞曰以前吾談般若汝說脩多羅致今復會便宜以般若多羅爲汝之名當此不如蜜多化尊於東天竺逾六十年矣一旦遂命般若多羅而

告曰昔如來付大法眼藏展轉至我我今用傳於汝汝宜流通勿令其絕聽吾偈曰

眞性心地藏　無頭亦無尾　應緣而化物
方便呼爲智

付法已尊者告王曰荷國恩施寧不感之但其化緣殆盡不能久戀仁德吾將往矣王善保之王跪下如敎所親尊者乃於王宮即座化形如日少頃復之星一十八變以三昧火即自焚之雨金色舍利王後爲金塔以閟之其時當此東晉孝武帝之世也

天竺第二十七祖般若多羅尊者傳

般若多羅尊者東天竺國人也姓婆羅門氏幼喪父母孑然匃食自養遊於閭里時人但以瓔珞童子號之有命之役者不辭勞不論直或問曰汝何姓曰我與汝同姓或曰汝行何急曰汝行何緩人皆不測其然會其國王堅固者與不如蜜多共駕還其故城尊者遂東出趣其駕前自說昔緣至是尊者之迹大顯蜜多即攜至王宮他日爲之出家會勝僧受之具戒而尊者之體即發異光未幾蜜多果以法眼付之縱其遊化及尊者至南天竺國其國王香至者詔禮於宮中以寶珠施之初王有三子而其志各有所修其長曰月淨多羅者好修念佛三昧其次曰功德多羅者好修福業其次曰菩提多羅者好通佛理以出世爲務至是香至皆命出禮尊者尊者以三子皆好善意欲驗其智之遠近即以王所施珠使各辨之曰世復有加此珠乎其一月淨多羅曰此寶珠最上世無有勝之者也非吾王家孰能致之其二功德多羅亦如其說其三菩提多羅曰此珠世寶未足爲上夫諸寶之中法寶爲上此是世光諸光之中智光爲上此是世明諸明之中心明爲上然此珠光明不能自照要假智光明辨於此既明辨此即知是珠既知是珠即明其寶若明其寶寶不自寶若辨其珠珠不自珠珠不自珠者要假智珠而辨世珠寶不自寶者要假智寶而明法寶然則我師有道其寶即現衆生有道心寶亦然尊者嘉其才辨復問曰諸物之中何物無相曰於諸物中不起無相又問曰諸物之中何物最高曰於諸物中人我最高又問曰諸物之中何物最大曰於諸物中法性最大尊者默喜謂是大法器必爲己嗣其後會父病既亟輒以手覽空雖左右不能止菩提多羅因以問尊者曰吾父務善興福平若未有如其爲心者今感疾恍惚手覽虛空恐非善終何其報之相反耶我甚惑此尊者果能釋之願從出家尊者曰此其業之所應也然物皆有業雖三乘聖人亦不能免之但其業有善惡耳佛謂人有爲善之至及其終也報當生天則天光下垂如引輕絲欲其終者覽之而神隨以上征其光或五色互發者蓋表其所嚮乃往天界也今汝父手有所覽是亦報生天上也亦其爲善之明効非不令終然當其大漸將有天樂異花應之尋如其言及王崩二子方甚號慟而菩提多羅獨於喪所端然默坐終朝不興其二兄怪之以問尊者尊者曰此子入定將有所觀七日當自起勿驚及菩提多羅定起謂二兄曰我欲觀父何往而他無所覩但見一日明照天地其

父殯已菩提多羅果告二兄求從尊者出家尊者知其道緣純熟勢不可沮遂當其師乃為安其法名久之遂以法而付囑曰如來大法眼藏展轉而今付於汝汝善傳之無使斷絕聽吾偈曰

心地生諸種　因事復生理　果滿菩提圓
花開世界起

已而般若多羅於其座展左右手各放五色祥光七十餘道尊踊身高七多羅樹即以化火自焚雨舍利不可勝數四眾斂之與其國之王月淨建浮圖而閟之是時當此宋孝武帝之世也以達磨六十七年後方東來算之當在宋孝建元年甲午也

評曰出三藏記所謂不若多羅而此曰般若多羅又謂弗若蜜多而此曰不如蜜多何其異耶曰此但梵音小轉蓋譯有楚夏耳然般若多羅於諸祖獨多識語而後頗驗之豈非以法自其後而大盛於中國欲有所誌耶將示聖人之心其所知遠乎

天竺第二十八祖菩提達磨尊者傳上

菩提達磨尊者南天竺國人也姓刹帝利初名菩提多羅亦號達磨多羅父曰香至蓋其國之王達磨即王之第三子也生而天性高勝卓然不羣諸子雖處家已能趣佛理及般若多羅說法王宮乃得相見尋答般若問珠之義才辯清發稱有理趣般若奇之默許其法器及父厭代遂辭諸兄從般若出家曰我素不顧國位欲以法利物然未得其師久有所待今遇尊者出家決矣願悲智見容般若受其禮為之剃度曰汝先入定蓋在日光三昧耳汝於諸法已得通量今宜以菩提達磨為汝之名會聖僧與受具戒當此其地三震月明晝現尊者尋亦成果自此其國俗因以達磨多羅稱之亦曰菩提王子遂事其師更四十餘載而般若乃以法付之既囑尊者曰汝且化此國後於震旦當有大因緣然須我滅後六十七載乃可東之汝若速往恐衰於日下尊者既稟其命復問般若曰若我東往其國千載之下頗有難耶得大法器繼吾道乎般若多羅曰法之所往其趣法者繁若稻麻竹葦不可勝數然其國當我滅後六十餘載必有難作水中文布善自降之然汝至彼南方不可即住蓋其天王方好有為恐不汝信聽吾偈曰

路行跨水復逢羊　獨自棲棲暗渡江
日下可憐雙象馬　二株嫩桂久昌昌

尊者又問曰過此已往可得聞乎又曰吾滅之後一百五歲其復有小難又說偈曰

心中雖吉外頭凶　川下僧房名不中
為遇毒龍生武子　忽逢小鼠寂無窮

又問曰此後復有事乎曰吾滅後一百六十年末復有小難蓋父子繼作其勢非久可三五稔耳又說偈曰

路上忽逢深處水　等閒見虎又逢猪
小小牛兒雖有角　青溪龍出總須輸

又問曰所謂法器菩薩此後出乎般若又說偈曰

震旦雖闊無別路　要假姪孫脚下行
金雞解銜一顆米　供養十方羅漢僧

復曰此吾滅後三百三十載乃應之也又問曰此後佛法中頗有明斯意而善分別者耶

曰吾滅後三百八十年間乃有比丘暗學而明用又說偈曰

八月商尊飛有聲　巨福來將鳥不驚
懷抱一雖重赴會　手把龍蛇在兩楹

又偈曰

寄公席帽權時脫　文字之中暫小形
東海無歸披右服　二處蒙恩總不輕

又偈曰

日月並行君不動　郎無冠子上山行
更恵一峯添翠岫　王教人識始知名

復曰大器當現逢靈即登吾何憂乎尊者又問曰然此人之後復有難乎曰吾滅後四百六十年間會一無衣之人欲為魔事又說偈曰

高嶺逢人又脫衣　小蛇雖毒不能為
可中井底看天近　小小沙彌善大機

復曰汝記斯言將驗小難累衣童子必善釋之尊者又問曰此後復有難乎曰吾滅後方六百年不生之樹當作留難然難難與二人出現乃自寧靜又說偈曰

大浪雖高不足知　百年凡樹長乾枝
一鳥南飛卻歸北　二人東往復還西

復曰白衣和尚說法無畏若見此識歸而不嚮又問曰此後復有難乎曰吾滅後二千八百年間當有四龍起此一難然非為大也汝宜知之又說偈曰

可憐明月獨當天　四箇龍兒各自邊
東西南北奔波盡　日頭平上照無邊

又偈曰

吾此識詞　腰長腳短　合掌向天　迴頭失伴
身著紅衣　又如素綺　立在目前　還若不見
好好思量　水清月現

尊者又問曰此後復有難乎般若多羅復曰吾滅後三千年間凡有一十二難其間有九大難此總以一偈記之偈曰

鳥來上高堂欲興　白雲入地色還清
天上金龍日月明　東西海水清不清
手捧朱輪重復輕　雖無心眼轉惺惺
不具耳目善觀聽　身體元無空有形
不說姓字但驗名　貴尊書卷錯開經
口談恩幸心無情　或去或來身不停

又曰後所有難悉存此一十二句雖復遠記非汝一世所覩然得真天眼乃可即見般若多羅既滅尊者稟其言且留本國勉行教化尊者初與比丘號佛大先者俱出於般若多羅之門故二人每以伯仲之禮相遇當是皆盛揚其法時人美之謂開二甘露門方其國有僧曰佛大勝者輙離其所傳為六宗分化諸處其一曰有相宗二曰無相宗三曰定慧宗四曰戒行宗五曰無得宗六曰寂靜宗然學者趨之甚多其徒各不下千百尊者常為其太息曰國雖有是六衆然其道皆非大至微我正之其人安得解脫一旦遂以神通往之初一詣其有相宗所而問之曰一切諸相何名實相其衆之首曰薩婆羅者答曰於諸相中不互諸相是名實相又問曰一切諸相而不互者若明實相當何定之答曰於諸相中實無有定諸相即名為實又問曰諸相不定即名實相汝今不定當何得之答曰我言不定不定諸相當說諸相其義不然又問曰

汝言不定當爲實相定不定故即非實相答曰定既不定即非實相知我非故不定不變何名實相已變已往其義亦然答曰不變當在不在故變實相以定其義又問曰實相不變變即非相於有無中何名實相於是薩婆羅心即縣解以手指空却問尊者曰此世有相亦能空故當此身力得似此耶尊者曰若解實相即見非實若了非故其色亦然當於色中不失色體在於非相不礙有故若能是解故名實相次二詰其無相宗所問之曰汝言無相當何證之其衆之首曰波羅提者前而答曰我名無相心不現故又問曰汝相不現當何明之答曰我明無相心不取捨當於明時亦無當者又問曰於諸有無心不取捨又無當者誰明無故答曰佛入三昧尚無所得何況無相而故知之又問曰相既不知誰云有無尚無所得何名三昧答曰我說不證證無所證非三昧故我說三昧又問曰非三昧者當何明之汝既不證非證何證波羅提於是妙悟遽起謝之尊者即爲授記曰汝

證果非遠然國有魔興亦汝伏之次三詰其定慧宗所而問之曰汝學定慧爲一爲二其衆之首曰婆蘭陀者前而答曰我此定慧非一非二又問曰汝之定慧既非一二以何目之名爲定慧答曰在定非定處慧非慧一即非一二即不二又問曰當一不一當二不二既非定慧約何定慧答曰不一不二定慧能知非定非慧亦可然矣又問曰慧非定故然可知哉不一不二誰定誰慧婆蘭陀即廓然開悟致禮伏膺次四詰其戒行宗所而問之曰汝以何者爲戒云何名行而此戒行爲一爲二其衆之首者名亡前而答曰一二二一皆彼所生依教無染此名戒行又問曰汝言依教即是有染一二俱此何言依教此二違背不及於行內外非明何名爲戒答曰我有內外彼以知竟既得通達即是戒行若說違背俱是俱非言及清淨即戒即行又問曰俱是俱非何言清淨既得通故何談內外其首者即自省其非拜謝稱章次五詰其無得宗所而問之曰汝言無得無得何得既無所得亦

無得得其衆之首曰寶淨者前而答曰我說無得非無得得當說得得無得亦得又問曰既得不得得亦非得既云得得何得得答曰見得非得非得是得若見不得名爲得得又問曰得既非得非得無得既無所得當得何得寶淨於此乃昭然發悟次六詰其寂靜宗所而問之曰汝以何名寂云何能靜其衆之首者名亡前而答曰此心不動是名爲寂於諸無染名之爲靜又問曰本心不寂要假寂寂今已寂故何用寂靜答曰諸法本空以空空故於彼空空故名寂靜又問曰空空以空諸法亦爾寂靜無相何靜何寂其首者義屈遂加敬之自是其六衆皆宗而師之尊者道聲益揚五天學者莫不沛然歸之尋會其國王曰異見者實前王月淨多羅之子而達磨之姪也輒發邪見毀訾佛法曰我之祖先皆惑於佛法非得其正今我所爲豈宜踵之遂於教大作患難尊者憫之曰孺子忝我宗社乃興惡意此何福家國當爲教之因念前無相宗有二賢者可使往化然一曰波羅提者

道力將充與王有緣二曰宗勝者雖能辯博而德業未臻方自裁所遣而六衆俄各念曰大師達磨素得聖智今法有難盍救之乎尊者即知乃彈指應之衆皆驚曰此吾大師之信也當共詣之得神通者各攝其衆少頃皆至列禮座下尊者曰今王致難於我雖如一微塵而起翳佛界然汝等孰能拂之宗勝俄先之曰我雖德寡願往解之尊者曰汝雖辯捷道力未勝恐不能伏王宗勝不奉其言必自往之見王初以真俗二諦與之辯論言皆不屈及王問曰汝今所解其法何在宗勝曰如王治化當合其道王所有道其道何在王曰我之有道將除邪法汝之有法當伏何物尊者縣知宗勝詞窮謂波羅提曰宗勝不顧吾言今必屈於王汝宜速往助之波羅提奉命以神力疾舉即詣王殿王與宗勝方復證詰遽見波羅提乘雲而至王驚起遂問曰凌虛來者是邪是正波羅提答曰我非邪正而來正邪王心若正我無邪正王雖詞屈而很慠未已即擯宗勝於山波羅提謂曰王既有道何斥沙門我雖無解幸王見問王厲聲問曰何者是佛波羅提曰見性是佛王曰師見性耶答曰我見佛性王曰性在何處答曰性在作用王曰是何作用我今不見答曰今現在用王自不見王曰於我有否答曰王若作用無有不是王若不用體亦難見王曰若當用時幾處出現答曰若現於世當有其八王曰其八出現當爲我說波羅提即說偈曰

在胎爲身　處世爲人　在眼曰見　在耳曰聞
在鼻辨香　在口談論　在手執捉　在足運奔
徧現俱該沙界　收攝在一微塵
識者知是佛性　不識喚作精魂

王悟其說即悔謝前非遂翻然變志從波羅提求聞法要凡三月奉其討論方宗勝被擯山中乃自感曰我八十始得正見此二十年來修行僅至臨難復不能護法雖今百歲何爲不若死之遂頹然投身於高崖俄有神人舉一長手承之而置於石上其體無損宗勝曰我忝出家不能抑王邪意而護持大法死固宜然何神祐而致此耶幸一言以示其緣神人乃說偈曰

師壽於百歲　八十而造非　爲近至尊故
熏修而入道　雖具少智慧　而多有彼我
所見諸賢等　未嘗生珍敬　二十年功德
其心未恬靜　聰明輕慢故　而致至於此
得王不敬者　乃感果如是　自今不疎怠
不久成奇智　諸聖悉存心　如來亦復爾

宗勝聞神之偈乃自責益欲精修誓終世不復出山是時王問波羅提曰尊者辯慧如是果師何人波羅提曰我所師出家者即娑羅寺烏沙婆三藏是也其得法出世師者即王叔菩提達磨是也王聞稱達磨遽大駭曰吾叔存耶嘻我不克荷負妄抑聖教累吾尊叔詔即迎之尊者與使者尋至王宮王泣拜不能起尊者即爲其說法悔過王因遣使馳詔宗勝使者奏曰宗勝恥擯投崖死已久矣王愈憂之以問尊者曰宗勝之死蓋余之咎尊叔何方爲我免罪尊者曰宗勝非死適在巖石宴坐耳汝但往取必得之來使去果見道王已迎達磨之意宗勝辭不奉命尊者知之

謂王曰此未可起必再命乃至尊者辭王却返其所居曰王益宜興福非久恐有疾作尊者去方七日王果感重疾國醫不能治宗戚近臣以達磨所記有驗意其必能救王即遣使懇請尊者復來時宗勝被詔已至波羅提以王之疾亦來問之二沙門因請於尊者曰王疾已篤生耶死乎大師有何方便爲其救之尊者即離座以手探王之體謂二沙門曰死則必陷惡趣二沙門曰此何以驗之曰吾適以候五蘊法見之耳二沙門曰大師道力勝異可爲其興何福業得免斯苦尊者即使太子與其權臣大赦囚徒廣放生靈尊者復命炷香爲懺其罪少頃王疾果損稍辨人事謂左右曰我適夢一大蟒極長初吐火遍灼我體尋被一長人以左手持之投於曠地我即清涼遂得起馳出一鐵門於是遽醒王疾既平益得其叔當是達磨化導其國已六十餘載思遵其師之教謀欲東征即以神力往辭般若多羅塔廟復至宫掖告别其王尋知六衆之徒思欲來别尊者即各就其衆之所

化坐實蓮皆爲說法以慰安之後謂王曰我於震旦其緣已稔今東去矣善將汝躬保爾家國王涕之曰余天何不祐使我尊叔去之王不能留即爲其治裝載以大舶翼日王躬帥親戚臣屬送於海壖國人觀之者皆泣下

百五 天竺第二十八祖菩提達磨尊者傳下 十六

菩提達磨之東來也凡三載初至番禺實當梁武普通元年庚子九月之二十一日也或曰普通八年丁未之歲州刺史蕭昂以其事奏（傳燈錄諸家舊說並云達磨來梁在普通八年今按史書普通祇至七年唯今王佑長曆甲子數或有八歲可疑又皆稱蕭昂以達磨事奏以考昂傳不見其爲廣州刺史唯昂姪蕭勵當時嘗作此州刺史恐昔傳録者悞以勵爲昂耳前録圖本者既是非不嫌今不敢輒削且存其闕疑也）即詔赴京師其年十一月一日遂至建業法駕出迎之還宫因詔尊者陪坐正殿帝乃問曰朕嘗造寺寫經大度僧尼必有何功德尊者曰無功德帝曰何無功德對曰此但人天小果有漏之因如影隨形雖有非實帝曰如何是眞功德對曰淨智妙圓體自空寂如是功德不以世求帝復問曰如何是聖諦第一義對曰廓然無聖帝曰對朕者

誰對曰不識帝不悟即罷去尊者知其機緣不契潛以十九日去梁渡江二十三日北趨魏境尋至雒邑實當後魏孝明正光之元年也初止嵩山少林寺終日唯面壁黙坐衆皆不測其然俗輒以爲壁觀婆羅門僧未幾洛百九 有沙門號神光者其爲人曠達混世世亦以 十七 爲不測之人及聞尊者風範尊嚴乃曰至人在茲吾往師之光雖事之盡禮尊者未始與語光因自感曰昔人求道乃忘其身今我豈有萬分之一其夕會雪大作光立於砌及曉而雪過其膝尊者顧光曰汝立雪中欲求何事神光泣而告曰惟願和尚以大悲智開甘露門廣度我輩尊者謂之曰諸佛無上妙道雖曠劫精勤能行難行能忍難忍尚不得至豈此微勞小効而輙求大法光聞誨乃潛以刃自斷左臂置之其前尊者復謂光曰諸佛最初求道爲法忘形汝今斷臂吾前求亦可在光復問曰我心未寧乞師與安尊者曰將心來與汝安曰覓心了不可得答曰與汝安心竟光由是有所契悟尊者遂易其名曰慧

可此後學者乃信緇白之衆皆靡然趨於尊者然其聲既振遂聞於魏朝孝明帝嘗三詔不動帝亦高之遂就錫二摩納袈裟金銀器物若干等者皆讓去凡三返帝終授之居魏方九年尊者一旦遽謂其徒曰吾西返之時至矣汝輩宜各言所詣時有謂道副者先之曰如我所見不執文字不離文字而為道用尊者曰汝得吾皮有謂尼總持者曰我今所解如慶喜見阿閦佛國一見更不再見尊者曰汝得吾肉有謂道育者曰四大本空五陰非有而我見處無一法可得言語道斷心行處滅尊者曰汝得吾骨及慧可者趨前拜已歸位而立尊者曰汝得吾髓尋命之曰昔如來以大法眼付囑摩訶迦葉而展轉至我我今以付於汝汝宜傳之無使其絕并授汝此僧伽梨寶鉢以為法信唯恐後世以汝於我異域之人不信其師承汝宜持此為驗以定其宗趣然吾逝之後二百年後衣鉢止而不傳法亦大盛當是知道者多行道者少說理者多悟理者少雖然潛通密證千萬有餘汝勉顯揚勿輕未悟聽吾偈曰

吾本來茲土　傳法救迷情　一花開五葉
結果自然成

復謂慧可曰此有楞伽經四卷者蓋如來極談法要亦可以與世開示悟入今并付汝然我於此屢為藥害而不即死之者蓋以茲赤縣神州雖有大乘之氣而未得其應故久默待之今得付受其殆有終既而與其徒即往禹門千聖寺居無何會其城太守揚衒之者其人素喜佛事聞尊者至乃來禮之因問曰西土五天竺國師承為祖其道如何尊者曰明佛心宗寸無差悞行解相應名之曰祖又問曰秖此一義為別有耶答曰須明他心知其古今不猒有無亦非取故不賢不愚無迷無悟若能是解亦名為祖衒之復曰弟子業在世俗罕遇知識小智所蔽不能見道願師教之使遵何道果以何心得近佛祖尊者為之說偈曰

亦不覩惡而生嫌　亦不觀善而勤措
亦不捨愚而近賢　亦不拋迷而就悟
達大道兮過量　通佛心兮出度
不與凡聖同纏　超然名之曰祖

衒之得教忻然禮之曰願師未即謝世益福群生尊者曰末世其教慈者滋多我雖久存恐益致患難增他之罪衒之曰自師至此孰嘗見傷幸示其人即為辨之尊者曰言之則將有所損吾寧往矣豈忍殘人快己而衒之問之益懇曰非敢損人但欲知之耳尊者不得已遂說偈曰

江槎分玉浪　管炬開金鎖　五口相共行
九十無彼我

衒之聞偈再拜而去居未幾尊者乃奄然長逝其時必後魏幼主釗與孝莊帝廢立之際耳是歲乃當梁大通之二年也以其年葬於熊耳山魏遂以其喪告梁梁之武帝即賻寶帛悉詔宗子諸王以祭禮而供養之太子為之文其略曰洪惟聖冑大師荷十力之智印乘六通而泛海運悲智於梵方拯顚危於華土其後魏使宋雲者自西域返與達磨相遇於葱嶺見其獨攜隻履翛然而徃雲嘗問曰

大師何往尊者曰西天去即謂雲曰汝主已崩雲聞茫然相別及復命明帝果已厭代雲尋以其事聞於後主孝莊帝帝令啟其墳覩之唯一革履在焉朝廷爲之驚歎尋詔取所遺之履於少林寺掌之至唐開元中爲好事者竊往五臺僧舍後亦亡之初梁武與尊者遇既機緣不合尋聞其道大顯於魏遂欲碑之尚未暇作及聞宋雲之事益加追慕即成其文其略曰爲玉氈久灰金言未剖誓傳法印化人天竺及乎杖錫來梁說無說法如暗室之揚炬若明月之開雲聲振華夏道邁古今帝后聞名欽若昊天又曰嗟乎見之不見逢之不逢今之古之悔之恨之朕雖一介凡夫敢師之於後其爲帝王仰慕之如此也

評曰佛法被震旦四百八十四年至乎達磨而聖人之教益驗其道益尊故曰菩提達磨之功德抑又至於摩騰法蘭曰何以然曰教雖開說者萬端要其所歸一涅槃妙心而已矣夫妙心者雖衆經必使離乎名字分別而爲之至然而後世未嘗有能如此而爲之者及達磨始不用文字不張門戶直以是而傳之學者乃得以而頓至是不亦教之益驗乎其心既傳而天下知務正悟言性命者皆推能仁氏之所說爲之至當不亦其道益尊乎余嘗以是比夫孟子之有德於儒者夫孟子之前儒之教豈無道哉蓋其道蘊而未著及軻務專傳道而儒益尊顯或曰續僧傳以壁觀四行爲達磨之道是乎非耶曰壁觀婆羅門者蓋出於流俗之語也四行之說豈達磨道之極耶夫達磨之徒其最親者慧可也其次道副道育古今禪者所傳可驗之言皆成書繁然盈天下而四行之云亦未始槩見獨曇琳序之耳然琳於禪者亦素無稱縱曇琳誠得於達磨亦恐祖師當時且隨其機而方便云耳若真其道則何秖以慧可拜已歸位而立云汝得吾髓此驗四行之言非其道之極者也夫達磨之道者乃四禪中諸佛如來之禪者也經曰觀如來禪者謂如實入如來地故入內身聖智相三空三種樂行故成辦衆生所作不可思議若壁觀者豈傳佛心印之謂耶然達磨之道至乎隋唐已大著矣爲其傳者自可較其實而尊之安得輒從流俗而不求聖人之宗斯豈謂善爲傳乎曰傳謂達磨六被毒藥乃菩提流支之所致然乎曰見蓋爲寶林傳者未之思也楊衒之堅問祖師不已而爲其說偈事豈有先明言而後發讖耶爲是說者蓋後世以流支嘗屈論於達磨意其爲之假令少驗於讖亦恐當時黨流支者竊作昔刺客有爲北宗之徒而往害六祖大鑒是豈秀師之意耶方之流支不亦顯乎吾故鄙而不取或曰子謂達磨四祖所見於僧祐三藏記者然祐死於天監之十七年而達磨當普通元年而方至於梁豈有其人未至先爲之書耶不然何其年祀前後之相反乎曰然實祐先爲之書而達磨後至也若達磨者得法化其天竺既已六十年矣乃東來東來三載方至乎梁是蓋西人傳其事先而爲之宜其書前而人後也

傳法正宗記卷第五

契嵩少聞耆宿云嘗見古祖圖引梁寶唱續法記所載達磨至梁當普通元年九月也而寶林傳云在普通八年丁未即其年過魏當明帝太和十年然太和非明帝年號又云達磨滅度亦在明帝太和十九年而明帝在位秖十二歲即無十九年又以丁未推之即是明帝末年神獸之歲其歲明帝已崩若果以普通八年丁未十二月過魏即達磨在魏九年𨻶坐少林其歲數不登若以普通元年庚子推之即其事稍等今取元年庚子爲準其諸家所見八年丁未亦不敢即削且兩存之識者詳焉又以譯禪經之年筭達磨此時正年二十七歲其說禪經必在此二十七已前也從此筭來以合諸傳記所謂達磨既出家得法後尚隨侍其師百五四十餘年又依師所囑且二十三在南天竺行化更六十七年又東來在路三年及到中國九年方化去恰是其壽一百五十歲如此則諸家所載達磨支竺兩處事跡稍不差也若以普通八年丁未至中國及寶林所載達磨四十年不受國位以待般若多羅而出家却計其在西隨師四十餘年及到中國已一百五十歲矣其在魏九年始化却成一百六十餘歲故知其云四十不受國位及普通八年到梁大差訛也不可爲準

傳法正宗記卷第五

校勘記

一 底本，清藏本。

一 三五一頁下一行「一金鎖」，磧、南作「千金鎖」。

一 三五一頁下六行「子然」，磧、南、徑作「孑然」。次頁上一三行同。

一 三五二頁下五行末字「平」，磧作「乎」。

一 三五三頁下五行「久昌昌」，磧、南作「九昌昌」。

一 三五五頁上末行「授記」，磧、南作「受記」。

一 三五六頁下一一行「鳥沙婆三藏」，磧、南、徑作「烏沙婆三藏」。

一 三五七頁中四行「翼日」，磧、南作「翌日」。

一 三五八頁上四行「等者」，磧、南、徑作「尊者」。

一 三五八頁中九行「揚衒之」，磧、南、徑作「楊衒之」。

一 三五九頁上一行「汝主」，磧作「汝王」。

一 三五九頁下五行首字「見」，磧、南、徑作「此」。

一 三六〇頁上一八行「三年」，徑作「二年」。

傳法正宗記卷第六　百六

宋藤州東山沙門釋契嵩編修

震旦第二十九祖慧可尊者傳
震旦第三十祖僧璨尊者傳
震旦第三十一祖道信尊者傳
震旦第三十二祖弘忍尊者傳
震旦第三十三祖慧能尊者傳

震旦第二十九祖慧可尊者傳

慧可尊者武牢人也姓姬氏母始娠時有異光發其家及生以故名之尊者少嗜學世書無不闚者尤能言莊老年三十遽自感而歎曰老易世書非極大理乃探佛經遂遠遊求師至洛陽香山乃從禪師寶靜者出家尋得戒於永穆寺去務義學未幾而經論皆通三十二復歸其本師歸八年一夕有神人現謂尊者曰何久于此汝當得道宜即南之尊者以神遇遂加其名曰神光次夕其首忽痛殆不可忍師欲爲炙之俄聞空中有言曰此換骨非常痛也以告其師即罷不敢治及曉視其元骨果五處峯起其師曰異乎汝必有勝遇行矣無失其時然其爲人曠達有遠量雖有所出人而未甞輙發混然自隱故久於京洛而世莫之知及會菩提達磨授道易名當爲法師宗學者乃知其有大德競歸如水沛然趨下一日俄有號居士者年四十許以疾狀趨其前不稱姓名謂尊者曰弟子久嬰業疾欲師爲之懺罪願從所請尊者曰將罪來爲汝懺其人良久曰覓罪不可得曰我與汝懺罪竟然汝宜依止乎佛法僧其人曰適今覩師已知僧矣不識何謂佛法答曰是心是佛是心是法法佛無二汝知之乎其人遂曰今日乃知罪性不在内外中間如其心然誠佛法無二也尊者器之即爲其釋褐落髮曰此法寶也宜名之僧璨戒後二載乃命之曰昔佛傳大法眼轉至達磨達磨授我我今以付於汝并其衣鉢汝專傳之無使輙絕聽我偈曰

本來緣有地　因地種花生　本來無有種
花亦不能生

既而復謂僧璨曰我有夙累在鄴將往償之然汝後自亦有難甚宜避之璨曰此實我師聖智先見然願聞難之所以答曰斯非獨我云亦前祖般若多羅識之耳璨曰何識答曰其所謂後之一百十五年而與者也偈不云乎心中雖吉外頭凶川下僧房名不中爲遇毒龍生武子忽逢小鼠寂無窮以數計之當在汝世汝益宜護法及可至鄴下說法人大化之凡三十四載一旦遽變節游息不復擇處或鄽或野雖屠門酒家皆一混之識者或規曰師高流豈宜此爲尊者曰我自調心何關汝事初鄴有僧曰辨和者方聚徒講涅槃經於莞城縣之匡救寺尊者每往其寺門與人演說適會正朝衆大從於可辨和之徒亦爲之遷辨和憤之辱謂其令翟仲侃曰慧可狂邪頗誑惑人衆此宜治之仲侃聽其言乃取加之酷刑尊者因是而化時世壽一百七歲士女哀之共收其遺骸葬於磁州滏陽之東當隋開皇癸丑之十三年也唐德宗賜諡曰大祖禪師武德中高僧法琳聞其風甞爲碑之其略曰吁嗟彼禪師莫知其所以然唯

法斯在非用書誌則安知其道之尊其爲後
賢之所企慕如是也
評曰唐僧傳謂可遭賊斷臂與予書云昌其
異乎曰余考法琳碑曰師乃雪立數宵斷臂
無顧投地碎身營求開示然爲唐傳者與琳
同時琳之說與禪者書合而宣反之豈非其
採聽之未至乎故其書不足爲詳

震旦第三十祖僧璨尊者傳

僧璨尊者不知其何許人也初以處士見慧
可尊者不稱姓名因問答即有發悟乃師其
出家可祖器之謂得法寶遂爲名之當後周
之時乃受戒於光福寺戒後歸其師復二載
乃得授法可祖嘗規曰後必有難汝當遠引
避之尊者從其言遂去隱於舒之晥公山
(謂山谷山寺者)凡三十餘年其迹寖顯學者知求其
道隋開皇間乃有沙彌曰道信者一旦來禮
其座下問之曰乞大師發我解脫法門尊者
曰誰縛汝曰無人縛又曰既無人縛汝即是
解脫何須更求解脫道信即悟乃願以弟子
禮事之久之信往求戒於廬陵既還尊者曰
汝已戒道亦備矣吾即往之昔如來大法眼
藏今以付汝并其衣鉢汝皆將之聽吾偈曰
花種雖因地　從地種花生　若無人下種
花地盡無生
復曰汝善傳之無使其絶吾往游羅浮非久
乃還更二載遂復山谷月餘盛會州人與其
百六　四
說法已而立化於大樹之下當隋大業丙寅
之二年也是時隋室方亂未遑塔之至唐天
寶五載會趙郡李常移官於舒乃發壙焚之
得舍利立窣堵波於其化所初璨尊者以風
疾出家及居山谷疾雖愈而其元無復黑髮
故舒人號爲赤頭璨然其奇見異德誠不測
人也先是其所居頗多虵獸爲害及尊者至
皆絶一日有神光遽發其寺甘露泫於山林
時人怪之以而相問尊者曰此佛法將興舍
利欲至之先兆耳其後京國大獲舍利遂頒
天下果置塔於山谷寺其感劾皆此類也唐
明皇謚曰鑑智禪師塔曰覺寂其後宰相房
琯爲其碑序之甚詳
評曰璨尊者初雖不自道其姓族鄉邑後之
於世復三十餘載豈絶口而不略云乎此可
疑也曰余視房碑曰大師嘗謂道信云有人
借問勿道於我處得法此明尊者自絶之甚
也至人以物迹爲大道之累乃忘其心今正
法之宗猶欲遺之況其姓族鄉國俗間之事
肯以爲意耶
百六　五

震旦第三十一祖道信尊者傳

道信尊者其先本居河内後遷於蘄陽之廣
濟縣信生遂爲蘄人也姓司馬氏隋開皇壬
子之十二載以沙彌恭見僧璨尊者即問答
悟道遂北面師之凡九年乃得其付法授衣
隋大業間尊者嘗南游至廬陵會賊黨曾武
衛以兵圍其城七旬不解尊者因勸城中人
皆念摩訶般若波羅蜜賊黨俄見城堞之上
有人不翅千數皆長丈許其介冑金色赫赫
曜日賊輩大駭相謂曰是城必有大福德人
不可攻也即日引去至唐武德七年復北趨
乃居蘄之破頭山(今所謂雙峰山者也)大揚其所得之
法四方學士歸之猶日中趨市正觀中太宗
聞其風嘗三詔尊者皆辭不起又詔太宗謂

使臣曰今復不從吾命即取首來詔至果逆上意尊者即引頸待刃使者還以此奏之太宗嘉其堅正慰諭甚盛至是尊者居山已二十載矣一日往黃梅縣途中邂見一兒好骨目可七歲許心奇之因問曰爾何姓對曰姓即有非常姓曰是何姓對曰是佛姓曰汝沒姓耶對曰其姓空故尊者即顧從者曰此兒非凡之器後當大興佛事遂使持見其父母道兒應對之異欲命之出家父母從之兒偕僧既還尊者即爲剃度名之曰弘忍其後乃命曰昔如來傳正法眼轉至於我我今付汝并前祖信衣鉢汝皆將之勉其傳授無使斷絕聽吾偈曰

花種有生性　因地花生生　大緣與信合
當生生不生

復謂忍曰我昔武德中嘗遊廬山昇其絕頂見此破頭山其上有紫雲如蓋下發白氣橫分六道汝以爲何瑞忍曰是必和尚已後橫出一枝佛法之先兆也尊者曰善哉汝能知之已而沐浴宴坐而化世壽七十有一是時實永徽二年辛亥九月四日也葬後三載其塔戶一日忽然自開而尊者眞體儼然若生大曆中代宗賜謚曰大醫禪師塔曰慈雲

震旦第三十二祖弘忍尊者傳

弘忍尊者蘄陽黃梅人也姓周氏其母孕時數數有祥光異香發其家及生性大聰明有所聞見無難易者一皆曉之風骨絕異有聖人之相有賢者嘗見忍於閭巷謂人曰此兒具大人相所不及如來者七種耳七歲遇道信尊者出家得戒尋受其法繼居於破頭山而教化益盛是時天下慕其風學者不遠千里趨之咸亨中客有號盧居士者自稱慧能來法會致禮其前尊者問曰汝自何來對曰嶺南來曰欲求何事對曰唯求作佛曰嶺南人無佛性若爲得佛對曰人有南北佛性豈然尊者知其異人佯訶之曰著槽廠去慧能即退求處碓所盡力於臼杵間雖歷日月而未嘗告勞一日尊者以傳法時至乃謂其衆曰正法難解汝等宜各爲一偈以明汝見若眞有所至吾即付衣法時神秀比丘者號有博學衆方尊爲冠首莫敢先之者神秀自以爲衆所推一夕遂作偈書於寺廊之壁曰

身是菩提樹　心如明鏡臺　時時勤拂拭
莫使惹塵埃

尊者見賞之曰後世若依此修行亦得勝果勉衆誦之慧能適聞乃問其誦者曰此誰所爲曰此神秀上座之偈大師善之當得付法汝豈知乎能曰此言雖善而未了其流輩皆笑以能爲妄言能尋作偈和之其夕假筆於童子並秀偈而書之曰

菩提本無樹　明鏡亦非臺　本來無一物
何處有塵埃

及尊者見之黙許不即顯稱恐嫉者相害乃佯抑之曰此誰所作亦未見性衆因是皆不顧能言中夜尊者遂潛命慧能入室而告曰諸佛出世唯爲一大事因緣以其機器有大小遂從而導之故有三乘十地頓漸衆說爲之教門獨以無上微妙眞實正法眼藏初付上首摩訶迦葉其後迭傳歷二十八世至乎達磨祖師乃以東來東之益傳適至於我我

令以是大法并其所受前祖僧伽梨衣寶鉢皆付於汝汝善保之無使法絕聽吾偈曰

有情來下種　因地果還生　無情既無種
無情亦無生

慧能居士既受法與其衣鉢作禮問曰法則聞命衣鉢復傳授乎尊者曰昔達磨以來自異域雖傳法於二祖恐世未信其所師承故以衣鉢爲驗今我宗天下聞之莫不信者則此衣鉢可止於汝然正法自汝益廣若必傳其衣恐起諍端故曰受衣之人命若懸絲汝即行矣汝宜且隱晦時而後化慧能復問曰今某當往何所尊者曰逢懷即止遇會且藏慧能稟教即夕去之此後尊者三日不復說法其衆皆疑因共請之尊者曰吾法已南行矣斯復何言衆復曰何人得之答曰能者得之衆乃悟盧居士傳其法也追之而慧能已亡此後四載尊者一日忽謂衆曰吾事已畢可以行矣即入室宴坐而滅實上元二年乙亥歲也其世壽七十有四衆建浮圖於黃梅之東山代宗謚號曰大滿禪師塔曰法雨

震旦第三十三祖慧能尊者傳

慧能尊者姓盧氏其先本籍范陽父行瑫武德中謫官新州乃生能遂爲新興人也方三歲而父喪母不復適人獨養尊者以終其身然其家貧母子殆不能自存尊者遂鬻薪爲資一日至市逆旅聞客有誦經者輒問其人曰此何經耶客曰金剛經也曰君得之於何人客曰今第五祖弘忍大師出世於黃梅縣嘗謂人曰若持此經得速見性我故誦之尊者喜之爲母備其歲儲因告往求法去之至韶陽會居士劉志略者引尊者爲善友初志略有姑爲尼號無盡藏者方讀涅槃經爲業尊者往聽其經未幾欲爲尼釋之尼即推經於尊者尊者曰汝讀我不識文字尼曰字猶不識安解其義尊者曰諸佛妙理豈在文字尼異其語知必非常人遂以告其鄉里鄉人德之尋治寶林蘭若請尊者居之居未幾忽自感曰我始爲法尋師何久滯此即去寶林稍進至韶之樂昌縣會高行沙門智遠尊者且依其處才十數朝智遠謂尊者曰觀子知識非凡者趣嚮吾道固不足相資黃梅忍禪師方當大法祖宜汝師也汝速詣之若得道南還無相忘也尊者遂北征是時年已三十有二及至東山忍祖默識其法器初示以言試之終乃付大法眼及尊者得法南歸而東山先進之徒皆不甘相與追之有曰慧明者相及於庾嶺尊者即置其衣鉢於盤石而自亡草間慧明舉其衣鉢不能動乃呼曰我以法來非爲衣鉢法兄盍出之遂相見慧明與之語慧明即悟致師禮於尊者而返乃紿其後之追者曰其去已遠矣尊者之南還也晦迹於四會懷集之間混一流俗雖四載而莫有知者儀鳳元年之春乃抵南海息肩於法性寺會法師印宗於其寺講涅槃經初尊者寄室於廊廡間一夕風起刹幡飛揚俄有二僧室外議論一曰風動一曰幡動其問答如此者甚多皆非得理尊者聞輒出謂二僧曰可容俗士與議乎僧曰請聞子說尊者乃曰不是風動不是幡動仁者心動二僧翌日以其言告印宗印宗異之即引入室窮詰其義

尊者一以大理語之印宗於是益伏謂尊者曰居士誠非凡人師誰其何自而得道勿隱幸以相示尊者即以其得法本末告之印宗甚幸所遇即執弟子禮請學其法要遂謂其衆曰此盧居士者乃肉身菩薩也印宗一介凡夫豈意得與其會擇日乃會耆德比丘與之釋褐落髮又擇日嚴其寺戒壇命律師智光爲受具戒其壇蓋宋時求那䟦摩三藏之經始也初䟦摩記曰後當有肉身菩薩於此受戒及梁末眞諦三藏臨其壇手植二菩提樹亦記之曰後第四代當有上乘菩薩於此受戒其說法度人無量戒已衆即請尊者開演東山法門然䟦摩眞諦雖素號爲得果聖士至此其人始驗明年尊者思返寶林精舍乃欲別衆即往印宗與道俗千餘人送之韶陽未幾韶之刺史韋據命居其州之大梵寺說法其時玄儒之士趨而問道者甚衆猶孔氏之在洙泗也其徒即集其說目曰壇經然其平居衆亦不下千數中宗聞其風神龍中乃下詔曰朕延安秀二師問道於宮中皆推

曰南方有能禪師者躬受衣法於忍大師可當此問今遣內供奉薛簡馳詔命師宜念之來副朕意尊者即上書稱疾不起薛簡因問尊者曰京國禪者每謂欲得會道必須坐禪非因禪定而得解脫未之有也此言何如尊者曰道由心悟豈在坐耶經云若言如來若來若去若坐若卧是人不解我所說義何以故如來者無所從來亦無所去故名如來夫無所從來故不生亦無所去故不滅若無生滅即是如來清淨之禪諸法空寂即是如來清淨之坐究竟無得亦無所證何必坐耶薛簡曰簡歸皇帝必有顧問願大師示教法要庶得對敭然布諸京國使學者脩之猶以一燈而然百千燈庶其冥者皆明而明終不盡尊者曰道無明暗明暗是代謝之義明明無盡亦是有盡蓋相待而立名故經云法無有比無相待故薛簡曰明譬智慧暗譬煩惱修道之人苟不以智慧而照破煩惱則無始生死何由而出離尊者曰若以智慧照煩惱者此是二乘小兒羊鹿等機上智大器皆不如

是薛簡曰何謂大乘見解尊者曰明與無明其性無二無二之性即是實性實性者處凡愚而不減在賢聖而不增住煩惱而不亂居禪定而不寂不斷不常不來不去不在中間及其內外不生不滅性相如如常住不遷名之曰道薛簡曰大師所說不生不滅與夫外道之言何嘗異乎尊者曰外道之說不生不滅者蓋將滅止生以生顯滅滅猶不滅生說無生我說不生不滅者本自無生今亦無滅豈可同於外道乎仁者欲明心要但一切善惡都莫思量自然得入心體湛然常寂妙用恒沙薛簡由是發悟再拜而去歸朝果以其言奏天子嘉之復詔慰謝錫衲衣寶帛各有差勑改寶林爲中興寺明年命韶州刺史新之復改爲法泉寺以其新州舊居爲國恩寺尊者每謂衆曰諸善知識汝等各各淨心聽吾說法汝等諸人自心是佛更莫狐疑外無一法而能建立皆是自心生萬種法故經云心生則種種法生心滅則種種法滅若欲成就種智須達一相三昧一行三昧若於一切

處而不住相於彼相中不生憎愛不取不捨不念利益成壞等事安閒清淨此名一相三昧若一切處行住坐卧純一直心不動道場使成淨土此名一行三昧若人具二三昧如地有種能含藏長養成就其實一相一行亦復如是我今說法猶如時雨溥潤大地汝等佛性譬諸種子遇此霑洽悉得發生取吾語者決得菩提依吾行者定證佛果至先天元年一日忽謂衆曰吾忝於忍大師處受其法要并之衣鉢今雖說法而不傳衣鉢者蓋以汝等信心成熟無有疑者故不傳之聽吾偈曰

心地含諸種　普雨悉皆生　頓悟華情已　菩提果自成

復曰其法無二其心亦然其道清淨亦無諸相汝等慎勿觀淨及空其心此心本淨無可取捨各自努力隨緣好去尊者說法度人至是已四十載先此嘗命建浮圖於新州國恩寺及其年之六月六日復促其倍工疾成然國恩寺蓋其家之舊址也爲塔之意乃欲報其父母之德耳先天二年七月一日謂門人曰吾將返新州汝輩宜理舟檝其時大衆皆哀慕請留尊者曰諸佛出現猶示涅槃有來必去理之常耳吾此形骸歸必有所衆乃問曰師從此去早晚却迴曰葉落歸根來時無口又問曰師之法眼付授何人曰有道者得無心者通又問曰師之遺教頗有難乎曰吾滅之後方五六年必有一人來取吾首聽我偈曰

頭上養親　口裏須餐　遇滿之難　楊柳爲官

又曰吾往七十年有二菩薩之人自東方來其一出家其一在家共隆教化治我伽藍扶我宗旨已而即往新州尋於國恩寺沐浴訖安坐而化異香酷烈白虹屬地其時實先天二年癸丑八月之二日也當是新韶二郡各務建塔爭迎其眞體久不能決刺史乃與二郡之人焚香祝之曰香煙所向即得舉去俄而香煙條發北趣韶境韶人乃得以十一月十三日歸塔於曹侯溪之濱今南華寺是也其世壽七十有六前刺史韋據碑之始尊者入塔時徒屬思其言將有人取吾首者遂以鐵鍱固護其項開元十年八月三日其夕之半俄聞塔間有若拽鐵索之聲主塔者驚起遽見一人狀類孝子（此當日見一人著縗絰而混言類孝子者蓋顧乎祖師隱語之意耳）自塔馳出尋視之其鐵鍱護處已有痕迹遂以賊事聞其州邑官嚴捕之他日於邑之石角村果得其賊吏鞫問賊自稱姓張名淨滿本汝州梁縣人適於洪州開元寺受新羅國僧金大悲者雇令取祖之首歸其國以事之吏欲以法坐之刺史以其情不惡乃問尊者弟子令瑫禪師令瑫復以佛法論欲吏原之刺史善瑫之意亦從而恕之當其時州刺史曰柳無忝縣令曰楊侃賊曰張淨滿驗其讖語無少差謬上元中肅宗慕尊者之道嘗詔取其所傳衣鉢就內瞻禮肅宗崩代宗嗣位永泰元年五月之五日遂夢尊者請還其衣鉢天子益敬其法七日即詔使臣持還曹溪憲宗錫謚曰大鑒禪師塔曰元和靈照初大鑒示爲負薪之役混一凡輩自謂不識文字及其以道稍顯雖三藏教文俗間

書傳引於言論一一若素練習發演聖道解釋經義其無礙大辯灝若江海人不能得其涯涘昔唐相始興公張九齡方爲童其家人携乃拜大鑒大鑒撫其頂曰此奇童也必爲國器其先知遠見皆若此類孰謂其不識世俗文字乎識者曰此非不識文字也示不識耳正以其道非世俗文字語言之所及蓋有所表也然正法東傳自大鑒益廣承之者皆卓犖大士散布四海其道德利人人至于今賴之詳此豈具㮣者而初學道乎是乃聖人降迹示出於微者也其等覺乎妙覺耶不可得而必知

評曰聖人之法一也安用南北而分其宗乎曰然一國所歸有岐路焉不分何正一姓所出有的庶焉不分孰親傳者（宋高僧傳也）以方三力士共射一堅洛叉一曰摩健那雖中而不破二曰鉢羅塞建提破而不度三曰那羅延箭度而復穿他物非堅洛叉有强弱蓋射勢之不同耳南能可謂那羅延躬而獲賞其踰近之矣

傳法正宗記卷第六

傳法正宗記卷第六

校勘記

一 底本，清藏本。

一 三六二頁上三行第一三字「予」，磧、南作「子」。

一 三六二頁上一四行「皖公山」，磧、南作「峴公山」。

一 三六五頁上一行第三字「一」，徑作「益」。

一 三六五頁上七行第三字「禍」，磧、南、徑作「禍」。

一 三六五頁下三行「不滅」，磧、南作「不減」。

傳法正宗記卷第七　百七

宋藤州東山沙門釋契嵩編修

正宗分家略傳上并序

序曰正宗至第六祖大鑒禪師其法益廣師弟子不復一一相傳故後世得各以爲家然承其家之風以爲學者又後世愈繁然周於天下其事之本末已詳於傳燈廣燈二錄宋高僧傳吾不復列之此而書者蓋次其所出之世系耳故分家傳起自大鑒而終於智達凡一千三百有四人也

大鑒所出法嗣凡四十三人其一曰西印度堀多三藏者一曰韶陽法海者一曰廬陵志誠者一曰匾檐山曉了者一曰河北智隍者一曰鍾陵法達者一曰壽州智通者一曰江西志徹者一曰信州智常者一曰廣州志道者一曰廣州印宗者一曰清源山行思者一曰南嶽懷讓（避諱）者一曰溫州玄覺者一曰司空山本淨者一曰婺女玄策者一曰曹溪令韜者一曰西京光宅慧忠者一曰荷澤神會者一曰韶陽祇陀者一曰撫州淨安者一曰嵩山尋禪師者一曰羅浮定真者一曰南嶽堅固者一曰制空山道進者一曰善快者一曰韶山緣素者一曰宗一者一曰秦望山善現者一曰南嶽梵行者一曰并州自在者一曰西京咸空者一曰峽山泰祥者一曰光州法淨者一曰清涼山辯才者一曰廣州吳頭陀者一曰道英者一曰智本者一曰清苑法真者一曰玄楷者一曰曇璀者一曰韶州刺史韋據者一曰義興孫菩薩者

大鑒之二世曰清源行思禪師吉州安城人也初於大鑒之衆最爲首冠大鑒嘗謂之曰從上以衣與法偕傳蓋取信於後世耳今吾得人何患乎不信我受衣來常恐不免於難今復傳之慮起其諍衣鉢宜留鎮山門汝則以法分化一方無使其絕思尋歸其鄉邑居清源山之靜居寺最爲學者所歸其法嗣一人曰南嶽石頭希遷者

大鑒之二世曰南嶽懷讓禪師金州人也初自嵩山安國師法會往谿六祖大鑒大鑒問曰什麼處來曰嵩山來大鑒曰什麼物恁麼來讓曰說似一物即不中大鑒曰還可修證否讓曰修證即不無汙染即不得大鑒曰秖此不汙染諸佛之所護念汝既如是吾亦如是昔般若多羅所讖蓋於汝足下出一馬駒蹋殺天下人病在汝心不須速說讓即豁然大悟事大鑒歷十五載尋往南嶽居般若精舍四方學者歸之故其所出法嗣凡九人一曰江西道一者一曰南嶽常浩者一曰智達者一曰坦然者一曰潮州神照者一曰揚州嚴峻者一曰新羅國本如者一曰玄晟者一曰東霧法空者

大鑒之二世曰羅浮定真禪師其所出法嗣一人曰靈運者

大鑒之二世曰制空山道進禪師其所出法嗣一人曰荊州玄覺者

大鑒之二世曰韶州下回田善快禪師其所出法嗣一人曰善悟者

大鑒之二世曰司空山本淨禪師其所出法嗣一人曰中使楊光庭者

大鑒之二世曰緣素禪師其所出法嗣二人

一曰韶州小道進者一曰韶州遊寂者
大鑒之二世曰祇陀禪師其所出法嗣一人
曰衡州道倩者
大鑒之二世曰南陽慧忠國師越州諸暨人
也姓冉氏得法於大鑒尋隱於南陽白崖山
黨子谷凡四十餘年不出其山唐肅宗聞其
風上元二年乃使其臣孫朝進馳詔及忠至
京師賜肩輿上殿待以師禮然忠道力充甚
智辯絶世雖以道規教帝者而無所畏忌沮
折邪見輩雖難問萬端未嘗少為之屈其所
出法嗣五人一曰吉州躭源真應者一曰鄧
州香嚴惟戒者一曰開府孫知右者
肅宗皇帝　代宗皇帝
大鑒之二世曰洛陽荷澤神會禪師初以沙
彌參見大鑒因問答乃發大慧戒後會大鑒
入滅北秀之說浸盛會遂趨京師以天寶四
年獨斷祖道為南北宗著書曰顯宗論大鑒
所傳自是遂尊於天下其所出法嗣一十八
人一曰黄州大石山福琳者一曰沂水蒙山
光寶者一曰磁州法如者一曰懷安鄆西隱
山進平者一曰澧陽慧演者一曰河陽懷空
者一曰南陽圓震者一曰宜春廣敷者一曰
江陵行覺者一曰五臺山神英者一曰五臺
山無名者一曰南嶽皓玉者一曰宣州志滿
者一曰涪州朗禪師者一曰廣陵靈坦者一
曰寧州通隱者一曰益州南印者一曰河南
尹李常者
大鑒之三世曰南嶽石頭希遷禪師其所出
法嗣凡二十一人一曰荊州天皇道悟者一
曰京兆尸利者一曰丹霞天然者一曰潭州
招提慧朗者一曰長沙興國振朗者一曰澧
州藥山惟儼者一曰潭州大川和尚者一曰
汾州石樓和尚者一曰鳳翔法門佛陀和尚
者一曰潭州華林和尚者一曰潮州大顛和
尚者一曰潭州長髭曠禪師者一曰水空和
尚者一曰寶通者一曰海陵大辯者一曰渚
涇和尚者一曰衡州道詵者一曰漢州常清
者一曰福州碎石和尚者一曰商州商嶺和
尚者一曰常州義興和尚者
大鑒之三世曰道一禪師漢州什邡人也姓
馬氏其形魁梧有異相出家初學律範禪定
皆能專之晚至衡山會讓大師了大法要壽
以其法歸天下之學佛者然當時之王侯大
人慕其道者北面而趨於下風不可勝數前
祖之識至是一皆應之其所出法嗣者凡一
百三十七人大鑒之後世能以法而得人者
一最為隆盛一曰越州大珠慧海者一曰百
丈惟政者一曰泐潭法會者一曰杉山智堅
者一曰泐潭惟建者一曰澧州茗溪道行者
一曰石鞏慧藏者一曰紫玉山道通者一曰
江西北蘭讓禪師者一曰洛京佛光如滿者
一曰南源道明者一曰忻州酈村自滿者一
曰鼎州中邑洪恩者一曰百丈懷海者一曰
鎬英者一曰崇泰者一曰王姥山脩然者一
曰華州策禪師者一曰澧州智聰者一曰雲
秀山神鑒者一曰揚州智通者一曰杭州智
藏者一曰京兆懷韜者一曰處州法藏者一
曰河中府懷則者一曰常州明幹者一曰鄂
州洪潭者一曰象原懷坦者一曰潞府元禮
者一曰河中府保慶者一曰甘泉志賢者一

曰大會山道晤者一曰灉府法柔者一曰京兆覺平者一曰義興勝辯者一曰海陵慶雲者一曰洪州玄虛者一曰三角山總印者一曰魯祖山寶雲者一曰泐潭山常興者一曰處州西堂智藏者一曰京兆章敬懷暉者一曰栢巖明哲者一曰鵝湖大義者一曰伏牛山自在者一曰盤山寶積者一曰芙蓉山太毓者一曰麻谷山寶徹者一曰鹽官齊安者一曰五洩山靈默者一曰大梅山海常者一曰京兆惟寬者一曰湖南如會者一曰鄂州無等者一曰歸宗智常者一曰韶州清賀者一曰紫陰山惟建者一曰封山洪濬者一曰練山神翫者一曰崛山道圓者一曰王臺惟然者一曰池州灰山曇覩者一曰荊州寶積者一曰河中府法藏者一曰漢南良津者一曰京兆崇禪師者一曰南嶽智周者一曰白虎法宣者一曰金窟惟直者一曰台州栢巖常徹者一曰乾元暉禪師者一曰齊州道巖者一曰襄州常堅者一曰荊南寶正道本者一曰雲水靖宗者一曰荊州靈湍者一曰龍

牙圓暢者一曰雙嶺道方者一曰羅浮山修廣者一曰峴山定慶者一曰越州惟猷者一曰光明普滿者一曰汾州無業者一曰澧州大同廣澄者一曰南泉普願者一曰五臺鄧隱峯者一曰佛嶴和尚者一曰烏臼和尚者一曰石霜大善者一曰石臼和尚者一曰本溪和尚者一曰石林和尚者一曰西山亮座主者一曰黑眼和尚者一曰米嶺和尚者一曰齊峯和尚者一曰大陽和尚者一曰紅螺山和尚者一曰龜洋無了者一曰利山和尚者一曰乳原和尚者一曰松山和尚者一曰則川和尚者一曰西園曇藏者一曰百靈和尚者一曰金牛和尚者一曰洞安和尚者一曰忻州打地和尚者一曰秀溪和尚者一曰馬頭峯神藏者一曰華林善覺者一曰水塘和尚者一曰古寺和尚者一曰江西椑樹和尚者一曰京兆草堂和尚者一曰陽岐甄叔者一曰濛溪和尚者一曰黑澗和尚者一曰興平和尚者一曰逍遙和尚者一曰福溪和尚者一曰水老和尚者一曰浮盃和尚者一

曰龍山和尚者一曰居士龐蘊者一曰天目明覺者一曰王屋山行明者一曰京兆智藏者一曰大陽希項者一曰昆山定覺者一曰隨州洪山大師者一曰連州元堤者一曰泉州慧忠者一曰安豐山懷空者一曰羅浮山道行者一曰盧山法藏者一曰呂后山寧賁者

大鑒之三世曰下回田善悟禪師其所出法嗣一人曰潭州無學者

大鑒之三世曰衡州道倩禪師其所出法嗣一人曰湖南如寶者

大鑒之三世曰耽源山真應禪師其所出法嗣一人曰吉州正邃者

大鑒之三世曰法如禪師其所出法嗣一人曰荊南惟忠者

大鑒之三世曰河陽懷空禪師其所出法嗣一人曰蔡州道明者

大鑒之三世曰烏牙山圓震禪師其所出法嗣二人一曰眞頭陀者一曰四面山法智者

大鑒之三世曰五臺山無名禪師其所出法

嗣一人曰五臺山華嚴澄觀者
大鑒之三世曰益州南印因禪師其所出法嗣一人曰義俛者
大鑒之四世曰鄧州丹霞山天然禪師其所出法嗣七人一曰京兆翠微無學者一曰丹霞義安者一曰吉州性空者一曰本童和尚者一曰米倉和尚者一曰揚州六合大隱者一曰丹霞慧勤者
大鑒之四世曰藥山惟儼禪師其所出法嗣九人一曰道吾圓智者一曰雲巖曇晟者一曰華亭船子德誠者一曰宣州椑樹慧省者一曰藥山高沙彌者一曰鄂州百顔明哲者一曰郢州涇源光宓者一曰藥山蔓禪師者一曰宣州落霞和尚者
大鑒之四世曰潭州長髭曠禪師其所出法嗣一人曰潭州石室善道者
大鑒之四世曰潮州大巔和尚其所出法嗣二人一曰漳州三平山義忠者一曰本山和尚者
大鑒之四世曰潭州大川禪師其所出法嗣二人一曰僊天和尚者一曰福州普光和尚者
大鑒之四世曰虔州西堂智藏禪師其所出法嗣四人一曰虔州處微者一曰雞林道義者一曰新羅國慧禪師者一曰新羅國洪直者
大鑒之四世曰蒲州麻谷山寶徹禪師其所出法嗣二人一曰壽州良遂者一曰新羅無染者
大鑒之四世曰湖南東寺如會禪師其所出法嗣四人一曰吉州茱山慧超者一曰舒州景諸者一曰莊嚴寺光肇者一曰潭州華輔山昭禪師者
大鑒之四世曰京兆章敬寺懷暉禪師其所出法嗣凡十六人一曰京兆弘辯者一曰龜山智眞者一曰鼎州懷政者一曰金州操禪師者一曰鼎州古堤和尚者一曰河中府公畿和尚者一曰栢林閑雲者一曰宣州玄哲者一曰河中府寶聖者一曰西京道志者一曰絳州神祐者一曰西京智藏者一曰許州無迹者一曰壽山惟肅者一曰新羅玄昱者一曰新羅覺體者
大鑒之四世曰杭州鹽官齊安禪師其所出法嗣八人其一曰襄州關南道常者一曰洪州雙嶺玄眞者一曰徑山鑒宗者一曰白雲曇靖者一曰潞府文舉者一曰新羅品日者一曰壽州建宗者　唐宣宗皇帝
大鑒之四世曰婺州五洩山靈默禪師其所出法嗣四人一曰福州龜山正原者一曰甘泉寺曉方者一曰甘泉寺元遂者一曰明州棲心寺藏奐者
大鑒之四世曰洛京佛光寺如滿禪師其所出法嗣一人曰太子少傅白居易者
大鑒之四世曰明州大梅山法常禪師其所出法嗣三人其一曰新羅國迦智者一曰杭州天龍和尚者一曰新羅國忠彥者
大鑒之四世曰荊州永泰寺靈湍禪師其所出法嗣五人其一曰湖南上林成虛者一曰五臺祕魔和尚者一曰湖南祇林和尚者一曰呂后山文質者一曰蘇州法河者

大鑒之四世曰幽州盤山寶積禪師其所出法嗣二人一曰鎮府普化和尚者一曰鎮州上方和尚者

大鑒之四世曰京兆興善寺惟寬禪師其所出法嗣六人一曰京兆法智者一曰京兆慧建者一曰京兆無表者一曰京兆元淨者一曰京兆慧光者一曰京兆義宗者

大鑒之四世曰雲水靖宗禪師其所出法嗣二人一曰華州小馬神照者一曰華州道圓者

大鑒之四世曰潭州龍牙山圓暢禪師其所出法嗣二人一曰嘉禾藏廙者一曰羊腸藏樞者

大鑒之四世曰汾州無業大達國師其所出法嗣二人其一曰鎮州常正者一曰鎮州奉先義禪師者

大鑒之四世曰廬山歸宗寺法常（或作智常）禪師其所出法嗣六人一曰福州芙蓉山靈訓者一曰漢南穀城縣高亭和尚者一曰新羅大茅和尚者一曰五臺山智通者一曰洪州高安大愚者一曰江州刺史李渤者

大鑒之四世曰魯祖山寶雲禪師其所出法嗣一人曰雲水和尚者

大鑒之四世曰紫玉山道通禪師其所出法嗣一人曰山南道節度使于迪者

大鑒之四世曰華嚴寺智藏禪師其所出法嗣一人曰黃州齊安和尚者

大鑒之四世曰懷海禪師福州長樂人也初參道一禪師於南康得大法要及居百丈山四方學士莫不歸之然海師尤有遠識嘗以禪者所會未始有制度遂以其事宜折中於經律之規法遺於後世其所出法嗣凡三十人一曰溈山靈祐者一曰黃檗希運者一曰大慈山寰中者一曰天台普岸者一曰石霜性空者一曰筠州常觀者一曰福州大安者一曰古靈神贊者一曰廣州通禪師者一曰江州雲龍（或作龍雲）臺禪師者一曰洛京衛國道禪師者一曰鎮州萬歲和尚者一曰洪州東山和尚者一曰高安無畏者一曰東巖道曠者一曰荊州素禪師者一曰唐州大乘山吉本者一曰小乘山慧深者一曰揚州昭一者一曰羅浮鑒深者一曰洪州九僊山梵雲者一曰百丈涅槃和尚者一曰廬山操禪師者一曰越州契真者一曰筠州包山天性者一曰大梅山彼岸者一曰遼山藏術者一曰祇闍山道方者一曰清田和尚者一曰大于和尚者

大鑒之四世曰荊南惟忠禪師其所出法嗣四人一曰道圓者一曰益州如一者一曰廬山東林雅禪師者一曰奉國臣照者

大鑒之四世曰具頭陀其所出法嗣一人曰玄固者

大鑒之四世曰池州南泉普願禪師其所出法嗣凡十十七人其一曰長沙景岑者一曰白馬曇照者一曰終南山師祖者一曰香嚴義端者一曰趙州從諗者一曰池州靈鷲閑禪師者一曰茱萸山和尚者一曰子湖利蹤者一曰嵩山和尚者一曰日子和尚者一曰蘇州西禪和尚者一曰池州白衣甘贄者一曰資山存制者一曰江陵道弘者一曰宣州玄

極者一曰新羅道均者一曰宣州刺史陸亘者

大鑒之四世曰荆州天皇道悟禪師其所出法嗣一人曰澧州龍潭崇信者

大鑒之五世曰澧州龍潭崇信禪師其所出法嗣二人一曰德山宣鑒者一曰泐潭寶峯和尚者

大鑒之五世曰趙州東院從諗禪師其所出法嗣凡一十三人一曰洪州嚴陽尊者一曰揚州慧覺者一曰隴州奉禪師者一曰婺州從朗者一曰婺州新建禪師者一曰杭州多福和尚者一曰益州西睦和尚者一曰麻谷和尚者一曰觀音定鄂者一曰宣州茗萍和尚者一曰太原孚道者一曰幽州燕王者一曰鎮州趙王者

大鑒之五世曰衢州子湖巖利蹤禪師其所出法嗣四人一曰台州勝光和尚者一曰漳州浮石和尚者一曰紫桐和尚者一曰日容和尚者

大鑒之五世曰鄂州茱萸禪師其所出法嗣一人曰石梯和尚者

大鑒之五世曰長沙景岑禪師其所出法嗣二人一曰雪竇常通者一曰婺州嚴靈者

大鑒之五世曰白馬曇照禪師其所出法嗣一人曰晉州霍山無名者

大鑒之五世曰吉州性空禪師其所出法嗣二人一曰歙州務源和尚者一曰棗山光仁者

大鑒之五世曰京兆翠微無學禪師其所出法嗣五人一曰鄂州青平令遵者一曰投子山大同者一曰湖州道場如訥者一曰建州白雲約禪師者一曰伏牛山元通者

大鑒之五世曰潭州道吾山圓智禪師其所出法嗣三人一曰石霜慶諸者一曰漸源仲興者一曰祿清和尚者

大鑒之五世曰潭州雲岩曇晟禪師其所出法嗣四人一曰筠州洞山良价者一曰涿州杏山鑒洪者一曰潭州神山僧密者一曰幽谿和尚者

大鑒之五世曰華亭船子德誠禪師其所出法嗣一人曰澧州夾山善會者

大鑒之五世曰襄州關南道常禪師其所出法嗣二人一曰關南道吾者一曰漳州羅漢者

大鑒之五世曰杭州徑山鑒宗大師其所出法嗣三人一曰天童咸啓者一曰背山行眞者一曰杭州大慈山行滿者

大鑒之五世曰天龍禪師其所出法嗣二人一曰婺州俱胝和尚者一曰新羅彥忠者

大鑒之五世曰高安大愚禪師其所出法嗣一人曰筠州末山尼了然者

大鑒之五世曰新羅洪直禪師其所出法嗣二人一曰興德大王者一曰宣康太子者

大鑒之五世曰許州無迹禪師其所出法嗣一人曰道遂者

大鑒之五世曰小馬神照禪師其所出法嗣一人曰縉雲郡有緣者

大鑒之五世曰福州長慶院大安禪師其所出法嗣凡一十人一曰大隨法眞者一曰靈樹如敏者一曰福州壽山師解者一曰饒州

嵬山和尚者一曰莆田崇福慧日者一曰台州浮江和尚者一曰潞州渌水和尚者一曰廣州圓(或作圓明)禪師者一曰溫州靈陽禪師者一曰洪州紙衣和尚者

大鑒之五世曰洪州黃檗山希運禪師其所出法嗣凡一十三人一曰臨濟義玄者一曰睦州陳尊宿者一曰杭州千頃山楚南者一曰福州烏石山靈觀者一曰杭州羅漢宗徹者一曰魏府大覺者一曰相國裴休者一曰揚州德元者一曰土門讃禪師者一曰襄州政禪師者一曰吳門山弘宣者一曰幽州超禪師者一曰蘇州憲禪師者

大鑒之五世曰潭州溈山靈祐禪師其所出法嗣凡四十二人一曰仰山慧寂者一曰香嚴智閑者一曰延慶法端者一曰徑山洪諲者一曰靈雲志勤者一曰益州應天和尚者一曰九峯慈慧者一曰京兆米和尚者一曰晉州霍山和尚者一曰襄州王敬初常侍者一曰長延圓鑒者一曰志和者一曰洪州道方者一曰溈山如真者一曰并州元順者一曰興元府崇皓者一曰鄂州全諗者一曰嵩山神劍者一曰許州弘進者一曰餘杭文立者一曰越州光相者一曰蘇州文約者一曰上元智滿者一曰金州法朗者一曰鄂州超達者一曰白鹿從約者一曰西堂復禪師者一曰溫州靈空者一曰大溈簡禪師者一曰荊南智朗者一曰溈山普潤者一曰溈山法真者一曰黑山和尚者一曰滁州神英者一曰石(或無石字)霜山和尚者一曰南源和尚者一曰溈山沖逸者一曰溈山彥禪師者一曰三角法遇者一曰鄧州志詮者一曰荊州弘[illegible]者一曰嚴背道曠者

大鑒之五世曰遂州道圓禪師其所出法嗣一人曰終南山圭峯宗密者

大鑒之五世曰奉國神照禪師其所出法嗣三人一曰鎮州常一者一曰滑州智遠者一曰鹿臺玄邃者

大鑒之六世曰筠州洞山良价禪師其所出法嗣凡二十六人一曰雲居道膺者一曰撫州本寂者一曰洞山道全者一曰龍牙居遁者一曰京兆休靜者一曰京兆蜆子和尚者一曰筠州普滿者一曰台州道幽者一曰洞山師虔者一曰洛京遁儒者一曰越州乾峯和尚者一曰吉州禾山和尚者一曰天童咸啓者一曰潭州寶蓋山和尚者一曰益州通禪師者一曰高安白水本仁者一曰撫州疎山光仁者一曰澧州欽山文邃者一曰天童義禪師者一曰太原方禪師者一曰新羅金藏和尚者一曰益州白禪師者一曰潭州文殊和尚者一曰舒州白水和尚者一曰邵州西湖和尚者一曰青陽通玄和尚者

大鑒之六世曰鼎州德山宣鑒禪師其所出法嗣九人一曰巖頭全豁者一曰雪峯義存者一曰天台慧恭者一曰泉州瓦官者一曰高亭簡禪師者一曰洪州資國和尚者一曰德山紹旻者一曰鳳翔府無垢者一曰益州雙流尉遲者

大鑒之六世曰睦州陳尊宿其所出法嗣二人一曰睦州刺史陳操者一曰嚴陵釣臺和尚者

大鑒之六世曰鎮州臨濟義玄禪師曹州南華人也姓邢氏少有遠志戒後即務學宗乘及往黃蘗法會其上座僧初勸禪師問法於黃蘗曰如何是祖師西來的的意黃蘗便打禪師凡三問黃蘗皆三打之師以此乃告辭其上座僧上座遂謂黃蘗曰義玄雖後生可教若辭去師宜多方接之明日義玄果辭黃蘗遂謂汝可往大愚及玄至大愚因問曰什處來玄曰黃蘗來大愚曰黃蘗有何言教曰義玄嘗三問如何是西來的的意爲其三度被打不知過在何處大愚曰黃蘗恁麼老婆爲汝得徹困猶覓過在玄於是大悟曰元來佛法無多子大愚遂搊玄曰汝適來道我不會而今又道無多子是汝見箇甚麼道理玄遂揮大愚肋下三拳大愚托開玄曰汝師黃蘗非干我事玄却返黃蘗黃蘗問曰汝回何速玄曰秖爲老婆心切黃蘗曰大愚遮老漢待見與打一頓玄曰說什麼待見即今便打遂鼓黃蘗一掌黃蘗吟吟大笑禪師後乃還趙趙人慕之遂命居臨濟學者聞風皆行遠近歸之其所出法嗣凡二十四人一曰鄂州灌谿志閑者一曰幽州譚空者一曰鎮州寶壽沼和尚者一曰鎮州三聖慧然者一曰魏府存奬者一曰定州善崔者一曰鎮州萬歲和尚者一曰雲山和尚者一曰桐峯菴主者一曰杉洋菴主者一曰涿州紙衣和尚者一曰虎谿菴主者一曰覆盆菴主者一曰襄州歷村和尚者一曰滄州米倉和尚者一曰齊聳者一曰涿州秀禪師者一曰善權徹禪師者一曰金沙禪師者一曰允誠禪師者一曰新羅智異山和尚者一曰魏府大覺者一曰定上座者一曰奯上座者

大鑒之六世曰魏府大覺禪師其所出法嗣四人一曰廬州大覺者一曰廬州澄心旻德者一曰汝州南院和尚者一曰宋州法華和尚者

大鑒之六世曰圭峯宗密禪師其所出法嗣六人一曰圭峯温禪師者一曰慈恩太恭者一曰興善太錫者一曰萬乘宗禪師者一曰瑞聖覺禪師者一曰化度仁瑜者

大鑒之六世曰鹿臺玄遂禪師其所出法嗣一人曰龍興念禪師者

大鑒之六世曰滑州智遠禪師其所出法嗣四人一曰彭門審用者一曰圓紹者一曰上方眞禪師者一曰東京法志者

大鑒之六世曰揚州光孝院慧覺禪師其所出法嗣一人曰昇州長慶道歉者

大鑒之六世曰袁州仰山慧寂禪師其所出法嗣凡一十八人一曰仰山光穆者一曰晉州景通者一曰杭州龍泉文喜者一曰新羅順支者一曰仰山南塔光涌者一曰仰山東塔和尚者一曰洪州觀音常蠲者一曰福州東禪慧茂者一曰福州明月山道崇者一曰處州遂昌者

大鑒之六世曰鄧州香嚴智閑禪師其所出法嗣凡一十二人一曰吉州止觀者一曰壽州紹宗者一曰襄州延慶法端者一曰益州無染者一曰益州長平山和尚者一曰益州演教大師者一曰安州清幹者一曰終南山豐德寺和尚者一曰均州武當山暉禪師者

一曰江州雙谿田道者一曰益州照覺和尚
者一曰睦州東禪和尚者
大鑒之六世曰福州雙峯禪師其所出法嗣
一人曰雙峯古禪師者
大鑒之六世曰杭州徑山洪諲禪師其所出
法嗣四人一曰洪州来嶺和尚者一曰廬州
寂禪師者一曰臨川義直者一曰杭州功臣
令道者
大鑒之六世曰舒州投子山大同禪師其所
出法嗣凡一十三人一曰第二世投子温禪
師者一曰福州牛頭微禪師者一曰西川香
山澄照者一曰陝府天福和尚者一曰濠州
思明者一曰鳳翔招福者一曰興元中梁山
遵古者一曰襄州谷隱和尚者一曰安州九
嵕山和尚者一曰幽州盤山第二世和尚者
一曰九嵕山敬慧者一曰東京觀音巖俊者
一曰桂陽龍福眞禪師者
大鑒之六世曰鄂州清平山令遵禪師其所
出法嗣一人曰蘄州三角山令珪者
大鑒之六世曰潭州石霜慶諸禪師其所出

法嗣凡四十一人一曰南際山僧一者一曰
大光山居誨者一曰廬山懐祐者一曰九峯
道虔者一曰涌泉景欣者一曰雲蓋山志元
者一曰藏禪師者一曰福州洪荐者一曰德
山慧空者一曰吉州崇恩者一曰石霜輝禪
師者一曰郢州芭蕉和尚者一曰潭州伏和
尚者一曰鹿苑暉禪師者一曰寶蓋約禪師
者一曰雲門海晏者一曰湖南文殊和尚者
一曰石柱和尚者一曰中雲蓋和尚者一曰
河中存壽者一曰南嶽玄泰者一曰杭州敬
禪師者一曰潞府宗海者一曰新羅欽忠者
一曰新羅行寂者一曰洪州鹿源和尚者一
曰大陽山和尚者一曰滑州觀音和尚者一
曰郟州正覺和尚者一曰商州高明和尚者
一曰許州慶壽和尚者一曰鎮州萬歲和尚
者一曰鎮州靈壽和尚者一曰鎮州洪濟和
尚者一曰吉州簡之者一曰大梁洪方者一
曰邛州守閑者一曰新羅朗禪師者一曰新
羅清靈者一曰汾州爽禪師者一曰餘杭通
禪師者

大鑒之六世曰澧州夾山善會禪師其所出
法嗣凡二十二人一曰樂普山元安者一曰
洪州令超者一曰鄆州四禪和尚者一曰江
西懐忠者一曰盤龍可文者一曰撫州月輪
者一曰洛京寰普者一曰太原海湖和尚者
一曰嘉州白水寺和尚者一曰鳳翔府幽禪
師者一曰洪州同安和尚者一曰韶州雲普
者一曰吉州儇居山和尚者一曰太原端禪
師者一曰洪州延慶和尚者一曰越州越峯
和尚者一曰鼎州祇闍山和尚者一曰益州
棲穆和尚者一曰嵩山全禪師者一曰益州
夾山院和尚者一曰西京雲巖和尚者一曰
安福延慶休和尚者
大鑒之七世曰灌溪志閑禪師其所出法嗣
一人曰池州魯祖山教和尚者
大鑒之七世曰魏府興化存獎禪師其所出
法嗣二人一曰汝州寶應和尚者一曰天鉢
和尚者
大鑒之七世曰鎮州寶壽沼禪師其所出法
嗣二人一曰汝州西院思明者一曰西院第

二世寶壽和尚者
大鑒之七世曰涿州紙衣和尚其所出法嗣一人曰鎮州譚空者
大鑒之七世曰鎮州三聖慧然禪師其所出法嗣二人一曰鎮州大悲和尚者　曰淄州水陸和尚者
大鑒之七世曰濠州思明禪師其所出法嗣一人曰襄州善本者
大鑒之七世曰潭州大光山居誨禪師其所出法嗣凡一十三人一曰潭州有緣者一曰龍興和尚者一曰潭州伏龍山第一世和尚者一曰潭州伏龍山第二世和尚者一曰京兆白雲善藏者一曰潭州伏龍山第三世和尚者一曰陝府龍峻山和尚者一曰大光山玄禪師者一曰漳州藤霞和尚者一曰宋州淨覺和尚者一曰華州證和尚者一曰鄂州永壽和尚者一曰鄂州靈竹和尚者
大鑒之七世曰筠州九峯道虔禪師其所出法嗣凡一十人一曰新羅清院和尚者一曰洪州泐潭神黨者一曰吉州行修者一曰洪州明禪師者一曰吉州秘和尚者一曰洪州延茂和尚者一曰洪州同安常察者一曰洪州泐潭悟禪師者一曰吉州禾山無殷者一曰泐潭牟和尚者
大鑒之七世曰台州涌泉景欣禪師其所出法嗣一人曰台州六通紹禪師者
大鑒之七世曰潭州雲蓋山志元禪師其所出法嗣三人一曰雲蓋山志罕禪師者一曰新羅卧龍和尚者一曰彭州天台和尚者
大鑒之七世曰潭州谷山藏禪師其所出法嗣三人一曰新羅瑞巖和尚者一曰新羅泊巖和尚者一曰新羅大嶺和尚者
大鑒之七世曰潭州中雲蓋山禪師其所出法嗣一人曰雲蓋山景和尚者
大鑒之七世曰河中府棲巖存壽禪師其所出法嗣一人曰道儒者
大鑒之七世曰洪州雲居山道膺禪師其所出法嗣凡二十八人一曰杭州佛日和尚者一曰蘇州永光院眞禪師者一曰洪州同安丕禪師者一曰歸宗澹權者一曰池州廣濟和尚者一曰潭州水西南臺和尚者一曰歙州朱谿謙禪師者一曰揚州豐化和尚者一曰雲居山道簡者一曰歸宗懷惲者一曰洪州大善慧海者一曰鼎州德山第七世和尚者一曰南嶽南臺和尚者一曰雲居山昌禪師者一曰池州嵇山章禪師者一曰晉州大梵和尚者一曰新羅雲柱和尚者一曰雲居山懷岳者一曰聆玨和尚者一曰潭州龍興寺悟空者一曰建州白雲滅禪師者一曰潭州慕輔山和尚者一曰舒州白水山瑋禪師者一曰廬州冶父山和尚者一曰南嶽法志者一曰新羅慶猷者一曰新羅慧禪師者一曰洪州鳳棲山慧志者
大鑒之七世曰撫州曹山本寂禪師其所出法嗣凡一十四人一曰撫州荷玉光慧者一曰筠州洞山道延者一曰衡州育王山弘通者一曰撫州金峯從志者一曰襄州鹿門處眞者一曰撫州曹山慧霞者一曰衡州華光範禪師者一曰處州廣利容禪師者一曰泉州小谿院行傳者一曰西川布水巖和尚者

一曰蜀川西禪和尚者一曰華州草庵法義者一曰韶州華嚴和尚者一曰廬山羅漢池隆山主者

大鑒之七世曰潭州龍牙山居遁禪師其所出法嗣五人一曰潭州報慈藏嶼者一曰襄州含珠山審哲者一曰鳳翔白馬弘寂者一曰撫州崇壽院道欽者一曰楚州觀音院斌禪師者

大鑒之七世曰京兆華嚴寺體靜禪師其所出法嗣三人一曰鳳翔府紫陵匡一者一曰饒州北禪院惟直者一曰濰州化城和尚者

大鑒之七世曰筠州九峯普滿禪師其所出法嗣一人曰洪州同安威禪師者

大鑒之七世曰青林師虔禪師其所出法嗣六人一曰韶州龍光和尚者一曰襄州石門寺獻禪師者一曰襄州廣德和尚者一曰郢州芭蕉和尚者一曰定州石藏慧炬者一曰襄州延慶通性者

大鑒之七世曰洛京白馬遁儒禪師其所出法嗣二人一曰興元府青剉山和尚者一曰京兆保福和尚者

大鑒之七世曰益州北院通禪師其所出法嗣一人曰京兆香城和尚者

大鑒之七世曰高安白水本仁禪師其所出法嗣二人一曰京兆重雲智暉者一曰杭州瑞龍幼璋者

大鑒之七世曰撫州踈山匡仁禪師其所出法嗣凡二十人一曰踈山第二世證禪師者一曰洪州百丈安禪師者一曰筠州黃檗慧禪師者一曰隨城山護國守澄者一曰洛京靈泉歸仁者一曰延州延慶奉璘者一曰安州大安山省禪師者一曰洪州百丈超禪師者一曰洪州天王院和尚者一曰常州正勤院蘊禪師者一曰襄州洞山和尚者一曰京兆三相和尚者一曰筠州五峯山行繼者一曰商州高明和尚者一曰華州西谿道泰者一曰撫州踈山和尚者亡其世數一曰筠州黃檗山令約者一曰揚州祥光遠禪師者一曰安州大安山傳性者一曰筠州黃檗贏禪師者

大鑒之七世曰澧州欽山文邃禪師其所出法嗣二人一曰洪州上藍自古者一曰澧州太守雷滿者

大鑒之七世曰樂普山元安禪師其所出法嗣十人一曰京兆永安善靜者一曰蘄州烏牙山彥賓者一曰鳳翔府青峯傳楚者一曰鄧州中度和尚者一曰嘉州洞谿和尚者一曰京兆卧龍和尚者一曰嘉州黑水慧通者一曰京兆盤龍和尚者一曰單州東禪和尚者一曰鄜州善雅者

大鑒之七世曰江西逍遙山懷忠禪師其所出法嗣二人一曰泉州福清師巍者一曰京兆白雲無休者

大鑒之七世曰袁州盤龍山可文禪師其所出法嗣五人一曰江州廬山永安淨悟者一曰袁州木平山善道者一曰陝府龍谿和尚者一曰桂陽志通者一曰廬州壽昌淨寂者

大鑒之七世曰撫州黃山月輪禪師其所出法嗣一人曰郢州桐泉山和尚者

大鑒之七世曰洛京韶山寰普禪師其所出法嗣二人一曰潭州文殊和尚者一曰祥州

大巖白和尚者

大鑒之七世曰洪州上藍令超禪師其所出法嗣二人一曰河東北院簡禪師者一曰洪州南平王鍾傳者

大鑒之七世曰袁州仰山南塔光涌禪師其所出法嗣五人一曰越州清化全付者一曰郢州芭蕉慧清者一曰韶州黄連山義初者一曰韶州慧林鴻究者一曰洪州黄龍和尚者

大鑒之七世曰袁州仰山西塔光穆禪師其所出法嗣一人曰吉州資福如寶者

大鑒之七世曰鄂州巖頭全豁禪師其所出法嗣九人一曰台州師彦者一曰懷州彦禪師者一曰吉州慧宗者一曰福州道閑者一曰福州從範者一曰福州巖禪師者一曰洪州海一者一曰信州韶和尚者一曰洪州訥和尚者

大鑒之七世曰洪州感潭資國禪師其所出法嗣一人曰安州志圓者

大鑒之七世曰金陵道㦤禪師其所出法嗣一人曰金陵廣化處微者

大鑒之七世曰福州雪峯義存禪師其所出法嗣五十六人一曰玄沙師備者一曰福州慧稜者一曰福州玄通者一曰杭州道怤者一曰福州長生山皎然者一曰鵝湖山智孚者一曰漳州報恩懷岳者一曰杭州西興化度者一曰福州鼓山神晏者一曰漳州隆壽紹鄉者一曰福州僊宗行瑫者一曰福州蓮華山從弇者一曰杭州龍華寺靈照者一曰明州翠巖令參者一曰福州弘瑫者一曰漳州雲蓋山歸本者一曰韶州林泉和尚者一曰洛京南院和尚者一曰越州洞巖可休者一曰定州法海行周者一曰杭州龍井通禪師者一曰漳州保福從展者一曰泉州瑞龍道溥者一曰杭州龍興寺宗靖者一曰福州南禪契璠者一曰越州越山師鼐者一曰南嶽金輪可觀者一曰泉州福清玄訥者一曰韶州雲門文偃者一曰衢州南臺仁禪師者一曰泉州東禪和尚者一曰餘杭大錢從襲者一曰福州永泰和尚者一曰池州和龍山守訥者一曰建州夢筆和尚者一曰福州古田極樂院元儼者一曰福州芙蓉山如體者一曰洛京憩鶴山和尚者一曰潭州溈山棲禪師者一曰吉州潮山延宗者一曰益州普通山普明者一曰隨州雙泉梁家庵永禪師者一曰漳州保福超悟者一曰太原孚上座者一曰南嶽惟勁者一曰台州十相審超者一曰江州廬山訥禪師者一曰新羅國大無爲禪師者一曰潞州玄賾者一曰湖州清淨和尚者一曰益州永安靈峯和尚者一曰廬僊德明禪師者一曰撫州明水懷忠者一曰益州懷果或作果者一曰杭州耳相行修者一曰嵩山安德者

大鑒之八世曰汝州南院禪師其所出法嗣一人曰汝州風穴延沼者

大鑒之七世曰汝州西院思明禪師其所出法嗣一人曰郢州興陽歸靜者

傳法正宗記卷第七

傳法正宗記卷第七

校勘記

·

一　底本，清藏本。

一　三六八頁上一八行「婺女」，磧作「婺州」。

一　三七一頁中八行「良遂」，磧、南作「遂良」。

一　三七一頁中一四行「懷暉禪師」，南作「懷惲禪師」。

一　三七二頁中一六行「古靈」，磧、南作「右靈」。

一　三七二頁下末行「存制」，磧作「有制」。

一　三七五頁上一一行「被打」，磧、南、徑作「打之」。

一　三七五頁上一三行「佛法」，磧、南、徑作「佛法也」。

一　三七五頁上一四行「是汝見箇甚麼道理」，磧、南、徑作「是多少來是多少來」。

一　三七五頁上一五行「三拳」，磧作「一拳」。

一　三七五頁上末行至本頁中一行「皆行遠近歸之」，磧、南、徑作「皆不遠歸之」。

一　三七六頁上六行「來嶺和尚」，磧、南作「米嶺和尚」。

一　三七七頁下九行「禪師者」，磧、南作「禪者者」。

一　三七八頁中七行「匡仁禪師」，磧、南、徑作「康仁禪師」。

一　三七九頁下一二行「懷果」並夾註「或作果」，磧、南、徑作「懷果」並夾註「或作果」。

一　三七九頁下一四行「八世」，磧、南作「七世」。

一　三七九頁下一五行「延沼」，磧、南作「延昭」。

一　三七九頁下一六行「七世」，南作「八世」。

傳法正宗記卷第八　百八

宋藤州東山沙門釋契嵩編修

正宗分家略傳下

大鑒之八世曰韶州雲門山文偃禪師蘇州嘉興人也姓張氏天性穎悟幼不類常童出家得戒學經律論未幾皆通及參訪善知識一見睦州陳尊宿大達宗旨尋印可於雪峯存禪師自是匿曜一混於衆因南游至韶陽靈樹敏禪師法會敏異人也號能懸知見偃特相器重遂命爲衆之第一座及逝因遺書薦於廣主劉氏命禪師繼領其所居其後劉氏復治雲門大伽藍遷偃居之其聲遂大聞四方學者歸之如水趨下然其風教峭迅趣道益至今天下尚之號爲雲門宗者也其所出法嗣凡八十八人一曰韶州白雲祥和尚者一曰德山緣密者一曰潭州南臺道遵者一曰韶州雙峯竟欽者一曰韶州資福和尚者一曰廣州廣雲元禪師者一曰廣州龍境倫禪師者一曰韶州雲門爽禪師者一曰韶州白雲聞禪師者一曰韶州披雲智寂者一曰韶州淨法章和尚者一曰韶州温門山滿禪師者一曰岳州巴陵顥鑒者一曰連州地藏慧慈者一曰英州大容諲和尚者一曰廣州羅山崇禪師者一曰韶州雲門寶禪師者一曰郢州臨谿竟脱者一曰廣州華嚴慧禪師者一曰韶州舜峯韶和尚者一曰英州觀音和尚者一曰韶州林泉和尚者一曰隨州雙泉師寬者一曰韶州雲門煦和尚者一曰益州香林澄遠者一曰南嶽般若啓柔者一曰筠州黃蘗法濟者一曰襄州洞山守初者一曰信州康國耀和尚者一曰潭州谷山豐禪師者一曰潁羅漢匡果者一曰鼎州滄谿璘和尚者一曰筠州洞山清稟者一曰蘄州北禪寂和尚者一曰泐潭道謙者一曰廬州南天王永平者一曰湖南永安朗禪師者一曰湖南潭明和尚者一曰金陵清凉明禪師者一曰金陵奉先深禪師者一曰西川青城乘和尚者一曰潞府妙勝臻禪師者一曰興元普通封和尚者一曰韶州燈峯和尚者一曰韶州大梵圓和尚者一曰澧州藥山圓和尚者一曰信州鵝湖雲震和尚者一曰廬山開先清耀者一曰襄州奉國清海者一曰韶州慈光和尚者一曰潭州保安師密者一曰洪州雲居山融禪師者一曰衡州大聖寺守賢者一曰廬州北天王徽禪師者一曰郢州芭蕉山弘義者一曰眉州福化院光禪師者一曰廬州東天王廣慈者一曰信州西禪欽禪師者一曰江州慶雲眞禪師者一曰韶州雙峯慧眞者一曰雲門山法球者一曰韶州廣悟者一曰韶州長樂山政禪師者一曰韶州佛陀山遠禪師者一曰韶州鷲峯山韶禪師者一曰韶州淨源山眞禪師者一曰韶州月華山禪師者一曰韶州雙峯眞禪師者一曰隨州雙泉山郁禪師者一曰慈雲山深禪師者一曰廬州化城鑒禪師者一曰廬山護國禪師者一曰廬山慶雲禪師者一曰岳州永福朗禪師者一曰郢州越橫山禪師者一曰郢州綦子山庵主者一曰廬州南天三濠禪師者一曰桂州覺華普照者一曰益州鐵幢覺禪師者一曰新州延長山禪師者一曰

黃龍山禪師者一曰眉州西禪光禪師者一曰蘄州北禪悟同者一曰舒州天柱山禪師者一曰韶州龍光山禪師者一曰觀州水精院宮禪師者一曰隋州智門山法觀若一曰雲門山朗上座者

大鑒之八世曰福州玄沙備禪師其所出法嗣凡一十三人一曰漳州羅漢院桂琛者一曰福州安國慧球者一曰杭州天龍重機者一曰福州僊宗契符者一曰婺州國泰瑫禪師者一曰衡嶽南臺誠禪師者一曰福州白龍道希者一曰福州螺峯沖奥者一曰泉州睦龍和尚者一曰天台雲峯光緒者一曰福州大章山契如者一曰福州永興和尚者一曰天台國清師靜者

大鑒之八世曰福州長慶稜禪師其所出法嗣凡二十六人一曰泉州招慶道匡者一曰杭州龍華彥球者一曰杭州保安連禪師者一曰福州報慈光雲者一曰廬山開先紹宗者一曰婺州報恩寶資者一曰杭州傾心法瑫者一曰福州水陸供僊者一曰杭州廣嚴咸澤者一曰福州報慈慧朗者一曰福州長慶常慧者一曰福州石佛靜禪師者一曰處州翠峯從欣者一曰福州枕峯青換者一曰福州東禪契訥者一曰福州長慶弘辯者一曰福州東禪可隆者一曰福州僊宗守玭者一曰撫州永安懷烈者一曰福州閩山令含者一曰新羅龜山和尚者一曰吉州龍須山道殷者一曰福州祥光澄靜者一曰襄州鷲嶺明遠者一曰杭州報慈從瓌者一曰杭州龍華契盈者

大鑒之八世曰杭州龍冊寺道怤禪師其所出法嗣五人一曰越州清化山師訥者一曰衢州南禪遇緣者一曰復州資福智遠者一曰筠州洞山龜端者一曰溫州景豐者

大鑒之八世曰信州鵝湖智孚禪師其所出法嗣一人曰法進禪師者

大鑒之八世曰漳州報恩懷嶽禪師其所出法嗣一人曰漳州妙濟師浩者

大鑒之八世曰福州鼓山神晏禪師其所出法嗣凡十一人一曰杭州天竺子儀者一曰建州白雲智作者一曰福州鼓山智嚴者一曰福州龍山智嵩者一曰泉州鳳凰山彊禪師者一曰襄州定慧和尚者一曰福州鼓山清諤者一曰金陵淨德沖煦者一曰金陵報恩院清護者

大鑒之八世曰杭州龍華寺靈照禪師其所出法嗣七人一曰台州瑞巖師進者一曰台州六通院志球者一曰杭州雲龍歸禪師者一曰杭州功臣道閑者一曰衢州鎮境遇緣者一曰福州報國照禪師者一曰台州白雲迺禪師者

大鑒之八世曰明州翠巖令參禪師其所出法嗣二人一曰杭州龍冊寺子興者一曰溫州佛嶼知默者

大鑒之八世曰福州安國弘瑫禪師其所出法嗣九人一曰福州白鹿師貴者一曰福州羅山義聰者一曰福州安國從貴者一曰福州怡山藏用者一曰福州永隆彥端者一曰福州林陽志端者一曰福州興聖滿禪師者一曰福州僊宗明禪師者一曰福州安國祥

和尚者

大鑒之八世曰漳州保福院從展禪師其所出法嗣凡二十三人一曰泉州招慶省僜者一曰漳州保福可儔者一曰舒州白水如新者一曰洪州漳江慧廉者一曰福州報慈文欽者一曰泉州萬安清運者一曰福州報恩熙禪師者一曰泉州鳳凰山從琛者一曰福州永隆瀛和尚者一曰洪州清泉山守清者一曰漳州報恩院行崇者一曰潭州嶽麓和尚者一曰德山德海者一曰洪州建山澄禪師者一曰福州康山契穩者一曰潭州延壽慧輪者一曰泉州西明琛禪師者一曰福州升山柔禪師者一曰福州枕峯和尚者一曰鼎州法操者一曰襄州鷲嶺和尚者一曰睦州敬連和尚者一曰潭州谷山句禪師者

大鑒之八世曰南嶽金輪觀禪師其所出法嗣一人曰衡嶽後金輪和尚者

大鑒之八世曰泉州睡龍山道溥禪師其所出法嗣一人曰漳州保福院清豁者

大鑒之八世曰隨州雙泉山永禪師其所出法嗣一人曰廣州大通和尚者

大鑒之八世曰台州瑞巖師彥禪師其所出法嗣二人一曰南嶽橫龍和尚者一曰溫州瑞峯神祿和尚者

大鑒之八世曰懷州玄泉彥禪師其所出法嗣五人一曰鄂州黃龍誨機者一曰洛京栢谷和尚者一曰池州和龍和尚者一曰懷州玄泉第二世和尚者一曰潞府妙勝玄密者

大鑒之八世曰福州羅山道閑禪師其所出法嗣十九人一曰洪州大寧隱微者一曰婺州明招德謙者一曰衡州華光範禪師者一曰福州羅山招孜者一曰西川慧禪師者一曰建州白雲令弇者一曰處州天竺義證者一曰吉州清平惟曠者一曰婺州金柱義昭者一曰潭州谷山和尚者一曰湖南道吾山從盛者一曰福州羅山義因者一曰灌州靈巖和尚者一曰吉州匡山和尚者一曰福州興聖重滿者一曰潭州寶應清進者一曰濮州綿竹縣定慧者一曰潭州龍會山鑒禪師者一曰安州穆禪師者

大鑒之八世曰安州白兆山志圓禪師其所出法嗣凡十有三人一曰鼎州大龍山智洪者一曰襄州白馬山行靄者一曰郢州大陽山行沖者一曰安州白兆山懷楚者一曰四祖山清皎者一曰蘄州三角山志操者一曰晉州興教師普者一曰蘄州三角山眞鑒者一曰郢州興陽和尚者一曰郴州東禪玄偕者一曰新羅國慧雲者一曰安州慧日院玄諤者一曰京兆大秦寺彥賓者

大鑒之八世曰韶州慧林鴻究禪師其所出法嗣一人曰韶州靈瑞者

大鑒之八世曰郢州芭蕉山慧清禪師其所出法嗣四人一曰郢州興陽清讓者一曰洪州幽谷法滿者一曰郢州興陽義深者一曰芭蕉二世住遇者

大鑒之八世曰吉州資福如寶禪師其所出法嗣四人一曰吉州資福貞邃者一曰吉州福壽和尚者一曰潭州鹿苑和尚者一曰潭州報慈德韶者

大鑒之八世曰汝州風穴延沼禪師其所出

法嗣四人一曰汝州廣慧眞禪師者一曰汝州首山省念者一曰鳳翔長興和尚者一曰潭州靈泉和尚者

大鑒之八世曰潭州藤霞禪師其所出法嗣二人一曰澧州藥山第七世和尚者一曰潭州雲蓋山和尚者

大鑒之八世曰洪州鳳棲山同安常察禪師其所出法嗣一人曰袁州仰山良供者

大鑒之八世曰吉州禾山無殷禪師其所出法嗣五人一曰廬山永安慧度者一曰撫州曹山義崇者一曰吉州禾山契雲者一曰漳州保福和尚者一曰洪州翠巖師陰者

大鑒之八世曰潭州雲蓋山景禪師其所出法嗣三人一曰衡嶽南臺藏禪師者一曰幽州拓水從實者一曰雲蓋山澄覺者

大鑒之八世曰廬山歸宗寺澹權禪師其所出法嗣二人一曰鄂州黃龍蘊和尚者一曰壽州洎山和尚者

大鑒之八世曰歸宗懷惲禪師其所出法嗣二人一曰歸宗第四世弘章者一曰歸宗巖寄者

大鑒之八世曰池州嵇山章禪師其所出法嗣一人曰隨州雙泉山道虔者

大鑒之八世曰洪州雲居山懷岳禪師其所出法嗣五人一曰揚州風化院令崇者一曰澧州藥山忠彥者一曰梓州龍泉和尚者一曰雲居住緣者一曰雲居住滿者

大鑒之八世曰撫州荷玉山光慧禪師其所出法嗣一人曰荷玉山楅禪師者

大鑒之八世曰筠州洞山道延禪師其所出法嗣二人一曰洪州上藍慶禪師者一曰洞山敏禪師者

大鑒之八世曰撫州金峯從志禪師其所出法嗣二人一曰洪州大寧神降者一曰澧州藥山彥禪師者

大鑒之八世曰襄州鹿門山處眞禪師其所出法嗣六人一曰益州崇眞者一曰鹿門第二世譚和尚者一曰襄州谷隱智靜者一曰廬山佛手巖行因者一曰襄州靈谿山明禪師者一曰洪州大安寺眞上座者

大鑒之八世曰撫州曹山慧霞禪師其所出法嗣三人一曰嘉州東汀和尚者一曰雄州華嚴正慧者一曰泉州招慶院堅上座者

大鑒之八世曰華州草庵法義禪師其所出法嗣一人曰泉州龜洋慧忠者

大鑒之八世曰潭州報慈藏嶼禪師其所出法嗣一人曰益州聖興存和尚者

大鑒之八世曰襄州含珠山審哲禪師其所出法嗣六人一曰洋州龍穴山和尚者一曰唐州大乘山和尚者一曰襄州延慶歸曉者一曰襄州含珠山眞和尚者一曰含珠山璋禪師者一曰含珠山偃和尚者

大鑒之八世曰鳳翔府紫陵匡一禪師其所出法嗣三人一曰并州廣福道隱者一曰紫陵第二世微禪師者一曰興元府大浪和尚者

大鑒之八世曰洪州同安威禪師其所出法嗣二人一曰陳州石鏡和尚者一曰中同安志禪師者

大鑒之八世曰襄州石門山獻禪師其所出

法嗣一人曰石門山第二出慧徹者

大鑒之八世曰襄州廣德義和禪師其所出法嗣二人一曰襄州廣德第二世延和尚者一曰荊州上泉和尚者

大鑒之八世曰京兆香城禪師其所出法嗣一人曰鄧州羅紋和尚者

大鑒之八世曰杭州瑞龍院幼璋禪師其所出法嗣一人曰西川德言者

大鑒之八世曰隨州護國守澄禪師其所出法嗣八人一曰隨州智門守欽者一曰護國第二世知遠者一曰大安山能和尚者一曰潁州薦福院思禪師者一曰潭州延壽和尚者一曰護國第三世志朗者一曰舒州香鑪峯瓊和尚者一曰京兆盤龍山滿和尚者

大鑒之八世曰京兆永安院善靜禪師其所出法嗣一人曰大明山和尚者

百八　十二

大鑒之八世曰蘄州烏牙山彥賓禪師其所出法嗣三人一曰安州大安山興古者一曰蘄州烏牙山行朗者一曰虢州盧氏常禪師者

大鑒之八世曰鳳翔府青峯禪師其所出法嗣七人一曰西川靈龕和尚者一曰京兆紫閣山端巳者一曰房州開山懷晝者一曰幽州傳法和尚者一曰益州淨衆歸信者一曰青峯第二世清勉者一曰鳳翔府長平山滿禪師者

大鑒之八世曰梓州大巖白禪師其所出法嗣一人曰邛州碧雲和尚者

大鑒之九世曰汝州首山省念禪師其所出法嗣五人一曰汾州善昭者一曰襄州谷隱蘊聰者一曰并州承天智嵩者一曰汝州廣惠元璉者一曰汝州葉縣歸省者一曰智門空和尚者

大鑒之九世曰漳州羅漢院桂琛禪師其所出法嗣七人一曰金陵清涼文益者一曰襄州清溪洪進者一曰金陵清涼休復者一曰撫州龍濟紹修者一曰杭州天龍寺秀禪師者一曰潞州延慶傳殷者一曰衡嶽南臺守安者

大鑒之九世曰福州僊宗契符禪師其所出法嗣二人一曰福州僊宗洞明者一曰泉州福清行欽者

大鑒之九世曰杭州天龍重機禪師其所出法嗣一人曰高麗雲嶽令光者

大鑒之九世曰婺州泰瑫禪師其所出法嗣一人曰婺州齊雲寶勝者

百八　十二

大鑒之九世曰福州昇山白龍道希禪師其所出法嗣五人一曰福州廣平玄旨者一曰福州白龍清慕者一曰福州靈峯志恩者一曰福州東禪玄亮者一曰漳州報劬玄應者

大鑒之九世曰泉州招慶法因禪師其所出法嗣七人一曰泉州報恩宗顯者一曰金陵龍光澄忋者一曰永興北院可休者一曰郴州太平清海者一曰連州慈雲慧深者一曰郢州興陽道欽者一曰漳州保福清溪者

大鑒之九世曰婺州報恩寶資禪師其所出法嗣一人曰處州福林澄和尚者

大鑒之九世曰處州翠峯欣禪師其所出法嗣一人曰處州報恩守真者

大鑒之九世曰襄州鷲嶺明遠禪師其所出

法嗣一人曰襄州鷲嶺第一世通和尚者

大鑒之九世曰杭州龍華彦球禪師其所出法嗣一人曰仁王院俊禪師者

大鑒之九世曰漳州保福可儔禪師其所出法嗣一人曰漳州隆壽無逸者

大鑒之九世曰潭州延壽寺慧輪禪師其所出法嗣二人一曰廬山歸宗道詮者一曰潭州龍興裕禪師者

大鑒之九世曰韶州白雲禪師其所出法嗣六人一曰韶州大歷和尚者一曰連州寶華和尚者一曰韶州月華和尚者一曰南雄州地藏和尚者一曰英州樂淨含匡者一曰韶州後白雲楅禪師者

大鑒之九世曰鼎州德山緣密禪師其所出法嗣凡十有六人一曰潭州鹿苑文襲者一曰澧州藥山可瓊者一曰南嶽勲禪師者一曰文殊應眞者一曰德山柔禪師者一曰鼎州德山紹晏者一曰鼎州寛禪師者一曰鼎州道禪師者一曰巴陵晉禪師者一曰郴州乾明自興者一曰渝州進雲山禪師者一曰岳州乾普禪師者一曰興元府崇禪師者一曰鄂州黃龍志愿者一曰峩嵋山承璟者一曰益州東禪秀禪師者

大鑒之九世曰西川青城香林澄遠禪師其所出法嗣三人一曰永康軍羅漢和尚者一曰復州崇勝光祚者一曰永康軍青城香林信禪師者

大鑒之九世曰襄州洞山守初禪師其所出法嗣七人一曰潭州遺崧者一曰南嶽雅禪師者一曰岳州睦禪師者一曰鄧州同禪師者一曰韶州洪敎禪師者一曰安州處瓊者一曰潞州寶周者

大鑒之九世曰隨州龍居山明敎寛禪師其所出法嗣凡十有三人一曰五祖師戒者一曰四祖山志諲者一曰蘄州廣敎懷志者一曰襄州興化奉能者一曰唐州天睦山慧滿者一曰鄂州建福智同者一曰江陵府福昌重善者一曰舒州龍門山仁永者一曰襄州延慶本禪師者一曰唐州福安山恵珣者一曰鼎州大龍山炳賢者一曰雙泉山瓊禪師者一曰嵓自上座者

大鑒之九世曰韶州舜峯山韶禪師其所出法嗣四人一曰磁州桃園山曦朗者一曰安州法雲智善者一曰韶州鄧林善志者一曰韶州大歷志聰者

大鑒之九世曰隨州雙泉山郁禪師其所出法嗣二人一曰鼎州德山恵遠者一曰襄州含珠彬禪師者

大鑒之九世曰岳州巴陵鑒禪師其所出法嗣二人一曰襄州順禪師者一曰靈澄上座者

大鑒之九世曰金陵清涼山明禪師其所出法嗣二人一曰廬山崇勝御禪師者一曰吉州西峯豁禪師者

大鑒之九世曰雲居山深禪師其所出法嗣一人曰蓮華峯詳山主者

大鑒之九世曰潭州報慈歸眞大師德韶其所出法嗣二人一曰蘄州三角志謙者一曰郢州興陽詞鐸者

大鑒之九世曰鄂州黃龍誨機禪師其所出

法嗣九人一曰洛京紫蓋善沼者　一曰眉州黄龍繼達者一曰槖木第二世和尚者一曰興元府玄都山澄和尚者一曰嘉州黒水和尚者一曰鄂州黄龍智顒者一曰眉州福昌達和尚者一曰常州慧山然和尚者一曰洪州雙嶺悟海者

大鑒之九世曰婺州明招德謙禪師其所出法嗣六人一曰處州報恩契從者一曰婺州普照瑜和尚者一曰婺州雙谿保初者一曰處州涌泉究和尚者一曰衢州羅漢義和尚者一曰福州興聖調和尚者

大鑒之九世曰鼎州大龍山智洪禪師其所出法嗣三人一曰大龍山景如者一曰大龍山楚勛者一曰興元府普通從善者

大鑒之九世曰襄州白馬行靄禪師其所出法嗣一人曰白馬智倫者

大鑒之九世曰安州白兆山懷楚禪師其所出法嗣三人一曰唐州保壽匡祐者一曰蘄州自南者一曰果州永慶繼勲者

大鑒之九世曰襄州谷隱智靜禪師其所出法嗣二人一曰谷隱知儼者一曰襄州普寧法顯者

大鑒之九世曰廬山歸宗弘章禪師其所出法嗣一人曰東京普淨常覺者

大鑒之九世曰鳳翔府紫陵微禪師其所出法嗣二人一曰鳳翔府大朗和尚者一曰潭州新開和尚者

大鑒之九世曰襄州石門山慧徹禪師其所出法嗣二人一曰石門紹遠者一曰鄂州靈竹守珎者

大鑒之九世曰洪州同安志禪師其所出法嗣二人一曰鼎州梁山緣觀者一曰陳州靈通者

大鑒之九世曰襄州廣德延禪師其所出法嗣一人曰廣德周禪師者

大鑒之九世曰益州淨衆寺歸信禪師其所出法嗣一人曰漢州靈龕山和尚者

大鑒之九世曰隋州護國知遠禪師其所出法嗣一人曰東京開寶常普者

大鑒之九世曰鼎州梁山緣觀禪師其所出法嗣一人曰郢州大陽山警延者

大鑒之十世曰鼎州文殊山應眞禪師其所出法嗣一人口筠州洞山曉聰者

大鑒之十世口眉州黄龍繼達禪師其所出法嗣一人曰第二世黄龍和尚者

大鑒之十世金陵清涼文益禪師餘杭人也姓魯氏素有遠志戒後習毗尼於律師希覺傍探儒術而文藝可觀覺嘗目之曰此吾門之游夏也尋務宗乘遂詣福唐長慶法會居未幾已爲其衆所推晚復游方途中遇雨與其侶漸憩其州西之地藏院因叅琛禪師得了法要乃留庵於福之甘蔗洲後復爲其侶率游江表至臨川遂爲郡人命居崇壽精舍自是學輩浸盛江南國主李氏聞其風遂請入都使領清涼大伽藍其國禮之愈重四方之徒歸之愈多遠今其言布於天下號爲清涼之宗其所出法嗣凡六十三人一曰天台德韶國師者一曰杭州報恩寺慧明者一曰漳州羅漢智依者一曰金陵章義道欽者一曰金陵報恩匡逸者一曰金陵報慈文遂者

一曰漳州羅漢守仁者一曰杭州永明寺道潛者一曰撫州黄山良匡者一曰杭州靈隱清聳者一曰金陵報恩玄則者一曰金陵報慈行言者一曰金陵淨德智筠者一曰高麗道峯慧炬國師者一曰金陵清源泰欽者一曰杭州寶塔寺紹巖者一曰金陵報恩法安者一曰撫州崇壽契稠者一曰雲居清錫者一曰百丈道常者一曰天台般若敬遵者一曰歸宗策眞者一曰洪州同安紹顯者一曰廬山棲賢慧圓者一曰洪州觀音從顯者一曰廬州長安延規者一曰常州正勤希奉者一曰洛京興善棲倫者一曰洪州西興齊禪師者一曰潤州慈雲匡達者一曰蘇州薦福紹明一曰澤州古賢謹禪師者一曰宣州興福可勳者一曰洪州上藍守訥者一曰撫州覆船和尚者一曰杭州奉先法環者一曰廬山化城慧朗者一曰杭州永明寺達鴻者一曰高麗靈鑒者一曰荊門上泉和尚者一曰廬山大林僧遁者一曰池州仁王緣勝者一曰歸宗義柔者一曰泉州上方慧英者一曰荊州護國遇禪師者一曰饒州芝嶺照禪師者一曰歸宗師慧者一曰歸宗省一者一曰襄州延慶通性者一曰歸宗夢欽者一曰洪州舍利玄闡者一曰洪州永安明禪師者一曰洪州禪谿可莊者一曰潭州石霜爽禪師者一曰江西靈山和尚者一曰廬山佛手巖因禪師者一曰金陵保安止和尚者一曰昇州華嚴幽和尚者一曰袁州木平道達者一曰洪州大寧道邁者一曰楚州龍興德賓者一曰鄂州黄龍仁禪師者一曰洪州西山道聳者

大鑒之十世曰襄州清谿洪進禪師其所出法嗣二人一曰相州天平山從漪禪師者一曰廬山圓通德緣者

大鑒之十世曰金陵清源休復禪師其所出法嗣二人一曰金陵奉先慧同者一曰廬山寶慶庵道習者

大鑒之十世曰撫州龍濟山紹修禪師其所出法嗣一人曰河東廣原和尚者

大鑒之十世曰衡嶽南臺寺守安禪師其所出法嗣二人一曰襄州鷲嶺善美者一曰安州慧日明禪師者

大鑒之十世曰漳州報劬院玄應禪師其所出法嗣一人曰報劬第一世仁義者

大鑒之十世曰漳州隆壽無逸禪師其所出法嗣一人曰漳州龍壽法霽者

大鑒之十世曰廬山歸宗道詮禪師其所出法嗣一人曰筠州九峯山守詮者

大鑒之十一世曰天台山德韶國師其所出法嗣凡五十有一人一曰杭州永明寺延壽者一曰溫州大寧可弘者一曰蘇州長壽朋彥者一曰杭州五雲山志逢者一曰杭州報恩法端者一曰杭州報恩紹安者一曰福州之廣平守威者一曰杭州報恩永安者一曰廣州光聖師護者一曰杭州奉先清昱者一曰天台普聞智勤者一曰溫州鴈蕩願齊者一曰杭州普門希辯者一曰杭州光慶遇安者一曰天台般若友蟾者一曰婺州智者全肯者一曰福州玉泉義隆者一曰杭州龍冊曉榮者一曰杭州功臣慶蕭者一曰越州稱

心敬進者一曰福州嚴峯師术者一曰潞州華嚴慧達者一曰越州清泰道圓者一曰杭州九曲慶祥者一曰杭州開化行明者一曰越州開善義圓者一曰温州瑞鹿遇安者一曰杭州龍華慧居者一曰婺州齊雲遇臻者又一曰温州瑞鹿寺本先者一曰杭州報恩德謙者一曰杭州靈隱處先者一曰天台普建省義者一曰越州觀音安禪師者一曰婺州仁壽澤禪師者一曰越州雲門重曜者一曰越州大禹榮禪師者一曰越州地藏瓊禪師者一曰杭州靈隱紹光者一曰杭州龍華紹鑾者一曰越州碧泉行新者一曰越州象田默禪師者一曰潤州登雲從堅者一曰越州觀音朗禪師者一曰越州諸暨五峯和尚者一曰越州何山道孜者一曰越州大禹自廣者一曰筠州黃蘗師逸者一曰蘇州瑞光清表者一曰杭州興教寺洪壽者一曰蘇州承天道原者

大鑒之十一世曰杭州報恩寺慧明禪師其所出法嗣一人曰福州保明道誠者

大鑒之十一世曰金陵報慈道場文遂禪師其所出法嗣五人一曰常州齊雲慧禪師者一曰洪州雙嶺祥禪師者一曰洪州觀音真禪師者一曰洪州龍沙茂禪師者一曰洪州大寧奬禪師者

大鑒之十一世曰杭州永明道潛禪師其所出法嗣三人一曰杭州千光王瓌省者一曰衢州鎮境志澄者一曰明州崇福慶祥者

大鑒之十一世曰杭州靈隱清聳禪師其所出法嗣九人一曰杭州功臣道慈者一曰秀州羅漢願昭者一曰處州報恩師智者一曰衢州瀫寧可先者一曰杭州光孝道端者一曰杭州保清遇寧者一曰福州支提辨隆者一曰杭州瑞龍希圓者一曰杭州國泰德文者

大鑒之十一世曰洪州百丈山道常禪師其所出法嗣三人一曰廬山棲賢澄諟者一曰蘇州萬壽德興者一曰越州雲門永禪師者

大鑒之十一世曰廬山歸宗義柔禪師其所出法嗣二人曰廬山羅漢行林者一曰杭州功臣覺軻者

大鑒之十一世曰金陵報慈行言禪師其所出法嗣二人一曰洪州雲居義能者一曰饒州北禪清皎者

大鑒之十一世曰金陵報恩法安禪師其所出法嗣二人一曰廬山棲賢道堅者一曰歸宗慧誠者

大鑒之十一世曰廬州長安院延規禪師其所出法嗣二人一曰廬州長安辨實者一曰雲蓋山用清者

大鑒之十二世曰杭州永明延壽禪師其所出法嗣二人一曰杭州富陽子蒙者一曰杭州朝明院津禪師者

大鑒之十二世曰蘇州長壽院朋彥禪師其所出法嗣一人曰長壽第二世法齊者

大鑒之十二世曰杭州普門寺希辯禪師其所出法嗣二人一曰高麗國慧洪者一曰越州上林湖智者

大鑒之十二世曰雲居山眞如道齊禪師其所出法嗣九人一曰雲居契瓌者一曰杭州

靈隱文勝者一曰台州瑞巖義海者一曰大梅居煦者一曰大梅保福居素者一曰荊門清谿清禪師者一曰雲門居曜者一曰雲居慧震者一曰廬山慧日智達者

評曰正宗至大鑒傳既廣而學者遂各務其師之說天下於是異焉競自爲家故有潙仰云者有曹洞云者有臨濟云者有雲門云者有法眼云者若此不可悉數而雲門臨濟法眼三家之徒於今尤盛潙仰已熄而曹洞者僅存緜緜然猶大旱之引孤泉然其盛衰者豈法有强弱也蓋後世相承得人與不得人耳書不云乎苟非其人道不虛行

傳法正宗記卷第八 百八 二十三

傳法正宗記卷第八

校勘記

一　底本，清藏本。

一　三八三頁上三行「二十三人」，磧、南作「二十五人」。

一　三八三頁下九行「京兆」，磧作「京地」。

一　三八三頁下末行「延沼禪師」，磧、南作「延昭禪師」。

一　三八五頁下五行「泰瑫禪師」，磧、南作「泰滔禪師」。

一　三八五頁下一九行第四字「曰」，磧、南無。

一　三八六頁下一行「崗自上座」，磧、南作「自上座」。

一　三八八頁上一六行「覆船和尚」，磧、南作「覆般和尚」。

一　三八八頁下一五行「師護」，磧、南作「師諸」。

傳法正宗記卷第八

宋藤州東山沙門釋契嵩編修

旁出略傳二百五人

宗證略傳十一人

旁出略傳并序

序曰旁出善知識者已載於他書此復見之蓋以其皆出於正宗的庶雖異其法一也周封同姓之國以貴其宗親親之義則文武成康爲正方之大迦葉直下之相承者亦可知矣其傳起於末田底而止乎益州神會禪師者凡二百有五人

第二祖阿難尊者其旁出法嗣一人曰末田底迦者

第二十四祖師子尊者其旁出法嗣一人曰達磨達者

師子之二世曰達磨達尊者罽賓國人也不詳姓氏初師其國之波利迦尊者出家頗聰敏有智辯而德冠諸應眞之士及波利迦之法離爲五家而尊者首冠於禪定宗晚與師子尊者辯論遂伏其道復宗之爲師及師子遇害達磨達乃與其二弟子隱於其國之象白山年壽甚高出乎常數其所出法嗣二人一曰因陀羅者一曰瞿羅忌利婆者

評曰始愚未得證於出三藏記時有曰吾疑祖位至師子絕而其法普傳猶此六祖大鑒禪師不其然乎因嘗與其論曰夫祖位之絕蓋非常事前後賢聖亦當言之若此祖數止於大鑒者乃有般若多羅與夫達磨大士而預記之六祖雖各授其法亦有人焉若子所謂祖世絕於師子必何以證之其前祖孰嘗記耶而分傳法者果何人將之東乎非人則其法安得至此雖其旁出達磨達者自爲枝派其所出各不過四五人耳非普傳也亦未始聞其徒以法而東揚者苟以達磨達爲之普傳者則達磨達何乃獨指二十五祖曰我有同學號婆舍斯多先師預以法付之復授衣爲信已適南天竺也其他同學者曷棄而不言耶是不然也子宜以理求之不可恣其臆度曰若然則達磨達既宗師子安得不承之爲其正祖乃推於斯多乎曰此蓋聖人宜其機緣而命之祖矣亦以其悟之淺深而授之法印耳若五祖傳之大鑒而不付北秀不其然哉或者然之適得僧祐之書而吾言甚驗不欲棄之因系達磨達傳後

師子尊者之三世曰因陀羅其所出法嗣四人一曰達磨尸利帝者一曰那伽難提者一曰破樓求多羅者一曰婆羅婆提者

師子尊者之三世曰瞿羅忌利婆其所出法嗣二人一曰波羅跋摩者一曰僧伽羅叉者

師子尊者之四世曰達磨尸利帝其所出法嗣二人一曰摩帝隸披羅者一曰訶利跋茂者

師子尊者之四世曰破樓求多羅其所出法嗣三人一曰和修盤頭者一曰達摩訶帝者一曰旃陀羅多者

師子尊者之四世曰波羅跋摩其所出法嗣三人一曰勒那多羅者一曰盤頭多羅者一曰婆羅婆多者

師子尊者之四世曰僧伽羅叉其所出法嗣五人一曰毗舍也多羅者一曰毗樓羅多摩

者一曰毗栗舒多羅者一曰優波羶馱者一
曰婆難提多者
二十八祖達磨尊者(此土之初祖也)旁出法嗣九人
一曰有相宗首薩婆羅者一曰無相宗首波
羅提者一曰定慧宗首婆蘭陀者一曰戒行
宗首(亡名)一曰無得宗首寶靜者一曰寂靜宗
首(亡名)一曰道育者一曰道副者一曰尼總持
者
二十九祖慧可尊者(此土之二祖也)旁出法嗣三人
一曰僧那者一曰向居士者一曰相州慧滿
者
二十九祖之二世曰相州慧滿禪師其所出
法嗣六人一曰峴山神定者一曰寶月禪師
者一曰華閑居士者一曰大士化公者一曰
和公者一曰廖居士者
二十九祖之三世華閑居士其所出法嗣一
人曰曇邃者
二十九祖之四世曰曇邃禪師其所出法嗣
三人一曰延陵慧簡者一曰彭城慧瑳者一
曰定林慧綱者

二十九祖之五世曰慧綱禪師其所出法嗣
一人曰六合大覺者
二十九祖之六世曰大覺禪師其所出法嗣
一人曰高郵曇影者
二十九祖之七世曰曇影禪師其所出法嗣
一人曰泰山明練者
二十九祖之八世曰明練禪師其所出法嗣
一人曰揚州靜泰者
三十一祖道信尊者(此土之四祖也)旁出法嗣一人
曰牛頭法融者
三十一祖之二世曰金陵牛頭法融禪師其
所出法嗣一人曰智巖者
三十一祖之三世曰智巖禪師其所出法嗣
一人曰慧方者
三十一祖之四世曰慧方禪師其所出法嗣
一人曰法持者
三十一祖之五世曰法持禪師其所出法嗣
一人曰智威者
三十一祖之六世曰智威禪師其所出法嗣
一人曰慧忠者

三十一祖之二世曰法融禪師旁出法嗣凡
十人一曰金陵鍾山曇璀者一曰荆州大素
者一曰幽棲月空者一曰白馬道演者一曰
新安定莊者一曰彭城智瑳者一曰廣州道
樹者一曰湖州智爽者一曰新州杜默者一
曰上元智誠者
三十一祖之三世曰智巖禪師其旁出法嗣
八人一曰東都鏡潭者一曰襄州志長者一
曰益州端伏者一曰龍光龜仁者一曰襄陽
辯才者一曰漢南法俊者一曰西川敏古者
三十一祖之三世曰智誠禪師其所出法嗣
一人曰定眞者
三十一祖之四世曰定眞禪師其所出法嗣
一人曰如度者
三十一祖之五世曰法持禪師其旁出法嗣
二人一曰牛頭玄素者一曰天柱弘仁者
三十一祖之六世曰智威禪師其旁出法嗣
三人一曰宣州安國玄挺者一曰潤州鶴林
玄素者一曰舒州天柱崇慧者
三十一祖之七世曰慧忠禪師其所出法嗣

一人曰天台惟則者

三十一祖之七世曰玄素禪師其所出法嗣三人一曰徑山道欽者一曰金華曇益者一曰吴門圓鏡者

三十一祖之八世曰徑山國一禪師道欽其所出法嗣四人一曰鳥窠道林者一曰木渚山悟禪師者一曰青陽廣敷者一曰杭州巾子山崇慧者

三十一祖之八世曰天台佛窟岩惟則禪師其所出法嗣一人曰天台雲居智禪師者

三十一祖之九世曰杭州鳥窠道林禪師其所出法嗣二人一曰杭州招賢會通者一曰靈岩寶觀者

三十一祖之九世曰天台山雲居智禪師其所出法嗣凡三十三人一曰牛頭山道性者一曰江寧智燈者一曰解玄（解玄或山與寺名未詳）一曰懷信者一曰鶴林全禪師者一曰北山懷古者一曰明州觀宗者一曰牛頭大智者一曰白馬善道者一曰牛頭智眞者一曰牛頭譚顒者一曰牛頭雲韜者一曰牛頭山凝禪師者一曰牛頭法梁者一曰江寧行應者一曰牛頭山惠良者一曰興善道融者一曰蔣山照明者一曰牛頭法燈者一曰牛頭定空者一曰牛頭山慧涉者一曰幽棲道遇者一曰牛頭山凝空者一曰蔣山道初者一曰幽棲藏禪師者一曰牛頭靈暉者一曰幽棲道顏者一曰牛頭巨英者一曰釋山法常者一曰龍門凝寂者一曰莊嚴遠禪師者一曰襄州道堅者一曰尼明悟者一曰居士殷淨者

三十一祖之十世曰慧涉禪師其所出法嗣一人曰潤州棲霞清源者

第三十二祖弘忍尊者（此土之五祖也）旁出法嗣十有三人其一曰北宗神秀者一曰嵩嶽慧安者一曰蒙山道明者一曰揚州曇光者一曰隨州神慥者一曰金州法持者一曰資州智侁者一曰舒州法照者一曰越州義方者一曰枝江道俊者一曰常州玄賾者一曰越州僧達者一曰白松山劉主簿者

三十二祖之二世曰神秀禪師其所出法嗣凡十有九人一曰五臺山巨方者一曰河中智封者一曰兖州降魔藏禪師者一曰壽州道樹者一曰淮南全植者一曰荊州辭朗者一曰嵩山普寂者一曰大佛香育者一曰西京義福者一曰忽雷澄禪師者一曰東京日禪師者一曰太原徧淨者一曰南岳元觀者一曰汝南杜禪師者一曰嵩山敬禪師者一曰京兆小福禪師者一曰晉州霍山觀禪師者一曰潤洲崇珪者一曰安陸懷空者

三十二祖之二世曰嵩嶽慧安國師其所出法嗣六人一曰洛京福先仁儉者一曰嵩嶽破竈墮者一曰嵩嶽元珪者一曰常山坦然者一曰鄴都圓寂者一曰西京道亮者

三十二祖之二世曰蒙山道明禪師其所出法嗣三人一曰洪州崇寂者一曰江西環禪師者一曰撫州神正者

三十二祖之二世曰隨州神慥禪師其所出法嗣一人曰正壽者

三十二祖之二世曰資州智侁禪師其所出法嗣一人曰資州處寂者

三十二祖之二世曰玄賾禪師其所出法嗣

二人一曰義興神斐者一曰湖州暢禪師者
三十二祖之三世曰降魔藏禪師其所出法嗣三人一曰西京寂滿者一曰西京定莊者一曰南嶽慧隱者
三十二祖之三世曰荆州辭朗禪師其所出法嗣三人一曰紫金玄宗者一曰大梅車禪師者一曰塼界慎徽者
三十二祖之三世曰嵩山普寂禪師其所出法嗣凡二十四人一曰終南山惟政者一曰廣福慧空者一曰越州禪師者一曰襄州夾石思禪師者一曰明瓚者一曰敬愛眞禪師者一曰兗州守賢者一曰定州石藏者一曰南嶽澄心者一曰南嶽日照者一曰洛京幹禪師者一曰蘇州眞亮者一曰瓦官璿禪師者一曰弋陽法融者一曰廣陵演禪師者一曰陝州慧空者一曰洛京眞亮者一曰澤州亘月者一曰亳州曇眞者一曰都梁山崇演者一曰京兆澄禪師者一曰嵩陽寺一行者一曰京兆融禪師者一曰曹州定陶丁居士者

三十二祖之三世曰西京義福禪師其所出法嗣八人一曰大雄猛禪師者一曰西京大震動禪師者一曰神斐禪師者一曰西京大悲光禪師者一曰西京大隱者一曰定境者一曰道播者一曰玄證者
三十二祖之三世曰南嶽元觀禪師其所出法嗣一人曰神照者
三十二祖之三世曰小福禪師其所出法嗣三人一曰京兆藍田深寂者一曰太白雲禪師者一曰東白山法超者
三十二祖之三世曰霍山觀禪師其所出法嗣一人曰峴山幽禪師者
三十二祖之三世曰西京道亮禪師其所出法嗣五人一曰揚州大總管李孝逸者一曰工部尚書張錫者一曰國子祭酒崔融者一曰祕書監賀知章者一曰睦州刺史康詵者
三十二祖之三世曰資州處寂禪師其所出法嗣四人一曰益州無相者一曰益州馬禪師者一曰超禪師者一曰梓州曉了者
三十二祖之三世曰義興斐禪師其所出法嗣二人一曰西京智游者一曰東都深智者
三十二祖之四世曰興善惟政禪師其所出法嗣二人一曰衡州定心禪師者一曰志眞禪師者
三十二祖之四世曰敬愛寺志眞禪師其所出法嗣一人曰嵩山照禪師者
三十二祖之四世曰塼界慎徽禪師其所出法嗣一人曰武誠禪師者
三十二祖之四世曰無相禪師其所出法嗣四人一曰益州無住者一曰荆州融禪師者一曰漢州王頭陀者一曰益州神會者

宗證略傳并序

序曰涅槃曰復至他方有諸煩惱毒箭之處示現作祖爲其療治又曰我有無上正法悉已付囑摩訶迦葉是迦葉者當爲汝等作大依止此吾道之有祖宗尚矣但支竺相遠傳之者不眞致令聖人之德不甚明効加之暴君嫉善毀棄大教而佛子不善屬會妄謂其祖絕於二十四世乃生後世者之疑聖德益屈余嘗慨之適因治書乃得衆賢所道祖宗

之事凡十家故并其人列為宗證傳云爾

月支國沙門竺大力者蓋第二十三祖鶴勒那之弟子也性素聰晤能通大小乘學其國號為三藏以漢獻帝之世至乎雒邑嘗與沙門康孟詳譯正二本起經一日所館有白光一道忽發於前大力斂容曰此光乃我師鶴勒那入滅之相也衆異之遂以聞帝帝即命誌之其時己丑歲也尋游江南適值孫權稱王於建康方嚮佛法乃置寺禮沙門康僧會於其國僧會初見大力甚不德之尋用問答遂相推重因曰仁者何師乃能如是大力曰我師鶴勒那故得此妙悟乃通他心僧會曰鶴勒之徒如師利智凡幾何人復有過之者乎大力曰似我之傳三千若其頴達離倫唯一上人耳號師子比丘其人密受正法與師繼世方揚化於北天竺國僧會遂引見於吳主稱道其異吳主乃問力曰孤忝此有土國祚其有幾何力遂說偈答之曰清宵與飰雲間闕走十四年末必逢猪口當時權不曉其言而亦甚禮之大力留吳久之及權死其子亮即位益相見問而言皆有効驗大力尋至孫休之世庚辰歲復還西域

中印度沙門曇摩迦羅者以魏黃初壬寅之三年至乎許昌初視僧威儀不整頗歎之謂其不識法律當時許昌有僧曰光璨者嘆於其衆能善遇之乃禮而問迦羅曰師於西國所見何者勝師乃以何法住持幸以見教迦羅曰西土凡有二大勝僧一曰摩拏羅二曰鶴勒那我皆禮遇二大士者皆傳正法以法住持預其衆者寡不莊整然二大士俱得聖道而異德皆不可測摩拏羅者始於那提國以神通力一鼓其腹乃能威伏百萬惡象及其出家教化於西印度於其國辨塔指泉皆有驗効（事具其本傳）鶴勒那乃其繼世之弟子也大興佛事於中天竺國及其寂滅四衆焚之將分去其舍利鶴勒那復能示現說偈誡之不容其分（偈亦具其本傳）光璨曰其滅度久耶近乎迦羅曰十二年矣光璨曰西國歲曆頗與此同乎迦羅曰號謂雖異而氣候不別也遂說五天竺之曆數云云迦羅尋亦西還光璨即傳其事後之為僧傳者得以書之

中天竺國沙門支彊梁樓者實得果不測之人也方前魏陳留王曹奐之世至洛初館于白馬寺蓋景元二年之辛巳也是時魏室方危奐輩憂之聞支彊異僧數從問其國之盛衰支彊遂為奐說偈曰二公頼虛位獼猴正當路五人抱　鷄鷄鳴猴不措及奐去支彊復說偈曰二人好好去兩兩歲平安女子生河內朱輪上進壇當時雖不曉其說而後皆驗之尋會曇諦康僧鎧曇松白延諸沙門翻譯衆經一曰支彊謂諸僧曰我在西時嘗往罽賓國至葱塗源入其象白山行之極遠俄見一茅茨居僧甚老有弟子事之我乃就而禮之因問之曰仁者居此幾久名字謂誰其僧曰我號達磨達者也本北天竺之人初從波梨迦比丘受學晚遇師子尊者為之出世之師自彌羅崛王起難橫害師子而我遂隱此久已謝絕人世豈意復得與汝相遇然我素聞其名及是益更敬之復問師子尊者誠知其無辜被害然其所傳之法為何宗乘方

欲訪其端由而未嘗得之今幸遇仁者可得而聞乎達磨達曰昔如來用教乘而普傳衆聖獨以最上乘心印微妙正法付囑摩訶迦葉迭傳至我師子尊者然師子知其自不免難方其存時預以付我同學號婆舍斯多者復授衣爲信斯多當時遵師之命即往化於南天竺支彊然之曰我亦嘗會是師（婆舍斯多也）於南印土因以祖事與諸沙門譯之夫自七佛至乎二十五祖婆舍斯多乃此支彊梁樓之所譯也中天竺國沙門婆羅芬多者亦神異不測人也或謂其前身爲龍以聽經故得今所生齊王嘉平二年庚午至洛洛僧多從其重受大戒及晉武大始乙酉之元年會其弟子曰摩迦陀復來芬多因問曰汝在西時頗游北天竺耶或謂師子尊者無辜爲其國王所戮是乎今復有傳法者與其相繼耶摩迦陀曰然師子誅死今已二十三白有沙門號婆舍斯多者本罽賓國人先難得其付法授衣即日去之方於中天竺大隆佛事其國王迦勝甚器重之雖外道彊辯者皆亦屈伏與王辯其苑中衆國人異之復號爲婆羅多那（事見其本傳）芬多謂其弟子曰我亦知之適驗汝說誠有所合當時好事者即書于白馬寺後有沙門號賢朗法師者得於其寺乃傳于世（以芬多到中國在齊王之世則當列支彊之前爲其始顯於晉太始中故次之）也

佛馱跋陀羅天竺人也此云覺賢本姓釋迦氏甘露飯王之後少時出家本國度爲沙彌受業於大禪師佛大先極聰明隸業習誦凡一日敵衆人一月所爲尤以禪業自任嘗與僧伽達多共游罽賓國達多始未測其人一日達多禪坐於密室忽睹跋陀在前驚而問曰何來跋陀曰暫往兜率致敬彌勒即隱不見達多異之他日以是問之乃知其已得不還果會秦僧智嚴同在罽賓嚴因懇請跋陀偕來諸夏傳授禪法其師佛大先時亦在罽賓因謂智嚴曰弘持禪法跋陀其人也遂與智嚴東來初至長安與羅什相遇甚善嘗謂什公曰君所釋不出人意而特致高名何耶什曰吾年老故爾何必能稱美談跋陀議論多高簡頗爲什之徒所忌其後因自言玄見五舶自其國來其弟子復言自得阿那含果跋陀不即驗問以此致謗秦僧以跋陀爲誑衆遂擯之不容同處跋陀即日與其弟子慧觀等出關南適廬山而慧遠法師素聞其名見跋陀至待之甚善因致書秦王爲其解擯遂請跋陀出其禪經同譯譯成遠爲之序因問跋陀曰天竺傳法諸祖凡有幾何跋陀曰西土傳法祖師自大迦葉直下相承凡有二十七人其二十六祖近世滅度號不如密多者所出其繼世弟子曰般若多羅者方在南天竺盛行教化吾嘗遇之（般若尚在達磨多羅未繼世作祖故未稱之寶林傳所稱跋陀說其祖事與此並同）會其西之江陵遠公未及以之爲書跋陀後會劉太尉裕罷鎮荊州相將同還都下住道場寺卒於本寺當元嘉六年春秋七十有一

僧祐者本齊人歸梁以持律知名嘗著出三藏記其薩婆多部相承傳目錄曰婆羅多羅（二十五祖）弗若密多（二十六祖）不若多羅（二十七祖）達磨多羅（二十八祖）祐尋終於梁

罽賓沙門那連耶舍者以東魏孝靜之世至于鄴都專務翻譯及高氏更魏稱齊耶舍乃益譯出衆經初與處士萬天懿者共譯出尊勝菩薩無量門陀羅尼經天懿嘗問耶舍曰西土頗有大士奉此教乎耶舍曰西國諸祖二十七大士皆亦受持然其二十七祖號般若多羅所出繼世弟子曰達磨多羅者昔當此明帝正光元年至此雒陽其人亦善此經萬天懿曰然此大士我亦聞其當於祖位傳佛正法不悉其後復有繼之者乎耶舍遂説偈而答天懿曰尊勝令藏古無肱又有肱龍來方受寶奉物復嫌名天懿復問如前耶舍又説偈曰初首不稱名風狂又有聲人來不喜見白寶初平平天懿復問耶舍復説偈曰自起求無礙師傳我設繩路上逢僧禮脚下（百八）（三十八）六支生天懿復問耶舍復説偈曰三四金無我隔水受心燈尊號過諸量徒瞋不起憎天懿復問耶舍復説偈曰奉物何曾奉言勤又不勤唯書四句偈將勸瑞田人天懿復問耶舍復説偈曰心裏能藏事説向漢江濵湖波探一月將照二三人天懿復問耶舍復説偈曰領得珍勤語離鄉日日數米粱移近路餘筭脚天徒天懿復問耶舍曰前所記者將有國德間生吾不復語然其後之事爲汝并以六偈記之其一曰艮地生玄旨通尊媚亦尊比肩三九族足下一屯分其二曰靈集媲天恩生牙二六人法中無氣味石上有功勲其三曰本是大蟲男迴成師子談官家封馬嶺同詳三十三其四曰九女出人倫八箇絶婚姻朽床添六脚心祖衆中尊其五曰走戊與潮隣蝙烏子出身二天雖有感三化寂無塵其六曰説少何曾少言流又不流草若除其首三四繼門修復謂天懿曰吾滅度後凡二百八十年是國有大王者善治其民風俗安樂前之所記賢聖相次皆出大益群品然因（百八）（三十九）一勝師始開其甘露門而致後如此萬天懿即從耶舍譯其讖偈耶舍復出其所謂二十七祖與般若多羅之繼世弟子二十八祖菩提達磨之事者與天懿正之（七當時爲書之名）耶舍尋悠然獨往廬山遂入滅於山中其後梁簡文帝聞之因使臣劉縣運往齊取其書歸國詔沙門寶唱編入續法記（梁簡文當齊有國方一載餘即崩然其死既在賊臣暴亂之際乃暇求法事耶豈先此因使北聘已得是書乎又不見寶唱作續法記年月尚疑之但取其文字自北而傳南其來有因且從舊説而筆之耳）然自七佛至乎二十八祖菩提達磨蓋此那連耶舍之所譯也西域沙門犍那者不知其果何國人亦不詳何時至於中國也唐天寶中會河南尹李常者得三祖璨大師舍利遂集沙門於其家置齋落之而犍那與馬李常因問犍那曰天竺禪門祖師多少犍那曰自迦葉直至般若多羅凡有二十七祖若敘師子尊者傍出達磨達之四世二十二人總有四十九祖若從七佛至此璨大師不括横枝凡有三十七世常又問席間他僧曰余嘗見祖圖或引五十餘祖至其支派差殊宗族不定或但有空名此何以然適有六祖弟子曰智本禪師者對曰斯蓋後魏之世佛法毁廢當時沙門有曰曇曜者於倉卒間單録諸祖名目不暇全寫懷之亡于山澤及魏之文成復教前後歴三十載至孝文帝之世曇曜乃進爲

僧統尋出其事授衆沙門修之目爲付法藏傳其差悞亡逸始自曇曜之所致也犍那後不知所終

裴休字公美事唐會昌中以兵部侍郎御史大夫同平章事號爲名相撰圭峯密師傳法碑曰釋迦如來最後以法眼付大迦葉令祖祖相傳別行於世非私於迦葉而外人天聲聞菩薩也自大迦葉至於達磨凡二十八世達磨傳可可傳璨璨傳信信傳忍忍傳能爲六祖

劉昫字耀遠涿州歸義人也天祐中始以軍事衙推仕及開運初授司空平章事又監修國史故其撰唐書神秀傳曰昔後魏末有僧達磨者本天竺國王子以護國出家入南海得禪宗妙法自釋迦相傳有衣鉢爲記世相付授初來至梁詣武帝帝問以有爲之事達磨不悅乃之魏隱於嵩山少林寺而卒其年魏使宋雲於葱嶺迴見之門徒發其墓但見衣履而已達磨傳慧可慧可傳僧璨僧璨傳道信道信傳弘忍弘忍傳慧能神秀昫卒於

宋太保

傳法正宗記卷第八

傳法正宗記卷第八

校勘記

一　底本，清藏本。此卷與上卷同屬千字文卷號「百八」，應爲一卷，但清藏分割爲二卷，故出現兩個「卷第八」。

一　三九一頁上一行經名，磧、南作「傳法正宗記卷第一」（案：實爲「卷第九」，磧、南稱其爲「卷第一」的原因，參見本册輔教篇上卷校勘記）；徑作「傳法正宗記卷第九」。卷末經名同。

一　三九一頁上一三行第二字「迦」，磧、南無。

一　三九二頁下一八行「三人」，磧作「五人」。

一　三九二頁下一九行末字「者」下，磧有「一曰杭州徑山道欽者一曰杭州烏窠道林者」。

一　三九三頁上三行「三人一曰徑山道欽者」，磧作「二人」。

一　三九三頁上五行「八世」，磧作「七世」。

一　三九三頁上六行「四人一曰烏窠道林者」，磧作「三人」。

一　三九三頁上一一行至一二行「三十一祖……寶觀者」，磧置於一行與二行之間。其中「三十一祖之九世」，磧作「三十一祖之七世」。

一　三九三頁上一五行「三十三」，磧、南作「三十四」。

一　三九三頁中一六行至一七行「一曰枝江道俊者一曰常州玄賾者」，磧、南無。

一　三九三頁下七行「小福禪師」，磧作「少福禪師」。

一　三九四頁上七行「塼界」，徑作「摶界」。

一　三九四頁上一七行「亘月」，磧、南作「旦月」。

一　三九六頁上八行「南印土」，徑作「南印度」。

傳法正宗論卷上

宋藤州東山沙門釋契嵩著

第一篇

隋唐來達磨之宗大勸而義學者疑之頗執付法藏傳以相發難謂傳所列但二十四世至師子祖而已矣以達磨所承者非正出於師子尊者其所謂二十八祖者蓋後之人曲說禪者或引寶林傳證之然寶林亦禪者之書而難家益不取如此呶呶雖累世無以驗正吾嘗病之因探二傳竊欲質其是非及觀所謂付法藏傳者蓋作於後魏出乎眞君毀佛之後梵僧吉迦夜所譯視其各傳品目而祖代若有次第及考其文則師資授受與其所出國土姓氏殊無本末其稍詳者乃其旋採於三藏諸部非其素爾也大凡欲爲書序人世數前後必以其祖禰父子親相承襲爲之効又其人姓族州土與其事之所以然皆不失端倪使後世取信乃謂之史傳今其書則謂之傳其事則不詳若其序彌遮迦多佛陀難提比羅長老至于婆修槃陀摩拏羅鶴勒那夜奢與師子羅漢者七祖師皆無其師弟子親相付受之義而佛陀難提鶴勒那與師子三祖最闕前傳既不見所授而後之傳但曰次付次有復有某比丘云云付受果不分明詳悉又何足爲之傳而示信於後世耶其傳師子比丘謂罽賓國王邪見因以利劒斬之頭中無血唯乳流出相付法人於此便絕吾謂此說大不然也嘗試評之如其爲迦葉傳曰佛垂滅度告大迦葉云我將涅槃以此深法用囑累汝汝當於後敬順我意廣宣流布無令斷絕然則後世者既承佛而爲之祖可令其法絕乎又掬多傳謂其意欲涅槃特以提多迦未誕待其生付法方化其傳迦那提婆謂以法勝外道遂爲外道弟子所害提婆乃忍死說其夙報以法付羅睺羅方絕今師子既如掬多提婆爲之祖豈獨便死而不顧法耶夫承如來作出世之大祖非聖人不可預焉今師子預之是必聖人也安有聖人而不知死於夙報知其死又奚肯不預命而正傳其法使之相襲爲後世之師祖邪縱其傳法相承之緣止此聖人亦嘗預知以告其絕苟不知其死而失傳失告又何足列於祖而傳之乎與之作傳固宜思之假令梵本素爾自可疑之當留其闕以待來者烏得信筆遽爲是說起後世諍端以屈先聖可不懼乎傳燈錄曰昔唐河南尹李常者嘗得三祖璨師舍利一日飯沙門落之因問西域三藏僧犍那曰天竺禪門祖師幾何犍那曰自大迦葉至乎般若多羅凡有二十七祖若叙師子尊者傍出達磨達之四世自二十二人總有四十九祖若自七佛至此璨大師不括橫枝凡三十七世常復問席間耆德曰余嘗視祖圖或引五十餘祖至于支派差殊宗族不定或但空有其名者此何以驗之適有六祖弟子號智本禪師者對曰此因後魏毀教其時有僧曇曜於倉黃中單錄乎諸祖名目持之亡於山野會文成帝復教前後更三十年當孝文帝之世曇曜遂進爲僧統乃出其所錄諸沙門因之爲書命曰付法藏傳（付法藏傳亦云曇曜所撰）其所差逸不備蓋自曇曜逃難已來而

致然也以吾前之所指其無本末者驗今智本之說誠類採拾殘墜所成之書又其品目曰某付某果所謂單録非其元全本者也若寶林傳者雖其文字鄙俗序致煩亂不類學者著書然其事有本末世數名氏亦有所以雖欲竊取之及原其所由或指世書則時所無有或指釋部又非藏經目録所存雖有稍合藏中之云者亦非他宗之爲余常疑其無證不敢輙論會於南屏藏中適得古書號出三藏記者凡十有五卷乃梁高僧僧祐之所爲也其篇曰薩婆多部相承傳目録記祐自序其端云唯薩婆多部偏行於齊土蓋源起天竺流化罽賓前聖後賢重明疊耀自大迦葉至乎達磨多羅凡歷二卷總百餘名從而推之有曰婆羅多羅者與乎二十五祖婆舍斯多之別名同也（其義見於本傳）有曰弗若蜜多者與乎二十六祖不如蜜多同其名也有曰不若多羅者與乎二十七祖般若多羅同其名也有曰達磨多羅者與乎二十八祖菩提達磨法俗合名同也（其義見於本傳）其他祖同者若曰

掬多堀或上字同而下異或下字異而上同或本名反而別名合者如商那和脩曰舍那婆斯之類是也此蓋前後所譯梵僧其方言各異而然也唯婆舍而下四祖師其同之尤詳其第一卷目録所列凡五十三人而此四祖最相聯屬而達磨處其末此似示其最後世之付受者也其所列員數之多者蓋祐公前後所得諸家之目録不較其同異一皆書之雜以阿難師子尊者所傍出諸徒故其繁也如祐序曰先傳同異並録以廣聞後賢未絕製傳以補闕然其大略與寶林傳傳燈録同也若祐公者以德高當時推爲律師學而有識而人至于今稱之然其人長於齊而老於梁所聞必詳今其爲書亦可信矣以之驗師子比丘雖死而其法果有所傳婆舍而下四祖其相承不謬不亦大明乎傳燈所載誠有據也嗚呼祐之書存于大藏周天下其幾百年也而未始得其所發將古人之不見乎而至人之德其晦明亦有數耶然吾考始譯斯事者前傳皆曰初由中天竺國沙門號支

彊梁樓嘗往罽賓國於其國之象白山會達磨達比丘其人老壽出於常數乃師子祖傍出之徒支彊因以師子之後其法興衰問之達磨達曰如來之法傳大迦葉以至吾師子大師然吾師知自必遇害未死預以法正付我同學南天竺沙門婆舍斯多亦名婆羅多那（寶林傳云北天竺則呼爲婆羅多羅與三藏記並同此云多那蓋譯有楚夏耳）復授衣爲信即遣之其國其人方大爲佛事于彼支彊曰然我識其人也支彊遂以前魏陳留王曹奐之世至于洛邑初館白馬寺時魏室方危奐憂之數從問其興亡支彊皆以隱語答之因會沙門曇諦康僧鎧輩譯出衆經及諸祖付受事跡傳于中國以此驗知中國先有祖事非權輿於付法藏傳耳然支彊譯出其事至乎拓跋燾誅沙門歷百九十餘年矣而支彊之說固已傳於世也吾料其百九十餘年之間必復有傳其事而東來者祖數益添已不止於二十五世矣但不辯其傳來何人耳（吾近以揮經驗當時添祖數必矣）蓋吉迦夜曇曜當其毀教之後資舊本先爲其書雜衆經以其

國勢揚之其時縱有私傳其事者固不如曇曜所發之顯著也後之人不能尋其所以徒見其不存於藏中即謂曲說又後世天下數更治亂雖復得之者或南北相絶或歲月益遠其書既素無題目或譯人之名亦亡以之爲書者復文詞鄙俚飾說過當故令學者愈不信之又云有罽賓沙門那連耶舍者以東魏孝靜之世至鄴而專務翻譯及高氏更魏稱齊乃益翻衆經初與處士萬天懿譯出尊勝菩薩無量門陀羅尼經因謂天懿曰西土二十七祖亦尊此經復指達磨其所承於般若多羅謂此土繼其後者法當大傳乃以讖記之復出已譯祖事與天懿正之而揚衒之名系集亦云耶舍嘗會此東僧曇啓者于西天竺共譯祖事爲漢文譯成而耶舍先持之東來然與支疆之所譯者未嘗異也夫自七佛至乎二十五祖婆舍斯多者其出於支疆之所譯也益至乎二十七祖與二十八祖達磨多羅西域傳授之事迹者蓋出於耶舍之所譯也推寶林傳燈二書至於曇曜其始單

録之者其本皆承述於支疆耶舍二家之說也但後世人人筆削異耳曰支疆何以得如此之詳耶曰支疆中天竺人也其去師子尊者之世至近而相見婆舍斯多又得與達磨達論之故其所知備也若出三藏記者蓋別得其傳於齊梁之間耳僧祐曰薩婆多部源起於天竺而流化於罽賓罽賓國者蓋師子祖所化之地亦其遇害于此祐之言詳也又曰此部偏行於齊土者祐齊人也是必西人先達磨東來而傳之於齊祐於其國遂得之爲書但亡其譯人之名耳不然則祐何從而傳耶若謂震旦禪者爲之而祐之時何嘗稍有達磨之徒耶又何出乎薩婆多部而律者書之乎大凡辯事必以理推必以迹驗而然後議其當否反是雖有神明如蓍龜將如之何昔神清譏禪者迺曰達磨聞其二弟子被秦人擯之廬山乃自來梁梁既不信以望氣遂之于魏因引師子尊者死時當此齊世而達磨遣二弟子適屬乎晉遂以其年代相違而折之夫師子之死也乃當前魏廢帝齊王

之世(以甲歷計之當在丁卯寶林傳悮云已卯)齊王者亦魏王曹芳所封之號也清輒以爲後之南齊(注清之書亦曰南齊)其所謂被擯於秦人者蓋佛馱跋陀也跋陀誠達磨法門之猶子也謂聞其被擯遂自來梁夫祖師所來乃順大因緣以傳佛心印豈獨以二弟子被擯而至耶此言非理清安可輒取以資其相非然斯不足裁也若清曰但祖師之門天下歸仁焉禪德自高寧俟傳法然後始爲宗教者歟清之言苟簡也昔如來將化謂大迦葉曰吾以正法眼付囑於汝汝宜傳之勿使斷絶然則大聖人欲其以正法相承自我爲萬世之宗以正衆證以別異道非小事也今曰寧俟傳法以爲宗教豈吾徒之謂乎而必執付法藏傳以辯二十八祖者謂後世之曲說又不能曉達磨多羅是其法俗合名以謂非今菩提達磨者何其未之思也夫讀書不能辯其道之眞僞究其事之本末曷異乎市人鬻書雖更萬卷何益其所知清自謂能著書發明而學也如是之不詳豈謂高識乎若寶林傳其所載諸祖之傳受

相承名氏異同與其所出之國土者大體與他書同果是也吾有取焉但其枝細他緣張皇過當或煩重事理相反或錯悞差舛殆不可按是必所承西僧泛傳不審而傳（去）譯之者不能裁之吾適略而不取也亦禪者朴略學識不臻乃輒文之迂踈倒錯累乎先聖眞迹不盡信於世其雖欲張之而反更弛之夫著書以垂法於無窮固亦聖賢之盛事也安可妄爲後世之徒好欲自名竊取古人之物而競爲其說如此者何限吾常爲之太息雖不能高文慷慨皆欲剗衆煩雜使大聖人之道廓然也適以禪律諸家之書採其事實脩而正之其理不當而其言冗傌者則削之其舊雖見而不甚備者則採其所遺以廣之斷自釋迦如來至此第六祖大鑑禪師總三十四聖者如來則爲之表次聖則爲之傳及大鑑之後法既廣傳則爲分家略傳諸祖或橫出其徒者則爲旁出傳其人有論議正宗得其實者則爲之宗證傳與其前後所著之論凡四十餘篇并其祖圖勒爲十二卷命曰傳法

正宗記

第二篇（此篇并後卷二篇是續作）

余昔引出三藏記所載四祖師者以質付法藏傳之謬遂爲書迄今七年矣然出三藏記所録者繫見耳猶恐其未能斷天下之苟諍適睹禪經及修行地不淨觀經序而傳法衆聖果二十八祖備矣婆舍斯多而下四祖師其名昭然若揭日月僧祐所録誠有根本而吉迦夜闕傳益不足考也學者相黨其訩訩亦可息矣夫禪經者蓋出於善提達磨而佛䭾䟦陀羅所譯廬山慧遠法師序之（本經其序或亡）（出遠名進出三藏記見之最詳也）不淨觀經其序亦宋僧慧觀之所著達磨者如來直下之相承者也佛䭾䟦陀羅乃佛大先之弟子而達磨法門之猶子也慧遠法師蓋承於佛䭾䟦陀慧觀又䟦陀之弟子者也其所說其祖與宗固宜詳而倫之也禪經曰佛滅度後尊者大迦葉尊者阿難尊者末田地尊者舍那婆斯（此即商那和修）尊者優波崛（即掬多也）尊者婆須蜜尊者僧伽又（靈隱藏經於僧伽下寫爲又字初即取其又字之義後見他處經寫曰僧伽羅叉乃省前又字悞耳然僧伽羅叉即吾宗師子祖旁出之祖也辯在吾解誣之文內甚詳）尊者摩拏羅（吾嘗辯此當是稱二十五祖婆羅多羅其謂又尊者是必以二十五祖又承二十四祖師子其相繼未嘗絕也今其經本或云達磨多羅蓋後世傳寫之悞也今若達磨多羅即是其說經之人乃不若多羅傳法之弟子也豈有弟子說法而先於其師自稱尊者耶　寫爲達磨多羅者亦字與婆羅多羅相近故　古德亦有辯此謂是摩拏羅恐亦未然今且從先德耳）乃至尊者不若蜜多羅（但多蜜字與傳燈録說異耳）諸持法者以此慧燈次第傳授我今如其所聞而說是義若夫禪經所稱尊者大迦葉者此吾正宗之第一祖者也其曰乃至尊者不若蜜多羅者此吾正宗之第二十七祖者也與其弟子說經之者達磨多羅者乃吾正宗之第二十八祖者也以寶林傳燈衆說所謂二十八祖者相與較其名數未曾差也禪經不以其次第而一一稱乎諸祖之名者必當時欲專說法略之而然也但示其首末之人則餘祖在乎其中可知也修行地不淨觀經序曰傳此法至罽賓（罽賓即師子祖所化之國也）轉至富若蜜多（即不如蜜多也）富若蜜多亦盡諸漏具足六通後至其弟子富若羅（即般若多羅也）亦得應眞此二人於罽賓中爲第一教首（按寶林傳燈云）

(此二尊者盛化東天竺南天竺此云爲罽賓教首必罽賓僧徒推仰其人爲承法之宗晉也或恐二人亦嘗來徃罽賓國也)富若蜜多去世已五十餘年弟子去世二十餘年(慧觀乃跋陀弟子也此二人同終於宋今慧觀經序推其承法宗祖與跋陀廬山所譯並同但其經題目輙異又推富若蜜多富若羅二祖師入滅之年與寶林傳燈二書前後相差詳此或慧觀於跋陀之後重譯其經之文而自序之或承其泛傳謂富若羅入滅遂以書之或寶林慧觀所聞於西僧者其部類宗計各不同或五竺泛傳不的或傳至此土年代賒遠重經滅教而傳寫者悞致其差舛耶但取其承法宗祖真正入滅之年雖稍差亦不甚妨如衆家說佛生日不等豈可便謂非吾佛也按慧皎傳云跋陀終在元嘉六年而慧觀元嘉十三年方製勝鬘經序知慧觀沒在跋陀之後)曇摩多羅菩薩(即達磨多羅也)與佛陀斯那(即佛大先者也)俱共諮得高勝宣行法本佛陀斯那化行罽賓爲第三訓首(其序亦與遠公序皆見於出三藏記第九卷)若慧觀所謂富若蜜多者亦吾正宗之二十六祖也所謂富若羅者亦吾正宗之二十七祖也所謂曇摩多羅菩薩者亦吾正宗之二十八祖也所謂佛陀斯那者即菩提達磨同稟之佛大先者也其所謂傳此法至罽賓轉至富若蜜多者蓋謂二十四師子祖始傳至于罽賓而更自二十五祖婆舍斯多展轉而至乎二十六祖矣其不必皆列乎師子斯多二祖師之名者文欲略也但二書文字稍異或具或略與今宗門衆說小差蓋其譯有楚夏耳按慧皎高僧傳云佛馱跋陀羅受業於大禪師佛大先者也(傳或爲光字等悞也)始在罽賓以僧智嚴所請遂與之東來初詣羅什於長安每與什議論相得甚善嘗謂什曰君所釋不出人意而致高名何邪什曰吾年老故爾何必能稱美談尋爲秦僧以事擯跋陀遂來廬山遠法師爲其致書解擯因從之譯出禪經僧祐出三藏記傳跋陀亦曰於廬山與遠公譯出禪數諸經今國朝印本禪經其端題曰東晉三藏佛馱跋陀羅譯此明其與遠公同譯是也所謂跋陀受業於大禪師佛大先者佛大先本二十七祖般若多羅受法之弟子與菩提達磨蓋同嗣之弟兄也故遠公序禪經曰今之所譯出自達磨多羅與佛大先其人西域之雋禪訓之宗寶林傳曰佛大先乃跋陀之弟子菩提達磨始亦學小乘禪觀於跋陀後與大先皆稟法於般若多羅若夫大小乘互爲其師弟子如鳩摩羅什般頭達多之類西域多有豈達磨等始亦稍問禪觀於跋陀其後跋陀却悟大法於達磨耶而致二書之言如是也然彼雖小法亦恐聖人示必有師承耳若記傳謂達磨乃觀音垂跡方七歲即知四韋陀與五明集慕法遂博通三藏九工定業又何必資學於人耶夫寶林傳之說與禪經誠相近但其序致似倒耳或寶林西僧傳之者未精乎以禪經斷之理無師傳其弟子之經也今跋陀傳譯達磨禪經而跋陀乃達磨之徒吾固以慧皎遠公之言爲詳推此則跋陀果佛大先之弟子而達磨之法姪慧觀經序亦曰曇摩羅以是法要傳與婆陀羅也(婆陀羅即跋陀羅也寶林傳但稱跋陀指般若多羅現在南天竺未見其傳法寶林未可爲據)今佛馱跋陀傳其諸父之經列其祖師之名氏固亦覩矣不謬也寶林傳曰佛馱跋陀嘗謂遠法師云西土已有二十七祖而不若多羅方化于南天竺國者此其効也(不若多羅尚在達磨未繼世作祖故未稱之)佛馱跋陀傳云跋陀既爲秦僧所擯遂與其弟子慧觀等四十餘人俱發神智從容初無異色驗此則慧

觀序述其宗祖抑亦得之於跋陀也詳其序意則不淨觀經宜與禪經一也但未見其元本不即裁之考跋陀譯經之時方在晉安義熙七八年之間而菩提達磨來梁適在普通之初其歲數相前後不啻百年是蓋達磨壽考出於常數而然也故梁武碑達磨曰厥壽百五十歲（續高僧傳亦如此云）梁帝蓋以人事而言之耳若其死葬而復提隻履西歸又安可以歲數而計其壽考邪吾嘗推跋陀譯經之年而達磨當是方二十七歲耳酌其演說禪經固在其已前矣序曰西域之雋禪訓之宗者是必跋陀知其聖人與世有大因緣當襲禪祖預與遠公言之也然跋陀自亦不測之人宜其知達磨之聖人也若夫傳法衆聖其事迹始自支疆梁樓譯出爲書曰續法傳會拓跋燾毀教支疆之書遂逸其後有曇曜吉迦夜輩復綴成書其所載或全或闕更後世周武唐武宗毀教其書又亡又後世者雖復採拾各以爲書而全闕益差古今辯此雖衆援引煩雜皆不足斷不若以今禪經與慧觀之序證之爲詳然世之所執以諍吾宗門者其最椎付法藏傳耳今考其書蓋成於後魏延興之二年而佛䭾跋陀所譯禪經乃出於晉安義熙七八年之間而義熙前於延興已六十二載矣（譯禪經在義熙七八年蓋按僧祐出三藏記跋陀傳云至廬山自夏迄冬譯出禪經即以義熙八年遂適荊州慧皎高僧傳亦云跋陀至廬山停歲許復西適江陵付法藏傳後出於延興二年即見於其書之端）如此則禪經誠先見於南朝而付法藏傳後出於北朝毀教之後耳今獨執其一方後出補亡之書以抗其先見之全本者可爲當乎說者曰支疆梁樓先作續法傳元有二十五祖至婆舍斯多謂傳法之人不自師子比丘即絶又曰吉弗煙與曇曜同時別修此爲五明集（蓋廣乎付法藏傳者也吉弗煙亦吉迦夜也）亦謂有二十七世不止於師子祖而已矣其所以闕者蓋曇曜初遇魏武毀法之難倉卒單録奔竄山澤而亡之也以今禪經與慧觀之序所偹二十八祖驗其所謂元有之者果是而相傳不謬也其過誠由曇曜之所致也五明集亦不復見雖有稍得之者或別命其名目如實林傳聖冑集之類又不列譯人之名氏後世復不能考其實但以曇曜先綴集者輙與吉迦夜兩出其名然迦夜之書非其正本固可見矣學者不識但視其書曰師子比丘爲罽賓國王邪見因以利劒斬之頭中無血唯乳流出相付法人於此便絶乃以爲然殊不料昔之學輩黨宗故爲此說相蔑以起後世者不信假令其實無相付法之人而識者直筆但不書其承法之者而人亦自見其闕矣何必輙書其便絶耶然其言酷且俗誠滅教之後不逞者幸其前傳亡本因師子之事而妄爲之嗣託乎梵僧吉迦夜之名以行然吉迦夜亦名吉弗煙諸家謂其甞著五明集不止乎二十四世以此驗付法藏傳託之迦夜不其然乎縱曇曜當時不爲亦周武毀教之後而其人輙作必矣不爾則禪經與出三藏記皆偹而此何特無耶吾謂其謬書可焚也（即付法藏傳）

傳法正宗論卷上

傳法正宗論卷上

校勘記

一　底本，永樂北藏本。

一　四〇〇頁上一行「卷上」，磧、南作「卷第三」。卷末同。磧、南均作「卷第三」的原因，參見本册輔教篇上卷校勘記。下卷例同。

一　四〇〇頁上二行「宋藤州」，磧、南作「藤州」。卷下同。

一　四〇一頁下一八行「二十五世」，徑作「二十五年」。

一　四〇三頁中一二行夾註右「進出」，磧作「唯出」。

一　四〇三頁下五行夾註左第五字「故」，磧、南、徑、清作「故也」。

一　四〇五頁上一四行第一〇字「夫」，徑作「非」。

傳法正宗論卷下

綺十

宋藤州東山沙門釋契嵩著

第三篇

客有謂余曰我聞正宗以心傳心而已矣而子必取乎禪經何謂也曰吾取禪經以其所出祖師名數備有微旨合吾正宗廬山大師祖述正宗尤詳而慧觀之序亦然吾書乃推以爲證耳吾非學禪經而專以爲意也客曰祖師之名數則見之矣而廬山祖述尤詳者何謂也曰按僧祐出三藏記所録曰廬山出修行方便禪經統序釋慧遠述及考其序求其統之之意者有曰夫三業之興以禪智爲宗有曰理玄數廣道隱於文則是阿難曲承音詔（其經本或寫爲音詔蓋後世傳寫者之筆悞耳余考遠公匡山集見禪經統序實云旨詔圭峯普賢行願䟽亦稱旨詔此必圭峯按周唐沙汰已前古本經序也既言曲承旨詔曲則細密之謂也若云音詔則其義豈爲微密耶是觀法師不淨觀經序亦云曲承聖旨不淨觀經即禪經也愚初未敢輙改大藏國本之文此後乃取旨詔爲詳請爲百世之定準也）遇非其人必藏之靈府何者心無常規其變多方數無定象待感而應是故化行天竺緘之有匠幽關莫闚罕闚其庭從此而觀理有行藏道不虛授良有以矣如來泥洹未久阿難傳其共行弟子末田地末田地傳舍那婆斯此三應眞咸乘至願冥契于昔功在言外經所不辯必闇軏元匠（元匠喻佛也）孱焉無差其後有優波崛弱而超悟智終世表才高應寡觸理從簡八萬法藏所存唯要五部之分始自於此因斯而推固知形運以廢興自兆神用則幽步無跡妙動難尋涉麤生異可不慎乎可不察乎自茲已來感於事變懷其舊典五部之學並有其人咸懼大法將頽理深其慨遂各述讚禪經以隆其業（讚禪經非經之文乃其經之法要也）有曰尋條求根者衆統本運末者寡或將暨而不至或守方而未變有曰原夫聖旨非徒全其長亦所以救其短若然五部殊業存乎其人人不繼世道或隆替廢興有時則互相升降小大之目其可定乎又達節善變出處無際晦名寄跡無聞無示若斯人者復不可以名部分既非名部之所分亦不出乎其外別有宗明矣有曰今之所譯出自達磨多羅與佛大先其人西域之雋禪訓之宗搜集經要勸發大乘有曰非夫道冠三乘智通十地孰能洞玄根於法身歸宗一於無相靜無遺照動不離寂者哉今推此數端之說豈非以阿難掬多曲承旨詔待其人而密相傳受所謂功在言外經所不辯者統吾釋迦文佛之一大教其經者律者論者其人之學是三者莫不由此而爲之至也僧祐所謂統序者此其所以然也慧皎高僧傳謂佛䭾跋陀去秦而會遠公於廬山譯出禪數諸經僧祐出三藏記傳跋陀亦曰嘗與遠公譯此禪經而遠公乃自跋陀傳其法要跋陀則受之於達磨故其序述乃如此之廣大微妙秘密者蓋發明其經主之心耳此所謂識吾正宗之詳者也大宋高僧傳論禪科曰夫法演漢庭極證之名未著風行廬阜禪那之學始萌佛䭾什秦擯而來般若多晉朝而至時遠公也密傳坐法深斡玄機漸染施行依違祖述其所曰依者謂其依法要也違者謂其違教跡也驗此而遠公傳緜要於跋陀豈不果爾耶（傳家所用佛䭾般若此二人似皆至廬山則遠公密傳者果得之於雖以僧祐

慧皎二傳所列亦不見有般若同至之說然傳家所引彼書恐未端審寧公亦少思之今以其譯經斷而達公當傳於跋陀跋陀則得於達磨慧觀序明之詳然其般若多似與二十七祖名相近以傳記證則二十七祖未聞來晉亦只滅在天竺若其聖人忽來忽往果先曾以通而來爲達磨禪宗張本此在聖人則不可測也不然則實自有一般若多或諸祖支派者先來鑑此禪旨也後或有以此事述論請以吾注正之

當達公之時達磨未至密傳極證之說而華人未始稍聞廬山雖自得之輒發則駭衆而誘生料不可孤起會其出經遂因而發之然其說益玄與其經之文或不相類其意在其經之祕要耳不宜專求於區區三數萬文字之間而已矣若其曰阿難曲承旨詔不類其經而首稱大迦葉者是必特欲明阿難傳佛經教之外而別受此之玄旨也不爾則何輙與經相反耶慧觀之序其大槩雖與廬山之說同而其經題目與始說經之人曖昧不甚辯吾不盡推以爲篤論但善慧觀備列祖師名數與吾正宗類又以其曰阿難曲奉聖旨流行千載又曰曇摩羅以此法要傳 浮陀羅浮陀羅與佛陀斯那愍此旃丹無真習可師遂流此法至東州此似最近吾宗也然當慧觀之時佛法入震旦已三百七十餘載矣其所傳來者洪經大論殆亦備矣何藉一不淨觀經而爲之師耶其謂無真習可師正以中華未始真有極證祕密之法爲此學教者之師軌耳曰何謂禪經有微旨合吾之正宗乎曰禪經曰佛言欲求阿鼻三摩耶元注云此是見道之名也當作達磨摩那斯伽邏常觀其實義以聖行刀斷除陰賊莫如劣夫不能報讎爲彼所害乃至一切賢聖皆應勤修如是正觀爲現法樂故爲後世作大明故斷一切苦本故饒益衆生故況於凡夫空無所得而自放逸不勤修習其下乃解曰達磨謂世間第一法也摩那斯伽邏謂一經心譯者義言思惟夫禪經凡二卷自初及終皆華言唯此見道與世第一法一經心者獨用梵語祕而不譯吾意經家如是乃含佛微旨特欲以祕密感悟超拔其循此而思惟道者耶故其次此即列佛勅曰常觀真實義若其所謂當以聖行刀斷除陰賊者按智度論云十六聖行刀其義不離三解脫門也然三解脫門通大小乘但以其所緣爲優劣耳大乘之三解脫門者所緣諸法實相小乘則異於是今此果緣真實義而使以聖行刀驗其所觀者誠大乘之妙微密法矣又其經之勝道決定分結句曰我以少慧力略說諸法性如其究竟義十力智境界又其下卷之末說偈曰方便治地行乃至究竟處無上法施主施是傳至今其結又曰惟彼已度者然後乃究竟此豈不謂其究竟處乃佛佛妙微密心不可以情識狀唯以此證者乃相應耳此其與吾正宗合者也昔涅槃經時諸比丘既聞其離四倒之說遂更求佛久住于世以爲其教導如來將正其知見乃曰我今所有無上正法悉已付囑摩訶迦葉是迦葉者當爲汝等作大依止猶如如來爲諸衆生作依止處智度論曰佛將入涅槃北首卧時先告阿難若今現前若我過去後比丘當自依止法夫自依止法者謂內觀身常念一心智慧勤修精進云云蓋教不餘依止次謂以戒經爲師及其所集法寶藏之事涅槃後分經亦然夫涅槃所謂無上正法者乃是直指如來

所證法性已付大迦葉矣欲衆學法之者依以爲其所正之處耳然資其主教法於後世非付法印使持之則何以爲之主耶今其謂已付大迦葉者豈非使其以法而軌正印證乎奉教而修證者耶又其經曰四人出世護持法者應當證知而爲依止是人善解如來微密深奧藏又曰能解如來密語及能說故是豈不然哉大論先教依止法者其意與四依相近也禪經謂大迦葉相承吾佛滅後以此次第傳之固亦驗矣遠公曰曲承旨詔與夫所謂密語豈遠乎哉學者必以心通則其付無上正法之深旨可求也此固與其經他卷以法付于王臣四部之衆者事向而意異也又大論囑累品問曰更有何法甚深勝般若者而以般若囑累阿難而餘經囑累菩薩（餘經即其論前文云法華經諸餘方等經囑累喜王諸菩薩等）答曰般若波羅蜜非祕密法（此豈不謂祕密法乃勝乎般若耶此明龍木雖經而又傳其祕密之旨必矣安可以教部論余奏記從盖見其微意不敢輙改已奏之文更出此實發學者省之耳）而法華等諸經說阿羅漢受決作佛大菩薩能受持用譬如大藥師能以毒爲藥若其論始尊大乎般若曰摩訶般若波羅蜜經諸經中第一大又曰般若波羅蜜名三世諸佛母能示一切法實相又曰諸法實相即是般若波羅蜜又曰除諸法實相餘殘一切法相盡名爲魔又涅槃經曰摩訶般若成祕密藏今其於囑累乎聲聞菩薩衆經之後乃特曰般若波羅蜜非祕密法是豈非龍木（本字避御名其下做此）承大迦葉阿難爲傳法大祖而經外又眞得其實相欲廓此而稍發之耶不爾何輙以大般若而爲非祕密法乎吾研其能以毒爲藥之喻者益見其玄旨有在此又未易以教部斷之（其論又云以細微妙虛妄除治譬如有毒能治衆毒又古德云四教皆是權巧化物乃引經云空拳誑小兒爲證此可求其以毒爲藥之義也）若遠公序曰阿難曲承旨詔遇非其人必藏之靈府又曰功在言外經所不辯是亦龍木之意耳曰予前謂涅槃付囑摩訶迦葉者乃傳其祕密之法與此囑累阿難不亦同矣何故涅槃之時不皆言耶曰阿難在弟子爲次又專傳佛經論苟越次顯稱阿難則不别乎經外而曲有所傳也指之迦葉乃專乎付長而所以尊其祕密心傳之謂也雖囑之阿難當此固亦存而不言耳傳燈錄曰并勑阿難副貳傳化豈非專在乎大迦葉耶然此大經大論與夫禪經所謂佛滅度後尊者大迦葉尊者阿難乃至尊者不若蜜多羅諸持法者以此慧燈次第傳受又與乎遠公慧觀二序曰阿難曲承旨詔藏之靈府遇其人而後傳者固亦同矣今以此五者之說而驗乎寶林傳燈所謂如來將化乃命摩訶迦葉云吾以清淨法眼涅槃妙心實相無相微妙正法今付於汝汝當護持并勑阿難副貳傳化無令斷絶又近世李令公遵勗廣燈錄稱大迦葉謂阿難曰婆伽婆未圓寂時多子塔前以正法眼藏密付於我我今傳付於汝而其本末何嘗異耶古今所謂言教之外其别傳正法者豈不灼然至是乎客曰予所推詳也且若禪經所見但三十七品四念處此皆小乘行相耳而予謂其出於菩提達磨豈其宜耶吾甚疑之何如曰夫三十七品四念處者固通乎大小乘予且善聽按智度論曰佛說四念

處乃至八聖道分是摩訶衍三藏中亦不說三十七品獨是小乘法又曰六波羅蜜三十七道法中生過去未來現在十方諸佛是故須菩提菩薩欲得阿耨多羅三藐三菩提佛世界成就衆生當學六波羅蜜三十七道法又曰佛告須菩提菩薩摩訶薩如是學爲學六波羅蜜爲學四念處如是學爲學盡諸學道如是學爲學佛所行處如是學爲開甘露門如是學爲示無爲性須菩提下劣之人不能作是學佛意其如此也孰謂三十七品四念處唯是小乘行相乎今菩提達磨方以大菩薩僧傳法爲祖演禪經行其大乘之法正其宜矣又何疑哉借令四念處唯是小乘之道而其論又曰須菩提菩薩如是學一切法中得清淨所謂聲聞辟支佛心又曰菩薩如是爲了知一切衆生心所趣向又曰三十七品是聲聞辟支佛涅槃道佛勸菩薩應行是道如此則菩薩亦得以聲聞法而進人明矣今禪經演之豈不奉佛意耶何爲而不可也況其末果以小乘而待人乎夫禪經乃達磨祖師初以方便教化乎三乘之修行者欲因其淺而導之深耳其經云如來境界不可思議此之例是也遠公序曰撮諸經要勸發大乘詳矣曰若爾則禪經首列乎傳法諸祖豈古諸祖亦傳乎經教耶曰是也古之傳法所以證其行教也而以教入道者必以祖師所傳爲之印正矣禪源詮謂傳法諸祖初以三藏教乘兼行後之祖師觀機乃特顯宗破執益更單傳其心印也客曰吾又聞般若多羅唯以大法藥付之達磨令其直接上機乃在乎經教之外不立文字直指人心成究竟覺未聞其復循大小乘行相以爲其說乎曰然般若達磨之付受者此誠佛祖之正傳者也然學者亦當更求先聖囑累之本末究其行化機宜之意也不應白執其一時之言而相發難夫以大法藥直接上機不立文字直指人心成究竟覺者此蓋般若多羅初誡達磨宜遊方觀機以行其正傳之法耳意謂須其滅度後（般若多羅滅度之後也）更六十七年震旦國始有上機者與達磨緣會其時乃當施大法藥直接此機之人也今禪經自達磨未入中華百餘載已前方在西域以其正傳之時未至上機者少且順彼人機方便傍大小乘而義說之耳（寶林傳亦云達磨先在南天竺以小乘法化道若干人）此亦達磨且行其前所謂菩薩爲盡諸學道爲了知一切衆生心所趣向者也而祖師之道非止乎是而已矣若其不立文字直指人心而接上機者禪經亦但蘊之而未始發及其時適至達磨乃翻然東來乘震旦有大乘氣所謂其正傳者遂大振於梁魏之世矣學者淺悟徒見其在文字談說三乘止觀即謂非菩提達磨之言何其易也若禪經其勝決定分結句云我以少慧力略說諸法性如其究竟義十力智境界此蓋祖師自謙意謂今經乃我聊略說此法性耳若其究竟之理則佛之境界秘密微妙非文字義說可宣必密傳妙證可以至矣又其經之末說偈曰方便治地行乃至究竟處最上法施主施是傳至今其結句又曰惟彼已度者然彼乃究竟其曰方便治地行者乃其且以義而演禪經之謂也其

曰乃至究竟處者蓋其正傳大法直接上機之謂也其曰最上法施主施是傳至今者乃達磨自謂其承佛所傳而迄至于今也其曰唯彼已度者然後乃究竟者蓋謂此法祕密無言無示難信難到唯是以此已證之者然後乃知其所以爲究竟也如此其意豈非經之外而自有旨哉豈非不假文字而待人直以心證乎洎乎遠公承達磨之徒而密傳之乃序禪經曰阿難曲承旨詔遇非其人必藏之靈府又曰功在言外經所不辯又曰若斯人也無聞無示別有宗明矣如此而遠公所得亦何嘗在乎經教語言文字之間耶嗚呼末學寡識安知古德先傳此禪經乃達磨正統之張本也得以爲吾宗衰微之明證乎曰他宗之師亦有名乎達磨多羅者今子謂達磨多羅即禪宗之菩提達磨何以爲之正耶曰吾前論以禪經二十八祖數證之已詳又遠公序曰達磨多羅西域之儁禪訓之宗此非吾祖師誰歟他宗之同名者安得輙預此耶然其發揮禪經者乃跋陁三藏與廬山大師而慧觀亦預焉此三人者皆謂其具大乘圓頓之意其言豈繆乎若遠公者乃古今天下所謂安遠者也吾佛教大盛於中國蓋自此二公之始尤大法師也吾嘗謂遠公識最高量最遠其爲釋子有文有質儀形僧寶而其風烈卓然乃爲儒之聖賢百世景伏在古今高僧遠公絕出是蓋不可測之人也跋陁尊者該通三藏尤彊記在西域謂博極其內外經書號爲異僧僧肇乃尊曰大乘禪師慧觀其義學才俊當時與生肇融叡等爽亦古有名之法師也而其三人者如此皆尊夫禪要而達磨之道恐亦至矣吾又聞智度論曰禪最大如王言禪則一切皆攝佛菩薩諸三昧及佛得道捨壽如是等種種勝妙功德皆在禪中而他卷又謂此義曰解脫禪三昧皆名爲定定名爲心其所謂心者乃諸禪祖之所傳者也古者謂禪門爲宗門此亦龍木祖師之意耳亦謂吾宗門乃釋迦文一佛教之大宗正趣矣但其所謂宗門之意義者散在衆經隱覆古今未始章章見于天下也吾平日嘗考此斷自如來付法入滅而來所見於大藏之間者適且以遠公統序與禪經智度論涅槃經四者之說推其奧旨而驗覈之然斯佛法大事豈余下士而輙以臆裁幸且發乎前世賢聖之所蘊耳識者以謂何如若遠公曰夫三業之興以禪智爲宗是豈非謂禪爲經律論三學者之所宗乎又曰每慨此大教東流禪數尤寡三業無統斯道殆廢是豈非謂戒定慧必統於禪要乎又曰達節善變出處無際晦名寄跡無聞無示若斯人者不可以名部分既非名部之所分亦不出乎其外別有宗明矣是豈非謂聖乃達節變而通之統以密證妙用別爲衆部之宗乎又曰八萬法藏所存唯要是豈非謂雖佛八萬四千法聚莫不以此密傳相證爲之眞要乎又曰尋條求根者衆統本運末者寡或將暨而未至或守方而未變是豈非謂其先末而後本惡夫學者之倒錯執方而不知圓變乎又曰原夫聖旨非徒全其長亦所以救其短是豈非謂佛之聖旨不唯全其妙本之優長亦乃

極赦其徇末者之闇短乎又曰此三應真咸冥契于昔功在言外經所不辯是豈非謂迦葉阿難與掬多者却以迦葉掬多而釋乎三應眞者廣其冥契之意耳曲奉默傳皆契合乎吾佛昔之妙微密心而超然出乎經教之外耶禪經摩那斯伽邏一經心秘而不譯者其下曰乃至一切賢聖皆應勤修如是正觀是豈非謂大凡其人預吾教者盡當務此秘密極證乃爲之正見乎涅槃曰我今所有無上正法悉以付囑摩訶迦葉是迦葉能爲汝等作大依止是豈非謂而今而後皆可依止乎迦葉無上妙微密法而爲之正乎又曰四人出世護持法者應當證知而爲依止是四人即名如來何以故能解如來密語及能說故是豈非謂代代四依之人出世者乃據是妙心密語以爲後之明證乎若智度論曰般若波羅蜜非秘密法者其旨亦驗在禪中矣適且略之不復解也校此則大聖人遺意豈不果以妙微密清淨禪爲其教之大宗也欲世世三學之者資之以爲其入道之印驗標正耶古者命吾禪門謂之宗門而尊於教迹之外殊是也然此禪要既是吾一佛教之宗則其傳法要者三十三祖自大迦葉至乎曹溪乃皆一釋教之祖也而淺識者妄分達磨曹溪獨爲禪門之祖不亦甚謬乎夫道固無外法與文字未始異也孰爲表裏但且略其言方語本十二部之云云者直截以全心性人蓋提本以正其迹示親以別其跡也使其卽兹極證不復弊其毫釐迂曲矣然此末易以口舌辯未可以智解到猶圓覺曰但諸聲聞所圓境界身心語言悉皆斷滅終不能至彼之親證所現涅槃豈不然哉昔馬鳴曰離念境界唯證相應故龍樹曰不可說者是實義可說者皆是名字斯亦二祖師尊其心證之親密以別其循迹而情解者也欲人執此而爲之正矣隋智者稱如來嘗命諸弟子使各述其昔爲維摩詰所訶之言而佛乃默印正之然此固與淨名默印乎三十二大士之聖說法者同也按是則大聖人果以其正宗默證微密遺後世爲其標正印驗者固亦已見於佛之當時矣學者亦可尊而信之也嗚呼今吾輩比丘其所修戒定慧者孰不預釋迦文之教耶其所學經律論者孰不預夫八萬四千之法藏乎乃各私師習而黨其所學不顧法要不審求其大宗正趣反忽乎達磨祖師之所傳者謂不如吾師之道也是不唯違叛佛意亦乃自昧其道本可歎也夫若今禪者之所示或語或默或動用皆先佛之妙用也但不可輙見雖其本源有在吾嘗煩不復發之然此妙用恐聖意獨遺屬吾家傳之宗乃得發明耳何則以其相宜故也不然奚自達磨祖師已來而其風大振耶經曰正言似反誰其信者昔龍樹祖師大論所現曰持戒皮禪定肉智慧骨微妙善心髓夫微妙心者亦其承佛而密傳者也及達磨祖師品其弟子所證之淺深乃特引之曰汝得吾皮得吾肉得吾骨汝得吾髓於此而佛之心印益効也其不言戒定慧妙心與其義者此故略之而存其微旨耳其後垂百年隋之智者顗禪師因其申經乃更以義而分辯此四者之說至乎微妙善心髓謂是

諸佛行處言語道斷心行處滅不　不二微妙中道也然而龍樹達磨其道及智者論之而益尊且辯矣斯心微密眞所謂不可思議也非言非默識識所不及也智知所不到也吾少嘗傳聞於先善知識謂道育云四大本空五陰非有而我見處無一法可得言語道斷心行處滅而達磨曰汝得吾骨及二祖拜已歸位而立乃曰汝得吾髓旨乎其尤極矣祖師之言也茲所以爲縣學之宗也唐僧神清譏禪者輙曰其傳法賢聖間以聲聞如大迦葉雖即回心尚爲小智豈能傳佛心印乎清何其不思耶涅槃曰我今所有無上正法悉已付囑摩訶迦葉如清之言則大聖人乃妄付其法耳此吾記內拒之已詳不復多云驗神清淺謬不及智者之藩籬遠矣世稱神清善學豈然學所以求大道路所以適天下及其迷學而蔽道迷路而忘返夫學與路亦爲患矣故至人不貴多學不欲多岐也而後學之者愚陋或妄評乎達磨祖師所謂得吾髓者何其瀆亂夫智者之説耶

第四篇

客曰教既載道何必外教而傳道耶又聞夫圓頓教者教與證一也今乃教道相異豈爲圓乎哉曰子未心通宜善聽之古所謂教證一者蓋以文字之性亦有空分與正理貫耳非謂黃卷赤軸間言聲字色拶然之有狀者直與實相無相一也若夫十二部之教乃大聖人權巧應機垂跡而張本且假世名字語言發理以待人悟耳然理妙無所教雖説及而語終不極其所謂教外別傳者非果別於佛教也正其教迹所不到者也猶大論曰言似言及而玄旨幽邃尋之雖深而失之愈遠其此謂也昔隋之智者顗公最爲知教者也豈不曰佛法至理不可以言宣豈存言方語本十二部乎按智度論曰諸佛斷法愛不立經書亦不莊嚴語言如此則大聖人其意何嘗必在於教乎經曰我坐道場時不得一法實空拳誑小兒以度於一切是豈非大聖人以教爲權而不必專之乎又經云修多羅教如標月指若復見月了知所標畢竟非月是豈使人執其教迹耶又經曰始從鹿野苑終至跋提河中間五十年未曾説一字斯固其教外之謂也然此極且奥密雖載於經亦但説耳聖人驗此故命以心相傳而禪者所謂教外別傳乃此也當是可謂教證一乎非耶圓哉非圓歟曰夫十二部者皆佛實語豈盡權而果可外乎曰汝悟乃自知之也曰若古之禪德者有盡措經像而不復務之何謂也曰此但毀相泥心者亦猶經曰唯除頓覺人并法不隨順吾前所謂初諸祖師亦兼經教而行之者佛子自宜以此兩端量力而處之可也若祖師以正宗而入震旦與乎義學之者息其爭鋒競鋭之心者有之矣與乎學者直指其心而免其章句之勞者有之矣與夫學者他悟而正驗其是否者有之矣與其專以正宗而得法喜者五百餘載其人固不可勝數也而如來遺後世標正印驗其微旨不亦効乎祖師德被於世其亦至矣然正宗至微至密必得眞道眼乃見苟以意解而強辯雖益辯益差也吾無如之何龍樹論曰若分

别億想即是魔羅網不動不依止是則爲法印待子潔清其分别戲論之心始可信吾教外所傳乃眞佛法印也曰旣謂教外别傳則與教不相關也而子必引涅槃之言爲據豈其宜耶曰然其意雖教外别傳而其事必教内所指非指自佛教之内則何表乎佛於教外而别有所傳者耶故如來示其事於垂終之言亦謂其妙心吾已嘗傳之矣孰謂不與教相關耶而吾引涅槃不亦然乎遠公曰旣非名部之所分亦不出乎其外别有宗明矣此言可思也曰子謂必世世傳受心印永以爲標正印驗何古之相承者至乎曹溪而其祖遂絶耶曰祖豈果絶乎但正宗入震旦至曹溪歷年已久其人習知此法其機緣純熟者衆正宗得以而普傳雖其[十八]枝派益分而累相承亦各爲其祖以法而適相標正印驗何嘗闕然亦猶世俗百氏得姓各爲其家而子孫相承繼爲祖禰則未始無也但此承法雖有支祖而不如其正祖之盛也曰吾以教而亦能見道何必爾宗所傳乃以爲至乎曰子必以教而見道是見説也非見道也夫眞見道者所謂窮理者也窮則能變變則能通善爲變通乃爲見道也夫變而通之者其始發於吾之正宗耳佛子苟能變通即預乎吾宗矣何謂何必爾宗乃爲至耶況子輩未始知變豈爲見道乎遠公曰或將暨而不至或守方而未變蓋子之謂乎若其世世之帝王公侯卿士大夫儒者之聖賢服膺而推敬此宗門者不可殫紀其略如吾宋之太宗眞宗皆閱意最深而章聖皇帝爲之修心詩曰初祖安禪在少林不傳經教但傳心後人若悟眞如性密印由來妙理深迄于今也而上留神益尊以此爲偈爲頌方布滿天下又益爲祖師傳法授衣之圖以正其宗祖者也唐書曰（劉昫唐書也）達磨本以護國出家入南海得禪[十九]宗妙法自釋迦文佛相傳有衣鉢爲記以世相傳受裴相國休爲唐之圭峯傳法碑曰釋迦如來最後以法眼付大迦葉令祖祖相傳别行於世非私於迦葉而外人天聲聞菩薩也自迦葉至于達磨凡二十八祖達磨傳之又至于能爲六祖矣昔李華吏部嘗習知乎天台止觀及湛然禪師與諸僧命李爲左溪朗師之碑而其文首引菩提達磨謂二十九世相承大迦葉傳佛心法未聞有非之者而隋之智者顗公亦嘗引此禪經四隨之義以證其教之四悉檀者若智者特能區别四教乃不世之大法師也苟曇摩多羅其道不至其人非祖彼豈肯推其言而爲據乎永嘉大師玄覺本學天台三觀義解精修其殆異僧也（其學三觀所證見天台四教儀及永嘉集）及其著證道歌乃曰明明佛勑曹溪是清涼國師澄觀大法師也其嘗謂曰果海離念而心傳圭峯乃釋之曰此即達磨以心傳心不立文字之意也禪源詮祖圖云觀公嘗參問大禪德曰浮盃或曰又學于五臺亡名禪師者故其言乃爾也維揚法愼大律師也亦曰天台止觀包一切經義東山法門是一切佛乘色空兩忘慧定雙照不可得而稱也苟吾正宗其道不大至而我朝之三大聖人豈肯從事如是之盛耶自昔預其從者若牛頭融祖若安公秀公一行

大師嵩山珪公若南陽國師江西大寂如此諸公不可勝數皆道風天下德貫神明雖萬乘拜伏師敬而不自喜巍巍乎柱礎佛氏萬世光賁大教是亦可以卜其法之如何耳而縱其道極玄彼學者不能見之胡不稍思今至聖天子與夫隋唐諸大義學之師其所爲蓋者以自警乎初宣律師以達磨預之習禪高僧而降之已甚復不列其承法師宗者嘗患其不公而吾宗贊寧僧録繼宣爲傳其評三教乃曰心教義加（謂三乘經律論爲顯教謂瑜伽五部曼荼羅法爲密教謂禪宗直指人心見性成佛爲心教也）故其論習禪科尤尊乎達磨之宗曰如此修證是最上乘禪也又曰禪之爲物也其大矣哉諸佛得之昇等妙率由速疾之門無過此也及考寧所撰鷲峯聖賢録者雖論傳法宗祖蓋亦傍乎寶林付法藏二傳矣非有異聞也然其所斷浮泛是非不明終不能深推大經大論而驗實佛意使後世學者益以相疑是亦二古之短也方今宗門雖衰師表者混濫鮮得其人而彼學之者有識自當尊奉先佛聖意豈宜幸其衰乘其無人不顧其大宗大祖而瀆亂乎法門事體是可謂有識乎世書曰賜也爾愛其羊我愛其禮是亦不忘其聖人之道者也彼學之者亦少宜思之始達磨道顯於魏而梁之武帝遺魏書曰共賴觀音分化又曰聖胄大師慧遠法師序其禪經曰非夫道冠三乘智通十地孰能洞玄根於法身歸宗一於無相如此則達磨果聖人也以梁武之尊遠公之賢聖其所稱之亦可信矣吾見其輒以達磨而爲戲者何其不知量也若達磨出於如來之後世而乃稱禪經者蓋其採衆經始欲以佛言爲量以發後人之信心耳故遠公序曰撮諸經要勸發大乘此其證矣

傳法正宗論卷下

傳法正宗論卷下　校勘記

一　底本，永樂北藏本。

一　四〇七頁上一行「卷下」，磧、南作「卷第四」。卷末同。

一　四〇七頁上一四行夾註右「音詔」，徑作「音韶」。

一　四〇八頁上一八行第一〇字「傳」，磧、南、徑、清作「傳與」。

一　四〇九頁上一七行夾註左「龍木」，南、徑作「龍本」。

一　四〇九頁上一八行夾註左第三字「蓋」，磧作「益」。

一　四〇九頁中七行「龍木」，徑作「龍本」。一五行同。

一　四一〇頁下八行第六字「亦」，徑作「一」。

一　四一〇頁下一六行「必密」，磧作「祕密」。

一　四一〇頁下一九行第一〇字「彼」，磧作「後」。

一　四一三頁上五行第一三字「育」，磧作「欲」。

一　四一三頁中一二行第一六字「愈」，磧、南作「逾」。

一　四一三頁下三行第九字「且」，徑作「此」。

一　四一四頁上八行第三字「亦」，磧作「耶」。

一　四一四頁上一七行第一三字「各」，磧作「名」。

一　四一四頁中三行第二字「爲」，磧、南作「其」。

一　四一四頁下一四行首字「詮」，磧作「論」。

傳法正宗定祖圖序

百九

宋鐔津東山沙門臣僧契嵩撰

原夫菩提達磨實佛氏一教之二十八祖也與乎大迦葉乃釋迦文如来直下之相承者也傳之中國年世積遠譜諜差謬而學者寡識不能推詳其本眞遂不諒紛然異論古今頗爾契嵩平生以此爲大患適考其是非正其宗祖其書垂出會頒祖師傳法授衣之圖布諸天下而學佛者雖皆榮之猶聽瑩未諭上意契嵩幸此竊謂識者曰吾佛以正法要爲一大教之宗以密傳受爲一大教之祖其宗乃聖賢之道源天地生靈之妙本也其祖乃萬世學戒定慧者之大範十二部說之眞驗也自書傳亂之曖昧漫漶天下疑之幾千百載矣今上大聖特頒圖以正其宗祖然聖人教道必聖人乃能正之是豈唯萬世佛氏之徒之大幸也亦天地生靈者之大幸也契嵩因不避其僭越愚妄之誅敢昧死引其舊事推衍上聖意仰箋乎祖圖亦先所頒祖師傳法授衣之謂也然其始亂吾宗祖熒惑天下學者莫若乎付法藏傳正其宗祖斷萬世之諍者莫若乎禪經禪經乃先乎付法傳六十二載始終備二十八祖已見於晉之世矣付法傳乃眞君廢教之後鈌然但謂二十四世方見乎魏之時耳適以禪經驗而付法藏傳果其謬也若如來獨以正法眼藏密付乎大迦葉者則現之涅槃經智度論禪經與其序也以意求之而佛之微旨存焉上睿性高妙獨得乎言謂之外是乃天資佛記也故其發揮禪祖雅與經合宜乎垂之萬世永爲定斷三學佛子遵之仰之天下不復疑也其圖所列自釋迦文佛大迦葉至乎曹溪第六祖大鑒禪師凡三十四位又以儒釋之賢其言吾宗祖素有證據者十位列于諸祖之左謹隨其傳法正宗記詣闕上進塵黷宸扆不任惶恐震懼之至謹序

劉昫字耀遠涿州歸義人也天祐中始以軍事衙推仕及開運初授司空平章事又監修國史故其撰唐書神秀傳曰昔後魏末有僧達磨者本天竺國王子以護國出家入南海得禪宗妙法自釋迦相傳有衣鉢爲記世相付授初来至梁詣武帝帝問以有爲之事達磨不悅乃之魏隱於嵩山少林寺而卒其年魏使宋雲於葱嶺迴見之門徒發其墓但見衣履而已達磨傳慧可慧可傳僧璨僧璨傳道信道信傳弘忍弘忍傳慧能神秀昫卒於宋太保

始祖釋迦牟尼佛示生於中天竺國爲淨飯聖王之子尋捨轉輪聖王位出家成無上道轉大法輪其後七十九歲垂般涅槃

乃以其大法印付其高足弟子摩訶迦葉幷勑阿難副貳傳化復以金縷僧伽梨衣令大迦葉轉付當來補處彌勒佛其說偈曰

法本法無法　無法法亦法
令付無法時　法法向曾法

第一祖摩訶迦葉本摩竭陀國人出於婆羅門氏其形金色先捨家入山以頭陀法自修及會佛出世遂歸之爲師佛般涅槃之後乃命衆阿

羅漢與結集法藏其後持佛衣將入定於雞足山以待彌勒下生乃以其法印傳之阿難說偈曰

法法本來法　無法無非法
百九 何於一法中　有法有非法 四

第二祖阿難姓刹帝利斛飯王子釋迦如來之從弟慕佛出家爲佛侍者總持第一傳佛所說之法若水傳器未嘗忘遺及其欲趣滅度乃以法付其弟子商那和修又囑罽賓末田底迦者說偈曰

本來付有法　付了言無法
各各須自悟　悟了無無法

第三祖商那和修亦曰舍那婆斯摩突羅國人姓毗舍多氏在母之胎六年生有自然之服隨身而長出家爲阿難之徒預受佛記居優留茶

伽藍先伏其地之二火龍然後領衆處之及其將入涅槃乃以法付其弟子優波毱多說偈曰

非法亦非心　無心亦無法
百九 說是心法時　是法非心法 五

第四祖優波毱多吒利國人姓首陀氏師商那和修出家得道有異迹號爲無相好佛度人最衆所記其人籌數盈溢石室將入滅遂以法付其弟子提多迦說偈曰

心自本來心　本心非有法
有法有本心　非心非本法

第五祖提多迦摩伽國人其姓則未詳初從毱多尊者出家行化至中印土會大仙者彌遮迦自說夙緣

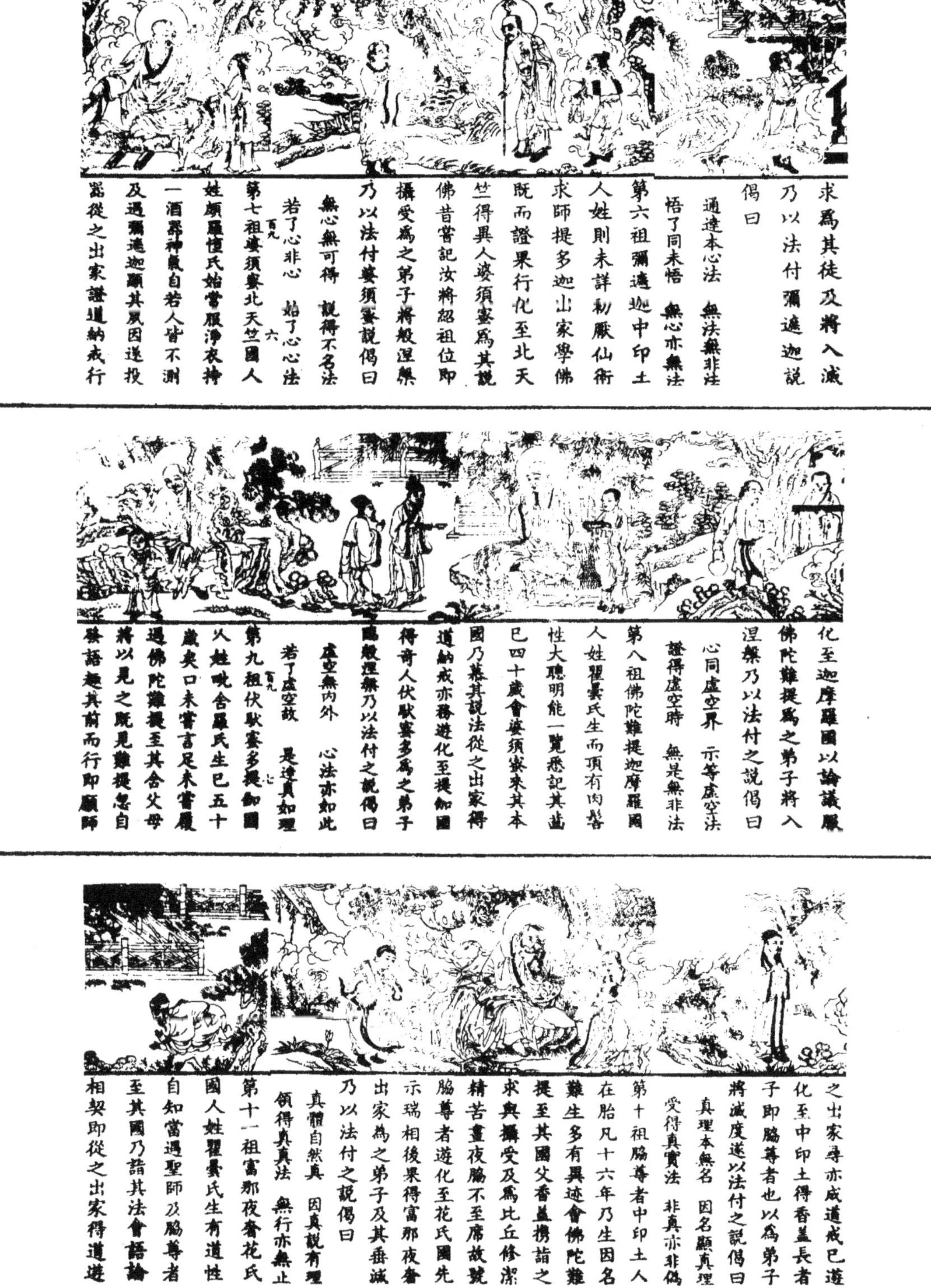

求爲其徒及將入滅乃以法付彌遮迦說偈曰

通達本心法　無法無非法
悟了同未悟　無心亦無法

第六祖彌遮迦中印土人姓則未詳初厭仙術求師提多迦出家學佛既而證果行化至北天竺得異人婆須蜜爲其說佛昔嘗記汝將紹祖位即攝受爲之弟子將般涅槃乃以法付婆須蜜說偈曰

無心無可得　說得不名法
若了心非心　始了心心法

第七祖婆須蜜北天竺國人姓頗羅墮氏始嘗服淨衣持一酒器神氣自若人皆不測及遇彌遮迦顯其夙因遂投器從之出家證道納戒行化至迦摩羅國以論議服佛陀難提爲之弟子將入涅槃乃以法付之說偈曰

心同虛空界　示等虛空法
證得虛空時　無是無非法

第八祖佛陀難提迦摩羅國人姓瞿曇氏生而頂有肉髻性大聰明能一覽悉記其盡已四十歲會婆須蜜來其本國乃慕其說法從之出家得道納戒亦務遊化至提伽國得奇人伏馱蜜多爲之弟子將般涅槃乃以法付之說偈曰

虛空無內外　心法亦如此
若了虛空故　是達真如理

第九祖伏馱蜜多提伽國人姓毗舍羅氏生已五十歲矣口未嘗言足未嘗履遇佛陀難提至其舍父母將以見之既見難提忽自發語趣其前而行即願師之出家尋亦成道戒已遊化至中印土得香蓋長者子即脇尊者也以爲弟子將滅度遂以法付之說偈曰

真理本無名　因名顯真理
受得真實法　非真亦非僞

第十祖脇尊者中印土人在胎凡十六年乃生因名難生多有異迹會佛陀難提至其國父香蓋携詣之求與攝受及爲比丘修潔精苦晝夜脇不至席故號脇尊者遊化至花氏國先示瑞相後果得富那夜奢出家爲之弟子及其垂滅乃以法付之說偈曰

真體自然真　因真說有理
領得真真法　無行亦無止

第十一祖富那夜奢花氏國人姓瞿曇氏生有道性自知當遇聖師及脇尊者至其國乃詣其法會語論相契即從之出家得道遊

化至波羅奈國得馬鳴爲之弟子然正合佛記及臨入滅乃以法付之說偈曰

迷悟如隱顯　明暗不相離
今付隱顯法　非一亦非二

第十二祖馬鳴波羅奈國人未詳其姓氏初從富那夜奢出家得戒其師爲說夙緣曰汝昔嘗化彼一國之人裸形如馬而其人悲鳴戀汝之德因是號汝馬鳴也遊化至花氏國遂降迦毗摩羅大魔即攝伏爲之弟子垂般涅槃乃以法付之說偈曰

隱顯即本法　明暗元不二
今付悟了法　非取亦非棄

第十三祖迦毗摩羅花氏國人未詳其姓氏初爲外道有大幻術因詣馬鳴較法不勝遂爲其徒得道戒已亦遊化至西天竺降大火龍因之得龍樹爲之弟子將滅乃以其法付之說偈曰

非隱非顯法　說是眞實際
悟此隱顯法　非愚亦非智

第十四祖龍樹西天竺國人未詳其姓氏大聰叡世學無所不通其國有山名龍勝其山先有神龍所居有巨樹能蔭衆龍及龍樹有所感悟意欲出家遂入其山依樹修行已能爲群龍宣說佛法迦毗摩羅知其名乃來就見龍樹禀僧之爲師納戒遊化至南[illegible]迦那提婆爲滅度以其法付之說偈曰

爲明隱顯法　方說解脫理
於法心不證　無嗔亦無喜

第十五祖迦那提婆南天竺國人姓毗舍羅曾龍樹至其家及門龍樹先遣以滿鉢水置其前那提即以一針投之水中遂師龍樹出家爲其高足弟子其後行化至迦毗羅國得羅睺羅多爲徒將入滅以法付之說偈曰

本對傳法人　爲說解脫理
於法實無證　無終亦無始

第十六祖羅睺羅多迦毗羅國人姓梵摩氏既遇提婆得明其家樹耳之緣即師之出家悟法有異迹其後統徒遊化至室羅筏城以佛記訪僧伽難提尋亦得其出家爲弟子將般涅槃乃以法付之說偈曰

於法實無證　不取亦不離
法非有無相　內外云何起

第十七祖僧伽難提室羅筏國人姓刹帝利乃其國王之子謂是昔婆羅王佛也亦生王家遂於王宮落髮受戒尋出其國之名山石室修禪會羅睺羅多至其禪所因伏膺

益求法要羅多即以法傳之後徙摩提國尊羅多所記嗣法之者乃得伽耶舍多入滅以法付之說偈曰

心地本無生　因地從緣起
緣種不相妨　花果亦復爾

第十八祖伽耶舍多摩提國人姓鬱頭藍氏平生尤多奇迹會僧伽難提來其舍相求因師而出家納戒即得付法遊化至月支國遇鳩摩羅名爲說其家異大之緣及原吉夢鳩摩羅多即師之出家將入涅槃乃以法付之說偈曰

有種有心地　因緣能發萌
於緣不相礙　當生生不生

第十九祖鳩摩羅多月支國人姓婆羅門氏夙稱不測之人以緣示生於此尊得師伽耶舍多出家傳法行化至中天竺得闍夜多爲其弟子將滅乃以法付之說偈曰

性上本無生　爲對求人說
於法既無得　何懷決不決

第二十祖闍夜多北天竺人未詳其姓氏會鳩摩羅多至其本國聞其所說業通三世感悟從之出家得法乃遊化諸國至羅閱城得婆修槃頭比丘爲徒將滅以法付之說偈曰

言下合無生　同於法界性
若能如是解　通達事理竟

第二十一祖婆修槃頭羅閱國人姓毗舍佉氏在胎嘗有聖僧以其夙緣告其父母及生大異稍長從光度羅漢出家慕猷光修杜多行尊會闍夜多得傳大法遊化至那提國得摩拏羅爲徒將滅以法付之說偈曰

泡幻同無礙　如何不了悟
達法在其中　非今亦非古

第二十二祖摩拏羅那提國人姓刹帝利乃其國王之子也有大神力父王命師婆修盤頭出家已得戒付法遊化自西天竺以神通自舉至月支國得鶴勒那比丘即以法付之尊般涅槃其付法偈曰

心隨萬境轉　轉處實能幽
隨流認得性　無喜復無憂

第二十三祖鶴勒那月支國人姓婆羅門氏在胎及生願有異迹尊從羅漢比丘出家納戒常林棲誦經以夙因緣感群鶴依之故得其號既因摩拏羅得法遊化至中天竺

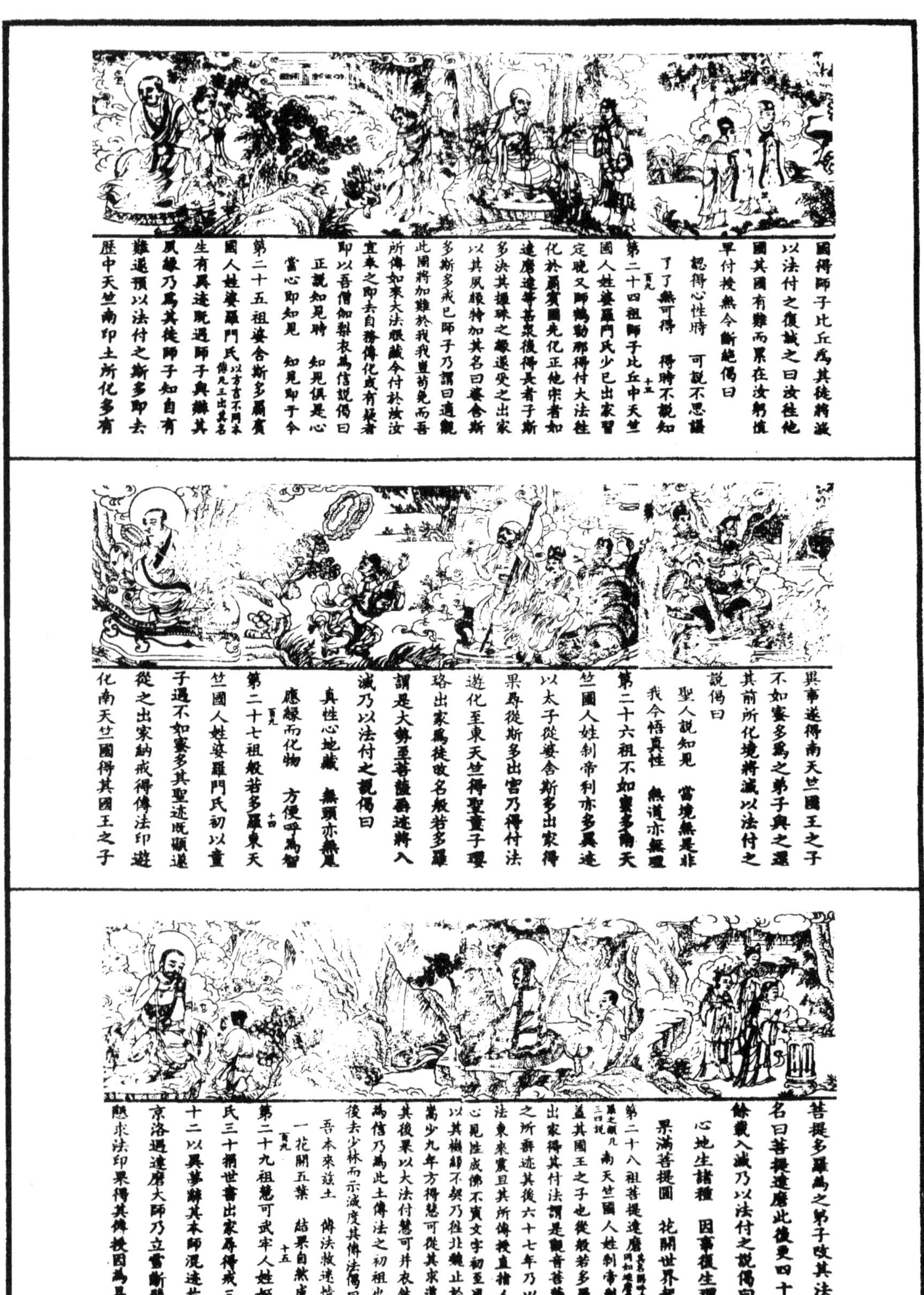

國得師子比丘為其徒將滅以法付之復誡之曰汝往他國其國有難而累在汝躬慎罕付授無令斷絕偈曰

認得心性時　可說不思議
了了無可得　得時不說知

第二十四祖師子比丘中天竺國人姓婆羅門氏少已出家習定晚又師鶴勒那得付大法往化於罽賓國先化正他宗者如達磨達等甚衆後得長者子斯多決其握珠之緣遂受之出家以其夙緣特加其名曰婆舍斯多斯多戒已師子乃謂曰適觀此國將加難於我我豈苟免而吾所傳如來大法眼藏今付於汝宜奉之即去自務傳化或有疑者即以吾僧伽梨衣為信說偈曰

正說知見時　知見俱是心
當心即知見　知見即于今

第二十五祖婆舍斯多罽賓國人姓婆羅門氏（以方言不同本傳凡三出其名）生有異迹既遇師子與辯其夙緣乃為其徒師子知自有難遂預以法付之斯多即去歷中天竺南印土所化多有異事遂得南天竺國王之子不如密多為之弟子與之還其前所化境將滅以法付之說偈曰

聖人說知見　當境無是非
我今悟真性　無道亦無理

第二十六祖不如密多南天竺國人姓剎帝利亦多異迹以太子從婆舍斯多出家得果辱從斯多出宮乃得付法遊化至東天竺得聖童子瓔珞出家為徒改名般若多羅謂是大勢至菩薩爲迹將入滅乃以法付之說偈曰

真性心地藏　無頭亦無尾
應緣而化物　方便呼為智

第二十七祖般若多羅東天竺國人姓婆羅門氏初以童子遇不如密多其聖迹既顯遂從之出家納戒得傳法印遊化南天竺國得其國王之子菩提多羅為之弟子改其法名曰菩提達磨此後更四十餘載入滅乃以法付之說偈曰

心地生諸種　因事復生理
果滿菩提圓　花開世界起

第二十八祖菩提達磨（其名隋去聞如塔壹舉之頗凡三四說）南天竺國人姓剎帝利蓋其國王之子也從般若多羅出家得其付法謂是觀音菩薩之所爲迹其後六十七年乃以法東來震旦其所傳教直指人心見性成佛不寘文字初至梁以其機緣不契乃往北魏止於嵩少九年方得慧可從其求道其後果以大法付慧可并衣鉢為信乃為此土傳法之初祖也後去少林而示滅度其傳法偈曰

吾本來茲土　傳法救迷情
一花開五葉　結果自然成

第二十九祖慧可武牢人姓姬氏三十猶世書出家爲得戒三十二以異夢辭其本師混迹於京洛遇達磨大師乃立雪斷臂懇求法印果得其傳授因為易

名遂為衆之所歸尋得三祖僧粲為之弟子以法付之即往鄴都償其夙累其傳法偈曰

本來緣有地　因地種花生
本來無有種　花亦不曾生

第三十祖僧璨不知其何許人初以處士見慧可尊者不稱姓名因問法發悟乃師之出家遂命今法名納戒可祖乃以法付之去隱舒州皖公山三十載方為衆所歸尋得道信以沙彌師之道信既納戒即以法付之其後子然乃南遊于羅浮山其傳法偈曰

花種雖因地　從地種花生
若無人下種　花地盡無生

第三十一祖道信蘄陽人姓司馬氏以頓悟得法於三祖至唐初乃居蘄之雙峯山途中得奇童度為弟子遂名之曰弘忍尋以法幷前祖信衣付之後乃滅度其傳法偈曰

花種有生性　因地花生生
大緣與信合　當生生不生

第三十二祖弘忍蘄陽黃梅人姓周氏生有殊相有賢者見之曰此異大人相所不及如來者七種耳師四祖道信出家納戒尋傳其付法繼居破頭山即雙峯是教化大盛咸亨中客有盧居士自稱慧能自嶺南而來趨其法會忍祖器之以其所呈法偈遂以居士傳法幷以衣鉢說偈曰

有情來下種　因地果還生
無情既無種　無性亦無生

第三十三祖慧能新州新興人姓盧氏初以至孝事母家貧以鬻薪為資因聞商客誦經乃知五祖弘忍傳佛心印遂備資與母辭去就黃梅以求其法見五祖相契竊以居士受法南還廣州落髮於法性寺得具戒後居韶陽曹侯溪大為四衆所歸方以其法普傳前祖所授衣鉢則置之於其所居之寺其後說偈示徒以顯其法偈曰

心地含諸種　普雨悉皆生
頓悟花情已　菩提果自成

竺大力者第二十三祖鶴勒那之弟子也以漢獻帝之世至于洛邑後乃適吳與康僧會相遇僧會嘗問大力曰仁者師誰曰吾師鶴勒那僧會曰鶴勒之徒如仁者幾何人復有過之者耶大力曰似我者三千若其穎出但一上人耳其號師子比丘其人寄受正法與我師繼世方揚化於北天竺國

佛駄跋陁天竺人也本姓釋迦氏甘露飯王之後也初會秦僧智嚴於罽賓國乃懇請跋陁偕來諸夏傳授禪法初至長安其後乃之廬山遂出其禪經與遠公同譯譯成遠公為之序嘗謂遠公曰西土傳法祖師自大迦葉直下相承凡有二十七人其二十六祖近世滅度名不如密多者所出其繼世弟子曰不若多羅者方在南天竺國行其教化達磨未繼世作

(祖故未稱之)故其禪經曰佛滅度後尊者大迦葉尊者阿難(云云)乃至不如密多羅諸持法人以此慧燈次第相傳我今如其所明而說是義所聞者即達磨多羅也後為二十八祖故遠公序曰達磨多羅西域之儁禪訓之宗實林傳所謂跋陁嘗與遠公言其傳法諸祖世數固驗於禪經矣愚考其翻譯禪經之時乃先於付法藏傳六十二年而已有二十八祖而付傳輒出魏氏毀教之後但列二十四世妄斷其相付法人於此便絕反于禪經豈其欲有所欺乎愚正宗論嘗指其傳之非詳矣然其謬書可焚也

曇摩迦羅者中印土人以魏黃初壬寅三年至于許昌許昌僧光璨嘗問曰西國有何勝師以何法住持迦羅曰西土凡有二人士一曰摩拏羅(二十二祖也)[百九] 一曰鶴勒那(二十三祖也)[十八] 皆傳正法以法住持其一化西印土其一化中天竺國僧祐者本齊人歸梁以持律知名嘗著出三藏記其薩婆多部相承傳目錄曰婆羅多羅(二十五祖)弗若密多(二十六祖)不若多羅(二十七祖)達磨多羅(二十八祖)祐尋終於梁也

支強梁樓者中天竺國人也以前魏陳留王世至洛陽與曇諦康僧鎧輩譯經因謂諸僧曰我昔在西域嘗往罽賓國至愁塗源入其象白山見達磨達年壽甚高謂其得法之師師子尊者嘗為彌羅崛王起難橫害先難預以其相承大迦葉所傳佛之心印妙法付其同學(達磨達同學)號婆舍斯多也(二十五祖也)復授衣為信其時即遣往化於南天竺國支強自謂亦相識婆舍斯多然諸祖事迹自七佛以來至乎二十五祖婆舍斯多乃此支強之所譯也那連耶舍者罽賓國人也以東魏孝靜之世至于鄴都初與處士萬天懿譯出尊勝陀羅尼後因謂天懿曰西國諸祖二十七大士亦受持此經然二十七祖號般若多羅其所[百九]出繼世弟子曰達磨多羅者昔當魏明帝世[十九]正光元年至于洛陽其人亦喜此經萬天懿曰然此大士我亦聞其嘗於祖位傳佛正法不悉其後復有繼之者乎耶舍遂以偈答之其說皆隱語凡自七佛至二十七祖與達磨二十八祖傳受之事蓋此耶舍之所譯也

波羅芬多者中天竺人也以前魏廢帝齊王之嘉平二年來洛陽至晉太始三載其弟子摩伽陀復來芬多因問曰汝在西時頗遊北天竺耶或謂師子尊者無辜為其國王所害是否今復有傳法者與其相繼耶摩伽陀曰然師子害死至今二十三白有沙門號婆舍斯多本罽賓國人先難得其付法授衣即日去之方於中天竺大隆佛事芬多謂其弟子曰我亦聞之汝言驗矣當時好事者即書留于白馬寺後有玄朗法師者得於其寺乃傳於世

犍那者不知其西域何國人也未詳何時至諸夏唐天寶中與河南尹李常者相會常問曰天竺禪門祖師多少犍那曰自大迦葉直至般若多羅凡有二十七祖(不言達磨以其為此土初祖也)(若總以西土言之乃有二十八祖也)若敘師子尊者旁出達磨達四世二十二人總有四十九祖若從七佛至此璨大師(時慶三祖璨師舍利作齋)不括橫枝凡有三十一世常又問他僧曰余見祖圖或引五十

餘祖至其枝派差殊宗族不定或但有空名此何以然時有六祖弟子曰智本禪師對曰斯蓋後魏之時佛法毀廢當時有傳曇曜於倉卒間單録諸祖名目不暇備寫傳之亡於山谷後三十餘年當其君孝文帝之世曇曜出之與衆絹綴爲付法藏傳其差悮亡失事實乃曇曜之所致也然愚嘗考曇曜輩所爲付法藏傳其文繊類單録自彌遮多迦至乎師子羅漢凡七祖師最缺殊無本末亦李常所謂祖圖但空有其名者此是也

裴休字公美自唐會昌中以兵部侍郎御史大夫同平章事號爲名相撰圭峯密師傳法碑曰釋迦如來最後以法眼付大迦葉令祖祖相傳別行於世非私於迦葉而外人天聲聞菩薩也自大迦葉至於達磨凡二十八世達磨傳可可傳璨璨傳信信傳忍忍傳能爲六祖

傳法正宗記定祖圖

傳法正宗定祖圖

校勘記

一　底本，清藏本。此卷徑無圖像，但文義、序次相近，而與影印宋磧砂藏本之圖像大異（此卷磧砂藏本缺，其影印本係以明永樂南藏本補闕）。玆以影印宋磧砂藏本作爲別本，附載於後。此別本一卷，編次爲「卷第二」的原因，見本册輔教篇上卷校勘記。

一　四一七頁上一行「傳法正宗定祖圖序」；徑作「傳法正宗定祖圖卷第一」並有夾註「并序作十卷」。

一　四一七頁中一七行至本頁下七行「劉昫……宋太保」，徑置於四二五頁上一七行「六祖」之後。

一　四二五頁上末行「定祖圖」，徑作「定祖圖卷第一」。

傳法正宗定祖圖卷第二 并叙

鐔津東山沙門 臣僧 契嵩撰

原夫菩提達磨實佛氏一教之二十八祖也與乎大迦葉乃釋迦文如來直下之相承者也傳之中國年世積遠譜謀差謬而學者寡識不能推詳其本真遂不諒紛然異論古今頗爾契嵩平生以此為大患適考其是非正其宗祖其書垂出會

須祖師傳法授衣之圖布諸天下而學佛者雖皆禁之猶聽瑩未諭

上意契嵩幸此竊謂識者曰吾佛以正法要為一大教之宗以密傳受為一大教之祖其宗乃聖賢之道源天地生靈之妙本也其祖乃萬世學戒定慧者之大範十二部說之真驗也自書傳亂之曖昧浸漶天下疑之幾千百載矣

今上大聖特

須圖以正其宗祖然聖人教道必

聖人乃能正之是豈唯萬世佛氏之徒之大幸也亦天地生靈者之大幸也契嵩固不避其僭越愚妄之誅敢昧死引其舊事推衍

上聖意仰箋乎祖圖亦先所須祖師傳法授衣之謂也然其始亂吾宗祖熒惑天下學者莫若乎付法藏傳正其宗祖斷萬世之諍者莫若乎禪經禪經乃先乎付法傳六十二載始終備二十八祖已見於晉之世矣付法傳乃真君廢教之後缺然但謂二十四世方見乎魏之時耳適以禪經驗而付法藏傳果其謬也若如來獨以正法眼藏密付乎大迦葉者則見之涅槃經智度論禪經與其序也以意求之而佛之微旨存焉

上叡性高妙獨得乎言謂之外是乃天資佛記也故其

發揮禪祖雅與經合宜乎垂之萬世永為定斷三學佛子遵之仰之天下不復疑也其圖所列自釋迦文佛大迦葉至乎曹溪第六祖大鑒禪師凡三十四位又以儒釋之賢其言吾宗祖素有證據者十位列于諸祖左右謹隨其傳法正宗記詣

闕

上進塵瀆

宸眷不任惶恐震懼之至謹叙

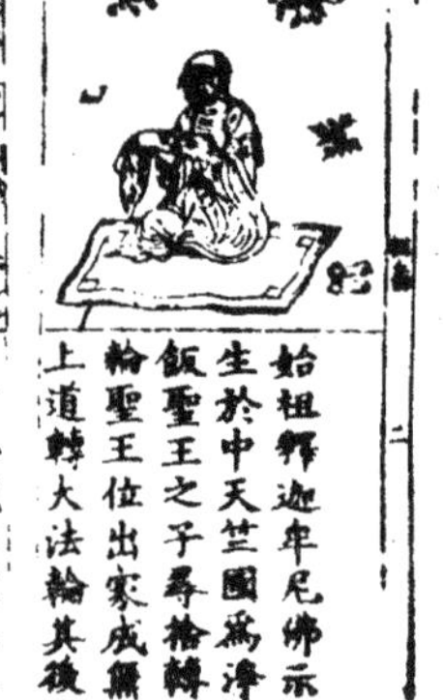

始祖釋迦牟尼佛示生於中天竺國為淨飯聖王之子尋捨轉輪聖王位出家成無上道轉大法輪其後七十九歲垂般涅槃乃以其大法印付其高第弟子摩訶迦葉并勅阿難副貳傳化復以金縷僧伽梨衣令大迦葉轉付當來諸處弥勒佛其說偈曰

法本法無法　無法法亦法

今付無法時　法法何曾法

正宗諸賢左五位

祖師

第一祖摩訶迦葉本摩竭陀國人也姓婆羅門氏其形金色先捨家入山以頭陀法自修及會佛出世遂歸之為師佛般涅槃之後乃命眾阿難與結集法藏其傳持佛衣將入定於雞足山以待彌勒下生乃以其法印傳之阿難說偈曰

法法本來法　無法無非法

何於一法中　有法有非法

第二祖阿難姓刹帝利斛飯王子釋迦如來從弟也從佛出家為佛侍者稱博第一傳佛所說之法若水傳器未嘗忘逸及其般涅槃乃以法付其弟子商那和修又囑聖手末田底迦當說偈曰

本來付有法　付了言無法

各各須自悟　悟了無無法

第三祖商那和修亦曰舍那婆斯摩突羅國人姓毗舍多氏在母之胎六年生有自然之衣覆身而長出家為阿難之徒預受佛記為傳法藏聖者其後伏其地之二火龍伏優婆毱多及其將入三昧乃以法付其弟子優婆毱多說偈曰

非法亦非心　無心亦無法

說是心法時　是法非心法

正宗諸賢右五位

竺大力者第二十三祖鶴勒那之弟子也以漢獻帝之世至于洛邑後乃遇其康僧會相遇僧會嘗問大力曰仁者師誰曰吾師鶴勒那僧會曰鶴勒之徒如仁者幾何人復有過之者耶大力曰似我者三千若其頴出但一上人耳其號師子比丘其人當受正法繼我師於世方揚化於北天竺國

第四祖優波毱多吒利國人姓首陀氏師商那和修出家得道有異迹嘗為無相好佛度人最衆所記其人籌盈溢石室將入滅遂以法付其弟子提多迦說偈曰

心自本來心　本心非有法
有法有本心　非心非本法

第五祖提多迦摩伽陀國人其姓則未詳初從鞠多尊者出家行化至中印土會大仙者彌遮迦自說夙緣求為其徒及將入滅乃以法付彌遮迦說偈曰

通達本法心　無法無非法
悟了同未悟　無心亦無法

第六祖彌遮迦中印土人姓則未詳初嘗以仙術求師提多迦出家學佛既而證果行化至北天竺得異人婆須蜜為其說佛菩提婆須蜜將紹祖位願為其弟子婆須蜜乃以法付婆須蜜說偈曰

無心無可得　說得不名法
若了心非心　始了心心法

佛䭾跋陀天竺人也姓釋迦氏甘露飯王之後也初會秦僧智嚴於罽賓國乃聽請跋陀偕來諸長安傳授禪法初至長安其後乃之廬山遂出其禪經與遠公同譯禪成遠公為之序嘗謂遠公曰西土傳法祖師自大迦葉直下相承凡有二十七人其二十六祖近世滅度號不如密多者所出其繼世弟子曰不若多羅者方在南天竺國行其教化（達磨未嘗由作此經識者辨之）故其禪經曰佛滅度後尊者大迦葉尊者阿難（云云）乃至不如密多羅諸持法人以此慧燈次第相傳我今如其所明而說是義所聞者即達磨多羅也後為二十八祖故遠公叙曰達磨多羅西域之高禪訓之宗寶林傳所謂跋陀嘗與遠公言其傳法諸祖世數因驗於禪經矣惡考其禪經乃先於付法藏傳六十二年而已有二十八祖所付傳稍出魏氏聲教之後但列二十四世妄斷其相付法人於此便絕反于禪經豈其欲有所斁乎愚正宗論嘗指其傳之非詳矣然其謬書可勝也

第七祖婆須蜜北天竺國人姓頗羅墮氏常服淨衣持一酒器伸鼻自若人皆不測也遇彌遮迦尊者因說其夙緣乃棄器從之出家既得法行化至迦摩羅國以說法服佛陀難提者度之為弟子將入涅槃乃以法付之說偈曰

心同虛空界　示等虛空法
證得虛空時　無是無非法

第八祖佛陀難提迦摩羅國人姓瞿曇氏生而頂有肉髻辯才大聰明能一覽成記其齒已四十歲會婆須蜜尊者至其國乃棄家從之尋得道果遊化至提伽國得奇人伏䭾蜜多為其弟子將示滅乃以法付之說偈曰

虛空無內外　心法亦如此
若了虛空故　是達真如理

第九祖伏䭾蜜多提伽國人姓毘舍羅氏生已五十歲矣口未嘗言足未嘗履會佛陀難提至其國其父母將以見之既見難提遂起禮拜其父母即使從師出家學道既道成已遊化至中印土得脇尊者為弟子將入滅乃以法付之說偈曰

真理本無名　因名顯真理
受得真實法　非真亦非偽

曇摩迦羅者中印土人以魏嘉初壬寅三年至于許昌許昌僧光璨嘗問曰西國有何勝師以何法住持迦羅曰西土凡有一大士一曰摩挐羅（二十二祖）一曰鶴勒那（二十三祖）皆傳正法以法住持其一化西印土其一化中天竺國

第十祖脇尊者中印土人在胎凡六十年乃生因名難生長有異蹤會伏䭾蜜多尊者至其國父命從之出家得受具戒為比丘持戒精苦未嘗寢臥故號脇尊者後行化至華氏國見富那夜奢相與問答遂度為之弟子其將入滅乃以法付之說偈曰

真體自然真　因真說有理
領得真真法　無行亦無止

第十一祖富那夜奢華氏國人姓瞿曇氏生有異性自知當遇聖師及脇尊者至其國乃詣其法會論相契即從之出家得道遂化至波羅奈國得馬鳴為之弟子然正合佛記及將入滅乃以法付之說偈曰

迷悟如隱顯　明暗不相離
今付隱顯法　非一亦非二

第十二祖馬鳴波羅奈國人未詳其姓氏初從富那夜奢出家得度其師為說法嘗於華氏國化彼一國之人為形如馬而其人皆悲鳴之德因號其為馬鳴遊化至西印土度迦毘摩羅為之弟子將入滅乃以法付之說偈曰

隱顯即本法　明暗元不二
今付悟了法　非取亦非棄

僧祐者本齊人歸梁以持律知名嘗著出三藏記其薩婆多部相承傳目錄曰婆羅多羅（二十五祖）弗若蜜多（二十六祖）不若多羅（二十七祖）達磨多羅（二十八祖）祐尋終於梁也

第十三祖迦毘摩羅華氏國人未詳其姓氏初爲外道有大幻術因論馬鳴較法不勝遂爲其徒傳通戒已亦遊化至西天竺降大火龍因之得龍樹爲之弟子將滅乃以其法付之說偈曰

非隱非顯法　說是真實際
悟此隱顯法　非愚亦非智

第十四祖龍樹西天竺國人未詳其姓氏大自幼出世學無所不通其國有山名毗羅山先有神龍所居有巨樹能蔭庇其龍樹常於樹下說法故出家遂入其山求樹行已度五百龍得佛法因迦毗摩羅至爲乃求其度龍樹遂據之爲師納戒遊化至南天竺攝[illegible]以其法付之說偈曰

爲明隱顯法　方說解脫理
於法心不證　無瞋亦無喜

第十五祖迦那提婆南天竺國人姓毗舍羅會龍樹至其家乃往謁龍樹先遣以滿鉢水置其前那提婆即以一針投之水中遂師龍樹出家爲其高足弟子其後行化至迦毗羅國得羅睺羅多爲徒將入滅乃以法付之說偈曰

本對傳法人　爲說解脫理
於法實無證　無終亦無始

支彊梁樓者中天竺國人也以前魏陳留王世至洛陽與曇諦康僧鎧輩譯經因謂諸僧曰我昔在西域嘗往罽賓國至慈塗源入其象白山見達磨達年壽甚高謂其得法之師師子尊者嘗爲彌羅崛王起難預

以其相承大迦葉所傳佛之心印妙法付其同學達磨達號婆舍斯多也二十五祖世復授衣爲信其時即遣往化於南天竺國支彊自謂亦相識婆舍斯多然諸祖事迹自七佛以來至乎二十五祖婆舍斯多乃此支彊之所譯也

第十六祖羅睺羅多迦毗羅國人姓梵摩氏既遇提婆得明其家樹耳之緣即師之出家傳法有異迹其後統徒遊化至室羅筏城以佛記訪僧伽難提爲沙彌得其出家爲弟子將滅授之乃以法付之說偈曰

於法實無證　不取亦不離
法非有無相　內外云何起

第十七祖僧伽難提室羅筏國人姓剎帝利乃其國王之子[illegible]王佛世示生王宮遂捨[illegible]出家受戒尋出其國至岩窟[illegible]得會羅睺羅多至其禪所因而得度其後統眾多即以法傳之後往摩提國得伽耶舍多爲嗣法之者乃得伽耶舍多又滅以法付之說偈曰

心地本無生　因地從緣起
緣種不相妨　花果亦復爾

第十八祖伽耶舍多摩提國人姓鬱頭藍氏父天蓋母方聖會僧伽難提來其家求因師而出家納戒即得付法遊化至月支國遇鳩摩羅多爲說其家昔天之緣及師其鳩摩羅多即師之出家者久遠乃以法付之說偈曰

有種有心地　因緣能發萌
於緣不相礙　當生生不生

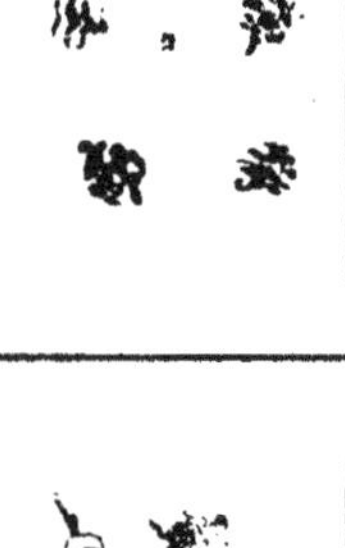

那連耶舍者罽賓國人也以東魏孝靜之世至于鄴都初與處士萬天懿譯出尊勝陀羅尼後因謂天懿曰西國諸祖二十七大士亦受持此經然二十七祖號般若多羅其所出繼世弟子曰達磨多羅者昔當魏明帝世正光元年至于洛陽其人亦喜此經萬天懿曰然此大士我亦聞其當於祖位傳佛正法不悉其後復有繼之者乎耶舍遂以偈答之其說皆隱語凡自七佛至二十七祖與達磨二十八祖傳受之事蓋此耶舍之所譯也

第十九祖鳩摩羅多月支國人姓婆羅門氏夙稱不測之人以緣示生於此尋得師伽耶舍多出家傳法行化至中天竺得闍夜多爲其弟子將滅乃以法付之說偈曰

性上本無生　爲對求人說
於法既無得　何懷決不決

第二十祖闍夜多北天竺人未詳其姓氏會鳩摩羅多至其本國聞其所說業通三世感悟從之出家得法乃遊化諸國至羅閱城得婆修盤頭比丘爲徒將滅以法付之說偈曰

言下合無生　同於法界性
若能如是解　通達事理竟

第二十一祖婆修盤頭羅閱城人姓毗舍佉氏在胎嘗有聖僧以異夙緣告其父母及生大異稍長從光度羅漢出家篤欲光驗行爲會闍夜多爲授大法遂化至那提國得摩拏羅爲徒將滅以法付之說偈曰

泡幻同無礙　云何不悟了
達法在其中　非今亦非古

波羅芬多者中天竺人也以前魏廢帝齊王之嘉平二年來洛陽至晉太始二載其弟子摩伽陀復求芬多因問曰汝在西時頗遊北天竺耶或謂師子尊者無辜爲其國王所害是否今復有傳法者與其相繼耶摩伽陀曰然師子害死至今二十三白有沙門號婆舍斯多本罽賓國人先難得其付法授衣即日去之方於中天竺大隆佛事芬多謂其弟子曰我亦聞之汝言驗矣當時好事者即書留于白馬寺後有玄朗法師者得於其寺乃傳於世

此一位當在支彊之上以其所見之事在晉太始之間故次之也

第二十二祖摩拏羅那提國人姓刹帝利乃其國王之子也有大神力父王命師婆修盤頭出家已得戒付法遊化自西天竺以神通自舉至月支國得鶴勒那比丘即以法付之尋般涅槃其付法偈曰

心隨萬境轉　轉處實能幽

隨流認得性　無喜復無憂

第二十三祖鶴勒那月支國人姓婆羅門氏在胎及生頗有異從摩拏羅尊者出家納戒既得法遊化至中天竺國得師子比丘即以法付之其付法偈曰

認得心性時　不說不思議

了了無可得　得時不說知

第二十四祖師子比丘中天竺國人姓婆羅門氏從鶴勒那尊者出家得法遊化至罽賓國得婆舍斯多即以法付之其付法偈曰

正說知見時　知見俱是心

當心即知見　知見即于今

舊所者不知其西域何國人也未詳何時至諸夏唐天寶中河南尹李常者相會於問曰天竺禪門祖師多少僧那曰自大迦葉直至般若多羅凡有二十七祖若敘師子尊者旁出達磨達四世二十二人總有四十九祖若從七佛至此璨大師凡有三十一世常又問他僧曰余見祖圖或引五十餘祖至其支派差殊宗族不定但有空名此何以然耶有六祖弟子曰智本禪師對曰斯蓋後魏之時佛法致難當時有僧曇曜於禽間單錄諸祖名目不暇備周悵之亡於山谷後三十餘年當其君孝文帝之世曜方出之與衆紬繹爲付法藏傳其差殊者蓋失事實乃曇曜之所致然恐詬者以曇曜草所爲付法藏傳其文誠顛倒

第二十五祖婆舍斯多罽賓國人姓婆羅門氏從師子尊者出家得法遊化至南天竺國王之子不如密多即以法付之其付法偈曰

聖人說知見　當境無是非

我今悟其性　無道亦無理

第二十六祖不如密多南天竺國人姓刹帝利亦國王之子也從婆舍斯多出家得法乃傳付法遊化至東天竺得瓔珞童子爲其出家爲伐改名般若多羅謂是大勢至菩薩將入滅乃以法付之說偈曰

真性心地藏　無頭亦無尾

應緣而化物　方便呼爲智

第二十七祖般若多羅東天竺國人姓婆羅門氏初以童子遇不如密多尊者謂是大勢至菩薩既而願從之出家納戒得傳法印遊化南天竺國得其國王之子菩提多羅易其法名曰菩提達磨此後更四十餘載入滅乃以法付之說偈曰

心地生諸種　因事復生理

果滿菩提圓　花開世界起

裴休字公美自唐會昌中以丘部侍郎御史大夫同平章事號爲名相撰圭峯密師傳法碑曰釋迦如來最後以法眼付大迦葉令祖祖相傳別行於世非私於迦葉而外人天聲聞菩薩也自大迦葉至於達磨凡二十八世達磨傳可可傳璨璨傳信信傳忍忍傳能爲六祖

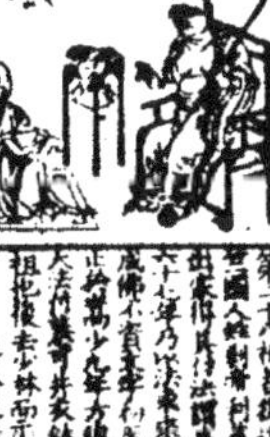

第二十八祖菩提達磨南天竺國人姓刹帝利本名菩提多羅乃其國王之子也從般若多羅尊者出家得法六十七年乃以法東來至此土傳付慧可以其法付之說偈曰

吾本來茲土　傳法救迷情

一花開五葉　結果自然成

第二十九祖慧可武牢人姓姬氏二十捐世書出家時得戒三十二以異夢辭其本師遊於京洛遇達磨大師乃立雪斷臂求法印果得其傳因易名慧可將得三祖僧璨爲之弟子以法付之其傳法偈曰

本來緣有地　因地種花生

本來無有種　花亦不能生

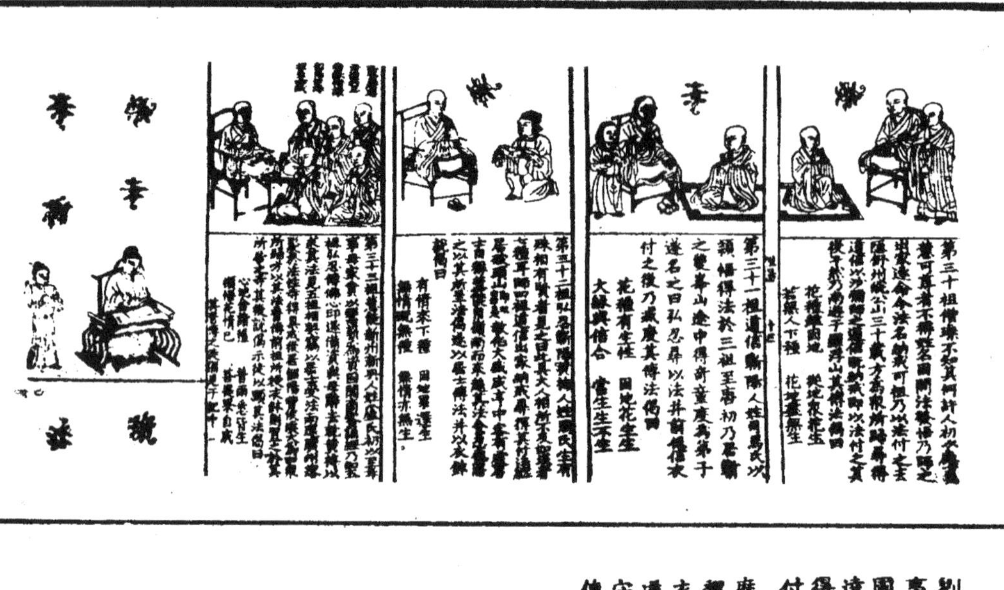

劉昫字耀遠涿州歸義人也天祐中始以軍事衙推仕及開運初授司空平章事又監修國史故其撰唐書神秀傳曰昔後魏末有僧達磨者本天竺國王子以護國出家入南海得禪宗妙法自釋迦相傳有衣鉢爲記世相付授初來至梁詣武帝帝問以有爲之事達磨不悦乃之魏隱於嵩山少林寺而卒其年魏使宋雲於葱嶺迴見之門徒發其墓但見衣屨而已達磨傳慧可慧可傳僧璨僧璨傳道信道信傳弘忍弘忍傳慧能神秀昫卒於守太保

傳法正宗記定祖圖卷第二　槖

進天目中峯和尚廣録表
皇帝福蔭裏大普慶寺臣僧善達密的理誠
惶誠恐昧死謹言臣聞佛之生去中國
十萬里其歿距今二千餘年故傳道漫
微而言禪最病拘則泥乎物誕則離乎
真真離而誕益勝故今之眩誕自我者
皆誣禪以亂其教其的傳真悟超然獨
異於是者實惟天目山佛慈圓照廣慧
智覺禪師中峯和尚明本本承嗣高峯
原妙妙嗣仰山祖欽欽嗣徑山師範範
於法系上泝臨濟義玄爲十五世之祖
本距菩提達磨實二十九代之法孫也
臣謹按先師明本道德行業衣被禪林
孤光絶響振耀海寓
仁宗皇帝嘗遣近臣賜衣錫號
英宗在御渙汗繼述恩數有加及乎
文皇以臣先師之所素嚮簡在
聖心於是
賜謚與碑謚曰智覺塔曰法雲今復賜遍
皇帝陛下聰明天從
聖智日新
道軼百王
皇建有極
崇信佛學尊護正宗遂敢瀆冒
天誅復有懇請蓋自達磨傳佛心宗道盛
東土雖代有得法稱師者然具大辯才
大智慧於其教法扶衰拯溺建正摧邪
有功佛乘者亦罕見焉惟五季永明智
覺禪師延壽慨念天台慈恩賢首性相
三宗手相矛盾乃集三宗知法之士更
相設難而以心宗旨要折中之於是著
宗鏡録一百卷其書既行後賜入藏宋
元祐間明教禪師契嵩憫世儒闢佛太
甚而不知佛學陰裨王化遂著書曰輔
教編三卷又念
釋迦文佛至乎曹溪六祖受授而下歷代
諸師譜系不明復著傳法正宗記十二
卷其書亦賜入藏今臣先師明本痛禪
學之弊無如今日用救其弊以身先之
其所著書因學者不能廓悟神心徹法
源底每以聰明之資於古德垂示第一
義諦處輒領覽爲己解也於是著信心
銘闢義解一卷每以講學之士不能無
辯詰也於是著楞嚴徵心辯見或問一
卷金剛般若略義一卷別傳覺心一卷
因學者不信有悟門而遂溺於邪見未
得謂得未證謂證也於是擬寒山詩一
百首又著幻住家訓一篇以發明真參
實悟之旨因學者每每致問隨問而荅
久而成編曰山房夜話一卷東語西話
一卷續集二卷語録十卷別録十卷於
戲先師豈好辯哉蓋有不得已者也今
遂總加裒録而繫題其編曰天目中峯
和尚廣録隨表進上恭望
天慈鑒臣先師之所以立言非徼生榮非
覬後福蓋以禪學之病沉寘膏肓有大
醫王不忍閑見於是碱砭不切無以中
其會俞湯劑不苦無以蠲其沉痾是所
謂對證之良藥衛生之妙道其旨意如
此遠與永明明教二師之所垂訓實相
表裏二師所著之書故宋既賜之入藏
與諸佛菩薩之所宣說者並行而不悖
矣伏念臣先師明本遭值
聖明恩渥周至
光寵蕃錫獨其遺言未得與永明明教
之書賜入大藏以故臣夙夜憂歎懼有
墜逸伏望
皇帝陛下天地之量
日月之明容臣螻蟻之志鑒臣草芥之
誠將臣所進先師明本廣録三十卷
特賜入藏佛學幸甚臣干冒
天威下情無任激切屏營之至謹奉書隨
表上進以
聞臣僧善達密的理誠惶誠恐昧死謹
言
元統二年正月　日大普慶寺臣僧
善達密的理　上表

降賜天目中峯和尚廣録入藏院劄
皇帝聖旨裏行宣政院准
宣政院咨元統二年正月二十六日篤
連帖木兒怯薛第二日
延春閣後咸寧殿裏有時分速古兒赤馬
札兒台大夫汪家奴院使羅鍋殿中喃
忽里火里歹等有來本院官撒迪平章
不蘭奚院使汪東攢古魯思院使左吉
院使燕京閭院使桑哥失里院使喃哥
班同知輦真班同僉嗦南紥議也先不
花經歷陳都事等
奏在先好師德每撰集來的文字奉

皇帝聖旨教刊板入藏經裏有來如今爲這
中峯和尚悟明心地好師德的上頭奉
扎牙篤皇帝聖旨他根底也立了碑來如今
它撰集來的文字都是禪宗裏緊要的
言語有如今依先例將這文字但有藏
經印板處教刊板入藏經教揭監丞撰
序加與普應國師名字俺行與省家文
書教與
宣命呵怎生養呵奉
聖旨那般者教火者賽罕院使
皇太后根底啓呵那般者麼道
懿旨了也欽此除欽遵外咨請欽依施行准
此除外使院合下仰照驗欽依施行須
議劄付者
右劄付杭州路南山大普寧寺住持
准此
元統二年五月　日
皇帝聖旨裏杭州路餘杭縣南山大普寧寺
住持臣僧明瑞元統二年五月二十八
日蒙
朝廷差來官賚奉到
行宣政院劄付該准
宣政院咨元統二年正月二十六日欽奉
聖旨節該中峯和尚加與
普應國師名字它撰集來的文字但有
藏經印板處教刊板入藏欽此除欽遵
外咨請欽依施行准此除外使院合下
仰照驗欽依施行奉此除欽遵外臣僧
明瑞今將奉到
普應國師天目中峯和尚廣錄三十卷
謹募檀信刊爲經板計三函入本寺印造
毗盧大藏經院用廣流通以此
功德恭爲祝延
聖壽無疆仰願
皇圖鞏固
帝道遐昌
佛日增輝　法輪常轉者
元統三年六月　日佛智妙應廣福
大師杭州路餘杭縣南山大普寧寺
住持臣僧明瑞　謹題

天目中峯和尚廣錄序
文林郎藝文監丞參檢校書籍事臣揭
傒斯奉　敕撰
元統二年正月庚寅朔十日己亥
上御明仁殿大普慶寺僧臣善達密的理以
其師杭州天目山故佛慈圓照廣慧智覺禪
師臣明本所譔述諸書總題曰天目中峯和
尚廣錄三十卷因奎章閣承　制學士臣沙
剌班奉表以聞願視五代宋明智覺禪師延
壽所著宗鏡錄宋明教禪師契嵩所著輔教
編傳法正宗記得賜入藏
制曰可世有六日乙卯中書平章政事臣撒
迪等言昔諸高僧文字語言凡於其教有所
裨輔皆得裒粹奏入大藏遂爲故事如本起
東南以其道爲海寓倡德業純備紹隆正傳
仁宗皇帝始賜號法慧復加佛慈圓照廣慧
之號
英宗繼御寵賚恩數一如　先朝其道臣等既
不足以知之若其爲人則頗聞其略蓋其所至
四衆傾嚮悉成寶坊而本未嘗一留目焉傾尋
窮山僻絕洲嶼崖巢浪宿草衣木食以自絕其
聲光然而德盛而心卑身遯而名隨及已示寂
文宗皇帝勑詞臣製碑禮臣定謚謚曰智覺
塔曰法雲恩數至矣速　陛下臨御而其徒
以其著書上塵　乙覽參會際遇豈偶然哉
宜賜其書一如故事編入大藏庶無負
國家崇尚佛乘之意臣等謹昧死以聞
制曰可其賜號普應國師仍　詔臣傒斯序
於書之首臣因取其書而窺之見其刊華就
實因事明理而其大旨則深惟其教法隆汚
殊時聲實異致不能自已其言耳故言叢林
栽培滋植必以其道苟不以其道而偷安利
養貪慾嗔恚是皆叢林斫伐之斧斤殞穫之
霜霰耳故言其教自入中國中更元魏唐宋
固嘗禁止衰息而其向上諸祖身經百罹道
益昌盛譬之人身視若病然而其脉則不病
也今則異此識者得不爲之寒心至於推明
其法必使之斷言語絕依解無授受參則眞
參悟則實悟乃始謂之傳佛心宗其間煆煉
之穩密勘辯之明確無假借無回護凛凛然
烈日嚴霜可畏也已至若提倡激揚則如四
瀆百川千盤萬轉衝山激石鯨吞龍變不歸
於海不已也其大機大用見於文字有如此
者謹按菩提達磨十一傳至臨濟義玄玄十
七傳至仰山祖欽欽傳天目原妙妙傳今明
本妙之居天目坐死關影不出關二十年孤
冷峭絕目瞠雲漢見者慄然本給侍左右暑
寒一草衣不易妙惻然憂令紉浣垢弊不頤

也本雖土木骸形而其相好魁碩偉然一代天人師其侍死關晝日作務夜而禪寂剋勵巖菩勵不沾席者十年師資之間究詰研窮洞法源底乃始親承記莂由是學者輻湊歸之然而深自韜晦未嘗肯以師道自處也臣復考其行録其大致固已不可彷彿其端倪若其細行則雖大山長谷之間其徒之耄老名德有卒世窮年不能踐其實之萬分一者然則本之道雖非臣所能測識然即其行以究其言則其爲書上有諸祖並行不悖陰裨皇圖光贊　佛乘其於　聖教豈小補哉豈小補哉謹序

天目中峯和尚廣録揔目

卷第一之上　示衆
卷第一之下　示衆
卷第二　小叅
卷第三　拈古　頌古
卷第四之上　法語
卷第四之下　法語
卷第五之上　法語
卷第五之下　法語
卷第六　書問
卷第七　佛事
卷第八　佛祖賛
卷第九　自賛
卷第十　題跋
卷第十一之上　山房夜話上
卷第十一之中　山房夜話中
卷第十一之下　山房夜話下
卷第十二之上　信心銘闢義解上
卷第十二之中　信心銘闢義解中
卷第十二之下　信心銘闢義解下
卷第十三　楞嚴徵心辯見或問
卷第十四　別傳覺心
卷第十五　金剛般若略義
卷第十六　幻住家訓
卷第十七　擬寒山詩
卷第十八之上　東語西話上
卷第十八之下　東語西話下
卷第十九　東語西話續集上
卷第二十　東語西話續集下
卷第二十一　賦
卷第二十二　記
卷第二十三　箴　銘
卷第二十四　序
卷第二十五　說
卷第二十六　文　疏　雜著
卷第二十七之上　偈頌七言長篇
卷第二十七之下　偈頌七言長篇
卷第二十八　偈頌五言長短篇
卷第二十九　偈頌七言八句　七言四句
卷第三十終　偈頌七言四句
天目山佛慈圓照廣慧禪師中峯和尚行録
大元勑賜智覺禪師法雲塔銘
普應國師道行碑
謝　降賜中峯和尚廣録入藏并封號國師表

重刊中峯和尚廣録序

昔在大德延祐之間江之南有大和尚曰中峯本公居天目山發大願力具大辯才痛救末法之弊大機大用變化翕霍雷震電走如大醫王視一切衆受病已劇悉皆因其病而藥之故其所爲書有曰信心銘闢義解曰楞嚴徵心辯見或問曰金剛般若略義曰別傳覺心曰擬寒山詩曰幻住家訓曰山房夜話曰東語西話曰續集曰語録曰別録千言萬語一反覆辯說無非隨機開示俾凡叅學之士證上乘也總名之曰天目中峯和尚廣録和尚化去其徒表請于朝爾如五季末明壽禪師所著宗鏡録宋明教嵩禪師所著輔教編傳法正宗記得賜入藏與內典並行朝廷允之鏤板於杭之南山大普寧寺未及廣布而數遭小刧板與寺俱燬有武弁之士曰張子華者善人也得其殘編讀之惕然有省于中曰和尚之言切實明快因事示理真對證之良藥若我之迷鈍且猶有所警發而況圓機之士乎吳山有雲居菴亦和尚法嗣所築也子華謀於其菴之上首智嵩慧澤二師曰吾願重刊廣録以廣流通吾捐己貲爲之倡師等皆唱其道者也幸助我募緣成之二師曰是吾志也時和尚之慈風被於人者未泯樂助者衆板材既具擇日命工以鏤刻焉逾年而功完請余爲序嗚呼和尚之道大矣其見於虞文靖公集宋正獻公本所著塔銘與道行碑者備矣至於廣録入藏揭文安公傒斯又奉勅爲之序顧余何敢追繼三公之後縱一言之其於和尚之道猶指虛空而加讚歎安能得其髣髴哉嘗試論之言禪不尚文字其來尚矣要之第一義諦非文字亦莫能以傳譬之涉長江大河非假舟筏之力未免望洋而退惡能濟彼岸故凡傳宗之家必有語録者此也夫文字者舟筏之具也何可廢哉方元

室公盛之日崇尚佛乘前古未有有能續佛慧命大弘法量力尸化權普應十方而無礙者和尚一人而已當其住世王公貴人學士大夫以至遐陬裔域之長攀蘿緣磴躋千仞之巔瞻其光儀聆其謦欬得悟於一棒一喝之下固無資於文字及夫報緣已盡光儀不可得而見矣謦欬不可得而聞矣雖欲承其策勵邀不可得猶幸其應世之蹟見於文字者可以為究竟之地不然光沈響絕未有不舍正塗而趨邪道者此廣録之書所以不容廢也雖然能仁氏之道累千萬億言至於無一言可説乃為大徹嗚呼是書也其大徹之門乎是故廣録之書完和尚雖已化去四衆持誦常如住世之日然則張子華氏有功於心宗之傳豈小補哉書凡二十卷字以枚數凡二十一萬有奇若其族出之懿承傳之的與其純德苦行之詳則有虞宋二公之碑銘在茲不著

洪武二十年歲次丁卯四月佛誕日杭州府儒學教授天台徐一夔序

進天目中峯和尚廣録表

校勘記

一 底本，影印宋磧砂藏本。

一 四三一頁上一行前，南有重刊中峯和尚廣録序；徑在四三三頁上一二行後亦有此重刊序，兹據徑山藏本附載於卷末。

一 四三一頁中二七行「碱砭」，徑作「鍼砭」。

一 四三二頁上九行第六字「養」，南、徑作「奏」。

一 四三二頁上一八行至本頁中一一行「皇帝……謹題」與本頁中一二行至次頁上一二行「天目……謹序」，南互置。

一 四三二頁中一三行「文林郎」，徑作「元文林郎」。

一 四三二頁中二三行第四字「世」，徑作「廿」。

一 四三二頁下六行第九字「速」，南、徑作「逮」。

天目中峯和尚廣録卷第一之上

叅學門人北庭臣僧慈寂　上進

示衆

延祐六年九月初六日駙馬太尉瀋王王璋
奏奉
聖旨　御香入山謁師於幻住菴翼日請
師就師子正宗禪寺陞座拈香云此一瓣香
虛空包不住大地載不起臣僧明本爇向寳
爐端爲祝延
今上皇帝聖躬萬歲萬歲萬萬歲陛下恭願
至聖至明如日如月惟福惟壽同地同天次
拈香云此香脉胎萬象化育兩儀仰祝
皇太后萬歲
皇后齊年
皇太子千春恭願天同覆地同擎海同涵春
同育又拈香云此香名高列國價重三韓奉
爲駙馬太尉瀋王廣資福壽伏願封外乾坤
榮金枝於帝苑寰中日月茂玉葉於王庭又
拈香云此香般若爲根株仁政爲枝葉奉爲
行宣政院使平章相國閭院官僚同增禄筭
伏願以仁以政漲佛海之波瀾爲瑞爲祥壯
皇家之柱石遂歛衣就坐問答不錄乃云大
道無爲大功不宰大善無跡大位不居一切
處海印發光千萬古金枝挺秀訪圓通大士
於潮音洞裏買石得雲饒償如意輪期於明
慶寺中移華兼蝶至香風奏四天之樂梵音
轟大地之雷二千載巳現國王五百封常爲
世主一大藏教隨機運轉百千善行任意發
揮祝萬歲於九重保三韓於上國此是太尉
瀋王海印居士尋常行履處只如今日偕行
宣政院使平章相國王子從官高登天目下
視人寰且佛法相應一句如何指陳面天匝
地祥雲起無古無今瑞氣騰其道行全虧病
衰薾體隈藏巖穴惟待殞士記六載前伏承
太尉瀋王書幣下遠謂得旨南來首謁補陀
次登天目今年之夏忽聞王車從至杭繼臨
海岸親見十二面滿月慈容於潮音洞裏約
山僧見處又却不然其觀世音聖相當數年
前最初發一念時而滿月慈容當處與王之
兩目如鏡照鏡自爾凡舉一念則一觀音示
現舉百念則百圓通現前所現之聖容隨念
起處竟莫知幾千萬身豈特王心爲然自車
從離京師之日自北而南三千五百里驛程
若聞若見俱使知有補陀巖人人心中皆具
現觀世音菩薩之慈容此又豈數量可知耶
如是無刹不現之身皆含裹於王之最初一
念而其應現又不止於今日將見亘百千世
後傳王之躬詣補陀巖使觀世音自在神通
光明世世增長其無作妙用殊勝功德未易
以筭數知也今乃與宣政院使平章相國及
王子宰相尚書侍郎舍人宣使一行官從同
時會集尋奉王旨謂一衆俱欲聞向道之說
若使一一請問未免詞繁俾陞此座普爲衆
說記得先師高峯和尚三十年深居此山每
以一箇萬法歸一一歸何處話教人默默提
起密密咨叅但不使間斷亦不爲物境之所
遷流亦不爲順逆愛憎情妄之所障蔽惟以
所叅話頭蘊之于懷行也如是叅坐也如是
叅叅到用力不及處留意不得時驀忽打脫
方知成佛其來舊矣這一著子是從上佛祖
了生脫死之巳驗三昧惟貴信得及久遠不
退轉更無有不獲其相應者所以古宿有謂
但辦肯心決不相賺今日太尉王與宣政平
章相國王子從官皆是夙承佛記遠種靈根
而華茂果圓相逢此際豈非一時慶會千古
因緣者哉又記得教中有謂若人欲識佛境
界當淨其意如虛空且淨意如虛空置之不
問還識佛境界麼如一香一華一旛一幢非
佛境界宮殿樓閣園林浴池非佛境界乃至
光明殊勝等俱非佛境界本上座今日忍俊
不禁指似去也山高水深是佛境界日上月
下雲騰鳥飛是佛境界明暗色空壞空成住
三途六趣九有四生鑪炭鑊湯諸惡苦趣是
佛境界諸仁者還信得及麼當知佛境界充
徧故衆生境界亦復充徧離佛境界外別無
衆生境界含衆生境界外別無所謂佛境界
者極而言之迷則佛境界俱是衆生境界悟
則衆生境界俱是佛境界如楞嚴謂如我按
指海印發光汝暫舉心塵勞先起此說豈有
定體耶謂海印者廣周法界不於印外別容
有一法而得安住一切諸法皆海印之真光
含攝諸塵圓裹三際此印隨佛心量建立無
異無別不增不減而衆生界亦復如是但悟
迷之有間也使我廣說循環莫盡恐稽王聽
不欲詞繁記得昔日趙王訪趙州和尚州不
下禪床乃問王曰會麼王云不會州曰自小
持齋今巳老見人無力下禪床道尊德備須
還趙州不下禪床師法有在無端末後垂示
大似偷心未忘不妨使人疑著爭似幻住以
三千六百丈天目山爲禪床行則與王共行

坐則與王共坐或有人問其中事若何聽取一偈圓通示現潮音洞幻住深棲天目山至竟不能逃海印嘉聲千古播人寰

平江路鴈蕩幻住禪菴示衆慧劒單提日用中天然元不犯磨礱神號鬼哭喪魂膽遍野横屍不露鋒古人與麼說話已是自傷己命了也殊不知我王庫內無如是刀嗟夫叅學之士不知此心空寂本來清淨於一切法元無取捨只貴翻身一擲抹過太虛脫體無依隨處自在更說甚麼生死涅槃真如煩惱猶如昨夢何有於我哉到這裏却不妨從空放下更就他尊宿痛鉗鎚下煆鍊一回等閑伸出三頭六臂將從上差別因緣聱訛公案縛作一束拋在他方世界之外便乃索空雙手向闤市門頭孤峯頂上現神通十八變使他依門傍户者斫額有分所以達磨西來謂之單傳直指初無委曲後來法久成弊生出異端或五位君臣四種料揀三關九帶十智同真各立門庭互相提唱雖則一期建立却不思賺他後代兒孫一箇箇渾身墮在叅天荊棘中枝上攀枝蔓上引蔓但見葛藤遍地無有出期逗到頭白齒黃忽然命根子於欲斷未斷之際返思從前知解毫髮無靈甘赴死門悔將奚及近代叢林如此叅學者波蕩風靡十人而九矣於戲望他法社之興叢席之盛其可得哉間有真叅實悟底尊宿出興于世欲拯救此弊無處發藥不得已於第二門頭別開一路將箇無義味話頭放在伊八識田中只待伊奮起根本無明發大疑情猛利無間繼致喪身失命亦不放捨久久純熟自然人法空心境寂能所忘情識盡和箇話頭一時忘記瞥爾向不知不覺處蹉口一骹百雜粉碎轉得身來信口道信步行觀體純真初無揀擇全生殺於一莖草上空古今於三寸舌頭豈與他順朱填墨者同日而較其得失哉然則恁麼爲伊亦是作死馬醫了也儞不見向這裏磨礱志氣抖擻精神一往直前以求真脫是自棄也中間多有一等好兄弟不能發决定志因做到不柰何無下手處著脚不牢便生退屈正此擬議蓦地被人牽引向冊子上論量經教中引喻不待悟明自立知見直饒儞論得諦當喻得明白殊不知正是依他作解障自悟門雜毒入心佛亦難救更有人謂我根器狹劣卒不可到先且發菩提心興普賢願兼修白業以爲由漸者此等謂之孤負己靈埋沒先德又有人謂道無言而不顯體無用而不彰便乃漁獵見聞博求勝解者此等謂之癡狂外邊走又有人謂昏沉散亂似難屏除便乃息慮停機枯心死志坐在蒲團上如一堆朽木相似忽然忘四大虛六情以爲極則者此等謂之解脫深坑死水裏浸又有人認箇昭昭靈靈鑑覺者爲自己法身便謂山河大地不礙眼光明暗色空元非他物一認認定此等謂之喚驢鞍橋作阿爺下頷又有人向他古人垂手處妄生穿鑿謂一句是半提兩句是全提揣摸不行處喚作向上機坐脫立亡喚作末後句中間又將古人語言遶滿處從頭註解口耳相傳以爲究竟者此等皆是西天九十六種之數中間差別異端不可枚舉摠而言之無他葢爲當人元無正念不發真心又不曾實爲生死大事兼之又不具叅學眼目別白邪正師法所以坐在裏許不肯知非遂致紅紫亂朱使他晚學初機難於趣向於是勞他先聖千緒萬端設出方便特不過爲伊解其黏去其縛耳今則我這裏也不敢自出已見更遠引古人入道因緣爲伊證據去也要知一踏到底更無回互者但看僧問古德云學人不識佛乞師指示德云我說恐儞不信僧云和尚重言爭敢不信德云即汝便是僧云如何保任德云一翳在目空華亂墜僧遂領悟這箇豈不是一踏到底底様子這僧自非真箇懸崖撒手直下承當安得便恁麼勦絕當時儻存毫髮許心意情識於其間便是百刦千生也無他領悟處諸人還知麼且看從頭註破學人不識佛乞師指示合取狗口我說恐儞不信作賊人心虛和尚重言爭敢不信猶自不知非即汝便是將謂有多少奇特如何保任脚跟下好與三十痛棒一翳在目空華亂墜脫賺閻浮多少人僧遂領悟三生六十刦儞諸人還知落處麼也須學這僧向己躬下一踏到底始得要知持經論教談名說相者但看良遂座主見麻谷谷閉門不接遂次日再往谷復閉門遂乃扣門谷問阿誰遂擬應名忽然有省乃曰和尚莫謾良遂良遂若不來見和尚泊被經論賺過一生谷乃印可遂歸罷講謂同學曰諸人知處良遂摠知良遂知處諸人不知鄉使談經論教可以了得則良遂不必扣麻谷之門儞看他末後道良遂知處諸人不知且不知底是何事更爲伊從頭

註破良遂見麻谷棄却黃金抱碌甎麻谷閉門不接將謂別有長處遂乃扣門劒去久矣汝方刻舟谷問阿誰拋糠引狗擬憑有省已遲八刻我若不來見和尚洎被經論賺過一生更參三十年谷乃印可胡麻厮纖良遂知處諸人不知依舊可憐生這裏豈是儞循行數墨依文解義底道理也須親見良遂悟處始得要知自負知見下視諸方者但看黃龍和尚請益慈明老人明問曰公學雲門禪必善其旨如雲門放洞山三頓棒是有喫棒分無喫棒分龍曰有喫棒分明色莊曰從朝至暮鵲噪鴉鳴皆應喫棒龍罔措遂炷香作禮明復舉趙州勘婆話詰之龍汗下不能加答次日又詣見明詬罵不已龍曰罵豈慈悲法施耶明曰你作罵會那龍於言下大悟呈頌曰傑出叢林是趙州老婆勘破沒來由而今四海清如鏡行人莫與路爲讎明以手指沒字龍即易以有字明頷之黃龍未見慈明時領衆行腳氣吞湖海後雲峯悅和尚知其未到一夜激發令見慈明所以顯如是之機用也儞諸人還知麼更聽從頭註破有喫棒分無喫棒分點火開門照賊歸有喫棒分依舊扶墻摸壁從朝至暮鵲噪鴉鳴皆合喫棒拖不入了也炷香作禮墮坑落塹看趙州勘婆話且作死馬醫詬罵不已猶自口忉忉罵豈慈悲法施耶氣急殺人慈明當時見他恁麼道便與索性一頓痛棒打出不惟正令全提亦要使他光前絕後無端便向他道儞作罵會那致使黃龍復墮泥水便道傑出叢林是趙州少賣弄老婆勘破沒來由便是有來由也只道得一半而今四海清如鏡那裏洎行人莫與路爲讎猶欠悟在所以道纖毫不透如隔鐵圍自非向他毒惡鉗鎚下措磨淨盡豈有了辦底時節儞更要知多聞博覽口耳傳受者但看香嚴參溈山山問曰聞汝在百丈先師處問一答十問一答百此是汝意解識想生死根本父母未生時試道一句看嚴茫然無對屢乞溈山說破山曰我若說似汝汝已後罵我去我說底是我底終不干汝事嚴即焚棄平昔所看文字自誓此生作箇長行粥飯僧乃入山結茅自處一日因芟除草木以瓦礫擊竹作聲有省遂遙禮溈山讚云和尚大慈恩逾父母當時若爲我說破何有今日之事乃述頌曰一擊忘所知更不假修持動容揚古路不墮悄然機處處無蹤跡聲色外威儀諸方達道者咸言上上機儞看他出詞吐氣處豈是勉強做作得來又豈是記持學解口耳傳受得來今日索性不惜口業更爲諸人註破溈山道父母未生時試道一句看賊無種相鼓龍香嚴茫然無對不欠一絲毫屢乞說破胡餅裏討甚麼汁我說底是我底終不干汝事將謂將謂元來元來嚴乃焚棄文字結茅自處錯擊竹有省邪法難扶遙禮溈山面皮厚多少若爲我說破何有今日之事如何是今日事一擊忘所知那裏學得來更不假修持遠在動容揚古路礙塞殺人不墮悄然機未敢相許處處無蹤跡要眼作麼聲色外威儀莫謗他好諸方達道者那箇是咸言上上機承虛接響所以道向自己胷中流出蓋天蓋地回觀見聞學解者又何趙以十較百以千較萬矣乃至聖賢應世所有遺言往行皆歷代之元龜百世之師法於此可不發深省哉是則是矣須知男兒自有衝天志不向古人行處行且作麼生是衝天志咄不是知音徒勞側耳

示衆瞻在前忽在後竹雞晝啼華鯨夜吼未了聽一言如今誰動口嗟夫學人將此一等言句作箇相似底道理商量把自家一片潔白田地添這般野狐涎沫點污了也却不思古人開口處如大火聚如大風輪無儞湊泊處又如吹毛利劒等閑拈出直欲要斷人命根此豈可以心意識十度而爲得哉若然則阿難不假再僭二祖不勞斷臂何則彼阿難二祖聰慧過人意識明了如汝所解者彼豈未聞耶蓋是心不妙悟見地不脫若見地不脫則動是情意識覰作一團在處依草附木承虛接響致使上味醍醐盛在伊不淨器中變成毒藥一切時中如箇不解脫鬼相似見人說心說性便乃扶籬摸壁湊泊將去纔見有人舉起沒巴鼻挨轉面皮突出牙爪處未免意識不行便乃渾崙吞棗如此等人日用一心中常有二主互相起滅有時緣般若則忘世諦或緣世諦則忘般若自不知是腳跟下蹉過却謂我工夫未熟履踐未純而然便乃精修白業作有漏因以爲資助又有一等顢頇佛性儱侗真如者日用遇一切境界只作一箇道理硬自排遣乃至破律儀犯禁戒皆無忌憚及乎弄到差別境中排遣不行處自不知是當面蹉却謂我力量未充聞見不廣而然便乃參求古教該博見聞又或忘

形死心停機息念以姿狂慧如上二種學者蓋爲自無正念況是打頭不曾遇著箇咬猪狗手脚底宗師與之滌蕩坐在病中不自覺知終日肆口而談縱舌而辯揔是隔靴抓癢如此參學要與生死岸頭一念相應如吹網欲滿非愚即狂也近世爲人師者往往不能窮其源底但欲學人速得知解暖熱門庭多将箇瑞巖主人公臨濟無位真人即心是佛他是阿誰等語與人打交輥亦不顧他立脚未穩生恐他不能領解又向他道叅底是誰學底是誰要見本性底是誰只欲他便向這裏認箇光影使其擎拳豎指進前退後不離當處便是西來本意殊乎學人不識好惡墮他窠臼如油入麵不得出頭誠可哀憫良由不知衆生心中圓淨湛然元無汚染只爲情生智隔想變體殊一妄瞥興萬緣各立外則妄見山河大地明暗色空内則妄見四大五蘊見聞知覺乃至八萬四千塵勞及與菩提真如涅槃佛性等根皆不出此一妄而有然此妄念若欲去除直須是工夫純熟脱落根蔕坐斷聖凡劃然開悟不則直饒備見超二祖慧過阿難正是坐在第八識中以識去識以妄遣妄如避身影於日中滅眼華於空裏徒自勞神轉成差别所以從上諸老宿不柰伊何拈出一把折柄刀刺在伊命根上待伊捱到轉身不得處喪命一挨卒地斷爆地折妄消想滅見謝執忘便見森羅萬象廓爾平沉聞見覺知當處解脱乃至併百千世界融歸一心自然法法全真頭頭顯露然雖如是甚要向衲僧面前開口吐氣更須朝打三千暮打八百待伊死枯髏上活眼重開方有語話分大都是無量劫中生死根本今日要與一期和盤翻轉豈易事哉如其不爾但以妄想心生妄想見忽忽草草認箇目前鑑覺昭昭靈靈喫飯著衣開口動舌底喚作自己又妄認山河大地鵲噪鴉鳴風動塵起處喚作法身却不思命根未斷見地不脱坐在六塵緣影裏不肯知非有時被人説箇不是便乃牽引古人談玄説理處從頭印過只與麼茅纏紙裹依稀彷彿輥過一生逗到臘月三十日四山交逼真境現前換却眼睛從前認底揔皆不是了也到這裏甘聽處分嗌臍何及然後招妄談般若欺罔聖賢之報百劫千生受諸苦楚如此等事從古至今賺人多矣豈不見古人有偈云學道之人不識真只爲從前認識神無量劫來生死本癡人喚作本來人本上座到這裏事不獲已更爲伊與古人翻款去也學道之人不識真用識作麼只爲從前認識神也不較多生死本即不問如何是本來人喝一喝切忌錯下註脚

聖節示衆大哉乾元至哉坤元一氣含容萬有民無得而名焉功高列聖之上德邁羣王之先蕩蕩乎用大巍巍乎體堅龍抱九重天上日真光普照萬斯年大衆還知麽即日端分剎土春滿寰區大毘盧頂分身優曇鉢華吐燄以故天下稱之爲　聖人之佳節也但生植於天地之間者莫不被其澤惟我釋氏之流乃被其澤之尤者也何以爲然蓋孫虚柔弱而不能自立也言孫則遠離親族不營世家言虚則寄食檀門栖遲林麓言柔則潜心空寂守節循規言弱則守護性真不與物競自非　聖人不忘佛囑由出外護則僧團貧具安敢自稱常住而不遭陵侮於他人之手乎由是吾儕安居暇食一時一刻咸出聖恩雖天覆地擎不足云喻使盡形求法終身向道至若忘軀畢命亦不足以酬其萬分之一豈容懈怠惰慢虚延白晝而更馳情於利欲者乎茲遇　聖節曲引微忱以相勉勵記得後唐莊宗皇帝問興化和尚云朕收中原獲得一寶只是無人酬價化曰請陛下寶看帝乃引手舒幞頭脚化曰君王之寶誰敢酬價龍吟雲起虎嘯風生則不無莊宗興化若曰酬中原寶價至竟未曾定奪臣僧遞對天庭輒成一偈蓋天蓋地中原寶無古無今塞大虚價重乾坤酬未得佇看
皇化越唐虞

清明示衆春溢重山翠欲流子規啼血正綢繆紙錢灰滿千家塚哭到斜陽恨不休大衆這箇是清明時節之即事也豈止今日爲然去年清明也恁麽前年清明也恁麽又前年清明也恁麽乃至逆數到威音已前其鳥啼緑樹人哭荒丘亦未甞不恁麽也何則蓋一妄根于自心乃不知生滅去來聚散得失皆由妄現於妄境中祖父子孫弟兄夫婦互相酬酢結爲愛見念念攀緣至死不休良可哀憫諸稱德箇箇入門相見時指稱生死事大無常迅速豈外乎此耶儞但目其感慕之色耳其哀歎之聲直下不能混入靈源併歸真際要脱他無常生死也大難此事須是箸實到這田地不涉第二念不見第二人方堪負

荷荷非能所斷落身心悟徹底自餘有一等閙提漢趂一時狂見也隨人道無佛無我無生無死識得也相似殊不知脚跟下紅絲線不斷工夫益增其識妄耳昔靈雲和尚舉眼見桃花便道自從一見桃花後直至如今更不疑香嚴和尚掃地次擊竹有聲便道一擊忘所知更不假修持此二尊宿便是聞聲見色徹見已躬底樣子蓋其多生積世叅扣祖意乃驗於此故永嘉謂吾早曾經多刦脩不是等閑相誑惑豈似今日不本悟明准以狂知妄解強陳已見屈辱先哲寧不捫心負媿哉今日事不獲已更說一偈收起葛藤今古清明鄮禁煙道人住處不如然地爐深撥枯柴火砂鑵頻煨野澗泉擊竹見桃心有契化錢酹酒事無偏男兒未具超方眼莫道曾叅佛祖禪

重陽示衆大衆俗筵以茱萸飲酒偕舍以茱萸喫茶理無異轍事同一家却笑陶彭澤無錢對菊花林下道人都不顧從他時節自交加諸禪德方嘆九旬夏滿又驚九日秋深流光如射不可把玩已躬下事還作麼生折合古者道叅禪一著要敵生死不是說了便休既是休不得且如何說箇休得底道理若要休除非心悟教凡聖一齊收備既未由悟徹此心茱萸茶黃栗糕喫了一頓聽本上座口忉忉說一上又喚作應箇時節似恁麼喚作拖道衲子燈籠露柱忍笑不禁帶累佛祖俱成虛設有志丈夫終不肯如此懷攏擧起箇所叅話凜凜如一人與萬人敵相似政與麼時轉步不得退怯不得思筭不得指點不得乃至種種俱不得惟有一味拌性命向前迎敵便是佛來也與之一刀兩段胷中更無一點顧慮更說甚麼茱萸茶黃栗除常住辦也得不辦也得一念子空蕩蕩虛寂寂冷冰冰氣忿忿只有箇生死無常與所叅話未能透脫安有閒情妄隨異念耶記得汾陽和尚道一句明明該萬象重陽九日菊華新以之頌三玄三要且今日是重陽九日滿眼黃華箇向甚處見臨濟三玄三要如其未委則老汾陽不免拔舌犂耕有分各請歸堂體取

結夏示衆護生須是殺干戈滿地殺盡始安居荆棘叅天會得箇中意猶較些子鐵船水上浮遠之遠矣此四轉語內有一語是賓有一語是主有一語全賓是主有一語全主是賓這裏緇素得出便見臨濟大師道有一無位真人在赤肉團上出入諸仁者莫是護生須是殺殺盡始安居是麼莫是會得箇中意鐵船水上浮是麼莫是全賓是主全主是賓是麼莫是前賓後主前主後賓是麼若恁麼會要見無位真人更過三生六十刦亦未敢相許在衆中忽有箇傍不甘底出來道靈山密付底少室單傳底秘魔擎底俱胝竪底雪峯輥底投子提底豈不是無位真人乃至現前大衆兩足踏地握節當胸搖塵尾鼓唇皮做模打樣進前退後底豈不是無位真人咄滿[illegible]瓦解正是指鹿為馬喚奴作郎莫說無位真人便是影子也未夢見在縱使爾傾懸河之智轟雷掣電之神機自一句至無數句從今日說到盡未來際待伊言窮理盡處我則輕輕引手摸鼻向伊道料掉沒交涉既然如是且作麼生是無位真人乃屈指數云今朝十五明朝十六小盡廿九大盡三十數到七月半却好九十日備等諸人討甚麼碗

天目中峯和尚廣録卷第一之上

天目中峯和尚廣録卷第一之上

校勘記

一　底本，影印宋磧砂藏本。

一　四三五頁上二四行第一一字「挻」，徑作「挺」。

一　四三五頁下一六行「別無」，徑作「別無佛境界」。

一　四三六頁中二六行「揣摸」，徑作「揣按」。

一　四三七頁中六行「問一荅百」，徑作「問十荅百」。

一　四三七頁下一二行「十度」，南作「卜度」。

一　四三八頁上一九行第八字「根」，南、徑作「相」。

一　四三八頁中一〇行首字「茅」，徑作「麻」。

一　四三八頁下二一行「鳥啼」，徑作「烏啼」。

天目中峯和尚廣録卷第一之下

參學門人北庭臣僧慈寂　上進

示衆

師子正宗禪寺示衆所起之因既的所期之果必親所操之志惟眞則其所詣之地不期實而實矣教中謂三世如來咸爲一大事因緣出現于世欲令衆生開示悟入佛之知見謂佛知見者乃破生死根塵之利具也佛祖諦觀三界諸微塵剎滿中衆生無一剎那而不受生無一剎那而不變滅浩浩乎不可以數計也而況妄情起滅剎那不住生死之理豈細事哉由是佛祖哀之於大寂定中隨其迷妄爲轉法輪依處依緣多立名字謂之華嚴法華謂之楞嚴圓覺乃至菩提涅槃眞如般若正法眼藏涅槃妙心等一依此心建立名常異而體常同也名異故方便善權體同故不離本際必欲衆生悟本際越生死情妄而後已凡學者路門靡有不以爲生死事大無常迅速而爲辭者達扣其所以或者茫然無所加對或者謂自出母胎至命光遷謝其生不知來死不知去是生死也又或指終日竟夜念慮遷流後念倏生前念忽滅取舍去來紛然無緒寢興變化未嘗暫歇皆生死也是說不越分段變易二種生死極理原之皆枝葉爾非根本也謂根本者性眞圓明本無生滅去來之相良由不覺瞥起妄心迷失本源虛受輪轉以故教中謂迷之則生死始悟之則輪回息蓋根乎迷而本乎妄也楞嚴會上富樓那問清淨本然云何忽生山河大地此問蓋迷眞起妄成立生死之因佛答以大地山河皆如來藏乃返妄旋眞破除生死之要旨也以迷故引妄入心積集倒見圓覺喻之如四方易處迷妄在眼不惟所見之色是生死以至離種種色象純見於空空亦是生死迷妄在耳不惟所聞之聲是生死乃至離聲即寂當知其湛寂無聞亦是生死以至意緣善惡不惟惡是生死善亦未嘗不是生死積爲念慮非惟動念是生死至于息念亦是生死以緣配之不惟染緣是生死其淨緣亦是生死以覺論之不惟不覺是生死其念起即覺亦是生死仰而觀之之謂天俯而視之之謂地廣而窺之之謂法界大而量之之謂虛空總不出見分皆生死也當知此心未即了悟使其立地成佛要且亦在生死網中原夫生死之大欵凡聖籠古亘今未有一法不遺其淪溺者以故目之曰大事因緣有等闡提漢聞說箇生死乃掉頭不顧遷引經書文字中相似語言謂法性清淨猶若虛空世界壞時此性不壞圓滿湛寂迥絕動搖聲色全眞見聞不昧所謂佛身無爲不墮諸數何處更覓生死去來之跡有問生從何處來便道水流元在海死向何處去邊謂月落不離天似此等見解喚作喫鐵棒陷鐵圍之張本儞若不曾向眞實法中脫然超悟更於悟外別立生涯不存窠臼豈堪於生死岸畔立得脚牢苟或纖毫不盡未免復爲勝妙境緣惑在那邊起諸異想雖曰曉了其實未然古所謂努力今生須了却莫教永劫受餘殃又云入十公公入場屋眞誠不是小兒嬉惟有痛以生死大事爲己重任者一切時中卓卓地單提此事蘊之方寸向三根椽下淹没三十年二十年如同一日於大方之外闊跨三千里五千里不間絲毫廢寢食忘寒暑耐寂寞禁熬煉泯愛憎離順逆空能所融是非死盡偷心方堪湊泊古人謂參禪一著要敵生死不是說了便休前輩參禪大有樣子一一皆是竿頭進步撒手懸崖豆爆冷灰死中得活備嘗艱苦不憚勤勞挫銳解紛埋光鏟彩不肯以小成近効而生自足之心蓋知生死根塵大於虛空廣於法界況是歷涉多生熏鍊成熟纖毫不盡便是鐵圍所以立志如敵萬人一步要跨千里盡形骸面皮鐵石窮歲月肝膽冰霜忘利養於念端空名位於世表無念尚塵滯跡有佛安得肯爲非教學而能盡眞實爲生死者曾不期然而然矣今人反是才跨門來立脚未穩以聰明之資打頭逴得箇自性離生滅眞身絕去來底現成說話以爲本柄自已脚跟下未曾卒地折爆地斷底一條生死命根置之無事甲中取性向佛祖頂顙上高揮大抹自謂禪學理應如是奈何實地上工夫未曾親到不知據廣床說大話打圓相卓烏藤一一皆與生死根塵交光擬影而況心塵易蘊識馬難調愛見之習潛興貪妄之情默運輪回未斷而益熾生死未空而愈滋藂林衰替法社荒涼未有不本於此者所謂不是說了便休斯言豈欺人哉蓋嘗有如是事也儞不思爲生死根塵籠絡在塗炭中一日一夜萬死萬生形飄劍戟業墜火湯改頭換面備嘗楚毒這箇都是墮生死惡道底家常茶飯無量劫來不是不曾經歷今

日要將此根深帶固底生死牢關一回翻轉豈易爲哉更若顧利害執得失擇甘辛存取舍則生死根塵又將接續去也或者謂展轉流浪且置之不問輪回生死不由起悟還有休息之時節也無對曰譬如猛風吹海欲其波浪自息豈可得乎其生死苟有自息之時則佛祖不須興慈運悲曲施方便一至於此也是故塵沙可數而生死莫知其數量滄溟可飲而生死莫知其邊涯當知無量劫來爲生死流轉至于今身於苦於樂以昇以沉竟莫知其幾矣以迷妄所蔽不自覺知只據現量較之却似今日方從頭起當知未來汨没浩無邊涯推其所因非天降非人與一由迷妄所致好趂今日身強力徤提起箇無義味話頭猛奮精神一踏到底恁時說有生死也得說無生死也得回古風於刹那播玄機於當念如壯士屈臂師子遊行豈小根劣器者所能擬哉

示衆雲門話墮趙州勘婆唯之與阿相去幾何焦尾錦鱗躍開地網摩空俊鶻透過天羅不動一塵知落處二千年事不爭多還會麼如或不然更爲儞重下註脚記得靈竇和尚頌爲道日損有偈云三分光陰二早過靈臺一點不揩磨貪生逐日區區去喚不回頭爭奈何拆東籬補西障回地軸轉天關在靈竇則不無爭奈此四句遭人檢點三分光陰二早過向甚處去也靈臺一點不揩磨無儞下手處貪生逐日區區去何處不稱尊喚不回頭爭奈何直得分蹤不下高高峯頂行禮脚不起深深海底坐打衣不濕雪竇平地上把人埋没撚指二百餘年今古之下乏人點撿幻住也有一偈還有撿點者麼須早出來不然則就與拈出去也三尺黑蚖眠暗室一雙白鼠嚙枯藤家山咫尺無行路有底閑情逐愛憎

解制示衆臨濟喝得口破德山棒得手折雪峯是甚麼雲門乾屎橛千七百箇老骨撾開口重重納敗闕爭似幻住一夏九十日無禪可參無法可說把箇無義味話拋在諸人面前指鹿爲馬證龜成鱉逗到今朝靈驗全無露柱燈籠與禪板蒲團互相歡悅驚起目犍連尊者忍俊不禁鐵錫敲開地獄門刹那滅却阿鼻業諸禪德還知麼此事且置九十日內謂之禁足謂之護生謂之安居謂之聖制一日鉢盂兩度濕畢竟爲箇甚麼古教謂迷之則生死始悟之則輪回息然悟之則不復與論既曰未悟決定是迷迷之則無常生死念念開端塵塵肇始恒河沙劫出没昇沉卒未有了日在無常殺鬼誰管儞山中坐夏來莫說與麼坐一夏儞若不精勤勇猛如救頭然曲徇世情橫生妄見披襟閑話曳履高心濫攝古今虛延歲月似與麼過得百千萬億夏惟長業輪全虧道用今日九旬制滿三月功圓被人問著水牯牛作麼生猢孫子作麼生只與未結夏前死爾無異豈不孤他佛祖垂教天龍擁護檀信供給王臣加被者哉在今日事不獲已更與諸人展箇寬限初發心爲生死入道之日即是結制於中也不論九十日九十月九十年但念念不退轉念念不間斷念念不休息念念不棄離參之究之決之擇之直至心空及第脫略見聞打破漆桶之頌便是解制之日也儞不見古教謂如一衆生未成佛終不於此趣泥洹這箇說話固是悲願弘深殊不知綿裏之刺蜜中之砒直是惱人懷抱大丈夫或不越此一期透脫自甘流浪豈理然哉記得僧問趙州萬法歸一一歸何處州云我在青州做一領布衫重七斤謾陳一偈以遣特緣七斤衫重出青州老趙州禪觸處周聖制九旬今日滿杖藜千里又驚秋

歲朝示衆大衆達磨大師來也還見麼見不見且止儞道其來所爲何事乃言今日年新月新日新以至森羅萬象山川草木同時俱新惟我單傳直指之道置之熊耳峯畔千餘年塵堆垢積草長醭生直是無人顧著今日乘此佳節敢借菴主拂子拄杖與之震動發揮也要一回斬新乘示因告之曰此道自虛空萬象有無情等四聖六凡各各本來具足謂單傳傳箇甚麼直指所指何事離此道外莫別有向上事麼時老達磨不覺含羞而去雖然事無一向今日既是應箇時緣不免因行掉臂去也以拂子擊拄杖一下云諸人還見麼還聞麼直下塵消垢落影現光浮覿面相呈更無隱覆如其不薦切不得將心湊泊舉意則量欲得混融別無方便普請諸人猛將舊年所做底窠臼盡底掀翻只從今歲朝斬新提起所參底無義味話頭別立生涯參取於此三十六旬二十四氣之中也莫問大盡小盡今朝明朝綿綿不休密密無間但有片餉精神亦不得等閑虛棄直得心無異緣

念空羣妄驀忽於用意不及處劈面撞著方知日日是年朝時時是歲旦譙樓畫角幽幽清響起孤城鉅閣華鯨浩浩洪音鳴梵苑黑漆桶望空跨跳黃金圈帀地騰驤毘盧向上未聞此等風規感音那邊安有這箇消息且道是甚麼消息座上客驚槐國夢壁頭春發

少林華

開爐示衆世界闊一丈古鏡闊一丈儞還知蒲團上一箇吞不下吐不出底無義味話頭也闊一丈麼這裏一肩荷負得去便可喚火爐作古鏡喚古鏡作世界都無異致如其未爾火爐與古鏡世界與話頭相違不止三千里何以如此蓋能所分別作障礙體如銀山鐵壁之堅只此便是生死輪回根本故楞嚴謂根塵同源縛脫無二識性虛妄猶若空華由塵發知因根有相相見無性同於交蘆這裏無儞動步處無儞著眼處昔安楞嚴讀到知見立知即無明本知見無見斯即涅槃雖破句讀之其桶底子當下脫落直得七穿八穴洞見老釋迦心肝五臟直下喚古鏡作火爐不妨洞照森羅萬象喚火爐作古鏡不妨熏炙冰霜面皮洗盡見塵紋乾情浪無第二念無第二人喚南作北敲東擊西死柴頭上爛發心華水底燀騰赤燄冷灰堆裏迸出火種毛端盤結青煙一切處和氣藹然一切處陽春煥若信手拈來安有一毫剩法與人為知為解者哉年來佛法無靈往往將根塵識妄認作真心說得究然了無交涉記得儒人勸學有詩謂擊石乃有火不擊元無煙人學始知道不學非自然此說雖曰訓蒙於禪學分上說得恰好何以知然謂石中有火不以智巧擊之引之則終於不遇也今人惟知石中有火未曾施半錢智巧之力擊之終日指此冷石說火之用說到眼光落地依前只是塊石頭要見一點火為用了不可得此是不肯死心做工夫以求正悟惟記相似語言而說禪者是也更有一等闡提人聞說石中有火急碎其石欲取其火乃至碎抹為塵終不得火卻不責不以智巧求之便乃不肯信石中果有真火此是不信自心成佛之凡夫也此說且置何謂智巧勉向第二門頭立箇喻子首以信根為石次以無義味話頭為擊石之手又以堅固不退轉志願之鐵打箇火刀乃以精勤勇猛不顧危亡之力向動靜閑忙中敲之擊之使不間斷又必待無量劫中蒙佛祖授記般若種性乾草驀忽相承是謂智巧也引起一星子延燎不已直教三千世界化為焦焰復何難哉捨此智巧未見有燒物之火無緣而自出也記得百丈令溈山撥火溈撥之不得丈躬撥得之謂溈曰儞道無這箇聻直下還著得智巧也無聊說一偈十方世界火爐闊冷灰堆裏深深撥得一星兒遞喜歡今古拈來閑貼貼諸禪流休抹撻燎卻眉毛莫便休或不如斯遭凍殺

佛涅槃日示衆昔佛於娑羅雙樹間以手摩胷普告大衆曰汝等善觀吾紫磨金色之身瞻仰取足毋令後悔世尊大似羅公照鏡取笑傍觀若曰紫磨金色之身以至蚊虻蟭螟皆無大少不使其各各自觀而觀於我耶又道佛身無為不墮諸數又云凡所有相皆是虛妄這裏還許手摩卍字胷得麼不然古德有頌謂彩雲影裏神仙現手把紅羅扇遮面直須著眼看仙人莫看仙人手中扇直饒便向摩胷告衆處洞見紫磨金色之身殊不知已是金塵入眼毒刺投心會得十成轉增情妄邇來為師為徒鮮有不墮此途轍蓋不求正悟惟貴傍通者也諸禪德要親見世尊涅槃妙心且莫忽忽草草但於三根椽下七尺單前朝而參暮而究拌取三二十年如一人與萬人敵相似忽然冷地撞著於死枯髏上頓開活眼始知紫磨金色與涅槃妙心一切智智清淨無二無二分無別無斷故擬心領何早涉途程如太阿鋒如大火聚苟非真正體裁全身涉入自餘思而知慮而解且喜沒交涉大衆即今還有能全身涉入者麼更聽說偈紫磨金色涅槃妙心未由契悟莫向外尋提所參話保護寸陰萬仞壁立志願資深冷灰豆爆握十成金纔涉意地即被魔侵波旬起舞慶喜沾襟妄陳生滅遠背玄音報諸禪德不用沉吟春風不在華枝上淺碧深紅古到今

除夜示衆欲識佛性義當觀時節因緣且只今是甚麼時節臘月二十九既非大盡乃是年窮歲極之時也古人謂生死交接之際是臘月三十喻年盡月盡日時俱盡也且一年三百六十日內還辦得甚麼事來若辦不得未免虛喪此一年豈但虛喪此一年自無量劫來至于今日總是虛喪過了或不便從今日脚跟下做箇立地提起所參話別立生涯猛利做向前去來年雖未過敢保又是虛喪

豈但來年或不猛利精勤便百千年亦只是
虛喪諸仁者虛喪時緣也不管儞以虛喪故
積業愈多道力愈微何有補於出家學道之
理哉奉勸諸人以鐵拄杖把殘年許多懶墮
自恣昏沉掉舉一劃劃斷向明日大年初一
爲始奮起精進勇猛神力做一日便要見一
日功程及早討箇倒斷庶不孤出家行脚之
志願也如人上山各自努力復云今夜臘月
廿九處處迎新送舊惟有衲僧面前動著便
成窠臼不如念一道眞言消遣殘年不卹留
是大神呪是大明呪試聽五更樓上鐘百千
幻法皆成就

湖州弁山幻住禪菴示衆生從何處來崑崙 十
騎象舞三臺這裏見得便見四大已具來實
無來四大分離去實不去乃至苦樂逆順是
非得失皆是現行三昧山河大地明暗色空
揔是自己家珍頭頭上明物物上顯更有甚
麼生死去來之相而可分別者哉雖然如是
儞若不曾眞箇和桶子底打脫一番開兩眼
睛向威音王那畔冷地一覷覷破則未免被
他山河大地四大五蘊是非苦樂一串穿住
不得自由便乃揑目生華妄陳異見即此便
是生死大海中頭出頭沒不得解脫底種子
直饒儞隨人道得箇不來不去底道理争奈
儞目前有箇情見不忘動步生塵觸途成滯
者何所以道叅須實叅悟須實悟然而生死
習氣大都是無量刼中熏陶成熟不同小小
若非眞叅實悟焉得有徹頭徹尾底時節兄
弟家各各帶一箇口欵道生死事大既知是
一種大事因甚麼只向他禪床角頭故紙堆
裏漁獵得一言半句蘊在八識田中見人問
著便乃揚眉瞬目做模打樣以爲究竟若謂
大事只消恁麼了得拈華微笑斷臂安心只
成戲劇耳又安得遺光百世照映藂林諸仁
者儞若眞實要洞明此一段大事直須發大
心立大志將平生見聞情解虛妄覺知之心
拈向一壁待他胷次中空牢牢無依倚時驀 十一
提起箇崑崙騎象舞三臺是甚麼道理這裏
須是把做一件無大極大底一等大事猛著
精神與之厮捱晝夜六時不得放舍然叅禪
要具三種心第一具大信心第二具了生死
心第三具不退轉心信得及則始終不惑生
死切則用心必至不退轉則決定成就三心
既具則十二時中無虛棄底工夫既不虛棄
則念念爾心心爾塵塵爾剎剎爾忽然向用
心不及處著力不得時和箇信得及底了生
死底不退轉底一時打失當體洞明如十日
並照間不容髮說甚麼崑崙騎象舞三臺纔
饒一千七百則葛藤不直一笑而冰釋矣即
此便是眞叅實悟底時節恁時不妨於山河
大地四大五蘊中如香象王擺脫鐵鎖獨步
大方遊行自在豈不覷踨是則是矣更須知
有祖師門下衲僧面前換轉眼睛突出牙爪
一著子猶隔天涯在

結夏示衆大衆踞菩薩乘修寂滅行以大圓
覺爲我伽藍身心安居平等性智此是二千
年外老釋迦畫地爲牢與當時衆比丘禁足
安居之古制也今朝四月十五適當聖制之
辰拈出陳年曆日頭爲諸人因行掉臂去也
前面一絡索且置之不論復如何是安居平
等性智然性智平等故盡十方剎土更無有
不平等者仰觀諸佛俯視衆生是謂性相平
等前觀過去後及未來是謂三際平等諸戒
定慧及婬怒癡是謂一念平等迷而生死悟
而涅槃是謂不動平等大而虛空細而纖芥
是謂離相平等乃至見色色平等聞聲聲平
等審如是則四月十五結結亦平等七月十
五解解亦平等於中九十日日平等時時
平等念念平等政與麼時喚甚麼作結喚甚
麼作解喚甚麼作安居不安居黃面老漢到
這裏不覺全機敗露雖然事無一向儞若不
曾眞正向平等性智中脚踏實地頓悟一回
直饒將平等二字盡虛空充塞殆徧無乃益 十二
其高下耳此事只恁麼說不過須是硬嚗嚗
地向此九十日於無義味話上橫齩竪齩朝
挨暮挨挨到極處齩到盡時如啞子得夢恁
時不妨任意指陳喚平等作不平等亦得喚
不平等作平等亦得所謂我爲法王於法自
在記得古人有偈謂護生須是殺殺盡始安
居會得箇中意鐵船水上浮莫是殺生與護
生一念平等麼恁麼商量瞎人眼目甚非細
事更聽說偈各自歸堂九旬禁足意何殊生
殺難將古制拘未到身心平等處豈應容易
白安居

冬至示衆乾三連坤六斷慈明揭堂上之榜
文陽未復陰已消洞山掇座元之果卓兩重
公案皎如白晝千年活計瑩若澄潭金毛師
子擺脫鐵鎖而奮迅遊行踏碎東西天目玉
角麒麟掣斷錦繩而軒昂步驟衝開前後隱
山堅冰浮野水而不知春信寄寒梅而未覺

夜後燈籠眼活朝來露柱心空共發揮刮外
風規同指點寰中節令諸禪德還知麼儞若
道年年冬至喫齋歲歲一陽聽法鐵醱胎鐵
蒺藜互相拋擲牛尾拂牛皮鼓撩亂激揚任
儞鼓兩片唇皮向曲彔床上說向天也得說
向地也得說得陰消陽長也得說得陽消陰
十三
長也得我只管一日鉢盂兩度濕冬至寒食
百單五是固是矣儞還知只箇不曾底政是
生死根株無常關鎖政未曾透脫在所以道
此宗難得其妙切須子細用心古今多少靈
利人向一色邊立定主宰一切處禪將去禪
也禪得是儞若不親向自己脚跟下卒地斷
嚗地折一回殊不知和箇禪底亦不曾脫他
輪回生死此事是博地凡夫立地便要向他
佛祖頭上坐卧要於一剎那頃將他積劫根
深蒂固底輪回生死連底一翻翻轉是謂大
事因緣豈口出耳入而能及之者哉如果未
相應且不要人別求方便但只於十二時全
身放下單單靠取箇所參話頭日亦然夜亦
然行亦然坐亦然生亦然死亦然乃至上刀
山入劍林亦皆然更不生第二念只麼純一
無雜挨拶將去久久純熟和箇亦然底同時
脫略心空及第其在斯焉政與麼時喚一陽
作六陰也得喚六陰作一陽也得喚全消是
長亦得喚全長是消亦得喚不消不長即消
即長總得可謂真正衲子本色道流遇緣即
宗應時納祜又何一物能拘絆哉雖然還不
喚今日作一陽來復得麼待別有消息時却
來吐露久立

平江路順心禪菴示衆洞元道者從他教來
信吾道之心甚篤遂淶疾而亡守一愚弘古
道亦相繼長往老幻不勝哀悼其所以哀者
不哀其早亡寔哀其有志于道而未及與道
相應乃賫志長往今何所之耶此一著子在
諸人分上了不相間須知此三人既往底消
息便是諸人現在底消息諸人現在底受用
即是三人既往底受用直下論生不得論死
不得舉心動念無死時無生時記得古人有
問云亡僧遷化向甚麼處去這一問最親切
若知得亡僧落處便是知得自己落處有等
說脫空禪底見與麼說便道自性本來不生
滅有甚麼來處與去處可以指陳說此話底
十四
喫鐵棒有分儞每日向蒲團上與昏沉散亂
打作一團與是非憎愛馳逐無間與喜怒哀
樂起滅不停與生老病死首尾相續遇順意
事便乃掀眉遇違情事應時覺煩這裏說得
無生死無去來底道理麼所以黃面老爺於
二千年外便乃大驚小怪目之爲大事因緣
今日諸人眼眨眨地覷見他三人如是爲道
如是同住如是受病如是入滅即今如是無
影跡可見無行處可尋既不曾與工夫相應
決定未到諸佛祖大涅槃城既未到涅槃又
不可遽言箇無遷無變底道理既隨遷變則
即今遷向何法界中變作甚麼頭面便從這
裏不相知處奮起一片猛利決定不退轉身
心向自己躬下提起箇所參底話頭孜孜而
參密密而究遺寒遺暑忘寢忘飡胷中念念
如撞著鐵壁相似只與麼一礙礙住更不要
前思後筭今日也與麼明日也與麼久久不
移易將見情祛識謝塵盡念消不覺不知驀
然撞透便見他三人於未出母胎時早行脚
了早參禪了早成佛了早如是而往了直下
更教喚誰爲病者誰爲死者誰爲迷者誰爲
參禪行脚及了悟者總是夢言皆名剩語由
是求嘉謂了了見無一物亦無人亦無佛大
千沙界海中漚一切聖賢如電拂審如是能
十五
與五百年外老求嘉同時如是了了見得一
回則求嘉說底即我所說求嘉見底即我所
見求嘉證底即我所證是謂前無釋迦後無
彌勒者也然後亦無如是說者亦無如是見
者亦無如是證者此是契理而說法如是故
如是至理老幻雖如此說得要且亦未如是
親證儞諸人切不得便將此話記憶在心以
當參學會須將箇自己所未了底一段大事
横在目前努力參取所以古人云參禪一著
要敵生死不是說了便休今則菴居十餘間
禪衲十餘輩皆是久參宿學誠實以此道相
從刻乎糧越雜置身多事中於供給衆人之
心未嘗少間或不專心的的向道念上著到
未審何福何力可以消受今日眼見他三人
受病入滅底現相尚不肯痛加鞭策己躬大
事又不知更待甚麼時節到來操心取辦好
教儞知蹉過今日身強力健易於攝取之時
異日老病入身惟有一箇難字相待

端午示衆春秋夏五不書其月記史之人乃
疑文關闕不關十字街頭石敢當恣向人前
逞妖孽倒騎艾虎上高樓背挂神符施妙訣
禁赤口消白舌收卷門門五色錢將謂無人
能鑑別忽被無手法師劈胷搊住拽向蟭螟
眼孔中却把真機都漏泄且漏泄底在甚麼

處庭中一樹石榴花曉日照開如潑血諸禪德還委達箇消息也無本色衲子自合知歸未解翻身切忌渾侖吞棗有祖已來凡示一言半句如吹毛劍如生鐵橛如木札羹如塗毒鼓無儞側耳處無儞下口處無儞著意處無儞近傍處苟非具眼在生佛已前跨步在威音之外狹路相逢只貶得眼如風過耳似鴨聞雷諸禪德在三衣之下大衆莚中於此事剔脫不下莫教打箇不恰好換了目前境界那時應是攀之不及也且是二時供給見成百般受用便當思塵勞捨了恩愛割了僧相具了話頭開了其所大者惟未能因地一十六聲耳況是今日色力康健時節太平處處三根椽七尺單寬廣嚴淨雖常住公務有所不辦且無半點事相干涉子細思量大箇甚麼一箇所參話提不起都緣自信不及更無第二人為障為礙昔文殊令善財採藥云是藥採將來財云徧觀大地無不是藥儞看他互相酬酢了無剩語因甚諸人白日青天向蒲團上動被昏沉散亂之所纏繞直得分疎不下且道神做禍耶鬼做禍耶良久云屈原已化鯤鯨去徒使龍舟競汨羅

中夏示衆大衆四十五日前朝昏沉暮散亂四十五日後朝散亂暮昏沉政當今日在四十五日之中試把昏沉散亂來與老僧看既無儞拈出處則真如菩提涅槃解脫亦無儞拈出處莫說儞拈不出便是於大寂定中喚起二千年外釋迦老漢來敢保其亦無拈出之理既拈不出儞喚甚麼作昏散又喚甚麼作寂照直下聖凡情盡能所障空觀體無依當機絕待不見四十五日在前不見四十五日在後三際平等一道虛閑即今覓箇中夏亦不可得雖然此猶是途路中事若曰到家消息猶較西天十萬程諸禪德儞最初立志要為生死大事不是說了便休須發起一片不顧生不顧死底決定志氣也不管儞前四十七十五後四十五正當四十五不四十五硬曝曝地提箇所參話任儞說是說非論長論短拍盲舉起拍盲打捱誰管令生打得徹打不徹直饒以熱鐵輪驅入刀山劍樹上一日走百千萬億帀要教把所參話須臾放下終不可得有此等志氣欲超過佛祖為不難矣從前做不到古人地位只是志願不真切立脚不穩當所以古人道過河須用筏學道須立志釋迦彌勒初無所長只是箇能立志願底凡夫耳昔僧問古德一念不起還有過也無德云須彌山且道與趙州青州布衫相去幾何如其未委此去四十五日後却來露箇消息

丹陽大同禪菴高峯和尚遠忌拈香臘月初一日老和尚遠忌新建大同菴也要効年例曇華處處開狹路難回避如是展家風曾不離世諦且如何是物外相看底句年年燒此一爐香白雲不在青山外

二月旦示衆春入寒巖不可加枯株朽榦盡萌芽化工無處藏形跡紅白都開一樣華大衆一年歲事已過一月了也蒲團禪板還知覺也無鉢盂匙筯還休歇也無芒鞋竹杖還放得下也無燈籠露柱還忘境智也無如其未委儞還知前一月如此虛度若不痛以生死無常為己重任精勤勇猛別立生涯則後一月未免又成虛喪不消打幾箇瞌睡十二箇月特不過展轉磨捎剃髮染衣超方越俗所圖何事儞還知命存呼吸麼壯色不停猶如奔馬麼或不趁此呼吸未斷之頃壯色可玩之時拌性命提起話頭與之挨拶討箇分曉其落湯螃蟹之喻咎將誰歸儞不見石鞏居馬祖會下在廚作務次祖問子在此作麼鞏云牧牛祖曰牛作麼生牧鞏云一回入草去驀鼻拽將回祖曰子真牧牛也看他前輩於作務之頃未嘗斯須忘此道豈似今人播草不拈竪草不踏二時粥飯百般受用指顧如意閑首座打板聲稍嫌頓起嗟評蜂生不十八得已走上蒲團其情猿意馬馳驟不息或不昏沉便成散亂間有箇不忘出家本志者猶把箇所參話提撕作主方舉話頭未完則又被風吹別調矣似如此喚作參玄上士不嘗鄭州出曹門較他古德造次不離者豈止霄壤相間哉諸禪德本色道流面前不容佇思豈許商量達得便行玄都觀裏桃千樹攢得便走杏華枝上月三更燕聲尋王謝堂上之巢馬蹄踏劉阮溪邊之路無一草不含芳潔無一華不帶春容錦雲騰第一義天玉浪漲真三昧海且不涉化工底句如何指陳驚灘上翹雙足蝴蝶園中吽一聲

佛成道日示衆玄玄絕待妙妙無依獨露真常全彰至體名不得狀不得雪老冰枯理無礙事無礙天荒地迥萬里雲收午夜四方星爍長空揭開威音那畔腦門圓陀陀光爍爍獨瞎髑髏背後眼孔淨倮倮赤條條勸回三

萬刦風飛雷厲之神機突出五千軸海涌雲
屯之寐語大衆釋迦老子來也即今在諸人
眼睛裏仰見明星頂顙上成正等覺爾諸人
還覺眉毛動也無如其未委各請歸堂將箇
所條底無義味話拍盲提起重整精神默默
自看第一不得祛昏散第二不得指妄求
十九
真第三不得愛聖憎凡第四不得將心待悟
第五不得厭生離死第六不得樂寂嫌喧第
七不得順己違他第八不得藏形避影第九
不得揀緣擇境更有第十箇不得未易與人
說破直待儞似黃面老漢夜半洞見明星一
遍如啞子得夢更不待本上座切切也記得
前輩謂古之天地日月猶今之天地日月古
之萬物情性猶今之萬物情性天地日月固
無變也萬物情性固無易也道胡爲而獨變
乎審如其說二千年外所學之道即是今日
所學之道今日所悟之道即是二千年外所
悟之道未嘗有毫髮異儞還知黃面老漢棄
萬乘之尊榮如棄弊屣受六年之飢凍如處
宮室及至四十九年轉法輪時惟樓身樹下
丐食檀門而已豈似今日安居暇食指顧如
意猶自生嫌要與釋迦同證同入未知其可
也咄白日青天莫寐語好珍重
呉江州太湖簡村順心禪菴高峯和尚慇忌
拈香順心菴裏太湖中央俄然逢慇忌世相
未能忘大衆高峯老和尚來也雨蒸菌蕈緑
風撼稻花香
師子巖東岡幻住菴中秋示衆天上月水中
月光漾漾與誰說今宵幸遇中秋節記得靈
山話曹溪指南泉翫寒山比將謂廣寒殿裏
別無人元來總是弄巧翻成拙竹影飾金瑤
堦積雪盡謂一輪光皎潔那知今夜圓後夜
缺有箇譬喻試聽說三十夜止有一夜圓此
圓時如諸禪德之精勤勇猛也三百六十夜
止有一夜是中秋此中秋之月如諸禪德於
精勤勇猛中打成一片之時也奈何精勤時
少懈怠時多又奚止於一暴十寒而已哉雖
三百六十夜遇此良宵其或癡雲驟起迷霧
横陳覩體暗昏依舊沒交涉無始時來總
是恁麼蹉過昔人有喝火口號謂日間鬧炒
炒夜間靜悄悄可惜好光陰一時都過了照
二十
顧火燭時闇者多有警省本上座對此中秋
之月亦有箇口號勉爲大衆擧似天上月月
月二十九夜缺只有今夜圓莫教雲霧攝攝
不攝貶得眼來天又明寬著程途且待三生
六十刦
遇雪示衆一片兩片飛入人間尋不見三尺
五尺積向茅簷難辨的銀象三千界靈瑞身
光有空皆徧玉龍八百萬敗殘鱗甲無地可
埋梅華之恨獨深漁蓑之歸未晚且道與蒲
團禪板邊坐堆堆底人有何交涉古者道今
日雪下叢林有三種僧一種向被位頭究明
自己一種向經案上吟詠雪詩一種向火爐
角說喫堂供此三種僧那箇合受人天供養
合受不合受置之勿論諸禪德儞還知結雨
爲雪凝水爲冰底道理麼然結雨爲雪固是
造物變化宜乎不知凝水爲冰遠以流注
之質頓成堅礙之形雖金石不可與較其固
請以喻明之佛性猶水也以無量刦中迷妄
之寒氣念念凝合由是結佛性之水爲冰也
且政當冰時未嘗不具佛性之水奈何迷妄
之寒交結未化雖全體是水而不得爲流注
灌漑之用耳或不以智慧之日融之安有自
化之理如是觀察向道之念可得而免諸或
謂古人相逢彈指便解知歸豈必待費神力
下苦工而後然哉儞殊不知或不曾費神力
廿一
下苦工於曩昔任儞相逢彈破指頭也無儞
知歸之理未有一佛一祖不因智慧之日融
化迷妄之寒冰而能復其佛性之水也今日
一箇所參話信得及處箚得緊時豈非真智
慧耶一旦工夫熟時鄭至千丈冰山也是水
萬尋雪嶺也是水滔滔然流歸佛性之海任
儞空中積雪火裏生冰未聞凍合無邊之海
諸禪德莫道本上座長於譬喻蓋法理如是
也更聽一偈凍雲四合雪漫漫孰解當機作
水看只爲眼中花未瞥啓窓猶看玉琅玕
元宵示衆須彌燈王如來與藥師琉璃光佛
昨夜在十字街頭相遇乃攜手看靈山燈火
忽撞見箇厖眉靈頂老漢向百衆人前說四
句偈謂惟心即佛佛惟心此話相傳古到今
對面不知燈是火區區徒向外邊尋時二如
來忍俊不禁乃厲聲曰儞說也是惟欠悟在
只箇即心是佛即佛惟心說與三歲小兒悉
皆領會奈何不悟說食不療飢也請問悟時
消息乃曰試以喻明有人失去徑寸之珠雖
百千兩金不足與較其價之輕重使此珠不
獲雖萬死莫酬其尋求之心鍥之肺肝刻之
心膂形之夢寐貫之見聞念念不忘孜孜不
捨一日不獲則一日之念不休一年不獲則
一年之心不廢愈不見愈精勤益不獲益勇

銳乃至情消想竭思苦神窮寒暑兩忘寢食俱廢積年累歲正於無可捉摸處驀忽入手圓陀陀光爍爍其三十年馳求之心一時頓息是謂悟也其尋見此珠於心勦形瘵之際豈非參乎忽頓見此珠於神明意朗之頃豈非悟乎苟不因參尋之艱安有此悟獲之喜也與論至此忽被箇傍不甘底一喝喝散惟見燈自是燈火自是火樓臺突兀車馬交馳華敷井井金蓮談續條條玉燭胡張三黑李四萬人海裏醉扶歸查沙鬼大齋郎百戲場中狂未歇正恁麼時且不涉悟迷共樂昇平底句如何舉似琉璃滿腹藏明月菡萏渾身放寶光

九二

除夜示衆四時與八節循環十二月今夜盡破除禪流瞥不瞥若瞥則隙年曆日不用撿若不瞥則明日新條也須甄別東村王老化紙錢後巷竹聲俱爆裂窮神無地可送福運有天難接儼前枯木糝綠華庭際嫩條抽玉葉將謂陽春已發生子細看來盡是殘冬雪諸禪流還知今夜舊歲去不去明日新年來不來底消息麼如其未委往往以百年壽終喚作臘月三十夜地黑天昏胡鑽亂撞正此時也蒲團上生鐵脊骨尋常豎立不牢口唇邊無義味話平昔提撥不起況是年窮月盡日了時空再欲如之若何決定噬臍無及矣殊不知別有箇轉身路子直是奇特儞但守取箇所參話不得放捨須信來朝更有新條在惱亂春風卒未休或謂傳燈錄一千七百單一人皆是言外知歸迎刃而解初不聞有做工夫看話頭之說在此自年朝至歲暮其切切不絕口惟是說看話頭做工夫不但遠背先宗無乃以實法綴繫於人乎儞說得也是一則老僧不具此驅耕奪食換斗移星之辣手其奈諸方不觀人之根性速於求人多是鑽腋揷羽急欲其高飛遠舉奈何畫虎不成反類狗也此事大難其人謂看話頭做工夫固是不契直指單傳之旨然亦不曾賺人落草最是立腳穩當悟處親切縱使此心不悟但信心不退不轉一生兩生更無不獲開悟者如傳燈錄中許多言外知歸之士焉知其不自夙生腳踏實地做來古者謂未見有天生彌勒者是也幻人見解止於此爾若要一超直入不爲實法所縛明朝三百六十日又從頭起儘有光陰今夜權且收起葛藤珍重

九三

浴佛日示衆大衆盡十方世界是無憂樹悉達太子即今下生一手指天一手指地諸人還見麼乃云天上天下惟吾獨尊諸人還聞麼如其不見不聞本上座贏得熱瞞諸人去也碧芙蕖紅芍藥結成越樣華亭黑斑豆赤沙糖煎就異常香水鼠尾巴短長一尊佛相牛眼睛大小一柄杓頭普請諸人同時灌沐喚作報德有德皆報喚作酬恩無恩不酬然報德酬恩且置之不問只如二千年外九龍吐水所浴底與今日衆手所澆底是同是別若道同孤負釋迦若道別孤負自己且釋迦老子黃金面具生鐵心肝他管儞孤負不孤負但是儞自己等閑孤負則未免虛生浪死極未來際安有解脫之期爲諸人通一念子不能瞥地帶累這老漢捨兜率降王宮入母胎示人世造妖揑怪大抹高揮曲盡化儀老婆心切豈謂諸人逗到今日轉增迷倒沉酣憎愛結縛死生孤負萬端不可枚舉儞還知三根椽七尺單一鉢香炊九條田服盡是這老漢積劫累世指天指地中流出更不肯著起一片決定不退轉正志翻身跳上破蒲團猛提起箇無滋味話一踏到底豈更有別方便耶今日這箇浴佛之杓柄即是出生死險道之梯航斬輪轉根株之劍刃豈戲劇哉況是寶爐散薝蔔之雲蠟炬吐優曇之穗梵音宣而雷動森羅萬象共證圓聞禪影移而雨傾塵剎十方同歸正覺所以云未離兜率已降王宮未出母胎度人已畢直下安有一毫剩法與人爲知爲解涉見涉聞雖然只如四月初八日已前還有這箇消息也無不因削足曾三獻那得連城價倍高

九四末

天目中峯和尚廣錄卷第一之下

天目中峯和尚廣録卷第一之下

校勘記

一　底本，影印宋磧砂藏本。

一　四四一頁中二九行首字「入」，南、徑作「八」。

一　四四二頁上二二行「靈竇」，南、徑作「雪竇」。

一　四四二頁中二一行「閑諲」，徑作「閑譃」。

一　四四三頁下一三行首字「何」，南、徑作「荷」。

一　四四四頁上一九行第一四字「番」，徑作「翻」。

一　四四四頁下二一行第九字「商」，徑作「商」。下同。

一　四四五頁上三行「鐵酸胳」，徑作「鐵酸餡」。

一　四四七頁上二六行首字「木」，南、徑作「未」。

天目中峯和尚廣録卷第二　韓三

叅學門人北庭臣僧慈寂　上進

小叅

瞿運使霆發卒哭樂師道場對靈小叅大道只在目前要且目前難覩欲識大道真體不離聲色言語只如都運相公昨自皇慶元年十二月二十六日捐館至今年四月初七日其一百日内鼓螺互應金石交宣豈非聲耶華果委陳香燈羅列豈非色耶遍演金經廣宣玉偈豈非言語耶且聲色言語覿體全彰却喚甚麽作大道若以聲爲大道聲自是聲若以色爲大道色自是色若以言語爲大道言語自是言語與麽分拼將來古人話似作兩橛這裏檢點得出便見我都運相公與藥師如來握手共遊於一十二重清淨願海以衆寳光明而作佛事俾盡大地衆生不越一念俱成正覺到這裏既無聲色可求亦何言語可取總只是箇大光明藏如其不委更爲下箇註脚良久云天共白雲曉水和明月流

復舉石頭和尚問龐居士云子學道以來日用事作麽生居士呈偈曰日用事無別惟吾自偶諧頭頭非取舍處處没張乖朱紫誰爲號丘山絶點埃神通幷妙用運水與搬柴且如何是日用事茲向第二門頭曲爲註脚去也眼見色是日用事耳聞聲是日用事鼻嗅香是日用事舌噉味是日用事以至身覺觸意緣思是日用事乃至八萬四千諸塵勞應用等皆是日用事因甚麽說箇無別底道理雖則體用互陳萬塵交接一一皆是自心成就自心出生所以教中謂元依一精明分成六和合又云三界無別法惟是一心作以其洞見自心故雖一刹那頃泛應那緣會入一心曾無異致所以云無別也今之學道者往往向義路上以聰明之資一一領會自謂佛法無多子殊不知說箇自心早落情見於是龐居士謂惟吾自偶諧言偶諧二字直是註解不破穿鑿不入苟非具金剛正眼向聲色未彰已前一鑑鑑破物我未形之際一撥撥開自然頭頭上明物物上顯是謂偶諧者也其或未到這箇時節和箇偶諧俱成剩語所以云叅須實叅悟須實悟既到實叅實悟之地則繁興大用舉必全真擬眨眼來劒去久矣這箇是老龐公棄家財於湘水跨諸祖門庭掠得些子汗臭氣便解如是發揮惟我都運相公即再世之龐居士也雖不效其棄家珍於水底却能轉爲布施利益種種救援攝護方便等事而亦不妨其孜孜在道之心以至啓手足之際屏去血味及與玩好諸欲因緣惟單單舉箇所叅話頭泊然而逝豈非多生熏習般若培植善提而有如是操略耶既捐館已一百日内晝夜六時備陳佛事由是知相公雖天道人道皆不能以境緣攝取何則道念炳然豈肯爲功名富貴諸殊勝事業之籠絡其不至佛地決知其終不已也因記得都運相公昔於至元辛卯二月十九登天目叩先師先師握竹篦問曰相公爲遊山來爲佛法來公答云爲佛法來先師擲下竹篦曰會麽公云不會師曰不入虎穴爭得虎子本上座今日因齋慶讀重爲舉揚爲遊山來爲佛法來舌頭拖地爲佛法來將謂志却擲下竹篦云會麽少賣弄不會明如杲日迅若怒雷不入虎穴爭得虎子醉後又添盃更有四句偈重爲註脚爲求佛法爲遊山纔纔開落二三一十二重悲願海藥師燈現古優曇

爲趙承　旨孟頫對靈小叅大道在目前山是山水是水玄機超物表聖非聖凡非凡一念洞然萬緣廓爾水精宮秋容淡淡森羅萬象吞吐明月珠松雪齋灝氣沉沉屏几六窻交徹實絲網無一物不彰至體無一事不演眞乘莊周雖蝶悟枕邊敢保其當機罔措子部固蛙闚月下未許其覿面施呈這一著子名不得狀不得即其知處已陷情圍事亦然理亦然與麽會時早沉識海所以道神光獨耀萬古徽猷入此門來莫存知解且不存知解底句如何指陳玉宇秋高無界限金圖春事政敷腴共惟翰林學士承　旨松雪居士趙公受知於九重聖主名聞於萬里黎元官一品未足謂公之榮爵萬鍾未足謂公之貴蓋其道超物表性徹玄初空諸見於曠根了群情於意地者也某記大德甲辰歲首蒙公賢夫婦相延於武林官舍丁未秋訪公於霅城之新第至大戊申後會于西湖明年已酉再會於松雪齋凡一會聚與夫尺書往復未嘗不以本來具足之道未悟未明爲急務每論到至真切處悲泣垂涕不能自已此蓋出自眞情遠從多刦熏鍊純熟必期徹證不肯與泛泛者恃其辯聰漁獵聞見便以爲得也自佛法流布東土士大夫咨叅扣問敲唱激揚莫盛於唐宋而尤盛于　皇元往往滯於

情解昧於識度求其眞叅實究者不曰無之窮其所因最初被箇本來具足不假外求之説一印印定次以聰明之資直下領過自以爲易不復究明不覺置之無事甲裏殊不知本來具足之説如麵在麥中飯居穀内或不加舂炊礱磨之勞徒知具足之虚談終莫能得止飢之實效猶儒家論仁義亦豈心外之物故孟子謂我固有之矣非從外得也然不有眞履實踐之功顛沛造次拳拳不忘則亦徒有仁義之本心耳故吾佛祖謂本來具足猶古鏡之有光奈何失於護念其愛憎塵習不覺蒙蔽况是積生累刧未經磨治徒稱具足之有光終於鑑照之無補一箇所叅話即是磨鏡之良具政當磨時只知朝也磨暮也磨不必問鏡上之塵何日破除鏡内之光何時發現苟存此等待之心則愈障矣學佛之要惟憑一念但信得及奧響之磨鏡未有磨極而塵不消塵消而光不現者故我相公與魏國夫人雖身抱冠世之奇才而不爲其所惑雖身嬰畢世之塵累而不爲其所障每於眞叅正念孜孜然兀兀然猶林下老衲寂爾志緣未嘗少懈當知此箇正念不由教導不依勸請不因造作不假方便乃是無量刧中於諸佛所深種菩提種子雖百千塵勞百千生死同時現前終莫能昧也此念既堅則其成佛作祖超生越死如壯士屈臂豈假他力人徒見公英聲茂實振耀古今而不知公六十九年凡施爲舉措莫不以積刧之事繫于眞情自餘皆借路經過遊戲設施爾觀其手足後人皆謂公之去衆獨見公精操正念獨抱天具於大寂滅大解脱法中與佛祖聖賢混合於一切智智清淨之表曾何古今彼此而有間隔此皆公深信本來具足不假外求之道其靈驗若此記得華嚴經偈有謂若人欲識佛境界當淨其意如虚空遠離妄想及諸取令心所向皆無礙謂佛境界者即是本來具足不假外求之道是也原夫意根欲淨妄想欲離却不成本來具足矣但是所叅之正念操之既精守之既密則其意根不待淨而自淨妄想不待離而自離至一切處不爲一切法之所留礙其佛境界與松雪齋不即不離無異無别古所謂千山勢到岳邊止萬派聲歸海上消者是也又圓覺淨諸業障章中極言四相其四相之因首惟執我相我相既忘如樹根斷則枝葉不除而自凋矣故經云彼脩道者不除我相是故不能入清淨覺還知我相麼佛境界是我相淨意根是我相乃至坐寶蓮華成等正覺入微塵裏轉大法輪是我相自有宗乘以來分科列段指性説心敲繩牀摇塵拂縱横放肆演唱激揚以至玉轉珠回神出鬼没總不出這箇我相苟能除此我相之外安有所叅之話所守之念所存之因所至之果直下如大火聚大風輪雖佛祖到來亦須退縮有分到這裏無位眞人倒跨洞庭山遊戲三萬六千頃太湖直上兜率天與彌勒大士指白雪爲青松荷葉團團團似鏡配青松爲白雪菱角尖尖尖似錐混融物我以無痕超越死生而無作此説且置茲蒙大孝仲稽舍人以書入山謂先君問道二十年不料嬰此大變擬卒哭日内安厝東衡臨壙一語乞爲舉似某以老病退卧巖穴惟我相公於湛寂光中自能照了今事不獲已勉爲對衆引此葛藤以慰孝誠記得唐陸亘大夫問南泉弟子家中有片石也曾坐也曾卧還鐫作佛得麼泉云得亘云莫不得麼泉云不得不得大衆陸亘大夫問處放去何奢南泉和尚荅時收來太儉須知問在荅處荅在問處狹路相逢了無回互雖然如是只如今日相公家中有一片石也不曾坐也不曾卧亦不要鐫作佛只要移置東衡原上蓋覆相公棺槨得與不得二俱屏除且道與陸亘大夫所見相去幾何良久云幻住忍俊不禁向無音韻中聊伸一偈南泉陸亘舌無筋圓覺華嚴語未真何似東衡原上月照空群象最相親

天目中峯和尚廣録卷第二

天目中峯和尚廣録卷第二

校勘記

一　底本，影印宋磧砂藏本。

一　四五〇頁中二行第一四字「郡」，徑作「群」。

天目中峯和尚廣錄卷第三

參學門人北庭臣僧慈寂　上進

拈古 公案詳見諸錄

梁武帝問達磨云如何是聖諦第一義磨云廓然無聖又問對朕者誰磨云不識

師拈云鈍置老僧手拏泥彈子要與東震旦人闢富可謂不知量矣被梁王指出照乘明珠問之情知伊道箇不識

馬祖見野鴨問百丈云是什麼丈云野鴨子須史不見祖云野鴨聻丈云飛去也祖搊丈鼻負痛失聲祖云又道飛去也丈於言下有省

師拈云設錦穽以陷獸垂香餌以釣魚惟善作者能之馬師擬獲一俞深入荒草費盡腕力打破半邊鐵網豈善作者哉

石鞏凡見僧張弓架箭示之一日三平至鞏云看箭平擘[韓三]胷對之云這是殺人箭[七]那箇是活人箭鞏彈弦三下平作禮鞏云我三十年架一張弓兩隻箭只接得半箇聖人遂拗折弓箭

師拈云穿百步楊透九重鼓固是眼親手便其如半箇聖人有應身之術石鞏之技窮矣

興化謂克賓維那曰汝不久爲唱導之師賓云我不入這保社化曰儞會了不入不會了不入賓云總不與麼化便打來日白衆曰克來克賓維那法戰不勝罰饡飯一堂不得喫飯即便出院

師拈云有令不行有事不斷天下之公惠也興化既行矣又斷矣未免旁觀者哂

六祖一日見二僧論風幡義祖云非風動非幡動仁者心動

師拈云當鼎一臠具知衆味非風動非幡動仁者心動可謂鼎之一臠矣使人不覺惡心嘔吐

大覺謂興化曰我聞儞道向南方行脚一遭拄杖頭不曾撥著一箇會佛法底是否化便喝覺便打化又喝覺又打明日覺召化曰我直下疑儞這兩喝化又喝覺又打化又喝覺又打化曰某甲學得箇賓主句總被折倒了也覺曰這瞎漢脫下衲衣痛與一頓化於言下大悟

師拈云二虎之下獸不容蹄兩刃之間人不容足當大覺興化棒喝交馳之際豈容心思意解於其間哉雖然只如大覺云脫下衲衣痛與一頓興化言下大悟又悟箇甚麼道理這裏見得許儞作臨濟半箇兒孫

僧問夾山承和尚有言二十年住此山未曾舉著宗門中事是否山曰是僧便掀倒禪牀山休去明日普請掘一坑召僧至曰老僧二十年只說無義語便請上座打殺老僧埋向坑中上座不[韓三]然自著打殺埋[八]此坑中始得其僧束裝潛去

師拈云這僧始則攙旗奪鼓終則詐敗佯輸夾山雖有添兵減竈之謀爭奈脚跟下泥深三尺

臨濟三遭黃檗痛棒後向大愚肋下築拳次歸見黃檗云云

師拈云汝師黃檗非干我事大愚肋下更合喫拳這風顛漢敢來這裏捋虎須黃檗面門猶欠掌在致使屎牀鬼子邪見勃興賺他後代兒孫一箇箇鼓粥飯氣

潙山因劉鐵磨來云老牸牛儞來也磨云來日臺山會上有齋和尚還去麼潙山作臥勢磨便出去

師拈云潙山被鐵磨一撥撥倒要起起不得鐵磨被潙山一推推轉要住住不得本上座與麼批判多少人在背後齩斷拇指

月氏國王聞師子尊者有道乃越國往見尊者云大王來時好道去時亦如來時王有省

師拈云飯裏沙泥中刺彷彿不同依稀相似大王來時好道去時亦如來時尊者黃金鑄面皮[韓三]

雲門話墮因緣

師拈云雪上霜枷上杻覿面無私擬[九]星換斗要見這僧話墮處麼且待三十年後

南泉歸宗麻谷三人同去見忠國師至中途南泉就地畫一圓相云道得則去歸宗坐在圓相裏麻谷作女人拜泉云恁麼則不去也

師拈云南泉畫地爲牢歸宗墮坑落塹麻谷恭而無禮點檢將來一人騣空四海一人舌拄梵天一人入地獄如箭

百丈野狐因緣

師拈云非不昧是不是坐斷兩頭劒去

久矣前百丈云不落後百丈云不昧看來也不較多因甚麼當壁有眼余二十年參學不能明此如有人明得此者我當舍四大爲繩牀而用供養

僧問雪峯臨濟四喝意旨峯云我當時初行脚時便過河北已值大師遷化不得見他所以至今不知可往見他直下子孫僧見南院院云那裏來僧具陳前意院乃展具禮雪峯云天下古佛也

師拈云言不在口語不離舌喝的有來由特地無交涉臨濟四喝豈但雪峯不知縱是他直下子孫也未夢見在不知且置只如南院遙禮雪峯是有來由耶無交涉耶這裏定當得下要見臨濟也不難

南泉爲兩堂首座爭猫遂斬之晚趙州歸泉舉似州乃脫草屨頂頭上而出泉云子若早歸救取猫兒

師拈云南泉劒爲不平離寶匣趙州藥因救病出金瓶雖然雖慶快一時爭奈古佛家風掃土矣

臨濟云有時奪人有時奪境有時人境兩俱奪有時人境俱不奪

師拈云有時奪人錯有時奪境錯有時人境兩俱奪錯有時人境俱不奪錯臨濟大師到這裏鎖却咽喉了也莫有爲伊出氣者麼切忌將錯就錯

臨濟謂三聖曰吾遷化後不得滅却吾正法眼聖云爭敢滅却濟云他後有人問伊又如何祇對聖便喝濟云誰知吾正法眼向這瞎驢邊滅却

師拈云認他財爲己物將官路當人情濟之心亦濫矣三聖當時見他道不得滅却吾正法眼便與掩却臭口猶較些子遂云爭敢滅却噫以聖較濟又何止濫而已哉

靈雲有頌云三十年來尋劒客幾回葉落又抽枝自從一見桃花後直至如今更不疑玄沙云諦當甚諦當敢保老兄未徹在

師拈云靈雲白日青天向桃花樹下爲魅所著玄沙雖則除邪輔正激濁揚清殊不知又是鬼門上貼卦

藥山和尚久不上堂院主云大衆久思法誨山云打鼓著衆集山陞座一詞不措主白云和尚今日陞座因甚麼一詞不措山云經有經師論有論師

師拈云藥山久不上堂與對衆一詞不措將謂將謂末後道箇經有經師論有論師元來元來

潙山云老僧遷化後往山前檀越家做一頭水牯牛左脇下書五字云潙山僧某甲正恁麼時道是潙山僧却是水牯牛道是水牯牛却是潙山僧

師拈云道是潙山僧却是水牯牛好道是水牯牛却是潙山僧好當時有人向他面前下得這兩箇好字教他百刦千生要脫水牯牛也未得在

趙州一日見文遠侍者拜佛次州以拄杖打之遠云拜佛也是好事州云好事不如無

師拈云文遠云拜佛也是好事不妨軟頌趙州云好事不如無話墮了也要知趙州老人話墮處麼待伊磕破腦門即向儞道

僧問汾陽如何是祖師西來意陽云青絹扇子足風涼

師拈云拈得便用道出平常山高水闊地久天長青絹扇子足風涼是拈得便用耶道出平常耶誰人知此意令我憶汾陽

僧問風穴語默涉離微如何通不犯穴云長憶江南三月裏鷓鴣啼處百花香

師拈云這僧問處如大海當天無物不在波瀾之內風穴固是入水不溺爭奈全身在裏許

真點胷見慈明問佛法大意真云無雲生嶺上有月落波心明訶之真乃理前問明曰無雲生嶺上有月落波心真於言下大悟

師拈云驅耕夫牛奪飢人食慈明老人未爲好手真點胷雖則向這裏懸崖撒手絕後再蘇若要知佛法大意更參三十年始得

玉澗頌雲門北斗藏身因緣云北斗藏身爲舉揚法身從此露堂堂雲門賺殺他家子直至如今謾度量後五祖戒問其作頌之意澗乃張目視之戒曰若恁麼會雲門不直一錢公亦當無兩目後澗果如其言戒暮年亦失一目覺範和尚曰今妄意測度先德之言貽誤後昆亦可以少戒

師拈云北斗藏身話豈但玉澗頌不出便是五祖戒也只得向背後叉手暮年

各損其目也是好采覺範謂誣謗先宗
感果如是休將關學解埋沒祖師心

頌古

世尊初生

無明滿肚惡纏身纔出娘胎軟厮禁目顧四
方周七步不知脚下水泥深

文殊答菴摩羅女其力未充

將軍有令下重圍八户風高馬不嘶兩眼卷
開天地闊太平無象到今時

女子出定

花落銀牀春爛熳月沉金帳夜迢遥塵窗寂
寞無人共只把爐香蓋慧燒

外道問佛有六通如何是那一通

醉乘白鶴登銀闕夢跨青鸞入絳宮酒醒眼
開俱不見一川桃李自春風

即心是佛

硬似純鋼爛似泥甜如崖蜜毒如砒渾侖吞
又渾侖吐賺殺江西馬駿其

韓三 十三

非心非佛

大地衆生成正覺百千諸佛陷泥犁休將此
話頻頻舉却恐闍家老子知

南泉住菴被人打破碗鏤

一把黃金鈍钁頭引他白日鬼來偷自從去
後無蹤跡入眼青山總是愁

僧問馬祖離四句絶百非答藏頭黑
海頭白因緣

白玉琢成西子骨黃金鑄就伍員心蓮宫人
醉歌聲咽月落吳江淚滿襟

趙州無

翁翁年老齒牙疏口不關風道箇無肝膽一
時傾吐了苦哉邪法正難扶

洗鉢盂去

粥罷教伊洗鉢盂翻成特地費分疎是非得
失渾休問眞箇闍黎悟也無

黃檗云不是無禪只是無師

不是無禪是沒師猫兒尾上繫研槌夜深打
殺街頭鼠路上行人那得知

萬法歸一一歸何處

斧爛柯銷局未闌天風吹鶴下瑤壇蒲團黑
白輕翻轉袖拂蒼梧玉珮寒

德山托鉢

天生富貴稱雄才織翠華裾擁不開一蕊香
紘聲未絶醉扶公子上樓臺

臨濟四喝

小厮兒偏愛弄嬌絲毫不挂赤條條劣獅筋
斗重翻擲撈得蟾蜍下碧霄

香嚴上樹

全提三寸殺人刀千里闖風鬼亦號沒興有
人輕犯著饒伊得命也無毛

嚴陽尊者問趙州放下因緣

地沒朱砂翻赤土廩無粒米倒籮糠赤窮自
是活不得又被人來指贓

婆子燒菴

三冬枯木遇春陽翠幕寒英噴古香雪鬢老
婆情未瞥冷看花樹哭檀郎

韓三 十四

木平見洛浦盤龍二老靈峯悅拈云云

葉卷西風樹樹寒亂蛩吟砌夢初殘情懷自
是不堪聽又把琵琶月下彈

趙州勘婆

生鐵蒺藜當面擲琉璃坑塹遶身開勸君莫
問臺山路多少平人被活埋

洞山三頓棒

蹉口相酬罪莫逃放伊三頓轉忉忉使他飯
袋江西去添得廬陵米價高

石鞏張弓

平生伎倆盡施呈拗折遂蒿箭兩莖半箇聖
人還不薦依前日午打三更

僧問夾山境法眼拈云我二十年只
作境會

哭月狂猿攀古樹嘯風猛虎踞懸崖人間別
有通霄路不必行從這裏來

大事未明如喪考妣大事已明亦如
喪考妣

萬里山河平似掌一條官路直如絃行人若
問窮通事鐵壁銀山在面前

丹霞燒木佛

火燒木佛丹霞罪脫落鬚眉院主災一陣東
風回暖律幾多春色上梅腮

韓三 十五

則監寺叅青峯法眼丙丁童子公案

觸著神鋒劈面揮電光石火較猶遲不因洗
耳池邊過肯信人間有是非

丹霞訪龐居士靈照提籃因緣

放籃歛手舉籃歸自是多情惹是非月落畫
堂人去後不堪歡笑只堪悲

兜率和尚三關性在甚處

赤脚波斯叩海門黑風吹浪暗昏昏三更掣
斷青霞鎖笑看驪龍戲子孫

四大分散作麼生脫

空奮雙拳窮滴滴橫擔片板赤條條夜來得
箇揚州夢騎鶴腰錢跨九霄

眼光落地向甚麽去

鐵狗銅蛇正奮嗔風刀火鋸肉成塵茫茫長夜幾經刦舉眼無親怕殺人

黃龍三關

我手何似佛手也解攀花折柳林頭院落秤槌打破竈前熨斗

我脚何似驢脚翻轉草鞋倒著走遍四大神州寸步那曾踏著

人人有箇生緣夜半胡孫駕船撞破黑風白浪踏翻水底青天

佛手驢脚生緣三關一句齊宣更問如何即是黃龍口裏無涎

達磨一日命門人各言所得遂分皮髓云云

九年冷坐一旦惺惺是非易辨得失難明分張皮肉骨髓令人路見不平汝得吾皮前長後短汝得吾肉多肥少精汝得吾骨只堪餧狗汝得吾髓脫賺平生盡情為伊註破也只道得八成要見達磨大師麼岳邊頓落千山勢海上全消萬派聲

天目中峯和尚廣録卷第三　十大宋　韓三

三寶信士様彖亮　丁偶様桂
沈氏妙圓　顧氏妙清　顧氏妙明
顧氏妙善　翁氏普慧　普蘭奴
千縣奴　鮑青奴
已上一卷施財重刊所集善芽增長壽
算延長家門吉慶無虞出入諸緣清慶

天目中峯和尚廣録卷第三

校勘記

一　底本，影印宋磧砂藏本。

一　四五二頁上一〇行第一六字「扭」，徑作「扭」。

天目中峯和尚廣録卷第四之上

叅學門人北庭臣僧慈寂　上進

法語

示雲南通講主　卍

叅玄上上人須達巧方便不解善思惟驅年見不見要識巧方便麼三乘十二分教應病與藥觀根逗教是巧方便一千七百則陳爛葛藤放收殺活逆順卷舒是巧方便乃至無邊賢聖前後出興各各以無作不思議解脫神力作種種差別佛事亦不出此巧方便也何則都緣箇事在諸人分上本来具足元無欠少自是你從無始曠大劫来爲妄習所纏横計生死雖潑天活計頓在目前剗不領悟猶向飯籮邊伸手從人乞食豈不大可哀憫者哉所以累他先聖以善巧方便智力向你清淨田中抛撒不淨指漸指頓或偏或圓說一念頓超說歷劫熏煉或可眼根入者以色空作佛事或可耳根入者以音聲作佛事乃至六根門頭及與八萬四千塵勞境内咸作佛事特不過控勒你一箇入處要你識得箇自己家珎捨此初無實法往往見學道之士不通權變妄執方便以爲實法如以鍮石認爲真金鍛經百煉終非金體既不能少加思究直造玄途但看他古来尊宿出家行脚切切以己事爲重任三十年二十年登山涉水撥草瞻風未甞斯須輕棄此道捱到途窮路極處撞見箇沒意智漢向他痛處一錐直得七穴八穿千了百當便向三家村裏十字街頭拖棒拖喝竪拳竪指大用凜然機辯錯出魔魅平人遺臭千古豈非洞徹法源善達權變而然也厥後人心淺薄叢席荒涼多是不具正因馳聲走譽既非種草不擅家門帶累他曲录牀上箇老漢不顧好惡將鴆羽砒霜合造一般毒藥撒在儞八識田中要儞一箇箇向這裏放身捨命或有嬰其藥味而汗流浹背者或直下忘餐廢寢而絕後再蘇者或久抱于懷偶因物所觸而肝碎膽裂者或因誤中而喪却性命者中間千緒萬端不可具舉固是根器利鈍有所不同亦不出此善權方便之力耳邇來醫師不古方脉無靈異端前陳執藥成病或潛形避影遏捺心念一物不爲以求相應者不知是深沉死水却引他長慶坐破蒲團趙州不雜用心以至莫妄想放下著古廟香爐休去歇去等語爲證何異守株待兎緣木求魚或有隨事逐境一切處強作主宰以待觸著磕著者不知是擔枷帶鎖却引他楊岐做監寺雲峯充化主保壽作街坊及引南嶽磨磚作鏡打車打牛等語爲證者何異撥火覓漚刻舟求劍又或有心不異緣情不附物終日只麼閑閑地取性過時以待其自然領悟者自不知是坐在無事甲裏却引他趙州洗鉢龍潭送餅香嚴住菴潙山撥火及脩證則不無汙染即不得等語爲證何異手執艾鏡夜對黑月待火自出終無是處或有瀸獵古今該博聞見向五蘊身中認箇主宰不肯信有悟門自不知是雜毒入心却引他古人一種垂慈方便等語爲證便乃旁求經論曲引諸文羅綺語言以相眩惑者何異以羊袖續狐白之裘不自知其非也如上所舉皆是初無正見妄認偷心坐在八識中將古人善巧方便總作實法會了也所謂醍醐上味爲世所珍遇斯等人翻成毒藥若與麼商量己躬下事饒儞弄到彌勒下生轉沒交涉豈但沒交涉將恐反招罪戾疑誤後人矣須知此事不在靈知不昧處不在藏睛閉目處不在祛昏散處不在忘機絕慮處乃至不在博綜經教洞徹古今長時觀照一切平常以至撐眉竪目勇猛精勤擲劍揮空如猫捕鼠至於無邊作用據實撿點將來總不出他一箇善權方便若要與衲衣下那一著子相應驢年又驢年且作麼生是衲衣下事老僧口門窄未暇與儞說破

示雲南福元通三講主

生於無生中受生死於無死中受死既曰無生死安有受生死者蓋迷却自心而妄見有生死耳苟或迷妄之情不能懈散於一念未萌之表乃依他作解強言無生死者是大妄語成亦名謗般若也

此事不在經書義理中不在一切修證裏至於圓覺之三觀二十五輪楞嚴之二十五圓通之所證門乃至教中所說頓漸階級次第等一涉見聞皆墮情識總不與達磨所指之禪相似教中所言之禪皆不離脩證惟達磨獨指一心爲禪與經書文字所說者迥別宜思之

圓覺經云知幻即離不作方便離幻即覺亦無漸次議者謂逼近達磨之旨亦不涉方便漸次殊不知只箇知幻離幻早涉方便漸次了也達磨門下總無是事一了一切了只箇了字亦不可得

禪之一字不可見不可聞不可覺不可知葢見聞覺知皆屬情妄非心法也當知心法本來是見是聞是覺是知不應於見聞覺知上別有所謂見聞覺知者維摩詰經謂若求見聞覺知是則見聞覺知非求法也斯言豈欺人哉

此事須是利根上器提得便行違得便走雖是慶快已涉途程更待如之若何寬著工夫待彌勒

古人真切於此事上曾不待一切方便言語之所啓發自然卓卓地不肯虛喪寸陰如大死人如陷千尺井之求出又如倒縣之求解曾何有第二念馳騁目前虛妄聲色者哉

今時學者之病在速於要會禪禪無倫會底道理若說會禪是謗禪也如麻三斤栢樹子須彌山平常心是道雲門顧趙州無一一透得是解禪語亦非會禪也若不妙悟縱使解語如塵沙說法如涌泉皆是識量分別非禪說也當知禪語初不難會凡一千七百則公案俾之通會於片餉之間亦不難如今之禪學者流多是商量箇語話皆不肯回頭扣己而叅所以古人目禪語爲野狐涎唾良有旨也

近代宗師爲人涉獵見聞太多況是不純一痛爲生死所以把箇無義味話頭拋在伊八識田中如吞栗棘蓬如中毒藥相似只貴拌捨形命廢忘寢食大死一回驀忽皸破方有少分相應倘若不知此方便於看話頭起疑情之際將一切心識較量動靜妄認見聞坐在馳求取捨窠臼中或得暫時心念不起執以爲喜或昏散增加久遠不退承以爲愛皆不識做工夫之旨趣也

做工夫非一切有作思惟之所能是離一切分別之大人境界古人到此皆是一踏到底更不涉一些子廉纖搭滯今人做盡伎倆不奈何者葢做不力志不大心不死念不切耳

做工夫往往以心念紛飛處做不得政不知以何爲做得處實有趣向處俱墮顛倒網中當知做處譬如失物欲見政當尋覓時惟有一箇欲見之心橫于胷中不能自決又何曾有省力不省力有趣無趣向之異說其最初尋覓時也恁麼喫力尋覓到最後也恁麼喫力更有何初尋時難後尋時易之說但是尋覓欲見之心切至久久不爲境緣之所侵奪忽冷地眼開撞在面前囫地一聲更不待問人是與不是也其喜悅之狀又當何如也

此事迷時不減悟時不加難時不遠易時不近得時不有失時不無乃至窮古亘今總無許多差別渾侖只是箇自己纖毫不透如隔鐵圍快便難逢切忌當面諱却

示高麗收樞空昭聰五長老

叅禪是叅自己禪非叅佛祖善知識禪也所謂禪者蓋遠從多劫前因地所迷引起生死迷乃是自己迷不因境迷不因物迷亦非佛使其迷又非天地鬼神寃親眷屬使其迷也以其自迷故今日若不肯力叩自己親自信向自發肯心向自家己躬下真叅實究一回以俟其自悟無有是處其所悟處不悟佛境不悟祖緣不悟他心不悟外法皆是自悟其自己遠從多劫以來所迷底生死差別情妄耳以其自悟故則自己生死空自己差別盡自己情妄消即其生死悟於自心而更欲覓生死於自己了不可得於自己覓生死不可得故則於外境欲覓毫頭爲生死亦不可得自內心外境覓生死既俱不可得即其不可得處喚作佛境界喚作祖翁田地喚作自己光明幢喚作般若真如藏乃至立出百千種殊名勝相百千種異道靈光莫非一一皆從自己流出者也昔曰自己外別有所謂佛法祖意禪機道果皆是顛倒希望與外道無相異也所以古人謂道在己求不從他覓斯言盡之矣倘若不信自己不向己躬下立定脚頭更不肯立自己志氣坐斷一切密密體究倘準擬向佛上求是從他覓了也擬向法上求亦是從他覓了也擬向師友分上求亦是從他覓了也又擬向語言中求又擬向機緣上求更擬向千七百葛藤椿上求更擬向藝林中求更擬向寂靜境界中求又擬向精進勇猛中求乃至盡其見聞竭其知解及與世出世間諸有境緣中求據理言之特不過皆是從他覓了也與倘自己交結生死底一種情識上料掉没交涉當知自己分上立起一箇要超越生死底念頭正當也無寂靜時也無憒鬧時也無忙時也無閑時也無安時也無危時也無苦樂逆順時也無一切魔境界能障礙其道業時也無過去也無現在也無未來合三世爲一念併萬慮爲一心孜孜爾兀兀爾行也只如是體究坐也只如是體究乃至靜鬧安危苦樂逆順中總只如是體究正當體究時儻或復於體究之外別見有箇

是靜時有箇是鬧時有箇是麼時有箇是參得時有箇是參不得時至于才覺有毫髮異見干涉著儞總非真體究也如今做工夫底人往往於自己分上若不切至多只是向境緣情識上做成窠臼所以不能得直到大休歇田地儞但拍盲坐斷許多見聞解會取捨得失等密密地只向自己躬下做去直下便是大解脫場直下便是大光明藏除却業自己參去別無方便別無佛境界別無解脫如前所言教儞向自己密密地做去早是多却箇密密之說若是當人真切爲自己縱不便其密密地做去他自然不肯不密密地若是當人不肯把自己做一件事縱使將箇話頭作百千種譬喻使其密密去做則轉不密密矣縱能強作主宰密密得去亦坐在密密窠臼中縱有是處久久坐在密密窠臼裏驀忽被奪却他密密處便乃引起百千種狂見而生分別轉與自己蹤且遠矣故古人云參禪無祕訣只要生死切儞看古佛棄王宮入雪山受辛苦行難行而萬劫千生不憚勞苦者是第一箇爲生死切者也自西天四七東土二三長慶坐破七箇蒲團某如詰引錐自刺二祖斷臂常啼賣身從上古人未有一人不歷試諸難皆是爲生死切至者以其切至故物極則反不覺不知捱到結角羅紋處驀忽打破漆桶自然慶快平生即此是不從他覓底様子當知自己亦豈別有一箇自己可憑便只是箇要了生死底心即此生死根本元從自家自肯染習結縛而後成就今日要此生死一念超越別無巧術但只念念於染習結縛處剔脫教淨盡便是生死淨盡之時矣如今若作意要向八識田內剔脫箇染習結縛底早是惹出多端和箇要剔脫底觀作一團轉不相濟由是古人深知過患但只撇箇無義味話頭教儞發起大信心直下不起第二念單單於話頭上奮起大疑情與之一念萬年做將去儞但心不隨緣意不逐物識不拘境意不染塵三十年二十年首尾通貫不覺自然有箇入處矣所言不起第二念者於政和己而參處卒急不相應時驀忽瞥生一念謂我莫是根器劣麼是第二念謂我莫是罪障深麼是第二念莫別有方便麼是第二念謂此工夫實是難做也是第二念謂是易做也是第二念於甚易做處生歡喜心也是第二念於艱難境中做不上處起怕懼心也是第二念更有一般伶俐漢見恁麼說了便云我但一切坐斷都不起心正落第二念了也儞若是箇真正要了自己躬下生死大事之人決無如許多計較論量底情見但是說著箇生死如撞著銀山鐵壁相似一礙礙住不是不要起第二念便是要起也不可得矣且真正爲自己底人看公案也得不看公案也得畢竟不落別處既是不看公案也得豈肯徒將清淨耳根聽人排遣教只看只疑只參只守或只半提或只全提或密密或孜孜蓋此等皆是尊宿毒慈舉揚底一時方便實不與箇自己有交涉也如今做工夫人或見境緣有所順逆非實境緣有所順逆也其實只是當人靠自己不穩處暫時不在便移箇爲自己底念頭向境緣上引起百千萬種顛倒分別若不當下與之勦絕令其淨盡直饒儞與他境緣上分別得清特不過益增死生塵勞之重累耳若欲盡其自己一一分說將去言說轉多紙盡且住却葛藤

示日本空禪人

棒頭領旨喝下明宗已是第一等不唧𠺕底鈍漢須知盡大地是一條白棒森羅萬象觀體全彰亘十方不消一喝過現未來洞然響應儞便向這裏領畧已是瞎却自己眼睛了也更欲待他拈起枯樹枝放出粥飯氣喚作明宗領旨豈不大可屈哉昔臨濟云我在黃檗會下三遭痛棒如蒿枝拂相似如今再思一頓直是無人下手邪法難扶興化云我聞東廊下也喝西廊下也喝直饒喝得我上三十三天却下來向儞道我未曾向紫羅帳裏撒真珠與儞看在異端並起已而此等臭氣流落叢林或指一喝爲賓爲主爲照爲用或指一棒爲全提爲正令爲機用爲門庭又謂之擊石火閃電光摩尼珠金剛劍又謂之擘破面門露出肝膽當陽舉似覿面相呈又謂臨濟三百六十骨節只是這一喝德山八萬四千毛孔不出這一棒又云臨濟多却這一喝德山剩了這一棒又云無邊刹海十世古今塵沙義門百千三昧總在這一棒一喝內全收全攝無欠無餘更有一等超宗異目不存機境者喚作蚯蚓鳴粥飯氣揚塵播土掣風掣顛認精魂弄狸怪乃至奇言妙語與奪抑揚鼓引學人向他一棒一喝之下邪知曲解者今古以來比比皆是與麼較量他古人立地處又何曾認驢鞍橋作阿爺下頷既不

識古人用處而欲趣向自己真正回自大似隔靴抓癢嗟乎古人一片生鐵心肝未開口已前早是落在儞髑髏裏了也只要儞不知不覺推門落臼於一切法中做箇平常無事漢所謂涅槃生死六凡四聖至於百千差別法義更不在人重下註脚又何一棒一喝而不能了哉這裏儞若將毫釐心識領畧解會豈但不識古人行棒用喝處而亦自家一箇本命元辰長是黑漫漫地縱使勉強向他一棒一喝上說得依稀用得彷彿少間驀忽遇著些子差別逆順境界頓在面前未免情存取舍意涉愛憎一時匿處不下便向他古人語言窠臼上著到正恁麼時總喚作一棒得麼總喚作一喝得麼總不喚作棒喝得麼若喚作棒喝則未免被棒喝礙不喚作棒喝亦未免被棒喝礙既為此礙則山河大地明暗色空至於微細塵毛未有不能為礙者萬仞鐵圍可使消殞只這一種礙儞若不真箇在這裏推托得去管取要礙人墮生入死輪回無間在本上塵到此忍俊不禁要與儞去却棒拈却喝向未有棒喝名字已前與儞把手共行只如未有名字已前且作麼生趣向令日不辭與儞說破久後却恐累及平人

示伊吾顯月長老（梵名烏鉢剌室利）

佛法無商量分無湊泊分無安排分但是拌得一切打開萬般絕計較單單只昇兼取一箇話頭自今日守到箇悟底時分方許儞取氣儞若未到桶底子自脫之時便欲取氣直下蹉過了也只此一蹉過便是百蹉千蹉甚非小緣做工夫最要緊是把得住最要緊是放得下最要緊是不隨逆順境轉最要緊是做得主定立得脚牢最要緊是耐得枯淡守得寂寞最要緊是識得眼前破不被世間一切境界惑最要緊是寒不思衣飢不求食眼不隨色耳不逐聲最要緊是一箇身心如鐵橛子不受一切禪道佛法穿鑿最要緊是盡生不悟明決不起第二念更有一件是最要緊處口未開時已說了也筆未動時已寫了也參未透時已悟了也儞還知麼儞還會麼儞還信麼如今大事為儞不得小事各自支當

示薩的迷的理長老

禪那二字梵語也華言思惟脩生死事大無常迅速乃學者之正思惟也衆生本來成佛以迷妄所蔽而不獲開悟亦學者之正思惟也清淨本然迷妄無狀而生積刧迨今自纏自縛念念攀緣無食息之間亦學者之正思惟也從上佛祖哀矜不暇垂言立象設萬種方便令我處處悟入以蕩想雜亂猶不自覺此亦學者之正思惟也三界萬法色空明暗咸是菩提妙明元心悟理未遍尚留觀聽此亦學者之正思惟也苟非神悟繼有多聞惟增見病不脫愛纏此亦學者之正思惟也前輩言前領旨句外超宗微見鋒芒拈得便用風飛雷厲迥異常流開鑿人天不存窠臼此皆累生熏習積世鍊磨不期而然無作而作豈容勉強安可効為擬路前蹤即落意地此亦學者之正思惟也功不盡則事不臻誠不極則物不感況無上大菩提道或不忘形舉命與寢食寒暑俱廢豈口出耳入之學而能脫累生死情妄於大休歇田地者哉此亦學者之正思惟也言思惟脩者惟此思惟即是脩之之理舍正思惟外或別有一法可脩非正脩也今則有箇不涉一切思惟底智方便僧問古德一念不起還有過也無德云須彌山十二時中但斯須彌山頓在眉睫間之方寸不可妄起纖毫情念強生穿鑿為解為會但只行也參坐也參今日也參明日也參參得也參不得也參參到無可參處政是著力加鞭之時猛拌取三二十年死工夫萬仞壁立硬著脚頭參取正當參時或有佛祖聖賢現種種相以相似語言闕導發明便與一喝喝退向他道此事不從人得安有開發之理任我百生參不得必欲自悟斷斷不肯妄去齩人鉤線誠有此志不患生死情妄之不消殞也

示慈護長老

心不迷不墮生死業不繫不受形質變不亶不入娑婆念不起不生業累盡因迷起妄由妄生執順其所執則愛之之念紛然而興逆其所執則憎之之習勃然而起愛憎之情作則死生之跡動轉遷流新新不住念念相續以至一剎那間具八百生滅豈特百年氣泯然後為生死者哉原其所迷初無自性亦無起處只是自家遠從曠刧以至今生良由不體道本失却自心而致然也今日要得此心不為迷妄所惑別無方便但單單提起箇死了燒了那箇是我性十二時中如金剛利劒在手相似最先向八識田中盡力一揮如斬一握絲一斬一齊斷眼之所見既斷耳之所

聞亦斷乃至鼻舌身意香味觸法同時俱斷過去事已斷現在事今斷未來事當斷徧搜胷中無可斷者和箇斷者亦斷斷者既斷斷亦不立斷既不立則盡法界皆是自心於自心中無能斷無所斷能所既無則見聞覺知無地可寄到這裏即是從上諸佛菩薩善知識放身捨命處亦是大休歇大解脫大安樂之地亦是不離世間而成就出世間之三昧此三昧入手見箇愛底亦不可得見箇憎底亦不可得於不可得處回觀世間諸有爲相儼如昨夢如教中謂淨極光通達寂照含虛空却來觀世間猶如夢中事如今人箇箇明知此事如夢雖政說時和箇說底亦在夢中何況說久聲消情隨境變三界夢宅役役不停苟不能奮起大精進勇猛志力於此大夢宅中極力一跳跳出向白日青天之下披襟一笑以快平生決定以夢入夢展轉攀緣隨逐妄塵墮入無間豈不孤積刦以來諸佛菩薩爲儞所下之般若菩提種子乎儞若非具此深厚種子安得今生居富貴中處十善家以至操心入道袈裟著身爲佛後裔今日到這裏家已出了僧已爲了善知識已見了道已聞了其所欠者但只要力行一徧而親到一回爲諦當耳況是年齒未艾色力尚充或不趁身強體健之際做一氣直走到家眨得眼來便是無常老病相催逼也到那時手忙脚亂[illegible]將誰歸將箇盡平生底所貪所愛所恚所癡一齊點撿總用不著不惟用不著反爲其所障礙繫縛蒙蔽展轉流浪孤負勝因爲無懈人佛所訶斥當知輪回三有出沒四生孤露吟㖿受苦無間於此後何所戀而不思超然獨脫豈有志者之所爲哉昔龐居士以家財棄之湘水乃有偈云有男不婚有女不嫁大家團欒頭共說無生話且喚甚麼作無生話昔有尼問趙州如何是祖師西來意州於尼臂上掐一掐尼云和尚猶有這箇在州云儞猶有這箇在此說又作麼生然古人覷到大休歇田地於語默動靜之頃著著具金剛正眼塵塵露解脫神機是非不可較量得失不可圖度者也慈護長老乃高昌三藏喜養妙公之毋氏也曾叅鐵山瓊和尚向道之念堅篤因嘉其志不覺葛藤如許若必欲要知龐居士之無生話與老趙州之猶有這箇在二意明白宜將鐵山和尚所示死了燒了那箇是我性遮一句猛與一拶則知龐老趙州同叅其來舊矣又何生死愛憎之云乎哉但辦肯心決不相賺重爲說偈以勉之

死了燒了身空物空那箇是我性海底日輪紅直下領畧不過快須著意加功密作用時聖凡莫測實究竟處水泄不通無常生死摸不斷見聞知覺難包容是非憎愛絕朕跡菩提般若俱無從單單只有這一念與此一念潛其蹤無影樹頭撐夜月不萌枝上吹春風以慈爲護非南非北以護爲慈自西自東無向背絕羅籠鳳凰池上玉簫奏聲在天涯杳靄中

示植禪人

要學佛麼要學祖麼要學善知識麼一大藏教諸燈語錄遺言往行皆是學佛學祖學善知識之張本不妨向此真履實踐一回但行之不移守之不易久之純熟所謂佛祖善知識不待學而成矣或者謂丈夫自有衝霄志不向如來行處行成佛作祖到善知識地位會須先將一大藏教諸燈語錄遺言往行拈向他方世界之外單提一把吹毛利劒逢佛殺佛逢祖殺祖直教一物不得當其前一法莫能隨其後久之和手中箇欄桐子一齊拈却揚身物外獨步大方自然頭頭合轍處處逢原雖然當知此二說總是窠臼語儞若瞥生一念向此槩跟則落窠臼了也要成佛成祖成善知識未知其可也且捨此二途畢竟依何標準而至于佛祖善知識田地幻住到此直得結舌有分諸方大有老尊宿不妨一一持此話以扣之

示達禪人 聖僧侍者

路逢達道人不將語默對畢竟將甚麼對或者謂此事不在語默裏又云語是謗默是誑又云說時默默時說既是不將語默對臣甚麼又說箇默時說說時默底道理這裏定當得下揀辨得出緇素得明指點得到便許儞坐斷僧堂中陳如尊者頸與丹霞和尚握手於數百年外提持此道不爲遠矣脫或未到此田地十二時中或出或入且道陳如尊者向儞道箇甚麼露柱燈籠向儞道箇甚麼香匙火筯向儞道箇甚麼還聞麼若曰聞則喚作說耶喚作默耶若曰不聞則終日覓夜覓覓在何處安身立命直下不知落處即是儞生時不知何處來死時不知何處去即今眼眨眨地語默動靜未免被箇陳如尊者當面障却燈籠露柱覷體礙却香匙火筯臨機換

却即其所障所礙所換盡是生死煩惱輪回業識從今日移奪僴到盡未來際之種子耳要得和盤撥轉連座掀翻不妨提起箇所參底話頭於對陳如尊者時對燈籠露柱時對香匙火筯時不得斷須忘念更向蒲團上竪竪脊骨猛著精神與之抵捱正當抵捱時不得隨聲色轉隨是非轉隨愛憎轉隨情識轉隨境緣轉乃至隨善惡凡聖苦樂得失等轉擬欲瞥生一念隨其所轉不特不能與道相應將見隨生死輪回轉入盡未來際者矣

示志蒲禪人

學道要須乘一時猛利便討箇分曉剛於工韓四十六夫上庶有立脚分豈可依依稀稀彷彷彿彿今日三明日四道是流俗又却有箇念頭在道道是在道又却不曾有片餉猛利精神把做一件大事於是兩頭打脫只益笑具耳更有向蒲團上屛得念頭靜辦少時或半日一日身心不動靜默將去或三朝五朝做主宰不得討頭鼻不見昏沉散亂輥作一團似此等差別境界交馳于心或怕懼做工夫一上或思慕做工夫一上或勉強做工夫一上或被世間順緣攙奪一上似乎有箇做工夫底心念存于中却不知只與不做工夫者等無有異若盡理而言反不如箇不做工夫底何以知之彼素不做工夫惟信不及耳儻或一旦自信得及忽然被他猛利做去也不定儞既發大信心要做工夫要脫生死个則此箇信心延緩數年了也看看向無事甲裏去坐也終不放寬了又復能發最初底大信心來余知其決無是理也故維摩云譬如敗穀焦芽不堪爲種蒲上人過余問道屢拚歲會日不忘最初道念又冒荒數過余窮巖但是扣其入道之志則索然不若初心之猛利也良爲可憐此去宜精加念力直要翻轉生死窠臼以悟爲期方不孤僴重參尋扣之勞也

天目中峯和尚廣錄卷第四之上 十七末 韓四

天目中峯和尚廣錄卷第四之上

校勘記

一　底本，影印宋磧砂藏本。

一　四五九頁上二五行第四字「商」，徑作「商」。

一　四六〇頁下一八行第一六字「臣」，南、徑作「因」。

一　四六〇頁下二五行首字「匙」，南、徑作「匙」。

天目中峯和尚廣録卷第四之下　　韓五

參學門人北庭臣僧慈寂　上進

法語

示嗣禪上人

自有佛祖以來兄弟家挾箇袱子横跨四海上人門户謂之叅禪叅即不問且作麼生是禪或有以枯形死志寔心壁觀之謂禪或有以教外别傳不立文字之謂禪或謂微塵法界明暗色空動植纖洪飛揺蠢蠕當機不昧覿體全真之謂禪或有撥開萬象透過色聲坐斷有無不立凡聖之謂禪或有向四大五蘊中認箇昭昭靈靈聞見知覺之謂禪或有放下身心休歇萬事一念不動六情不揺之謂禪或有以臨濟一喝德山一棒靈山拈花少林得髓繁興大用舉必全真之謂禪或有以德山托鉢雲門話墮趙州勘婆洞山三頓棒等謂之向上一關末後一句换轉面皮露出牙爪活路生機不容近傍者之謂禪所以垂手教人或令人袪散亂敵睡魔遣塵勞遠喧鬧起精進發勇猛豎目撑眉握拳嚙齒或有異於是者則教人隨緣任性不繫不拘喫飯著衣一切如舊但不做作理自天然乃引古人依本分放下著莫妄想莫管他等語爲證更或有教人一味歇心全身放下才起一念便與剗除心如太虚情同木石久之不休待其自契或有教人立箇主宰勿爲境攝勿隨物轉如握太阿在手佛來也斬魔來也斬謂之坐鎮家庭把斷要津横行一路更或有教人兼脩白業以助正因不爾則便乃不拘律儀任情毀犯略而言之如上所見並是情存取舍意涉所依用爲機關墮窠臼有般靈利漢見恁麼説便乃掀翻露布抹過那邊謂之不落人機境有時恁麼有時不恁麼喚作於法自在更有般擔板漢聞恁麼説乃云任儞道是也得道非也得我只管大盡三十日小盡二十九喚作羅籠不住呼喚不回如此邪知異解不可枚舉今時商量比比皆是若欲要與此禪一念相應如人自捏其目求不生花不可得也更有一種隨語生解者乃云我但不存窠臼豈有不相應處殊不知只箇不存早是存了也須知此事如空之備器如水之隨流雖有方圓動靜之殊而無方圓動靜之實非作故無禪如然故若實要與此禪相應直箇是儞三寸命根子向不知不覺處卒地斷曝地折一回始得要識命根麼便是儞十二時中眼見色是耳聞聲是至於鼻舌身意香味觸法及與一切知覺等是又名妄想又名生死又名顛倒無始劫來刀斫不斷鋸解不開此論且止只如命根已斷底人還復眼見耳聞心思意解也無這裏若立纖毫知見解會則五須彌四大海早已穿過儞髑髏了也所以古人不柰伊何向道毫釐繫念三塗業因瞥爾情生萬刦羈鎖直下湛寂孤明圓淨活脱不倚一物觸處成現所以永嘉謂行亦禪坐亦禪語默動靜體安然且先德豈徒事語言哉今時人會此説話者何限以其不得受用則前所謂情塵不透見地不瞥動靜二途俱落窠臼而致然也記得馬祖與西堂百丈南泉翫月次一云正好脩行一云正好供養南泉拂袖便去祖云經歸藏禪歸海惟有普願獨超物外看他一門父子向光影裏露出巴鼻不妨令人撿點一人向禪頭上加一畫一人向禪脚下加一畫一人向禪中心加一畫一人向他三畫上又加三點今日將箇元本禪字一看徹底不相似了也後來又有人向他加畫加點處只管加將去間有加得不相似者便乃彼此是非立箇名字喚作如來禪祖師禪平實禪杜撰禪文字禪海蠡禪外道禪聲聞禪凡夫禪五味禪棒喝禪拍盲禪道者禪葛藤禪更有脱略機境不受差排者喚作向上禪古今已來諸方三百五百衆浩浩商量立出許多閑名雜字由是而吹起知見風鼓動雜毒海掀翻情濤飛騰識浪遞相汩没聚成惡業流入無間卒未有休日佛所謂可憐憫者且古人所關禪門貴要伊了生死越苦輪斷分别息憎愛如大火輪觸著則燎却面門喪却性命豈止於言説義路而已哉兹因南徐禪上人出紙求語故抖擻癡腸狼藉及此若喚作説禪拔舌犂耕彼此有分

示日本丁一頭陀

僧非僧俗非俗六六從來三十六俗是俗僧是僧從教日午打三更僧亦得俗亦得畢竟本來無間隔無間隔處忽承當笑看大蟲生兩翼會麼若也不會且莫忽忽草草儞因甚不顧父母之養而依附大僧投身林谷莫是爲求衣食麼莫是爲求名利麼既是不求衣食不求名利畢竟爲箇甚麼事況是遠踰數萬里航海得得而來實爲自家脚跟下有一種生死無常大事因縁遠經曠刦而及今生

愈見昏迷轉加沉墜今日須是捨命志形盡平生氣力向他空關寂寞中提起古人一則無滋味話默默自看看來看去但心無希望意絕馳求識不攀緣念不流逸不問山林城市靜閙閑忙今日也與麼看明日也與麼看忽爾眼皮破髑髏穿便解道丁一卓二築著便是卓二丁一百事大吉海東走出黑波斯眉毛鼻孔長三尺說甚麼生死與輪回說甚麼虛頭與真實草鞋兩耳忽聞聲僧俗由來都不識都不識誰辨的春風吹破嶺南花一一漏盡真消息

示普喜上人問五蘊生死

僧問清淨本然云何忽生山河大地答云清淨本然云何忽生山河大地僧大悟厥旨且答與問相似僧何不早悟於未問之先這裏見得便見山河大地不從外來明暗色空且非他事處處圓光獨露門門至體全彰破情塵於見聞知覺之間脫世界於成住壞空之表豈有生來死去彼聖此凡之異見邪更若情存得失意涉是非不惜眉毛重向葛藤窠裏注解去也當知三世諸佛與大地衆生於空王刦前各各具一面大圓寶鏡初無欠剩無端衆生於淨白光中瞥生異見昧卻本來便於寶鏡光中妄認影像以爲實有因生有見即起無明無明伏心動成三毒二毒因緣引起諸業由業所繫受此四大從四大中結成五蘊六根諸塵互相涉入内自見聞覺知外及山河大地皆鏡之影像耳所以大般若中謂色不異空空不異色色即是空空即是色受想行識亦復如是豈但五蘊是空至于十八界十二緣四諦六度等未有一法不與空相應者然鏡中影像使不達法義者觀之亦言是空耳所以永嘉道心鏡明鑑無礙廓然瑩徹周沙界萬象森羅影現中一顆圓光非内外永嘉到者裏已是和盤托出了也當知廣大心體離言說相離文字相離凡聖相離脩證相圓裏十虛徧入三際即生即滅之萬法不礙無增無減之本源即增即減之諸塵不隔無滅無生之實際萬機莫測千眼難窺自非頓消情量脫落根塵者不可與聞也首楞嚴謂空與色是色邊際觸與合是受邊際記與忘是想邊際生與滅是行邊際湛合湛是識邊際且道寶鏡還有邊際也無若謂有邊際是謗若謂無邊際則謗直下領畧得便見即色受想行識全是大圓寶鏡大圓寶鏡全是色受想行識離寶鏡無五蘊非五蘊無寶鏡曠刦不迷今日無悟諸佛非聖衆生非凡獨步機先全超象外然後還歸本位能所頓亡盡三千剎海一一正眼看來不知孰爲五蘊孰爲寶鏡自然物我混融一念平等若不曾眞實到這箇田地要脫他五蘊諸法曾不異指月於水底避影於日中者也且以五蘊生死言之只今眼睒睒地有箇四大色身頂天立地及見身外有山河大地是色蘊生死也寒暑耗其精神苦樂遷其念慮飢寒逼其體膚憎愛起其離合是受蘊生死也喜則愛涎沃心哀則淚珠盈目未食蜜而先甜其舌未嚼蘗而先苦其口興則役其神窮則現於夢皆想蘊生死也天地之内凡動植纖洪之物自四大色身及與目前種種所用所有之物未有一法不由因緣而成即因即緣皆屬生滅以至成住壞空處處皆然新新不住皆行蘊生死也處處攀緣念念分別開目云明閉目云暗涉入三世分布六根指色則辨其玄黃歷味則別其甘苦順則思縱逆則思避動時似有覓時還無皆識蘊生死也此五蘊法障在目前自古至今任儞才過李杜氣奪項劉直得拱手以聽其處分十二時中千重百帀直是無儞轉身處所以釋迦老漢知有此一段大事迷滯衆生於是興大願心開大法施四十九年五千餘卷偏圓頓漸大小半滿如長伸隻臂向大圓鏡上推開影象拂去浮塵但要箇箇向潔白光中識取本來面目然後靈山會上拈出一華迦葉不覺破顏微笑直得光吞萬象體遍大千已而四七二三向此光影裏眼見空華遞相鮑置流傳既久逗到老趙州西前僧問萬法歸一一歸何處州云我在青州做一領布衫重七斤覰面枯來黑天粘地自非具大眼目之士莫能覰其彷彿要見趙州光明麼也莫問五蘊六塵六根七根但將平生見解世間出世間法莫問如之若何如斬一握絲一斬一齊斷待教實次中終日心無異緣意絕妄想卻單以生死無常爲重提起者僧問底話頭道萬法歸一一歸何處行而參坐而參眞問關怗諦關拌得此一生與之抵捱捱到不奈何處和箇話頭一時忘卻方知三世佛歷代祖天下善知識盡是認磚頭作古鏡更說甚麼五蘊十二緣四諦十八界開言長語總無著處豈非大丈夫能事畢矣若不如是脫畧一回任

備萬刦千生往來昇降妄受輪轉如蟻旋磨卒未有休日在梅山上人遽回心於功名富貴之場偶聚首於普安客窻因話及五蘊生死乃爲之書

示明昶上人書華嚴經

嘉禾石門明昶上人手書華嚴大經告畢過門需語爲證余聞之經有偈曰若人欲識佛境界當淨其意如虛空遠離妄想及諸取令心所向皆無礙是則揭開法界直示玄猷總智體於一毫設靈機於萬偈殊不知差別意內義出多途言語道中窮無分別只如若人欲識佛境界用識作麼當淨其意如虛空已遷入剗遠離妄想及諸取費盡分踈令心所向皆無礙遠之遠矣直下見得乃知未操寸管點涤八十一軸溪藤已前其微塵數偈已嘗書之舊矣使遮那老人與無邊大心菩薩士鋒結舌於言語文字之表縱欲與大慈雲布華藏海擬說箇若人欲識佛境界逆知其不可得也彼旣說之不可得而儞何所聞旣絕所聞則云何而書之今日旣有所書不免依偈以設其聞且所操者筆所涤者紙所書者字橫者爲畫直者爲豎斜者爲撇圓者爲點自最初一字寫至末後一字莫不皆然畢竟紙墨文字之外別喚甚麼作佛境界其外見有所書之經內見有能書之心以能所之二見未忘欲淨其意等太虛空未知其可也一真如性元無分別經卷與世俗文字等讀數與屠罵等諸佛與衆生等法界與一塵等即其等心亦不自立妄想乃盡諸取亦離安有此經爲我所書者哉此心無礙則法無礙法無礙故則理無礙則事無礙則理事無礙則事事無礙則一切法界俱無礙則書亦無礙不書亦無礙喚作華嚴亦無礙不喚作華嚴亦無礙其所書之經令有人以七寶摩尼珠而用莊嚴以無量諸香雲而用熏涤亦無礙有人以不善心碎其卷軸投之水火置之穢濁等處亦無礙乃法性之本然非以力排而智使之至此無礙之地儻於此無礙法中微加一毫心力情意而欲和合則展轉成有礙也即今日用中一念子卒未能遠契此本然無礙之理則是經不可書也儞還甘此說麼若不甘此說還契此理麼若未契此理則前所運一片真誠正信之心揮毫涤楮書寫成就底八十一軸華嚴大經乃成虛設耶不然所謂遮那性海聖凡圓具因果全該萬法俱彰一塵不隔運一筆則千筆萬筆與之俱運書一字則千字萬字與之俱書成一行則千行萬行與之俱成了一卷則千卷萬卷與之俱了乃至於一畫中含裹微塵數畫於一豎內含裹微塵數豎當知一時書則與盡未來際不可說無量阿僧祇刦同時俱書一時了則與盡未來際不可說無量阿僧祇刦同時俱了如是觀察如是受持如是見聞如是作用如是書寫如是流通如是信受如是增益又安知其八十一軸之雄文非佛境界而離此別求耶又安知其意不與虛空而等淨耶又安知其有妄想諸取而未離耶又安知其所向之心有所礙而特排斥之耶旣儞佛境現前及心無所礙即今日用一切時一切處一切緣一切境一切法一切念一切見聞一切知覺一切取舍一切分別一切受用等則手未嘗離其書口未嘗遠其說目未嘗越其覩耳未嘗過其聞也然則日前山高水深日上月下鵶鳴鵲噪魚躍鳶飛雷動風行松直棘曲大而十方虛空廣而無邊法界細而鍼鋒芥孔聖而諸佛凡而衆生以至成住壞空地水火風等一一皆是筆端點出之大本華嚴亦豈十佛刹微塵數偈而可詮之者哉這裏不薦且莫怱怱草草雖是本來具足底現成活計儞若不曾真箇親向毫端未舉之前全機領略未免首先被箇華嚴名字當面熱謾把儞一箇本命元辰或求或去遠從無始刦前惑至今日初非小可以其惑情未解見斷入心引起無明成就生死粘頭綴尾接續輪回起滅萬殊直至今日觸途成滯了無出期者無他蓋爲儞最初心中被箇迷惑打失正見而致然也所以今日用一點心不得才擬用心便引起佗八萬四千諸情意識至相障礙不得自由誠可哀憫何謂障礙聻儞纔見說箇若人欲識佛境界便被箇佛境界障纔說到當淨其意如虛空便被箇虛空等淨障又見說著箇遠離妄想及諸取便被箇離妄想及諸取障更見說到令心所向皆無礙便被箇無礙障直饒通身手眼超出言象之先渾體機關不墮是非之窠剛把此四句偈一齊按下別資一路抹過那邊殊不知只箇別資抹過底已是親體把儞箇本命元辰障住了也直下無儞用心處無儞馳求處無儞湊泊處無儞撒脫處無儞趣向處乃至無儞和會處當知箇華嚴性海全體是大火聚

大風輪塗毒鼓吹毛劒百千聖賢不敢正眼覷著又豈許將心湊泊擧意擬量者哉儞若眞箇有一片决定眞實底大心覿體與華嚴性海如水入水似空合空初無難易但請將從前所知所解所做所遇所緣所著底一切聖凡是非取捨憎愛善惡自他無邊業識猛提起一把智慧刃直下與之一斬兩段如未曾做工夫時相似如未曾與人說學道時相似如未曾出家時相似如未曾著袈裟住伽藍建寶坊興善利時相似乾乾淨淨一齊都打屏了不剩纖毫却於無纖毫相礙處不得便坐在這裏不妨提起箇古人沒意智話頭頓在面前默默體究是甚麼道理從此以去只向所體究處一捱捱住行時行體究坐時坐體究忙時忙體究閑時閑體究老時老體究病時病體究乃至死時死體究正當體究箇所叅底話頭時也莫要問道是佛境界非佛境界也莫要問道意下淨如虛空不淨如虛空也莫要問道妄想諸取遠離不遠離也莫要問道此心無礙不無礙但只靠教箇話頭穩密盡此一報身只與麼去久久純熟和箇穩密底一齊裂破那時將佛境界作非佛境界說亦得將非佛境界作佛境界說亦得不妨信手拈起一一天眞一一明妙此所謂雖然舊閣閑田地一度贏來方始休苟或輸贏未分切不可輕易中他人毒藥喪壞法身求失佛境界者必矣如今多是不具實痛爲生死無常大事著實體究但只欲事持言語廣說道理往往法道衰替乃根于此有志之士寧可一生兩生百不知百不會决不肯於工夫未到情妄未消時妄陳禪道以當叅學記之記之併將前四句經偈爲華擘去也若人欲識佛境界提起話頭休捏怪忽然兩手俱托空佛祖直教齊納敗當淨其意如虛空勿於聲色詐盲聾工夫做到意根脫鐵壁銀山處處通遠離妄想及諸取本色道人都不顧華嚴性海盧遮那疑團破處全機露令心所向皆無礙法界何曾分小大盡未來際一剎那漆桶莫教全不快

示雲南護上人求示三聚淨戒

三聚淨戒之體如杲日之麗乎中天乃一切戒之主也謂三聚者攝善法攝律儀饒益有情是也原夫攝善法戒乃無善不脩也攝律儀戒乃無惡不斷也饒益有情戒乃無衆生不度也此三戒乃過去現在及未來一切佛祖之梯航胎孕也舍之則何以出生死海何以達涅槃之彼岸耶須知一箇所叅話終日橫于方寸不思善不思惡善惡二途自然忘念而言修斷何其贅耶且叅此話時不見有一衆生而可度脫乃非饒益而饒益也此所叅話雖不稱三聚而具存三聚無少間也朝叅之夕究之久遠而守之一旦開悟併其所叅所守之念頓遣三身四智當處混融八解六通隨時會合不知戒之在我我之在戒也叅禪上士便請力持正信不拘歲月而行之脫或遲疑劍去久矣雲南護上人請說三聚淨戒因筆以遺之

示明忠上人病中

衲衣下一著子攪澄不異磨涅不磷坐斷古今不存凡聖所以古人謂之向上機末後句頂門眼肘後符臨濟即之而喝如怒雷德山掇之而棒如疾雨不依工用匪涉階梯提得便行拈得便用奔流度刃疾燄過風正眼看來未爲慶快這裏豈容心思意解安排擺布而爲得哉雪川忠上人偶因卧病余謂之曰眞歇和尚有云老僧自有安閑法八苦交煎總不妨且如何是安閑法對曰知身是夢了病如幻惟守一心不生異念豈非安閑法乎余因不顧又曰安即不動閑即無爲超出二途棲心無寄此豈非安閑法乎余亦不顧上人茫然若有所失余遂示其畧曰汝所說者乃情識計度分別取舍皆暫時岐路豈眞究竟耶要識安閑法麼四大五陰是根身器界是四百四病是山河大地是見聞知覺是以至一切差別塵緣無有不是者咄是何言歟且四大五陰及差別塵緣等皆是敗壞不安之相若喚作安閑法大似指鹿爲馬若不喚作安閑法亦是指鹿爲馬直饒去此二途別資一路未免亦是指鹿爲馬要得不指鹿爲馬須是向他眞歇和尚未啓口已前掀翻情量不墮是非尸眼頓開洞見源底始知一大藏教是指鹿爲馬千七百則公案是指鹿爲馬以至天下老和尚拈搥豎拂是指鹿爲馬如是指說如是悟解亦是指鹿爲馬會麼脫或不會但切切將箇沒滋味話頭向藥爐邊枕頭上默默咨叅不得放捨忽然枕子落地病藥兩忘衲衣下那一著子覿體現前到此即其身心及與諸病無有不是安閑法者也雖然切忌指鹿爲馬

示月禪人病中

生老病死是四種漫天網子曠刧至今把伊籠罩欲暫時脫離亦不可得所以佛祖興大哀憫教伊一條通天出路今日但要牢絆草鞋硬著脚頭與之抵捱縱有死在前亦不暇顧豈可復爲病緣纏繞而作艱難想耶然病是裂身世網之利刀易煩惱苦爲解脫場之良導 韓五 儞今日利刀在手良導在前若不能將 十三 身心世間諸有情識盡底掀翻從空放下即是網羅上又加網羅去也如此學道何有益於自己哉且病中做工夫也不要儞精進勇猛也不要儞撑眉努目但要儞心如木石意若死灰將四大幻身撇向他方世界之外由佗病也得活也得死也得有人看也得無人看也得香鮮也得臭爛也得消瘦也得長生也得設使醫得健來活到一百二十歲也得如或便死被宿業牽入鑊湯爐炭裏也得如是境界中俱不動搖方有少分學道氣槩所以古人道老僧自有安閑法八苦交煎總不妨若不到這箇田地便見有身便我病有病入我心有苦感我神有逆動我念以至渴則思飲飢則思食叫喚呻吟咨嗟歎息過一日如度百年望寸步如隔千里孜孜逐妄念念攀緣總而言之但覺有身受病不得自在只此便是沉滯生死之根種也豈不忍些子病緣便乃主張不過又何況地水火風分散之時也尋常學道正要用在今日今日若不得用百刧千生蹉過無疑矣如今有一服起膏肓必死之靈丹重爲拈出昔僧問趙州萬法歸一一歸何處州云我在青州做領布衫重七斤要識趙州麼聽取一偈衲僧有病在膏肓趙老全施不死方萬象森羅開活眼更於何處覓醫王

示琳上人病中

昔真歇和尚有偈謂訪舊論懷實可傷經年獨卧涅槃堂門無過客窻無紙爐有寒灰席有霜病後始知身是苦健時多爲別人忙老僧自有安閑法八苦交煎總不妨古人作此偈傷身世之浮脆了夢幻之起滅指情妄之所緣示斯道之真寂五十六言網羅殆盡真道人之龜鑑也學佛之士當向這裏體取則知未了此心之際通身是病徧界是病盡形畢命起心動念更不問儞成佛作祖皆是病 韓五 十四 緣於中或有人指出一法不是病者悉是妄見又豈待形拘枕席跡涉沉痾而謂病耶由是雪山大醫王眼不耐見四十九年三百餘會塵說刹說今結集爲一大藏教是治此病之藥方今日所叅底一箇無義味話頭是方中所祕傳之神藥要起此膏肓必死之病當以一念不退轉不變易之湯使向一切時中送此神藥然此藥之治此病百發百中今之服藥而病不瘳者蓋與藥忌並進所以不取効也苟不能盡其所忌不惟不効將見執藥成病又未易療之也所謂忌者即第二念是也何謂第二念便是儞離却箇所叅話頭正念之外更於善惡悟迷境上微動一毫是謂第二念也此則藥之忌也誠能久不犯其所忌則念念相續安亦守危亦守生亦守死亦守表裏混融如是持守忽爾相應其病頓如失去若藥若忌同時俱失便是安閑法現前也宜知之以自勉

示宗裕上人

淛東山淛西水拄杖頭邊草鞋跟底大事未明如喪考妣衲僧直下莫思惟思惟便隔三千里會麼昔僧問趙州萬法歸一一歸何處生死無常銀山鐵壁盡在此問趙州道我在青州做領布衫重七斤神出鬼沒瞎棒盲 韓五 十五 枷盡在此答處會得問處則銀山鐵壁面面通穿生死無常塵塵透脫會得答處則神出鬼沒當體不痕瞎棒盲枷全機殺活若也不會便見問在答處答在問處問答交馳無儞入處既無入處且只向入不得處猛加精神立定脚頭叅來叅去叅到能所兩忘不覺驀倒燈籠撇翻露柱目前萬象自森羅現成活計全豐裕正眼看來大似業識茫茫無本可據

示成上人卓菴

古人以己事未即明了往往結草爲菴作自了活計初未嘗有所爲於世間以日用處隨緣自遣或栽田或種畬或草衣或木食或澗飲或燒折脚鐺或以枯木爲牀或以三箇柴頭品字煨或三十年二十年目視雲漢不與世接或三箆束腰或竪空拳或伸一指或謂溪深杓柄長乃至種種作用其孤風凜然聳動觀聽一段孤明照映千古亦皆不期然而然也自此以降世道日微人心日薄即此住菴之風轉爲偷安逸居之計只圖禮法不相拘束藂林不相縛繫要眠便眠要走便走日滋月浸變爲自在外道不特無補於道將見流而不回去而忘返不知不覺於偷安逸居之外引起世間百千萬種顛倒差別棲墮流

俗者多矣蓋佛祖施設或萬衆廣居或形影相弔實存乎道道之明則在萬衆不知爲多單己不知爲少以不知故喚廣居爲住菴亦得喚住菴作廣居亦得以廣居爲住菴則不見有上下左右之相拘以住菴爲廣居則不見有暗室屋漏之自欺也如是住菴則念念共人天交接塵塵與聖賢胥會雖千古之上而可以挽回於目擊也如是住菴則窮也得不窮也得有人扣門也得無人扣門也得終日作用熾然也得終日一物不爲也得乃至遇苦遇樂遇逆遇順百千境界同時現前當機總是竪拳竪指之時也這裏也無住菴者也無不住菴者也不見有菴內事也不見有菴外事一體純真萬慮泯絕是非情盡能所識消乃知婆子放火門上書心字皆是增金之黃助日之明也如是住菴是爲正住不爾住者便未免身外有一箇菴子爲對爲待爲離爲合其取捨愛憎之情頃刻百變所謂生死事大無常迅速曾何異於是哉當知住菴不以生死爲重任不覺臘月三十夜到來只箇生死便是儞白日所住之菴返爲其所住去也宜如是觀察勿爲日用所惑而移其道念也

示寶燈上人禮祖

祖師心印横亘十方竪窮三際一切處不隱藏一切處無遮障塵塵不昧處處相逢這裏更若瞥起一念禮祖之心大似棄却滄海之波而求水於陸地捨却真燈之燄而覓火於陰崖者也是則固是只如臨濟塔存真定雪峯塔在福州五祖塔於淮江六祖塔居嶺海還能來動脚頭道得箇一塵不喘底句麼燈上人遊方禮祖出紙求語故發是問以扣之并爲說偈曰雲黃葉石棱棱一塔中藏一祖燈三尺炊巾無地晨又搏金錫下危層

示希有上人行脚

有一句子在拄杖頭邊有一句子在草鞋根底有一句子在二千里外有一句子在六根門頭向六根門頭薦得則三千里外底不用別尋三千里外薦得則六根門頭底總在裏許惟是拄杖頭一句子只在拄杖頭草鞋根底一句子只在草鞋根底不得動著還知麼盡無邊法界是條拄杖遍十方虛空是緉草鞋拈得拄杖則失却草鞋著得草鞋則失却拄杖須知拄杖無儞拈處草鞋無儞著處儞若擬心拈著則一齊都打失了也且不擬心又爭得拄杖草鞋入手但將箇所參底話頭掛在眉毛眼睫間默默自看是拄杖耶是草鞋耶是三千里外耶是六根門頭耶看到無可看處冷眼被儞驀忽看破元來七尺主丈一緉草鞋總是故鄉田地信手拈來則去地不遠矣儞若不於話頭上倜儻分明管取被箇主丈草鞋惑過一生到頭殊無毫氂所益古今行脚高士被主丈草鞋惑者莫知其數儞於今日豈肯復爲其惑耶重說偈曰有一句子藏不得三千里路覓家鄉未拈主丈先開眼始信途中歲月長

遺誡門人

佛法無儞會處生死無儞脫處一報之身如風燈石火念念如救頭然尚無儞了辦處著甚死急平地上討許多忙亂眨得眼來早已四五十歲了也儞喚甚麼作佛法任儞以百千聰明一一把他三乘十二分教乃至一千七百則陳爛葛藤及與百氏諸子從頭解註得盛水不漏總是門外打之遶說時似悟對境還迷此事向道無儞會處濶轉要會轉不相應儞莫見與麼說便擬別生知解直饒向千人萬人撈不入處別有生機總不出箇要會底妄念惟有具大信根向己躬下具參實悟乃能荷負儞若作荷負想依舊没交涉故古教謂假使滿世間皆如舍利弗盡思共度量不能測佛智如今有等人拾得橘皮自認爲火到處高談闊論主張一路道我會佛法要人恭敬有甚得便宜處幻者三四十年向此事上著到展轉於佛法二字尚不相應所以日夜懷慚安敢濫膺師位尋常遇甘言厚幣不啻毒箭入心累避之而不可此蓋多生緣業所致乃虛妄本非道力使之然也每見道流没要緊遇些子不順意事一點無明忿縱業識在心毒行平地上擠陷人喚作我持公論殊不知儞從無量劫來被此等公論結縛無明未曾有一事以公論而會道念且今日所持底公論儞還知多少人在儞背後擔鼻之不暇生死無儞脫處自家一箇生死大事拈皮綴骨念念無間無量劫來百千伎倆一齊弄盡只是此心不肯休歇徒向千佛萬祖累發重誓逗到今日擔在三衣下喚作道流奈何依舊識他目前不破動便生心起念莫非滋長生死結縛志却最初出家本志似與癡熱亂得千生萬生徒長業輪於理何益好教儞知衆生結縛濃厚無儞奈何處儞若

無力處衆但只全身放下向半間草屋冷淡枯寂丐食鶉衣且圖自度亦免犯人苗稼作無慚人所以道佛法無僞會處生死無僞脱處既會不得又脱不得但向不得處一捱捱住亦莫問三十年二十年忽向不得處驀爾撥透始信余言之不相誑矣　十九末

雲居禪寺住持比丘　智榕
首座比丘　智曜　智璿
已上一卷施財重刊

天目中峯和尚廣録卷第四之下　韓五

天目中峯和尚廣録卷第四之下

校勘記

一　底本，影印宋磧砂藏本。

一　四六二頁中七行第一三字「商」，徑作「商」。

一　四六五頁上末行首字「十」，南、徑作「士」。

一　四六五頁中五行首字「匆」，徑作「匆」。

一　四六六頁下二行「淛東山淛西水」，徑作「浙東山浙西水」。

一　四六七頁中一九行「主丈」，徑作「拄杖」。下同。

天目中峯和尚廣録卷第五之上　韓六

叅學門人北庭臣僧慈寂　上進

法語

示海印居士 濬七王璋

自己一片靈明之性覿體與三世諸佛平等此說自靈鷲山擧行於二千年前凡教禪律三宗學者既宗古佛之說靡有不知自心是佛者豈特宗佛說者爲然至若街童市豎販夫竈婦亦曰自心是佛以其未由悟見源底徒具此知耳故圓覺有謂末世衆生希望成道無令求悟惟益多聞增長我見此五句責其尚知解而不求正悟之過也又云但當精勤降伏煩惱起大勇猛未得令得未斷令斷貪嗔愛慢謟曲嫉妬對境不生彼我恩愛一切寂滅佛說是人漸次成就求善知識不墮邪見此說是世尊勉其精進破妄證眞之極談不許住妄知之要旨也後之學者逮於會遣惟以即心自性之說廣求博記領納在心雖曰了明其實增障古德有云依他作解障自悟門斯言盡之矣

若欲必求正悟別無方便但將箇生死事大無常迅速之要言蘊于八識田中念念勿令間斷政爾無間斷時忽有佛祖以成現三昧注入我心亦須吐却此事使佛祖果有教人之理只消與麼教去又何待人悟入耶

或有問云既不可教令一大藏教豈皆虛語耶答曰佛祖言教乃指衆生破妄入眞之蹊徑耳亦描寫如來境界之圖本也苟不肯親蹈千萬里之蹊徑孤露他方安有到家之日或不假高登九仞之崇臺縱目觀其境界則圖本亦奚以爲須信而後行行而後到到而後守然後爲得也

或者謂傳燈所載之諸祖皆於一機一境一挨一拶便爾脫略圓淨卓然超越安許其歷涉蹊徑之說乎如少林謂直指人心曹溪尚云說箇直指早已曲了也此說之下間不容髮又豈容其信而後行行而後到之說乎靈利衲僧言前薦得已涉途程句外知歸猶稱鈍漢所謂電光石火豈容其停思佇想耶往往人多向此說之下粱踉殊不思古人於言前句外未荷負之時其艱難辛苦昏散障礙略不少今人之一髮苟不奮廢寢忘食之志力又不肯操三二十年衝寒冒暑不敢怠惰之勤勞安有自然超越之理徒見古人悟入之易而不知其未悟之難或不難於今則安有易於後日也何故如此蓋生死大事是無量刼中熏染結習底一種不可拔之業根在今日要以不退轉身心直下一翻翻轉豈戲劇耶今卽衆生心欲混入佛心使之不資勤苦志力亦未見有自得者也

釋迦文佛道已成於無量刼中眼不耐見衆生妄受輪轉故示生於王者之室頓捐萬乘之榮沉影雪山卧冰嚙櫱備嘗勤苦及至道成雖聚徒說法惟止於丐食樹橫未嘗有所長蓄也此是衆生界中第一箇超越世出世間之様子願成佛果者宜思之

或者謂已知無量刼來妄受輪轉使不加勤苦將來還有自了之理乎答曰輪回若有自了之理豈勞諸佛復轉法輪以無自了故必依信而力行力行而後到斯法輪之不容不轉也

先師高峯和尚三十年影不出山每以一箇萬法歸一一歸何處話教人極力叅究不問年深歲遠但以了悟爲期俾日用處單提此話蘊于胷中孜孜而叅密密而究譬之如撒手懸崖比之如竿頭進步喻之如一人與萬人敵方之如兩木相鑽而覓火此是古人用力極處諦實商量豈事虛語乃有不是一番寒徹骨爭得梅花撲鼻香之句又云雖然舊閣閑田地一度贏來方始休此說豈欺人哉古云叅禪無祕訣只要生死切何以如此三世佛歷代祖種種建立種種發揮必欲破除衆生生死情妄而後已或不爲此大事安用建立種種法耶今之學者或不痛念己躬大事朝叅暮究何所圖耶

原夫生死情妄不從天降不從地湧不從空變不因人與蓋由無始時來迷失自心於淸明目妄見空華輪轉邊流至今不息始因自迷受此淪溺或不自悟百千佛法其柰我何凡日用提話頭做工夫處覺得昏沉掉擧散亂紛紛把捉不定處初無一點外障只是一箇爲生死之心不眞不切而致然也但覺把捉不定時只消猛以生死無常隨處鞭逼久之純熟自然合轍或未合轍時只向所叅話上一捱捱住但拌取生與同生死與同死第一不許別求方便第二不可歸咎於緣境第三不得瞥起一念惑情雖未到家亦不問何時可到古宿謂但有路可上更高人也行如是用心鮮有不獲相應者

叅禪悟與未悟蓋由根性利鈍之等差如根

性果鈍但以不退轉深心待之不患其不悟也雖具此堅密之志而不能遣除業習則堅密之志亦未可憑何謂業習或遇順則恣情而喜遇逆則信情而怒遇愛則徇情而著遇憎則極情而離遇是則盡情而稱遇非則任情而毀乃至善惡取舍種種分别通名業習如是業習不係根性皆情妄所遷本色道流悉當屏盡業習淨處道力益堅積久不休不悟何待蓋情妄業習之弊歷刦迨今愈增迷倒遠背悟明若不屏之徒學奚益

韓六 四

叅禪或盡生不悟但信心不退來世決定具總持門或於未悟之前誤將相似語言記憶在心雖一字亦多生障道眼之金塵也古人云叅須實叅悟須實悟謂實叅者決欲要超越生死無常不求一點佛法知解謂實悟者乃當念頓空生死無常不存一點佛法知解凡聖情盡迷悟見消生佛兩忘能所俱泯進一步則高蹈佛祖所不到之境退一步則遠離凡聖所未涤之塵老毘耶即之爲不二門釋迦尊㩀之爲菩提座諸祖秉之爲金剛劒萬靈體之如優曇華起大病之藥王濟飢渴之甘露給萬方貧乏之寶藏裂三界羂鏁之利刀如上種種異稱皆海印三昧之變相也

示脫歡達剌罕丞相

諸佛法要惟在自心於一切人本來具足不從外得也然自心之法何法也乃靈知之至體也昔裴相國作圓覺略疏序首先一句謂血氣之屬必有知凡有知者必同體其異類雖昧略於蠢蠕中身相微劣惟同體之靈知初未嘗減少也世尊初成道時乃云奇哉衆生具有如來智慧德相但以妄想執著而不證得謂智慧德相即自心之靈知也夫靈知之體猶古鏡中所含之光也妄想執著猶翳光之塵垢也鏡雖爲塵垢所蔽而鏡中所含之光初未嘗一毫虧損也一旦垢淨塵消則本來所有之真光廓然清淨洞照萬象豈從

韓六 五

外得也諸佛以是光轉法輪度含識菩薩以是光修六度集衆善聖天子以是光統萬邦福海宇賢宰相以是光沛仁澤宣大政至若天依光而普覆地依光而普載與夫草木山川有無情等咸依是光昇沉變化嗟乎世人動爲物欲所蔽而昧斯光者久矣故佛祖重其同靈爲百千方便啓之導之必使其開悟而後已惟大丞相閣下光明盛大德業淵深不動神情撫安黎庶此積世不昧靈鑑真光之驗也或若動靜中尚存觀聽未泯功勳情妄愛憎時或出現别無方便可遣惟宜密以一則無義味語置之鈞抱默默自看謂父母未生時那箇是我本來面目其叅究之念既真了悟之心必至既悟矣則前所云靈鑑真光亦無所容於聞見也阿數理問入山傳奉鈞旨需以語要輒陳管見如此

示容齋居士 别不花丞相

心非妙悟而莫知悟非情盡而不了情非工夫而莫忘工夫非正信而不立蓋學道以正信爲根本也謂信者何最初要信自心是佛惟佛即心曠大刦來本來成就今更别不假再成也靈山之密付付此也少室之單傳傳此也古今之舉揚舉揚此也前輩大達之士往往皆是於一音未吐一念未萌已前兩肩荷負一往直前如素貧人頓居寶所而不驚不畏者蓋信根純熟故也其次要信道我若不畢其形命取證斯道昧此心佛於無明界中妄受輪轉纏縛苦輪沉墜三有盡未來際卒未有自了之日是故從上佛祖眼不耐見強出頭來設百千方便以起其信心俾其各各自證自悟而後已昔有芙蓉訓禪師問歸宗和尚學人不識佛乞師指示宗云說與偏恐儞不信訓云和尚重言焉敢不信宗云即汝便是訓云如何保任宗云一翳在目空華亂墜訓於言下大悟這箇便是信自心是佛底樣子當知這箇信字豈苟然哉乃積刦於

韓六 六

般若法中熏煉純熟一歷耳根永不退轉是謂決定信也學道人不問悟不悟但只要信心決定心既決定更無有不相應者但是有祖以來契證此道者更無有一人無此決定信心所以古德謂叅須實叅悟須實悟或不實叅實悟總是虛妄生死根本所云實者即決定也既有決定叅學之志斷有決定悟明之時所悟既決定則成佛決定無疑矣今之學道者往往無此決定本志必欲要洞明生死惟以聰利之資向能所上徹窠臼未叅禪要會禪未學道要明道未見開口動舌便先要知他落處引起一種虛妄情識孜孜向語言道理上著到將一切經書文字古今因緣穿鑿殆盡間或被人點著實處不肯知非但以語言支持得過便了殊不知只這箇要支持底念頭正是生死情識既要叅禪學道於生死情識上不能斬斷何所圖哉昔香嚴和尚問一答十問十答百自恃聰慧一日溈山

問云子試除知從前記持底學解父母未生已前試道一句看香嚴不能加對乃曰望和尚慈悲與我說破溈山云我不辭與儞說儞將後罵我去在嚴乃發憤屛去經書義理入南陽卓菴百無所思以度朝夕一日掃地次忽擲瓦礫擊竹有聲當時開悟遂遥禮溈山云和尚當時若與我說破又爭得有今日事此箇公案古今共知但未曾見有一人奮起決定信心屛去經書義理向無用心處操守一回又安得有香嚴擊竹底時節且古人皆是負大根器秉大志願尚且三十年二十年孜孜不舍寸陰克究此道以期妙悟而況今日根器浮濁志願卑微只箇世間麁重五欲無時不與之作對盡形打屛不去反開口便要向佛祖頭上坐卧欺罔自心輕毀先聖豈道人之心也哉故古德教人處處簡徑直捷謂不學佛法惟務休心但休得一分心即是學得一分佛法達磨大師亦云外息諸緣内心無喘心如牆壁乃可入道然達磨秉單傳直指之要貴在領於機先得於言外豈可又教人息緣止念如牆壁耶蓋亦眼不耐見此一等無決定志之士日夜馳求不息以曲順機宜故設此方便耳又有古德教人十二時中但如一箇大死人相似去只與麼過十年若不悟去老僧大妄語成如上所說只爲學者最初不具決定信心欲洞明生死大事無端反於聖教中引起馳求攀緣不斷豈有志之士甘施於此耶但只信道有箇自己佛性義積刦未明情識纏縛隨落生死都不要別求道理惟念念和己而參於參之之頃如救頭然如遇怨敵寢食俱廢寒暑兩忘馳求不斷而自斷諸緣不息而自息久之不懈不廢不失不忘機緣偶觸則心華燦發矣此心既悟則十方世界是箇大解脫門無一法爲障爲礙自然頭頭上明物物上顯進退合轍左右逢原不假安排一一成現是謂心地法門者也如今未悟得之人徧閱古人現成言句也知道十方世界是箇大解脫門只知得相似說得恰好偶於一毛頭順逆之境現於其前即舉心動念與之較量安有解脫之少分其得失有如此者由是推之反不如箇尋常不學道依本分人胷中且無許多知見解會且眼前逆順尚爾難化不得而況四山交逼死生岸頭念慮紛飛識情馳散之頃惟蒼黃恐怖之不暇安有解脫自在之理乎如是之流蓋最初發心學道時不曾具決定志要了生死只欲會禪會道於是逗到眼光欲落未落之際無箇決定身心以爲主宰反被能會所會底心識總爲障礙其用心差誤一至如此且參禪學道但盡此一生向真實決定正念中要了生死無常大事其或於生死未了不會禪不明道正是不壞天真底好人但正念不忘再出頭來以夙熏般若力故管取一聞千悟試看他從上古人於一言一句下築著磕著逈然超越皆是參學究竟於未悟之前身不忘夙因所以心眼洞開如是之易也苟或不參學於前身復不體究於今日欲望此生後世自然超越死生者是猶棄食而求飽所以古人道無天生釋迦自然彌勒斯害盡之矣昔張無盡丞相初以聰明之資會盡古今公案因作漕運過江西訪兜率悅悅詰之曰運使於佛祖言教有少疑否張曰帖香嚴獨脚頌德山托鉢話微有所疑悅曰既於此有疑其餘安得無疑耶張一夜睡不穩至五更踏翻溺器忽有所省詣丈室扣門求證此是仕官中參禪底樣子使張無盡自恃聰明不肯求決於兜率安有扣門求證之理哉又如裴公美侍郎出入於黃檗圭峯二師之門凡歷任所時黃檗每與之俱於是深參密究精思苦研深信法源飽飡禪味於名相之學既精教外之旨尤熟此亦是現宰官身作不請友一代偉人也豈特此二公爲然但自有祖以來其不離功名富貴而超出涅槃生死者代不乏人當知此道在蠢動含靈各各具足安有官居極品素爲佛法之外護與佛祖聖賢而有少間者哉此心清淨猶若太虛無一點相貌遍塞虛空不爲大涉入微塵不爲小在聖不可增其多在凡不可減其少這箇說話凡是看文字識義理通教相底箇箇說得若不曾真正於離文絕見處妙悟一回親見源底縱使更說得玄中又玄妙中又妙正當說時亦不相應何況不說時也若是悟徹底人說時即是不說時不說時即是說時更無有說不說之間昔太原孚上座講涅槃經次因廣談法身妙理有禪者失笑孚講罷云某甲素志狹劣依文解義適蒙見笑且望垂教禪者曰笑座主不識法身孚曰如此解說何處不是禪者曰請座主更說一遍孚曰法身之理猶若太虛竪窮三際橫亘十方彌綸八極包括二儀隨緣赴感靡不周遍禪者

曰不道座主說得不是只是說得法身量邊事實未識法身在乎曰既然如是禪德當爲我說禪者曰座主還信否乎曰焉敢不信曰若如是座主暫輟講旬日於室内端然靜慮收心攝念善惡諸緣一時放下乎一依所教從初夜至五更聞角聲忽然契悟又德山和尚素講金剛般若於般若義海靡所不通聞南方教外別傳之旨疑其妄謬遂擔經疏特往闢之因買點心喫處被婆子輕輕一撥早是疑著了也及至一見龍潭於吹滅紙燭處豁然開悟始知從前會得箇佛法義理若一毛置於太虛一滴投於巨壑看這二尊宿於未悟時說底也只是這箇道理及至情妄俱消廓然神悟之後說底也只是這箇道理既只是這箇道理却要悟作麼蓋未悟之人說道理如月夜看物已悟之人說道理如白日看物月夜所看底也只是這箇物但依稀彷彿餘惑未盡白日看底也只是這箇物惟是見徹根源惑情頓洗又未悟底人不曾到杭州終日說杭州話彼雖說得相似其如未到何既悟底人如已到杭州其四方八面之境界洞然在心目之間雖終日不說胷中未嘗迷杭州故佛印元禪師云未悟之人不可與言已悟之境譬如生盲之人與之言天日之清明彼雖聽而不可辨也已悟之人不蹈未悟之境如睡覺之人欲追從所夢之境不可得而復入也又教中謂末世衆生希望成道無令求悟惟益多聞增長我見至若有證有悟其證悟之理尚存乎心教中斥之爲我人然既證既悟苟不能忘其證悟之理是謂法塵是謂見刺已悟者尚爾而況未悟者乎故禪宗有云學者須是以悟爲則悟了須是見人若不見人縱有弘爲皆非究竟昔有則監寺在法眼和尚會下自號罷叅法眼問曰子於何處得箇入頭則曰我嘗問一尊宿如何是學人自己宿云丙丁童子來求火我於言下有箇入處眼曰偏作麼生會則曰丙丁是火又來覓火只是以自己覓自己也眼訶之曰偏恁麼會爭得則乃重整威儀別求開示眼曰偏試問將來則乃問如何是學人自己眼曰丙丁童子來求火則於言下大悟又有眞點胷破夏再見慈明和尚明問如何是佛法大意眞云無雲生嶺上有月落波心明乃震怒訶之眞愧憾無已明曰汝何不問我眞理前問明曰無雲生嶺上有月落波心眞於是大悟玄旨試看他二尊宿見處前時問答也一般後時問答也一般且道悟箇甚麼這裏見得便見師家與奪自在學者之明昧兩途以毒攻毒以的破的無毫髮差互眞正學道之士直須與麼方爲究竟處脫或不能如是向這裏一撥便轉也不要急性但只依本分提起箇所叅底話頭脚踏實地下鈍工夫拌取三十年二十年以至一生兩生信心不退不易穩穩貼貼地只與麼叅取正當叅時却不要起一念善惡凡聖情念作取舍分別底道理常令胷中蕩然如太虛兀然如大死人相似於世間出世間法中總不要動一念與之計較如是保任如是操守如是加工管取自然廓徹悟明有日矣其或捨此方便用心任有百千種造作皆成有漏生滅之因非究竟也茲因丞相需我以做工夫語不覺吐此一段葛藤若謂宗門中果有如許多說話則謗般若咎其誰與當幸審之

示同菴居士 般剌脫因院使

一切佛法是自心具足心外別無佛法可求縱使求得亦非諦當皆是妄想情識非究竟法也當知自心無聖凡離聖凡之量則與自心相應自心無憎愛離憎愛之分則與自心相應自心無取舍離取舍之情則與自心相應自心乃至無一切善惡動靜造作等能一切俱離則與自心相應然而說箇離聖凡憎愛等最是不許將一種心去特地離佗只箇離處宛然生滅或不用心又如何說箇離底道理所以古人云神光獨耀萬古徽猷入此門來莫存知解但知道自心無聖凡之閒也是知解又知道離聖凡之量也落知解當知此箇離之之理亦不屬用心但是悟明時不待離而自然不著不執矣只箇不執不著之念是名曰離如今此心未曾悟明只消將箇四大分散時向何處安身立命話置之日用中默默自看都不要作一切想亦不要作修行想纔作此想便被箇修行名字籠絡在聖見中於都不作想處依舊默默叅取所叅話頭久之純熟忽然開悟如久忘忽記那時情妄空知解泯一箇自心全體獨露隨處自在百千念慮同時休息百千緣境當念俱離安樂法門無越此也

示主一居士 敬叅政儼字威卿

圓常之道非佛一人獨有之衆生各各具足而不自悟也然悟有兩途有正悟者焉有相

似悟者焉謂正悟者如久暗遇明大夢俄覺一了一切了更無纖毫憎愛取舍之習滯于胷中如老龐所謂心空及第者是也謂相似悟者多以相似極理之言記憶于懷於四大身中影響妄認箇不生不滅之神性用聰利之資領納在心似與道會實未曾也豈真誠求決死生大事者當如是耶唐宋名賢大有樣子雖混身於功名富貴子女玉帛之間然其爲道之正念與彼世間富貴等相了不相觸久久純熟一念洞明轉萬物歸自己如壯士屈臂不假佗力也古今聖賢入道之徑雖萬不同未有不由此而致者叅政相公主一居士謦纓累世爲時名公於性命之學體究尤力乃欲追跂前賢了明自己須知此事一切語言一切義理一切奇特一切玄妙總該不著必欲要與正悟相親既未能脫略於迷悟之先但將箇四大分散時向何處安身立命話置之案牘几席之上默默叅究政當叅時於靜於鬧於順於逆不生忻厭如失至寶欲見相似不間年深歲遠一旦工夫熟知見消如久忘忽記於斯時也政不待主一而至敬之道充塞宇宙左右逢原又何生死輪回之復論哉茲奉鈞命需以簡易入道之語故直筆以答云爾

十二末

天目中峯和尚廣録卷第五之上　韓六

奉佛士徐[illegible]　沙氏[illegible]
男徐[illegible]　捨財重刊
已上一卷[illegible]

天目中峯和尚廣録卷第五之上

校勘記

一　底本，影印宋磧砂藏本。

一　四六九頁上末行「鏡界」，南、徑作「境界」。

一　四六九頁下八行「商量」，徑作「商量」。下同。

一　四七一頁下五行「泉鉢」，南作「尿盆」。

天目中峯和尚廣錄卷第五之下　韓七

參學門人北庭臣僧慈寂　上進

法語

示鄭廉訪 安㬚字鵬南

太末蟲處處能泊獨不能泊於火燄之上衆生心處處能緣獨不能緣於般若之上且衆生心是何物般若體復是何物而說箇能緣不能緣底道理試聽從頭註解金勒馬嘶芳草地玉樓人醉杏華天是衆生心也玉樓人醉杏華天金勒馬嘶芳草地是般若體也芳草地嘶金勒馬杏華天醉玉樓人是能緣不能緣也直下會得便見離衆生心外無般若體波盡水還源離般若體外無衆生心水無波自起聖凡情盡能所見消盡十方世界是大圓覺場一切衆生本來成佛這裏要覓一毫爲衆生心亦不可得要覓一毫爲般若體亦不可得更要覓一毫爲能緣不能緣底道理尤不可得也是謂一味平等真如法門三世諸佛因之而轉法輪歷代祖師承之而開正眼天倚之而蓋地由之而載聖人任之而治萬方清四海君子即之而霈仁澤發政令良由百姓日用而不知所以背之而日遠矣以其遠故依般若體起世間相從世間相發衆生心隨衆生心造差別業展轉流浪積成輪回莫能已也所謂般若體者惟一靈知散爲六用如一室具含虛空而六門洞開不相留滯者是也所謂衆生心者循色聲香味觸法六種塵習之所熏染隨處取舍引起愛憎念念攀緣而不休息者是也般若體猶水也衆生心猶波也爲境界風搖動心海境水爲波其波離乎水則無有定體也惟大智廓明者即千波觀止水動靜無虧苟不至此徒依相似語言而深背靈知之智體爾

心與識一體而異名悟則會識歸心迷則轉心爲識何謂心靈知不昧之謂也何謂識依靈知而妄起分別之謂也今之學者極其玄辯多認識神而不自知靈知之心體雖曰靈知而實無有所知者所以古人謂鏡不自照火不自燒若自照則不能照物自燒則不能燒物心之體亦然雖曰靈知若自存其所知則不知一切也苟存其所知所知者即識神耳非心體也識乃生死變易之具既認之則安有了生死之期耶

心之至體無可見無可聞無可知無可覺乃至無可取舍但有可爲皆虛妄顛倒既不可以見聞知覺則學人何以超入而證之但遠離一切見聞知覺乃至能離所離一齊空寂則靈知心體宛然顯露於見聞知覺之間故古人默契而神會自然諸緣無礙矣然欲離見聞知覺等病只箇欲離之念早是增加其病耳於是古人別資一種善巧方便將箇無義味話頭拋向學人面前令其究竟但知體究話頭則與見聞知覺等不期離而自離矣傳燈錄諸祖皆不因看話頭起疑情而各於言下頓悟無生者蓋其爲生死大事之心真切腳未跨門則早有一種無常生死大事之念梗塞于心中卒莫之自決雖三千里五千里撥草瞻風孜孜只欲洞明自已而已或十年二十年不能自決則所疑之生死愈久愈堅決不肯斯須忘念有如是智力又何患其不發明哉

嗟乎人心浮淺口說參禪但欲明悟機緣以資談柄耳初無一念要決了生死大事之心所以言語轉多業識轉深葛藤轉盛而生死轉熾矣惜哉

要學佛祖須先立箇決定要了死生大事之正志此志頓在眉睫間雖萬緣攙擾萬慮紛紛不得別起一毫頭異念自生分別以障其志苟爲生死之正念不真不切決定日用中做工夫不得設若強做去亦暫時爾終不恆久縱使聰明利根於古人文字上有所悟解秖益見聞實於生死大事上了無交涉蓋根本之志不真實耳

學道有三要第一要爲生死大事之心切第二要識破世間虛妄浮幻榮辱得失等相第三要辦一片長遠決定心永不退轉此三要苟缺其一則廢缺其二則失三者俱缺縱使背通三藏教深讀五車書惟資業識譏長高心殊無所補於己躬也

昔僧問趙州狗子還有佛性也無州云無只這一箇無字如倚天長劒塗毒鼓聲觸之則尸橫嬰之則魂喪雖佛祖亦不敢正眼覷著今古之下疑此者既多悟此者亦不少而錯會此意者尤不爲不多矣若要洞明佛祖大意廓徹自己真心不妨將此箇無字置之文字葉牘間懸之語默動靜裏密密自看是甚麼道理且趙州因甚麼道箇無字行而參坐而究朝而思暮而疑不得暫時忘念正當參究之頃不要作世間法會亦不要作出世間法會如目前無事此箇所參之念順審亦不

可因其順密而生喜如緣務交錯此箇所叅之念間斷散亂亦不可因其間斷散亂而生懊惟是做得也與麼做不得也與麼做都不得別起一毫助長攀緣方便作爲之心纔有此心即間斷矣久久綿密自然打成一片且得內心外境當下虛廓彼聖此凡同時超越方知道在已求不從佗覓也

生死無常流轉多刦備受辛苦莫之能脫者蓋一毫不從外來皆是自心迷惑之所生起然此心一迷則自肯涉入非物使之肯也亦非天地鬼神使之肯也此箇肯心若是外來則不名肯矣以其不自外來所以云自肯也既是自肯墮生死今日要脫離生死趣入涅槃苟非深發自肯之心擬待聖賢勸發語言誘引則當其起諸愛涂流入生死之時却不因勸發誘引而入也如是思之只將箇自肯結生死緣業之心轉之趣道則未有　人不成者也故古人謂道念若同情念成佛多時又云但辦肯心决不相賺斯言豈欺人哉

昔馮給事有偈云公事之餘喜坐禪未嘗將脇到牀眠雖然現出宰官相長老之名四海傳又李駙馬有偈云學道須是鐵漢著手心頭便判直趣無上菩提一切是非莫管又龐居士云日用事無別惟吾自偶諧頭頭非取舍處處沒張乖朱紫誰爲號丘山絕點埃神通并妙用運水及搬柴又張拙秀才云光明寂照遍河沙凡聖含靈共我家一念不生全體現六根纔動被雲遮斷除煩惱重增病趣向真如亦是邪隨順世間無罣礙涅槃生死等空華又趙清獻公有偈云默坐公堂虛隱几心源不動湛如水一聲霹靂頂門開喚起從前自家底如上士大夫皆是不離功名富貴游戲大圓覺場豈古人獨能而今人獨不能耶惟在信之深行之力則古今可以一致更或躊躇此乃自畫之耳

佛法是大解脫門只要當人自把生死做一件大事發深信心向所叅話頭上猛加精進奮直故去最不許人思前筭後較量得失非同二乘小果之人厭身避境絕念忘緣遣愛逐憎驅情離妄作種種修習亦不要嫌喧取靜辨是別非取聖捨凡消昏歛散但是胷中離却箇叅無字底正念向此等異端上瞥起一毫所重之心則劒去久矣安有悟明之日哉叅禪只要求悟明所叅底話頭斷不可離此求悟明之外別起第二念則不相似矣慎之慎之

如今學道人先存一箇聖凡情量蘊于藏識中隨念分別未曾涉事則厭煩之心頓興未曾觸事則思慮之念交作苟不能直下坐斷秪益自勞於理無益但守得箇話頭綿密於綿密處更加綿密去正當綿密時亦不要作綿密想纔作此想墮在綿密中亦不相應久久純熟其憎愛取舍是非分別之妄情亦不待別起第二念掃蕩而自然淨盡無餘矣

儒之道治心者也脩心者也佛之道明心者也悟心者也治與脩漸之之謂也明與悟頓之之謂也心一也頓漸之途不可以一者蓋世間出世間之異也使吾佛言入世間之道亦不能忘正心誠意之說也使孔子言出世之道則道知其不能外吾心空覺圓之旨也苟不達聖人垂教立化之大權則徒事訩訩之多言惟增其是非耳

治世間書道德仁義禮樂刑政八者皆不能外吾一心之妙用也心通之謂道心正之謂德心慈之謂仁心平之謂義心中之謂禮心和之謂樂心直之謂刑心明之謂政以至百千善行凡有利天下而澤斯民者未有不因吾一心妙用之所著也凡夫反是而失其妙用則顛倒錯亂由之而生焉故聖人不得不設教以裁之也復爲說偈以演其義云

從來至道與心親學到無心道即真心道有無俱泯絕大千沙界一閑身

萬物性情皆有德惟人之德與心通自從識得這些子語默昭昭合至公

聖賢垂教幾千般化育鈞陶宇宙寬我欲仁兮仁即至不須心外覓毫端

心到平時物我齊等閑行處自相宜但教法性無差別不礙興慈與任威

威儀進止非爲禮心到中時禮自臻相見不須陳玉帛一聲彈指見天真

萬籟夜吹無孔笛兩溪朝奏沒絃琴要知此樂從何得只爲當人一片心

念惡先將心受誅三千條貫治形軀道人善惡俱忘念刑法分明是有無

心似權衡定重輕到頭斤兩自分明從來善政還相似千古令人作準繩

示彝菴居士 蔣教授約字公柬

大願聖人降生西竺現百萬億種神異作百萬億種方便鞠其所由特不過曲爲衆生發明箇本地風光而已舍此更不爲第二事乃

云我今爲汝保任此事終不虛也又云我此法印爲欲利益世間故說在所遊方勿妄宣傳皆的的指點衆生本來具足底一段圓湛虛寂不動搖無變易之娘生面目蓋已背於逝多林八字打開以二乘人不能披襟領荷累及這箇老漢說戒定慧三學示空假中三觀現法報化三身論法身般若解脫三德布箇漫天網子八面四方必欲使之趨入逗到末上拈一枝華謂吾有教外別傳實相非相正法眼藏涅槃妙心得老飲光出來破顏微笑方稱本懷不爾則四十九年幾成漏逗原夫世尊積多生苦行萬刧勤勞舍身命志勢位其奇功異行人所不可行者悉皆熏鍊千艱萬難摸索得者一著子及乎興慈運悲推已及物又費許多神力蓋知此事甚非小緣然如是廣大眞實事業只在當人脚跟下且是不曾移易毫髮許以其迷昧逐妄流轉由是鞭之不回勒之不住英俊上士肯於不回不住處瞥轉一機當念休歇始知此道恩大難酬儞擬別求劒去久矣

少林只教人心如牆壁乃可入道更無別說原夫衆生本來之心端如牆壁政不假傚而效之良由於牆壁之心自生穿鑿入俗入眞緣動緣寂於牆壁心上枉起萬種愛憎千般取舍狂華塞眼愛見橫心向無影像中妄執影像於絕是非處剛立是非致使一點妄情處處染著殊不知牆壁之心了無所染及遇神光於覓心了不可得處一肩負荷究竟了無別法今日要與少林神光父子同參且是不要廣求義路泛覓玄猷單單教此心直下如牆壁去久之不易但遇聲遇色遇凡遇聖當知聲也是牆壁色也是牆壁凡亦是牆壁聖亦是牆壁乃至山河大地明暗色空見聞知覺俯仰折旋莫不皆是牆壁一一無穿鑿一一無滲漏一一無過患一一無取舍正與麼時少林神光在伊眉毛眼睫上入一相一行三昧又何今昔之間哉或有箇闇提漢道使我心如牆壁即與土木何殊幾與無情不相去矣苟作是念要見少林神光千里萬里沒交涉

楞嚴謂狂心未歇歇即菩提華嚴謂了知盧舍那自性無所有這是如來禪雖少林直指未必如是之深切著明者也而學佛法之人往往只麼讀了便休今古之間要求一人於此說之下痛快領略瞥轉狂心返照自性便爾歇去不眞何待不知何物爲障爲礙而難乎其人昔僧問玄沙學人乍入叢林乞師指箇入路沙曰還聞偃溪水聲麼曰聞沙曰從這裏入此僧領悟此豈非能痛快領略而何當知狂心苟不能自歇雖佛如來具百千萬億種莫測之神變乃至旋乾轉坤碎山竭海不勞餘力獨不能與衆生歇狂心於俄頃此事苟非當人自肯休自肯歇自肯超越自肯照了則自性盧舍那萬刼不得歸家穩坐且今日歷盡諸趣備受楚毒尚不肯痛自歇心一念狂情馳逐諸妄與生死根種念念交接復不知更待何時有自休自歇自超自越自證之理也於戲惜哉

將心來與汝安將罪來與汝懺依稀相似彷佛不同龐公曰難難十石油麻樹上攤龐婆曰易易百草頭上祖師意靈照謂也不難也不易飢來喫飯困來睡龐公說難路遙知馬力龐婆說易歲久見人心靈照說不難不易移華兼蝶至買石得雲饒六祖謂非風動非幡動仁者心動瞞人猶自可自瞞愁殺人德山入門便棒臨濟入門便喝佗得底人其神機智用如水赴壑如風行空語言作略圓轉活脫雖局局逈異段段不同要且曲爲當人發揮己事自有佛祖已來二千餘載能於此事上肯放身捨命者類牛角之於牛毛一月之於衆星何其少耶今日更不肯奮不顧性命之正因向萬仞崖頭撒空雙手於萬人海裏特立獨行其死生纏縛日重月深故潙山謂今生便須決斷料想不由別人李駙馬謂直趣無上菩提一切是非莫管斯言豈欺人哉

古人於參學此道用心處謂做工夫斯說最切當而學人例於此說如無聞見相似聞說著箇禪字或有便要易會日夜向語言文字中尋討或者以爲難曉乃掉頭不顧論刦放在無事甲中曾不加意是二者皆不知有做工夫之理而墮于過與不及之間恍惚一生甘受輪轉深原做工夫之理特不出箇信字蓋信知生死事大無常迅速十二時中有方便無方便自然放意不過孜孜爾兀兀爾只這箇放不過處孜孜兀兀便是做工夫初無所謂瞠眉竪目起模作樣及避喧求寂等惟信知此事不從人得雖釋迦達磨現身于前將禪道佛法傾注入心本色上流直須吐却惟守箇放意不過處孜孜兀兀以求正悟斷

不肯於未悟時妄緣道理以爲已解其做工夫之志若此則何患如來禪祖師禪不入吾掌握者哉

禪何物也乃吾心之名也心何物也即吾禪之體也達磨西來只說直指人心初無所謂禪蓋於直指之下有所悟入於既悟之間主賓問答得牛還馬遂目之爲禪然禪非學問而能也非偶爾而會也乃於目心悟處凡語默動靜不期禪而禪矣其不期禪而禪正當禪時則知自心不待顯而顯矣是知禪不離心心不離禪惟禪與心異名同體故雪峯毬禾山鼓秘魔义道吾笏臨濟喝德山棒天皇餅趙州茶八字打開兩手分付本色道流如鏡照鏡似空合空既無言論之迹亦無作用之影昭昭然如十日並照了無言前句後之差以至風聲雨滴谷響山鳴皆賓和主應之時也且心既不可得而禪豈可得哉學者當知此則於未悟心之際禪不可強而得之苟得之非所謂禪誠業識也

三祖謂要急相應惟言不二這兩句話是醍醐是毒藥圓悟和尚謂早是二了也往往事因叮囑生須知此事無備啓口處無備留意處無備用心處無備回避處若也是去凡咳唾掉臂戲笑譏訶皆第一義若也不是雖終日安禪長年入定以至盡形參究無剪爪之工皆顛倒妄想輪回根本此事不屬人排遣不屬人讚毀不屬人指教所以云通身是病通身是藥偏若正信此事單單向話頭上克究死生即通身之病皆爲藥矣苟存一念佛法禪道之見萌於其間則通身之藥皆是病矣至理如是矣強使之然哉

古人淳誠無一點勉強其於領荷之際如獲舊物如久忘忽記了不加一毫外物渾淪是一聚自家寶藏信手拈來用之不竭令人腳跟淨淡於所學時便自立腳不穩其偷心念念起滅必強作主宰僅可趣向不爾則不覺不知爲情妄境緣轉移將去攙奪將去百種計較萬般施設終不自由蓋從腳跟下先步了一種勉強徹底打在骨董袋中及至領荷之際未免义手向古人背後聽其處分要如香象渡河如師子遊行如大鵬展翮終不能得既不得到此地位則於生死之際未免躊躇故前輩古人惟貴當人自信自肯自能放手放腳向百尺竿頭萬仞崖頂放身捨命然後一切處平常一切處脫略一切處安穩一切處慶快豈屬強爲法如是故釋迦佛只是箇心中無事底凡夫以其熏煉成熟而百種神異自然出現於出現之頃而佛心中亦只閑閑地終不言我有神異而矜誇鼓惑於人若爾即外道等也豈佛之謂哉是謂大人境界又謂象龍負荷非驢馬所堪苟具此志則今人即古人苟不具此志則古人即今人蓋時緣不以古今爲間根性不以生佛爲殊志乎在學者不可斯須忽忘之也

老龐謂于頔侍郎曰但願空諸所有慎勿實諸所無此二語是入毘耶不二法門之要徑是轉諸祖向上關捩之玄機既不可以事說尤不可以理論更不容以義解也惟覷到大休歇大解脫田地者如兩鏡相照直下無毫髮隱覆真所謂超言象越格量透情塵沒窠臼底最末後句蓋盡得諸祖不傳之秘乃發機如是之準的也原此老能棄家珍重已事得橫身向萬仞險崖再三挨拶一念子磨勵得澄湛瑩徹洞無痕翳於出生入死之際屹立如泰山之不可撼也此一著子彼既丈夫我寧不爾一種是自不把做一件事率易放過殊不思放過目前便是盡未來際放過底種子其最清淨至明白極廣大之道業在今日等閑放過甘受無盡生死之所流轉皆是智耶是愚耶余不可得而分別者矣

死生二字不從天降不從地湧不因人與不向已出雖千生萬劫不可逃避且無根蒂可尋良由白日青天遇聲遇色對違對順不能直下照破其死生之本由是而生爲無量劫來交親純熟不知爲險峻不知爲危難不知爲墜墮不知爲流浪日與諸苦因緣交頭接尾未嘗少離自困不知已可憫矣而遇達者眼不耐見咄咄不絕口自二千年外叮嚀告誡迨于今日展轉頑鈍不加聽信非迷惑而何大丈夫或不肯自負只消向一念未生已前拍盲坐斷猛將胷中善善惡惡諸思惟心念如斬一握絲一斬一齊斷常令其空洞虛寂不動不搖然後密密將箇所參話頭頓在面前默默自看政當看時都不要別作方便如撞著銀山鐵壁相似要進一步也不得於挨拶不入處工夫純熟忽爾觸翻則知生死二字果然寐語於我何有哉

法無定相隨念變遷只如三界二十五有在凡夫喚作常分在二乘小果喚作苦空在菩薩喚作識變在佛知見喚作自心只如在衲

僧分上喚作甚麼儞若隨例喚作自心是謂佛見要與祖師同叅决無是處且佛見尚不可起尚不可著又豈容别存所見耶要得不墮諸見直須向千人萬人行不到處進取一步千人萬人見不到處薦取一機乃可於生死岸頭具大自在如其不爾如永嘉謂欲得不招無間業莫謗如來正法輪 十三

示呉居士

禪即淨土之禪淨土乃禪之淨土昔永明和尚離淨土與禪爲四料揀由是學者不識建立之旨反相矛盾謂禪自禪淨土自淨土也殊不知叅禪要了生死而念佛亦要了生死原夫生死無根由迷本性而生焉若洞見本性則生死不待蕩而遣矣生死既遣則禪云乎哉淨土云乎哉昔大勢至菩薩以念佛心得無生忍觀世音大士從聞思脩三慧証圓通今之禪乎淨土乎皆二大士之遺意也二大士常侍安養導師左右未甞少悖今二宗之學者何所見而獨悖之耶予返復求之遂得其悖之之源試略言之葢二宗之學者不本乎生死大事耳以不痛心於生死禪則耕空言以自高淨土則常作爲而自足由是是非倒見雜然前陳若非古佛願行寔符則二宗或幾乎息矣居士久親淨土之學復慕少林直指之道直以父母未生前那箇是我本來面目話置之念佛心中念念不得放捨孜孜不可棄離工夫純熟識見愈精明道力益堅密一旦於忘能所絶氣息處豁然頓悟始信予言之不爾欺矣脫或於未悟之須妄執予言爲己見不惟坐在窠臼中則亦去道愈遠矣誡之誡之

天目中峯和尚廣録卷第五之下 十四末 韓七

已上一卷信士張[illegible] 周[illegible]
張瓘 顧氏妙清 保奴 施財刻
刊版資四恩三有者

天目中峯和尚廣録卷第五之下

校勘記

一　底本，影印宋磧砂藏本。

一　四七五頁中八行第三字「故」，經作「做」。

一　四七五頁下七行首字「十」，南、經作「千」。

一　四七七頁上八行「目心」，南、經作「自心」。

天目中峯和尚廣録卷第六　韓八

叅學門人北庭臣僧慈寂　上進

書問

答瀋王書 來書附

弟子太尉瀋王王璋頓首百拜和南天目中峯和尚大禪師座下惟璋眇德叨預天嫺爵禄雖榮常遵佛化仰靈山之付屬懷覺樹之潛輝每對眞容誠切瞻戀至於脩崇勝事聽演教乘頗嘗及矣而禪宗向上一著罔知所趣伏審吾師道傳天目名簡帝心良以江山迢遞尚阻執侍渴仰醍醐思霑花雨極懸懸也緬想天人叶贊法候勝常今專遣洪鑰謹齎信香代伸禮敬久嚮和尚養高泉石他方多請住持曾未垂諾柰無相法身欲隱彌露曷若出世度生廣開利益然聞江南靈蹤聖境久欲遊觀秋冬間儻得　肯南來首當叅和顧與悲濟先此布區區幸祈法照

某爲學既昧於道無聞厠影僧園濫叨田服捫心揆己夙夜恐惶伏惟閤下位冠百辟爵居名王天嫺懿親爲國尊行切合性海巨筏爲佛雄藩仁聲仁聞被乎寰區有德有言無愧簡冊顧某何人敢當垂念過蒙洪叅軍與奇長老冒塵觸暍徒步登山出王鈞緘侑之厚幣辭情懇懇自顧以下有不敢當者而況大王年德名位振耀皇家者哉盥沐熏香對信使展讀雖山林泉石增助光潤其如某之愧悚何觀信使之聰明有以知大王之通貫無礙也因與信使話及世尊於二千年外料過去諸佛已轉法輪一音演唱而諸弟子結集爲一大藏教布之寰宇實祛情遣妄指蹤摘玭之無上法寶當時一印印定迨今無所加損王亦於過去佛所親蒙授記其大施之門已嘗啓於彼而乃應於今日也豈惟應于今日將見綿續不斷入未來際不可窺其涯涘者矣故佛以智慧而現法藏王以布施而廣經教布施乃六度之首智慧乃六度之終咸具波羅蜜體而無間然者也夫有文字相是謂教離文字相是謂禪即其所有而離是謂功德惟其所離而有是謂莊嚴如是至理在王已分有自來矣茲承示諭於禪門向上一著子未有所聞似不勞過遜也然禪門言向上向下者乃一時建立之方便巧辭非實有也記昔僧問古德曰學人不識佛乞師指示德曰我言恐儞不信僧曰和尚重言焉敢不信德曰即儞便是僧曰如何保任德曰一翳在目空花亂墜後有尊宿舉此公案乃云古德答此僧所問如百二十斤重擔此僧一肩荷負驀直便行更不回顧可謂有力者也此說安有向上者哉貴在信根猛利决定不退轉久之無有不獲其悟入者嘗見若此又承諭及某不肯住持之說斯言似爲過情使某苟有一毫利益於人而獨擅其退休閑逸之計不思法道之隆替誠法門之罪人也正以自救不暇故當退遁豈有它哉惟王諒之聞王駕有江南遊覽之念夫以王心虛明物境洞照能徧涉法界於不動神情之頃恐不待走輕車策駿駟然後爲得也信筆覼縷山野無文下情不勝媿汗之至伏幸矜悉

與嗣瀋王

某一介魯鈍分守窮山頗知佛祖之道爲濟世舟航以其自救未能焉敢濫膺主法者之任不謂過情之譽上干尊王海印大居士之聽遠賜寶緘委洪叅軍奇長老冒暑入山焚香展誦感愧奚文因詰次奇長老宣傳王旨俾書法語一篇以資玄路切謂一國之主遊刃羣機以寧海宇何暇存神内典以親方外之學乎敎中有言菩薩夙秉般若智力示爲人主以夙習濃厚不爲富貴之所籠絡於六波羅蜜四無量心念念策勵念念成就未嘗斯須暫忘者殆非一生兩生爲人主也何以知其然十金之家況酣五欲不暇他顧而況富有國土乃爾孜孜于聖賢之道非夙植德本何能若此惟是富貴易於移人故佛許之以生生脩證成熟菩提然禪宗門下以無脩而脩絶證而證無脩故直見自心絶證故見心即佛心不可見以悟爲見佛不可即忘悟爲即故古宿謂學以悟爲難悟以志爲難志以行爲難如是三難初無定論在信根之深淺志願之重輕耳惟王之信根决定是深志願天然其重若夫信根不深志願不重則應念爲諸欲因緣所移安肯寄意於無似野僧需入道之語耶敎中有天鼓忽鳴謂諸天子曰諸法苦空無有眞實勿貪五欲以快一時當力求道果以悟本來然本來既悟回觀天樂特夢幻爾學道有三種正見第一要念得生死無常大事眞切畢其形命不肯放過第二要識破一切世間憎愛是非緣境不使一塵爲障爲惑第三要辦取一片長遠决定身

心歲月愈久而志願益精假使久無所入雖三生五生亦不知其疲倦久之更無有不成就者或者謂道在一切處道在平常中只要人一切時中忘思絕慮當念無心無心即道舍此復有何實法與人自取纏縛然此說亦未嘗不是殊不知未盡善也何則只如說箇無心且心既曰無復教何人知其爲無耶苟存所知則不得爲無心矣或無所知則又同木石所以宗門中事須求妙悟謂悟者何悟此心耳此心既悟則曰有曰無俱成剩語前代諸尊宿與國王大臣酬酢此道初不曾有做工夫之說惟是單提此事俾之言下領悟後來法久成弊但欲會禪多將情意識穿鑿解會但說得相似蓋不曾志心契悟生死岸頭了無交涉近代師僧不奈何將箇無義味話頭置之學人懷抱命其朝參夕究起大疑情參到心空念泯之際不覺不知以之悟入惟此一門最爲允當闍王興隆三寶備作佛事獨不知於此事上曾究竟不如未留意因記得僧問古德云一念不起還有過也無德云須彌山日用中不妨舉此話默默自看如何是須彌山且須彌山之意作麼生道但與麼舉起來參取政當參時都不妨治國齊家營福脩善等事於此等事上亦不妨參此話頭久久純熟忽爾開悟翻思老釋迦棄王宮入雪山見明星將謂有多少奇特元來鳳池淵底龍床角頭雖去二千年曾無一髮少間然後以此道治國則國無不治理民則民無不安崇福則福無不資祈壽則壽無不永豈特此爲然以至莊嚴眞法界成就佛菩提無所施而不可管見若此惟王諒之

答高麗白尚書

二使者至捧出珍翰兼承奇惠物意隆厚自非閣下篤信正法何以得兹蒙以四疑下問謹依來問一一奉答

一來問坐禪或云不在坐但四威儀中令心無放逸此可信乎　答梵語禪那此名思惟脩亦名寂滅乃指一心之極致也教中有四種禪皆人天聲聞沉空滯寂用心偏向故少林不取焉今之叢林稱禪者遠宗少林單傳一心之要旨也此心遍在行住坐卧之間不局於一隅也雖不在坐亦不離坐也今之人但知不在坐而不知不離坐也苟知不離坐則終日坐又何傷焉或不了此心謂不在坐則近狂蕩謂不離坐則近執縛二俱異見非至理也謂坐禪者必欲以悟心爲本此心既悟則四威儀皆是坐時此心未悟雖不離坐實未曾坐也

二來問一切佛經不解佛意但口常讀於理上亦有小功德否　答佛說一切經教爲破執遣疑而設焉以世尊眞實之說不虛凡執卷即獲勝利其言獲利者一以如來眞實願力所致二以自己信心所成凡閱經教獲利之途非止一端隨其信向之淺深所蒙利益之優劣俱不能外乎信心也且如展卷信云獲福即得福信云獲慧即得慧信云滅罪而罪即隨滅或不以信雖但口誦亦沾利益蓋聖人之至言非鄙俗游談之比曰功曰德云胡不具哉

三來問別法謂佛說一切法皆是佛法如何更說別法此是落階級之法耶生天之法耶　答教中有總別二義總者諸佛所致之一心也別者乃諸佛隨宜演唱之方便事也須知總不異別即一心現萬法也別不離總惟萬法皆一心也法無心外之法心非法外之心但迷悟之自分耳心迷故但見別法無總名心悟故惟知一切皆總名佛法更無一物非總也但除却佛法大總持相不問生天生人生十法界中皆是階級也

四來問在家菩薩謂眼前妻子奴婢全然障道之本何名爲菩薩此疑吏說　答昔維摩居士謂無住爲家舍大慈悲爲父隨順菩薩母柔和忍辱妻智慧名爲了方便即奴婢如是而受者名在家菩薩雖未獲如是解脫使置身於五欲塵勞者但存一念信佛法之正心念念欲遠離塵勞雖未即清淨亦可稱菩薩蓋菩薩之稱乃梵語耳華言道心但有向道之心則菩薩亦可通稱也

極理言之佛法無二無別總因一心建立心悟故山青水綠鵲噪鴉鳴更無一點不是佛法心迷故花池寶樹玉殿瓊樓更無一點不是世間法一大藏教祖師西來只要人悟此心自然一一不被差別名相所礙所以古人道夢裏明明有六趣覺後空空無大千如今必欲要驚覺夢中所具之境別無方便但請發起一念決定信心參箇四大分散時向何處安身立命話盡此餘生密密參究久遠不退廓悟自心此心既明則世出世間聖凡差別一念混融更不容別有一法爲分別也某雖未克瞻對其體道之論不過如此古人云

但辦肯心决不相賺

與海粟居士 馮待待子振

曩啓下訪繼領詩章枯槁之蹤過蒙提奬何以得此哉尋閲閣下奉旨入覲而某亦理浮遊之棹走淮沂泝又復三年別來不識閤下於此道上能精加念力不今古利達之士靡不知三界是大夢宅苟不曾一回親切警悟則與此所知之心俱落夢寐故吾法中目之曰所知障是也此障鈍根人無分惟利達者有之故少林初祖只令人外絶諸緣内心無喘心如墻壁乃可入道肯將胸中解會底百千道理猛與截斷俾之如墻壁一回忽爾於墻壁處孔竅豁開千差萬别一以貫之曾何悟迷之有異同耶或孔竅不即開豁但令久持而不忘縱使盡生不了當鍼芥相投於異世矣安有虚棄之理哉所以佛祖教人深信而不疑惟閤下於吾道信根未甞不深獨未見其於信處能脱略所知不世間浮光幻影能幾何時向者鄙偈中有披衣終日坐茅堂之句嘗蒙閤下許我以踐之今日所謂貧人索舊債也

與大覺長老 大覺奉定叟也皇慶間置遷使霅溪寶請師住大覺師力辭舉定叟應命叟嘗歷職於關先一山寓和尚會中後偽希師及出世欲改嗣師以是書却之令歸一山

初六日分袂不及拜送懸情依依未能暫忘昨者坐語未及他論而首以住院承嗣扣之者惟恐足下苟徇世諦故也某與足下納交十六年彼此心懷洞然明白豈意足下不諒愚情反欲相及何臨事翻覆若此耶古人於法嗣嫡傳所以深明宗系者大法源委不可誣也世濟俗薄奉金請拂以院易嗣者有之某甞痛心於此夫大覺雖先師開山然十方叢林儘有尊宿捨彼不取而必欲某尸之何識量之不廣也某非畏住持實畏嗣法於關山也故退避力辭而舉足下爲之主政以足下自師一山禪師豈可苟徇世俗而易其所師哉由此言之某猶不欲以先師坐下人迭尸大覺而况牽枝引蔓欲爲某之嗣乎閲命駭然專浼逆流塔主預此拜聞望以玉峽之晋直與拈出或欲徇俗易嗣則某斷然不敢與足下一日相聚也至扣至扣

天目中峯和尚廣録卷第六

丸五可特 與寫四百字 歐陽[illegible] 與字一千
趙文良 胡氏妙清 施文長 樊氏妙穎
仲則世圓 黃德光 陳壽 吳義心
駱居仁 各幽二伯字 薛德微 幽四百字

天目中峯和尚廣録卷第六

校勘記

一 底本，影印宋磧砂藏本。

一 四七九頁上一行經名，[南]作「天目中峯和尚廣録卷第六之七」。

一 四七九頁上一三行第三字「花」，[徑]作「化」。

一 四七九頁上二五行「鈞械」，[徑]作「鈞緘」。

一 四八一頁上二行夾註「馮待待子振」，[南]、[徑]作「馮待制子振」。

天目中峯和尚廣録卷第七

叅學門人北庭臣僧慈寂　上進

佛事

拈高麗金書法華經

此法華經藏深固幽遠無人能到今日因甚麼却在幻住手中於斯薦得便見大海之東大海之西大海之南大海之北一會靈山儼然未散如其未委黄金自有黄金價終不和沙賣與人

瞿運使卒哭藥師道場放生

紅芍藥邊方舞蝶碧梧桐裏正啼鶯目前大道無壅塞自是衆生乏路行由是今日藥師如來與近故少中大夫兩浙都運瞿公於一毫端上起大道場作百寶莊嚴佛事本上座因齋慶讃普爲諸含識指箇路頭去也教中道三界無法何處求心心不可求法將安寄便見十方世界是清淨法身十方世界是藥師十二願海審如是有羽者聽其高飛有足者不妨遠舉帶甲者潛於深淵負鱗者縱於巨壑無一衆生不成正覺無一衆生不入圓明雖然如是只如古人道門裏出身易身裏出門難且道不涉易難如何是超然獨脫底句乃放生云衝開盡是通霄路透出無非解脫門

馮將仕秉炬

現成公案絶安排無位真人笑滿腮吸盡太湖滄滴水寒梅樹樹待春開舉火把云某人八十年來只憑這箇起家立業勤倉儉廪積有餘仁居義路行無竭八十年來只憑這箇崇德慕善舉心曾不昧天真觸著通身是方便八十年來只憑這箇教子育孫挺挺舉賢繼芳躅珊珊環珮振高門八十年來只憑這箇收因結果苞湯水面青溶溶普慶堂前花朶朶到這裏本來面目觸物純真自己家山不離跬步八萬四千毛竅與性空真火竅竅相通三百六十骨節與性火真空節節相拄垂光散爲福德林流輝攝入光明户且道這箇是何物擲以火把打圓相云團團轉作大圓鏡條條照出珊瑚枝盡大地人都不見只許馮公獨自知

謙西堂入塔 號無礙住千頃寺

徹骨窮來三十年每於佛祖結生冤巨靈捏碎虚空骨大用塵塵總現前共惟某人師子巖前叅得一句蓮華峯頂似空合空蓮華峯頂悟得一機師子巖前如鏡照鏡遮邊那邊應用不鼓千頃萬頃遇緣即宗拈却水火珠放下打草扇到這裏盡十方世界是金剛正體盡十方世界是無縫塔門出亦無礙入亦無礙且道不出不入一句作麼生舉揚鐵馬衝開青石門玉鷄啄破黄金殼

爲諸禪人秉炬入塔

生既空死亦空空到真空空不空不空空處亦還空乃舉火把云空上座還空得這箇麼火星迸出扶桑日海底波斯鼻孔紅 日本人

諸方直歳慶火把與住持今日住持慶火把與直歳且道是明甚麼邊事明日優曇華茂發淨飯王宮生悉達只從這裏便承當千古萬古阿剌剌 茂直歳

宗監院歸宗一味禪楊岐三脚驢兩重公案一句破除且道是那一句擲火把云臘雪堆中火一爐

梵菴主象骨低頭歸去文殊是藥採來拈得梵王鼻孔觸著帝釋眼睛雖然如是未出常情且道因甚麼菴内人不知菴外事以火把打圓相云沉寒痼冷莫能治伏火靈砂下一丸 能醫藥

以火把打圓相云圓浴主見麼喚作圓相則背不喚作圓相則觸透過兩重關還他親眷鶖蓮峯突出碓觜花杓柄兜翻師子足香水沉沉徹底乾普請大家齊刮目且道看甚麼擲火把云脫殼神龜飛上天無位真人火中浴

舉起火把云祥柴頭見麼萬朶祥雲匝地飄叢樹枝葉半肩挑今朝區擔兩頭折千日斫柴一日燒

鑑首座末後一句子倆未跨闊一萬八千里路時已嘗說了也今日古鑑發光露出睛空閃電團圝無縫塔門開收取眉間三尺劍 雲南人

弘知客維那不在當汝打鎚劈頭一下振起宏規掣開無縫塔擊破玉玻瓈正是全身放下時

十一末

天目中峯和尚廣録卷第七

雲峯禪寺比丘德才 已上一卷捨財重刊

韓八

天目中峯和尚廣録卷第七

校勘記

一　底本，影印宋磧砂藏本。

一　四八二頁中一五行第一四字「遮」，徑作「這」。

一　四八二頁下一四行第二字「樹」，南、徑作「林」。

天目中峯和尚廣録卷第八　韓九

叅學門人比丘臣僧慈寂　上進

佛祖讚

盧舍那佛讚并序

佛身無相隨念現形佛身無爲依作而住當其念之未起作之未興所謂佛身與虛空合有劒門上人智慧者嘗發大心剌十指血染雜華藏海之文八十一軸以其筋膜日積月累聚爲舍那佛像經書既畢佛身亦圓高二寸許眉目可觀毛髮微露冠纓衣褶靡不分明飾以黄金奉以朱塔隨處供養惟見若聞莫不稱異彼上人者返觀十指了無痕跡經自何來佛從何見初心既滅所作亦忘惟佛與經昭然不隱如是了知盡法界性及微塵剎起滅不停動靜無間如我佛身等無有異以此一盧舍那依幻而見如是了知百億盧舍那大而虛空身小而微塵身未有一佛不依幻而見者以其所見白於幻住比丘明本於是歡喜合掌而說伽陀以讚之

稽首盧舍那　安住雜華藏　金色妙相好
爍如日月輪　縮作二寸身　從十指中現
指相寂不動　現理無所爲　悟此舍那身
虛空微塵等　靡不依幻住　法界本空寂
上人悟佛身　而獲性常住　如是功德聚
微妙難可測　我作如是觀　說此妙伽陀
與法界衆生　同入智慧海

釋迦如來十大弟子圖像讚并序

釋迦如來展化摧於五天之中有聲聞弟子上首者十人各擅一能而如來併其十者之能曾不滿一毛孔之法量何況一一毛孔所容受者豈心思意解而可了知耶故佛法如大海香象一飲十斛而蚊虻不過涓滴各盡其量而後已然十斛與一滴之飽無異特量之大小而所受之多寡不同耳詎謂二千年後能專其一亦未之見烏有所謂兼善其十者乎雖然須知一即十十即一互歛互攝全主全賓審如是則上無師尊下無弟子展開圖畫坐立儼然傀儡一棚不加線索眼目定動肯遭熱瞞三搭不回更聽說偈

稽首迦葉解禪定　鉢盂不用重安柄
多聞爲最阿難陀　那事還容記得麼
神變目連稱上首　忘却家鄉沿路走
保綏清禁優波離　至體誰言有犯持
說法富樓那第一　水中捉月爭拈得
阿那律多天眼通　鐵山鐵壁障雙瞳
羅睺密行稱無比　脚底白雲千萬里
論義莫敵迦旃延　佛法驢年也現前
長老解空爲領袖　究竟何曾離窠臼
身子專開智慧門　遇無義語渾侖吞
惟有迦文都不會　任有弘爲俱請退
四枯榮樹非斷常　竹林冉冉沉蒼翠
面面相看何所爲　行人猶在青山外

歷代祖師畫像讚并序

世尊教外別傳脱略義解之大旨二十八傳而至菩提達磨大師是爲東土第一代禪祖初師觀東震旦人有大乘根器乃越重溟三周寒暑以梁普通七年抵金陵尋往少林居九載得可祖領荷心法已而翩翩隻履復返流沙五傳至黄梅而橫出牛頭一枝六傳至曹溪則有南嶽青原派而爲二　自南嶽青原而下宗而爲五南嶽出馬祖祖出百丈丈出黄檗檗出臨濟濟以金剛王寶劒之喝雷轟霆震不容掩耳別傳之道由斯而盛濟十七傳而至仰山雪巖和尚先師入巖翁之室於羣弟子未造之先誤中其毒口耳俱喪既而深棲天目影不出山三十年無一法與人領荷杭之妙行寺嘗集五宗傳道之師遺像數千軸每遇歲旦展挂緇白瞻禮目之曰祖師會有好事者圖少林至天目直下相承二十八代祖師遺像歲遇少林諱日薦羞粢盛以酬遞代傳持之德明本爲述小傳并偈以贊之小傳不錄

少林初祖圓覺大師　菩提達磨
大法資始妙存直指唯不可藏汝得吾髓

二祖大祖禪師　慧可
雪腰刃臂忘己安心十萬里師芥投以鍼

三祖鑑智禪師　僧璨
達罪性空爲法作則信此心兮唯嫌揀擇

四祖大醫禪師　道信
縛脱兩忘威武莫屈破頭山高一枝橫出

五祖大滿禪師　弘忍
青松未老室女懷胎黄梅東阜五葉花開

六祖大鑑禪師　慧能
縋腰石存風幡話在一滴曹溪雄吞四海

南嶽大慧禪師　懷讓
金雞有識玉鏡非磚躍天馬駒實資其鞭

馬祖大寂禪師　道一
眈眈虎視足印兩輪其遺踏者八十四人

百丈大智禪師　懷海
不作不食大智惟昌痛難忍處扭折鼻梁

黃檗斷際禪師 希運
神珠在額智鏡潛心棒頭眼活大樹垂陰

臨濟慧照禪師 義玄
用金剛王作師子吼真照無私雷奔電走

興化廣濟禪師 存獎
罰克賓飯削臨濟跡還識老僧投拐而寂

汝州南院禪師 慧顒
同時啐啄電捲星馳未詳終始鐵裹摩尼

汝州風穴禪師 延沼
濟北之道遇風欲絕荷負之誠益增餘烈

汝州首山禪師 省念
法華放下拂袖便行動揚古路落塹墮坑 四

汾陽禪師 善昭
龍袖拂開西河師子倖筋便行孰云其死

石霜慈明禪師 楚圓
惑亂神鼎彌縫李楊生機活眼不離平常

袁州楊岐禪師 方會
總院十年親遭教壞突出金圈兒孫遍界

舒州白雲禪師 守端
相逢一笑觸著父諱猛省得來聲光振地

東山五祖禪師 法演
搥海會磨轉東山輪沸騰佛海一遠二勤

佛果圜悟真覺禪師 克勤
錦帳夢回金鷄報午陵跨古今蕩除佛祖

平江虎丘禪師 紹隆
拳邊獲見巳露一斑最親切處坐視眈眈

天童應菴禪師 曇華
播屋頭春料老虎尾太白峯高甘露門啓

天童密菴禪師 咸傑
投機以句頂門廓徹唯破沙盆萬古一傑

破菴密印禪師 祖先
一菴破壞嘉苴無餘瞎金剛眼走玉盤珠

徑山無準佛鑑禪師 師範
用文武火行密化周鳳毛麟角一網齊收

仰山雪巖慧朗禪師 祖欽
機前語活棒頭眼開山河倒走仰嶠再來

天目高峯佛日普明廣濟禪師 原妙 五
揭開天目坐斷死關峯高萬仞險絕難攀

觀音
上同諸佛慈心兮天下歸仁焉下合衆生悲仰兮萬物備於我矣若夫躡其頂跣其足周游於娑婆界中以圓通三昧而爲佛事者吁吾無隱乎爾 趙敷復請

少林初祖
揚子江心波少林峯頂月寒寥一片心直指成曲折謂其有傳兮胡爲乎壁觀九年謂其無傳兮因甚麼花開五葉秋山落木猿晝啼行人眼底流鮮血 傳上人請

大鵬展翅取龍吞一攪滄溟徹底渾觸碎珊瑚枝上月至今千古暗昏昏

遮漢捏怪爲欠禪債此土西天重重納敗最初見梁王言不識末後受神光禮三拜凄凄隻履西歸漆桶依前不快似遮般阿師貶向師子巖頭雲蒸霧鎖千百年且看眉毛壞不壞

栽松道者
種得千山無空地一枝猶挂钁頭邊不因脫賺周家女衣法何緣到你傳

粥薪漢子
荷條柴檐眼頭空路入黃梅伎已窮贏得叢林枝葉盡嶺南無地種春風

馬郎婦
深願弘慈無縫罅乘時走入衆生界窈窕手姿都没賽提魚賣堪笑馬郎來納敗金沙灘濕衣裾壞甚倨不把珠瓔蓋特地掀開呈捏怪事人變曲盡許多菩薩債

布袋
兜率天宮降人世忘却當來下生記閑家潑具有許多勾引兒童恣游戲袒肩赤膊當神通揚眉瞬目攞三昧聳將拄杖劈頭揮一齊趂入龍華會黑拄杖橫挑布袋轉頭忘了率陀天茫茫不頎肩頭重猶要逢人乞一錢 六

臨濟
捏三拳於大愚肋下捋虎須於黃檗面門肆一喝如雷砰霹震搖寸舌似電激雲奔掣風顛漢世希有普天匝地皆兒孫

趙州
腦後萬莖雪面前三尺霜肚裏直儱侗語下絕靈藏勘破臺山婆子太尘平欺趙王萬里海門攔不住遠遺清影過遼陽我只喚作三百年漫漬不朽底陳爛葛藤椿試將此話傳諸方 高麗僧請贊

丹霞靈照
放籃斂手提籃便走弄鬼眼睛自呈拙醜叉至歸家舉似爺毒蛇不肯輕開口牛妳無端赤土塗是非從此難分剖

郁山主
朶朶山河眼裏塵明珠一顆匪家珍至今千古溪橋月看盡驢前馬後人

政黄牛

跨牛背兮執牛尾一片吟懷淨如洗驚鶯終日自忘機何曾見偏常來此

天童東巖日禪師

匡廬山高太白山高較吾圓應老人面門鼻孔猶太虛之一毫腥臊露兮螻蟻聚撻拂動兮鬼哭神號雙眸四海空牢牢下視佛祖為兒曹

道場及菴信禪師

盡十方世界是古佛道場盡十方世界是雙溪橋梁不住而住兮風飛雷厲非成而成兮虎踞龍驤面目現在如何讃揚頷下眉毛十丈長

南嶽鐵山瓊禪師

向上機若鐵末後句如山既不得而擬議又豈容其躋攀堅密不動湛寂自閑無端將戒定慧三學編作漫天網子向萬里鯨濤之東攔空一撒直得高麗國僧俗二衆沸騰上下奔趍仡還腥風遍界絕遮攔逐隊隨羣入北闕 鐵牆妙行院祖師會請讃

徑山晦機熙禪師

面如臨濤三角心似妙喜空廓坐斷大雄峯高踞慧日閣自徑山而至仰山肯受尊卑之束縛是風動旛動心動黑漆竹篦難湊泊 咄 福寺長老請讃

徑山虛谷陵禪師

而今如鐵鬢白如雪起集雲萬古法幢追凌霄三世道業奔走象龍掃空魔羣佛祖不敢正視天人咸被慈攝我嘗陽嶺望餘光惟見曇花開五葉

天童雲外岫禪師

太白峯為屏廿里松為塵雲影外藏身幾多人蹉過不蹉過元是隰州古佛再來切忌機前說破且道說破後如何夜明簾挂須彌顛走盤珠向空中墜

靈雲鐵牛定禪師

那伽定裏鑄鐵為牛白靈巖下一握齊收掀翻聖凡棄曰結盡佛祖冤讎茶陵千仞靈雲寺聲播元朝數百州

高峯和尚

雙髻六龍須九一十八年師子吼死關已掩三十秋惡聲萬里猶奔走既陷險機覯遭毒手一同見面驀上心恩怨難教自分剖 義首座請

天目三千丈難方高峯之高地獄十八重莫比死關之險我曾親近十餘年不顧頻將畫圖展

三十年影不出山二六時情不附物遍釋迦達磨生陷鐵圍鞭白牯貍奴立地成佛便是這箇不覩是底阿師坐斷天目山深踞師子窟備若不是我本師更要罵教備見骨

掃帚兩眉橫壓埃堆面上依稀徐十三郎彷彿高峯和尚松江江上姚道人好把香華勤供養

斷崖義禪師

撞漫天網解師子鈴情忘義斷石裂崖崩春龐老金珠高擲大抹將阿爺門户竪拄橫撐這邊那邊了無羈絆問禪問道不近人情大地山河一片雪話頭流落至今行

失脚踏斷懸崖逢人更不安排取性入真入俗一任神猜鬼猜掉臂獨行時拖拽不住狹路相逢處推托不開虛空拔得無根樹要向蟭螟眼上栽

中竺布衲雍禪師

淛東山淛西水面目儼存真機不倚蓮華峯突兀半天桂子堂腥臊萬里玻瓈誰道匪家珍沉沉法海深無底 法海院珍知客請讃

天目中峯和尚廣録卷第八 韓九

已上一卷奉佛信士…… 黄畫 捨財重刊壹卷 四恩三有者

天目中峯和尚廣録卷第八

校勘記

一 底本，影印宋磧砂藏本。

一 四八四頁中二行第一五字「滴」，徑作「滴」。三行第一一字同。

一 四八五頁下三行末字「手」，南、徑作「丰」。

一 四八五頁下二八行「郁山王」，南、徑作「郁山主」。

天目中峯和尚廣録卷第九　韓十

叅學門人北庭臣僧慈寂　上進

自讚

繩床枯坐兀爾忘緣面皮厚三寸鼻孔没半邊盡世藏形避影徒勞掘地覓天鬼神推不出佛祖謾加鞭幸爾師同天目山午同大海水鄉同西湖路道同金剛圈就中一種不同處愧我未曾叅得禪 斷崖禪師請

韓十　一

咄哉此僧無本可據倚中之峯依幻而住手裏三尺黑竹篦何嘗有此關家具話頭流落古伊吾風前笑倒人無數 蒙古寅齋請

虛空有體貌牆壁具耳目惟有這箇漢完全離背觸喚作幻住漚華翻性海之波謂非幻住陽燄轉識田之曲不墮兩頭如何付囑常憶開沙十萬家錦團團兮華簇簇 淵無菴請

幻不可寫可寫非幻惟幻既非復云何讚金飈灑灑兮雲深深天目萬峯玉露沉沉兮月照鴛湖兩岸不於這裏覓中峯展開圖畫從教看 觀瑞吳宅請

渠無面目不受拘束謂是幻住則背謂非幻住則觸有時一葉扁舟有時半間破屋但不教渠作住持一切盡情皆準伏爲甚麼休逼促波斯嚼冰牙齒寒蚯蚓吞鹽尾巴曲 靈致保言請贊

叅禪禪未明學道道何悟從來只解平實商量脫略人前只成笑具年來衰病滿空身任運惟依幻而住寄言怪怪學道人動著何曾不相遇呵呵有甚長處 馮待制子振請

磐石上蒼松底踞坐者誰元非是儞問伊佛法信口惟言不知俾之住山驀鼻櫓牽不起見無所見剩雙眸聞無所聞多兩耳塊然一物人共嫌不識喜菴何所喜阿呵呵誰共委似這般俛𠊱面孔傳得十萬八千只宜埋向一微塵裏 喜菴三藏請

無向背鼻孔與眼睛今古常相對從來不覆藏堪嗟人錯會不錯會水澄澄而涵空竹蒼蒼而積翠望虎丘山上月光透吳中聽楓橋寺裏鐘聲騰物外休將佛祖巧相於渠儂不入它羣隊 平江幻住菴請

這漢無檢束卉山結茅屋生綠湯團滯受業西天目要識渠是誰不用問龜十若非孫七郎定是郭八叔佛法無半星人緣頗相熟莫知何所長標形歸畫軸留之幻住菴又要䫜吖囑夜深禪影照蒲團刦風吹入平田綠 湖州幻住菴請

韓十　二

至大己酉夏曾憩白洋曲明年役般輸荆棘變華屋隨順一切心元是此尊宿胷中無寸長渾不受輕觸禪衲滿門叅且是無拘束太湖吐一漚容受西天目笑面當慈悲苦心含惡毒倒拈牛尾巴說法無機軸震禪請渠自贊拍合掌稱爲田八叔 吳縣願心菴請

遮箇面目無本可據餅涂丹青曲勞指註眉横眼上彷彿中峯鼻搭脣邊依稀幻住更有問大同菴主面目短長問取彝菴蔣教諭 丹陽大同菴請

咄哉此僧有甚巴鼻大坐胡床全無義味談禪禪不曾叅論道道非所契以茫茫業識當叅學眼睛以擾擾幻緣爲平生住計有時横孤舟於青沙白水之上笑船子便棄渾身有時撥𣏌芋於寒灰冷火之中笑懶攢不收殘涕千手大悲推不向前八臂那吒捺不入地盡指南閻浮提喚作西來祖意只如斯鹵莽 西來菴爲人如何做得他徐十三郎之後裔 俊用二上人請

我不是渠渠不是我物外變通目前包裹開雲居此幻住身㑋路相逢來合火咄咄咄我我我是甚麼一天星月影團團萬疊湖山青朶朶 雲居菴請

韓十　三

幻住不識實際實際却識幻住分明兩箇題目究竟一般情緒昔年㑋路相逢今日不勞指註蘇州城裏月當秋天目山頭雲滿樹 寶隱菴請

這漢懶入骨誓願不做佛寸心空牢牢長年坐兀兀雲谷居士不識渠新興積慶瀕西湖准擬關門待知識要憑幻手聊相扶只將這箇特虛壁天目山深難辯的幻相何曾有住時春滿六橋天地寂 積慶菴請

這箇面目有誰喜見依幻而住没地頭舉措全無巧方便拗曲作直遇貴即賤本中峯諾將謂是如何入地獄如箭 喜見菴請

這軀殼難摸摸謂善何善道惡不惡空煩惱根去菩提縛却笑靈山話曹溪指爭似渠儂掉棒打水中捉當的諦都丁華梵何曾有兩般烏巴剌室利丹青不用頻描貌卷向柴床壁角頭片月流輝照山嶽 高昌國月長老覓名烏巴剌室利請

海會菴裏水雲如歸更著這漢意欲何爲謂辦道渾無孔竅謂結緣殺欠慈悲天目山冰枯雪老慶元府雷動風飛兩頭坐斷渾無事

佇看人間十二時
咄遮頭陀也甚偉傑髮亂如雲脊硬如鐵閉眯佛法禪道便謂無可言說三十年天目山有一句繫驢橛還會麼海底烏龜頭帶雪 日本如偉禪人請
遮獃漢只好看殺有手姿全無氣岸謂知道不明本地風光謂會禪罔測古人公案最無分曉處佛祖爪牙極有來由時鬼神茶飯從來伎倆只如斯一字如何可加讚 普控寺主請
大德庚子相見便是這箇至治辛酉請讚也是這箇謂其無心兮吳松江水徹底深謂其有形兮天目山雲忽飛過兎角主杖龜毛拂 讚十
竿木隨身翻成滯貨阿呵呵中峯元不是渠儂只做此回重說破 理檣上人無心請 四
幻住菴不記幾年哭目山三千餘丈畫得像鼻孔搭唇邊畫不像眉毛横眼上萬人海裏化機行眞珠撒出紫羅帳頭陀苦行合如斯狹路相逢肯多讓逢人便與麼展開要教他識取猫不成畫不就底無面目中峯大和尚 善助化主請
依幻而住三十載自賣由來還自買不知別有何所長盡把虛空圖五彩江山圖畫新展開全身半身俱絕待依稀只似本中峯彷彿渾如滿覺海伊兮余兮休度量他家自有公評在 智滿院主號覺海請
儞道渠是誰誰道渠是我萬古只如斯直下是甚麼狹路相逢處以毒攻毒和光同塵時無可不可便喚渠作幻住時如何溫州橘皮不是火
幻在耳絕所聞幻在眼離所見全身半身日面月面紹隆祖道無端教石女生兒射中鐵牛特地用蓬蒿爲箭荸自少藂林孰謂多方便祗將這箇錯流傳幻住家風其誰肯羡頭頭物物皆成現
此是幻住眞是眞非幻住兩段文不同一句無回互挂在水晶宮不勞重指註從來脩證絕安排絕安排處全機露全機露也春風二月百花香子規聲裏山無數 湖州脩禪人請 讚十 五
截斷紅塵石萬尋衝開碧落松千尺巖花朵朵水泠泠楊柳一瓶甘露滴莫便是本中峯麼不識不識
道是渠不是渠謂非渠却是渠非神非鬼非馬非驢指十方空爲幻住向一塵中結草廬龜毛拂挂繩床角緣木何曾捉得魚
一峯居中富嫌千口少依幻而住貧恨一身多阿呵呵好大哥不妨隨處薩婆訶 多禪人請
月在山頭分明不露風行水上自然成文萬里飛鴻踏雪四方野鶴離羣本中峯面目易辨幻住菴眞偽難分
淵默志言繩床兀坐喚作本中峯當面都蹉過不蹉過丈二眉毛領下生笑倒東村王小大 淵禪人請
中峯之中喚西作東白菴之白指南作北面目現前有甚奇特眉毛鋒裏大江横鼻孔尖頭玄路窄三十年後忽展開笑倒東村王大伯
水泠泠石齒齒淨瓶邊青松底這一箇便是儞擬追尋千萬里朱選卿頻相委拈起寸毫顚倒揮左右逢原妙無比低聲低聲本中峯來也馬領驢腮沒兩般笑破虛空半邊嘴
眼如泥彈丸面如懸布袋喚作幻住頭陀漆桶元來不使撞見高平林且不存知解要覓末後句低頭禮三拜自買依前還自賣天目山心末忘幻住菴話誰領要識渠儂行藏良馬不待鞭影
我相是幻畫出丸幻其不幻者如何加贊眉毛鋒裏劍光横廬陵米價齊霄漢觸著無明勞面揮無了辦中教了辦莫便是爲人處麼首座既相知也須撞眼看
堅密不動石柔和善順草叉似海中嚴澄湛水環繞會合老幻相彼此無欠少只有一處傳未真歲久年深當自曉 讚十
抱一爲天下式得一而萬事畢道人見處一亦無眼睛本横兮鼻孔元直異路忽相逢同途誰辨的雲龍風虎漢壇高圖畫展開明歷歷 六
儞不識我喚馬喚牛無不可我不識儞十字街頭白日鬼非儞非我空裏忽生花朵朵非我非儞雲合雲兮水投水離此四路葛藤中峯不在這裏鐵丁飯與不濕羹拈來塞破虛空猜行人不識東隱菴都只來尋馬膝裏 東隱接待菴請
形質既幻描寫亦幻所不幻者急著眼看是甚麼莫杜撰推不向前便是這漢既不曾請孔仲尼之詩書又不解參老楊岐之公案何緣人見每相憐多是五百生前燒牛糞香供養作鬼神茶飯常憶東西兩馬塍二月春風如錦爛 西隱接待菴請
無見頂相不用丹青與麼挂起一切現成儞豈不見僧問末山境山云不露頂如何是境

中人山云非男女相盡謂末山一期勦絶古今之下幾多人路見不平爲煩妙筆從頭寫要見中峯眼上横尼出白蝙請師頂賛

遮箇空皮袋開口便納敗有時強説禪無人不笑怪誓死深山齩菜根通人不用頻相愛右雲南通講主請

龜十

無慧亦無福口裏水漉漉要開幻住法門且七不受人拘東海天萬里白雲横只此是渠眞面目雲南福講主請

寂而照鼻無兩竅照而寂家無四壁見得徹處領下眉長橐得穩時機前意的鐵如意擊珊瑚枝秤鎚捏出黄金汁匡床坐看北庭花春風處處成狼藉善達寧的理長老譯名篤寂照堂請賛

欠蹄不馬無角非牛聲穿兩耳色貫雙眸不與人天共轍不希佛祖同儔生涯半箇矮屋活計一葉扁舟見不見月滄遮山千尺霧識非識風清幻海一浮漚虛空手動龜毛拂仁壽菴中夜不收遮山僧上人號幻海請

頭如木杓口似匾檐要識渠儂便是遮漢何曾悟得佛祖心剛道十方都是幻幻不幻好生剔起眉毛看

趙州無雲門普到渠面前都成莽鹵匡床坐握如意柄眼裏何曾有今古青山緑水自莊莊春風吹入建寧府莫教錯認定盤星呼爲幻住菴中主

不寶尺璧不貴寸陰一塵絶待萬慮平沉是渠非渠勿向外尋　樹幻花　幻果十分春色滿空林空林果上人請

露幞袒胷指西話東毗耶室内相逢逸翁遭壮認作本中峯何異濕紙包虛空阿呵呵與斗煎茶銚不同

天目山太湖水高不見頂深莫知底盡謂渠德之流行若置郵而傳命子細檢點將來莓苔石上亂草窠伸脚元在縮脚裏吴江意延鋪信人請

何清翁寫幻相盡謂逼眞子細看來領下欠丈二眉毛腦後欠一點神色三十年後爲相逢似與不似總奇特何以如此春風元不在花枝至體由來無揀擇

全身半身是幻非幻積菴居士剛要求賛與其壽泉菴圖畫展開何似天目山靚面一看八

龜十

莫便是本中峯麼山明水秀古杭州生遮一枚擔板漢

枯坐草窠了無向背心安未安道會不會天目山三十年澄不清撓不濁幻住菴二六時推不前約不退憶著太原孚上座揚州聞角聲却笑孔夫子三月不知肉味

公伯眞我住幻遮箇面目如何毀讃太虛空壓碎上唇驪鞍橋且非下頷大江日夕水東流海門潮拍西津岸影像昭章聲光蕩漾是甚麼急著眼看蕃伯眞請

遮漢沒意智開口要觸諱撞見松間隱人指出當生羅計第一無分做佛第二容身無地只好向深山窮谷中苦行數百生更待驢年蒙授記阿呵呵也甚奇異日者松隱請

天目中峯和尚廣録卷第九

天目中峯和尚廣録卷第九

校勘記

一　底本，影印宋磧砂藏本。

一　四八七頁上一行經名，南作「天目中峯和尚廣録卷第九之十」。

一　四八七頁中一二行「龜十」，南、徑作「龜卜」。

一　四八八頁上一二行「主杖」，徑作「拄杖」。

一　四八八頁上二四行首字「漳」，南、徑作「渾」。

一　四八九頁上六行首字「右」，徑無。

一　四八九頁上二八行第八字「樹」，南作「幻樹」；徑作「一樹」。又「幻果」，徑作「成幻果」。

天目中峯和尚廣錄卷第十

叅學門人北庭臣僧慈寂 上進

題跋

跋慈受和尚般若心經註

靑面瞿曇向潔白地上拋撒不淨爲害滋多慈受菴主不善屏除益增狼籍舍利子在麼與我將糞箕掃帚來

題琇禪師代古塔主答寂音尊者書

寂音尊者力排古和上說法之誤其奮辭舞筆如醫者用峻劑以攻五臟之毒殆與元氣併將蕩滌石室老人痛指寂音公論之失其雄談博辯如百萬師揮戈伐國不問仁人必欲使之血刃而後已審如是則安有古洪二師之盛譽復喧轟於宇宙哉蓋各有所據而然也後之讀其書者苟不具此正眼於是非之外文字其可憑乎

題圜悟和尚心要

少室不傳之妙就當人正體上舉揚無形段可指無方隅可示無言說可詮無道理可陳虛洞洞空牢牢絕毫芒離眹兆圓滿湛寂眞正妙明通貫十虛包含法界不可得有不可得無空由之而空空不可混色依之而色色不可齊入凡夫之迷如水中鹽味同聖人之悟似色裏膠青雪山大沙門之智辯雖淵深廓徹廣大無涯當三百餘會之發機其詞源衮衮放肆汪洋開合卷舒具大自在幽秘微密靡不揭揚獨於此事不能加一元字脚可謂極聖之大猷至神之玄府者也圜悟和尚得法於東山演祖其眼明其機活其意透其語圓不守一方便而開示叅徒溢爲巨編目曰心要於無言中顯言無象中垂象應機隨器解其所縛去其所重多不病繁少不病簡縱橫得要左右逢原其痛快直捷貫馬師一口吸盡西江細密操持重嚴頭只守閑閑德嶠於心無事其爲初機必使其眞叅實究癈寢忘餐雙泯愛憎兩忘身世機輪活脫不滯一隅挨轉面門一口咬斷返擲踞地豈容湊泊譬如大雲倐忽變化彌綸六合降注甘雨潤滋草木流布江河須焉開霽究其去來了不可得非得法自在疇克爾耶一種是說法之師雖臨濟德山亦將歛衽蓋嘗於般若種智積封熏鍊故獲如是圓轉無礙者也本伏讀再過乃拜手書此以識之固不敢望師橫點首於大寂定門期不孤其所教者矣

題東坡居士大悲閣記

太虛無相不拒諸相發揮古鏡絕形豈礙羣形影現觀世音大士聞所聞盡覺所覺空神廓太虛智懸古鏡對機應物千手異執千眼齊觀特言其妙用之少分耳使具論其分身遍塵刹一塵爲一刹一刹現一身一身千手眼未易以數量知也極理言之非神通使然凡具知覺之性者靡不如是由迷妄所蔽而不自省也予讀東坡居士所作大悲閣記謂菩薩以無心故能普應羣機變通諸法洞無罣礙似不知菩薩妙證圓通歸復自性慧光照徹如杲日輪雖千手眼同一手眼既不拘於一多又安可以心之有無議之也哉

題列子

列禦寇知榮辱之在天而不知其本乎一念知生死之由命而不知其根乎自心惟欲忘形骸虛物我一是非泯視聽任天眞於智慮之表超情思於得失之源乃鼓舞於老氏絕聖棄智致虛守靜之門與莊周相爲表裏因觀其著書八篇故筆以曉之惟同志者擇焉

題十牛圖

偶觀梁山石鼓倡和十牛圖頌于餘杭接待菴之壁自尋牛而至入鄽垂手一節一節似有程限而然思之古人立言固是一期方便殊不知賺累後學例皆尋尋覓覓做模打樣曾未休息須知山河大地明暗色空三世十方見聞知覺皆露地白牛之影子耳多少人認此影子以爲全牛彷彷彿彿不得受用矧乎又有向影子上覓影子敢保終其身不見全牛也必矣政興此歎忽覩上人出紙求語故信筆以似之覩曰敢問全牛今在何處余於是投筆附夜航而之武林矣

跋天目禮禪師墨迹

天目和尚七歲時携籃侍母採桑次母戲之曰携籃者誰豁爾開悟今觀其餞侍僧省母有施爲動靜憑誰力之句大似螟蛉之子禱而逢蜾蠃祝之曰類我類我烏乎多見伊不自知其醜也

跋牛腰佛頌軸

佛身無爲遍在牛腰馬腹智體不動誰分蟻穴蜂房一切處示現受生一切處成等正覺紫金聚沉潛水牯赤肉團無位眞人從前話欛巳行即今面目現在本來無位次直下絕安排雖然立處皆眞總是顯奇惑衆昔唐文宗愛食蛤蜊忽遇一蛤蜊砧杵不壞尋而解開乃見觀音像於中顯現召惟政禪師問其

事師曰應以菩薩身得度者即現菩薩身而為說法帝曰菩薩既已現身惟未聞其說法師曰陛下見此信耶不信耶帝曰焉敢不信師曰說法已竟文宗大悅此話垂五百年矣太德丁未杭之臨安縣里人買二牛腎剖其一中得佛像一軀高寸許非金非石結跏趺坐眉目可覩遂累石樹塔奉藏之若見若聞咸生異信其廣長舌相流布法音霆震雷轟卒未之已也公恕施君携諸方頌軸訪予窮山俾為著語因筆前說以似之復為說偈

無位真人赤肉團牯牛腰内總相瞞法雷震地通身口若要親聞著眼觀

韓十

跋梁楷畫妙峯禪師四鬼夜移圖

十二

昔南泉謂王老師脩行無力被鬼神覷破殊不知鬼神不著便白日被王老師熱瞞相傳妙峯善和尚住靈隱時為四鬼所肩而出當時賴遇妙峯若是王老師未免又作脩行無力會也一種是瞞神嚇鬼顯異惑衆今日被人描貌將來不知面皮厚多少

題十八尊者圖碁圖

俗諦是黑子真諦是白子十八界内奪角爭先平地上逃他分段生死阿羅漢赴直饒看得眼睛穿翻轉碁盤都不是

題羅漢揭厲圖

諸佛海衆生海閫前輩已嘗置之一毛腕中聲聞雖超越分段生死具跨虎縛龍之力而不能與境混融區區附形體與魚鱉蝦蟹浮沉於粘天鯨浪之間自謂神通不可及矣宜乎起黃檗有斫折其脛之怒雖然也是為他閑事長無明

跋及菴禪師設利頌軸

先師嘗誤中大仰老人之毒每於所剪之髮舍利粘綴如貫珠及菴和尚與先師同出其門而舍利迸于烈火嗚呼異端並起邪法難扶予於此不能無耻焉

題古畫像四首

寒拾謂豐干饒舌閭丘為豐干熱瞞一種是鍼芥相投要且是仁義盡從貧處斷世情偏向有錢家 閭丘太守寒山拾得

畫謂黃龍指洞賓之劒入地三尺殊不知性命已落神僊之手何則點石化為金玉易勸人除却是非難 呂巖機禪師

鳥窠和尚謂白侍郎曰薪火交煎識性不停得非險乎白公微領其旨吁當時白公因欠箇末後句反累其師到今日措躬無地且末後句又作麼生 香山居士見鳥窠

居士嘗有偈云男不婚女不嫁大家團欒頭共說無生話今其夫妻子女坐立儼然且作麼生是無生話竹籬茅舍安無盡博飯栽田樂有餘 龐居士家居圖

十二末

天目中峯和尚廣録卷第十　韓十

天目中峯和尚廣録卷第十

校勘記

一　底本，影印宋磧砂藏本。

一　四九〇頁下末行「惟故禪師」，南、徑作「惟政禪師」。

天目中峯和尚廣録卷第十一之上　倹一

參學門人北庭臣僧慈寂　上進

山房夜話上

幻人僻居窮山忽隱者過門與對牀夜坐時山月吐輝窻白如晝隱者曰聞義學以禪定之禪配吾達磨單傳直指之禪以達磨曾有所謂胎息論遮相傳受而曲引第八識住胞胎時惟依一息而住故云胎息者以方吾禪定亦依止一息而住今議者遂枝蔓其說譏吾達磨爲二乘禪定之學何如幻曰彼非謗也是不識達磨所指之禪也將謂離四禪八定之外別無所謂禪殊不知達磨遠繼西天二十七祖以如來圓極心宗之謂禪也此禪含多名又名最上乘禪亦名第一義禪與二乘外道四禪八定之禪實天淵之間也當知是禪不依一切經法所詮不依一切脩證所得不依一切見聞所解不依一切門路所入所以云教外別傳者也惟大心衆生夙熏佛種不涉階梯一聞千悟得大總持自此或獨宿孤峯或入鄽垂手縱横逆順道出常情語默卷舒不存窠臼安有所謂禪定胎息之謂乎蓋達磨不立文字直指人心凡六傳至能大師師云說箇直指早是曲了也此說之下豈容別有所謂語言文字而可傳受者耶世有胎息論不知何等謬妄之人誣罔聖師而作況是後之欲欺達磨者乃迹其說互相作妄要知非欺達磨也乃所以欺自心也原夫世尊四十九年說法是哀憫衆生之自欺於生死中妄自纒縛卒莫之巳所以示其心法欲其不自欺今反以其心法而自欺則何所徃而不自欺也

或問禪稱教外別傳果有別傳之理否每見義學紛紛於此不能無議幻曰義學以分別名相爲務而於此不能盡分別之理使盡究其極則於別傳二字當一笑而釋矣何則夫四宗共傳一佛之旨不可闕一也然佛以一音演說法教中謂惟一佛乘無二無三安容有四宗之別耶謂各擅專門之別非別一佛乘也譬如四序成一歲之功而春夏秋冬之令不容不別也其所不能別者一歲之功也密宗春也天台賢首慈恩等宗夏也南山律宗秋也少林單傳之宗冬也就理言之但知禪爲諸宗之別傳而不知諸宗亦禪之別傳也會而歸之密宗乃宣一佛大悲拔濟之心也教宗乃闡一佛大智開示之心也律宗乃持一佛大行莊嚴之心也禪宗乃傳一佛大覺圓滿之心也猶四序之不可混旣不可混非別而何或者謂彼三宗皆不言別傳惟禪宗顯言別傳者何耶對曰理使然也諸宗皆從門而後入由學而後成惟禪內不涉思惟計度之情外不加學問修證之功窮劫迨今不曾欠少擬心領荷早涉途程脫體承當翻成鈍置誠別中之別也彼按圖索馬者烏足以知之聞吾禪有教外別傳之說無怪其驚且駭矣

或問永嘉以惺惺寂寂爲藥昏住亂想爲病此說與達磨所傳之禪如何余曰永嘉集中十篇大指所明修證之說大約取止觀法門首則息念忘塵次則境智冥寂至於別立觀心十門至玄至妙深達無生惟達磨只教人直下明取自心此心旣明如人到家自能隨時作活更不廣引言教者良有以也其曲引神光處惟言外絶諸緣内心無喘心如墻壁乃可入道此外不聞別有言說但眞實於自心中有所契證者則知循階級歷涯岸與直指之說大不侔矣豈惟永嘉然至若天台之三觀賢首之四法界觀皆曲盡此心之至理使過去諸佛再現世間演說心法逆知其無有過於此者然不與達磨同者蓋即言教離言教之別耳盡理言之如圓覺以三觀互分爲二十五輪及楞嚴以十八界七大性證爲二十五圓通豈止此二經但涉經教中所陳修證法門亦皆不與達磨所傳直指之禪同途共轍也何則使苟涉言教則不得爲教外別傳也或謂若然則達磨之禪與諸佛言教異耶對曰我於佛祖之道覓同相尚不可得而何異之可見耶爾不聞教中謂總持無文字文字顯總持之說乎然總持無文字則達磨契之而直指也文字顯總持則諸宗即之而引導也且達磨之道異於諸宗者非其尚異而私出乎自己之胷臆也乃遠繼靈山最後獨付大迦葉之心法也其獨付大迦葉之道亦非靈山一人之私有者即盡法界衆生共稟之靈心也故世尊興慈運悲善巧設化之際曲徇衆生利鈍等差之根器其所謂大小偏圓同異顯密之方便不容自已也

或問閒有言教與禪家直指之說同者如華嚴謂知一切法即心自性成就慧身不由他悟如法華謂是法非思量分別之所能解如金剛般若謂凡所有相皆是虛妄及是法平

等無有高下如圓覺謂知是空花即無輪轉亦無身心受彼生死如楞嚴謂根塵同源縛脫無二及知見立知等以至諸經諸論中其相似之語層見疊出亦豈待達磨直指而後然耶幻曰予不云乎此文字顯總持者也苟不曾向自心中真實契證一回徒說藥不療病也若是真實有所契證之人豈惟大乘經論之語能契達磨之禪但是麁言細語至若風聲雨滴未有不與達磨所指之禪相契者苟不能妙契自心於言象之外但將大乘經論相似之語記憶在心古所謂依他作解障自悟門又以金屑入眼爲喻甚明宜深思之勿自惑也豈惟經教文字不同達磨所指之理且如禪宗門下自二祖安心三祖懺罪南嶽磨磚青原垂足至若擎叉輥毬用棒使喝及一千七百則機緣莫不皆是入字打開兩手分付直下更有何物爲間爲礙儻若不曾向己躬下透脫得過纔將情意識領覽一箇元字腳記憶在心是謂雜毒入心如油入麪又云醍醐上味爲世所珍遇斯等人翻成毒藥蓋知此事無人用心處無人著意處無人措足處無人下手處直須親向自己躬下驀步一踏到底始解相應凡咳嗽掉臂一一從自己智中流出如獅子兒不求伴侶始知前面一千七百則皆脫空妄語狐涎雜毒葯肯涉佗毫髮情乎間有一等聰明之士不求自悟日夕坐在雜毒坑中分向上向下全提半提最初末後正按旁敲照用主賓縱奪死活等曲搜旁注強立巧求安箇名字喚作宗門關鍵眩惑後人更或揀辨言語區分機要謂那箇尊宿語全提向上不帶枝葉謂那箇尊宿語新奇巧妙凌爍古今那箇尊宿語是道者禪乾嘌嘌地百般比況萬種持量殊不知前輩大達之士智中七穿八穴無一物可守臨機應物信手拈來初無揀擇直下如迅雷掣電擬覓蹤由則劒去久矣又安肯局於見量弄峻機裁巧語思欲鼓誘後昆俾其宗尚者哉且前輩尊宿應機垂示其語言有麁細顯密廣略之不同者蓋各各發自真心初無造作如洪鐘巨鼓隨叩而聲其聲之大小清濁本乎一定之器或器之不逮苟欲徵加外助則失其本真矣今之禪流將欲據大牀揮麈尾首取諸家語要揀擇記持及漁獵百氏之雜說以資談柄者是說禪之師也不惟不能與人解粘去縛而亦自失本真喪壞道眼如此妄習互相趨尚既失祖庭之重望又安有所謂起叢林興法社之理哉原夫世尊出世達磨西來咸欲與盡大地人解粘去縛是箇最初不識好惡把自家一片本來清淨潔白田地妄以無邊聲色污染得無措足處及乎捨親割愛依師學道且前面之污染莫之洗滌而又添入如許多佛法知解使伊重失本心深可憐憫所以前輩唱導之師忍俊不禁出來吐一機垂一令如吹毛劒向伊重處一截直欲斷其生死命根誠以真慈痛惻而然豈圖門高户峻以重後學之仰望邪蓋前輩大達之士最初皆是的的以己事未明跨山越海求人決擇忽撞著箇聱訛話頭透脫不去如吞栗棘蓬相似又如遇怨敵相似孜孜于懷經寒涉暑廢寢忘餐至於終身樂斯須間斷決不肯容易覓人開示亦不肯向文字語言上尋討直欲待其真機自發打破疑團而後已自有宗門以來凡有契有證者莫不皆然所以一箇箇腳跟穩密等閑動步如獅子兒驚群動衆故宗門以此相因而有做工夫之說焉

或問永明和尚作宗鏡録百卷廣引大乘經論之文配吾達磨直指之禪其志亦奇矣似亦不免關鑿尋文解義之端乎幻曰不然達磨自至此土其直指之道六傳至曹溪溪又九傳至大法眼眼又二傳而至永明其間哲人偉士奇蹤異行雖後先錯出照映今古而三藏學者不能無議於吾道由是永明和尚弘多生智慧辯才之力該羅經教述而辯之其縱横放肆左右逢原是謂即文字之總持門也俾三藏學者不敢置吾徒於佛海之外與明教和尚之輔教編精搜百氏博達群書伸釋氏之真慈杜儒門之重嫉此二書乃佛祖之墻岸謂關鑿尋文解義之端不可也苟無二師之真誠玄解甚不可仿效而作也或謂永明和尚復出萬善同歸集與宗鏡之説不同何者述之自反也余曰心乃萬善之本也宗鏡則卷萬善歸一心此集則散一心入萬善其卷舒闢合未嘗不相通也蓋防禪者之未悟而畧萬行也亦止三藏學者議吾禪之不該萬行也故申而明之非苟然也古今天下之師捨永明其誰歟或謂禪家於萬行不可不脩邪余曰達磨門下只貴悟明自心此心既明於六度萬行無修與不修之過或修之則無能修所修之執或不修則無任情

失念之差苟此心未了則修與不修俱名虛妄禪者宜以明心為要萬行可以次之也

或問十地階級與禪如何幻曰聞十地乃具神通聖人約其所至之理而建立故古人謂十地如空中鳥跡凡大乘菩薩等靡不由之而不可以定執也達磨只論見性成佛自餘

七

身土地位因果等俱畧而不言者蓋達磨之禪乃諸佛心宗獨為圓頓上乘之機而設說箇成佛已背眞詮何則以正法眼藏觀無違衆生各各本來成佛又何待指其見性而後成邪佛尚無可成何十地之復論哉

或問古者謂撥草瞻風只圖見性傅大士謂只遮語聲是莫離此外別有見性之理否或無則學人便與麼負荷時如何幻曰若使一期說性則不妨徧將古人極理之談從頭記一遍過其如轉說轉遠何蓋見性之理離言說相離思惟相離分別相離取捨相繫與大用舉必全眞儞擬存一毫知見則親體相背矣今之眼見耳聞孰不說箇見性被人問著箇性便道無有不是者乃引教中謂諸法所生惟心所現之說為證好教儞知說也說得是證也證得分曉只是要與之念念相應不勝其遠矣何則蓋不曾從命根斷處能所盡時親體契悟得來皆陰識依通爾凡說時有箇性雖說得有箇性於正說時亦未嘗不迷更莫說儞無明暗起邪妄橫生儼然與說時似有兩箇欲望其念念相應其可得哉須知眞正人前尚不許說箇相應底道理矧乎不相應者哉當知此等異見之人有二種過患一則自家發心學道時只要說得與道相通

初無決定要洞明生死大事之正念第二是一等謬見之師畧不顧學者因地正不正惟見其稍負天資必欲巧施方便不待其做工夫守正念惟一味將箇即心是佛即色明心底相似話頭互相熱瞞只要控他箇入處只待其口開便了今之禪林相習成風正不知

何所圖邪如圓覺楞嚴訶斥此等謬見於二千年外蓋聖人預知末世衆生有此妄習故作如是曲申問答必使其知非而自改也奈何其不以生死大事為己重任者惟務言通自以為了忽然撞著箇眞正眼目人搖手向伊道三箇不是早是心中七上八下便若遭

八

其訶斥則怒氣不勝其高矣儞若眞實要與此事相應一回最先痛以眼見耳聞奇言妙語盡情掃去苟使其有絲髮凝滯于心中是謂惡毒入心佛亦難救大抵學人固是被他師家一時引入草窠裏亦是自家有所重於解會而然儞若必欲要向生死岸頭做得主宰設使釋迦彌勒將禪道佛法傾入儞肺肝只把箇不從佗得底一句子照看自然惡心嘔吐也儞豈肯受此惡毒以其無此正見所以開眼受人埋沒儞若果然只要會禪不消頃刻間等閑說箇喻子便教儞將千七百則葛藤一時穿過有甚麼難以其無益不如箇盡生不會底最親切此事若可以與你過付得則香嚴昔在潙山門下不用入南陽住菴阿難於楞嚴會中不勞悲泣也儞莫說道和會便是箇眞正悟明底人必欲要將箇悟處來主張早是不相稱矣而況以心意識向相似語言上妄自和會箇目前昭昭靈靈底浮

光幻影認為主人公寶之於懷抱實迷中之倍人也久之不悛遂招妄談般若之報百年影謝嗟將何及哉昔忠國師謂近來南方佛法大槩變了盡謂四大身中有箇神性不生不滅四大壞時此性不壞此等見解與西天外道等又如長沙和尚有學道之人不識眞

九

只為從前認識神之語皆指今日妄認六塵緣影為自心相者即楞嚴所謂棄却百千大海認一漚為全潮者也更有一等儱侗眞如底便道盡十方世界是箇自己此性包虛空徧法界混古今融聖凡與森羅萬象無所間然遂引古人拈一莖草是丈六金身一毛端上現寶王刹等語為證爭奈說食不療飢說衣不治寒何也須是親曾與麼悟一回始得直饒儞親曾與麼悟了又要過本色宗匠與你掃其所悟之跡不然則謂之見刺入心轉槩成病此豈以言通意達而為了哉蓋無量刦來生死根塵今日要與和盤翻轉又要儞與所翻之力頓忘功用豈小根淺器者所能擬哉此說實非鼓惑惟切於痛為生死者以為然自餘惟務說禪之士將反面而見唾駡吾亦何敢辭

或有號西歸子者過門曰某念阿彌陀佛求生淨土其透脫生死似易於參禪盡遠承阿彌陀佛願力冥資故也爾參禪無把捉無聖力冥資苟非大根利器一聞千悟者難於趣入以故永明壽禪師有十人九蹉路之讖咄是何言歟審如是則淨土外別有禪耶使果有之則佛法二字自相矛盾安有會入圓融之理哉爾不達善權方便局於已見誣謗先

哲夫永明揀禪淨土爲四句乃曲徇機宜特方便抑揚耳蓋教中所謂於一乘道分別說三之意也如長蘆比摑眞歇天目諸師作淨土章句皆寄談即心自性之禪初無異致間有指東郡曦法師於定中見蓮花標圓照本禪師之名疑其單傳之師安得標名於此故往質之照曰雖在禪門亦以淨土兼修耳當時圓照設爰善權不孤來問豈眞然耶昧者不達權變刪謂禪外別有淨土可歸及引永明禪淨土四句爲口實不亦謬乎客避席曰試請辨之幻曰淨土心也禪亦心也體一而名二也迷者執其名以昧其體悟者達其體

十

以會其名豈特淨土然如教中謂知一切法即心自性又云森羅及萬象一法之所印但悟自心之禪即其三界萬法混入靈源舉必全眞初無揀擇既無東西兩土之殊安有淨穢二邦之異促十萬億土於跬步寶池金地充塞寰區延一剎那頃於永年翠竹黃花同歸正受四大海目塵塵獨朗五須彌毫處處分輝老達磨頓忘明月珠阿彌陀失却黃金印禪門皆剩語淨土亦虛名名體具銷是非情盡丈六身一莖草何劣何優三千界半點塵孰多孰少是謂一味平等法門苟非眞正全身悟入安有解脫之理哉且參禪要了生死念佛修淨土亦要了生死聖人設教雖千塗萬轍一皆以決了生死爲究竟然破生死根塵惟尚一門深入古人謂毫氂繫念三途業因瞥爾情生萬劫羈鎖兼修云乎哉或不如此談禪說淨土沸騰識浪鼓扇情塵卒未有已也余所以不能無辯

或問達磨始以單傳直指之道至十餘傳而分爲五家宗派者何也不可破裂達磨一家之說異而爲五耶儻不異則安有五家之說乎幻曰所云五家者乃五家其人非五家其道也爾不聞佛祖授受之旨目爲傳燈苟知傳燈之義則不疑其爲五也請以世燈言之

十一

有龍燈焉有蓋燈焉有琉璃燈焉有蠟燭燈焉有紙撚燈焉謂燈則一也而所附之器不同爾雖曰不同未有不能破生死長夜之幽暗者豈惟今之五家爲然昔達磨一燈凡四傳至大醫則有牛頭一宗五傳至大滿則有北秀一宗六傳至曹溪而下則青原南嶽荷澤此三人者便自不可得而混矣此勢使然也蓋各宗之下技分派衍人物蕃昌乃不分而分矣今之謂五家者乃出自南嶽青原兩派之下沿流至此五人不覺其各各如奔匯之水溢爲巨浸前波後浪各不相待而粘天沃日浩無邊涯是可以一目觀之哉乃不得不分焉或謂五家之分不止於人之盛就中各有宗旨不同幻曰非不同也特大同而小異爾云大同者同乎少室之一燈也云小異者乃語言機境之偶異爾如潙仰之謹嚴曹洞之細密臨濟之痛快雲門之高古法眼之簡明各出其天性而父子之間不失故步語言機境似相蹈習要皆不期然而然也使當時宗師苟欲尚異而自爲一家之傳則不勝其謬矣以若所爲豈堪傳佛祖照世之命燈乎今之禪流泥乎宗旨而起夾徹虛空之妄見互相短長余知五宗之師於大寂定中莫不掩鼻矣

或問佛祖機緣世稱公案者何耶幻曰公案乃喻乎公府之案牘也法之所在而王道之治亂實係焉公者乃聖賢一其轍天下同其途之至理也案者乃記聖賢爲理之正文也凡有天下者未嘗無公府有公府者未嘗無案牘蓋欲取以爲法而斷天下之不正者也公案行則理法用理法用則天下正天下正則王道治矣夫佛祖機緣目之曰公案亦爾蓋非一人之臆見乃會靈源契妙旨破生死越情量與三世十方百千開士同稟之至理也且不可以義解不可以言傳不可以文詮不可以識度如塗毒鼓聞者皆喪如大火聚

十二

嬰之則燎故靈山謂之別傳者傳此也少林謂之直指者指此也自南北分宗五家列派以來諸善知識操其所傳負其所指於賓扣主應得牛還馬之頃麤言細語信口捷出如迅雷不容掩耳如庭前柏樹子麻三斤乾屎橛之類畧無義路與人穿鑿即之如銀山鐵壁之不可透惟明眼者能逆奪於語言文字之表一唱一和如空中鳥跡水底月痕雖千途萬轍放肆縱橫皆不可得而擬議焉遠自鷲嶺拈花迨于今日又豈止乎一千七百則而已哉無他必待悟心之士取以爲證據耳實不欲人益記持而資談柄也世稱長老者即叢林公府之長吏也其編燈集録者即記其激揚提唱之案牘也古人或匡徒之隙或掩關之暇時取以拈之判之頌之别之豈爲炫耀見聞抗衡古德而然蓋痛思大法之將弊故曲施方便開鑿後昆之智眼欲俾其共證之爾言公者防其已解案者必期與佛祖

契同也然公案通則情識盡情識盡則生死空生死空則佛道治矣所云契同者乃佛祖大哀衆生自縛於生死情妄之域積刦迨今莫之自釋故於無言中顯言無象中垂象待其迷繩既釋安有言象之可復議乎且世之人有事不得其平者必求理於公府而吏曹

十三

則舉案牘以平之猶學者有所悟解不能自安乃質之於師則舉公案以決之夫公案即燭情識昏暗之慧炬也抉見聞翳膜之金篦也斷生死命根之利斧也鑑聖凡面目之神鏡也祖意以之廓明佛心以之開顯其全超逈脫大達同證之要莫越於此所謂公案者惟識法者懼苟非其人詎可窺其彷彿也嗟世之迷妄者不考其源每以聰明之資廣尋博記顯授密傳惟務言通匪求心悟致使捧喝交馳之勝軌墮情想之稠林龍象蹴踏之靈蹤陷是非之深穽愛憎濫目取捨盈懷古人醍醐毒藥之喻驗於斯矣叢林之替莫有不本於此者嗚呼猶吏曹竊法以脅天下之賕賂已私一勝欲望公道有治平之効其可得乎

或問祖師公案本於學者因疑致問而古人大寂滅心中如虛谷巨鼓隨扣而應特不過與人破疑情裂窠臼而已所以云我宗無語句亦無一法與人蓋前輩既為人所師不得已而酬酢一言半句流落叢林後之承虛接響者目之為公案乃本於此一箇道理今之叢沐商量大不如此乃以問佛問西來意之一問一答如麻三斤乾屎橛須彌山莫妄想之類喚作單提淺近者以勸學話墮托鉢上樹等為向上全提者或以衆機緣列歸三玄或以諸語言判入四句中間曲談巧辯網羅千七百則公案各立異名互存高下不識古人之意果爾否幻曰祖師語言盡出於大空寂無為心中信手拈來初無揀擇凡一拈一放本於達磨單傳之旨口開見膽絕無覆藏譬如月之在天其東行者視之則月與之俱東西行者謂月與之俱西中間不動者謂月與之不動各執所見互有東西不動之殊而滿月當空實未曾循其東西而依其不動者也其泛說不同者蓋由未徹法源底耳所以有循器定空之喻前輩明眼宗師舉似之頃

十四

或抑或揚又不可以此開口不在舌頭上之語為證其有於一機一境上會得纔涉著縱奪逆順處罔知所措無佗特悟理之未盡然公案雖是一箇道理其差別處如人入海轉入轉深久之直到九淵之底驀忽回首一看則知未嘗別有海也苟不親到一回則胷中之疑不約而自至矣只如僧問馬祖如何是佛祖云即心是佛此箇公案雖不曾叅禪者亦皆領會得過及乎扣其極致則久叅宿學亦少有不錯會者何則殆問伊喚甚麼作心早是路頭生也遮裏要指點得的當直須親曾遶得在手反覆看一遍看教明明白白如十字街頭撞著親爺相似自然舉起便合轍也或有一等不曾做工夫不曾洞明心地不曾截得脚跟下生死大疑命根子斷惟以聰明之資向古今文字上將相似語言較量卜度會盡古今公案殊不知既不了生死返不如箇不會底最真雖曰不會忽然一日發起信心真叅實究却有箇悟明之時惟聰利而預會者不復生正信而穎悟也近來叢林欲速於得人亦不待學者聰利師家把著本子逐一句如教童蒙讀上大人相似欲其領會共資玄化此無異吹網欲滿者本色道流既不肯食此惡毒但遇著古今因緣都不要將

十五末

心解會只消舉起一箇頓在面前發起決要了生死之正志譬立萬仞與之久遠叅去蓋爾撞破疑團則百千萬則公案深與淺難與易同與別一串穿過自然不著問人也如或心眼未開不肯扣己而叅必欲求人開示縱使釋迦達磨披肝瀝膽以示之益障其心眼耳思之思之

天目中峯和尚廣錄卷第十一之上

天目中峯和尚廣録卷第十一之上

校勘記

一　底本，影印宋磧砂藏本。

一　四九二頁上三行集者，徑作「參學門人北庭慈寂進」。下至卷第十八之上同。

一　四九三頁上五行第五字「予」，徑作「余」。

一　四九五頁上三行第八字「比」，南、徑作「北」。

一　四九六頁上二八行第二字「沐」，南、徑作「林」。

一　四九六頁中六行第一三字「瞻」，南、徑作「膽」。

一　四九六頁中二八行末字「十」，南、徑作「卜」。

天目中峯和尚廣錄卷第十一之中　弊二

參學門人比丘臣僧慈寂　上進

山房夜話中

或問達磨西來門風險絕言詮罔得已涉塗程安有所謂做工夫況枯坐蒲團如守屍鬼且禪豈可以坐而得邪無乃辱累先宗者乎

余曰不辱累也爾蓋知此而不知彼也如龍潭問天皇學人久依和尚不蒙開示心要皇曰儞擎茶來我則舉手儞來問訊我則低頭那裏不是與儞開示心要處潭遂領旨此箇公案以學者言之不勝快便以宗門言之又不止涉途程而已又如香嚴被潙山問父母未生已前事不能加對乃求潙山爲說山不允遂盡棄所習入南陽住菴久之忽以瓦礫擊竹有聲始能瞥地彼時雖不形做工夫之名其孜孜退守念兹在兹爲何所圖邪雖不能直下領畧而歷涉歲月方乃省悟真悟之之旨謂非達磨所傳之旨乎今之做工夫不靈驗者第一無古人真實志氣第二不把生死無常做一件大事第三拌捨積劫已來所習所重不下十二時中雖隨人舉箇話頭方上蒲團坐席未溫其昏沉散亂左右圍繞又不具久遠不退轉身心難矣哉安有天生彌勒斯言盡之矣往往見無所成者不責己之不達而返以佛法下衰叢林秋晚爲辭而言在處上無煆煉之師旁無策進之友況是湯火不便粥飯不齊規矩荒蕪境緣謬亂致使工夫由之而廢墜此說之行更無有學道之人不以此爲口實譬如農夫責水旱不時而廢耕耘則安有秋成之望哉但是學道人對違順境瞥生一念欲與之分別予知其纏縛萬劫生死之咎必基於此矣爾不聞靈鷲老沙門棄萬乘尊榮六年之間卧氷嚙檗忘形於凍餒之中乃有夜覩明星之悟自佛以降西天二十八祖皆巖棲穴處或混跡於差別門頭以真心不泯實行無差皆克證己躬傳佛心印及達磨東邁百丈未生牛頭橫出一枝南北宗分兩派皆腰鐮荷鍤火種刀耕親釁負舂鶉衣丐食鐵石身心氷霜懷抱以佛祖大事因緣一肩負荷了無畏怯蓋行處既親所到必的矣彼時安有五山十剎之廣居三玄五位之奇唱放收殺活之異作拈頌判別之殊音不加雕琢而玉本無瑕安用規模而眼元自正自百丈建叢林已來廣田大宅指顧如意其忝正因日墜謬妄日滋紀綱日繁禮義日削數百載前提唱之師如臨濟德山雲門真淨氣憤憤地怒罵諸方如孀女兵奴視之蓋責其不體道本惟務言通互相欺誑者也已而間有眼目定動之師倘諸方說禪如葉公之龍趙昌之花然葉公趙昌已自不真矧乎復有效葉公趙昌者出烏焉成馬之數正不在今日也由是觀之其真參實悟之士不惟鮮遇於今日在往昔亦未嘗多見也無佗蓋生死情妄無明結習念念遷流間不容髮苟不有入骨入髓痛爲生死之正念提起話頭如遇怨敵便拌一生兩生與之抵踁待其廓然開悟靡有不爲葉公趙昌之所惑者或有引三祖謂但莫憎愛洞然明白與求嘉不除妄想不求真之語相證云只遮箇便是悟理何假一生兩生勞形苦志以爲得邪此說之行撓動葉公趙昌之心卒莫之已也殊不思求嘉有損法財滅功德莫不由斯心意識之語痛指其不求正悟者妄將心意識和會相似語言一人傳虛萬人傳實又不翅烏焉成馬也所以古人道參須實參悟須實悟閻羅大王不怕多語斯言盡之矣予固非實悟者惟不敢輕踏葉公趙昌之轍耳尋常與人東語西話較量此事皆是自信法門初非炫耀見聞要譽於人也人或見信余不加喜或不見信亦何敢慾然信不信皆當人之自心庸何喜怒爲哉惟同道乃知或若以妄誕見譏則吾亦何敢諱

或問參禪不克開悟還有方便可使其開悟否如或展轉不悟其生死無常大事向後之又後世還有自了之理否幻曰使哉問此事是當人己躬下事初不干第二人連累亦不屬第二人排遣所以云迷是自迷悟須自悟苟不自悟縱是釋迦達磨亦爲儞不得今時師家多是不忝學者之不悟何所以巧設機緣曲施方便以啓迪之而學者又不以生死大事爲己重任惟欲速於會禪於是便向佗方便中蹲坐盡將古今公案一串穿却謂之透關殊不知脚跟下一座生死牢關政好不曾透得其所透者乃言說之關耳豈惟無益返有害於己事也若是箇真實爲生死大事底好人縱是達磨大師出現世間把諸佛祖玄要道理盡情放在伊八識田中也須和根吐却何以如此蓋悟須自悟豈干佗人半錢事若也終身不悟但只堅持正念生與同生死與同死不必妄求一毫知解苟能如是操

守只隔得一生兩生不患其不悟明也或有坐在靜默中於塵勞暫息之頃忽於陰識中遂省得箇相似底道理便乃依約爲是勾引經教中語言證過含於心中不知此病是陰識依通眞生死本非見性也堅執爲了不肯求人決擇到處只要人把冬瓜印子與之印過此何所圖哉又有一等妄認六塵緣影爲自己主人公及引古人謂未了之人聽一言只遮如今誰動口之語爲證大率參學不獲正悟者不惟生死岸頭用不得即今白日青天大開兩眼遇聲遇色動輒生情起念不得自由人或非之則發起根本無明與之爭執此蓋在人之所爲也又或有盡生學道無所悟入便乃不信乖而把箇學道之正念擎在無事甲中更不復起求開悟之心如此等人謂之失正念既失正念莫說後之又後世不能自了縱使徧歷塵沙盡未來際亦無自了之時譬之良田不加耕耨而望其五穀自生無是理也

或問盡世參禪不獲開悟有何果報幻曰豆種不生麻麥草根不產松椿蓋參禪雖曰是無功用法門但恐其不眞參耳如求明和尚謂假使參而未徹學而未成歷在耳根永爲道種世世不落惡趣生生不失人身纔出頭來一聞千悟皆誠言也世之暫修片善尚獲勝利教中有聞五種名超刹寶施福豈事虛語哉最初發心本期決了生死大事或三十年二十年未即開悟不須別求方便但心不異緣意絕諸妄孜孜不捨只向所參話上立定脚頭只拌取生與同生死與同死誰管三生五生十世百世如不徹悟決定不休有此正因不患大事之不我明也故教中謂末世衆生能發一念不退轉心即同正覺斯言盡之矣今之學者反是於最初發心便自立脚不穩惟恐境緣倐變念慮俄興做主不牢流入異路以之念念馳求遠期超越殊不知返爲此馳求之念所障把箇要了生死大事底正因妄自遮障久之不決忽爾遷變者有三或者勝心不捨頗負聰明矧乎師友之罔其悟理惟尚言通不自覺知涉入知解以相似般若粘綴識田自謂了明莫知虛妄則其口出耳入之習紛紛皆是化權衰替鮮有不墮其轍者此其一也或者志氣狹劣識見淺陋每向工夫邊倚靠不穩將謂此無功用法門絕無靈驗惟限以十年二十年或不相應遂變前因或以念佛爲徑路修行朝暮掐數珠求淨業或以一代時教佛口所宜我既參禪不靈未免循行數墨旋種善因自謂不爲虛度或厭煩受用畏懼報緣自甘陸沈垢面草衣負舂執爨苦其形體以資事行或密持呪語或潛識罪懺等皆是自違正信遠涉異端此其二也或元無信種遇境興心三根椽下坐席未溫八識田中攀緣不斷一箇話頭咬嚼未破百般情妄起滅無時不至三年五載遽謂參禪不悟擎向無事甲中念念循塵心流浪甘赴死門未甞返省者此其三也當此叢林像季祖道荒涼參學道流苟不負決定不退轉鐵石身心則於此三途不之此則之彼既失自心之大志益增佛祖之深哀法社凋零未有不本於此者殊不思參禪正信是千生一遇百世一出儻不能一往直前以期眞脫轉念之間白雲萬里欲望般若種智復入于心猶敗穀之芽無復萌矣

或問古人今人參學用心有以異乎無以異乎幻曰古人學道未問道之得與不得脚未跨門首先將箇偷心一斬兩段更不復生今人純以偷心爲主此正今古之同異判然不相涉矣何謂生死有偷心是何謂涅槃盡偷心是請以喻言之生死是大病佛祖言教是良藥偷心是藥之所忌以佛祖言教治生死之大病此古今之同然者安有不治之理惟是藥有所忌古人純服藥鮮有不獲其神効者今人方藥之未已而繼投之以忌不惟不治其病將見增益異證使大醫王亦歛袵而退矣何謂偷心乃識情之異名也能剗奪自家無上法財故永嘉謂損法財滅功德莫不由斯心意識且畧舉前輩數段因緣可爲今時龜鑑者只如六祖到黃梅但令槽廠去爲山在百丈會中充典座楊岐十餘年惟總院事演祖於海會充磨主雲峯之化緣雪竇之持淨慈明參汾陽惟戲笑譏訶黃龍扣慈明惟遭詬罵中間差別之緣錯出違順之境積生但是當人正因炳煥死盡偷心任其異境紛如一一消歸至理又何所往而不與道相遇哉今之人偷心不肯遷死者無佗蓋己事之不眞切耳雖寄身於空寂之場而馳念於服捨之域一種是作與保社較其優劣則天冠地履之不相侔矣何則如今人稍負天資必欲遠附清名高攀勝軌凡猥屑等事終身不齒安肯作磨主充典座乎凡住奧雖安居

暇食尚不遂其所欲安肯入叢林而爲化士乎至若手橫塵柄身坐猊牀正因叅徵偷心愈熾欲其垂念後昆作清涼樹其可得哉爾是卜化權之盛衰今古之得失未有不係乎偷心之有無也予於此不容不辯

或問偷心於聖凡有關耶無關耶予曰偷心何物即如來妙明元心之至體耳以其求道之志不真不切爲諸妄所蔽轉爲偷心也猶烝生於禾害禾者烝也亦猶火生於木燒木者火也但求道之念真切雖寢食於人不可一日無之事尚能奪志何偷心之不泯哉譬如人之爲利養甘執賤役於人雖竟日奉勞苦而不生疲厭方一毫不盡其役則鞭笞罵辱應時交接皆所不憚何其忘羞惡之若是邪無佗蓋求利養之心真切而致然也使其憚勞苦畏耻辱則失利養矣彼區區爲浮幻之利養而能忘極重之羞惡較吾儕之希求聖道而不肯死虛妄之偷心者何如哉然凡何異聖聖何異凡惟偷心而成異耳道人可不慎諸

或問做工夫多爲昏沉散亂所障用盡神力屏打不去無乃根力有所不逮而使之然乎幻曰非也當知昏沉散亂全體是本地風光其實際理地中無二法也爾其不委且昏沉散亂初無自性亦無實體皆是自家一箇叅禪底正念不真不切上入來當知第一念不真切即從第一念入第二念不真切即從第二念入乃至百千念真切竟無所入或最後一念稍不真切則便從最後入矣若使自最初一念真切直至心花發明之際其真切之心了不間斷則所謂昏沉散亂杳不知其蹤矣往往不責爲道之念不真切而以昏沉散亂爲礙者是猶自處暗室而責己眼之不能洞視物象者無以異也且真實做工夫之人面前見有昏沉散亂錯了也更起念要屏打箇昏沉散亂又錯了也然而屏打不去而生憂懼者更是錯了也設使屏打得箇昏沉散亂去面前淨裸裸地錯之又錯者也更有箇鹵莽之人見說昏沉散亂元是本地風光認以爲是終日與之覩作一團而不生分別者此又不勝其錯也或者見余連說許多錯字乃問如何用心即得於昏沉散亂上不錯去乃謂之曰苟有心可用則展轉成錯矣纔見有昏沉散亂凡用心不用心都是顛倒錯謬或謂遮箇向上話我初機學人不能得入幻曰學道只要悟明自己真實心地既悟得諦當佛與衆生同途共轍初無向上向下只爲你不識昏沉散亂動遭其惑於是語言露布強爲指陳今則事不獲已索性將箇昏沉散亂根本盡情揭露去也備無量刼來爲客塵煩惱染習太重是昏沉散亂之根本備即今見色聞聲念念與諸緣作對其愛憎取捨之情起滅無定是昏沉散亂之根本備最初一念要超生越死是昏沉散亂之根本要叅禪學道是昏沉散亂之根本要成佛作祖是昏沉散亂之根本要希求無上大菩提趣向涅槃是昏沉散亂之根本乃至於世間出世間種種法中苟存毫釐念慮莫不皆是昏沉散亂之根本若根本既斷於三千大千世界內外中間欲覓一毫昏沉散亂了不可得於不可得處不惟無昏沉散亂至若真如實際俱不可得而有也且聖凡迷悟之跡向甚處安着休將閑學解埋沒祖師心

或以學人鮮有不背其初心者爲問幻曰負所欠者其懷虛滿所期者其情逸此人之常理天下古今共之然懷可使之虛情不可使之逸也何則無邊聖道未有不由虛懷以納受之無窮結業未有不因逸情以滋聚之蓋心念無主染淨隨緣一剎那間變化萬狀不之道則之業不之悟則之迷曷有已也偶論及此忽有老比丘作而言曰憶昔在俗時能背誦法華經四卷自謂童顱方服之後必可通背其所未記之三卷豈期出家二十年不惟廢其未記之三卷其已誦之四卷亦皆忘失時聞者莫不掩鼻因謂衆曰當在家也以負出塵之所欠每虛其懷抱故能朝思暮想而受之已而既滿出家之所期頓脫塵累閑情日逸曾不期志而志之矣原其所失與今之叅學者無以異焉且四海無家一身萬里其所負之欠惟欲會禪而後已一旦遇教壞之師巧設問端控其入草或將聰明之資和會情識於語言文字上一印印住自謂滿所期矣殊不知閑情日逸妄見潛生則說時似悟對境還迷不惟不到古人大解脫之地求如前日負所欠而孜孜欲會之心亦茫然無有矣嗚呼聖賢之學豈止是哉蓋負所欠之懷不深而希所滿之期不遠也學者可不慎諸

或問悟心之後有發踐否幻曰此說難於措言也所云悟心者心不自心悟從何得悟既

不立心亦無心心無其心縱觀虛空萬象有無情等觀體混融欲覓一毫自佗彼此之相了不可得於不可得處無縛無脫不取不捨離妄離真非迷非悟一念平等萬法皆如復有何事可言履踐哉或謂積劫無明微細染習尚留觀聽未即頓消不可無履踐也幻曰心外無法法外無心若見有纖毫情習未盡即是悟心不圓而然也或心悟不圓須是掃其未圓之跡別立生涯以期大徹可也其或謂悟心未盡以履踐盡之如抱薪救焚益其熾矣古人謂當以佛知見治之余不識佛知見爲何事或果與佛知見相應則治之之說亦贅且剩矣曰若然則無履踐之說乎答曰玆不必預以有無履踐自惑于心請勤加鞭策到桶底子一回脫落其履踐之有無當有以默契于中矣

或問禪者有不斷惡不脩善不捨貪嗔癡不習戒定慧是謂一性平等之說有諸幻曰此余平生深欲辯而未暇也今旣有所問當略而言之夫達磨悟諸佛心宗不與外道二乘同轍惟一心法界中無佛無衆生至於生死涅槃皆名剩語又何惡可斷何善可修及捨貪等而習戒定耶今之學禪者於一心之要旨曾未悟入遽以此極理之談竊爲己見妄興狂解恣逐凡情破壞律儀自投籠檻是謂畫虎不成反類狗也若必欲要知斷惡修善之底蘊不必廣尋文義但只勤究自心究到無可究處心眼洞開始知惡之可斷不可斷善之可修不可修[illegible]如啞子得夢所以極理之談者習[illegible]皆是自心[illegible]可斷可捨之理所以云不必斷不必捨也或謂旣曰不必斷與捨則行之可無礙乎幻曰爾作是說誠佛祖之所哀矜而不已者謂惡等皆是自心尚不許起心斷又焉得許伊起心行之也或曰今雖悟知惡貪等是自心跡不許斷又不許行其惡貪等必向何處安著幻曰爾甚惑也當知一切惡業及貪嗔癡與無明煩惱種種塵勞等俱無自性皆由迷自心故依妄而有如水因寒結而爲冰此心旣悟則諸妄乘其所悟而消如冰因慧日所照復化爲水旣化水已今云冰復向何處安著此寔迷中倍人也或謂某人者已嘗有所悟入而惡貪等對境遇緣亦猶自若此又何如幻曰此有二種一者悟心未盡諸妄尚存苟不進修則終歸顛倒一者悟心已圓洞視諸法了如昨夢因示現世間行同事攝法似有惡貪等殊不知其真心了然超越當知此行或力量不及者少加勉強俱不免過失矣

或曰人有日營萬善者與至道之體親乎疏耶幻曰道體本乎無爲善惡不可加損也原夫造惡根於迷妄聖人觀破迷妄之漸故使之爲善也善業勝而迷妄消迷妄消則惡自遷矣諸惡旣遷萬善亦忘古人有善惡俱莫思量自然得入心體之說謂心體者即至道之異名也苟遣惡而存善欲望吾至道之體不勝其邈矣試以喻明之人有惡厠屋之臭以香熏之莫若置身於無糞穢之地可也然厠屋喻惡也香熏喻善也無糞穢之地乃至道之體也人有處幽室之暗則執炬以燭之莫若處於大明[illegible]也暗室喻惡也執炬喻善也大明之地即至道之體也復有懼冰雪之寒者必燔薪以解之莫若措躬於陽和之室可也冰寒喻惡也燔薪喻善也陽和之室乃至道之體也然焚香有斷續執炬有起滅燔薪有離在惟至道之體窮劫不變積世常存安有斷續起滅離在之謂哉修善之於合道也其親疏之理若是豈容不辯哉

或問善惡二言已嘗聞矣謂善惡之理世或未能辨有以鞭笞怒罵爲惡能忍是惡而不加報者爲善有以持刃殺人爲惡以順受其害而不形諸念慮者爲善有以淫蕩暴亂貪多務得爲惡以安舒靜默齋戒誦持爲善幻曰斯說皆善惡之跡也謂理則未然也使盡言善惡之理無佗凡起念動心所期之事無大小無優劣但欲利人皆善也惟欲利己皆惡也事或可以利人雖怒罵擯斥皆善也事或可以利己雖安徐承順皆惡也以故聖賢垂教立化汲汲於濟世而無食息之暇者皆至善之心也惟衆人反是雖聖賢其衣冠文滐其言行苟不有利人之心已不勝其惡矣況暴怒之氣搖動而不息者乎以若所爲而望善之一言猶隔霄壤豈至道云乎哉

或問孔孟之書言王道極於仁義而已矣老莊之書言皇道極於無爲而已矣百氏之書雜入覇道極於功利而已矣吾佛之書單明性理謂諸法所生惟心所現極於一念不生而已矣似各擅一門而不能融會於大同之域果別無理乎或別有理乎幻曰謂無則局謂有則[illegible]聖道俱不取也其所取者貴在一門深入使[illegible]悟後[illegible]洞見三教

聖人握手於言象之表而不有出世世間之間脫或未悟縱以四庫書漁獵于肺肝含吐於齒頰特不能脫多聞我見之譏如西天所謂聰明外道者是也故學者不求正悟而尚區區於文字之間者非愚而何今之猜負聰明者多不肯死心忘情以求正悟每取證於文字語言不惟無補於理而增長識情分別動違聖道如之何化權之不衰叢林之不替也

或問宗門中有碧巖集者乃圜悟住夾山時取雪竇頌古分綱列要言批句判舉揚細密開發詳明語其富麗則如揭開寶聚而明珠大貝委積橫陳語其充溢則如掣斷禹門而逆浪回瀾掀昂起伏偉矣哉非得法自在者不可及矣柰何自開戶牖之士每資此爲階級尊而妙喜知之恐學者流而忘返嘗入閩碎其板今書坊仍復刊行丁亥季運無乃益學者之穿鑿乎幻曰非也無邊衆生各各脚跟下有一則現成公案靈山四十九年詮註不出達磨萬里西來指點不破至若德山臨濟摸索不著此又豈雪竇能頌而圜悟能判者哉縱使碧巖集有百千萬卷於佗現成公案上一何加損焉昔妙喜不窮此理而碎其板大似禁石女之勿生兒也今復刊此板之士將有意於攛掇石女之生兒乎益可笑也曰然則當人脚跟下見成公案了不與佛祖言教有交涉則當人何所考而證之乎予曰無所考也亦無所證也惟貴當人瞥爾迴光退步一踏與目前見聞覺知一翻翻轉則知風前瀑韻雨後溪聲無一字非頌也雷震空山籟鳴清晝無一音非判也至若天高地厚夜暗晝明萬象森羅熾然常說是謂見成公案之碧巖集者也雖百千雪竇圜悟亦當望崖歛衽於言象之表又安能置一元字脚於其間哉爾其未諳此旨彼之建化門中一成一壞一抑一揚特世相之常分耳爾謂碧巖集必使學人穿鑿知解障自悟門遂推二師之心恐不爾也如世尊以正法眼洞觀法界衆生各各具有如來智慧德相但以妄想執著不能證得我當教以聖道令離諸著然佛豈不知聖道亦在衆生分上各各具足非可以語言教之者及乎應酬三百餘會差別之機則大小偏圓頓漸半滿之聲無日不出乎口而今古學者不達其語言方便指以爲實法各執所解異見紛然鼓舞於是非之場交馳於能所之轍俾一大藏教去碧巖集亦不相遠且聖教尚爾況佗文字乎雖然遠極究言教之得失實在當人爲己事之眞切不眞切耳或爲己事眞切則知片言隻字果有超越生死之驗如敎中謂鵝王擇乳也或師資之間誠有志於克明己事荷負宗乘決不肯依文解義自能扣己而叅政不在碧巖集之有無也何足議哉

或問諸方莫不以高峯和尚令人然指受戒爲異者然乎否耶幻曰亦嘗親聞其異矣因以異之之說扣之先師先師曰不異也彼不識權變而然我寧不知達磨大師單傳直指見性之旨文字尚不立何戒可受乎然達磨不言戒者有二理存焉一觀宗二驗人觀宗者達磨專以傳佛心印爲宗惟務單傳俾之一超直入如來地不涉大小二乘階級其宗旨如是言戒則背矣驗人者凡達磨門下皆上根利器之士非夙熏般若種智具最上乘根性者不可涉入如此等人其於戒定慧之學深熏熟煉政不待復令其受戒也故達磨之時宜乎不言戒彼雖不言而亦未聞令人故毀之也自達磨而下其具大乘根性者四方八面雲興海湧古今沿襲而來亦皆畧而不言戒者乃宗旨之當然也初未聞有不守戒律而傳佛心宗者昔慈受和尚乃宗門碩德每於舉揚之次極讃人具受戒法眞欲和尚建勸發菩提心會與四衆數宣此二師乃權變之漸也昔湛堂準和尚叅梁山乘禪師乘曰蠶烏未受戒敢學佛乘乎堂擎手曰壇場是戒耶三羯磨梵行阿闍黎是戒耶乘乃驚異堂曰雖然敢不受教遂詣康安律師受具足戒從上宗門中言戒之事尤多不及繁舉由此言之則受戒豈可謂之背少林宗旨而爲異也所云權變者隨時適宜知有補於理故不疑也思我初入衆時乃開慶景定間如淨慈雙徑皆不下四五百衆其住持頭首固不在言衆寮中間有一人半人飲酒雖不常飲而鄉人鄰單未嘗不以此誚之除飲之外佗事鮮有所聞今則自上至下蕩而忘返無所避忌昔佛說五戒爲白衣設比丘自有四分僧祇等律及三聚具足大戒且白衣之戒尚逸而況律儀乎溈山亦云止持作犯束斂初心然初心一步也傳佛心宗千里也未有一步不能行而能到千里者古人謂持戒學道是把本修行或根性遲鈍一生道眼不

明亦得戒力擁護道念令不忘失則來生易於成辦也如言教中以楞嚴圓覺二經是大乘圓頓之要詮請試檢閱其中未嘗不以戒爲要務故古者謂戒爲基址道爲屋廬二者若無一身安寄此余所以從權設變也復何異哉若以教人持戒爲異如百丈建立許多威儀禮法凡行住坐卧靡不周該而悉備較之達磨直指人心之旨得非異乎或謂自安衆以來其叢林禮法不可使一日無也殊不知戒律乃叢林禮法之根本未有絶其根本而枝葉自能存者嗟乎道體喪而戒力消戒力消則叢林之禮法失矣安得天下人心復存乎道我於今日而以戒示人者何異之有此皆先師誠諦之語偶因所問不覺打開布袋譊譊若此識者毋以我爲好辯云

或問佛菩薩皆具神通此神通還屬修證否幻曰神通亦屬修證亦不屬修證也夫神通者是諸佛菩薩於久遠劫中純以四無量心六波羅蜜及種種善行之所熏習而然也言屬修證者苟不因如上種種熏習則不具也言不屬修證者當知佛菩薩所行諸波羅蜜及衆善功德等非爲求具神通而然乃其大悲熏心本己願行之當然者使佛菩薩苟有一念欲求神通則當頭被此一念障住縱盡修諸善行等皆成有漏之因安得具此自在解脱變化之神通耶或未曾契證諸佛心宗及種種無作願行而至自餘二乘小果及外道等亦各有神通變化非神通也乃幻力變現皆有作思惟成就實顯異惑衆之生滅因也夫佛菩薩大悲熏心無作願力所現之神通殊勝與法性平等雖於一毛孔現出百千光明百千莊嚴具充塞法界隨其欲樂皆獲滿足而佛菩薩解脱心中不見有具是神通者亦不見有現是神通者亦不見有依是神通而獲受用滿足者何以知之蓋神通與法性平等然法性無一異自佗能所分別之差則知神通亦爾也或謂佛菩薩神通不可謂之全不屬修證若果不屬修證則凡夫緣何不有耶幻曰凡夫於法性之神通亦未嘗不具而凡夫及異類皆昧畧而不自知也但凡夫闕於無作願行諸波羅蜜所證之威德莊嚴之神通耳前不云乎佛菩薩以大悲熏心而然非爲求神通設也請以喻明之世有造十大惡業不思懺悔之衆生此人命終由業力故直入地獄受種種苦此人政當造業時但爲迷妄入心恣情而作决不曾有一念謂我業熟時决入地獄也蓋地獄無自性亦無實法乃由自己妄業之所致爾當知佛菩薩解脱神通亦無自性亦無實法寔由戒定慧諸波羅蜜等成熟之所致爾復何疑哉

或問西天二十七祖皆有神通洎達磨亦有神通自達磨已降何以不具神通中間或聞一人半人亦不多見幻曰聞西天外道皆具有作思惟變化神力佛燈初傳將照明世間非具神通者不能攝彼外道蓋西天皆化佛化菩薩應身爲祖以傳命燈故達磨謂是觀音應身自達磨已降中間或有一人半人亦具神通者乃聖賢間世而起助揚宗教耳其不具者惟以悟佛心宗爲本蓋佛心宗乃百千三昧神通之正因也安有果報不自因而著者凡眞實悟心之士或偶生神異則當念遣除决不肯滯此爲奇也苟以爲奇則失本心矣且悟者尚爾况未悟耶今之學者不求正悟而妄興一念神通三昧之心乃外道眷屬求背正因必矣或有人謂神通亦有傳受至東土恐致顯異之譏故不傳此説不惟自惑又且惑人豈至理也

天目中峯和尚廣録卷第十一之中　十八末　弊二

天目中峯和尚廣録卷第十一之中

校勘記

一　底本，影印宋磧砂藏本。

一　四九八頁中一行第一三字「予」，〔徑〕作「余」。下同。

一　五〇二頁下三行「具最上乘」，〔南〕作「其最上乘」。

一　五〇三頁上二九行「生滅因」，〔徑〕作「生滅用」。

天目中峯和尚廣録卷第十一之下　弊三

叅學門人北庭臣僧慈寂　上進

山房夜話下

或者以所知爲問曰僕嘗積學半生凡佛祖言教漁獵殆盡每臨文對卷未嘗無所知觸不能剪情縛於見聞之初乾識浪於愛憎之表者何也幻曰子槩言所知而不能擇其至者有靈知焉有真知焉有妄知焉夫靈知之謂道真知之謂悟妄知之謂解言所知則一也謂靈謂真謂妄則日刼相倍矣學者不揣其理泛於所知妄生執著引起是非不惟汩喪道源而亦沉埋自己如裴公謂血氣之屬必有知凡有知者必同體此言靈知之知此知於聖凡迷悟無所間然心體本具了無加損者也如華嚴謂知一切法即心自性成就慧身不由他悟如圓覺謂知是空華即無輪轉又云知幻即離不作方便等此言真知端從悟入苟非迷雲豁開斬絶見量不動神情如久忘忽記當念解脫立處皆真自餘決不可偶然也又圓覺謂衆生爲解礙菩薩未離覺又云末世衆生希望成道無令求悟惟益多聞增長我見等此皆痛指依通妄知之謂也其妄知者雖深窮至理洞徹性源使辯日肆懸河之辯即其所辯而與之俱迷政不待辯後而迷也故迦文於雪山示其悟跡末後於百萬衆前拈一枝華顯其悟理已而諸祖門庭之設施雖萬不同皆近之如火聚關之如太阿關之如雷霆飲之如蠱毒至若語默動靜了無縫罅與人作蹊徑者良有以也然宗門中尚不許向悟處栥跟乃非之爲法塵斥之爲見刺必欲其兩忘迷悟混入靈源而後已或未至此則以其所知動形諸妄如瞽者執炬而復晝行不惟無益於明使久不擲去將見火其所執之手矣予亦昧真知者而不能逃妄知之責因其致問故說此以自警

或問塵勞二字世所共稱不識塵勞以何爲因以何爲義幻曰以迷妄爲因以染污爲義謂迷妄者以迷自心故不達一切法無自性謂無自性者性本空寂無知見故以不達無自性而引起妄情認一切法爲實有既墮有海則其取舍順逆之念皆自我起順之則愛逆之則憎愛則取受憎則捨離展轉遷流順愛生喜逆愛生怒微細微細潛伏識田騰躍不定起滅無時徇情膠擾逐念紛飛染而六凡淨而四聖雖悟迷有間謂塵勞則等也何則本來清淨真實性中亘古迨今不容別有一法爲增爲減爲得爲失瀰滿充塞周徧含攝廓徹靈明了無住相衆生未悟動逐境緣但涉所依皆塵勞相無問聖凡咸遭污染矣夫塵勞者能傷戒體能濁定源能昏慧鏡能潤貪根能資恚燄能長癡雲能開惡道能閉善門能助業緣能消道力使盡說塵勞之過無有窮已今之學人槩言動作施爲皆是塵勞直欲置身於一物不侵之域或少事役其情微務干其應謂消道力必欲掉臂徑去不肯回顧其志亦苦矣而返墮迷中之倍人不可與之論道也何則蓋不能返照塵勞所起乃根於迷妄非出於事務也若出於事務則飢不當食寒不當衣居不當屋廬行不當道路審如是則死無日矣其必當然則不思所食之穀出於耕鋤所掛之衣出於機杼所居之屋廬出於營繕所履之道路出於開闢使各各俱不涉事而歷務則資身之具何所從而得耶復不思即今行道之身本來無有皆自父母養育之塵勞而生撫抱之塵勞而長又不思從上佛祖道大德備之人未有不食不衣不居不履者以其廓悟圓滿清淨之自心充塞法界中不容佗一刹那間轉八萬塵勞爲八萬佛事故永嘉云不見一法即如來方得名爲觀自在安有了悟自心之外別見有一法爲塵勞耶是故華嚴會上諸善知識皆借此塵勞爲行菩薩道修菩薩行以至莊嚴佛淨土之一種要門當知離塵勞無六度捨塵勞無四心虐塵勞無聖賢盡塵勞無解脫蓋塵勞是三世佛祖十方開士無邊善知識一切戒定慧恒沙善功德之胎孕苟不有塵勞則聖賢事業無出生之理嗟乎學者不了此義妄生忻厭無乃將塵勞去塵勞轉增迷悶而已聖人哀之故楞嚴有如我按指海印發光汝暫舉心塵勞先起斯言豈欺人哉安得人人於此遠契聖心即塵勞爲妙用者哉使以百千功行欲洗滌塵勞聖人尚訶之爲妄作然洗滌塵勞尚遭訶斥矧乎心塵壅塞不求正悟遽以一切無礙而爲口實者非欺罔自心而何

或問子之道譽頗爲人所喜胡不徇時緣坐一剎隨力闡化以張佛祖建立之心且靖退小節苟執之不返其能免爲法中之罪人耶幻曰自嬰不虞之譽日聞斯言然所以無愧於此心者有解焉使其果有爲人之道擬全

高蹈固守而不為則法中罪人無可逃者使其實無為人之道乃欲乗時網名背理而強為之不識罪人之名可免乎不可免乎或不可免則較之固守不為之罪亦倍矣頗知此理故不敢冒為也嘗默究之住持之要有三種力庶幾無敗事一道力二緣力二智力道力體也緣力智力用也有其體而缺其用尚可為之但化權不周事儀不備耳使其道體既虧縱有百千神異苟欲資之益不相稱雖緣智奚為哉或體用併缺冒焉為之使無因果固不足論使有因果寧不慊然于中乎余於佛祖之道缺於悟證尋常形之語言毫楮者特信解耳思古人得旨後復不懼危亡三二十年置身爐鞴之側尚欲屏其悟跡蕩其證理然後入真入俗不見一法當情則其通身如利劒如古鏡無停機無剩語儼臨千峯萬衆之上不知為尊不知為榮具如是體裁或遭人天推出庶幾無忝斯豈情見未脫者所能假借耶原夫悟證之跡或未盡洗則其能所之見動輙紛然謂能所者皆情見也且悟證之跡尚不容存於心何況信解純是情見其於至道之體愈親而愈疎益近而益遠且自未能會乎道安有能使人會道之理哉以此擬之不能自遣故不敢妄尸大琳稱弘道之師也客曰審如是說古今列刹相望其握麈柄者代不乏人豈皆真不失其體用者乎幻曰子問甚詳爾不聞各各三昧各各不知既不之知欲竊議其可否無乃益予之過耶客於是相視一笑

或問僕半生跡寄空寂之場而情融舉利之域方責遣物之不我助偶有以住持之名見任喜而從之自負此名字而來返不若未負之為安也何則百務之適塞繫情之喜怒感萃於吾方寸或少有不周於思慮則禍辱不旋踵而集豈從上佛祖果如是耶幻曰爾不思受名之初乃受責之始也天下之名未嘗孤起而忽生蓋由實而致名名之與實猶影之隨形也猶衣之出於帛纊也猶飯之本乎米粟也所云責者求實之謂也如稱影之名必求其形之實言衣食之名必求其粟帛之實當其初負住持之名必先自責其持任正因令法久住之實有無也苟無其實則不異離形而論影捨粟帛而議衣食言說愈多而實效愈遠矣心機愈密而大用愈乖矣攀緣愈熾而正因愈廢矣使亟棄之猶有可樂之方或流而忘返則不至泥犂不已也且名者何物也而競尚之蓋非尚名也乃所以有我也以有我故而生愛見愛見莫甚於名故名於五欲居其一也欲潛乎心隱微難見過緣而動萬夫莫能敵千聖莫能制雖斧鋸在前鼎鑊在後將不暇顧又何畏夫因果哉然名之至美者聖賢也道德也其次則功利也又其次則技能也由是欺聖賢以網之駕道德以要之尊技能以奪之竊功利以據之美名根於心妄識馳於念至若舉措言動惟名是務至於論其名之實則掉頭弗之顧也雖營營終日逆知其何所為而不敗哉間有報緣適爾偶中所求使美名加於百世而不衰一旦報緣忽盡即前日之名乃今日之辱也名愈多而辱愈甚故知罔實之名乃取敗取辱之具也原夫聖人洞窺理底存實于中惟恐斯須或忘之也是故於無量刦專求至道乃破生死魔而返靈源之實也精修六度普運四心乃興大慈而啓大悲之實也三百餘會半滿偏圓乃觀根應病利生接物之實也末後手拈一花衣付飲光乃以心印心以器傳器之實也至若百千勝行恒沙功德靡有一法不自實際理地中流出是謂純一真實無所為於内無所慕於外無所矜於己無所待於人惟勇健不息履實踐真之正念為當然也以其誠實之行具足圓滿則調御師天人尊優曇華光明藏種種嘉號種種美名曾不約而至矣使聖人瞥興一毫念慮有所慕其名於外縱滿百千萬億恒沙數刦堅脩眾善不惟美名之不逐將見逐妄之識不可逃也古人惟患實之不存不患名之不至蓋知實乃名之招也故天下古今未有無其實而有其名者所云住持之實何實也遠稟先佛之教體近持諸祖之化權内存自己之真誠外起人天之傾信不以賢而使進之不以愚而使退之不以順而愛不以逆而憎以平等慈與物無間皆所謂代佛揚化據位稱師之實也苟力有所不逮當退而養之晦而藏之决不可苟也或欲假一毫方便以資其實猶螢光之助太陽也聖人惟知實之可踐踐實之外復何念於名耶譬如積聚粟帛之多則衣食之名曾不待求而自至矣自有叢林已來其住持之美名若懸的也其抱聰俊負才能者咸以筆舌爭利之矢得而射之或不顧其實皆自中其矢耳豈能中夫的哉然化門之

翕張法道之隆替名乎實乎蓋不能外於此矣

或有以進退爲問幻曰寄四大浮囊於三界海中眇若太倉之一粟其驟進勇退雖日千萬里何利害云乎哉良由人情好惡不等進亦是非退亦是非人不能遠鑑至理動爲是非所惑一進一退惟任妄情卒無所主聖賢獨不然其進必以道則思所以濟人其退必以道則思所以補過其於進退之頃雖百折挫而浩然無憂軟之卒無所主者何如哉其或干榮冒寵辱爲一己之謀者進則與業會退則爲情轉是非之跡動輒紛然因果之招凛然莫隱道人於進退寧容無擇焉

或問公與私對私則喻矣公之爲義何如幻曰我何人也輒敢妄議之竊嘗聞之古人謂公之一言乃佛祖聖賢之本心也至大至明凛乎獨立而天地莫能掩鬼神莫能窺也揀而辯之有至公焉有大公焉有小公焉至公者道也大公者教也小公者物務也昔迦文老人夜覩明星唱言奇哉衆生具有如來智慧德相於此發明聖凡同稟其靈俾傳之無窮乃至公之道浚源於此也已而三百餘會隨機任器設教殊塗文字語言浩如山海乃大公之教張本於此也及其化被五天光流震旦僧團資具徧在寰區此小公物務之所從生也非道無以發其教非教無以任其物務非物務無以暢其道是三者更相成而互相資蓋均出乎佛祖聖賢本心之公也且天普覆而地普擎海普涵而春普育亦已至矣未若吾公之普又至也何則語其道則圓裹三界洞貫十虚無一含靈而不與同證者也語其教則三乘十地之階梯萬行六度之品級大張宏設不使一衆生不得其門而入也語其物務則崇門大殿之開闢廣堂密室之容受雖一飯亦必考鐘伐鼓以警其幽顯俾之均沾而悉被也人之所以不至佛祖聖賢之域者蓋不存乎公也苟不存乎公靜則蘊乎憂思動則涉乎禍辱窮則滯於下愚達則長其罪惡已而三塗六趣纏縛萬生卒未有自釋之理良由此心之不存乎公也如離婁困踣於暗室之底責千里神光不能睹其分寸是以聖人教化不得不啓之也故安樂人之所趣而不知致安樂者公也福慧人之所尚而不知資福慧者公也聖賢人之所仰而不知達聖賢者公也佛祖人之所親而不知契佛祖者亦公也公也者與本心而無一毫少間也以故聖人指至公之道以明其心設大公之教以照其心任小公之物務以正其心惟心與公異名而同體者也然公之爲理不可苟也不可強也無作爲也離種種情僞是一直之道也惟至眞至實之心能契之少涉念慮則不公矣故聖賢操之履之趣之向之未嘗違越其絲髮凡縱心舉念不假思惟渾然至公不期昭顯而顯矣世之罔其公者非罔其公乃自欺其心爾苟知心之不可欺自然動則與公合其明靜則與公合其照以至通教道而持物務舉不失其公矣所云公者人或終身無所知而昧之則亦無如之何也間有知之而故背之返張至公之道以網其名假大公之教以濫其位竊小公之物務以濟其欲深沉重溺而罔思所以劾之者又不止於自欺也昔朝有欲改某寺爲會一僧力拒不從因聞于王王授劍與使者曰今再拒則斬之如不畏死則與免尋而使者諭旨僧笑而引頸曰爲佛法死實甘餂之彼當引頸之際了無畏怯豈苟而強之也蓋一出於眞誠推原其心豈直爲僧團物務之小公深有意於教道者也隋太守堯君素下令以諸僧登城固守敢諫者斬時有沙門道遜歷階披陳而拒之君素直視遜曰此僧膽氣如是壯耶遂免此爲大公之教遠抵鋒冒刃不懼死士又豈苟而強之也東山演祖書略曰今夏諸莊旱損我總不憂室中舉箇狗子無佛性話無一人會得此誠可憂原其所志於至公之道拳拳翼戴不敢斯須忽忘之也然諸莊旱損而言不憂者非不憂也以物務之小者較之於至道則物務可略其憂也僧團物務本於興教傳道而建立使教之不振道之不傳雖飛樓湧殿餘金剩粟充塞大千不惟無補於公適足以爲教道之累也公之存亡係於法道之隆替可不慎乎可不慎乎

或有以威爲問幻曰威之於天下有二所謂二者有道德之威有權勢之威道德之威出於天權勢之威出於人出於天者服其心出於人者服其形耳然服其心之威不特威之閫內使風行萬里之外亦威之又不止威之於今日將聲傳百世之下亦威之矣何以知其然如古之道德渾全者今人挹其遺風仰其餘烈莫不意消心醉而況承顏接辭於當日而不畏敬者乎彼服人心之威一出於至

誠蓋自然之理不容毫髮念慮加於其間也夫道德之威人心感服固無疑矣使聖賢苟擅其道德而必於服人則人豈服之哉且道德之美聖賢尚不得專擅以服人而世之昧者捨道德而附權勢自不知其危猶謷謷終自尤人之不我服何其謬哉然權勢之威纔能服人之形亦須刻耳反面則不威矣其能威之於身耶不特不能威之於身後人將結恨於懷欲追其威服之跡以報之則其爲禍未易量也故知前日之威鮮有不爲後日之禍幸吾儕遠稟四無量心之大訓於西域聖人之後威權之柄宜終身不預焉或曰聞規正天下之心莫善於賞罰匪恩莫賞匪威莫罰予於世道固遠矣其僧團資具或任人之不職欲不威之可乎幻曰昭昭因果實臨爾躬聖賢垂範誰敢易也使威之而不悛將如之何當歸求其道德可也未見道德在躬至誠浹洽於内外而人不之信從也安用威爲且海内之威無日不在而肆暴習惡者莫之少畏豈其威果不及之耶苟道德之不充而靡思退養惟務持威柄以臨人者不禍於今將引其禍於身後者必矣聞者畏之

或問吾法須外護然後可行乃有佛法付囑國王大臣之說幻曰事說則可也理說則未知其可何則隋珠絶類人將忘重溟之險以求之卞璧無瑕世將輕連城之價以易之理固然也使吾衣底之珠不具懷中之玉挎然雖卑言屈體狎近於人則人將遠之又安肯輕連城以易之忘重溟以求之者乎故佛祖以道德自任夷險一致身世兩忘曾何意於求外護也以道德不能自檢則王臣乃傾誠以待之世之昧者不顧己之道德爲如何必欲干榮冒寵奔走權門而稱外護或不遂所欲則怨嗟之聲形於言鬱勃之氣浮於貌不至禍辱不已也豈抱道之器合如是哉

或問僧團物務有所缺漏而志身補之可乎幻曰有藥必聚於良醫之門無貨不投於巨商之肆樹將茂而鳥集池既成而月來昔雪山大沙門棄萬乘尊榮受六年飢凍視大千世界不翅一漚之輕曾何有爲於世耶及萬德功圓之日則衆寶樓閣諸莊嚴具周匝圍繞雖滅度二千年遺風餘烈充塞海宇是謂出乎爾者返乎爾者也聞菩薩成就世間或不具足不責彼之不我助惟精修六度廣布四心化機圓熟而諸施者持以奉獻或蒙領納則踴躍歡喜自利利佗均名解脫是僧伽藍成就福田者也今之苾蒭於所爲處動背至理惟務惡求如片地之不獲或多財以壓之或重勢以臨之或搆罪以恐之或挾術以勝之雖成就於一時皆煩惱業根豈福田利益者哉競以千年常住一朝僧之說爲張本殊不思千年常住苟非定慧資熏自佗兼利必何所從而得耶或罔其所自是猶捨池而招明月棄樹以集衆鳥理豈然哉理豈然哉

或問說法之儀式必須兩花堂須彌座爲然乎否耶幻曰謂儀式則然也謂說法則豈其然哉夫法無定相說亦無定相其揮白塵拂播搖唇吻者事相之說也如吾佛不起菩提座不出那伽定不動廣長舌不見一法相而熾然常說又豈待四十九年三百餘會爲說邪如諸菩薩能捨難捨以布施爲說法能持難持以戒律爲說法能受難受以忍辱爲說法乃至修六波羅蜜四無量心皆說法也如觀世音三十二應處至若天龍鬼神人非人等即其所現是說法時更不待別有所言也如從上諸祖之擎乂輥毬提油舞笏陽江超手立雪安心竪拳於草廬疊雙趺於巖穴撼木鐸於紫陌紅塵之際放絲綸於白蘋黃葦之濱打地叩舷張弓面壁孤峯獨宿俠路相逢得牛還馬而道出乎常喚甕作鐘而意居言外千途萬轍玉振金聲豈必皆兩花堂須彌座爲然也心同乎道雖形影相弔於巖穴草萊之下未嘗不是儼臨大衆播揚宗教之時苟不同乎道雖榮披上服尊據大牀闊若雲興酬如瓶瀉口舌相勝惟益高心媚悅世情鈎引時習謂之說法利生代佛揚化甚非予所知也

或問古人得旨之後或孤峯獨宿或垂手入鄽或兼擅化權或單提正令或子[illegible]盤室或不遇一人或泯絶無聞或聲喧宇宙或親嬰世難或身染沉痾雖同趨少室之門而各蹈世間之路者何也幻曰言乎同者同悟達磨直指之眞實自心也言乎異者異於各稟三世之虚幻緣業也以報緣觀之非樂寂而孤峯獨宿也非愛閙而入鄽垂手也擅化權而非涉異也提正令而非專門也雖弟子滿門非苟合也雖形影相弔非絶物也其畢世無聞非尚隱也其聲喧宇宙非播顯也至若榮枯禍福一本乎報緣以金剛正眼視之特不翅飛埃之過目耳安能動其愛憎取捨之念

哉所以龍門謂報緣虛幻豈可強爲演祖謂萬般存此道一味信前緣苟不有至理鑑之則不能無惑於世相之浮沉也

或問據師位者代佛揚化本於得人以續慧命今五宗之嗣惟濟北而下血脉不斷餘皆絕嗣者豈授受之際失於囑累耶抑實緣之使然耶幻曰聖人之道雖隱顯隨時亦由定分耳其時代之延促人物之盛衰化權之隆替雖一毫不能加損於其間昔吾祖未離西乾已受般若多羅預讖此其可驗矣當青原南嶽未著之時其五家已有定分矣當五家方盛之頃其脩短之數安得無定分焉特彼此昧畧而不自知也或謂臨濟道出常情爲人痛切機圓語活其煆煉人物速如反掌以故家聲久遠不墜自餘反是宜乎不來於世也此說不惟誣謗先哲臆斷是非亦乃昧天理之甚者然近代之據師位者不思等心普化令法久住往往急於求嗣刼闠巷庸俗之所爲以勢利相傾名位相誘紛欲相勝情妄相欺似此雖數千百傳繩繩不墜何有益於理哉豈惟無益實害之至也故月堂有日中灌瓜之喻石室有鑽腋插羽之譏具在典章不知何所圖而弗之顧也如古之雲門得法於陳尊宿而宿使其終嗣雪峯叢林迨今尊之又如慈受謁佛鑑於蔣山室中有奇遇欲易其所嗣鑑終却之叢林尤歸美焉但恐我之道不能廣被於人使異其所嗣亦何憾焉譬如分東家之燈而照西室但取其破幽燭暗爲美又安庸責彼昧吾燈之自來也耶

或問楞嚴經云我滅度後菩薩阿羅漢於末法中現種種形與其同事終不自言我真菩薩真阿羅漢泄佛密因輕言未學惟除命終陰有遺付覩今之據師位者於人天前稱說悟由或學者之未信則仲之以誓似違古佛之誠言增後人之妄習莫知其可否幻曰此說其來有漸矣如五燈編諸祖之本傳必先載其領悟之緣當其悟之之頃如久忘忽記如啞子得夢惟己自知非第二人境界是謂自證三昧使其絕口不言安有問野鴨吹布毛見桃花聞晝角之說乎蓋此說之露亦有由也或因師詰問或遇事指陳或末後表證無偏或當時遮掩不及悉聲流布豈得已哉其中亦多有不形所悟者既預祖燈寧無證據蓋覆藏深密不欲顯露而然也其真有所得者雖未嘗以悟之一言掛之脣齒其如山含玉而草木華滋淵抱珠而波瀾澄瑩自然之理也本色宗匠但據己所得與人決擇政不必引己悟因以求其信亦不必生心動念巧設機緣移換當人折困來學但一一隨力展布學者或不加信惟任之而已苟縱生滅則失正受也審如是則悟之之理其可秘乎其可泄乎

或問禪者臨終坐脫或不能者不知乎昔以何所守而然幻曰無所守也此多係緣業不可苟也夫悟心之士情消境寂見謝執忘初不以此爲介其或臨終不嬰疾苦及諸障難則了了分明超然獨脫因行掉臂復何爲哉且世有不學道修行之人亦間有坐脫者乃至傾動敬心光揚來後此非報緣而何凡學道之士不力窮心要須思末後不能獨脫恐人遊請而教枚以此爲重者鮮有一種外魔乘其所重而入令汝詢知時節作種種奇特殊不知爲魔所著流入三途何益於理間有真實悟心之士臨終或中毒或遇難或嬰異疾至若四體莫支一語莫吐而其平昔道力不能奪者但只堅持正念以待其盡未嘗不與至理契合也臨此之際或自照世間不破或爲生人以言激忤或強生一念欲如之若何則利害不小也宗門中有尊宿指期坐脫體香襲人飛走哀鳴草木衰落火光散彩舍利流輝至若種種神異不測之事聳動四衆者此皆世世生生住善知識位中以定慧資熏其勝因不昧感斯異報亦非尊宿著意而然或地位中菩薩來展化權現斯勝相非一生參學能如是也係乎報緣之說盡矣

或問諸方說法無義路與人尋討乃活語也子所說者皆實法縶人無乃死語乎余曰爾擬於諸方活語中活而不肯向死語中死其亦僨矣爾如肯向死語下死去久之死中忽自活將見不勝其活矣夜話至此林雞忽鳴東方漸白余乃瞌去客亦忘言少頃瞌覺思終夜所談竟不記一字偶童子收之毫楮出以示余因怒而麾之曰余樂是語此所謂叢林粥飯氣也宜屛諸

天目中峯和尚廣錄卷第十一之下　磐三

奉佛居士[illegible]　壹
已上一卷　入
喜捨[illegible]成就

大目中峯和尚廣録卷第十一之下

校勘記

一　底本，影印宋磧砂藏本。

一　五〇四頁中四行第一一字「予」、[徑]作「余」。次頁上二八行第一五字同。

一　五〇四頁中末行第二字「番」，[南]作「品」。

一　五〇五頁中一行末字「見」，[南]作「是」。

一　五〇七頁上六行首字「自」，[南]、[徑]作「日」。

一　五〇七頁下一七行第二字「予」，[徑]作「余」。

天目中峯和尚廣錄卷第十二之上　彝四

參學門人北庭臣僧慈寂　上進

信心銘闢義解上

聞夫少林不立文字直指之道方二傳而至璨大師師作信心銘五百八十四字得非遷變乃祖之風而為文字流布耶或謂不然是欲顯示其直指之道俾後之學者具正信而破邪惑也謂信者何信其廣大心體與諸佛平等無間必欲其自信而入不假修證一入信位決定不退轉也故此銘與不立文字之說並驅於千古之下而不相悖者益信太師立言之至術法之誠也嗟今學者膠於義解不能廓悟神心洞見源底以資正信返以是銘為引證談柄之張本其金屑入眼之喻不能無及於吾大師也余因繫影于舟凡兩句下申之以語偈不敢炫耀見聞仰奉勝執誠欲闢義解顯正悟曉同志勵自己也其有傍不甘者則余罪過當何以釋諸故以信心銘闢義解標其名焉

至道無難唯嫌揀擇

神光烜赫萬靈罔測路華象之深淵啓重玄之大宅臨濟用金剛王鼓雷轟霆震之令望影尤難德山遣木上座奮風馳電走之威追躡莫及陶形鑄象不居其有功負海擎山似覺其無力黃面漢四十九年有手只好擎空白拈賊千七百箇有口惟堪掛壁最見成難委悉擬向當陽指似伊早是門前起荊棘

祖師道至道無難唯嫌揀擇義解者謂此兩句乃一篇之要綱一銘之本旨然信之一言全該悟證非信行之信也如法華之諸子於會權入實之際作信解品以述其懷吾祖目之曰至道唯佛證之曰菩提衆生昧之曰無明教中彰之為本覺皆一心之異名也至若徧該名相涉入色空異轍殊途千條萬目豈乖優劣塵陽悟迷莫不由斯而著如趙州之栢樹子楊岐之金剛圈密菴之破沙盆東山之鐵酸餡異端並起邪法難扶則知至道之詁行矣該通事理融貫古今說箇無難早成剩語然聖凡染淨極目全真揀擇情生迥乖至體是謂惟嫌揀擇也下文雖殊悉稟其意

闢曰依稀相似彷彿不同且至道二字任你意解謂無難之旨須相應始得自非心開神悟妙契冥符迥絕見知超出言象者望無難之旨不翅天淵於根境相對差別互陳不能當處解脫擬將箇無難不揀擇底道理存乎胷臆又豈止於認賊為子矣故於此不能忘言偈曰

至道不應嫌揀擇　莫言揀擇墮凡情
快須摘瞎孃生眼　白日挑燈讀此銘

但莫憎愛洞然明白

直非松曲非棘通非虛空塞非墻壁無孔鐵鎚當面擲直還松曲還棘通還虛空塞遠墻壁依然野水連天碧昨夜南海波斯捉著西天正賊待到天明點火看却是東村王大伯

祖師道但莫憎愛洞然明白義解者謂厭生死慕涅槃是憎愛捨煩惱趣菩提是憎愛偏但於一切聖凡法中不得存毫髮忻厭之情則此心自然明白矣

闢曰咄直饒偏一切不忻厭坐斷主人公殊不知只箇不忻厭底已涉憎愛了也苟非親見祖師立地處與麼註解當得西來意麼偈曰

似地普擎天普蓋　如燈俱照日俱臨
擬於明白中蹲坐　脚下不知泥水深

毫釐有差天地懸隔

有定據無準則拈空塞空以的破的買石得雲饒六祖道不會移花兼蝶至遠磨道不識只遮兩路葛藤引起參天荊棘休荊棘海神不貴夜明珠滿把撮來當面擲

祖師道毫釐有差天地懸隔義解者謂我此廣大法門雖曰悟迷無間偏若愛憎揀擇之情毫釐不盡則霄壤相去不勝其遠矣

闢曰與麼商量似則似矣是則未是何則直饒偏一一無差塵塵合道也出佗天地懸隔不得偈曰

說箇無差共有差　俱成捏目起狂花
天懸地隔同今古　擬涉毫釐事似麻

欲得現前莫存順逆

兩不雙一不隻放去非離拈來非即楊岐十載鑄就金圈少室九年觀破鐵壁古佛未生時月印千江大塊已繫時風清八極道順不順謂逆何逆掛角羚羊喫鐵酸秤鎚捏出黃金汁

祖師道欲得現前莫存順逆一等義解者謂祖師到此話作兩橛何則此事本來現

前教誰欲得教中謂正性無不通順逆皆方便於此若教莫存却成斷滅去也不然蓋祖師曲為初心方便委示似莫食不中飽人餐也

關曰低聲低聲祖師在你脚下纘繞一路粉碎更參三十年偈曰

欲得現前徒逐妄　不存順逆更乖真
香塗刀割忘分別　亦是空王眼上塵

違順相爭是為心病

是病非心是心非病莫將有漏菜蘇喚作曹溪杓柄非離身非即身異耶瓶疾轉深日面佛月面佛為祖沉病愈盛情塵未盡處使甘露亦殺人鍼芥相投時用砒霜能活命自從海上競傳方無孔鐵鎚生異證

祖師道違順相爭是為心病義解者謂生死無常是心病見聞覺知是心病參禪學道是心病成佛作祖是心病會須兩忘違順雙泯聖凡萬慮俱捐一道空寂不假萬金神藥所謂心病者自然無地可寄矣

關曰吁祖庭秋晚佛法下衰抱病之流滔滔皆是無性其然似此知解入心執藥成病者使耆婆再世遇斯等人亦無所施其巧矣偈曰

順違相諍心生病　違順俱忘病在心
今古死人常蹤迹　謾傳盧扁有神鍼

不識玄旨徒勞念靜

盡大地是熱鐵輪盡大地是大圓鏡狸奴白牯今本不迷彌勒釋迦昔亦何證白雲澹蕩兮非卷非舒明月去來兮何動何靜聚塵沙於法界之圜陷法界於太虛之寥

只如一人發真歸元十方虛空悉皆消殞時如何蝦蟆吞却須彌盧胡孫驚出那伽定

祖師道不識玄旨徒勞念靜義解者謂玄旨即至道異名同體若不識得豈特念靜任伊歷恒河沙劫萬種脩證心外求法只益自勞此吾祖之不許也

關曰玄旨如金剛利劒不識固是喪身失命識得亦不免傷鋒犯手且有何方便能免此過偈曰

玄旨是誰親識得　釋迦彌勒尚茫然
為憐滯寂沉空者　獨宿孤峯是幾年

圓同太虛無欠無餘

本無欠剩却有乘除莊周配萬物為馬龍門嘆十方作驢依稀還共轍彷彿不同途有水易招空界月無心難獲夜明珠

祖師道圓同太虛無欠無餘叢林商量道此心在聖不加增在凡不加減如太虛之圓各各具足

關曰邈箇說話脚跨諸方者坐席未溫箇箇藥一肚皮惟資談柄耳及至偶嬰一毫利害則較得失之念紛然交接要教圓同太虛噬臍何及當知此事須還妙悟悟後豈更有第二境為對為待耶偈曰

蟭螟巢結瘦蚊眉　直與鯤鵬接翅飛
若謂太虛無少欠　依前闌眼陷重圍

良由取捨所以不如

萬福莫趙州無雪峯放出南山鼈鼻雲門打殺東海鯉魚興化赴村齋向古廟裏歸卒風暴雨丹霞燒木佛却教院主墮眉鬚疑殺人間幾丈夫

祖師道良由取捨所以不如義解者謂此心既如太虛之圓無相不具一切皆如偏於染淨法中瞥生取捨則不如也

關曰若是真正本色參學上士見此等說話底人便與劈面唾不為性懆蓋像龍不足致雨故也偈曰

取既非如捨不如　是牛誰敢喚為驢
大千沙界金剛體　也是重栽頷下鬚

莫逐有緣勿住空忍

萬物芸芸萬靈蠢蠢雖相雖名有誰不稟因甚麼少室分皮分髓臨濟立主立賓引得兒孫草裏輥

祖師道莫逐有緣勿住空忍義解者謂二俱虛幻擬心執著取捨紛然一念不生常居中道可為解脫道人

關曰錯待汝知是解脫已落虛幻了也若是真實悟心之士有緣空忍豈在解脫之外哉偈曰

有緣莫逐還成易　空忍教佗勿住難
難易兩頭俱斬斷　祖庭依舊不相干

一種平懷泯然自盡

不動道場無生法忍皓月照臨牀清風屆屏枕有佛處不得住鐵裏燈心無佛處急走過花鋪蜀錦三千里外摘楊花十方虛空盡消殞易商量難定準海底泥牛喫鐵鞭百草頭邊風凜凜

祖師道一種平懷泯然自盡義解者謂取捨之情既盡聖凡知見無依自然一切處平常一切處泯滅

關曰白日青天莫寐語好即个眼見色耳
聞聲喚甚麼作平懷不平懷偈曰
泯然盡處事無涯　百草頭邊正眼開
生死涅槃俱捏碎　不知何處著平懷
止動歸止止更彌動
曲談名相勞直說無繁重曲說且止如何
是直說張三喫鐵棒李四忍疼痛活人入
棺材死人成隊送觀音失却神通反被見
童戲弄直說且止曲說又作麼生覺花須
向性天栽佛種宜將心地種
祖師道止動歸止止更彌動一種義學沙
門謂真心湛然常作不動無始流轉皆由
妄見且動既妄動止亦妄止以妄止妄猶
抱薪救焚秪益其熾矣引肇法師謂尋夫
不動之作豈釋動以求靜必求靜於諸動
必求靜於諸動故雖動而常靜不釋動以
求靜故雖靜而不離動審如是則動無動
相靜無靜相如教中謂動靜二相了然不
生者蓋了知動靜皆是妄緣群妄既消二
相亦遣矣
關曰咄動是鐵山靜是鐵壁或未曾一捏
粉碎要教佗二相不生萬里崖州未爲遠
在偈曰
火焰丢容蚊蚋泊　劍鋒寧許赤身挨
少林堂奥無門限　把手相牽孰肯來
惟滯兩邊寧知一種
左轉右旋西沒東涌突出無孔鐵鎚打破
上牢淥桶無位真人把須彌盧一搊直得
虛空藏菩薩向十字街頭合掌告言伏惟
珍重爲甚麼如此祖師道惟滯兩邊寧知
一種
義解者謂兩邊是動靜二相一種是觀體
無差乃釋上二句之辭也當知動靜二邊
妄則俱妄真則全真安有二致者哉
關曰低聲低聲休將閑學解埋沒祖師心
因爲說偈
是一種兮非一種　是非情盡若爲知
休將雪裏莓苔石　喚作溪邊白鷺鷥
一種不通兩處失功
指鹿爲馬喚甕作鐘從來將錯就錯不礙
擎空塞空破蒲團三箇五箇撫掌大笑折
拄杖七尺八尺滿面春風掃除佛祖病陵
滅少林宗爐鞴年深火政紅
祖師道一種不通兩處失功一等杜撰禪
和道還兩句是結前引後之辭也謂結前
則顯示一種之真理謂引後則深責空有
之妄緣也
關曰若其實是箇衲僧說一種說兩處句
句歸宗拍拍是令如其不爾說箇一種早
落窠臼了也況兩處乎偈曰
一種由來無地著　二邊何處立功勛
老婆只爲頻叮囑　累及渾家落見聞
遣有沒有從空背空
頭正尾正心空眼空驀面道著狹路相逢
趙州栢樹子紅塵截斷一溪水東山鐵酸
餡碧落衝關千尺松大象不遊於兔徑師
王安肯觸狐蹤
祖師道遣有沒有從空背空有等偷言遜
句者謂有乃妄有由遣之而故沒空本自
空欲從之而故背有是空家之有空是有
家之空空得有而故彰有得空而乃顯以
其彰故空全是有以其顯故有全是空互
融互攝而不差相在相入而無損由是而
知遣之從之得非徇妄者乎
關曰咬人師子安肯與逐塊韓盧並轍依
文解義曾逐塊之不若也欲望其哮吼返
擲其可得乎偈曰
只爲桃符釘得高　鬼神白日把門敲
何如三尺茅蘆下　雲月溪山伴寂寥
多言多慮轉不相應
似水入水如鏡照鏡洗得法塵結成見病
三世諸佛無家可歸歷代祖師何道可證
爲誰汲眼巡官要與空王算命夜深翻轉
卦盤看一片虛明冷相映所以道多言多
慮轉不相應
義解者謂言多去道轉遠又云神心洞照
聖默爲宗又引達磨道外絕諸緣內心無
喘外絕諸緣則忘其言內心無喘則絕其
慮矣
關曰個與麼引證了還相應也未若果未
則言語云乎哉偈曰
因言顯道道忘言　忘到無言亦妄傳
脫畧是非言象外　虛空無口解談禪
絕言絕慮無處不通
道吾舞笏石鞏張弓西河師子長沙大蟲
且當時極有餘態到今朝尚播遺風退到
祖師門下直教寬跡潛蹤何以如此豈不
見道欺其童米弁潭別熨斗煎茶銚不同
所以云絕言絕慮無處不通
或者依文解義道絕言則言語道斷絕慮

則心行處滅言語道斷則寂而照心行處滅則照而寂到此如來禪祖師禪可以一串穿過又有古人教伊休去歇去口邊醭生舌上草出等語得非是理乎

關曰與麼和會大似置堅冰於烈火之上多見其不知量也若果如其說則那討祖師來偈曰

絕慮絕言同木偶　何時成佛承嘉非
聲前未領通玄旨　拈起毛端隔鐵圍

歸根得旨隨照失宗

與麼與麼指西作東不與麼不與麼認有為空與麼中不與麼似網挽風不與麼中却與麼濕紙將來裹大蟲何以如此豈不見道歸根得旨隨照失宗

一等人巧生卜度道絕言絕慮是歸根無處不通是得旨備若作歸根得旨會又却隨照失宗矣然根本無歸旨亦非得不了此意妄自認執是謂隨照苟存照之之跡則佛祖心宗不勝其庆矣

關曰果有此說那苟或如是則喚將從上佛祖來與閻羅大王鐵棒何則為伊歸根得旨來偈曰

隨照歸根事一同　不須特地展家風
偷心未向機前死　得旨何曾異失宗

須臾返照勝却前空

見到行到宗通說通揭露人天眼日剖關佛祖心膂却物逐物似異非異殺人活人謂同不同總與一齊生按下海門夜半日頭紅

祖師道須臾返照勝却前空一等强說道理者謂以明暗色空消歸自己者是名返照當知空不自空因心故空有不自有因心故有離心無空離心無有衆生遠背自心妄見空有而欲從之却之俱名顛倒

關曰錯下名言少林門下覓心了不可得誰是顛倒者偈曰

本來非照何勞照　說甚須臾與久長
但見一期超象外　不知二子共亡羊

前空轉變皆由妄見

古廟香爐一條白練直下超死越生總是落佗方便從來不信自心迷却言佛法無靈驗有靈驗立地便成佛入地獄如箭

祖師道前空轉變皆由妄見義解者謂有是妄空亦是妄空有從緣變易無定欲得離妄二俱排遣

關曰咄遣則任伊遣殊不知只箇所遣之妄能遣之心俱不離妄苟不能與遣俱遣要脫佗妄緣未有休日在且有何方便與遣俱遣偈曰

空何有變變非空　莫把山河著眼中
水底波斯吹石火　金烏飛上海門東

不用求真惟須息見

豎起生鐵脊梁横按倚天長劍閑忙靜鬧門頭總與打成一片既精專復勇健將謂成佛作祖不隔一塵撞著三祖大師輕輕向伊道不用求真惟須息見好好看方便

一等義學之者謂見有六十二種法數具陳不出斷常二見為主求真落斷見逐妄墮常見楞嚴謂言妄顯諸真妄真同二妄猶非真非真云何見所見但能離一切見全體即真不用求也

關曰是則固是且祖師道惟須息見且見作麼生息苟有息之之理展轉成見矣偈曰

著意求真真復隱　盡情息見見還生
當門雖不栽荆棘　自是無人有路行

二見不住慎勿追尋

鐵頭削鐵佛面剝金謂無則一塵不隔謂有則千聖難尋天曉不露夜半平沉絕對待離古今舉世盡知湖海闊出門方覺水泥深

祖師道二見不住慎勿追尋義解者謂既不住妄又不住真和箇不住亦不住正與麼時繁興大用舉必全真更不假離此別尋也

關曰噫如此等相似語言那箇無一肚半肚只是要近傍他祖師未得在偈曰

法法本來無所住　於無所住絕追尋
陽烏昨夜沉西嶺　今日依然上曉林

纔有是非紛然失心

根非利鈍道無淺深有一句子非古非今攔不著底寔坐大圓鏡智攔得著底深入邪見稠林彌勒釋迦自知無分狸奴白牯忍俊不禁夜騎鐵馬沉滄海摸得陳年冗皐鍼

祖師道纔有是非紛然失心叢林往往道盡十方世界是沙門自己十方世界是古佛法身所以云撲落非佗物縱横不是塵也無是者也無非者一一皆是妙明心中流出

關曰如此等說話叢林喚作平實商量又喚作轉身句子莫不引斷二句爲證古今之下不知汚涤幾多淨白田地故本色道流斥之爲雜毒呵之爲狐涎莫有不甘其魔魅者麼急須吐却偈曰

說有是非無是非　　重門高啓待誰歸
參天荊棘橫官路　　那箇行人不掛衣　十三

一由一有一亦莫守

日上月下天長地久惟有周金剛不事事白棒橫拖沿路走有問祖師西來若不劈脊便摟便言合取狗口引得森羅萬象笑眼豁開阿呵呵笑須三十年後

祖師道二由一有一亦莫守義解者謂纔徇二即昧一纔守一即生二當知二是真妄一是自心真妄之二既除自心之一無住可謂解脫大道也

關曰此等語言記憶在懷謂之叅學使德山有棒未到儞喫閻羅老子手中鐵棒少儞一分不得在偈曰

一法併教伊莫守　　不知莫守未爲貧
何如醉卧花叢上　　亂把黃金撒向人

一心不生萬法無咎

蘇州有常州有六六三十六七七四十九菴主豎起拳頭百丈展開兩手更蘧千七百箇飯袋子弄出鬼面神頭蝦跳何曾出得斗

祖師道一心不生萬法無咎義解者引佗經論道心生種種法生心滅種種法滅諸法不自生諸法不自滅皆自一心所變一心不生諸法常住所以古人謂鐵牛不怕師子吼恰似木人見花鳥之說政類乎此

關曰然則然矣只如永嘉道誰無念誰無生若實無生無不生喚取機關木人問求佛施功早晚成似乎返是且不生底是無不生底是試定當看偈曰

萬法本來無過咎　　一心何更有生緣
叮嚀固是婆心切　　牧笛難教合管絃

無咎無法不生不心

太華山非險滄溟海不深盧仝月蝕詩有何難讀伯牙太古曲熟有知音惟有東山瞎號子收來無縫罅放去卒難尋攪攪幾多伶俐客摩挲褲到于今

祖師道無咎無法不生不心義解者謂此二句返上二句而言謂無咎則萬法自消不生則一心自寂法消心寂至道之體沖然不待得而得矣　十四

關曰昔僧問趙州學人乍入叢林乞師指示州云喫粥了也未僧云喫粥了也州云洗鉢盂去此僧悟去且道此僧當時悟無咎耶悟無法耶悟不生耶悟不心耶試定當看偈曰

法法只因無咎咎　　心心多爲不生生
寒猿夜哭巫山月　　客路元來不可行

能隨境滅境逐能沉

以一重去一重路遙知馬力不以一重去一重歲久見人心兩重公案已展不縮三千里外誰是知音自從立雪人歸後幾片春雲裹翠岑

祖師道能隨境滅境逐能沉義解者遠引永嘉道境非智而不了智非境而不生智生了境而生境了智生而了當知能是一心境是諸法能即智之異名境即法之別號境滅則能了之心亦滅心空則所現之境亦沉相即相在互攝互融初無間斷其不了者目之曰迷

關曰據如所說謂之了可乎不惟不了如饑食鹽董增其渴耳偈曰　十五

共知光影因燈現　　咸謂波濤仗水興
燈滅水沉波影盡　　政堪門外哭烏藤

境由能境能由境能

一大藏教陳年故紙千七百則腐爛葛藤不翅止啼黃葉何殊日下孤燈拈過了也又是一層脫體人間幾箇僧

祖師道境由能境能由境能有箇依語生解漢道境不自境因能故境能不自能由境故能能仗境而生境托能而起當知生而不生心外無法起而非起法外無心祖師到此拼一心萬法丸作箇蜜果子只要伊笑談一噱

關曰因逆問之曰子曾噱得也未如其未然世間還有噱得者麽佗日異時吞鐵丸有分在偈曰

因能生所所生能　　能所俱忘生不生
老蚌吸乾鯨海水　　珊瑚枝上月三更

欲知兩段元是一空

空而不空兎角杖撑破銀山鐵壁不空而空龜毛拂展開明月清風洞山麻三斤粘皮綴骨雲門乾屎橛滯殼迷封衲僧面前放過不可祖師門下再犯難容常教肚裏如鍼刺拋向洪波白浪中

祖師道欲知兩段元是一空義解者商量道兩段即指前之心法所言一空非太虛頑然之空非小乘斷滅之空乃靈覺無相之真空耳此空是諸佛之源萬靈之母無聲無臭昭昭於羣象之前不有不無朗朗於諸塵之表者是也

關曰是空不應有知既知不應名空苟未曾與祖師握手親到真空之海言語云乎哉偈曰

夢中鑊得黃金藏　又跨青鸞上寶臺
晝夜真歡無著處　天明只落得場獃

一空同兩齊含萬象

一句無私萬靈同仰遠柏祖肩清機壓掌大顛打首座眾雪埋金興化罰維那揚聲止響惟有石敢當長年鼇㕸向百眾人前出一頭今古無人解稱賞

祖師道一空同兩齊含萬象義解者十度道心不異法是一空同兩法不異心是齊含萬象所以古云見色便見心無色心不現又教中謂森羅及萬象一法之所印故祖師發明於此

關曰講經則許儞講要見祖師意何異鄭州出曹門偈曰

一不成單兩不雙　夜深寒月印長江
無邊宇宙光吞盡　又引梅花上矮窻

不見精麁寧有偏黨

禪名關教名網撈摝三有衆生及第心空標榜搉著箇沒意智漢掣其操解其紐萬目要張不張百夫欲掌不掌無心道者合如斯豈是人前呈伎倆所以道不見精麁寧有偏黨

義解者謂心法既空能所俱泯則生佛體同悟迷一致故引息心銘謂何貴何賤何辱何榮何得何失何重何輕一道虛寂萬物齊平之語為證

關曰然證也證得相似其如證得太煞相似返不相似矣且如何是不相似處試定當看偈曰

一喝迅雷難掩耳　蟭螟負海入蚊眉
泥猪癩狗齊開眼　三世如來總不知

[illegible]

天目中峯和尚廣録卷第十二之上　弊四

天目中峯和尚廣録卷第十二之上

校勘記

一　底本，影印宋磧砂藏本。

一　五一〇頁上二五行「追躍」，南、徑作「追蹤」。

一　五一〇頁中九行「鐵酸䭔」，南、徑作「鐵酸餡」。下同。

一　五一〇頁中二六行首字「遠」，南、徑作「還」。

一　五一一頁上一一行第一一字「異」，南、徑作「毘」。

一　五一一頁中一行第一五字「渭」，南、徑作「消」。

一　五一一頁中四行第一四字「者」，南作「若」。

一　五一一頁下二六行第六字「商」，徑作「商」。

一　五一二頁上一二行第八字「作」，南、徑作「住」。

一　五一三頁上一五行「十度」，南、徑作「卜度」。下同。

一　五一四頁上八行首字「一」，南、徑作「二」。

一　五一五頁上二四行第三字「或」，南、徑作「成」。

一　五一五頁上末行「清麁」，南、徑作「精麁」。

天目中峯和尚廣録卷第十二之中

參學門人北庭臣僧慈寂　上進

信心銘闢義解中

大道體寬無易無難

竊得衣盂入手解道非風幡動金襴外別有何物倒却門前刹竿遮兩箇漢無事討事瞞人自瞞本來無縫罅穿鑿不相干還相委麼一回相見一回老一度風來一度寒

祖師道大道體寬無易無難義解者道本來箇事包日月含虛空佛祖不知名大地載不起如天普蓋如地普擎各各圓成人人具足又何難易之可容言哉其所難易者在人不在法也肯信自心是佛即易不信自心是佛即難

闢曰余則異乎所闢肯信自心是佛即難不信自心是佛即易且道利害在甚麼處此說且止只如龐居士道難難十石油麻樹上攤龐婆云易易百草頭上祖師意靈照謂也不難也不易飢來喫飯困來瞌睡裏定奪得他三箇舌頭長短其難易可一笑而領矣其或不爾縱饒儞隨語生解說箇無易無難正是瞎驢趂大隊轉脚則無路可行矣偈曰

攤麻樹上困來眠　祖意惟言百草頭
三箇一般無眼孔　扶籬摸壁幾時休

小見狐疑轉急轉遲

轉自己入山河鐵牛沉巨浸轉山河歸自己老象溺深泥自己山河一齊拈却諸方爐鞴無可設施有設施不異空拳嚇小兒

祖師道小見狐疑轉急轉遲義解者道一切衆生自空劫已前與三世諸佛同成正覺初無少欠此心不了返墮愚迷而不知覺是故諸佛祖百千方便導之使之悟入所以云爲一大事因緣故出現於世乃爲此也但是學人不信自心是佛而欲心外別求故斥之爲小見當知此心本具說箇疾得成菩提已成剩語何遲速之有耶

闢曰然則即今喚甚麼作佛如指點不出病在於何偈曰

天豈容伊坐井窺　盡其見量總成疑
翻身跳出虛空外　剔起眉毛巳是遲

執之失度必入邪路

山無重數水無重數善財於彈指聲中見慈氏尊樓閣又無重數無位真人路見不平以拄杖攔空一畫十萬八千一齊捏聚却回首高聲唱言芳草萋萋鸚鵡洲晴川歷歷漢陽樹何以如此豈不見祖師道執之失度必入邪路

近代有等據師位者見人說看古人話做工夫孜孜不捨寸陰克究己事者便遽引此二句斥之謂之執之失度乃云佛法那有遮箇事一切見成何不領取特地做死模樣作麼

闢曰說得也是但不究其源殊不知祖師責其悟後之執豈不見佛眼云有一等人騎驢覔驢又有一等人識得驢了不肯下驢正言此等執其悟理未能忘念外存所悟之法內記能悟之心古人斥之爲法塵非之爲見剌故藥山謂饒有所重便成窠臼昔是責其執悟理者使悟理不忘謂實有此事見法不圓成外道所計然迷而求悟則易已悟欲忘則難儻不遇真正導師盲枷瞎棒深錐痛劄卒莫之自已也儞還甘此說麼偈曰

執心未盡花常翳　結使還除果不遙
只就從前邪路上　等閑回首赤條條

放之自然體無去住

向上機末後句八字打開兩手分付違得便行梅花枝上月三更提得便去醉跨紫鸞迎曉霧不作佛法商量不作世諦流布畢竟如何不見祖師道放之自然體無去住

義解者謂執心既遣自然任運騰騰無拘無絆動若行雲止如谷神既無心於彼此寧有分於去住乎圓覺謂居一切時不起妄念於諸妄心亦不息滅住妄想境不加了知於無了知不辨真實亦差近矣凡聖情盡體露真常迥絕妄緣即如如佛

闢曰相罵饒儞潑水若是祖師意饒儞和一大藏教吐出只成業識茫茫偈曰

見聞知覺盡皆揞　本不期然却自然
君入西秦我東魯　頂門誰不戴青天

任性合道逍遙絕惱

裴相國捧佛請爲安名唐莊宗向中原獲得一寶君不爲萬乘尊榮之所移臣不爲百揆機務之所撓林下衲子足踏大方形棲物表長年累歲坐在無事甲中因甚麼返不能如是之却好且道以何爲礙歲歲

彫枯般若林年年增長無明草

祖師道任性合道逍遥絶惱義解者謂心空及第之士性不待任而任道不待合而合道逍遥如出岫之雲絶惱若行空之月大圓鏡中有誰不備

關曰子不聞佛印元和尚云未悟者聾與言已悟之境如生盲之人與之言天日之清明彼雖聽而不可辨也或未能撒雙手於懸崖之下便以任性合道之説爲證如飢説食之喻豈誣人哉偈曰

任佗法性自周流　轉見心王病不瘳
更欲逍遥求合道　鐵鞭三百未輕酬

繫念乖真昏沈不好

一大藏教是箇切脚丈六金身成一莖草大雄一喝三日聾仰山傾出一栲栳且此等説話是瓦礫是珍寶假若道是句也掃非句也掃正是渾侖吞箇棗

祖師道繫念乖真昏沈不好義解者引教中云心不繫道亦不結業是爲得道人也或引德山毫釐繫念三途業因之説爲證又云體道之士纔有纖毫凡聖悟迷之情繫于念慮則爲凡聖悟迷之見所昬直須一物不干懷萬緣俱蕩盡始可合佗古人見處

關曰莫謗古人好古人向儞道繫念乖真只箇一物不干懷已是繫念了也偈曰

繫念乖真真不乖　昏沈不好好何來
上牢漆桶連箍脱　戴角披毛入禍胎

不好勞神何用疎親

趙州勘破了也水銀無假雲門話墮了也阿魏無真參禪不靈驗觸處昧元神眼中藏見剌耳裏聲聞塵咄果有如是事那只向伊道舉眸天外看誰是出頭人

祖師道不好勞神何用疎親義解者謂由繫念便乖真既乖真即勞神以勞神必疎親當知繫念乃疎親之因疎親即繫念之果祖師説箇何用噬臍何及哉

關曰遮一絡索大似依様畫猫兒大槩畫得也相似雖死鼠不能捕而况活者乎苟不真箇向命根下一刀兩段徒資其話柄耳偈曰

既知不好復勞神　役盡精神愈不親
何似三家村裏漢　飽噇高卧契天真

欲取一乘勿惡六塵

眼爲光明法身耳爲音聲法身鼻乃莊嚴香法身舌即清淨味法身身名普覺法身意號了知法身總具六千功德成就一切種智只如四大分解百骸潰散之頃六根悉歸變滅且法身向甚處安著愁人莫向愁人説説向愁人愁殺人

祖師道欲取一乘勿惡六塵義解者謂一乘即自心之異名六塵根識十八界乃自心之别號安有取一乘而惡六塵是猶愛手足而忘肴背也當知悟此心則六塵即一乘迷此心則一乘皆六塵裴相國謂背之則凡順之則聖又楞嚴謂阿難汝欲識知俱生無明使汝輪轉生死結根惟汝六根更無佗物汝復欲知無上菩提令汝速證安樂解脱寂靜妙常亦汝六根更非佗物

關曰和會得也相似儞還知一乘是妄六塵是謗捨此二途還免得妄與謗也無偈曰

色聲香味與觸法　六處從來契一乘
取捨之情猶未瞥　又於平地起稜層

六塵不惡還同正覺

主人翁諾諾諾有路不行無繩自縛謂六塵即是徹底乖真謂六塵即非還成大錯錯不錯一莖草現黄金軀倒騎萬里冲霄鶴

祖師道六塵不惡還同正覺義解者謂也無六塵也無正覺總只是箇妙明心地喚作六塵也得喚作正覺也得儞若於此妙明心地有所不了喚作六塵也不了喚作正覺也不了别有甚麼事只箇了不了引得佗佛祖口勞舌沸分出許多優劣都是自不丈夫而使之然也

關曰昔有一秀才因累舉不第乃焚棄筆硯作一篇歸田詩譏誚功名如沸嘻及至明年開選依前走在場屋中可與作是説者併按偈曰

不惡六塵同正覺　少林堂與隔天涯
會須伸出拳空手　佛與衆生一窖埋

智者無爲愚人自縛

毅嶽盈壑續鳧截鶴莊周自謂説得盛水不漏點檢將來政是較短量長自生十度惟有木上座也無好也無惡也無是也無錯通身只麽黑皺皺長年靠在繩床角

祖師道智者無爲愚人自縛義解者謂智不自智由悟而智愚不自愚因迷而愚智

者悟自心心悟本無為愚人迷自心心迷
還自縛當知悟者之無為雖天地鬼神莫
能使之為迷者之自縛雖千聖萬賢莫能
釋其縛惟智與愚悉由心變豈外物使之
然乎
關曰但見錐頭利不見鑿頭方十何則須知
無為即自縛自縛即無為若謂果有二途
則曁遇祖師遠矣偈曰
愚人自縛還須解　智者無為縛殺人
寸刃不施俱截斷　為憐平地喪天真

法無異法妄自愛著

通身是病通身是藥擬議不來當面諱卻
藥即是病病即是藥太虛空裏筋斗易翻
青州做領布衫難著也無病也無藥森羅
萬象鐵渾侖楊岐驢子三隻脚
祖師道法無異法妄自愛著義解者謂青
青翠竹盡是真如鬱鬱黃花無非般若盡
微塵法界海內所有聲色於中覓七同相
不可得覓一異相亦不可得離此同異俱
不可得噫乎不了此者著佛被佛礙著法
被法礙且著佛法尚且遭其窒礙降此以
往又何愛著而不窒礙者哉
關曰法若有異法愛著則有異法既無異
法愛著亦無異因甚麼卻道妄自愛著遮
裏著祖師不破前說皆戲論耳偈曰
法無異致體還同　同體如何更化功
少室九年惟面壁　不知將底播真風

將心用心豈非大錯

心心心難摸索釋迦老子四十九年說偏
說圓分半分滿詮註不成末上拈一枝花
正是將心用心難免人道箇豈非大錯到
此既是事不獲已且將箇正法眼藏涅槃
妙心與伊遮蓋卻
義解者道儞要成佛是將心用心要作祖
是將心用心乃至要超生死住涅槃證菩
提斷煩惱等總不出箇將心用心
關曰雖然也只道得一半當知心體廣大
不可限量直下如大火聚嬰之則燒觸之
則燎縱饒儞不要成佛作祖等亦出他箇
將心用心不得偈曰
即佛是心心是佛　擬承當處早乖疎
飲光眉向花前展　平地無端八起範模

迷生寂亂悟無好惡

迷時迷悟底諸悟時悟迷底諸迷悟兩俱
忘打破靈龜殼龜殼既破迷悟亦空正道
遮兩箇諸向甚處安著打尾與敲磚一任
伊十度
祖師道迷生寂亂悟無好惡義解者謂真
寂體中一切不留朕跡謂無漏真淨云何
是中更容佗物以其未悟此理面前不見
寂便見亂不見動便見靜不知動也是迷
亂也是迷靜也是迷寂也是迷乃至見自
己立地成佛亦是迷能了此迷心當處解
脫則一一天真一一明妙既不見亂亦不
知寂二邊捨離中道不立安有好惡之情
復為障礙者哉
關曰此說差近矣且道迷從何來悟從何
起遮裏知得來處起處不待遣迷只箇悟
底亦無地可寄矣如其不爾且把迷底悟
底取性分別究竟惟增見病耳偈曰
古今天地誰曾悟　無悟何曾更有迷
翻憶溫州老真覺　無端一宿惱曹溪

一切二邊良由斟酌

關口道著動步踏著一切總見成不信且
行脚待伊行到路途窮雲水空布衫穿草
鞋滓那時驀地　拽回頭始信從來自擔閣
祖師道一切二邊良由斟酌九或有箇杜撰
邏官注解道纔見有亂便見有寂當知亂
不自亂因寂故亂寂不自寂因亂故寂由
是諸法紛然未有不相對相待而起所云
斟酌二字便是最初謂揀擇之說差近也
以其揀擇之識未消則於寂亂等二邊動
成斟酌之念以其未遣則一切不得不二
矣
關曰然則斟酌之念有何方便而遣苟或
不知此方便則爾所說亦未嘗不由斟酌
而生偈曰
二邊不用頻斟酌　一道齊平亦妄傳
覿體未超言象外　見同佛祖政堪憐

夢幻空花何勞把捉

烏龜殼空索鐵秤鎚實嘿嘿惟有木上
座不受人穿鑿朝騎陝府牛暮跨揚州鶴
有時白日走歸家敲打虛空自酬酢還鄉
一曲聲未消天岸雲飛星斗落
祖師道夢幻空花何勞把捉義解者引教
中道一切有為法如夢幻泡影如露亦如
電應作如是觀又引永嘉道放四大莫把
捉寂滅性中隨飲啄諸行無常一切空即
是如來大圓覺便乃肆情所緣任意所作
至若毀犯禁戒破壞律儀一以此二語為

證　潭　寶

闢曰但不知正當肆情任意放逸自恣之時果見諸緣境如夢幻空花也無若也見是空花則不應馳逐胸中微存一念攀緣馳逐之心則不得爲夢幻空花矣當知成佛作祖亦是夢幻空花自此已降又何性而非夢幻哉更須知道只箇不勞把捉之説早是墮佗夢幻了也此事若不親證實到只欲隨語生解非愚而何偈曰

雪山午夜覩星處　業鏡臺前照影時
一種做成顛倒夢　不知誰是得便宜

得失是非一時放却

雪峯輥木毬普化搖鐵鐸雖曰大用大機究竟還成造作爭似無生國裏王太傅也不善也不惡取性飽食高眠任意逍遥快樂有人來叩祖師禪但教問取黄幡綽

祖師道得失是非一時放却義解者道一法界中也無得者也無失者也無是者也無非者良由妄情瞥起異見横生於無得失中熾然得失於無是非處紛然是非所以祖師教伊一時放却已是傷鋒犯手平地風波儞還知本來既無放箇甚麼若曰有可放之理則得失是非向甚處安著

闢曰咄説有可放也合喫棒説無可放也合喫棒何則爲儞脫他得失是非未得在偈曰

兩手撒開無一事　是非得失盡皆捐
擬將遮箇超生死　脚下騰蛇正繞纒

眼若不睡諸夢自除

長年屈膝坐竟日嘗盧都兩眼掛空壁莫知何所圖扣已而參半疑半信閲古人話似有似無逗到年窮歳盡翻成緣木求魚何似從空都潑撒滿懷突出夜明珠

祖師道眼若不睡諸夢自除義解者謂此二句是前喻後合如人大張兩目歷歷不昧則昏住自遣既不昏住安有夢緣

闢曰若作喻説則可使其不作喻祖師亦合喫棒何則且開眼何曾不是夢來偈曰

金剛正眼何曾睡　大夢須知没覺時
寄語祖師門下客　休將鶴喚當鶯啼

心若不異萬法一如

道人行處如火消冰衲僧面前似冰消火拈却兩重冰炭放佗凡聖同途無手道士畫神符瞎眼闍黎讀梵書更有一般堪信處蟭螟吞却洞庭湖

祖師道心若不異萬法一如義解者謂萬法本如由心乃異譬如山不自高心異故高水不自深心異故深此心異則千差競起萬别横生項背俱身視之不殊楚越弟兄同氣目之何啻天淵以其異故至近之情尚爾欲其混聖凡齊物我一自他等憎愛其可得乎教中亦云未達境惟心起種種分别類羣盲之摸象猶廣客之疑蛇於無同異中熾然同異何當揭開翳眼之膜剪空亂意之絲融法界歸此心如鏡照鏡轉山河入自己似空合空到此諸緣寂爾萬慮悄然二見不生一法印定可謂遠符祖令深契佛心者矣

闢曰此説且止即今明暗通塞壞空成住諸境儼然且喚甚麼作不異底心直下指點不出或有箇道任佗諸法前陳我但一以此不異之理照之呼審如是則不勝其異矣偈曰

心不異兮同萬法　空拳惟把小兒欺
擬教依樣描將去　脱賺平人没了時

一如體玄兀爾忘緣

禪禪禪離言詮釋迦老子未得一半達磨大師猶欠八千臨濟喝得口破德山棒得手穿一一從頭點檢殊覺地遠天懸近前類撥波求火退後若攬地覓天不前不後求相應更著重參三十年

祖師道一如體玄兀爾忘緣義解者謂一如之體玄之又玄非因緣而有非自然而成離四句絶百非雖佛眼莫窺聖心罔測撒大千於方外卷法界於毫端一空一切空不加宰割一有一切有豈用栽培塵沙不得喻其多毫髮不可方其少可謂忘緣絶待一如之玄體也

闢曰説也説得近儞若執此説於方寸要與一如玄體相應正不異抱火於懷求其不燒偈曰

一如如外更何如　重疊溪山隱故廬
睡到三竿紅日上　笑看潘閬倒騎驢

萬法齊觀歸復自然

佛法不遺方寸禪道豈離中邊儞若起心求覓又還十萬八千有何三要也没三玄通身無影像覿體離言詮道人安用求相應今古何曾不現前

祖師道萬法齊觀歸復自然義解者引佗教家謂隨緣故真如是萬法不變故萬法

是真如又云更無心外法能與心爲緣皆
是自心生還與心爲相此說似祖師萬法
齊觀之理不相遠矣或云謂齊觀亦是不
揀擇底影子苟存揀擇則不能齊觀矣
闢曰引證則不無且日上月下夜暗晝明
燠然不可混作麼生說箇齊觀底道理離 十三
却語言請露箇消息來偈曰
萬法如何類得齊　那堪歸後自然時
知青自是從來少　徒把黃金鑄子期
泯其所以不可方比
殿裏底墻外底打車　打牛竪拳竪指雲峯
輥三箇木毬玄沙封三張白紙靈山說性
說心少室分皮分髓曹洞列五位君臣潙
仰會一門父子吟哦滿目青山指點門前
湖水放行光蔽五天捏住風馳萬里聲前
不許停機句外豈容揷觜咄總是開眼尿
牀燒香引鬼何以祖師道泯其所以不可
方比
義解者謂般若經以一百喻喻般若佗經
中以一百喻喻解脫或又以一百喻喻菩
提心具在典章安有不可方比之理當知
般若解脫菩提則可喻使去却一切名相
與一心俱泯正與麼時還立得箇甚麼喻
子或者謂古人道鷺鷥立雪非同色明月
蘆花不似佗此說豈非不可方比者乎
闢曰儞擬向白雪蘆花中覓不妨認溫州
橘皮作火偈曰
方之兎角長三尺　比較龜毛短一分
却有一般渾廝瀦　眼睛難見耳難聞
止動無動動止無止
萬車同轍萬事同理萬器同金萬波同水
萬象森羅究全是儞儞若不信多買草鞋
向釋迦達磨肚裏走百千遭却來依舊從
頭起
祖師道止動無動動止無止義解者謂祖
師老婆心切將箇止動二邊輥作一團與
伊說破與肇法師即靜而動即動而靜之
旨大率同途亦是萬法齊觀之旨趣豈特
動止然蓋一切境緣亦皆如故即止是動
落花還是春風送即動是止堅冰有日全
歸水達人大觀本無差昧者由斯顛倒起
闢曰且置是說只如亦不作動亦不作止 十四
正與麼時還有商量分也無速道速道偈
曰
動時塵起靜冰生　把手相牽入火坑
象體自來無蓋覆　苦哉顛倒是華盲
兩既不成一何有爾
佛海有涯禪河無底尺水丈波源源不已
馬大師教龐居士一口吸盡西江法眼道
是曹源一滴水更泰船子釣盡煙波帶累
佗許由來洗從前是非耳大浸稽天瀰漫
萬里當時不解塞其源至今平地波濤起
祖師道兩既不成一何有爾義解者道是
無非不是非無是不非纔見有是先存其
非纔見有非先存其是所以單是不立獨
非不存非乃是之根是乃非之本至若真
妄悟迷等與之同然且是非之兩既去中
道之一何存祖師到此可謂披肝剖心老
婆太過
闢曰然二既不成一亦無有還有知不成
無有者麼若謂無誰知不成無有者若謂
有喚作無有得麼祖師到這裏也只得結
舌有分偈曰
不放春歸春自歸　園林爽爽綠成畦
萬紅千紫知何處　剩得一雙蝴蝶飛
十五
天目中峯和尚廣録卷第十二之中

天目中峯和尚廣録卷第十二之中

校勘記

一　底本，影印宋磧砂藏本。

一　五一七頁下二六行「十度」，南、徑作「卜度」。次頁中一七行同。

一　五一八頁中一五行第一五字「正」，南、徑作「且」。

天目中峯和尚廣録卷第十二之下

叅學門人比庭臣僧慈寂　上進

信心銘闢義解下

究竟窮極不存軌則

十尺為丈十寸為尺此說東至日出西至日没盡塵沙國土內徧閻諸人那箇不能委悉因甚說著祖師禪箇箇面前如鐵壁一更有一箇最分曉底末後句不敢囊藏盡與一齊拈出是甚麼屈屈

祖師道究竟窮極不存軌則義解者謂盡十方世界所有虗空色象大小纖洪皆是箇自己信步行不離祖翁田地信口道總是古佛真詮以至抱妻罵釋迦醉酒打爾勳俱成一行三昧說甚麼闢邊持犯等故永嘉亦云大悟不拘於小節

闢曰且住且住說也說得太煞明白只是閻羅大王要捉此等說底來喫鐵棒且道利害在甚麼處各自歸家點檢看偈曰

信手拈來信口談　縱横放肆總司南
不存軌則如留念　動輙依前落二三

契心平等所作俱息

象王回顧獅子返躑真不掩偽曲不藏直惟有陳如尊者長年宴坐松龕也惺惺也寂寂也不管爾小盡二十九大盡三十夜來及第心空透過叅天荆棘闖於隴外谿雙眸一樹寒梅花摘索

祖師道契心平等所作俱息義解者引教中道是法平等無有高下譬如水銀墮地大者大圓小者小圓盡大地更無有一法不與自心相應者如來成道時回觀衆生多劫所修行業皆如夢幻亦無作者亦無不作者所以云修習空花梵行宴坐水月道場降伏鏡裏魔軍成就夢中佛事良由此心未了於平等中見不平等以其不平等則一切所作由是而興焉

闢曰圓覺云性自平等無平等者說箇平等便合喫三十拄杖更引出許多知解轉見不平等也偈曰

罷問程途撒手歸　一菴高卧對晴暉
百千玄妙俱忘却　整日無人扣竹扉

狐疑淨盡正信調直

牛是一頭狗是一隻貓是一箇馬是一疋二見火知燒見水知濕緣何一點自心箇箇昧如黑漆疑上又加疑執上重增執不須疑也休執誰知萬別與千差一切聖賢從此入

祖師道狐疑淨盡正信調直義解者謂信有二種一正信二邪信信自心是佛不假外求是正信不信自心是佛起心外馳任有宏為皆名邪信當知正信亦有疑於正信中未由證得所以致疑疑念益深久遠不退忽爾洞明一念開朗是謂大疑之下必有大悟當知悟是信之果信是悟之因肇法師謂果不俱因因因成果審如是則信時即是悟時悟時不異信時祖師之銘目之曰信心正類此也當知大根器之士一聞舉起如獲舊物了然於心雖衣食可忘性命可捨欲其斷須去其正信不可得也故古云假使熱鐵輪於我頂上旋終不以此苦退失菩提心其正信之念果如此之堅密安有不獲親證者哉捨此則自餘邪信生疑疑之不已則倒見横生馳逐妄緣流入無間者必矣

闢曰是則是只如信即悟悟乃混入靈源靈源既入遮箇信字向甚處安著若謂別有著處請指出看若謂別無著處則祖師三亦成剩語矣偈曰

信根不正起狐疑　疑念氷消信自持
說得宛然相似了　祖庭何翅隔天涯

一切不留無可記憶

大心如天寛大智如果日大疑如火聚大法如鐵壁臨濟盡力喝不退德山盡棒打不息深深一箇葛藤椿引蔓牽枝無了畢就中有箇漢出來道昨夜被我和根拔出了也葛藤椿子既拔在手擬向甚處安著聲前句外不知歸轉於平地添狼藉

祖師道一切不留無可記憶義解者謂心行處滅一切不留言語道斷無可記憶外無法可捨一切不留內無心可為無可記憶了了見無一物亦無人亦無佛大千沙界海中漚一切聖賢如電拂是謂一切不留南臺靜坐一爐香終日凝然萬慮忘不是息心除妄想都緣無事可思量是謂無可記憶

闢曰然引證得也相似任儞廣將佛祖言教引證得盛水不漏惟是記憶不勝其多矣欲得一切不留其可得哉偈曰

一切不留還有見　了無可記尚存知
故家田地非親到　畫餅何曾療得飢

虗明自照不勞心力

爲道務日損爲學務日益損到見謝執妄
益至填胷塞臆忽然損益兩俱忘撒手歸
來面空壁池陽城裏王老師吟地令人苦
相憶休相憶虛明自照非心力
祖師與麼道義解者謂瀰滿清淨中不容
他是謂虛驪珠獨耀桂輪孤朗是謂明既
虛而明物來斯鑑自照之功不容有言燕
裏加一毫心力則不得爲虛明自照矣
關曰然引喻甚當其理爾見虛空無相貌
麼但未聞虛空自言我無相貌使虛空能
言則不得爲虛空使祖師早知此喻則駟
不及舌之咎終難免矣偈曰　四
輪正一顆黃金印　須是當陽正受之
暗地拾來無用處　那堪咒隙去傍窺
非思量處識情難測
雪裏粉易分識即惟心墨中煤難辨惟心
即識是識非心是心非識明鏡臺前別醜
妍杲日光中觀黑白恁麼說話大似箇講
惟識論底法師衲僧面前如何露箇消息
不是心不是識夜犬吠花村春鶯啼柳陌
長鯨吸乾海底波蒼龍走入無生國驚起
大梵王直上色究竟天頂把虛空一欄撒
下千顆驪頷珠閃閃神光射衣械
祖師道非思量處識情難測義解者謂識
是心家之識心是識家之心此二者如水
乳難辨當知識是水心是水中之乳所以
教家謂鵝王擇乳寧同鴨類但是水中皆
有乳惟鵝王能辨自餘水族皆莫之知喻
一切識中皆具真心惟佛祖能了靈知鑑
覺之謂心思惟憶持分別取捨等之謂識

然識有八種六根具六第七名末那第八
名阿賴耶亦名如來藏上七識爲枝葉惟
第八識爲根本教中謂來爲先鋒去爲殿
後悟爲如來藏迷爲阿賴耶此識在迷則
任持無量利來捨身受身一切善惡無記
等業在悟則能任持無始時來一切菩提
解脫諸智慧種此識自迷入悟轉爲大圓
鏡智改名不改體也即今於四大五蘊諸　五
聖凡法中了了記憶作用分別至若見聞
覺知三有紛然萬法界沉一念起滅莫不
皆依之而生所以云萬法惟識幸峯云生
法本無一切惟識嗟今之學者不能向命
根下一斷兩段脚跨叢林惟以聰明之資
引起情識覺諸玄解記憶在心蠢爾鬪發
不知是情識依通而然剛執此是神悟或
妄認目前昭昭靈靈舉口動舌爲自己而
楞嚴謂棄百千大海認一漚爲全潮圓覺
謂皆是六塵妄想緣氣非實心體長沙和
尚謂學道之人不識真只爲從來認識神
永嘉謂損法財滅功德莫不由斯心意識
等乃佛乃祖靡不指陳而末法中此病益
加熾盛然嬰此病者亦因根本學道之志
不真不正而然若是根本志決欲要與生
死岸頭相應終不肯向此識情中探跟良
由最初一念只欲會禪會道會佛會法况
此識如千仞鐵圍無始時來把伊圍繞又
如千兵萬騎晝夜在六根門頭伺其間隙
苟不具決定要了生死之志則無所住而
不入之矣且祖師作信心銘誡欲晨開堂
與俾後之學者脫去情識惟信自心轉身

涉入儻學者一毫情識不盡彼祖師此銘
俱爲毒藥其利害有如此者不見最初兩
句道至道無難惟嫌揀擇只逾兩句將心
與識判然分解煥如黑白何則謂至道無
難即是指此真心惟嫌揀擇即是破此情
識莫有情識不忘者見此說乃云我只不
揀擇殊不知即此不揀擇早是情識作解
而況步步涉有觸境生情者乎蓋祖師此
銘前後之意重拈再指原其本懷特不過
曲爲學者揀辨其心與識耳所以云非思
量處識情難測
關曰據云惟嫌揀擇今則於一心法中指　六
出情識是揀擇耶非揀擇耶然情之與識
與一心果異耶果同耶其實道流於此不
能定當要見祖師銘信心之旨不亦遠乎
偈曰
非思量處情難測　學佛玄徒合共知
直下不知欠甚麼　又來開眼被人欺
真如法界無他無自
師矚無耳至神無體靈源無底達磨安得
有所謂相傳之髓從前共住不知名今日
相逢且非儻月娟娟而萬水不沉風泠泠
而六窻自啓不是心不是佛爛葛藤引蔓
於空刦之前非風動非幡動死枯髏吐氣
於碓坊之底靈鑑昭昭我不知雲月溪山
自相委
祖師道真如法界無他無自義解者謂真
如法界是一心之總名心外無別法安有
自他之稱謂不特自他之不立乃至山河
天地有情無情俱不可得而爲有雖曰不

可得而有亦不妨自佗物象熾然安立何則真如法界喻金自佗物象喻瓶盤釵釧當知金是實體瓶盤釵釧等器是權名以實就權則自佗物象不妨安住會權歸實則惟見一真法界之至體自餘瓶盤之假名不待遣而自泯矣昧者將謂祖師不達圓融之旨宛然斷滅墮在偏空作無佗無自之說茲不容不辯

七

關曰辯則辯矣且真如法界中還容得此辯麽偈曰

內無自己外無佗　一箇渾崙花木瓜
驀直向人人不委　依前撒土又拋沙

要急相應惟言不二

性喻曰海心方以地廣涵而不遺普攀而弗壁不可得而涯岸容受十虛罔知所以邊疆貫通三際前不落後不昧野狐精究全兩枚昨日定今不定乾屎橛渾崙一塊毘耶窮衆士之辯口似鼓椎旻殊逞七佛之師舌如劒利我宗無此葛藤至理有何碑記海闊全消萬派聲嶽高頓落千峯勢祖師道要急相應惟言不二其義解者謂祖師重費分疎首則言惟嫌揀擇其中間若一亦莫守萬法齊觀萬法一如等盡是惟言不二之意然諸佛衆生觀體不二說箇成佛早是剩語惟是要急相應似話作兩橛矣使果有箇相應不相應之理則宛然成二特於此未嘗無疑

關曰但恐此疑不真不切不深不固若然則異日此疑當有自破之時此疑若破其相應不相應之二與不二了之於犢先領之於言外則知祖師恩大難酬昔毘耶老人命衆菩薩各說入不二法門各各說竟及至被衆菩薩返其所問而問之則默然不加對詩文殊即伸讚歎謂真入不二法門且文殊何所見而興此讚之之辭若將此默爲不二法門則世之病瘖者亦合得不二法門與夫機關木偶等俱可入不二法門然默既可爲不二法門則語亦可爲不二法門以至謳歌戲笑皆名不二何乃獨讚毘耶爲得耶遮裏親見毘耶文殊二大士鍼芥相投之旨則相應不相應之說亦可一笑而釋矣偈曰

祖禰門户絕支離　石火電光猶是遲
要急相應言不二　老婆嚼飯餧嬰兒

八

不二皆同無不包容

祖祖心空佛佛道同心空則衆星拱北道同則萬水朝東興化昨日赴村齋吾道一貫德山今夜不答話公案兩重擒虎兕辨蛇龍不費海神些子力驅雷霆走雲霧消得龍王多少風細鍼削鐵壓沉大地單絲絞水浸爛虛空無把柄絕羅籠禪河自是無船渡隔壁何曾有路通

祖師道不二皆同無不包容一等脩朱填墨之士謂法華云惟此一事實餘二則非真又云一切諸佛惟一佛乘無二無三所云一者即妙圓明心體離修證該三際橫貫十虛色空明暗以之爲源凡聖悟迷即之爲本乃至盡塵沙法界見有一毫不依之而生者皆外道所計所以云森羅及萬象一法之所印其不二皆同無不包容之說不能外於此也

關曰審如是說一切言教已嘗具載又用佗祖師西來作麽須知言教如趙昌之畫花其高低向背濃淡開合煥然可觀但非真花耳苟未能向脚跟下如斬一握絲一斬一齊斷而不二皆同之旨焉可以口出耳入爲得哉偈曰

黃金鑄就鏁鑰卯　擊碎依前又鬬合
裹許不知包甚麽　孤光長夜照乾坤

九

十方智者皆入此宗

至神無功至體混融如鐘在簴耳畔非響非寂如春發榮枝上自白自紅洞山五君臣朱絲奏一畫未形之韻臨濟四照用鐵鞭追萬靈罔測之風王轉珠回兮機先路活風飛雷厲兮頂門眼空思惟不及使便難逢差排古佛離窠臼斷送生蛇化活龍

祖師道十方智者皆入此宗義解者引華嚴云如來真境界其量等虛空一切衆生入其實無所入又圓覺謂諸能入者有諸能入非覺入故當知此宗一切衆生本來深入安有復入之理衆生既爾其有智者不應反有所謂入也聞求明和尚謂心真如門初無離在但迷者喻出悟者喻入特迷悟相間豈果有所謂出入哉

關曰且止是說儞還曾悟麽待儞真實有箇悟處方見祖師言不欺矣偈曰

盡說此宗難得妙　十方智者若爲論
懸崖未解拋雙手　撞入無非地獄門

宗非促延一念萬年

乾爲天坤爲地禪不異教易爲奇陰爲偶

教豈離禪只爲互生十度引起膿蛇繞纏一箇尊一心三觀一箇擡直指單傳默如山隔語若天懸被箇無面目漢路見不平擱空一喝直得達磨大師與天台賢首吞聲飲氣垂手入鄽各家自掃門前雪不把無明濶識田

祖師道宗非促延一念萬年義解者謂祖師指一心爲宗一心法界中以刹爲日不加促以日爲刦不加延所以視一念爲萬年轉萬年爲一念不長不短非少非多豈神通使然乃法如是故

關曰昔儒之達者以齊彭殤爲妄作一死生爲虛誕使其知有一念萬年之說猶增驚愕無佗蓋真俗不同途也古人亦云誠真則逆俗順俗則違真豈不然乎何當使其裂開俗網斬斷塵根回觀吾祖短長相即圓常自在之機則失言之咎其可逃哉雖然且不涉短長試道一句看偈曰

十

剎那萬刦非延促　不把虛空較短長
便與麼時還諦當　且歸門外錯商量

無在不在十方目前

鏡清六刮濟北三玄天龍伸瘦指菴主竪空拳有佛處不得住袜過西乾與東土無佛處急走過打著南邊動北邊一狀領過六户惰然開門放出揚州鶴不用腰纏十萬錢

祖師道無在不在十方目前或者以意識卜度謂心非色像道絶方隅即色像而不妨處處分身倚方隅而豈礙塵塵露影塵塵露影不離當處常湛然處處分身覓即知君不可見是謂無在不在十方目前之旨明矣

關曰作是說者偷光望影也少伊一分不得若不能親下手剖破藩籬望佗祖師無在不在之旨何異鄭州出曹門偈曰

不離當處是何物　逼塞四維含十虛
抛向目前無蓋覆　直教覷著眼睛枯

十一

極小同大忘絶境界

投子言壞大隨不壞墮此兩重關觸途成障礙無障礙但將兩句併作一處看便見微塵不小虛空不大見成公案絶覆藏漆桶何緣能不快

祖師道極小同大忘絶境界義解者道前云無在不在便是極小同大極大同小之標題故楞嚴謂於一毛端現寶王刹坐微塵裏轉大法輪苟不達無在不在之旨則動爲境界所囿既囿於境界則安有忘絶之理既不能忘絶境界則大者大相小者小相安能融攝於一體者哉

關曰只如忘絶境界底人還見大小也無若謂見則未能忘絶若謂不見則去土木偶人無幾矣試道看偈曰

須彌納芥人皆委　芥納須彌佛也疑
縱使見超情量外　刻舟求劍不勝遙

極大同小不見邊表

得得非得了了何了心地花開靈谷春性天日出冰壺曉不萌枝上金鳳翱翔無影樹邊玉象圍繞百丈脫野狐胎貪恨一身多文殊出女子定富嫌千口少但知隔山見煙誰問出門是草一切見成不用尋討縱饒靴裏弄鉗鎚也是門前打之遶

祖師道極大同小不見邊表一等義解者謂昔毘耶大士運不思議解脫神力以三萬二千師子座置之方方一丈室中室不加窄座不加隘然後以右手斷取妙喜世界普告大衆彼世不搖動此世不改變以大入小以小入大互即互融非彼非此經中欲說此不思議解脫神力窮刦不盡然此神力無一毫不自妙明心中流出或者謂我今亦嘗悟此妙明心體緣何於此神力而不克證有以對或者曰當知此神力本自具足不加復證其所未獲現前者蓋

十二

初心入道於定慧解脫之力未圓滿故雖未圓滿於本覺心中亦不曾失但時至自現耳雖曰時至亦不得存一念待時之心苟存此待時之心即落畏見矣譬如初生孩子未離襁褓而欲其負重致遠其可得乎雖不能負重致遠而於負重致遠亦何畏何疑耳雖不獲其現前其真實有所悟明者聞此神力自然不驚不畏不惑不疑若有一毫驚畏疑惑之心存乎胷中則於此心實未曾真正悟明者矣近世行脚高士不求正悟惟貴言通況居師位者多是取順一時不肯與之深掀痛劄彼此徇妄俱不丈夫至使般若叢林掃地無幾嗚呼惜哉其有志者能刻苦勵行以大悟是期則報佛深恩莫加於此蓋吾佛亦未嘗不備言今日之弊謂末世衆生希望成道無令求悟惟益多聞增長我見雖二千餘載相去其說如示諸掌益見聖人之言不我

證矣
闢曰住住儞將謂悟了便休直饒儞超證
不思議解脫神力於一剎那將毘耶老人
命根一捏粉碎苟未能忘其所證坐在神
異中政好來喫衲僧痛棒偈曰
小大悟迷俱屏跡　百千神用頓忘時
衲僧狹路相逢處　棒折須知未放伊　十三

有即是無無即是有

半夜子雞鳴丑石女深栽無縫衣木人痛
飲菩提酒晡時申日入酉雪山深處象王
行大火聚中獅子吼十二時辰不要數盡
三十年後有人分剖無無無不無有有
何有喚作竹篦則觸不喚作竹篦則背弄
花香滿衣儞有拄杖子我與儞拄杖子擲
水月在手我宗不立階差何用強分妍醜
一塵起三昧諸塵入正受珊瑚樹下闢金
雞薝蔔花間眠玉狗
祖師道有即是無無即是有其義解者謂
有不自有有是無家之有無不自無無是
有家之無有不單居無不獨立且人之言
有者智中先存所見之無然後乃云其有
苟智中先不存其無安肯於無所對中安
然言有故知無不無即是有有不有即是
無有無之理本乎一源於一源中言有則
多其有言無則剩其無有無混融言路未
絕是謂還源之旨矣
闢曰雖然若不奮起大志泯有無之二於
正悟之域其起心分別安有忘言之日哉
偈曰
無中現有有還無　此物應難入畫圖
笑老趙州忘管帶　強言東嶺掛葫蘆

若不如此必不須守

孤山愛種梅彭澤惟栽柳一般素養高懷
二處各存窠臼爭似箇沒意智漢向無陰
陽地上揷一莖草直教花開煦日之前果
熟清霜之後儞等諸人終日竟夜於其間
俯仰折旋還見麼見則切忌眼花未見不
得亂走
祖師道若不如此必不須守其義解者謂
此是祖師叮嚀纍累之辭謂眞實要與妙
精明心本覺靈源一念相應直須與如上
所說一念契同苟不如是其雄談闊辯皆　十四
外道所計守之奚益哉或者謂若不如此
者乃決定要人契悟其眞心也必不須守
者乃指其不求正悟惟泥此言說為得者
之意也此說亦通
闢曰然如二說苟不能忘軀畢命誓期大
成一報俄消則吾事失矣特不知學者於
夢幻影中何所恃而不加鞭策者哉偈曰
有無情盡色空忘　白日青天賊獻贓
賤比黃金貴如土　為憐無地可埋藏

即一切一切即一

二五是十二五亦七在人領會法無固必
喚衆生作諸佛體亦何差喚諸佛作衆生
理不曾失忽有箇漢出來道衆生自衆生
諸佛自諸佛何混濫聖凡令他釋迦老人
平地受屈只向他道無始妄流轉莫不由
斯執定性凡夫聖所訶千手大悲推不出
祖師道一即一切一切即一或者引教中
謂一是一切之一一切是一之一一切在一
不少在一切不多此是心法互徧一多含
容非神通使然乃法理如是然此說具在
典章不須廣引只益言繁無補於道當知
吾祖作是銘至不二皆同無不包容處恐
後之學者不達融會之理首以延促相即
次以大小相即又次以有無相即令後以
一多相即以無邊世界海融為不二法門　十五
廣闢於羣象之淵大啓於衆靈之府俾後
學不動步而到不隔塵而入不加功而成
不克念而證大悲之願既周大化之功普
矣
闢曰雖然其如按圖索馬者日益繁多何
當換轉面門與祖師一齊趕退始解知恩
報恩苟或未然曳尾靈龜不能無及於祖
師矣偈曰
大地撮來如粒米　當陽打鼓大家看
眼中若未除金屑　要辨玄黃也大難

但能如是何慮不畢

大心無依大化無跡大巧無作大任無力
萬法全彰處光滅影沉一毫不露時山堆
嶽積白蟻鑽開鐵佛心青蠅踏斷金牛背
趙州看儞放不下偃溪便從瀛表入指手
拈來和聲吐出豈智可知非識能識幾人
覷著眼睛枯不是克家徒點額
祖師道但能如是何慮不畢義解者謂法
華云吾今為汝保任此事終不虛也即祖
師但能如是何慮不畢之意乃為學者保
任之辭也其策勵勸進之誠畜見于此
闢曰雖然是伊果如是也未即應聲點首
三下已遲八刻稍加佇思劒去久矣偈曰

如是如是復如是　要問畢時那裏消
將下重重鐵面皮　家鄉猶隔三千里

信心不二不二信心

心是根法是塵兩種猶如鏡上痕求嘉大師道則太煞道要開鑿人天眼目如隔海在何不道心非根法非塵共轉如來正法輪忽有箇人道來嘉道底如隔海價與麼道如海隔爭似三祖大師信心不二不二信心遮兩句如生鐵秤鎚要且穿鑿不破只向伊道低聲低聲啼得血流無用處不如緘口過殘春

或者以義解祖師意謂衆生迷此心者其來久矣於一法中妄生分別一一分別莫不皆二且見已爲自必見人爲佗此謂自佗之二從此引起無量無數分別不勝其二矣豈算數譬喻而知其涯量者哉故祖師老婆太過單提箇信心不二不二信心之正印與之當頭一印印破如網舉綱無一目而不張如領提衣無一縷而不順迅雷起乎幽蟄杲日麗於昏衢聾者視瞶者聞窮者通愚者智不離夢宅遠登真覺之場匪隔幻身直證金剛之體可謂起死回生之神藥革凡入聖之良導至矣美矣

闢曰讚歎且止只如神悟之須此箇不二之說還有容受處也無苟無地可容且祖師到此也合喫棒偈曰

凡聖悟迷俱不二　了知元自信心生
心非生滅誰迷悟　開眼無端入火坑

言語道斷非去來今

心心非心非心心而非心非心而心提起頭找不斷放下手卒難等此等葛藤自二千年外起乎西土其間四七二三以至千七百箇鈍漢萬種施爲勤除不盡牽枝引蔓直到于今幻出煅聖鎔凡爐韛化成吟風嘯月叢林做二見之蜂起資異證以交侵發藥既衆受病尤深而況雜邪外之毒無處著膏肓之鍼今日且作死馬醫去也

良久云機前三點活言外一鉤沉

其義解者謂既是言語道斷此一篇銘非剩而何若曰非去來今乃知祖師面目見在

闢曰且莫謬加穿鑿取笑傍觀殊不知理本圓融道絕離在言語道斷廣長舌其談熾然非去來今淨法身恒常寂爾毒藥醍醐攪成一器黃金瓦礫飄作一團用處無差拈來有準一踏到底者不留朕跡三搭不回底護自搏量誠一代之聖師乃百世之標準敲出鳳凰髓資異饌於禪悅之門抽出師子筋絕餘響於至靈之府雖然且道祖師還肯受此等茶飯也無收起葛藤一任貶剝偈曰

熱椀畫鳴翻古調　瞎驢夜吼換新腔
語言道斷道不斷　一任傍人錯較量

非文非字無佛無心拳空塞空以毒攻毒璨大師教案既在少林宗聲價不衰何妨讀作信心銘切忌記佗元字脚黑漆桶擱空撲碎玉麒麟就地勘回端畫古佛家私瞎却當人正眼且道靈驗在那一句

天目中峯和尚廣録卷第十二之下

天目中峯和尚廣録卷第十二之下

校勘記

一　底本，影印宋磧砂藏本。

一　五二一頁下末行末字「力」，南無。

一　五二二頁上一三行「輪正」，徑作「輪王」。

一　五二二頁中五行第五字「利」，南、徑作「刲」。

一　五二四頁上一行「十度」，南、徑作「卜度」。

一　五二四頁中六行第三字「當」，徑作「何」。

一　五二五頁中二二行「即一切」，徑作「一即一切」。

天目中峯和尚廣録卷第十三

參學門人北庭臣僧慈寂　上進

楞嚴徵心辯見或問

玄樞密運亘刹土而無法不周靈鑑高懸統沙界而有形莫隱有形莫隱之謂見無法不周之謂心曾無外見之心寧有離心之見類純金之鑄像猶湛水之與波舍像無以覓其金全金是像撥波何以求其水即水生波名雖異而似差體常一而無別是以世尊據玄樞之正體設問多端阿難昧靈鑑之真光指歸七處

或問阿難正當七處指陳之頃爲是故指以袪末世衆生之惑耶惟復果不知而墮此迷悶耶　答不見其智不知其愚愚爲發智之端智乃遣愚之本如來抱大雄之正智靈鑑昭然阿難示小乘之偏愚玄樞昧矣然而智不待遣愚而養智如來徵而無徵愚不待發智而守愚阿難答而非答乘一時之方便闢萬古之圓闇者大哉阿難之慈也闡過去佛所說法要阿難悉能通記無遺於其心法固不能詳知而具委豈不能槩須也蓋憫傷末世示此愚蒙深欲曲盡如來之本懷以爲後學之據耳

或問阿難七處所指皆心所不在則人皆謂之無心可乎　答心離四句當體不涉其有無道絶百非應念豈論其離在昧之則是非鋒起了之則凡聖情融然阿難指處孰曰心之不在惟是不了心源墮於偏小致使如來曲盡玄辯以攻其偏且心之爲理者一切衆生各各具足況人爲萬物最靈而不具心體者乎若曰無心誠爲自惑

或問七處所指既偏究竟孰當爲正　答象軀不隱隱歸羣士之盲空體無方方在衆人之執象不爲盲而故隱空豈因執而定方聖心曷有正偏偏正各因其所見耳請以喻明之如有一人曾於七處住止偶遭人問月出沒於何地昔則曰月自水東出而水西沒謂昔居水國乃爾見之又云月自山頂出而山下沒曾居山中見之又云月自城頭出而城外沒昔居城中見之又或指月出沒於舟之左右樓之上下村之前後郭之東西皆其曾居而見之遂成執於胷中而智者咸不許其說當知彼所指處未嘗非月也惟是月實不於此七處出沒原其所指之謬者無佗離處處見月惟未曾仰天一見耳如阿難所指處不曰非心但未曾親自回光一照耳

或問據爾所喻則阿難所指之處而此心曷嘗不在焉　答無形之形豈眼目之可見非在而在奚蹤跡之能尋離彼離此而卓爾獨存歷中歷邊而湛然常住此一切衆生歷劫由之而不自知者然世之言大者莫越虛空塵沙法界咸爲虛空之所包括如來云當知虛空生汝心內猶如片雲點太清裏又云空生大覺中如海一漚發且虛空最大於吾妙明心中特片雲一漚耳由是而知心之體量豈凡愚所能測哉阿難示同迷惑爲妄見所障指歸七處豈非棄百千大海而認一浮漚體目爲全潮故如來亦不能不以此徵之其偏小之執到此昭然莫隱也

或問心體既偏於山河大地緣何離身外咸無知覺豈曰心徧而不具知覺耶　答萬象並跪扶搖莫知其有力攀幽洞爛然曉自若其無功至理未嘗不融迷妄以之自惑耳汝謂離身不具知覺且置之勿論言身內之知覺者特不過飯之而飽衣之而暖汙之則垢滌之則淨至於順喜逆嗔樂榮苦辱與夫博通事物記持古今而已汝元不思如上所緣皆似知覺而非知覺也何謂似乃因根境相對虛妄緣塵和合而有非真知覺如來之徵辯者致所以發明於此也汝猶不悟尚復認此爲知覺且汝身中感捨此妄則何以爲知覺乎或曰此身既曰亦無知覺豈可同土木耶答此身離卻虛妄緣氣政同土木無殊或曰如是虛妄必從何起答亦無起處但是徧一念自背真覺之體即其真覺轉爲如上等虛妄緣塵或曰悟達之士寧有飯而不飽衣而不暖者乎知則亦同虛妄不知則還同土木耶答汝言不知則真覺之體安有暫時不在之理乎子不聞迷而爲識悟而爲智換名不換體也故經云根塵同源縛脫無二識性虛妄猶如空花何謂識認體爲我執持分別之謂也何謂智了體非我離諸分別之謂也或曰悟達之者見山不曰水見僧不曰俗謂之無分別可乎答真寂體中本具靈鑑分別而與識分別異者識乃起心分別者也智乃無念分別者也或曰既云無念憑何分別答子不見世間所謂明鏡者乎鏡乃無情不具諸識安有念體而妍則現妍醜隨現醜豈曰不分別蓋其體明故洞鑒乃爾以分別而實無有能分別之念也與吾靈鑑之體何殊所

以云萬竅因風而號華幽由日而燭則風何意於號萬竅而動日何念於燭華幽而來昔體本如然似有爲而實無能爲之心耳爾如體此則終日喫飯不妨言飽實無嚼破粒米之能終日著衣何礙言溫安有曾挂寸絲之執所以云修習空花梵行宴坐水月道場凡聖情忘是非見盡真知靈覺一道齊平豈分其身內身外乎據所問云身外成無知覺今復問汝汝今離此四大身外覺有物耶覺無物耶若曰不覺有物應同土木既曰有覺能了知耶不能了知耶縱汝失心不能了知認明爲暗指色爲空雖曰謬陳非無知覺況是縱手所指虛空物象大小美惡麤不明辨苟非知覺孰臻於此忽然之間妄惑頓空執情銷落則知十方虛空是大圓鏡不加磨拭而照古照今三千剎海即楞嚴王豈假證會而融凡融聖到此則所謂虛妄知覺將無地可寄矣故永明和尚以一心萬法爲體就如來一代時教中撮出要文乃成宗鏡謂以一心爲宗照萬法爲鏡雖百卷之文繁大意惟欲揀辨虛妄獨顯無念之真覺耳當知永明未作宗鏡時一心未嘗不照萬法也豈特永明然迦文未出靈鷲山時一心亦未嘗不照萬法也此理混今古而無變隨語默而不遷疊而論之惟在當人脫略見聞赤身領荷實非言適而意達者故永嘉大師謂若以知知寂此非無緣知此破依文字能所而知此靈知之體也即經所謂知見立知即無明本何則蓋欲妙契靈鑑體中本具無念之知此無念之知不容則有所知也又云若以自知寂亦非無緣知謂雖不假文字因緣等以風根不昧生而能知言非無緣者謂尚存能知之跡耳故經云自心取自心非幻成幻法何則蓋真寂體中之知覺元不因一法而具也苟不依體而證儻存毫末許言其知見者皆墮戲論汝言身內外者豈特戲論斯實狂愚矣

或問衆生知覺與如來知覺同耶異耶　答衆生食鹽曰鹹諸佛乃云不淡諸佛指火云熱衆生則曰不寒雖遮表之詮異途而知覺之性同轍苟真妄而不隔則生佛以何殊然而知覺約有兩種一曰真知真覺一曰妄知妄覺此兩種似同而異雖異而同故凡聖以之區分迷悟以之隔越也如圓覺序謂血氣之屬必有知凡有知者必同體此正指真知之體一切衆生本來具足與諸佛常住法身覿體不別此體湛然常寂廓爾靈知名之曰心徧含法界雖諸世間相剎那剎那生住異滅而此體不動也故如來所徵者直欲顯此心耳此心雖一切名相及與聖凡染淨因緣自然真妄和合以至見聞覺知等法所謂妄者即是今此四大爲身根塵相對蘊藏陰識隨處執持而生分別所以取捨愛憎念念遷流而不自息者也此之妄體由根塵虛妄和合似有其體根塵忽消此妄亦滅此即阿難所指之心也而如來云胡不斥之哉故曰此虛妄心離去前塵畢竟無體又曰由塵發知因根有相相見無性同於交蘆此所謂似同而異也

或問此虛妄體爲是依真而有爲是離真別有若曰依真而有則妄即是真若曰離真別有則宛成二體　答依真立妄似結水以成冰由妄顯真若見煙而知火因是堅冰即水奈何冰無流動之形雖曰猛火即煙而乃火無鬱烽之象執之則千塗各立了之則一道齊平法界之理既然則如來不容其默矣良由衆生未達聖人善權方便隨其諸言而生執縛於無同異中强然同異如來所以對同立異真妄斯彰破異立同真妄俱泯而經中舉一巾六結立喻詳明一巾喻真六結喻妄非一巾無以成六結非六結無以顯一巾妄爲真所倚故如來謂解結因次第六解一亦亡則知舉妄既消一真何有以妄望真雖異而同也

或問真該妄末妄徹真源真妄既同而生佛之途常異者何也　答起而爲生諸佛入涅槃于衆生識海寂而常動衆生墮生死於諸佛心源理求之則全同事推之則逈隔雖曰同具知覺之體諸佛自空劫以來如理而解如解而行如行而證而衆生有迷而未解者有解而未行者有行而未證者以故異之不然迷而未解者固未可論而況口談實相而意逐攀緣跡履空宗而情況有海虛叨了解之優名實墮凡愚之劣行然真妄同源言其性具古今之下未聞有不絕妄而返真不遣真而契理者惟頓漸之等差耳此約事行而言若約理則十法界同具一心經云心佛衆生三無差別豈生佛之果異耶其所異而不能同者乃妄未遣也真未泯也見未亡也總而言之惟心之所以未明也

或問真妄之外別有心耶別無心耶　答歷

是總名依屋以顯其成壞心爲正體因心以發其妄眞曲引喻文重下註脚一心喻虛空也眞喻明也妄喻暗也當明時空與之俱明暗時空與之俱暗眞妄似與心同也非虛空無以顯其明暗則眞妄不離心也極而究之則虛空之體今古廓然了不爲明暗之所遷

七

乃知一心與眞妄泮然矣至此則列羣峯於五嶽咸消高下之形引萬派於四溟共失淺深之跡豈眞妄之復云乎哉

或問六根具含妙用而如來單辯其見者何也　答五色可盲老子未盡傾肝膽千里能視離婁欠剔起眉毛親薄伽梵忽起覺源過摩登伽幾沉欲海不因樵子徑爭到葛洪家手頭撥動金剛鉀髑髏挦盡根塵腹其所以單辯其見者首因阿難謂我以眼見如來三十二相之說乃辯之耳一根既了六處同明今分其所見有二一者如來以心體靈知了了不昧之爲見是謂眞見二者阿難依衆生執以眼對前塵諸有色象之爲見是謂妄見其言妄者離種種前塵則無有見其言眞者不涉前塵乃至因緣和合等相指眞寂體中廓爾靈鑑豈日輪黑月使之能見哉而如來與阿難揀辯前塵不出八種各還所還乃顯其離塵無見也所言不汝還者非汝而誰卽破妄顯眞耳

或問眼對前塵既不名見今我眼中謂之無見可乎　答山青水綠本色人鑑在機先夜暗晝明靈利漢視超色表舉措消歸自己縱横肯隨前塵苟不如斷實爲顚倒何則豈不聞如來謂若曰眼見諸已死人眼目現在云何不見又云譬如盲人忽得眼光名爲眼見若有眼人處於暗室忽得燈光當名燈見燈能顯色是眼非燈眼能顯色是心非眼於此了悟則眼實何見之有哉

或問若物即見是見非物若物非見云何見物此說謂見與物似同似異　答類磚磨古鏡當機莫聽其暗明巨闕何高垣觀體難藏其通塞雙與則物生見起雙奪則見泯物沉豈同異云乎哉以要言之物不是見見不是物見能顯物物能顯見物非見而不物見非物而不見矣如其不委更聽下文若物即見不須更覓含元殿是見非物一切聖賢如電

八

拂若物非見影靈遮知神僊面云何見物龜毛兎斷虛空骨阿難早不解回頭幾致釋迦同受屈一塵不有遍大千未亡見者休尋見

或問即物顯見理既昭然今見物時即名見見如何　答燈鏡交光相在相入而塵塵合妙綱珠接影互徹互攝而處處分身撥關百草頭邊突出萬人海裏停機則失擬心即乖將尋自是螢光欲取便成魚目何則經云若見是物則汝亦可見吾之見此如來謂若見是物則我之見亦與物等物既可見則汝亦可見吾之見也又云吾不見時何不見吾不見之處若見不見自然非彼不見之相此如來謂物非隱顯見有離在若見是物則物無隱而不見之說以見非物故則見有離在見當離物之時名爲不見之處云見不見者謂吾當離物了無可見之時汝若果能見吾離物不見之處則我之見果與物等如是則自然非彼離物不見之相也以其見實非物故使其見若離物則不見矣復云若不見吾不見之地自然非物者謂既不能見吾不見之地則我之見自然非物矣此一段意義重疊詳陳曲喻主意在於破彼認物爲見之謬直欲俾其知云見不是物也

或問離物惟見惟見即心見見之時見非是見又何謂也　答離靈玉鑑照之則影落千

九

潭出匣龍泉用之則屍橫萬里大火聚豈容湊泊金剛圈不許攙拳撥著便轉已墮功勳提得即行早成途轍原夫如來直指靈鑑心體不特破根塵相對之妄亦乃破離妄絕對之眞蓋眞妄兩途皆衆生無始時來之見病也故云見明之時見不是明此乃破妄顯眞又云見見之時見非是見與眞俱遣矣故偈云言妄顯諸眞妄眞同二妄猶非眞非眞云何見所見如來到此可謂詞窮理極矣然眞妄既遣謂見猶離見見不能及者獨指靈鑑之體內外圓明離諸聞見故維摩亦云法非見聞覺知若求見聞覺知是則見聞覺知非求法也蓋謂見聞覺知皆依虛妄根塵和合而有何當赤身挨入徒手揭開妙明眞心廓爾無際以之爲見則壓累日於長空以之爲聞則砮蟄雷於虛谷豈復爲浮光幻影之所籠絡者哉

或問久爲妄所纏欲斷絕之未有其方請教之　答我不識妄從何起而儞欲斷妄若妄從心起則妄可斷而心亦可斷心既可斷則諸佛之一乘菩薩之六度緣覺之十二緣聲聞之四諦天人之十善皆可斷也使其果可斷則眼之所見耳之所聞乃至舌味意緣亦

濕火熱風動地堅世出世間俱可斷也如上諸緣不可斷故則汝所謂妄者亦無有可斷之理也曰苟不可斷則未免相續去也咄是何言歟其起心斷妄尚爾不許而豈容其相續耶據爾云則爾之妄體果有斷滅之時也苟未嘗斷滅則何續之云乎汝元不知自無始劫前最初不覺瞥興寸念違背真心引起遷流迨今新新不住乃至諸佛出世祖師西來皆汝妄情之所執受欲絕此妄當明自心自心一明則無邊妄緣覲體融會矣辯曰妄非心明而不絕心非妄絕而匪明心明則絕妄而明妄絕則明心而絕妄絕故色空明暗不礙眼光何見之可辯心明故聞見覺知收歸毫末何心之可徵誠為祖禰不了殃及後人更或有疑請求達者

徵七處於二千年外阿難獨未曾迷拈一花於百萬衆前迦葉何嘗解悟裂開一味平等之體演出萬般差別之名教海斯彰兎角杖挑潭底月禪關遠啓龜毛繩縛樹頭風走殺天下參禪人惑倒世間求佛者蓋為當時鹵莽虛延幻影浮光今日思惟觸著銀山鐵壁客有以徵辯之疑見請余故引問答之義相酬不過借彼杖繩護爾拄佗風月英靈上士獲真心於形名未兆之先俊邁衲僧具妙見於言象不該之表詎肯按圖索馬指跡云牛掃空生佛之狂言蕩盡妄真之魔說爾如加誚我何敢辭

天目中峯和尚廣錄卷第十三

天目中峯和尚廣錄卷第十三

校勘記

一　底本，影印宋磧砂藏本。

一　五二七頁中末行「既偏於山可大他」，南、徑作「既偏於山河大地」。

一　五二七頁下一〇行第三字「致」，南作「政」。

一　五二八頁上一四行第二字「知」，南作「是」。

一　五二九頁上二八行「靈利」，徑作「靈俐」。

天目中峯和尚廣録卷第十四

条學門人北庭臣僧慈寂　上進

別傳覺心

惟圓而覺惟覺而圓非覺無以大其圓非圓
無以滿其覺覺不知覺而覺徧自佗圓不見
圓而圓周彼此謂圓也太虚不足方其形謂
覺也靈鑑何能盡其用五嶽止千山之勢圓 十一
斯圓乎四溟吞萬派之聲覺斯覺矣佛祖之
安宅聖賢之要路塵沙衆生之所戴十二開
士之所宗實萬世之指南三界之元龜也
曼殊首提本起因地之間至尊特彰圓照淨
覺之名指四大標六塵樸碎無明窠窟瑜空
花方二月滌除生死根塵印迷悟之本虚斥
有無而俱遣不存一法於不存奧豈凝成號
靡陽一毫向靡陽邊何妨剗削是謂圓常要
旨轄外真規茍非神悟於機先豈許滯情於
語下偈曰

首問如來本起因　擬相酬兮費天真
標圓已陷無明穽　謂覺難逃有漏塵
出匣太阿那敢觸　當臺古鏡若爲親
未能言外超方便　盡是華胥夢裏人

空裏月輪奚假番三撈攙木中火燄豈憑逐
一推排焦尾巴石虎雄踞雪林無鼻孔鐵牛
穩眠露地普賢昧諸幻元生覺海世尊謂真
覺猶是幻源離其所離幻上何妨立幻遣其
所遣空中更不容空捨方便不滯證脩引妄
想全歸解脫指石爲玉點鐵成金無梯航處
設梯航非漸次中言漸次偈曰

白牯貍奴咸具足　那知具足處難憑
千般幻妄元依覺　萬種修持總滯能
石虎空中吞皓月　波斯夜半爵寒冰
遣情離謂離還遣　物物全彰最上乘

十方世界即摩尼珠法法依之而影現大千
利土是寳絲網物物仗此而光騰大火聚裏
不許藏身塗毒鼓邊豈容側耳普眼向無方
便中曲伸請問鶖鶩帳裏春正濃世尊於絶
思惟處俯徇來機歌管叢中酒方勸提聚則
地水火風鐵山岌岌放開則見聞知覺玉海
沉沉枕邊之槐國夢回室内之蘭膏燄炯應
時圓淨敲鑼擂鼓共演真常當處等平打户
提門併歸圓覺彈指頃孰脩孰證舉世間誰
悟誰迷茍非象外廓明翻作門前之繞偈曰

無邊刹海虚明鏡　積刦埋塵光未虧 十二
肯把幻緣滋幻影　誰將真智起真規
徒誇萬里還家日　謾說千燈照室時
安有住持圓覺者　教人容易作思惟

因疑致問離匣之寳劒為斬不平引答破疑
出鼎之靈丹欲瘳既病覺體元非作用話頭
不許承當剛藏隨在鑛之金曲伸三惑瞿曇
示過雲之月遠開羣迷始終生滅豈復現前
聚散有無不成安住獨瞎金剛正眼何處覓
生死始心撥翻自己家珍孰肯認涅槃淨性
燒須彌雅宜螢火束虚空慣用龜毛日麗星
明成佛不成佛難逃法執風馳電激圓覺未
圓覺俱墮魔垣茍非撒手懸崖一任開眼說
夢偈曰

罔知覺性離生滅　縱悟無生覺未圓
花亂長空三惑起　浪翻平地五宗傳
鑛中金出功猶在　月外雲行見政纒
何似横身聲色裏　從來千聖不同鄽

欲網重重金剛劒不待揮而自裂愛河渺渺
菩提岸奚假涉而已登夢中之四聖非真鏡
裏之六凡何有輪回根本吐吞彌勒口門貪
欲因緣含裹如來心地生而無生卯胎濕化
相而非相明暗色空迷即悟悟即迷一道齊
平五性俱遣事即理理即事兩頭坐斷二障
全消三世諸佛同条一切衆生皆證超方便 十三
住圓覺止啼黄葉何多成佛果斷輪回豎嚴
空花不少會須是一生了辦更莫教萬刦沉
淪惟務肯心不勞佇思偈曰

輪回幾種問來端　至理如何可自瞞
一點愛源常滴瀝　萬尋欲海政瀰漫
徒將二障論深淺　枉對羣迷說易難
圓滿覺心皆已證　擬思量處不相干

長空皓月伶俐漢何待指標滿覺真心大丈
夫豈由言顯言外承當早成途轍機前負荷
已涉廉纖不許執著妄情不許深求悟理不
許依憑功用不許允蹈無爲清淨慧容詢地
位階差路遥知馬力老瞿曇花分能所照覺
機久見人心真不自覺覺不真眼非自見見
非眼凡夫覺聲聞覺無文鐵印向空拋祖師
禪如來禪折角泥牛連夜吼地獄天堂打成
一片菩提煩惱坐斷兩頭白雲自占青山明
月誰分流水茍非親到故家田地更聽幻人
重說偈言

中不容佗清淨慧　階差地位叩瞿曇
月行空界憑虛指　花爍心田貴寳条
息妄固知非正覺　尋言安得是司南
未曾跨過黃金限　且向門前宿草菴

即一而三濕紙裹金毛師子惟三而一單絲

控玉角麒麟大千界不受纖塵十萬里那隔寸步威德巧於設問四門之城堞面面俱開世尊曲爲指陳一道之覺源塵塵涉入即空即假即中而易分雪裏粉惟靜惟幻惟寂而難辨墨中煤須如是人明達箇事鏡裏像昭昭不隱切忌眼花器中鍠浩浩無虧休將耳聽穀收則苗土俱棄功成則境觀齊捐欲知圓攝所歸之方更舉直捷根源之偈

有幾種修威德問　未能直捷世尊酬
三重妙觀爐中雪　萬種奇功水上漚
夜氣冷沉深雪谷　曙光遥映白雲樓
無人爲向靈山道　那事如何著意求

十四

翻頭作尾連環鈎鎖而二十五重抵掌論心直指單傳而千七百箇水入水時全無差別空投空處煞有聱訛辨音躡威德之前蹤背信龍門無宿客如來列次第而酬答那知少室有斯人即三觀離三觀王轉珠回以一重去一重神出鬼沒前空後假斷送渾家落火坑齊寂衆中擴開鐵牛眼死水一種是門前之繞萬般皆心外馳求攀登正覺之場更聽重宣以偈

單提圓修答辨音　沉沉覺海政淵深
諸論指體還迷體　三觀惟心又覓心
翫月靈犀燕櫟木　求珠罔象芥投鍼
寄言弃法不隨者　難免空花翳幻林

圓湛深淵漚花影裏千尋浪湧軒昂大宅叫呼聲外八面火然悟迷不越見生縛脫皆由已造一箇我絲續不斷宜乎淨業咨詢四種相潛伏難知獨許[illegible]揭露遣神兵戰空魔壘驅智將搜破賊機使迷悶不入者蹈廓達之通衢於增益諸病時飲必麼之靈劑擬作將來眼目難忘現在我人湯與水濕性儼存何處著實達香之欲火愛與憎知覺元在豈應容演若多之狂風難思客路千差終詣祖庭一實達箇說話大似釘樁搖櫓驀劄相違那裏泊在偈曰

覺心迷悟若爲通　淨業那能奪至功
能所頓消何相遺　妄真俱盡豈情融
無空作境空猶在　有我談玄我未窮
向古鏡邊閑照影　山重重又水重重

十五

善知識是塗毒鼓耳其聲者死不移時善知識是太阿鋒觸其鋩者喪不旋踵一味生擒活捉百般大用全提普覺問依何等人移花兼蝶至世尊答遠離諸病買石得雲饒且做成作正任滅四種膏肓總不出憎愛是非一般病痛以毒攻毒須還老耆婆肘後神方用警奪警不許水潦鶴口邊訛說甘草苦黃連甜果符斯語砒霜良甘露惡頗有其端與其同事處換人眼睛莫止摶財妻子別行異路時不存執則何妨戲笑識訶擾不渾兮濯不清近不憍兮遠不怨丈夫步驟知識軌儀且不犯風規如何通信偈曰

欲開知識門前路　普覺興慈意獨新
狎近不憍離不怨　徧邪惟敬正惟親
通身是病通身藥　徧界全真徧界塵
話到摶財妻子處　古今疑殺幾多人

百廿日晝地爲牢路從平處險二千年開門作活人向靜中忙操心降鏡裏之魔開眼做夢中之佛圓覺設最後之問鄉後投林出箇垂擬理之談畫蛇添足長中下三期多處添少處減正像末三法前何重後何輕合眼跳黃河且不許停機佇思赤身挨白刃又那容顧險防危一條窮性命東擲西拋萬丈冷門庭橫開豎闢安居平等性智達萬難陝府鐵牛儼海風昔罪根濕紙裹嘉州大像更聽祇遠贊歎

道場加行設威儀　圓覺當機立問時
打水杖痕人共見　釘空槌跡我全知
三期政不分長短　一法何須論順違
話到安居平等處　老婆心特爲誰癡

五種經名穿透百千諸佛耳孔一條覺路截斷十二開士脚頭賢善首曲爲流通尼藍婆密垂守護綺筵欲散不妨鼓吹頻催戰陣將收豈礙干戈盛舉閑骨董撩天索價爛葛藤遍地生枝後如是果前如是因衆器入金而金何有異多不加增少不加減羣波歸水而水自然同鐵蒺藜摟空狡兔之窠露刃劍斷斷靈龜之尾明暗色空分科列段伶俐座主難窺雲林泉石直指單傳了事衲僧罔測三毒八倒全該真體十身四智靡隔妄緣一圓一切圓何待水銀墮地一覺一切覺豈容古鏡當臺語言文字一點難容機智識情萬般虛設便與麼領荷已成途轍不於斯脫略孰聽偈言

十六

以賢以善標爲首　最後當機欲播揚
道樹不栽圓果熟　靈根未種覺花香
謾將修證論真假　難把虛空較短長
脫略語言文字外　須知別有好商量

真歇了和尚作圓覺十二偈叢林盛傳而未之見也余禪坐之隙披閱是經獨

文殊普賢二章旨趣直捷自餘皆由和機宜巧施方便殊未有衲僧氣象於是每一章用儷四六提其綱要復申以偈固不敢效顰歟和尚之作與宗門共之聊復自警耳乃標其名曰別傳覺心且即文字離文字置之勿論如大圓覺心果有別傳之旨乎長鯨一吸海水盡森森露出珊瑚枝

天目中峯和尚廣録卷第十四

十七紙

天目中峯和尚廣録卷第十四

校勘記

一　底本，影印宋磧砂藏本。

一　五三二頁中一五行第三字「正」，南、徑作「止」。

一　五三二頁下六行首字「遠」，南、徑作「夜遠」。

天目中峯和尚廣錄卷第十五

參學門人北庭臣僧慈寂　上進

金剛般若略義

延祐丙辰秋七月翰林承　旨趙公自京師遣書來問金剛般若大意遂述略義併荅其書略曰聞如來於第四時說般若經六百卷金剛經乃其一也議者於六百卷之綱目以融通淘汰四字攝之蓋如來嘗於第二時在鹿苑轉四諦法輪證諸小乘入有餘涅槃以未稱本懷由是第三時維摩彈斥使其耻小慕大然後廣說般若一味談空尊爲小乘人融其所執通其所滯淘之汰之如滌穢器使之清淨然後以上乘圓頓甘露之味注之但金剛經局於文約幾不能以句讀義意深遠寄之六百卷間於中或有不能通處正不必致疑但存一念深信之心信之不已久當自解今利根之士不待功深力久必欲一時意會每以胷臆之見穿鑿之一涉此途則般若大義不復契會於自心矣茲直述經旨題曰金剛般若略義望取而究之或究之不盡餘惑未泮只消提箇所參話自看不必於此文字中致疑一朝看破話頭則六百卷之雄文皆吾胷中舊物也略義云乎哉

金剛是喻般若是法波羅蜜此翻到彼岸喻般若爲金金以不變不壞爲義般若爲剛剛以摧壞萬物爲義謂般若之體離相離名亘古不動即諸佛之自心乃衆生之本源也

般若於大般若經有一百會又不止於金剛二義也謂般若如大火聚物或嬰之咸遭其焚燒般若如大日輪能破一切諸幽暗般若如光明鏡能分一切諸妍醜等云云

般若乃梵語此翻爲智慧言智慧者破愚癡故當知智慧與愚癡俱無定體悟此心故即愚癡是智慧迷此心故即智慧是愚癡既悟之人雖譏訶戲笑皆智慧也未悟之人雖梵唄讀誦皆愚癡也故愚癡智慧特迷悟之分無定體也

大般若經中具八十一科通聖通凡以至悟迷無所間然自五陰六根至十八界十二緣四聖諦六度及三十七助道品以至菩提涅槃等彼大般若六百卷宜廣說今金剛般若不過五千餘字乃總攝大般若之要義以故言詞簡約義理該通其言約故至於句讀難辨其義盡故自非曾遍覽六百卷之長文卒莫知其所歸也

如經中言不住色布施且色之一言乃八十一科之首若欲廣說須一一從五陰十八界至菩提涅槃等應於不住色布施下便當言不住受布施不住想布施以至不住菩提涅槃布施以此經之文尚約惟言不住色布施極至於不住聲香味觸法布施而已又不知布施一法乃六波羅蜜之首若以廣說則應布施盡八十一科竟又當言不住色持戒不住受持戒以至不住菩提涅槃持戒展轉盡六波羅蜜循環入八十一科則文不勝其博矣

今金剛經一卷以約文納深義其名相廣博難於義解古今三教中之聰利者曾未探淵奧之文必欲以一時聞見釋之因而註解互相是非皆多於臆說而自開戶牖去般若之大義遠矣

經首列八金剛四菩薩名相昔孤山圓法師嘗以直辭闢之謂好異者爲之也

經中言四句偈論者紛然咸謂經中果有四句特旁搜曲指必欲以四句主之或有甚者乃至稱六祖有曹溪口訣指金剛般若波羅蜜經之一句是兩字分爲四句惑人一至於此却不思經中言四句偈必上有乃至二字下有等之一言未嘗單稱四句偈惟云乃至受持四句偈等謂乃至者是不及之辭云等者乃總該之義今依文直解但當云於此般若章句受持自一句二句三句乃至四句及與十百千句等此說極明不加穿鑿政不必曲勞神思遠求四句以蹈自開戶牖之轍也

經中言四相四見者乃一切相一切見之總名亦一切相一切見之根本也惟相惟見根於虛妄故經云凡所有相皆是虛妄然迷妄之習在根爲見在境爲相故經云我見人見衆生見壽者見又云我相人相衆生相壽者相且我人衆生壽者之四乃執相滯見之總名惟相惟見不特迷者有之而悟者亦未嘗不遺其惑也苟非聖凡情盡迷悟影消則相見二魔卒難消殞

迷者四相謂妄認四大爲我相離我視佗爲人相妻風所觸而生厭離是衆生相忽觸和風而生戀著是壽者相此四相乃迷

妄之麁淺者也

悟者四相謂於所學習忽悟自心是我相乆之悟跡既遣證理猶存是人相悟證俱消存有所了是衆生相覺所了故知覺未忘是壽者相此四相乃學道人之細而深者非深契宛會者難與同日而語也

然麁細淺深均同虛妄者謂般若清淨彌滿表裏瀅瑩不受一塵只箇不受亦不受迷固不可說雖悟之一言亦無地可寄矣所以有云太末蟲處處能泊惟不能泊於火燄之上衆生心處處能緣獨不能緣於般若之上知此喻者迷悟四相不待言而遣矣 四

言四相四見是一切相一切見之根本者因執四大爲我就一箇我上引起百千執著百千愛護離我視佗爲人就一箇人上引起百千分別百千取捨乃至遇衆生而發憎於壽命而長愛交馳虛妄起滅無從諸塵勞識因之而集是故謂一切相一切見之根本也

四相之義據直而說只是一箇我人憎愛四種情妄夫人自古迨今馳逐去來於生死海中引起八萬種念慮如燈燄燄似水涓涓未有不自我人憎愛四種情妄之所交接者也

或謂佛何不直以我人憎愛爲辭而曲言我人衆生壽者何也蓋聖人指說一切名相咸有所因茲其究其因雖然特不能外吾情妄之說也

且人之與我即是非之端何則謂非人即我謂是我非人但以非佗即是我相或云非我即是人相而不知大般若真寂體味內而無我外而無人以至無衆生可憎無壽命可愛故三祖信心銘有云纔有是非紛然失心又云但莫憎愛洞然明白斯言曲盡其間與不必別有說也 五

或問般若真淨之體既顯則我人衆生壽者之妄將何所歸對曰智非相空而莫顯相非智顯而莫空相空則智顯而空智顯則相空而顯相見空故即非四相是名四相智慧顯故是名四相即非四相當知相見本空智慧元顯以本空故則我人衆生壽者全彰般若之光以元顯故則壽者衆生人我總是金剛之體所謂一切智智清淨無二無二分無別無斷故者也

經中言即非是名二義蓋本乎破相法相二宗而來然即非二字乃破相顯理是名二字乃就事顯理如來說般若一味談空特以一味空破一切相以故但於名相處皆以即非是名爲說乃契一經之旨趣也惟遣事存理無越即非事理不二宜乎是名譬如但言世間一物蓋物物皆具般若不欲顯名般若但云即非其物因物能顯般若故云是名爲物餘皆倣此則知即非是名似乎兩端而其實一致也

經中言五語謂真語不妄實語不虛如語不變不誑語無惑不異語不兩說也佛作是說蓋知衆生不達法義之玄奧不能無疑於其說故使其聞法生信而然也

經中言三千大千世界法相數中具載茲不詳出云大千者蓋對小千而言其大小之說亦具存法數

經中言三日分者謂早晨是初日分午刻是中日分晚時是後日分言一日之間於此三時將身入河沙國土而用布施如是至百千萬億劫日日於此三時將身布施特喻其施身得福之多然後以信心不逆之功復過於彼

或問無量劫施身之功何劣於般若章句方能一念之信其德何優對曰此義特破彼執相之甚者也彼雖施身不忘我相此雖一念之信而應念破諸我人較其住相離相誠霄壤之不侔矣如來豈欺人哉 六

經中言三際心不可得者蓋過去已過去於現在何可得耶未來又未來於現在亦何可得現在之心不住諸相當體空寂亦不可得此心於三際尚不可得云何於不可得心中執縛諸見而滯四相非虛妄而何

經中言五眼即賢首宗列五乘頗類其旨且以類言之務脩衆善即肉眼堅護禁戒即天眼觀諸法空即慧眼悲智圓滿即法眼一乘安住萬德莊嚴即佛眼此五眼在聖在凡各各具足特迷悟之自隔耳

如上指陳惟依己解而直辭之敢復於逐分下略加註脚貴在遣疑闢異其敢以般若大教炫耀月聞而取過咎云

第一分

自如是我聞至敷座而坐乃序說法之時會衆之處故稱法會因由也

第二分

須菩提從座而出讚言希有如來善以慈心護念我等善以正法付屬我等遂問有人發阿耨菩提之心此心當依何住當如何降伏自佛言善哉至願樂欲聞皆許可應對之辭故云善現起請也

第三分

專答善現所問云何降伏其心之文謂此七心不能降伏者爲有我人衆生壽者四相故也首令度十二類生俱入無餘涅槃然後不見有一衆生曾受度者苟不至此則四相宛然分稱大乘正宗者謂四相既盡此心不待別有所謂降伏而自然明白了悟非正宗而何

第四分

方答善現所問云何應住之義佛謂心有所住即是愚癡心無所住乃名般若自色之一法至菩提涅槃於八十一科中俱不令有所住不惟於布施一法無所住乃至六波羅蜜四無量心菩提涅槃亦無所住其無住而住之功雖十方虛空之大不可比量故稱妙行無住也

第五分

正破執相滯見虛妄情習必使其如理性而實見者也

第六分

佛對須菩提云今之信般若者甚非偶然皆昔曾於無量萬億佛所深種善根而來夫信般若之心乃名正信此正信中得福無量何以知其然謂其於般若能生正信則不復執相滯見而墮虛妄也然不滯相不執見之法亦欲令捨何況滯相執見之非法而不捨者非愚而何

第七分

須菩提深達佛之所問乃云如來於阿耨菩提既無定法可得而亦無定法可說苟存有所得有所說之心則般若正宗不得名本來空寂者也故三賢十聖於般若尚存所惑則於無爲法而生差別云

第八分

佛謂有人於般若章句自一句至無數句等而能受持不惟超過河沙七寶布施之福當知般若體中能出生諸佛及阿耨菩提故名依法出生者也

第九分

須菩提謂二乘人雖證四果亦無所得之心苟滯所得亦不能免四相所纏然後自述謂我雖已得無諍三昧以其不作是念故世尊稱我爲解空第一

第十分

如來自色法至菩提涅槃皆不生所住之心以其無所住則於阿耨菩提不見有所得於佛土不見有所莊嚴猶無相法身應於諸相雖須彌山王之大不可得而比矣如無所得之得非莊嚴之莊嚴無以異也

十一分

佛謂恒河之沙固不可數而況一沙又是一恒河如是沙數恒河所有之沙一沙爲一世界雖以七寶滿彼世界布施所得福德較受持般若章句之福德不啻以百較千以千較萬也何則此一分經即是莊嚴分不盡之辭也謂七寶布施不能免其生心住相受持般若者於心無所生於相無所住是謂無爲福勝

十二分

佛謂人於般若章句能說其少分則爲天人之所尊敬何況盡能受持是謂第一希有名尊重正教得不宜乎九

十三分

佛云即非般若是名般若即非微塵是名微塵即非世界是名世界即非三十二相是名三十二相等即非者乃掃跡之談是名者乃本具之義爲須菩提以云何奉持爲問故佛乃標名以教其受持繼以掃跡之談乃不使其於受持處而生執著故也

十四分

須菩提於此感悟流涕復歎後五百歲有信解受持般若者則決定不爲四相所纏既離諸相即是佛也佛云不惟信解但聞此般若不生驚怖已自希有後引因中以持般若故得離諸相雖遭割截了無嗔恨展轉復引不生心不住法及以入暗處明之喻此分名離相寂滅誠有旨焉

十五分

如來謂此般若章句專爲發大乘心者說又能受持即是荷負阿耨菩提之良器也其樂小法著四相者烏足與語此哉又謂此般若章句住處即是佛塔天人圍繞豈過分哉

十六分

佛謂受持般若章句之人以今生輕賤之

微始能易當墮惡道之重障復引因中曾供養八百四千萬億那由他諸佛之功不如後末世中受持般若章句少分之福使我盡說受持般若者之功其局於小見者不能不驚駭而狂疑也

十七分

須菩提復理最初之問世尊亦如前答復引因中以無法可得故方蒙然燈佛授記作佛使我當時有少法可以為所得之心則不與我授記矣展轉說至若菩薩通達無我法者是真菩薩故目為究竟無我云

十八分

分中前言五眼後說三心卷首已叙其略茲不復贅中間云河沙佛世界中所有衆生若干種心如來悉知其所知者雖優劣善惡之不同皆如三心之不可得也

十九分

如來重引布施因緣所得福德皆虛妄果非真實也雖言其所施之福多較之持般若無盡之福特泰山之毫末耳

二十分

佛以具足色身見如來及以具足諸相見如來為問而須菩提了解空義皆云不可得見故世尊許之

二十一分

解般若故即非衆生不解般若故是名衆生然般若以無說而說謂有所說即謗佛也此理其可與滯相執見者道哉

二十二分

佛以如是如是印可須菩提無法可得之問復謂之曰我於阿耨菩提乃至無少法可得謂無所得者以本來各各具足故蓋衆生以迷為失而諸佛以悟為得也政當失時於般若體不欠一毫方其得也於般若體亦曷嘗有一毫之多哉

二十三分

依般若而行所作皆名善法此善法中了無高下蓋依般若體性平等其平等法中安容四相復入者哉

二十四分

重言受持般若章句之功雖以七寶聚如須彌山之高而用布施不惟百分不及一雖千萬億分亦不及持般若之一分是豈算數譬喻而可盡哉宜乎稱福智無比

二十五分

受持般若即是度衆生久之般若智圓自然衆生見盡是名度衆生若謂離受持般若外別起心而欲度衆生則四相儼然是謂化無所化

二十六分

須菩提謂觀如來必不可離三十二相佛云轉輪聖王亦具三十二相若果以色相見音聲求則違背法身非相之義也

二十七分

般若體性離一切法具一切相苟不悟無斷無滅之至理謂有則墮常見謂無則墮斷見皆失般若之中道也

二十八分

佛謂持般若故則知一切法無我能成就無生法忍其七寶布施之人豈可與其福德比量復布施者惟貪惟愛此持經者不受不貪以其不愛是名正受於正受中如海納百川安有已哉

二十九分

般若智體與十方虛空湛然常寂而不拒諸相於常寂體中去來動靜故法涌大士謂般若無來故當知諸法亦無來般若無去故當知諸法亦無去善觀般若者則知諸法無去來相且諸法尚無去來之相而如來之身安有去來耶

三十分

佛謂微塵世界乃事相也能受微塵世界者乃理性也事相理性常混合為一而不可分蓋凡夫貪著於事相而獨不悟理性所以徇生滅而罔究涅槃之至理不容其無所說也

三十一分

佛言發阿耨菩提心者應如是知諸法無相應如是見諸法無相應如是信解諸法無相自然於我人衆生壽者中不生知見也

三十二分

佛以不取於相是名演說如如不動是名演說未嘗以播唇吻弄音聲而為說也當知一切相一切見一切取捨一切言說一切學解等皆有作思惟之法其有為之法如夢幻泡影露電世間惟此六物速於變滅不得久住其有志學般若者應當作如是觀

原夫般若無可學無可取無可得無可求

以至俱無可為世尊於無可為處洞見源底哀憫衆生逐妄流轉隨處取著以故廣說空法與之繳通與之淘汰必欲其淨治心器滿貯般若甘露上味當知心器既淨其般若上味自然充足譬如穴土欲盛虛空其虛空之體隨土出處全體現前而豈待土出然後別見有虛空可入耶猶衆生於無始劫來妄執我人狂逐憎愛障大般若以至于今但我人憎愛之惡習既消則阿耨菩提般若智慧隨其所消而現故楞嚴謂狂心未歇歇即菩提又古德云不學佛法惟務休心此心休得一分即是學得一分般若此馳求之心全休全歇則般若智慧豈待別有所謂學而致哉如上三十二分之大義特不能外乎此教以般若離相離見無為無得為正宗究竟別無佗說於經中或句讀重疊或義解不通此或翻譯之失傳寫之訛當以理遣政不必滯於微瑕而乖大義也當思祇園問答之本懷但欲破其妄執使其了解以故破相蕩執之辭曾見疊出蓋悲願之深痛心之切也茲辱翰林承　旨相公松雪大居士問及經義不揣援筆及此更以四句截斷葛藤

謂其有說皆名謗今日分疎謗更多外護

不忘親付囑三千里外定齎訛

十三禾

天目中峯和尚廣錄卷第十五

天目中峯和尚廣錄卷第十五

校勘記

一　底本，影印宋磧砂藏本。

一　五三四頁上四行第一四字「目」，南、徑作「自」。

一　五三五頁上二八行「其究其因」，徑作「莫究其因」。

天目中峯和尚廣録卷第十六

參學門人北庭臣僧慈寂　上進

幻住家訓

幻人一日據幻室依幻座執幻拂時諸幻弟子俱來雲集有問松緣何直棘緣何曲鵠緣何白烏緣何玄幻人竪起拂子召大衆曰我此幻拂竪不自竪依幻而竪横不自横依幻而横拈不自拈依幻而拈放不自放依幻而放諦觀此幻綿亘十方充塞三際竪時非竪横時非横拈時非拈放時非放如是了知洞無障礙便見松依幻直棘依幻曲鵠依幻白烏依幻玄雖此幻見松本非直棘元無曲鵠既不白烏亦何玄當知此幻翳汝眼根而生幻見潛汝意地起幻分別見直非曲指白非玄徧計諸法執性横生曠古迨今纒縛生死由是累及雪山大沙門眼不耐見方出母胎便乃周行七步目顧四方指地指天大驚小怪將過去百千萬億刦所證底第一義諦向諸人淨潔田地上狼籍殆盡審如是可特建立要且於幻法了無加損老雲門謂當時若見一棒打殺貴圖天下太平雖則增金以黄其柰又添一重幻翳當時四十九年三百餘會彼以幻問此以幻答文彩熾盛音響沸騰其幻頓幻漸幻偏幻圓且置之勿論未上以幻手拈幻花謂吾有正法眼藏涅槃妙心直得老飲光擘破幻顔兩肩負荷自爾　人傳虚萬人傳實幻幻相因授受不已至少林面幻壁安幻心懺幻罪解幻縛問幻姓書幻偈磨幻磚垂幻足掛幻拂聾幻耳掴幻掌就中引出箇掣風顛濮施一幻喝如青天怒雷乃至幻照幻用幻賓幻主縱横交錯與奪殺活態千狀萬莫窮其涯迨今諸方無面目老比丘出其門嗣其宗承虚接響置一幻於口門藏諸幻於量外文其言巧其機高其風逸其韻峻其令大其家更無有一人能出其幻者幻乎其旨圓其義備其體大其用周與諸佛祖相爲始終盡塵沙刦不可窮盡間有未能了此大幻於言象之表者或以某師說禪簡明或以某師說禪圓活或以孰爲高古或以孰爲峭峻孰爲細密孰爲文彩孰爲粗暴孰爲不工尚其優而效之鄙其劣而棄之亂真機於巧僞之場壓要旨於筌蹄之域見聞日博是非日滋大義日乖真風日墜殊不知前輩深達大幻之士凡吐一辭出一令其簡明也是幻圓活也是幻高古也是幻細密也是幻至若直捷文彩粗暴不工等咸自廣大幻輪中流出此幻輪一轉如水就決似風行空逈絶安排了無揀擇隨機任器殺活臨時使古人存一點分別取捨之情潛於隨扣隨應之間則與雜毒無以異也豈甘露醍醐之謂哉更有人將箇禪將子廣讀博記欲契祖師西來意却成實法流布豈不立文字直指人心之道果如是迂曲耶若是真實要證此大幻法門便請全身直入直下更無一絲毫障礙苟或脚跟擬議意地躊躇切不可隨語生解道一切是幻本來見成我但拍盲坐斷更別有甚麼工夫可做門路可求是則固是爭柰偏依情帶識墮在草窠欲較他古人獨脫悟明不翅天地懸隔只如香嚴擊竹靈雲見桃太原聞角洞山過水如此輩皆是偷心泯絶脫落知解能所兩盡得失俱忘如空合空似水投水既非強勉安許拍盲乃於不知不覺處脫落根塵自然語默動靜不帶枝葉此是大解脫門惟心死識忘情消見謝者乃能涉入或半點心意識不盡縱使透過古今超越言象欲與古人握手於真寂之海何異螢光之附太陽非其類也今日既是與諸人應箇時節不可只與麼說了便休借五須彌筆蘸四大海水向東弗于逮打箇直落復於南贍部洲轉箇曲角徐於北鬱單越著一點轉向西瞿耶尼亞箇半刀併作一箇幻字懸向盡十方虚空之頂使大地人有眼者見有耳者聞有身者覺有意者解乃知過去佛久遠於此已證涅槃現在佛今各於斯成等正覺未來佛將於其中闡正法眼以至微塵數諸菩薩各各不離當處修六度運四心度衆生斷苦縛乃至無邊聖賢更無有一人不依此幻具大神變而獲自在者柰何諸人終日折旋俯仰動靜語默觸目無間剛不自悟將謂與佗聖賢佛祖有無邊法界之所間隔自甘墮沉徒受輪轉今日特爲作起模畫樣和盤托出如前所云便請全身直入直教一切處點畫分明一切處受用成現與三世佛歷代祖契理契事同出同沒更有何物爲障爲礙而尚存觀聽猶滯功勛者哉古今之下如有一佛一祖不由此大幻法門而獲菩提解脫者無有是處更教徧知盡法界内無古無今但有情無情等如有一物不依此大幻法門而具生住異滅者亦無有是處當知幻無聖凡幻無彼此了得此幻在彼不見有菩提涅

槃在此不見有生住異滅一切幻幻圓滿無二無二分無別無斷故非是強言法如爾也苟或於此未能脫白露淨全機超入且不要忽忽草草但辦取一片鐵石身心拌取一生兩生向所參底無義味話頭上拍盲立定丁字脚頭心憤憤地與之抵捱將去正當抵捱時都不要偭向禪道佛法上別求解會只如撞著銀山鐵壁相似除却箇箇囓不破底無義味話頭之外更無第二念蹲坐其懸懸之心如措足於百尺竿上著脚於萬仞崖巔前無可攀後無可援但與麼把教定兼教穩孜孜兀兀只如是去當知大幻法門在你脚底

四

不曾移易一絲毫只待你情消見盡蹉步踏著則知太原聞角洞山過水之時節不我隔也到此更須和箇所入底大幻法門一踢踢翻不留眹迹始是丈夫脫或乍得入門苟存一念歡喜之心依舊與昨日之迷無間然也此事不是說了便休亦不是見了便休直須始終丈夫不受一法籠罩方堪爲荷負大法之真寶種草邇來法道不古人心懈怠爲師爲徒彼此只求解會日夕相誘築得一肚禪道佛法其如生死命根不曾於懸崖撒手處絕後再蘇一回墮在惡毒海中不自知非此誠可愍參禪學道何所圖哉然本上座固非其人惟是不肯自昧參禪正因而況諸人幸不遭此邪謬各各是不肯墮人窠臼底端人正士既來遮裏相從我此間又非唱導之師建立門户彼此相依於半間茅屋之下只圖真實以辦平生然此雖曰大幻法門苟非神悟決不可造次而入只如說箇幻字今古共知於中欲覓一人於此幻中掉臂而入橫身而坐肆足而行任意而用放開捏聚一切自由者極難乎人其故何哉蓋由心存所知而未嘗悟脫於一切處明知是幻不待旋踵而反爲幻所縛以若所知則與不知者何以異也只如教家道一假一切假無中無空而不假此說之下了無剩法惟其不悟翻成文字語言流布豈佛法果有教禪之二哉以其神悟教即是禪以存所知禪即是教故圓覺謂末世衆生希望成道無令求悟惟益多聞增長我見斯言殆盡之矣只如會通和尚見鳥窠吹起布毛應時脫略德山見龍潭吹滅紙

五

燭當下超宗今人但見前輩領悟如是之易而不知其未領悟時之難苟知其難則古人之易亦今人之易也苟不知其難欲効古人如此之易未免爲情識虛妄引入相似般若中重生死之根塵深輪回之陷穽耳且古人領悟之易置之勿論如何是未領悟時之難只如二祖未悟之頃立齊腰之雪不知爲寒斷娘生之臂莫知爲痛只遮一箇樣子不惟今人之難在二祖分上亦未嘗不難以其求法之真所以忘其難也自二祖而降其親師爲道痛爲生死無常而有契有證之士於未領悟時未有一人不如是之難當知古人之生死即今人之生死也今人之道業即古人之道業也蓋古人負真誠而忘其難所以致其易今人逐虛妄而棄其難必欲效其易故於此一法中雖同知是幻而其利害優劣所以異也此是從上佛祖不易之論一時老婆引援及此在本色道流分上喚作惡口亦名實法綴人亦名教壞人又喚作瞎學人正眼今日彼此不獲已也然而遮許多做工夫底露布在當人爲法之誠自然步步踏著豈是起模畫樣教得人底道理其或爲法之心不真不誠不苦不切縱使百千方便束縛得他儼然如箇死人何異吹網欲滿又如濰山充典座雪峯做飯頭寶壽作街坊演祖爲磨主此猥屑之務豈真龍象所當爲哉蓋亦爲道之真志其鄙陋有如此者今人稍負聰敏或叢林補職不稱則掉臂譏主法者之誤於此觀之則古今之真妄判然矣幻人於幻法實未曾悟今日但路見不平竊論如此到遮裏

六

索性將平昔所解底大幻法門重爲發露去也過去是已去之幻見在是目前之幻未來是將至之幻一大藏教依幻而說千七百則陳爛葛藤由幻而生菩提涅槃根幻而成眞如般若倚幻而現慈悲喜捨即幻而興六度萬行憑幻而立三乘十地仗幻而等差戒定慧貪嗔癡煩惱塵勞無常生死等從幻而出以至明暗色空見聞覺知未有不稟吾幻而有者豈但松直棘曲鵠白烏玄是幻乃至天以幻蓋地以幻擎海以幻涵春以幻育桃以幻紅李以幻白迷以幻難悟以幻易我以幻說爾以幻聞森羅萬象一幻所印此大幻印中固是不留剩法只如幻人手中拂子即今與須彌山王眉毛厮結且道是幻耶非幻耶若謂是幻帶累幻人墮在幻網中萬劫出不得若謂非幻請去却語默動靜出來露箇消息

天目中峯和尚廣錄卷第十六

天目中峯和尚廣録卷第十六

校勘記

一　底本，影印宋磧砂藏本。

一　五四〇頁上二六行「寠曰」，㊄南、㊄徑作「寠白」。

天目中峯和尚廣錄卷第十七

參學門人北庭臣僧慈寂　上進

擬寒山詩

有客從予而問曰叢林户稱爲參禪且禪固不可達測而知惟參之一言莫識所云請釋之予曰所云參者乃古人咨決心疑究明己事不可不由之徑也如安心懺罪洗鉢盂聞水聲之類耳蓋生死之心疑未決知隨綱之欲出若沐漆而求解望見知識之容未待御包脫屨其胷中岌岌未安之事遽衝口而問之一言不契又復往叩而伦之或停饕輟飲廢寢忘勞至若風雨寒暑之不移禍福安危之莫奪其所參之念不致洞明不已也是謂眞參餘皆似之耳非參也何謂似如火爐頭禪林角領納一言半句相似語蘊于情識不自知覺久之遇緣逢境忽然觸發是謂知解依通非參也或於方冊梵夾中以聰明之資博聞廣記即其所曉處和會祖機一一合頭乃穿鑿摶量非參也或偷覷守矩不犯條章靜默安舒危坐終日乃緣境攝持非參也或搜尋難問記憶機緣堂上室中苦攻逼敵者乃狂妄時習非參也總而言之但胷中實無爲生死大事之正念或形影相弔於叢冗之下或肩駢踵接於廣衆之中各偏於所向而取著之非吾所謂參也矣客又曰近代尊宿教人起大疑情看古人一則無義味語斯可謂之參乎予曰傳燈諸祖各有契證初未聞有看話頭起疑情而悟者良由機緣泄出露布橫生況是學者胷中爲生死之心若不眞切脚未跨門咸遭詆訶由是據師位者不得已而將箇無義味話放在伊識田中教伊吞吐不行咬嚼不破孜孜兀兀頓在面前如銀山鐵壁不許其斯須忘念日深月久情塵頓盡心境兩忘不覺不知以之悟入雖則不離善權方便亦與參之之義幾近矣或學者不實以死生大事爲任則師與資俱成途轍判辣祖庭衊滓佛海豈參云乎哉因往復酬酢遂引其說偶成擬寒山詩一百首非敢自膺蓋痛心於教外別傳之道將墜無何誠欲責發初心之士耳或謂宗門有活句死句全提半提擒縱無偏與奪自在之理子何不發明之此何時而尚欲以實法綴繫於人耶予曰世有能跨千里之步而終身不能自越其閫者予不信也彼與奪自在之師皆由參之不謬悟之無根蓄養深厚如千里駒輕肆其足便有追風逐日不可及之態而不自知也使彼師苟存其與奪自在之見于胷中則人法不空能所交接與魔外何別哉當知眞寂體中尚無地可寄其與奪自在之跡則其可講而學耶得不重貽達者之所譏蓋識法者懼也道人其鑒諸

參禪一句子　銜口已成遲　擬欲尋篇目　翻然墮水泥
舉揚無半字　方便有多岐　曲爲同參者　吟成百首詩

參禪莫執坐　坐忘時易過　疊足取輕安　垂頭尋怠惰
若不任空沉　定應隨想做　心華無日開　徒使蒲團破

參禪莫知解　解多成捏怪　公案播唇牙　經書塞皮袋
舉起盡合頭　說來無縫罅　撞著生死魔　漆桶還不快

參禪莫把玩　流光急如鑽　那肯淡思惟　豈復容稽緩
時刻不暫移　毫釐無間斷　撒手萬仞崖　乾坤無侶伴

參禪莫涉緣　緣重被緣牽　世道隨時熟　人情逐日添
工夫情未背　酬應力難專　早不尋休歇　輪回莫怨天

參禪莫習懶　懶與道相反　終日尚偷安　長年事疏散
畏聞廊下魚　愁聽堂前板　與麼到驢年　還佗開道眼

參禪莫動念　念動失方便　取捨任情遷　愛憎隨境轉
野馬追疾風　狂猿攀過電　離唓捉蓬塵　癡心要成片

參禪莫毀犯　動輒成過患　作止誠可分　開遮豈容濫
內外絕安排　自佗俱了辦　突出摩尼珠　光明照天岸

參禪莫揀擇　舉世皆樑格　曾不間閑忙　何嘗分語默
一念離愛憎　三界自明白　更擬問如何　當來有彌勒

參禪莫順己　動須合至理　工夫要徹頭　志願直到底
瞥爾情念生　紛然境緣起　白日擬偷鈴　難掩虛空耳

參禪宜自肯　胷中常鯁鯁　不擬起精勤　自然成勇猛
一念如火熱　寸懷若冰冷　冷熱兩俱忘　金不重爲鑛

參禪宜退步　勿踏行人路　橫擔一片板　倒拖三尺布
得失豈相干　是非都不顧　驀直走到家　萬象開門户

參禪宜具眼　廣鄮休觀覽　千里辨雌黃　雙輪豈推挽
洞見佛祖心　爍破鬼神膽　搖搖照世光　不受眉毛圖

叅禪宜朴實　朴實萬無失　纖毫若涉虛
大千俱受屈　話柄愈生疎　身心轉堅密
一氣直到頭　捏出秤鎚汁

叅禪宜努力　真心血滴滴　如登千仞高
似與萬人敵　有死不暇顧　無身未堪惜
冷地忽擡頭　何曾離空寂

叅禪宜簡徑　只圖明自性　了了非聖凡
歷歷無欠剩　擬向即是魔　將離轉成病
脫略大丈夫　塵塵自相應

叅禪宜及早　遲疑墮荒草　隙陰誠易遷
幻軀那可保　當處不承當　轉身何處討
寄語玄學人　莫待筭筒倒

叅禪宜正大　切勿求奇怪　十　真機絕覆藏
至理無成壞　撥倒祖師關　打破魔軍寨
赤手鎮家庭　塵塵俱出礙

叅禪宜決定　莫只成話柄　瞥爾墮因循
灼然非究竟　但欲了死生　何曾惜身命
一踏達底空　佛魔聽號令

叅禪宜捨割　命根要深拔　活計再掃除
生涯重潑撒　寸念空牢牢　萬古阿剌剌
放出一毫頭　光明吞六合

叅禪要明理　理是心王體　每與事交叅
惟有智堪委　法界即其源　禪河以為底
後園枯樹椿　勿使重生耳

叅禪要直捷　一切無畏怯　用處絕蹤親
舉起無分別　法性元等平　至理非曲折
過去七如來　與今同一轍

叅禪要到家　不必口吧吧　履踐無生熟
途程非邇遐　寸心常不動　跬步亦何差
踏斷芒鞋耳　門前日未斜

叅禪要脫略　何須苦斟酌　道理要便行
事物從教却　豈是學無情　自然都不著
更起一絲頭　茫茫且行脚

叅禪要精進　勿向死水浸　動若蹈輕冰
行如臨大陣　晝夜健不息　始終與無盡
捱到髑髏乾　光明生末運

叅禪要高古　備盡嘗艱苦　十一　身世等空華
利名如糞土　深追雪嶺蹤　遠接少林武
道者合如斯　豈是誇能所

叅禪要識破　萬般皆自做　榮辱與安危
存亡并福禍　元是現行招　等因前業墮
如是了了知　世間無罪過

叅禪要本分　只守箇愚鈍　豈解叙寒暄
何曾會談論　兀兀似枯樁　堆堆如米囤
一片好天真　常不離方寸

叅禪要孤硬　素不與物諍　白日面空壁
清塵堆古甑　遇境自忘懷　隨緣非苦行
昨夜煮虛空　爆破沙糖甏

叅禪要深信　豈應從淺近　直擬跨懸崖
不辭挨白刃　橫披古佛衣　高佩魔王印
道源功德山　咸承慈母孕

叅禪為生死　豈是尋常事　從始直至終
出此而沒彼　不曾萬劫來　曾無片時止
今日更遲疑　又且從頭起

叅禪為成道　丈夫宜自保　雪嶺星欲沉
鷲山話將掃　疾擡便翻身　更莫打之遶
轉步涉途程　出門都是草

叅禪為超越　大地無途轍　寸心千丈坑
萬里一條鐵　躍出威音前　坐斷僧祇劫
回首照菱花　銳氣生眉睫

叅禪為絕學　擬心成大錯　既脫文字禪
還去空閙縛　拈却死蚌頭　打破靈龜殼
腰間無半錢　解跨揚州鶴

叅禪為究竟　直入金剛定　兩端空悟迷
一道融凡聖　澄潭浸夜月　太虛懸古鏡
儞擬著眼看　即墮琉璃穽

叅禪為直指　未舉心先委　動足路千條
擡眸雲萬里　安心鍮雜金　纖罪乳加水
棒喝疾如風　暖熱門庭耳

叅禪為己事　要明還扣己　得失莫回頭
是非休挂齒　不肯涉蹊徑　直欲探源底
流出自胷襟　孤風絕倫比

叅禪為圓頓　豈分根利鈍　十二　草木尚無偏
含靈皆有分　一法印森羅　三藏絕言論
更擬覓端由　道人今日困

叅禪為求悟　胷中絕思慮　但欲破疑團
決不徇言路　寢食兩俱忘　身心全不顧
蹉脚下眠牀　絆斷娘生袴

叅禪為明宗　道不貴依通　鷲嶺花猶在
熊峯髓不窮　心空千古合　見謝五家同
情識猶分別　門庭是幾重

叅禪無利鈍　且不貴學問　妙悟在真疑
至功惟發憤　任說佗無緣　直言我有分
一踏桶底穿　蟭螟吞混沌

叅禪無古今　但勿外邊尋　席上沉孤影
怱前惜寸陰　志密行亦密　功深悟亦深
打開無盡藏　撮土是黃金

叅禪無貴賤　各各不少欠　密護在真誠
精操惟正念　廊廟倦躋攀　輿臺忘鄙厭
悟來心眼空　昭然無二見

叅禪無奇特　惟貫心無惑　對境消佛魔
當機泯空色　開著有來由　舉起無蹤跡
曾不離平常　通身自明白
叅禪無巧妙　非覺亦非照　將底作光明
以何為孔竅　佛祖弄泥團　象龍嚼草料
海底黑波斯　却解逢人笑
叅禪無限量　古今稱絕唱　十三 跳下破繩牀
拈起折主杖　祖令要親行　佛亦難近傍
子細點撿來　盡是做模樣
叅禪無秘訣　只要生死切　心下每垂涎
眼中常滴血　盡意決不休　從頭打教徹
脫或未相應　輪回幾時歇
叅禪無僧俗　四大同機動　一念根本迷
萬死常相逐　推開生死門　打破塵勞獄
携手下煙蘿　共唱還鄉曲
叅禪無愚智　家親自為祟　智者落妄知
愚人墮無記　撥破兩頭空　轉歸中道義
拈起一莖柴　還卻西來意
叅禪無靜鬧　盡被境緣單　聞見有兩般
泯融無一審　水底月沉沉　樹頭風浩浩
更擬覓家鄉　路長何日到
叅禪非義學　豈容輕十度　截斷葛藤根
解開名相縛　一句鐵渾侖　千聖難穿鑿
蹉口忽咬開　虛空鳴嚗嚗
叅禪非漸小　至體絕邊表　難將有限心
來學無為道　一詮一切證　一了一切了
邊觀兔渡河　特地成煩惱
叅禪非可見　可見墮方便　鳥跡尚堪追
電光還有現　靈鑑寫擘形　體用成一片
礙剔兩莖眉　浮雲遮日面

叅禪非可聞　敲唱謾區分　語默彩搏影
放收雲合雲　石鼓鳴晴晝　煙鐘送夕暉
未能忘口耳　響寂動成塵
叅禪非勸誘　誘引那長久　超越須自心
出生離佛口　一步跨向前　萬夫約不後
作略解如斯　步步無窠臼
叅禪非術數　單提第一句　佛祖不能窺
鬼神爭敢覷　靜若須彌山　動如大火聚
遍界絕覆藏　當機無覓處
叅禪非息念　妙性圓親見　暫起落緣塵
不續墮偏漸　起滅有蹤由　渾侖非背面
當處悟無生　塵塵離方便
叅禪非自許　至理通今古　十四 覓處不從他
得來須契祖　句句合宮商　門門追步武
毫釐若有差　惺惺成莽鹵
叅禪非杜撰　要了舊公案　擇法任胷臆
為人若冰炭　道本絕疎親　理爭容混濫
一點更留情　自他何了辦
叅禪非教外　亦不居教內　兩頭能混融
一道無向背　法法契真宗　處處成嘉會
少存分別心　直入魔軍隊
叅禪絕所知　有知皆自欺　靈光雖洞燭
當體屬無為　攔腮棒頭眼　掃空繩上疑
更來存此跡　節外又生枝
叅禪絕能所　獨行無伴侶　既不徇涯岸
何曾立門戶　空棒鞭鐵牛　幻繩牽石虎
機關活卓卓　疑殺少林祖
叅禪絕聖凡　三界沒遮攔　滌淨遭他惑
悟迷還自瞞　倒卓青雲眼　橫趨赤肉團
欲名名不得　今古許誰看

叅禪絕階級　坦蕩又平直　擬動腳趾頭
直墮心意識　三界鼓狂花　萬里栽荊棘
舉似王老師　堪嗟又堪惜
叅禪絕露布　機前莫罔措　喝退趙州無
趂出雲門顧　縛住走盤珠　塞斷通天路
不假拈一塵　兩手都分付
叅禪絕有無　道人何所圖　十五 空中書梵字
夢裏畫神符　不有何庸遣　非無曷用除
話頭如不薦　徒費死工夫
叅禪絕真妄　語言難比況　幻名惟兩端
空花非一狀　智者欲掃除　愚人常近傍
舉措似勤渠　於法皆成謗
叅禪絕修證　生死那伽定　三有金剛圈
十虛大圓鏡　徧界淨法身　極目真如性
動步一毛頭　驢年會相應
叅禪絕照覺　道人休十度　擊碎明月珠
剪斷黃金索　拈過赤斑蛇　放出青霄鶴
去就不停機　依前未離錯
叅禪絕影像　豈許做模樣　象龍徒蹴踏
佛祖謾勞攘　徧界見無蹤　當陽誰敢向
有人擬悟明　快來噇主杖
叅禪最易為　只要盡今時　不作身前夢
那生節外枝　日移花上石　雲破月來池
萬法何曾異　勞生自著疑
叅禪最簡捷　當念忘生滅　聞見絕羅籠
語言盡超越　昨夜是愚癡　今朝成俊傑
好箇解脫門　惜無人猛烈
叅禪最成現　元不隔條線　滿眼如來光
通身菩薩面　圓闍闍不聞　妙見見非見
墮此兩重關　入地獄如箭

叅禪最省力　不用從他覔　壯士臂屈伸
師王影翻蹤　纖疑或未銷　操心來辨的
回首望家鄉　鐵壁復鐵壁
叅禪最廣大　一切俱無礙　橫亘十方空
豎窮三有界　既不涉纖微　曾何有憎愛
時暫不相當　依前入皮袋
叅禪最明白　大用無軌則　揭開三毒蛇
放出六門賊　遍造業因緣　都成性功德
勿使路人知　恐他生謗惑
叅禪最瞥脫　不受人塗抹　來去赤條條
表裏虛豁豁　喜時則兩與　怒來便雙奪
觸處不留情　是名真解脫　十六
叅禪最安樂　不被情塵縛　真照豈思惟
靈機非造作　一處證無為　千門成絕學
窮刧墮輪回　由來自擔閣
叅禪最枯淡　寞然忘毀讚　兀兀守工夫
孜孜要成辦　如飲木札羹　似這鐵釘飯
此心直要明　不怕虛空爛
叅禪最寂寞　寸懷空索索　四大寄禪牀
雙眸懸壁角　疑團不自開　情實徒加鑿
但得志堅牢　何愁天日薄
叅禪不持戒　那更存知解　弗省是自瞞
尚欲添捏怪　生死轉堅牢　輪廻無縫罅
坐待報緣消　且來償宿債
叅禪不守已　硬要說道理　十度須彌山
便是栢樹子　但只鼓唇牙　不肯憂生死
禪到眼光沉　噬臍無及矣
叅禪不合度　紛紛徇言路　公案熟記持
師資密傳付　世道愈相攀　已躬殊不顧
十冊古傳燈　轉作砧基簿

叅禪不解意　纔聞便深記　兜率有三關
曹洞列五位　楞嚴選圓通　雜華宜十地
及話到己躬　一場無理會
叅禪不著物　立地要成佛　肯將生死心
沉埋是非窟　從占隨因循　如今敢輕忽
生鐵鑄齒牙　一齩直見骨
叅禪不顧身　直與死為隣　十七　寸念空三際
雙眸絕六親　門前皆客路　衣下匪家珍
誰共滄溟底　重重洗法塵
叅禪不可緩　自心須自判　迷悟隔千塗
首尾惟一貫　擬轉鐵圍山　現出金剛鑽
變化不停機　把伊眼睛換
叅禪不屈已　人天咸讚美　英氣逼叢林
真風振昇几　千聖共擡眸　萬靈皆側耳
一句絕承當　敲出少林髓
叅禪不求勝　勝為禪人病　勝乃脩羅心
勝即魔軍令　勝非解脫場　勝是輪廻穽
惟佛無勝心　所以稱殊勝
叅禪不求名　叅禪不為利　叅禪不涉思
叅禪不解義　叅禪只叅禪　禪非同一切
叅到無可叅　當知禪亦戲
叅禪第一義　全超真俗諦　達磨云不識
六祖道不會　古月照林端　高風吹檻外
兒曹共指陳　呼作西來意
叅禪欲悟心　讀古復譏今　仰處如天闊
窮之似海深　名聞三際斷　體露十虛沉
圓湛含空色　奇花秀晚林
叅禪非戲論　直欲契靈知　積學非他得
施工是自欺　精金離礦日　古鏡却磨時
或未忘聞見　何曾出有為

叅禪禪有旨　旨悟亦無禪　少室空餘月
靈山獨剩天　認聲言直指　對影說單傳
今古尋玄者　區區亦可憐
叅禪緣底事　徧縣更遊州　但覺千山曉
那知兩鬢秋　工夫增執縛　學問長輕浮
退到龜幃下　清燈照古愁
叅禪何太急　東去又西馳　走殺天真佛
追回小厮兒　空中施棒喝　靴裏動鉗鎚
縱有神僊訣　難教出水泥
叅禪誰作倡　少室有神光　雪立齊腰冷
刀輕隻臂亡　真風陵大法　英氣厲頹綱
孰謂千年後　門前賊獻贓
叅禪無樣子　樣子在當人　本淨通身白
元無徹骨貧　胸襟懸古鏡　懷抱積陽春
不待重開眼　何曾隔一塵
叅禪作麼叅　切忌口喃喃　擺尾滄蠡覺
低頭入草菴　有言非向上　無句豈司南
未解如斯旨　前三復後三
叅禪叅不盡　叅盡若為論　鶴放青松塢
牛尋碧水村　雨深苔蘚路　雲擁薜蘿門
更覔禪叅者　歸家問世尊

天目中峯和尚廣録卷第十七

天目中峯和尚廣録卷第十七

校勘記

一　底本，影印宋磧砂藏本。

一　五四二頁中二五行第八字「時」，徑作「而」。

一　五四三頁上二四行第三字「祜」，徑作「枯」。

一　五四四頁上八行「主杖」，徑作「拄杖」。下同。

一　五四四頁上二二行「十度」，南、徑作「卜度」。下同。

一　五四四頁上末行首字「礙」，徑作「擬」。

一　五四四頁中一四行第一〇字「啇」，徑作「商」。

一　五四五頁下一七行第一三字「豈」，徑作「起」。

天目中峯和尚廣録卷第十八之上

參學門人北庭臣僧慈寂　上進

東語西話上

余養痾之暇客有以叩之者隨叩而應集成巨編目之曰山房夜話竊爲好事者取去已而餘音未泯觸事興感發爲言辯先後凡二十餘篇題曰東語西話蓋無倫叙也非敢聞之先達期與後學共焉

至近而不可見者眉目也至親而不可知者心性也眉目雖不可見臨鏡則見之心性固不可知徹悟則知之苟非徹悟而欲知心性之蘊奥是猶離鏡而欲見眉目也昔大梅常和尚問馬祖如何是佛答云即心是佛常公聞是語當下如十日並照情雲識霧塵念廓清直往大梅山一任非心非佛此其徹悟之標子也自爾即心是佛一語流布海宇豈惟參玄上士户知之至若販夫竈婦凡言論之須未有不言心便是佛者逮叩其以何爲心則茫然不知是處此類且置之勿論間有素稱參學之士一歌一詠指其心體宛若觀眉目於鏡中毫髮不隱逮求其如常公之脫略則天冠地屨之不侔矣何以然哉蓋常公乃徹悟者也佗人則情解者也情解之者語益工而旨益昏言愈奇而理愈昧矣或曰照眉目之鏡可得而求之悟心性之旨未聞其要也對曰但信根于心則悟不難也或不以信未有無因而自悟者古者之信不待有所警省亦不待有所勸發惟信根於心如飢者之欲食念念未嘗間歇窮情竭慮信信不已一旦觸發如久忘忽記此常公之於馬祖言下豈偶然哉令人不之徹悟任以即心是佛之辭掛於唇吻與情妄分别浩浩無時惟增其多語耳於心佛何有契會之理也

學者未有不言爲生死事大者逮叩其何爲生死例是茫然無所加對或有謂以其不知所以致問即從容告之曰爾既不知生死爲何等事今發心爲生死得無妄乎夫生死事大苟不知生死之理徒加參學譬如辟穀之人違其耕穫雖勉從命令將不旋踵而退情矣何則辟穀既忘飢餒而禾黍亦何所用哉猶學者既昧生死之端緒則參學亦奚以爲或者強謂生不知來死不知去是謂生死斯實狂言縱使知來知去即其所知宛是生死以生死脱生死無是理也須知生死元無體性因迷自心妄逐輪廻宛然成有譬如積寒結水成冰寒氣忽消冰復成水積迷於心妄結生死所迷既悟心體湛然欲覓生死如睡覺人求夢中事安有復得之理當知生死本空由悟方覺涅槃本有以迷罔知或不能洞悟自心而欲决了生死是猶不除薪火而欲鼎之不沸理豈然哉了生死莫親於悟心悟心莫先於立志志寒暑發寢食空情妄此一念子於動靜處如堅兵嚴城之不可犯闘古人話之正志如是壁立萬仞則開悟可坐立而待既悟已不但生死之空寂雖涅槃亦無地可寄如其不爾奈何生死與迷妄交結遠從曠劫至未來際其流轉無絲髮之間謂生死事大豈虛語哉豈虛語哉

蛇虎無意於害人嘗倚高岡卧平陸行人驚相告而遠之蓋知其有害人之毒不容不望影而避之也菩薩之視幻法亦然何謂幻法乃實無而有者是也既曰實無必何所有譬之太虛纖塵不立由病在眼亂華叢然了幻者自責眼中之病不了幻者惟嫌空裏之華至若水底月鏡中像皆幻有也迷人執有必欲遠離惟其所離展轉成有達人知幻不作離想雖不故離自無所著故教中有知幻即離不作方便惟知幻之知不涉情妄乃超悟之心全體是知也以其知之至當故不待離而離矣然不作方便即能離所離之心皆方便也良由洞悟自心照了諸幻惟其照了全是遠離更不待别有所離而離矣猶望蛇虎而避者蓋真知其有害人之毒自然念念遠離豈待别作方便而後離也其不具此真正悟知者於四大五蘊亦未嘗不言是幻須焉對違順境瞥爾情生與諸幻塵同時起滅備嘗衆苦厭足心生必欲遠離重增幻見或不正悟其諸幻因緣安有可離之理哉惟識達之者不起離幻之念但勤究己之功已躬一明百千幻妄悟歸真寂其離之一言不勝其贅矣

妙喜曰古人皆明心見性今時人例是說心說性好教備知三十年後要討箇說底也無此極言教化日薄人心日趨而下也何謂見性行而已到者是也何謂說性不待行而似到者是也譬如京都乃天下人物會聚之所殊方異域街童市豎皆能指其所向之方獨未曾親到耳以其未到是謂說者也其說愈多而其言愈枝矣有志者安肯依佗作解而耕其空言以作掠虛之士乎必欲裹糧躡蹻

鞭千萬里之遠志其勤勞進進不已一旦親到則宮室之華麗人物之繁阜百千富貴了然在目是謂親到而見者也既見矣還復殊方凡言京都之境任其指東爲西壓良爲賤饒談終日皆不能昧其所見之真是謂我爲法王於法自在者也其親到而見者與未到而說者相去知幾何哉原其所說亦有因求勝之心乃其說之因也蓋天資俊敏以多聞博記之風鼓動情竅曾不期鳴而鳴鳴足以滋其勝勝足以潤其情死生結縛愈說而愈固矣親見之者雖終日不言其誠諦之音充塞宇宙故永嘉謂默時說說時默大施門開無壅塞其效若此豈欺人哉三十年後要討箇說底也無妙喜此語褒耶貶耶聞者不覺墮淚如雨

四

佛云病是衆生良藥此說可憑乎不可憑乎是何言也衆生積劫迷妄內存我相外逐境緣恃其輕安情妄紛錯頓忘幻質之有老病死也一旦攝養乖方呻吟枕席所需不遂苦痛無時氣命將終返思平昔道無所得法無可恃茫茫三界沉墜無涯或得苟延誓當精銳刻苦究道不捨晝夜以酬出家本志以報佛祖深恩如是受者則知病苦真良藥也不留受者返思病中境緣逆順滋潤愛憎欲相報酬不顧來業是無慚人非菩提眷屬也反致佛祖誠言而爲過咎然病不止是愛病者之良藥亦是不受病者之良藥也何則彼此身拘四大形假衆緣彼病若斯我寧不爾今幸病不至體時暫輕安八苦循環其能久恃乘此身形勇健精勤如救頭然破有漏之籌解碎無明之窠臼空涅槃之險穽藏生死之迅流此道既不假外求心佛豈累從他得如是觀者其良藥之效豈獨爲病人設耶凡屬有情皆當於此取其神效況吾徒身依法席跡厠禪叢動以死生大事爲口實觀此病是良藥之明訓而復懵然不加顧者迷知其輸轉將無畔岸矣

五

客有謂俗人以巧術奪鄰寺之基業者寺僧百計不能復而求理於官志卒未伸勞苦萬狀或者曰子遊方之外者也心志形骸空物境以理自照豈可効彼俗人不能忘其取捨耶僧曰不然古有千年常住一朝僧之誠哉非一朝僧則孰與保護千年常住乎或者曰我之所聞異於是夫不變之謂常不動之謂住此指法身真寂之體耳真不變也寂不動也真常寂住統攝大千無一物不該其體故古教謂是法住法位世間相常住我輩抗塵走俗動爲情妄所遷宜乎不知子棲身世外識達理源或不了常住爲真寂豈能導物揚化而爲佛弟子乎昔菩薩脩六度運四心護萬行觀衆善乃保護常住之牆塹也子爲一朝僧欲保護常住亦善矣或棄此正念而任取捨之情興鬬諍之行恣血氣之勇懷讒奪之計其迷亂真寂破壞常住莫甚於此矣子其不悛必欲徇狂情效流俗謂欲保千年常住是猶決其隄岸而禁水之不泄誠自欺耳子不觀乎世間飛樓湧殿諸莊嚴具充塞大千使諸佛有所求而然雖外道亦不爲也聞菩薩行檀時施頭目髓腦悉無難色三輪等空一念無住人天奉獻尚無能受之心舉生欲求安有所施之念真寂混其體常住顯其相保護之心盡於此矣又焉肯肆情於俗求理於官乎僧曰審如是在己則可或事在於公詎容坐視而不救耶或者曰子徒知救之之說而不知其所以救之也成等正覺第一義諦常住依之而建立也六度四心萬行衆善常住由之而安隱也捨是而別資救理生心動念惟助業輪雖曰救之其實害之也原夫真實法身之常住與僧園資具裹囊混融亘萬劫而不變不動奚止千年而已哉聞者頷之

六

昭昭然盡宇宙之充塞晃晃焉極色空之融混無相可覩無跡可尋非青非黃不長不短隨機應現而爲靈山午夜之星顯露當陽而爲龍潭所滅之燭鑑體無虧而爲東平打破之鏡照方不立而爲毘耶無盡之燈長年編體而體不可分終朝溢目而目不可覩斯所謂神光者也古德謂神光獨耀萬古徽猷入此門來莫存知解言獨耀者乃一體而無二者也神乎光乎在天同天在地同地虛含萬象洞貫十虛紫羅帳裏撒珠鐵眼銅睛莫窺其彷彿枯木巖前問路電光石火孰辨其端倪謂神光之不可覆藏珊瑚枝枝撐著月謂神光之不可混濫扶桑夜夜日輪紅神光非天生非地湧非內出非外來造化依之而轉旋物象由之而生植能成就一切而一切不能成就者神光也能蓋覆一切而一切不能蓋覆者神光也般若非衆生心能緣其能緣者神光也真如非一切法可混其能混者神光也西祖握露刃劒佛來也斬魔來也斬其

所不可斬者亦神光也道人行與如火消冰衲僧面前險絕無路儞恁麼我不恁麼儞不恁麼我却恁麼箭未離弦而中的殊猶在標而照空皆神光之所著不假佗術也天下學者苟非廓悟於言象之表少存知解欲契吾獨耀神光之要旨心日勞而功日墜矣可不慎諸

七

山可移也方可易也一定之業不可逃也所報之業有二曰善曰惡而已善則報之以福惡則報之以禍福與禍雖不同感屬報緣同名業耳業之定分如行路之遇境也三十里一橋五十里一店行至所期里數而橋店在焉雖聖賢莫之能避夫善惡之念不從天降不從地出一由迷妄之情自結縛耳適於三世貫於多劫因緣會遇福也禍也猶三十里之遇橋五十里之遇店絲髮不可易也世人徒見仁者夭暴者壽逆者吉義者凶豈知其作於昔而受於今作於今而受於後惟恐不作安有不報而受之者故聖人不怨天不尤人良有以也昧者怨天尤人實不知其出於己也如或知之福何喜禍何悲以忘喜故安肯妄生一念攀緣其福以忘悲故雖彊使之設詭計以避禍寧死而不為也況定分之業誠不容其避就也間有苟求而得之苟避而免之者亦一定之業當然豈容其苟也既知不可苟則馳求畏避之念不待遣而空矣念體既空則所存之心地亦空而會道矣佛祖聖賢安隱解脫之方殆不過是也以無所為而為之則理自殊也以無所作而作之則事自勝也理殊事勝盡法界內無一塵不在吾莊嚴之域矣其迷妄之者愛憎結其情取捨紛其念與諸苦因緣涉入未來備受茲毒而終於不悟定分之業一出於己者良可憫也

土之厚則所植必豐源之長則所流不竭積之盛則其為用必充因之圓則其感果必滿此天下古今之常理也聖人積萬劫之功脩塵沙之行捨無量之身命聚難思之法財百福具周萬德圓滿世出世間洞無遺欠凡所設施如春回萬谷月印千江不知其為而為不約其至而至蓋積因之圓故感果如是之滿也余嘗觀建伽藍立塔廟者或四至不周或形勢不足乃多財以取之方便以求之巧

八

計以謀之至若勢力以臨之皆非滿足菩提之旨也凡建立或不與滿足菩提相應非法利也非功德也非利他之善行也乃隨業妄而資勝見菩薩行之所不取也菩薩脩滿足菩提時凡所建立遇不周不足等事惟返觀本因缺漏則勵精勤苦以脩之必待菩提滿行之滿足彼將持以奉獻惟恐不受則檀波羅蜜致於他滿足菩提會於己也或曰建立之方或未周足謀以智術臨以勢力固不可也以多財取之於理何傷對曰道人建立乃推己之餘以利物也所云利者必使均蹈吾滿足菩提之地而後已衆生積貪備受諸苦多財則甚彼之貪益彼之苦較之持以奉獻惟恐不受者相去不啻霄壤矣

東山演祖有萬般存此道之說或者謂萬般即萬事也亦萬法也且世間事法未嘗不與出世之至道表裏混合也而言存之得無贅乎對曰子何言之易也彼言存者政欲其混合而無間也以其非所存則諸妄差別依之而起以日用言之萬般者如著衣是一般喫飯亦是一般智者之於衣惟見其通身是道不見有絲縷為衣也智者之於飯惟知其滿口是道不見有顆粒為飯也以至種種營為無一物不與道相混合也其混合之旨既明

九

則存之之意在乎中矣昧者反是其著衣時不惟不會道而復於衣上隨情逐妄作種種分別依分別則生死結縛無端而固執矣然存之之理有二焉有混合而為存者有操守而為存者惟悟達之者雖曰混合亦不知為混合是真存者也在學地者以操守而為存也謂操守者純以正念念所學之道雖凡聖絕憎愛孜孜焉不敢斯須忽忘也如執至寶如蹈春冰操之益堅履之益慎忽焉開悟回觀能存所存之念俱無定體雖終日儼然作用乃不擬存而存矣

古教謂於人有緣則易信於法有緣則易入謂緣者何乃積劫所種之因而感於今日者是也緣之會遇雖佛祖聖賢欲避之而不可得況其他乎故東山演祖有一味信前緣之明訓焉言信者順也正順而不流溢之謂也自而感者之謂業他而感者之謂緣達者知一報之緣既熟離之合之俱不能關其欣戚也昧斯旨者愛之則苟合惡之則苟離苟合之心偶遂則矜誇之不暇苟離之心不遂則嗟怨之無時了知一報之緣既定而不可以苟使終身合其所愛而不加喜也盡形會其所惡而不加怨也教中有怨憎會苦愛別離苦斯言苦者乃不信前緣而自受也使知前

緣之當爾而正順之則苦無隙而投矣斯世相不可易之緣也道人究出世之旨固不當以報緣論然推之靡不繫乎緣也古有一聞千悟具大總持者此積世菩提道緣已熟鍼芥相投久志忽記不待轉念而達之矣亦師資之緣熟聆其音望其容不待曲垂方便而領旨矣間有終身學而不至者蓋夙緣之未稔也緣之未稔必期以悟猶遣孺子爲壯士之役豈理也哉苟知緣之可信但操之力進之勤久遠不退一旦如壯士屈臂不假佗力豈非緣乎豈非緣乎

營家者本在貨財養身者本在元氣世有不固其本而事外飾者未有不廢且敗也鄰有十二子焉一人強壯舉千鈞不知重作終日不知勞一人瘠弱呻吟終夕偃卧窮年偶醫者察二人脉謂強壯者犯行屍脉人雖健而脉病死無日矣謂瘠弱者六脉平和人雖病而脉健其平復可立而待也不久果如醫者之言蓋身之安危本在脉也脉之存亡本在元氣也可不慎乎余觀教禪律三宗棟宇之植田園之聚譬之吾身可謂強力也矣殊不知戒定慧三無漏學乃吾脉也苟不潛鞭密鍊堅守力行則吾脉病矣昔吾教遭三武之廢可謂病吾身也已而戒定慧之本脉應指而現生意充然未久則病去而身益強矣蓋本固之驗也嗟乎不思固其本者謂外護之力可恃又從而文飾之而不知脉與元氣漸喪無幾矣一旦禍出不測余於此不能無懼焉

世有一夫耕百畝之田而求多人助之諺稱伴工以彼助我之耕固易使我報彼所助之工甚難或畏後報之難勿求先助之易可也古人謂物暴長者必夭折功速成者必易壞天下之事決無易於前而不難於後者亦無難於前而不易於後者故孟子謂天將降大任於斯人也必先苦其心志勞其筋骨餓其體膚雖不顯言其難易而難易之理不待顯言而著矣昧斯理者惟知易之可求臨事無十二輕重之分惟欲直捷簡易苟得志於易則勝溢乎心喜盈乎面一旦去其所易逢其所難則不勝窘迫矣未有不陷於不義之地者惟識達之士不隨常情難則順受之易則逆處之能逆處其易則無苟得之容順受其難則無窘迫之態吾天真不爲喜怒得失之所亂則道在其中矣故老氏曰多易必多難而世人多尚其所易背其所難或不有酬報之理則聖人之說皆妄作也思之思之

一長者生高昌素有向道之志雖致身貴盛未嘗見其有暴怒之容一日謂余曰佛法有二途曰淺曰深其深者固非俗子所能造詣淺者嘗博聞而熟解之惟此心不能與所聞所見相應耳於此未嘗不自責也因叩之曰佛法廣大遍入寰區雖佛祖不能正視爾何人輙以深淺議之哉乃曰心識之蘊與境觀之差殊悟理之是非乘戒之寬急此皆佛法之深者如云世間財貨甚於毒蛇能損善根能滋苦本此佛法之淺者自最初入道歷涉諸師之門未有一人不如是開導策發然尋常念及世財亦未嘗不如是觀察遠有求施思者踵門方將取而施與之則吝惜慳愛之情交橫于前若爲物所禁而不容取者復自謂非施財也乃所以施煩惱而離毒蛇也雖百千巧見終不能自開其鄙吝之懷因募有所省蓋其平日所聞所解者僞心也吝慳愛惜者真情也真情無相可見含裹於藏識之底苟非洞悟徹底掀翻或毫髮未盡嘗爾現前雖百千妙解誠無異於隔靴抓癢也思無常生死乃真情結集浮知僞解其能遣哉

察秋毫之末者不能自覩其睫舉千鈞之重者不能自舉其身古人此喻極言明於責人昧於恕己之弊方與友論此而客有盛言時事嗟評變頻不能自已者因叩其所以乃言人心不古世道日薄在處三百五百聚徒其陞堂致禮宛爾混融遠一事不諧一語不偶十三則忿怒之氣甚於仇敵使爲主者兢兢業業雖儼臨廣衆不翅蹈春冰蹑虎尾安有所謂解脫之理哉思古叢林上下相忘於無事之域不復見矣余曰子之言過也豈不聞古教有言於人有緣則易信於法有緣則易入安有古今正像之分使我緣福不逮雖臨衆於數百載前古人亦今人也人情無順逆其順逆在吾緣耳使吾緣福之感備雖天魔外道亦皆轉爲衛護之人安得吾術之不委順哉所謂因緣會遇時果報還自受蓋順亦報也逆亦報也皆自業所變豈它人所能致哉客唯而退

即一而三水波冰不離濕性惟三而一鐶盤釧捴是金身用有千差體無二致就體觀用則易會用歸體則難須知體在用邊用旋體際儻非妙悟一切意解皆不相應謂三者何真諦俗諦中道第一義諦也謂一者何當人

之自心是也言即一而三者謂此心能真能俗能中也言惟三而一者其真俗中皆自心之現量所變也荆溪謂真諦泯諸法俗諦立諸法中諦統諸法故古教謂於諦常自二於解常自一賢首有四句謂依真入俗是一句由俗會真是一句真俗不二入乎中道是一句即中而成真俗是一句天台謂真不自真 十三 對俗而真俗不自俗望真而俗中不自中謂真俗二諦一而非單二而非兩互顯互奪相即相融而爲中也若空是斷空則不能融色色是實色則不能混空以其斷而非空實而非色各立二邊宛然中道惟昧此心體者對真則執斷入俗則迷常二見儼存則中道斯背矣此說講學者未嘗不通其所通而非會者以意識依文解義非妙悟也以其不悟則能所之跡熾然解心愈多而迷情愈重矣謂悟者何乃親見此一心之至體也謂解者何乃熟究此三諦之虛跡也然悟而非解解而非悟旨與心通不可言議惟真參實究者宜深思之其學解縱使玄中又玄莫若神悟之爲準也

情之所起者愛憎跡之所由者進退是四者乃流浪生死執縛三界之大本也亦超越世間遠契聖道疾證菩提之捷徑也[illegible]言流浪者愛自己也愛己之親厚眷屬也以愛己故則諂曲嫉妬攀緣馳逐狂妄顛倒紛然交作至若愛己之眷屬則護之惜之必使之尊榮勝達不復顧其是非可否也其愛若此則念念與生死業習糾結矣謂憎而合道者責己者也亦責己之親屬不臻乎正行者也以其責己也苟有怠惰偷安之弊則潛鞭密鍊痛思深省改革媿悔之不暇奚必別求道果而道自合矣或捨責己之正念則指撿他人之過至使怨忿積懷暴慢盈面謂之結業豈待言哉愛憎之道既爾進退之理亦然何則儒典有進思盡忠退思補過之訓吾佛之道豈不然乎謂進者亦有二焉爲己也爲人也夫 十四 爲己而進者乃進學也精勤勇猛決定堅密朝不足繼之以暮夕不足繼之以旦念念如救頭然不使須臾忘念是進之在己也爲人而進者乃掌公務秉化權也孜孜勤苦廢寢食忘寒暑凡有一毫利於人者必行之不敢以己之得失而怠慢此進之所以合道也亦名勝進或不爾者妄起一點名稱利養之心雖驀面跰足奔趨馳走之不暇靡思無窮業累愈進而愈結矣謂退者亦有二焉尚晦隱而守道念者尚閑散而傲世相者二俱曰退論其退之之實則霄壤不侔矣若爲人之力有所不逮應世之才有所不周退藏於密深蓄厚養或己事未了不敢妄涉世務棲遲巖谷形影相弔身世兩忘此退之所以合道也或懶於應酬不受拘撿恃其給養無缺世相纔求飽食煖衣任情肆識自言絕俗高卧游談反譏爲衆之勤奉公之冗惰四體而不知慚背辜恩而不知報豈退守者宜如此耶一旦報緣忽盡業何可逃淪墮死生噬臍無及其愛憎進退之理曉如黑白不之合道則之結業由一念之反覆而升沉果報若此如楞嚴謂使汝輪轉生死結根惟汝六根更無他物令汝速證安樂解脫寂靜妙常亦汝六根更非他物此說與愛憎進退能合道能結業 十五末 曾何異焉本色道流當秉業縛未深道離未遠精勤勇猛管轉一機早求脫略否則白日青天動遭業縛可不懼哉

天目中峯和尚廣錄卷第十八之上　俊十

天目中峯和尚廣録卷第十八之上

校勘記

一　底本，影印宋磧砂藏本。

一　五四七頁中二五行「生死」，徑作「死生」。

一　五四八頁中二三行第一六字「諶」，南、徑作「謀」。

一　五四九頁中二五行第一四字「特」，徑作「持」。

一　五四九頁下四行第三字「有」，徑作「其」。

一　五五一頁中二一行第一二字「暇」，徑作「暇」。

天目中峯和尚廣錄卷第十八之下

參學門人北庭臣僧慈寂　上進

東語西話下

昌黎韓公唐之大儒也以不知佛氏之教有補於治道發爲詞章而詆訶之逮遇大顛圓心降之其議毀之聲尚斑斑見於簡牘獅子厚與之同時亦以文鳴於世作諸祖碑碣發揮佛氏之學雖非極至初未嘗效韓之詆毀也宋歐陽氏出文章宗韓作本論以拒佛謂攻之愈堅攘之愈熾而不知有不可攻不可攘之大本於其間徒譊譊多言又何加損於吾佛也明教和尚著書非韓非非韓也乃論歐也後儒相倣効詆佛者頗衆吾教之士往往謂彼嫉佛余謂彼非嫉佛也實不知佛也使彼知之則將外護之不暇雖強使其詆毀寧無媿於中乎復以因緣果報言之亦可以收謗也如佛累遭提婆達多以惡計陷於死地而不動念者乃知其有宿冤也當其狹路相逢返觀報盡還無之理如飲甘露又何余之可動哉彼韓歐之怒排力詆又安知其非提婆達多之餘蘊未消者乎但堅持正念待彼之餘蘊消盡則逆耳之聲將不求息而自息矣永嘉謂從佗謗任佗非把火燒天徒自疲永嘉之說雖盡善惟從佗任佗似亦未能當念融化之也靈芝照公取文中子何以息謗曰無辯謂省事斯語矣且無辯與從佗任佗之語然亦俱未盡理也故圓覺謂若知我空無毀我者則從佗任佗以至無辯豈且剩矣嗟乎近代之持公論者不鑑其本惟見彼斥我爲異端我則非彼爲外道與閭巷儕門而相罵者無異及何以表無生慈忍之力因緣果報之理哉昔有國王放五百醉象害佛佛竪五指迎之象皆馴伏時阿那律見佛五指端各現金毛師子時一弟子白佛云嘗聞佛說此身是夢不可愛樂今現師子之威懾醉象之難豈非愛樂其夢中之身耶佛曰我何有心於禦象哉我積劫以來脩慈忍三昧今竪指入此三昧任其蹂害以我三昧之力成熟故師子之威不期自現觀佛之說乃禦難息謗之第一義也語言云乎哉機智云乎哉又世有所謂見德人之容使人意消心醉德人豈亦使之然乎斯亦禦象難之漸也或不爾者皆自召也苟欲以語言息之適滋之耳何益哉

佛身充滿於法界普現一切羣生前隨緣赴感靡不周而恒處此菩提座天下叢林讚佛多用之此偈出華嚴經第六卷時佛白毫相光中示現一切法勝音菩薩所說乃一部華嚴大經之綱目也亦諸祖狹路相逢之要領也佛身充滿於法界擬向甚處蹲坐普現一切羣生前眼裏耳裏著佗不得隨緣赴感靡不周空合空水投水而恒處此菩提座將謂別有長處與麼註解未越常情或不知歸別露消息佛身充滿於法界遲日江山麗普現一切羣生前春風花草香隨緣赴感靡不周泥融飛燕子而恒處此菩提座沙暖睡鴛鴦一切法勝音掬水月在手少陵杜工部弄花香滿衣雖然珠轉玉回要且天懸地隔還要識佛身麼瑠璃殿裏白玉毫寶華臺上黃金相且拈過一邊以至三十二相八十種好眼裏金軀且没交涉更說箇佛身無爲不墮諸數隨語生解萬里崖州若曰充滿於法界底佛身眼不可窺心不可測智不可知識不可解惟雲門乾屎橛洞山麻三斤却較些子爭奈無人悟得以其不悟縱有玄談皆成戲論更有傍不甘者廣引相似語言謂佛身包太虛含萬象不可以色見而色無不周不可以空求而空無不備迎之非前隨之非後低聲低聲此等說話寃婦乳兒皆能言之若曰佛身不亦遠矣然普現羣生前隨緣靡不周且置之勿論又指何物爲菩提座耶或謂佛身充滿此座亦充滿無二無二分無別無斷故若曰菩提座上別有佛身則不可得爲恒處也然既充滿且無常生死有漏世間又向甚麼處安著或者引永嘉謂夢裏明明有六趣覺後空空無大千既覺矣謂佛身謂菩提座亦無地可寄又何言說而非寐語哉學者未能真誠夢覺韓曰讚佛乃謗佛耳宜審諸宜審諸

盡十方世界是清淨法身當體如千日並照了無纖毫障蔽無端爲一點無明當面瞞却以故仰而觀之之謂天俯而視之之謂地廣而窺之之謂法界以至山高水深晝明夜暗風動塵起雲騰鳥飛與夫披剝萬象剖拆精明欲覓所謂法身則空然無有也由是引起分別堅執妄情與空作色不得指明爲暗不得複親作踈不得轉憎爲愛不得要識無明面目麼只這箇轉不得底不欠一毫忽有箇強主張者道我但見空不作空見色不作色惟以一清淨法身觀之是亦是矣奈何謂空

謂色之見卒未能忘又作清淨法身之能觀所觀初未曾泯須知只箇未忘未泯底政是根本無明直下綾歷不乾洗滌未淨若欲頭頭上明物物上顯識不啻隔靴抓癢也如圓覺謂此無明者非實有體如夢中人夢時非無及至於醒了無所得與麼說來無明豈有實體定性可得乃全體是清淨法身也雖然如經中謂及至於醒了無所得還曾與麼醒也未須知醒有二義最初省色空等法皆自心現量乃淨法界身之影像也如是而醒能斷枝葉無明最後見聞情盡能所識消不見一法是法身不見一法非法身是非俱泯念

四

念皆如到此方斷無明之根本也然枝葉根本二種無明必欲頓斷其黑漆桶或不達底洞脫三回五回豈容心思言議而可得哉

昔東坡居士題廬山溪聲便是廣長舌山色豈非清淨身夜來八萬四千偈他日如何舉似人後有禪者謂東坡每句多却二字何不直言溪聲廣長舌山色清淨身又有謂溪聲不用舌山色不用身等總是忍俊不禁將謂超出局量殊不知總向他措大背後叉手當時老坡只識得箇溪聲山色又安知驢聲馬聲鵝鳴鵲噪至于愁歎聲痛哭聲乃至地獄切劒戈戟宰割鞭打種種惡毒呻吟號叫聲皆廣長舌豈但山色大而虛空細而纖芥極法界內外所有體象殊形異狀妍醜怪奇青黃短長至若冰河炭鑊腥臊穢濁與夫不可眼視之種種惡色皆清淨身也豈惟身之與舌但鼻所入者皆佛香口所嘗者皆法味至六入十二處法性混融間不容髮是謂一相平等真淨無漏圓滿具足三昧門從上佛祖據此三昧攪河爲酪變地爲金出沒卷舒無邊妙用一一皆從此三昧門流出法華謂惟此一事實餘二即非真即今天覆地擎日上月下晝明夜暗嶽立海橫更無一毫髮不在此三昧門中影現直饒如此明白舉似又安知仍舊坐在溪聲山色中鱍跳何曾出得斗

五

也記得孚上座講涅槃備說法身不大不小非方非圓無住相無不住相圓裹十虛混融三際時有一禪者在座掩鼻而退上座乃致問云我說法身不曾違文失義見笑何也禪者曰上座盡其所學只說得法身影像若曰真法身大固遠在上座要與法身相應請拈過講學凝心靜坐乎一依所教忽聞角聲豁然開悟備道老坡曾與麼悟也未此道離言說絕知解或不深窮密究以期悟明既略見聞超出情量妄爲溪聲山色引入荒草而不知有悟入之理者滔滔皆是可不慎諸

少林直指不立文字六祖謂說箇直指早已迂曲了也更有甚麼看話頭起疑情做工夫將心待悟無乃取謗先德屈辱古人者乎不然六祖方三傳而出百丈世稱大智禪師建禪林清規遠依律制立爲禮法從置廣堂遍牀併三百五百衆凜凜危坐枯椿其形死灰其心目之曰坐參然直指尚曰迂曲此迂曲中之又迂曲者也已而自侍者寮朝參暮請親熏熟炙關鑿見聞俾掌藏鑰涉獵名相與夫博究儒書通內外等學使之分座說法然後待時出爲人師上則付衣表信下則辦香稟承斯又不勝其迂曲矣至若派爲五宗不相混濫其授受之際細密委曲異說殊途莫之紀極豈直指之道果有是理哉蓋前人非不知不立文字之直指也以去聖時遙人心日趨而下觀其體道之念不密循境之識日遷乃不得已而救之如百丈未建叢林時人皆草衣垢面棲遲於空山大澤中極情向道至百丈時早有老病畏怯由是建叢林以慰安其老病而輔祖道也使前輩或不曲徇時宜巧施方便則直指二字亦滅絕無聞矣近代持公論者惟責人不直指而之迂曲是不鑑其迂曲乃伸直指之異方便也且責之固是而亦不返鑑其責人之心全體墮在迂曲

六

中矣何則如少林稟單傳直指之道默坐九年未聞其有責人不信直指之辭逮今千餘載而直指之道炳如日月亦不因從上之迂曲少蔽其毫髮蓋心真而理自顯據如少林負直指之要有傳少林謂外息諸緣內心無喘心如墻壁乃可入道且屏絕外緣而不滲禁伏內心而不動斯豈直指之旨乎乃欲其久之而悟入吾直指之域也今看話頭做工夫蓋亦使其情消識謝功用兩忘徑造吾直指之域復何疑哉

禍福萌於自心憎愛豈從他得出一時之情妄混三世以報酬歷萬刦而不消雖絲髮之無貸一大藏教舉果明因皆自心現量更無一法從心外至者道人當念念觀察自心無形象可得無影跡可求昭昭太古之先歷歷極未來際故楞嚴謂無漏真淨云何是中更容他物所以前輩目之曰金剛寶劍標之爲清淨太虛謂劒則無物不摧謂虛則無方不

稱大光明藏觀體無依佛祖證之頓空異見衆生不了妄逐情塵由是三界起焉萬法集焉生滅去來之相紛焉禍福酬報之理昭焉而不可逃也以不達自心現量則其趨福避禍之念汲汲不休捨憎取愛之情蜜蜜無間且妄見益深而積業益熾矣夫人膠於世網

七

者固未可責其已嘗裂開世網殊形異服之士尚馳逐而不知息者誠可責也楞嚴謂狂心未歇歇即菩提乃責之於名教也少林謂外息諸緣内心無喘又古德謂不學佛法惟務休心乃責之於祖語也如四心六度萬行羣善及道品等蓋不忍其坐致淪溺以輕易重以優易劣皆善巧方便而責之也直以心體言之惟歇休二字早是金塵入眼又何優劣輕重之後論哉故聖人不奈衆生之不悟自心現量猶化城而之實所也謂自心者何乃佛祖共證本來具足圓滿菩提之至體也謂現量者何乃衆生隨識所變執而不可化之見妄也或問何以遣之對曰不可遣也苟欲遣之則與遣之之跡俱成現量故古有靈龜曳尾之喻惟信心堅密究參不已廓爾開悟即其自心現量不間一塵轉爲自覺聖智猶迷時認金爲銅悟時則知是金非銅也悟銅元金乃自覺聖智也迷金執銅乃自心現量也楞伽一經之要義少林持以印直指之心捨現量而楅楅楅楅之跡俱不可得而容也學者宜思之

情何物也執而不化之見妄也未有情而不執者未有執而非情者情之所以執蓋出於逐妄也所逐者何乃逐自性轉而爲情也衆生之情執有同焉有異焉謂同則同乎憎愛謂異則異其憎愛所趨之見差別萬殊不可得而一也有二人焉一人執東爲是則所向皆東一人執西爲是則所向皆西其執東爲是者每以西爲非而不知執西爲是者反觀吾之東亦非也其執東者不知西向之人指吾東爲非其進東之步益遠自以爲益是彼以爲益非其執西者亦然二人之所執不翅矛盾之不相入也以其不相入則天下之是非未有能同之者故聖人世起而救之垂言立教必欲同其是非之心化其所執之情奈何教跡愈彰而是非愈熾且古今三教鼎立

八

其互相詆訾者以各專門不容其不是非也如一佛之垂化觀萬法惟一心一心即萬法所以彰萬法爲教標一心爲禪名常異而體常同教即文字而禪離文字也究其所以特不過破情執之迷妄混入一心之靈源而已以即文字離文字之執未化而教與禪宛如冰炭蓋有離即之二也至若教非教禪非禪雖聖人亦不能不歛袵而退縮矣且日親性理之學尚不能化其所執之是非使蠢昧教理之人忘其所執不徇是非又何異戒飢人見飯而勿餐也古德有不見他非我是自然上敬下恭佛法時時現前煩惱塵塵解脱之訓昭若日星未即驗其語者蓋情執未化不能不見是非也要而言之化執無越於忘情忘情莫先於悟性性既悟矣則情不待忘而忘情忘則是非之執若春霜當赫日安有不化之理哉

幻人世居杭之新城族孫氏祖遷錢塘父母生子女七人幻居其最後方離襁褓惟以歌唄佛事爲兒戲鄰人異之七歲從市學讀論語孟子未終九歲喪母而輟學蚤負出家志以世相日拘百計莫脱至廿四其所縛之世相不待作意而劃然自解寔至元丙戌歲也是年五月獨登山禮先師已而誦金剛經至

九

荷擔如來處怳然開解自爾經書語言頗沾其味非悟也丁亥二月信女人楊氏捘以資具從山海翁登山薙染己丑充堂司庚寅欲潛去翁爲松公所知助腴田三畝俾令給堂未幾嬰疾先師令給侍辛卯春瞿公施田莊不受俾馳書歸瞿曰壬辰充庫務癸巳甲午惟奔走施門元貞乙未先師卧疾不起奉葬畢即去山以酬宿志丙申往來吳門大德丁酉春挾袱舒之天柱山秋之廬阜冬還建康匿影草廬者十閱月戊戌冬結幻住菴於弁山己亥冬結幻住菴於吳門庚子辛丑咸居焉壬寅大覺請住持而避走南徐癸卯送布衲歸大覺甲辰歸守先師塔乙巳冬領師子院事丙午丁未至大戊申冬因分衛吳松不返己酉買舟儀真夏繫纜於雪城庚戌歸天目居山舟辛亥復爲船居往汴水皇慶壬子春結菴六安山秋舟往東海州癸丑春舟次開沙夏送定叟住大覺就寓環山菴延祐甲寅春復領師子院事乙卯結菴大窩丙辰春渴疾作楚夏舟泊南潯丁巳居丹陽大同菴戊午復還天目己未庚申至治辛酉壬戌六十歲矣是年之夏結菴于中佳山自丙戌至壬戌整三十七白而幻跡方將遷引爲避緣計余初心出家志在草衣垢面習頭陀行以

冒服田衣乃抱終身之愧且文字失於學問參究缺於悟明尋常為好事者所編蓋報緣之偶然耳平昔惟慕退休非矯世絕俗使坐費信施乃岌岌不自安也古人有五十而知四十九之非今余六十返思往事大率情妄所蔽何有當於理哉泡光幻影變在須臾故書此以自警云

天目中峯和尚廣錄卷第十八之下

天目中峯和尚廣錄卷第十八之下

校勘記

一　底本，影印宋磧砂藏本。

一　五五四頁上二四行首字「切」，南、徑作「刀」。

一　五五五頁下一二行第八字「日」，南、徑作「田」。

天目中峯和尚廣録卷第十九

叅學門人北庭臣僧慈寂　上進

東語西話續集上

非一歳無以終萬化之功非一心無以收萬法之跡然而春夏秋冬之令雖別其所不別者同一歳也頓漸偏圓之理雖別其所不別者同一心也且歳不知有春夏秋冬而四序成其歳心不知有頓漸偏圓而四教彰其心如是則知即別而同即同而別也即別而同四不離一即同而別一不離四惟同則不能徹其化跡惟別則不能會其本源於是同別之旨不容不兩立本跡之門不容不雙收也每聞議者謂一代時教彰如來之本懷罄無不盡彼云教外別傳者豈教外果別有未盡之法爲傳耶儻別有所傳則名外道或別無所傳則妄誕之跡不容掩也余嘗以前說證之故復謂議者曰聖人初生下時手指兩儀足行七步何教義所攝耶此乃別傳之最初顯示也豈待末後拈一花以示迦葉謂之別傳者乎中間四十九年隨機演教於正直舍方便處皆是別傳之旨又豈止乎最初末後而已哉所云別傳者非教外別有所謂禪也非心外別有所謂法也非離言說外別有不形言之秘密三昧也非理外別有理也亦非一向無事而故作是言也何則自始洎終惟示一心也依一心所演惟一法也安有所謂別哉當知靈知心體離言說相離見聞相離思惟相離文字相乃至離一切諸相雖曰離言說相非言說不能立其教雖曰離見聞相非見聞不能傳其教雖曰離思惟相非思惟不能達其教雖曰離文字相非文字不能宗其教故知言說文字等乃教也離言說文字等乃教外別傳也所云教者宣明此心也所云教外別傳者即超出言象而妙契此心者也使言說文字外別無旨趣則經中不應言諸法寂滅相不可以言宣又云此法非思量分別之所能解或謂言說文字等果不可契如來之心耶曰不然豈不聞始從鹿野苑終至跋提河於是二中間未嘗談一字於此則一大藏教曷嘗有言說文字等相之可得也苟不洞徹如來之本心則滞有文字非教也執無文字非禪也動爲情縛於有無之間則教禪俱不取也然教外別傳者目之爲禪此禪即一心之異名非人天二乘所習八定四禪之禪必待枯形死心殞情絶識之謂也蓋此禪之體如金剛王寶劔自非上根利器生知夙習之士領於機先薦於言外欲向見聞思惟等擬涉毫芒則刻舟奚益哉遠自少林相傳迨今如印印空雖文彩不露而至理獨存信別傳之說良有旨焉通而言之禪即離文字之教教即有文字之禪覓一毫同相了不可得復何別之有耶其所別者乃化跡之設不侔爾譬如堅冰烈日之不可同日而語也

藥不專治病無必死其用舍安危之要在醫者之得失耳苟得其要以寒破寒以熱攻熱俱無實實虛虛之謬不得其要而或誤投毫髮雖病未危而藥危之矣世無盧扁使萬金神藥亦能殺人其利害有如此者佛稱三界大醫王純以無上神藥治法身之病其對證投機之頌順用逆施迎刃而解世云神聖工巧殆不可同日語也余因閱圓覺經文殊首以本起因地爲問乃答以永斷無明方成佛道普賢以以幻脩幻爲問乃答以應當遠離一切幻化虛妄境界由堅執持遠離心故心如幻者亦復遠離遠離爲幻亦復遠離離遠離幻亦復遠離得無所離即除諸幻普眼以脩行漸次爲問乃答以先依奢摩他行堅持禁戒安處徒衆宴坐靜室徧觀四大及與根塵虛妄和合然後身心根塵與幻俱滅便能顯發無方清淨彌勒以脩佛菩提幾種差別爲問答以欲脫生死免諸輪回先斷貪欲及除愛渴清淨慧以凡聖所證所得云何差別爲問答以一切障礙即究竟覺得念失念無非解脫至若居一切時不起妄念於諸妄心亦不息滅威德自在以方便漸次爲問答以當脩三種淨觀謂寂靜奢摩他如幻三摩鉢提寂滅禪那等辨音以圓覺門有幾脩習爲問答以二十五種清淨妙輪即前三觀交互單複云云淨諸業障以本性清淨因何染污爲問乃答以不了四相不成聖果又云但當精勤降伏煩惱起大勇猛未得令得未斷令斷圓覺以云何安居脩此圓覺清淨境界爲問答以建立三期求哀懺悔復以三種淨觀隨學一事已上皆大悲願王普告諸菩薩及末世衆生淨治覺體之善見妙藥也如何獨答普覺所問一章之中指出四病謂作止任滅則前所謂善見神藥者俱不能逃此四病所攝何則自遠離諸幻與堅持禁戒建立三期等豈非作耶自先斷貪欲及除愛渴與宴

坐靜室脩奢摩他等豈非止耶自一切障礙即究竟覺及於諸妄心亦不息滅等豈非任耶自求斷無明及四大六根虛妄和合與幻俱滅等豈非滅耶原夫法身流轉五道而爲衆生者由內熏三毒外迷四倒轉入無邊生死海中如來不指三毒四倒爲病而反指作止任滅爲病者何耶且作止任滅固不足以詣圓覺之閫域亦必取證聖道之漸望三毒四倒何翅天淵之間哉對此不能無疑於聖人之言乃爲之解曰豈不聞一時婆伽婆入於神通大光明藏三昧正受正當入時上同諸佛下與衆生及十法界中有無情等同時

四

俱入自昔至今不起于座就中無主無伴離聖離凡身心混融性相平等良由十二大士未忘境智瞥興問端是非鋒起故如來據大圓覺縱其所問廣說諸脩即作止任滅俱指爲藥至普覺章將收玄唱斥作止任滅均名是病即病一言取舍俱奪苟知縱而不知奪混圓覺於問答之場或知奪而不知縱墮圓覺於泯默之地當知縱亦藥也奪亦藥也即其縱之之藥治三毒四倒之正病以其奪之之藥治作止任滅之助病豈不聞世之療色身之病者乎凡初感正病之須則指方以對治及執其所投之藥而過之由是不病於元感之正病而病於藥之所助則卒無如之何也惟藥致病非觸醫所知故知作止任滅之藥病非如來洞鑑其源則孰能指也當知覺有二義有覺妄之覺有靈明之覺覺妄之覺能對治一切垢染及世出世間種種見聞塵習者是也靈明之覺亦名本覺亦名圓覺體

離凡聖跡絕自他雙泯色空兩忘能所窮今亘古湛寂不搖靡間一塵觀體圓淨雖菩提涅槃真如般若到此俱名是病又何作止任滅之不病哉

善致福惡致禍正合道邪干業此理昭然如黑白之不可混真如淨境界中初無善惡邪

五

正皆一念瞥生𢌞失於照了而不得不有也以其有故則三界煩惱念念起滅無時暫息成住壞空循環不斷是故聖人興慈運悲垂教立化使其捨惡以從善忘善以合道捨邪以歸正忘正以會心不越念而三界空不動塵而煩惱盡復歸本際洞徹根源教化之權亦從而泯矣捨惡則斷恩愛遠利名脫塵勞蠲貪欲捨邪則齊物我絕是非空見聞泯能所從善則守戒律脩禪那趣空寂向菩提歸正則徹法源洞真諦契佛心合聖道至於邪正善惡會歸一念則一切時中觀根設教普利羣機信手拈來無非妙用隨衆生願報佛祖恩手眼通身一機不露熾然作用一物不爲撒手去來了無拘束是謂一代聖化之本旨也雖羣宗異教各立門風皆莫能外乎此自先佛建立祖祖相承大小伽藍分布海內凡主一方者苟或善惡倒置則禍福之機隨念響應內關己德外涉化風不容不審也惟是識馬易奔情猿莫制故聖賢制禮立法於一念未起之前乃深欲防其微而杜其漸使微不知防則著將安救漸不知杜則頓起難收譬之水火防其微漸之初則不致於崩山燎原也故吾佛棄萬乘之權而受擯辱於匹夫之手捨海宇之富而丐衣食於域內之民

忘宮室之華而委形質於草木之下泯道德之實而歷辛苦於塗炭之中觀其所由莫不痛以無邊衆生各各具此深遠廣大利欲根於情識卒莫能制乃化現斯事實防微杜漸之大旨也教化之通塞初無定體出入乎道德利欲之間使存道德則教化不期通而通存利欲則教化不期塞而塞矣當知道德自佛祖盛化之後人物衰替從著而至微利欲自時移事變之須貪妄日興從微而至著道德利欲譬之明暗不同時水火不同器今端居佛祖之域苟不知防微杜漸固已危矣矧乎相勝以欲相誘以利莫悟其非視之爲當

六

然者則火已措于積薪之下矣境風日扇禍災倏起反不以爲憂而欲坐待教化自通者是猶吹網欲滿多見其不知量也悲夫

世所謂語言者動乎其心而達乎其口即情想之昭著未有無其義者也故其情憂且喜則其言也和而溫情且嫉則其言也峻而訐逆且怒則其言也迫而怨順且恕則其言也肆而達誇且美則其言也婉而文俗且鄙則其言也朴而拙皆言語之容也欲審其義先觀其容既達其容則知其情既知其情則有以論其義矣所謂義者乃情想之所適意識之所主而言以宣之也蓋語言皆標寫情識所緣之義曲盡其巧苟情想不到意路不行雖大張其吻於終日將無一詞可措矣豈特人言爲然哉至於鵶鳴鵲噪犬吠雞啼凡若有情一動其聲必有所主之義但人莫之曉耳安有語言音聲而無其義者乎惟吾佛祖之道則異於是自手指兩儀足周七步至於

一花遷拈時百萬衆皆神通智慧之聖賢盡其所思之量俱莫測其邊涘惟飲光微笑而已自祖道之東而兩宗五派星分棊布遍入寰區遠扣其言則須彌山是甚麼東海鯉魚打一棒新婦騎驢阿家牽與我將禪板來飯袋子江西湖南去等語誵譌不絕如長江大河莫之所止味之則如木札羹鐵丁飯親之則如吹毛劒大火聚日之則如閃電光擊石火耳之則如塗毒鼓旱地雷入之則如荆棘林迹之則如生鐵壁既不可以語默會尤不可以智識通及與天地鬼神咸莫能測所以目之為無義語也夫無義者超乎喜怒哀樂之外脱乎情識意想之表又豈容以經書文字聖凡名相而和會哉嗟學者之未諭紛紛亂鳴擅自穿鑿謂此語是放關是把定是傍敲是暗打是探佗是肯諾又謂此語是向上向下是全提半提是賓家主家是死句活句是商量平展又謂此語是最初末後是藏鋒透關是殺人刀活人劒又有甚者牽引經教謂此語是即色明心附物顯理是有言顯無言無言顯有言是眼觀東南意在西北是感音那畔空劫已前不間一塵全歸自己等異端殊説莫可具陳不知一涉意根俱成有義矣使佛祖之道累止於是則將何以斷佗生死情妄之根乎誠所謂聚螢火以燎須彌持蠡量而測滄海也或謂禪家之無義語我知之矣佛祖以不立文字教外別傳安可復有語耶其應機接物之際高揮大抹答問汪洋雖語言如塵沙其如不落那邊著著皆歸第一義所以開口不在舌頭上又何向上向下之云乎謂無義語得非是歟余曰無乃五十步笑百步也子雖不墮向上向下之異説且第一義得非義乎或曰閑解粘去縛抽釘拔楔必因有語而然使佛祖之語果無義趣則何以致然也余曰斯言差近矣子當致此疑於懷抱之自悟方知無義語不爾窒矣苟或不爾則徒增戲論何益於理哉

人莫不有心心莫不有應禪者心也機者心之所應也自鷲嶺拈花少林立雪之後此心一傳響應千古曰禪曰機無一時不與天地萬象互相酬酢政不待別有所扣而然也況自有宗門以來其所謂木上座金剛圈暗號子破沙盆青州衫娘生褲三脚驢鱉鼻蛇無米飯不濕羹至若五君臣四賓主三玄九帶十智重關放下著自做得是什麼莫管佗等語四方八面霆轟雷震浩浩湯湯前後出與莫之紀極語其疾則嚼鐵猶遲語其利則吹毛亦鈍鴆酒不可方其毒大羹莫能比其淳麗鋪錦上之花精食水中之乳微臨廣衆高踞大牀風動鬼神聲喧宇宙凡咳唾掉臂怒罵戲笑揔而目之曰禪機者良有以也世典謂寂然不動感而遂通此與禪機似彷彿矣不動者非有所止而使之不動蓋體本湛寂如太虛空乃天理之不動也感通者非有一毫意謂於其間必待有所感而通者當其感通之際若洪鐘斯扣空谷傳聲無為也無作也天理本然之勢也喻乎淨鏡之鑑萬形明珠之現五色禪也者鏡也珠也機也者鑑也現也其萬形之妍醜五色之淺深雖昭昭不能自隱而鏡與珠曾何有所為也有所作也乃至淨至明之效耳能契此者則謂之禪機外此則非余所知也或問據所言人莫不有心則有情界内窮古亘今資生產業治世語言浩如塵沙原其所因靡不由心而著初未聞有禪機之説惟少林門下業容希者獨擅其名何也對曰心有二焉曰真曰妄真者即靈知之至體此非妙悟不可得而逆測也妄者即情識之幻用乃逐物者由之也昧者槩稱之為心不知真之與妄實壤之不侔彼資生業等者乃妄情也非真心也夫真心者惟佛與祖熏鍊正因智徹神悟堂堂於聲色是非中妙符而密契者也全超脩證靡涉功勛不墮見聞豈存地位所謂達大道兮出度超然名之曰祖也又豈可與依情附識膠纏世網者同日語哉或未達其真則脩行亦善矣若使有作思惟而欲虛逐塊於祖庭之下者反不若資生產業有治身之益也彼不惟無益將坐致謗法之咎豈禪機之累累於人乎蓋不善擇其真者也道人宜審諸

趙州問南泉如何是道泉云平常心是道此話流布叢林古今之下鮮有不墮於意識者蓋謂著衣喫飯動靜語默一一天真離此天真之外擬涉念慮早是不平常了也古人道箇平常心是道兩手分付只貴一切平常佛法世法彼自無瘡勿傷之也乃引張拙秀才謂隨順世緣無罣礙涅槃生死等空花是平常心龐居士謂日用事無別惟吾自偶諧是平常心三祖謂至道無難惟嫌揀擇是平常心馬大師謂見色便見心無色心不現是平常心又古德謂翠竹真如黃花般若是平常

心但是古人凡說到日用本來具足不離見聞覺知處皆配之爲平常心若然則總不出箇意識擇量蓋南泉實不於此處蹲坐而從上古人亦不向這裏探跟但是不曾親向趙州未問南泉未答以前薦得擬生寸念徇其語默引起意解徹底不平常了也更若廣引古人垂手利生方便接引處一言半句以之取證轉見崖州萬里或謂即今對物遇境不起一念是平常心或謂雖舉念動情而不住諸相是平常心或謂有無不隔聞見混融是平常心或謂寒則添衣熱則搖扇是平常心或謂繁興大用舉必全真細語麤言皆第一義是平常心或謂古人痛捧熱喝擎叉輥毬機無停滯道出常情是平常心乃至種種作爲種種思想種種湊泊要與箇平常心相似無異掩耳偷鈴自取欺誑但是玄言聖量妙理真詮總不與平常心相應況是迷惑貪妄顛倒情識而能遠契平常心者乎當知平常心不屬知不屬解乃至不屬一切和會領略擬涉知涉解則安有平常之理乎昔雪山夜覩明星是悟此平常心迦葉破顏笑二祖禮三拜是明此平常心至若太原聞角靈雲見桃凡一機一境有契有證者莫不皆契此平常心今日要與此箇平常心覿體無間須是親如佗佛祖暫地一回則信手拈來無一毛頭不與平常心相應雖迦文放眉間照萬八千土之光出徧覆三千大千世界之廣長舌相與夫納須彌山於芥子建寶王刹於毛端甚而至於擲身火聚闊步刀山亦未有一事不與平常心相應者但迷人不知而自見等差於等差中更莫有不自此平常心顯現乃知無邊衆生雖重迷極障於無盡苦趣動經塵刦未得棄離亦未嘗有絲毫不出此平常心者也特自昧而不覺耳南泉又謂道不屬知不屬不知知是妄覺不知是無記這一絡索將謂盡力扶持殊不知破蕩不勝其数矣爭似永嘉道箇絕學無爲閑道人不除妄想不求真與此平常心差近且執爲絕學孰爲無爲殆不容舌也

遠客過門指余色身以四法界爲問謂此身於四法界曰何法界所攝余從容告之曰四體法界顯一心之體用也幻者罕習經教輒以巳意陳之且以手中主丈言之依相覩之喚作主丈名事法界離相惟性不喚作主丈名理法界性相不二正喚作主丈時却不是主丈於不是主丈處不妨全體是主丈是名理事無礙法界以一主丈入一切法任法立名了無定體以一切法入吾主丈同名主丈亦無定體名事事無礙法界如帝網珠以吾一珠入一切珠而體未嘗分以一切珠入吾一珠而體未嘗合相收相攝而無虧互奪互融而不間如永嘉謂諸佛法身入我性我性還共如來合一月普現一切水一切水月一月攝其法界之名廣說萬殊略說惟四其實亦未嘗四也惟廓悟自心之士見處圓融於法界相不執一而言一切不離一切而守一蓋法爾如然非神通所致也嗟夫昧者妄執色身爲我起種種貪欲爲事所障囚縛三界無解脫期聲聞觀色無我惟滯一空遠離世間獨求解脫爲理所障被佛所訶惟菩薩乘了色即空悟空即色色空不二住于中道理事相含獨脫無礙猶存見執尙滯法塵獨如來事事無礙之境如鏡照鏡似空合空顯一摩尼具含衆色收則俱收現則齊現不容造作豈涉安排是謂無功用法門其法界相總萬歸四會四歸一於無功用中一亦不可存矣余身於四法界理體如是上根利器薦在機先中下之流徒勞佇思客唯而退

太末蟲處處能泊而不能泊於火燄之上衆生心處處能緣而不能緣於般若之上火固不可泊余不知般若果何物而獨不能緣耶使般若果不可緣則衆生成佛之理無有是處或謂不然衆生爲妄所惑墮落生死流浪世間識想交馳善惡分別皆徧計成就縱有知覺亦成戲論遠經多刦近及今生從迷入迷曾未休息夫般若者離言說相離文字相離心識相離思惟相乃至見聞覺知徧計分別種種離故能離所離亦皆遠離爾時般若觀體成就所謂不能緣者由真妄各立不相入故譬如明暗二體相傾欲合爲一縱有神變其可得乎雖然殊不知法無異相動念則乖理絕多途舉心則隔徧十方是般若體盡大地是光明幢不間一塵觸處圓淨纖塵未盡萬刦難明欲得現前當依智用會須投能所根於一念未萌之際空人我見於寸心不動之時念念破無明障妄想斷攀緣泯聞見奮起此志如金剛王寶劒横按當軒遇物即殺晝夜六時皦然無間久久心境寂人法空意識消伎倆盡和手中欄柄子一時打脫始知衆生心外無般若智亦何依般若外無衆

生心緣將安寄即衆生心非般若青出於藍即般若非衆生心冰生於水即衆生心即般若廓爾圓明非般若非衆生心泯然無寄然後動一塵則萬法彰斂一念則十虛殞卷舒與奪任意縱横生死去來於法自在事雖與麼若約祖師門下衲僧面前猶未有語話分

十三

在奇哉此道豈古人獨有而我獨無耶丁此叢林日晚光影如流努力勤希決不相賺

止體也百千諸佛之所共住觀用也八萬細行之所脊彰體無用外之體則止在觀中用無體外之用則觀歸止處體不動故猶須彌立於太虛用不昧故若杲日麗乎暘谷止無所故波水盡於本源觀無能故光影消於古鏡太虛隱須彌之勢則止體本自無虧暘谷藏杲日之光則觀用由來具足源空波水滅止亦何依鏡破光影亡觀將安寄然則鏡源本幻體用元空能所俱忘止觀亦寂矣或曰承教有言衆生爲昏散故墮生死流諸佛以止觀故住涅槃岸所謂以止止散寂而常照以觀觀昏照而常寂所以寂照雙融定慧兩融止極觀圓不真何待審如前說則止觀之名既混定慧之體何分名實既乖恐非至論噫豈不聞法華云惟此一事實餘二則非真止觀也定慧也寂照也體用也理本無殊特立名之異耳然以實就權則二邊各立會權歸實則一亦不存儻權實之不分則名相自惑矣殊不知靈鑑絕待真覺無依良由一念昏興萬法斯起且迷悟既無別念得失豈有二人故聖人設教雖百千不同乃應機隨器特不過遣其妄而去其執皆出於善巧方便三昧智力也曷嘗有定意於其間而亦未嘗無定意也要在得旨忘言可矣且以止止散而不知其所以散以觀觀昏而不知其所以昏使散有可止則心外有法昏有可觀則法外有心所謂散者不由空寂靈源而應不自生所謂昏者若匪圓湛真體而曷由自起且空寂靈源動靜不異圓湛真體明暗何殊使止形乎絕動靜之源猶寸土培須彌之勢觀加於離明暗之體若孤燈助暘谷之光但一真之至體廓明則萬法之幻名自釋不離當念豈涉階梯融止觀於昏散之場全定慧於生滅之際即千波而觀湛水清濁誰分就五色而觀圓珠淤淨莫惑至哉此旨世或罕聞惟證乃知非悟罔測言前薦得巳涉途程擬著意求刻舟何益

十四末

天目中峯和尚廣録卷第十九

天目中峯和尚廣録卷第十九

校勘記

一　底本，影印宋磧砂藏本。

一　五五七頁上一三行「如突」，南、經作「如來」。

一　五六〇頁中一三行「主丈」，經作「拄杖」。下同。

一　五六一頁上二三行「法華」，經作「法華經」。

天目中峯和尚廣録卷第二十

叅學門人北庭臣僧慈寂　上進

東語西話續集下

客問古人謂即今山河大地四大五陰明暗色空等乃衆生無始時來見病所致玆不識見病爲何請解之余擧手中扇問之曰爾目其色謂是扇乎謂非扇耶二者皆見病也偶鵶鳴復問之曰爾耳其聲謂是鵶鳴乎謂非鵶鳴耶此二者亦皆見病也至若鼻舌身意所對塵境曰是曰非皆見病也何則謂是則墮常見謂非則墮斷見住常見則以山河大地等爲實有守斷見則以山河大地等爲本無有無斷常三世五陰返覆循環計六十二皆見也所云見者非眼見之見乃妄心所執之謂見也首楞嚴謂由塵發知因根有相相見無性同於交蘆經中以知爲見謂根塵相對是謂見也言病者何如是二見能壅塞靈源障礙法性引起虛妄纏縛死生卒無巳也如上約凡夫二乘見病如是若以祖師門下雖悟得山河大地等咸是自己妙明真心中物不爲有無二邊之所留礙至於離四句絕百非淨洽法塵不存聖量懷有纖毫所得不忘亦名見病這裏豈特山河大地等縱使百千華藏海解脫菩提場法界及虛空聲聞菩薩佛妙義與神機三昧語默等揔而言之皆見病也客曰世有能醫者乎余曰謂無則佛法無靈驗謂有則又益子之病矣客茫然因筆之

竊窺天下之理至一而不可二也惟相似之說二而不可一也何則世固有休歇而閒者亦有怠惰而閒者謂閒則一也以休歇怠惰言之則不可以一致論也壯亦然有盡道義而壯者有趨利欲而壯者言壯則一而道與欲則不可以一也求其沉酣相似而不知返者無佗由此心涉迷悟之兩途而迷者不自知也豈惟不自知反責悟者之不類乎己而深疾之也如怠惰之閒者不自知其陷於罪垢沉溺之淵反以盡道義之壯者爲非也又如趨利欲之壯者不自知其陷於狂妄顛倒之域而反以休心歇意之閒者爲非也惟聖人之心公於道義以百千方便革其妄謬之情俾閒者壯者必契其理而後已嗟人之情溺於迷妄以聖人之是者亦是之雖是之於言而不悛其念聖人之非者亦非之雖非之於口而不違其情此是是非非之又相似也違求其實則不翅天淵之間也此世相之相似且置之勿論如即心是佛之語悟者有是說也解者亦有是說也謂相似者乃即心是佛之四言也惟悟者之說如明鏡鑑像無朕跡可留解者之說如五彩畫像微動筆則跡不勝其多矣學者於相似之理云胡不辨哉

天下之器各有其量故盃則有盃之量缶則有缶之量不待器之徧擧而量之大小分矣心亦身之器也安得不有其量哉夫聖凡之心惟一無二而其心之量獨異何耶當知盃亦器也缶亦器也言器則一而其量則不可一也夫心隨其所見之明昧而量之大小係之而別焉譬如蠛蠓瞋目所覩不過分寸人乃窮其遠眺之力不過數里而具神通聖人觀大千界如觀掌中菴摩勒果況吾佛以四大海爲目微塵剎土洞觀無遺故謂有量周沙界之語昔張無垢居士謂人有輕愠易喜者以其量之不大也惟其量之不大也人有一毫拂吾心者則氣不平氣不平則言不和言不和則艴艴忿怒之色形於面至於切齒攘臂不能自已我之量不容彼之惡方熾未有不蹈夫禍患之機者原夫見之明昧由學之至不至使之然也學之不至則見昧而局學之漸至則見遠而廓學之純至則見到而宏學之大至則見明而圓矣聖人乃學之大至者也至人乃學之純至者也賢人乃學之漸至者也常人以其學之不至則其量亦不得不隘而小矣量既局於小而卒不可以廣之也故涉一毫利害則無以處之蓋有涵養之說焉且心之所見固不可以勉而至若涵養之道則不可不力行而勉進之也謂涵養者一以信爲本何謂信信聖人之言也且學之不至則所見昧然心既蔑於見聞而不信聖人之言其動違天理又不翅終此身而已也故聖人曰三界無別法惟是一心作三界本無事人心自撓之苟信之則不應於物境存是非憎愛之見或存此見是謂分別自心既與自心分別則吾心之量不勝其隘且塞矣是非之習愈摩則心器之量愈狹仰觀周徧塵沙法界之量奚止日劫相倍而已哉然信而後能學學而後能至至而後能明明而後能久以洞明而久視則其量不期充擴而寬若太虛雖萬象森列亦不容有所礙矣人皆具此量由信之不篤學之未至世爲是非憎愛窒塞於煩惱習氣之域是豈道人之所

用心也哉

古人謂褚小不可懷大綆短不可汲深蓋言有限之量不可使物過之也且吾褚有五尺之量使懷三尺之物可也吾綆有二丈之量使汲三丈之深不可也適當其可則優游自在而不難矣當其不可則驚畏窘逼而用小懷大用短汲深未有不敗者然則人之才量豈可強至哉故道人才量宜寛涉事宜簡約其可也反是多見其不自忖焉

世有信口言而語不乖信意爲而事常勝不而與言心量才量者豈識達群類智周萬物量能然哉惟福量有以致之也且福量有像四量何所依吾嘗以無像之福求其無所依之量曾無絲忽之差非有神見蓋嘗以事驗之也使有人焉外乏口體之奉內嬰疾苦而無所告者其福量自不足以周一身也或啼飢號寒猶未已而禍辱駢集至若雞犬不得寧者其福量不足以周一家也且福備乎己則身安福備乎衆則家齊以至爲國爲天下靡不本乎福也世之昧者不責己之福量有所不周而怨人之不我順猶聵者咎聲之不及乎耳何愚之甚哉惟智者與世浮沉而不加嗟怨有以見其福量之大小不能加損也

道體本具慧福脩成慧發則本具之道益明福會則本具之道益著苟慧福俱失則本具之道隱矣有謂古人天真淳全而易化所以法席隨處鼎盛今人澆漓而難化所以在處衰微余曰不然衆生情實一槩則是是非非之見自二千年外交接迨今無一時非憎愛也今之人即古之人古人之憎愛即今人之憎愛了無毫髮損益也古時法席鼎盛畢無敗事蓋主法者之福臻緣備有所感焉非天真淳全而易化也今時動遭魔障以致衰微不振蓋主法者福緣有所不逮非澆漓而難化也何以知其然且今日之衰歇在古亦有之古時之昌盛在今亦有之豈人情之易遷實福緣之所繫也五竊嘗謂治不因明亂不因昏何則明不自明由福盛以資其明昏不自昏由福衰以致其昏人徒知因明而治而不知資其明者福也由昏而亂而不知致其昏者亦福也福之盛衰而治亂繫焉福乎蓋一定于前業在今日不可苟也自祖道之東其道大德備之士具載典籍班班可考而身嬰奇禍者有之退卧荒隴者有之無聞於世者有之方應世而出奉於多事不及伸其道者亦有之遠尊居丈室爲指繞圜如優曇出現光明燁燁照映今古者千萬人中一二人爾所得之道無異也惟福有等差而盛衰之跡不同耳故雪山大士稱兩足尊良有以焉然而福拘前業報盡還無道人正不足恃也昔與牛以策禪師福不逮慧而憂衆曰學者惟恐己眼不明己眼若明雖獨對聖僧喫飯又何慊焉與牛領之噫能眇視報緣而獨尊道眼者策公其人也盛衰之跡何足凂焉

世稱叢林者蓋取喻於草木也法道之所裔材器之所從出焉然草木培植則豐沾濡則榮霜雪則彫斧斤則敗叢林以無上大道爲培植以慈悲喜捨爲沾濡以偷安利養爲霜雪以貪慾瞋恚爲斧斤主叢林者不諳其培植之道沾濡之理則草木病矣況偷安利養之霜雪貪慾瞋恚之斧斤時時斫伐而殞穫之故其草木區萌芽蘖猶不暇而欲望叢林之盛材器之萃難矣哉

吾叢林揖讓升降之謂禮鞭笞擯罰之謂法古之人欲行所得之道必以禮法輔之而道行焉禮者防於未然法者治於已然其或道之所存豈必待禮而後正法而後從哉然叢林用禮法猶國家之用兵蓋不得已也特假此以規正學者之心術與其儀範耳儻不本之以至道而膠於禮法者則禮出乎虛詐法近乎仇敵虛詐易忘仇敵生變禮忘法變併其心術亦大壞矣儀範云乎哉六

學道須具足五種正信第一要信自己方寸心中一箇喜怒哀樂底主人翁與三世諸佛不欠一毫髮第二要信從無量劫來與聲色愛憎染習流注結成一種生死無常於四大身中念念遷流新新不住第三要信古人垂慈留下一言半句如倚天長劒等閑撥透端的會斷人命根第四要信日用工夫但恐不做做之不已念念精專決有透脫之期第五要信生死無常不是小事若不奮決定志以期獨脫其三途苦趣曾無自免之方也

有三法爲進道之捷徑一智眼明二理性通三志堅固智眼明則照破世間身心現量境界一切是非憎愛取舍得失貧富壽夭苦樂等法皆是夢緣了無實義而不起分別理性通則於從上佛祖所說語言名相至於三教聖賢諸子百家差別法要會歸一源不生異見志堅固則從今日至未來際不問近遠若不徹證決定不休此三法具一而缺二三只

成箇無事漢具二而缺一三只成箇伶俐漢具二而缺一二只成箇憍扳漢當知此道如涉千里之脩途若具一二而缺三是由九百里而止者具一三而缺二終不免其岐泣具二三而缺一吾知其觸途成滯必矣三法全具雖未動足敢保其與已到家者不相異也豈待其重問迷津而再搖鞭影乎七

兄弟家千生萬受做盡伎倆終不奈何者蓋爲其不曾發起真心而然也夫真心者觸境便有不待思惟分別者是也譬如聞人惡罵聲纔入耳嗔心忿然當下身心境界見聞知覺皆嗔也至於忘餐廢寢形於夢寐乃至結冤懷恨終身不能暫忘嗔乎八萬塵勞之一塵耳一塵既爾諸塵皆然互相涉入鉤鎖連環結成生死流入無窮學道要了箇事須是聞人說著生死二字便如聞人惡罵相似更不待牽經引教作意思惟憤憤于懷推托不去如不頓悟死亦不休操志如此何大事之不了耶

所謂禪者非玄學非奇解非密授非秘傳是衆生本有之性元是諸佛所證之三昧若欲契悟切須實的以生死無常四字是萬劫未了底最大因緣若不就此一生和盤翻轉盡未來際應無了期如是發心更無異見久久心念絕伎倆忘驀忽一翻方知生死無常即是禪之骨髓禪即是生死無常之眼目然後禪與生死骨髓眼目亦皆剗除便見咳唾掉臂總是祖師西來意也自然頭頭上明物物上顯方知果然不是玄妙秘密也儻若實不爲生死無常而欲務禪者則與西天九十六種人略不少異矣

佛祖之道在凡夫分上了不加損其毫髮如鏡照鏡如水入水且凡夫終於自昧而不能照燭者病在於迷耳所迷者何蓋久遠劫來一段心光動爲妄習所蔽而不自覺當知此迷不特迷於四大六情等乃至讀書爲書迷聽教爲教迷坐禪爲禪迷持律爲律迷習定爲定迷極至悟爲悟迷證爲證迷成佛爲佛迷總而言之但有所爲皆心光之影事苟未能遣此心於量外空有作於機先任伊徧歷佛祖玄奧浸漬入骨欲脫此迷不翅掩耳大叫求人不聞未知其可也於是前輩具有志八於此道者其委形骸忘寢食泯是非絕憎愛皆不期然而然蓋胷中有大於此者一旦迷妄頓消開豁顯露通身如倚天長劒八面受敵曾無虧損是豈偶然者哉

道無方行者莫能至道無形視者莫能覩道無爲作者莫能成道無機智者莫能測自三教九流百氏諸子凡啓口措辭靡有不言道者使其道果如是則孰能有之耶明白之士向這裏直捷根源不妨奇特古之善造道者如臨濟之於黃檗凡問佛法大意惟遭棒而已棒外了無言說又如慈明之扣汾陽惟譏訶戲笑而已初不聞有所謂向上機末後句之說然後於此無義路中久久淹浸其胷中欲決未決之疑一旦活脫直下如鵰搏虎踞電掣霆轟吐詞出令或如蠱毒之不可沾唇或如鐵壁之不容措足或若行空之月處處分輝或若過樹之風塵塵絕跡乃至四稜榻地一種平常凡咳唾掉臂未嘗不與斯道脗然混合已而造其堂奧出其門墻之士一箇箇按塵絕俗出萃離倫闊步大方目視雲漢雖佛祖聖賢亦無意與之俱誰肯俯就聲名利養五欲恩愛諸塵勞境受其籠絡者哉且前輩自如是體裁非有過人之異見亦非有蓋世之奇術一皆爲道之念炳然譬如火聚九使冰霜坐影而消亦如風輪使塵埃迎刃而走但爲道之念堅固一分彼情妄之業自然消殞一分吾向道之念無間則彼所謂情妄顛倒愛憎等念猶過風之塵近火之雪不自知而遣矣豈惟情妄然至于聖道亦不可得而入此名無功用三昧此三昧中生死涅槃俱無地可寄今之人未嘗不在三昧中蓋其向道之念不真不切動遭情妄結縛於能所之場愈會佛法則愈增業識愈明道理則愈長無明復爲此知見風扇入輪回海中甘受流轉豈有志之士合如是哉譬如盲人經涉寶所爲珍寶所傷終於委棄者無以異也

學道先具信根以精進力乘之未見有不成就者然信根如輕舟精進力如櫓棹信根如駿馬精進力如鞭策蓋櫓棹加於輕舟水無順逆之異駿馬乘其鞭策路無夷險之差今之具信根者未嘗不有而求其精進力首尾一貫者誠難其人殊不知精進日廢怠惰日滋以浮淺之信根當無窮之怠惰雖有聖道易如展掌知其不相應者必矣而況積劫輪回種子與心識念念遷流了不之間使純一精勤猶恐不徹今任情放逸而望其進可乎不可乎

古人信道篤見理明操心密立志遠於所學

處雖百折剉不能少回其意不惟不回其意即其折剉皆磨淬其志力之方蓋速其成就之理也由是觀之則境緣豈有順逆之實惟在吾進道之心真不真耳或進道之心真切雖家庭即方外逆奪皆順與也前輩之深入堂奧者未有不自艱難辛苦中來思之

佛祖之道不可謂之易知易則使人生怠不可謂之難解難則使人起惑且難易在人不在道也譬如千里脩途若駕輕車乘駿騮指日可到若附羸牛之尾跛鱉之足雖累日窮年不能至矣然所涉之途非以車馬而近非以牛鱉而遠實係乎遲速之自異耳儻不知 十 自遲自速之爲難易者則前所謂怠之與惑不入於彼則入於此矣以根性觀之則利者多怠鈍者多惑使利者不困於怠鈍者不病於惑則可以並驅而共進既進矣亦何有於難易怠惑遲速利鈍哉

此道最直捷極簡徑儞若起心動念要討箇直捷簡徑底早是不直不簡了也那更於語言文字上作計摶量向情塵機境中任情取舍不惟不直捷不簡徑返不如箇不學道底人喫飯著衣外却無許多枝葉當知佛祖皆是具真正體裁千生百刦於此道上做證底蘊至一念休歇處萬境平沉時方知直捷簡徑不從人得豈尚然哉所以古者道雖然舊閣閑田地一度贏來方始休

大火聚猶能出没露刃劍尚可撮拏此一著子未舉念間早已十萬八千了也而況情塵瞥起念慮潛興幾具不可思議辯才說得轉轆轆地無異裁剉棘於生死之林潑油濁於輪回之海本色上士安肯如此顛倒錯亂當知古人不得已拈起一毛頭必欲與人直捷斬斷以其不過斯人轉作葛藤枝蔓焉有已哉焉有已哉

少林謂心如牆壁乃可入道六祖謂汝但善惡都莫思量自然得入心體德山謂汝但於心無事無事於心自然虛而靈寂而妙死心 十一 謂節儉放下最爲入道捷徑前輩一種是垂手爲人柰何老婆太過翻成途轍如今要一箇墮此途轍者亦爲罕有而況於此途轍之外具大受用者其可得哉彼既丈夫我寧不爾儞若苟存一念以時緣不古恐難於趣入非自畫而何

麻三斤乾屎橛須彌山栢樹子如太阿鋒等閑拋向面前使萬刦死生當下勦絶然後欲覓其用處盡十方世界風休雲靜了無蹤跡可尋是謂法王法印理合如斯其不相委悉者惟向道理上蹲坐論有論無立知立解如人以手撮摩虛空不惟無益返有害之豈真正爲生死大事者甘施於此耶

道人日用現前境界皆前業也虛幻也無間斷也純真一如離異致也如是觀者則能空榮辱泯是非於萬緣膠擾之頃也不爾則生死無常相續於盡未來際卒莫之休息也學者營營終日何所圖而不爾思更欲瞥起一念與世分別非所謂道人也若以前業觀目前則一毫無儞回避處若以虛幻觀目前則一毫無儞取見處若以無間斷觀目前則一毫無儞含藏處若以純真一如觀目前則一毫無儞揀擇處正與麼時觀照俱泯能所兩忘方是道人泯是非空榮辱越死生超夢幻底時節也

三祖道才有是非紛然失心且生死是凡涅槃是聖其非凡是聖之見千重百匝鈞鎖連環無儞迴避處直饒儞拍盲向未有涅槃生死名字已前一坐坐斷然後將一條斷貫索向生死涅槃頂額上一串穿却要脫他是非之見亦不難鄭州出曹門當知此事苟非神悟妙圓超出不情見自餘縱使寧罄得盡水不漏總是以是非止是非其失本心又豈待轉入第二念而已

一事中於前一法解於後此天下古今對治 十二 之理也如坐卧忘其勞困飲食止其飢渴始中者勞困飢渴也終解者坐卧飲食也然勞困飢渴有時而盡則坐卧飲食無有去捨之時也因其不去捨習成嗜欲至於敗德喪志廢道滅身無所不至矣人但知所中之爲害而不知解其所中者亦害也細而推之當所中時皆知爲害不容其深入故思解之當解之之時不知爲害狎而玩之與之俱化其入體也至深其爲害也至酷及乎覺知不亦遲矣何則譬如陰暑火塵撲面洒汗如流必思以風露解之適當風迎露之際盡其快爽不忍暴去久之陰風濕露砭入肌骨輕爲拘攣重爲癱瘓區區欲解一時之煩而抱膏肓畢世之疾反不知爲害者多矣所以從上聖賢憐而憫之教化所由生也人能達此可以知道

世有傭奴爲主所使勞形竭力不敢自息少有過隙則怒罵鞭笞靡所不至未嘗厭離何

其忘嗔怨之若是耶無佗爲利養所羈而然也儻加嗔怨則主將見逐必失利養所以爲利養而忘嗔怨也學道之士少爲境緣所縮便生退惰然以利配道霄壤不侔何求利之切而求道之略耶當悟此以自勉

儒典有謂天將降大任於是人也必先苦其心志勞其筋骨餓其體膚況無上大菩提道十四又豈特大任而已哉西竺聖人積刼舍身爲求道果聚骨如須彌飲乳如大海竟莫知幾形命矣乃有我不愛身命但惜無上道之語爲嗟今置身空寂之地者例以學道爲名遠觀其所由惟未飢而餐未倦而寢百種受用任意所需或不隨情怨嗟交作聞勤苦精進則掩耳退縮天下安有不爲而成不種而穫者哉思前輩雖負大根器每於未悟未徹之須凡執爨負舂陸沉賤役尚不敢憚其勞苦我輩何人而敢縱逸無檢昔管仲戒齊君曰宴安鴆毒不可懷也彼爲國君富貴宴安乃其常分尚不許其狎玩況吾徒痛念死生大事毀形易服如救頭然之不暇宴安其可恃乎然管仲之言鴆毒止不過害一生之色身也吾徒之謂鴆毒乃害萬刼之慧命也較利害又何如哉

念誦謂大衆當勤精進如救頭然一種是譬喻其深切著明痛快極則莫有過於此者夫置火於頭雖大飢遇食或不先去頭上之火將亦不暇食矣雖至倦欲寢或不先去頭上之火則孰能安而寢之夫寢食乃切己之事以頭然未救雖欲就之終不可得也或欲放逸於未救頭然之隙雖聖賢如佛祖知其亦有所不能也使救頭然之精進一存乎念當下身心如堅兵嚴城凛然不可犯則生死業識情妄顛倒政不待遣而弊爲之沉跡爲之掃矣今在處叢林之綱維每遇月八日未嘗不儼臨大衆厲聲舉揚而聽者若秦人視越人之肥瘠亦猶土偶聞俳優之鼓吹不惟不能奮發其精進反惡聞惡見莫若無事之爲快也嗚呼人心荒怠一至於此使百丈復生如其人何如其人何

天目中峯和尚廣録卷第二十　十四末

天目中峯和尚廣録卷第二十

校勘記

一　底本，影印宋磧砂藏本。

一　五六四頁上四行第三字「正」，南、徑作「止」。

一　五六五頁上一四行第一二字「性」，徑作「信」。

一　五六五頁中五行「墻壁」，徑作「鐵壁」。

一　五六五頁中一九行「無答」，南、徑作「無益」。

一　五六五頁下一行「死生」，徑作「生死」。

天目中峯和尚廣録卷第二十一

糸學門人北庭臣僧慈寂　上進

二十一之二十三同卷

賦

勉學賦并序

古人學才學藝而極於達道今人負學道之名反流入於才藝豈道無蹊徑可入耶蓋由生死之念不切耳且學不至於道徒增情妄於理何益哉余故作而爲賦以勉其所謂學云辭曰

三界虛廓惟念自縛念去覺存未離有作眞淨體中不容佗大火聚如何湊泊雖靈鑑之可憑倍此宗之無諾見欲迷於斷常理必資乎糸學生死事大一念包八萬刦之輪回迷悟根深百界隱一千如之醻酢所云學者不學六藝不學群書孜孜矻矻惟道是嚮求願樂之半偈舍所重之全軀思香華以表其誠敬粥肝心而忍殘形骸或五熱炙身而投火於必死之際或半臘積雪而刃臂於悲生之隘臨饔食而終不暇顧對寒暑而安有其餘或降己爲童奴或舍身爲牀座或半夜履石而負舂或七載蒲團之坐破或視利養如游塵或棄功名如涕唾或千魔萬難益勵之以精勤或積世多生頓相忘其息情或驚幻影之忽遷或嘆隙陰之易過或形影相吊於空閑寂寞之底而不見其縈紆或身世兩忘於苦樂逆順之場而不知其福禍如浮山與葉縣之厨演祖司白雲之磨楊岐總院事而十載奔馳神照閱經王而三年折對蓋忘情於道注念於學而不暇擇利害較優劣問可不可者也原夫道爲舟航道爲梯級道爲家舍道爲飲食匪舟航無以越生死之迅流匪梯級無以攀涅槃之殊饋微字舍何以收飄零悉露之狂踪微飲食何以濟饑餒孤虛之腸胃覩面不委嗟膝何及法無正像末三時之等差人何上中下三根之端的惟知進學之弗荒不擬真功之自積古有跛鱉千里之喻正法末世之談蓋表其自強不息者也偉矣哉學有多轍悟非一岐子韶聞月下之蛙鬨悟聽日中之雞鳴溈撥火洞山渡溪靈雲見桃而更不疑香嚴擊竹而志所知德嶠過紙燭之滅會通逢布毛之吹至若聞聲肩洗鉢盂細未將來從這裏入是皆望影而脫聖凡之羈鎖迎刃而具當鋒之玄機人徒見其悟之不難而不知其學之必到苟學力之不精何悟由之深造道離愛憎其學之之心對順違肯存于懷抱道非取舍其學之之心遇佛魔必空其閫奧道體等平其學之之心苟動一念即資其顛倒道本具足其學之之心苟任馳求轉增其紛鬧道非見聞其學之之心擬涉解會而皆名自暴道非有無其學之之心苟滯一隅而誠難取效道如倚天長劍其學之之心不能親體混融則不免爲物我是非之所籠罩道如杲日道如太虛道如風輪道如火聚其學之之心或不具如是之天資縱使讀四庫書記一藏教吐懸河瓶瀉之詞章徒爾資其叫譟惟道一學最妙最玄既無義路亦匪言傳昧之則一門異轍了之則萬里同鄉佛祖爲一大事而指鹿爲馬學人走半天下而掘地尋天絕思惟處強生節目無義味話特地加鞭逼生蛇化活龍粥飯氣高揮大抹轉山河歸自己小兒戲群號聚宣據七尺單守三條椽如遇怨敵如救頭然學之之力既極悟之之理不偏理必學而致悟余於是作而爲賦令人徒見前輩悟在須刻而不思古人於未悟之先其學之之心未嘗不專精而謹懼其學之之心或不至道之淵府曰藝曰材豈吾徒之當慕瑩師道之既微驚法歲之云莫惟學道之爲學與百家而異路毛髮忽若當情鐵壁那容進步絕學之學以爲學非悟之悟而爲悟不涉功勳豈容回互死偷心於能所未形之初具正眼於朕兆未彰之户一語臨機萬靈罔措臨濟護施雷轟霆震之喝雲門空試石裂崖崩之句曰向上之不傳拋群機而共赴鞠其所以自來皆玄學而爲度或不勉勵其學力未有無因而自過大哉能仁爲學之端親勤苦而無畏對怨親而等觀駕一乘而勇銳憫三有而悲酸番洪範而塵沙不廣闡大猷而虛空靡寬由是四十九年弓折箭盡二三四七唇亡齒寒性天滅沒學海枯乾古者謂不學佛法惟務休心蓋休心乃佛法之至學也又謂於己無事切勿妄求蓋無求亦佛法之至學也又謂學道之門別無奇特只要洗滌根塵下無量刦來業識種子蓋洗滌根塵業識乃佛法之至學也又謂糸禪一著要敵生死不是說了便休蓋精勤勇猛久遠不退亦佛法之至學也又謂糸禪學道非等閑直須廢寢并志喰蓋廢忘寢食於學之之頃曾不期然而然也又謂無佛法可學無禪道可得無涅槃可證乃至無無亦無與無俱遣亦不外吾學之之理

也或謂道本具足安用學爲本具猶璞石之含玉安能免叅學之剖鑿本具猶膄田之產禾安能免叅學之鋤犂本具猶地中之水脉安能免叅學之穿掘本具猶古鏡之藏光安能免叅學之磨治本具猶木中之火餘安能免叅學之鑽擊本具猶良藥之治病安能免叅學之持餌本具猶驪頷之夜光安能免叅學之探索本具猶扇中之風性安能免叅學之搖揮本具猶貧士懷中之至寶匪叅學之指導雖終身而罔知本具猶麥爲麵體黍爲飯基苟不加叅學之炊磨任萬劫以難齊一旦力邁先賢功侔古聖脫叅學之幻 因提本來之正令劍有作之鋒鋩攄無爲之欛柄不加毫力掃生死魔於知見之稠林麾仗寸金斷涅槃將於證脩之深穽斥臨濟金剛王使之無地措躬驅德山木上座俾其望風乞命或智眼之不明豈常流之能競今之學者惟以本具之說相牽而不思實學眞叅之究竟原夫釋迦不夭生達磨非自證揔由積學之眞致此光明之盛者也審如是則學乎乃破生死斷煩惱證菩提出三界與保社起叢林之不可不由之徑也可不勉乎可不勉乎

天目中峯和尚廣録卷第二十一

天目中峯和尚廣録卷第二十一

校勘記

一　底本，影印宋磧砂藏本。

一　五六七頁下八行第五字「莫」，徑作「暮」。

一　五六七頁下一七行第一一字「憫」，徑作「愍」。

一　五六八頁上一〇行第六字「而」，徑作「之」。

天目中峯和尚廣録卷第二十二

參學門人北庭臣僧慈寂　上進

記

大覺寺無盡燈記

心法遍周鏡燈交徹本來成就不假安排迷涉妄情悟歸智體於畢竟空中鑒開有海向真實地上撥轉妄輪達一念之不生了諸法之無盡者矣是故諸佛鏡顯衆生之燈水流元在海衆生燈投諸佛之鏡月落不離天相收相入不圓而圓互攝互融非在而在以一燈之無盡周十界以全彰何則一華獨朗萬德莊嚴斯佛燈之無盡者矣圓修六度揔貫四心菩薩燈之無盡者矣見局因緣位標獨覺辟支佛燈之無盡者矣功歸四諦跡涉二乘聲聞燈之無盡者矣善操淨審戒體輕安天燈之無盡者矣聿脩百行躬踐五常人燈之無盡者矣偏求福果純執勝心脩羅燈之無盡者矣十習無間六交自纏地獄燈之無盡者矣識隨妄變貪與性成鬼趣燈之無盡者矣癡愛溺心噬吞積業畜生燈之無盡者矣良由染淨緣空聖凡情盡一心圓鑑萬法齊觀納須彌於芥中擲大千於方外此無盡燈之無盡者矣大圓覺場開蓮華峯有斯禮林龍象圍繞梅野居士張公淑叟施財造無盡燈一座復捨腴田若干畝用充膏油持以供養工師出巧珠轉玉回浮幢王刹始不是過位置十面各一鏡鏡各一佛中然一燈交光相攝外以彰法界之無盡内以標事理之不窮即圓覺之摩尼珠雜華之寶絲網也原夫燈無意於投鏡而鏡自含鐙何意於攝鏡而燈自入是燈也使龍潭啓虛空口吹毘嵐風而不能滅是鏡也使東平展巨靈手奮須彌搥而不能破是故居士御之而興無盡之施匠氏因之而獻無盡之巧蓮峯得之而作無盡之莊嚴大衆觀之而為無盡之佛事或者違以燈為心鏡為法界以燈為理性鏡為事相是皆謗也或總不作是觀亦不能外吾謗之之說殊不知台諸佛達乎品類其無盡燈各各具足非心非法非理非事一鳥出暘谷群幽以之而亡一滴投禹門萬派以之而會乃天真之本然奚情識之能造苟欲耳吾無盡之名目吾無盡之光想吾無盡之量蹈吾無盡之域則燈斯昏鏡斯翳矣是謂無功用解脫法門惟超然於名相之表者乃能識之非念慮使之能入居士求予作記故引是說以告之後為說偈偈曰

一燈穿十鏡　非法亦非心　理極空何廣
功全海不深　當機無得失　應念絕追尋
物物彰無盡　垂光照覺林

寂寂菴記

大寂混於衆響之門太虛隱乎群有之府非知道者孰能辨之或背響而執寂棄有而襲虛常情烏足與論道哉龍虎山道士孫悟真字從善族廣信之貴溪嘗遊天台一旦棄所習結菴里之應天山北麓高其風韻以寂寂二字文菴之楣實延祐丙辰歲也遠來取證于幻住子因與論命名之旨乃曰杲日麗天盲者莫覩疾雷震地聵者無聞不待收視返聽而聲色不到者以其病在根也五目不覩其蹤二聽絕聞其響不待去聰黜明而耳目不及者以其體在位也彼亦寂寂也此亦寂寂也而儀不取焉吾嘗內觀其心心無其心則寂存乎中矣外觀其形形無其形則寂居乎外矣寂寂之義聊寓於斯審如其說但無心無物耳真寂之理未知其可也徵問不已乃辭以似之辭曰

天地一蘧廬　萬物一彈几　中有無位人
太虛藏兩耳　聲來空合空　聲去水投水
靈焰亘星壇　光芒射衣袂　百鳥不飛來
琴鶴自相委　寂寂復寂寂　如是而已矣

空明軒記

人昧自心久矣既失本有之自心動為色空明暗執縛於遷變不常之域故聖人哀矜之不暇乃起而示之何謂色天地萬物之謂也何謂空與天地萬物相為邊際者是也何謂暗長夜黑月之謂也何謂明與長夜黑月相為表裏者是也以斯四者倏遷忽變窮刦迫今動搖心目由是無須臾不與生滅相對有人於此厭離生滅必欲舍色而慕空背暗而投明自以為獲其極矣殊不知空乃色之基明乃暗之媒實有基存而色泯媒在而暗去者乎故聖人哀之謂非至理也空菴居士盛錫以空明二字扁其軒或曰爾將舍吾色背吾暗耶乃曰吾之所謂空非離色而空亦非即色而空吾之所謂明非離暗而明亦非即暗而明我嘗於二千載前觀毘耶老人以一默答諸開士之所問不二法門如廓太虛於萬象之顯覆杲日於群陰之表於斯時也不惟無色可見無暗可知惟空與明亦不可得而覩矣何則真空為空非大明而不空大明

爲明非眞空而不明即明之空混萬有而不雜即空之明處群幽而不遷吾甞登吾軒之憲倚吾軒之檻敞吾軒之地納吾軒之境上下一色表裏混同不知爲空惟天地萬物窮剎不能礙不知爲明惟長夜黑月亘古不能昏而好事者以空明二字加之吾亦未嘗有所知也延祐丙辰冬余寄舟大江之岸空菴訪予無聞見之地請筆其說爲空明軒記於是乎書

大同菴記

南嶽石頭詰老龐日用事答以日用事無別且語時不是默時行時不是坐時安有無別之理哉蓋神心顯悟見越常情一道虛融萬緣絕待轉歸日用政不待排遣而無別之旨炳然獨存千聖不能掩也大同菴乃冊陽葦菴居士蔣公善東爲幻住老拉多之所建也公世居桐村菴距村之北三里許葦有終焉之志今適逮焉實延祐四年春正月也余既命名而復爲之記乃記其所謂大同者也原夫迦文之鷲嶺飲光之雞足達磨之熊耳懶融之牛首雖後先千餘載其步驟標致詳略不同要其所歸乃所以大同也豈惟佛祖大淨法界性在天同天在人同人在物同物至若三教九流之雄唱百氏諸子之玄談與夫長岡之松風野田之麥浪暮雲接遠山之色疾雷振大江之聲六戶未扃一榻危坐青燈不夜古鏡無塵耿耿禪光照映今古非動非寂無自無他了不知其同而無往不同也昔毘耶離城淨名居士弘不思議解脫神力嘗以一默與三萬二千開士同入不二法門迨乎間不容髮今譯老龐之無別翻毘耶之不二證斯菴之大同然固然矣其未能忘情譖於能同所同之表者欲見菴中主人門外垣牆不翅三十丈之高且遠也

平江幻住菴記

清淨本然云何忽生山河大地楞嚴有是語昔僧問瑯瑘瑯瑘返是語以答之僧頓悟玄旨人徒知山河大地是幻而不知清淨本然亦幻也鏡光本淨物像無狀而生水體元清月影不期而現原夫昭昭影像所現之幻跡也澄澄水鏡能現之幻體也幻與幻盡覺與覺空斯僧所以悟極也大德庚子予遊吳中郡人陸公德潤施松岡數畝于閶門之西地曰鴈蕩結茅以棲禪者蹤至僧半千指凡三見青黃絕際上人來中興葦菴務一日衆集請名其菴因謂衆曰二千年外大覺世尊捨王位卧深雪夜覩明星與無邊有情同時證入如幻三昧嗟乎衆生迨今沉酣情妄而不自知我曾出家雖依此如幻三昧而住亦有所未悟者宜以幻住名之可乎時有避席而言者曰承教有言幻身滅故幻心亦滅幻心滅故幻塵亦滅幻塵滅故幻滅亦滅幻滅滅故非幻不滅其不滅者是住乎非住乎予曰子以識量分別欲知幻法是住非住無乃增益幻見安有悟入之理也爾但能蘊無義語於識藏以究其心捧應量器於禮門以正其命倚百丈不作不食之具以效其勞守諸祖萬應冰消之誠以堅其志一旦能所頓盡功用兩忘廓爾無依劃然超悟則是住非住政不待借手於無管之人也越十八年歲丁巳中忽相值於吳松江之舟中從容敘舊亟請筆以爲幻住菴記擬相傳於久遠云爾

弁山幻住菴記

實無而有之謂幻鏡中像水底月豈有耶謂其無則昭昭影現未嘗無也山河大地諸色相等倚空而現靡有一法不依幻而住者余大德丁酉挾策淮江自匡廬而下抵金陵已亥冬憩吳興弁山樹澄二師之雲半間項篤結茅于資福寺後之黃沙坑幻住菴之名乃於斯著明年庚子從吳門越六年乙巳師禪上人訪余天目謂幻廬既墜幻木僅存主精嚴院沙門舜公客還于院山之麓明然上人奮力與俱已而珂月來從之至大己酉際菴水田一區四十畝有奇堤穿岸坎積年不稔然月共議以耕佳扣其主以貿以施尋而市土填築頓成青腴食觀方丈禪侶亦集捧蕪之山植蔬之圃運藏之舟樽擁藏之牢堵悉備焉惟棟宇陋隘延祐戊午均鳴化緣畫撤其舊而新大之效禪林制具體而微其司歲務者用或不給行乞以補然禪月淨凡三年循次任主菴之責乃從權也已而禪以老辭淨以病筆後議然正而月副之終爲甲乙之傳一日衆曰菴之未有也師之來菴之既有也師之關或不記其顛末則何以憑余曰三世佛幻也歷代祖幻也菩提與煩惱生死及涅槃俱幻也爾其未證斯幻無義味話堅豎脊梁緊握空拳慎勿輕放外而行乞內而執事中而宴坐不見有閑忙動靜之相猛著精鞭以悟爲則如是受者雖藉天席地誰無此菴不如是受雖峻宇雕牆誰有此菴當知明

暗色空同一幻住是説可憑乎不可憑乎青山白雲咸皆點首時管城子振起而記之

報恩懺院記

佛盧徧天下其弘麗莫甚於蘇杭秀水之間鶴沙距松江僅三舍地接海壖民居既鮮伽藍則未有也自瞿氏徙居此地世有積善慕義之風逮今運使公霆發及其從弟雲巖居士震發慨然以爲非伽藍無以營善而聞道乃卜地得吉於先塋之側傾金捐田命里僧某董之不幾年而華池紺殿重門廣廡觀室講堂凡伽藍所宜有者悉備焉迎清淨行沙門十員晝夜六時頂禮散華深味禪觀幢幡象設華鯨清梵宣流法音互爲佛事運使公喜其有成亦施腴田若干畝以報恩懺院爲額大德間　天子降璽書以護之謁予文爲記予問何以謂之報恩乃曰恩莫大於君親報莫越於聖道聞西方聖人之禪觀圓悟一心該攝萬行推而廣之導物指迷莫不從化以斯道報斯恩不亦善乎余曰秉一心爲禪照萬法爲觀其爲心也圓湛虚寂涉入無礙不可以相求不可以言詮舒之則萬法即之而彰卷之則萬法依之而泯無邊刹海十世古今未有不由斯而著焉凡夫迷昧引起輪回遷謝苦樂昇沉莫之能釋是故非禪那不足以契諸佛心非妙觀不足以破衆生惑圓覺以三觀互推爲二十五輪無量壽以一佛分觀於十六處始則端坐静室注想一方存注不休與想俱泯見法界中朗然明了所以一輪見諦而妙觀澄明一處功成則真佛圓具如當臺鏡如帝網珠萬象顯而無所照之功千光聚而絶能攸之跡如是觀者即見清淨願王白毫亘天紺目澄海如優曇華如紫金聚巍巍堂堂殊特相好徧界光明化爲香雲寶樹樓殿臺沼車服器玩諸莊嚴具是時三昧行人即聞即見即覺即知一語一默一動一靜皆與無作清淨妙觀脗然混合者矣然後即斯妙觀於一切時散作無邊莊嚴佛事以之報國恩則聖祚保無疆之休以之報親恩則劬勞超有漏之纏至若天龍鬼神過現未來先親賢聖草木昆蟲凡有識恩則於功德亦相須而無盡噫公之志尚矣遂援筆直書以爲記

圓照菴記

無法不備之謂圓無時不在之謂照是心也曾何法之可離又何時之能昧離此心不可以圓舍此心莫之能照圓也照也即心之謂乎空谷道人少負蘩林之傑結菴於天目山之奥鴝乃生緣之所也扁其菴曰圓照丐余記之余曰圓照之體不可以目覩不可以耳聞不可以意知不可以識解擬涉毫芒則圓不得爲圓照不得爲照矣道人深掩六窻密扃八户經行坐卧屏絶塵緣萬慮不遣而自忘一念不澄而自瑩於斯時也圓照之體與蒼松翠竹蕭團禪板覿體交參了無回互庶其近矣不則圓照一菴名徒具耳於實奚取焉

旅泊室記

老莊譏孔氏旅泊於仁義而不知老莊亦旅泊於茫乎天運窅爾神化之域故吾佛有云諸比丘等不自觀食寄於幾生旅泊三界示一徃還去巳無返此説蓋曲爲二乘發機視三界爲逆旅以四大殘質棲泊於其間了證本空於一生一死之外不復來矣以至理求之皆非了義之旨焉昔直翁居士洪君諡不二法門於吾先師笑談之頃嘗薦俊用二上人構山舟一區於師子巖之景躅暨舟成則君逝矣實至大戊申九月十一日也越二年上人徙山舟於谷州之西來菴又五年盡撤舟廬之舊廣而新之更山舟曰旅泊客有以問之曰三界旅泊竊嘗知矣其有泥犂旅泊於十惡天人旅泊於衆善聲聞旅泊於四諦辟支旅泊於十二緣菩薩旅泊於六度如來旅泊於一乘諸教巳明吾亦何惑蓋不能出於三界諸法也然則三界諸法能無所泊乎余曰汝問甚善當知三界旅泊於太虚其十方虚空旅泊於大圓鏡而大圓鏡獨旅泊於吾靈知之府惟吾靈知無所泊而無所不泊也且置是論還知衆生旅泊於諸佛心海之中諸佛旅泊於衆生識田之内大法輪旅泊於微塵裏寶王刹旅泊於一毫端五須彌旅泊於芥心四大海旅泊於毛腹百千華藏境旅泊於焦螟之睫無邊世界種旅泊於藕絲之尖至若三萬一千師子座旅泊於吾方一丈之室是可泊耶不可泊耶爾還知旅泊亦旅泊於吾旅泊之地而吾旅泊之地無受其旅泊者無不受其旅泊者亦無知其受與不受者如是悟明如是證入則大小促延短長迷悟互相旅泊當念洞明更不待思而知應而解也

天目中峯和尚廣録卷第二十二

天目中峯和尚廣録卷第二十二

校勘記

一　底本，影印宋磧砂藏本。

一　五六九頁中一五行第一三字「予」，徑作「余」。次頁中一二行第一三字同。

一　五七〇頁中一四行第一一字「借」，南、徑作「僅」。

一　五七一頁下二二行「焦螟」，徑作「蟭螟」。

天目中峯和尚廣録卷第二十三

參學門人北庭臣僧慈寂　上進

千三之二十四同卷

箴銘

貪嗔癡箴 并序

一迷根乎自心縱而爲貪抑而爲嗔合而爲癡良由迷無自性由不守正念而生以其生故曰貪曰嗔曰癡皆一迷之異名也聖人不以砒霜鴆酒爲毒而以此爲毒者以其喪壞法身淪溺慧命也今三有界中衆苦充滿無有一物不本乎貪等一中其毒則殺盜婬業四面紛合卒莫之避良可哀也惟悟達自心洞契法源之士能奪其縱之之貪以求道返其抑之之嗔以治心轉其合之之癡以利人資長法化則貪嗔癡果何物耶乃爲箴曰

惟貪如海嗔以火喻癡比同雲依一心住心迷則來心悟乃去優劣聖凡不離當處勿強分別毋勞指注如手掌兮放開捏聚

戒定慧箴 并序

一悟根乎自心揀而爲戒守而爲定融而爲慧良由悟無自性因不失正念而生以其生故曰戒曰定曰慧皆一悟之異名也聖人不以旃檀沉水爲香乃以此爲香者以其光明靈臺盤結不散莊嚴法性之上妙具也今雖華法界衆寶充滿無有一物不自吾戒定慧而生焉一熏其香則法報化之跡隨念出現其有尚存悟理未盡功勳者執其存之之戒以違宗泥其守之之定以礙理放其融之之慧以失妙欲望其超然於寂照圓明之戶未知其可也戒定慧云胡不辨哉乃爲箴曰

由戒而定即定以慧三法互融了無向背無之爲香充塞大地闡惟在心賴不以鼻功用兩忘動靜一致如走盤珠不可思議

喜箴 并序

世之所謂喜者由適情遂欲而生焉道人不爾必使情消欲盡動與理融不遺愛見諸魔之所感其喜也政未易以足蹈手舞既其情狀者爲箴曰

至哉之喜徹法源底曰如意輪契解脫體愛見不住情欲何倚刦外春回花開碓嘴

怒箴 并序

爲物所忤怒氣結爲心火至使面赤髮立不蹈禍機不已也聖賢則不然其一怒如金剛王劒諸煩惱魔嬰其鋒者應念斬截然後致萬物於無諍之地則其怒也豈徒然哉箴曰

聖賢奮怒不墮諸數却煩惱魔成大法要寠凡夫嗔燒然無度當處撲滅神機獨露

哀箴 并序

凡夫哀聖賢亦哀凡夫結情妄而致哀聖賢乃哀其所謂哀也於是發爲辭章悲奮激切必使其感愕於中肬略情妄則其哀也豈可與凡夫同日而語哉箴曰

聖賢悲極咸致斯哀辭章奮切含吐無涯淳醨道喪其誰不懷凡愚自若傷已焉哉

樂箴 并序

樂莫樂於道道爲天下之極樂捨道而求樂是猶棄食而求飽也世之昧者縱聲色之欲而爲樂一報忽盡變化萬殊不知與苦循環豈其所謂樂哉箴曰

三界無樂動遭業縛達人大觀目之倒錯寂滅真常非脩非作當處現成地平天廓

雲居菴銘 并序

天地之氣凝而爲雲動則彌布十虛靜則卷歸無所物其似之三界如雲也萬法如雲也卷舒不定開合無時推而窮之則道人之心亦如雲也道人所居亦如雲也無意而行隨處而寓曾何有爲於世哉乘月二禪者服杜多行盤巖闢址縛屋於七寶山之陰扁曰雲居乃有得於理也乞銘於幻住道人乃屬其銘曰

八荒一雲天地一盧寥寥四壁孰與同居以雲之舒彌綸十虛以雲之卷斂入無餘道人住處豈同舒卷窓牖不扃戶庭深遠清風徘徊明月繾綣雲間僧閑水流石轉萬法不到柴關自掩

懶禪室銘 并序

予嘗譏世之尚懶者謂處俗必盡其義入真當盡其道盡義則務四民之役盡道乃警六度之勤聖賢不能免也苟尚懶則二途俱失豈道人之所用心哉或者謂禪者之學乃懶之尤者也何則其忘形骸於休歇之地滅情妄於空寂之門泯見聞於解脫之淵絕去來於不動之域放視而色不惑其目返聽而聲不亂其耳忘歸而境不入其心息慮而事不遷其念則其混世之跡飄然若行空之雲廓爾如流澗之月得非懶之尤者乎予曰據爾之言似非懶者之能事徒見其四體不動寔

休閒逸政恐勤勞於事者莫之能及也南屏書記恭行己需余以懶禪室銘因以或者之言告之恭曰非也世有不爲者有無爲者不爲之者雖強使其爲而不肯爲也無爲之者雖欲爲之而無所爲也二者皆似懶而非懶也吾之懶禪異於是非不爲也非無爲也才涉名言則不得爲懶矣欲知吾懶之至畢雖成佛亦有所不願又何禪之願哉余乃爲之銘曰

吾之懶即禪兮聖眼莫窺吾之懶非禪兮凡心那知雪嶺之六載高卧兮徒自勞疲少室之九年壁觀兮妄自驅馳濟北之金剛王兮亂鳴熱磤德嶠之木上座兮何異蒿枝總不入此行戶兮自遊自嬉三界無事兮萬法何爲既非不爲兮亦非無爲毘婆尸佛早留心兮罔逮達者之譏習懶成癖兮舉世莫瞥千七百人之豪唱絕吽兮徒自鐵錐我懶我禪兮如師子獨行不求伴侶從教門外打之達者吁嗟其已而已而

鐵團室銘并序

衆生結業濃厚所陷之地皆鐵團也毘嵐鼓扇而莫被刦燒洞燃而不融佛手雖能揭五百力士所不能動之石塹鐵團亦未嘗不斂袵而退堅乎確哉所以稱鐵團也闍禪者有纖毫未透如隔鐵團何言之甚耶曰不甚也特取其堅確不可破而喻之耳使盡言禪學之竅旨鐵團可碎而此旨不可穿鑿也何則當其未有所入也以迷爲鐵團及其既入也以證爲鐵團既忘證入之境以悟爲鐵團及其與悟俱遺而存有所了以了爲鐵團了無可了不住了知知了俱捐鐵團寃爾蓋心法之粘綴有不可取喻而辨者德山所謂毫釐繫念三塗業因瞥爾情生萬刦羈鎖此說乃鐵團之遮詮也今之學者純沉識網深墮情窠愛憎之羣習儼存生佛之二見猶在強加排遣動涉功勳自言混入靈源豈解全該識量於斯諦審又奚止鐵團而已哉泉南順藏主以禪宴之所扁曰鐵團乃有警於自他也乞銘於幻住道者乃引前說以叙之復爲銘曰

天地爐冶太虛模範鑄迷妄鐵火無明炭危乎高哉遠絕畔岸百匝千重凜不可犯四聖六凡生沉活陷禪盡覺空未離羈絆無事無爲是金鎻難脫略丈夫莫容易看來讀此銘墮三尺暗

西來井泉銘并序

少林初祖遠逾數萬里而西來直指人人本具之道道若泉之在地無處不遍也大同菴既成庵人乏水而汲諸隣彝菴居士念其勞乃命工師鑿井于門之東其深四十尺有泉隱隱自西而至甃成禪者引綆汲之首以一甌奉佛濟甘香洌名其泉曰西來蓋不亂其所至之方也當泉之未至也視之窅然曠曠將壓人爲鑿井者危之鑿者不惟無所畏而益加銳焉若與泉約而必其所遇人之求道能積日累歲猶鑿井之深入無畏其不與道會者吾不信也禪者請銘銘曰

泉之在地道之在人配之大同鑿土深入勇銳無怯克成至功四十尺下有泉西來淢淢溶溶其體既重其氣益冽且盈且豐以沃吾渴以浣吾頓所須悉充少林直指趙州庭栢如空合空泉依幻涌幻復歸泉非始非終浴爾諸禪西來一滴萬派同宗勿污勿壅朝挹暮汲如保厥躬惟菴與泉若內外護未播玄風

天目中峯和尚廣録卷第二十三

天目中峯和尚廣録卷第二十三

校勘記

一 底本，影印宋磧砂藏本。

一 五七三頁上七行「白嗔」，南、徑作「日嗔」。

天目中峯和尚廣録卷第二十四

叅學門人北庭臣僧慈寂　上進

序

送宗遇上人省親序

昔慈明和尚持錄盆爲母氏壽母曰子棄所愛而出家今返持此爲獻將累我於地下矣慈明自爾奮志叅方爲一代大法主盟盖慈母所警發也石窻和尚輔佐天童法席一日歸省其母母曰子出家已事未辦何暇聞工夫爲衆耶窻乃告曰雖炙一燈亦分自他之用實不敢以因果累母也母笑曰然過水那得不打脚濕夫二祖師之母雖跡混塵俗觀其吐辭出語峻如鐵壁肅若秋霜殆老師宿衲之不是過今之父母遣子出家莫不望其榮家利俗者雖地獄門開不暇顧則彼此優劣何如哉雖然有是二母之賢亦有是二子副之也使其二子不力於道陸沉於長行粥飯僧中將與母之格言俱泯閴於世矣然二母之賢世亦未嘗無也如二子之賢克荷宗乘力弘斯道以顯母氏之名於百世之下者則鮮矣以要言之全在子之盡心於道以光僕季法輪政不在父母之賢不也苟摩耶之聖而悉達不能持堅牢願力爲大法王安有佛母之名流布於此土哉廬陵遇上人旋里省母出紙求語乃發余緒言以策其不逮云

送明然上人居山序

古之善輔叢林者皆非苟然也有以道輔之有以才智輔之有以力輔之有以身命輔之是皆含逸趨勞棄甘就苦至於衝寒冒暑含恥忍詬惟孜孜播真風揚道化以振來學爲念嗟乎古今之下凡有道尊宿起于一方而波旬之徒往往謗聲四合殆無遺者乎然其謗之之聲未及尊宿所聞而先入乎輔者之耳苟非金剛正眼洞燭幽微莫不遭其惑者余兩結草廬有明然上人者志其所感以相輔及歸家山主院之三年歲荐饑饉而我二千指冥坐空山十剎之具隳三德之畢備至于望門而來者咸使之飫飽禪悅要其所自皆上人丐食以輔之也今余將謝事上人以丐食之鉢懸之太虛空中擬俟彌勒下生復從而輔之誓不入佗人行户也因疑而問之余豈有道尊宿者哉當此象龍蹴踏八面具騰皆期爾以輔之無乃大峻乎上人作而爲歌曰

水邊有山可以縛茅廬山中有屋可以藏幻軀屋下有柴牀可以結雙趺牀前有尺土可以開地爐所以繇用者一箇黑鉢盂既繫著處懸之太虛我非所輔休塗糊天高地遠道何孤惟有歛衽退縮真良圖極目誰非大丈夫不須特地做規模豈不見釋迦老子二千年外黃金髑髏也會枯謾言遺臭在江湖爭似我自今已去不爲一物度朝晡佛法從教說有無

止止堂偈序

余聞真寂不動之體與奔匯之水行空之雲逐日之蹄搏風之翮無間然也嗟夫人之未悟妄見遷流卒莫之已如小兒旋走見屋廬動是故聖人垂善巧方便教之令止謂止者何息也定也安住不動寂滅無爲者也外止其境內止其心止境於外則心無所迷止心於內則境無所惑且不惑於境即境惟心不迷於心即心惟境心乎境乎止止之義明矣或曰心可止乎境可止乎謂心可止則益其迷謂境可止則滋其惑矣如教中謂是法住法位世間相常住審如是則心可止乎境可止乎不然如是法住法位止也世間相常住亦止也子或未至言語道斷心行處滅之地擬逃吾止止之說猶日中之避影也雖然殊不知言語道斷心行處滅亦未嘗不在吾止止之間是謂無止之止性體本具雖三世佛祖見超物表識達機先未有能出吾止止之義者天竺靈山法師某講觀之暇嘗摽精舍於越山扁其堂曰止止或問其故乃曰吾之所聞異於是蓋非心思言議之所能及也遂爲之歌歌曰

萬境之體詮曰心一心之用表爲境道人非境亦非心心境俱非非亦泯止止之名堂兮奚語默動靜之所該堂之名止止兮豈惟分別之能領止非止兮我獨知非止止兮人莫省一團風月暗晴欄萬象森羅照清影

設利偈序

設利之體圓常湛寂充塞法界無處不有隨衆生心循業發現金剛不可比其堅日月不可奪其耀豈肉眼所能識哉自靈山以降此土西天散爲種種佛事若必以色像求之不惟不識設利而亦重欺佛祖也嘗有信士得先師所剪髮安奉久之忽設利纍纍如貫珠遠近傳唱觀者踵至先師聞之累欲奪而委諸穢壤今祖意上人亦得於遺髮之表及蒙

山閣維之餘并辟支佛所遺者珍藏秘護以爲至寶然蒙山辟支固非我所知者而先師實無此物謂其有乃謗先師也上人即啓函而示余曰賊物見在爾何諱焉余於是說偈以解之偈曰

圓明湛寂真設利靈餤神光貫三際開士由之百福尊菩薩依之二嚴備十萬里傳西祖意五色祥光吞大地棒喝交馳珠走盤覩面相呈無忌諱先師一髮不留根勿將聲色輕相戲百寶摩尼一顆珠非俗非真非聖諦五目不得覩其蹤十聖那能知子細上人如未獲此珠懸崖撒手非容易驪龍頷下月團團爲門千尺還重開赤手推開逵得歸有意氣兮添意氣回觀八斛四斗多添得衆生眼中翳

觀音菩薩補陀巖示現偈序

觀世音菩薩以太虛空爲體以五須彌爲實髻四大海爲口門日月兩曜爲眼光森羅萬象爲毋身瓔珞一切衆生於其毛孔裏出生入死由是菩薩以此與大悲心發無上願拖十四無畏現三十二身上合諸佛慈心下應衆生悲仰無觸被吾兩淛運使琴軒瞿公向小白華巖偷眼一看直得無地藏身文采彌露乃援毫引墨盡意發揮時有梅山喜公奮辭舞筆作爲長篇揭露殆盡而海衆待側以雄才豪辯向無所見處議論風生筆舌雷動但末後一句留以遺幻住子同爲證明乃爲說偈以收之偈曰

妙圓通體超諸礙包裹色空含法界見與不見二俱離始識大悲觀自在琴軒居士佛眼通白華巖畔追靈蹤狹路相逢避不及似鏡照鏡空合空引墨援毫書所見揭破浮雲呈日面盡十方空一普門妙相塵塵俱露現梅花山裏老禪翁滄海一粟夫子嬌浩浩春雷鼓筆舌巨篇長偈真豪雄俾我重圓末後句口縫未開先吐露若以耳聞非所聞不以耳聞非所摽我昔曾遊碧海東海王抱日扶桑紅怒浪掀金光閃爍照開朶朶青芙蓉無位真人潛洞府洞裏潮音喧萬鼓珊瑚樹頂月徘徊水晶簾外蛟龍舞波神援劒驅長鯨吞空浪雪粘青冥撒出龍堂珠萬斛寶光射透瑠璃界法身驀入一毛孔一毛孔裏波濤涌爾時大士失却盤陀石上吉祥草與薝蔔華但見玉煙翠霧埋雙蹱有眼共見耳共聞妙圓通體鐵渾崘最初末後句非句萬里潮聲撼海門

觀音菩薩瑞相偈序

聖人無體隨念斯彰念與則諸聖同條念泯則一真絶待以吾莊嚴善功德心即觀世音之寶冠瓔珞也以吾確乎不可拔之正念即觀世音所坐之補陀巖石也以吾慈悲利物深廣之誓願即觀世音所居之大海也以吾親近聖賢參隨不倦即觀世音之善財童子也以吾寬厚仁慈以恭以敬即奉觀世音之月蓋長者也以吾一切處不違菩薩願不捨大悲心即觀世音三十二應之妙色身也以吾居一切處遇順遇逆了無畏怯即觀世音十四無畏法也昔丞相史公躬詣海岸不獲瞻覩方生慢易回首惟見碧芙藻華萬朶芬披隨浪而現遂勒石以記其事兆現宰官身說法而何至大四年兩淛運使龐公霆發按部鄞鄮放舟直駕巖下首覩聖像毛髮不遺即命工造其所覩之衆者二一奉之鶴砂普福院一奉之天目大覺正宗禪寺曾公施心所現之伽藍也復以誠心所現之觀世音歸之得不宜乎公自述記文一篇以示無窮之信此又非現宰官身說法而何公嘗囑余序之後五年爲延祐乙卯公之子時學刻其記文隨大士像置之可觀樓上復俾予筆以記之既不得辭贊之以偈

心鏡光明皎如月聖人智體無生滅一念纔興即現前古今凡聖相融攝海岸人招海岸人不知誰現宰官身紫金光聚圓通體應現何曾隔一塵萬華圍繞蓮華國龍象侍閣香不足鼓鐘鏜鞳間燈香出生世代光明福

示善助道者居山序

至大戊申冬余謝院事之明年將荷五臺之策有善助道者從余游抵淮陰道阻遂返棹儀真助乃操吾舟絶大江至鐵甕城下束短髮易小袖練裙烏帽舉止便捷刺篙川行引縴岸牽風帆怒張收縱不違而蓬平舗掀攏以時拖之轉楫策如游龍縴之解縛操持若神其素服篙師之役者皆推其能至若寒暑晦冥風霜雨雪篙師告憊而助益治舟無惰容又明年客有假吾舟而命之歸者助趣吾前乃進問之曰舟在乎曰將舍之曰汝操舟之藝在乎曰將棄之若然則無所復用於汝也助無以對乃謂之曰汝嘗駕吾舟於要匯空緪網布峻橋林立舳艫交錯過若行雲開闔萬變而汝之心目與手爲之一貫少失顧

盻則互相衝擊殆四山交逼之不若也故菩薩子操第一義諦之舟與一切是非聲色交接於三有要匯亦如是也使暫時不在隨于順逆之淵又不止於相衝擊也今將罷若役後若形放汝林下苟能一注其衝擊解紛之心目於平居宴㑹閒則道可學禪可叅生死可了煩惱可斷無施而不可者審如是則舟可舍乎藝可棄乎豈無用耶安有用耶汝其不委吾復為汝歌之歌曰

去年放吾之舟兮絶長江之迅流今年藏吾之舟兮將返乎山丘假汝操之之術兮吾乘之而遨遊視今昔之大幻兮類逆浪之輕漚勿謂無吾之舟兮將舍是而何求勿謂有吾之舟兮離蹤跡之去留憶昔佛與祖兮以悲為舟葦為舟盂為舟鐵為舟更有一箇大闡提漢要以大地撑為舟如是之舟汝能操不如其不委兮提起從前閒話頭攙撥不入處一壽透過吸乾鯨海兮萬象全收生死暗句兮誰與儔

一華五葉序

先師枯槁身心於巖穴之下畢世不改其操人或高之必癈顙以告之曰此吾定分使狗此行欲矯世遊俗則罪何可逃余竊聆其說私有所得閱二十年每與同叅道者俯首茅山百首以寫禪叅之旨復閱楞嚴因講學者致詰遂假或問以答之又以禪者不求心悟惟尚言通例引信心銘為證故辭而闢之以破其義解及幻跡所至結茅以居皆名幻住勉為相從者所請引起葛藤故稱家訓前後成篇者五歲以一花五葉目之亟欲投之水火時幻衆曰一花是幻五葉亦幻幻無自性任其安立使葉之卻成實法流布也請序其所以昭示來者由是振筆以從之非敢與大方之家共焉

一華五葉後序

少室一華開五葉很藉叢林豈堪說刼外春風吹幻根幽芳似向枝頭泄山房夜話話無端波斯剪冰牙齒寒黄金鑄成泥彈子白日青天誰共看謾擬寒山詩百首重重語不離窠臼靈龜曳尾跡何多笑破虛空半邊口那堪註解信心銘剛以不平攻不平葛藤露布椒不斷瞎却空王雙眼睛况是靈山巧儆辭心既無心見何見阿難遍得口生膠一捌偏偈無方便幻住養嗇歎一篇又將家訓錯流傳為人一句沒慚壁飯飽弄筋誰不然自買由來還自賣豈但旁觀生笑怪都緣口業未忘清乃爾償他文字債幻人拍掌笑呵呵蕪蘋奮怒吞禪河南泉問主趙州勘婆秘魔叉下神號鬼哭雲門顧外虎視鷹拏攫空師子窟掃盡野狐窠一華五葉還如何長處更無多延祐丙辰冬幻住沙門明本復說此偈以為後序云

天目中峯和尚廣録卷第二十四

天目中峯和尚廣録卷第二十四

校勘記

一　底本，影印宋磧砂藏本。

一　五七五頁中一四行第一〇字「大」，南、徑作「太」。

一　五七六頁中九行「樹頂」，徑作「樹頭」。

一　五七六頁中二一行「補陀」，徑作「盤陀」。

天目中峯和尚廣錄卷第二十五

參學門人北庭臣僧慈寂　上進

二十五之二十六同卷

般若說

般若離一切相而不礙諸相發揮般若離一切名而不礙衆名出現般若如大火聚世間一所有形器嬰之者莫不遭其焼般若如太阿鎔世間所有物像觸之者莫不遭其壞般若如太虛空世間所有色法入之而無不容般若如大圓鏡世間所有相貌臨之而無不照大矣哉般若之體圓般若之用大般若之功博般若之道普矣三世諸佛於無所證而證十方菩薩於無所了而了歷代知識於無所悟而悟糸玄上士於無所學而學然諸佛雖證而不宰其功菩薩雖了而蔑居其德知識雖悟而莫覩其雄上士學之而罔測其狀以至山川日月森羅萬象由之而建立依之而運行使物物各具金剛正眼窮古亘今欲窺其髣髴不可得也嗟夫衆生迷背其來舊矣轉爲無邊生死蹟划追今於此般若體上念念遷流念念起滅念念攀緣念念輪轉深沉欲海甘赴死門而吾大般若光雖未甞少間其如聾者居太陽之門聾者住雷霆之窟終身由之而竟莫知其聲光震耀也由是三百餘會之玄談千七百祖之絕唱皆純以一味清淨般若驅爲善見神藥俾瞽者明聾者聰壅者通執者化也當知瞽不自瞽依般若而瞽聾不自聾依般若而聾壅不自壅依般若而壅執不自執依般若而執是謂一切智智清淨無二無二分無別無斷故若謂聾瞽壅執之病不居般若體上則般若有所不周以其聾瞽壅執之病即般若而生則般若有時而弊其深密幽邃之旨非超出言象之表者孰能與於此所以云太末蟲處處能泊獨不能泊於火燄衆生心處處能緣獨不能緣於般若蓋知般若識非心識所可緣也故般若離心緣相離意識相離思惟相離文字相以至離種種相如是離者非所離非能離本性離故以性自離離亦不立離既不立一切混融然含般若無衆生心含衆生心無般若即衆生心是般若青出於藍即般若是衆生心冰生於水苟非見忘執謝甚不可以言通而二意達之也所以求嘉謂惟證乃知難可測昔僧問古德如何是般若體答云兎子懷胎又問云如何是般若用答云蚌含明月發迅雷於昏蟄麗杲日於幽衢展鷲峯無作之機落少室不傳之妙在古德分上綽綽有餘且學人到此如何領會其或佇機佇思萬里崖州直下承當劍去久矣高昌三藏法師喜菴妙公梵名般若室利命余申其義乃因引前說併爲說偈

般若無知亦無相非曰無相非無知有無見二俱遣了般若體常無爲無爲之體即無作百草頭邊光爍爍已忘證者名醍醐見病未祛名毒藥般若非良亦非毒般若之機離背觸喚作般若沉悟坑謂非般若遺迷局般若非悟亦非迷迷悟俱忘復是誰玉雞啄破瑠璃㲉鐵牛觸碎珊瑚枝法身解脫即般若觀體難容分別者般若解脫即法身三事何曾隔一塵法身般若即解脫如珠走盤活潑潑一三三一相容攝水底蝦蟆吞却月三一一三相互融半夜金烏海底紅三既遣兮一不立虛空爲紙須彌筆擬書般若兩箇字已是抱贓重叫屈一不立兮般若空龜毛繫住晃嵐風滿華歡喜者不盡張起東南般若宗

眞際說

太尉潘王海印居士求法名別號遂名之曰三勝光号之曰眞際夫眞非色像不可得而見有見非眞際非境緣不可得而及可及非際眞乎不可見而見之際乎不可及而及矣其不可見之眞廓爾無像不可及之際洞然絕痕無像之眞體之莫非神悟罔及之際泯之必欲心開然眞非際外之眞際匪眞前之際但見眞則必達其際凡達際則必見其眞眞乎際乎猶鏡與光二者未嘗斯須少間言光則必由鏡出語鏡則必有光存光即際之眞鏡乃眞之際亦猶露波共水衆器同金理體元齊事相非一嗟乎衆生於無始時來重爲業習所蔽擬涉念慮即落妄緣那更馳求劬去久矣或不眞誠啓悟諦實開明不撥一塵洞見源底則未免粘情帶識依文解義妄存知見墮在意根說時與眞際相符用處與妄緣不隔使諸佛菩提之道畢止於此則安有解脫之期也或謂離妄之謂眞眞之所詣之謂際謂妄者何以迷自心故見聞覺知皆妄言謂眞者何以悟自心故明暗色空皆眞也其無定體悟之則圓妄絕正形迷之則著全波是水了知妄外無眞全水是波畢竟眞中絕妄然則二名一體就中萬別千差欲教擧必全眞當體必須神悟所云際者畔岸之謂

也事物之極乃名邊際如色之極是空邊際空之極是色邊際是故妄不可有其邊惟真乃妄之邊真不可言其際即妄乃真之際也或謂圓同太虛無欠無餘又云心佛及衆生是三無差別又云平等真法界無佛無衆生但諸佛祖圓頓了義之談若妄若真未嘗有纖毫界限邊際復從何立耶然了義之詮圓無界限既迷之境實有方隅以無界限故三塗地獄萬種泥犂千仞劒林諸熱惱海至若塵沙苦趣悉該真際使有一毫揀擇則離波別有水也以有方隅故衆生諸佛煩惱菩提苦樂順違安危得失殊形異狀名相紛然俱出妄緣悉乖真際雖曰波水同體而不可同其名也原夫此心之迷也於無妄真中卓爾妄真於絕邊際處宛然邊際但如衆緣綱目群象當情求不可喚作山空不可呼爲色各專其用不同其名明知理體無差其奈事情有異譬如水之就決也湍流不息及遇寒則結爲堅冰凝然不動了知不動之堅冰全是迅湍之流水奈何迷妄之寒氣積集濃厚於一體中儼然成異或不以頓悟之慧日融之化之欲會歸真際之水其可得乎是故真際如來目之爲第一義最上乘昔世尊初生時目顧四方乃顧此真際也以手指天地乃指此真際也復云惟我獨尊乃示此真際也已而棄王宮入雪山六年苦行夜半見明星悟道乃顯此真際也西天四七東土二三燈燈相續乃傳此真際也至于臨濟卷真際於喝下德山揭真際於棒端又豈特禪宗佛祖爲然如三乘十二分教大小偏圓秘密開顯無邊法義種種方便皆從真際出生真際乃佛祖所詣之根本法門更無一法能過於此者真際誠一心之異名也古者謂三界無別法惟是一心作又云未達境惟心起種種分別達境惟心已分別即不生此說之下以真際之體散於森羅萬象之頂標於色空明暗之端更無毫髮能外吾真際者若以言說流布則真際豈待別有作爲而後得哉若果欲與真際念念脗合念念圓融念念不痕念念無間直須是工夫熟知解泯能所忘向不知不覺處豁然開悟如獲舊物如歸故家心戶洞開性天廓爾十方世界不見纖毫過患是謂心空及第於斯時也真際二字亦無地可容矣昔僧問趙州萬法歸一一歸何處州云我在青州做一領布衫重七斤老趙州眼空四海神洞十虛融八識爲真對色更無山隔斷混六情爲際天光直與水相通寸心圓滿片舌瀾翻隨語隨默而泛應群機機機相副或與或奪而全該大法法法同歸用之則無有準繩捨之則洞無影跡蓋其真際洞乎心府真際貫乎口門凡動靜語默曾不與真期而真自臻曾不與際約而際自至豈特趙州爲然但宗門中有契有證之士靡不皆爾今日在海印居士潘王分上聞不容髮欲得諦實領荷親切承當直須向萬法歸一一歸何處話下廓爾悟明所謂古今無異路達者共同途也如或未由開悟且真際亦未嘗有絲毫隔越獨不能混融無間爾猶未磨之鏡在鑛之金雖金體無在鑛離鑛之差鏡光絕已磨未磨之異奈何垢翳而光不彰鑛存而金有礙又如冰之與水亦未嘗斯須離越但冰具堅礙凝結之質而不能爲水流注潤澤之用也夫善於求道者道不可將心求求而得之是妄得也但磨其汚染之塵銷其執著之鑛融其迷妄之寒久之不休則光斯照而金斯純冰斯泮矣歟於斯時道遠乎哉道遠乎哉嗟乎今之人但聞直指單傳不加修證咸以聰慧之資望塵領荷依文解義說處宛然滯識執情轉增迷妄是猶以堅凝之冰不期泮釋便欲與水同流多見其不知理也譬如京師王城鎮于北方普天之下凡有識者皆知北有京城惟到與未到者有差別爾其既到者雖移身於萬里之外凡一念京城則人煙市井昭然在目不能惑也其未到者至終其身不能無茫然之咎謂既到者乃悟而見之者也謂未到者乃解而知之者也悟而見之者固已極矣古人尚欲掃空悟跡刻除見刺或不爾則坐在悟邊動成窠臼蹲於見處尚滯功勛審如是則爲己尚恐未周又安能爲人解粘去縛也哉前所云磨鏡之塵銷金之鑛融冰之寒似與本來具足少林直指之道觀體相反不然爾徒見其言下知歸機前領旨之易而不知其磨塵銷鑛融寒之難歷於夙昔以致今日之易也苟不之難而欲之易是猶認鑛爲金指冰爲水者無以異也當知妄依真而起妄真由妄而顯真真非妄而真不自居妄非真而妄無所倚妄因不立真理何存楞嚴謂言妄顯諸真妄真同二妄斯說之下不惟妄遣亦乃真袪妄遣真袪道存目擊矣邊依際而立邊際由邊而顯際際非邊

而際不自著邊非際而邊不獨存邊既無方際何有界故祖師云極大同小不見邊表極小同大忘絕境界斯說之下邊融際廓洞然無間矣如是則真際與萬法會同萬法與真際交徹在迷則真際是萬法惟悟則萬法是真際悟迷俱遣得失兩融真不立而真存際不形而際備矣

止源字說

一塵不飛之須止乃剩言一漚未發已前源將安寄直下見得便知四大海水止在一源源體本空止亦何有於此絕能止所止之異無此源彼源之差即源是止萬波隨一水而收即止是源一水攝萬波而寂世之不鑑其源者但見百川競注萬派橫流而欲遏之使止大似捧土塞孟津多見其不知量也何當於沿流不止之際瞪目一覩洞見源底則知此源窮古迨今澄之不加清攪之不加濁一滴不加少四海不加多以至決之非動堰之非靜者也何則使澄而後清則不得謂之止矣攪而後濁亦不得謂之止矣乃至曰動曰靜曰少曰多皆識量所遷妄見流注縱能以四鐵圍山隄防一水至萬劫不興寸浪而欲較吾止源之旨者實霄壤矣江西定侍者字止源是必有所得於止之之道豈枯形息慮而滯於死水者可同日而語哉

雲谷號說

八荒一雲也天地一谷也一塵豎空萬象各立消長盈虧須臾百態者雲之變化如是也又何待釀清風出遠岫之謂哉疾風駕雷山振海湧機動籟鳴終日不息者谷之響應如是也又何待呼而後聞扣而後應之謂哉知藏與公深窮此道自號雲谷所以跨吊實之步如雲行空肆懸河之辯如谷答響宜其然也或曰太虛無形因雲見色天地無口由谷有聲我將空耳目於混芒之先越見聞於未然之表何乃以聲色而爲號耶不然雲無心而見色即色明空谷中虛而有聲即聲顯寂假雲谷之號示聲色之體以聲色之體顯空寂之用如教中云十方世界諸如來心於中顯現如鏡中像何疑而不悟哉知藏聞而笑曰我雲無形亦不著空我谷無聲元非滯寂子所說者皆錯下注脚耳

月舟字說

光明晝夜之謂月直造彼岸之謂舟惟月與舟煩符斯道然道之光不特照夜而無所不燭焉道之體不獨濟岸而無往不至焉以其無不燭則喜怒哀樂如月映千江無一水而非月影以其無不至則過現未來如舟行萬國無一地而匪舟航能即而行之不惑其不與道相合也脫或外此則迷雲翳其光世波搖其體而誰有此月誰有此舟者乎一上人以月舟二字表其所學余於是解之就爲說偈天上一輪水中一葉上人乘之余復何說

無濟字說

聖人不以慈亦無意於濟人也由衆生妄自取執而累形於空有彼此之兩途故聖人以百千方便向平白地上強自指陳以愛爲河以煩惱爲河以生死爲河而於此河以非彼爲彼以非此爲此以不以彼爲此不以此爲彼如是兩岸隔斷中流觸目成乖覩體爲礙以其礙故則此能礙彼彼能礙此彼此礙中中礙彼此塵塵涉礙法法成差使本來具足圓常不斷之旨昧之又昧矣所以大慈普濟於四十九年純以不二之道導之俾其妄消執謝而自化也知彼不二則不見有此知此不二則不見有彼知彼此不二則不見有中流知中流不二則不見有彼此如是則亘古迨今自一微塵而至不可說廣大世界海融歸至理圓融不二安有捨此求彼之心哉於是大達之士抹過兩邊不存中見掀翻櫓棹泯絕舟航覩底波濤了無涓滴直下内無能濟之心外無所濟之物其無濟而濟是謂大濟者也苟未達其大濟之濟則安知其爲無濟乎慈禪人字無濟宜知此以自勉

定叟字說

琛藏主字定叟因質其義叟曰定以不動爲義然則維摩大士不離丈室斷取妙喜世界置諸掌如轉陶家輪時在座者見彼世不搖動此世不改變此豈非不動者乎雞足峯中飲光尊者入滅盡三昧以伺慈氏下生此豈非不動者乎叟曰不動之理豈如是哉我嘗於一漚未發已前洞見十方平等本際圓同太虛湛如古井諸佛於衆生身中入大涅槃而衆生不知衆生於諸佛體中流轉生死而諸佛無礙至於毘嵐振海而不去大塊已鑿而不來非智力所能乃法如是也故百川競注水體不流萬竅怒號風本自寂乃至亘古今窮法界人畜草木長短纖洪互起迭興而定體自若於中欲覓一毫動相了不可得所謂是法住法位世間相常住者也嗚呼聞叟

之論始信那伽常在定之語不我誣矣嗟乎二乘小見以枯心屏志絕慮忘緣爲定者縱經八萬刦秖益戲論耳安得斯人亦是清淨耳根聞叟如是之說而捨小慕大乎

無念字說

昔鳩摩羅什法師年甫七歲隨母入寺以手捧佛鉢置之頂上鉢未及頂而遽棭之母問其故乃曰我因頂鉢次悟一切諸法皆從心念而生初捧鉢時不作想念鉢方及頂忽起念云鉢如是大安得不重此念起時其鉢不勝重矣由是知念未起時一切諸法猶若太虛初無分別據什師所見謂念乃法之源也永嘉云誰無念誰無生若實無生無不生喚取機關木人問求佛施工早晚成𬫭永嘉所見謂念不生輿與木石等也雲南讓菴主自號無念因以什師永嘉所見扣之乃曰我之無念異乎其所聞什師過在絕念之不起永嘉過在任念之自起二皆不能無念也謂無念者心體靈知湛寂不動如鏡鑑像如燈顯物其像之妍醜物之纖洪而鏡與燈不知也雖曰不知未嘗毫髮少隱也其照體本空而能顯物曾何念慮於其間哉所謂業與大用舉必全真我嘗於見聞知覺之頃欲覓念相如毫髮許了不可得而曰無念非不念也無念之念生無生相住無住相異無異相滅無滅相非思慮計度所知惟洞徹法源者頗測其彷彿未易與纏情縛識者語也余嘉其說乃筆以志之

無方字說

盡塵沙法界是箇自己中邊混融表裏通徹既不可以形器拘而亦豈容囿於方隅也哉迷自己於當念則囿於方隅拘於形器以其有方則仰而爲上俯而爲下日昇則東月沉則西不敢易其毫髮由是引起徧計流墮分別交結識情惑於生死者蓋深昧其無方之自己也或曰常啼東行善財南往文殊北邁達磨西來具在典章如其無方何從得此言也余曰前不云乎囿於方隅拘以形器者不可與論無方之自己也徒見常啼之東設使自今日行至盡未來際東之又東豈知盡東無方盡方無東者乎盡東無方則方不可求盡方無東則東不可立常啼爾時惟見般若洞無向背循東求方了不可得東既無方而西南北亦復如是故古云道無方行者莫能至斯言豈欺余哉南徐遠上人號無方余爲說無方之義如此

天目中峯和尚廣録卷第二十五

天目中峯和尚廣録卷第二十五

校勘記

一　底本，影印宋磧砂藏本。

一　五七八頁中二八行第三字「殼」，徑作「穀」。

一　五七八頁下二六行首字「言」，徑作「也」。

一　五八〇頁下二〇行「二昧」，徑作「三昧」。

天目中峯和尚廣錄卷第二十六

參學門人北庭臣僧慈寂　上進

文

祭鹿巖初禪師文

三十年前先師以無上大菩提道變爲毒藥設爲險穽我師兄嘗中其毒覩陷其險是故三十年後浸漬既久因地發生毒處愈毒險處愈險使人望風斫額骨毛爲之凜然正當今日即毒即險與無上大菩提道脗然混合纖毫不間則知先師與我師兄到此不免首尾俱露其義同手足敢不效顰於是乎點一盃茶燒一炷香換手搥胸連聲叫苦苦苦有懷莫伸酸淚如雨

祭玄鑑首座文 雲南人

佛祖之道未易墜兮吾無照遠踰一萬八千里江山以來茲佛祖之道失所望兮吾無照負三十七春秋而云歸生耶死耶果離合兮非智眼而莫窺祖意教意果同異兮惟神心其了知謂無照於吾道有所悟兮真機歷掌其誰敢欺謂無照於吾道無所悟兮大方極目云胡不迷笑德山之焚疏鈔兮何取舍之紛馳鄙良遂之歸罷講兮徒此是而彼非惟吾無照總不然兮即名言與實相互融交涉而無虧出入兩宗大匠之門兮孰不歎美而稱奇屈指八載之相從兮靡有間其毫釐我閱人之既多兮求如無照者非惟今少於古亦稀我不哀無照之亡兮哀祖道之既墜而今而後孰與扶顛而持危對鑪熏於今夕兮與山川草木同懷絕世之悲也

十二

祭恭長老文

本與公二十年所交者道所忘者世也公昔率衆命來主蓮華峯本居門外止宿草菴謂道可交乎方三見黃落而公遽引無生一曲於大寂定門本遠望寢幢不自知而泣下謂世可忘乎其所交所志者固不可以語言通尤不可以毫楮盡森羅萬象咸爲點頭白雪半甌赤心千丈謂交與忘則贅矣公其鑑諸

祭瞿運使文

於戲三教聖人一以此道化成天下其知道者雖貧而富賤而貴貧賤尚爾況富貴而知道者乎其濟斯時澤斯民獨壯士屈臂不借他力信然也公嘗於不惑之年扣吾先師於巖穴之下披心投誠論道終日而侍坐達旦公爲道之勤見於此矣已而擊施鑰於空諸所有之海播律宮於大圓滿覺之場佩金紫於詩書禮樂之門蒞仁政於博愛簡易之域修孝慈於寬厚高明之府積違順於安舒靜默之途閱身心於鏡像水月之表齊生死於湛寂不動之地此皆公之餘事也公其自得於心之旨既不可以意測復不可以語言道也其凡一會公公未嘗不以此道相問至太庚戌之春會公于湖山語論方輟乃出紙命書進道之語置之座右於此益見公向道之志二十餘年不間然也自爾去公於淮瀆之表者三載聞公復以寺事見邀遽移棹而他之不期與公有生死之間於戲公福德人也而知道爲吾西竺聖人謂三界無別法惟是一心作惟公之福本乎自心而道亦豈外乎自心哉蓋知公之施田施心田也建寺建心寺也不違乎心而滯物者吾亡之所不取也

十三

苟會於心則心無施不施之異心無建不建之殊即寺與田皆公心外之影事而我住不住者又影外之影耳知公必不以此二其心也雖曰心外無田盡大地一園也心外無寺徧十方一刹也此田不待別有所施而檀波羅蜜念念出生此寺不待別有所建而大圓覺海處處成就於此雖彌勒釋迦無住持分況其佗乎審如是則知公於不思議解脫心中宴坐丈室獲正住持三昧現前入未來際種種受用如是具足是謂因該果海果徹因源者也其賴公知道之詳故紬萬千里敬持是說以告之非巧辯以惑公之聽也由是觀因池之華果列萬象之盤飧拈法界之鑪薰淪海門之晴雲奠公於不動真際之室公必以我說爲然也尚享

疏

續刊傳燈錄疏 芝巖西堂緣叔未竟而卒盧溪藏主募緣續刊

未生佛祖早傳此燈千七百人錯認浮光幻影不立文字乃有是錄數十萬偈聚成鐵壁銀山笑芝巖墮於死語而莫之所圖看盧溪別立生機而即之能了拈一華脫賺迦葉當時不解覆藏受三拜累及神光今日正宜揭露當有大木願全體作用之靈夢會見英擅與一言領荷之勝心共知印板上打來須向刀刃邊撥出正法眼洞燭聖凡悟迷之跡湼槃心鑑空生死情妄之蹤始編集於景德年間當流通於大元國裏話頭具舉註脚分明

十四

四祖寺重行求僧疏

溪邊尋女子投胎操心太切壁上倩秀才書偈用意不藏爭似我毫髮剃除便與它赤有

負荷然美玉精金固非易得而方袍圓頂豈是小緣一千七百則葛藤打歸自己八萬四千門佛事用報檀那

四祖接待菴募緣疏

隔江招手望廬山面目猶在半途别甑炊香領黃梅意旨不消一宿既是容身有地何愁具眼無人趂起水牯牛祖父田園從頭耕過提攜木上座毘耶摩藏彈指豁開從它知識來叅是我祖師見在前不遺村後不迭店諱問你船來陸來飢則喫飯困則打眠揔教它休去歇去一機拈副萬善同歸

沙德院化燈油疏

遍身汗下灼然從這裏得來脫體先生真箇是遮藏它不得爍破老瞿曇黃金面孔照開大檀度生鐵心肝瑪瑙階前滿地月搖松影動琉璃殿上四擱風颺茉花香即此光明是真供養

師子院化糧疏

天目山三十五年開拓水赴雲奔師子巖數百千指繞圍肩摩踵接擬向飯籮邊打發須憑筆端下施來倒廩傾倉萬斛珠光明璀璨考鐘伐鼓滿堂僧意氣崢嶸既灼然親遭雲斷咽喉肯諱道不曾咬破粒米鉢盂兩度瀌助我飽叅毛孔七日香報君多福

雜著

誡閒

世人未有不以閒散爲樂而共趣之逆聞其故乃曰昔嘗以榮辱是非累日與事物相交馳心志勞而形體瘁以至結於情想接於夢寐靜而思之人生幾何不得一日之安雖富貴奚益也由是一切棄之思欲行歌坐忘觀青天白雲以自放浪於事物之表或有避父師之訓厭身世之勞望治生如避水火必欲披塵遠俗以遂其閒余曰壯固勞形役慮也閒則坐消白日又何益於理哉二者皆欣厭之情妄耳故聖人有動靜二相了然不生之旨正不必厭此壯而欣彼之閒也余將直言之夫人欲學入世間之道苟不服勤勞役則事無貴賤皆無由成然悟世間虛妄欲究聖賢出世之道倘不忘餐廢寢則根無利鈍又何從而得之故雪山大士捨身命如微塵數事知識如恒河沙積劫迨今歷試諸難蓋欲示後學者知道之不易聞也故入世間則忠於君孝於親悉盡其義不可不壯出世間則親師擇友朝參暮扣以盡其道又不可不壯既盡其義又盡其道將見體如泰山之不動心等太虛之無爲豈一閒字可與同日語哉或入世不能盡其義出世不能盡其道惟孜孜以安閒不擾爲務而不肯斯須就勞者故聖人斥之爲無慚人凡有識者安肯負此無慚而復嗜閒於疎散之域也余故書此以爲投閒者之誡

存實

道人用心務在存實心存乎實雖頃刻萬動而不亂苟不存乎實須終日不用可也一用之則禍相繼矣謂實者何中也正也不欺也不偽也事無小大而不敢以私蔑公初無智愚巧拙之間也然人莫不有心心莫不有用當用心之際苟務智巧而不務乎實則愈巧而愈乖益智而益敗蓋實者乃天理之不可易者也智愚巧拙乃賦分之不可移者也惟聖賢所愧夫實不存乎心不愧夫智巧不居乎分何則能存實而用心使賦分雖愚拙然其存實之心初未嘗厭愚拙而悅智巧也久之不覺即其愚而智拙而巧矣即其愚而智真智也即其拙而巧天巧也真智絶思慮也天巧無造作也惟絶思慮無造作之智巧覩體與佛祖不傳之道相去無幾矣其存實之効有如此者且實者心之體也古云一實之道是也夫人終身背之而不能自返者蓋情欲蔽于中物境誘於外引起虛妄日夕遷流而不知息也世謂愚拙莫甚於此者孰智乎孰巧乎余未之見也

評恃

道不越乎正受謂正受者不受諸受也諸受既遣豈容復有所恃乎一有所恃則應念不居其正受矣既失正受則此心不能無謬焉是故恃勢則心日傲恃權則心日暴恃福則心日驕恃才則心日慢恃智則心日技恃術則心日詐恃貨則心日貪恃力則心日爲之很矣蓋心念無主隨其所恃而越之所越之途萬不同要皆謬亂之本也或謂權勢貨力粗有識者皆莫之恃世固有道大德備望重當世者恃之爲何傷對曰道大莫極乎明性德備莫越於利人使內有所恃則性不得而明外有所恃則人不得而利矣故聖人無爲而天下治無作而事功成無思而理通無取而用足蓋不自知其爲聖也苟存所知則亦恃矣實有聖人而自恃其道大德備者哉且道雖尊德雖貴猶不可恃況道德以降舉皆

虛妄或起心恃之是猶抱蛇虎而眠欲不遭其嗜嚙者余不信也

善人李生傳

余偶遊異鄉有傭工李姓者咸稱之爲善人因恠而問之曰彼傭工耳能博涉古今聖賢之事乎曰不能也彼必起居飲食有以異於人乎曰未見其異也彼必有才術智巧精於世乎曰無是也彼之言行必有以利於物乎曰俱非也然則稱其爲善人何耶乃曰若李生者惟受人辱而氣平與人作而工倍叹不識世間是非憎愛之習凡父母妻子親友里巷罵以侵骨無狀之事雖然交迫皆泛應之無難色人或不平以止之則曰惟恐不見徙耳雖死亦何所憚哉由是里中無老稚無貴賤知與不知見之皆稱爲善人余慨之曰彼一傭力耳天下之至卑賤者人尚不敢隱其德而稱之嗟今之居聖賢之廣居服聖賢之上服乃不思修身愼行而反責人之不己稱者較李生寧無慊於中乎　噫

蜂蟻

蟻穴於將潦之壤封壘之守愈堅蜂集於將割之房號令之威尤重其爲生也掠蕤花於蛛網之隙慕餘糧於馬足之閒投死於須臾脫身於僥倖惟靈知之性了然獨露於飛搖十八蠢動之表洞無隔越由惡習所蔽受此微劣之軀返不自覺人或嬰其芒撩其尾則欝勃之氣奮然見於橫趨直突之閒將盡其毒以剩之於戲惜哉殊不思即其奮毒之念直下與三世開士大解脫法觀體平等由昏迷之異則果報亦相須而遂矣豈特蜂蟻然哉聞聖人觀百億四天下如觀掌中之果今吾徒所居者乃四天下之一耳自暘谷之東至昧谷之西其中長山廣漠際空入雲不知其幾千萬里之遠使馳以逐日之蹄鼓以摶風之翮將盡其生而不能達其涯涘且一天下之廣也如是以六尺之軀位於其中曾不翅大倉之一稊米耳增一稊米而倉不加多減一稊米而倉不加少則其微眇可知矣遠乎苦樂之境倏焉變于前則欝然而憂憛然而恐怡然而喜奮然而怒馳騁聲色況滯愛憎其虛妄攀緣動搖形體猶甚於掠花之蜂慕糧之蟻也其遭蛛絲馬足之厄者窮劫迨今莫知其幾方將違順二風輕飄其念則驟然動其情雖風刀火聚橫于前亦不暇顧其含蓄十虛廣大靈知真覺之體由是而昧之又昧者矣悲夫使湛四大海清淨寶目觀吾徒之生蜂乎蟻乎何瞢瞢而不自息也

觀蝦蟆

記夏坐皖山偶立簷下忽蝦蟇趨伏蹬間驚畏喘息似依人者方疑其爲異徵而蛇至遇人而返蝦蟇驚喘猶未定忽有小蟲至其前乃起張口吞噬略不少貸於戲方畏蛇之吞已也其驚懼若此能推己畏死之心而及物安肯肆其吞噬如是之切耶於此洞見衆生迷昧之情曉如黑白噫夫人之逐妄處心積慮有甚於蝦蟇不能推己者遂述觀蝦蟆

十九

天目中峯和尚廣錄卷第二十六

天目中峯和尚廣錄卷第二十六

校勘記

一　底本，影印宋磧砂藏本。

一　五八二頁上三行「文」，徑作「祭文」。

一　五八二頁上一四行「雲南人」，徑無。

一　五八二頁下一三行末字「重」，南、徑作「熏」。

一　五八四頁上一一行末字「里」，徑作「閭」。

一　五八四頁上二一行「封壨」，徑作「封疆」。

天目中峯和尚廣録卷第二十七之上 頻七

參學門人北庭臣僧慈寂 上進

偈頌

幻住菴歌

幻住菴中藏幻質諸幻因緣皆幻入幻衣幻食資幻命幻覺幻禪消幻識六窻含裹幻法界幻有幻空依幻立幻住主人行復坐靜看幻華生幻果放還收捏勒幻繩騎幻牛時或住八萬幻塵俱捏聚時或眠一覺幻夢居四禪有時動幻海波翻幻山聳有時靜幻化光中消幻影可中時有幻菩薩來扣幻人詢幻法我幻汝幻幻無端幻生幻死幻涅槃淨名室内龜毛拂龍女掌中泥彈丸更有一則幻公案幻證幻脩須了辦莫言了辦幻云無只此無無名亦幻學人未達真幻輪動輙身心自相反幻心瞥爾生幻魔幻翳忽然遮幻眼陽燄空華乾闥城天堂地獄菩提名有問此幻從何起雲月溪山自相委要見董中幻主人認著依前還不是

十二時歌

玉兔走金烏飛百年影子空相追山翁兀坐禪床角使得人間十二時半夜子震旦㸃乾無彼此五白華貍叫一聲床頭老鼠偷心死鷄鳴丑僕僕起來伸兩手趂忙捉起赤斑蛇到頭却是佳茗當平旦寅眼空佛祖絶蹤覩斷送潭家窮性命一條白棒血淋淋日出卯獲得輪王如意寶散在春風百草頭三世十方何處討食時辰大開兩眼喪天真笑擘一鉢和羅飯十字街頭等箇人禺中巳赤脚波斯穿鬧市滿把驪珠撒向人醉倒玉樓扶不起日中午倒跨南山焦尾虎驚動溪邊石丈人一槌擊破虛空鼓日昳未也解隨羣并逐隊橫拈鐵笛向西風嗚嗚吹起斜陽外晡時申恣縱五欲生貪嗔驀前不見破木杓惡口小家兜四隣日入酉擘破面門呈拙醜還甚魔來與佛來一喝直教顛倒走黃昏戌那事一時都打失㩉滅空王殿裏燈且喜眼前烏漆漆人定亥淨躶躶兮赤洒洒取性長伸兩脚眠誰管桑田變滄海興麼去好好爭免全身墮荒草有人更擬問如何爾勒下生時却向儞道

道要歌 頻七

本色道人無孔竅不必問渠覓要口門未待鬼擘開機先已被虛空笑古今多少明眼人不怕羞慚惟絶叫強言一句有三玄又道一玄具三要從前公案既現成今日殺勤添草料第一要踏著麻繩兩頭動波斯疑是赤斑蛇白日青天把燈照第二要金剛眼上蝦蟇跳一槌擊碎獻空王元來却是新羅鷂第三要熨斗煎茶不同銚普賢失却白象王土地面前來討玟此語諸方耳共聞總解移腔并轉調直饒伎倆現盡時愈失自家真道要休將識量立蹤親肯信靈源無老少昆蟲尸佛早留心直至如今不得妙

皮袋子歌 并引

幻人枯坐次有皮袋子者見訪乃曰人以我具六用之根於順逆愛憎起諸倒見沒溺於生死海中莫之能脫而我嘗返思三世佛祖咸以我爲成無上道之具今不知果爲惡耶果爲善耶果能聖耶果能凡耶幻人乃歌以荅之

皮袋子佇聽幻人歌曰前法界名娑婆華言堪忍誰奈何浩浩湯湯搖世波百千皮袋暗消磨良由一念不肯瞥無明變見相交羅今日嗔明日喜朝榮暮辱何曾已幾回銜鐵并負鞍幾度腰金并衣紫窮也是皮袋富也是皮袋等屬陰陽相管帶忽然報盡共沉空夢裏何勞生捏怪人亦是皮袋獸亦是皮袋宰割烹炮誇手快昔相負兮今相償自買依前還自賣娘生皮袋不堅牢寒著迭還成又壞脆如泡薄如雲幻如陽燄輕若游塵倏忽起滅幾萬古積骨如山難比倫大皮袋小皮袋幾人嫌幾人愛嫌者爲因貧病攻愛者多緣身自在皮袋子教儞知通身是假盡世成非了知名業質妄業爲死魔四大蚖蛇同處一篋壞空成住變滅無時困甚時人不解事盡情放出貪嗔癡上天入地巧中巧暮寢晨興迷外迷朝飯飽午還飢熱搖扇冷添衣百計惟思巧護持偶乖調攝遍界求醫禱鬼祈神無感應客盃弓影生蛇疑男須婚女還嫁換面改頭呈矯詐忽然觸動利名心地獄現前都不怕只筭一期圖快心肯信鐵圍無縫罅誇文章說道理三教勝流誰不爾一朝學問夢魂消依舊打歸皮袋裏皮袋聽余眞實說舉心盡屬輪回業不思皮袋本來空茫茫弄巧翻成拙莫多知莫多會但有施爲都拽退不須禮拜與散花只此是名眞懺悔不思善不思惡兩種由來皆妄作不緣凡不緣聖聖凡盡是心王病不著悟不著迷迷悟何曾離有爲不貪生不畏死定業從教起還止皮袋

子空勞勞披毛帶角要做便做成佛作祖適高不高四聖六凡體元具十方世界目前包皮裕無情無喜怒頭頭盡是無生路但於見處不留情法王大寶親分付如來獲得意生身皮裕何曾隔一塵儞若區分成兩箇笑倒靈山會裏人

警策歌

三界塵勞如海闊無古無今鬧聒聒盡向自家心念生一念不生都解脫既由自己有何難做佛無勞一指彈此念即今拋不落永劫鑽頭入鬧籃名何名利何利一息不來成鬼戲愛何愛憎何憎慧者毫毛是火坑既無人還沒我儞見空花曾結果休辯是莫論非大夢無根總自迷生死無常繁變足莫待這回重瞑目翻身一抹過太虛展開自己無生國有何難有何易只貴男兒有真志志真道力自堅強力強進道如遊戲有何熟有何生是路何愁不可行拚得一條窮性命刀山劍嶺也須登亦無鈍亦無利剔起眉毛休瞌睡不破疑團誓不休寒噎寢食從教廢亦無鬧亦無閑靜鬧閑忙總不干如一人與萬人敵覿面那容眨眼看大丈夫宜自決莫只隨情順生滅今日不休何日休今朝不歇何朝歇况是叢林正下秋千門萬户冷湫湫叅禪必待尋師友敢保工夫一世休師禮自心師友結自心友除却自心都莫守縱饒達磨與釋迦擬覩早是成窠臼自己叢林到處興誰分村墅與州城脊梁三尺純鋼鑄肯聽堂前打板聲行也做坐也做尺寸光陰休放過心存少見失真誠意涉多緣成怠墮有般漢更獃癡文章今古要兼知叅禪設使無靈驗也解人前動口皮口皮動得有何好聽明只是添煩惱脚跟生死如未休千里萬里沉荒草穿馬腹入牛胎塗炭曾經幾度來此生幸作金僊子莫把繩頭易放開生同生死同死萬年一念當如是胷中能所兩俱忘境寂心空無彼此蹉口咬破鐵蒺藜出叢林也大奇休將萬里西來意黃葉空拳嚇小兒德山棒臨濟喝儘有神機都潑撒一千七百爛葛藤不勞動手和根拔心空及第真衲僧堪傳佛祖不傳燈照世光明只這是立地頂天誰不能到此時盡由我混衆獨居無不可團團一顆如意珠覺知聞見全包裹也無禪也無道也無解脫并煩惱三界明明大脫空凡聖悟迷何處討盡是從前眼自花然雖到此勿矜誇法壓見刺擺不脫畢足玄途鮮不差我語切切非眩惑志在同叅相警策五湖四海抱禪人若未到家無自畫

即心菴歌 并引

雲門福元通三上人遠逾萬里訪予窮山坐夏未了欲歸故鄉結菴為禪居以圖究明己事預乞為菴立名余以即心二字示之蓋大梅常和尚叅馬祖聞即心是佛一住空山誓不再出既有志於住菴當追古風以繼芳躅庶幾吾道之有望也乃為之歌曰

菴即心兮心即菴十方世界無同叅靈山四十九年說舌頭拖地空喃喃却笑少林言直指已是白雲千萬里未形言處鐵渾侖才挂口門都不是三箇道人歸故鄉秋江萬里秋風涼誅茅就樹縛閣屋即心二字懸高標心不自心安用即心即心誰辨的百億日月繞四攔光射銀山穿鐵壁一菴內外赤條條枯來總是心王苗龜毛束破混沌殼蒲團穿折虛空腰雲南即是西峯頂兩頭踏斷俱非境儞若無端喚作心依舊隨人認光影見地不脫還茫然已眼不透成虛捐只消豎起生鐵脊不拘歲月勤加鞭待伊徹得即心破是佛是魔俱按過等閑豎起箇拳頭住菴活計天然大

翠巖杭上人省師靈巖

萬法無根那伽非定擘開生鐵枷躍出琉璃穽杖頭挑起其中第一峯脚跟踏斷洪崖十尺井古靈背上血淋漓良駒豈待搖鞭影君不見抗之東海潮推出玉萬丈雷奔電激翻晴空不是境且非禪繞擬議路八千男子丈夫活鱍鱍肯受他家強塗抹好兒既不使爺錢草鞋跟底乾坤闊等閑失脚跨一步萬象森羅連底脫那時赤手走歸來好把虎鬚顛倒捋

寄實西堂

金鰲背上珠一顆爍破淮山青朶朶百衆人前玩弄時圓機錯落飛星火揭來照我青茅屋隱顯回旋看不足夜深翻轉碧玉盤直射斗牛光奪目胷中痛恨山頭老向曾奪我靈蛇寶無端落在他手中拋墮深崖𣗳荒草鐵蛇入海今其死抖擻空囊有些子覩體分明不一同髣髴依稀頗相似叢林日午打三更堂堂祖道皆縱橫何當傾出一栲栳免使男兒摸壁行

叅上人

靈山有一機少林有一語幻住不覆藏明明爲君舉那一機金烏啄破青玻瓈那一語玉兎踏翻紅馬乳慶雲上人知不知死生大事非兒嬉猛著精神拚命撥揺空情解捎階梯忽然失手攔柄脱屋頭有路如天闊步兮趨兮露堂堂進兮退兮活鱍鱍始知靈山一機狀如鐵牛少林一語不在舌頭生擒活捉兮奔雷走電高揮大抹兮倒嶽傾湫君不見黃龍古洞深無底山鬼吸乾金井水驚起泥蛇飛上天回首白雲千萬里

戒上人遊江淮

拄杖頭邊草鞋跟底踏倒萬疊淮山穿過千重江水秋風八九月白雲千萬里瞞瞞堆裏葛藤樁窣堵波前瞎號子會不會星明日麗照雙眸知不知石裂崖崩喧兩耳有佛處不得住毳袍滴瀝松露寒無佛處急走過古路岩羛淨如洗己躬下事總在目前向上一機道委不委諸方門户盡敲開究竟何曾離這裏

珙藏主化藏經 然一指

破一微塵出大千經不撥自轉通身眼睛明明字與義山河及大地歷歷文與科萬象自森羅三界揚眞旨古今曾未已白馬胡爲來何其十萬里爲憐半偈舍全身何當灰燼娘生指談笑推開大施門毘盧藏海波濤起但看煙霧濕溪麓拂拂香風動屏几琳琅數百函縱横千萬紙謂是一大藏金剛腦後鐵三斤謂非一大藏碧眼胡僧穿兩耳萬疊湖山擁翠雲渺渺湖光淨如洗爲君併作經上題以字不成八字不是

寄此道監寺

此道自來無改變城市山林總成現上而諸佛下衆生阿那箇人曾少欠遠經曠刦至目前今古何嘗隔絲線聲前不解便承當更爲從頭歌一遍靈山密付絶蹤親少室單傳無背面離陶鎔非煆煉一法何須分頓漸若於語默未忘情經書誤讀三千卷如過駒等流電德山屋裏販揚州臨濟堂前開飯店閑無閙見無見楊岐倒跨三脚驢盟官強索犀牛扇誰言佛法今下衰此道依前有靈驗滿眼滿耳非覆藏自是當人不能薦栖思張公洞裏老杜多活捉生擒如虎健死關既掩氣猶高彼此男兒宜自勵黑漆桶底如未穿幻影浮光休慕戀始終不放話頭寬何患工夫弗成片五蘊身中大脱空不用棄離并健羨有何貴有何賤驀揺持刃惡不惡羅睺沉空善非善境逢順逆謾依違緣遣憎愛無忻厭古廟香爐一條白練胸中寸寸結冰霜消落聖凡諸妄念始知萬法本空閑自心未了徒攀援等閑瞥轉目前機此時方愜平生願涅槃謾説安如山生死從教急如箭十方世界鐵渾侖觸著通身是方便拔出繫驢橛拈却吹毛劍打開荆棘林直入空王殿若教除却此道時更喚誰爲親法眷

送吉上人之江西下高峯和尚遺書

寒巖一夜風雷惡師子迸斷黃金索驊騮萬里追不回聲沉宇宙空山岳君今去去持此音十八灘頭探麟角君不見馬師一口吸西江波騰浪沸煙茫茫又不見集雲峯下四藤條雨洗風磨恨未消生耶死耶俱不道鐵壁銀山齊靠倒有問禪血淼溪華春正妍有問道兩岸夕陽對芳草千差萬別任縱横瞥轉一機何處討幺沙白紙脱或舉似時更須莫謗西峯好

別絶際

伊余十載交情懷若冰蘗一處最親千機莫測燒尾紅鱗躍九淵鐵脊金毛走深澤神駒十影謾追風眨得眼來天地隔君不見長沙岑大蟲訇訇一嘯爪牙直凜凜崖谷生陰風又不見潙山水牯牛山北山南水草足掣斷鼻繩誰敢收我亦非牛子非虎休將爾汝論今古明朝拄杖各西東男兒豈肯埋塵土何當横擔片板抹過那邊更那邊拈一毫頭吞四海吸百川興雲致雨生風煙始知造化只此是慶快何止三十年

開爐日示祖上人

祖道迢迢祖風寥寥祖師心印七花八裂祖翁活計瓦解冰消林下相逢禪者爲言祖意何蕭條尚有祖關嵎起千七百丈高何當一拶百雜碎從佗大地空牢牢風雨閉門十月朝死灰撥盡相向無聊祖堂氣焰不炙手祖庭積雪空齊腰爭如自斫一把青榾柮聊對祖燈深夜燒

坐禪箴 并序

夫非禪不坐非坐不禪惟禪惟坐而坐而禪禪即坐之異名坐乃禪之別稱盡一念不動爲坐萬法歸源爲禪或云戒定是坐義智慧即禪義非情妄之可詮豈動靜之能闚故知不離四威儀而不即四威儀也

乃爲作箴箴曰

叅禪貴要明死生死生不了徒營營至理不存元字脚有何所説爲箴銘或謂叅禪須打坐孤硬脊梁如鐵作如一人與萬人敵散亂昏沉休放過或謂叅禪不須坐動静何曾有兩箇楊岐十載打壓勞險絶祖關俱透過坐而不坐心外馳摩袛搽袴空勞疲釘樁搖櫓消白日心空及第知何時不坐而坐志還切寸懷鰻鱺難教擊説到無常與死生眼中不覺流鮮血如是坐如是禪不勞直指與單傳寬著肚皮只麼守誰管人間三十年如是禪如是坐蒲團七箇從教破拍盲志氣無轉移肯把身心沉懶墮禪即是坐坐即禪是一是二俱棄捐話頭一箇把教定休將識鑿并情穿坐禪只要坐得心念死今日明朝只如此若是真誠大丈夫一踏直教親到底坐禪不怕坐得多百歲光陰一剎那老爺喫乳如大海爲要掃空生死魔坐禪豈可爲容易莫把聰明遮智慧千七百則爛葛藤何用將心求解會坐到坐忘禪亦空吐詞凌滅少林宗只箇渾身也拈却未待口開心已通有志坐禪須與麼若不如斯成懡㦬便拌性命也嫌遲大事因緣非小可擬將此作坐禪箴不特自欺還謗我

天目中峯和尚廣録卷第二十七之上 頻七

十來

天目中峯和尚廣録卷第二十七之上

校勘記

一　底本，影印宋磧砂藏本。

一　五八五頁上二五行第五字「佳」，[徑]作「生」。

一　五八六頁中六行「當如是」，[徑]作「常如是」。

一　五八六頁下四行末字「厭」，[南]、[徑]作「壓」。

一　五八六頁下一三行末字「十」，[南]、[徑]作「千」。

一　五八六頁下二五行第五字「自」，[南]、[徑]作「目」。

一　五八七頁上五行第一三字「情」，[徑]作「晴」。

一　五八七頁上一四行末字「熏」，[南]、[徑]作「裹」。

一　五八七頁中一八行「順逆」，[徑]作「逆順」。

一　五八七頁下二七行第一四字「盡」，[南]、[徑]作「蓋」。

一　五八八頁上二二行第一一字「便」，[徑]作「更」。

天目中峯和尚廣録卷第二十七之下　上進

參學門人北庭臣僧慈寂　上進

三十七下之廿八合卷

偈頌

送斷崖禪師遊五臺

五臺山在天之北，師子吼處乾坤窄。我見曾解師子鈐，擬向山中探幽賾。文殊老人雙眼黒，一萬普賢滿坐碧苔石。只憑倒卓鐵蒺藜，一齊趕入無生國。諸子去時誰繼踵，盡將五臺攝入草鞋雙耳孔。虛空藏貯赤斑蛇，笑看秘魔巖石動。歸來說與傍人知，德山臨濟皆兒嬉。今生元無佛與祖，說手拗折烏藤枝。坐斷高高峯頂那一著，鐵山鐵壁人難窺。翻思少林九載面空壁，千古萬古知誰知。信手拈起一莖草，總是金毛師子威。

扣皖山隱者

野人原上十五里，寒崖白日啼山鬼。萬峯重疊路回旋，半間茅屋青松底。老僧荷鋤入煙霞，滿林搖落朱藤華。燒田種寨粟，斷地栽胡麻。雲根撥笋澗底芽茶，糞火深埋煨芋種。砂鍋爛煮黃菁芋。人謂隱者閒不足，何故山翁事驅逐。山翁笑指溪上桃，庭前竹來風幾度更新綠。香巖不作靈雲死，徒有是非喧兩耳。爭似儂家百不知，從教少室分皮髓。

送僑都寺監收

世上共言人種田，不知却是田種人。但見烏頭看田水，俄然白骨埋黃塵。轉眸又作烏頭子，依舊重來看田水。田水洋洋似笑人，入死出生元是儞。農夫見說心欲折，歸來翻轉犂頭鐵。不耕田水耕虛空，不種青苗種明月。虛空可耕明月可種，先以智犂後以定驅白牛。露地生擒回，即此用兮離此用。大千撮來一粒粟，鉢飯摶歸香積國。靈山問訊老瞿曇，福慧由來二俱足。有問禪，兩堤楊柳含青煙；有問道，一片斜陽卧芳草。江頭裊裊搖世波，古岸移舟宜自保。

送燈副寺監收

松江江上莊，中底萬廩千倉，且非米粒。翁一片鐵石心，歲去年來磨不已。粒粒盡是金剛圈，粒粒盡是鐵彈子。出生勝妙性功德，轉入恒沙福無比。莫教拋散一粒在路傍，莫教誤入一粒歸自己。勿欺一粒如此微，塵沙法界從茲起。焦唇談口鬼亦嫌，輪回業果無終始。撥開罪福異路行，一點真燈光萬里。照開蓮華峯頂還佛場，伐鼓考鐘宣要旨。歸來重把籌看，妙用神通只此是。

秋夜述古

蛩聲唧唧鴈聲嚦嚦，病葉落空階，清籟鳴空隙。客來叩我白雲房，三遶禪床振金錫。玄音落落不覆藏，更加一語成痕藉。擬來此處尋聲跡，萬里秋空有何極。丈夫何事不肯休，直欲桑天起荆棘。九載少林窮的的，一宿曹溪浮逼逼。假溪流水香嚴擊，切忌隨他那邊見。良由眼聽與心聞，疾焰過風俱莫及。咸音那畔空劫前，底事何曾異今日。幻住道人都不識，柴扉盡掩千山碧。寒沙落底露沉沉，煙外數聲牛背笛。客既無言我亦休，橫眠一覺青茅席。夢裏忽聞蕭騷淅瀝，何處生覺來元是山雨四簷聲滴滴。

留別馮居士

片片秋雲飛瑟瑟，秋風吹團團秋月白英英。秋露垂，道人挑起七斤山衲衣，回首萬里外，復見青山歸。倚松卧石飲溪飯，藜糲空佛祖口掛壁。從教四海相追隨，珍重長安市上長者子，莫教貪著五欲樂住火宅如兒嬉。大白牛車在門外，轉身便可縱橫推。莫教推不動，墮在途轍中。我有鐵鞭懸屋角，不勞揚影行如風。君如要見我鞭影，大江日夜流天東。

贈鏡堂一洲二座主

鏡堂之鏡不照象，草木雲煙自消長。一洲之洲不容物，清波浸瀾虛空骨。夏蘭握手登西峯，江湖盡謂來更宗。天台少林共一舌，禪關教網俱相通。有問教，古鏡堂前風浩浩；有問禪，一洲風靜波影圓。生死輪回機不破，教禪總是心王禍。道人論實不論虛，肯爲世間閒見墮。西風兩袖下崖我，七尺烏藤拂莽蒼。長安市上眼前事，不墮周身毛孔多。門呵呵與塵與塵一外，不知洲際遶空爾奈鏡光何。

送聞上人歸南山

己躬下事作麼生，木人笑倚青蘿龕。己躬下事如何委，瞬目白雲千萬里。上人念念扣己躬，去年橫錫來西峯。眉毛厮結住一載，己躬下事深如海。秋風吹動碧海門，己躬下事俱休論。婆婆世界浮漚幾，出沒銀山鐵壁元無根。靈山密付少室單傳，不立文字已墮言詮。己躬下事俱不然，當機非道亦非禪。一塵擺却四大海，一步跨開三禪天。南山突兀幾千仞，青松翠竹麼蒼煙。極目歸程遂藤，己躬下事嘗不嘗，脚未跨門先轉身，重來共看中秋月。

船居述懷

道人行處無途轍，賈得船兒小如葉。終朝縮頸坐逢窻，闇見覺知俱泯絶。往來解纜橫大江，逆風衝破千堆雪。或行或住人莫猜，兩岸中流靡經涉也。無撓可撑也無棹可舉，更打船舷俱不許。古帆未掛天地空，森羅萬象忘賓主。或隨順水下前灘，西天此土無遮攔。古今千萬箇佛祖出没，浪花誰共看。我船有時撐不動，藏在蟭螟眼睛孔。我船有時撓不回，五須彌頂波濤湧。我船不載空，百千奇貨皆含容。我船不載有，毛髮更教誰納受。說有說無誰辨的，問著篙工都不識。但見海東紅日曬灣來，柳西斜月穿蘆席。有時四面雲雨收，波光萬里沉虚碧。當處不知我是船，亦復不知船是我。勿將空有論蹤觀，船與非船無不可。歸去來，是甚麽？推開淫浪望雲頭，突出好山青水綠。

火記并引

皇慶壬子冬，巘舟于滙海洪福院側葛茭蘆縛屋丈許以居。越五日，工畢。道者煨柮櫪以乾壁土。至後夜，丙丁童子逸出簷外而火之，實十月二十七夜四鼓也。因思先師居龍須山時亦有此事，故書偈以記之。

新縛茅屋壁未乾，頭陀不耐冰霜寒。盛把十斛真珠殼，床頭午夜俱煨殘。舞馬潜蹤穿屋角，獰捲葵蘆鳴爆爆。河神禁水凍不開，星焰騰輝射窻廓。頭陀跳出虚空外，摸著虚空無向背。須臾對月掃寒灰，發明幻住真三昧。緬想龍須炙壁時，造物端若重吾欺。雪礀九年生鐵脊，於斯寧敢忘先師。又憶當年老婆子，縱火偷心元不死。驚回枯木倚寒巖，是非涉入見童耳。我生五十未曾親，見火燒屋但聞水底火發，燒破無生國，虚空撥出死柴頭。手撐十丈龜毛束，幻法由來無斷續。尺地不妨重十樂，一把茭蘆又縛成。滙海依前青鎣目

天目中峯和尚廣録卷第二十七之下　五

天目中峯和尚廣録卷第二十七之下

校勘記

一　底本，影印宋磧砂藏本。

一　五八九頁中二〇行「秋空」，徑作「秋風」。

一　五八九頁中二二行末字「見」，南、徑作「覓」。

一　五九〇頁上二行「逢窻」，南、徑作「篷窻」。

一　五九〇頁上二五行「爆爆」，徑作「嚗嚗」。

一　五九〇頁上二七行第一三字「住」，南作「任」。

天目中峯和尚廣録卷第二十八

參學門人北庭臣僧慈寂　上進

偈頌

幽居鬧市聲

驊騮萬毛下蓋覆物與人五更幾夢覺眼底
秋復春側耳白雲巖鬧市喧埃塵二毛轉鬢
脚白日迷天眞疾驅生死岸獨立人我濱少
壯習輕肥老大成貪嗔英雄與才智紛紛復
紜紜浮光自苦樂幻影徒寬親一念不返照
萬刦歸沉淪良哉美丈夫好景休因循混沌
鑿七竅開合俱淪淳肉團裹枯骨枯骨藏靈
津靈津忽散滅太虛包一身太虛亦妄見塵
復諸苦輪瞠目視乾坤云胡而不仁乾坤不
加對萬象俱横陳輪與寒山子時時笑眼新

即事十首

一刻復一刻每日數盈百過去等河沙未來
積塵墨忽忽若跳丸遑遑如轉息當處絕蹤
由瞬目天地牖

一時復一時非速亦非遲歷涉幾千載循環
十二支金雞催曉箭鐵馬報春旗誵老云能
使眞成戲小兒

一日復一日金烏無路出團團三界圈密密
兩儀窩諸佛不露影衆生是何物要擬覓玄
門苦哉咄咄咄

一旬復一旬那事逐時新圖寫虛空相雕裝
混沌身祖庭深白雪佛海黯黄塵一句無生
話誰將污口唇

一月復一月那箇知時節走殺老兔精埋深
繁壓概再閏十三圓小盡廿九缺少室不傳
機渾命都漏泄

一年復一年談笑歲華遷夢裏轉做夢廓中
更入廓迷時猶海隔悟與正天懸眼底無行
路才方好著鞭

一紀復一紀流光如逝水佛國徒有名人海
元無底一息忽平沉萬死從頭起當處不回
眸祖庭空側耳

一世復一世三際無碍記過去不可追未來
信相繼十方不二門萬法眞三昧彼此皆丈
夫緣何猶不會

一生復一生把手共誰行耕破識田識灑乾
情海情色色猶非色聲聲豈是聲自從開見
絕觸處是無明

一刦復一刦那知幾生滅觸髏鑽得空皮袋
打不徹生死有異方涅槃無秘訣火急要相
應一塵元不隔

示行堂

至道常湛然萬古絕成壞良由妄想生輪回
三有界曠刦至今朝展轉償宿債超越在精
勤況論由斷息操發貫平常言行休捏怪去
除雜語言掃蕩關知解一箇死話頭悟來方
爽快挑包打十方有利而有害大事不思惟
前程何所賴殺勤無汝知古人曾有誡自在
不成人成人不自在莫隨眼底貪嗔癡換却
如今好皮袋

教禪律總頌四首

聽教欲奚爲思同佛祖齊機前空境觀句外
脫筌蹄見不離文字心常滯水泥縱饒華雨
墜還是法中迷

參禪須致悟不悟總虛搘啓口猶知解存心
著妙玄五宗雲蔽月二派管窺天更覓西來
肯何時得正傳

劍律歸何事畢防毀犯心念空眞獨磨情盡
正持任作止沐從背依違雪滿襟遮那曾未
委羼絆去來今

生死依情妄輪回事可嗟鼎分元有礙壁立
更無差脩學水中月講明空裏花當機如未
皆三者謾諠譁

次會菴懷淨土十首　并序

永明和尚以禪與淨土揀爲四句謂有禪
有淨土無禪無淨土有禪無淨土無禪有
淨土特辭而辨之乃多於淨土也致業禪
側者不能無惑焉或謂禪即淨土淨土即
禪離禪外妄有淨土可歸離淨土豈有禪
門可入審如前說則似以一法岐而爲二
矣不然教中有於一乘道分別說三永明
之意在焉會菴和尚宗禪之師也效古作
懷淨土章句辭達而意明語新而思遠使
人讀之曾不加寸念咸置身於純白蓮華
之域豈尚異耶蓋變體說禪亦善巧方便
之略耳本素昧禪學尤踈淨行披味至再
不覺於一毫端戲成偈以贊韻腳云

惟禪惟淨土非下亦非高設爾章群品何曾
間一毫妄情終自訾悲願肯辭勞誰信泥犁
底常光雜俊髦

十萬億何迂回光即有餘惟心操一實自性
孕千虛易簡超群作高閑越太初古今玄達
者誰不欽倚歟

純白蓮華土高賢每共論有心皆是佛無地
不名坤截斷輪回路掀翻解脫門眼聲并耳
色逆順總承恩

千聖體無差彌陀即釋迦擬心猶擣影動念
若恒沙刹刹寶絲網塵塵車軸花那知孤露
客具此大榮華
慈親與法利似貫綫如商帆截貪癡海華吠
戒定香信心人易入愚手難雖志嘉覽方存
念音書已到鄉
飯食經行外觀光倚玉樓風微天樂奏波靜
水禽遊寶網珠常曉瑤階樹不秋一從心地
印頓契絕馳求
稽首黃金父眉間玉毫橫昔年曾去國今日
幸聞名衆寶天常雨纖塵地不生大慈無
限那肯禁人行
萬德芬陁利人間現一枝祥光分奧處靈瑞
發時時月滿水精網藕香雲母池笑迎諸勝
友頭我到何遲
故家名極樂清淨凜冰霜直捷超三觀優游
讚六方覺花含古色靈草照春陽樓閣雲天
外雙雙彩鳳翔
砌額望慈親相違幾度春靡志三際業根剩
一閑身失路難逃妻還家豈是真西天并此
王元不間纖塵

閱林間録有感

林間編此録深夜剔殘燈業命微如線人心
冷似冰祖庭空積雪古路不逢僧追跂前賢
歡思歸一念增

禮四祖真身塔　九來

九拜曉龕前追思獨慨然真身無日壞此道
有誰傳古岸橫秋水空山起暮煙幾多西祖
意寂寞在江邊

天目中峯和尚廣録卷第二十八

天目中峯和尚廣録卷第二十八

校勘記

一　底本，影印宋磧砂藏本。
一　五九一頁下二六行第二字「千」，徑作「十」。
一　五九二頁上二一行首字「王」，南、徑作「土」。

天目中峯和尚廣録卷第二十九

參學門人北庭臣僧慈寂　上進

偈頌

寄同參十首

本來成佛非他得不信分明是自欺一箇主人翁既失萬生皮袋子難醫具沉相續幾旋塵劫愛交纏業識溺泥未肯懸崖親撒手不知辛苦待何時

自從昔日昧天真擬箇無明寄轉深因業受身身造業由心起境境生心輪回劫是經塵劫脩證何曾惜寸陰生鐵秤鎚牢把手莫教東海又平沉

脩行須是用心真心若真時道易親迷悟二途端在我是非兩字莫隨人黃金猛與鑄有脊白騃常教生口唇漆補舊然義自脫心花開發少林春

法界何曾間自他見聞知覺眼中花衆生心佛三無別煩惱菩提兩不差嬾備老翁臨濟喝惑他兒女秘魔叉低頭更擬求玄解十萬經途未是賒

即心是佛佛惟心三際同時絕古今將佇思閒駒過隙擬承當處鼠偷金柏盲杖向聲前領脫略難於句下尋早不立成男了志驢年方會弃投鍼

今古奔趨幾象龍禪禪禪直是心空二宗得旨非南北五派歸根絕異同得馬還牛開口鼓啜凡鉛聖假神通苟非真實超玄者端的難教振祖風

即心是佛大家知涉境難教絕順違既悟且言無戒律不迷安得有貪癡閉門説路語何

一

直出戶親行步却遊故國前來真到者萬般施設總非宜

如來禪與祖師禪一手猶分掌與拳既得傳燈時忘直指巳拈華處便單傳爲馬成馬今古是黃葉爲金古亦然未具照空生死眼爭教仰不愧龍天

相逢盡説做工夫誰做工夫何所圖不是坐忘消白晝豈應高臥守清虛多生情愛情難遣積劫輪回業未除不做一回親斷斷空將名字掛江湖

十方聚會號同參半入叢林半住菴大法不明宜自護靈源透欲誰甘識田塞斷泥牛

二

甯心地熏開優鉢今日伊余容易別牛頭自北馬頭南

示玄鑑講主二首并引

雲南鑑講主知有教外別傳之旨越一萬八千里而來西湖自相見至相別恰三載一日尋我客中夜話湖山間因舉宗門下數段陳爛葛藤不覺咬斷拇指臨別戀戀不欲徹其罷犯且放過一著異日抵匡廬而之故鄉却不得出露醜惡被人叫罵而累及我也就以二偈贈之

狂心未歇爲禪忙萬八千程過遠方畫盡目前三頓棒擇開腦後一尋光陳年故紙渾無用今日新條亦頓忘見説雲南田地好異時歸去坐繩床

衲僧用處絶羅籠撥著渾身是脫空礙破一塵如有旨摽開萬象見無蹤德山棒臨濟先死良遂敲門路已窮積劫塵勞忽吹盡黑龍潭下五更風

爲蕭除夜

茅屋三間冷似冰灰頭土面十餘僧掃除自己閑枝葉不打諸方爛葛藤就手揭開新歲曆和光吹滅舊年燈頂門別具摩醯眼越死超生似不曾

夢幻泡影總頌五首

三

夢中做夢日悠悠究竟何嘗有斷頭槐國既無分晝夜漆園那復論春秋半窗月吐三更影一枕風含萬古愁不識有誰曾獨醒揭開宇宙縱雙眸

幻本非生非不生實無而有政縱橫纖塵靡積乾城聳消滴那容焰水傾火宅長年機未息雪山午夜道初成讒將凡聖開分別把手同歸一路行

泡因雨點激平川脫出規模顆顆圓倏有忽無彰起滅隨成即破示抽添山河窟裏虛玄殼法界深藏空寂圈却笑幾多兒女戲重重撲碎又依然

影子從來不離身惟於光外獨分真日中疾走誠難避水底深探豈易親三界昇沉蹤巳舊四時遷謝跡方新古今多少英靈者曾不遭迷有幾人

三界何人得暫離六如處處未相違捕風吹網人皆笑逐色隨聲自不疑迷所以迷知幾刦墮之又墮更多時不能彈指超無學擬剔眉毛巳是遲

贈譽壽藏

斷斷雲根鬭古基船墻低護石樓危既知身後有終日肯信目前無了時夜雨一窗熬課曉春風千里燕銜泥到頭共熟黃粱夢哭送

斜陽欲恨誰

次韻荅盛秀才

風月何緣事苦吟擬將英譽壓雞林幾回立盡三更月一字搜空萬刦心夢裏忽驚霜入鬢梅邊不覺淚沾襟可憐半世聰明種甘爲浮詞又陸沉

送禪者歸鄉二首

直下本來無一事謂言無事早相欺輪回不翅三千刦履踐何拘十二時竹筧引泉聲滴滴松窻來月影遲遲市朝見說黃金貴誰買青山種紫芝

湖海饑經三十年無端一念憶生緣夢中復做還鄉夢禪外重叅遊旅禪踏碎暮雲投古寺衝開積雪望炊煙狂心未向機前歇濫目家山轉曩揞

船居十首已酉舟中作

世情何事日囂塵做箇船居任所之豈是畸孤人共棄都緣疎拙分相宜漏篷不礙當空掛短棹何妨近岸移佛法也知無用處從教日炙與風吹

水光沉碧駕船時疑是登天不用梯魚影暗隨篷影動鴈聲遥與櫓聲齊幾回待月停梅比或只和煙繫柳西萬里任教湖海闊放行收住不曾迷

人在船中船在水水無不在放船行藕塘狹處拋篙直荻岸深時打棹橫千里溪山隨指顧一川風月任逢迎昔過年外棄蘆者未必曾知有此情

大廈何知幾百間爭如一箇小船閒隨情繫纜招明月取性推篷看遠山四海即家容幻貿五湖爲鏡照衰顔相逢順逆皆方便誰暇深開佛祖關

家在船中船是家船中何物是生涯檣栽兔角非干木纜繫龜毛不用麻水上浮漚盛萬斛室中虚白載千車山雲溪月常圍繞活計天成豈自誇

一瓶一鉢寓輕舟溪北溪南自去留幾逐斷雲藏野壑或因明月過滄洲世波汩汩難同轍人海滔滔孰共流日暮水天同一色且將移泊古灘頭

散宅浮家絕所營閑將行色戲論評煙蓑帶雨和船重雲衲衝寒似紙輕帆飽固知風有力梔寬方覺水無情頭陀不慣操舟術幾失娘生兩眼睛

爲問船居有底憑渾無世用一慵僧拋綸擲釣非吾事舞棹呈橈豈我能轉柂觸翻千丈雪放篙撑破一壺冰從教纜在枯樁上恣與虚空打葛藤

懶將前後論三三端的船居勝住菴爲不定方真丈室是無住相活伽藍煙村水國開最供月浦華汀放晚叅有客叩舷來問道頭陀不用口喃喃

船無心似我無心我與船交絕古今漚未發時先掌柂岸親到處不司鍼主張風月蓬三葉彈壓江湖艕一尋衮衮禪河遊殆遍話頭從此落藂林

山居十首六安山中作

胷中何愛復何憎自愧人前百不能旋拾斷雲脩破衲高攀危磴閣枯藤千峯環繞半間屋萬境空閑一箇僧除此現成公案外且無佛法繼傳燈

三尺茅簷聳翠岑去城七十里欲欽誰同趣入忘賓主我自住來空古今雪硐有聲泉眼活雨崖無路辭痕深爲言海上叅玄者養主癡頑勿訪尋

行脚年來路轉多爭如縛屋住嵯阿有禪可悟投塵網無法堪傳遂世波倫果黃猿摇緑樹銜華白鹿卧青莎道人喚作山中境已墮淆虚物外魔

觸處逢山便做家秖緣甘分老煙霞盧都脣嘴生青醭蒼直形骸上白華四壁光吞蓬户月一瓶香熟地爐茶茍非意外相知者徒把空拳竪向佗

數朶奇峯列畫屏參差泉石暢幽情青茅旋曬尖頭屋黃葉頻煨折脚鐺雲合暮山千種態鳥啼春樹百般聲世間出世閑消息不用安排總現成

一住空山便厮當兩忘喧寂與閒忙但聞白日銷金鼎不見青苔爛石床印破虚空千丈月洗清天地一林霜客來不用頻饒舌此事明明絕覆藏

閑雲終日閑棲泉海上同叅到者稀白髮不因栽後出青山何待買方歸搬藤論老投深穽雖鬢智郎墮險機要覔住菴人住處擬心難免涉離微

見山渾不厭居山就樹誅茅縛半間對竹忽驚禪影瘦倚松殊覺老心閑束腰懶用三條篾扣已誰叅一字關幸有埋塵甎子在待磨成鏡照空顔

頭陀真趣在山林世上誰人識此心火宿篆

盤煙寂寂雲關窻攏月沉沉塵懸有軸長生畫瀑響無絃太古琴不假脩治常具足未知歸者漫追尋

千巖萬壑冷相看不用安心心自安識馬乍收離慾廐情猿難使去玄壇竹煙透屋蒲龕密松露沉空龕衲寒此意山居人未委未居山者更無端

水居十首 東海州作

道人孤寂任棲遲跡寄湖村白水兩四壁煙昏茅屋窄一天霜重板橋低鷺濤拍岸明生滅止水涵空示悟迷萬象平沉心自照波光常與月輪齊

水邊活計最天然物外相忘事事便門柳每招黃蝶舞岸莎常襯白鷗眠雨蒸荷葉香浮屋風攪蘆華雪滿船不動舌根談實相客來何必竪空拳

縛箇茅菴際水涯現成景致一何奢野塘水合魚藂密遠浦風高鴈陣斜道在目前安用覓法非心外不須誇一聲鐵笛滄波裏煙樹依依接暮霞

年晚那能與世期水雲深處分相宜芰蒲繞屋供晨爨菱藕堆盤代午炊老岸欲隳添野對廢塘將種補新泥無心道者何多事也要消閑十二時

漚華深處寄幽棲閒見天真分外奇一桅香吹紅菡萏四簷光浸碧琉璃繞圍雲水盈千衆攔嚌虛空遣二時幻住藂林無間歇苟非同道欲誰知

雲漫漫又水漫漫新縛茅龕眼界寬儘有池塘堪著月且無田地可輸官四時風味人誰得萬頃煙波我自觀却恐客來爲境會閑門收在一毫端

住箇茅菴遠市塵東西南北水爲隣風休獨露大圓鏡雪霽全彰淨法身波底月明天不夜爐中煙透室常春閑將法界圖觀看心眼空來有幾人

水中圖畫發天藏不到無心孰可當雪谷春深沉玉髓冰壺夜永泛銀漿洞然圓湛融三際廓爾淨明空八荒縛屋且依如是住難將消息寄諸方

水國菴居最寂寥世途何事苦相招去村十里無行路隔岸三家有斷橋數點鴉聲迎暮雨一行魚影漲春潮陳年佛法從教爛豈是頭陀懶折腰

極目瀰漫水一方水爲國土水爲鄉水中縛屋水圍繞水外尋蹤水覆藏水似禪心涵鏡像水如道眼印天光水居一種真三昧只許水居人厮當

鄽居十首 汴梁作

古稱大隱爲居鄽柳陌華衢閒管絃畢竟色前無別法良由聲外有單傳錦街破曉鳴金鐙繡巷迎春擁翠鈿覿面是誰能委悉茫茫隨逐政堪憐

綠水青山入眼塵心空何物可相親既無世務堪隨俗却有鄽居最逼真月印前街連後巷茶呼東舍與西隣客來不用論賓主篆縷橫斜滿屋春

足跡無端遍海涯現成山水不堪誇市鄽既可藏吾錫城郭何妨著我家四壁虛明連棟月數株紅白過墻華見聞不假存方便只麼隨緣遣歲華

山居何似我鄽居對境無心體自如手版趣傾樓上酒腰鈴急送鋪前書沉沉大夢方純熟擾擾虛名未破除白日無營貧道者草深門外懶嫌鋤

起滅循環事若何萬般粧點苦娑婆榮膺廊廟三更夢壽滿期頤一剎那朧月樓高門巷求賣花聲密市橋多頭陀自得居鄽趣毎笑前人隱薜蘿

鄽市安居儘自由百般成現絕馳求綠菘紫芥攔街賣白米青柴倚戶收十二時中生計足數千年外道緣周苟於心外存諸見敢保驢年會合頭

山根水際我嘗諳特地移居逼閙藍人影紛紜方雜沓市聲撩亂政沉酣千樓燈火爲標準萬井笙歌作指南却喜頭陀忘管帶無邊法界是同參

山居却似苦無緣既不居山學隱鄽新縛蒲團侵市色旋移禪板近人煙庭華日暖藏春鳥欄樹風高噪晚蟬一鉢普通年外意誰同共潤心田

鄽居不費買山錢溢目風光意自便逐日騂騮蹄踏弄晴蝴蝶翅翩翩見忘境不須頻遣執謝心常合本然如是住來知幾劫難將消息與人傳

市鄽卜築道何親物物頭頭契本真微有得心魔所攝擬存住念鬼爲隣招提禁夜鐘聲近閭巷催年鼓吹頻三世如來諸法相一回新又一回新

次韻潘土題真際亭

高亭結搆標真際體共雲林一樣閑山勢倚天忘突兀水聲投澗自潺湲伽陁迴出言詞外海印高懸宇宙間佇看凭闌人獨醒又添公案入禪關

雙髻峯有懷高峯和尚剏菴於此

雙髻雲深古道危不來夜半叩柴扉六年感事成遺恨寂寞空山啼子規

題佛母堂

熱鐵洋銅地獄坑褐胎今日又重生青梅山下人無數誰解門前掉臂行

雪竇送友

子規啼血染山華拄杖頭邊興轉賒眼底迢迢皆客路草鞋今夜脫誰家

贈桃溪法華經會

一會靈山曾見不聲前句後莫輕酬碧桃溪上三更月龍女明珠夜不收

贈鐵山道人禮補陀

脚跟下鐵山萬仞眼睛頭白浪千尋不於這裏承當去更要重叅觀世音

送澄上人之江西

大江西去水無垠澄不清兮攪不渾一吸直教乾到底莫將涓滴上人門

題廬山佛手巖

清淨身中金色臂匡廬疊疊曉雲開為人蓋手無伸處且聽勞生空望崖

丐者堂失火就死者數人

乞兒男女苦相煎撥得無明火現前一夜渾家都喪却死枯髏上不生煙

題十六尊者揭厲圖

十六高人去就輕天台南嶽任縱橫不知著甚麼死急箇箇拖泥帶水行

次韻酬李仲思寧相四首

晴雲萬壑衣群山崖瀑千尋落樹間定裏鶯傳王駕至秪應來奪老僧閑

歸鞭未舉且婆娑平地須知險處多休把世間名字相累佗巖穴病頭陀

物我遷流興未痕正圖誇勝與爭奇道多妹裏真慈父也把空拳嚇小兒

機裏藏機復見機秋霜點點透征衣話殘夜燈三更月又約天雲擁毳歸

晦室

千燈不照六窻寒光影俱忘始解看三萬二千人去後至今門户黑漫漫

逆流

出源便遇打頭風不與尋常道術同浩浩狂瀾翻到底更無消滴肯朝東

藏山

等閑撥轉太虛空百億須彌不露踪盡大地人尋不見是誰收在一塵中

送空藏主禮高峯和尚塔

三尺毒蛇潛古洞一堆白骨鎖寒雲石樓夜半開猶咨只待衝冤負屈人

贈鄱陽裁衣李生

番水一條生白線廬山半幅舊青羅李生提我裂裟角補得渾侖不大多

客中聞訃

訃音遺我客床頭話到輪回鬼亦愁肉眼未空今古夢滿天霜月矖枯髏

太古

七日莊周才鑿破百千諸佛未投胎衲僧一箇閒名字端的親從那畔來

次韻酬潙海東待　制四首

無言童子拂香臺報道長沙學士來爛煮摘皮砂罐吟幾年生意喜潛回

雄談博辯振玄音莫把黃銅喚作金脫略語言文字外方知佛祖只傳心

西天日頂望錢塘佛與衆生共一航六月火雲飛白雪是誰觸熱是誰涼

兎鑪燒盡栢根香筆債何須苦用償幸有頑空文字在披衣終日坐茅堂

別友十首

色空明暗遮雙眼地水火風周一身八萬四千閒妄想江南江北幾多人

世有百千閒日月人無一點好身心知他爲甚麼邊事添得茫茫業海深

一死由來對一生了知迷悟不多爭如何蕭地栽荆棘白日青天沒路行

千里路行千里馬一重山隱一重人都緣昧却從來底日夜紛紛輥六塵

佛與衆生共一家了知法性等無差何緣白日隨他去特地新栽眼上花

世間只是許多事更要如之與若何盡大地人剛不省前婆娑又後娑婆

烏兎兩丸虛跳躑象龍千里謾追尋誰知優鉢曇華種當處出生無古今

十方世界鐵渾侖順逆橫開不二門更向是非中薦取何妨無佛處稱尊

憎愛是非情易營山河大地跡難收故鄉人寄并州剪拈起虛空也斷頭

十虛圓裏一身天遺裏何曾異那邊勿謂去

來無管帶道人行處合如然

天目中峯和尚廣録卷第二十九　十三末

天目中峯和尚廣録卷第二十九

校勘記

一　底本，影印宋磧砂藏本。

一　五九四頁中一行末字「暇」，南、徑作「暇」。

一　五九四頁下六行第五字「路」，徑作「事」。

一　五九五頁上一九行「滄波」，徑作「滄浪」。

一　五九五頁下二〇行第一五字「雲」，徑作「雪」。

天目中峯和尚廣錄卷第三十

參學門人北庭臣僧慈寂　上進

偈頌

擬古德十可行

宴坐

竟日巍然萬慮忘脊梁節節是純鋼待教七箇蒲團破却與空生較短長

入室

鐵鄉橫按著油幢叱咤神威孰敢當若是定乾坤好手到來那肯犯鋒鋩

普請

我扣應緣便來區區運水及搬柴爲憐遂隨群者伸手從人覓草鞋

粥飯

兩度煩他展鉢盂舌頭誰不辨精麁醍醐毒藥渾休問粒米還曾嚙著無

洗衣

通身脫下笑提攜一片雲霞浸碧流父雨不晴難曬晾從教張在屋簷頭

掃地

蕩盡從前垃圾堆依然滿地是塵埃等閑和柄都拋却五葉曇華帶上開

經行

當胸叉手去還來多少閑求踏破鞋金地遶旋知幾帀老僧一步不曾擡

諷經

薩怛他了衆慶提浩浩潮音播口皮清磬一聲齊側耳子規啼血滲花枝

禮拜

紫金足下寶華壇多少人來展布單既自倒時還自起不知誰是扃門寮

遺話

團團相聚大爐頭商略溈山水牯牛一語忽投人拍手滿天霜月下西樓

示妙上人五首

撲轉面門着不識瞎開眼孔佛難窺一條性命先拌却要做心空及第人

參禪渾似齩生鐵齒破唇枯一青休力盡忽然和口破舌頭拖地始風流

三條椽下睡魔塞七尺單前散亂坑笑倒僑陳如上座驢年將命賺平生

工夫切勿墮空閑念念拌身透祖關一剎那間成斷滅依前鐵壁又銀山

上人試熱不留情和我先師共箇何似也吹無孔笛教他千里外聞韻

寄玄鑑首座四首

妄談般若罪無涯頂上先擔生鐵枷[illegible]身驅滴滴令人追憶老[illegible]

十萬八千家未達六根四大幾時[illegible]翻眼裏瞳人看當體滑消佛與魔

叢林衣鉢不堪憑少室兒孫汲路行肚裏有禪須吐却莫留毫髮誤平生

山中無路不須來病足難禁著草鞋寸步本難言見了如何具箇到忘懷

無隱

眼見耳聞元不瞞青明夜暗絕商量本來感現何多事切忌當機自覆藏

古田

七佛如來陳佃戶五千餘卷[illegible]熟黃雲老多少兒孫自不知

偶成十首

簷頭密布蜘蛛網砌下高堆曲蟮泥達磨眼睛渾不顧尋常讀作一聯詩

秋雲片片秋空闊秋葉沉沉秋雨寒林下對人難曬眼眉毛終日不曾乾

五色花貍與赤斑南泉拭眼動慈顏太阿斬斷虛空骨白血橫流滿雪山

青鞋布襪道人家兩眼何曾背著華鉢裏忽逢砂一粒無端彈破半邊牙

眼前何是復何非好把龜毛一貫之撞著燈籠穿不透是非築殺老闍黎

睡到五更無箇夢離根壁底亂蛩吟夜來拾得識酸鹹擊在床頭鼠不侵

起引來勾要到官吏曹磨勘事多端誰云數出囚人口得箇驢兒便喜歡

宿雨洗空三伏暑曉風吹動一天秋四時遷謝承誰力疑殺溈山水牯牛

一掐秋砧幾樣聲爲憐深夜最堪聽老婆腕力無多子斷續渾如擣不成

挂帳不須尋閑日出行何用揀良時了知蚊蚋非他物家舍途中百事宜

省菴

一聲幽鳥到窗前白髮老僧驚晝眠走下竹床開兩眼方知屋外有青天

定叟

爲人散亂現威儀千刦渾如坐片時白日未曾經動著西風吹白兩莖眉

警世廿二首

多生業累入胞胎合水和泥與壓來極目境緣遮道眼未知何處得忘懷

舉心盡屬輪回業動念無非生死根要與太
虛無向背常吞一箇鐵渾侖
聰明盡解諸家語英俊横吞四庫書違箇念
頭如未瞥口開都是費分疎
貧窮致賤富生驕等是無明火自燒倏忽報
緣顛倒轉方知一點不相饒
貪榮冒寵日怱怱行到窮途興轉濃半點便
宜非外得無端鬬殺主人公
違之則怒順之歡天下人情没兩般肯信順
窮還逆至眼開休把自心瞞
夢眼未開重做夢青天白日黑漫漫塞高峯
是無邊盡不識何緣轉自瞞
四序循環暖復寒獼猴深戀六花村耳聲眼
色曾無暇念念那知是死門
把一片心迷得盡又於迷處起規模自纏自
縛誇能所笑倒西天碧眼胡
飢來喫飯冷添衣三尺之童也共知一箇話
頭明歷歷如何開眼恣愚癡
口喃喃地說青黃自謂高才壓當行話著主
人公分上到頭一點不承當
衰殘忽忽二毛斑鶴骨雞皮遊又酸老與病
來呈伎倆笑他皮袋有多般
紫綠牽引入娑婆百歲光陰一剎那換面改
頭無了當野田添得髑髏多
髑髏未冷氣猶抽尚把青銅照兩眸將謂百
年多少事徒增幻海一浮漚
茶傾三奠授三奠一箇髑髏燒不朽業識又
續皮袋去鐵人聞也骨毛寒
火焚水浸與沙埋白骨曾經幾度來早不回
光休歇去又如何要巧安排

三百六十段骨節東拄西撑豎又横不做一
回枯得盡又來行了又來行
男兒不肯受人欺意氣英豪也大奇衣底有
珠渾不顧萬般都是喫便宜
一條大路如弦直開眼人人摠現前彼此不
知緣底事更無人肯賦歸田
閻羅王是眞彌勒向鑊湯中轉法輪覷到聖
凡情盡處直教無法可相親
愛網空虛欲海乾千門萬户是司南塵塵與
塵相親者方不謬稱除饉男
生死且無僧與俗性眞那有悟和迷伽陀寫
寄同条者杜宇聲乾日又西

天目中峯和尚廣録卷第三十

元故天目山佛慈圓照廣慧禪師中峯和尚
行録

禪師諱明本號中峯杭之錢塘人俗姓孫母
李氏夢無門開道者持燈籠至其家翼日遂
生師神儀挺異具大人相繈褓便跏趺
坐能言便歌讚梵唄凡嬉戲必為佛事九歲
喪母讀論語孟子未終卷已輟學年十五決
志出家禮佛然臂誓持五戒日課法華圓覺
金剛諸經夜則常行困以首觸柱自警居近
靈洞山時登山顛習禪定甫冠閱傳燈録至
菴摩羅女問曼殊明知生是不生之理為甚
麼却被生死之所流轉有疑已而沙門明山
者指師往条天目高峯和尚妙公高峯孤硬
毅冷不假人辭色一見師然欲為祝髪師以
父命未許高峯曰可舉聞夜多尊者出家因
緣喻汝父勿自沉溺未幾誦金剛般若經至
荷擔如來處恍然開解由是内外典籍皆達
其義趣而師自謂識量依通非悟也時年二
十有四實至元丙戌歲也明年從高峯薙染
於師子院又明年受具戒又明年觀流泉有
省即詣高峯求證高峯打趁出既而民間訛
傳官選童男女師因問曰忽有人來問和尚
討童男女時如何高峯曰我但度竹篦子與
他師言下洞然徹法源底隱沉衆中人無知
者於是高峯書眞贊付師曰我相不思議佛
祖莫能視獨許不肖兒見得半邊鼻且併条
徒詣師請益衆由此知皈淮僧了證嘗問高
峯諸弟子僧孰高峯曰若初院主等一知半
解不道全無如義首座固是根老竹其如七
曲八曲惟本維那却是竿上持新篁他日成
材未易量也壬辰松江瞿公霆發施田二百
七十頃即山之蓮華峯建大覺正等禪寺元
貞乙未冬十一月高峯將遷化以大覺屬師
師辭推第一座祖雍主之大德丁酉師登皖
山遊廬阜至金陵戊戌結菴湖州弁山學者
輻湊師雖拒之而來者愈衆庚子結菴平江
鴈蕩阜既將遂成法席癸卯瞿公堅請師還
住大覺師力辭避之時吴興趙公孟頫提舉
江浙儒學叩師心要師為說防情復性之旨
公後入翰林從遺問金剛般若大意師答以
略義一卷公每見師所為文輒手書又畫師
像以遺同条者乙巳師還山塔高峯塔丙午

領所子院至大戊申
仁宗皇帝在東宮賜號法慧禪師已而乞會
向具因謝院事己酉道儀真卽船以居庚戌
衆請還山今兵部尚書鄭公雲翼時僉淛西
廉訪司事候師餘杭問法師推明經世出世
之學以荅之詞見語録辛亥師復船居吳江
陳子聰建順心菴請師開山旣而渡江擬遊
少林至波隱其名僦城隅土屋以居僧俗爭
相瞻禮皆手額曰江南古佛也皇慶壬子結
菴廬州六安山江淛省丞相奉書訪問師去
之東海州癸丑瞿公霆發以兩淛運使慫師
還吊其喪公之子時學奉宣政院疏復請師
住大覺師舉首座永泰代已泰欲承嗣師師
俾泰嗣開先一山萬公蓋以院易嗣其來久
矣聞師之風者莫不多之丞相延師私第懇
請住持靈隱禪寺師固辭中書平章又請曰
師之道德孚於人者博矣宜順時緣住一剎
以恢張佛祖建立之心無多讓也師曰夫住
持者須具三種力庶不敗事三種力者一道
力二緣力三智力道體也緣智用也有其體
而闕其用尚可爲之但化權不周事儀不備
耳使道體純粹便神異無彝雖緣與智亦奚
爲哉或體用弁闕而冒焉居之曰因曰果寧
無慊於中乎某然其實故不敢尸其名平章
知師意堅弗敢強師辭以末疾還山中延祐
丙辰春
上命宣政院使整治釋教距杭期入山候謁
師聞避之鎮江丁巳冊陽縣均建大同菴延
師居之戊午衆請還山九月
上顧謂近臣曰　朕聞天目山中峯和尚
道行久矣累欲召之牽輙遜謝其有疾不可
戒道宜褒寵錫之其賜號佛慈圓照廣慧
禪師并錫金襴袈裟仍　勅杭州路優禮
外護俾安心禪寂改師子禪院爲師子正宗
禪寺　詔翰林學士承　旨趙公孟頫撰
碑以賜　特贈高峯和尚佛日普明廣濟
禪師先是駙馬太尉瀋王王璋遣參軍洪鑰
賚書幣叙弟子禮期請
上命南來叅叩己未秋九月王奉
御香入山謁師草廬咨訣心要請師陞座爲
衆普說師激揚提唱萬餘言王復求法名別
號師名王以勝光號曰真際王因建亭師子
巖下以記其事至治壬戌行宣政院虛徑山
席強師主之師貽書院官卒不就結茅中佳
山將終焉山北距西峯三十里重溪複澗穿
徑崖險捫蘿薜冒豺虎繼白隨禮無虛日師
憫其跋涉尋歸草廬十月
英宗皇帝特旨降香并賜金襴僧伽棃
詔行宣政院官覲諸山　宣諭恩意時江
淛省右平章今丞相荅剌罕脫歡公命理問
官阿散偕院官行乞師法語中書叅知政事
敬公儼亦嘗通書問法其略
天子大臣所知遇蓋如此師每斥學者只尚
言通不求實悟常曰今之叅禪不靈驗者第
一無古人真實志氣第二不把生死無常做
一件大事第三拌捨積劫以來所習所重不
下又不具久遠不退轉身心畢竟病在於何
其實不識生死根本故也凡見學者輒問曰
汝喚甚麼作生死或者茫然無所加對或者
謂生不知來處死不知去處是生死師曰便
饒知得亦生死所知亦是生死又或指一念
忽起是生一念忽滅是死師曰離一念起滅
亦生死也是說皆枝葉耳非根本也夫根本
者性真圓明本無生滅去來之相良由不覺
瞥起妄心迷失本源虛受輪轉以故迷之
則生死始悟之則輪回息盡根本乎
妄也當知山河天地明暗色空五陰四大至
於動不動法皆是生死根本若不曾向真實
法中脫然超悟更於悟外別立生涯不存窠
臼豈惟向生死岸畔劃腳或纖毫不盡未免
復爲勝妙境界惑在那邊起諸異想雖曰曉
了其實未然惟有痛以生死大事爲己重任
者死盡偷心方堪湊泊直下倘存纖毫許善
惡取捨愛憎斷續之見則枝葉生矣可不慎
苦誨之激勵後學皆此類癸亥春一日師自
叙其出家始末曰六旬幻跡每見禪者作務
則曰汝種蔬欲爲誰噉耶汝負舂欲爲誰炊
耶師蓋已有去世意至六月十五日折簡大
用上座曰幻菴向秋決作離散計繼書偈門
人幻者朝死夕化骨便送歸三塔若停龕祭
奠諷經入祠做忌一切佛事不許拘世禮也
復條示師子寺惟以放下身儉克究初心慎
守開山明訓令法久住之意又遺誡門人其
略曰佛法無汝會處生死無汝脫處汝喚甚
麼作佛法任以百千聰明一一把他三乘十
二分教千七百則陳爛葛藤百氏諸子從頭
註解得盛水不漏總是門外打之遠說時似
悟對境還迷此事向道無汝會處汝轉要會
轉不相應莫見與麼說便擬別生知解直饒
向千人萬人摸不入處別有生機總不出箇

要會麼妄念情具太信根叩己躬下真參實悟乃能荷負若作荷負想依舊没交涉當知衆生結習濃厚無汝柰何處汝若無力處衆只全身放下向半間草屋冷淡枯寂丐食鶉衣且圖自度亦免犯人苗稼作無慚人所以道佛法無汝會處生死無汝脫處斷會不得又脫不得但向不得處一捱捱住亦莫問三十年二十年忽向不得處驀爾撥透始信余言不相誣矣越十日師示疾有來省者師曰幻住菴上漏旁穿籬坍壁倒不可久住也語笑如平時學者強師服藥師謝之曰青天白日曲徇人情耶揮去僧有告歸其門者師曰

十

何不過了八月十五日去至十三日手書遺別外護仍寫偈遺別法屬故舊十四日晨作復寫偈辭衆曰我有一句分付大衆更問如何無本可據置筆安坐而逝停龕三日身體溫輭顔貌不少變有禪者乞剪爪髮供養誤傷指端血津津出如生時道俗數千人舉全身塔於寺西之望江石先是其年春灤陽山中大木皆摧折若世所謂木稼者識者異之至於歿之日白虹貫於山之巔師生宋景定四年歲癸亥十一月二日世壽六十有一僧臘三十有七初侍高峰于死關日作夜坐脇不沾席勵精勤苦誦詠無怠逾十年親承記莂退而藏晦以住山交聘避走南北所過輒成寶坊俗率自化海內學者望風信慕識與不識皆尊之曰大和尚家繪像而敬事焉其來晴禮絡繹載道祁寒暑雨遠無虛日每壞溢山寺至無以容其道德所被上自天子萬里延慕屢欲召至　闕庭而卒莫之能致也王公大人北面事師而鄉道者傾動一世下逮屠沽負販優伶工伎厮輿暴悍之徒師一真慈相與隨宜說法未嘗以高下貴賤而尊易諂瀆之也得師半偈不啻重寶戎藏師所薙髮甎塵舍利有疑謗者一接言容無不還善焉師外護遠至西域北庭東夷

十一

南詔接踵來見南詔沙門素闍教觀東來問法寔自玄鑑始鑑嘗於師言下有省繼而曾福等五比丘畫師像南歸至中慶城四衆迎像入城具光從像燭天萬目仰覩翹勤傾信由是興立禪宗奉師為南詔第一祖師之法量汪洋辯才無礙至於悲願誘掖諄諄誨諭户屨日滿一無倦容故登師之門者如泛重溟不測涯涘如飲醇酎不覺醉忱及其勘辨學徒決擇心法無假借慎許可凛凛然如秋霜烈日嚴不少貸其為文信筆萬言了不經意而其辭必歸於警昏瞶明宗旨闡義解顯正悟極於第一義諦而後已若夫立身倡道每視古德前言往行或有缺漏輒為嘆息而師之行事則不蹈其失墜也故師之立言示訓非其素履而躬踐者則終其身不言也至於退恬遜名根于天性清苦自持尨矜細行大覺師子二寺由師克成及奉　勅撰碑師不惟不肯涉分寸功并其名字亦不肯與於其間也隨所寓草創菴廬皆曰幻住又因以自號焉嘗陸沉痾渴膚腠汗腐有遺細葛襲衣者受之終不衣也遊淮汲井汲艱遠遂終身不復類浴闢說人過失則俯首不答凡傳記語涉攻訐毀訾則掩卷不觀僧有臥疾者則濟以湯藥而躬其進道僧有省親者則旋以明法而勉其孝養師嘗撰楞嚴徵心辨見或問一卷信心銘闢義解一卷山房夜話一卷幻住家訓一卷擬寒山詩一百首總題曰一華五葉復撰金剛般若略義一卷別傳覺心一卷東語西話一卷門人集師遺文曰東語西話續集二卷語錄十卷別錄十卷並傳于世師之自序略曰余初心出家志在草衣垢面習頭陀行以胃服田衣抱愧没齒平昔懶退非矯世絕俗蓋以文字則失於學問參究則闕於悟明尋常為好事者之所攔道蓋報緣之偶然耳於戲師秉大悲願力為法檀度觀時適宜隨機應物如摩尼珠無有定

十二

色為未證得謂證得者說我無悟由為求名聞利養者錮曉巖谷為毀犯律儀者演毗尼法為滯前塵而溺多聞者闢知見海導以正悟為圓機者直示向上師皆以身先之而不事夫空言也然一心平等泯絕去來不留朕跡槩非常情所得而窺測也每念師出處言行或承之於家訓或見之於行事或徵諸耆宿或質諸遺文謹敘次而錄之繢繪以景像求師者也其不可以景像求者又烏得而盡紀也耶泰定元年八月甲子法弟比丘祖順錄

塔銘

有元勅賜智覺禪師法雲塔銘

奎章閣學士院侍　書學士翰林直學士中奉大夫知　制誥同脩　國史兼經筵官臣虞集奉　勅撰

天目之山有師子巖高峯妙　禪師居之設死關以辨決參學之士望崖而　退者衆矣得一

人日本公是爲中華和尚師生有異徵爲童兒嬉戲必爲佛事稍長閱經教然指臂求佛甚切晝夜彌勵困則首觸柱以自儆期必得乃已及入死關密叩心要誦金剛經至荷擔如來阿耨多羅三藐三菩提處恍然開解而師自謂所證未極勵精勤苦諸缺無怠及觀流泉乃大發明師亦閱而不聞自是說法示 十三 人縱橫該貫如千江一源奔注放溢莫之能禦累千百言應問無礙隨其根器廣爲策勵世推以爲大辯焉高著將戢化權遂書眞讃屬諸師云我相不思議佛祖眞能覩而許不肖見得半邊鼻其授受不虛若此著書五篇曰山房夜話曰擬寒山詩曰楞嚴徵心辯見或問曰信心銘闢義解曰幻住家訓名曰一華五葉集後著金剛般若略義一卷別傳覺心一卷東語西話三卷語錄十卷別錄十卷盛傳于世

仁宗皇帝聞而聘之不至製金紋伽梨衣賜之號之曰佛慈圓照廣慧禪師賜師子院名曰正宗禪寺

英宗皇帝亦封香製衣即所居而備敬焉駙馬太尉瀋王王璋嘗使人從師聞法意以爲未足請於

上親往見之既見攜亭牽前曰眞際表得法也三藏法師沙津愛護持必剌牙室利遊方時亦嘗從師參詰翰林學士承 旨趙公孟頫每受師書必焚香望拜與師書必自稱弟子行省丞相別不花行宣政院使張閭諸達官尤加敬服每徵山靈隱虛席必以待師師固不受乃已轉運使瞿霆發以大覺寺奉師亦不受師踰淛絕江渡淮泝汳至淳舟以居而避去之從之者如雲北極龍漠東涉三韓西域南詔之人遠出萬里之外莫不至焉所至結菴一名曰幻住信施金幣重寶交至一視之邈如也師相好魁碩見者贊歎皆畫像事之南詔人有奉其像歸者使出神光燭天其土感悅遂篤信禪宗云時人爲之語曰師秉大悲願力爲法檀度觀時適宜隨機應物多諸方便如摩尼珠無有定色爲未證得謂證得者說戲無悟由爲求名聞利養者鉛晦巖谷爲毀犯律儀者演毘尼法爲妄認法塵以資狂解者道以正悟爲闇機者直示向上 十四 師皆以身先之而不事夫空言也而師方自以爲文字失於學問參究關於悟明尋常爲好事者所稱蓋報緣之偶然耳翩然爲退休之計噫師之高邁過人遠甚而謙抑如此所以爲不可及也師諱明本宋景定癸亥歲生錢塘姓孫氏年六十一僧臘三十七 大元至治癸亥八月十四日化於其山東岡之草廬有訣別書偈識門人勿行世俗禮而門人及遠近來弔者哭師哀甚聲動山谷遂奉全身葬于西岡之上而塔焉後七年天曆己巳正月甲子

聖天子使翰林學士承 旨領國子監事阿隣帖睦耳召臣集至便殿命之 若曰其賜謚與塔名而汝集爲之銘俾其門人善達密的理刻之山中臣集再拜而言曰

國家崇尚佛乘至矣而近日禪學之弊以覺識依通爲悟明以穿鑿機緣傳授爲參學以險怪奇語爲提唱以破壞律儀爲解脫以交結靑達實緣據位爲出世方便惟和尚傳佛心宗卓絕不倚弘闡玄猷痛斥禪病以救末法其高識遠見淳德實行法量汪洋辯才無礙東南一人而已請謚曰智覺禪師塔曰法雲銘曰

巍巍楞伽 上極無際 大雄善喻
著無上義 達摩之東 憂言多窮 十五
獨此不遺 曰心之宗 是故妙師
高蹈天目 右海左江 以表邈嶠
師子巖巖 置死爲關 孰當吾鋒
有造無還 惟幻住叟 登中據最
示則絕學 無依無外 千偈翻瀾
夫豈好言 昏蒙錮深 扶提孔艱
如彼淫疾 勝邪益愛 有大醫王
爲出一手 燔砭塗摩 擣嘗鍊烹
紛然百爲 因病以生 疾除醫已
言亦如是 得本不迷 何有一字
悲願深弘 智覺所悖 愛職度人
贊乎法雲 法雲彌天 有蔭斯溥
暢于 皇風 求塡終古

天曆二年八月 日師子正宗禪寺

當代住持臣僧了義建

有元普應國師道行碑

集賢直學士太中大夫兼 經筵官兼

國子祭酒宋本製文

禪自少林指心單傳十一傳而爲臨濟玄玄十七傳而爲雪巖欽欽當宋之季而其道明濬光潔嗣其法者夥矣而獨得一人焉曰高峯妙公妙於欽諸子得法最先而其道最爲卓絕後登天目之西峯見其山高林深便卓

錫巖石下書石作死關而居之閱暑寒十七年不跬步出關外方是時尊教抑禪欲由江右召至錢塘授審戒妙方遺世子立身異巖扃目瞪雲漢何止空四海於一瞬也哉其大弟子得兩人焉一曰斷崖義公一曰中峯本公義當其用以推揖于本公故公獨以其道爲東南末法倡公示寂之十二年當元統二年

天子賜號普應國師仍以師所著書曰天目中峯和尚廣録三十卷賜之入藏　勅詞臣序於書之首其徒狀事礱石請於余曰吾師身栖谷巖名聞　廟朝

仁宗皇帝嘗製衣降　詔一再遣使入山致禮賜號佛慈圓照廣慧禪師其受業師子院改陞師子正宗禪寺　勅翰林學士承旨具興趙公譔碑以賜

英宗繼明寵賚如之逮

文宗臨御師已入寂賜諡智覺禪師塔曰法雲之塔塔之銘詩并序文今奎章閣侍　書學士青城虞公奉　勅譔恩言寵數可謂至矣然吾大僧自唐以來有封國師者降及五季亦有尊之爲其一國之師者至於宋有區域幾四百祀僧之顯者班班輩出然未有尊封國師者今吾師遭遇　聖明遂膺寵典自非總其實如唐名僧道行碑則將何以章殊恩顯異數敢叩首以請余謂名公卿其殁則有碑蓋因公室禮得用碑以葬子稱國宜而不去遂以銘其德行爲今大沙門尊封國師其葬雖異於定而其名行勸之金石孰曰不宜謹按行録師諱明本錢塘人姓孫氏母李

師時夢無門開道者寄龍鐙其家而生師師生有至性既不好弄而好誦梵唄結趺坐年十五輒然臂持戒誓鄉空寂因而閱傳燈錄有疑志在參訣遂登死關妙髮長不薙衣弊不易孤峭嚴冷未嘗一啓齒而笑亦未嘗輒爲其徒剃落獨見師便驩然欲爲祝髮普已知爲大器焉久之誦金剛經恍若開解者師自謂識量依通雖於義趣無不貫解然非悟也已而薙染給侍死關天目於東南諸山最高寒廩粟壑材非飛輓不能至其上師晝服力役夜事禪定十年脇不沾席後於妙言下機旨洞契妙以其克肖書偈付之俾衆歸之師益自晦未嘗肯以師道自任也然而玉在山珠在淵其光氣自不可掩況審之以諸詠重之以記莂哉至元間松江瞿霆發施田建寺於蓮華峯號大覺正等禪寺妙將還化以寺屬師師辭師每謂住持者必無上大道其力可以開明人天夙植福緣其力可以蔭結徒衆明智通變其力可以酬酢事宜故凡住持必道爲之體而緣與智爲之用有其體而缺其用雖或化權不行事情不備猶之可也使無其體而徒衒其用則雖處衆而衆歸制事而事宜亦不足言矣況三者併缺而冒焉尸之者其於因果能無懼乎於是五山缺主席宰相大臣拜致書幣屢以爲請師皆力辭至於窮崖孤洲草栖浪宿屏遯其迹而避去之然而四方學者北殫龍漠南極六詔西邇身毒東窮榑桑裹糧躡屩萬里犇走而輻湊赴師者遠無虛日南詔僧玄鑑素明教觀辯博英發每曰吾聞大唐有禪宗使審是耶

吾將從其學使或未當吾將易其宗旨而俾遊教觀由其國來一聞師言便悟昔非洞法源居方圖歸以倡道而歿于中吳鑑之徒畫師像歸國俾出神光燭天南詔遂易教爲禪奉師爲禪宗第一祖至治三年春天目山木稼其徒之老異之秋八月癸酉師遂入寂即山之西岡塔其全身未殁前一日遺別其外護并法屬一一皆師手書殁之日白虹貫山師於是世壽六十一僧臘三十有七年矣余嘗使江南聞師所至四衆傾慕香茗金幣拜禮供養委成寶坊而師一衲一單未嘗斸目人念其豐肌暑月接獻葛衣以細絺昔師一不以近其體從可知已師雖屢辭名山以自放於山林江海解膝猶恐包笠從然結茅以居一皆名曰幻住嘗圖禪板畫作夜禪規程條章并井森列儀榮慎嚴如臨千衆至於激揚提倡機用爲霆變之者瞻喪聞之者意消而其大致則深惟世降道離諸方禪者裨販佛祖爲可痛心每謂其教傳佛心宗單提直指寧有所謂授受哉寧有所謂言語像解哉故師於其教法欲救其弊而樂其病師皆以身先之若師之於物洪纖高下鉅細後先拒之而不遺應之而不攜人徒見其發於慈願真誠而不知其一一以身教而臨事決定言也以故當世公卿大夫咨識如敬君咸鄉濟慎如鄭君鵬南才藝如趙君子昂一聞師之道固巳知敬及接師言容無不歡慕終其身江浙丞相脫驩公敢號嚴重讀師法語便欲稱董釋高麗瀋王以天屬　懿親萬里函香登山稱禮趣詞人曰吾聞人多矣未有如

師福德最勝者獲師開示佛涙感發於戲師
躬已以究其道豈有毫髮于世意哉然而其
名不行而至其道不言而信自非行解相應
聲實一致允克當于師之位永久益章而弗
昧者抑亦何以致此哉𢌿爲銘詩傳之其徒
昭示不朽若師所著書其目見塔銘茲不書 十九

詩曰

天目於山擅弘貴　兩峯高鑿帝青雲
孤撣行坐虎豹羣　延敵死關駐孤軍
神機觸著身火焚　灌以甘露洗垢氛
有幻一人奮鼓旗　正令一下千騶馳
定目不睹轅門麾　摩尼寶王鎮輪持
如日始出搏桑枝　光雲照耀千須彌
崩騰輳赴無中邊　百舍重趼走莫前
來者驗汗命髮縣　幻以鑪鞴烹金鉛
其出躍冶流炎煙　不缺則折非龍泉
𢌿復鍛擣而煉烹　奚肉爾骨死以生
醍醐上味投寶餅　藥香珠幢帝網纓
一一芬馥而光明　聞師何由執神樞
一切入一亦無餘　陰裨　國程輦
皇圖
天子南面味道腴　號尊
五朝恩光贊扶輿　賜書入藏闢蒙昏
國師章異恩
揭若日月行晛輪　又如大海涵乾坤
俾人盡證眺耶門　正宗的的萬子孫
億刼師言永長存

謝
降賜中峯和尚廣錄入藏并封號國師表
皇帝福廕裏大普慶寺臣僧善達密的理誠
惶誠恐昧死謹言臣善達密的理昧於
元統二年正月初十日不揣
天誅以臣先師天目中峯和尚明本廣錄
三十卷
進呈乞
賜入大藏與經律論並傳廿六日欽奉
聖旨頒降廣錄但有藏經印板去處刊板入
藏流通
詔文林郎藝文監丞条檢校書籍事臣揭
傒斯序於其書之首仍
賜臣先師明本號曰普應國師欽此臣中謝
伏聞道匪言傳况
一佛心宗之旨理由事顯非百家世諦 二十
之譚明大用於機先振玄猷於語于伏
念臣先師明本身栖巖谷言滿寰區當
禪林搖落之秋孰爲依庇住覺海圓明
之域獨任流通故其徒雖默默其纍而
其道必言言後聞於是以廣長舌樹光
明幢攪江海作醍醐飲者量足奏風水
爲韶濩聞者意消師子絃響絶衆音摩
尼珠體非一色蓋以力扶其宗教量圓
上達於
宸聽蒙
乙覽之清光加　國師之殊號復頒
朝旨賜列藏函
寵煇山林
恩融泉壤此蓋欽遇
皇帝陛下道隆
聖統心契
覺皇
離圖似黄金輪常持四天下沙界如實
珠網交現重光中世昌釋子之正宗日
劝封人之三祝臣無任瞻
天望
聖激切屏營之至謹奉表以
聞臣善達密的理誠惶誠恐昧死謹言
元統二年六月　日大普慶寺臣僧 二十一終
善達密的理　上表

天目中峯和尚廣録卷第三十

校勘記

一 底本，影印宋磧砂藏本。

一 五九八頁上二行「上逩」，南、徑作「上進」。

一 五九八頁上一二行「般柴」，南、徑作「搬柴」。

一 五九八頁中三行第八字「啇」，徑作「商」。下同。

一 六〇〇頁上八行第四字「波」，南、徑作「汲」。

一 六〇〇頁上九行「王子」，南、徑作「壬子」。

永嘉集序

起九

唐慶州刺史魏靜述

閱夫慧門廣闢理絕色相之端覺路遙登跡勝名言之表悲夫能仁示現應化無方開妙典於三乘暢眞詮於八部所以發揮至賾懸梵景於昏衢光闡大猷汎禪波於欲浪是以金棺掩耀玉毫收彩孤標靈鷲之英獨負成麟之業者其唯大師歟大師俗姓戴氏永嘉人也少挺生知學不加思幼則遊心三藏長則通至大乘三業精勤偏弘禪觀境智俱寂定慧雙融遂使塵靜昏衢波澄玄海心珠道種瑩七淨以交輝戒月悲華耿三空而列耀加復霜松潔操水月虛襟布衣蔬食忘身爲法愍傷含識物物斯安觀念相續心心靡間始終抗節金石方堅淺深心要貫華憼潔神徹言表理契寰中曲已推人順凡同聖則不起滅定而秉護四儀名重當時道扇方外三吳碩學輻湊禪堦八表高人風趨理窟靜往因濤宦觀承接足恨未盡於方寸俄赴京轂自爾已來幽明遂隔永慨玄眸積嚮忽爽金錍欲海洪濤遄沈智楫遺文尚在龕室寂寥嗚呼哀哉痛纏心腑所嗟一方眼滅七衆何依音徽無聞遠增悽感大師在生凡所宣紀總有十篇集爲一卷庶同歸郢悟者得意忘言耳今略紀斯文多有謬誤用俟明哲非者正之

永嘉集

唐慎水沙門玄覺述

大章分爲十門

慕道志儀第一夫欲修道先須立志及事師儀則彰乎軌訓故標第一慕道儀式

戒憍奢意第二初雖立志修道善識軌儀若三業憍奢妄心擾動何能得定故次第二明戒憍奢意也

淨修三業第三前戒憍奢略標綱要今子細撿責令麤過不生故次第三明淨修三業戒乎身口意也

奢摩他頌第四前已撿責身口令麤過不生次須入門修道漸次不出定慧五種起心六種料簡故次第四明奢摩他頌也

毗婆舍那頌第五非戒不禪非禪不慧上既修定定久慧明故次第五明毗婆舍那頌也

優畢叉頌第六偏修於定定久則沈偏學於慧慧多心動故次第六明優畢叉頌等於定慧令不沈動使定慧均等捨於二邊

三乘漸次第七定慧既均則寂而常照三觀一心何疑不遣何照不圓自解雖明悲他未悟悟有淺深故次第七明三乘漸次也

事理不二第八三乘悟理理無不窮窮理在事了事即理故次第八明事理不二即事而眞用祛倒見也

勸友人書第九事理既融內心自瑩復悲遠學虛擲寸陰故此第九明勸友人書也

發願文第十勸友雖是悲他專心在一情猶未普故次第十明發願文誓度一切也

慕道志儀第一

先觀三界生厭離故次親善友求出路故次朝晡問訊存禮數故次審乖適如何明侍養故次問何所作爲明親承事故次瞻仰無怠生慇重故次數決心要爲正修故次隨解呈簡爲識邪正故次驗氣力知生熟故次見病生疑堪進妙藥故委的審思求諦當故日夜精勤恐緣差故專心一行爲成業故亡身爲法爲知恩故如其信力輕微意無專至麤行淺解汎濫隨機觸事則因事生心緣無則依無息念既非動靜之等觀則順有無之得失然道不浪階隨功涉位耳

戒憍奢意第二

衣食由來長養栽種墾土掘地盬黃蠶蛾成熟施爲損傷物命令他受死資給自身但畏飢寒不觀死苦殺他活已痛哉可傷非用衆功積力深厚何獨含靈致命亦乃信施難消雖復出家何德之有噫夫欲出超三界未有絕塵之行徒爲男子之身而無丈夫之志但以終朝擾擾竟夜昏昏道德未修衣食斯費上乖弘道下闕利生中負四恩誠以爲恥故智人愍之寧有法死不無法生徒自迷癡貴身賤法耳

淨修三業第三

貪瞋邪見意業妄言綺語兩舌惡口口業殺盜婬身業夫欲志求大道者必先淨修三業然後於四威儀中漸次入道乃至六根所對隨緣了達境智雙寂冥乎妙旨云何淨修身業深自思惟行住坐臥四威儀中撿攝三愆無令漏失慈悲撫育不傷物命水陸空行一切含識命無大小等心愛護蠢動蜎飛無令毀損危難之流慇懃拔濟方便救度皆令解脫於他財物不與不取乃至鬼神隨有主物一針一草終無故犯貧窮乞丐隨已所有歡心施與令彼安穩不求恩報作是思惟過去諸佛經無量劫行檀布施象馬七珍頭目髓腦乃至身命捨而無悋我今亦爾隨有施與歡喜供養心無悋惜於諸女色心無染著凡夫顛倒爲慾所醉躭荒迷亂不知其過如捉華莖不悟毒蛇智人觀之毒蛇之口熊豹之手猛火熱鐵不以爲喻銅柱鐵牀焦背爛腸血肉糜潰痛徹心髓作如是觀唯苦無樂革囊盛糞膿血之聚外假香塗內唯臭穢不淨流溢蟲蛆住處鮑肆厠孔亦所不及智者觀之但見毛髮爪齒薄皮厚皮肉血汗淚涕唾膿脂筋脉腦膜黃痰白痰肝膽骨髓肺脾腎胃心膏膀胱大腸小腸生藏熟藏屎尿臭處如是等物一一非人識風鼓擊妄生言語詐爲親友其實怨妬敗德障道爲過至重應當遠離如避怨賊是故智者觀之如毒蛇想寧近毒蛇不親女色何以故毒蛇殺人一死一生女色繫縛百千萬劫種種楚毒苦痛無窮諦察深思難可附近是以智者切撿三愆改往修來背惡從善不殺不盜放生布施不行婬穢常修梵行日夜精勤行道禮拜歸憑三寶志求解脫於身命財修三堅法知身虛幻無有自性色即是空誰是我者一切諸法但有假名無一定實是我身者四大五陰一一非我和合亦無內外推求如水聚沫浮泡陽焰芭蕉幻化鏡像水月畢竟無人無明不了妄執爲我於非實中横生貪著殺生偷盜婬

獷荒迷竟夜終朝矻矻造業雖非真實善惡報應如影隨形作是觀時不以惡求而養身命應自觀身如毒蛇想爲治病故受於四事身著衣服如裹癰瘡口飡滋味如病服藥節身儉口不生奢泰聞說少欲深樂修行故經云少欲頭陀善知止足是人能入賢聖之道何以故惡道衆生經無量劫關衣乏食叫喚號毒飢寒切楚皮骨相連我今暫關未足爲苦是故智者賞法賤身勤求至道不顧形命是名淨修身業云何淨修口業深自思惟口之四過生死根本增長衆惡傾覆萬行遞相是非是故智者欲拔其源斷除虛妄修四實語正直柔軟和合如實此之四語智者所行何以故正直語者能除綺語柔軟語者能除惡口和合語者能除兩舌如實語者能除妄語正直語者有二一稱法說令諸聞者信解明了二稱理說令諸聞者除疑遣惑柔軟語者亦二一者安慰語令諸聞者歡喜親近二者宮商清雅令諸聞者愛樂受習和合語者亦二一事和合者見鬪諍人諫勸令捨不自稱譽卑遜敬物二理和合者見退善提心人慇懃勸進善能分別菩提煩惱平等一相如實語者亦二一事實者有則言有無則言無是則言是非則言非二理實者一切衆生皆有佛性如來涅槃常住不變是以智者行四實語觀彼衆生曠劫已來爲彼四過之所顛倒沈淪生死難可出離我今欲拔其源觀彼口業脣舌牙齒咽喉臍響識風鼓擊音出其中由心因緣虛實兩別實則利益虛則損減實是起善之根虛是生惡之本善惡根本由口言詮詮善之言名爲四正詮惡之語名爲四邪邪則就苦正則歸樂善是助道之緣惡是敗道之本是故智者要心扶正實語自立誦經念佛觀語實相言無所存語默平等是名淨修口業云何淨修意業深自思惟善惡之源皆從心起邪念因緣能生萬惡正觀因緣能生萬善故經云三界無別法唯是一心作當知心是萬法之根本也云何邪念無明不了妄執爲我我見堅固貪瞋邪見橫計所有生諸染著故經云因有我故便有我所因我所故起於斷常六十二見見思相續九十八使三界生死輪迴不息當知邪念衆惡之本是故智者制而不隨云何正觀觀彼我無差色心不二菩提煩惱本性非殊生死涅槃平等一照故經云離我我所觀於平等我及涅槃此二皆空當知諸法但有名字故經云乃至涅槃亦但有名字又云文字性離名字亦空何以故法不自名假名詮法法既非法名亦非名名不當法法不當名名法無當一切空寂故經云法無名字言語斷故是以妙相絕名真名非字何以故無爲寂滅至極微妙絕相離名心言路絕當知正觀還源之要也是故智者正觀因緣萬惑斯遣境智雙忘心源淨矣是名淨修意業此應四儀六根所對隨緣了達入道次第云爾

奢摩他頌第四

恰恰用心時恰恰無心用無心恰恰用常用恰恰無夫念非忘塵而不息塵非息念而不忘塵忘則息念而忘念息則忘塵而息忘塵而息息無能息息念而忘忘無所忘忘無所

忘塵遺非對息無能息念滅非知知滅對遺一向冥寂闃爾無寄妙性天然如火得空火則自滅空喻妙性之非相火比妄念之不生其詞曰忘緣之後寂寂靈知之性歷歷無記昏昧昭昭契本真空的的惺惺寂寂是無記寂寂非寂寂惺惺是亂想惺惺非若以知知寂此非無緣知如手執如意非無如意手若以自知知亦非無緣知如手自作拳非是不拳手亦不知知寂亦不自知知不可爲無知目性了然故不同於木石手不執如意亦不自作拳不可爲無手以手安然故不同於兎角復次修心漸次者夫以知知物物在知亦在若以知知知知則離物物離猶知在起知知於知後知若生時前知早已滅二知既不並但得前知滅滅處爲知境能所俱非真前則滅滅引知後則知知續滅生滅相續自是輪迴之道今言知者不須知知但知而已則前不接滅後不引起前後斷續中間自孤當體不顧應時消滅知體既已滅豁然如託空寂爾少時間唯覺無所得即覺無覺無覺之覺異乎木石此是初心處冥然絶慮乍同死人能所頓忘纖緣盡淨闃爾虛寂似覺無知無知之性異乎木石此是初心處領會難爲入初心時三不應有一惡謂思惟世間五欲等因緣二善謂思惟世間雜善等事三無記謂善惡不思闃爾昏住戒中三應須具一攝律儀戒謂斷一切惡二攝善法戒謂修一切善三饒益有情戒謂誓度一切衆生定中三應須別一安住定謂妙性天然本自非動二引起定謂澄心寂怕發瑩增明三辦事定謂定水凝清萬像斯鑑慧中三應須別一人空慧謂了陰非我即陰中無我如龜毛兎角二法空慧謂了陰等諸法緣假非實如鏡像水月三空空慧謂了境智俱空是空亦空見中三應須識一空見謂見空而見非空二不空見謂見不空而見非不空三性空見謂見自性而見非性偏中三應須簡一有法身無般若解脫二有般若無解脫法身三有解脫無法身般若有一無二故不圓不圓故非性又偏中三應須簡一有法身般若無解脫二有般若解脫無法身三有解脫法身無般若有二無一故不圓不圓故非性圓中三應須具一法身不癡即般若般若無著即解脫解脫寂滅即法身二般若無著即解脫解脫寂滅即法身法身不癡即般若三解脫寂滅即法身法身不癡即般若般若無著即解脫舉一即具三言三體即一此因中三德非果上三德欲知果上三德法身有斷德遍因斷惑而顯德故名斷德自受用身有智德具四智真實功德故他化二身有大恩德他受用身於十地菩薩有恩德故三種化身於菩薩二乘異生有恩故三諦四智除成所作智爲緣俗諦故然法無淺深而照之有明昧心非垢淨而解之有悟迷初入初心迷復何非淺終契圓理達始何非深迷之失理而自差悟之失差而即理迷悟則同其致故有漸次名爲復次初修心人入門之後須識五念一故起二串習三接續四別生五即靜故起念者謂起心思惟世間五欲及雜善等事串習念者謂無心故憶忽爾思惟善惡等事接續念者

謂串習忽起知心馳散又不制止更復續前思惟不住別生念者謂覺知前念是散亂即生慚愧改悔之心即靜念者謂初坐時更不思惟世間善惡及無記等事即此作功故言即靜串習一念初心者多接續故起二念懈怠者有別生一念慚愧者多即靜一念精進者有串習接續故起別生四念爲病即靜一念爲藥雖復藥病有殊總束俱名爲念得此五念停息之時名爲一念相應一念者靈知之自性也然五念是一念枝條一念是五念根本復次若一念相應之時須識六種料簡一識病二識藥三識對治四識過生五識是非六識正助第一病者有二種一緣慮二無記緣慮者善惡二念也雖復差殊俱非解脫是故總束名爲緣慮無記者雖不緣善惡等事然俱非真心但是昏住此二種名爲病第二藥者亦有二種一寂寂二惺惺寂寂謂不念外境善惡等事惺惺謂不生昏住無記等相此二種名爲藥第三對治者以寂寂治緣慮以惺惺治昏住用此二藥對破二病故名對治第四過生者謂寂寂久生昏住惺惺久生緣慮因藥發病故云過生第五識是非者寂寂不惺惺此乃昏住惺惺不寂寂此乃緣慮不寂寂不惺惺此乃非但緣慮亦乃入昏而住亦寂寂亦惺惺非唯歷歷兼復寂寂此乃還源之妙性也此四句者前三句非後一句是故云識是非也第六正助者以惺惺爲正以寂寂爲助此之二事體不相離猶如病者因杖而行以行爲正以杖爲助夫病者欲行必先取杖然後方行修心之人亦復如是必先息緣慮令心寂寂次當惺惺不致昏沈令心歷歷歷歷寂寂二名一體更不異時譬夫病者欲行闕杖不可正行之時假杖故能行作功之者亦復如是歷歷寂寂不得異時雖有二名其體不別又曰亂想是病無記亦病寂寂是藥惺惺亦藥寂寂破亂想惺惺治無記寂寂生無記惺惺生亂想寂寂雖能治亂想而復還生無記惺惺雖能治無記而復還生亂想故曰惺惺寂寂是無記寂寂非寂寂惺惺是亂想惺惺非寂寂爲助惺惺爲正思之復次料簡之後須明識一念之中五陰謂歷歷分別明識相應即是識陰領納在心即是受陰心緣此理即是想陰行用此理即是行陰汙穢真性即是色陰此五陰者舉體即是一念此一念者舉體全是五陰歷歷見此一念之中無有主宰即人空慧見如幻化即法空慧是故須識此五念及六種料簡願勿嫌之如取真金明識砆礫及以僞實但盡除之縱不識金金體自現何憂不得之

毗婆舍那頌第五

夫境非智而不了智非境而不生智生則了境而生境了則智生而了智生而了了無所了了境而生生無能生生無能生雖智而非有了無所了雖境而非無無即不無有即非有有無雙照妙悟蕭然如火得薪彌加熾盛薪喻發智之多境火比了境之妙智其詞曰達性空而非縛雖緣假而無著有無之境雙照中觀之心歷落若智了於境即是境空智如眼了華空是了華空眼若智了於智即是智空智如眼了眼空是了眼空眼智雖了境

空及以了智空非無了境智境空智猶有了境智空智無境智不了如眼了華空及以了眼空非無了華眼華空眼猶有了華眼空眼無華眼不了復次一切諸法悉假因緣因緣所生皆無自性一法既爾萬法皆然境智相從于何不寂何以故因緣之法性無差別故令之三界輪迴六道昇降淨穢苦樂凡聖差殊皆由三業四儀六根所對隨情造業果報不同善則受樂惡則受苦故經云善惡爲因苦樂爲果當知法無定相隨緣構集緣非我有故曰性空空故非異萬法皆如故經云色即是空四陰亦爾如是則何獨凡類緣生亦乃三乘聖果皆從緣有是故經云佛種從緣起是以萬機叢湊達之者則無非道場色像無邊悟之者則無非般若故經云色無邊故當知般若亦無邊何以故境非智而不了智非境而不生智生則了境而生境了則智生而了智生而了了無所了了境而生生無能生生無能生則內智寂寂了無所了則外境如如如寂無差境智冥一萬累都泯妙旨存焉故經云般若無知無所不知如是則妙旨非知不知而知矣

優畢叉頌第六

夫定亂分歧動靜之源莫二愚慧乖路明闇之本非殊羣迷從闇而背明捨靜而求動衆悟背動而從靜捨暗以求明明生則轉愚成慧靜立則息亂成定定立由乎背動慧生因乎捨暗暗動連繫於煩籠靜明相趨於物表物不能愚功由於慧煩不能亂功由於定定慧更資於靜明愚亂相纏於暗動動而能靜者即亂而定也暗而能明者即愚而慧也如是則暗動之本無差靜明由茲合道愚亂之源非異定慧於是同宗宗同則無緣之慈定慧則寂而常照寂而常照則雙與無緣之慈則雙奪雙奪故優畢叉雙與故毗婆奢摩以奢摩他故雖寂而常照以毗婆舍那故雖照而常寂以優畢叉故非照而非寂照而常寂故說俗而即真寂而常照故說真而即俗非寂非照故杜口於毗耶復次觀心十門初則言其法爾次則出其觀體三則語其相應四則警其上慢五則誡其踈怠六則重出觀體七則明其是非八則簡其詮旨九則觸途成觀十則妙契玄源第一言其法爾者夫心性虛通動靜之源莫二真如絕慮緣計之念非殊惑見紛馳窮之則惟一寂靈源不狀鑑之則以千差千差不同法眼之名自立一寂非異慧眼之號斯存理量雙消佛眼之功圓著是以三諦一境法身之理恒清三智一心般若之明常照境智冥合解脫之應隨機非縱非橫圓伊之道玄會故知三德妙性宛爾無乖一心深廣難思何出要而非路是以即心爲道者可謂尋流而得源矣第二出其觀體者秖知一念即空不空非空非不空第三語其相應者心與空相應則譏毀讚譽何憂何喜身與空相應則刀割香塗何苦何樂依報與空相應則施與劫奪何得何失心與空不空相應則愛見都忘慈悲普救身與空不空相應則內同枯木外現威儀依報與空不空相應則永絕貪求資財給濟心與空不空非空非不空相應則實相初明開佛知見身與

空不空非空非不空相應則一塵入正受諸
塵三昧起依報與空不空非空非不空相應
則香臺寶閣嚴土化生第四警其上慢者若
不爾者則未相應也第五誡其跡急者然後
海應須上船非船何以能渡修心必須入觀
非觀無以明心心尚未明相應何日思之勿
自恃也第六重出觀體者只知一念即空不
空非有非無不知即念即空不空非非有非
非無第七明其是非者心不是有心不是無
心不非有心不非無是有是無即墮是非有
非無即墮非如是秖是是非之非未是非是
非非之是今以雙非破兩是是破非是猶是
非又以雙非破兩非非破非非即是是如是
秖是非是非非之是未是不非不不非不是
不不是是非之惑綿微難見神清慮靜細而
研之第八簡其詮旨者然而至理無言假文
言以明其旨旨宗非觀藉修觀以會其宗若
旨之未明則言之未的若宗之未會則觀之
未深深觀乃會其宗的言必明其旨旨宗既
其明會言觀何得復存耶第九觸途成觀者

夫再演言詞重標觀體欲明宗旨無異言觀
有逐方移移言則言理無差改觀則觀旨不
異不異之旨即理無差之理即宗宗旨一而
二名言觀明其弄引耳第十妙契玄源者夫
悟心之士寧執觀而迷旨達教之人豈滯言
而惑理理明則言語道斷何言之能議[十六]旨會
則心行處滅何觀之能思心言不能思議者
可謂妙契寰中矣

三乘漸次第七

夫妙道沖微理絕名相之表至真虛寂量超
羣數之外而能無緣之慈隨有機而感應不
二之旨逐根性以區分順物忘懷施而不作
終日說示不異無言設教多途無乖一揆是
以大聖慈悲隨機利物統其幽致羣籍非殊
中下之流觀諦緣而自小高上之士御六度
而成大由是品類愚迷無能自曉或因說而
悟解故號聲聞原其所修四諦而為本行觀
無常而生恐念空寂以求安患六道之輪迴
惡三界之生死見苦常懷厭離斷集恒畏其
生證滅獨契無為修道惟論自度大誓之心

未普攝化之道無施六和之敬空然三界之
慈靡運因乖萬行果闕圓常六度未修非小
何類如是則聲聞之道也或有不因他說自
悟非常偶緣散而體真故名緣覺原其所習
十二因緣而為本行觀無明而即空達諸行
而無作二因既非其業五果之報[十七]何酬愛取
有以無疵老死亦何所累故能翛然獨脫靜
處幽居觀物變而悟非常覩秋零而入真道
四儀庠序攝心慮以恬愉性好單棲戀閑林
而自適不欣說法現神力以化他無佛之世
出興作佛燈之後焰身唯善寂意翫清虛獨
宿孤峯觀緣散滅利他不普自益未圓於下
有勝於上不足兩非其類位處中乘如此辟
支佛道也如其根性本明玄功宿著學非博
涉解自生知心無所緣而能利物慈悲至大
愛見之所不拘終日度生不見生之可度一
異齊旨解惑同源人法俱空故名菩薩原其
所修六度而為正因行施則盡命傾財持戒
則吉羅無犯忍辱則深明非我割截何傷安
耐毀譽八風不動精進則勤求至道如救頭

然自行化他刹那之頃無間禪那則身心寂怕安般希微住寂定以自資運四儀而利物智慧則了知緣起自性無生萬法皆如真源至寂雖知煩惱無可捨菩提無可取而能不證無為度生長劫廣修萬行等觀羣方下及諦緣上該不共大誓之心普被四攝之道通收總三界以為家括四生而為子悲智雙運福慧兩嚴超越二乘獨居其上如是則大乘之道也是以一真之理逐根性以階差取益隨機三乘之唱備矣然而至理虛玄窮微絶妙尚非其一何是於三不三之三而言三不一之一而言一一三非三尚不三三一非一亦何一一不一自非三三不三自非一非一一非三不留非三三非一不立不立之一本無三不留之三本無一一三本無無亦無無無無本故妙絶如是則一何所分三何所合合分自於人耳何理異於言哉譬夫三獸渡河河一寧從獸合復何獨河非獸合亦乃獸不河分河尚不成三河豈得以河而合獸獸尚不成一獸豈得以獸而成河河非獸而何三獸非河而何一一河獨包三獸而河未嘗三三獸共履一河而獸未嘗一獸之非一明其足有短長河之不三知其水無深淺水無深淺譬法之無差足有短長類智之有明昧如是則法本無三而人自三耳今之三乘之初四諦最標其首法之既以無差四諦亦何非大而言聲聞觀之位居其小者哉是知諦似於河人之若獸聲聞最劣與兔為儔雖復奔波寧窮浪底未能知其深極位自居卑何必觀諦之流一槩同其成小如其智照高明量齊香象者則可以窮源盡際煥然成大矣故知下智觀者得聲聞果中智觀者得緣覺果上智觀者得菩薩果明宗皎然豈容圖度者矣是以聲聞見苦而斷集緣覺悟集散而觀離菩薩了達真源知集本無和合三人同觀四諦證果之所差殊良由觀有淺深對照明其高下耳是以下乘行下中上之所未修上乘行上而修中下中行中下不修於上上中下之在人非諦令其大小耳然三乘雖殊同歸出苦之要聲聞雖小見愛之惑已袪故於三界無憂分段之形滅矣三明照耀開朗八萬之劫現前六通縱任無為山壁遊之直度時復空中行住或坐卧之安然況沼則輕若鴻毛涉地則猶如履水九定之功滿足十八之變隨心然三藏之佛望六根清淨位有齊有劣同除四住此處為齊若伏無明三藏則劣佛尚為劣二乘可知望上斷伏雖殊於下悟迷有隔如是則二乘何咎而欲不修者哉如來為對大根引歸實所令修種智同契圓伊或毀或譽抑揚當時耳凡夫不了預畏被呵寧知見愛尚存去二乘而甚遠雖復言其修道惑使諸所不袪非唯身口未端亦乃心由諂曲見生自意解背真詮聖教之所不依明師未曾承受根緣非唯宿習見解未預生知而能世智辯聰談論以之終日時復牽於經語曲會私情縱邪說以誑愚人撥因果而排罪福順情則嬉怡生愛違意則恘憹懷瞋三受之狀因然稱位乃儔菩薩初篇之非未免過人之釁又縈大乘之所不修而復譏於小學恣一時之强口謗說之患鏗然三塗

苦輪擧之長劫哀哉吁哉言及愴然悲酸矣然而達性之人對境彌加其照忘心之士相善不涉其懷況乎三業之邪非窜有歷心於塵滴是以鑑玄之侶淨三受於心源滌穢之流掃七支於身口無情罔侵塵業有識無惱蛸蟆幽澗未足比其清飛雪無以方其素眷德若羽羣揚翅望星月以窮高棄惡若鱗衆驚鈎投江瀛而盡底玄曦慭其照遠上界惡以緣消境智合以圓虛定慧均而等妙桑田改而心無易海嶽遷而志不移而能處憒非喧凝神挺照心源朗淨慧解無方觀法性而達真如鑑金文而依了義如是則一念之中何法門而不具如其妙慧未彰心無準的解非契理行關超塵乖法性而順常情背圓詮而執權説如是則次第隨機對根緣而設教矣是以敘其網紀委悉餘所未明深淺宗途畧言其趣三乘之學影響知其分位耳

事理不二第八

夫妙悟通衢則山河非壅迷名滯相則絲毫成隔然萬法本源由來實相塵沙惑趣原是真宗故物像無邊般若無際者以其法性本真了達成智故也譬夫行由通徑則萬里可期如其觸物衝渠則終朝域内以其不知物有無形之畔渠有窮虛之域故也是以學遊中道則實相可期如其執有滯無則終歸邊見以其不知有有非有之相無有非無之實故也今之色像紛紜窮之則非相音聲吼喚究之則無言迷之則謂有形聲悟之則知其闃寂如是則真諦不乖於事理即事理之體元真妙智不異於了知即了知之性元智然而妙旨絶言假文言以詮旨真宗非相假名相以標宗譬夫象非雪山假雪山而類象者此但取其能類耳豈以雪山而爲象耶今之法非常而執有假非有以破常性非斷而執無假非無而破斷類夫淨非水灰假水灰而洗淨者此但取其能洗耳豈以水灰而爲淨耶故知中道不偏假二邊而辨正斷常非是寄無有以明非若有若無言既非非有非無亦何是信知妙達玄源者非常情之所測也何者夫妄非愚出真不智生達妄名真迷真曰妄豈有妄隨愚變真逐智迴真妄不差愚智自異耳夫欲妙識玄宗必先審其愚智若欲審其愚智善須明其真妄若欲明其真妄復當究其名體名體若分真妄自辨真妄既辨愚智迢然是以愚無了智之能智有達愚之實故知非智無以明其真妄非智莫能辨其名體何者或有名而無體或因體而施名名體混緒實難窮究矣是以體非名而不辨名非體而不施言體必假其名語名必藉其體今之體外施名者此但名其無體耳豈有體當其名耶譬夫兔無角而施名此則名其無角耳豈有角當其名耶無體而施名者則名無實名也名無實名則所名無也所名既無能名不有也何者設名本以名其體無體何以當其名言體本以當其名無名何以當其體體無當而非體名無名而非名此則何獨體而元虛亦乃名而本寂也然而無體當名由來若此名之有當何所云爲夫體不自名假他名而名我體名非自設假他體以施我名若體之未形則名何所名若名之未設

則體何所明然而明體雖假其名不爲不名而無體耳設名要因其體無體則名之本無如是則體不名生名生於體耳今之體在名前名從體後辨者如此則設名以名其體故知體是名源耳則名之所由緣起於體體之元緒何所因依夫體不我形假緣會而成體緣非我會因會體而成緣若體之未形則緣何所會若緣之未會則體何所形體形則緣會而形緣會則體形而會體形而會則明形無別會形無別會則會本無也緣會而形則明會無別形會無別形則形本無也是以萬法從緣無自體耳體而無自故名性空性之既空雖緣會而非有緣之既會雖性空而不無是以緣會之有有而非有性空之無無而不無何者會即性空故言非有空即緣會故曰非無今言不有不無者非是離有別有一無也亦非離無別有一有也如是則明法非有無故以非有非無名耳不是非有非無既非有無又非非有非非無也如是何獨言語道斷亦乃心行處滅也

勸友人書第九

婺州浦陽縣佐溪山朗禪師召大師山居書

自到靈溪泰然心意高低峯頂振錫常遊石室巖龕拂乎宴坐青松碧沼明月自生風掃白雲縱目千里名華香果蜂鳥啣將猿嘯長吟遠近皆聽鋤頭當枕細草爲氈世上崢嶸競爭人我心地未達方乃如斯儻有寸陰願垂相訪

大師答書

自別已來經今數載遥心眷想時復成勞忽奉來書適然無慮不委信後道體如何法味資神故應清樂也玄覺粗得延時欽詠德音非言可述承懷節操獨處幽棲泯跡人間潛形山谷親朋絶往鳥獸時遊竟夜綿綿終朝寂寂視聽都息心累閑然獨宿孤峯端居樹下息繁餐道誠合如之然而正道寂寥雖有修而難會邪徒喧擾乃無習而易親若非解契玄宗行符真趣者則未可幽居抱拙自謂一生歟應當博問先知服膺誠懇執掌屈膝整意端容曉夜忘疲始終虔仰折挫身口蠲矜怠慢不顧形骸專精至道者可謂澄神方寸歟夫欲採妙探玄實非容易決擇之次如履輕冰必須側耳目而奉玄音肅情塵而賞幽致忘言宴旨濯累餐微夕惕朝詢不濫絲髮如是則乃可潛形山谷寂慮絶羣哉其或心徑未通矚物成壅而欲避喧求靜者盡世未有其方況乎鬱鬱長林峩峩聳峭鳥獸嗚咽松竹森梢水石崢嶸風枝蕭索藤蘿縈絆雲霧氤氳節物衰榮晨昏眩晃斯之種類豈非喧雜耶故知見惑尚紆觸途成滯耳是以先須識道後乃居山若未識道而先居山者但見其山必忘其道若未居山而先識道者但見其道必忘其山忘山則道性怡神忘道則山形眩目是以見道忘山者人間亦寂也見山忘道者山中乃喧也必能了陰無我無我誰住人間若知陰入如空空聚何殊山谷如其三毒未祛六塵尚擾身心自相矛盾何關人山之喧寂耶且夫道性冲虚萬物本非其累真慈平等聲色何非道乎特因見倒惑生遂成輪轉耳若能了境非有觸目無非道

揚知了本無所以不緣而照圓融法界解惑
何殊以合靈而辨悲即想念而明智智生則
法應圓照離境何以觀悲悲智理合通收乖
生何以能度度盡生而悲大照窮境以智圓
智圓則喧寂同觀悲大則怨親普救如是則
何假長居山谷隨處任緣哉況乎法法虛融
心心寂滅本自非有誰强言無可喧擾之可
喧何寂靜之可寂若知物我冥一彼此無非
道場復何徇喧雜於人間散寂寞於山谷是
以釋動求靜者憎枷愛杻也離怨求親者厭
檻欣籠也若能慕寂於喧市鄽無非宴坐徵
違納順怨債由來善友矣如是則劫奪毀辱
何曾非我本師叫喚喧煩無非寂滅故知妙
道無形萬像不乖其致真如寂滅衆響靡異
其源迷之則見倒惑生悟之則違順無地閑
寂非有緣會而能生義疑非無緣散而能滅
滅既非滅以何滅滅生既非生以何生生生
滅既虛實相常住矣是以定水滔滔何念塵
而不洗智燈了了何惑霧而不祛乖之則六
趣循環會之則三途迴出如是則何不乘慧
舟而遊法海而欲駕折軸於山谷者哉故知
物類紜紜其性自一靈源寂寂不照而知實
相天真靈智非造人迷謂之失人悟謂之得
得失在於人何關動靜者乎譬夫未解乘舟
而欲怨其水曲者哉若能妙識玄宗虛心冥
契動靜常矩語默恒規寂爾有歸恬然無間
如是則乃可逍遙山谷放曠郊鄽遊逸形儀
寂泊心腑恬淡息於內蕭散揚於外其身兮
若拘其心兮若泰現形容於寰宇潛幽靈於
法界如是則應機有感適然無準矣因信畧
此餘更何申若非志朋安敢輕觸宴寂之暇
時暫思量予必誑言無當看竟迴充紙爐耳
不宣同友玄覺和南

發願文第十

稽首圓滿徧知覺寂靜平等本真源相好嚴
特非有無慧明普照微塵剎稽首湛然真妙
覺甚深十二修多羅非文非字非言詮一音
隨類皆明了稽首清淨諸賢聖十方和合應
真僧執持禁戒無有違振錫攜瓶利含識卵
生胎生及溼化有色無色想非想非有非無
想雜類六道輪迴不暫停我今稽首歸三寶
普爲衆生發道心群生沈淪苦海中願因諸
佛法僧力慈悲方便拔諸苦不捨弘願濟含
靈化力自在度無窮恒沙衆生成正覺說此
偈已我復稽首歸依十方三世一切諸佛法
僧前承三寶力志心發願修無上菩提契從
今生至成正覺中間決定勤求不退未得道
間身無橫病壽不中夭正命盡時不見惡相
無諸恐怖不生顛倒身無苦痛心不散亂正
慧明了不經中陰不入地獄畜生餓鬼水陸
空行天魔外道幽冥鬼神一切雜形皆悉不
受長得人身聰明正直不生惡國不値惡王
不生邊地不受貧苦奴婢女形黃門二根黃
髮黑齒頑愚暗鈍醜陋殘缺盲聾瘖瘂凡是
可惡畢竟不生出處中國正信家生常得男
身六根完具端正香潔無諸垢穢志意和雅
身安心靜不貪瞋癡三毒永斷不造衆惡恒
思諸善不作王臣不爲使命不願榮飾安貧
度世少欲知足不長畜積衣食供身不行偷
盜不殺衆生不噉魚肉敬愛含識如我無異

性行柔軟不求人過不稱己善不與物諍怨親平等不起分別不生憎愛他物不希自財不悋不樂侵犯恒懷質直心不卒暴常樂謙下口無惡說身無惡行心不諂曲二業清淨在處安隱無諸障難竊盜劫賊王法牢獄枷杻鉤鎖刀鎗箭槊猛獸毒蟲墮峯溺水火燒風飄雷驚霹靂樹折巖頽堂崩棟朽摑打怖畏趂逐圍遶執捉繫縛加誣毀謗橫註鉤牽凡諸難事一切不受惡鬼飛災天行毒癘邪魔魍魎若河若海崇山穹嶽居止栖神凡是靈祇聞我名者見我形者發菩提心悉相覆護不相侵惱晝夜安隱無諸驚懼四大康強六根清淨不染六塵心無亂想不有昏滯不生斷見不著空有遠離諸相信奉能仁不執已見悟解明了生生修習正慧堅固不被魔攝大命終時安然快樂捨身受身無有怨對一切衆生同爲善友所生之處值佛聞法童真出家爲僧和合身身之服不離袈裟食食之器不乖盂鉢道心堅固不生憍慢敬重三寶常修梵行親近明師隨善知識深信正法勤行六度讀誦大乘行道禮拜妙味香華音聲讚唄燈燭臺觀山海林泉空中平地世間所有微塵已上悉持供養合集功德迴助菩提思惟了義志樂閑靜清素寂默不愛喧擾不樂羣居常好獨處一切無求專心定慧六通具足化度衆生隨心所願自在無礙萬行成就精妙無窮正直圓明志成佛道願以此善根普及十方界上窮有頂下極風輪天上人間六道諸身一切含識我所有功德悉與衆生共盡於微塵劫不惟一衆生隨我有善根普皆充熏餝地獄中苦惱南無佛法僧稱佛法僧名願皆蒙解脫餓鬼中苦惱南無佛法僧稱佛法僧名願皆蒙解脫畜生中苦惱南無佛法僧稱佛法僧名願皆蒙解脫天人阿修羅恒沙諸含識八苦相煎迫南無佛法僧因我此善根普免諸纏縛南無三世佛南無修多羅菩薩聲聞僧微塵諸聖衆不捨本慈悲攝受羣生類盡空諸含識歸依佛法僧離苦出三塗疾得超三界各發菩提心晝夜行般若生生勤精進常如救頭然先得菩提時誓願相救脫我行道禮拜我誦經念佛我修戒定慧南無佛法僧普願諸衆生悉皆成佛道我等諸含識堅固求菩提頂禮佛法僧願早成正覺

弟子比丘海寧禮誦

永嘉集

無相大師行狀

翰林學士朝散大夫行左司諫知制誥同修國史判史館事
柱國南陽郡開國侯食邑一千一百戶賜紫金魚袋楊億述

溫州永嘉玄覺禪師者永嘉人也姓戴氏丱歲出家徧探三藏精天台止觀圓妙法門於四威儀中常冥禪觀後因左谿朗禪師激勵與東陽策禪師同詣曹谿初到振錫攜瓶繞祖三帀祖曰夫沙門者具三千威儀八萬細行大德自何方而來生大我慢師曰生死事大無常迅速祖曰何不體取無生了無速乎曰體即無生了本無速祖云如是如是于時大眾無不愕然師方具威儀參禮須臾告辭祖曰返太速乎師曰本自非動豈有速耶祖曰誰知非動曰仁者自生分別祖曰汝甚得無生之意曰無生豈有意耶祖曰無意誰當分別曰分別亦非意祖歎曰善哉善哉少留一宿時謂一宿覺矣策公乃留師翌日下山迴溫江學者輻湊號真覺大師著禪宗悟脩圓旨自淺之深慶州刺史魏靜緝而序之成十篇目為永嘉集及證道歌一首並盛行於世云爾

永嘉集

校勘記

一　底本，明永樂北藏本。

一　六〇六頁上一行序文前，經有「無相大師行狀」文一篇。茲以徑山藏本載於卷後。

一　六〇六頁上一行「永嘉集序」，經作「禪宗永嘉集序」。

一　六〇六頁上二行首字「唐」，南作「前」。

一　六〇六頁上末行第六字「明」，經作「冥」。

一　六〇六頁中三行「音德」，經作「德音」。

一　六〇六頁中七行及卷末「永嘉集」，經作「禪宗永嘉集」。

一　六〇六頁中八行撰者，南作「慎水沙門玄覺述」；經作「唐慎水沙門玄覺撰」。

一　六〇六頁下一七行「故此」，經作「故次」。

一　六〇九頁下一四行「悟迷」，經作「迷悟」。

一　六一〇頁中四行「不寂寂不惺惺」，經作「不惺惺不寂寂」。

一　六一〇頁下九行末字「之」，南、經無。

一　六一一頁中五行「而求」，經作「以求」。

一　六一二頁上七行「只知」，經作「秖知」。

一　六一二頁中末行第一一字「輪」，南、經作「論」。

一　六一三頁上一二行「非一」，經作「之一」。

一　六一三頁中八行第一三字「免」，南、經作「兔」。

一　六一四頁下一三行第一〇字「則」，南作「者」。

一　六一四頁下一八行第八字「有」，經作「體」。

一　六一四頁下一九行「以施」，經作「而施」。

一六一五頁中九行「大師答書」，徑作「大師答朗禪師書」。

一六一五頁下五行第一二字「慮」，徑作「累」。

一六一六頁上七行第一三字「可」，南、徑作「何」。

一六一七頁下一行「救脱」，徑作「度脱」。

永嘉證道歌

唐慎水沙門玄覺撰

君不見絕學無爲閒道人不除妄想不求眞無明實性卽佛性幻化空身卽法身法身覺了無一物本源自性天眞佛五陰浮雲空去來三毒水泡虛出沒證實相無人法刹那滅却阿鼻業若將妄語誑衆生自招拔舌塵沙劫頓覺了如來禪六度萬行體中圓夢裏明明有六趣覺後空空無大千無罪福無損益寂滅性中莫問覓比來塵鏡未曾磨今日分明須剖析誰無念誰無生若實無生無不生喚取機關木人問求佛施功早晚成放四大莫把捉寂滅性中隨飮啄諸行無常一切空卽是如來大圓覺決定說表眞僧有人不肯任情徵直截根源佛所印摘葉尋枝我不能摩尼珠人不識如來藏裏親收得六般神用空不空一顆圓光色非色淨五眼得五力唯證乃知難可測鏡裏看形見不難水中捉月爭拈得常獨行常獨步達者同遊涅槃路調古神清風自高貌顇骨剛人不顧窮釋子口稱貧實是身貧道不貧貧則身常披縷褐道則心藏無價珍無價珍用無盡利物應機終不悋三身四智體中圓八解六通心地印上士一決一切了中下多聞多不信但自懷中解垢衣誰能向外誇精進從他謗任他非把火燒天徒自疲我聞恰似飮甘露銷融頓入不思議觀惡言是功德此卽成吾善知識不因訕謗起寃親何表無生慈忍力宗亦通說亦通定慧圓明不滯空非但我今獨達了恒沙諸佛體皆同師子吼無畏說百獸聞之皆腦裂香象奔波失却威天龍寂聽生欣悅遊江海涉山川尋師訪道爲參禪自從認得曹谿路了知生死不相關行亦禪坐亦禪語默動靜體安然縱遇鋒刀常坦坦假饒毒藥也閑閑我師得見然燈佛多劫曾爲忍辱仙幾迴生幾迴死生死悠悠無定止自從頓悟了無生於諸榮辱何憂喜入深山住蘭若岑崟幽邃長松下優游靜坐埜僧家閴寂安居實蕭灑覺卽了不施功一切有爲法不同住相布施生天福猶如仰箭射虛空勢力盡箭還墜招得來生不如意爭似無爲實相門一超直入如來地但得本莫愁末如淨瑠璃含寶月旣能解此如意珠自利利他終不竭江月照松風吹永夜清宵何所爲佛性戒珠心地印霧露雲霞體上衣降龍鉢解虎錫兩鈷金環鳴歷歷不是標形虛事持如來寶杖親蹤跡不求眞不斷妄了知二法空無相無相無空無不空卽是如來眞實相心鏡明鑒無礙廓然瑩徹周沙界萬象森羅影現中一顆圓光非內外豁達空撥因果莽莽蕩蕩招殃禍棄有著空病亦然還如避溺而投火捨妄心取眞理取捨之心成巧僞學人不了用修行深成認賊將爲子損法財滅功德莫不由斯心意識是以禪門了却心頓入無生知見力大丈夫秉慧劒般若鋒兮金剛燄非但空摧外道心早曾落却天魔膽震法雷擊法鼓布慈雲兮灑甘露龍象蹴踏潤無邊三乘五性皆醒悟雪山肥膩更無雜純出醍醐我常納一性圓通一切性一法徧含一切法一月普現一切水一切水月一月攝諸佛法身入我

遊走獸飛禽皆遠去師子兒衆隨後三歲便能大哮吼若是野干逐法王百年妖怪虛開口圓頓教勿人情有疑不決直須爭不是山僧逞人我修行恐落斷常坑非不非是不是差之毫釐失千里是則龍女頓成佛非則善星生陷墜吾早年來積學問亦曾討疏尋經論分別名相不知休入海算沙徒自困却被如來苦訶責數他珍寶有何益從來蹭蹬覺虛行多年枉作風塵客種性邪錯知解不達如來圓頓制二乘精進勿道心外道聰明無智慧亦愚癡亦小騃空拳指上生實解執指爲月枉施功根境法中虛捏怪不見一法卽如來方得名爲觀自在了卽業障本來空未了應須還夙債饑逢王饍不能飡病遇醫王爭得瘥在欲行禪知見力火中生蓮終不壞勇施犯重悟無生早時成佛於今在師子吼無畏說深嗟懵懂頑皮靼秖知犯重障菩提不見如來開祕訣有二比丘犯婬殺波離螢光增罪結維摩大士頓除疑猶如赫日銷霜雪不思議解脫力妙用恒沙也無極四事供養敢辭勞萬兩黃金亦銷得粉骨碎身未足酬一句了然超百億法中王最高勝恒沙如來同共證我今解此如意珠信受之者皆相應了了見無一物亦無人亦無佛大千沙界海中漚一切聖賢如電拂假使鐵輪頂上旋定慧圓明終不失日可冷月可熱衆魔不能壞眞說象駕崢嶸謾進途誰見螗蜋能拒轍大象不遊於兔徑大悟不拘於小節莫將管見謗蒼蒼未了吾今爲君決

性我性同共如來合一地具足一切地非色非心非行業彈指圓成八萬門剎那滅却三祇劫一切數句非數句與吾靈覺何交涉不可毁不可讚體若虛空勿涯岸不離當處常湛然覓卽知君不可見取不得捨不得不可得中只麼得默時說說時默大施門開無壅塞有人問我解何宗報道摩訶般若力或是或非人不識逆行順行天莫測吾早曾經多劫修不是等閑相誑惑建法幢立宗旨明明佛敕曹溪是第一迦葉首傳燈二十八代西天記法東流入此土菩提達摩爲初祖六代傳衣天下聞後人得道何窮數眞不立妄本空有無俱遣不空空二十空門元不著一性如來體自同心是根法是塵兩種猶如鏡上痕痕垢盡除光始現心法雙忘性卽眞嗟末法惡時世衆生福薄難調制去聖遠兮邪見深魔强法弱多怨害聞說如來頓教門恨不滅除令瓦碎作在心殃在身不須寃訴更尤人欲得不招無間業莫謗如來正法輪旃檀林無雜樹鬱密森沈師子住境靜林間獨自

永嘉證道歌

永嘉證道歌　校勘記

一　底本，清藏本。

一　六二一頁下九行末字「決」，徑作「訣」。

禪宗頌古聯珠集序　　雖一

本威軍承宣使提舉隆興府玉隆萬壽宮武功郡開國侯頫　拙撰

西方聖人為一大事因緣故出現於世後以正法眼藏付囑迦葉傳至二十七世而達磨入于中夏設大法藥開甘露門直接上根不立文字迨今六百餘年獲菩提者不可勝數雖其心以無傳而傳其法以無說而說然機緣偈頌前後寖多玉句金章公案具在池州報恩寶鑑大師法應嘗因禪悅餘暇裒集採摭由佛世尊以至古今宗師凡得機緣三百二十五則頌古一百二十二人目之禪宗頌古聯珠集可謂毘盧藏內全收衆珎楠檀林中莫非香木開悟知見利益後來鋟木流通豈曰小補以予夙慕宗乘樂推法施請為序引不獲固辭淳熙歲在屠維大淵獻冬序

本序法應自昔南遊訪道禪燕之暇集諸頌古皆參知識隨所聞持同學討論去取校定三十餘年採摭機緣三百廿五則頌二千一百首宗師一百廿二人編排成帙命名禪宗頌古聯珠集頗與天下學般若菩薩共之雖佛祖不傳之妙不可得而名言初無字書安有家語臨機直指更不覆藏徹見當人本來面目故諸佛以一大事因緣出現於世辟喻言詞說法開示欲令衆生悟佛知見豈建歟我池陽信士袁全刻板以廣見聞為大法光明之施淳熙二年乙未臘八日編次謹書

通集序夫鼻祖西來不立文字直指而已時門人又有所謂不執文字不離文字而為道用已向第二機矣故有汝得吾皮之記道不在言也審矣子以為何如曰非也道雖不在於言言而當終日言於道庸何傷否則一語猶以為贅也奚自一華數而五葉聯芳六世傳而兩派支衍機緣公案五燈燁如諸祖相繼有拈古焉有頌古焉拈古則見之於八方珠玉類要等集頌古則有寶鑑大師宗淳熙間居池陽報恩採集佛祖至茶陵機緣凡三百二十有五則頌古宗師一百二十有二人頌二千一百首目之曰禪宗頌古聯珠叢林尚之而板將漫滅因念淳熙至今垂二百載其間負大名尊宿星布林立頌古亦不下先哲惜乎聯續之作闕如也每慚濫厠宗門且有年矣禪無所悟道無所詣欲作之復止之越祖者亦屢矣元貞乙未叨尸義烏普濟山院事簡輒事續蒐僅得一二萍梗之踪或出或處隨見隨筆廿三四年間稍成次序機緣先有者頌則續之未有者增之加機緣又四百九十又三則宗師四百二十六人頌三千卌五十首題曰禪宗頌古聯珠通集將鋟板行與後學共戴者曰道不在是拈華微笑三拜得髓初無一語與之而昭昭於心目之間道播無垠烏有如今日叶音韻事言句贅歟後人俾其棄本逐末誠可歎哉子咲而不荅良久乃歌曰五雲影裏神仙現手把紅羅扇遮面急須着眼看仙人莫看仙人手中扇已而謂之曰子所論者手中扇也予所集者果在扇耶噫知我罪我其惟此集乎時延祐戊午六月旦前住紹興路天衣萬壽禪寺錢唐沙門普會自序

佛祖葛藤水浸不爛火燒不壞枝聯蔓衍派布無窮禪宗頌古聯珠者寶鑑大師法應集普會公續集鋟梓行世久矣近以佗故其板散落人間洪武己巳夏余慮其亡失託道友收贖度藏于大慈山之幻居實六月廿八日也明日舊置板處火作風烈燎及千數百家吁斯亦異矣然佛祖葛藤其果靈驗如此耶抑神物護持而致然耶敬捐衣資命工補完用廣流通永延慧命因書其得板所由之異屬識歲月云洪武二十五年歲在壬申二月十有九日

中天竺住山沙門幻居淨戒識

禪宗頌古聯珠通集卷第一　縣一

池州報恩寺沙門法應集　紹興天衣禪寺住持普會續集

僧錄司右闡教兼鍾山靈谷禪寺住持淨戒　重校

佛世尊十九則　文殊四則　舍利弗一則

賓頭盧一則　殃崛摩羅二則　那吒一則

七賢聖女一則　城東老姥一則　維摩一則

傅大士七則　善財五則　布袋一則

跋陀尊者一則　誌公一則　天台智者一則

釋迦牟尼世尊初降生一手指天一手指地周行七步目顧四方云天上天下唯吾獨尊後雲門云我當時若見一棒打殺與狗子喫貴圖天下太平瑯瑘覺云可謂將此深心奉塵剎是則名為報佛恩頌曰

四月八佛降生日指天指地称第一九龍噴水沐金軀摩訶般若波羅蜜 洞山聰 指天指地語琅琅送語傳言出畫堂使者尚能多意氣主人應是不尋常 泉大道 寶殿龍樓忽降時周行七步豁雙眉開言不是無讖遮天上人間更有誰 野軒遵 開基敘業前王事端拱持盈後帝心劍戟盡為農器用此時誰報太平音 佛印元 纔降王宮示本然周行七步又重宣指天指地無人會獨震雷音徧大千 海印信 混沌未分人未曉乾坤纔剖事全彰天生伎倆能奇特末上輸他弄一場 保寧勇 七步周行手指天衲僧棒下命難全母胎出後成何事爭似閻浮未降前 張無盡 周行七步便称尊家醜那堪放出門只向母胎度人畢也須一棒一條痕 長靈卓 纔生能步便英靈天上人間我獨尊可咲瞎前不顧後那知身後有雲門 草堂清 一火鑄成金彈子團圞都不費鉗鎚拈來萬仞峯頭放打落天邊白鳳兒 慈受深 無憂樹下誕金身七步周行事斬新相見謂言侵早起誰知更有夜行人 南華昺 老胡不免出胞胎也解人前恁麼來指地指天称第一眾生四十九年災 鼓山珪 老漢纔生便着忙周行七步似顛狂贏他無限癡男女開眼堂堂入鑊湯 徑山杲 兜羅綿手指天地紺目重瞳顧四維七步周行渾屬我一生賣弄小孩兒 佛燈珣 黑白未分全體妙纔彰文彩便成乖回茲漏泄家風甚末代兒孫鼻孔偶 月菴果 纔出胞胎便逸麈周行七步獨称尊當時若見雲門老不到如今累子孫 珠山如 老胡種空意氣一手指天兼指地當時盡謂獨称尊今日翻思誰不是人人盡在光明裏臨文不用更加諱 育王遠 千年石虎產麒麟一角通身五彩明金鎖玉關渾掣斷毘盧界內鼓烟塵 雪竇宗 美如西子離金闕嬌似楊妃下玉樓猶把琵琶半遮面不令人見轉風流 佛鑑懃 罷藏圖裏表嘉聲分付後勞布惡名決定一文俞不得至今處作不良人 峰堂遠 五天一隻蓮萬莆攪動支那百萬兵不得雲門行正令幾乎錯認定盤星 石溪泐 周行四顧獨称尊平地無風起浪痕輸及私門猶自可誰知千古累兒孫 懶菴需 掀翻地軸乾坤窄撥轉天輪宇宙寬須向強中呈好手虛空打碎劫初看 正堂辯 奴兒婢子十生九死於裏不正被外邊使縱饒開口便過頭未免渾身輥泥水 月堂昌 無憂樹下浴嬰孩清曉薝蔔帶露開轉過衲僧相見處後檀韁馬出胞胎 天童靜 草木無端粘出來更加註脚轉癡呆西天此土誰知己夜半優曇火裏開 自得暉 走出門風相副称東西南北更無人番來不得船陽老未免兒孫惹客塵 或菴體 指天指地無廻避羅墨討甚巴鼻 月林觀 自謂五更侵早起誰知更有夜行人餘風塊雨非云昔尭舜垂衣萬國賓 遯菴 來曾撞入摩耶腹兩手知他甚處安右脇出來魔境現只堪惆悵不堪看 天目禮 一聲哇地便吒哩突出如斯大開提此土西天起殃害堂堂洗土不成泥 松源岳 七步周行猶彷彿指天指地不分明是非既落傍人耳洗到驢年也不清 虛堂愚 兩手指天地周行步更多

可憐黄面老螃蠏落湯鍋(西岩惠) 生来自恨錯同條鐵鑄心肝也合消還你獨尊三界内柰何今日又明朝(覺海真) 僧問九峯虔云承聞和尚有言諸聖間出秖是傳語人是否師曰是曰世尊一手指天一手指地云天上天下惟吾獨尊和尚為甚麼却喚作傳語人師曰秖為一手指天一手指地所以喚作傳語人頌曰 妙相闓明不可親奴兒婢子自慇懃指天指地稱尊大也是傳言送語人(丹霞淳) 世尊未離兜率已降王宫未出母胎度人已畢頌曰 大象本無形至虚包萬有末後已太過面南看北斗王宫兜率度生出胎始終一貫初無去来掃蹤滅跡除根蔕火裏蓮華處處開(圜悟勤) 是非海裏横身入豺虎群中自在行莫把是非来辨我平生穿鑿不相干(散山珪) 利刃有蜜不須舐蠱毒之家水莫嘗不舐不嘗俱不犯端然衣錦自還鄉(果任山) 未離兜率降王宫便就刀山入鑊湯等閑捻下白拈賊滿眼俱為敗露贓(遯勝堂) 垂鉤不似迷津客張網誠非待兎人半夜烏鷄何處去天明吞却玉麒麟(正堂辯) 肌骨當初赫赤窮而皮今日厚千重撩頭搭尾應更點羸寨闍黎齋後鐘(或菴休) 世尊初於臘月八日明星出時忽云奇哉一切衆生具有如来智慧德相但以妄想執著不能證得頌曰 瞿曇失却眼睛時雪裏梅花只一枝而今到處生荆棘却咲春風惱亂吹(心聞堂) 黄面瞿曇不丈夫明星現處自塗糊如今好覓生蛇弄兎使兒孫在半途(佛心才) 一見明星夢便回千年桃核長青梅雖然不是調羮味曾與將軍止渴来(雪竇宗) 出得山来早是遲却於世上討便宜直饒一念起三界好與拳頭劈面椎(佛照光) 此老從来譂自誇無端病眼見空華直教當下超三際撿點將来未到家(無用全) 六年落草野狐精跳出渾身是葛藤打失眼睛無處覓誑人剛道悟明星(天童淨) 二千年前黄面老擧頭莫是見明星茫茫宇宙人無數幾箇男兒眼有睛(肯堂充) 雪嶺崎嶇歲月深何曾夜半見明星可憐業識茫茫者蹉過如来正法輪(妙峯) 夜半明星出現時分明喪盡目前機若言具如来相也是空拳誑小兒(頑石空) 六載隈藏在雪山灰頭土面自慚顔今朝忽覩明星現始覺從前被眼瞞(鐵山仁) 六載將身草裏埋當時有眼幾曾開果然見得明星現未到門庭冷似灰(介石朋) 雪嶺六年修苦行今朝打失主人公普天匝地無尋處百億分身是脱空(天目禮) 正覺山前失眼睛是凡是聖盡生盲至今夜夜明星現誰肯向伊行處行(絶沖) 明星見處月三更箇箇眉毛眼上横平地起堆黄面老夢中説夢可憐生(大歇謙) 明星一見眼皮穿漢語胡言萬萬千暴富乞兒休說夢誰家竈裏火無煙(無量壽) 金鍾夜擊九重城六載歸来改瘦形待得衆生心眼活雪山依舊碧崚嶒(虚堂愚) 輕金輪位重草座金彈換人泥彈丸末世衆生心眼巧明星空照雪山寒(閑極雲) 月滿長空星滿天瞿曇一見眼皮穿長安市上人無數何似家家夜莫眠(千峯琬)

世尊一日陞座大衆纔集定文殊白槌云諦觀法王法法王法如是世尊便下座頌曰聲振大千龍虎伏無人解和法王才言下便明猶是鈍傾教千眼一時開(明招謙) 文殊白槌報衆知法王法令合如斯會中若有仙陀客不待眉間毫相輝(北塔祚) 列聖叢中作者知法王法令不如斯會中若有仙陀客何必文殊下一槌(雪竇顯) 百萬靈山似葦麻風行雲集已周遮當時不是文殊老往往瞿曇更撒沙(佛印元) 頭角麒龍衆若干當時一例受欺謾法王真子揮犍椎直至如今作咲端(正覺逸) 未兆之前早二三白槌之後更那堪當時若有仙陀客不到如今強指南

七八—六二四

淨印 信 七佛之師下一槌機王成鴨鷩成蠱滿莚龍象齊傾耳咲殺靈山老古錐 野軒遵 巍巍頂相終難見舒卷何當如掣電彼時若有此時人文殊槌下分針線 白雲端 諦觀法王法法王法如是玉輪影射珊瑚枝一陣清風動天地 地藏見 月在波心徹底寒澄澄應

拈頌一 八

不許龍蟠五湖多少未歸客却被傍人把釣竿 上方益 彌盧出海橫天外南北東西不見邊一幅素縑描不得競將天下與人傳 大洪遂 據坐凝眸語未形一槌直下意何明倒行此令如相委無限清風動地生 信董 一段真風見也麼元元化母理機梭織成古錦含春象無奈東君漏泄何 天童覺 一輪明月映天心四海生靈荷照臨何必西風撼丹桂碧霄重迸九秋音 佛鑑懃 法王法令若為酬老到文殊強出頭負累釋迦猶可事至今千古鬧啾啾 龍門遠 銀鏘皎潔豈容摸剛被文殊強塗糊千古兒孫無覓處三條椽下贊盧都 月卷 果 金槌影動寶劍光寒百萬之衆齊著眼看 旋安 瞿曇按指文殊據令漏泄天機一槌打正 南華嵩 正令付全提不存凡聖機牢關百雜碎石火電光輝 無著總 古皇前化趯飜擲無事印文明劃劃令時衲子若當陽徃徃半千成五百 正堂辯 法王法令浸周遍一片盧凝絶點瑕槌下不聞諸聖眼幾多麒驎困逼車 雲巖安 見成活計莫周遮椎下分蹤事轉差若是咬人師子子何須牙上更安爭 月林觀 道泰時清才子貴家肥國富小兒嬌不因紫陌花開早爭見黃鶯下柳條 木 卷永

世尊因五通仙人問云佛有六通

拈頌一 九

我有五通如何是那一通世尊召仙人仙人應諾世尊曰那一通你問我頌曰 仙人一問通皆備却是瞿曇一物無捉得兔來依舊放幾多山鬼暗相呼 佛印元 那一通你問我令人慚愧釋迦老只知步步踏紅蓮不覺茫茫入荒草 正覺逸 無量劫來曾未遇如何不動到其中莫言佛法無多子最苦瞿曇那一通 保寧勇 問佛如何那一通世尊當面指迷蹤祥雲靄靄微微雨大震雷音匝地風 雲溪恭 汝問如何此問親嶺梅江柳共芳春抱贓不用行搜檢已自當堂露賊身 長靈卓 那一通你問我玄關倒掛無鎖等閑一掣掣得開三箇老婆相對坐 咄 斷橋倫 那一通你問我口是禍門招因帶果慚愧慈悲大法王丙乙禺壬不屬火 寶葉明

世尊因外道問云不問有言不問無言世尊據坐外道讚曰世尊大慈大悲開我迷雲令我得入作禮而去後阿難問佛外道有何所證而言得入世尊曰如世良馬見鞭影而行頌曰 鞭影分明指似君多聞瞥地爽精神汾陽報汝諸禪侶信手拈來莫獻塵 汾陽昭 機輪曾未轉轉必兩頭走明鏡忽臨臺當下分妍醜妍醜分兮迷雲開慈門何處生塵埃因思良馬窺鞭影千里追風喚得回 雪竇顯 雙鋒覆護兩俱摧迷雲從此豁然開收得劫初鈴子後輕輕一振動雲雷 天衣懷 萬丈寒潭徹底清錦鱗夜靜向光行和竿一掣隨鉤上水面茫茫散月明 白雲端 經過遇夜宿荒草開得眼來天大曉空心赤脚唱歌歸路上行人已不少 保寧勇 特地慈悲問有無因風應不費工夫迷雲縱得開令人未免區區在半途 淨照臻 雪覆喬林同一色清光上下含虛碧採樵人立渡頭寒極目圓蟾為誰白 成枯木 外道麁心慣險兎老胡鞭影露針鋒行人拾得東門兎誰管韓獹精力疲 長靈卓 世尊恰似青銅鏡掛向虛空秋月静表裏無私照膽寒高低一

拈頌一

一皆相映 佛鑑懃 杲日連天照有無孰云善逝坐跏趺如今要見當年事邪正由來在半途 龍門遠 有無不問語先墮明鏡當臺雙照破迷雲散盡曉天空杲日團團紅似火 佛性泰 露影藏身問世尊瞿曇一點不加文迷雲舒卷從斯入十倍精神減八分 佛燈珣 迷悟

髑髏前何勞更舉鞭只持雞狗戒不學祖師禪（鼓山珪）兩處牢關擊不通纖塵不動自乖宗忽然業鏡百雜碎黃面瞿曇失却蹤（佳山杲）外道殷勤來問佛特言不問及無言大雄不費纖毫力良馬何曾用舉鞭（照堂一）世尊雙眼通三界外道雙眸貫五天華意正濃桃臉笑春光不在柳梢邊（雪巢一）不問有言無言說甚見影見鞭露柱口掛壁上燈籠倒退三千（晦堂遠）陷虎機關兩處安湍流一截萬源乾駁駒嘗作窺鞭影凜凜霜蹄毛骨寒（尼無著總）獵涉榮枯未是奇到頭誰是出家兒故鄉漠漠無消息時有孤雲嶺外歸（正堂辯）赤日輝空照大千佛魔俱盡頡趙然悠悠莫論途中事露出胷襟子細看（大溈智）不問有無先話墮軒轅古鏡忽臨臺雖然當下分妍醜依舊迷雲撥不開（肯堂充）自把碌磚空裏擲必端自打自家頭灼然自痛自難說自著摩挲歸去休（斷橋倫）不問無言及有言坐觀成敗自安然仙陀嘗爾知宗墮誰謂世尊曾舉鞭（本覺一）疾焰過風第二頭不堪惆悵只堪愁一聲恨䭾長鳴後萬馬皆瘖一戰收（北磵簡）

世尊因外道問昨日說何法曰說定法又問今日說何法曰說不定法（雲頌曰）古鑑從來絕點痕隨（知）其妍醜目前分而今鑑破無光影風幡長江水色渾（遯菴演）昨日與今日說定說不定衆中天子勅塞外將軍令（高安悟）外道當年入夢鄉直至如今猶未省昨日定今日不定正令已行皆逐正卓下靈山皂纛旗百萬魔軍皆乞命（山堂洵）

世尊因調達謗佛生身陷地獄佛勅阿難傳問云汝在地獄中安否云我雖在地獄如三禪天樂佛又令阿難傳問你還求出不云我待世尊來便出阿難云佛是三界大師豈有入地獄分云佛既無入地獄分我豈有出地獄分頌曰　好咲提婆達多入捺落十小劫波然得三禪妙樂吹布毛須還鳥窠（湛堂準）大隱居鄽小隱居山各得其所隨分安閑何必更來論出入人生在處有餘歡（別峯雲）地獄天堂八字打開誰知無去亦無來著言已得三禪樂未免將身自活埋（松源岳）萬仞崖頭撒得去不知何處覓全屍業風吹起再甦省卻問如今是甚時（虗堂愚）

世尊因長爪梵志索論義預約云我義若墮我自斬首以謝世尊云汝義以何為宗梵志云我義以一切不受為宗世尊云是見受不志拂袖而去行至中路有省乃謂弟子云吾當回去斬首以謝世尊弟子云人天衆前幸當得勝何以斬首志云我寧於有智人前斬首不於無智人前得勝乃歎云我義兩處負墮是見若受負門處麁是見不受負門處細一切人天二乘皆不知我義墮處唯有世尊諸大菩薩知我義墮回至世尊前云我義兩處負墮故當斬首以謝世尊云我法中無如是事汝當回心向道於是同五百徒衆一時投佛出家證阿羅漢頌曰　是見若受破家門是見不受與誰論函蓋折兩頭脫一毫頭上現乾坤（天衣懷）一切不受還家風片言雙破兩頭攻（本覺一）赤播奪了回光處始信言前墮己宗（雜一）是見受時眼著屑見如不受事猶乖賊身已露徒回首鬼面神頭一處埋（無用全）

世尊因乾闥婆王奏樂其時山河大地盡作琴聲迦葉起舞王問迦葉豈不是阿羅漢諸漏已盡何更有餘習世尊曰實無餘習莫謗法也王又撫琴三徧迦葉亦三度作舞王曰迦葉作舞豈不是世尊曰實不曾作舞王曰世尊何得妄語世尊曰不妄語汝撫琴山河大地草木盡作琴聲豈不是王曰是世尊曰迦葉亦復如是實不曾作舞王乃信受頌曰輕輕撥轉一條弦聲振三千與大千賴得飲光知密意肯將羅袖惹春煙（金華集）有三尺劒可以謁趙國無千里眼難以見懸絲（巍巍堂）堂三界大師（虗堂愚）

世尊在忉利天為

母說法優填王思佛命匠雕栴檀像及至世尊下來像亦出迎頌曰　紫金光聚照山河天上人間意氣多曾勅文殊領徒衆毗耶城裏問維摩 虛堂愚　世尊一日坐次見二人舁猪子過這箇是甚麼其人云世尊具一切智猪子也不識世尊曰也要問過頌曰

雜一

捨筏懷兼濟逢明更問津却將未歸意說與欲行人 木菴瓊首座

十二

世尊三喚三應乃云無為真佛實在我身頌曰　真佛無為在我身三呼三應太惺惺若人不悟元由者塵劫茫茫認識神　世尊一日勅阿難食時將至汝入城持鉢難應諾曰汝既持鉢當依過去七佛儀式難遂問如何是七佛儀式佛召阿難難應諾佛曰持鉢去 雲蓋云大小世尊拔阿難雖執轍循轍未免喚鐘作甕 頌曰　從前七佛儀式慶喜何曾欠少堪笑黃面瞿曇無端打箇之遶 遯菴演　世尊因靈山會上有五百比丘得四禪定具五神通未得法忍以宿命智通各各自見過去殺父害母及諸重罪心內懷疑於甚深法不能證入於是文殊承佛神力手握利劒持逼如來世尊謂文殊曰住住不應作逆勿得害吾吾必被害為善被害文殊從本已來無有我人但以內心見有我人內心起時我必被害即名為害於是五百比丘自悟本心如夢如幻於夢幻中無有我人乃至能生所生父母於是五百比丘同聲讚嘆曰文殊大智士深達法源底自手握利劒持逼如來身如劒佛亦尒一相無有二無相無所生是中云何殺頌曰　為渠中路惹埃塵致使全機截斷雲佛劒兩忘何處去還鄉曲調一番新 果田斛

佛祖由來揔是寃電機旋處直如弦金毛若解和聲撈月裏麒麟笑揭天 瞎堂遠　文殊當日逼如來五百聲聞眼豁開欲會如劒佛亦爾青虵匣裏吼風雷 本覺一　世尊敲髑髏問耆婆生何道曰生人道又敲一曰生何道曰生天又敲一耆罔措頌曰　如來一擊少人知直下分明更是誰無限月光隨水去片雲偏向故山歸 金華策　老胡一擊許誰知大冶紅爐片雪飛青草塚間留不住白雲還望故山歸 瞎堂遠　世尊因地布髮掩泥獻華於然燈佛燈見布髮處遂約退衆乃指地云此一方地宜建一梵刹時有賢于長者持

雜一

十四

標於指處挿云建梵刹已竟時諸天散花讚云庶子有大智矣頌曰　百草頭上無邊春信手拈來用得親丈六金身功德聚等閑攜手入紅塵塵中能作主化外自來賓觸處生涯隨分足未嫌伎倆不如人 天童覺　一枝修竹建精藍風捲蟭螟入海南惡水潑來成第一鈍根躇過問前三 斗無畫　世尊因廣頟屠兒日殺千羊一日至世尊前颺下屠刀云我是千佛一數世尊云如是如是頌曰　昔日為刀今日佛今朝為佛佛能刀能刀能佛無差別便見眉間白玉毫 圓悟勤　放下屠刀處棒打不回頭雲自帝鄉去水歸江漢流 退菴休　世尊因波斯匿王問勝義諦中有世俗諦否若言無智不應一若言有智不應二一二之義云何世尊曰大王汝於過去龍光佛法中曾問此義我今無說汝今無聽無說無聽是名一義二義頌曰　問處奇特答處殊絕一二義諦驪龍角折 真如喆　無聽無說慈無窮鐵壁銀山一線通何處是渠真聖諦秋風昨夜到梧桐 東谷光　世尊昔至多子塔前命摩訶迦葉分座令坐以僧伽黎圍之遂告云吾有正法眼藏密付於汝汝當護持傳授將來毋令斷絕頌曰　密傳分半座正好驀面唾不與麼且放過子孫未免遭殃禍 海印信

雜一

十五

僧問興化多子塔前共談何事化曰一人傳虛萬人傳實頌曰　於道無所諍方通萬法路或明或暗行不慎亦不護月來松色寒雲去青山露今古天台橋幾人能得度 投子青

世尊因黑齒梵志運神力以左右手擎合歡梧桐樹兩株至靈山獻佛佛云梵志志應諾

佛云放下著志放下左手一株佛又云放下著志放下右手一株佛又云放下著志云我兩手盡空未審更放下箇甚麼佛云吾非教汝放捨其華汝當放下內六根外六塵中六識無一可捨是你免生死處志忽然大悟頌曰　梵志誰知有過愆閻王業鏡照無偏因玆見佛成羅漢方信壺中別有天（南堂興）兩手攀来放下空身立地更疑猜根塵識界無尋處多謝春風爛漫開（心聞賁）截斷千崖路風前活計新誰知蕃帽下元是昔愁人（無際派）世尊臨入涅槃文殊請佛再轉法輪世尊咄云吾四十九年住世未嘗說一字汝請吾再轉法輪是吾曾轉法輪邪頌曰　四十九年打之遶下梢大作師子吼雖然未始輔法輪畢竟分蹤成應口（無際派）末上何曾轉法輪只今再轉謾勞神路行人不知天曉猶把靈符執夜明（北磵簡）老漢生平太脫空將無作有誑盲聾臨期一語方真實也是闍黎飯後鐘（別山智）世尊臨入涅槃以手摩胷普告人天大衆云汝等諦觀吾紫磨金色之身瞻仰取足莫令後悔若言吾滅度非吾弟子若言吾不滅亦非吾弟子頌曰　言吾入滅非吾子言吾不滅亦非親但見落花隨水去不知流出洞中春釋迦老善為隣臨行賣弄紫金身雙林盡道泥洹也夜夜群星拱北辰（佛鑑懃）老倒瞿曇不識羞臨行猶自逞風流摩胷示衆歸何處啼鳥一聲山更幽（皖山凝）滅度不滅度總非吾弟子更把雙趺展示人苦致連根苦（雲卅靜）雙林樹下手摩胷說有談無恣脫空若謂瞿曇曾入滅錯教啼鳥笑春風（雁舟度）

雜一

十六

世尊涅槃日迦葉最後至世尊乃於槨中露雙趺示之迦葉乃作禮請如來以三昧火而自闍維即時金棺從七寶牀升舉繞俱尸羅城七匝却還本處化火光三昧而自焚之頌曰　慚愧老胡槨示雙趺金色尊者還會也無目前悟得未辯精麁遠七匝兮成何事個箇男兒是丈夫（地藏恩）未出王宮已涅槃何須雙足露金棺致令迦葉雙眉皺慶喜門前倒刹竿（佛鑑懃）文殊師利在靈山會上諸佛集處見一女子近佛坐入於三昧文殊白佛云何此女得近佛坐佛云汝但覺此女令從三昧起汝自問之文殊繞女子三匝鳴指一下乃至托上梵天盡其神力而不能出佛云假使百千文殊亦出此女定不得下方過四十二恒沙國土有罔明菩薩能出此女定須臾罔明至佛所佛勅出此女定罔明即於女子前鳴指一下女子於是從定而出頌曰　文殊托上梵天罔明輕輕彈指女子黃面瞿曇看他一倒一起（天衣懷）千眼莫辯來由孤坐是何三昧文殊著力難分女子隨邪亦殺罔明閑掇有誰知雨過春山如潑黛（佛慧泉）罔明彈指也尋常豈是文殊智不長因憶江南二三月鷓鴣啼處百華香（佛印元）

雜一

佛性天真事誰云別有師罔明彈指處女子出禪時不費纖毫力何曾動所思衆生

十七

總平等日用自多疑（真淨文）百千文殊出不得罔明不費纖毫力落霞與孤鶩齊飛秋水共長天一色（雲居祐）獨坐靈山誰得知罔明出定破羣迷如今四海皆通達信道無心總不疑（雲蓋智）文殊用盡平生力罔明彈指便回來不是老胡深有意雙眸未肯為渠開（成枯木）拂拭瑤琴月下彈調高雪曲和還難五侯費盡平生志從此詩書懶更看（寶峯照）坐擁群峯覆白雲鶯啼深谷不知春岩前花雨紛紛落夢覺初回識故人（石門易）一拳拳倒黃鶴樓一踢踢翻鸚鵡洲欲識罔明彈出定青山不動水長流（智海清）當機密薦個中玄女子何因坐佛前切莫途中為解碍刻舟求劍實徒然（禾山方）女子文殊與罔明禪徒畢竟如何委除非格外妙投機始信波濤元是水（龍牙才）出定只消彈指佛法豈用工夫我今要用便用不管罔明文殊（洪覺範）盡得天

然别花開試展開黃鶯偷眼覷不敢下枝来 慈受深 出得出不得切不離是定聖者起凡情凡人而乃聖倒用與橫拈扶邪及顯正春雨春風竹戶涼落花啼鳥千峰靜 龍門遠禪 曇身心如泥女子肝腸似鐵文殊貪尋鍋子冈明由来著楔歷觀大地衆生不觧開門作活不動干戈建太平雨過青山如黛潑 佛燈珣 女子與瞿曇自起還自倒無限傍觀人捘身入荒草 月菴果 二菩薩出定笑殺老禪和冨孀千口少貧恨一身多 圓覺演 不假文殊神通休要罔明彈指尒時靈山會中女子從定而起 鼓山珪 出得出不得是定非正定罔明與文殊喪却窮性命 徑山杲 文殊出不得罔明却出得叵耐這宼家冷地裏作賊 白楊順 文殊彈指罔明出定今日重新打糊舊令女子瞿曇在我心鏡 楚安方 入定出定因邪打正堪咲文殊春行秋令 石帚明 長江輥底浪如銀秋日白蘋紅蓼新莫怪扁舟難到岸

雜一　十八

行舡由在把梢人 慈受深 大定等虚空廓然誰辨的女子與瞿曇據令何調直師子嚙趂子搖蕩乾坤象王回旋兮不費餘力孰勝孰負誰出誰入雨散雲收青天白日君不見馬駒踏殺天下人臨濟未是白拈賊 圓悟勤 抹粉塗抔恰我猷神頭鬼面舞三臺千千萬萬

人窺看子細不知誰見来 開福寧 懷藏日月入面玲瓏袖裏金鎚鮮血通紅香風颼颼花雨濛濛兵隨印轉處萬里長虹將逐符行時些子神通 南堂興 四箇浸意智漢做處捴無畔岸一狀領過堦前與伊據款結案 開善謙 出得出不得满面是埃塵愁人莫向愁人說說向愁人愁殺人 應菴華 金不博金水不洗水兩既不成一何有尒罔明文殊靴裏動指 尼無著揔 一畝之地三蛇九鼠子細看来是何面觜 佛照光 苦瓠連根苦同坑無異土二千年已前一火破落戶 或菴体 出得何如未出時瞎驢成隊喪全機如今四海平如砥蘆笛迎風撩乱吹 寂菴除 人平不語水平不流瞿曇女子鬼面神頭 肯堂充 出得出不得懶落精靈窟何處不風流祖師無妙訣 松源岳 子不嫌母醜犬不厭家貧舉頭天外看誰是我般人 孤峯深 文殊罔明休卜度瞿曇女子謾針錐推倒鐵山歸去也縱橫十字更由誰

雜一　十九

石菴玿 誰在畫樓西相逢語笑低到家春色晚花落鷓鴣啼 雪菴瑾 文殊遶三匝罔明輕彈指世尊努眼睛女子從定起 幻菴覺 鵲鵶午夜破雲飛寶印無私孰解提若道罔明能出定是人拔舌入阿鼻 鄧門分 古老相傳鬼吽坑看来人鬼不多爭早知鬼便是人作夜

半三更也可行 無準範 鮑犾眼下安眉趙哥口邊著耳驀然狹路相逢兩個是甚面觜断橋倫 出得出不得渠儂得自由神頭并鬼面敗闕當風流 無門開 是定出得不得閑挨初無多子文殊神通太過罔明輕輕彈指 横川珙 文殊師利令善財童子採藥云是藥者採將來善財徧採無不是藥却來白云無不是者殊云是藥者採將来善財拈一枝草度與殊殊接得示衆云此藥能殺人亦能活人頌曰 是藥拈來更不疑師資相見在臨時從兹病甚無醫處殺活還應作者知 佛印元 信手拈来草最靈一枝能殺亦能生曼殊室利開金口直至如今藥道行 正覺逸 大地蒼生病似麻吉祥靈藥示無涯其間殺活難分辨又是重添眼裏花 保寧勇 藥病相治豈更疑當機殺活按吹毛毗盧海闊煙波靜誰把長竿釣巨鰲 昭覺總 歷劫何曾異明明百草頭甘和苦澁味死活病須瘳好咲文殊老憐為不覺蓋 雲漢恭 善財拈起一枝草持来度與文殊老殺活雖然在手中遍界不藏光杲杲 楚安方 善財採藥不知名度與文殊用得靈便把黃連當甘草等閑殺活幾多人 鐵山仁 採藥與用藥相逢一會家殺人活人不貶眼白玉無瑕却有瑕 石田薰 一莖草上定綱宗

殺活全歸掌握中未舉已前先薦得分明鶻
子過遼東掩室開文殊問菴提遮女云生以
何為義女云生以不生生為生義殊云如何
是生以不生生為生義女云若能明知地水
火風四緣未嘗自得有所和合而能隨其所
宜以為生義殊又問死以何為義女云死以
雜一　二十
不死死為死義殊云如何是死以不死死為
死義女云若能明知地水火風四緣未嘗自
得有所離散而能隨其所宜以為死義頌曰
生以不生生死以不死死根本豁然明應時
超佛祖隨宜離散與和合十字縱橫活鱍鱍
金剛寶劒倚天寒外道天魔皆膽慴圓悟勤
生以不生生為生指天指地四方行死以不
死死為死雙林樹下亦如此生不生死不死
四十九年無一字掣斷金鎖天麒麟突出金
毛師子南堂興生無所生死無所死風動
塵飛波澄浪止和合離散隨處發現滿月彎
弓雙鵰一箭佛性泰問處分明荅處端當機
覿面不相謾死生生死元無際月上青山玉
一團簡翁敬文殊三處度夏一月在魔宮一
月在長者家一月在婬坊夏畢却歸世尊會
中解制迦葉欲白椎擯出纔舉此念見會中
有無量釋迦無量文殊無量迦葉無量揵椎
迦葉既見世尊云汝擯那箇文殊頌曰

千峯月照楚江秋衲子初開布袋頭閙道淮
南米價賤便隨船子下楊州楮衲秀大象不
遊兎徑燕雀安知鴻鵠擬令宛若成風破的
渾如囓鏃徧界是文殊徧界是迦葉相對各
儼然舉椎何處罰好一劄金色頭陀曾落節
圓悟勤刹刹塵塵見不難頭陀何苦被他瞞
雜一　廿一
當初若論收叅細莫把瞿曇做佛看心聞賁
天高雲靜月彎彎雨過秋空眼界寬百億文
殊真妙体分明只在一毫端正堂辯三處移
場定是非頑心全不改毫釐胡言漢語憑誰
會鐵額銅頭也皺眉密菴傑錦衣公子春遊
慣白首佳人懊恨多波富尚嫌千口少自貧
無奈一身何月庭忠賓頭盧尊者赴阿育王
宮大會王行香次作禮問曰承聞尊者親見
佛来是不者以手策起眉毛曰會麼王曰不
會者曰阿耨達池龍王請佛齋吾是時亦預
其數頌曰　拈起眉毛示育王當時凡聖絕
商量從来對衆難收拾眼上依前兩簇長佛
印元一翳在眼空花亂墜狹路相逢難為回
避大王還識老僧無似雪眉毛長窣地佛慧
泉我佛親見賓頭盧眉長髮短雙眉麁阿育
王猶疑狐唵摩呢噠嚜悉哩蘇嚧保寧勇
靈山會上舊家風脫略從茲勢莫窮金斗峯
前重漏泄莫將附子當天雄正堂辯尊者親

曾見佛来雙眉策起笑顏開古今不隔絲毫
許天上人間孰可陪佛照光以手策起眉毛
千聖從来不識一會靈山儼然說甚今朝昨
日月林觀　策起眉毛荅問端親曾見佛不
相謾至今應供四天下春在梅梢帶雪寒天
童淨尊者當時親見佛眉毛策起有来端頂
門皺瞎金剛眼恩大難酬雨露恩枯禪鏡庭
眉策起親積層見佛元来却不曾南岳天台
相撞著被人喚作挺齋僧巳菴深策起眉毛
示育王分明佛面露堂堂至今阿耨池中水
流落人間潤八荒天目礼君王一語出如綸
尊者眉毛八字分四海風清煙浪靜碧天無
際水無垠無準範尊者策眉王不會十方剎
土古風清佛齋勝會親曾預不是尋常粥飯
僧橫川珙舍利弗入城遙見月上女出城弗
心口思惟此姊見佛不知得忍不我試問之
纔近便問甚麼處去女曰如舍利弗與麼去
弗云我方入城汝當出城云何言如舍利弗
雜一　廿二
與麼去女云諸佛弟子當依何住弗云諸佛
弟子當依大涅槃而住女云諸佛弟子既依
大涅槃而住而我如舍利弗與麼去頌曰
淡籠烟深瑣霧鷟子寧知此條路直饒撞入
涅槃城未免隨他與麼去月上女實堪悲愛
殺青黛畫蛾眉佛慧泉本來正体徹根源出

入同途只此門已住如來大解脫掌中至寶耀乾坤（圓悟勤）重城曉入胃輕烟鬧市相逢豈偶然一句等閒相借問平田忽尒浪滔天月上女寶堪憐雲髻高梳何處去借婁裾子拜婆年（佛性泰）涅槃一路同來往寸步寧虧逢本鄉鶖子黠兒輕借便由如啞子喫生薑月上女太無良不塗紅粉自風光金環玄關留不住百尺竿頭信脚行（佛燈珣）出入分明報已知更言何處有狐疑但如鶖子恁麼去莫管傍人說是非（文殊道）如舍利弗與麼去十人萬人攔不住優遊自在涅槃城步步蓮華隨足舉（且菴仁）相逢打皷弄琵琶須是還他兩會家曲罷不知何處去夕陽斜映暮天霞（石菴玿）有礼有樂能放能收人平不語水平不流漢地不收秦不管又騎驢子下揚州（無際派）月上女曾與麼去我今亦休如是住明明今古不曾藏一點靈光常獨露（月林觀）大地絕纖塵面南看北斗嫁鷄逐雞飛嫁狗逐狗走（雪菴瑾）

舍利弗因維摩詰室有一天女散花次問言汝何不轉却女身曰我從十二年來求女人相了不可得當何所轉即時天女以神通力變舍利弗作天女天乃化身如舍利弗而問言何不轉却女身弗以天女像而荅我今不知何轉而變爲女身天曰舍利弗若能轉此女身則一切女人亦當能轉如舍利弗非女而現女身一切女人亦復如是雖現女身而非女也即時攝舍利弗身還復如故而問言女身色相今何所在舍利弗言女身色相無在無不在天曰一切諸法亦復如是無在無不在頌曰

鶖子已圓無漏種換却身形揔不知通途一貫非他物午夜胡僧步雪歸（玉堂瓚）

殃崛摩羅未出家時事外道受教爲憍尸迦欲登王位用千人拇指爲花冠所得九百九十九唯欠一指遂欲殺母取指時佛在靈山以天眼觀之乃化作沙門在殃崛前殃崛遂釋母欲殺佛佛徐行殃崛急行追不及乃喚曰瞿曇住住佛告曰我住久矣是汝不住殃崛聞之心忽開悟遂弃刃投佛出家佛即授與落髮披衣頌曰

殃崛雄雄方勇銳瞿曇住住息風波殺人作佛當頭劄覆雨翻雲在剎那（疎山如）急行緩步無前後渾踏長安路一條殃崛回頭知住處便能平步上雲霄花冠不用娘生指鬚髮寧煩費力搖好是移花兼蝶至等閒買石得雲饒（佛燈珣）我住久矣是汝不住是汝若住鼻孔相拄不動步而徧界遊師姑畢竟女兒作（雲居悟）從人求覓枉奔波過在舉生口數多殺却渾家仍自親誰能奈得你儂何（野雲）

殃崛摩羅既出家爲沙門因持鉢入城至一長者家值其婦產難子母未分長者云瞿曇弟子汝爲至聖當有何法能免產難殃崛曰我乍入道未知此法當去問佛却來相報遂返白佛具陳上事佛告曰汝速去說我自從賢聖法來未曾殺生殃崛往告其婦人聞之當時分免母子平安頌曰

聖法從來不殺生本無生殺亘精明是諸人我皆空相一切究親盡假名甘露纔霑除熱惱玉蓮金子兩敷榮（覺海元）月裏姮娥不畫眉只將雲霧作羅衣不知夢逐青鸞去猶把花枝蓋面歸（鼓山珪）華陰山前百丈井中有寒泉徹骨冷誰家女子來照影不照其餘照斜領（徑山杲）不遂一步不痰一刻明眼衲僧如何會得粉骨碎身未足酬一句了然超百億（[illegible]）賢聖劫來未曾殺而今斷這一刀休果然舊怛智中落笑殺靈山老比丘（密菴傑）不因一事不長一智不曾殺生了無忌諱傳言送語當風流拈得口兮失却鼻（木菴永）賢聖中來不生殺其家子母自團圓陰陽造化初無迹春在花枝特地妍（天目禮）絲仗神旗獵曉風雞人儺唱鼓鼕鼕銅壺漏永何時歇如此相儺即老翁（[illegible]）非食不療飢非藥不療病黃面老瞿曇識盡衆生性（寶葉源）我瞿曇佛

具正偏知子母分解只在當時 橫川珙
那吒太子析肉還母析骨還父然後現本身
運大神力為父母說法頌曰 骨還父肉還
母何者是身分明聽取山河國土現全軀十
方世界在裏許萬劫千生絕去來山僧此說
非言語 骨肉都還父母了未知那箇是那
雜一 卄五
吒一毛頭上翻身轉一一毛頭渾不差 任山
杲 那吒太子本來身卓卓無依不受塵雲散
水流天地靜雜間黃菊正爭春 自得暉 折骨
還父肉還母不知那箇是那吒夜深失脚千
峯外萬古長空片月斜 少室睦 骨還父肉還
母日西沉水東注 良久 露 北礀簡 雨散雲收
後崔嵬數十峯王維雖敏手難落筆頭蹤 無
準 雜 七賢聖女姊妹同遊屍陁林一姊指屍
曰屍在此人在甚處諸姊妹諦觀皆悉悟道
乃感帝釋雨花讚曰我是帝釋見諸姊悟道
故來供養但諸姊有何所須我能給施女曰
我家四事七珍悉皆具足唯要三般物一要
無根樹一株二要無陰陽地一片三要叫不
應谷一所帝釋曰一切所須我悉有之若此
三物我實無女曰汝若無此爭解濟人遂同
往白佛佛言我諸弟子不解此義唯有諸菩
薩乃解此義頌曰 寒林裏忽逢伊帝釋行
檀恨已遲三物索來何處有却令諸姊皺雙

眉憍尸迦知不知更獻天華三兩枝 佛慧泉
屍在此兮人何在疾雷破山風振海雲飛雨
散相見時髑髏眼睛放光彩 龍牙才 帝子遊
春不逐他相邀諸姊入屍陀死人堆裏出身
路撥動煙塵見也麼靈利漢不消多回頭蹉
着自家底洞雲深處舊烟蘿 佛燈珣 談玄談
妙實堪誇帝釋纔開便雨花臨機須索三般
物看看愁殺憍尸迦歷劫不曾違背面明明
借問却周遮 大鴻寶 無陰陽地無根樹谷呼
不應當頭露羅列七珍森太虛動地雨花無
董數天帝釋七賢女明明指出真金處無生
無法本如如只個如今離言語 圓悟勤 無陰
陽地叫不響山無根樹子大家攀七賢女太
憍癡却將紅粉畫蛾眉憍尸無此三般物那
得天花撩乱飛 佛鑒懃 無根樹子枝條累山
谷無聲句最親陰陽不到閑田地結子開花
朶朶新 正堂辯 觀之不可見聽之不可聞家
有三般寶富貴壓乾坤 月菴果 無根樹子一
雜一 卄六
株山翁不貴誅鋤鎚碎千年枇核不須緣木
求魚 蒙菴岳 無陰陽地一片明明賣賣賤
死屍無處活埋露出三頭兩面 不應山谷
一所透出千門萬戶清曉一聲杜鵑勸人不
如歸去 無陰陽地有甚巴鼻無根樹子荒
得人死叫不響山谷摩醯亞三目作麽作麽

因禍致福惱得憍尸迦大嗔却成哭 遯菴會
七珍八寶任君需三物從來的是無著向無
中拈得出不須見佛問何如 天目礼 昔城東
有一老姥與佛同生而不欲見佛每見佛來
即便回避雖然如此回顧東西總皆是佛遂
以手掩面於十指掌中亦總是佛頌曰
覺城東際老婆婆白髮鬖鬖意氣多與佛同
生嫌見佛惡人無奈惡人何 笑翁堪 閉眼也
着合眼也着回避無門將錯就錯祥麟只有
一隻角 捷室開 城東聖姥坐蓮臺大地衆生
正眼開與佛同生嫌見佛一身難作二如來
虛堂愚 平生不顧佛相逢卜指尖頭現紺容
夾路桃華風雨後馬蹄無處避殘紅 石室輝
雙林善慧大士因梁武帝請講經士升座以
尺拊案一下便下座武帝愕然誌公乃問陛
下會麼帝云不會誌云大士講經竟頌曰
不向雙林寄此身却於梁上惹埃塵當時不
得誌公老也是悽悽去國人 雪竇顯 遠別雙
雜一 卄七
林事有因金陵明主慕仁人良哉高座登臨
次一擊大千經出塵 正覺逸 大士何曾會講
經誌公方便且相成一揮案上俱無取直得
梁王努眼睛 白雲端 大士講經時揮案成註
脚一丸消衆病不假驢駝藥 慈受深 案上一
聲鳴嚗嚗已是重重添註脚梁王何事不回

頭誌公将錯還就錯（佛鑑懃）身受龍華三會主祖開鳳閣九重城梁王築倒金剛佛更問如何不講經（魁符道者）兩口明明一無舌同生同死為君決那吒頂上喫蒺藜金剛脚下流出血（東山空）大士錯解誌公錯註解息肉積唇門堪笑無人買（無準範）雙林大士太無端又向梁朝露一班經旨未分玄路絕一揮案上動龍顏（萬庵顔）傳大士見梁武帝不起群臣曰大士見上為甚不起士曰法地一動一切不安頌曰梁國令他魏國愁渡江枝水暗隨流雖然寸土居無動爭奈雙林半樹秋（枝子青）傳大士一日披衲頂冠靸履朝見梁武帝帝問是僧耶士以手指冠帝云是道耶士以手指靸履帝云是俗耶士以手指衲衣頌曰道冠儒履釋袈裟和會三家作一家忘却率陀天上路雙林端坐待龍華（湖隱濟）身披壞衲片雲寒脚著朝靴頂戴冠要使三宗同一轍捏沙終是不成團（笑翁堪）泥封三詔出烟霞直到金陵帝主家自古多能誰得及道冠儒履釋袈裟（寶葉源）非儒非道亦非禪杜撰修行忒可憐擔閣一身三不了至今八百有餘年（一衲成）傳大士頌云夜夜抱佛眠朝朝還共起起坐鎮相隨如形影相似欲識佛去處秖者語聲是頌曰誰有單手調換

取假銀城（良久）曾被雪霜昔楊花落逆鷲（天衣懷）要眠時便眠要起時即起水洗面皮光啜茶湿却觜大海紅塵生平地波濤起呵呵阿呵呵囉哩哩囉哩（保寧勇）傳大士頌云空手把鋤頭步行騎水牛人從橋上過橋流水不流頌曰六月上伏八月中秋人平不語水

雜一　廿八

平不流（心聞賁）魚行水濁鳥飛毛落大士橫身不受一鑿（木菴永）狗走抖擻口猴愁摟搜頭瑞巖門外水自古向西流（断橋倫）傅大士云須弥芥子父芥子須弥爺山水坦然平敲冰来煑茶頌曰　須弥納芥不吝易芥納須弥匹似閑長河攪着成酥酪輕輕擊透祖師關（圜悟勤）傳大士頌云有物先天地無形本寂寥能為萬象主不逐四時凋頌曰　有中有無中無細中細麁中麁　土面灰頭不染塵花街柳巷樂天真金雞唱曉瓊樓夢玉樹花開浩劫春（足菴鑒）布袋和尚常在通衢或問在此何為師云等箇人來曰來也師曰汝不是這個人　解布袋百物俱有撒下曰看看又一一將起問人曰這箇喚作甚麼或袋內探果子與僧僧擬接師乃縮手曰汝不是這箇人或見僧行過乃拊背一下僧回首師曰把一錢子來有時倚袋終日憨睡或起行市肆間小兒譁逐之或拄杖或數珠與兒戲

有僧問如何是祖師西來意遂放下布袋叉手而立僧曰秖此別更有在師拈起布袋負負而去頌曰弥勒既非布袋不是是非兩忘金生麗水至寶消袋貴買賤賣若解商量不勞三拜詮了義註大乘月裏螢光日下燈布袋枕頭眠一覺倚天山色碧層層（野軒遵）拈

雜一　廿九

起即行放下便歇瞌睡阿師弄巧成拙佛意祖意寧知裙子褊衫百結有時獨立兮誰是知音歸去來兮一天明月（佛慧泉）困来抱囊無語傍觀盡生疑慮未免閑献諸人是甚閑家破具莫訝衣裳破碎入鄽且無忌諱橫身要道等人那箇便知圈繢（雲峯悅）千般萬樣有誰能會瞌睡老僧收拾消袋心無諸受觸處三昧巷尾街頭貴買賤賣（圓通秀）都盧一箇布袋裹面討甚奇恠困来且得枕頭携去亦無妨礙有時鬧市打開多是自家買賣（白雲端）咄這憨皮袋眉麤無眼大終日在街頭市行無買賣阿呵呵歸去來典錢還却債（保寧勇）分身百億混塵埃氣兒憨憨勿可猜一袋挑擎隨處去千般撒下復拈来人間天上相呈示市尾街頭瞌覺回等得箇時還不是至今猶是老黃梅（佛國白）天不能蓋地不能載包括乾坤全歸布袋十字街頭大打開般般拈起隨人愛（靈源清）三千威儀都不修八

萬細行全不顧只因鬧市裏等人被人喚作破落戶兜率內院乂抛離縱歸忘却来時路稽首弥勒世尊得與麽寬膓大肚 徑山杲 接著一箇半箇覔得三文兩文誰知破布袋裏許多弥勒世尊 瞎堂遠 拊背覔錢成漏逗回頭轉腦昧真積可怜鬧市無人識空手肩擔布袋歸 佛照光 長汀汀上風顛子曳杖回頭等阿誰向道那人元不在汝須知有轉身時 天目禮 轉得頭来已是遲恰如曾未轉頭時一錢覔得無安處猶自區區詫阿誰 北磵簡 逢人乞一文依熏敵國富不是下生遲嫌佛不肯作 寒巖升 一跛陁尊者因生法師論衆微聚曰色衆微無自性曰空者云只明得因中色空未明得果上色空法師問如何是果上色空者云一微空故衆微空衆微空故一微空一微空中無衆微衆微空中無一微頌曰靈光満目簇山河幻境之中物像多體妙已知緣不得執情還被境消磨 雙泉璣 色空空色色空空閑却道閑路不通劫火洞然毫末盡青山依舊白雲中 天衣懷 東西南北十萬八千空生困措火裏生蓮 堂堂色裏無空相皎皎空中絕色形直下色空無一二色觸元來不我名 靈隱本 維摩居士示病毗耶離城自念寢疾于床世尊大慈寧不垂愍佛知

其意告文殊師利言汝行詣維摩詰問疾文殊白言世尊彼上人者難爲酬對深達實相善説法要辯才無滯智慧無碍一切菩薩法式悉知諸佛祕藏無不得入降伏衆魔遊戲神通其慧方便皆已得度雖然當承佛聖旨詣彼問疾頌曰 咄這維摩老悲生空懊惱卧病毘耶城全身太枯槁七佛祖師来一字俱屛掃請問不二門當時便靠倒不靠倒金毛師子無處討 雪竇顯 佛病法病最難醫獨有維摩也大奇文殊稽首讃居士失却金毛師子兒 天衣懷 毗耶城裏維摩詰知伊畢竟徹不徹金毛師子未到来一室屛除先漏泄及乎回問不二門推出一團無孔鐵剛被文殊下一椎千年萬載成凹凸 大洪遂 冷坐毘耶城百病一時發不得文殊来幾乎無合殺 徑山杲 千人萬人射一鴈箇箇手親并眼辨刮地西風鴈影高可怜拔盡弦中箭猿臂將軍仰面看弓開秋月影團圓飛星一點天邊去羽翼離披落眼前 廣鑒瑛 究憎會苦愛別離苦鈍置瞿曇一場莽鹵 咄 正堂辯 示疾毘耶方丈文殊亦難近傍看来無藥可醫只是忌口爲上 浙翁琰 詐病徙来不可醫文殊特爲下針錐事槐一喙長三尺問着依前似鼓椎 無準範 一箇病維摩無風自起波當爛千

口少貪恨一身多 湖隱濟 善財初詣娑羅林中叅文殊文殊指往南方勝樂國謁德雲比丘次弟至弥勒樓閣所歸至普門城外思惟竚立欲得奉覲文殊文殊伸手過百十由旬與摩其頂即見微塵數知識即受行其教頌曰 日出升空高下周崐崙源泒入川流春山雲逗風無盡鴈去回南天地秋 五十三人指路人因循流落百餘城草鞋踏破成何事事似歸家罷問程 鉄山仁 茫茫夢裏去遊南五十三叅發指端大士臂長衫袖短善財脚瘦草鞋寬 大川濟 善財詣妙峰山叅德雲比丘四維尋覔七日方見在別峰上徐步經行頂禮聞法入佛境界得憶念諸佛普見法門證發心住頌曰妙高峯頂尋知識南北東西望何極德雲逼自別山来弥重分身千百億 延慶忠 妙高峯頂草茸茸步步相随不見蹤若謂別山親覿面片帆已過海門東 別山智 澹烟羃羃草茸茸七日徘徊信不通一步竿頭輕蹉脚海門波卷白蘋風 棘田心 善財詣那羅素國叅毗目瞿沙仙人無量仙人同音讃已下床執手佛刹現前悟真淨智卷舒自在得無勝幢法門證童真住頌曰毗目仙人下寳床摩頭執手看殊祥十方佛境同時現萬像森羅忽頓彰無勝妙幢騰瑞色遮那

文殊顯靈光却還本座求端的轉覺平生見
處長佛國白坦然古路勿迍踕霽月涼風動
十虛毗目善財當日事好如潘閬倒騎驢或
菴体善財詣佛會中參普賢菩薩見乘白象
王處紅蓮座一心親近諮問法要智悲圓滿
行願功成即獲佛德願同果海得一切佛果
微塵數三昧法門頌曰百一由旬摩頂歸片
心思見普賢師堂堂現在紅蓮座落落分明
白象兒沙劫智悲方滿日微塵行願正圓時
佛功德海重宣說愁見波濤轉渺渺佛國白
打鼓弄琵琶還它一會家木童能撫掌石女
解煎茶雲散天邊月春來樹上華善財參遍
處黑豆未生芽延慶忠善財歷百十城參五
十三位善知識後到毗盧樓閣前曰是解空
無相無作之所住處云云見樓閣門閉善財鞬
時歛念曰大慈大悲願樓閣門開令我得入
尋時弥勒領諸眷屬至善財前彈指一下樓
閣門開善財得入入已還閉見百千萬億樓
閣一一樓閣有一弥勒領諸眷屬并有一善
財面在前立弥勒復彈指云善男子起法性
如是頌曰　妙意童真末後收善財到此羅
南遊豁然頓入毗盧藏悔向他山見比丘張
無盡妙峰孤頂無知識百十成遊徒善財樓
閣若還彈指現分明有眼不曾開或菴体五

十三人一樓穿小兒雖小膽如天茫茫烟水
無重數買得風光不用錢北礀簡問處分明
答處端還同雙劍倚天寒一從樓閣門開後
渺面慚惶無處安浙翁琰知識曾參五十三
精金百鍊罷鉗鎚回頭萬壑烟雲散午夜蟾
光浸碧潭卍堂圓南方經歷幾雲烟收得弥
奇貨渺船彈指便風帆到岸一時翻作大光
皎無準範天台智者大師在南岳誦法華經
至藥王品曰是真精進是名真法供養如来
於是悟法華三昧獲旋陀羅尼見靈山一會
儼然未散頌曰　世尊三昧安詳起師悟藥
王精進時靈鷲山中人未散不因南岳有誰
知楊無為溪山盡處夕陽斜溪上冬風雪滿
沙便是江南舊行路和烟隔水見梅花慈月
瑩舍盡家財與已財只將真法供如来當初
一路令何在觸目靈山翠作堆天目札好將
真法供如来花在幽岩險處開一夜狂風吹
欲盡落英無數點莓苔虛堂愚心迷念念法
華轉心悟時時轉法華誰知百萬靈山客盡
是天台眼裏沙此山應金陵誌公和尚贊公名
令人傳語南嶽思大云何不下山教化衆生
一向目視雲霄作麼思云三世諸佛被我一
口吞盡何處更有衆生可度頌曰　一口吞
盡三世佛牙如劍樹眼如鈴斷弦不必鸞膠

續只要知青側耳聽虛堂愚佛與衆生一口
吞纖毫不立道方存杖頭日月纔拋起鼓動
三千海岳昏居閒林與目視烟霄卧白雲不
知山下有乾神從何更有衆生度三世如來
一口吞本覺一

禪宗頌古聯珠通集卷第一

禪宗頌古聯珠通集卷第一

校勘記

一　底本，明永樂南藏本。此書係宋法應集，元普會續集，明淨戒重校。二十一卷。此書之明徑山藏本，未經淨戒重校，四十卷。二者不僅分卷不同，文字亦頗多出入，難以對校。兹將徑山藏本作爲別本，收録於南藏本後。

禪宗頌古聯珠通集卷第二　雜二

僧錄司右闡教兼靈谷禪寺住持淨戒重校

大乘經偈

經題以字（一則）　楞嚴經（十六則）　圓覺經（九則）
法華經（八則）　維摩經（四則）　文殊般若經（一則）
金剛經（十一則）　華嚴經（六則）　楞伽經（一則）

經首題以字（雜二）　昔有僧問地藏琛和尚以字不成八字不是未審是甚麼字地藏曰看取下註脚又有問披雲霖師荅以頌曰　以字不是八不成森羅萬象此中明直饒巧說千般妙不是漚和不是經　頌曰以八不成只目前經中未識註中看垂慈不爲多知解切要叅玄達本源（汾陽昭）　以字不成八不是拈起經題皆擬議下頭註脚任君看却是入門先問諦（佛印元）　以字不是八不成龍門風浪若雷霆多少游魚迷去路依前和雨落滄溟（佛鑑泉）　我佛金言義海深開遮唯要悟真心首標妙在當頭劄簽使泥牛曉夜吟（雲居祐）　拈起題摸不着却看下頭註脚了知字義炳然大藏潛通廣畧（地藏恩）　以字不成八字不是法身聽着無遮閑衲僧對面不知名百萬人前呼不起（覺範洪）　以字不成八字不是十方諸佛同叅三世如來共軌慶喜多聞罔措鶖子神通莫擬若非金色頭陀焉能密傳斯旨（吴古佛）　以字不是八字非滿琅函截絕毫釐看經到此須開眼玉軸分明兩畔題（翠眞南）　經題滿目孰知元點畫分明句義全佐國欲知功力大菴何元是漢朝賢（疎山常）　以字不是八不成無言童子笑忻忻優曇華現人間世鼻孔通天喚不聞（開福寧）　以字不成八字非爍迦羅眼不能窺一毛頭上重拈出惹惱那吒失却威（徑山杲）　龍宮海藏不曾收梵語唐言亦謾求剛被祖師輕漏泄當門齒缺乃因由（靈巖因）　鳥跡半露蒼苔科斗並遊春水若不信受奉行未免即從座起（明石若）　不向經題識本真紙堆討甚法王身未開梵夾承當去免作循行數墨人（湘龍岸）　問你地藏知不知下頭註脚萬千千箄沙入海徒疲倦不若教他了目前（橫川珙）　楞嚴經佛告阿難吾不見時何不見吾不見之處若見不見自然非彼不見之相若不見吾不見之地自然非物云何非汝頌曰（雜一）　全象全牛意不殊從來作者共名模如今要見瞿曇老剎剎塵塵在半途（雪竇顯）　堂堂露柱久懷胎長下孩兒頗俊哉未解語言先作賦一揉直取狀元來（白雲端）　老胡徹底老婆心爲阿難陀意轉深韓幹馬嘶芳草渡戴嵩牛卧綠楊陰（湛堂準）　雲收空闊天如水月載姮娥四海流慚愧牛郎癡愛妄一心猶在鵲橋頭（佛心才）　說離百非存執則言無一法尚荃罘毘耶黙黙曾緘口摩竭寥寥鎮掩扉（佛鑑懃）　初學貴華日嬌羞掩齒牙及至容顏老既無可遮却笑白雲他自散不知明月落誰家（崇覺空）　隔林彷彿聞機杼知有人家在翠微及至入門親見了元來只是小兒嬉（簡堂機）　見時不見非見見非見不見捻非非織女機梭撩亂擲牧童鞭雲恣胡揮幽鳥一聲驚宇宙碧灣溪畔綠楊垂（定欽重）　石澗非玉水麗非金大禹決而西泝卞和泣而陸沉美兮湫兮錯古鬐今（虛堂）　楞嚴經佛謂阿難若能轉物即同如來頌曰　若能轉物即如來春暖山花處處開自有一雙窮相手不曾容易舞三臺（白雲端）　若能轉物即如來處處門開見善財花柳巷中呈舞戲九霄乘醉卧樓臺（誌夷）　如毛吞巨海芥納須彌乾坤大地直下同歸一氣不言含有象萬靈何處謝無私（佛心才）（三）　若能轉物即同如來咄哉瞿曇誑謔癡呆（徑山杲）　雨色和煙匝四維眼皮未綻若爲窺箏閒觀破金剛際坦蕩無因役路岐（或庵體）　他人住處我不住他人行處我不行不是與人難共處大都緇素要分明（此山應）　楞嚴經佛謂阿難見見之時見非是見見猶離見見不能

及頌曰　見不及處江山滿目不覩纖毫花紅楖緑白雲出没本無心江海滔滔豈盈縮　海印信　拄杖頭邊無孔竅大千沙界猶嫌小毘婆尸佛早留心直至而今不得妙　鼓山珪　春至自開花秋来還落葉黄面老瞿曇休捏三寸舌　徑山杲　色空明暗本無因見見由来亦誤人見不及時猶未瞥那知殃祟是家親　遯菴演　没絃琴上無私曲一曲彈来轉轆轆斷崖流水少知音六六不成三十六　妙峯善　瘦藤拄到風煙上乞與遊人眼界寛不知眼界寛多少白鳥去盡青天還　朴翁銛　雨洗淡紅桃萼嫩風搓淺碧柳絲輕白雲影裏恠石露緑水光中古木清　潛菴光　隔墻見角便騎牛騎入紅塵鬧市遊遊遍歸来欄裏卧三更半夜失踪由　雪菴瑾　楞嚴經七處徵心頌曰七處徵心心不遂懵懂阿難不瞥地直饒徵得見無心也是泥中洗土塊　西余端　七處徵心款便成推窮尋逐枝分明都緣家賊難防備撥亂乾坤見太平　卍菴顏　吹糠着米翻成特地不因一事不長一智　北磵簡　七處徵他天外天毫光直射阿難肩瞿曇試殺怜兒切逼得鮎魚上竹竿　絶岸湘　楞嚴經八還辯見頌曰八還之教垂来久自古宗師各分剖直饒還得不還時也是鰕跳不出斗　西余端　明暗色空不可還不可還者絶蹤攀夾截虚空戍峅岸一重水隔一重山　卍菴顏　色空明暗古不相知行到水窮處坐看雲起時　北磵簡　還還還後更還還一箇閑人天地間昨夜大蟲遭虎咬皮毛落盡體元班　絶岸湘　楞嚴經阿難大衆獲本妙心頌曰東西南北捉虚空海角天涯信不通力盡神疲無處覓萬年松在祝融峯　卍菴顏　適我昔所願今者已滿足是玉也大奇只恐不是玉　北磵簡　楞嚴經觀世音菩薩成三十二應身獲十四無畏法頌曰良哉觀世音旋聞與聲脫犬吠驢鳴休未休世出世間活鱍鱍　瞎堂遠　三十二應不思議十四無畏如流水男子身中入定時女子身中從定起　卍菴顏　趂隊選圓通無端立下風當時佚死欵錯說在閙中　北磵簡　楞嚴經妙性圓明離諸名相頌曰一錢為本萬錢利富不足而貧有餘換骨奪胎些子藥輸他潘閬倒騎驢　卍菴顏　金盤不可動轆轆轉難住停待良久閒圓明湛如露　北磵簡　楞嚴經諸可還者自然非汝不汝還者非汝而誰頌曰日暖風和景更奇華華草草露全機荼蘼一陣香風起引得遊蜂到處飛　心聞賁　千山鳥飛滅萬里人跡絶扁舟蓑笠翁獨釣寒江雪　肯堂充　不汝還兮復是誰殘紅流在釣魚磯月斜風動無人掃燕子啣将水際飛　天目礼　楞嚴經六解一亡頌曰根塵縛脱本同源一處休復六用捐手把一條紅斷貫娘生鼻孔一時穿　卍菴顏　六用無功信不通一時分付與春風篆烟一縷閑清晝百鳥不来花自紅　北磵簡　二結解非殊存亡無據誠問本来宗當初誰縛汝　楞嚴經阿難大衆復白佛言若此妙明真淨妙心本来徧圓如是乃至大地草木蠕動含靈本元真如即是如來成佛真體佛體真實云何復有地獄餓鬼畜生頌曰雙劒峯前古寺基天尊元是一牟尼時難只得同香火莫聽閑人說是非　卍菴顏　三鈍九鼠一畒之地竿木隨身逢場作戯　北磵簡　楞嚴經佛言阿難此等衆生不識本心受此輪迴經無量刼不得真淨皆由隨順殺盗婬故反此三種又則出生無殺盗婬有名鬼倫無名天趣有無相傾起輪迴性頌曰七處精研一妄心更隨三業殺盗婬身心不是閑家具前箭猶輕後箭深　卍菴顏　客舍并州已十霜歸心日夜憶咸陽無端又渡桑乾水却望并州是故鄉　北磵簡　楞嚴經佛告阿難無令心魔自起深孽頌曰瞿曇徹底老婆心見明色發理難任入鄉隨俗那伽定佛魔到此盡平沉　卍菴顏　挽弓須挽強用箭須用長射人先

射馬擒賊先擒王 北磵簡 楞嚴經佛言富樓那如汝所言清淨本然云何忽生山河大地汝常不聞如來宣說性覺妙明本覺明妙 祥在 本紙 頌曰清淨本然徧法界山河大地即皆現性覺必明認影明眼耳便隨聲色轉 卍庵顏 弥滿清淨中不容他山河大地萬象森羅 北磵簡 楞嚴經若能推者即是汝心則是認賊為子頌曰如今推也是子是賊買帽相頭食魚去骨 天童覺 楞嚴經跋陁婆羅入浴忽悟水因頌曰了事衲僧消一箇長連床上展脚卧夢中曾說悟圓通香水洗來驀面唾 雪竇顯 超諸覎量即悟水因體明無垢孰云洗塵得無所有了無相身成佛子住妙觸常存 大潙智 洗塵觸體兩空寂妙證密圓起見思白璧無瑕空更玷圓通會裏受塗糊 塗毒策 楞嚴經當知虛空生汝心內猶如片雲點太清裏況諸世界在虛空耶汝等一人發真歸元此十方空皆悉消殞頌曰一人發真歸元十方虛空消殞試問楊岐栗蓬何似雲門胡餅居無著抱瞌睡茫茫困思來喫椀濃茶眼便開四海五湖王化裏更無一物是塵埃 林翁錦 圓覺經如是我聞一時婆伽婆入於神通大光明藏三昧正受一切如來光嚴住持是諸衆生清淨覺地身心寂滅平等本際圓滿

十方不二隨順頌曰東西南北水茫茫無角鐵牛入海藏千眼大悲尋不見倒騎佛殿入僧堂 冶父川 圓覺經於不二境現諸淨土與大菩薩摩訶薩十万人俱頌曰明鏡當臺照不差短長好醜盡歸家山河大地渾如故不妨隨處翫烟霞 冶父川 圓覺經非幻不滅頌曰不屬內外與中間纔落思惟入魔境大丈夫兒不自欺翻身坐斷毗盧頂 月林觀 圓覺經修多羅教如標月指頌曰方便門指頭月譊訛因底多甄别冷光霱霱登清途匝地茫茫尋舊宄指看盡處眼中屑到此何須更饒舌 育王逵 圓覺經一切障礙即究竟覺頌曰枯樹雲充葉凋梅雪作花擊桐成木響蘸雪喫冬瓜長天秋水孤鶩落霞 雪堂行 早朝心悶三盃酒午後頭昏一椀茶入夜脫衣伸脚睡五更走起眼膱麻 戒菴体 圓覺經有我愛者亦愛涅槃伏我愛根為涅槃相頌曰黑山鬼窟至幽陰認得頑空盡力尋何似天窓饒一撥頻令大地作黃金 圓覺經棄愛樂捨還滋愛本便現有為增上善果皆輪迴故不成聖道頌曰傀儡牽絲舞柘枝百般俏俊百般宜自從舞罷青絲斷堪笑渠儂撒手歸 圓覺經居一切時不起妄念於諸妄心亦不息滅住妄想境不加了知於無了知不

辨真實頌曰黃花爛爛翠竹珊珊江南地煖塞北天寒遊人去後無消息留得溪山到老看 晦堂心 擧手攀南斗翻身倚北辰出頭天外看誰是我般人 鼓山珪 巍巍堂堂磊磊落落鬧處刺頭穩處着脚脚下線斷我自由鼻端涅盡君休斸莫動着千年故紙中合藥 天童覺 荷葉團團團似鏡菱角尖尖尖似錐風吹柳絮毛毬走雨打梨花蛺蝶飛 徑山果 和烟釣月是生涯古策風高未足誇款乃一聲天地闊祖師何處渡流沙 或菴休 猢猻喫毛虫烏狗上佛殿大地雪漫漫澄江靜如練 圓極来 生鐵鑄牛頭牽犁還拽杷智者笑忻忻愚人驚怪老古往今來幾百年更向鬼門重貼卦 密庵傑 庭前栽萵苣萵苣生火筋火筋生蓮花蓮花結木瓜木瓜纔擘破撒出白油麻參 仰堂仁 昨夜深沙鑄鍊券阿那律陁来合伴醉来相打見閻王閻王握筆不能判却相勸彼此事同一家更莫前思後算因你恁麽斷公事大喫醋 無庵全 張果老踏破葫蘆呂洞賓失却寶劒兩箇撒手相逢囊篋更無一線何仙姑鍼箇橫吹解道長江靜如練 正堂辯 身世悠悠不繫舟得隨流處且隨流今朝有酒今朝醉明日無錢明日愁 不庵訥 春眠不覺曉是處聞啼鳥夜來風雨聲花落知

多少朴翁銛春生夏長淡飯麤茶魚投濁水彩奔巖家無準範三春不是讀書天九夏炎炎直放禪唯有秋冬較些子不如打睡過殘年卍菴顏圓覺經以大圓覺為我伽藍頌曰毫髮不留縱橫自由闇外乾坤廓落大方無外優游明明祖師意明明百草頭褫破狐起網截斷雜二愛河流縱有四天力爭如直下休四衢道中淨倮倮放出溈山水牯牛圓悟勤圓覺經恒作是念我今此身四大和合所謂髮毛齒皆歸地唾涕膿血皆歸水煖氣歸火動轉歸風四大各離今者妄身當在何處頌曰今者妄身當在何不應醶水更尋波狂心誤認鑑中影豈異迷頭演若多本覺一法華經佛放眉間白毫相光照東方萬八千世界頌曰蠻奴赤脚上皇州當盡奇珍跨白牛貪看市朝人作市又隨歌舞上官樓多意氣好風流月冷珠簾掛玉鉤分明忘卻來時路百尺竿頭輥繡毬圓極岑法華經假使滿世間皆如舍利弗盡思共度量不能測佛智頌曰雪子落紛紛烏盆變白盆忽然日頭出依舊是烏盆無號庵法華經觀世音菩薩普門品偈曰呪咀諸毒藥所欲害身者念彼觀音力還着於本人頌曰呪咀毒藥形聲之逆眼耳若適本人何失妙湛法華經譬如長者有一大宅於後宅舍忽然火起毒

害火災衆難非一頌曰蝴蜂休戀舊時窠五百郎君不奈何慾火逼來無走路痴心要上白牛車門前羊鹿權為喻室內唯嘿揔是訛淫坊臭烟相惱處出身不用動干戈冶父川法華經如來如實知見三界之相無有生死若退若出亦無在世及滅度者非實非虛非如非異雜二不如三界見於三界如斯九之事如來明見無有錯謬頌曰峋嶁峯頭神禹碑字青石赤形模奇無目仙人纔一見便應撫掌咲嗑嗑雲暗蒼龍化葛陂圓極岑大虐風饕木瀆根石邊尚有舊苔痕化工肯未隨寒暑又孽清香為返魂閑極雲法華經此經開方便門示真實相深固幽遠無人能到頌曰雖然幽遠涉途程到者方知不夜城鼓角聲寒蓮漏永佛燈猶作向來明圓極岑法華經云是法住法位世間相常住頌曰犬子便吠賊牛子便牽犂衲僧若恁麼未曾摸著皮楊岐會世間相常住黃鸝啼綠樹真箇可憐生動着便飛去朴翁銛法華經偈大通智勝佛十劫坐道場佛法不現前不得成佛道頌曰三際斷時凡聖盡十身圓處剎塵周無私應物隨高下抹過僧祇大劫脩保寧勇種穀不生具苗蒸沙豈能成飯大通智勝如來一一備指拈花淡鼓山珪燕坐道場經十劫一一從

頭俱漏泄世間多少守株人掉棒擬打天邊月徑山杲紅日杲杲切忌尋討拈得便用無非是寶鄭州梨青州棗大抵還他出處好月林觀太平時代不論兵路不齎粮户不扃一劫坐來成庭事平生肝膽一時傾道場融劫初鑄就毗盧印古篆雕蟲尚宛然堪笑堪悲人不識却嫌字畫不完全環溪一法華經若有衆生聞是觀世音菩薩品者當知是人功德不少頌曰觀音門普普門收纔着欄衫便不羞昨夜猿啼新嶺上今朝鶴唳古溪頭惡風飄墮迴光息慾火焚燒當處休瓔珞受來都不用平生活計冷湫湫冶父川文殊所說般若經清淨行者不入涅槃破戒比丘不入地獄頌曰平生踈逸無拘撿酒肆茶坊信意遊漢地不收秦不管又騎驢子過楊州保寧勇養就家欄水牯牛自歸自去有來由而今穩卧深雲裏秦不管兮漢不收祖印明鵠白烏本玄松直棘自曲清淨比丘僧却須雜二入地獄鼓山珪壁上安燈盞堂前置十酒臺問來打三遍何處得愁來徑山杲僧問洞山詮清淨行者不入涅槃破戒比丘不入地獄時如何師云度盡無遺影還他越涅槃頌曰相好巍巍大丈夫一生無智恰如愚從來佛祖猶難望地獄天堂豈可拘丹霞淳清淨行

者不涅槃破戒比丘無地獄天台相接到西
川捻是自家親眷屬 照堂一 夜來村飲歸犍
到三四五摩挲青蕷苔莫嗔驚著汝 自得暉
嘉州石像陝府鐵牛人平不語水平不流 丘
無著總 陪錢弄傀儡拚命打鞦韆渾家無眼
見掩面尖蒼天 或菴体 事神者喫神事佛者
喫佛神佛俱不事渾家窮徹骨 肯堂充 漢既
不管秦亦不收人平不語水平不流 月林觀
犯重比丘清淨行平等性中無損益水裏不
用覓魚蹤天邊何處覓鳥跡 懶菴樞 國有定
亂劒家無白澤圖神仙張果老踏碎藥葫蘆
朴翁銛 清淨行者清淨破戒比丘破戒各自
安貼家邦切忌放賊過界 退菴奇 飲官酒卧
官街當處死當處埋寒山逢拾得撫掌咲哈
哈 此山應 涅槃地獄本無差只為從来被眼
遮三脚瞎驢纔跨跳鑊湯爐炭即吾家 高峯
妙 維摩經須菩提持鉢入維摩舍乞食時維
摩詰取鉢盛飯謂言汝能於食等者諸法亦
等諸法等者於食亦等如是行乞乃可取食
雜二 十二
乃至彼外道六師是汝之師因其出家彼師
所墮汝亦隨墮乃可取食入諸邪見不到彼
岸住於八難不得無難同於煩惱離清淨法
汝得無諍三昧一切衆生亦得是定其施汝
者不名福田供養汝者墮三惡道為與衆魔

共一手作諸勞侶汝與衆魔及諸塵勞等無
有異於一切衆生而有怨心謗諸佛毀於法
不入衆數終不得滅度汝若如是乃可取食
須菩提聞此茫然不知以何荅置鉢欲出頌
曰無邊無際休斟酌潮去潮来本自平清濁
淺深并苦淡一般滋味迥分明 保寧勇 入林
不動草入水不動波鑊湯無冷處合眼跳黃
河 鼓山珪 獨坐許誰知青山對落暉花須連
夜發不待曉風吹 徑山杲 白日街頭獨自行
夜間屋裏獨自卧山高不礙白雲飛竹密不
妨流水過 照堂一 邪見飯依外道師與師同
墮復何疑憑君滿鉢盛香飯午日亭亭腹正
飢 張無盡 七七四十九六六三十六是非縱
入耳渾家不和睦 肯堂充 獨弄單提單提獨
弄劒刃上行窣然不動 月林觀 所生各不同
所潤一雨普甜瓜徹蔕甜苦瓠連根苦 冰谷
衍 青山白雲碧谿離月畫床成狸只得一橛
虛堂愚 維摩經三十二菩薩各說不二法
門至文殊云我於一切法無言無說無示無
識離諸問荅是為菩薩入不二法門殊又問
維摩摩默然殊歎曰乃至無有語言文字是
真入不二法門說是入不二法門時於此衆
中五千菩薩皆入不二法門得無生法忍 頌
曰維摩大士去何從千古令人望莫窮不二

法門休更問夜来明月上高峯 雪竇顯 虛空
鳥跡謾追尋幽鳥投敷又報春若識東西無
異路淨名一室不平沉 慈明圓 毘耶城裏競
頭走謾謂南星真北斗還知蚌鷸兩相持須
史盡落漁人手 太洪恩 一箇兩箇百千萬屈
指尋文數不辨轉時放在暗窗前明日與君
重計筭 白雲端 雜二 十二 春有百花秋有月夏有涼風
冬有雪若無閒事在心頭便是人間好時節
訥堂思 毘耶城裏老維摩一默無言詭詐多
三萬二千獅子座一時撲倒看如何 無用全
言言言兮飄風洒雪默默默兮雷轟電掣鵝
絲孔裏騎大鵬等閑挨 天衣 邊月 懶菴需 毘耶
老子善藏機淵默雷聲徹四維今古競傳真
不二豈知黃葉止兒啼 凡無著總 有無語默
謾徒勞居士何曾動一毫世祖功成三十六
雲臺爭似釣臺高 別峯印 深入不二門巧盡
又成拙一默定千差常說熾然說拙萬古
清風寒徹骨 松源岳 維摩經不斷煩惱而入
涅槃頌曰朝生暮死千萬徧一日幾回相見
面展陣開旗放出来一指動時客戲見 白雲
端 僧問投子如何是不斷煩惱而入涅槃師
曰這箇師僧恁麼發人業頌曰雖然無背面
觸處頭現吞却太虛空吐出瑠璃毀 佛心
才 者箇師僧殺人業賣油老翁說向人啼得

血流無用處不如緘口過殘春（文殊道）維摩經觀身實相觀佛亦然頌曰眼空四海恣縱橫鼻孔遼天信脚行挐得電光為火把却來日午打三更（或菴體）維摩經佛以一音演說法或有怖畏或斷疑頌曰或有怖畏或斷疑雙明一句絕針錐於斯切莫生欣厭覿面還須眼似眉（木山方）（雜二）（十三）金剛般若經世尊食時著衣持鉢入舍衛城乞食於其城中次第乞已還至本處收衣鉢洗足已敷座而坐須菩提白佛言希有世尊頌曰食訖跏趺坐石床斗間間氣燭天光饑多業識茫茫者衲被蒙頭在醉鄉（水菴一）一字未曾談般若謾天謾地儘饒伊祇園乞食歸來後法會因由又是誰（北磵簡）衛城乞食沿門處祇丸收衣洗足時善現無端讚希有斯文安得是如斯（實葉源）金剛般若經應如是住如是降伏其心頌曰希有希有佛妙理極泥洹云何降伏住降伏信為難二儀法中妙三乘數喻寬善我今諦聽六賊免遮攔（傅大士）七手八脚神頭鬼面棒打不開刀劄不斷閻浮跳躑幾千回頭頭不離空王殿（治父川）截斷從教來衮衮隨流未必去滔滔青山長蹲欲飛勢滄海合知來處高（心聞賁）金剛般若經凡所有相皆是虛妄若見諸相非相即見如來頌曰

有相有求皆是妄無形無相愼偏枯堂堂密密何曾間一道寒光爍太虛（治父川）映林映日一般紅吹落吹開揔是風可惜擷芳人不見一時分付與（蜂心聞賁）金剛般若經一切賢聖皆以無為法而有差別頌曰一念成万器皆由匠者智何必毗耶城人人說不二（覺海元）仁者見之謂之仁智者見之謂之智寒時向火熱時乘涼徤即經行困即打睡仰面看天開口取氣（保寧勇）金剛般若經一切諸佛及諸佛阿耨多羅三藐三菩提法皆從此經出頌曰佛祖垂慈實有權言言不離此經宣此經出處還相委便向雲中駕鐵船切忌錯會水出崐崘山起雲釣人樵客問來因只知洪浪巖峦闊不肯抛絲弄斧斤（牧子青）長時誦不停非義亦非聲若欲受持者應須用眼聽（實相元）金剛般若經應無所住而生其心頌曰山堂靜坐夜無言寂寂寥寥本自然何事西風動林野一聲寒鴈唳長天（雜二）（十四）（治父川）應無所住豁心空金屑依然著眼中驀地虛空連地脫大千經卷一時通（孤雲權）應無所住生其心廓徹圓明處處真直下頂門開正眼大千沙界現全身（默堂忠）金剛般若經若為人輕賤是人先世罪業應墮惡道以今世人輕賤故先世罪業則為消滅當

得阿耨多羅三藐三菩提頌曰明珠在掌有功者賞胡漢不來全無伎倆伎倆既無波旬失途瞿曇瞿曇識我也無（雪竇顯）水不洗水誰不知枕嵐常靜太驅馳千年曆日如能算免被巡官掌上推（白雲端）四序炎涼去復還聖凡只在刹那間前人罪業今人賤倒却前人罪業山（張無盡）寶劍不失虛舟不刻不失不刻彼此為得倚待不堪孤然仍則鳥跡虛空有無弥忒思之（法眼益）半夜窓明隣家有火絕老敲門李老打鑽王婆叫船趙婆過渡油盡燈滅一場懡㦬（佛鑑懃）緜緜功過膠膠因果鏡外狂奔演若多杖頭擊著破竈墮墮破來相賀却道從前孤負我（天童覺）金剛般若經如來所得阿耨多羅三藐三菩提於是中無實無虛頌曰菩提無實亦無虛幾箇男兒是丈夫丹穴不歸金鸑鷟碧潭空浸玉蟾蜍（佛慧泉）生涯如夢若浮雲活計都無絕六親留得一雙清白眼笑他無限往來人（雜二）（十五）（治父川）金剛般若經過去心不可得現在心不可得未來心不可得頌曰過去現在未來心擬土揚塵無處尋坐卧經行無不是承當直下莫沉吟過去心不可得收綸罷釣秋江碧扁舟古岸恣閑眠明月蘆花深穩密現在心不可得法王家法存今昔謀臣猛將定

封疆說恚隋珠卉韵辟来来心不可得不可得中只麽許亿合正与地犖山推謎乃知難可測千古流芳誰共知清風兩地有何極 雪竇宗 三際求心心不見兩眼依然對兩眼不須遺劒刻舟尋雪月風花常見面 冶父川 後念起時前念滅起滅之念何當別喚取機關木人問徒頭弄盡元無說 懶菴樞 三清道士無仙骨八教闍黎毀梵書黑漆崑崙舞花鼓天親無著睛嗟吁 或菴体 去歲春風燕子多社前先到舊時窠今年春色歸將半簾幕蕭蕭不見歸 寳葉源 金剛般若經若以色見我以音聲求我是人行邪道不能見如來頌曰色見聲求也不妨百花影裏鷓鴣自從識得金針後一任風吹滿袖香 雪巖欽 畫却耳根并眼底不知何處見如來數聲幽鳥啼寒木一片閑雲鋪斷崖 野菴璇 金剛般若經一切有為法如夢幻泡影如露亦如電應作如是觀頌曰幻化空身即法身箇中無染亦無塵拈起把筋如明了掃地燒香不倩人 慈受深 水中捉月鏡裏尋頭刻舟求劒騎牛覓牛空花陽燄夢幻浮漚一筆勾斷要休便休巴歌杜酒村田樂不風流處也風流 冶父川 作事有心貴要精不終是不通靈甚逢絕處者方妙梅到寒時香愈清 閑極雲 暑往寒來總不知有無名相一時離正如黑漆風上醉寫處全月蝕詩 雪巖欽 佛華嚴經世尊因普眼菩薩欲見普賢不能得見乃至三度入定徧觀三千大千世界覓普賢不能得見却來白佛佛云汝但於靜三昧中起一念便見普賢普眼於是纔起一念便見普賢乘六牙白象住於空中頌曰飄飄一鴈落寒空步步追空覓鴈蹤踢破草鞋跟子斷巍然獨坐大雄峯 瞎堂遠 瞿曇幾箇古頭眾會幾箇眼睛頭頭物物剎剎塵塵自謾猶自可取若是謾人 北磵簡 華嚴經世尊告普眼菩薩頗有人能說幻術文字中種種幻相所住處不否云不也佛言普眼幻中幻相尚不可得何況普賢菩薩祕密身境界祕密語境界祕密意境界而入其中能入能見頌曰晃晃在心日昭昭居色塵莫將銀世界喚作假銀城 北磵簡 華嚴經菩薩以菩提心為家以如理修行為家法頌曰浪宕樓頭無積在零丁利帝可憐生惡又聚是此中入佛子作非他處成 北磵簡 華嚴經偈如有大經卷量等三千界在於一塵中一切塵亦然有一聰慧人淨眼悉能見破塵出經卷廣饒益眾生頌曰擬破一微塵分明昧此經如何破經卷出此一微塵 北磵簡 華嚴經我今普見一切眾生具有如來智慧德相但以妄想執著而不證得頌曰天蓋地載成團成塊周法界而無邊析隣虛而無內及盡玄微誰分向背佛祖來償口業債問取南泉王老師人人只喫一莖菜 天童覺 華嚴經法界觀法身流轉五道名曰眾生故令眾生現時法身不現頌曰佛真法身抵死謾生自沽村酒自把磁瓶卻着衫來作主人 北磵簡 楞伽經五法三自性二種無我頌曰破鉼豈復作鉼事焦種不因生孽芽如彼虛空繫大千毛輪垂法翳花開 鼓山珪 陝府鐵牛白癩嘉州大像耳聵兩箇病痛一般咄哉濕桶不快 徑山果 般若心經是大神咒是大明咒是無上咒是無等等咒能除一切苦頌曰顛淡灘顛淡灘十度船來九度飜唯有三山陳上舍擔一柄傘岸上行奈我何 無準範 是大神咒四大六根元不有是大明咒三世十方無透漏是無上咒海印圓光明已久是無等等咒七農工商各成就何故去年梅今歲柳顏色馨香依舊等閑勘破悟桃花選甚法身藏北斗 或菴體

禪宗頌古聯珠通集卷第二

禪宗頌古聯珠通集卷第三　雞三

僧錄司右闡教兼靈谷禪寺住持淨戒　重校

祖師機緣

西天初祖二則　第九祖一則　第十祖一則

第十四祖一則　二十四祖一則　二十七祖一則

東土初祖六則　二祖一則　三祖一則

四祖一則　五祖一則　六祖五則

西天初祖摩訶迦葉尊者見世尊在靈山會上拈起一枝花以青蓮目普示大衆百萬聖賢悉皆罔措惟迦葉破顔微咲世尊乃曰吾有正法眼藏涅槃妙心實相無相微妙解脫法門付囑於汝汝當護持流通無令斷絕頌曰

仙子持來別是春還將分付與仙人可怜壞衲曾微咲有理傍觀不鮮伸 佛印元

霜風刮地掃枯荄誰覺東君令已回唯有嶺梅先漏泄一枝獨向雪中開 佛慧泉

盡說拈花微咲是不知將底辯宗風若言心眼同時證未免朦朧在夢中 白雲端

拈花我佛在靈山迦葉頭陀忽破顔金口密言親付囑不唯天上與人間 保寧勇

教外全提號別傳飲光閉目咲無言可怜十萬靈山衆不薦當頭一着玄 照覺總

靈山旱地紅蓮發白眉老翁咲不歇轟轟洪韻震東西八萬迷徒猶未瞥 黃龍新

世尊舉花迦葉微咲殃及兒孫上祖不了 楊無爲

飲光誰謂悟拈花微咲依前隔海涯黃面只圖傳大事赤眉終不打貧家 祖印明

正眼由來付飲光靈山七衆盡歸降枝繁葉茂宗門盛自得兒孫滿大唐 草堂清

世尊拈花迦葉微咲不落宮商是何曲調古洞風清寒潭月皎 長靈卓

世尊迦葉不相知陷虎機關各自施正眼妙心真實相靈山會上付他誰 張無盡

舉花示衆誰相委迦葉頭陀獨破顔無限白雲藏不得又隨流水落人間 南華昺

閻琴作舞見華破顔一彩兩賽天上人間 昊古佛

百萬人天普請看頭陀末上獨開顔堪咲衣穿瘦骨露一肩擾手搭金欄 佛燈珣

飲光當日咲無言家醜從來不外傳不撥韶絃成一曲至今清韻出人天 雪峯預

拈花已落微咲後咲出精神拈處先一片銀蟾無晝夜十分光影向人圓 佛心才

教外單傳事最奇兜羅綿手舉花時會中不得鷄峯老無限清香付與誰 正覺逸

雞五

兜羅綿手舉花時風遞幽香幾箇知除却雞峯迦葉後誰人眼内有瞳兒 慈受深

百萬人天望舉揚拈花微咲太乖張幾多業識茫茫者悶著勞生沸似湯 龍門遠

海水觀空衮底流魚龍鰕蟹信沉浮可怜金色頭陀子直至如今咲未休 [illegible]

一華拈起便承當正眼傳來不覆藏今古流通無間斷枝枝葉葉盡芬芳 跡山如

拈起一枝花風流出當家若言付心法天下事如麻 徑山杲

靈山用處許誰知迦葉偷顔咲展眉動便最初先漏泄兒孫扶取上玄機 楚安方

瞿曇拈起花枝迦葉微開咲面要知造物無私更聽黃鸝一囀 石溪明

拈花親付老頭陀平地俄興一丈波後代釘椿搖櫓者竹篙量水轉說訛 華藏繼

古塚露枯骨窮源逢斷橋一番新雨過翠色滿林梢 白楊順

項上鐵枷三百斤分明有理不容伸默然雖是峯前坐猶把金欄誑後人 尼無著總

末後無端重漏泄焦齒翁翁爵生鐵玉鞭擊碎月明珠累及兒孫揚醜拙 滋堂源

世尊拈花迦葉微笑天際一輪更相互照若能截斷老瞿曇閉目黃河只一跳 慈通旦

靈鑒怪松露風高野渡橫將謂衆生苦更有苦衆生 萬年閑

金色頭陀忽破顔看來也是管窺斑當時若得四頭早免見兒孫墮黑山 應菴華

雞三

世尊拈花迦葉微笑一對鐵錐渾無孔竅 佛照光

釋尊拈起枝花分明句賊破家致令千古之下兒孫逐惡隨邪 蒙菴嶽

世尊不曾拈花迦葉不曾微笑大地揔是兒孫誰明向上一竅 肯堂充

白日青天開眼放屎黃面瞿曇一場漏逗 木菴永

拈起花來尾巴

巳露迦葉破顏人天罔措 佛門國 迦葉因阿難問世尊傳金襴外別傳何物迦葉召阿難難應諾迦葉曰倒却門前刹竿著頌曰影略門前倒刹竿箇中消息檢傳難玲瓏侍者能相委盤走明珠珠走盤 天童覺 金襴付外有何傳倒却門前舊刹竿不取一時爲上端百千年後與人看 草堂清 金襴付外別何傳呼應雖勤意未圓迦葉更能施善巧刹竿倒却貴安然 覺海元 花葉聯芳信有期飲光抗召劃芬披而今莫問當時事路上行人口是碑 正覺逸 金襴之外復何傳弟應兄呼豈有偏倒却門前刹竿子免教依舊倚墻邊 山雲端 象王行處絕狐蹤象子雄雄繼此風休說二千年後事縱塵沙劫又何窮 保寧勇 金襴傳外更瞞頂漏泄天機倒刹竿東震西乾扶不起至今殃禍及兒孫 照覺總 提起金襴慈倒刹竿步步蹋著綠水青山 晏古佛 慶喜門前倒刹竿金襴傳外有何傳天然外道無師證爭奈威音佛已前 依無畫 金襴傳外更何傳背角泥牛痛下鞭哮吼一聲魔膽裂翻身踏破碧潭煙 南華昺 難兄難弟問來端百衲金襴遞代傳弟應兄呼成底事免認刹竿頭指天 佛燈珣 心心相照始相知金色頭陀別是非五里牌從郭外看當人不肯怨它誰 道

場如 琉璃殿上付金襴棣萼聯芳得二難門外刹竿從放倒免教南北問風旛 上方益 弟兄相應鶺鴒原相喚相呼豈等閑金襴之外傳何物向道門前倒刹竿 文殊道 頭陀飲光多聞慶喜合掌擎拳難兄難弟一朝狹路兩相逢裂轉雙睛無處避便向門前倒刹竿丈 雜三 夫自有衝天志 慈受深 草衣木食道人高傳得金襴意氣豪此外已知無別法刹竿倒處累兒曹 疎山如 金襴傳外復何傳報道門前倒刹竿好笑踏青人爛醉滿川桃李自無言 四 石巖明 怛薩阿竭二千年密付親承盡浪傳直至如今成露布刹竿依舊倚門前 大洪恩 鳳毛麟角一般奇弟應兄呼豈不知堪笑靈源春雨後落花流水自相宜 開先瑛 多子塔前衣付後更傳何物示於人驪珠迸出刹竿倒直得寒光徹四鄰 佛性泰 等閑饒舌話金襴便與當頭倒刹竿從此天倫轉無義冷光猶自逼人寒 晦堂遠 弟應兄呼盡不成誰人肯向裏頭行自從家破人亡後直至如今事轉生 月林觀 弟應兄呼有礼有義雨咬大蟲虵吞鱉鼻倒却門前刹竿著唵蘇嚕蘇嚕悉唎悉唎 退菴奇 翡翠羽毛麒麟頭角弟應兄呼振動海嶽路遠夜長休把火倒却門前刹竿著 高原泉 家家門口透長安不見纖毫眼界寬無法無人誰付囑難兄難弟自相謾 靈巖璞 倒却門前刹竿全提那涉玄端翻身不坐空王殿月照千峯夜色寒 足菴鑒 面面相看眼眼廝覷衣外別傳有甚憑據倒却門前刹竿著鳳棲不在梧桐樹 無準範 寵弟常常在侍邊傳金襴外問何傳自家兄弟無多事 雜三 只道門前倒刹竿 閑極雲 煮豆燃豆萁豆在釜中泣本是同根生相煎何太急 五 雲衲慶

九祖伏馱密多尊者問八祖佛馱難提父母非我親誰是最親者諸佛非我道誰是最道者八祖以偈荅汝言與心親父母非可比汝行與道合諸佛心即是外求有相佛與汝不相似欲識汝本心非合亦非離頌曰開却年光半百春可憐孀富不孀貧祖佛非道求何道父母不親誰更親七步豈勞蓮捧足無言須信鑑生塵禪門自古牢關鑰漏泄家風是此人 佛慧泉 見處孤危立處高急如石火利如刀到家問路家何在掀倒禁盤脫布袍 晦堂遠 半生足不履地軒知踢遍天涯得個冬瓜印子至今目瞪口呿 松源岳 父母分明非我親祖師肝膽向人傾直下若能親薦得優曇華發火中春 高原泉 父母非親親是誰雙眸烱烱帶雙眉含元殿上不相識正是峨峨相見時 石溪月 十祖脇尊者本名難生處胎

六十年神珠夢應誕生之日滿室光明出家得道至一林中有富那夜奢合掌前立祖問汝從何來奢曰我心非往祖曰汝何處住曰我心非止祖曰汝不定邪曰諸佛亦然祖曰汝非諸佛曰諸佛亦非祖知是法器即與剃度付法說偈曰真體自然真因真說有理領得真真法無行亦無止頌曰　打鼓弄琵琶相逢兩會家清風拂白月地角接天涯碎玉凝朝露殘陽送晚霞寒山逢拾得拊掌笑呵呵 南堂興二 諸佛亦非窮子腹肥饑一頓飽忘百日飢二十拄杖十分槌兔教章負兩莖眉 雪巖 捲星飛珠回玉轉打破面皮赤心片片 瞎堂遠 十四祖龍樹大士見十五祖迦那提婆來先令侍者將一椀水致面前提婆見乃取一針投之祖由是大喜頌曰　龍猛孟中水提婆竅上針人人爭得失箇箇話蹤親不覩雲中鴈焉知沙塞深農人移片礫礫下獲黃金 琅邪覺 漏傳長樂未央靜月瀉甘泉

雜三　六

太液秋夜半樂聲回步輦喚回三十六宮愁心 聞賁 二十四祖師子尊者因罽賓國王秉劒於前曰師得蘊空不祖曰已得蘊空曰離生死不祖曰已離生死曰既離生死可施我頭祖曰身非我有何恡於頭王即揮刃斷尊者首涌白乳高數尺王之右臂旋亦墮地

玄沙云大小師子尊者頭也不解作得主頌曰　尊者理非謬玄沙語甚奇首隨鋒刃落彼此沒毫厘 永明音 楊子江頭楊柳春楊花愁殺渡頭人一聲羌笛離亭晚君向瀟湘我向秦 龍門遠 作家手段天然別不辭碎墮除妖孽万里歌謠賀太平夜夜清光輝霽月 大潙智 得人一牛還人一馬有往有來可知禮也 佛性泰 船子下揚州浮萍逐水流一聲河滿子千古動悲愁 華山珪 殺人須是殺人漢當下一刀成兩段頭臂雖斷劒刃鋒何似秦時轆轢鑽 徑山杲 君王寶劒不虛施尊者還逢也大奇從此清風徧寰宇太平消息幾人知 或菴體 吹毛劒首乾坤黑髑髏墮山河掩日光趯起須彌頭倒卓方知兩兩不成雙 湛堂準 尊者何曾得蘊空罽賓徒自斬春風桃花雨後亂零落染得一溪流水紅 笑菴鑑 口念木瓜醫脚氣紙畫鍾馗驅鬼祟一生若解和羅槌日日喫酒日日醉 懶菴樞 佛法王法更

雜三　上

無兩樣宜下一刀未為諦當 月林觀 師子頭落罽賓臂折各人眼底有西施誰家甕裏無明月 朴翁銛 遇著山中人便說山中話六月賣松風人間恐無價 孤峯深 覿面當機掣雷飛當機覿面誰能用一劒分身定死生君王萬古聲名重 木菴永 劒下十分真難藏獨露

身江流石不轉偏有蘊空名 北磵簡 憂中要渡深溪水伎倆多般進不能驀地覺來伎倆盡床頭山月已三更 石菴玿 蘊空誰見法中王覿體何曾礙劒光古廟藤蘿穿户牖斷碑風雨碎文章 靈菴瑾 夜闌天際墮金盆滕上焦桐調轉新易水悲風輕按指鸞膠難續斷腸人 虛堂愚 二十七祖般若多羅東印土國王請師齋次王問諸人盡轉經唯師為甚不轉師云貧道出息不涉世緣入息不居蘊界常轉如是經百千万億卷非但一卷兩卷汾陽昭云却勞尊者心力大潙智云諸仁者還見二十七祖看經麼行時脚跟不著地坐時心識似風飄乃頌云　秋高月色連雲白淡薄禪心滋味長歷歷分明今古意何須特地更商量 靈犀玩月璨含輝木馬遊春駿不羈眉底一雙寒碧眼看經那得透牛皮明白心超曠劫英雄力破重圍妙圓樞口轉靈機寒山忘却來時路拾得相將携手歸 天童覺 入息未嘗居蘊界出息何曾涉万緣一聲漁笛離南浦依舊蘆華深處眠 懶菴需 東土初祖菩提達磨大師即西土二十八祖初至金陵見梁武帝帝問曰如何是聖諦第一義師曰廓然無聖曰對朕者誰師曰不識帝不領悟師遂折蘆渡江至魏後帝舉問誌公公曰

陛下識此人不曰不識誌曰此是觀音大士傳佛心印曰當遣使詔之誌曰莫道陛下詔盍國人去它亦不回頌曰　聖諦廓然何當辨的對朕者誰還云不識因茲暗渡江豈免生荊棘盍國人追不再来千古万古空相憶休相憶清風匝地有何極師顧視左右云這裏還有祖師麽喚来與老僧洗脚 雪竇顯 客從方外来一人也弗識無心得可傳九年空面壁吟生寥寞不自安手携隻履歸西國 法雲秀 凡聖縈纏情未忘廓然無聖便驚狂梁王殿下無謀畧剗被胡人亂一場 圾大道 廓然一鏃遼天不識重下雖剌梁帝不知何處去千古万古無消息 正覺逸 廓然絶聖猶方便不識天頫今對面對面不契渡長江北去少林方春戀 覺世元 一箭尋常落一鵰更加一箭已相饒直歸少室峯前坐梁主休云更去招 白雲昞 煉得適紅打一鎚周遭無數火星飛十成好箇金剛鑽攤向門前賣與誰 保寧勇 廓然無聖不須微何後通機是眼睛莫怪相逢不下馬奈緣各自有前程 雲溪恭 弟一義廓兮寥兮超象帝不把多年暦日看争辨春分并夏至遼東白鶴去無蹤三山半落青天外上 方益 聖諦第一義門廓然無聖誰尋堪笑江南二月裏鷓鴣啼在百花村 太平古 閑將一段秦川錦裁作人間巧婦衣幾慶著来呈伎倆暗中曲調少人知 成枯木 逵泛鯨濤入大梁廓然無聖對君王可憐寸徑無人鑑却與相如依舊藏 佛心才 不解作客勞煩主人面無慚色少喜多嗔 長靈卓 始鳴阿閣一聲鐘日暎蒼龍轄正濃再擊鳳凰臺上鼓半夜祥鸞来飛舞帝基永固如盤石胡僧歷賛平生力回指少林歸去来春風一陣花狼藉 佛鑑懃 展陣開旗便要贏誰知御駕不親征把定鎗旗收陣脚直向熊峯不出兵 佛燈珣 當時卞璞親持獻未遇徒然更再三折葦渡江江上水滔滔今古色如藍 崇菴信 西天脊子氣雄豪欺負神州罪莫逃梁帝當頭輕一撥果然提起活人刀 雪堂行 廓然無聖露全身覿面相呈已隔津莫問梁邦并魏苑一花五葉自然春 寒巖因 胡僧對漢主廓然無聖語復云不識渠神驟捉老鼠捉不著千里清光渾失却 石碧明 黃金鑿白玉椎鑿開混沌竅透出玄元機 正堂辯 老胡元不渡長江執謂曾將一葦航堪咲普通年遠事兒孫多是錯商量 肯堂充 踏翻地軸地不動推倒天關天更高穩泛鐵船歸少室至今天下起風濤 雪巷璫 强將不識鼓唇牙胡語如何亂得華若使老蕭皮有血定應趕逐過流沙 天目札 一言既出駟難追賴遇梁王放過伊楊子江頭航折葦浪頭何以閗頭危 朴翁銛 五葉芬敷自一花無人圖募剪根芽不教著脚金陵地猶恨蕭梁未作家 北礀簡 金烏飛上玉闌干黑漆崑崙對面看畢竟這些傳不得落花流水太無端 天童淨 提起須弥第一槌玉門金鎖擊難開重施背踏空勞力應悔迢迢万里來 癡絶頌 玉簫吹徹鳳凰臺古殿深沉曉未開滿地落花春已過綠陰空鎖舊莓苔 虛堂愚 万浪千波一葦横翩翩隻影可憐生老蕭若會截流句楊子江頭放你行 石溪月 一葦截流深心叵測梁土太平魏邦碧賊 雪巖珂 遠到支那十万餘清波無路一莖蘆而今面越之燕者對朕還曾識也無 徳巖祐 廓然無聖真實語對朕者誰心未息本光燦爛照十方無量劫来到今日 横川珙 西来十万路迢迢智鑑當軒影莫逃四海浪平龍睡穩九霄雲淨鶴飛高 雲巖欽 達磨大師西来直指人心見性成佛　頌曰急水波心下直鈎魚龍皷躑一時收祖師活計無多子惱亂春風卒未休 松源岳 達磨大師自梁涉魏至洛陽少林面壁而坐經於九年方得二祖傳法　頌曰　先被梁王勘破却向少林孤坐謗言教外別傳爭奈不識這箇 白雲端 十万

途窮得到梁梁王言語不相當少林不假東君力五葉花開動地香(佛國白)精進翻成怠墮莫守癡禪元坐少林面壁九年已被梁王勘破(祖印明)六宗調伏向東來五葉芬披震旦開冷坐九年人不識手携隻履又空回(阜堂清)泛舶來梁自普通一槌擊碎有為功謗言面壁無言說爭奈當門齒露風(佛性泰)航海梯山緣底事游梁歷魏意何傳九年面壁無悳功剄被時人喚作禪(太平古)九年熊耳空留隻履一花五葉春風四起(旻古佛)達磨西來未足誇少林捏目强生花得皮得髓徒分別妙性圓明本不差(跳山)如少室山前風過耳九年人事隨流水岩還不是弄潮人切須莫入洪波裏(鼓山珪)金鰲一掣滄溟竭徒自悠悠泛小舟今日烟波無可釣不須新月更為鈎(極山昇)祖師面壁九年餘此是西来末上機直至如今天下客强將言句為施為(南山省堂主)千鄉万里尋知已一語睎機不契梁面壁九年居少室覓心千古累神光(天童覺)一片虛凝地丹青畫不成聖賢難啓口佛祖强安名(正堂辨)祖師遠遠来東土面壁少林坐九年二祖傳心親得髓算來早是已輸先(高菴悟)喪盡家財無本可據赤手救人彌天罪過(木菴永)渡江一葦風濤急少室九年空面壁錯把安心靈一機至今滿地花狼籍(皖山凝)不契梁王暗渡江一身無地避慚惶九年面壁成何事贏却平人入鑊湯(湖隱濟)九年面壁轉身無策令地有人奮一臂力(月坡明)

達磨大師將返西天謂門人曰時將至矣盍各言所得乎時門人道副曰如我所見不執文字不離文字而為道用祖曰汝得吾皮尼總持曰我今所解如慶喜見阿閦佛國一見更不再見祖曰汝得吾肉道育曰四大本空五陰非有而我見處無一法可得祖曰汝得吾骨最後慧可出禮三拜依位而立祖曰汝得吾髓乃傳法付衣

神光三拜退後立瀑布嵓前水長急楞嚴會上退圓通却使老盧雙淚泣(天衣懷)少林真嗣擇全才諸子紛紛點額回衣法莫言容易得曾憑三拜作良媒(正覺逸)門前諸子列成行各逞英雄越霸王如何獨有無言者坐斷毗盧不可當(保寧勇)四維上下絕遮攔湧出冰壺印碧天無孔笛中藏六律一聲驚起釣魚船(成枯木)神光三拜依位立解會都忘末端的皮毛脫盡孰親疎誰言得髓能情息(圓通秀)當門齒缺真堪笑面壁無言坐九年皮髓些些分俵了依前懡㦬返西天(地藏恩)誰透少林關三拜仍依位立雪要心安忘形甘斷臂(祖印明)缺齒胡僧到大唐却將皮髓强分張九年懡㦬空歸去添得華人笑幾場(佛國白)弟昆各自進功能獨有家兄徹骨貧三拜起來無一語鼻孔纍垂盍口唇(雪竇宗)一從三拜後千古錯流通永日無人到蕭蕭檜栢風(龍門遠)社舞村歌笑殺人騎牛挑鴨走成羣三盃酒罷歸家去留得豬頭碍塞人(正堂辨)鏡凹照人瘦鏡凸照人肥不如打破鏡還我舊面皮(懶菴樞)捏目生花立問端得它皮髓被它瞞這般瞎漢能多事六月無霜也道寒(簡菴清)死款都来一口供情窮理極卒難容若將皮髓論高下爭見花開五葉紅(高峯妙)

達磨大師曰吾法於三千年後未曾移易一絲毫許頌曰 東西縱目乾坤闊玉露澄秋氣宇高山是山兮水是水何曾移易一絲毫(萬盧單)

達磨大師既葬熊耳山後三歲魏宋雲使西域回遇祖於葱嶺手携隻履翩翩獨逝雲問師何往祖曰西天去又謂雲曰汝主已厭世雲聞之茫然別祖東邁暨復命即明帝已登遐矣迨啓壙惟空棺一隻華履存焉舉朝為之驚歎奉詔取遺履於少林寺供養頌曰

熊耳宗師葬洛陽龍城天子泣千行迴擕隻履葱山上驚殺梁王與魏王(魁特遣者)師眼

兮深師鼻兮大師耳兮穿師舌兮快師鼻兮墨師心兮戴手携隻履逐流沙熊耳石塔今猶在 琅琊覺 祖師遺下一隻履千古萬古播人耳空自肩擔跣足行何曾踏著自家底 五祖演 梁魏山河本太平無端容此老狐精九年皮髓分張盡隻履空棺更誑人 東山空 闇國人難挽西携隻履歸只應熊耳月千古冷光輝 虎丘隆 梯山航海自西來誰謂梁王眼未開一句等閑輕勘破九年端坐冷如灰 來時打落當門齒去後空留左脚鞋到底往還無箇事依前隻履又空回 開善祖 航海東來點兒落節為法求人自作深孽賴遇梁王是作家有理直教無處雪及乎隻履復西歸葱嶺無端重漏泄分明弄巧反成拙 尼無著總 颺下一隻履明明不覆藏兒孫纔著脚徧地是刀鎗 妙峯善 九年冷坐已敗闕隻履西歸更脫空後代兒孫空安想鷓鴣啼不為春風 雪巖理 死也不伏埋殯偷携隻履西歸不被宋雲捉敗官司何處尋覓 孤峯深 禾山方曰死心先師每舉隻履西歸話以問衲子而實難明諸方或謂之隱顯或謂不可有兩箇或謂唯此一事實若也恁麼未識祖師意旨諸人要見麼乃頌曰 濁中清清中濁勿謂麒麟生雙角西行東向路不差大用頭頭如

呼啄莫莫玄要靈機休卜度 二祖慧可大師初至少林參承達磨立雪斷臂悲淚求法磨知是法器乃曰諸佛宗初求道為法忘形汝今斷臂求亦可在祖曰諸佛法印可得聞乎磨曰諸佛法印不從人得祖曰我心未寧乞師安心磨曰將心來與汝安祖曰覓心了不可得曰與汝安心竟祖於此悟入頌曰九年面壁待當機立雪齊腰未展眉恭敬願安心地法覓心無得始無疑 汾陽昭 斷臂難於立雪難覓心無處始心安誰知萬頃蘆花境一二漁翁把釣竿 正覺逸 終始覓心無可得寥寥不見少林人滿庭舊雪重知冷鼻孔依前搭上唇 白雲端 覓心不可得處處逢知識無用一雙眉同渠超百億 雪菴祐 立雪齊腰成底事以刀斷臂亦奚為從門入者非家寶休擇西來老古錐 地藏恩 思量何用覓安心求得心安却苦身三尺雪深曾立處不知誰是雪中人 佛國白 少林面壁太多言接得門人一臂全京洛至今三尺雪天寒何止普通年 楊無為 覓心不得已安心屠肆婬坊闘少林參子孫嬾直截諸方五味苦參尋 張無盡 斷臂覓心心不得覓心無得始安心心安後夜雪庭際滿目瑤花無處尋 草堂清 覓心不有三拜聊施

靈焰盐熾肯首自知回觀法印全彰慶江月松風盡入徹 佛心才 父財子用父用子財覓心無處心眼自開 長靈卓 若有絲毫付與人可師何得更全身人間天上迷逢處八兩元來是半斤 龍門遠 三拜叻勸雪到腰覓心無處強相饒神光本地思量著始覺春來雪自消 佛燈珣 二祖當年立少林滿庭積雪到腰深又手當胸無一事不求不覓不安心 鼓山珪 覓心無處更何安嚙碎通紅鐵一團縱使眼開張意氣爭如不受老胡謾 徑山杲 不待七處徵當下便不見斷孫水上打歇雞新羅王子放一箭高著眼分明穿破波斯面 石碧明 立雪齊腰寶刀斷臂不動神情十方遊戲 白楊順 二祖無端向少林庭前立雪到腰深直饒覓得心無有未免全身被陸沉 雌菴蔣 屈節從長也大拚雪堆斷臂仰高寒鐵牛鞭起熊峯下一吸黃河徹底乾 或菴體 達磨九年面壁坐深雪之中得一箇得一箇森羅萬象平分破 尼無著總 拈刀截臂露全真忘却求安心底人若是當時知痛痒老胡何處著渾身 無際派 長安深夜雪漫漫欲覓心安轉不安縱使言前開活眼那知已被老胡謾 息菴觀 平地無端起骨堆將身活向雪中埋假饒覓得安心

法還我娘生一臂来 隱山璨 自有覔不得無端面發紅翻身哭一蹶兩手摸虛空 雪巷瑾 深雪堆中斷一肢老胡抑下十分威當時便好撇翻去未到教他死馬醫 石室輝 二祖當年不丈夫分皮分髓被塗糊可憐要乞安心法直至而今一臂無 毒巷常 覔心無處覔當下便心安早知冰是水兩臂定完全 石田薰

三祖僧璨大師不知何許人不言名氏為居士謁二祖曰弟子身纏風恙請和尚懺罪祖曰將罪来與汝懺居士良久曰覔罪不可得祖曰我與汝懺罪竟宜依佛法僧住曰今見和尚已知是僧未審何名佛法祖曰是心是佛是心是法法佛無二僧寶亦然曰今日始知罪性不在内不在外不在中間如其心然佛法無二也祖深器之即為剃髮曰是吾寶也宜名僧璨執侍二載乃付達磨信衣正法眼藏說偈密囑護持無令斷絕後居舒州潛皖山谷效司空山頌曰

潛溪水急天柱峯高洞然明白不隔絲毫從来生計平如掌後世兒孫弄海潮 揚無為 罪已無根性已空正生風處不生風至今山谷山前水一派清流入海中 佛國白 說罪師前請懺除罪忘心滅兩如如誰知璨是僧中寶来往司空山下居 草堂清 半醒半醉臥街衢忽悟通身業本無三昧若從人處得効顰何異更塗糊 成枯木 無孔笛子氈拍板五音六律皆普徧時人不識黃番綽笑道儸家登寶殿 五祖演 風恙纏身覔罪不得九萬里程展摩霄翼 旻古佛 三祖以罪懺罪二祖將錯就錯一陣清風劈面来罪花業果俱凋落靈丹一粒有神功痊

璨三　十六

病不假驢騾藥 佛鑑懃 渾身燥痒倩人搔入骨搔来身已勞一下被伊搔著了平生痒處一時消 水菴一 二祖安心三祖懺罪逐惡隨邪成群作隊只許老胡知不許老胡會 退菴奇 彌天罪過無門懺紅爛通身世莫醫巳是四稜俱蹋地儘教後代亂針錐 無門開 平生罪性覔無踪直得乾坤大地空天地依然高突兀潛溪一派自朝宗 爽絕冲 風恙纏身世覔醫家貧遭刼更堪悲誰知覔罪了無處正是賊歸空屋時 大歇謙 罪過彌天乞懺除看時似有覔還無直饒言下滅胡族冷地尋思不丈夫 石室輝

四祖道信大師初為沙彌年始十四禮三祖曰願和尚慈悲乞與解脫法門祖曰誰縛汝曰無人縛祖曰何更求解脫乎師於言下大悟服勞九載乃付衣法住蘄州破頭山學侶雲臻攝心不寐脇不至席一日告衆曰吾武德中遊廬山登絕頂望破頭山見紫雲如蓋下有白氣橫分六道汝等會不衆默然弘忍曰莫是和尚它後橫出一枝佛法不師曰善唐太宗嚮師道三詔不赴就賜紫服頌曰

慈雲之塔大醫之師瞻之仰之雙峯巍巍懶融不得西天鉢直付黃梅路上兒 揚無為 島外逢師解縛歸雙峯山下獨幽奇卻將衣鉢為人事乞與黃梅箇小兒 佛國白

璨三　十七

道出乾坤動至尊飛雲三詔不離雲求人的嗣周家子遥望牛頭紫氣分 草堂清 絕知名迹能妨道正恐師承亦累人問法沙彌莫饒舌百年逆旅要同塵 覺範洪 無縛無釋脇不至席分開一貫兩箇五百 佛旻古 牛頭未生梅子熟也戳步人間池成月下鳳書三到懶開眸白蓮峯頂光相射 雲岩因 堅辭鳳闕紫泥詔玷辱宗風箇古錐坐斷雙峯無寸草愛松留得礙人枝 無門開 撇翻解脫脫巢窠從此縵天布網羅落臕小兒猶自可一枝橫出轉譊訛 爽絕冲 誰縛無人縛何更求解脫未必右軍親便是支郎鶴 石田薰 破頭峯頂紫雲飛三却天書老翠微滯貨雖然無用處不應分付小孩兒 少室睦

五祖弘忍大師前身在蘄州西山栽松遇四祖告曰吾欲傳法與汝汝已年邁汝若再来吾尚遲汝師諾遂往周氏家女托生因拋濁港中神物護持至七歲為童子四祖一日往

黄梅縣逢一小兒骨相奇秀乃問曰子何姓曰姓即有非常姓祖曰是何姓曰是佛性祖曰汝無性耶曰性空故祖黙識其法器即俾侍者後令出家後付衣法居黄梅東山頌曰
栽松何老傳衣何少前身後身一夢兩覺白藕花開峯頂頭明月千年冷相照 楊無為
二
日出而作栽松為樂昔栽幾何今滿嵒壑白頭人去小兒歸笑殺林稍千歲鶴 在聖權
方世莫評双峯密付豈虛稱前身已老難傳鉢託䕃重来始繼燈昔日栽松名尚振千靈報母領何增如今海内宗風徧只為舂中擇得能 白雲端
垂垂白髮下青山七載歸来換舊顏人却少年松已老是非從此落人間 佛國白
誰是前身孰後身謾將名字較新陳隣家莫問去来事吾是昔人非昔人 祖印明
無父無兄絶是非江心誰辨逆流時西山滑汯東山隱此事只教能者知 草堂清
濁港滔滔歧路絶翻身釘出空中橛白蓮花向半天開
雜三 十八
從此天機渾漏泄 佛鑒古
黄梅果熟白藕花開問雖佛性體異凡胎衣傳南嶺人將去松老西山我再来兩借皮囊成底事一牀風月湛無埃 天童覺
老大不堪用約去了還来伸脚縮脚衰貪程速快哉有娘生面無爺姓趁得曇華玉葉開 佛燈珣
香火綿綿五百年孤猿野鶴老松巔人傳妙道回南嶺我礼淨居向半天前後真身無覓處古今靈迹尚依然若人問我東山事峯頂池中有白蓮 白楊順
東山法門衆盈七百真能者師為世作則濁港滔滔清有餘黄梅路上人南北 雲居因
一去一来一老一少兩鏡對懸光影俱照直饒用盡神通未明向上一竅 無著總
約去栽松簡老人還来傳法喜童真有娘生面無爺姓劫外靈苗不犯春 水菴一
元是黄梅舊日僧事師年老氣彌增翻身颺下栽松钁轉步来分照世燈皮袋假於溪畔女衣盂付與嶺南能佳聲籍籍能長久雨過淮山碧萬層 湖隱濟
滿頭白髮老嵒隈萬本青松懶更栽皮袋累他周氏女難尋蹤跡去還来 天目禮
好箇栽松道者臨老無端打野不識從本爺娘負累周家小姐濁港漫他不教養大便成姦猾誑弄黄梅七百僧成群逐隊爭衣鉢 朴翁銛
青松未種鼻遼天種了青松失半邊拈廓周家
雜三 十九
猶自可再来不直半文錢 笑翁堪
栽偏滿山松牆地翻身轉雖然淨信衣何曾識爺面 石田薰
幾年活計钁頭邊萬本青松瑣翠烟蔓破曹溪天地闊再来不直半分錢 少室睦
栽松幸自可憐生剛要隨人入火坑換淨皮囊急回首依前鼻孔不多争 石室輝

六祖慧能大師本姓盧家貧賣薪養母因往五祖求法祖曰汝自何来曰嶺南祖曰欲須何事曰唯求作佛祖曰嶺南人無佛性若為得佛曰人即有南北佛性豈然祖知是異人乃訶曰著槽廠去遂禮足而退便入碓坊服勞於杵臼之間因五祖示衆索偈欲付衣法堂中上座神秀大師呈偈曰身是菩提樹心如明鏡臺時時勤拂拭莫遣有塵埃師和偈曰菩提本無樹心鏡亦非臺本来無一物何假拂塵埃祖黙而識之夜呼入室密示心宗法眼傳付衣鉢令渡江過大庾嶺南歸曹溪開東山法門頌曰
今古曹溪一派寒師来因為起波瀾携衆庾嶺人空逐負石黄梅衆識難 佛慧泉
石墜腰間舂碓鳴老盧便重不便輕黄梅衣鉢雖傳得猶去曹溪数十程 楊無為
七百高僧夢裏時三更月下獨南歸賣柴舂米儂家事底事親傳六代衣 佛國白
一偈投機一衆降啣花百鳥去雙雙家山記得来時路半夜傳衣過九江 祖印明
六祖當年不丈夫倩人書壁自塗糊明明有偈言無物却受他家一鉢盂 死心新
七百僧中選一人本来無物便相親夜傳衣鉢曹溪去鐵樹花開二月春 草堂清
謾將柴貴火村東漢古本澗斷不索何自道来筍元没口卻能平地起風

波 徑山杲 黃梅席上數如麻句裏呈機事可
嗟七百是本來無一物青天白日被雲遮 西塔
辭問書偈言無物腰石當知力有餘莫道懶
翁無伎倆糠中舂出走盤珠 水菴 菩提無
樹鏡非臺臭口分明鬼擘開幸是賣柴無事
獠剛然惹得一身災 無門開 颺下採樵斧直
拈三 二十
入碓坊舂一腳踏到底黃梅信息通 佛照光
憑無所住以生心大地山河一拂沉從此別
開窮世界新州柴把貴如金 破菴先 四句伽
陀不解書三更傳得本來無曹溪路上生荊
棘直至如今在半途 妙峯善 箇様村夫舉世
無嚮薪終日奔窮途黃梅有路何曾到誰謂
衣盂親付渠 少室睦 黃梅分付太倉忙半夜
安淒暗渡江將謂無人知下落賊身已露更
和贓 辛庵儔 不作樵夫作碓夫只將腳力驗
精麤知他踏著踏不著和米和糠到鉢盂 西
嵓惠 癡意貪他破鉢盂閑言長語倩人書只
知半夜潛身去祖意還曾夢見無 石室輝師
資緣會有來由明鏡非臺語暗投壞卻少林
窮活計櫓聲搖月過滄洲 葛廬覃 六祖受法
辭五祖令隱於懷集四會之間届南海遇印
宗法師於法性寺暮夜風颺刹幡聞二僧對
論一云幡動一云風動往復酬答曾未契理
祖曰可容俗流輒預高論否直以風幡非動

動自心耳印宗聞語竦然異之遂問其由祖
實告之印宗於是集衆請開東山法門祖遂
落髮披衣受戒即廣州天寧寺也頌曰
非風幡動唯心動自古相傳直至今今後水
雲徒欲曉祖師直是好知音 先瑞庵 不是風兮
不是幡黑花猫子面門斑夜行人只貪明月
不覺和衣渡水寒 法昌遇 不是風兮不是幡
拈三 廿一
斯言形已播人間要會老盧端的意天台南
岳萬重山 天衣懷 蕩蕩一條官驛路晨昏曾
不禁人行渾家不是不進步無㶊當門荊棘
生 保寧勇 不是風兮不是幡於斯明得悟心
難胡言漢語休尋覓刹竿頭上等閑看 圓通秀
東西南北無空處上下四維隨分舉春屬都
來止一身行盡天涯無伴侶 三祖宗 不是風
兮不是幡白雲依舊覆青山年來老大渾無
力偷得忙中些子閑 雪峯圓 不是風兮不是
幡清宵何事撼琅玕明時不用論公道自有
閑人正眼看 圓通僊 不是風幡不是心迢迢
一路絕追尋白雲本自無蹤跡飛落斷崖深
更深 湛堂準 昔時盧老泄天機直指風幡說向
伊是風是幡便是你左之右之不曾離 懶菴
風幡非動乞兒得夢金銀珍寶快活受用 足
古佛 滄溟直下取驪珠覿面相呈見也無到
此不開真正眼膏肓之病卒難蘇 道場如 不

是風幡是汝心人傳此語徧叢林若還踏著
鄉關路瓦礫無妨喚作金 祖印明 不是風兮
不是幡寥寥千古競頭看徹見始知無處所
祖庭誰共夜堂寒 通照逢 拈出風幡俱不是
直言心動亦還非夜來一片寒溪月照破儂
家舊翠微 佛心才 不是風幡不是心幾人求
劒刻舟尋分明寄語諸禪侶自古真鍮不博
金 佛鑑懃 不是風兮不是幡認為心者亦顢
頇風吹碧落浮雲盡月上青山玉一團 疎山
常 相爭但見風幡動不肯回頭識動心從此
老盧露消息松風江月盡知音 夢菴信 夢遊
華頂過丹丘躡盡寒雲倚石樓貪看瀑泉瀉
崖壁不知身在碧江頭 長靈卓 不是風幡不
是心曹溪深也未為深那吒忿怒撇騰去析
徧微塵不可尋 黃龍震 不是風兮不是幡幾
人北斗面南看祖師直下無窠臼眼綻皮穿
較不難 佛燈珣 不是風兮不是幡一重山後
一重山青春雨過無餘事獨倚危樓望刹竿
拈三 二十二
佛性泰 不是風幡不是心從來只為少知音
舉頭萬里長空外唯見白雲流水深 楚安方
不是風兮不是幡多口闍黎莫可詮若將巧
語求玄會特地千山隔萬山 琅琊覺 非風幡動
唯心動龍生龍兮鳳生鳳老盧直下示全機
底事令人見如夢 石明若 不是風幡是心動似

倩麻姑痒處搔天外孫鸞誰得髓何人解合
續絃膠 崇覺空 不是風旛不是心祖師正眼
只如今如今不識山河礙識得如今海岳沉
寶寶宗 風旛不動人心動直指分明休矇瞳
若將知見巧商量大似夢中加說夢 大溈智
非風旛動唯心動猶涉廉纖强指陳大地未
曾添寸土不知誰是點頭人 開福寧 直指單
傳自祖宗非風旛動出盧公玄徒若具金剛
眼剎剎塵塵總是空 南堂興 是風是旛君莫
疑百草叢中信步歸王道太平無忌諱戲蝶
流鶯遶樹飛 自得暉二 不是風旛不是心衲
僧徒自强錐針巖房雨過昏烟靜卧聽涼風
生竹林 浪靜風恬正好看秋江澄徹碧天
寬漁人競把絲綸擲不見冰輪蘸水寒 常菴
崇 不是風旛動亦非仁者心自從胡亂後混
淆到如今 佛堂遠 風動旛動心動死蛇要人
活弄嘶風木馬當途無角鐵牛入洞 白楊順
非風旛話露全機千古叢林起是非咄這新 雜三 廿三
州賣柴漢得便宜是落便宜 佛照光 不是風
旛不是心休將此語播叢林從來一派天河
水透石穿崖古到今 塗毒策 大海波濤湧千
江水逆流龍王宮殿裏不見一人遊 應菴華
不是風旛動天生李老君出胎頭上髮寸寸
白如銀 雪堂行 不是風兮不是旛碧天雲靜

月團團幾多乞巧癡男女猶向床頭覓裏看
水菴一 不是旛兮不是風軒轅寶鑑出懷中
森羅萬象難逃影戀窟狐狸失却蹤 張鶱
推倒崑崙後幾人窮到孟津源堪笑不知天
地者至今剗道有乾坤 肯堂充 非風旛動唯
心動踏雪貧兒徹骨寒在聖在凡誰改變蝍
蟟嚌碎鐵圍山 伽門分 不是風兮不是旛入
泥入水與人看莫把是非来辨我浮生穿鑿
下相干 月林觀 不是風兮不是旛白雲盡處
見青山可憐無限英靈漢開眼堂堂入死關
淳菴淨 不是風兮不是旛分明裂破萬重關
誰知用盡腕頭力惹得閑名落世間 松源岳
不是風兮不是旛將軍騎馬出潼關安南塞
北都歸了時復挑燈把劍看 天目礼 不是風
旛也可疑却言心動甚言詞天生不受形容
者擧世何人見得伊 朴翁銛 長安一片月萬
户擣衣聲西風吹不斷總是玉關情 孤峯深
風旛心動一状領過只知開口不覺話墮 無
門開 地神歸地天神歸天慇懃奉送寶馬金
錢 無準 育王崇擧巴陵和尚道不是風動
不是旛動不是風旛又向甚麼處着有人為
祖師出氣出來與巴陵相見雪竇和尚道風
動旛動既是風旛又向甚麼處着有人為巴
陵出氣出來與雪竇相見師乃頌曰 非風

非旛無處着是風是旛無着處遼天俊鶻悉
遂蹤踞地金毛還失措阿呵呵悟不悟令人
轉憶謝三郎一絲獨釣寒江雨 六祖因僧
問黄梅衣鉢是何人得祖云會佛法者得僧
曰和尚還得不祖曰不得僧曰因甚不得祖
曰我不會佛法頌曰 信手拈来見自殊箇
中消息沒工夫黄梅未許傳斯旨半夜曾將 雜三 二十五
付老盧 大洪恩 斬釘截鐵大巧若拙一句單
提不會佛法儘他葉落花開不問春寒秋熱
別別萬古寒潭空界月 圓悟勤 我不會佛法
不得黄梅旨本體自圓成畢竟只者是道巴
契平生脚巳踏實地無一法當情靈山親授
記 佛鑑懃 不會黄梅佛法夢中合眼惺惺此
地無金二兩俗人酤酒三升 雪菴瑾 蕉芭蕉
芭有葉無丫忽然一陣狂風起恰似東京大
相國寺裏三十六院東廊下北角頭王和尚
破袈裟 杲徑山 六祖示衆曰吾有一物非青黄
赤白男女等相還有人識得麼時有沙弥神
會出曰某甲識得祖曰你喚作什麼曰是諸
佛之本源神會之佛性祖便打曰我喚作一
物尚自不中更喚作本源佛性 頌曰呼為
一物早不中那堪指作本源佛應現縱横總
不虧動用施為収不得活潑潑黑焠焠借問
諸人知不知直待當来見弥勒 海印信 畫師

五彩畫虛空落筆須知失本蹤更有廬朝吳道子平生紙上枉施功 崇受源

一翳在眼空花亂墜神會沙弥失鉢遺罪只見鍪頭方不見錐頭利大丈夫小釋迦鐵鞭一擊珊瑚碎 圓悟勤

六祖謂門人曰吾欲歸新州汝等速治舟楫門人曰師從此去早晚却回祖曰葉落歸根來時無口 雜三

法雲秀云非但來時無口去時亦無鼻孔

頌曰葉落歸根來時無口水長船高烏飛兔走若非林間師子兒三歲便能大哮吼 海印信

五蘊山頭一段空來時無口去無蹤要明葉落歸根旨未後方能達此宗本覺一

祖師底物待客只是家常茶飯如今後代兒孫須要𢇁蓋異饌 圓悟勤

葉落歸根後曹溪一滴深山居人少到具實好知音 龍門遠

二歸根得旨復何論洞口桑人半掩門花落只隨流水遠空留叢叢野雲屯

落葉歸根鐵牛當路來時無口索鹽得醋金鎚不動落拳機列聖叢中第六祖 雪堂行

霽開空自闊葉落即歸根回首烟波裏漁歌過遠村 松源岳

與在天南天盡頭未行先已到新州來時無口去無伴那更蕭蕭黃葉秋 息庵堂

禪宗頌古聯珠通集卷第三　雜三

禪宗頌古聯珠通集卷第四　雜四

僧錄司右闡教兼靈谷禪寺住持淨戒重校

東土初祖旁出　波羅提尊者一則
四祖旁出牛頭融一則　鶴林素一則　國一三則　鳥窠二則
五祖旁出　蒙山明一則　破竈墮二則
六祖旁出　智隍一則　忠國師十一則　永嘉覺一則
六祖下一世　南岳讓四則　清源思六則
六祖下二世　馬祖一九則　石頭遷三則
終南政一則

波羅提尊者西天異見宗首 王問何者是佛者曰見性是佛王曰師見性否曰我見佛性王曰性在何處曰性在作用王曰是何作用我今不見曰今見作用王自不見王曰於我有否曰王若作用無有不是王若不用體亦難見王曰若當用時幾處出現曰若出現時當有其八王曰其八出現當為我說者即說偈曰在胎為身處世名人在眼曰見在耳曰聞在鼻辨香在口談論在手執捉在足運奔徧現俱該沙界收攝在一微塵識者知是佛性不識喚作精魂　頌曰古有異見王執迷生異見波羅提尊者為君通一線佛性等虛空八門常出現榮華有盛衰大道無更變變不變清涼須是犀牛扇典牛堂　在胎為身隨緣托質示天真分明見得當時事晝夜舒光轉法輪劉典朝居士八　處世名人我今知是釋迦身堪悲擾擾昏昏者箇箇埋藏無價珍　在眼曰見昨夜三更光掣電照破塵根一物無始知身坐空王殿　在耳曰聞如何昏積淵乾坤那知鼓響鐘鳴夜一一齊開衆妙門　在鼻辨香旃檀林裏觀聞得徹地薰天只自知相逢覿面難相識　在舌談論方便須開大施門若是知音兩相見何勞一默與多言　在手執捉放開捏聚總由伊笑他龐老當年道運水搬柴未是奇　在足運奔草鞋踏破無消息吾今了了報君知自是不歸歸便得

金陵牛頭山第一世法融禪師幽栖石室有百鳥銜花之異唐貞觀中四祖遙觀氣象知有奇人躬自尋訪見師端坐祖問曰在此作什麽師曰觀心祖曰觀是何人心是何物師無對作禮問曰大德高棲何所祖曰貧道不決所止師曰還識道信禪師不曰何以問他師曰嚮德滋久冀一禮謁祖曰即貧道是也師曰因何降此祖曰特來相訪莫更有宴息處否師引至菴所祖見虎狼之類祖舉兩手作怖勢師曰猶有這箇在祖曰適來見什麽師無語祖於師坐石書一佛字師覩之竦然祖曰猶有這箇在師未曉乃請說法祖曰百千法門同歸方寸河沙妙德總在心源師領悟祖曰吾受三祖璨教法門今付於汝汝受吾言只住此山後有五人紹汝玄化百鳥不復銜花號懶融　僧問南泉牛頭未見四祖為什百鳥銜花獻泉曰為渠步步踏佛階梯曰見後為什不來泉曰直饒不來猶較王老師一線道　又趙州因僧問牛頭未見四祖時如何州曰飽柴飽水見後如何曰飽柴飽水　頌曰古人抱志坐牛頭信師說話示無休飽柴飽水安心靜真正無私是趙州汾陽昭　牛頭峯頂鎖重雲獨坐寥寥寄此身百鳥不來春又盡不知誰是到菴人雪竇顯　紫氣氳氳透白雲因逢宗匠指迷津銜花百鳥空惆悵不見菴中舊主人楊無爲　喧寂同為不二門莫來無佛處稱尊寄言牛首菴中老百鳥銜花禍有根明祖印　一榻蕭然倚翠陰晝扃松户冷沈沈懶融得到平常地百鳥銜花無處尋　花鳥不來空過春牛頭山上懶融人自心淨故原無作放下許多閑苦辛天童覺　花落花開百鳥悲菴前物是主人非桃源咫尺無尋處一棹漁蓑寂寞歸張無盡　寂寥風月卧烟霞百鳥從玆不獻花人義盡從貧處斷世情偏向有錢家夢菴信　六葉牛頭封別栽五天熊耳縱雲雷須知四祖乘機接百鳥銜花去不來虬肯道者　水因有月方知靜天為無雲始覺高獨坐孤峯休更

問此時難著一絲毫（別峯印）雨前不見華開葉雨後渾無蕚底華蝴蝶紛紛過墻去不知春色落誰家（孤峯深）着鞭騎馬去空手步行歸寂寞菴前路衕花鳥不飛（鐵山仁）學者疑心尚未休飽粥飽水坐牛頭子期不用黃金鑄末世知音有趙州（横川珙）潤州鶴林玄素禪師（嗣牛頭威）有僧敲門師云誰僧云是僧師云莫道是僧佛来也不著僧云為甚麼不著師云無棲泊處　頌曰十月清霜重趁風徹骨寒苦無棲泊處擺手出長安（拙菴岳）道箇佛来也不着骨頭節節是黃金不消三拜勘破了鶴喉空山竹滿林（自黙恭）杭州徑山國一道欽禪師（嗣鶴林素）因馬祖遣人送書到書中作一圓相師發緘見遂於圓相中著一畫却封回　忠國師聞得乃曰欽師猶被馬師惑　頌曰馬祖當時見徑山同風微露（佛印元）客機關無端却被南陽老平地坑人似等閑被惑之言事有由神交千里芥針投誰知解使雲通信我不然芳石點頭（照覺總）自南自北自西自東溪山雖異雲月還同何事南陽老倒令人擾擾匆匆（地藏恩）馬師仲冬嚴寒欽師孟夏漸熱雖然寒熱不同彼此不失時節（徑山杲）國一因唐代宗詔至闕下親加禮敬一日師在大內見帝来乃起立帝

云師何以起師云檀越何得向四威儀中見貧道　頌曰法地安然不動移振身而立亦相宜勿於起坐經行外別討大唐天子師（石溪月）立在威儀外全身在裏頭重重賜龍袖難擒面門著（西岩惠）萬乘君王一國師尋常不離四威儀山長水遠空相憶黃葉吹風人未歸（[illegible]）杭州鳥窠道林禪師（嗣國一）初詣長安西明寺學華嚴唐代宗詔國一禪師至闕乃謁之得法歸於西湖秦望山有長松枝葉繁茂盤屈如蓋遂棲止其上故以為名有侍者會通乃唐德宗六宮使䘏官從師落髮伏勤數年未蒙印授一日告辭師曰往甚處通曰往諸方學佛法去師曰若是佛法老僧亦有少許曰如何是和尚佛法師拈起布毛吹一吹通於言下大悟更不復他遊乃居左右後聞法為的嗣或號布毛侍者　頌曰侍者初心學勝緣辭師擬欲去參禪鳥窠知是根機熟吹毛當下得心安（汾陽昭）鳥窠拈起布毛吹一道寒光對落暉雖是老婆心意切悟来由在半途歸（石門易）無風匝匝起波瀾碧髻羅紋正眼觀恰值黃河三凍鎖那羅延窟見龍蟠（雲居祐）鳥窠吹布毛紅日午方高趙王困好劒合國人帶刀（真淨文）顧視蹙眉落二三那堪重把布毛拈承當直下便休去眼裏[illegible]

筋舉世嫌（成枯木）老倒忘機是鳥窠西湖湖上控烟蘿布毛吹起無多子識眼銅睛不柰何（寶峯乾）鳥窠拈起布毛吹驚嶺祇園頓息疑須信化工多少力枯槎生出向東枝（張無尽）老師曾把布毛吹舉處分明第一機欲識箇中端的意嶺頭遥指白雲飛（真覺添）直下無私是鳥窠布毛吹起絕誵訛會通忽綻頂門眼照破山河佛與魔（昊古佛）眼中難著透金塵悟了令人即古人大地撮来如粟米一毛頭上現全身（佛鑑懃）欲求佛法往南方老大宗師為舉揚山花滿地都狼藉一陣風来一陣香（龍門遠）布毛一吹當下知歸冷光徧地獨露針錐（楚安方）白鳳烟霞控鳥窠驪龍珠耀祖山河當初拈起布毛意體用毘盧些子多（旭岩道者）游騎紛紛驟曉風將軍施令在城東拈来金鏃些兒妙射破花心一點紅（塗毒策）兩指爪開權操起一毛頭上為吹開這回不在身邊立休說清風遍九垓（心聞賁）用處天然別更不落思惟山河幷大地全露法王機（月林觀）鳥窠拈起布毛吹萬仞孤峯對落暉未舉已前先瞥地早知不是丈夫兒（秀岩瑞）鳥窠佛法無多子只在纖毫一布毛一氣吹来何處去至今天下有誵訛（懶菴需）八十翁翁要力行布毛吹起禍重生殺人流血

三千里枯對枝頭一老僧（北山隆）佛法有些少言中沒綱羅布毛吹起處依舊不離窠（無準範）鳥窠因白居易侍郎問如何是佛法大意師曰諸惡莫作衆善奉行白曰三歲孩兒也解恁麼道師曰三歲孩兒雖道得八十老人行不得　頌曰惡無相兒善無形皆自心田長養成不動鋒鋩輕劃破菩提煩惱等空平（無量壽）袁州蒙山道明禪師（嗣五祖）因趁盧行者至大庾嶺者見師至即擲衣鉢於石上曰此衣表信可力爭耶任將去師遂舉之如山不動踟蹰悚慄乃曰我来求法非為衣耶願行者開示曰不思善不思惡正與麼時阿那箇是明上座本来面目師當下大悟徧體汗流泣礼問曰上来密語密意外還更別有意旨不曰今與汝說者即非密也汝若返照自己面目密却在汝邊師云某甲雖在黃梅隨衆實未省自己面目今蒙指授入處如人飲水冷煖自知今行者即是某甲師也曰（六）（雜四）汝若如是則吾與汝同師黃梅善自護持

頌曰正當恁麼時歷劫不曾迷步步趍三界帰家鎮絶疑（龍門遠）堂堂妙相絶錙銖善惡都忘見也無萬里雲收天界淨海心無浪月輪孤（佛性泰）平欺佛祖氣如王直趁盧能到嶺傍不得衣盂遺惡水分明雪上更加霜（咲翁堪）不思善不思惡千手大悲難摸索難摸索處盡掀翻方知普化搖鈴鐸（教六岩解）描不成兮畫不就贊不及兮休生受本来面目無處藏世界壞時渠不朽（無門開）夜深傳付老盧衣恨殺黃梅老古錐向道趕人休趕上果然落節一番歸（雪溪戒）嵩岳破竈墮和尚（嗣嵩岳安國師）因嵩山塢有廟甚靈殿中唯安一竈遠近不輟祭祀烹殺物命甚多師以杖敲竈三下云咄此竈只是泥瓦合成聖從何来靈從何起恁麼烹宰物命又打三下竈乃傾破墮落須臾有青衣峩冠設拜曰我本此廟竈神久受業報今蒙師說無生法得脫此處生天特来致謝師曰是汝本有之性非吾强言神再拜而沒後僧問師某甲久侍左右未蒙方便竈神得何宗旨便乃生天師曰我只向伊道是泥瓦合成別也無道理為伊僧佇思師曰會麼曰不會師曰本有之性為什麼不會僧作禮師曰墮也墮也破也破也（七）後有僧（雜山）舉白安國師國師嘆曰此子會盡物我一如

頌曰古廟神竈禪師法要杖子敲来業身勃跳（搖無為）竈破土落不在圖度呼茶喚飯量水煎藥（黃檗勝）禍福威嚴不在靈殘盃冷炙笑何人一從去後無消息野老猶敲祭鼓聲（龍門遠二）春寒料峭凍殺年少切忌參商別無奇妙低頭侍奉歡喜問訊佛法商量傷子性命　倚竈為靈自不靈靈蹤斷處一堆塵野老不来敲祭鼓打正因邪別是春（佛燈珣）聖不聖兮靈不靈塼瓦爲堆土合成杖頭擊着無消息多年妖恠不成精而今仔細思量着為他閑事長無明（大溈智）摩天鷂鳥九頭毒護世那吒八臂長水自竹邊流出冷風從花裏過来香（南岩勝）破竈墮因僧問如何是大脩行底人師曰擔枷帶鎖如何是大作業底人師曰脩禪入定　頌曰帶鎖擔枷招罪犯安禪入定墮深坑兩頭踢脫無依倚一箇閒人天地間（別山智）河北智隍禪師（嗣六祖）始參五祖循乎漸行後結庵長坐二十餘載不見惰容及遇六祖門人策禪師激心勤求法要往參六祖祖愍其遠来便垂開示師於言下豁然契悟前二十年所得心都無影響

頌曰禪非出入非行坐坐立經行總是禪若是守他山鬼窟迢迢特地隔西天（本覺一）當年睥睨此山阿欲著紅樓貯綺羅今日重来無一事却騎羸馬下坡陀　西京光宅寺慧忠國師（嗣六祖）居南陽白崖山黨子谷四十載不下山唐肅宗詔赴京待以師礼問師得何法（或曰師在曹溪得何法）師曰陛下還見空中一片雲麼曰見師曰釘釘着懸掛着　頌曰無開

口處却閉口有意歸時即便歸趙州不在明白棗未是羺羊掛角時 慈受深 忠國師因肅宗問如何是十身調御師乃起立曰還會麼曰不會師曰與老僧過淨瓶來 頌曰鷓鴣鳥宿空池魚從脚下過鷓鴣總不知若也知碧潭深萬丈直下取魚歸 寶峯準 帶雪含霜半倚籬橫斜影裏露仙姿前村昨夜春來了竹屋老僧猶未知 心聞賁 雜四 八 國師因肅宗又問曰如何是無諍三昧 今訛作如何是十身調御 師曰檀越踏毗盧頂上行曰此意如何師曰莫認自己清淨法身又問師師都不視之曰朕是大唐天子師何以殊不顧視師曰還見虛空麼曰見師曰他還眨眼視陛下否 頌曰一國之師亦強名南陽獨許振佳聲大唐扶得真天子曾踏毗盧頂上行 雪竇顯二 鐵槌打碎黃金骨天地之間更何物三千刹海夜澄澄不知誰入蒼龍窟 作者清規世莫儔金篦曾握上龍樓良哉撥破毗盧頂直得文殊笑點頭 潙山秀二

寶月含虛列數峯高低誰辨淡烟中須弥擊碎鹽官鼓降得毗盧在下風 步步踏著毗盧頂亦非自己清淨身妙入空門得空相祖師肝膽佛精神 佛鑑懃 國師因代宗命試驗西天大耳三藏師問曰汝得他心通邪曰不敢師曰汝道老僧即今在什麼處曰和尚是一國之師何得却去西川看競渡良久再問汝道老僧即今在什麼處曰和尚是一國之師何得却在天津橋上看弄猢猻師良久復問汝道老僧只今在甚麼處藏罔測師叱曰這野狐精他心通在什麼處藏無對 頌曰 雜四 九 他心三藏太顢頇猢猻觀了看划船對面國師尋不見秪為從來被眼謾 冶父川 日應群機必有方未知何處覓南陽自從失却猢猻後橋上多時不作場 懶庵樞 藏鋒避箭路千差萬古相饒老作家好是鷺鷥無覓處夜深和月宿蘆花 蛾山卞 國師一日喚侍者者應諾如是三召皆應諾師曰將謂吾孤負汝却是汝孤負吾 頌曰師資會遇意非輕無事相將草裏行負汝負吾人莫問任從天下競頭爭 雪竇顯 國師喚侍者重言不當吃他耳又不聾自又無處雪 投子青 龍吟虎嘯與誰同天際雲生洞下風從此太平田舍老兒孫携手賀年豐 佛印元 國師三喚侍者打草只要蛇驚誰知澗底青松下有千年茯苓 南堂靜二 國師有語不處施侍者三應絕消息平生心膽向人傾相識不如不相識 侍者何曾喚不回國師乾地起風雷當時若也相逢著九轉還丹化作灰 翠岩真 老倒南陽太古雄峯鬧垂釣泛江湄夜靜水寒魚不食滿船空載月明歸 海印信 國師三度喚侍者三回應家富小兒嬌病多諳藥性吾負汝朧西鸚鵡能言語汝負吾笑殺西來碧眼胡欲會南陽端的意大都年老覺心孤 佛慧泉 國師三喚侍者侍者三度應諾茫茫亂下針錐誰知可知礼也 白雲端 國師三喚古今明何事勞生不自能信是與人無舊分非干人與我無情 照覺捴 三喚三回應已休却云孤負强生讎大唐國裏揚家醜識問南陽蓄不蓄 佛國白 國師三喚侍者三應兩箇無孔鐵槌傍觀也須氣悶彼此無便宜今古誰相信 圓通秀 國師三喚侍者侍者三度應諾若言負汝負吾真箇可知礼也 智海清 國師三喚侍者侍者三應無餘只知身强力壯不覺年老心孤 空峯祥 南陽三喚侍者三酬依稀曾國彷佛揚州回首寒江空漾碧夕陽西去水東流 上方益 國師年老太多圖截鶴由來要續鳧彼此無瘡 雜四 十 安樂甚何勞傷損好皮膚 祖印明 雄鎮南陽傳祖令清風凛凛動寰區老來偏愛晚生子把手時時教順朱 佛心才 喚處分明應處親不知誰是負恩人東家漏泄西家事却使傍人笑轉新 長靈卓 三喚三應意已深南陽曲盡老婆心傍人莫謂揚家醜到底真鍮不博

金鑿變源國師侍者共懸懸無事堂前互唱
酬鑽天鷂子穿雲去空使行人指路頭佛鑑
懃實劒連飛急透頂便通神有時輕按處驚
動五湖賓高庵悟世路風波不見君一回見
面一傷神水流花落知何處洞口桃花別是
春鼓山珪啞子得夢向誰說起來相對眼麻

迷已向人前輸肺腑從教他自覓便宜徑山
杲三呼三應諾彼此不相辜路斷南陽路馨
香滿道途五祖演三喚三應更饒貼稱月逗
寒窗水歸巨浸貪汝負吾全鋒敵勝雍堂達
喚應尋常誰不曉及乎按劒總茫然分明好
箇神仙訣父子從來不許傳訥堂思南陽三
喚無風起浪侍者應諾為蛇安脚明眼衲僧
知不知萬古清風自廓廓石無菴總三喚須知意
不輕平生肝膽一時傾負吾負汝還知否縱
有丹青畫不成水菴一一䟦風光畫不成洞
房深處暢予情頻呼小玉元無事只要檀郎
認得聲靈君安全提正令高低普應三應三
雜四　十一
呼諦聽諦聽月林觀一日君家把酒盃幾年
波浪與塵埃不知烏石嶺頭路老去相尋能
幾回頑石空一箭射雙鵰雙鵰隨手落波動
岳陽城明滿勝王閣雪巷瑾鐵枷無孔要人
櫓累及兒孫不等閑欲得撐門并拄戶更須
赤脚上刀山無門開一擲神杯定吉凶再占

重卜轉靈通分明見了今年事卻說明年事
不同無準範三喚聲聲出痛腸國師何事錯
商量欲分恩怨無分處吳楚茫茫共一江覺
菴真國師因僧問如何是佛法大意師曰文
殊堂裏萬菩薩曰不會師曰大悲千手眼
頌曰時年蔬菜賤滿地蘿蔔頭一文買一箇
得者飽齁齁佛鑑懃尋真悟入蓬萊島香風
不斷松花老採芝何處未歸來白雲滿地無
人掃辣田心國師因耽源問百年後有人問
極則事作麼生師曰幸自可憐生剛要箇護
身符子作麼　頌曰護身符子最通靈國師
起坐總將行耽源得用南方去為說令人瞎
眼醒汾陽昭不重已靈猶自可護身符子更
那堪為君旨外通消息秋月無風落碧潭海
印信真正道流行脚去護身符子不須擔國
師實為耽源切不是臨岐作對談橫川珙國
師化緣將畢乃辭唐代宗帝曰師滅度後弟
子將何所記師曰告檀越造取一所無縫塔
曰就師請取塔樣師良久曰會麼曰不會師
曰貧道去後有侍者應真卻知此事師遷化
巳後帝詔應真問此意如何真述偈湘之南
潭之北中有黃金充一國無影樹下合同船
琉璃殿上無知識應真後住耽源山　頌曰
無縫塔見還難澄潭不許蒼龍蟠層落落影

團團千古萬古與人看雪竇顯無縫塔從誰
手造雖然有樣不堪傳如何強寫無層級永
向琉璃殿上懸白雲端窣堵無縫立還危寶
鐸玲瓏八面垂千手大悲捫不著百重關鎖
下金槌鼎溪南前面是珎珠琉璃後面是瑪
瑙珊瑚左邊是觀音勢至右邊是普賢文殊
雜四　十二
中間有箇幡子被風吹著道胡盧胡盧五祖演
欲建南陽無縫塔般輸下手實應難本來成
現何須作到處巍巍著眼看本覺一八面自
玲瓏盤空勢岌嶪表裏鎮巍巍然若為分六鑿
執名匿相認影迷形卧龍長怖碧潭清合同
船子開心撓日用如何不現成圓悟勤無縫
塔兮不見影廓然一片真如境爍迦羅眼電
光流杳杳冥冥不見頂佛鑒懃窣堵古形儀
未舉已先知巍然存海底影落對頭輝潛菴光
無縫塔兮誰敢知國師也是落便宜信知師
子行踪絕何必尋常問是非問是非百草頭
頭雨露垂戴無為湘南潭北影團團面面齋
檻風雨寒突出虛空無縫罅從教千古與人
看無門開國師塔樣最尖新覿面拈來不露
文卻被耽源添一線至今描邈亂絲絲高峯妙
國師曰語漸也返常合道論頓也不留朕迹
頌曰上無衝天之計下無入地之謀蔡州千
箇萬箇打破只在須臾雪竇顯二六時中合

迅常經行坐卧好參詳相逢不審人人會問
著依前未斷當 本覺一 忠國師因丹霞來纔
展坐具師曰不用不用霞退後三步師曰如
是如是霞進前三步師曰不是不是霞繞禪
床一匝而出師曰去聖時遥人多懈怠三十
年後討箇師僧也難得 頌曰不用不用千
聖不共如是如是螟蛉蚍蜉不是不是徹骨 雜四 十三
徹髓進前退後遶禪床掣電之機落二三 印
空叟 國師問紫璘供奉甚處来曰城南来師
曰城南草作何色曰作黃色師乃問童子城
南草作何色童曰作黃色師曰秖這童子亦
可簾前賜紫對御談玄 頌曰慣使渡頭船
如今不記年變他風浪懸方是趙巖錢 月堂
欲把枯腸盡底傾出門不覺又叮嚀勸君及
早回頭去莫待春風柳眼青 虛堂愚 永嘉真
覺玄覺禪師 嗣六祖 精天台止觀圓妙法門
四威儀中常冥禪觀後因左溪朗激勵與東
陽策同詣曹溪初到振錫携瓶繞祖三匝祖
曰夫沙門者具三千威儀八萬細行大德自
何方而来生大我慢師曰生死事大無常迅
速祖曰何不體取無生了無速乎師曰體即
無生了本無速祖曰如是如是時大衆無不
愕然師方具威儀參礼須臾告辭祖曰返太
速乎師曰本自非動豈有速耶祖曰誰知非

動師曰仁者自生分別祖曰汝甚得無生之
意師曰無生豈有意耶祖曰無意誰當分別
師曰分別亦非意祖歎曰善哉善哉留一宿
時謂一宿覺 頌曰圓悟真心作本心無人
證據自沈吟幅多激發緣當熟一見能師便
得金 汾陽昭 永嘉萬里到曹溪三拜云何畧
不施却遶禪牀三匝後卓然振錫底威儀 本
覺一 掀翻海岳求知己撥動乾坤見太平
二老不知何處去宗風千古播家聲 正法灝
振錫曹溪生大我慢一宿少留咄哉戲漢永
嘉城裏闡宗風江月松風無畔岸 無禪才
南岳懷讓禪師 嗣六祖
初往曹溪參六祖祖問什麼處来師曰嵩山来
曰什麼物恁麼来師曰說似一物即不中曰
還可脩證否師曰脩證即不無汚染即不得
曰只此不汚染諸佛之所護念汝既如是吾
亦如是 頌曰 因師顧問自何
来執道嵩山意不回脩證不無不染汚撥雲 雜四 十四
見日便心開 汾陽昭 玉在池中蓮
出水汚染不能絕方比大家如是若承當洞
庭一夜秋風起 佛印元 戴角擎頭與麼来錢
圍山岳盡衝開閻浮踏殺人無數驀鼻深雲
栰不回 保寧勇 嵩頂来来恁麼来不中一物
早塵埃便歸南岳磨甎片照得追風馬子回

佛國白 是什麼物恁麼来此中何假拂塵埃
瞪目看時還不見謾將明鏡掛高臺 大洪恩
說似一物即不中風從虎兮雲從龍此事由
来非草草休言無法是真宗 什麼堂堂與
麼来當機覿面不迁回經行坐卧非他物自
是時人眼不開 本覺一 當堂古路白雲漫碧
眼黃頭尚未諳無孔笛兒櫃拍板輕輕吹破
御街寒 正堂辯 說似一物即不中八年方契
賈柴翁大都模樣無多子歷劫如何用得窮
朴翁銛 直言發足自嵩山蕩蕩乾坤任往還
一物尚無寧有似倚天長劒逼人寒 無際派
讓和尚居南岳時馬祖住傳法院常日坐禪
師知是法器往問曰大德坐禪圖什麼曰圖
作佛師一日乃取一甎於彼菴前磨曰磨此
何為師曰磨作鏡曰磨甎豈得成鏡師曰坐
禪豈得成佛曰如何即是師曰如人駕車車
若不行打車即是打牛即是於是悟旨於言
下遂印心傳法符西祖識馬駒踏殺天下人 雜四 十五
之語南宗闡於江西 頌曰 磨甎作鏡慕同
音來問分明示本心繞喚木人回面指犁牛
耕出古黃金 汾陽昭 磨甎作鏡不為難忽地
生光照大千堪笑坐禪求佛者至今牛上更
加鞭 佛印元 死馬醫来無用處車牛腦後更
加鞭皮穿骨綻還知否任重應知角力全 保

寧秀磨甎作鏡相席打令一切魚龍知水焘命叉古佛坐禪成佛心中病作鏡磨甎眼裏花一㸃牢關金鎖斷等閑信步便歸家馬駒子實堪誇自從胡乱後着處是生涯佛燈珣打車即是打牛是鼻孔遼天也被穿已向人前輸肺腑可憐今古妄加鞭懶菴需車牛腦後痛加鞭棄却黃金抱碌磚逐惡隨邪至今日即非心佛錯流傳咲翁堪平生心膽向人傾過犯弥天已不輕帶累馬師胡乱後至今錯認定盤星松源岳坐禪成佛生妄見磨甎成鏡妄尤多打車打牛俱是妄攪得心腸没奈何横川珙萬法俱忘百念灰等閑驀鼻拽將回鏡光一點明如日直得木人心眼開雪岩欽讓和尚因僧問如鏡鑄像像成後鏡明向什麼處去師曰如大德為童子時相貌何在曰只如像成後為什麼不鑒照師曰雖然不鑒照謾他一點不得頌曰　髑髏裏眼見猶在枯木中龍聲更狂打破虛空光境盡箇中別有好商量慈受深問處鈎深荅更幽就身打劫最風流要知一點難謾處江上數峯青欲浮梅室關讓和尚因馬大師闡化江西師問衆曰道一為衆說法否衆曰已為衆說法師曰總未見人持箇消息來衆無對因遣一僧去云待伊上堂時但問作麼生伊道底

言語記將来僧去一如師旨回謂師曰馬師云自從胡乱後三十年不曾缺塩醬喫師然之頌曰　胡乱三十年不曾少塩醬江西馬大師南岳讓和尚鼓山珪見得分明識得親擧来猶自涉途程直饒不犯毫芒者也是拈鎚紙指人徑山杲家貧遭子盜事急不由人開口露拴索郎當累近鄰或菴體做得些兒活計成人前賣弄逞才能直饒踏殺人無數也是西川老鬼精中菴空自從胡乱後更不少塩醬開口便見膽豈在語言上月林觀石火光中驗正邪等閑拈却眼中沙自從不曾少塩醬敢保渠儂未到家木菴永昔年高甲已登科讀盡人間萬卷書今日一身天地窄思量好事不如無雪菴珪老婆心切日忡忡恐墮他家虀甕中消息得来胡乱後江西宗派好流通虚堂愚吉州清源行思禪師嗣大祖初叅六祖問當何所務即不落階級祖曰汝曾作什麼来師曰聖諦亦不為祖曰落何階級師曰聖諦尚不為何階級之有祖深器之頌曰　無見頂露雲攢急劫外靈枝不帶春那邊不坐空王殿爭肯耘田向日輪投子青卓爾難將正眼窺迥超今古類難齊苔封古殿無人侍月鎖蒼梧鳳不棲丹霞淳無階無級見何求奪得曹溪第一籌却向盧陵言

米價百行千市饒相酬佛國白剗外相逢那畔行靈苗叢裏鐵牛耕東風吹散千岩雪空界無雲孤月明成枯木一掬澄潭鏡樣磨無風何必自生波轉身縱不離初際子細看来較幾何靈岩欽清源既得法往吉州清源山靜居寺六祖將示滅有沙弥希遷即南岳石頭和尚問曰和尚百年後希遷未審當依附何人祖曰尋思去及祖順世遷每於靜處端坐寂若忘生第一座問曰汝師已逝空坐奚為遷曰我稟遺誡故尋思爾座曰汝有師兄行思和尚今住吉州汝因緣在彼師言甚直汝自迷耳遷聞語便辭祖龕直詣靜居頌曰　尋思去此地清涼離煩暑暮雨朝雲樂太平青山綠水人難覩不難覩深林有箇白額蟲元来却是玄沙虎高菴悟清源因石頭問和尚出嶺多少時師曰我却不知汝早晚離曹溪曰希遷不從曹溪来師曰我亦知汝去處也曰和尚幸是大人莫造次頌曰　木人来問青霄路石女年尊似不聞携手相將歸故國驀山岌岌鎖重雲丹霞淳清源問石頭汝什麼處来曰曹溪師乃擧拂子曰曹溪還有這箇麼曰非但曹溪西天亦無師曰子莫曾到西天否曰若到即有也師曰未在更道曰和尚也須道取一半莫全靠學人師曰不辭向汝

道恐已後無人承當頌曰　白雲藏玉鳳紅
日照無遼隱隱星攢處無私鎮九霄 投子青
相見錦江頭相携上酒樓月闌歌咲罷回首
上扁舟 遯菴演 清源令石頭持書與南岳讓
和尚曰汝達書了速回吾有鈯斧子與汝住
山頭至彼未呈書便問不慕諸聖不重己靈
時如何岳曰子問太高生何不向下問曰寧
可永刦沉淪不慕諸聖解脫岳便休頭回至
靜居師問曰子去未久送書達否曰信亦不
通書亦不達師曰作麽生頭舉前話了却曰
發時蒙和尚許斧子便請取師垂一足頭禮
拜尋辭往南岳頌曰　諸聖不求己靈不重
一問太高天驚地動拂袖而回音書肯開從
兹盤石上更不過山来 佛印元 從來祖上作
君王子子孫孫代代昌文武百僚都不識只
應金殿有尊堂 保寧勇 千里迢迢信不通歸
来何事太匆匆白雲鎖斷岩前石掛角羚羊
不見蹤 雜四 十八 成枯木鈯斧持来便住山斫開南岳
好峯巒兒孫失利將何用又被胡盧笑會解
佛國白 順水使船猶自可逆風把柁世間稀
雖然好個擔板漢到頭未免落便宜 海印信
千里親傳事不同須憑鈯斧賞優功相如奪
璧来還趙可擬當時一信通 投子青 清源因
僧問如何是佛法大意師曰廬陵米作麽價

頌曰　出家學道未心開請問宗師大意来
却問廬陵米幾價當時心境一時灰 汾陽昭
烏龜三眼赤祥麟一角尖騰雲生暮雨溪月
夜明簾 法昌遇 巨宋山河四百州交關物物
有來由廬陵米價依然在天下衲僧語路綢
正覺逸 廬陵米價逐年新道聽虛傳未必真
大意不須岐路問高低宜見本来人 黄龍南
廬陵米價越尖新那箇商量不掛唇無限清
風生闤外休將升斗計踈親 白雲端 廬陵米
價知不知合下相酬兩莫欺君信入酆空逐
者到頭只是愛便宜 三祖宗 太平治業無象
野老家風至淳只管村歌社飲那知舜德堯
仁 天童覺 豐儉時年各不同豈數浮俗妄身
功廬陵米價誰增減貴賤宜當見祖翁 草堂
清 廬陵米價播諸方高唱輕酬力未當覿面
不干升斗事悠悠南北謾猜量 長靈卓 廬陵
不價若為酬入市知行趣自由借問年来何
所直大宋山河四百州 佛燈珣 老清源沒縫
雜四 十九
鎚問佛法酬米價衲僧一粒若沾唇拄杖橫
擔繞天下 高菴悟 廬陵米價少知音佛法商
量古到今綉出鴛鴦任人看無端却要覓金
針 鼓山珪 老清源沒縫鎚問佛法酬米價差
毫釐成話霸無面目得人怕 徑山杲 廬陵米
價走禪徒五老峯巍矗太虛堪笑華山圖籍

上又添潘閬到騎驢 海印信 自古廬陵是吉
州至今米價沒人酬青山綠水依前在黄葉
西風又一秋 佛陀遜 清源佛法意如何米價
酬來太老婆貶上眉毛行大道莫於平地起
風波 照堂一 廬陵米價報君知浩浩塵中識
者稀回首不知何處去白雲流水共依依 妙
峯善 衡開碧落松千尺截斷紅塵水一溪飽
食高眠人不到日從東出又沉西 無準範 一
派清源出少林信衣到此只傳心尋常示衆
無人會盡向廬陵米價尋 張無盡
江西道一禪師時號馬祖 嗣南岳讓 示衆曰
汝等諸人各信自心是佛此心即是佛心達
磨南天竺國來至中華傳上乘一心之法令
汝等開悟有僧問云和尚為什麽說即心即
佛祖曰為止小兒啼僧曰啼止後如何祖曰
非心非佛僧曰除此二種人來如何指示祖
曰向伊道不是物曰忽遇其中人來時如何
祖曰且教伊體會大道 頌曰　百萬雄兵出
將軍獵渭城不閑弓矢力斜漢月初生 翠嵓
真 心心即佛佛心心佛佛心心即佛心心佛
悟來無一物將軍止渴望梅林 佛國白 兎角
不用有牛角不用無有無不是處馨香滿道
途 草堂青 風動葉頻落山高日易沉坐中人
不見窗外白雲深 長靈卓 素琴張午月流水

落花深深聽希聲微泠泠太古音 佛心才 韶光三月景和融錦綉山川處處同碧尾曉煙寒食雨朱簾晴卷杏花風 慈受深 鼓之即響聽則無聲嚴冬汗濕酷熱冰清試問道途來往客忘安去此幾多程 黃龍震 江西馬祖擺通津隻槳孤帆度世人不是大梅看得破也 雜四 應虛度嶺頭春 張無盡 二十 無鬚鎖子八面玲瓏不撥自轉南北西東海神知貴不知價留與人間光照夜圓 悟勤 美如西子離金闕嬌似楊妃倚玉樓猶把琵琶半遮面不令人見轉風流 佛鑑懃 即心是佛一家風馬祖聲傳四海中靈利衲僧線一顆娘生賦性出天聰 佛燈珣 即心即佛莫妄求非心非佛休別討紅爐燄上雪花飛一點清涼除熱惱 佳山果 鐵牛耕破洞中天桃花片片出深源秦人一去無消息千古峯巒色轉鮮 雪竇宗 即心即佛眉拖地非心非佛變眼橫蝴蝶夢中家萬里子規枝上月三更 瞎堂遠 即心是佛外忘求心佛圓明不假修雲淨遠山千點翠水和明月一天秋 文菴鑑 馬祖非心非佛直下更無窠窟今年樹上胡桃勝似去年柑橘 正堂辯 一簇人烟島外村落花流水月黃昏百川到海應須住畢竟何曾別有源 鐵山仁 金毛師子生鐵鑄渾侖無縫切忌針錐 無準範

馬祖一日陞堂百丈收却面前席祖便下座頌曰百丈當時侍馬師對師卷席更無私人天不測為奇特恰是攢鶵捉鳳兒上士豁然全體現太陽出照岳峰低 汾陽昭 陞堂馬祖卷席百丈得人半斤還他八兩直饒纔鋒全無未免傍觀拊掌 泉大道 百萬雄師陣相覷 廿一 雜四 何人却會回戈鼓將頭不猛悞三軍可憐正令無行處 佛印元 陞堂卷席迴難儔杲日騰輝處處周堪笑忽雷驚宇宙井中之物不撞頭 海印信 高登猊座已圓成大智仙陀卷便行師子嚬呻猶似可象王回首更堪驚 淨照臻 野鴨飛鼻頭裂卷席更來呈醜拙直饒獨坐大雄峯也是天邊第二月 楊無為 昨日東風偶然惡桃花亂落如紅雨昨夜東風又發狂淌地不知何處去 白雲端 誰將秦鏡掛高臺妍醜分明皆顯露石女溪邊努目嗔相逢對面難回互 成枯木 夜深認得歸時路不待天明便出關三尺鏌鋣橫在手至今坐斷大雄山 上方益 潮來潮子上潮頭手把紅旗逆水流忽被猛風吹退浪此時伎倆一時休 佛鑑懃 掛得帆來還便風須臾千里到家鄉臨門上岸逢妻子懽喜情懷不可當 龍門遠 卷起堂堂露眼睛拈來覷面更相呈鼻頭脫盡誰能覷把手歸來相並行 楚安方 馬祖陞堂百丈卷席正令不從拗曲作直 雪竇顯 馬駒千里行卷席相隨逐秋風一夜生處處開黃菊 石[illegible]明 風定五湖寬收帆恣意觀波光隨水靜練色逼人寒舉棹逗雲塢移舟上碧灣聲華光祖域千載與人看 龍門遠 馬祖繞陞堂雄峯便卷席春風一陣來滿地花狼籍 高菴悟 浩浩長江碧際空片帆高掛便乘風快哉不費纖毫力萬里家山咫尺通 開善謙 捲席因緣也大奇諸方聞舉盡攢眉臺盤趯倒人星散直漢從來不受欺 張無盡 百丈捲席馬祖陞堂作麼作麼驗盡當行 月林觀 一柄無情雪刃刀當鋒誰敢犯秋毫馬師父子親提掇血噴千山風怒號 無準範 馬祖因僧問如何是佛祖云即心即佛頌曰即心是佛鐵牛無骨戲海獰龍摩天俊鶻西江吸盡未為奇火裏生蓮香拂拂 南堂興 即心即佛龍入蛇窟出將入相安邦定國 石頭回 誰家飯掛空梁指與小兒令看解開即是夾囊當下命根便斷 開善謙 二十二 雜四 羨如西子離金闕嬌似楊妃下玉樓終日與君花下醉更嫌何處不風流 肯堂充 即心是佛顢頇渢湎菽麥不分光陰飄忽三盃兩盞背爺娘百怪千妖同一窟咄 或菴 休大海波濤闊千峯氣象雄古今無間斷南北路頭通 寄菴傑 即心便是佛姮娥不畫眉

饒將脂粉汚妍好却成媸 天目礼 即心是佛
砒霜狼毒起死回生不消一服 環溪一 馬祖
曰僧問如何是佛祖云非心非佛頌曰碧海
珠判山璧耀乾坤誰別識利刀剪却無根樹
萬疊峯巒歛烟霧 圓悟勤 貴盡田園徹骨貧
不知何處可容身樓頭浪蕩無拘檢鐵笛横
吹過洞庭 開善謙 二月風光景氣浮少年公
子御街遊銀床踞坐傾盃樂三箇孩童打馬
毬 牧菴忠 非佛非心絶謂情玄途鳥道急回
程爍迦羅眼存機變莫守寒岩異草青 南岩
勝 分明與麽無無無釋迦彌勒是他奴茫茫
宇宙人無数幾箇男兒是丈夫 月林觀 路逢
劒客須呈不遇詩人莫獻逢人且說三分未
可全拋一片 無門開 馬祖與百丈西堂南
泉玩月次祖曰正與麽時如何丈曰正好修
行堂曰正好供養泉拂袖便行祖曰經入藏
禪歸海唯有普願獨超物外頌曰三獸渡河
深浅別不勞精辨迥然分争如巨浸張帆者
不顧波濤過海門 海印信 經入藏禪歸海唯
有普願獨超物外 咄 只有照璧月且無吹葉
風 照覺總 經入藏禪歸海稽首皈依合掌頂
戴王老師超物外二十年前恁麽來而今去
盡閑光彩 天童覺 馬師曾玩月三子左右侍
吹箇無孔笛清音聒天地 真如喆 皷皷凝虚

碧沉沉發晧彩秋色共澄清永夜臨滄海修
行供養逼圓機聊聞便行超方外馬駒兒端
的別萬古定乾坤一言全敘活 圓悟勤 經入藏
禪歸海未是衲僧覩道底拂袖前行歸去来
擊碎重關門大啓 開福寧 國清才子貴家富
小兒嬌大家出隻手彼此不相饒 徑山杲 張
公養得三箇兒長大不知誰立志爭来月下
問蹤由眼睛箇箇皆相似 佛性泰 大機大用
銀山鐵壁供養修行眼横鼻直拂袖便行萬
象絶跡敢問諸人誰是端的 楮衲秀 一箇翁
翁三箇兒威音路上偶相携風前唱起玄中
曲千古同聲和莫齊彼一時此一時指鹿爲
馬證鱉成龜雖然弄巧翻成拙免教閑却兩
片皮 雪竇宗 古渡無風下直鈎絲綸意在得
鯨鰲馬師言下揚家醜千古兒孫草裏遊 湛
堂深 諸子營家各自肥就中一箇最堪悲湍
藍盛墨無人買半夜持歸染皂衣 大歇謙 說
子生涯各有成從來孝順兩邊生貪懽一夜
渾家樂失曉連忙打五更 無準範 馬祖不安
院主問和尚近日尊位如何祖曰日面佛月
面佛頌曰日面佛月面佛五帝三皇是何物
二十年来曾苦辛爲君直下蒼龍窟 風堪迷明 眼
衲僧莫輕忽 雪竇顯 日面月面左旋右轉大
唐擊鼓新羅發箭流水前溪後溪落花三片

五片聾人不聽忽雷聲空向雲中看閃電 佛
慧泉 少年公子忽猖狂半夜穿雲入洞房二
八仙娥百般巧眼睛之上綉鴛鴦 野軒遵 日
面佛月面佛夜夜朝朝好風物馬駒踏殺天
下人軒轅照破精靈窟 楊無爲 大地山河俱
是寶不識之人入荒草日面月面佛現前閃
爍珊瑚光杲杲 白雲端 蒲團上端坐針眼裏
穿線西風一陣来落葉兩三片 保寧勇 日面
月面佛無私誰薦驪龍頷下珠满握光明耀
牛斗何須按劒立階除 照覺總 日面月面胡
来漢現一點靈光萬化千變 真淨文 日面月
面星流電卷鏡對像而無私珠在盤而自轉
君不見鉗槌前百鍊之金刀尺下一絲之綃
天童覺 日面東兮月面西誰言任運落前溪
山桃落盡春歸去猶有子規枝上啼 上方益
什邡駒子氣生獰蹴踏毗盧頂上行正患脾
疼却頭痛病来猶有巧心情 張無盡 日面佛
月面佛大海波翻須彌突兀磕破腦門額頭
汗出明眼衲僧未辨明擡頭好看沖天鶻 長
靈卓 丫鬟女子畫娥眉鸞鏡臺前語似癡自
說玉顏難比並却来架上著羅衣 五祖演 東
街柳色拖烟翠西巷桃花相映紅左顧右盼
看不足一時分付與春風 佛鑑懃 近日尊位
復如何日面月面哩来囉自從舜得三臺後

拍拍元來總是歌佛燈珣日面月面空中閃電頑抒停機栥成招箭南華昺日面月面靈光洞現大地山河南州北縣雖是老婆心切那知疑殺監院此山如日面月面頭頭出現提聚放開成團成片楚安方金烏繞唱日方中王道平平觸處通爭柰馬駒生太早依前

雜四

廿五

踏殺太虛空正覺逸日面月面星移斗轉失曉波斯討頭不見翠岩真日面月面突出難辨繡出巧鴛鴦雙雙誰不羨戴月宿蘆花隨波戲水面瞥然飛起碧霄空舉首銀河橫素練雪竇宗日面月面盧空閃電雖然截斷天下衲僧舌頭分明也只道得一半金陵俞道婆打殺黃鶯兒莫教枝上啼幾回驚妾夢不得到遼西典牛游尊位如何澄潭影裏探秋波日面月面鐵眼銅睛安可辨君不見一聲霹靂兮霧罩長空千眼頻開兮雲收岳面瞎堂遠朱砂鏡裏開顏笑白玉盤中展脚眠大抵人生難得共得團圓處且團圓佛性泰兩輪爍處炟塵起電急星馳擬何止目前不礙往來機正令全施無表裏丈夫意氣自衝天我是我兮你是你信相修古殿無人到者稀蒲團端坐有誰知不因院主通消息爭得褰光萬里輝中際能尊位如何問最親攢簇不得病源深等閑提起軒轅鏡徧鵲盧醫無處季退菴奇濵州生得馬駒兒病在膏肓不可醫院主無端問安好引他賣弄口脣皮鐵山仁日面佛月面佛西岩樹色含烟東谷花光映日仰視莫窮俯看已老一時分付主林柚明眼衲僧無處討天目礼日面月面突出難辨擬欲攙眸空中兩片無準範

馬祖因僧問離四句絕百非請師直指西來意祖曰我今日勞倦不能為汝說得問取智藏去僧去問藏藏云今日頭疼不能為汝說得問取海兄僧去問海海云我到這裏却不會僧回舉似馬祖祖曰藏頭白海頭黑頌曰藏頭白海頭黑明眼衲僧會不得馬駒踏殺天下人臨濟未是白拈賊離四句絕百非天上人間唯我知雪竇顯不知何所問人覓將寶示渠渠不識持來持去問商人不別東西徒費力依舊田自惆悵踏破草鞋多少緉海印信百非四句絕何言黑白分明定正偏師子窟中無異獸驪龍行處浪滔天照覺總湘靈二女神

二十六

雜四

仙格笑倚朱門香陌陌一抹臙脂透臉紅更加十分天真色佛鑑懃四句百非皆杜絕陽春白雪唱彌高風清月皎無雲夜誰把吹毛換寶刀南華昺百非四句絕蹤親馬駒踏殺天下人藏頭白兮海頭黑門外金剛笑又嗔圓覺演却似暗地箭半夜飛來人不見又似藏鋒筆白日堂堂明不出藏頭白海頭黑瑠琉殿上加金碧反思達磨見梁王對面者誰還不識佛鑑懃短帽輕衫宮樣窄舞偏胡笳十八拍曲罷酒闌猶未歸歸來月色和雲白瞎堂遠百非路絕透離微四句情忘發上機竹密不妨流水過山高豈礙白雲飛只庵鑒離四句絕百非西來祖意太離披藏頭白海頭黑耐馬師這老賊千古萬古黑漫漫塡溝塞壑無人識無準才父為子隱子為父隱一火白拈誰敢侵近藏頭白海頭黑不動刀鎗斷人性命退菴奇離四句兮絕百非逅相推過幾曾知這僧擔一擔懵懂換得兩頭涵涵歸月坡明馬祖示眾云凡有言句是提婆宗以此箇為主頌曰玉轉珠回著眼看有相干處沒相干只將此箇以為主喝一喝云一劍倚天星斗寒石溪月

馬祖一日封三甕醬令僧馳書寄與百丈百丈集眾上堂開書了拈拄杖指甕曰道得即不打破道不得即打

雜四

廿七

破眾無語丈打破歸方丈頌曰送醬三瓶通遠信當時打破眾還驚父慈子孝誰相委莫道禪家太不情本覺一

石頭希遷大師嗣清源思因清源曰有人道嶺南有消息師曰有人不云云曰若恁麼大藏小藏從何而來師曰盡從這裏去終不少他事源甚然之頌曰

有消息太沉屈無消息轉埋沒大藏小藏從茲出撒沙撒土無終極甜如蜜苦如檗明如日黑如漆擊碎千年野狐窟填滿塞壑無人識　圜悟懃

石頭因僧問如何是解脫師曰誰縛汝頌曰未息狐疑問上流如何解脫得心休承君解脫從誰起直得無生是石頭　汾陽昭

曾把疑情問解脫擬意投師示一訣與慈旨意應機酬是汝當觀第二月　般若柔

石頭因僧問如何是祖師西來意師曰問取露柱曰某甲不會師曰我更不會頌曰覿面相呈便相罵兩箇中有一人嗔要識是非須看取鐵牛耕出玉麒麟　靈源清

終南山惟政禪師因唐文宗大和中嗜蛤蜊一日御饌中有擘不張者帝以為異焚香禱之俄變為菩薩形梵相具足即貯以金粟檀香合覆以美錦賜興善寺令衆僧瞻礼因問群臣斯何祥也或言太一山有惟政禪師深明佛法博聞強識帝即令召至問其事師曰臣聞物無虛應此乃啓陛下信心耳契經曰應以此身得度者即現此身而為說法帝曰菩薩身已現且未聞說法師曰陛下覩此為常耶非常耶為信耶非信耶帝曰希奇之事朕深信焉師曰陛下已聞說法竟皇情大悅詔天下寺院各立觀音像以荅殊休頌曰螺螄蚌蛤類大唐天子心嗜好即深信南無觀世音　西岩惠

合水和泥底事忙被渠點破太乖張雖然嘿契君王意已是全身陷鑊湯　北海心

一點悲心擘不開鑊湯衮處笑盈腮希奇之事朕深信見與君王說法來　石溪月

蚌蛤之中有應身更言說法亦非真補陀大士唐天子橫眼人無隔宿恩　閑極雲

廿八來

禪宗頌古聯珠通集卷第四　　羅四

禪宗頌古聯珠通集卷第五　　雞五

僧錄司右闡教兼靈谷禪寺住持淨戒重校

祖師機緣

六祖下第三世

百丈海九則　南泉願廿七則　鹽官安三則

歸宗常七則　乳源一則　大梅常四則

五洩默一則

洪州百丈山懷海大智禪師嗣馬祖師再叅馬祖祖於禪床角取拂子示之師曰只者個更別有祖乃放舊處祖曰你已後將什麼為人師却取拂子呈之祖曰只者個更別有師以拂子掛安舊處方侍立祖振威一喝後檀信請住大雄山岩巒峻極故號之百丈師謂衆曰佛法不是小事老僧昔日被馬大師一喝直得三日耳聾黃蘗聞舉不覺吐舌頌曰

晏日無事侍師前師指繩床角上懸舉放却歸本位立分明一喝至今傳 汾陽昭

悟了遊方却再還全機大用久當權若無喝下忘知解良馬何曾離得鞭 佛印元

大寂雄峯再會時相將行處草離離回頭一喝乾坤暗兩耳俱聾總不知 正覺逸

一喝藂林辯者稀耳聾今古強針錐燈籠拊掌呵呵咲露柱伍頭却皺眉 海印信

一喝分明守死灰青天赫日起風雷傍人拊掌呵呵咲惟有知音吐舌來 淨照臻

放收誰道沒詨訛漏泄機關見也麼一喝如雷聞者喪耳聾三日未為多 佛慧泉

未明大智再叅尋相逐相隨用不任斷浪絕流全體現一聾三日孰知音 照覺總

客情步步隨人轉有大威光不能現突然一喝雙耳聾郤吒眼開黃蘗面 真淨文

頭視拈來事已同師資相見展家風因思昔日鼻頭痛一喝分明三日聾 佛國白

木馬踏殺閻浮人泥牛飲竭滄溟水霹靂滿空山岳摧看看平地波濤起 保寧勇

馬祖親傳古佛心海禪百丈是知音當時一喝聾三日無見無聞直至今 智海清

雨霽遊雲尚未歸晴空忽地一聲雷嶺梅已得春消息不比山桃一例開 上方益

放去拈來更有誰青山時見白雲歸孤峯坐斷無餘事翻笑麟輪對落暉 京兆府天寧建

馬駒一喝大雄峯聲入髑髏三日聾黃蘗聞之驚吐舌江西從此立宗風 張無盡

百丈重來叅馬祖相逢便指曹溪路休言一喝雙耳聾須知別有親聞處 雞五 [illegible]

大機大用不虛傳掛拂遺呵豈偶然打破畫瓶歸去後從教千古黑漫漫 南華昺

掛拂遺呵耳便聾衲僧奚若驗宗風金剛腦後抽生鐵華岳三峯倒卓空 龍門遠

江西一喝動乾坤大用全機是滅門三日耳聾風過樹累他黃蘗喪兒孫 鼓山珪

馬駒脚下喪家風四海從茲信息通烈火燄中撈得月巍巍獨坐大雄峯 徑山杲

掛拂親遭一喝當下舌頭脫把起便相呈為君重提撈要知三日聾大地如塵末 楚安方

踏著船頭把釣竿浪麁風緊得魚難翻思幾處雲為雨只見四方爭出山 翠岩真

父子相逢臭味同龍泉寶劒再磨礱要明馬祖當年喝大地山河盡耳聾 慈受深

迅雷吼破澄潭月當下曾經三日聾去却膏肓必死疾叢林從此有家風 虎丘隆

一喝非唯三日聾龍威虎勢也潛蹤從前汗馬無人識只要重論蓋代功 訥堂思

父子相將草裏遊人前拈弄幾包蓋迅雷一震驚天地直得滄溟絕點流 懶庵需

頂門一擊塗毒鼓生殺全機振古今雪後始知松栢操事難方見丈夫心 無著總

馬駒蹴踏非驢事要使兒孫脚下行三日耳聾猶可恠勞灼卜聽虛聲 牧庵忠

喝聲絕處怒雷收喪盡家風一不留總是戰爭收拾得却因歌舞破除休 雞五 石庵玿

真金無變色因甚聾三日一字入公門九牛車不出 肯堂充

風雲會合又相期覿面難明第一機霹靂一聲天地迫西河師子却生兒 龍牙言

世路風波不見君豁賜晴窩共誰論迅雷纔震清飈起白日一天星斗分 木菴森

疋馬單鎗與麼來鐵連之陣

勢難關忽然一棒鑼聲響不動干戈得勝回 野雲南

一喝當頭雷電奔人聞說亦暗消魂看来豈止聾三日直至如今海岳昏 雪菴瑾

啐啄之機類不同飛星撒火髑髏空偷心死盡難為語忽見金烏出海東 虚堂愚

溈山問仰山百丈再參馬祖竪拂因緣此二尊宿意旨如何仰曰此是顯大機之用溈曰馬祖出八十四人善知識幾人得大機幾人得大用仰曰百丈得大機黄蘗得大用餘者盡是唱導之師溈曰如是如是頌曰 家肥生孝子國霸有謀臣拳頭劈口槌未到無兒孫 龍門遠

百丈侍馬祖遊山次見野鴨飛過祖曰是甚麽師曰野鴨子祖曰甚麽處去也師曰飛過去也祖搊師鼻頭師負痛失聲曰阿耶耶阿耶耶祖曰又道飛過去也師於此契悟頌曰野鴨飛空却問僧要傳祖印付心燈應機難對無移動纔搊綱宗道可增 汾陽昭

野鴨子知何許馬祖見来相共話話盡山雲海月情依然不會還飛去却把住道道 雪竇顯

師資閑向草中行野鴨飛鳴意忽生鼻孔搊翻成底事新羅日午打三更 智海

流水有西東蘆花無背向沙鳥忽飛来漁人驚夜唱誰道月明無處尋元来只在秋江上 上方益

野鴨過前溪千峯瀲寒色相顧不知歸未免貴傍攣搊破疑團葛怛銷梢風直上遼青霄雲山海月渾餘事一語歸宗萬國朝 圓悟勤

馬師僩汝無知識借来野鴨通消息直得鼻頭鮮血流費盡老婆多少力 佛鑑懃

華裹尋常萬萬千報云飛去豈徒然鼻頭是甚閑皮革十字縱横一任穿 龍門遠

野鴨野鴨無来無去飛去飛来本無去住忽然把住鼻頭看大地山河全體露 太平古

野鴨鬖飛翻莫留蹤然一過已高秋和聲搊著平生痛短綆毋勞繫鼻頭 佛燈珣

野鴨從空過張三遂李大岸上繫孤舟黄牛解機磨 白楊順

心燈不可付祖印亦難傳野鴨飛過去搊得鼻頭穿 横川

百丈侍馬祖遊山歸侍者寮哀哀大哭同事問汝憶父母耶師曰無曰被人罵耶師曰無曰你哭作什麽師曰我鼻孔被大師搊得痛不可徹同事曰有甚因緣不相契師曰你問取和尚去同事問馬祖曰海侍者有何因緣不契在寮中哭告和尚為某說祖曰是伊會也汝自問取同事歸寮曰和尚道汝會也教我自問汝師乃呵呵大笑同事曰適来哭如今為甚却笑師曰適来哭如今笑同事罔然頌曰 一回思想一傷神不覺反然笑轉新雲在嶺頭閑不徹水流㵎下太忙生 龍門遠

有時笑有時哭悲喜交并瞞儱侗此理如何舉向人斷絃須是鸞膠續 珪山果

有時笑兮有時哭調高和寡難拘束一派清音徹九天風前誰解聯芳躅 妙峯善

哭不徹笑不徹倒腹傾腸向君說父子非親知不知撞頭腦後三斤鐵 松源岳

百丈因溈山五峯雲嵓侍立次師問溈山併却咽喉脣吻作麽生道溈曰却請和尚道師曰不辭向汝道恐已後喪我兒孫又問五峯峯曰和尚也須併却師曰無人處斫額望汝又問雲嵓嵓曰和尚有也未師曰喪我兒孫頌曰 却請和尚道虎頭生角出荒草十洲春盡花凋殘珊瑚樹林日杲杲 雪竇顯三

和尚也併却龍頭陣上看謀畧令人長憶李將軍萬里天邊飛一鶚 和尚有也未金毛師子不踞地兩兩三三舊路行大雄山上空彈指 三箇兒郎盡長成大家將本去經營其間消折兄嫌弟也有贏錢弟怨兄 保寧勇

却請和尚道千人萬人所不到杲日朦朧海面紅清風凜凜霜天曉 佛鑑懃三

和尚也併却後人要踏前人脚其餘利鈍不同途畢竟到頭輸一着 和尚有也未且向自身明見地未能展翼逆風飛少逐青雲千里志

百丈因僧問如何是奇特事師曰獨坐大雄峯僧禮拜師便打頌曰祖域交馳天馬駒化門舒卷不同途電光石

火存機變堪笑人来捋虎鬚 顥雲 竇 巍巍獨坐鎮雄峯三尺龍泉握掌中堪笑人来挨白刃立爲虀粉在誰躬 述正覺 巍巍獨坐大雄山咳嗽風生天地寒直下棒頭開正眼隔雲千里望長安 野軒 雄峯獨坐鎮巍巍四海歌謡滿路岐任是通身鋒刃者到来無不[illegible]降旗 淨印信 大機大用豈虛然獨坐雄峯是有權稍若錯傳王令者腦門須喫棒三千 白雲端 大雄峯頂獨巍巍直下横分八字眉賴得縮頭知進退未嘗容易敢相欺 保寧勇 獨坐大雄峯言談宇宙空不行峯頂上四海路難通 寶峯祥 清風括地氣横天獨坐雄峯有大權哮吼一聲岩洞裂更無狗迹到門前 佛鑑懃 搭著裏著盔雪中送炭絕捋虎鬚棒頭有眼怗来獨坐大雄山他家曾踏上頭關 圓悟勤 雄峯獨坐不囊藏捉敗分明已見贓設或更求奇特事野狐涎唾漩諸方 無際派 百丈機先疾似風巍巍獨坐大雄峯要知奇特中 雞五 奇特明月難教下碧空 石田薰 六 百丈每上堂有一老人常隨衆聽法衆退唯老人不退師問汝何人也曰吾非人也於過去迦葉佛時曾住此山因學人問大修行人還落因果也無某甲對曰不落因果遂五百生墮野狐身今請和尚代一轉語貴脫野狐身師曰汝問

乃問大修行人還落因果也無師曰不昧因果老於言下大悟作礼曰某甲已脫野狐身住在山後敢乞依亡僧事例師令維那白椎告衆食後送亡僧衆驚異食後師領衆至山後岩下以杖挑出一死野狐乃依法火葬師至晚上堂舉前因緣黄檗便問古人錯祇對一轉語五百生墮野狐身轉轉不錯合作个什麼師曰近前来與汝道檗近前與師一掌師拍手笑曰将謂胡鬚赤更有赤鬚胡 靈源和尚觀諸家頌野狐話復為頌曰 明明道不落老人何曾錯的的言不昧百丈何曾會不會将不錯渾然宣妙覺不落與不昧卓尔標正位全機因果有来由脫體升沈無忌諱非自非是誰是言下迷宗生擬議再問重教舉一回潛觀徹底起風雷遂風喝轉雷聲絕飲氣歸家藏醜拙他日如何舉似人雄峯撐破秋天月 畫師畫地獄畫出百千般駐筆從頭看特地骨毛寒 百丈政 老人當日曾祇 翁石 十 對五百生来由自悔一言纔出駟難追累他百丈成孳隊落不落昧不昧不逃得須弥赴滄海寄語修行大徹人從来十字難更改 佛印元 不昧不落二俱是錯取捨未忘識情卜度 海印信 執滯言詮無繩自縛廓爾太虛何處摸索 問来荅去盡因緣流落寰區數百年

自古自今諸祖子一人傳了一人傳 淨照 不落不昧成孳作隊師子咬人韓獹逐塊 大溪思 大雄曾決野狐因五百生前錯墮身不落不昧如来晚年華又歷幾秋春 照覺 五百生前墮野狐元来用處太心麤一字尚能招是報那堪心地更糢糊 星佛迹 大雄山裏大雄師曾謂言中脫野狐一劒令傳家國靜狼烟無使息亨途 宗三相 不落不昧僧俗本無忌諱丈夫氣宇如王爭受囊藏被蓋一條楖標任縱橫野狐跳入金毛隊 大慧 五百生前墮此身而今依舊入紅塵相逢盡道休官去林下何曾見一人 真如 大冶紅爐烹佛烹祖規模鎔盡識者罔措 六合英雄無限幾箇能知痛痒臨川羨人取魚不如歸家結網 寶峯祥 百丈親曾見野狐爲渠叅請太心麤而今敢問諸禪客吐得狐涎盡也無 枯木成 不落與不昧依前入皮袋不昧與不落皮袋俱拋却令人長憶李將軍萬里天邊飛一鶚 瀧幢 萬丈洪崖倚碧空人間有路不能通奈何一點雲無得舒卷縱橫疾似風 悅堂 臨機只爲語偏枯五百生来墮野狐姹女已歸霄漢去獃郎由自守寒爐 月通慨 韓信收齊審用機食其烹處共攢眉到頭自有榮身計蓋代之功復是誰 嗣墮 入骨恣

難擒背楚復投吳將謂胡鬚赤更有赤鬚胡
雄峯常獨坐寨寨鎮八隅 黃龍震 大智虛明
徹果因一言超脫野狐身雄峯極目烟霄裏
列耀分輝拱北辰 雲蓋本 百丈堂前驗野狐
還如水上捺葫蘆而今到處全機入便好當
場捋虎鬚 木山方 江北江南問野狐只因昧
落有差殊鴻門一踏開雙扇那箇男兒是丈
夫 上方益 百丈野狐因果何如善財來了再
見文殊 溈山秀 不落與不昧當機無人會一
箇老狐兒走入金毛隊 南雅漢 大雄山下古
路縱橫野狐岩中師子踞地狂風蕩盡殘
花獨有清香來撲鼻 佛心才 不落分明不昧
親老人何事脫狐身丈夫氣銳衝牛斗方見
臨危不悚人 踈山常 化形來問大修行當下
金篦刮眼睛轉得野狐成百丈夜來依舊野
干鳴 張無盡 魚行水濁鳥飛毛落至鑒難逃
太虛寥廓一往迢迢五百生只緣因果大修
行疾雷破山風震海百鍊精金色不改 間悟勤
醉眠醒臥不歸家一身流落在天涯祖佛
位中留不住夜來依舊宿蘆花 龍門遠 不昧
與不落老人何太錯不落與不昧分明如是
對重舉示諸人諸人會不會蘼蕪斷處是青
山行人更在青山外 文殊道 修行不落與不
昧盡作野狐涎嗒拾取娘生窮相口杼闊

雲路吸雷霆 佛智裕 不落因果何曾墮不昧
因果何曾脫當堂鏡破兩頭忘掃影滅蹤無
摸索無摸索何倚托秋風吹梧桐樹葉鳴嘌
嘌 佛性泰 一言纔諦當便脫野狐身早知兩
是水不作兩般聲 佛燈珣 百丈野狐兩耳卓
朔脫兮不昧墮兮不落不昧不落何是何錯
若於當處不留情萬里晴空步寥廓 寐山如
百丈野狐塞鴈嘶蘆李廣神箭張顛草書 藪
山娃 不落不昧石頭土塊陌路相逢銀山粉
碎拍手呵呵笑一場明州有个憨布袋 徑山
杲 不落不昧徒云解會言下知歸牢關粉碎
楚安方 明鏡當臺鑒者稀禪人到此擬何之
直饒點破秋天月元來只是野狐兒 瑯琊覺
百丈野狐語至言麁恒薩阿竭吾有吾盧 翠
岩真 語路分明在憑君子細看和雨西風急
近火轉加寒 道吾真 不落藏鋒不昧分要伊
從此脫狐身相逢盡道休官去林下何曾見
一人 真淨文 一尺水一丈波五百生前不奈
何不落不昧商量也依前撞入葛藤窠阿呵
呵會也麽若是你洒洒落落不妨我哆哆和
和神歌社舞自成曲拍手其間唱哩囉 天童
覺 含血噴人先污其口百丈野狐失頭狂走
驀地喚回打个筋斗 素賁空 諦觀五百生前
事不昧何如不落親因果塵塵殊可怕人人

盡道野狐精 牧菴忠 颯颯春風動物華園林
開葉又開花歸來謾與佳人說鸞鏡臺前雲
鬢斜 白楊順 不昧不落作麽會會得依前墮
野狐一夜涼風生畫角滿船明月泛江湖 台
州涌福文 不昧不落將錯就錯百丈野狐一
坑埋却 尼無著總 不是翻濤手徒誇踏浪能
由基方撚鏃枝上衆猿驚 堂機祖 一人道不
落一人道不昧夜來一陣狂風生浪打石頭
如粉碎 自得暉 乘大火聚燒太虛空達磨不
會眼瞎耳聾 塗毒策 不向東山久蓄藏欺度
花白雲他自散明月落誰家 正堂辯 世人住
處我不住世人行處我不行全身跳入野狐
窟贏得風流五百生 肯堂充 百丈堂前辨野
狐紫羅帳裏撒真珠誰家別館池塘裏一對
鴛鴦水上浮 靈岩安 不落不昧二俱是錯取
捨未忘識情卜度執滯言詮無繩自縛春至
花開秋來葉落錯錯誰知普化搖鈴鐸 蘇州
定慧信 動口生荊棘移身墮野狐趙州來闘
富東辟樹葫蘆 或菴體 不落不昧誣人之罪
不昧不落無繩自縛可憐柳絮隨春風有時
自西還自東 三峯印 不落不昧東倒西擂鐵
辟銀山一時粉碎不昧不落且無造作誠哉
是言不從人學 月林觀 不昧不落錯錯錯
錯不落不昧莫莫莫坐致太平實難摸索

随脫知何處憑君子細看潮来無別浦木落見他山（天目礼）堕狐身與脫狐身葉落花開幾度春名利只随騎馬客是非不到釣魚人（朴翁銛）大雄山下老狐精千古叢林惱殺人若遇金毛師子子看伊無處著渾身（石巷玿）百丈野狐石女無夫一回淡下滄海乾枯（率菴琮）不落不昧兩彩一賽不昧不落千錯萬錯（無門開）不落因果突出野狐人心似鐵官法如爐不昧因果得脫野狐頂上無骨額下有鬚（虛堂愚）百丈普請鉏地次一僧聞飯鼓聲舉起鉏頭大笑便歸師曰俊哉此是觀音入理之門歸院乃喚其僧問適来見什麽道理便與麽僧曰適来聞鼓聲動歸喫飯去来師乃笑頌曰　孰云意在鑁頭邊一擊圓通徹大千大笑低頭歸去後飢飡且莫與人傳（水菴一）風前一曲動離愁那个行人不樂頭手把花枝半遮面不令人見轉風流（無準範）天生个樣鐵崑崙機智偏能入海門無限差珎收拾了却来空手叙寒温（簡翁敬）十一

百丈因一女子（作聯一堅僧録）哭上法堂師曰作甚麽女曰父母俱喪請和尚選日師曰明日来一時埋却頌曰　百丈山頭坐不逢女人山下哭噑咷一時埋向清涼地至孝方能今古超（汾陽昭）此理分明荅教人爺娘俱喪向師深雖

道分燈傳正法一時埋却始為親（延壽慧）百丈因黃檗問從上諸聖以何法示人師良久檗曰後代兒孫將何傳授師曰我將謂你是个人便歸方丈頌曰　國泰由来自偃兵路逢劍客也須呈雖然猛虎不食子正令他時作麽行（本覺一）

池州南泉普願禪師（嗣馬祖）示衆曰喚作如如早是變了也今時師僧須向異類中行歸宗聞曰雖行畜生行不得畜生報師曰孟八郎又恁麽去也頌曰　張公移住向深村被賊潛身入後門鍋子一時偷去了更来敲椀玩兒孫（保寧勇）父不慈子不孝作之在前悔之在後明眼衲僧難緘其口（佛日才）喚作如如已變名廓然無聖豈容情其閒妙叶皆同類不有玄暉辨濁清（護國欽）涅槃寂滅本無名喚作如如早變生若問經中何極則石人夜聽木雞鳴（本覺一）南泉有時曰文殊普賢昨夜三更相打每人與二十棒趂出院也趙州曰和尚棒教誰喫師曰且道王老師過在什麽處趙州礼拜而出頌曰　普賢昨夜鬪文殊趂出還同兩手袪却道趙州行正令從兹王老一時無（佛印元）彩雲影裏仙人現手把紅羅扇遮面無人著眼看仙人却看随後紅羅扇（佛鑑懃）鴛鴦綉出世無雙好手元来更有强星罷各歸香閣去金針難把度蕭郎（佛燈珣）二俱不了随合多少縱使夜行投明未到（月堂昌）霧起龍吟風生虎嘯兩口一舌異音同調文殊普賢佛法見南泉趙州日月面據令而行拍頷閒盡情貶向鐵圍山（圓悟）勤布鼓當軒為擊来卧龍驚起出岩隈千峯秀色憑誰寫一帶澄江古鏡開（無巷全）十二

是賊識賊精識精南泉無過强惺惺趙州礼拜歸堂去前箭猶輕後箭深（石巷玿）春風吹落碧桃花一片流經十萬家誰在畫樓沽酒處相邀来喫趙州茶（石鼓夷）南泉因到荘所荘主預備迎奉師曰老僧居常出入不與人知何得排辦如此荘主曰昨夜土地報道和尚今日来師曰王老師修行無力被鬼神覷見侍者便問和尚既是善知識為甚麽被鬼神覷見師曰土地前更下一分飯頌曰　土地堂前一分飯只為當年圖口辦行年在坎鬼瞌身奉勸禪人休替嘆（大圓智）石上栽花分外奇枝頭春色暗芳菲馨香遍界無人齅一任狂風取次吹（伊菴權）南泉曰江西馬祖說即心即佛王老師不恁麽道不是心不是佛不是物恁麽道還有過麽趙州礼拜而出僧隨問州曰上座礼拜了便出意作麽生曰汝却問取和尚僧問師曰適来諗上座意作麽生

師曰他却領得老僧意旨頌曰　不是心兮不是物那吒夜入蒼龍窟鐵鞭擊碎明月珠從教大地如翻墨 雪竇宗 深深深没古今淺淺淺渾成現水瑩玉壺江澄素練跳出桃花三級浪戴角擎頭乘快便黥額魚馬師口下空躊躇 圓悟勤 古佛場中不展戈俊人剗地起誵訛 雜五 道泰不傳天子令時清休唱太平歌 十二 龍門遠 剗起便行三萬里只今休去八千年 鼓山珪 分明更為從頭舉一任諸方取次傳倒腹傾腸說向君不知何事尚沉吟如今便好猛提取付與世間無事人 徑山杲 金剛南際老番王反著襴衫入大唐牛首旃檀都會了唯無鼻孔不裹藏 玉堂辯 心佛物兮俱不是坐斷舌頭除藥忌橫拈倒用總由他活捉魔軍穿却鼻 南岩勝 不是心不是佛不是物通身一串金鎖骨趙州參見老南泉解道鎮州出蘿蔔 笑元楷 不是心不是佛不是物以拂子擊禪床為君擊碎精靈窟天上人間知不知鼻孔依前空突兀 華藏演 不是心佛不是物六六依前三十六因思長慶陸大夫解道合笑不合哭 尼無著總 華岳三峯搾天上頭無路可躋攀不知誰有神仙手折取峯頭十丈蓮 開善謙 餓鬼鞭死屍仙人礼枯骨野犬吠荒丘鐵山空突兀六合羣靈競出頭

不知何處為窠窟 或菴體 倒腹傾腸幾个知更無絲毫可相依直饒徹底承當去也落他家第二機 靈岩日 突出難辨辨得出師子翻身師子窟哮吼一聲天地空驚起須弥高突兀 月林觀 剃頭頭光生洗脚脚清爽脫衣上床眠抓著遍身痒 雪菴瑾 不是心不是佛不是物瀝盡野狐涎趯反山鬼窟平田淺草裏露出焦尾大蟲太虛寥廓中放出遼天俊鶻阿呵呵露風骨蒂開拈出衆人前畢竟分明是何物咄咄 遯菴珠 鯨飲海水盡露出珊瑚枝海神知貴不知價留與人間光照夜 朴菴鉛 慣弄瑤琴與琵琶清音歷歷遍天涯堪嗟不入龍人耳空使西山月又斜 息菴觀 夫子不識字達磨不會禪大唐天子國依舊化三千 松源岳 破業亡家後渾身沒處安倒拈無孔笛吹過汨灘灣 妙菴用 不是心佛物開口已話墮更擬問如何好與劈面唾 殺六君輝 不是心兮不是物白頭生得黑頭鶻覷破門前下馬臺通身冷汗黑如墨 雜五 蓬菴會 十四 南泉因黃蘗首座一日捧鉢於師位坐師乃問長老甚年中行道曰威音王已前師云也是王老師兒孫蘗遂過本位頌曰　彼此老來誰記得人前各自強惺惺一坑未免俱埋却幾个如今眼子青 龍門遠 威音王佛是兒孫王老

當時開大言黃蘗見機分主伴與刑千古定宗門 蹣山如 明明攪動一缸屎却把麝香燒旖旎許多香氣不曾聞渾身坐在屎缸裏 象菴岳 南泉捧鉢入堂來賓主分明肯自乖寞把威音論戒臘本無位次可差排 天目礼 黃蘗下座南泉上坐常州紙貴一狀領過 北澗簡 黃蘗能施陷虎機柰何王老策猶奇舌頭反轉聊相問直得移身舊路歸 簡翁敬 南泉問黃蘗定慧等學明見佛性是否蘗曰十二時中不依倚一物師曰莫便是長老見處否蘗曰不敢師曰漿水錢且置草鞋錢教誰還頌曰　兩陣交鋒戰不難埋兵調鬬何人曉只解輪鎗拽勢來喪氣失命有多少 海印信 獵獵奔馳勢不休草深風勁更堪愁翻身師子無尋處空使行人說路頭 佛慧泉 昨夜銀蟾跨箕尾驀然一陣天風起卷盡千重萬重雲碧空寂寂凝如水 佛鑑懃 問答分明已切磋幾人於此見誵訛少年曾決龍蛇陣老倒還聽稚子歌 雜五 龍門遠 十五 水乳不分菽麥難辨擔帶病深改移功淺十二時中不依倚明見佛性有此理漿水錢在草鞋裏 月堂昌 李下不得整冠瓜田豈可納履行藏自要分明免見傍人說你 懶菴樞 南泉因僧問師歸丈室將何指南師曰昨夜三更失却牛天明起來失

却火頌曰　昨夜三更失却牛天明起來失
却火腰未繫兮鞋未穿面不洗兮頭不裹保
寧勇奴顛婢膝之人間蓋見羊裘七里灘文
叔雖為天子貴子陵元作故人看希叟曇丈
室端居無隱乎更何言語可名模失牛遭火
分明道還覺眉毛在也無寶葉源南泉因東
西兩堂各爭猫兒師遇之白衆曰道得即救
取猫兒道不得即斬却也衆無對師便斬之
趙州自外歸師舉前語示之州乃脫草履安
頭上而出師曰汝適來若在即救得猫兒也
頌曰　兩堂上座未開盲猫兒各有我須爭
一刀兩段南泉手草鞋留著後人行汾陽昭
兩堂俱是杜禪和撥動烟塵不奈何賴得南
泉能舉令一刀兩段任偏頗雪竇顯二公案
圓來問趙州長安城裏任閑遊草鞋頭戴無
人會歸到家山便即休手把狸奴定死生禪
人空使口相爭趙州救得成何事恰似天明
打五更佛印元提起兩堂應盡見拈刀要取
活狸奴可憐皮下皆無血直得橫屍滿道途
白雲端二狸奴夜靜自舒張引手過頭露爪
長王老室中迴還了狼忙走出恐天光　雪
刃含光射斗牛不唯天地鬼神愁命根落在
南泉手直下看看兩段休保寧勇二狸奴頭
上角重生王老門前獨夜行天曉不知何處

去楚山無限識崢嶸　一刀兩段南泉令當
頭高著趙州閑劈面若無宗正眼又隨流水
落人間照覺總狼烟起處看兵機不是將軍
孰辨伊兩段一刀坡下令威風千古霸雄基
圓通僊當機不薦眼如癡豈辨鋒鋩未露時
日暮草鞋頭帶去暗中拊掌笑嘻嘻成枯木
作者縱橫斬萬機趙州頭戴草鞋時當臺寶
鑑無私燭離匣金刀豈乱揮慈湛南伯牙之
紋鸞膠可續調古風淳霜月可掬南泉南泉
龍象繼躅佛印才二草鞋頭戴與誰論四海
無風浪自平解道曲終人不見江頭贏得數
峯青　五色狸奴盡力爭及乎按劍總生盲
分身兩處重相為直得悲風動地生靈門達
二安國安家不在兵魯連一箭亦多情三千
劍客今何在獨許將軍建太平　要得狸奴
靚面酬渾如鉗口鎖咽喉一刀兩段從公斷
直得悲風動地愁佛鑑懃二堂前飯店重新
敗屋裏揚州勝外求頭戴草鞋高跨步晚春
江景也風流　斬了猫兒問諗師草鞋頭戴
自知時兩堂不是無言對只要全提向上機
珠山如南泉提起為諸人自是諸人眼不覰
付與趙州呈好手拈來覰面便翻身楚安方
捕鼠有功人競愛霜刀揮處罷相爭太平本
是將軍致不許將軍見太平石溪月綠水酒

越濃負心人越窮鐵剛刀自利不用苦磨礲
草鞋頭戴今何在我見牽來劈面春閑極雲
石裏藏金誰辨別遊人但見蘚痕斑却被石
人窺得破鐵船載入洞庭山雪竇宗放去若
雷奔收來如掣電不識李將軍徒學穿楊箭
南堂興二趙州牙如劍樹南泉口似血盆兩
个無孔鐵槌打就一合乾坤釋迦老子不會
問取彌勒世尊　手握乾坤殺活機縱橫施
設在臨時滿堂兎馬非龍象大用堂堂總不
知胡文定公安國南泉提起下刀誅六臂脩
羅救得無說使兩堂俱道得也應流血滿街
衢廣德光孝慈提起分明斬處親落花飛絮
撲行人頭戴草鞋出門去四月圓荷葉葉新
樗李渠青蛇提起血腥臊幾个男兒有膽毛
直下血流猫未覺舉頭還見鐵山高簡堂機
南泉一刀斬了趙州戴履摩挲雖然子承父
業滿地老鼠奈何共牛游當日臨崖看滸眼
至今觀水憶南泉趙州頭戴草鞋去漁翁腰
帶好牽船龍牙言克巳堂前開飯店股肱屋
裏販揚州頭戴草鞋呈醜拙湊成一段好風
流或菴体手按吹毛豈易為兩堂要活死猫
兒趙州上樹安身法多少傍人眼搭矇別峯
印南泉揮劍斬猫兒殺活雖憑作者知權柄
一朝如在手分明看取令行時見無着總二

草鞋頭戴有誵訛諸老機鋒會得麼道泰不傳天子令時清休唱太平歌 一刀兩段絕誵訛天下禪和不恭何頭戴草鞋重漏泄知恩者少負恩多 木菴永 趙州若在倒行此令奪却刀子南泉乞命 無門開 盡力提持只一刀狸奴從此脫皮毛血流滿地成狼藉暗為春風涤小桃 無準範 一刀成兩段擇得二僧爭草鞋頭戴出猫兒無再生 橫川珙 南泉因僧問訊乂手而立師曰太俗生其僧便合掌師曰太僧生僧無對頌曰 合掌人僧乂手太俗撒手出門山青水綠換步移身振古風木人共唱無生的 大洪遂 南北東西無不利令人深愛老南泉眉毛厮結如相似鼻孔遼天不著穿 龍門遠 南泉示衆曰王老師要賣身阿誰要買一僧出曰某甲買師曰他不作貴價不作賤價汝作麼生買僧無對頌曰王老明明要賣身一時分付與傍人可憐天下爭酬價 請續與句佛印元 貴賤非同價不

十八

雜五

常个中交道沒商量趙州布衫應時用一任閑人說短長 泉太道 南泉鋪席大開張差寶希珎歷市行競買雖多酬價少至今天下錯商量 野軒遵 賣身王老難為價貴賤俱非不易酬若使當時無退悔喚來分付與園頭 海印信 王老哀哉不惜身臨危將賣與何人著無令子輕酬價往往一年空過春 保寧勇 不作貴兮不作賤翻覆高低隔一線利害分明說向人怜悧衲僧見不見 歡堂定 南泉與歸宗麻谷同去參礼南陽國師先於路上畫一圓相曰道得即去宗便於圓相中坐谷作女人拜師曰與麼則不去也宗曰是什麼心行師乃相喚曰不去礼國師頌曰 國師欲見義多般圓坐端居拜請看不去同音聞便解久經行陣奪旗槍 汾陽昭 由基箭射猿繞樹何太直千个與萬个是誰曾中的相呼相喚歸去來曹溪路上休登陟復云曹溪路坦平為什麼休登陟 雪竇顯 三人同行必有我師焉擇其善者而從之其不善者而改之 翠岩真 三个同人去選官偶值清風明月夜或吟或詠或彈琴夜靜更闌猶未捨忽覺天明歸去來他時自有知音者 海印信 漫漫大地盈尺雪江湖一片難分別漁父披蓑月下歸誰道夜行人路絕 保寧勇 三人礼拜南陽去半

十九

雜五

路抽身信已通休論東西與南北此心千里自同風 草堂清 巧奪豪拈浪苦辛誰能於此辨踈親落花芳草空岐路細雨斜風不見人 昊古佛 珎重南陽好在哉三人半路不空回道存目擊猶多事若遇知音請舉來 雲石田 同氣相求事可論一回見面一歡情兩行何處闍文字一隊誰家好弟兄 龍門遠 同坑無異土千古少人知月下休相喚還從舊路歸 開福寧 南泉麻谷與歸宗道眼元來總不通去礼國師瞻相好區區只到半途中 瑯山如 手携花鼓到城根反著麻鞋過短門笑把柴頭書古字大家來步月黃昏 月堂昌 野店春餘聊問津作家竿木鎮隨身相逢盡道休官去林下何曾見一人 尼無著總 氣直語直眼親手親峯巒競秀紅紫爭春神通妙用施呈盡要見國師猶隔津 且菴仁 金針綉出王鶯鶯石女擎來不覆藏剛被木人偷眼覷至今兩兩不成雙 萬菴柔 各將財本去經營上國如天好趁晴未出門時先算帳如何得到鳳凰城 虛堂愚 圓相中間坐底誰更施女拜各呈機國師道大遍天下不許尋常人得知 横川珙 南泉翫月次趙州指月問曰何時得恁麼師曰王老師二十年前亦恁麼來曰只今作麼生師便歸方丈頌曰 斂落寒潭謾刻舟霜花浪急使人愁若憑言語論高下贏得南泉一默酬 虎頭上座 趙州捧出菱花鏡王老親拈白玉槌一擊當陽今瓦碎此心能有幾人知幾人知兩个分明是赤眉風前月下揚家醜笑倒靈山老古錐 息叟澤 皎月團團嵌碧天趙州工老翫階前二人心眼俱相似

光彩從來共宛然(本覺一)劒落寒潭誤刻舟
霜花浪急使人愁漁翁罷釣歸深塢一隻鷺
鷥落渡頭(上方岳)南泉因趙州問道非物外
物外非道如何是物外道師便打州捉住棒
云已後莫錯打人去師云龍蛇易辨衲子難
謾頌曰歎纏藏鋒入陣來盡將擒下眼瞠開二十
雞五
死生一決英雄士文武雙行將相才(保寧勇)
龍蛇能易辨衲子最難謾性淨秋空闊心清
尺海寬天涯毫末見世界掌中觀萬法不爲
侶西江一吸乾(南堂興)南泉住菴時有一僧
到菴師向其僧道某甲上山待到齋時作飯
自喫了送一分來山上少時其僧自喫了却
一時打破家事就床卧師不見來遂歸見僧
卧師亦去一邊而卧僧便起去師住後曰我
往前住菴時有个伶俐道者直至如今不見
頌曰　吹毛劒利逆水波清丈夫志氣不順
人情君征塞北我伐西秦千古萬古共樂昇
平(南堂興)短袴長衫白苧巾咿咿月下急推
輪洛陽路上相逢着盡是經商買賣人(虛堂
愚)斬猫機用未爲過猶勝廚中打粥鍋繞有
此心招此報惡人無奈惡人何(寶葉源)南泉
謂座主曰你與我講經得麼主曰和尚與某
甲說禪某甲與和尚講經師曰不可將金彈
子換銀彈子去頌曰　盤走珠兮珠走盤當

檪脫畧好生觀世人知貴不知價信手拈來
也不難(正堂辨)南泉因僧問和尚百年後向
什麼處去師曰山下作一頭水牯牛去曰某
甲隨和尚去還得也無師曰汝若隨我即須
啣取一莖草來頌曰　類中難辨要分明戴
角披毛卒未醒啣取草來方定動頭頭物物
雞五　廿一
自真靈(汾陽昭)行履從來異類中不知頭角
與誰同若啣水草時相見擺尾搖頭吗野風
(佛印元)異類中行得自由披穿鼻孔卒難收
草枝啣得相逢處高卧深雲任白頭(佛慧泉)
南泉在山上刈茅次有僧問南泉路向什麼
處去師拈起鐮子曰我這鐮子是三十文錢
買曰我不問這个南泉路向什麼處去師曰
我用得最快頌曰　茆鐮使得快如風三十
青蚨建大功南泉向上路難到到者方知觸
處通(照覺總)茆鐮三十文錢買覿面高提第
一籌直下便知歸去路也須更上一層樓(圜
通僊)二撥草瞻風探祖禪誰知草裏有南泉
分明一句無私語徹骨風生天地寒　王老
真機迅若風示人方便孰能通茆鐮舉起神
鋒露驚得泥牛過海東(智海清)問路分明拈
路頭青蚨三十不輕酬用時最快無機巧無
味之談塞衆流(真如喆)我這鐮子用得快當
時三十文錢買南泉門下路歧通寄語行人

着精彩(天童覺)匆匆禪客問南泉款段徒勞
痛下鞭今日為君重漏泄翩翩孤鴈下遙天
(道場如)南泉曰三世諸佛不知有狸奴白牯
却知有頌曰　與官酒卧官街當處死當處
埋沙場無限英雄漢堆山積嶽露屍骸(大溈
智)三世諸佛不知有一一面南看北斗狸奴
白牯却知有戴角擎頭師子吼四稜塌地又
團欒八角磨盤空裏走擬推尋劈脊摟拈得
鼻孔失却口為問普化一頭驢何似子胡一
隻狗(圜悟勤)三世諸佛不知有老老大大外
邊走眼皮蓋盡五須弥大洋海裏翻筋斗(雪
山果)二狸奴白牯却知有瀑布不溜青山走
堪笑無端王老師錯認擻箕作熨斗　越鳥
巢南枝胡馬嘶北風狸奴并白牯寸步不曾
通千山都坐斷萬派盡朝東天王總合掌那
吒撲帝鐘(或庵體)野老祭江神乞兒打筋斗
莫作兩般看等是揚家醜(朴翁銛)南泉魯祖
五　二十二
杉山歸宗四人離馬祖處去各住菴於路分
袂處師插下拄杖曰道得也被這个礙道不
得也被這个礙歸宗拽拄杖打師一下曰只
是者个王老師說什麼礙與不礙魯祖曰只
此一句大播天下宗曰還有不播者麼祖曰
有宗曰作麼生是不播者祖作掌勢頌曰
同門曰朋同志曰友同門同志始終相守長

大分離得緣好醜同條生也大家知同條死
也誰知有一句分明播天下無味之談塞人
口 大圓智 難兄難弟一二三四同母而生个
个相似竿木隨身逢場作戲莫言碍塞不得
一句播天播地 佛鑑懃 碍與不碍龍吟霧起
播與不播蠅附驥尾南北東西千里萬里俊
我 正覺顯 南泉巡堂次牽一頭牛入堂首座
以手拊牛背一下師便休去趙州以草一束
放在首座前頌曰 苄將草料好供看何故
皮毛要一般惹起群中相似者翻令頭角不
完全 雙叢源 南泉訪百丈丈問甚麼來師曰
江西來丈曰還將得馬大師真來麼師曰只
這是丈曰背後底吽師拂袖便出頌曰 八
面當風祇這是拂袖之談動天地堪愛貴身
王老師不作賊兮不作貴 龍門遠 兄難兄弟
難弟馬祖真只這是撼動西江十八灘水面
無風波自起 石溪月 南泉因趙州問明頭合
暗頭合師便歸方丈州到僧堂前曰堂頭老
漢被我一問直得無言可對首座曰莫道和
尚無語自是上座不會州便掌曰這一掌本
是堂頭老漢喫頌曰 大事當陽已皎然十
分須是更周圓堂中上座黑如漆冷地為誰
喫暗拳 保寧勇 南泉示眾曰王老師自小養
一頭水牯牛擬向溪東牧不免食他國王水

草向溪西牧亦不免食他國王水草如今不
免隨分納些些總不見得頌曰 溪東去溪
西去難免官家苗稅賦直饒隨分供輸未解
牽牛去住 楊無為 垂垂楊柳暗溪頭不問東
西卻自由幾度醉眠牛背上數聲橫笛一輪
秋 懶菴樞 南泉水牯自天然隨分些些任變
還大笑一聲天地窄更無佛法與人傳 月林
觀 不放溪東西隨分納些兒冷暖只自知分
明說向誰 木菴永 南泉水牯忘鞭索南北東
西共一家王稅及時都納了牧童橫笛遠山
斜 天目禮 不如隨分納些些喚作平常事已
老綠草溪邊頭角露一簑烟雨屬誰家 鐵牛
印 南泉一日因齋次乃自將生盤去首座前
出生時杉山堅和尚為首座乃曰無生師曰
猶是末師總行數步座乃召曰長老長老師
回頭曰作麼座曰莫道是末頌曰 古老巡
堂親掠生渡水行舟不易耕莫道無生猶是
末纖毫不了亂縱橫 智門祚 南泉問座主講
得甚麼經曰彌勒下生經師曰弥勒甚麼時
下生曰現在天宮未來師曰天上無彌勒地
下無弥勒頌曰 禪床驚振被糢糊惹得兒
孫不丈夫拄杖劈頭連打出也教知道赤鬚
胡 龍門遠 雲居悟云昔日東山和尚謂眾曰
天上無彌勒地下無弥勒十字街頭被人喚

作賊且道此人被他喚作賊懽喜則是煩惱
則是元來也不懽喜也不煩惱何故為伊个情
著到處乃頌曰被人喚作賊吞聲便飲氣雖
然言語惡真个好滋味不向如來行處行丈
夫自有衝天志 上天下地無弥勒安名立
字是何因黃金自有黃金價終不和沙賣與
人 文殊道 南泉因趙州問離四句絕百非請
師道師下座歸方丈州曰這老和尚每常口
吧吧地及其問著一言不措侍者曰莫道和
尚無語好 州便打一掌云這一掌合是王老
師喫頌曰 離四句絕百非作者相諳識得
伊跳下禪床 便歸去徒他鷂子搏天飛 智門
祚 南泉一日不赴堂侍者請赴堂師曰我今
日在莊上喫油粬飽曰和尚不曾出入師曰
汝去問莊主者方出門忽見莊主歸謝和尚
到莊喫油粬頌曰咄哉王老師赤窮身也賣
喫些油粬歸至今被人怪 典牛游 不出方丈
門已到莊上坐好一飣油粬至今咬不破 萬
菴如 騎虎穿市過把火去偷豬主人開眼瞎
鄰舍叫失驢 卍菴顏 偷喫油粬賣弄口觜年
老成魔謾神諕鬼 潜菴光 阿魏無真水銀無
假老倒南泉可知礼也 復菴封 無業示眾曰
若有一毫頭聖凡情念未盡未免入驢胎馬
腹裏去白雲端曰直饒一毫頭聖凡情念頓

盡亦未免入驢胎馬腹裏去瞎漢但恁麼會
頌曰　無業何太切白雲何太孤胡鬚將
謂赤更有赤鬚胡　南巖勝
一道如弦直心親手更親箭穿紅日影方是
射鵰人　鼓山珪　杭州鹽官齊安國師　嗣馬祖　一日
喚侍者曰將犀牛扇子來者曰破也師曰扇
子既破還我犀牛兒來者無對投子代云不
辭將出恐頭角不全資福代作圓相心中書
牛字石霜代云若還和尚即無也保福云和
尚年尊別請人好　頌曰　犀牛扇子用多時
問着元來揔不知無限清風與頭角盡隨雲
雨去難追　雪竇顯　可憐一柄犀牛扇謾道曾
遭已破除無限清風隨手處卓然頭角出寰
區　白雲端　扇子破索犀牛圈樂中字有來由
誰知桂轂千年魄妙在通明一點秋　天童覺
老師底死索犀牛用處其誰得自由侍者不
知頭角具鼻根繩索被他收　祖印明　明月冷相
照清風卒未休鹽官無限意何用覓犀牛　草
堂清　犀牛扇子用多年歷掌清機授手傳頭角
不全妝拾取雨餘風月滿長川　佛燈珣　扇上犀
牛從古畫索來既破要元牛縱教戴子重拈
出不是當時那一頭　勝因戩山淨　炎暑蒸人汗似
湯鹽官用底豈尋常輕搖休問犀牛在拈出
清風宇宙涼　虎丘隆　犀牛扇子有來由幾度拈
來幾度休荷葉亂傾珠的皪一番雨過碧瀟
頭　簡堂機　扇子分明都破了鹽官却又索犀牛
須知侍者難開口無可還他即便休　天目禮
鹽官一日謂衆曰虛空為鼓須彌為椎甚麼
人打得衆無對有人舉似南泉泉云王老師
不打這破鼓法眼別云王老師不打　頌曰　南泉
王老太無端却逐鹽官作樂官西祖令嚴行
禁止免它禪會錯欣歡　南岩勝　虛空為鼓須
彌為椎要打便打莫問是誰　應菴華　國師費
力置面鼓猶勝塗毒萬千千解打南泉非好
手至今天下勿聲冤　野軒干　鹽官因僧問
如何是本身盧舍那師曰與老僧過淨瓶來
僧將淨瓶至師曰却安舊處著僧安了復來
問如何是本身盧舍那師曰古佛過去久矣
頌曰　兩手分明過淨瓶不知身已在隍城直饒
便具金剛眼也較溈山半月程　上方益　鳥之行
空魚之在水江湖相忘雲天得志擬心一絲
對面千里知恩報恩人間幾幾　天童覺　廬山
歸宗智常禪師　嗣馬祖　一日剗草次有講僧
來參忽見一蛇過師以鋤斷之僧曰久嚮歸
宗元來是箇麤行沙門師曰你麤我麤曰如
何是麤師豎起鋤頭曰如何是細師作斬蛇
勢曰與麼則依而行之師曰依而行之且致
甚處見我斬蛇僧無對　頌曰　廬岳宗師接
上機斬蛇特地施慈悲高踞座主驚忙怕却
道麤心錯是非　汾陽昭　大用縱橫掣電機爍
迦羅眼尚朦朧迷徒夢裏分唇吻却憶隨他
去一隨　海印信
千尋竿上翻筋斗大海波心擲釣鉤大體還
他肌骨好不塗紅粉也風流　南華昺
斬蛇却非小小事直是教他脫苦輪座主
高蒞心未泯如何胡亂妄通言　横川珙
歸宗示衆曰吾今欲說禪諸子揔近前大衆
進前師曰汝聽觀音行善應諸方所僧問如
何是觀音行師彈指曰諸人還聞麼曰
聞師曰一隊漢向這裏覓箇什麼以拄杖打
趁呵呵大笑歸方丈　頌曰　無學彈指超圓
通耳根淨透出聞不聞妙哉觀音行棒頭指
出金剛王焰惡道中為津梁　圓悟勤　歸宗因
泥壁次白舍人來師便問君子儒小人儒白
曰君子儒師乃打泥盤一下白遂過泥與師
師接得便便良久云莫便是快俊底白侍郎
否白曰不敢師曰秖有過泥分　頌曰　堂堂非
是小人儒得得深雲訪隱居已與過泥殊不
耶更何言外見親疏　寶葉源　歸宗因小師辭
乃問甚處去曰諸方學五味禪去師曰諸方
有五味禪我這裏只有一味禪僧便問如何
是和尚一味禪師便打僧曰會也會也師曰

道來道來僧纔開口師又打頌曰　五味與一味喫了須噫氣金輪峯下令行時凛凛清風識可畏　石岩明　私醞香醇價又輕至今官路少人行歸宗一味如連苔跣過叢林幾後生　長靈卓

歸宗因僧問如何是玄旨師曰無人能會曰向者如何師曰有向即乖曰不向者如何師曰誰求玄旨又曰去無汝用心處曰豈無方便門令學人得入師曰觀音妙智力能救世間苦曰如何是觀音妙智力師敲鼎蓋三下曰子還聞麽曰聞師曰我何不聞僧無語師以棒趁下頌曰　三聲鼎蓋普門開苦海勞生㬥不回九十春光今又半空飛花片點莓苔　絶岸湘

歸宗因僧問如何是觸目菩提師翹足曰會麽曰不會師曰三个見在一任選取頌曰　觸目菩提一撮沙示渠三个更周遮衲僧相見呵呵笑春鳥喃喃罵落花　海印信

歸宗因江州刺史李渤問嘗聞須弥納芥子渤則不疑芥子納須弥莫是妄談否師曰人傳史君讀萬卷書是否曰不敢師曰身如椰子大萬卷書向什麽處着李俛首而已頌曰　放開日月明把定乾坤黑一劄不回頭滿地生荆棘龍宮海藏兮非多石火電光兮非急君不見紫霄峯下墨池邊八駿如風追不及　佛慧泉　芥納須弥特地疑琴書拋下扣禪扉忽聞萬卷難藏處瞥轉神機唯自知唯自知丹桂和根拔得歸　佛心才　芥納須弥驗祖風清機歷歷妙難窮要知萬卷書來處跳出當人智鑑中　禾山方　用盡自己心笑破他人口八角磨盤空裏走金毛獅子變作狗喝一喝　雪堂行　萬卷詩書一時頭盡纔跨宗門便施誅暑古歸宗真老作只顏渚彎弓不知誰見雙鵰落絶毫絶釐如山如岳堂堂氣宇冠儒林浩浩清風播寥廓　癡絶沖

韶州乳源禪師　嗣馬祖　上堂西來的的意不妨難道大衆莫有道得者出來試道看有僧出纔礼拜師便打曰是什麽時節出頭來後人舉似長慶慶云不妨不妨頌曰　祖意西來豈易量攙肆已是錯承當闍黎不解知時節開眼堂堂入鑊湯　此山應　西來的的意何妨舉唱多憐在半途勾賊到門還破賊信知身佩辟兵符　趙善期通判

明州大梅法常禪師　嗣馬祖　住山後馬祖令一僧到問曰和尚見馬祖得个什麽便住此山師曰馬祖向我道即心是佛我便向這裏住曰馬祖近日佛法又別師曰作麽生別曰近日又道非心非佛師曰這老漢惑乱人未有了日任汝非心非佛我只管即心即佛僧回舉似馬祖祖曰大衆梅子熟也頌曰　只拧馬祖鈯刀子裂破漫天鐵網羅碧沼夜敲荷葉雨至今貧恨一身多　一關溥　荷衣松食住深雲蓋足當年錯見人埋沒一生心即佛萬年千載不成塵　對雲南　郎心葉薄妾水清郎說黄金妾不磨假使偶然通一笑半生誰信守孤燈　簡翁敬

大梅因龐居士問久嚮大梅未審梅子熟也未師曰你向什麽處下口曰百雜碎師曰還我核子來頌曰　大梅梅子熟龐老已先知正眼驗真要相逢拈手歸　松源岳　龐公親到竪降旗一級當頭斬萬機不是從前生咬破為他梅子熟多時　辛菴儔

大梅因夾山與定山同行定山曰生死中無佛即無生死夾山曰生死中有佛即不迷生死二人互相不肯同上大梅夾山乃問曰不知那个親那个疎師曰一親一疎夾山曰未審那个親師曰且去明日來夾山來日上方丈再問師曰親者不問問者不親夾山住院後曰我當初在大梅失却一隻眼雲峯悅云夾山只知失却一隻眼殊不知換得一隻眼圓悟云是則兩口金剛王寶劍要且佛據虛空全山則不然生死為諸佛根基諸佛乃生死爐鞴若解險絶承當即證六通八解乃頌曰　有佛不迷無佛則無大梅頂門正眼劄時已驗親疎家抱荊山璞人握靈蛇珠失却

與換得同歸故殊途作家金鏈當面擲驗機
後鷂趂不及將謂赤鬚胡更有胡鬚赤
曾拈出定盤星多少行家怨不平待得權衡
来就手方知斤兩自分明(心聞賁)生死有無
佛虛名如電拂像鷂持天飛不打籬邊轆(幕)
久無餘若太虛不知誰解強名模(瑞安州)圓
行自古不相肯峯頂老人何足論山叫落盡
桃花片流水依前繞竹門(幽菴禪)竹籬茅舍
酒旗斜一个葫蘆敗兩家酒後不知天與地
歸来滿地是桃花(雪巷禪)苦瓠連根苦甜瓜
徹蔕甜兩般滋味惡終後入黃泉(應菴華)佛
之一字強安排有無生死一坑埋大梅老子
舌無骨髓月蓮花火裏栽(雪巢岩)青天白日
切忌尋覓更問如何抱贓叫屈(無門開)大捺
因僧問如何是祖師西来意師曰西来無意
鹽官聞之乃曰一个棺材兩个死漢玄沙云
鹽官是作家靈竇云三个也有頌曰 活中
死眼無作有用方寸不移十方獨弄巧拙不
(雖五)(三十家)
到處鹽官有出身親言出親口難犬闘比隨
(月堂昌二) 因事長智認賊遭累反身曉行全
家富貴競頭攢簇自埋設逆順是非誰可出
提起是令放得行兩手扶犂水過膝
婺州五洩山靈默禪師(嗣馬祖)遠謁石頭便
問一言相契即住不契即去頭攙坐師便行

頭隨後召曰闍黎師回首頭曰從生至死祇
是這个回頭轉腦作麼師言下大悟乃拗折
柱杖棲止焉頌曰 石頭攙坐五洩便去万
頭喚回却成多事(草岩芝)在途在舍若為酬
莫把先師一例求雄雄宇宙如王者未免半
邊無髑髏(龍門遠)欲去高聲喚得回當時心
眼一齊開要知不假修持力生死悠悠任往
来(成枯木)

禪宗頌古聯珠通集卷第五

雖五

禪宗頌古聯珠通集卷第六　雜六

傳録司右闡教兼靈谷禪寺住持淨戒重校

祖師機緣

六祖下第三世

鹽山積 七則　水潦 二則　麻谷徹 四則
東寺會 二則　西堂藏 一則　大珠海 三則
百丈政 二則 雜六　泐潭會 一則　杉山堅 一則
石鞏藏 一則　中邑 二則　泐潭興 一則
無業 二則　鵞湖 一則　三角印 三則
魯祖雲 二則　紫玉通 二則　鄧隱峯 二則
馬頭峯 一則　華林覺 一則　烏臼 二則
石臼 二則　本溪 二則　亮座主 一則
金牛 一則　崧山 二則　則川 三則
打地 一則　椑樹 二則　石林 一則
秀溪 一則　浮盃 一則　龍山 一則
龐居士　龐婆 附 共十四則

幽州槃山寶積禪師 嗣馬祖 初參馬祖作街坊一日出門見人舁喪歌郎振鈴云紅輪決定沈西去未委魂靈往那方幕下孝子哭云哀哀師覩之忽然省悟舉似馬祖祖印可之頌曰

歌聲繚繞哭聲悲笑殺槃山老古錐疊劫無明昏暗處一時頓覺發光輝 文殊道

紅輪決定沈西去未委魂靈往那方踏得故鄉田地穩本來面目露堂堂人只在不曾亡寧陀天上非人世須知別有好商量 佛燈珣

哀哀相應便承當畢竟魂靈往那方踊躍自然全體露始知徧界不曾藏 海印信

未審魂靈往那方無棲泊處露堂堂水向石邊流出冷風從花裏過來香 月林觀

紅輪決定沈西去未委魂靈往那方孝子盡情宣說了槃山無處可遮藏藏不得堪與人天為軌則 遯菴演

忽聞幕下哭哀哀頓使天台對五臺風月一天今古在通身是口也難開 誰菴演

薤歌聲咽些聲長聽得哀哀忽斷腸依舊紅輪西畔没大千無地著淒涼 天目禮

薤露淒涼亦可憐白楊丹旐去翩翩哀哀聲裏無消息打著南邉動北邉 北礀簡

紅輪決定沈西去未審魂靈往那方哭慟一聲無處避擡頭覷見本爺娘 無準範

槃山又一日於街市見人在肉肆買肉云精底割一斤來屠兒放下刀叉手云長史那个不是精底師聞之忽然大悟歸以所悟告馬祖祖印可之頌曰

雜六　二

个事分明不覆藏頭頭物物自相當千言萬語無人會又逐流鶯過短墻 南華昺

江邉送客上扁舟相對漁翁暗擲鈎一擊錦鱗隨手上遠山疊疊水悠悠 妙峯善

槃山示衆曰三界無法何處求心四大本空佛依何住璿璣不動寂爾無言覿面相呈更無餘事珎重頌曰

三界無法何處求心白雲為蓋流水作琴一曲兩曲無人會雨過夜塘秋水深 雪竇顯

青青入座當軒竹黯黯遮門對面山更有一般堪羨處夜深流水響潺潺 佛鑑懃

三界無法何處求心山容雨過松韻風吟横眠倒卧無餘事一任莓苔滿地侵 佛性泰

三界無法何處求心月明夜暗山高水深三界本因心所現無心三界自平沈 本覺一

三界無法何處求心山花似錦緑葉成陰杜宇一聲歸去也𠹌郎猶自守園林 塗毒策

三界無法何處求心驚蛇入草飛鳥出林雨過山堂秋夜靜市聲終不到孤岑 普庵智

春眠不覺曉處處聞啼鳥夜來風雨聲花落知多少 或菴體

潙山舍無塵分外清石榴花發透簾明槐陰滿地日卓午夢覺流鶯時一聲 捲室開

依依楊柳欲藏鴉社後東風捲落花理策邀朋何處好山南山北看桑麻 愚谷田

槃山示衆曰心月孤圓光吞萬象光非照境境亦非存光境俱忘復是何物洞山曰光境未忘復是何物頌曰

雜六　三

光非照境境非存光境俱忘復是痕百鳥不來春已老落花流水遶江村 月堂昌

光非照境境非存光境俱忘復是痕滿地落花風掃盡依前流水遶孤村 肯堂充

描不成兮畫不成卧龍長怖碧潭清擬心湊泊終難會達者

應須暗裏驚 松源岳 槃山示衆曰禪德可中學道似地擎山不知山之孤峻如石含玉不知玉之無瑕若如此者是名出家頌曰 山既孤峻遊人罕至玉既無瑕莫辨真偽 死心新 地厚山高孰使然中藏巨璞不知年若人念念常如是堪作人間火裏蓮 本覺一 山忘孤峻玉忘瑕到處仙源是我家堪笑葛洪曾未悟遠從句漏問丹砂 天目禮 槃山曰向上一路千聖不傳慈明曰向上一路千聖不然楊岐云口上著頌曰 盤山向上路何言罕見行人耳有穿口上著来無咬處方知千聖不能傳 白雲端 不傳不然海口難宣須弥頂上駕起鐵船 徑山杲 千聖不傳到今日口上者来無等匹洞庭山脚太湖心行人路上空啾唧 松源岳 槃山將順世告衆曰有人邈得吾真否衆將所寫真呈皆不契師意普化出曰某甲邈得師曰何不呈似老僧化乃打筋斗而出師曰這漢向後掣風狂去在頌曰 師真醜拙不堪呈用盡身心笑殺人彼中莫覓絲頭意白鼻崑崙賀新正 龍門遠 徹底氷壷無影像倒翻筋斗撲難成千峯雨歇黃梅後桂兔還從海上生 雪巷理 清奇古怪娘生面妙筆丹青作麽施者厮十分傳得似依然畫虎又成狸 寶葉源

水潦和尚 嗣馬祖 来条馬祖礼拜起欲伸問次祖一踏踏倒師忽然大悟起来呵呵大笑曰也大奇也大奇百千三昧無量妙義只向一毫頭上識得根源去頌曰 馬駒一踏驪兒倒地大笑起来羊鳴犬吠 野軒遵 一踏倒時堪大笑從前伎倆盡徒勞蛇頭却要重揩痒萬萬千千出一毫 白雲端 四 水潦承機徹祖意馬駒一踏曉根源盡空撲落無閑地却向滄溟駕鐵船 照覺總 海上追奔天馬駒偶来騰踏露全軀百千妙義毫端現拊掌呵呵笑識渠 旻古佛 鑄管釀来應已熟不辤醉裏帽欹斜酴醾浪有幽香在是酒元来不是花 懶菴樞 無量妙義皆周匝旋乾轉坤為一合當陽橫按笑中刀猶大項門上一踏 南岩勝 訛道春来汙狂風太放顛吹花随水去翻却釣魚船 雪巷理 水潦因僧到乃畫圓相放師肩上師撥三下却畫圓相指其僧僧礼拜師打曰這掠虛漢保寧勇別僧拜處但嘘之而去復頌曰 趯去拳来乃是常如何得不見条商依公定奪無偏黨短自短兮長自長

潘州麻谷寶徹禪師 嗣馬祖 持錫到章敬繞禪床三匝振錫一下卓然而立敬曰是是又持錫到南泉亦如是泉曰不是不是師曰章敬道是和尚為甚道不是曰章敬是是汝不是此是風力所轉終成敗壞 雪竇拈 兩處云錯又頌曰 此錯彼錯切忌拈却四海浪平百川潮落古策風高十二門門門有路空蕭索非蕭索作者好求無病藥 章敬南泉路下殊明明道理話親踈多人不用磨金鏡漢自漢兮胡自胡指月迷津迷自指示君持錫却如無 汾陽昭 顔色觀模却似真五人前拈弄越光新及乎入火重烹試到了終歸是假銀 保寧勇 如是不是去却藥忌擬犯封疆全軍失利枕頭突出古叢花舉世風流出當家 圓悟勤 昨日出都門忽逢二商旅一指我南行一指我北去南行有官船過渡北去有車馬大路雖然南北不通達都在中華一國土 佛鑒懃 振錫通風似章敬章敬無私驀頭釘其僧尋討到南泉深深一杓更酩酊 般若柔 是與不是全彰妙義章敬南泉一場失利 草堂清 是兩頭語未出泥水非兩頭語依前自死振錫卓然白日青天風力還他敗壞時漫天大網生光輝 月堂昌 章敬道是南泉非逆水之波透者誰可憐个漢皮無血駕與青龍不解騎 南堂興 是是放下南山真鼈鼻不是不是勤田千里追風驥終成敗壞可憐生塞斷咽喉無出氣無出氣有巴鼻趙州東壁掛葫盧堪笑維摩談不二 寶谷琏 妙轉之機掣電

飛目前生殺盡交馳明珠自有明珠價休向羅邊彈雀兒 木菴永 麻谷問臨濟大悲千手眼那个是正眼濟曰大悲千手眼那个是正眼速道速道師近前拽臨濟下禪床却坐濟近前曰不審師擬議濟便喝拽下禪床却坐師便出去頌曰　大悲正眼問來端互換之機仔細看會得不得亦瞞頇也似鮎魚上竹竿 海印信 正眼英雄逢正眼勝劣短長徒用揀那吒現出本来身且非父母能生産 覺海九 多年塞上只聞名今日陣前親見面疋馬單鎗戰數場好是見機開一箭 保寧勇 相逢狹路轉身難一陣交鋒瞬息間旗鼓縱橫渾莫辨試問何人得勝還 普融平 胡鬚赤赤鬚胡珠交盤兮盤走珠狹路相逢誇好手兩邊靈刃血糢糊 石田薰 賊隊相逢午夜時攙旗拳鼓討便宜驀然天曉重相見滿面羞慚各自歸 別山智 麻谷因良遂座主來叅師見來閉却門將鋤頭去削草遂又來扣門師曰誰曰某甲師曰鈍根阿師下去凡數四如是遂忽然有省乃去扣門曰和尚莫謾良遂良遂若不来礼拜洎被十二本經論賺過一生師乃開門令通悟由印可之遂返都城講肆散席告諸徒曰諸人知處良遂總知良遂知處諸人不知頌曰逆順之機不易當大根良遂解思量若非久積同風事爭肯回頭見法王 法陽照 禪林深邃乍遊盤鋤草閑門豈易看窺謂老師渾不是得相謾處且相謾 正覺逸 閉户携鋤理最幽豁然大悟話元由從來學業空勞力始信黃河輥底流 海印信 閉户携鋤已太賒更來當面受糊塗光中自覺遭謾久方信無人共出家 白雲端 龍石汾陽肯諾佛便知回首逆風波不登麻谷玄關路十二本經休得麽 無覺懷 平生心膽向人傾到此門中有幾人別後都城舊知己殘烟斜日又黃昏 龍門遠 閑户敲門向誰道遂公言下便知歸從前活計都抛下爭奈時人會者稀 楚安方 尋言逐句謾多端只為從前被眼謾撒手便能歸故國暗思岐路幾多般 丹霞淳 親到桃源景物幽一壺明月湛如秋反思洞口春殘日無數紅英逐水流 成枯木 麻谷高聲問阿誰一言駟馬卒難追遂公打破精靈窟現出金毛師子兒 真淨文 閉門入圓已周遮一喚回頭便到家良遂知時人不委海山空曠夕陽斜 懶庵需 為人為徹咬著生鐵逆水之波虛空釘橛 松源岳 諸人知處良遂知良遂知處人不知王維已死無人畫留得青山對落暉 破菴先 閉户復携鋤雲深路更迂須知形影外肝膽向人輸 虚空忍 携鋤不顧便好

回去誰人敢道你是座主 月坡明 麻谷一日在紙帳内坐以手巾蓋却頭披雲和尚入見便作哭聲良久出去法堂遶禪床一匝却入撥開帳見師去却手巾而坐乃曰死中得活萬中無一師便下床就位作抽坐具勢雲近前把住曰前死後活你還甘麽師曰甘即甘師堪作什麽雲推開曰知道你前言不副後語頌曰　五十笑他先百步何如騎馬勝騎牛不須重較多和少歸到家山即便休 虚堂愚 湖南東寺如會禪師 嗣馬祖 嘗患門徒以即心即佛之談誦憶不已且謂佛於何住而曰即心心如畫師而曰即佛遂示衆曰心不是佛智不是道劍去久矣汝方刻舟頌曰心不是佛智不是道舉得十分未敢相保携條拄杖闊行切忌回頭轉腦 照堂一 心不是佛智不是道青山白雲落花芳草若是伶俐阿師終不回頭轉腦 鼓山珪 雨散雲收後崔嵬數十峯倚欄頻顧望回首與誰同 徑山杲 太平時節歲豐登旅不賫粮户不扃官路無人夜無月唱歌歸去恰三更 開善謙 青山不青白雲不白針鋒太寬宇宙太窄寥寥獨坐有誰知流水消消花片飛皓皓風光人不會滿園春色鷓鴣啼 妙峯善 昨日因過竹院西隣家稚子隔溪啼山寒水肅半黃落無數歸

鵶卜樹棲 虛堂愚 天晴日頭出雨下地上濕盡情都說了只恐信不及 無門開 心不是佛智不是道飛鳥出林驚蛇入草無縱跡難尋討笑倒嵩山破竈墮 南叟茂 東寺問仰山甚處人山曰廣南人師曰我聞廣南有鎮海明珠是否曰是師曰此珠如何曰白月即隱黑

雜六 八

月即現師曰將得来否曰將得来師曰何不呈似老僧曰某甲昨到溈山被索此珠直得無言可對無理可伸師曰真師子兒善能哮吼頌曰　鎖海明珠到處晶從来一顆自圓明仰山東寺曾遭索义手還将取次呈 本覺一　善撫太阿鋏夾無傷手阨慣編猛虎鬚必有全身策鎮海珠巧呈似離色離聲離名字旃檀林裏爇旃檀師子窟中乳師子 圓悟勤 師子窟中師子兒逸羣遊戲海珠瑛溈山咩索渾無竅有理難伸穿得奇 南岩勝 無害可對口銑開已是和光吐出来東寺不知何意志深深一丈擴坑埋 雲衲慶

慶州西堂智藏禪師 嗣馬祖 僧問有問有荅即且置無問無荅時如何師曰怕爛却那百丈曰從来疑著老兄僧問丈曰請和尚道丈曰一合相不可得後有僧問長慶慶云相逢盡道休官去林下何曾見一人頌曰　終日論文不記年禪心淡泊契幽玄白雲繚繞青山在一法無私萬古傳 大溈智

越山大珠慧海禪師 嗣馬祖 因僧問如何是佛師曰清淡對面非佛而誰衆皆茫然法眼曰是即没交涉頌曰　偃塞蒼髯十萬本參差翠玉數千竿風敲月户三秋冷雨打茅堂六月寒 石溪月 大珠示衆曰身口意清淨是

雜六 九

名佛出世身口意不淨是名佛滅度頌曰　一踏踏翻四大海一摑摑倒須弥山撒手到家人不識鵲噪鵶鳴栢樹間 黃龍南 大珠問座主蘊何經論曰講金剛經師曰若言如來有所說則為謗佛若言不是佛說又是謗經除此之外試與老僧說看主無對頌曰　百非四句都拈了敢問云何會此經却是虛空能講得熾然常說有誰聽 本覺一

洪州百丈山惟政禪師 嗣馬祖 師問南泉諸方善知識還有不說似人底法也無曰有師曰作麼生曰不是心不是佛不是物師曰恁麼則說似人了也曰某甲即恁麼和尚作麼生師曰我又不是善知識爭知有說不說底法曰某甲不會請和尚說師曰我太煞與汝說了也頌曰　祖佛從来不為人衲僧今古競頭走明鏡當臺列象殊一一面南看北斗斗柄垂無處討拈得鼻孔失却口 雪竇顯 涅槃老子順風吹囉哩哩囉爭得知隔嶺幾多人錯聽一時喚作鵓鴣詞 白雲端 不會誰不會相逢且喫茶不尋雲水路爭得到僧家 長靈卓 誰謂宗師有妙旨切切為人須到底手按瑤琴徽晚彈其來不入俗人耳 佛鑑懃 倒腹傾腸說向君不知何故尚沈吟而今便好猛提取付與世間無事人 徑山杲 百丈南泉論古今龍生龍子老婆心若人要識二禅老綉出鴛鴦須是針 慈受深 鸞膠續斷弦覷血化驢乳從来不為人今古衆佛祖前既離紋無返回将欲奪之必固與語時默默時語人從陳州来却往許州去 圜悟勤 百丈政示衆曰汝等為我開田我為汝說大義普請開田了衆請和尚說大義師展兩手示之頌曰　當憐百丈解開田今古行人手裏傳誰道舌頭曾不動五音六律太周旋 白雲端 大義由来不可陳休於言下覓踈親而今欲識大雄老金毛生得玉麒麟 佛迹旻 開口說大義後人莫容易百丈總持門渋而還有味 龍門遠

雜六 十

百丈開田說大義理事圓融無不備梵音清徹十方聞草樹𨱅鍬皆聳起未後雙拳再展開拖泥帶水為癡獃船流到岸五千里刻舟求劍徒悠哉 佛性泰 展開兩手當時說大義流通滿世間莫謂入荒田不揀而今到處草漫漫 林菴忠 大義開田創祖基分明書契示

傳持兒孫不肯遺先業乞食年年役路岐 雲菴需

普請開田力已齊紛紛帶水又拖泥展開兩手人休問昨夜三更月落西 此菴淨

百丈說大義全然沒巴鼻通身是水泥溺死在平地 無際派

洪州泐潭法會禪師 嗣馬祖 問馬祖如何是西來祖師意祖曰低聲近前來師近前祖打一摑曰六耳不同謀來日來師至來日猶入法堂曰請和尚道祖曰且去待老漢上堂時出來與汝證明師乃悟曰謝大衆證明繞法堂一匝便去頌曰

雞聲茅店月華明客夢沈迷尚未醒開得眼來天大曉擧頭掂面便奔程 絶象鑒

十八佳人嫁未酬每憑媒妁善搜求一從嫁却潘郎後便解人前不識羞 竹菴珪

池州杉山智堅禪師 嗣馬祖 與歸宗南泉路次逢虎各從邊過了泉問歸宗適來見虎似个甚麼宗曰似个猫兒復問師師曰似个狗子師却問泉泉曰似个大虫大溈智曰三个老漢聚頭寐語若要徹一時拈取這大虫始得復頌曰

一虎三人見不同高低各自立宗風爲伊途路不得力空過浮生一夢中

一物兩名也大奇三人那个可爲師頂門未具金剛眼遮出縱横孰辨伊 開先暹

五五二十五大虫元是虎狗子與猫兒豈可同時語夜閉門早開戶頭信利牙爪可怖家家門首透長安盡是擧子朝天路 佛鑒懃

撫州石鞏山慧藏禪師 嗣馬祖 初爲獵人射鹿因過馬祖令自射無下手處省悟投出家既得法住山後常張弓架箭凡見僧來便曰看箭一日三平到師曰看箭平乃披襟當之曰此是殺人箭活人箭又作麼生師彈弓絃三下平乃礼拜師曰三十年張弓架箭只射得半个聖人遂拗折弓箭平後到大顛處擧前話顛曰既是活人箭爲什麼向弓絃上辨平無對遂再叅既悟爲顛之嗣頌曰

張弓架箭喚君回不省宗師特意來个个盡隨迷醉走句中認影影難開三平猶未全提得霹靂雷聲遍九垓 汾陽昭

三十年來事一弓一弓擬定裏中穿知半聖雖投欵納聲牽半信不通 正覺逸

架箭張弓用得深平生猶喜中紅心後来半个人難得猛火方成百鍊金 佛印元

張弓架箭豈徒然中的雖多命不全半聖投機無別意功高何必畫凌烟 佛慧泉

張弓架箭三十年射得三平半不全爭似萬人齊指處斜陽一鴈落秋天 佛國白

三十年來握箭弓三平纔到擘開胷半个聖人今日得大顛絃外幾時逢 崇勝珙

古有石鞏師架弓箭而坐如斯三十年知音無一个三平中的去父子相投和子細迯思量元伊是箭撥 法燈欽

解擘當胷箭因何只半人爲從途路曉所以不全身 潭州雲 云妄

認得斑斑急上弦吼風一鏃去驚天近前子細來觀覷誰把藍田石射穿 心聞賁

張弓架箭幾何年撥得三平機不全若使當時能弄射免教落節向弓弦 水菴一

朗州中邑和尚 嗣馬祖 每見僧拍手鼓吾曰嗚哪嗚哪仰山到叅從東過西立師曰子甚處學得此三昧山曰從曹溪脫印學來師曰如是如是山却問和尚甚處得此三昧師曰吾從章敬處得來頌曰

鼓吾拍手口嗚哪直引來人辨正邪千萬往來都不薦仰山纔見便同家 汾陽昭

曹溪脫印傳來錯章敬師承受處訛將謂胡鬚天下赤元來更有赤鬚胡 正覺逸

仰山善問中邑善應覆去翻來拍拍是令 慈受深

中邑因仰山問如何得見性去師曰譬如一室有六窓內有一獼猴外有獼猴從東邊喚猩猩獼猴即應如是六窓俱喚俱應山作礼曰適來蒙和尚譬喻無不了知更有一事只如內獼猴睡外獼猴欲相見時如何師下繩床拽山手作舞曰猩猩我與汝相見了也頌曰

六窓一一喚獼猴睡着如何解應酬只與加鞭令省悟當時中邑謾悠悠 本覺一

凍眠雪屋夜摧頹窈窕籬門

夜不開爽槁園林看變態春風吹起律筒灰
天童覺 人人有个老猕猴暮四朝三卒未休
喫著便能知落處八花磚上輥金毬 慈受深
一室虛涵對六窓猕猴留在更無蹤忘懷絶
慮猕猴死一國安寧六國降 南堂興 一室蕭
然六窓廓尒中邑仰山自作自起拈弄一个
猢猻 雜六 作出千般舉止浣盆浣盆我識得你 十三 皖
山凝 洪州泐潭常興禪師 嗣馬祖 因南
泉来見師面壁而坐泉撫師背師曰阿誰曰
普願師曰如何曰也尋常師曰汝何多事頌
曰 面壁堆危引客過問誰那更問如何道
尋常已成多事撿點儂家事更多 西岩惠
汾州大達無業國師 嗣馬祖 僧問如何是佛
師曰莫妄想頌曰 王令威嚴誰敢擬纖毫
絲動鐵輪隨時人只見鎚頭利幾人能見
頭鎚 懶菴需 信州鵞湖大義禪師 嗣馬
祖 因唐憲宗詔入内論議法師問如何是禪
師以手點空法師無對帝曰法師講無窮經
論秖這一點尚不柰何師却舉順宗問尸利
禪師大地衆生如何得見性成佛利曰佛性
如水中月可見不可取師謂帝曰佛性非見
必見水中月如何攫取帝乃問如何是佛性
師曰不離陛下所問帝黙契頌曰 因地而
倒因地起離地求起無是理不離所問語雖

親認著依前還不是 枯禪鏡 說理談真面紫
依鵞湖大義枉勞神由来佛性難名邈爭似
若王黙契親 天目禮 空中一點是个什麼直
饒講無限經論其柰不識者行貨雖然價重
須彌也被君王識破 尼開林英
潭州三角山總印禪師 嗣馬祖 示衆曰若論
此事貶上眉毛早已蹉過也麻谷便問貶上
眉毛即不問如何是此事師曰蹉過也谷乃
掀倒禪床師便打長慶代云悄然頌曰 正
令威嚴斷不容星移斗轉覓無蹤將軍勒起
當頭馬殺氣紛紛衮黑風 獣堂寔 三角示衆
曰凡說法須用應時應節時有僧問四黄四
赤時如何師曰三月杖頭挑曰為什麼滿肚
皮貯氣師曰爭柰一條繩何曰如何得出氣
去師曰直待皮穿頌曰 平地安身未肯休
花陰柳逕逐時流放教滿肚無間氣始信渠
儂得自由 慈受深 三角因僧問如何是三寶
師曰禾豆粟曰意旨如何師曰大衆歡喜奉 十四
行頌曰 雜六 三角對酬禾豆粟龍宮海藏難收
録 空門曾問疎山僧便道如今粥飯是 大洪
遂 池州魯祖山寶雲禪師 嗣馬祖 師尋
常見僧来便面壁南泉聞曰我尋常向師僧
道向佛未出世時會取尚不得一个半个他
恁麼驢年去頌曰 人来面壁坐顒顒不語

多端說異同親切不教心外覓免將明暗謾
盲聾秋霜博地生寒暑魯祖無意不用功 汾
陽昭 老倒禪門傳魯祖見僧面壁親垂顧个
中若是丈夫兒剔起眉毛便回去 佛中元 會
祖三昧最省力才見僧来便面壁若是同心
達道者不在揚眉便相悉 保山萁 祖師面壁
播諸方無限禅人謾度量無事晚来江上立
數株寒柏倚斜陽 瑯琊覺 坐斷千山與萬山
勸人除却是非難池陽近日無消息果中當
年不自觀 睪岩真 面壁咸言上上機衲僧到
此擬何之直饒截斷千江水也落宗門第二
雄 海印信 魯祖孤風振四維僧来面壁少人
知南泉提起驢年事且道如今是甚時 白雲
端 魯祖當年不用功逢僧面壁顯家風若逈
上乘同道者 請續此一句 黄龍新 堪笑池陽
老古錐僧来面壁擬何為大都端正人男女
清淨不勞紅粉施 草堂清 雖然不是作家好
惡他家自識喫拳還似打人面赤不如語直 十五
黄龍震 雜六 魯祖山前古路通凞微一逕没西東
杜鵑聲裏春光老零落桃花藉地紅 普融平
無絃不弾有曲誰聽匏土革木宮商自正寥
寥千古少林人也道九年傳此令 佛心才 池
陽何處得捫模後代商量涉異途古人剛地
成多事試問如今會也無 龍門遠 覓徑龍泉

透行岩鳳棲霧倚鶴和衫誰人會得宗師意紐轉乾坤好不乘　鬼持道者　曾相見僧面壁此理何妨徑直時人更莫斟量祇者不勞心力中間或聞一類強言正是相爲非惟謗他古人亦乃困於上智會得祖師現前不會也難逃避　永明壽

南泉黑豆未生時喃喃絲至淺天機休向未生前曉悟日出東方月落西　藥山昱

池陽面壁許誰知萬古孤峯對落暉終見攢眉便回去早知不是丈夫兒　懶菴需

曾祖逢人面壁老大慵懶追隨後之衆徒罔測一向打瓦鑽龜　水菴一

葉落江頭一望長空峯喬木倚斜陽曾經巴峽猿啼處鐵作心肝也斷腸　簡堂機

指前面後楊家醜揭地洪昔師子吼分付仙陀知不知法身半夜藏北斗　足菴鑑

家財喪盡沒絲毫祇个一身猶恨多却向池陽最深處殺人空手不持刀　石菴松

無目仙人揣骨頭暗中摸索認王侯價高畢竟無人買冷却构欄懡㦬休　雪巖理

日暖佳人刺繡遲紫荊枝上囀黃鸝欲知無限傷春意盡在停針不語時　南叟茂

人來面壁成何事爭得心開見本源空劫已前諸佛子話頭不舉自然圓　橫川珙

魯祖因僧問如何是不言言師曰汝口在甚麼處曰某甲無口師曰將甚麼喫飯僧無語頌曰

得因失有是在非遙根源未斷枝派相連不言言口何在轉得身來難下截一帆風過洞庭湖對面酒知已遠背　月堂昌

唐州紫玉山道通禪師　嗣馬祖　因于頔相公問佛法至理乞師一言師曰若問須去情謂公曰便請師曰但問將來曰如何是佛師召于頔公應諾師曰更莫別求頌曰

如何是佛更莫別求相隨來也四大部洲　月林觀

紫玉因于公一日問如何是黑風吹其船舫漂墮羅剎鬼國師曰于頔客作漢問恁麼事作麼于失色師指曰這个便是黑風漂墮羅剎鬼國于作礼而謝頌曰

就身打劫壯吾曹喚得賢侯智眼高瞥色不知何處去珠回玉轉透雲袍　南岩膺

五臺山隱峯禪師　嗣馬祖　一日辭祖祖曰甚處去師曰石頭去曰石頭路滑師曰竿木隨身逢場作戲便去纔到石頭遂繞禪床一匝振錫一下問是何宗旨頭曰蒼天蒼天師無語回舉以馬祖祖曰汝更去見他道蒼天蒼天便噓兩聲師又去一依前問頭乃噓兩聲師又無語歸舉似馬祖祖曰向汝道石頭路滑頌曰

石頭路險人難到到者方知滑似苔兩度三回難踢倒滿身泥水又歸來　虛堂愚

唱徹黃金縷重吹紫玉簫倚樓人不見風過樹頭搖

隱峯因南泉把淨瓶與師曰淨瓶是境你不得動著境與我將水來師將淨瓶傾水於泉面前休去頌曰

南泉特地指瓶隱峯便來瀉水兩人自不識羞掘地深埋自已　照堂一

南泉不指淨瓶隱峯何曾瀉水從教打瓦鑽龜佛法不在這裏　鼓山珪

眼中無翳休挑刮鏡上無塵不用磨信脚出門行大路橫擔拄杖唱山歌　徑山杲

磁州馬頭峯神藏禪師　嗣馬祖　上堂謂衆曰知而無知不是無知而說無知頌曰

從頭數到一二三倒數却成三二一直饒善會大行筭指指巡文數不出　中菴空

潭州華林善覺禪師　嗣馬祖　裴相國訪師問曰師還有侍者否師曰有只是不可見客曰何妨師乃喚曰大空小空惟二虎自菴後出裴見之驚悚師語二虎有客且去二虎於是哮吼而去曰師作何行業感得如斯師提起數珠曰會麼曰不會師曰老僧常念觀世音頌曰

常念觀音力伏猛獸道眼通明萬緣何有良哉大士時時垂手念茲在茲安樂長壽　龍門遠

新羅渤海竺乾此土月白風清三界獨步對境無心剗著有虎忽然提起數珠時誰識當陽第一機奇奇敵勝還他師子兒　南堂興

烏臼和尚　嗣馬祖　因玄紹二上座參師乃問二禪客發足甚處玄曰江西師

便打曰久知和尚有此機要師曰汝既不會後面个師僧秖對看紹提近前師便打曰信知同坑無異土叅堂去頌曰　烏曰分明擧有眼這僧直是眼無筋假饒打著百千个切莫將伊掛齒唇照堂一赤身換白刃死中還得活一箭自迷蹤萬車齊喪轍黃山珪烈焰不容蚊蚋泊大海那堪宿死屍任是三頭并六臂望風無不豎降旗徑山杲鏌鎁在握當堂坐擬欲衝前便喪軀縱使機鋒如電拂到頭未免病棲蘆懶菴需烏曰問僧近離甚處曰定州師曰定州法道何似這裏曰不別師曰若不別更轉彼中去便打僧曰棒頭有眼不得草草打人師曰今日打著一个也又打三下僧便出去師曰屈棒元來有人喫在曰爭柰杓柄在和尚手裏師曰汝若要山僧回與汝僧近前奪棒打師三下師曰屈棒屈棒曰有人喫在師曰草草打著个漢僧礼拜師曰却與麼去也僧大笑而坐師曰消得恁麼

雜六　十八

消得恁麼頌曰　咄即易遣即難互換機鋒子細看翻石圍來猶可壞滄溟深處立須乾烏曰老烏曰老幾何般與他杓柄太無端雪竇顯相見不虛圖分明付與渠汝醉我扶起我倒汝相扶交互為賓主相將入帝鄉高歌大笑九衢裏天上人間我惟尔佛性泰

石曰和尚初叅馬祖祖問甚處來師曰烏曰果曰烏曰近日有何言句師曰幾人於此茫然在曰茫然且置悄然一句作麼生師乃近前三步曰我有七棒寄打烏曰你還甘否師曰和尚先喫某甲後甘却四烏曰頌曰　石曰發腳太遲馬祖開口太早十字街頭要鐵須是打他栲栳月堂昌石曰因僧問如何是地藏手中珠師曰你手中還有麼曰不會師曰莫謾大衆復頌曰不識自家寶隨他認外塵日中逃影質鏡裏失頭人頌曰　貪觀天上月失却手中橈石曰山下路歸計轉迢遥覿面光輝日拍手笑吾曹且道笑他个什麼為人不得力佛燈珣喪盡自家寶何須問外塵萬緣俱照破方見本来人塗毒策

本溪和尚嗣馬祖一日坐次龐居士至師睩顧視公以柱杖畫一圓相師近前踏却士曰與麼不與麼師亦劃一圓相士亦近前踏却師曰與麼不與麼士拋下柱杖而立師曰来

辯六　十九

時有杖去時無杖曰幸自圓成徒勞側目師撫掌曰奇哉奇哉一無所得士拈杖便行師曰看路看路頌曰　輒乎来瓦子擲拳頭来腳尖趯子細點檢一場狼籍先賢為榜樣今人為法則莫學相似神青天轟霹靂个中若是惺惺漢餧飯殘羹誰肯喫咄大圓智起模畫樣弄精魂拂迹除蹤更見人行到水窮山盡處滿天雲散月華明雪堂道十九條平路終無一局同欲分先後手側目擲来蹤正覺頭各呈見解互逞機鋒石火莫及電光罔通拋下柱杖而立不同草草拈起柱杖便行亦豈匆匆者裏暑得隻眼許你覿見龐公石溪月

本溪因龐公問丹霞打侍者意旨如何師曰老老大大見人長短曰為我與師同叅所以借問師曰若恁麼從頭舉来共你商量曰老老大大不可共你說人是非師曰念公年老曰罪過罪過頌曰　一對鐵槌如綿團一雙烏鵝如白鶴忽然狹路相逢不免將錯就錯佛鑑懃

亮座主見馬祖講經論因叅馬祖祖問見說座主大講得經論是否師曰不敢曰將甚麼講師曰將心講曰心如工伎兒意如和伎者爭解講得師抗聲曰心既講不得虛空莫講得麼曰却是虛空講得師不肯便去將下階祖召曰座主師回首祖曰是甚麼師豁然大悟便礼拜曰這鈍根阿師礼拜作麼師曰某甲所講經論將謂無人及得今日被大師一問平生功業一時氷釋礼謝而退乃隱於洪州西山更無消息頌曰　幾年錯謂將心講誰信虛空講似流驀喚回頭方瞥地西山一去絶蹤由本覺一馬師瞎却

亮師眼一入西山更不返我有三一二藤條寄與山中這擔板 東山空 昨夜月初明紫門猶未閑猶兒提老鼠引得狗兒吠 幽巷樞 却是虛空解講經驢鳴犬吠一般聲郡樓昨夜鼕鼕鼓不是知音不解聽 白楊順 弓絃難結鸞膠紐御道那栽栗棘蓬堪笑香嚴饒舌老今年猶勝去年窮 正堂辯 却是虛空講得經兩花狼藉說風清賺人深入西山後多少闍黎又錯聽 開極雲

鎮州金牛和尚 嗣馬祖 每日自作飯供養衆僧至齋時舁飯桶到僧堂前作舞呵呵大笑曰菩薩子喫飯來頌曰 白雲影裏笑呵呵兩手持來付與他若是金毛師子子三千里外見誵訛 竺寶顯 拳中十指長縮自由菩薩喫飯莫笑金牛有意氣時添意氣不風流處也風流 也庵思 金牛作舞也奇哉撫掌相招喫飯來若謂因齋成慶讚都盧笑殺老黃梅 佛國白 菩薩子喫飯來一喚令人眼豁開却憶上方曾打鼓親持鐵鉢詣天台 長靈卓 長連床上狐屎屎三聖堂前狗吠春跳出金牛窠窟子月明照見夜行人 佛眼遠 攔衫席帽積塵埃柳巷花衢去復來拈得舊時纏拍板逢人偏愛舞三臺 佛心才 然來線去分明過與君不相諳如何驗取因齋慶讚和泥土蹈覆只言聖作舞野狐精七星利劍匣長鯨 圓悟勤 堂前事事巳辦只欠開口喫叡一飽能忘百飢說甚因齋慶讚識得當面主人翁眉毛决定遮覆眼 佛鑑懃 鐘鼓聲聲巳喚齋堂前作舞老公家雖然一鉢充飢困不覺牙生淅口沙 懶菴樞 鵓鳥落溪魚鷩死毒龍行徑草萊枯坐中若有江南客休向人前唱鷓鴣 簡堂機 作舞金牛錯用心喚人喫飯笑忻忻黃金自有黃金價何必和沙賣與人 天目禮

崧山和尚 嗣馬祖 因與龐居士喫茶士舉槖子曰人人盡有分為什麼道不得師曰秖為人人盡有所以道不得曰阿兄為甚麼却道得師曰不可無言也曰灼然灼然師便喫茶士曰阿兄喫茶為甚麼不揖客師曰誰曰龐公師曰何須更揖後丹霞聞乃曰若不是崧山幾被个老翁惑乱一上士聞之乃令人傳語霞曰何不會取未舉槖子時頌曰 未舉槖子巳前衲僧難為下嘴識得這个靈苗不向黃泉作鬼不作鬼何准擬一拳拳倒黃鶴樓一踢踢翻大海水 南堂興 七椀清風生兩腋一回舉著便惺惺相逢不用輕相揖須要當頭道姓名 正覺顯

崧山與龐公見衆僧擇菜次師曰黃葉即去青葉即留士曰不落青黃又作麼生師曰道取好曰互為賓主也大難師曰却來此間強作主宰曰誰不與麼師曰是曰不落青黃就中難道師笑曰也解與麼道士珎重大衆師曰大衆放你落機處頌曰 跳過處甚分明無耳僧人子細聽但得白雲消散盡夕陽斜照數峯青 佛鑑懃 不落青黃道取好互為賓主也大難珎重衆僧便下去後回相見作何顏 大圓智 膠投漆水和乳一卷一舒全賓全主誰言不落青黃就中要人道取誰道取分付鑊湯熟爛煮 佛性泰

則川和尚 嗣馬祖 因龐居士相看次師曰還記得見石頭時道理否曰猶得阿師重舉在師曰情知久叅事慢曰阿師老耄不啻龐公師曰二彼同時又爭幾許曰龐公鮮徤且勝阿師師曰不是勝我秖欠汝个幞頭士拈下幞頭曰恰與師相似師大笑而巳頌曰 初見石頭久叅事慢阿師老耄龐公鮮徤一項幞頭擬鋒互換大笑呵呵風和日暖 正覺顯

則川與龐居士摘茶次士問曰法界不容身師還見我否師曰不是老僧洎答公話曰有問有答蓋是尋常師乃摘茶不聽士曰莫怪適來容易借問師亦不顧士喝曰這無礼儀老漢待我一一舉向明眼人師乃抛却茶籃便歸方丈頌曰 相逢相識謾相邀碧水溪深隔斷橋無限說辞殊不聽急扃門户更徒

勞 保寧勇 二老機關誰共委慣頭拶下髮鬔鬆山深不記來時路彷彿猿啼碧澗中 翫巷 櫃 二八佳人巧畫眉穿簾入户意如癡空勞笑語相調戲白髮山翁青杀伊 寶葉源 則川一日在方丈內坐居士來見乃曰只知端居丈室不覺僧到叅時師垂下一足士便出行三兩步却回師乃收足士曰可謂自由自在師曰我是主士曰阿師只知有主不知有客師喚侍者點茶士作舞而出南堂興拈云好則川亦好龐公看他兩作家恁麼相見如二龍玩寶兩無相傷所謂入林不動草入水不動波到這裏方知有自由自在分且道是什麼得恁麼靈驗 良久 復頌曰 衲子懷中寶文星袖裏珠夫子步亦步夫子趨亦趨 又則川善唱居士能舞雲既從龍風亦從虎師子嚬呻象王回顧北斗藏身月宮趂兔踏破草鞋不移寸步 樂行不如苦住富客不如貧王趁前退後說來端舞袖高歌却回去 正覺顯 雜六 廿三

忻州打地和尚 嗣馬祖 自江西領旨常晦其名凡學者致問唯以棒打地示之時謂之打地和尚一日被僧藏却棒然後致問師但張其口僧問門人曰秪如和尚每日有人問便打地意旨如何門人即於竈内取柴一片擲在釜中頌曰 請問吾師皆打地問處雖殊理不殊古人總在斯門入早是懸悲曲為渠 徹若柔 紫府山前真正事拄杖常擎在手中南北問津無限衆惟將打地顯旨龐 汾陽昭 棒棒打著地始信無靡棄秪見鬔頭方失却錐頭利 慧受深 端坐似無為達人却打地嚇得虛空神走入波斯鼻 福州寶壽

江西禪樹和尚 嗣馬祖 一日因道吾從外歸師問甚麼處去來曰親近來師曰用簸這兩片皮作麼曰借師曰他有從汝借無作麼生曰秖為有所以借頌曰 從來父子不相離石女何勞更問伊昨夜寒嵓無影木白雲深處露横枝 丹霞淳 禪樹臥次道吾近前披覆之師曰作麼曰蓋覆師曰臥底是坐底是曰不在這兩處師曰爭柰蓋覆何曰莫亂道頌曰 禪樹臥起道吾蓋覆一喝當頭掀翻路布 圓悟勤 相逢不相避个裏聊遊戲 喝一喝反天覆地 大圓智

石林和尚 嗣馬祖 見龐居士來乃豎起拂子曰不落丹霞機試道一句子士奪却拂子却自豎起拳師曰正是丹霞機曰與我不落看師曰丹霞患瘂龐公患聾曰恰是師無語士曰向道偶爾頌曰 擔東過西移前作後馬首千差佛面百醜 月堂昌 作家相見別無道理彼既搖頭此亦搖尾頭尾相應須存終始多少杜撰禪和一向撥波求水 佛鑒懃

潭州秀谿和尚 嗣馬祖 因谷山問聲色純真如何是道師曰乱道作麼山却從東過西立師曰若不恁麼即禍事也山又從西過東立師乃下禪床方行兩步被谷山捉住曰聲色純真事作麼生師便打一掌山曰三十年後要个人下茶也無在師曰要谷山這漢作甚麼山呵呵大笑 雜六 二十四 頌曰 樓前巧燕雙雙語林上嬌鶯對對飛因看古人無義語等閑又得一聯詩 佛鑒懃 兩陣交鋒笑似嚬雙眉倒卓眼生筋溪山雲月誰為侶南北東西絶近鄰 晦堂遠

浮盃和尚 嗣馬祖 一日凌行婆來礼拜師與坐喫茶婆乃問盡力道不得底句分付阿誰師曰浮盃無剩語曰未到浮盃不妨疑著師曰別有長處不妨拈出婆斂手哭曰蒼天中更添怨苦師無語曰語不知偏正理不識倒邪為人即禍生後有僧舉似南泉泉曰苦哉浮盃被這老婆摧折一上婆後聞笑曰王老師猶少機關在澄一禪客逢見行婆便問怎生是南泉猶少機關在婆乃哭曰可悲可痛一問措婆曰會麼一合掌而立婆曰伎死禪和如麻似粟一舉似趙州州曰我若見這臭老婆問教口瘂一曰未審和尚怎生問他州便打一曰為什麼却打某甲州曰似這伎死

漢不打更待幾時連打數棒婆聞却曰趙州合喫婆手裏棒後僧舉似趙州州哭曰可悲可痛婆聞此語合掌歎曰趙州眼光爍破四天下州令僧問如何是趙州眼婆乃竪起拳頭僧回舉似趙州州作偈曰當機覿面提覿面當機疾報汝婆行婆哭聲何得失婆以偈答曰哭聲師已曉已曉復誰知當時摩竭國雜六廿五幾喪目前機頌曰　掌內摩尼曾不顧誰能護惜娘生袴淨盃不會老婆禪直至如今遭點汚（徑山杲）三電光石火尚猶遲伎死禪和那得知轉面回頭擬尋討夕陽已過綠梢西　眼光爍破四天下婆子拳頭無縫罅當機覿面事如何猛虎脊梁誰解跨　動絃別曲葉落知秋擬議不來休休休休（中菴空）行婆熊擊塗毒鼓遠近聞之皆膽怖唯有南泉與趙州同死同生殊不顧阿呵呵伎死禪和不忝何（佛性泰）年少行藏獨倚樓一家以子百家求只因不入浮盃網對鏡看看白盡頭（藏叟翁）

澧州龍山和尚（亦云隱山嗣馬祖）洞山與密師伯經由見溪流菜葉洞曰深山無人因何有菜隨流莫有道人居否乃共議撥草溪行五七里間忽見師羸形異貌放下行李問訊師曰此山無路闍黎從何處來洞曰無路且置和尚從何而入師曰我不從雲水來曰和尚住此山多少時耶師曰春秋不涉曰和尚先住此山先住師曰不知曰為甚麼不知師曰我不從人天來曰和尚得何道理便住此山師曰我見兩个泥牛闘入海直至于今絕消息頌曰　泥牛入海無消息天上人間何處覓謂言春去秋復來步步乘騎得渠力（保寧勇）擻草瞻風海上遊海山深處葉隨流洎將行到水窮處果見厖眉老比丘這比丘冷啾啾清風為線明月為鈎一合乾坤作釣舟孤峯絕頂垂綸坐不風流處也風流（南堂興）眼目高低鼻孔橫淺深輕重不多爭蚊虻蟇上換肩入鶖鷺牙根借路行便把長河攪酥酪敢將衆柄作木莖隱山未是潛身處出沒任他烏兎更（瞎堂遠）

襄州龐蘊居士（見馬祖）初謁石頭乃問不與萬法為侶者是甚麼人頭以手掩其口豁然有省後參馬祖問曰不與萬法為侶者是甚麼人祖曰待汝一口吸盡西江水即向汝道士於言下頓領玄旨頌曰雜六二十六　一口吸盡西江水萬古千今無一滴要知儻理不儻親馬祖可惜口門窄（白雲端）風吹日炙露屍骸泣問仙人覓地埋忍俊不禁多口老陰陽無處可安排（保寧勇）吸盡西江向汝道馬師家風不草草截流一棹破烟寒天水同秋清渺渺（天童覺）一口吸盡西江水洛陽牡丹新吐蘂撥土揚塵勿處尋擡眸撞着自家底（五祖演）一口吸盡西江水道頭便合自知尾可憐龐老馬大師相逢對面千萬里（佛鑑懃）一口吸盡西江水大師也是不得已偈被龐公借問來盡力道得只如此（文殊道）借問乾坤獨步人全提分付太言覿西江吸盡無消滴誰解候門鎖要津（石門易）一口吸盡西江水鷓鴣啼在深花裏自有知音笑點頭其來不入韻人耳（寶峯照）一口吸盡西江水領上桃花香撲鼻枝枝葉葉盡含春也是因我得礼你（高菴悟）大海波濤闊小人方寸深海枯終見底人死不知心（鼓山珪）一口吸西江通身不隱藏聖凡不到處頂上放祥光（楚安方）一口吸盡西江栗棘蓬殺老龐當陽若也吞得管取海內無雙（圓悟勤）一口吸盡西江水涓滴不留洪浪起駒兒自是不尋常嘶風弄影斜陽裏（白楊順）一口吸盡西江馬駒踏殺老龐不用燒錢引鬼自然安貼家邦（尼雜六廿七無著總）吸盡西江今古無雙及第歸也本身姓龐（典牛游）龐公孰謂問頭親馬祖言猶泥齒唇吸盡西江禁不住懸崖句裏笑翻身（水菴一）一口吸盡西江水碓觜生花猶未已葉葉枝枝垂雨露須弥藏在針鋒裏（大禪明）一口吸盡西江水龐老不曾明自己爛醉如泥

膛似天華縣柰瓶三隻箭 松源岳 窣吧哩狐
窣吧哩智開口動舌是甚滋味 圓 你莫癡 簡
堂機 西江一吸了無餘突出堂堂大丈夫盡
道世間胡鬚赤誰知更有赤鬚胡 寒巖傑 秤
鎚撈出油闌言長語休腰纏十萬貫騎鶴上
揚州 仰堂卞 淨躶躶赤灑灑沒可把若可知
礼也 退菴休 一口吸盡西江水千手大悲提
不起碓嘴生花春晝長狸奴白牯皆歡喜 普
菴玉 一著高一著一步闊一步馬駒踏殺人
住住住住住 枯禪鏡 居士見丹霞霞作走勢
士曰猶是拋身勢作麼生是嚬呻勢霞便坐
士向前以柱杖畫个七字於下畫个一字曰
因七見一見一忘七霞便起去士曰更坐少
時猶有第二句在霞曰向遮裏著語得麼士
遂哭出去頌曰 因七見一見一忘七月在
中央天無四壁十方虛空掃蹤滅跡通身是
口說不出青黃碧綠亂搽抹 嗄南堂興 因七
見一尋蹤訪跡見一忘七青天白日第二句
中因囟得吉掛劒虛堂歸去來忠義之言難
可失哀哀哀 方菴顯 居士訪丹霞於霞前立
少時便出去霞不顧士却來坐霞却來士前
立少時便歸方丈士曰汝出我入未有事在
曰者老翁出出入入有甚了期士曰暑無些
子慈悲曰引得个漢到這田地士曰把甚麼

引霞拈起居士幞頭曰恰似一个師僧士拈
幞頭安霞頭上曰恰似一个俗人霞應喏三
聲士曰猶有些子氣息在霞拋下幞頭曰大
似个烏紗巾士亦應喏三聲師曰昔時氣息
爭解忘得士彈指三下曰動天動地頌曰
一出一入徐行款步庠序威儀風流俏措互
換誰分僧俗礼義於兹富足 正覺逸 二十八 丹霞與
龐公終日用神通是處游歷盡全身遍界中
千峯勢到岳邊止萬派流歸海上駐 大圓智
燒木佛老有甚心肝賣笊籬翁家破人殘相
追相逐相激相歡難難倚天長劒兮射斗光
寒攪海蒼龍兮不觸波瀾看看家家有路透
長安 南堂興 居士見丹霞來遂不語亦不起
霞乃提起拂子士便拈起搥子霞曰只與麼
別更有在士曰此回見師不似於前曰不妨
減人聲價士曰本來要折倒汝一上曰與麼
則啞却天然口去士曰汝啞却本分猶累我
啞却霞擲下拂子便行士召然闍黎霞不顧
士曰不為患啞兼亦患聾頌曰 丹霞初訪
龐公日覿面分明竟不言豎拂只因無外物
拈搥何別有天然回頭患啞真兼實拂袖如
聾外復玄欲待會師相見處石人行處笑喧
喧 般若柔 古人覿面機相見無可道豎拂有
丹霞拈槌是龐老龜毛遂語斜兔角隨意倒

患啞仍患聾分明好更好 汾陽昭 動絃別曲
葉落知秋聾盲推拂彼此相酬有意氣時添
意氣不風流處也風流 堂奉菓 掛角羚羊亡
氣息倚天長劒用無痕纖波不動寒蟾影無
限魚龍暗吐吞 正覺顯 居士因辭藥山山命
十禪客相送至門首士乃指空中雪曰好雪
大 廿九 片片不落別處有全禪客曰落在甚處士遂
與一掌全曰也不得草草士曰恁麼稱禪客
閻羅老子未放你在曰居士作麼生士又掌
曰眼見如盲口說如啞 雪竇顯 別云初問但
握雪團打復頌曰 雪團打雪團打龐老機
關沒可把天上人間不自知眼裏耳裏絕瀟
灑瀟灑絕碧眼胡僧難辨別 龐公全提滴
水滴凍藥山闍黎兩眼定動機不發時一場
困夢本自天真阿誰解用 真淨文 全禪相送
龐公正值滿天雪下片片不落別處可憐
口如啞直饒捏得成團鷂過新羅去也解道
前路善為兔得東打西打也大奇三年留客
住莫待去時飢 上方益 三尺寒光射斗牛鏌
鋣提處鬼神愁蠻夷不識將軍令誤入重圍
血頸流 冶父川禪師 頭上漫漫腳下漫漫柱
定即易瞥轉還難金剛寶劒逼人寒不墮機
鋒句外看 石溪月 雲居悟曰若有人問雲居
落在甚麼處即向伊道落在雪裏大衆會麼

頌曰　落在雪裏不犯脚手釘嘴鐵舌也難下口揮掌雪團劈面來打着金剛腦背後居士有偈曰有男不婚有女不嫁大家團欒頭共說無生話頌曰　收拾山雲海月情團欒鼻直眼眉横龜毛拂子兎角杖敲得虛空爆爆聲石溪月　春至花開秋復蕭父子團欒識甚好惡枯禪鏡　不說是不說非揚眉瞬目好裏放痴父慈子孝無他事渾家一味討便宜尼閑林美　男兒懶墮女無良多口翁翁快口娘討盡便宜不知足何曾有个會無生閑極雲　居士偈曰十方同聚會个个學無爲此是選佛場心空及第歸頌曰　懶頭塵土軟襴破選佛場中無兩个若道心空及第歸項上一趯難放過佛慧泉　風月山川共一家誰來語下定龍蛇太白不曾登便殿筆頭賬夜自生花心聞賣　長盡生涯賣笊籬白拈大裏討便宜看來伎倆只如此也道心空及第歸佛照光　居士一日曰難難十石油麻樹上攤婆應聲曰易易百草頭邊祖師意靈照曰也不難也不易飢來喫飯困來睡頌曰　口子喃喃暑不休把却笊籬做大遊有个女兒不肯嫁他年定作老丫頭翛菴偶　寬家復寬家面面咸相觀品弄没絃琴清聲播千古息菴秘居士　以家業盡投湘水女子靈照日持笊籬鬻於市中頌曰　髻角堆雲貌嬌笊籬數柄杖頭挑入鄽亭可無人問擡青行賣定不饒圓照本　爺待活計沈江水累如沿街賣笊籬不是家貧遣子苦此心能有幾人知無際泓　父既心空及第歸女兒依樣畫蛾眉一家只了一家事那得閑錢買笊籬

居士因賣竹漉籬下橋喫撲女子靈照一見亦去爺邊倒士曰你作甚麼女曰見爺倒地某甲相扶士曰賴是無人見頌曰　憐兒不覺笑嗄嗄却於中路𥗼泥沙黃龍老漢當時見一棒打殺者冤家黃龍南　居士倒地靈照扶起乞兒技倆討甚巴鼻密菴傑　孝順藏五逆人前醜莫遮今生親骨肉夙世惡冤家南皇茂　龐公倒地靈照扶起至今幾百年清風猶未已猶未已東海鯉魚千尺紫巴菴深　居士坐次問靈照曰古人道明明百草頭明明祖師意如何會照曰老老大大作這个語話士曰你作麽生照曰明明百草頭明明祖師意士乃笑頌曰　萬里無雲銀漢横大方玄路等閑行阿爺智量世希有女子圓光頂額生或菴體　龐老家聲千古在說難說易互相酬就中靈照較些子祖意分明百草頭成首座　居士將入滅謂靈照曰視日早晚及午以報照遽報日已中矣而有食也士出戶觀次靈照即登父座合掌坐亡士笑曰我女鋒捷於是更延七日頌曰　家有全棚樂新翻調不同分明恨離別却是喜相逢西巖惠　一棚戲舞渾家樂鼓樂喧天恣擻擻戲衫卸下許誰知無端笑倒黃番綽北海心　居士臨示疾州牧于公頔問疾次士謂之曰但願空諸所有慎勿實諸所無好住世間皆如影響言訖就枕公膝而化頌曰　欲識窮源麼何人爲指迷夕陽雞犬外桃李自成蹊虛堂愚

龐婆入鹿門寺作齋維那請疏意回向婆拈梳子插向髻後曰回向了也便出去頌曰龐婆移轉髻邊梳一段風流舉世無萬事但將公道斷維那不用筆頭書慈受深　維那對衆要宣揚返被婆婆笑一場擊轉牙梳重註脚相逢猶更錯商量歎堂定

禪宗頌古聯珠通集卷第六

禪宗頌古聯珠通集卷第七　雜七

僧錄司右闡教兼靈谷禪寺住持淨戒　重校

祖師機緣

六祖下第三世

藥山儼 十四則　丹霞然 六則　大顛通 三則

長髭曠 三則　佛陀 一則　大同濟 四則

潙山 二十五則

澧州藥山惟儼禪師 謁石頭 師辭馬祖返石頭。一日在石上坐次，頭問曰：汝在這裏作麼。師曰：一切不為。曰：恁麼即閑坐也。師曰：若閑坐即為也。曰：汝道不為，且不為箇什麼。師曰：千聖亦不識。頭以偈讚曰：從來共住不知名，任運相將秖麽行，自古上賢猶不識，造次凡流豈可明。頌曰

玄微及盡本翛然，若謂渠閑萬八千，月印澄江魚不見，釣人何必更拋筌。丹霞淳

任運不知名，輕輕著眼聽，水上青青綠，元來是浮萍。五祖演

擺撥佛祖，縛曠然繩墨外，一物亦不為，縱橫得自在，古鑑臨臺明辨去來，金槌影動樹花開，任運相將不可陪，法雲隨處作風雷。圓悟勤

行行月冷風高，步步山寒水深，逢人拔肝露膽，見義劈腹剜心。雪堂遠

石頭打草要蛇驚，寄護玄機絕囊情，迅馬追風須辨的，報云千聖不知名。圓靜儼

平常閑坐與閑行，嶺上無心雲片橫，照境俱忘人不立，從前日午打三更。雪岩欽

藥山首造石頭之室，便問：三乘十二分教某甲粗知，嘗聞南方直指人心，見性成佛，實未明了，伏望和尚慈悲指示。曰：恁麼也不得，不恁麼也不得，恁麼不恁麼總不得，子作麼生。師罔措。曰：子因緣不在此，且往馬大師處去。師稟命恭禮馬祖，仍伸前問。祖曰：我有時教伊揚眉瞬目，有時不教伊揚眉瞬目，有時揚眉瞬目者是，有時揚眉瞬目者不是，子作麼生。師於言下契悟，便禮拜。祖曰：你見甚麼道理便禮拜。師曰：某甲在石頭處，如蚊子上鐵牛。祖曰：汝既如是，善自護持。頌曰

總不得，太無端，野老馬知天地寬，直饒數到八九十，家山猶隔一重關。楊無為

四海狼烟靜，中原好信息，通罷拈三尺劍，休弄一張弓。鼓山珪

箇話端阿誰解舉，舉得十分未敢相許。徑山杲

倒腹傾腸說向伊，不知何故尚遲疑，只今便好猛提取，莫待天明失却雞。素菴璁

雜七　二

重疊峯巒俱鎖斷，知誰深入到桃源，行人只見一溪水，流出桃花片片鮮。肯堂充

坐斷千峯路，穿開碧落天，那容問端的，端的髑髏前。松源岳

恁麼不得總不得，得脫却布衫赤骨律，劈頭一搭忽翻身，便見口開并眼白。雪巷理

一重山了一重雲，行盡天涯轉苦辛，驀劄歸來屋裏坐，落花啼鳥一般春。瞎堂遠

剗盡枯腸袞盡機，通身不挂一毫絲，清風步步隨身轉，明月誰分上下池。高峯妙

藥山侍奉馬祖三年，一日祖問：子近日見處作麼生。師曰：皮膚脫落盡，唯有一真實。曰：子之所得，可謂協於心體，布於四肢，既然如是，將三條篾束取肚皮，隨處住山去。師曰：某甲又是何人，敢言住山。祖曰：不然，未有常行而不住，未有常住而不行，欲益無所益，欲為無所為，宜作舟航，無久住此。師資會遇意非輕，脫落皮膚轉不親，三篾束來成話欛，至今錯認定盤星。

藥山因僧問：如何是道中至寶。師曰：莫諂曲。曰：不諂曲時如何。師曰：傾國不換。頌曰

道中有至寶，濟世無倫匹，藥嶠發深藏，唯云不諂曲，不諂曲，傾國相酬未相直，壁立萬仞此心真，不必當來問彌勒。圓悟勤

直如絃，瑩如玉，露膽傾心更無迂曲，直饒徧地黃金，未免易之不得，易不得，南海波斯面如墨。佛性泰

雜七　三

藥山久不陞堂，院主白云：大眾久思和尚示誨。師曰：打鐘著。眾纔集，師便下座歸方丈。主隨後問曰：和尚既許為大眾說法，為甚麼一言不措。師曰：經有經師，論有論師，爭怪得老僧。傳燈錄與此梢異，乃曰：一日院主請師上

堂大衆纔集師良久便歸方丈閉門院主遂後曰和尚許某甲上堂爲什麼却歸方丈師曰院主經有經師論有論師律有律師又爭怪得老僧頌曰　藥山老應病藥請上堂椎鍾著一九不再愈顛狂孤負金仙换骨方 野軒遵 家法簡嚴非二非三月來明繼水雲退露寒岩真機自得妙處誰參不是文殊白槌後也應千古屈瞿曇 天童覺 明珠一顆價難酬不是知音便暗投翻笑藥山空費力水清魚現不吞鈎 慈受深 誰云藥嶠不陞堂日日相逢爲舉揚獨耀無私常顯露莫將無語錯商量 成枯木 癡兒刻意止啼錢良駟追風顧影鞭雲掃長空巢月鶴夜寒入骨不成眠 天童覺 明脩棧道暗度陳倉絲毫不犯總教滅亡 掩室開 鋪席宏開見也麼買人何似看人多十成好箇吹毛劍只作陶家壁上梭 無準範 鍾鳴衆集歸方丈苦殺當頭請法人法法本來無一法若言無法法纏身 橫川珙

藥山坐次僧問兀兀地思量什麼師曰思量箇不思量底曰不思量底如何思量師曰非思量頌曰　兀兀地思量無可得思量無可思量處真箇好思量大庾嶺頭逢六祖鰲山店上見曾郎 無準範

藥山一日因遶布衲浴佛乃曰遮箇從汝浴還浴得那箇麼曰把將那箇來師乃休 長慶云邪法難扶玄覺云且道長慶恁麼道在賓在主衆中喚作浴佛語亦曰兼帶語且道盡善不盡善頌曰　愛將惡水驀頭澆引得清風慰寂寥無限遠山描不得喬松脩竹冷蕭蕭 笠壽策 一番雨過一番晴驀眼已開桑眼青鶺鴒樹頭啼不已百舌黃鸝相共鳴 偃菴栢

藥山書佛字問道吾是什麼字曰佛字師曰多口阿師頌曰　道吾忽尔見先師問字開拳顯妙機對佛是真真是佛藥山爲破肚中疑 汾陽昭 藥山此問實堪嗟碎啄同風不易誵問佛須知呈妙旨多因於此現空花 天壽慧 藥山手中書佛字問他端尔要心開只將佛字爲酬對元是曾持五戒來 橫川珙

藥山夜參次不點燈師垂語曰我有一句子待特牛生兒即向你道時有僧曰特牛生兒也何以不道師曰把燈來把燈來其僧退入衆雲岩舉似洞山山曰這僧却會秖是不肯禮拜頌曰　犢牛生子頗相諳兩眼通紅色似藍把火照來無覔處大家普請一時參 龍門遠

藥山看經有僧問和尚尋常不許人看經爲什麼却自看師曰我只圖遮眼曰某甲學和尚還得也無師曰若是汝牛皮也須看透長慶云眼有何過玄覺云且道長慶會藥山意不會藥山意頌曰　徹底更何疑觀穿會者稀叮嚀由付囑句句是玄機 汾陽昭 門前自有千山月室內都無一點塵貝葉若圖遮得眼須知淨地亦迷人 成枯木 遮眼誰同藥嶠盲牛皮穿透骨毛寒五湖四海知多少字寄行蹤總一般 保寧勇 藥山不許報看經自是時人眼不明常持經卷去來者學師遮眼不惺惺 石門聰 看破牛皮徹底穿到頭無義亦無文問伊遮得何人眼梵語唐言總不分 天目禮 你若學他看牛皮真箇穿長年橫案上字義自然圓 橫川珙

藥山謂雲岩曰與我喚沙彌来曰喚他來作甚麼師曰我有箇折脚鐺子要他提上挈下曰恁麼則與和尚出一隻手去也師便休頌曰　藥山道頭雲岩知尾雖然頭尾相稱要且不識羞耻 應菴華 豈要共出一隻手只教喚着沙彌來鐵鐺無脚又無耳墻下春深薺葉開 橫川珙

藥山一日坐次道吾雲岩侍立師指案山上枯榮二樹問吾曰枯者是榮者是曰榮者是師曰灼然一切處光明燦爛去又問岩枯者是榮者是曰枯者是師曰灼然一切處放教枯淡去高沙彌忽至師曰枯者是榮者是曰

枯者從他枯榮者從他榮師顧道吾雲岩曰
不是不是頌曰　落霜黃葉作金錢癡騃嚌
兒見喜歡捉得獻娘俱道好不知誰是嘔傍
觀 海印信 一枝榮一枝枯中心緑葉更扶疎
黃鶯任解千般語兒得傍人彈子無 佛慧泉
抹粉塗坏復髮頭盡由行主線牽抽皺皮打
破曲吹徹收拾大家歸去休 保寧勇 試盡榮
枯轉見難沙彌平墮語言端老僧遙指猿啼
處雲散千空月色寒 地藏恩 雲岩寂寂無窠
臼爍爛宗風是道吾深信高禪知此意閒行
閒坐任榮枯 草堂清 藥山用處少人扶堪笑
雲岩與道吾猶向榮枯生解會豈知潘閬倒
騎驢 楚安方 年老心孤笑藥山團欒諸子坐
忘還從頭細問榮枯事鼻孔元來總一般 雲
岩曰 三三兩兩不相同携手行行入草中撥
轉脚頭穿綉履何妨騰月皷春風 東谷光
藥山因僧問平田淺草麈鹿成群如何射得
麈中主師曰看箭僧放身便倒師曰侍者拖
出這死漢僧便走師曰弄泥團漢有甚麼限
頌曰　麈中主君看取下一箭走三步五步
若活成群趂虎正眼從來付獵人師高聲云
看箭 雪竇顯 平地飛鉄騎弓矢不開張好箇
麈中主穿心向路傍 佛心才 獵人有神箭射
得麈中主箭下便承當跳出曹溪路翻身路

著上頭關獻勝鷲群瞥尒聞 圓悟勤 馬駒出
廐腰猶軟鳳子離巢力尚微生就玉蹄千里
去養成金翅九霄飛 佛鑑懃
藥山一日齋時自打鼓高沙彌捧鉢作舞入
堂山便拋下鼓槌曰是第幾和曰第二和師
曰如何是第一和高就桶內舀一杓飯便去
頌曰　一般打鼓并作舞與你諸方事不同
歷歷正聲霄漢外且非數目落寰中 汾陽昭
父子相投氣味同擊盂打鼓展家風雖然百
味般般有爭柰風吹別調中 成枯木 聲鼓拈
雄第二籌鉢盛香飯飽還休東風扇後韶光
美別岸些楊弄翠柔 雪峯預
鄧州丹霞天然禪師 嗣石頭 參石頭執役三
載忽一日頭告衆曰來日剗佛殿前草至來
日大衆諸童行各備鍬鑁剗草獨師以盆盛
水沐頭於頭前胡跪頭見而笑之便與剃髮
又爲說戒師乃掩耳而出頌曰　石頭剗草
驗英豪懵懂丹霞眼不高若解轉身行活路
至今懸不累兒曹 谷泉道
丹霞於慧林寺遇天寒取木佛燒火向院主
訶曰何得燒我木佛師以杖子撥灰曰吾燒
取舍利曰木佛何有舍利師曰既無舍利更
取兩尊燒主自後眉鬚墮落頌曰　古岩皆
閒吟侵霜雁者驚危走者迷夜深寒燄汀州

火失曉漁家忙自疑 投子青 雪擁幽扉孝不
春一尊木佛劈爲薪眼睛動處眉毛落爲謗
如來正法輪 乘無盡 老倒丹霞燒木佛院主
眉鬚剛突出罪過從來作底當誰道千虛不
博實 佛陀遜 覿面難藏向上機家風千古爲
人施銀山鐵壁重重透賴有丹霞院主知 楚
安方 橫行私路乍赴公筵幞頭脚短腰帶參
闊不是伴郎來勸酒誤他年少覓青氊 月堂
昌 丹霞燒却木佛院主眉鬚墮落普天匝地
人知院主當頭不覺本是醍醐上味爭柰反
成毒藥果報自家擔當罪因却是他作業林
浩浩商量未免情識卜度却處一箇自己直
下不須推託更問如何若何要且無繩自縛
圓悟勤 彭祖八百乞延壽秦皇登位更求仙
昨向天津橋上過石崇猶自送窮船 文殊道
丹霞寒燒木佛院主因禍得福可憐杜撰逃
官秖管胡卜亂卜 應菴華 丹霞燒木佛院主
眉鬚落彎弓射蔚遲須是金牙作 無相範 荒
院天寒燒木佛一堆紅焰對枯床渾身終夜
烘烘暖罪過難教院主當 桂川洪
丹霞一日訪龐公見女子取菜次師曰居士
在否女放下菜籃斂手立師又問居士在否
女便提籃去師回須臾公歸女舉前話公曰
丹霞在麼曰去也公曰赤土塗牛嬭頌曰

丹霞一問女子斂手擬議之間烏飛兎走何
人證明菴中野叟赤土塗牛不談了醜 妙高
臺主 露頭露面便相酬慣出人前不怕羞自
是奴奴肌骨好不施紅粉也風流白面郎從
來門戸恰相當可怜赤土塗牛妳打尾鑽龜
亂度量 上方益 淡薄衣裳取次粧救藍斂手
雜七 八
自無良老龐猶更多愁在不到奴奴漏泄香
張無盡 作者相逢用處親携藍歸去意深深
實收雨散江天淨一曲漁歌過遠村 妙峯善
爺碩頼兒還債徹底老婆心赤土塗牛妳 北
磵簡 人前賣俏最風流一鈎無端便上鈎縱
使菜藍提得去柰何覆水已難收 笑翁堪 放
行把住謾周遮一陂風流出當家不是當年
添桶破爭能撒土又抛沙 遠菴會 擬問居士
在否放下藍兒斂手咄哉一對冤家獨許龐
公知有 退菴演 當風鴉臭氣一箇豆娘兒熏
得行人走衝爺皺斷眉 西岩惠 嘮嘈口背是
丹霞斂決携籃已答他要得家私無漏泄歸
來莫說與爺爺 閑極雲
丹霞問僧甚處宿曰山下宿師曰甚處喫飯
曰山下喫飯師曰將飯與闍黎喫底人還具
眼也無僧無對 頌曰 盡機不成瞎按牛頭
喫草四七二三諸祖師寶器持來成過咎過
咎深無處尋天上人間同陸沉 雪竇顯

丹霞問龐居士昨日相見何似今日曰如法
舉昨日事來作箇宗眼師曰秖如宗眼還著
得龐公麼曰我在你眼裏師曰某甲眼窄何
處安身曰是眼何窄是身何安師休去士曰
更道取一句便得此話圓師亦不對士曰就
中這一句無人道得頌曰 是眼何窄是身
雜七 九
何安昨日今日事無兩般淮南兩浙秋熱春
寒憑麼會得也太無端三十年後莫受人謾
佛鑑懃 昨日今朝事不同一番寒雨一番風
太平基業分明在溪澗河源總向東 塗毒策
碁逢敵手著還新得意難藏眼裏身局罷不
知何處去空山惆悵爛柯人 方菴顯 昨日與
今日同中却不同獰龍攪滄海俊鶻摩青空
宗眼明如日機輪疾似風丹霞回首處徧界
覔無蹤 石溪月
丹霞一日手提數珠居士近前奪却曰二彼
空手即休師曰姤忌老翁不識好惡曰捉師
公案未著後回終不恁麼師曰吽吽曰吾師
得人怕師曰猶少棒在曰年老喫棒不得師
曰不識痛痒漢打得也無益曰也無接引機
關在師抛下數珠而去曰賊人物終不敢收
師回首呵呵大笑士曰這賊敗也師近前把
住曰更不諱得士與一掌頌曰 龐老無風
起浪丹霞浪起風生迅還雷奔電掣遠邇虎

戰龍爭引水挿田博飯居山火種刀耕雨散
雲收日出信步東行西行 南堂興
潮州靈山大顛寶通禪師 嗣石頭 韓文公一
日相訪問師春秋多少師提起數珠曰會麼
曰不會師曰晝夜一百八公不曉遂回次日
再來至門前見首座舉前話問意旨如何座
扣齒三下及見師理前問師亦扣齒三下公
曰元來佛法無兩般師曰是何道理曰適來
問首座亦如是師乃召首座是汝如此對否
曰是師便打趂出院頌曰 解展機鋒是大
顛明知不是小因緣一般扣齒叢林異出院
韓公始得聞 汾陽昭 宗師一等展家風盡情
施設為韓公師子窟中無異獸象王行處絕
狐蹤 黃龍南 潮者如山觀者如市本分弄潮
人出沒如遊戲可怜不是弄潮人往往須向
潮中死 海印信 一步繞行兩步移門前驚起
鳳凰兒栖蹤不在梧桐樹羣鳥東西空繞枝
保寧勇 問來歲數數珠呈百八循環意甚明
雜七 十
底事如何解風化潮陽從此令嚴行 [illegible]
二文公[illegible]處[illegible]子大顛在[illegible][illegible][illegible]首座
若[illegible][illegible][illegible][illegible][illegible][illegible][illegible]佛法無別
好[illegible][illegible]門[illegible][illegible][illegible]從[illegible][illegible]一般出院[illegible]雪
[illegible][illegible][illegible][illegible][illegible][illegible][illegible][illegible][illegible][illegible]一[illegible]聲[illegible]謝兩當
[illegible][illegible][illegible][illegible][illegible][illegible][illegible][illegible][illegible][illegible][illegible][illegible][illegible]使倆春

秋光自不曾知 石門例 牙齒歷皮包不過吾
家寶事付人知前座出院來為過長老罰油
方合宜 橫川珙
大顛因韓文公至白師曰弟子軍州事繁佛
法省要處乞師一語師良久公罔措時三平
為侍者乃敲禪床三下師曰作麼平曰先以
定動後以智拔公乃曰和尚門風高峻弟子
於侍者邊得箇入處頌曰
從諫之言問大顛文公良馬睹鞭影手三
平加智拔中宵雲散月當天 大洪
省要之言仲一問宋師據坐不輕酬無端醉
後添盃酒惱亂春風卒未休 松源岳
將軍突坐碧油幢凜凜威風冷似霜卻把機
關輕漏泄至今千古錯商量 北礀簡
事緊來省要事緊要事頗繁縱得三平老文公
只贏輸 西岩慧
大顛因韓文公問如何是佛師曰看頌曰
蠢然如雷瞥然如電非青非黃非見不見鬼
角杖龜毛佛祖法宗十聖骨即處分明千百
億何必擇處又需勒 佛鑑懃
潭州長髭曠禪師 明石頭 師初往曹溪禮祖
塔回參石頭頭問甚處來師曰嶺南來曰嶺
頭一尊功德成就也未師曰成就久矣秖欠
點眼在曰要點眼麼師曰便請頭乃翹一
足師禮拜頭曰汝見箇什麼道理便禮拜師
曰據某甲所見如紅爐上一點雪頌曰
一鏃大悲千手眼十分圓轉未關光君看單
下神通處有唱蹤在上方 保寧勇
長髭來向嶺南來功德圓成眼已開欲見當
時回首處文殊元不下樓臺 智海清
撥草瞻風到石頭閑山重疊路迢迢嶺頭功
德圓成久一點紅爐雪未消 草堂清
造繡功德自何來垂足清機孰可猜點雪分
明休指注木人心眼自然開 大山方
圓光皎皎爐寒處妙手丹青畫不如當日石
頭輕點破至今赤土亂搽糊 普融平 嶺頭功
德眼儘足等閑垂紅爐一點雪直下底依
天童覺 國土精奇老石頭毫端點出佛雙眸
峨峨床上閑無是兩道神光夜不收 [illegible]
大庾嶺頭功德成謾言點眼訪知音紅爐片
雪明端的象外風光照古今 珠山如
紅爐一點雪知音曾不管龜毛角子翁泥牛
一點血 五祖演 一足垂來親點眼嶺頭功德
已圓成長髭只怕精神露卻指紅爐片雪輕
心聞賁 南岳峯前老石頭撼兒何事不知羞
為人點眼長伸腳直至而今懶不收 無準範
長髭因李行婆來乃問憶得在綠州時事麼
曰非師不委師曰多虛少實在曰有甚諱處
師曰念你是女人放你拄杖曰某甲終不見
尊宿過師曰老僧過在甚處曰和尚無過婆
豈有過師曰無過底人作麼生婆豎拳曰與
麼總成顛倒師曰實無譫處頌曰 長髭李
行婆相見打破鍋從此兩無失是非轉更多
大圓菩見伊掃蕩萬藤寒來勸我學者休哆
哆囉囉 大圓智 長髭解接無根樹婆子能
挑水底燈爛樹生其可笑佳聲千古播乾
坤 [illegible]
長髭有僧為點茶三巡後僧問不負從上諸
聖如何是長髭第一句師曰有口不能言曰
為什麼有口不能言師乃頌云石師子木女
兒第一句諸佛機言不得也大奇直下是莫
外號良久 是第一句第二句曰不一不二
師曰見利忘雖猶自多在僧禮拜師拈起盞
子曰直下不負從上諸聖曰直指人心見性
成佛又作麼生師放下盞子便歸方丈僧隨
後入師翹一足曰大地不容針汝從何處來
曰直是維摩也緘口不得師曰偶爾之間又
逢猛虎僧便作虎聲師以拄杖作逐勢僧
知他往曰大地不容針何處得這箇來師曰
不但維摩文殊也緘口不得曰看前佛不可
當師與一掌推出方丈頌曰 是精識精是
賊識賊猛虎驚蛇釋迦彌勒觀音勢至寒山

拾得一盞清茶古今規則（南堂興）一句兩句葛藤路布維摩文殊緘口無處藏詐藏鋒射中猛虎一掌相酬繪事後素（方菴顯）第一句言不及見利忘義何得何失拈起放下翹足而立文殊維摩鋒箭交擊果不可當（掌推）出縱是舜若多神額頭也須汗出（石溪月）

鳳翔府法門寺佛陀禪師（嗣石頭）尋常持一串數珠念三種名號曰一釋迦二元和三佛陀自餘是甚麼椀躂丘乃過一珠終而復始事迹異常時人莫測頌曰　三種佳名一箇過邀君把手上高坡時人自淺登山力空負當年一曲歌（佛燈珣）

澧州大同普濟禪師（嗣石頭）因僧問如何是本來人師曰共住不相識曰恁麼則禮拜去也師曰暗寫愁腸寄阿誰　頌曰　共住同行世莫知幾人當面便逢伊縱饒紹續家門者半是貧寒乞養兒（保寧勇）

大同一日問龐居士曰是箇言語今古少人避得只如龐公還避得麼曰諾師再舉前話曰什麼處去來師曰非但如今古人亦有此語士作舞出去師曰風顛老風顛老自過數誰檢頌曰　慣逐羊腸路相逢莫問津江山異今古風物逐時新（方菴顯）

大同因龐居士來訪提起笊籬喚曰大同師大同師師不顧士曰石頭一宗甩解氷消師曰若不得龐公鼻灼然如此士拋下笊籬曰寧敎不直一文錢師曰錢雖不直欠他又爭得士作舞而退師乃提起笊籬曰龐公龐公士曰你要我笊籬我要你木杓師作舞而退士撫掌笑曰歸去來歸去來　頌曰　提起笊籬清風滿寰宇放下笊籬黃金如糞土可憐兩箇老古錐相見何用閒作舞（塗毒策）你奪我笊籬我要你木杓主山纔放高案山又岌龐居士大同師將錯便就錯歸去來兮天地寬一對鐵槌何處著（牧堂滿）普濟把定被龐公痛處一錐直得左轉右側前仰後隨笊籬提起處相呼作舞時若言依様畫貓兒定把黃金鑄子期（石溪月）

大同因僧問十二時中如何合道師曰汝還識十二時麼曰如何是十二時師曰子丑寅卯僧禮拜師示頌曰十二時中那事別子丑寅卯吾今說若會惟心萬法空釋迦彌勒從玆訣　頌曰　十二時中別不別通身是口難分說東村王老暗嗟吁達磨西來有妙訣（佛鑑勤）十二時中時時別終日說兮未嘗說經行坐臥在其中吾今直下為君訣（大圓智）子丑寅卯何曾別古人今人如是說夜盡靈書一物無佛祖分明為祕訣（塗毒策）識得子丑寅卯句應須繼紹此門風如王仗劍當堂坐佛魔俱拂一時空（石溪月）

潭州溈山靈祐禪師（嗣百丈）一日侍立百丈丈問誰師曰靈祐丈曰汝撥爐中有火否師撥曰無火丈躬起深撥得少火舉以示之曰此不是火師發悟禮謝陳其所解丈曰此乃暫時岐路耳經曰欲見佛性當觀時節因緣時節既至如迷忽悟如忘忽憶方省已物不從他得故祖師云悟了同未悟無心亦無法只是無虛妄凡聖等心本來心法元自備足汝今既爾善自護持次日同百丈入山作務丈曰將得火來麼師曰將得來曰在甚麼處師乃拈一枝柴吹兩吹度與丈丈曰如蟲禦木頌曰提起都來只一星豁然騰焰照天明連延野外猶難救直得三年草不生（保寧勇）力士曾遺額上珠搜尋無處幾嗟吁傍人為指元在始覺平生用意麤（大洪遂）撥動寒灰火便明燒來山外尚熒熒堪嗟法眼堂前客猶向南方問丙丁（上方益）大溈山下路邊長父子相將草裏行拈得枯柴呈是火家私總露自斟量門前幸有通津路信腳何妨步夕陽四海五湖龍世界高梧脩竹鳳雛鄉（佛燈珣）通身是口徧身是舌口欲談而不談舌欲說而不說說不說瞥不瞥皎皎光明徧大千任

從天下紛紛說　南堂興　拈起枯柴吹兩吹應時星散豆天形可憐癡坐圍爐底面面相看總不知　[illegible]　用盡工夫夜欲闌東挑西撥見還難驀然豆爆寒灰裏便把柴頭作火看　智別山　重重何必逞風流箇事纔知便合休縱使見烟非是火也須燒手更燒頭　寶葉源　根尋到底得星兒冷焰騰輝是此時拈一莖茅輕點著不知燒殺五須彌　雪岩欽

潙山在百丈為典座因司馬頭陀自湖南來尋得一山名大潙是一千五百人善知識所居之處丈曰老僧住得否曰彼是肉山和尚是骨人若居徒不盈千觀典座可住得丈呼來說與時首座聞得曰合當某去彼何人也丈乃告眾下語出格者得遂拈淨瓶置地上設問不得喚作淨瓶喚作什麼座曰不可喚作木突丈復問典座座乃踢倒淨瓶而去丈笑曰首座輸却山子也因命典座往住山即大潙圓祐禪師也果安千衆頌曰　定奪英雄是淨缾毫釐分處更無情太平本是將軍致不許將軍見太平　黑覺挹　正令全提作者知淨缾拈起定狐疑須知大智無私鑑觧道潙山却屬伊　佛鑑逵　淨缾踢處有來由自是行人不到頭須信春風生大野不風流處也風流　兜率悅　百丈堂前定大潙金毛獅子振全威淨缾踢倒還元化千里淨風動地歸　智[illegible]清　不顧山前有信旗單刀一直入壽帷長戈短戟都無用奪得將軍金印歸　上方益　大用應須作者知當場一踢絕狐疑堪嗟不紹家風者只向缾邊定是非　通照逵　淨缾踢倒潙山子體用全彰邁古今洞徹女關番手處到頭須是遇知音　疎山如

十六 潙山與仰山摘茶次師謂仰曰終日摘茶秖聞子聲不見子形請現本形相見仰撼茶樹師曰子秖得其用不得其體仰曰未審和尚如何師良久仰曰和尚秖得其體不得其用師曰放子三十棒仰曰和尚棒某甲喫某甲棒教誰喫師曰放子三十棒　玄覺云且道過在甚麼處頌曰摘茶更莫別思量處處分明是道場體用共推真應物禪流頓覺雨前香　汾陽昭　體用全彰用不難當時潙仰自相謾禪流若具金剛眼互換機鋒子細看　佛印元　龍生龍子鬪全威霹靂聲中掣電機雨過雲收何處去潙山千古獨巍巍　野軒遵　體用俱非烏飛兔走撼樹默然天長地久三十拄杖令雖嚴也是憐兒不覺醜　佛慈杲　春暖相呼出翠微時行時止幾忘歸黃昏一陣東風雨未免渾身透濕衣　保寧勇　秖聞子聲不見子形茶株撼處太分明要知寂子惺惺處便乃徐徐著眼聽　慈受深　家醜不可外揚父子體用全彰父奪子機猶可子奪父機無良　大潙智　張翁乍與李公友待罰李公一盞酒倒被李公罰一杯好手手中無好手　佛鑑懃　潙山得體仰山得用體用俱全夢中說夢　雅菴一演　聞聲不見形撼樹却惺惺體用何須論歸家落日明　橫川珙

十七 潙山問仰山從何處歸曰田中歸師曰禾好刈也未曰好刈師曰作青見作黃見作不青不黃見曰和尚背後是甚麼師曰子還見麼仰拈起禾穗曰和尚何曾問這箇師曰此是鵝王擇乳頌曰　不作青黃見其如稻穗何我王能擇乳鷽子過新羅　天目禮

潙山冬月問仰山天寒人寒曰大家在這裏師曰何不直說曰適來也不曲和尚如何師曰直須隨流須回　北風送寒威凜凜侵肌骨一句括天寒幾曾容朕迹隨流認得本來身徧界莫非無價珎　圓悟懃　吹盡風流大石調唱出富貴黃鍾宫舞腰催拍月當曉更進觱篥酒一鍾　正堂辯　大家在這裏兩手扶不起放下近前看是什麼面觜　無際派　大家在這裏初不礙隨流兩口無一舌葛藤殊未休茫茫大地人無數幾箇男兒觧點頭　寂岩中　大家在裏許南山焦尾虎牙爪利如鋒日輪正當午　已菴深

潙山睡次仰山問訊師便

面向壁仰曰和尚何得如此師起曰我適來得一夢汝試為我原看仰取一盆水與師洗面少頃香嚴亦來問訊師曰我適來得一夢寂子原了汝更與我原看嚴乃點一椀茶来師曰二子見解過於鶖子頌曰

取水烹茶不失機當時原夢善知時如斯始謂仙陀客鶖子神通豈及伊 本覺一

撥草瞻風孤峯獨宿皷無絃琴唱無生曲溈仰香嚴鼎之三足 臨機不費纖毫力任運分身千百億 南堂興

神機妙用開眼作夢非時見通顯異惑衆 万庵顯

一杯晴雪早茶香午睡初醒春晝長掇著通身俱是眼半窓踈影轉斜陽 雪岩欽

溈山示衆曰老僧百年後向山下作一頭水牯牛左脇書五字曰溈山僧某甲此時喚作溈山僧又是水牯牛喚作水牯牛又是溈山僧喚作甚麼即得頌曰

不是溈山不是牛一身兩號實難酬離却兩頭應須道如何道得出常流 芭蕉徹

排七　十八

古德垂慈力未酬才聞舉相便爭牛聲前句後明玄旨失却溈山見不遇且與同袍通一線蘆花雪覆菊當秋 汾陽昭

千峯萬峯水牯牛不出溈山這一隻無心管帶常現前作意追尋尋不得不大不小有筋力一身兩號少人識隨緣放去草木青過晚收來天地黑收放須得鼻頭繩若不得繩無準則世間多少無繩人對面走却這牛賊 黃龍南

二

昔日溈山有水牯而今老倒卧荒坵形容卓犖雖無力灌喫依前是好牛四野草青隨處放千峯雪白早須收若能提舉及時節極目桑田何用憂 水牯溈山峭峻機分明人類顯幽奇兩途語出分明處夜鳥投林曉復飛 道吾真

山下為牛山上僧河沙異號未為能常愛暮雲歸未合遠山無限碧層層 海印信

不道溈山不道牛酌然何處辨蹤由絲毫差却来時路萬刼無由得出頭 白雲端

形容換却頭當陽難隱箇蹤由驢名馬字雖呼喚多少傍觀濕面羞 保寧勇

山上山僧山下牛披毛戴角混同流普天成佛兼成祖獨有溈山作水牛 佛國白

蹄角分明觸處周不勞管帶不勞收但知不犯他苗稼水草隨緣得自由 真如喆

溈山山上老禪翁山下作牛而已矣是非些子不能消說甚參禪明自己 寶峯祥

十九

反手書空事已成忙忙人間兩頭明

雄七

屈原不是逢漁父千古誰人論獨醒 佛心才

野逝蹄涔賺殺人早曾耕徧大田春有時落草無尋處顯現溈山老漢身 張無盡

千頭萬頭只一頭騎去騎來得自由放去高原水草足也須時把鼻繩收 佛鑑懃

異類中行得自由須知千聖亦難收和光日照溪山曉笑指乾坤那一頭 楚安方

溈山水牯牛禪人聚頭咬可憐負春人喚作嶺南獠 天童覺

春寒料峭凍殺年少切忌參商別無玄妙 龍門遠

溈山水牯異常流不是溈山不是牛舉世有誰能道得波聲漁笛釣魚舟 南堂興

一箇形骸兩姓名入泥入水可憐生回頭掣斷黃金鏁肯向毗盧頂上行 別峯印

百年猶恐沒人知名字仍將左脇題入水入泥難放牧仰山只得半邊騎 雁堂昷

溈山上堂云仲冬嚴寒年年事晷運推移事若何仰山進前叉手而立師曰我情知汝荅這話不得却顧香嚴嚴曰某甲偏荅得這話師躡前問嚴亦進前叉手而立師曰賴遇寂子不會 頌曰

晷運推移事若何絲来線去遶訛織成蜀錦千般巧不出當時一隻梭 懶菴樞

叉手進前牧子不會殺人活人好箇三昧這般阿師敢林殃害白雲盡處是青山行人更在青山外 月林觀

一竿絲線兩金魚不犯清波意自殊斜拽箕衣遮蓋後空餘明月滿江湖 石溪月

一箭射穿紅日影雙鵰已落碧雲端不知李廣無玄妙多向弓弦發處看 閑極雲

溈山見尼劉鐵磨來師曰老牸牛汝来也磨曰来日臺山大會齋和尚還去麼師乃放身作卧勢磨便出去頌曰

曾騎鐵馬入重城勅下傳聞六國

清猶握金鞭問歸客夜深誰共御街行 雪竇 頌 百戰功成老太平優游誰肯共爭衡玉鞭金馬閒終日明月清風富一生 天童覺 老牸牛来到此間明朝大會去臺山白雲一曲知音少樵唱漁歌自徃還 無盡 主人無德客無機石火光中閃電飛同死同生同得失此心能有幾人知 中菴空 雲巢嘗斷月華秋玉女翻身過斗牛御却花冠歸舊隱玄途鳥道未容妝 足菴鑒 共樂昇平道泰時相逢終不展鑰旗隨宜淡飯清茶外困卧閒行幾箇知 無準範 岸草青青渴自由等閑牽著便昂頭通身露出一般白莫是山前水牯牛 雪巖欽 打鼓弄琵琶相逢一會家陽春同唱麗蕪雪喫冬瓜 雲衲慶 溈山因僧問如何是百丈真師下禪床叉手立曰如何是和尚真師却坐頌曰 百丈貍奴面溈山鬼眼睛見人空解咲弄物不知名 松源岳 老婦臨粧絳點唇人前自提好精神顰眉吟咲渾相似不顧傍邊掩鼻人 石帆衍 溈山問仰山即今事且置古來事作麼生仰叉手近前師曰猶是即今事古來事作麼生仰退後立師曰汝屈我我屈汝仰便禮拜頌曰 相見錦江頭相携上酒樓曾醫還少病知分不多愁師資會遇意何深舊地臨機問古今叉手近前還退後曾經

百鍊見真金 本覺一 溈山坐次仰山香嚴侍立師舉手曰如今恁麼者少不恁麼者多嚴從東過西立仰從西過東立師曰這箇因緣三十年後如金擲地相似仰曰亦須是和尚提唱始得嚴曰即今亦不少師曰合取狗口頌曰 一窟金毛師子兒相將無事共遊嬉同時啐啄知機變鳳轉龍盤也大奇 本覺一 溈山垂語辨龍蛇一對驪珠絕點瑕師子窟中無異獸嘉聲動地徧天涯 隱靜儼 象王頻呻師子哮吼踞地盤空移星換斗坐斷舌頭合取狗口一回擲地作金聲九曲黃河徹底清 南堂興 待得郎來月已西寒喧不道醉如泥五更又欲向何去騎馬出門烏夜啼 寂菴 溈山坐次仰山入来師以兩手握拳相交示之仰作女人拜師曰如是如是頌曰 仰山自外繞方入兩手相交後握拳寂子深深女人拜謝師特為老婆禪 本覺一 佳人十八正嬌癡一曲堂前舞柘枝祇有五郎知稚態更無人道柳如眉 慈受深 芙蓉月向懷中照楊柳風來面上吹夜半庭前柘枝舞天明羅袖濕臙脂 心聞賁 溈山方丈內坐次仰山入來師曰寂子近日宗門令嗣作麼生曰大有人疑著此事師曰寂子作麼生曰慧寂祇管困來合眼健即坐禪所以未曾說著在師曰

到這田地也難得曰據慧寂所見祇如此一句也著不得師曰汝為一人也不得曰自古聖人盡皆如此師曰大有人咲汝恁麼祇對曰解咲者是慧寂同叅師曰出頭事作麼生仰繞禪牀一匝師曰裂破古今頌曰 宗門中令嗣合眼坐禪處平地打毬子急須著眼覷兩挑挑得上三禁禁不住禁得住依前輥向毬門去 石溪月 溈山問仰山妙淨明心汝作麼生會曰山河大地日月星辰師曰汝祇得其事曰和尚適來聞甚麼師曰妙淨明心曰喚作事得麼師曰如是如是頌曰 妙淨明心一句全真山河大地日月星辰舒肝瀝膽照徹古今箇中如不昧徧界是黃金 雪竇宗 溈山因僧問如何是祖師西來意師豎起拂子後有僧到王常侍處舉前話王曰彼中兄弟如何商量曰即色明心附物顯理王曰不是這箇道理上座快歸溈山去某甲寄一封書與和尚僧得書馳上師師開書見一圓相相中書日字師曰誰知千里外有箇知音仰山侍立乃曰雖然如是也祇是箇俗漢師曰子又作麼生仰作圓相於中書日字以腳抹却師乃大咲頌曰 南星北斗忽移位四海九州如鼎沸波斯匿王鼻拄天樓至如來腳踏地 保寧勇 豎起拂子封白紙千里誰知有

知己行人莫與路為讎四海五湖王化裏　別峯印
溈山因僧問如何是道師曰無心是道曰某甲不會師曰會取不會底好曰如何是不會底師曰秖汝是不是別人復曰今時人但直下體取不會底正是汝心正是汝佛若向外得一知一解將為禪道且沒交涉名運糞入不名運糞出污汝心田所以道不是道
頌曰　雪中送炭堪為喜醬裏添鹽更是佳　東叟穎
徃徃盡隨言語轉却同蛙步驟泥沙
溈山問仰山什麼處來曰田中來師曰田中多少人仰插鍬子叉手而立師曰南山大有人刈茆仰拔鍬子便行玄沙云當時便踏倒鍬子頌曰　溈山問處少知音插地酬他佛祖沈踏倒玄沙傍不肯免教蒼翠帶春深　救子青
淺種深耕正及時入泥入水更同誰南山茅草多人刈獨是爺兒兩箇知　保寧勇
借問親從甚處來插鍬叉手口慵開雖然不犯當頭令爭柰音聲徧九垓　成枯木
盡道溈山父子和插鍬猶自帶干戈至今一井明如鏡時有無風匝匝波　黃龍震
老覺情多念子孫而今慚愧起家門是須記取南山語鏤骨銘肌共報恩　天童覺
金鞭擊動蒼龍窟吐霧拏雲出海門濱渤吸乾天上去空餘雷電滿山川　佛心才
數目分明舉即難衲僧無不膽毛寒須知別有壺中路但向須彌頂上看　龍門遠
插鍬叉手異何同要顯全機立大功雖然有數通呈了留得高傳振祖風　楚安方
叉手當胷鍬插深幾人遺劍刻舟尋面前水牯全頭角田裏生涯自古今雪後始知松栢操事難方見丈夫心刈茅盡是南山事達磨休言在少林　佛鑑懃
試問田中有幾人插鍬叉手意分明可憐不逐南山去撒手歸家罷問程　佛性泰
插鍬叉手事希奇誰識溈山父子機回首南山山下路刈茅人去已多時　文殊道
賊火相逢恰五更見成贓物不須爭暗中多少都分了天曉依然各自行　無準範
一日頻來三五度有時歡喜有時瞋改頭換面休疑著元是尖簷帽下人　虛堂愚
溈山坐次仰山問和尚百年後有人問先師法道如何秖對師曰一粥一飯曰前面有人不肯又作麼生師曰作家師僧仰便禮拜師曰逢人不得錯舉頌曰　莫分彼我彼我無殊困魚止濼病鳥棲蘆逡巡不進泥中鬪爭得先生一卷書
溈山在百丈曰司馬頭陀問野狐話作麼生會師以手撼門扇三下陀曰太麤生師曰佛法不是這箇道理頌曰　因果雙行孰共知茫茫四海路多岐擡頭撥出初生月便奶張公畫翠眉　佛心才
春至自花開朱顏安在哉可憐園裏色不入鏡中來　龍門遠
盲人來與啞人抓說著無因話病苗一下被他抓著後平生癢處一時消　佛灯珣
溈山因仰山問如何是西來意師曰大好燈籠曰莫只這個便是麼師曰只這個是什麼曰大好燈籠師曰果然不識頌曰　覿面提來付與伊分明此意沒東西曉頭有力千鈞重誰道通身是木泥　雪岩欽
溈山問仰山終日與子商量成得個什麼邊事仰空中畫一畫師曰若不是吾終被子惑頌曰　盡日商量古佛言當時一畫却成寃至今尚有溈山在莫道宗枝絕子孫　佛印元
松直棘曲烏玄鵠白末後高量空中一畫若言向上玄關走殺諸方禪客　地藏恩
父子雖親共較量霄中爭信有刀鎗當時一畫畫得斷偏界葛藤無復生　簡翁敬
溈山一日見野火乃問道吾還見火麼曰見師曰從何處起曰除却經行坐卧請師別致一問来師便休去頌曰　野火連天誰云不見道吾有準聊通一線坐卧經行風力所轉妙辯縱橫機輪掣電還會麼若也擬議事久多變　大圓智
連天野火了無涯起處猶来辨作家眼裏瞳人雙翳盡面前偏界絕坐華道吾老也堪誇且道畢竟從什麼處起汲水僧歸林下寺侍船人立渡

頭沙 佛燈珣 對人炎炎何處起紫烟紅燄便燒人須知坐卧經行裏見得無殊用得親 石溪月

潙山因僧問如何是露地白牛師曰吒吒僧云啾餕何物師曰喫喫頌曰

白牛生下是白牛現起堂堂莫外求是我不能藏委曲直下分明是一頭 般若柔

白牛露也沒遮闌在處橫眠在處閒水草恣情甘美足醍醐純出欄良田 汾陽昭

玉角霜毛露地牛人間天上顯蹤由不同雪嶺時時吼肯若潙山日日收冷吸月光無影像遍經塵國任遨遊牧童忽上須彌頂指出乾坤那一頭 洞山聡

露地白牛起問端隨緣叱叱齒牙寒不知飲啄是何物喫喫直教滄海乾 天童覺

潙山問僧甚處来曰西京来師曰還得西京主人公書来麼曰不敢妄通消息師曰作家師僧天然猶在曰殘羹餿飯誰人喫之師曰獨有闍黎不喫僧作嘔吐勢師曰扶出者病僧着僧便出去頌曰

莫恠相逢無信息誰能長作置書郵直饒說盡千般事那箇心中得到頭 懶庵樞

禪宗頌古聯珠通集卷第七　　縱七

禪宗頌古聯珠通集卷第八

六祖下第四世

黄檗運六則　大慈中二則　平田岸一則　長沙岑九則　子湖蹤二則　乘廣二則　白馬曇一則　雲際祖一則　陸大夫五則　甘贄二則　龍潭信二則　道吾智六則　雲巖晟七則　百巖哲一則　船子誠二則　高沙彌二則　李翺一則　翠微學一則　性空一則　僊天二則　本空一則　三平忠一則

黄檗禪師遊天台逢一僧與之言笑如舊相識熟視之目光射人乃偕行屬澗水暴漲捐笠植杖而止其僧率師同渡師曰兄要渡自渡彼即褰衣躡波若履平地回顧曰渡來渡來師曰咄這自了漢吾早知當斫汝脛其僧嘆曰真大乘法器我所不及言訖不見頌曰

道人猛利難親近濯笠中流驗作家憶昔高人何處去夜源和月過平沙　雪堂悳

前溪綠漲雨初晴浮笠波心奪　石祿平伎倆由來祗如此放教急急弄前程　溪月

黄檗一日在鹽官殿上禮佛大時唐宣宗為沙彌問曰不著佛求不著法求不著僧求長老禮拜當何所求師曰不著佛求不著法求不著僧求常禮如是事彌曰用禮何為師便掌彌曰太麤生師曰這裏是甚麼所在說麤說細隨後又掌頌曰

象王蹴踏師子嚬呻奇哉三掌分付著人大唐扶得真天子不動干戈致太平　柏禪鏡

黄金殿上顯全機爭似揚眉瞬目時二度爪牙親弄處干戈中立太平基　東山源

曾施三掌觸君王佛法何曾有寸長麤行沙門封斷際至今無地著慚惶　北澗心

大機之用誰擔荷斷際孤鳳不可追濟北少年曾未委風光太子已先知　石溪月

從門入者不是家珍攔腮便掌重賞分明前際後際獨見太平寶紛拂開龍体現直至如今六國清　兄閑林其

膝下黄金貴掌中天地寬風雲欣際會四海盡濤寒　西岩惠

轟雷掣電奮全機正是潛龍熟睡時忽地夢回春恨斷曉風吹雨過前溪　閑極雲

黄檗一日辭南泉泉門送提起師笠曰長老身材沒量大笠子太小生師曰雖然如此大千世界總在裏許泉曰王老師聻師戴笠便行頌曰

相見錦江頭相携上酒樓會醫還少病知分不多愁　龍門遠

黄檗因裴相國鎮宛陵建大禪苑請師說法以師酷愛舊山還以黄檗名之公一日拓一尊佛於師前跪曰請師安名師召曰裴休公應諾師曰與汝安名竟公禮拜頌曰

師前跪托請安名驀地當鋒喚一聲不是裴公誰敢應直教聾瞽也開聰　汾陽昭

裴相當時忘却名被人喚著又惺惺不知未具胞胎日誰敢塗糊此性靈　佛印元

五彩粧來掌上擎老胡剛為立虛名君今欲得超諸祖須向金剛頂上行　保寧勇

不是心兮不是佛黄檗喚出是何物裴公從此認虛名天下衲僧跳不出　草堂清

棒來前面請安名黄檗高高喚一聲剖出從前真面目從茲佐得國風清　楚安方

裴公悟處絕馳說天水能翻萬丈波霹靂機中反活眼鋒鋩句裏罷干戈拳頭路暗經過濃綠萬枝紅一點動人春色不須多　湛堂準

名正字亦正形端影必端呼來并謗去體屎雜旃檀　西巖惠

土木形骸權借佛呼來喚去強名雖要知箇裏難安立捆國須當大姓裴　閑極雲

黄檗云汝等盡是噇酒糟漢還知大唐國内無禪師麼時有僧問諸方聚衆為甚麼却道無禪師師曰不道無禪祗是無師頌曰

凜凜威風不自誇端居寰海定龍蛇大中天子曾輕觸三度親遭弄介牙　雪竇顯

無師充塞大唐國噇酒糟漢會不得竹寺閑過春已深落花亂點莓苔色　佛鑑懃

大唐國裏無禪師與君携手歸家裏拋鈎本欲釣鯤鯨誰知釣得跛鼈子　端白雲

黄檗山中明示衆大唐國裏暗藏身袈裟一角猶拖地誰是叢林有眼人　佛鑑懃

大唐國裏無禪師不許會兮祇許知著肉汗衫如脫了方知棒喝誑愚

擬龍門遠大唐國裏無禪師禮拜歸堂更不疑堪咲河陽新婦子不如臨濟小廝兒楚山非身上著衣方免寒口邊說食終不飽大唐國裏老婆禪今日為君注破了徑山杲象外橫該宇宙身聖凡極盡不容塵衲僧意氣合如此當塲誰是奪標人雪竇宗有禪無師真可咲大唐國裏何處討可憐多少路行人噇却酒糟隨路倒懶菴樞荊棘林中宣妙義葛藤叢裏放毫光千言萬語無人會又逐流鶯過短墻楚通旦義從親處斷貪向富邊休腰纏十萬貫騎鶴上楊州或菴体大冶烹金豈一途無星秤子定錙銖祇這無師成淘逗角舟已過洞庭湖退菴奇鬼門貼卦鬼猶驚又見毛頭掃帚星若得過關公驗正夜深把手御街行中菴空國內無師眼高分明拈起七星刀衲僧皮下如無血未免依前噇酒糟咦菴鑒洞門無鑰銅閣崔嵬風露高寒且非人世是則是天上人間知幾幾者僧一問不將来黃蘗通身是泥水運菴岩大唐國裏無禪師獨弄單提見也無茫茫宇宙人無數幾箇男兒是丈夫月林觀大唐國裏無禪師噇酒糟漢難鮮注只是無師苦口禪天下無如黃蘗若朴翁銛黃蘗在百丈開田歸丈問運闍黎開田不易師云隨衆作務丈云有煩道

用師云爭敢辭勞丈云開得多少田地師將鋤築地三下丈便喝師掩耳而去頌曰相見言談理不虧爭閑轉面便相揮畢竟水須朝海去到頭雲定覓山歸龍門遠杭州大慈山寰中禪師嗣百丈上堂曰山僧不解答話祇能識病時有僧出師便歸方丈法眼云衆中喚作病在目前不識頌曰輕如毫末重如山地角天涯去復還黃葉殞時風骨露水邊依舊石斕斑靈堂忠大慈一日因趙州問般若以何為體師曰般若以何為體州大咲而出明日州掃地次師曰般若以何為體州置帚拊掌大笑師便歸方丈頌曰以何為體呵呵笑推倒當頭陷虎機鳥帶香從花裏出龍含雨向洞中歸心聞賁台州平田普岸禪師嗣百丈師一日訪茂源源纔起迎師把住曰開口即失閉口即喪去此二途請師別道源以手掩鼻師放開曰一步較易兩步較難源曰著甚死急師曰若非和尚不免諸方檢點頌曰主山高與案山低幾見雲開又合時彷佛慕樓堪對處兩峯相峙絕高低絕像鑒斷撲欣逢是對頭拳来踢去兩相酬中間手面交加處鶻眼鷹睛莫可求竹屋簡平田見僧来便打僧近前把住拄杖師曰適来造次僧奪棒却打師師曰作家

作家僧禮拜師近前作攙勢僧呵呵大笑拂袖出去師曰草賊大敗頌曰祖令初行處可觀從他互換太無端莘縣打著其間漢草賊終来識不難本覺一湖南長沙景岑招賢禪師嗣南泉師一日遊山歸首座問和尚甚處去来師曰遊山来座曰到甚麼處師曰始從芳草去又逐落花回座曰大似春意師曰也勝秋露滴芙蕖頌曰天地絕纖埃何人眼不開始隨芳草去又逐落花回羸鶴翹寒木狂猿嘯古臺長沙無限意雪竇顯拂拂山香滿路飛野花零落草離披春風無限深深意不得黃鸝說向誰上方益獨步曾無語逢人口便開始隨芳草去又逐落花回薄霧飾紅日輕烟襯綠苔若將詩句會埋沒法王才佛鑑懃無事携筇閒縱步堂中首座問何来潛奇掩勝皆窮盡不讓遊山空生川上覺一落花芳草如鋪錦滿目春光入畫圖門外相逢親切處也勝秋露滴芙蕖圓悟懃芳草纖茵迎步綠落花鋪錦拂衣香歸来說似諸禪子蕩蕩風光遶畫梁長沙因僧問如何是上上人行履處師曰如死人眼曰上上人相見時如何師曰如死人手頌曰死人眼死人手金烏飛玉兔走直截根源以之左右張翁醉倒卧官街元是李翁

喫私酒 甲空叟 長沙因僧問了即業障本來空未了應須還宿債只如二祖是了不了師曰空又問雲門門曰確頌曰 長沙空雲門確信手拈非造作離心意識絫出聖凡路學総有絲毫騰蛇遶脚 大溈秀 長沙一日遣僧問同叅會和尚曰和尚見南泉後如何會默然僧曰和尚未見南泉已前作麼生會曰不可更別有也僧回舉似師師示偈曰百尺竿頭不動人雖然得入未為真百尺竿頭須進步十方世界是全身僧便問秪如百尺竿頭如何進步師曰朗州山澧州水曰不會師曰四海五湖皇化裏頌曰 玉人夢破一聲雞轉眄生涯色色齊有信風雷催出蟄無言桃李自成蹊及時及節力耕犂誰怕春疇泆滕泥 天童覺 朗州山澧州水四海五湖皇化裏百尺竿頭進步時築著磕著自家底老長沙也希有好路不行草裏走踏著南山鼈鼻蛇驚起面南看北斗 佛鑑懃 一句舉揚宗旨事法堂上草亦須荒田頭却說人間話大地山河常放光光未明無有佛三條椽下好商量岑大蟲岑大蟲澧州水朗州峯 崇善岳 長沙因張拙秀才看千佛名經問師曰百千諸佛但見其名未審居何國土還化物也無師曰黃鶴樓崔顥題後秀才還曾題也未曰未曾

師曰得閒題取一篇頌曰 黃鶴樓前法戰時百千諸佛竪降旗渠無國土居何處留與多才一首詩 死心新 聞名直下驚天地更問所居成自謗回首却登歸去路家家門下透長安 靈源清 黃鶴樓詩崔顥題古今吟詠讚難齊秋空月影千江印春曉流鶯是處啼 洪遂 千佛靈蹤莫別求長沙機轉有來由要知覿面難藏處黃鶴樓前鸚鵡洲 禾山方 海水有時終見底人生到死不知心秀才若會翻身句管取白衣入翰林 慈受深 黃鶴樓中四望賒滿天風月屬詩家百千諸佛居何土風起長江湧浪花 普融平 百千諸佛倒騎牛對面分明失路頭却問老師何處去勸君更上一層樓 黃龍震 百千諸佛聞名久國土莊嚴何處求覿面無精徹眼又隨船子下揚州 南華昺 百千諸佛但聞名國土何曾不現成自是不歸歸便得五湖烟景有誰爭 寶峯明 龍門遠曰大衆秀才問佛居何國土長沙為甚麼却恁麼道秀才尋常嘲風咏月為甚麼長沙面前一辭不措若是黃鶴樓有甚麼難題處聽取山僧題破乃頌曰 容顏甚奇妙光明照十方我適曾供養今復還親覲黃鶴樓前共語時白蘋紅蓼對江湄衷腸已訴無人會惟有清風明月知 [illegible] 赤土饞

將皇皷箕烏雞何事忽驚飛自從題入新詩後黃鶴樓前忘却歸 月堂昌 黃鶴樓前鸚鵡洲夕陽西去水東流要知諸佛居何處風葉蕭蕭月滿樓 訥堂思 黃鶴樓前題一篇無限措大失平昃長沙一隻眼長今古何曾有蹤跡 心聞賁 堂堂妙相真難比歷歷梵音猶更奇可憐逐句尋言者蹉過長沙覿面機知不知黃鶴樓崔顥題詩 佛性泰 百千諸佛問來由崔顥曾題黃鶴樓雪後竹籬梅亂放一枝臨水㝡風流 懶菴樞 鵁鶄鳥守空池魚從脚底過鵁鶄揔不知 遯菴演 崔顥曾題黃鶴樓上頭春色少人遊清香已逐殘春去無限狂蜂恣不休 湛堂準 崔顥曾題黃鶴樓長沙拈起當風流大千國土俱家業諸佛何曾有地頭 混源密 秀才覓火和煙得長沙賣石著寰饒欲知千佛居何土贏得詩禪價轉高 伊菴權 黃鶴樓前一首詩把將掃帚畫蛾眉百千諸佛真消息覿面分明舉似伊 [illegible]源岳 百尺竿頭一布巾分明寫出酒家春相逢不欲空歸去明月清風也笑人 掩室開 百千諸佛居何土崔顥曾題黃鶴樓倒腹傾腸猶不會長江千古自東流 天目禮 百千諸佛在何居黃鶴樓詩錦不如問汝秀才題也未一篇題[illegible]躊躇[illegible] 石田 長沙與仰山翫月次山曰人

人盡有這箇秖是用不得師曰恰是倩汝用
山曰你作麼生用師劈胷與一踏山曰囫直
下似箇大蟲自此諸方稱為岑大蟲長慶云
前彼此作家後彼此不作家乃別云和法難
扶頌曰浮雲散盡月當空兎子懐胎産大蟲
跳出風前弄牙爪至今撼動廣寒宮曹源生作
者提持迴不同廣寒宮裏起清風一朝踏到
雖然活巳落他家隔窠中掩室開長沙因僧問
本來人還成佛也無師曰汝見大唐天子還
自割茅刈草麼曰未審是何人成佛師曰是
汝成佛僧無語師曰會麼曰不會師曰如人
因地而倒因地而起地道甚麼頌曰岑公拂
柚播鴻機問佛人多作佛稀王主割茅親下
手不能土上更加泥汾陽疊皷重重紫氣深
星分辰位正乾坤金輪不御閻浮境豈並諸
侯寶印尊投子青簾幙春風曉尚寒歌樓聲咽
鳳驚殘金輿不御人間世休羡壺中日月寬
雲岩因巨岳何曾乏土唐皇豈可刈茅禮拜近
前乂手西天十萬迢迢古佛即自巳自巳即
古佛珊瑚澈灔十洲春蟾蜍暎奪驪龍窟圓
悟勤長沙因三聖令秀上座問師曰南泉迁
化向甚麼處去師曰石頭作沙彌時參見六
祖秀曰不問石頭見六祖南泉迁化向甚麼
處去師曰敎伊尋思去秀曰和尚雖有千尺

寒松且無抽條石筍師默然秀曰謝和尚荅
話師亦默然秀回舉似三聖聖曰若恁麼猶
勝臨濟七步然雖如此待我更驗看至明日
三聖上問承聞和尚昨日荅南泉迁化一則
語可謂光前絶後今古罕聞師亦默然頌曰
客見長沙路陌同令人依約探家風須弥萬
仞麼今古折箭量天枉費工佛印元長沙似
水洗水者僧自倒自起三聖特地出頭賣盡
滿園桃李月堂昌長沙老長沙老入理深談
何處討昨夜三更斗柄垂依舊天明日杲杲
南泉迁化知不知今古傳來也大奇也大奇
雪裏誰能解辨梅大圓智採花蝴蝶舞三臺
啄木摔頭鳴訝鼓處處相逢岑大蟲元來便
是長沙虎長靈卓蘿蔔頭禪聒噪人霜刃累
切了無痕自古不通人咬嚼只容衲子鶻崙
吞正堂辯也大奇也大奇長沙畫虎却成貍
南泉一去無消息空使行人說是非佛鑑懃
王老蹤由孰可知那堪更問大蟲兒直饒石
筍抽條盡無處堪尋向上機投子舒也大奇
也大奇卷舒出沒看全機若非鑑物張華眼
未免隨人說是非石溪月長沙因僧問如何
轉得山河國土歸自巳去師曰如何轉得自
巳成山河國土去曰不會師曰湖南城下好
養民米賤柴多足四鄰僧無語師示偈曰誰

向山河轉山河轉向誰圓通無兩畔法性本
無歸頌曰塵刹平常露此身疑生情動見保
蹤親湖南城裏從來事米賤柴多足四鄰
寧勇誰問山河解轉身轉身方覺体全真清
淨界中無一物一重山後一重人大圓智一
顆圓明非內外老盧鐮裏絶纖塵山河大地
非他物萬象森羅露此身既不會更無人向
道湖南好養民純長沙因有僧問如何是
諸佛師師云汝從無量劫來承甚麼人恩力
頌曰水墨丹青狀不成混然竹木箇精靈
求恩乞福拋抔校向道明明自不聽保寧勇
混沌未分便有襟堂堂相貌絶名模長沙譏
道承恩力試問還曾識也無瑯山常
衢州子湖岩利蹤禪師嗣南泉師住子湖院
於門下立牌曰子湖有一隻狗上取人頭中
取人心下取人足擬議即喪身失命臨濟會
下二僧參師方揭簾師喝曰看狗僧回顧師
便歸方丈或有人問如何是子湖狗師云嘷
嘷頌曰子湖堂上縫人行只為堂前狗子
獰見影聞聲心膽慴當頭寧免喪殘生正覺
逸子湖狗子最威獰來者挨明莫暗行向道
有時如不見當頭咬殺喪平生佛國白老大
宗師沒巴鼻養狗之緣太兒戲奪牌禪客如
到來鋸刀爭及吹毛利龍門遠子湖狗子叡

戟牙齒虎豹遺傷象龍被恥外道天魔望風頂禮立國安邦不勞弧矢南堂興貧家無所有只養一隻狗任是佛出來也須遭一口頓如如蹉過跨門一機昧却見成公案子湖指處太親直須急着眼看淛翁琰子湖因僧問自古上賢還達真正理否師曰達僧曰真正理作麼生達師曰霍光當時賣銀城與單于契書是什麼人作其僧無語頌曰手裏絲綸卷復舒扁舟撥撥洞庭湖忽然惡浪翻空立收拾歸來一仗無月坡明鄂州茱萸山和尚嗣南泉問僧曰闍黎為復是遊山翫水為復是問道參禪曰和尚試道看師曰雖蚶鏤給不染之泥勞君遠至曰渾身是鐵猶被一槌師曰降將不斬頌曰杖藜林下步蒼苔擾擾勞生眼未開好是花紅隨水綠一時流出洞中來北磵思遊山翫水事尋常早晚歸來鬢似霜踏破草鞋回首看數聲猿叫白雲鄉保寧勇來時相伴來去時相伴去須知去與來同行不同步地遭鵰聽雷嶺上風吹樹九曲黃河徹底渾三千年清只一度佛鑑懃茱萸上堂汝等諸人莫向虛空裏釘橛時有靈虛上座出眾曰虛空是橛師便打虛曰和尚莫錯打某甲師便歸方丈頌曰虛空是橛幾人諳獨有靈虛家善參倒

茱萸雖倚勢龍頭蛇尾更何堪本覺一荊南白馬曇照禪師嗣南泉常曰快活快活及臨終叫苦又曰閻羅王來取我也院主問和尚當時被節度使拋向水中神色不動如今何得恁麼地師舉枕子曰汝道當時是如今是主無對法眼代云當時但掩耳出去頌曰一二三四五金木水火土鼓之以雷霆潤之以風雨誰道者漢生也顛顛頂頂死也蕃蕃鹵鹵出地藏恩甜瓜徹蒂甜苦瓠連根苦拈起枕子時新羅夜打鼓寶峯照一生叫快活臨終沒依怙甜瓜徹蒂甜苦瓠連根苦圓照本終南山雲際師祖禪師嗣南泉初參南泉問云摩尼珠人不識如來藏裏親收得如何是藏泉云王老師與汝往來者是藏雪竇云草裏漢師云直得不往來時如何泉云亦是藏雪竇云雪上加霜師又問如何是珠雪竇云險泉召師祖師應諾泉云你不會我語師信入雪竇云百尺竿頭作伎倆不是好手者裏驀得雙眼賓主互換便能深入虎穴或不恁麼縱饒師祖悟去也是龍頭蛇尾漢頌曰　閒深摩尼珠摩尼在何許呼名應答聲諸方莫錯舉神鼎諲碧波深處釣魚翁拋餌牽絲力已窮一棹清風明月下不知身在水晶宮佛惠泉別是非明得表應之心指諸掌往來不

往來只這便是藏輪王賞之有功黃帝得之罔象轉樞機能伎倆明眼衲僧莫鹵莽天童覺往來是藏珠何在省去方知不外求罔象得之猶特地回光返照便甘休海印信蒼鷹逐兔驪龍翫珠透青眼不瞬照物手寧虛往來不往來草裏湯塗糊百尺竿頭入虎穴分明月上長珊瑚圓悟勤牧者易見者難見者易用則難見得用得二無兩般閑把一枝歸去笛夜深吹過汨羅灣遯菴演分明月上長珊瑚一段風光爍太虛大地眾生同受用如來藏裏本來無松源岳一顆玄玉不昧歷劫曾無向背可憐窮漢愚痴日逐伶俜羣隊鹵泉傾盡愁腸恰似水澆鴨背而今直下拈來對面一槌打碎普菴玉宣州刺史陸亘大夫或稱侍御或稱中丞見南泉問南泉弟子家中有一片石有時或坐或臥如今擬鐫作一尊佛還得麼泉云得大夫云莫不得麼泉云不得不得頌曰　問得也道得不得還不得侯白何曾白侯黑未是黑賁他王老師天下賊中賊賊大夫象簡曾拈得正覺逸得與不得天寬地窄坐臥經行無勞疑惑真如喆南泉得得何似不得淑人君子其儀不忒黃龍震親從家中來家中何所有持此一片石磨大堅且久靈山曾獻佛帝釋聊舉手心中出

何物安樂并長詩 龍門遠 南泉道得拈出片石南泉道不得拈出片石石中有玉淨無瑕堪與大夫為寶璧見得不見一絲毫凹卧未曾離頃刻不用雕鐫徒勞拂拭儀相堂堂分明歷歷爸人於此便回光何必當來見彌勒 佛鑑懃 前得得後不得一貫誰知兩五百兩 田一 十三

櫓蕭蕭風松瑟瑟隔山人聽鷓鴣詞錯認胡笳十八拍 石菴玿 大夫鐫石意弥高王老無端教壞他裂破重關行活路一天風月照娑婆 掩室開 得得與不得分明露肝膽無人知此意令我憶南泉 簡翁敬 坐卧曾經幾度春半封苔蘚半籠雲無稜無縫難提掇空把肝腸說向人 開極雲 兩手持來難蓋覆依前兩手還分付一枕清風睡正濃鳥啣花落嵓前路 誅菴傘

陸大夫問南泉曰肇法師也甚奇怪解道天地同根萬物一體泉指庭前牡丹曰大夫時人見此一株花如夢相似頌曰

見聞覺知非一一山河不在鏡中觀霜天月落夜將半誰共澄潭照影寒 雪竇顯 舉則易見還難彌盧頂上天風寒巍峨直下蒼龍窟誰敢覷著 晦堂心 天地同根自唯然當時猶喜遇南泉指言見此花如夢須信庵中別有天 白雲端 大夫作牧見南泉嫌古明今理事圓正好捨身拚命處不知何故却茫然 保寧勇 舉則易見還難同根天地又斷[illegible]南泉指出花如夢對此憑君子細看 死心新 一枝兩枝千萬枝金刀擬剪卻離披不離披有誰知自緣今日人心別未必秋香一夜衰 [illegible] 山潤石韞玉林秀淵藏珠見此一株花似夢灼然根本不同途王老師脫規模解向長安止 開處喚起悠悠陸大夫 圓悟勤 南泉瀝膽傾諸人笑指庭前別是春不是守株閒待兔且須騎鶴上青雲 佛鑑懃 孰云天地與同根爭見爭如理見親一攧遮花渾已物滿天風月與誰論堪笑南泉老作猶來因語識人可憐陸亘大夫對面埋沒家珍 佛燈珣 若知大地本同根不應重來更問人却得南泉親指似等閑花發夢中春 鼓山珪 天地同根伸一問未曾擡步已亡家無陰陽處花重發玉本無瑕似有瑕 徑山杲 南泉據令不輕酬曾指庭花對陸侯舉世盡從忙裏老誰人肯向死前休 眞淨文 須知天地共同根萬物從來元 田一 十四

一體未審南泉庭下花幾人看了夢相似 照堂一 指點深紅與昔同更無天艷在芳叢南泉笑裏移春去留得殘紅醉蜜蜂 心聞賁 玉洞玄關道路長蟠桃豈是等閑芳遮藏不許人間見只恐春風漏泄香 正堂辯 堪笑當年陸大夫獨諳身外更無餘不因指出花如夢爭得雙眸翳盡除 懶菴需 未曾脚下分泥水剛向人前弄口唇滿眼芳花胡蝶夢不知辜負洛陽春 肯堂充 同根一體都如夢夢裏惺惺眼又花蝴蝶飛来過墻去不知春色落誰家 雪菴瑾 天地同根物一體大夫曾舉向南泉庭前指出花如夢幾箇親曾到檻前 天目禮 截書擬欲扣天關往往無人可共論因得老生輕指撥臨風不覺暗消魂 虛堂愚 天地同根已自明大夫何用逞英靈堅良為賤南泉老笑指庭花換眼睛 無隱鑑 陸亘回珠轉玉南泉換斗移星花陰滿地日午夢覺流鶯一聲 南嵓勝 天地同根元一體畫師難畫亦難描南泉轉步移身處引得黃鸝下柳條 眉岩藹

陸大夫問南泉師姓甚麼泉曰姓王公曰還有眷屬麼曰四臣不昧公曰王居何位曰玉殿苔生公曰玉殿苔生時如何曰不居正位頌曰

金鴨香消更漏長沉沉玉殿紫苔生高空有月千門照大道無人獨自行 石帆衍 田一 十五

玉殿苔生正不居四臣無路納嘉謨老農知是承誰力風暖歌聲落野鉏 石林鞏

陸大夫問南泉大悲菩薩用許多手眼作什麼泉曰如國家用大夫作甚麼頌曰

大悲手眼問來親王老酬機列主賓倒轉鎗頭來快便從裁六國絕烟塵 野菴璇

陸大夫問南

泉弟子從六合來彼中還有身麼泉曰分明記取舉似作家公曰和尚不可思議到處世界成就曰適來總是大夫分上事頌曰　馬前相撲入交失脚不來外求當面修削六合彼中身分明舉似人到處世界總成就脫器箕曰還滲漏　月堂昌

池州甘贄行者　見南泉一日入南泉設齋時黃蘗為首座行者請施財座曰財法二施等無差別甘曰恁麼道爭消得某甲覷便將出去須臾復入曰請施財座曰財法二施等無差別甘乃行覷頌曰　甘贄有收有放首座徹底惺惺雲收雨霽長空闊一對鴛鴦畫不成　松源岳　拋來撒去互施呈地獄門前鬼眼睛覷破髑髏肝膽外摩醯頂上復重明　虛堂愚

甘贄又一日入南泉設粥仍請南泉念誦泉乃白椎曰請大衆為狸奴白牯念摩訶般若波羅蜜甘拂袖便出泉粥後問典座行者在甚麼處座曰當時便去也泉便打破鍋子頌曰　一般設粥古今稀十利功圓果不低鍋鑊盡穿無煮粒叢林遠近總應知　汾陽昭　甘贄設粥請南泉請師念佛衆僧前狸奴典座言歸去當時鍋鑊一時穿　慈明圓　兩頭水牯忽相逢出入平田淺草中拄子擊來何處去悠悠千古永無蹤　保寧勇　槌下分明漏泄多尋常設粥却請訛狸奴白牯無尋處枉使廚頭打破鍋　佛國白　異路相逢句已酬閒吹蘆管向汀洲漁人貪頤沙頭鷺不覺扁舟逐浪流　雪宰淑　財施無窮法施多為他狸牯念摩訶無端甘贄低頭拜撩撥南泉打破鍋　張無盡　特來設粥誇英俊那知王老更風流打破粥鍋呈醜拙狸奴白牯一齊收　跡山如　高吟大笑性猖狂潘閬騎驢出故鄉驚起暮天沙上鴈海門斜去兩三行　湛堂準　狸奴白牯念摩訶爭似南泉打破鍋雖然佛法無多子天下叢林不柰何　鼓山珪　南泉打破閒家具浩浩諸方作話看今日為君重舉過明明歷歷不顢頇　佳山米　甘贄設粥顯家風王老無端贊施功報去始將鍋打破也知賊過後張弓　海印信　甘贄設粥念摩訶致見南泉打破鍋萬事但將公道斷任教四海動干戈　虛堂　一甘贄設粥施財南泉將鍋打破輸他白牯狸奴贏得一場因果二人暗中紅心疑殺廚前典座莫疑好煮粥別無巧只要頻頻攪　圓悟勤　太平自來不打諸人也須照顧甘贄米裏有蟲南泉鍋是鐵作君看大冶精金終不墮拳錮鎔　佛鑑懃　甘贄設白粥南泉費鹽醋彼此落便宜至今斷來路　或菴体　針鋒相揍便干戈帶累南泉打粥鍋莫謂當年輕放過大都有罪不重科　笑翁堪　甘贄設粥南泉打鍋一般病痛徹底諸訛更有些兒好笑明朝餓殺禪和　雪菴瑾　設粥般勤請念誦白槌各為念摩訶上來功德要圓滿潑去廚頭打破鍋　橫川珙　行者失却眼南泉破却鍋滿堂僧不厭一箇俗人多　南岳勝

澧州龍潭崇信禪師　嗣天皇悟　師未出家時為餅鋪住在寺前每日常供餅十枚上天皇皇受已却留一餅與之曰惠汝以蔭子孫師曰是某將來何以返曰惠汝皇曰是汝將來復汝何咎師因有悟入遂投出家頌曰　將去將來事不差龍潭因問勿交加從來多少爭唇吻春鳥喃喃罵落花　汾陽昭　十餅每將留一箇因思何謂蔭兒孫團圞將去還將入不覺醍醐到頂門　白雲端　南岳山頭見石頭便歸古岸狎沙鷗謾分胡餅為香餌引得金龍上直鉤　佛國白　持來送去樸團團覆蔭兒孫義不寒何似當時休擘破渾崙留與後人看　無準範　受惠當思報將他一餅回出家緣法到當下得心灰　橫川珙

龍潭因天皇曰汝昔崇福善今信吾言可名崇信由是服勤左右一日問曰某自到來不蒙指示心要皇曰自汝到來吾未嘗不指汝心要師曰何處指示曰汝擎茶來吾為汝接汝行食來吾為汝受汝和南時吾便低首何處不指示心要師低頭

良久皇曰見則直下便見擬思即差師當下
開解復問如何保任皇曰任性逍遙隨緣放
曠但盡凡心別無聖解頌曰　脫白投師貴
苦辛擎茶問訊盡躬親無端弄叙三年事笑
倒街頭賣餅人　白雲昺　據欵結案得失過半
盡力擔當上船離岸無不猶示汝擎茶行食
處聖解凡情不過來軒軒頭角起風雷　月堂
昌　潭州道吾山宗智禪師　嗣藥山　因僧問如
何是和尚深深處師下禪床作女人拜曰謝
子遠來無可祗待頌曰　驪龍海卧瑞雲高
四望歸宗萬派潮木人來問西宮事回息東
圍一顆攏　投子青　回頭已落今時路不露鋒
鋩豈得圓機動少林閑掀子誰知別是一壷
天　成枯木　草户柴門謝子來躬身下拜笑眉
開深深審審親分付莫道寶山空手回　雪山
如　深深親下拜三代禮全該此意如不然玉
帛云乎哉　無準範　歲稔時清禮義多相逢陪
酒又陪歌當筵不解開懷飲如此一天風月
一　十八
何　東叟穎　道吾見南泉泉問闍黎名甚麽師
曰宗智泉曰智不到處作麽生宗師曰切忌
道著泉曰灼然道著即頭角生三日後師與
雲巖在後架把針泉見乃問智頭陀前日道
智不到處切忌道著道著即頭角生合作麽
生行後師便抽身入僧堂泉便歸方丈師後

來把針巖曰師弟適來爲甚不祗對和尚師
曰你不妨伶利岩不薦却問南泉適來智頭
陀爲甚不祗對和尚某甲不會乞師垂示泉
曰他却是異類中行岩曰如何是異類中行
泉曰不見道智不到處切忌道著道著即頭
角生直須向異類中行岩亦不會頌曰　言
詮不到是同袍拂袖歸堂衆乃淘沙礫真金
無辨別不須疑慮更忉忉　汾陽昭　金剛際下
古髑髏幾被人踏血濺空明月任從君自掬
寒松那棄白雲封　投子青　道吾因石霜問百
年後有人問極則事向他道甚麽師喚沙彌
彌應諾師曰添淨瓶水著師良久却問霜適
來問甚麽霜擬再舉師便歸方丈霜於此有
省頌曰垂手還他作者機尋常語裏布鎗旗
重詢擬進歸方丈一句分明更不疑　丹霞淳
道吾到五峯峯問還識藥山老宿麽師曰不
識曰爲甚麽不識師曰不識不識頌曰　白
雲深處路難通擬問蹤由已涉功挂角羚羊
廿一　十九
無影迹從容還落正偏中　丹霞淳　道吾因潙
山問甚麽處去來師曰看病來山曰有幾人
病師曰有病底有不病底山曰不病底莫是
智頭陀麽師曰病與不病揔不干他事速道
速道山曰道得也與他沒交涉頌曰　妙藥
何曾過口神醫莫能捉手若存也渠本非無

至虛也渠本非有不滅而生不亡而壽全起
威音之前獨步劫空之後成平也天蓋地擎
運轉也烏飛兔走　天童覺　道吾因趙州來著
豹皮裩把吉撩棒在三門前等候纔見州来
便高聲唱喏而立州曰小心祗候著師又唱
喏一聲而去頌曰　得人一牛還人一馬咒
驟龍驤誰敢定價三千里外見譊訛生鐵一
團無縫罅　尼無著揔　一吹無孔笛一撫沒絃
琴一曲兩曲無人會雨過夜塘秋水深　潜菴
光　道吾作舞一曲無譜若將耳聞未敢相許
野菴璇　潭州雲巖曇晟禪師　嗣藥山　因道吾
問大悲千手眼那箇是正眼師曰如人夜間
背手摸枕子吾曰我會也師曰作麽生會吾
曰遍身是手眼師曰道也太煞道祗道得八
成吾曰師兄作麽生師曰通身是手眼頌曰
遍身是通身是拈來猶較十萬里展翅崩騰
六合雲摶風皷蕩四溟水是何埃壒兮忽生
那箇毫釐兮未止君不見網珠垂範影重重
棒頭手眼從何起　雪竇顯　一竅靈通八面玲瓏
無象無私春入律不留不礙月行空清淨寶
目功德臂徧身何似通身是現前手眼顯全
機大用縱橫何忌諱　天童覺　第應兒呼豈偶然
嬉遊時在舊山前通身手眼如何會拾得寒
山笑揭天　無準　演若歸回鏡裏看那吒還復

譬時身不知手眼從何起便道全軀在刹塵佛心才
通身是手眼徧界不曾藏背摸床頭枕翻身嬉夜長天寧懋
觀音妙音十八十九眼見耳聞是人知有左握單持右擎楊柳捏聚放開烏飛兎走大洪恩
大悲許多手眼如人夜摸枕子徧身通身起來盡受奴驅婢使君不見認著牛跡棄失却大海水轉變未得時依前有依倚歸去來歸去來柏天洪浪如浮埃月堂昌
徧身是通身是酥酪醍醐為一味毫端湧出須彌盧芥子吸竭滄溟水十虛吞爍正眼睺廓照用同時人境俱奪棒頭喝下錯承當背手拈來已失却莫莫水是水兮山是山切忌無繩而自縛圓悟勤
大悲菩薩千手眼如人背手摸枕頭猢猻跳出布袋口不妨隨處逞風流振懶卷
徧身是通身是淨潔渾身渾卸矢拽來露出猛風吹誰教背手摸枕子復打三棒無示全卷
雲巖掃地次道吾曰太區區生師曰須知有不區區者吾曰恁麼則有第二月也師竪起掃帚曰這箇是第幾月吾休去玄沙聞云正是第二月頌曰借來聊爾了門頭得用隨宜即便休象骨岩前弄蛇手兒時作劇老知羞天童覺
雲巖同道吾自南泉回藥山師問藥山曰如何是異類中行山曰吾今日困倦且待別時來師曰某甲特為此事歸山來山曰且去師便出吾在方丈外聞師不薦不覺齩得指頭血出却下來問師師兄去問和尚那因緣作麼生師曰不為某甲說吾便低頭頌曰鐵飡嫩草遍山去渴飲寒泉曲澗迴放蕩不耕空劫地暮天何用牧歌催丹霞淳
雲巖因僧問暫時不在如同死人時如何師曰便好埋却頌曰便好埋却更無依托天上人間逍遙快樂切忌思量涉路途不勞彈指開樓閣瑎菴
雲巖因藥山問聞汝解弄獅子是否師曰是曰弄得幾出師曰弄得六出曰我亦弄得師曰和尚弄得幾出曰我弄得一出師曰一即六六即一後到溈山溈問承聞長老在藥山弄獅子是否師曰是曰長弄有置時師曰要弄即弄要置即置曰置時獅子在甚麼處師曰置也置也頌曰毛想金毛獅子子梢檀林下青莎裹置也置也感自全一出六出眉趯起非擬擬知幾幾星流不費三千里天外風清哮吼時為君吸盡西江水咄雪竇顯
放出金毛獅子百獸不見蹤由要得爪牙全露直須自把繩頭懶庵樞
雲巖初參百丈後造藥山山問甚處來師曰百丈來曰百丈有何言句示徒師曰尋常道我有一句子百味具足曰鹹則鹹味淡則淡味不鹹不淡是常味作麼生是百味具足底句師無對曰爭柰目前生死何師曰目前無生死曰在百丈多少時師曰二十年曰二十年在百丈俗氣也不除頌曰　行盡千峯路轉高肯歸方憶舊雲房貪尋古調渾、曲暨蹉胡家一韻長枝子青
雲巖因僧問二十年在百丈侍巾缾為甚麼心燈不續師曰頭上寶華冠曰頭上寶華冠意旨如何師曰大唐天子及寘王後僧舉問九峯虔禪師大唐天子及寘王意旨如何虔曰却憶洞上之言頌曰　玉鞭高舉擊金門引出珊瑚價莫論逈古輪王全意氣不彰寶印自然尊丹霞淳

鄂州百巖明哲禪師嗣藥山

洞山與密師伯到參師問曰闍黎近離什麼處洞山曰近離湖南師曰觀察使姓什麼曰不得姓師曰名什麼曰不得名師曰還治事也無曰自有廊幕在師曰豈不出入山便拂袖去師明日入僧堂曰昨日對二闍黎一轉語不稔今請二闍黎道若道得老僧便開粥相伴過夏速道速道山曰太尊貴生師乃開粥共過一夏頌曰　燒香人靜杳無聲苔滿丹墀皓月明入戶當堂慵正坐出門尤懶下堦行丹霞淳
枯木岩前烟峤畜羚羊挂角覓無門玉梭暗擲千峯外一線虛通曉色分孤逈逈絕瘢痕萬古寒潭攪不渾正坐當堂金鎖冷回頭盡是

我兒孫(自得暉)賓則始終賓主則始終主拂袖辨諸訛依前還自舉還自舉柏巖堂上雨花雨(月菴果)秀州華亭船子德誠禪師(嗣藥山)師印心於藥山與道吾雲巖為交洎離藥山謂同志曰予率性疎野唯好山水他後知我所止遇伶俐座主指一人來遂分携至華亭泛一小舟隨緣度日吾後到京口遇夾山上堂僧問如何是法身曰法身無相曰如何是法眼曰法眼無瑕吾失笑山下座請問某甲秖對這僧話必有不是致令失笑望不吝慈悲吾曰和尚一等是出世未有師在山曰甚處不是曰某甲終不說請往華亭船子處去山曰此人如何曰此人上無片瓦下無卓錐若去須易服而往山乃散衆直造華亭船子纔見便問大德住甚麼寺山曰寺即不住住即不似師曰不似似箇甚麼山曰不是目前法師曰甚處學得來山曰非耳目之所到師曰一句合頭語萬劫繫驢橛師又問垂絲(卌一)(廿三)千尺意在深潭離鈎三寸子何不道山擬開口被師一橈打落水中山纔上船師又曰道道山擬開口師便打山豁然大悟乃點頭三下師曰竿頭絲線從君弄不犯清波意自殊山遂問拋綸擲釣師意如何師曰絲懸渌水浮定有無之意山曰語帶玄而無路舌頭談

而不談師曰釣盡江波錦鱗始遇山乃掩耳師曰如是如是頌曰　泛舟駕險三十春繫處竿頭死活人夾嶺桂分千古韻朗江山翠萬重新(枝子青)捨短從長有幾人遠求船子扣玄津蘭橈數拄徒開口水色山光特地新(竟海元)不犯清波不擲鈎怪哉當面觸鼇頭微茫一噴朦朧雨萬壑千溪水逆流(保寧勇)長竿放去隨波浪絲線收來獲錦鱗橈下反身何脫洒回頭不見舊時人(佛延旦)蘆葦蕭蕭江岸秋長天獨月向西流離鈎三寸無人道笑倚蘭橈自點頭(張無盡)驀口一橈玄路絕藥山之道始流傳離鈎三寸無消息覺海方乘般若船(徑山杲)白雲檻外思悠哉客密金刀剪不開幽洞不拘金鎖意縱橫無繫去還來(丹霞淳)一葉輕舟泛海隅金鈎釣得錦鱗麤幾多逐浪迷源者誰識清波意自殊(枯木成)離鈎三寸如何道駐擬還同眼裏沙蓬底月明載歸去劫前風韻落誰家(真歇了)離鈎三寸何不道法眼無瑕瑕轉多若使一橈全腕力朱涇無復水重波(光陵海首座)渺渺煙波一葉舟竿頭絲線幾沉浮離鈎三寸如何道便有金鱗暗點頭(尼無著揔)一橈提起定綱宗直得乾坤大地空只為夾山輕放過至今四海錯流通(別峯印)一橈打著這瞎漢

堪笑令猶行一半竿頭絲線釣鯨波纓浪拏雲猶是鈍(圜極岑)一橈劈腦泛遮攔大海波濤徹底乾盡謂單傳并直指誰知揔被祖師謾(密菴傑)離鈎三寸已周遮臭口纔開隔海涯贏得雲山渺秋水至今長映夕陽斜(松雲推)三寸離鈎搣一橈百千毛竅冷颼颼雖然(卌一)(廿四)兩手親分付要在渠儂自點頭(無際派)夾嶠當年錯用心貪他香餌被他擒點頭三下無言說水闊山遙恨轉深(淅翁琰)了無錐地可容身却泛孤舟據要津不獨夾山遭毒手至今賺殺一船人(笑翁堪)合頭著語酬船子恰如掘地覓青天直饒橈下通明徹也是華亭破漏船(蘇臺辯)無相無瑕便倒戈只因輕信智頭陀若還不到華亭上鐵鑄船橈柰汝何(南叟茂)朱涇深處泛扁舟伶俐闍黎上直鈎劈口一橈空宇宙遠山疊疊水悠悠(舊盧阜)笑中棄却竹林寺將謂華亭有幾多窮性命於橈下喪細思成敗是蕭何(東宗本)三十餘年在藥山鬼家活計豈能傳當時不得夾山老你且耐煩撑破船(清溪徹)船子囑夾山曰汝向去直須藏身處沒蹤跡沒蹤跡處莫藏身吾二十年在藥山秖明斯事汝今既得他後莫住城隍聚落但向深山裏钁頭邊覓取一箇半箇接續毋令斷絕山乃辭行頻頻回

顧師遂喚闍黎山乃回首師竪起橈曰汝將謂別有乃覆船入水而逝頌曰　夾山橈下悟心休何患身名踏覆舟今古華亭垂釣者煙波江上使人愁（照覺總）蓼夾蘆花碧海秋錦鱗躍浪上金鈎目前無法回頭看踏覆船來得自由（羅漢南）不犯清波意自殊口開目

田一　廿五

瞪尚踟躕漁舟覆却無踪跡落日秋風戰荻蘆（佛陀遜）老手當年靠夾山全機喪盡結深冤父南子北家何在機轉天關地軸翻（瞎堂遠）驀口一橈全殺活點頭三下鼻撩天至今千古風流在誰道華亭覆却船（佛照光）撥透機先子欲酬迅雷楫下汗如流踏翻船子水悠悠直入千峯不轉頭（水菴一）藏身無迹更無藏脫體無依便斷當古鏡不磨還自照淡煙和露濕秋光　沒踪跡處莫藏身看來端是眼中塵全機打破繫驢橛棒頭敲出玉麒麟（圓極岑）明鏡當臺一椎打破東魯西秦無可不可（肯堂充）一橈劈口虛空破三點驢顋覆却船父子至今俱不了江湖波浪錯流傳（天童淨）機輪元不挂絲頭會有金鱗上直鈎驀口一橈猶未徹踏反船子有來由（松源岳）臭口未開經萬劫絲毫纔犯鐵輪隨雨散雲收明月夜反動江波說向誰（木菴永）夾山不在一橈上明月蘆花夜夜寒誰謂華亭消息斷儼然秋色在江山（懶空觀）散席迢迢到海涯點頭橈下喪全機父南子北今何在月冷漁歌落釣磯（天目礼）一下蘭橈驀口鞭大洋海底火燒天父南子北家何許風滿長空月滿船（素菴政）稱意金鱗一上鈎華亭江水合西流釣船盡底掀翻了惱亂春風卒未休（朴翁銛）藥貼分明說得親不知裏面偽和真譚教誠癡兒女莫把方書誤後人（虛堂愚）一棹綠楊灣金鱗得處難長江深有恨不合踏反船（西岩惠）藏身處沒踪跡無影樹頭靈鳥宅沒踪跡處莫藏身不萌枝上春花拆有來由誰辨的天曉西風拂拂吹松釵一徑爭拋擲（東谷光）

藥山高沙彌（嗣藥山）因藥山問曰見說長安甚鬧師曰我國晏然山曰汝從看經得請益得師曰不從看經得亦不從請益得山曰大有人不看經不請益為甚麼不得師曰不道他無只是他不肯承當頌曰

田一　二十六

撞破虛空七八片逆開金鎖兩三重轉身直入青霄外多少行人覓路蹤（成枯木）興亡盧去又盧來為渠國土絕纖埃須彌頂上無根草不受春風花自開（牧子青）

高沙彌住菴一日雨中來相看藥山山曰你來也師曰是山曰可煞濕師曰不打這鼓笛雲巖曰皮也無打甚麼鼓道吾曰鼓也無打甚麼皮師曰今日大好一場曲調頌曰　偶尒垂言借問伊知音爭使落今時胡笳不犯宮商曲玉笛橫時劫外吹（丹霞淳）

鼎州李翱刺史（見藥山）嚮藥山玄化屢請不赴乃躬謁之山執經卷不顧侍者曰太守在此李性褊急乃曰見面不如聞名拂袖便出山曰太守何得貴耳賤目李回拱謝問曰如何是道山以手指上下曰會麼李曰不會山曰雲在青天水在瓶李忻愜作禮述偈曰鍊得身形似鶴形千株松下兩函經我來問道無餘說雲在青天水在瓶頌曰　雲在青天水在瓶恐君妄解作惺惺汾陽問你幽冤聽如實神通現姓名（汾陽昭）雲在青天水在缾丹霄把手共君行回頭不覺寒更曉一片紅光海上生（圓通僊）雲在青天水在瓶眼光隨指落深坑溪花不耐霜風苦說甚深深海底行（張無盡）隴西賢相登藥嶠雲在青霄水在瓶風靜雲消空獨露天門玉女不曾扃（京北天寧）古人問道復何言水在

田一　廿七

缾中雲在天故國要歸歸便得離亭雲月渡頭船（白楊順）制使當年問道時單鎗匹馬到禪扉再四垂慈猶未曉揮毫落紙更明詩（洞山聰）陌路相逢不相識雲水悠悠無定跡饒君富貴百千般爭似儂家窮的的（大洪恩）貴耳而賤目背手抽金鏃仰面看青天箭過新

羅國弁山阡雲在青天水在缾平生肝膽向
人傾真金自有真仝價終不和沙賣與人 比
海心 若陳見面太懸殊雲水重新誑惑渠謾
説當時曾省悟却將魚目當明珠 天日札 撥
草瞻風不柰何深山有道要經過只因貴耳
而賤目引得金身入草窠 壽菴常 即今非見
面昔日不聞名一句添三句篇章讀不成 西
岩 京兆府翠微無學禪師 嗣丹霞 一日在
法堂内行投子進前接禮問曰西來密旨和
尚如何示人師駐步少時子曰乞師垂示師
曰更要第二杓惡水那子便禮謝師曰莫蹋
根曰時至根苗自生頌曰曾扣西來問翠微
經行駐步大慈悲當時投子如能薦惡水重
將更潑誰 水菴一 師子出窟驪龍入穴攫[illegible]
風生衆獸腦裂更弄爪牙反成漏泄時至須
憑返擲機分明踏破澄潭月 投子舒
吉州孝義寺性空禪師 嗣丹霞 因僧參人事
了師曰與麼下去還有佛法道理也無曰甚
甲結舌有分師曰老僧又作麼生曰素非好
手師便仰身合掌僧亦合掌師乃拊掌三下
僧拂袖便出師曰鳥不前兎不後幾人於此
茫然走秖有闍黎達本源結舌何曾著空有
頌曰 進不前退不後頭尾中閒兩處走胡
僧撫掌咲呵呵此土西天未曾有 佛鑑懃 入

林不動草入水不動波曾經達本源結舌更
無過若是叅方士須達末後句 大圓智 晝復
夜初中後金烏飛玉兎走於此茫然與悄然
總是蝦跳不出斗 石溪月
僊天禪師 潭州大川 或作天仙 嗣 披雲和尚來纔入方
丈師便問未見東越老人時作麼生為物雲
曰秖見雲生碧嶂焉知月落寒潭師曰秖與
麼也難得曰莫是未見時麼師便喝雲展兩
手師曰錯怪人者有甚麼限雲掩耳而出師
曰死却這漢平生也頌曰 有客訪師纔入
門由來賓主未曾分箭鋒相拄皆無谷善始
全終誠罕聞 本覺一 眼明慣識陣雲高兩手
揮戈戰不休世事若將公道斷將軍歸去合
封侯 絶象鑒 作者相逢箭拄鋒其中綿密不
通風要須惜取眉毛好免使全身落草中 竹
屋簡 僊天因僧叅方展坐具師曰不用通時
暄還我文彩未生時道理來曰某甲有口㗅
却即閑苦死覔箇臈月扇子作麼師拈棒作
打勢僧把住曰還我未拈棒時道理來師曰
隨我者隨之南北不隨我者死住東西曰隨
與不隨且置請師指出東西南北師便打頌
曰將軍帳上孰能過不易僧初善切蹉蛇尾
龍頭弓劒折山薩三十未為多 本覺一
馬頰山本空禪師 嗣大顛 因僧問去却即今

言句請師直指本來性師曰你逯源來得多
少時曰即今豪和尚指示師曰若指示你我
即迷源曰如何即是師示頌曰 心是性體
性是心用心性一如誰別誰共妄外迷源秖
者難洞古今凡聖如幻如夢佛鑑云問不徒
然荅無靈設纔隨語轉覿面千山後偈中雖
有收有放其柰錯下名言山僧重為別過乃
有偈曰 心本非心性本非性心性兩忘誰
少誰剩 老倒本空杓艾求病妄外迷源孤負
凡聖 心性從来體一同有無空處透真空
古今妄外迷源者春入園林處處紅 塗毒策
本空上堂秖這施為動轉還合得本來祖翁
麼若合得十二時中無處棄底道理若合不
得喫茶説話往往喚作茶話在僧便問如何
免得不成茶話去師曰你識得口也未曰如
何是口師曰兩片皮也不識曰如何是本來
祖翁師曰大衆前不要牽爺侍娘曰大衆忻
然去也師曰你試點大衆性看僧作禮師曰
伊往往道一性一切性在僧欲進語師曰孤
負平生行脚眼頌曰 叅禪學道莫匆匆動
轉無非觸祖翁口在面門猶不見喫茶清話
故難通水中塩味知相似色裏膠清信不空
欲得不招無閒業莫將情解謗宗風 南堂興
漳州三平義忠禪師 嗣大顛 因問大顛不用

指東劃西請師直指顛曰幽州江口石人蹲師曰猶是指東劃西顛曰若是鳳凰兒不向那邊討師礼拜顛曰若不得後句前話也難圜頌曰　徹底老婆心不向那邊討父子要投機無端入荒草 圜悟勤

禪宗頌古聯珠通集卷第八　　田一

禪宗頌古聯珠通集卷第九　田二

僧錄司右闡教兼靈谷禪寺住持淨戒　重校

祖師機緣　六祖下第四世

趙州諗三十五則　附清涼益一則　葉縣省一則

趙州觀音院從諗禪師嗣南泉師初謁南泉泉問汝是有主沙彌無主沙彌師曰有主沙彌泉曰那箇是你主師近前躬身曰仲冬嚴寒伏惟和尚尊候萬福泉器之許其入室

頌曰解把一莖野草喚作丈六金身會得頭頭皆是道眼中童子面前人頭如如試問如何是主人進前叉手叙寒溫但知北極群星拱不見黃河徹底渾寶葉源趙州一日問南泉曰如何是道泉曰平常心是道師曰還可趣向也無泉曰擬向即乖師曰不擬爭知是道泉曰道不屬知不屬不知知是妄覺不知無記若真達不疑之道猶如太虛廓然蕩豁豈可强是非耶師於言下悟理　頌曰平常心是道舉步入荒草翻嗟王老師到底不能曉不能曉玉兎金烏任飛走雲峯悅欲識平常道天然任自然行船宜舉棹走馬即加鞭若遇飢來飯還應困即眠盡從緣所得所得亦非緣佛鑑懃二所得亦非緣當人自了然雨中看皓月火裏汲清泉直立頭垂地橫眠脚指天應須與麼會方契祖師禪若謂平常心是道枝頭向上更生枝貼肉汗衫如脫了喚來眼上與安眉鼓山珪勸君不用苦勞神喚作平常轉不親冷淡全然沒滋味一回舉著一回新徑山杲趙州昔日見南泉言下投機自廓然要會平常心是道平常不住道方玄本覺一白日遲遲兮花菲菲白雲流水兮兩相依長安路上人迹稀南泉也落第二機慈受深碍得銅盤不打老鼠所以抽身入還從屋裏來坂敎臺凳穩耶且勸三盃兄呼弟應殷勤處留得兒孫辦到死月堂昌遇飯喫飯遇茶喫茶千重百匝四海一家解却粘去却縛言無言作無作廓然本體等虛空風從虎兮雲從龍圜悟勤萬里長空雨霽時一輪明月瑩清輝淨雲掩斷千人目見得嫦娥面者稀龍門遠向道平常心是道斬釘截鐵妙中妙若將玄路擬思量連累兒孫入荒草叢識茫茫知不知終日紅塵無價寶大洪智玄途不涉透離微道合平常發上機無影樹頭春色曉金鷄啼在不萌枝足菴鑑悟得平常達本鄉時人多怕落平常青春只有九十日爛醉都無一百場雪菴瑾春有百花秋有月夏有涼風冬有雪若無閑事掛心頭便是人間好時節無門開趙州一日問南泉曰知有底人向甚麼處去泉曰山前檀越家作一頭水牯牛去師曰謝師指示泉曰昨夜三更月到窗　頌曰拽脫鼻頭何處是亂抛泥水恣縱橫日斜倒坐騎驢去又見東山片月生保寧勇出窟金毛奪父機同声哮吼眾狐疑三更窗月如清晝誰敢重來弄崄巇寶峯祥眼中見慣是尋常又不驚人又久長留得寒窗夜來月三更依舊照茅堂鼓山珪肢體裁衣量水打碓毫釐不差且居門外徑山杲南泉搖頭趙州擺尾子細看來二俱失利慈受深檀越家中作水牛收來放去任優游不曾犯著人苗稼何必南泉對趙州懶堂一截角擎頭笑一場父子家和醜外揚知有底人何處去春來依舊百花香冶父川擊開金殿鎖撞碎玉樓鍾貪程未歸客徒自覓行蹤木菴永趙州一日到茱萸執拄杖於法堂上從東過西萸曰作甚麼師曰探水萸曰我這裏一滴也無探箇甚麼師以杖倚壁便下

田二　三

頌曰逐步移筇探淺深果然滄海碧沉沉一雙足迹分明在將謂歸家不可尋保寧勇古今難透趙州關取次施為不等閑拄杖靠來斜倚壁輕如毫髮重如山佛鑑懃茱萸這裏無一滴趙州無言便走出春去秋來三百年拄杖至今猶倚壁鼓山珪深淺聊將拄杖探

忽然平地起波瀾傾湫倒岳驚天地到海方知徹底乾徑山杲趙州有語標逄栢今古藂林光焰爀若到茱萸堂上行到底反成箇老賊地藏恩趙州探水誰能知委一滴也無洄澓衮沸靠卻拄杖囉囉哩哩文殊道一滴也無費盡工夫靠倒拄杖何處逢渠香爐上一堆牛糞氣東壁上倒掛大葫蘆典牛游趙州曾探水茱萸無一滴東覷西覷了拄杖便靠壁滄海深處歸何人辨端的楚安方平地鼓波濤青天轟霹靂脚下爛如泥身上元不濕古往今來幾百年拄杖依然空靠壁無際派

趙州因僧問如何是清淨伽藍師曰丫角女子曰如何是伽藍中人師曰丫角女子懷胎

頌曰　橫胷抱腹藏龍種剖膽刳肝觸鳳胎勿謂此兒容易得須知出自痛腸來汾陽昭咄這老娼淨倦饒舌清淨伽藍一時漏泄金剛門外笑呵呵菩薩堂中聲哽咽海印信丫角女子出天真清淨伽藍盡淨人出俗不知林下意無錢難淨買紅裙佛鑑勤

趙州因僧問外方忽有人問趙州說什麼法如何祇對師曰鹽貴米賤　頌曰　鹽貴米賤諸事成現擬欲商量腦後拔箭懶菴需

趙州因僧辭師曰甚處去曰諸方學佛法去師竪起拂子曰有佛處不得住無佛處急走過三千里外逢人不得錯舉曰與麼則不去也師曰摘楊花摘楊花　頌曰　截斷三關過者稀臨鋒誰解振全威揚花摘處何人見風送漫天似雪飛佛慧泉　堂堂好箇丈夫兒剛被胡麻取次欺若解奮拳張意氣世間何處可容伊保寧勇　青山不異白玉無瑕茫茫流水攙攙黃花有佛處纖毫不立無佛處萬別千差長安路上來歸客尋溪由自摘楊花天童覺三千里外兩重關衲子紛紛過者難回首石橋南北路揚花風散雪漫漫普融平有佛處不得住生鐵秤鎚被蟲蛀無佛處急走過撞著嵩山破竈墮三千里外莫錯舉兩箇石人相耳語恁麼則不去也此話已行遍天下摘楊花摘楊花唵嚤吒嚧哩吽㗶吒徑山杲摘楊花摘楊花打鼓弄琵琶耶日栽茄子今日種冬瓜訥堂思　有佛處不得住春風蕩蕩飛楊絮無佛處急走過一葉漁舟江面破林裏烏鵲去又來園中桃李開還謝舜若多神相太空無目仙人逢暗夜白楊順　鐵山崩倒壓銀山盤走珠兮珠走盤密把鴛鴦刷綉出金針終不與人看松源岳　有佛無佛不得住三千里外無憑據趙州贏得口皮光卻是這僧知落處虛堂愚

趙州因僧問承聞和尚親見南泉是否師曰鎮州出大蘿蔔頭　頌曰　因問當初得法緣不言東土及西天鎮州有菜名蘿蔔濟卻飢瘡幾萬年汾陽昭　鎮州出大蘿蔔天下衲僧取則只知自古自今爭辨鵠白烏黑賊賊衲僧鼻孔曾拈得雪竇顯　鎮州蘿蔔播華夷萬物還他本土宜執謂當時人獨覺至今更是好充飢正覺逸　陶潛彭澤唯栽柳潘岳河陽只種花何似晚來江上望數峯蒼翠屬漁家海印信　衲僧巴鼻徒穿鑿平實商量紹祖宗多謝張公勤苦力滿園留得過深冬佛慈泉　鎮州出大蘿蔔頭報君來處須分曉衲僧多是渾淪吞子細得他滋味少白雲端　鎮州蘿蔔天然別滿口明明說向人薄福闡提人不信一枚秤得重三斤保寧勇　鎮州出菜名蘿蔔過後思量卻難得王老兒孫不覆藏逢人直露真消息長靈卓　趙州古佛尚多言蘿蔔出生鎮府田天下衲僧多咬嚙齒間蹉過老南泉大洪遂　參見南泉王老師鎮州蘿蔔更無私拈來塞斷是非口雪曲陽春非楚詞徑山杲　趙老機關淺淺深鎮州蘿蔔接叢林過後思量也難得入泥入水老婆心大溈智　鎮州出大蘿蔔頭師資道合有來由趙州觀音寺裏有彌勒東院西邊有趙州鼓山珪　青出於藍冰生於水寸步不通白雲萬里或菴體　此兒活計口皮邊點著風馳與電旋謗

說鎮州蘿蔔大何曾親見老南泉琊石菴親見
南泉箇眼目老人說話無拘束只因莱氣不
曾除帶累兒孫咬蘿蔔野雲希趙州因秀才
問曰佛不違衆生願是否師曰是曰某甲欲
覓和尚手中拄杖得否師曰君子不奪人所
好曰某甲非君子師曰我亦不是佛　頌曰
當機轉處不躊躇琥珀盤裏走明珠趙州老
子村校書一條拄杖兩人舁石菴玿趙州因
參百丈丈問甚處來師曰南泉來曰南泉近
日有何言句示徒師曰無事之人直須悄然
去曰悄然一句且致忙然一句作麼生道師
進前三步丈便喝師作縮身勢丈曰大好悄
然師便出去　頌曰　作家相見彼此難搆
忙然悄然進前縮後捏不成塑不銑大路不
行草裏走佛鑑勤門裏有門外有不作嚴平
犯牛斗師子吼野干鳴摘出离婁眼裏睛一
手縮一手伸重陽决定九月九撥反海岳訪
知音赤骨力窮露雙肘晦堂遠趙州示衆曰
佛之一字吾不喜聞　幻菴覺拈云諸人切
忌恁麼會既不恁麼會又作麼生會乃頌曰
佛之一字不喜聞去年依舊今年春今年春
間降大雪陸墓烏盆變白盆　趙州因大衆
晚參師曰今夜答話去也有解問者出來時
有一僧便出禮拜師曰比來拋磚引玉却引

得箇墼子　法眼問覺鐵觜先師意作麼生
覺云如國家拜將相似乃問甚人去得時有
人出云某甲去得云爾去不得法眼云我會
也　頌曰　探竿影草幾人知正似將軍一
面旗斬將安營都在我倒騎鐵馬上須弥慈
受深千年田八百主誰當機辨來處趙州要
答話拋磚引墼子覺老話端俔如拜將相似
去得去不得言下分緇素箇裏高於萬仞峯
不動纖毫擒佛祖圓悟勤趙州上堂金佛不
度爐木佛不度火泥佛不度水真佛內裏坐
頌曰　泥佛不度水神光照天地立雪如未
休何人不雕僞　金佛不度爐人來訪子胡
牌中數箇字清風何處無　木佛不度火常
思破竈墮杖子忽擊著方知孤負我雪竇顯
併却泥佛金木佛趙州放出遼天鶻東西南
北謗擡頭萬里重雲只一突白雲端泥佛不
度水法華前陣曾止止君之退步若衆詳不
使縱然波浪起　金佛不度爐海上江山入
畫圖千手大悲徒著力却慚舜若眼眉麤
木佛不度火多口阿師曾議過限刀避箭不
堪論無限英雄又蹉過大溈秀金佛木佛泥
佛度爐度水度火盡入趙州紅爐烈燄光中
鍛過一聲白雪陽春萬古無人能和鼓山珪
九十七種妙相頤陸冊青難狀趙州眼目精

明覷見心肝五臟徑山杲木佛不度火甘露
臺前逢達磨惆悵洛陽人未來面壁九年空
冷坐　金佛不度爐坐嘆勞生走道途不向
華山圖上看豈知滿閣到驊騮　泥佛不度
水一道靈光照天地堪羨玄沙老古錐不要
南山要鼈鼻三宜盂三佛形容總不真眼中
瞳子面前人若能信得家中寶啼鳥山花一
樣春冶父川金佛不度爐風光滿帝都少年
花酒客大醉幾人扶　木佛不度火大士無
人我毫釐念不差永封遭鐵鎖　泥佛不度
水明月照千里風高古木秋凍盡長江底
金佛不度爐窮源有處無木佛不度火渾崙
咬不破泥佛不度水何處不是你真佛屋裏
坐趙州言是禍水牯會耕田黃牛能拽磨常
菴崇金佛不度爐圓光爍太虛直下便薦得
不用更躊躇木佛不度火院主眉毛墮烈燄
亘天紅舍利無一顆泥佛不度水衲僧難下
觜擬議隔千山迢迢十萬里真佛內裏坐趙
州休話墮覷面便承當擡眸即蹉過金佛木
佛泥佛穿來擲過闇浮更說真佛在內無端
已被塗糊足無著總負佛屋裏坐開口成話
墮幸自可憐生教我說甚麼月林觀泥佛金
佛木佛度水度火度爐妙體本來無處所莫
將真佛強塗糊天目禮趙州因尼問如何是

客客意師以手指之尼曰和尚猶有這箇在師曰却是你有這箇在　頌曰
客客深深意最長幾人冷地錯商量師姑若會趙州指錢打心肝也斷腸慈受深梵羅綿棒硬贅頭河北風流老趙州醎處著鹽淡添水軒頭一笑更無休正堂辯猛虎深藏淺草

田二　八

窠幾回明月入煙蘿頂門縱有金剛眼未免當頭蹉過他高峯妙趙州因僧辭師問甚處去曰閩中去師曰彼中兵馬隘你須回避始得曰向甚麼處回避師曰恰好頌曰　僧去閩中路不遥報言軍馬閙嘈嘈問師回避歸何處恰好安眠日正高汾陽昭閙説閙中兵馬多叮嚀遊子避干戈臨岐指箇藏身處無限雄師不柰何正覺逸七閩歸路只爭鋒回避須教不見蹤恰好藏身何處是青山雲外萬千重佛慧泉趙州因僧遊五臺問一婆子曰臺山路向甚麼處去婆曰驀直去僧便去婆曰好箇師僧又恁麼去後有僧舉似師師曰待我去勘過明日師便去問臺山路向甚麼處去婆曰驀直去師便去婆曰好箇師僧又恁麼去師歸院謂僧曰臺山婆子為汝勘破了也　頌曰　臺山路上老婆禪南北東西萬萬千趙州勘破人難會来往草鞋徹底穿汾陽昭趙州勘破婆子葉落便令知秋天下幾多禪客五湖四海悠悠慈明圓靈龜未兆無凶吉變動臨時在卜人路頭問破誰人委王老東村怒目嗔投子青趙州作者勘婆婆太平時代用干戈趙州收得龍泉劍掃盡煙塵揔是他佛印元僧問遊臺路婆直指不誤雖然徑直言柰緣多恁去　趙州勘破歸

田二　九

會者憑何據月色曉堂分雲收山岳露浮山遠傑出叢林是趙州老婆勘破沒来由而今四海清如鏡行人莫與路為讎黄龍南撥動干戈老趙州坐觀勝敗有良謀婆婆勘破人誰委多少禪流錯路頭海印信趙州勘破老婆禪語默分明在目前近日五湖參學者剛於岐路走如烟淨照臻言中辨的老禪和驀直臺山路不蹉勘破却回人莫問岳陽船子洞庭波雲峯悦昔日趙州為主將老婆戰罷許誰評而今何事臺山路却被時人取次行大溈秀臺山一路去悠悠親到遥他古趙州勘破老婆回首日長江依舊向東流佛慧泉干戈中立太平基塊雨條風勝古時婆子為君勘破了趙州脚跡少人知白雲端何事趙州婆子話雄雄今古振嘉聲高空有月千門閉大道無人獨自行保寧勇趙州一勘老婆也千古英風價轉新南去北来由未薦臺山從此長荆榛照覺總似狂不狂趙州老或凡或聖人誰曉是非長短任君裁婆子被伊勘破了真淨文趙州問路婆子答云直與麼去皆云勘破老婆婆子無你雪屾同道者相共舉景福順勘破不勘破婆子能招禍直饒千眼補陁人也是大蟲看水磨雲居祐趙州勘破事非真老覩臺山路上人要識婆婆親指處一回舉著一回新地藏恩臺山路上婆往往人問過末後趙州知一言便勘破雲蓋智是箇遊臺發問端婆婆指路盡顢頇可憐眼裏無筋骨却把時人一樣看佛國白撥動煙塵老古錐坐觀勝負有誰知從來古路平如掌自是行人不見歸圓覺演婆指臺山路不差遊人恁麼去無涯趙州勘破歸來後四海五湖同一家草堂清驀直臺山路不迂趙州親去定賢愚古今來往何妨礙未透金塵終是箴三祖宗臺山山下路崎嶇多少行人在半途五里牌邊相借問不知驚馬是龍駒上方益臺山路上白頭婆無限行人幾度過直

田二　十

道玄關人不曉趙州特地斷誵訛岦溪恭叢林老作是無儔凜凜威風四百州一擊錢關曾粉碎恩大難將雨露酬真如喆驀直去驀直去不逐指頭不行舊路大丈夫漢乾坤獨步兜率悅本欲平夷道路反成土上加泥而今五湖四海剛被勘婆話迷圓通仙臺山有

路是人過兩兩三三借問多要識趙州親勘破舌頭無骨柰渠何咸杰木高擾金鞭出禁城霜風凜凜馬蹄輕烟塵拂盡歸來後四海行人賀太平普融平五臺山路入嵯峨驀直饒群指似他更有趙州多事漢歸來道我勘婆婆張無盡勘破難知老趙州玉鞭鞭起卧金牛臺山今古行人口笑欽清風味轉幽長靈卓兩重問答絕誵訛趙老於中却勘婆若不全身探虎穴安能徹底驗仙陁禾山方趙州親勘破臺山勿兩岐只道老婆子踪跡少人知佛心才緣趙當年有一僧干戈藂裏等閑行定亂不攜三尺劒至今天下絕攙搶實峯祥老婆心切勿交加要路逢渠指不差休問禹門求變化風雷只在葛洪家昊古佛趙州勘破路難過無限平人走似梭日暮臺山空寂寂至今猶未絕誵訛少林通臺山路上老婆禪驀直教人好進前賴得趙州親勘破從茲四海路平然雲蓋昌行路難行路難最難難過是臺山唯有趙州公驗正昂頭掉臂總閙閙總閙閙遯府出鉢盂湛堂準臺山一路坦平自是行人不慣明鏡醜婦之冤智者愚人之患蹤山常臺山古路是人遊箇箇尋婆問路頭堪笑趙州總勘破寥寥千古使人愁蹤山如玉簫吹作鳳鸞吟惹動遊人離別

心一陣東風捲霧靡四方八面少知音佛智裕臺山路坦平婆子苦商量趙州勘破了清風滿大唐高菴悟天下禪和說勘破爭知趙州已話墮引得兒孫不丈夫人人賺過今地卧但山杲劈面三拳連腮七掌盡大地人不知痛痒鼓山珪臺山路上人難進獨有趙州親到來勘破老婆回首處從此行人眼不開楚安方指路婆婆在五臺禪人到此盡癡獃一拳打破扶桑國杲日當空照九垓西蜀廣道者老婆元是魔王脚三軍不動旗閃爍趙州無柄鐵掃箒掃蕩煙塵空索索石頭回婆子只知指路雞犬被人偷去直得趙州勘了這回緊閉門戶藏無辯趙州老老大大不解山中打坐自言去勘婆子倒被婆子勘破善繫無繩約善行無轍迹不戰屈人兵直面當機疾老婆勘破五臺山有誰參透趙州關圓悟勤年老成精不謬傳趙州古佛嗣南泉招魂喪命因圖象良馬追風累索牽勘破了老婆禪說向人前不直錢天童覺賊是小人智過君子大丈夫語成便白拈去膽大心粗無你會點稽首趙州大法王典牛游大用全提似海淵魔軍戰退鬼難禁趙州勘破婆婆點草偃風行無點尋南堂興趙州老子爛泥裏刺勘破老婆藂林受賜婆婆不在五臺

山平地行人作易難驀直坦然今古路區區却過趙州關雪竇宗臺山路驀直去趙老見婆無別語勘破回來知不知莫信閑人說是非冶父川三月春光上國遊祥雲瑞氣瑣龍樓親從宣德門前過更問行人覓汴州文殊道婆子幾年爭餬客趙州勘破有誵訛解使不由家富貴風流何在著衣多訥堂思一按牛喫草一與賊過梯早知燈是火飯熟也多時遯菴演干戈中有太平基不用干戈始得之君無舉鼎拔山力千里烏騅不易騎明大禪四海同一家兩口同一舌趙州勘婆了有理向誰說北磵簡踞坐臺山古路頭往來雲衲被戈矛趙州提起那羅箭穿過髑髏即便休尼無著總天高地厚人難見海闊山遙只自知勘破却回休借問得便宜是落便宜寄菴保趙州舌頭連天老婆眉毛覆地分明勘破歸來無限平人瞌睡妙慧尼冲智趙州勘破百發百中趂得老鼠打破油甕佛眼光村婆暴富誑謼閭閻趙州賣俏矢上加尖或菴體驀直驀直青天白日勘破了也一文不直月林觀本是山中人愛說山中話五月賣松風人間恐無價蒙菴岳臺山路上箇婆婆平地無風起丈波下却斗門通底闊更無一滴到黃河無準範勘破婆子面青眼黑趙州老

漢謾我不得文殊紫趙州古勘破心頭打額頭如何無轉智特地覓寃讎野雲南趙州問僧甚處來僧云摘茶來師曰閑頌曰〇道著下著閒驅揬索背後龍鱗面前驢脚反身筋斗孫雲野鶴阿呵呵密菴智趙州一日敲火問僧曰老僧喚作火汝喚作甚麼僧無語師

十三

曰不識玄旨徒勞念靜頌曰二趙州眼放光爍破四天下鉢盂上安柄至今成話欄老衲鑑直下是非著不得著不得處好承當木人昨夜通消息南海波斯過大唐野菴欣趙州因一婆子令人送錢請轉藏經師受施了却下禪床轉一匝乃曰傳語婆轉藏經已竟其人回舉似婆婆曰比來請轉全藏如何秖爲轉半藏頌曰一匝下禪床行一轉看了如來五千卷婆子年高眼尚明夜深月下穿針線慈受深左轉右轉金剛寶劍全藏半藏由基發箭紅心心裏中紅心穢得須彌頭倒旋正堂辯趙州一匝天輪轉婆子知音未足酬普爲人天關正眼大千沙界一毫收足菴鑑不知兀坐常輪轉空下禪床繞一遭背面却言斟一半老婆惡業自家招天目禮趙州劒氣衝牛斗婆子神符懸肘後一條拄杖兩人扶好手手中誇好手牧六巖聊趙州因僧侍次遂指火問曰這箇是火你不得喚作火老僧

道了也僧無對復奘起火曰會麼曰不會師曰此去舒州有投子和尚汝往禮拜問之必爲汝說因緣相契不用更來不相契却來其僧到投子子問近離甚處曰趙州子曰趙州有何言句僧擧前話子曰汝會麼曰不會乞師指示子下禪床行三步却坐問曰會麼曰不會子曰你歸擧似趙州其僧却回擧似師師曰還會麼曰不會師曰投子與麼不較多也頌曰二我喚作火汝卽不可已道了也喚作甚麼楊無爲趙州喚作火全身入荒草我今不是渠渠今正是我月林觀趙州因僧問如何是祖師西來意師曰庭前栢樹子曰和尚莫將境示人師曰我不將境示人曰如何是祖師西來意師曰庭前栢樹子頌曰〇庭前栢樹地中生不假牛犂嶺上耕正示西來千種路鬱密稠林是眼睛汾陽昭庭前栢樹趙州道廬陵米價吉陽數三歲兒童皆念得八十翁翁會也無浮山遠趙州庭前栢天下

十四

之禪客養子莫教大大了作家賊慈明圓七百甲子老禪和安貼家邦苦是他人問西來指庭栢却令天下動干戈雪竇顯千里靈機不易親龍生龍子莫回循趙州奪得連城璧秦主相如總喪身〇入門何必辨來機老倒禪和不自知栢樹庭前剛指示反令平地下

針錐雪峯悅趙州有語庭前栢禪者相傳古到今摘葉尋枝雖有解須知獨樹不成林黃龍南三庭栢蒼蒼示祖心趙州此話播叢林盤根抱節在金地禪者休於格外尋〇萬木隨時有彫瘁趙州庭栢鎮長榮不獨凌霜抱貞節幾奏清音對月明〇趙州全不犯一夫靦面寧存細與麤重疊示君君不見庭前栢樹本來無光孝愷深院盤根翠色幽老師曾指示禪流年年不改凌霜節下載清風何日休正覺逸趙州庭前栢三冬刮地寒處處綠楊堪繫馬家家門首透長安天衣懷人問庭前栢子是嶺南客反憶臘月天雷震梅花拆淨印信僧問西來意趙州栢樹剔皮下若有血盲差不自由舉巖真青青庭栢何年植祖意分明示趙州海變桑田有窮刦靈苗無影不凋秋照覺總造化無私不思力一一青青歲寒色長短大小在目前可笑時人會不得真淨文趙州庭栢衲僧苦厄井口轆轤橫吞不得野軒遵庭前栢樹示禪流變箇親曾見

十五

趙州明年更有新條在惱亂春風卒未休保寧勇趙州庭下栢森森摘葉尋枝古到今明眼衲僧如覷著西來祖意合平沉錫無爲趙州庭栢森然直露滴風清添翠色摘葉尋枝不可求盤根萬古終無極大溈秀眞箇惟時

方識惟是精靈眼識精靈時人不會西来旨只看青青栢在庭（佛國白）羚羊掛角絶孤疑翠栢庭前演妙機此道不將人境會杲天紅日夜長輝（雖溪南）舌頭無骨趙州老栢樹庭前說向渠好是晚来無限意喧喧啼鳥噪禪居（三祖宗）萬里長空雨霽時一輪明月曉清輝浮雲掩斷千人目淂見恒娥面者稀（佛鑑勤）庭前栢樹子少悟出常情雨過山添翠雲收日月明（燃堂準）青青庭栢指西来趙老門風八字開歲寒枝有深深意誰把靈根著處栽（佛燈珣）西来祖意問如何栢樹庭前指似他射虎不真徒没羽至今天下有誵訛（球山如）天下禪和咬少林趙州有語庭前栢庭前栢老倒禪和眼赫赤不善東西失本源屈我觀音作胡客（五祖戒）趙州庭前栢衲僧皆罔測一堂雲水僧盡是十方客（琅琊覺）趙州庭前栢眼裏電光掣雲外往来多村翁行歩劣（道吾真）一兎橫身當古路蒼鷹纔見便生擒後来獵犬無靈性空向枯樁舊處尋（承天宗）蘇武不拜韓信臨朝憑麽會淂十萬迢迢（瞞菴成）庭前栢樹宿根深葉葉真珠寸寸金佛祖長長出不淂千古萬古只如今（南堂興）打人罵人易勸人除却難不識饒人處急水下高灘（崇覺空）趙州庭栢說向禪客黑漆屛風

松蘿亮隔（佛日才）百寶光攢無見頂是大神咒最靈奇揭諦波羅僧揭諦吾人半夜失烏雞（正堂辯）庭前栢樹子不是祖師心莫執一時見便忘千古音（龍牙言）庭前栢樹子分明向君擧大靈滿長安燈籠吞佛祖（金華策）靜鞭聲裏駕頭来緊握雙拳打不開打淂開雲壓香壓何處是靜鞭聲裏駕頭来（瞎堂遠）西来祖意庭前栢鼻孔㝠㝠對眼睛落地枯枝纔跨跳松蘿亮隔笑掀騰（天童淨）庭前栢樹子一二三四五寶八布衫穿禾山解打鼓（石菴玿）快人一言快馬一鞭趙州庭栢洗脚上船（退菴奇）清涼法眼禪師擧栢樹子話問覺鐵觜承聞趙州有此話是否覺曰先師無此語莫謗先師好眼曰真師子兒頌曰　庭前栢樹子趙州無此語承言須會宗勿自立規矩（佛甲元）僧問西来栢樹酬何必斯言謗趙州令人長憶清涼老一句當年喚轉頭（大溈秀）新羅鷂子刺天飛鈍烏籬邊懞不去趙州庭栢一何高誰道先師無此語（白雲端）日炙風吹瘦影孤趙州當指倚遊株杲元大小清涼老未會先師此語無（正覺逸）趙州無語幾人知江北江南見者稀山寺櫻花復何在相逢空愛白公詩（大洪遂）庭前栢樹子趙州無此語若是本色人直下来相許（真淨文）誰道

先師無此語焦尾大蟲元是虎胡蜂不戀舊時窠猛將豈在家中死急著眼却回顧若會截流那下去匝地清風隨步擧（慧通巴）趙州遊前栢樹子崑崙眼睛如點漆笑他法眼謗先師覺公心苦口如蜜（蜜堂行）行主無人能賽姐姐更是好手騰身百尺竿頭打箇背翻筋斗（正堂辯）趙州有箇栢樹話禪客相傳遍天下多是摘葉與尋枝不能直向根源會覺公說道無此語正是惡言當面罵禪人若具通方眼好向此中辨真假（文殊道）一人背手抽金鏃一人反身控角弓南北東西覓頭看果然一鴈落寒空（已菴深）葉縣省和尚因僧問栢樹子話省曰我不辭與汝說還信麼曰和尚重言爭敢不信省曰汝還聞簷頭雨滴聲麼其僧豁然不覺失聲云哪省曰汝見箇甚麼道理僧以頌對云簷頭雨滴分明歷歷打破乾坤當下心息頌曰　庭前栢樹子簷頭雨滴聲風來荷折柄千古意分明○簷頭滴滴分明歷歷碧眼黃頭二俱不識識不識普天匝地成狼籍（東山源）

趙州問僧從甚處來曰雪峯來州曰雪峯有何言句示人曰尋常道盡十方世界是沙門一隻眼你等諸人向甚處屙師曰闍黎若回寄箇鍬子去頌曰　南望雪峯由萬里北遊未

踏趙州關賺他一隻破鍬子二百餘年去不還 正覺逸 石橋一路滑如苔關嶺風高凍不開相見盡言游歷去幾人曾到雪峯來 佛慈泉 沙門隻眼不容物萬象森羅從彼出鍬子何人識趙州放行底事須綿密 海印信 大地是眼何處爲天下不奈雪老何趙州寄箇鍬子去方得此語圓墻墻 鼓山珪 大地是眼沒處爲衲僧到此便暫訛須知別有安身訣會得安身事更多 咄 鍬子安著在甚麼處 照堂一 雪峯何處爲趙州寄鍬子沙門一隻眼狼籍乃如此阿呵呵大唐國裏鼓声起新羅國裏舞婆娑 別峯印 大地一隻眼誰敢爲其中鍬子寄將去那知到雪峯 横川珙

趙州謂衆曰我向行脚到南方火爐頭有箇無賓主話直至如今無人舉著頌曰 蒙頭不覺鼾鼾睡開眼從教睒睒紅若謂平常便無事須防豆爆冷灰中 心聞賁 〇 無賓主話意深深流落叢林古到今火冷灰寒口掛壁衲僧凍死不知心 石田薰 田二 十八

趙州上堂至道無難唯嫌揀擇纔有語言是揀擇是明白老僧不在明白裏是汝還護惜也無時有僧問既不在明白裏護惜箇甚麼師曰我亦不知僧曰和尚既不知爲甚麼不在明白裏師曰問事即得禮拜了退。頌曰

至道無難言端語端一[illegible]兩般[illegible]際日上月下檻前山[illegible]何立枯木龍吟消未乾[illegible]香 雪竇顯 至簡至易同天同地揀擇明白[illegible]護惜口似椎眼如眉涉語默蚿憐夔堪笑[illegible]和三獻王縱榮刖却一雙足 圓悟勤 世間無物可羅籠獨有崖峩萬仞峯忽若有人猛推落騰身雲外不留蹤 隨菴緣 至道無難萬水千山唯嫌揀擇鵠黑烏白纔有是非還護惜不會不知全得力明白裏頭如放行腰金猶頌青青麥 月堂昌 亂撒明珠顆顆晶走盤應不貴金聲誰家女子能針線一串穿來不剩星 慨菴全

趙州因僧問至道無難唯嫌揀擇是時人窠窟否師曰曾有人問我老僧直得五年分踈不下頌曰 象王嚬呻師子哮吼無味之談塞斷人口南北東西烏飛兔走 雪竇顯 分踈不下五年強一葉舟中載大唐渺渺兀然波浪裏誰知別有好思量 白雲端 田二 十九 五年分踈不下一句元無縫罅只知推過商量誰信分明罷價玲瓏底相知恭因底相訝寧可與曉事人相罵不可共不曉事人說話 天童覺 五年分踈不下往往又成話欄須知至道無難於此誰知縫罅 佛鑑勤 天雷如鼓雲騰致雨雨霽雲收新月一鈎至道無難唯嫌揀擇五年分踈太隔脉東海鯉魚多赤稍南山大蟲有白額 月堂昌 風雨濛濛烏雲[illegible]上山狐狸入海隨後退尋龍王不在 此歎堂史 天高地厚尋常事海闊山重更要論霹靂震摧山鬼窟獨携霜劍定乾坤 無菴全

趙州因僧問至道無難唯嫌揀擇如何是不揀擇師曰天上天下唯吾獨尊曰此猶是揀擇師曰田庫奴甚處是揀擇僧無語頌曰 似海之深如山之固蚊虻弄空裏猛風螻蟻撼於鐵柱揀兮擇兮當軒布鼓 雪竇顯 團團秋月印天心是物前頭有一輪入兀蝦蟆無出路却究天道不平勻 白雲端 金毛師子大開口門天旋地轉雷轟電奔脩羅袋膽外道亡魂含靈蠢動莫不沾恩 佛鑑勤 當門一脈透長安遊子空嗟行路難不是人前誇俏措金鎚擊碎萬重關 無菴全

趙州因僧問至道無難唯嫌揀擇纔有語言是揀擇和尚如何爲人師曰何不引盡此語曰某甲祇念得到這裏師曰至道無難唯嫌揀擇頌曰 水灑不著風吹不入虎步龍行鬼號神泣頭長三尺知是誰相對無言獨足立 雪竇顯 驅山塞海也尋常所至文明始是王但見皇風成一片不知何處有封疆 白雲端 針線工夫妙入神縱情接意一何親太平

胡越無疆界誰是俞人與比人 佛鑑懃 戲結紅錦青絲綠巧手織來成一片其中縫罅不能無争奈時人見不見 無門開 曰暖風和鶯囀新梆乘金線繫東君東君不惜無私力一點花紅一點春 無菴全 趙州因僧問如何是道師曰墻外底曰某甲不問這箇道師曰你問那箇道曰大道師曰大道透長安頌曰 知道還他老倒翁親言相指事匆匆關山路遠終須到一徑長遇君任通 投子青 趙州家風不熱設問他大道答長安有誰平步歸家去多是區區自作難 水菴一 大道透長安言端語亦端臘盡雪消去春來依舊寒 松源岳 趙州因僧問道人相見時如何師曰呈漆器頌曰 作家相見時堂堂呈漆器焉黿落漆桶也有第一義 南堂興 激石冷冷古澗陰喬松千尺帶寒青多應只看昂霄操誰把根頭有茯苓 南叟茂 道人相見問如何舉手寒溫事已多老倒趙州呈漆器岳陽船子洞庭波 趙州因僧問白雲自在時如何師曰争似春風處處閑頌曰 争似春風處處閑花開花落豈相關白雲自在猶難擬飄鼓無心滿世間 佛印元 趙州因僧問祖意教意是同是别師曰會得祖師意便是教意頌曰 波斯讀梵字實踏人作詩烏頭

彷彿附子依係竹寄不妨流水過山高豈礙白雲飛 淮堂準 趙州因與文遠行乃指一片地曰這裏好造箇巡鋪文遠便去路傍立曰把將公驗來師遂與一摑曰公驗分明過頌曰 雖然公驗各隨身去住皆由守鋪人踏破草鞋歸去後落花啼鳥一般春 佛鑑懃 大于鬧市裏山僧在百草頭擺手御街來往不怕巡火所由 鼓山珪 一正一邪一倒一起文遠趙州靴裏動指 徑山杲 鑚頭闘藍遠侍者剃腦膠盆老趙州兩箇人前誇好手面皮三寸不知羞 常菴崇 趙州因僧問如何是祖師西來意師曰板齒生毛頌曰 九年面壁自虛淹争似當初一句傳板齒生毛猶可事石人踏破謝家船 投子青 趙州與文遠論義曰闘劣不闘勝勝者輸果子遠曰請和尚立義師曰我是一頭驢遠曰我是驢胃師曰我是驢糞遠曰我是糞中蟲師曰你在彼中作甚麼遠曰我在彼中過夏師曰把將菓子來頌曰 兩陣交鋒勢莫窮信旗獵獵卷秋風遠庭不用深深入勒馬歸來却有功 慈受深 趙州老古錐家風繼金粟文遠小厮兒窟中師子吼共撫無絃琴同唱還鄉曲花簇簇錦簇簇一片好良田留你生荊棘赤腳漢趁兔著靴人喫肉 南堂興

趙州因僧問如何是佛師曰殿裏底曰殿裏者豈不是泥龕塑像師曰是曰如何是佛師曰殿裏底頌曰 酸甜鹹味本天然帶葉連枝顆顆圓南贍部洲人未識菴摩羅果信虛傳 保寧勇 不立孤危機本峻趙州老子玉無瑕當頭指出殿裏底剗盡茫茫眼裏花 雪堂行 如何是佛殿裏底出世出世間難可比萬国同歌河海清稽首拜手元是你 月林觀 一尊殿裏佛兩度放毫光準擬酬高價無疑亂慶量 蒙菴聰 趙州因學人問乍入叢林乞師指示師曰喫粥了也未曰喫粥了也師曰洗鉢盂去其僧忽然省悟頌曰 床窄先臥粥稀後坐濟濟鏘鏘瀟瀟洒洒要會趙州洗鉢盂了事沙弥消一箇 泉大道 梅花落盡杏花披未免春風著出袂一氣不言含有象萬靈何處謝無私 白雲昺 粥了令教洗鉢盂麁心往往更心麁直饒到此分明了也是平生不丈夫 佛陀遜 趙州喫粥話尋常問禪客心若不負人面上無慚色 寶蓋智 喫粥了也洗鉢盂家常逐日最相於西來何處丰零落六祖癡頑不讀書 三祖宗二 乍入叢林仲一問鉢盂洗却更何疑從前官路無迂曲底事游人不見歸 乍入叢林乞指示大施門開無擁滞往往靈山受記人未有如斯箇次第 正覺

逵 粥了尋常洗鉢盂柰何依樣畫葫蘆靈光
洞徹河沙界是則名爲大丈夫 雲居祐 喫粥
了洗鉢盂何曾指示曹溪路謗言隨衆三十
年記得展單忘却筯 稱無爲 之乎者也衲僧
鼻孔大頭向下禪人若也不會問取東村王
大姐 港堂準 粥了令教洗鉢盂趙州此語不
相辜茫茫宇宙人無數幾箇男兒是丈夫 慈
受深 粥了令教洗鉢盂豁然心地自相符而
今枲飽叢林客且道其間有悟無 天童覺 乍
入叢林問作家由來枯木別抽芽鉢盂洗了
相逢著又得濃烹一椀茶 長靈卓 大隱居塵
小隱山世人無路得相干五湖禪客朝朝用
誰鮮田頭子細看 草堂清 叢林乍入問來由
喫粥無過洗鉢休有意氣時添意氣不風流
處也風流 開福寧 宗師垂手貴天真肯事雕
蟲篆刻新只向平田淺草處等閑推出玉麒
麟 佛性泰 推窮物理成家計會合時機便識
心多謝春風無屋潤貧家桃李也成陰 讓圓
田二　廿二求
元 開單展鉢每相親十二時中處處真直下
要明端的旨韶陽句外露全身 保寧勇 喫粥
了也未誰道趙州有指示粥後還教洗鉢盂
敢問諸人悟也無趙州老熟爲儔把斷要津
水逆流伶俐衲僧纔眨眼釣魚船子下楊州
龍門遠 趙州指示洗鉢盂衲子本馳枉費工

日用不知何處覓分明說向似盲聾 南堂興
喫粥了也洗鉢盂已是分明說向渠有時冷
地思量著點鐵成金舉世無 月林觀 十方通
透八面玲瓏駿駒顧影狐兔潛蹤 尼無著總
粥了令教洗鉢盂鐵船無底要人扶片帆高
掛乘風便截海須還大丈夫 嵩庵傑 乍入叢
林乞師指示拈出鉢盂令去洗行盡千山與
萬山回頭撞著自家底不須指不須洗烜爀
靈光照天地而今高掛在虛空長靈室內展
脚睡 文殊道 相逢陪酒又陪歌醉倒家中要
我馳驅到家中猶罵詈不知醒後又如何 旦
庵仁 只爲分明極反令所得遲早知燈是火
飯熟也多時 無門開 鶴立松梢月魚行水底
天風光都占斷不費一文錢 息庵觀 只將乍
入來伸請一到叢林志便高喫粥了也洗鉢
去宗師不用更忉忉 橫川珙

禪宗頌古聯珠通集卷第九　田二

禪宗頌古聯珠通集卷第十　田三

僧錄司右闡教兼靈谷禪寺住持淨戒　重校

祖師機緣

六祖下第四世　趙州諗三十四則

附京兆寬一則　芙蓉訓二則　大梅佛一則

普化六則　秘魔岩一則　秖林一則　公畿一則

趙州因僧問久嚮趙州石橋到来只見畧彴師曰汝秖見畧彴且不見石橋曰如何是石橋師曰度驢度馬頌曰

趙州石橋本無星急水游魚不易停橋上只觀驢馬迹誰人敢向御街行北塔祚

孤危不立道方高入海還須釣巨鼇堪笑同時灌溪老解云劈箭亦徒勞雪竇顯

我愛趙州對揚灑灑僧問石橋度驢度馬碧眼胡僧笑點頭其餘誰是知音者地藏恩

異類渠行李心真出語親隨流自得妙到岸不迷津京北府天寧琏

長鯨已厭浪頭飛跛鼈橋邊尚碾泥度馬度驢難解會綠楊影裏路東西地藏恩

趙州石橋只見畧彴度驢度馬應病與藥換步移身在富全貧當頭如認著東魯問西秦月堂昌

趙州聞沙弥喝衆向侍者曰教伊去侍者乃教去沙弥便珎重師曰沙弥得入門侍者在門外頌曰

得入門在門外說向人人不會更高聲我耳背鼓山珪

瑟瑟風松蕭蕭雨檜師子咬人韓驢逐塊徑山杲

趙州因僧問狗子還有佛性也無師曰無曰上至諸佛下至螻蟻皆有佛性狗子為甚麽却無師曰為伊有業識性在　又問狗子還有佛性也無師曰有曰既有為什麽入這皮袋裏来師曰知而故犯頌曰

大用全機得自由有無雙放却雙收幾多業識逢人犬從此時時憶趙州佛印元

少年學解昧宗途老倒依還滯有無古佛純金誰辨色惑為機智競躊躇圓通秀

有無雙放復雙收趙老機關世莫儔試上海門高處望千江萬派盡東流普融平

趙州口裏有雌黄句下誰人見短長堪笑幾多逐塊狗夜深無故吠虗堂慈受深

道有道無無剩語千呼萬喚不回頭尋香逐氣隨他去空使流光蹭蹬秋成枯木

有佛性無佛性正却倒倒却正踏破澄潭水拘折無星秤火熱水面紅檝從空裏釘肯類盲龜嚙死蛇一對牙關緊咬定正覺逸

趙州古佛言言中的話有話無燕金趙璧更有布衫重七斤天上人間無價直地藏恩

佛性分明朓有無醋酸何用掛葫蘆薄霧輕烟留不住扁舟已過洞庭湖晧堂達

狗子佛性無狗子佛性有從来只向兩頭走未能一鏃破雙関業識依前還作狗本覺二

狗子佛性有毘盧受飲弥勒酒狗子佛性無文殊醉倒普賢扶扶到家中全酩酊胡言漢語罵妻奴正堂辯

無直路却縈紆趙州東壁上依舊挂葫蘆有張公喫村酒李公醉不醒面南看北斗石菴玿

狗子佛性無斫額路上逢子胡業識性在遭一口大地全無碧眼胡狗子佛性有[illegible]千株桝知而故犯可憐生一一面南看北斗無菴全

狗子佛性全提正令纔涉有無喪身失命無門開

趙州因僧問狗子還有佛性也無師曰無頌曰

言有業識在誰云意不深海枯終見底人死不知心真淨文

趙州露刃劒寒霜光燄燄更擬問如何分身作數段五祖演

力壯年高膽更雄清風隨虎雲從龍喔咮無限尋聲跡掛角羚羊不見蹤寶峯祥

宣德門前過回頭便招禍若要無事時且歸堂裏坐鼓山珪

有問狗佛性趙州荅曰無言下滅胡族猶為不丈夫徑山杲

狗子無佛性慈悲似海深尋言逐句者埋沒丈夫心疎山如

狗子佛性無實劒出覌模落在将軍手橫按立當途楚安方

問頭既實荅亦堪誇洛陽雖好争似我家趙州苦口太饒舌儂家信手摘楊花大溈智

趙州狗子無佛性七佛如来合掌聽須弥戈嶨舞三臺海水騰波行正令南堂興

趙州狗子無佛性萬疊青山藏古鏡

赤脚波斯入大唐八臂那吒行正令（徊翁贊）
乙己大人伍叢林為冦讎利牙如劒戟生殺
有来由（[illegible]）至道無難言端語端趙州開
口露出心肝（無中）滑連馬連人傍一刀雷空
逆血湧波濤千千萬萬人爭看誰解分朋盜
脫毛（中菴空）鐵壁銀山一箭穿過寮倒趙州
口能招禍（尼無著總）狗子無佛性全提摩竭
令絶擬犯鋒鋩喪却窮性命（潛菴光）貧無所
依兩親相擊旱地雷聲青天霹靂（或菴體）狗
子佛性無老蚌吐明珠西川鳴杜宇江南啼
鷓鴣（文殊道）趙州狗子無佛性當空掘出秦
時鏡光明渾不見星兒上下四維俱徹睽（誰
菴演）狗子無佛性殺人便償命若痛萬千販
回邪却打正（密菴傑）大食波斯飲白醆停停
把柂萬人魁逆風使過黃牛峽不問瞿塘灩
澦堆（東山空）狗子無佛性打破大圓鏡七九
六十三一切智清淨（或菴鑒）狗子無佛性羅
睺星入命不打殺別人被人打殺定（南書記）
狗子佛性無門上釘挑符千邪俱不入百怪
盡消除（松源岳）狗子無佛性泥捏箇大聖不
是泗州人說著也不信（別峯雲）狗了無佛性
勸君不用擧欲透萬重關須是千鈞弩（[illegible]菴）
二十四州鐵鑄成一箇錯颺在大街路無人
蹭蹬著（印菴然）狗子佛性無還他大丈夫是

非雖入耳東壁挂葫蘆（朴翁銛）無之一字稍
人無數多少英雄橫屍當路（鐵山仁）二八佳
人刺繡遲紫荊花下囀黃鸝可憐無限傷春
意盡在停針不語時（物堂仁）利刀截斷命根
跳出狐群狗隊拈起萬嘏蒺蔾鐵額銅頭粉
碎（石菴璉）趙州曰無崖崩石裂未擧先知只
淂一橛（少室睦）狗子佛性趙州無呂公一箇
藥葫蘆挼来醫却人間病大死一回方見渠
（葛廬覃）狗子無佛性干将入楚庭一揮三首
落千古淂虛名（千峯琬）
京兆寬曰問狗子還有佛性也無師曰有曰
和尚還有也無師曰無曰一切衆生皆有佛
性和尚為甚麼却無師曰我非衆生曰既非
衆生莫是佛否師曰不是佛曰畢竟是何物
師曰亦不是物曰可見可思否師曰思之不
可及見之不可議是名不可思議頌曰（拈
卻這僧問去却京兆答浩歌歸去来清風遍
六合（五祖演）裂破須弥鼻孔踏反大海乾坤
面前百千諸佛盡是我家兒孫（楚安方）
趙州問一婆子甚麼處去曰偷趙州筍去師
曰忽遇趙州又作麼生婆便與一掌師休去
頌曰彎弓直勢射難當陥虎之機理最長雖
是貪他一粒米誰知失却半年粮（淨印信）趙
州筍被婆偷去遭摑如何肯便休合出手時

須出手滑抽頭處且抽頭（野軒遵）趙州老𤕏
箇賊當面勘渠返遭一摑賊不成罪歸己天
下衲僧知幾幾（地藏恩）趙州挨撥老婆時迎
渠難施盡[illegible]肩却被老婆揮一掌從来多事
落便宜（[illegible]）從衆柔弱勝剛強捉賊分明
已見賊當下被他揮一掌猶如啞子喫生薑
（佛燈[illegible]）虎穴魔宫到者稀老婆失脚人懷疑
趙州喫掌無人會直至如今成是非（[illegible]）
道遼去若丘山重来如一羽輕去来無別路
傾蓋白頭新（瞎堂遠）一路雄兵犯界河煙塵
塞路絶人過安邦賴有張良在畫角城頭唱
楚歌（雪竇宗）驟馬加鞭上酒樓何如坐地看
楊州是非長短俱裁了鼠竊終難似狗偷（無
準範）相見又無相觸忤攔腮便掌不相饒思
量箇様無滋味莫是趙州身命招（[illegible]）
趙州示衆曰看經也在生死裏不看經也在
生死裏諸人且作麼生出得去僧便問只如
俱不留時如何師曰實即淂若不實爭能出
淂生死頌曰看經也在生死裏飯羅裏坐無
喫底不看經也在生死裏錦衣堆裏無著底
忽然烏鵲叫一聲反身踏翻渾家喜休擬議
如今抛向衆人前千手大悲提不起
趙州問新到曾到此間麼曰曾到師曰喫茶
去又問僧僧曰不曾到師曰喫茶去後院主

問曰為甚麼曾到也云喫茶去不曾到也云
喫茶去師召院主主應喏師曰喫茶去頌曰
趙州有語喫茶去天下衲僧揔到来不是石
橋元底滑喚他多少衲僧冋汾陽昭見僧被
問曾到此有言曾到不曾来留坐喫茶珎重
去青煙時換緑紋苔 投子青 趙州有語喫茶
去明眼衲僧皆賺舉不賺舉未相許堪笑禾
山解打鼓 雲峯悅 曾到還將未到同趙州依
舊展家風近来王令關防緊從此人情總不
容 佛印元 趙州驗人端的處等閒開口便知
音覿面若無青白眼宗風爭得到如今 黃龍
南 一甌茶自振家風遠近高低一徑通未薦
清香往来者誰諳居止院西東 照覺總 此間
曾到不曾到人義人情去喫茶院主不知滋
味好却来争看盞中花 佛國白 蔡林宗匠實
難加臨事何曾有等差任是新来將舊住殷
勤只是一甌茶 正覺逸 三等擎甌禮数全一
般平挹更無偏石橋破院無珎味且夾油麻
一例煎 佛慧泉 寶匣龍泉發夜光寨家長掛
在處堂四来高客如相訪茶罷休勞話短長
大溈秀 趙州喫茶話自古至及今易聞終始
口難保歲寒心 雪蓋智 相逢盡道喫甌茶大
抵風流出當家休問曾到未曾到自有行人
滿路誇 疎山常 驪珠絕纇玉無瑕馬載驢馱

帝子家曾到不曾休擬議與君同泛一甌茶
羅漢南 箇中滋味若為論大展家風說早春
三度口行人事了這回莫道不沾唇 佛鑑勤
趙州一甌茶驗盡當行家一期雖自好爭免
事如麻 龍門遠 趙州滋味最為親覿面承當
有幾人三度傳来親切處馨香滿口又全真
雙安方 三等接人喧海宇一茶驗客播叢林
高山流水深深意不是子期誰賞音 雲巖因
高下来相訪只點一甌茶人情厭踈淡骨肉
生冤家 爭似盧仝閉關自煎喫餐輕汗平
生不平事盡向毛孔散 石碧明 趙州喫茶宗
門奇特到與不到正白拈賊 黃龍新 曾到不
曾到且喫一盃茶待客只如此冷淡是僧家
北菴忠 曾到喫茶去未到喫茶去趙州老禪
扎口甜心裏苦心裏苦直至如今無雪處 慈
受深 趙州喫茶我也怕他若非債主便是冤
家何牆靠壁成羣隊不知誰解辨龍蛇 應菴
華 百尺竿頭聽布巾上頭題作酒家春相逢
不飲空歸去洞裏桃花笑殺人 自得暉 人来
訪趙州唯道喫茶去無端院主不惺惺更與
一甌令醒悟 本覺一 趙州三度喫茶禾山打
鼓難比休於句下尋求識取口中滋味若識
得觀音院裏有弥勒 佛性泰 曲盡周遮禮數
頻苦茶何用勸三巡鼻中若有通天竅終不

回頭問別人 文殊道 曾到未到普請喫茶口
甜似蜜心毒如蛇 淨菴淨 趙州喫茶逆抜毒
蛇虛空落地鐵樹開花夜叉羅刹弥勒釋迦
改頭換面無窮数莫道風流出當家 普菴土
趙州喫茶去毒蛇横古路踏着乃知非佛也
不堪作 松源岳 趙州老漢熱心腸一盞甌茶
驗當行回首路傍橋斷處白蘋紅蓼映斜陽
斷第琰 趙州逢人喫茶誰[illegible]事出急家友手
作雲作雨順風撒土撒沙引得洞山無意智
問佛也道三斤麻 無禪才 趙州曰僧問萬法
歸一歸何所 師曰老僧在青州作得一領
布衫重七斤頌曰 綿擗曾挨老古錐七斤
衫重幾人知而今抛向西湖裏下載清風付
與誰 雪竇顯 七斤衫重豈難提日出東方夜
落西一轉珊瑚枝粉碎轟轟雷雨滿山溪 白
雲端 獨坐獨行真竭斗無規無矩老禪和四
方八面難拘檢天下誰能奈你何 保寧勇 問
來親切布衫酬指出青州是舊遊皓月當空
澄巨浸鯨鯢無奈不吞鉤 照覺總 趙州布衫
重七斤問處分明荅處親大地山河都蓋却
誰是當機裁剪人 文殊道 七斤衫重絕纖埃
妙手何人解剪裁堪笑東村王大伯滿身風
雨入門來 普融平 青州七斤衫盡力提不起
打破趙州關總是自家底 徑山杲 趙州老對

面人難曉一歸何處青州布襖金蝦琉璃碌
碌碼磁 龍牙言 夜半墨漆黑提得一箇賊點
火照來看元是王大伯 鼓山珪 等閑提起七
斤衫多少禪流著意著盡向青州作窠窟不
知春色正江南 遯菴演 鑊湯無冷地黃河鯤
底流金剛難插嘴腦後掛燈毬 或菴體 攪到
懸崖撒手時七斤衫重有誰知寒來暑往渾
無用掛在趙州東院西 石菴玿 當機覿面提
覿面當機疾開眼放癡頑鞭逼人上壁 北磵
簡 趙老七斤衫提來用恰好若更問如何且
去青州討 斷橋倫 趙州在東司上見遠侍
者過纂召文遠遠應諾師曰東司上不可與
汝說佛法頌曰　老僧正在東司上不將佛
法為人說一般屎臭栴檀香父子之機俱漏
泄 鼓山珪 趙州有密語文遠不覆藏演出大
藏教功德實難量 徑山杲 東司上不說佛法
喚來與伊劈面踏不用重論報佛恩將此深
心奉塵剎 無菴全 明明道不說此理憑誰識
春風一陣來滿徑花狼籍 蒙菴聰
趙州因真定帥王公攜諸子入院師坐而問
曰大王會麼王曰不會師曰自小持齋身已
老見人無力下禪床王尤加禮重翌日令客
將傳語師下禪床受之侍者曰和尚見大王
來不下禪床今日軍將來為甚麼却下禪床

師曰非汝所知第一等人來禪床上接中等
人來下禪床接末等人來三門外接頌曰
上等接人了無回互據坐堂堂是何謂度師
王用處若軒昂為渠拽倒破禪床 天目禮 跏
趺迎上客曲彔對旌幢不是家風別他居禮
樂鄉 西巖惠 折脚禪床接斷薪猶堪偃首揖
高賓明知列土熏天富難鬬他家徹骨貧 石
溪月 人王爭似法王尊不下禪床接上根休
說君臣猶有間入山先要主賓分 月坡明 趙
州三等見人未舉已先話墮都銜喚得便回
頭也是大蟲看水磨 枯禪鏡 禪床不下不權
身自小持齋到老人只有箇牙堪喫飯那知
世有大王尊 閑極雲 趙州因侍者報大王
來也師曰萬福大王者曰未到在師曰又道
來也頌曰　報客傳言信已通叉手低頭便
鞠躬對面一雙清白眼當頭蹉過住山翁 楚
安方 侍者來言報大王趙州曾措下禪床憐
兒不覺傍觀醜爭柰全身在帝鄉 天童覺 一
句機鋒無價萬福承當不下看他拈尾作頭
又道大王來也 楮衲秀 驊子驚駘滿道途皮
毛孰敢辨精麤若無伯樂當時鑒失却追風
千里駒 慈受深 許由臨岸洗耳巢父不飲牛
水侍者親入帝鄉趙州只在草裏 南嵩勝 來
也宮殿隨身去也笙歌滿路侍者白頭如新

趙州傾蓋如故 別峯印　趙州到一菴主處
問有麼有麼主竪起拳頭師曰水淺不是泊
船處便行又到一菴主處問有麼有麼主亦
竪起拳頭師曰能縱能奪能殺能活便作禮
頌曰　問荅元來總一般當頭一著莫顢頇
將軍自有佳聲在不得封侯也是閑 佛鑑昱
疋馬單鎗戰祖關死生只在剎那間趙州最
是難容漢菴主當頭楔兩拳 文殊道 無星秤
子兩頭平提起應須見得明若向箇中爭分
兩知渠錯認定盤星 佛性泰 趙州老漢少喜
多嗔不會為客勞煩主人 湛堂準 虎步龍驤
徧九垓會從平地起風雷等閑喚出菴中主
便見千江水逆回 佛心才 老作叢林是趙州
兩拳提起不輕酬無星秤在當人手斤兩都
盧在裏頭 楚安方 五陵公子爭誇富百衲高
僧不厭貧近來世俗多顛倒秖重衣衫不重
人 三聖昌 上菴竪起拳頭趙州左眼半斤下
菴竪起拳頭趙州右眼八兩君看陝府鐵牛
何似嘉州大像若謂總涉誵訛露柱燈籠合
掌 慈受深 換手搥胷哭老爺棺材未出死屍
斜不如掘地深埋却管取來年喫嫩茄 晦堂
遠 菴主當年用得親衲僧眼裏要生筋趙州
舌有龍泉劍開口等閑疑殺人 白洋順 水淺
不是泊船處能縱能奪自有據一鎚擊碎兩

重関填溝塞壑無回互无錄書總菴主拳頭
拳處親趙州話會指西秦知音不在千盃酒
一盞空茶也醉人　順水張帆逆風把
柂釣盡江波不出者箇月林觀菴主拳頭沒
兩般趙州平易作艱難叢林多少杜禪衲誰
解出頭天外看鉄山仁閃爍旌旗驟往来幾
人遥望起疑猜此時若得樊公脚一踏鴻門
兩扇開無準範　趙州因文遠侍者在佛殿
禮拜次師見以拄杖打一下曰作甚麼曰禮
佛師曰用禮作甚麼曰禮佛也是好事師曰
好事不如無頌曰　文遠脩行不落空時時
瞻禮紫金容趙州拄杖雖然短分破華山千
萬重徑山果　禮佛無端撞趙州却將知見作
冤讎如今四海平如掌雲自高飛水自流照
堂一　只知瞻禮紫金容不覺腦門遭霹靂平
生心膽向人傾相識還同不相識蒙菴聰
趙州因僧問如何是趙州師曰東門西門南
門北門頌曰　句裏呈機劈面来爍迦羅眼
絕纖埃東西南北門相對無限輪鎚擊不開
雪竇顯　四廓関鎮趙州幾於城下起戈矛
將軍戰馬今何在野草閑花滿地愁照覺總
抽裏金鎚一擊開東西南北絕纖埃石橋南
畔臺山路報你游人歸去来普融平　豁達門
開入趙州東西南北任遨游龍樓鳳閣依然

在失却来時好路頭羅漢南　四門開豁往来
游脚下分明到地頭四五百條花柳巷二三
千處管絃樓圓通仙　趙州老有一訣四門開
路頭徹入門来明皎潔出門去莫漏泄通一
綫為君說元正日太平節黄龍新　者僧問趙
州趙州荅趙州淂人一馬還人一牛人平不
語水平不流受恩深處先宜退得意濃時正
好休徑山果　南北東西老趙州見人騎馬也
騎牛清風月下尋歸路夫子門前問孔丘瞎
堂遠　趙州因僧問初生孩子還具六識
也無師曰急水上打毬子僧却問投子急水
上打毬子意旨如何子曰念念不停留頌曰
六識無功伸一問作家曾共辨来端茫茫急
水打毬子落處不停誰解看雪竇顯　初長嬰
兒急水毬衲子隨波卒未休若問德山行正
令何似當時問趙州天衣懷　何謂識兮還具
六八萬四千殊不足初生孩子尚喃喃急水
打毬攔口塹白雲端　朝日忙忙打箇毬生来
念念不停留若知落地無蹤跡始會雲門六
不收慈受深　急水打毬子念念不停留来能
全六識先見轉雙眸紹續門風只這是不須
向外更尋求佛性泰　初生孩子始徒然六識聰
明心性巧急流水上打毬子出出沒沒人不
曉既為掌上珠須作家中寶好老趙州恁麼

道佛鑑勤　趙州因僧問和尚姓甚麼師曰
常州有曰甲子多少師曰蘇州有頌曰蘇州
有常州有須信親言出親口趙州古佛豈徒
然世界壞時渠不朽若能於此究根源決定
西南看北斗雪竇顯　常州有蘇州有吃嘹舌
頭師子吼壽山高兮福海深八十一兮九箇
九若能直下便回光千古萬古名不朽佛鑑
勤　常州有福州無江風作惡浪花麄不用刻
舟徒記劍片帆已過洞庭湖淨巷淨　蘇州有
常州有未到蘇常不知有既到蘇常何處有
令人不識古人意空向城中顛倒走退菴奇
蘇州有與常州有三月江南啼鷓鴣堪笑有
年無德漢被人拶着強分疎退耕寧
趙州問一座主講什麼經曰講涅槃經師曰
問一段義得否曰得師以脚趯空吹一吹曰
是什麼義曰經中無此義師曰脫空謾語漢
此是五百力士揭石義便道無頌曰一趯方
令地軸反一吹還又轉天関講師不識圓陁
義空捨前山過後山主堂居上　揭石徒來義
不同洪波深處逞神通高標不在蘆花岸隊
隊雙雙趁曉風獣堂定　趙州因僧問十二
時中如何用心師曰汝被十二時辰使老僧
使得十二時乃曰兄弟莫久立有事商量無
事向衣鉢下坐窮理好老僧行脚時除二時

粥飯是雜用心處除外更無別用心處若不如是大遠在 頌曰 百年三萬六千日一日朝昏十二時使殺老僧渾不管不知鬧裏有誰知 鼓山珪 使得十二時辰呼來却教且去倚官挾勢欺人茫茫無本可據 徑山杲 鍾送黃昏雞報曉趙州何用閑煩惱裂破虛空作兩邊古廟香爐出芝草 雪菴瑾 安貼邦鄉老趙州時辰使得最風流今朝有酒今朝醉明日愁來明日愁 野菴璇

趙州在南泉井樓上打水次見南泉過便抱柱懸却脚曰相救相救南泉上胡梯曰一二三四五師少頃却去禮謝曰適來謝和尚相救 頌曰 南泉趙州用最密後人不了轉尋覓往返之言子細看二人把手並頭立 汾陽昭 趙州自作自受南泉外頭相救直饒數目分明也是私路上走 月堂昌 描不成塑不就樓上懸身叫相救南泉敲處有來由一段風流如錦繡阿呵呵一二三四五大蟲咬猛虎 訥堂思 等閑施設豈徒然平地波瀾欲浸天更向胡梯敲數下免教失脚墮黃泉 佛性泰

趙州曰在殿上過乃喚侍者者應諾師曰好一殿功德者無對頌曰 殿上從來好功德如何侍者却疑惑趙州露出赤心肝問著依然墨漆黑 黑堂 殿上喚來先應諾不知業識太茫茫雖然功德已成就爭奈當初不放光 鼓山珪 好一殿功德總是過去佛百福相嚴身不使旃檀雕日日香煙夜夜燈看來當甚乾蘿蔔 徑山杲

趙州因到臨濟方始洗脚濟便問如何是祖師西來意師曰正值老僧洗脚濟乃近前側聆師曰若會便會更啗啄作麼濟拂袖去師曰三十年行脚今日為人錯下註脚頌曰 洗脚處更不安排側聆時非是啗啄趙州臨濟二老人相見何勞下註脚 鼓山珪 一人眼似鼓椎一人頭如木杓兩箇老不識羞至今無處安著 徑山杲 臨濟趙州禪林宗匠特地相逢恰似撲相撞見今時行脚僧呼為兩箇閑和尚 雪菴瑾

趙州見僧來便面壁書梵字僧展坐具禮三拜師轉身僧收坐具出去師曰苦苦僧呵呵大笑頌曰 苦苦向誰語發機要是千鈞弩三十三天撲帝鍾大地山河俱作舞 典牛游 苦苦苦中苦樂中苦誰道黃金如糞土象骨老師曾輥毬秘魔扠下捉老鼠 應菴華 苦中樂樂中苦趙州這僧俱欠悟直饒徹根源也是泥中洗土 佛照光 不昧當陽第一籌臨機拳趯不輕酬蕉磚打著連底凍赤眼撞著火柴頭 拙堂闕

趙州到雲居居云老老大大何不覓箇住處師曰什麼處住得居云前面有古寺基師曰興麼即和尚自住取師又到茱萸萸云老老大大何不覓箇住處去師曰什麼處住得萸云老老大大住處也不識師曰三十年弄馬騎今日却被驢撲頌曰 展陣開旗各運謀箭鋒相敵未輕休等閑露出廻身句直得千江水逆流 拙堂 開突出山前古寺基趙州聞得便攢眉寨寨今古無人共一片斷雲天外飛 率菴琮

趙州因僧問二龍爭珠誰是得者師曰老僧只管看頌曰 風雲頭角黑粼皴苦死交爭額上珠淨洗眼來閑地看老僧未免費精神 圓悟勤 珠在浪花深處白拏雲攫霧志悠哉老僧秖管從邊看得失從渠眼自開 笑菴徵

趙州因僧問如何是祖師西來意師曰欄中失却牛頌曰 欄中失却牛有問即有訓更若求玄妙糊孫繫氣毬 慈雲照

趙州上堂纔有是非紛然失心還有荅話分也無僧舉似洛浦浦扣齒又舉似雲居居曰何必僧回舉似師師曰南方大有人喪身失命曰請和尚舉師纔舉前語僧指傍僧曰這箇師僧喫却飯了作恁麼語話師休去頌曰 坐底見立底立底見坐底咄哉老趙州白日眼見鬼 無相範

趙州因僧問如何是南泉真師下禪床立僧曰如何是和尚真師上禪床坐頌曰 師下禪床立神號并鬼泣師上

禪床坐龍蟠并虎卧一梃打與兩分張拈起元来是雙破本覺一 趙州曰一秀才云和尚是古佛師曰秀才是新如来頌曰 廣寒宫殿净無埃已是逢君八字開卌柱不須零碎折寺開和樹技將来南叟茂 趙州因僧問毫釐有差時如何師曰天地懸隔僧去毫釐無差時如何師曰天地懸隔頌曰 毫釐有差天地隔毫釐無差天地隔隔不隔俱端的但能信手摘楊花須會風生庭前柏趙州關好標格曹溪路上没蹤跡長靈卓 一道如弦直長安信已傳萬邦皆入貢四海息狼煙掩室開 趙州因僧問路逢達道人不將語默對未審將甚麽對師曰人從陳州来不得許州信頌曰 淵淵彎弓射不著長長揮劒斫無痕堪笑日月不到處箇中別是一乾坤大溈什 病饕餮藥訪良醫醫使元饕藥治之病去藥回滋味別舌頭具眼者方知佛性泰一 世有逃形畏影人奔程告訴謗神若知形影元無二坐對高堂秋月輪 趙州因僧問南泉遷化向什麽處去師曰東家作驢西家作馬頌曰 脱得驢頭戴馬頭東家西家卒未休問君還有幾多愁恰似一江春水向東流懶菴樞 趙州示衆曰此間佛法道難即易道易即難別處難見易識老僧這裏即易

見難識若能會得天下横行頌曰 識不識見非見說易說難如油入麪松源岳 趙州臨順世令僧持拂子與趙王曰若問何處得来便說此是老僧平生用不盡底頌曰 一生受用應無盡這箇都来有幾莖分付趙王千古在任他南北競頭爭保寧勇 趙州因僧問如何是祖師西来意師曰冬至一陽十六 生頌曰 柳色黄金嫩梨花白雪鬪若解知時節冬至一陽来圓悟勤 鐵樹開花千萬朶石頭抽笋兩三莖泥塑金剛開口咲明朝冬至一陽生佛鑑勤 柳色黄金嫩梨花白雪香若知春氣力特地好風光龍門遠 冬至一陽生乾坤通一線可憐無限人不識娘生面徑山杲 福州芙蓉山靈訓禪師嗣歸宗 師一日辭歸宗宗問甚麽處去師曰歸嶺中去宗曰子在此多年裝束了却来為子說一上佛法師結束了上去宗曰近前来師乃近前宗曰時寒途中善為師聆此言頓忘前解頌曰 八十婆婆學畫眉癡心欲比少年時一朝打破當臺鏡始信從前萬事非慈受深 芙蓉一日訪同叅實性大師陞堂以右手拈拄杖倚左邊良久云此事若不是芙蓉師兄大難委悉便下座頌曰 陪盡老精神杯盤越樣漸誰知村酒店難勸御樓人西堂忠

五臺山大禪佛智通禪師嗣歸宗 師初在歸宗會下忽一夜連叫曰我大悟也衆駭之明日上堂衆集宗曰昨夜大悟底僧出来師出曰某甲宗曰汝見甚麽道理便言大悟試說看師曰師姑元是女人作宗異之頌曰 悟来不在若多端解了都由醬尓問定道師姑女人作癡人積雪作銀山汾陽昭十七 半夜高聲似少神箇中明白有蹤親如今隨例傳其響也道師姑是女人保寧勇 五月炎威當酷熱浹背汗流無處說匝地清風劈面来大禪眼裏重添屑草堂清 童子學順朱赤處背横黑若將白紙来一點下不得若下得翻成紙上塗壓墨黄龍震 悟了還同未悟時何須更說與人知賊贓敗露無藏處便道師姑是女兒大洪遂 驚衆連聲叫悟由了知諸聖不相投師姑元是女人作有何佛祖向心頭延壽忠 師姑元是女人作百衲禪僧多罔措應回沙塞口喃蘆燕繞紅淤渾不顧破菴先 鎮州普化和尚嗣盤山 師初於盤山處密受真訣而佯狂出言無度暨盤山順世乃於北地行化或城市或塚間振鐸曰明頭来明頭打暗頭来暗頭打四方八面来旋風打虚空来連架打一日臨濟令僧捉住曰摠不恁麽来時如何師拓開曰来日大悲院裏有齋回

舉似臨濟濟曰我從來疑着這漢頌曰 老倒分明兩路差箭鋒相拄勿喎斜龍蛇混雜人難辨白日長空下雪花 汾陽昭 明暗俱打誇無上擒住方知無伎倆伎倆無亂稱呼至今誰解辨真虗 海印 高堂公子醉夢陸亂撒明珠發異光一擲輸贏誰辨得淄澠骰子不成雙 佛智裕 娑羅須要逞聰明金牓何曾得掛名捋下幞頭歸去好莫騎驢子傍人門 鼓山珪 不是風兮不是顛長街短巷走如烟院裏有齋常記得時時掛在口皮邊 布袋遠 旱天忽震數聲雷遠近飛雲若往來甘雨未曾施一點返將風勢卷將回 雲峯悅 一撈銀山鐵壁摧大悲院裏趕村齋善財拄杖如無用乞與佯狂老萬回 水菴一 水急魚行澁峰高鳥不棲世情看冷暖人面逐高低 松源岳 以此振鈴伸召請旋風連架打將來大悲院裏邏齋去肘露皮穿可怜我 天目禮 擺鐸搖鈴

十八

恣賣乖大悲院裏趕村齋河陽木塔休穿鑿

回三

是甚堂前破草鞋 笑翁堪 大用全提作者知燦迦眼活電光遅大悲院裏翻身處臨濟甘為小廝兒 古曲齊 明日大悲院裏齋鐵圍山岳盡衝開豬頭象鼻烏觜魚腮石人撫掌呵呵笑寒山拾得在天台 石菴玖 普化當暮入臨濟院喫生菜濟曰這漢大似一頭驢師便作驢鳴濟謂直歲曰細抹草料着師曰少室人不識金陵又再來臨濟一隻眼到處為人開頌曰 十字街頭金鐸鳴塞驢生菜恣膨脝狂𨁝筋斗盤山怪踢倒飯床臨濟驚非眼未開真瞎漢兩頭俱打霹靂聲鎮人何必揭棺看會得來時即去程 野軒遵 先師會裏呈真處臨濟堂前喫菜時連此三回露栓索咄這沩臺盤乞兒 佺山果 草裏相逢亦冒交鋒一陣疾如飛東西旗號渾相似試問何人得勝歸 上方益 一箇驢鳴兩箇賊堪與諸方為軌則正賊草賊不須論大施門開無壅塞 佺山果 臘噇生菜似頭驢臨濟堂前說敗渠聳耳長鳴隨踢踏不知業債倩誰除 天目禮 普化見馬步使出喝道師亦喝道作相撲勢馬步使令入打五棒師曰似即似是即不是頌曰 混俗和光用最難相逢正是兩風顛雖然大化無方所俗官且不是僧官 汾陽昭 機境相投是妄真入河漸漸見長人受

十九

屈遭他一頓棒元來不是好官人 江陵柔階

回三

頭放下劍初鈴相撲呼他馬使名五棒打來無雪處却言渠不是官行 天目禮 普化一日同臨濟赴施主家齋濟問毛吞巨海芥納須弥為復是神通妙用為復法尔如然師遂踢倒飯床濟云太麄生師云這裏什麼所在說麄說細濟休去次日又同赴一施主家齋濟問今日供養何似昨日師又踢倒飯牀濟云太麄生師云瞎漢佛法說甚麼麄細濟乃吐舌頌曰 要識真金須入火再三鍛煉見精麄上行買賣不饒讓好物從來價自殊 海印信 相逢一瞎一麄生齋主渾家喪膽驚誰識二尊龍象駕毗盧頂上等閑行 野軒遵 蘭羞供養不尋常兩度遭伊踢飯床總似這般無禮漢將何因果利存亡 上方益 掣顛掣狂普化張口吐舌臨濟共展大機大用漏泄祖師關捩南山鱉鼻添牙焦尾大蟲插翅 南堂興 入海須是崑崙得珠還他罔象飯林兩次邏翻這漢是甚驢養 典牛游 臨濟慣白拈普化慣掣顛一場好笑具後世作三玄 別峯印 普化踢倒飯床臨濟大張其口放出踞地金毛獅得須弥倒走通身是眼鑑不徹通身是口只隨後不隨後實劒出匣風雷吼塗毒策 普化因臨濟一日同河陽木塔在僧堂地爐內坐正說師每日在街市掣風掣顛知他是凡是聖師曰你道我是凡是聖濟便喝師指河陽木塔曰河陽新婦子木塔老婆禪臨濟小廝兒却具一隻眼濟曰這賊師曰賊賊便出去頌曰 騏驥駑駘辨者稀淺深毛色混同之若無伯樂垂精鑒千里追風不易騎 海

印信普化初將示滅乃入市謂人曰乞我一
箇直裰人與被襖或與布裘皆不受振鐸而
去臨濟令人送與一棺師笑曰臨濟廝兒饒
舌便受之乃辭衆曰普化明日去東門死也
郡人相率送出城師厲聲曰今日葬不合青
烏明日南門遷化人亦隨之又曰明日出西
田三　廿
門方吉人出漸稀出已還返人意稍怠第四
日自擎棺出北門外振鐸入棺而逝郡人奔
走出城揭棺視之已不見唯聞空中鐸聲漸
遠莫測其由頌曰　風顛用盡到無餘一箇
棺材八箇舁舁出鎮州城外去聽他木鐸自
分踈 北磵簡 攞得虗空作近隣便於北斗裏
藏身這掠虗漢何多事猶把空棺誑後人 東
山源 五臺山秘魔巖和尚 嗣永泰湍 常持
一木杈每見僧来禮拜即杈却頸曰那箇魔
魅教汝出家那箇魔魅教汝行脚道得也杈
下死道不得也杈下死速道速道學徒鮮有
對者一日霍山通和尚訪師纔見不禮拜便
攛入懷裏師拊通背三下通起拍手曰師兄
三千里外賺我来便回頌曰　科荒老倒眼
弥麻自救無療更持杈嶺南獵獠當時見一
棒打殺這魔家 洞山聡 秘魔巖下坐擎杈来
者教伊識本家苦切為君都不薦失却真杈
提安杈 汾陽昭 把斷重津過者難擎杈須信

髑髏乾霍山到後知端的同死同生未足期
雲竇顯 杈短相逢兩不猜到頭撫背似癡獃 黃龍南
回首恐人生怪笑報云千里賺予来
手把長杈坐要津乾坤誰是安游人當時若
遇英雄漢往往反成脚下塵 佛印元 自誇獨
握誅龍劍及遇真龍不奈何也似將軍空索
田三　卅一
戰無功徒枉動干戈 海印信 祕魔杈子動家
邦来往禪人被死降禪佛單刀直入處始知
項羽到烏江 崇勝珙 道得無言杈下死霍山
猛跳入懷中三千里外虗相賺更有何人透
此宗 夢菴信 杈下要分生死路霍山直拔透
重關雖然賺我三千里瞎却衆生眼萬千 訥
堂思 嵓崖之處無飇插觜去却藥忌露當門
齒杈下放身捨命箇裏如龍得水三千里外
賺吾来捋虎鬚兮按虎尾 惠通且 拈得便用
胡麻廝繳冷地看来知恩者少 月林觀 急水
灘頭把釣竿洪波洶湧暮江寒錦鱗此解隨
鈎上一吸滄溟徹底乾 幸菴琮 祕魔為法力
求人特地擎杈據要津剛被霍山懷裏坐至
今有理不能伸 咦菴鑒 威風凜凜不容攀跳
入懷中便解顏不是酒腸寬似海爭知詩膽
大如山 雪菴瑾 湖南祇林和尚 嗣永泰
每叱文殊普賢皆為精魅手持木劍自謂降
魔纔見僧来參便曰魔来也魔来也以劍亂

揮歸方丈如是十二年後置劍無言僧問十
二年前為甚麼降魔師曰賊不打貧兒家曰
十二年後為甚麼不降魔師曰賊不打貧兒
家頌曰　信手揮来一一親祇林劍下絕煙
塵太平曲調無人會孤負皇家定亂人 心聞
賁 無魔無我已降魔添得時人眼裏花今日
鏌鋣無用處也知賊不打貧家 雪菴瑾 劍有
魔蓋熾劍無魔自清只覓降魔全失照不知
身是老魔精 皖山凝 河中公畿和尚 嗣章
敬惲 因往羅漢路路逢一騎牛翁師曰羅漢
路向什麼處去翁拍牛云道道師喝曰這畜
生翁曰羅漢路向什麼處去師却拍牛曰道
道翁曰直饒與麼猶少蹄角在師便打翁便
拍牛走頌曰　問路指路兩無差互彼此拍
牛有放有收機鋒相觸針芥相投蕩蕩一條
羅漢路大家把手去来休 如菴用
卅二末

禪宗頌古聯珠通集卷第十　田三

禪宗頌古聯珠通集卷第十一 田四

僧録司右闡教兼靈谷禪寺住持淨戒 重校

祖師機緣

六祖下第五世

臨濟十七則 睦州十七則 烏石觀一則
裴休四則 嚴陽一則 多福一則
石梯一則 大隨六則 靈樹二則
浮石一則 靈雲五則 俱胝二則
末山尼一則

鎮州臨濟義玄禪師嗣黃檗初在黃檗隨衆叅侍時堂中第一座睦州勉令問話師乃問如何是祖師西來的的意檗便打如是三問田四三遭打遂告辭第一座云早承激勸問話惟蒙和尚賜棒所恨愚魯且往諸方行脚去座遂告檗云義玄雖後生却甚奇特來辭時願更垂提誘來日師辭檗檗指往大愚師遂叅大愚愚問曰什麼處來師曰黃檗來愚曰有何言教師曰親問西來的的意蒙和尚便打如是三問三轉被打不知過在什麼處愚曰黃檗恁麼老婆為汝得徹困猶覓過在師於是大悟曰佛法也無多子愚乃搊師衣領曰適來道我不會而今又道無多子是多少來是多少來師向愚肋下打三拳愚托開曰汝師黃檗非干我事師返黃檗檗問曰汝回太速生師曰只為老婆心切檗曰遮大愚老待見與他一頓師曰說什麼待見即今便打遂鼓檗一掌檗唫唫大笑此依傳燈錄所載珠元本并聯燈錄互燈會元皆大同小異溈山問仰山臨濟當時得大愚力得黃檗力仰云非但騎虎頭亦解把虎尾

頌曰瞎根三番打不開忽然狂蹶吼如雷君看馬帶紅纓絨只是去年魯秀才野軒遵

一拳拳到黃鶴樓一趯趯翻鸚鵡洲有意氣時添意氣不風流處也風流白雲端

雷霆喧轟海岳昏一家愁閉雨中門狂風忽起烏雲散白日滿天星斗分保寧勇

雷電風行便合休巨鼇無便上灘頭反身一吸滄溟竭鍾鼓山河四百州照覺總

便言佛法無多子大丈夫兒有自乖肋下三拳明有信不送黃檗付將來真淨文

叢林猛烈是黃檗拈棒便打途中客回到大愚知恩老婆而上與一摑黃檗勝

一摑便當來為奇六十山藤是太遲至竟不能知痛痒上堂猶道拂蒿枝佛國白

田四

三度龍門點額回高安灘裡浪如雷湧身再向洪波激透出滄溟眼便開靈溪恭

九包之雛千里之駒真風度籥靈機發樞劈面來時飛電卷迷雲破處太陽孫捋虎鬚見也無箇是雄雄大丈夫天童覺

點額三回下禹門雙腮噤曰赤如焚一朝忽透桃花浪騰頭角生風雲風雲生兮不可留揚鬐獵獵歸瀛洲老龍相見還相問吐出明珠更不並上方益

問的的意不是作賊三轉被打有甚巴鼻昌古佛

鷲峯痛打不死高安輕撥便活見機獨露三拳當鋒誰辯一唱長靈卓

臨濟度三夏不糸黃檗禪上來六十棒手脚遂忙然忽悟婆心切又行肋下拳無人知此意林下憶三玄張無盡

劈開華岳連天色放出黃河到海聲瞎驢死後萬枝折大地如今有幾人龍門遠

資糧更不著些些岐路年深恐轉賒直下痛施三頓棒夜來依舊宿蘆花真淨文

打破當年山鬼窟豁開正眼耀乾坤三拳肋下無多子一喝雷轟迸海門佛性泰

黃檗棒頭曾不顧高安拳下錯商量澆茲徧界生荊棘佛法初無一寸長佛照光

棒下承當早自欺聰人饒舌固非宜縱知佛法無多子爭似當時未問時湛菴演

黃檗堂前喫棒去大愚肋下築拳來若言佛法無多子到底田四分明眼未開誰菴演

一頓渾家盡滅門更加兩頓累兒孫銀山鐵壁俱穿透萬里無雲宇宙分密菴傑

黃檗高安老胃撾端居寰海之龍蛇爭床呪子無已臭一箇葫蘆敗兩家笑翁堪

黃檗山頭喫棒大愚肋下築拳佛法的的大意猶隔十萬八千破菴先

三度和聞轉

不開赤手過邊空往來忽然業鏡肖綻停始覺從前淵面厥木卜小楣楣無門口自招三鍵瞎棒打髑髏可憐敗國亡家恨萬古春風吹不消天目禮臨濟睡黃檗何曾把手行棠腿弃筞肘孝順兩遂生料角話挨樹鳴條浩浩風雨雲交蘋在其中千波萬浪驚天地到海方知信不通出堂淞臨濟出世後唯以棒喝示徒凡見僧入門便喝 頌曰 臨濟喝霹靂一聲那咄忽然透出老龍穴擊碎明珠拗角折海印信入門便喝已是忉怛無限杜禪和由更論該括大洪恩萬里青霄絕點塵一聲霹靂震乾坤茫茫宇宙人無數幾箇如今有腦門白雲昺一劍定烟塵憑何辨主賓梯山齊入貢誰識聖明君大洪遂當鋒喝喝震春雷萬蟄龍蛇眼豁開忽若反身無伎倆任從千古卧塵埃佛國白驀然一喝迅雷奔蟄户雖開命少存若有轉身方用路休觀芳草怨王孫道場如赫日光中轟然霹靂門浪急風高無限錦鱗點額普融平一喝當機疾怒雷爍迦羅眼頂門開西天四七二三老那箇堪任這一槌佛心才順逢無蹤聖凡泯迹白日青天雷奔電激正法眼藏滅無傳臨濟老漢白拈賊雲岩日驀地如雷喝一聲聖凡從此不留情直饒判火焚三際此喝常

存性轉明雲蓋昌蟄户猶扃凍不開虛空忽震一聲雷鼓龍一一拏雲霧蚯蚓蝦頭食土埃張無盡入門便喝全無巴鼻引得兒孫弄粥飯氣徑山杲張公未醉李公扶從此嘉聲淵道途却被金剛開口咲誰能愛你護身符佛燈珣龍控懸河練月秋烟霞風雨一時收波濤急絕人難會截斷千江水不流剋符道者入門便喝絕商量空奮雙拳扯紀綱交轉殺人三角眼蓋林千古受殃殃佛照光喑嗚叱咤萬人氣索佛法商量猶欠一著丑無著總相逢便喝忉忉怛怛十字街頭打併榼榼典牛游喝下忽雷驚聲前休領略當鋒嚙鏃時蹉過第一著不在辟立處豈向平地泊野水白連天秋空飛一鴻塊庵華之乎者也雪月風花頭面各別事同一家戒菴喇晴空轟霹靂官路栽荊棘沒興遭逢著前凶後不吉無準範臨濟因黃檗普請鋤茶園檗後至師問訊按钁而立檗曰莫是困耶師曰纔钁地何言困檗便打師接杖推倒檗呼維那拽起我來那拽起曰和尚爭容得這風漢檗却打維那師钁地曰諸方即火葬我這裡活埋頌曰奪旗擊鼓著精神父子雖親法不親為報四方禪客道等閑莫作守株人真淨文百頭馬衆一頭騾踢踏縱橫不柰何今日風顛

臨濟是却令黃檗打維那佛鑑懃黃檗倒地維那扶起火葬活埋清風未已真如喆黃檗活作死醫臨濟死作活用維那聽事不真未免喚鍾作甕月堂昌臨濟栽杉次黃檗曰深山裏栽許多作麼師曰與後人作古記乃將鍬拍地兩下檗拈起拄杖曰汝喫我棒了也師作噓噓聲檗曰吾宗到汝此記方出頌曰帶礪山河畫土疆漢高殿下有張良千言萬語無人會又逐流鶯過短墻翠岩真手裡钁頭令日用喻巳玉石千鈞重直饒八臂大那吒盡力搖來搖不動佛鑑懃風吹雨打節還枯千尺龍蛇揷太虛堪咲兒孫無伎倆一生從此被搽糊懶菴樞臨濟示衆曰汝等諸人赤肉團上有一無位真人常向諸人面門出入汝若不識但問老僧時有僧問如何是無位真人師便打云無位真人是什麼乾屎橛後雪峰聞乃曰臨濟大似白拈賊頌曰卞璧無瑕奪日輝秦王雖愛不輸機可憐又入相如手一陣清風消路歸佛印元春風浩浩烘天地是處山藏烟霧裡無位真人不可尋落花又見隨流水白雲端播土揚塵沒處藏面門出入太郎當撒屎撒尿渾閑事浩浩誰分臭與香保寧勇眉橫鼻直眼睛烏擒住元來是鬼奴屎橛抛來渾不管賴人猶

自面糢糊上方益叢林獨步更無雙臨濟機
鋒不可當至今四百年來事亦有兒孫再舉
揚道場如無位真人面門出入凡聖不名死
生何立雖然偏界不曾藏恍兮惚兮無處拾
雲蓋昌無位真人臨濟道勸君不用更尋討
鳥道無功游者稀百尺竿頭要覷到通照逢
聲色不干眼耳天地本自同根岩下忽聞啼
鳥又身又到松門佛心才無位真人赤肉團
興來攔手出長安將軍自有嘉聲在不得封
侯也是閑疎山常面門出入每和見日月由
來不識真海岳慣游知已少又身歸臥嶺頭
雲疎山如面門出入見還難無位真人咫尺
間去路一身輕似葉高名千古重如山鼓山
珪腦後見腮村僧大開眼了作夢雖然𢖫得
老鼠一棒打破油甕徑山杲萬法一如不用
揀一如誰揀誰不揀即今生死本菩提三世
如來同箇眼長沙岑赤肉團上無位真人左
眼八兩右眼半斤貴買賤賣黃金白銀保寧
勇滯泉福建頭儱如扇只可聞名不可見面
真淨文好卷當面貼認著被渠使不認貼卷
時消口有牙齒無位真人處處獻新攔胸扭
住不落主賓軋㞘檞軋㞘插三人證龜作箇
鷲月堂昌無位真人不隱藏面門出入露堂
堂應機接物頭頭現直得家聲播大唐禾山

方鑄印銷印全提正令要識綱宗不隔一瞬
尼無著總春雪消空來觸處是花開不知園
裏樹那箇是真梅訥堂思棒頭落節來又本
閃電光中立信旗殃害叢林無雪處幾人錯
認口頭肥或菴體臨濟問院主甚處去來曰
州中糶黃米來師曰糶得盡麼曰糶得盡師
以拄杖劃一劃曰還糶得這箇麼主便喝師
便打典座至師舉前話座曰院主不會和尚
意師曰你又作麼生座禮拜師亦打頌曰
功德天黑暗女有智主人俱不取後代兒孫
渾莽鹵密網姿地憑誰舉正覺逸院主下喝
典座禮拜臨濟令行古今獨邁真如喆臨濟
全機格調高棒頭有眼察秋毫掃除狐兔家
風峻變化魚龍雷火燒活人劍殺人刀倚天
照雪利吹毛一等令行滋味別十分痛處是
誰遭天童覺寶劍持來刃似霜幾回臨陣斬
蠻王有情有理俱三段一道寒光射斗傍白
雲端糶米闍黎意氣驕輕如春雪自飄飄纔
方落他人皆變力不禁風當下消佛鑑懃一
堆紅敲豆晴空不問金銀鐵錫同入裡盡教
成水去那容蚊蚋泊其中徑山杲萬里無雲
青天白日斗轉星移雷奔電激展得勝旗奪
運城壁唱太平歌吹無孔笛南堂興吹毛在
握逞全威不許依門傍戶窺是聖是凡俱坐

斷直教千古轉光輝潼毒業行喝也打禮拜
也打臨濟大師可知禮也巴菴深不問是誰
俱截斷殺人須是上將軍棒頭有眼明如日
要識真金火裡看無禅才臨濟到京行化至
一家門首曰家常添鉢有婆曰太無厭生師
曰飯也未曾得何言太無厭生婆便閉却門
頌曰千尺絲綸直下垂錦鱗撥剌上鉤時斜
風細雨歌歸去醉倒蓬窗百不知別峯印家
常添鉢繞村行驀地一聲無厭生化主分明
嫌少在籬門掩却強惺惺天目禮添鉢家常
乞食時柴門掩處莫遲疑白拈手段重拈起
鐵眼銅睛換却伊野牛平蝿見血鶻提攜拳
來踢跟膝漆相投難提擬處轉風流虛堂愚
臨濟陞堂有僧出師便喝僧亦喝便禮拜師
便打又有僧來舉起拂子僧禮拜師便打又
有僧來師亦舉拂子僧不顧師亦打又有僧
來參師舉拂子僧曰謝和尚指示師亦打雲
門代云秖宜老漢大覺云得即得猶未見臨
濟機在頌曰大抵宗師謂者難得盤桓處
且盤桓儻家自有同風事蘆管橫吹宇宙寬
翠岩真主賓都落第三機陣陣開旗不展旗
石火光中分勝負倒騎鐵馬上須彌鼓山珪
五月五日午時書赤口毒舌盡消除更饒急
急如律令不須門上畫蜘蛛徑山杲棒頭有

眼眼裡無筋多逢濁富罕遇清貧自入洞門烟鎖斷不知世上幾經春 雪巢瑛 閃電光中賓主分虛空背上立綱宗祖師活計只如此後代兒孫掃地空 松源岳 臨濟上堂次兩堂首座相見同時下喝僧問師還有賓主也無師曰賓主歷然師召衆曰要會臨濟賓主句問取堂中二首座 頌曰兩堂上座總作家其中道理有分拏賓主歷然明似鏡宗師為點眼中答 汾陽昭 啐啄之機箭拄鋒瞥然賓主當時分宗師憫物垂緇素北地黃河徹底渾 慈明圓 箭鋒相拄自譊譊李廣雙鵰射得多堪嗟人來望天際歷歷然飛鷂過新羅 佛印元 兩堂上座齊下喝眼裡瞳人帶金屑雖刀同用不能分黑漆崑崙迷夜月 浮山遠 一喝須教水逆流歷然賓主未輕酬當人若解通消息半夜扶桑出日頭 海印信 兩堂齊下喝歷然分賓主踏著此機關南金賤如土 地藏恩 賓主歷然句下分三玄從此振乾坤如今多少途中客盡日區區獨自奔 實淡恭 兩陣交鋒作者機當人施設在臨時若逢李廣將軍手定國安邦付與誰 草堂清 雝畫明不到師曠聰亦訛箇中識賓主日午下星河 黃龍震 以平報不平王法本無親臨濟雖明眼也是黃龍精 徑山杲 兩堂齊喝主賓分照用

同時透古今臨濟正宗傳盛化兒孫得旨意深深 大溈智 一喝當機賓主分莫將知見強踈親反身師子威獰甚眼裡無筋一世貧 居無著總 臨濟因定上座問如何是佛法大意師下禪牀擒住打一掌便托開定佇立傍僧云定上座何不禮拜定纔作禮忽然大悟

頌曰斷際全機繼後蹤持來何必在從容巨靈擡手無多子分破華山千萬重 雪竇顯 不隨前後獨超古今喚四千歲夢飛出九皐禽直下一槌光迸散斬新彈子出爐金 天童覺 掣電之機過趙州為人須到結窮頭掌中擊出香山子直上高高十二樓 佛鑑懃 一棒一條痕一摑一掌血若無般若靈根到此如何打發 南華昺 出頭露角指點方見見處不留分定鍼線下床扭住纔擬議拓開一掌佛法意眷背汗流喚得回白蓮花向半天開 月堂昌 半斤是八兩八兩是半斤不識耀州鎮喚作出山銀 懶菴樞 寀頭書勑令行時閫外全提殺活機四首華山孤頂聳巨靈神亦豎降旗 瞎堂遠 全收全放不通風點破將來已不中 禮拜起來雖悟去街頭哭倒李三翁 別峯印 臨濟因麻谷 第二世 到參敷坐具問十二面觀音阿那面正師下繩床一手收坐具一手搊麻谷云十二面觀音向什麼處去也谷轉身擬坐繩床師拈拄杖打谷接卻相捉入方丈 頌曰 大悲觀音開正面官不容針通一線鼠拽葫蘆有底忙兒爭漆桶無人見 鼓山珪 昧卻當陽箇一著牽來拽去互施呈不知除卻王維手更有何人畫得成 徑山杲 十二面觀音兩箇都不識把手歸去來形端而影直人生相識貴知音水入水兮金博金 退谷雲 臨濟示衆曰有一人論劫在途中不離家舍有一人離家舍不在途中且道那一人合受人天供養 頌曰 霹靂未收聲閃電不留影三更月到窗半夜驢覷井快騎駿馬驟高樓一塵不動須彌頂 最菴印 臨濟訪平田於路見一嫂使牛師問嫂平田路向什麼處去嫂將牛打云這畜生諸處走到這裏不知路師曰我問你平田路向甚麼處去嫂云這畜生養來五載尚使不得師云欲觀前人先觀所使便有抽釘拔楔之意

頌曰 有客平田問路頭高擡白棒打耕牛春光眼底無多子一對鴛鴦逐水流 笑翁堪 烏藤倒拄向平田便把羸牛痛下鞭更說養來經五歲始終只是老婆禪 天目禮 白水田邊問路頭雪眉婆子打耕牛草鞋泥滑青山遠不是愁人也著愁 橫川珙 目前條路平如砥何不堂堂掉臂行撩撥老婆牛性發赤身

拄棒可憐生竹屋簡 臨濟因僧問捉象亦全
其力捉兔亦全其力未審全箇甚麼力師曰
不欺之力　頌曰　力在如今作用時情存
毫忽便成欺誰知倚水千峰碧盡入秋風一
瘦藜磨堂愚 臨濟上堂僧出作禮師便喝僧
曰老和尚莫探頭好師曰你道落在甚麼處
僧便喝又僧問如何是佛法大意師便喝僧
作禮師曰你道好喝也無僧曰草賊大敗師
曰過在甚麼處曰再犯不容師曰大衆要會
臨濟賓主句問取堂中二禪客　頌曰孔明
諸葛隱蓬廬明主求賢三下車為報將軍莫
輕躁先生謀策必無虞崇覺空 臨濟因僧問
如何是三眼國土師曰我共汝入淨妙國土
中著清淨衣說法身佛又入無差別國土中
著無差別衣說報身佛又入解脫國土中著
光明衣說化身佛　頌曰　法身報身化身
咄哉魍魎妖精三眼國中逢著殺無位真
人徑山杲 臨濟後居大名府興化寺東堂咸
十一 通八年丁亥四月十日將示滅說傳法偈曰
沿流不止問如何真照無邊說似他離相離
名人不禀吹毛用了急須磨復謂衆曰吾滅
後不得滅却吾正法眼藏三聖出曰爭敢滅
却和尚正法眼藏師曰已後有人問你向他
道甚麼聖便喝師曰誰知吾正法眼藏向這

瞎驢邊滅却　頌曰　正法眼藏何生滅捿
下分明須見面當時正令不曾行瞎驢邊此
爭饒舌佛印元 圓寂將歸叙別時叮嚀法眼
好任持喝下不開泥水路瞎驢邊此少人騎
黃龍南 正法眼藏誰傳得喝下滄溟徹底乾
邊此瞎驢無覓處鐵山歸路黑湯湯佛慧泉
劈破華山雷未猛照開滄海月非光瞎驢滅
却正法眼直得哀聲振大唐白雲端 出門握
手再叮嚀往往事邊叮囑生路遠夜長休把
火大家吹滅暗中行保寧勇 叮嚀法眼示將
終一喝玄關絕不通自此瞎驢無覓處幾多
江上問漁翁照覺總 決別雌黃辦作家當頭
一喝定龍蛇令行塗毒無能進縱得瞎驢徒
駿沙三祖宗 臨濟全機何指的瞎驢親喜遇
知音宗風要見長無隊派水高山意轉深雪
源清 密室遺言不再徵臨行何必在叮嚀鳳
毛一息驚天地水石生光四海清雲溪恭 忽
雷縱震雨如傾九曲黃河漲四溟賴得斗門
能下閘滔滔萬里絕流聲普融平 信衣半夜
付盧能攪擾黃梅七百僧臨濟一枝正法眼
瞎驢滅却得人憎心心相印祖祖傳燈夷平
海嶽變化鵾鵬只箇名言難比擬大都手段
解叉騰天童覺 工洞玄關道路長蟠桃不是
等閒芳遮藏不許時人見只恐春風漏泄香

上方益 丹鳳引雛棲竹宴羚羊挂角覓應難
瞎驢滅却正法眼聲價喧然宇宙寬佛心才
瞎驢滅却正法眼出得兒孫徧大唐須信茫
茫烟浪裡酌然別有好商量佛鑑懃 萬派朝
宗勢未休魚龍出沒任沉浮瞎驢滅却正法
眼直得黃河却倒流南華昺 到老不曾開語
十二 路臨行回首却叮嚀深深海底猶嫌淺直向
金剛水際行鼓山珪 瞎驢一喝衆皆驚正法
那堪付與人三要三玄俱喪盡堂堂擺手出
重城徑山杲 叮嚀正法信非虛堪笑臨行捋
虎鬚曾看華山圖籍上又添潘閬倒騎驢海
印信 三聖一喝少人提掇雖是死蛇解弄也
活來蠅臭肉硬糾糾透網金鱗活潑潑臨濟
瞎驢君子可八草堂清 瞎驢滅却正法眼臨
濟反身便倒騎佛祖位中留不得斷無踪跡
許誰知慈受深 萬仞峰前握手時清歌一曲
少人知但見瞎驢驚宇宙不知法眼付傳誰
雪竇宗 也大奇也大奇烏頭彷佛附子依稀
萬里一條寒澗水蔡州打破幾人知幾人知
喚馬面夜叉牛頭獄卒湛堂準 大辨宗風示
後昆金剛寶劍利當門瞎驢滅却正法眼那
箇男兒解出群正堂辨 臨行特地揚家醜帶
累傍人滿面慚霹靂一聲雲雨散至今父子
未相諳雖菴演 睦州陳尊宿諱道明嗣黃檗

學者扣激隨問遽荅詞語峻嶮諸方歸慕謂之陳尊宿初居睦州龍興寺晦迹藏用後歸開元今改兜率居房織蒲鞋以養母故有陳蒲鞋之號因見講僧乃名曰座主主應諸師曰擔板漢　頌曰　垂慈只要總通靈不是宗師妄自生擔板直教須放下免伊虛度百千生汾陽昭

睦州喚陞卦斷回不回擔板漢楊無爲二不重師承垂至公諸方誰敢觸機鋒指教臨濟參黃檗接得雲門嗣雪峯纖履只知供母飯開門那更話禪宗藂林到處蒙霑潤莫測風雷起蟄龍　腦後與一錐頭顱隨坑坎直饒喚不回也是虛擔板透過睦州關亂坤一隻眼長靈卓　辛辛辣辣喹喹喋喋識濟北爲大樹授雲門蹈險崖機峻莫偕言如枯柴夫是之謂陳蒲鞋圓悟勤　雷火光中休草草劍輪鋒上莫忉忉等閑放却全身入終不當頭犯一毫鼓山珪　睦州擔板那容眨眼關俠短長不須增減極山杲　睦州擔板鬢人扶喪者多應在半途言下要教通徹去迴然心眼頓醒甦楚安方　睦州擔板漢作事休分析衲僧鼻孔撩天言下要知端的南堂興　朴塞頭禪無伎倆一句分明如擽相客來只是叶擔板不知的當誰擔板懶菴樞　睦州擔板漢逆來見一邊淺深三尺水上下兩重天雪菴瑄

山之我我水之湯湯冷眼覷著無處慚惶別峯印　紅爐起浪拍天飛疾焰過風孰敢窺任是三頭并六臂到此休誇第一機木菴永

睦州見僧乃曰見成公案放汝三十棒曰某甲如是師曰三門頭金剛爲甚麼舉拳曰金剛尚乃如是師便打曰這掠虛漢　頌曰　見成公案未除瑕放過方能脫鎖枷四海澄清人富庶更來石上種油麻覺海元　見成公案便相當秤則稱兮斗則量非較當年三十棒至今平步也翱翔佛燈珣　呼蛇易遣蛇難柚裡金槌不易看長安夜夜家家月誰知愁樂有多般海印信　見成公案沒商量不動絲毫便廝當二十烏藤聊放過可怜雪上更加霜無際派　見成底事沒商量剔起眉毛未廝當日暮碧天鴻雁斷海門斜去兩三行木菴永　公案已見成放汝棒三十木馬走作烟泥牛趂不及復菴封

睦州因秀才相訪稱會二十四家書師以拄杖空中點一點曰會麼秀才罔措師曰又道會二十四家書永字八法也不識　頌曰　一點曾無異微塵劫不增百千諸佛眼同共此靈明明招謙　禪師拄杖秀才筆伎倆皆從手中出八法論書如未明面前一點黑如漆佛鑑懃　一著機先用得親可憐窮子眼無筋須知八法論書處前箭猶輕後箭深水庵一

睦州上堂晉座吶荅云在又曰寺主吶荅云在又曰維那吶荅云在三段不同令當第一句下文長付在來日　頌曰　八字打開十分漏泄孤危不立道方高伎倆更無隨意說別別南斗七星北斗八護國勝

睦州示衆曰大事未明如喪考妣大事已明亦如喪考妣　頌曰　春去秋來古與今相逢休論幾時深飢飡渴飲無他事儘聽滿頭霜雪侵保寧勇　楊子江頭波浪深行人到此盡沉吟他時若到無波處還似有波時用心千峯琬　青峰楚曰僧問大事已成爲甚麼也如喪考妣師曰不得春風花不開及至花開又吹落　頌曰　家山歸到莫田宿竭力寅昏奉二親樣畫功忘恩義斷便成不孝聞提人丹霞淳

睦州常示衆曰忽然忽然大覺璉拈云不然不然　頌曰　忽然不然如鈇如鉗神仙秘訣父子不傳別峯印　忽然忽然頭上是天不然不然脚下是地卓下來也無處回避松華深

睦州見僧來叅便喝曰上座如何偷常住果子曰某甲方來曰甚道偷常住果子師曰贓物現在聻　頌曰傾盡寶山竇全身入荒草若是鳳凰兒不向那邊討松源岳

睦州示衆曰汝等諸人還得箇入頭處也未若未得箇入頭處須覓箇入頭處

若得箇入頭處已後不得孤負老僧時有僧出禮拜曰某甲終不敢孤負和尚師曰早是孤負我了也又曰明明向你道尚自不會何況蓋覆將来 頌曰 學道先須入頭處既得入頭莫孤負明明向道尚猶迷何況言中曾蓋覆 本覺一 睦州問僧近離甚處僧便喝師曰老僧被你一喝僧又喝師曰三喝四喝後作麼生僧無語師便打曰這掠虛漢 頌曰 兩喝與三喝作者知機變若謂騎虎頭二俱成瞎漢誰瞎漢拈来天下與人看 雪竇 睦州檐板漢鮮使不鮮等人前贏得五百家中著了一貫 普庵玉 睦州因僧問高揖釋迦不拜彌勒時如何師曰昨日有人問趣出了也曰和尚恐某甲不寔那師曰拄杖不在苕蔕柄聊與三十 頌曰 出群須是英靈漢敵勝還他師子兒選佛若無如是眼假饒千載亦奚為 丹霞淳 凜凜將軍令已行八荒四海要澄清提来劍氣干牛斗洗蕩氛埃見太平 天童覺 殺人不眨眼救人須出手論定不論盧合什始為斗高揖釋迦不拜彌勒喚棒趣出猶費力滴水氷生知未知拋塼引玉有人識 月堂昌 睦州因僧問一氣還轉得一大藏教也無師曰有甚饆饠䭔子快下將来 頌曰 鈍钁頭邊得意時閒卷著手不愁伊餓

人不善根株者只見枝頭更長枝 長靈卓 睦州只愛錐頭利這僧不見鑿頭方直饒轉得百千藏這般供養也尋常 鼓山珪 一氣轉一大藏教頓漸偏圓權與寔無邊妙義炳然該元来一字也不識 徑山杲 等閑一問無千古泛此叢林共播揚嗟 睦州無相度饆饠䭔子要先嘗 懶菴樞 問若傾湫否如倒岳出草羚羊時挂角明眼衲僧如何卜度尺短寸長一任貶剝 捉子舒 快人一言快馬一鞭停因長智十萬八千 水菴永 良玉不雕美言不文烟村三月裡別是一家春 息庵觀 睦州因僧問以一重去一重即不問不以一重去一重時如何師曰昨朝栽茄子今日種冬瓜 頌曰 重重去盡自平常春暖風和日漸長戶外鳥啼聲細碎岩花狼藉滿山房 自得暉 登壇道士羽衣輕咒力雖窮法轉新拇指破開天地暗虵頭擲落鬼神驚 晦堂遠 披簑側笠千峯上引水澆蔬五老前中有瓜田難納履 睦州側退在傍邊 南岩勝 昨日栽茄子今日種冬瓜一聲河滿子和月落誰家 咲菴悟 睦州問一官人易中道百姓日用而不知且道不知箇什麼官人云不知道師曰酌然不知 頌曰 酌然不知無孔鐵槌當面一擲佛祖難窺 月堂光 睦州因僧問大衆臨筵合談何

事師曰後園生菜熟水冷淘 頌曰 脫略情塵老睦州虎頭虎尾一時收芳草渡頭韓幹馬綠楊堤畔戴嵩牛 正堂辯 睦州因僧問如何是祖師西来意師云一隊衲僧来一隊衲僧去 頌曰 一隊衲僧来一隊衲僧去打破睦州關大地無寸土 大川濟 一隊衲僧来一隊衲僧去擗得擗不得鐵蛇橫古路 雪礎綱 睦州曰裂開也在我捏聚也在我時有僧問如何是裂開師曰三九二十七菩提涅槃真如解脫即心即佛我且與麼道你又作麼生曰某甲不與麼道師曰盞子撲落地碟子成七片曰如何是捏聚師乃斂手而坐 頌曰 溪邊嫩柳條條綠陌上桃花樹樹紅勿謂東君無管帶更加暖日與和風 佛性泰 睦州因僧問靈山還有蛇不師曰這蚯蚓 頌曰 水中鹽味色裡膠清若人辨得天下橫行 卓堂清 福州烏石靈觀禪師 嗣黃檗時稱老觀 曹山行脚時問如何是毗盧師法身主師曰我若向你道即別有也曹山舉似洞山洞山曰好箇話頭秖欠進語何不更去問為甚麼不道曹山乃却来進前語師曰若言我不道即啞却我口若言我道即塞却我舌曹山歸舉似洞山洞山深肎之 頌曰 烏石老古錐門風能峭絕有問毗盧師開口端的別齒有嚙鏃機天

無第二月軟語若金剛瀘和是生滅 南堂興
毘盧師法身主通身是口寔難舉縮却舌頭
啞口時獨許洞山暗相許不相許猫兒偏解
捉老鼠 唱堂一烏石曰雪峰一日伺便扣門
師開門峰驀胸搊住曰是凡是聖師唾曰這
野狐精便推出閉却門峰曰也秖要識老兄
頌曰一不作二不休賓主互換有来由焦磚
打着連底凍赤眼撞着火焰頭 松源岳 嶮硬
門庭古莫儔曾郎欲入竟無由為渠八字打
開着嫣緑覆田秧満疇 竹屋簡 烏石曰雪峰
扣門師問誰峰云鳳凰兒師曰作麼生峰云
来啗老觀師開門搊住曰道道峰擬議師便
托開掩却門峰住後示衆云我當時若入得
老觀門你這一隊噇酒糟漢向甚處摸索雪
竇云這孤恩負德漢有甚麼交涉當時入不
得豈是敎你入今既摸索不着累他雪峰俱
在老觀門下 頌曰養成羽翼鳳凰兒老觀
門下偶差池冷地忽然思舊債却来別處討
田口 十八
便宜 足無著揔 烏石引趂次有僧来叅師引
趂示之僧便去至晚問首座今日新到在什
麼處曰當時便去了也師曰是則是只得一
橛 頌曰草舍柴門僻更幽何期過客也經
由高湯倫禮不知愧猶對傍人賣口頭 斷橋
倫 唐相國裴休見黄檗曰見大安寺壁畫高

僧真儀公曰真儀可觀高僧何在主事無對
公曰此間有禪人否曰近有一僧投寺執役
頗似禪者尋請至舉前話黄檗朗聲曰裴休
公應諾檗曰在甚麼處公當下知旨如獲髻
珠 頌曰鄞城寶劍沉埋久一道寒光射斗
牛不是張華辨端的只應千古枉淹留 慈受
深 翰墨場中喚得回桂林昨夜覺花開暗香
漏泄通消息散作人間調鼎才 自得暉 浮雲
宿霧兩朦朧行徧千峰與萬峰驀地喚回霜
夜夢舉頭親見月當空 萬卷柔 裴相國問僧
看什麼經僧云無言童子經 公曰有幾卷曰
兩卷公曰既是無言為什麼却有兩卷僧無
言新羅龜山代云若論無言非唯兩卷
頌曰曾落石霜機外笏又扶龕行到唐天尺
将四海垂綸手鰕蟹魚龍一串穿 虛堂愚 裴
相國入大安寺門諸大德曰羅睺羅以何為
第一曰以密行為第一公不肎遂問此間有
何禪者時龍牙在後園種菜遂請来問羅睺
田四 十九
羅以何為第一牙曰不知公便拜曰破布裹
真珠 頌曰密行第一精鑑還希具擇法眼
真箇不知 黄龍新 以何為第一不知家親切
破布裹真珠傾城換不得 月坡明
洪州新興嚴陽尊者諱善信嗣趙州 初叅趙
州問一物不将来時如何曰放下着師曰既

是一物不将来放下箇甚麼曰放不下擔取
去師於言下大悟住山常有一蛇一虎随従
手中與食 頌曰一物不将来肩頭擔不起
言下忽知非心中無限喜毒惡既忘懷蛇虎
為知已清風幾百年至今猶未已 黄龍南 移
高就下纔威權解脱門開信可憐不得空王
真妙訣動随聲色被勾牽 真淨文 不妨行細
輸先手自覺心麁愧撞頭石破腰間斧柯爛
洗清凡骨共仙遊 天童覺 一物不将来教渠
放下着廓爾悟無生活計俱拋却 旻古佛 畫
力放不下着力擔不起将謂一物無元是自
家底見得自家底心中大歡喜自兹家業興
一舉九萬里 龍門遠 一物不将来兩手提不
起直下要承當渾是自家底 佛燈珣 劈面呈
機不等閒纖毫盡處重如山 斷腸曲調如親
聴泒水悲風不用彈 塗毒策 赤心片片少人
知満口含霜特地疑奉報五湖學道者不須
孤負一雙眉 月庵果 趙州放下著雄背忽生
荅雖然無一事驗盡當行家 雪堂行 驀就書
肩打一鍼當時無處着渾身呵呵唉入嚴陽
去蛇虎為隣不可尋 谷菴傑 嚴陽攜狗頭臭
穢於人怕因何老趙州與酬羊肉價 野牛平
杭州多福和尚 嗣趙州 因僧問如何是多福
一叢竹師曰一莖兩莖斜曰學人不會師曰

三莖四莖曲　頌曰一莖兩莖斜其意毒如虵三莖四莖曲無疑入地獄言下若知非心空及第歸堪笑蔣山老無端入荒草應菴華一莖兩莖斜跡影動龍虵心疑生暗鬼眼病見空華三莖四莖曲還我一叢竹時引清風來落葉填山谷恁麼會得多福一叢竹若也不會三莖四莖曲無準範

田四　二十

興化軍梯山建福石梯禪師嗣茱萸一日見侍者托鉢上堂乃喚侍者者應諾師曰甚處去曰上堂齋去師曰我豈不知汝上堂齋去曰除此外別道箇甚麼師曰我只問你本分事曰和尚若問本分事某甲實是上堂齋去師曰汝不謬為吾侍者　頌曰父子相將草裡行星馳電捲迅雷轟瞞他無限英靈漢錯認鞍橋過一生笑菴儔

益州大隨法真禪師嗣長慶安因僧問劫火洞然大千俱壞未審這箇壞不壞師曰壞曰恁麼則隨他去也師曰隨他去僧不肎後到投子舉前話子裝香遥禮曰西川古佛出世謂其僧曰汝速回去懺悔僧回大隨師已遷化僧再至投子子亦遷化　頌曰切忌隨他不會他大隨此語播天涯真淨性中纔一念早是千差與萬差北塔祚　懶菴的子大隨師人問隨他師亦隨返顧不能休駐意更生異見却猕疑汾陽為汝開天路萬別千差一道歸汾陽昭　刦火光中立問端衲僧猶滯兩重關可憐一句隨他去萬里區區獨往還雪竇顯　隨他去隨他去大千手大悲攔不住劫火光中相往来銅睛鐵眼無尋處正覺逸　壞與不壞俱非內外不隔絲毫壽常面對道吾真隨

田四　廿一

他去亦太無端袖裡金槌豈易看問罷不知何處去白楊風送壠頭寒佛慧泉　劫火洞然大千何在壞與不壞漆桶不快肯更隨他去被謗又太煞若是箇中人終不到錯會法雲秀　步步相隨是大隨左邊吹了右邊吹思量未免空捷氣何不留將暖肚皮保寧勇　壞與不壞舌無骨驀面看時眼突出大隨猶在劫火中天下熱熱謾啾唧白雲端　劫火洞然大千壞面前鼻孔鎮長在只為隨他一句言腰間失却箇皮袋地藏恩　壞與不壞兩相猜翻閻龍舒謾往来何人更有樊公脚一踏鴻門雙扇開慈受深　劫火洞然俱敗壞青天白日愈光輝王孫醉寢迷春夢不覺鶯啼柳絮飛佛智裕　臭烟蓬焞中迸出鐵蒺藜當陽如未委喪却目前機佛性泰　壞與不壞言端語端舌頭咬破自覺心酸大隨投子終無兩般萬里區區獨自往還楚安方　陷虎之機總不知便隨流去落東西大隨自是持網手放去收来要驗伊圓慧本　六合傾翻劈面来暫披麻縷混塵埃因風吹火渾閑事引得游人不肯回壞不壞隨不隨徒將閑見強針錐太湖三萬六千頃月在波心説向誰照通達　了然無別法誰道印南能一句隨他去千山走衲僧蛩寒鳴砌葉兒夜禮龕燈吟罷孤窻外徘徊恨不勝唐景遵　壞與不壞兩彩一賽本無是非説甚僧受雲過長空了無罣礙君不見衲僧鉢袋子接得將来日裡晒佛鑑懃　壞與隨他去如何不肯休未明端的意特地覓回頭龍門達　劫火洞然大千俱壞這箇魔魅百生寃債禪流若問壞不壞昨夜石人閗禮拜南堂興　嘶鐵負鞍無因必牽犂拽攔不辭勞會生逐日區區去誰管年高白髮饒簡堂機　劫火光中共唱酬隨波逐浪謾悠悠剖盡衷腸人不會草鞋拈取蓋龜休石菴玿　才伸劫火光中問便解隨他去復回回到悔来坡下路亂山依舊碧崔嵬北磵簡

田四　二十二

大隨庵側有一龜僧問一切衆生皮裹骨這箇衆生為甚骨裹皮師拈草鞋覆龜背上僧無語　頌曰如龜六藏已彰名休向人前弄眼睛一隻草鞋都蓋却直至如今猶未惺北塔祚　問處爭如荅處親眼中難著透金塵長安一路無多地過得潼關有幾人佛慧泉　分

明皮上骨團團卦畫重重更可觀拈起草鞋都蓋了大隨却被這僧謾（白雲端）露是藏頭可熱奇千年誰謂是靈龜雨傾不解隨流去浮木相逢是幾時（保寧勇）皮骨曾將問大隨當頭一着更孤疑可憐無限尋聲迹不薦羚羊挂角時（照覺總）大隨庵外一龜兒僧問如何骨裹皮草鞋蓋了無人會白雲流水共依依（地藏思）皮裹骨兮骨裹皮吉凶徒自亂針錐草鞋覆了獨歸去千古何人識大隨（普融平）千古清聲老大隨機鋒壁立杳難窺未能直下超凡聖只道將鞋蓋却龜（禾山方）懶庵的子大隨師一著當頭更莫疑大地山河都蓋了從他衲子下針錐（旻古佛）骨裹皮兮皮裹骨大隨老子無窠窟上士聞之咲未休中流特地生疑惑（龍門遠）皮裹骨兮骨裹皮分明道了復何疑拈起草鞋如未委不如別處且烏龜（佛性泰）法不孤起仗境方生烏龜不解上壁草鞋隨人脚行（佛燈珣）學道須教正

四四　廿二

眼開莫將狂解意中猜脫鞋龜上人難會遂使携囊特地來（天童覺）木禪庵畔空光老兒非銅非鐵無相無為有擎天之力有拔地之威有射鵰之手有囓鏃之機口如大海眼如眉入閻天上許誰知（南堂興）骨裹皮兮皮裹骨大隨放出遼天鶻東西南北謾擡眸不知已過新羅國（無準範）休將皮骨強分張得六藏時且六藏隻履盡情遮蓋了這僧無事可思量（此山應）

千載靈龜庵下出團團骨上卦重重草鞋蓋却無頭尾且瞞旁人定吉凶（横川珙）

大隨問僧甚處去曰教看禮普賢去師舉拂子曰文殊普賢總在這裡僧作圓相拋向後乃禮拜師喚侍者取一貼茶與這僧　頌曰楖標杖頭光閃爍錫羅攙裹面御鍥看攙背負出門去好是無人敢駐留（保寧勇）大隨山下路縱橫老竹蒼藤處處生四海五湖為客慣二更無月也須行（慈受深）識法者懼欺敵者亡水中雜乳誚是鵝王（天童覺）一輪明月照瀟湘更不逢人問故鄉自是天涯慣為客任他猿叫斷人腸（上方益）把火入牛欄反身外面看梨花千點白春雨幾聲寒（月堂昌）

大隨因僧問如何是和尚家風師曰赤土畫簸箕曰未審此理如何師曰簸箕有唇米跳不出　細白赤土畫簸箕團團無縫罅佛眼覷不見海神不知價簸土揚塵無處尋山高海闊白雲深（南堂興）簸箕有唇米跳不出天下衲僧赤骷髏更須撥轉上頭關十方世界黑似漆（懶菴華）

大隨因僧問如何是佛法的的大意師曰山前麦熟也未　頌曰山前麦熟報君知佛祖端由辨者稀莫學朱涇老禪伯謾船空載月明歸（象田卿）大匠不巧大儒不學動輒中方圓舉皆成禮樂堪咲鄉村賣卜人徒勞鑽破烏龜殼（無準範）

大隨燒畬次忽見一蛇師以杖挑向火中曰

四四　二十四

咄這箇形骸猶自不放捨你向這裡死如暗得燈時有僧問云正恁麼時還有罪也無師曰石虎吽時山谷響木人吼處鐵牛驚

頌曰劫初劫末法弱魔強定光老子鐵作脊梁文經武緯把定封疆碧天雲散祖風涼佛日光輝舜日長（南堂興）

韶州靈樹如敏禪師（嗣長慶安）因僧問如何是和尚家風師曰千年田八百主曰如何是千年田八百主師曰郎當屋舍沒人修

頌曰來機深辨有舒有卷移却案山重添鍼線千年田八百主直下承當還莽鹵郎當屋舍沒人修片瓦根椽誰去竪君不見甜瓜徹蒂甜苦瓠連根苦（月堂昌）

靈樹因僧問如何是祖師西來意師默然後遷化欲立行狀碑要選此語刻石時雲門為首座僧問先師默然處如何上碑雲門代云師　頌曰師師師知知知三三兩兩過遼西一雙紅杏換消梨（琅琊覺）靈樹當初密對揚

時中文彩已全彰後人不見雲門老一字千般護度量佛印元師之一字太巍巍獨向寰中定是非畢竟水須朝海去到頭雲定覓山歸白雲端靈樹大師雲門首座只知立碑不覺話頭智海山僧為伊點破知燈是火數如麻信火是燈能幾箇智海清師字相酬作者知韶陽千古特光輝茫茫宇宙人無數到底誰明一字師昊古佛西來祖意若為酬手把明珠已暗投却被雲門添一字致令千古鬧啾啾密菴明靈樹面皮多葛怛韶陽板齒上生毛瞎堂柏右會得國清才子貴瞎堂柏右不會家富小兒嬌此菴元師之一字見還難直下應涵透祖關纓使祖關開正眼前頭更有萬重山佛照光師之一字太孤危文彩全無作者知不領韶陽提起處且從默處認殘碑天目禮

漳州浮石禪師嗣子湖上堂山僧開卜鋪能斷人貧富定人生死時有僧出云離却生死貧富不落五行請師在道師曰金木水火土

頌曰達磨西来唯賣卜吉凶在汝不由人箇中只是依爻斷豈有人情踈與親本覺一金木水火土始終顛倒數五六下四三初爻傳白虎苦苦卜得此卦一生貧達信不来病人死懶庵需金木水火土一二三四五南泉王老師不打塩官鼓即庵覺金木水火土大蟲元是虎好咲李將軍藍田空沒羽無準範

福州靈雲志勤禪師嗣長慶安初在溈山因見桃花悟道有偈曰三十年来尋劍客幾回落葉又抽枝自從一見桃花後直至如今更不疑溈曰從緣悟達永無退失善自護持有僧舉似玄沙沙云諦當甚諦當敢保老兄未徹在衆疑此語沙問地藏我恁麼道汝作麼生會藏云不是桂琛即走殺天下人

頌曰分明歷世三十春因悟桃花色轉新人人盡得靈雲意不識靈雲是何人首山念二玄沙道處少人知密密相逢更莫疑今古相傳親的旨少年多是白頭兒　昔日靈雲自有知桃花已落布華實懷中拔劍當鋒者未徹橫身斬萬機汾陽昭傷嗟尋劍客桃花遇春開靈雲一見處令我咲哈哈神鼎諲二月桃花處處新靈雲一見更無親相逢盡道休官去林下何曾見一人蔣明圓本無迷悟數如麻獨許靈雲是作家借問偏參諸祖客不知何處見桃花雪竇顯春暖桃花樹樹紅靈雲千古通還同玄沙留語藂林問南北東西路莫窮正覺逸不是玄沙定紀綱靈雲那得事全彰桃花覺了咸皆委未徹何人共斛量師子離群山岳靜衆王回顧海潑光二師不垂歸何處釣魚船上謝三郎淨山達桃花見後謂無疑壯志由来本是伊若問玄沙言未徹現前贓物自家知雲峯悅二月三月景和融遠近桃花樹樹紅宗匠悟来猶未徹至今依舊咲春風黃龍南二龍象相逢世不群一来一去顯睬親時人不悟其中旨摘葉尋枝長索塵　子路當時問要津滔滔天下丈夫人相逢相見若如此更有春風春又春舉岩真二學劍宗師定不差藂林浩浩是玄沙一塵緣舉知端的東海東邊萬萬家　春暖桃花帶露開靈雲一見悟靈臺玄沙諦當傳千古誰解雌黃息衆猜淨照鏶桃花開處忽伸眉未徹玄沙也大奇幾度狂風吹擺後依前似火萬千枝佛慧泉二月春庭雨霽時小桃紅綻兩三枝紅白爭妍人盡見因甚靈雲獨不疑法雲秀靈雲偶尒見桃花三十年來得到家何事玄沙未相保枯根株上別抽芽楊無為靈雲悟後復何如未徹無人辦得渠千古華山山脚下豈知潘閬倒騎驢白雲端萬年松下忽相逢撥樹鳴條浩浩風堪咲晚來無覓處崔嵬和雨在雲中佛牟勇崑崙捧出無瑕玉赤水波心得夜光今古有誰能辨别釣魚船上謝三郎保寧木奇哉一見桃花後萬別千差更不疑獨有玄沙言未徹子孫幾箇是男兒真淨文蠢動含靈同一性山河大地盡

知音昔人解道黃鶯道似共桃花說舊心 雲
居杜 桃花見了休疑畫固甚玄沙却不然今
古蕪林争浩浩欲驅良馬路揮鞭 三祖宗 靈
雲老倒泄生涯消息傳來到謝家未徹根源
箇端的從教春力自開花 潙山秀 靈雲聲價
傳千古點撿元来未作家芳草滿園盡春色
如何唯說悟桃花 地藏恩 堪咲春風漏泄機
桃花新發舊年枝螺江有箇釣魚客咲殺靈
雲道不疑 佛國白 春來物物盡紛華堪羨靈
雲是作家一見桃花心境絕老胡空自涉流
沙 雲蓋昌 靈雲眼中絕翳玄沙袖裡藏鋒把
手直上峰頂一咲天地斗空 佛心才 靈雲見
了絕譊訛獨步寰中不較多敢保老兄猶未
徹令人疑着倚頭陀 長靈卓 靈雲一見不再
見紅白枝枝畫著花巨奈釣魚船上客却來
平地摝魚鰕 洪覺範 溪上桃花開爛熳不知
誰解見靈雲頭頭總是吾家物一念圓成盡
屬君 通照逢 靈雲昔日悟桃花十里春風樹
樹斜敲道老兄渾未徹夢中開眼見玄沙 吳
古佛 山鳥旁時分外啼桃花如火映前溪明
明三十年來事可咲靈雲說悟迷 祖印明 陌
上咲春風枝頭漏消息紅光爍太虛豈藉陽
和力學劍宗師既不疑玄沙未徹意新奇掃
除學路刮肌骨格外之機如電拂 圓悟勤 春

来依舊一枝枝同地同天道不疑未徹之言
人莫問令人特地咲嘻嘻 龍門遠 百煉精金
大冶中任他騰餤亘天紅須臾拈出教人看
添得行家價轉豐 開福寧 十分風采露堂堂
玉蕊瓊枝未比量到被傍人論好醜曰茲難
嫁與潘郎 佛性泰 二月桃花爛熳時靈雲一
田四 二十八
見更無疑玄沙未徹誰相委鼻孔從来向下
垂 南華昺 靈雲一枝迎曉露玄沙一朶已離
披畢竟水須朝海去到頭雲定覓山歸 文殊
道 終日看天不舉頭桃花爛熳始擡眸饒君
便有遮天網到得牢關即便休 佛燈珣 盡道
見桃花悟道此語不知還是無茫茫宇宙人
無數那箇男兒是丈夫打破兒門關 日輪正
當午一箭中紅心大地無寸土 徑山杲 桃花
弄劍客不語咲春風白頭歸未得家住海門
東敢保老兄猶未徹玄沙之言何太切君看
陌上桃花紅盡是離人眼中血 鼓山珪 似錦
桃花滿樹紅靈雲一見便心空當時不遇玄
沙老争得名喧宇宙中 昧山如 桃花端的悟
靈雲添得玄沙劫外春滿地不知何處去塵
塵剎剎露全身 楚安方 玄沙未徹呷汁同罪
千佛出世不通懺悔 佛照光 學劍難提鋒刃
頭艷光花發便心休不疑句播乾坤內得旨
唯憑月滿秋 雙泉瓊二 玄沙開舉悟中知當

下云言未保伊一擊海濤皆湧沸天光回爍
眼睒睒 靈雲桃花見親切英俊超越古今
哲星簇孤輪明皎潔和刃精揮用無絕玄沙
敵保君未徹雲水休話箇生滅新羅打鐵燒
脚熱磨礱還用三尺雪 道吾真 滿樹桃花行
人競折靈雲悟後了無疑更有玄沙言未徹
嘘 石谿明 田四 仰面穿針不見天低頭拾芥不見 二十九
地天地針芥無處安當面目眼中翳君不
見諦當未徹在覿人趁大彩 月堂昌 桃花春
暖盡情開一見無疑頗俊哉不是釣魚船上
客無人把手上高臺 東山空 靈雲悟桃花玄
沙傍不肯多少癡禪和擔雪去填井今春花
又開此意誰能領端的少人知花落春風靜
回清結 春風二月半桃花紅爛熳靈雲到處
逢衲僧着眼看看看短棹孤舟誰唐彼岸 龍
牙言 一箇烏梅似本形蜘蛛結網打蜻蜓 蜻
蜓落了兩片翼堪咲烏梅咬鉄釘 天童淨 一
見便見猶隔鐵圍玄沙老漢腦後痛錐 名 高
豈在鑄頑石路上行人口似碑 達本東 靈雲
一咲見桃花三十餘年始到家從此春風春
兩後亂隨名字落天涯 慈航朴 靈雲親說悟
桃花端的無疑眼裡沙縱使玄沙言未徹相
逢且喫趙州茶 誰庵演 乞兒拾得錫暗地空
寶惜撞着明眼人一文也不直 木菴永 不疑

不徹不失片片春風狼籍至今江北江南游子徒勞外覓休外覓明如杲日黑如漆 別峯印 三月桃花爛熳紅靈雲打失主人翁隨邪逐惡玄沙老半是真情半脫空 雲巢岩 一見桃花便綠眼鏡圓生陷出無門倚牆傍壁知多少一度春來一斷腸 少室睦 一見不勞朱粉施玄沙掃帚盡蛾眉只知攙得靈雲醜落盡眉毛自不知 朴翁銛 紅入芳蹊錦色鮮酌然一點不相謾物歸元主自校合誰謂靈雲着眼看 肯庵簡 靈雲因長生問混沌未分時如何師曰露柱懷胎曰分後如何師曰如片雲點太清曰只如太清還受點也無師不荅曰恁麼則含生不來也師亦不荅曰直得絕清絕點時如何師曰猶是真常流注曰如何是真常流注師曰如鏡常明曰未審向上還有事也無師曰有曰如何是向上事師曰打破鏡來與汝相見頌曰　午夜霜凝星斗寒長空雲盡山月落青天喫棒人盡知荅 三十 田四 龍退骨誰能覺金鳳銜開玉鎖開麒麟掣斷黃金索迢迢胡外孰能拘南北東西迴超卓 正覺宗 金雞啄王卵飛出鳳凰兒入戶能長備歸家著錦衣 佛鑑懃 靈雲曰長慶問如何是佛法大意師曰驢事未去馬事到來頌曰靈雲因問出家才驢事前行馬後來長慶不明真寔地句中認影影難開予今報你諸禪侶九衢杲日照香街 汾陽昭 驢事未了馬事來鍾聲纔斷鼓聲催祖師愛喫和羅飯北有文殊在五臺 佛鑑泉 驢事未了馬事來一卷欲謝一卷開安南已得烟塵息塞北將軍唱凱回 楊無爲 東行不見西行利南頭貴賤北貴貴橫千豎百箕河沙九九反成八十二 保寧勇 驢事未了馬事來鐘聲未了鼓聲催春來縱步園閒看無限桃花夾李開 佛鑑懃 問端如箭透垣牆賴值靈雲手段長駿馬鑾驢皆控勒鞭數戰勝出沙場 南岩勝 松陰行不盡跡兩下無時世事幾與廢山中人未知 東庵聰 驢前馬後識靈雲滿眼風埃絕點塵行徧天台并雁蕩歸來重看錦江春 心聞賁 靈雲因僧問如何是歸根得旨師曰早時局却不憶塵生　頌曰家破人亡何所依無心無緒話求歸十年忌却來時路暫憶此時總不知 枚子青 田四 靈雲因僧問如何是端坐念寔相師曰河裡失錢河裡攄 卅一 頌曰　河裡失錢河裡攄拈來天下任縱橫和雲買得南山地淺種深鋤恣意耕 佛心才 婺州金華俱胝和尚 嗣天龍 初住菴時有尼頂笠攜錫遶師三匝曰道得即下笠子如是三問師皆無對尼便去師曰日勢稍晚何不且住尼曰道得即住師又無對尼去後師嘆曰我雖處丈夫之形而無丈夫之器不如棄庵往諸方參尋知識去其夜山神告曰不須離此將有肉身菩薩來為說法逾旬果天龍和尚到師迎禮具陳前事龍豎一指示之師大悟自此凡學者參問師惟舉一指無別提唱將順世謂眾曰吾得天龍一指頭禪一生用不盡言訖示滅　頌曰天龍一指悟俱胝當下無私物匪齊萬互千差寧別說直教今古勿針錐 汾陽昭 對揚深愛老俱胝宇宙空來更有誰曾向滄溟下浮木夜濤相共接盲龜 雪竇顯 老倒俱胝一指頭金華山下幾回秋至今坐石安禪處猶長精魂未肯休 佛印元 丈夫無氣死無殊忽遇天龍陡頓蘇一指頭禪用不盡大悲千手費工夫 野軒遵 問荅機關豈易酬無幾難作好風流心中有事誑不得只得忙忙竪指頭 佛日白 損悟天龍一指頭河沙佛祖便同儔饒他鷂子懸河辯百億須弥一芥收 吳古佛 不用將心向外求箇中消息有來由報言達磨西來意只在俱胝一指頭 佛鑑懃 老大宗師竪指頭一生用得家風流玄沙拗折無人會年來年去冷颼颼 龍門遠 席簾蓬戶在門頭誰謂村居院落幽雨散雲收山岳露珊瑚枝上掛金鉤 忠照預

俱胝一指頭喫飯飽方休腰纏十萬貫騎鶴
上揚州 徑山杲 俱胝一指報君知朝生雛子
摶天飛若無舉鼎拔山力千里烏騅不易騎
琅琊覺 俱胝老子指頭禪二十年来用不殘
信有道人方外術了無俗物眼前看所得甚
簡施設彌寬大千剎海歘毫端麒麟無限落
田四 三十三
誰手珎重任公把釣竿 天童覺 獨脫風塵舉
世無不明兵甲作良圖河清海晏涘来事自
是時人不丈夫 塗毒策 俱胝一指禪古今成
話欄打破鬼門關露柱尋無罅 誰庵演 一着
高一着一步闊一步五百年間生指出這條
路這條路十聖三賢皆罔措 月林觀 佳人睡
起懶抓頭把得金釵插便休大抵還他肌骨
好不塗紅粉也風流 報恩演

俱胝有一童子每見人問事亦竪指人謂師
曰和尚童子亦會佛法凡有問皆如和尚竪
指師一日潛袖刀問童曰聞你會佛法是否
童曰是師曰如何是佛童竪指師以刀斷其
指童叫喚走出師召童子童回首師曰如何
是佛童舉手不見指忽然大悟 頌曰俱胝
一指頭一毛拔九牛華岳連天碧黃河徹底
流截却指急回眸青箬笠前無限事綠蓑衣
底一時休 山堂洵 俱胝鈍置老天龍利刃單
提勘小童巨灵抬手無多子分破華山千萬

重 無門開 瑞州末山尼了然禪師 嗣大
愚 因灌溪問如何是末山師曰不露頂曰如
何是末山主師曰非男女相溪乃喝曰何不
變去師曰不是神不是鬼變個什麼 頌曰
末山不露淩雲頂今古岩嶢在目前又道本
無男女相非君莫辨火中蓮 真淨文 非男女
田四 三十三末
相獨開閒正躰堂堂孰可攀一句不傳千聖
眼九天風靜月彎彎 自得暉 非男女相末山
主今古堂堂常獨露常獨露兮見也麼清磬
藉藉播寰宇 月林觀

禪宗頌古聯珠通集卷第十一 田四

禪宗頌古聯珠通集卷第十二

僧錄司右闡教兼靈谷禪寺住持淨戒　重校

祖師機緣

六祖下第五世

德山鑒 十四則　洞山价 廿六則　神山密 三則
石霜諸 六則　漸源興 一則　夾山會 十則
清平遵 二則　投子同 十九則

鼎州德山宣鑒禪師 嗣龍潭 簡州周氏子在蜀常講金剛般若經時謂之周金剛遂將青龍疏鈔出蜀至澧陽路徑造龍潭到法堂曰久嚮龍潭及乎到來潭又不見龍又不現潭曰子親到龍潭師無語遂棲止焉　頌曰浩渺深坑納衆流謾持香餌擲金鈎風雲匼匝雷霆動應許龍王不出頭 保寧勇　親到龍潭不見龍龍潭龍不在潭中青天白日興雲雨千古人同咲葉翁 佛國白　親到龍潭不見龍妙符先覺證玄宗茆庵盤結孤峰上靜對寒巖挂碧空 羅漢南　潭不見龍不現親到龍潭遣一玷潸然歸去牙如劍棒頭撒出光燄燄 大溈果　血盆似口劍如牙竭世樞機未足誇親到龍潭龍不現者回失却眼中茶 心聞賁　潭不見龍不現親到龍潭須活薦學承虛接響人守株待兔已機變知機變鍼子撲落地楪子成七片 遯庵演　潭不見龍不現全身已在空王殿夢回忽聽曉鶯啼春風落盡桃花片 皖山凝

德山一日侍龍潭抵夜潭曰更深何不下去師珍重便出却回曰外面黑潭點紙燈度與師擬接潭復吹滅師於此大悟便禮拜潭曰子見箇甚麼師曰從今向去更不疑天下老和尚舌頭也至來日潭陞座謂衆曰可中有箇漢牙如劍樹口似血盆一棒打不回頭他時向孤峰頂上立吾道去在師將疏鈔堆法堂前舉火炬曰窮諸玄辯若一毫置於太虛竭世樞機似一滴投於巨壑遂焚之於是禮辭而去　頌曰明暗相陵不足云絲毫有解未為親紙燈忽滅眼睛出打破大唐無一人 白雲端　一時瀑布岩前落半夜金烏掌上明大開口來張意氣與誰天下共橫行 保寧勇　明暗相形事渺茫誰知腦後迸神光都來劃斷千差路南北東西達本鄉 大洪遂　明暗分時光定動火光滅處見來由龍潭截斷辭源後佛祖孤峰罵未休 照覺總　一陣旋風霧靄開千峰突出碧崔嵬鷲猿怨鶴拋來久半夜山前喚得回 上方益　吹滅龍潭火一星當時心眼太精明微塵佛祖絕蹤跡跛鼈奔騰作麼生 旻古佛　黃金為骨玉為稜莫把他家此日尋多少洪未悟心匠盡將底事繼威音 龍門遠　德嶠龍潭啐啄機芥針投合契玄微孤峰盤結幰頭坐不顧青山雲自歸 京兆府天寧璉　龍潭霧起老龍吟嚇殺南山白額蟲不觸波瀾拿鰲臭斬然頭角氣如虹 南堂興　親到龍潭不見龍紙燈吹滅眼頭空一條白棒掀天地滅却西來達磨宗 佛照光　百結襴衫破幞頭年年落第出神州却因一隻穿楊箭臨老來封馬上侯 華月瑩　開口不見齒伸手不見掌夜半忽相逢葛藤長萬丈 雪庵瑾　南來本欲破邪說紙燈滅處難分雪踏著鉀鎚硬似鐵錯認烏龜喚作鼈 上泉密谷璉　親到龍潭已暗投夜深誰共御街遊紙燈吹滅狼烟息坐斷中原四百州 天目禮　蕘劉相逢不再三纔開臭口見卿談紙燈滅處饒端的不許蒼龍卧碧潭 朴翁銛

德山禮辭龍潭直抵溈山挾複子上法堂從西過東從東過西顧視方丈曰有麼有麼山坐次殊不顧盼師曰無無便出至門首乃曰雖然如此也不得草草遂具威儀再入相見纔跨門提起坐具曰和尚山擬取拂子師便喝拂袖而出山至晚問首座今日新到在否座曰當時背却法堂著草鞋出去也山曰此子已後向孤峰頂上盤結草庵呵佛罵祖去在雪竇拈兩處云勘破了乃頌曰一勘破二勘破雪上加霜曾嶮墮飛騎將軍入虜庭再

得完全能幾箇差走過莫放過孤峰頂上草裡坐殃究深林人不到到者還須是瘋人老虎睡鬣鬤攀自驚然跳出攫全身 海印信 偷營斫寨入中軍應是機謀已十分袖裡金槌猶未動山前飛騎去紛紛 上方益 德山老能法戰一喝聲光吼雷電騎虎頭兮收虎尾將虎鬚兮真可羨急走下山三十里又被溈山追一箭 佛鑑懃 大用不拘今古規模倒拈蠍尾平捋虎鬚若非深辨端倪何以坐觀成敗後處穎脫囊錐高來卷舒方外孤峰頂上浪治天正令當行百雜碎咄 圓悟勤 騎虎頭把虎尾霹靂一聲驚萬里坐觀成敗老將軍腦後一槌誰敢擬擬不擬箇箇無棍長者子 懶庵需 翻畧變全膽氣豪當頭不怕陣雲高排關自謂搴旗手未免孤峰沒草窠 頑石空 七事隨身一毫不用拜展鎗旗乾坤震動孤峰頂上休更說夢 退菴奇 德山凡見僧入門便棒 頌曰德山棒劃斷聖凡魔膽喪善能方便捋虎鬚忿怒那吒亦摧蕩 海印信 一棒一條痕辛酸不可論丈夫多意氣幾箇是知恩 大洪恩 突出雙頭卒辦難曾將一擊碎潼關自從天下太平後流落人間號德山 白雲端 驟雨迅雷擊雲興電影隨將軍雖有令何侶帝堯時 大法迷 兩手托開無縫塔一腳

蹋倒須彌山青天霹靂無遮護阿師猶自覓禪關 成枯木 一條白棒劈頭來血濺星飛痛可哀祖佛更無回避處妙高峰頂也崩摧 佛國白 德嶠分明顯大奇棒頭揮出絕離微令行佛祖無空過一似輪王握萬機 雪巖欽 一條楖栗倚青天別向三乘教外傳未眨眼時遭八百擬開口處着三千 張無盡 當機截斷聖凡膝上寒光照靈蒼茫宇宙無窮皮下何人有血 普融平 坐斷生死要津不問凡聖迷悟一棒打破面門自然乾坤獨露 佛心才 入門棒棒沒商量撥出紅流便廝當不是奴奴情淡薄無錢難作好兒郎 佛燈珣 棒下真鍮不博金德山徹底老婆心後人只見波濤湧不見龍王宮殿深 鼓山珪 入門便棒郎當不少依而行之胡麻廝繳 徑山杲 魯透龍潭向上機便將一棒力橫揮當頭突出何人辨只許叢林作者知 楚安方 一條白棒胡揮亂揎撞着聲頭魂飛膽顫 典牛游 殺活並行醍醐毒藥是賞是罰一任卜度 無著總 皎潔晴天吼怒雷錢山萬疊盡驚開曰思鬼雨條風日安得全提有此來 寶葉源 德山小參示衆曰今夜不答話問話者三十棒時有僧出禮拜師便打曰某甲話也未問和尚因甚麼打某甲師曰汝是甚麼處人曰新羅人師曰

未跨船舷好與三十棒 頌曰德山自得任公手一線分明下兩鉤透網金鱗纔美水岸邊邏把釣絲收 佛印元 誅龍之劍未可揮蛇大獵之家豈藉狐兔君不見諸葛亮作軍師或施擒縱少人知百萬雄兵如指掌小醜擒來又縱之兵歎訝馬頻嘶無限兒郎唱大奇如是四方英勇將聞名早已豎降旗 海印信 祖令全提孰敢論纖毫纔動陷關津這僧不辨箇時節為法忘身有幾人 成枯木 烟塵掃蕩將軍令正勑派行宣德音公子只知歌既醉夜深還被活生擒 寶峯照 橫按鏌鎁居閫外當鋒誰敢犯重圍堪羨新羅箇衲子全機破敵也光輝 昊古佛 高提祖印踞寰中孰肯當機定吉凶不是新羅這衲子爭教千古振清風 大溈喆 大冶烹金忽雷驚春草木秀發光輝日新不費纖毫力擒下天麒麟全威殺活得自在千古照耀同氷輪話作兩橛句中眼活龍頭蛇尾以指喻指撞着露柱瞎衲僧塞斷咽喉無出氣擬議尋思隔萬山咭嚓舌頭三千里 圓悟勤 德山老人寐寐惺惺法眼圓明精精靈靈六韜三略武緯文經新羅衲子有丙無丁 南堂興 德山因廓侍者問從上諸聖向什麼處去師曰作麼作麼曰勑點飛龍馬跛鼈出頭來師休去明日師浴出

廓過茶與師師撫廓背曰昨日公案作麼生曰這老漢今日方始對地師又休去　頌曰跛鼈飛龍騎形殊理不殊欲明二人士棒下識真軀 汾陽昭 正士忠臣氣家英一言佐國死猶輕不同諂曲偷安者冒寵貪榮過一生 佛印元 袖裡藏鋒迴莫儔任他高作運機籌君看舉鼎拔山力未到烏江不肎休 海印信 雲鵬展翅天無光井底蝦蟆剟咄咄大陽忽轉眺出來千峰萬峰空突兀 白雲端 駭聽高聲叫不聞夢中讝語自紛紛明朝一下方眠覺懊惱沉不可論 保寧勇 覿面來時作者知可中石火電光遲輸機謀主有深意欺敵兵家無遠思發必中更謾誰腦後見腮兮人難觸犯眉底有眼兮渠得便宜 天童覺 不問文班與武班御街侵曉競朝天仗觀莫咲金吾老駿馬驕多不著鞭 上方益 商嶺東西路不分兩間茅屋一溪雲師言耳聵知師意人是人非不欲聞 佛性泰 臨機一味放憨癡其 田五 六 毒尤深棒喝時堪咲人來誇敏手得便宜是落便宜 別峰印 頑皮老虎卧林丘一任傍人放滴油滿肚只因曾飽肉縱加呼喚懶擡頭 無準範 只一箇休去伎倆自然消諸聖在甚處腳下路迢迢 橫川珙 昨日罵罵一番了老倒踈慵不解聽今日又來由你罵饒人些子

當看經 閑極雲 德山一日飯遲托鉢下堂時雪峰作飯頭見便云這老漢鐘未鳴鼓未響托鉢向什麼處去師便歸方丈峰舉似岩頭頭曰大小德山未會末後句師聞令侍者喚來問汝不肎老僧那頭密啓其意師乃休去至明日陞堂果與尋常不同頭至僧堂前撫掌大咲曰且喜老漢會末後句雖然如是只得三年師果三年而沒　頌曰鐘鼓猶未鳴托鉢何處去一撥便回頭會得末後句 空峯照 末後句會也無德山父子太含糊座中亦有江南客莫向樽前唱鷓鴣 天童覺 凜凜霜風戞地寒漁翁擲釣五湖寬錦鱗觸散波心月收取絲綸上古灘 空峯祥 鼓寂鐘沉托鉢回岩頭一撥語如雷果然只得三年活莫是遭他授記來 張無盡 德山托鉢家為奇好語令人特地疑虎豹出林誇爪距鳳林千古立雄基 南堂興 一搥塗毒聞皆喪身在其中總不知八十翁翁入場屋真誠不是小兒嬉 田五 七 徑山杲 鐘未鳴鼓未響依前托鉢歸方丈德山不會末後句岩頭密意誰相亮只得三年也大奇留與諸方作榜樣 鼓山珪 千尺絲綸直下垂一波纔動萬波隨兒童不慣風濤惡走入蘆花不敢窺 真淨文 鐘鼓未鳴先托鉢雪峰平地成饒舌當時一徑入僧堂且看岩頭有何說 瞎堂一 雪峰公然喚回岩頭密搭有力果然只得三年賊口元來是勦 典牛游 凜凜吹毛照膽寒不容擬議豈容傳擡眸巳是身三段此是吾家紅鐵團 明大禪 斫却月中桂清光轉更多狐狸俱屏迹師子奮金毛 密庵傑 德山托鉢話低頭得人怕三家村裡人醉後胡廝罵 率庵琮

德山因僧問如何是佛師曰佛是西天老比丘　頌曰佛是西天老比丘星移斗轉水東流茫茫宇宙人無數戶貫依前百草頭 或菴體

德山因臨濟侍次師曰今日困濟曰這老賊寐語作甚麼師擬拈棒濟掀倒禪床　頌曰卧龍總奮迅猛虎便咆哮時人只見波濤湧不知新月出林梢 中庵空

德山示衆曰道得也三十棒道不得也三十棒臨濟聞得謂洛浦曰汝去問他道得為甚麼也三十棒待伊打汝接住棒送一送看他作麼生浦如教而問師便打浦接住送一送師便歸方丈浦回舉似臨濟濟曰我從來疑著這漢雖然如是你還識德山麼浦擬議濟便打　頌曰單于自負藝過人小將教誇去侶真到彼果然贏小捷回來未免陷全身 海印信 譬若金籠鸚鵡兒背如紅玉一青衣雖然學得人言語問著元來總不知 佛鑑懃

德山因僧來參便乃閉却門

僧打門師曰誰曰師子師開門僧纔入禮拜師驀頭騎曰者畜生許多時向甚麼處去来頌曰見兎放鷹因邪打正脚未跨門直須猛省（未庵未） 德山上堂大衆及盡知也直得三世諸佛口挂壁上猶有一人呵呵大咲若識此人參學事畢（或作圓明教語）投子青云然雖如是德山大（田五）侶藏盡楚天月猶存漢地八星乃頌曰 雙盲入暗路崎嶇日落棲蘆暫得甦争侶石人眼半夜兎教犇讓守林居須知老綻非干木無脚行時早觸途昨朝風起長安道元是崑崙進國圖 収把斷襟喉風磨雲拭水冷天秋錦鱗莫謂無滋味釣盡滄浪月一釣（天童覺）· 筠州洞山良价悟本禪師（嗣雲岩）因辭雲岩臨行問百年後忽有人問還邈得師真否如何秖對岩良久曰秖這是師沉吟岩曰价闍黎承當個事大須審細師猶涉疑頌曰 躰量非功不隨令星移斗換豈同輪多年曆日雖無用犯著應須總滅門（正堂辯） 洞山因過水睹影大悟前旨有偈曰切忌從他覔迢迢與我竦我今獨自往處處得逢渠渠今正是我我今不是渠應須恁麼會方得契如如頌曰 動靜從來每與俱回頭驀地始逢渠直饒與麼猶堪咲喚作如如又却迂本覺一水中影子回身有若寔無身影

亦無百尺竿頭纔進步一毫端上現毗盧（圓悟勤） 洞山後。因供養雲岩真有僧問先師道只這是莫便是否師曰是曰意旨如何師曰當時幾錯會先師意曰未審先師還知有也無師曰若不知有争解恁麼道若知有争肯恁麼道頌曰 争解恁麼道五更雞唱家林曉（田五）争肯恁麼道千年鶴與青松老九宝鑑正明驗正偏玉機轉側看爭到門風大振兮規步綿綿父子變通兮聲光浩浩（天童覺） 洞山餘雲岩曰自此一別難得與汝相見師曰不然自此一別難得與和尚不相見頌曰 高高孤頂雪濛濛刦外行藏路不通半夜嶺梅消息轉不關春色暗香濃（正堂辯） 洞山首謁南泉值馬祖忌脩齋次泉曰来審馬祖還来應供否衆無對師出云待有伴即来泉曰此子雖後生却堪雕琢師曰莫壓良為賤頌曰白雲之賔青山伴位裡借功肯互換無底合盌轉手擎穿心椀子通身飯（天童覺） 千尺絲綸直下垂一波纔動萬波隨江上晚来堪畫處漁人披得一簑歸（閑根駐）有伴即来地闊天開冷光重出匣古路絶纖埃萬象森羅齊合掌須彌岌嶪舞三臺（景庵印） 洞山參溈山問曰頃聞南陽忠國師有無情說法話某甲未究其微溈曰我這裡亦有秖是罕遇其人

師曰乞師指示溈曰父母所生口終不為子說師曰還有與師同時慕道者否溈曰此去澧陵攸縣石室相連有雲岩道人若能撥草瞻風必為子之所重師既到雲岩問無情說法甚麼人得聞岩曰無情得聞師曰和尚聞否曰我若聞汝即不聞吾說法也師曰某甲為甚麼不聞岩竪拂子曰還聞麼師曰不聞曰我說法汝尚不聞況無情說法乎師曰無情說法該何典教曰豈不見弥陀經云水鳥樹林悉皆念佛念法師於是有省述偈曰也大奇也大奇無情說法不思議若將耳聽終難會眼處聞時方得知頌曰 者箇分明有情無情者箇家親無處不真一打不著萬胡沉淪一透不破驢牽鋸磨一朝透徹以楔出楔鼻孔面上口裡有舌不借不借東說西說要休便休要歇便歇無情說法有情聽有情說法無情別不是等閑虛作解大地山河太饒舌人人盡有不相應露柱燈籠向你說（大溈智）十 （田五）好好萬象森羅俱是贅頭頭物物現家珍不識之人即荒草（南堂興） 南陽師肌骨好洞山价也難討溈山翁雲岩老重注破成鼓倒分明行官路不覺入荒草葛藤因此到而今業識茫茫何日了（月堂昌） 洞山示衆曰秋初夏末兄弟或東去西去直須向萬里無寸

草處去始得又云只如萬里無寸草處且作麼生去後有僧到瀏陽舉似石霜霜云出門便是草僧回舉似師師曰大唐國裡能有幾人頌曰　出門便是太忙然萬里無來未得圓欲識家山歸去路暮煙輕鎖綠綿綿 佛慧泉 草漫漫門裡門外君自看荊棘林中下脚易夜明簾外轉身難看看幾何般且隨老木同寒瘦將逐春風入燒瘢 天童覺 出門便是草鬧殺龍門老比去禮文殊南來登五老鬢鬚已蒼浪言歸恨不早獨立秋風前思量望江島好好不用更尋討 龍門遠 萬里無寸草但請恁麼去出門便是草各自有公懷有公樓何拘束清風月下守株人涼兎漸遙春草綠 徑山杲 不出漫漫草路遮出門猶更隔天涯回機踏着通霄路何處青山不是家 琳山如 庭前黃葉亂紛紛階下苔錢佀錦紋戶外任教荒草綠石人踏斷海山雲 淨日成 萬里無寸草出門便絆倒爭如不動塵四山日杲杲 田五 十一 壁立萬仞絕承當天上人間無處討無處討忽然突出拄杖頭直趨寶山親取寶 圓悟勤 新豐路坦然豈止正偏圓萬里無寸草何人可向前機不轉隨塵緣透得脫犯風烟瀏陽端的破中道出門已是草芊綿投機倘若諳來脉兩岸俱玄一不全 佛鑑懃 盧玄鳥道沒

纖埃玉殿空然瑣綠苔挂壁梭飛秋鋭骨冷濵老蚌盡懷胎 足菴鑒 洞山因僧問寒暑到來如何回避師曰何不向無寒暑處去曰如何是無寒暑處師曰寒時寒殺闍黎熱時熱殺闍黎頌曰　垂手還同萬仞崖正偏何必在安排琉璃古殿照明月忍俊韓獹空上階 雪竇顯 無寒暑處如何唱和熱即乘涼寒即向火多口阿師一場懡㦬人人盡欲出常流折合還歸炭裡坐 泉大道 熱時熱殺寒時寒寒暑由來揔不干行盡天涯諳世事老君頭戴猪皮冠 湛堂準 偏中有正正中偏流落人間千百年幾度欲歸歸未得門前依舊草芊芊 長靈卓 無寒暑處洞山語多少禪人迷處所寒時向火熱乘涼一生免得避寒暑 佛燈珣 無寒暑處為君通枯木生花又一重堪咲刻舟求劍者至今猶在冷灰中 佛性泰 裡頭看勿寒暑直下滄溟瀝得乾我道巨鼇能俯首咲君沙際弄釣竿 天童覺 水到渠成風行草偃類之不齊觀之難面誰信崖頹石裂時黃金白銀如糞泥 月堂昌 盤走珠珠走盤偏中正正中偏羚羊挂角無踪跡獵犬遶林空踟躇 圓悟勤 避暑逃寒問是非不離寒暑少人知正中來也無回互句裡藏鋒辨者稀嚴天雪火雲飛風吹日炙杜闍黎 治父川 寒時

寒熱時熱無寒暑處天然別綿州附子漢州薑打刀須是郴州鐵洞山老子不瞞人親傳當面藏身訣 鼓山珪 寒暑分明說向君不容擬議辨疎親偪檐驀折兩頭脫舉目長空一咲新 松源岳 洞山因僧問三身中那身不墮衆數師曰吾常於此切後有持此問曹山先師道吾常於此切意作麼生山云要頭便斫 田五 十二 去又問雪峰雪峰以拄杖打云我亦曾到洞山來頌曰　此切堪傷向外求至親何故佀怨讎始終滿面無慚色更有曹山乞作頭 保寧勇 不入世未循緣刦壺空處有家傳白蘋風細秋江暮古岸船歸一帶烟 天童覺 玉鞭纔舉乾坤靜皇道無私顯至尊貴極臺轝纔指斥將軍正令不容存 正堂辯 三人證龜喚作鼈啞子得夢向誰說電光影裡浪驅馳踏破澄潭一輪月 木菴永 吾常於此切不是神仙訣洞山空腹高心曹山窄可截舌切切不是標名虛事攙未了吾今為君訣 棘田心 洞山因僧問亡僧遷化向什麼處去師曰火後一莖茆頌曰　野火燒時越轉新至今烟鏁雨難淋旱地紅蓮遶日月無根樹長翠成陰 枝子青 春風吹動綠波搖無限船師逐海潮只見江鷗飛白浪豈知明月在雲霄 成枯木 書應隨流妙意深明明一箭中紅心當鋒

不是由基眼對面錢山高萬壽佛智裕古人出世家難遭唯有江西路更高人問已僧遷化事便言火後一莖節石門聰雖然火過一堆灰爭奈人情會見稀畢竟水須朝海去到頭雲定覓山歸佛鑑懃 洞山有頌云五臺山上雲蒸飯佛殿階前狗尿天糟竿頭上煎䭔四五子三箇胡孫夜簸錢十三頌曰 山猿得樹尾連顛咲道階除夜擻錢敲磕髑髏無用處送来千聖不曾傳 洞山因老宿拈袈裟角問云父母未生時還有這箇麼師曰只今豈是有耶宿搖手頌曰轉位投機覓更難回途復妙豈相關新豐洞口翻波浪一掃須教徹底乾王堂琳 洞山有一僧在延壽堂不安要見師師至僧所僧便問和尚何不救取人家男女師曰你是什麼人家男女曰某甲是大闡提人家男女師良久僧曰四山相逼時如何師曰老僧亦從人家屋簷下過曰回互不回互師曰不回互曰教某甲向什麼處去師曰粟畬裡去僧噓一聲曰珎重便坐脫師以拄杖扣頭三下曰只解與麼去不解與麼來頌曰只解恁麼去沙畬夜宿滄洲樹不解恁麼来石筍穿開古路苔莫道鯤鯨無羽翼今日親從鳥道回天童覺 聖量凡情淨盡時轉身繇路事還非屋簷下過粟畬裡馬腹驢胎一道

歸石溪月 洞山因龍牙問如何是祖師西来意師曰待洞水逆流即向汝道頌曰 洞水無緣會逆流見他苦切故相酬西来祖意寔無意妄想狂心歇便休橫川珙 洞山因僧問如何是空劫已前自己師曰白鳥入蘆花頌曰打起黃鶯兒莫教枝上啼幾回驚妾夢不得到遼西正堂辯 洞山冬夜果子次問泰首座曰有一物上拄天下拄地黑似漆常在動用中動用中收不得且道過在什麼處座曰過在動用中師曰侍者掇退果卓頌曰洞山果子誰無分掇退臺盤妙轉機今夜為君輕點破牡丹花下睡猫兒明極祚 洞山玷辱家風首座埋沒自己雙雙綉出鴛鴦千古扶持不起運庵岩 拄天拄地黑如漆不分晝夜是何物拈来拋向火坑中火裡紅蓮香拂拂虛堂愚 洞山夜參不點燈有僧出問話退後師令侍者點燈乃召適来問話僧出来其僧近前師曰將取三兩粉来與這箇上座其僧拂四五十四袖而退自此省發遂罄捨衣資設齋得三年後辭師師曰善為時雪峰侍立問曰秖如這僧辭去幾時却来師曰他秖知一去不解再来其僧歸堂就衣鉢下坐化峰上報師師曰雖然如此猶較老僧三生在頌曰洞山日午打三更便有遊人把路爭除却華山陳處士

誰人不帶是非行慈受深 洞山因看病僧僧曰火風離散時如何師曰来時無一物去亦任洪伊曰爭奈羸瘵何師曰須知有不病者僧曰如何是不病者師曰悟則無分寸不悟隔山坡僧曰前程還許卜度也無師曰雖然黑似漆成立在今時頌曰火風離散後一物鎮長靈佛國黃金地天堂白玉庭前程休卜度所至要惺惺一念心清淨人間亦只寧虛堂愚 洞山不安僧問和尚病還有不病者麼師曰有曰不病者還看和尚否師曰老僧看他有分曰和尚看他時如何師曰老僧看他時則不見有病頌曰 卸却臭皮袋拈轉赤肉團當頭鼻孔正直下髑髏乾老醫不見迎来辟少子相逢向近難野水瘦時秋潦退白雲斷處舊山寒須勤絕莫顢頇轉盡無功伊就位孫標不與汝同盟天童覺 洞山因僧問和尚教學人行鳥道未審如何行鳥道師曰不逢一人曰如何行師曰直須足下無私句四五十五曰秖如行鳥道莫便是本来面目否師曰闍黎因甚顛倒曰甚麼處是學人顛倒師曰若不顛倒因甚麼却認奴作郎曰如何是本来面目師曰不行鳥道頌曰 古路鯈然倚太虛行玄猶是涉崎嶇不登鳥道雖為妙點檢將来已觸途丹霞淳 洞山問僧世間何物最

苦曰地獄家苦師曰不然在此衣線下不明
大事是名衆苦頌曰人生家苦不知休逐浪
隨波真可憂一句若能超佛祖蒙頭壞衲更
何求 枯木成 鑊湯爐炭幾何般地獄三途未
苦酸須信新豐親切語袈裟之下莫顢頇 丹霞
淳 洞山曰一大藏教只是箇之字頌曰縣畫
分明無道理老胡幾度提不起不如分付王
右軍無限風流歸手裡 白雲端 洞山參興平
便禮拜興曰莫禮老朽師曰禮不老朽者興
曰渠不受禮師曰渠不曾禮頌曰渠非老朽
不禮不受威音世前毗盧頂後把定壺中白
日長觸著匣內青蛇吼良醫叮囑病人服藥
不如忌口 天童覺 上座莫要禮老朽興平未
易揚家醜尊貴從來不出門渠儂豈在威音
後 自得暉 洞山因僧問如何是衲僧孔竅師
曰十八女兒不繫裙頌曰衲僧孔竅少人知
剗被宗師已識機十八女兒裙未繫先教阿
母畫蛾眉 海印信 洞山因僧問時時勤拂拭
莫遣惹塵埃為甚麼不得他衣鉢師曰直饒
道本來無一物也未合得他衣鉢且道什麼
人合得僧下九十六轉語皆不契末後云設
使將來他亦不受師深肎之頌曰祖師衣鉢
漫悠哉不受渠猶眼未開誰信普通年遠事
豈從葱嶺付將來 本覺一 洞山不安令沙彌

傳語雲岩乃囑曰他或問和尚安樂否但道
雲岩路相次絕也汝下此語須遠立恐他打
汝沙彌領旨去傳語聲未絕早被雲岩打一
棒沙彌無語頌曰 洞山有路透雲岩絕靄
教通到者難拄杖頭邊開活路方知不隔一
毫端 絲象端 年老心孤是洞山引人行路絕
田五　十六　廿
躋攀者僧若也知機變一去雲岩更不還
屋蕭 潭州神山僧密禪師 嗣雲岩 與洞山行
次忽見白兔走過師曰俊哉洞曰作麼生師
曰大似白衣拜相洞曰老老大大作這個說
話師曰你作麼生洞曰積代簪纓暫時落魄
頌曰 即日貴人舊家貧漢兄弟相承尊卑
互換向晚途中眼不開夜明簾外機旋轉時
牛戴帽異中來百鍊真金色不變 天童覺二
抗力雪霜平步雲霄下愚黜園相如過橋蕭
曹謀略能成漢巢許身心欲避堯寵辱若驚
深自信真情希跡混漁樵 白衣拜相喜難
加暫時流落向天涯移身換步人難見夜來
歸宿五侯家 佛性泰 衣錦還鄉人盡見長時
富貴許誰知 無言童子呵呵咲齋飄得風光滿
面歸 伊庵權 神山把針次洞山問曰作甚
麼師曰把針曰把針事作麼生師曰針針相
侶曰二十年同行作這個語話豈有與麼工
夫師曰長老又作麼生曰如大地火發底道

理頌曰大地火發間不容髮南海崑崙天寒
不犧祖祖相傳一頭搕𢱢 天童覺 逞放順叔
將寡敵衆隱顯同途得失共用針針相似不
外來同行語話要分開自從大地火發後古
廟香爐不著灰 月堂昌 神山與洞山過獨木
橋洞先過了拈起木橋曰過來師喚价闍黎
五　十七
洞乃放下木橋頌曰 平地無端鑿陷坑木
橋拈起使人行沉沉寒水如何渡月夜金雞
報五更 丹霞淳 潭州石霜山慶諸禪師
嗣道吾 掀溈山為米頭一日篩米次溈曰施
主物莫拋撒師曰不拋撒溈於地上拾得一
粒曰汝道不拋撒這箇是甚麼師無對溈曰
莫輕這一粒百千粒盡從這一粒生師曰百
千粒從這一粒生未審這一粒從甚處生溈
呵呵大咲歸方丈頌曰 萬廩千倉常住物
出生來歷要分明不知一粒從何得兩過西
山爽氣清 枯禪鏞 石霜在方丈內僧在
窓外問咫尺之間為甚麼不覩師顏師曰徧
界不曾藏僧舉問雲峰徧界不曾藏意旨如
何峰曰甚麼處不是石霜師聞曰這老漢著
甚麼死急峰聞曰老僧罪過 玄沙云山頭
老漢蹉過石霜頌曰千疑萬慮扣禪關徧界
非藏豈小言象骨玄沙猶定動悞他游子失
歸源高賢不用隨聲色地久天長自斷門 汾

陽昉 石霜雪老盡悠悠月下相逢互唱酧事侶釣螺江上客一聲漁笛過滄洲 佛慧泉 變眸自小患生盲兩耳從來只聽聲指點萬端都不見如何彈指得分明 保寧勇 咫尺之間不覩師顏幸然獨露誰作遮攔老倒石霜曾指月區區雪老重饒舌釣魚船上謝三郎金剛腦後添生鉄 南華昺 咫尺之間問石霜師云徧界不曾藏鬧市交関急着眼塞北牛馬海南番 洞山聰 遍界不曾藏千眼應難見雖然咫尺問欲覓無背面象骨若提撕箇中猶未辨玄沙與發機射人用好箭 投子舒

石霜因僧問如何是和尚深深處師曰無鬚鎖子兩頭搖 頌曰三更月落兩山明古道程遙苔滿生金鎖搖時無手犯碧波心月兔常行 投子青 無鬚鎖子卒難開枯木堂中莫亂猜千古兩頭搖不動待他麟角衲僧來 保寧勇

石霜示眾云百尺竿頭如何進步 頌曰百尺竿頭坐底人雖然得入未為真百尺

四五

十八

竿頭須進步十方世界現全身 長沙岑 瞎却頂門眼錯認定盤星拚身能捨命一盲引眾盲 無門開

石霜因裴相國來師奪公手中笏曰在天子手中為圭在官人手中為笏在山僧手裡喚作什麼公無對乃留下笏 頌曰不是圭兮不是笏叉身直入蒼龍窟擎得驪龍照海珠知君大手方拈出 雪竇顯 不是圭兮不是笏祖祖相傳非外物掌靈光中著眼看直下承當早埋沒遇作家須拈出中下聞之生恍惚太平恁麼多羅畢竟未離窠窟那堪明眼人前特地一場忉怛 佛鑑懃

潭州漸源仲興禪師 嗣道吾 一日隨道吾往檀越家弔慰拊棺曰生邪死邪吾曰生也不道死也不道師曰為甚麼不道吾曰不道不道歸至中路師曰和尚今日須與某甲道若不道打和尚去也吾曰打即任打道即不道師便打吾歸院曰汝宜離此去恐知事得知不便師乃禮辭隱于村院三年後忽聞童子念觀音經至應以比丘身得度者即現比丘身忽然大省遂焚香遙禮曰信知先師遺言終不虛發自是我不會却怨先師先師既沒唯石霜是嫡嗣乃造石霜霜見便問前來打先師因緣會也未師進曰却請和尚道一轉語霜曰不見道生也不道死也不道師遂禮

四五

十九

拜石霜設齋懺悔他日持鍬復到石霜於法堂上從東過西從西過東霜曰作麼師曰覓先師靈骨霜曰洪波浩渺白浪滔天覓甚先師靈骨師曰正好著力霜曰這裡針劄不入著甚麼力師持鍬肩上便出 頌曰兔馬有角牛羊無角絕毫絕釐如山 如岳黃金靈骨今猶在白浪滔天何處著無處着隻履西歸曾失却 雪竇顯 終日挨門復倚樓幾回明鏡照掘頭一從事却潘郎後也解人前不識羞 保寧勇 道吾解語無舌漸源無手行拳打得魂消魄喪方得此道流傳石霜為父雪耻苦烝之言難宜鍬子持來回顧茫茫白浪滔天黃金靈骨今何在留鎮閻浮千萬年 妙湛慧 木人把板雲中唱石女穿靴水上行生死死生休更問從來日午打三更 長靈卓 生也全機現死也全機現不道復不道箇中無背面直下便承當不隔一條線逼塞太虛空赤心常片片 圓悟勤 無鬚鎖子兩頭搖無瑕辟玉三回獻又遭刖足太無端誰料正言還似返 佛性泰 當時苦口曾不道悟來靈骨方尋討練江寒月兩蕭蕭淨雲散盡天如掃 寶庵梧 生邪不道死邪不道一片清風閑浩浩一時漏泄道吾機又着攔杈倒頂帽 楚安方 本地靈明無一物幾人認得黃金骨扶鍬有上便行時大辯從來還若訥 丹霞淳 生前曾弗遇知音死後徒將靈骨尋只在目前何處覓黃金鎖子任浮沉 本覺一 明頭落節暗裡喫交毒手當渠痒處搔雪裏鷺鷥飛不見一隻銀缾挂樹梢 雪竇宗 無生曲子物外禪客唱者能唱拍者能拍唱拍相隨秋天月白大鵬展

翅滄溟窄浩浩清風生羽翮 南堂興 急水灘頭下釣時錦鱗紅尾尚遲疑驀然跳出洪波裡㸦霧拏雲宇宙低 雪庵瑾

澧州夾山善會禪師 嗣船子 初住京口寺因僧問如何是法身師曰法身無相又問如何是法眼師曰法眼無瑕時道吾失笑師遂請益後散衆參船子省發後歸聚徒道吾令僧

田五

二十

往問如何是法身師曰法身無相又問如何是法眼師曰法眼無瑕僧回舉似吾吾曰者漢此回方徹　頌曰法身無相法眼無瑕因風吹火借水獻花絲毫不立萬別千差但看來年二三月啣泥燕子入人家 慈受深 臭口開來經萬劫絲毫纔動轉輪隨雲收雨散月明夜又動江波說向誰 木庵永

夾山因僧問撥塵見佛時如何師曰直須揮劍若不揮劍漁父棲巢僧後問石霜撥塵見佛時如何霜曰渠無國土甚處逢渠僧回舉似師師曰門庭施設不無老僧入理深談猶較石霜百步　頌曰當機一句玉珊瑚內外玲瓏溢目寒無漏國中曾不住月華影裡見應難 丹霞淳 不立纖毫已是塵那堪奔走問他人高揮寶劍無踪跡月裏姮娥現半身 成枯木 拂牛劍氣洗兵威定亂歸功更是誰一旦氣埃清四海垂衣皇化自無為 天童覺 太阿在手誰敢當鋒青山萬朶白雲重重 京兆天寧珖 學佛人人被熱謾撥塵見得幾何般狂風掃地雲吹散獨立闌干宇宙寬 別峯印 隱顯全該不露顏白雲繚繞舊家山石人半夜敲金鎖天曉泥牛過玉關 保寧仁

夾山因僧問如何是佛師曰此位無賓主曰尋常與甚人

田五

廿一

對談師曰文殊與吾嫌水去普賢猶未折苍來　頌曰親言言震幾人知今古無傳類莫齊玉馬雪行歸夜半羚羊挂角日沉西 投子青 當頭不犯難開口假借傍來落二三卓尒混融無向背西天佛是老瞿曇 成枯木 大方獨立峭巍巍八面玲瓏萬象圍正坐當軒無位位圓通無礙應群機 昧山如

夾山因僧問如何是夾山境師曰猿抱子歸青嶂後鳥啣花落碧岩前後來法眼云我二十年祇作境話會　頌曰月皎青松鶴夢長碧霄丹桂桂猶芊岩高壁仞千峯雪石筍生條半夜霜 投子青 舒含明月珠生腹龍擁深雲雨洒空莫向平田翻巨浪直須點點盡朝東 丹霞淳 古鏡重磨又一新一四出匣一驚人石頭城下風雷吼老老禪翁把要津 寶峯祥 二十年前此地遊木蘭花發院新修如今再到經行地樹老無花僧白頭 鼓山珪 境話會來猶未是卻問而今作麽生清涼元自鼻頭直夾山依舊面眉橫 徑山杲 古路雲深覆好山雲更遮雁聲天外急遊子夜還家 瞎庵成 月桂寒松碧嶂深石人未會雪中吟從前此曲知音少鶴唳青霄出鳳林 成枯木 山邊水邊待月明暫向人間借路行如今還向山邊去只有湖水無行路 天目禮

夾山示衆云目前無法意在目前不是目前法非耳目之所到　頌曰九轉靈丹難卻易一鎚便當易還難相逢話盡壺中事重把仙書子細看 長靈卓 年來萬事總成魔老去閑添白髮多道泰不傳天子令時清休唱太平歌 鼓山珪 癡人面前休說夢生鐵團上須有縫明明說與卻伴聾只管外邊鬧打哄 徑山杲 握不成團撥不開德雲幾度下崔嵬有時行到海南岸寄寄還從舊路回 最庵印

夾山普請次維那命佛日送茶日云某甲只為佛法來不為送茶來那云和尚令請上座日云和尚即得日乃將茶去作務處見師遂撼茶碗作聲師不顧日云釅茶三五碗意在钁頭邊師曰缾有傾茶勢籃中

田五

二十二

幾箇甌日云缾有傾茶勢籃中無一甌便傾茶大衆俱以目視之日云大衆鶴望乞師一言師曰路逢死蛇莫打殺無底籃子盛將歸日云手執夜明符幾箇知天曉師召大衆已有人也歸去來乃住普請　頌曰路逢死蛇

莫打殺無底籃子須颺下往往事從閑話生莫將閑話為閑話井前錄攙杖漢沒拘束餓死首陽山誓不食周粟歷堂悉夾山在溈山作典座溈問今日喫甚菜師曰二年同一春溈曰好好修事著師曰龍宿鳳巢　頌曰相逢借問衆僧麼莫比庵園香飯施紫氣夜隨丹鳳轉金龍曉經月中枝枚子青變生為蘇逐時新好是二年同一春龍宿鳳巢輕奪意調和味塞口多人正覺逸兩過龍庭苔蘚潤夜央金殿燭初紅宮娥雅奏昇平曲禁外盧勞視聽聰大洪預龍宿鳳巢裡二年同一春桂卷香撲撲平地是青雲大洪恩夾山嘗遣一小師徧遊禪剎殊無趣向及聞師道譽遠播乃回省覲云和尚有如許奇特事何不早向某甲道師曰汝蒸飯時吾為着火汝行益時吾為展鉢甚處是孤負汝處小師因而悟入　頌曰汝蒸飯時吾着火汝行益時吾展鉢尋常恁麼老婆心自是你儂機不活機若

田五　廿三

活夾山本無奇特事百川倒流鬧聒聒懶續夾山因僧問會處却不問不會處請師一言師曰户挂洞林影中辨取　頌曰威音那畔不能行撒手還家懶問程寢服無人空寂寂淵窓唯有月虛明丹霞淳鄂州清平山令遵禪師嗣翠微因僧問如何是大乘師曰井索曰如何是小乘師曰錢索又問如何是有漏師曰笊籬曰如何是無漏師曰木杓曰觀面相呈時如何師曰分付與典座　頌曰有漏笊籬無漏木杓烜赫禪和妄生卜度伶俐座主何處摸索金牙解使神鎗李廣箭穿雙鵰琅瑘覺大乘小乘井索錢索有漏無漏笊籬木杓直下承當鼻孔失却法雲秀笊籬木杓錢貫井索見成家風受用寥落生涯放得信緣看佛法更於何處著不用安排只麼逕自然心地常安樂天童覺二乘諸漏扣空王雪後那堪半夜霜秦漢旌旗度沙漠唐虞黼黻拱岩廊張無盡笊籬木杓錢貫井索打尾鑽龜徒勞卜度休卜度麒麟只有一隻角南堂靜有漏笊籬無漏木杓學語禪流徒勞卜度江邊有箇釣魚人擲鉤驚起遼天鶴日庵先笊籬木杓錢貫桶索說妙談玄俱是錯清平鼻孔塞乾坤天下衲僧無處摸明來握土成金悟去百草皆藥拗折俱胝指頭踏斷趙州略彴平常一句用無窮限量知見徒斟酌雪竇宗丈二鋼釘八尺鐵橛插在眼中猶自不中竺空清平初參翠微便問如何是西來的的意微曰待無人即向汝說師良久曰無人也請和尚說微下禪牀引師入竹園師又曰無人也請和尚說微指竹曰這竿得恁麼長那竿得恁麼短師雖領其微言猶未徹出住大通上堂舉初見翠微機緣謂衆曰先師入泥入水為我自是我不識好惡　頌曰父子相逢意已彰尊卑何必叙炎涼叮嚀指點家園事行盡荒郊話短長大洪遂土埋處處鐵蒺角半夜經由未覺難天曉嶺根傷中倒方知行過鐵門關雲堂行

田五　十四

舒州投子山大同禪師嗣翠微趙州問大死底人却活時如何師曰不許夜行投明須到州曰我早猴白伊更猴黑　頌曰活中有眼還同死藥忌何須鑒作家古佛尚言曾未到不知誰解撒塵沙雪竇顯大死底人同活人三千豪使又隨塵李陵本是收番將却作降番上將身佛印元死去活來牙上露投明須到已先行誰家別館池塘裏一對鴛鴦畫下成白雲端盧空產出鐵牛兒頭角分明也大奇踏破澄潭深處月夜闌牢向雪中歸報恩秀趙州解撚無絲線投子能穿沒鼻針好手手中呈好手紅心心內中紅心佛鑑懃大死底人還却活不許夜行投明到陳州人出許州門翁翁八十重年少鼓山珪禾黍不陽艷競栽桃李春翻令力耕者半作賣花人徑山杲我疑千年藥玉精化為一片秋水骨海神欲護護不得鰲頭一旦忽撐出益堂撫欄前夜

半夫傀儡行動威儀去就全子細思量無道理裏頭畢竟有人牽 雪巷瑆

投子因僧問如何是十身調御師下禪床立又問凡聖相去幾何師亦下禪床立

頌曰水出崑崙浪接連天高地迥秀林巒禪床略下雲山斷凡聖無踪海岳寒 投子青

老婦低垂事舅姑起來爭免面糢糊強將雲髻高縮遮得傍人眼也無 白雲端

投子下禪林雲中迸電光胡僧歸漢土六月下嚴霜 佛慧泉

投子示全機清風動翠微十身何處是贏得眼如眉 佛心才

變向江邊夫釣絲碧潭深處有嘉魚釣頭不是無香餌箇底如何釣得渠 長靈卓

捉賊分明要見贓十身調御下繩床曾經巴硤猿啼夜錢作心肝也斷腸 佛鑑懃

投子下禪床通身誰辨的擬議即千差覿面難相識 京北天寧樓

投子下繩床今朝為舉揚驢前馬後漢切忌亂承當 徑山杲

玉麟帶角離霄漢金鳳啣花下綵樓野老不嫌公子醉相將攜手御街遊 水菴一

投子下繩床終非孟八郎不搖三寸舌未免兒孫賊眼底欲條直臨機爭探囊甖破古今無面目縱橫何處有關防 或庵體

投子因僧問月未圓時如何師曰吞却三箇四箇曰圓後如何師曰吐却七箇八箇

頌曰七八雖然正好觀四三爲得便顛頊靈光萬古輝天地隱顯尋常不用搏 洞山聰

圓缺曾伸問老翁石龜啣子引清風昨朝木馬潭中過踏出金烏半夜紅 投子青

圓後圓前作麽知四三七八解呈機令人長笑善吞吐留與叢林作是非 正覺逸

吞却三四枚吐出七八箇吞吐總完全不知是什麽 保寧勇

吞却且吐還難須彌頂上天風寒昨夜三更白如晝不知誰共倚闌觀 佛性泰

投子投子機輪無阻要吞即吞要吐即吐若還嚼齒粘牙爭得超今邁古 石庵玿

投子因僧問和尚住此山有何境界師曰丫角女子白頭絲

頌曰山家世界別塵世罕曾聞只可自怡悅不堪持贈君持贈君還也奇丫角女子白頭絲 正覺逸

丫角女子白頭絲猛焰堆中雪片飛一等住山誰可擬閑雲流水不同歸 白雲端

花萼樓前春正濃濛濛柳絮舞晴空金錢擲罷嬌無力咲倚闌干屈曲中 懶庵樞

住山境界問如何女子雙鬟鬟已皤覿面不逢休更會白雲飛過舊山河 天目禮

投子因僧問春雨淋淋百草爲什麽不抽芽師曰芭蕉只麽長僧問如何是玄中玄師曰去年端午今年亦然曰畢竟如何師曰故非同別誰說前後僧問如何是第二月師曰仲春漸暄曰如何是第一月師曰孟春猶寒

頌曰投子投子超今邁古邁人識人頭及面上一月二月寒暄說話住峰高處見翠微紅蓮舌上無橫骨 龍門遠

孟春猶寒第一月仲春漸暄第二月若無閑事挂心頭便是人間好時節江南并兩浙春寒與秋熱 蒙庵岳

投子因僧問一大藏教還有奇特事也無師曰演出大藏教僧又問黃龍新一大藏教還有奇特事也無新曰演入大藏教

頌曰頓漸偏圓權實空有釘觜鐵舌河目海口一道清虛亘古今八角磨盤空裡走 圓悟勤

演出大藏教言端語亦端兩頭都坐斷一級倚天寒 冶父川

一出一入半合半開贏鶴翅寒木狂猿嘯古堂要知奇特事當甚破草鞋 木庵永

投子因僧問曹溪猶如指月靈山猶如畫月如何是真月師曰昨夜三更轉向西

頌曰昨夜三更轉向西曉來任運落前溪舉頭不覩團欒底無限清風付與誰 慈受深

昨夜三更轉向西昏昏宇宙黎人迷蹤潭影轉風初息猿狖微聞嶺外啼 懶庵需

昨夜三更轉向西明眼宗師為指迷若於話下尋端的未免泥中又洗泥 已菴深

投子因僧問如何是露地白牛師曰吒吒曰飲噉何物師曰喫喫

頌曰玉角霜毛露地牛人間天上顯踪由不同雲嶺時時吼肎若溈山日日收 洞山聰

露地白牛起問端

随機叱叱齒牙寒不知飲啾是何物喫喫直
教滄海乹 乹明慧 投子問僧甚麽處来曰東
西山禮祖師来師曰祖師不在東西山僧無
語 頌曰著龍帶雨離深洞彩鳳啣花入帝
關一句古今無滲漏祖師不在東西山 行雲堂
投子因僧問如何是學人一卷經師曰題目
分明 頌曰半滿金言王轉環靈山一會受
欺謾拈来題目分明也付與兒孫着眼看佛
心才 投子因雪峰侍立師指菴前一塊石曰
三世諸佛總在裡許峰曰須知有不在裏許
者師乃歸菴中坐 快一添口撫不 頌曰說明道白埋
塵混垢變化有由敗露不走誰知暗裡骨横
抽要在轟轟霹靂手 月堂昌 有客釣鰲魚區
區走五湖不知淈裏鲜滿腹是驪珠 佛鑑懃
投子因僧問刧火洞然時如何師曰寒凛凛
地 頌曰天地為爐萬物焦石人駕浪渡靈
霄風生半夜霜威重月落氷寒逼鬢凋 投子青
投子因僧問如何是本来人師曰共坐不相
識曰恁麽則禮拜去也師曰暗竊愁腸寄與
誰 頌曰共坐同行世莫知幾人當面便逢
伊縱饒紹續家門者半是貧寒乞養兒 保寧勇
投子因僧問一切聲是佛聲是否師曰是曰
和尚莫𡱁沸椀鳴聲師便打僧又問麤言及
細語皆歸第一義是否師曰是曰喚和尚作

一頭驢得麽師便打 頌曰投子投子機輪
無阻放一得二同彼同此可憐無限弄潮人
畢竟還落潮中死忽然活百川倒流閙聒聒
雪竇顯 一條拄杖兩家使一往一来無彼此者
僧若得投子機随手拈来打投子 圓悟勤
投子與僧遊山僧見蟬殼遂問殼在這裏蟬
向什麽處去師拈蟬殼就其耳畔作蟬鳴聲
其僧有省 頌曰輕薄寒蟬殼枯乾貶葉形
拈来臨耳畔連噪兩三聲 南堂興 投子指雨
示僧云數日来好雨且道什麽處来僧無語
後因看華嚴經方有省 頌曰陌上遊人競
採芳不知眼底度春光夜来一陣落花雨一
百十城流水香 絶象鑒 百花香裏鷓鴣啼白
面郎君醉似泥赫日光中開得眼福城東際
草萋萋 竹巫簡 投子因僧問三身中那身說
法師乃彈指 頌曰三身說法閙端由彈指
輕輕海岳收金鎖塔開紅日晚夜深人咲碧
峰頭 投子青 投子因僧問菩提煩惱是一是
二師曰是二僧便問如何是菩提師曰且坐
喫茶曰如何是煩惱師曰這僧聒噪人出去
頌曰入草親尋草裡人重重有路掌中平不
遇大商空突曉日高猶聽打三更 木菴永

禪宗頌古聯珠通集卷第十二 五

禪宗頌古聯珠通集卷第十三　　四六

僧錄司右闡教兼靈谷禪寺住持淨戒　重校

六祖下第五世　仰山寂二十二則　香嚴閑五則

米胡二則　王常侍三則　三角菴主一則

六祖下第六世　興化獎八則　寶壽沼六則

三聖然三則　大覺二則　灌溪閑二則

四六

崔禪一則　歷村一則　虎溪一則　桐峰一則

米倉一則　雲山一則　陳操尚書二則

大禪佛二則　南塔湧二則　無着喜三則

袁州仰山慧寂通智禪師嗣溈山有梵僧從空而至師曰近離甚處曰西天師曰幾時離彼曰今早師曰何太遲生曰遊山翫水師曰神通遊戲則不無闍黎佛法須還老僧始得曰特來東土禮文殊却遇小釋迦遂出梵書貝多葉與師作禮乘空而去自此號小釋迦

頌曰　遠離西竺路迢迢覲向支那弄海潮君要清風生閫外秖來更與四藤條南華昺

小釋迦大文殊聞名號任稱呼藤條在握不能用被他碧眼謾塗糊瑯山如

瞬目西天此土揚眉此土西天出息千重百匝入息一念萬年禪禪閻浮樹在海南遊南堂興

應真来訪仰山翁須信聲聞未盡空問著不知關棙子元来只是有神通本覺一

仰山住東平時溈山送書并鏡與師師上堂提起示衆曰且道是溈山鏡東平鏡若道是東平鏡又是溈山送来若道是溈山鏡又在東平手裏道得則留取道不得則撲破去也衆無語師遂撲破　頌曰　仰山接得溈山鏡告衆拈来行正令懞懂禪流眼不開仰山直下驀頭釘汾陽昭

提起分明照正邪衆人皆不啓脣牙辟如賣物無人買最後須歸本主家溈山聰

古鏡封来拂者難示徒行令衆當觀會中若有仙陀客器得如今照影寒佛印信

師鏡拈来呈衆了癡人往往爭妍醜當時撲破不可柔免教壞却兒孫手白雲端

溈山古鏡仰山提日上東方月落西撲落不知誰拾得秋風索索草萋萋[illegible]穿勇

師資相照見非輕將示禪徒衆失驚此鏡分明分不得到頭分作兩分明佛國白

全放全收意亦優溈山送至仰山頭可憐一片如秋水三間無人撲破休智海清

父子相傳鏡絕塵須知秋夕不同輪可憐無限迷頭者錯認空華鏡裏春佛心才

四六　二

八十婆婆學畫眉風流意比少年時若無明鏡分妍醜畫道不勞紅粉施上方益

此謂拈来伸一問如何舉衆盡茫然不因一撲百雜碎定作人間醜婦寃西禪淨

仰山隨溈山遊山到磐陀石上坐師侍立次忽鴉啣一紅柿落在面前師取柿拭過呈似溈溈云子甚處得来師曰此是和尚道德所感溈云汝也不得無分即分半與師　頌曰　鴉銜柿子落師前致問何来事皎然各分一半甜如蜜如今不會更何年汾陽昭

溈仰分明亘古今父子相見意輒深果熟馨香鴉銜至捏来擘去似交襟要會二人端的處中秋月落映潭心洞山聰

仰山因溈山問大地衆生業識茫茫無本可據子作麼生知他有之與無師曰慧寂有驗處時有一僧從面前過師召曰闍黎僧回首師曰和尚這箇便是業識茫茫無本可據溈曰此是師子一滴乳迸散六斛驢乳　頌曰　父子有時揚家意神通變化不相知喚回業識茫茫者笑倒溈山老古錐真淨文

一喚回頭識我不依俙朧月又成鈎千金之子纔流落漢漢窮途有許愁天童覺

有本無本學益損撒運不時提起却慈師子一滴迸六斛驢乳散入別人壓業識茫茫辨出時烏鷄不在蘆花宿月堂昌

四六　三

仰山問溈山大用現前請師辨白溈下座歸方丈師遂入溈問子適来問甚麼話師再舉溈曰還記得吾答語否師曰記得溈曰你試舉看師珎重出去溈曰錯師回首曰閑師弟若来莫道某甲無語　頌曰　是即全是非即全非大用現前携手同歸不知猶自涉離微松源嶽

問處分明荅處親縱

橫有路慣叉身相如奪得連城璧秦主安然
致太平本菴永 仰山卧次夢入弥勒内院衆
堂中諸位皆足惟第二位空師遂就座一尊
者白槌曰今當第二座說法師起白槌曰摩
訶衍法離四句絶百非諦聽諦聽衆皆散去
及覺舉似潙潙曰子已入聖位師便禮拜
頌曰 夢中擁衲叅耆舊列聖森森坐其右
當仁不讓犍稚鳴說法無畏師子吼心安如
海膽量如斗鮫目淚流蚌腸珠剖譫語誰知
泄我機厖眉應笑揚家醜離四句絶百非馬
師父子病休醫天童覺 夢裏談空也大奇百
非四句若為離當時能舉麼竭令何必堂中
下一槌本覺一 白日青天夢中說夢揑恠揑
恠誑謼一衆無門開 仰山因龐居士問久嚮
仰山到來為什麼却覆師竪起拂子士曰恰
是師曰是仰是覆士乃打露柱曰雖然無人
也要露柱證明師擲拂子曰若到諸方一任
舉似 頌曰 两個八文為十六從頭數過
猶不足拏來亂撒向階前滿地團團苔蘚綠
白雲端 賊偷賊物太希奇好手還他火伴知
令日併贓齊捉獲得便宜是落便宜保寧勇
仰山後叅岩頭頭舉起拂子師展坐具頭拈
拂子置背後師將坐具搭肩上而出頭曰我
不肯汝放秖肯汝收 頌曰一竪一展一放

一收仰山弄險過似岩頭賴是隨風囲櫓棹
幾乎叉却釣魚舟斷橋倫 仰山一日在法堂
上坐見一僧來問訊了向東邊叉手立以目
視師師垂左足僧過西邊叉手立師垂右足
僧向中間叉手立師收雙足僧禮拜師曰老
僧自住此未曾打著一人拈拄杖便打僧騰
空而去 頌曰 草舍蕭蕭寄白雲故人訪
遠意殷勤寒暄禮節皆通罷難免杯茶供養
君南叟茂 仰山在洪州石亭粥後坐次有僧
問和尚還識字否師曰隨分僧乃右旋一匝
云是甚麼字師於地上書個十字僧又左旋
一匝云是甚字師改十字作卍字僧畫一圓
相两手托如脩羅擎日月勢云是甚麼字師
乃畫圓相圍却卍字僧乃作樓至勢師云如
是如是此是諸佛之所護念汝亦如是吾亦
如是善自護持其僧礼拜騰空而去 道環
父屈未盈空印之手未形妙運天輪地軸密
羅武緯文經放開揑聚獨立同行機發玄樞
兮青天激電眼合紫光兮白日見星天童覺
仰山因僧思鄰問禪宗頓悟畢竟入門的意
如何師曰此意極難若是祖宗門下上根上
智一聞千悟得大摠持其有根微智劣若不
安禪靜慮到這裏總須茫然曰除此一路還
更有入處否師曰有曰如何即是師曰汝是

甚處人曰幽州人師曰汝還思彼處否曰常
思師曰能思者是心所思者是境彼處樓臺
林苑人馬駢闐汝返思底還有許多般也無
曰某甲到這裏總不見有師曰汝解猶在心
信位即得人位未在曰除却這個別更有意
也無師曰別有別無即不堪也曰到這裏作
麼生師曰據汝所解秖得一玄得坐披
衣向後自看禮謝 頌曰 得坐應須更
自看涅槃城裏未為安披毛戴角重相見歷
盡艱難幾許般大洪恩 無外而容無礙而冲
門墻岸岸關鎖重重酒常酣而卧客飯雖飽
而顏農突出虛空兮鳳搏妙翅踏翻滄海兮
雷送游龍天童覺 幽州桑梓問來端歷歷山
川在肺肝思底返思都亘得披衣向後更須
看本覺一 凡聖總無別路岐返思思底幾人
知春風不到栖源洞紫落花開自有時慈受
深 仰山問僧近離甚處曰庐山師曰曾到
五老峯麼曰不曾到師曰闍黎不曾游山雲
門云此語皆為慈悲之故有落草之談
出草入草隨解尋討白雲重重紅日杲杲左
顧無瑕右盼已老君不見寒山子行太早十
年歸不得忘却來時道雪竇顯 出草何如入
草時全身入草為慈悲仰山垂手隨他去直
至如今在路岐本覺一 欲識庐山五老峯個

中何地不相逢舌頭無骨隨人轉變斗煎茶銚不同 慈受深

仰山問三聖汝名什麼聖云慧寂師曰慧寂是我聖曰我名慧然師呵呵大笑　頌曰　神通游戲不為難互換機鋒始可觀雙放雙收底時節呵呵大笑幾何般 本覺一

慧寂剛言是我名幸逢禪者更饒人若將利器比君子大笑欣然滿座春 圓悟勤

仰山向火次有僧參師曰一言說盡山河大地僧問如何是一言師以火筯插向炉中又移向舊處頌曰　一句稱提萬象分肯同摩竭掩重門夕陽影裏風濤急不覺移舟下渡頭 投子青

仰山見雪師子乃指曰還有過得此色者麼眾無對雲門云當時好便與推倒雪竇云雲門只解推倒不解扶起頌曰

一倒一起雪進師子慎於犯而懷仁勇於為而見義清光照眼似迷家明白轉身還墮位衲僧家了無寄同死同生何此何彼暖信破梅兮春到寒枝涼飈脫葉兮秋澄潦水 天童覺

推倒扶起覷而千里唯小釋迦風前按指直饒海印發光也是雪峯道底偏界是文殊偏界是慈氏樓閣門開竟日闍誰識善財童子 最菴印

仰山因陸郎中問不斷煩惱而入涅槃師豎起拂子曰只如者個作麼生入曰入之一字也不用得師曰入之一字不為郎中頌曰　生死涅槃翻手覆手正眼豁開二俱非有獨步大方塵塵正受片片亂飄岩上梅條條縱舞溪邊柳 石門聰

仰山一日見香嚴乃問近日師兄見處如何曰據某甲見處無一法可當情師曰你解猶在境曰某甲只如是師兄又作麼生師曰你豈無能知道無一法可當情者溈山聞舉曰寂子已後疑煞天下人去在頌曰　寂子香嚴論見處直教聞者轉疑深相逢未肯三分語那得全拋一片心 本覺一

仰山卧次僧問法身還解說法也無師曰我說不得別有一人說得曰說得底人在甚麼處師推出枕子溈山聞曰寂子用劒刃上事頌曰　法身說法肉眼看物大智如愚大辯如訥拈起簸箕別處春推出枕子露眠床劒刃上事放毫光 月堂昌

田中插鍬床上推枕千手千眼不審不審 龍牙言

仰山因梵僧來參師於地上畫半月相僧近前添作一圓相以脚抹却師展兩手僧拂袖便去頌曰　寂子偶逢穿耳客曾將半月示伊家僧添半月反然去却道親逢小釋迦 本覺一

仰山夏末問訊溈山溈曰子一夏不見上來在下面作何所務師曰慧寂在下面鋤得一片畬下得一籮種溈山曰子今夏不虛過師却問未審和尚一夏之中作何所務溈曰日中一飡夜後一寢師曰和尚今夏亦不虛過道了乃吐舌溈曰寂子何得自傷己命頌曰　開一片田密密綿綿兩頓粥飯其道自辦一夏與諸人相見自是諸人不薦若也薦成一片是什麼一片看取當門箭 鼓門達

寂子不虛過钁頭邊有功秖恃一籮粟千載覷家風 黃巷鑒

翁翁年德兩俱尊家有詩書留可論飽飯憨眠無個事却來敲枕弄兒孫 別山智

開得一片田種得一籮粟卞和三獻楚王王說若不遇別寶人至今猶在荆門哭午間一齋早晨一粥斷續須是鸞膠續陽春白雪有知音山自青兮水自綠 辛菴儔

仰山同陸侍御入僧堂公乃問如許多師僧為復是喫粥喫飯僧為復是參禪僧師曰亦不是喫粥飯僧亦不是參禪僧公曰在此作什麼師曰侍御自問取他頌曰　來問威風頗不威幾多龍象在雲堂旃檀林裏曾無雜造次風流豈易量 本覺一

仰山因劉侍御問了心之旨可得聞乎師曰若欲了心無心可了無了之心是名真了頌曰　口朝鼻孔無空過眼蓋鬍鬚有古風信采骨頭花十八等閒撇出滿盃紅 岌菴體

鄧州香嚴智閑禪師 嗣溈山 因百丈遷化遂參溈山溈問我聞汝在百丈處問一荅十問

十苔百此是汝聪明伶俐意解識想生死根本父母未生時試道一句看師茫然歸寮將平日看過底文字尋一句酬對竟不得乃嘆曰畫餅不可充飢屢乞溈說破溈曰我若說似汝汝已後罵我去我說底終不干汝事師遂焚平昔所看文字曰此生不學佛法也且

田六

作個長行粥飯僧免役心神泣辭溈山抵南陽忠國師遺跡憩止一日芟除草木偶拋瓦礫擊竹作聲忽然省悟遽歸沐浴焚香遙禮

八

溈山讚曰和尚大慈恩踰父母當時若為我說破何有今日之事述頌曰一擊忘所知更不假脩持動容揚古路不墮悄然機處處無踪跡声色外威儀諸方達道者咸言上上機溈山聞得謂仰山曰此子徹也仰曰此是心機意識著述得成待慧寂親自勘過頌曰粥飯隨緣養病軀本無迷悟可閑渠無端鑿著菴前竹直至如今在半途 雪竇宗 放下身心如弊帚拈来瓦礫是黃金驀然一下打得著大地山河一法沉 九峰昇 香嚴因仰山見曰和尚讚歎師弟發明大事你試說看師舉前頌仰曰此是夙習記持而成若有正悟別更說看師又頌曰去年貧未是貧今年貧始是貧去年貧猶有卓錐之地今年貧錐也無頌曰 無地無錐未是貧知無尚有守無身

儂家近日貧来甚不見當初貧底人 溈山喆 年去年来貧復貧祖師擡腳重千斤愁人莫向愁人說說向愁人愁殺人 松源岳 當機覿面提覿面當機疾開眼放癡頑鞭過人上壁香嚴初開堂溈山令僧送書并拄杖至師接得便哭蒼天蒼天僧曰和尚為甚麼如此師

田六

九

曰秖為春行秋令 頌曰拄杖將来便徹心淚流不覺思沉吟春行秋令人驚怪絕後光前絕古今 汾陽昭 接得杖哭蒼天不言絕後與光前春行秋令人難會踏破草鞋腳底穿 正覺逸 尊人寄物哭蒼天春令冬行也倒顛若有會中真衲子禪床好與即時掀 本覺一 家世拄杖佛祖付囑溈山寄来香嚴哭父子技機陽春雪曲不是知音大難相續 崃山如 香嚴示衆曰若論此事如人上樹口啣樹枝腳不踏枝手不攀枝樹下忽有人問如何是祖師西来意不對他又違他所問若對他又喪身失命當恁麼時作麼生即得時有虎頭招上座出衆云樹上即不問未上樹時請和尚道師乃呵呵大笑 頌曰香嚴嚙樹示多人要引同袍達本真擬議即從言下取喪身失命數如塵汾陽為你開迷路雲散長天日月新 汾陽昭 呵呵大笑漫針錐上樹何如未上時任使香嚴多伎倆傍覷不免為攢眉 佛鑑 曲設多方老古錐那堪枝上更生枝好如良馬窺鞭影逐塊且非師子兒 保寧勇 古聖悲心利後人口啣枝上露全身直饒玄路無消息未免家中喪二親 石門易 香嚴垂語真堪賞口啣樹枝懸樹上此時不問祖師機且道渠儂底模樣 地藏恩 狹路轉身難東西盡是山行人不到處風定落花閑 上方益 高高山頂立深深海底行新松迹嶺種芳草逃池生手不攀枝腳不踏樹口裏啣得當頭蹉路問着西來對不對罰錢依舊有人悔 月堂昌 故園春色在枝頭惱亂春風卒未休無事晚來江上望三三兩兩釣魚舟 應庵華 香嚴上樹口啣枝手不攀枝腳纍垂纔開口 喚不荅也又相違未上樹時道將来金剛寶劒頂門揮 卍菴顏 香嚴上樹住住住擬問如何葛藤露布 月林觀 香嚴真杜撰惡毒無盡限啞卻衲僧口通身是鬼眼 無門開 無地無錐始是貧卻來樹上強懸身雖然相識滿天

田六

十

下畢竟知心能幾人 無禪才 香嚴曰僧問如何是道師曰枯木裏龍吟僧云如何師曰髑髏裏眼睛後問石霜如何是枯木裏龍吟霜云猶帶喜在又問如何是髑髏裏眼睛霜云猶帶識在頌曰枯木龍吟真是道髑髏無識眼初明喜識盡時消不盡當人那辨濁中清

曹山寂
京兆府米和尚（嗣潙山）問僧近
離甚處僧曰藥山師曰藥山老子近日如何
曰大似一片頑石師曰得恁麽鄭重曰也無
你提掇處師曰非但藥山米胡也恁麽僧近
前顧視而立師曰看看頑石動也其僧便出
頌曰米胡好片頑石多少遊人不識及乎衲
僧一見不免將南作北（大潙喆）米胡令僧去
問仰山曰今時人還假悟也無仰曰悟即不
無爭奈落在第二頭師深肯之　頌曰碧岫
峯頭借問人指山窮處未安身雖然魚湯重
行令爭似靈苗不犯春（投子青）第二頭邊破
悟迷快須撥手搶筌弟成芳未盡成騈拇嘗
者難知覺嗌嚌兔老氷盤秋露泣烏寒玉樹
晚風凄特來大仰辨真假痕玷渾無貴玉圭
（天童覺）悟人千箇道無憂肯信遭他第二頭（龍門遠）
寂寞山花寒食後夕陽西去水東流
襄州王敬初常侍（見潙山）視事次米和尚至
公乃舉筆示之米曰還判得虛空否公擲筆
四六　十一
入宅更不復出米致疑明日憑鼓山供養主
入探其意米亦隨至潛在屏蔽間偵伺供養
主纔坐問曰昨日米和尚有甚麽言句便不
相見公曰師子齩人韓獹逐塊米聞此語即
省前謬遽出朗笑曰我會也我會也公曰會
即不無你試道看米曰請常侍舉公竪起雙

筯米曰這野狐精公曰這漢徹也。頌曰當
主機先有路通筆端不是判虛空筆頭弄運
回天力千聖齊教立下風（無示諶）常侍舉筆
爲事皆吉直下承當急急如律米胡參官忝
前失後且告貴人為我相救（癩禪妙）機輪活
眺走珠盤妙處都盧在筆端竪起依然還放
下靈鋒寶劒倚天寒（佛覺開）王常侍與臨
濟至僧堂乃問這一堂僧還看經也無濟云
不看經公曰還習禪也無濟云不習禪公曰
經又不看禪又不習究竟作什麽濟云總教
成佛作祖去公曰金屑雖貴落眼成翳又作
麽生濟曰我將謂你是箇俗漢。頌曰世出
世間希有事顯露須憑過量人只將補衮調
羹手撥轉如來正法輪（徑山杲）一着高一着
一步闊一步明眼人前猶涉露布風樓不在
梧桐樹（松源岳）事到無心不苟欺烏玄鵠白
尚懷疑自非親見黃頭老爭敢逢人泄漏機
（虛堂愚）王常侍參睦州一日師問何故入院
遲公曰看馬打毬所以來遲州云人打毬馬
打毬公曰人打毬州云人困麽公曰困曰馬
困麽公曰困曰露柱困麽公茫然無對歸至
私第中夜忽有省明日見州曰某會得昨日
事也州云露柱困麽公曰困州遂肯之
頌曰人困馬困未是困露柱之困始是困好

於言下證無常莫向言中尋尺寸百丈若無
雙耳聾臨濟爭解領三頓盡將業識作流傳
此道今人棄如糞（龍門遠）看人騎馬打毬子
不覺今朝入院遲官路雪殘春正好江梅着
意要題詩（懶菴樞）
蘄州三角山法遇菴主（嗣潙山）因荒亂魁師
四七　十二
入山執刃而問和尚有甚財寶師曰僧家之
寶非君所宜魁曰是何寶師振威一喝魁不
悟以刃加之。頌曰師將真寶濟兇人豈謂
行恩反害身真寶與伊元不識而今更是好
訴貪（洞山聦）
深山深處隨時荒無價之珍不隱藏纔遇兇
人便分付兇人少鑒返加傷（正覺逸）
菴僧真實濟兇人一喝分明出差珎莫道賊
魁非別者當頭重刃用來親（天目禮）
魏府興化存獎禪師（嗣臨濟）
師在三聖會裏為首座常曰我向南方行脚
一遭拄杖頭上不曾撥着一箇會佛法底人
後大覺聞舉遂曰作麽生得風吹到大覺門
裏来師後到大覺為院主一日覺喚院主我
聞你道向南方行脚一遭拄杖頭不曾撥着
一箇會佛法底你憑箇甚麽道理與麽道師
便喝覺便打師又喝覺又打師來日從法堂
過覺云我直下疑你昨日這兩喝師又喝覺

又打師再喝覺又打師曰存奘於三聖師兄處學得箇賓主句總被師兄折倒了也頓與存奘箇安樂法門覺曰這瞎漢來這裏納敗缺脫下衲衣痛打一頓師於言下薦得臨濟於黃檗處喫棒底道理師後開堂日拈香曰此一炷香本為

四六

三聖師兄三聖於我太孫本為大覺師兄大覺於我太賒不如供養臨濟先師 十三

頌曰太孫太賒日杲杲璞玉渾金惡種草無翦平生雪此寃不如一陣香風掃 南岩勝 翻為不平離寶匣藥因救病出金鉼南方自古清如鏡何必無端用甲兵 雪巖欽

興化因後唐莊宗幸河北回魏府行宮詔師問曰朕取中原獲得一寶未曾有人酬價師曰請陛下寶看帝以兩手舒幞頭腳師曰君王之寶誰敢酬價

頌曰君王之寶寶難酬興化形言下一籌兩手展開幞頭腳勅書挂在鳳凰樓 北塔祚 北蕃王子彎弓射南國將軍仰面看沙上空餘斜影在翱翔直自入雲端 白雲端 君王之寶誰解尋討不許夜行投明須到莊宗所得未為真精鑑還他興化老 地藏恩 君王底事語知音天下傾誠葵藿心拈出中原無價寶不同趙璧與燕金 天童覺 中原之寶呈興化一段光明難定價帝業堪為萬世師金輪景御四天下 展手相呈老比丘至尊之寶敢輕酬滿庭和氣龍顏悅爭奈胡僧笑點頭 上方益 中原收至寶合國不能藏一入相如手佳聲滿大唐 佛心才 中原一寶有來由撥得君王引幞頭到此若無青白眼當機誰敢謾輕酬 笑翁堪 幞頭舒起君王寶司空見慣興化老千古君臣際會時落花滿地無人掃 北海心 收得中原無價珎幞頭拈起露全身勞他興化重酬價八兩元來是半斤 林泉開 君王寶自難酬價興化何曾敢借看天地既無私盖載至今留得鎮中原 開福寧

興化示衆云今日不用如何若何便請單刀直入興化與你證據時旻德長老出禮拜起便喝師亦喝德又喝師亦喝德禮拜師曰若是別人三十棒一棒也較不得何故為他旻德會一喝不作一喝用便下座 十四

頌曰

四六

龍虎相交是底時未容擬議已參差分明二喝不作用却使禪人特地疑 海印信 獰龍出水虎離山四起風旋萬頃烟若具阿那律正眼機身三界背摩天 雲溪恭 單刀直入不須論擬議之間賓主分不得放他旻德過須知興化棒頭親 鼓山珪 暗中携手上高山及至天明各自行無限途中未歸客明明開眼墮深坑 徑山杲 旻德一喝如雷響興化一喝響如雷錦袍玉帶貞瀟灑把得當年老萬回 懶菴樞 握七星刀拳作者倒司農印對寬讎當陽一句分賓主九曲黃河水逆流 南岩勝 一喝兩喝全機出沒賓主歷然未免俱瞎半夜撥烏龜明月照積雪 雪巷瑾 同時照用不同時權實雙行作者知有得雖然亦有失還他龍虎自交馳 雪巖欽

興化因僧問四方八面來時如何師曰打中間底僧便禮拜師曰昨日赴箇村齋中途遇一陣卒風暴雨却向古廟裏嚲避得過

頌曰此問非常觸忤人如禽空啄栗荆榛須知興化奔馳疾值雨何曾濕著身 洞山聡 攪浪挐雲勢莫猜漁翁倚棹傍巖隈江邊依舊空歸去帝里同風不到來 海印信 一不是二不成落花芳草裏啼鳥閑庭雨歇夜初靜片月還從海上生 晦堂心 一陣狂風暴雨來卻於古廟且開隈雖然打入

四六

鬼窟裏吞炭藏身又一回 鼓山珪 十五 古廟裏頭廻避得紙錢堆裏暗嗟吁閑神野鬼皆驚怕只為渠儂識梵書 徑山杲 天生白額南山虎牙爪曾當八面風月落三更穿市過癡人投曉覓行蹤 雪堂行 刎心剖腹繼傳燈鬼面神頭打葛藤傑出諸方無等匹也知只是趂齋

僧（南岩勝）四方八面泼邊疆暴雨狂風無處藏古廟裏頭休歸避移舟别有好商量（樵隱）塞北煙塵終載靜江南花木四時榮不須特地分疆界萬里山河似掌平（虛堂愚）興化謂克賓維那曰汝不久為唱導之師賓曰不入這保社師曰會了不入不會了不入曰總不與麼師便打曰克賓維那法戰不勝罰錢五貫設饡飯一堂次日師自白槌曰克賓維那法戰不勝不得喫飯即便出院　頌曰二虎爭戰俱用勢力一陷穽中不能返擲若返擲天下獵人無處覓（海印信）克賓法戰挫英雄興化嚴行振祖風棒下直明無生忍莫教知解入塵籠（慈覺賾）丈夫當斷不斷興化為人徹底漢已後從教眼自開棒了罰錢趁出院（真淨文）主中主問賓中賓賓主分明到底親有理罰錢無說處太行山下淚霑巾（佛白明）得失是非都莫問縱橫放在當人失錢遭罪尋常事休把條章說故新（圓通仙）克賓興化令雙行白髮通身透頂生穿過衲僧青白眼儘教天下競頭爭（佛心才）丹山生鸑鷟師子產猊猊棒下摩醯眼徒誇第一機（絕山果）法戰從來許克賓擊鼓奪旗兩分明直須盡法方知惱老漢當年要話行（鐵山[illegible]）罰錢出院衆人皆見有理難伸風流猶面直饒興化

全提未免令行一半這一半明眼衲僧點檢看（冶父川）漢高拜將務決勝非韓誰敢當茲任（赤城隱）堅化城降旱在爐兮不在秤（應庵華）赫日轟迅雷六月飄霜雪興化老古錐不妨太孤絕金毛哮吼亂峯前百獸聞之皆膽裂（懶菴需）罰錢出院揚家醜興化聲頭遇克賓

四六

父子不傳真妙訣棒頭敲出玉麒麟（佛慧泉）興化打克賓一棒一條痕古人雖已往留得典刑存三十年後幾箇知恩（[illegible]）興化棒頭轟霹靂克賓腳下走塵煙若無塞外將軍令那得嘉名四海傳（華藏[illegible]）主賓會合風雲異醉後添盃禮義全棒打自家親骨肉叢林扛鼓返成冤（或菴體）興化遂克賓觀音戴冕面靴裏動指頭未免傍人見（[illegible]）棒頭有路透玄津徹底何曾打克賓雪後始知松柏操夜深方見把針人（百丈元）興化打克賓猛雨驀腰騎養子不及父家門一世衰（破菴先）家法森嚴特與常親生父子沒商量罰錢打了趁出院橄欖點茶滋味長（[illegible]）法戰場開驗克賓解施武略對將軍如何有罪全無當待展奇謀自策勳（天目禮）興化打克賓言親語不親棒頭如雨點敲出玉麒麟（[illegible]）雪竇云克賓要承嗣興化罰錢出院且致卻須索取這頓棒始得且問諸人棒既喫了作麼生索得雪竇要斷不平之事今夜與克賓出氣以拄杖一時趕散　頌曰克賓維那法戰不勝曾因國難披金甲後來出世法嗣興化不為家貧賣寶刀興化臂健尚嫌弓力軟雪竇眼明猶識陣雲高（虛堂愚）興化示衆曰我聞長廊下也喝後架裏也喝諸子汝莫盲

四七

喝亂喝直饒喝得興化向虛空裏却撲下來一點氣也無待我蘇息起來向汝道未在何故我未曾向紫羅帳裏撒真珠與汝諸人去在胡喝亂喝作麼　頌曰紫羅帳裏撒真珠瞎意師承會也無摸象眾盲撓亂說當臺古鏡見差殊（海印信）興化老也大差三十三天上撲下紫羅帳裏撒真珠古也今也誰酬價得一牛還一馬休說人間光照夜不見錦繡銀香囊直至如今成話欛（上方益）對衆全提摩竭令豈是閑開兩片皮喝下瞎驢成隊走夢中推倒五須彌（徑山果）紫羅帳裏撒真珠禪客相逢總掠虛拍手呵呵開口笑釋迦彌勒是他奴（鼓山珪）興化見同參來纔上法堂便喝僧亦喝師又喝僧亦喝師近前拈棒僧又喝師曰你看這瞎漢猶作主在僧擬議師直打下法堂侍者請問適來那僧有甚觸忤和尚師曰他適來也有權也有實也有照也有用及乎我將手向伊面前橫兩橫到這裏

卻去不得似這般瞎漢不打更待何時侍者禮拜　頌曰霹靂驚天地那容掩耳聽須知興化老一半是人情（鼓山珪）鐵鎚在握天魔膽落明眼衲僧休更卜度（徑山杲）恰如劊子氣雄豪便向咽喉下一刀五臟肝心皆剖出方知王法不相饒（退菴休）長松不改四時青縱奪當機幾箇明陣敗不禁苕帚掃眼中瞳子面前人（鉤門分）瀲瀲灔灔水光浮不見孤帆不見舟斜陽欲落未落處盡是離人今古愁（伊菴權）須彌倒卓海水逆流同參相訪作盡寬雛休休明日黃花蝶也愁（雪菴瑾）驅耕夫牛䏦即用奪飢人食用即䏦不得同參把手行安知袖裏有穿窬（南岩勝）興化因僧問軍期急速時如何師曰日料半斤食　頌曰離城別閣暗愁時月落星分信馬歸風掃曉牕林木迥夜深汀岸火光微（投子青）

鎮州寶壽第一世沼禪師（嗣臨濟）因僧問萬境來侵時如何師曰莫管他　頌曰老大稍（十八）（四六）工慣經歷看風使帆果端的任他海獸作波濤直過如飛没蹤跡（海印信）萬境來侵莫管伊干戈元是太平基當時踏着來時路月下騰騰信脚歸（梅室開）寶壽問趙州來師在禪床背面而坐州展坐具禮拜師起身入方丈州收坐具而出　頌曰動絃別曲落葉知秋人平不語水平不流只因脚底無羈絆去住縱橫得自由（蓬菴演）寶壽因僧問訊師曰萬千諸聖盡不出此方丈內曰秖如古人道大千沙界海中漚未審此方丈向甚麼處著師曰千聖見在曰阿誰證明師擲下拂子僧從西過東立師便打僧曰若不久參焉知端的師曰三十年後此話大行頌曰捲則渾崙無縫舒則八面生光百千諸佛同處一方轉機輪於掌握奮大用於當場非獨三十年後面前藹藹馨香（佛燈珣）寶壽因胡釘鉸參師問汝莫是胡釘鉸麼曰不敢師曰還釘得虛空麼曰請和尚打破師便打曰和尚莫錯打某甲師曰向後有多口阿師與你點破在胡後到趙州舉前話州曰汝因甚麼被他打曰不知過在甚麼處州曰秖這一縫尚無奈何胡於此有省州曰且釘這一縫　頌曰現出虛空眼便花更教打破事如麻直饒指出當堂縫分明鷂子過新羅（治父川）（十九）（四六）直饒釘得這一縫檢點將來非好手可憐兩箇老禪翁卻向俗人呈家醜（月菴果）一縫分明在當頭下手難饒君鉸釘得終是不完全（鼓山珪）寶壽問僧甚處來曰西山來師曰見獼猴麼曰見師曰作甚麼伎倆曰見某甲一箇伎倆也作不得師便打　頌曰驀人相見話衷心借問西山路徑深對衆直言呈伎倆紅爐鍛鍊要真金（汾陽昭）西山路上有獼猴嘯雨哀風動客愁忽遇此林師子子萬般伎倆一時休（中際能）寶壽問僧甚處來曰崔禪處來師曰將得崔禪喝來麼曰不曾將得來師曰與麼則不從崔禪來僧便喝師拈棒僧擬議師便打頌曰五湖禪客扣禪關恰似初行學上山縢身欲出青雲外力到峯頭一步難（佛鑑懃）

鎮州三聖院慧然禪師（嗣臨濟）住後上堂曰我逢人則出出則不為人便下座　興化云我逢人則不出出則便為人　頌曰騎驢戴笠迎南去躍馬揺鞭向北行兩箇大商俱突曉曰高猶聽打三更（保寧勇）反是羅兮覆是纙弟兄同氣促連枝為人不為成歌曲祖父田園要及時（圓通僊）城南措大騎驢子市北郎君跨馬兒各各四蹄俱踏地三春同到金明池（佛鑑懃）出沒由誰卷舒在我揺舌鼓唇分明話墮（天寧兆禪）陽燄何曾止得渴畫餅時充得飢勸君不用裁判棘後代兒孫惹着衣（徑山杲）湖光瀲灔晴偏好山色溟濛雨亦奇若把西湖比西子淡粧濃抹總相宜（佛燈）人貧多智短馬瘦自毛長獨宿雙峯寺同焚一炷香（鼓山珪）兩箇孩兒抱花鼓左邊打了右邊撃一曲兩曲無人會歷歷清風動千古

懶菴需 乍雨乍晴山裏寺或來或去洞中雲
清天星月明如晝此境此時誰欲分 德山涓
南山鼈鼻蛇觸著兩頭動毒氣要傷人還他
貧子弄 雪巢一 黃昏打槳奔城快日午回舟
入港遲夜半相逢兩相喝不知蹉過已多時
在菴賢 二水分流共一源誰知正語却成偏
斷腸不是因芳草破壞家門落一邊 無為
三聖因僧問如何是祖師西來意師曰臭肉
來蠅 興化云破驢脊上足蒼蠅 頌曰水
母有骨靈龜無殼瞎驢臭肉來於蠅佛意祖
意如山岳 正覺逸 靈龜有殼水母無骨破
驢脊上足蒼蠅曹溪古路行人絕 破脊驢
多臭肉蠅誰知興化不徒行慣從五鳳樓前
過手握金鞭賀太平 白雲端 匝地風光無問
處因何不信却生疑老婆為君重指出臭肉
團上青蠅飛 黃龍新 青青掩映蒼龍窟脩竹
超然物外物看將脩竹比喬松未必喬松老
風骨 佛鑑懃 一團臭肉有商量皮下流芳若
爲囊忽若禪人親咬破看來滿口是清香 龍
門遠 三聖到德山纔展坐具山曰莫展炊巾
這裏無殘羹餿飯師曰縱有也無著處山便
打師接住棒推向禪床上山大笑師哭蒼天
便下參堂堂中首座號踢天泰問行脚高士
須得本道公驗作麼生是本道公驗師曰道

甚麼座再問師打一坐具曰這漆桶前後觸
忤多少賢良座擬人事師便過第二座人事
頌曰呼為雲吸為雨龍龍清風動寰宇笑哭
不是等閒聲路見不平應有主要斬不平人
不與平人語而今何處見蹤由別起眉毛看
鷂子 長靈卓 殘羹餿飯無處安着撥下從前
劈頭蓋却兩箇無孔鐵鎚一樣無繩自縛 佛
燈珣 南北山相對東西有路分不經場陣裏
爭見李將軍 木菴永 魏府大覺和尚 嗣臨
濟 因僧問如何是本來身師曰頭枕衡山脚
踏北岳 頌曰臨濟宗乘會者稀唯有大覺
顯大機人問本來身有語頭枕衡山比岳隨
洞山聰 主山之後案山前下是地兮上是天
身作太長衫袴短醉狂贏得樂昇平 保寧勇
灌溪志閑禪師 嗣臨濟 因僧問久嚮灌溪到
來秖見漚麻池師曰汝秖見漚麻池且不見
灌溪曰如何是灌溪師曰劈箭急 頌曰
一派曹溪與灌溪龍行風雨動雲霓峻機箭
答波瀾急撼得匡盧海岳低 [illegible] 灌溪恭
臨濟擒住師師曰領領濟拓開 頌曰
雨散雲收後崔嵬數十峯倚闌頻顧望回首
[illegible]誰同 [illegible] 定州善崔禪師 [illegible]
[illegible] 州將王令公於衙署張座請師說法
師陞座拈拄杖曰出來也打不出來也打僧

出曰莊禪衛師擲下拄杖曰久立令公伏惟
珍重 頌曰鏌鎁橫按寶光寒俠客嘍囉敢
正看飛過青霄聲震吼乾坤直得黑漫漫 保
寧勇 大展家風示眾人無鉤入海釣金鱗遊
魚弄水騰波浪船棹俱拋出大津 [illegible] 十
三慣繡羅衣裳自憐紅袖聞馨香人言此是
嫁時服含羞刺出雙鴛鴦 空叟印 襄州歷
村和尚 嗣臨濟 師煎茶次僧問如何是祖師
西來意師舉起茶匙僧曰莫秖這便當否師
擲匙向火中 頌曰煎茶未了人來問拈起
茶匙呈似他當初若還收燕手性命難存爭
奈何 牧子青 虎溪菴主 嗣臨濟 因僧問菴
主在這裏多少年也師曰秖見冬凋夏長年
代總不記得曰大好不記得師曰汝道我在
這裏得多少年也曰冬凋夏長師曰鬧市
裏虎 頌曰鬧市中心虎能歌不能舞命值
木星君不還難[illegible]主 琅琊覺 虎溪菴住年
深都不記鬧市心中虎四邊如鼎沸 草堂清
桐峯菴主 嗣臨濟 因僧問和尚這裏忽遇大
蟲作麼生師便作大蟲吼僧作怕勢師大笑
僧曰這老賊師曰爭奈老僧何 頌曰見之
不取思之千里好箇斑斑不采未倫君不見
大雄山下忽相逢落落聲光皆振地大丈夫
見也無收虎尾捋虎鬚 雪竇顯 洺州米倉

禪師(嗣臨濟)問僧近離甚處曰冀州太湖師曰闍黎來時太湖向你道甚麼曰知道米倉路峻師曰到這裏又作麼生曰不與麼道時道路師曰闍黎已孤太湖去在曰某甲亦不肎和尚恁麼道師曰來時路峻如今路平曰不妨和尚此路師曰漆桶裏漢有甚麼限

頌曰發足超方地頭親到過著嶮峻道途殺活杖子變豹米倉大路平如砥未免漆桶裏著到不搽紅粉也風流大抵還他肌骨好(佛燈珣)雲山和尚(嗣臨濟)問僧甚處來曰西京來師曰將得西京主人書來麼曰不敢通消息師曰作家師僧天然有在曰殘羹餿飯誰人肯喫師曰獨有闍黎不肯喫僧便作吐勢師喚侍者扶出這病僧頌曰 這僧掩耳偷鈴雲山將錯就錯著是碧眼胡兒剔有反身一著(木菴永)

睦州刺史陳操尚書(見睦州)

一日與僚屬登樓次見數僧行來一官人曰(田六)(卄三)來者總是行脚僧公曰不是曰焉知不是公曰待來勘過須臾僧至樓前公驀喚上座僧皆舉首公謂諸官曰不信道

頌曰一語離窠窟千生出蓋纏夜來風雲惡木折在巖前(雪堂行)奪鼓攙旗驗衲僧便將黑豆換雙睛昔年曾被雪霜若看見揚花落也驚(尼無著總)拈得須彌第一槌鋼頭鐵額豈容伊揾梅丹擢并霖雨不是斯人更是誰(後菴封)季咸曾相壺丘子隨變難分亟自逃輸與高樓凝望者烟然明可察秋毫(虛堂)

陳尚書問睦州看甚麼經州云金剛般若經公曰六朝翻譯師看底是第幾朝州拈起云一切有為法如夢幻泡影

頌曰六朝翻譯傳來妙到頭來悟當時竅須信枝頭老鳳凰春來翻作黃鶯叫(正堂辯)

晉州霍山景通禪師(嗣仰山)初參仰山山閉目坐師翹起右足曰如是如是西天二十八祖亦如是中華六祖亦如是和尚亦如是景通亦如是山起來打四藤條師因此自稱集雲峯下四藤條天下大禪佛

頌曰集雲峰下四藤條幾險當時打折腰堪笑後來稱猛將只知空說霍嫖姚(野軒遵)竺國支那成印定更無毫髮可參差眼橫鼻直宣天下一類殘羹永不飢(保寧勇)當場翹足有來由四下藤條未足酬又向霍山門下去見機雖足未風流(地藏恩)集雲峯下四藤蒿打破潼關路一條似鶴似雲天地外如龍如鳳在烟霄(圓通僊)二藤條喫了任閒遊未到牢關未肎休打鼓打鍾俱是令知機識變有誰儔 子陵灘水急如絃摸得黃魚縮項鯿提向市中頗索價他家不直半文錢(佛心才)强盜遭逢惡抵家賊賊纔敗別無他山藤微骨令甘伏反與渠儂貼面花(或菴體)千年萬歲老枯樁鐵杵銅槌任擊撞且在爛泥堆裏立咄(實曾源)霍山因行者問如何是佛法大意師乃禮拜者曰和尚為甚麼禮俗人師曰汝不見道尊重弟子(四六)(卄四) 頌曰黃金打作鑰石筋白玉碾出象牙梳黑漆崑崙多伎倆海中拾得夜明珠(虛受深)袁州仰山南塔光湧禪師(嗣仰山)因僧問曹溪意旨如何師曰一鏃入寒空 頌曰重峯疊仞插寒空塔鎖深雲勢莫窮千古松聲來有韻萬年溪水去無蹤(投子青)南塔湧向火次有僧來參師曰一言說盡山河僧便問如何是一言師以火筯插向爐邊却收舊處 頌曰一句稱提萬象分摩竭空自掩重門當初衲子微開眼插筯爐邊雪火焚(投子青)杭州無著文喜禪師(嗣仰山)往五臺華嚴寺至金剛窟禮謁遇老翁牽牛行邀師入寺翁曰近自何來師曰南方曰南方佛法如何住持師曰末法比丘少奉戒律曰多少衆師曰或三百或五百師却問此間佛法如何住持曰龍蛇混雜凡聖同居師曰多少衆曰前三三後三三(日晚遂)問翁擬投一宿得否曰汝有執心在不得宿

師曰文喜無執心曰汝曾受戒否師曰受戒久矣曰汝若無執心何用受戒師辭退翁令童子相送師問童子前三三後三三是多少童召大德師應諾童曰是多少師復問此為何處曰此金剛窟般若寺也師悽然悟彼翁者是文殊也不可再見即稽首童子願乞一言為別童說偈曰面上無瞋供養具口裏無瞋吐妙香心裏無瞋是珎寶無垢無染是真常言訖均提童子與寺俱隱　頌曰廓周沙界聖伽藍滿目文殊接話談言下不知開佛眼回頭只見翠山巖（明招謙）顧問南方住若何對云三五衆非多吉祥自述龍蛇混三三之說告和和無著未明重話會均提為指不仙陀金剛背後看名字滿目荒山不奈何（洛陽帖）千峯盤屈色如藍誰謂文殊是對談堪笑清涼多少衆前三三與後三三（雪竇顯）堪笑前三與後三當初相對語喃喃却曰無着分明見從此清涼沒可參（佛印元）二樓臺雖有類全無試問頑童起撥初忽指金剛看背後年衰多被忌挪揄　前後三三問若千應機召發轉顢頇如今大有如斯者負鉢腰囊到處摶（正覺逸）三積翠千峯倚半空龍蛇凡聖混其中其中凡聖知多少前後三三數莫窮　寺額突然耀指端大悲千眼莫能觀自從一覷金剛背直至如今作野盤　前後三三是多少大事光輝明皎皎回頭不見觧空人滿目白雲卧荒草（遁吾眞）聖者由來不可陪相逢相問豈安排三三前後輝今古一句無私振九垓（照覺總）前三三與後三三筭數籌量卒未諳芳草萋萋烟景裏鷓鴣啼處是江南（此庵恩）文殊前後答三三獨泛輕舟過海南洪浪波心看水勢一輪明月印寒潭（雲庵茂）青山門外白雲飛綠水溪邊引客歸莫恠坐來頻勸酒自從別後見君稀（龍門遠）三三之旨極幽深老漢當牙下一針為報禪徒應諦聽船乃隨流石乃沉（鮑若柔）前後三三不失宗迴超千聖數難窮金剛腦後全軒露疊疊青山鎖翠空（丹霞淳）無著文殊不易逢相逢各自問家風清涼海衆知多少前後三三數莫窮（本覺一）腰金上太行賊眼盡驚情不因遭毒手誰肯夜燒香（月堂昌）二寬鞋著瘦脚短袖入長臂竿木既隨身逢場還作戲前三三後三三一時堆在檐頭擔到得家中重點檢目前包裹露鮑鮑　前後三三謝師指南龍蛇躍躍虎視眈眈擬數看數欲談何談均提謗有垂鞭意象王蹴踏亦難堪（枯子昇）陌路相逢眼裏塵低頭禮拜昧天眞起來不見文殊現打破大唐無一人（秀岩瑞）前三三與後三三不可承當不可參更問清涼多少衆月移松影落寒潭（月林觀）佛法初無北與南何須對面立玄談文殊固是能儀變前後分蹤落二三（雪竹慶）無著因老翁邀師入寺命坐對談翁呼童子致茶并進酥酪師納其味心意豁然翁拈起玻璃盞問曰南方還有這箇否師曰無曰尋常將甚麼喫茶師無對　頌曰文殊大士托玻瓈遂問南方有箇奇無著忽言無這箇誤他多少老闍黎至今猶未知端的攜手拈茶不用疑（汾陽昭）自別南方涉路歧喫茶處處用玻瓈如何恰到清涼寺問著元來總不知（正覺逸）南方不可離須臾無著曰何却道無寄語後來禪子道喫茶拈起莫生疎（佛印元）玻瓈寶盞對君擎茶味雖濃夢不醒更問三三多少衆爭教人不辨輸贏（象田卿）五臺凝坐思遲遲白日青天被鬼迷最苦一般難理會玻瓈盞子喫茶時（象潭泳）無着因參仰山頓了心契令充典座文殊常現於粥鑊上師以攪粥篦便打曰文殊自文殊文喜自文喜文殊乃說偈曰苦瓠連根苦甜瓜徹蔕甜脩行三大劫却被老僧嫌　頌曰爍迦羅眼頂門開悟了不須師更來打落粥鍋休說偈脩行須信禍為胎（象田卿）

禪宗頌古聯珠通集卷第十三　六

禪宗頌古聯珠通集卷第十四　　田七

僧錄司右闡教兼靈谷禪寺住持淨戒　重校

祖師機緣

六祖下六世　大光誨一則　九峯虔十則
鳳翔石柱一則　湧泉欣二則　雲蓋元一則
覆船洪一則　張拙一則　洛浦安十二則
田七　韶山普五則　天蓋幽一則　大原海湖一則
岩頭奯三十三則　雪峯存三十則　高亭簡一則

潭州大光山居誨禪師嗣石霜　因僧問祇如達磨是祖否師曰不是祖曰既不是祖又來作甚麼師曰祇為汝不薦曰薦後如何師曰方知不是祖　頌曰　少林續燄事堪奇臘夜梅開雪後枝黃蘗昔年曾有語大唐國裏沒禪師丹霞淳　覿面全提少室令當機不薦過新羅清風樓上逢知已撥動烟塵不奈何是庵鑒　瑞州九峯道虔禪師嗣石霜　因僧問祖祖相傳傳何事師曰釋迦慳迦葉富曰如何是釋迦慳師曰無物與人曰如何是迦葉富師曰國內孟嘗君曰畢竟傳底事作麼生師曰百歲老人分夜燈　頌曰　寂光影裏現全身貴異天然迥出倫家富兒奴偏得力夜分燈火照西隣丹霞淳　九峯因僧問如何是學人自己師曰更問阿誰曰便恁麼承當時如何師曰須彌還更戴須彌　頌曰　自家冷暖自家知祖意西來更問誰全體承當全體是須彌頂上戴須彌石溪月　九峯因僧問西天坐夏以蠟人為驗此間如何師曰頭戴午夜月脚踏黃金地曰此人還轉也無師曰爭得不轉曰如何轉師曰今世已聞龍退骨　頌曰　午夜山房月色深十分明白墮功勳撥開向上通天竅煙嶂重重不見人自得暉　九峯因僧問十二時中如何合道師曰無心合道曰畢竟如何師曰土上覔泥猶自可波中求水實堪悲　頌曰　牽驢飲江水鼻吹波浪起岸上蹄踏蹄水中觜連觜　方庵顯　九峯因僧問如何是不壞身師曰正是曰學人不會請師直指師曰適來曲多少　頌曰　不壞身正是正是不壞身適來曲多少扭得鼻頭辛石溪月　九峯因石霜遷化衆請首座住持師時為侍者白衆問首座曰先師道休去歇去冷湫湫去一條白練去古廟香炉去 田七 二 一念萬年去明什麼邊事會得即住持會不得不可首座對曰明一色邊事師曰與麼則不會先師意在座曰但裝香來香煙斷處若去得即會先師意若去不得即不會師遂焚香香烓未斷座遂脫去師拊首座背曰坐脫立亡即不無先師意未夢見在　頌曰　張家養得數箇兒大者劾爺治家業中有一男藝最精氣宇如王威德別別別踏翻滄海兮不顧驪龍鳴散白雲兮不羨明月海印信　石霜繼嗣擇高才上座貪程去不回只愛寒灰無焰起豈知枯木放花開虔侍者實堪哀先師大意雖明得未免長拖破草鞋佛慧泉　世間何事最堪悲無孔由來是鉄鎚爐冶不能烹得破任教千古與風吹保寧勇　坐亡立脫數如麻幾箇於茲路不差翻憶石霜曾有語不光華處盡光華智海清　一片虛空亘古今麒麟頭角競踈親坐亡立脫知多少鐵樹花開別是春開福寧　帶角披毛異類身寒灰枯木眼中塵雖然未會先師意爭奈臨行一者親丹霞淳　枯木堂中第一人坐觀成敗枉精神可憐明一色邊事直至而今没眼筋寶峯照　雖然一箭定天山百戰場中出手難莫道古祠香火斷神前自有酒臺盞上方益　田七 坐元脫去有生機侍者因何不肯伊若謂石霜明一色似將掃帚畫蛾眉地藏恩　三 香煙淡淡風飄處首座凝然坐脫時不是久叅虔侍者石霜巴鼻有誰知張無盡　本分漁人一釣舟千波萬浪裏遨遊兒孫不慣風濤惡走入蘆花不轉頭慈受深　脫去還如劈箭仲先師旨趣得來親貪他一粒多年粟失却家中萬

斛弥義重天倫處侍者平生肝膽共為論芳草渡頭輕舉步等閑身在杏花村 佛燈珣
石霜一宗親傳九峯香消脫去正脈難通月巢鶴作千年夢雪屋人迷一色功坐斷十方猶點額密移一步看飛龍 天童覺
涅槃城裏未為親帶角披毛始是真相逢盡道休官去林下何曾見一人 大洪遂
一片虛凝絕謂情白雲消散彩霞橫行人莫怯貪程速坐守寒巖異草青 密庵傑
石人不怕獅子吼須彌頂上反筋斗滄溟竭盡正三更生鐵崑崙雲外走 雪竇宗
死中得活人無數活中得死古來稀只知枯木回春早蹉過寒灰再焰時處侍者也是癡雖然會得先師意未免全身陷虎機 圓悟勤
萬丈寒潭徹底清霜天午夜欲生冰釣魚要擲金鱗餌撥轉蘆蓬向月明 正堂辯
九峯因僧問人人盡道請益未審師還拯濟也無師曰汝道巨岳還曾乏寸土麼曰四海參尋當為何事師曰演若迷頭心自狂曰還有不狂者麼師曰有曰如何是不狂者師曰突曉途中眼不開
頌曰
寒谷生洪律全超極濟功園林變花柳何必待春風 方菴顯
巨岳何曾乏寸土演若迷頭狂未回參尋喜有得力句突曉途中眼未開且居門外 石溪月
九峯因僧問如何是把定乾坤眼師曰乾坤在裏許曰乾坤眼何在師曰正是乾坤眼曰適來為什麼道乾坤在裏許師曰若不恁麼髑髏前見鬼無數 三璧會元稱異公
頌曰
識問不亂荅識荅不亂問問荅有來由直下明知見果然明得破不被髑髏換奉勸參學人子細參詳看 大圓智
一拳拳倒黃鶴樓一趯趯反鸚鵡洲有意氣時添意氣不風流處也風流 虛堂愚
九峯因僧問古人道因真立妄從妄顯真是否師曰是曰如何是真心師曰不雜食是曰如何是妄心師曰攀緣起倒是曰離此二途如何是本體師曰本體不離曰為甚麼不離師曰不撒功德天誰嫌黑暗女
頌曰
是真是妄披金揀沙同門出入宿世冤家 方菴顯
九峯示眾曰常住法身不生不滅僧問既是不生不滅為什麼六道輪迴師曰為有心故曰以何方便當證法身師曰以虛空心合虛空理曰證後如何師曰任從三界轉徙聽四生弃擲曰會麼曰不會師曰禮拜著
頌曰
精金須百鍊百鍊色不回學道貴無心無心道即恢更深秋夜月古廟香爐灰法身無一物山岳空崔嵬 南堂興
鳳翔府石柱禪師 嗣石霜 師遊方時到洞山時處和尚垂語曰有四種人一人說過佛祖一步行不得一人行過佛祖一句說不得一人說得行得一人說不得行不得阿那箇是其人師出眾曰一人說過佛祖行不得者秖是無舌不許行一人行過佛祖一句說不得者秖是無足不許說一人說得行得者秖是函蓋相稱一人說不得行不得者如斷命求活此是石女兒擔枷帶鎖山曰闍黎分上作麼生師曰該通分上卓卓寧彰山曰秖如海上明公秀又作麼生師曰幻人相逢拊掌呵呵
頌曰
海底泥牛耕白月雲中木馬驟清風胡僧懶捧西乾鉢半夜乘舟過海東 丹霞淳
台州湧泉景欣禪師 嗣石霜 因僧問如何是相傳底事師曰龍吐長生水魚吞無盡漚曰請師挑揞師曰擂鼓轉船頭棹穿波底月
頌曰
依依半月沉寒水耿耿三星落碧巑昔日雲巖曾漏泄金輪王子寶花冠 丹霞淳
湧泉欣因唐武宗廢教在院看牛時有遷德二禪客到於路次見師騎牛不識乃云蹄角甚分明爭柰騎者不識師驟牛而去二禪客相次憩於樹下煎茶師回下牛近前問訊與坐喫茶師乃問二禪客近離甚處云那邊師曰那邊事作麼生禪客提起茶盞師曰此猶是這邊那邊事作麼生二人無對師曰莫道騎牛者不識好
頌曰
芳草漫漫豈變秋牧童白牯恣優游異中有路人難見却謂騎牛

不識牛（丹霞淳）　潭州雲蓋山志元禪師（嗣石霜）因僧問石霜萬户俱閉即不問萬户俱開時如何霜曰堂中事作麽生僧無對經半年方始下一轉語曰無人接得渠霜曰道即大殺道秖道得八成曰和尚又且如何霜曰無人識得渠師聞知乃禮拜乞為舉霜不肯師乃抱霜上方丈曰和尚若不道打和尚去在霜曰得在師頻禮拜霜曰無人識得渠師於言下頓省　頌曰古殿巖閑月鎖松霜凝雪露韻無窮星前人卧千峯室佛祖無因識得儂（投子青）無人接得渠遣遍馬相如果來橋上也記得柱頭書無人識得渠棊局醉樵夫回頭斧柯爛大海亦成枯（天童覺）接得與識得誰優較錙銖若問堂中堂中事轉踈只如雲蓋悟去又作麽蘇嚕蘇嚕（最菴印）　福州覆船山洪荐禪師（嗣石霜）因僧問抱璞投師師還接否師以手拍香臺僧禮拜師曰禮拜則不無其中事作麽生僧却拍香臺師曰舌頭不出口　頌曰舌頭不出口三三成九九算到香臺邊彼此落人後（月堂昌）　張拙秀才（見石霜）因禪月大師指叅石霜霜問何姓曰姓張名拙霜曰覓巧了不可得拙自何來公忽有省呈偈曰光明寂照徧河沙凡聖含靈共我家一念不生全體現六根纔動被雲遮斷除煩惱重增病趣向眞如亦是邪隨順世緣無罣礙涅槃生死等空華　頌曰老倒石霜無忌諱當頭一句曾提起只因當日老婆心千古家家掛唇齒（佛鑑懃）臘傳不羨擅嘉聲錯認山河作眼睛巧拙一時俱裂破斷除煩惱病重增（笑翁堪）　進前峭壁三千丈退後懸崖幾萬重珍重大唐張拙老鐵鎚無孔舞春風（寶華源）　澧州洛浦山元安禪師（嗣夾山）久為臨濟侍者一日辭去濟陞堂曰臨濟門下有箇赤梢鯉魚搖頭擺尾向南方去不知向誰家虀甕裏淹殺師游歷罷直往夾山卓菴經年不訪夾山山修書令僧馳往師接得便坐却再展手索僧無對師便打曰歸去舉似和尚僧回舉似山曰這僧若開書三日内必來若不開書斯人救不得也師果三日後至見山不禮拜乃當面叉手而立山曰雞棲鳳巢非其同類出去師曰自遠趨風請師一接山曰目前無闍黎此間無老僧師便喝山曰住住且莫草草怱怱雲月是同溪山各異截斷天下人舌頭即不無闍黎爭教無舌人解語師佇思山便打因茲服膺輿化代云但知作佛莫愁衆生　頌曰無伴石人夜入山雪籠紅頂綠衣寒喝開劫擘三峯頂捧出金欄對日看（投子青）　喝下承當草已深却來當浦訪知音溪山雲月何嘗異今古誰人鑑此心（成枯木）　執侍巾瓶二十年搖頭擺尾出林泉悠悠直往南方去虀甕淹來得穩眠（雲居祐）　搖頭擺尾赤梢鱗徹底無依解轉身截斷舌頭饒有術拽回鼻孔妙通神夜明簾外兮風月如晝枯木巖前兮花木長春無舌人無舌人正令全提一句新獨步寰中明了了任從天下樂欣欣（天童覺）　洛浦因僧問供養百千諸佛不如供養一箇無心道人未審百千諸佛有何過無心道人有何德師曰一片白雲横谷口幾多歸鳥盡迷巢　頌曰拾得蹤慵非覺曉寒山懶墮不知歸聲前一句圓音美物外三山片月輝（丹霞淳）　是佛由來尚法功明心方與道相同花開花落緣何事盡屬無私造化中（成枯木）　百千諸佛眉彎曲無縫無修眼搭癡踏着未消連底凍一時認作碧琉璃（佛智裕）　故山岌岌鎖寒烟未肯將心輕授傳玉女夜尋無字印石人遥指月明前（自得暉）　洛浦因僧問學人擬歸鄉時如何師曰家破人亡子歸何處曰恁麽則不歸去也師曰庭前殘雪日輪消室内游塵遣誰掃乃有偈曰　決志歸鄉去乘船渡五湖舉篙星月隱停棹日輪孤解纜離邪岸張帆出正途到來家蕩盡免作屋中愚　頌曰太平鄉國

路空睟歸輿悠悠思莫涯撒手到家何所有琉璃寶殿鎖空華 丹霞淳 洛浦因僧問如何是一大藏教收不得者師曰雨滋三草秀片玉本來輝 頌曰畢鉢巖前曉帶香風時結鷲峯層須知玉像瓶中塔別有輝天照地燈 投子青 洛浦因僧問一毫吞盡巨海於中更復何言師曰家有白澤之圖必無如是妖怪保福別云家無白澤之圖亦無如是妖怪 頌曰巖前雖有雲千頃户內殊無半夜燈極目危巒今古宿暮天斜照碧層層 丹霞淳 洛浦因僧問如何是祖師西來意師曰青嵐覆處出就藏鋒白月輝時碧潭無影 頌曰群花未發梅先拆萬木凋零栢轉奇雲淡不彰飾月影烟輕那露引風枝 丹霞淳 洛浦因龐居士禮拜起曰仲夏毒熱孟冬薄寒師曰莫錯曰龐公年老師曰何不寒時道寒熱時道熱曰患聾作麼師曰放你三十棒曰啞却我口塞却你眼 頌曰直下啞却我口分明塞却你眼由來洛浦龐公未出睦州擔板觀面全提照古今冬寒夏熱憑誰揀 雪源清 洛浦因僧問祖意教意是同是別師曰日月並輪輝誰家別有路曰恁麼則顯晦殊途事非一槩師曰但自不亡羊何須泣岐路 頌曰月篩松影高低樹日照池心上下天垂

赫炎空非卓午團團秋夜不知圓 丹霞淳 洛浦因僧問如何是佛法大意師曰雲覆孤峯峯不白雨滋石筍筍初生 頌曰海底龍吟雲雨潤林中虎嘯谷風清莫言滿路生荆棘況是貧家少送迎 丹霞淳 洛浦因蛤溪道者相訪師問自從聲溪相別今得幾年曰和尚猶記得昔時事師曰見說道者總忘却年月也曰和尚住持事繁且容子細看師曰打即打會禪漢曰某甲消得師曰道者住山毒繁 頌曰這般消息不尋常蟾桂枝枝有遠香昨夜姮娥呈巧妙眼睛直上繡鴛鴦 丹霞淳 洛浦因僧問衆手淘金誰是得者師曰攀中舊實不揀披沙曰恁麼則展手不逢也師曰莫將鶴唳擬作鶯啼 頌曰淘金豈假披沙得石綱波瀾猶費力露柱三更忽放光此時未審何人識 丹霞淳 洛浦示疾十二月一日告衆曰吾非明即後也今有一事問汝等若道這箇是即頭上安頭若道不是即斬頭求活第一座對曰青山不舉足日下不挑燈師曰是甚麼時節作這箇語話時有彥從上座對曰離此二途請和尚不問師曰未在更道曰彥從道不盡師曰我不管汝盡不盡曰彥從無侍者祇對和尚師便休至夜令侍者喚從問曰闍黎今日祇對甚有道理汝合體

得先師意先師道目前無法意在目前不是目前法非耳目之所到且道那句是賓那句是主若擇得出分付鉢袋子曰彥從不會師曰汝合會曰彥從實不會師喝出乃曰苦苦玄覺云且道從上座實不會是怕見鉢袋子粘着伊 頌曰餌雲鈎月釣清津年老心孤未得鱗一曲離騷歸去後汨羅江上獨醒人 天童覺 紙衣下事不假胞胎懸崖撒手極樣嬰孩涅槃會上道場開單傳直指狀元來 南堂興 洛京韶山寰普禪師 嗣夾山 因僧問如何是韶山境師曰古今猿鳥叫翠色薄烟籠曰如何是境中人師曰退後看 頌曰最好韶山境烟籠翠色輕欲描描未就猿鳥一聲聲 石溪月 韶山因遵布衲訪師在山下相見遵問韶山路向甚麼處去師以手指曰嗚那青青黯黯處去遵近前把住曰久嚮韶山莫便是否師曰是即是闍黎有甚麼事遵曰擬伸一問師還荅否師曰看君不是金牙作爭解彎弓射蔚遲曰鳳凰直入烟霄去誰怕林間野雀兒師曰當軒畫鼓從君擊試展家風似老僧曰一句迥超千聖外松蘿不與月輪齊師曰饒君直出威音外猶較韶山半月程過在甚麼處師曰倜儻之辭時人知有曰恁麼則真玉泥中異不撥萬機塵師曰魯般

門下徒施巧曰學人則恁麼未審師意如何
師曰玉女夜拋梭織錦於西舍曰莫便是和
尚家風也無師曰耕夫製玉漏不是行家作
曰此猶是丈言如何是和尚家風師曰橫身
當宇宙誰是出頭人遵無語師遂同歸山纔
人事了師召近前曰闍黎有衝天之氣老僧
有入地之謀闍黎橫吞巨海老僧背負須彌
闍黎按劒上來老僧挜鎗相待向上一路速
道速道曰明鏡當臺請師一鑒師曰不鑒曰
為甚不鑒師曰水淺無魚徒勞下鈎遵無語
師便打　頌曰趨時適變隨物窮通鵁鶄之
志誰辨雌雄韓侯未遇布衲家風三奉席巻
非無計忠義何勞憶蒯通　方庵顯　韶山因僧
問是非不到處還有句也無師曰有曰是甚
麼句師曰一片白雲不露醜　頌曰一片孤
雲不露醜白雲兒徬青山父鶴巢露滴夢初
回新月半鈎升萬戶　白徬暉　獨向滄溟截衆
流等閒舞棹擲金鈎白雲不露烟波闊橫笛
回七　十一
一聲天地秋　本庵永　韶山因僧問如何是和
尚家風師曰絕頂無根草無風葉自搖
頌曰妙峯孤頂偏肥膩天產靈苗不觸地翠
葉無風常自搖清香那逐春光媚　丹霞淳
韶山因僧到參禮拜起立師曰大才藏拙戶
僧過一邊立師曰喪却棟梁材　頌曰叉手

須知巳隔津更重進步轉漂淪頑銅若作黃
金貨祇可瞞他無眼人　丹霞淳　鳳翔府天蓋
山幽禪師　嗣夾山　有一院名無垢淨光造浴
室有人問既是無垢淨光為甚麼却造浴室
僧無語後請師代師曰三秋明月夜不是暎
團圓　頌曰雖然荅盡深深意爭柰投機句
未親欲會本來無垢的更須入水見長人
丹霞淳　太原海湖禪師　嗣夾山　因有人請灌
頂三藏供養敷座訖師乃就彼位坐時有雲
涉座主問曰和尚甚麼年行道師曰座主近
前來涉近前師曰秖如憍陳如是甚麼年行
道涉茫然師喝曰這尿床鬼　頌曰多是從
人學得來一生空把口胡開欲窮此岸虛明
地七佛前前總不該　丹霞淳　鄂州巖頭全奯
禪師　嗣德山　一日參德山方跨門便問是凡
是聖山便喝師禮拜有人擧似洞山山曰若
不是奯公大難承當師曰洞山老人不識好
惡錯下名言我當時一手擡一手搦　頌曰
巖頭老漢凡聖孰辨半僧半俗可貴可賤三
文取箇黑撈波江邊相喚揀鰕蜆　法雲秀
平川走兔放蒼鷹一搦便喃雙眼睛毒手奪
來人買去柰何斤兩未分明　保寧勇　一喝驚
天動地雷海翻太華洞然開巖頭膽喪魂飛
也謾道當時手搦擡　疎山如　好手呈機不露

鋒慣將隻劒定雌雄忽雷迸出驚天地華岳
三峯倒卓空　湛堂準　大鵬搏風蒼龍出海手
揑手搦日上月下霜雪嚴凝識歲寒雙陸盆
邊須喝釆　最庵印　前箭猶輕後箭深無限平
人被陸沉箇裏豁開天地眼吹毛拈起任橫
行　木菴永　巖頭初參德山展坐具禮拜次山
回七　十二
以拄杖挑却坐具於階下師下階拾起搭向
背上便去參堂山曰不肯子放只肯子收
頌曰動絃別曲葉落知秋不肯子放只肯子
收來年更有新條在惱亂春風卒未休　遯菴
演　巖頭示衆曰吾教意如塗毒鼓擊一聲遠
近聞者悉皆喪身失命時有小嚴上座出問
云如何是塗毒鼓師兩手按膝亞身云韓信
臨朝底　頌曰佛法無情報尒曾忽生忽殺
在吹毛若教韓信得妙訣自是深明防漢高
高峯勝　巖頭因僧問古帆不掛時如何師曰
後園驢喫草　頌曰搥打不碎火燒不着天
上人間何處安泊阿呵呵是什麼莫咬破須
爛嚼　海印信　古帆不掛是巖頭月冷風高下
直鈎誰見後園驢喫草朧籠卸馱飽齁齁
大洪遂　後園驢喫草一老一不老驀地撞出
來鬭湊得恰好　徑山杲　後園驢喫草莫隨言
語討跳上驀騎來往長安道　鼓山珪　風信
不來春色老却憶後園驢喫草滿天明月贈

行人野客溪邊歸路早 楚方安 後園驢喫草
可憐無限虛生老半夜盲人問故鄉不知身
在長安道 雪竇宗 後園驢喫草蘆花輥雪飛
霜前雙白鴈孤影落天池 塗毒策 古帆未掛
時後園驢喫草日短若夜長行人須及早
雪巖理 巖頭因僧問古帆掛後如何師曰小
四七 魚吞大魚 頌曰古帆掛後更何疑學問依
十三 前又是迷大小二魚俱一海爭柰釣頭鮮不
齊 汾陽昭 小魚吞大魚直路太縈紆古帆休
更問處處得逢渠 徑山杲 小魚吞大魚門上
釘桃符邪魔俱不入佛法也消除 鼓山珪
的的古帆已掛後小魚吞却大頭魚雖然李
廣運神箭自古張顛解草書 照堂一 不動蒲
帆問一言大魚却被小魚吞直從意外超唇
吻始信巖頭無腦門 天目禮 巖頭因僧問塵
中如何辨主師曰銅砂鑼裏盛油頌曰塵中
辨主最難明千人萬人少一惺銅砂鑼油今
古淨與君撥却眼中釘 汾陽昭 塵中辨主眼
分明特地尋方更點睛堪笑耆婆雖瞑眩至
今南北絕人行 佛印元 礎潤天將雨雲開月
正明漁翁閑引釣牽動一潭星 海印信 銅砂
鑼裏滿盛油正是毗盧印後收更有塵中辨
得主太平將將盡封侯 雲溪恭 銅砂鑼裏油
清淨照見塵中舊主人寄語禪人猛參取莫

教孤負此生身 草堂清 終日塵中走塵中渾
大有堪笑五湖人衲衣貪抖擻 大爲智 銅砂
鑼裏滿盛油生菜還他蘿蔔頭但看來年正
月半家家門首掛燈毬 佛鑑懃 頂起砂鑼時
身心都不見西風一陣來落葉兩三片 塗毒
策 村飲夜歸來健倒三四五摩挲青蒻笠莫
瞋驚著汝 息菴觀 銅砂鑼裏滿盛油潑倒巖
頭不識羞却向蟭螟眼睫上樓頭浪宕還風
流 空叟印 百萬雄兵入漢關威如猛虎陣如
山單刀直取顏良首不是關公也大難 無境
徹 塵中辨主問巖頭心識如何會得休鼻孔
眼睛都要見銅砂鑼裏滿盛油 横川珙 巖頭
問欽山如何是真言欽曰南無佛陀耶頌曰
隨機有問隨機荅不是禪兮不是玄後代無
端翻譯出却將梵語作唐言 退耕寧 巖頭凡
有所問只嘘一聲頌曰龍卧碧潭靜雲收皓
月圓七星光燦爛誰爲未生前 大洪遂 巖頭
因僧問路逢猛虎時如何師曰撥頌曰巖頭
四七 十四 一撥虛空迸裂父子不傳神仙妙訣 破菴先
巖頭示衆云大凡唱教須從無欲中流出三
句只是理論咬去咬住欲去不去欲住不住
或時一向不去或時一向不住頌曰三文買
箇撈波子摝蜆摝鰕經幾年逆順短長休要
說誰家屋裏竈無烟 虛堂愚 巖頭值沙汰於

鄂渚湖邊作渡子兩岸各掛一板有人過渡
打板一下師曰阿誰或曰要過那邊去師乃
舞棹迎之一日因一婆抱一孩兒來乃曰呈
橈舞棹即不問且道婆手中兒甚處得來師
便打婆曰婆生七子六箇不遇知音秖這一
箇也不消得便拋向水中頌曰買賣交關直
須當價若少分文定遭行罵休行罵遠近聞
之成話欛 海印信 時展家風與衆殊探身虎
穴有功夫拈椎擊碎留無計夜靜同誰泛五
湖 三祖宗 親兒弃了更無親撒手歸家罷問
津呈橈舞棹波中客休向江頭覓渡人 真如
喆 老來無累亦無曰獨寢高堂只此身除却
江中混波客復誰還是不羈人咄我箇老婆
親兒不柰何冨嬿千口少貧恨一身多 楮柚
秀 舞棹呈橈意自殊相逢江上話程途親兒
擲了獨歸去春水溶溶碧滿湖 智海普融平
舞棹呈橈古渡頭婆婆相見問來由何人捺
得親生子拋向江心更不收 上方益 鄂陽江
四七 十五 口 擲釣絲撼蜆撈蝦不計時驀被老婆相借
問叢林千古振雄規如今過在邪師客攝手
相逢論棄兒意在目前如會得莫信傍人說
是非 佛燈珣 借路經過常式事誰知祖禰衆
兒孫婆婆耐恨江頭棄留得佳聲四海聞 月
菴杲 親兒棄了復何言月在波心印碧天獨

有一身無繫累困眠醒坐任隨緣雪山歟鄂陽江上垂鈎線時節相逢錦鱗現拈來信手任縱橫逐浪隨波無碍戀大潙智一子親生步步隨呈撓舉棹指人歸老婆遺打櫓先露海岳掀翻動四維簡堂機一葉扁舟泛渺茫呈撓舞棹別宮商山雲海月俱拋棄贏得莊周蝶夢長尼無著總相逢把手上高峰四顧冢寥天宇空一曲漁歌人不會蘆花飛起渡頭風無菴全舞棹呈撓逢賊腳扣舷三下親擒捉只這一枚都颺卻棹歌歸去風濤落朴翁銛從來六箇不知音一箇全拋惡浪深義斷情忘無處覓三千剎海冷沉沉天目禮鄂渚渡頭窮鬼子全機錯在扣舷時何如別下一轉語救取婆婆第七兒南叟茂舞棹呈撓鄂渚邊驗人何若結生冤自從賺了婆拋子誰敢拚身上渡船梓巖玉巖頭在鄂渚湖三丈買箇黑撈波每日撈鰕摝蜆且恁麼過時僧舉似雪峯峰云窮鬼子道他快活也不徹頌曰且於湖伴撈鰕蜆不向滄溟釣巨鼇一葉扁舟一箬笠閑眠閑坐任風濤海印信鄂水舟橫芳草渡人來舞棹或呈撓撈鰕摝蜆隨時過卻向何時得六鼇水菴一巖頭因沙汰在甘贊家過夏補衣次贊行過師以針作劄勢贊遂整衣欲謝妻問云作什麼贊云說不得妻云也要大家知贊舉前話妻云此去三十年後須知一回飲水一回噎女子聞云誰知盡大地人性命被蘇上座劄將去也頌曰針頭劄去幾人知婦兒女子莫猜疑要見命脉果何在禪以中禪解子詩向此須明上上機長靈卓無孔笛子兩頭吹韻出青霄徹九維十六四七可憐一對寃家種人人鼻孔大頭垂佛燈珣不點自行不撥自轉伎倆天然機輪如箭如今分付當行家百歲光陰已不多若能直下猛提取天上人間爭奈何已菴深夜半三更來討火我罵你兮你罵我相喚相呼歸來歸也有無衣草裏坐虛堂愚福州雪峰義存禪師嗣德山初參德山問從上宗乘學人還有分也無山打一棒曰道甚麼師曰不會至明日請益山曰我宗無語句實無一法與人頌曰此疾懷來沒量時尋醫求卜過多師濃煎一服通神散血汗滂流徹四肢保寧勇是法平等無高下伊余有分必相亞雖無一法輕與人棒下龍蛇從變化雲巖因雪峰與巖頭欽山至澧州鼇山鎮阻雪頭每日打睡師一向坐禪一日喚頭曰師兄師兄且起來頭曰作甚麼師曰今生不著便共文邃箇漢行腳到處被他累今日到此又只打睡頭喝曰噇眠去每日床上坐恰似七村裏土地他時後日魔魅人家男女去在師點胸曰我這裏未穩在不敢自謾頭曰我將謂你他日向孤峰頂上盤結草庵播揚大教猶作這箇語話師曰我實未穩在頭曰若實如此據你見處一一通來是處與你證明不是處與你剗卻師曰初到鹽官見上堂舉色空義得箇入四七處頭曰此去三十年切忌舉著又見洞山過水偈曰切忌從他覓迢迢與我踈渠今正是七七我我今不是渠頭曰若與麼自救也未徹在師又曰後問德山從上宗乘中事學人還有分也無山打一棒曰道甚麼我當時如桶底脫相似頭喝曰你不聞道從門入者不是家珎師曰他後如何即是頭曰他後若欲播揚大教一一從自己胸襟流出將來與我蓋天蓋地去師於言下大悟便作禮起連聲叫曰師兄今日始是鼇山成道 頌曰說盡平生去住因到頭難遇赤心人忽然自肯成家業瓦礫拈來也是珎枯木成鼇山成道足人傳莫是從前話未圓賴有玄沙知始末徧身紅爛在漁船龍門遠丈夫淩勵志英雄向外馳求枉用功到得鼇山開眼覷方知屋裏用無窮佛燈珣孤村陋店雪紛紛平地無風起浪痕醜拙只因藏不得胸襟流出蓋乾坤鐵山仁三回九度太顢頇到底須尋舊路還待得

鼇山消積雪至今平地起波瀾困有眠來飢有飯連聲何事咄師凡明朝雪霽鼇山路依舊一程還一程（象外起）雪峯住菴時有兩僧来師以手托菴門放身出曰是甚麼僧亦曰是甚麼師低頭歸菴僧辭去師問甚麼處去曰湖南師曰我有箇同行住巖頭附汝一書去書曰某書上師兄某一自鼇山成道後迄至于今飽不飢同參某書上僧到巖頭頭問甚處来曰雪峯来有書達和尚頭接了乃問別有何言句僧遂舉前話頭曰他道甚麼曰他無語低頭歸菴頭曰噫我當初悔不向伊道末後句若向伊道天下人不柰雪老何僧至夏末請益前話頭曰何不早問曰未敢容易頭曰雪峯雖與我同條生不與我同條死要識末後句秖這是　頌曰末後句為君說明暗雙雙底時節同條生也共相知不同條死還殊絕還殊絕黃頭碧眼須甄別南北東西歸去来夜深同看千巖雪（雪竇顯）十八 末後句兮無問處萬仞銕山横在路當日巖頭不柰何至今雪老難伸吐倒捋虎鬚方識虎未解行人休離身透過牢關舉似君把定咽喉滚如雨（佛印元）雪老却入菴中後路上無人見得伊頼有故人千里在同條生死不同時（白雲端）雪老別鼇山卓菴閒中坐一日見僧来探

頭道什麼末後句少人和却得巖頭重注破同條生同條死末後句莫錯舉（照覺揔）切瑳琢磨變態譊訛葛藤化龍之杖陶家居鼇之梭同條生兮有數同條死兮無多末後句秖這是風舟載月浮秋水（天童覺）雪老大開方便路低頭却入菴中去者僧有眼恰如盲却被巖頭行一步者僧好休不肯休依然依路占悠悠元来不會雪峯意却被巖頭璺歷頭（天童覺）龍吟枯木菴中出天上人間無等匹虎嘯巖頭石上来晴空忽迸一聲雷堪笑春池猶拾礫空山空到又空回（佛心才）露面出来猶不識低頭歸去更難知那堪末後一句子直到于今四海疑（保寧勇）雙明復雙暗獨立絕殊方来機覿面提其鋒安可當同條生兩鏡相照無能名不同條死鐵樹花開亘今古末後句始到牢關拈却門前大案山（圓悟勤）末後句為君說踏着秤鎚硬似鐵寒則普天寒熱則普天熱若是遠磨兒孫各各自知時節知時節為君說九尾烏龜莫當十九 鼇山石鼈（典牛鑑）雪峰費盡平生力懵懂禪和意轉疑可憐末後一句子巖頭土上更加泥（龍門遠）同條生兮不同死弟既耳聵兄目瞽家門蕩盡像骨窮却把黃金如糞土末後句休莽鹵甜者甜兮苦者苦（北海心）雪峯一日陞座衆集定師輥出木毬玄沙遂捉来安舊處頌曰雪峯輥毬孰辨機一千五百衆人知貶起眉毛千萬里須是吾門師子兒（北塔祚）天兮寛地兮闊雪峯輥毬幾忉怛一輥直上須彌山無量人天眼開豁眼開豁脫却多年臭皮襪步行走馬到新羅報道花須連夜發（天衣懷）雪老平生好輥毬輥来輥去輥無休一千五百人同戲誰解輪機賽一籌（佛國白）收来輥去事方閒獨許漁郎上釣船明月蘆花同一色落霞孤鶩共遙天（夢若信）象骨木毬一輥出三世如来能事畢可憐天下衲僧尋只道黃連不是蜜（石菴明）輥向人前事未休再安舊處有来由一聲斷鴈鳴雲漢兩岸蕭蕭蘆荻秋（戴無為）一作雪峯因玄沙来三箇一時輥出沙便作偃倒勢師曰尋常用幾箇曰三即一一即三頌曰團團輥出沒来由不立名模見便休　三一一三重注脚螺江依舊向東流（圓覺演）山寺裏頭無可作輥出木毬兩三箇不獨玄沙遭一攧雪峯老人亦話墮（懶菴樞）雪峯上堂南山有一條鼈鼻蛇汝等諸人切須好看長慶出曰今日堂中大有人喪身失命雲門以拄杖攛向師前作怕勢有僧舉似玄沙沙曰須是稜兄始得然雖如是我即不然曰和尚作麼生沙曰用南山作麼　頌曰象

胥巖高人不到到者須是弄蛇手猿兒偷晒不奈何喪身失命知多少韶陽知重撥草[illegible]北東西纔麼討忽然突出拄杖頭拋對雪峯大張口大張口同閃電剔起眉毛還不見如今藏在乳峯南来者一一看方便師高聲喝云看脚下 雪竇顯 臨濟喝兮德山棒子胡狗兮誰敢向来 四七 若南山鱉鼻蛇一千五百衲子 二十 喪韶陽本色弄蛇手自古及今曾未有忽然放出若星流象骨禪翁遺一口 正覺逸 象骨鼈蛇當大路稜師可惜便亡身雲門弄得雖然活爭似南山不用覩 白雲端 打鼓弄琵琶相逢一會家雲門能合調長慶解隨邪古曲非音律南山鱉鼻蛇何人知妙訣的子是玄沙 真淨文 玄沙太剛長慶少勇南山鱉鼻死無用風雲際會頭角生衆見韶陽下手弄下手弄激電光中看變動在我也能遣能呼於彼也有擒有縱底事而今付阿誰冷口傷人不知痛 天童覺 象骨老人示徒擬議遣他一口韶陽突出驚人未免傷鋒犯手 石[illegible]者操

雪峯示衆曰飯籮邊坐餓死人臨河渴死漢玄沙云飯籮裏坐餓死人水裏沒頭沒渴死漢雲門云通身是飯通身是水 頌曰通身是飯通身水銚舌沙彌下口難悟得頓除饑渴念迷時往往更求餐 本覺一

雪峯示衆曰大地撮来如粟米粒大拋向面前漆桶不會打鼓普請看 長慶問雲門曰雪峯與麼道還有出頭不得處麼門曰有曰作麼生門曰不可總作野狐精見解又曰狼籍不少 頌曰牛頭沒馬頭回曹溪鏡裏絕塵埃打鼓看来君不見百花春至為誰開 雪竇顯 眉毛鱗 四七 裏遊南岳大溈波心泛鈞舟薄藝隨身終不 廿一 說從他打鼓看無休 白雲端 疾𩥇過風奔流度刃唱拍相隨拳踢相應驀然轟起震天雷百草頭顛春色回 圓悟勤 打鼓普請看直得眉毛寒拾得寒山笑倒𤰅豐干 楚安方 鞭動乾坤步轉移南觀北斗有誰知金烏暮向西山急曉逐扶桑半夜飛 石門易 天不能蓋地不能載遮破面門漆桶不會鐵船同駕入滄溟持得驪珠如斗大 佛心才

雪峯一日登座召衆曰看看東邊底又曰看看西邊底汝若要會拈拄杖擲下曰向這裏會取 頌曰東邊覷了復西觀拄杖重重話歲寒帶雨一枝花落盡不煩公子倚闌干 冶父川

雪峯與玄沙行次師指面前地曰這一片田地好造一箇無縫塔沙曰高多少師上下顧視沙曰人天福報即不無和尚靈山受記未夢見在師曰你作麼生沙曰七尺八尺 頌曰父子同行相將入草起無縫塔功高策巧帶水拖泥漏逗不少雖然落七落八爭奈有道理好 佛燈珣 指出長生地不迷造成無縫塔巍巍大家從此無餘事渴飲飢餐且度時 野菴璇

雪峯示衆曰三世諸佛向火𦦨上轉大法輪玄沙云近日官令稍嚴師曰作麼生沙云不許人攙行奪市師不覺吐舌雲門云火𦦨為三世諸佛說法三世諸佛立地聽 頌曰小𦦨騰輝說最親無邊諸佛近前聞誰知更有傍觀者鼻孔撩天不喜君 白雲端 一堆猛𦦨亘天紅三世如来在此中轉大法輪今已了眉毛眨上起清風 保寧勇 紅𦦨光中也大奇明明演說白毫輝可憐雪老并韶石燒卻眉毛總不知 普融平 阿誰踏着雪峯蹤三世諸佛火𦦨中類有雲門相暖熱火星吹得滿堂紅 慈受深 將謂猴白更有猴黑互換投機神出鬼沒烈𦦨亘天佛說法亘天烈𦦨法說佛風前剪斷葛藤窠一言勘破維摩詰 圓悟勤 四七 三世諸佛轉法輪一大藏教說不盡象骨當 二十二 機正令行玄沙見機行正令或說或聽闡不闡電捲星飛誰敢擬議轉那邊關捩子眉毛留得兩莖存 瞎堂遠 有是父兮有是子同條生也同條死三世如来烈𦦨堆互換說法元如此莫顛言休倒語截斷葛藤須薦取 石菴玿

雪峯普請往寺莊路逢獼猴師曰這畜生

一人背一面古鏡摘山僧稲禾僧曰噴叡無名為什麼彰為古鏡師曰瑕生也曰有什麼死急話端也不識師曰老僧罪過　頌曰人人有面古鏡何法門而不磬參玄上士迷頭鮮線老婆頓證興教壽堪笑山翁不識羞為他頭上更安頭巖前跳躑無尋處一片殘霞晚来妝保寧勇大地為爐冶何年鼓鑄功圓同諸佛面高鑑十方空祖印明鑒覺未萌全體現繞分鑑照便成瑕要知瑩徹圓明處長短青黄總不差白楊順雪峯在洞山作飯頭淘米次山問淘沙去米淘米去沙師曰沙米一時去山曰大衆喫箇甚麼師遂覆却米盆　頌曰溯鉢盛来一物無豈同香積變珎蘇日月盖輪長不照木人舞袖向紅爐投子青乖龍作雨非意測猛虎㹮物不露迹洞山靈君共相酬寥寥千古無人識伊菴權雪峯因僧問我眼本正因師故邪時如何師曰迷達達磨曰我眼何在師曰得不從師　頌曰達磨

日七　廿三

迷時在少林今人不曉為傳心堪羡迷人達達磨三冬過後又新春天衣懷裂破古今没窠臼當機大闡血盆口脚尖趯出佛如麻李四張三無路走或菴體雪峯因僧問寐寐無依時如何師曰猶是病曰轉後如何師曰船子下揚州　頌曰寐寐無依病正深雪老當

年痛處針一喫喫田舂夢破千山渾作木龍吟自得暉雪峯示衆云此事不從唇吻得不從黄卷上得不從諸方老宿得合從甚麼處得也須子細　頌曰一滴真珠紅凝酷殷勤相勸兩三田到頭欲盡東君意吞卻臨行上馬盃皖山凝雪峯因僧問古澗寒泉時如何師曰瞪目不見底曰飲者如何師曰不從口入僧後到趙州舉此話州曰不從口入不可從鼻裏入僧却問古澗寒泉時如何州曰苦曰飲者如何州曰死師聞得乃曰趙州古佛遥望作禮自此不荅話　頌曰古澗寒泉諳渺瀰分明枝派暗流時不從口入無滋味苦死令渠話不知雲蓋昌贖贖雲攢覆雪峯青青趙老一雙瞳從前汗馬無人識只要重論蓋代功寶峯照縱奪還他老作家奔流度刃數如麻深深澗裏無人到飲者重添眼裏沙佛心才鮑老當年笑郭郎人前舞袖太郎當及乎鮑老出来舞依舊郎當勝郭郎真淨文趙州象骨巖峯世無倫擬共撫没絃琴千載清人耳古澗寒泉瞪目擬然不從口入飲者忘鑒重出語若又死不荅話同彼此相逢兩會家打鼓弄琵琶箇中誰是的白鳥入蘆花圓悟勤雪峯古澗泉深趙州石橋水苦若知異水同源飲者不妨疑悟不從鼻孔入白浪

高三級從此不荅話豈免酬高價金剛圈子栗棘蓬解透横行四天下佛性泰雪峯曰世界闊一尺古鏡闊一尺世界闊一丈古鏡闊一丈玄沙指火爐曰闊多少師曰如古鏡闊沙曰老和尚脚根未點地在　頌曰世界能將古鏡齊言中辨的卻成迷白雲起處青山

田七　二十四

秀天曉依前月落西象田卿十方世界一面鏡鏡裏看形来足真摸着鼻頭渠是我那時方見本来人懶菴樞雪峯聞一僧在山下卓菴多年不剃頭畜一長柄杓溪邊舀水時有僧問如何是祖師西来意主曰溪深杓柄長師聞得乃曰也甚奇恠一日將剃刀同侍者去訪纔相見便舉前話問是菴主語否曰是師曰若道得即不剃你頭主便洗頭跪師前師即與剃頭　頌曰當言不避截舌當爐不避猛火趂手作得家生到老自能穩坐水深杓柄長舀水洗頭剃雪峯刀上眼忽開琉璃殿裏無關閉月堂昌雪老垂慈肎訪他一毫頭上辨龍蛇須知不涉言詮外脫體風流出當家東山源雪峯因閩帥施銀交床僧問曰和尚受大王如此供養將何報荅師以手托地曰少打我　頌曰大王信重送交床徬問禪徒太著忙下手低聲言少打劣中全勝阿誰詳洞山乾因問如何報主恩舉舉全收坐

要津船頭若有風浪動滿目流沙不見人 汾陽昭 得人一牛還人一馬投之報之風流儒雅如今大有受恩人不知誰是報恩者 正覺逸 不知將底報君恩風起江湖水縠痕一片古帆乘興去與誰相逐過天門 保寧勇 此旨流行七十年多人言論少人甄托地便令輕打我認着依前又更顛 般若柔 受旅兩遂皆是幻臨機何不惜眉鬚也知此外無長伎出這黔州老瞎驢 實藤源 雪峯因閩王封柑橘各一顆遣使送至東問既是一般顏色為甚麼名字不同師遂依舊封回王復馳問玄沙沙將一張紙蓋卻 頌曰柑橘閩王親手封將來直問擊宗風長人入水分明在更問玄沙又不通汾陽為汝開天路寶坊金界碧霄空 汾陽昭 閩主兩般融獻上雪峯一等倒封回人情上下俱周義免把完全更擘開 保寧勇 柑橘將來不用疑鐵牛蚊子咬應癡閩王猶未識師旨更請玄沙下一錐 延壽慧 分明柑橘勿誵訛獻花借水辨龍蛇白紙一張都蓋了免教天下動干戈 冶父川 一般顏色兩般名紙蓋難謾眾眼睛雪嶺當時便封轉閩王僧未息疑情 橫川珙 雪峯示眾曰盡大地是箇解脫門把手攙伊不肯入時有一僧出曰和尚怪某甲不得又一僧曰用入作甚麼師便打 頌曰大地是箇解脫門三世諸佛一口吞將為雪峯有奇特卻來謾我好兒孫 順菴樞 雪峯因僧問緊要處乞師指示師曰是甚麼僧於言下大悟 雲門云雪峯向你道什麼 頌曰雪峯騎駿馬雲門跨驢兒一踢一踏相奔馳長安有路非無路夜半行時人不知 圓悟勤 無量劫來是箇甚麼覿面全提幾乎蹉過不蹉過土苴堆頭且高臥 雪峯一日在僧堂內燒火閉卻前後門乃叫曰救火救火玄沙將一片柴從窗櫺中拋入師便開門 頌曰巨岳塵飛蟭螟生兒兒落塵裏如錐錐泥燒火救火閉門開門拋柴家醜外頭見萬象森羅一口吞 月堂昌 高燒榾柮煖通身快活難禁一屋春不是謝郎來合火誰知門外有寒人 石林鞏 雪峯問僧甚麼處來僧曰浙中來師曰船來陸來曰二途俱不涉師曰爭得到這裏曰有什麼隔礙師打趂出僧過十年後再來師又問甚處來曰湖南師曰湖南與這裏相去多少曰不隔師竪起拂子曰還隔這箇麼曰若隔即不到也師又打趂出此僧住後凡見人便罵師一日有同行聞特去訪問凡到雪峯有何言句便如是為他遂舉前話被同行呵叱與他說破這僧當時戀泣嚮向中夜焚香遙禮 頌曰觜角礱頭去復來雪庭兩見戰旗開軍前不惧將軍令空有英雄出九垓九垓雖出有牢關未透牢關未足觀棒頭有眼明如日要識真金火裏看 佛燈珣 見說閩山多蠱毒千方百計避無由殤中既有催魂鬼一命還他方始休 虛堂愚 雪峯普請次自負一束藤路逢一僧便拋下僧擬取師一踏踏倒歸舉似長生曰我適來踏得者僧甚快長生曰和尚須替者僧下涅槃堂始得 雪竇云長生大似東家人死西家人助哀也好與一踏 頌曰暗拋香餌在江湄果是金鱗釣得歸不是絲綸收得疾幾乎輸與鷺鷥兒 上方益 偉哉雪老法中英有上藤新覿面呈目前不薦當頭着和身一踏倒囊傾會知擔重回柴束自然便重不便輕何山奉報諸禪侶孩兒須是的親生 佛燈珣 雪老擔藤憩歇時一僧纔見便慈悲近前擬取攔胷踏舉似長生更一推 石門聰 雪峯踏者僧不殺長生扶者僧不起可憐一束爛枯藤狼藉至今愁滿地 西巖惠 雪峯與玄沙夾籬次沙曰夾籬處還有佛法也無師曰有曰如何是夾籬處佛法師撼籬一下沙曰某甲不與麼師曰子又作麼生曰穿取箇頭過來 頌曰父子相携入故園箇頭時過短籬邊爛泥有刺無人見踏着方知腳底穿

顯巻挹 雪峯因三聖問透網金鱗以何為食師曰待汝出網來向汝道聖曰一千五百人善知識話頭也不識師曰老僧住持事繁 頌曰透網之魚不識釣貪游浪水認浮頭高灘坐釣垂慈者四棹收綸却上舡 汾陽昭 透網金鱗休云滯水搖蕩乾坤振鬣擺尾千尺鯨奔洪浪飛一聲雷震清飇起清飇起天上人間知幾幾 雪竇顯 張三賣物高擡價李四還依市價酬交易不成猶作鬧李公店舖 時休 海印信 老倒漁翁坐釣臺金鱗赫赫鼓波來海門空闊繞施罾霹靂一聲天地開 真淨文 二 放去收來得自由不堪憂處亦堪憂可憐滯句承言者爭是爭非空白頭 透網金鱗掣電機休云滯水與拖泥雷霆一擊青霄裏傾湫何處不滂瀰 真如喆 出網分明向道休風雲會處有來由雷霆昨夜聲相應依舊為霖徧九州 圓通僊 攫浪拏雲勢可驚平空驟雨似盆傾不因放却淮河闊九曲潮頭卒未平 上方益 洞裏無雲別有天桃花似錦柳如綿仙家不會論冬夏石爛松枯是一年 五祖演 鯤鯨已揷摩霄翼海客猶懸鈎月鈎不顧糊空洪浪惡一帆風信出鼇頭 佛心才 全死中全活全活中全死一箇訝郎當一箇福建子 徑山杲 金鱗透網欲吞舟一向衝波逐水流却

被漁翁閒引釣隨波逐浪謾悠悠 鼓山珪 便鶻冲天寒雞晚眠脱略窠窟遲速不偏截斷命根急處放當頭手脚緩時樣滴水氷生不認渠坐籌幃幄江海量君不見透網金鱗活計新住持事繁笑殺人 月堂昌 百草頭出沒三界外遨遊徒布漫天網匿下釣鼇釣捉鱗振鬣撼乾坤兀目昂頭洪浪噴捧雨點喝雷奔肎將爭戰定功勳 圓悟勤 張猴白李猴黑硬如綿軟如鐵驀路相逢兩會家臨濟未是白拈賊 癡絕 卷 新羅拄杖遂寧鉢衲子家風那箇無一等看來如墨黑誰能重與較錙銖 虛堂愚 雪峯問僧近離甚處曰覆船師曰生死海未渡為甚麼覆却船僧無語乃回舉似覆船船曰何不道渠無生死僧再至進此語師曰此不是汝語曰是覆船恁麼道師曰我有二十棒寄與覆船二十棒老僧自喫不干闍黎事 頌曰未渡生死海不應覆却船渠本無生死趣然離二邊長如杲日麗中天舒光照到雪峯前 圓悟勤 生死海中猶未渡傳言送語幾千程一棒打翻東海鯉迷人直下便狂惺 九無着總 雪峯上堂舉拂子曰遮箇為中下僧問上上人來如何師舉拂子僧曰遮箇為中下師打之 雲門曰我不似雪峯打葛藤藤拈拄杖云我這箇只為中下機人有

僧問忽遇上上人來時如何門便打 頌曰迅雷不及掩耳下樁要在急水水深樁脚若長耳畔雷聲四起拈起拄杖為他中下上上人來放過不打秦人一入桃花源子孫千世為神仙 月堂昌 大機圓應大用直截雲峯雲門只得一橛畢竟如何不說不說 松源岳 雪峯曰閻王問擬欲盖一所佛殿去時如何師曰大王何不盖取一所空王殿曰請師樣子師展兩手 雲門云一舉四十九 頌曰空王殿樣子雪峯展兩手添得老韶陽一舉四十九總是面南看北斗 即菴覺 雪峯送南際長老出乃作女人拜際斂手應諾諾師以手斫額便歸 頌曰送客隨家豐儉殖盡情為餞免生疑却蒙惠重過相贈斂手遥知向暮歸 投子青 襄州高亭簡禪師 嗣德山 初隔江見德山遥合掌呼曰不審德山以手中扇子再招之師忽開悟乃橫趨而去更不回顧後於襄州開法嗣德山 頌曰江上相逢問逗留師資針芥便相投定光金地遥招手智者江陵暗點頭 大洪遂 德山棺木裏瞠眼高亭死水裏藏身賺他多少英靈漢錯認山河作眼睛 少室睦

禪宗頌古聯珠通集卷第十四　田七

禪宗頌古聯珠通集卷第十五 赤一

僧錄司右闡教兼靈谷禪寺住持淨戒 重校

祖師機緣 六祖下第六世第七世

宗師二十六人 機緣一百二十九則

洪州雲居道膺禪師 嗣洞山 因僧在房内念經師隔窓問闍黎念者是什麽經曰維摩經 赤一 師曰不問維摩經念者是什麽其僧從此得入頌曰

不問維摩念甚麽新羅鷂子穿雲過杖頭擊著没威靈惆悵嵩山破竈墮 佛鑑懃

念底却是維摩經一回舉著一回精鸚䳇故鄉歸不得大都言語太分明 無為楊

問經不問念維摩念底分明見也麽欲入塵沙法門海一言演出不須多 越州天章和尚

順風将欲到揚州風轉船頭水逆流把柂全憑王老力瞥然到岸不須憂 道場如

須彌山高不見巔大海水深不見底皺土揚塵無處尋回頭撞著自家底 興南堂

雲居因僧問截水停輪時如何師曰磨不轉頌曰

雲居有語機關絕不轉令君返照看截鐵關關停妄解百花俱發一花園開花結果從他有因地抽條長碧天 [illegible]

截水停輪話已圓借婆裙子拜婆年後人不見雲居老往往思量落二邊 佛印元

截水停輪中此情吾師知道不惺惺徹露一言令省覺不轉何曾更有停 般若

雲居示衆云老僧二十年前住三峯菴時魏府有興化長老来問云權借一問以為影草時如何老僧當時機思遲鈍道不得為伊置得箇問頭奇特不敢辜他伊云想菴主荅這話不得不如禮拜了退而今思量當時不消道箇何必後因化主到魏府興化乃借問山中和尚住三峯菴時老僧曾問伊話祇對不得而今道得也未化主遂舉前話興化云雲居二十年只道得箇何必興化即不然爭如道箇不必頌曰

何必不必一七二七龍樹馬鳴𤋱光透出 道吾真

雲居道何必興化道不必眼若不開夢中叫屈 明堂

何必不必綿綿密密覿面當機有人續得末後句許你親見二尊宿 大慧杲

何必不必金刀玉尺甜者如蘗苦者如蜜二十年来無處雪屈嘵 別峯印

何必不必方圓曲直眉目分明若為辨的影草既随身覿面當機疾一雙孤鴈忽高飛兩隻鴛鴦還獨立 晦菴

何必不必綿綿密密覿面當機官馬廝踢 無得慈 赤一

雲居上堂曰如人将三貫錢買箇 二 獵狗祇解尋得有蹤跡底忽遇羚羊挂角莫道蹤跡氣息也無僧問羚羊挂角時如何師曰六六三十六曰挂角後如何師曰六六三十六僧禮拜師曰會麽曰不會師曰不見道無蹤跡其僧舉似趙州州曰雲居師兄猶在僧便問羚羊挂角時如何州曰九九八十一曰挂後如何州曰九九八十一曰得恁麽難會州曰有甚麽難會曰請和尚指示州曰新羅新羅又問長慶羚羊挂角時如何慶曰草裏漢曰挂後如何慶曰亂叫喚曰畢竟如何慶曰驢事未去馬事到來此五燈會元所載與傳燈錄稍異傳燈曰師謂衆曰如好獵狗只解尋得有蹤跡底忽遇羚羊挂角莫道迹氣亦不識僧問羚羊挂角時如何師曰六六三十六又曰會麽僧曰不會師曰不見道無踪跡有僧舉似趙州州曰雲居師兄猶在僧乃問羚羊挂角時如何州曰六六三十六 曰頌

羚羊挂角向甌峯獵犬茫然不見蹤却是石橋橋畔老三千里外鮮相逢 正覺逸

羚羊挂角六六卅六貧兒淂古錢瘦馬餐枯粟報你叅玄人聽取無生曲昨夜火燒空跳出水中浴 草堂清

獵狗迷蹤還覷餘氣息全無何處逐趙州城裏忽相逢依然六六三十六 二

赤一 雲居因新羅僧問是什麽得與麽難道師曰有甚麽難道曰請師道師曰新羅新羅頌曰

新羅僧問荅新羅飛騎将軍意氣多奪得鎗来騎賊馬不勞餘刃罷干戈 率菴琮

即此離此離此全此平步青霄高山仰止目前包裹不爭多森羅萬象眼中花就身打刼新羅新羅

雲居因僧問僧家畢竟如何師曰居山好僧禮拜師曰你作麼生會曰僧家畢竟於善惡生死逆順境界其心如山不動師乃打曰孤負先聖喪我兒孫又問傍僧你作麼生會僧禮拜曰僧家畢竟眼不觀玄黃之色耳不聽絲竹之聲師曰孤負先聖喪我兒孫　黃龍南云作麼生道得一句不孤負先聖喪我兒孫若人道得到處青山無非道場若道不得有寒暑兮促君壽有鬼神兮妬君福　突兀嵯峨萬仞橫四邊無路不通行自古兩輪光不到夜深王老入西岑（投子青）四顧巍峩瑣碧陰松風和雨響於琴居山不用逃聲色百鳥歸来何處尋（成枯木）僧家畢竟歸山好丫角女子白頭早行穿月色嶺頭松跡到白雲巖下草寂寂峯前古寺基家家門首長安道相将八月鴈南来莫數孤負太平老（佛鑑懃）雲居因僧問六户不明時如何師曰不涉緣曰向上事如何師曰慎者不讓堙曰　春到石人視遠山鶯啼花木碧波開須知靈外巖松瑞千古迎風任歲寒（投子青）雲居臨終時問侍者曰今日是幾者曰今日初三師曰三十年後但道只這是乃端然告寂頌曰　瞎漢臨危不識羞問人出氣借咽喉可憐便說初三日活陷爛泥堆裏頭（實叢源）雲居因僧問全無學處如何立身師曰無立身處曰佛事何勞師曰不同興化頌曰　苔蝕烟收紫氣旋拱班宸惺退竟年鳳樓不宿桃源客豈並金光照漢天（投子青）雲居因荊南節度使成汭遣大將入山送供問曰世尊有密語迦葉不覆藏如何是世尊密語師召曰尚書其人應諾師曰會麼曰不會師曰汝若不會世尊有密語汝若會迦葉不覆藏頌曰　迦葉不覆藏橫身獨自當語意分明在今古露堂堂（佛眼遠）世尊密語難覆藏迦葉兒孫見如土千古萬古黑漫漫焦尾大蟲元是虎　撫州曹山本寂禪師（嗣洞山）僧清銳問　清銳孤貧乞師拯濟師曰銳闍黎近前來銳近前師曰泉州白家酒三盞猶道未霑唇　玄覺云什麼處是與他酒喫頌曰　清銳孤貧心太麁曹山携手步亨途白家三盞沾唇酒醉後添盃一似無（佛印元）清源白家酒三盞未霑唇七十二棒且輕恕一百五十難放君（地藏恩）淌屋黃金不肯親吁嗟甘怨自孤貧無端更飲三盃酒醉後郎當笑殺人（南華昺）販海波斯入大唐先將珎寶暗埋藏却來伸手從人覓爭柰難謾有當行（肯堂充）清貧三盞便輕酬萬里曹門出鄭州盡情斫却月中桂惱亂春風卒未休（天童沖）張甕李甕各有病痛各有病痛赤眼撞著火柴頭焦磚打著連底凍（朴翁銛）曹山慣用白家酒撥向人前盡底傾醉倒十洲雲水客闍黎猶自不惺惺（皖山凝）千木逢場探淺深辨龍蛇眼決疎親兩箇驢子相逢著世上思量無直人（退谷雲）銅公塘鐵奉化得人憎得人怕不是明州人定說蘇州話（無準範）　曹山因鏡清問清虛之理畢竟無身時如何師曰理即如此事作麼生曰如理如事師曰謾曹山一人即得爭奈諸聖眼何曰若無諸聖眼爭鑒得箇不恁麼師曰官不容針私通車馬頌曰　不與麼太無端曹山甘被鏡清謾如如理事誰相悉畢竟無身也大難也大難大家諸聖眼前看（方庵顯）鴻濛未判絕踈親畢竟難將事理分夜半正明還不露金剛腦後鐵崑崙（雪巖欽）曹山因僧問學人通身是病請師醫師曰不醫曰為甚麼不醫師曰教你求生不得生求死不得死頌曰　生死既不可求根塵萬病俱休從此俱空獨露蟾輪一片清秋（雪竇宗）曹山因僧問學人抱璞投師請師雕琢師曰不雕琢曰為甚麼不雕琢師曰須知曹山好手頌曰　抱璞投師來意濃一條狹路忽相逢誰知妙手不雕琢分破華山千萬重（澂翁）曹山因紙衣道者來參師曰莫是紙衣道者

否曰不敢師曰如何是紙衣下事曰一裘纔掛體萬事悉皆如師曰如何是紙衣下用者近前應諾便立脫師拊其背曰汝秖解恁麼去何不解恁麼來者忽開眼問曰一靈真性不假胞胎時如何師曰未是妙曰如何是妙師曰不借借者珎重便化師示頌曰覺性圓明無相身莫將知見妄疎親念異便於玄體昧心差不與道為隣情分萬法沉前境識鑒多端喪本真如是句中全曉會了然無事昔時人頌曰　麻纏紙裹若嬰孩優盋羅華火裹開一點靈光千古在月輪孤處借胞胎南堂興三勞形苦骨不知春得意忘言便出塵不假胞胎不借借金烏出海月離雲　紙衣下事不假胞胎懸崖撒手襁褓嬰孩涅槃會上道場開單傳直指狀元來　曹山因僧問朗月當空時如何師曰猶是階下漢曰請師接上階師曰月落後來相見頌曰　朗月當空未入闌落花流水不相干明明一句超凡聖赤一六光境俱忘誰解看　皓月光中立問端上他階級轉顢頇會須月落來相見別有靈光照膽寒在菴賢　曹山因鏡清問心徑苔生時如何師曰難得道者曰未審此人向什麼處去師曰只知心徑苔生不知向什麼處去頌曰心徑苔生何處去謝家人不在漁舡蘆花萬頃

水天濶白鳥深沉任轉於山得暉心徑苔生去莫知口如鼻孔眼如眉迢迢刧外封疆闊明月蘆花類不齊掩室閑　曹山因僧問雪覆千山為甚麼孤峯不白師曰須知有異中異曰如何是異中異師曰不墮衆山色頌曰雪覆千山没路岐孤峯不白峭巍巍五陵公子雖增氣野老相逢不展眉朴翁銛混不得類不齊六爻宛轉見重离夜深下視千山白不是其中人不知石溪月　言中彼此帶幽玄盡向言中辨正偏孤負一條官驛路茫茫沉在月明前絶岸湘　曹山問金峯志曰作甚麼來曰蓋屋來師曰了也未曰這邊則了師曰那邊事作麼生志曰候下工日白和尚師曰如是如是頌曰運斤成風匠石之奇喬松偉壑梁棟之姿宗中辨的量外知機這邊那邊兮著著無虧走盤不定兮落落明珠雲耕靜　曹山因僧問端坐圓圓時如何師曰望不見身曰還假用也無師曰纔說坐時便是用也不可移山塞赤一海說禪說道方為用也頌曰　團圓莫謂清七虛理若謂清虛總喪身却是眉毛曾問眼烏睛那自見瞳人本覺一　曹山辭洞山山云子歸鄉莫打飛鳶嶺過麼師曰是山云來時莫打飛鳶嶺來麼師曰是山云有一人不打飛鳶嶺過便到此間子還知麼師曰渠無彼

往山云子見甚道理便道渠無彼往師曰若不到這田地爭解恁麼道頌曰　不打飛鳶便到來大圓鏡裏絶塵埃東君鄧令分明也挑李年年二月開白楊順　曹山因僧問世間甚麼物最貴師曰死猫兒最貴曰為甚麼死猫兒却貴師曰無人著價頌曰腥臊紅爛不堪親觸動輕輕血汚身何事者無人著價為伊非是世間珎丹霞淳　曹山辭洞山山問曰子向甚麼處去師曰不變異處去山曰不變異處豈有去耶師曰去亦不變異頌曰　家家門掩蟾蜍月處處鶯啼楊柳風若謂縱擒無變異猶如擲劔擬盧空丹霞淳　齋時一鉢飯飯後一覺睡睡起去放尿洗手成變異開提照　曹山聞鍾聲乃曰阿哪阿哪僧問和尚作甚麼師曰打著我心僧無對五祖戒代云作賊人心虛頌曰　聞鍾告衆打吾心游子閑言醉更深楞嚴會上圓通者正法明王觀世音般若柔　聞鍾便道打吾心語淺分明理事深上流默默點頭笑可謂真鍮不博金汾陽昭　曹山因僧問家貧遭刼時如何師曰不能盡底去曰為什麼不能盡底去師曰賊是家親頌曰　六門曉夜任開張家賊難防事可傷識得家親恩愛斷更無一物獻尊堂卍菴顏　曹山問僧作甚麼曰掃地師曰佛前掃

佛後掃曰前後一時掃師曰與曹山過靸鞋來頌曰　引問當機香起倒僧對師云一時掃曹山索把袈裟來智深功德禪和妙般若幸器量方圓識得伊問君掃地示慈悲前後一時俱掃却也是祐他第二機汾陽昭曹山因僧問靈衣不挂時如何師曰曹山孝滿曰孝滿後如何師曰曹山好顛酒頌曰　清白門庭四絕隣長年閑掃不容塵光明轉處傾殘月文象分時却建寅新孝滿便逢春醉步狂歌任陸中散髮夷猶誰管你太平無事酒顛人天童覺曹山顛酒有誰諳醉語狂言不自慚夜半日頭當午照騎牛背面著靴衫東谷光曹山問強上座曰佛真法身猶若虛空應物現形如水中月作麼生說箇應底道理曰如驢覷井師曰道則太煞道祇道得八成曰和尚又如何師曰如井覷驢頌曰　出路從來無十成有言須是脫凡情江邊王女呵呵笑嶺上石人側耳聽成枯木應物現形如水月當時應物不留情如驢覷井終難喻如井覷驢何十成本覺一驢覷井井覷驢智容無外靜涵有餘肘後誰分印家中不蓄書機絲不挂梭頭上文彩縱橫意自殊天童覺驢覷井井覷驢五臺何處不文殊黃面老人任多口未知道得八成無張無盡驢覷井井覷驢冬瓜葉上長葫蘆會不得莫踟躕定盤星上絕錙銖無卷全曹山因僧問五位對賓時如何師曰汝即今問那箇位曰某甲從偏位中來請師向正位中接師曰不接曰為甚麼不接師曰恐落偏位中去師却問僧祇如不接是對賓是不對賓曰早是對賓了也師曰如是如是頌曰　月中玉兔夜懷胎日裏金烏朝抱卵黑漆崑崙踏雪行轉身打破瑠璃椀丹霞淳故國安居象帝先夜明簾外信無傳金鷄啼破玉人夢曉色依依錦帳前　曹山因僧問子歸就父為甚麼父全不顧師曰理合如是曰父子之恩何在師曰始成父子之恩曰如何是父子之恩師曰刀斧斫不開頌曰　翡翠簾垂絲綸未濟紫羅帳合視聽難通把動毛頭月昇夜戶密移一步鶴出銀籠脫身一色無遺影不坐同風落大功天童覺刀斧斫不開處機絕點埃清風掃殘雪和氣帶春回退谷雲曹山因僧問國內按劍者誰頌曰　嵯峨萬仞是曹山氣岸雄雄坐祖關橫按鏌鎁全正令太平寰宇斬癡頑佛性泰湖南龍牙山居遁禪師嗣洞山初參洞山一日問如何是祖師西來意山曰待洞水逆流即向汝道師始悟厥旨頌曰　龍牙未息狂心地徧問諸師不肯休先達慇他親志切直言洞水逆須流汾陽昭古源無水月何生滿岸西流一派分蔥嶺罷詢熊耳夢雪庭休話少林春投子青洞水無緣會逆流見徒苦切故相酬西來祖意實無意妄想狂心歇便休横川珙龍牙在翠微時問如何是祖師意微曰與我將禪板來師遂過禪板微接得便打師曰打即任和尚打且無祖師意又問臨濟如何是祖師意濟曰與我將蒲團來師乃過蒲團濟接得便打師曰打即任和尚打且無祖師意後有僧問和尚行脚時問二尊宿祖師意未審二尊宿道眼明也未師曰明即明已要且無祖師意頌曰　龍牙山裏龍無眼死水何曾振古風禪板蒲團不能用只應分付與盧公盧公付了亦何憑坐倚休將繼祖燈堪對暮雲歸未合遠山無限碧層層雪竇顯子卿不下單于拜始末常遵漢帝儀雪後乃知松柏操事難方見丈夫兒佛性泰西來祖意問重重禪板蒲團用處同休把虛空增粉飾他家肯重似盲聾成枯木駕與青龍不解騎人人盡道阿師癡爛泥中有傷人刺三度曾施陷虎機瞎卷成蒲團禪板對龍牙何事當機不作家來意成褫明目下恐將流落在天涯虛空那掛劍星漢却浮槎不萌草解藏香象無底籃能貯活蛇今日江湖何障

礙通方津渡有船車天童覺龍牙因僧問二鼠侵藤時如何師曰須有隱身處始得曰如何是隱身處師曰還見儂家麼頌曰　寒月依依上遠峯平湖萬頃練光封漁歌驚起沙洲鷺飛入蘆花不見蹤大貫淨堂堂成現容難見二鼠雖黠莫難其便藤枝透出未生前正眼當陽巧回換龍牙光機如電過瞎即貴貴即藏因悟勤龍牙因韶國師問天不能蓋地不能載時如何師曰道者合如是累經十七次問師曰若爲你說恐尒後駡我去在韶後住通玄峯因澡浴次忽省前話具威儀望龍牙禮拜曰當時若與我說破我今日定駡他頌曰　赤骨力寸絲不掛淨倮倮兮赤灑灑浴出低頭滿面慚爲我說時定相駡卷石翔大海中心泛鐵船隨波逐浪滔天順風到岸無人識江北徒來使鐵錢東谷光龍牙因僧問如何是祖師西來意師曰待石烏龜解語即向汝道曰石烏龜語也師曰向汝道什麼頌曰　石龜無語是知音無耳髑髏深夜聽天曉便藏無影樹太陽徧照不能尋扶子青烏龜誰道不能言妙語浪浪只自宣說盡西來祖師意知音弗過也空然本覺一龍牙因僧問十二時中如何用力師曰如無手人行拳頌曰　如人無手欲行拳誰敢當頭輒向前二六時中常若此不須更問祖師禪本覺一龍牙因僧問古人得箇什麼便休去師曰如賊入空室頌曰　枯松野鶴叫衡門雪滿寒林入夜聞只箇生涯無所有不妨巖下有溪雲成枯木買帽相頭量丈補職明眼衲僧面前不識真淨文綠林強士正心狂心中安意室中藏不覺投盧入空屋慚愧徒然笑一場本覺一龍牙因僧問師子返擲時如何師曰返擲且止你道還怕文殊麼曰非但文殊佛亦不怕師曰爭柰被文殊騎何曰文殊騎若不是師子師曰返擲事作麼生曰應用無虧師曰正是文殊騎若返擲事作麼生僧無語頌曰　衆獸之中師子兒善能哮吼展全威縱橫妙用能返擲爭柰文殊坐著伊于闐國王牽不住善財童子却生疑將謂世界無過者也被六塵吞著時智門寬撫州踈山匡仁禪師嗣洞山聞福州大溈安和尚示衆曰有句無句如藤倚樹師特入嶺到彼值溈泥壁便問承聞和尚道有句無句如藤倚樹是否曰是師曰忽然樹倒藤枯句歸何處溈放下泥盤呵呵大笑歸方丈師曰某甲三千里賣却布單特爲此事而來何得相弄溈喚侍者取二百錢與這上座去遂囑曰向後有獨眼龍爲子點破在後聞婺州明招謙和尚出世徑往禮拜招問甚處來師曰閩中來招曰曾到大溈否師曰到曰有何言句師舉前話招曰溈山可謂頭正尾正秪是不遇知音師亦不省復問樹倒藤枯句歸何處招曰却使溈山笑轉新師於言下大悟乃曰溈山元來笑裏有刀遙禮悔過頌曰　樹倒藤枯伸一問呵呵大笑有來由羚羊掛角無尋處直至如今笑未休海印信樹倒藤枯呵呵大笑不許夜行投明須到游子貪程去不歸及至歸來親已老覩已老不須嗟猶勝當日未還家佛慧泉江邊閑把直鉤垂也有金鱗上釣時三跳若能乘羽化免教漁父皺雙眉成枯木藤枯樹倒意如何一著分明舉示他笑裏有刀須錯解正頭正尾却仙陀道場如冷刃吹毛笑裏來爍迦羅眼不容栽一月金龍曾舉爪髑髏覺痛頂門開大洪預若將此語定綱宗孤負明招獨眼龍笑裏忽分泥水路方知千里共同風徑山杲有句無句藤倚樹白飯元來用米作高樓吹笛擲如烟滿地春風落飛絮鼓山珪樹倒藤枯意若何溈山開口笑呵呵可憐三尺龍泉劒喚作陶家壁上梭佛性泰索却布單錢了行行意氣轉高不得明招點破焉知笑裏有刀　樹倒藤枯問大溈呵呵大笑顯全機布單賣却盤纏了秋

夜寒來怨阿誰 文殊道 卻使溈山笑轉新笑
中有及暗傷人曹溪路上奔馳者由更區區
吾問津　樹倒藤枯笑未休箇中誰解辨宗
由堂堂蹉路溈山老空去空來一肚愁 楚安
方添得溈山笑轉新當時覿面已呈君明招
漏泄溈山句無限風光付與人　十三 有句無句
十二
明來暗去沽捉生擒捷書露布如藤倚樹物
以類聚海外人參蜀中附子樹倒藤枯切忌
名模句歸何所蘇嚧蘇嚧呵呵大笑破鏡不
照大地茫茫一任跨跳 護國敏 呵呵大笑不
尋常須得眉間也放光不是明招重注脚叢
林淆合錯商量 梁山遠 呵呵大笑意難論樹
倒藤枯問有因縱向明招言下悟眼開只是
舊時人 真淨文 仰之彌高鑽之彌固昭昭明
明如藤倚樹大笑呵呵跨白牛碧雲繚繞無
尋處 龍牙言 有句無句如藤倚樹女沙斫牌
禾山打鼓君不見雪竇有語兮要與人天為
師而前端的是虎 石無著總 笑裏還誰眼豁
開龜毛須向火中栽脚跟有路雲泥隔千里
區區謾往來 淨空深 尌耐溈山老鬼精垂鉤
便要釣鯤鯨幾多頭角為龍去鰕蟹依前努
眼睛 中菴空 掀翻海嶽求知已雪刃橫身立
太平野老不知堯舜力擊擊打鼓祭江神 木
菴永 有句無句如藤倚樹回避無門毒蛇當

路樹倒藤枯句歸何處明眼衲僧一場困措
天目禮 琅琊覺云 有句無句如藤倚樹樹倒
藤枯好一堆爛柴頌曰　布單睏慣見明招
澗水如今未合消不是普通年後事住山爭
得有柴燒 張無盡 轉得眼來十萬里千江匝
匝寒波起若能借便使風帆無明海裏尋知
已 中菴空 領得溈山笑裏刀方知不枉到明
招元來樹倒藤枯後了得三年五載燒 石林
鞏 踈山因僧問如何是諸佛師師曰何不問
踈山老漢頌曰　養子方知在上慈親言無
味外人疑欲窮滄海深深處聽取漁家傲莫
迷 伏子音 踈山因主事僧為師造壽塔畢白
師師曰將多少錢與匠人曰一切在和尚師
曰為將三文錢與匠人為將兩文錢與匠人
為將一錢與匠人若道得與吾親造塔來僧
無語後僧舉似大嶺庵閑和尚 即羅山 嶺曰
還有人道得麼曰未有人道得嶺曰汝歸與
踈山道若將三錢與匠人和尚此生決定不
十四
得塔若將兩錢與匠人和尚與匠人共出一
隻手若將一錢與匠人累他匠人眉鬚墮落
僧回如敎而說師具威儀望大嶺作禮嘆曰
將謂無人大嶺有古佛放光射到此間雖然
如是也是臘月蓮花大嶺後聞此語曰我恁
麼道早是龜毛長三尺頌曰　一文兩文與

三文踈山大嶺謾區分須知無縫元無價獨
露乾坤絕句云 雲巖因 接得風流傳粉郎一
朝三度巧梳粧改頭換面無人識元是東村
李二娘 佛鑑懃 鑿壞十方常住地三錢使盡
露兎骸羅山古佛雖靈驗未免將身一處埋
怪山昇 袖頭打領無添減腋下剜襟有短長
大庾嶺頭一尊佛踈山兩度放毫光 鼓山珪
窣堵波成賞匠人工錢一二與三文可憐眼
裏無筋者當面定將數目分 佛性泰 清風吹
動釣魚船鼓起澄波浪柏天堪笑錦鱗爭戲
水到頭俱被釣絲牽 丹霞淳 三文與匠人 每愛佳
人笑目青音容常隔一沙汀黃河誰道如今
輥波浪無風不掛情 崇覺空 三 兩文與匠人 惱惱
牛欄昨夜開嶺頭人喚不歸來煩君道與西
山月莫照孤燈冷處灰 一文與匠人 行因感果事
須分寶塔凌空直一文要會踈山端的意吾
家宗祖在并汾　冬瓜讚雪未為淡匠者三
文淡岩幽天共白雲曉水和明月流 本寂觀
十五
鑿開苔徑造浮圖往復商量價不孤無限落
花隨水去夕陽春色滿江湖 應菴華 臘月蓮花
菡萏香三田貴手不尋常直饒會得鬚眉落
早是龜毛數丈長 密菴傑 隨落眉鬚不得塔三
文使盡見分踈無端大嶺重饒舌數丈龜毛
舉世無 月林觀 踈山造塔行令今古藂林揀正

三錢酬酢相應驀地傳聞大嶺看看臘月盡
華龜毛三尺相變是則古佛放光非見尋聲
弄影 方庵顯　踈山冬至夜上堂有僧問如
何是冬來意師曰京中出大黃 今亦作京師　頌曰
京師出大黃熟處最難忘道吾常作舞元是
謝三郎 丹霞淳　京師出大黃不許謾商量賣曾
還賤賣緣噢便承當 保寧勇　京中大黃答冬來
意昇日麗天盲人摸地 肯堂充　有問冬來事京
師出大黃貪他一粒粟失却半年糧 密菴傑
京師出大黃見賊便見贓竹杖化龍去癡人
戽夜塘 松源岳　京師出大黃直截為君舉冬至
到寒食恰是一百五 無際派　有問冬來事京師
出大黃漢家勲業在樊噲與張良 破菴先
踈山上堂曰病僧咸通年前會得法身邊事
咸通年後會得法身向上事雲門出問如何
是法身邊事師曰枯椿曰如何是法身向上
事師曰非枯椿曰還許某甲說道理也無師
曰許曰枯椿豈不是明法身邊事師曰是曰
非枯椿豈不是明法身向上事師曰是曰秖
如法身還該一切也無師曰法身周徧豈得
不該門指淨瓶曰秖如淨瓶還該法身麼師
曰闍棃莫向淨瓶邊覔門便禮拜頌曰
法身向上法身事我見枯椿眼中刺多年多
歲易成精一切處該該不是相逢打皷弄琵

琶知音相見合如此 大洪智　眼觀東南意在西
北撥轉天關掀翻地軸法身向上法身邊閒
氣英靈五百年膠漆相投箭相拄南山起雲
北山雨 圓悟勤　青青掩映松蘿窩脩竹超然物
外物莫將脩竹比喬松不及喬松老風骨 佛
鑑懃　法身向上法身邊會得咸通無後先一箇
烇来一箇跛擔為一橔更無偏 石溪月
踈山手握木蛇有僧問手中是什麼師提起
曰曹家女頌曰　別面不如花有笑離情難
似竹無心因人說着曹家女引得相思病轉
深 慈受深　我愛曹家女姿質嗔心猛熾火長然
紫羅帳裏深深夜說悟當年四八禪 崇覺空
踈山問僧甚處來僧曰雪峯來師曰我已前
到時是事不足如今足也未曰如今足也師
曰粥足飯足僧無對頌曰　一條官路坦然
平無限遊人取次行莫謂地平無險處須知
平地有深坑 慈受深　踈山到夾山山上堂
師問承師有言目前無法意在目前如何是
非目前法山曰夜月流輝澄潭無影師作掀
禪床勢山曰闍棃作麼生師曰目前無法了
不可得山曰大衆看取這一員戰將頌曰
八花毬上綉紅旗百戰場中赤手提一自凱
歌歸去國英雄羸得作清時 無準範　踈山
因韶國師問百匝千重是何人境界師曰左

搓苧繩縛兒子頌曰　百匝千重欲閙周踈
山脫體解相酬當時一衆知誰會直得江西
水逆流 投子升　踈山因靈泉問枯木生花
始與他合是這邊是那邊句師曰亦是這邊
句曰如何是那邊句師曰石牛吐出三春霧
靈雀不栖無影林頌曰　滄海無風波浪平
烟收水色盧含月寒光一帶望何窮誰辨箇
中龍退骨 丹霞淳　越州乾峯和尚 嗣洞山　上
堂曰舉一不得舉二放過一著落在第二雲
門出衆曰昨日有人從天台來却往徑山去
師曰典座來日不得普請便下座　雪竇云
雲門祇能一手擡不能一手搦頌曰　乾峯
舉一不舉二雲門擡手添意氣花開花落任
風吹自有馨香滿天地 晦堂心　聲前一句口如
眉佛祖從來揔不知昨夜崑崙開說夢白頭
生得黑頭兒 丹霞淳　黑白分明滿局棊曾無一
著有相虧可憐無限傍觀者斧爛柯消揔不
知 白雲端　親出形儀巳不真二三分數像當人
傍邊有箇無端者第一難謾是眼親 保寧勇
天白南岳去無蹤更有何人覷面逢東嶺雲
生西嶺白前山花發後山紅 普融平　黃海成鹽
終有味敲空作響本無聲崑崙撞著波斯子
把手相將海底行 慈受深　高樓美女一雙雙各
向瓊窓坐玉床綉出鴛鴦呈似了金針深插

錦香囊佛性泰　波斯捧出海南香白眼崑崙舉
論量買客不諳彈舌語只看兩箇鼻頭長佛
智裕　東嶺西巖路暗通有誰曾見老乾峯雲門
把手雖同步白雲飛蓋月含空楚安方　莫向乾
峯頂上叅無言童子却相諳放開一線通消
息走徧天台與嶺南成枯木　春蘭與秋菊一一
各當時底處無回互恁誰分髓皮風來鳥已
覺露重鶴先知為問何能爾渠儂初不知圓
悟勤　乾峯撒手懸崖韶陽天然標格謂言只有
猴白那知更有猴黑佛心才　相見不須嗔君窮
我亦貧謂言侵早起更有夜行人高峯明　明頭
暗合緩放急收脚手忽露針線還偷舉一不
舉二天台過徑山嚼他桃李核終是損牙關
月堂昌　乾峯上堂法身有三種病二種光須
是一一透得始解歸家穩坐須知更有向上
一竅在雲門出問庵内人為甚麼不知庵外
事師呵呵大笑門曰猶是學人疑處師曰子
是甚麼心行門曰也要和尚相委師曰直須　十八　赤一
與麼始解穩坐門應喏喏頌曰　鋪主將
鍮試買人謂言難似此金真買人拂袖先行
去滿西慚惶不敢嗔白雲端　垂鉤四海釣獰
龍外擇　玄談知已從相見披衫帶席帽不妨把
手上高峯佛性泰　三種病兮二種光法身於
此露堂堂時人不會箇中意猶把法身謾度

量楚安方　動鼓別曲門一知十手擡手搖
以膠投漆庵内不見菴外無孔鐵鎚不會人
生相識貴知音水入水兮金博金圓悟勤
庵内不知庵外事鐵額銅頭不相似定花板
上打鞦韆猛虎舌頭書卍字晦堂遠
乾峯因僧問十方薄伽梵一路涅槃門未審
路頭在甚麼處師以拄杖劃云在這裏僧後
請益雲門門拈起扇子云扇子跨跳上三十
三天築著帝釋鼻孔東海鯉魚打一棒雨似
傾盆會麼頌曰　入手還將死馬醫返
魂香欲起君龜一期撥出通身汗方信儂家
不惜眉天童覺　樓閣重重擊不開乾峯
劃破露崔嵬十方佛刹全彰處一一門中見
善財佛心才　須彌頭倒卓大海起清風東弗
已摇落西瞿花正紅長靈卓　擒破雲門一柄
扇拗折乾峯一條杖二三千處管絃樓四五
百條花柳巷徑山杲　乾峯不用指陳雲門休
打骨董自然東海鯉魚築著帝釋鼻孔鼓山　十九　卅一
珪　烏龜三眼紅如火一角麒麟快似雄土宿
夜遊南贍部泥牛脚下火星飛雪竇宗　一人
向陸地行船一人向針鋒走馬同時同日到
長安其中一箇最尖要佛鑑懃　當面非暗授應
機皆直說乾峯與雲門兩口同一舌若是續
貂人弄巧便成拙雪巖理　乾峯因雲門到云請和

尚答話師曰到老僧也未門曰恁麼那恁麼
那師曰將謂猴白更有猴黑頌曰乾峯舉一
不舉二雲門握手添意氣為言只有猴白那
知更有猴黑晦堂心　弦筈相啣網珠相對發
百中而箭箭不虛攝衆景而光光無礙得言
句之總持住遊戲之三昧妙其間也宛轉偏
圓必如是也縱横自在天童覺　澧州欽山文
邃禪師洞山　巨良禪客叅禮拜了便問一
鏃破三關時如何師曰放出關中主看曰恁
麼則知過必改師曰更待何時曰好隻箭放
不著所在便出去師曰且來闍黎良回首師
下禪床擒住曰一鏃破三關即且置試為欽
山發箭看良擬議師打七棒曰且聽箇亂統
漢疑三十年有僧舉似同安察安曰良公雖
解發箭要且未中的僧便問未審如何得中
的去安曰關中主是甚麼人僧回舉似師師
曰良公若解恁麼也免得欽山口然雖如此
同安不是好心亦須看始得頌曰　一鏃破
三關爭知中的難放出關中主移疆還就土
塞凍雁聲孤愁人皆閉户甜瓜自古甜苦瓠
從來苦缺堂定　欽山因巖頭問如何是真言
師曰南無佛陀耶頌曰　隨機有問隨機荅
不是禪兮不是玄後代無端翻譯出却將梵
語作唐言退耕寧　欽山與巖頭雪峯同到德

山一日問德山曰天皇也恁麼道龍潭也恁麼道未審和尚作麼生道山曰汝試舉天皇龍潭道底看師擬進語山便打師被打歸延壽堂曰是則是打我太煞巖頭曰汝恁麼道他後不得道見德山來法眼別云是則是錯打我頌曰　老倒忘機太作家古今皆貴絕纖瑕天皇一脉龍潭現湧出靈源萬路差差切屬欽山猶定動得無言說至今誇 汾陽昭 老將交羅事一期於中得失少人知欽山若捧無言說若更非言更是非 延壽慧 高安白水本仁禪師 嗣洞山 上堂老僧尋常不欲向聲前色後鼓弄人家男女何故且聲不是聲色不是色僧問如何是聲不是聲師曰喚作色得麼曰如何是色不是色師曰喚作聲得麼僧作禮師曰且道爲汝說答汝話若向這裏會得有箇入處頌曰　色自色兮聲自聲新鶯啼處柳烟輕門門有路通京國三島斜橫海月明 丹霞淳 聲出虛色生無聲前色後轉塗糊問不容髮安可名模堂堂圓應沒錙銖巧張爐鞴費分疎爭如棒下無生忍閙見馨香滿道途 圓悟勤 明州天童咸啓禪師 嗣洞山 問大德問學人卓卓上來請師的的師曰我這裏一碗便了有甚麼卓卓的的曰和尚恁麼答話更買草鞋行脚好師曰近前來箇

近前師曰祇如老僧恁麼答過在甚處箇無對師便打頌曰　卓卓的的一碗便息老鼠羣三臺猫兒吹觱篥烏龜舉首唱巴歌一二三四五六七 雪竇宗 天童啓因僧問如何是應用無虧底眼師曰恰如瞎一般頌曰盲聾瘖瘂迴天真眼似眉毛道始隣昨夜東君潛布令黃鶯啼處綠楊春 丹霞淳 京兆府蜆子和尚 嗣洞山 混俗閩川不蓄道具不循律儀冬夏一衲逐日沿江岸採掇蝦蜆充腹暮即宿東山白馬廟紙錢中居民目爲蜆子和尚華嚴靜禪師聞之欲決真假先潛入紙錢中深夜師歸嚴把住曰如何是祖師西來意師遽答曰神前酒臺盤嚴放手曰不虛與我同根生頌曰　神前酒臺盤鐵彈大如拳一擊便擊碎不直半分錢 圓悟勤 神前撥紙問西來直截當機指酒臺未博祖肩頭而禮禍從天降不成灾 瞎堂遠 攙蜆撈蝦昧已靈那堪古廟著渾身擡頭那畔空狼藉討甚多年鬼眼睛 東野敷 紙錢堆裏可憐生臭口纔開便葛藤蕩盡鬼家窮活計至今古廟絕人行 東山源 瑞州九峯普滿禪師 嗣洞山 問僧近離甚處曰閩中師曰遠涉不易曰不難動步便到師曰有不動步者麼曰有師曰爭得到此間僧無對師以拄杖趁下

頌曰　雲重重又水重重步不曾移到九峯遠涉若還言不易主人却在半途中 雪竇欽 台州幽棲道幽禪師 嗣洞山 一日敲鍾上堂大衆纔集師乃問甚麼人打鍾僧曰維那師曰近前來僧近前師遂打一掌却歸方丈卧投子青云然自急須逃古今皆有行窮絕處試問傍人不識下情果然獲有既從相問急索端由不顧危亡得他假難雖獲小利也是瞎地傷人不為好手這僧雖然失利蓋為自不守分致禍臨身未為分外然雖如是終是平人橫遭羅網自有傍人證據在且道證據箇甚事乃云東家不了西舍受殃復頌曰驀路相逢借問由寸心莫便與他酬雖然重檐教人代終是慚顏瞎地羞 汝州南院慧顒禪師上堂諸方只具啐啄同時眼不具啐啄同時用時有僧便問如何是啐啄同時用師曰作家相見不啐啄啐啄同時失僧曰此猶是某甲問處師曰汝問處又作麼生僧曰失師乃打之其僧不肯後於雲門會下聞別僧舉此話方悟旨却回叅省師已圓寂遂禮風穴和尚穴問曰汝當時問先師啐啄話後來還有省處也無曰已見箇道理也曰作麼生曰某甲當時在燈影裏行照顧不著穴曰汝會也頌曰　不將佛法當人情驗盡諸方

鬼眼睛縱使作家不啐啄依然錯認定盤星笑翁堪同時啐啄不同時石火電光猶較遲燈影裏行令已會蹉跎非是落便宜雪巖欽雲居悟云且作麼生是啐啄同時眼若得眼明其用自備又道作家不啐啄啐啄同時失何故不啐啄所以道子若啐吼其母即喪諸人還明得麼乃頌曰　子若嗥吼其母即喪全歸其子十方通暢大用現前理自然何必起心作模樣更若不會雲居拄杖　南院上堂赤肉團上壁立千仞僧問赤肉團上壁立千仞豈不是和尚道師曰是僧便掀倒禪床師曰這瞎驢亂作僧擬議師便打頌曰　掌中擊日月舌上覆金鐵壁立爭千仞毫光徹梵天歐山珪赤肉團邊用得親主賓有理各難伸兩箇駝子相逢著世上如今無直人徑山杲電光影裏緇素區分纖毫不犯總教滅門本菴水日月無光殺氣浮揭天鼍鼓戰貔貅捷呼獲下真番將那箇兒郎不舉頭虛堂愚南院問僧名什麼僧曰普參師曰忽遇屎撅時如何曰不審師便打頌曰　兩箇屎撅合作一團熏天炙地誰能鞔千古叢林作話端西山亮南院因僧問古殿重興時如何師曰明堂瓦插簷曰與麼則莊嚴畢備也師曰斬草蛇頭落頌曰　縱奪之機安可測隨言生解寶堪悲曉來一陣春風起吹落庭花三四枝海印信重興古殿辨來風瓦插重簷氣象雄怪淂人前多意氣他家無法在智中佛國白南院因僧問寒暑到來時如何師曰紫羅抹額繡腰裙曰上上之機今已曉向下之機事若何師曰炭庫裏藏身頌曰　紫羅抹額繡腰裙傾國風流宛勝秦王笛捶藏人不見夜深吹起鳳樓春雪堂行鎮州寶壽第二世禪師嗣寶壽沼開堂乃先寶壽遺囑三聖為作請主開堂日師方陞座聖便推出一僧師便打聖曰你恁麼為人非但瞎却這僧眼瞎却鎮州一城人眼去在師擲下拄杖便下座歸方丈頌曰　三聖推他寶壽鋒推僧出衆擬商量塞外將軍行正令直淂盲人滿大唐汾陽昭寶華王座始登時三聖推僧決衆疑棒下分明無老少天下盲人幾箇知黃龍南金槌擲下如星疾好手接來不費力當時擲向洪波中千古萬古無消息白雲端黑白未分著著奇任他閑漢畔頭窺不知除却神仙手更有何人敵淂伊保寧勇探馬飛來棒下寧瞎人翻滿鎮州城太平本是將軍建不許將軍見太平真淨文臨濟家風兩獻酬推僧棒瞎見宗猷若非寶壽全機眼更有誰明此話頭佛國白法眼傳來付與誰三聖推僧決衆疑將軍令舉群夫戰直淂盲聾徹四裔真如喆寶壽開堂座始登當時三聖便推僧要知打瞎人人眼好向曹溪問老能智海清當鋒更不借全機勍敵須還作者知鐵馬放閑沙塞靜瞎驢千古少人騎上方益豐城收寶劍宇宙識人稀不入張華手焉能別是非佛心才驀叉開時飛鐵騎電光閃處擲金槌一城瞎却渾閑事直至而今成是非佛性泰寰中天子勅塞外將軍令萬里掃烟塵威雄難比並曲中直細中麁瞎却人眼真作略掀倒禪床將虎鬚人平不語水平不流劍去久矣徒勞刻舟權柄在手專殺活大丈夫兮淂自由南華昺矢在弦上不淂不發擬議蹉過箭鋒一劄京北等天寧璉寶壽開堂推出僧棒頭有眼要分明滿城人瞎誰能曉今古清風匝地生晦山如提起須彌第一鎚電光石火太遲遲象王行處狐蹤絕獅子咆哮百獸危徑山杲棒頭瞎却一城人三聖捺他寶壽瞋正令只堪提一半一盲引淂衆盲行歐山珪養淂男兒要賭錢渾身無有寸絲纏是非窟裏和身入生滅門中滿口宣正堂辯塞北千人帳江南萬斛船菩提窩裏坐總謂是虛傳石菴玿寶壽第二世在先寶壽為供養主壽問父母未生前還我本來面目來師立至夜深下語

不契習曰辭去壽曰汝何往師曰南方學佛法壽曰汝且在此作街坊若是佛法紅塵浩浩談說一日在市中見二人相打一人近前打一拳云你是什麽面目師覩之忽大悟歸告寶壽壽深可之頌曰鬧市相逢兩知識面目無来太麼力粉骨碎身未足酬一句了然超百億 海印信 南北東西是處游更深歸去 二十二 月如鈎春風一陣花狼籍不覺思量暗點頭 成枯木 甚妙也甚妙於此知怦命擗鼻與一拳當時便打正 五祖演 十字街中六不收本来面目絕踪由縱饒悟得分明去巳落儐家第二頭 禾山方 一拳拳倒黄鶴樓一趯趯翻鸚鵡洲幸有傍人爲著力自家端坐看楊州 佛性泰 一拳打就無面目碧眼胡僧覷不足秋来黄葉落紛紛六六反成三十六 南華昺 寶壽作街坊鬧市中薦淂父毋未生前恁麽無面目最奇特大用現前無軌則 圓悟勤 春色依依柳色蔞桃花猶夾杏花枝欲識本来無面目塵中方見丈夫兒 佛鑑懃 借路経過無面目因邪打正有拳頭衲僧門下無干涉徒用精金換淂鍮 南岩勝 汝州西院思明禪師 嗣寶壽沼 僧問如何是伽藍師曰荆棘叢林曰如何是伽藍中人師曰獾兒貉子頌曰毫髮不留縱橫自由闡外乾坤廓落大方無外優游明明祖師意明明百草頭襯破狐疑網截斷愛河流縱有四天力争如直下休四衢道中淨躶躶放出潙山水牯牛 圓悟勤

西院明在許州 嗣汝州南院 出世元與同叅遂特去相訪纔入寺了曰啓和尚某甲無可人事自從許州来收得江西剗刀一柄上和尚院曰汝從許州来收得江西剗刀師於院手上搯一搯院曰侍者收師以袖拂一拂便行院曰阿剌剌阿剌剌頌曰 南院門前信莫窺營臨無不喪全威許州收得江西信針芥相投只自知 海印信 池州魯祖山教禪師 嗣灌溪 因僧問如何是雙林樹師曰有相身中無相身曰如何是無相身師曰金香爐下鐵崑崙頌曰 有相身中無相身金香爐下鐵崑崙雙林別後無消息满路風塵来往人 方菴顯 吉州資福如寳禪師 嗣西塔穆 因陳操尚書来師畫一圓相操曰弟子與麽来早是不著便更畫圓相師於中著一點操曰将謂是南番舶主師便歸方丈閉却門頌曰 二十六 團團珠遶玉珊珊馬載驢馱上鐵船分付海山無事客釣鼇時下一橈攣復云天下衲僧跳不出 雪竇顯 布漫天網鯨鼇不上水底反身波前躍浪在彼在此千里萬里不著便處却能回閑了方丈依前来雙收雙放半合半開主賓全體用石女老黄梅 月堂昌 李公要勸張公酒却被張公罰一盃珠遶團團休錯會還家拍手笑哈哈 別峯印

郢州芭蕉山慧清禪師 嗣南塔湧 上堂拈拄杖曰你有拄杖子我與你拄杖子你無拄杖子我奪却你拄杖子靠拄杖下座頌曰 有無今古兩重關正眼禪人過者難欲通大道長安路莫聽崑崙說往還 投子青 芭蕉示衆世無憐與奪縱橫不易親雨散雲收何處去空令游子淚沾巾 正覺逸 你有面前拈取去如無背後奪将来可憐黑漆光生底擊著千門萬户開 保寧勇 縱奪臨機得自由相逢切忌更擡眸轉身必合知時節擬議山藤便到頭 成枯木 芭蕉拄杖與奪亘要當風眼活剎那纔眛隔生鼻孔遭他牽 佛智裕 有無與奪太諕訛拄杖當途不奈何好把斜横禪椅畔免令就上長枝柯 文殊道 十字街道見成行貨擬欲商量漆桶蹉過径山杲 箚無踪卷無跡日午晴空轟霹靂衲子 廿七 驚迷失路頭神號鬼哭知何極 雪竇宗 趂水泛船隨泥作佛船行佛成水泥不物有拄杖兮與拄杖船中輕蕩漾無拄杖兮奪拄杖佛面巧出相好手芭蕉眼不開塞壑填溝何處来 月堂昌

赫日光中風雷雨雹海水逆流須彌倒卓走
獸飛禽懸崖撲落塞外將軍生擒活捉猛
兕鬚折蒼龍角南堂興
相罵饒汝接觜相唾饒汝潑水等閑摸著蛇
頭拍手囉囉哩哩卍庵顏芭蕉舉起拄杖驚
動森羅萬象蝦䗫飛過梵天眉毛孔在眼上
右無著總蠱毒之鄉水不可嘗沾他一滴渾
家喪亡肯堂充
你有更須當面與渠無背手奪將來驀然夜
半化龍去黑雨鳥風裂地雷慧堂恩
鼓山珪云五祖以拄杖子話請益白雲雲曰
要會麼多處添些子少處減些子何故神仙
秘訣父子不傳白雲和尚大似一錢為本萬
錢為利殊不知人善博日勝日貧老禪道
多處添些子少處減些子自然到處恰好者
圖筭法極省工夫你諸人要會麼乃頌曰
多添減少休那兌支移折變加三倍平生有
子不須教一回落賺自然會
芭蕉清曰僧問如何是透法身句師曰一不
得問二不得休曰學人不會師曰第三度来
與汝相見頌曰
休問維摩卧病城羅山空自掩光陰流沙欲
渡全無難莫聽鶯啼在那林投子青
一不問兮二不休直須識取那鈎頭弄三回
首来相見急水波心輥繡毬懶菴需

禪宗頌古聯珠通集卷第十五

廿八末

禪宗頌古聯珠通集卷第十六　二

僧錄司右闡教兼靈谷禪寺住持淨戒　重校

祖師機緣

六祖下第七世

瑞巖彥一則　羅山閑五則　玄沙備十九則

長慶稜七則　保福展六則　鏡清怤十則

鼓山晏三則　翠巖參一則　太原孚四則

台州瑞巖師彥禪師(嗣巖頭)師尋居丹丘瑞巖坐磐石終日如愚每日喚主人公復應諾乃曰惺惺著他後莫受人謾　後有僧參玄沙沙問近離甚處曰瑞巖沙曰有何言句示徒僧舉前話沙曰一等是弄精魂也甚奇怪乃曰何不且在彼住曰已遷化也沙曰而今還喚得應麼僧無對　頌曰一生長喚主人公不受人謾逈不同今日惺惺何處去滿山松栢起悲風(佛國白)　瞢瞢新月聚三星誰信心王本自寧可笑瑞巖方丈老夜深呼喚強惺惺(祖印明)　瑞巖家風喚主人公昨夜南山虎咬大蟲(徑山杲)　一主人公死一主人公活若解弄精魂兩頭皆透脫(鼓山珪)　自呼自應已惺惺不受欺謾理不輕池內白蓮香未已牕前山色四時青(白楊順)　瑞巖常喚主人公突出須彌最上峯大地掀翻無覓處笙歌一曲畫樓中(天衣懷)　不施棒喝喚主人公聽王擇乳鴨類不同(高原泉)　水洗水兮金博金瑞巖徹底老婆心白勞餅去沽村酒却著衫來作主人(無量壽)　學道之人不識真只爲從前認識神無量劫來生死本癡人喚作本來身(無門開)　磐陀頑漢秖養苔終日加趺兩鬢摧縱使不曾呼喚著何曾誑得阿師來(天目禮)　風前一曲動離情調古無人和得成自唱自斟還自飲至今猶自不惺惺(智別山)　福州羅山道閑禪師(嗣巖頭)　閩王請開堂師陞座方收斂僧伽黎乃曰珍重便下座閩王近前執手云靈山一會何異今日師曰將謂是箇俗漢

頌曰　羅山忍後不能禁大展家風吼一音紙墨如山書莫盡衲僧休向義中尋(瀾山聰?)　紛紛雪影耀閩禾閩王欣逢倍樂然一旦春風吹大地更無一點在階前(白雲端)　須彌座上駁伽黎海口潮音闡大機世主大檀能薦鑒靈山嘉會愈增輝(踈山如)　一道直如弦千古應無對縱有嚙鏃機髑髏成粉碎(栢堂雅)　瑞世優曇見最難異香浮動曉風寒自非出主垂青眼却作閑花野草看(寶葉源)　羅山初謁石霜問起滅不停時如何霜云直須寒灰枯木去一念萬年去函蓋乾坤去純清絕點去師不契後謁巖頭理前問頭喝曰是誰起滅師於此大悟頌曰　斫斷老葛藤打破狐狸窟豹披霧而變文龍乘雷而換骨咄起滅紛紛是何物(天童覺)　是誰起滅就窠打劫蜂殺烏龜教淨跛鼈(教六岩輝?)　起滅不停誰解看當機一撥透重關東西總是長安路蕩蕩無拘自往還(無準範)　冷水點沸湯石頭不出口可惜老巖頭慈悲成過計(石田薰)　羅山在禾山遊同行矩長老出門次師把拄杖向前一攛矩無對師曰石牛攔古路一馬勿雙駒後有僧舉似踈山山曰石牛攔古路一馬生三寅頌曰　春有百花夏有熱秋有凉風冬有雪若無閑事掛心頭便是人間好時節(照堂一)　不踏門前路春歸又一年落花紅滿地芳草碧連天(鼓山珪)　出門握手話分攜古道迢迢去莫追却笑波心遺劍者區區空記刻舟時(徑山杲)　羅山一日問巖頭和尚三十年前在洞山來又不肯洞山是否頭曰是又問和尚豈不是承嗣德山又不肯德山頭曰是師曰不肯德山即且置只如洞山有什麼虧欠處頭良久曰洞山好佛只是無光師便禮拜頌曰　一箇鐵頭銅額一人三頭六臂二俱借人鼻孔却與洞山出氣(南岩勝)　不肯宗師蒲大唐羅山礼拜錯商量洞山無佛人難措懶愢岩頭口放光(正堂辯?)　羅山因無軫上座問秖如巖頭道洞山好佛秖是無光未審

洞山有何虧缺便道無光師召軫軫應諸師曰灼然好箇佛秖是無光曰大師為甚麼撥無軫話師曰甚麼處是陳老師撥你話處快道快道軫無語師打三十棒趁出軫舉似招慶慶一夏罵詈至夏末自來問師乃分明舉似慶便作禮懺悔曰洎錯怪大師便曰　格外談驚人句懵懂禪和徒指注酌然好箇佛無光言下迷宗空自忙賴有知音招慶在諕訛一夏為嗺黃嗺黃出暗寫愁腸寄知識 佛性泰

福州玄沙師備禪師 嗣雪峯 示衆曰諸方老宿盡道接物利生且問汝只如盲聾瘂三種病人汝作麼生接若拈鎚竪拂他眼且不見共他說話耳又不聞口復瘂若接不得佛法盡無靈驗時有僧出曰三種病人和尚還許人商量否師曰許汝作麼生商量其僧珍重出師曰不是不是有僧持此語請益雲門門曰汝禮拜著僧禮拜起門以拄杖挃僧退後曰汝不是患盲復喚近前僧近前門曰汝不是患聾門曰還會麼曰不會門曰汝不是患瘂其僧於此有省頌曰　盲聾瘖瘂杳絕機宜天上天下堪笑堪悲離朱不辨正色師曠豈識玄絲爭如獨坐虛窗下葉落花開自有時復云還會麼無孔鐵鎚 雪竇顯 退後近前兼對辯相逢邂逅難回面春風驀地撼庭前還見落花千萬片 白雲端 雲門老子手親眼親因風吹火不費精神盲者便視聾者便聞雖然無語掛在口唇三種病人一種法門 佛鑑懃 盲聾瘖瘂接不得玄沙枉費閒心力扁鵲盧醫拱手歸三人俱是膏肓疾 鼓山珪 玄沙三種病人話透出雲門六不收莫 赤二 待是非來入耳從前知巳返為讎 徑山果 擁生聾聵瘂瘖痲要顯吾宗驗作家金剛截鐃如泥碎透金纏動失玄沙 汾陽昭 欲知三種人應用理常新未有纖毫法能為中外塵 永明壽 一二三見聞覺更是誰頓銷爍花猿猿鶗鴂啼草薰薰時鴛鴦飛玄沙老玄沙老賴遇當年欠一著諦當之言徒唯然中間樹子半零落 翠巖真 玄沙三種接人諸人口耳現在不要開眼尿床特地移山塞海花裏幽禽語不休風光滿地誰人買 塗毒策 玄沙三種病人有理不在高聲引得香嚴老子却來樹上懸身 龍門遠 玄沙以毒出人毒三種病人同一屋堪笑雲門老古錐河裏失錢河裏摝 或菴體 盲聾瘖瘂不相干莫被玄沙恣熱謾一句與君重剖露老君頭戴楮皮冠 晦室明 聾盲瘖瘂提敗了也更問如何聾盲瘖瘂 月林觀 曲設多方驗作家有誰親見老玄沙耳聾口瘂眼睛瞎五濁衆生數似麻 横川珙

玄沙見僧來禮拜乃曰禮拜著因我得禮拜汝頌曰　拜我得禮你自笑沒道理豈獨玄沙翁天下人不是 覺海元 因我得禮你扶倒又扶起要行即便行要止即便止 雪峯明 夫子不識字達磨不會禪玄沙無此語切莫妄流傳 徑山果 利刀自剗命根不要依草附木若有一法與人永入拔舌地獄 鼓山珪 赤二 因我得禮你牽牛去飲水岸上蹄踏蹄水中背對背 高菴悟 因我得禮你崑崙卧潭底雖然浪拍天身上無滴水 雪堂行 因我得禮你分明好慚愧玄沙不是癡咄開眼休瞌睡 雕堂一 說你說我轉見話墮大地衆生元無一箇漢 牛游 老鼠咬生鐵十分滋味別貓兒左右看嚥唾也不徹 正堂辯 因我得禮你窮源須到底九九八十一閻羅王是鬼 卍菴顏 因我得禮你事從叮囑起誰知白蘋風不在秋江裏 天目禮 曰我得禮你莫放屁撒屎帶累天下人錯認自家底 蒙菴聰

玄沙一日普請往海坑斫柴見一虎僧曰和尚虎師曰是汝虎歸院後僧問適來見虎云是汝未審尊意如何師曰娑婆世界有四重障若人透得許汝出陰界東禪齊曰上座古人見了道我身心如大地虛空如今人還透得麼雪竇云要與人天為師前面端的是虎頌曰　前虎後虎為

須看取凛烈威風生獰爪距今古雄人不回顧喪身失命知何數若回顧雄雄坐斷山前路 佛慧泉 猛虎當途獨振威爪上真箇利如錐可憐不覺亡身者碎骨收來良可悲 保寧勇 宗師方便大慈悲是汝之言寔古錐萬里神光騰頂後背將生死嚇愚癡 龍門遠 欲識玄沙虎覷面是誰覷直下透牢關全機超佛祖 禾山方 玄沙見虎是汝多少人明自巳色聲逼滿太虛有底纖毫依倚 承明壽 老玄沙太饒舌覷面明明重漏泄衲僧於此便承當驗來未免眼中屑屑誰甄別火發新羅燒脚熱 壽印信 山中有虎人世上有人虎常磨笑囊刀利牙爪可怖寄語花狸奴莫教渠上樹 慈受深 前面有虎元來是汝更問如何究苦究苦 月堂昌 玄沙一日遣僧送書上雪峯和尚峯開緘唯白紙三幅問僧會麼曰 白峰曰不見道君子千里同風僧回舉似於師師曰遮老和尚蹉過也不知頌曰 故遣馳書通

赤二 六

遠信不干文字示家風回來却報玄沙語蹉過分明理更封 汾陽昭 玄沙封白紙雪老却同風嗟過人難會古曲調不同 真如喆 玄沙封白紙雪老把火披元來不識字白日走須彌 雲蓋智 玄沙象骨眼睛烏白紙三番便當書千里同風多錯會一條拄杖兩人扶 慈受深 踏翻漁艇承家業笑出蘆花月下 地闊天長三幅紙同風千里為誰宣 佛心才 白紙三張通信去展開千里却同風陽春轉入胡笳曲不是風吹別調中 佛性泰 三番白紙問寒暄千里同風月滿船奪得高標全用處蟠蛇口内打鰍鱓 丹霞淳 白紙連封寄雪峯雪峯由是喜同風中間蹉過無人識齋後江城打暮鍾 佛陀遜 白紙馳來上雪峯雪峯千里却同風玄沙蹉過人難會熨斗煎茶銚不同 真淨文 鵓鴣夜夜連聲叫月下同人不忍聞啼得血流無用處不如緘口過殘春 文殊道 三張白紙千里同風宗師蹉過衲子迷蹤金烏飛出海門東風從虎兮雲從龍 野雲南 千里同風見不差僧持此語報玄沙不知蹉過如何也莫是玄沙蹉過他 橫川珙 玄沙因雪峯召曰備頭陀何不徧參去師曰達磨不來東土二祖不往西天雪峯然之頌曰 驀然趯倒便知休百粵青山更不游從此七閩江

赤二 七

上月至今空照釣漁舟 佛國白 釣魚船上謝三郎趯倒須彌返故鄉應笑途中未歸客〻傳旅泊向他邦 本覺一 未離閩底已還家纔跨飛鳶又眼花堪笑曾郎更心毒烏藤輕放老玄沙 遯菴演 玄沙南游莆田縣排百戲迎接來日師問小塘長老昨日許多喧閙向什麼處去也塘提起衲衣角師曰料掉沒交涉法眼別云昨日有多少喧閙法燈別云今日更好笑頌曰 夜壑藏舟澄源著棹魚龍未知水為命折筯不妨聊一攪玄沙師小塘老函蓋箭鋒探竿影草潛縮也老龜巢蓮游戲也華鱗弄藻 天童覺 今日靜愀愀昨日閙啾啾風定花猶落鳥鳴山更幽 北礀簡 人前提起袈裟角堪笑無端露醜惡二老風流出當家未明向上那一著 無際派 玄沙問鏡清教中道菩薩摩訶薩不見一法為大過失且道不見什麼法清指露柱云莫是不見遮箇法麼師曰浙中清水白米從汝喫佛法未會在頌曰 雪老門高兒女盛又能情重貴天倫把家幹蠱雖相似也有貪盃落草人 虛堂愚 密機深設穽利刃疾交鋒汗馬無人識重論蓋代功 東叟穎 玄沙因鏡清問學人乍入叢林乞師指箇入路師曰還聞偃谿水聲否曰聞師曰是汝入處頌曰 從這裏入頭上脚下俱濕雖然通得咽喉未免一場氣急風淅〻浪悠悠清風何處起人在木蘭舟 佛慧泉 一滴偃溪水四海少人聞直饒玄會得也是弄精魂 法雲秀 天生碧眼崑崙兒有藝過人自不知幾度黑風翻大海波心出沒自閒嬉 白雲端 風飄碎玉千峯雪雨滴岩花萬國春堪

聽偃溪流水意潺潺終日不聞聞（偃溪聞）投老玄沙付鏡清返聞來聽偃溪聲如今洗耳滄浪在誰肯臨流便濯纓（旻古佛）滔滔無問說只為太親切有誰曾共聞山河齊漏泄（楚安方）玄沙指示太深深引線須憑一寸針開與不聞門外語勸君休向偃溪尋（文殊道）乾坤獨立從這裏入風吹不著雨打不濕（月林觀）一派寒泉下舉徵玄沙拈出為真機鏡清雖向聞中入流水何曾洗是非（錢山仁）玄沙因參次聞燕子聲乃曰深談實相善說法要便下座時有僧請益曰某甲不會師曰去誰信汝頌曰　紫燕飛來繞畫梁深談實相響浪浪千言萬語無人會又逐流鶯過短牆（本覺一）薄宦奔南北長憐客路塵濛濛烟雨裏深憶故園春（延壽慧）殺活交馳千聖不共救淂眉毛失却鼻孔（空叟印）玄沙因僧問如何是學人自己師曰用自己作麼雲門云沒量大人被語脉裏轉却僧問如何是學人自己門云忽然路上有人喚衲僧齋你也隨分淂飯喫頌曰　是你自己莫相鈍置衲子兩兩三三秪道早眠晏起（大中隆）玄沙驢前雲門馬後更問如何合取拘口（雪巷壇）玄沙因僧問如何是清淨法身師曰膿滴滴地頌曰滴滴通身是爛膿釣魚船上顯家風時人只看絲綸上不見蘆花對蓼紅（天衣懷）膿滴滴地金色光法身全體露堂堂釣螺江上曾分化一葉漁舟泛渺茫（楊無為）清淨法身無可比病後依前滴滴膿燕鴻叫斷秋光老落葉飄來一樣紅（懶菴樞）滴滴通身是爛膿更無一點落西東若言不是知音者未免風吹別調中（高峯妙）玄沙因僧侍次以拄杖指面前地上一點白問曰還見麼曰見師曰如是三問其僧三云見師曰你也見我也見為什麼道不會頌曰　你見我見十分成現打破荊棘林方知無背面一點從教徹古今黑白未分何處辨　玄沙因僧問如何是親切底事師曰我是謝三郎頌曰　本是釣魚船上客偶除鬚髮著袈裟祖佛位中留不住夜來依舊宿蘆花（雪竇顯）親伸端的問君言莫比流沙少室傳昨夜鴈回雙嶺後謝家人立月明前（投子青）閩山滄海浪悠悠父子生涯一釣舟忽尔踏翻深猛省大家收拾去來休（草堂清）杪秋時節水雲鄉千頃蘆花未著霜江景不將零碎賣一時分付謝三郎（祖印明）蕭蕭蘆葦映江流獨棹孤蓬漾小舟細雨斜風渾不顧一心只在釣竿頭（笑翁堪）玄沙示眾曰若論此事喻一片田地四止界分結契賣與諸人了也只有中心樹子猶屬老僧在頌曰

萬事由王老師樹子未屬你在廣額屠兒成佛二祖大師償債（鼓山珪）祖父田園都賣了四邊界至不曾留柰何由有中心樹惱亂春風卒未休（徑山杲）祖父田園俱屬我中間樹子豈由他連枝帶葉和根拔要見兒孫意氣豪（遯菴）玄沙曾指上頭關四海禪流覺未關惟有漢朝天子貴彭城坡上信旗還（妾山愛）玄沙曰亡僧面前正是觸目菩提萬里神光頂後相頌曰　嶺中奇特是玄沙垂語諸方不易加亡僧面前真心驗後人子細莫周遮（石門聰）亡僧雖不是亡僧既是菩提道自通若更二途斟酌會非但無知兼耳聾（般若柔）就中至直是玄沙觸目全真話不賒亡者面前親證驗更無偏黨絕周遮叢林浩浩爭唇吻恰似虛空捉幻花（汾陽昭）天衣懷云亡僧面前即且置只如活人背後底是箇甚麼頌曰　且置亡僧面前事活人背後若為逢自從打破雲南國直至如今塞北通（本覺一）玄沙云萬里神光頂後相沒頂之時何處望事已成意已休此箇來蹤觸處周智者聊聞猛提取莫待須臾失却頭頌曰　神光頂後照無邊萬里區區豈足言若問玄沙端的意霜天夜半髑髏寒（本覺一）玄沙嘗訪三斗菴主纔相見主曰莫怪住山年深無坐具師曰人

人盡有為什麼菴主無曰且坐喫茶師曰菴主元来有在頌曰 傍菴来往路相通步步相隨躡失蹤山遠年深人不到一溪流水質長松 半菴琮 玄沙見鼓山来作一圓相山曰人人出者箇不得師曰情知你向驢胎馬腹裏作活計曰和尚又作麼生師曰人人出者箇不得曰和尚恁麼道得某甲為什麼道不得師曰我得汝不得頌曰作者好求無病藥馬腹驢胎何處著鼓山當日可憐生鼻孔遺人白拈却 本覺一 玄沙見三人新到烏打普請鼓三下卻歸方丈新到具威儀了亦去打普請鼓三下卻入僧堂久住來白云新到輕欺和尚師曰打鐘集衆勘過大衆集新到不赴師令侍者去喚新到纔到僧堂卻於侍者背上拍一拍云和尚喚你侍者至師處新到便歸堂久住乃問和尚何不勘新到師曰我與你勘了也最菴印云可惜放過這僧乃頌曰 玄沙明修棧道新到暗度陳倉夜行各 赤二 不相投投明共到咸陽嚴歸令按條章明明 十一 四海清如鏡更於何處覓邊疆

福州長慶慧稜禪師 嗣雪峯 與保福遊山福問古人道妙峯山頂莫即遮箇便是也無師曰是即是可惜許僧問鼓山只如稜和尚恁麼道意作麼生山曰孫公若無此語可謂髑髏徧野白骨連山頌曰因上高巖到頂頭僧人致問已圓周是即便是可惜許只恐同音別處游 汾陽昭 妙峯孤頂草離離拈得分明付與誰不是孫公辨端的髑髏著地幾人知 雪竇顯 八萬四千非一一七金山內海滔滔妙高峯頂平如掌誰把長竿釣巨鼇 草堂清 手相將孰共行目前唯覩妙高山雲泥不隔来時路付與兒孫觸處看 佛心才 嚙鏃交鋒是作家不孫来問遠些些知時及節因行事可惜茲人返嘆嗟 根者雷 是即是ち可惜許擬心早涉三千里行人念路客思家達磨杖頭挑隻屨 獸堂定 妙高孤頂忽登臨浩浩無風白浪深除却鏡清長慶外此時誰更是知音 寶葉源 長慶因僧問如何是正法眼師曰有甚麼不撒沙保福云不可更撒也頌曰韻力山尚豈是謗藏身露影數如麻若非保福親與見誰信稜公更撒沙 寶葉源 長慶曰總似今日老胡有望保福云總似今日老胡絕望頌曰 天高鳴鴈侵雲舉地肅蛩螿入草鳴瀰是一秋風景裏客愁幾遂異鄉情 東叟穎 長慶上堂撞著道伴交肩過一生參學事畢頌曰 驀路相逢交臂過眉毛耀起莫蹉跎平生參學明何事悟了寧消一剎那 本覺一 長慶因僧問如何得不疑不惑去師乃展兩手僧不進語師曰汝更問我與汝道僧再問師露牌而坐僧禮拜師曰汝作麼生會曰今日風起師曰恁麼道未定人見解汝於古今中有甚麼節要齊得長慶若舉得許汝作話主其僧但立而已師却問汝是甚麼處人曰向北人師曰南北三千里外學妄語作麼僧無對頌曰 展手之時萬仞推枯河無水月無来 赤二 十三 若疑别問龐居士石女黃梅誰共陪 投子青 長慶因僧問有問有荅賓主歷然不問不荅時如何師曰相逢盡道休官去林下何曾見一人頌曰 人人盡道我心休問著何曾有地頭口說心遺讓自已業河逆速任漂流 智門祚 長慶因僧問衆手淘金誰是得者師曰有伎倆者得曰學人還得也無師曰大遠在頌曰 衆手淘金得者誰纖塵窒礙豈能為洪波浩渺黃金遠四事無成空手歸 智門祚 衆手淘金誰可得巧有伎倆必能克隋侯得珠聞京西卞和獻玉在河北 尚堂華

漳州保福從展禪師 嗣雪峯 長慶云寧說阿羅漢有三毒不說如来有二種語不道如来無語只是無二種語師曰作麼生是如来語曰聾人爭得聞師曰情知和尚向第二頭道慶却問作麼生是如來語師曰喫茶去雲居錫云什麼處是長慶向第二頭道處頌曰 頭ち萬

一第二卧龍不鑒止水無處有月波澄有處
無風浪起稜禪客稜禪客三月禹門遭點額
雪竇顯 如來語為君舉任是龍人得聞未免
和泥合土喫茶保福亦憨癡似向雷門搥布
鼓 佛慧泉 不說如來二種語三三為九須重
數何謂龍人爭得聞狐裘未免還移主 白雲
赤二　十二
端 無是無非歸掌握有聞有見隔關山始知
一種如來語不在世人情解間 佛鑑懃 第一
頭第二頭清風明月兩悠悠將軍戰馬今何
在野草閑花滿地愁 南華昺 撞墻撞壁曲不
蔵直摘葉拈花與儉窣奢羅漢有二毒如來
有二語龍人爭得聞依舊喫茶去保福老保
福老鑊眼銅睛還失了 月堂昌 便好喫茶去
還知第二頭可憐長慶老特地一場愁 寶葉
源 保福因雪峯上堂曰諸上座望州亭與汝
相見了也烏石嶺與汝相見了也僧堂前與
汝相見了也師舉問鵝湖僧堂前相見即且
置秖如望州亭烏石嶺甚麼處相見鵝湖驟
步歸方丈師低頭入僧堂 頌曰 望州烏石
與堂前相見相逢萬萬千唯有鵝湖并保福
此時相見解推遷 汾陽昭 望州烏石常相見
何故禪人却背違保福鵝湖雖得意埋兵嘲
承晨鎖旗 海印信 登山過水幾區區特地相
逢問道途堪笑華山陳處士長安路上倒騎

驢 大洪遂 密密堂堂早二三本来無物更何
堪癡人見了生歡喜作者相逢滿面慚 龍門
遠 望州烏石與僧堂業識茫茫不可當提起
衲僧拄杖子五湖四海沸如湯 徑山果 藕絲
引鯨鼇針鋒輥芥投望州烏石嶺未唱已先
酬大唐擊鼓新羅舞覿面相呈不相覯 圓悟
勤 望州烏石僧堂前驟步低頭隔大千若是
咬人師子子返身不在草頭邊 翁如 保福
因僧問雪峯平生有何言句得似羚羊掛角
時師曰我不可作雪峯弟子不得 頌曰 人
前慣出手退三添作九有眼未嘗看無家自
能走雪峯之句羚羊挂角作他弟子没来由
龍蛇陣上看謀畧 月堂昌 雪峯未審何言句
得似羚羊掛角時拊擊自然皆率舞不須羞
管隔雲吹 虛堂愚 保福問僧殿裏底是甚麼
曰和尚定當有師曰釋迦佛曰和尚莫謾人
好師曰却是汝謾我又問飯頭鑊闊多少曰
和尚試量看師以手作量勢曰和尚莫謾某
赤二　十四
甲師曰却是汝謾我又問僧汝作甚麼業来
得恁麼長大曰和尚短多少師蹲身作短勢
曰和尚莫謾人好師曰却是汝謾我又問僧
汝名甚麼曰咸澤師曰忽遇枯涸時如何曰
誰是枯涸者師曰我是曰和尚莫謾人好師
曰却是汝謾我頌曰 保福四謾人其中道

理親兩兩從頭舉雙雙句後明若也更不會
新羅打鐵丁 洞山聡 竿木隨身老作家逢場
作戲更難加謾人謾我無人會水長船高眼
裏沙 雪竇顯 一箇人謾四箇人四人謾一一 佛
謾親思量一代謾人漢逈代相謾謾殺人
國白 一般見得有多般若也謾他實自謾要
識展公端的處水闊山高天色寒 東林總 保
福從来不謾人問著禪流總及身浴鑊量来
闊多少兩長一短是誰真 堅 保福因僧侍
立問曰汝恁麼麁心曰甚麼處是某甲麁心
處師拈一塊土度與僧曰拋向門前著僧拋了
却来曰甚麼處是某甲麁心處師曰我見築
著磕著所以道汝麁心頌曰 晨朝有粥齋
時飯展鉢開單飽便休築著磕著如厲得不
風流處也風流 无鄕著總 保福與甘長老相
看鄭十三娘纔坐定師乃問承聞十三娘子
叅見溈山是否曰是師曰溈山還化向甚麼
處鄭起身偏床而立甘口閑時說禪口似懸
赤二　十五
河何不道取鄭曰鼓這兩片皮堪作甚麼甘
曰不鼓這兩片皮又作麼生鄭曰合取狗口
頌曰溈山還化絕音容翹起眉毛何處去十
三娘子側身時放出金毛師子子 興南堂 禪禪
鄭十三娘接正觀正法眼更叅三十年 勝方岩
杭州龍冊寺道怤禪師 嗣鏡清 雪峯 僧問學

人未達其原請師方便師曰是什麽原曰其原師曰若是其原爭受方便僧禮拜退後侍者問曰和尚適来莫是成他問否師曰無曰莫是不成他問否師曰無曰未審畢竟意作麽生師曰一點水墨兩處成龍其原一作其承頌曰

成龍兩處若為分碧眼黃頭笑未聞莫惟鏡清多意氣他家曾謁聖明君正覺逸

鏡水平湖碧湛然浩浩曾未達其源王維妙手堪圖畫一點成龍兩處全保寧勇

手把空行未是難難中難是問其源其源未達奈何也且看成龍點下分雲溪恭

學人未問指其源句裏明機好細觀自語不能知落處煩他我作費言端本覺一

冰稜鎖斷長河口不見人從鳥道来一陣風回脩竹裏玉關干上雪成堆心聞賁

源泉混混望無涯澄湛平如鏡面開兩處成龍一點墨幾人換却眼睛来賁業淨

鏡清問僧門外什麽聲曰雨滴聲師曰衆生顛倒迷己逐物和尚作麽生師曰洎不迷己曰洎不迷己意旨如何師曰出身猶可易脫體道應難頌曰

虛堂雨滴聲作者難酬對若謂曾入流依前還不會會不會南山北山轉霶霈雪竇顯

是甚麽聲雨滴浩浩迷己逐物衆生顛倒楊無為

簷前雨滴聲正在眼中鳴貪他簑笠者失却舊茅亭長靈卓

順流湖流轉物物轉良哉觀音快逢其便出身脫體自分明門外依前雨滴聲佛國白

明頭便打暗裏閃過盡底活時死中要坐門外簷間雨滴聲衆生顛倒逐迷情可憐洎不迷己處出得身来體未明月堂昌

簷頭雨滴階前地滿法法現成人信不及更問如何長江水急慈受深

簷頭雨滴聲歷歷太分明若是未歸客徒勞側耳聽白楊順

門外依然雨滴聲萬般巧說爭如實平生心膽向人傾相見還同不相識卍菴顏

直下全提是鏡清脫難出易語分明這僧更是能親切聽得簷頭雨滴聲寶葉源

鏡清問僧門外是甚麽聲曰蚯蚓蝦蟆聲師曰將謂衆生苦更有苦衆生頌曰

將謂衆生苦更有苦衆生相見易得好共住難為人卍菴顏

鏡清問僧門外什麽聲曰鵓鳩聲師曰欲得不招無間業莫謗如来正法輪頌曰

開聲見色非聞見見色聞聲是見聞欲得不招無間業莫謗如来正法輪卍菴顏

鏡清因僧問聲前絕妙請師指歸師曰許由不洗耳曰為甚麽如此師曰猶繫脚在曰某甲秖如此師意又如何師曰無端夜来鴈驚起後池秋頌曰

飄風揚塵落花流水聲前絕妙無處著背驚起後池秋許由不洗耳容貌好西施閑暦不露背方菴顯

鏡清因僧問學人啐請師啄師曰還得活也無曰若不活遭人怪笑師曰也是草裏漢頌曰

古佛有家風對揚遭貶剥子母不相知是誰同啐啄啄覺猶在殼重遭撲天下衲僧徒名邈雪竇顯

語見人心苗見地　頭痛痒喝如聾諸方開口不同用寶印全機繼祖風佛國白

啐啄之機不謬傳軒轅寶鑑正當軒萬緣衰盡泥中土四海澄清月在天本分鉗鎚須煆煉自家爐鞴且磨研相逢莫問參玄事此去西天萬八千佛鑑懃

河目海口釘觜鐵舌雞宿鳳巢素非其鴨直饒啐啄同時未免當頭一劄佛性泰

鏡清因僧問如何是大道之源師曰迷達裏流出頌曰

從這裏流出滔滔無盡曰巨浪湧千尋誰知無一滴無準藴

鏡清一日於僧堂前自擊鐘曰玄沙道底玄沙道底僧問玄沙道甚麽師畫一圓相僧曰若不久參爭知與麽師曰失錢遭罪雪竇云洎被打破蔡州圜悟云爛泥裏有硬刺頌曰

鏡清湖心拋一餌錦鱗躍浪上鈎来幾乎掣斷竿頭線引得傍觀下釣臺石溪月

鏡清問雪峯古人有言峯便倒卧良久起曰問甚麽師冊問峯云虛生浪死漢頌曰

尋常愛客恨無来及至人来懶話陪空卧早知眠不當麽勞紅焰落寒灰牧子青

鏡清因僧問新年頭

還有佛法也無師曰有曰如何是新年頭佛法師曰元正啓祚萬物咸新曰謝師答話師曰鏡清今日失利頌曰　七寶盃酌蒲萄酒金花紙寫清平詞春風院靜無人見間把君王玉笛吹 心聞賁 新年佛法答云有小畫依前二十九玉麟掣斷黃金勒却向雲中大哮吼 懶菴樞 又僧問明教寬新年頭還有佛法也無師曰無曰日日是好日年年是好年為甚却無師曰張公喫酒李公醉曰老老大大龍頭蛇尾師曰明教今日失利頌曰

新年佛法答云無會得依前在半途誰把扁舟清夜笛月明吹過洞庭湖 懶菴樞

新年佛法播真風笑殺街頭賀歲翁三級浪高何處去謾將雙劒定雌雄 雪堂行

南堂興云鏡清道有時失利明教道無亦失利且道譊訛在什麼處頌曰

新年景物漸舒蘇佛法徒勞問有無得失是非都喪却波斯鼻孔自來麁 大陸原

六三　十八

穩密田地神通游戲佛法新年頭有無俱失利一槩等虗空豈容立巴鼻草上之風祖令行誰云雷羅不停聲 圓悟勤

新年佛法鏡清有須信親言出親口新年佛法明教無西天鬍子沒髭鬚可笑兩翁同失利南海波斯失却鼻太平令夜太郎當還如雪上更加霜歲寒孫臏收却鉤魚舡上謝三郎 佛鑑懃

福州鼓山興聖神晏國師 嗣雪峯 一日恭雪峯峯知其緣熟忽起搊住曰是什麼師釋然了悟亦忘其了唯舉手搖曳而已峯曰子作道理邪曰何道理之有峯審其懸解撫而印之頌曰

驀被曾郎搊着胷平生途路忽然窮無端擡手輕搖曳笑倒南方大頂峯 竹屋簡

鼓山上堂番語曰鼓山門下不得咳嗽時有僧咳嗽一聲師曰作甚麼曰傷風曰傷風即得頌曰

遼空一箭九重城雪老門風儘有聲見說禁班宣號令那邊渾不許人行 歷堂懸

鼓山有偈示衆曰直下猶難會尋言轉更賒若論佛與祖特地隔天涯師舉問僧汝作麼生會僧無語乃謂侍者曰某甲不會請代一轉語者曰和尚與麼道猶隔天涯在僧舉似師師喚侍者問汝為這僧代語是否者曰是師便打趂出院頌曰

亦二　十九

國師之子太慈悲入草何如出草時射透九重聖箭子依前特地隔天涯 石溪月

明州翠岩令參禪師 嗣雪峯 上堂曰今夏與諸兄弟語論看翠岩眉毛還在麼 此依傳燈所載五燈會元與傳燈異乃曰 一夏與兄弟東語西話看翠岩眉毛在麼長慶云生也雲門云關保福云作賊人心虗翠岩芝云為衆竭力楇出私門頌曰

翠岩示徒千古無對關字相酬失錢遭罪老倒保福抑揚難得嘮嘮翠岩分明是賊白珪無玷誰辨真假長慶相諳眉毛生也 雪竇顯

青山岌岌綠水滔滔穿過鼻孔落盡眉毛 大洪遂

作賊保福擔枷過狀生也長慶迷真逐妄鶻關雲門秋江月亮老倒翠岩眉在眼上 死心新

金鏈血色透雲袍闖外威權膽氣豪打破魔王山鬼窟碧潭深處釣鯨鼇 南堂興

天魔謗佛禁犬吠尭巍巍大人聖德可帕 柴菴岳

萬鈞之弩射何人箭未離弦已喪身帶累盲龜失浮木欲來火裏透金壓 伊菴權

發言先要心無愧為事應須理勵長莫學里閭無信者徒朝至暮錯商量 虛堂愚

太原孚上座 嗣雪峯 鼓山問父母未生時鼻孔在什麼處師曰老兄先道曰如今生也汝道在什麼處師不肯山却問作麼生師曰將手中扇子來山與扇子再徵之師默置山罔測乃毆之一拳頌曰

父母未生前鼻孔在何處叢林老作家俱昧藏身句鼓山雖見機未免撐門戶搖扇太原孚播弄門家具山中春色深飛花落無數 佛慧泉

父母未生前生也只如然一般拈掇能奇特江下渾如火裏蓮輝今耀古極妙窮玄大可憐清風長淌座一念八千年 圓悟勤

高安灘

頭百雜碎象骨峯前眼搭癡敵道鼓山無鼻孔蒺林千古笑嘻嘻 正堂辯

孚上座參雪峯峯聞乃集衆師到法堂上顧視雪峯便下看知事明日却上禮拜曰某甲昨日觸忤和尚峯曰知是般事便休頌曰

李賓將軍古今無對深入虜庭全身遠害不動干戈贏小捷至今邊塞嘉聲在 海印信 赤二 二十

雪峯集衆待孚公上堂一顧便西東明日却云曾觸忤公案從来是幾重 本覺一

針頭削鐵牛背拔毛多將少使冷作熱燒直上法堂便下去觸忤和尚重解註知是般事休便休茫茫塞壑與填溝 月堂昌

壯氣如虹上法堂就鱗縛犍恰相當若言觸忤老和尚雪上無端又著霜 栟若玉

孚上座初在楊州光孝事講涅槃經有禪者阻雪因往聽講至三因佛性三德法身廣談法身妙理禪者失笑師講罷請禪者喫茶曰某甲素志狹劣依文解義適蒙見笑且望見教禪者曰實笑座主不識法身師曰如此解說何處不是曰請座主更說一遍師曰法身之理猶若太虛竪窮三際橫亘十方彌綸八極包括二儀隨緣赴感靡不周徧曰不道座主說不是祇是說得法身量邊事實未識法身在師曰既然如是當為我說曰座主還信否師曰焉敢不信曰若如是座主輟講旬日室內端然靜慮收心攝念善惡諸緣一時放却師依所教從初夜至五更聞鼓角聲忽契悟扣禪者門曰阿誰師曰某甲禪者咄曰教汝傳持大教代佛說法夜来為甚麼醉酒卧街師曰禪德自来講經將生身父母鼻孔搯捏從今已去更不敢如是曰且去来日相見師遂罷講徧歷諸方頌曰

一曲單于風引長孚公聞處是宮商至今夜夜維揚客空聽樓頭聲斷腸 本覺一

誰將畫角吹江城一曲梅花隔岸聽宿酒乍醒金鴨冷海棠枝上月猶明 一 懶菴樞

孚上座掌雪峯浴室一日玄沙上問訊雪峯 赤二 二十一 曰此間有箇老鼠子今在浴室裏沙曰待與和尚勘破言訖到浴室遇師打水沙曰相看上座師曰已相見了沙曰什麼劫中曾相見師曰瞌睡作麼沙却入方丈白峯曰已勘破了峯曰作麼生勘伊沙舉前語峯曰汝著賊也頌曰

象王象子儘相隨岸上人看蹄踏蹄香草細餐知飽足歸来不待日頭低 虛堂愚

孚上座因鼓山赴大王請雪峯門送回至法堂乃曰一隻聖箭直射九重城裏去也師曰是伊未在峯曰渠是徹底人師曰若不信待某甲去勘過遂趂至中路便問師兄向甚麼處去山曰九重城裏去師曰忽遇三軍圍繞時如何山曰他家自有通霄路師曰恁麼則離宮失殿去也山曰何處不稱尊師拂袖便回峯問如何師曰好隻聖箭中路折却了也遂舉前話峯乃曰奴渠語在師曰遠老凍膿猶有鄉情在頌曰

洞天無壁月無邊朝斗先生扣齒牙風撼古壇松子脫打叉頭上楮冠斜 純象鑑

青童雙勒玉驄嘶淡白春衫綠帶圍半夜歸来花底過金鞭敲落亂紅飛 竹屋簡二

九重城裏本非遙射折重重箭倍饒忽遇三軍圍饒處分明有路直通霄 赤二 廿二末

禪宗頌古聯珠通集卷第十六 二

禪宗頌古聯珠通集卷第十七

僧錄司右闡教兼靈谷禪寺住持淨戒重校

祖師機緣

六祖下第七世

韶州雲門文偃禪師 嗣雪峯

師示衆曰人人自有光明在看時不見暗昏昏作麼生是諸人自己光明自代云廚庫三門又云好事不如無　頌曰自照列孤明為君通一線花謝樹無影看時誰不見見不見倒騎牛兮入佛殿 雪竇顯 徹底昏昏不待看拄天拄地黑漫漫三門廚庫長相對一徑松風滿院寒 白雲端 恍恍惚惚若亡若存藥著磕著廚庫三門金烏照不破玉兎又西奔不知是何物能為天地根 佛心才 夜明簾外千峯秀鷲鏡臺前萬象殊掃蹤滅迹不立錙銖誰為佛殿誰是香廚敲出鳳凰五色髓擊碎驪龍明月珠 圓悟勤 黑黑無問東西與南北廚庫三門相對高撐天拄地同聚墨雖然好事不如無敢保韶陽會不得 正覺逸 人人自有光明在看時不見暗昏昏踢倒三門與廚庫此時明暗自然分 蔚噴岩 雲門上堂乾坤之內宇宙之間中有一寶秘在形山拈燈籠向佛殿裏將三門來燈籠上作麼生自代云逐物意移又曰雲起雷興　頌曰看看古岸何人把釣竿雲冉冉水漫漫明月蘆花君自看 雪竇顯 嶺上白雲舒復卷天邊皓月去還來低頭却入茅簷下不覺呵呵笑幾回 白雲端 看看野草閑花極撩亂三月洞庭江上春烟霄飛過瀟湘岸 溈山秀 帝網交羅幾萬般形山消殞影團團拈來不是無尋處只在乾坤宇宙間 佛心才 虎豹文章麒麟頭角輝天爍地堆山積嶽撥破面門兮蓋色騎聲截斷羅籠兮解粘去縛罷却干戈百草頭萬里秋天飛一鶚 圓悟勤 開眼也著合眼也著擬議蹉蹉放過一著 遯菴演 隱隱烟村聞犬吠欲尋尋不見人家忽於橋斷溪回處流出碧桃三四花 斷橋倫

雲門示衆曰十五日已前不問汝十五日已後道將一句來衆無對自代曰日日是好日　頌曰去却一拈得七上下四維無等匹徐行踏斷流水聲縱觀寫出飛禽跡草茸茸烟羃羃空生巖畔花狼藉彈指堪悲舜若多莫動著動著三十棒 雪竇顯 日日是好日風來樹點頭九江烟霧裏月上謝家樓 海印信 日日是好日誰言無等匹甜瓜徹蒂甜未必甜如蜜 大洪恩 冰消河北岸花發樹南枝到處有春色天涯亦早歸 上方益 破二作一分三成六著串數珠數不足南辰信手攀北斗回身觸豁開户牖正當軒玉兎金烏如轉軸傳不傳得不得那知陌上春條綠 圓悟勤 日日是好日佛法世法盡周畢不須特地覓幽玄只管鉢盂兩度濕 見無著總

雲門上堂聞聲悟道見色明心遂舉起手曰觀世音菩薩將錢買餬餅放下手曰元來秖是饅頭　頌曰買得欣欣急走歸不知放手却成非直饒超過毗盧頂也落韶陽第二機 上方益 小院春風特地寒佳人寂寞倚闌干斷腸曲調無人聽更把琵琶月下彈 慈受深 見色心光現聞聲道已彰掣電光中分皂白海潮音裏辨宮商韶陽老慈門普發機直用千鈞弩 圓悟勤 見色明心事已差聞聲悟道更交加觀音妙智慈悲力剗棘林中優鉢華 徑山杲 南無觀世音菩薩補陀巖上紅蓮古不知成佛是何時打刀須是并州鐵 鼓山珪 撲落非他安排不多蓋覆自在隱顯包羅撞頭失却舊時路拈篙便上別人渡轉易作難拔貧成富千人萬人恁麼去 月堂昌 纔起見色聞聲句不涉明心悟道言花落鳥啼巖下寺月明人喚渡頭船 雪巖理 一曲風前信是誰調高爭肯落今時見無人會曲中意又把雲簫特地吹 簡翁敬

雲門每見僧必顧視曰鑒僧擬議乃曰咦後德山圓明大師刪去顧字謂之抽顧叢林目

雲門顧鑒咦有抽顧頌　頌曰雲門抽顧笑
嘻嘻擬議遭他顧鑒咦任是張良多計策到
頭於此也難施北塔祚　雲門抽顧自有來由
一點不到休休休休真淨文　部陽一鑒生鐵
餕餡直下咬破莫怪相瞞鼓山珪　雲門抽顧
頌衲僧眼皮重眼皮重七八量雷車打不動
打不動抽顧頌時念彌陀三兩聲追薦東村
李翳子生西天山裏孟八郎強健福田院裏
貧兒叫喚乞與我一文大光錢五祖戒　韶陽
為人最急切未入門來已甄別若於顧鑒裏
承當大棒打落天邊月典牛游
雲門因僧問如何是和尚家風師曰門前有
人讀書　頌曰藥林在處有家風且與雲門
事不同門外若有讀書者任是顏回亦不通
北塔祚　家風施設不無私獨有雲門語可疑
偏嗎讀書人若到急來通報汝須知為他老
杜王摩詰愛我高吟落韻詩覺海元　讀書人
到切須看無絃難遇知音者端的家風說與
君沒階趨進翼如也佛慧泉　讀書人報來豈
在之乎者孔子與周公皆不及門也天目禮
雲門因僧問如何是祖師西來意師曰日裏
看山　頌曰日裏看山也是常西來祖意謾
商量金毛獅子希逢有多是狐狸喚作狼北
塔祚　日裏看山好清風拂白雲夜來何處火

燒出古人墳東京淨因佛日　日裏看山滿眼
青千巖萬壑關纖橫洞門鎖是雲遮斷到若
須知路坦平楊無為　日裏看山言簡語端後
進初機切在諦觀黃檗勝　匡真不惜兩莖眉
日裏看山對祖機臘月火燒春又綠只宜眠
走會相依三祖宗
赤三
兩餘江上兩三峯堆疊烟嵐不記重四眼裏看
來端的瞎耳根聞處出天聰佛鑑懃
坦然曾問老師安爭似韶陽一句傳日裏藏
山仙掌露夜深猿叫月當軒投子青
日裏看山大難大難重重峭壁疊疊危巒只
見嵐光拂拂爭知瀑布潺潺上方益
日裏看山好好在什麼處要見老雲門不落
第二句月林觀　日裏看山酬所問分明開口見心
肝若於句裏求宗旨墮在巖巖疊嶂間退耕寧
雲門因僧問如何是透法身句師曰北斗裏
藏身　頌曰藏身北斗最分明只為人多見
不精巧妙妄陳心意解却如平地作深坑昏
燈日晝何曾易青竹黃花滿地生汾陽昭老
倒雲門泛鐵船江南江北競頭看可憐無限
垂鉤者隨例茫茫失釣竿雪竇顯　雲門透法
身法身何許人鴈回沙北塞鴻戀西秦靈
竹通　南嶽峯高北嶽低行人泣淚兩遲疑火
星昨夜移牛斗照見西疆人不知投子青　鑿

斷龍門透碧津洪流驟雨豈停塵謫仙孳月
沉江底漁舟笑殺謝家人天衣懷　要透龍門
特地難却成平地起波瀾凡鱗欲得風雷便
且向桃花浪裏看佛印元　人問透法身隨官
為指陳大地如膠漆長江波瀲灩法華舉　北
斗藏身句雲門道處看南辰分六角北斗七
[illegible]三
星攢春雨霏霏潤秋風颯颯寒崑崙牽白象丑
謫謎入大安淨山遠　北斗藏身為舉揚法身
從此露堂堂雲門賺殺他家子直至如今謾
度量玉澗林　天上有星皆拱北人間無水不
朝東時人欲識藏身處拈起簸箕別處春黃
龍南　雲門透法身從此沒蹤親盡道和風暖
三春寒更新道吾真　東西南北上下四維橫
身宇宙撐破須彌甘露天　五陵公子遊花慣
未第貧儒自古多冷地看他人富貴等閑不
奈懶頭何白雲端　北斗藏身句有由未明南
北起戈矛風清月朗無雲夜莫認文星作斗
牛照覺總　東湧西沒北斗藏身法王法令德
非有隣真淨文　北斗藏身句最玄未明向上
謾勞傳黃河輥底流今古華嶽三峯頭指天
三祖宗　藏身北斗最分明四畔無雲廓太清
猿鳥自啼山自寂水流巖下響冷冷草堂清
北斗藏身坐不安開軒落日倚危闌雲收月
出空如水剎剎塵塵總一般佛心才　何事文

星與酒星一時分付與先生高吟大醉三千首留與人間伴月明（五祖演） 透出毘盧頂上光夜來星轉斗中藏禪家不搖天師訣也解交乾步踏罡（張無盡） 北斗藏身句商量笑萬般貪觀天上月誰覺骨毛寒（雖山如） 雲門透法身分明語露親移步登山頂峯高與月隣（雙安方） 南北東西萬萬千乾坤上下兩無邊相逢相見呵呵笑屈指擡頭月半天（青雲圓） 雲門透法身劃斷釋迦音文殊休惆悵普賢謾沉吟（五祖戒） 北斗藏身事坦然法身無狀透何邊後人不曉前人意水底撐船捉月天（法華舉） 北斗藏身句擬議即差訛鑽天白鷂子不戀舊時窠（慈受深） 飽粥飽飯一味齁齁早眠晏起何待封侯（典牛游） 昨夜東風落萬紅半隨流水半隨風何須短艇撐明月自與桃源一派通（開善祖） 藏身北斗道彌昌三脚蝦蟆著錦襠多少病猫食死鼠日中擡首眼無光（東山空） 天地廣無邊何云藏北斗跛脚老雲門未明三八九（天目禮） 北斗裏藏身虛空中出没道得一句来日頭東畔出（横川珙）

雲門因僧問如何是一代時教師曰對一說 頌曰 對一說太孤絕無孔鐵鎚重下楔鬧浮樹下笑呵呵昨夜驪龍拗角折別別韶陽老人得一橛（雪竇顯） 對一說遼天鶻萬重雲只一突韶陽老韶陽老南北東西無處討（正覺逸） 對一說卷盡五千四十八風花雪月任流傳金剛腦後添生鐵（五祖演） 對一說何卓絕畐塞虛空一團鐵飢來不顧飯如雷箇箇聚頭爭噫齧（龍門遠） 對一說五教三乘盡該攝龍宮海藏任縱横水底泥牛吞却月（佛性泰） 海藏龍宮金文玉牒逗器觀機破關擊節三百餘會振綱宗四十九年同箇舌阿剌剌對一說諦當之言如截鐵（圓悟勤）

雲門因僧問不是目前機亦非目前事時如何師曰倒一說 頌曰 倒一說分一節同死同生為君決八萬四千非鳳毛三十三人入虎穴別別擾擾匆匆水裏月（雪竇顯） 倒一說清人骨萬里無片雲拋下一團雪別別老大禪翁甘滅舌（正覺逸） 倒一說這饒舌無端都把天機泄四海九州徒蹶蹶飛出龍宮鑽蟾穴（野軒遵） 是賊識賊以楔出楔鳥迹空雲鏡像水月教兒師子迷蹤訣上樹老猫安身法活鱍鱍倒一說等閑翻却狐狸穴（圓悟勤）

雲門因僧問如何是塵塵三昧師曰鉢裏飯桶裏水 頌曰 鉢裏飯桶裏水多口阿師難下觜北斗南星位不殊白浪滔天平地起擬不擬止不止箇箇無裩長者子（雪竇顯） 朝打三千未為多暮打八百未為少鉢裏飯兮桶裏水人前切忌無分曉（白雲端） 塵塵三昧彼彼不外千峯向嶽百川赴海更無一法不如來只箇堂堂觀自在（天童覺） 見之不取思之千里杓聽將來笊籬無耳二月三月花開時路岐芳馥春風起直下是休擬擬鉢裏飯桶裏水（湛堂準） 鉢裏飯桶裏水開口見膽求知已擬思便落二三機對面忽成千萬里韶陽師較些子斷金之義兮誰與相同匪石之心兮獨能如是（天童覺） 塵塵三昧鉢飯桶水雲門眼中著僧身裏捏合起來無處藏壁著磕著埋沒你（月堂昌） 鉢裏飯桶裏水狗子咬人不露齒堪笑韶陽老古錐倒地至今猶未起（無菴全） 南頭買貴北頭賣賤只可聞名不可見面（且菴仁）

雲門因僧問如何是雲門一句師曰臘月二十五 頌曰 臘月二十五一曲超今古鎮州大蘿蔔生長在深土（佛慈眾） 雲門一曲二十五不涉宮商角徵羽有人問我曲因由南山起雲北山雨（黃龍南） 臘月二十五一曲無人舉韶陽老古錐屈指從頭數（楊無為） 一曲韶陽古調清多年木石化為精廣陵傳去人何在留得杜鵑啼月明（大洪遂） 臘月二十五騎驢不打鼓春風百草生塚上添新土（真淨文） 臘月二十五韶陽曲調普欲會箇中意先天

為心祖 通照逢 憶昔雲門老古錐曾將今日
示當機奇哉二百年來事長作胡笳曲調吹
圓通僊 雲門曲調格何高轉使愁人不柰何
明月清風無價數一時分付與仙陀 長靈卓
韶陽一曲二十五不為五音亙今古剎剎觀
音妙智力塵塵能救世間苦 旻古佛 臘月二
赤三
十五雲門一曲新一回聞舉著笑殺洛陽人 八
訥堂思 臘月二十五雲門沒陽肚一曲盡情
彈淳音超太古明眼衲僧休莽鹵 育王光
雲門一曲徹髓徹骨霽雪千峯寒梅破蕚晬
啄公子風流鳴木鐸 松源岳 雲門一曲從來
無譜韻出五音調高千古就中妙旨許誰知
幾擬黃金鑄子期 無準範
雲門因僧問如何是法身師曰六不收圓悟
云一一不立 頌曰一二三四五六碧眼胡僧
數不足少林謾道付神光卷衣又說歸西竺
西竺茫茫無處尋夜來却對乳峯宿 雪竇鑑
六不收兮調最新能歌何待繞梁塵和風蒲
檻花千樹不換乾坤別是春 白雲端 一不立
六不收突然那更有蹤由無限青山留不住
落花流水太悠悠 圓悟勤 村歌社舞那伽定
疥狗泥猪清淨身透徹根塵無佛法優曇花
現十洲春 秀巖瑞
六不收一不立清淨法身何處覓夜來一陣

吹葉風掃盡淨雲月照壁 掩室開
雲門因僧問如何是超佛越祖之談師曰餬
餅頌曰 超談禪客問偏多縫罅披離見
也麼餬餅塑來猶不住至今天下有誵訛 雪
竇顯 天皇蔭子孫龍潭得一箇三代渾崙吞
六三
無人敢咬破始自韶陽拈出來為貽其福却
貽災當時病本無人削迄至而今成禍胎 九 正
覺逸 超佛越祖若何宣充齋餬餅恣情餐湖
南長鉢新羅咬大食波斯禦渡船 慈明圓 杜
禪和杜禪和一箇餬餅不柰何禮拜任君頭
著地海東船子過新羅 雲峯悅 雲門餬餅攔
揲小爭似法華爐竈大飽來一任帶刀眠誰
問西來闊達磨 白雲端 超佛越祖之談覿面
相呈誰領不知箭過新羅動地鬧爭餬餅 真
淨文 韶陽餬餅荅禪人佛祖之談道最親不
落言詮休擬議回頭識取自家珍 雲居祐 駕
空欲上九層霄脚下紅絲繫轉牢賴是龍泉
未出匣且施一劄用鈆刀 道場如 堪悲堪笑
老韶陽餬餅拈來撲鼻香端的若知滋味者
不勝滿面負慚惶 文殊道 作家手段不隨流
餬餅拈來荅話頭任是衲僧超佛祖到頭不
換飽齁齁 黃龍震 雲門餬餅對超談多少禪
流看不穿若是孔門真弟子自然知道化三
千 佛燈珣 雲門一枚餬餅天下衲僧咬嚼着

非錢作牙關往往難國吞却吞時易吐時難
莫道從來麪一般踏着韶陽關捩子方能平
地起波瀾 慈受深 超談餬餅應時樸逐塊知
非獅子兒敗葉霜風都掃盡古松方見歲寒
枝 水菴一 雲門因僧問如何是諸佛出
身處師曰東山水上行頌曰 東山水上
行出處甚分明好看塵沙佛波濤四面生 佛
慧泉 諸佛出身處東山水上行目前一彈指
變現自分明日面月面迎佛手驢脚呈皆承
此恩力言外度迷情 真淨文 諸佛東山水上
行擡頭舉步落深坑誰知獨足拖泥水不離
回途十萬程 雲溪恭 諸佛出身處東山水上
行促裝無伴侶獨自赴前程 大洪預 諸佛出
身處東山水上行面南看北斗日午打三更
湛堂準 東山水上行褊衫不染皂壁上畫枯
松後園驢喫草三十二相八十種好赤膊抵
沙蜂爛醉和衣倒 或菴體 諸佛出身處東山
水上行石壓笋斜出崖懸花倒生 十一 覺報清 要
六三
會東山水上行溪邊石女夜吹笙木人把板
雲中拍一曲涼州恰二更 石菴珝 東山水上
行乾元利貞亨誵訛一箇字才子競頭爭 率
菴琮 諸佛出身處千般說度量東山行水上
貶眼過扶桑 荊叟玨 雲門因僧問如何
是佛師曰乾屎橛頌曰 稽首金容乾屎

橛應物現形如水月香臭皆從佛口生凡聖從敎同一舌（佛鑑懃）我佛如來乾屎橛隨機平等徧塵寰迷頭認影匾匾者目對慈顏似等閑（太平古）問佛唯言乾屎橛非獨抽釘兼拔楔不是韶陽老古錐爭得親言出親舌（佛燈珣）不用唐言譯休將梵語傳摩醯首羅眼對面隔西天（鼓山珪）雲門乾屎橛全超法報化無事出山遊百錢杖頭掛（徑山杲）問處分明荅處新半同含笑半同瞋君看陌上二三月那箇枝頭不帶春（慧田淨）韶陽乾屎橛多年硬似錢堪笑韓獹不柰何狺狺怨恨天邊月（典牛游）　雲門大作師子吼剛把衷腸爲誰剖眼似流星尚懵然狂夫逐臭爭知有君不見巖頭有語兮咬人屎橛非好狗（懶菴需）問佛荅云乾屎橛明明此理難分雪金剛寶劒倒殺人鈍鐵止用新羅鑌（象菴岳）雲門小廝兒大作師子吼鼻孔得半邊不知失却口（松源岳）赤三　秖箇乾屎橛雲門太饒舌喪盡目前機虛空迸出血（妻菴常）十一

雲門因僧問樹凋葉落時如何師曰體露金風　頌曰問既有宗荅亦攸同三句可辨一鏃遼空大野兮涼飈颯颯長天兮疎雨濛濛君不見少林久坐未歸客靜依熊耳一叢叢（雪竇顯）體露金風觸處周何須葉落始知秋清風樓上當年事直至如今笑未休（泉大道）問標荅旨荅徹問宗樹凋葉落體露金風如今要識雲門老秋後霜林盡變紅（靈源清）因行不妨掉臂求他不如求己面前山子稍存處處無風浪起一聲鴻鴈忽聞盡在愁人窠裏（長靈卓）樹凋葉落何時節體露金風九月天滿目真如人不會一川風月正脩然（佛鑑懃）涼風落木楚山秋滿樹寒蟬噪不休紅蓼白蘋開兩岸不知誰在釣魚舟（佛性泰）金風體露復何言大道從來絕變遷一葉飄空天似水臨川人喚渡頭船（白楊順）皮毛脫落盡惟有真實在全體露金風超然三句外（本覺一）寂寂寥寥空索索遍界紛紛黃葉落東西南北絕遮攔萬里長天飛一鶚（在菴賢）樹凋葉落聊伸問體露金風錯指蹤帶累兒孫無豹變等閒落在草窠中（天目禮）

雲門因僧問不起一念還有過也無師曰須彌山　頌曰不生一念豈通宗真僞分於一句中築著眼花兼杜口須彌當面作屛風（洞山魏）念不起須彌山就中崎嶮路行難競向海門遙仰望四溟浩渺七金寒（正覺逸）作者縱橫終不虛應機湧出須彌盧人窮不到金剛際相逐年年役路途（黃龍南）不起一念須彌山逐語隨言會轉難錦鱗赬尾平生事剛被平人把釣竿（楊無爲）須彌山塞宇宙千眼大悲看不透除非自解倒騎牛一生不著隨人後（白雲端）萬仞峯前立太華須臾眨眼落懸崖通身不損毫毛者天上人間不敢埋（保寧勇）問荅隨機或淺深雲門終是飽叢林如今競逐須彌走無限平人被陸沉（佛陀遜）不起一念海湧須彌把來便用休剔針鋒（真淨文）赤三　十二　善對機宜作者難眉毫無際現毫端西來穿耳攢眉過南海波斯仰面看（無示諶）須彌山聳見還難烟水漫漫萬仞攢欲覓雲門端的處把住清風一問看（地藏恩）一念沉沉過有無亘空拄出大彌盧直饒玉兔金烏忽宮殿巡遊落半途（張無盡）巍巍一座大彌盧荷負非干氣力麤縱使不隨言語會却來當面受塗糊（徑山杲）明鏡當臺湛如水無端特地起塵埃積成山嶽面前立千手大悲擘不開（佛性泰）一波纔動衆波隨汩沒塵寰幾箇知突兀須彌橫宇宙縱橫妙用更由誰（踈山如）不起一念向道須彌舌頭一臠肉口唇兩片皮雲門機用妙如許不落是非知不知（天童覺）石筍抽條泥牛吼月誰料同舟自胡越應機湧出須彌山一念不生何處雪金剛寶劒當頭截（圓悟勤）不起一念須弥山特立當頭著眼看拈一縷絲輕絆倒家家門底透長安

（水菴一）不起一念突出須彌聖凡莫辯箇老古錐（松源嶽）雲門因僧問如何是清淨法身師曰花藥欄曰便恁麼去時如何師曰金毛獅子頌曰　花藥欄莫顢頇星在秤兮不在盤便與麼太無端金毛獅子大家看（雪竇顯）遊子奔馳不少安但知門外逐歌歡自家田地荒來久只看人間花藥欄（戒拈木）是處三春花藥欄五湖禪客不須看尋枝摘葉應難會牙爪分明子細觀（雲溪恭）金谷春光長滿眼紅藥花梢香爛熳昨夜西風一陣寒徧地殘芳落何限王孫醉倒不知歸猶向欄邊索金盞（上方益）清淨法身花藥欄眉毛剌倒須彌山誰將玉笛傳淒怨吹過蘆蔡明月彎（佛智裕）清淨法身花藥欄分明一點不相瞞有誰得意春風裏時到堦前子細看還（耕雲）雲門因僧問如何是學人自己師曰遊山翫水曰如何是和尚自己師曰賴遇維那不在頌曰　南嶽山前徑山後瀑布聲如雷電吼拈却笠子露頂行踏着草鞋赤脚走（佛慧泉）學人自己遊山翫水只知路破草鞋忘却來時年幾（楊無為）遊山翫水須究宗旨莫作等閑遊山翫水（黃蘗勝）杖藜林下步莓苔攫攫勞生眼未開好是落花隨綠水一時流出洞中來（地藏恩）遊山翫水事尋常早晚歸來鬢欲霜踏破草鞋回首看數聲猿叫白雲鄉（開福寧）遊山翫水數如麻誰識韶陽老作家截斷跛師三寸舌回頭總是舊生涯（肯堂充）遊山翫水萬萬千千孰透韶陽語中帶玄（雙山仁）朝西天暮東土翫水遊山條行欵步是則不動道場不是亦在裏許誰為證明石霜角虎（默堂定）東村王大翁從來不睹是却將別人田唤作自己地（絶象鑒）

雲門因僧問殺父殺母佛前懺悔殺佛殺祖甚處懺悔師曰露頌曰　石火流星曾未急璇璣電轉一何遲雲門露字突然出著眼看時鷂子飛（正覺逸）斲土揚塵無避處將門直到御樓前回頭不見來時路下是黃泉上是天（白雲端）露超宗越祖人言渠爇返魂香我道伊撾塗毒鼓（天童覺）重關金鎖不用鑰匙舌根不動韶陽已知（與牛游）椎鑼播鼓（船神）頭席卷波翻喊激流赤脚上船乘快便順風相送下揚州（卍菴顏）雲門露猛如虎達磨師不是祖豈不見鹽官老須彌為椎虛空為鼓又不見禾山老解打鼓休薺鹵甜瓜徹蔕甜苦瓠連根苦喝一喝（應菴華）斗換風雷吼星移海嶽昏誰知席帽下元是昔愁人（退谷雲）

雲門因僧問如何是正法眼師曰普頌曰　普之一字豈尋常擡首須看掣電光擬議思量生會解堪嗟剜肉作身瘡（洞山聰）普之一字天然別著眼看時如電掣宇宙茫茫無處尋秤鎚踏着硬如鐵（正覺逸）說佛說法廣鋪舒矢上加尖也太愚明眼衲僧傍觀見一條拄杖兩人舁（大愚芝）頂上有來真箇瞎輝天鑒地不同時大慈手裏休擎手獨自夜行誰得知（白雲端）但無一切心自然合大道應用在臨時莫分妙不妙（真淨文）應機無出老韶陽法眼咨詢普字當機會着非獅子子一場鬧夢過瀟湘（圓通仙）正法眼普伶俐衲僧多錯舉休錯舉冬至寒食一百五（楊無為）明暗雙雙照用分幾人親到孟嘗門街頭不識真彌勒却向靈山問世尊（瞎堂遠）

雲門因僧問如何是啐啄之機師曰響頌曰　有問啐啄機雲門答云響昨日雷震天夜來山水長（真淨文）啐啄之機響字酬過空雷電忽傾湫夜來露滯漫天雨幾處波濤打釣舟（圓通仙）白拈問狸奴虛空酬萬象電激不停蹤谷虛誰答響啐兮啄兮清機歷掌回頭轆轢範秦時舌上葛藤長萬丈（心聞賁）一啐一啄當頭響合毋不離窠子已出殼（絶象鑒）

雲門因僧問如何是雲門劍師曰祖頌曰　吹毛寶劍問雲門來者投機豈更存路逢劍客如何也斅人攜手向南奔（北塔祚）吹毛寶劍不須揺

迸匣清光射斗牛日用全彰人不見雲門祖字為君酬 雪溪恭 三尺秋光匣裏藏時逢作者露鋒鋩如今四塞狼烟靜不展紅旗歸故鄉 國通仙

雲門因僧問如何是吹毛劍師曰骼又曰齒頌曰

誰謂吹毛劍雲門骼可知一朝權在手方見令行時 真諍文

雲門因僧問佛法如水中月是否師曰清波無透路曰和尚從何得師曰再問復何來曰正與麼時如何師曰重疊關山路頌曰

灼然水月非難取自是時人手不親認石老師拈出了關山重疊越光新 白雲端 徧界不藏清波澄寂互換投機箭鋒相直提起向上鉗鎚石火電光莫及便恁麼陽關山碧潭雲外不相關 圜悟勤 盡却命根方可關門一挨一撈電湧雷奔佛法水中月耳裏眼裏說差之毫釐失之千里南北東西知幾幾 月堂昌 清波無透路轉處少人知斫却月中桂清光付與誰 湛堂準

雲門示衆曰藥病相治盡大地是藥那箇是自己頌曰

藥忌由來驗作家示徒親切病如麻十方三世諸知識赫日光中雷電車 五祖戒 藥病相治事可嗟如何於此墮群邪未語已前誰辨的洎乎開口見萌芽不在思惟休卜度徒勞管見強紛拏世上多有如斯者不知羞恥數如麻

北塔祚 盡大地是藥古今何太錯閉門不造車通途自寥廓錯錯鼻孔遼天亦穿却 雪竇顯 左眼不見山河右眼不見日月直得百花開時一一為君分別 白雲端 被裏出指水中露觜屈指眼開搖觜身起藥病不相治何須盡大地反笑老雲門失却娘生鼻 月堂昌 太譊訛全殺活絕承當無摸索寰中意氣閫外籌畧倒退三千里盡大地是藥錯錯利劍七星光閃爍 圜悟勤

雲門問僧光明寂照徧河沙豈不是張拙秀才語僧曰是師曰話墮也頌曰

叶路縱橫得自由牢關挨轉妙全收箇中審意人難會喝下須教水倒流 禾山方 萬丈龍門勢倚空懸崖撒手辨魚龍時人只看絲綸上不見蘆花對蓼紅 月庵果 問來荅去無偏黨鐵壁銀山作麼通縱奪臨機言話墮遂令千古動悲風 珠山如 與奪雙行定是非韶陽用處太孤危這僧若與金剛眼趙壁連城一道歸 旻古佛 分明寫出與君看意在鉤頭不在盤縱使石人開得口不知猶被舌頭謾 松源嶽 當的帝都丁伊憂乙噎嬰若教呼吸正悞殺世間人 石鼓夷

如雲門曰衲僧家須有巴鼻方識得天下人何是衲僧巴鼻代云德山頌曰

雲門舌上有龍泉愛把金針黑地穿要會衲僧巴鼻子一條紅線兩人牽 慈受深

雲門普請搬柴路次見僧遂拋下一片柴曰一大藏教只說者箇頌曰

匾匾綠楊堪繫馬家家門口透長安一條大路平如掌自是時人措足難 慈受深 汝水向東流楚水從南至皆歸大海中鹹淡同一味頂門具眼底衲僧試向其中辨淺深 佛性泰 一大藏教說這箇雲門飄下是甚麼直饒於此徹根源眨得眼來還蹉過 淅翁琰

雲門因僧問生死到來如何排遣師展手曰還我生死來頌曰

針眼魚吞大千界蟭螟蟲吐妙高山太虛包括無遺漏萬彙全歸指掌間起復滅去還來石橋路斷通身黑那知華頂是天台 圜悟勤 飢便喫飯困來打眠長安城外一望平田絕中邊離言詮將軍不識烏騅馬海底犀牛把角鞭 默堂定

雲門因僧問秋初夏末前程若有人問作麼生祇對師曰大眾退後曰未審過在甚麼處師曰還我九十日飯錢來頌曰

大衆退後衲僧去就豈用機關那容體究羲翁老熟慣風波撓棹不施船放溜 天童覺 夏末秋初萬萬千石頭路滑腳皮穿這僧劍刃翻身疾也被雲門索飯錢 石田薰

雲門因僧問如何是法身向上事師曰向上與汝道即不難作麼生會法身曰請和尚鑒師

曰鑒即且置作麼生會法身曰與麼與麼師曰這箇是長連床上學得底我且問你法身還解喫飯麼僧無對頌曰　　西江一吸竟無痕三世如來一口吞鳳髓龍肝香積飯萬般嘗過不須論 南堂興二　　韶陽機鋒迅雷霆靈僧問法身喫飯不喫學語之流卒說不出山河大地聊充飢四海五湖輕一吸未識雲門向上機秖尋向下轉生疑通身是飯如何喫無口從來亦不飢　　雲門問新到你是甚處人曰新羅人師曰將什麼過海曰草賊大敗師曰為什麼在我手裏曰恰是師曰跨跳無對　本覺一云者兩箇有頭無尾漢

頌曰　　新羅衲子罕曾逢風月詢來也略同可惜為山爭一簣徒勞賓主各無功

雲門曰三家村裏賣卜東卜西卜忽然卜着也不定僧便問忽然卜着時如何師曰伏惟

頌曰　　賣卜三家村裏頭吉凶禍福辨端由忽然卜着僧來問生死唯將一句酬 朱三

雲門曰平地上死人無數過得荆棘林是好手時有僧出云與麼則堂中第一座有長處也師曰蘇嚕蘇嚕頌曰　　舉手攀南斗移身倚北辰出頭天外看須是箇般人 水菴一　聲如鳴玉靜邊門誰幽人不見君花到海棠將寂寞綉衣猶把麝香熏 虛堂愚　將軍令下閃旌旗胡騎紛紛頓失威縱有突然驍驟者不知身已陷重圍 斷橋倫

古佛與露柱相交是第幾機僧無語師曰你問我與你道僧遂問師曰一條縚三十文曰如何是一條縚三十文師曰打與自代前語云南山起雲北山下雨頌曰　　南山雲北山雨四七二三面相覷新羅國裏僧上堂大唐國裏未打鼓苦中樂樂中苦誰道黃金如糞土 雪竇顯　一道神光初不覆藏超見緣也是而無是出情量也當而無當岩花之粉兮蜂房成蜜野草之滋兮麝臍作香隨類三尺一丈六明明觸處露堂堂 天童覺　滃然南山雲沛然北山雨露柱笑呵呵燈籠起佛祖中涌邊沒西天東土樓閣門開盡日閑野老不知何處去 圓悟勤　古佛頭挂天露柱脚踏地上古今來成一體頭挂天兮戴帽子脚踏地兮沒草鞋同赴大悲院裏齋 佛鑑懃

雲門有時云燈籠是你自己把鉢盂噇飯底不是你自己有僧問飯是自己時如何師曰者野狐精三家村裏漢師却曰來來不是你道飯是自己曰是師曰驢年夢見三家村裏漢頌曰　　終朝噇飯費工夫不識燈籠是鉢盂多少三家村裏漢忙忙樹上捉鮎魚 或菴受深　雲門示衆曰拆半裂三針筒鼻孔在甚麼處為我一一拈出來看自代曰上中下頌曰　　昔年曾扣睦州關負義忘恩當等閑見說吳音俱變盡語言渾似廣南蠻 虛堂愚　雲門因僧問機塵見佛時如何師曰佛亦是塵田菴頴為廬山圓通西堂為衆入室舉此公案問慈元菴慈隨聲便喝以手撥胷曰佛亦是塵復頌曰　　機塵見佛佛亦是塵問了荅了直下翻身勸君更盡一盃酒西出陽關無故人　　雲門因僧問如何是雲門一路師曰親頌曰　　雲門一路親眼裏不容塵自從五代干戈後得見昇平有幾人 楊無為　　雲門示衆曰拄杖子化為龍吞却乾坤了也山河大地甚處得來頌曰拄杖子吞乾坤徒說桃花浪裏奔燒尾者不在拏雲攫霧曝腮者何必喪膽忘魂拈了也聞不聞直須灑灑落落休更紛紛紜紜七十二棒且輕恕一百五十難放君 雪竇顯　眷就黃龍變化材驀然平地一聲雷比圖對面教人見吞却乾坤吐出來 佛鑑懃　衲僧拄杖子為龍却不尊橫拈衣佛祖倒握撼乾坤眼裏有睛皮有血直須一棒一條痕狸奴白牯休相笑只今親侍絕兒孫 投子舒

寧子真潛為母蒲氏刊石

雲門因僧問久雨不晴時如何師曰劄頌曰久雨不晴雲門道劄陽烏畬羽翰蛟龍縮鱗

鱕為是時節為是佛法一箭兩垛設精量眼
裏瞳人眉搭颯佛智裕　雲門道一劄吹毛
光透匣若不是張華徒勞眼眨眨月坡明
雲門問僧近離甚處曰西禪師曰西禪何有言句僧展
兩手師與一掌曰某甲話在師却展兩手僧
無語師又打頌曰　虎頭虎尾一時收凛
卷三　二十
凛威風四百州却問不知何大險師云放過
一著雲竇顯特成之山不進一著老倒雲門
生而獲利釣鼇釣鯨手段高慣曾下海涉波
濤緩放急收自得便浮家泛宅何飄飄昆月堂
雲門因僧問一切智通無障礙時如何師曰
掃地潑水相公来頌曰　掃地潑水相公
来人人明鏡挂高臺碧油幢下呵呵笑青眼
何妨特地開慈受深　掃地潑水相公来聲高
隘喝繡旗開天上玉麟来瑞世堪作人間將
相才水菴一　一切智通無障礙掃地潑水相
公来覿面當機如激電寒山撫掌笑哈哈拙
菴光　雲門因有講僧㕘經侍乃曰木到雲門
時恰似初生月及乎到後曲彎彎地師得知
乃召問是你道否曰是師曰甚好吾問汝作
麼生是初生月僧乃斫額作望月勢師曰你
如此已後失却目在僧經旬日復来師又問
你還會也未曰未會師曰你問我僧便問如
何是初生月師曰曲彎彎地僧罔措後果然

失目頌曰　雲門新月曲彎彎管見初
明豹一斑點鐵化為金郎易勸人除却是非
難慈受深　恰似初生月兩口無一舌到了曲
彎彎把火入牛欄問他以手便斫額猴黑誰
知有猴白向後失目果然是要見長人過深
水月堂昌　雲門上堂因聞鐘聲乃曰世界與
卷三　二十一
麽廣闊為甚麽向鐘聲披七條僧無語師曰
七里灘頭多蛤子頌曰　七條披向鐘聲
上徧界難藏比丘相若以色見音聲求迦葉
師兄是虗妄鼓山珪　七里灘頭多蛤子太陽
一出口俱開平生肝膽雖然露狡鶻何曾逐
臭来無菴全　鐘聲披起欝多羅信手拈来不
在多堪笑當年明上座狼忙馳逐太奔波率
菴琮　試問鐘聲披七條輕輕擊着無明發
買来餬餅是饅頭苦哉觀世音菩薩笑菴悟
會則事同一家不會萬別千差不會事同一
家會則萬别千差無門開　雲門因僧問
如何是祖師西来意師曰没即道或曰長連
牀上有粥有飯或曰山河大地頌曰有時順
水流舟去轉拖看看又逆風船到岸時人出
陸山重重又水重重象鑒　黄金與瓦礫恣意
亂拋擲高價無人酬一地成狼籍竹屋簡　雲門
曰直得乾坤大地無纖毫過患猶是轉句不
見一色始是半提更須知有全提時節頌曰

百尺竿頭弄險是非海裏橫身更有全提底
時節只堪惆悵不堪陳無欲源　雲門因僧問如
何是最初一句師曰七九六十三頌曰七九
六十三休云是對談當機如不薦更去問瞿
曇本覺一　雲門因僧問如何是大修行底人師
曰一檻在手頌曰手中一檻絶痕蹤道聽途
傳轉見賒作者至今拈不起依然獨自挈歸
家大中隆　雲門因僧問如何是沙門行師曰會
不得曰為甚麽會不得師曰秖守會不得頌
曰若問沙門行沙門行最高若教人會得業
性卒難逃智門祚　雲門一日問明教今日喫得
幾箇餬餅曰五箇師曰露柱喫得幾箇曰請
和尚茶堂裏喫茶頌曰等閑垂借問端由不
負平生盡吐酬竭力為人須是徹方知茶味
解人愁投子青　韶陽門下足英明直歲之才又
哲英雲萃堂前凹凸甎不勞心力一齊平正
覺逸　雲門問僧江西湖南還聞長觜鳥說禪
卷三　二十二
麽曰不聞師拈拄杖曰禪頌曰鵶鳴鵶鵲鳴
鵲天然自會不從人學跛脚阿師放過一着
拈起拄杖口邊吹喧喧猶勝鷓鴣啼三月提
壺沽美酒杜鵑相勸不如歸　雲門拈起餬
餅曰我只供養兩浙人不供養向北人衆無
語自代曰天寒日短兩人共一椀頌曰半在
河南半河北一片虗凝如墨黑冷地思量愁

殺人巨耐雲門這老賊（本覺一） 雲門齋次拈起匙筯曰我不供養南僧只供養北僧時有僧問為甚麼不供養南僧師曰我要鈍置伊曰為什麼只供養北僧師曰一箭兩垛有僧拈問只如前意作麼生師曰好即同衆頌曰 拈來匙筯普相呈不供南僧供北僧換却眼睛曾莫顧熟謾都為不惺惺（本覺一） 雲門齋時問僧曰入喫飯飯喫人僧無語師自代曰謝師荅話頌曰 老倒雲門強指迷這僧無語顯全機勸君不用他尋覓一飽自然忘百飢（銕山仁） 雲門到江州陳操尚書請齋纔見便問儒書中即不問三乘十二分教自有座主作麼生是衲僧行脚事師曰曾問幾人來曰即今問上座師曰即今且置作麼生是教意曰黃卷赤軸師曰這箇是文字語言作麼生是教意曰口欲談而辭喪心欲緣而慮亡師曰口欲談而辭喪為對有言心欲緣而慮亡為對妄想作麼生是教意書無語師曰見說尚書看法華經是否曰是師曰經中道一切治生產業皆與實相不相違背且道非非想天有幾人退位書無語師曰尚書且莫草草三經五論師僧拋却特入叢林十年二十年尚不奈何尚書又爭得會書禮拜曰某甲罪過頌曰 作家慣戰不齎糧奪鼓搴旗勢莫當虎驟龍驤誰辨的反思仁義勝剛強（尼無著摠） 雲門上堂拈起拄杖曰凡夫實謂之有二乘析謂之無緣覺謂之幻有菩薩當體即空衲僧家見拄杖便喚作拄杖行但行坐但坐不得動著頌曰 二乘菩薩何言盡諸佛凡夫早晚休世事但將公道斷人心難似水長流（鼓山珪） 掣開金殿鎖撞動玉樓鍾泣露千般草吟風一樣松（徑山果） 雲門是箇老闍黎衲僧巴鼻幾時知拄杖從教不得動春來未免倒抽枝（懶菴樞） 騰逐灘灘盡心隨浪浪飛舟人報灘盡心膽一時歸（孤峯深） 雲門上堂光不透脫有兩般病一切處不明面前有物是一又透得一切法空隱隱地似有箇物相似亦是光不透脫又法身亦有兩般病得到法身為法執不忘己見猶存坐在法身邊是一直饒透得法身去放過即不可子細檢點將來有甚麼氣息亦是病頌曰 森羅萬象許崢嶸透脫無方礙眼睛掃彼門庭誰有力隱人窮次自成情 船橫野渡涵秋碧棹入蘆花照雪明串錦老漁懷就市飄飄一葉浪頭行（天童覺） 雲門示衆曰讀經千卷紙上語頌曰 先天後地本寥廓又撥草尋芳途路樂不得春風花不開花開又被風吹落（或菴體） 雲門因僧問達磨面壁意旨如何師曰念七 又僧問南泉達磨面壁意旨如何泉曰天寒無被蓋頌曰 一人會上竿一人會穿井伎倆雖不同總是一般病識得者般病衲僧鼻孔都穿盡（慈受深） 雲門念七開口則失禿却舌頭有甚氣息（東山源） 達磨面壁雲門念七兩箇漆桶多虛少實明眼衲僧如何委悉當知劍去久矣不用刻舟尋跡（無相範）

禪宗頌古聯珠通集卷第十七　赤三

禪宗頌古聯珠通集卷第十八　赤四

僧錄司右闡教兼靈谷禪寺住持淨戒重校

祖師機緣

潭州谷山有緣禪師嗣大光　僧問如何是祖
師西来意師曰夜半烏兒頭戴雪天明啞子
抱頭歸頌曰瑞靄祥煙鎖玉樓妙年王子恣
優游琉璃殿上騎金馬明月堂前輥綉毬丹
霞淳　赤四　京兆白雲善藏禪師嗣大光僧問
如何是深深處師曰矮子渡深溪　頌曰
白頭童子智尤長半夜三更渡渺茫任運往
来無間断不消船艇與浮囊丹霞淳
吉州禾山無殷禪師嗣九峯示衆曰習學謂
之聞絕學謂之隣過此二者謂之真過有僧
問如何是真過師曰禾山解打鼓曰如何是
真諦曰禾山解打鼓又問即心即佛則不問
如何是非心非佛師曰禾山解打鼓曰如何
是向上事師曰禾山解打鼓頌曰　布毛拈
起費人言争似禾山一句傳打鼓一聲喧宇
宙冰寒千丈忽生蓮投子青　一拽石二搬土
發機須是千鈞弩象骨老師曾輥毬争似禾
山解打鼓報君知莫莽鹵甜者甜兮苦者苦
雪竇顯　一二三四五禾山解打鼓觀音妙智
力能救世間苦正覺逸　當陽打動番南鼓萬
象森羅立地聞不是大家齊則劇難消白日
到黄昏雪菴瑾　草履為冠松作釵一般瀟灑
眼頭乖清音只在風簷下終日無人不下堦
靈堂悬　禾山解打鼓大地無寸土不是邯鄲
人切忌學唐步無相範
洪州鳳棲山同安常察禪師嗣九峯　問僧眼
界無光如何得見僧曰北斗東轉南斗西移
師曰夫子入太廟曰與麼則同安門下道絕
人荒去也師曰橫抱瓔孩擬彰皇簡頌曰
新羅激海南岳天台纖塵不礙豈涉去来回
頭斂念解脫門開反憶善財尋勝友百城游
偏不知回雪竇宗　同安因僧問如何是
鳳棲家風師曰鳳棲無家風曰既是鳳棲為
什麼却無家風師曰不迎賔不待客曰恁麼
即四海叅尋當為何事師曰盤飣自有傍人
施頌曰　三世如来一口吞故山深静月黄
昏光分頂後千門曉坐看春回入燒痕自得
暉　同安因僧問如何是天人師師曰頭
上角不全身上毛不出頌曰　赤四二　秘殿重圍曉
尚寒丹墀苔潤未排班寶香鳳燭烟雲合寂
寞簾垂不露顏丹霞淳　同安因僧問
新歲方来残年已去莫有不受歲者麼師曰
有曰如何是不受歲者師曰作麼生曰恁麼
則不受歲也師曰城上已吹新歲角窓前猶
點隔年燈頌曰　舊歲新年作問端同安從
此放顢頇凴仗高樓莫吹笛大家留取倚闌
干懶菴樞　樓上嗚咿角已吹燈前蝴蝶夢猶
迷如今要識不遷義日出東方夜落西無様
惠　新羅泊巖和尚五燈會元作
新羅國百巖嗣谷山藏　僧問如何是禪師曰
古塚不為家曰如何是道師曰徒勞車馬迹
曰如何是教師曰貝葉收不盡頌曰
故國清平久有年白頭猶自戀生緣牧童却
解忘功業懶放牛兒不把鞭古塚不為家丹霞淳二
四十九年成露布五千餘軸盡言詮妙明一
句威音外折角泥牛雪裏眠貝葉收不盡
貝葉收不盡一句無私萬法印千聖濡口不
能宣嶺梅漏泄春光信雪竇宗四
古塚不為家漁翁舉棹出蘆花湛水無風江
月迥長空撒盡暮天霞
不勞車馬迹文王去後無消息月華影裏釣
魚磯萬古清風長歷歷
一鏃三關俱透脫從前汗馬休拈掇須知舊
閣快龍舟當年曾把錦標奪
新羅國大嶺禪師嗣谷山藏　僧問如何是一
切處清淨師曰截瓊枝寸寸是寶折栴檀片
片皆香頌曰　乾坤盡是黄金國萬有全
彰淨妙身王女背風無巧拙靈苗花秀不如
春丹霞淳　杭州佛日和尚嗣雲居　夾山一

日大普請維那請師送茶師曰某甲為佛法来不為送茶来那云和尚教上座送茶師曰和尚尊命即得乃將茶去作務處搖茶碗作聲夾山回顧師曰釅茶三五椀意在钁頭邊山曰餅有傾茶意籃中幾箇甌師曰餅有傾茶意籃中無一甌便傾茶行之時大衆皆舉目師曰大衆鶴望請師一言山曰路逢死蛇莫打殺無底籃子盛將歸師曰手執夜明符幾箇知天曉山曰大衆有人歸去歸去從此住普請頌曰　路逢死蛇莫打殺無底籃子須颺下　往往事從閑話生莫將閑話為閑話　朴翁銛　擡板漢沒拘束餓死首陽山擔不食周粟　虛堂愚

洪州鳳棲山同安丕禪師　洞雲居　僧問如何是和尚家風師曰金雞抱子歸霄漢玉兔懷兒向紫微曰忽遇客来將何祗待師曰金果朝来猿去摘玉花晚後鳳嘲歸　頌曰　日午煙凝山突兀夜央天淡月嬋娟混然照煕寒宵永明暗圓融未兆前　丹霞淳　尺素如殘雪結成雙鯉魚要知心裏事看取腹中書　方菴顯　白玉階前金鳳舞黃金殿上玉雞鳴正中来與兼中到昨夜雪深月正明　雪巖欽

同安丕因僧問依經解義三世佛冤離經一字即同魔說此理如何師曰孤峯迥秀不掛煙蘿片月行空白雲自異　頌曰　雲自高飛水自流海天空闊泳孤舟夜深不向蘆灣宿迥出中間與兩頭　丹霞淳

歙州朱谿謙禪師　洞雲居　韶國師到禽次聞犬咬靈鼠聲便問是甚麼聲師曰犬咬靈鼠聲曰既是靈鼠為甚麼却被犬咬師曰咬殺也曰好箇犬師便打曰莫打某甲話頭師休去　頌曰　針頭削鐵佛面刮金無處若有出手便驚　月堂昌　鼠既不靈官馬相踏借使乘風廝挨廝拶干戈中立太平基凛凛嘉聲振蘭若　佛燈珣

朱谿問僧甚處来曰廣南来師曰彼中還有奇特尊宿麼曰奇特尊宿並無人說着只有一人大無慚愧師曰誰僧便指師師曰果然無慚愧曰若不是朱谿時人罔措師以手掩鼻僧近前師便打曰恰是師曰老僧住持事繁僧拂袖便出師呵呵大笑曰盤陀石上藕　頌曰　亂走到家来到家便亂走捉得玉麒麟咬斷別人手　月堂昌　問着奇特尊宿指出無慚愧漢力戰當場彩旗搖乱頭尾兩全始終一貫蟠桃一熟三千年藕生石上誰覩見　佛燈珣　撥草瞻風客機鋒劈箭來盤陀石上藕一夜鏡花開　方菴顯　奇特老尊宿大無慚愧人盤陀石上藕喜見一番新　石溪月

雲居山第二世道簡禪師　洞雲居　僧問孤峯獨宿時如何師曰閑着七間僧堂不宿阿誰教你孤峯獨宿　頌曰　法爾非修本十成平常酬荅最分明端然指出長安道無奈遊人不肯行　丹霞淳　豁開萬仞崖劈面通消息一條白練飛界破青山色　本覺一

雲居因僧問路逢猛虎時如何師曰千人萬人不逢如何却是你逢　頌曰　不掛紅粉色不挂綠羅衣一般閑態度淡墨畫蛾眉　本覺一

雲居簡因僧問如何是朱頂王菩薩師曰問這赤頭漢作麼　高菴悟云這箇便是超宗越格底事直是無你會處須是悟了更能履踐始得諸人還明得麼乃頌曰　朱頂王菩薩元是赤頭漢鶖恄李三黒一生只賣炭

廬山歸宗懷禪師　洞雲居　因僧問截水停輪時如何師云磨不轉頌曰　千尋竿上叉箭斗大海波心擲釣大體還他肌骨好不塗紅粉也風流　白雲昌　大用縱横掣電機爍迦羅眼尚朦朧速途夢裏爭唇吻却憶隨他去

一回 夢菴格 新羅雲住和尚 嗣雪峯 僧問如何是諸佛師師曰文殊聳耳頌曰無相光中未兆身清虛渺邈豈爲隣一輪明月當軒照玉殿蕭蕭不見人 丹霞淳 撫州荷玉山光慧禪師 嗣曹山 僧問如何是西來的的意師曰不禮拜更待何時頌曰盧堂寂寂夜深寒携得瑶琴月下彈不是知音徒側耳悲風流水豈相干 丹霞淳 衢州常寧縣育王山弘通禪師 嗣曹山 僧問如何是和尚家風師曰渾身不直五分錢曰太恁貧寒生師曰古代如是曰如何施設師曰隨家豐儉頌曰祖代家風沒一文清貧中更是清貧著衣喫飯隨豐儉物物頭頭用最親 丹霞淳 撫州金峯從志禪師 嗣曹山 拈挑子示僧曰一切人喚作挑子金峯道不是僧曰未審和尚喚作甚麼師拈起挑子曰恁麼則依而行之師曰你喚作甚麼曰挑子師曰落在金峯窠裏頌曰天作孽猶可違自作孽不可逭 [illegible] 山衆 赤四 金峯窠裏絕誵訛挑子拈来會 八 也麼回鴈一聲春夢斷始知身世悟南柯 方菴顯 渾崙拈起好風規石火明明已較遲不落金峯窠窟裏會須赤手討便宜 石溪月 金峯因僧問是身無知如土木瓦石此意如何師下禪床扭僧耳朶僧負痛作聲師曰今日始捉著

箇無知漢僧作禮出去師召闍黎僧回首師曰若到堂中不可舉著曰何故師曰大有人笑金峯老婆心頌曰扁舟劃斷曉江雲一曲高歌遠送君驚起灘頭野鴨子海天飛去不成羣 西岩惠 是身土木無知漢忍痛聲中一皺眉好是南山射石虎縱饒沒羽亦徒爲 石溪月 金峯於僧堂喫餅次自拈一枚餅從上板頭轉一匝大衆見一時合掌師曰縱饒你十分起手也只得一半至晚有僧請益云今日行餅見僧合掌和尚道縱饒十分起手也只得一半請和尚全道師作拈餅勢僧云會麼曰不會師曰金峯也只得一半頌曰金峯餬餅只許一半若要完全後五日看 方菴顯 金峯見騈道者来擊起經作攬衣勢以目視之騈提坐具以目視師師曰一切人道你會禪曰和尚作麼生師曰草賊大敗頌曰龍起滄海虎出林端直下来也急著眼看 石溪月 赤四 金峯因僧問四海晏清時 七 如何師曰猶是階下漢頌曰　四海烟塵已晏然當軒皓月照人寒大功不賜將軍賞寶馬金鞍頓懶看 丹霞淳 撫州曹山慧霞禪師 嗣曹山 僧問佛未出時如何師曰曹山不如曰出世後如何師曰不如曹山頌曰　日隱青山瑞氣高梧藏丹鳳覻無寥無端石馬潭中過驚

起泥龍翻海潮 投子青 古木靈巢鸛夢迷崑崙白象倒騎歸魚鱗水漲舟橫岸羊角風生花落溪 湛堂準 曹山不如花根本艷不如曹山虎體元班江南地暖塞北春寒一把柳絲收不得和烟搭在玉闌干 石菴玿 曹山不如是馬非驢不如曹山虎不食斑龍吟霧起虎嘯風寒達觀之士兮一見便見中下之機兮千山萬山瘥病不假驢䮫藥延齡何用九還丹 幸菴傳 曹山霞因僧侍立師曰道者可煞熱曰是師曰秪如熱向甚處回避曰向鑊湯爐炭裏回避師曰秪如鑊湯爐炭又作麼生回避曰衆苦不能到頌曰　崑崙片玉大中潤碧落孤烟水底圓一念翛然無異色任從滄海變桑田 丹霞淳 衆苦不能到特地好乾坤風光都買盡不費一文錢 枯禪鏡 賀家湖上天華寺一一軒窗面水開不是閑門防俗客愛閑能有幾人来 天目禮 瞎却頂門三隻眼鑊湯爐炭裏優游若言衆苦不能到端的何曾有些頭 少室睦 瑞州黃檗山慧禪師 嗣疎山 問疎山剎那便去時如何山曰畐塞虛空汝作麼生去師曰畐塞虛空不如不去山便休去頌曰　畐塞虛空不如不去前後際斷令亦無住倒騎佛殿出三門却把三門掛露柱 懶菴需 隨州護國守澄禪師 嗣疎

山因演化大師在湖南報慈値慈陞堂次化出問如何是真如佛性慈云誰無作不契遂請益師師曰汝但問來化理前問師曰誰有化於言下契悟乃云首座或在衆或住持某甲擔終身相助後化亦繼師住護國鄉識因頌曰　誰無誰有句中玄擊碎重關道究然若是子期聽品弄肯将松韻作秋蟬大洪遂朝三莫四一何少莫四朝三何太多多少未能知數量有無從此見譊訛不譊訛唵蘇嚧悉哩薩婆訶佛性泰誰無誰有全機道言下反身不唧嚠直饒未擧已先行錯認簸箕作鼈斗阿呵呵若人便解倒騎驢一生不着隨人後秀巖瑞護國澄因僧問如何是本来心師曰犀因翫月紋生角象被雷驚花入牙頌曰三脚靈龜荒徑走一枝瑞草乱峰垂崑崙含玉山光潤凉兎懷胎月未知丹霞淳護國澄因僧問如何是梵音相師曰河北驢鳴河南犬吠頌曰　目連求佛梵音相運盡神通不見邊誰悟驢鳴并犬吠圓音落落示人天大洪遂護國澄因僧問如何是本来父母師曰頭不白者曰将何奉獻師曰殷勤無米餧堂前不問親頌曰　出門遍界無知己入戶盈眸不見親虗室夜寒何所有碧天明月傾為隣丹霞淳護國澄因僧問鶴立枯松時如

何師曰地下底一場𢡤㦬問會昌沙汰時護法善神向甚麼處去師曰三門前兩箇一場𢡤㦬問滴水滴凍時如何師曰日出後一場𢡤㦬頌曰鶴立孤松類莫齊豈同飛鴨狎鳧雞迹陽化去無蹤跡靈木迢然鳳不棲大洪遂古寺門前護法神會昌沙汰臭頭辛時来天地皆同力究竟還他有道君水生滴水事清高日出東方便不牢溪澗豈能留得住終歸大海作波濤壯志稜稜鬢未秋男兒不患不封侯反思清白傳家洗耳溪頭不飲牛天童覺潭州報慈藏嶼禪師嗣龍牙僧問情生智隔想變體殊秖如情未生時如何師曰隔曰情未生時隔箇甚麼師曰這箇梢郎子未遇人在頌曰　古人一隔納僧命脉欲識一貫兩箇五百天衣懷情未生時隔金毛多失色狐狸門外走縱横笑殺藂林老禪客楊無爲無情由隔若爲通絲髮之間路萬重可惜兩頭空走者不能直下見其宗白雲端報慈一隔佛祖命脉放去收来聖凡罔測開福寧隔青天無雲轟霹靂藂林衲子如稻麻不知幾箇儸陀客大中隆江南舡海南舶把柁張帆知節拍隨波逐浪幾時休撒手到家頭已白大洪遂隔穿耳胡僧眼睛黒東院西邊是趙州觀音院裏安彌勒石門易襄州萬銅

山廣德延禪師嗣青林虔僧問如何是透法身句師曰無力登山水茅戶絶知音頌曰體妙探玄盡涉程争如野老興中行功忘日用平懷穩免事君王丹霞淳襄州石門獻蘊禪師嗣青林虔僧問如何是和尚家風師曰物外獨騎千里象萬年松下聽金鍾頌曰　夜明簾外月朦朧騎象翻身擊寳鍾洪韻上騰三界外韻夫何事聽猶濃丹霞淳袁州木平山善道禪師嗣蟠龍文初条洛浦問一漚未發已前如何辨其水脉浦曰移舟諳水脉擧棹別波瀾師不契乃条蟠龍亦如前問龍曰移舟不別水擧棹即迷源師從此悟入頌曰　金烏玉兎兩交馳照破威音未兆時若謂青霄別有路木人依旧皺雙眉丹霞淳移舟曾不別澄源擧棹波生豈更堪要會一漚初未發木人半夜好同条本覺一滔滔一脉混常流纔觸波瀾卒未休岸闊風清澄皓月漁翁撥棹宿汀洲瞎菴成木平因僧問如何是西來意師曰石羊頭子向東看頌曰木平道高最難過人問西来意若何石羊頭子向東望月明纔上徧山坡直言不用多疑慮海澄浪息見森羅汾陽昭老胡萬里向支那直至而今不柰何堪笑牧童誰問路一聲長笛過前坡佛印元不勞斤斧弄巧成

拙壞衲通身頭髭若雲著雙破草鞋踏破澄潭月祖意石羊頭向東一漚前事如何說（法雲秀）木平本自無斤斧好肉那堪著灸瘢直指西来親切意石羊頭子向東看（照覺總）石羊頭子向東看大地茫茫被眼謾月映寒潭清徹底雲收華岳露巑岏（野菴璇）石羊頭子向東看祖意明明會者難不惜當陽重指注令朝九日菊花斑（此山應）

汝州風穴沼禪師（嗣南院）

師在郢州李史君衙内度夏普請大會請師陞座乃曰祖師心印狀似鐵牛之機去即印住住即印破秖如不去不住印即是不印即是還有人道得麼時有盧陂長老出問學人有鐵牛之機請師不搭印師曰慣釣鯨鯢澄巨浸却嗟蝸步驟泥沙陂佇思師喝曰長老何不進語陂擬議師便打一拂子曰還記得話頭麼試舉看陂擬開口師又打一拂子牧主曰信知佛法與王法一般師曰見甚麼道理牧主曰當斷不斷反招其亂師便下座頌曰擒得盧陂跨鐵牛三玄戈甲未輕酬楚王城畔朝宗水喝下曾令却倒流（雪竇顯）鋒頭壁立鐵牛機十字縱橫寶劍揮一陣賊軍俱粉碎凱歌齊和太平歸（保寧勇）列聖風規初不放過擬跨鐵牛驀頭印破盧陂當斷却沉吟電轉星飛披活擒喝下機鋒如霹靂三玄戈甲振叢林（圓悟勤）鐵牛之機印住印破透出毗盧頂額行却来化佛舌頭坐風穴當衙盧陂負墮棒頭喝下電光石火歷歷分明珠在盤貶起眉毛還蹉過（天童覺）全鋒敵勝鐵牛機電掣雷奔已是遲等閒活捉盧陂老縱饒猛略若為施君不見寰中意氣閫外威權擬議衝前總滅門（懶菴需）一句猶如劈箭機纔生擬議犯重圍分明佛法同王法凡許當年牧主知（簡翁敬）

風穴上堂若立一塵家國興盛野老顰蹙不立一塵家國喪亡野老安貼於此明得闍黎無分全是老僧於此不明老僧却是闍黎闍黎與老僧亦能悟却天下人亦能瞎却天下人欲識闍黎麼右邊一拍曰這裏是欲識老僧麼左邊一拍曰這裏允頌曰野老從教不展眉且圖家國立雄基謀臣猛將今何在萬里清風獨自知（雪竇顯）立國仍教野老欣威行閫外不揚塵縱橫莫測文兼武宇宙茫茫有幾人（白雲端）皤然渭水起垂綸何似首陽清餓人只在一塵分變泰高名勛業兩難泯（天童覺二）幾許歡心幾許愁好看野老兩眉頭家邦平貼清如鏡水瘦山空一樣秋　五祖演云太平即不然若立一塵法堂前草深一丈不立一塵錦上鋪花何也不見道　頌曰　九九八十一窮漢受罪畢纔擬展脚眠蚊蟲獦蚤出且看雙放更雙收有底歡聲有底愁一切聖賢如電拂大千沙界海中漚（雪巖欽）家國分明得自由盛衰全在一塵收將軍戰馬眠方熟野草從教滿地愁（竹巖印）

風穴參南院院問近離甚處師曰南方曰南方一棒一喝如何商量師曰作奇特商量曰我這裏不然師曰未審此間一棒一喝如何商量曰棒下無生忍臨機不見師師便省頌曰有喝端如探竿草無師血脉通紅線當陽不識李將軍徒學穿楊一枝箭（南岩勝）

風穴因僧問語默涉離微如何通不犯師曰常憶江南三月裏鷓鴣啼處百花香頌曰鷓鴣啼處百花香拊掌呵呵笑一場因憶舊年游歷處送人雲塢入斜陽（海印信）鷓鴣啼處百花鮮江國從來路坦然為報途中未歸客謝家人不在漁船（資[illegible]明）快騎駿馬上高樓南北東西得自由最好朦纏十萬貫更来乘鶴上揚州（鼓山珪）忽尓出門先見路纔方下脚便登船神仙秘訣真堪惜父子雖親不可傳（徑山杲）彩雲影裏神仙現手把紅羅扇遮面急須著眼看仙人莫看神仙手中扇（佛鑑懃）不露風骨句未語先分付進步口喃喃知君太罔措（無門開）

風穴因僧問如何是佛師曰杖林山下竹筋鞭頌曰　杖林山下竹筋鞭南北行人萬萬千莫怪相逢不下馬東西各自有前程 慈明圓 杖林山下竹筋鞭枝節蕭踈古澗邊要會宗師開正眼滿輪午夜照秋天 海印信 杖林山下竹筋鞭搭索拏鉤火裏牽拽近不能推向後回旋却到使君前 道吾真 杖林山下竹筋鞭頭尾拈來總一般莫怪玄沙不出嶺他家元是釣魚舡 雲峯悅 杖林山下竹筋鞭水在深溪月在天良馬不知何處去阿難依舊世尊前 真淨文 杖林山下竹筋鞭南北行人萬萬千堪笑一堂無事客卧雲深處不朝天 雲溪恭 杖林山下竹筋鞭拈出寒巖尚帶烟扶過斷橋曾得力而今不直半分錢 上方益 杖林山下竹筋鞭六月行人口吐烟曾在祝融峯頂見十分月出在平田 東山空 杖林山下竹筋鞭憍梵鉢提舌拄天羣黨元來諱空手起家消息在荒田 或菴體 風穴因僧問如何是清浄法身師曰金沙灘上馬郎婦頌曰金沙灘裏馬郎婦宗匠臨機發一言自笑箭穿紅日影孰云斫水不成痕 正覺逸 相逢盡道歸山去林下何曾見一人回首面南看北斗金鷄早報五更春 淨山遠 截鐵之機安可惻頓開千眼莫能窺禪人到此徒名邈錯認査梨作乳梨 海印信 何年嫁事馬家郎風梳同歡碧玉床回首畫橋離別苦落花流水淚千行 張無盡 十分羑麗誰家女百倍聰明是馬郎堪笑金沙灘畔約始終姻婭不成雙 或菴體 風穴因僧問如何是佛師曰如何不是佛曰學人未曉乞師再指師曰家住海門東扶桑最先照頌曰　眉間一道白毫光歷劫知將甚處藏永夜寥寥天未曉更須斫額望扶桑 保寧勇 風穴到黃龍龍曰石角穿雲路垂條意若何師曰紅霞籠玉像擁嶂照川原曰恁麼則相隨去也師曰和尚低聲頌曰無價明珠暗處懸夜深將把木人牽誰知却被泥牛見吞入紅霞碧浪淵 投子青 風穴因僧問如何是道師曰五鳳樓前曰如何是道中人師曰問取城隍使頌曰　深宮禁殿隔重闈簾靜簷楹紫氣垂苔地不通朝請近家人指路莫遲疑 投子青 風穴因僧問塵鹿成群如何射得麈中主曰釣舡載到瀟湘岸氣咽無寥問白鷗頌曰　禁殿重關視聽危側思偏立絳綸垂灘鄉雲斷汀洲迴嶺莫猿啼孤月隨 投子青 風穴因僧問如何是學人親切處師曰須彌南畔齊打鼓賀蘭山前築皮毬頌曰　親切曾伸問老翁東山歌唱北山令弄潮須是吳江客別語還他漢地人 投子青 風穴因僧問古曲無音韻如何和得齊師曰木雞啼子夜芻狗吠天明頌曰　古巖月色鎖重雲枯木迎芳曉帶春昨夜星河開南斗金烏隨鳳過天輪 投子青 汝州穎橋安禪師號鐵湖 嗣南院 向火次因鍾司徒問三界焚燒如何出得師以香匙撥開火鍾擬議師召曰司徒司徒鍾忽有省頌曰

三界炎炎如火聚道人未有安身處連忙撥火召司徒眼上眉毛渾不顧眉毛落盡入還生死火寒灰解脫坑奉報禪人急跳出莫教日午打三更 佛鑑懃 高聲撥火召司徒火燄炎天驀面驅秖向此間能穩坐任教門外雪盈衢 冶父川 三界焚燒要出離見春來了見春歸是他不見春來去日出東方夜落西 開柽雲

六祖下第八世

資福邃　芭蕉徹

吉州資福貞邃禪師 嗣資福寶 僧問如何是古人歌師作此〇相示之頌曰一曲兩曲深夜彈松風和雨過前山可憐卞玉離荊岫誰是知音却取還 投子青

郢州芭蕉山繼徹禪師 嗣芭蕉清 僧問有一人不捨生死不證涅槃師還提携也無師曰不提携曰為甚麼不提携師曰林溪粗識好惡　頌曰百歲兒童出户來滿

身紅爛悉塵埃火中閑步清涼地識者無因敢近攙 投子青

六祖下第八世

黄龍機一則　明招謙二則　地藏琛二則

大龍洪一則　白馬靄一則

曹洞宗　薦福思一則　同安志一則

廣德義二則　廣德周一則　石門徹三則

太陽堅一則

鄂州黄龍山誨機禪師 嗣玄泉彦 僧問風恬浪靜時如何師曰百尺竿頭五兩垂　頌曰百尺竿頭五兩垂窮沙絶漠任風吹可憐無限滄浪客猶把南針定所歸 石林鞏

婺州明招德謙禪師 嗣羅山 一日天寒上堂衆纔集師曰風頭稍硬不是汝安身立命處且歸暖室商量便歸方丈大衆隨至立定師又曰纔到暖室便見瞌睡以拄杖一時趁下　頌曰堂上非常凜冽衆人誰敢當頭只見西風刮地豈知一葉驚秋暖處去極儔因無人為與塞咽喉須信高皇功業大鴻溝兩岸一時收 佛慧泉　風頭坐斷進還難衲子相將不易看未到潼關大已曉不堪回首望長安 開福寧　風頭稍硬難安立暖氣纔通瞌睡來却笑明招閑費力無端兩處强差排 鼓山珪　夜半明星當午現恐夫猶待曉鷄鳴可憐自棄不知臭又欲重斟拈似人 徑山杲　風前露出無瑕璧室内攀將如意珠兩度獻渠渠不識可憐流落在江湖 佛性泰　鸂鶒鳥守空池魚從脚底過鸂鶒總不知 懶菴需　稍硬風頭早已乖更將暖處自沉埋互令千古成蹤跡枉喫羅山白飯來 介石朋　風頭稍硬無棲泊暖處商量一句無老倒不堪醫世患謾將毒藥當醍醐 東山源 素四 十六 前頭計較既不成後面安排亦不是古時若有今時人不落他家圈圚裏 幽棲倫

明招因僧問虎生七子那箇沒尾巴師曰第七箇沒尾巴　頌曰無尾大蟲難傍近近前便是傷人命除非自解擒虎頭自然頭正尾亦正 鼓山珪　第十焚菟沒尾巴食牛之氣已堪誇藜林怫怫爭昏吻幾箇行人得到家 在山杲　第七箇沒尾巴不落聲隊獨露爪牙擬心湊泊終難見須信蓮開火裏花 松源岳

福州地藏桂琛禪師 嗣玄沙 問僧什麼處來曰南方來師曰南方佛法如何曰商量浩浩地師曰爭似我這裏種田博飯喫曰爭奈三界何師曰喚什麼作三界　頌曰種田博飯喫言中誰辨的午後打齋鍾真金曾失色 雲峯悅　種田博飯喫佛法要商量言下超三界靈機發妙光 靈源清　種田博飯待方來玄妙商量一任猜無影樹頭懸日月幾人於此便心灰 吳古佛宗鑑　般般盡强為流傳口耳便支離種田博飯家常事不是飽參人不知參飽明知無所求子房終不貴封侯忘機歸去同魚鳥濯足滄浪烟水收 天童覺　種田博飯有来由免見區區向外求莫謂勞心便勞力大都工拙要全收 雲巖圓 芥四 十七 千鈞發重機千古仰遺則雖達十五城那換相如璧商量浩浩地爭如種田博飯喫一片殊勝緣兩段俱奇特要知火裏鉢曇花天上人間不可加 佛鑑懃　種田博飯喫飽卧長伸脚把將三界来安向左邊著引得龍牙老古錐手裏把柄破木杓 無準範

地藏翫月曰雲動有雨去有僧曰不是雲動是風動師曰我道雲亦不動風亦不動曰和尚適来又道雲動師曰阿誰罪過　頌曰風起心搖樹雲生性起塵若明今日事昧却本来人 龍濟修　若教提物入迷津但有纖毫即是塵不信舊時無相貌外尋知識也非真 草堂清　雲生洞裏陰風動林間響若明今日事半斤是八兩 上方岳　樹動風搖塵生雲起太上老君何曾姓李 斷橋倫

鼎州大龍山智洪禪師 嗣白兆圓 僧問色身敗壞如何是堅固法身師曰山花開似錦澗水湛如藍　頌曰問曾不知答還不會月冷風高古巖寒檜堪笑路逢達道人不將語默對手執白玉鞭驪珠盡擊碎

不擊碎增瑕類國有憲章三千條罪 雪竇顯
山花如錦水如藍雲在高峯月在潭兩箇泥
牛鬬入海行人脫袴杖頭擔地藏恩山花如
錦春長在澗水如藍碧湛然信步白雲深處
去須知別有洞中天 佛鑑懃 色身敗壞世常
情一點靈光到處晶澗水如藍花似錦法身
何處不分明 南堂興 雲散蟾輪滿烟收岳面
高泥牛穿巨海轉角起風濤 天寧琏 山花如
錦水如藍親見文殊接話談十字街頭輕一
撥前三三對後三三 瞎堂遠 大龍景物家幽
妍澗水山花照眼鮮堅固法身何必問風光
長在劫壺先 天目禮 山花似錦水如藍突出
乾坤不露顏曾蹈武陵溪畔路洞中春色異
人間 無準範 襄州白馬山行靄禪師 嗣白兆
圓 僧問如何是清淨法身師曰井底蝦蟆吞
卻月頌曰 九重深密視聽難玉殿瓊樓宿
霧攢變理盡歸臣相事輪王不戴寶花冠 丹
霞淳 潁州薦福思禪師 嗣護國澄 僧問古殿 廿四 十八
無佛時如何師曰梵音何來曰不假修證如
何得成師曰修證即不成頌曰 古殿苔生
像不安霜風八面逼人寒梵音忽奏誰能會
人天盡聽玉珊珊 大洪遂 古殿無佛梵音何
來夢中喚省樓閣門開靈光一點絕塵埃耀
古騰今遍九垓 南堂興 洪州同安志禪師 嗣

同安丕 僧問二機不到處如何舉唱師曰徧
處不逢玄中不失頌曰 這邊那畔總難逢
一句無私不處中紅日暮沉西嶂外空留孤
影照溪東 丹霞淳 同安志因僧問凡有言句
盡落今時學人上來請師直指師曰目前不
說句後不迷又問如何是向上事師曰迥然
不摸標的即乖頌曰 天黑雲深飛莫鴉鷺
鷥立雪對蘆花華然不屬今時事句後聲前
會即差 雪岩欽 襄州廣德義禪師 嗣廣德延
僧問古人云言語道斷非去來今此理如何
師曰彌勒涅槃知幾劫護明猶未降迦維頌
曰妙湛圓明第一機降生成道涅槃時迦維
摩竭雙林樹認著元来不是伊 丹霞淳 廣德
義因僧問久負不逢時如何師曰扇開人不
遇陋巷莫能妝頌曰 妙體堂堂相好全青
霄獨步躡金蓮千華臺上猶慵坐弊垢欄衫
豈肯穿 丹霞淳 襄州廣德周禪師 嗣廣德延
僧問教中道阿逸多不斷煩惱不修禪定佛 廿四 十九
記此人成佛無疑此理如何師曰鹽又盡炭
又無曰鹽盡炭無時如何師曰愁人莫向愁
人說說向愁人愁殺人頌曰 妝放隨時雖
有準出門入戶恐難論長安路子君須到莫
向深村草裏蹲 虛堂愚 襄州石門慧徹禪師
嗣石門蘊 僧問實際理地如何進步師曰鳥

道無前僧曰幽谷白雲藏白雀擬心棲處隔
山迷頌曰 幽谷白雲藏白雀擬心棲處隔
山迷直饒不住棲心處猶落怡山第二機 懶
菴需 石門徹因僧問如何是三乘教外別傳一
句師曰東村王老夜燒錢頌曰 東村王老
夜燒錢草鞋踏地帽掩天家無白澤招禍福
窮時相炒餓相煎 洞山聦 三乘教外別流傳
瞎漢多知喚作禪天下衲僧參不到東村王
老夜燒錢 楊無為 東村王老夜燒錢眼中塵
霧口中烟招神引鬼成妖怪三脚蝦蟆飛上
天 地藏恩 東村王老夜燒錢野鬼闌神滿目
前休更逢人覓玄旨謝家人不在漁船 上方
益 王老夜燒錢白日看星月磕頭禮慈尊手
把名香爇 道吾真 木食草衣隨分過此身羸
得樂天真忽咨教外別傳句未免燒錢引鬼
神 寶葉源 王老燒錢言端語端錦包特石鐵
裹泥團 退耕寧 石門徹因僧問雲光作牛意
旨如何師曰陋巷不騎金色馬回途卻著破
欄衫頌曰 瑞草蕨中懶欲眠徐行處處迴
翛然披毛戴角人難識為報芒童不用鞭 丹
霞淳 郢州太陽慧堅禪師 嗣靈泉仁 因僧問
如何是玄旨師曰壁上掛錢財頌曰 輕輕
人問玄中旨便吐肝腸說與他木人暗皺雙
眉處石女多言爭柰何 投子青 玄旨玄旨壁

上錢財挂起家門幸自平安白日招神引鬼 楊無為 玄首分明示學人錢財壁上挂金銀連珠六貼三千貫不濟飢寒不濟貧 張無盡

鼎州德山圓明緣密禪師 嗣雲門 上堂大衆及盡去也直得三世諸佛口挂壁上猶有一人呵呵大笑若識此人參學事畢頌曰

二十

雙盲入暗路崎嶇日落栖蘆暫得甦爭似石人眠夜半免教舜護守林居須知花綻非千木無脚行時早觸途昨朝風起長安道先是崑崙進國圖 投子青 收把斷襟喉風磨雲拭水冷天秋錦鱗莫謂無滋味釣盡滄浪月一鉤 天童覺 青山是父白雲兒雲散青山總不知玉兔晝眠雲母地金烏夜宿不萌枝 足菴鑑

岳州巴陵新開院顥鑑禪師 嗣雲門 僧問如何是道師曰明眼人落井頌曰 落井須明出井機直耳擡眼動睛輝於斯倜儻無纖隔祖道汪洋得旨歸 洞山聡 南北東西若問人新開多口接迷津從茲八駿追風急空望悠悠脚下塵 佛印元 好箇明眼人落井叢林話會幾時休修心未到無心地萬種千般逐水流 正覺逸 明眼人落井靈丹透金鼎黑水崑崙奴夜過漫天嶺 覺海元 秋夜霜天月正明仰觀星象約三更一條大路平如掌歸去何妨徹曉行 保寧勇 明眼人落井波斯上古臺龍門三級浪死水有曝腮 長靈卓 明眼人落井西方在東嶺捉得箇饅頭開拳是餬餅 海印信 語不邪笑不來拙鋪設巧安排猢猻板拍野老舞三臺 冶父川 巴陵一句子對面却相謾大地平如掌何事放無端 月菴果 誰解當頭領坐斷毗盧頂稽首老巴陵明眼人落井 月林觀 明眼人落井恩深怨亦深海枯終見底人死不知心 朴翁銛

廿一

巴陵因僧問如何是吹毛劍師曰珊瑚枝枝撐著月頌曰 要平不平大巧若拙或指或掌倚天照雪大冶兮磨礱不下良工兮拂拭未歇別別珊瑚枝枝撐著月 雪竇顯 珊瑚枝枝撐著月射斗鋒鋩未是觀四海盡來歸貢後乾坤同耀寶光寒 白雲端 價重三千不可圖從教千古强名模長因塞北烟塵息記得江南啼鷓鴣 長靈卓 脫得邊城戍役身却來偷賞上園春御街前畔低聲語不覺衝他兒事人 心聞賁

巴陵因僧問如何是提婆宗師曰銀椀裏盛雪頌曰 老新開端的別解道銀椀裏盛雪九十六箇應自知不知却問天邊月提婆宗提婆宗赤旛之下起清風 雪竇顯 大冶精金發潭皎月南北東西孰分優劣昨夜春風一陣來掃盡千山萬山雪 海印信 人天會上分緇素龍象堂前定是非選甚邪魔并異類好教齊向此中歸 保寧勇 銀椀裏盛雪氷壺含寶月縱具四韋陀到此虛搖舌西天令嚴此土還別 佛性泰 提婆宗銀椀雪泰華摧滄海竭赤旛之下起清風吹落楊花硬如鐵 佛心才

巴陵因僧問祖意教意是同是別師曰雞寒上樹鴨寒下水頌曰 同別祖教問端由便將元價與他酬絲綸夜靜人垂釣曉得金烏帶月收 投子青 昨夜三更風掐輪世間休說兩三人數聲長笛離亭晚君向瀟湘我向秦 保寧勇 雞寒上樹鴨寒下水三百餘會不能宣九年面壁徒瞌睡休瞌睡上是天兮下是地 佛性泰 雞寒上樹鴨寒下水時節不相饒古今自然理寒松十里吼清風流水一溪聲未已 湛堂準 一朶梨花春帶雨金色頭陀笑不語龍宮海藏月明前織女姮娥相對舞咲者咲舞者舞十方無虛空大地無寸土 南堂興 雞寒上樹鴨寒下水鷲嶺賁分踈少林提不起千峯寒色露全機眼上眉毛千萬里 啼岩中 雞作蒼鷹鸞鳧鴨為金翅作獰龍空王以此垂洪範錦上鋪花知幾重 南岩勝

廿二

般若啓柔禪師 嗣雲門 僧問西天以蠟人為驗未審此土以何為驗師曰新羅人草鞋頌曰 龜毛拈得笑咍咍一擊萬重關鎖開假使蠟人似氷結當甚新羅人草鞋 枯禪鏡

益州青城香林院澄遠禪師嗣雲門僧問如何是西来的意師曰坐久成勞曰便回轉時如何師曰墮落深坑頌曰　一箇兩箇千萬箇脫却籠頭卸角馱左轉右轉隨後来子湖要打劉鐵磨雪竇顯　香林無雜木一一是旃檀野火忽然發清風天地寬祖意親尒晢坐久自成勞野軒遵　禪家流何太錯只管追求無病藥若知煩惱即菩提久坐成勞亦安樂佛鑑懃　絕消息處提来有形影中走却只因懶問兒孫要把欄杉反著坐久成勞位次已高起時失却人天相無限行人認白毫月堂昌　香林因僧問如何是衲衣下事師曰臘月火燒山頌曰臘月燒山萬種千般翹松鶴冷立雪人寒達磨不會大難大難雪竇顯　臘月火燒山天邊兩曜還香林曾未會坐劒門關佛印元　僧問衣下事師荅火燒山佛手遮不得人心似等閑正覺逸　歲晚年来正苦寒千林木葉盡燭殘炎炎野火無沵不應是隨風過別山上方益　老大叢林快說禪不將禪挂口皮邊谷深山遠空無像何處人呼應不圓天童覺　臘月燒山特地無端錦包特石鐵裹泥團圓悟勤　臘月山頭火亘天衲衣下事若為傳老来不是觀時節因即長伸兩脚眠白楊順　巢知風穴知雨可憐謝三郎月下白搖櫓文殊能　臘月燒山對面熱謾瞥然悟去身在長安咄哉無限未歸客沙裏求油實可憐石窗恭　香林臘月火燒山鐵眼銅睛見亦難腦後一星輕點著三千里外髑髏乾拙菴光　臘月火燒山苦口是黃連相將歲除夜寶八布衫穿大可憐把手入黃泉卍菴頴　衲衣下事火燒山臘月家貧徹骨寒堪笑連延曾未息眉毛焦赤面皮乾天童淨　香林臘月火燒山冷淡家風退後看開裏果然輕踏著方知日午打三更百拙登　臘月燒山天寬地寬築著磕著徹骨毛寒松源岳　臘月火燒山天寬與地寬常啼菩薩苦鬻心肝高原泉　臘月燒山有甚相謾添捅不快休要胡鑽朴翁銛　香林因僧問如何是衲僧活計師曰耳裏種田頌曰　耳裏種田滿口含烟鍾植觧舞十八拍張老乘槎上九天無菴全　香林因僧問萬頃荒田是誰為主師曰看看臘月盡頌曰　紡毬拋出畫堂前妙轉無私體自圓直箇要行刎刃事更須再見老雲門石明　萬項荒田誰是主須知荅處有来由箇中若也無人委臘月看看又盡頭簡翁敬　看看臘月盡日用事如何富嫌千口少貧恨一身多雲衲慶　香林因僧問如何是室内一燈師曰三人證龜成鼈頌曰　六耳何謀事不成直言心表赤心人室中鐙熖誰来撥白髮兒童兩鬢新投子青　皎皎清光徧界莫藏聲拋不出色豈能彰直下斬釘截鐵劃却古今途轍高出臨濟德山三人證龜成鼈別別一回喫水一回噎圓悟勤　三人證龜成鼈井底泥牛氣噎直饒辯瀉懸河有理亦難分雪耿耿孤光常皎潔佛性泰　三人證龜成鼈呲嵐一吹吹滅從茲暗裏穿針鼻孔七花八裂水菴一　人證龜成鼈剛把天機漏泄木人嶺上唱歌石女眼中滴血瀨菴需　室内一盞明燈爭開一撲撲滅自然不辯東西兒得證龜成鼈退菴奇　洞山守初禪師參雲門放三頓棒因緣頌曰　一鏃三關破不難如何猶在是非間曲勞提起飯袋子三頓方知徹骨寒白雲端　三頓當時打不回鐵門重擊鎖方開堪嗟不蓄一粒米十字街頭接往来保寧勇　逆来大道透長安步步應須著眼看五里只知還五里到頭方覺路岐難成枯木　去年八月離湖南行盡千山與萬山不喫雲門三頓棒不知虎體有玄班慈受深　坐鎮鄱陽老牯牛江西湖外遷相酬當時鏁限高撞起未必黃河不倒流寶峯祥　吹毛寶劒當機妙切玉如泥孰可猜不犯鋒鋩全正令法王心印為君開禾山　雲門棒頭有眼洞山腳下雲生觀破森羅萬

衆便能海上橫行佛心才問荅分明豈偶然
須知逆耳是忠言洞山眼似銅鈴轉剛被雲
門三頓讒文殊道奉君三頓曲周遮屈辱雲
門老作家渡水穿雲五湖客欲將何物當生
涯龍門遠見兎放鷹因行掉臂恙骨律窮方
圓富貴放三頓棒尚遲疑再挨方識錐頭利
赤四　廿五
單提獨脚機關外明眼衲僧猶不會圓悟勤
雲門飯袋子毒蛇當古路觸著便傷人誰敢
正眼覷無相範洞山初因僧問如何是佛師
曰麻三斤頌曰　麻皮三斤不用秤秤頭那
肯坐於蝈一念纔生筋骨露徒勞更覓定盤
星北塔祚五彩畫牛頭黃金為點額春晴二
月初農人皆取則寒食賀新正鈒錢三五百
福嚴雅金烏急玉兎速善應何曾有輕觸處
事挨機見洞山跛鼈盲龜入空谷花簇簇錦
簇簇南地竹兮北地木因思長慶陸大夫解
道合笑不合哭雲竇顯三年一閏大家知也
有顢頇不記時昨夜鴈回沙塞冷帶霜梧葉
又披投子青火麻皮子若何分臘雪煎茶
解醉君更有路行人未到野花含笑舊枝春
法昌遇打皷弄琵琶相逢兩會家去年一百
五今歲又還他浮山遠橫眸讀梵字禪舌會
真言吹火長尖觜柴生滿竈烟大歇定如何
是佛麻三斤咄大地茫茫愁殺人翠岩真一

片衫生月蛾眉畫碧空水中魚避釣雲外鳥
防弓野軒遵問佛三斤麻齊僧怕夜茶春來
寒食後古木噪寒鴉海印信同袍參學問通
津來扣宗師佛正因爲說三斤麻最好三斤
天下説尖新幾多匠者頻拈掇柰緣緇素有
蹤親子今更爲重稱過那吒太子析全身道
吾真洞山有語麻三斤衲子擘拳問要津因
憶舊年看草字張顛顛後更無人雲峯悅雲
起千山曉風高萬木秋石頭城下水浪打釣
魚舟佛慧泉斤兩分明不負君眼中瞳子莫
生瞋百年三萬六千日得忻忻處且忻忻白
雲端洞山麻三斤分明欠一著衲僧放不下
尋言空摸索雲蓋智江南三月鷓鴣天雨過
諸峯景物鮮行盡天涯諳世事買鞋須是大
光錢三祖宗尺壁未爲重片言不可輕領取
鉤頭意莫認定盤星地藏恩南天地暖北天
寒水陸相通兒不難無限黃花蕉翠竹任他
千古往來看草堂清洞山的的麻三斤明月
赤四　十六
堂前贈若人碧眼厖眉纔擧首又隨雲雨暗
驚神長靈卓三斤是秤洞山麻擬動錙銖萬
里差啼得血流無用處夜來依舊宿蘆花張
無盡千峯勢到岳邊佳萬派聲歸海上消逆
出紅爐金彈子眼睛定動面皮焦南華昺鴻
鵠一擧千里飛鑚天鷂子與天齊鳳凰不是

凡間鳥爲瑞爲祥自有時龍門遠洞山麻三
斤真鍮不博金將錢買五彩壁上畫天神瑯
琊覺洞山麻三斤斤兩不謾人語稀難問事
窺古易傳神慈受深現前三昧料水打碓漏
泄天機失錢遭罪文殊能洞山佛話三斤麻
縛縫蓑林老作家最好風前一聲邊江城五
月落梅華石溪明鐘在扣谷受響池印月鏡
含像曾非展事投機豈是預搔待痒點鐵成
金擧直錯枉一箭鵰一雙一摑血一掌君不見
蹤而不漏兮恢恢天網圓悟勤驢尾猪頭牛
脚跡三斤麻皮露消息誌公杖頭剪刀尺從
來兩下陪頭漏玉泉璉洞山老勿蹤親荅佛
法麻三斤無面目得人憎見得徹賺殺人妙
峯善水斷流山突兀爲君放出遼天鶻擬欲
風前瞬息時撲擗巴是戒寰庵非禪盦咄咄咄塗毒
策洞山初因僧問如何是正法眼師曰紙撚
無油頌曰　洞山宗匠較些些紙撚無油驗
作家老倒禪和針子眼說禪說道會如麻草
書四　廿七
岩真洞山初上堂言無展事語不投機承言
者喪滯句者迷還得麼你衲僧分上到這裏
須具擇法眼始得秖如洞山恁麼道也有一
場過且道過在甚麼處頌曰　只要拔楔抽
釘爲人解粘去縛如何洞山老人先自幐蛇
繞脚皷山珪言無展事語不投機承言者喪

滯句者迷逢人不得錯舉（徑山杲）長事無回互投機通一線洞山無眼筋入地獄如箭（南岩勝）金陵奉先深禪師（嗣雲門）同明和尚到淮河見人牽網有魚從網透出師曰明兄俊哉一似箇衲僧相似明曰雖然如此爭如當初不撞入網羅好師曰明兄你欠悟在明至中夜方省頌曰 透網金鱗是衲僧鐵壁銀山膽不驚明老三更方瞥地任教千嶂碧層層（大溈智）網中跳出便飛騰好箇天然俊衲僧何似當初未入網悟來方始是知音（鼓山珠）俊哉一跳透重淵霹靂追之去不還却笑龍門燒尾者依然點額在波瀾（徑山杲）師子咬人狂狗逐塊三十里來方始悟何似當初莫入去（冶父川）饒州薦福承古禪師（嗣雲門即古塔主）僧問如何是佛師曰莫莫又問如何是祖師西來意師曰莫莫頌曰 古人一莫切忌啗啄臨濟權寄庫德山頻蕭索截斷佛祖機關顯出頂門一著子細審思量分明欠一著且道欠那一著（雪堂行）莫莫拈出一條斷貫索任從我佛及衆生撩天鼻孔都穿却（松源岳）韶州雙峯興福竟欽禪師（嗣雲門）僧問實頭處應供四天下還得遍也無師曰如月入水問如何是用而不雜師曰明月堂前垂玉露水精殿裏繫真珠頌曰 混而不雜體常

盂雪月交光類莫如應處萬端無罣礙片雲自在卷還舒（自得暉）汝州首山省念禪師（嗣風穴）僧問如何是佛師曰新婦騎驢阿家牽曰未審此語甚麼句中收師曰三玄收不得四句豈能該曰此意如何師曰天長地久日月齊明頌曰 新婦騎驢阿家牽誰後復誰先

赤四 九八

張三與李四拱手賀堯年從上諸聖總皆然起坐忪諸沒兩般有問又須向伊道新婦騎驢阿家牽（神鼎諲）得不得傳不傳歸根得旨復何言憶昔首山曾漏泄新婦騎驢阿家牽（黃龍南）手提巴鼻脚踏尾仰面看天聽流水天明送出路傍邊夜靜還歸茅屋裏（道吾真）新婦騎驢阿家牽王老空中駕鐵舡井底掛帆風勢惡須弥頂上浪滔天（海印信）新婦騎驢阿家牽傍觀笑渠顛倒顛歸來舉目暮雲合嶺上蟾蜍光未圓（天寧璉）七手八脚三頭兩面耳聽不聞眼覷不見啼得血流無用處不如緘口過殘春（保寧勇）張顛不似首山顛不動毫芒百怪全猶得黃龍再拈出四方明眼若為傳新婦騎驢阿家牽低頭拾得一文錢十字街頭拍手笑東村王老屋頭穿（真淨文）首山有語古今傳此語休云返倒顛新婦騎驢子去是人笑道阿家牽（佛國白）新婦騎驢阿家牽面如滿月目如蓮更將羅袖相

牽挽一叚風流遍大千（慈受深）新婦騎驢阿家牽體叚風流得自然堪咲效顰鄰舍女向人添醜不成妍（天衣覺）莫問新婦阿家免煩上路波吒遇飯喫飯遇茶喫茶同門出入宿世冤家（五祖演）新婦騎驢阿家牽碧玉羅紋頂上拴播土揚塵尋不見元來只在舊山前（文

赤四 廿九

殊道）新婦騎驢阿家牽萬里滄溟駕鐵船參差島嶼分諸國彷彿星河共一天（南華昺）阿家新婦兩同條咫尺家鄉路不遙可笑騎驢覓驢者一生錯認馬鞍橋（鼓山珪）新婦騎驢阿家牽步步相隨不著鞭歸到畫堂人不識從今懶更出人前（徑山杲）阿家新婦最相憐新婦騎驢家便牽幾度醉歸明月夜笙歌引入畫堂前（護國元）新婦快騎驢阿家引鞭走石筍夜抽條面南看北斗（湛堂深）新婦騎驢阿家牽草裏尋常万万千誰在後兮誰在先不須特地苦加鞭（牧菴忠）蹇驢須是阿家牽媳婦嬌癡懶著鞭在舍只知七十二出門方見化三千（簡堂機）首山因僧問親到寶山空手回時如何師曰家家門前火把子頌曰家家門前火把子今古分明須記取五更鐘後聽雞鳴失曉朝官不帶帽（石門聰）門前火把寶山回玄學之徒遍九垓南海岸頭波浪起西番氊帽搽時栽（草堂真）空手歸時誰肯

信驢馱馬載入門來家家舉起火把子半夜
天如白日開 白雲端 首山因僧問如何是佛
法大意師曰楚王城畔汝水東流頌曰 楚
王古城畔汝水向東流兩岸饒垂釣幾人能
直鈎 正覺逸 楚王城畔水東流逐浪隨波早
晚休誰謂謝郎生計審 夜深明月上孤舟 佛
鑒泉 楚王城畔水東流樹倒藤枯笑不休好
是自從投子去更無人解道油油 真淨文 楚
王城畔水東流今古朝宗是到頭逐浪隨波
如未息輪他漁父泛孤舟 溈山秀 楚國城邊
水去東岸船便被打頭風蘆花灣裏聽漁唱
覺手煎茶鈍不同 三祖宗 楚王城畔水東流
日夜波濤去不休巖下忽逢湘水客謂言依
舊注悠悠 雲溪恭 千波萬浪曾無盡去棹來
帆浩莫窮謝客睡醒孤月白聞吹 笛渡頭
風 普融平 楚王成畔水東流南地禪僧北地
遊眼目直教從淺辯權衡爭柰出常流金篦
為子摭除翳驢上穿靴背打毬 翠岩真 楚王
赤四
三十
城畔水東流獨脚山魈踢氣毬貪着六幺花
十八拍頭船子下楊州 牧堂忠 暑往寒來春
復秋夕陽西去水東流茫茫宇宙人無數那
箇親曾到地頭 雪岩欽 首山因僧問如何是
祖師西來意師曰風吹日炙頌曰 日炙風
吹不計年行人塵路辨應難擬心早已深三

尺更教誰問箇中玄 洞山聰 風吹日炙少人
知頂仰先賢對此機饒君曠劫生前曾穿耳
胡僧也皺眉 法華舉 日炙風吹問祖來紅塵
豆野眼難擡忙忙役役知多少二月春深動
地雷 翠岩真 風吹日炙橫卧荒草觸着處氣
全身便倒 天寧璉 日炙風吹也大奇根鉾疋
馬將家兒皇圖自古元無事撥動煙塵更是
誰 三祖宗 日炙風吹當路頭衲僧見後莫遲
留我今到此堪惆悵葉落花紅經幾秋 雲溪
恭 風吹日炙點朱點漆行人嗟嘆共誰相 識
承陽船 首山拈竹篦示眾曰汝諸人若喚作
竹篦則觸不喚作竹篦則背汝諸人且道喚
作甚麼速道速道頌曰 竹篦舉起成生殺
豈可容人亂札錐劈脊一揮如薦滑銀山鐵
壁也光輝 照堂一 拈起竹篦子如何便到家
秘魔若不會隨後卻擎叉 鼓山珪 背觸非遮
護明明為舉揚吹毛元不動遍地是刀鎗 枉
山果 不觸又不背徒勞生擬議開口更商量
赤四
三十一
白雲千萬里 此菴元 黑漆竹篦非觸背大地
山河俱粉碎咬人獅子急反身莫學韓獹猶
逐塊 遯菴演 罵他還自罵瞋他還自瞋戒之
慎之出乎爾者反乎爾者也 卍菴頴 辯龍蛇
眼定乾坤緊緊一天星斗分拈起竹篦言背
觸明明剌腦入膠盆 笑翁堪 拈起竹篦行殺

活令背觸交馳佛祖乞命 無門開 野干鳴獅
子吼喪盡生涯不容開口 虛堂愚 首山示眾
有賓無二賓主無二主公案頌曰 賓主有無
俱遣外行藏須要出常情無棲泊處開門戶
月到中霄不敢明 虛堂愚 首山因僧問如何
是學人親切處師曰五九盡日又逢春曰畢
竟如何師曰冬到寒食一百五頌曰 日暮
陰雲郊野深重陽到後菊花新不因西嶠殘
氷盡爭得東山一帶春 投子春 首山因僧問
如何是菩提路師曰襄縣五里曰向上事如
何師曰來往不易頌曰 問路窮途擬進
程綠楊鶯語送行人牌標五里向君說莫道
常年不指陳 投子青

首山因僧問如何是學人用心處師曰怪你
一問遲也頌曰
未語難明迷悟情數言方表赤心人秖貪進
步求名玉爭信靈苗不受春 投子青

禪宗頌古聯珠通集卷第十八

禪宗頌古聯珠通集卷第十九 亦五

僧録司右闡教兼靈谷禪寺住持淨戒重校

祖師機緣

六祖下第九世第十世

宗師二十五人　機緣七十則

昇州清涼院法眼文益禪師嗣羅漢琛行脚次值天雨忽作溪流暴漲暫寓城西地藏院因參琛和尚琛問曰上座何往曰邐迤行脚去曰行脚事作麽生師曰不知曰不知最親切師豁然開悟頌曰　而今飽學似當時脫盡纖塵到不知任短任長休剪綴隨高隨下自平持家門豐儉臨時用田地優游信步移三十年前行脚事分明孤負一雙眉

法眼開堂次子方上座自長慶來師舉先長慶稜和尚偈問曰作麽生是萬象之中獨露身子方舉拂子師曰恁麽會又爭得曰和尚尊意如何師曰喚甚麽作萬象曰古人不撥萬象師曰萬象之中獨露身說什麽撥不撥子方豁然悟解頌曰　萬象之中獨露身一回相見一回親東西南北吾皇化莫向江南苦問津浮山遠離念見佛破塵出經現成家法誰立門庭日逐舟行江練靜春隨草上燒痕青撥不撥聽叮嚀三徑就荒歸便得舊年松菊尚芳馨天童覺

法眼因僧惠超問如何是佛師曰汝是惠超僧於是悟入頌曰　問佛從頭理不虧莫同巧妙騁鋒機真金若不爐中鍛爭得將金喚作泥汾陽昭江國春風吹不起鷓鴣啼在深華裏三級浪高魚化龍癡人猶戽夜塘水雪竇顯巇嶮行時問路難有人相問北村南長安無限人來往幾箇無鈴過得關投子青僧問如何是佛師云汝是惠超禮拜進前叉手思量十萬迢迢[illegible]逆官買賣不相饒問佛言云是惠超嗟見衲僧生異解認他虹虹作仙橋天衣懷當臺明鏡絕精麤誰道胡來便現胡法不相饒人莫問可怜天下亂名模佛印元木人行千里駿馬不移蹄落日依南土因風向北嘶正覺逸妙用不須霜刃劒能彈何必玉絃絲嚴冬午後夜三點閒坐閑眠雲散時翠巖真繞到元正便是年暖風無處不陶然途中多少尋春客悞聽黃鸝作杜鵑佛慧泉一文大光錢買得箇油𥹥喫向肚裏了當下便不飢白雲端擊石乃出火火光終不然碧潭深萬丈直下見青天草堂清一顆靈丹大似拳服來平地便昇仙塵緣若有絲毫在蹉過蓬萊路八千慈受深三千里外望家鄉雲水重重客路長向道莫行山下去果聞猿叫斷人腸上方益望風鳴處困鹽車伯樂回觀價萬珠可笑如今虞坂上錯將駑馬作龍駒青原平問佛如何荅惠超秤鎚雖定價相饒雲中不覩雙鵰落箭過新羅十萬遥長靈卓問佛云言是惠超當機一句不相饒遲疑更向途中覓重疊關山十萬遥雲溪恭覿面相呈見不難髑髏鑑覺尚顢頇巨靈擡手擘不破始信從前踢突圍南華昺問佛分明荅惠超半斤八兩不相饒叢林萬古爲殃禍惡語傷人恨不消真歇了炭圓悟勤借婆裙子拜婆朝問佛唯言汝惠超萬古石頭城下水終歸大海作波濤佛燈珣問佛還云是惠超和根帶子上枝條春風浩浩難回避發起乾坤那一苗楚安方微酸梅子始生仁鶯老花殘迹已陳一夜南風移斗柄明朝烟柳不關春正堂辯一字入公門九牛拔不出咄這野狐精鼻孔都打失月林觀惠超問佛佛何遮機就機兮荅惠超到此直須揮劒刃不然漁父便棲巢覺鐵觜

法眼因僧問如何是曹源一滴水師曰是曹源一滴水頌曰　曹源一滴水是即波濤起桃花流出洞中來漁舟夜宿蘆花裏楊無爲曹源一滴是曹源萬派滔滔向海門無限乘槎人不薦風濤鼓處有龍蟠照覺總曹源一滴久澄清流出千江絶浪聲大海幾多遊玩

者茫茫空繞水邊行白雲端　守株非得兔罔象獲玄珠一滴曹源水分明灌五湖佛心才　曹溪一滴異常流流入滄溟冠九州垂釣幾番波浪嶮未曾聞道失漁舟華堂清　一滴曹源立問端清涼答處在言前根流截斷窮源底百川依舊勢朝天佛燈珣　得人一牛還人一馬珎重曹源可知禮也雷奔洶湧海濤生誰解截流那下行那下行通玄日午打三更韶禪師　應口曹源一滴時誰知依樣畫猫兒袖中三尺龍泉劍落盡髑髏人不知別峯印

法眼荅此話時天台韶國師聞已豁然開悟平生疑滯渙然冰釋以所悟聞于師師曰汝向後當為國王所師致祖道光大吾不如也頌曰　曹源一滴水相罵饒揷觜鵲雀空啾啾驊騮已千里月窟清

法眼因僧問承教有言從無住本立一切法如何是無住本師曰形興未質名起未名頌曰　沒蹤跡斷消息白雲無根清風何色散乾蓋而非心持坤輿而有力洞千古之淵源造萬象之模則剎塵遂會也處處普賢樓閣門開也頭頭彌勒天童覺

法眼問覺上座船來陸来曰船来師曰船在甚麼處曰船在河裏覺退師却問傍僧曰你道適來這僧具眼不具眼頌曰　水不洗水金不博金昧毛色而得馬靡絲絃而樂琴結繩畫卦有許事丧書費淳盤古心天童覺

法眼問修山主毫釐有差天地懸隔兄作麼生會修曰毫釐有差天地懸隔師曰與麼道又争得曰某甲只與麼師兄作麼生師曰毫釐有差天地懸隔修遂禮拜頌曰　宗師故故問同人一擊毫釐兩路分再審便能明的旨自然清白不從聞汾陽昭　六國當時已太平太平纔久不知兵修公換得長鈚陣天下人人會死生佛印元　堪悲堪笑修山主因地起兮因地倒覿面難藏第一機令人却憶雲門老正覺逸　石城親切問同參不話東西便指南明暗兩條來往路依俙屈曲在烟嵐保寧勇　金鱗欲化遭它點額舉頭看湧波瀾獲浪拏雲處風高天地寒佛慧泉　秤頭蠅坐便欹傾萬世權衡照不平斤兩錙銖見端的終歸輸我定盤星天童覺　毫釐有差天地隔龍濟清涼何失得魚魯刁刁孰可分水中有乳鵝王擇本覺一　一道如弦直長安信已傳萬邦皆入貢四海息狼烟捲室開

法眼示衆曰識得凳子周匝有餘雲門出云識得凳子天地懸殊頌曰　不知將甚報君恩雲起江湖浪皺痕一片古帆乘興去與誰相逐過天門保寧勇　一不是二不成落花流水裏啼鶯閒庭雨散夜將半片月還從海底生象田卿　識得凳子四脚着地要坐便坐要起便起在巷賢

法眼因僧來參次師以手指簾尋有二僧齊去捲簾師曰一得一失頌曰　松直棘曲鶴長凫短羲黃世人俱玄治亂其安也潛龍在淵其逸也翔鳥䏗䏗夫何祖祢西來得失是非相半蓮隨風而轉空船截流而到岸箇中伶俐衲僧看取清涼手段天童覺　老將高提白玉鞭驪駒一策去翩翩古今得失論量底空看西山暮雨前正堂辯　清涼指出二僧捲起一得一失誰鮮相委只見桃花逐水流幾人親到桃源裏肯堂充

法眼因僧問古佛堂前什麼人先到師曰不動步者頌曰　古佛堂前到者稀相見難逢掣電機死水有龍終不聖驚起依前眼瞇瞇天衣懷

法眼因僧問如何是塵劫來事師曰盡在于今頌曰　塵劫来事盡在于今祖師不會面辟沈吟投子青

法眼問僧從什麼處來僧云泗州來師曰大聖今年曾出塔麼曰不出師曰去僧便去師却問傍僧曰你道這僧曾到泗州也無僧亦無對頌曰　妙圓金地絕纖塵到者當觀無相真莫道玄門難近向舉頭便是塔中人雪竇宗

法眼聞齋魚問僧還聞麼適來若聞如今不聞如今若聞適

来不聞頌曰　耳聽如聾口說如啞法眼舌頭執眞執假石無著總　法眼因僧問聲色兩字如何透得師召大衆曰諸上座且道這箇僧還透得也未若會此問處透聲色即不難頌曰　親口問来求透路作家直為指昏朦眼耳忽然春夢覺鶯吟燕語盡圓通大洪遂　聲色本来惟兩字作家曾共辨言端若人識得其僧問直透色聲應不難本覺一　聲色都来兩箇字衲僧不透眼中沙黃鶴樓前吹玉笛江城五月落梅花慈受深

襄州清谿山洪進禪師嗣羅漢琛　問修山主曰明知生不生性為什麼為生之所流修曰筍畢竟成竹去如今作篾使還得麼師曰汝向後自悟去在曰紹修所見只如此上座意旨如何師曰這箇是監院房那箇是典座房修禮謝頌曰　進老分明到五臺修師眞箇入閩来維那院主門相對說著令人兩眼開正覺逸　豁落無依高閒不羈家邦平帖到人稀些些力量分階級蕩蕩身心絕是非是非絕分立大方無軌轍天童覺

亦五　六

撫州龍濟山主紹修禪師嗣羅漢琛　行脚時同悟空法眼到地藏向火舉話次藏入来乃問山河大地與上座自己是同是別師曰不別藏豎兩指云兩箇三人因此同叅頌曰　入院高茅總不疑都緣未達祖師機妄空學問爭長短虛記閒詞一肚皮大地山河君可別報云不別恰如癡當人被息狂迷者見成舉措不揚眉汾陽昭　山河大地同無別口中未有娘生舌多知禪客強分踈夢裏何曾走却鼈佛印元　地藏當機豎指頭諸老至今猶未瞥天回地轉却等閒千古萬古兩條鐵白雲端　商量同別有多般老倒何曾舉舌端今古不能提得去一雙靈劒倚天寒保寧勇　休爭自己與山河撥動干戈不奈何看取將軍施武略兩條寒劒定龍蛇冶父川　火爐頭話幾多般自己同時作麼觀直下起来呈伎倆山河大地黑漫漫虛堂愚

龍濟示衆曰具足凡夫法凡夫不知具足聖人法聖人不會聖人若會即是凡夫凡夫若知即是聖人此語具一理二義若人辨得不妨於佛法中有箇入處若辨不得莫道不疑頌曰　凡全是聖聖全凡究實遺名直下叅廓徹迴超凡聖處無言童子口喃喃靈源清　剗除露布葛藤不用之乎者也饒君句下精通未免喚驢作馬卍菴顏　融峯強萬丈未話足先酸若不緣雲去那知星斗寒虛堂愚

亦五　七

龍濟因僧問刦火洞然大千俱壞未審這箇壞不壞師曰不壞曰為什麼不壞師曰為同大千頌曰　問若剗心萏若劈腹句裏叉身何勞迅速刦火俱然同大千全機不動劒鋒旋龍濟山頭龍退骨皴麼天上鼓驚湍

龍濟示衆曰是柱不見柱非柱不見柱是非已去了是非裏薦取頌曰　是與不是俱不是亦無不是謾勞推兩頭截斷歸家後獨露乾坤更是誰靈源清　薦得是移花兼蝶至蕎得非擔泉帶月歸是也好鄭州梨勝青州棗非也好象山路入蓬萊㠀是亦沒交涉非亦沒交涉金剛寶劒當頭截阿呵呵會也麼知事少時煩惱少識人多處是非多金巻巳　是是非非来却易非非是是去還難是非從此銷磨盡一顆圓明照膽寒實神慶

鼎州梁山緣觀禪師嗣同安志　僧問如何是空刦已前事師曰犛動乾坤鼓時人聽不聞頌曰　虛空為鼓須彌槌擊者雖多聽者稀半夜髑髏驚夢破滿頭明月不思歸丹霞淳

梁山因僧問如何是祖師西来意師曰莫亂道頌曰　國令嚴嚴擬者危毫釐纔動鏃輪隨心萌口應三千里齒露言来苦怨誰投子青

梁山因僧問祖意教意是同是別師曰金烏東上人皆貴玉兎西沈佛祖迷

頌曰靈山會上言雖普少室峯前句未形瑞
草蒙茸含月秀寒松翁欝出雲青 丹霞淳
梁山因僧問如何是日用事師
曰碧玉點破瑠璃色滿目紅塵不見汝
頌曰刦火洞然無相宅金門不
覩玉樓家寶天雲淡銀河冷浩浩波瀾豈動 八
沙 丹霞淳 本五
懷安軍雲頂山德數禪師 嗣護國遠 成都師
請就衙陞座有樂營將出禮拜起回顧下馬
臺曰一口吸盡西江水即不問請師吞却階
前下馬臺師展兩手唱曰細抹將來營將猛
省頌曰
吞却階前下馬臺逢人有口亦難開戲衫莫
恠重拈出曽是村歌社舞来 笑翁堪
襄州石門紹遠禪師 嗣石門徹
僧問如何是祖師西来意師曰布袋盛烏龜
頌曰
剖出驚人句布袋裏烏龜衲僧莫錯會黑豆
未生時 洞山聡 鼎州文殊應真禪師
嗣德山密 僧問萬法歸一一歸何處師曰黃
河九曲頌曰 問法
窮因歸何處黃河透過碧波瀾須知雲外千

峯上別有靈松帶露寒 投子青 路窮嵓斷進
無門賴有山翁指出原九曲黃河清徹底誰
知別是一乾坤 懶菴需 九曲那容眨眼看撮
舟誰解別波瀾文殊曾展田天手直得朝宗
萬派乾 木菴永 文殊真因僧問古人無一足
意旨如何師曰坐久成勞頌曰 本五 九 馳書繞去
返匆匆一足無酬繼後踪坐久成勞誰委悉
紅爐點雪自相逢 投子青 南嶽南臺勤禪師
嗣德山密 僧問如何是祖師西来意師曰一
寸龜毛重七斤頌曰 等閑不語未逢人語
便傷直似太親不顧火中鳳息驚他石虎
暗生瞋 投子青 蘄州五祖師戒禪師 嗣雙泉
寬 僧問如何是佛師曰踏著秤鎚硬似鐵頌
曰 踏著秤鎚硬似鐵懞懂禪和猶未瞥三
冬嶺上火雲生六月長天降大雪 雲峯悅 踏
著秤鎚硬似鐵此時有理不能說新羅國裏
火星飛直向雲門指上熱 白雲端 信步紅塵
裏無人問短長歸来天欲暮片月照滄浪 京
兆府天寧璉 牧童歸去倒騎牛白日城中晚 佛
未休踏著秤鎚硬似鐵那知船子下揚州
性泰 五祖戒因智門問暑往寒来即不問林
下相逢事若何師曰五鳳樓前聽玉漏問曰
爭奈主山高案山低師曰須彌頂上擊金鐘
頌曰 高高峯頂戲銀浪深深海底起紅塵

金鐘玉漏相酬酢疑殺滔滔天下人苟非作
者孰問關津執鞭回首四海良鄰君不見仲
尼温伯雪傾蓋相逢也奇絕圓悟 勤 五鳳樓
前聽玉漏須彌頂上擊金鐘巨靈擡手無多
子擊破華山千萬重 中巖覺 隨州智門光祚
禪師先住復州北塔 嗣香林遠 僧問蓮華未
出水時如何師曰蓮華出水後如何師曰
荷葉頌曰 蓮華荷葉報君知出水還同未
出時江北江南問王老一狐疑了一狐疑 雪
竇顯 蓮華荷葉有由我泥水分時絕點埃堪
憶九龍初沐處東西一步一花開 白雲端 蓮
華荷葉共池中華葉年年綠間紅春水漣漪
清徹底一聲啼鳥五更風 張無盡 烟籠檻外
差差綠風撼池中柄柄香多謝浣沙人不折
雨中留得蓋鴛鴦 慈受深 蓮華荷葉的須分
無限清香付與君彈指若知霄漢路便能平
地步青雲 長靈卓 香苞冷透波心月綠葉輕
搖水面風出未出時君看取都盧只在一池 十
中 佛鑑懃 本五 泥水未分紅菡萏雨餘先透碧波
香千般意路終難會一著歸根便廝當 佛燈
珣 蓮華荷葉非妙非玄碧潭澄徹明月初圓
菜好太平無一事儘教樵唱滿江村 佛心才
白藕未明非隱的紅花出水不當陽游人莫
用傳消息自有清風透遠香 丹霞淳 荷花荷

乘為君通問答還同箭拄鋒覿面清沓来不
盡須知不在藕池中 本覺一 出水何如未出
水蓮華荷葉有来由定光金地遥招手智者
江陵暗點頭 太源岳 荷葉團團翠蓋蓮花
灼灼鬭紅粧馨香越格無人薦又遂薰風過
野塘 寶耕耕 荷華荷葉意在言前神仙妙訣
父子不傳 石田薰 智門因僧問如何是般若
體師曰蚌含明月曰如何是般若用師曰兎
子懷胎頌曰　一片虚凝絶謂情人天從此
見空生蚌含明月深深意曾與禪家作戰爭
雪竇顯 蚌含明月兎懷胎無限禪人劈不開
鐵眼銅睛何擬擬三千里外笑咍咍 長靈卓
蚌含明月秋波冷兎子懷胎夜兔寒皎皎清
光成一片直須回首好生觀 佛鑑懃 蚌含玄
兎有何深體用明来絶古今雪曲唱高還和
寡不知何處是知音 本覺一 玉兎懷胎蚌含
明月乗時正在中秋節一顆明珠轉玉盤徹
底無瑕光皎潔 慈受深 智門因僧問如何是
齊五　十一
佛師曰踏著草鞋赤脚走曰如何是佛向上
事師曰拄杖頭上挑日月頌曰　路上忙忙
赤脚人草鞋踏破走風塵東西南北忙中畔
拄杖頻挑日月輪 佛國白 踏破草鞋赤脚走
衲僧到此無窠臼拄杖頭邊挑日月九州四
海任遨遊 真如喆 智門真得祖家風放出雲

門廣長舌大智如愚大巧若拙用盡工夫終
不徹莫於平地上增堆休向虛空裏釘橛 大
圓覺 拄杖頭上挑日月藏身北斗何殊絶三
千刹海夜沉沉新出紅爐一點雪 雨花 踏
破草鞋赤脚走胷中憤氣衝牛斗須彌頂上
擊金鍾百戰場中師子吼　踏破草鞋赤脚
走堂堂向外揚家醜只知斂袂出人前不覺
衣穿露兩肘 最菴印 天台蓮華峯祥菴主 嗣
奉先深 示寂曰拈拄杖示衆曰古人到這裏
為甚麽不肯住衆無對師乃曰為它途路不
得力復曰畢竟如何以杖橫肩曰楖標橫擔
不顧人直入千峯萬峯去言畢而逝　頌曰
眼裏塵沙耳裏土千峯萬峯不肯住落花流
水太茫茫剔起眉毛何處去 雪竇顯 住不住
兮日卓午蓮華菴主誰相許楖標橫擔不顧
人千峯萬峯是何處 翠巖真 作者仍甘在半
途半途不住竟何如橫擔楖標千峯去雲外
何人得見渠 本覺一 石火光中爛熳遊白拈
臨濟未同儔掀反華岳連天黑幾箇知身在
御樓 無菴全 汾州太子院善昭禪師 嗣首山
僧問如何是祖師西来意師曰青絹扇子足
風涼頌曰　叢林傑出鎮汾陽譽走名馳振
八方人問西来祖師意鮮云扇子足風涼 正
覺逸 青絹扇子足風涼斷際全機善舉揚月

明三峽猿啼夜何處人間不斷腸 佛鑑懃 青
絹扇子足風涼親得搖来始息狂只愛團團
無縫者人前空自眼如羊 白雲端 青絹扇子
足風涼日用何曾有覆藏堪笑塵中無限客
爭避西日汗如湯 慈受深 汾陽青扇價難酬
為有涼風牵未休不見鹽官多少衆競頭爭
齊五　十二
角覓犀牛 上方益 風格團團妙意深等閒拈
出示知音汗流浹背曾拖手氣爽中宵便負
心 佛鑑懃二 祖意宗師先漏泄團團青扇足
風涼禪人未曉重相問獨自淒淒過洛陽
親得搖来始息狂風動荷花滿座香自從一
得真歸趣無意涼人人自涼 楚安方 呷醋咬
陳鹽波斯鼻孔長得些滋味子細是阿爺娘
肯堂充 青絹扇子足風涼標格團團不覆藏
信手拈来隨處用清機元不在汾陽 頑石空
汾陽示衆曰識得拄杖子行脚事畢三角云
識得拄杖子入地獄如箭頌曰　平地無端
立話端揭天聲撼怒濤寒直饒識得拄杖子
也是封皮作信看 笑翁堪 汗漫學屠龍人言
枉費工自非親到者誰與論窮通 虛堂愚 妙
峯善著語云錯又舉三角語了云錯老僧則
不然識得拄杖子錯乃頌曰　妙峯三箇錯
不是無病藥龐公賣笊籬清平道木杓汾陽
示衆曰夫說法者須具十智同真若不具十

智同真邪正不辯緇素不分不能與人天為眼目決斷是非如鳥飛空而折翼如箭射的而斷弦弦斷故射的不中翼折故空不可飛弦壯翼牢空的俱徹作麼生是十智同真與諸上座點出一同一質二同大事三總同叅四同真志五同徧普六同具足七同得失八赤五十三同生殺九同音吼十同得入又曰與甚麼人同得入與阿誰同音吼作麼生是同生殺甚麼物同得失阿那箇同具足是甚麼同徧普何人同真志孰能總同叅那箇同人事何物同一質有點得出底麼點得出者不恡慈悲點不出来未有叅學眼在切須辨取要識是非面目見在　徑山杲云汾陽末後若無箇面目見在一場敗闕雖然如是喪我兒孫喝一喝頌曰　兎角龜毛眼裏栽鐵山當面勢崔嵬東西南北無門入曠刧無明當下灰　十智同真面目全於中一智是根源若人要識汾陽老擘破三玄作兩邊洪覺範　十年湖海覓寃讎不得寃讎未肯休芍藥花開菩薩面椶櫚葉長夜叉頭鼓山珪　盡得真如活花間翅展開黄鸎偷眼覷不敢下枝来正堂辯　陽春白雪人難和藻鑑冰壺豈易觀一把柳絲收不得和風搭在玉闌干或菴體　汝州葉縣廣教院歸省禪師嗣首山　僧問如

何是學人容用心處師曰鬧市輥毬子曰意旨如何師曰溥請衆人看頌曰　輥毬鬧市衆人看一陣清風吹面寒定亂不須雙刃劍活人何必九還丹即菴覺　襄州谷隱山蘊聰禪師亦曰石門聰亦曰慈照聰嗣首山　僧問日往月来遷不覺年衰老還有不老者麼師曰有曰如何是不老者師曰虬龍筋力高聲吽曉後精靈轉更多頌曰洞裏無雲別是天桃花如錦柳如烟仙家不會論冬夏石爛松枯是一年無盡壽　慈照聰因僧問如何是道師曰臘月三十日頌曰　臘月三十日開口便為勑更擬問如何明朝正月一無準範　臘月三十日真人好消息戴帽空山行穿靴水上立雲衲慶　汝州廣慧院元璉禪師嗣首山　初到首山山問近離甚處師曰漢上山竪拳曰漢上還有這箇麼師曰這箇是甚麼椀鳴聲山曰瞎師曰恰是拍一拍赤五十四便出他日又問學人親到寶山空手回時如何山曰家家門前火把子師大悟云某甲不疑天下老和尚舌頭也山曰汝會處作麼生與我說来看師曰秘是地上水碙砂也山曰汝會也師便禮拜　頌曰空手歸時誰肯信驢馱馬載入門来家家舉起火把子半夜天如白日開白雲端　寶山到日事如何空手回

時所得多家家門前火把子明如日月照山河佛鑑懃　瀘州北禪智賢禪師嗣福嚴雅　歲夜小參曰年窮歲盡無可與諸人分歲老僧烹一頭露地白牛炊黍米飯煮野菜羹燒榾柮火大家喫了唱村田樂何故免見倚他門戶傍他墻壁被時人喚作郎下座歸方丈至夜深維那入方丈問訊曰縣裏有公人到勾和尚師曰作甚麼曰道和尚宰牛不納皮角師遂將下頭帽擲在地上那便拾去師下禪床攔胷擒住叫曰賊賊那將帽子覆師頂曰天寒且還和尚師呵呵大笑那便出去時法昌遇為侍者師顧昌曰這公案作麼生昌曰潭州紙貴一狀領過頌曰　納它皮角要輸機放下尋時結抄歸一任這回黃雪落滿家園火掩栱靠白雲端　佛性要當時節頭北禪除夜啓玄津當甚獨恣庖丁刃直至如今此話新靈源清　来勾皮骨訪知音一語當機直萬金帽子擲来如未曉眼前爭免拾花赤五十五針　分皮納角牛何在釵釧瓶盤只一金大用莫言無軌則當機須是芥投針草堂清　白牛露地直須烹分歲閑和野菜羹贏得箇中滋味少須知四海飽膨脝青馭平　北禪分歲烹白牛官中文字急來勾立地交他納皮角連忙擲下舊兜鍪文殊道　北禪夜分歲特地

巧安排維那出隻手線去又絲來田郎僕拍
板鮑老舞三臺若教行正令活作一坑埋 平
菴珍 白牛烹了正熈熈皮角官中却要退將
下帽簷輸納了燈前更鼓夜遲遲 天目禮
北禪因僧問如何是佛師曰起拙不上頌曰
起拙不上筋撥不開合掌讚言善哉善哉 昧
岸仁 瑞州洞山曉聰禪師 雲門文殊眞 常自負柴
上山路逢一僧問山上有柴何故將去師放
柴於地曰會麼曰不會師曰我要燒頌曰
此行莫擬幾時回此去應須到五臺若遇文
殊放光處殷勤為我記歸來 虛堂愚 柴火煎
熬擔在身相逢狹路不堪論淡烟落日青山
外滿地難收刀斧痕 石林鞏 洞山聰曰一大
藏教只是箇之字頌曰 點畫分明無道理
老胡幾度提不起不如分付王將軍無限風
流歸手裏 白雲端 洞山聰因僧問既是泗州
大聖為什麼在揚州出現師曰君子愛財取
之有道頌曰 泗州忽示現揚州天下宗師
話路稠君子愛財取有道南海波斯鼻孔穿
[illegible] 玉堂有路通人到金榜無名只自慚長恨
貧儒書讀盡老來不得一青衫 柏庭永 明州
雪竇山重顯禪師 嗣智門祚 示眾曰龍泉與刀
斧同質利鈍懸殊駑駘與驥馬同途遲速有
異頌曰說似琅玕猶是玉謂言鍮石又如金

自慚識性多庸下未有昭昭至鑒心 佛鑑懃
雪竇示眾曰譬若世界壞時大水競作其間
無量衆生或沒未沒互相悲號仰望蒼蒼皆
云相救當是之時四禪天人一見高聲便唱
咄哉衆生我預曾報汝令頻頻上來汝卻不
聽如今有什麼救處乃拍手云歸堂
十五
頌曰 剗外濤聲滿世間舉生無處可躋攀
十六
寥天外清虛境誰解陵空上帝關 圭堂居士
雪竇住翠峯時有數僧到師曰新到那僧曰
是師曰參堂去僧纔行師復喚曰來來僧回
首師曰洞庭難得師僧到與你一椀茶喫頌
曰 入門句子已先酬喚去呼來第二頭到
此不知茶味者紛紛空買洞庭舟 歷堂愚
雪竇改船子漁父頌 曰夜靜水寒魚不食滿
船載得月明歸頌曰
閃爍金鱗躍浪時華亭貪話下鈎遲誰知雪
老垂絲慣不犯波濤取得伊 白雲端
雪竇因僧問如何是諸佛本源師曰千峯寒
色曰未審向上更有事也無師曰雨滴巖花
頌曰 千峯寒色事如何雪上加霜凍滑
多若遇郢陽吹暖律巖花應不待春和 楊無
為 千峯寒色冷堆青雨滴巖花照眼明若
問个中端的旨休將鶴唳作鸎聲 本覺一
雪竇因僧問山花開似錦澗水湛如藍學人

分上為什麼不會師曰枯木裏瞠眼曰恁麼
則從苗辨地因語識人也師曰三十棒且待
別時頌曰 一枝枯草強遮羞明鏡當
軒燭盡幽滿面慚惶移步去清光灼灼避無
由 白雲端 雪竇頌革轍二門曰
剗火曾洞然木人淚先落可怜傅大士處處
十七
失樓閣一德雲閑古錐幾下妙峯頂喚它癡
聖人擔雪共填井二祖佛未生前已震塗毒
鼓如今誰敢聞請試分回互三宛轉復宛轉
眞金休百鍊點鐵卻比耶離無人解看箭四頌
曰 迦葉聆箏起舞淵明聞鐘皺眉息畊
斗室危坐半窗凍日懡懡 歷堂愚
風卷浮雲盡青天絕點埃山川俱在目何必
上高臺 萬菴顏
雪竇頌曰三分光陰二早過靈臺一點不揩
磨區區日逐貪生去喚不回頭爭奈何頌曰
業識茫茫無本可據咄哉癡漢便恁麼去 肯
堂充 錯解秤錘油煎石碌兩手擎來有功
者賞 且菴仁 無禪才云雪竇老
漢顢顢頇頇儱儱侗侗更參三十年也未會
禪在然雖如是土曠人稀試聽下箇註腳乃
頌曰 瞎卻摩醯三隻眼南北東西路不
分千林落葉無人掃獨自松門展腳眠
雪竇與李駙院坐次有秀才并道士到院李

問云三教中那箇為貴師側身叉手而立李曰有口何不道取師曰對夫子而難言

頌曰擊碎髑髏敲出骨節明眼人前自彰醜拙 木菴永

相州天平從漪禪師嗣清溪進師到西院兩錯公案首山念云據天平作恁麽解會未夢見西院在何故話在頌曰

禪家流愛輕薄滿肚叅来用不著堪悲堪笑天平老五老峯前古觀基老君元是一牟尼時難只得同香火莫聽它人說是非 南堂興

雪竇因僧問如何是佛師曰四山圍繞頌曰

狂狗趂塊瞎驢趂隊只許我知不許伊會

雪竇因僧問如何是諸佛向上人師曰白雲覆青山曰莫便是和尚為人處也無師曰淥水徒長蕖頌曰

雪嶠層層翠瑣深風生寒岫結重雲夜來丹鳳冲霄漢聽曉樵人逐鷹羣 投子青

雪竇問大龍語者默者不是頌曰 赤王 十九

三軍不動旗閃爍龍蛇陣上看謀略令人長憶李將軍萬里晴空飛一鶚 復菴封

潭州雲蓋繼鵬禪師 嗣智門祚 初謁雙泉雅禪師泉令充侍者示以芭蕉拄杖話經久無省發一日泉向火次師侍立泉忽問拄杖子話試舉來與子商量師擬舉泉拈火筯便摵師豁然大悟頌曰

與奪雙行驗正邪纔拈拄杖便亡家驀然鐵棒如風疾失却從前眼裏花 白雲端

誰謂當初悔行脚錯錯西院清風頓銷爍復云忽有箇衲僧出來道錯雪竇錯何似天平錯 雪竇顯

把纜放船膠柱調絃遠水不救近火短綆那汲深泉天平老太忽草為兩錯悔行脚大地茫茫愁殺人眼裏無筋一世貧 圓悟勤

彼呼我諾彼唶我哆聞如不聞將錯就錯金剛眼睛穗子換却會與不會都盧是錯 佛鑑懃

兩錯將来竟不成從而南北路頭分後来費盡分踈語半是恩君半恨君 雲衲慶

郢州太陽警玄禪師 嗣梁山觀 僧問如何是和尚家風師曰滿缾傾不出大地沒飢人頌曰

荆山美玉何須辨赤水玄珠不用拈罔象無心黃帝重卞和有智楚王嫌 丹霞淳

太陽玄問梁山如何是無相道塲山指觀音曰這箇是吳道子畫師擬進語山急索曰這箇是有相底那箇是無相底師有省便禮拜山曰何不道取一句師曰道即不辭恐上紙筆山笑曰此語上碑去在頌曰 索五 十九

路窮崖仞問山翁别指巖西東嶺東擬進霧垂嵐色重回頭忽見太陽紅 投子青

真空無相絕名模立底精兮畫底麽道即不辭難上紙西天鬍子沒髭鬚 上泐然

天台山德韶國師 嗣法眼 示衆曰青蘿夤緣直上寒松之頂白雲淡泞出沒太虛之中萬法本閑唯人自鬧頌曰

等是無憂為你来舌頭拖地語如雷葛藤滿地無人剪狼藉春風又一回 竹屋簡

韶國師示衆曰通玄峯頂不是人間心外無法滿目青山頌曰

心外本来無一法國師見處未為親若言滿目青山是認著還生眼裏塵 無隱慧

金陵清涼泰欽法燈禪師 嗣法眼 師問僧如何是祖師西来意僧曰不東不西師不肯僧却問如何是祖師西来意師曰不東不西僧遂領旨頌曰

西来祖意不東西猶鳥春深抱樹啼多少行人空悵望青山孤聳白雲低 保寧勇

不東不西一句全提軟似生鐵硬如爛泥按針未諳鉢水刮膜再用金鎞 肯堂充

雲瑣家山歸路絕回頭翻笑杜鵑啼

雲居齊和尚法燈會中為知藏燈一日謂師曰有人問我西来意荅他曰不東不西藏主作麽生會師對曰不東不西燈曰與麽會又爭得曰道齊秖恁麽未審和尚尊意如何燈曰它家自有兒孫在師頓明厥旨有頌曰

接物利生絕妙外生終是不肯它家自有兒孫將来用得恰好

頌曰 他家自有兒孫在父祖田園都不愛

平生活計剎那中東頭買得西頭賣大洪恩
人間西來祖師意燈公對道不東西乜家自
有兒孫在多是隨言却自迷本覺一金陵報
恩院玄則禪師嗣法眼初問青峯如何是學
人自己峯曰丙丁童子來求火後謁法眼眼
問甚處來師曰青峯眼曰青峯有何言句師卷五二十
舉前話眼曰上座作麼生會師曰丙丁屬火
而更求火如將自己求自己眼曰與麼會又
爭得師曰某甲秖與麼未審和尚如何眼曰
你問我我與你道師問如何是學人自己眼
曰丙丁童子來求火師於言下頓悟　頌曰
末上一回拜八兩又拜恰重半斤來定盤星
在誰人手爭著絲毫可惟忒白雲端丙丁求
火已躬明法眼青峯古路行行到水窮知盡
處坐看雲起見平生照覺總丙丁求火問青
峯耐耐韓盧逐塊蹤驀得清涼重點破一聲
雷震化為龍大洪遂問處分明荅處親青峯
八字打開門頭盡是吾家物何必臨歧更
問津佛燈珣丙丁童子來求火乘問炎炎燎
面門過現未來三世佛不離其中轉法輪治
父川丙丁童子來求火南方丙丁又屬火按
劍宗師恭若何是君心下意不過卍菴顏一
回醉倒玉樓前鬢亂釵橫語笑顛最是惱人
腸斷處借婆衫子拜婆年皖山凝昔見非真

令見非假字經三寫烏焉成馬寶葉源
杭州永明闡山道潛禪師嗣法眼初參法眼
眼曰子參請外看什麼經師曰華嚴曰總別
同異成壞六相是何門攝師曰世出世間一
切法皆具六相曰空具六相不師無對曰何
不問去師却問空具六相不曰空師於是開卷五
悟　曰子作麼生會師曰空眼然之頌曰廿一
空兮空兮無背面拈起豁然成兩片擔向南
屏山角頭千古萬古火人見要見麼以拂子打圓相云
金烏飛上琉璃殿斷橋倫
聯珠頌古通集變本加麗句章棘句愈出
而愈多如蜂房釀百花之蜜蟻絲穿九曲
之珠食其蜜者念其蜂好其珠者慕其蟻
余作是說有客進曰忽遇不食蜜不好珠
不嗜語言文字者此集又將奚為余曰病
其病者不能自病客慚而退於是乎書天
童雲岫題

禪宗頌古聯珠通集卷第十九

禪宗頌古聯珠通集卷第二十　赤六

僧録司右闡教兼靈谷禪寺住持淨戒重校

祖師機緣　六祖下十一世　十二世

潭州石霜楚圓慈明禪師（嗣汾陽）僧問如何是佛師曰水出高原師自頌曰　水出高原也大奇獰人不會眼麻彌若也未明泥水句燈籠露柱笑嘻嘻慈明為水出高原天下禪僧走似烟只聽清聲來耳畔不知流落那鉴前（正覺逸）水出高原上風翻浪似銀擣毫聊一頌夢裏說書紳（翠岩真）衝斷雲根迸石來泠泠千古下崔嵬未明的的朝宗意聽取春深動地雷（溈山秀）高原水出曉晴天對答臨機豈偶然衲子不知流落處一尋寒木破溪烟（地藏恩）穿雲迸石不離勞大抵還他出處高溪澗豈能留得住終歸大海作波濤（虛岩）歎水出高原浪拍天四維上下絕塵烟分明好個真消息未必時人到那邊（高峯妙）

慈明室中挿劍一口以草鞋一緉水一盆置劍邊每見入室即曰看看有至劍邊擬議者師曰嶮喪身失命了也便喝出頌曰　暑往寒來春復秋夕陽西去水東流將軍戰馬今何在野草閑花滿地愁（瞎堂遠）四五百條花柳巷二三千處管絃樓縱然有搭閑田地不是栽花蹴氣毬（佛壹仁）家山指出路非遙萬伊嵯峨挿碧霄一片白雲橫谷口幾多歸鳥盡迷巢（水庵一）單鎗疋馬出汾陽端的還他主將強孟水車鞋橫室內殺人更不犯鋒鋩（無際泓）百花叢裏鞚鞭過俊逸風流有許多末第儒生倫眼覷蒲懷無柰舊愁何（斷橋倫）

慈明在衆中時到芝和尚寮中芝坐問開合子取香在手中欲燒次師問曰作麼生燒芝便放爐中燒師曰斵即當漢又恁麼去也頌曰　千人萬人行一路幾箇移身不移步對面拈香爐上燒斵即當漢又恁去（白雲端）

慈明因僧問如何是古佛家風師曰銀蟾初出海何處不分明頌曰　銀蟾出海照無私處處分明是阿誰見面不須重問訊從教日炙與風吹（高峯妙）　慈明冬日牓僧堂作此字亗二二三几䏍柮其下注曰若人識得不離四威儀中首座見曰和尚今日放參師聞而笑頌曰　選佛堂前光皎皎分明一柄道士劍果然當頭放脫參首座之言有神見（野雲南）　畫下畫上畫短畫長明明揭示浩浩商量何似京師出大黃（月庵忠）　慈明因僧問閙中取靜時如何師曰頭枕布袋頌曰　枕袋安眠得自由任他人物鬧啾啾麤衣糲食尤無念誰管扶桑日出頭（海印信）　慈明因僧問如何是不動尊師曰提不起頌曰　不動尊提不起花花宇宙誰能委秋江清夜月澄鮮鷺鷥飛入蘆花裏（高峯妙）　慈明因僧問行脚不逢人時如何師曰釣絲絞水頌曰老倒慈明為指迷釣絲絞水出群機時人貪看蘆花白不見沙鷗隔岸飛（石田薰）

慈明問楊岐馬祖見讓師便悟去且道迷却在甚麼處歧云要悟即易要迷即難頌曰

要悟即易要迷即難絲毫透不盡咫尺隔千山說食終不飽著衣方免寒憶昔五臺曾有語前三三與後三三（圓悟勤）衲僧悟易要迷難無限漁翁失釣竿點鐵成金猶自可點金成鐵太無端（別峯印）　慈明因李駙馬問我聞西河有金毛師子是不師曰駙馬甚處得這消息來李喝一喝師曰野干鳴李又喝師曰師子吼頌曰　逆風吹又順風吹鐵眼銅睛孰敢窺萬古碧潭空界月再三撈摝始應知（高峯妙）　慈明問顯英上座近離甚處曰金鑾師曰夏在甚處曰金鑾師曰去夏在甚處曰金鑾師曰前夏在甚處曰金鑾師曰先前夏在甚處曰何不領話師曰我也不能勘得你教庫下奴子勘你且點一盞茶與你濕嘴頌曰　焦磚打著連底凍赤眼撞着火柴頭將軍但有嘉声在何必榮封萬戶侯（石田薰）　慈明頌黑黑黑道道道明明明得得得

頌曰　八十翁翁著繡靴踏開幽洞笑呵呵傍人指點忘歸路不覺腰間爛斧柯無菴全

慈明因僧問如何是佛法大意師曰一畝之地三蛇九鼠頌曰　一畝之地三蛇九鼠物是定價錢是數印空叟

滁州瑯琊山慧覺禪師嗣汾陽上堂汝等諸人在我這裏過夏與你點出五般病一不得向萬里無寸草處去二不得孤峯獨宿三不得張弓架箭四不得物外安身五不得滯於生殺何故一處有滯自救難為五處若通方名導師汝等諸人若到諸方遇眼作者與我通個消息貴得祖風不墜若是常徒即便寢息何故躶形國裏諸服飾想君太煞不知時頌曰　曲蟺踏著兩頭拏啞子得夢自家笑笑到天明說向誰烏鴉解作麒麟吽正堂辯　瑯琊指出五般病舉世良醫發藥難直下為君俱擊碎延齡何必九還丹少室睦

瑯琊因長水法師問經云清淨本然云何忽生山河大地師厲聲曰清淨本然云何忽山河大地頌曰　混混玲瓏無背面拈起有時成兩片且從依舊却相當免被傍人來覷見白雲端　當明不犯體全彰進步剛然要論量妍醜只因進古鏡回頭淵面負慚惶大洪遂　見有不有反手覆手瑯琊山裏人不落惺曇後天童覺　相罵饒接嘴相唾饒潑水塵舉大地收花開世界起一摸脫出絕功勛句裏挨開大施門圓悟勤　因風吹火徒為妙借手行拳未是多清淨本然隨口道忽生大地與山河佛鑑懃　清淨本然云何忽生山河大地大小瑯琊禪師借人鼻孔出氣出得氣有巴鼻昨夜那吒生八臂禹堂興　青天復青天打失髑髏前看看日又過爭教人少年松源岳　不設陷穽不揮雪刃一箭穿楊神目不瞬反思昔日李將軍射虎之機猶是鈍虛堂愚

瑞州大愚山守芝禪師嗣汾陽僧問如何是佛師曰鋸解秤鎚頌曰　鋸解秤鎚無縫罅風吹日炙朝復夜雖然不許亂商量一任攝提繞天下白雲端　鋸解秤鎚星飛電轉左拽右拽七片八片有時落地礙人行千眼大悲看不見佛慧泉　鋸解秤鎚渾似鐵大愚老子曾饒舌水流澗下太忙生雲在嶺頭閑不徹鼓山珪　問佛如何是宗師即便酬秤鎚將鋸解言外度迷流徑山杲　手把金鞭擊鐵牛大千世界任遨遊恒沙岸上相逢著默識無言自點頭保寧勇　鋸解秤鎚出老杜詩香稻啄餘鸚鵡粟碧梧棲老鳳凰枝懷玉宣首座　鋸解秤鎚血滴滴地截斷生死疑根不是等閑兒戲朴翁銛

大愚迸上堂曰大家相聚喫莖虀若喚作一莖虀入地獄如箭頌曰　救活全機覿面提大家相聚喫莖虀後生不省這箇意只管茫茫打野榸松源岳　苦中樂樂中苦大唐打鼓新羅舞寒山燒火滿頭灰却笑豐干倒騎虎石菴玿　硬如綿軟似鐵諸人飲水須防噎堪笑灘頭老大愚至今弄巧反成拙柏禪鏡

舒州法華院全舉禪師嗣汾陽到瑯琊覺和尚處瑯問近離甚處師曰兩浙曰船來陸來師曰船來曰船在甚處師曰步下曰不涉程途一句作麼生道師以坐具摵一摵曰杜撰長老如麻似粟拂袖而出瑯問侍者此是甚麼人者曰舉上座瑯曰莫是舉師叔麼先師教我尋見伊遂下旦過問上座莫是舉師叔麼莫恠適来相觸忤師便喝復問長老何時到汾陽瑯曰某時到師曰我在浙江早聞你名元來見解秖如此何得名播寰宇瑯遂作禮曰某甲罪過頌曰　相罵無好言相打無好拳何似風恬并浪靜一江明月滿溪船大洪恩　奪得驪珠即便回小根魔子盡疑猜拈來拋向洪波裏撒手大家歸去来徑山杲　漁翁瀟洒任東西蘆管橫吹韻不齊夜靜月明魚不食扁舟臥入武陵溪夢菴信　水不洗水金不博金昧毛色而得馬虛絃而樂琴結繩畫卦有許事喪盡真淳盤古心心聞賁　官路無人獨自

行自家公驗甚分明踮傍偷販私塩客草裏蹲身過一生 鼓山珪 有主有賓有禮有樂得失是非如何摸索繞摸索無上醍醐成毒藥君不見大鵬展翼蓋十洲籬鷃之物空啾啾 石菴玿 揭天攪鼓噪紅塵遍地刀鎗解出身結角羅紋隨處入銀山鐵壁是通津 伊菴權

聞名不如見面見面不如聞名此地無金二兩俗人沽酒三升 石鼓夷 法華舉因僧問生死事大請師相救師曰洞庭湖裏失却船頌曰 洞庭湖裏失却舡赤脚波斯水底眠盡大地人呼不起春風吹入杏花村 雪菴瑾

南岳芭蕉菴大道谷泉禪師 嗣汾陽 省同參慈明明問白雲橫谷口道人何處來師左右顧視曰夜來何處火燒出古人墳明曰未在更道師作虎聲明以坐具便摑師接住推明置禪床上明却作虎聲師大笑曰我見七十餘員善知識今日始遇作家頌曰 問如縣裏針答似泥中刺咆哮二虎吼生獰各各利牙爪可怖坐却踞峯頭截斷當陽路直饒擎出祇魔叉路狹草深難進步相見不相逢回互不回互四七二三眼相覷雲從龍兮風從虎 冶父川 兩陣交鋒出戰時旗鎗倒卓鼓無槌絲毫不犯將軍令獨脚機關各自提 瞎堂遠 一文一武偶相逢誰盡英雄各不同俱往

長安朝聖主姓名終是違天聽 虛堂愚

安吉州天聖皓泰禪師 嗣汾陽 僧問如何是佛師曰黑漆聖僧頌曰聖僧黑漆實希奇黃把丹青點汙伊合掌燒香人不敬寒山拾得笑攢眉 海印信

舒州浮山法遠圓鑑禪師 嗣葉縣省 僧問如何是祖師西來意師曰平地起骨堆頌曰 嫩草踈斜遶山泉帶碧沵文曾要渭水恥任列莊周 投子青 平地起骨堆三春震地雷只聞千萬去不見一人回 本覺一 平地起骨堆金毛師子吼誰知無味談塞斷衆人口 地藏恩 浮山遠因僧問師唱誰家曲宗風嗣阿誰師曰八十翁翁輥繡毬曰與麼則一句迥然開祖胄三玄科甲振藂林師曰李陵元是漢朝臣 投子青 云水深角穩葉落巢踈頌曰 月裏無根草山前枯木花鴈回沙塞後砧杵落誰家 投子青 古殿蕪苔淌天河斗柄垂金雞總報曉玉女下階遲 天寧達 師子嚬呻開口解把金毛抖擻反身時輥繡毬百獸奔騰潛走 祖印明 浮山遠因僧問如何是向上一路師曰正月孟春猶寒頌曰 正月孟春猶寒從頭萬種千般昨夜虛空落地和風搭在闌干 別峯印

宋內翰楊文公億 參廣慧璉 公字大年出守汝州首謁廣慧慧接見公便問布皷當軒擊誰是知音者慧曰來風深辨公曰恁麼則禪客相逢秖彈指也曰君子可八公應喏喏曰草賊大敗夜語次慧曰秘監曾與甚人道話來公曰某曾問雲岩諒監寺兩箇大蟲相咬時如何諒曰一合相某曰我秖管看未審恁麼道還得麼曰這裏即不然公曰請和尚別一轉語慧以手作拽鼻勢曰這畜生更䟦跳在公於言下脫然無疑有偈曰八角磨盤空裏走金毛師子變作狗擬欲將身北斗藏應須合掌南辰後頌曰 內翰攀南斗倚北辰廣慧轉天関反地軸寥寥千古許誰知斷絃須是鸞膠續 石岩璉 白石鑿鑿齾爾美璞君子道腴君子斯樂 虛堂愚

楊文公 問廣慧承和尚有言一切罪業因財寶所生勸人踈於財寶而況閻浮提衆生以財為命邦國以財聚人教中有財法二施何得勸人踈於財慧曰旛竿頭上鐵籠頭公曰海壇馬子似驢大慧曰楚鷄不是丹山鳳公曰佛滅二千年比丘少慚愧頌曰 夜叉頭菩薩面鬼擲毅佛跳墻同門共戶不相識邁古超今無寸長燈心戳破石人脚扁鵲盧醫爭主張 或菴體 一人牙如劒樹一人口似血盆一拳還一踢一踢報一拳啞豎摩醯頂門眼不妨親踏上頭關 石菴玿 巧笑倩兮美目盼兮素以為絢兮夫是之

謂大年翁與廣慧師也 實禁源 楊文公問慈明如何是上座為人一句慈曰切公曰長裙媳婦拖泥走慈曰誰得似學士公曰作家作家慈曰放你三十棒公以手拍膝曰這裏是甚所在慈拍手曰也不得放過公呵呵大笑頌曰　風和日暖正春濃柳色如金花影重入到桃源舊遊處一層峯鎖一層峯 柏庭永　南康軍雲居曉舜禪師時號舜老夫 嗣洞山聰　自洞山如武昌行乞日謁劉公居士家士高行為時所敬意所與奪莫不從之師時年少不知其能叅頌易之士曰老漢有一問若相契即開疏如不契即請還山遂問古鏡未磨時如何師曰黑似漆曰磨後如何師曰照天照地士長揖曰且請上人還山拂袖入宅師懡㦬還洞山山問其故師具言其事山曰你問我我與你道師理前問山曰此去漢陽不遠師進後語山曰黃鶴樓前鸚鵡洲師於言下大悟機鋒不可觸頌曰　黑雲當午蔽清虛白雨翻空失畫圖雨過雲收山色淨趙州東壁掛葫蘆 伊菴權　黃鶴樓前鸚鵡洲雲居意不在釣頭扁舟穩泛長江淥大笑一聲烟雨收 鐵牛印　荊門軍玉泉承皓禪師時稱皓布裩 嗣北塔廣　冬至上堂點運推移布裩赫赤莫怪不洗無来換替頌曰

矜誇富貴賤賣亦窮殺可怨無禮難容 無準範　越州天衣義懷禪師 嗣雪竇　赴杉山請初入院上堂二十年前樂慕此山今日且喜因緣際會山僧未到此山身先到此山及乎到来杉山却在山僧身内頌曰　移身换步老天衣不惜眉毛累個知今日若明當日事江南日暖鷓鴣啼 薙叟深　天衣因僧問古鏡未磨時如何師曰撐天拄地曰磨後如何師曰夕陽影裏快藏身頌曰　拄地撐天全體用夕陽影裏不藏身有時獨坐孤峯頂猶猶聞落葉頻 松源岳　天衣上堂鴈過長空影沉寒水鴈無遺踪之意水無留影之心若能如是　方解向異類中行不用續鳧截鶴夷岳盈壑放行也百醜千拙收来也攣攣拳拳用之敢興八大龍王鬪富不用都来不直半分錢 恭頌曰　鴻鳴高貼冷雲飛影落寒江不自知江水無情鴈無意行於異類亦如斯本覺一　長空孤鴈一聲秋獻寶波斯鼻似鉤風捲白雲歸别嶂黃昏月掛柳梢頭 萬菴柔　天衣舉金剛經云若見諸相非相即見如来法眼云若見諸相非相即不見如来師曰若見諸相非相眼在什麼處此語有兩負門頌曰　諸相非相孰能諳見與不見要須恭兩處負門如透徹此時方得覩瞿曇 本覺一　天衣

示衆曰九天雲路早須尋莫遺蹉跎歲月深天地懸遠向甚麼處去頌曰　夏金烏似火當空掛最高峰掛在青雲峰 南堂興　天衣示衆曰百骸俱潰散一物鎮長靈百骸潰散皆歸土一物長靈甚處安頌曰　一物長靈甚處安長空雲散碧天寬蓮宫佛刹花無數眨起眉毛子細觀 南堂興　天衣因僧問如何是頂門上眼師曰衣穿瘦骨露屋破看星眠頌曰　骨瘦皮枯衣服穿夜深屋破看星眠頂門不具迦羅眼莫問西来諸祖禪 本覺一　洪州法昌倚遇禪師 嗣北禪賢　垂語曰我要一箇不會禪底作國師頌曰　要個無禪底國師總涉毫芒便取誅堪笑這僧乖手處遍無便見有偏枯 月林觀　舒州投子義青禪師 嗣大陽玄　僧問和尚遠来拈香祝延聖壽且道當今皇帝壽年多少師曰月籠丹桂遠星拱北辰高頌曰　六國清平賀聖年珠簾高捲月明前金輪那肯當堂座不用丹墀聲静鞭 丹霞淳　投子青因僧問師唱誰家曲宗風嗣阿誰師曰威音前一箭射透兩重山云如何是相付底事師曰今因淮地月得照郢陽春云恁麼則入水見長人師曰秖知荊玉異那辯楚王心隨後以拂子敲禪床頌曰　珊瑚枝上玉花開風透清香遍九垓勿

謂乾坤成委曲韶陽曾見睦州来丹霞淳
杭州慧日永明延壽智覺禪師嗣韶國師僧問如何是永明妙旨師曰更添香著曰謝師指示師曰且喜沒交涉僧禮拜師示偈曰欲識永明旨門前一湖水日照光明生風来波浪起頌曰　門前湖水鏡容開對面和盤託出来可是永明無剩語酒濃初不在多杯象潭泳
智覺因二僧来𠫭師問𠫭頭曰曽到此間不曰曽到又問第二上座曰曽到此間不曰不曽到師曰一得一失少頃侍者問適来二僧未審那個得那個失師曰你曽識這二僧也無者曰不識師曰同坑無異土頌曰
到與不到一得一失不是砒霜便是石蜜舌端無眼如何喚侍者剛要詢端的莫怪同坑無異土　閙電未收轟霹靂瘦純冲
杭州九曲觀音院慶祥禪師嗣韶國師僧問險惡道中以何為津梁師曰以此為津梁曰如何是此師曰棻著汝鼻孔頌曰　春草碧色春水綠波送君南浦傷如之何佛溪聞
隆興府黃龍慧南禪師嗣慈明圓宗中常問僧曰人人盡有生緣上座生緣在何處正當問荅交鋒却復伸手曰我手何似佛手又問諸方𠫭請宗師所得却復垂脚曰我脚何似驢脚三十餘年示此三問學者莫有契其旨𣊩有酧者師未甞可否叢林目之為黃龍三關廬山圓通旻古佛云昔見廣辯首座収南禪師親筆三關頌諷誦無遺近見諸方傳録不全又多訛舛故兹注出　我手佛手兼舉禪人直下薦取不動干戈道出當處超佛越祖我脚驢脚並行歩歩踏著無生會得雲収電巻方知此道縱横生緣有語人皆識水母何曽離得蝦但見日頭東畔上誰能更喫趙州茶復總頌曰　生緣斷處伸驢脚驢脚伸時佛手開為報五湖𠫭學者三關一一透将来長江雲散水滔滔忽爾狂風浪便高不識漁家玄妙意偏於浪裏颭風濤南海波斯入大唐有人別寶便商量或時遇賤或時貴日到西峯影漸長黃龍老和尚有箇三緣語山僧承嗣伊令日為君舉為君舉猫兒偏解捉老鼠景福順三　佛手纔開古鑑明森羅無得隱纖形朝朝日日東邊出多少行人問丙丁驢脚伸時動地輪大洋海底擂紅塵唯餘庭際青青栢一度年来一度春　問生緣何處来到家禪客絕纖埃吐露剎海周遊也休誐峨嵋與五臺張覺總三　我手何似佛手反覆誰辨好醜若非師子之兒野干護為開口我脚何似驢脚隱顯千差萬錯欲開金剛眼睛看取目前善惡人人盡有生緣處認著依前還失路長空雲散月華開東西南北從君去真淨文三　我手佛手誰人不有分明直用何須狂走我脚驢脚高低踏著雨過苔青雲開日爍問我生緣處生緣處不疑語直心無病誰論是與非溈山秀三　東京法雲惟白佛國禪師熙寧初至南師法席殆二年師歸圓寂然入師室問師道而師以平生三轉語示天下學徒得叩于左右近數見印行語録者其間或拈或頌罔測其旨噫去世未三十年謬妄者傳習若此良可傷哉因而成頌知師者可同味焉頌曰　主賓相見展家風問荅分明箭拄鋒伸手問君如佛手鋏開金鎖万重偏𠫭知識扣玄微偶尒相逢話道奇我脚伸為驢脚問平生見處又生疑莫怪相逢不相識宗師須是辨来端鄉關風月俱論盡却問生緣道却難　我手何似佛手天上人間希有直饒總不恁麼也似枷上著杻我脚何似驢脚奉為衲僧拈却昔年有病未痊如今又遭毒藥若問生緣真俗氣生緣斷處堕無為二途不涉如何也八十婆婆學畫眉海印信三
我手佛手十八十九雲散月圓癡人夜走我脚驢脚放過一著龎老笊籬清平木杓人人生緣北律南禪道吾舞笏華亭撑船湛堂準三
玄關將多意氣手不執寸鐵兵不用一騎八

鑾輿四喪太平皆坐致困卧桑陰春日斜騰
騰不識今何世普融平我手何似佛手從來
有衫無袖有時開向人前不覺露出雙肘我
脚何似驢脚寒來須要機著莫教踏著泥水
和鞋一時失却人人有箇生緣何須盡要說
原若問老僧生處荔枝香滿南園三上方益我
卅六 十三
手何似佛手爐鞴鉗鎚鍛鍊曾烹紫磨金軀
光射七星牛斗我脚何似驢脚白刃紅旗閃
爍坐斷百戰場中妙開六韜三略人人有箇
生緣視聽俯仰折旋頂戴寰中日月手握閫
外威權南堂興三我手何似佛手隨分拈花
折柳忽然摸著蛇頭未免遭他一口我脚何
似驢脚趙州石橋畧彴忽若築起皮毬崩倒
三山五岳人人有箇生緣蹲身無地鑽研若
也眼皮迸綻纏他桶底別穿圓悟勤三佛手
驢脚生緣黃龍元無此語直饒恁麼知之我
儂未敢輕許奉報四海禪人第一不得錯舉
龍門遠佛手驢脚生緣落處便是乾坤重重
無限樓閣彈指入者無門驢脚生緣佛手打
透上頭關捩脫却泥水布裩直下心空及第
生緣佛手驢脚為君一體拈却坦然坐致太
平猛將謾誇謀畧佛心才三扣關豈是丈夫
兒驢脚生緣問阿誰佛手展開無處用太平
基業各豐滋道場如我手何似佛手天上南

辰北斗我脚何似驢脚往事都來忘却人人
盡有生緣箇箇足方頂圓大愚灘頭立處孤
月影射深潭會不得見還難一曲漁歌下遠
灘白楊順我手何似佛手黃龍鼻下無口當
時所見顛頂至今百拙千醜我脚何似驢脚
文殊親見無著好箇琉璃盞不要當面諱
却人人有箇生緣從來罪過彌天不是牽犂
拽杷便是鍋鏟油煎正堂辯三我手何似佛
手天下衲僧無口縱饒撩起便行也是鬼窟
裏走諱不得我脚何似驢脚又被精膠粘著
及身直上兜率天已自遭他老鼠藥吐不得
人人有箇生緣鐵圍山下幾千年三灾燒到
四禪天者漢猶自在傍邊殺得工夫張無盡三
我手何似佛手堪笑紫湖養狗撞著焦尾大
蟲性命輸他一口我脚何似驢脚擬議知君
大錯進前欲飲醍醐已是遭他毒藥人人盡
有生緣且非夷狄中原鎮府出大蘿蔔趙州
親見南泉佛手驢脚生緣生緣驢脚佛手李
卅六 十四
公醉倒街頭元是張公喫酒黃龍山裏老婆
禪恰似河陽新婦醜石巷翊四我手何似佛
手二八恰恰十九年尾算到年頭家內一錢
無有我脚何似驢脚踏著趙州畧彴驚得迦
葉皺眉文殊却打無著人人有箇生緣男兒
氣宇衝天若是爭田競地我即喫死如眠佛

手驢脚生緣浩浩叢林盛傳直饒一穿穿却
未免十万八千伊菴權四我手何似佛手合
掌面南看北斗免推明月上千峯引得寒山
開笑口我脚何似驢脚急走歸家日將落自
古長安如鏡平無端醉倒黃番綽人人有箇
生緣且非東土與西天擊珊瑚樹枝枝好撒
水銀珠顆顆圓佛手驢脚生緣南海波斯泛
鐵船精金美玉團堆實畢竟何曾直一錢雪
菴瑾四佛手驢脚容易見最難道處是生緣
黃梅不是周家子七歲傳衣便會禪横川珙
黃龍南初叅泐潭澄因雲峯悅指見慈明既
罵福嚴時賢禪師命掌書記賢歸寂適慈明
繼席一日造室明曰書記叅雲門禪必爺其
旨如放洞山三頓棒是合喫不合喫師曰合
喫明曰從朝至暮鵲鳴鵲噪皆應喫棒乃使
拜之後問趙州道臺山婆子我與汝勘破了
也且阿那裏是他勘破婆子處師汗下不能
荅明日又詣室明嘔罵不已師曰罵豈慈悲
卅六 十五
法施耶明曰你作罵會那師始大悟述頌曰
傑出叢林老趙州老婆勘破有來由如今四
海清如鏡行人莫與路為讎明頷之頌曰
錯錯戲海禪龍沖霄遊鶴老慈明無著莫笑裏重
重露挂索佛手一展日月昏大江從此風濤
惡石林鞏死水如何養活龍終歸大海鼓腥

風天教一霎風雲便逆出臺山烟雨中有喫棒分無喫分當爐一煅求銀流不因踏斷臺山路千古雲峯恨莫酬竹屋簡　黃龍南因僧問不去不来時如何師曰華岳三峯頭倒卓曰却去却来時如何師曰風吹柳絮毛毬輥頌曰　冰雪肌膚西舍女梳粧巧巧畫雙眉傍人筆力强傳寫戶外如何見得伊本寂觀　黃龍南住黃蘗時室中每舉鍾樓上念讚床脚下種菜衆皆下語不契一日勝首座云猛虎當路坐師乃退黃蘗與勝住頌曰

鍾樓上念讚床脚下種菜猛虎當路蹲時人俱不會黃蘗花開自有時明州有箇憨布袋照堂一　直出直入當面不識更擬如何著甚死急徑山杲　猛虎當路坐游魚脚下過不學子湖老便打劉鐵磨鼓山珪　黃龍南因禾山普參普善經論兩川號為義虎問師云阿難問迦葉世尊傳金襴外更傳何物因緣意旨如何師曰上人出蜀曾到玉泉不曾曰曾到師又問曾掛搭不曰一夕便發師曰智者道場關王打供結緣住幾時何妨普良久乃理前問師俛首普趨出大驚曰兩川義虎不消此老一噀頌曰　黃龍一噀絕遲疑笑殺旁觀又可悲姹女已歸霄漢去獃郎猶向火邊棲退菴演袁州楊岐方會禪師嗣慈明僧

問如何是佛師曰三脚驢子弄蹄行曰莫只這便是師曰湖南長老頌曰　三脚驢子弄蹄行奉勸行人着眼睛草裏見他須喪命只緣蹋踏最分明白雲端　前步高兮後步低動頭搖尾三隻蹄騎過鬧市人東西湖南更有須菩提保寧勇　三脚驢子弄蹄行驟驟追風趂不前踏破化城無覓處湖南長老重加鞭佛鑑懃　三脚驢子弄蹄行步步蓮花襯足生堪笑草中尋覓者不知芳樹囀春鶯佛性泰　三脚驢兒忒殺好長菽後園教喫草等閒牽去向人前踢倒湖南賭長老鼓山珪　楊岐一頭驢秖有三隻脚踏闢倒騎蹄跌殺黃旛綽徑山杲　三脚驢子弄蹄行直透威音万丈坑雲在嶺頭閒不徹水流澗下太忙生湖南長老誰解會行人更在青山外梁山遠　三脚驢子弄蹄行兩浙江南秋復熱西北風霜怯早寒閑門愁見楊花落卍菴顏　一拕杷二牽犁平田淺地且相隨恰到飢時無草料放開頭角便東西老楊岐老楊岐盡道徒来解弄蹄上方益　蹇驢三脚弄蹄時若不親騎也不知紫磨金容驗不動竹篦端勝冷鉗鎚典牛游　法出姦生𡊒生招箭三脚驢子是誰親見若親見釋迦老子那吒面佛照光　三脚驢子弄蹄行鼓動清風入骨寒踏破虛靈光影斷不須平

地起波瀾月菴果　楊岐一頭驢眼光如電爍踏殺天下人説甚三隻脚雪菴瓘　一箭射落天邊鴈千人万人着眼看不知此箭自何来湖南長老何曾見中菴空　楊岐因僧問少林面壁意旨如何師曰西天不會唐言頌曰　天高地迥非難見水闊山重不易論万古八風吹不入西天人不會唐言白雲端　西天人不會唐言端坐巍巍少室前剛被泒支打齒缺至今有理不能宣佛性泰　西天人不會唐言旱地雷聲徹大千九年面壁無人會玉兎金烏火裏旋無菴全　楊岐因慈明忌辰設齋衆經集師於真前以兩手捏拳安頭上以坐具畫一畫打一圓相便燒香退身三步作女人拜首座曰休捏怪師曰首座作麽生座曰和尚休捏怪師曰兎子喫牛妳第二座亦如是師迠前作聽勢座擬議師與一掌曰這漆桶也亂作頌曰　楊岐聽勢印千差今古令人變作家但握祖師三印在不妨捏怪亂如麻圭堂居士　一棚傀儡木雕成半是神形半鬼形歌鼓歇時天未曉尚餘寒月掛疎櫺虛堂愚　楊岐因僧問撥雲見日時如何師曰東方来者東方坐頌曰　堯舜垂衣万國賓撥雲見日意休陳東方来者東方坐草木重霑雨露新白雲端　楊岐因慈明上堂師出問幽鳥語

喃喃辭𡨥入亂峯時如何明曰我行荒草裏汝又入深村師曰官不容鍼更借一問明便喝師曰好喝明又喝師亦喝明連喝兩喝師禮拜明曰此事是箇人方能擔荷師拂袖便行頌曰　將出驪珠遇大商金盤撥動有餘光無煩一句論高價把手歸家笑幾場 白雲端

試問人間有底忙好將春事報春光直饒日日花前醉一季都來九十場 正堂辯明

張三背手張弓黑李四反身架箭直饒嚙鏃与将軍對面髑髏穿一穿 別峯印

將杖探其水方知水淺深路遥知馬力歳久辯人心子不孝父不慈恭而無禮親而有疎不入驚人浪難逢稱意魚 治父川

猶全食血功虎備起屍殺無柰阿男何不傳上樹訣 南岩勝

馬轉牛回豈足誇爛泥中刺當行家霜刃一揮全意氣坐令千載定龍蛇 無菴全

楊岐問僧雲深路僻高步何来曰天無四壁師曰踏破多少草鞋僧便喝師曰一喝兩喝

十六 十七

又作麼生曰你看這老和尚師曰拄杖不在且坐喫茶頌曰

高步何来釣象犀反身全不帶纖泥驀然一喝高千丈劫外相看誰得知 圭堂居士

楊岐因僧問天得一以清地得一以寧衲僧得一堪作什麼師曰鉢盂口向天頌曰

鉢盂向天底時節十方世界一團鐵少林面壁謾多年衲僧眼裏重添屑 白雲端

衲僧一拶鉢盂口闊天下楊岐望松山一渴 松源岳

楊岐問僧栗棘蓬你作麼生吞金剛圈你作麼生跳頌曰

楊岐金圈與栗蓬吞跳依前事不同大海都来一口吸更無南北與西東 照堂一

金剛圈栗棘蓬玄沙三種病石筆一張弓直截為君說新羅在海東 徑山杲

楊岐老人鎖口訣万里長城一條鐵 斫牌禪客如到来不動金鎚腦門裂 鼓山珪

栗蓬吞得有何難更教吐出又心酸吞吐得来休嚼碎南辰光射北辰寒 正堂辯

肘後驀生開絡索風前忽布闊叉撑那吒八臂空惆悵夜半三更白晝行 天童淨

昨夜發新雷毒蛇離窟穴居常口不開蹋著迸鮮血 或菴體

十八 十九

楊岐入院陞座畢下座九峯勤把住云今日喜得箇同參師曰作麼生是同參底事勤曰九峯牽犂楊岐拽耙師曰正恁麼時楊岐在前九峯在前勤擬議師拓開曰將謂同參元来不是頌曰

一拽耙二牽犂平田淺草且相隨恰到[illegible]無草料放開頭角便東西老楊[illegible]

道從来解弄蹄 上方益

楊岐左眼半斤九峯右眼八兩一對無孔鐵鎚至今收拾不上 無相範

東京天寧芙蓉道楷禪師 嗣投子青

僧問夜半正明天曉不露如何是不露底事師曰滿船空載月漁父宿蘆花頌曰

星流水國夜然燈月印江天朗似鏡隱顯無私位不該依倫擬動成偏正 丹霞淳

芙蓉楷上堂法身者理妙言玄頓起終始之患諸仁者莫是幻身外別有法身麼莫即幻身便是法身麼若也恁麼會去盡是依他作解蒙昧兩岐法眼未得通明不見僧問夾山如何是法身山云法身無相如何是法眼山云法眼無瑕所以道吾云未有師在忽有人問老僧如何是法身羊便乾處卧如何是法眼驢便濕處尿更有人問作麼生是法身買帽相頭作麼生是法眼坑坎堆阜若檢點將來夾山秪是學處不玄如流俗閤閣裏物不能捨得致使情閑固閑識鎖難開老僧今日若不當陽顯示後學何以知歸勸汝諸人不

二十

用求真唯須息見諸見若盡昏霧不生自然智鑑洞明更無他物諸人還會麼良久云珠中有火君須信休向天邊問太陽頌曰

道合平常絕異端行人何必歷艱難從今莫信孫臏卜龜殼無靈不用鑽 丹霞淳

芙蓉楷因僧問如何是無縫塔師曰白雲籠岳頂終不露崔嵬頌曰

層層落落影團團切忌當陽着眼看直下有無俱不立白漫漫又黑漫漫 雪岩欽

芙蓉楷因僧問師唱誰家曲宗風嗣阿誰師曰金鳳夜棲無影樹峰巒絕露海雲遮頌曰

等閑應問豈安排一句全提隱露該薄露依依籠古徑孤峰終不露崔嵬 丹霞淳

六祖下第十三世 南岳下第十二世臨濟宗

晦堂心 一則 白雲端 五則 保寧勇 二則 孫比部 一則

隆興府黃龍祖心禪師 嗣黃龍南 因黃山谷太史乞指徑截處師曰秪如仲尼道二三子以我為隱乎吾無隱乎爾太史居常如何理論公擬對師曰不是不是公迷悶不已一日侍師山行次時岩桂盛放師曰聞木犀花香麼曰聞師曰吾無隱乎爾公釋然即拜之曰和尚得恁麼老婆心師笑曰秪要公到家耳頌曰

渠儂家住白雲鄉南北東西路渺茫幾度欲歸歸未得憑闌岩桂逞幽香 石溪月

學海波瀾捲未乾幾煩仙嚴上林巒天香吹落林風老不覺相攜到廣寒 石林鞏

水邊林下舊生涯夢裏還家未到家昨夜月明歸興動西風一陣木犀花 雪巖欽

晦堂室中豎拳示僧曰喚作拳頭則觸不喚作拳頭則背未審喚作甚麼頌曰

赤體更無藏隱處黃龍未語先分付若將見解上門來他家自有通霄路 道場琳

背觸人難會憑君子細看片雲纔出洞遮卻面前山 雪巢一

舒州白雲端禪師 嗣楊岐 示眾曰此事如萬仞崖頭相似總知道放著手便撲到底只是捨命不得法華今日不動一毫頭教諸人到底去也擲下拄杖頌曰

巇從險處放身時那箇商量不皺眉不動毫芒親到底眼睛皮綻蓋須彌 虛堂愚

白雲上堂舉一則公案布施大眾良久云口只堪喫飯頌曰

白雲舉古直是希奇口堪喫飯少有人知 諸禪老莫遲疑一飽自然忘百飢 遯庵演

白雲上堂見眾集乃拈拄杖曰大眾會麼復卓拄杖曰珊瑚枕上兩行淚半是思君半恨君頌曰

幾回沾水又拖泥年老心孤不自知遊子不歸空悵望一溪流水落花隨 無春全

白雲因僧問舊歲已去新歲到來如何是不遷義師曰眉毛在眼上頌曰

罷釣歸來不繫船江村月落正堪眠縱饒一夜風吹去只在蘆花淺水邊 月庵 二則

落葉已隨流水去春風未放百花鮮青山面目依然在盡日橫陳對落暉

金陵保寧仁勇禪師 嗣楊岐 示眾曰釋迦老子四十九年說法不曾道著一字優波毱多丈室盈籌不曾度得一人達磨不居少室六祖不住曹溪誰是後昆誰是先覺既然如是彼自無瘡勿傷之也拍膝示眾曰且喜天下太平頌曰

烟暖土膏農事動一犁新雨破春耕郊原渺渺青無際野草閑花次第生 虛堂愚

保寧勇示眾曰三界唯心萬法唯識檻外雲生簷前雨滴澗水湛如藍山花開似錦此時若不究根源直待當來問彌勒頌曰

靈然不涉去來今三界都盧一點心檻外春風春蝶舞門前楊柳曉鶯吟 丹霞淳

比部孫居士因楊岐來謁值覘斷次公曰某為王事所牽何由免離岐指曰委悉得麼曰望師點破岐曰此是比部弘願深廣利濟群

生曰未審如何岐示以偈曰應現宰官身廣
弘悲願深爲人重指處棒下血淋淋公於此
有省頌曰
棒下血淋淋真鍮不博金鴛鴦親綉出休更
覓金針雪堂行

禪宗頌古聯珠通集卷第二十　竟六

禪宗頌古聯珠通集卷第二十一　赤七

僧錄司右闡教兼靈谷禪寺住持淨戒重校

祖師機緣　六祖下第十四世至二十一世

蘄州五祖山法演禪師 嗣白雲端 初謁浮山遠和尚遠一日語師曰吾老矣恐虛度子光陰可往依白雲此老雖後生吾未識面但見其頌臨濟三頓棒話有過人處必能了子大事師潛然禮辭至白雲遂舉僧問南泉摩尼珠話請問雲叱之師領悟獻投機偈曰山前一片閑田地叉手叮嚀問祖翁幾度賣来還自買為憐松竹引清風雲特印可頌曰

山前田地賣還買松竹清風痛自憐堪笑夢中誇富貴覺来那直半分錢 遯菴演 忍死叮嚀見白雲一盃鴆酒十分斟若教不飲空歸去田地無由被陸沉 竹屋簡 二卒風暴雨忽迷蹤撞入浮山網子中縱得白雲提得出依然只是賣柴翁

五祖演云老僧遊方十餘年条數十人善知識將謂了當及到浮山圓鑑會下更開口不得末後又到白雲因咬破一箇鈍鋑餡直是百味具足且道餡子一句作麼生道 花發雞冠媚早秋何人能染紫絲頭有時風動頻相倚似向階前鬬不休 日頌 白雲鈍鋑餡衲僧難下口忽然咬得破大作師子吼 月菴果

五祖演在白雲端會中作磨頭一日端下来曰磨頭你還知一件事麼師曰不知曰近有數禪客自廬山来問他皆有悟入處教伊說亦說得有来由舉因緣向伊亦明得教下語亦下得端良乆謂師曰磨頭只是未在你道如何師聞之心下不安得七日七夜不成腸肚正中心下乃自思惟曰既悟了說亦說得明亦明得如何却未在忽然中夜方會得從前實惜一時放下遂白端端起来手舞足蹈佛眼遠云某甲侍先師舉此因緣謂某甲云条學須是一時放下方得安樂大衆還見得不乃頌曰

放得下好脫洒放不下牛拽杷堪笑諸方老古錐打鼓說禪無尾欄無尾欄不驚怕可癡訝解踏毘盧頂上行不言亦自傳天下好大哥

五祖演因僧問一大藏教是箇切脚未審切箇什麼字師曰鉢囉娘頌曰唇上必弁班豹剎舌頭當的帝都丁且道是什麼字自古上賢猶不識造次凡流豈可明 石菴玿 一大藏教是切脚東山切得鉢囉娘胸中憤氣盤不得忽作虹霓萬丈長 即菴覺 倒腹傾腸與麼来華言梵語幾曾該言前句後知端的陸地蓮花朵朵開 別山智 大藏教文為切脚鉢囉娘義最深幽孔門弟子無人識碧眼胡僧暗點頭 遯菴演

五祖演因僧問如何是佛師曰口是禍門頌曰的的當陽句明明箭後路著靴人喫肉赤脚人趂兎 徑山杲 口是禍門電掣雷奔悲謁出海震動乾坤 蔣山珪 如何是佛口是禍門一錢不直賣与買人 雪堂行 兵行詭道賊是家親無功受禄有理難伸 或菴體 坑坑坎坎嶮嶮巇巇一言易出駟馬難追 虛堂愚

五祖演因僧問如何是佛師曰口入又曰露胸跣足頌曰老去眉鬚似雪霜元來習氣尚難忘少年無限傷心事一度思量一斷腸 佛鑑懃 牙根齦嚼真彌勒腹裏撐吞老釋迦大地虛空皆得飽這回不到負檀家 心聞賁

五祖演因僧問如何是臨濟下事師曰五逆聞雷頌曰從前五逆怕聞雷不似大蟲看水磨 孤峯頂上要同行十字街頭還共坐 蔣山珪 五逆聞雷曾条顛田一粒豆子爆出冷灰 徑山杲 者僧苦下打爺拳霹靂聲中宇宙皆驚起無明金翅鳥擘開滄海取龍吞 東山空 五逆聞雷露出屍骸人間天上無處堪埋 朴翁銛 五逆聞雷懡㦬然舉常爭敢與人寬自從六十輕酬後濟北驢名不浪傳 虛堂愚

五祖演示衆曰釋迦彌勒猶是他奴且道他是阿誰頌曰老年輕節臘樂事甚悠悠不及兒童日都来不解愁 南堂興 他弓莫挽他馬莫騎他非莫管他事莫知 無門開 釋

迦彌勒是他奴今古禪流知也無酒好不須懸望子醋酸何必掛葫蘆野牛平五祖演問僧曰倩女離䰟那箇是真底有云王宙欲娶倩娘為妻倩父母不許倩遂卧病在家王宙將欲遠行月下見倩來同舟而去三年後遂生一子倩遂歸父母家纔到門家中有一倩娘出來相見兩人遂合成一身頌曰二女合為一媳婦機輪截斷難回互從來往返絕蹤由行人莫問來時路普融藏主只是舊時行履處等閑舉着便誵訛夜来一陣狂風起吹落桃花知幾多慈受深兩女合為一媳婦古寺基前幢子竪彷彿上有陁羅尼多少行人盡驚怖丑堂辯縱使百千劫所作業不忘因緣會遇時果報還自受或菴體涼宵愛月上危樓幾處笙歌幾處愁歌管未闌愁未歇忽然天曉一時休且菴仁憶惜春風上苑行爛窺紅紫厭平生如今再到曾行處寂寂無人草自生萬菴柔南枝向暖北枝寒何事春風作兩般憑仗高樓莫吹笛大家留取倚闌看雪菴瑾雲月是同溪山各異萬福萬福是一是二無門開行弔先挑葯喪車後絨錢老胡門下客寧可入黃泉虛堂愚五祖演垂語曰路逢達道人不將語默對且道將甚麽對頌曰来說是非者便是是非人誠哉是言也弄物不知名月林觀路逢達道人不將語默對攔腮劈面拳直下會便會無門開五祖演一日持錫遶廊曰莫有屬牛人問命麽衆皆無語自曰孫臏今日開鋪更無一人垂顧可憐三尺龍鬚喚作尋常破布頌曰無端平地起干戈爭似屬牛人更多𢡖目慚惶無着處低頭依舊入烟蘿高峰妙五祖演曰譬如水牯牛過牕櫺頭角四蹄都過了因甚麽尾巴過不得頌曰牛過牕櫺錯為安名大唐國裏不見一人月林觀龜本真靈物都緣不自知一朝親脫殼直透九天飛如菴用等閑放出這牛兒頭角分明舉似誰若向尾巴尖上會新羅鷂子過多時高峯妙五祖演謝監狀上堂曰人之性命事第一須是〇欲得成此〇先須防於〇若是真〇人〇〇頌曰一二三四五六圈心肝粉碎髑髏寒若將方木投圓竅醜婦爭教得少年高峯妙五祖演舉昔日有秀才著無鬼論一日鬼現身云你道無我聻秀才無語師曰當時只舉手作鵓鳩觜云谷孤故頌曰說有道無徒費力現身無語強分疎只消一箇鵓鳩觜百怪千妖盡掃除此山應五祖鵓鳩啼當機直下提隔山尋蟻跡能有幾人知石田薰五祖演因僧問如何是為人一句師曰門前石塔子頌曰門前石塔子八白與九紫方道既分明免被巡官使雪堂行五祖演每遇僧来請益秪曰無遮闌工夫頌曰彼此且無相負累行人無不失鈎錐雖然不瞎衆生眼也好拳頭劈口槌龍門遠開口便見膽工夫傚東魯昔於豆子山也解打凡鼓南岩勝五祖演凡見僧来便曰屈屈僧曰屈作甚麽師曰如今不屈更待何時頌曰盡力不柰何按牛頭喫草若無錦綉文難以論嘉藻龍門遠鋏餡價難窮誰知屈味濃法幢光祖域正董在胸中南岩勝五祖演問僧離却四大五蘊那箇是你清淨法身頌曰堂堂白日上刀梯任是崑崙眼亦迷多謝門前桉山子春来秋去泄天機雪堂行五祖演展手問僧曰因何喚作手頌曰何故喚作手衲僧難開口擬議自瞞頇可憐太蒙斗佛眼遠先祖滔滔無固必後人悱悱有雌雄巨靈擡手無多子分破華山千萬重南岩勝隆興府兜率從悅禅師嗣真淨文室中設三語以驗學者一曰撥草瞻風秖圖見性即今上人性在甚麽處二曰識得自性方脫生死眼光落地時作麽生脫三曰脫得生死便知去處四大分離向甚麽處去頌曰陰森夏木杜鵑鳴日破淨空宇宙清莫對曾參問曾晳從教孝子諱爺名張無盡三人間鬼使符来取天上花冠色正萎好箇轉身時節子莫教閒老等閑知鼓合東村李大妻西風曠野淚沾

衣碧蘆紅蓼江南岸却作張三坐釣磯驢放三千馬放八百透過重關未為英傑月林觀一念普觀無量刧無量刧事即如今如今觀破這一念觀破如今觀底人無門開東京法雲佛照杲禪師嗣真淨文師以力參深到語不入時每示衆常舉老僧熙寧八年文帳在鳳翔府供申當年崩了華山四十里壓倒八十村人家汝輩後生茄子瓠子幾時知得或問曰寶華王座上因甚麼一向世諦師曰癡人佛性豈有二種邪頌曰隴水何人歌竹枝動人情思極幽微夜深轉入單于調月朗風高聽者稀虛堂愚六祖下第十五世臨濟宗成都府昭覺寺克勤圓悟佛果禪師嗣五祖演先住東京天寧師凡垂問學者擬議則一拳頌曰盡力當胸一拳幾箇眉鬚墮落更欲如何若何普化空中木鐸瞎堂遠圓悟因僧問西天以蠟人為驗此土以何為驗師曰生鐵鑄就崑崙兒頌曰生鐵鑄就崑崙兒頭輕脚重肚皮大明眼衲僧薩普吒九十日中看不破看不破笑倒嵩山破竈墮晦中光舒州太平慧懃佛鑑禪師嗣五祖演僧問如何是佛師曰喫飯咬着砂頌曰喫飯咬着沙隱落第三牙春風纔過後拄杖亦開花世愛深舒州龍門清遠佛眼禪師嗣五祖演嘗請益五祖凡有所問演即曰我不如你你自會得好或曰我不會我不如你師愈疑遂咨決於元禮首座禮以手引師耳繞圍爐數匝行且語曰你自會得好師曰有冀開發乃爾相戲耶礼曰你他後悟去方知今日曲折耳頌曰我不會兮不如你達磨當門缺兩齒淵堂無限白蘋風明明不自秋江起雪堂行二我不會兮不如你堪笑千花生碓嘴善財讒到百城游何曾踏着自家底我不會兮不如你旃檀林裏香風起漁歌一曲過瀟湘攪動滄溟聲未已默堂定龍門示衆曰千說萬說不若親見一面縱不說亦自分明王子寶刀喻衆盲摸象喻禪學中隔江招手事望州亭相見事深山巖崖處事此皆親面而見之不在說也頌曰寧辨人間是與非生來涵淯眼如眉不因說着當年事萬古千秋那得知虛堂愚金陵俞道婆市油餈為業參琅琊起和尚起以臨濟無位真人話示之一日聞丐者唱蓮花樂云不因柳毅傳書信何緣得到洞庭湖忽大悟以餈盤投地夫曰你顛邪婆掌曰非汝境界往見瑯琊琊望之知其造詣問那箇是無位真人婆應聲曰有一無位人六臂三頭努力瞋一擘華山分兩路萬年流水不知春琊印可之凡有僧至則曰兒兒僧擬議即掩門佛燈珣和尚往勘之婆如前所問珣曰爺在甚處婆轉身拜露柱珣即踏倒曰將謂有多少奇特便出婆撅起曰兒兒来惜你則箇珣竟不顧安首座至婆問甚處来曰德山婆曰德山泰乃老婆兒子曰婆是甚人兒子婆曰被上座一問直得立地放尿頌曰柳毅傳書只自知得便宜是落便宜親夫愛子都拋却痛惜深憐乞養兒笑翁堪驀劄相逢鐵面皮渾家喪盡喚孩兒翻身獅子施牙爪猶落渠儂第二機唉且道渠是阿誰塗毒策臨安府徑山宗杲大慧普覺禪師嗣圓悟至天寧一日聞悟陞堂舉僧問雲門如何是諸佛出身處門曰東山水上行若是天寧即不然忽有人問如何是諸佛出身處只向他道薰風自南来殿閣生微涼師於言下忽然前後際斷頌曰萬德不自有十身何處藏薰風生殿閣化日正舒長石林鞏諸佛東山水上行間中無事日偏長薰風拂拂来無已無意涼人人自涼嵩廬單大慧因僧問心佛俱忘時如何師曰賣扇老婆手遮日頌曰賣扇老婆手遮日一種風流出當家說與途中未歸客何須向外喫波植月坡明大慧後来留古雲門菴學者雲集久之入閩結茅於長樂洋嶼室中舉竹篦子問學者喚作竹篦則

觸不喚作竹篦則背不得下語不得無語徒之得法者十有三人頌曰雲門舉起竹篦尺聖潛蹤匿跡金剛門外生嗔木馬廐中面赤卍無著總二 雲門舉起竹篦纔涉思惟蹉過只這背觸商量老人已是話墮徑山有箇竹篦直下別無道理佛殿廚屋三門穿過衲僧眼耳 福州清涼坦 三尺鎢蛇口帶腥曾吞英特十三人壓蒙四壁籠燈黑光尾焦黄眼正瞋 竹屋簡 平江府立紹隆禪師 嗣圜悟 初衆死心心問你是甚麼僧師曰行脚僧心曰你是何處村僧行甚驢脚馬脚師曰廣南蠻道甚麼何不高聲道心曰却有些衲僧氣息遂留過夏頌曰客裏謾牢落天涯多故人好懷無處寫舊話得重論殘雪未消石梅英先破春徘徊殊有約來此續芳塵 塵堂悉 解后何期語笑新秋風松館客邊身凭闌不話平生事到老相逢是別人 寶葉源 安吉州道場明辯正堂禪師 嗣普門遂 室中問學者蚯蚓為甚麼化為百合頌曰客舍并州已十霜歸心日夜憶咸陽無端更渡桑乾水却憶并州是故鄉 國拙岑 潭州大溈善果月菴禪師 嗣開福寧 上堂奚仲造車一百輻拈却兩頭除却軸以拄杖打圓相曰月莫錯認定盤星卓一下下座頌曰海神知貴不知價留與人

問光照夜碧眼胡僧笑點頭誰知用處無縫鏄 月林觀 機輪轉處達者猶迷四維上下南北東西 無門開 明州天童曇華應菴禪師 嗣虎丘隆 示衆曰盡力道不得底句不在天台定在南岳頌曰相罵饒汝接觜相唾饒汝潑水驀然摸着蛇頭拍手囉囉哩哩 肯堂充 耆婆去後無消息病者憧憧日扣門百草自知無識者叢叢蛩泣在籬根 虛堂愚 應菴示衆曰如世良馬見鞭影而行時佛照光和尚出衆云見鞭影者非良馬師休去頌曰疾焰過風第二頭不堪惆悵只堪愁一聲振鬣長鳴後萬馬皆瘖一戰收 北磵簡 明州育王德光佛照禪師號拙菴 嗣大慧 宋孝宗召對師舉靈雲頌直至于今更不疑奏曰那裏是他不疑處帝曰空手牽鋤牛頌曰万機之暇探禪宗中路寧堪愍六龍空手牽牛過天關紫宸深在妙高峯 圭堂居士 佛照因孝宗宣問釋迦佛入山六年所成何事師對曰將謂陛下忘却頌曰六年勤苦竟何如為問君王記得無直下雖知難抵諱到頭終不受塗糊 北磵簡二 借婆衫子拜婆年監本起挑不上禪扶起土龍轟霹靂明星猶在九重天問處天左旋答處地右轉太平無象眼頭寬雪山高映黄金殿 覺圓明 大根大器大熏修贊轉

機輪向上頭万億斯年惟一佛雪山元不隔龍樓 石巖建 臨安府淨慈北磵簡禪師 嗣佛照 師示衆目前機摩竭令無法商量一印印定頌曰當陽印定發光輝一對鴛鴦各自飛無法商量曾不昧令行摩竭目前機 物初觀 行摩竭令顯全機無法商量未是奇方象森羅鄰印定此中能有幾人知 仲方倫 北磵因四僧來叅師云一人宗通病在內一人說通病在外一人宗說俱通病在見聞一人觸事不會東倒西擂且道誰是不會底頌曰午牕危坐絕逢迎杵臼徐聞隔竹聲一碗醲茶魔辟易策勛不戰屈人兵 物初觀 剛道宗通與說通俱通還昧古靈蹤誰知東倒又西擂却解當堂作主翁 仲方倫 寰中全主主全寰四相同朝舊主人切忌自家分彼此使他容易別疎親 淨覺暈 臨安府淨慈水菴師一禪師 嗣佛智裕 室中問僧曰西天鬍子因甚無鬚頌曰癡人面前不可說夢鬍子無鬚須惺惺懵懂 無門開 牧童失却破簑衣流落年深見者稀拈來搭在籬頭上引得烏鵶遶樹飛 默堂安 臨安府淨慈彥充肯堂禪師 嗣卍菴顏 示衆曰觀方知彼去去者不至方草鞋跟忽斷全身在帝鄉頌曰孰謂觀方不在方纔開臭口便乖張行人要覓長安路不覺全

身在帝鄉(掩室開)
慶元府天童密菴咸傑
禪師(嗣應菴) 應菴問如何是正法眼師遽答
曰破沙盆庵頌之頌曰五陵公子少年時得
意春風躍馬歸不惜黃金為彈子海棠花下
打黃鸝(雙杉元) 法眼拈來早自誇無端錯對
破沙盆而今遍界難遮掩觸類叢林累子孫(掩
室開) 直甚破沙盆撳翻海岳昏頂門真箇瞎
千古累兒孫(虛堂愚) 白玉琢成泥彈子黃金
鑄就鐵崑崙千年滯貨無人買未免如今累
子孫(大歇謙) 常州華藏伊菴有權禪師(嗣
無菴全) 嘗夜坐逮旦行粥者至忌展鉢隣僧
以手觸之師感悟為偈曰黑漆崑崙把釣竿
古帆高掛下驚湍蘆花影裏弄明月引得盲
龜上釣船頌曰雲深江絕引帆孤可惜隣僧
拽轉渠方信圓明彈指事元來此語不傳虛
堂居士 鎮江府焦山普濟禪寺或庵師
體禪師(嗣此菴元) 因信齋葛知府問曰夫妻
二人相打通兒子作證且道證父即是證母
廿六
即是師曰小出大遇乃頌曰八臂那吒三隻 十一
眼雙槌擂鼓轉船頭巨鼇一吸滄溟竭宇宙
風清四百州生死自憐同室咒因何中路隔
關山一朝忽得親兒證趨踏方知蓋覆難(雪
堂行) 臨安府靈隱松源崇岳禪師(嗣密菴)
垂語曰大力量人因甚擡脚不起頌曰沒量

大人擡脚不起眼瞎耳聾撒溺撒屎求生不
生求死不死苦哉佛陀耶韓信臨朝底(朴翁
銛) 擡脚踏翻香水海低頭俯視四禪天一箇
渾身無處着請續一句(無門開) 力難擡起為
君宣神駿何勞更着鞭一躍洞天三十六到
時凡骨便成仙(虛堂愚) 松源垂語曰開口不
在舌頭上頌曰開口不在舌頭上咬斷牙關
供死狀莫教吞了大還丹命根難斷空惆悵
(朴翁銛) 含糊一世無分曉開口何嘗在舌頭
萬古業風吹不盡又隨月色過羅浮(虛堂愚)
松源垂語曰明眼衲僧因甚脚跟下紅絲線
不斷頌曰大丈夫漢紅線不斷直饒親見松
源敢保錯來批判(朴翁銛) 脚跟不斷紅絲線
棹臂乾坤自在行塞壑填溝無處着歸來依
舊兩眉横(虛堂愚) 松源示衆曰明眼衲僧因甚
打失鼻孔有賊無贓○頌曰殺人一萬損三
千獨弄單提機不全萬頃滄波明月夜一聲
短笛釣魚船(諾菴肇) 慶元路育王物初觀
禪師(嗣北磵) 師示衆云過去如是如是見在
如是如是未來如是如是卑自可憐生無端
黃面老漢拈花金色頭陀微笑漏泄真機一
人傳虛萬人傳實雖然古人得親用親說到
行到豈是末流刻楮畫花彫鎪蛤瞎學者
眼豎起拂子云無二無二分無別無斷故舉

頭鷂子過新羅頌曰兜羅綿手舉花枝金色
頭陀展笑眉末法師僧能委息只今那得異
當時(仲方倫) 拈花付法慶人天西竺真冊紹
的傳綿密到今無間斷一枝深秀鄭峰顛(淨
覺臺) 慶元府天童天目文禮禪師(嗣松源)
因虎縱那奈次師問汝名什麼曰智虎師退
廿七
身作怕勢虎擬議師便歸方丈頌曰白浪堆
中下一鉤錦鱗紅尾尚悠悠漁翁不計竿頭
事笑入芦花万頃秋(石林鞏) 臨安府徑山
佛智晦機熙禪師(嗣物初) 師在仰山示衆云
雲門道箇普字盡大地人不柰他何殊不知
他已四稜塌地當時若與震威一喝待渠悪
發徐徐打箇問訊道莫怪觸忤好非圖救取
此老亦能振起雲門綱宗頌曰山河大地非
同別蟻子蛾蝉沒等差不用干戈更相待本
来成現絕安排(仲方倫) 正法眼問韶石普字
酧最親切三乘五教文毫端上該攝驪龍打
失夜明珠金剛腦後抽生鐵(商隱餘) 僧來請
問正法眼韶石單提[illegible]
臨安府靈隱荊叟玨禪師(嗣癡鈍) 癡鈍室
中舉如何是佛師曰爛冬瓜仍頌曰如何是
佛爛冬瓜咬着冰霜透齒牙根蒂雖然無窓
子一年一度一開花 如何是佛爛冬瓜鐵
額銅頭沒柰何万里鴻溝歸漢後八千人恨

一聲歌 獨木林 金陵集慶龍翔廣智咲隱訢禪師 嗣晦機熙 師在中天竺室中云踏着頂顊上一着十方世界瓦解冰消汝諸人向甚處與山僧相見頌曰佛祖頂顊上一着不屬僧祇大刦修卷却娘生三寸舌片帆高掛海門秋 仲方倫 廣智蒲室示衆云身心一如身外無餘 十七 大海水在你鼻孔裏 十三 須彌山在你額角上一如底心在甚麽處頌曰心不知心方合道色前不物始歸宗屋頭日照茶烟碧山脊風高樹葉紅 仲方倫 蒲室廣智因僧㕘次師曰鍾鳴鼓響為汝發機露柱燈籠為汝作證因甚來這裏聽人處分僧無語師云老僧罪過頌曰鼓響鍾鳴為發機燈籠露柱咲掀眉若無舉鼎拔山力千里烏騅不易騎 仲方倫 壺中別有天莫認洞中仙本來成現事鵠白與烏玄 净覺曇 蒲室廣智室中舉百丈野狐話對者多不契自云百丈野狐野狐百丈埋向一坑伏惟尚享頌曰浩浩叢林話野狐落他昧處便偏枯禹門一躍成龍去誰復當機問有無 仲方倫 百丈當時少見機兒孫多是乱針錐一坑埋却渾閑事蓋代功高更是誰 净覺曇 臨安府徑山石溪心月佛海禪師 嗣掩室開 僧問如何是佛師曰矮子看戲頌曰巍巍丈六紫金容百戲場中有變通

矮子看來眉卓竪鐵鎚無孔舞春風 葛廬覃 演梵善世利國崇教大禪師净覺曇和尚 嗣廣智 師在天界示衆舉長慶云總似今日老胡有望保福云總似今日老胡絶望師云老胡有望亦須吐却老胡絶望也且罷休畢竟今日事作麽生良久云有暇却與諸人拈出頌曰平展機籌不用誇柳揚元屬當行家曹溪波浪如相似安得兒孫若稲麻 中峯義 徑山虗堂智愚禪師 嗣運菴岩 垂語曰巳眼未明底因甚麽將虗空作布袴着畫地為牢因甚透者箇不過入海筭沙底因甚向針鋒頭上翹足頌曰維却虗空筭尽沙針頭畫地是生涯改頭換面無人見幾度春風吹落花 閑極雲 解把虗空作袴單地牢畫出透還難針鋒頭上翹雙足猶對春風話歲寒 葛廬覃 未詳承嗣一十一人 機緣一十八則 樓子和尚因從街市過經酒樓下偶整襪帶少住聞樓上人唱曲云你既無心我便休聊 十七 十四 聞忽然大悟從此號樓子○出長慶嶽禪師注楞嚴經說文頌曰唱歌樓上語風流你既無心我也休打着奴奴心裏事平生恩愛冷啾啾 慈受深 偶聞清唱發高樓你若無心我也休直下狂心能頓歇從茲演若不迷頭 本覺一 你既無心我也休此身無喜亦無憂飢

來喫飯困來睡花落從教逐水流 實峯明 你若無心我也休鶯鶯帳裏懶擡頭家童為問深深意笑指紗窗月正秋 寳華鑑 因過花街賣酒樓忽聞語唱惹離愁利刀剪断紅絲線你若無心我也休 珈室仁 杜順和尚法身頌懷州牛喫禾益州馬腹脹天下覓醫人灸猪左膊上頌曰古德法身頌窠語熟象沸若學唱巴歌須是自伶俐 大溈智 一雨一陰風未和春從不快裏消磨桃花暗巳隨流水空使劉郎惆悵多 心聞賁 也好咲也堪悲耳朶元來兩片皮 松源岳 月氏國王聞罽賓國祇夜多尊者有大名稱與羣臣往彼國礼見問法王至彼修敬巳畢乃請開演者曰大王來時好道今去亦如來時王乃歎伏頌曰至簡至易最尊最貴往還千聖頂顊頭出世出間不思議弾指圓成八万門一超直入如來地 圓悟勤 西天有一外道索馬鳴祖師論義集國王大臣并及四衆倶會論場馬鳴云汝義 十七 以何為宗外道云凡有言說我皆能破馬鳴 十五 乃指國王云當今國土康寧大王長壽請汝破之外道屈伏頌曰六師不正起干戈自謂無能索我何九十六宗令結舌不消一曲太平歌 本覺一 昔有老宿一夏並不為師僧說話有僧自歎曰我只與麽空過一夏不敢望

和尚說佛法得聞正因兩字也得老宿聊聞曰闍黎莫斲速若論正因一字也無道了乃扣齒曰適来無端與麽道隣壁有老宿聞得乃曰好一釜羹被兩顆鼠糞汚却頌曰一夏調和一釜羹傳巖猶未許爭衡莫言汚了無人見隣壁禪翁隻眼明 正覺逸 長夏無別趣調和羹一釜滋味頗馨香剛地成點汚口是禍之門舌是斬身斧陪却三斤鐵只因看鋼鍋 慈受深 冷冷寒溜濾秋璧繞會滄溟便泛舟見說許由曾洗耳可憐巢父更牽牛 虛堂愚 潭州茶陵郁山主不曾行脚因廬山有化士至論及宗門中事教令看僧問法燈百尺竿頭如何進步法燈曰嘿凡三年一日乘驢度橋一踏橋板而墮忽然大悟遂有頌曰我有神珠一顆久被諸塵封鎖今朝塵尽光生照見山河萬朶因此更不遊方頌曰百尺竿頭曾進步溪橋一踏没山河從茲不出茶川上吟嘯無非邏哩囉 白雲端 進步竿頭蹈斷橋太虛凸處水天凹古今勢蹶知多少不似闍黎這一交 北磵簡 失脚溪橋兩眼枯錯將魚目作明珠直饒塵盡光生也照破山河夢見無 無準範 拾得明珠笑口開謂言塵盡轉塵埃若無直下承當分孤負驢兒一顛来 介石朋 百尺竿頭話最親一交橋斷絶纖塵

死中得活珠離蚌甘作驢前馬後人 無門開 溪橋驢子失脚處百尺竿頭進步時頂踵一時都換了依然只是郁闍黎 石溪月 一擲成狼藉茶川路轉迂却將泥彈子認作夜明珠 萬菴卑 昔二庵主旬日後相見上庵主曰許多時在什麽處下庵主曰在庵裏造箇無十七縫塔上庵主曰某甲也要造一十六箇就兄借樣子得麽下庵主曰何不早道恰被借去了頌曰無縫塔子樣兩手擡不起被人借将去至今尋未已尋未已天上人間知幾幾 月菴果 恰好被人借去了莫言隣舍不通容團圝無縫難安華只抹烟雲一兩重 石林鞏

昔有古德一日不赴堂侍者請赴堂德曰我今日在莊上喫油糍飽者曰和尚不曾出入德曰汝去問莊主者方出門忽見莊主歸謝和尚到莊喫油糍 或作鵝湖和尚○或作南泉 頌曰近在口皮邊遠過河沙國世間多少人不得油糍喫 鼓山珪 和尚不赴堂莊主謝臨屆一字入公門九牛車不出 佳山杲 江南江北勿同倫疑了還疑笑殺人誰信一盤油煠底古今塞斷是非門 雪堂行 熱糍遶口成瘡跡糍冷令人便動脾何似且拈安一處家常茶飯但隨時 照堂一 肯衆喫油糍對人誇好手濟倒不識羞抵死揚家醜 應菴華 喫了油糍不赴

齋莊師特侍謝師来千山萬水俱尋徧踏破芒鞋眼未開 居無著總 古德何曾動口皮喫油糍飽幾人知而今冷地思量著暗寫愁腸寄與誰 肯堂充 古德因僧問年窮歲盡時如何德曰東村王老夜燒錢頌曰目前無異路信手斫方圓眉毛横眼上鼻孔大頭懸 空十七叟印 年窮王老夜燒錢斷十七送難逢下水舡懵底不知身到岸随他寒暑謾推遷 遯庵演 問来荅去有来源一句全該過大千歲盡年窮窮底事東村王老夜燒錢 簡翁敬 春風陌上即得錢随手使貨物忽相當撞着恰却子 雪巖欽 古德因僧問生死以何為舟航德曰年盡不燒錢頌曰年盡不燒錢鼠兒被蛇穿直饒玄會得對面隔西天 曹源生 古德因僧問年窮歲盡時如何德曰家家尽看野狐兒頌曰家家尽看野狐兒鐵笛横拈撩乱吹罷不知何處去夕陽已掛柳梢西 松源岳 家家尽看野狐兒見者雖多識者稀百怪千妖俱掃跡春風已到萬年枝 瞎叟光 古德問僧曰何不看經曰不識字德曰何不問人僧展手曰是什麽字德無對頌曰袖中寶劔磨星斗肘後靈符照八方撥轉目前関捩子從教天下竟茫茫 評菴演 鶴立蛇行勢不休五天梵字鬼神愁孔門弟子無人識碧眼胡

僧笑點頭(破六君禪)宋太宗皇帝因夢神
人勸發菩提心次日問羣臣菩提心作麼生
發羣臣無對　雪竇代云實爲古今罕聞
別峰印代荅云王言如絲其出如綸頌曰善
提妙心作麼發曰應万機元不差回首瞥然
輕覷著大千沙界是皇家(松源岳)萬里謳歌
聖化成條風硯雨樂樵耕不因嵩岳三呼後
無象誰知真太平(雙杉元)菩提心發不爲難
只在君王一念間聖聖相傳皆一揆綿綿國
祚泰山安(辛菴儔)太宗問僧近離甚處曰
卧雲菴帝曰卧雲深處不朝天因甚到此僧
無對　雪竇代云難逃至化頌曰試問卧雲
深處客不知何以荅昇平蕩然至化難逃避
萬里晃天一點雲(北礀簡)太宗因僧朝見
奏云陛下還記得麼帝曰甚處相見曰靈山
一別直至如今帝曰以何爲驗僧無語　雪
竇代云貧道得得而來頌曰靈山一別二千
年聖世重逢豈偶然細掬清泉揩老眼撥開　十八
雲霧見青天(石溪月)太宗一日擎起鉢問
丞相王隨曰既是大庾嶺頭提不起爲甚麼
却在寡人手裏隨無對慈明圓代云陛下有
力頌曰大地收歸掌握間鉢盂擎起有何難
箇中消息憑誰委秋水秋雲秋夜寒(雪納愛)
錢塘鎮使在界上爲鎮將凡見僧便問著相

契即留止宿一日因二僧至遂問近離甚處
曰江西馬大師處使曰馬大師有什麼方便
曰道即心是佛使被擒出又有二僧到亦如
前問僧曰非心非佛又被擒出頌曰是是非
非俱請出魏魏萬仞如壁立平生心膽向人
傾相識還如不相識(無際派)碧油幢下立功
勳(渺庵)塞雙全獨見君一自赤心來報國邊頭
刁斗不曾聞(虚堂愚)昔有一婆供養一菴
主經二十餘年常令一二八女子送飯給侍
一日令女子抱定云正當與麼時如何菴主
曰枯木倚寒巖三春無暖氣女歸舉似婆婆
曰我二十年只供養得箇俗漢遂趂出放火
燒却菴頌曰不見人斑見虎斑箕來虎須捋
人斑虎斑見後通回避唯見人斑避最難(鼠)
(菴體)欽壁近開雲片片黑山崐出月團團就
中明暗相陵處天外出頭誰解看(居堂)貧
人常姤富富者不欺貧莫信直中直須防人
不仁(開極雲)二十年來不具眼節菴燒却是　十九
徒爲三春暖氣無多子真實之言亦可師(横)
(川洪)青蓮瞬視金色咲微師承聲著少林華
數神光印受世係由是弥彰雖枝派之有殊
分然機用之無二致或縱奪而破古人之幽
鍵或押闔而發後學之靈樞大用現前纖塵

不立四句獨超於言外万法俱泯於声先玉
振禪宗珠聯祖域流通雖遠選擇未純識著
向澆風於後平錢塘魯庵會公孫標援俗積
行主心退和祖機深染法味采機緣而補前
缺編頌古而入新刊通集後先洞照今古用
心亦閑矣謹遺清侶躬索後題慚窺管而見
微聊濡毫而塞請迴祐戊午季夏徑山希陵
題

宗門中有一千七伯則公案名之今古又曰
長物言之則污人唇齒置之則迴避無門句
句玉轉珠迴字字冰銷瓦解歷代宗匠頌之
未免畫蛇添足寶鑑師編緝於前魯菴公增
狀於後贓證分明不勞再勘中間一處誵訛
具眼衲僧必能辨白靈隱淳朋拜書

禪宗頌古聯珠通集卷第二十一

永樂二年甲申夏五月命工補刊謹識

禪宗頌古聯珠通集序

前集賢待制承事郎馮子振撰

禪宗頌古聯珠者錢唐沙門普會演衍勲師法應所編從上古德直指之聲欬也其機緣每一則續已有補未有因詩之板以喚禪客一日似爭第一機斷小序閱將竟則爲之稱讚曰此勝自在耶此具足如意摩尼耶此會師所爲聯珠果象罔觀得之赤水者耶畀持西域荣装成陽輸價之賈驕高昇碧驢而之列中空躬擎載端的即是非是則荊山之璞投之瞎驢爲之再刖何有瀝血抱泣以相明哉詞遊吾園者睹須曼花於覺地者證菴羅果彼此不待飢撥而留領果不待效攀而餘味罔之實相[illegible]假之而覺智而嘗倉卒莫辨其爲何者決定則亦守常孟浪之布儀青行經耳吾謂智有利鈍故解有疾遲見有淺深故思有工拙譬之大涯方卓王孫經目其知風光流轉不涉纔涉特於牢絡錯雜之叢獨能望而名其爲荃爲蘅爲芷爲蓝斯則名爲六合一癖苦之真賞識不然鼻端普嗅種種清芬眉頰小差終未免離騷汪脚下具眼本色雖然掩舌摩竭分別相空杜口毗耶言語道斷尊者無說我乃無聞他日禪林覿面相呈交手付與家珍囘首密在汝邊衲衣下一抖擻滿傾僧寶人人滄海珠矣奚聯之云書以爲序

禪宗頌古聯珠通集序

夫鼻祖西來不立文字直指而已時門人又有所謂不執文字不離文字而爲道用已向第二機矣故有汝得吾皮之記道不在言也審矣予以爲何如曰非也道雖不在於言而當終日言於道庸何傷否則一語猶以爲贅也爰自一華敷而五葉聯芳六世傳而兩派支衍機緣公案五燈煒如諸祖相繼有拈古焉有頌古焉拈古則見之於八方珠玉類要等集頌古則有寶鑑大師宋淳熙間居池陽報恩採集佛祖至茶陵機緣凡三百二十有五則頌古宗師一百二十有二人頌二千一百首目之曰禪宗頌古聯珠叢林尚之而板將漫滅因念淳熙至今垂二百載其間負大名尊宿星布林立頌古亦不下先哲惜乎鮮繼之作闕如也每慚濫厠宗門且有年矣禪無所悟道無所詣欲作之復止之趑趄者亦屢矣元貞乙未叨尸義烏普濟山院事簡飄事續稾僅得一二萍梗之蹤或出或處隨見隨筆廿三四年間稍成次序機緣先有者頌則續之未有者增之加機緣又四百九十又三則宗師四百二十六人頌三千丹五十首題曰禪宗頌古聯珠通集將募板行與後學共感者曰道不在是拈華微笑三拜得髓初無一語與之而昭昭於心目之間道播無根鳥有如今日叶音韻事言句簧鼓後人俾其棄本逐末誠可歎哉予笑而不答良久乃歌曰五雲影裏神僊現手把紅羅扇遮面急須著眼看僊人莫看僊人手中扇已而謂之曰予所論者手中扇也予所集者果在扇邪噫知我罪我其惟此集乎昔延祐戊午六月旦前住紹興路天衣萬壽禪寺錢唐沙門普會自序

重刻禪宗頌古聯珠通集序

佛祖葛藤水浸不爛火燒不壞枝聯蔓行流布無窮禪宗頌古聯珠通集者魯菴會公集成鋟梓行世久矣近以他故其板散落人間洪武巳巳夏余慮其亾失託道友收贖庋藏於大慈山之幻居實六月廿八日也明日舊置板處火作風烈燎及千數百家吁斯亦異矣然佛祖葛藤其果靈驗如此耶抑神物護持而致然耶敬捐衣資命工補完用廣流通永延慧命因書其得板所由之興肅識歲月云

洪武壬申春二月中天竺住山沙門淨戒識

禪宗頌古聯珠序

寧武軍承宣使提舉隆興府玉隆萬壽宮

武功郡開國侯張掄撰

西方聖人爲一大事因緣故出現於世後以正法眼藏付囑迦葉傳至二十七世而達磨入于中夏設大法藥開甘露門直接上根不立文字逮今六百餘年獲菩提者不可勝數雖其心以無傳而傳其法以無說而說然機緣偈頌前後寖多玉句金章公案具在池州報恩寶鑑大師法應嘗因禪悅餘暇裒集採摭由佛世尊以至古今宗師凡得機緣三百二十五則頌古一百二十二人目之禪宗頌古聯珠集可謂毗盧藏內全收衆珍旃檀林中莫非香木開悟知見利益後來鋟木流通豈曰小補以予風慕宗乘樂推法施請爲序引不獲固辭淳熙歲在屠維大淵獻冬十一月序

禪宗頌古聯珠舊集本序

宋池州報恩光孝禪寺傳法寶鑑大師法應 述

灋應自昔南遊訪道禪燕之暇集諸頌古咨參知識睹所聞持同學討論去取校定三十餘年採摭機緣三百廿五則頌二千一百首宗師一百廿二人編排成帙命名禪宗頌古聯珠集願與天下學般若菩薩共之雖佛祖不傳之妙不可得而名言初無孛書安有密語臨機直指更不覆藏徹見當人本來面目故諸佛以一大事因緣出現於世譬喻言詞說法開示欲令衆生悟佛知見豈徒然哉池陽信士袁金刻板以廣見聞爲大法光明之施淳熙二年乙未臘八日編次謹書

禪宗頌古聯珠通集目錄

卷第一

通集敘 馮子振撰　通集敘 普會撰

重刻敘 淨戒撰　舊敘 張掄撰

本敘 法應撰

品目

卷第二

世尊機緣

佛世尊 廿四則

卷第三

菩薩機緣

文殊師利 四則　舍利弗 一則

賓頭盧 一則　殃崛摩羅 二則

那吒太子 一則　七賢聖女 一則

城東老姥 一則　善慧大士 七則

卷第四

菩薩機緣之餘

布袋和尚 一則　跋陀尊者 一則

維摩居士 一則　善財菩薩 五則

天台智者 一則　誌公和尚 二則

大乘經偈

經題八字 一則　首楞嚴經 十七則

卷第五

大乘經偈之餘

圓覺經 十則　灋華經 九則

文殊般若經 一則　維摩經 五則

金剛般若經 十一則　華嚴經 六則

楞伽經 一則　般若心經 一則

卷第六

祖師機緣

西天諸祖

初祖迦葉尊者 一則　九祖伏馱蜜多 一則

十祖脇尊者 一則　十四祖龍樹大士 一則

廿四祖師子尊者 一則　廿七祖般若多羅 一則

東土諸祖

初祖達磨大師 六則

卷第七

祖師機緣

東土諸祖

二祖慧可大師 一則　三祖僧璨大師 一則

四祖道信大師 一則　五祖弘忍大師 一則

六祖慧能大師 五則

卷第八

祖師機緣

東土旁出諸祖

初祖旁出 波羅提尊者 一則

四祖旁出 牛頭法融禪師 一則　鶴林玄素禪師 一則

徑山國一禪師 二則　鳥窠道林禪師 二則

五祖旁出 蒙山道明禪師 一則　破竈墮和尚 二則

六祖旁出 河北智隍禪師 一則　西京慧忠國師 十一則

永嘉玄覺禪師 一則

卷第九

祖師機緣

六祖下第一世

南嶽懷讓禪師 四則

清源行思禪師 六則

六祖下第二世 南嶽下第一世

馬祖道一禪師 九則

六祖下第二世 清源下第一世

石頭希遷禪師 三則

北宗

終南惟政禪師 一則

卷第十

祖師機緣

六祖下第三世之一 南嶽下第二世之一

百丈懷海禪師 九則　南泉普願禪師 五則

卷第十一

祖師機緣

六祖下第三世之二 南嶽下第二世之二

南泉禪師之餘 廿二則　鹽官齊安國師 三則

歸宗智常禪師 十則　韶州乳源禪師 一則

卷第十二

祖師機緣

六祖下第三世之三　南嶽下第二世之三

大梅法常禪師 四則　五洩靈默禪師 一則
盤山寶積禪師 七則　水潦和尚 二則
麻谷寶徹禪師 四則　東寺如會禪師 一則
西堂智藏禪師 二則　大珠慧海禪師 三則
百丈惟政禪師 二則　泐潭法會禪師 一則
杉山智堅禪師 一則　石鞏慧藏禪師 一則
朗州中邑和尚 二則

卷第十三

祖師機緣

六祖下第三世之四　南嶽下第二世之四

泐潭常興禪師 一則　汾州無業國師 二則
鵝湖大義禪師 一則　三角總印禪師 三則
魯祖寶雲禪師 二則　紫玉道通禪師 二則
五臺隱峯禪師 三則　馬頭神藏禪師 一則
華林善覺禪師 一則　烏臼和尚 二則
石臼和尚 二則　本溪和尚 二則
西山亮座主 一則　金牛和尚 一則
松山和尚 二則　則川和尚 三則
忻州打地和尚 一則　江西椑樹和尚 五則
石林和尚 一則　潭州秀谿和尚 一則
浮杯和尚 一則　潭州龍山和尚 一則

卷第十四

祖師機緣

六祖下第三世之五　南嶽下第二世之餘

襄州龐蘊居士 十四則

六祖下第三世之六　清源下第二世之一

藥山惟儼禪師 十四則　丹霞天然禪師 六則

卷第十五

祖師機緣

六祖下第三世之餘　青原下第二世之餘

大顛寶通禪師 三則　長髭曠禪師 二則
法門佛陀禪師 一則　大同普濟禪師 四則

六祖下第四世之一　南嶽下前第三世之一

潙仰宗　潙山靈祐禪師 廿五則

卷第十六

祖師機緣

六祖下第四世之二　南嶽下前第三世之二

黃檗希運禪師 六則　大慈寰中禪師 二則
平田普岸禪師 二則　長沙景岑禪師 九則
子湖利蹤禪師 一則　鄂州茱萸和尚 二則
白馬曇照禪師 二則　雲際師祖禪師 一則
陸亘大夫 五則

卷第十七

祖師機緣

六祖下第四世之三　南嶽下前第三世之餘

甘贄行者 一則

六祖下第四世之四　清源下第三世

龍潭崇信禪師 一則　道吾宗智禪師 六則
雲巖曇晟禪師 七則　百巖明哲禪師 一則
船子德誠禪師 二則　藥山高沙彌 一則
刺史李翱居士 一則　翠微無學禪師 一則
孝義性空禪師 一則　僊天禪師 二則
馬頰本空禪師 一則　三平義忠禪師 一則

卷第十八

祖師機緣

六祖下第四世之五　南嶽下後第三世之一

趙州從諗禪師 二十則

卷第十九

祖師機緣

六祖下第四世之六　南嶽下後第三世之二

趙州禪師之二 廿五則

卷第二十

祖師機緣

六祖下第四世之七　南嶽下後第三世之三

趙州禪師之餘 廿四則　芙蓉靈訓禪師 二則
五臺智通禪師 一則　鎮州普化和尚 六則

卷第二十一

祖師機緣

六祖下第四世之餘　南嶽下後第三世之餘

五臺祕魔和尚 一則　湖南祇林和尚 一則
河中公畿和尚 一則

六祖下第五世之一　南嶽下前第四世之一

臨濟宗　臨濟義玄禪師 十七則

卷第二十二

祖師機緣

六祖下第五世之二　南嶽下前第四世之二

睦州陳尊宿 十七則　烏石靈觀禪師 四則
相國裴休居士 四則　新興嚴陽尊者 一則
杭州多福和尚 一則　興化石梯禪師 一則
大隨法真禪師 六則　靈樹如敏禪師 一則
漳州浮石禪師 一則

卷第二十三

祖師機緣

六祖下第五世之三　南嶽下前第四世之餘

靈雲志勤禪師 五則　金華俱胝和尚 二則
末山尼了然禪師 一則

六祖下第五世之四　清源下第四世之餘

德山宣鑒禪師十四則

卷第二十四

祖師機緣

六祖下第五世之五　清源下第四世之二

洞山良价禪師廿六則

神山僧密禪師二則　石霜慶諸禪師六則

漸源仲興禪師一則　夾山善會禪師十則

卷第二十五

祖師機緣

六祖下第五世之六　南嶽下第四世之六

清平令遵禪師一則　投子大同禪師

六祖下第五世之七　南嶽下第四世之七

仰山慧寂禪師廿二則　香嚴智閑禪師一則

卷第二十六

祖師機緣

六祖下第五世之餘　南嶽下第四世之餘

京兆府米和尚二則　王敬初常侍二則

三角法遇菴主一則

六祖下第六世之一　南嶽下第五世之一

興化存獎禪師八則　寶壽沼禪師六則

三聖慧然禪師三則　魏府大覺和尚二則

灌溪志閑禪師二則　定州善崔禪師一則

襄州歷村和尚一則　虎溪菴主一則

桐峯菴主一則　滄州米倉禪師一則

雲山和尚一則

刺史陳操尚書一則

卷第二十七

祖師機緣

六祖下第六世之二　南嶽下第五世之餘

霍山景通禪師一則　南塔光涌禪師二則

無著文喜禪師三則

六祖下第六世之三　清源下第五世之一

大光居誨禪師一則　九峯道虔禪師十則

鳳翔石柱禪師一則　湧泉景欣禪師二則

雲蓋志元禪師一則　覆船洪薦禪師一則

張拙秀才一則　洛浦元安禪師十二則

卷第二十八

祖師機緣

六祖下第六世之四　清源下第五世之二

韶山寰普禪師五則　天蓋山幽禪師一則

太原海湖禪師一則

巖頭全豁禪師十三則　雪峯義存禪師廿一則

卷第二十九

祖師機緣

六祖下第六世之五　清源下第五世之三

雪峯禪師之餘一十一則　高亭簡禪師一則

雲居道膺禪師十則　曹山本寂禪師廿一則

卷第三十

祖師機緣

六祖下第六世之餘　清源下第五世之餘

龍牙居遁禪師八則　疎山匡仁禪師十二則

越州乾峯和尚四則　欽山文邃禪師三則

白水本仁禪師一則　天童咸啓禪師二則

京兆蜆子和尚一則　九峯普滿和尚一則

幽棲道幽禪師一則

六祖下第七世之一　南嶽下第六世之一

南院慧顒禪師十則

卷第三十一

祖師機緣

六祖下第七世之二　南嶽下第六世之餘

鎮州寶壽禪師二則　西院思明禪師一則

象祖山教禪師一則

資福如寶禪師一則　芭蕉慧清禪師二則

六祖下第七世之三　清源下第六世之一

瑞巖師彥禪師一則　羅山道閑禪師五則

玄沙師備禪師十九則

卷第三十二

祖師機緣

六祖下第七世之四　清源下第六世之二

長慶慧稜禪師十則　保福從展禪師六則

鏡清道怤禪師十則　鼓山神晏國師三則

翠巖令參禪師一則　太原孚上座四則

雲門文偃禪師一則

卷第三十三

祖師機緣

六祖下第七世之五　清源下第六世之三

雲門禪師之二三十則

卷第三十四

祖師機緣

六祖下第七世之餘　清源下第六世之餘

雲門禪師之餘廿五則　白雲善藏禪師一則

谷山有緣禪師一則　同安常察禪師四則

禾山無殷禪師一則　新羅大嶺禪師一則

新羅泊巖和尚一則　同安丕禪師二則

杭州佛日和尚一則　雲居道簡禪師三則

朱谿謙禪師二則　新羅雲住和尚一則

歸宗懷惲禪師一則　育王弘通禪師一則

荷玉光慧禪師一則　曹山慧霞禪師二則

金峯從志禪師五則

黄檗山慧禪師 一則　護國守澄禪師 五則
報慈藏嶼禪師 一則　廣德延禪師 一則
石門獻蘊禪師 一則　木平善道禪師 二則

卷第三十五

祖師機緣

六祖下第八世之一 南嶽下第七世
風穴延沼禪師 一則　穎橋安禪師 一則
資福貞邃禪師 一則　芭蕉繼徹禪師 一則

六祖下第八世之二 青原下第七世
黄龍誨機禪師 一則　明招德謙禪師 二則
地藏桂琛禪師 二則　大龍智洪禪師 一則
白馬行靄禪師 一則　同安志禪師 二則
萬福思禪師 一則　廣德周禪師 一則
廣德義禪師 一則　太陽慧堅禪師 一則
石門慧徹禪師 一則　巴陵顥鑑禪師 四則
德山緣密禪師 一則　香林澄遠禪師 六則
般若啓柔禪師 一則

卷第三十六

祖師機緣

六祖下第八世之餘 青原下第七世
洞山守初禪師 四則　奉先深禪師 一則
萬福承古禪師 一則　雙峯竟欽禪師 一則

六祖下第九世之一 南嶽下第八世
首山省念禪師 二則

六祖下第九世之二 青原下第八世
法眼文益禪師 十四則
清谿洪進禪師 一則　龍濟紹修禪師 四則

卷第三十七

祖師機緣

六祖下第九世之餘 青原下第八世之餘
梁山緣觀禪師 四則　雲頂德敷禪師 一則
石門紹遠禪師 一則　南臺勤禪師 一則
文殊應眞禪師 二則　智門光祚禪師 四則
五祖師戒禪師 四則
蓮華峯祥菴主 一則

六祖下第十世之一 南嶽下第九世
汾陽善昭禪師 二則　葉縣歸省禪師 一則
谷隱蘊聰禪師 二則　廣慧元璉禪師 一則

六祖下第十世之餘 青原下第九世
北禪智賢禪師 二則　洞山曉聰禪師 一則
雪竇重顯禪師 十二則　雲蓋繼鵬禪師 一則
天平從漪禪師 一則
太陽警玄禪師 一則　清涼泰欽禪師 一則
天台德韶國師 二則　永明道潛禪師 一則
報恩玄則禪師 一則

卷第三十八

祖師機緣

六祖下第十一世之一 南嶽下第十世
石霜慈明禪師 十五則　琅琊慧覺禪師 二則
大愚守芝禪師 二則　法華全舉禪師 三則
大道谷泉禪師 一則　天聖皓泰禪師 一則
浮山法遠禪師 三則　內翰楊文公億 三則

六祖下第十一世之餘 青原下第十世
雲居曉舜禪師 一則　玉泉承皓禪師 一則
天衣義懷禪師 一則　法昌倚遇禪師 一則
投子義青禪師 一則
承明延壽禪師 一則　九曲慶祚禪師 一則
上方遇安禪師 一則

六祖下第十二世之一 南嶽下第十一世之一
黄龍慧南禪師 一則

卷第三十九

祖師機緣

六祖下第十二世之二 南嶽下第十一世之餘
黄龍禪師之餘　楊岐方會禪師 十則

六祖下第十二世之餘 青原下第十一世
芙蓉道楷禪師 一則

六祖下第十三世 南嶽下第十二世
黄龍祖心禪師 一則　白雲守端禪師 五則
保寧仁勇禪師 一則　比部孫居士 一則

六祖下第十四世 南嶽下第十三世
五祖法演禪師 十則　兜率從悦禪師 一則
法雲杲禪師 一則

六祖下第十五世 南嶽下第十四世
昭覺圜悟禪師 一則　太平佛鑑禪師 一則
龍門佛眼禪師 一則　金陵俞道婆 一則

卷第四十

祖師機緣

六祖下第十六世 南嶽下第十五世
虎丘紹隆禪師 一則　徑山大慧禪師 三則
正堂明辯禪師 一則　大潙月菴禪師 一則

六祖下第十七世 南嶽下第十六世
天童應菴禪師 一則　育王佛照禪師 一則
水菴師一禪師 一則

六祖下第十八世 南嶽下第十七世
彥充肯堂禪師 一則　密菴咸傑禪師 一則
伊菴有權禪師 一則　焦山或菴禪師 一則

六祖下第十九世 南嶽下第十八世
松源崇嶽禪師 一則

六祖下第二十世 南嶽下第十九世
天目文禮禪師 一則　荊叟珏禪師 一則

六祖下第二十一世　南嶽下第二十世

臨濟

石溪心月禪師一則　虚堂智愚禪師一則

未詳承嗣

樓子和尚一則　杜順和尚一則

月氏國王一則　西天外道一則

老宿一則　茶陵郁山主一則

二菴主一則　古德五則

宋太宗皇帝四則　錢塘鎮使一則

燒菴婆一則

頌古通集目録卷第一

[illegible]

禪宗頌古聯珠通集卷第二

宋池州報恩光孝禪寺沙門法應集

元紹興天衣萬壽禪寺沙門普會續集

世尊機緣

釋迦牟尼世尊初降生一手指天一手指地周行七步目顧四方云天上天下唯吾獨尊後雲門云我當時若見一棒打殺與狗子喫貴圖天下太平　瑯琊覺云可謂將此深心奉塵刹是則名爲報佛恩　頌曰

四月八佛降生日指天指地稱第一九龍噴水沐金軀摩訶般若波羅蜜　洞山聰

指天指地語琅琅送語傳言出盡堂使者尚能多意氣主人應是不尋常　長大道

寶殿龍樓忽降時周行七步豁雙眉開言不是無謙遜天上人間更有誰　野軒遵

開基刱業前王事端拱持盈後帝心劒戟盡爲農器用此時誰報太平音　佛印元

纔降王宮示本然周行七步又重宣指天指地無人會獨震雷音徧大千　海印信

混沌未分人未曉乾坤纔剖事全彰天生伎倆能奇怪末上輪他弄一場　保寧勇

七步周行手指天衲僧棒下命難全母胎出後成何事爭似閻浮未降前　張無盡

周行七步便稱尊家醜那堪放出門只向母胎度人畢也須一棒一條痕　長靈卓

纔生能步便英靈天上人間我獨尊可笑瞻前不顧後那知身後有雲門　草堂清

一火鑄成金彈子團圞都不費鉗鎚拈來萬仞峯頭放打落天邊白鳳兒　慈受深

無憂樹下誕金身七步周行事斬新相見謂言侵早起誰知更有夜行人　南華昺

老胡不免出胞胎也解人前恁麼來指地指天稱第一衆生四十九年災　鼓山珪

老漢纔生便著忙周行七步似顛狂賺他無限癡男女開眼堂堂入鑊湯　徑山杲

兜羅綿手指天地紺目重瞳顧四維七步周行渾屬我一生賣弄小孩兒　佛燈珣

黑白未分全體妙纔彰文彩便成乖因茲漏泄家風甚末代兒孫鼻孔喎　月菴果

纔出胞胎便逸羣周行七步獨稱尊當時若見雲門老不到如今累子孫　疎山如

老胡種種空意氣一手指天兼指地當時盡謂獨稱尊今日翻思誰不是人人盡在光明裏臨文不用更加諱　育王逵

千年石匾產麒麟一角通身五彩明金鎖玉關渾擊斷毗盧界內鼓煙塵　雪竇宗

美如西子離金闕嬌似楊妃下玉樓猶把琵琶半遮面不令人見轉風流　佛鑑懃

毗嵐園裏喪嘉聲分手徒勞布惡名洪是一文偷不得至今虛作不良人　瞎堂遠

五天一隻蓬蒿箭攪動支那百萬兵不得雲門行正令幾乎錯認定盤星　石窗恭

周行四顧獨稱尊平地無風起浪痕禍及私門猶自可誰知千古累兒孫　懶菴需

掀翻地軸乾坤窄撥轉天輪宇宙寬須向強中呈好手虛空打碎劫初看　正堂辯

奴兒婢子十生九死於裏不正被外邊使縱饒開口便過頭未免渾身輥泥水　月堂昌

無憂樹下浴嬰孩清曉薔薇帶露開轉過衲僧相見處後槽驢馬出胞胎　天童淨

草本無端拈出來更加註腳轉癡呆西天此土誰知巳夜半優曇火裏開　應菴華

走出門風相副稱東西南北更無人看來不得韶陽老未免兒孫惹客塵　玄菴體

指天指地無處回避瞿曇瞿曇討甚巴鼻　月林觀

自謂五更侵早起誰知更有夜行人條風塊雨非云昔堯舜垂衣萬國賓　運菴巖

未曾撞入摩耶腹兩手知他甚處安右脅出來魔境現只堪惆悵不堪看　天目禮

一聲哇地便吒哩突出如斯大關提此土西天起殃害堂堂洗土不成泥　北磵簡

七步周行猶彷彿指天指地不分明是非既落傍人耳洗到驢年也不清　虛堂愚

兩手指天地周行步更多可憐黃面老螃蟹落湯鍋　西巖惠

生來自恨錯同條鐵鑄心肝也合銷還你獨尊三界內奈何今日又明朝　覺菴眞

僧問九峯虔云承聞和尚有言諸聖間出秖是傳語人是否師曰是曰世尊一手指天一手指地云天上天下唯吾獨尊和尚爲甚麼却喚作傳語人師曰秖爲一手指天一手指地所以喚作傳語人　頌曰

妙相圓明不可親奴兒婢子自殷勤指天指地稱尊大也是傳言送語人　丹霞淳

世尊未離兜率已降王宮未出母胎度人已畢

頌曰

大象本無形至虛包萬有未後已太過面南看北斗王宮兜率度生出胎始終一貫初無去來掃蹤滅跡除根蔕火裏蓮華處處開　圓悟勤

是非海裏横身入豺虎羣中自在行莫把是非來辨

我平生穿鑿不相干　鼓山珪

利刃有蜜不須舐蠱毒之家水莫嘗不舐不嘗俱不犯端然衣錦自還鄉　徑山杲

未離兜率降王宮便就刀山入鑊湯等閑擒下白拈賊滿眼俱爲敗露贓　瞎堂遠

垂鉤不似迷津客張網誠非待兔人半夜烏雞何處去天明吞却玉麒麟　正堂辯

肌骨當初赫赤窮面皮今日厚千重撩頭搭尾應更點羸賽闍黎齋後鍾　或菴體

世尊初於臘月八日明星出時忽云奇哉一切衆生具有如來智慧德相但以妄想執著不能證得　頌曰

瞿曇失却眼睛時雪裏梅華只一枝而今到處生荊棘却笑春風惱亂吹　晦堂心

黃面瞿曇不丈夫明星現處自塗糊如今好覓生蛇弄免使兒孫在半途　佛心才

一見明星夢便回千年桃核長青梅雖然不是調羹味曾與將軍止渴來　雪竇宗

出得山來早是遲却於世上討便宜直饒一念超三界好與拳頭劈面椎　佛照光

此老從來謾自誇無端病眼見空華直教當下超三際檢點將來未到家　無用全

六年落草野狐精跳出渾身是葛藤打失眼睛無處覓誑人剛道悟明星　天童淨

二千年前黃面老舉頭莫是見明星茫茫宇宙人無數幾個男兒眼有睛　肯堂充

雪嶺崎嶇歲月深何曾夜半見明星可憐不識茫茫者蹉過如來正法輪　妙峯善

夜半明星出現時分明共盡目前機若言總具如來相也是空拳誑小兒　頑石空

六載隈藏在雪山灰頭土面自慚顏今朝忽覩明星現始覺從前被眼瞞　鐵山

六載將身草裏埋當時有眼幾曾開果然見得明星現未到門庭冷似灰　介石朋

雪嶺六年修苦行今朝打失主人公普天帀地無尋處百億分身是脫空　天目禮

正覺山前失眼睛是凡是聖盡生盲至今夜夜明星現誰肯向伊行處行　癡絕冲

明星見處月三更箇箇眉毛眼上橫平地起堆黃面老夢中說夢可憐生　大歇謙

明星一見眼皮穿漢語胡言萬萬千暴富乞兒休說夢誰家竈裡火無煙　無量壽

金鍾夜擊九重城六載歸來改瘦形待得衆生心眼活雪山依舊碧崚嶒　虛堂愚

輕金輪位重草座金彈換人泥彈丸末世衆生心眼巧明星空照雪山寒　闡極雲

月滿長空星滿天瞿曇一見眼皮穿長安市上人無數何似家家夜莫眠　千峯琬

世尊一日陞座大衆纔集定文殊白槌云諦觀法王法法王法如是世尊便下座　頌曰

聲振大千龍扁伏無人解和法王才言下便明猶是鈍頓教千眼一時開　明招謙

文殊白槌報衆知法王法令合如斯會中若有仙陀客不待眉間毫相輝　北塔祚

列聖叢中作者知法王法令不如斯會中若有仙陀客何必文殊下一槌　雪竇顯

百萬靈山似葦麻風行雲集已周遮當時不是文殊老往往瞿曇更撒沙　佛印元

頭角麟龍衆若千當時一例受欺謾法王眞子揮鞭椎直至而今作笑端　正覺逸

未兆之前早二三白槌之後更那堪當時若有仙陀客不到如今强指南　海印信

七佛之師下一槌鷲王成鴨鷲成龜滿筵龍象齊傾耳咲殺靈山老古錐　野軒遵

巍巍頂相終難見舒卷何當如掣電彼時若有此時人文殊槌下分緇素　白雲端

諦觀法王法法王法如是玉輪影射珊瑚枝一陣清風動天地　地藏恩

月落波心徹底寒澄澄應不許龍蟠五湖多少未歸客却被傷人把釣竿　上方益

瀛出海橫天外南北東西不見邊一幅素縑描不得競將天下與人傳　大洪遂

據坐凝眸語未形一槌直下意何明倒行此令如相委無限清風動地生　夢菴信

一段眞風見也麼元元化母理機梭織成古錦含春象無奈東君漏泄何　天童覺

一輪明月映天心四海生靈荷照臨何必西風撼丹桂碧霄重送九秋音　佛鑑懃

法王法令若爲酬老倒文殊强出頭負累釋迦猶可事至今千古鬧啾啾　龍門遠

銀蟾皎潔照客模剛被文殊强塗糊千古兒孫無覓處三條椽下蒲盧都　月菴果

金槌影動寶劍光寒百萬之衆齊著眼看　楚安方

瞿曇按指文殊擬令漏泄天機一槌打开　南華昺

正令付全提不存凡聖機牢關百雜碎石火電光輝　尼無著總

古皇前化超羣機無字印文明劃劃今時衲子若當陽往往牛千成五百　正堂辯

法王法令沒周遮一片虛凝絕點瑕槌下不開諸聖眼幾多麒驎困鹽車　靈巖安

見成活計莫周遮椎下分疎事轉差若是咬人師子何須牙上更安牙 月林觀

道泰時清十子貴家肥國富小兒嬌不因紫陌花開早爭見黃鶯下柳條 木菴永

世尊因五通仙人問云佛有六通我有五通如何是那一通世尊召仙人仙人應諾世尊曰那一通爾問我 頌曰

仙人一問通皆備却是瞿曇一物無喚得鬼來依舊放幾多山鬼暗相呼 佛印元

那一通爾問我令人慚愧釋迦老只知步步踏紅蓮

不覺茫茫入荒草 正覺逸

無量劫來曾未遇如何不動到其中莫言佛法無多子最苦瞿曇那一通 保寧勇

問佛如何那一通世尊當面指迷蹤祥雲密密微微雨大震雷音帀地風 雲溪恭

汝問如何此問親嶺梅江柳共芳春抱贓不用行搜檢已自當堂露賊身 長靈卓

那一通你問我玄關倒插無鬚鎖等閒一掣掣得開三個老婆相對坐 斷橋倫

那一通你問我口是禍門招因帶果慚愧慈悲大法王丙乙離壬不屬火 寶葉源

世尊因外道問云不問有言不問無言世尊據坐外道讚曰世尊大慈大悲開我迷雲令我得入作禮而去後阿難問佛外道有何所證而言得入世尊曰如世良馬見鞭影而行 頌曰

鞭影分明指似君多聞瞽地爽精神分陽報汝諸禪侶信手拈來莫厭塵 汾陽昭

機輪曾未轉轉必兩頭走明鏡忽臨臺當下知妍醜妍醜分兮迷雲開慈門何處生塵埃因思良馬窺鞭影千里追風喚得回 雪竇顯

雙鋒覆護兩俱摧迷雲從此豁然開收得劫初鈴子後輕輕一振動雲雷 天衣懷

萬丈寒潭徹底清錦鱗夜靜向光行和竿一掣隨鉤上水面茫茫散月明 白雲端

經過遠夜宿荒草開得眼來天大曉空心赤脚唱歌歸路上行人已不少 保寧勇

特地殷勤問有無因風應不費工夫迷雲纔得開今入未免區區在半途 淨慈暹

雪覆喬林同一色清光上下合虛碧樵人立渡頭寒極目圓轍為誰白 成枯木

外道纔心憤險夷老胡鞭影露鋒鋩行人拾得東門兔誰管韓盧精力疲 長靈卓

世尊恰似青銅鏡掛向虛空秋月靜表裏無私照曠寒高低一一皆相映 佛鑑懃

杲日連天照有無執云菩逝坐跏趺如今要見當年事邪正由來在半途 龍門遠

有無不問語先憧明鏡當臺雙照破迷雲散盡曉天空杲日團團紅似火 佛性泰

露影藏身問世尊瞿曇一點不加文迷雲舒卷從斯入十倍精神減八分 佛燈珣

迷悟踟躕前何勞更舉鞭只持雞狗戒不學祖師禪 鼓山珪

兩處牢關擊不通纖塵不動自乖宗忽然業鏡當臺碎黃面瞿曇失却蹤 徑山杲

外道殷勤來問佛有言不問及無言大雄不費纖毫力良馬何曾用舉鞭 聖堂一

世尊雙眼通三界外道雙眸貫五天畢竟且饒施臉笑春光不在柳梢邊 雪巢一

不問有言無言說甚見影見鞭露柱口掛壁上燈籠倒退三千

陷穽機關兩處安湍流一截萬源乾駿駒瞥爾窺鞭影凜凜霜蹄毛骨寒 尼無著總

獵涉榮枯未是奇到頭誰是出家兒故鄉漠漠無消息時有孤雲嶺外歸 正堂辯

赤日輝空照大千佛魔俱盡頓超然悠悠莫論途中事露出胸襟子細看 大溈智

不問有無先話憧軒轅古鏡忽臨臺雖然當下分妍醜依舊迷雲撥不開 肯堂充

自把碌甎空裏擲必端自打自家頭灼然自痛自難說自著摩挲歸去休 斷橋倫

不問無言及有言坐觀成敗自安然仙陁瞥爾知宗墮誰謂世尊曾舉鞭 本覺一

世尊因外道問昨日說何法曰說定法又問今日說何法曰說不定法 云云 頌曰

古鑑從來絕點痕隨其妍醜目前分而今鑑破無光影風颭長江水色渾 塗毒策

昨日與今日說定說不定寰中天子敕塞外將軍令外道當年入夢鄉直至如今猶未省 高安悟

昨日定今日不定正令已行皆遜正卓下靈山早鼓旗百萬魔軍皆乞命 山堂淳

世尊因調達謗佛生身陷地獄佛敕阿難傳問云汝在地獄中安否云我雖在地獄如三禪天樂佛又令阿難傳問你還求出不云我待世尊來便出阿難云佛是三界大師豈有入地獄分云佛既無入地獄分我豈有出地獄分 頌曰

好笑提婆達多入捺落十小劫波然得三禪妙樂吹布毛須還鳥窠

大隱居鄽小隱居山各得其所隨分安閑何必更來論出入人生在處有餘歡 別峯雲

地獄天堂八字打開誰知無去亦無來若言已得三

禪樂未免將身自活埋　松源岳

萬仞崖頭撒得去不知何處覓全屍業風吹起再甦省卻問如今是甚時

（增收）世尊因長爪梵志索論義預約云我義若墮我自斬首以謝世尊云汝義以何為宗梵志云我義以一切不受為宗世尊云是見受不志拂袖而去行至中路有省乃謂弟子云吾當回去斬首以謝世尊弟子云人天眾前幸當得勝何以斬首志云我寧於有智人前斬首不於無智人前得勝乃歎云我義兩處負墮是見若受負門處麤是見不受負門處細一切人天二乘皆不知我義墮處唯有世尊諸大菩薩知我義墮回至世尊前云我義兩處負墮故當斬首以謝世尊云我法中無如是事汝當回心向道於是同五百徒眾一時投佛出家證阿羅漢　頌曰

是見若受破家門是見不受與誰論匾檐驀折兩頭脫一毫頭上現乾坤

一切不受是家風片言雙破兩頭攻赤旛奪了回光處始信言前墮已宗　本覺一

是見受時眼著屑見如不受事猶乖賊身已露徒回首鬼面神頭一處埋

（增收）世尊因乾闥婆王奏樂其時山河大地盡作琴聲迦葉起舞王問迦葉豈不是阿羅漢諸漏已盡何更有餘習世尊曰實無餘習莫謗法也王又撫琴三徧迦葉亦三度作舞王曰迦葉作舞豈不是世尊曰實不曾作舞王曰世尊何得妄語世尊曰不妄語汝撫琴山河大地草木盡作琴聲豈不是王曰是世尊曰迦葉亦復如是實不曾作舞王乃信受　修山主問澄源禪師乾闥婆王奏樂直得須彌岌峇海水騰波迦葉作舞作麼生會源曰迦葉過去世曾作樂人來習氣未除修曰須彌岌峇海水騰波又作麼生源曰休去　法眼代曰正是習氣　頌曰

輕輕撥轉一條絃聲振三千與大千賴得飲光知密意肯將羅袖惹春煙

有三尺劍可以謁趙國無千里眼難以見懸絲巍巍堂堂三界大師　虛堂愚

（增收）世尊在忉利天為母說法優填王思佛命匠雕旃檀像及至世尊下來像亦出迎　頌曰

紫金光聚照山河天上人間意氣多曾敕文殊領徒眾毗耶城裏問維摩　虛堂愚

（增收）世尊一日坐次見二人舁豬子過乃問這箇是甚麼其人云世尊具一切智豬子也不識世尊曰也要問過　頌曰

拾筏懷兼濟逢畊更問津卻將未歸意說與欲行人

（增收）世尊三喚三應乃云無為真佛實在我身　大溈智云世尊為誰家分上事又喝云汝等切忌認著昭昭靈靈復頌曰

真佛無為在我身三呼三應太惺惺若人不悟元由者塵劫茲茲認識神

（增收）世尊一日敕阿難食時將至汝入城持鉢難應諾曰汝既持鉢當依過去七佛儀式難遂問如何是七佛儀式佛召阿難難應諾佛曰持鉢去　密庵云大小世尊被阿難輕輕靠著未免喚鍾作甕　頌曰

從前七佛儀式慶喜何曾欠少堪笑黃面瞿曇無端打箇之遶　遯庵演

（增收）世尊因靈山會上有五百比丘得四禪定具五神通未得法忍以宿命智通各各自見過去殺父害母及諸重罪心內懷疑於甚深法不能證入於是文殊承佛神力手握利劍持逼如來世尊謂文殊曰住住不應作逆勿得害吾吾必被害為善被害文殊從本已來無有我人但以內心見有我人內心起時我必被害即名為害於是五百比丘自悟本心如夢如幻於夢幻中無有我人乃至能生所生父母於是五百比丘同聲讚歎曰文殊大智士深達法源底自手握利劍持逼如來身如劍佛亦爾一相無有二無相無所生是中云何殺　頌曰

為渠中路惹埃塵致使全機截斷雲佛劍兩忘何處去還家曲調一番新　象田卿

佛祖由來總是冤電機旋處直如弦金毛若解和聲撥月裏麒麟笑揭天　瞎堂遠

文殊當日逼如來五百聲聞眼豁開欲會如來佛亦爾青蛇匣裏吼風雷　本覺一

（增收）世尊敲髑髏問耆婆生何道曰生人道又敲一曰生何道曰生天又敲一耆罔措　頌曰

如來一擊少人知直下分明更是誰無限月光隨水去片雲偏向故山歸

老胡一擊許誰知大冶紅爐片雪飛青草塚間留不住白雲還望故山歸　瞎堂遠

（增收）世尊因地布髮掩泥獻華於然燈佛然燈佛見布髮處遂約退眾乃指地云此一方地宜建一梵剎時有賢于長者持標於指處插云建梵剎已竟時諸天散花讚云庶子有大智矣　頌曰

百草頭上無邊春信手拈來用得親丈六金身功德聚等閑攜手入紅塵塵中能作主化外自來賓觸處生涯隨分足未嫌伎倆不如人　天童覺

一枝脩竹建精藍風捲波翻入海南惡水潑來成第

二鈍根蹉過問前三

增收 世尊因廣額屠兒日殺千羊一日至世尊前颺下屠刀云我是千佛一數世尊云如是如是　頌曰

昔日爲刀今日佛今朝爲佛佛能刀能刀能佛無差別便見眉間白玉毫

放下屠刀處棒打不回頭雲自帝鄉去水歸江漢流　退菴休

增收 世尊因波斯匿王問勝義諦中有世俗諦否若言無智不應一若言有智不應二一二之義云何世尊曰大王汝於過去龍光佛法中曾問此義我今無說汝今無聽無說無聽是名一義二義　頌曰

問處奇特答處殊絕一二義諦驪龍角折　眞如喆

無聽無說意無窮鐵壁銀山一線通何處是渠眞聖諦秋風昨夜到梧桐　東谷光

增收 世尊昔至多子塔前命摩訶迦葉分座令坐以僧伽黎圍之遂告云吾有正法眼藏密付於汝汝當護持傳授將來毋令斷絕　頌曰

密傳分半座正好驀面唾不與麼且放過子孫未免遭殃禍　海印信

僧問興化多子塔前共談何事化曰一人傳虛萬人傳實　頌曰

於道無所證方通萬法路或明或闇行不愼亦不護月來松色寒雲去青山露今古天台橋幾人能得度　投子青

增收 世尊因黑齒梵志運神力以左右手擎合歡梧桐樹兩株至靈山獻佛佛云梵志應諾佛云放下著志放下左手一株佛又云放下著志放下右手一株佛又云放下著志云我兩手盡空未審更放下個甚麼佛云吾非教汝放捨其華汝當放下內六根外六塵中六識無一可捨是你免生死處志忽然大悟　頌曰

梵志誰知有過愆閻王業鏡照無偏因茲見佛成羅漢方信壺中別有天　南堂興

兩手擎來教放下空身立地更疑猜根塵識界無尋處多謝春風爛漫開　心聞賁

截斷千崖路風前活計新誰知蓆帽下元是昔愁人

增收 世尊臨入涅槃文殊請佛再轉法輪世尊咄云吾四十九年住世未嘗說一字汝請吾再轉法輪是吾曾轉法輪邪　頌曰

四十九年打之遶下梢大作師子吼雖然未始轉法輪畢竟分踈成應口

末上何曾轉法輪只今再轉謾勞神路行人不知天曉猶把靈符執夜明　北磵簡

老漢生平太脫空將無作有誑盲聾臨期一語方眞實也是闍黎飯後鐘　別山智

世尊臨入涅槃以手摩胸普告人天大衆云汝等諦觀吾紫磨金色之身瞻仰取足莫令後悔若言吾滅度非吾弟子若言吾不滅亦非吾弟子　頌曰

言吾入滅非吾子言吾不滅亦非親但見落花隨水去不知流出洞中春釋迦老若爲隣臨行賣弄紫金身雙林盡道泥洹也夜夜羣星拱北辰　佛鑑懃

增收 老倒瞿曇不識羞臨行猶自逞風流摩胸示衆歸何處啼鳥一聲山更幽

滅度不滅度總非吾弟子更把雙趺展示人苦瓠連根苦

雙林樹下手摩胸說有談無恣脫空若謂瞿曇曾入滅錯教啼鳥笑春風　虛舟度

增收 世尊涅槃日迦葉最後至世尊乃於槨中露雙趺示之迦葉乃作禮請如來以三昧火而自闍維即時金棺從七寶牀升舉繞俱尸羅城七帀却還本處化火光三昧而自焚之　頌曰

慚愧老胡槨示雙趺金色尊者還會也無目前悟得未辨精麤繞七帀兮成何事箇箇男兒是丈夫

未出王宮已涅槃何須雙足露金棺致令迦葉雙眉皺慶喜門前倒刹竿　佛鑑懃

禪宗頌古聯珠通集卷第二

禪宗頌古聯珠通集卷第三

宋池州報恩光孝禪寺沙門法應集

元紹興天衣萬壽禪寺沙門普會續集

菩薩機緣

文殊師利在靈山會上諸佛集處見一女子近佛坐入於三昧文殊白佛云何此女得近佛坐佛云汝但覺此女令從三昧起汝自問之文殊遶女子三帀鳴指一下乃至托上梵天盡其神力而不能出佛云假使百千文殊亦出此女定不得下方過四十二恒沙國土有罔明菩薩能出此女定須臾罔明至佛所佛敕出此女定罔明即於女子前鳴指一下女子於是從定而出

有僧問僧曰文殊是七佛之師爲甚麼出女子定不得罔明爲甚麼却出得僧無對 翠巖芝和尚云僧投寺裏宿賊打不防家 頌曰

文殊托上梵天罔明輕輕彈指女子黃面瞿曇看他一倒一起 天衣懷

千眼莫辯來由孤坐是何三昧文殊著力雖多女子隨邪亦殺罔明關捩有誰知兩過春山如潑黛 佛慧泉

罔明彈指也尋常豈是文殊智不長因憶江南二三月鷓鴣啼處百華香 佛印元

佛性天真事誰云別有師罔明彈指處女子出禪時不費纖毫力何曾動所思衆生總平等日用自多疑 眞淨文

百千文殊出不得罔明不費纖毫力落霞與孤鶩齊飛秋水共長天一色 靈居瑞

獨坐靈山誰得知罔明出定破羣迷如今四海皆通達信道無心總不疑 雲蓋智

文殊用盡平生力罔明彈指便回來不是老胡深有意雙眸未肯爲渠開 戒拈本

拂拭瑤琴月下彈調高雪曲和還難五侯貴盡平生志從此詩書懶更看 寶峯照

坐擁羣峯覆白雲鶯啼深谷不知春巖前花雨紛紛落夢覺初回識故人 石門易

一拳拳倒黃鶴樓一踢踢翻鸚鵡洲欲識罔明彈出定青山不動水長流 智海清

當機密薦箇中玄女子何因坐佛前切莫途中爲解凝刻舟求劍實徒然 千山方

女子文殊與罔明禪徒畢竟如何委除非格外妙投機始信波濤元是水 龍牙才

出定只消彈指佛法豈用工夫我今要用便用不管罔明文殊 洪覺範

盡得天然別老聞試展開黃鶯偷眼覷不敢下枝來 慈受深

出得出不得初不離是定聖者超凡情凡人而乃聖倒用與橫拈扶邪及顯正春雨春風竹戶涼落花啼鳥千峯靜 龍門遠

瞿曇身心如泥女子肝腸似鐵文殊貪尋鍋子罔明由來著楔歷觀大地衆生不解閉門作活不動干戈

建太平雨過青山如黛潑 靜燈璿

女子與瞿曇自起還自倒無限傍觀人投身入荒草 月菴果

二菩薩出定咲殺老禪和富嫌千口少貧恨一身多 圓覺演

不假文殊神通休要罔明彈指爾時靈山會中女子從定而起 鼓山珪

出得出不得是定非正定罔明與文殊喪却窮性命 徑山杲

文殊出不得罔明却出得叵耐這冤家冷地裏作賊 白楊順

文殊彈指罔明出定今日重新打翻舊令女子瞿曇任我心鏡 楚安方

[illegible]入定出定因邪打正堪咲文殊春行秋令 石[illegible]

長江輥底浪如銀秋日白蘋紅蓼新莫怪扁舟難到岸行船由在把梢人 慈受深

大定等虛空廓然誰辨的女子與瞿曇據令何調直師子奮迅兮搖蕩乾坤象王回旋兮不費餘力孰勝孰負誰出誰入雨散雲收青天白日君不見馬駒踏殺天下人臨濟未是白拈賊 圓悟勤

抹粉塗坏恰我猷神頭鬼面舞三臺千千萬萬人窺看子細不知誰見來 開福寧

懷藏日月八面玲瓏袖裏金鎚鮮血通紅香風颼颼花雨濛濛兵隨印轉處萬里長虹將逐符行時此子神通 南堂興

四箇沒意智漢做處總無畔岸一狀領過堦前與伊據款結案 開善謙

出得出不得滿面是埃塵愁人莫向愁人說說向愁人愁殺人 應菴華

金不博金水不洗水兩既不成一何有爾罔明文殊靴裏動指 尼無著總

一畝之地三蛇九鼠子細看來是何面觜 佛照光

苦瓠連根苦同坑無異土二千年已前一火破落戶 或菴體

出得何如未出時瞎驢成隊喪全機如今四海平如砥蘆笛迎風撩亂吹 密菴傑

人平不語水平不流瞿曇女子鬼面神頭 肯堂充

出得出不得攧落精靈窟何處不風流祖師無妙訣 松源岳

子不嫌母醜犬不厭家貧舉頭天外看誰是我般人

孤峯深

文殊冈明休卜度瞿曇女子謾鉞錐推倒鐵山歸去
也縱橫十字更由誰　石菴玿

誰在畫樓西相逢語咲低到家春色晩華落鷓鴣啼
寶峯瑩

文殊遶三帀冈明輕彈指世尊努眼睛女子從定起
幻菴覺

鵲鵶午夜破雲飛寶印無私孰解提若道冈明能出
定是人拔舌入阿鼻　劍門分

古老相傳鬼叫坑看來人鬼不多爭早知鬼便是人
作夜半三更也可行　無準範

飽對眼下安眉趙哥口邊著耳驀然狹路相逢兩個
是甚面觜　斷橋倫

出得出不得渠儂得自由神頭幷鬼面敗闕當風流
無門開

是定出得不得關捩初無多子文殊神通太過冈明
輕輕彈指　橫川珙

**文殊師利令善財童子採藥云是藥者採將來
善財徧採無不是藥却來白云無不是者殊云
是藥者採將來善財拈一枝草度與殊殊接得**
示衆云此藥能殺人亦能活人　頌曰

是藥拈來更不疑師資相見在臨時從茲病甚無醫
處殺活還應作者知　佛印元

信手拈來草最靈一枝能殺亦能生曼殊室裏開金
口直至如今藥道行　正覺逸

大地蒼生病似麻吉祥靈藥亦無涯其間殺活難分
辨又是重添眼裏花　保寧勇

藥病相治貶更褒當機殺活按吹毛毗盧海闊烟波
靜誰把長竿釣巨鼇　照覺總

歷劫何曾異明明百草頭甘和苦澁味死活病須瘳
好咲文殊老憐兒不覺羞　雲溪林

善財拈起一枝草持來度與文殊老殺活雖然在手
中偏界不藏光杲杲　楚安方

〔續收〕善財採藥不知名度與文殊用得靈便把黃連當
甘草等閑殺活幾多人　鐵山仁

採藥與用藥相逢一會家殺人活人不眨眼白玉無
瑕却有瑕　石田薰

一莖草上定綱宗殺活全歸掌握中未舉已前先薦
得分明鷂子過遼東　檜室開

〔增收〕**文殊問菴提遮女云生以何爲義女云生以不**
生生爲生義殊云如何是生以不生爲生義
女云若能明知地水火風四緣未嘗自得有所
和合而能隨其所宜以爲生義殊又問死以何
爲義女云死以不死死爲死義殊云如何是死
以不死死爲死義女云若能明知地水火風四
緣未嘗自得有所離散而能隨其所宜以爲死
義　頌曰

生以不生生死以不死死根本豁然明應時超佛祖
隨宜離散與和合十字縱橫活鱍鱍金剛寶劍倚天
寒外道天魔皆膽慴　圓悟勤

生以不生生爲生指天指地四方行死以不死死爲
死雙林樹下亦如此生不生死不死四十九年無一
字擘斷金鎖天麒麟突出金毛師子子　南堂興

生無所生死無所死風動塵飛波澄浪止和合離散
隨處發現滿月彎弓雙鵰一箭　佛性泰

問處分明答處端當機覿面不相謾死生生死元無
際月上青山玉一團　簡翁敬

〔增收〕**文殊三處度夏一月在魔宮一月在長者家一
月在婬坊夏畢却歸世尊會中解制迦葉欲白
椎擯出纔舉此念見會中有無量釋迦無量文
殊無量迦葉無量揵稚迦葉既見世尊云汝擯
那箇文殊**　晦室明云文殊偏越聖制固是罪
不容誅大小世尊前言不副後語楞嚴會上道
如是文殊若有二相卽非文殊者裏又道欲擯
出那箇文殊惑亂不少育王當時作迦葉且放
過文殊但擯出世尊一箇何故殺一有罪而天
下咸服　頌曰

千峯月照楚江秋衲子初開布袋頭閒道淮南米價
賤便隨船子下楊州　諸衲秀

大象不遊兎徑燕雀安知鴻鵠擴今宛若成風破的
渾如齧鏃徧界是文殊徧界是迦葉相對各儼然舉
椎何處罰好一劄金色頭陀曾落節　圓悟勤

剎剎塵塵見不難頭陀何苦被他瞞當初若論收姦
細莫把瞿曇做佛看　心聞賁

天高雲靜月彎彎雨過秋空眼界寬百億文殊眞妙
體分明只在一毫端　正堂辯

三處移場定是非頑心全不改毫釐胡言漢語憑誰
會鐵額銅頭也皺眉　密菴傑

**錦衣公子春遊慣白首佳人懊恨多彼富尚嫌千口
少自貧無奈一身何**　月庵果

舍利弗入城遙見月上女出城弗心口思惟此
姊見佛不知得恐不我試問之纔近便問甚麼
處去女曰如舍利弗與麼去弗云我方入城汝
當出城云何言如舍利弗與麼去女云諸佛弟
子當依何住弗云諸佛弟子當依大涅槃而住
女云諸佛弟子既依大涅槃而住而我如舍利
弗與麼去　頌曰

淡籠煙深瑣霧鴛子寧知此條路直饒撞入涅槃城
未免隨他與麼去月上女實堪悲愛將青黛畫蛾眉
佛慧泉

本來正體徹根源出入同途只此門已住如來大解脫掌中至寶耀乾坤　圓悟勤

重城曉入冒輕煙鬧市相逢豈偶然一句等閑相借問平田忽爾浪滔天月上女實堪憐雲髻高梳何處去借婆裙子拜婆年　佛性泰

涅槃一路同來往寸步寧辭達本鄉鶖子曇見輕借便由如啞子喫生薑月上女太無良不塗紅粉自風光金瑣玄關留不住百尺竿頭信脚行　佛燈珣

補收出入分明報已知更言何處有狐疑但如鶖子饒歷去莫管傍人說是非　文殊道

如舍利弗與麼去千人萬人攔不住優游自在涅槃城步步蓮華隨足舉　且菴仁

相逢打鼓弄琵琶須是還他兩會家曲罷不知何處去夕陽斜映滿天霞　石菴玿

有禮有樂能放能收人平不語水平不流漢地不收秦不管又騎驢子下楊州　無際派

月上女曾與麼去我今亦依如是往明明今古不曾藏一點靈光常獨露　月林觀

大地絕纖塵面南看北斗嫁雞逐雞飛嫁狗逐狗走　雪巖瑾

增收舍利弗因維摩詰室有一天女散華次問言汝何不轉却女身曰我從十二年來求女人相了不可得當何所轉即時天女以神通力變舍利弗作天女天乃化身如舍利弗而問言何不轉却女身弗以天女像而答我今不知何轉而變為女身天曰舍利弗若能轉此女身則一切女人亦當能轉如舍利弗非女而現女身一切女人亦復如是雖現女身而非女也即時攝舍利弗身還復如故而問言女身色相今何所在舍利弗言女身色相無在無不在天曰一切諸法亦復如是無在無不在　頌曰

鶖子已圓無漏種換却身形總不知通途一貫非他物午夜胡僧步雪歸　正堂辯

賓頭盧尊者赴阿育王宮大會王行香次作禮問曰承聞尊者親見佛來是不者以手策起眉毛曰會麼王曰不會者曰阿耨達池龍王請佛齋吾是時亦預其數　頌曰

拈起眉毛示育王當時凡聖絕商量從來對衆難收拾眼上依前兩簇長　佛印元

一翳在眼空花亂墜狹路相逢難為回避大王還識老僧無似雪眉毛長窣地　佛慧泉

我佛親見賓頭盧眉長髮短雙眉麤阿育王猶疑狐噁摩呢噠哩悉哩蘇嚧　保寧勇

補收靈山會上舊家風脫略從茲勢莫窮金斗峯前重漏泄莫將附子當天雄　正堂辯

尊者親曾見佛來雙眉策起哄顏開古今不隔絲毫許天上人間孰可陪　佛照光

以手策起眉毛千聖從來不識一會靈山儼然說甚今朝昨日　月林觀

策起眉毛答問端親曾見佛不相謾至今應供四天下春在梅梢帶雪寒　天童淨

尊者當時親見佛眉毛策起有來端頂門歡瞎金剛眼恩大難酬雨露寬　枯禪鏡

厖眉策起貌稜層見佛元來却不曾南嶽天台相撞著被人喚作捉齋僧　已菴深

策起眉毛示育王分明佛面露堂堂至今阿耨池中水流落人間潤八荒　天目禮

君王一語出如綸尊者眉毛八字分四海風清煙浪靜碧天無際水無垠　無準範

尊者策眉王不會十方剎土古風清佛齋勝會親曾預不是尋常粥飯僧　横川珙

殃崛摩羅未出家時事外道受教為憍尸迦欲登王位用千人拇指為花冠所得九百九十九唯欠一指遂欲殺母取指時佛在靈山以天眼觀之乃化作沙門在殃崛前殃崛遂釋母欲殺佛佛徐行殃崛急行追不及乃喚曰瞿曇住住佛告曰我住久矣是汝不住殃崛聞之心忽開悟遂棄刀投佛出家佛即授與落髮披衣　頌曰

殃崛雖雄方勇銳纔聞住住息風波殺人作佛當頭劄覆雨翻雲在剎那　瑯山如

急行緩步無前後渾路長安路一條殃崛回頭知住處便能平步上雲霄花冠不用娘生指鬚髮寧煩貫力揎好是移花兼蝶至等閑買石得雲饒　佛燈珣

補收我住久矣是汝不住是汝若住鼻孔相柱不動步而徧界遊師姑畢竟女兒作　雲居悟

從人求覓枉奔波過在萃生口數多殺却渾家仍自殺誰能奈得你儂何　對雲南

殃崛摩羅既出家為沙門因持鉢入城至一長者家值其婦產難子母未分長者云瞿曇弟子汝為至聖當有何法能免產難殃崛曰我乍入道未知此法當去問佛却來相報遽返白佛具陳上事佛告曰汝速去說我自從賢聖法來未曾殺生殃崛往告其婦人聞之當時分免母子平安　頌曰

聖法從來不殺生本無生殺可精明是諸人我皆空相一切冤親盡假名甘露纔霑除熱惱玉蓮金子兩敷榮　覺海元

月裏姮娥不畫眉只將雲霧作羅衣不知夢逐青鸞去猶把花枝蓋面歸　鼓山珪

華陰山前百尺井中有寒泉徹骨冷誰家女子來照
影不照其餘照斜領 徑山杲
增收 不遲一步不疾一刻明眼衲僧如何會得粉骨碎
身未足酬一句了然超百億 昆無著總
賢聖劫來未曾殺而今斷這一刀休果然驀怛胷中
落笑殺靈山老比丘 密菴傑
不因一事不長一智不曾殺生了無忌諱傳言送語
當風流拈得口兮失却鼻 木菴永
賢聖中來不殺生其家子母自團圞陰陽造化初無
迹春在花枝特地妍 天目禮
絲伏神旗攢曉風鷄人催唱鼓鼕鼕銅壺漏永何時
歇如此相催即老翁 南叟茂
非食不療飢非藥不療病黃面老瞿曇識盡衆生性 寶葉源
我瞿曇佛具正徧知子母分解只在當時 橫川珙
那吒太子析肉還母析骨還父然後現本身運
大神力爲父母說法 佛眼遠云肉既還母骨
既還父用甚麼爲身學人到這裡若見得去廓
淸五蘊吞盡十方乃頌曰
骨還父肉還母何者是身分明聽取山河國土現全
軀十方世界在裏許萬劫千生絕去來山僧此說非
言語
骨肉都還父母了未知那箇是那吒一毛頭上翻身
轉一一毛頭渾不差 徑山杲
增收 那吒太子本來身卓卓無依不受塵雲散水流天
地靜籬間黃菊正爭春 自得暉
析骨還父肉還母不知那箇是那吒夜深失脚千峯
外萬古長風片月斜 少室睦
骨還父肉還母日西沉水東注 良久 露 北磵簡
雨散雲收後崔嵬數十峯王維雖敏手難落筆頭蹤
無準範

七賢聖女姊妹同遊屍陁林一姊指屍曰屍在
此人在甚處諸姊妹諦觀皆悉悟道乃感帝釋
雨華讚曰我是帝釋見諸姊悟道故來供養但
諸姊有何所須我能給施女曰我家四事七珍
悉皆具足唯要三般物一要無根樹一株二要
無陰陽地一片三要叫不應谷一所帝釋曰一
切所須我悉有之若此三物我實無女曰汝若
無此爭解濟人遂同往白佛佛言我諸弟子不
解此義唯有諸菩薩乃解此義 頌曰
寒林裏忽逢伊帝釋行檀恨已遲三物索來何處有
却令諸姊皺雙眉憍尸迦知不知更獻天華三兩枝
佛慧泉
屍在此兮人何在疾雷破山風振海雲飛雨散相見
時髑髏眼睛放光彩 龍牙才
帝子遊春不逐他相邀諸姊入屍陁死人堆裏出身
路撥動煙塵見也麼靈利漢不消多回頭踏著自家
底洞雲深處舊煙蘿 佛燈珣
增收 談玄談妙實堪誇帝釋纔聞便雨華臨機須索三
般物看看愁殺憍尸迦歷劫不曾逢背面明明借問
却周遮 大溈智
無陰陽地無根樹谷呼不應當頭露羅列七珍森太
虛動地雨華無量數天帝釋七賢女明明指出眞金
處無生無法本如如只箇如今離言語 圓悟勤
無陰陽地叫不響山無根樹子大家擧七賢女太嬌
癡却將紅粉畫蛾眉憍尸無此三般物那得天華撩
亂飛 佛鑑懃
無根樹子枝條果山谷無聲句最親陰陽不到閒田
地結子開華朶朶新 正堂辯
覩之不可見聽之不可聞家有三般寶富貴壓乾坤
月菴果

無根樹子一株山翁不費誅鉏鎚碎千年桃核不須
緣木求魚 蒙菴岳 三
無陰陽地一片明明賣貴買賤死屍無處活埋路出
三頭兩面
不應山谷一所透出千門萬戶淸曉一聲杜鵑勸人
不如歸去
無陰陽地有甚巴鼻無根樹子荒得人死叫不響山
谷摩醯亞三目作麽作麽因禍致福惱得憍尸迦大
咲却成哭 退菴奇
七珍八寶任君需三物從來的是無若向無中拈得
出不須見佛問何如 天目禮
增收 昔城東有一老姥與佛同生而不欲見佛每見
佛來卽便回避雖然如此回顧東西總皆是佛
遂以手掩面於十指掌中亦總是佛 頌曰
覺城東際老婆婆白髮毿毿意氣多與佛同生嫌見
佛惡人無奈惡人何 笑翁堪
開眼也著合眼也著回避無門將錯就錯髑髏只有
一隻角 擇室開
城東聖姥生蓮臺大地衆生正眼開與佛同生嫌見
佛一身難作二如來 虛堂愚
平生不願佛相逢十指尖頭現紺容夾路桃華風雨
後馬蹄無處避殘紅 石牢輝
雙林善慧大士因梁武帝請講經士升座以尺
拊案一下便下座武帝愕然誌公乃問陛下會
麼帝云不會誌云大士講經竟 頌曰
不向雙林寄此身却於梁土惹埃塵當時不得誌公
老也是悽悽去國人 雪竇顯
遠別雙林事有因金陵明主慕仁人良哉高座登臨
次一擊大千經出塵 正覺逸

大士何曾會講經誌公方便且相成一揮案上俱無
取直得梁王努眼睛　白雲端

大士講經時揮案成註脚一丸消衆病不假驢駝藥　慈受深

案上一聲鳴嚗嚗已是重重添註脚梁王何事不回
頭誌公將錯還就錯　佛鑑懃

〔增收〕身受龍華三會主槌開鳳闕九重城梁王築倒金
剛佛更問如何不講經　兜特道者

兩口明明一無舌同生同死爲君决那吒頂上喫蒺
藜金剛脚下流出血　東山空

大士錯解誌公錯註解臭肉積盛門堪笑無人買　無準範

雙林大士太無端又向梁朝露一班經旨未分玄路
絕一揮案上動龍顏　蒙庵岳

傳大士見梁武帝不起羣臣曰大士見王爲甚
不起士曰法地一動一切不安　頌曰

梁國令他魏國愁渡江投水暗隨流雖然寸土居無
動爭奈雙林半樹秋　投子青

〔增收〕傳大士一日披衲頂冠靸履朝見梁武帝帝問
是僧邪士以手指冠帝云是道邪士以手指靸
履帝云是俗邪士以手指衲衣　汾陽昭代云
大士多能　五祖戒云笑殺傍觀　佛心才云
要識三教聖人體麼向武帝問處會要識三教
聖人用處麼向大士指處薦取直饒體用分明
衲僧門下大遠在　頌曰

道冠儒履釋袈裟和會三家作一家忘却率陀天上
路雙林端坐待龍華　胡隱濟

身披壞衲片雲寒脚着朝靴頂戴冠要使三宗同一
轍揑沙終是不成團　笑翁堪

泥封三詔出煙霞直到金陵帝王家自古多能誰得
及道冠儒履釋袈裟　寶葉源

非儒非道亦非禪社撰修行忒可憐搭閣一身三不
了至今八百有餘年　一衲成

〔增收〕傳大士頌云夜夜抱佛眠朝朝還共起起坐鎭
相隨如形影相似欲識佛去處秖者語聲是
頌曰

誰有單于調換取假銀城　良久　曾被雪霜苦楊花落
也驚　天衣懷

要眠時便眠要起時即起水洗面皮光啜茶濕却觜
大海紅塵生平地波濤起呵呵阿呵呵囉哩哩囉哩　保寧勇

〔增收〕傳大士頌云空手把鋤頭步行騎水牛人從橋
上過橋流水不流　頌曰

六月上伏八月中秋人平不語水平不流　心聞賁

魚行水濁鳥飛毛落大士横身不受斧鑿　木菴永

狗走抖擻口猴愁摟搜頭瑞巖門外水自古向西流　斷橋倫

〔增收〕傳大士云須彌芥子父芥子須彌爺山水坦
然平敲氷來煑茶　頌曰

須彌納芥不容易芥納須彌匹似閑長河攪著成酥
酪輕輕擊透祖師關　圓悟勤

〔增收〕傳大士頌云有物先天地無形本寂寥能爲萬
象主不逐四時凋　五祖演云古人恁麼道可
謂錦上鋪花不妨奇特諸人且作麼生會白蓮
今日曲順後機不惜眉毛亦爲[illegible]云
有中有無中無細中細麤中麤

土面灰頭不染塵華街柳巷樂天眞金鷄唱曉瓊樓
夢一樹華開浩劫春　足菴鑒

禪宗頌古聯珠通集卷第三

禪宗頌古聯珠通集卷第四

宋池州報恩光孝禪寺沙門法應集

元紹興天衣萬壽禪寺沙門普會續集

菩薩機緣

布袋和尚常在通衢或問在此何為師云等箇人來曰來也師曰汝不是這箇人或解布袋百物俱有撒下曰看看又一一將起問人曰這箇喚作甚麼或袋內探果子與僧僧擬接師乃縮手曰汝不是這箇人或見僧行過乃拊背一下僧回首師曰乞一錢子來有時倚袋終日憨睡或起行市肆間小兒譁逐之或拄杖或數珠與兒戲有僧問如何是祖師西來意遂放下布袋叉手而立僧曰秖此別更有在師拈起布袋肩負而去　頌曰

彌勒既非布袋不是非兩總全塵永呈寶滿袋貴買賤賣若解商量不勞三拜詮了我証大乘月裏螢光日下燈布袋枕頭眠一覺倚天山色碧層層

野軒遵

拈起即行放下便歇瞌睡阿師弄巧成拙佛意祖意拏知褙子編衫百結有時獨立今誰是知音歸去來今一天明月　佛慈璟

困來抱袋無語傍觀盡生疑慮未免開眼諸人是甚閑家破具謾誇衣裳破碎入鄽且無忌諱橫身要道等人那箇便知圓續　雲峯悅

千般萬樣有誰能會瞌睡老僧收拾滿袋心無諸受觸處三昧巷尾街頭貴買賤賣　圓通秀

都盧一箇布袋裏面討甚奇怪困來且得枕頭偈去亦無妨礙有時鬧市打開多是自家買賣　白雲端

咄這憨皮袋眉麤眼大終日在街頭行無買賣阿呵呵歸去來與錢還却債　保寧勇

分身百億混塵埃氣貌憨憨勿可猜一袋挑擎隨處去千般撒下復拈來人間天上相呈示市尾街頭睡覺回等得箇時還不是至今猶是老黃梅　佛國白

天不能蓋地不能載包括乾坤全歸布袋十字街頭大打開般般拈起隨人愛　靈源清

三千威儀都不修八萬細行全不顧只因鬧市裏等人被人喚作破落戶兜率內院久拋離縱歸忘却來時路稽首彌勒世尊得與麼寬腸大肚　徑山杲

續收 接著一箇半箇覓得三文兩文誰知破布袋裏許多彌勒世尊　瞎堂遠

拊背覓錢成漏逗回頭轉腦昧真機可憐鬧市無人識空手肩擔布袋歸　佛照光

長汀上風顛子曳杖回頭等阿誰向道那人元不在汝須知有轉身時　天目禮

轉得頭來已是遲恰如曾未轉頭時一錢覓得無及處猶自區區誑阿誰　北礀簡

逢人乞一文袋裏敵國富不是下生遲嫌佛不肯作　環溪一

增收 耿陀尊者因生法師論眾微眾曰色眾微無自性曰空者云只明得因中色空未明得果上色空法師問如何是果上色空者云一微空故眾微空眾微空故一微空一微空中無眾微眾微空中無一微　璧官云因中色空果上色空總是夢中說夢　頌曰

靈光滿目簇山河幻境之中物像多體妙已知緣不礙執情還被境消磨　覺泉璟

色空空色色空空闃却潼關路不通劫火洞然毫末盡青山依舊白雲中　天衣懷

東西南北十萬八千空生网措火裏生蓮堂堂色裏無空相皎空中絕色形直下色空無一二色獅元來不我名　雪竇本

增收 維摩居士示疾毗耶離城自念寢疾于牀世尊大慈寧不垂愍佛知其意告文殊師利言汝行詣維摩詰問疾文殊白言世尊彼上人者難為酬對深達實相善說法要辯才無滯智慧無礙一切菩薩法式悉知諸佛祕藏無不得入降伏眾魔遊戲神通其慧方便皆已得度雖然當承佛聖旨詣彼問疾　頌曰

咄這維摩老悲生空懊惱臥病毗耶城全身太枯槁七佛祖師來一字俱屏掃請問不二門當時便靠倒不靠倒金毛師子無處討　雪竇顯

佛病法病最難醫獨有維摩也大奇文殊稽首讚居士失却金毛師子兒　天衣懷

毗耶城裏維摩詰知伊畢竟徹不徹金毛師子未到來一室屏除先漏泄及乎問不二門推出一團無孔鐵剛被文殊下一槌千年萬載成凹凸　大洪遂

冷坐毗耶城百病一時發不得文殊來幾乎無合殺　徑山杲

千人萬人射一鴈箇箇手親并眼辨刹地西風鴈影高可憐發盡弦中箭後劈將軍仰面看弓開秋月影團團飛星一點天邊去羽翼離披落眼前　虎巖英

寬憎會苦愛別離苦鈍置雲霧一場莽鹵咄　正堂辯

示疾毗耶方丈文殊亦難近傍看來無藥可醫只是忌口為上　渭翁琰

詐病從來不可醫文殊特為下鍼錐事就一喙長三尺問著依前似鼓椎　無準範

一箇病維摩無風自起波管嫌千口少貧恨一身多　湖隱濟

增收 善財初詣娑羅林中參文殊文殊指往南方勝樂國謁德雲比丘次第至彌勒樓閣所歸至普

門城外思惟竚立欲得奉覲文殊文殊伸手過百十由旬與摩其頂即見微塵數知識即受行其教　上藍超因僧問善財見文殊後爲甚麼却往南方師云學憑入室知乃通方僧云到蘇摩城爲甚麼彌勒却遣見文殊師云道曠無涯逢人不盡　投子青云然道無迷悟發證由師不住聖凡莊嚴妙行是以文殊遣去登須彌山海岸逢師市廛禮友戟刀山婬舍罪柤王宮或童女童男瞿夷聖后彌勒彈指普賢親聯再見文殊復有何事信知通方知有道曠無涯不昧光蹤歷窮盡妙諸仁者還知更有一人爲甚麼善財不參且道是甚麼人 良久云 滿頭白髮離巖谷半夜穿雲過市廛復頌曰

日出升空高下周崑崙源派入川流春山雲逗風無盡鴈去同南天地秋

五十三人指路人因循流落百餘城草鞋踏破成何事爭似歸家罷問程 鐵山仁

茫茫夢裏去遊南五十三叅發指端大士臂長衫袖短善財脚瘦草鞋寬 大川濟

[增收] 善財詣妙峯山叅德雲比丘四維尋覓七日方見在別峯上徐步經行頂禮聞法入佛境界得憶念諸佛普見法門證發心住　頌曰

妙高峯頂尋知識南北東西望何極德雲逍自別山來珍重分身千百億 延壽忠

妙高峯頂草茸茸步步相隨不見蹤若謂別山親覩面片帆已過海門東 別山智

澹煙羃羃草茸茸七日徘徊信不通一步竿頭輕蹉脚海門波卷白蘋風 棣田心

[增收] 善財詣那羅素國叅毗目瞿沙仙人無量仙人同音讚已下牀執手佛刹現前悟眞淨智卷舒自在得無勝幢法門證童眞住　頌曰

毗目仙人下寶牀摩頭執手看殊祥十方佛境同時現萬象森羅忽頓彰無勝妙牀騰瑞色遮那文藏顯靈光却還本座求端的轉覺平生見處長 佛國白

坦然古路勿迂踈霽月涼風動十虛毗目善財當日事好如潘閬倒騎驢 或菴體

[增收] 善財詣佛會中叅普賢菩薩見乘白象王處紅蓮座一心親近諮聞法要智悲圓滿行願功成即獲佛德顯同果海得一切佛果微塵數三昧法門　頌曰

百一由旬摩頂歸片心思見普賢師堂堂現在紅蓮座落落分明白象兒沙劫智悲方滿日微塵行願正圓時佛功德海重宣說愁見波濤轉渺瀰 佛國白

打鼓弄琵琶還他一會家木童能撫掌石女解煎茶雲散天邊月春來樹上華善財叅徧處黒豆未生芽 延壽忠

[增收] 善財歷百十城叅五十三位善知識後到毗盧樓閣前曰是解空無相無作之所住處 云云 見樓閣門閉善財暫時斂念曰大慈大悲願樓閣門開令我得入尋時彌勒領諸眷屬至善財前彈指一下樓閣門開善財得入入已還閉見百千萬億樓閣一一樓閣有一彌勒領諸眷屬并有一善財面在前立彌勒復彈指云善男子起法性如是　頌曰

妙意童眞末後收善財到此罷南遊豁然頓入毗盧藏悔向他山見比丘 張無盡

妙峯孤頂無知識百十城遊喪善財樓閣若還彈指現分明有眼不曾開 或菴體

五十三人一縷穿小兒雖小膽如天茫茫煙水無重數買得風光不用錢 北磵簡

問處分明答處端還同雙劒倚天寒一從樓閣門開後滿面慚惶無處安 淵翁琰

知識曾參五十三精金百鍊罷鉗鎚回頭萬壑烟雲散午夜蟾光浸碧潭 坦堂圓

南方經歷幾雲烟收得珎奇貨滿船彈指便風帆到岸一時翻作大光錢 無準範

[增收] 天台智者大師在南嶽誦法華經至藥王品曰是眞精進是名眞法供養如來於是悟法華三昧獲旋陁羅尼見靈山一會儼然未散　頌曰

世尊三昧安詳起師悟藥王精進時靈鷲山中人未散不因南嶽有誰知 佛鑑懃

溪山盡處夕陽斜溪上冬風雪滿沙便是江南舊行路和烟隔水見梅華 雪月璧

舍盡家財與巳財只將眞法供如來當初一路今何在觸目靈山翠作堆 天目禮

好將眞法供如來花在幽巖險處開一夜狂風吹欲盡落英無數點莓苔 虛堂愚

心迷念念法華轉心悟時時轉法華誰知百萬靈山客盡是天台眼裏沙 此山應

[增收] 金陵誌公和尚或名實公令人傳語南嶽思大云何不下山教化衆生一向目視雲霄作麼思云三世諸佛被我一口吞盡何處更有衆生可度　頌曰

一口吞盡三世佛牙如劒樹眼如鈴斷絃不必鸞膠續只要知音側耳聽 虛堂愚

佛與衆生一口吞纖毫不立道方存杖頭日月幾轉起鼓動三千海嶽昏 月開林英

目視烟霄臥白雲不知山下有乾坤從何更有衆生度三世如來一口吞 本覺一

時清休唱太平歌大冶紅罏著一毛試向其中撥灰

爐亘天紅焰已周遭　蒙菴岳

誌公曰終日拈香擇火不知身是道場　玄沙曰終日拈香擇火不知眞個道場　玄覺徵云只如此二尊者語還有親疎也無　雪竇顯云一對無孔鐵鎚　圓悟勤云終日拈香擇火不知拈香擇火　天童覺云奇怪八十翁翁出場屋不是小兒戲且道利害在甚麼處有智無智較三十里　頌曰

五蘊山頭古佛堂拈香擇火好承當何須向外求賢聖終日無非是道場　本覺一

續收

大乘經偈

經首題八字　昔有僧問地藏琛和尚以字不成八字不是未審是甚麼字地藏曰看取下註腳　又有問披雲寂師答以頌曰

以字不是八不成森羅萬象此中明直饒巧說千般妙不是漚和不是經

以八不成只目前經中未識註中看番恁不爲多知解切要參玄達本源　涂毒昭

以字不成八不是拈起經題皆擬議下頭註腳任君看却是入門先問諱　佛印元

以字不是八不成龍門風浪苦雷霆多少游魚迷去路依前和雨落滄溟　佛慧泉

我佛金言義海深開遮唯要悟眞心首標妙在當頭剳客使泥牛曉夜吟　雲居祐

拈起題摸不著却看下頭註腳了知字義炳然大藏潛通廣略　地藏恩

以字不成八字不是法身軀著無遮閑衲僧對面不知名百萬人前呼不起　覺範洪

以字不成八字不是十方諸佛同參三世如來共軌慶喜多聞罔措鶖子神通莫擬若非金色頭陀焉能密傳斯旨　旻古佛

以字不是八字非滿琅函截絕毫釐看經到此須開眼玉軸分明兩畔題　羅漢南

經題滿目孰知元點畫分明句義全佐國欲知功力大蕭何元是漢朝賢　疎山常

以字不是八不成無言童子咲忻忻優曇華現人閒世鼻孔通天哭不聞　開福寧

以字不成八字非爍迦羅眼不能窺一毛頭上重拈出忿怒那吒失却威　徑山杲

龍宮海藏不曾收梵語唐言亦謾求剛被祖師輕漏泄當門齒缺乃因由　靈巖因

續收

鳥跡半露蒼苔科斗並遊春水若不信受奉行未免即從座起　石溪明

不向經題識本眞紙堆討甚法王身未開梵夾承當去免作循行數墨人　耕菴沖

問你地藏知不知下頭註腳萬千千算沙入海徒疲倦不若教他了目前　橫川珙

楞嚴經佛告阿難吾不見時何不見吾不見之處若見不見自然非彼不見之相若不見吾不見之地自然非物云何非汝　頌曰

全象全牛意不殊從來作者共名模如今要見瞿曇老剎剎塵塵在半途　雪竇顯

堂堂露柱久懷胎長下孩兒頗俊哉未解語言先作賦一操直取狀元來　白雲端

老胡徹底老婆心爲阿難陀意轉深韓幹馬嘶芳草渡戴嵩牛臥綠楊陰　湛堂準

雲收空闊天如水月載姮娥四海流慚愧牛郎癡愛叟一心猶在鵲橋頭　佛心才

說離百非存軌則言無一法尚筌罤毗耶默默曾緘口摩竭寥寥鎮掩扉　佛鑑懃

續收

初學賣華月嬌羞掩齒牙及至容顏老脫然無可遮却咲白雲宅自散不知明月落誰家　崇覺空

隔林彷彿聞機杼知有人家在翠微及至入門親見了元來只是小兒嬉　簡堂機

見時不見非見非不見總非非織女機梭撩亂擲牧童鞭索恣胡揮幽鳥一聲驚宇宙碧灣溪畔綠楊垂　默堂元

石潤非玉木麗非金大禹決而西源卞和泣而陸沉美兮渺兮錯古瞽今　虛堂愚

楞嚴經佛謂阿難若能轉物即同如來　頌曰

續收

若能轉物即如來春暖山華處處開自有一雙窮相手不曾容易舞三臺　白雲端

若能轉物即如來處處門開見善財花柳巷中呈舞戲九衢乘醉臥樓臺　眞如喆

毛吞巨海芥納須彌乾坤大地直下同歸一氣不言含有象萬靈何處謝無私　佛心才

續收

若能轉物即同如來咄哉瞿曇誑謼凝呆　徑山杲

續收

雨色和烟帀四維眼皮未綻若爲窺等閑覷破金剛際坦蕩無因役路岐　或菴體

他人住處我不住他人行處我不行不是與人難共處大都緇素要分明　此山應

楞嚴經佛謂阿難見見之時見非是見見猶離見見不能及　頌曰

見不及處江山滿目不覩纖毫花紅柳綠白雲起處本無心江海滔滔豈盈縮　海印信

拄杖頭邊無孔竅大千沙界猶嫌小毗婆尸佛早留心直至而今不得妙　鼓山珪

春至自開花秋來還落葉黃面老瞿曇休搖三寸舌　徑山杲

續收

色空明暗本無因見見由來亦誤人見不及時猶

未曾撥知映出是家親　遯菴演
没絃琴上無私曲一曲彈來轉轆轆斷崖流水少知
音六六不成三十六　妙峯善
瘦藤拄到風烟上乞與遊人眼界寬不知眼界寬多
少白鳥去盡青天還　朴翁銛
雨洗淡紅桃蕚嫩風搖淺碧柳絲輕白雲影裏怪石
露綠水光中古木青　潛菴光
隔墻見角便騎牛騎入紅塵鬧市遊遊徧歸來欄裏
臥三更半夜失蹤由　雪菴瑾
增收楞嚴經七處徵心　頌曰
七處徵心心不遂懵懵阿難不瞥地直饒徵得見無
心也是泥中洗土塊　西余端
七處徵心欲便成推窮尋逐按分明都緣家賊難防
備撥亂乾坤見太平　北菴顯
吹糠著米翻成特地不因一事不長一智　北磵簡
七處徵他天外天毫光直射阿難肩瞿曇忒殺憐兒
切道得黏魚上竹竿　地藏湘
增收楞嚴經八還辨見　頌曰
八還之教垂來久自古宗師各分剖直饒還得不還
時也是鰕跳不出斗　西余端
明暗色空不可還不可還者絕躋攀夾截虛空成畔
岸一重水隔一重山　卍菴顏
色空明暗各不相知行到水窮處坐看雲起時　北
磵簡
還還還後更無還一箇閑人天地間昨夜大蟲遺屎
咬皮毛落盡體元斑　絕岸湘
增收楞嚴經阿難大衆獲本妙心　頌曰
東西南北捉虛空海角天涯信不通力盡神疲無處
覓萬年松在祝融峯　中菴願
適我昔所願今者已滿足是玉也大奇只恐不是玉

北磵簡
增收楞嚴經觀世音菩薩成三十二應身獲十四無
畏法　頌曰
良哉觀世音旋聞與聲脫犬吠驢鳴休未休世出世
間活鱍鱍　瞎堂遠
三十二應不思議十四無畏如流水男子身中入定
時女子身中從定起　卍菴顏
趁隊選圓通無端立下風當時供死欵錯說在聞中
北磵簡
增收楞嚴經妙性圓明離諸名相　頌曰
一錢爲本萬錢利富不足而貪有餘換骨奪胎此子
藥輪他潘閬倒騎驢　卍菴顏
金盤不可動觀輪轉住停待良久問圓明湛如露
北磵簡
增收楞嚴經諸可還者自然非汝不汝還者非汝而
誰　頌曰
日暖風和景更奇華華草草露全機荼蘼一陣香風
起引得遊蜂到處飛　心聞賁
千山鳥飛滅萬里人迹絕扁舟蓑笠翁獨釣寒江雪
青堂茂
不汝還者復是誰殘紅流在釣魚磯日斜風定無人
掃燕子啣將水際飛　天目禮
增收楞嚴經六解一亾　頌曰
根塵縛脫本同源一處休復六用捐手把一條紅斷
貫娘生鼻孔一時穿　卍菴顏
六用無功信不通一時分付與春風鞦烟一縷開清
晝百鳥不來花自紅　北磵簡
結解非殊存亾無據試問本來宗當初誰縛汝
增收楞嚴經阿難大衆復白佛言若此妙明眞淨妙
心本來徧圓如是乃至大地草木蠕動含靈本

元眞如卽是如來成佛眞體佛體眞實云何復
有地獄餓鬼畜生　頌曰
雙劍峯前古寺基天尊元是一牟尼時難只得同香
火莫聽閑人說是非　北菴顯
三乾九巽一畝之地竿木隨身逢場作戲　北磵簡
增收楞嚴經佛言阿難此等衆生不識本心受此輪
迴經無量劫不得眞淨皆由隨順殺盜婬故反
此三種又則出生無殺盜婬有名鬼倫無名天
趣有無相傾起輪迴性　頌曰
七處精研一妄心更隨三業殺盜婬身心不是閑家
具前箭猶輕後箭深　北磵簡
客舍并州已十霜歸心日夜憶咸陽無端又渡桑乾
水却望并州是故鄉　并州詩
增收楞嚴經佛告阿難無令心魔自起深孽　頌曰
瞿曇徹底老婆心見明色發理難任入鄉隨俗那伽
定佛魔到此盡平沉　北菴顯
挽弓須挽强用箭須用長射人先射馬擒賊先擒王
北磵簡
增收楞嚴經佛言富樓那如汝所言淸淨本然云何
忽生山河大地汝常不聞如來宣說性覺妙明
本覺明妙　詳在本經　頌曰
淸淨本然徧法界山河大地卽皆現性覺必明認影
明眼耳便隨聲色轉　北菴顯
瀰滿淸淨中不容他山河大地萬象森羅　北磵簡
增收楞嚴經若能推者卽是汝心則是認賊爲子
修山主云若能推者不是汝心則是認賊爲子
頌曰
如今推也是子是賊買帽相頭食魚去骨　天童覺
增收楞嚴經跋陀婆羅入浴忽悟水因　頌曰
了事衲僧消一個長連床上展脚臥夢中曾說悟圓

通香水洗來壽面嚕　雪竇顯

超諸現量即悟水因體明無垢執云洗塵得無所有了無相身成佛子住妙觸宣存　大溈智

洗塵觸體兩空守妙證密圓超見愚白璧無瑕空受玷圓通會裏受塗糊　瑩壽策

［增收］楞嚴經當知虛空生汝心內猶如片雲點太清裏況諸世界在虛空耶汝等一人發真歸元此十方空皆悉消殞　頌曰

一人發真歸元十方虛空消殞試問楊岐栗蓬何似雲門胡餅　呂無著農

瞌睡蕊蕊困思來喫椀濃茶眼便開四海五湖王化裏更無一物是塵埃　朴翁銛

禪宗頌古聯珠通集卷第四

禪宗頌古聯珠通集卷第五

宋池州報恩光孝禪寺沙門法應集

元紹興天衣萬壽禪寺沙門普會續集

大乘經偈之餘

增收 圓覺經如是我聞一時婆伽婆入於神通大光明藏三昧正受一切如來光嚴住持是諸衆生清淨覺地身心寂滅平等本際圓滿十方不二隨順　頌曰

東西南北水茫茫無角鐵牛入海藏千眼大悲尋不見倒騎佛殿入僧堂　冶父川

增收 圓覺經於不二境現諸淨土與大菩薩摩訶薩十萬人俱　頌曰

明鏡當臺照不差短長好醜盡歸家山河大地渾如故不妨隨處說烟霞　冶父川

增收 圓覺經非幻不滅　頌曰

不屬內外與中間纔落思惟入魔境大丈夫兒不自欺翻身坐斷毗盧頂　月林觀

增收 圓覺經修多羅教如標月指　頌曰

方便門指頭月誵訛因底多甄別冷光霞靄登清途市地茫茫尋舊穴指看盡處眼中屑到此何須更饒舌　育王達

增收 圓覺經一切障礙即究竟覺　頌曰

枯樹雲充葉凋梅雪作花擊桐成木響蘸雪喫冬瓜長天秋水孤鶩落霞　雪堂行

早朝心悶三盃酒午後頭昏一椀茶入夜脫衣伸脚睡五更走起眼睉麻　或菴體

增收 圓覺經有我愛者亦愛涅槃伏我愛根爲涅槃相　頌曰

黑山鬼窟至幽陰認得頑空盡力尋何似天窓饒一摻頻令大地作黃金

增收 圓覺經棄愛樂捨還滋愛本便現有爲增上善果皆輪迴故不成聖道　頌曰

傀儡牽絲舞柘枝百般俏俊百般宜自從舞罷青絲斷堪笑渠儂撒手歸

圓覺經居一切時不起妄念於諸妄心亦不息滅住妄想境不加了知於無了知不辨眞實

頌曰

黃花爛爛翠竹珊珊江南地暖塞北天寒遊人去後無消息留得溪山到老看　晦堂心

舉手攀南斗翻身倚北辰出頭天外看誰是我般人　鼓山珪

續收 巍巍堂堂磊磊落落鬧處刺頭穩處著脚脚下線斷我自由鼻端泥盡君休斲莫動著千年故紙中合藥　大慧覺

荷葉團團團似鏡菱角尖尖尖似錐風吹柳絮毛毬走雨打梨花蛺蝶飛　徑山杲

和烟釣月是生涯古策風高未足誇欸乃一聲天地闊祖師何處渡流沙　或菴體

胡孫喫毛蟲烏狗上佛殿大地雪漫漫澄江淨如練　圓極岑

生鐵鑄牛頭牽犁還拽耙智者咲忻忻愚人驚怪差古往今來幾百年更向鬼門重貼卦　密菴傑

庭前栽萵苣萵苣生火筋火筋生蓮花蓮花結木瓜木瓜纔擘破撒出白油麻　劬堂仁

昨夜深沙鑄鐵券阿那律陀來合伴醉來相打見閻王閻王握筆不能判不能判却相勸彼此事同一家更莫前思後算因你恁麼斷公事大喫醋　無菴全

張果老踏破葫蘆呂洞賓失却寶劒兩個撒手相逢覿面更無一線何仙姑錢笛橫吹解道長江靜如練　正堂辯

身世悠悠不繫舟得隨流處且隨流今朝有酒今朝醉明日無錢明日愁　石菴玿

春眠不覺曉是處聞啼鳥夜來風雨聲花落知多少　朴翁銛

春生夏長淡飯麤茶魚投濁水彩奔鼠家　無準範

增收 圓覺經以大圓覺爲我伽藍　頌曰

毫髮不留縱橫自由閫外乾坤廓落大方無外優游明明祖師意明明百草頭機破狐疑網截斷愛河流縱有回天力爭如直下休四衢道中淨倮倮放出溈山水牯牛　圓悟勤

增收 圓覺經恒作是念我今此身四大和合髮毛爪齒等皆歸地唾涕膿血等皆歸水煖氣歸火動轉歸風四大各離今者妄身當在何處　頌曰

今者妄身當在何不應啖水更尋波狂心誤認鏡中影豈異迷頭演若多　本覺一

增收 法華經佛放眉間白毫相光照東方萬八千世界　頌曰

蠻奴赤脚上皇州賣盡奇珍跨白牛貪著市朝人作市又隨歌舞上宮樓多意氣好風流月冷珠簾掛玉鉤分明認却來時路百尺竿頭輥繡毬　圓極岑

增收 法華經假使滿世間皆如舍利弗盡思共度量不能測佛智　五祖演云尋常衲僧家高揖釋迦不拜彌勒是會佛智不會佛智衆中有則有只是藏牙伏爪太平有個見處不惜眉毛舉向諸人待有人問隨口便答　破菴先云且畢竟如何是佛智乃頌曰

雪子落紛紛烏盆變白盆忽然日頭出依舊是烏盆

增收 法華經觀世音菩薩普門品偈曰呪咀諸毒藥所欲害身者念彼觀音力還著於本人　東坡居士別云念彼觀音力兩家都沒事　法眼益

禪師因閲至此乃有頌曰
呪咀毒藥形聲之逆眼耳若通本人何失
增收 法華經譬如長者有一大宅於後宅舍忽然火
起毒害火災衆難非一　頌曰
鷂鵮休戀舊時窠五百郎君不奈何慾火逼來無走
路癡心要上白牛車門前羊鹿權爲喻室內喧噪總
是訛蓬悖臭煙相惱處出身不用動干戈　治父川
增收 法華經如來如實知見三界之相無有生死若
退若出亦無在世及滅度者非實非虛非如非
異不如三界見於三界如斯之事如來明見無
有錯謬　頌曰
岣嶁峯頭神禹碑字青石赤形模奇無目仙人纔一
見便應撫掌笑嘻嘻雲暗蒼龍化葛陂　圓極岑
火虐風饕水漬根石邊尚有舊苔痕化工肯未隨寒
暑又孽清香爲返魂　閑極雲
增收 法華經此經開方便門示眞實相深固幽遠無
人能到　頌曰
雖然幽遠涉途程到者方知不夜城鼓角聲寒蓮漏
永佛燈猶作向來明　圓極岑
增收 法華經云是法住法位世間相常住　雲門云
釋迦老子甚處去也　頌曰
犬子便吠賊牛子便牽犂衲僧若恁麽未曾撥著皮
楊岐會
世間相常住黃鶯啼綠樹眞箇可憐生動著便飛去
朴翁銛
法華經偈大通智勝佛十劫坐道場佛法不現
前不得成佛道　頌曰
三際斷時凡聖盡十身圓處剎塵周無私應物隨高
下未過僧祇大劫修　保寧勇
種穀不生豆苗蒸沙豈能成飯大通智勝如來一個
擔板底漢　鼓山珪
增收 獎坐道場經十劫一一從頭俱漏泄世間多少守
株人掉棒擬打天邊月　徑山杲
紅日杲杲切忌尋討拈得便用無非是寶鄭州梨青
州棗大抵還他出處好　月林觀
太平時代不論兵路不齎糧戶不扃十劫坐來成底
事平生肝膽一時傾　道場顏
劫初鑄就毗盧印古篆雕蟲尚宛然堪笑堪悲人不
識卻嫌字畫不完全　環溪
增收 法華經若有衆生聞是觀世音菩薩品者當知
是人功德不少　頌曰
觀音門普普門收纔著襴衫便不羞昨夜猿啼新嶺
上今朝鶴唳古溪頭惡風飄憧迴光息慾火焚燒當
處休瓔珞受來都不用平生活計冷湫湫　治父川
文殊所說般若經清淨行者不入涅槃破戒比
丘不入地獄　頌曰
平生疎逸無拘撿酒肆茶坊信意遊漢地不收秦不
管又騎驢子過楊州　保寧勇
養就家欄水牯牛自歸自去有來由而今穩臥深雲
裏秦不管兮漢不收　祖印明
鵠白烏本玄松直棘自曲清淨比丘僧却須入地獄
鼓山珪
壁上安燈盞堂前置酒臺悶來打三盞何處得愁來
徑山杲
增收 僧問洞山詮清淨行者不入涅槃破戒比丘不
入地獄時如何師云度盡無遺影還他越涅槃
頌曰
相好巍巍大丈夫一生無智恰如愚從來佛祖[illegible]
望地獄天堂豈可拘　丹霞淳
清淨行者不涅槃破戒比丘無地獄天台相接到西
川總是自家親眷屬　照堂一
夜來村飲歸健到三四五摩挲青苔莫瞋驚著汝
白得稱
嘉州石像陝府鐵牛人平不語水平不流　尼無著
陪錢弄傀儡拚命打鞦韆渾家無眼見掩面哭蒼天
武庫體
事神者喫神事佛者喫佛神佛俱不事渾家窮徹骨
肯堂充
漢既不管秦亦不收人平不語水平不流　月林觀
犯重比丘清淨行平等性中無損益求真不用覓凡
躑天邊何處覓鳥跡　簡菴[illegible]
國有定亂劍家無白澤圖神佛張果老路碎藥葫蘆
朴翁銛
清淨行者清淨破戒比丘破戒各自安貼家邦切忌
放賊過界　退菴奇
飲官酒臥官街當處死當處埋寒山逢拾得撫掌笑
哈哈　武山應
涅槃地獄本無差只爲從來被眼遮三腳驢騾[illegible]
[illegible]即菩薩　高峯妙
維摩經須菩提持鉢入維摩舍乞食時維摩詰
取鉢盛飯謂言汝能於食等者諸法亦等諸法
等者於食亦等如是行乞乃可取食乃至彼外
道六師是汝之師因其出家彼師所墮汝亦隨
墮乃可取食入諸邪見不到彼岸住於八難不
得無難同於煩惱離清淨法汝得無諍三昧一
切衆生亦得是定其施汝者不名福田供養汝
者墮三惡道爲與衆魔共一手作諸勞侶汝與
衆魔及諸塵勞等無有異於一切衆生而有怨
心謗諸佛毀於法不入衆數終不得滅度汝若

如是乃可取食須菩提聞此茫然不知以何答
置鉢欲出　頌曰
無邊無際休斟酌潮去潮來本自平清濁淺深并苦
淡一般滋味迥分明　保寧勇
入林不動草入水不動波鑊湯無冷處合眼跳黃河　鼓山珪
獨坐許誰知青山對落暉花須連夜發不待曉風吹　徑山杲
[拈頌]白日街頭獨自行夜間屋裏獨自臥山高不礙白
雲飛竹密不妨流水過　照堂一
邪見皈依外道師與師同墮復何疑憑君滿鉢盛香
飯午日亭亭腹正飢　張無盡
七七四十九六六三十六是非纔入耳渾家不和睦　崇覺元
獨弄單提單提獨弄劍刃上行寂然不動　月林觀
所生各不同所潤一兩苦甜瓜徹蒂甜苦瓠連根苦　靈谷行
青山白雲碧落蘿月盡廓成裡只得一撅　雲峯悅
[拈頌]維摩經三十二菩薩各說不二法門至文殊云
我於一切法無言無說無示無識離諸問答是
為菩薩入不二法門殊又問維摩摩默然殊歎
曰乃至無有語言文字是真入不二法門說是
入不二法門時與此衆中五千菩薩皆入不二
法門得無生法忍　頌曰
維摩大士去何從千古令人望莫窮不二法門休更
問夜來明月上高峯　雪竇顯
虛空鳥跡謾追尋幽鳥投聲又報春若識東西無異
路淨名一室不平沉　慈明圓
毗耶城裏競頭走謾請南星真北斗還知蚌鷸兩相
持須臾盡落漁人手　大洪恩

一箇兩箇百千萬屈指尋文數不辦暫時放在胎窓
前明日與君重計算　白雲端
春有百花秋有月夏有涼風冬有雪若無閑事在心
頭便是人間好時節　訥堂思
毗耶城裏老維摩一默無言詭許多三萬二千師子
座一時掀倒看如何　無明性
言言言兮飄風灑雪默默默兮雷轟電掣藕絲孔裏
騎大鵬等閑挨落天邊月　黃龍南
毗耶老子善藏機淵默雷聲徹四維今古競傳真不
二豈知黃葉止兒啼　尼無著總
有無語默謾徒勞居士何曾動一毫世祖功成三十
六雲臺爭似釣臺高　別峯印
深入不二門巧盡反成拙一默定千差常說熾然說
說拙萬古清風寒徹骨　松源岳
[拈頌]維摩經不斷煩惱而入涅槃　頌曰
朝生暮死千萬徧一日幾回相見面展陣開旗放出
來一指動時客戲見　白雲端
[拈頌]僧問投子如何是不斷煩惱而入涅槃師曰這
箇師僧恁麼發人業　頌曰
雖然無背面觸處頭頭現吞卻太虛空吐出瑠璃殿
佛心才
者箇師僧發人業賣油老翁說向人啼得血流無用
處不如緘口過殘春　文殊道
[拈頌]維摩經觀身實相觀佛亦然　頌曰
眼空四海恣縱橫鼻孔遼天信脚行拏得電光為火
把卻來日午打三更　或菴體
[拈頌]維摩經佛以一音演說法或有怖畏或斷疑
頌曰
或有怖畏或斷疑雙明一句絕針錐於斯切莫生欣
厭覿面還須眼似眉　天山方

[拈頌]金剛般若經世尊食時著衣持鉢入舍衛城乞
食於其城中次第乞已還至本處收衣鉢洗足
已敷座而坐須菩提白佛言希有世尊　頌曰
食訖跏趺坐石牀斗閒閑氣壓天光幾多業識茫茫
者衲被蒙頭在醉鄉　大慧杲
一字未曾談般若護天護地儘饒伊祇園乞食歸來
後法會因由又是誰　光孝蘭
衛城乞食沿門處祇苑收衣洗足時善現無端讚希
有斯文安得是如斯　寶峯準
[拈頌]金剛般若經應如是住如是降伏其心　頌曰
希有希有佛妙理極泥洹云何降伏住降伏信為難
二儀法中妙三乘教喻寬善哉今諦聽六賊免遮攔　傅大士
七手八脚神頭鬼面棒打不開刀割不斷閻浮跳躑
幾千回頭頭不離空王殿　天童覺
截斷從教來衮衮隨流未必去滔滔青山長鎖欲飛
勢滄海合知來處高　保寧勇
[拈頌]金剛般若經凡所有相皆是虛妄若見諸相非
相即見如來　法眼云若見諸相非相即不見
如來　頌曰
有相有求皆是妄無形無相墮偏枯堂堂密密何曾
間一道寒光爍太虛　石門易
映林映日一般紅吹落吹開總是風可惜擷芳人不
見一時分付與遊蜂　雲門杲
金剛般若經一切賢聖皆以無為法而有差別
頌曰
一金成萬器皆由匠者智何必毗耶城人人說不二　智者元
仁者見之謂之仁智者見之謂之智寒時向火熱時
乘涼健即經行困即打睡仰面看天開口取氣　僧

寶覺

金剛般若經一切諸佛及諸佛阿耨多羅三藐三菩提法皆從此經出　僧問首山如何是此經山曰低聲低聲云如何受持山曰不染汚　冶父川云且道此經從甚處出須彌頂上大海波心乃頌曰

佛祖垂慈實有權言言不離此經宣此經出處還相委便向雲中駕鐵船切忌錯會

水出崑崙山起雲釣人樵客問來因只知洪浪巖關不肯拋綠弄斧斤　投子青

長時誦不停非義亦非聲若欲受持者應須用眼聽　寶相元

金剛般若經應無所住而生其心　頌曰

山堂靜坐夜無言寂寂寥寥本自然何事西風動林野一聲寒鴈唳長天　冶父川

應無所住豁心空金屑依然著眼中饒地虛空速地脫大千經卷一時通　振雲權

應無所住生其心廓徹圓明處處真直下頂門開正眼大千沙界現全身　獃堂定

金剛般若經若爲人輕賤是人先世罪業應墮惡道以今世人輕賤故先世罪業則爲消滅當得阿耨多羅三藐三菩提　頌曰

明珠在掌有功者賞胡漢不來全無伎倆伎倆既無波旬失途瞿曇瞿曇識我也無　雪竇顯

水不洗水誰不知旋嵐常靜太驅馳千年曆日如能筭免被巡官掌上推　白雲端

四序炎涼去復還聖凡只在刹那間前人罪業今人賤倒却前人罪業山　張無盡

寶劍不失虛舟不刻不失不刻彼此爲得倚待不堪孤然仍則鳥跡虛空有無彌忒恩之　法眼益

半夜窓明鄰家有火䖏老敲門李老行鎖王婆叫賊趙婆過渡油盡燈滅一場懡㦬　佛鑑懃

綴綴功過膠膠因果鏡外狂奔演若多杖頭擊著破竈墮竈墮破來相賀却道從前孤負我　天童覺

金剛般若經如來所得阿耨多羅三藐三菩提於是中無實無虛　頌曰

菩提無實亦無虛幾個男兒是丈夫丹穴不歸金鸑鷟碧潭空浸玉蟾蜍　佛慧泉

生涯如夢若浮雲活計都無絕六親留得一雙清白眼笑他無限往來人　冶父川

金剛般若經過去心不可得現在心不可得未來心不可得　南堂興擧德山行脚時到澧州詣路餅店見點心喫店婆出問過現未來心不可得上座點那箇心德山無語今夜代德山機轉語與諸人商量待他道三心不可得只向道咄咄老婆不得無禮似恁麼莫太鹵莽不然道婆子你從甚麼處得這消息來似恁麼又却太弱麼當時若是老僧待他道過去心不可得現在心不可得未來心不可得上座點那箇心只向道與我換熱底一隻來纔擬議便與換却眼睛乃頌曰

過去現在未來心數土揚塵無處尋坐臥經行無不是承當直下莫沉吟

過去心不可得收綸罷釣秋江碧扁舟古岸恣閑眠明月蘆華深穩密現在心不可得法王家法存今昔謀臣猛將定封疆說甚隋珠并趙璧未來心不可得不可得中只麼得石含玉兮地孕山惟證乃知難可測千古流芳誰共知清風帀地有何極　雪竇宗

三際求心心不見兩眼依然對兩眼不須遺劍刻舟尋雪月風華常見面　冶父川

後念起時前念滅起滅之念何嘗別喚取機關木人問從頭弄盡元無說　懶菴樞

三清道士無偎骨八教闍黎毀梵書黑漆崑崙舞拳鼓天親無著暗嗟吁　或菴體

去歲春風奬子多社前先到舊時窠今年春色歸將半簾幕蕭蕭不見過　雪巢原

金剛般若經若以色見我以音聲求我是人行邪道不能見如來　頌曰

色見聲求也不妨百花影裏繡鴛鴦自從識得金鍼後一任風吹滿袖香　金臺策

盡却耳根并眼底不知何處見如來數聲幽鳥啼寒木一片閑雲鋪斷崖　雪巖欽

金剛般若經一切有爲法如夢幻泡影如露亦如電應作如是觀　頌曰

幻化空身即法身箇中無染亦無塵拈起把一如明了掃地燒香不倩人　慈受深

水中捉月鏡裏尋頭刻舟求劍騎牛覓牛空花陽燄夢幻浮漚一筆勾斷要休便休巴歌杜酒村田樂不風流處也風流

作事存心貴要精不精終是不通靈幕途絕處著方妙梅到寒時香愈清　閑極雲

君住寒來總不知有無名相一時離正如黑漆屏風上醉寫盧仝月蝕詩　雪巖欽

佛華嚴經世尊因普眼菩薩欲見普賢不能得見乃至三度入定徧觀三千大千世界覓普賢不能得見却來白佛佛云汝但於靜三昧中起一念便見普賢普眼於是纔起一念便見普賢乘六牙白象住於空中　翠巖芝云諸仁者作麼生會華嚴道普眼推倒世尊世尊推倒普眼你道普賢在什麼處　頌曰

飄飄一鴈落寒空步步追空覓鴈蹤踢破草鞋跟子斷巍然獨坐大雄峯 [illegible]

瞿曇幾個舌頭衆會幾個眼睛頭頭物物刹刹塵塵自謾猶自可賺苦是謾人 北礀簡

【增收】華嚴經世尊告普眼菩薩頗有人能說幻術文字中種種幻相所住處不答云不也佛言普眼幻中幻相尚不可得何況普賢菩薩祕密身境界祕密語境界祕密意境界而入其中能入能見 頌曰

光晃在心目昭昭居色塵莫將銀世界喚作假銀城

【增】華嚴經菩薩以菩提心爲家以如理修行爲家法 頌曰

浪宕樓頭無籍在零丁利帝可憐生惡叉聚是此中入佛子休將他處成 北礀簡

華嚴經偈如有大經卷量等三千界在於一塵中一切塵亦然有一聰慧人淨眼悉能見破塵出經卷廣饒益衆生 頌曰

擬破一微塵分明昧此經如何破經卷出此一微塵 北礀簡

【增收】華嚴經我今普見一切衆生具有如來智慧德相但以妄想執著而不證得 頌曰

天蓋地載成團成塊周法界而無邊析鄰虛而無內及盡玄微誰分向背佛祖來償口業債問取南泉王老師人人只喫一莖菜 天童覺

【增收】華嚴經法界觀法身流轉五道名曰衆生故令衆生現時法身不現 頌曰

佛與法身抵死謾生自沽村酒自把[illegible]瓶却著衫來作主人 北礀簡

【增收】楞伽經五法三自性二種無我 頌曰

破餅堂復作餅事焦種不因生蘖牙如彼靈芝發大子毛輪垂法翳花開 鼓山珪

陝府鐵牛白癩嘉州大像耳聵兩箇病痛一般咄哉漆桶不快 徑山杲

【增收】般若心經是大神咒是大明咒是無上咒是無等等咒能除一切苦 頌曰

黷淡離黷淡離十度船來九度翻唯有三山陳上舍擔一柄傘岸上行奈我何 無準範

是大神咒四大六根元不有是大明咒三世十方無透漏是無上咒海印圓光明已久是無等等咒士農工商各成就何故去年梅今歲柳[illegible]香依舊等閒勘破悟桃花選甚法身藏北斗 遯菴體

禪宗頌古聯珠通集卷第五

比興居士曹師儉施貲鐫此
禪宗頌古聯珠通集第五卷 識章沙彌德定
長洲徐普書 [illegible]本澄對
萬曆丙申季秋徑山興聖萬壽禪寺識

禪宗頌古聯珠通集卷第六

宋池州報恩光孝禪寺沙門法應集

元紹興天衣萬壽禪寺沙門普會續集

祖師機緣

西天諸祖

西天初祖摩訶迦葉尊者見世尊在靈山會上拈起一枝華以青蓮目普示大衆百萬聖賢惟迦葉破顏微笑世尊乃曰吾有正法眼藏涅槃妙心實相無相微妙解脫法門付囑於汝汝當護持流通無令斷絕　頌曰

儜子持來別是春還將分付與儜人可憐埋納曾微笑有理傍觀不解伸　佛印元

霜風刮地掃枯荄誰覺東君令已回唯有瀆梅先漏泄一枝獨向雪中開　佛慧泉

盡說拈花微笑是不知將底辨宗風若言心眼同時證未免朦朧在夢中　白雲端

拈花我佛在靈山迦葉頭陀忽破顏金口當言親付囑不唯天上與人間　保寧勇

教外全提獅別傳飲光閉目笑無言可憐十萬靈山衆不薦當頭一著玄　照覺總

靈山旱地紅蓮發白眉老翁笑不歇轟轟洪韻震東西八萬迷徒猶未瞥　黃檗勝

世尊舉華迦葉微笑殃及兒孫上祖不了　揚無爲

飲光誰謂悟拈華微笑依前隔海涯黃面只圖傳大事赤眉終不打貧家　祖印明

正眼由來付飲光靈山七衆盡歸降枝繁葉茂宗門盛自得兒孫滿大唐　草堂清

世尊拈華迦葉微笑不落宮商是何曲調古洞風清寒潭月皎　長靈卓

世尊迦葉不相知陷穽機關各自施正眼妙心真實相靈山會上有他誰　張無盡

舉華示衆誰相委迦葉頭陀獨破顏無限白雲藏不得又隨流水落人間　南華昺

聞琴作舞見華破顏一彩兩賽天上人間　旻古佛

百萬人天普請看頭陀末上獨開顏堪笑衣穿瘦骨露一肩授手搭金襴　佛燈珣

飲光當日笑無言家醜從來不外傳不撥韶絃成一曲至今清韻出人天　雪峯預

拈花已落微笑後笑出精神拈處先一片銀蟾無晝夜十分光彩向人圓　佛心才

教外單傳事最奇兜羅綿手舉花時會中不得雞峯老無限清香付與誰　正覺逸

兜羅綿手舉花時風遞幽香幾箇知除却雞峯迦葉後誰人眼內有瞳兒　慈受深

百萬人天望舉揚拈華微笑太乖張幾多業識茫茫者倒著勞生沸似湯　龍門遠

海水竭空蓬萊滿魚龍蝦蟹信沉浮可憐金色頭陀子直至如今笑未休　鼓山珪

一花拈起便承當正眼傳來不覆藏今古流通無斷絕枝枝葉葉盡芬芳　雙山如

拈起一枝花風流出當家若言付心法天下事如麻　徑山杲

靈山用處許誰知迦葉偷顏笑展眉勘便最初先漏泄兒孫扶取上玄機　楚安方

（增補）瞿曇拈起花枝迦葉微開笑面要知造物無私更聽黃鶯一囀　石碧明

拈花親付老頭陀平地俄興一丈波後代釘樁搖櫓者竹篙量水轉譊訛　寶華鑑

古塚露枯骨窮源達斷橋一番新雨過翠色滿林梢　白楊順

頂上鐵枷三百斤分明有理不容伸黙然難足峯前坐猶把金襴訴後人　尼無着總

末後無端重漏泄焦甎翁翁嚼生鐵玉輥擊碎月明珠累及兒孫揚醜拙　湛堂準

世尊拈花迦葉微笑天際二輪更相互照若能截斷老瞿曇閉目黃河只一跳　[illegible]

雪壓怪松龍鳳高野渡橫將謂衆生苦更有苦衆生　万年一

金色頭陀忽破顏看來也是管窺斑當時若得回頭早免兒孫墮黑山　應菴華

世尊拈華迦葉微笑一對鐵錘渾無孔竅　佛照光

釋尊拈起枝花分明勾賊破家致令千古之下兒孫逐惡隨邪　[illegible]

世尊不曾拈花迦葉不曾微笑大地總是兒孫誰明向上一竅　肯堂充

白日青天開眼放尿黃面瞿曇一場漏逗　木菴永

拈起花來尾巴已露迦葉破顏人天罔措　[illegible]

迦葉因阿難問世尊傳金襴外別傳何物迦葉召阿難難應諾迦葉曰倒却門前刹竿著　頌曰

影略門前倒刹竿箇中消息投傳難玲瓏侍者能相委暗走明珠珠走盤　天童覺

金襴付外有何傳倒却門前舊刹竿不取一時爲上瑞百千年後與人看　草堂清

金襴付外別何傳呼應雖勤意未圓迦葉更能施善巧刹竿倒却貴安然　[illegible]

花葉聯芳信有期飲光抗召劃夯披而今莫問當時事路上行人口是碑　正堂辯

金襴之外復何傳召應兒呼豈有偏倒却門前刹竿子免教依舊倚墻邊　[illegible]

象王行處絕狐蹤象子崢嶸繼此風休說二千年後事饒塵沙劫又何窮 保寧勇

金襴傳外更顢頇滿潑天機倒剎竿東震西乾扶不起至今殃禍及兒孫 照覺總

提起金襴惹倒剎竿安山彰著綠水青山

慶喜門前倒剎竿金襴依舊有何傳天然外道無師證爭奈威音佛已前

金襴傳外更何傳背角泥牛痛下鞭哮吼一聲魔膽裂錄身踏破碧潭烟

難兄難弟問來端百衲金襴遞代傳弟應兄呼成底事免認剎竿頭指天 佛燈珣

心心相照始相知金色頭陀別是非五里牌從郭外看當人不肯怨它誰

琉璃殿上付金襴棣萼聯芳傳一難門外剎竿從放倒免教南北問風旛

弟兄相應鶺鴒原相喚相呼豈等閑金襴之外傳何物向道門前倒剎竿 文殊道

頭陀飲光多聞慶喜合掌難兄難弟一朝狹路兩相逢襲轉雙瞞無處避復向門前倒剎竿丈夫自有衝天志 慧覺深

[illegible]

草衣木食道人高傳得金襴意氣豪此外已知無別法剎竿倒處累兒曹 瑯山知

拈頌 金襴傳外復何傳報道門前倒剎竿好笑踏青人爛醉滿川桃李自無言

但薩阿竭二千年密付親承盡浪傳直至如今成露布剎竿依舊倚門前 大洪恩

鳳毛麟角一般奇弟應兄呼豈不知堪笑靈源春雨後落花流水自相宜 開先暹

多子塔前不付後更傳何物示於人驪珠迸出剎竿倒直得寒光徹四鄰 佛性泰

等閑饒舌話金襴便與當頭倒剎竿從此天倫轉纔義冷光猶自逼人寒

弟應兄呼盡不成誰人肯向裏頭行自從家破人亡後直至如今事轉生

弟應兄呼有禮有義虎咬大蟲蛇吞鱉鼻倒却門前剎竿著嗚嗚蘇嚕蘇嚕悉唎悉唎 退菴奇

翡翠羽毛麒麟頭角弟應兄呼振動海嶽路遠夜長休把火倒却門前剎竿著 高泉

家家門口透長安不見纖毫礙眼界寬無法無人誰付[illegible]

[illegible]

倒却門前剎竿全提那涉玄機翻身不坐空王殿月照千峯夜色寒

面面相看眼眼廝覷衣外別傳有甚憑據倒却門前剎竿著鳳棲不在梧桐樹

寵弟常常在侍邊傳金襴外問何傳自家兄弟無多事只道門前倒剎竿

萁豆然豆萁豆在釜中泣本是同根生相煎何太急

增收 九祖伏馱蜜多尊者問八祖佛馱難提父母非我親誰是最親者諸佛非我道誰是最道者八祖以偈答汝言與心親父母非可比汝行與道合諸佛心即是外求有相佛與汝不相似欲識汝本心非合亦非離 頌曰

閑却年光半百春可憐嫁富不嫌貧祖佛非道求何道父母不親誰更親七步遂勞運捧足無言須信鑑生塵禪門自古牢關鑰漏泄家風是此人

見處孤危立處高急如石火利如刀到家問路家何在掀倒綦盤脫布袍

牛生足不履地軒知踏徧天涯得箇冬瓜印子至今目瞪口呿 松源岳

父母分明非我親祖師肝膽向人傾直下若能親薦得優曇華發火中春

父母非親親是誰雙眸烱烱帶雙眉含元殿上不相識正是岷峨相見時

增收 十祖脅尊者本名難生處胎六十年神珠夢應誕生之日滿室光明出家得道至一林中有富那夜奢合掌前立祖問汝從何來奢曰我心非往祖曰汝何處住曰我心非止祖曰汝不定邪曰諸佛亦然祖曰汝非諸佛曰諸佛亦非祖知是法器即與剃度付法說偈曰眞體自然眞因眞說有理領得眞眞法無行亦無止 頌曰

打鼓弄琵琶相逢兩會家清風拂白月地角接天涯碎玉敲朝露殘陽送晚霞寒山逢拾得拊掌笑呵呵

諸佛亦非窮子脫肥纔一頓飽忘百日飢二十拄杖十分梃兒孫事負南嶽着

電捲星飛珠回玉轉打破面皮赤心片片 瞎堂遠

增收 十四祖龍樹大士見十五祖迦那提婆來先令侍者將一鉢水致面前提婆見乃取一鍼投之祖由是大喜 頌曰

[illegible]

龍猛盂中水提婆針上鍼人人爭得失箇箇話疎親不親宗中匠焉知沙塞深農人移片磔礫下獲黃金

漏傳長樂未央靜月冷甘泉太液秋夜半樂聲回步輦喚回三十六宮愁

二十四祖師子尊者因罽賓國王秉劍於前曰師得蘊空不祖曰已得蘊空曰離生死不祖曰已離生死曰既離生死可施我頭祖曰身非我有何惜於頭王即揮刃斷尊者首湧白乳高數尺王之右臂旋亦墮地 玄沙云大小師子尊

者頭也不解作得王　頌曰

尊者理非諸玄沙語其奇自隨鋒刃落從此沒毫氂　永明壽

楊子江頭楊柳春楊花愁殺渡頭人一聲羌笛離亭晚君向瀟湘我向秦　[illegible]

作家手段天然別不辭當塗滋味[illegible]遙賀太平夜夜清光輝雪月　[illegible]

得人一牛還人一馬有甚[illegible]可知禮也　[illegible]

船子下揚州泮萍逐水流一聲漁唱千古動悲愁　[illegible]

[illegible]

殺人須是殺人漢當下一刃成兩段頭臂雖斷劍刃鋒何似秦時轢轢鑽　[illegible]

君王寶劍不虛施尊者遭逢也大奇從此[illegible]宇太平消息幾人知　[illegible]

吹毛劍首乾坤黑臂[illegible]日光[illegible]卓方知兩兩不成雙

尊者何曾得蘊空[illegible]落花得一溪流水紅

口念木爪醫脚氣[illegible]鎚日日喫酒日日醉

佛法王法更無兩樣[illegible]師子頭落罽賓臂折[illegible]明月

遇著山中人便說山中話[illegible]

覿面當機掣電飛當機覷[illegible]用一劍分身定死生君王萬古聲名重

劍下十分真實[illegible]獨有蘊空名　北磵簡

夢中要渡深溪水伎倆[illegible]覺來伎倆

盡林頓山月已三更　[illegible]

蘊空誰見法中王覿體何曾礙劍光古廟香爐穿戶牖斷碑風雨碎文章　[illegible]

夜闌天際墮金盆膝上焦桐調轉新易水悲風輕按指覺髮難續斷腸人　虛堂愚

二十七祖般若多羅東印土國王請師齋次王問諸人盡轉經唯師爲甚不轉師云貧道出息不涉世緣入息不居蘊界常轉如是經百千萬億卷非但一卷兩卷　汾陽昭云却勞尊者心力　大溈智云諸仁者還見二十七祖看經麼

行時脚跟不著地坐時心識似風飄乃頌曰

秋高月色連雲白濟沿禪心淡未長[illegible]明今古意何須特地更商量

靈犀翫月燦含輝木馬遊春駿不羈眉底一雙寒碧眼看經那得透牛皮明白心超曠劫英雄力破重圍妙圓樞口轉靈機寒山忘却來時路拾得相將攜手歸　天童覺

入息未嘗居蘊界出息何曾涉衆緣一[illegible]劫依[illegible]深藏　[illegible]

東土諸祖

東土初祖菩提達磨大師即西土二十八祖初至金陵見梁武帝帝問曰如何是聖諦第一義師曰廓然無聖曰對朕者誰師曰不識帝不領悟師遂折蘆渡江至魏後帝舉問誌公公曰陛下識此人不曰不識誌曰此是觀音大士傳佛心印曰當遣使詔之誌曰莫道陛下詔盡國人去它亦不回　頌曰

聖諦廓然何當辨的對朕者誰還云不識因茲暗渡江豈免生荊棘盡國人追不再來千古萬古空相憶休相憶清風匝地有何極師顧示左右云這裏還有祖師麼喚來與老僧洗脚　雪竇顯

客從方外來一人也弗識無心得可傳九年空面壁今坐家家不自安手攜隻履歸西國　[illegible]

先聖當年清未忘廓然無聖便驚狂梁王殿下無謀略剛被胡人亂一場　[illegible]

廓然一鏃透天不識臺下錯刺梁帝不知何處去千古萬古無消息　[illegible]

廓然絕聖猶方便不識天顏今對面對面不契渡長江北去少林方眷戀　[illegible]

一箭尋常落一鵰更加一箭已相饒直歸少室峯前[illegible]坐棗它休云更去招　[illegible]

煉得通紅打一鎚周遭無數火星飛十成好個金剛鑽擲向門前賣與誰　[illegible]

廓然無聖不須猜何似當機是眼睛莫怪相逢不下馬各各自有前程　[illegible]

第一義廓兮寥兮超象帝[illegible]辨春[illegible]外

默論第一義門[illegible]二月裏鵰[illegible]百花村

[illegible]一段秦川錦[illegible]來呈佛時中曲調少人知

遠泛[illegible]入大梁[illegible]對君王可憐寸徑無人鑑却與[illegible]依舊

不解作客勞煩主人面[illegible]色少奇峯嗔　長靈卓

始鳴[illegible]一聲[illegible]正震再擊鳳皇臺上鼓半夜[illegible]未飛[illegible]如盤石胡僧虛費平生力回指少林歸去來春風一陣花狼藉　[illegible]

展陣開旗使要[illegible]誰知御駕不親征把定轅旗收陣歸[illegible]何[illegible]不出兵　[illegible]

當時下壁親持獻未過徒然更再三折葦渡江江上水滔滔今古色如藍　蓼菴信

西天屠子氣雄豪欺負神州罪莫逃梁帝當頭輕一撥果然提起活人刀　雪堂行

廓然無聖露全身覿面相呈已隔津莫問梁邦并魏苑一華五葉自然春　雲巖因

增收胡僧對漢王廓然無聖語復云不識渠神驥捉老鼠捉不著千里清光渾失却　石渠明

黃金鑿白玉椎鑿開混沌竅透出玄元機　正堂辯

老胡元不渡長江孰謂曾將一葦航堪咲普通年遠事兒孫多是錯商量　肯堂充

踏斷地軸地不動推倒天關天更高穩泛鐵船歸少室至今天下起風濤　雪菴瑾

強將不識鼓唇牙胡語如何亂得華若使老蕭皮有血定應趕逐過流沙　天目禮

一言既出駟難追賴遇梁王放過伊楊子江頭航折葦浪頭何似嶺頭危　朴翁銛

五葉芬敷自一花無人圖裏剪根芽不教著脚金陵地猶恨蕭梁未作家　北礀簡

金烏飛上玉關干鼎漆崑崙對面看畢竟這些傳不得落花流水太無端　天童淨

提起須彌第一槌玉門金鎖擊難開重施背蹈空勞力應悔迢迢萬里來　癡鈍穎

玉蕭吹徹鳳皇臺古殿深沉曉未開滿地落花春已過綠陰空鎖舊莓苔　虛堂愚

萬浪千波一葦橫翩翩隻影可憐生老蕭若會截流句楊子江頭放你行　石溪月

一葦截流深心叵測梁土太平魏邦寄賊　雪屋珂

遠到支那十萬餘清波無路一莖蘆而今面越之繇者對朕還曾識也無　德巖禇

廓然無聖眞實語對朕者誰心未息本光燦爛照十方無量劫來到今日　横川珙

西來十萬路迢迢智鑑當軒影莫逃四海浪平龍睡穩九霄雲淨鶴飛高　雪巖欽

增收達磨大師西來直指人心見性成佛　頌曰

急水波心下直鉤魚龍鰕蟹一時收祖師活計無多子惱亂春風卒未休　松源岳

達磨大師自梁涉魏至洛陽少林面壁而坐經於九年方得二祖傳法　頌曰

先被梁王勘破却向少林孫坐設言教外別傳爭奈不識這個　白雲端

十萬途窮得到梁梁王言語不相當少林不假東君力五葉花開動地香　佛國白

精進翻成怠憧莫守癡禪兀坐少林面壁九年已被梁王勘破　祖印明

六宗調伏向東來五葉芬披震旦開冷坐九年人不識手攜隻履又空回　草堂清

泛舶來梁自普通一槌擊碎有為功設言面壁無言說爭奈當門齒露風　佛性泰

航海梯山緣底事游梁歷魏意何傳九年面壁番慈切剛被時人喚作禪　太平古

九年熊耳空留隻履一花五葉春風四起　叟十佛

達磨西來未足誇少林揑目强生花得皮得髓徒分別妙性圓明本不差　疎山如

少室山前風過耳九年人事隨流水若還不是弄潮人切須莫入洪波裏　鼓山珪

金鰲一掣滄溟竭徒自悠悠泛小舟今日烟波無可釣不須新月更為鉤　匡山杲

增收祖師面壁九年餘此是西來末上機直至如今天下客强將言句為樆為　南山省堂主

千鄉萬里尋知己一語臨機不契梁面壁九年居少室覓心千古累神光　天童覺

一片虛疑地丹青畫不成聖賢難啓口佛祖强安名　正堂辯

祖師遠遠來東土面壁少林坐九年二祖傳心親得髓算來早是已輸先　高菴悟

褁盡家財無本可據赤手殺人彌天罪過　木菴永

渡江一葦風濤急少室九年空面壁錯把安心露一機至今滿地花狼藉　皖山凝

不契梁王暗渡江一身無地避慚惶九年面壁成何事賺却平人入鑊湯　[illegible]

九年面壁轉身無策冷地有人奮一臂力　月坡明

達磨大師將返西天謂門人曰時將至矣盍各言所得乎時門人道副曰如我所見不執文字不離文字而為道用祖曰汝得吾皮尼總持曰我今所解如慶喜見阿閦佛國一見更不再見祖曰汝得吾肉道育曰四大本空五陰非有而我見處無一法可得祖曰汝得吾骨最後慧可出禮三拜依位而立祖曰汝得吾髓乃傳法付衣　頌曰

神光三拜退後立瀑布嵓前水長急楞嚴會上逞圓通卻使老盧雙淚泣　大川濟

少林眞嗣擇全才諸子紛紛點額回衣法莫言容易得曾憑三拜作良媒　正覺逸

門前諸子列成行各逞英雄號霸王如何獨有無言者坐斷毗盧不可當　保寧勇

四維上下絕遮攔湧出冰壺印碧天無孔笛中藏六律一聲驚起釣魚船　枯木

神光三拜依位立解會都忘未端的皮毛脫盡孰親踈誰言得髓能情息　[illegible]

當門齒缺　堪咲面壁無言坐九年皮髓此三分俵了依前懡㦬返西天　大慧杲

誰透少林關三拜仍依位立雪要心安心形甘斷臂　祖印明

缺齒胡僧到大唐却將皮髓强分張九年懡㦬空歸去添得華人咲幾場　佛國白

弟昆各自逞功能獨有家兄徹骨貧二拜起來無一語鼻孔蓋口脣　雪竇宗

一從三拜後千古錯流通孔日無人到蕭蕭檜柏風　龍門遠

社舞村歌咲殺人騎牛挑鼎丢成羣三杯酒罷歸家去留得豬頭儆塞人　正堂辯

鏡凹照人瘦鏡凸照人肥不如打破鏡還我舊面皮　懶菴

捏目生花□□□得它皮髓被它瞞這般瞎漢能多事六月無□□道寒　簡菴清

死款都來□供情窮埋極卒難容若將皮髓論高下爭見花開五葉紅　高峯妙

拈　達磨大師曰吾法於三千年後未曾移易一絲毫許　頌曰

東西緯月乾坤闊玉露澄秋氣宇高山是山兮水是水何曾移易一絲毫　萬菴

拈　達磨大師既葬熊耳山後三歲魏宋雲使西域回遇祖於葱嶺手攜隻履翩翩獨逝雲問師何往祖曰西天去又謂雲曰汝主已厭世雲聞之茫然別祖東邁暨復命即明帝已登遐矣迨啓壙惟空棺一隻革履存焉舉朝為之驚歎奉詔取遺履於少林寺供養　頌曰

熊耳宗師葬洛陽龍城天子泣千行迴攜隻履葱山上觸殺梁王與魏王　別峯遠

師眼兮深師鼻兮大師耳兮穿師舌兮快師身兮患師心兮戲手攜隻履返流沙熊耳石塔今猶在　□覺

祖師遺下一隻履千古萬古播人耳空自肩擔既兄行何曾踏著自家底　五祖演

梁魏山河太平無端容此老狐精九年皮髓分張盡隻履空棺更誑人　東山空

闊凶人難挽西携隻履歸只應熊耳月千古冷光輝　虎丘隆

榾山航海白西來誰謂梁王眼未開一句等閑輕斫破九年端坐冷如灰來時打落當門齒去後空留左脚鞋到底往還無箇事依前隻履又空回

航海東來無兒落節為法求人自作深孽賴遇梁王是作家有理直教無處雪及乎隻履復西歸葱嶺無端重漏泄不漏泄分明弄巧反成拙　尼無著總

颺下一隻履明明不覆藏兒孫纔著脚徧地是刀鎗　妙峯善

九年冷坐已敗闕隻履西歸更敗闕空後代兒孫空實想鷓鴣啼不為春風　萬菴

死也不伏埋殯倫攜隻履西歸不被宋雲捉敗官司何處尋覓　松源

拈　禾山方曰死心先師每舉隻履西歸話以問衲子而實難明諸方或謂之隱顯或謂不可有兩箇或謂唯此一事實若也恁麼未識祖師意旨諸人要見麼乃頌曰

濁中清清中濁勿謂麒麟生隻角西行東向路不差大用頭頭如啐啄莫莫玄要靈機休□度

禪宗頌古聯珠通集卷第六

禪宗頌古聯珠通集卷第七

宋池州報恩光孝禪寺沙門法應集
元紹興天衣萬壽禪寺沙門普會續集

祖師機緣

東土諸祖

二祖慧可大師初至少林參承達磨立雪斷臂
悲淚求法磨知是法器乃曰諸佛最初求道爲
法忘形汝今斷臂求亦可在祖曰諸佛法印可
得聞乎磨曰諸佛法印不從人得祖曰我心未
寧乞師安心磨曰將心來與汝安祖曰覓心了
不可得曰與汝安心竟祖於此悟入　頌曰

九年面壁待當機立雪齊腰未展眉恭敬願安心地
法覓心無得始無疑　汾陽昭

斷臂難於立雪難覓心無處始心安誰知萬頃蘆花
境一一漁翁把釣竿　正覺逸

終始覓心無可得寥寥不見少林人滿庭舊雪重知
今鼻孔依然搭上唇　白雲端

覓心不可得處處逢知識無用一雙眉同渠起百億
雪居昉

立雪齊腰成底事以刀斷臂亦奚爲從門入者非家
寶休嚮西來老古錐　地藏恩

思量何用覓安心求得心安却苦身三尺雪深曾立
處不知誰是雪中人　佛國白

少林面壁太多言接得門人一臂全京洛至今三尺
雪天寒何止普通年　楊無爲

覓心不得已安心屠肆婬坊嗣少林爭奈子孫嫌直
截諸方五味苦參尋　張無盡

斷臂覓心心不得覓心無得始安心心安後夜雪庭
際滿目瑤花無處尋　此庵淨

覓心不有三拜聊施靈焰益熾肯首自知回觀法印
全彰處江月松風盡入微　佛心才

父財子用父用子財覓心無處心眼自開　[illegible]

若有絲毫付與人可師何得更全身人間天上迷逢
處八兩元來是半斤　龍門遠

三拜勤勤雪到腰覓心無處强相饒神光冷地思量
著始覺春來雪自消　佛燈珣

二祖當年立少林滿庭積雪到腰深叉手當胸無一
事不求不覓不安心　或山珏

覓心無處更何安嚼碎通紅鐵一團縱使眼開[illegible]
氣爭如不受老胡謾　徑山杲

不待七處徵當下便不見御孫水上打楸韆新羅
王子放一箭高著眼分明穿破波斯面　石[illegible]明

立雪齊腰寶刀斷臂不動神情十方遊戲　白楊順

二祖無端向少林庭前立雪到腰深直饒覓得心無
有未免全身被陸沉　松菴演

屈節從長也大排雪堆斷臂仰高寒鐵牛跳過[illegible]峯
下一吸黃河徹底乾　或庵體

達磨九年面壁坐深雪之中得一箇得一箇森羅萬
象平分破　尼無著總

拈刀截臂實全真忽却求安心底人若是當時知痛
痒老胡何處著渾身　無際派

長安深夜雪漫漫欲覓心安轉不安縱使言前開活
眼那知已被老胡謾　息菴觀

平地無端起骨堆將身活向雪中埋假饒覓得安心
法還我娘生一臂來　讓山深

自有覓不得無端面發紅翻身喫一蹶兩手摸虛空　雪菴瑾

深雪堆中斷一肢老胡抑下十分威當時便好掀翻
去未到教他死馬醫　石室輝

二祖當年不丈夫分皮分髓被塗糊可憐要乞安心
法直至而今一臂無　靜菴常

覓心無處覓當下便心安早知冰是水兩臂定完全
[illegible]

三祖僧璨大師不知何許人不言名氏爲居士
謁二祖曰弟子身纏風恙請和尚懺罪祖曰將
罪來與汝懺居士良久曰覓罪不可得祖曰我
與汝懺罪竟宜依佛法僧住曰今見和尚已知
是僧未審何名佛法祖曰是心是佛是心是法
法佛無二僧寶亦然曰今日始知罪性不在內
不在外不在中間如其心然佛法無二也祖深
器之即爲剃髮曰是吾寶也宜名僧璨執侍二
載乃付達磨信衣正法眼藏說偈咨囑護持無
令斷絶後居舒州潛皖山谷或司空山　頌曰

潛溪水急天柱峯高洞然明白不隔絲毫從來生計
平如掌後世兒孫弄海潮　楊無爲

罪已無根性已空正生風處不生風至今山谷山前
水一派清流入海中　佛國白

說罪師前請懺除罪忘心滅兩如如誰知璨是僧中
寶來往司空山下居　草堂清

半醒半醉臥街衢忽悟通身業本無三昧若從人處
得劫摩何異更塗糊　枯木

無孔笛子氈拍板五音六律皆普徧時人不識黃番
綽笑道儂家登寶殿　[illegible]

風恙纏身覓罪不得九萬里程展摩[illegible]　[illegible]

三祖以罪懺罪二祖將錯就錯一陣清風劈面來罪
花業果俱彫落靈丹一粒有神功[illegible]不假驢駝藥
伊庵[illegible]

渾身無痒倩人搔入骨搔來[illegible]勞一下被伊搔
著了平生痒處一時消　[illegible]

二祖安心三祖懺罪逐惡隨邪成羣作隊只許老胡

知不許老胡會　遯菴奇
彌天罪過無門懺紅爛通身世莫醫已是四稜俱蹋地儘教後代亂鍼錐　無門開
平生罪性覓無蹤直得乾坤大地空天地依然高突兀潜溪一派自朝宗　癡絕冲
風恙纏身世莫醫家貧遭劫更堪悲誰知覓罪了無處正是賊歸空屋時　大歇謙
罪過彌天乞懺除看時侶有覓渾無直饒言下滅胡族冷地看來不丈夫　石室輝

四祖道信大師初爲沙彌年始十四禮三祖曰願和尚慈悲乞與解脫法門祖曰誰縛汝曰無人縛祖曰何更求解脫乎師於言下大悟服勞九載乃付衣法住蘄州破頭山學侶雲臻脅不至席一日告衆曰吾武德中游廬山登絕頂望破頭山見紫雲如蓋下有白氣橫分六道汝等會不衆默然弘忍曰莫是和尚它後橫出一枝佛法不師曰善唐太宗嚮師道三詔不赴就賜紫衣　頌曰

紫雲之塔大醫之師聽之仰之雙峯巍巍懶融不得西天鉢直付黃梅路上兒　楊無爲
烏外逢師解縛歸雙峯山下獨幽奇卻將衣鉢爲人事乞與黃梅箇小兒　佛國白
道出乾坤動至尊飛雲三詔不離雲求人的嗣周家子遙望牛頭紫氣分　草堂清
絕知名迹能妨道正恐師承亦衆人問法沙彌莫饒舌百年逆旅要同塵　覺範洪
無縛無釋脇不至席分開一貫兩箇五百　晏古佛
牛頭未生梅子熟也翫步人間池成月下鳳書三到懶開眸白蓮峯頂光相射　雲居圓
續收
堅辭鳳闕紫泥詔玷辱宗風箇古錐半斷雙峯無寸草受松留得礙人枝　無門開
擺斷解脫巢窠從此綏天布網羅落縣小兒猶自可一枝橫出轉譊訛　癡絕冲
誰縛無人縛何更求解脫未必右軍鵞便是支郎鶴　石田薰
破頭峯頂紫雲飛三却天書老翠微滯貨雖然無用處不應分付小孩兒　少室睦

五祖弘忍大師前身在蘄州西山栽松遇四祖告曰吾欲傳法與汝汝已年邁汝若再來吾尚遲汝師諾遂往周氏家女託生因拋濁港中神物護持至七歲爲童子四祖一日往黃梅縣逢一小兒骨相奇秀乃問曰子何姓曰姓即有非常姓祖曰是何姓曰是佛性祖曰汝無性耶曰性空故祖默識其法器即俾侍者後令出家後付衣法居黃梅東山　頌曰

栽松何老傳衣何少前身後身一夢兩覺白藕花開峯頂頭明月千年冷相照　楊無爲　二
日出而作栽松爲樂昔栽幾何今滿嵓壑白頭人去小兒歸笑殺林梢千歲鶴
在聖權方世莫評雙峯寄付豈虛稱前身已老難傳鉢託陰重來始繼燈昔日栽松名尚振千靈報母恩何增如今海內宗風徧只爲春中揀得能　白雲端
垂垂白髮下青山七載歸來換舊顏人却少年松已老是非從此落人間　佛國白
誰是前身孰後身謾將名字較新陳隣家莫問去來事吾是昔人非昔人　祖印明
無父無兄絕是非江心誰辨逆流時西山得法東山隱此事只教能者知　草堂清
濁港滔滔歧路絕翻身釘出空中橛白蓮花向半天開從此天機渾漏泄　晏古佛
黃梅果熟白藕花開問唯佛性體異凡胎衣傳南嶺人將去松老西山我再來兩借皮囊成底事一壺風月甚無猜　天童覺
老大不堪用約去了還來伸脚縮脚裏貪程速快哉有娘生面無爺姓趁得曇華五葉開　佛燈珣
香火綿綿五百年孫孫野窒老松巔人傳妙道回南嶺我禮浮圖向半天前後眞身無覓處古今靈迹尚依然若人問我東山事峯頂池中有白蓮　白楊順
東山法門衆盈七百眞能者師爲世作則濁港滔滔清有餘黃梅路上人南北　雲居圓
續收
一去一來一老一少兩鏡對懸光影俱照直饒用盡神通未明向上一竅　尼無著總
約去栽松箇老人遇來傳法喜童眞有娘生面無爺姓劫外靈苗不犯春　水菴一
元是黃梅舊日僧事師年老氣彌增翻身還下栽松鐝轉步來分照世燈皮袋假於溪畔女衣盂付與嶺南能佳聲籍籍誰能長久兩遍淮山碧萬層　胡隱濟
滿頭白髮老嵓隈萬本青松幾更栽皮袋累他周氏女難尋蹤跡去還來　天目禮
好箇栽松道者臨老貪圖打野不識從本爺娘負累周家小姐濁港浸他不殺養大便成奸猾鼓弄黃梅七百僧成羣逐隊爭衣鉢　朴翁銛
青松未種鼻遼天種了青松失半邊玷辱周家猶自可再來不直半文錢　笑翁堪
栽徧滿山松暗地翻身轉雖然得信衣何曾識爺面　石田薰
幾年活計钁頭邊萬本青松翡翠烟夢破曹溪天地闊再來不直半文錢　少室睦
栽松幸自可憐生剛要隨人入火坑拈得皮囊急回首依前鼻孔不多爭　石室輝

六祖慧能大師本姓盧家貧賣薪養母因往五祖求法祖曰汝自何來曰嶺南祖曰欲須何事曰唯求作佛祖曰嶺南人無佛性若爲得佛曰人即有南北佛性豈然祖知是異人乃訶曰著槽廠去遂禮足而退便入碓坊服勞於杵臼之間因五祖示衆索偈欲付衣法堂中上座神秀大師呈偈曰身是菩提樹心如明鏡臺時時勤拂拭莫遣有塵埃師和偈曰菩提本無樹心鏡亦非臺本來無一物何假拂塵埃祖默而識之夜呼入室密示心宗法眼傳付衣鉢令渡江過大庾嶺南歸曹溪開東山法門　頌曰

今古曹溪一派寒師來因爲起波瀾攜囊庾嶺人空逐負石黃梅衆識難　佛慧泉

石墜腰間舂碓鳴老盧便重不便輕黃梅衣鉢雖傳得猶去曹溪數十程　楊無爲

七百高僧夢裏時三更月下獨南歸青柴舂米儂家事底事親傳六代衣　佛國白

一偈投機一衆降銜花百鳥去雙雙家山記得來時路半夜傳衣過九江　祖印明

六祖當年不丈夫倩人書壁自塗糊明明有偈言無物却受他家一鉢盂　死心新

七百僧中選一人本來無物便相親夜傳衣鉢曹溪去鐵樹花開二月春　草堂清

擲擔柴貴火村裏漢舌本瀾翻不奈何自道來時元沒口卻能平地起風波　[illegible]山[illegible]

黃梅席上數如麻句裏呈機事可嗟直是本來無一物青天白日被雲遮　西林[illegible]

壁間書偈言無物[illegible]懶

[illegible]中春出[illegible]　水菴一

菩提無樹鏡非臺[illegible]幸事

保剛然惹得一身災　無門開

颺下楺樵斧直入碓坊舂一腳踏到底黃梅信息通　佛[illegible]光

恁無所住以生心大地山河一發沉從此別開窮世界新州柴把貴如金　[illegible]華光

四句伽陀不解書三更傳得本來無曹溪路上生荊棘直至如今在半途　妙峯善

箇樣村夫舉世無擔薪終日役窮途黃梅有路何曾到誰謂衣盂親付渠　少室睦

黃梅分付太倉忙半夜淒淒暗渡江將謂無人知下落贓身已露更和贓　辛菴儔

不作樵夫作碓夫只將腳力驗精麤知他踏著踏不著和米和糠到鉢盂　[illegible]忠

凝意貪他破鉢盂閑言長語倩人書只知半夜潛身去祖意還曾夢見無　石室輝

師資緣會有來由明鏡非臺語暗投壞却少林窮活計櫓聲搖月過滄州　[illegible]

六祖受法辭五祖令隱於懷集四會之間屆南海遇印宗法師於法性寺夜風颺刹幡聞二僧對論一云幡動一云風動往復酬答曾未契理祖曰可容俗流輒預高論否直以風幡非動動自心耳印宗聞語竦然異之遂問其由祖實告之印宗於是集衆請開東山法門祖遂落髮披衣受戒即廣州天寧寺也　頌曰

非風幡動唯心動自古相傳直至今今後水雲徒欲曉祖師直是好知音　[illegible]先

不是風兮不是幡黑花貓子面門斑夜行人只貪明月不覺和衣渡水寒　法昌遇

不是風兮不是幡斯言形已播人間要會老盧端的意天台南嶽萬重山　天衣懷

蕩蕩一條官驛路晨昏曾不禁人行渾家不是不進步無奈當門荊棘生　保寧勇

不是風兮不是幡於斯明得悟心難胡言漢語休尋覓刹竿頭上等閑看　圓通秀

東西南北無空處上下四維隨分舉脩鵰都來止一身行盡天涯無伴侶　[illegible]宗

不是風兮不是幡白雲依舊覆青山年來老大渾無力偷得忙中些子閑　雪峯圓

不是風兮不是幡清宵何事破琅玕明時不用論公道自有閑人正眼看　圓通僊

[illegible]

不是風幡不是心迢迢一路絕追尋白雲本自無蹤跡飛落斷崖深更深　草堂清

昔時盧老泄天機直指風幡說向伊是風是幡便是你左之右之不曾離　黃龍勝

風幡非動乞兒得夢金銀珎寶快活受用　[illegible]古[illegible]

滄溟直下取驪珠覿面相呈見也無到此不開真正眼膏肓之病卒難蘇　道場如

不是風幡是汝心人傳此語遍叢林若還踏著鄉關路瓦礫無妨嗔作金　祖印明

不是風兮不是幡參參千古競頭看徹見始知無處所祖庭誰共夜堂寒　[illegible]

指出風幡俱不是直言心動亦還非夜來一片寒溪月照破儂家舊翠微　佛心才

不是風幡不是心幾人求劍刻舟尋分明寄語諸禪侶自古真鍮不博金　佛鑑懃

不是風兮不是幡認爲心者亦顢頇風吹碧落浮雲盡月上青山玉一團　[illegible]山[illegible]

相爭但見風幡動不肯回頭識動心從此老盧尋消息松風江月盡知音　[illegible]菴信

憂遊華頂過丹丘驀[illegible]雲倚石樓會看[illegible]瀉崖

[illegible]身在碧江頭　長靈卓

不是風旛不是心曹溪深也未爲深挪吒忿怒掀騰

去析徧微塵不可尋　黃龍震

不是風兮不是旛幾人北斗面南看祖師直下無窠

臼眼綻皮穿較不難　佛燈珣

不是風兮不是旛一重山後一重山青春雨過無餘

事獨倚危樓望刹竿　佛性泰

不是風旛不是心從來只爲少知音舉頭萬里長空

外唯見白雲流水深　楚安方

不是風兮不是旛多口闍黎莫可詮若將巧語求

玄會特地千山隔萬山　或菴體

非風旛動唯心動龍生龍兮鳳生鳳老盧直下示全

機底事今人見如夢　石溪明

不是風旛是心動似倩麻姑痒處搔天外孫鸞誰得

識何人解合續絃膠　[illegible]

不是風旛不是心祖師正眼只如今如今不識山河

[illegible]識得如今海嶽沉　[illegible]

風旛不動人心動直指分明休瞞昧將知見巧商

量大似夢中加說夢　[illegible]

非風旛動唯心動[illegible]涉麼纖強指陳大地未曾添寸

[illegible]

土不知誰是點頭人　開福寧

直指單傳自祖宗非風旛動出盧公玄徒若具金剛

眼刹刹塵塵總是空　此山應

是風是旛君莫疑百草叢中信步歸太平無忌

諱戲蝶流鶯遶樹飛　自得暉

不是風旛不是心衲僧徒自強錐鑽巖房雨過昏烟

靜臥聽涼風生竹林

浪靜風恬正好看秋江澄徹碧天寬漁人競把絲綸

擲不見冰輪蘸水寒　[illegible]

不是風旛動亦非仁者心自從胡亂後溷涸到如今

[illegible]遠

風動旛動心動死蛇耍人活弄斲風木馬當途無角

鐵牛入洞　白楊順

非風旛話露全機千古叢林起是非咄這新州賣柴

漢得便宜是落便宜　佛照光

不是風旛不是心休將此語擂叢林從來一派天河

水透石穿崖古到今　塗毒策

大海波濤湧千江水逆流龍王宮殿裏不見一人遊　息菴華

不是風旛動天生李老君出[illegible]頭上髮寸寸白如銀

[illegible]

雪堂行

不是風兮不是旛碧天雲靜月團團幾多乞巧癡男

女猶向林頭望裏看　水菴一

不是旛兮不是風軒轅寶鑑出懷中森羅萬象難逃

影戀窟狐狸失卻蹤

張騫推倒昆崙後幾人窮到孟津源填[illegible]人抽

者至今剛道有乾坤　肯堂彥

非風旛動唯心動踏雪貧兒徹骨寒在聖在凡難改

變螂蛘嚼碎鐵圍山　[illegible]門分

不是風兮不是旛入泥入水與人看莫把是非來辨

我浮生穿鑿不相干　月林觀

不是風兮不是旛白雲盡處見青山可憐無限英靈

漢開眼堂堂入死關　[illegible]

不是風兮不是旛分明裂破萬重關誰知用盡腕頭

力惹得閒名落世間　松源岳

不是風兮不是旛將軍騎馬出潼關安南塞北都歸

了時復挑燈把劍看　天目禮

不是風旛也可疑卻言心動甚言詞天生不受形容

者舉世何人見得伊　朴翁銛

長安一片月萬戶[illegible]風吹不斷總是玉關情

[illegible]菴深

風旛心動一狀領過只知開口不覺話墮　無門開

地神歸地天神歸天般勤奉送寶馬金錢　無準範

（增）育王崇舉巴陵和尚道不是風動不是旛動不

是風旛又向甚麼處著有人爲祖師出氣出來

與巴陵相見雪竇和尚道風動旛動既是風旛

又向甚麼處著有人爲巴陵出氣出來與雪竇

相見師乃頌曰

非風非旛無處著是風是旛無著處遼天俊鶻悉迷

蹤[illegible]地金毛遭大惱阿呵呵悟不悟令人轉憶謝三

郎一絲獨釣寒江雨

（增）六祖因僧問黃梅衣鉢是何人得祖云會佛法

者得僧曰和尚還得不祖曰不得僧曰因甚不

得祖曰我不會佛法　頌曰

信手拈來見自殊簡中消息沒工夫黃梅未許傳斯

旨半夜曾將付老盧　大洪恩

斬釘截鐵大巧若拙一句單提不會佛法儘他葉落

花開不問春寒秋熱剔剔萬古寒潭空界月　[illegible]

我不會佛法不得黃梅旨本會自圓成畢竟只者是

道[illegible]平生[illegible]實地無一法當情靈山親授記

[illegible]

佛鑑勤

不會黃梅佛法夢中合眼惺惺此地無金二兩俗人

酤酒三升　[illegible]

蕉芭蕉芭有葉無丫忽然一陣狂風起恰似東京大

相國寺裏三十六院東廊下北角頭王和尚破袈裟　[illegible]

（增）六祖示衆曰吾有一物非青黃赤白男女等相

還有人識得麼時有沙彌神會出曰某甲識得

祖曰你喚作什麼曰是諸佛之本源神會之佛

性祖便打曰我喚作一物尚自不中更喚作本

源佛性　頌曰
呼為一物早不中那堪指作本源佛應現縱橫總不
虧動用施為收不得活潑潑黑焠焠借問諸人知不
知直待當來見彌勒　海印信
畫師五彩畫虛空落筆須知失本蹤更有唐朝吳道
子平生紙上枉施功　慈受深
一翳在眼空華亂墜神會沙彌失錢遭罪只見鑿頭
方不見錐頭利大丈夫小釋迦鐵鞭一擊珊瑚碎
圜悟勤

增收六祖謂門人曰吾欲歸新州汝等速治舟楫門
人曰師從此去早晚卻回祖曰葉落歸根來時
無口　法雲秀云非但來時無口去時亦無鼻
孔　頌曰
葉落歸根來時無口水長船高烏飛兎走若非林間
師子兒三歲便能大哮吼　海印信
五蘊山頭一段空來時無口去無蹤要明葉落歸根
旨末後方能達此宗　本覺一
祖師底物待客只是家常茶飯如今後代兒孫須要
珎羞異饌　圜悟勤
葉落歸根後曹溪一滴深山居人少到真實好知音
歸根得旨復何論洞口春人半掩門花落只隨流水
遠空留暮暮野雲屯
落葉歸根鐵牛當路來時無口衆聽得醋金槌不動
落塵機列聖叢中第六祖　雪堂行
雲開空自闊葉落即歸根回首烟波裏漁歌過遠村
松源岳
與在天南天盡頭未行先已到新州來時無口去無
伴那更蕭蕭黃葉秋　虛堂愚
禪宗頌古聯珠通集卷第七

禪宗頌古聯珠通集卷第八

宋池州報恩光孝禪寺沙門法應集

元紹興天衣萬壽禪寺沙門普會續集

祖師機緣

東土旁出諸祖

智收 波羅提尊者 西天[illegible]相宗旨 因異見王問何者是佛者曰見性是佛王曰師見性否曰我見佛性王曰性在何處曰性在作用王曰是何作用我今不見曰今見作用王自不見王曰於我有否曰王若作用無有不是王若不用體亦難見王曰若當用時幾處出現曰若出現時當有其八王曰其八出現當爲我說者即說偈曰在胎爲身處世名人在眼曰見在耳曰聞在鼻辨香在口談論在手執捉在足運奔徧現俱該沙界收攝在一微塵識者知是佛性不識喚作精魂　頌曰

古有異見王執迷生異見波羅提尊者爲君通一線佛性等虛空八門常出現榮華有盛衰大道無更變變不變清涼須是犀牛扇　南堂興

在胎爲身隨緣托質示天眞分明見得當時事晝夜舒光轉法輪　劉興朝居士　八

處世名人我今知是釋迦身堪悲擾擾昏昏者箇箇埋藏無價珎

在眼曰見昨夜三更光掣電照破塵根一物無始知身坐空王殿

在耳曰聞如何昏瞶滿乾坤那知鼓響鐘鳴夜一一齊開衆妙門

在鼻辨香旃檀林裏親聞得徹地熏天只自知相逢覿面難相識

在舌談論方便須開大施門若是知音兩相見何勞一默與多言

在手執捉放開捏聚總由伊笑他龐老當年道運水搬柴未是奇

在足運奔草鞋踏破無消息吾今了了報君知自是不歸歸便得

金陵牛頭山第一世法融禪師　幽棲石室有百鳥銜花之異唐貞觀中四祖遙觀氣象知有奇人躬自尋訪見師端坐祖問曰在此作什麼師曰觀心祖曰觀是何人心是何物師無對作禮問曰大德高棲何所祖曰貧道不決所止師曰還識道信禪師不曰何以問他師曰嚮德滋久冀一禮謁祖曰即貧道是師曰因何降此祖曰特來相訪莫更有宴息處否師引至菴所唯見虎狼之類祖舉兩手作怖勢師曰猶有這箇在祖曰適來見什麼師無語祖於師坐石書一佛字師覩之竦然祖曰猶有這箇在師未曉乃請說法祖曰百千法門同歸方寸河沙妙德總在心源師領悟祖曰吾受三祖頓教法門今付於汝汝受吾言只住此山後有五人紹汝玄化百鳥不復銜花就懶融　僧問南泉牛頭未見四祖爲什百鳥銜花來曰爲渠步步踏佛階梯曰見後爲什不來泉曰直饒不來猶較王老師一線道　又趙州因僧問牛頭未見四祖時如何州曰飽柴飽水見後如何曰飽柴飽水　頌曰

古人抱志坐牛頭信師說話示無休飽柴飽水安心靜眞正無私是趙州　汾陽昭

牛頭峯頂鎖重雲獨坐寥寥寄此身百鳥不來春又盡不知誰是到菴人　雪竇顯

紫氣氤氳透白雲因逢宗匠指迷津銜花百鳥空惆悵不見菴中舊主人　楊無爲

喧寂同爲不二門莫來無佛處稱尊寄言牛首菴中老百鳥銜花禍有根　祖印明　二

一榻蕭然傍翠陰晝扃松戶冷沉沉懶融得到平常地百鳥銜花無處尋

花鳥不來空過春牛頭山上懶融人白心淨故元無作放下許多閑苦辛　天童覺

花落花開百鳥悲菴前物是主人非桃源咫尺無尋處一櫂漁蓑寂寞歸　張無盡

寂寂風月臥烟霞百鳥從茲不獻花人義盡從貪處斷世情偏向有錢家　夢菴信

六葉牛頭樹別栽五天熊耳縱雲雷須知四祖乘機接百鳥銜花去不來　[illegible]道者

水因有月方知靜天爲無雲始覺高獨坐孤峯休更問此時難著一絲毫　別峯印

雨前不見花間葉雨後渾無葉底花胡蝶紛紛過牆去不知春色落誰家　[illegible]

著鞭騎馬去空手步行歸寂寞菴前路銜花鳥不飛　鐵山仁

學者疑心尚未休飽柴飽水坐牛頭子期不用黃金鑄末世知音有趙州　橫川珙

僧收 潤州鶴林玄素禪師　嗣牛頭威　有僧敲門師云誰僧云是僧師云莫道是僧佛來也不著僧云爲甚麽不著師云無棲泊處　頌曰

十月清霜重臨風徹骨寒若無棲泊處擺手出長安　松源岳

道箇佛來也不著骨頭節節是黃金不消三拜勘破了鶴唳空山竹滿林　[illegible]

杭州徑山國一道欽禪師　嗣鶴林素　因馬祖遣人送書到書中作一圓相師發緘見遂於圓相中著一畫却封回忠國師聞得乃曰欽師猶被馬祖惑　頌曰

馬祖當時見作山同風微露密機關無端却被南陽
老平地坑人似等閑　德印元
皮感之言事有由神交千里芥針投誰知解使雲通
信我不然兮石點頭　覺紹
自南自北自西自東溪山雖異雲月還同何事南陽
老倒令人擾擾匆匆　中峰本
馬師仲冬嚴寒欽師孟夏漸熱雖然寒熱不同彼此
不失時節　天如則

徑山國一因唐代宗詔至闕下親加禮敬一日師在
大內見帝來乃起立帝云師何以起師云檀越
何得向四威儀中見貧道　頌曰

法地安然不動移振身而立亦相宜勿於起坐經行
外別討大唐天子師　佛慈
立在威儀外全身在裏頭重重賜龍袖難掩面門羞　西巖惠
萬乘君王一國師尋常不離四威儀山長水遠空相
憶青葉吹風人未歸　開福寧

杭州鳥窠道林禪師嗣國一初詣長安西明寺學華嚴唐代宗詔國一禪師至闕乃謁之得法歸於西湖秦望山有長松枝葉繁茂盤屈如蓋遂棲止其上故以為名有侍者會通乃唐德宗六宮使棄官從師落髮伏勤數年未蒙印授一日告辭師曰往甚處通曰往諸方學佛法去師曰若是佛法老僧亦有少許曰如何是和尚佛法師拈起布毛吹之通於言下大悟而不復他遊乃居左右後開法為的嗣號會通侍者

頌曰

侍者初心學勝緣辭師擬欲去參禪鳥窠大是根機
熟吹毛當下得心安　汾陽昭
鳥窠拈起布毛吹道底光生落輝雖是老婆心意
切悟來由在半途歸　石門易
纔風帀帀起波痕碧落羅紋正眼觀恰值黃河三東
鯉那羅延窟見龍蟠　雲居祐
鳥窠吹布毛紅日午方高趙王因好劒合國人帶刀
顧視攢眉落二三那堪重把布毛拈承當直下便休
去眼裏無筋擧世嫌
老倒忘機是鳥窠西湖湖上控烟蘿布毛吹起無多
子鐵眼銅睛不奈何　寶峯乾
鳥窠拈起布毛吹驚破祇園頓息疑須信化工多少
力枯槎生出向東枝　張無盡
老師曾把布毛吹舉處分明第一機欲識箇中端的
意消逍遙指白雲飛
直下無私是鳥窠布毛吹起絕譊訛會通忽綻頂門
眼照破山河佛與魔
眼中難著透金塵悟了令人郎古人大地撮來如粟
米一毛頭上現全身　偶鑑韶
欲求佛法往南方老大宗師為舉揚山花滿地都狼
藉一陣風來一陣香　龍門遠
布毛一吹當下知歸冷光徧地獨露針錐　楚安方
白鳳烟霞控鳥窠驪龍珠耀祖山河當初拈起布
毛意體用咸虛些子多　趙州遂者
游騎紛紛驟曉風將軍施令在城東拈來金鐵些兒
妙射破茶心一點紅
兩指爪開權擬起一毛頭上為吹開逼回不在身邊
立休說清風徧九垓　開先
用處天然剝更不落思惟山河并大地全露法王機　月林觀
鳥窠拈起布毛吹萬仞孤峯對落暉未舉已前先瞥
地早知不是丈夫見　秀巖瑞
鳥窠佛法無多子只在纖毫一布毛一氣吹來何處
去至今天下有譊訛　懶菴需
八十翁翁要力行布毛吹起禍重生殺人流血三千
里枯樹枝頭一老僧　北山隆
佛法有些少言中沒網羅布毛吹起處依舊不離窠　無準範

鳥窠因白居易侍郎問如何是佛法大意師曰諸惡莫作衆善奉行白曰三歲孩兒也解恁麼道師曰三歲孩兒雖道得八十老人行不得

頌曰

惡無相貌善無形皆自心田長養成不動鋒鋩割
破菩提煩惱等空平　無量壽

袁州蒙山道明禪師嗣五祖因趁盧行者至大庾嶺者見師至即擲衣鉢於石上曰此衣表信可力爭耶任將去師遂舉之如山不動踟躕悚慄乃曰我來求法非為衣耶願行者開示曰不思善不思惡正與麼時阿那箇是明上座本來面目師當下大悟徧體汗流泣禮問曰上來密語密意外還更別有意旨不曰今與汝說者即非密也汝若返照自己面目密却在汝邊師云某甲雖在黃梅隨衆實未省自己面目今蒙指授入處如人飲水冷煖自知今行者即是某甲師也曰汝若如是則吾與汝同師黃梅善自護持　頌曰

正當恁麼時歷劫不曾迷步步超三略歸家鎮絕疑　前遠
堂堂妙相絕錙銖善惡都忘見也無萬里雲收天界
淨海心無浪月輪孤　佛性泰
平欺佛祖氣如王直趁盧能到嶺傍不得衣盂還惡
水分明雪上更加霜　笑翁堪

不思善不思惡千手大悲難摸索難摸索處盡掀翻
方知普化搖鈴鐸
栖不成兮鵠不就贊不及兮休生受本來面目無處
藏世界壞時渠不朽 無門開
夜深傳付老盧衣恨殺黃梅老古錐向道趕人休趕
上果然落節一番歸 雪溪戒

嵩岳破竈墮和尚 嗣嵩岳安國師 因嵩山塢有
廟甚靈殿中唯安一竈遠近不輟祭祀烹殺物
命甚多師以杖敲竈三下云咄此竈只是泥瓦
合成聖從何來靈從何起恁麼烹宰物命又打
三下竈乃傾破墮落須臾有青衣峩冠設拜曰
我本此廟竈神久受業報今蒙師說無生法得
脫此處生天特來致謝師曰是汝本有之性非
吾強言神再拜而沒後僧問師某甲久侍左右
未蒙方便竈神得何宗旨便乃生天師曰我只
向伊道是泥瓦合成別也無道理為伊僧佇思
師曰會麼曰不會師曰本有之性為什麼不會
僧作禮師曰墮也墮也破也破也後有僧舉白
安國師國師歎曰此子會盡物我一如 頌曰

古廟神竈禪師法要杖子敲來業身勃跳
竈破土落不在圖度呼茶喚飯量水煎藥
禍福威嚴不在靈殘杯冷炙笑何人一從去後無消
息野老猶敲祭鼓聲 龍門遠 二
春寒料峭凍殺年少切忌參商別無奇妙低頭侍奉
歡喜問訊佛法商量傷子性命
倚竈為靈自不靈靈蹤斷處一堆塵野老不來敲祭
鼓打正因邪別是春 佛燈珣
聖不聖兮靈不靈塼瓦為堆土合成杖頭擊著無
消息多年妖怪不成精而今仔細思量著為他閑事
長無明 大溈智

摩天鴉鳥九頭熹護世那吒八臂長水自竹邊流山
冷風從花裏過來香

破竈墮因僧問如何是大修行底人師曰擔枷
帶鎖如何是大作業底人師曰修禪入定 頌
曰
帶鎖擔枷招罪犯安禪入定墮深坑兩頭踢脫無依
倚一箇閒人天地間 耕山智

河北智隍禪師 嗣六祖 始參五祖循乎漸行後
結庵長坐二十餘載不見惰容及遇六祖門人
策禪師激心勤求法要往參六祖祖愍其遠來
便垂開抉師於言下豁然契悟前二十年所得
心都無影響 頌曰
禪非出入非行坐坐立經行總是禪若是守他山鬼
窟迢迢特地隔西天 本覺一
當年睥睨此山阿欲著紅樓貯綺羅今日重來無一
事却騎羸馬下坡陁

西京光宅寺慧忠國師 嗣六祖 居南陽白崖山
黨子谷四十載不下山唐肅宗詔赴京待以師
禮問師得何法 師曰陛下還見空
中一片雲麼曰見師曰釘釘著懸掛著 頌曰
無開口處却開口有意歸時即便歸趙州不在明白
裏未是羺羊掛角時 慈受深

忠國師因肅宗問如何是十身調御師乃起立
曰還會麼曰不會師曰與老僧過淨瓶來 頌
曰
鵁鶄鳥宿空池魚從腳下過鵁鶄總不知若也知碧
潭深萬丈直下取魚歸
帶雪含霜半倚籬橫斜影裏帑仙姿前村昨夜春來
了竹屋老僧猶未知

國師因肅宗又問曰如何是無諍三昧
師曰檀越踏毗盧頂上行曰此意如何師
曰莫認自己清淨法身又問師師都不視之曰
朕是大唐天子師何以殊不顧視師曰還見虛
空麼曰見師曰他還眨眼視陛下否 頌曰
一國之師亦強名南陽獨許振佳聲大唐扶得真天
子曾踏毗盧頂上行
鐵槌打碎黃金骨天地之間更何物三千刹海夜澄
澄不知誰入蒼龍窟
作者清規世莫儔金鞭曾揮上龍樓良哉撥破毗盧
頂直得文殊笑點頭
寶月合虛列數峯高低誰辨淡烟中須彌擊碎鹽官
鼓降得毗盧在下風
步步踏著毗盧頂亦非自己清淨身妙入空門得空
相祖師肝膽佛精神

國師因代宗命試驗西天大耳三藏師問曰汝
得他心通耶曰不敢師曰汝道老僧即今在什
麼處曰和尚是一國之師何得却去西川看競
渡良久再問汝道老僧即今在什麼處曰和尚
是一國之師何得却在天津橋上看弄猢猻師
良久復問汝道老僧只今在甚麼處藏罔測師
叱曰這野狐精他心通在什麼處藏無對 頌
曰
他心三藏太顢頇猢猻觀了看划船對面國師尋不
見秖為從來被眼瞞
日應尋機必有方未知何處看南陽自從失却猢猻
後橋上多時不作場
藏鋒道向路千差萬古相饒老作家[illegible]無覓
處夜深和月宿蘆華

國師一日喚侍者者應諾如是三召皆應諾師
曰將謂吾孤負汝却是汝孤負吾 頌曰

師資會遇意非輕無事相將草裏行負汝負吾人莫
問任從天下競頭爭　雪竇顯
國師喚侍者重言不當喫他耳又不聾口又無處雪
[illegible]
龍吟虎嘯與誰同天際雲生洞下風從此太平田舍
老兒孫攜手賀年豐　佛印元
國師三喚侍者打草只要蛇驚誰知澗底青松下有
千年茯苓　黃龍心
國師有語不虛施侍者三應總[illegible]平生心膽向人
傾相識不如不相識
侍者何曾喚不回國師乾地起風雷當時若也相逢
著九轉還丹化作灰　[illegible]
老倒南陽太古錐等閑垂釣泛江湄夜靜水寒魚不
食滿船空載月明歸　海印信
國師三度喚侍者三回應家富小兒嬌病多諳藥性
吾負汝隴西鸚鵡能言語汝負吾笑殺西來碧眼胡
欲會南陽端的意大都年老覺心孤　佛慧泉
國師三喚侍者侍者三度應喏[illegible]亂下鐵錐誰知
可知禮也　[illegible]
國師三喚古今明何事勞生不自能信是與人無舊
[illegible]
分非干人與我無情　[illegible]
三喚三回應已休却云孤負强生讎大唐國裏揚家
醜試問南陽羞不羞　佛眼[illegible]
國師三喚侍者三應兩個無孔鐵槌徧觀也須氣悶
彼此無便宜今古誰相信　圓通秀
國師三喚侍者侍者三度應喏若言負汝負吾直個
可知禮也　智[illegible]
國師三喚侍者侍者三應無餘只知身强力壯不覺
年老心孤　寶峯祥
南陽三喚侍者三酬依稀魯國彷彿楊州回首寒江

空漾碧夕陽西去水東流　上方益
國師年老太多圖截鶴由來要續鳧彼此無擔安樂
法何勞傷損好皮膚　祖印明
師鎮南陽傳祖令清風凜凜動寰區老來偏愛癡生
子把手時時教順朱　[illegible]才
喚處分明應處親不知誰是負恩人東家[illegible]西家
事却使傍人笑轉新　[illegible]卓
三喚三應意已深南陽曲盡老婆心傍人莫謂揚家
醜到底真鍮不博金　[illegible]深
國師侍者共悠悠無事堂前互唱酬鐵天鷂子穿雲
[illegible]
去空使行人指路頭　佛鑑懃
黃劍連飛急透頂便通神有時輕按處驚動五湖宿　[illegible]
世路風波不見君一回見面一傷神水流花落知何
處洞口桃花別是春　鼓山珪
啞子得夢向誰說起來相對眼麻迷已向人前輸肺
府從教他自覓便宜　徑山杲
[illegible]三呼三應諾彼此不相辜踏斷南陽路馨香滿道
途　五祖演
三喚三應更饒貼稱月逗寒窓水歸巨浸負汝負吾
全鋒敵勝　瞎堂遠
喚應尋常誰不曉及乎按劍總茫然分明好個神仙
訣父子從來不許傳　訥堂思
南陽三喚無風起浪侍者應諾爲蛇安脚明眼衲僧
知不知萬古清風自廖廓　足庵智鑑
三喚須知意不輕平生肝膽一時傾負吾負汝還知
否縱有丹青畫不成　水菴一
一段風光畫不成洞房深處暢予情頻呼小玉元無
事只要檀郎認得聲　靈叔安
全提正令高低普應三應三呼諦聽諦聽　[illegible]

一日君家[illegible]波浪與摩埃不知烏石嶺頭
路老去相尋能幾回　[illegible]瑾
一箭射雙鵰雙鵰隨手落波動岳陽城月滿滕王閣
鐵枷無孔要人擔累及兒孫不等閑欲得撐門并拄
戶更須赤脚上刀山　無門開
一擲神杯定吉凶再占重卜[illegible]今年
事却說明年事不同　無準範
三喚聲聲出痛腸國師何事錯商量欲分恩怨無分
處吳楚茫茫共一江　覺庵真
國師因僧問如何是佛法大意師曰文殊堂裏
萬菩薩曰不會師曰大悲千手眼　頌曰
[illegible]滿地蘿蔔頭一文買一箇得者飽齁齁　佛鑑勤
尋眞悟入蓬萊島香風不斷松花老採芝何處未歸
來白雲滿地無人掃　[illegible]心
國師因耽源問百年後有人問極則事作麼生
師曰幸自可憐生剛要箇護身符子作麼　頌
曰
護身符子最通靈國師起坐總將行耽源得用南方
[illegible]
去爲說令人睡眼醒　汾陽昭
不重己靈猶自可護身符子更那堪爲君旨外通消
息秋月無風落碧潭　[illegible]信
眞正道流行脚去護身符子不須拕國師實爲耽
源切不是臨岐作對談　[illegible]
國師化緣將畢乃辭唐代宗帝曰師滅度後弟
子將何所記師曰告檀越造取一所無縫塔曰
就師請取塔樣師良久曰會麼曰不會師曰貧
道去後有侍者應眞却知此事師遷化後帝詔
應眞問此意如何眞述偈湘之南潭之北中有

黄令允一國無影樹下合同船琉璃殿上無知識應真後住耽源山　頌曰

無縫塔兮還難澄潭不許蒼龍蟠層層落落影團團千古萬古與人看　雪竇顯

無縫塔從誰手造雖然有樣不堪傳如何強寫無層級永向琉璃殿上懸　白雲端

窣堵無縫立還危寶鐸玲瓏八面垂千手大悲捫不著百重關鎖下金槌　羅漢南

前面是珎珠琉璃後面是瑪瑙珊瑚左邊是觀音勢至右邊是普賢文殊中間有箇幡子被風吹著道胡盧胡盧

欲建南陽無縫塔般輪下手實應難木來成現何須作到處巍然著眼看　本

八面自玲瓏盤空勢岌峩表裏鎮巍然若為分六鑿執名匿相認影迷形卧龍長怖碧潭清人同船了開心椀日用如何不現成　圓悟勤

無縫塔兮不見影廓然一片眞如境樂邪難眼電光流杳杳冥冥不見頂　佛鑑懃

窣堵古形儀未舉巳先知巍然存海底影落樹頭輝　滯庵光

無縫塔兮誰敢知國師也是落便宜信知師子行蹤絕何必尋常問是非問是非百草頭頭雨露垂

湘南潭北影團團面面簷楹風雨寒突出虛空無縫罅從教千古與人看　無門開

國師塔樣最尖新覿面枯來不露文却被耽源添一線至今攛邈亂紛紛　高峯妙

國師曰語漸也返常合道論頓也不留朕迹　頌曰

上無衝天之計下無入地之謀案州千箇萬箇打破只在須臾

二六時中合返常終朝臥不詳相逢不審人人會問著依前未斷當

忠國師因丹霞來纔展坐具師曰不用不用霞退後三步師曰如是如是霞進前三步師曰不是不是霞繞禪牀一帀而出師曰去聖時遙人多懈怠三十年後討箇師僧也難得大潙喆云丹霞可謂懷藏至寶遇智者乃增輝國師鴻門大啓陟者須是其人如今還有為丹霞作主者麼出衆與大潙相見有麼良久云不是龍門客切忌遭點額　頌曰

不用不用千聖不共如是如是蝮蝎蛇虺不是不是徹骨徹髓進前退後遶禪牀掣電之機落二三

國師問紫璘供奉甚處來曰城南來師曰城南艸作何色曰作黃色師乃問童子城南艸作何色童曰作黃色師曰祇這童子亦可簾前賜紫對御談玄　頌曰

慣使渡頭船如今不記年愛他風浪惡方是[illegible]　月堂昌

欲把枯腸盡底傾出門不覺又叮嚀勸君及早回頭去莫待春風柳眼青　虛堂愚

永嘉眞覺玄覺禪師嗣六祖　精天台止觀圓妙法門四威儀中常冥禪觀後因左溪朗激勵與東陽策同詣曹溪初到振錫攜瓶繞祖三帀祖曰夫沙門者具三千威儀八萬細行大德自何方而來生大我慢師曰生死事大無常迅速祖曰何不體取無生了無速乎師曰體即無生了本無速祖曰如是如是時大衆無不愕然師方具威儀參禮須臾告辭祖曰返太速乎師曰本自非動豈有速耶祖曰誰知非動師曰仁者自生分別祖曰汝甚得無生之意師曰無生豈有意耶祖曰無意誰當分別師曰分別亦非意祖歎曰善哉善哉留一宿時謂一宿覺　頌曰

圓悟眞心作本心無人證據自沈吟當多激發緣當熟一見能師便得金　汾陽昭

永嘉萬里到曹溪三拜云何略不施却遶禪林三帀後卓然振錫底威儀

撼翻海獄求知巳攪動乾坤見太平二老不知何處去宗風千古播家聲　正法欽

振錫曹溪生大我慢一宿少留咄哉鼓漢永嘉城裏闡宗風江月松風無畔岸　無禪才

禪宗頌古聯珠通集卷第八

禪宗頌古聯珠通集卷第九

宋池州報恩光孝禪寺沙門法應集

元紹興天衣萬壽禪寺沙門普會續集

祖師機緣

六祖下第一世

南嶽懷讓禪師　嗣六祖　初往曹溪參六祖祖問什麼處來師曰嵩山來曰什麼物恁麼來師曰說似一物即不中曰還可修證否師曰修證即不無污染即不得曰只此不污染諸佛之所護念汝既如是吾亦如是　頌曰

因師顛問自何來報道嵩山意不回修證不無不染污撥雲見日便心開　汾陽昭

玉在池中蓮出水污染不能絕方比大家如是若承當洞庭一夜秋風起　佛印元

截斷擘頭與麼來鐵圍山嶽盡衝開閻浮踏殺人無數驀鼻深穿機不回　保寧勇

嵩頂來來恁麼來不中一物早塵埃便歸南嶽磨甎片照得追風馬了回　佛國白

[增收]是什麼物恁麼來此中何假拂塵埃瞪目看時還不見謾將明鏡掛高臺　[illegible]

說似一物即不中風從虎兮雲從龍此事由來非草草休言無法是真宗

什麼堂堂與麼來當機覿面不迂回經行坐臥非他物自是時人眼不開　本覺一

當堂古路白雲漫碧眼黃頭尚未諳無孔笛兒𤥱拍板輕輕吹徹御街寒　正堂辯

說似一物即不中八年方契賣柴翁大都模樣無多子歷劫如何用得窮　朴翁銛

直言發足自嵩山蕩蕩乾坤任往還一物尚無寧有似倚天長劍逼人寒　無際派

讓和尚居南嶽時馬祖住傳法院常日坐禪師知是法器往問曰大德坐禪圖什麼曰圖作佛師一日乃取一甎於彼菴前磨曰磨此何爲師曰磨作鏡曰磨甎豈得成鏡師曰坐禪豈得成佛曰如何即是師曰如人駕車車若不行打車即是打牛即是於是悟旨於言下遂印心傳法符西祖讖馬駒踏殺天下人之語南宗闡於江西　頌曰

磨甎作鏡慕同音來問分明示本心纔喚木人回面指犂牛耕出古黃金　汾陽昭

磨甎作鏡不爲難忽地生光照大千堪笑坐禪求佛者至今牛上更加鞭　佛印元

死馬醫來無用處車牛腦後更加鞭皮穿骨綻還知否任重應知角力全　保寧勇

磨甎作鏡相席打令一切魚龍知水爲命　昊古佛

坐禪成佛心中病作鏡磨甎眼裏華一掣半關金鎖斷等閒信步便歸家馬駒子實堪誇自從胡亂後著處是生涯　佛燈珣

[增收]打車即是打牛是鼻孔遼天也被穿已向人前輪肺府可憐今古妄加鞭　懶菴需

車牛腦後痛加鞭棄卻黃金抱碌甎逐惡隨邪至今日即非心佛錯流傳　笑翁堪

平生心膽向人傾過犯彌天已不輕帶累馬師胡亂後至今錯認定盤星　松源岳

坐禪成佛生妄見磨甎成鏡妄尤多打車打牛俱是妄攪得心腸沒奈何　橫川珙

萬法俱忘百念灰等閑驀鼻拽將回鏡光一點明如日直得木人心眼開　雪巖欽

[增收]讓和尚因僧問如鏡鑄像像成後鏡明向什麼處去師曰如大德爲童子時相貌何在曰只如像成後爲什麼不鑒照師曰雖然不鑒照謾他一點不得　頌曰

髑髏裏眼睛猶在枯木中龍聲更往打破虛空光境盡箇中別有好商量　普文源

問處鉤深答更幽就身打劫最風流要知一點難謾處江上數峯青欲浮　保寧闌

[增收]讓和尚因馬大師闡化江西師問衆曰道一爲衆說法否衆曰已爲衆說法師曰總未見人持箇消息來衆無對因遣一僧去云待伊上堂時但問作麼生伊道底言語記將來僧去一如師旨回謂師曰馬師云自從胡亂後三十年不曾缺鹽醬師然之　頌曰

胡亂三十年不曾少鹽醬江西馬大師有伏讓和尚　鼓山珪

見得分明識得親舉來猶自涉途程直饒不犯毫芒者也是拈鎚舐指人　橫川珙

家貧遭子債事急不由人開口露拴宗郎當累近鄰　武庵體

做得些兒活計成人前賣弄才能直饒踏殺人無數也是西川老鬼精　中峯本

自從胡亂後更不少鹽醬開口便見膽豈在語言上　月林觀

石火光中驗正邪等閒拈却眼中沙自從不曾少鹽醬敢保渠儂未到家　木菴永

昔年高甲已登科讀盡人間萬卷書今日一身天地窄思量好事不如無　雪菴瑾

老婆心切日忡忡恐墮他家窠臼中消息得來胡亂後江西宗派好流通　虛堂愚

吉州清源行思禪師　嗣六祖　初參六祖問當何所務即不落階級祖曰汝曾作什麼來師曰聖

諦亦不為祖曰落何階級師曰聖諦尚不為何階級之有祖深器之　頌曰

無見頂露雲攢急劫外靈枝不帶春那邊不坐空王殿爭肯耘田向日輪　投子青

皁幘難將正眼窺迴超今古類難齊苔封古殿無人侍月鎖蒼梧鳳不棲　丹霞淳

無階無級見何求奪得曹溪第一籌卻向廬陵言米價百行千市競相酬　佛國白

（續收）劫外相逢那畔行靈苗叢裏鐵牛耕東風吹散千嚴雪空界無雲孤月明　成枯木

一擲澄潭鏡樣磨無風何必自生波轉身縱不離初際子細看來較幾何　雪巖欽

（原收）清源既得法往吉州清源山靜居寺六祖將示滅有沙彌希遷（即南嶽石頭和尚）問曰和尚百年後希遷未審當依附何人祖曰尋思去及祖順世遷每於靜處端坐寂若忘生第一座問曰汝師已逝空坐奚為遷曰我稟遺誡故尋思爾座曰汝有師兄行思和尚今住吉州汝因緣在彼師言甚直汝自迷耳遷聞語便禮祖龕直詣靜居　頌曰

尋思去此地清涼離煩暑暮雨朝雲樂太平青山綠水人難觀不難觀深林有箇白額蟲元來卻是玄沙虎　高菴悟

（增收）清源因石頭問和尚出嶺多少時師曰我卻不知汝早晚離曹溪曰希遷不從曹溪來師曰我亦知汝去處也曰和尚幸是大人莫造次　頌曰

木人來問青霄路石女年尊似不聞攜手相將歸故國暮山叢叢鎖重雲　丹霞淳

（增收）清源問石頭汝什麼處來曰曹溪師乃舉拂子曰曹溪還有這箇麼曰非但曹溪西天亦無師曰子莫曾到西天否曰若到即有也師曰未在更道曰和尚也須道取一半莫全靠學人師曰不辭向汝道恐已後無人承當　頌曰

白雲藏玉鳳紅日照無瑕隱隱星橫處無私鎮九霄　投子青

相見錦江頭相攜上酒樓月闌歌唉罷回首上高樓　遯菴演

清源令石頭持書與南嶽讓和尚曰汝達書了速回吾有鈯斧子與汝住山頭至彼未呈書便問不慕諸聖不重己靈時如何嶽曰子問太高生何不向下問曰寧可永劫沉淪不慕諸聖解脫嶽便休頭回至靜居師問曰子去未久送書達否曰信亦不通書亦不達師曰作麼生頭舉前話了卻曰發時蒙和尚許鈯斧子便請取師垂一足頭禮拜尋辭往南嶽　頌曰

諸聖不求己靈不重一問太高天驚地動拂袖而回音書肯開從茲盤石上更不過山來　佛印元

從來祖上作君王子子孫孫代代昌文武百僚都不識只應金殿有傳堂　保寧勇

千里迢迢信不通歸來何事太匆匆白雲鎖斷巖前石掛角羚羊不見蹤　成枯木

鈯斧持來便住山斫開南嶽好峯巒兒孫失利將何用又被喃嚧笑嘗般　佛國白

（又收）順水使船猶自可逆風把舵世間稀雖然好箇擔板漢到頭未免落便宜　海印信

千里親傳事不同須憑鈯斧實優功相如奪璧來還趙可擬當時一信通　投子舒

清源因僧問如何是佛法大意師曰廬陵米作麼價　頌曰

出家學道未心開請問宗師大意來卻問廬陵米幾價當時心境一時灰　汾陽昭

烏龜三眼赤祥麟一角尖騰雲生暮雨溪月夜明簾　法昌遇

巨宋山河四百州交關物物有來由廬陵米價依然在天下衲僧語路綢　正覺逸

廬陵米價逐年新道聽虛傳未必真大意不須歧路問高低宜見本來人　黃龍南

廬陵米價越尖新那箇商量不掛唇無限清風生闔外林將升斗討疎親　白雲端

廬陵米價知不知合下相酬兩莫虧君信入鄽空返者到頭只是愛便宜　三祖宗

太平治業無象野老家風至淳只管村歌社飲那知舜德堯仁　天童覺

豐儉時年各不同豈教浮俗妄爭功廬陵米價誰增減貴賤宜當見祖翁　草堂清

廬陵米價播諸方高唱輕酬力未當覿面不干升斗事悠悠南北謾猜量　長靈卓

廬陵米價若為酬入市知行趣自由借問年來何所直大宋山河四百州　佛燈珣

老清源沒縫罅問佛法酬米價衲僧一粒若沾唇拄杖橫挑繞天下　高菴悟

廬陵米價少知音佛法商量古到今繡出鴛鴦任人看無端卻要覓金鍼　鼓山珪

老清源沒縫罅問佛法酬米價差毫釐成話霸無面目得人怕　徑山杲

（續收）廬陵米價走禪徒五老嵯峩矗太虛堪笑華山閻籍上又添潘閬到騎驢　海印信

自古廬陵是吉州至今米價沒人酬青山綠水依前在黃葉西風又一秋　佛陀遜

淸源佛法意如何米價酬來太老婆眨上眉毛行大道莫於平地起風波　雪堂一

廬陵米價報君知浩浩塵中識者稀回首不知何處去白雲流水共依依　[illegible]

衝開碧落松千尺截斷紅塵水一溪飽食高眠人不到日從東出又沉西　[illegible]

一派清源出少林信衣到此只傳心尋常示衆無人會盡向廬陵米價尋　張無盡

六祖下第二世　南嶽下第一世

江西道一禪師時號馬祖　嗣南嶽讓　示衆曰汝等諸人各信自心是佛此心即是佛心達磨南天竺國來至中華傳上乘一心之法令汝等開悟有僧問云和尚爲什麽說即心即佛祖曰爲止小兒啼僧曰啼止後如何祖曰非心非佛僧曰除此二種人來如何指示祖曰向伊道不是物曰忽遇其中人來時如何祖曰且敎伊體會大道　頌曰

百萬雄兵出將軍獵渭城不開弓矢力斜漢月初生　翠嵓眞

心心即佛佛心心佛佛心心即佛心心佛悟來無一物將軍止渴望梅林　佛國白

兎角不用有牛角不用無有無不是處馨香滿道途　草堂清

風勁葉頻落山高日易沉坐中人不見窓外白雲深　長靈卓

素琴張午月流水落花深寂聽希聲微泠泠太古音　佛心才

韶光三月景和融錦繡山川處處同碧瓦曉煙寒食雨朱簾晴卷杏花風　慈受深

藏之即響聽則無聲嚴冬汗濕酷熱冰清試問道途來往客長安去此幾多程　黃龍震

江西馬祖據通津隻槳孤帆度世人不是大梅着得破也應虛度嶺頭春　[illegible]

無鬚鎖子八面玲瓏不撥自轉南北西東海神知貴不知價留與人間光照夜　圓悟勤

美如西子離金闕嬌似楊妃倚玉樓猶把琵琶半遮面不令人見轉風流　佛鑑懃

即心是佛一家風馬祖聲傳四海中靈利衲僧饒一顧娘生賦性出天聰　[illegible]

即心即佛莫妄求非心非佛休別討紅爐焰上雪花飛一點清涼除熱惱　徑山杲

頌　鐵牛耕破洞中天桃花片片出深源秦人一去無消息千古峯巒色轉鮮　[illegible]

即心即佛眉拖地非心非佛雙眼橫蝴蝶夢中家萬里子規枝上月三更　[illegible]

即心是佛外慈求心佛圓明不假修雲淨遠山千點翠水和明月一天秋　足菴鑑

馬祖非心非佛直下更無窠窟今年樹上胡桃勝似去年柑橘　正堂辯

一簇人烟島外村落花流水月黃昏百川到海應須住畢竟何曾別有源　鐵山仁

金毛師子生鐵稱槌渾侖無縫切忌針錐　無準範

馬祖一日陞堂百丈收却面前席祖便下座

頌曰

百丈當時侍馬師對師卷席更無私人天不測爲奇特恰是攢鴉捉鳳兒上士瞥然全體現太陽出時岳峯低　汾陽昭

陞堂馬祖卷席百丈得人半斤還他八兩直饒縱奪全無未免傷觀拊掌　眞如道

百萬雄師陣相覷何人却會回戈鼓將頭不猛悞三竿可憐正令無行處　佛印元

陞堂卷席迥難儔杲日騰輝處處周堪笑忽雷驚宇宙井中之物不擡頭　海印信

高登猊座巳圓成大智仙陀卷便行師子嚬呻猶似可象王回首更堪驚　[illegible]

野鴨飛鼻頭裂卷席更來呈醜拙直饒獨坐大雄峯也是天邊第二月　[illegible]

昨日東風偶然惡桃花亂落如紅雨昨夜東風又發狂滿地不知何處去　白雲端

誰將秦鏡掛高臺妍醜分明皆顯露石女溪邊努目嗔相逢對面難回互　成枯木

夜深認得歸時路不待天明便出關三尺鏌鎁橫在手至今坐斷大雄山　[illegible]

潮來潮子上潮頭手把紅旗逆水流忽被猛風吹退浪此時伎倆一時休　佛鑑懃

掛得帆來遇便風須臾千里到家鄉臨門上岸逢妻子懽喜情懷不可當　[illegible]

卷起堂堂露眼睛拈來覿面更相呈昇頭盼盡誰能覷把手歸來相並行　[illegible]

頌　馬祖陞堂百丈卷席正令不從初雨作霖　[illegible]

馬駒千里行卷席相隨逐秋風一夜生處處開黃菊　雪竇

鬼子掛起那吒面赤腳跨定須彌盧鐵牛鞭起黃河岸大洋海底食珊瑚　雪竇宗

馬祖陞堂百丈卷席現成公案不用尋覓　草堂清

馬祖纔始陞堂百丈卷席歸去不是拾得寒山有理也無雪處　石窓恭

風定五湖寬收帆恣意觀波光隨水靜練色逼人寒舉棹逗雲塢移舟上碧灣聲華光祖域千載與人看　龍門遠

馬祖纔陞堂百丈便卷席春風一陣來滿地落花狼籍　高菴悟

浩浩長江碧際空片帆高掛便乘風快哉不費纖毫力萬里家山只尺通　開善謙

捲席因緣也大奇諸方開舉盡攢眉臺盤趯倒人星散直漢從來不受欺　松源岳

百丈卷席馬祖陞堂作麼作麼驗盡當行　月林觀

一柄無情雪刃刀當鋒誰敢犯秋毫馬師父子親提後血噴千山風怒號　無準範

馬祖因僧問如何是佛祖云即心即佛　頌曰

即心是佛鐵牛無骨戲海獰龍摩天俊鶻西江吸盡未爲奇火裏生蓮香拂拂　南堂興

即心即佛龍入蛇窟出將入相安邦定國　石溪月

誰家飯掛空梁指與小兒令看解開即是灰囊當下命根便斷　開善謙

美如西子離金闕嬌似楊妃下玉樓終日與君花下醉更嫌何處不風流　月堂虎

即心是佛顛酒酒菽麥不分光陰飄忽三杯兩盞背爺娘百怪千妖同一窟　成菴圓

大海波濤闊千峯氣象雄古今無間斷南北路頭通　密菴傑

即心便是佛姮娥不畫眉纔將脂粉汙妍好却成嫌　天目禮

馬祖因僧問如何是佛祖云非心非佛　頌曰

即心是佛砒霜狼毒起死回生不消一服　環溪一

碧海珠荆山璧攉乾坤誰別識利刀剪卻無根樹萬疊峯巒斂烟霧　訥堂勤

賣盡田園徹骨貧不知何處可容身樓頭浪蕩無拘檢鐵笛橫吹過洞庭　開善謙

二月風光景氣浮少年公子御街遊銀林路上傾杯樂三個孩童打馬毬　牧菴忠

非佛非心絕謂情玄途鳥道急回程爍迦羅眼存機變莫守寒巖異草青　南巖勝

分明與麼無無無釋迦彌勒是他奴茫茫宇宙人無數幾個男兒是丈夫　月林觀

路逢劍客須呈劍不遇詩人莫獻詩逢人且說三分未可全抛一片　無門開

馬祖與百丈西堂南泉玩月次祖曰正與麼時如何丈曰正好修行堂曰正好供養泉拂袖便行祖曰經入藏禪歸海唯有普願獨超物外

頌曰

三獸渡河深淺別不勞精辯迥然分爭如巨浸張帆者不顧波濤過海門　海印信

經入藏禪歸海唯有普願獨超物外　雪竇　只有照璧月且無吹葉風　別峯珍

經入藏禪歸海稽首皈依合掌頂戴王老師超物外二十年前恁麼來而今去盡開光彩　天童覺

馬師曾玩月三子左右侍吹箇無孔笛清音聒天地　眞如喆

皎皎凝虛碧沉沉發皓彩秋色共澄清永夜臨滄海

修行供養逗圓機聊聞便行超方外馬駒兒端的別萬古定乾坤一言全殺活　圜悟勤

經入藏禪歸海未是衲僧親道底拂袖前行歸去來擊碎重關門大啓　開福寧

國清才子貴家富小兒嬌大家出隻手彼此不相饒　徑山杲

張公養得三箇兒長大不知誰立志呼來月下問蹤由眼睛箇箇皆相似　佛性泰

大機大用銀山鐵壁供養修行眼橫鼻直拂袖便行萬象絕跡敢問諸人誰是端的　楮衲秀

一箇翁翁三箇兒威音路上偶相攜風前唱起玄中曲千古同聲和莫齊彼一時此一時指鹿爲馬證鼈成龜雖然弄巧翻成拙免教鬧却兩片皮　雪菴瑾

古渡無風下直鉤絲綸意在得鯨鰲馬師言下揚家醜千古兒孫草裏遊　雪堂深

諸子營家各自肥就中一箇最堪悲滿籃戲墨無人買半夜持歸來早衣　大歇謙

諸子生涯各有成從來孝順兩邊生倉惶一夜渾家樂失曉連忙打五更　無準範

馬祖不安院主問和尚近日尊位如何祖曰日面佛月面佛　頌曰

日面佛月面佛五帝三皇是何物二十年來曾苦辛爲君直下蒼龍窟屈堪述明眼衲僧莫輕忽　雪竇顯

日面月面左旋右轉大唐擊鼓新羅發箭流水前溪後溪落花三片五片聾人不聽忽雷聲空向雲中看閃電　佛慧泉

少年公子忽猖狂半夜穿雲入洞房二八仙娥百般巧眼睛之上繡鴛鴦　野軒遵

日面佛月面佛夜夜朝朝好風物馬駒踏殺天下人軒轅照破精靈窟　楊無爲

大地山河俱是實不識之人入荒艸日面月面佛現前閃爍珊瑚光杲杲　白雲端

蒲團上端坐鈯眼裏穿線西風一陣來落葉兩三片　保寧勇

日面月面佛無私誰爲驪龍領下珠滿握光明耀牛斗何須按劍立階除　照覺總

日面月面和木漢現一點靈光萬化千變　眞淨文

日面月面星流電卷鏡對像而無私珠在盤而自轉君不見鉗鎚前百鍊之金刀尺下一絲之絹　天童覺

日面東兮月面西誰言任運落前溪山桃落盡春歸

去猶有子規枝上啼　上方益

什邡駒子氣生獰　蹴踏毗盧頂上行　正恁麼時疼卻瘦　癱病來猶有巧心情　張無盡

日面佛月面佛　大海波翻須彌突兀　磕破腦門額頭汗出　明眼衲僧未辨明　擡頭好看冲天鶴　長靈卓

丫鬟女子畫蛾眉　鸞鏡臺前語似癡　自說玉顏難比竝　卻來架上著羅衣　五祖演

東街柳色拖煙翠　西巷桃華相映紅　左顧右盼看不足　一時分付與春風　佛鑑懃

近日尊位復如何　日面月面嚗東嚗　自從舞得三臺[illegible]後　拍拍元來總是歌　佛燈珣

日面月面　空中閃電　顚杵停機　垜成招箭　南華昺

日面月面　靈光洞現　大地山河　南州北縣　雖是老婆心切　那知疑殺監院　玆山知

日面月面　頭頭出現　捏聚放開　成團成片　楚安方

金烏纔唱日方中　王道平平觸處通　爭奈馬駒生太早　依前踏殺太虛空　王思逸

日面月面　星移斗轉　失曉波斯　討頭不見　翠巖眞

日面月面　突出難辨　繡出巧鴛鴦　雙雙誰不羨　戴月宿蘆華　隨波戲水面　瞥然飛起碧霄空　舉首銀河橫素練　雪竇宗

日面月面　虛空閃電　雖然截斷天下衲僧舌頭　分明也只道得一半　金陵俞道婆

打殺黃鶯兒　莫教枝上啼　幾回驚妾夢　不得到遼西　典牛游

尊位如何　澄潭影裏揀秋波　日面月面　鐵眼銅睛安可辨　君不見　一聲霹靂兮霽長空　千眼頓開兮雲[illegible]面　瞎堂遠

朱沙鏡裏開顏笑　白玉盤中展腳眠　大抵人生難得共　得團圓處且團圓　佛性泰

兩輪舉處煙塵起　電急星馳何止目前不礙往來機　正令全施無表裏　丈夫意氣自衝天　我是我兮你是你　信相顯

古殿無人到者稀　蒲團端坐有誰知　不因院主通消息　爭得寒光萬里輝　中際能

尊位如何問最親　價[illegible]不得病源深　等閑提起軒轅鏡　扁鵲盧醫無處尋　退庵奇

濮州生得馬駒兒　病在膏肓不可醫　院主無端問安好　引他賣弄口脣皮　鐵山仁

日面佛月面佛　西巖樹色含煙　東谷華光映日　仰觀莫窮看已老　一時分付主林神　明眼衲僧無處討　天目禮

日面月面　突出難辨　擬欲撞眸　空中兩片　無準範

馬祖因僧問　離四句絕百非　請師直指西來意　祖曰　我今日勞倦　不能爲汝說　得問取智藏去　僧去問藏　藏云　何不問和尚　僧云　和尚教來問　藏云　我今日頭疼　不能爲汝說　得問取海兄去　僧去問海　海云　我到這裏卻不會　僧回舉似馬祖　祖曰　藏頭白　海頭黑　頌曰

藏頭白海頭黑　明眼衲僧會不得　馬駒踏殺天下人　臨濟未是白拈賊　離四句絕百非　天上人間唯我知　雪竇顯

不知何所問　人覓將寶示渠　渠不識　持來持去問商人　不別東西徒費力　依舊回自惆悵　踏破草鞋多少輛　疏印信

百非四句絕何言　黑白分明定正偏　師子窟中無異獸　驪龍行處浪滔天　照覺總

湘靈二女神仙格　笑倚朱門香陌陌　一抹胭脂透臉紅　更加十分天真色　佛鑑懃

四句百非皆杜絕　陽春白雪唱彌高　風清月皎無雲夜　誰把吹毛揮寶刀　南華昺

百非四句絕蹤親　馬駒踏殺天下人　藏頭白兮海頭黑　門外金剛笑又嗔　圜覺演

頌　卻似暗地箭　半夜飛來人不見　又似藏鋒筆　白日堂堂明不出　藏頭白海頭黑　瑠璃殿上加金碧　反思達磨見梁王　對面者誰還不識　佛鑑懃

短帽輕衫宮樣窄　舞徧胡笳十八拍　曲罷酒闌人未歸　歸來月色和雲白　晦堂遠

百非四句絕誵訛　四句倚然藏上機　竹密不妨流水過　山高豈礙白雲飛　足庵璧

[illegible]

離四句絕百非　西來祖意太難披　藏頭白海頭黑　討馬師這老賊　千古萬古黑漫漫　塡溝塞壑無人識　無[illegible]才

父爲子隱　子爲父隱　一火白拈　誰敢親近　藏頭白海頭黑　不動刀鎗斷人性命　退庵奇

離四句兮絕百非　遍推過幾曾知道　借擔一擔懞懂　換得兩頭消溷歸　月坡明

頌　馬祖示衆云　凡有言句是提婆宗　以此箇爲主　頌曰

玉轉珠回著眼看　有相千處沒相千　只將此箇以爲主　一劍倚天星斗寒　破溪月

頌　馬祖一日封三罐醬　令僧馳書齎與百丈　百丈集衆上堂　開書了　拈拄杖指罐曰　道得即不打破　道不得即打破　衆無語　丈打破歸方丈　頌曰

決醬三瓶通遠信　當時打破衆還驚　父慈子孝誰相委　莫道禪家太不情　本覺一

六祖下第二世　清源下第一世

頌　石頭希遷大師　嗣清源思　因清源曰　有人道嶺南有消息　師曰　有人不云　曰若恁麼　大藏小

藏從何而來師曰盡從這裏去終不少他事源
其然之　頌曰
有消息大沉屈無消息轉埋沒大藏小藏從茲出撤
沙撒土無終極甜如蜜苦如蘗明如日黑如漆擊碎
千年野狐窟塡溝塞壑無人識　圓悟勤
石頭因僧問如何是解脫師曰誰縛汝　頌曰
未息狐疑問上流如何解脫得心休水君解脫從誰
起直得無生是石頭　分陽明
當把疑情問解脫擬意投師示一訣與意旨意應機
是汝當觀第二月　般若柔
石頭因僧問如何是祖師西來意師曰問取露
柱曰某甲不會師曰我更不會　頌曰
覿面相呈便相罵兩箇中有一人嗔要識是非須看
取鐵牛耕出玉麒麟　靈源清
北宗
終南山惟政禪師　嗣北宗秀下嵩山寂　因唐文
宗大和中嗜蛤蜊一日御饌中有擘不張者帝
以爲異焚香禱之俄變爲菩薩形梵相具足即
貯以金粟檀香合覆以美錦賜興善寺令衆僧
瞻禮因問群臣斯何祥也或言太一山有惟政
禪師深明佛法博聞强識帝即令召至問其事
師曰臣聞物無虛應此乃啓陛下信心耳契經
曰應以此身得度者即現此身而爲說法帝曰
菩薩身已現且未聞說法師曰陛下覩此爲常
耶非常耶爲信耶非信耶帝曰希奇之事朕深
信焉師曰陛下已聞說法竟皇情大悅詔天下
寺院各立觀音像以答殊休　頌曰
蠔蜊蚌蛤類大唐天子心嗜好即深信而無觀世音
西巖惠
合水和泥底事怪破渠點破太乖張雖然嘿契君王
意已是全身陷鑊湯　北海心
一點悲心擘不開鑊湯衮處笑盈腮希奇之事朕深
信見與君王說法來　石溪月
蚌蛤之中有應身更言說法亦非真補陀大士唐天
子橫眼人無隔宿恩　闡極雲
禪宗頌古聯珠通集卷第九

禪宗頌古聯珠通集卷第十

宋池州報恩光孝禪寺沙門法應集

元紹興天衣萬壽禪寺沙門普會續集

祖師機緣

六祖下第三世之一 南嶽下第二世之一

洪州百丈山懷海大智禪師 嗣馬祖 再叅馬祖祖於禪牀角取拂子示之師曰只遮箇更別有祖乃放舊處曰你已後將什麼爲人師卻取拂子示之祖曰只遮箇更別有師以拂子掛安舊處方侍立祖叱之後檀信請住大雄山巖巒峻極故號之百丈一日師謂衆曰佛法不是小事老僧昔日被馬大師一喝直得三日耳聾眼黑黃蘗聞舉不覺吐舌 頌曰

毋因無事侍師前師指繩牀角上懸舉放卻歸本位立分明一喝至今傳 汾陽昭

悟了遊方卻再還全機大用久當權若無[illegible]下忘知解良馬何曾離得鞭 佛印元

大寂雄峯再會時相將行處草離離回頭一喝乾坤暗兩耳俱聾總不知 正覺逸

一喝叢林辨不稀耳聾今古強鍼錐燈籠拊掌呵呵笑露柱低頭卻皺眉 海印信

一喝分明守死灰青天赫日起風雷傷人拊掌呵呵笑唯有知音吐舌來 淨照慈

放收誰道沒譊訛漏泄機關見也麼一喝如雷聞者喪耳聾三日未爲多 佛慧泉

未明大智再叅尊相逐相隨用不任斷浪絕流全體現一聾三日孰知音 照覺總

各情步步隨人轉有大威光不能現突然一喝雙耳聾那吒眼開黃蘗面 眞淨文

頓覗拈來事已同師資相見展家風因思昔日鼻頭痛一喝分明三日聾 佛國白

木馬跑殺閻浮人泥牛飲竭滄溟水霹靂滿空山嶽摧有看平地波濤起 保寧秀

馬祖親傳古佛心海禪百丈是知音當時一喝聾三日無見無聞直至今 智海清

雨霽遊雲尚未歸晴空忽地一聲雷嶺梅已得春消息不比山桃一例開 上方益

放去拈來更是誰青山時見白雲歸孤峯坐斷無餘事翻笑驢輪對落暉 京兆府天寧棹

馬駒一喝大雄峯聲入髑髏三日聾黃蘗聞之驚吐舌江西從此立宗風 孫無盡

百丈重來叅馬祖相逢便指曹溪路休言一喝雙耳聾須知別有親聞處 海山常

大機大用不虛傳掛拂遭呵豈偶然打破畫餅歸去後從教千古黑漫漫 本華泉

掛拂遭呵耳便聾衲僧奚苦驗宗風金剛腦後抽生鐵華嶽三峯倒卓空 龍門遠

江西一喝動乾坤大用全機是滅門三日耳聾風過樹累他黃蘗喪兒孫 鼓山珪

馬駒脚下喪家風四海從兹信息通烈火焰中撈得月[illegible]獨坐大雄峯 [illegible]山杲

拈拂[illegible]當下舌頭脫把起便相呈爲君重提掇要知三日耳大地如塵末 楚安方

[illegible]踏著船頭把釣竿浪巔風緊得魚難翻思幾處雲爲雨只見四方爭出山 翠巖眞

父子相逢臭味同龍泉寶劍再磨礱要明馬祖當年喝大地山河盡耳聾 慈受深

迅雷吼破澄潭月當下曾經三日聾去卻膏肓必死疾叢林從此有家風 虎丘隆

一喝非唯三日聾龍威虎勢也潛蹤從前汗馬無人識只要重論蓋代功 訥堂思

父子相將草裏遊人前拈弄幾包羞迅雷一震驚天地直得滄溟絕點流 懶菴需

頂門一擊塗毒鼓生殺全機振古今雪後始知松柏操事難方見丈夫心 尼無著總

馬駒蹴踏非驢事要使兒孫脚下行三日耳聾猶可怪謾勞灼卜聽虛聲 牧菴忠

喝聲絕處怒雷收喪盡家風一不留總是戰爭收拾得却因歌舞破除休 石菴玿

精金無變色因甚聾三日一字入公門九牛車不出 肯堂充

風穴答介又相期覿面難明第一機霹靂一聲天地迥馬河師子卯生兒 龍牙言

世路風波不見君愁腸暗寫共誰論迅雷纔震清飈起白日一天星斗分 木菴永

匹馬單鎗與麼來鐵連之陣勢難開忽然一拆鑼聲響不動干戈得勝回 明雲南

一喝當頭雷電奔人間說亦暗銷魂看來豈止聾三日直至如今海嶽昏 雪菴瑾

啐啄之機類不同飛星撤火觸空窗心死盡難爲語忽見金烏出海東 虛堂愚

[附]溈山問仰山百丈再叅馬祖竪拂因緣此二尊宿意旨如何仰曰此是顯大機之用溈曰馬祖出八十四人善知識幾人得大機幾人得大用仰曰百丈得大機黃蘗得大用餘者盡是唱導之師溈曰如是如是 頌曰

家肥生孝子國霸有謀臣拳頭劈口搥未到無兒孫 龍門遠

百丈侍馬祖遊山次見野鴨飛過祖曰是甚麼師曰野鴨子曰甚麼處去也師曰飛過去也祖

搊師鼻頭師負痛失聲曰阿耶耶阿耶耶祖曰又道飛過去也師於此有省　頌曰

野鴨飛空却問僧要傳祖印付心燈應機雖對無移動逸搊綱宗道可增　汾陽昭

野鴨子知何許馬祖見來相共語話盡山雲海月情、前不會還飛去却把住道道　雪竇顯

師資問何草中行野鴨飛鳴意忽生鼻孔搊翻成底事新羅日午打三更　智海清

流水有西東蘆花無背向沙鳥忽飛來漁人驚夜唱誰道月明無處尋元來只在秋江上　上方岳

野鴨過前溪千峯凜寒色相顧不知歸未免資傷擊搊破疑團葛怛銷梢風直上透青霄雲山海月渾餘事一語歸宗萬國朝　[illegible]勤

馬師憫汝無知識借來野鴨通消息直得鼻頭鮮血流費盡老婆多少力　佛鑑懃

草裏尋常萬萬千報云飛去豈徒然鼻頭是甚閒皮草十字縱橫一任穿　龍門遠

野鴨野鴨無來無去飛去飛來本無去住忽然把住鼻頭看大地山河全體露　太平古

[補收] 野鴨羣飛勢莫留瞥然一過已高秋和聲搊著平生痛短綆毋勞繫鼻頭　佛燈珣

野鴨從空過張三逢李大岸上繫孤舟黃牛解拽磨　白楊順

心燈不可付祖印亦難傳野鴨飛過去搊得鼻頭穿　夢山琪

[增收] 百丈侍馬祖遊山歸侍者寮哀哀大哭同事問汝憶父母邪師曰無曰被人罵邪師曰無曰你哭作甚麼師曰我鼻孔被大師搊得痛不可徹同事曰有甚因緣不相契師曰你問取和尚去同事問馬祖曰海侍者有何因緣不契在寮中哭告和尚爲某試祖曰是伊會也汝自問取同事歸寮曰和尚道汝會也教我自問汝師乃呵呵大笑同事曰適來哭如今爲甚却笑師曰適來哭如今笑同事罔然　頌曰

一回思想一傷神不覺反然笑轉新雲在嶺頭閑不徹水流澗下太忙生　龍門遠

有時笑有時哭悲喜交并暗催促此理如何舉向人斷弦須是鸞膠續　徑山杲

有時笑兮有時哭調高和寡難拘束一派清音徹九天風前誰解聯芳躅　妙峯善

[補收] 哭不徹笑不徹倒腹傾腸向君說父子非親知不知犁頭臘後三斤鐵　松源岳

百丈因溈山五峯雲巖侍立次師問溈山併却咽喉唇吻作麼生道溈曰却請和尚道師曰不辭向汝道恐已後喪我兒孫又問五峯峯曰和尚也須併却師曰無人處斫額望汝又問雲巖巖曰和尚有也未師曰喪我兒孫　頌曰

却請和尚道虎頭生角出荒草十洲春盡花凋殘珊瑚樹林日杲杲　雪竇顯　三

[補收] 和尚也併却龍頭陣上看謀略令人長憶李將軍萬里天邊飛一鶚

和尚有也未金毛師子不踞地兩兩三三舊路行大雄山上空彈指

三箇兒郎盡長成大家將本去經營其間消折兄嫌弟也有贏錢弟怨兄　保寧勇

却請和尚道千人萬人所不到杲日曚曨海面紅清風凜凜霜天曉　佛鑑懃　三

和尚也併却後人要踏前人腳其餘利鈍不同途畢竟到頭輸一著

和尚有也未且向自身明見地未能展翼逐風飛少逐青雲千里志

百丈因僧問如何是奇特事師曰獨坐大雄峯僧禮拜師便打　頌曰

祖域交馳天馬駒化門舒卷不同途電光石火存機變堪笑人來捋虎鬚　雪竇顯

巍巍獨坐鎮雄峯三尺龍泉握掌中堪笑人來挨白刃立爲虀粉在誰邊　正覺逸

巍巍獨坐大雄山咳嗽風生天地寒直下棒頭開正眼隔雲千里望長安　野軒遵

雄峯獨坐鎮巍巍四海謳謠滿路岐任是通身鋒刃者到來無不竪降旗　海印信

大機大用豈虛然獨坐雄峯自有權稍若錯傳王令者腦門須喫棒三千　白雲端

大雄峯頂獨巍巍直下橫分八字眉賴得縮頭知進退未曾容易敢相窺　保寧勇

獨坐大雄峯言談宇宙空不行峯頂上四海路難通　寶峯祥

清風括地氣橫天獨坐雄峯有大權哮吼一聲巖洞裂更無狗跡到門前　佛鑑懃

[補收] 驚喪者雪中送炭纔捋虎鬚棒頭有眼怪來獨坐大雄山他家曾路上頭關　圓悟勤

雄峯獨坐不曾藏捉敗分明已見贓設或更求奇特事野狐涎唾涴諸方　無際派

百丈機先疾似風巍巍獨坐大雄峯要知奇特中奇特明月難敎下碧空　石田薰

百丈每上堂有一老人常隨衆聽法衆退唯老人不退師問汝何人也曰吾非人也於過去迦葉佛時曾住此山因學人問大修行人還落因果也無某甲對曰不落因果遂五百生墮野狐身今請和尚代一轉語貴脫野狐身師曰汝問

乃問大修行人還落因果也無師曰不昧因果老於言下大悟作禮曰某甲已脫野狐身住在山後敢乞依亡僧事例師令維那白椎告衆食後送亡僧衆驚異食後師領衆至山後巖下以杖挑出一死野狐乃依法火葬師至晚上堂舉前因緣黃檗便問古人錯祇對一轉語五百生墮野狐身轉轉不錯合作箇什麼師曰近前來與汝道檗近前與師一掌師拍手笑曰將謂胡鬚赤更有赤鬚胡　雲源和尚覩諸家頌野狐話復為頌曰

分明道不落老人何曾錯的的言不昧百丈何曾會不會將不錯渾然宜妙覺不落與不昧卓爾標正位玄機因果有來由脫體升沉無忌諱非自非是誰是言下迷宗生擬議再問重敎舉一回潛觀徹底起風雷逆風喝轉雷聲絕飲氣歸家藏醜拙他日如何舉似人雄峯撐破秋天月

畫師畫地獄畫出百千般駐筆從頭看特地骨毛寒　百丈政

老人當日曾祇對五百生來由自悔一言纔出馬難追累他百丈成摹隊落不落昧不昧透得須彌赴滄海寶譜修行大徹人從來十字難更改　佛印元

不昧不落二俱是錯取捨未忘識情卜度執滯言詮無繩自縛廓爾太虛何處摸索　海印信

問來答去盡因緣流落寰區數百年自古自今諸衲子一人傳了一人傳　淨照臻

不落不昧成羣作隊師子咬人韓獹逐塊　大洪恩

大雄曾決野狐因五百生前錯墮身不落不昧如未曉年年文屢義秋春　照覺總

五百生前墮野狐元來用處太心麁一字倘能都是雞那堪心地更模糊　佛遊昱

大雄山裏大雄師曾謂言中脫野狐一句今傳家國靜狼煙無使息草邊　三祖宗

不落不昧僧俗本無忌諱丈夫氣宇如王爭受囊藏被蓋一條榔標任縱橫野狐跳入金毛隊　大庾巖圓

五百生前墮此身而今依舊入紅塵相逢盡道休官去林下何曾見一人　眞如喆二

大冶紅罏烹佛烹祖規模鎔盡識者罔措

大合英雄無限幾箇能知痛痒臨川羨人取魚不如歸家結網　寶峯祥

百丈親曾見野狐為渠說破太心麁而今敢問諸人客吐得狐涎盡也無　枯木成

不落與不昧依前入皮袋不昧與不落皮袋俱拋却令人長憶李將軍萬里天邊飛一鶚　草堂清

萬丈洪崖倚碧空人間有路不能通奈何一點雲無礙舒卷縱橫疾似風　兜率悅

臨機只為語偏枯五百生來墮野狐姹女已歸霄漢去獃郎猶自守寒爐　圓通僊

韓信收齊當用機食其烹處共誰着到頭自有祭身計蓋代之功復是誰　道場如

入骨從[illegible][illegible]背[illegible]復長異[illegible]謂胡鬚赤更有赤鬚胡

雄峯常獨坐寥寥鎮八隅　黃龍震

大智虛明徹果因一言超脫野狐身雄峯極目煙霄裏列耀分輝拱北辰　雲溪恭

百丈堂前驗野狐還如水上捺葫蘆而今到處全機入便好當場捋虎鬚　禾山方

江北江南問野狐只因昧落有差殊溈門一路開雙扇那箇男兒是丈夫　上方益

百丈野狐因果何如善財未了再見文殊　溈山秀

不落與不昧當機無人會一箇老狐兒走入金毛隊　羅漢南

大雄山下古路縱橫野狐巖中師子踞地狂風蕩盡落殘花獨有清香來撲鼻　佛心才

不落分明不昧親老人何事脫狐身丈夫氣銳衝牛斗方見臨危不悚人　疎山常

化形來問大修行當下金篦刮眼睛轉得野狐成百丈夜來依舊野干鳴　張無盡

魚行水濁鳥飛毛落至鑒難逃太虛寥廓一往迢迢

五百生只緣因果大修行疾雷破山風震海百鍊精金色不改　圓悟勤

野眠睡卧不歸家一身流落在天涯祖佛位中留不住夜來依舊宿蘆花　龍門遠

不昧與不落老人何太錯不落與不昧分明如是對重舉示諸人諸人會不會平蕪斷處是青山行人更在青山外　文殊道

修行不落與不昧盡作野狐涎唾醒拾取娘生鼻相口撥開雲路吸雷霆　佛智裕

不落因果何曾墮不昧因果何曾脫當堂鏡破兩頭忘掃影滅蹤無摸索無摸索何倚托秋風吹梧桐樹葉鳴嘿嘿　佛性泰

一言纔諦當便脫野狐身早知兩是水不作兩般塵　佛燈珣

百丈野狐兩耳卓朔脫兮不昧墮兮不落不昧不落何是何錯若於當處不留情萬里晴空步寥廓　瑯山知

百丈野狐塞鴈銜蘆李廣神箭張顛艸書　鈔山珪

不落不昧石頭土塊陌路相逢銀山粉碎拍手呵呵笑一場明州有箇憨布袋　楚安方

不落不昧徒云解會言下知歸牢關粉碎　徑山杲

續收明鏡當臺叅者稀禪人到此擬何之直饒點破秋天月元來只是野狐兒　琅琊覺

百丈野狐語至言盡怛薩阿竭吾有吾廬　翠巖眞

語路分明在憑君子細看和雨西風急近火轉加寒　道吾眞

不落藏鋒不昧分要伊從此脫狐身相逢盡道休官去林下何曾見一人　眞淨文

一尺水一丈波五百生前不奈何不落不昧商量也依前撞入葛藤窠阿呵呵會也麼若是你灑灑落落不妨我哆哆和和神歌社舞自成曲拍手其間唱哩囉　天童覺

含血噴人先污其口百丈野狐失頭狂走驀地喚回打箇筋斗　宗覺空

諦觀五百生前事不昧何如不落親因果歷然殊可怕人人盡道野狐精　牧菴忠

颯颯春風動物華園林開葉又開花歸來說與佳人說鸞鏡臺前雲鬢斜　白楊順

不昧不落作麼會會得依前墮野狐一夜涼風生畫角滿船明月泛江湖　台州鴻福文

不昧不落將錯就錯百丈野狐一坑埋卻　尼無著總

不是鱍濤手徒誇跨海鯨由基方撚鏃枝上敢猿驚　寶殿持

一人道不落一人道不昧夜來一陣狂風生浪打石頭如粉碎　白得聰

秉大火聚燒太虛空達磨不會眼瞎耳聾　金壽策

不向東山久薔薇幾度花白雲他自散明月落誰家　正堂辯

世人住處我不住世人行處我不行全身跳入野狐窟窟得風流五百生　肯堂充

百丈堂前辨野狐紫羅帳裏撒眞珠誰家別館池塘裏一對鴛鴦水上浮　靈巖安

不落不昧二俱是錯取捨未忘識情卜度執滯言詮無繩自縛春至花開秋來葉落錯錯誰知普化搖鈴鐸　蘇州定慧信

動口生荆棘移身墮野狐趙州來關冨東壁掛葫蘆　或菴體

不落不昧誣人之罪不昧不落無繩自縛可憐柳絮隨春風有時自西還自東　三峯印

不落不昧東倒西擂鐵壁銀山一時粉碎不昧不落且無造作誠哉是言不從人學　月林觀

不昧不落錯錯錯不落不昧莫莫莫坐致太平實難摸索

墮脫知何處憑君子細看潮來無別浦木落見他山　入白禮

墮狐身與脫狐身葉落花開幾度春名利只隨騎馬客是非不到釣魚人　朴翁銛

大雄山下老狐精千古叢林惱殺人若遇金毛師子看伊無處著渾身　石菴玿

百丈野狐石女無夫一回淚下滄海乾枯　率菴琮

不落不昧兩彩一賽不昧不落千錯萬錯　無門開

不落因果突出野狐人心似鐵官法如爐不昧因果得脫野狐頂上無骨頷下有鬚　虛堂愚

增收　百丈普請鉏地次一僧聞飯鼓聲舉起鉏頭大笑便歸師曰俊哉此是觀音入理之門歸院乃喚其僧問適來見什麼道理便與麼僧曰適來聞鼓聲動歸喫飯去來師乃笑　頌曰

執云意在钁頭邊一擊圓通徹大千大笑低頭歸去後飢飡且莫與人傳　水菴一

風前一曲動離愁那箇行人不舉頭手把花枝半遮面不令人見轉風流　無準範

天生箇樣鐵崑崙機智偏能入海門無限差殊收拾了卻來空手敘寒溫　簡翁敬

增收　百丈因一女子（聯燈錄作一僧）哭上禀堂師曰作甚麼女曰父母俱喪請和尚選日師曰明日來一時埋卻　頌曰

百丈山頭坐不遙女人山下哭嘷咷一時埋向清涼地至孝方能今古超　介湯時

此理分明答救人爺娘俱喪向師深雖道分燈傳正法一時埋卻始爲親　延壽慧

增收　百丈因黃檗問從上諸聖以何法示人師良久檗曰後代兒孫將何傳授師曰我將謂你是箇人便歸方丈　頌曰

國泰由來自偃兵路逢劍客也須呈雖然猛將不曾于正令他時作麼行　本覺一

池州南泉普願禪師（嗣馬祖）示衆曰喚作如如早是變了也今時師僧須向異類中行歸宗閭曰雖行畜生行不得畜生報師曰孟八郎又恁麼去也　頌曰

張公移住向深村被賊潛身入後門鍋子一時偷去了更來敲椀玩兒孫　保寧勇

增收　父不慈子不孝作之在前脩之在後明暴衲僧難緘其口　佛日才

喚作如如已變名廓然無聖豈容情其間妙叶皆同類不有玄暉辨濁清　或庵欽

涅槃寂滅本無名喚作如如早變生若問經中何極則石人夜聽木雞鳴　本覺一

南泉有時曰文殊普賢昨夜三更（聯燈會元三更下有相打二字）每人與二十棒趁出院也趙州曰和尚棒教誰喫師曰且道王老師過在什麼處趙州禮拜而出　玄覺云且道趙州休去是肯南泉不肯南泉　雲門曰深領和尚慈悲某甲歸衣鉢下得箇安樂又代曰爲衆除害　頌曰

普賢昨夜鬪文殊趂出還同兩手袪卻道趙州行正令從此王老一時無　佛印元

彩雲影裏仙人現手把紅羅扇遮面無人著眼看仙人却看隨後紅羅扇　佛鑑懃

鴛鴦繡出世無雙好手元來更有強呈罷各歸香閣金鍼難把度蕭郎　佛燈珣

二俱不了隨合多少縱使夜行投明未到　月堂昌

騰起龍吟風生虎嘯兩口一舌異音同調文殊普賢佛法見南泉趙州日月面據令而行指顧間盡情貶向鐵圍山　圜悟勤

巾鼓當軒爲擊來臥龍驚起出巖隈千峯秀色憑誰寫一帶澄江古鏡開　無菴全

是賊識賊精識精南泉無過強惺惺趙州禮拜歸堂去前箭猶輕後箭深　石菴玿

春風吹落碧桃花一片流經十萬家誰在畫樓沽酒處相邀來喫趙州茶　石鼓夷

增收南泉因到莊所莊主預備迎奉師曰老僧居常出入不與人知何得排辦如此莊主曰昨夜土地報道和尚今日來師曰王老師修行無力被鬼神覷見侍者便問和尚既是善知識爲甚麼被鬼神覷見師曰土地前更下一分飯　玄覺云甚麼處是土地前更下一分飯　雲居錫云是賞伊罰伊只如土地前見是南泉不是南泉　頌曰

土地堂前一分飯只爲當年圖口辨行年在坎鬼臨身奉勸禪人休讚歎　大圓智

石上栽花分外奇枝頭春色暗芳菲馨香徧界無人齅一任狂風取次吹　伊菴權

南泉曰江西馬祖說即心即佛王老師不恁麼道不是心不是佛不是物恁麼道還有過麼趙州禮拜而出僧隨問州曰上座禮拜了便出意作麼生曰汝却問取和尚僧問師曰適來諗上座意作麼生師曰他却領得老僧意旨　頌曰

不是心兮不是物那吒夜入蒼龍窟鐵鞭擊碎明月珠從教大地如黐墨　雪竇宗

深深深沒古今淺淺淺渾成現水瑩玉壺江澄素練跳出桃花三級浪戴角擊頭乘快便點額魚馬師口下空躊躇　圜悟勤

古佛場中不展戈後人剛地起譊訛道泰不傳天子令時清休唱太平歌　龍門遠

別起便行三萬里只今休去八千年分明更爲從頭舉一任諸方取次傳　鼓山珪

倒腹傾腸說向君不知何事尚沉吟如今便好猛提取付與世間無事人　徑山杲

金剛南際老嗇王反著襴衫入大唐半首旃檀都費了唯齅鼻孔不囊藏　上堂璘

心佛物兮俱不是坐斷舌頭除藥忌橫拈倒用總由他活捉魔軍穿却鼻　南巖勝

不是心不是佛不是物通身一串金鎖骨趙州參見老南泉解道鎮州出蘿蔔　吳元昭

不是心不是佛不是物爲君擊碎精靈窟天上人間知不知鼻孔依前空突兀　誰菴演

不是心佛不是物六六依前三十六因思長慶陸大夫解道合笑不合哭　足無著總

華嶽三峯翠插天上頭無路可躋攀不知誰有神仙手折取峯頭十丈蓮　學菴源

餓鬼鞭死屍仙人禮枯骨野犬吹荒丘鐵山空突兀六合羣靈競出頭不知何處爲窠窟　或菴體

倒腹傾腸幾箇知更無絲髮可相依直饒徹底承當去也落他家第二機　雷菴日

尖出難辨辨得出師子齩身師子窟哮吼一聲天地空儘起須彌高突兀　月江印

剃頭頭光生洗脚脚清爽脫衣上牀眠抓著通身痒　千巖長

不是心不是佛不是物瀝盡野狐涎趯反山鬼窟平田淺草裏露出焦尾大蟲大庭寥廓中放出遼天俊鶻阿呵呵露風骨等閑拈出衆人前畢竟分明是何物咄咄　運菴珠

鯨飲海水盡露出珊瑚枝海神知貴不知價留與人間光照夜　朴翁銛

慣弄猛琴與琵琶清音歷歷徧天涯堪嗟不入聾人耳空使西山月又斜　息菴觀

夫子不識字達磨不會禪大唐天子國依舊化三千　松源岳

破業亡家後渾身沒處安倒拈無孔笛吹過汨羅灣　如菴用

不是心佛物開口已話墮更擬問如何好與劈面唾　殺大翁輝

不是心兮不是物白頭生得黑頭鶻覷破門前下馬臺通身冷汗黑如墨　澤菴會

南泉因黃蘗首座一日捧鉢於師位坐師乃問長老甚年中行道曰威音王佛前師曰猶是王老師兒孫蘗遂過本位　頌曰

彼此老來誰記得人前各自强惺惺一坑未免俱埋却幾箇如今眼子青　龍門遠

威音王佛是兒孫王老當時開大言黃蘗見機分主伴典刑千古定宗門　驗山如

明明攪動一缸屎却把爛香燒旃旃許多香氣不曾斷渾身坐在屎缸裏　蒙菴岳

南泉捧鉢入堂來賓主分明肯自乖莫把威音論戒

隔本無位次可差排　天目禮

黃檗下座南泉上坐常州紙貴一狀領過　北磵簡

黃檗能施陷穽機奈何王老策尤奇舌頭反轉聊相問直得移身舊路歸　簡翁敬

禪宗頌古聯珠通集卷第十

禪宗頌古聯珠通集卷第十一

宋池州報恩光孝禪寺沙門法應集

元紹興天衣萬壽禪寺沙門普會續集

祖師機緣

六祖下第三世之二

南泉問黃蘗定慧等學明見佛性是否蘗曰十二時中不依倚一物師曰莫便是長老見處否蘗曰不敢師曰漿水錢且置草鞋錢教誰還

頌曰

兩陣交鋒戰不難埋兵調鬪何人曉只解輪鎗趂勢來喪身失命有多少 海印信

儱儱奔馳勢不休草深風勁更堪愁翻身師子無蹤跡空使行人說路頭 佛慧泉

昨夜銀蟾跨箕尾蕭然一陣天風起卷盡千重萬重雲碧空寂寂凝如水 佛鑑懃

問答分明已切磋幾人於此見譊訛少年曾決龍蛇陣老倒還聽稚子歌 龍門遠

漿水乳不分菽麥難辨擔帶柄深改移功淺十二時中不依倚明見佛性有此理漿水錢在草鞋裏 月堂昌

李下不得整冠瓜田豈可納履行藏自要分明免見傍人說你 南華昞

[增收]南泉因僧問師歸丈室將何指南師曰昨夜三更失却牛天明失却火

頌曰

昨夜三更失却牛天明起來失却火腰未繫兮鞋未穿面不洗兮頭不裹 保寧勇

奴顏婢膝走人間羞見羊裘七里灘文叔雖爲天子貴子陵元作故人看 希叟曇

丈室端居無隱乎更何言語可名模失牛遺火分明道還覺眉毛在也無 寶葉源

南泉因東西兩堂各爭貓兒師遇之白衆曰道得卽救取貓兒道不得卽斬却也衆無對師便斬之趙州自外歸師舉前語示之州乃脫草履安頭上而出師曰汝適來若在卽救得貓兒也

頌曰

兩堂上座未開盲貓兒各有我須爭一刀兩段南泉手草鞋留著後人行 汾陽昭

兩堂俱是杜禪和撥動煙塵不奈何賴得南泉能舉令一刀兩段任偏頗 雪竇顯

公按圓來問趙州長安城裏任閑遊草鞋頭戴無人會歸到家山便卽休

手把貍奴定死生禪人空使口相爭趙州救得成何事恰似天明打五更 佛印元

提起兩堂應盡見拈刀要取活貍奴可憐皮下皆無血直得橫屍滿道途 白雲端 二

貍奴夜靜自舒張引手過頭露爪長王老室中邏邏了狼忙走出恐天光

雪刄含光射斗牛不唯天地鬼神愁命根落在南泉手直下看看兩段休 保寧勇 二

貍奴頭上角重生王老門前獨夜行天曉不知何處去楚山無限謾崢嶸

一刀兩段南泉令當頭高著趙州關劈面若無宗正眼又隨流水落人間

狼煙起處看兵機不是將軍孰辨伊兩段一刀垓下令威風千古霸雄基

當機不薦眼如凝豈辨鋒鋩未露時日暮草鞋頭戴去暗中拊掌笑嘻嘻 成枯木

作者縱橫斬萬機趙州頭戴草鞋時當臺寶鑑無私燭離匣金刀豈亂揮

伯牙之絃鸞膠可續調古風淳霜月可掬南泉南泉龍象蹴蹋 佛心才

草鞋頭戴與誰論四海無風浪自平解道曲終人不見江頭贏得數峯青

五色貍奴盡力爭及乎按劒總生盲分身兩處重相爲直得悲風動地生

安國安家不在兵魯連一箭亦多情三千劒客今何在獨許將軍建太平

要得貍奴覿面酬渾如鉗口鎖咽喉一刀兩段從公斷直得悲風動地愁 佛燈珣

堂前飯店重新販屋裏揚州勝外求頭戴草鞋高踏步晚春江景也風流

斬了貓兒問諗師草鞋頭戴自知時兩堂不是無言對只要全提向上機

南泉提起爲諸人自是諸人眼不親付與趙州呈好手拈來覿面便翻身 楚安方

捕鼠有功人競愛霜刀揮處罷相爭太平本是將軍致不許將軍見太平

縮水酒越瀆負心人越窮鐵鋼刀自利不用苦磨礱草鞋頭戴今何在我見牽來劈面春

石裏藏金誰辨別遊人但見蘚痕斑却被石人窺得破鐵船載入洞庭山

放去若雷奔收來如掣電不識李將軍徒學穿楊箭 南堂興

趙州牙如劒樹南泉口似血盆兩箇無孔鐵槌打就一合乾坤釋迦老子不會問取彌勒世尊

手握乾坤殺活機縱橫施設在臨時滿堂兎馬非龍象大用堂堂總不知

南泉提起下刀誅六臂修羅救得無設使兩堂俱道得也應流血滿街衢

提起分明斬處親落花飛絮撲行人頭戴草鞋出門

去四月圓荷葉新
青蛇提起血瀝瀝幾箇男兒有膽毛直下血流猶未
覺舉頭還見鐵山高
南泉一刀斬了趙州戴履傘離然子承父業滿地
老鼠奈何
白日歸崖看許眼至今觀水憶南泉趙州頭戴草鞋
去漁翁腰帶好牽船
已堂前開飯店股肱屋裏販揚州南戴草鞋呈醜
漆成一段好風流
株吹毛當自爲兩堂要活死猫兒趙州上樹安身
多少傍人眼搭矑
泉揮劍斬猫兒殺活唯憑作者知權柄一朝如在
分明看取令行時
草鞋頭戴有誵訛諸老機鋒會得麼道泰不傳天子
令時清休唱太平歌
刀兩段絕誵訛天下禪和不奈何頭戴草鞋重漏
泄知恩者少負恩多
趙州若在倒行此令奪却刀子南泉乞命
盡方提持只一刀裡奴從此脱皮毛血流滿地成狼
籍爲春風染小桃
一刀成兩段釋得二僧爭草鞋頭戴出猫兒無再生
南泉因僧問訊叉手而立師曰太俗生其僧便
合掌師曰太僧生僧無對　頌曰
合掌太僧叉手太俗撒手出門山青水綠俱步移身
振古風木人共唱無生曲
南北東西無不利令人深愛老南泉有毛厠繫如相
似鼻孔遼天不著穿
南泉示衆曰王老師要賣身阿誰要買一僧出
曰某甲買師曰他不作貴價不作賤價汝作麼
生買僧無對　臥龍代云屬某甲去也　禾山
代云造何道理　趙州代云明年來與和尚縫
箇布衫　頌曰
王老明明要賣身一時分付與傍人可憐天下爭酬
價　請輸此句　佛印元
貴賤非同價不常箇中交道沒商量趙州乍彩應賭
用一任閑人說短長　泉大道
南泉鋪席大開張差貴希珍壓市行薦買雖多酬價
少至今天下錯商量　野軒遵
賣身王老轉高價貴賤傍葬不易酬若使當時無過
悔喚來分付與國頭
王老哀哉不惜身賤免將實與何人若無令子輕酬
價往往一年空過春　保寧勇
不作貴兮不作賤觸發高低隔一線利害分明說
向人伶俐衲僧見不見　獃堂文
南泉與歸宗麻谷同去參禮南陽國師先於路
上畫一圓相曰道得即去宗便於圓相中坐谷
作女人拜師曰與麼則不去也宗曰是什麼心
行師乃相喚曰不去禮國師　玄覺云只如南
泉恁麼道是肯底語不肯語　雲居錫云比來
去禮拜國師南泉爲甚麼却相喚回且道古人
意作麼生　頌曰
國師欲見義多般圓坐端居拜亦不去同音闡便
解久經行陣奪旗觴
由基箭射猿繞樹何太直千箇與萬箇是誰曾中的
相呼相喚歸去來曹溪路上休登陟復云曹溪路坦
平爲什麼休登陟　雪竇顯
三人同行必有我師甚稱其善者而從之其不善者
而改之　翠巖真
三箇閑人去禮官偶然清風明月夜歸吟笑
琴夜靜更闌偷來拾怒覺天明歸去來他時自有知
音者
漫漫大地盈尺雪江湖一片難分別漁父披蓑月下
歸誰道夜行人路絕
三人禮拜南陽去半路抽身信已通休論東西與南
北此心千里自同風
巧拳拳拈浪苦辛誰能於此辨蹤親落花芳草空歧
路細雨斜風不見人
珍重南陽好作家三人半路不空回道存目擊猶多
事若遇知音請舉來　雲巖因
同氣相求事可論一回見面一般情兩行何處闕文
字一蹤誰家好弟兄　龍門遠
同坑無異土千古少人知月下休相喚還從舊路歸
南泉麻谷與歸宗道眼元來總不道去禮國師聯相
好區區只到半途中　沖山如
攜手攜花鼓到城根反著麻鞋過短門笑把柴頭著
古宇大家來步月黃昏
野店齋餘聊問津作家竿木鎮隨身相逢盡道休曾
夫林下何曾見一人
氣直語直眼親手親幾拳發狂紅紫爭春神通妙用
施王蓋要見國師猶隔津
金鍼繡出玉鴛鴦石女擎來不復藏剛被木人偷眼
觀至今兩兩不成雙
各將財本去經營上國如天好趁晴未出門時先算
帳如何得到鳳凰城
圓相中間坐底誰便施女拜各呈機國師道大徧天
下未許尋常人得知
南泉翫月次趙州指月問曰何時得恁麼師曰
王老師二十年前亦恁麼來曰只今作麼生師

便歸方丈　頌曰

劒落寒潭謾刻舟霜花浪急使人愁若憑言語論高下𢰰得南泉一點𣵀

趙州捧出菱花鏡王老覷拈白玉槌一擊當陽令尭碎此心能有幾人知幾人知兩箇分明是赤眉風前

月下揚家醜笑倒靈山老古錐

皎月團團麗碧天趙州王老甑階前二人心眼俱相以光彩從來共宛然　木覺一

劒落寒潭謾刻舟霜花浪急使人愁漁翁罷釣歸深塢一隻鸕鷀落渡頭　上方嶽

增收 南泉因趙州問道非物外物外非道如何是物外道師便打州捉住棒云已後莫錯打人去師曰龍蛇易辨衲子難謾（聯燈錄與此稍異乃示衆云道非物外物非物外道趙州問如何是物外道師便打州捉住云和尚莫打某甲已後錯打人去在師擲下棒云龍蛇易辨衲子難謾）　頌曰

軟纏藏鋒入陣來盡將擒下眼瞠開死生一決英雄士文武雙行將相才　佛海勇

龍蛇能易辨衲子最難謾性淨秋空闊心寬巨海寬天涯毫末見世界掌中觀萬法不爲侶西江一吸乾　南堂興

增收 南泉住菴時有一僧到菴師向其僧道某甲上山待到齋時作飯自喫了送一分來山上少時其僧自喫了却一時打破家事就牀臥師待不見來遂歸見僧臥師亦去一邊而臥僧便起去師住後曰我往前住菴時有箇伶俐道者直至如今不見　頌曰

吹毛劒利逆水波清丈夫志氣不順人情君征塞北我伐西秦千古萬古共樂昇平　南堂興

短袴長衫白苧巾咿咿月下急推輪洛陽路上相逢著盡是經商買賣人　虛堂愚

斬猫機用未爲過猶勝厨中打粥鍋纔有此心招此報惡人無奈惡人何　寶葉源

增收 南泉謂座主曰你與我講經得麼主曰和尚爲某甲說禪某甲與和尚講經師曰不可將金彈子換銀彈子去　頌曰

盤走珠兮珠走盤當機脫略好生觀世人知貴不知價信手拈來也不難　正堂辯

南泉因僧問和尚百年後向什麼處去師曰山下作一頭水牯牛去曰某甲隨和尚去還得也無師曰汝若隨我即須銜取一莖草來　頌曰

類中難辨要分明戴角披毛卒未醒銜取草來方定動頭頭物物自真靈　汾陽昭

行復從來異類中不知頭角與誰同若銜水草時相見擺尾搖頭四野風　佛印元

異類中行得自由拽穿鼻孔卒難收草枝銜得相逢處高臥深雲任白頭　佛慧泉

南泉在山上刈茅次有僧問南泉路向什麼處去師拈起鎌子曰我這鎌子是三十文錢買曰我不問這箇南泉路向什麼處去師曰我用得最快　頌曰

茆鎌使得快如風三十青䖝建大功南泉向上路難到到者方知觸處通　照覺總

茆鎌三十文錢買覿面高提第一籌直下便知歸去路也須更上一層樓　圓通僊

撥草瞻風探祖禪誰知草裏有南泉分明一句無私語徹骨風生天地寒　智海平

王老真機迅若風示人方便孰能通茆鎌舉起神鋒露驚得泥牛過海東　真如喆

問路分明指路頭青䖝三十不輕酬用時最快無機巧無味之談塞衆流

我這鎌子用得快當時三十文錢買南泉門下路岐通寄語行人著精彩　天童覺

勿勿禪客問南泉跋涉徒勞痛下鞭今日爲君重漏泄翩翻孤鴈下遙天　道場如

增收 南泉曰三世諸佛不知有貍奴白牯却知有　頌曰

喫官酒臥官街當處死當處埋沙場無限英雄漢堆山積嶽露屍骸　大潙智

三世諸佛不知有一面南看北斗貍奴白牯却知有戴角擎頭師子吼四稜塌地又團欒八角磨盤空裏走擬推尋劈脊摟拈得鼻孔失却口爲問普化一頭驢何似子湖一隻狗　圓悟勤

三世諸佛不知有老大大外邊走眼皮蓋盡五須彌大洋海裏翻筋斗　[illegible]

貍奴白牯却知有瀑布不溜青山走堪笑無端王老師錯認斑其作駁斗

越鳥巢南枝胡馬嘶北風貍奴并白牯寸步不曾通千山都坐斷萬派盡朝東天王纔合掌那吒撲帝鍾　或菴體

野老祭江神乞兒打筋斗莫作兩般看等是揚家醜　村翁銛

增收 南泉魯祖杉山歸宗四人離馬祖處去各住菴於路分袂處師插下拄杖曰道得也被這箇礙道不得也被這箇礙歸宗拽拄杖打師一下曰只是者箇王老師說什麼礙與不礙魯祖曰只此一句大播天下宗曰還有不播者麼祖曰有宗曰作麼生是不播者祖作掌勢　頌曰

同門曰朋同志曰友同門同志始終相守長大分離得緣好醜同條生也大家知同條死也誰知有一句分明播天下無味之談塞人口　大潙智

難兄難弟一二三四同母而生箇箇相似竿木隨身逢場作戲莫言礙塞不得一句擂天擂地　佛鑑懃

礙與不礙龍吟霧起擂與不擂蠅附驥尾南北東西千里萬里俊哉　[illegible]

增收　南泉巡堂次牽一頭牛入堂首座以手拊牛背一下師便休去趙州以草一束放在首座前

頌曰

等將草料好供看何故皮毛要一般惹起羣中相似者翻令頭角不完全　寶華顯

增收　南泉訪百丈丈問甚處來師曰江西來丈曰還將得馬大師真來麼師曰只這是丈曰背後底咈師拂袖便去　頌曰

八面當風秖這是拂袖之談動天地堪賣賣身王老師不作賤兮不作貴　龍門遠

兄難兄弟難弟馬祖真只這是墟動西江十八灘水面無風波自起　石溪月

增收　南泉因趙州問明頭合暗頭合師便歸方丈州到僧堂前曰堂頭老漢被我一問直得無言可對首座曰莫道和尚無語自是上座不會州便掌曰這一掌本是堂頭老漢喫　五祖戒云正賊走卻還賊人喫棒又云南泉當斷返招其亂

頌曰

大事當陽已皎然十分須是更周圓堂中上座黑如漆冷地爲誰喫暗拳　保寧勇

增收　南泉示衆曰王老師自小養一頭水牯牛擬向溪東牧不免食他國王水草向溪西牧亦不免食他國王水草如今不免隨分納些些總不見得　頌曰

溪東去溪西去難免官家苗稅賦直饒隨分供輸未解牽牛去住　楊無爲

垂垂楊柳暗溪頭不問東西却自由幾度醉眠牛背上數聲橫笛一輪秋　潛菴源

南泉水牯自天然隨分些些任變遷大笑一聲天地窄更無佛法與人傳　月林觀

不放溪東西隨分納些些見冷暖只自知分明說向誰　木菴永

南泉水牯忒麤索南北東西共一家王稅及時都納了牧童橫笛遠山斜　天目禮

不如隨分納些些喚作平常事已差綠草溪邊頭角露一莖煙雨屬誰家　鐵牛印

增收　南泉一日因齋次乃自將生盤去首座前出生時杉山堅和尚爲首座乃曰無生師曰無生猶是末師纔行數步座乃召曰長老長老師回顧曰作麼座曰莫道是末　頌曰

古老巡堂親掠生渡水行舟不易耕莫入道無生猶是末纖毫不了亂縱橫　智門祚

增收　南泉問座主講得甚麼經曰彌勒下生經師曰彌勒甚麼時下生曰現在天宮未來師曰天上無彌勒地下無彌勒洞山舉問雲居居云天上無彌勒地下無彌勒未審誰與安名洞山被問直得禪牀振動乃云吾在雲巖曾問老人直得火爐振動今日被子問直得通身汗流　頌曰

禪牀驚振被搽糊惹得兒孫不丈夫拄杖劈頭連打出也教知道赤鬚胡　龍門遠

增附　雲居悟云昔日東山和尚謂衆曰天上無彌勒地下無彌勒十字街頭被人喚作賊且道此人被他喚作賊懽喜則是煩惱則是元來也不懽喜亦不煩惱何故爲伊有箇著到處乃頌曰

被人喚作賊吞聲便飲氣雖然言語惡真箇好滋味不向如來行處行丈夫自有衝天志

上天下地無彌勒安名立字是何因黃金自有黃金價終不和沙賣與人　文殊道

增收　南泉因趙州問離四句絕百非請師道師下座歸方丈州曰這老和尚每常口吧吧地及其問著一言不措侍者曰莫道和尚無語好州便打一掌云這一掌合是王老師喫　頌曰

離四句絕百非作者相識得伊跳下禪牀便歸去從他鷂子搏天飛　智門祚

南泉一日不赴堂侍者請赴堂師曰我今日在莊上喫油糍飽曰和尚不曾出入師曰汝去問莊主者方出門忽見莊主歸謝和尚到莊喫油糍　頌曰

咄哉王老師赤窮身也賣喫些油糍歸至今被人怪　典牛游

不出方丈門已到莊上坐好一飣油糍至今咬不破　息菴觀

騎虎穿市過把火去偷猪主人開眼睡鄰舍叫失驢　[illegible]

偷喫油糍賣弄口觜年老成魔謾神謗鬼　瞎菴光

阿翁無具水銀無假老倒南泉可知禮也　復菴封

杭州鹽官齊安國師　嗣馬祖　一日喚侍者曰將犀牛扇子來者曰破也師曰扇子既破還我犀牛兒來者無對　投子代云不辭將出恐頭角不全　資福代作圓相心中書牛字　石霜代云若還和尚即無也　保福云和尚年尊別請人好　頌曰

犀牛扇子用多時問著元來總不知無限清風與頭角盡隨雲雨去難追　雪竇顯

可憐一柄犀牛扇謾道曾遺已破除無限清風隨手處卓然頭角出寰區　[illegible]

扇子破索犀牛圓欒中字有來由誰知桂穀千年魄妙在通明一點秋

老師底死索犀牛用處其誰得自由侍者不知頭角具鼻根繩索被他收

明月冷相照清風卒未休鹽官無限意何用覓犀牛

犀牛扇子用多年屢掌清機授手傳頭角不全收拾取雨餘風月滿長川

扇上犀牛從古畫索來既破要元牛縱教與子重描出不是當時那一頭

炎暑蒸人汗似湯鹽官用底豈尋常輕搖休問犀牛在枯出清風宇宙涼

犀牛扇子有來由幾度曾來幾度休[illegible]的嚥一番雨過碧溪頭

扇子分明都破了鹽官却又索犀牛須知侍者難開口無可還他仰便休

鹽官一日謂衆曰虚空為鼓須彌為椎甚麼人打得衆無對　有人舉似南泉云王老師不打這破鼓　法眼別云王老師不打　頌曰

南泉王老太無端却逐鹽官作樂官西祖令嚴行禁止免他膊會錯欣歡

虚空為鼓須彌為椎要打便打莫問是誰

國師費力置面鼓猶勝今[illegible]千了解打南泉非好手至今天下勿聲冤

鹽官因僧問如何是本身盧舍那師曰與老僧過淨瓶來僧將淨瓶至師曰却安舊處著僧安了復來問如何是本身盧舍那師曰古佛過去久矣　頌曰

兩手分明過淨瓶不知身已在隍城直饒便具金剛眼也較溈山半月程

鳥之行空魚之在水江湖相忘雲天得志擬心一絲對面千里知恩報恩人間幾幾

盧山歸宗智常禪師　一日剗草次有講僧來參忽見一蛇過師以鋤斷之僧曰久嚮歸宗元來是箇麤行沙門師曰你麤我麤曰如何是麤師豎起鋤頭曰如何是細師作斬蛇勢曰與麼則依而行之師曰依而行之且致甚處見我斬蛇僧無對　頌曰

廬岳宗師接上機斬蛇特地施慈悲高菴座主驚怕却道麤心錯是非

大用機橫擊電機[illegible]眼尚[illegible]吻却億隨他去一隨

千尋竿上翻筋斗大海波心擲釣大權道他風骨好不揀紅粉也風流

斬蛇却非小小事直是教他脫苦輪座主高菴心未泯如何胡亂妄通言

歸宗示衆曰吾今欲說禪諸子總近前大衆進前師曰汝聽觀音行善應諸方所僧問如何是觀音行師彈指曰諸人還聞麼曰聞師曰一隊漢向這裏覓什麼以拄杖打趁呵呵大笑歸方丈　頌曰

無學彈指超圓通耳根淨邊出間不關妙哉觀音行棒頭指出金剛王喻惡道中為津梁

歸宗因泥壁次白舍人來師便問君子儒小人儒白曰君子儒師乃打泥盤一下白遂過泥與師師接得便便　莫便是快俊底白侍郎否曰不敢師曰秖有過泥分　頌曰

堂堂非是小人儒得得深雲訪隱居已與過泥殊不恥更何言外見親疎

歸宗因小師辭乃問甚處去曰諸方學五味禪去師曰諸方有五味禪我這裏只有一味禪僧便問如何是和尚一味禪師便打僧曰會也會也師曰道道僧擬開口師又打　頌曰

五味與一味喫了須噫氣金輪幕下令行時凛凛清風誠可畏

私醞香醪價又輕至今官路少人行歸宗一味如邀苦蹉過叢林幾後生

歸宗因僧問如何是玄旨師曰無人能會曰向者如何師曰有向即乖曰不向者如何師曰誰求玄旨又曰去無汝用心處曰豈無方便門令學人得入師曰觀音妙智力能救世間苦曰如何是觀音妙智力師敲鼎蓋三下曰子還聞麼曰聞師曰我何不聞僧無語師以棒趁下　頌曰

三聲鼎蓋普門開苦海勞生喚不回九十春光今又半空飛花片點莓苔

歸宗因僧問如何是觸目菩提師翹足曰會麼曰不會師曰三箇見在一任選取　頌曰

觸目菩提一撒沙示衆箇更周遮衲僧相見呵呵笑春鳥喃喃罵落花

歸宗因江州刺史李渤問曾聞須彌納芥子渤則不疑芥子納須彌莫是妄談否師曰人傳史君讀萬卷書是否曰不敢師曰身如椰子大萬卷書向甚麼處著李俛首而已　頌曰

放開日月明把定乾坤黑一刹不同頭滿地生荊棘龍宮海藏兮非多石火電光兮非急君不見靈雲拳下墨漉漉八駿如風追不及

芥納須彌特地疑擘開拋下扣禪扉忽聞萬卷藏處皆轉轉機唯自知唯自知丹桂和根拔得歸

芥納須彌驗祖風清機歷歷妙難窮要知萬卷書來處跳出富人智鑑中

用盡自已心笑破他人口八角磨盤空裏走金毛師子變作狗喝一喝

萬卷詩書一時頭角纔跨宗門便施謀略古歸宗眞老作只顧滿彎弓不知誰見雙鵰落絕聲絕聲如山如岳堂堂氣宇冠儒林浩浩清風播叢席

韶州乳源禪師上堂西來的的意不妨難道大衆莫有道得者出來試道有僧出纔禮拜師便打曰是什麼時節出頭來後人舉似長慶慶云不妨不妨　資福代云爲和尚不惜身命　頌曰

祖意西來豈易量擡眸已是錯承當闍黎不解知時節開眼堂堂入鑊湯

西來的的意何如舉唱多憐在半途勾賊到門還破賊信知身佩辟兵符

禪宗頌古聯珠通集卷第十一

禪宗頌古聯珠通集卷第十二

宋池州報恩光孝禪寺沙門法應集

元紹興天衣萬壽禪寺沙門普會續集

祖師機緣

六祖下第三世之三

增收 明州大梅法常禪師 嗣馬祖 住山後馬祖令一僧到問曰和尚見馬祖得箇什麼便住此山師曰馬祖向我道即心是佛我便向這裏住曰馬祖近日佛法又別師曰作麼生別曰近日又道非心非佛師曰這老漢惑亂人未有了日任汝非心非佛我只管即心即佛僧回舉似馬祖祖曰大衆梅子熟也　頌曰

只將馬祖鉛刀子裂破漫天鐵網羅碧沼夜敲荷葉雨至今貪恨一身多

荷衣松食住深雲蓋是當年錯見人埋沒一生心即佛萬年千載不成塵 野雲南

增收 郎心葉薄妾冰清郎說黃金妾不聽假使偶然通一笑半生誰信守孤燈 簡翁敬

增收 大梅因龐居士問久嚮大梅未審梅子熟也未師曰你向甚處下口曰百雜碎師曰還我核子來　頌曰

大梅梅子熟龐老已先知正眼驗真要相逢拍手歸

龐公親到竪降旗一劍當頭斬萬機不是從前生咬破爲他梅子熟多時

增收 大梅因夾山與定山同行定山曰生死中無佛即無生死夾山曰生死中有佛即不迷生死二人互相不肯同上大梅夾山乃問曰不知那箇親那箇踈師曰一親一踈夾山曰未審那箇親師曰且去明日來夾山來日上方丈再問師曰親者不問問者不親夾山住院後曰我當初在大梅失却一隻眼　雲峯悅云夾山只知失却一隻眼殊不知換得一隻眼　圓悟云是則兩口金剛王寶劍要且拂掠虛空金山則不然生死爲諸佛根基諸佛乃生死爐鞴若解險絕承當即證六通八解乃頌曰

有佛不迷無佛則無大梅頂門正眼劃時已驗親踈家抱荊山璞人握靈蛇珠失却與換得同歸故殊途作家金鎚當面擲臨機俊鷂趁不及將謂赤鬚胡更有胡鬚赤

未曾拈出定盤星多少行家怨不平待得權衡來就手方知斤兩自分明 心聞賁

生死有無佛虛名如電拂俊鷂博天飛不打籬邊鵲無欠無餘若太虛不知誰解强名模

同行自古不相肯峯頂老人何足論山凹落盡桃花片流水依前繞竹門

竹籬茆舍酒旗斜一箇葫蘆敗兩家酒後不知天與地歸來滿地是桃花 雪菴瑾

苦瓠連根苦甜瓜徹蒂甜兩般滋味惡終後入黃泉

佛之一字强安排有無生死一坑埋大梅老子舌無骨臘月蓮花火裏栽

青天白日切忌尋覓更問如何抱贓叫屈

增收 大梅因僧問如何是祖師西來意師曰西來無意鹽官聞之乃曰一箇棺材兩箇死漢　玄沙云鹽官是作家　雪竇云三箇也有　頌曰

活中死眼無作有用方寸不移十方獨弄巧拙不到處鹽官有出身親言出親口難犬鬧比鄰

因事長智認渠遭累反身騰行全家富貴競頭擡薦自埋沒逆順是非誰可出提起是令放得行兩手扶犂水過膝

增收 婺州五洩山靈默禪師 嗣馬祖 遠謁石頭便問一言相契即住不契即去頭據坐師便行頭隨後召曰闍梨師回首頭曰從生至死秖是這箇回頭轉腦作麼師言下大悟乃拗折拄杖棲止焉　洞山云當時若不是五洩先師大難承當然雖如此猶涉在途　長慶云險　玄覺云那箇是涉在途處有僧云爲伊三寸途中薦得所以在途　覺云爲復薦得自已爲復薦得三寸若是自已爲甚麼成三寸若是三寸爲甚麼悟去且道洞山意作麼生莫亂說子細好　頌曰

石頭據坐五洩便去石頭喚回却成多事

在途在舍若爲酬莫把先師一例求雄雄宇宙如王者未免半邊無髑髏

欲去高聲喚得回當時心眼一齊開要知不假修持力生死悠悠任往來

幽州槃山寶積禪師 嗣馬祖 初參馬祖作街坊一日出門見人舁喪歌郎振鈴云紅輪決定沉西去未委魂靈往那方幕下孝子哭云哀哀師覩之忽然省悟舉似馬祖祖印可之　頌曰

歌聲繚繞哭聲悲笑殺槃山老古錐歷劫無明昏暗處一時頓覺發光輝

紅輪決定沉西去未委魂靈往那方踏得故鄉田地穩本來面目露堂堂人只在不曾亾幸拖天上非人世須知別有好商量

哀哀相應便承當畢竟魂靈往那方踊躍自然全體露始知徧界不曾藏 海印信

增收 未審魂靈往那方無樓泊處露堂堂水向石邊流出冷風從花裏過來香 月林觀

紅輪決定沉西去未委魂靈往那方孝子盡情宣說

了槃山無處可藏藏不得堪與人天為軌則
忽聞棒下哭哀哀頓使人人合對面古風月一天今古
在通身是口也難開
碓歌聲咽此聲長聽得哀哀[illegible]輪西畔
叹人千無地著淒涼
露淒涼亦可憐白楊丹旐去翩翩哀哀聲裏無消
息打著南邊動北邊
輪決定沉西去木雞啼在那方哭慟一聲無處
覓髑髏頭親見本爺娘

槃山又一日於街市見人在肉肆買肉云精底
割一斤來屠兒放下刀叉手云長史那箇不是
精底師聞之忽然大悟歸以所悟白馬祖祖印
可之　頌曰
事分明不覆藏頭頭物物自相當千言萬語無人
會又逐流鶯過短墻
江邊逆客上扁舟相對漁翁暗擲鈎一掣錦鱗隨
手上遠山疊疊水悠悠　妙峯善

槃山示衆曰三界無法何處求心四大本空佛
依何住璿璣不動寂爾無言覿面相呈更無餘
事　珍重　頌曰
三界無法何處求心白雲為蓋流泉作琴一曲兩曲
無人會雨過夜塘秋水深
青青入座當軒竹點點遮門對面山更有一般堪羨
處夜深流水響潺潺
三界無法何處求心山容雨過松韻風吹橫眠倒臥
無餘事一任莓苔滿地侵
三界無法何處求心月明夜暗山高水深三界本
因心所現無心三界自平沉
三界無法何處求心山花似錦綠葉成陰杜宇一聲
歸去也[illegible]猶自守園林
三界無法何處求心驚蛇入草飛鳥出林雨過山堂
秋夜靜市聲終不到孤岑
春眠不覺曉處處聞啼鳥夜來風雨聲花落知多少
山舍無塵分外清石榴花發透簾明槐陰滿地日卓
午夢覺流鶯時一聲
依依楊柳欲藏鴉社後東風捲落花理策邀朋何處
好山南山北看桑麻

槃山示衆曰心月孤圓光吞萬象光非照境境
亦非存光境俱忘復是何物　洞山曰光境未
忘復是何物　頌曰
光非照境非存光境俱忘復是痕百鳥不來春已
老落花流水遶江村
光非照境非存光境俱忘是痕滿地落花風掃
盡依前流水繞孤村
描不成兮畫不成臥龍長怖碧潭清擬心湊泊終難
會達者應須暗裏驚

槃山示衆曰禪德可中學道似地擎山不知山
之孤峻如石含玉不知玉之無瑕若如此者是
名出家　頌曰
山高孤峻遠人罕至玉既無瑕莫辨真偽
地厚山高孰使然中藏至璞不知年若人念念常如
是堪作人間火裏蓮
山忘孤峻玉忘瑕到處仙源是我家堪笑葛洪曾未
悟遠從句漏問丹砂

槃山曰向上一路千聖不傳　慈明云向上一
路千聖不然　楊岐云口上着　頌曰
槃山向上路何言罕見行人耳有穿口上著來無咬
處方知千聖不能傳
[illegible]不然海口難宣須彌頂上駕起鐵船　徑山杲
[illegible]聖不傳到今日口上著來無等匹洞庭山脚太湖
心行人路上空啾唧　松源岳

槃山將順世告衆曰有人邈得吾真否衆將所
邈真呈皆不契師意普化出曰某甲邈得師曰
何不呈似老僧化乃打筋斗而出師曰這漢向
後掣風狂去在　頌曰
師眞邈出不堪呈用盡身心笑殺人彼中莫[illegible]孫頭
[illegible]白身長命貴新正
徹底冰壺無影像倒翻筋斗摸難成千峯雨歇黃梅
後佳兒還從海上生
清奇古怪娘生面妙筆丹青作麼施者廝十分傳得
似依然畫虎只成貍

水潦和尚來參馬祖禮拜起欲伸問次
祖一踏踏倒師忽然大悟起來呵呵大笑曰也
大奇也大奇百千三昧無量妙義只向一毫頭
上識得根源去　頌曰
馬駒一踏驢兒倒地大笑起來羊鳴犬吠
一踏倒時堪大笑從前伎倆盡徒勞蛇頭却要重揩
拜萬萬千千出一毫　白雲端
水潦承機徹祖意馬駒一踏桃根源虛空撲落無閑
地却向滄溟駕鐵船
海上追奔天馬駒偶來騰踏露全軀百千妙義空端
現拊掌呵呵笑識渠
篛管釀來應已熟不辭醉裏惜斂斜酴醾浪有閑
香在是酒元來不是花
無量妙義皆周帀旋乾轉坤爲一合當陽橫按笑中
刀猶欠頂門上一踏
說道春來好狂風太放顛吹花隨水去翻却釣魚船

水潦因僧到乃畫圓相放師有上師撥三下却畫圓相指其僧僧禮拜師打曰這掠虛漢

保寧勇別僧拜處但喝之而去復頌曰

趯去拳來乃是常如何得不見參商俗公定奪無偏無短自短兮長自長

蒲州麻谷寶徹禪師　嗣馬祖　持錫到章敬繞禪牀三帀振錫一下卓然而立敬曰是是又持錫到南泉亦如是泉曰不是不是師曰章敬道是和尚爲甚道不是曰章敬是是汝不是此是風力所轉終成敗壞　雲竇拈兩處云錯又頌曰

此錯彼錯切忌拈却四海浪平百川潮落古策風高十二門門有路空蕭索非蕭索作者好求無病藥

章敬南泉路不殊明明道理話親疎多人不用磨金鏡漢自漢兮胡自胡指月迷津迷自指示君持錫却如無

顏色規模却似眞人前拈弄越光新及乎入火重烹試到了終歸是假銀

如是不是去却藥忌擬犯封疆全軍失利杖頭突出古菱花舉世風流出當家

昨日出都門忽逢二商旅一指我南行一指我北去南行有官船過渡北去有車馬大路雖然南北不通迷都在中華一國土

振錫適風似章敬章敬無私驀頭釘其僧尋討到南泉深深一杓更酩酊

是與不是全彰妙義章敬南泉一場失利

是兩頭語未出泥水非兩頭語依前自死振錫卓然白日青天風力遷他敗壞時漫天大綱生光輝　月堂昌

章敬道是南泉非逆水之波透者誰可憐箇漢皮無血駕與青龍不解騎　南堂興

是是放出南山鼈鼻不是勒回千里追風驥終成敗壞可憐生塞斷咽喉無出氣無出氣有巴鼻趙州東壁掛葫蘆堪笑維摩談不二

妙轉之機掣電飛目前生殺盡交馳明珠自有明珠價休向雞邊彈雀兒

麻谷問臨濟大悲千手眼那箇是正眼濟曰大悲千手眼那箇是正眼速道速道師近前拽臨濟下禪牀却坐濟近前曰不審師擬議濟便喝拽下禪牀却坐師便出去　頌曰

大悲正眼問來端互換之機仔細看會得不得亦瞞頇也似鮎魚上竹竿

正眼英雄逢正眼勝劣短長徒用揀那吒現出本來身且非父母能生産

多年塞上只聞名今日陣前親見面疋馬單鎗戰數場好是見機開一箭

相逢狹路轉身難一陣交鋒瞬息間旗鼓縱橫渾眞辨試問何人得勝還　普融平

胡鬚赤赤鬚胡珠走盤兮盤走珠狹路相逢誇好手兩邊雪刃血模糊　石田薰

賊隊相逢午夜時機機奪鼓討便宜驀然天曉重相見滿面羞慚各自歸

麻谷因良遂座主來參師見來閉却門將鋤頭去剗草遂才來扣門師曰誰曰某甲師曰鈍根阿師下去凡數四如是遂忽然有省再去扣門曰和尚莫謾良遂若不來禮拜泊被十二本經論賺過一生師乃開門令通悟由印可之遂返都城講肆散席告諸徒曰諸人知處良遂總知良遂知處諸人不知　頌曰

逆順之機不易當大根良遂解思量若非久積同風事爭肯回頭見法王

禪林深邃乍遊盤錫草廝門豈易看眞諦老師渾不是得相謾處且相謾　正覺逸

閉戶携鋤理最幽絲綵大悟話元由從來岸業空勞力始信黃河輾底流　海印信

閉戶携鋤已太險更來當面愛綢塗光中自見遭讒久方信無人共出家　白雲端

韶石汾陽有路能便知同首遍風波不登麻谷玄關路十二本經依舊壓　慈受深

平生心膽向人傾到此門中有幾人別後華嶽雲當如已蹤蹤斜日又黃昏　龍門遠

閉戶敲門向誰道遂公言下便知歸從前活計都拋下爭奈時人會者稀　楚安方

來尋言逐句謾多端只爲從前被眼謾撒手便能歸故國牖思歧路幾多般

親到桃源景物幽一壺明月滿如秋反思洞口春殘日無數紅英逐水流　成枯木

麻谷高聲問阿誰一言駟馬辛難追遂公打破精靈窟現出金毛師子兒

閉門入國已周遍一喚回頭便到家良遂知時人不委海山空暎夕陽斜　雪巖欽

爲人爲徹咬著生鐵逆水之波虛空釘橛

諸人知處良遂知良遂知處人不知王維已死無人畫留得青山對落暉　破菴先

閉戶復携鋤雲深路更迂須知形影外肝膽向人輸　虛堂愚

携鋤不顧便好回去誰人敢道你是座主　月坡明

麻谷一日在紙帳內坐以手巾蓋却頭披雲和尚入見便作哭聲良久出去法堂遶禪牀一匝却入發開帳見師去却手巾而坐乃曰死中得活萬中無一師便下牀就位作抽坐具勢雲近

前把住曰前死後活你還甘麼師曰甘即甘師堪作什麼雲推開曰知道你前言不副後語　頌曰

五十笑他先百步何如騎馬勝騎牛不須重較多和少歸到家山即便休　虛堂愚

增收 湖南東寺如會禪師 嗣馬祖 嘗患門徒以即心即佛之談誦憶不已且謂佛於何住而曰即心心如畫師而曰即佛遂示衆曰心不是佛智不是道劍去久矣汝方刻舟　頌曰

心不是佛智不是道舉得十分未敢相保携條拄杖闖行切忌回頭轉腦　應菴一

心不是佛智不是道青山白雲落花芳草若是伶俐阿師終不回頭轉腦　鼓山圭

雨散雲收後崔嵬數十峯倚闌頻顧望回首與誰同　徑山杲

太平時節歲豐登旅不齎糧戶不扃官路無人夜無月唱歌歸去恰三更　開善謙

青山不青白雲不白針鋒太寬宇宙太窄寥寥獨坐有誰知流水涓涓花片飛浩浩風光人不會滿園春色鷓鴣啼　妙峯善

昨日因過竹院西隣家稚子隔溪啼山寒水肅半黃落無數歸鴉卜樹棲　虛堂愚

天晴日頭出雨下地上濕盡情都說了只恐信不及　無門開

心不是佛智不是道飛鳥出林驚鵝入草無縫罅裏尋討笑倒嵩山破竈墮　南叟茂

增收 東寺問仰山甚處人山曰廣南人師曰我聞廣南有鎮海明珠是否山曰是師曰此珠如何山曰白月即隱黑月即現師曰將得來否山曰將得來師曰何不呈似老僧山曰某甲昨到潙山被索此珠直得無言可對無理可伸師曰真師子兒善能哮吼　頌曰

鎮海明珠到處晶從來一顆自圓明仰山東寺曾遭索叉手邊將取次呈　本覺一

善撫太阿鋏夾無傷手陁慣編猛虎鬚必有全身策鎮海珠巧呈似離色離聲離名字栴檀林裏栴檀師子窟中吼師子　圓悟勤

師子窟中師子兒遊戲海珠璣潙山呼索渾無衮有理難伸穿得奇　南泉勝

無言可對口纔開已是和光吐出來東寺不知何意志深深一丈攔坑埋　雲衲眇

增收 虔州西堂智藏禪師 嗣馬祖 僧問有問有答即且置無問無答時如何師曰怕爛却那百丈曰從來疑著老兄僧問丈曰請和尚道丈曰一合相不可得後有僧問長慶慶云相逢盡道休官去林下何曾見一人　頌曰

終日論文不記年禪心淡泊契幽玄白雲繚繞青山在一法無私萬古傳　大愚芝

增收 越州大珠慧海禪師 嗣馬祖 因僧問如何是佛師曰清談對面非佛而誰衆皆茫然　法眼曰是即沒交涉　頌曰

儼然參得十萬本參差翠玉數千竿風敲月戶三秋冷雨打茅堂六月寒　石溪月

增收 大珠示衆曰身口意清淨是名佛出世身口意不淨是名佛滅度　黃龍南云也好箇消息古人一期方便與你諸人討箇入路既得箇入路又須得箇出路登山須到頂入海須到底登山不到頂不知宇宙之寬廣入海不到底不知滄溟之淺深既知寬廣又知淺深乃頌曰

一踏踏翻四大海一摑摑倒須彌山撒手到家人不識鵓鴣鳴栢樹間

增收 大珠問座主蘊何經論曰講金剛經師曰若言如來有所說則為謗佛若言不是佛說又是謗經除此之外試與老僧說看主無對　頌曰

百非四句都拈了敢問云何會此經却是虛空能講得儼然常說有誰聽　本覺一

洪州百丈山惟政禪師 嗣馬祖 師問南泉諸方善知識還有不說似人底法也無曰有師曰作麼生曰不是心不是佛不是物師曰恁麼則說似人了也曰某甲即恁麼和尚作麼生師曰我又不是善知識爭知有說不說底法曰某甲不會請和尚說師曰我太煞與汝說了也　頌曰

祖佛從來不為人衲僧今古競頭走明鏡當臺列象殊一一面南看北斗斗柄垂無處討拈得鼻孔失却口　雪竇顯

涅槃老子順風吹嚗嚗嚗嚗爭得知隔韓幾多人錯聽一時喚作闍黎詞　白雲端

不會誰不會相逢且喫茶不尋雲水路爭得到僧家　長靈卓

理論宗師有妙用切切為人須到底手按瑤琴徹曉彈其來不入聾人耳　佛鑑懃

倒腹傾腸說向君不知何故尚沈吟而今便好猛提取付與世間無事人　徑山杲

增收 百丈南泉論古今龍生龍子老婆心若人要識二禪老綉出鴛鴦須是針　[illegible]

鷺鷥膠續斷絃猊血化驢乳從來不為人今古絫佛祖箭既離絃無返回將欲奪之必固與語時默默時語人從陳州來却往許州去　[illegible]

百丈政示衆曰汝等為我開田我為汝說大義普請開田了衆請和尚說大義師展兩手示之

頌曰

常憐百丈解開田今古行人手裏傳誰道舌頭管不動五音六律太周旋 白雲端

大義由來不可陳休於言下覓蹤親而今欲識大雄老金毛生得玉麒麟 佛迹昱

開口說大義後人莫容易百丈總持門溪而還有味 龍門遠

百丈開田說大義理事圓融無不備梵音清徹十方聞草樹鍬鋤皆聳起末後雙拳再展開拖泥帶水爲凝欽船流到岸五千里刻舟求劍徒悠哉 佛性泰

增收 展開兩手當時說大義流通滿世間莫謂入荒田不揀而今到處草漫漫

大義開田創祖基分明書契示傳持兒孫不肯遺先業乞食年年役路歧

普請開田力已齊紛紛帶水又拖泥展開兩手人休問昨夜三更月落西

百丈說大義全然沒巴鼻通身是水泥溺死在平地

增收 洪州泐潭法會禪師 嗣馬祖 問馬祖如何是西來祖師意祖曰低聲近前來師近前祖打一摑曰六耳不同謀來日來師至來日猶入法堂曰請和尚道祖曰且去待老漢上堂時出來與汝證明師乃悟曰謝大衆證明繞法堂一帀便去

頌曰

雞聲茅店月華明客夢沉迷尚未醒開得眼來天大曉鬢頭垢面便奔程

十八佳人嫁未酬每憑媒妁善搜求一從嫁却潘郎後便解人前不識羞 竹庵珪

增收 池州杉山智堅禪師 嗣馬祖 與歸宗南泉路次逢虎各從邊過了泉問歸宗適來見虎似箇甚麼宗曰似箇猫兒復問師師曰似箇狗子師却問泉泉曰似箇大蟲 大潙智曰三箇老漢衆頭寐語若要徹一時參取這大蟲始得復頌曰

一虎三人見不同高低各自立宗風爲伊途路不得力空過浮生一夢中

一物兩名也大奇三人那箇可爲師頂門未具金剛眼透出縱橫孰辨伊 開福寧

五五二十五大蟲元是虎狗子與猫兒豈可同將語夜開門早開戶須信利牙爪可怖家家門首妬長安盡是舉子朝天路 佛鑑懃

撫州石鞏山慧藏禪師 嗣馬祖 初爲獵人射鹿因遇馬祖令自射無下手處省悟投出家既得法住山後常張弓架箭凡見僧來便曰看箭一日三平到師曰看箭平乃披襟當之曰此是殺人箭活人箭又作麼生師彈弓弦三下平乃禮拜師曰三十年張弓架箭只射得半箇聖人遂拗折弓箭平後到大顛處舉前話顛曰既是活人箭爲甚麼向弓弦上辨平無對遂再參既悟爲顛之嗣 頌曰

增收 張弓架箭喚君回不省宗師得意來箇箇盡隨迷醉走句中認影影難開三平猶未全提得霹靂雷聲徧九垓

三十年來事一弓一弓弓擬定寰中寧知半聖難投款納璧牽羊信不通

架箭張弓用得深平生猶喜中紅心後來半箇人難得猛火方成百煉金 佛印元

張弓架箭豈徒然中的雖多命不全半聖投機無別意功高何必畫凌烟 佛慧泉

張弓架箭三十年射得三平半不全爭似萬人齊指處斜陽一鴈落秋天 佛國白

三十年來握箭弓三平纔到學偷半箇聖人今日得大顛弦外幾時逢 崇勝珙

增收 古有石鞏師架弓箭而坐如斯三十年知音無一箇三平中的去父子相投和子細返思量元伊是箭垛 法雲杲

解擘當胸因何只半人爲從途路曉所以不全身

謗得斑斑急上弦吼風一鏃去驚天近前子細來觀覷誰把藍田石射穿 心聞賁

張弓架箭幾何年摸得三平纔不全若使當時能著

別兔放鷹節向弓弦

朗州中邑和尚 嗣馬祖 每見僧拍手鼓脣曰嗚嗚嗚仰山到參從東過西立師曰子甚處學得此三昧山曰從曹溪脫印學來師曰如是如是山却問和尚甚處得此三昧師曰吾從章敬處得來 頌曰

鼓脣拍手口嗚嗚直引來人辨正邪千萬往來都不爲仰山纔見便同家

曹溪脫印傳來錯章敬師承受處疊將謂胡鬚天下赤元來更有赤鬚胡

仰山昔問中邑善應機去翻來拍拍是令

增收 中邑因仰山問如何得見性去師曰譬如一室有六窗內有一獼猴外有獼猴從東邊喚狌狌獼猴即應如是六窗俱喚俱應山作禮曰適來蒙和尚譬喻無不了知更有一事只如內獼猴睡時外獼猴欲相見時如何師下繩牀捉山手作舞曰狌狌我與汝相見了也 頌曰

六窗一一喚獼猴睡著如何解應酬只與加鞭令醒悟當時中邑識悠悠 本覺

凍眠雪屋夜摧頹窈窕離門夜不開寒竊園林看變

恁春風吹起律筒灰[illegible]

人人有箇老獼猴暮四朝三卒未休喚著便能知落處八花磚上輥金毬[illegible]

一室虚涵對六窗獼猴留任更無雙忘懷泯息獼猴死一國安寧六國降[illegible]

一室蕭然六窗廓爾中邑仰山自作自起出六一窗[illegible]

獼猴作出千般舉止浣盆浣盆我識得你

禪宗頌古聯珠通集卷第十二

禪宗頌古聯珠通集卷第十三

宋池州報恩光孝禪寺沙門法應集

元紹興天衣萬壽禪寺沙門普會續集

祖師機緣

六祖下第三世之四　南嶽下第二世之四

洪州泐潭常興禪師　嗣馬祖　因南泉來見師面
壁乃拊師背師曰阿誰曰普願師曰如何
曰也尋常師曰汝何多事　頌曰

面壁堆危引客過問誰那更問如何道尋常已成多
事檢點儂家事更多　西巖惠

汾州大達無業國師　嗣馬祖　僧問如何是佛師
曰莫妄想　頌曰

王令威嚴誰敢擬纖毫纔動鐵輪隨時人只見錐頭
利幾人能見利頭錐　懶菴樞

無業示衆曰若有一毫頭聖凡情念未盡未免
入驢胎馬腹裏去白雲端曰直饒一毫頭聖凡
情念頓盡亦未免入驢胎馬腹裏去瞎漢但恁
麼會　頌曰

無業何太切白雲何太孤胡鬚將謂赤更有赤鬚胡

一道如弦直心親手更親箭穿紅日影方是射鵰人

信州鵝湖大義禪師　嗣馬祖　因唐憲宗詔入內
論議法師問如何是禪師以手點空法師無對
帝曰法師講無窮經論秖這一點尚不柰何師
卻舉順宗問尸利禪師大地衆生如何得見性
成佛利曰佛性如水中月可見不可取師謂帝
曰佛性非見必見水中月如何攫取帝乃問如
何是佛性師曰不離陛下所問帝默契　頌曰

因地而倒因地起離地求起無是理不離所問語離
親認著依前還不是　枯禪鏡

說理談真面苶寒鵝湖大義枉勞神由來佛性難名
邈爭似君王默契親　天目禮

空中一點是箇甚麼直饒講無限經論其柰不識者
行貨雖然價重須彌也被君王識破

漳州三角山總印禪師　嗣馬祖　示衆曰若論此
事眨上眉毛早已蹉過也麻谷便問眨上眉毛
即不問如何是此事師曰蹉過也谷乃掀倒禪
牀師便打　長慶代云悄然　頌曰

正令威嚴斷不容星移斗轉覓無蹤將軍勅起當頭
馬殺氣紛紛衮黑風

三角示衆曰凡說法須用應時應節時有僧問
四黃四赤時如何師曰三月杖頭桃曰為甚麼
滿山皮貯氣師曰爭奈一條繩何曰如何得出
氣去師曰直待皮穿　頌曰

平地安身未肯休花陰柳徑逐時流放教滿肚無閑
氣始信渠儂得自由

三角因僧問如何是三寶師曰禾豆粟曰意旨
如何師曰大衆歡喜奉行　頌曰

三角對酬禾豆粟龍宮海藏難收錄空門曾問疎山
僧便道如今粥飯足　大洪遂

池州魯祖山寶雲禪師　嗣馬祖　師尋常見僧來
便面壁南泉聞曰我尋常向師僧道向佛未出
世時會取尚不得一箇半箇他恁麼驢年去
玄覺云為復唱和語不肯語　保福問長慶秖
如魯祖節文在甚麼處被南泉恁麼道長慶云
退己讓於人萬中無一箇　羅山云陳老師當
時若見背上與五火抄何故為伊解放不解收
玄沙云我當時若見也與五火抄　雲居錫
云羅山玄沙總恁麼道為復一般別有道理若
揀得出許上座佛法有去處　玄覺云且道玄
沙五火抄打伊著不著　頌曰

人來面壁坐顒顒不話多端說異同親切不教心外
覓免將明暗詐盲聾秋霜博地年來暑魯祖垂慈不
用功　汾陽昭

老倒禪門傳魯祖見僧面壁親垂顧箇中若是丈夫
兒剔起眉毛便回去　佛印元

魯祖三昧最省力纔見僧來便面壁若是同心達道
者不在揚眉便相悉　梁山岩

祖師面壁稽諸方無限禪人說短長無事晚來江上
立數株寒柏倚斜陽　瑯琊覺

坐斷千山與萬山勸人除却是非難池陽近日無消
息果中當年不目觀　崇嶽真

面壁咸言上上機衲僧到此擬何之直饒截斷千江
水也落宗門第二槌　海印信

魯祖孤風振四維僧來面壁少人知南泉提起驢年
事且道如今是甚時　白雲端

魯祖當年不用功逢僧面壁顯家風若遇上乘同道
者

堪笑池陽老古錐僧來面壁擬何為大都端正人男
女清淨不勞紅粉施　草堂清

雖然不是作家好惡他家自識喫拳還似打人面赤
不如語直

魯祖山前古路迴熙微一逕沒西東杜鵑聲裏春光
老零落桃花藉地紅

無絃不彈有曲誰聽匏土革木宮商自正家家千古
少林人也道九年傳此令

池陽何處得檞樸後代商量涉異途古人剛地成多
事試問如今會也無　許門遠

虎徑龍泉遶行嚴風樓霜倚鶴和杉誰人會得宗

師意扭轉乾坤好不㕘

魯祖見僧面壁此理何妨徑直時人更莫斟量秖者不勞心力中間或聞一類强言正是相爲非唯謾他古人亦乃困於上智會得祖師現前不會也難逃避　水明壽

南泉黑豆未生時喃喃終是洩天機休向未生全曉悟日出東方月落西

池陽面壁許誰知萬古孤峯對落暉纔見攢眉便回去早知不是丈夫兒　懶菴需

魯祖逢人面壁老大慵懶追隨後之㕘徒罔測一向打瓦鑽龜　水菴一

葉落江頭一望長幾莖喬木倚斜陽曾經巴峽猿啼處鐵作心肝也斷腸　簡堂機

背前面後揚家醜揭地洪音師子吼分付仙陀知不知法身午夜藏北斗

家財喪盡沒絲毫秖箇一身猶恨多却向池陽最深處殺人空手不持刀　石菴玿

無目仙人揣骨頭暗中摸索認王侯價高畢竟無人買冷却构欄懡㦬休　雪菴瑾

日暖佳人刺綉遲紫荊枝上囀黃鸝欲知無限傷春意盡在停針不語時　南叟茂

人來面壁成何事爭得心開見本源空劫已前諸佛子話頭不舉自然圓　橫川珙

魯祖因僧問如何是不言言師曰汝口在甚麼處曰某甲無口師曰將甚麼喫飯僧無語　洞山云他又不飢喫甚麼飯　雪竇云好劈脊便棒這漢開口了合不得合口了開不得　頌曰

得因失有是在非邊根源未斷枝派相連不言言口何在轉得身來難下載一帆風過洞庭湖對面須知已違背　月堂昌

唐州紫玉山道通禪師（嗣馬祖）因于頔相公問佛法至理乞師一言師曰若問須去情謂公曰便請師曰但問將來曰如何是佛師召于頔公應諾師曰更莫別求　頌曰

如何是佛更莫別求相隨來也四大部洲　月林觀

紫玉因于公一日問如何是黑風吹其船舫漂墮羅刹鬼國師曰于頔客作漢問恁麼事作麼于失色師指曰這箇便是黑風漂墮羅刹鬼國于作禮而謝　頌曰

就身打劫壯吾曹喚得賢侯智眼高忿色不知何處去珠回玉轉透雲袍

五臺山隱峯禪師（嗣馬祖）一日辭祖祖曰甚處去師曰石頭去曰石頭路滑師曰竿木隨身逢場作戲便去纔到石頭遂繞禪牀一帀振錫一下問是何宗旨頭曰蒼天蒼天師無語回舉似馬祖祖曰汝更去見他道蒼天蒼天便噓兩聲師又去一依前問頭乃噓兩聲師又無語歸舉似馬祖祖曰向汝道石頭路滑　頌曰

石頭路險人難到到者方知滑似苔兩度三回雖蹋倒滿身泥水又歸來

唱徹黃金縷重吹紫玉簫倚樓人不見風過樹頭搖

隱峯因南泉把淨瓶與師曰淨瓶是境你不得動著境與我將水來師將淨瓶傾水於泉面前休去　歸宗曰鄧隱峯也是亂瀉　頌曰

南泉特地指瓶隱峯便來瀉水兩人自不識羞掘地深埋自巳　照堂一

南泉不指淨瓶隱峯何曾瀉水從教打瓦鑽龜佛法不在這裏　鼓山珪

眼中無翳休挑刮鏡上無塵不用磨信脚出門行大路橫擔拄杖唱山歌

磁州馬頭峯神藏禪師（嗣馬祖）上堂謂衆曰知而無知不是無知而說無知　南泉曰恁麼依師道始道得一半　黃檗曰不是南泉駁他要圓前話　頌曰

從頭數到一二三倒數却成三二一直饒善會大衍筭掐指巡文數不出

潭州華林善覺禪師（嗣馬祖）裴相國訪師問曰師還有侍者否師曰有只是不可見客曰何妨師乃喚曰大空小空唯二虎自菴後出裴見之驚悚師語二虎有客且去二虎於是哮吼而去曰師作何行業感得如斯師提起數珠曰會麼曰不會師曰老僧常念觀世音　頌曰

常念觀音力伏猛獸道眼通明萬緣何有良哉大士時時舉手念茲在茲安樂長壽　龍門遠

新羅渤海豈乾此土月白風清三界獨步對境無心馴養有虎忽然提起數珠時誰識當陽第一機奇奇敵勝還他師子兒　南堂興

烏臼和尚（嗣馬祖）因玄紹二上座㕘師乃問二禪客發足甚處玄曰江西師便打曰久知和尚有此機要師曰汝既不會後面箇師僧秖對看紹擬近前師便打曰信知同坑無異土㕘堂去　頌曰

烏臼分明棒有眼這僧直是眼無筋假饒打著百千箇切莫將伊掛齒唇　照堂一

赤身挨白刃死中還得活一箭自迷踪萬車齊喪轍　鼓山珪

烈焰不容蚊蚋泊大海那堪宿死屍任是三頭并六臂望風無不竪降旗　徑山杲

鏌鎁在握當堂坐擬欲衝前便喪軀縱使機鋒如電

佛到頭未免病摟𪖐　懶菴需

（增收）烏臼問僧近離甚處曰定州師曰定州法道何似這裏曰不別師曰若不別更轉彼中去便打僧曰棒頭有眼不得草草打人師曰今日打著一箇也又打三下僧便出去師曰屈棒元來有人喫在曰爭奈杓柄在和尚手裏師曰汝若要山僧回與汝僧近前奪棒打師三下師曰屈棒屈棒曰有人喫在師曰草草打著箇漢僧禮拜師曰却與麼去也僧大笑而出師曰消得恁麼消得恁麼　頌曰

吽卽易道卽難互換機鋒子細看劫石固來猶可壞滄溟深處立須乾烏臼老烏臼老幾何般與他杓柄大無端　雪竇顯

相見不虛圖分明付與渠汝醉我扶起我倒汝相扶交互爲賓主相將入帝都高歌大笑九衢裏天上人間我唯爛

（增收）石臼和尚初參馬祖祖問甚處來師曰烏臼來曰烏臼近日有何言句師曰幾人於此茫然在曰茫然且置悄然一句作麼生師乃近前三步曰我有七棒寄打烏臼你還甘否師曰和尚先喫某甲後甘却回烏臼　頌曰

石臼發脚太遲馬祖開口太早十字街頭要錢須是打他栲栳

（增收）石臼因僧問如何是地藏手中珠師曰你手中還有麼曰不會師曰莫謾大衆復頌曰不識自家寶隨他認外塵日中逃影質鏡裏失頭人

頌曰

貪觀天上月失却手中橈石臼山下路歸計轉迢遞覿面光輝日拍手笑吾曹且道笑他箇甚麼爲人不得力　佛燈珣

喪盡自家寶何須問外塵萬緣俱照破方見本來人

（增收）本溪和尚　一日坐次龐居士至師纔顧視公以拄杖畫一圓相師近前踏却士曰與麼不與麼師亦畫一圓相士亦近前踏却師曰與麼不與麼士拋下拄杖而立師曰來時有杖去時無杖曰幸自圓成徒勞側目師撫掌曰奇哉奇哉一無所得士拈杖便行師曰看路看路

頌曰

龐子來兎子擲拳頭來脚尖趯子細點檢一場狼藉先賢爲榜樣今人爲法則莫學相似禪青天轟霹靂箇中若是惺惺漢餿飯殘羹誰肯喫　大圓智

起模畫樣弄精魂拂跡除蹤更見人行到水窮山盡處滿天雲散月華明

十九條平路終無一局同欲分先後手側目辨來蹤

各呈見解互逞機鋒石火莫及電光罔通拋下拄杖而立不同草草拈起拄杖便行亦豈匆匆者裏著得雙眼許你親見龐公　石溪月

（增收）本溪因龐公問丹霞打侍者意旨如何師曰老

老夫[illegible]見人長短曰爲我與師同參所以借問師曰若恁麼從頭舉來共你商量曰老老大大不可共你說人是非師曰念公年老曰罪過罪過　頌曰

一對鐵槌如綿團一雙烏鴉如白鶴忽然狹路相逢不免將錯就錯

（增收）亮座主　講經論因參馬祖祖問見說座主大講得經論是否師曰不敢曰將甚麼講師曰將心講曰心如工伎兒意如和伎者爭解講得師抗聲曰心既講不得虛空莫講得麼曰却是虛空講得師不肯便去將下階祖召曰座主師回首祖曰是甚麼師豁然大悟便禮拜曰這鈍根阿師禮拜作麼師曰某甲所講經論將謂無人及得今日被大師一問平生功業一時氷釋禮謝而退乃隱於洪州西山更無消息　頌曰

幾年錯謂將心講誰信虛空講似流驀喚回頭方瞥地西山一去絕蹤由　本覺一

馬師瞎却亮師眼一入西山更不返我有三十二篇條寄與山中這擔板　東山空

昨夜月初明柴門猶未閉猫兒捉老鼠引得狗兒吠

却是虛空解講經驢鳴狗吠一般聲郡樓昨夜鼕鼕鼓不是知音不解聽

弓弦難結鸑鷟紐御道那栽栗棘蓬堪笑香嚴饒舌老今年猶勝去年窮

却是虛空講得經雨花狼籍曉風清賺人深入西山後多少闍黎又錯聽

鎮州金牛和尚　每日自作飯供養衆僧至齋時舁飯桶到僧堂前作舞呵呵大笑曰菩薩子喫飯來　長慶因僧問古人撫掌喚僧喫飯意旨如何慶云大似因齋慶讚僧問大光未審慶讚箇甚麼光作舞僧禮拜光云這野狐精　東禪齊云古人自出手作飯舞了喚人來喫意作麼生還會麼祇如長慶與大光是明古人意別爲他分析今問上座每日持鉢掌盂時迎來送去時爲當與古人一般別有道理若道別且作麼生得別來若一般恰到他舞又被喚作野狐精有會處麼若未會行脚眼在甚麼處

頌曰

白雲影裏笑呵呵兩手扶來付與他若是金毛師子子三千里外見誵訛　雪竇顯

拳中十指展縮自由菩薩喫飯莫笑金牛有意氣時添意氣不風流處也風流　地藏恩

金牛作舞也奇哉撫掌相招喫飯來若謂因齋成慶讚都盧笑殺老黃梅　佛國白

菩薩子喫飯來一喚令人眼豁開却憶上方曾打鼓親持鐵鉢詣天台

長連牀上猻屎尿三聖堂前狗吠春跳出金牛窠窟子月明照見夜行人　佛眼遠

（增收）襴衫席帽積塵埃柳巷花衢去復來拈得舊時拍板逢人偏愛舞三臺　佛心才

繇來線去分明過與若不相諳如何驗取因齋慶讚和泥土踏襲只言呈作舞野狐精七星利劍血長鯨

堂前事事已辦只欠開口喫飯一飽能忘百飢說甚因齋慶讚識得當面主人翁眉毛夾定遮雙眼　佛鑑勤

鐘鼓聲聲已喚齋堂前作舞老公家雖然一鉢充飢困不覺牙生滿口沙　懶菴樞

（增收）鴆鳥落水魚鼈死毒龍行處草木枯坐中若有江南客休向人前唱鷓鴣

作舞金牛錯用心喚人喫飯笑忻忻黃金自有黃金價何必和沙賣與人

松山和尚　因與龐居士喫茶士舉槖子曰人人盡有分為甚麼道不得師曰秖為人人盡有所以道不得曰阿兄為甚麼却道得師曰不可無言也曰灼然灼然師便喫茶士曰阿兄喫茶為甚麼不揖客師曰誰曰龐公師曰何須更揖後丹霞聞乃曰若不是松山幾被箇老翁惑亂一上士聞之乃令人傳語霞曰何不會取未舉槖子時　頌曰

未提槖子已前衲子難為下嘴識得這箇靈苗不向黃泉作鬼不作鬼何准擬一拳拳倒黃鶴樓一踢踢翻大海水

七椀清風生兩腋一回舉著便惺惺相逢不用輕相揖須要當頭道姓名　正覺逸

（增收）松山與龐公見衆僧擇菜次師曰黃葉即去青葉即留士曰不落青黃又作麼生師曰道取好曰互為賓主也大難師曰却來此間強作主宰曰誰不與麼師曰是曰不落青黃就中難道師笑曰也解與麼道士珍重大衆師曰大衆放你落機處　佛鑑云龐公當時若下得一轉語方得話圓且道下得什麼語當時但道某甲亦放過長老蹉過處且道甚麼處是蹉過處諸人撿點得出麼若撿點不出山僧更與你註破乃頌曰

蹉過處甚分明無耳僧人子細聽但得白雲消散盡夕陽斜照數峯青

不落青黃道取好互為賓主也大難珍重衆僧便下去後回相見作何顏　大圓智

膠投漆水和乳一卷一舒全賓全主誰言不落青黃就中要人道取誰道取分付鑊湯熟蒸爛煮　佛性泰

（增收）則川和尚　因龐居士相看次師曰還記得見石頭時道理否曰猶得阿師重舉在師曰情知久參事慢曰阿師老老不啻龐公師曰二彼同時又爭幾許曰龐公鮮健且勝阿師師曰不是勝我秖欠汝箇幞頭士拈下幞頭曰恰與師相似師大笑而已　頌曰

初見石頭久參事慢阿師老老龐公鮮健一頂幞頭機鋒互換大笑呵呵風和日暖

（增收）則川與龐居士摘茶次士問曰法界不容身師還見我否師曰不是老僧洎答公話曰有問有答蓋是尋常師乃摘茶不聽士曰莫怪適來容易借問師亦不顧士喝曰這無禮儀老漢待我一一舉向明眼人師乃拋却茶籃便歸方丈

雪竇云則川只解把定封疆要且不能同死同生當時好與擒下幞頭誰敢喚作龐居士　頌曰

相逢相識謾相邀碧水溪深隔斷橋無限說辭殊不聽急為門戶更徒勞　保寧勇

二老機關誰共委幞頭擒下髮鬖鬖松山深不記來時路彷彿猿啼碧澗中　懶菴樞

二八佳人巧畫眉穿簾入戶意如癡空勞笑語相調戲白髮山翁背釆伊

（增收）則川一日在方丈內坐居士來見乃曰只知端居丈室不覺僧到參時師垂下一足士便出行三兩步却回師乃收足士曰可謂自由自在師曰我是主士曰阿師只知有主不知有客師喚侍者點茶士作舞而出　南堂興拈云好則川

（增收）[illegible]

亦好龐公看他兩作家恁麼相見如二龍玩寶兩無相傷所謂入林不動草入水不動波到這裏方知有自由自在分且道是什麼得恁麼靈驗　良久　復頌曰

衲子懷中寶文星袖裏珠夫子步亦步夫子趨亦趨

又頌曰

則川善唱居士能舞雲既從龍風亦從虎師子嚬呻象王回顧北斗藏身月宮趂兔踏破草鞋不移寸步樂行不如苦住富客不如貧主趁前退後說來端舞袖高歡却回去

【增收】忻州打地和尚（嗣馬祖）自江西領旨常晦其名凡學者致問唯以棒打地示之時謂之打地和尚一日被僧藏却棒然後致問師但張其口僧問門人曰秖如和尚每日有人問便打地意旨如何門人即於竈內取柴一片擲在釜中　頌曰

請問吾師皆打地問處雖殊理不殊古人總在斯門入早是慈悲曲爲渠　（般若柔）

紫府山前眞正宰柱杖常擎在手中南北問津無限衆唯將打地報盲聾　（汾陽昭）

棒棒打著地始信無虛棄秖見鑿頭方失却錐頭利　（虛堂愚）

端坐似無爲逢人却打地嚇得虛空神走入波斯鼻　（臨濟）

【增收】江西椑樹和尚（嗣馬祖）一日因道吾從外歸師問甚麼處去來曰親近來師曰用撥這兩片皮作麼曰借師曰他有從汝借無作麼生曰秖爲有所以借　後曹山聞舉乃云一子親得　頌曰

從來父子不相離石女何勞更問伊昨夜寒巖無影木白雲深處露横枝　（丹霞淳）

【增收】椑樹臥次道吾近前牽被覆之師曰作麼曰蓋覆師曰臥底是坐底是曰不在這兩處師曰爭奈蓋覆何曰莫亂道　頌曰

椑樹臥起道吾蓋覆一喝當頭掀翻路布　（溈悟勤）

相逢不相避箇裏聊游戲（提一喝）反天覆地　（大圓智）

【增收】石林和尚（嗣馬祖）見龐居士來乃竪起拂子曰不落丹霞機試道一句子士奪却拂子却自竪起拳師曰正是丹霞機曰與我不落看師曰丹霞患啞龐公患聾曰恰是師無語士曰向道偶爾　頌曰

擔東過西移前作後馬首千差佛面百醜

作家相見別無道理彼既搖頭此亦擺尾頭尾相應須存終始多少杜撰禪和一向撥波求水　（保寧勇）

【增收】潭州秀谿和尚（嗣馬祖）因谷山問聲色純眞如何是道師曰亂道作麼山却從東過西立師曰若不恁麼即禍事也山又從西過東立師乃下禪林方行兩步被谷山捉住曰聲色純眞事作麼生師便打一掌山曰三十年後要箇人下茶也無在師曰要谷山這漢作甚麼山呵呵大笑　頌曰

樓前巧燕雙雙語林上嬌鶯對對飛因看古人無義語等閑又得一聯詩　（佛鑑懃）

兩陣交鋒笑似嗔雙眉倒卓眼生筋谿山雲月誰爲侶南北東西絕近鄰　（晦堂心）

【增收】浮杯和尚（嗣馬祖）一日凌行婆來禮拜師與坐喫茶婆乃問盡力道不得底句分付阿誰師曰浮杯無剩語曰未到浮杯不妨疑著師曰別有長處不妨拈出婆斂手哭曰蒼天中更添冤苦師無語曰語不知偏正理不識倒邪爲人即禍生後有僧舉似南泉泉曰苦哉浮杯被這老婆摧折一上婆後聞笑曰王老師猶少機關在澄一禪客逢見行婆便問怎生是南泉猶少機關在婆乃哭曰可悲可痛一罔措婆曰會麼一合掌而立婆曰伎死禪和如麻似粟一舉似趙州州曰我若見這臭老婆問教口瘂一曰未審和尚怎生問他州便打一曰爲甚麼却打某甲州曰似這伎死漢不打更待幾時連打數棒婆聞却曰趙州合喫婆手裏棒後僧舉似趙州州哭曰可悲可痛婆聞此語合掌歎曰趙州眼光爍破四天下州令僧問如何是趙州眼婆乃竪起拳頭僧回舉似趙州州作偈曰當機覿面提覿面當機疾報汝凌行婆哭聲何得失婆以偈答曰哭聲師已曉已曉復誰知當時摩竭國幾喪目前機　頌曰

掌內摩尼曾不顧誰能護惜娘生褲浮杯不會老婆禪直至如今遭點污　（徑山杲）

電光石火尚猶遲伎死禪和那得知轉面回頭擬尋討夕陽已過綠梢西

眼光爍破四天下婆子拳頭無縫罅當機覿面事如何猛虎春梁誰解跨

動絃別曲葉落知秋擬議不來休休休休　（西巖惠）

行婆能擊塗毒鼓遠近聞之皆膽怖唯有南泉與趙州同死同生殊不顧阿呵呵伎死禪和不奈何　（佚）

年少行藏獨倚樓一家女子百家求只因不入浮杯網對鏡看看白盡頭　（笑翁堪）

【增收】潭州龍山和尚（亦云隱山）（嗣馬祖）洞山與密師伯經由見溪流菜葉洞曰深山無人因何有菜隨流莫有道人居否乃共議撥草溪行五七里間忽見師羸形異貌放下行李問訊師曰此山無路闍黎從何處來洞曰無路且置和尚從何而入師曰我不從雲水來曰和尚住此山多少時耶師曰春秋不涉曰和尚先住此山先住師曰不知曰爲甚麼不知師曰我不從人天來曰和尚得何道理便住此山師曰我見兩箇泥牛鬭入海直至于今絕消息　頌曰

泥牛入海無消息天上人間何處覓謂言春去秋復來步步乘騎得渠力　（保寧勇）

撥草瞻風海上遊海山深處葉隨流相將行到水窮

處果見厖眉老比丘這比丘冷啾啾清風爲線明月爲鈎一合乾坤作釣舟孤峯絕頂垂綸坐不風流處也風流　虛堂典

眼目高低鼻孔橫淺深輕重不多爭較蝨蠆上挨肩入鷺鷥牙根借路行便把長河攪酥酪敢將粟柄作禾莖隱山未是潛身處出沒任他烏兎更

禪宗頌古聯珠通集卷第十三

禪宗頌古聯珠通集卷第十四

宋池州報恩光孝禪寺沙門法應集
元紹興天衣萬壽禪寺沙門普會續集

祖師機緣

六祖下第三世之五　南嶽下第二世之餘

襄州龐蘊居士見馬祖　初謁石頭乃問不與萬法爲侶者是甚麼人頭以手掩其口豁然有省後叅馬祖問曰不與萬法爲侶者是甚麼人祖曰待汝一口吸盡西江水即向汝道士於言下頓領玄旨　頌曰

一口吸盡西江水萬古千今無一滴要知儻理不儻親馬祖可惜口門窄　白雲端

風吹日炙露屍骸泣問仙人覓地埋恐俊不禁多口老陰陽無處可安排　[illegible]

吸盡西江向汝道馬師家風不草草截流一棹破烟寒天水同秋清渺渺　天童覺

一口吸盡西江水洛陽牡丹新吐蘂簸土揚塵勿處尋擡眸撞著自家底　五祖演

一口吸盡西江水道頭便合自知尾可憐龐老馬大師相逢對面千萬里　佛鑑懃

一口吸盡西江水大師也是不得已偶被龐公借問來盡力道得只如此　文殊道

借問乾坤獨步人全提分付太言親西江吸盡無涓滴誰解喉門鎖要津　石門易

一口吸盡西江水鷓鴣啼在深花裏自有知音笑點頭其來不入聾人耳　寶峯照

一口吸盡西江水嶺上桃華香撲鼻枝枝葉葉盡含春也是因我得禮你　高菴悟

大海波濤闊小人方寸深海枯終見底人死不知心　鼓山珪

一口吸西江通身不隱藏聖凡不到處頂上放祥光　楚安方

【增收】一口吸盡西江栗棘壓殺老龐當陽若也吞得管取海內無雙　圓悟勤

一口吸盡西江水涓滴不留洪浪起駒兒自是不尋常嘶風弄影斜陽裏　白楊順

一口吸盡西江馬駒踏殺老龐不用燒錢引鬼自然安怙家邦　尼無著總

吸盡西江今古無雙及第歸也本身娃龐　典牛游

龐公執謂問頭親馬祖言猶泥齒唇吸盡西江禁不住嶮崖句裏笑翻身　水菴一

一口吸盡西江水碓觜生花猶未已葉葉枝枝垂雨露須彌藏在針鋒裏　大[illegible]明

一口吸盡西江水龐老不曾明自已爛醉如泥膽似天肇懸茶瓶三隻觜　松源岳

啗咀哩㗭啗咀哩智開口動舌是甚滋味[illegible]你莫癡　簡堂機

西江一吸了無餘哭出堂堂大丈夫盡道世間胡鬚赤誰知更有赤鬚胡　密菴傑

秤鎚搦出油開言長語休腰纏十萬貫騎鶴上揚州　匄堂仁

淨躶躶赤灑灑沒可把啱可知禮也　崑菴仲

一口吸盡西江水千手大悲提不起碓觜生花春晝長狸奴白牯皆歡喜　普菴王

一著高一著一步闊一步馬駒踏殺人住住住住住　枯禪鏡

【增收】居士見丹霞霞作走勢士曰猶是拋身勢作麼生是嚬呻勢霞便坐士向前以拄杖畫箇七字於下畫箇一字曰因七見一見一忩七霞便起去士曰更坐少時猶有第二句在霞曰向這裏著語得麼士遂哭出去　頌曰

因七見一見一忩七月在中央天無四壁十方虛空掃蹤滅跡通身是口說不出青黃碧綠亂搽抹　南堂興

因七見一尋蹤訪跡見一忩七青天白日第二句中因囚得吉掛劒虛堂歸去來忠義之言難可失哀哀哀　方菴顯

【增收】居士訪丹霞於霞前立少時便出去霞不顧士却來坐霞却來士前立少時便歸方丈士曰汝出我入未有事在曰者老翁出出入入有甚了期士曰略無些子慈悲曰引得箇漢到這田地士曰把甚麼引霞拈起居士幞頭曰恰似一箇師僧士拈幞頭安霞頭上曰恰似一箇俗人霞應喏三聲士曰猶有些子氣息在霞拋下幞頭曰大似箇烏紗巾士亦應喏三聲師曰昔時氣息爭解忩得士彈指三下曰動天動地　頌曰

一出一入徐行款步庠序威儀風流俏措互換誰分僧俗禮義於茲富足　正覺逆

丹霞與龐公終日用神通是處游歷盡全身徧界中千峯勢到岳邊止萬派流歸海上[illegible]　大圓智

燒木佛老有甚心肝貪水離翁家破人殘相追相逐相激相歡難倚天長劒兮射斗光寒攪海蒼龍兮不觸波瀾看看家家有路透長安　南堂興

【增收】居士見丹霞來遂不語亦不起霞乃提起拂子士便拈起槌子霞曰只與麼別更有在士曰此回見師不似於前日不妨減人聲價士曰本來要折倒汝一上曰與麼則啞却天然口去士曰汝啞却本分猶累我啞却霞擲下拂子便行士召然闍黎霞不顧士曰不唯患啞兼亦患聾

頌曰

丹霞初訪龐公曰覿面分明竟不言竪拂只因無外
物拈槌何別有天然回頭恁啞具兼實拂袖如聾外
復玄欲得會師相見處石人行處笑喧喧　般若柔
古人覿面機相見無可道竪拂有丹霞拈槌是龐老
龜毛逐語斜兎角隨意側恁啞仍恁聾分明好更好
汾陽昭
動絃別曲葉落知秋聾盲槌拂彼此相酬有意氣時
添意氣不風流處也風流　全壽策
掛角羚羊亾氣息倚天長劍用無痕纖波不動寒蟾
影無限魚龍暗吐吞　正覺顯

增收居士因辭藥山山命十禪客相送至門首士乃
指空中雪曰好雪片片不落別處有全禪客曰
落在甚處士遂與一掌全曰也不得草草士曰
恁麼稱禪客閻羅老子未放你在曰居士作麼
生士又掌曰眼見如盲口說如啞　雪竇顯別
云初問但握雪團打復頌曰
雪團打雪團打龐老機關沒可把天上人間不自知
眼裏耳裏絕瀟灑瀟灑絕碧眼胡僧難辨別
龐公全提滴水滴凍藥山門客兩眼定動機不發時
一場困蔓本自天真阿誰辨別　眞淨文

全禪相送龐公正值滿天雪下片片不落別處可憐
有口如啞直饒握得成團鷂過新羅去也解道前路
善爲免得東打西打也大奇三年留客住臭待去時
飢　上方益
三尺寒光射斗牛鏌鋣提處鬼神愁蠻夷不識將軍
令誤入重圍血頸流　台父川
頭上漫漫脚下漫漫柱定卽易暫轉還難金剛寶劒
逼人寒不墮機鋒句外看　石溪月
增收雲居悟曰若有人問雲居落在甚麼處卽向伊
道落在雪裏大衆會麼　頌曰
落在雪裏不犯脚手釘觜鐵舌也難下口揮掌雪團
劈面來打著金剛腦背後
增收居士有偈曰有男不婚有女不嫁大家團欒頭
共說無生話　頌曰
收拾山雲海月情團欒鼻直眼眉橫龜毛拂子兎角
杖敲得虛空嚗嚗聲　石溪月
春至花開秋後葉落父子團欒識甚好惡　枯禪鏡
不說是不說非揚眉瞬目好裏放癡父慈子孝無他
事渾家一味討便宜　尼閑林英
男兒懶惰女無良多口翁翁快口娘討盡便宜不知
足何曾有箇會無生　開福寧
增收居士偈曰十方同聚會箇箇學無爲此是選佛
場心空及第歸　頌曰
幞頭塵土靴襴破選佛場中無兩箇若道心空及第
歸頂上一槌難放過　佛慧泉
風月山川共一家誰來語下定龍蛇太白不曾登佛
殿筆頭昨夜自生花　心聞賁
喪盡生涯賣笊籬白拈火裏討便宜看來伎倆只如
此也道心空及第歸　佛照光

居士一日曰難難十石油麻樹上攤婆應聲曰
易易百草頭邊祖師意靈照曰也不難也不易
飢來喫飯困來睡　頌曰
口子喃喃略不休把却笊籬做火遊有箇女兒不肯
嫁他年定作老丫頭　梅谷柜
寃家復寃家面面咸相覷品弄沒絃琴清聲播千古
夏菴觀
居士以家業盡投湘水女子靈照日將笊籬鬻
於市中　頌曰
髽角堆雲美態嬌笊籬數柄杖頭挑入廛寧可無人
問撞著行家定不饒　劍石本
爺將活計沉江水累汝沿街賣笊籬不是家貧遭子
苦此心能有幾人知　無際派
父既心空及第歸女兒依樣畫蛾眉一家只了一家
事那得閑錢買笊籬　無量壽
居士因賣竹漉籬下橋喫樸女子靈照一見亦
去爺邊倒士曰你作甚麼女曰見爺倒地某甲
相扶士曰賴是無人見　頌曰
憐兒不覺笑呵呵却於中路碾泥沙黃龍老漢當時
見一棒打殺者寃家　黃龍南
居士倒地靈照扶起乞兒伎倆討甚巴鼻　應菴華
孝順藏五逆人前醜莫遮今生親骨肉夙世惡寃家
南叟茂
龐公倒地靈照扶起至今幾百年淸風猶未已猶未
巴東海鯉魚千尺觜　巴菴深
居士坐次問靈照曰古人道明明百草頭明明
祖師意如何會照曰老老大大作這箇語話士
曰你作麼生照曰明明百草頭明明祖師意士
乃笑　頌曰
萬里無雲銀漢橫大方玄路等閑行阿爺智量世希
有女子圓光頂顖生　或菴體

龐老家聲千古在說難說易互相酬就中靈照較些
子祖意分明百草頭　成首座
居士將入滅謂靈照曰視日早晚及午以報照
遽報日巳中矣而有食也士出戶觀次靈照卽
登父座合掌坐亾士笑曰我女鋒捷於是更延
七日　頌曰
家有全棚樂新翻調不同分明恨離別却是喜相逢
西巖惠
一棚戲舞渾家樂鼓樂喧天恣擴掇戲衫卸下許誰
知無端笑倒黃番綽　北海心

居士臨示寂州牧于公頔問疾次士謂之曰但願空諸所有愼勿實諸所無好住世間皆如影響言訖就枕公膝而化　頌曰

欲識窮源處何人爲指迷夕陽鷄犬外桃李自成谿　虛堂愚

龐婆入鹿門寺作齋維那請疏意回向婆枯梳子插向髻後曰回向了也便出去　頌曰

龐婆移轉髻邊梳一段風流舉世無萬事便將公道斷維那不用筆頭書

維那對衆要宣揚返被婆婆笑一場挈轉牙梳重話

欛相逢猶更錯商量　歎堂定

六祖下第三世之六　青原下第二世之一

澧州藥山惟儼禪師　嗣石頭　師辭馬祖返石頭一日在石上坐次頭問曰汝在這裏作麼師曰一切不爲曰恁麼即閑坐也師曰若閑坐即爲也曰汝道不爲且不爲箇什麼師曰千聖亦不識頭以偈讚曰從來共住不知名任運相將秖麼行自古上賢猶不識造次凡流豈可明　頌曰

玄微及盡本條然若謂渠閒萬八千月印澄江魚不見釣人何必更拋竿　卍庵顏

任運不知名輕輕著眼聽水上青青綠元來是浮萍　上祖演

擺撥佛祖縛曠然繩墨外一物亦不爲縱橫得自在古鑑臨臺明辨去來金槌影動樹花開任運相將不可陪法雲隨處作風雷　圜悟勤

行行月冷風高步步山寒水深逢人披肝露膽見義劈腹剜心　瞎堂遠

石頭打草要蛇驚密叢玄機絕衆情迅馬追風須辦的報云千聖不知名　隱靜儼

平常閑坐與閑行橫上無心雲片橫觸境俱忘人不立從前日午打三更　雪巖欽

藥山首造石頭之室便問三乘十二分教某甲麤知嘗聞南方直指人心見性成佛實未明了伏望和尚慈悲指示曰恁麼也不得不恁麼也不得恁麼不恁麼總不得子作麼生師罔措曰子因緣不在此且往馬大師處去師稟命恭禮馬祖仍伸前問祖曰我有時教伊揚眉瞬目有時不教伊揚眉瞬目有時揚眉瞬目者是有時揚眉瞬目者不是子作麼生師於言下契悟便禮拜祖曰你見甚麼道理便禮拜師曰某甲在石頭處如蚊子上鐵牛祖曰汝既如是善自護持　頌曰

總不得太無端野老焉知天地寬直饒數到八九十冢山猶隔一重關　楊無爲

四海狼烟靜中原信息通罷拈三尺劒休弄一張弓　鼓山珪

好箇話端阿誰解舉舉得十分未敢相許　徑山杲

倒腹傾腸說向伊不知何故尚遲疑只今便好猛提取莫待天明失卻雞　葉牽晦

[illegible]俱鎖斷知誰深入到桃源行人只見一溪水流出桃花片片鮮　肯堂充

坐斷千峯路穿開碧落天那容問端的端的髑髏前　松源岳

恁麼不得總不得脫卻布衫赤骨律劈頭一搭忽翻身便見口開并眼白　雪菴瑾

一重山了一重雲行盡天涯轉苦辛驀劄歸來屋裏坐落花啼鳥一般春　虛堂愚

剖盡枯腸衮盡機通身不掛一毫絲清風步步隨身轉明月誰分上下池　高峯妙

藥山侍奉馬祖三年一日祖問子近日見處作麼生師曰皮膚脫落盡唯有一眞實曰子之所得可謂協於心體布於四肢既然如是將三條篾束取肚皮隨處住山去師曰某甲又是何人敢言住山祖曰不然未有常行而不住未有常住而不行欲益無所益欲爲無所爲宜作舟航無久住此　頌曰

師資會遇意非輕脫落皮膚轉不親三篾束來成話欛至今錯認定盤星

藥山因僧問如何是道中至寶師曰莫諂曲曰不諂曲時如何師曰傾國不換　頌曰

道中有至寶濟世無倫匹藥嶠發深藏唯云不諂曲不諂曲傾國相酬未相直壁立萬仞此心眞不必當來問彌勒　圜悟勤

直如絃瑩如玉露膽傾心更無迂曲直饒徧地黃金未免易之不得易不得南海波斯而如墨　[illegible]

藥山久不陞堂院主白云大衆久思和尚示誨師曰打鐘著衆纔集師便下[illegible]丈[illegible]隨後問曰和尚既許爲大衆[illegible]一言不措師曰經有經師論有論師爭怪得老僧　[illegible]

藥山老應病藥請上堂椎鍾著一丸不再愈顛狂孤負金仙換骨方　[illegible]

家法簡嚴非一非三月來明湛水雲退路寒嚴眞機自得妙處誰參不是文殊白槌後也應千古屈瞿曇　天童覺

明珠一顆價難酬不是知音便暗投翻笑藥山空費力水清魚現不吞鉤　[illegible]

誰云藥嶠不陞堂日日相逢爲衆揚獨耀無私當

顯露莫將無語錯商量　成枯木

擬兒刻意止啼錢良駟追風顧影鞭雲掃長空巢月鶴夜寒入骨不成眠　天童覺

明修棧道暗度陳倉絲毫不犯總教滅亾　[illegible]室鳳

鋪席宏開見也麽買人何似看人多十成好箇吹毛劒只作陶家壁上梭　無準範

鐘鳴衆集歸方丈苦殺當頭請法人法法本來無一法若言無法法纏身　橫川珙

〔增收〕藥山坐次僧問兀兀地思量什麽師曰思量箇不思量底曰不思量底如何思量師曰非思量　頌曰

兀兀地思量無可得思量無可思量處眞箇好思量大庾嶺頭逢六祖鰲山店上見曾郎　無準範

〔增收〕藥山一日因遵布衲浴佛乃曰這箇從汝浴還浴得那箇麽曰把將那箇來師乃休　長慶云邪法難扶　玄覺云且道長慶恁麽道在賓在主　東中喚作浴佛語亦曰叢林語月道盡善不盡善　頌曰

要將惡水驀頭澆引得清風動寂寥無限藥山猶不得香松修竹冷蕭蕭　塗毒策

一番雨過一番晴驀眼已開桑眼青鶻鳩樹頭啼不已百古黃鸝相共鳴　悔菴愷

〔增收〕藥山書佛字問道吾是什麽字曰佛字師曰多口阿師　頌曰

道吾忽爾見先師問字開拳顯妙機對佛是眞眞是佛藥山爲破肚中疑　汾陽昭

藥山此問實堪嗟啐啄同風不易誇問佛須知呈妙旨多因於此現空花　延壽慧

藥山手中書佛字問他端爾要心開只將佛字爲酬對元是曾持五戒來　橫川珙

〔增收〕藥山夜參次不點燈師垂語曰我有一句子待特牛生兒即向你道時有僧曰特牛生兒也何以不道師曰把燈來把燈來其僧退入衆　雲巖舉似洞山山曰這僧却會秖是不肯禮拜

頌曰

犢牛生子額相諳兩眼通紅色似藍把火照來無覓處大家普請一時參　龍門遠

藥山看經有僧問和尚尋常不許人看經爲什麽却自看師曰我只圖遮眼曰某甲學和尚還得也無師曰若是汝牛皮也須看透　長慶云眼有何過　玄覺云且道長慶會藥山意不會藥山意　頌曰

徹底更何疑覷穿會者稀叮嚀由什嘱句句是玄機

門前自有千山月室內都無一點塵貝葉若圖遮得眼須知淨地亦迷人　成枯木

遮眼誰同藥嶠看牛皮穿透骨毛寒五湖四海知多少字密行踈總一般

〔增收〕藥山不許衆看經自是時人眼不明常持經卷去來者學師遮眼不惺惺　石門

看破牛皮徹底穿到頭無義亦無文闍伊遮得何人眼梵語唐言總不分　天目禮

你若學他看牛皮眞箇穿長年橫案上字義自然圓　橫川珙

〔增收〕藥山謂雲巖曰與我喚沙彌來曰喚他來作甚麽師曰我有箇折脚鐺子要他提上挈下曰恁麽則與和尚出一隻手去也師便休　頌曰

藥山道頭雲巖知尾雖然頭尾相稱要且不識羞耻　應菴華

登要共出一隻手只教喚著沙彌來鐵鐺無脚又無耳增下春深薺葉開　橫川珙

藥山一日坐次道吾雲巖侍立師指案山上枯榮二樹問吾曰枯者是榮者是吾曰榮者是師曰灼然一切處光明燦爛去又問巖枯者是榮者是巖曰枯者是師曰灼然一切處放教枯淡去高沙彌忽至師曰枯者是榮者是曰枯者從他枯榮者從他榮師顧道吾雲巖曰不是不是　頌曰

落霜黃葉作金錢凝騃啼兒見喜歡捉得獻娘俱道好不知誰是陋侗儱

一枝榮一枝枯中心綠葉更扶疎黃鶯任解千般語免得傍人彈子無

抹粉塗坏復裝幽出行王綠牽抽鼓皮打破曲吹徹收拾大家歸去休

說盡榮枯轉見難沙彌平陸語言端老僧逕指猿啼處雲散千空月色寒

雲巖寂寂無窠臼燦爛宗風是道吾深信高禪知此意閑行閑坐任榮枯　草堂清

藥山用處少人扶堪笑雲巖與道吾猶向榮枯生解會豈知濟闊倒騎驢　楚安方

年老心孤笑藥山閑將諸子坐心還從頭細問榮枯事鼻孔元來總一般

〔增收〕三三兩兩不相同攜手行行入草中撥轉脚頭穿綉履何妨朧月鼓春風

〔增收〕藥山因僧問平田淺草麈鹿成羣如何射得麈中主師曰看箭僧放身便倒師曰侍者拖出這死漢僧便走師曰弄泥團漢有甚麽限　頌曰

麈中主君看取下一箭走三步五步若活成麈趁虎正眼從來付獵人師高聲云看箭　雪竇顯

平地羲鐵騎弓矢不開張好箇麈中主穿心向路傍

佛心才

猨人有神箭射得塵中王箭下便承當跳出曹溪路翻身踏著上頭關敵勝驚羣嘗爾間　圓悟勤

馬駒出廐騰猶軟鳳子離巢力尚微生就玉蹄千里去養成金翅九霄飛　佛鑑懃

藥山一日齋時自打鼓高沙彌捧鉢作舞入堂山便拋下鼓槌曰是第幾和曰第二和師曰如何是第一和高就桶内舀一杓飯便去　頌曰

一般打鼓并作舞與你諸方事不同歷歷正聲霄漢外且非數目落寰中　汾陽昭

父子相投氣味同擊盂打鼓展家風雖然百味般般有爭奈風吹別調中　成枯木

聲鼓拈槌第二籌鉢盛香飯飽還休東風扇後韶光美別岸垂楊弄翠柔　雪峯祖

〔增收〕鄧州丹霞天然禪師　嗣石頭　叅石頭執役三載忽一日頭告衆曰來日剗佛殿前草至來日大衆諸童行各備鍬钁剗草獨師以盆盛水沐頭於頭前胡跪頭見而笑之便與剃髮又爲說戒師乃掩耳而出　頌曰

石頭剗草驗英豪懵懂丹霞眼不高若解轉身行活路至今應不累兒曹　谷源道

丹霞於慧林寺遇天寒取木佛燒火向院主訶曰何得燒我木佛師以杖子撥灰曰吾燒取舍利曰木佛何有舍利師曰既無舍利更取兩尊燒主自後眉鬚墮落　頌曰

古巖苔閉冷侵扉飛者驚危走者迷夜深寒襲汀洲火失曉漁家忙自疑　投子青

雪擁崑扉凍不春一尊木佛劈爲薪眼睛動處眉毛落猶謗如來正法輪　張無盡

老倒丹霞燒木佛院主眉鬚剛突出罪過從來作麼當誰道千虎不博實　佛燈珣

覿面難藏向上機家風千古爲人施銀山鐵壁重重透賴有丹霞院主知　竿文方

〔增收〕横行私路乍赴公筵幞頭脚短腰帶夸圓不是伴郎來勸酒誤他年少覓青氊　月堂昌

丹霞燒却木佛院主眉鬚墮落普天帀地人知院主當頭不覺本是醍醐上味爭奈反成毒藥果報自家擔當罪因却是他作叢林浩浩商量未免情識卜度却慮一箇自巳直下不須推托更問如何若何要且無繩自縛　圓悟勤

彭祖八百乞延壽秦皇登位更求仙昨向天津橋上過石崇猶自送窮船　文殊道

丹霞寒燒木佛院主因禍得福可憐杜撰巡官秪管胡卜亂卜　應菴華

丹霞燒木佛院主眉鬚落彎弓射蔚遲須是金牙作　無相範

荒院天寒燒木佛一堆紅焰對枯床渾身終夜烘烘暖罪過難教院主當　橫川珙

丹霞一日訪龐公見女子取菜次師曰居士在否女放下菜籃斂手立師又問居士在否女便提籃去師回須臾公歸女舉前話公曰丹霞在麼曰去也公曰赤土塗牛妳　頌曰

丹霞一問女子斂手擬議之間鳥飛兎走何人證明菴中野叟赤土塗牛不談子醜　妙高臺王

露頭露面便相酬慣出人前不怕羞自是奴奴肌骨好不施紅粉也風流白面郎從來門戶恰相當可憐赤土塗牛妳打死鑽龜亂度量　上方益

淡薄衣裳取次粧放籃斂手自無良老龐猶更多愁在不到奴奴漏泄香　張無盡

〔補收〕作者相逢用處親携籃歸去意深深雲收雨散江天淨一曲漁歌過遠村　妙峯善

爺頑賴見還債徹底老婆心赤土塗牛妳　北磵簡

人前賣俏最風流一釣無端便上鈎縱使萊籃提得去奈何覆水巳難收　笑翁堪

放行把住護周遮一段風流出當家不是當年漆桶破爭能撒土又抛沙　蓮華會

擕問居士在否放下籃兒斂手咄哉一對冤家獨許龐公知有　退菴奇

當風殢臭氣一箇豆娘兒薰得行人走衝爺鈸斷眉　西巖惠

嘮嘈口觜是丹霞欲袂携籃巳答他要得家私無漏泄歸來莫說與爺爺　開極雲

〔增收〕丹霞問僧甚處宿曰山下宿師曰甚處喫飯曰山下喫飯師曰將飯與闍棃喫底人還具眼也無僧無對　長慶問保福將飯與人喫感恩有分爲甚麼不具眼福云施者受者二俱瞎漢慶云盡其機來又作麼生福云道某甲瞎得麼玄覺徵云且道長慶明丹霞意爲復自用家財　頌曰

盡機不成瞎按牛頭喫草四七二三諸祖師寶器持來成過咎過咎深無處尋天上人間同陸沉　雪竇

〔增收〕丹霞問龐居士昨日相見何似今日曰如法舉昨日事來作箇宗眼師曰秖如宗眼還著得龐公麼曰我在你眼裏師曰某甲眼窄何處安身曰是眼何窄是身何安師休去士曰更道取一句便得此話圓師亦不對士曰就中這一句無人道得　頌曰

是眼何窄是身何安昨日今日事無兩般淮南兩浙秋熱春寒會得也太奇端三十年後莫受人謾　佛鑑懃

昨日今朝事不同一番寒雨一番風太平基業分明在溪澗河源總向東　上方益

基逢敵手著還新得意難藏服裏身局罷不知何處去空山惆悵爛柯人　上方岳

昨日與今日同中却不同獰龍攪滄海俊鶻摩青空宗眼明如日機輪疾似風丹霞回首處徧界覔無蹤　石溪月

增收　丹霞一日手提數珠居士近前奪却曰二彼空手即休師曰妬忌老翁不識好惡曰提師公案未著後回終不恁麽師曰咄咄曰吾師得人怕師曰猶少棒在曰年老喫棒不得師曰不識痛痒漢打得也無益曰也無接引機關在師拋下數珠而去曰賊人物終不敢收師回首呵呵大笑士曰這賊敗也師近前把住曰更不諱得士與一掌　頌曰

龐老無風起浪丹霞浪起風生迅雷奔電迥遑逕虎驟龍爭引水插田博飯居山火種刀耕雨散雲收日出信步東行西行　南堂興

禪宗頌古聯珠通集卷第十四

禪宗頌古聯珠通集卷第十五

宋池州報恩光孝禪寺沙門法應集

元紹興天衣萬壽禪寺沙門普會續集

祖師機緣

六祖下第三世之餘　清源下第二世之餘

潮州靈山大顛寶通禪師嗣石頭　韓文公一日相訪問師春秋多少師提起數珠曰會麼曰不會師曰晝夜一百八公不曉遂回次日再來至門前見首座舉前話問意旨如何座扣齒三下及見師理前問師亦扣齒三下公曰元來佛法無兩般師曰是何道理曰適來問首座亦如是師乃召首座是汝如此對否曰是師便打趂出院　頌曰

解展機鋒是大顛明知不是小因緣一般扣齒叢林興出院韓公始得閒　汾陽昭

宗師一等展家風盡情施設爲韓公師子窟中無異獸象王行處絕狐蹤　黃龍南

潮者如山觀者如市本分弄潮人出沒如遊戲可憐不是弄潮人往往須向潮中死　海印信

一步纔行兩步移門前驚起鳳凰兒栖蹤不在梧桐樹寥鳥東西空繞枝　保寧勇

問來歲數數珠呈百八循環意甚明底事如何觸風化潮陽從此令嚴行　照覺總　二

文公問處無多子大顛直答豈千差首座若教能返鄉當時二老亦離家　佛國白

佛法無別好商量門前扣齒便承當一般出院難分雪疑殺唐朝韓侍郎　石帆衍

[補收] 一串摩尼覿面當機關却首座疑殺昌黎弄盡許多窮伎倆春秋元自不曾知牙齒唇皮包不過吾家密事俗人知首座出院未爲過長老罰油方合宜　橫川珙

[增收] 大顛因韓文公至白師曰弟子軍州事繁佛法省要處乞師一語師良久公罔措時三平爲侍者乃敲禪床三下師曰作麼平曰先以定動後以智拔公乃曰和尚門風高峻弟子於侍者邊得箇入處　頌曰

徑截之言問大顛文公良馬暗窺鞭斂手三平加智拔中霄雲散月當天　大洪遂

省要之言伸一問宗師遽坐不輕酬無端醉後添盃酒惱亂春風卒未休　枯禪鏡

將軍宴坐碧油幢凜凜威風冷似霜却把機關輕漏泄至今千古錯商量　北海心

事繁求省要省要事頻繁縱得三平老文公只姓韓　西巖惠心

[增收] 大顛因韓文公問如何是佛師曰看　頌曰

宗師一等展家風盡情施設與韓公師子窟中無異獸象王行處絕狐蹤　黃龍南

轟然如雷豁然如電非青非黃非見不見兎角杖龜毛拂萬法宗千聖骨卽處分明千百億何必釋迦又彌勒　佛鑑懃

潭州長髭曠禪師嗣石頭　師初往曹溪禮祖塔回參石頭頭問甚處來師曰嶺南來曰嶺頭一尊功德成就也未師曰成就久矣秖欠點眼在曰莫要點眼麼師曰便請頭乃翹一足師禮拜頭曰汝見箇什麼道理便禮拜師曰據某甲所見如紅爐上一點雪　玄覺云且道長髭具眼秖對不具眼秖對若具眼爲甚麼請他點眼若不具眼又道成就久矣且作麼生商量　法燈代云和尚可謂眼昏　頌曰

一嶺大悲千手眼十分圓就未開光君看筆下神機現更有靈蹤在上方　保寧勇

長髭未向嶺南來功德圓成眼巳開珍重善財回首處文殊元不下樓臺　[illegible]

撥草瞻風到石頭開山重壘路迢迢嶺頭功德圓成久一點紅爐雪未消　草堂清

這鋪功德自何來垂足濟機孰可猜點雪分明休指注木人心眼自然開　禾山方

圓光皎皎耀寒虛妙手丹青畫不如當日石頭輕點破至今赤土亂塗糊　普融平

嶺頭功德眼俱足等閑垂紅爐一點雪直下廓亾依　天章覺

國手精奇老石頭毫端點出佛雙眸破繩床上閑垂足兩道神光夜不收　張無盡

大庾嶺頭功德成設言點眼訪知音紅爐片雪明端的象外風光照古今　陳山如

[補收] 紅爐一點雪知音聻不聻龜毛扇子扇泥牛一點血　五祖演

一足垂來親點眼嶺頭功德巳圓成長髭只怕精神露卻指紅爐片雪輕　心聞賁

南嶽峯前老石頭鋒兒何事不知羞爲人點眼長伸腳直至而今傾不收　雪巖欽

[增收] 長髭因李行婆來乃問憶得在絳州時事麼曰非師不委師曰多虛少實在曰有甚諱處師曰念你是女人放你拄杖曰某甲終不見僧宿過師曰老僧過在甚處曰和尚無過婆豈有過師曰無過底人作麼生婆豎拳曰與麼總成顛倒師曰實無諱處　頌曰

長髭李行婆相見打破鍋彼此兩無失是非轉更多大圓若見伊掃蕩葛藤窠擧動叅學者休咳咳嚜嚜　大圓智

長髭解接無根樹婆子能挑水底燈燈爛樹生眞可
笑佳聲千古播乾坤諱得麼　方菴顯
〔增收〕長髭有僧爲點茶三巡後僧問不負從上諸聖
如何是長髭第一句師曰有口不能言曰爲什
麼有口不能言師乃頌云石師子木女兒第一
句諸佛機言不得也大奇直下是吳狐疑　良久
云是第一句第二句曰不一不二師曰見利忘
錐猶自多在僧禮拜師拈起盞子曰直下不負
從上諸聖曰直指人心見性成佛又作麼生師
放下盞子便歸方丈僧隨後入師翹一足曰大
地不容針汝從何處來曰直是維摩也緘口不
得師曰偶爾之間又逢猛虎僧便作虎聲師以
拄杖作亞鎗勢僧却把住曰大地不容針何處
得這箇來師曰不但維摩文殊也緘口不得曰
著箭虎不可當師與一掌推出方丈　頌曰
是精識精是賊識賊猛虎驚蛇釋迦彌勒觀音勢至
寒山拾得一盞清茶古今規則　南堂興
一句兩句葛藤略布維摩文殊緘口無處暗藏鋒
射中猛虎一掌相酬猶帶後素　方菴顯
第一句言不及見利忘錐何得何失拈起放下翹足
而立文殊維摩鎗箭交擊果不可當一掌推出縱是
舜若多神額頭也須汗出　石溪月
〔增收〕鳳翔府法門寺佛陀禪師嗣石頭尋常持一串
數珠念三種名號曰一釋迦二元和三佛陀自
餘是甚麼椀躂丘乃過一珠終而復始事迹異
常時人莫測　頌曰
三種佳名一箇過邀君把手上高坡時人自沒登山
刀空負當年一曲歌　佛燈珣
〔增收〕澧州大同普濟禪師嗣石頭因僧問如何是本
來人師曰共住不相識曰恁麼則禮拜去也師
曰暗爲愁腸寄阿誰　頌曰
共住同行世莫知幾人當面便逢伊縱饒紹續家門
者半是貧寒乞養兒　保寧勇
〔增收〕大同一日問龐居士曰是箇言語今古少人避
得只如龐公還避得麼曰諾師再舉前話曰什
麼處去來師曰非但如今古人亦有此語士作
舞出去師曰風顛老風顛老自過教誰檢　頌
曰
慣逐羊腸路相逢莫問津江山異今古風物逐時新
方菴顯
〔增收〕大同因龐居士來訪提起笊籬喚曰大同師大
同師師不顧士曰石頭一宗兎解冰消師曰若
不得龐公輩灼然如此士抛下笊籬曰寧教不
直一文錢師曰錢雖不直欠他又爭得士作舞
而退師乃提起笊籬曰龐公龐公士曰你要我
笊籬我要你木杓師作舞而退士撫掌笑曰歸
去來歸去來　頌曰
提起笊籬清風滿寰宇放下笊籬黃金如糞土可憐
兩箇老古錐相見何用同作舞　塗毒策
你愛我笊籬我愛你木杓主山巍峩高案山又峩嵳
居士大同師將錯便就錯歸去來兮天地寬一對鐵
槌何處著　瞎堂遠
普濟把定被龐公痛處一錐直得左轉右側前依後
隨笊籬提起處相呼作舞時若言依樣畫猫兒定把
黃金鑄子期　石溪月
〔增收〕大同因僧問十二時中如何合道師曰汝還識
十二時麼曰如何是十二時師曰子丑寅卯僧
禮拜師示頌曰十二時中那字別子丑寅卯吾
今說若會惟心萬法空釋迦彌勒從茲訣　頌
曰
十二時中別不別通身是口難分說東村王老暗咨
吁達磨西來有妙訣　佛鑑懃
十二時中時時別終日說兮未嘗說經行坐臥在其
中吾今直下爲君訣　圓智
子丑寅卯何曾別古人今人如是說喪盡靈臺一物
無佛祖分明爲秘訣　丹霞
識得子丑寅卯句應須繼紹此門風如王仗劒當堂
坐佛魔俱滅一時空　石溪月
六祖下第四世之一　南嶽下前第三世之二
潭州溈山靈祐禪師嗣百丈　一日侍立百丈問
誰師曰靈祐丈曰汝撥爐中有火否師撥曰無
火丈躬起深撥得少火舉以示之曰此不是火
師發悟禮謝陳其所解丈曰此乃暫時岐路耳
經曰欲見佛性當觀時節因緣時節既至如迷
忽悟如忘忽憶方省己物不從他得故祖師云
悟了同未悟無心亦無法只是無虛妄凡聖等
心本來心法元自備足汝今既爾善自護持　傳燈
次日同百丈入山作務丈曰
將得火來麼師曰將得來曰在甚處師乃拈一
枝柴吹兩吹度與丈丈曰如蟲禦木　頌曰
提起都來只一星豁然騰焰且大明連延野外猶難
救直得三年草不生　保寧勇
力士曾遺額上珠搜尋無處幾嗟吁傍人爲指珠元
在始覺平生用意麤　大洪遂
撥動寒灰火便明曉來山外尚熒熒堪嗟法眼堂前
客猶向南方問丙丁　上方益
大雄山下路逢長父子相將草裏行拈得枯柴呈是
火家私穩密自斟量門前幸有通津路信脚何妨步
夕陽四海五湖龍世界高梧脩竹鳳離鄉　佛燈珣
〔續收〕通身是口徧身是舌口欲談而不談舌欲說而不

說說不說瞥不瞥皎皎光明徧大千任從天下紛紛
說　古堂興
拈起枯柴吹兩吹應時星䨥亘天飛可憐癡坐闍
底面面相看總不知　高原泉
用盡工夫夜欲闌東挑西撥見還難驀然豆爆寒灰
裏便把柴頭作火看　別山智
重重何必逞風流箇事纔知便合休縱使見烟非是
火也須燒手更燒頭　寶葉源
根尋到底得星兒冷焰騰輝是此時拈一莖莖輕點
著不知燒殺五須彌　雪巖欽

溈山在百丈爲典座因司馬頭陀自湖南來尋
得一山名大溈是一千五百人善知識所居之
處丈曰老僧住得否曰彼是肉山和尚是骨人
若居徒不盈千觀典座可住得丈呼來說與時
首座聞得曰合當其去彼何人也丈乃告衆下
語出格者得遂拈淨瓶置地上設問不得喚作
淨瓶喚作什麼座曰不可喚作木突丈復問典
座座乃踢倒淨瓶而去丈笑曰首座輸却山子
也因命典座往住山即大溈圓祐禪師也果安
千衆　頌曰
定奪英雄是淨缾毫釐分處更無情太平本是將軍
致不許將軍見太平　照覺總
正令全提作者知淨缾拈起定狐疑須知大智無私
鑑解道溈山却屬伊　佛跡琪
淨缾踢處有來由自是行人不到頭須信春風生大
野不風流處也風流　兜率悅
百丈堂前定大溈金毛師子振全威淨缾踢倒還元
化千里淳風動地吹　古梅煒
不顧山前有信旗單刀一直入重圍帷長戈短戟都無
用奪得將軍金印歸　上方益

大用應須作者知當場一踢絕狐疑堪嗟不紹家園
者只向缾邊定是非　通照逢
淨缾踢倒贏山子體用全彰邁古今洞徹玄關無手
處到頭須是遇知音　疎山如
溈山與仰山摘茶次師謂仰曰終日摘茶秖聞
子聲不見子形請現本形相見仰撼茶樹師曰
子秖得其用不得其體曰未審和尚如何師良
久仰曰和尚秖得其體不得其用師曰放子三
十棒（此下五燈會元又云）仰曰和尚棒某甲喫某甲棒
教誰喫師曰放子三十棒　玄覺云且道過在
甚麼處　頌曰
摘茶更莫別思量處處分明是道場體用共推真應
物禪流頓覺雨前香　汾陽昭
體用全彰用不難當時溈仰自相謾禪流若具金剛
眼互換機鋒子細看　佛印元
龍生龍子鬬全威霹靂聲中掣電機雨過雲收何處
去溈山千古獨巍巍　野軒遵
體用俱非鳥飛兔走撼樹默然天長地久三十拄杖
今雖嚴也是憐兒不覺醜　佛慧泉
春暖相呼出草徐行時坐幾愁歸黃昏一陣東風
雨未免渾身透濕衣　保寧勇
秖聞子聲不見子形茶株撼處太分明要知寂子
惺惺處便乃徐徐著眼聽　芭蕉泌
家醜不可外揚父子體用全彰父奪子機猶可子奪
父機無良　大溈智
張翁作與李公友待罰李公一盞酒倒被李公罰一
杯好手手中無好手　佛鑑懃
溈山得體仰山得用體用俱全夢中說夢　喝一喝
誰菴演
聞聲不見形撼樹却惺惺體用何須論歸家落日明

獨用爽
［增收］溈山問仰山從何處歸曰田中歸師曰禾好刈
也未曰好刈師曰作青見作黃見作不青不黃
見曰和尚背後是甚麼師曰子還見麼仰拈起
禾穗曰和尚何曾問這箇師曰此是鵝王擇乳
頌曰
不作青黃見其如指翫何鵝王能擇乳鷂子過新羅
天目禮
［增收］溈山冬月問仰山天寒人寒曰大家在這裏師
曰何不直說曰適來也不曲和尚如何師曰直
須隨流　頌曰
北風逞寒威凜凜侵肌骨一句括天寒幾曾容朕迹
隨流認得本來身徧界莫非無價珎　圓悟勤
吹盡風流大石調唱出富貴黃鍾宮舞腰催拍月當
曉更進蒲萄酒一鍾　正堂辯
大家在這裏兩手扶不起放下近前看是什麼面觜
無際派
大家在這裏初不礙隨流兩口無一舌葛藤殊未休
茫茫大地人無數幾箇男兒解點頭　寂菴中
大家在裏許南山焦尾虎牙爪利如鋒日輪正當午
巳菴深
［增收］溈山睡次仰山問訊師便面向壁仰曰和尚何
得如此師起曰我適來得一夢汝試爲我原看
仰取一盆水與師洗面少頃香嚴亦來問訊師
曰我適來得一夢寂子原了汝更與我原看嚴
乃點一椀茶來師曰二子見解過於鶖子　頌
曰
取水點茶不失機當時原夢善知時如斯始謂仙陀
客鶖子神通豈及伊　本覺一
撥草瞻風孤峯獨宿敲無絃琴唱無生曲溈仰香嚴

鼎之三足臨機不費纖毫力任運分身千百億　南堂興

神機妙用開眼作夢非時現通顯異惑衆　万菴顯

一杯晴雪早茶香午睡初醒春晝長撥著通身俱是眼半窓疎影轉斜陽　[illegible]

潙山示衆曰老僧百年後向山下作一頭水牯牛左脇書五字曰潙山僧某甲此時喚作潙山僧又是水牯牛喚作水牯牛又是潙山僧喚作甚麽即得五燈會元於即得下又云仰山出禮拜而退　雲居膺代曰師無異號　資福寶曰當時但作此

○相拓呈之　新羅和尚作此㊉相拓呈之又曰同道者方知　芭蕉徹作此相拓呈之又曰說也說了也注也注了也悟取好乃述偈曰

不是潙山不是牛一身兩號實難酬離却兩頭應須道如何道得出常流

古德垂慈力未酬纔聞異相便爭牛聲前句後明玄旨失却潙山見不過且與同袍通一線蘆花雪覆蒲當秋　汾陽昭

千峯萬壑水牯牛不出潙山道一隻無心管常現前作意追尋尋不得不大不小有筋力一身兩號少人識隨緣放去草木青遇晚收來天地黑收放須得鼻頭繩若不得繩無準則世間多少無繩人對面走却這牛賊　黃龍南

昔日潙山有水牯而今老倒卧荒坵形容卓犖雖無力濩唉依前是好牛四野草青隨處放千峯雪白早須收若能提舉及時節極目桑田何用憂　道吾真

水牯潙山峭峻機分明人類顯幽奇兩述語出分明處夜鳥投林曉復飛

山下爲牛山上僧河沙異號未爲能常受暮雲歸未合遠山無限碧層層　海印信

不道潙山不道牛酌然何處辨蹤由絲毫差却來時路萬劫無由得出頭　白雲端

改却形容換却頭當陽難隱箇蹤由驢名馬字雖呼喚多少傍觀滿面羞　保寧勇

山上山僧山下牛披毛戴角混同流普天成佛兼成祖獨有潙山作水牛　佛國白

歸角分明觸處周不勞管帶不勞收但知不犯他苗稼水草隨緣得自由　真如喆

潙山山上老禪翁山下作牛而已矣是非些子不能消說甚祭禪明自己　寶峯祥

反手青空事已成忙忙人問兩頭明屈原不是逢漁父千古誰人論獨醒　佛心才

野逕蹄涔賺殺人早曾耕徧大田春有時落草無全屍顯現潙山老漢身　張無盡

千頭萬頭只一頭騎去騎來得自由放去高原水草足也須時把鼻繩收　佛鑑懃

異類中行得自由須知千聖亦難收和光日照溪山曉笑指乾坤那一頭　楚安方

〔增收〕潙山水牯牛禪人聚頭咬可憐負春人喚作嶺南　天童覺

春寒料峭凍殺年少切忌參商別無玄妙　龍門遠

潙山水牯異常流不是潙山不是牛舉世有誰能道得波聲漁笛釣魚舟　南堂興

一箇形骸兩姓名入泥入水可憐生回頭掣斷黃金鏁肯向毗盧頂上行　別峯印

百年猶恐沒人知名字仍將左脇題入水入泥難放牧仰山只得半邊騎　虛堂愚

〔增收〕潙山上堂云仲冬嚴寒年年事晷運推移事若何仰山進前叉手而立師曰我情知汝答這話不得却顧香嚴嚴曰某甲偏答得這話師躡前問嚴亦進前叉手而立師曰賴遇寂子不會

頌曰

晷運推移事若何絲來線去定誵訛織成蜀錦千般巧不出當時一隻梭　晦菴光

叉手進前寂子不會殺人活人好箇三昧這般阿師叢林殃害白雲盡處是青山行人更在青山外　月林觀

一竿絲線兩金魚不犯清波意自殊斜㩒簑衣遮蓋後空餘明月滿江湖　石溪月

一箭暗穿紅日影雙鵰已落碧雲端不知李廣無玄妙多向弓弦發處看　閒極雲

潙山見尼劉鐵磨來師曰老牸牛汝來也磨曰來日臺山大會齋和尚還去麽師乃放身作臥勢磨便出去　頌曰

曾騎鐵馬入重城敕下傳聞六國清猶握金鞭問歸客夜深誰共御街行　雪竇顯

百戰功成老太平優游誰肯共爭衡玉鞭金馬閑終日明月清風富一生　天童覺

老牸牛來到此間明朝大會去臺山白雲一曲知音少樵唱漁歌自往還　[illegible]

〔增收〕主人無德客無機石火光中閃電飛同死同生得失此心能有幾人知　中菴空

雲巢夢斷月華秋玉女翻身過手牛卻却花冠歸舊隱玄途鳥道未容收　足菴鑒

共樂昇平道泰時相逢終不展鎗旗隨宜淡飯清茶外困卧閑行幾箇知　無準範

岸草青青得自由等閑牽著便昂頭通身露出一般白莫是山前水牯牛　雪巖欽

打鼓弄琵琶相逢一會家陽春同唱罷[illegible]　雲衲慶

增收 溈山因僧問如何是百丈真師下禪床叉手立
曰如何是和尚真師却坐　頌曰
百丈狸奴面溈山鬼眼睛見人空解咲弄物不知名　松源岳
老婦臨粧絳點唇人前自逞好精神顰眉冷笑渾相
似不顧傷遲掩鼻人　石帆衍
增收 溈山問仰山即今事且置古來事作麼生仰叉
手近前師曰猶是即今事古來事作麼生仰退
後立師曰汝屈我我屈汝仰便禮拜　方菴顯
云仰山進前退後洞古明今溈山因甚道彼此
相屈乃頌曰
相見錦江頭相携上酒樓會醫遲少病知分不多愁
師資會遇意何深驀地臨機問古今叉手近前還退
後曾經百錬見眞金　本覺一
溈山坐次仰山香嚴侍立師舉手曰如今恁麼
者少不恁麼者多嚴從東過西立仰從西過東
立師曰這箇因緣三十年後如金擲地相似仰
曰亦須是和尚提唱始得嚴曰即今亦不少師
曰合取狗口　頌曰
一窟金毛師子兒相將無事共遊嬉同時哮吼知機
變鳳轉龍盤也大奇　本覺一
溈山番語辨龍蛇一對驪珠絕點瑕師子窟中無異
獸嘉聲動地徧天涯　隱靜儼
象王嚬呻師子哮吼踞地盤空移星換手坐斷舌頭
合取狗口一回擲地作金聲九曲黃河徹底清　南叟
特得歸來月已西寒喧不道醉如泥五更又欲向何
去騎馬出門烏夜啼　寂窻照
增收 溈山坐次仰山入來師以兩手握拳相交示之
仰作女人拜師曰如是如是　頌曰

仰山自外纔方入兩手相交復握拳寂子深深女人
拜謝師特爲老婆禪　本覺一
佳人十八正嬌癡一曲堂前舞柘枝秖有五郎知雅
態更無人道柳如眉　慈受深
夭嗇月向懷中照楊柳風來面上吹夜半庭前柘枝
舞天明羅袖濕臙脂　心聞賁
增收 溈山方丈內坐次仰山入來師曰寂子近日宗
門令嗣作麼生曰大有人疑著此事師曰寂子
作麼生曰慧寂秖管困來合眼健即坐禪所以
未曾說著在師曰到這田地也難得曰據慧寂
所見秖如此一句也著不得師曰汝爲一人也
不得曰自古聖人盡皆如此師曰大有人笑汝
恁麼秖對曰解笑者是慧寂同參師曰出頭事
作麼生仰繞禪牀一帀師曰裂破古今　頌曰
宗門中令嗣合舉坐禪處平地打毬子遂須著眼覷
兩挑挑得上三藂藂不住藂得住係前觀向觀門去
石溪月
增收 溈山問仰山妙淨明心汝作麼生會曰山河大
地日月星辰師曰汝秖得其事曰和尚適來問
甚麼師曰妙淨明心曰喚作事得麼師曰如是
如是　頌曰
妙淨明心一句全真山河大地日月星辰舒肝瀝膽
照徹古今箇中如不昧徧界是黃金　雪竇宗
增收 溈山因僧問如何是祖師西來意師竪起拂子
後有僧到王常侍處舉前話王曰彼中兄弟如
何商量曰即色明心附物顯理王曰不是這箇
道理上座快歸溈山去某甲寄一封書與和尚
僧得書馳上師師開書見一圓相相中書日字
師曰誰知千里外有箇知音仰山侍立乃曰雖
然如是也秖是箇俗漢師曰子又作麼生仰作

圓相於中書日字以脚抹却師乃大笑　頌曰
南星北斗忽移位四海九州如鼎沸波斯匿王真狂
夭樓至如來脚踏地　佛鑑勤
竪起拂子封白紙千里誰知有知巳行人莫與路爲
讎四海五湖王化裏　別峯印
增收 溈山因僧問如何是道師曰無心是道曰某甲
不會師曰會取不會底好曰如何是不會底師
曰秖汝是不是別人復曰今時人但直下體取
不會底正是汝心正是汝佛若向外得一知一
解將爲禪道且沒交涉名運糞入不名運糞出
污汝心田所以道不是道　頌曰
[illegible]
轉却同歸夢醒泥沙　東叟穎
溈山問仰山什麼處來曰田中來師曰田中多
少人仰挿鍬子叉手而立師曰南山大有人刈
茅仰拔鍬子便行　玄沙云當時便踏倒鍬子
頌曰
溈山問處少知音抑地關他佛祖沈踏倒玄沙例不
肯免教茅草茅茅深　投子青
淺種深耕正及時入泥入水更同誰南山茅草多人
刈獨是翁兒兩箇知　保寧勇
借問親從甚處來插鍬叉手口懷開雖然不犯當頭
令爭奈音聲徧九垓　[illegible]
盡道溈山父子和揷鍬拾得帶干戈至今一井明如
鏡時有無風帀帀波　[illegible]
老覺情多念子孫而今慚愧起家門是須記取南山
語鏤骨銘肌共報恩　[illegible]
金鞭擊動蒼龍窟吐霧興雲出海門溟渤吸乾天上
去空餘雷電滿山川　[illegible]
數目分明舉即知納僧無不廢毛寒須知別有些中

路但向須彌頂上看　龍門遠
掉鍬叉手與何同要顯全機立大功難然有敎通呈
了留得高傳振祖風　楚安方
增收 叉手當胸歎捕深幾人道劍刻舟尋曲前水牯今
頭角田裏生涯自古今雪後始知松柏操事難方見
丈夫心刈茅盡是南山事達磨休言在少林　佛鑑勤
試問田中有幾人插鍬叉手意分明可憐不逐南山
去撒手歸家罷問程　佛性泰
插鍬叉手事希奇誰識溈山父子機回首南山山下
路刈茅人去已多時　文殊道
賊火相逢恰五更見成贓物不須爭暗中多少都分
了天曉依然各自行　無準範
一日頻來三五度有時歡喜有時瞋改頭換面休疑
著元是尖簷帽下人　虛堂愚
增收 溈山坐次仰山問和尚百年後有人問先師法
道如何祇對師曰一粥一飯曰前面有人不肯
又作麼生師曰作家師僧仰便禮拜師曰逢人
不得錯舉　慧海儀曰自古及今多少人下語
道嚴而不威泰而無禮橫按拄杖竪起拳頭若
只恁麼如何知得他父子相契處山僧今日也
[illegible]
要諸人共知乃頌曰
臭分彼我彼我無殊困魚止濼病鳥棲蘆逡巡不進
泥中履爭得先生一卷書
溈山在百丈因司馬頭陀問野狐話作麼生會
師以手撼門扇三下陀曰太麤生師曰佛法不
是這箇道理　頌曰
因果雙行孰共知茫茫四海路多岐撞頭撥出初生
月便劾張公畫翠眉　佛心才
春至自花開朱顏安在哉可憐園裏色不入鏡中來
龍門遠

盲人來與啞人抓說著無因話病苗一下被他抓著
後平生癢處一時消　佛燈珣
增收 溈山因仰山問如何是西來意師曰大好燈籠
曰莫只這個便是麼師曰只這箇是什麼曰人
好燈籠師曰果然不識　頌曰
覿面提來付與伊分明此意沒東西腕頭有力千鈞
重誰道通身是水泥　雪巖欽
溈山問仰山終日與子商量成得箇什麼邊事
仰空中畫一畫師曰若不是吾終被子惑　師
曰
[illegible]
畫日商量古佛言當時一畫却成冤至今尚有溈山
在與道宗枝絕子孫　佛印元
松直棘曲烏玄鵠白末後商量空中一畫若言向上
玄關走殺諸方禪客　[illegible]
增收 父子雖親共較量胸中爭信有刀鎗當時一畫畫
得斷偏界葛藤無復生　[illegible]
增收 溈山一日見野火乃問道吾還見火麼曰見師
曰從何處起曰除却經行坐臥請師別致一問
來師便休去　頌曰
野火連天誰云不見道吾有準聊通一線坐臥經行
夙力所轉妙辯縱橫機輪轉處還會麼若也擬議尋
久多變　大圓智
連天野火了無涯起處猶來辨作家眼裏瞳人雙瞎
盡面前偏界絕空華道吾老也堪誇　且道畢竟從什麼處起　佛燈珣　汲
水僧歸林下寺待船人立渡頭沙
野火炎炎何處起紫烟紅燄便燒人須知坐臥經行
裏見得無殊用得親　石溪月
增收 溈山因僧問如何是露地白牛師曰叱叱僧云
嗽餧何物師曰喫喫　頌曰
白牛生下是白牛現起當堂莫外求是我不能藏蓋

曲直下分明是一頭　般若柔
白牛露地沒遮闌在處橫眠在處閒水草不情甘美
足醍醐純出潤良田　沖陽昭
玉角霜毛露地牛人間天上顯蹤由不同雪嶺時時
吼肯若溈山日日牧冷吸月光無影像徧經塵國任
遨遊牧童忽上須彌頂指出乾坤那一頭　[illegible]
露地白牛起問端隨緣叱叱齒牙寒不知飲啄是何
物喫喫直教滄海乾　[illegible]
增收 溈山問僧甚處來曰西京來師曰還得西京主
人公書來麼曰不敢妄通消息師曰作家師僧
天然猶在曰殘羹餿飯誰人喫之師曰獨有闍
黎不喫僧作嘔吐勢師曰扶出者病僧著僧便
出去　頌曰
莫怪相逢無信息誰能長作置書郵直饒說盡千般
事那箇心中得到頭　懶菴樞

禪宗頌古聯珠通集卷第十五

金壇居士于士鰲施貲刻此
禪宗頌古聯珠通集第十五卷　應章沙彌[illegible]
定對　長洲徐普書　溧水端學堯刻
萬曆丙申孟冬徑山興聖萬壽禪寺識

禪宗頌古聯珠通集卷第十六

宋池州報恩光孝禪寺沙門法應集

元紹興天衣萬壽禪寺沙門普會續集

祖師機緣

六祖下第四世之二　南嶽下第三世之二

〔增收〕洪州黃檗希運禪師　嗣百丈　初遊天台逢一僧與之言笑如舊相識熟視之目光射人乃偕行屬澗水暴漲捐笠植杖而止其僧率師同渡師曰兄要渡自渡彼即褰衣躡波若履平地回顧曰渡來渡來師曰咄這自了漢吾早知當斫汝脛其僧歎曰真大乘法器我所不及言訖不見

頌曰

道人猛利難親近漾笠中流驗作家憶昔高人何處去夜深和月過平沙

前溪綠漲雨初晴浮笠波心掌樣平伎倆由來秪如此放教急急奔前程　石溪月

〔增收〕黃檗一日在鹽官殿上禮佛次時唐宣宗為沙彌問曰不著佛求不著法求不著僧求長老禮拜當何所求師曰不著佛求不著法求不著僧求常禮如是事彌曰用禮何為師便掌彌曰太麤生師曰這裏是甚麼所在說麤說細隨後又掌　頌曰

象王嚬蹜師子嚬呻奇哉三掌分付著人大唐扶得真天子不動干戈致太平　枯禪鏡

黃金殿上顯全機爭似揚眉瞬目時三度爪牙親弄處干戈中立太平基　東山源

曾施三掌觸君王佛法何曾有寸長贏行沙門封斷際至今無地著慚惶　北海心

大機之用誰擔荷斷際孤風不可追濟北少年曾未委風光太子已先知　石溪月

從門入者不是家珍攔腮便掌重賞分明前際後際獨見太平寶劍拂開龍體現直至如今六國清　尼開林英

膝下黃金貴掌中天地寬風雲欣際會四海盡詩寒　西巖惠

霹靂聲雷奮全機正是潛龍熟睡時忽地夢回春恨斷曉風吹雨過前溪　開極雲

〔增收〕黃檗一日辭南泉泉門送提起師笠曰長老身材沒量大笠子太小生師曰雖然如此大千世界總在裏許泉曰王老師聻師戴笠便行　頌曰

相見錦江頭相攜上酒樓會醫還少病知分不多愁　龍門遠

黃檗因裴相國鎮宛陵建大禪苑請師說法以師酷愛舊山還以黃檗名之公一日拓一尊佛於師前跪曰請師安名師召曰裴休公應諾師曰與汝安名竟公禮拜　頌曰

師前跪托請安名驀地當鋒喚一聲不是裴公誰敢應直教聾瞽也開聽　汾陽昭

裴相當時忘却名被人喚著又惺惺不知未具胞胎日誰敢塗糊此性靈　佛印元

五彩粧來掌上擎老胡剛為立虛名君今欲得超諸祖須向金剛頂上行　保寧勇

不是心兮不是佛黃檗喚出是何物裴公從此認虛名天下衲僧跳不出　草堂清

擎來前面請安名黃檗高高喚一聲剖出從前真面目從茲佐得國風清　楚安方

〔增收〕裴公悟處絕譊訛尺水能翻萬丈波霹靂機中反活眼鋒鋩句裏罷干戈峯頭路暫經過濃綠萬枝紅一點動人春色不須多　慧堂深

名正字亦正形端影必端呼來并諾去鹽屎雜朔檀　西巖惠

土木形骸權號佛呼來喚去強名誰要知箇裏難安立相國須當大姓裴　開極雲

黃檗云汝等盡是噇酒糟漢還知大唐國內無禪師麼時有僧問諸方聚衆為甚麼却道無禪師師曰不道無禪秪是無師　頌曰

凜凜威風不自誇端居寰海定龍蛇大中天子曾輕觸三度親遭弄爪牙　雪竇顯

無師克塞大唐國噇酒糟漢會不得竹寺開過春已深落花亂點莓苔色　佛慧泉

大唐國裏無禪師與君攜手歸家裏拋鈎本欲釣鯨鯢誰知釣得跛鼈子　白雲端

黃檗山中明示衆大唐國裏暗藏身袈裟一角猶拖地誰是叢林有眼人　佛鑑懃

大唐國裏無禪師不許會兮秪許知著肉汗衫如脫了方知棒喝誑愚癡　龍門遠

大唐國裏無禪師禮拜歸堂更不疑堪笑河陽新婦子不如臨濟小廝兒　鼓山珪

身上著衣方免寒口邊說食終不飽大唐國裏老婆禪今日為君注破了　徑山杲

〔增收〕象外橫該宇宙身聖凡極盡不容塵衲僧意氣合如此當場誰是奪標人　雪竇宗

有禪無師真可咲大唐國裏何處討可憐多少路行人噇却酒糟顛路倒　懶菴樞

荊棘林中宜妙義叢林國裏放毫光千言萬語無人會又逐流鶯過短墻　慧通旦

義從親處斷貧向富邊休腰纏十萬貫騎鶴上揚州　或菴體

大冶爐中金豈一途無星秤子定錙銖秪這無師成滿

逗遍舟已過洞庭湖　退菴奇

鬼門貼封鬼猶驚又見毛頭掃帚星若得過關公驗正夜深把手御街行　中菴空

國內無師眼最高分明拈起七星刀衲僧皮下如無血未免依前噇酒糟　晦菴鑒

洞門無鎖鎖閣崔嵬風露高寒且非人世是則是天上人間知幾幾者僧一問不將來黃蘗道身是泥水　遯菴巖

大唐國裏無禪師獨弄單提見也無泼泼宇宙人無數幾箇男兒是丈夫　月林觀

大唐國裏無禪師噇酒糟漢難解注只是無師苦口禪天下無如黃蘗苦　竹翁銛

〔增收〕黃蘗在百丈開田歸丈問運闍黎開田不易師云隨衆作務丈云有煩道用師云爭敢辭勞丈云開得多少田地師將钁築地三下丈便喝師掩耳而去　頌曰

相見言談理不虧等閑轉面便相揮舉覓水須朝海去到頭雲定覓山歸　龍門遠

〔增收〕杭州大慈山寰中禪師嗣百丈上堂曰山僧不解答話秖能識病時有僧出師便歸方丈　法眼云衆中喚作病在目前不識　玄覺云且道大慈識病不識病此僧出來是病不是病每日行住不可總是病若言不是病出來又作麼生　頌曰

輕如毫末重如山地角天涯去復還黃葉殞時風骨露水邊依舊石斕斑　虛堂愚

〔增收〕大慈一日因趙州問般若以何爲體師曰般若以何爲體州大笑而出明日州掃地次師曰般若以何爲體州置帚拊掌大笑師便歸方丈　頌曰

以何爲體呵呵大笑推倒當頭陷虎機烏帶香從花裏出龍含雨向洞中歸　心聞賁

〔增收〕台州平田普岸禪師嗣百丈師一日訪茂源源纔起迎師把住曰開口即失閉口即喪去此二途請師別道源以手掩鼻師放開曰一步較易兩步較難源曰著甚死急師曰若非和尚不免諸方檢點　頌曰

主山高與案山低鬼見雲開又合時彷彿暮樓塔對處兩峯相峙兩高低　絶像鑒

廝撲底是大對頭拳來踢去兩相酬中間手面交加處鶻眼鷹睛莫可求　竹屋簡

平田見僧來便打僧近前把住拄杖師曰適來造次僧奪棒却打師師曰作家作家僧禮拜師近前作攙勢僧呵呵大笑拂袖出去師曰草賊大敗　頌曰

祖令初行亦可觀從他互換太無端幸然打著其間漢草賊終來識不難　本覺一

湖南長沙景岑招賢禪師嗣南泉師一日遊山歸首座問和尚甚處去來師曰遊山來座曰到甚麼處來師曰始從芳草去又逐落花回座曰大似春意師曰也勝秋露滴芙蕖　頌曰

天地絶纖埃何人眼不開始隨芳草去又逐落花回羸鶴翹寒木狂猿嘯古臺長沙無限意咄　雪竇顯

拂拂山香滿路飛野花零落草離披春風無限深深意不得黃鸝說向誰　上方益

獨步曾無語逢人口便開始隨芳草去又逐落花回薄霧飾紅日輕烟襯綠苔若將詩句會埋沒法王才　佛鑑懃

〔增收〕無事携筇閑縱步堂中首座問何來潛奇掩勝皆窮盡不說遊山空繞回　本覺一

落花芳草如鋪錦滿目春光入畫圖門外相逢親切處也勝秋露滴芙蕖　圓悟勤

芳草纖茵迎步綠落花鋪錦拂衣香歸來說似諸禪子蕩蕩風光遶畫梁

〔增收〕長沙因僧問如何是上上人行履處師曰如死人眼曰上上人相見時如何師曰如死人手　頌曰

死人眼死人手金烏飛玉兔走直截根源取之左右張翁醉倒卧官街元是李翁喫私酒

〔增收〕長沙因僧問了即業障本來空未了應須還宿債只如二祖是了不了師曰空又問雲門門曰確　頌曰

長沙空雲門確信手拈非造作離心意識參出聖凡路學纔有絲毫騰蛇遶脚　大潙秀

〔增收〕長沙一日遣僧問同參會和尚曰和尚見南泉後如何會默然僧曰和尚未見南泉已前作麼生會曰不可更別有也僧回舉似師師示偈曰百尺竿頭不動人雖然得入未爲真百尺竿頭須進步十方世界是全身僧便問秖如百尺竿頭如何進步師曰朗州山澧州水曰不會師曰四海五湖皇化裏　頌曰

玉人夢破一聲雞轉眄生涯色色齊有信風雷催出蟄無言桃李自成蹊及時節力耕犂誰怕春疇没膝泥　天童覺

朗州山澧州水四海五湖皇化裏百尺竿頭進步時築著磕著自家底老長沙也希有好路不行草裏走踏著南山鼈鼻蛇驚起面南看北斗　佛鑑懃

一句舉揚宗旨事法堂上草亦須荒回頭却說人間話大地山河常放光光未明無有佛三條椽下好商量岑大蟲岑大蟲澧州水朗州峯　蒙菴岳

長沙因張拙秀才看千佛名經問師曰百千諸佛但見其名未審居何國土還化物也無師曰黃鶴樓崔顥題後秀才還曾題也未曰未曾師曰得閑題取一篇　頌曰

黃鶴樓前法戰時百千諸佛豎降旗渠無國土居何處留與多才一首詩　死心新

聞名直下驚天地更問所居成自謾回首却登歸去路家家門下透長安　雪原清

黃鶴樓詩崔顥題古今吟詠韻難齊秋空月影千江印春曉流鶯是處啼　大洪遂

千佛靈蹤莫別求長沙機轉有來由要知覿面難藏處黃鶴樓前鸚鵡洲　禾山方

海水有時終見底人生到死不知心秀才若會翻身句管取白衣入翰林　慈受深

黃鶴樓中四望賒滿天風月屬詩家百千諸佛居何土風起長江湧浪花　普融平

百千諸佛倒騎牛對面分明失路頭却問老師何處去勸君更上一層樓　黃龍震

百千諸佛聞名久國土莊嚴何處求覿面若無楷徹眼又隨船子下楊州　南華昺

百千諸佛但聞名國土何曾不現成自是不歸歸便得五湖烟景有誰爭　寶峯明

拈收　龍門遠曰大衆秀才問佛居何國土長沙爲甚麼却恁麼道秀才尋常嘲風咏月爲甚麼長沙面前一辭不措若是黃鶴樓有甚麼難題處聽取山僧題破乃頌曰

容顏甚奇妙光明照十方我適曾供養今復還親覲黃鶴樓前共語時白蘋紅蓼對江湄衷腸已訴無人會惟有清風明月知　天童覺

赤土搽將畫簸箕鳥雖何事忽驚飛自從題入新詩後黃鶴樓前總却歸　月堂昌

黃鶴樓前鸚鵡洲夕陽西去水東流要知諸佛居何處風葉蕭蕭月滿樓　訥堂思

黃鶴樓前題一篇無限措大失平仄長沙一隻眼長長今古何曾有蹤跡　心聞賁

堂堂妙相眞難比歷歷梵音猶更奇可憐逐句尋言者蹉過長沙覿面機知不知黃鶴樓崔顥題詩　佛性泰

百千諸佛問來由崔顥曾題黃鶴樓雪後竹籬梅亂放一枝臨水最風流　懶菴樞

鵓鴣鳥守空池魚從脚底過鵓鴣總不知　遯菴演

崔顥曾題黃鶴樓上頭春色少人遊淸香已逐殘春去無限任𨂂戀不休　湛堂深

崔顥曾題黃鶴樓長沙拈起當風流大千國土俱家業諸佛何曾有地頭　混源密

秀才覓火和烟得長沙賣石著雲饒欲知千佛居何土贏得詩聯價轉高　伊菴權

黃鶴樓前一首詩把將掃帚畫蛾眉百千諸佛眞消息覿面分明舉似伊　松源岳

百尺竿頭一布巾分明寫出酒家春相逢不飲空歸去明月清風也咲人　掩室開

百千諸佛居何土崔顥曾題黃鶴樓倒腹傾腸猶不會長江千古自東流　天目禮

百千諸佛在何居黃鶴樓詩錦不如問汝秀才題也未一篇題取莫躊躇　石田薰

拈　長沙與仰山翫月次山曰人人盡有這箇祇是用不得師曰恰是倩汝用山曰你作麼生用師劈胸與一踏山曰直下似箇大蟲自此諸方稱爲岑大蟲　長慶云前彼此作家後彼此不作家乃別云邪法難扶　頌曰

浮雲散盡月當空兎子懷胎產大蟲跳出風前弄牙爪至今撼動廣寒宮　曹源生

作者提持迥不同廣寒宮裏起清風一朝踏到難然活已落他家陷穽中　掩室開

長沙因僧問本來人還成佛也無師曰汝見大唐天子還自割茅刈草麼曰未審是何人成佛師曰是汝成佛僧無語師曰會麼曰不會師曰如人因地而倒因地而起地道甚麼　頌曰

岑公佛袖播鴻機問佛人多作佛稀王主割茅親下手不能土上更加泥　汾陽昭

帝殿重重紫氣深星分辰位正乾坤金輪不御閻浮境豈並諸侯寶印尊　投子青

簾幙春風曉尚寒歌樓聲咽夢驚殘金輿不御人間世休羨壺中日月寬　雪巖田

拈收　巨岳何曾乏土唐皇豈可刈茅禮拜近前叉手西天十萬迢迢古佛即自己自己即古佛珊瑚敲斷十洲春蜻蛉騎驪龍　圓悟勤

增收　長沙因三聖令秀上座問師曰南泉遷化向甚麼處去師曰石頭作沙彌時參見六祖秀曰不問石頭見六祖南泉遷化向甚麼處去師曰教伊尋思去秀曰和尚雖有千尺寒松且無抽條石筍師默然秀曰謝和尚答話師亦默然秀回舉似三聖聖曰若恁麼猶勝臨濟七步然雖如此待我更驗看至明日三聖上問承聞和尚昨日荅南泉遷化一則語可謂光前絕後今古罕聞師亦默然　頌曰

答見長沙路陌同今人依約探家風須彌萬仞磨今古折箭量天枉費工　佛印元

長沙似水洗水者僧自倒自起三聖特地出頭賣盡滿園桃李　月堂昌

長沙老長沙老入理深談何處討昨夜三更手柄垂
依舊大明日杲杲南泉遷化知不知今古傳來也大
奇也大奇雪裏誰能解辨梅　大圓智
探花蝴蝶舞三臺啄木掉頭鳴訝鼓處處相逢火大
蟲元來便是長沙虎　長靈卓
蘿蔔頭禪聒噪人霜刀累切了無痕自古不通人咬
嚼只容衲子鶻崙吞　正堂辯
也大奇也大奇長沙畫虎却成狸南泉一去無消息
空使行人說是非　佛鑑勤
王老蹤由孰可知那堪更問大蟲兒直饒石筍抽條
盡無處堪尋向上機　投子舒
也大奇也大奇卷舒出沒看全機若非鑑物張華眼
未免隨人說是非　石溪月
增收長沙因僧問如何轉得山河國土歸自已去師
曰如何轉得自已成山河國土去曰不會師曰
湖南城下好養民米賤柴多足四鄰僧無語師
示偈曰誰向山河轉山河轉向誰圓通無兩畔
法性本無歸　頌曰
塵刹平常露此身疑生情動見疎親湖南城裏從來
事米賤柴多足四鄰　保寧勇

誰問山河解轉身轉身方覺體全真清淨界中無一
物一重山後一重人　大圓智
一顆圓明非內外老盧鏡裏絕纖塵山河大地非他
物萬象森羅此身既不會更無人向道湖南好養
民
長沙因有僧問如何是諸佛師師云汝從無量
劫來承甚麼人恩力　頌曰
水墨丹青狀不成混然竹木箇精靈求恩乞福拋杯
校向道明明自不聽　保寧勇
混沌未分便有渠堂堂相貌絕名模長沙謾道承恩
力試問還曾識也無　蔣山常
衢州子湖巖利蹤禪師　嗣南泉　師住子湖院於
門下立牌曰子湖有一隻狗上取人頭中取人
心下取人足擬議即喪身失命臨濟會下二僧
參師方揭簾師喝曰看狗僧回顧師便歸方丈
或有人問如何是子湖狗師云嘷嘷　頌曰
子湖堂上絕人行只爲堂前狗子獰見影聞聲心膽
備當頭寧免喪殘生　正覺逸
子湖狗子最威獰來者投明莫暗行向道看時如不
見當頭咬殺喪平生　佛國白

老大宗師沒巴鼻養狗之緣太兒戲奪牌禪客如到
來鉛刀爭及吹毛利　龍門遠
續收子湖狗子劍戟牙齒虎豹遭傷象龍被恥外道天
魔望風頂禮立國安邦不勞弦矢　南堂興
貧家無所有只養一隻狗任是佛出來也須遭一口
顏如如
蹉過跨門一機牀却見成公案子湖指處太親直須
急著眼看　瀨翁琰
增收子湖因僧問自古上賢還達真正理否師曰達
僧曰真正理作麼生達師曰霍光當時賣銀城

與單于契書是什麼人作其僧無語　頌曰
手裏綸綸卷復舒扁舟撩撥洞庭湖忽然惡浪翻空
立收拾歸來一伎無　月坡明
鄂州茱萸山和尚　嗣南泉　問僧曰闍黎爲復是
遊山翫水爲復是問道參禪曰和尚試道看師
曰雖甜鑊鉿不滲之泥勞君遠至曰渾身是鐵
猶被一棍師曰降將不斬　頌曰
杖藜林下步蒼苔擾擾勞生眼未開好是花紅隨水
綠一時流出洞中來　地藏恩
遊山翫水事尋常早晚歸來笑似狂脚底草鞋回首
合收拾猿叫白雲鄉　保寧勇
來時相伴來去時相伴去須知去與來同行不同步
池邊鴨聽雷嶺上風吹樹九曲黃河徹底渾三千年
清只一度　佛鑑勤
增收茱萸上堂汝等諸人莫向虛空裏釘橛時有靈
虛上座出衆曰虛空是橛師便打虛曰和尚莫
錯打某甲師便歸方丈　頌曰
虛空是橛幾人諳獨有靈虛最善參澈倒茱萸雖倚
勢龍頭蛇尾更何堪　本覺一
增收荊南白馬曇照禪師　嗣南泉　常曰快活快活及
臨終時苦叉曰閻羅王來取我也院主問和尚
當時被節度使拋向水中神色不動如今何得
恁麼地師舉枕子曰汝道當時是如今是院主無
對　法眼代云當時但掩耳出去　頌曰
一二三四五金木水火土鼓之以雷霆潤之以風雨
誰道者漢生也顢頇死也莽鹵　咄　地藏恩
甜瓜徹蒂甜苦瓠連根苦拈起枕子時新羅夜打鼓
寶峯照
一生叫快活臨終沒依怙甜瓜徹蒂甜苦瓠連根苦
圓照本

終南山雲際師祖禪師　嗣南泉　初參南泉問云
摩尼珠人不識如來藏裏親收得如何是藏泉
云王老師與汝往來者是藏　雪竇云草裏漢　師
云直得不往來時如何泉云亦是藏　雪竇云雪
上加霜　師又問如何是珠　雪竇云險　泉召師祖
師應諾泉云你不會我語師信入　雪竇云百
尺竿頭作伎倆不是好手者裏著得隻眼賓主
互換便能深入虎穴或不恁麼縱饒師祖悟去
也是龍頭蛇尾漢　頌曰
問渠摩尼珠摩尼在何許呼名應答聲諸方莫錯舉

神鼎諲

碧波深處釣魚翁拋餌牽絲力已窮一棹清風明月下不知身在水晶宮　佛慧泉

別是非明得喪應之心指諸掌往來不往來只這便是藏輪王賞之有功黃帝得之罔象轉樞機能伎倆明眼衲僧莫鹵莽　天童覺

往來是藏珠何在省去方知不外求罔象得之猶特地回光返照便甘休　海印信

續收　蒼鷹逐兔驪龍戲珠透青眼不瞬照物手掌虛往來不往來草裏漫塗糊百尺竿頭入虎穴分明月上長珊瑚　圓悟勤

收者易見者難見者易用則難見得用得二無兩般問把一枝歸去笛夜深吹過汨羅灣　遯菴演

分明月上長珊瑚一段風光爍太虛大地眾生同受用如來藏裏本來無　松源岳

一顆玄珠不昧歷劫曾無向背可憐窮漢愚癡日逐伶俜羣隊南泉傾盡愁腸恰似水澆鴨背而今直下拈來對面一槌打碎　普菴玉

宣州刺史陸亘大夫或稱侍御或稱中丞　見南泉　問南泉弟子家中有一片石有時或坐或臥如今擬鐫作一尊佛還得麼泉云得大夫云莫不得麼泉云不得不得　頌曰

問得也道得不得還不得侯白何曾白侯黑未是黑費他王老師天下賊中賊賊大夫眾箇曾拈得　正覺逸

得與不得天寬地窄坐臥經行無勞疑惑　真如喆

南泉得得何似不得寂人君子其儀不忒　黃龍濟

親從家中來家中何所有持此一片石廣大堅且久靈山曾獻佛帝釋聊舉手心中出何物安樂并長壽　龍門遠

續收　南泉道得拈出片石南泉道不得拈出片石石中有玉淨無瑕堪與大夫為寶璧見得不見一絲毫坐臥未曾離頃刻不用雕鐫徒勞拂拭儀相堂堂分明歷歷若人於此便回光何必當來見彌勒　佛鑑懃

前得得後不得一貫誰知兩五百兩檜蕭蕭風松瑟瑟隔山人聽鷓鴣詞錯認胡笳十八拍　石菴玿

大夫鐫石意彌高王老無端教壞他裂破重關行活路一天風月照娑婆　掩室開

得得與不得分明露肝膽無人知此意令我憶南泉　簡翁敬

坐臥曾經幾度春半封苔蘚半籠雲無稜無縫難提掇空把肝腸說向人　閑極雲

兩手持來難蓋覆依前兩手還分付一枕清風睡正濃鳥啣花落岩前路　諾菴肇

陸大夫問南泉曰肇法師也甚奇怪解道天地同根萬物一體泉指庭前牡丹曰大夫時人見此一株花如夢相似　頌曰

見聞覺知非一一山河不在鏡中觀霜天月落夜將半誰共澄潭照影寒　雪竇顯

舉則易見還難獨坐頂上天風寒峨峨直下蒼龍窟誰敢覷著　晦堂心

天地同根自唯然當時猶喜遇南泉指言見此花如夢須信壺中別有天　白雲端

大夫作牧見南泉舉古明今理事圓正好捨身拚命處不知何故却茫然　保寧勇

舉則易見還難同根天地又顢頇南泉指出花如夢對此憑君子細看　死心新

一枝兩枝千萬枝金刀擬剪却離披不離披有誰知自緣今日人心別未必秋香一夜衰　上方益

山澗石韞玉林秀淵藏珠見此一株花似夢灼然根本不同途土老師脫規模解向長安正鬧處喚起悠悠陸大夫　圓悟勤

南泉瀝膽為諸人笑指庭前別是春不是守株閒待兔直須騎鶴上青雲　佛鑑懃

孰云天地與同根事見爭如理見親一檻庭花渾已物滿天風月與誰論堪笑南泉老作猶來因語識人可憐陸亘大夫對面埋沒家珍　佛燈珣

若知天地本同根不應重來更問人却得南泉親指似等閑花發夢中春　鼓山珪

天地同根伸一問未曾擡步已亾家無陰陽處花重發玉本無瑕似有瑕　徑山杲

續收　南泉據令不輕酬曾指庭花對陸侯舉世盡從忪裏老誰人肯向死前休　真淨文

須知天地共同根萬物從來元一體未審南泉庭下花幾人看了夢相似　照堂一

指點深紅與昔同更無夭艷在芳叢南泉笑裏移春去留得殘紅醉蜜蜂　心聞賁

玉洞玄關道路長蟠桃豈是等閑芳遮藏不許人間見只恐春風漏泄香　正堂辯

堪笑當年陸大夫獨誇身外更無餘不因指出花如夢爭得雙眸翳盡除　懶菴需

未曾腳下分泥水剛向人前弄口唇滿眼芳花蝴蝶夢不知辜負洛陽春　肯堂充

同根一體都如夢夢裏惺惺眼又花蝴蝶飛來過墻去不知春色落誰家　雪菴瑾

天地同根物一體大夫曾舉向南泉庭前指出花如夢幾箇親曾到檻前　天目禮

裁書擬欲扣天關往往無人可共論因得老生輕指撥臨風不覺暗消魂　虛堂愚

天地同根已自明大夫何用逞英靈壓良為賤南泉

老笑指庭花換眼睛　無隱燈

陸亘同珠轉玉南泉換斗移星花陰滿地日午莺覺流鶯一聲　南巖勝

天地同根元一體畫師難畫亦難描南泉轉步移身處引得黃鸝下柳條　雪巖欽

增收 陸大夫問南泉師姓甚麼泉曰姓王公曰還有眷屬麼曰四臣不昧公曰王居何位曰玉殿苔生公曰玉殿苔生時如何曰不居正位　頌曰

金鴨香消更漏長沉沉玉殿紫苔生高空有月千門照大道無人獨自行　石帆衍

玉殿苔生正不居四臣無路納嘉謨老虔知是承誰力風暖歌聲落野鉏　石林鞏

增收 陸大夫問南泉大悲菩薩用許多手眼作什麼泉曰如國家用大夫作甚麼　頌曰

大悲手眼問來親王老酬機列主賓倒轉鈷頭來快便從茲六國絕煙塵　野菴璇

增收 陸大夫問南泉弟子從六合來彼中還有身麼泉曰分明記取舉似作家公曰和尚不可思議到處世界成就曰適來總是大夫分上事　頌曰

馬前相撲入交失脚不來外求當面錯過六合彼中身分明舉似人到處世界總成就脫略窠臼還滲漏　月堂昌

禪宗頌古聯珠通集卷第十六

禪宗頌古聯珠通集卷第十七

宋池州報恩光孝禪寺沙門法應集

元紹興天衣萬壽禪寺沙門普會續集

祖師機緣

六祖下第四世之三　南嶽下前第三世之餘

（補收）池州甘贄行者　見南泉　一日入南泉設齋時黃蘗爲首座行者請施財座曰財法二施等無差別甘曰恁麼道爭消得某甲䞋便將出去須臾復入曰請施財座曰財法二施等無差別甘乃行䞋　頌曰

又郴[illegible]

甘贄有收有放首座徹底惺惺雲收雨霽長空闊一對秋爲畫不成　松源岳

拋來擲去互施呈地獄門前鬼眼睛覷破髑髏肝膽外摩醯頂上復重明　虛堂愚

甘贄又一日入南泉設粥仍請南泉念誦泉乃白椎曰請大衆爲狸奴白牯念摩訶般若波羅蜜甘拂袖便出泉粥後問典座行者在甚麼處座曰當時便去也泉便打破鍋子　頌曰

一般設粥古今稀十利功圓果不低鍋鑊盡穿無煮粒叢林遠近總應知　汾陽昭

甘贄設粥詣南泉請師念佛衆僧前狸奴典座言歸去當時鍋鑊一時穿　慈明圓

兩頭水牯忽相逢出入平田淺草中杖子擊來何處去悠悠千古永無蹤　保寧勇

槌下分明漏泄多尋常設粥却請訛狸奴白牯無尋處枉使厨頭打破鍋　佛國白

異路相逢句已酬聞吹羌管向汀洲漁人貪顧沙頭鷺不覺扁舟逐浪流　雪峯預

財施無窮法施多爲他狸牯念摩訶無端甘贄低頭拜撩撥南泉打破鍋　張無盡

特來設粥誇英俊郝知王老更風流打破粥鍋呈醜拙狸奴白牯一齊收　疎山如

高吟大笑性猖狂潘閬騎驢出故鄉驚起暮天沙上鴈海門斜去兩三行　湛堂準

狸奴白牯念摩訶爭似南泉打破鍋雖然佛法無多子天下叢林不奈何　鼓山珪

南泉打破閒家具浩浩諸方作話看今日爲君重舉過明明歷歷不顢頇　隱山杲

（續收）甘贄設粥顯家風王老無端贊施功報去始將鍋打破也知徹過後張弓　海印信

甘贄設粥念摩訶贄見南泉打破鍋萬事但將公道斷任教四海動干戈　照堂一

甘贄設粥施財南泉將鍋打破輸他白牯狸奴贏得一場因果二人暗中紅心疑殺厨前典座莫疑好煮粥別無巧只要頻頻攪　圓悟勤

太平自來不打諸人也須照顧甘贄來裏有蟲南泉鍋是鐵作君看大冶精金終不墮爐錮鉻　佛鑑懃

甘贄設白粥南泉貴醋彼此落便宜至今斷來路　或菴體

[illegible]

針鋒相撥便干戈帶累南泉打粥鍋莫謂當年輕放過人都有罪不重科　笑翁堪

甘贄設粥南泉打鍋一般病痛徹底誵訛更有些兒好笑明朝餓殺禪和　雪菴瑾

設粥殷勤請念誦白槌各爲念摩訶上來功德要圓滿復去厨頭打破鍋　橫川珙

行者失却眼南泉破却鍋滿堂僧不厭一箇俗人多　南嶽勝

六祖下第四世之四　清源下第三世

澧州龍潭崇信禪師　嗣天皇悟　未出家時爲餅師住在寺前每日常供餅十枚上天皇皇受已却留一餅與之曰惠汝以蔭子孫師曰是甚將來何以返曰惠汝皇曰是汝將來復汝何咎師因有悟入遂投出家　頌曰

將去將來事不差龍潭因問勿交加後來多少爭唇吻春鳥喃喃鳥落花　汾陽昭

十餅每將留一箇因思何謂蔭兒孫團團將去還將入不覺醍醐到頂門　白雲端

南岳山頭見石頭便歸古岸押沙鷗謾分胡餅爲香餌引得金龍上直鈎　佛國白

（續收）持來送去搽團團獲蔭兒孫義不寒何似當時休擘破潭崙留與後人看　無準範

受惠當思報將他一餅回出家緣法到當下得心灰　橫川珙

（增收）龍潭因天皇曰汝昔崇福善今信吾言可名崇信由是服勤左右一日問曰某自到來不蒙指示心要皇曰自汝到來吾未嘗不指汝心要師曰何處指示曰汝擎茶來吾爲汝接汝行食來吾爲汝受汝和南時吾便低首何處不指示心要師低頭良久皇曰見則直下便見擬思卽差師當下開解復問如何保任皇曰任性逍遙隨緣放曠但盡凡心別無聖解　頌曰

脫白投師貴苦辛擎茶問訊盡躬親無端再叙三年事笑倒街頭賣餅人　白雲端

據款結案得失過半盡力擔當上船離岸無不指示汝擎茶行食處聖解凡情不過來軒軒頭角起風雷　月堂昌

澧州道吾山宗智禪師　嗣藥山　因僧問如何是和尚深深處　或云深深　師下禪牀作女人拜曰謝子遠來無可抵待　頌曰

興龍海卧瑞雲高四望歸宗萬派潮木人來問西雷

事向惠東園一顆桃　投子青

回頭已落今時路不露鋒鋩豈得圓機動少林關棙子誰知別是一堂天　欣枯木

草戶柴門謝子來躬身下拜笑眉開深深密密親分付莫道寶山空手回　疎山如

深深親下拜三代禮全該此意如不然玉帛云乎哉　無準範

歲稔時清禮義多相逢陪酒又陪歌當憂不解開懷飲如此一天風月何　東叟穎

道吾見南泉泉問闍黎名甚麼師曰宗智泉曰智不到處作麼生宗師曰切忌道著泉曰灼然道著即頭角生三日後師與雲巖在後架把針泉見乃問智頭陀前日道智不到處切忌道著道著即頭角生合作麼生行師便抽身入僧堂泉便歸方丈師復來把針巖曰師弟適來爲甚不祗對和尚師曰你不妨伶利巖不薦却問南泉適來智頭陀爲甚不祗對和尚某甲不會乞師垂示泉曰他却是異類中行巖曰如何是異類中行泉曰不見道智不到處切忌道著道著即頭角生直須向異類中行巖亦不會　頌

[illegible]

曰

言詮不到是同袍拂袖歸堂衆乃淘沙礫眞金無辨別不須疑慮更忉忉　汾陽昭

金剛際下古髑髏幾被人踏血濺空明月任從君自擲寒松那裏白雲封　投子青

道吾因石霜問百年後有人問極則事向他道甚麼師喚沙彌沙彌應諾師曰添淨瓶水著師良久却問霜適來問甚麼霜擬再舉師便歸方丈霜於此有省　頌曰

垂手還他作者機尋常話裏布鋒旗[illegible]

丈一句分明更不疑　丹霞淳

道吾到五峯峯問還識藥山老宿麼師曰不識曰爲甚麼不識師曰不識不識　頌曰

白雲深處路難通擬問踪由已涉功掛角羚羊無影迹從容還落正偏中　丹霞淳

道吾因溈山問甚麼處去來師曰看病來山曰有幾人病師曰有病底有不病底山曰不病底莫是智頭陀麼師曰病與不病總不干他事急道速道山曰道得也與他沒交涉　頌曰

妙藥何曾過口神醫莫能捉手若存也渠本非無至

[illegible]

虛也界本非有不滅而生不亾而壽全起威音之前獨張劫空之後成乎也天蓋地擎運轉也烏飛兔走　天童覺

道吾因趙州來著豹皮褌把吉獠棒在三門前等候纔見州來便高聲唱喏而立州曰小心祗候著師又唱喏一聲而去　頌曰

得人一牛還人一馬虎驟龍驤誰敢定價三千里外見譊訛生鐵一團無縫罅　尼無著總

一吹無孔笛一撫沒絃琴一曲兩曲無人會雨過夜塘秋水深　潛菴光

道吾作舞一曲無諧若將耳聞未敢相許　野菴璇

潭州雲巖曇晟禪師　嗣藥山　因道吾問大悲千手眼那箇是正眼師曰如人夜間背手摸枕子吾曰我會也師曰作麼生會吾曰徧身是手眼師曰道也太煞道秖道得八成吾曰師兄作麼生師曰通身是手眼　此依五燈會元所載按傳燈錄乃曰道吾問大悲千手眼如何師曰如無燈時把得枕子作麼生道吾曰我會也我會也師曰作麼生會道吾曰通身是眼當據傳燈錄爲正聯燈與舊頌古聯珠所載皆作雲巖問道吾云云恐非　頌曰

徧身是通身是拈來猶較十萬里展翅崩騰六合雲搏風鼓蕩四溟水是何埃𡎺兮忽生那箇毫釐兮未止君不見網珠垂範影重重棒頭手眼從何起　雪竇顯

一竅虛通八面玲瓏無象無私春入律不留不礙月行空清淨寶目功德臂徧身何處通身是現前手眼顯全機大用縱橫何忌諱　天童覺

弟應兄呼豈偶然嬉遊時在舊山前通身手眼如何會拾得寒山笑㘞天　大洪預

演若怖回鏡裏首那吒還復舊時身不知手眼從何起便道全軀在剎塵　佛心才

通身是手眼徧界不曾藏背摸牀頭枕翻身嫌夜長　京兆府天寧璉

觀音妙音十八十九眼見耳聞是人知有左握軍持右擎楊柳捏聚放開烏飛兔走　大洪恩

大悲許多手眼如人夜摸枕子徧身通身起來盡受奴驅婢使君不見認著牛迹裏失却大海水轉變未得時保前有保倚歸去來歸去來柏天洪浪如浮埃　月堂昌

[illegible]

徧身是通身是酥酪醍醐爲一味毫端湧出須彌盧芥子吸竭滄溟水十虛吞爍正眼寥廓照用同時人境俱奪棒頭喝下錯承當背手拈來已失却莫莫水是水兮山是山切忌無繩而自縛　圓悟勤

大悲菩薩千手眼如人背手摸枕頭猢猻跳出布袋口不妨隨處逞風流　懶菴樞

徧身是通身是淨潔渾身涴却戾捩來露出猛風吹誰教背手摸枕子復打三棒　無菴全

雲巖掃地次道吾曰太區區生師曰須知有不區區者吾曰恁麼則有第二月也師竪起掃帚

曰這箇是第幾月吾休去　玄沙聞云正是第二月　頌曰

借來聊爾了門頭得用隨宜卽便收象骨巖前弄蛇手兒時作處老知羞　天童覺

[增收]雲巖同道吾自南泉囘藥山師問藥山曰如何是異類中行山曰吾今日困倦且待別時來師曰某甲特爲此事歸山來山曰且去師便出吾在方丈外聞師不薦不覺齩得指頭血出却下來問師師兄去問和尚那因緣作麼生師曰不爲某甲說吾便低頭　頌曰

饑食嫩草遶山去渴飲寒泉曲澗囘放蕩不耕空劫地暮天何用牧歌催　丹霞淳

雲巖因僧問暫時不在如同死人時如何師曰便好埋却　頌曰

便好埋却更無依托天上人間逍遙快樂切忌思量涉路途不勞彈指開樓閣　普菴玉

[增收]雲巖因藥山問聞汝解弄師子是否師曰是曰弄得幾出師曰弄得六出曰我亦弄得師曰和尚弄得幾出曰我弄得一出師曰一卽六六卽一後到溈山溈問承聞長老在藥山弄師子是否師曰是曰長弄有置時師曰要弄卽弄要置卽置曰置時師子在甚麼處師曰置也置也　頌曰

尾搠金毛師子子旃檀林下青莎裏置也置也咸自全一出六出眉趯起非擬擬知幾幾星流不啻三千里天外風清哮吼時爲君吸盡西江水　雪竇顯

放出金毛師子百獸不見踪由要得爪牙全露直須自把繩頭　懶菴樞

[增收]雲巖初參百丈後造藥山山問甚處來師曰百丈來曰百丈有何言句示徒師曰尋常道我有句了百味具足曰鹹則鹹味淡則淡味不鹹不淡是常味作麼生是百味具足底句師無對曰爭奈目前生死何師曰目前無生死曰在百丈多少時師曰二十年曰二十年在百丈俗氣也不除　頌曰

行盡千峯路轉高肯歸方憶舊雲房貪淳古調單于曲豎盡胡家一韻長　投子青

[增收]雲巖因僧問二十年在百丈侍巾餅爲甚麼心燈不續師曰頭上寶華冠曰頭上寶華冠意旨如何師曰大唐天子及冥王後僧舉問九峯虔禪師大唐天子及冥王意旨如何虔曰却憶洞上之言　頌曰

玉鞭高擊金門引出珊瑚價莫論迴古輪王全意氣不彰寶印自然尊　丹霞淳

[增收]鄂州百巖明哲禪師　嗣藥山　洞山與密師伯到參師問曰闍黎近離什麼處洞山曰近離湖南師曰觀察使姓什麼曰不得姓師曰名什麼曰不得名師曰還治事也無曰自有廊幕在師曰豈不出入山便拂袖去師明日入僧堂圖昨日對二闍黎一轉語不穩今請二闍黎道若道得老僧便開粥相伴過夏速道速道山曰太尊貴生師乃開粥共過一夏　頌曰

燒香人靜香無聲古滿丹墀皓月明入戶當堂傭正坐出門尤懶下堦行　丹霞淳

枯木巖前烟嶂昏羚羊挂角覓無門玉梭暗擲千峯外一線虛通曉色分孤迥迥絕瘢痕萬古寒潭攪不渾正坐當堂金殿冷回頭盡是我兒孫　自得暉

賓則始終賓主則始終主拂袖辨誵訛依前還自舉還自舉栢巖堂上雨花雨　月菴果

秀州華亭船子德誠禪師　嗣藥山　師印心於藥山與道吾雲巖爲友洎離藥山謂同志曰子率性踈野唯好山水他後知我所止遇伶俐座主指一人來遂分携至華亭泛一小舟隨緣度日吾後到京口遇夾山上堂僧問如何是法身曰法身無相曰如何是法眼曰法眼無瑕吾失笑山下座請問某甲祇對這僧話必有不是致令失笑望不吝慈悲吾曰和尚一等是出世未有師在山曰甚處不是曰某甲終不說請往華亭船子處去山曰此人如何曰此人上無片瓦下無卓錐若去須易服而往山乃散衆直造華亭船子纔見便問大德住甚麼寺山曰寺卽不住住卽不似師曰不似似箇甚麼山曰不是目前法師曰甚處學得來山曰非耳目之所到師曰一句合頭語萬劫繫驢橛師又問垂絲千尺意在深潭離鉤三寸子何不道山擬開口被師一橈打落水中山纔上船師又曰道道山擬開口師便打山豁然大悟乃點頭三下師曰竿頭絲線從君弄不犯清波意自殊山遂問拋綸擲釣師意如何師曰絲懸淥水浮定有無之意山曰語帶玄而無路舌頭談而不談師曰釣盡江波錦鱗始遇山乃掩耳師曰如是如是　頌曰

泛舟駕險三十春繫處竿頭死活人夾嶺桂分千古韻朗江山翠萬重新　投子青

捨短從長有幾人遠求船子和玄津闌橈數拄徒開口水色山光特地新　覺海元

不犯清波不擲鈎怪哉當面觸鼇頭微茫一噴騰騰雨萬壑千溪水逆流　保寧勇

長竿放去隨波浪絲線收來獲錦鱗棹下反身何脫洒回頭不見舊時人　佛燈珣

蘆葦蕭蕭江岸秋長天孤月向西流離鉤三寸無人

道矣倚淵橈月點頭　張無盡

驀口一橈玄路絶藥山之道始流傳離鈎三寸無消息覺海方乘般若船　佛山晏

斷白雲檻外思悠哉密密金刀剪不開叫洞不拘金鎖意縱橫無繫去還來　丹霞淳

一葉輕舟泛海隅金鈎釣得錦鱗魚戈叉逐浪迷源者誰識清波意自殊　枯木成

離鈎三寸如何道駐擬還同眼裏沙蹬底月明載歸去劫前風韻落誰家　眞歇了

離鈎三寸何不道法眼無瑕收轉多若使一橈全腕力朱涇無復水重波　普融道首座

渺渺煙波一葉舟竿頭絲線幾沉浮離鈎三寸如何道便有金鱗暗點頭　無著總

一橈提起定綱宗直得乾坤大地空只爲夾山輕放過至今四海錯流通　別峯印

一橈打著這瞎漢堪咲令猶行一半竿頭絲線釣鯨波䨓浪翠雲擔是鈍　簡翁敬

一橈劈腦沒遮攔大海波濤徹底乾盡謂單傳并直指誰知總被祖師謾　介菴朋

離鈎三寸已周遮莫口纔開隔海涯覷得雲山渺秋水共長天映夕陽斜　雲權

三十年鈎柄一橈白千毛寂冷颼颼雖然兩手親分付要在渠儂自點頭　無際派

夾嶠當年錯用心貪他香餌被他擒點頭三下無言說水闊山遙恨轉深　淅翁琰

了無錐地可容身却泛孤舟擲要津不獨夾山遭毒手至今賺殺一船人　笑翁堪

合頭著語酬船子恰如擲地覓青天直饒橈下通明徹也是華亭破漏船　蘇臺瑛

無相無瑕便倒戈只因輕佔毅顛陀若還不到華亭上鐵鑄船橈奈汝何　南叟茙

朱涇深處泛扁舟伶俐闍黎上直鈎劈口一橈空宇宙遠山無靜水悠悠　葛廬覃

笑中東却竹林寺將謂華亭有幾多窮性命於橈下喪細思成敗是痲何　末宗本

三十餘年在藥山鬼家活計豈能傳當時不得夾山老你且耐煩撑破船　清溪徹

船子囑夾山曰汝向去直須藏身處沒蹤跡沒蹤跡處莫藏身吾二十年在藥山秖明斯事汝今既得他後莫住城隍聚落但向深山裏钁頭邊覓取一箇半箇接續毋令斷絶山乃辭行頻頻回顧師遂喚闍黎山乃回首師竪起橈曰汝將謂別有乃覆船入水而逝　頌曰

夾山橈下悟心休何患身名跡覆舟今古華亭番釣者烟波江上使人愁　照覺總

參夾蘆花碧海秋錦鱗躍浪上金鈎目前無法回頭看踏覆船來得自由　羅漢南

不犯清波意自殊口開目盼尚踟躕漁舟覆却無蹤跡落日秋風戰荻蘆　佛陀遜

老手當年靠夾山全機衣盡結深冤父南子北家何在撥轉天關地軸翻　瞎堂遠

驀口一橈全殺活點頭三下鼻撩天至今千古風流在誰道華亭覆却船　佛照光

撥透機先予欲酬迅雷掣下汗如流踏翻船子水悠悠直入千峯不轉頭　水菴一

藏身無迹更無藏脫體無依便厮當古鏡不磨還自照淡煙和露濕秋光

沒蹤迹處莫藏身看來端是眼中塵全機打破繫驢橛棒頭敲出玉麒麟　簡極岑

明鏡當臺一椎打破東魯西秦無可不可　肯堂充

一橈劈口虛空破三點驪頭覆却船父子至今俱不了江湖波浪錯流傳　天童淨

機輪元不挂絲頭會有金鱗上直鈎驀口一橈猶未徹踏反船子有來由　松源岳

臭口未開經萬劫絲毫纔犯鐵輪隨雨散雲收明月夜反動江波說向誰　木菴永

夾山不在一橈上明月蘆花夜夜寒誰謂華亭消息斷儼然秋色在江山　解空觀

散席迢迢到海涯點頭橈下喪全機父南子北今何在月冷漁歌落釣磯　天目禮

一下闌橈驀口轍大洋海底火燒天父南子北家何許風滿長空月滿船　蒙菴聰

稱意金鱗一上鈎華亭江水合西流釣船盡底掀翻了惱亂春風卒未休　枯翁銛

藥貼分明說得親不知裏面僞和眞諄諄教誡癡兒女莫把方書誤後人　虛堂愚

一棹綠楊灣金鱗得處難長江深有根不合踏反船　西巖惠

藏身處沒蹤跡無影樹頭靈鳥宅沒蹤跡處莫藏身不萌枝上春花拆有來由誰辨的天曉西風拂拂吹

松釵一徑爭拋擲　東谷光

藥山高沙彌　嗣藥山　因藥山問曰見說長安甚闍師曰我國晏然　法眼別云見誰說　山曰汝從看經得請益得師曰不從看經得亦不從請益得山曰大有人不看經不請益爲甚麼不得師曰不消他無只是他不肯承當　頌曰

撞破虛空七八片逆開金鎖兩三重轉身直入青霄外多少行人覓路蹤　成枯木

與亾虛去又虛來爲渠國土絕纖埃須彌頂上無根草不受春風花自開　投子青

高沙彌住菴一日雨中來相看藥山山曰你來也師曰是山曰可煞濕師曰不打這鼓笛雲巖曰皮也無打甚麼鼓道吾曰鼓也無打甚麼皮師曰今日大好一場曲調　頌曰
偶爾垂言借問伊知音爭使落今時胡笳不犯宮商曲玉笛橫時劫外吹　丹霞淳
鼎州李翺刺史見藥山　嚮藥山玄化屢請不赴乃躬謁之山執經卷不顧侍者曰太守在此李性褊急乃曰見面不如聞名拂袖便出山曰太守何得貴耳賤目李回拱謝問曰如何是道山以手指上下曰會麼李曰不會山曰雲在青天水在瓶李忻愜作禮述偈曰鍊得身形似鶴形千株松下兩函經我來問道無餘說雲在青天水在瓶　頌曰
雲在青天水在瓶恐君妄解作惺惺汾陽問你幽魂聽如實神通現姓名　汾陽昭
雲在青天水在瓶丹霄把手共君行回頭不覺寒更曉一片紅光海上生　圓通僊
雲在青天水在瓶眼光隨指落深坑溪花不耐霜風說甚深深海底行　張無盡
隴西賢相登藥嶠雲在青霄水在瓶風靜雲消空獨露天門玉女不曾扃　京兆府天寧璉
古人問道復何言水在瓶中雲在天故國要歸歸便得離亭雲月渡頭船　白楊順
增收 制使當年問道時單鎗匹馬到禪扉再再四番慈悲未曉揮毫落紙更明詩　洞山聰
陌路相逢不相識雲水悠悠無定跡饒君富貴百千般爭似儂家窮的的　大洪恩
貴耳而賤目背手抽金鏃仰面看青天箭過新羅國　舟山升
雲在青天水在瓶平生肝膽向人傾眞金自有眞金價終不和沙賣與人　北海心
若陳見面不懸殊雲水重新誑惑渠護說當時曾省悟却將魚目當明珠　天目禮
撥草瞻風不奈何深山有道要經過只因貴耳而賤目引得全身入草窠　寂菴常
即今非見面昔日不聞名一句添三句篇章讀不成　西巖惠
京兆府翠微無學禪師嗣丹霞　一日在法堂內行投子進前接禮問曰西來密旨和尚如何示人師駐步少時子曰乞師垂示師曰更要第二杓惡水那子便禮謝師曰莫躁根曰時至根苗自生　頌曰
曾扣西來問翠微經行駐步大慈悲當時投子如能薦惡水重將更潑誰　水菴一
師子出窟驪龍入穴㩳眸風生衆獸腦裂更弄爪牙反成漏泄時至須憑返擲機分明踏破澄潭月　投子舒
增收 吉州孝義寺性空禪師嗣丹霞　因僧參人事了師曰與麼下去還有佛法道理也無曰某甲結舌有分師曰老僧又作麼生曰素非好手師便仰身合掌僧亦合掌師乃拊掌三下僧拂袖便出師曰烏不前兎不後幾人於此茫然走秖有闍黎達本源結舌何曾著空有　頌曰
進不前退不後頭尾中間兩處走胡僧撫掌笑呵呵此土西天未曾有　佛鑑懃
入林不動草入水不動波曾經達本源結舌更無過若是叅方士須達末後句　大圓智
晝復夜初中後金烏飛玉兎走於此茫然與悄然總是蝦跳不出斗　石溪月
增收 僊天禪師或作天仙 漳州大川嗣　披雲和尚來纔入方丈師便問未見東越老人時作麼生爲物雲曰秖見雲生碧嶂焉知月落寒潭師曰秖與麼也難得曰莫是未見時麼師便喝雲展兩手師曰錯怪人者有甚麼限雲掩耳而出師曰死却這漢平生也　頌曰
有客訪師纔入門由來賓主未曾分箭鋒相拄昔無咎善始全終誠罕聞　本覺一
眼明慣識陣雲高兩手揮戈戰不休世事若將公道斷將軍歸去合封侯　絕象鑒
作者相逢箭拄鋒其中綿密不通風要須借取眉毛好免使全身落草中　竹屋簡
增收 僊天因僧參方展坐具師曰不用通時踏還我文彩未生時道理來曰某甲有口啞却即問若死覓個臍月扇子作麼師拈棒作打勢僧把住曰還我未拈棒時道理來師曰隨我者隨之南北不隨我者死住東西曰隨與不隨且置請師指出東西南北師便打　頌曰
將軍帳上孰能過不易僧初善切破蛇尾龍頭弓細折山藤三十未爲多　本覺一
增收 馬頰山本空禪師嗣大□　因僧問去却即今言句請師直指本來性師曰你迷源來得多少時曰即今蒙和尚指示師曰若指示你我即迷源曰如何即是師示頌曰心是性體性是心用心性一如誰別誰共妄外迷源秖者難洞古今凡聖如幻如夢　佛鑑云問不徒然答無虛設纔隨語轉觀面千山後偈中雖有收有放其奈錯下名言山僧重爲別過乃有偈曰
心本非心性本非性心性兩忘誰少誰剩老倒本空灼艾求病妄外迷源孤負凡聖

心性從來體一同有無空處透眞空古今妄外迷源者春入園林處處紅　塗毒策

本空上堂秖這施爲動轉還合得本來祖翁麼若合得十二時中無虛棄底道理若合不得喫茶說話往往喚作茶話在僧便問如何免得不成茶話去師曰你識得口也未曰如何是口師曰兩片皮也不識曰如何是本來祖翁師曰大衆前不要牽爺恃娘曰大衆忻然去也師曰你試點大衆性看僧作禮師曰伊往往道一性一切性在僧欲進語師曰孤負平生行脚眼　頌曰

叅禪學道莫匆匆動轉無非觸祖翁口在面門猶不見喫茶清話故難通水中鹽味如相似色裏膠清信不空欲得不招無間業莫將情解謗宗風　南堂興

漳州三平義忠禪師嗣大顛因問大顛不用指東劃西請師直指顛曰幽州江口石人蹲師曰猶是指東劃西顛曰若是鳳凰兒不向那邊討師禮拜顛曰若不得後句前話也難圓　頌曰

徹底老婆心不向那邊討父子要投機無端入荒草　圓悟勤

禪宗頌古聯珠通集卷第十七

禪宗頌古聯珠通集卷第十八

宋池州報恩光孝禪寺沙門法應集

元紹興天衣萬壽禪寺沙門普會續集

祖師機緣

六祖下第四世之五　南嶽下後第三世之一

趙州觀音院從諗禪師　嗣南泉　師初謁南泉，泉問：汝是有主沙彌無主沙彌？師曰：有主沙彌。泉曰：那箇是你主？師近前躬身曰：仲冬嚴寒，伏惟和尚尊候萬福。泉器之，許其入室。頌曰

解把一莖野草，喚作丈六金身。會得頭頭皆是道，眼

中箇[illegible]　顏如如

試問如何是古人，進前叉手叙寒溫。但知北極尊星拱，不見黃河徹底渾　寶葉源

趙州一日問南泉曰：如何是道？泉曰：平常心是道。師曰：還可趣向也無？泉曰：擬向即乖。師曰：不擬爭知是道？泉曰：道不屬知，不屬不知。知是妄覺，不知無記。若真達不疑之道，猶如太虛廓然蕩豁，豈可強是非耶？師於言下悟理。頌曰

平常心是道，泉步入荒草。𣂏嗟王老師，到底不能曉。不能曉，玉兔金烏任飛走　雲峯悅

欲識平常道，天然任自然。行船宜舉棹，走馬即加鞭。若遇飢來飯，還應困即眠。盡從緣所得，所得亦非緣　佛鑑懃　二

所得亦非緣，當人自了然。雨中看皓月，火裏汲清泉。直立頭垂地，橫眠脚指天。應須與麼會，方契祖師禪

若謂平常心是道，枝蔓向上更生枝。貼肉汗衫如脫了，喚來眼上與安眉　鼓山珪

勸君不用苦勞神，喚作平常轉不親。冷淡全然沒滋味，一回舉著一回新　徑山杲

續收　趙州昔日見南泉，言下投機自廓然。要會平常心是道，平常不任道方玄　本覺一

白日遲遲兮花菲菲，白雲流水兮兩相依。長安路上人迹稀，南泉也落第二機　慈受深

癡得銅盤不打，老鼠所以抽身。入還從屋裏來，圾教臺凳穩。聊且勸三盃，兄呼弟應，殷勤處留得兒孫辦劫灰　月堂昌

遇飯喫飯，遇茶喫茶。千重百帀，四海一家。解却粘，去却縛。言無言，作無作。廓然本體等虛空，風從虎兮雲從龍　圓悟勤

萬里長空雨霽時，一輪明月瑩清輝。浮雲掩斷千人目，見得嫦娥面者稀　龍門遠

向道平常心是道，斬丁截鐵妙中妙。若將玄路擬思量，連累兒孫入荒草。業識茫茫知不知，終日紅塵無價寶　大溈智

玄途不涉透離微，道合平常發上機。無影樹頭春色曉，金鷄啼在不萌枝　足菴鑒

悟得平常達本鄉，時人多怕落平常。青春只有九十日，爛醉都無一百場　雪菴瑾

春有百花秋有月，夏有涼風冬有雪。若無閑事掛心頭，便是人間好時節　無門開

趙州一日問南泉曰：知有底人向甚麼處去？泉曰：山前檀越家作一頭水牯牛去。師曰：謝師指示。泉曰：昨夜三更月到窓。頌曰

拽脫鼻頭何處是，亂拋泥水恣縱橫。日斜倒坐騎驢去，又見東山片月生　保寧勇

出窟金毛奪父機，同聲哮吼衆狐疑。三更窓月如清晝，誰敢重來弄嶮巇　寶峯祥

眼中見慣是尋常，又不驚人又久長。留得寅窓夜來月，三更依舊照茅堂　鼓山珪

度體裁衣，量水打[illegible]。毫髮不差，且居門外　徑山杲

續收　南泉推頭，趙州擺尾。子細看來，二俱失利　慈受深一

檀越家中作水牛，牧來放去任優游。不曾犯著人苗稼，何必南泉對趙州　照堂一

戴角擎頭吠一場，父子家和醜外揚。知有底人何處去，春來依舊百花香　冶父川

掣開金殿鎖，撞碎玉樓鐘。貪程未歸客，徒自覓行蹤　木菴永

趙州一日到茱萸，執拄杖於法堂上從東過西。萸曰：作甚麼？師曰：探水。萸曰：我這裏一滴也無，探箇甚麼？師以杖倚壁便下。頌曰

逐步移筇探淺深，果然滄海碧沉沉。一雙足迹分明在，將謂歸家不可尋　保寧勇

古今難透趙州關，取次施爲不等閑。拄杖靠來斜倚壁，輕如毫髮重如山　佛鑑懃

茱萸這裏無一滴，趙州無言便走出。春去秋來三百年，拄杖至今猶倚壁　鼓山珪

深淺聊將拄杖探，忽然平地起波瀾。傾湫倒岳驚天地，到海方知徹底乾　徑山杲

續收　趙州有語標庭栢，今古叢林光熖爀。若到茱萸堂上行，到底反成箇老賊　地藏恩

趙州探水誰能知委，一滴也無[illegible]。囉囉哩哩　文殊道

一滴也無，費盡工夫。靠倒拄杖，何處逢渠。香爐上一堆牛糞，氣東壁上倒掛大葫蘆　典牛游

趙州曾探水，茱萸無一滴。東覷西覷了，拄杖便靠壁。滄海深處歸何人，辨端的　楚安方

平地鼓波濤，青天轟霹靂。脚下爛如泥，身上元不濕。古往今來幾百年，拄杖依然空靠壁　無際派

續收　趙州因僧問：如何是清淨伽藍？師曰：丫角女子。曰：如何是伽藍中人？師曰：丫角女子懷胎。頌

曰

橫胷抱腹藏龍種剖膽刳肝鑄鳳胎勿謂此兒容易得須知出自痛腸來　汾陽昭

咄這老竭得恁饒舌清淨伽藍一時漏泄金剛門外笑呵呵菩薩堂中聲哽咽　海印信

了角女子出天眞清淨伽藍蓋得人世俗不知林下意無錢難得買紅裙　佛鑑懃

增收趙州因僧問外方忽有人問趙州說什麼法如何祇對師曰鹽貴米賤　頌曰

鹽貴米賤諸事成現擬欲商量腦後拔箭　懶菴需

趙州因僧辭師曰甚處去曰諸方學佛法去師竪起拂子曰有佛處不得住無佛處急走過三千里外逢人不得錯舉曰與麼則不去也師曰摘楊花摘楊花　頌曰

截斷三關過者稀臨鋒誰解振全威楊花摘處何人見風送漫天似雪飛　佛慧泉

堂堂好箇丈夫兒剛被胡麻取次欺若解奮拳張意氣世間何處可容伊　保寧勇

青山不異白玉無瑕茫茫流水棱棱黃花有佛處纖毫不立無佛處萬別千差長安路上未歸客尋溪由自摘楊花　天童覺

三千里外兩重關衲子紛紛過者難回首石橋南北路楊花風散雪漫漫　普融平

有佛處不得住生鐵秤鎚被蟲蛀無佛處急走過撞著嵩山破竈墮三千里外莫錯舉兩箇行人相耳語恁麼則不去也此話已行徧天下摘楊花摘楊花喑嚤呢嗟哩吽唵吒　徑山杲

摘摘楊花摘楊花打鼓弄琵琶昨日栽茄子今日種冬瓜　訥堂思

有佛處不得住春風蕩蕩飛楊絮無佛處急走過一葉漁舟江面破林裏烏鵲去又來園中桃李開還謝　白楊順

舜若多神相太空無目仙人逢暗夜鐵山崩倒壓銀山盤走珠兮珠走盤借把鴛鴦閑綉出金針終不與人看　松源岳

有佛無佛不得住三千里外無憑據趙州贏得口皮光却是這僧知落處　虛堂愚

趙州因僧問承聞和尚親見南泉是否師曰鎮州出大蘿蔔頭　頌曰

因問當初得法緣不言東上及西天鎮州有菜名蘿蔔濟却飢瘡幾萬年　汾陽昭

鎮州出大蘿蔔天下衲僧取則只知自古自今爭辨鵠白烏黑賊賊衲僧鼻孔曾拈得　雪竇顯

鎮州蘿蔔播華夷萬物還他本土宜執謂當時人獨愛至今更是好充飢　正覺逸

陶潛彭澤唯栽柳潘岳河陽只種花何侶晚來江上望數峯蒼翠屬漁家　海印信

衲僧巴鼻徒穿鑿平實商量紹祖宗多謝張公勤苦力滿園留得過深冬　佛慧泉

鎮州出大蘿蔔頭報君來處須分曉衲僧多是渾淪吞子細得他滋味少　白雲端

鎮州蘿蔔天然別滿口明明說向人濁福關提人不信一枚秤得重三斤　保寧勇

鎮州出采名蘿蔔過後思量却難得王老兒孫不覆藏逢人直露與消息　長靈卓

趙州古佛尚多言蘿蔔出生鎮府田天下衲僧多咬嚙齒間蹉過老南泉　文殊道

叅見南泉王老師鎮州蘿蔔更無私拈來塞斷是非口雪曲陽春非楚詞　徑山杲

續收趙老機關沒淺深鎮州蘿蔔接叢林過後思量也難得入泥入水老婆心　大潙智

鎮州出大蘿蔔頭師資道合有來由觀音寺裏有彌勒東院西邊有趙州　鼓山珪

青出於藍冰生於水寸步不通白雲萬里　或菴體

些兒活計口皮邊點著風馳與電旋謾說鎮州蘿蔔大何曾親見老南泉　石菴玿

親見南泉箇眼目老人說話無拘束只因家風不曾除帶累兒孫咬蘿蔔　野雲南

趙州因秀才問曰佛不逆衆生願是否師曰是曰某甲欲覓和尚手中拄杖得否師曰君子不奪人所好曰某甲非君子師曰我亦不是佛

頌曰

當機轉處不躊躇琉璃盤裏走明珠趙州老子村校書一條拄杖兩人舁　石菴玿

趙州因叅百丈丈問甚處來師曰南泉來曰南泉近日有何言句示徒師曰無事之人直須悄然去曰悄然一句且致忙然一句作麼生道師進前三步丈便喝師作縮身勢丈曰大好悄然師便出去　頌曰

作家相見彼此難構忙然悄然進前縮後揑不成塑不就大路不行草裏走　佛鑑懃

門裏有門外有不作嚴平犯牛斗師子吼野干鳴摘出離婁眼裏睛一手縮一手伸重陽決定九月九掀翻海嶽訪知音赤骨力窮露雙肘　瞎堂遠

趙州示衆曰佛之一字吾不喜聞　幻菴覺拈云諸人切忌恁麼會既不恁麼會又作麼生會乃頌曰

佛之一字不喜聞去年依舊今年春今年春間降大雪陸墓烏盆變白盆

趙州因大衆晚叅師曰今夜荅話去也有解問者出來時有一僧便出禮拜師曰比來拋甎引

王拈引得箇盤子　法眼問覺鐵觜先師意作麼生覺云如國家拜將相似乃問甚人去得時有人出云某甲去得　云爾去不得法眼云我會也　頌曰

探竿影草幾人知正似將軍一面旗斬將安營都在我鐵騎鐵馬上須彌　慈受深

千年出八百王誰當機辨來處趙州要合話拋磚引墼子覺老話端倪如拜將相似去得去不得言下分緇素箇裏高於萬仞峯不動纖毫擒佛相　圜悟勤

趙州上堂金佛不度爐木佛不度火泥佛不度水眞佛內裏坐　頌曰

泥佛不度水神光照天地立雪如未休何人不雕僞金佛不度爐人來訪子胡牌中數箇字清風何處無木佛不度火常思破竈墮杖子忽擊著方知孤負我　雪竇顯

併却泥佛金木佛趙州放出遼天鶻東西南北謾摽頭萬里重雲只一突　白雲端

泥佛不度水法華前陣曾止止君之退步若叅詳不使縱然波浪起　金佛不度爐海上江山入畫圖千手大悲徒著力却衝鼻若眼眉鬚　木佛不度火多口阿師曾議過限刀避箭不堪論無限英雄又蹉過　大潙秀

金佛木佛泥佛度爐度水度火盡入趙州紅爐烈燄光中鍛過一聲白雪陽春萬古無人能和　鼓山珪

九十七種妙相顧陸丹青難狀趙州眼目精明覷見心肝五臟　徑山杲

木佛不度火甘露臺前逢達磨慨憒洛陽人未來面壁九年空冷坐　金佛不度爐坐嘆勞生走道途不向華山圖上看豈知潘閬倒騎驢　泥佛不度水一道靈光照天地堪笑玄沙老古錐不要南山鼈鼻

三聖昌

三佛形儀總不眞眼中瞳子面前人若能信得家中寶啼鳥山花一樣春　冶父川

金佛不度爐風光滿帝都少年花酒客大醉幾人扶木佛不度火大士無人我它起念不差永劫遭羈鎖泥佛不度水明月照千里風高古木秋凍盡長江底

金佛不度爐窮源有處無木佛不度火渾崙咬不破泥佛不度水何處不是你眞佛屋裏坐趙州言是禍水枯會耕田黃牛能拽磨　常菴崇

金佛不度爐圓光爍太虛直下便薦得不用更躊躇木佛不度火院主眉毛墮烈燄亘天紅舍利無一顆泥佛不度水衲僧難下觜擬議隔千山迢迢十萬里眞佛內裏坐趙州休話墮覿面便承當擡眸即蹉過

金佛木佛泥佛穿來摑過閻浮更說眞佛在內無端已被塗糊　尼無著總

眞佛屋裏坐開口成話墮幸自可憐生教我說甚麼　月林觀

泥佛金佛木佛度水度火度爐妙體本來無處所莫將眞佛強塗糊　天目禮

趙州因尼問如何是密密意師以手搯之尼曰和尚猶有這箇在師曰却是你有這箇在　頌曰

密密深深意最長幾人今地錯商量師姑若會趙州搯錢打心肝也斷腸　慈受深

兜羅綿樣硬餧頭河北風流老趙州醎處著鹽淡添水軒頭一笑更無休　正堂辯

猛虎深藏淺草窠幾回明月入烟蘿頂門縱有金剛眼未免當頭蹉過他　高峯妙

趙州因僧辭師問甚處去曰閩中去師曰彼中兵馬臨你須回避始得曰向甚處迴避師曰恰好　頌曰

僧去閩中路不遙報言軍馬鬧嘈嘈問師迴避歸何處恰好安眠日正高　汾陽昭

聞說閩中兵馬多叮嚀遊子避干戈臨岐指箇藏身處無限雄師不奈何　正覺逸

七閩歸路日爭鋒迴避須教不見蹤恰好藏身何處是青山雲外萬千重　佛慧泉

趙州因僧遊五臺問一婆子曰臺山路向甚麼處去婆曰驀直去僧便去婆曰好箇師僧又恁麼去後有僧舉似師師曰待我去勘過明日師便去問臺山路向甚處去婆曰驀直去師便去婆曰好箇師僧又恁麼去師歸院謂僧曰臺山婆子爲汝勘破了也　頌曰

臺山路上老婆禪南北東西萬萬千趙州勘破人難會來往草鞋徹底穿　汾陽昭

趙州勘破婆子葉落便合知秋天下幾多禪客五湖四海悠悠　慧明圓

靈龜未兆無因吉變動臨時在卜人路頭問破誰人委王老東村怒目瞋　投子青

趙州作者勘婆婆太平時代用干戈趙州收得龍泉劍擂盡烟塵總是他　佛印元

僧問遊臺路婆直指不誤雖然徑直言奈緣多恁去趙州勘破歸會者憑何據月色曉堂分雲收山岳露　浮山遠

倏出叢林是趙州老婆勘破沒來由而今四海清如鏡行人莫與路爲讎　黃龍南

撥動干戈老趙州坐觀勝敗有良謀婆婆勘破人誰委多少禪流錯路頭　海印信

趙州勘破老婆禪語黙分明在目前近日五湖叅學

者剛於岐路走如烟　淨照臻

言中辨的老禪和驀直臺山路不蹉勘破却回人莫問岳陽船子洞庭波　雲峯悅

昔日趙州爲主將老婆戰罷許誰評而今何事臺山路却被時人取次行　大潙秀

臺山一路去悠悠親到還他古趙州勘破老婆回首日長江依舊向東流　佛慧泉

干戈中立太平基魂雨條風勝古時婆子爲君勘破了趙州脚跡少人知　白雲端

何事趙州婆子話雄雄今古振家聲高空有月千門閑大道無人獨自行　保寧勇

趙州一勘老婆也千古英風價轉新南去北來猶未薦臺山從此長荊榛　照覺總

似狂不狂趙州老或凡或聖人誰曉是非長短任君裁婆子被伊勘破了　眞淨文

趙州問路婆子答云直與麼去皆云勘破老婆婆子無你雲處同道者相共舉　景福順

勘破不勘破婆子能招禍直饒千眼補隨人也是大蟲看水磨　雲居祐

趙州勘破事非真走殺臺山路上人要識婆婆親指處一回舉首一回新　地藏恩

臺山路上婆往往人問過末後趙州知一言便勘破　雲蓋智

是箇遊臺發問端婆婆指路盡顢頇可憐眼裏無筋骨却把時人一樣看　佛國白

撥動烟塵老古錐坐觀勝負有誰知從來古路平如掌自是行人不見歸　圓覺演

婆指臺山路不差遊人恁麼去無涯趙州勘破歸來後四海五湖同一家　草堂清

驀直臺山路不迂趙州親去定賢愚古今來往何妨礙未透金塵終是麤　三祖宗

臺山山下路崎嶇多少行人在半途五里牌邊相借問不知驚馬是龍駒　上方益

臺山路上白頭婆無限行人幾度過直近玄關人不曉趙州特地斷諸訛　雲溪恭

叢林老作是無儔凜凜威風四百州一擊鐵關實粉碎恩大難將雨露酬　眞如喆

驀直去驀直去不逐指頭不行舊路大丈夫漢乾坤獨步　兜率悅

本欲平夷道路反成土上加泥而今五湖四海剛被勘婆話迷　圓通僊

臺山有路是人過兩兩三三借問多要識趙州親勘破舌頭無骨奈渠何　枯木成

高握金鞭出禁城霜風凜凜馬蹄輕烟塵掃盡歸來後四海行人賀太平　普融平

五臺山路入嵯峨驀直饒聲指似他更有趙州多事漢歸來道我勘婆婆　張無盡

勘破誰知老趙州玉鞭鞭起臥金牛臺山今古行人口笑飲清風味轉幽　長靈卓

兩重問答絕諸訛趙老於中却勘婆若不全身探虎穴安能徹底驗仙陁　禾山方

趙州親勘破臺山勿兩岐只這老婆子蹤跡少人知　佛心才

燕趙當年有一僧干戈叢裏等閒行定亂不携三尺劍至今天下絕攙搶　寶峯祥

老婆心切勿交加要路逢渠指不差休問禹門求變化風雷只在舊洪家　昊古佛

趙州勘破路難過無限平人走似梭日暮臺山空寂寂至今猶未絕諸訛　少林通

臺山路上老婆禪驀直教人好進前須得趙州親勘破從茲四海路平然　雲蓋昌

行路難行路難最難難過是臺山唯有趙州公驗正昂頭掉臂總閒閒總閒閒逐府出鉢盂　湛堂準

臺山一路坦平自是行人不慣明鏡醜婦之兒智者愚人之患　竦山常

臺山古路是人遊箇箇尋婆問路頭堪笑趙州纔勘破寥寥千古使人愁　竦山如

玉簫吹作鳳鸞吟惹動遊人離別心一陣東風捲客廊四方八面少知音　佛智裕

臺山路坦平婆子苦商量趙州勘破了清風滿大唐　高菴悟

天下禪和說勘破爭知趙州已話墮引得兒孫不丈夫人人黯過伶地臥　徑山杲

劈面三拳連腮七掌盡大地人不知痛痒　鼓山珪

臺山路上人難進獨有趙州親到來勘破老婆回首處從此行人眼不開　楚安方

纔指路婆婆在五臺禪人到此盡疑猜一拳打破扶桑國杲日當空照九垓　西蜀廣道者

老婆元是魔王脚三軍不動旗閃爍趙州無柄鐵掃帚掃蕩烟塵空索索　石頭回

婆子只知指路誰大被人偷去直得趙州勘了這回緊閉門戶　戲魚靜 二

趙州老大大不解山中打坐自言去勘婆子倒被婆子勘破

善繫無繩約善行無轍迹不戰屈人兵直向當機疾老婆勘破五臺山有誰參透趙州關　圓悟勤

年老成精不移傳趙州古佛嗣南泉招死喪命因圖象良馬追風衆索牽勘破了老婆禪說向人前不直錢　天童覺

賊是小人智過君子大家語成使白拈去膽大心麤

無你會處稽首趙州大法王王 真牛游

大用全提似海深魔軍戰退鬼難禁趙州勘破婆婆處草偃風行無處尋 南堂興

趙州老子爛泥裏刺勘破老婆叢林受賜

婆婆不在五臺山平地行人作易難驀直坦然今古路區區却過趙州關 雪竇宗

臺山路驀直去趙老見婆無別語勘破回來知不知莫信閑人說是非 冶父川

三月春光上國遊祥雲瑞氣瑣龍樓親從宣德門前過更問行人覓汴州 文殊道

婆子幾年尋劍客趙州勘破有諸訛解使不由家富貴風流何在著衣多 訥堂思

一按牛喫草一與賊過梯早知燈是火飯熟也多時 遯菴演

干戈中有太平基不用干戈始得之若無舉鼎拔山力千里烏騅不易騎 明大禪

四海同一家兩口同一舌趙州勘婆子有理向誰說 北菴願

跏坐臺山古路頭往來雲衲被戈矛趙州提起那羅箭穿過髑髏即便休 尼無著總

天高地厚人難見海闊山遙只自知勘破却回休借問得便宜是落便宜 密菴傑

趙州舌頭連天老婆眉毛覆地分明勘破歸來無限平人瞌睡 妙慧尼淨智

趙州勘婆百發百中趂得老鼠打破油甕 佛照光

村婆暴富誑謼閭閻趙州賣俏矢上加尖 或菴體

驀直驀直青天白日勘破了也一文不直 月林觀

本是山中人愛說山中話五月賣松風人間恐無價 蒙菴岳

臺山路上箇婆婆平地無風起丈波下却手門通底關更無一滴到黃河 無準範

勘破婆子面青眼黑趙州老漢謾我不得 文殊業

趙州言勘破心頭打額頭如何無轉智特地覓冤讎 野雲南

趙州問僧甚處來僧云摘茶來師曰閑 頌曰

道著不著何處摸索背後龍鱗面前驢脚反身筋斗孤雲野鶴阿呵呵 雲蓋智

趙州一日藏火問僧曰老僧喚作火汝喚作甚麼僧無語師曰不識玄旨徒勞念靜 法燈欽別云我不如你 頌曰

趙州眼放光爍破四天下鉢盂上安柄至今成話欛 老衲證

直下是非著不得著不得處好承當木人昨夜通消息南海波斯過大唐 野菴璣

趙州因一婆子令人送錢請轉藏經師受施了却下禪牀轉一帀乃曰傳語婆轉藏經已竟其人回舉似婆婆曰比來請轉全藏如何秖為轉半藏 頌曰

走下禪牀行一轉看了如來五千卷婆子年高眼尚明夜深月下穿針線 慈受深

左轉右轉金剛寶劍全藏半藏由基發箭紅心心裏中紅心驚得須彌頭倒旋 正堂辯

趙州一帀天輪轉婆子知音未足酬普為人天開正眼大千沙界一毫收 足菴鑒

不知兀坐常輪轉空下禪牀遶一遭背面却言虧一半老婆惡業自家招 天目禮

趙州劒氣衝牛斗婆子神符懸肘後一條拄杖兩人扶好手手中誇好手 毅大巖輝

趙州因僧侍次遂指火問曰這箇是火你不得喚作火老僧道了也僧無對復筴起火曰會麼曰不會師曰此去舒州有投子和尚汝往禮拜問之必為汝說因緣相契不用更來不相契却來其僧到投子子問近離甚處曰趙州子曰趙州有何言句僧舉前話子曰汝會麼曰不會乞師指示子下禪床行三步却坐問曰會麼曰不會子曰你歸舉似趙州其僧却回舉似師師曰還會麼曰不會師曰投子與麼不較多也 頌曰

我喚作火汝即不可已道了也喚作甚麼 楊無為

趙州喚作火全身入荒草我今不是渠渠今正是我 月林觀

禪宗頌古聯珠通集卷第十八

禪宗頌古聯珠通集卷第十九

宋池州報恩光孝禪寺沙門法應集

元紹興天衣萬壽禪寺沙門普會續集

祖師機緣

六祖下第四世之六　南嶽下後第二世之二

趙州因僧問如何是祖師西來意師曰庭前栢樹子曰和尚莫將境示人師曰我不將境示人曰如何是祖師西來意師曰庭前栢樹子　頌曰

庭前栢樹地中生不假牛犂嶺上耕正示西來千種[illegible]路轡密稠林是眼睛　汾陽昭

庭前栢樹趙州道廬陵米價吉陽數三歲兒童皆念得八十翁翁會也無　浮山遠

趙州庭前栢天下走禪客養子莫教大大了作家賊　慈明圓

七百甲子老禪和安貼家邦苦是他人問西來指庭栢却令天下動干戈　雪竇顯　二

千里靈機不易親龍生龍子莫因循趙州奪得連城壁秦主相如總喪身

入門何必辨來機老倒禪和不自知栢樹庭前剛指示反令平地下釘錐　雲峯悅

趙州有語庭前栢禪者相傳古到今摘葉尋枝雖有解須知獨樹不成林　黃龍南　三

庭栢蒼蒼示祖心趙州此話播叢林盤根抱節在金地禪者休於格外尋

萬木隨時有彫喪趙州庭栢鎭長榮不獨凌霜抱貞節幾奏清音對月明　兜率悅

趙州全不犯工夫覿面寧存細與麤重疊示君君不見庭前栢樹本來無

深院盤根翠色幽老師曾指示禪流年年不改凌霜節下截清風何日休　正覺逸

趙州庭前栢三冬刮地寒處處綠楊堪繫馬家家門下透長安　天衣懷

人問庭前栢子是嶺南客反憶臘月天雪裏梅花拆　海印信

僧問西來意趙州栢樹酬皮下若有血官差不自由　翠巖眞

青青庭栢何年植祖意分明示趙州海變桑田有窮劫靈苗無影不凋秋　照覺總

造化無私不思力一一青青歲寒色長短大小在目前可笑時人會不得　眞淨文

趙州庭栢衲僧苦尼井口轆轤橫吞不得　野軒遵

庭前栢樹示禪流幾箇親曾見趙州明年更有新條在惱亂春風卒未休　保寧勇

趙州庭下栢森森摘葉尋枝古到今明眼衲僧如覰著西來祖意合平沉　楊無爲

趙州庭栢森然直露滿風清添翠色摘葉尋枝不可求盤根萬古終無極　大溈秀

眞箇怪時方識怪是精靈眼識精靈時人不會西來旨只看青青栢在庭　佛國白

[illegible]

羚羊掛角絕蹤疑翠栢庭前演妙機此道不將人境會杲天紅日夜長輝　羅漢南

舌頭無骨趙州老栢樹庭前說向渠好是晚來無限意喧喧啼鳥噪禪居　三祖宗

萬里長空雨霽時一輪明月暎清輝浮雲掩斷千人目得見姮娥面者稀　佛鑑懃

庭前栢樹子少悟出常情雨過山添翠雲收日月明　湛堂準

青青庭栢指西來趙老門風八字開歲寒枝有深深意誰把靈根著處栽　佛燈珣

西來祖意問如何栢樹庭前指似他射虎不眞徒沒羽至今天下有誵訛　䟽山如

天下禪和咬少林趙州有語庭前栢庭前栢老倒禪和眼赫赤不善東西失本源屈我觀音作胡客　五祖戒

趙州庭前栢衲僧皆罔測一堂雲水僧盡是十方客　琅瑘覺

趙州庭前栢眼裏電光掣雲外往來多村翁行步劣　道吾眞

一兎橫身當古路蒼鷹纔見便生擒後來獵犬無靈[illegible]性空向枯樁舊處尋　承天宗

蘇武不拜韓信臨朝怎麼會得十萬迢迢　瑞巖戌

庭前栢樹宿根深葉葉眞珠寸寸金佛祖長長出不得千古萬古只如今　南堂興

打人罵人易勸人除却難不識饒人處急水下高灘　崇覺空

趙州庭栢說向禪客果滚屏風松蘿亮隔　佛日才

百寶光攢無見頂是大神呪最靈奇揭諦揭諦波羅僧揭諦石人半夜失烏雞　正堂辯

庭前栢樹子不是祖師心莫執一時見便忘千古音　龍牙言

庭前栢樹子分明向君舉大雪滿長安燈籠吞佛祖　瑩菴策

靜鞭聲裏駕頭來緊握雙拳打不開打得開雲壓香塵何處是靜鞭聲裏駕頭來　瞎堂遠

西來祖意庭前栢鼻孔寥寥對眼睛落地枯枝纔跨跳松蘿亮隔笑掀騰　天童淨

庭前栢樹子一二三四五賓八布衫穿禾山解打鼓　石菴玿

快人一言快馬一鞭趙州庭栢洗脚上船　退菴奇

增附 清凉法眼禪師舉栢樹子話問覺鐵觜承聞趙
州有此話是否覺曰先師無此語莫謗先師好
眼曰真師子兒 頌曰
庭前栢樹子趙州無此語承言須會宗勿自立規矩 佛印元
僧問西來栢樹酬何必斯言謗趙州令人長憶清凉
老一句當年喚轉頭 大溈秀
新羅鷂子刺天飛鈍鳥纏邊懞不去趙州庭栢一何
高誰道先師無此語 白雲端
日炙風吹瘦影孤趙州嘗指倚庭株昇元大小清凉
老未會先師此語無 正覺逸
趙州無語幾人知江北江南見者稀山寺桃花復何
在相逢空憂白公詩 大洪遂
庭前栢樹子趙州無此語若是本色人直下未相許 真淨文
增收 誰道先師無此語焦尾大蟲元是虎胡蜂不戀舊
時窠猛將豈在家中死急著眼却回顧會截流挪
下去市地清風隨步舉 慧遠
趙州庭前栢樹子見者眼睛如點漆笑他法眼謗先
師覺公心苦口如蜜 雪堂行
增收 [illegible]
行王無人能奈姐姐吏是好手騰身百尺竿頭打箇
背反筋斗 正堂辯
趙州有箇栢樹話禪客相傳徧天下多是摘葉與尋
枝不能直向根源會覺公說道無此語正是惡言當
面罵禪人若具透方眼好向此中辨真假 文殊道
一人背手抽金鏃一人反身控角弓南北東西競頭
看果然一鴈落寒空 巳菴深
增收 葉縣省和尚因僧問栢樹子話省曰我不辭與
汝說還信麼曰和尚重言爭敢不信省曰汝還
聞簷頭雨滴聲麼其僧豁然不覺失聲云哪省
曰汝見箇甚麼道理僧以頌對云簷頭雨滴分
明歷歷打破乾坤當下心息 頌曰
庭前栢樹子簷頭雨滴聲風來荷折柄千古意分明
簷頭滴滴分明歷歷碧眼黃頭二俱不識識不識普
天帀地成狼籍 東山源
趙州問僧發足甚處曰雪峯師曰雪峯有何言
句示人曰尋常道盡十方世界是沙門一隻眼
你等諸人向甚處屙師曰闍黎若回寄箇鍬子
去 頌曰
增收 [illegible]
南望雪峯由萬里北游未踏趙州關賺他一隻破鍬
子二百餘年去不還 正覺逸
石橋一路滑如苔闇嶺風高凍不開相見盡言遊歷
去幾人曾到雪峯來 佛慧泉
沙門隻眼不容物萬象森羅從彼出鍬子何人識趙
州放行底事須綿密 海印信
大地是眼何處屙天下不奈雪老何趙州寄箇鍬子
去方得此語圓堉堉 鼓山珪
增收 大地是眼沒處屙衲僧到此便聱訛須知別有安
身訣會得安身事更多 幽照
堂一
雪峯何處屙趙州寄鍬子沙門一隻眼狼籍乃如此
阿呵呵大唐國裏鼓聲起新羅國裏舞婆娑 別峯印
大地一隻眼誰敢屙其中鍬子寄將去挪知到雪峯 樗川珙
增收 趙州謂衆曰我向行脚到南方火爐頭有箇無
賓主話直至如今無人舉著 頌曰
冢頭不覺夠夠驢開眼從教酸酸紅若謂平常便無
事須防豆爆冷灰中 心聞賁
無賓主話意深深流落叢林古到今火冷灰寒口挂
壁衲僧凍死不知心 石田薰
增收 趙州上堂至道無難唯嫌揀擇纔有語言是揀
擇是明白這僧不在明白裏是汝還護惜也無
時有僧問既不在明白裏護惜箇甚麼師曰我
亦不知僧曰和尚既不知為甚麼不在明白裏
師曰問事即得禮拜了退 頌曰
至道無難言端語端一有多種二無兩般天際日上
月下檻前山深水寒髑髏識盡喜何立枯木龍吟消
未乾難難揀擇明白君自看 雪竇顯
至簡至易同天同地揀擇明白云何護惜口似稚眼
如眉涉語默兹藥堪笑卞和三獻玉縱榮刖却一
雙足 圓悟勤
世間無物可羅籠獨有嵯峩萬仞峯忽若有人猛推
落騰身雲外不留蹤 隨菴緣
至道無難萬水千山唯嫌揀擇鵠黑烏白纔有是非
還護惜不會不知全得力明白裏頭如放行腰金猶
頌青青麥 月堂昌
亂撒明珠顆顆晶走盤應不貴金聲誰家女子能針
線一串穿來不剩星 無菴全
增收 趙州因僧問至道無難唯嫌揀擇是時人窠窟
[illegible]
否師曰曾有人問我老僧直得五年分疎不下
頌曰
象王嚬呻師子哮吼無味之談塞斷人口南北東西
烏飛兎走 雪竇顯
分疎不下五年強一葉舟中載大唐渺渺兀然波浪
裏誰知別有好思量 白雲端
五年分疎不下一句元無縫罅只知推過商量誰信
分明酬價玲瓏底相知恭卤底相訝寧可與曉事人
相罵不可共不曉事人說話 天童覺
匝年分疎不下往往反成話欛須知至道無難於此

誰知縫罅　佛鑑懃

天雷如鼓雲騰致雨雨霽雲收新月一鈎至道無難唯嫌揀擇五年分踈太陽脉東海鯉魚多赤梢南山大蟲有白額　月堂昌

風雨蕭蕭烏雲靉靉最嶺上山狐狸入海隨後追尋龍王不在咄　默堂定

天高地厚尋常事海闊山重更要論霹靂震摧山鬼窟獨携霜劒定乾坤　無菴全

增收　**趙州因僧問至道無難唯嫌揀擇如何是不揀擇師曰天上天下唯吾獨尊曰此猶是揀擇師**曰田厙奴甚處是揀擇僧無語　頌曰

似海之深如山之固蚊虻弄空裏猛風螻蟻撼於鐵柱揀兮擇兮當軒布鼓　雪竇顯

團團秋月印天心是物前頭有一輪入穴蝦蟆無出路却寬天道不平勻　白雲端

金毛師子大開口門天旋地轉雷驚電奔修羅喪膽外道亡魂含靈蠢動莫不沾恩　佛鑑懃

當門一脉透長安遊子空嗟行路難不是人前誇俏措金槌擊碎萬重關　無菴全

增收　趙州因僧問至道無難唯嫌揀擇纔有語言是**揀擇和尚如何爲人師曰何不引盡此語曰某**甲祇念得到這裏師曰至道無難唯嫌揀擇

頌曰

水灑不著風吹不入虎步龍行鬼號神泣頭長三尺**知**是誰相對無言獨足立　雪竇顯

驅山塞海也尋常所至文明始是王但見皇風成一片不知何處有封疆　白雲端

針線工夫妙入神沿情接意一何親太平胡越無疆**界誰是**南人與北人　佛鑑懃

繁綾紅錦黃綵線巧手織來成一片其中縱罅不能

無爭奈時人見不見　龍門遠

日暖風和鶯囀新柳垂金線繫東君東君不惜無私力一點花紅一點春　無菴全

增收　趙州因僧問如何是道師曰牆外底曰不甲不問這箇道師曰你問那箇道曰大道師曰大道透長安　頌曰

知道還他老倒翁親言相指事匆匆開山路遠終須到一徑長遙君任通　投子青

趙老家風不熱謾問他大道答長安有誰平步歸家**去休是區區自作難**　水菴一

大道透長安言端語端不端臘雪消去春來依舊寒　松源岳

增收　**趙州因僧問道人相見時如何師曰呈漆器**

頌曰

作家相見時堂堂呈漆器烏龜落漆桶也有第一義　南堂興

激石冷冷古澗陰積松千尺帶寒青多應只看昂霄**操誰**信根頭有茯苓　南叟茂

道人相見問如何舉乎寒溫事已多老倒趙州呈漆**器岳陽船子洞庭波**　石田薰

增收　**趙州因僧問白雲自在時如何師曰爭似春風處處閑**　頌曰

爭似春風處處閑花開花落豈相關白雲自在猶難**擬飄**鼓無心滿世間　佛印元

增收　趙州因僧問祖意教意是同是別師曰會得底師意便是教意　頌曰

波斯讀梵字寡窗人作詩烏頭彷彿[illegible]依稀竹密不妨流水過山高豈礙白雲飛　湛堂準

趙州因與文遠行乃指一片地曰這裏好造箇**巡鋪文遠便去**路傍立曰把將公驗來師遂與一摑曰公驗分明過　頌曰

雖然公驗各隨身去住皆由守鋪人踏破草鞋歸去後落花啼鳥一般春　佛鑑懃

天子街開市裏山僧在百草頭擺手御街來往不怕趙火所由　鼓山珪

一正一邪一倒一起文遠趙州輥裏動指　徑山杲

鐵頭鬧籃遠侍者剌腦膠盆老趙州兩箇人前誇好手面皮三寸不知羞　東菴觀

增收　**趙州因僧問如何是祖師西來意師曰板齒生毛**　頌曰

九年面壁自虛淹爭似當初一句傳板齒生毛猶可事石人踏破謝家船　投子青

趙州與文遠論義曰鬬劣不鬬勝勝者輸果子遠曰請和尚立義師曰我是一頭驢遠曰我是驢胃師曰我是驢糞遠曰我是糞中蟲師曰你在彼中作甚麼遠曰我在彼中過夏師曰把將果子來　頌曰

兩陣交鋒勢莫窮信旗獵獵卷秋風邊庭不用濛濛入勒馬歸來却有功　慈受深

趙州老古錐家風纖金粟文遠小廝兒窟中師子膽共撫無絃琴同唱還鄉曲花簇簇錦簇簇一片好風田暫龍生荊棘赤脚漢趁兔著靴人喫肉　南堂興

增收　趙州因僧問如何是佛師曰殿裏底曰殿裏者豈不是泥龕塑像師曰是曰如何是佛師曰殿裏底　頌曰

酸甜滋味本天然帶葉連枝顆顆圓南贍部洲人未識菴摩羅果信虛傳　保寧勇

不立孤危攄本峻趙州老子玉無瑕當頭摘出家底剗盡茫茫眼裏花　雪堂行

如何是佛殿裏底世出世間難可比萬國同歌河清

清稽首拜手元是你　月林觀
一曾殿裏佛兩度放毫光準擬酬高價無疑亂度量　護卷聰
趙州因學人問乍入叢林乞師指示師曰喫粥
了也未曰喫粥了也師曰洗鉢盂去其僧忽然
省悟　頌曰
林窄先臥粥稀後坐濟濟鏘鏘瀟瀟灑灑要會趙州
洗鉢盂了事沙彌消一箇　泉大道
梅花落盡杏花披未免春風著出襪一氣不言含有
象萬靈何處謝無私　白雲端
粥了令教洗鉢盂豁心往往更心麤直饒到此分明
了也是平生不丈夫　佛陀遜
趙州喫粥話尋常問禪客心若不負人面上無慚色
雲蓋智
喫粥了也洗鉢盂家常逐日最相於西來何處半零
落六祖凝頑不讀書　三祖宗二
乍入叢林伸一問鉢盂洗却更何疑從前官路無迂
曲底事游人不見歸
乍入叢林乞指示大施門開無擁滯往往靈山受記
人未有如斯箇次第　正覺逸
粥了尋常洗鉢盂奈何依樣畫葫蘆靈光洞徹河沙
界是則名爲大丈夫　雲居祐
喫粥了洗鉢盂何曾指示曹溪路設言隨衆三十年
記得展單忘却筋　楊無爲
之乎者也衲僧鼻孔大頭向下禪人若也不會問取
東村王大姐　湛堂準
粥了令教洗鉢盂趙州此語不相辜茫茫宇宙人無
數幾箇男兒是丈夫　慈受深
粥了令教洗鉢盂豁然心地自相符而今參飽叢林
客且道其間有悟無　天童覺

乍入叢林問作家由來枯木別抽芽鉢盂洗了相逢
著又得濃烹一椀茶　長靈卓
大隱居廛小隱山世人無路得相干五湖禪客朝朝
用誰解回頭子細看　草堂清
叢林乍入問來由喫粥無過洗鉢休有意氣時添意
氣不風流處也風流　開福寧
宗師垂手貴天眞肯事雕蟲篆刻新只向平田淺草
處等閑推出玉麒麟　佛性泰
推窮物理成家計會合時機便識心多謝春風無厚
薄貧家桃李也成陰　護國元
開單展鉢每相親十二時中處處眞直下要明端
的旨韶陽句外露全身　保寧勇
喫粥了也未誰道趙州有指示粥後還敎洗鉢盂敢
問諸人悟也無趙州老孰爲傳把斷要津水逆流伶
俐衲僧纔眨眼釣魚船子下揚州　龍門遠
趙州指示洗鉢盂衲子奔馳枉費工日用不知何處
覓分明說向似盲聾　南堂興
喫粥了也洗鉢盂已是分明說向渠有時冷地思量
著點鐵成金舉世無　月林觀
十方通透八面玲瓏駿駒顧影狐兔潛蹤　尼無著總
粥了令教洗鉢盂鐵船無底要人扶片帆高掛乘風
便截海須還大丈夫　密菴傑
乍入叢林乞師指示拈出鉢盂令去洗行盡千山與
萬山回頭撞著自家底不須指不須洗烜爀靈光照
天地而今高挂在虛空長靈室內展脚睡　文殊道
相逢陪酒又陪歌醉倒家中要我驅驅到家中猶罵
詈不知離後又如何　且菴仁
只爲分明極反令所得遲早知燈是火飯熟也多時
無門開
獨立松梢月無行水底天風光都占斷不費一文錢

息菴觀
只將乍入來伸請一到叢林志便高喫粥了也洗鉢
去宗師不用更切切　横川珙
趙州因僧問久嚮趙州石橋到來只見畧彴師
曰汝秖見畧彴且不見石橋曰如何是石橋師
曰度驢度馬　頌曰
趙州石橋本無星急水游魚不易停橋上只觀驢馬
迹誰人敢向御街行　北塔祚
孤危不立道方高入海還須釣巨鼇堪笑同時灌溪
老解云劈箭亦徒勞　雪竇顯
我愛趙州對揚瀟洒僧問石橋度驢度馬碧眼胡僧
笑點頭其餘誰是知音者　地藏恩
異類渠行李心眞出語親隨流自得妙到岸不迷津　京兆府天寧璉
長鯨已壓浪頭飛跛鱉橋邊尚𡍩泥度馬度驢難
解會綠楊影裏路東西　地藏恩
趙州石橋只見畧彴度驢度馬應病與藥換步移身
在富全貧當頭如認著東魯問西秦　月堂昌
增收　趙州聞沙彌喝參向侍者曰敎伊去侍者乃敎
去沙彌便珍重師曰沙彌得入門侍者在門外
得入門在門外說向人人不會更高聲我耳背　鼓山珪
頌曰
瑟瑟風松蕭蕭雨檜師子咬人韓驢逐塊　徑山杲
趙州因僧問狗子還有佛性也無師曰無曰上
至諸佛下至螻蟻皆有佛性狗子爲甚麽却無
師曰爲伊有業識性在　又問狗子還有佛性
也無師曰有曰既有爲什麽入這皮袋裏來師
曰知而故犯　頌曰
大用全機得自由有無雙放却雙收幾多業識逢人

大[illegible]趙州
少年學解昧宗途老倒依還滯有無古佛純金誰辨
色惑為機智競躊躇 圓通秀
有無雙放復雙收趙老機關世莫儔試上海門高處
望千江萬派盡東流 普融平
趙州口裏有雌黃句下誰人見短長堪笑幾多逐塊
狗夜深無故吠虛堂 慈受深
道有道無無剩語千呼萬喚不回頭尋香逐氣隨他
去空使流光暗度秋 成枯木
有佛性無佛性正却倒倒却正踏破澄潭水拗折
無星秤火熱水面紅鑪從空裏釘出類自繩嚼死蛇
一對牙關緊咬定 正覺逸
趙州古佛言言中的話有話無燕金趙璧更有布衫
重七斤天上人間無價直 地藏恩
佛性分明脫有無酬酢何用挂葫蘆薄伽梵網留不
住扁舟已過洞庭湖 瞎堂遠
狗子佛性無狗子佛性有從來只向兩頭走未能一
鏃破雙關業識依前還作狗 本覺一
狗子佛性有毘盧受飲彌勒酒狗子佛性無文殊醉
倒普賢扶扶到家中全酩酊胡言漢語罵妻奴 正堂辯
無直路却縈紆趙州東壁上依舊挂葫蘆有張公喫
村酒李公醉不醒面南看北斗 石菴玿
狗子佛性無所顙路上逢子湖業識性在遭一口大
地全無碧眼胡狗子佛性有春風吹動千株柳知而
故犯可憐生一一面南看北斗 無菴全
狗子佛性全提正令纔涉有無喪身失命 無門開
趙州因僧問狗子還有佛性也無師曰無 頌
曰
言有業識在誰云意不深海枯終見底人死不知心

真淨文
趙州露刃劒寒霜光燄燄更擬問如何分身作數段 五祖演
力壯年高膽更雄清風隨虎雲從龍唯嗟無限淳摩
跡挂角羚羊不見蹤 寶峯祥
宣德門前過回頭便招禍若要無事時北邙堂裏坐 鼓山珪
有問狗佛性趙州答曰無言下滅胡族猶為不丈夫 徑山杲
狗子無佛性慈悲似海深尋言逐句者埋沒丈夫心 鼓山如
狗子佛性無實劒出規模落在將軍手橫按立當途 楚安方
問頭既實答亦堪誇洛陽雖好爭似我家趙州若
口太饒舌儂家信手摘楊花 大溈智
趙州狗子無佛性七佛如來合掌聽須彌皮毋舞一
臺海水騰波行正令 南堂興
趙州狗子無佛性萬疊青山藏古鏡赤脚波斯入大
唐八臂那吒行正令 楓巖譽
乙巳大人丘叢林為冠鋒利牙如劒戟生殺有來由
南巖勝
至道無難言端語端趙州開口露出心肝 典牛游
連馬連人劈一刀虛空迸血湧波濤千千萬萬人爭
看誰解分開蓋膽毛 中菴空
鐵壁銀山一箭穿過滄倒趙州口能招禍 尼無著總
狗子無佛性全提摩竭令纔擬犯鋒鋩喪却窮性命 潛菴光
貧無所依兩親相擊旱地雷聲青天霹靂 或菴體
狗子佛性無老鮮吐明珠西川鳴杜宇江南啼鷓鴣 文殊道

趙州狗子無佛性當空擲出秦時鏡光明渾不見屋
兒上下四維俱徹映 誰菴演
狗子無佛性殺人便償命苦痛萬千般因邪却打正 密菴傑
大食波斯飲百杯停停把柂萬人魁逆風使過黃牛
峽不問瞿塘灩澦堆 東山空
狗子無佛性打破大圓鏡七九六十三一切智清淨 笑菴璧
狗子無佛性[illegible]人命不打殺別人被人打殺定 南書記
狗子佛性無門上釘桃符千邪俱不入百怪盡消除 松源岳
狗子無佛性泥捏活大聖不是泗州人說著也不信 別峯雲
狗子無佛性勸君不用舉欲透萬重關須是千鈞弩 己菴深
二十四州鐵鑄成一箇錯風在大街路無人踏得著 卽菴然
狗子佛性無還他大丈夫是非雖入耳東壁挂葫蘆 朴翁銛
無之一字殺人無數多少英雄橫屍當路 鐵山仁
二八佳人刺繡遲紫荆花下囀黃鸝可憐無限傷春
意盡在停針不語時 枬堂仁
利刀截斷命根跳出狐群狗隊拈起萬般疾藥鐵額
銅頭粉碎 石菴玿
趙州曰無崖崩石裂未舉先知只得一橛 少室睦
狗子佛性趙州無呂公一箇藥葫蘆接來醫却人間
病大死一回方見渠 葛廬覃
狗子無佛性千將入楚庭一揮三首落千古得虛名 千峯琬

增收 京兆寬因問狗子還有佛性也無師曰有曰和尚還有也無師曰無曰一切衆生皆有佛性和尚爲甚麽却無師曰我非衆生曰既非衆生莫是佛否師曰不是佛曰畢竟是何物師曰亦不是物曰可見可思否師曰思之不可及見之不可議是名不可思議　頌曰

拈却這僧問去却京兆答浩歌歸去來清風徧六合　五祖演

裂破須彌鼻孔蹋反大海乾坤面前百千諸佛盡是我兒孫　楚安方

趙州問一婆子甚麽處去曰偷趙州筍去師曰忽遇趙州又作麽生婆便與一掌師休去　頌曰

彎弓直勢射難當陷虎之機理最長雖是貪他一粒米誰知失却半年粮　海印信

趙州筍被婆偷遭摑如何肯便休合出手時須出手得抽頭處且抽頭　野軒遵

趙州老捉箇賊當面勘渠返遭一摑賊不成罪歸已天下衲僧知幾幾　蔣山懃

趙州挨撥老婆時逈異無雙用盡機眉却被老婆揮一掌從來多事落便宜　張無盡

從來柔弱勝剛强捉賊分明已見贓當下被他揮一掌猶如啞子喫生薑　佛鑑勤

增收 虎穴魔宫到者稀老婆失脚人懷疑趙州喫掌無人會直至如今成是非　金陵俞道婆

去若丘山重來如一羽輕去來無別路傾盖白頭新　瞎堂遠

一路雄兵犯界河烟塵塞路絶人過安邦頓有張良在畫角城頭唱楚歌　靈隱寶宗

驟馬加鞭上酒樓何如坐地看揚州是非長短俱裁了臭穢終難似狗偷　無準範

相見又無相觸忤攔腮便掌不相饒思量箇様無滋味莫是趙州身命招　開極雲

增收 趙州示衆曰看經也在生死裏不看經也在生死裏諸人且作麽生出得去僧便問只如俱不留時如何師曰實即得若不實爭能出得生死　頌曰

看經也在生死裏飯裏裏坐無喫底不看經也在生死裏錦衣堆裏無著底忽然烏鵲叫一聲反身踢飜渾家喜休擬議如今拋向衆人前千手大悲提不起　象潭泳

禪宗頌古聯珠通集卷第十九

禪宗頌古聯珠通集卷第二十

宋池州報恩光孝禪寺沙門法應集

元紹興天衣萬壽禪寺沙門普會續集

祖師機緣

六祖下第四世之七　南嶽下後第二世之三

趙州問新到曾到此間麼曰曾到師曰喫茶去又問僧僧曰不曾到師曰喫茶去後院主問曰爲甚麼曾到也云喫茶去不曾到也云喫茶去師召院主主應喏師曰喫茶去　頌曰

趙州有語喫茶去天下衲僧總到來不是石橋元底滑噉他多少衲僧回　汾陽昭

見僧被問曾到此有言曾到不曾來留坐喫茶珍重去青烟時換緑紋苔　投子青

趙州有語喫茶去明眼衲僧皆賺舉不賺舉未相許堪笑禾山解打鼓　雲峯悅

曾到還將未到同趙州依舊展家風近來王令閑防緊從此人情總不容　佛印元

趙州驗人端的處等閑開口便知音覿面若無青白眼宗風爭得到如今　黃龍南

一甌茶自振家風遠近高低一徑通未薦清香往來者誰諳居止院西東　照覺總

此間曾到不曾到人義人情去喫茶院主不知滋味好却來爭看盞中花　佛國白

叢林宗匠實難加臨事何曾有等差任是新來將舊住殷勤只是一甌茶　正覺逸

三等甌禮數全一般平把更無偏石橋破院無珍味且夾油麻一餅煎　佛慧泉

實際龍泉發夜光寥寥長樹在虛堂四來高客如相訪茶話休勞話短長　大潙秀

趙州喫茶話自古至及今易開終始口難保歲寒心　雲蓋智

相逢盡道喫甌茶大抵風流出當家休問曾到未曾到自有行人滿路誇　踈山常

驪珠絕纇玉無瑕馬載驢馱帝子家曾到不曾休擬議與君同泛一甌茶　羅漢南

箇中滋味若爲論大展家風說早春三度口行人事了這回莫道不沾唇　佛鑑懃

趙州一甌茶驗盡當行家一期雖自好爭免事如麻　龍門遠

趙州滋味最爲親覿面承當有幾人三度傳來親切處馨香滿口又全真　楚安方

三等接人喧海宇一茶驗客播叢林高山流水深深意不是子期誰賞音　雲巖因

高下來相訪只點一甌茶人情厭疎淡骨肉生冤家爭似盧仝閉關自煎喫發輕汗平生不平事盡向毛孔散　石溪明

趙州喫茶宗門奇特到與不到正白拈賊　黃龍新

曾到不曾到且喫一杯茶待客只如此今來是僧家　牧菴忠

曾到喫茶去未到喫茶去趙州老禪和口甜心裏苦心裏苦直至如今無著處　慈受深

趙州喫茶我也怕他若非債主便是冤家倚墻靠壁成羣隊不知誰解弄龍蛇　應菴華

百尺竿頭氍布巾上頭趣作酒家春相逢不飲空歸去洞裏桃花笑殺人　自得暉

人來訪趙州唯道喫茶去無端院主不惺惺更與一甌令醒悟　本覺一

趙州三度喫茶禾山打鼓難比休以何下手長識取口中滋味若識得觀音院裏有彌勒　佛性泰

曲盡周遮禮數頻苦茶何用勸三巡趙州若有通天竅終不回頭問別人　大隨道

曾到未到普請喫茶口甜似蜜心毒如蛇　淳菴淨

趙州喫茶道拔毒蛇虛空落地鐵樹開花夜叉羅剎彌勒釋迦改頭換面無窮數莫道風流出當家　普菴玉

趙州喫茶去毒蛇橫古路踏著乃知非佛也不堪作　松源岳

趙州老漢熱心腸一盞濃茶驗當行回首路傷橋斷處白蘋紅蓼映斜陽　淅翁琰

趙州逢人喫茶誰知事出急家反手作雲作雨顛風撒土撒沙引得洞山無意智問佛也道三斤麻　無禪才

趙州因僧問萬法歸一一歸何所師曰老僧在青州作得一領布衫重七斤　頌曰

編辟曾挨老古錐七斤衫重幾人知而今拋向西湖裏下載清風付與誰　雪竇顯

七斤衫重豈難提日出東方定落西一擊珊瑚枝粉碎轟轟雷雨滿山溪　白雲端

獨坐獨行眞獨手無規無矩老禪和四方八面難拘檢天下誰能奈你何　保寧勇

問來親切布衫酬指出青州是舊游皓月當空澄巨浸鯨鯢無奈不吞鉤　照覺總

趙州布衫重七斤問處分明答處親[illegible]却誰是當機截斷人　文準道

七斤衫重絕纖埃妙手何人解翦裁[illegible]上大[illegible]盡身風雨入門來　普融平

青州七斤衫重力提不起城[illegible]自家底　徑山杲

續　趙州[illegible]對面人難睹一歸何處青州布襖金銀琉璃硨磲瑪瑙　[illegible]

夜半墨漆黑捉得一箇賊點火照來看元是王大伯　鼓山珪

等閑提起七斤衫多少禪流著意參盡向青州作窠窟不知春色在江南　遯菴演

鑊湯無冷地黃河覷底流金剛難捶背腦後掛燈毬　或菴體

擬到懸崖撒手時七斤衫重有誰知寒來暑往渾無用挂在趙州東院西　石菴玿

當機覿面提覿面當機疾開眼放癡頑鞭逼人上壁　北磵簡

趙老七斤衫提來用恰好若更問如何且去青州討　斷橋倫

增收　趙州在東司上見遠侍者過驀召文遠遠應諾師曰東司上不可與汝說佛法　頌曰

老僧正在東司上不將佛法爲人說一般屎臭旃檀香父子之機俱漏泄　鼓山珪

趙州有密語文遠不覆藏演出大藏教功德實難量　徑山杲

東司上不說佛法喚來與伊劈面踏不用重論報佛恩將此深心奉塵刹　無菴全

[illegible]

明明道不說此理憑誰識春風一陣來滿徑花狼籍　棠菴聰

增收　趙州因眞定帥王公攜諸子入院師坐而問曰大王會麼王曰不會師曰自小持齋身已老見人無力下禪床王尤加禮重翌日令客將傳語師下禪床受之侍者曰和尚見大王來不下禪床今日將軍來爲甚麼却下禪床師曰非汝所知第一等人來禪床上接中等人來下禪床接末等人來三門外接　頌曰

上等接人了無回互據坐當堂是何謂度帥王用處

若軒昂爲渠拽倒破禪床　天目禮

跏趺迎上客曲录對旌幢不是家風別他居禮樂鄉　西巖惠

折脚禪床接斷薪猶堪偃首揖高賓明知列土熏天富難鬪他家徹骨貧　石溪月

人王爭似法王尊不下禪床接上根休說君臣猶有間入山先要主賓分　月坡明

趙州三等見人來畢已先話墮都將喚得便回頭也是大蟲看水磨　枯禪鏡

禪床不下不檯身自小持齋到老人只有箇牙堪喫飯那知世有大王尊　闡極雲

[illegible]

增收　趙州因侍者報大王來也師曰萬福大王者曰未到在師曰又道來也　頌曰

報客傳言信已通叉手低頭便鞠躬對面一雙清白眼當頭蹉過住山翁　楚安方

侍者來言報大王趙州曾揖下禪床憐兒不覺傷觀醜爭奈全身在帝鄉　天童覺

一句機鋒無價萬福承當不下看他拈尾作頭又道大王來也　楮衲秀

驪子驚駘滿道途皮毛孰敢辨精麤若無伯樂當時鑒失却追風千里駒　慈受深

許由臨岸洗耳巢父不飲牛水侍者親入帝鄉趙州只在草裏　南巖勝

來也宮殿隨身去也笙歌滿路侍者白頭如新趙州傾蓋如故　荆峯印

趙州到一菴主處問有麼有麼主竪起拳頭師曰水淺不是泊船處便行又到一菴主處問有麼有麼主亦竪起拳頭師曰能縱能奪能殺能活便作禮　頌曰

問答元來總一般當頭一著莫顢頇將軍自有佳聲

在不得封侯也是閑　佛迹昱

疋馬單鎗戰祖關死生只在刹那間趙州最是難容漢菴主當頭楔兩拳　文殊道

無星秤子兩頭平提起應須見得明若向箇中爭分兩知渠錯認定盤星　佛性泰

趙州老漢少喜多嗔不會爲客勞煩主人　湛堂準

虎步龍驤徧九垓會從平地起風雷等閑喚出菴中主便見千江水逆回　佛心才

老作叢林是趙州兩拳提起不輕酬無星秤在當人手斤兩都盧在裏頭　楚安方

續收　五陵公子爭誇富百衲高僧不厭貧近來世俗多顛倒秖重衣衫不重人　三聖昌

上菴竪起拳頭趙州左眼半斤下菴竪起拳頭趙州右眼八兩君看陝府鐵牛何似嘉州大像若謂總涉誵訛露柱燈籠合掌　慈受深

橫手搥胸哭老爺棺材未出死屍斜不如掘地深埋却管取來年喫嫩茄　瞎堂遠

菴主當年用得親衲僧眼裏要生筋趙州舌有龍泉劍開口等閑疑殺人　自得暉

水淺不是泊船處能縱能奪自有據一槌擊碎兩重關填溝塞壑無回互　尼無著總

[illegible]

菴主拳頭舉處親趙州話脅指西秦知音不在千杯酒一盞空茶也醉人　湛堂深

順水張帆逆風把柂釣盡江波不出者箇　月林觀

菴主拳頭沒兩般趙州平易作艱難叢林多少杜禪衲誰解出頭天外看　鐵山仁

閃爍旌旗驟往來幾人遙望起疑猜此時若得樊公脚一踏鴻門兩扇開　無準範

增收　趙州因文遠侍者在佛殿禮拜次師見以拄杖打一下曰作甚麼曰禮佛師曰用禮作甚麼曰

禮佛也是好事師曰好事不如無　頌曰

文遠修行不落空時時瞻禮紫金容趙州拄杖雖然短分破華山千萬重　徑山杲

禮佛無端撞趙州却將知見作冤讎如今四海平如掌雲自高飛水自流　照堂一

只知瞻禮紫金容不覺腦門遭霹靂平生心膽向人傾相識還同不相識　蒙菴聰

趙州因僧問如何是趙州師曰東門西門南門北門　頌曰

[illegible]

句裏呈機劈面來爍迦羅眼絕纖埃東西南北門相對無限輪槌擊不開　雪竇顯

四廓閑閑鎮趙州幾於城下起戈矛將軍戰馬今何在野草閒花滿地愁　照覺總

袖裏金槌一擊開東西南北絕纖埃石橋南畔臺山路報你游人歸去來　普融平

豁達門開入趙州東西南北任遨遊龍樓鳳閣依然在失却來時好路頭　羅漢南

四門開豁往來遊脚下分明到地頭四五百條花柳巷二三千處管絃樓　圓通僊

〔增收〕趙州老有一訣四門開路頭徹入門來明皎潔出門去莫漏泄通一線為君說元正日太平節　黃龍新

者僧問趙州趙州答趙州得人一馬還人一牛人平不語水平不流受恩深處先宜退得意濃時正好休　徑山杲

南北東西老趙州見人騎馬也騎牛清風月下尋歸路夫子門前問孔丘　瞎堂遠

趙州因僧問初生孩子還具六識也無師曰急水上打毬子僧却問投子急水上打毬子意旨如何子曰念念不停留　頌曰

六識無功伸一問作家曾共辨來端茫茫急水打毬子落處不停誰解看　雪竇顯

初長嬰兒急水毬衲子隨波卒未休若問德山行正令何似當時問趙州　天衣懷

何謂識兮還具六八萬四千殊不足初生孩子尚喃喃急水打毬攔口塑　白雲端

〔增收〕朝日忙忙打箇毬生來念念不停留若知落地無蹤跡始會雲門六不收　慈受深

急水打毬子念念不停留未能全六識先見轉雙眸紹續門風只這是不須向外更尋求　佛性泰

初生孩子始徒然六識聰明心性巧急流水上打毬子出出沒沒人不曉既爲掌上珠須作家中寶好老趙州恁麼道　佛鑑懃

〔增收〕趙州因僧問和尚姓甚麼師曰常州有曰甲子多少師曰蘇州有　頌曰

蘇州有常州有須信親言出親口趙州古佛豈徒然世界壞時渠不朽若能於此究根源決定面南看北斗　雪竇顯

常州有蘇州有吒嗏舌頭師子吼壽山高兮福海深八十一兮九箇九若能直下便回光千古萬古名不朽　佛鑑懃

[illegible]

常州有福州無江風作惡浪花麤不用刻舟徒記劒片帆已過洞庭湖　淳菴淨

蘇州有常州有未到蘇常不知有既到蘇常何處有令人不識古人意空向城中顛倒走　退菴奇

蘇州有與常州有三月江南啼鷓鴣堪笑有年無德漢被人撈著強分疎　退耕寧

〔增收〕趙州問一座主講什麼經曰講涅槃經師曰問一段義得否曰得師以脚趯空吹一吹曰是什麼義曰經中無此義師曰脫空謾語漢此是五百力士揭石義便道無　頌曰

一趯方令地軸反一吹還又轉天關講師不識圓陀義空捨前山過後山　圭堂居士

揭石從來義不同洪波深處逞神通高標不在蘆花岸隊隊雙雙趁曉風　默堂定

〔增收〕趙州因僧問十二時中如何用心師曰汝被十二時辰使老僧使得十二時乃曰兄弟莫久立有事商量無事向衣鉢下坐窮理好老僧行脚時除二時粥飯是雜用心處除外更無別用心處若不如是大遠在　頌曰

百年三萬六千日一日朝昏十二時使殺老僧渾不管不知闇裏有誰知　鼓山珪

[illegible]

便得十二時辰呼來却教且去倚官挾勢欺人茫茫無本可據　徑山杲

鐘送黃昏雞報曉趙州何用閒煩惱裂破虛空作兩邊古廟香爐出芝草　雪菴瑾

安貼邦鄉老趙州時辰使得最風流今朝有酒今朝醉明日愁來明日愁　野菴璇

〔增收〕趙州在南泉井樓上打水次見南泉過便抱柱懸却脚曰相救相救南泉上胡梯曰一二三四五師少頃却去禮謝曰適來謝和尚相救　頌曰

南泉趙州用最密後人不了轉尋覓往返之言子細看二人把手並頭立　汾陽昭

趙州自作自受南泉外頭相救直饒數目分明也是私路上走　月堂昌

貓不成塑不就樓上懸身叫相救南泉敲處有來由一段風流如錦綉阿呵呵一二三四五大蟲咬猛虎　訥堂思

等閒施設豈徒然平地波瀾欲浸天更向胡梯敲數下免教失脚墮黃泉　佛性泰

增收趙州因在殿上過乃喚侍者侍者應諾師曰好一殿功德者無對　頌曰

殿上從來好功德如何侍者却疑義趙州露出赤心肝問著依然墨漆黑　愚堂一

殿上喚來先應諾不知業識太茫茫雖然功德已成就爭奈當初不放光　鼓山珪

好一殿功德總是過去佛百福相嚴身不使旃檀刻日日香烟夜夜燈看來當甚乾羅街　徑山杲

增收趙州因到臨濟方始洗脚濟便問如何是祖師西來意師曰正值老僧洗脚濟乃近前側聆師曰若會便會更啗啄作麼濟拂袖去師曰三十年行脚今日為人錯下註脚　頌曰

洗脚處更不安排側聆時非是啗啄趙州臨濟二老人相見何勞下註脚　鼓山珪

一人眼似鼓椎一人頭如木杓兩箇老不識羞至今無處安著　徑山杲

臨濟趙州禪林宗匠特地相逢恰似撲相撞見今時行脚僧呼為兩箇閑和尚　雪菴瑾

增收趙州見僧來便面壁晉梵字僧展坐具禮三拜師轉身僧收坐具出去師曰苦苦僧呵呵大笑

頌曰

苦苦向誰語發機要是千鈞弩三十三天撲帝鐘大地山河俱作舞　典牛游

苦苦苦中苦樂中苦誰道黃金如糞土糞骨老師曾覷破秘魔杈下捉老鼠　應菴華

苦中樂樂中苦趙州這僧俱欠悟直饒頓徹根源也是泥中洗土　佛照光

不昧當陽第一籌臨機舉趙不輕酬焦磚打著連底凍赤眼撞著火柴頭　掩室開

增收趙州到雲居居云老老大大何不覓箇住處師曰什麼處住得居云前面有古寺基師曰與麼即和尚自住取師又到茱萸萸云老老大大何不覓箇住處去師曰什麼處住得萸云老老大大住處也不識師曰三十年弄馬騎今日却被驢撲　頌曰

展陣開旗各運謀箭鋒相敵未輕休等閑露出反身術直得千江水逆流　據雲開

突出山前古寺基趙州聞得便攢眉寥寥今古無人會一片斷雲天外飛　華藏琮

增收趙州因僧問二龍爭珠誰是得者師曰老僧只管看　頌曰

風雲頭角黑鱗皴苦死爭珠額上珍淨洗眼來閑地看老僧未免費精神　圓悟勤

珠在浪花深處白徑上雖露志悠悠老僧祇管閑邊看得失從渠眼自開　喚菴鑒

增收趙州因僧問如何是祖師西來意師曰欄中失却牛　頌曰

欄中失却牛有問即有訓更若求玄妙猢猻繫氣毬　慈雲覺

增收趙州上堂纔有是非紛然失心還有答話分也無僧舉似洛浦浦扣齒又舉似雲居居曰何必僧回舉似師師曰南方大有人喪身失命曰請和尚舉師纔舉前語僧指傍僧曰這箇師僧喫却飯了作恁麼語話師休去　頌曰

坐底見立底立底見坐底咄哉老趙州白日眼見鬼　集相觀

增收趙州因僧問如何是南泉真師下禪床立僧曰如何是和尚真師上禪床坐　頌曰

師下禪床立神號并鬼泣師上禪床坐龍蟠并虎臥一槌打與兩分張拈起元來是雙破　本覺一

增收趙州因秀才云和尚是古佛師曰秀才是新如來　頌曰

廣寒宮殿本無埃已是逢君八字開丹桂不須零碎折等閑和根拔將來　南叟珙

增收趙州因僧問毫釐有差時如何師曰天地懸隔僧云毫釐無差時如何師曰天地懸隔　頌曰

毫釐有差天地隔毫釐無差天地隔不隔俱端的但能信手摘楊花須會風生庭前栢趙州關好標格一色如弦亦長安信已傳萬邦皆入貢四海息狼煙曹溪路上沒蹤跡　長靈卓

增收趙州因僧問路逢達道人不將語默對未審將甚麼對師曰人從陳州來不得許州信　頌曰

滿滿彎弓射不著長長揮劍斫無痕堪笑日月不到處箇中別是一乾坤　大溈行

病餐毒藥訪良醫醫使元餐藥治之病去藥回滋味別舌頭具眼者方知　佛性泰　二

世有迷形畏影人奔陳告訴說勞神若知形影元無二坐對高堂秋月輪

增收趙州因僧問南泉遷化向什麼處去師曰東家作驢西家作馬　頌曰

脫得驢頭戴馬頭東家西家卒未休斷看還有幾多般恰似一江春水向東流　懶菴樞

增收趙州示衆曰出問佛法道難即易道易即難別處難見易識老僧這裏即易見難識若能會得天下橫行　頌曰

識不識見非見說易說難如油入麵　松源岳

增收趙州臨順世令僧持拂子與趙王曰若問何處得來但說此是老僧平生用不盡底　頌曰

一生受用將來盡這箇都來有幾些分付趙王千古

任他南北競頭爭　保寧勇

增收　趙州因僧問如何是祖師西來意師曰冬至一陽生　頌曰

柳色黃金嫩梨花白雪開若解知時節冬至一陽來　圓悟勤

鐵樹開花千萬朵石頭抽荀兩三莖泥塑金剛開口咲明朝冬至一陽生　佛鑑懃

柳色黃金嫩梨花白雪香若知春氣力特地好風光　龍門遠

冬至一陽生乾坤通一線可憐無限人不識娘生面　徑山杲

增收　福州芙蓉山靈訓禪師　嗣歸宗　師　日辭歸宗　宗問甚麼處去師曰歸嶺中去宗曰子在此多年裝束了卻來為子說一上佛法師結束了上去宗曰近前來師乃近前宗曰時寒途中善為師聆此言頓忘前解　頌曰

八十婆婆學畫眉癡心欲比少年時一朝打破當臺鏡始信從前萬事非　慈受深

增收　芙蓉一日訪同參實性大師大師陞堂以右手拈拄杖倚左邊良久云此事若不是芙蓉師兄大難委悉便下座　頌曰

陪臺老精神杯盤越樣新誰知村酒店難勸御樓人　西巖惠

五臺山大禪佛智通禪師　嗣歸宗　師初在歸宗會下忽一夜連叫曰我大悟也眾駭之明日上堂眾集宗曰昨夜大悟底僧出來師出曰某甲宗曰汝見甚麼道理便言大悟試說看師曰師姑元是女人作　宗異之　頌曰

悟來不在覓蹤蹤一鑿渾淪竅自開定道師姑女人作癡人猶說夢　中　峯　者

[illegible]復高聲似少陽商中明自有蹤跡如今隨例傳其響也道師姑是女人　保寧勇

五月炎威當酷熱夾背汗流無處說市地清風劈面來大禪眼裏重添楔　草堂清

童子學順朱赤處背模黑若將白紙來一點下不得若下得翻成紙上塗烟墨　黃龍震

悟了還同未悟時何須更說與人知賊賊敗露無藏處便道師姑是女兒　大洪遂

驚眾連聲叫悟由了知諸[illegible]不相投師姑元是女人作有何佛祖向心頭　延壽慧

師姑元是女人作百衲禪僧多罔措鴈回沙塞口啣蘆燕遶紅梁渾不顧　破菴先

鎮州普化和尚　嗣盤山　師初於盤山處密受真訣而佯狂出言無度暨盤山順世乃於北地行化或城市或塚間振鐸曰明頭來明頭打暗頭來暗頭打四方八面來旋風打虛空來連架打一日臨濟令僧捉住曰總不恁麼來時如何師拓開曰來日大悲院裏有齋僧回舉似臨濟濟曰我從來疑著這漢　頌曰

老倒分明兩路差前鋒相拄忽嗚斜龍蛇混雜人難辨白日長空下雪花　汾陽昭

明暗俱打誇無上擒住方知無伎倆伎倆無亂稱呼至今誰解辨真虛　海印信

高堂公子醉雙陸亂擲明珠發異光一擲輸贏誰辨得滿盤骰子不成雙　佛智裕

婁羅須要逞聰明金榜何曾得掛名拼下幞頭歸去好莫騎驢子傍人門　鼓山珪

增收　不是風兮不是顛長街短巷走如烟院裏有齋當記得時時掛在口皮邊　雨菴遠

旱天忽震數聲雷驀地飛雲若往來甘雨未曾施一點返將風勢[illegible]將回　雲峰悅

一擲銀山鐵壁摧大悲院裏趁村齋善財拄杖如無用乞與伴任老萬回　水菴一

水急魚行澁[illegible]高鳥不棲世情看冷暖人面逐高低　松源岳

以此振鈴伸何請旋風連架打將來大悲院裏還齋去肘露皮穿可怪哉　天目禮

擺鐸搖鈴鬧市來大悲院裏趁村齋河陽木塔休穿鑿破虛空前破草鞋　笑翁堪

大用全提作者知纔通眼活電光遲大悲院裏翻身處臨濟昔爲小廝兒　古鼎銘

明日大悲院裏齋鐵圍山前看衛開搭頭象鼻烏龍魚腮石人撫掌呵呵笑寒山拾得在天台　石菴玿

普化昔入臨濟院喫生菜濟曰這漢大似一頭驢師便作驢鳴濟謂直歲曰細抹草料著師曰少室人不識金陵又再來臨濟一隻眼到處爲人開　頌曰

十字街頭金鐸鳴驀騎生菜恣膨脝任翻筋斗盤山始踢倒飯床臨濟驚見眼未開真瞎漢兩頭俱打震威聲鎮人何必偶相看會得來時即去程　野軒遵

先師會裏呈真處臨濟堂前喫菜時連此三回露柱索咄這老盤乞兒　徑山杲

增收　草裏相逢兩亦相交鋒一陣疾如飛東西旗號渾相似試問何人得勝歸　上方益

一箇驢鳴兩箇賊堪與諸方爲軌則正賊草賊不須論大施門開無壅塞　徑山杲

腹噇生菜似頭驢臨濟堂前捉敗渠聳耳長鳴隨踢踏不知業債債誰除　天目禮

增收　普化見馬步使出喝道師亦喝道作相撲勢馬步使令人打五棒師曰似即似是即不是　頌

曰
混俗和光用最難相逢正是兩風顛雖然大化無方
所俗官且不是僧官　汾陽昭
機境相投是妄眞入河漸漸見長人受屈遭他一頓
棒元來不是好官人　江陵宋
階頭放下劫初鈴相撲呼乇馬使名五棒打來無雪
處却言渠不是官行　天目禮
普化一日同臨濟赴施主家齋濟問毛吞巨海
芥納須彌爲復是神通妙用爲復法爾如然師
趯倒飯床濟云太麤生師云這裏什麼所在
說麤說細濟休去次日又同赴一施主家齋濟
問今日供養何似昨日師又趯倒飯牀濟云太
麤生師云瞎漢佛法說甚麼麤細濟乃吐舌
頌曰
要識眞金須入火再三煆煉見精麤上行買賣不饒
讓好物從來價自殊　海印信
相逢一瞎一麤生齋主渾家喪膽驚誰識二尊龍象
駕毗盧頂上等閑行　野軒遵
藺羞供養不尋常兩度遭伊趯飯牀總似這般無禮
漢將何因果利存亡　上方益
增收 擊顛掣狂普化張口吐舌臨濟共展大機大用漏
泄祖師關捩南山鱉鼻添牙焦尾大蟲插翅　南堂興
入海須是崑崙得珠還他罔象飯床兩次趯翻這漢
是甚麤養　典牛游
臨濟慣白拈普化慣掣顛一場好笑具後世作三玄　別峯印
普化趯倒飯牀臨濟大張其口放出睎地金毛驚得
須彌倒走通身是眼鑒不徹通身是口只隨後不隨
後寳劒出匣風雷吼　瑩壽策
增收 普化因臨濟一日同河陽木塔在僧堂地爐內
坐正說師每日在街市掣風掣顛知他是凡是
聖師曰你道我是凡是聖濟便喝師指河陽木
塔曰河陽新婦子木塔老婆禪臨濟小廝兒却
具一隻眼濟曰這賊師曰賊賊便出去　頌曰
騏驥驚駘辨者稀淺深毛色混同之若無伯樂垂精
鑒千里追風不易騎　海印信
增收 普化初將示滅乃入市謂人曰乞我一箇直裰
人與披襖或與布裘皆不受振鐸而去臨濟令
人送與一棺師笑曰臨濟廝兒饒舌便受之乃
辭衆曰普化明日去東門死也郡人相率送出
城師厲聲曰今日葬不合青烏明日南門遷化
人亦隨之又曰明日出西門方吉人出漸稀出
已還返人意稍怠第四日自擎棺出北門外振
鐸入棺而逝郡人奔走出城揭棺視之已不見
唯聞空中鐸聲漸遠莫測其由　頌曰
風顛用盡到無餘一箇棺材八箇舁舁出鎮州城外
去聽他木鐸自分疏　北礀簡
撮得虛空作近鄰便於北斗裏藏身這掠虛漢何多
事猶把空棺誑後人　東山源

禪宗頌古聯珠通集卷第二十

禪宗頌古聯珠通集卷第二十一

宋池州報恩光孝禪寺沙門法應集

元紹興天衣萬壽禪寺沙門普會續集

祖師機緣

六祖下第四世之餘 南嶽下後第三世之餘

五臺山秘魔巖和尚 嗣永泰湍 常持一木杈每見僧來禮拜即杈却頸曰那箇魔魅教汝出家那箇魔魅教汝行脚道得也杈下死道不得也杈下死速道速道學徒鮮有對者 日霍山通和尚訪師纔見不禮拜便攛入懷裏師拊通背三下通起拍手曰師兄三千里外賺我來便回

頌曰

衆魔老倒眼癲麻自救無瘳更持杈嶺南獵獠當時見一棒打殺這魔家 洞山聰

秘魔巖下坐擎杈來者教伊識本家苦切爲君都不薦失却眞杈捉妄杈 汾陽昭

把斷重津過者難擎杈須信髑髏乾霍山到後知端的同死同生未足觀 雪竇顯

叔姪相逢兩不猜到頭撫背似癡獃回首恐人生恠笑報云千里賺予來 黃龍南

手把長杈坐要津乾坤誰是妄遊人當時若遇英雄漢往往反成脚下塵 佛印元

自誇獨握誅龍劒及遇眞龍不奈何也似將軍空索戰無功徒枉動干戈 海印信

秘魔杈子動家邦來往禪人被死降禪佛單刀直入處始知項羽到烏江 崇勝珙

道得無言杈下死霍山猛跳入懷中三千里外虛相賺更有何人透此宗 夢菴信

增收 杈下要分生死路霍山直拔透重關雖然賺我三千里瞎却衆生眼萬千 訥堂思

懸崖之處無處插脅去却藥忌露當門齒杈下放身捨命箇裏如龍得水三千里外賺吾來捋虎鬚兮捉虎尾 惠通日

拈得便用胡麻斷繳冷地看來知恩者少 月林觀

急水灘頭把釣竿洪波洶湧暮江寒錦鱗也解隨鈎上一吸滄溟徹底乾 率菴琮

秘魔爲法力求人特地擎杈據要津剛被霍山懷裏坐至今有理不能伸 暎菴瑩

威風凛凛不容攀跳入懷中便解顏不是酒腸寬似海爭知詩膽大如山 雪菴瑾

增收 湖南祇林和尚 嗣永泰湍 毎叱文殊普賢皆爲精魅手持木劒自謂降魔纔見僧來叅便曰魔來也魔來也以劒亂揮歸方丈如是十二年後置劒無言僧問十二年前爲甚麼降魔師曰賊不打貧兒家曰十二年後爲甚麼不降魔師曰賊不打貧兒家 頌曰

信手揮來一一親祇林劒下絕烟塵太平曲調無人會辜負皇家定亂人 心聞賁

無魔無我巳降魔添得時人眼裏花今日鏌鎁無用處也知賊不打貧家 雪菴瑾

劒有魔盖幟劒無魔自清只顧降魔全失照不知身是老魔精 晦山凝

增收 河中公畿和尚 嗣章敬惲 因往羅漢路路逢一騎牛翁師曰羅漢路向什麼處去翁拍牛云道道師喝曰這畜生翁曰羅漢路向什麼處去師却拍牛曰道道翁曰直饒與麼猶少蹄角在師便打翁便拍牛走 頌曰

問路指路兩無差互彼此拍牛有放有收機鋒相觸針芥相投蕩蕩一條羅漢路大家把手去來休 如菴用

六祖下第五世之一 南嶽下第四世之一

鎭州臨濟義玄禪師 嗣黃檗 初在黃檗隨衆叅侍時堂中第一座 睦州 勉令問話師乃問如何是祖師西來的的意檗便打如是三問三遭打遂告辭第一座云早承激勸問話惟蒙和尚賜棒所恨愚魯且往諸方行脚去座遂告檗云義玄雖後生却甚奇特來辭時願更垂提誘來日師辭檗檗指往大愚師遂叅大愚愚問曰什麼處來師曰黃檗來愚曰有何言教師曰親問西來的的意蒙和尚便打如是三問三轉被打不知過在什麼處愚曰黃檗恁麼老婆爲汝得徹困猶覔過在師於是大悟曰佛法也無多子愚乃搊師衣領曰適來道我不會而今又道無多子是多少來是多少來師向愚脅下打三拳愚托開曰汝師黃檗非干我事師返黃檗檗問曰汝回太速生師曰只爲老婆心切檗曰遮大愚老待見與他一頓師曰說什麼待見即今便打遂鼓檗一掌檗唫唫大笑 此依傳燈錄所載聯燈錄五燈會元皆大同小異 溈山問仰山臨濟當時得大愚力得黃檗力仰云非但騎虎頭亦解把虎尾 頌曰

瞎眼三番打不開忽然狂蹶吼如雷君看馬帶紅纓絨只是去年曾秀才 野軒遵

一拳拳倒黃鶴樓一趯趯翻鸚鵡洲有意氣時添意氣不風流處也風流 白雲端

雷電喧轟海岳昏一家愁悶雨中門狂風忽起烏雲散白日滿天星斗分 保寧勇

雷電風行便合休巨鼇無便上灘頭反身一吸滄溟竭鐘鼓山河四百州 照覺總

便言佛法無多子大丈夫兒肯自平肋下三拳明有

信不從黃檗付將來　眞淨文
叢林猛烈是黃檗拈棒便打途中客回到大愚却知
愚老婆面上與一掴　密菴傑
一槌便當未爲奇六十山藤是大遲至竟不能知痛
癢上堂猶道拂蒿枝　佛眼遠
三度龍門點額回高安灘裏浪如雷勇身再向洪波
激透出滄溟眼便開　[illegible]
九包之雛千里之駒眞風度籥露機鋒擗面來時
飛電卷迷雲破處太陽孫將虎鬚見也無箇是雄雄
大丈夫　[illegible]
點額三回下禹門雙騰日赤如焚一朝忽透桃花
浪騰騰頭角生風雲風雲生兮不可留揚鬐擺擺歸
瀛洲老龍相見還相問吐出明珠更不蓄　[illegible]
問的的意不是作戲三轉被打有甚口算　[illegible]
驚拳痛打不死高安輕撥便活見機儻露一拳當鋒
誰辨一喝　長靈卓
臨濟度三夏不參黃檗禪上來六十棒手腳遂作[illegible]
忽悟婆心切反行肋下拳爲人如此慈林下憶三玄
張無盡
擘開華岳連天色放出黃河[illegible]
[illegible]
折大地如今有幾人　龍門遠
貧[illegible]更不著此三岐路年深恐轉除直下痛施三
頓棒夜來依舊宿蘆花　眞淨文
打破當年山鬼窟豁開正眼耀乾坤三拳肋下無多
子一喝雷轟進海門　佛性泰
黃檗棒頭曾不顧高安拳下錯商量從茲徧界生荊
棘佛法初無一寸長　佛照光
棒下承當早自欺聽人饒舌固非宜縱知佛法無多
子爭似當時未問時　遯菴演
黃檗堂前喫棒去大愚肋下築拳來若言佛法無多
子到底分明眼未開　[illegible]
一頓渾家盡滅門更加兩頓累兒孫鐵山鐵壁俱穿
透萬里無雲宇宙分　密菴傑
黃檗高安老骨槌端居寰海定龍蛇床床鬼子無巴
鼻一箇葫蘆賣兩家　笑翁堪
黃檗山頭喫棒大愚肋下築拳佛法的的大意猶隔
十萬八千　破菴先
三度扣關關不開赤手追空往來忽然業鏡百雜
碎始覺從前滿面灰　木菴永
禍福無門口自招三[illegible]
恨萬古春風吹不消　天目禮
臨濟師黃檗何曾把手行掌腮并築肋拳兩邊生
[illegible]
拔樹鳴條浩浩風雨雲反覆在其中千波萬浪驚天
地到海方知信不通　虛堂愚
　臨濟出世後唯以棒喝示徒凡見僧入門便喝
　頌曰
臨濟喝霹靂一聲邪腦裂忽然透出若能究擊碎明
珠拗角折　海印信
入門便喝已是忉怛無限杜禪和猶更論該括　大慧
萬里青霄絕點塵一聲霹靂震乾坤茫茫宇宙人無
數幾箇如今有腦門　白雲端
一劍定烟塵憑何辨主賓梯山存入貢誰識聖明君　[illegible]
當鋒喝喝震春雷萬蟄龍蛇眼豁開忽若反身無伎
倆任從千古臥塵埃　佛國白
驀然一喝迅雷奔蟄戶雖開命少存若有轉身方用
路休觀芳草怨王孫　道場如
赫日光中轟霹靂[illegible]
普融平
一喝當機疾忍雷槃迦羅眼頂門開西天四七二三
老那箇堪任道一槌　佛心才
順逆縱橫聖凡混迹白日青天霹靂震徹正法眼藏
滅無傳臨濟老漢白拈賊　[illegible]
驀地如雷鳴一聲聖凡從此不留情直饒劫火焚三
際此喝常存性轉明　[illegible]
嚮戶幽扃衆不開虛空忽震一聲雷蛟龍一一拏雲
霧蚯蚓頭頭食土埃　張無盡
入門便喝全無巴鼻引得兒孫弄粥飯氣　徑山杲
張公來醉李公扶從此叢林遍道遶却被金剛開口
笑誰能受你護身符　佛燈珣
[illegible]龍控懸河海月秋烟霞風雨一時收波濤急急人
難會截斷千江水不流　別峯道者
入門便喝絕商量空拳當機立紀綱反轉殺人三角
眼[illegible]林千古哭哭　佛照光
呼喝叱咤萬人衆宗佛法商量猶欠一著　無著
相逢便喝切切怛怛十字街頭打併檻檻　[illegible]
喝下忽[illegible]前休領略當鋒雷電掣時蹉過第一著
不在[illegible]一鶚
[illegible]
應菴華
之乎者也雪月風花頭面各別事同一家　或菴體
晴空轟霹靂官路栽荊棘汝與遭逢著前凶後不吉　[illegible]
　臨濟因黃檗普請鋤茶園檗後至師問訊按钁
而立檗曰莫是困耶師曰纔钁地何言困檗便
打師接杖推倒檗呼維那扶起我來那扶起曰
和尚爭容得這風漢檗却打維那師钁地曰諸
方即火葬我這裡活埋　溈山問仰山黃檗打
維那意作麼生仰云正賊走却邏贓人喫棒

頌曰

擎旗擊鼓著精神父子雖親法不親爲報四方禪客
道等閑莫作守株人　真淨文

百頭馬裏一頭驟踏踏縱橫不奈何今日風顛臨濟
是却令黃蘗打維那　佛鑑懃

〔補收〕黃蘗倒地維那扶起火葬活埋清風未已　真如喆

黃蘗活作死實臨濟死作活用維那聽事不真未免
喚鐘作甕　月堂昌

〔增收〕臨濟栽杉次黃蘗曰深山裏栽許多作麼師曰
與後人作古記乃將钁拍地兩下蘗拈起拄杖
[illegible]
曰汝喫我棒了也師作噓噓聲蘗曰吾宗到汝
此記方出　溈山問仰山且道黃蘗後語但囑
臨濟爲復別有意旨仰云亦囑臨濟亦記向後
溈云向後作麼生仰云一人指南吳越令行南
塔注云獨坐震威此記方出又云若遇大風此
記亦出溈云如是如是　此並係傳燈錄所載諸餘稱異　頌曰

帶累山河盡土疆漢高殿下有張良千言萬語無人
會又逐流鶯過短牆　竹林眞

手裏钁頭今日用喻巳玉石千鈞重直饒八臂大那
吒盡力搖來搖不動　佛鑑懃

風吹雨打師還枯千尺龍蛇撐太虛暴喫兒孫遭伎
倆一生從此被搽糊　懶菴樞

臨濟示衆曰汝等諸人赤肉團上有一無位眞
人常向諸人面門出入汝若不識但問老僧時
有僧問如何是無位眞人師便打云無位眞人
是什麼乾屎橛後雪峯聞乃曰臨濟大似白拈
賊　此係傳燈所載與聯燈諸餘稱異　頌曰

卞璧無瑕奪日輝秦王雖愛不輸機可憐又入相如
手一陣清風滿路歸　佛印元

春風浩浩烘天地是處山鶯啼聲無位眞人不會
尋落花又見隨流水　白雲端

播土揚塵没處藏面門出入太郎當徹屎撒尿渾閑
事浩浩誰分臭與香　保寧勇

眉横鼻直眼睛烏擒住元來是鬼奴屎橛抛來渾不
管看人猶自面糢糊　上方益

叢林獨步更無雙臨濟機鋒不可當至今四百年來
事亦有兒孫再舉揚　道場如

無位眞人面門出入凡聖不名死生何立雖然徧界
不曾藏恍兮惚兮難摸拾　雲蓋昌

無位眞人臨濟道勸君不用更尋討鳥道無功游者
稀百尺竿頭要親到　通照逢

聲色不干眼耳天地本自同根巖下忽聞啼鳥反身
又到松門　佛心才

無位眞人赤肉團與來擺手出長安將軍自有嘉聲
在不得封侯也是閑　疎山常

面門出入每相見日月由來不識眞海岳慣游知巳
少反身歸臥嶺頭雲　疎山如

面門出入見還難無位眞人咫尺間去路一身輕似
葉高名千古重如山　鼓山珪

歷後見喝村僧大關頭了作麼雖然趁得老鼠一棒
[illegible]
打破油甕　徑山杲

〔補收〕萬法一如不用揀一如誰揀誰不揀卽今生死本
菩提三世如來同箇眼　長沙岑

赤肉團上無位眞人左眼八兩右眼半斤貴買賤賣
黃金白銀　保寧勇

漳泉福建頭匾如扁只可聞名不可見面　真淨文

好花當面貼認著被渠使不認貼花時滿口有牙齒

無位眞人處處獻新攔胸扭住不落主賓乾屎橛乾
屎橛三人證龜作箇鼈　月堂昌

無位眞人不隱藏面門出入露堂堂應機接物頭頭
現直得家聲播大唐　禾山方

鑄印銷印全提正令要識綱宗不隔一[illegible]　花無著

春雪滿空來觸處是花開不知園裏樹那箇是眞梅
訥堂思

棒頭落節來反本肉霍光中立信旗殃害叢林無雲
處幾人錯認口頭肥　或菴體

臨濟問院主甚處去來曰州中糶黃米來師曰
糶得盡麼曰糶得盡師以拄杖劃一劃曰還糶
得這箇麼主便喝師便打典座至師舉前話座
曰院主不會和尚意師曰你又作麼生座禮拜
[illegible]
師亦打　頌曰

功德天黑暗女有智主人俱不取後代兒孫渾莽鹵
宏綱委地憑誰舉　正覺逸

院主下喝典座禮拜臨濟令行古今獨邁　眞如喆

臨濟全機格調高棒頭有眼察秋毫掃除狐兔家風
峻變化魚龍雷火燒活人劍殺人刀倚天照雪利吹
毛一等令行滋味別十分痛處是誰遭　天童覺

寶劍持來么侶霜幾回臨陣斬蠻王有情有理俱三
段一道寒光射斗傍　白雲端

糶米闍黎意氣驕輕如春雪自飄飄纔方落地人皆
愛力不禁風當下消　佛鑑懃

一堆紅燄亘晴空不問金銀鐵錫同入裡盡教成水
去那容蚊蚋泊其中　徑山杲

〔續收〕萬里無雲青天白日斗轉星移雷奔電激展得勝
旗奪連城璧唱太平歌吹無孔笛　南堂興

吹毛在握還全威不許依門傍戶窺是聖是凡俱坐
斷直教千古轉光輝　淨慈東

行喝也打禮拜也打臨濟大師可知禮也　已菴深

不問是誰俱截斷殺人須是上將軍棒頭有眼明如
日要識眞金火裏看　無禪才

增收 臨濟到京行化至一家門首曰家常添鉢有婆曰太無厭生師曰飯也未曾得何言太無厭生婆便閉却門　頌曰

千尺絲綸直下垂錦鱗撥剌上鈎時斜風細雨歌歸去醉倒蓬窗百不知　別峯印

家常添鉢繞村行驀地一聲無厭生化主分明嫌少在離門掩却强惺惺　天目禮

添鉢家常乞食時柴門掩處莫遲疑白拈手段重拈起鐵眼銅睛換却伊　野牛平

蠅見血鶻提鳩拳來踢報膠漆相投難提掇處轉風流　虛堂愚

增收 臨濟陞堂有僧出師便喝僧亦喝便禮拜師便打又有僧來舉起拂子僧禮拜師便打又有僧來師亦舉拂子僧不顧師亦打又有僧來參師舉拂子僧曰謝和尚指示師亦打　雲門代云秖宜老漢　大覺云得即得猶未見臨濟機在

頌曰

大抵宗師謂者難得盤桓處且盤桓儻家自有同風事蘆管橫吹宇宙寬　翠巖真

主賓都落第三機陣陣朋欺不展旗石火光中分勝

擬進 [illegible]

負倒騎鐵馬上須彌　鼓山珪

五月五日午時書赤口毒舌盡消除更饒急急如律令不須門上畫蜘蛛　徑山杲

棒頭有眼眼裏無筋多逢濁富罕遇清貧自入洞門烟鎖斷不知世上幾經春　雪菴瑾

閃電光中賓主分虛空背上立綱宗祖師活計只如此後代兒孫掃地空　松源岳

臨濟上堂次兩堂首座相見同時下喝僧問師還有賓主也無師曰賓主歷然師召眾曰要會臨濟賓主句問取堂中二首座　頌曰

兩堂上座總作家其中道理有分擘賓主歷然明侶鏡宗師為點眼中花　汾陽昭

啐啄之機箭拄鋒瞥然賓主當時分宗師憫物垂緇素北地黃河徹底渾　慈明圓

箭鋒相拄自誵訛李廣雙鵰射得多堪笑人來望天際歷然飛鷂過新羅　佛印元

兩堂上座齊下喝眼裏瞳人帶金屑錐刀同用不能分黑漆崑崙迷夜月　浮山遠

一喝須教水逆流歷然賓主未輕酬當人若解通消息半夜扶桑出日頭　海印信

擬進 [illegible]

兩堂齊下喝歷然分賓主躋著此機關南金賤如土　妙藏[illegible]

賓主歷然句下分三玄從此振乾坤如今多少途中客盡日區區獨自奔　雲溪[illegible]

兩陣交鋒作者機當人施設在臨時若逢李廣將軍手定國安邦付與誰　草堂清

離婁明不到師曠聽亦訛箇中識賓主日午下星河　黃龍震

以平報不平王法本無親臨濟雖明眼也是黃龍精　徑山杲

續收 兩堂齊喝主賓分照用同時透古今臨濟正宗傳盛化兒孫得旨意深深　大溈哲

一喝當機賓主分莫將知見強蹤親反身師子威獰甚眼裡無筋一世貧　見無著總

臨濟因定上座問如何是佛法大意師下禪牀擒住打一掌便托開定佇立傍僧云定上座何不禮拜定纔作禮忽然大悟　頌曰

斷際全機繼後蹤持來何必在從容巨靈擡手無多子分破華山千萬重　雪竇[illegible]

不隳前後獨超古今喚回千歲夢飛出九皐禽直下一槌光迸散斬新彈子出爐金　天童覺

掣電之機過趙州為人須到結窮頭掌中擎出香山子直上高高十二樓　佛鑑懃

一棒一條痕一摑一掌血若無般若靈根到此如何打發　南華昺

增收 出頭露角指點方見見處不留分定鍼線下床扭住纔擬議拓開一掌佛法意脊背汗流喚得回白蓮花向半天開　月堂昌

半斤是八兩八兩是半斤不識耀州鐵喚作出山銀　懶菴樞

索頭書敕令行時閫外全提殺活機回首華山孤頂望巨靈神亦豎降旗　晦堂[illegible]

全收全放不通風點破將來已不中禮拜起來難悟去街頭哭倒李三翁　別峯印

增收 臨濟因麻谷第二世到參敷坐具問十二面觀音阿那面正師下繩床一手收坐具一手搊麻谷云十二面觀音向什麼處去也谷轉身擬坐繩床師拈拄杖打谷接却相捉入方丈　頌曰

大悲觀音開正面官不容針通一線鼠拽葫蘆有底忙鬼爭漆桶無人見　鼓山珪

擬進 [illegible]

昧却當陽箇一著牽來拽去互施呈不知除却王維手更有何人畫得成　[illegible]

十二面觀音兩箇都不識把手歸去來形端而影直人生相識貴知音水入水兮金博金　退谷雲

增收 臨濟示眾曰有一人論劫在途中不離家舍有一人離家舍不在途中且道那一人合受人天供養　頌曰

霹靂未收聲閃電不留影三更月到窗半夜驢覷井快騎駿馬驟高樓一塵不動須彌頂　[illegible]

增收 臨濟訪平田於路見一嫂使牛師問嫂平田路

向什麼處去嫂將牛打云這畜生諸處走到這裏不知路師曰我問你平田路向甚麼處去嫂云這畜生養來五載尚使不得師云欲觀前人先觀所使便有抽釘拔楔之意　頌曰

有客平田問路頭高擡白棒打耕牛春光眼底無多子一對鴛鴦逐水流　笑翁堪

馬藤倒挂向平田便把羸牛痛下鞭更說養來經五歲始終只是老婆禪　天目禮

白水田邊問路頭雪眉婆子打耕牛草鞋泥滑青山遠不是愁人也著愁　橫川珙

目前條路平如砥何不堂堂掉臂行撩撥老婆牛性發赤身挨棒可憐生　竹屋簡

[增收]臨濟因僧問捉象亦全其力捉兎亦全其力未審全箇甚麼力師曰不欺之力　頌曰

力在如今作用時情存毫忽便成欺誰知脩水千峰碧盡入秋風一瘦藜　虛堂愚

[增收]臨濟上堂僧出作禮師便喝僧曰老和尚莫探頭好師曰你道落在甚麼處僧便喝又僧問如何是佛法大意師便喝僧作禮師曰你道好喝也無僧曰草賊大敗師曰過在甚麼處曰再犯不容師曰大衆要會臨濟賓主句問取堂中二禪客　頌曰

孔明諸葛隱蓬廬明主求賢三下車爲報將軍莫輕躁先生謀策必無虞　崇覺空

[增收]臨濟因僧問如何是三眼國土師曰我共汝入淨妙國土中著清淨衣說法身佛又入無差別國土中著無差別衣說報身佛又入解脫國土中著光明衣說化身佛　頌曰

法身報身化身咄哉魍魎妖精三眼國中逢著咲殺無位眞人　徑山杲

臨濟後居大名府興化寺東堂咸通八年丁亥四月十日將示滅說傳法偈曰沿流不止問如何眞照無邊說似他離相離名人不禀吹毛用了急須磨復謂衆曰吾滅後不得滅却吾正法眼藏三聖出曰爭敢滅却和尚正法眼藏師曰已後有人問你向他道甚麼聖便喝師曰誰知吾正法眼藏向這瞎驢邊滅却　頌曰

正法眼藏何生滅棒下分明須見血當時正令不曾行瞎驢從此爭饒舌　佛印元

圓寂將歸敘別時叮嚀法眼好任持喝下不開泥水路瞎驢從此少人騎　黃龍南

正法眼藏誰傳得喝下滄溟徹底乾從此瞎驢無覓處鐵山歸路黑漫漫　佛慧泉

劈破華山雷未猛照開滄海月非光瞎驢滅却正法眼直得哀聲振大唐　白雲端

出門握手再叮嚀往往事從叮囑生路遠夜長休把火大家吹滅暗中行　保寧勇

叮嚀法眼示將終一喝玄關絕不通自此瞎驢無覓處幾多江上問漁翁　照覺總

決別雖黃辨作家當頭一喝定龍蛇令行塗毒無能進縱得瞎驢徒騁沙　三祖宗

臨濟全機何指的瞎驢親喜遇知音宗風要見長無墜流水高山意轉深　靈源清

密室遺言不再徵臨行何必在叮嚀鳳毛一息驚天地水石生光四海清　雲巢岩

忽雷纔震雨如傾九曲黃河漲四溟賴得手門能下閘滔滔萬里絕流聲　普融平

信衣半夜付盧能攪撓黃梅七百僧臨濟一枝正法眼瞎驢滅却得人憎心心相印祖祖傳燈夷平海嶽變化鵾鵬只箇名言難比擬大都手段解反騰　天童覺

玉洞玄關道路長蟠桃不是等閑芳遮藏不許時人見只恐春風漏泄香　上方益

丹鳳引雛栖竹寔羚羊挂角覓應難瞎驢滅却正法眼聲價喧然宇宙寬　佛心才

瞎驢滅却正法眼出得兒孫徧大唐須信茫茫烟浪裡韵然別有好商量　佛鑑勤

萬派朝宗勢未休魚龍出没任沉浮瞎驢滅却正法眼直得黃河却倒流　南華昺

到老不曾開語路臨行回首却叮嚀深深海底猶難淺直向金剛水際行　鼓山珪

瞎驢一喝衆皆驚正法那堪付與人三要三玄俱喪盡堂堂擺手出重城　徑山杲

[補收]叮嚀正法信非虛堪笑臨行捋虎鬚曾看華山圖籍上又添潘閬倒騎驢　海印信

三聖一喝少人提掇雖是死蛇解弄也活來蠅臭肉硬糾糾透網金鱗活潑潑臨濟瞎驢君子可八　草堂清

瞎驢滅却正法眼臨濟反身便倒騎佛祖位中留不得斷無蹤跡許誰知　慈受深

萬仞峯前握手時清歌一曲少人知但見瞎驢驚宇宙不知法眼付傳誰　雪竇宗

也大奇也大奇烏頭彷彿附子依稀萬里一條寒濶水蔡州打破幾人知幾人知噢馬面夜叉牛頭獄卒　虛堂愚

大寂宗風示後昆金剛寶劍利當門瞎驢滅却正法眼那箇男兒解出群　正堂辯

臨行特地揚家醜帶累傍人滿面慚霹靂一聲雲雨散至今父子未相諳　雜華演

禪宗頌古聯珠通集卷第二十一

禪宗頌古聯珠通集卷第二十二

宋池州報恩光孝禪寺沙門法應集

元紹興天衣萬壽禪寺沙門普會續集

祖師機緣

六祖下第五世之二　南嶽下第四世之二

睦州陳尊宿 諱道明嗣黃檗 學者扣激隨問遽答詞語峻嶮諸方歸慕謂之陳尊宿初居睦州龍興寺晦迹藏用後歸開元居房織蒲鞋以養母故有陳蒲鞋之號凡見講僧乃召曰座主主應諾師曰擔板漢　頌曰

番慈只要總通靈不是宗師妄自生擔板直教須放下免伊虗度百千生　汾陽昭

睦州喚隨封斷回不回擔板漢　楊無爲

不重師承重至公諸方誰敢觸機鋒指教臨濟參黃檗接得雲門嗣雪峯纖纖只知供母飯閉門那更話禪宗叢林到處業霑潤莫測風雷起老龍

腦後與一錐頭頭墮坑坎直饒喚不回也是虗擔板透過睦州關乾坤一隻眼　長靈卓

辛辛辣辣嘍嘍嘍識濟北爲大樹掇雲門墮險崖機峻莫僧言如枯柴夫是之謂陳蒲鞋　圓悟勤

電火光中休草草劍輪鋒上莫切切等閑放却全身入終不當頭犯一毫　鼓山珪

睦州擔板那容貶眼闊狹短長不須增減　徑山杲

增收 睦州擔板漢作事休分析衲僧鼻孔撩天言下要去迥然心眼頓醒甦　楚安方

朴寔頭禪無伎倆一句分明如擽相容來只是吽擔知端的　南堂興

顢不知的當誰擔板　懶菴樞

睦州擔板漢從來見一邊淺深三尺水上下兩重天　雪菴瑾

山之巍巍水之湯湯冷眼覷著無處慞惶　別峯印

紅爐起浪拍天飛疾焰過風孰敢窺任是三頭并六臂到此休誇第一機　木菴永

睦州見僧乃曰見成公案放汝三十棒曰某甲如是師曰三門頭金剛爲甚麼舉拳曰金剛尚乃如是師便打曰這掠虗漢　頌曰

見成公案未除瑕放過方能脫鎖枷四海澄清人富庶更來石上種油麻　覺海元

見成公案便相當秤則稱兮斗則量幷較當年三十棒至今平步也郎當　佛燈珣

呼蛇易遣蛇難袖裡金鎚不易看長安夜夜家家月誰知愁樂有多般　海印信

增收 見成公案沒商量不動絲毫便斷當三十烏藤聊放過可憐雪上更加霜　無際派

見成底事沒商量剔起眉毛未斷當日暮碧天鴻鴈斷海門斜去兩三行　木菴永

公案已見成放汝棒三十木馬走佀煙泥牛趁不及　復菴封

睦州因秀才相訪稱會二十四家書師以拄杖空中點一點曰會麼秀才罔措師曰又道會二十四家書永字八法也不識　頌曰

一點曾無異微塵劫不增百千諸佛眼同共此靈明

禪師拄杖秀才筆伎倆皆從手中出八法論書如未明面前一點黑如漆　伊菴勒

增收 一著機先用得親可憐窮子眼無筋須知八法論書處前箭猶輕後箭深

增收 睦州上堂首座咻答云在又曰寺主咻答云在又曰維那咻答云在三段不同今當第一句下文長付在來日　頌曰

八字打開十分漏泄孤危不立道方高伎倆更無隨意說別別南斗七兮北斗八

增收 睦州示衆曰大事未明如喪考妣大事已明亦如喪考妣　頌曰

春去秋來古與今相逢休論幾時深飢飧渴飲無他事儘聽滿頭霜雪侵　保寧勇

楊子江頭波浪深行人到此盡沉吟他時若到無波處還似有波時用心　千峯琬

增附 青峯楚因僧問大事已成爲甚麼也如喪考妣師曰不得春風花不開及至花開又吹落　頌曰

家山歸到莫因循竭力寅昏奉二親機盡功忘恩義斷便成不孝闡提人　丹霞淳

增收 睦州常示衆曰忽然忽然　大覺璉拈云不然不然　頌曰

忽然不然如鈌如鉗神仙秘訣父子不傳忽然忽然頭上是天不然不然脚下是地直下來也無處回避　別峯印

增收 睦州見僧來參便喝曰上座如何偷常住果子曰某甲方來因甚道偷常住果子師曰贓物現在　頌曰

傾盡寶山寶全身入荒草若是鳳凰兒不向那邊討　松源岳

增收 睦州示衆曰汝等諸人還得箇入頭處也未若未得箇入頭處須覓箇入頭處若得箇入頭處已後不得孤負老僧時有僧出禮拜曰某甲終不敢孤負和尚師曰早是孤負我了也又曰明明向你道尚自不會何況蓋覆將來　頌曰

學道先須入頭處既得入頭莫孤負明明向道尚猶

迷何況言中曾蓋覆　本覺一

增收睦州問僧近離甚處僧便喝師曰老僧被你一喝僧又喝師曰三喝四喝後作麼生僧無語師便打曰這掠虛漢　頌曰

兩喝與三喝作者知機變若謂騎虎頭二俱成瞎漢

誰瞎漢拈來天下與人看　雪竇顯

睦州擔板漢解使不解箏人前贏得五百家中著了一貫　[illegible]

增收睦州因僧問高揖釋迦不拜彌勒時如何師曰昨日有人問趂出了也曰和尚恐某甲不寔那師曰拄杖不在苕帚柄聊與三十　南堂興云衲僧家高揖釋迦不拜彌勒也不爲分外却須是本分鉗鎚方知其眞僞何故乃頌曰

出羣須是英靈漢敵勝還他師子兒選佛若無如是眼假饒千載亦奚爲

凜凜將軍令已行八荒四海要澄清提來劍氣千牛斗洗蕩氛埃見太平　大童覺

殺人不眨眼救人須出手論寔不論虗合升始爲手

高揖釋迦不拜彌勒爽株趂出徒費力滴水水生知未知拋塼引玉有人識　月堂昌

增收睦州因僧問一氣還轉得一大藏教也無師曰有甚餺飥𩞄子快下將來　頌曰

鈍鑊頭邊得意時閒花著子不愁伊幾人不善根株者只見枝頭更長枝　長靈卓

睦州只愛錐頭利這僧不見鑿頭方直饒轉得百千藏這般供養也尋常　鼓山珪

一氣轉一大藏教頓漸偏圓權與寔無邊妙義炳然彰元來一字也不識　徑山杲

等閑一問亘千古從此叢林共播揚堪咲睦州無相度饆饠𩞄子要先嘗　[illegible]

問若傾湫答如倒嶽出草羚羊時挂角明眼衲僧如何上度尺短寸長一任貶剝　[illegible]

快人一言快馬一鞭停囚長智十萬八千　木菴永

良玉不雕美言不文烟村三月裏別是一家春　息庵觀

增收睦州因僧問以一重去一重師不問不以一重去一重時如何師曰昨朝栽茄子今日種冬瓜

頌曰

重重去盡自平常春暖風和日漸長戶外鳥啼聲細碎巖花狼藉滿山房　自得暉

登壇道士羽衣輕呪力雖窮法轉新拇指破開天地眼蛇頭擷落鬼神驚　[illegible]

披蓑側笠千峯上引水澆蔬五老前中有爪田難納領睦州倒退在傍邊　[illegible]

昨日栽茄子今日種冬瓜一聲河滿子和月落誰家　[illegible]

增收睦州問一官人易中道百姓日用而不知且道不知箇什麼官人云不知道師曰酌然不知

頌曰

酌然不知無孔鐵鎚當面一擲佛祖難窺　[illegible]

增收睦州因僧問大衆臨筵合談何事師曰後園生萊熟水冷淘　頌曰

脫略情塵老睦州虎頭虎尾一時收芳草渡頭韓幹馬綠楊堤畔戴嵩牛　正堂辯

增收睦州因僧問如何是祖師西來意師云一隊衲僧來一隊衲僧去　頌曰

一隊衲僧來一隊衲僧去打破睦州關大地無寸土　大川濟

一隊衲僧來一隊衲僧去構得構不得鐵蛇橫古路　雪巖欽

增收睦州曰裂開也在我捏聚也在我時有僧問如何是裂開師曰三九二十七菩提涅槃眞如解脫卽心卽佛我且與麼道你又作麼生曰某甲不與麼道師曰盞子撲落地楪子成七片曰如何是捏聚師乃斂手而坐　頌曰

溪邊嫩柳條條綠陌上桃花樹樹紅勿謂東君無管帶更加暖日與和風　佛燈珣

增收睦州因僧問靈山還有純不師曰這蚯蚓　雲門代云白骨連山　頌曰

水中鹽味色裏膠清若人辨得天下橫行　[illegible]

增收禪州烏石靈觀禪師　嗣黃檗運禪師　曹山行脚時問如何是毘盧師法身主師曰我若向你道卽別有也曹山舉似洞山山曰好箇話頭秖欠進語何不更去問爲甚麼不道曹山乃却來進前語師曰若言我不道卽啞却我口若言我道卽謇却我舌曹山歸舉似洞山山深肯之

頌曰

烏石老古錐門風能峭絕有問毗盧師開口端的別齒有嚙鏃機天無第二月軟語若金剛溫和是生鐵　南堂興

毘盧師法身主通身是口寔難舉縮却舌頭啞口時獨許洞山瞻相許不相許猫兒偏解捉老鼠　[illegible]

增收烏石因雪峯一日伺便扣門師開門峯驀胸搊住曰是凡是聖師啐曰這野狐精便推出閉却門峯曰也秖要識老兄　頌曰

一不作二不休賓主互換有來由焦磚打著連底凍赤眼撞著火柴頭　松源岳

峻硬門庭古莫儔曾郎欲入竟無由爲渠八字打開著嬌綠覆田秧滿疇　竹屋簡

增收烏石因雪峯扣門師問誰峯云鳳凰兒師曰作

一麼生峯云來喑老觀師開門擲住曰道道峯擬議師便托開掩却門峯住後示衆云我當時若入得老觀門你這一隊漢酒糟漢向甚處摸索

雪竇云這漢孤恩負德漢有甚麼交涉當時入不得豈是教你入今既摸索不著累他雪峯俱在老觀門下　頌曰

養成羽翼鳳凰兒老觀門下偶差池今他忽然思舊價却來別處討便宜　足庵智鑑

增收 烏石引觀大有僧來參師引觀示之僧便去至晚問首座今日新到在什麼處曰當時便去了也師曰是則是只得一橛 此是聯燈錄所出與五燈會元略異蓋初有僧參次傳燈云師一日引水次有僧來參師以引水擔柱示之其僧便去師至暮問小師適來僧在何處小師曰發去也師云只得一橛云云要見少一截　頌曰

草舍柴門僻更幽何期過客也經由蒿湯備禮不知愧僧對傷人賣口頭　斷橋倫

增收 唐相國裴休 見黃檗　因見大安寺壁畫高僧真儀公曰真儀可觀高僧何在主事無對公曰此間有禪人否曰近有一僧投寺執役頗似禪者尋請至舉前話黃檗朗聲曰裴休公應諾檗曰在甚麼處公當下知旨如獲髻珠　頌曰

鄞城寶劍沉埋久一道寒光射斗牛不是張華辨端的只應千古枉淹留　慈受深

輪墨場中喚得回桂林昨夜覺花開暗香漏泄通消息散作人間調鼎才　自得暉

浮雲宿霧兩朦朧行盡千峯與萬峯驀地喚回霜夜夢舉頭親見月當空　萬菴柔

增收 裴相國問僧看什麼經僧云無言童子經公曰有幾卷曰兩卷公曰既是無言為什麼却有兩卷僧無言　新羅龜山代云若論無言非唯兩卷　頌曰

曾落石霜機外勞又扶羸行到唐天只將四海垂綸手餌蟹魚龍一串穿　虛堂愚

增收 裴相國入大安寺問諸大德曰羅睺羅以何為第一曰以密行為第一公不肎遂問此間有何禪者時龍牙在後園種菜遂請來問羅睺羅以何為第一牙曰不知公便拜曰破布裹真珠　頌曰

密行第一精鑑還希具擇法眼真箇不知　黃龍新

以何為第一不知最親切破布裹真珠傾城換不得　月坡明

洪州新興嚴陽尊者 諱善信嗣趙州　初參趙州問一物不將來時如何曰放下著師曰既是一物不將來放下箇甚麼曰放不下擔取去師於言下大悟住山常有一蛇一虎隨從手中與食　頌曰

一物不將來肩頭擔不起言下忽知非心中無限喜　黃龍南

惡毒既忘懷蛇虎為知已清風幾百年至今猶未已

發高就下幾威權解脫門開信可憐不得空王真妙訣動隨聲色被勾牽　吳淨文

不妨行細輪先手自覺心羸愧撞頭局破腰間斧柯爛洗清凡骨共仙游　天童覺

一物不將來教渠放下著廓爾悟無生活計俱拋却　昊古併

盡力放不下著力擔不起將謂一物無元是自家底見得自家底心中大歡喜自茲家業與一舉九萬里　龍門遠

續收 一物不將來兩手提不起直下要承當渾是自家底　佛燈珣

劈面呈機不等閑纖毫盡處重如山斷腸曲調如親聽流水悲風不用彈　塗毒策

赤心片片少人知滿口含霜特地疑寒報五湖學道者不須孤負一雙眉　月庵果

趙州放下著確實忽生花雖然無一事驗盡當行家　雪堂行

驀就膏肓打一鍼當時無處著渾身呵呵咲入嚴陽去蛇虎為隣不可尋　密菴傑

嚴陽掛狗頭賣貓於人怕因何老趙州與賭羊肉價　野牛平

增收 杭州多福和尚 嗣趙州　因僧問如何是多福一叢竹師曰一莖兩莖斜曰學人不會師曰三莖四莖曲　頌曰

一莖兩莖斜其意毒如蛇三莖四莖曲無疑入地獄言下若知非心空及第歸堪咲蔣山老無端入荒草　應菴華

一莖兩莖斜疎影動龍蛇心疑生暗鬼眼病見空華三莖四莖曲還我一叢竹時引清風來落葉填山谷憑麼會得多福一叢竹若也不會三莖四莖曲　無禪才

增收 興化軍梅山達福石梯禪師 嗣茅[illegible]　一日見侍者托鉢上堂乃喚侍者侍者應諾師曰甚處去曰上堂齋去師曰我豈不知汝上堂齋去曰除此外別道箇甚麼師曰我只問你本分事曰和尚若問本分事某甲實是上堂齋去師曰汝不謬為吾侍者　頌曰

父子相將草裡行星馳電捲迅雷轟瞞他無限英靈漢錯認鞍橋過一生　辛菴壽

益州大隨法真禪師 嗣長慶安　因僧問劫火洞然大千俱壞未審這箇壞不壞師曰壞曰恁麼則隨他去也師曰隨他去僧不肎後到投子舉

前話子裴香遙禮曰西川古佛出世謂其僧曰汝速回去懺悔僧回大隨師已遷化僧再至投子子亦遷化　頌曰

切忌隨他不會他大隨此語播天涯真淨性中纔一念早是千差與萬差　北塔祚

懶菴的子大隨師人問隨他師亦隨返顧不能休駐意更生異見却狐疑汾陽爲汝開天路萬別千差一道歸　汾陽昭

劫火光中立問端衲僧猶滯兩重關可憐一句隨他去萬里區區獨往還　雪竇顯

隨他去隨他去千手大悲攔不住劫火光中相往來銅睛鐵眼無尋處　正覺逸

壞與不壞俱非內外不隔絲毫尋常面對　道吾真

隨他去亦太無端袖裡金槌豈易看問罷不知何處去白楊風送壠頭寒　佛慧泉

劫火洞然大千何在壞與不壞漆桶不快肯更隨他去被謾又太煞若是箇中人終不到錯會　法雲秀

步步相隨是大隨左邊吹了右邊吹思量未免空從氣何不留將暖肚皮　保寧勇

壞與不壞舌無骨蓊面看時眼突出大隨猶在劫火

[illegible]

中天下熬熬謾啾唧　白雲端

劫火洞然大千壞面前鼻孔鎮長在只爲隨他一句言賺闍失却箇皮袋　地藏恩

壞與不壞兩相猜劒閣龍舒謾往來何人更有樊公脚一踏鴻門雙扇開　慈受深

劫火洞然俱敗壞青天白日愈光輝王孫醉寢迷春夢不覺鶯啼柳絮飛　佛智裕

臭烟蓬浡中迸出鐵蒺藜當陽如未委衰却目前機　佛性泰

壞與不壞有端緒端舌頭皎皎自覺心酸大隨拄杖子終無兩般萬里區區獨自往還　楚安方

［增收］隋虎之機總不知便隨流去落東西大隨自是持綱手放去收來要驗伊　圓照本

六合傾翻劈面來誓披麻縷混塵埃因風吹火渾閑事引得游人不肯回壞不壞隨不隨徒將聞見强針錐太湖三萬六千頃月在波心說向誰　通照逢

了然無別法誰道印南能一句隨他去千山走衲僧發笑嗚呦森見夜禮龕燈吟罷孤窓外徘徊恨不勝　唐素譚

壞與不壞兩彩一賽本無差是非説甚僧多雲遶長空

[illegible]

了無罣礙君不見衲僧鉢袋子接得將來日裡晒　佛鑑懃

壞與隨他去如何不肯休未明端的意特地覓回頭　龍門遠

劫火洞然大千俱壞這箇魔魅百生冤債禪流若問壞不壞昨夜石人鬭禮拜　南堂興

喞鐵負鞍無固必牽犂拽杷不辭勞貪生逐日區區去誰管年高白髮饒　簡堂機

劫火光中共唱酬隨波逐浪謾悠悠剖盡衷腸人不會草鞋拈取蓋龜休　石庵玿

大隨庵側有一龜僧問一切衆生皮裹骨這箇衆生爲甚骨裹皮師拈草履覆龜背上僧無語

頌曰

如龜六藏已彰名休向人前弄眼睛一隻草鞋都蓋却直至如今猶未惺　北塔祚

問處爭如答處親眼中難著透金塵長安一路無多地過得潼關有幾人　佛慧泉

分明皮上骨團團封畫重重更可觀拈起草鞋都蓋了大隨却被這僧謾　白雲端

露足藏頭可煞奇千年誰謂是靈龜雨傾不解隨流去浮木相逢是幾時　保寧秀

皮骨僧將問大隨當頭一著更狐疑可憐無限尋聲迹不膺羚羊挂角時　晦堂心

大隨庵外一龜兒僧問如何骨裹皮草鞋蓋了無人會白雲流水共依依　地藏恩

皮裹骨兮骨裹皮吉凶徒自亂針錐草鞋覆了獨歸去千古何人識大隨　智融

千古清聲老大隨機鋒壁立杳難窺未能直下超凡聖只道將鞋蓋却龜　禾山方

懶庵的子大隨師一著當頭更莫疑大地山河都蓋了從他衲子下針錐　[illegible]

骨裹皮兮皮裹骨大隨老子無窠窟上士聞之咲未休中流特地生疑惑　龍門遠

皮裹骨兮骨裹皮分明道了復何疑拈起草鞋如未委不如別處且烏龜　佛性泰

法不孤起仗境方生烏龜不解上壁草鞋隨人脚行　佛燈珣

［增收］學道須教正眼開莫將狂解意中猜脫鞋龜上人難會遂使擒龜特地來　大中覺

[illegible]

木禪庵畔定光老兒非銅非鐵無相無爲有擊天之力有拔地之威有射鵰之手有嚙鏃之機口如大海眼如眉人間天上許誰知　南堂興

骨裹皮兮皮裹骨大隨放出遼天鶻東西南北謾擡眸不知已過新羅國　無準範

休將皮骨强分張得六藏時且六藏隻履盖情遮盖了這僧無事可思量　此山應

千載靈龜庵下出團團骨上封重重草鞋蓋却無頭尾且聽旁人定吉凶　橫川珙

［增收］大隨問僧甚處去曰峨眉禮普賢去師舉拂子曰文殊普賢總在這裡僧作圓相抛向後乃禮

拜師喚侍者取一貼茶與這僧　頌曰

榔㮮杖頭光閃爍錫羅擩裹面鄉鋑肩擔背負出門去好是無人敢駐留　保寧勇

大隨山下路縱橫老竹蒼藤處處生四海五湖爲客慣三更無月也須行　[illegible]

識法者懼欺敵者亡水中辨乳須是鵞王　天童覺

一輪明月照瀟湘更不逢人問故鄉自是天涯慣爲客任他猿叫斷人腸　[illegible]

把火入牛欄反身外面看梨花千點白春雨幾聲寒　月堂昌

增收 大隨因僧問如何是和尚家風師曰赤土畫簸箕曰未審此理如何師曰簸箕有唇米跳不出　頌曰

赤土畫簸箕團團無縫罅佛眼覷不見海神不知價　寂室

簸土揚塵無處尋山高海闊白雲深　[illegible]

簸箕有唇米跳不出天下衲僧赤骷髏更須撥轉上頭關十方世界黑似漆　惟深

增收 大隨因僧問如何是佛法的的大意師曰山前麥熟也未　頌曰

山前麥熟報君知佛祖喘由辨者稀莫學朱涇老禪伯滿船空載月明歸　象田卿

大匠不巧大儒不學動輒中方圓舉皆成禮樂堪笑鄉村賣卜人徒勞鑽破烏龜殼　[illegible]

增收 大隨燒畬次忽見一蛇師以杖挑向火中曰咄這箇形骸猶自不放捨你向這裡死如暗得燈

時有僧問云正恁麼時還有罪也無師曰石虎吽時山谷響木人吼處鐵牛驚　頌曰

劫初劫末法弱魔強定光老子鐵作脊梁文經武緯把定封疆碧天雲散祖風涼佛日光輝舜日長　南堂興

增收 韶州靈樹如敏禪師嗣長慶安 因僧問如何是和尚家風師曰千年田八百主曰如何是千年田八百主師曰郎當屋舍沒人修　頌曰

來機深辨有舒有卷移却案山重添鈸線千年田八百主直下承當還薦個郎當屋舍沒人修片瓦根椽誰去竪君不見甜瓜徹蔕甜苦瓠連根苦　月堂昌

靈樹因僧問如何是祖師西來意師默然後遷化欲立行狀碑要選此語刻石時雲門爲首座僧問先師默然處如何上碑雲門代云師　頌曰

師師師知知知三三兩兩過遼西一雙紅杏搽消梨　[illegible]

靈樹當初密對揚時中文采已全彰後人不見雲門老一字千般謾度量　佛燈元

師之一字太巍巍獨向寰中定是非畢竟水須朝海去到頭雲定覓山歸　白雲端

靈樹大師雲門首座只知立碑不覺話墮智海山僧爲伊點破知燈是火數如麻信火是燈能幾箇　智海清

師字相酬作者知韶陽千古特光輝茫茫宇宙人無數到底誰明一字師　昊古佛

西來祖意若爲酬手把明珠已暗投却被雲門添一字致令千古鬧啾啾　寶峯明

增收 靈樹面皮多葛怛韶陽板齒上生毛　孤峯深　會得國清才子貴　拙庵光　不會家富小兒嬌　此庵元

師之一字見還難直下應須透祖關縱使祖關開正眼前頭更有萬重山　佛照光

師之一字太孤危文彩全無作者知不領韶陽提起處且從默處認殘碑　天目禮

增收 漳州浮石禪師嗣子湖 上堂山僧開卜鋪能斷人貧富定人生死時有僧出云離却生死貧富不落五行請師直道師曰金木水火土　頌曰

達磨西來唯賣卜吉凶在汝不由人箇中只是依爻斷豈有人情疎與親　本覺一

金木水火土始終顛倒數五六下四三初爻傳白虎苦苦卜得此卦一生貧遠信不來病人死　遯菴需

金木水火土一二三四五南泉王老師不打鹽官鼓　[illegible]

金木水火土大蟲元是虎好笑李將軍藍田空沒羽　雲峯

禪宗頌古聯珠通集卷第二十二

禪宗頌古聯珠通集卷第二十三

宋池州報恩光孝禪寺沙門法應集

元紹興天衣萬壽禪寺沙門普會續集

祖師機緣

六祖下第五世之三　南嶽下第四世之餘

福州靈雲志勤禪師　嗣長慶安　初在潙山因見桃花悟道有偈曰三十年來尋劒客幾回落葉又抽枝自從一見桃花後直至如今更不疑潙曰從緣悟達永無退失善自護持　有僧舉似玄沙沙云諦當甚諦當敢保老兄未徹在衆疑此語沙問地藏我恁麼道汝作麼生會藏云不是桂琛卽走殺天下人　頌曰

分明歷世三十春因悟桃花色轉新人人盡得靈雲意不識靈雲是何人　首山念

玄沙道處少人知審審相逢更莫疑今古相傳親的旨少年多是白頭兒　汾陽昭

昔日靈雲自有知桃花已落布華夷寰中拔劒當鋒者未徹橫身斬萬機

傷嗟尋劒客桃花遇春開靈雲一見處今我咲哈哈　神鼎諲

二月桃花處處新靈雲一見更無親相逢盡道休官去林下何曾見一人　慈明圓

本無迷悟數如麻獨許靈雲是作家借問徧參諸祖客不知何處見桃花　雪竇顯

春暖桃花樹樹紅靈雲千古道還同玄沙留語叢林問南北東西路莫窮　正覺逸

不是玄沙定紀綱靈雲那得事全彰桃花覺了咸皆委未徹何人共體量師子離群山岳靜象王回顧海澄光二師不並歸何處釣魚船上謝三郎　浮山遠

桃花見後謂無疑壯志由來本是伊若問玄沙言未徹現前贓物自家知　雲峯悅

二月三月景和融遠近桃花樹樹紅宗匠悟來猶未徹至今依舊咲春風　黃龍南

龍象相逢世不群一來一去顯踈親時人不悟其中旨摘葉尋枝長客塵　翠巖眞

子路當時問要津滔滔天下丈夫人相逢相見若如此更有春風春又春

學劒宗師定不差叢林浩浩是玄沙一塵纔舉知端的東海東邊萬萬家

春暖桃花帶露開靈雲一見悟靈臺玄沙諦當傳千古誰解雖黃息來猜　本然瑞

桃花開處忽伸眉未徹玄沙也大奇幾度狂風吹擺後依前似火萬千枝　佛慧泉

二月春庭雨霽時小桃紅綻兩三枝紅白爭妍人盡見因甚靈雲獨不疑　法雲秀

靈雲偶爾見桃花三十年來得到家何事玄沙未相保枯根株上別抽芽　楊無爲

靈雲悟後復何如未徹無人辨得渠千古華山山脚下豈知潛闇倒騎驢　白雲端

萬年松下忽相逢拔樹鳴條浩浩風堪咲曉來無覓處崔嵬和雨在雲中　保寧勇

崑崙捧出無瑕玉赤水波心得夜光今古有誰能辨別釣魚船上謝三郎　成枯木

奇哉一見桃花後萬別千差更不疑獨有玄沙言未徹子孫幾箇是男兒　眞淨文

蠢動含靈同一性山河大地盡知音昔人解道黃鶯道似共桃花說舊心　雲居祐

桃花見了狐疑盡因甚玄沙却不然今古叢林爭浩浩欲驅良馬路揮鞭　三祖宗

靈雲老倒泄生涯消息傳來到謝家未徹根源箇端的從教春力自開花　靈山秀

靈雲聲價傳千古點檢元來未作家芳草滿園盡春色如何唯說悟桃花　地藏恩

堪笑春風漏泄機桃花新發舊年枝螺江有箇釣魚客笑殺靈雲道不疑　佛國白

春來物物盡紛華堪羨靈雲是作家一見桃花心境絕老胡空自涉流沙　虛堂愚

靈雲眼中絕翳玄沙袖裏藏鋒把手直上峯頂一咲天地手空　佛心才

靈雲見了絕諓訛獨步寰中不較多敢保老兄猶未徹令人疑著備頭陀　長靈卓

靈雲一見不再見紅白枝枝盡著花叵奈釣魚船上客却來平地摝魚鰕　法眞一

溪上桃花開爛熳不知誰解見靈雲頭頭總是吾家物一念圓成盡屬君　道場遠

靈雲昔日悟桃花十里春風樹樹斜敢道老兄渾未徹夢中開眼見玄沙　文古佛

山鳥芳時分外啼桃花如火映前溪明明三十年來事可咲靈雲說悟迷　混印明

陌上咲春風枝頭漏消息紅光爍太虛旦藉陽和力

學劒宗師既不疑玄沙未徹最新奇掃除學路刮凡骨格外之機如電拂　圓悟勤

春來依舊一枝枝同地同天道不疑未徹之言人莫問令人特地咲嘻嘻　龍門遠

百煉精金大冶中任他騰燄亘天紅須臾枯出教人看添得行家價轉豐　開福寧

十分風采露堂堂玉壺瑤枝未比量剛被傍人論好醜因茲難嫁與潘郎　佛性泰

二月桃花爛熳時靈雲一見更無疑玄沙未徹誰相委鼻孔從來向下垂　南華昺

靈雲一枝迎曉露玄沙一朶已離披畢竟水須朝海
去到頭雲定覓山歸　文殊道
終日看天不舉頭桃花爛熳始擡眸饒君便有遮天
網到得牢關即便休　佛鑑懃
盡道見桃花悟道此語不知還是無茫茫宇宙人無
數那箇男兒是丈夫打破鬼門關日輪正當午一箭
中紅心大地無寸土　徑山杲
桃花尋劍客不語咲春風白頭歸未得家住海門東
敢保老兄猶未徹玄沙之言何太切君看陌上桃花
紅盡是離人眼中血　鼓山珪
似錦桃花滿樹紅靈雲一見便心空當時不遇玄沙
老爭得名喧宇宙中　疎山如
桃花端的悟靈雲添得玄沙劫外春滿地不知何處
去塵塵剎剎露全身　楚安方
(增收)學劍難提鋒刃頭艷光花發便心休不疑句播乾
坤內得旨唯憑月滿秋　雙泉瓊　二
玄沙聞舉悟中知當下云言未保伊一擊海濤皆湧
沸天光回爍眼矑矑
靈雲桃花見親切英俊超越古今哲星蔟蔟輪明皎
潔和刃精揮用無絕玄沙敢保君未徹雲水休話箇
[illegible]
[illegible]
生滅新羅打鐵燒脚熱磨礱還用三尺雪　道吾眞
滿樹桃花行人競折靈雲悟後了無疑更有玄沙言
未徹噓　[illegible]
仰面穿針不見天低頭拾芥不見地天地針芥無處
安堂堂面目眼中騎君不見諦當未徹在龎人趂大
彩　月堂昌
桃花春暖盡情開一見無疑傾俊哉不是釣魚船上
客無人把手上高臺　東山七
靈雲悟桃花玄沙傍不肯多少癡禪和擔雪去填井
今春花又開此意誰能領端的少人知花落春風靜
國清紹
春風二月半桃花紅爛熳靈雲到處逢衲僧著眼看
看看短棹孤舟誰居彼岸　龍牙言
一箇烏梅似本形蜘蛛結網打蜻蜓蜻蜓落了兩片
翼堪咲烏梅咬鐵釘　天童淨
一見便見猶隔鐵圍玄沙老漢腦後痛錐名高曾存
鑄頑石路上行人口似碑　金華寶
靈雲一咲見桃花三十餘年始到家從此春風春雨
後亂隨名字落天涯　慈航朴
靈雲親說悟桃花端的無疑眼裡沙縱使玄沙言未
[illegible]
徹相逢且喫趙州茶　[illegible]
乞兒拾得錫瞎地空貧惜撞著明眼人一文也不直
木菴永
不疑不徹不失片片春風狼藉至今江北江南游子
徒勞外覓休外覓明如杲日黑如漆　[illegible]
二月桃花爛熳紅靈雲打失主人翁隨邪逐惡玄沙
老半是眞情半脫空　雲巢巖
一見桃花便跺跟鐵圍生陷出無門倚墻傍壁知多
少一度春來一斷魂　[illegible]
一見不勞朱粉施玄沙掃帚畫蛾眉只知掩得靈雲
醜落盡眉毛自不知　[illegible]
紅入芳蹊錦色鮮酌然一點不相謾物歸元主自投
合誰謂靈雲著眼看　[illegible]
(增收)靈雲因長生問混沌未分時如何師曰露柱懷
胎曰分後如何師曰如片雲點太清曰只如太
清還受點也無師不答曰恁麼則含生不來也
師亦不答曰直得純清絕點時如何師曰猶是
眞常流注曰如何是眞常流注師曰如鏡常明
曰未審向上還有事也無師曰有曰如何是向
上事師曰打破鏡來與汝相見　頌曰
午夜霜凝星斗寒長空雲盡山月落青天喫棒人盡
知蒼龍退骨誰能覺金鳳衝開玉鎖關麒麟掣斷黃
金索迢迢劫外孰能拘南北東西逈超卓　[illegible]
金鷄啄玉卵飛出鳳凰兒入戶能長嘯歸家著錦衣
佛鑑懃
靈雲因長慶問如何是佛法大意師曰驢事未
去馬事到來　頌曰
靈雲因問出家才驢事前行馬後來長慶不明眞寔
地句中認影影難開予今報你諸禪侶九衢杲日照
香街　[illegible]
驢事未了馬事來鐘聲纔斷鼓聲催祖師愛喫和羅
飯北有文殊在五臺　佛慧泉
驢事未了馬事來一花欲謝一花開安南巴得烟塵
息塞北將軍唱凱回　楊無爲
東行不見西行利南頭賣賤北賣貴橫千竪百筭河
沙九九反成八十二　保寧勇
驢事未了馬事來鐘聲未了鼓聲催春來縱步園間
看無限桃花夾李開　佛鑑懃
(增收)問端如箭透垣墻頓值靈雲手段長駿馬寒驢皆
控勒轅鞍戰勝出沙場　南巖勝
[illegible]
[illegible]
松陰行不盡疎雨下無時世事幾興廢山中人未知
蒙菴聰
驢前馬後識靈雲滿眼風埃絕點塵行徧天台并鴈
蕩歸來重看錦江春　心聞賁
(增收)靈雲因僧問如何是歸根得旨師曰早時忘却
不憶塵生　頌曰
家破人亡何所依無心無緒話求歸十年忘却來時
路暫憶此時總不知　投子青
(增收)靈雲因僧問如何是端坐念寔相師曰河裡失
錢河裡摝　頌曰

河裡失錢河裡摝拈來天下任縱橫和雲買得南山地淺種深鋤恣意耕　佛心才

婺州金華俱胝和尚嗣天龍　初住菴時有尼頂笠攜錫遶師三帀曰道得即下笠子如是三問師皆無對尼便去師曰日勢稍晚何不且住尼曰道得即住師又無對尼去後師嘆曰我雖處丈夫之形而無丈夫之器不如棄庵往諸方參尋知識去其夜山神告曰不須離此將有肉身菩薩來爲說法逾旬果天龍和尚到師迎禮具陳前事龍豎一指示之師大悟自此凡學者參問師惟舉一指無別提唱將順世謂衆曰吾得天龍一指頭禪一生用不盡言訖示滅　頌曰

天龍一指悟俱胝當下無私物匪齊萬互千差寧別說直教今古勿針錐　汾陽昭

對揚深愛老俱胝宇宙空來更有誰曾向滄溟下浮木夜濤相共接盲龜　雪竇顯

老倒俱胝一指頭金華山下幾回秋至今坐石安禪處猶弄精魂未肯休　佛印元

丈夫無氣死無殊忽遇天龍陡頓蘇一指頭禪用不盡大悲千手讚工夫　野軒遵

問答機關豈易酬無錢難作好風流心中有事說不得只得忙忙豎指頭　佛國白

頓悟天龍一指頭河沙佛祖便同儔饒他鷲子懸河辯百億須彌一芥收　昊古佛

不用將心向外求箇中消息有來由報言達磨西來意只在俱胝一指頭　佛鑑勤

老大宗師豎指頭一生用得最風流玄沙拗折無人會年來年去冷颼颼　龍門遠

廉纖蓬戶在門頭誰謂村居院落幽雨散雲收山岳露珊瑚枝上挂金鈎　惠慈預

俱胝一指頭喫飯飽方休腰纏十萬貫騎鶴上揚州　徑山杲

增收 俱胝一指報君知朝生鷂子摶天飛若無畢鼎拔山力千里烏騅不易騎　琅琊覺

俱胝老子指頭禪二十年來用不殘信有道人方外術了無俗物眼前看所得甚簡施設彌寬大千剎海飲毫端鱗龍無限落誰手珍重任公把釣竿　大慧杲

獨脫風塵舉世無不明兵甲作良圖河清海晏從來事自是時人不丈夫　涂上座棠

俱胝一指禪古今咸話爛打破鬼門關露柱尊無縛

一著高一著一步闊一步五百年間生指出這條路這條路十聖三賢皆罔措　月林觀

佳人睡起懶梳頭把得金釵插便休大抵還他肌骨好不塗紅粉也風流　報恩演

增收 俱胝有一童子每見人問事亦豎指人謂師曰和尚童子亦會佛法凡有問皆如和尚豎指師一日潛袖刀問童曰聞你會佛法是否童曰是師曰如何是佛童豎指師以刀斷其指童叫喚走出師召童子童回首師曰如何是佛童舉手不見指忽然大悟　頌曰

俱胝一指頭一毛拔九牛華岳連天碧黃河徹底流截却指急回眸青箬笠前無限事綠蓑衣底一時休　山堂淳

俱胝鈍置老天龍利刃單提勘小童巨靈擡手無多子分破華山千萬重　無門開

增收 瑞州末山尼了然禪師嗣大愚　因灌溪問如何是末山師曰不露頂曰如何是末山主師曰非男女相溪乃喝曰何不變去師曰不是神不是鬼變箇什麼　頌曰

末山不露凌雲頂今古明明在目前又道本無男女相非君莫辨火中蓮　眞淨文

非男女相獨閒閒正體堂堂孰可攀一句不傳千聖眼九天風靜月彎彎　自得暉

非男女相末山主今古堂堂常獨露常獨露兮見也麼清聲籍籍播寰宇　月林觀

六祖下第五世之四　青原下第四世之一

鼎州德山宣鑒禪師嗣龍潭　簡州周氏子在蜀常講金剛般若經時謂之周金剛逆將青龍疏鈔出蜀至澧陽路徑造龍潭到法堂曰久嚮龍潭及乎到來潭又不見龍又不現潭曰子親到龍潭師無語遂栖止焉　頌曰

浩渺深坑納衆流謾持香餌擲金鈎風雲叵匝雷霆動應訝龍王不出頭　保寧勇

親到龍潭不見龍龍潭龍不在潭中青天白日興雲雨千古人同笑葉翁　佛鑑勤

親到龍潭不見龍妙符先覺證玄宗茆庵盤結孤峯上靜對寒蟾挂碧空　雪堂行

潭不見龍不現親到龍潭遭一跍瞥然歸去牙如劍棒頭撒出光燄燄　卍菴顏

增收 血盆似口劍如牙竭世樞機未足誇親到龍潭龍不現者回失却眼中花　心聞賁

潭不見龍不現親到龍潭須活擒莫學承虛接響人守株待兔亡機變知機變盂子摽落地楪子成七片　遯菴演

潭不見龍不現全身已在空王殿夢回忽聽曉鶯啼春風落盡桃花片　晦山儼

德山一日侍龍潭抵夜潭曰更深何不下去師珍重便出却回曰外面黑潭點紙燈度與師擬接潭復吹滅師於此大悟便禮拜潭曰子見箇

甚麼師曰從今向去更不疑天下老和尚舌頭也至來日潭陞座謂衆曰可中有箇漢牙如劍樹口似血盆一棒打不回頭他時向孤峯頂上立吾道去在師將疏鈔堆法堂前舉火炬曰窮諸玄辯若一毫置於大虛竭世樞機似一滴投於巨壑遂焚之於是禮辭而去　頌曰

明暗相陵不足云絲毫有解未爲親紙燈忽滅眼睛出打破大唐無一人　白雲端

一時瀑布巖前落半夜金烏掌上明大開口來張意氣與誰天下共橫行　保寧勇

明暗相形事渺茫[illegible]千差路南北東西達本鄉　大洪遂

明暗分時光定動火光滅處見來由龍潭截斷辭源後佛祖孫峯罵未休　照覺總

一陣旋風霧靄開千峯突出碧崔嵬猿悲鶴抱來久半夜山前喚得回　上方益

吹滅龍潭火一星當時心眼太精明徹塵佛祖絕蹤跡賊[illegible]作麼生　叟古佛

黃金爲骨玉爲[illegible]莫把他家此日尋多少從來[illegible]心匠盡將底事繼威音　龍門遠

[illegible]

德嶠龍潭啐啄機芥針投合契玄微孫峯盤結幪頭坐不顧青山雲自歸　京兆府天寧璉

龍潭霧起老龍吟嚇殺南山白額蟲不觸波瀾拿鷲鼻嶄然頭角氣如虹　南堂興

親到龍潭不見龍紙燈吹滅眼頭空一條白棒掀天地滅却西來達磨宗　佛照光

百結襴衫破幞頭年年落第出神州却因一隻穿楊箭臨老來封馬上侯　[illegible]月瑩

開口不見齒伸手不見掌夜半忽相逢葛藤長萬丈　雪庵瑾

南來本欲破邪說[illegible]處難分雪路著[illegible]硬侶鐵錯認烏龜喚作鼈　[illegible]

親到龍潭已暗投夜深誰共御街遊紙燈吹滅狼烟息坐斷中原四百州　天[illegible]禮

驀劄相逢不再三纔開臭口見鄉談紙燈滅處饒[illegible]的不許蒼龍臥碧潭　[illegible]翁銘

德山禮辭龍潭直抵溈山挾複子上法堂從西過東從東過西顧視方丈曰有麼有麼山坐次殊不顧[illegible]師曰無無便出至門首乃曰雖然如此也不得草草遂具威儀再入相見纔跨門提

[illegible]

起坐具曰和尚山擬取拂子師便喝拂袖而出山至晚問首座今日新到在否座曰當時背却法堂著草鞋出去也山曰此子已後向孤峯頂上盤結草庵呵佛罵祖去在　雪竇拈兩處云勘破了乃頌曰

一勘破二勘破雪上加霜曾嶮墮飛騎將軍入虜庭再得完全能幾箇急走過莫放過孤峯頂上草裡坐

虎穴深林人不到到者還須是獵人老虎睛驚纔舉目瞥然跳出獲全身　南印[illegible]

[illegible]入中軍應是機謀已十分袖裡金槌猶未[illegible]紛紛　上方益

德山老能法戰一喝聲光吼雷電騎虎頭兮收虎尾捋虎鬚兮真可羨急走下山三十里又被溈山追一箭　佛鑑勤

大用不拘今古規模倒拈蝎尾平捋虎鬚若非深辨端倪何以坐觀成敗俊處穎脫囊錐高來卷舒方外孤峯頂上浪滔天正令當行百雜碎　[illegible]

騎虎頭把虎尾霹靂一聲驚萬里坐觀成敗老將軍腦後一槌誰敢擬擬不擬箇箇無褌長者子　[illegible]

韜略雙全膽氣豪當頭不怕陣雲高排關自謂奪旗手未免孤峯沒草巢　[illegible]

七事隨身一毫不用再展鎗旗乾坤震動孤峯頂上休更說夢　[illegible]

德山凡見僧入門便棒　頌曰

德山棒劄斷聖凡魔膽喪善能方便捋虎鬚忿怒那吒亦摧蕩　[illegible]

一棒一條痕辛酸不可論丈夫多意氣幾箇是知恩　大洪[illegible]

突出雙頭卒辦難曾將一擊碎潼關自從天下太平後流落人間號德山　[illegible]

驟雨迅雷擊雲與電影隨將軍雖有令何似帝堯時　大洪遂

兩手托開無縫塔一脚踢倒須彌山青天霽寥無遮護阿師猶自覓禪關　成枯木

一條白棒劈頭來血濺星飛痛可哀祖佛更無回避處妙高峯頂也崩摧　佛國白

德嶠分明顯大奇棒頭揮出絕離微令行佛祖無空過一似輪王握萬機　雲蓋智

一條榔標倚青天別向三乘教外傳未眨眼時遭八百擬開口處著三千　張無盡

[illegible]

當機截斷聖凡路上寒光照雪茫茫宇宙無窮皮下何人有血　普融平

坐斷生死要津不問凡聖迷悟一棒打破兩門自然乾坤獨露　佛心才

入門棒棒沒商量撥出紅流便廝當不是奴奴情淡薄無錢難作好兒郎　佛燈珣

棒下真輪不傳金德山徹底老婆心後人只見波濤湧不見龍王宮殿深　鼓山珪

入門便棒郎當不少依而行之胡麻廝繳　[illegible]山果

曾遊龍潭向上機便將一棒力橫揮當頭突出何人

辨只許叢林作者知　楚安方

頌一條白棒胡揮亂揎撞著聾頭魂飛膽顫　典牛

殺活並行醍醐毒藥是賞是罰一任上度　無著

皎潔晴天吼怒雷鐵山萬疊盡驚開因思塊雨條風

日安得全提有此來　寶葉源

德山小參示衆曰今夜不答話問話者三十棒

時有僧出禮拜師便打曰某甲話也未問和尚

因甚麼打某甲師曰汝是甚麼處人曰新羅人

師曰未跨船舷好與三十棒　法眼云大小德

山話作兩橛　圓明密云大小德山龍頭蛇尾

[illegible]

雪竇云二尊宿雖善裁長補短捨重從輕要

見德山老漢亦未可在何故殊不知德山握閫

外之威權有當斷不斷不招其亂底劍子諸人

要識新羅僧麼只是撞著露柱底瞎漢　頌曰

德山自得任公手一線分明下兩鈎透網金鱗纔弄

水岸邊還把釣絲收　佛印元

誅龍之劍未可揮蛇大獵之家豈藉狐兔君不見諸

葛亮作軍師武侯擒縱少人知百萬雄兵如指掌小

賊擒來又縱之兵歎訝馬頻嘶無限兒郎唱大奇如

今四方英勇將聞名早已豎降旗　海印信

[illegible]令全提[illegible]僧不辨箇時

節爲法忘身有幾人　桂木成

烟塵掃蕩將軍令正勅流行宣德音公子只知歌既

醉夜深還被活生擒　寶峯照

積挍鎭鄉居閫外當鋒誰敢犯重圍堪羨新羅箇衲

子全機敵也光輝　古佛

頌高提祖印駋寰中執肯當機定吉凶不是新羅這

衲子爭教千古振清風　大潙喆

大冶紅爐金鐵當機草木秀發光輝日新不賞纖毫

[illegible]擒下天顏[illegible]活得自在千古照耀同氷輪

話作兩橛句中眼活龍頭蛇尾以指喻指撞著露柱

瞎衲僧塞斷咽喉無出氣擬議尋思隔萬山咭嘹舌

頭三千里　圓悟勤

德山老人寂寂惺惺法眼圓明精精靈靈六韜三略

武緯文經新羅衲子有丙無丁　[illegible]

德山因廓侍者問從上諸聖向什麼處去師曰

作麼作麼曰勅點飛龍馬跛鼈出頭來師休去

明日師浴出廓過茶與師師撫廓背曰昨日公

案作麼生曰這老漢今日方始瞥地師又休去

頌曰

跛鼈飛龍騎形殊理不殊欲明二大士棒下識[illegible]

正士忠臣氣最英一言佐國死猶輕不同諂曲偷安

者冒寵貪榮過一生　佛印元

袖裡藏鋒過莫倚任他高作運機謀君看舉鼎拔山

力未到烏江不肯休　海印信

雲騰[illegible]太陽忽轉曉出

來千峯萬峯空突兀　白雲端

熟睡[illegible]一下方[illegible]

[illegible]沉不可論　保寧勇

[illegible]

覿面來時作者知可中石火電光遲輪機謀主有深

意欺敵兵家無遠思發必中更謾誰腦後見腮兮人

難觸犯眉底有眼兮渠得便宜　天童覺

不問文班與武班御街侵曉競朝天傍觀莫笑金吾

老騎馬騎多不著鞍　上方益

兩[illegible]東西路不分兩間茅屋一溪雲師言耳聵知師

意人是人非不欲聞　佛性泰

頌臨機一味放愍癡其奈尤深棒喝時堪笑人來誇

斂手得便宜是落便宜　别峯印

[illegible]林丘一任傍人放[illegible]只圖[illegible]

肉[illegible]加呼喚[illegible]頭　無準範

只一箇休去伎倆自然消諸聖在甚處脚下路迢迢

横川珙

昨日罵詈一番了老倒踈慵不解聽今日又來由你

罵饒人些子當看經　月林觀

德山一日飯遲托鉢下堂時雪峯作飯頭見便

云這老漢鐘未鳴鼓未響托鉢向什麼處去師

便歸方丈峯舉似巖頭頭曰大小德山未會末

後句師聞令侍者喚來問汝不肯老僧那頭密

啓其意師乃休去至明日陞堂果與尋常不同

[illegible]

頭至僧堂前撫掌大笑曰且喜老漢會末後句

雖然如是只得三年師果三年而沒　頌曰

鐘鼓猶未鳴托鉢何處去一撥便回頭會得末後句

[illegible]

末後句會也無德山父子太含糊座中亦有江南客

莫向樽前唱鷓鴣　天童覺

凜凜霜風戛地寒漁翁擲釣五湖寬錦鱗觸散波心

月收取絲綸上古灘　[illegible]

鼓寂鐘沉托鉢回巖頭一撥語如雷果然只得三年

活莫是遭他授記來　張無盡

德山托鉢最爲奇好語令人特地疑虎豹出林誇爪

距叢林千古立雄基　[illegible]

一橛塗毒聞皆喪身在其中總不知八十翁翁入場

屋眞誠不是小兒嬉　徑山杲

鐘未鳴鼓未響依前托鉢歸方丈德山不會末後句

巖頭密意誰相亮只得三年也大奇留與諸方作模

樣　鼓山珪

頌千尺絲綸直下垂一波纔動萬波隨兒童不慣風

濤惡走入蘆花不敢窺　[illegible]

鐘鼓未鳴先托鉢雪峯平地成饒舌當時一徑入僧

堂且看巖頭有何說　昭覺

雪峯公然喚回巖頭客路有力果然只得三年賊口元來是敕　無準範

凜凜吹毛照膽寒不容擬議豈容傳擡眸已是身三段此是吾家紅鐵團　明大偉

斫却月中桂清光轉更多狐狸俱屏迹師子奮金毛　密庵傑

德山托鉢話低頭得人怕三家村裡人醉後胡廝罵　承天式

增收德山因僧問如何是佛師曰佛是西天老比丘　頌曰

佛是西天老比丘星移斗轉水東流茫茫宇宙人無數戶貫依前百草頭　此庵體

增收德山因臨濟侍次師曰今日困濟曰這老賊寐語作甚麼師擬拈棒濟掀倒禪床　頌曰

臥龍纔奮迅猛虎便咆哮時人只見波濤湧不知新月出林梢　中庵空

德山示衆曰道得也三十棒道不得也三十棒臨濟聞得謂洛浦曰汝去問他道得為甚麼也三十棒待伊打汝接住棒送一送看他作麼生

浦如教而問師便打浦接住送一送師便歸方丈浦回舉似臨濟濟曰我從來疑著這漢雖然如是你還識德山麼浦擬議濟便打　頌曰

單于自負藝過人小將教詔去伯真到彼果然贏小提回來未免陷全身　海印信

譬若金龍鸚鵡兒嘴如紅玉一青衣雖然學得人言語問著元來總不知　佛鑑懃

增收德山因僧來叅便乃閉却門僧打門師曰誰曰師子師開門僧纔入禮拜師驀頭騎曰者畜生許多時向甚麼處去來　頌曰

見兔放鷹因邪打正脚未跨門直須猛省　大慧杲

增收德山上堂大衆及盡知也直得三世諸佛口挂壁上猶有一人呵呵大笑若識此人叅學事畢　或作賊

明密語　投子青云然雖如是德山大伯藏書楚天月猶存漢地星乃頌曰

雙盲入暗路崎嶇日落棲蘆暫得甦爭伯石人眠半夜兔教舜讓守林居須知花綻非干木無脚行時早䦨途昨朝風起長安道元是崑崙進國圖收把斷襟喉風磨雲拭水冷天秋錦鱗莫謂無滋味釣盡滄浪月一鈎　天童覺

禪宗頌古聯珠通集卷第二十三

禪宗頌古聯珠通集卷第二十四

宋池州報恩光孝禪寺沙門法應集

元紹興天衣萬壽禪寺沙門普會續集

祖師機緣

六祖下第五世之五 清源下第四世之二

（曹洞 增收）筠州洞山良价悟本禪師（嗣雲巖）因辭雲巖臨行問百年後忽有人問還邈得師眞否如何秖對巖良久曰秖這是師沉吟巖曰价闍黎承當箇事大須審細師猶涉疑 頌曰

體量非功不覆今星移斗換豈同輪多年曆日難無

[illegible]

洞山因過水睹影大悟前旨有偈曰切忌從他覓迢迢與我踈我今獨自往處處得逢渠渠今正是我我今不是渠應須恁麼會方得契如如 頌曰

用犯著應須總滅門 正堂辯

[illegible]

動靜從來每與俱回頭驀地始逢渠直饒與麼猶堪咲喚作如如又却迂 本覺一

水中影子因身有若寔無身影亦無百尺竿頭纔進步一毫端上現毗盧 智□

（增收）洞山後因供養雲巖眞有僧問先師道只這是莫便是否師曰是曰意旨如何師曰當時幾錯會先師意曰未審先師還知有也無師曰若不知有爭解恁麼道若知有爭肯恁麼道 頌曰

爭解恁麼道五更雞唱家林曉爭肯恁麼道千年鶴與青松老寶鑑正明驗正偏玉機轉側看兼到門風大振兮規步綿綿父子變通兮聲光浩浩 天童覺

（增收）洞山辭雲巖巖曰自此一別難得與汝相見師曰不然自此一別難得與和尚不相見 頌曰

高高孤頂雪濛濛劫外行藏路不通半夜嶺梅消息轉不關春色暗香濃 正覺逸

（增收）洞山首謁南泉値馬祖忌修齋次泉曰未審馬祖還來應供否衆無對師出云待有伴卽來泉曰此子雖後生却堪雕琢師曰莫壓良爲賤 頌曰

白雲之賓青山伴位裡借切看互換無底合盤轉十

擎穿心椀子通身飯 天童覺

千尺絲綸直下垂一波纔動萬波隨江上晚來堪畫處漁人披得一蓑歸 闡提照

有伴卽來地闢天開冷光重出匣古路絶纖埃萬象森羅齊合掌須彌岌峯舞三臺 最庵印

[illegible]

（增收）洞山叅潙山問曰頃聞南陽忠國師有無情說法話某甲未究其微潙曰我這裡亦有秖是罕遇其人師曰乞師指示潙曰父母所生口終不爲子說師曰還有與師同時慕道者否潙曰此去澧陵攸縣石室相連有雲巖道人若能撥草瞻風必爲子之所重師既到雲巖問無情說法甚麼人得聞巖曰無情得聞師曰和尚聞否曰我若聞汝卽不聞吾說法也師曰某甲爲甚麼不聞巖竪拂子曰還聞麼師曰不聞曰我說法汝尚不聞況無情說法乎師曰無情說法該何典教曰豈不見彌陀經云水鳥樹林悉皆念佛念法師於是有省述偈曰也大奇也大奇無情說法不思議若將耳聽終難會眼處聞時方得知 頌曰

[illegible]

着箇分明有情無情者箇最親無處不眞一打不著萬劫沉淪一透不破驢牽鋸磨一朝透徹以楔出楔鼻安面上口裡有舌不借不借東說西說要休便休要歇便歇無情說法有情聽有情說法無情別不是等閑虛作解大地山河太饒舌人人盡有不相應猶枉燈籠向你說 大爲智

好好萬象森羅俱是實頭頭物物現家珍不識之人卽荒草 南堂興

南陽師肌骨好洞山价也難討潙山翁雲巖老重淫破成鼓倒分明行官路不覺入荒草葛藤因此到而今業識茫茫何日了 月堂昌

洞山示衆曰秋初夏末兄弟或東去西去直須[illegible]只如萬里無寸[illegible]石霜[illegible]國裡能[illegible]人 頌曰

[illegible]

[illegible]出門去

路[illegible]

草漫漫門裡門外君自看荊棘林中下脚易夜明簾外轉身難看看幾何般且隨老木同寒瘁將逐春風入燒瘢 天童覺

出門便是草閑殺龍門老北去禮文殊南來登五老鬢髮已蒼浪言歸恨不早獨立秋風前思量望江島好好不用更尋討 龍門遠

萬里無寸草但請恁麼去出門便是草各自有公據有公據何拘束清風月下守株人涼兎漸遥春草綠 雪山曇

不出漫漫草路遮出門猶更隔天涯回機踏著通霄路何處青山不是家 疎山如

（續收）庭前黃葉亂紛紛階下苔錢侶錦紋戶外任教荒草綠石人踏斷海山雲 淨因成

萬里無寸草出門便粹倒爭如不動塵四山日杲杲壁立萬仞絶承當天上人間無處討無處討忽然突出拄杖頭直趯寶山親取寶 國清勤

新豈路坦然豈止正偏圓萬里無寸草何人可向前機不轉墮塵緣透得脫犯風烟瀏陽端的破中邊出

門巳是草芊綿投機倘若諳來脉兩岸俱亡一不全

虛玄鳥道沒纖埃玉殿空然瑣綠苔桂壁梭飛私蜺骨滄溟老蚌盡懷胎

洞山因僧問寒暑到來如何廻避師曰何不向無寒暑處去曰如何是無寒暑處師曰寒時寒殺闍黎熱時熱殺闍黎　頌曰

垂手還同萬仞崖正偏何必在安排琉璃古殿照明月忍俊韓獹空上階　雪竇顯

無寒暑處如何唱和熱即乘涼寒即向火多口阿師一場懡㦬人人盡欲出常流折合還歸炭裏坐　泉大道

熱時熱殺寒時寒寒暑由來總不干行盡天涯諳世事老君頭戴楮皮冠　湛堂準

偏中有正正中偏流落人間千百年幾度欲歸歸未得門前依舊草芊芊　長靈卓

無寒暑處洞山語多少禪人迷處所寒時向火熱乘涼一生免得避寒暑　佛燈珣

無寒暑處為君通枯木生花又一重堪咲刻舟求劒者至今猶在冷灰中　佛性泰

裡頭看勿寒暑直下滄溟瀝得乾我道巨鼇能俯首咲君沙際弄釣竿　天童覺

水到渠成風行草偃類之不齊覩之難面誰信崖顏石裂時黃金白銀如糞泥　月堂昌

盤走珠珠走盤偏中正正中偏羚羊挂角無蹤跡獵犬遶林空趂踏

避暑逃寒問是非不離寒暑少人知正中來也無回互句裡藏鋒辨者稀嚴天雪火雲飛風吹日炙杜闍黎

寒時寒殺熱時熱殺無寒暑處天然別綿州附子漢州薑

抽刀須是并州鐵洞山老手不嫌人親傷當面藏身訣　鼓山珪

寒暑分明說向君不容擬議辨疎親匾檐擔折兩頭脫舉目長空一咲新　松源岳

洞山因僧問三身中那身不墮衆數師曰吾常於此切　僧後有擧此問曹山先師道吾常於此切意作麼生山云要頭便斫去又問雪峯雪峯以拄杖打云我亦曾到洞山來　頌曰

此切堪傷向外求至親何故侶怨讎始終滿面無慚色更有曹山乞你頭　保寧勇

不入世未循緣劫壺空處有家傳白蘋風細秋江暮古岸船歸一帶烟

玉鞭纔舉乾坤靜皇道無私顯至平[illegible]指斥將軍正令不容存

三人證龜喚作鼈啞子得夢向誰說電光影裡浪[illegible]馳踏破澄潭一輪月

吾常於此切不是神仙訣洞山空腹高心曹山當可截舌切切不是標名虛華樾木了吾今為君說

洞山因僧問亡僧遷化向什麼處去師曰火後一莖茆　頌曰

野火燒時越轉新至今烟鎖雨難淋旱地紅蓮遍日月無根樹長翠成陰

春風吹動綠波搖無限船師逐海潮只見江鷗飛白浪豈知明月在雲霄

善應隨流妙意深明明一箭中紅心當鋒不是由基眼對面鐵山高萬尋

古人出世最難遭唯有江西路更高人問亡僧遷化去火後一莖茆

翻然火過一堆灰爭奈人情會見稀畢竟水須朝海去到頭雲定覓山歸

洞山有頌云五臺山上雲蒸飯佛殿階前狗尿天幡竿頭上煎䭔子三箇胡孫夜簸錢　頌曰

山猱得樹尾連顛咲道階除夜簸錢礚礚髑髏無用處從來千聖不曾傳

洞山因老宿拈袈裟角問云父母未生時還有這箇麼師曰只今豈是有耶宿搖手　頌曰

轉位投機覓更難回途復妙豈相關新豐洞口翻波浪一掃須教徹底乾

洞山有一僧在延壽堂不安要見師師至僧便問和尚何不救取人家男女師曰你是什麼人家男女曰某甲是大闡提人家男女師良久僧曰四山相逼時如何師曰老僧亦曾在人家屋簷下過曰回互不回互師曰不回互曰教某甲向什麼處去師曰粟畬裡去僧嘘一聲曰珍重便坐脫師以拄杖和頭三下曰只解與麼去不解與麼來　頌曰

只解恁麼去沙禽夜宿滄洲樹不解恁麼來石筍穿開古路[illegible]吳道鯤鯨無羽翼今日親從鳥道回　天童覺

聖量凡情淨盡時轉身無路事還非屋簷下過粟畬裡馬腹驢胎一道歸

洞山因龍牙問如何是祖師西來意師曰待洞水逆流即向汝道　頌曰

洞水無緣會逆流見他苦切故相酬西來祖意定無意妄想狂心歇便休

洞山因僧問如何是空劫已前自己師曰白鳥入蘆花　頌曰

打起黃鶯兒莫教枝上啼幾回驚妾夢不得到遼西　正堂辯

[增收]洞山冬夜果子次問泰首座曰有一物上拄天下拄地黑似漆常在動用中動用中收不得且道過在什麼處座曰過在動用中師喚侍者撤退果卓　頌曰

洞山果子誰無分撤退臺盤妙轉機今夜為君輕點破牡丹花下睡猫兒　南嶽祚

洞山玷辱家風首座埋沒自己雙雙綉出鴛鴦千古扶持不起　遯菴演

拄天拄地黑如漆不分晝夜是何物拈來拋向屎坑中火裏紅蓮香拂拂　[illegible]

[增收]洞山夜參不點燈有僧出問話退後師令侍者點燈乃召適來問話僧出來其僧近前師曰將取三兩粉來與這箇上座其僧拂袖而退自此省發遂罄捨衣資設齋得三年後辭師師曰善為時雪峯侍立問曰秖如這僧辭去幾時却來師曰他秖知一去不解再來其僧歸堂就衣鉢下坐化峯上報師師曰雖然如此猶較老僧三生在　頌曰

洞中日午打三更便有遊人把路爭除却華山陳處士誰人不肯是非行　慈受深

[增收]洞山因看病僧僧曰火風離散時如何師曰來時無一物去亦任從伊曰爭奈羸瘵何師曰須知有不病者僧曰如何是不病者師曰悟則無分寸不悟隔山坡僧曰前程還許卜度也無師曰雖然黑似漆成立在今時　頌曰

火風離散後一物鎮長靈佛國黃金地天堂白玉庭前程休卜度所至要惺惺一念心清淨人間亦只寧　南堂興

[增收]洞山不安僧問和尚病還有不病者麼師曰有曰不病者還看和尚否師曰老僧看他有分曰和尚看他時如何師曰老僧看他時則不見有病　頌曰

卸却臭皮袋拈轉赤肉團當頭鼻孔正直下髑髏乾老醫不見從來癖少子相逢向近難野水瘦時秋潦退白雲斷處舊山寒須勳絕莫顯頹轉盡無功伊就位孤標不與汝同盤　天童覺

[增收]洞山因僧問和尚教學人行鳥道未審如何行鳥道師曰不逢一人曰如何行師曰直須足下無私句曰秖如行鳥道莫便是本來面目否師曰闍黎因甚顛倒曰甚麼處是學人顛倒師曰若不顛倒因甚麼却認奴作郎曰如何是本來面目師曰不行鳥道　頌曰

古路翛然倚太虛行玄猶是涉崎嶇不登鳥道難為妙點撿將來已觸途　丹霞淳

[增收]洞山問僧世間何物最苦曰地獄最苦師曰不然在此衣線下不明大事是名最苦　頌曰

人生最苦不知休逐浪隨波真可憂一句若能超佛祖萬般煩惱更何求　枯木成

鑊湯爐炭幾何般地獄三塗未苦酸須信新豐親切語袈裟之下莫顢頇　丹霞淳

[增收]洞山曰一大藏教只是箇之字　頌曰

點畫分明無道理老胡幾度提不起不如分付王右軍無限風流歸手裡　[illegible]

[增收]洞山參興平便禮拜興曰莫禮老朽師曰禮不老朽者興曰渠不受禮師曰渠不肯禮　頌曰

渠非老朽不禮不受威音世前毗盧頂後把定壺中白日長觸著匣內青蛇吼良醫可為病人服藥不如忌口　天童覺

上座莫要禮老朽興平未易揚家醜須貴從來不出門渠儂豈在威音後　[illegible]

[增收]洞山因僧問如何是衲僧孔竅師曰十八女兒不繫裙　頌曰

衲僧孔竅少人知剛被宗師已識機十八女兒裙未繫先教阿母畫蛾眉　無示諶

[增收]洞山因僧問時時勤拂拭莫遣惹塵埃為甚麼不得他衣鉢師曰直饒道本來無一物也未合得他衣鉢且道什麼人合得僧下九十六轉語皆不契末後云設使將來他亦不受師深肯之　頌曰

祖師衣鉢漫悠悠不受渠猶眼未開誰信當年遠

[增收]洞山不安令沙彌傳語雲巖乃囑曰他或問和尚安樂否但道雲巖路相次絕也汝下此語須遠立恐他打汝沙彌領旨去傳語聲未絕早被雲巖打一棒沙彌無語　頌曰

事豈從茲領付將來　本覺一

洞山有路透雲巖絕處教通到者難拄杖頭邊開活路方知不隔一毫端　絕象鑒

年老心孤是洞山引人行路絕蹤攀者僧若也知機變一去雲巖更不還　竹庵珪

[增收]潭州神山僧密禪師　嗣雲巖　與洞山行次忽見白兔走過師曰俊哉洞曰作麼生師曰大似白衣拜相洞曰老老大大作這箇語話師曰你作麼生洞曰積代簪纓暫時落魄　頌曰

即日貴人舊家貧漢兄弟相承尊卑互換向晚途中眼不開夜明簾外機旋轉騎牛戴帽異中來白鍊真金色不變　天童覺二

抗力雪霜平步霄下惠難國相如過橋蕭曹謀略能成漢巢許身心欲避堯寵辱若驚深自信真情条騰混濟燕

白衣拜相豈知暫時流落向天涯移身換步人難

見夜來歸宿五侯家 佛性泰
衣錦還鄉人盡見長時富貴許誰知無言童子呵呵
咲贏得風光滿面歸 伊庵權
增收 神山把針次洞山問曰作甚麼師曰把針曰把
針事作麼生師曰針針相似曰二十年同行作
這箇語話豈有與麼工夫師曰長老又作麼生
曰如大地火發底道理 頌曰
大地火發間不容髮南海崑崙天寒不襪祖祖相傳
一頭擡搖 天童覺
逆放順收將寡敵衆隱顯同途得失共用針針相似
不外人同行語話要分開自從大地火發後古廟香
爐不著灰 月堂昌
增收 神山與洞山過獨木橋洞先過了拈起木橋曰
過來師喚价闍黎洞乃放下木橋 頌曰
平地無端鑿陷坑木橋拈起使人行沉沉寒水如何
渡月夜金雞報五更 丹霞淳
增收 潭州石霜山慶諸禪師嗣道吾 抵溈山爲米頭
一日篩米次溈曰施主物莫拋撒師曰不拋撒
溈於地上拾得一粒曰汝道不拋撒這箇是甚
麼師無對溈曰莫輕這一粒百千粒盡從這一
粒生師曰百千粒從這一粒生未審這一粒從
甚處生溈呵呵大笑歸方丈 頌曰
萬廩千倉常住物出生來歷要分明不知一粒從何
得雨過西山爽氣清 枯禪鏡
石霜在方丈內僧在窗外問咫尺之間爲甚麼
不覩師顏師曰徧界不曾藏僧擧問雪峯徧界
不曾藏意旨如何峯曰甚麼處不是石霜師聞
曰這老漢著甚麼死急峯聞曰老僧罪過 玄
沙云山頭老漢蹉過石霜 頌曰
千疑萬慮扣禪關徧界非藏豈小言象骨玄沙輸定
動慢他游子失歸源高賢不用隨聲色地久天長自
對門 汾陽昭
石霜雪老盡悠悠月下相逢互唱酧爭似釣螺江上
客一聲漁笛過滄洲 佛鑑泉
雙眸自小患生盲兩耳從來只聽聲指點萬端都不
見如何彈指得分明 保寧勇
咫尺之間不覩師顏幸然獨露誰作遮攔老倒石霜
曾指月區區雪老重饒舌釣魚船上謝三郎金剛腦
後添生鐵 南華昺
增收 咫尺之間問石霜師云徧界不曾藏鬧市交關急
著眼塞北牛馬海南番
徧界不曾藏千眼應難見雖然咫尺間欲覓無背面
象骨苦提撕箇中猶未辨玄沙與發機射人用好箭
石霜因僧問如何是和尚深深處師曰無鬚鎖
子兩頭搖 頌曰
三更月落兩山明古道程遙苔滿生金鎖搖時無手
犯碧波心月兎常行
無鬚鎖子卒難開枯木堂中莫亂猜千古兩頭搖不
動待他鱗角衲僧來
增收 石霜示衆云百尺竿頭如何進步 頌曰
百尺竿頭坐底人雖然得入未爲眞百尺竿頭須進
步十方世界現全身 長沙岑
瞎却頂門眼錯認定盤星捹身能捨命一盲引衆盲 無門開
增收 石霜因裴相國來師奪公手中笏曰在天子手
中爲圭在官人手中爲笏在山僧手裡喚作什
麼公無對乃留下笏 頌曰
不是圭兮不是笏反身直入蒼龍窟拿得驪龍照海
珠知君大手方拈出 雪竇顯
不是圭兮不是笏祖祖相傳非外物掣電光中著眼
看直下承當早埋沒遇作家須拈出中下聞之生恍
惚太平佳麼多羅畢竟未離窠窟那畔明眼人前特
地一場懡㦬 伊庵權
潭州漸源仲興禪師嗣道吾 一日隨道吾往檀
越家弔慰拊棺曰生邪死邪吾曰生也不道死
也不道師曰爲甚麼不道吾曰不道不道歸至
中路師曰和尚今日須與某甲道若不道打和
尚去也吾曰打即任打道即不道師便打吾歸
院曰汝宜離此恐知事得知不便師乃禮辭
隱于村院三年後忽聞童子念觀音經至應以
比丘身得度者即現比丘身忽然大省遂焚香
遙禮曰信知先師遺言終不虛矣自是我不會
却怨先師先師既沒唯石霜是嫡嗣乃造石霜
霜見便問前來打先師因緣會也未師進曰却
請和尚道一轉語霜曰不見道生也不道死也
不道師遂禮拜石霜設齋懺悔他日持鍬復到
石霜於法堂上從東過西從西過東霜曰作麼
師曰覓先師靈骨霜曰洪波浩渺白浪滔天覓
甚先師靈骨師曰正好著力霜曰這裡針劄不
入著甚麼力師持鍬肩上便出 頌曰
兎馬有角牛羊無角絕毫絕釐如山如岳黃金靈骨
今猶在白浪滔天何處著無處著隻履西歸曾失却 雪竇顯
終日挨門復倚樓幾回明鏡照梳頭一從事却潘郎
後也解人前不識羞 保寧勇
道吾解語無舌漸源無手行拳打得魂消魄喪方得
此道流傳石霜爲父雪恥苦屈之言難宣鍬子持來
四顧茫茫白浪滔天黃金靈骨今何在留鎮閻浮千
萬年 妙湛慧

木人把板雲中唱石女穿靴水上行牛死死生休更問從來日午打三更　長靈卓

生也全機現死也全機現不道復不道箇中無背面直下便承當不隔一條線逼塞太虛空赤心常片片　圓悟勤

無鬚鎖子兩頭搖無瑕壁玉三回獻反遭刖足太無端誰料正言還佀反　佛性泰

當時苦口曾不道悟來靈骨方尋討線江寒月兩蕭蕭浮雲散盡天如掃　夢庵信

生邪不道死邪不道一片清風關浩浩一時漏泄道吾機反著襴衫倒頂帽　楚安方

〔續收〕本地靈明無一物幾人認得黃金骨拱鍬右上便行時大辯從來還若訥　丹霞淳

生前曾弗遇知音死後徒將靈骨尋只在目前何處覓黃金鎖子任浮沉　本覺一

明頭落節暗裡喫交毒手當渠痒處搔雪裡鷺鷥飛不見一隻銀餅挂樹梢　雪竇宗

無生曲子物外禪客唱者能唱拍者能拍唱拍相隨秋天月白大鵬展翅滄溟窄浩浩清風生羽翮　孝興

急水灘頭下釣時錦鱗紅尾尚遲疑驀然跳出洪波裡騰霧拏雲宇宙低　應庵華

〔增收〕澧州夾山善會禪師　嗣船子　初住京口寺因僧問如何是法身師曰法身無相又問如何是法眼師曰法眼無瑕時道吾失笑師遂請益後散衆爺船子省發後歸衆徒道吾令僧往問如何是法身師曰法身無相又問如何是法眼師曰法眼無瑕僧回舉佀吾吾曰者漢此回方徹

頌曰

法身無相法眼無瑕因風吹火借水獻花絲毫不立萬別千差但看來年二三月啣泥燕子入人家　慈受深

臭口開來經萬劫絲毫纔動鐵輪隨雲收雨散月明夜反動江波說向誰　木庵永

夾山因僧問撥塵見佛時如何師曰直須揮劍若不揮劍漁父棲巢僧後問石霜撥塵見佛時如何霜曰渠無國土甚處逢渠僧回舉佀師師曰門庭施設不無老僧入理深談猶較石霜百步　頌曰

當機一句玉珊瑚內外玲瓏溢目寒無漏國中曾不住月華影裡見應難　丹霞淳

不立纖毫已是塵那堪奔走問他人高揮寶劍無蹤跡月裡姮娥現半身　枯木成

拂牛劍氣洗兵威定亂歸功更是誰一旦氛埃清四海垂衣皇化自無為　天童覺

太阿在手誰敢當鋒青山萬朵白雲重重　京兆天享建

〔續收〕學佛人人被熱謾撥塵見得幾何般狂風掃地雪吹散獨立闌干宇宙寬　足峯印

隱顯全該不露顏白雲繚繞舊家山石人半夜敲金鎖天曉泥牛過玉關　劍堂仁

夾山因僧問如何是佛師曰此位無賓主曰尋常與甚人對談師曰文殊與吾攜水去普賢猶未折花來　頌曰

親言言處幾人知今古無儔類莫齊玉馬雪行歸夜半羚羊挂角日沉西　投子青

當頭不犯難開口假借傍來落二三卓爾混融無向背西天佛是老瞿曇　枯木成

大方獨立峭巍巍八面玲瓏萬象圍正坐當軒無位位圓通無礙應群機　蔣山如

夾山因僧問如何是夾山境師曰猿抱子歸青嶂後鳥啣花落碧巖前後來法眼云我二十年秖作境話會　頌曰

月皎青松鶴夢長碧霄丹桂拄羚羊巖高壁仞千峯雪石筍生條半夜霜　投子青

蚌含明月珠生腹龍擁深雲雨洒空莫向平田斷巨浪直須點點盡朝東　丹霞淳

古鏡重磨又一新一回出匣一驚人石頭城下風雷吼老老禪翁把要津　寶峯祥

二十年前此地遊木蘭花發院新修如今再到經行地樹老無花僧白頭　鼓山珪

境話會來猶未是却問而今作麼生清凉元自鼻頭直夾山依舊兩眉橫　徑山杲

〔續收〕古路雪深覆好山雲更遮雁聲天外急遊子夜還家　照堂一

月挂寒松碧嶂深石人未會雪中吟從前此曲知音少鶴唳青霄出鳳林　枯木成

山邊水邊待月明暫向人間借路行如今還向山邊去只有湖水無行路　天目禮

〔增收〕夾山示衆云目前無法意在目前不是目前法非耳目之所到　頌曰

九轉靈丹難却易一鎚便當易還難相逢話盡壺中事重把仙書子細看　長靈卓

年來萬事總成魔老去閑添白髮多道泰不傳天子令時清休唱太平歌　鼓山珪

擬人面前休說夢生鐵團上須有縫明明說與却佯聾只管外邊閒打哄　徑山杲

極不成團撥不開德雲幾度下雀見有時行到海南岸寄寄還從舊路回　最庵印

〔增收〕夾山普請次維那命佛日送茶日云某甲只為佛法來不為送茶來那云和尚令請上座曰云

和尚即得日乃將茶去作務處見師遂撼茶碗作聲師不顧曰云醆茶三五碗意在钁頭邊師曰餅有傾茶勢籃中幾箇甌曰云餅有傾茶勢籃中無一甌便傾茶大衆俱以目視之曰云大衆鶴望乞師一言師曰路逢死蛇莫打殺無底籃子盛將歸曰云手執夜明符幾箇知天曉師召大衆已有人也歸去來乃住普請　頌曰

路逢死蛇莫打殺無底籃子須颺下往往事從閑話生莫將閑話爲閑話　[illegible]

擔板漢沒拘束餓死首陽山誓不食周粟　虛堂愚

夾山在溈山作典座溈問今日喫甚菜師曰二年同一春溈曰好好修事著師曰龍宿鳳巢

頌曰

相逢借問衆僧飧莫比庵園香飯施紫氣夜隨丹鳳轉金龍曉繞月中枝　投子青

變生爲熟逐時新好是二年同一春龍宿鳳巢輕奮意調和味塞口多人　正覺逸

雨過龍庭苔蘚潤夜央金殿燭初紅官娃雅奏昇平曲禁外虛勞覗聽聰　大洪預

（增收）龍宿鳳巢裡二年同一春桂花香撲撲平地是青

[illegible]

[illegible]

雲　大川濟

（增收）夾山嘗遣一小師徧遊禪剎殊無趣向後聞師道譽遠播乃回省覲云和尚有如許奇特事何不早向某甲道師曰汝蒸飯時吾與著火汝行益時吾爲展鉢甚處是孤負汝處小師因而悟入　頌曰

汝蒸飯時吾著火汝行益時吾展鉢尋常恁麼老婆心自是你儂機不活機若活夾山本無奇特事百川倒流鬧聒聒　長靈卓

（增收）夾山因僧問會處卻不問不會處請師一言師曰戶牖獨林影中辨取　頌曰

威音那畔不能行撒手還家懶問程寢殿無人空寂寂滿窗唯有月虛明　丹霞淳

禪宗頌古聯珠通集卷第二十四

禪宗頌古聯珠通集卷第二十五

宋池州報恩光孝禪寺沙門法應集

元紹興天衣萬壽禪寺沙門普會續集

祖師機緣

六祖下第五世之六　清源下第四世之餘

鄂州清平山令遵禪師　嗣翠微　因僧問如何是大乘師曰井索曰如何是小乘師曰錢索又問如何是有漏師曰笊籬曰如何是無漏師曰木杓曰覿面相呈時如何師曰分付與典座　頌曰

有漏笊籬無漏木杓短棘禪和長生卜度伶俐座主何處摸索金牙解使神鎗李廣箭穿雙鶚　瑯琊覺

大乘小乘井索錢索有漏無漏笊籬木杓直下承當鼻孔失却　法雲秀

笊籬木杓錢貫井索見成家風受用廓落生涯放得信緣看佛法更於何處著不用安排只麼從自然心地常安樂　天章覺

二乘諸漏扣空王雪後邢堪半夜霜秦漢旌旗度沙漠唐虞龍钁拱巖廊　張無盡

大乘木杓錢貫井索打死鑽龜徒勞卜度休卜度麒麟只有一隻角　[illegible]

增收　有漏笊籬無漏木杓學語禪流徒勞卜度江邊有箇釣魚人擲釣驚起遼天鶴　[illegible]

笊籬木杓錢貫福索說妙談玄俱是錯清平鼻孔塞乾坤天下衲僧無處摸明來握土成金悟去白日皆樂灼折俱胝指頭踏斷趙州略彴平常一句用無窮限量知見徒斟酌　雪竇宗

又二銅釘八尺鐵橛揷在驢中猶自不管　中庵空

增收　清平初參翠微便問如何是西來的的意微曰待無人即向汝說師良久曰無人也請和尚說微下禪床引師入竹園師又曰無人也請和尚說微指竹曰這竿得恁麼長那竿得恁麼短師雖領其微言猶未徹出任大通上堂舉初見翠微機緣謂衆曰先師入泥入水爲我自是我不識好惡　頌曰

父子相逢意已彰尊卑何必敘炎涼叮嚀指點家園事行盡荒郊話短長　大洪邃

土埋處處鐵蒺角半夜經由未覺難天曉攅根傷中倒方知行過鐵門關　[illegible]

舒州投子山大同禪師　嗣翠微　趙州問大死底人却活時如何師曰不許夜行投明須到州曰我早猴白伊更猴黑　頌曰

活中有眼還同死藥忌何須鑒作家古佛尚言曾未到不知誰解撒塵沙　雪竇顯

大死底人同活人三千豪俠又隨塵李陵本是収番將却作降番上將身　佛印元

死去活來牙上露投明須到已先行誰家別館池塘裡一對鴛鴦畫不成　[illegible]

虛空產出鐵牛兒頭角分明也大奇踏破澄潭深處月夜闌牽向雪中歸　長靈卓

趙州解撚無絲線投子能穿沒鼻針好手手中呈好手紅心心內中紅心　佛鑑懃

大死底人還却活不許夜行投明到陳州人出許州門翁翁八十重年少　[illegible]

禾黍不陽艷競栽桃李春翻令力眼者半作賣花人　[illegible]

增收　我疑千年蒼玉精化爲一片秋水骨海神欲護護不得驚頭一旦忽擎出　[illegible]

依前夜半弄傀儡行動威儀去就全子細思量無道理真頭上更有人牽　雪庵瑾

投子因僧問如何是十身調御師下禪床立又問凡聖相去幾何師亦下禪床立　頌曰

水出崑崙浪接連天高地迥秀林巒禪床略下雲山斷凡聖無蹤海岳寬　投子青

老婦低垂事舅姑起來爭免面模糊強將雲鬢高高綰遮得傍人眼也無　白雲端

投子下禪床雲中迸電光胡僧歸漢土六月下嚴霜　[illegible]

投子示全機清風動翠微十身何處是贏得眼如眉　[illegible]

愛向江邊弄釣絲碧潭深處有嘉魚釣頭不是無香餌箇底如何釣得渠　長靈卓

提賊分明要見贓十身調御下繩牀曾經巴峽猿啼夜鐵作心肝也斷腸　佛鑑懃

投子下禪床通身誰辨的擬議即千差覿面難相識　[illegible]

投子下繩床今朝爲舉揚驢前馬後漢切忌亂承當　[illegible]

增收　玉麟帶角離霄漢金鳳啣花下綵樓野老不嫌公子醉相將攜手御街遊　木菴一

投子下繩床終非孟八郎不搖三寸舌未免鬼分贓眼底欲條直臨機爭探囊裂破古今無面目縱橫何處有關防　或庵體

投子因僧問月未圓時如何師曰吞却三箇四箇曰圓後如何師曰吐却七箇八箇　頌曰

七八雖然正好觀四三焉得便顢頇靈光萬古輝天地隱顯尋常不用摶　[illegible]

圓缺曾伸問老翁石龜啣子引清風昨朝木馬潭中過踏出金烏半夜紅　投子青

圓後圓前作者知四三七八解呈機令人長咲善吞

吐留與叢林作是非

吞却三四枚吐出七八箇吞吐總完全不知是什麼

增收 吞却易吐還難須彌頂上天風寒昨夜三更白如
呎不知誰共倚闌觀

投子投子機輪無阻要吞即吞要吐即吐若還嚼齒
粘牙爭得超今邁古

投子因僧問和尚住此山有何境界師曰丫角
女子白頭絲 頌曰

山家世界別塵世等閑只可自怡悅不堪持贈君

增收 還也奇丫角女子白頭絲 正覺逸

增收 女子白頭絲猛燄堆中雪片飛一等住山誰可
擬閑雲流水不同歸

增收 花萼機前春正濃濛濛柳絮舞晴空金鞭擲罷嬌
無力咲倚闌干屈曲中

住山境界問如何女子之鬢皤已皤覿面不逢休更
會白雲飛過青山可

增收 投子因僧問春雨淋淋百草爲什麼不抽芽師
曰芭蕉只麼長僧問如何是玄中玄師曰去年
端午今年亦然曰畢竟如何師曰故非同別誰

增收 說前後僧問如何是第二月師曰仲春漸暄曰
如何是第一月師曰孟春猶寒 頌曰

投子投子超今邁古遇人識人頭灰面土一月二月
寒暄說說任峯高處見翠微紅蓮舌上無橫骨

孟春猶寒第一月仲春漸暄第二月若無閑事挂心
頭便是人間好時節江南并兩浙春寒與秋熱

增收 投子因僧問一大藏教還有奇特事也無師曰
演出大藏教僧又問黃龍新一大藏教還有奇

特事也無新曰演入大藏教 頌曰

頓漸偏圓權寔空有釘觜鐵舌河目海口一道清虛
亘古今八角磨盤空裡走

演出大藏教言端語亦端兩頭都坐斷一劒倚天寒

一出一入半合半開麻鶴翅寒木狂猿嘯古臺要知
奇特事當甚破草鞋

增收 投子因僧問曹溪猶如指月靈山猶如畫月如
何是眞月師曰昨夜三更轉向西 頌曰

昨夜三更轉向西曉來任運落前溪舉頭不薦團欒

[illegible]

底無限清風付與誰 慈受深

昨夜三更轉向西昏昏宇宙幾人迷澄潭影轉風初
息猿狖微聞嶺外啼

昨夜三更轉向西明眼宗師爲指迷若於話下尋端
的未免泥中又洗泥

增收 投子因僧問如何是露地白牛師曰叱叱曰飲
啜何物師曰喫喫 頌曰

玉角霜毛露地牛人間天上顯蹤由不同雪嶺時時
吼肎若潙山日日牧

露地白牛起鬧端隨機叱叱齒牙寒不知飲啜是何
物喫喫直教滄海乾

增收 投子問僧甚麼處來曰東西山禮祖師來師曰
祖師不在東西山僧無語 頌曰

蒼龍帶雨離深洞彩鳳啣花入帝闕一句古今無滲
漏祖師不在東西山

增收 投子因僧問如何是學人一卷經師曰題目分
明 頌曰

舉滿金音玉轉環靈山一會受欺謾拈來題目分明
也付與兒孫著眼看

增收 投子因雪峯侍立師指菴前一塊石曰三世諸

佛總在裡許峯曰須知有不在裏許者師乃歸
庵中坐 頌曰

說明道白埋塵混垢變化有由敗露不走誰知暗裡
骨橫抽雪在轟轟霹靂手

有客釣鰲魚區區走五湖不知泥裏蚌滿腹是驪珠
佛鑑懃

增收 投子因僧問劫火洞然時如何師曰寒凜凜地
頌曰

天地爲爐萬物焦石人駕浪渡霄霄風生半夜霜威
重月落氷寒遍髑髏 投子青

增收 投子因僧問如何是本來人師曰共坐不相識
曰恁麼則禮拜去也師曰暗寫愁腸寄與誰
頌曰

共坐同行世莫知幾人當面便蹉伊縱饒紹續家門
者半是貧寒乞養兒 保寧勇

增收 投子因僧問一切聲是佛聲是否師曰是曰和
尚莫屎沸椀鳴聲師便打僧又問麤言及細語
皆歸第一義是否師曰是曰喚和尚作一頭驢
得麼師便打 頌曰

投子投子機輪無阻放一得二同彼同此可憐無限
弄潮人畢竟還落潮中死忽然活百川倒流鬧聒聒
雪竇顯

高山可險大海可涉投子投子到處鬆搭一切聲是
佛聲從他認我碗鳴驢言歸第一義自要看呆屎沸
喚作一頭驢正令生光輝趁手打得走無路咕嗉舌
頭何處歸

一條拄杖兩家使一往一來無彼此者僧若得投子
機隨手拈來打投子

增收 投子與僧遊山僧見蟬殼遂問殼在這裏蟬向
什麼處去師拈蟬殼就其耳畔作蟬鳴聲其僧

有省　頌曰

輕凉寒蟬殼枯乾敗葉形枯來臨耳畔連噪兩三聲　南堂靜

投子指雨示僧云數日來好雨且道什麼處來僧無語後因看華嚴經方有省　頌曰

陌上遊人競採芳不知眼底度春光夜來一陣落花雨一百十城流水香　絶象鑒

百花香裏鷓鴣啼白面郎君醉似泥赫日光中開得眼福城東際草萋萋　竹庵珪

投子因僧問三身中那身說法師乃彈指　頌曰

三身說法問端由彈指輕輕海岳收金鎖搭開紅日曉夜深人咲碧峯頭

投子因僧問菩提煩惱是一是二師曰是二僧便問如何是菩提師曰且坐喫茶門如何是煩惱師曰這僧聒噪人出去　頌曰

入草親尋草裏人重重有路掌中平不過大商空突曉日高猶聽打三更　大鑒

六祖下第五世之七　南嶽下第四世之二

袁州仰山慧寂通智禪師　嗣潙山　有梵僧從空而至師曰近離甚處曰西天師曰幾時離彼曰今早師曰何太遲生曰遊山翫水師曰神通遊戲則不無闍黎佛法須還老僧始得曰特來東土禮文殊却遇小釋迦遂出梵書貝多葉與師作禮乘空而去自此號小釋迦　頌曰

遠離西竺路迢迢親向支那弄海潮若要清風生閶外拽來更與四藤條　南華昺

小釋迦大文殊聞名號任稱呼藤條在握不能用被他碧眼謾塗糊　雪山如

瞬目西天此土揚眉此土西天出息千重百市入息一念萬年禪禪閣浮樹在海南邊　玉Ψ

應眞來訪仰山翁須信聲開未盡空問著不知關棙子元來只是有神通　太覺

仰山住東平時潙山送書并鏡與師師上堂提起示衆曰且道是潙山鏡東平鏡若道是東平鏡又是潙山送來若道是潙山鏡又作東平裏道得則留取道不得則撲破去也衆無語師遂撲破　頌曰

仰山接得潙山鏡告衆拈來行正令衲僧得有眼不開仰山直下壽頭紅　妙喜

提起分明照正邪衆人皆不落唇牙譬如寶物無人買畢竟後須歸本主家　混源

古鏡封來辨者難示徒行令衆當觀會中若有仙陀客留得如今照影寒　海印信

師鏡拈來呈衆了癡人往往爭妍醜當時撲破不可尋免教壞却兒孫手　白雲端

潙山古鏡仰山提日上東方月落西撲落不知誰拾得秋風索索草萋萋

師資相照見非輕將示禪徒衆失驚此鏡分明分不得到頭分作兩分明　佛眼

全放全收意亦優潙山送至仰山頭可憐一片如秋水三問無人撲破休　智海清

父子相傳鏡絶塵須知秋夕不同輪可憐無限迷頭者錯認空華鏡裏春　佛心才

八十婆婆學畫眉風流意比少年時若無明鏡分妍醜盡道不勞紅粉施　上方益

比謂拈來伸一問如何舉衆盡茫然不因一撲百碓碎定作人間醜婦冤　西禪淨

仰山隨潙山游山到磐陀石上坐師侍立次忽[illegible]落面前師取柹拭過呈似潙云子甚處得來師曰此是和尚道德所感潙云汝也不得無分卽分半與師　玄沙云大小潙山被仰山一坐至今起不得　頌曰

鴉啣柹子落師前致問何來事皎然各分一半甜如蜜如今不會更何年　松源岳

潙仰分明亘古今父子相見意輒深果熟馨香鴉啣至捏來擘去似交襟要會二人端的處中秋月落映潭心　瀛山

仰山因潙山問大地衆生業識茫茫無本可據子作麼生知他有之與無師曰慧寂有驗處特有一僧從面前過師召曰闍黎僧回首師曰和尚這箇便是業識茫茫無本可據潙曰此是師子一滴乳迸散六斛驢乳　頌曰

父子有時揚家醜神通變化不相知喚回業識茫茫者笑倒潙山老古錐　眞淨文

一喚回頭識我不依俙蘿月又成鈎千金之子纔流落漢漢窮途有許愁　天童覺

有本無本學益學損搬運不時提起却穩師子一滴迸六斛驢乳散入別人屋業識茫茫辨出時烏雞不

仰山問潙山大用現前請師辨白潙下座歸方丈師隨入潙問子適來問甚麼話師再舉潙曰還記得吾答語否師曰記得潙曰你試舉看師珍重出去潙曰錯師回首曰闍師弟若來莫道某甲無語　頌曰

是卽全是非卽全非大用現前攜手同歸不知猶自涉離微　松源岳

問處分明答處親縱橫有路慣反身相如奪得連城璧秦主安然致太平　水菴一

仰山臥次夢入彌勒內院衆堂中諸位皆足惟

第二位空師遂就座一尊者白槌曰今當第二
座說法師起白槌曰摩訶衍法離四句絶百非
諦聽諦聽衆皆散去及覺舉似潙潙曰子已入
聖位師便禮拜　頌曰
夢中擁衲參耆舊列聖森森坐其右當仁不讓便椎
鳴說法無畏師子吼心安如海膽量如斗鼓目淚流
針腸珠剖譫語誰知泄我機尾閭應笑揚家醜離四
句絶百非馬師父子病休醫　天童覺
夢裡談空也大奇百非四句若為離當時能舉摩竭
[illegible]　本覺一
白日青天[illegible]
仰山因龐居士問久嚮仰山到來為什麼却覆
師竪起拂子士曰恰是師曰是仰是覆士乃打
露柱曰雖然無人也要露柱證明師擲拂子曰
若到諸方一任舉似　頌曰
兩個八文為十六從頭數過猶不足孳來亂撒向階
前稱地圖圖若蘚綠　白雲端
賊偷賊物太希奇好手還他大伴知今日併贓弄拙
捉得便宜是落便宜　保寧勇
增收 仰山[illegible]起拂子師展坐具士拈坐具
[illegible]
子竪背後師將坐具搭肩上而出頭曰我不肯
汝放祇肯汝収　頌曰
一竪一展一放一収仰山弄險過似嚴頭賴是龐風
同樣轉機乎反却釣魚舟　斷橋倫
增收 仰山一日在法堂上坐見一僧來問訊了向東
邊叉手立以目視師師垂左足僧過西邊叉手
立師垂右足僧向中間叉手立師収雙足僧禮
拜師曰老僧自住此未曾打著一人拈拄杖便
打僧騰空而去　頌曰
真人奮臂白雲[illegible]

[illegible]
增收 仰山在洪州石亭觀察使[illegible]有僧問和尚還識
字否師曰隨分僧乃右旋一帀云是甚麼字師
於地上書個十字僧又左旋一帀云是甚字師
改十字作卍字僧畫一圓相兩手托如修羅擎
日月勢云是甚麼字師乃畫圓相圍却卍字僧
乃作樓至勢師云如是如是此是諸佛之所護
念汝亦如是吾亦如是善自護持其僧禮拜
空而去　頌曰
迴環之處未盈空印之手未形妙運天輪地軸客[illegible]
[illegible]
武緯文經放開捏聚獨立同行機發玄樞兮青天激
電眼合紫光兮白日見星　天童覺
增收 仰山因僧思鄧問禪宗頓悟畢竟入門的意如
何師曰此意極難若是祖宗門下上根上智
聞千悟得大總持其有根微智劣若不安禪靜
慮到這裡總須茫然曰除此一路還更有入處
否師曰有曰如何卽是師曰汝是甚處人曰幽
州人師曰汝還思彼處否曰常思師曰能思者
是心所思者是境彼處樓臺林苑人馬騈闐汝
[illegible]無曰某甲到這裡總不
[illegible]信位卽得人位未在
除却這個別更有意也無師曰別有別無卽不
堪也曰到這裡作麼生卽是師曰據汝所解祇
得一玄得坐被衣向後自看鄧禮謝　頌曰
得坐應須更自看湼槃城裏未為安披毛戴角重相
見歷盡艱難幾許般　大洪恩
無外而容無礙而冲門墻岸岸關鎖重重酒常酣而
脟客飯雖飽而餧農實出虛空兮鳳搏妙翅踏翻滄
溟兮雷送游龍　天童覺
幽州桑梓問來端歷歷山川在脚府思底返思翻向[illegible]

得被衣向後更須看　本覺一
凡聖總無別路岐返思原底幾人知春風不到桃源
洞葉落花開自有時　慈受深
增收 仰山問僧近離甚處曰廬山師曰曾到五老峯
麼曰不曾到師曰闍黎不曾游山　雲門云此
語皆為慈悲之故有落草之談　頌曰
出草入草誰解尋討白雲重重紅日杲杲左顧無瑕
右盼已老君不見寒山子行太早十年歸不得忘却
來時道　雪竇顯
[illegible]
欲識廬山五老峯箇中何地不相逢舌頭無骨瞞人
轉鼻孔手煎茶鍬不同　慈受深
增收 仰山問三聖汝名什麼聖云慧寂師曰慧寂是
我聖曰我名慧然師呵呵大笑　頌曰
神通游戲不為難互換機鋒始可觀雙放雙收底時
節呵呵大笑幾何般　本覺一
慧寂剛言是我名奪還羅者更饒人若將利器比君
子大咲欣然滿座春　圓悟勤
增收 仰山向火次有僧參師曰一言說盡山河大地
[illegible]
僧問如何是一言師以火筯插向爐中又移向
舊處　頌曰
一句稱提萬象分肯同摩竭掩重門夕陽影裡風濤
急不覺移舟下渡昏　[illegible]
增收 仰山見雪師子乃指曰還有過得此色者麼衆
無對　雲門云當時好便與推倒　雪竇云雲
門只解推倒不解扶起　琅琊覺云卽今問汝
諸人推倒扶起相去多少拄杖子楞過眉毛鼻
孔呵呵大咲便擲下拄杖　月堂昌云推倒也
[illegible]　頌曰

一喝一起露庭歸于偈[illegible]而儼仁[illegible]爲而見[illegible]
尚光照眼似迷家明白轉身還墮位衲僧家了無[illegible]
同死同生何此何彼暖信破梅兮春到寒巖涼飈脫
葉兮秋澄潦水　天童覺

推倒扶起覿面千里唯小釋迦風前按指直饒海印
發光也是雪峯道底徧界是文殊徧界是普賢[illegible]
門開覓日開誰養善財童子　最菴印

增收　仰山因陸郎中問不斷煩惱而入涅槃時如何師竪起
拂子曰只如者箇作麼生入曰入之一字也不
用得師曰入之一字不爲郎中　頌曰
[illegible]
生死涅槃綱手覆手正眼豁開二俱非有獨步大方
塵塵正受片片亂飄巖上梅條條鱗舞溪邊柳　石門聰

增收　仰山一日見香嚴乃問近日師兄見處如何曰
據某甲見處無一法可當情師曰你解猶在境
曰某甲只如是師兄又作麼生師曰你豈無能
知道無一法可當情者溈山聞舉曰寂子已後
疑煞天下人去在　頌曰
寂子香嚴論見處直教聞者轉疑深相逢未肯三分
[illegible]　本覺一
[illegible]
不得別有一人說得曰說得底人在甚麼處師
推出枕子溈山聞曰寂子用劍刃上事　頌曰
法身說法肉眼看佛大智如愚大辯如訥拈起鐵箕
別處春推出枕子當床劍刃上事放毫光　月堂昌
田中插鍬床上推枕千手千眼不審不審　龍牙言

增收　仰山因梵僧來參師於地上畫半月相僧近前
添作一圓相以腳抹卻師展兩手僧拂袖便去
頌曰
寂子偶逢穿耳客曾將半月示伊家僧添半月反
去卻道親逢小釋迦　本覺一

增收　仰山夏末問訊溈山溈曰子一夏不見上來在
下面作何所務師曰慧寂在下面鋤得一片畬
下得一籮種溈山曰子今夏不虛過師卻問未
審和尚一夏之中作何所務溈曰日中一食夜
後一寢師曰和尚今夏亦不虛過道了乃吐舌
溈曰寂子何得自傷已命　頌曰
開一片田寄寄綿綿兩頓粥飯其道自辦一夏與諸
人相見自是諸人不薦若也薦底一片是什麼一片　龍門遠
[illegible]
[illegible]
翁翁年飽兩俱尊家有詩書富可誇飽飯愁眠無個
事卻來敲枕弄兒孫　別山智
開得一片田種得一籮果卞和三獻楚王玉設若不
遇別寶人至今猶在荊門哭午間一齋早晨一粥斷
然須是當家頭白雲有知音山自青兮水自綠　辛菴儔

增收　仰山同陸侍御入僧堂公乃問如許多師僧還
復是喫粥喫飯僧為復是參禪僧師曰亦不是
[illegible]
喫粥飯僧亦不是參禪僧公曰在此作什麼師
曰侍御自問取他　頌曰
來問威風不減幾多龍象在雲堂栴檀林裡曾無
雜[illegible]大風流豈易量　本覺一

增收　仰山因劉侍御問了心之旨可得聞乎師曰若
欲了心無心可了無了之心是名真了　頌曰
口朝鼻孔無空過眼蓋動頻有古風信采骨頭花十
入等閑撈出滿盆紅　武菴體

增收　鄧州香嚴智閑禪師　嗣溈山　因百丈遷化參
溈山溈問我聞汝在百丈處問一答十問十答
[illegible]聰明伶俐意解識想生死根本父母
未生時試道一句看師茫然歸寮將平日看過
底文字尋一句酬對竟不得乃歎曰畫餅不可
充飢屢乞溈說破溈曰我若說似汝汝已後罵
我去我說底終不干汝事師遂焚平昔所看文
字曰此生不學佛法也且作個長行粥飯僧免
役心神泣辭溈山抵南陽忠國師遺跡憩止一
日芟除草木偶拋瓦礫擊竹作聲忽然省悟遽
歸沐浴焚香遙禮溈山讚曰和尚大慈恩逾父
母當時若爲我說破何有今日之事述頌曰一
[illegible]
[illegible]
擊忘所知更不假修持動容揚古路不墮悄然
機處處無蹤跡聲色外威儀諸方達道者咸言
上上機溈山聞得謂仰山曰此子徹也仰曰此
是心機意識著述得成待慧寂親自勘過　頌
曰
[illegible]飯隨緣養病軀本無迷悟可關渠無端擊著叢前
直至如今在半途　雪竇宗
[illegible]下身心如幹芾枯來瓦礫是黃金豁然一下打得
[illegible]大地山河一法沉　大峯昇

增收　香嚴因仰山見曰和尚讚歎師弟發明大事汝
試說看師舉前頌仰曰此是夙習記持而成若
有正悟別更說看師又頌曰去年貧未是貧今
年貧始是貧去年貧猶有卓錐之地今年貧錐
也無　頌曰
無地無錐未是貧知無尚有守無身儻家近日貧來
甚不見當初貧底人　溈山元
年去年來貧復貧祖師捲腳重千斤愁人莫向愁人
說說向愁人愁殺人　松源岳

增收　香嚴初關堂溈山令僧送書并拄杖至師接得
便哭蒼天蒼天僧曰和尚爲甚麼如此師曰祇

為春行秋令（一作冬行春令）　頌曰

拄杖將來便徹心淚流不覺思沉吟春行秋令人驚怪絶後光前絶古今　汾陽昭

接得杖哭蒼天不言絶後與光前春行秋令人難會踏破草鞋脚底穿　正覺逸

尊人寄物哭蒼天春令冬行也倒顛若有會中眞衲子禪床好與卽時掀　本覺一

家世拄杖佛祖付囑潙山寄來香嚴發哭父子投機陽春雪曲不是知音大難相續　[illegible]山如

香嚴示衆曰若論此事如人上樹口啣樹枝脚不蹋樹手不攀枝樹下忽有人問如何是祖師西來意不對他又違他所問若對他又喪身失命當恁麼時作麼生卽得時有虎頭招上座出衆云樹上卽不問未上樹時請和尚道師乃呵呵大笑　頌曰

香嚴啣樹示多人要引同袍達本眞擬議卽從言下取喪身失命數如塵汾陽爲你開迷路雲散長天日月新　汾陽昭

呵呵大咲沒針錐上樹何如未上時任使香嚴多伎倆傍觀不免爲攢眉　佛慧泉

[illegible]

曲設多方老古錐那堪枝上更生枝好如良馬窺鞭影逐塊且非師子兒　保寧勇

古聖悲心利後人口啣枝上露全身直饒玄路無消息未免家中喪二親　[illegible]

香嚴垂語眞堪賞口啣樹枝懸樹上此時不問祖師機且道渠儂底模樣　[illegible]

狹路轉身難東西盡是山行人不到處風定落花閒　上方益

高高山頂立深深海底行新松趂嶺種芳草遶池生手不攀枝脚不蹋樹口裏啣得當頭蹉路問著西來對不對罰錢依舊有人怖　月堂昌

故園春色在枝頭惱亂春風卒未休無事晚來江上望三三兩兩釣魚舟　應菴華

香嚴上樹口啣枝手不攀枝脚不蹋樹纔開口（咦）不答也又相違未上樹時道將來金剛寶劒頂門揮　[illegible]

香嚴上樹住住住擬問如何葛藤露布　月林觀

香嚴眞杜撰惡毒無盡限啞却衲僧口通身是鬼眼　無門關

無地無錐始是貧却來樹上強懸身雖然相識滿天下畢竟知心能幾人　[illegible]

（增收）香嚴因僧問如何是道師曰枯木裏龍吟僧云如何師曰髑髏裏眼睛後問石霜如何是枯木裏龍吟霜云猶帶喜在又問如何是髑髏裏眼睛霜云猶帶識在　頌曰

枯木龍吟眞是道髑髏無識眼初明喜識盡時消息盡當人那辨濁中清　曹山寂

禪宗頌古聯珠通集卷第二十五

[illegible]

禪宗頌古聯珠通集卷第二十六

宋池州報恩光孝禪寺沙門法應集

元紹興天衣萬壽禪寺沙門普會續集

祖師機緣

六祖下第五世之餘　南嶽下後第四世之餘

增收 京兆府米和尚（亦曰米七師又曰米胡嗣溈山）問僧近離甚處僧曰藥山師曰藥山老子近日如何曰大似一片頑石師曰得恁麼鄭重曰也無你提掇處師曰非但藥山米胡也恁麼僧近前顧視而立師曰看看頑石動也其僧便出　頌曰

米胡好片頑石多少遊人不識及乎衲僧一見不免將南作北　大溈喆

增收 米胡令僧去問仰山曰今時人還假悟也無仰曰悟即不無爭奈落在第二頭師深肯之　頌曰

碧岫峯頭借問人指山窮處未安身雖然免得重行令爭似靈苗不犯春　投子青

第二頭邊破悟迷快須撥寺捨筌蹄成兮未盡成騑拇智者難知覺嚧嚌乘老冰盤秋露泣烏寒玉樹曉風凄時來大仰辨真假痕玷渾無貴玉圭　天童覺

悟人千個道無憂有信遺他第二頭寂寞山花寒食後夕陽西去水東流　龍門遠

增收 襄州王敬初常侍（見溈山）視事次米和尚至公乃舉筆示之米曰還判得虛空否公擲筆入宅更不復出米致疑明日憑鼓山供養主入探其意米亦隨至潛在屏蔽間偵（恥慶切）伺供養主纔坐問曰昨日米和尚有甚麼言句便不相見公曰師子齩人韓獹逐塊米聞此語即省前謬遽出朗笑曰我會也我會也公曰會即不無你試道看米曰請常侍舉公豎起隻筯米曰這野狐精公曰這漢徹也　頌曰

賓主機先有路通筆端不是判虛空筋頭再運回天力千聖齊教立下風　癡絕沖

常侍舉筆萬事皆吉直下承當急急如律米胡恭宫忘前失後且告貴人為我相救　癡禪妙

機輪活脫走珠盤妙處都盧在筆端豎起依然還放下靈鋒寶劍倚天寒　偃溪聞

增收 王常侍與臨濟至僧堂乃問這一堂僧還看經也無濟云不看經公曰還習禪也無濟云不習禪公曰經又不看禪又不習究竟作什麼濟云總教成佛作祖去公曰金屑雖貴落眼成翳又作麼生濟曰我將謂你是個俗漢　頌曰

世出世間希有事顯露須憑過量人只將補袞調羹手撥轉如來正法輪　徑山杲

一著高一著一步闊一步明眼人前猶涉露布鳳樓不在梧桐樹　松源岳

事到無心不苟欺烏玄鵠白尚懷疑自非親見黃頭老爭敢逢人泄漏機　虛堂愚

增收 王常侍叅睦州一日師問何故入院遲公曰看馬打毬所以來遲州云人打毬馬打毬公曰人打毬州云人困麼公曰困曰馬困麼公曰困曰露柱困麼公茫然無對歸至私第中夜忽有省明日見州曰某會得昨日事也州云露柱困麼公曰困州遂肯之　頌曰

人困馬困未是困露柱之困始是困好於言下證無常莫向言中尋尺寸百丈若無雙耳聾臨濟爭解領三頓盡將業識作流傳此道今人棄如糞　龍門遠

看人騎馬打毬子不覺今朝入院遲官路雪殘春正好江梅著意要題詩　懶菴樞

蘄州三角山法遇菴主（嗣溈山）因荒亂魁師入山執刃而問和尚有甚財寶師曰僧家之寶非君所宜魁曰是何寶師振威一喝魁不悟以刃加之　頌曰

師將真寶濟兇人豈謂行恩反害身真寶與伊元不識而今更是好訴貧　汾陽

深山深處隨時荒無價之珍不隱藏纔遇兇人便分付兇人少肯返加傷　正覺逸

補 菴僧真實濟兇人一喝分明出差珍莫道賊魁非別者當頭雪刃用來親　天目禮

六祖下第六世之一　南嶽下第五世之一

魏府興化存獎禪師（嗣臨濟）師在三聖會裏為首座常曰我向南方行腳一遭拄杖頭上不曾撥著一個會佛法底人後大覺聞舉遂曰作麼生得風吹到大覺門裏來師後到大覺為院主一日覺喚院主我聞你道向南方行腳一遭拄杖頭不曾撥著一個會佛法底你憑個甚麼道理與麼道師便喝覺便打師又喝覺又打師來日從法堂過覺云我直下疑你昨日這兩喝師又喝覺又打師再喝覺又打師曰存獎於三聖師兄處學得個賓主句總被師兄折倒了也願與存獎個安樂法門覺曰這瞎漢來這裏納敗缺脫下衲衣痛打一頓師於言下薦得臨濟於黃檗處喫棒底道理師後開堂日拈香曰此一炷香本為三聖師兄三聖於我太孤本為大覺師兄大覺於我太賒不如供養臨濟先師　頌曰

太孤太賒日杲杲玉潭金惡種草無負平生雪此冤不如一陣香風掃　南巖勝

劍為不平離寶匣藥因救病出金瓶南方自古清如鏡何必無端用甲兵　雪巖欽

興化因後唐莊宗幸河北回魏府行宮詔師問曰朕取中原獲得一寶未曾有人酬價師曰請陛下寶看帝以兩手舒幞頭脚師曰君王之寶誰敢酬價　玄覺徵云且道興化肯莊宗不肎莊宗若肎莊宗興化眼在甚麼處若不肎莊宗過在甚麼處　頌曰

君王之寶實難酬興化形言下一籌兩手展開幞頭脚勑書挂在鳳凰樓　北塔祚

北番王子學弓射南國將軍仰面看沙上空餘斜影在翩翩直自入雲端　白雲端

君王之寶誰解尊討不許夜行投明須到莊宗所得未爲真精鑑還他興化老　地藏恩

君王底事語知音天下傾誠效葵藿一心拈出中原無價寶不同趙璧與燕金　天童覺

中原之寶呈興化一段光明難定價帝業堪爲萬世師金輪景御四天下　上方益

展手相呈老比丘至尊之寶敢輕酬滿庭和氣龍顏悅爭柰胡僧哄點頭　佛心才

中原收至寶合國不能藏一入相如手佳聲滿大唐

中原一寶有來由攫得君王引幞頭到此若無菁白眼當機誰敢謾輕酬　笑翁堪

幞頭舒起君王寶司空見慣興化老千古君臣際會時落花滿地無人掃　北海心

收得中原無價珎幞頭拈起露全身勞他興化重酬價八兩元來是半斤　晃開林英

君王寶自難酬價興化何曾敢借看天地既無私蓋載至今留得鎮中原　閑極雲

興化示衆云今日不用如何若何便請單刀直入興化與你證據時旻德長老出禮拜起便喝師亦喝德又喝師亦喝德禮拜師曰若是別人三十棒一棒也較不得何故爲他旻德會一喝不作一喝用便下座　頌曰

龍虎相交是底時未容擬議已參差分明一喝不作用却使禪人特地疑　海印信

捽龍出水虎離山四起風旋萬頃烟若具阿那律正眼橫身三界背摩天　雲溪恭

單刀直入不須論擬議之間賓主分不得放他旻德過須知興化棒頭親　鼓山珪

賭中擒手上高山及至天明各自行無限途中未歸客明明關眼墮深坑　徑山杲

旻德一喝如雷響興化一喝響如雷錦袍玉帶真瀟灑記得當年老萬回　懶菴樞

握七星刀尋作者倒司農印對寬饑當陽一句分賓主九曲黃河水逆流　南巖勝

一喝兩喝全機出沒賓主歷然未免俱瞎半夜摸烏龜明月照積雪　雪菴瑾

同時照用不同時權實雙行作者知有得雖然亦有失還他龍虎自交馳　雪巖欽

興化因僧問四方八面來時如何師曰打中間底僧便禮拜師曰昨日赴箇村齋中途遇一陣卒風暴雨却向古廟裏躲避得過　頌曰

此問非常觸忤人知會空喙喋荊榛須知興化奔馳疾值兩何曾濕著身　洞山聰

駭浪擊雲勢莫猜漁翁倚棹傍巖隈江邊依舊空歸去希里同風不到來　海印信

一不是二不成落花芳草裏啼鶯閑庭雨歇夜初靜片月還從海上生　靖堂心

一陣狂風暴雨來獨於古廟且閑隈然打入鬼窟裏吞炭藏身又一回　鼓山珪

古廟裏頭迴避得紙錢堆裏暗嗟吁腳神野鬼皆驚怕只爲渠儂識覺書　徑山杲

天生白額南山虎牙爪曾當八面風月落三更穿市過驚人枝曉覺行蹤　雪堂行

胸心剖膽繼傳燈鬼面神頭打葛藤傑出諸方無等匹也知只是赴齋僧　南巖勝

四方八面沒遮攔暴雨狂風無處藏古廟裏頭休解避移舟別有好商量　天目禮

塞北烟塵絕載靜江南花木四時榮不須特地分疆界萬里山河似掌平　虛堂愚

興化謂克賓維那曰汝不久爲唱導之師賓曰不入這保社師曰會了不入不會了不入曰總不與麼師便打曰克賓維那法戰不勝罰錢五貫設饡飯一堂次日師自白槌曰克賓維那法戰不勝不得喫飯即便出院　頌曰

二虎爭戰俱用勢力一陷穽中不能返擲若返擲天下攫人無處覓　海印信

克賓法戰挫英雄興化嚴行祖令風棒下直明無生忍莫教知解入塵籠　照覺總

丈夫當斷不斷興化爲人徹底漢已後從教眼自開棒了罰錢趁出院　真淨文

主中主問賓中賓賓主分明到底親有理罰錢無說處太行山下漾常巾　佛國白

得失是非都莫問縱橫收放在當人失錢遭罪尋常事休把條章說故新　圓通仙

克賓興化令雙行白髮通身透頂生穿過衲僧青白眼儘教天下競頭爭　佛心才

丹山生鸑鷟師子產狻猊棒下摩醯眼徒誇第一機　徑山杲

法戰從來許克賓擊旗奪鼓兩分明直須盡法方知

饒老漢當年要話行　鼓山珪

增收 罰錢出院衆人皆見有理難伸風流兩面直饒興化全提未免令行一半這一半明眼衲僧點檢看

冶父川

漢高拜將務決勝非韓誰敢當茲任赤幟高豎化城降皇在壁兮不在秤　南嶽勝

赫日轟迅雷六月飄霜雪興化老古錐不妨太孤危金毛哮吼亂峯前百獸聞之皆膽裂　懶菴需

罰錢出院揚家醜興化當頭真實父子不傳真秘訣棒頭敲出玉麒麟　佛慧先

興化打克賓一棒一條痕古人雖已往留得典刑存三十年後幾個知恩　尼無著總

興化棒頭轟霹靂克賓腳下走塵煙若無塞外將軍令那得嘉名四海傳　誰菴演

主賓會合風雲興醉後添杯醉裏全棒打自家親骨肉叢林扛鼓返成冤　或菴體

興化逐克賓觀音戴見面靴裏動指頭未免傷人見

雪堂深

棒頭有路透玄津徹底何曾打克賓雪後始知松栢操夜深方見把針人　肯堂充

興化打克賓猛虎暮騰騎養子不及父家門一世衰

或菴先

家法森嚴特異常親生父子沒商量罰錢打了趁出院徹槪縣茶滋味長　野雲南

法戰場開驗克賓歸禪武略對將軍如何有罪全無賞待展奇謀自策勳　天目禮

興化打克賓言親語不親棒頭如兩點敲出玉麒麟

瞎堂見

增附 雪竇云克賓要承嗣興化罰錢出院且致卻須索取這頓棒始得且問諸人棒既喫了作麼生索得雪竇要斷不平之事今夜與克賓雪屈以拄杖一時趁散　頌曰

克賓維那法戰不勝曾因國難被金甲後來出世法嗣興化不爲家貧賣寶刀興化臂健尚嫌弓力軟雪竇眼明猶識陣雲高　靜堂遠

增收 興化示衆曰我聞長廊下也喝後架裏也喝諸子汝莫盲喝亂喝直饒喝得興化向虛空裏却撲下來一點氣也無待我蘇息起來向汝道未在何故我未曾向紫羅帳裏撒眞珠與汝諸人去在胡喝亂喝作麼　頌曰

紫羅帳裏撒眞珠寂寞師承會也無摸象衆盲徒亂說當臺古鏡見差殊　甫甲信

興化老也大差三十三天上撲下紫羅帳裏撒眞珠古也今也誰關價得一牛還一馬休說人間光照夜不見錦綉鋪香實直至如今成話欛　上方益

對衆全機摩竭令當天開兩片皮喝下瞎驢成隊走夢中推倒五須彌　徑山杲

紫羅帳裏撒眞珠衲客相逢亂掠虛拍手呵呵開口笑釋迦彌勒是他奴　鼓山珪

增收 興化見同參來纔上法堂便喝僧亦喝師又喝僧亦喝師近前拈棒僧又喝師曰你看這瞎漢猶作主在僧擬議師直打下法堂侍者請問適來那僧有甚觸忤和尚師曰他適來也有權也有實也有照也有用及乎我將手向伊面前橫兩橫到這裏却去不得似這般瞎漢不打更待何時侍者禮拜　頌曰

霹靂驚天地那容掩耳聰須知興化老一半是人情

鼓山珪

鏌鎁在握天魔膽落明眼衲僧休更卜度　徑山杲

恰如獅子氣雄豪便向咽喉下一刀五臟肝心皆割出方知王法不相饒　瑯琊覺

長松不改四時青嶽寺當機截斷明陣敗不禁苕帚瞎眼中睛子面前人　劍門分

鐵牛渡水光浮不見蹤晚不見舟斜陽欲落未落處直是離人今古愁　伊菴權

須彌倒卓海水逆流同參相訪作畫覓休休明日賣花擔上看　雲菴禮

驅耕夫牛奪飢人食用師愍不得同參把手行安知藏有實覆　南嶽勝

增收 興化因僧問四方八面來時如何師曰日科半斤

撰述

食　頌曰

蟬城剝剝曉時月落星分信馬蹄風掃曉窗林木迴夜深汀岸火光微　投子青

增收 鎮州寶壽第一世沼禪師嗣臨濟　因僧問萬境來侵時如何師曰莫管他　頌曰

老大梢工慣經歷看風使帆果端的任他海獸作波濤直過如龍沒蹤跡　甫印信

萬境來侵莫管伊干戈元是太平基當時踏著來時路月下騎信脚歸　掩室開

增收 寶壽因趙州來師在禪牀背面而坐州展坐具禮拜師起身入方丈州收坐具而出　頌曰

動被剝落葉知秋人平不語水平不流只因脚底輕師去住縱橫得自由　遯菴演

增收 寶壽因僧問訊師曰萬千諸聖盡不出此方丈內曰祇如古人道大千沙界海中漚未審此方丈向甚麼處著師曰千聖見在曰阿誰證明師擲下拂子僧便禮出去師便打僧曰若不久參焉知端的師曰三十年後此話大行　圓悟云寶壽向方丈裏布網張羅這僧向鈎餌邊掣頭戴角三度衝浪上來三度被來籠罩且道他

得箇甚麼還會麼重賞之下必有勇夫　頌曰
捲則渾崙無縫舒則八面生光百千諸佛同處一方
轉機輪於掌握奮大用於當場非獨三十年後兩前
簷蔔馨香　佛燈珣
〔增收〕寶壽因胡釘鉸參師問汝莫是胡釘鉸麼曰不
敢師曰還釘得虛空麼曰請和尚打破師便打
日和尚莫錯打某甲師曰向後有多口阿師與
你點破在胡後到趙州舉前話州曰汝因甚麼
被他打曰不知過在甚麼處州曰秖這一縫尚
無奈何胡於此有省州曰且釘這一縫　頌曰
現出虛空眼便花更教打破事如麻直饒指出當堂
縫分明鷂子過新羅　冶父川
直饒釘得這一縫檢點將來非好手可憐兩個老禪
翁却向俗人呈家醜　月菴果
一縫分明在當頭下手雖饒君鉸釘得終是不完全
鼓山珪
〔增收〕寶壽問僧甚處來曰西山來師曰見獼猴麼曰
見師曰作甚麼伎倆曰見某甲一箇伎倆也作
不得師便打　頌曰
舊人相見話真心借問西山路徑深對衆直言呈伎
[illegible]
倆紅爐鍛鍊要真金　汾陽昭
西山路上有獼猴嘯雨哀風動客愁忽遇此林師子
子萬般伎倆一時休　中際能
〔增收〕寶壽問僧甚處來曰崔禪處來師曰將得崔禪
喝來麼曰不曾將得來師曰與麼則不從崔禪
來僧便喝師拈棒僧擬議師便打　頌曰
五湖禪客扣禪關恰似初行學上山騰身欲出青雲
外力到峯頭一步難　佛鑑懃
鎮州三聖院慧然禪師嗣臨濟　住後上堂曰我
逢人則出出則不爲人便下座　興化云我逢
人則不出出則便爲人　頌曰
騎驢戴笠迎南去躍馬搖鞭向北行兩箇大商俱突
曉日高猶聽打三更　保寧勇
反是羅兮覆是縞弟兄同氣復連枝爲人不爲成歌
曲祖父田園要及時　圓通僊
城南措大騎驢子市北郎君跨馬兒各各四蹄俱踏
地三春同到金明池　佛鑑懃
出沒由誰卷舒在我搖舌鼓脣分明話墮　京兆府天寧璉
陽餓何曾止得渴畫餅幾時充得飢勸君不用裁荊
棘後代兒孫惹著衣　徑山杲
[illegible]
湖光瀲灧晴偏好山色溟濛雨亦奇若把西湖比西
子淡粧濃抹總相宜　佛燈珣
人貧多智短馬瘦自毛長獨宿雙峯寺同焚一炷香
鼓山珪
〔續收〕兩箇孩兒抱花鼓左邊打了右邊舞一曲兩曲無
人會歷歷清風動千古　懶菴需
乍雨乍晴山裏寺或來或去洞中雲滿天星月明如
晝此境此時誰欲分　德山清
南山鱉鼻蛇觸著兩頭動毒氣要傷人還他貧子弄
雪菴瑾
黃昏打獎奔城伏日午同舟入港邊夜半相逢兩相
喝不知蹉過已多時　在菴賢
二水分流共一源誰知正語却成偏斷腸不是因芳
草破壞家門落一邊　徹無竟
三聖因僧問如何是祖師西來意師曰臭肉來
蠅　興化云破驢脊上足蒼蠅　頌曰
水母有骨靈龜無殼瞎驢臭肉來於蠅佛意祖意如
山岳　正覺逸　二
靈龜有殼水母無骨破驢脊上足蒼蠅曹溪古路行
人絕
破脊驢多臭肉蠅誰知興化不徒行慣從[illegible]
過手握金鞭賀太平　白雲端
帀地風光無間違因何不信却生疑老安爲什車指
出臭肉團上青蠅飛　黃檗勝
〔續收〕青青掩映碧龍宿修竹超然物外物若將來竹比
喬松未及喬松老風骨　佛鑑懃
一團臭肉有商量皮下流芳若麝囊忽若禪人親咬
破看來滿口是清香　龍門遠
〔增收〕三聖到德山纔展坐具山曰莫展炊巾這裏無
殘羹餿飯師曰縱有也無著處山便打師接住
棒推向禪牀上山大笑師哭蒼天便下參堂
中首座號踢天泰問行脚高士須得本道公驗
作麼生是本道公驗師曰道甚麼座再問師打
一坐具曰這漆桶前後觸忤多少賢良座擬人
事師便過第二座人事　頌曰
呼爲雲吸爲雨襲襲清風動寰宇笑哭不是等閑聲
路見不平應有主要斬不平人不與平人語而今何
處見踪由剔起眉毛看鷂子　長靈卓
殘羹餿飯無處安著撲手槌胸勞頭蓋却兩箇無孔
鐵槌一樣無縫自縛　佛燈珣
[illegible]
南北山相對東西有路分不經場陣裏爭見李將軍
木菴永
〔增收〕魏府大覺和尚嗣臨濟　因僧問如何是本來身
師曰頭枕衡山脚踏北岳　頌曰
臨濟宗乘會者稀唯有大覺顯大機人問本來身有
語頭枕衡山北岳隨　洞山聰
主山之後案山前下是地兮上是天身手太長衫袴
短醉狂贏得樂豐年　保寧勇
〔增收〕灌溪志閑禪師嗣臨濟　因僧問久嚮灌溪到來
秖見漚麻池師曰汝秖見漚麻池且不見灌溪

曰如何是灌溪師曰劈箭急　頌曰

一派曹溪與灌溪龍行風雨動雲霓峻機箭箬波瀾急撼得毗盧海岳低　涿州克符道者

增收 灌溪參臨濟濟搊住師師曰領領濟拓開　頌曰

雨散雲收後崔嵬數十峯倚闌頻顧望回首與誰同　秀巖瑞

增收 定州善崔禪師亦曰崔禪 嗣臨濟　州將王令公於衙署張座請師說法師陞座拈拄杖曰出來也打不出來也打僧出曰崔禪聻師擲下拄杖曰久立令公伏惟珍重　頌曰

鏌鎁橫按寶光寒俠客嘍囉敢正看飛過青霄雷震吼乾坤直得黑漫漫　保寧勇

六展家風示衆人垂鉤入海釣金鱗遊魚弄水騰波浪船棹俱拋出大津　延壽慧

十三慣繡羅衣裳自憐紅袖聞馨香人言此是嫁時服含羞刺出雙鴛鴦　空叟印

增收 襄州歷村和尚 嗣臨濟　師煎茶次僧問如何是祖師西來意師舉起茶匙僧曰莫秖這便當否師擲匙向火中　頌曰

煎茶未了人來問拈起茶匙呈似他當初若遇收燕手性命難存爭奈何　投子青

增收 虎溪菴主 嗣臨濟　因僧問菴主在這裏多少年也師曰秖見冬凋夏長年代總不記得曰大好不記得師曰汝道我在這裏得多少年也曰冬凋夏長聻師曰鬧市裏虎　頌曰

鬧市中心虎能歌不能舞命值木星君不遇羅睺主　琅琊覺

虎溪老住菴年深都不記鬧市心中虎四邊如鼎沸　草堂清

增收 桐峯菴主 嗣臨濟　因僧問和尚這裏忽遇大蟲作麼生師便作大蟲吼僧作怕勢師大笑僧曰這老賊師曰爭奈老僧何　頌曰

見之不取思之千里好箇斑斑牙爪未備君不見人雄山下忽相逢落落聲光皆振地大丈夫見也無收虎尾捋虎鬚　雪竇顯

增收 滄州米倉禪師 嗣臨濟　問僧近離甚處曰冀州太湖師曰闍黎來時太湖向你道甚麼曰知道米倉路峻師曰到這裏又作麼生曰不與發足時道路師曰闍黎已孤太湖去在曰某甲亦不肎和尚恁麼道師曰來時路峻如今路平曰不妨和尚此路師曰漆桶裏漢有甚麼限　頌曰

發足超方地頭親到遇著嶮峻道途殺活杖子變豹米倉大路平如砥未免漆桶裏著到不搽紅粉也風流大抵還他肌骨好　佛燈珣

增收 雲山和尚 嗣臨濟　問僧甚處來曰西京來師曰將得西京主人書來麼曰不敢通消息師曰作家師僧天然有在曰殘羹餿飯誰人肎喫師曰獨有闍黎不肎喫僧便作吐勢師喚侍者扶出這病僧　頌曰

這僧掩耳偷鈴雲山將錯就錯若是碧眼胡兒別有反身一著　木菴永

增收 睦州刺史陳操尚書 見睦州　一日與僚屬登樓次見數僧行來一官人曰來者總是行脚僧公曰不是曰焉知不是公曰待來勘過須臾僧至樓前公驀喚上座僧皆舉首公謂諸官曰不信道　頌曰

一語離窠窟千生出蓋纏夜來風雪惡木折在巖前　雪堂行

奪鼓攙旗驗衲僧便將黑豆換雙睛昔年曾被雪霜苦看見楊花落也驚　尼無著總

拈得須彌第一槌銅頭鐵額豈容伊鹽梅舟楫非霖雨不是斯人更是誰　復菴封

季咸曾相壺丘子隨變難分巫自迷輸與高樓凝望者炯然明可察秋毫　虛堂愚

增收 陳尚書問睦州看甚麼經州云金剛般若經公曰六朝翻譯師看底是第幾朝州拈起云一切有為法如夢幻泡影　頌曰

六朝翻譯傳來妙到頭未悟當時竅須信枝頭老鳳凰春來翻作黃鶯叫　正堂辯

禪宗頌古聯珠通集卷第二十六

禪宗頌古聯珠通集卷第二十七

宋池州報恩光孝禪寺沙門法應集

元紹興天衣萬壽禪寺沙門普會續集

祖師機緣

六祖下第六世之二 南嶽下第五世之餘

晉州霍山景通禪師 嗣仰山 初叅仰山山閉目坐師翹起右足曰如是如是西天二十八祖亦如是中華六祖亦如是和尚亦如是景通亦如是山起來打四藤條師因此自稱集雲峯下四藤條天下大禪佛 師曾到霍山和尚處自稱

集雲峯下四藤條天下大禪佛叅霍山喚維那打鐘著師驟步而去 歸宗下亦有大禪佛往五臺 頌曰

集雲峯下四藤條幾險當時打折腰堪笑後來稱猛將只知空說霍嫖姚 野軒遵

竺國支那咸印定更無毫髮可叅差眼橫鼻直喧天下一頓殘羹永不飢 保寧勇

當場翹足有來由四下藤條未足酬又向霍山門下去見機雖足未風流 地藏恩

集雲峯下四藤高打破潼關路一條似鶴似雲天地外如龍如鳳在烟霄 圓通僊 二

藤條喫了任開遊未到牢關未肯休打鼓打鐘俱是令知機識變有誰傳

增收 子陵灘水急如絃摸得黃魚縮項鯿提向市中頻索價他家不直半文錢 佛心才

強盜遭逢惡抵家賊贓穢敗別無他山藤徹骨令甘伏反與渠儂貼面花 或菴體

千年萬歲老枯樁鐵杵銅槌任擊撞且在爛泥堆裏立 晦 寶葉源

增收 霍山因行者問如何是佛法大意師乃禮拜行者曰和尚爲甚麼禮俗人師曰汝不見道尊重弟子 頌曰

黃金打作鍮石觔白玉碾出象牙梳黑漆崑崙多伎倆海中拾得夜明珠 慈受深

增收 袁州仰山南塔光涌禪師 嗣仰山 因僧問曹溪意旨如何師曰一鏃入寒空 頌曰

重峯層仍挿寒空塔鎖深雲勢莫窮千古松聲來有韻萬年溪水去無蹤 投子青

增收 南塔涌向火次有僧來叅師曰一言說盡山河僧便問如何是一言師以火筯挿向爐邊却收舊處 頌曰

一句稱提萬象分摩竭空自掩重門當初衲子徹眼挿筯爐邊當火焚 投子青

杭州無著文喜禪師 嗣仰山 往五臺華嚴寺至金剛窟禮謁遇老翁牽牛行邀師入寺翁曰近自何來師曰南方曰南方佛法如何住持師曰末法比丘少奉戒律曰多少衆師曰或三百或五百師却問此間佛法如何住持曰龍蛇混雜凡聖同居師曰多少衆曰前三三後三三日晚遂問翁擬投一宿得否曰汝有執心在不得宿師曰文喜無執心曰汝曾受戒否師曰受戒久矣曰汝若無執心何用受戒師辭退翁令童子相送師問童子前三三後三三是多少童召大德師應諾童曰是多少師復問此爲何處曰此金剛窟般若寺也師悽然悟彼翁者是文殊也不可再見卽稽首童子願乞一言爲別童說偈曰面上無瞋供養具口裏無瞋吐妙香心裏無瞋是珎寶無垢無染是眞常言訖均提童子與寺俱隱 頌曰

廓周沙界聖伽藍滿目文殊接話談言下不知開佛眼回頭只見舊山巖 明招謙

顧問南方住若何對云三五衆非多吉祥自迷龍蛇混三三之說告和和無著未明重話會均提爲指不仙陀金剛背後看名字滿目荒山不奈何 汾陽昭

千峯盤屈色如藍誰謂文殊是對談堪咲清涼多少衆前三三與後三三 雪竇顯

堪咲前三與後三當初相對語喃喃却因無著分明見從此清涼沒可參 佛印元 二

樓臺雖有類金盤試問頑童起謗初忽指金剛看背後年衰多被見鄉瞞

前後三三問若干屢從召答與顛預如今大有如斯者負鉢展囊到處搏 正覺逸 三

積翠千峯倚半空龍蛇凡聖混其中其中凡聖知多少前後三三數莫窮

寺額突然耀指端大悲千眼莫能觀自從一覩金剛背直至如今作野盤

前後三三是多少大事光輝明皎皎回頭不見解空人滿目白雲卧荒草 道吾眞

聖者由來不可陪相逢相問豈安排三三前後輝今古一句無私振九垓 崇覺空

前三三與後三三筭過無量卒未諳芳草叢叢烟景裏鷓鴣啼處是江南 地藏恩

文殊前後答三三獨泛輕舟過海南洪浪波心看水勢一輪明月印寒潭 雪溪恭

青山門外白雲飛綠水溪邊引客歸莫怪坐來頻勸酒自從別後見君稀 龍門遠

增收 三三之旨極幽深老漢當牙下一針爲報禪徒應諦聽船乃隨流石乃沉 般若柔

前後三三不失宗過越千聖數難窮金剛腦後全軒露臺臺青山鎖翠空 丹霞淳

無著文殊不易逢相逢各自問家風清涼海衆知多

少前後三三數莫窮　本覺一
腰金上太行賊眼盡驚憧不因遭毒手誰肯夜燒香　月堂昌
寬鞋著瘦脚短袖入長臂竿木既隨身逢場還作戲
前三三後三三一時堆在檐頭擔到得家中重點檢
目前包裹露毿毿
前後三三謝師指南龍蛇躍躍虎視眈眈擬數看數
欲談何談均提讓有番難意象王蹴踏亦奚堪　投子舒
陌路相逢眼裡塵低頭禮拜昧天真起來不見文殊
現打破大唐無一人　秀巖瑞
前三三與後三三不可承當不可參更問清涼多少
衆月移松影落寒潭　月林觀
佛法初無北與南何須對面立玄談文殊固是能機
變前後分疏落二三　黃龍慶

無著因老翁邀師入寺命坐對談翁呼童子致
茶并進酥酪師納其味心意欲然翁拈起玻璃
盞問曰南方還有這箇否師曰無曰尋常將甚
麼喫茶師無對　頌曰
文殊大士托玻璃遂問南方有箇奇無著忽言無這
箇誤他多少老闍黎至今猶未知端的撩手拈茶不
用疑　汾陽昭
自別南方涉路岐喫茶處處用玻璃如何恰到清涼
寺問著元來總不知　正覺逸
南方不可離須臾無著因何却道無寄語後來禪子
道喫茶拈起莫生疎　佛印元
【增收】玻璃寶盞對君擎茶味雖濃夢不醒更問三三多
少衆爭教人不辨輸贏　象田卿
五臺凝坐思遲遲白日青天被鬼迷最苦一般難理
會玻璃盞子喫茶時　象潭泳

【增收】無著因參仰山頓了心契令充典座文殊嘗現
於粥鑊上師以攪粥篦便打曰文殊自文殊文
喜自文喜文殊乃說偈曰苦瓠連根苦甜瓜徹
蒂甜修行三大劫却被老僧嫌　頌曰
爍迦羅眼頂門開悟了不須師更來打落粥鍋休說
偈修行須信禍爲胎　象田卿

六祖下第六世之三　清源下第五世之一

【增收】潭州大光山居誨禪師　嗣石霜　因僧問祇如達
磨是祖否師曰不是祖曰既不是祖又來作甚
麼師曰祇爲汝不薦曰薦後如何師曰方知不
是祖　頌曰
少林續燄事堪奇臘夜梅開雪後枝黃蘗昔年曾有
語大唐國裏沒禪師　丹霞淳
覿面全提少室令當機不薦過新羅清風樓上逢知
已撥動烟塵不奈何　足庵鑒

【增收】瑞州九峯道虔禪師　嗣石霜　因僧問祖祖相傳
復傳何事師曰釋迦慳迦葉富曰如何是釋迦
慳師曰無物與人曰如何是迦葉富師曰國內
孟嘗君曰畢竟傳底事作麼生師曰百歲老人
分夜燈　頌曰
寂光影裏現全身貴異天然迥出倫家富兒奴偏得
力夜分燈火照西隣　丹霞淳
【增收】九峯因僧問如何是學人自己師曰更問阿誰
曰便恁麼承當時如何師曰須彌還更戴須彌
頌曰
自家冷暖自家知祖意西來更問誰全體承當全體
是須彌頂上戴須彌　石溪月
【增收】九峯因僧問西天坐夏以蠟人爲驗多有得道
果者未審此間如何師曰頭戴午夜月脚踏黃
金地曰此人還轉也無師曰爭得不轉曰如何
轉師曰今世已聞龍退骨　頌曰
午夜山房月色深十分明白隱功勳撥開向上通天
竅烟嶂重重不見人　白楊順
【增收】九峯因僧問十二時中如何合道師曰無心合
道曰畢竟如何師曰土上覓泥猶自可波中求
水實堪悲　頌曰
牽驢飲江水鼻吹波浪起岸上蹄踏蹄水中蹤連蹤　方庵顯
【增收】九峯因僧問如何是不壞身師曰正是曰學人
不會請師直指師曰適來曲多少　頌曰
不壞身正是正是不壞身適來曲多少穩得鼻頭辛　石溪月

九峯因石霜遷化衆請首座住持師將爲侍者
白衆問首座曰先師道休去歇去冷湫湫去一
條白練去古廟香鑪去一念萬年去明什麼邊
事會得郎住持會不得不可首座對曰明一色
邊事師曰與麼則不會先師意在座曰但裝香
來香烟斷處若去得郎會先師意若去不得郎
不會師遂焚香香烟未斷座遂脫去師拊首座
背曰坐脫立亡郎不無先師意未夢見在　頌
曰
張家養得數個兒大者勿務治家業中有一男藝最
精氣宇如王威德別別踏翻滄海兮不顧驪龍喝
散白雲兮不羨明月　瀟印信
石霜纔嗣禪高才上座貪程去不回只愛寒天無焰
起豈知枯木放花開虔侍者實堪哀先師大意雖明
得未免長拖破草鞋　佛鑑勤
世間何事最堪悲無孔由來是鐵鎚爐冶不能烹得
破任教千古與風吹　保寧勇
坐亡立脫數如麻幾箇於茲路不差翻憶石霜曾有

語不光華虎盡光華　智海清

一片虛空亘古今麟龍頭角競踈親坐亡立脫知多少鐵樹花開別是春　開福寧

帶角披毛異類身寒灰枯木眼中塵雖然未會先師意爭奈臨行一著親　丹霞淳

枯木堂中第一人坐觀成敗枉精神可憐明一色邊事而今沒眼筋　寶峯照

然一箭定天山百戰場中出手難莫道古祠香火斷神前自有酒臺盤　上方益

座元脫去有生機侍者因何不肯伊若謂石霜明一色似將稀帚畫蛾眉　旭藏愚

香烟淡淡風飄處首座凝凝坐脫時不是久參虔侍者石霜巴鼻有誰知　張無盡

木分漁人一釣舟千波萬浪裏遨遊兒孫不慣風濤惡走入蘆花不轉頭　慈受深

脫去還如臂屈伸先師旨趣得來親令他一粒多年粟失却家中萬斛珍義重天倫虔侍者平生肝膽若爲論芳草渡頭輕舉步等閒身在杏花中　佛燈珣

石霜一宗親傳九峯香消脫去正脉難通月巢鶴作千年夢雪屋人迷一色功坐斷十方猶點額密移一步看飛龍　天童覺

涅槃城裏未爲親帶角披毛始是真相逢盡道休官去林下何曾見一人　大洪遂

一片虛凝絕謂情白雲消散彩霞橫行人莫怪貪程速坐守寒巖與草青　雲巖因

石人不怕師子吼須彌頂上反筋斗滄溟竭盡正三更生鐵崑崙雲外走　雪竇宗

死中得活人無數活中得死古來稀只知枯木回春早蹉過寒灰再燄時虔侍者也是癡雖然會得先師意未免全身陷虎機　圓悟勤

萬丈寒潭徹底清霜天午夜欲生氷釣魚要擲金鱗餌撥轉蘆邊向月明　正堂辯

增收　九峯因僧問人人盡道請益未審師還拯濟也無師曰汝道巨岳還曾乏寸土麼曰四海參尋當爲何事師曰演若迷頭心自狂曰還有不狂者麼師曰有曰如何是不狂者師曰突曉途中眼不開　頌曰

衆谷生洪律全超拯濟功園林變花柳何必待春風　方菴顯

巨岳何曾乏寸土演若迷頭狂未回參尋喜有得力句突曉途中眼未開且居門外　石溪月

增收　九峯因僧問如何是把定乾坤眼師曰乾坤在裏許曰乾坤眼何在師曰正是乾坤眼曰道來爲什麼道乾坤在裏許師曰若不恁麼髑髏前見鬼無數（五燈會元稍異）　頌曰

識問不亂答識答不亂問問答有來由直下明知見果然明得破不被髑髏換奉勸參學人子細參詳看　大圓智

一拳拳倒黃鶴樓一趯趯反鸚鵡洲有意氣時添意氣不風流處也風流　虛堂愚

增收　九峯因僧問古人道因真立妄從妄顯真是否師曰是曰如何是真心師曰不雜食是曰如何是妄心師曰攀緣起倒是曰離此二途如何是本體師曰本體不離曰爲甚麼不離師曰不敬功德天誰嫌黑暗女　頌曰

是真是妄披金擇沙同門出入宿世冤家　方菴顯

增收　九峯示衆曰常住法身不生不滅僧問既是不生不滅爲什麼六道輪迴師曰爲有心故曰以何方便當證法身師曰以虛空心合虛空理曰證後如何師曰任從三界轉徒聽四生奔復曰會麼曰不會師曰禮拜著　頌曰

精金須百鍊百鍊色不回轉道貴無心無心道轉恢更深秋夜月古廟香爐灰法身無一物山岳空崔嵬　南堂興

增收　鳳翔府石柱禪師　嗣石霜　師遊方時到洞山時虔和尚垂語曰有四種人一人說過佛祖一步行不得一人行過佛祖一句說不得一人說得行得一人說不得行不得阿那個是其人師出衆曰一人說過佛祖行不得者秖是無舌不許行一人行過佛祖一句說不得者秖是無足不許說一人說得行得者秖是函蓋相稱一人說不得行不得者如斷命求活此是石女兒擔枷帶鎖山曰闍黎分上作麼生師曰該通分上卓卓寧彰山曰秖如海上明公秀又作麼生師曰幻人相逢拊掌呵呵　頌曰

海底泥牛耕白月雲中木馬驟清風胡僧懶捧西乾鉢半夜乘舟過海東　丹霞淳

增收　台州湧泉景欣禪師　嗣石霜　因僧問如何是相傳底事師曰龍吐長生水魚吞無盡漚曰請師挑起師曰擂鼓轉船頭棹穿波底月　頌曰

依依半月沉寒水耿耿三星落碧嶂昔日雲巖曾漏泄金輪王子寶花冠　丹霞淳

增收　湧泉欣因唐武宗廢教在院看牛時有彊德二禪客到於路次見師騎牛不識乃云蹄角甚分明爭奈騎者不識師驟牛而去二禪客相次憩於樹下煎茶師回下牛近前問訊與坐喫茶師乃問二禪客近離甚處云那邊師曰那邊事作麼生禪客提起茶盞師曰此猶是這邊那邊事作麼生二人無對師曰莫道騎牛者不識好

頌曰

芳草漫漫豈變秋牧童白牯恣優游異中有路人難
見却謂騎牛不識牛　丹霞淳
（增收）澧州雲蓋山志元禪師　嗣石霜　因僧問石霜萬
戶俱閉即不問萬戶俱開時如何霜曰堂中事
作麼生僧無對經半年方始下一轉語曰無人
接得渠霜曰道即太殺道祇道得八成曰和尚
又且如何霜曰無人識得渠師於此乃禮拜乞
為舉霜不肯師乃抱霜上方丈曰和尚若不道
打和尚去在霜曰得在師頻禮拜霜曰無人識
得渠師於言下頓省　頌曰
無人接得渠道遍馬相如果來橋上也記得柱頭書
天童覺　二
巖開月鎖松霜凝雪露韻無窮星前人臥千峯
佛祖無因識得儂　投子青
無人識得渠棋局醉樵夫回頭斧柯爛大海亦成枯
接得與識得誰復較錙銖若問堂中事堂中事轉踈
只如雲蓋悟去又作麼蘇嚕蘇嚕　最菴印
（增收）福州覆船山洪薦禪師　嗣石霜　因僧問抱璞投
師師還接否師以手拍香臺僧禮拜師曰禮拜
則不無其中事作麼生僧却拍香臺師曰舌頭
不出口　頌曰
舌頭不出口三三成九九筭到香臺邊彼此落人後
月堂昌
（增收）張拙秀才　見石霜　因禪月大師指參石霜霜問
何姓曰姓張名拙霜曰覓巧了不可得拙自何
來公忽有省呈偈曰光明寂照徧河沙凡聖含
靈共我家一念不生全體現六根纔動被雲遮
斷除煩惱重增病趣向真如亦是邪隨順世緣
無罣礙涅槃生死等空華　頌曰
老倒石霜無忌諱當頭一句曾提起只因當日老婆
心千古家家掛唇齒　佛鑑懃
臟傳不羨檀嘉聲錯認山河作眼睛巧拙一時俱裂
破斷除煩惱病重增　笑翁堪
進前峭壁三千丈退後懸崖幾萬重弥重大唐張拙
老鐵鎚無孔舞春風　實業源
澧州洛浦山元安禪師　嗣夾山　久為臨濟侍者
一日辭去濟陞堂曰臨濟門下有箇赤梢鯉魚
搖頭擺尾向南方去不知向誰家虀甕裏淹殺
師遊歷罷直往夾山卓菴經年不訪夾山山修
書令僧馳往師接得便坐却再展手索僧無對
師便打曰歸去舉似和尚僧回舉似山曰這僧
若開書三日內必來若不開書斷人救不得也
師果三日後至見山不禮拜乃當面叉手而立
山曰雞棲鳳巢非其同類出去師曰自遠趨風
請師一接山曰目前無闍黎此間無老僧師便
喝山曰住住且莫草草忽忽雲月是同溪山各
異截斷天下人舌頭即不無闍黎爭教無舌人
解語師佇思山便打因茲服膺　顧作八云但
知作佛莫愁眾生　頌曰
無伴石人夜入山雪滿紅頂綠衣寒鳴同劫擘三峯
須捧出金欄對日看　投子青
喝下承當草已深却來關浦訪知音溪山雲月何嘗
異今古誰人鑑此心　枯木成
執侍巾瓶二十年搖頭擺尾出林泉悠悠在往南方
去虀甕淹來得穩眠　雲居祐
搖頭擺尾赤梢鱗徹底無依解轉身截斷舌頭饒有
術拽回鼻孔妙通神夜明簾外兮風月如晝枯木巖
前兮花木長春無舌人無舌人正令全提一句新獨
步寰中明了了任從天下樂欣欣　天童覺
洛浦因僧問供養百千諸佛不如供養一箇無
心道人未審百千諸佛有何過無心道人有何
德師曰一片白雲橫谷口幾多歸鳥盡迷巢
頌曰
拾得踈慵非覺曉寒山懶墮不知歸聲前一句聞音
美物外三山片月輝　丹霞淳
是佛由來尚涉功明心方與道相同花開花落緣何
事盡屬無私造化中　枯木成
百千諸佛眉彎曲無證無修眼搭凝踏著未消連底
凍一時認作碧琉璃　佛智裕
（續收）故山岌岌鎖寒烟未肯將心輕授傳下女夜尋無
字印石人遙指月明前　自得暉
（增收）洛浦因僧問學人擬歸鄉時如何師曰家破人
亡子歸何處曰恁麼則不歸去也師曰庭前殘
雪日輪消室內游塵遣誰掃乃有偈曰決意歸
鄉去乘船渡五湖舉篙星月隱停棹日輪孤解
纜離邪岸張帆出正途到來家蕩盡免作屋中
愚　頌曰
太平鄉國路空賒歸興悠悠思莫涯撒手到家何所
有琉璃寶殿鎖空華　丹霞淳
（增收）洛浦因僧問如何是一大藏教收不得者師曰
雨滋三草秀片玉本來輝　頌曰
畢鉢巖前曉帶春香風時結鷲峯層須知玉像瓶中
塔別有輝天照地燈　投子青
（增收）洛浦因僧問一毫吞盡巨海於中更復何言師
曰家有白澤之圖必無如是妖怪　保福別云
家無白澤之圖亦無如是妖怪　頌曰
巖前雖有雲千頃戶內殊無半夜燈極目危巒今古
宿篆天斜照岩層層　丹霞淳
（增收）洛浦因僧問如何是祖師西來意師曰青嵐覆
處出就嶽鋒白月輝時梨萼無影　頌曰

牽花未發梅先折萬木彫零栢轉奇雲淡不彰[illegible]
影烟輕那露引風枝 丹霞淳

增收 洛浦因龐居士禮拜起曰仲夏毒熱孟冬薄寒
師曰莫錯曰龐公年老師曰何不寒時道寒熱
時道熱曰患聾作麼師曰放你三十棒曰啞却
我口塞却你眼 頌曰
直下啞却我口分明塞却你眼由來洛浦龐公未出
睦州擔板覿面全提照古今冬寒夏熱憑誰揀 靈源清

增收 洛浦因僧問祖意教意是同是別師曰日月並
輪輝誰家別有路曰恁麼則顯晦殊途事非一
般師曰但自不亡羊何須泣岐路 頌曰
月餘松影高低樹日照池心上下天赫赫炎空非卓
午團團秋夜不知圓 丹霞淳

增收 洛浦因僧問如何是佛法大意師曰雲覆孤峯
峯不白雨滋石筍筍初生 頌曰
海底龍吟雲雨潤林中虎嘯谷風清莫言滿路生荊
棘況是貧家少送迎 丹霞淳

增收 洛浦因蛤溪道者相訪師問自從雍溪相別今
得幾年曰和尚猶記得昔時事師曰見說道者
總忘却年月也曰和尚住持事繁且容子細看
師曰打即打會禪漢曰某甲消得師曰道者住
山事繁 頌曰
這般消息不尋常蟾桂枝枝有遠香昨夜姮娥呈巧
妙眼睛直上綉鴛鴦 丹霞淳

增收 洛浦因僧問衆手淘金誰是得者師曰拳中背
寶不揀披沙曰恁麼則展手不逢也師曰莫將
鸚哢擬作鶯啼 頌曰
淘金豈假披沙得石燭波瀾猶費力露柱三更忽放
光此時未審何人識 丹霞淳

增收 洛浦示疾十二月一日告衆曰吾非明即後也
今有一事問汝等若道這箇是即頭上安頭若
道不是即斬頭求活第一座對曰青山不舉足
日下不挑燈師曰是甚麼時節作這箇語話時
有彥從上座對曰離此二途請和尚不問師曰
未在更道曰彥從道不盡師曰我不管汝盡不
盡曰彥從無侍者祇對和尚師便休至夜令侍
者喚從問曰闍黎今日祇對甚有道理汝合體
得先師意先師道目前無法意在目前不是目
前法非耳目之所到且道那句是賓那句是主
若揀得出分付鉢袋子曰彥從不會師曰汝合
會曰彥從實不會師喝出乃曰苦苦 玄覺云
且道從上座實不會是怕見鉢袋子粘著伊
頌曰
餌雲鈎月釣淸津年老心孤未得鱗一曲離騷歸去
後汨羅江上獨醒人 天童覺
紙衣下事不假胞胎懸崖撒手穢褓嬰孩涅槃會上
道場明聖傳直指狀元來 南堂興

增收 洛京韶山寰普禪師 嗣夾山 因僧問如何是韶
山境師曰古今猿鳥叫翠色薄烟籠曰如何是
境中人師曰退後看 頌曰
最好韶山境烟籠翠色輕欲描描未就猿鳥一聲聲
石溪月

增收 韶山因遵布衲訪師在山下相見遵問韶山路
向甚麼處去師以手指曰嗚那青青黯黯處去
遵近前把住曰久嚮韶山莫便是否師曰是即
是闍黎有甚麼事遵曰擬伸一問師還答否師
曰看君不是金牙作爭解彎弓射蔚遲曰鳳凰
直入烟霄去誰怕林間野雀兒師曰當軒畫鼓
從君擊試展家風似老僧曰一句迥超千聖外
松蘿不與月輪齊師曰饒君直出威音外猶較
韶山半月程曰過在甚處師曰倜儻之辭時人
知有曰恁麼則眞玉泥中異不撥萬機塵師曰
魯般門下徒施巧曰學人則恁麼未審師意如
何師曰玉女夜拋梭織錦於西舍曰莫便是和
尚家風也無師曰耕夫製玉漏不是行家作曰
此猶是文言如何是和尚家風師曰橫身當宇
宙誰是出頭人遵無語師遂同歸山纔人事了
師召近前曰闍黎有衝天之氣老僧有入地之
謀闍黎橫吞巨海老僧背負須彌闍黎按劍上
來老僧揜鎗相待向上一路速道速道曰明鏡
當臺請師一鑒師曰不鑒曰為甚不鑒師曰水
淺無魚徒勞下釣遵無語師便打 頌曰
趣時適變應物窮通鴻鵠之志誰辨雌雄韓侯未遇
布衲家風三泰席卷非無計忠義何勞恨蒯通 方庵顯

增收 韶山因僧問是非不到處還有句也無師曰有
曰是甚麼句師曰一片白雲不露醜 頌曰
一片孤雲不露醜白雲兒倚青山父鶴巢露滴夢初
回新月半鈎升萬戶 自得暉
獨向滄溟截衆流等閑無棹灑金鈎白雲不露烟波
闊橫笛一聲天地秋 木庵永

增收 韶山因僧問如何是和尚家風師曰絕頂無根
草無風葉自搖 頌曰
妙峯孤頂偏肥膩天產靈苗不觸地翠葉無風常自
搓清香那逐春光媚 丹霞淳

增收 韶山因僧到參禮拜起立師曰大才藏拙戶僧
過一邊立師曰喪却棟梁材 頌曰
叉手須知已隔津更重進步轉淪頭銅若作黃金
貨爭可瞞他衆眼人 丹霞淳

禪宗頌古聯珠通集卷第二十七

鄱陽居士賀學易[illegible][illegible][illegible]施貲[illegible][illegible]

[illegible][illegible][illegible][illegible]頌古聯珠通集第二十七卷　[illegible][illegible][illegible]編

[illegible][illegible][illegible]　[illegible][illegible][illegible][illegible]　建陽郡大[illegible]

[illegible][illegible][illegible]李文[illegible][illegible][illegible]　萬壽禪寺[illegible]

禪宗頌古聯珠通集卷第二十八

宋池州報恩光孝禪寺沙門法應集
元紹興天衣萬壽禪寺沙門普會續集

祖師機緣

六祖下第六世之四 清源下第五世之二

（增收）鳳翔府天蓋山幽禪師 嗣夾山 有一院名無垢淨光造浴室有人問既是無垢淨光為甚麼却造浴室僧無語後請師代師曰二秋明月夜不是騁團圓 頌曰

雖然答盡深深意爭奈投機句未親欲會本來無垢的更須入水見長人 丹霞淳

太原海湖禪師 嗣夾山 因有人請灌頂三藏供養敷座訖師乃就彼位坐時有雲涉座主問曰和尚甚麼年行道師曰座主近前來涉近前師曰秖如憍陳如是甚麼年行道涉茫然師喝曰這尿床鬼 頌曰

多是從人學得來一生空把口胡開欲窮此片虛明地七佛前前總不該 丹霞淳

鄂州巖頭全奯禪師 嗣德山 一日叅德山方跨門便問是凡是聖山便喝師禮拜有人舉似洞山山曰若不是奯公大難承當師曰洞山老人不識好惡錯下名言我當時一手擡一手搦

頌曰

巖頭老漢凡聖孰辨半僧半俗可貴可賤三文取箇黑榜波江邊相喚擺蜆 法雲秀

平川走兎放蒼鷹一搦便啗雙眼睛毒手奪來人買去奈何斤兩未分明 保寧勇

一喝驚天動地雷海翻太華洞然開巖頭膽喪寬飛也謾道當時手搦擡 泐山如

（續收）好手呈機不露鋒慣將雙劒定雌雄忽雷迸出驚天地華岳三峯倒卓空 灌堂深

大鵬摶風蒼龍出海手擡手搦日上月下霜雪嚴凝識歲寒雙陸盆邊須喝采 最菴印

前箭猶輕後箭深無限平人被陸沉箇裏豁開天地眼吹毛拈起任橫行 木菴永

（增收）巖頭初叅德山展坐具禮拜次山以拄杖挑却坐具於階下師下階拾起搭向背上便去叅堂山曰不肯子放只肯子收 頌曰

動絃別曲葉落知秋不肯子放只肯子收來年更有新條在惱亂春風卒未休 遯菴演

（增收）巖頭示衆曰吾教意如塗毒鼓擊一聲遠近聞者悉皆喪身失命時有小嚴上座出問云如何是塗毒鼓師兩手按膝亞身云韓信臨朝底

頌曰

佛法無情報爾曹忽生忽殺在吹毛若教韓信得妙訣自是深明防漢高 南巖勝

巖頭因僧問古帆不掛時如何師曰後園驢喫草 頌曰

鎚打不碎火燒不著天上人間何處安泊阿呵呵是什麼莫咬破須爛嚼 海印信

古帆不掛是巖頭月冷風高下直鈎誰見後園驢喫草脫籠卸䭾飽齁齁 大洪遂

後園驢喫草一老一不老驀地撞出來鬬湊得恰好 徑山杲

後園驢喫草莫隨言語討跳上驀腰騎來往長安道 鼓山珪

風信不來春已老却憶後園驢喫草滿天明月贈行人野客溪邊歸路早 楚安方

（續收）後園驢喫草可憐無限虛生老半夜盲人問故鄉不知身在長安道 雪竇宗

後園驢喫草蘆花輥雪飛霜前雙白鴈孤影落天池 塗毒策

古帆未掛時後園驢喫草日短苦夜長行人須及早 雪巷瓘

巖頭因僧問古帆掛後如何師曰小魚吞大魚

頌曰

古帆掛後更何疑學問依前又是迷大小二魚俱一海爭奈鈞頭餌不齊 汾陽昭

小魚吞大魚直路太紫紆古帆休更問處處得逢渠 徑山杲

小魚吞大魚門上釘桃符邪魔俱不入佛法也消除 鼓山珪

（續收）的的古帆巳掛後小魚吞却大頭魚雖然李廣運神箭自古張顛解草書 懸堂一

不動蒲帆問一言大魚却被小魚吞直從意外超唇吻始信巖頭無腦門 天目禮

巖頭因僧問塵中如何辨主師曰銅砂鑼裏滿盛油 依傳燈載 頌曰

塵中辨主最難明千人萬人少一惺銅砂鑼油今古淨與君拔却眼中釘 汾陽昭

塵中辨主眼分明特地尋方更點睛堪笑老婆離眼眩至今南北絕人行 佛印元

礎潤天將雨雲開月正明漁翁閑引釣牽動一潭星 海印信

銅砂鑼裏滿盛油正是眠盧印後收更有塵中辨得主太平將將盡封侯 雲溪共

銅砂鑼裏油清淨照見塵中賓主人寄語禪人猛叅取莫教孤負此生身 草堂清

（續收）終日塵中走塵中渾大有堪笑五湖人衲衣會料撒 大溈智

銅砂鑼裏滿盛油生來還他雜菊頭但看來年正月半家家門首掛燈毬　佛鑑懃

頂起砂鑼時身心都不見西風一陣來落葉兩三片　塗毒策

村飲夜歸來健倒三四五摩挲青莓苔驀䐜驚著汝　息菴觀

銅砂鑼裏滿盛油潑倒巖頭不識羞却向蟭螟眼睫上樓頭浪宕逞風流　空叟印

百萬雄兵入漢關威如猛虎陣如山單刀直取顏良首不是關公也大難　無境徹

塵中辨主問巖頭心識如何會得休鼻孔眼睛都要見銅砂鑼裏滿盛油　橫川珙

增收 巖頭問欽山如何是眞言欽曰南無佛陀耶　頌曰

隨機有問隨機答不是禪兮不是玄後代無端翻譯出却將梵語作唐言　退耕寧

增收 巖頭凡有所問只嘘一聲　頌曰

龍臥碧潭靜雲收皓月圓七星光燦爛誰爲未生前　大洪遂

增收 巖頭因僧問路逢猛虎時如何師曰櫻　頌曰

巖頭一摟虛空迸裂父子不傳神仙妙訣　破菴先

增收 巖頭示衆云大凡唱教須從無欲中流出三句只是理論咬去咬住欲去不去欲住不住或時一向不去或時一向不住　頌曰

三文買箇撈波子攏蜆攏鰕經幾年逆順短長休要說誰家屋裏竈無烟　虛堂愚

巖頭值沙汰於鄂渚湖邊作渡子兩岸各掛一板有人過渡打板一下師曰阿誰或曰要過那邊去師乃舞棹迎之一日因一婆抱一孩兒來乃曰呈橈舞棹即不問且道婆手中兒甚處得來師便打婆曰婆生七子六箇不遇知音秖這一箇也不消得便拋向水中　頌曰

買賣交關直須當價若少分文定遭行罵休行罵遠近聞之成話欛　海印信

時展家風與衆殊探身虎穴有功夫拈橈擊處留無計夜靜同誰泛五湖　三祖宗

親兒棄了更無親撒手歸家罷問津呈橈舞棹波中客休向江頭覓渡人　眞如喆

老來無累亦無因獨寢高堂只此身除却江中混濊客復誰還是不羈人

咄哉箇老婆親兒不奈何富嫌千口少貧恨一身多　楮衲秀

舞棹呈橈意自殊相逢江上話程途親兒擲了獨歸去春水溶溶碧滿湖　智海普融平

舞棹呈橈古渡頭婆婆相見問來由何人搆得親生子拋向江心更不收　上方益

鄂陽江口擲鈎絲攏蜆撈鰕不計時恥被老婆相借問藜林千古振雄規如今過在那師箇擺手相逢論棄兒意在目前如會得莫信傷人說是非　佛燈珣

借路經過常式事誰知祖禰累兒孫婆婆耐恨江頭棄留得佳聲四海聞　月菴果

親兒棄了復何言月在波心印碧天獨有一身無繫累困眠醒坐任隨緣　踈山如

增收 鄂陽江上垂鈎線時節相逢錦鱗現拈來信手任縱橫逐浪隨波無顧戀　大溈智

一子親生步步隨呈橈舉棹指人歸老婆遭打機先露海岳傾翻動四維　簡堂機

一葉扁舟泛渺茫呈橈舞棹別宮商山雲海月俱拋棄贏得莊周蝶夢長　尼無著總

相逢把手上高峯四顧寥寥天宇空一曲漁歌人不會蘆花飛起渡頭風　無菴全

舞棹呈橈逢賊脚扣舷三下親擒捉只這一枚都颺却棹歌歸去風濤落　朴翁銛

從來六箇不知音一箇全拋惡浪深義斷情忘無處覓三千剎海冷沉沉　天目禮

鄂渚渡頭窮鬼子全機錯在扣舷時何如別下一轉語救取婆婆第七兒　南叟茂

舞棹呈橈鄂渚邊驗人何苦絕生寃自從賺了婆拋子誰敢挨身上渡船　蔣巖玉

增收 巖頭在鄂渚湖三文買箇黑撈波每日撈鰕摝蜆且恁麼過時僧舉似雪峯峯云窮鬼子道他快活也不徹　頌曰

且於湖畔撈鰕蜆不向滄溟釣巨鼇一葉扁舟一丈篙閑眠閑坐任風濤　海印信

野水舟橫芳草渡人來舞棹或呈橈撈鰕摝蜆隨時過却向何時得六鼇　水菴一

巖頭因沙汰在甘贄家過夏補衣次贄行過師以針作劄勢贄遂整衣欲謝妻問云作什麼贄云說不得妻云也要大家知贄舉前話妻云此去三十年後須知一回飲水一回噎女子聞云誰知盡大地人性命被蒼上座劄將去也　頌曰

針頭劄去幾人知婦兒女子莫猜疑聖凡命脉果何在以拂子擊禪床角云向此須明上上機　長靈卓

無孔笛子兩頭吹韻出青霄徹九維可憐一對寃家種人人鼻孔大頭垂　佛燈珣

不點自行不撥自轉伎倆天然機輪如箭如今分付當行家百歲光陰已不多若能直下猛提取天上人間爭奈何　已菴深

夜半三更來討火我罵你兮你罵我相喚相呼歸未

歸也有無衣草裹坐　虛堂愚

福州雪峯義存禪師嗣德山初參德山問從上宗乘中學人還有分也無山打一棒曰道甚麼師曰不會至明日請益山曰我宗無語句實無一法與人　頌曰

此疾恢來沒量時尋醫求卜過多師濃煎一服通神血汗湧流徹四肢　保寧勇

等無高下伊余有分必相亞雖無一法輕與龍蛇從變化　雲蓋因

雪峯與巖頭欽山至澧州鼇山鎮阻雪頭每日打睡師一向坐禪一日喚頭曰師兄師兄且起來頭曰作甚麼師曰今生不著便共文邃箇漢行脚到處被他累今日到此又只打睡頭喝曰噇眠去每日床上坐恰似七村裏土地他時後日魔魅人家男女去在師點胷曰我這裏未穩在不敢自謾頭曰我將謂你他日向孤峯頂上盤結草庵播揚大教猶作這箇語話師曰我實未穩在頭曰若實如此據你見處一一通來是處與你證明不是處與你剗却師曰初到鹽官見上堂舉色空義得箇入處頭曰此去三十年切忌舉著又見洞山過水偈曰切忌從他覓迢迢與我踈渠今正是我我今不是渠頭曰若與麼自救也未徹在師又曰後問德山從上宗乘中事學人還有分也無山打一棒曰道甚麼我當時如桶底脫相似頭喝曰你不聞道從門入者不是家珍師曰他後如何即是頭曰他後若欲播揚大教一一從自己胷襟流出將來與我蓋天蓋地去師於言下大悟便作禮起連聲叫曰師兄今日始是鼇山成道　頌曰

盡平生去住因到頭雖遇赤心人忽然自有成家業瓦礫枯來也是珍　枯木成

鼇山成道足人傳莫是從前話未圓賴有玄沙知始末徧身紅爛在漁船　龍門遠

丈夫凌勵志英雄向外馳求枉用功到得鼇山開眼覷方知屋裏用無窮　佛燈珣

孤村陋店雪紛紛平地無風起浪痕醜拙只因藏不得胷襟流出蓋乾坤　鐵山仁

三回九度太顢頇到底須尋路還待得鼇山消積雪至今平地起波瀾　二

困有眠床飢有飯迷途何事叫師兄明朝雪霽鼇山路依舊一程還一程　象外起

雪峯住菴時有兩僧來師以手托菴門放身出曰是甚麼僧亦曰是甚麼師低頭歸菴僧辭去師問甚麼處去曰湖南師曰我有箇同行住巖頭附汝一書去書曰某書上師兄某一自鼇山成道後迄至于今飽不飢同參某書上僧到巖頭頭問甚處來曰雪峯來有書達和尚頭接了乃問別有何言句僧遂舉前話頭曰他道甚麼曰他無語低頭歸菴頭曰噫我當初悔不向伊道末後句若向伊道天下人不奈雪老何僧至夏末請益前話頭曰何不早問曰未敢容易頭曰雪峯雖與我同條生不與我同條死要識末後句秖這是　頌曰

末後句為君說明暗雙雙底時節同條生也共相知不同條死還殊絕還殊絕黃頭碧眼須甄別南北東西歸去來夜深同看千巖雪　雪竇顯

末後句兮無問處萬仞鐵山橫在路當日巖頭不柰何至今雪老難伸吐倒捋虎鬚方識虎未解行人休離母透過牢關舉似君把定咽喉淚如雨　佛印元

雪老却入菴中後路上無人見得伊賴有故人千里在同條生死不同時　白雲端

雪老別鼇山卓菴閩中坐一日見僧來探頭道什麼末後句少人和却得巖頭重注破同條生同條死不後句莫錯舉　照覺總

切磋琢磨變態譊訛鶴陂化龍之杖闍家居蟄之戶同條生兮有數同條死兮無多末後句秖這是風月載月浮秋水　天童覺

雪老大開方便路低頭却入菴中去若箇有眼恰如盲却被巖頭行一步箇僧好休休休休依然依舊去悠悠元來不會雪峯意却被巖頭甕驅頭　天童覺

龍吟枯木菴中出天上人間無等匹虎嘯巖頭石上來晴空忽迸一聲雷堪笑春池猶拾礫空山空到又空回　佛心才

露面出來猶不識低頭歸去更難知那堪末後一句子直到于今四海疑　保寧勇

雙明復雙暗獨立絕殊方乘機覿面提其鋒安可當同條生兩鏡相照無能名不同條死鐵樹花開正今古末後句始到牢關拈却門前大案山　圓悟勤

末後句為君說踏著秤鎚硬似鐵寒則普天寒熱則普天熱若是達磨兒孫各各自知時節知時節為君說九尾烏龜莫當鼇山石檻　佛鑑勤

雪峯當盡平生力懵懂禪和意轉疑可憐末後一句子巖頭上更加泥　龍門遠

同條生兮不同死兮說與師兄自家門蕩盡徹骨窮却把黃金如糞土末後句休休甜者甜兮苦者苦　北海心

雪峯日與座眾集定師輥出木毬玄沙遂捉來安排處　頌曰

雪峯輥毬玩游機一千五百幾人知眨起眉毛千萬里須是吾門師子兒　北塔祚

天兮寬地兮闊雪峯輥毬幾切怛一輥直上須彌山
無量人天眼開豁眼開豁脫却多年臭皮韈步行走
馬到新羅報道花須連夜發　天衣懷
雪老平生好輥毬摁來輥去輥無休一千五百人
戲誰解輪機賽一籌　佛國白
收來輥去事方圓獨許漁郎上釣船明月蘆花同一
色落霞孤鶩共遙天　夢菴信
增收象骨木毬一輥出三世如來能事畢可憐天下徧
參尋只道黃連不是蜜　石碧明
輥向人前事未休再安舊處有來由一聲斷鴈鳴雲
漢兩岸蕭蕭蘆荻秋　嵩無爲
一作雪峯因玄沙來三箇一時輥出沙便作倒
勢師曰尋常用幾箇曰三即一一即三　頌
曰
圓團輥出没來由不立名模見便休三一一三重淺
腳螺江依舊向東流　圓覺演
山寺裏頭無可作輥出木毬兩三箇不獨玄沙遭一
攧雪峯老人亦話墮　懶菴樞
雪峯上堂南山有一條鼈鼻蛇汝等諸人切須
好看長慶出曰今日堂中大有人喪身失命雲
門以拄杖攛向師前作怕勢有僧舉似玄沙沙
曰須是稜兄始得然雖如是我即不然曰和尚
作麼生沙曰用南山作麼　頌曰
象骨巖高人不到到者須是弄蛇手稜兄備師不奈
何喪身失命知多少韶陽知重撥草南北東西無處
討忽然突出拄杖頭拋對雪峯大張口大張口同閃
電剔起眉毛還不見如今藏在乳峯前來者一一看
方便師高聲喝云看脚下　雪竇顯
臨濟喝兮德山棒子胡狗兮誰敢向未若南山鼈鼻
蛇一千五百衲子喪韶陽本色弄蛇手自古及今曾
未有忽然放出若星流象骨禪翁遭一口　正覺逸
象骨巖前當大路稜師可惜便亡身雲門弄得雖然
活可惜南不用親　白雲端
打鼓弄琵琶相逢兩會家雲門能合調長慶解隨邪
古曲無音律南山鼈鼻蛇何人知妙訣的子是玄沙
真淨文
玄沙太剛長慶少勇南山鼈鼻死無用風雲際會頭
角生果見韶陽下手弄下手弄激電光中看變動在
我也能遮能呼於彼也有擒有縱底事而今付阿誰
今日傷人不知痛　天童覺
增收象骨老人示徒擬議遭他一口韶陽突出驚人未
免傷鋒犯手　尼無著總
增收雪峯示衆曰飯籮邊坐餓死人臨河渴死漢
玄沙云飯籮裏坐餓死人水裏没頭浸渴死漢
雲門云通身是飯通身是水　頌曰
通身是飯通身水饒舌沙彌下口難恰得蝕除饑渴
念途時往往更求餐　本覺一
雪峯示衆曰大地撮來如粟米粒大拋向面前
漆桶不會打鼓普請看　長慶問雲門曰雪峯
與麼道還有出頭不得處麼門曰有曰作麼生
門曰不可總作野狐精見解又曰狼籍不少
頌曰
牛頭没馬頭回曹溪鏡裏絶塵埃打鼓看來君不見
百花春至爲誰開　雪竇顯
眉毛鯓裏遊南岳大海波心泛釣舟普請隨身終不
說從他打鼓看無休　白雲端
火燄過風奔流度刃唱拍相隨來賜相應倏然驀起
一人雷百草頭顛春色回　圓悟勤
打鼓普請看直得眉毛寒拈得寒山舞笑倒老豐干
楚安方

精救撥動乾坤步轉移南觀北斗有誰知金烏暮向西
山急曉逐扶桑半夜飛　石門易
天不能蓋地不能載遮破面門漆桶不會鈍船同駕
入滄溟持得驪珠如手大　佛心才
增收雪峯一日登座召衆曰看看東邊底又曰看看
西邊底汝若要會拈拄杖擲下曰向這裏會取
頌曰
東邊覷了復西觀拄杖重拈底寂寞帶雨一枝花落
盡不煩公子倚闌干　冶父川
增收雪峯與玄沙行次師指面前地曰這一片田地
好造一箇無縫塔沙曰高多少師上下顧視沙
曰人天福報即不無和尚靈山受記未夢見在
師曰你作麼生沙曰七尺八尺
請君子細看端的今見始
須象雪峯要田地玄沙須象玄沙更有一句不
涉二途諸人還要麼
曰
父子同行相將入草起無縫塔功高衆巧雪峯小泥　佛燈珣
滿過不少雖然落七落八
指出長生地不遂造成無縫塔
事渴飲飢餐且度時　野菴璇
雪峯示衆曰三世諸佛向火燄上轉大法輪玄
沙云近日官令稍嚴師曰作麼生沙云不許人
攙行奪市師不覺吐舌雲門云火燄爲三世諸
佛說法三世諸佛立地聽　頌曰
火燄騰輝說最親無邊諸佛近前聞誰知更有傍觀
者鼻孔撩天不肯君　白雲端
一堆猛燄亘天紅三世如來在此中轉大法輪今已
了眉毛貶上起清風　保寧勇
紅燄光中出大奇明明演說句毫輝可憐雪老弄詔

不燒却眉毛總不知　普融平

增收阿誰踏著雪峯蹤三世諸佛火燄中賴有雲門相股熱火星吹得滿堂紅　慈受深

將謂猴白更有猴黑互換投機神出鬼沒烈燄亘天佛說法亘天烈燄法說佛風前剪斷葛藤窠一言勘破維摩詰　圓悟勤

三世諸佛轉法輪一大藏教說不盡眾人當機止今行玄沙見機行正令或說或聽間不間電捲星飛誰與論撥轉那邊關捩子眉毛留得兩莖存　瞎堂遠

有是父方有是子同條生也同條死三世如來烈燄[illegible]堆互換說法元如此莫顚言休倒語截斷葛藤須薦取　石菴瑎

雪峯普請往寺莊路逢獼猴師曰這畜生一人背一面古鏡擿山僧稻禾僧曰曠劫無名爲什麼彰爲古鏡師曰瑕生也曰有什麼死急話端也不識師曰老僧罪過　頌曰

人人有面古鏡何法門而不發希玄上士迷頭緝線老婆頻證　典牧壽

堪笑山翁不識羞爲他頭上更安頭巖前跳躑無尋處一片殘霞曉未收　保寧勇

大地爲爐冶何年鼓鑄功圓同諸佛面高鑑十方空　祖印明

鑒覺未萌全體現機分鑑照便成瑕要知學微圓明處長短青黃總不差　白楊順

增收雪峯在洞山作飯頭淘米次山問淘沙去米淘米去沙師曰沙米一時去山曰大眾喫箇甚麼師遂覆却米盆　頌曰

滿鉢盛來一物無豈同香積變珍蘇日月並輪長不照木人舞袖向紅爐　投子青

乘龍作雨非意測猛虎挾物不露迹洞山雪老共相酬家家千古無人識　伊菴權

增收雪峯因僧問我眼本正因師故邪時如何師曰迷逢達磨曰我眼何在師曰得不從師　頌曰

達磨迷時在少林今人不曉爲傳心堪羨迷人逢達磨三冬過後又新春　天衣懷

裂破古今沒窠臼當機大闡血盆口脚尖趯出佛如麻李四張三無路走　或菴體

增收雪峯因僧問寂寂無依時如何師曰猶是病曰轉後如何師曰船子下楊州　頌曰

寂寂無依病正深雪老當年痛處針一喚喚回春夢破千山渾作木龍吟　自得暉

增收雪峯示眾云此事不從脣吻得不從黃卷上得不從諸方老宿得合從甚麼處得也須子細

頌曰

一滴眞珠紅潑醅殷勤相勸兩三回到頭欲盡東君意吞却臨行上馬杯　皖山凝

雪峯因僧問古澗寒泉時如何師曰瞪目不見底曰飲者如何師曰不從口入僧後到趙州舉此話州曰不從口入不可從鼻裏入僧却問古澗寒泉時如何州曰苦曰飲者如何州曰死師[illegible]聞得乃曰趙州古佛遙望作禮自此不答話

頌曰

古澗寒泉浩渺瀰分明波派暗流時不從口入無滋味苦死令渠話不知　雲蓋昌

黯黯雲横覆雪峯青青趙老一雙瞳從前汗馬無人識只要重論蓋代功　資峯照

縱奪還他老作家奔流度刃數如麻深深澗裏無人到飲者重添眼裏沙　佛心才

增收飽老當年笑郭郎人前舞袖太郎當及乎飽老出來舞依舊郎當勝郭郎　眞淨文

趙州象骨巖樂世無倫擬共無沒絃琴千載濟人耳古澗寒泉瞪目疑然不從口入飲者忘筌重出語苦又死不答話同彼此相逢兩會家打鼓弄琵琶箇中誰是的白鳥入蘆花　圓悟勤

雪峯古澗泉深趙州石橋水苦若知異水同源飲者不妨疑悟不從鼻孔入白浪高三級從此不答話豈免酬高價金剛圈子栗棘蓬解透橫行四天下　佛性泰

增收雪峯曰世界闊一尺古鏡闊一尺世界闊一丈古鏡闊一丈玄沙指火爐曰闊多少師曰如古[illegible]鏡闊沙曰老和尚脚根未點地在　頌曰

世界能將古鏡齊言中辨的却成迷白雲起處青山秀天曉依前月落西　象田卿

十方世界一面鏡鏡裏看形未足眞摸著鼻頭渠是我那時方見本來人　懶菴樞

增收雪峯聞一僧在山下卓菴多年不剃頭畜一長柄杓溪邊舀水時有僧問如何是祖師西來意主曰溪深杓柄長師聞得乃曰也甚奇怪一日將剃刀同侍者去訪纔相見便舉前話問是否主語否曰是師曰若道得即不剃你頭主便洗[illegible]頭跪師前師即與剃頭　頌曰

當言不避截舌當爐不避猛火赴手作得家生到老自能穩坐水深杓柄長舀水洗頭剃雪峯刀上眼忽開琉璃殿裏無關閉　月堂昌

雪老垂慈肎訪他一毫頭上辨龍蛇須知不涉言詮外脫體風流出當家　東山源

增收雪峯因閩帥施銀交床僧問曰和尚受大王如此供養將何報答師以手托地曰少打我少打我

僧問疎山曰雪峯道少打我意作麼生山曰頭上插瓜虀垂尾脚跟齊　頌曰

大王信重送交床，僧問禪徒太著忙。下手低聲言少打，劣中全勝阿誰詳。洞山聰

因問如何報王恩，舉畢全收坐要津。船頭若有風浪動，滿目流沙不見人。汾陽昭

得人一牛還人一馬，投之報之風流儒雅。如今大有受恩人，不知誰是報恩者。正覺逸

不知將底報君恩，風起江湖水皺痕。一片古帆乘與去，與誰相逐過天門。保寧勇

觀此旨流行七十年，多人言論少人甄。托地便令輕打我，認著依前又更顛。般若柔

受施兩邊皆是幻，臨機何不惜眉鬚。也知此外無長伎，咄這黔州老瞎驢。實業源

雪峯因閩王封柑橘各一顆，遣使送至。東問既是一般顏色，為甚麼名字不同。師遂依舊封回。王復馳問玄沙，沙將一張紙蓋却。宗曰

柑橘閩王親手封，將來直問擊宗風。長人入水分明在，更問玄沙又不通。汾陽為汝開天路，作家全界碧霄空。汾陽昭

閩王兩般馳獻上，雪峯一等倒封回。人情上下俱周美，免把完全更擘開。保寧勇

[illegible]

[illegible]柑橘將來不用疑，鐵牛蚊子咬何為。閩王猶未識師旨，更請玄沙下一錐。延壽慧

分明柑橘勿誵訛，獻花借水辨龍蛇。白紙一張都蓋了，免教天下動干戈。冶父川

一般顏色兩般名，紙蓋難謾衆眼睛。雪嶺當時便封轉，閩王猶未息疑情。横川珙

禪宗頌古聯珠通集卷第二十八

[illegible]

禪宗頌古聯珠通集卷第二十九

宋池州報恩光孝禪寺沙門法應集

元紹興天衣萬壽禪寺沙門普會續集

祖師機緣

六祖下第六世之五　清源下第五世之三

增收 雪峯示衆曰盡大地是箇解脫門把手拽伊不肯入時有一僧出曰和尚怪某甲不得又一僧曰用入作甚麼師便打　頌曰

大地是箇解脫門三世諸佛一口吞將爲雪峯有奇特却來說我好兒孫　懶菴樞

增收 雪峯因僧問乘要處乞師指示師曰是甚麼僧於言下大悟　雲門云雪峯向你道什麼　頌曰

雪峯騎駿馬雲門跨驢兒一踢一踏相奔馳長安有路非無路夜半行時人不知　圓悟勤

無量劫來是箇甚麼覿面全提幾乎蹉過不蹉過土直堆頭且高臥

增收 雪峯一日在僧堂內燒火閉却前後門乃叫曰救火救火玄沙將一片柴從窗櫺中拋入師便開門　頌曰

上苑飛蟣蟣生兒兒落塵裏如錐錐泥燒火救火閉門開門拋柴家醜外頭見萬象森羅一口吞　月堂昌

尚燒僧柵燒通身快活難禁一屋春不是謝郎來合火誰知門外有寒人　石林鞏

增收 雪峯問僧甚麼處來僧曰浙中來師曰船來陸來曰二途俱不涉師曰爭得到這裏曰有什麼隔礙師打趁出僧過十年後再來師又問甚處來曰湖南師曰湖南與這裏相去多少曰不隔師竪起拂子曰還隔這箇麼曰若隔即不到也師又打趁出此僧住後凡見人便罵師一日有同行聞特去訪問兒到雪峯有何言句便如是罵他遂舉前話被同行呵叱與他說破這僧當時悲泣常向中夜焚香遙禮　頌曰

戴角擎頭去復來雪庭兩見戰旗開軍前不悅將軍令空有英雄出九垓九垓雖出有牢關未透牢關未足觀棒頭有眼明如日要識眞金火裏看　佛燈珣

見說閩山多蟲毒千方百計避無由鵝中既有催魂鬼一命還他方始休　虛堂愚

雪峯普請次自負一束藤路逢一僧便拋下僧擬取師一踏踏倒歸舉似長生曰我適來踏得者僧甚快長生曰和尚須替者僧下涅槃堂始得　雪竇云長生大似東家人死西家人助哀也好與一踏　頌曰

暗拋香餌在江湄果是金鱗釣得歸不是絲綸收得疾幾乎輸與鷺鷥兒　上方益

偉哉雪老法中英有上藤薪覿面呈目前不爲當頭著和身一踏倒寰頌命知擔重因柴束自外便重不便輕何山奉報諸禪侶狹兒須是的親生　佛燈珣

續收 雪老擔藤越趿時一僧纔見便慈悲近前擬取攔胸踏舉似長生更一椎　石門聰

雪峯踏者僧不殺長生扶者僧不起可憐一束爛枯藤狼藉至今愁滿地　西巖惠

增收 雪峯與玄沙夾籬次沙曰夾籬處還有佛法也無師曰有曰如何是夾籬處佛法師撼籬一下沙曰某甲不與麼師曰子又作麼生曰穿取幾箇頭過來　頌曰

父子相携入故園幾頭時過短籬邊爛泥有刺無人見踏著方知脚底穿　懶菴樞

雪峯因三聖問透網金鱗以何爲食師曰待汝出網來向汝道聖曰一千五百人善知識話頭也不識師曰老僧住持事繁　頌曰

透網之鱗不識鈎食芳浪水恐浮頭高掛坐釣車惡者回棹收綸却上舟　汾陽昭

透網金鱗休云滯水搖蕩乾坤振鬣擺尾千尺鯨奔洪浪飛一聲雷震清颷起清颷起天上人間知幾幾　雪竇顯

既三百物高樓價半門退依市價酬交易不成猶作鬧李公店鋪一時休　海印信

北斗面前坐釣舍金鱗赫赫鼓波來海門今日闊纔施 [illegible]

網霹靂一轟天地開　眞淨文

放去收來得自由不堪憂處亦堪憂可憐滯句承言者爭是爭非空白頭

透網金鱗掣電機休云滯水與拖泥雷霆一擊青霄裏傾湫何處不滂澌　眞如喆

出網分明向道休風雲會處有來由雷霆昨夜聲相應依舊爲霖徧九州　圓通僊

攪浪翠雲勢可驚平空驟雨似盆傾不因放却淮河闊九曲潮頭卒未平　上方益

洞裏無雲別有天桃花似錦柳如綿仙家不會論冬夏石爛松枯是一年　五祖演

鯤鯨已捧摩竭魚海客捨懸釣月鈎不顧翻空洪浪急一帆風信出悠頭　佛心才

全死中全活全活中全死簡呼郎當一箇嗝遮子　徑山杲

金鱗透網欲吞舟一向衝波逆水流却被漁翁開引釣隨波逐浪謾悠悠　鼓山珪

續收 [illegible]鵬中天裏雖曉暝挽略東寰陸道不[illegible]根不遠放當頭[illegible]

棹帆江海歸君不見[illegible]

殺人　月堂昌
百草頭出沒三界外遨遊徒布漫天網虛下釣鰲鈎
搖鱗振鬣撼乾坤兀目昂頭洪浪噴棒雨點喝雲奔
有將爭戰定功勛　圓悟勤
張猴白李猴黑硬如綿軟如鐵務路相逢兩會家臨
濟未是白拈賊　遯菴演
新羅拄杖透牢鉢衲子家風那箇無一等看來如墨
黑誰能重與較錙銖　虛堂愚

增收 雪峯問僧近離甚處曰覆船師曰生死海未渡
為甚麼覆却船僧無語乃回舉似覆船船曰何
不道渠無生死僧再至進此語師曰此不是汝
語曰是覆船恁麼道師曰我有二十棒寄與覆
船二十棒老僧自喫不干闍黎事　頌曰
未渡生死海不應覆却船渠本無生死超然離二邊
長如杲日麗中天舒光照到雪峯前　圓悟勤
生死海中猶未渡傳言送語幾千程一棒打翻東海
鯉迷人直下便狂惺　尼無著總

增收 雪峯上堂舉拂子曰遮箇為中下僧問上上人
來如何師舉拂子僧曰遮箇為中下師打之（或作拈起拄杖）
雲門曰我不似雪峯打破狼藉拈拄杖
云我道箇只為中下機人有僧問忽遇上上人
來時如何門便打　頌曰
進前不受他中下棒要在急水灘頭[illegible]長年畔
曲聲門起拈起拄杖為他中下上上人來放過不打　[illegible]
教人一入桃花源子孫千世為神仙
大機圓應大用直截雪峯雲門只得一[illegible]畢竟如何
不說不說　松源岳

增收 雪峯因閩王問擬欲蓋一所佛殿去時如何師
曰大王何不盡取一所空王殿曰請師樣子師
展兩手　雲門云一舉四十九　頌曰
空王殿樣子雪峯展兩手添得老韶陽一舉四十九
總是面南看北斗　即菴覺

增收 雪峯送南際長老出乃作女人拜際斂手應諾
師以手斫額便歸　頌曰
送客隨家豐儉施盡情為餞更生疑却家恩重過相
勝斂手遙知向條歸　投子清

增收 長州高亭簡禪師（嗣德山）初隔江見德山遙合
掌呼曰不審德山以手中扇子再招之師忽開
悟乃橫趨而去更不回顧後於襄州開法嗣德
山　頌曰
江上相逢問逗留師資針芥便相投定光金地遙招
手智者江陵暗點頭　大洪遂
德山棺木裏瞠眼高亭死水裏藏身賺他多少英靈
漢錯認山河作眼睛　少室睦

雲門 洪州雲居道膺禪師（嗣洞山）因僧在房內念經
師隔窗問闍黎念者是什麼經曰維摩經師曰
不問維摩經念者是什麼經其僧從此得入
頌曰
不問維摩念甚麼新羅鷂子穿雲過杖頭擊著沒底
電胸悵苛山破窗間　佛慧泉
念底却是維摩經一回舉著一回精鷓鴣故鄉歸不
得大都言語太分明　楊無爲
問經不問念維摩念底分明見也麼欲入塵沙法門
海一言演出不須多　越州天章和尚
順風將欲到揚州風轉船頭水逆流把柂全憑三老
力悄然到岸不須憂　道揚如

增收 須彌山高不見巔大海水深不見底簸土揚塵無
處尋回頭撞著自家底　南堂興
雲居因僧問截木停輪時如何師曰磨不轉
頌曰
雲居有語機關絕不轉今君返照看截鐵閉關停妄
解百花俱發一花開花結果從他有因地抽條長
碧天　汾陽昭
截木停輪話已圓借婆裙子拜婆年後人不見雲居
老往往思量石二邊　佛印元

增收 截木停輪中此情吾師知道不惺惺微露一言令
省覺不轉何曾更有停　般若柔

增收 雲居示眾云老僧二十年前住三峯菴時魏府
有興化長老來問云權借一問以為影草時如
何老僧當時機思遲鈍道不得為伊置得箇問
頭奇特不敢辜他伊云想菴主答這話不得不
如禮拜了退而今思量當時不消道箇何必後
因化主到魏府興化乃借問山中和尚住三峯
菴時老僧曾問伊話祇對不得而今道得也未
化主遂舉前話興化云雲居二十年只道得箇
何必興化即不然爭如道箇不必　頌曰
何必不必一七二七龍樹馬鳴談光透出　遯菴奧
雲居道何必興化道不必眼若不開夢中叫屈　月
堂昌
何必不必綿綿密密覿面當機有人續得天擬何許
[illegible]
你親見二尊宿　大慧杲
何必不必金刀玉尺甜者如蜜苦者如蜜二十年來
無處雪屈唉　別峯印
何必不必方圓曲直眉目分明若為辨的影草既隨
身覿面當機疾一雙孤鳳忽高飛兩隻鴛鴦還獨立
　泉菴印
何必不必綿綿密密覿面當機官馬廝踢　無得慈

增收 雲居上堂曰如人將三貫錢買箇獵狗祇解尋
得有蹤跡底忽遇羚羊挂角莫道蹤跡氣息也
無僧問羚羊挂角時如何師曰六六三十六曰

挂角後如何師曰六六三十六僧禮拜師曰會
麽曰不會師曰不見道無蹤跡其僧舉似趙州
州曰雲居師兄猶在僧便問羚羊挂角時如何
州曰九九八十一曰挂後如何州曰九九八十
一曰得恁麽難會州曰有甚麽難會曰請和尚
指示州曰新羅新羅又問長慶羚羊挂角時如
何慶曰草裏漢曰挂後如何慶曰亂叫喚曰畢
竟如何慶曰驢事未去馬事到來此五燈會元所載與傳燈
錄稍異傳燈曰師謂衆曰如一獵狗只解尋得有蹤跡底忽遇羚羊挂角莫道蹤跡氣亦不識僧問羚羊挂角時如何師曰六六三十六又曰會麽僧曰不會師曰不見道無蹤跡有僧舉似趙
州州曰雲居師兄猶在僧乃問羚羊挂角時如何州曰六六三十六 頌曰
羚羊挂角向巍峯獵犬茫然不見蹤却是石橋橋畔
老三千里外解相逢 正覺逸
羚羊挂角六六三十六貧兒得古錢瘦馬餐枯栗報
你奈玄人聽取無生曲昨夜火燒空跳出水中浴
草堂清
獵狗迷蹤還觳觫氣息全無何處逐趙州城裏忽相
逢依然六六三十六 純
增收 雲居因新羅僧問是什麽得與麽難道師曰有
甚麽難道曰請難道師曰新羅新羅 頌曰
新羅僧問答新羅飛騎將軍意氣多奪得鎗來騎賊
馬不勞餘刃罷干戈 率菴琮
歸此非此離此全此平步青霄高山仰止目前包裹
不爭多森羅萬象眼中花就身打劫新羅新羅
增收 雲居因僧問僧家畢竟如何師曰居山好僧禮
拜師曰你作麽生會曰僧家畢竟於善惡生死
逆順境界其心如山不動師乃打曰孤負先聖
喪我兒孫又問傍僧你作麽生會僧禮拜曰僧
家畢竟眼不覩玄黃之色耳不聽絲竹之聲師
曰孤負先聖喪我兒孫 黃龍南云作麽生道
得一句不孤負先聖喪我兒孫若人道得到處
青山無非道場若道不得有寒暑兮促君壽有
鬼神兮妬君福 頌曰
突兀嵯峩萬仞横四邊無路不通行自古兩輪光不
到夜深王老入西岑 投子青
四顧巍峩瑣碧陰松風和雨響於琴居山不用逃聲
色百鳥歸來何處尋 枯木成
僧家畢竟居山好丫角女子白頭早行穿月色嶺頭
松跡到白雲巖下草寂寂峯前古寺基家家門首長
安道相將八月鴈南來莫教孤負太平老 佛鑑懃
增收 雲居因僧問六戶不明時如何師曰不涉緣曰
向上事如何師曰慎者不護 頌曰
春到石人覷遠山猿啼花木碧波間須知雲外巖松
瑞千古迎風任歲寒 投子青
增收 雲居臨終時問侍者曰今日是幾日者曰今日初
三師曰三十年後但道只道是乃端然告寂
頌曰
瞎漢臨危不識羞問人出氣借咽喉可憐便說初三
日活陷爛泥堆裏頭 寶葉源
增收 雲居因僧問全無學處如何立身師曰無立身
處曰佛事何勞師曰不同興化 頌曰
吾殷烟收紫氣旋拱斑宸陞退堯年鳳樓不宿桃源
客豈並金光照漢天 投子青
增收 雲居因荆南節度使成汭遣大將入山送供問
曰世尊有密語迦葉不覆藏如何是世尊密語
師召曰尚書其人應諾師曰會麽曰不會師曰
汝若不會世尊密語汝若會迦葉不覆藏 頌
曰
迦葉不覆藏橫身獨自當語意分明在今古密堂堂
佛眼遠 二
世尊密語難覆藏迦葉兒孫見如土千古萬古黑漫
漫焦尾大蟲元是虎
撫州曹山本寂禪師 嗣洞山 僧清銳問 今說作清稅者非
清銳孤貧乞師拯濟師曰銳闍黎近前來銳
近前師曰泉州白家酒三盞猶道未沾唇 五燈會元說作清稅孤貧乞師賑濟師召稅闍黎稅應諾師曰清源白家酒三盞喫了猶道未沾唇
玄覺云什麽處是與他酒喫 頌曰
清銳孤貧心太麁曹山携手步亨途白家三盞沾脣
酒醉後添盃一似無 佛印元
清源白家酒三盞未沾唇七十二棒且輕恕一百五
十難放君 地藏恩
滿屋黃金不肯親吁嗟甘怨自孤貧無端更飲三盃
酒醉後郎當笑殺人 南華昺
增收 販海波斯入大唐先將珎寶暗埋藏却來伸手從
人覓爭奈難謾有當行 肯堂充
清貧三盞便輕酬萬里曹門出鄭州盡情斫却月中
桂惱亂春風卒未休 天童淨
張覺李覺各有病痛赤眼撞著火柴頭焦磚打著連
底凍 朴翁銛
曹山慣用白家酒搬向人前盡底傾醉倒十洲雲水
客闍黎猶自不惺惺 皖山凝
千木逢場探淺深辨龍蛇眼決疎親兩箇駝子相逢
著世上思量無直人 退谷雲
銅公塘錢奉化得人憎得人怕不是明州人定說蘇
州話 無準範
增收 曹山因鏡清問清虚之理畢竟無身時如何師
曰理即如此事作麽生曰如理如事師曰謾曹
山一人即得爭奈諸聖眼何曰若無諸聖眼爭
鑒得箇不恁麽師曰官不容針私通車馬 頌

曰

不與麽太無端曹山甘被鏡清謾如如理事誰相悉畢竟無身也大難也大難大家諸聖眼前看　方庵顯

鴻濛未判絶疎親畢竟難將事理分夜半正明還不露金剛腦後鉄崑崙　雪巖欽

增收　曹山因僧問學人通身是病請師醫師曰不醫曰爲什麼不醫師曰教你求生不得求死不得死　頌曰

生死既不可求根塵萬病俱休從此俱空獨露蟾輪一片清秋　雪竇宗

增收　曹山因僧問學人抱璞投師請師雕琢師曰不雕琢曰爲甚不雕琢師曰須知曹山好手　頌曰

抱璞投師來意濃一條狹路忽相逢誰知妙手不雕琢分破華山千萬重　笑翁堪

增收　曹山因紙衣道者來參師曰莫是紙衣道者否曰不敢師曰如何是紙衣下事曰一裘纔掛體萬事悉皆如師曰如何是紙衣下用者近前應諾便立脫師揹其背曰汝祇解恁麽去何不解恁麽來者忽開眼問曰一靈眞性不假胞胎時如何師曰未是妙曰如何是妙師曰不借借者珎重便化師示頌曰覺性圓明無相身莫將知見妄疎親念異便於玄體昧心差不與道爲隣情分萬法沉前境識鑒多端喪本眞如是句中全曉會了然無事昔時人　頌曰

麻纏紙裹若嬰孩傒鉢羅華火裏開一點靈光千古在月輪孤處借胞胎　南堂興　三

勞形苦骨不知春得意忘言便出塵不假胞胎不借借金烏出海月離雲

紙衣下事不假胞胎既許撒手[illegible]嬰孩豈繫會

道場開單傳直指狀元來

增收　曹山因僧問朗月當空時如何師曰猶是階下漢曰請師接上階師曰月落後來相見　頌曰

朗月當[illegible]入閒落花流水不相干明明一句超凡聖光境俱忘詎有看

皓月光中立階端上他階級轉顢頇會須月落來相見別有靈光照眼寒　在菴賢

增收　曹山因鏡清問心徑苔生時如何師曰難得道者曰未審此人向什麼處去師曰只知心徑苔生不知向什麼處去　頌曰

心徑苔生何處去謝家人不在漁船蘆花萬頃水天濶白鳥深沉任轉旋　自得暉

心徑苔生去莫知口如鼻孔眼如眉迢迢劫外封緘濶明月蘆花類不齊　掩室開

增收　曹山因僧問雪覆千山爲甚麽孤峯不白師曰須知有異中異曰如何是異中異師曰不隨衆山色　頌曰

雪覆千山沒路岐孤峯不白峭巍巍五陵公子雖增氣野老相逢不展眉　朴翁銛

混不得類不齊六久宛轉見重離夜深下視千山白不是其中人不知　石溪月

言中彼此帶幽玄盡向言中辨正偏孤負一條官驛路茫茫沉在月明前　梵岸測

增收　曹山問金峯志曰作甚麽來曰蓋屋來師曰了也未曰這邊則了師曰那邊事作麽生曰低下工日白和尚師曰如是如是　頌曰

運斤成風匠石之奇喬松聳壑梁棟之姿宗中辨的量外知機這邊那邊兮著著無虧走殺不定兮落落明珠　雲樹靜

增收　曹山因僧問蟾坐團圓時如何師曰坐不見身曰還假用也無師曰纔說坐時便是用也不可移山塞海說禪說道方爲用也　頌曰

團圓莫謂清虛理若謂清虛總喪身却是眉毛曾問眼烏睛那白見瞳人　本昔一

增收　曹山辭洞山山云子歸鄉莫打飛鳥嶺過麽師曰是山云來時莫打飛鳥嶺來麽師曰是山云有一人不打飛鳥嶺過便到此間子還知麽師曰渠無彼往山云子見甚道理便道渠無彼往師曰若不到道田地爭解恁麽道　頌曰

不打飛鳥便到來大圓鏡裏絶塵埃東君節令分明也桃李年年二月開　自得暉

增收　曹山因僧問世間甚麽物最貴師曰死猫兒最貴曰爲甚麽死猫兒却貴師曰無人著價　頌曰

腥臊紅爛不堪親觸動輕輕血汚身何事今無人著價爲伊非是世間珎　丹霞淳

增收　曹山辭洞山山問曰子向甚麽處去師曰不變異處去山曰不變異處豈有去邪師曰去亦不變異　頌曰

家家門掩蟾蜍月處處鶯啼楊柳風若謂縱横無變異猶如鄭劍擬虛空　丹霞淳

齋時一鉢飯飯後一覺睡睡起去放尿洗手成變異　閑提總

增收　曹山聞鐘聲乃曰阿㖿阿㖿僧問和尚作甚麽師曰打著我心僧無對　五祖戒代云作賊人心虛　頌曰

聞鐘告衆打吾心游子閑言醉更深楞嚴會上圓通者正法明王觀世音　般若柔

聞鐘便道打吾心語淺分明理事深上流默默點頭笑可謂眞鍮不博金　汾陽昭

[增收]曹山因僧問家貧遭劫時如何師曰不能盡底去曰爲什麼不能盡底去師曰賊是家親　頌曰

六門曉夜任開張家賊難防事可傷識得家親恩愛斷更無一物獻尊堂　卍菴顏

[增收]曹山問僧作甚麼曰掃地師曰佛前掃佛後掃曰前後一時掃師曰與曹山過靸鞋來　一作與我過靸鞋來　頌曰

引問當機看起倒僧對師云一時掃曹山[illegible]把袈裟來智深功德轉和妙　般若柔

器量方圓識得伊問君掃地示慈悲前後一時俱掃却也是枯他第二機　汾陽昭

[增收]曹山因僧問靈衣不挂時如何師曰曹山孝滿曰孝滿後如何師曰曹山好顛酒　頌曰

清白門庭四絕隣長年開掃不容塵光明轉處傾殘月爻彝分時却建寅新孝滿便逢春醉步狂歌任墮申散髮夷猶誰管你太平無事酒顛人　天童覺

曹山顛酒有誰諳醉語狂言不自慚夜半日頭當午照騎牛背面著靴衫　東谷光

[增收]曹山問強上座曰佛眞法身猶若虛空應物現形如水中月作麼生說箇應底道理曰如驢覷井師曰道則太煞道祇道得八成曰和尚又如何師曰如井覷驢　或作蟾首座問洞山　頌曰

出路從來無十成有言須是脫凡情江邊玉女呵呵笑嶺上石人側耳聽　枯木成

應物現形如水月當時應物不留情如驢覷井終難喻如井覷驢何十成　本覺一

驢覷井井覷驢智容無外靜涵有餘肘後誰分印家中不蓄青機絲不挂梭頭上文彩縱橫意自殊　天童覺

驢覷井井覷驢五臺何處不文殊黃面老人任多口未知道得八成無　張無盡

驢覷井井覷驢冬瓜葉上長葫蘆會不得莫脚尉定盤星上絕錙銖　無菴全

[增收]曹山因僧問五位對賓時如何師曰汝即今問那箇位曰某甲從偏位中來請師向正位中接師曰不接曰爲甚麼不接師曰恐落偏位中去師却問僧秖如不接是對賓是不對賓曰早是對賓了也師曰如是如是　頌曰

月中玉兎夜懷胎日裏金烏朝抱卵黑漆崑崙踏雪行轉身打破瑠璃椀　丹霞淳

故國安居衆帝先夜明簾外信無傳金雞啼破玉人夢曉色依依錦帳前

[增收]曹山因僧問子歸就父爲甚麼父全不顧師曰理合如是曰父子之恩何在師曰始成父子之恩曰如何是父子之恩師曰刀斧斫不開　頌曰

翡翠簾垂絲綸未濟紫羅帳合視聽難通把動毛頭月斜夜戶密移一步鶴出銀籠脫身一色無遺影不坐同風落大功　天童覺

[illegible]

刀斧斫不開靈機絕點埃清風掃殘雪和氣帶春回　退谷雲

[增收]曹山因僧問國內按劍者誰　頌曰

嵯峨萬仞是曹山氣岸雄雄坐祖關横按鏌鎁全正令太平寰宇斬癡頑　佛性泰

禪宗頌古聯珠通集卷第二十九

禪宗頌古聯珠通集卷第三十

宋池州報恩光孝禪寺沙門法應集

元紹興天衣萬壽禪寺沙門普會續集

祖師機緣

六祖下第六世之餘　清源下第五世之餘

湖南龍牙山居遁禪師　嗣洞山　初參洞山一日問如何是祖師西來意山曰待洞水逆流　傳燈錄作待洞水逆流　即向汝道師始悟厥旨　頌曰

龍牙未息狂心地徧問諸師不肯休先達愍他親意切直言洞水逆須流　汾陽昭

古源無水月何生滿岸西流一派分慧辯羅詢熊耳嶽雪庭休話少林春　投子青

洞水無緣會逆流見他苦切故相酬西來祖意實無意妄想狂心歇便休　橫川珙

龍牙在翠微時問如何是祖師意微曰與我將禪板來師遂過禪板微接得便打師曰打即任打且無祖師意又問臨濟如何是祖師意濟曰與我將蒲團來師乃過蒲團濟接得便打師曰打即任和尚打且無祖師意後有僧問和尚行脚時問二尊宿祖師意未審二尊宿道眼明也未師曰明即明已要且無祖師意　頌曰

龍牙山裏龍無眼死水何曾振古風禪板蒲團不能用只應分付與盧公盧公付了亦何憑坐倚休將繼祖燈堪對暮雲歸未合遠山無限碧層層　雪竇顯

子卿不下單于拜始未常違漢帝儀穿後乃知松栢操事難方見丈夫兒　佛性泰

西來祖意問重重禪板蒲團用處同休把虎空增粉飾他家宥重似盲眸　枯木成

駕與青龍不解騎人人盡道阿師癡爛泥中有傷人刺一度曾施陷虎機　瞞菴成

蒲團禪板對龍牙何事當機不作家來意成褫明日下恐將流落在天涯虛空挪挂劒星漢却浮槎不萌草解藏香象無底籃能貯活蛇今日江湖何障礙通方津渡有船車　天童覺

龍牙因僧問二鼠侵藤時如何師曰須有隱身處始得曰如何是隱身處師曰還見儂家麼　聯燈作還見文殊麼　頌曰

寒月依依上遠峯平湖萬頃練光封漁歌驚起沙洲鷺飛入蘆花不見踪　丹霞淳

堂堂成現寥寥難見二鼠雖點莫逢其便藤枝透出未生前正眼當陽巧回換龍牙老機如電遇賤即貴貴即賤　圜悟勤

龍牙因韶國師問天不能蓋地不能載時如何師曰道者合如是累經十七次問師曰若為你說恐闍後罵我去在韶後住通玄峯因澡浴次忽省前話具威儀詣龍牙禮拜曰當時若與我說破我今日定罵他　頌曰

赤骨力寸絲不掛淨倮倮兮赤灑灑浴出低頭滿面慚為我說時定相罵　也菴顏

大海中心泛鐵船隨波逐浪滔天順風同岸無人識江北從來使鐵錢　東谷光

龍牙因僧問如何是祖師西來意師曰待石烏龜解語即向汝道曰石烏龜語也師曰向汝道什麼　頌曰

石龜無語是知音無耳髑髏深夜聽大地便藏無影樹太陽偏照不能尋　投子青

烏龜誰道不能言妙語浪浪只自宣說盡西來祖師意知音弗遇也空然　本覺一

龍牙因僧問十二時中如何用力師曰如無手人行拳　頌曰

如人無手欲行拳誰敢當頭輒向前十二時中常若此不須更問祖師禪　本覺一

龍牙因僧問古人得箇什麼便休去師曰如賊入空室　頌曰

枯松野鶴呼衡門雪滿寒林入夜閑只箇生涯無所有不妨巖下有溪雲　枯木成

買帽相頭量才補職明眼衲僧面前不識　眞淨文

綠林強士正心狂心中安定室中藏不覺投虎入空屋懡㦬徒然笑一場　本覺一

龍牙因僧問師子返擲時如何師曰返擲且止你道還怕文殊麼曰非但文殊佛亦不怕師曰爭奈被文殊騎何曰文殊騎者不是師子師曰返擲事作麼生曰應用無虧師曰正是文殊騎者返擲事作麼生僧無語　頌曰

衆獸之中師子兒善能哮吼震全威縱橫妙用能返擲爭奈文殊坐著伊干闐國王牽不住善財童子却生疑將謂世界無過者也被六塵吞著時　智門寬

撫州踈山匡仁禪師　嗣洞山　聞福州大溈安和尚示衆曰有句無句如藤倚樹師特入嶺到彼值溈泥壁便問承聞和尚道有句無句如藤倚樹是否曰是師曰忽然樹倒藤枯句歸何處溈放下泥盤呵呵大笑歸方丈師曰某甲三千里賣却布單特為此事而來何得相弄溈喚侍者取二百錢與這上座去遂囑曰向後有獨眼龍為子點破在後聞婺州明招謙和尚出世徑往禮拜招問甚處來師曰閩中來招曰曾到大溈否師曰到曰有何言句師舉前話招曰溈山可謂頭正尾正祇是不遇知音師亦不省復問樹倒藤枯句歸何處招曰却使溈山笑轉新師於言下大悟乃曰溈山元來笑裏有刀遙禮悔過

頌曰
樹倒藤枯伸一問呵呵大咲有來由羚羊掛角無蹤
處直至如今笑未休　海印信
樹倒藤枯呵呵大咲不許夜行投明須到游子貪程
去不歸及至歸來親已老親已老不須嗟猶勝當日
未還家　佛慧泉
江邊閒把直鈎垂也有金鱗上釣時三跳若能乘羽
化免教漁父皺雙眉　枯木成
藤枯樹倒意如何一著分明舉示他笑裏有刀須錯
解正頭正尾却仙陁　道場如
冷刃吹毛笑裏來嫌迦羅眼不容裁一目金龍曾舉
爪觸髏覺痛頂門開　大洪預
若將此語定綱宗孤負明招獨眼龍笑裏忽分尼水
路方知千里共同風　徑山杲
有句無句藤倚樹白飯元來用米作高樓吹笛柳如
烟滿地春風落飛絮　鼓山珪
樹倒藤枯意若何溈山開口笑呵呵可憐三尺龍泉
劒嘆作陶家壁上梭　佛性泰　二
深却布單錢了行行意氣轉高不得明招點破焉知
笑裏有刀
樹倒藤枯問大溈呵呵大咲顯全機有誰會得却盤纏
了秋夜寒來怨阿誰　文殊道　二
却使溈山笑轉新笑中有刃暗傷人曹溪路上奔馳
者由更區區苦問津
樹倒藤枯笑未休箇中誰解辨宗由堂堂蹉路溈山
老空去空來一肚愁　楚安方　二
添得溈山笑轉新當時靦面已呈君明招漏泄溈山
句無限風光付與人
增收 有句無句明來暗去活捉生擒捷書露布如藤倚
樹物以類聚海外人參蜀中附子樹倒藤枯切忌匆
匆句歸何所蘇嚧蘇嚧呵呵大笑破鏡不照大地茫
茫一任蹄跳　護國欽
呵呵大笑不尋常須得眉間也放光不是明招串汗
脚叢林泊合錯商量　淨山遠
呵呵大笑意難論樹倒藤枯問有因縱向明招言下
悟眼開只是舊時人　眞淨文
仰之彌高鑽之彌固昭昭明明如藤倚樹大咲呵呵
跨白牛碧雲繚繞無尋處　龍牙言
有句無句如藤倚樹玄沙斫脚禾山打鼓君不見雪
竇有語兮要與人天爲師向前端的是虎　尼無著總
笑裏憑誰眼豁開龜毛須向火中栽脚跟有路雲泥
隔千里區區謾往來　湛堂深
叵耐溈山老鬼精垂鈎便要釣鯤鯨幾多頭角爲龍
去蝦蟹依前努眼睛　中菴空
掀翻海岳求知已雪刃橫身立太平野老不知堯舜
力鼕鼕打鼓祭江神　木菴永
有句無句如藤倚樹回避無門毒蛇當路樹倒藤枯
句歸何處明眼衲僧一場罔措　天目禮
增收 琅琊覺云有句無句如藤倚樹樹倒藤枯好一一
堆爛柴　頌曰
布單酬價見明招滴水如今未合消不是咸通年後
事住山爭得有柴燒　張無盡
轉得眼來十萬里千江匝匝寒波起若能借便使風
帆無明海裏尋知已　中菴空
領得溈山笑裏刀方知不枉到明招元來樹倒藤枯
後了得三年五載燒　石林鞏
增收 踈山因僧問如何是諸佛師師曰何不問踈山
老漢　頌曰
養子方知在上慈親言無味外人疑欲窮滄海深深
處聽取漁家傲莫迷　投子青
踈山因主事僧爲師造壽塔畢白師師曰將多
少錢與匠人曰一切在和尚師曰爲將三文錢
與匠人爲將兩文錢與匠人爲將一錢與匠人
若道得與吾親造塔來僧無語後僧舉似大嶺
庵閑和尚（羅山）嶺曰還有人道得麼曰未有人
道得嶺曰汝歸與踈山道若將三錢與匠人和
尚此生決定不得塔若將兩錢與匠人和尚與
匠人共出一隻手若將一錢與匠人累他匠人
眉鬚墮落僧回如教而說師具威儀望大嶺作
禮嘆曰將謂無人大嶺有古佛放光射到此間
雖然如是也是臘月蓮花大嶺後聞此語曰我
恁麼道早是龜毛長三尺　頌曰
一文兩文與三文踈山大嶺謾區分須知無縫元無
價獨露乾坤聳白雲　雲巖因
接得風流傳粉郎一朝三度巧梳粧改頭換面無人
識元是東村李二娘　佛鑑勲
鑒壞十方常住地三錢使盡露屍骸羅山古佛雖靈
驗未免將身一處埋　徑山杲
袖頭打領無添減腋下剜襟有短長大庾嶺頭一聲
佛踈山兩度放毫光　鼓山珪
窣堵波成賞匠人工錢一二與三文可憐眼裏無筋
者當面定將數目分　佛性泰
增收 清風吹動釣魚船鼓起澄波浪拍天堪笑錦鱗爭
戲水到頭俱被釣絲牽　丹霞淳
三文與匠人 每憂佳人笑目青音客常隔一沙汀黃河誰
道如今覰波浪無風不掛情　崇覺空　三
兩文與匠人 惱惱牛欄昨夜開嶺頭人喚不歸來煩君道
與西山月莫照孤燈冷處灰
一文與匠人 行因感果事須分寶塔凌空直一文要會踈
山端的意吾家宗祖在并分

冬瓜蘸雪未爲淡匠者三文淡最幽天共白雲曉水和明月流　本寂觀

鑿開蒼徑造浮圖往復商量價不低無限落花隨水去夕陽春色滿江湖　應菴華

臘月蓮花菡萏香三回貫手不尋常直饒會得顰眉洛早是龜毛數丈長　密菴傑

慣落眉頻不得塔三文使盡見分踈無端大嶺重饒古數丈龜毛舉世無　月林觀

踈山造塔行今今古叢林揀正三錢酬酢相應驀地聞大嶺看看臘月蓮花龜毛三尺相隨是則古佛放光非則尋聲弄影　方菴顯

增收 踈山冬至夜有僧上堂問如何是冬來意師曰京中出大黃（今訛作京師）　頌曰

京師出大黃熟處最難忘道吾常作舞元是謝三郎　丹霞淳

京師出大黃不許說商量貴買還賤賣綿喫便承當　蚌菴需

京中大黃答冬來意杲日麗天盲人摸地　育堂充

有問冬來事京師出大黃貪他一粒粟失却半年糧　虛菴除

京師出大黃見賊便見贓竹杖化龍去癡人守夜塘　松源岳

京師出大黃直截爲君舉冬至到寒食恰是一百五　無際派

有問冬來事京師出大黃漢家勳業在樊噲與張良　介菴朋

增收 踈山上堂曰病僧咸通年前會得法身邊事咸通年後會得法身向上事雲門出問如何是法身邊事師曰枯椿曰如何是法身向上事師曰非枯椿曰還許某甲說道理也無師曰許曰枯椿豈不是明法身邊事師曰是曰非枯椿豈不是明法身向上事師曰是曰秖如法身還該一切也無師曰法身周徧豈得不該門指淨瓶曰秖如淨瓶還該法身麼師曰闍黎莫向淨瓶邊覔門便禮拜　頌曰

法身向上法身事我見枯椿眼中刺多年多歲易成精一切處該該不是相逢打鼓弄琵琶知音相見今如此　大爲智

眼觀東南意在西北撥轉天關掀翻地軸法身向上法身邊間氣英靈五百年膠漆相投箭相拄南山起雲北山雨　長靈卓

青青掩映松蘿窟修竹超然物外物莫將修竹比喬松不及喬松老風骨　佛鑑懃

法身向上法身邊會得咸通無後先一箇鋒來一箇鼓擔爲一擔更無偏　石溪月

踈山手握木蛇有僧問手中是什麼師提起曰曹家女　頌曰

別面不如花有笑離情難似竹無心因人說著曹家女引得相思病轉深　慈受深

我愛曹家女姿質嗔心猛熾火長然紗羅帳裏深深夜說悟當年四八禪　崇覺空

增收 踈山問僧甚處來僧曰雪峯來師曰我已前到時是事不足如今足也未曰如今足也師曰粥足飯足僧無對　頌曰

一條官路坦然平無限遊人取次行莫謂地平無險處須知平地有深坑　慈受深

增收 踈山到夾山山上堂師問承師有言曰前無法意在目前如何是非目前法山曰夜月流輝澄潭無影師作掀禪床勢山曰闍黎作麼生師曰目前無法了不可得山曰大衆看取這一員戰將　頌曰

八花毬上紛紅旗百戰場中亦手提一旦凱歌歸去國英雄羸得作清時　無量壽

增收 踈山因韶國師問百師子重是何人境界師曰左搓芒繩縛鬼子　頌曰

百師子重欲問周踈山脫體解相酬當時一衆知誰會自得江西水逆流　投子舒

增收 踈山因靈泉問枯木生花始與他合是這邊是那邊句師曰亦是這邊句曰如何是那邊句師曰石牛吐出三春霧靈雀不棲無影林　頌曰

滄海無風波浪平烟收水色虛含月寒光一帶望何窮誰辨箇中龍退骨　丹霞淳

越州乾峯和尚（嗣洞山）上堂曰舉一不得舉二放過一著落在第二雲門出衆曰昨日有人從天台來却徑山去師曰典座來日不得普請便下座　雪竇云雲門秖能一手擡不能一手搦　頌曰

乾峯舉一不舉二雲門擡手添意氣花開花落任風吹自有馨香滿天地　睦堂心

聲前一句口如眉佛祖從來總不知昨夜崑崙聞說夢白頭生得黑頭兒　丹霞淳

黑白分明滿局棊曾無一著有相虧可憐無限傍觀者斧爛何消總不知　白雲昺

覩出形儀已不眞二三分數像當人傍邊有箇無端者第一難謾是眼親　保寧勇

天台南岳去無蹤更有何人覿面逢東嶺雲生西嶺白前山花發後山紅　普融平

覔海成鹽終有味藏空作響本無蹤凡倚擡肩波斯子把手相將海底行　慈受深

高樓美女一雙雙各向瓊窓坐玉林綉出鴛鴦呈似

了金針深揷錦香囊 佛性泰

波斯攅出海南香白眼崑崙與論量賣客不諳彈舌語只看兩箇鼻頭長 常智孜

東嶺西巖路暗通有誰曾見老乾峯雲門把手雖同步白雲飛蓋月含空 竹分方

續補 莫向乾峯頂上叅無言童子却相諳放開一線通消息走徧天台與嶺南 植大成

春蘭與秋菊一一各當時底處無回互怒誰分髓皮風來鳥已覺露重鶴先知爲問何能爾渠儂初不知 圓悟勤

乾峯撒手懸崖韶陽天然標格謂言只有猴白那知更有猴黑 佛心才

相見不須呈君窮我亦貧謂言侵早起更有夜行人 萬年開

明頭暗合幾放還收脚乎 金針線還偷舉一不舉 月堂昌

二天台過得山僧他桃守核於是損牙關

乾峯上堂法身有三種病二種光須是一一透得始解歸家坐穩須知更有向上一竅在雲門出問庵內人爲甚麼不知庵外事師呵呵大笑門曰猶是學人疑處師曰子是甚麼心行門曰也要和尚相委師曰直須與麼始解穩坐門應喏喏 頌曰

鋪主將鍮試買人謂言難似此金真買人拂袖先行去滿面慚惶不敢嗔 白雲端

垂鉤四海釣獰龍格外玄談知己從相見披衫帶席帽不妨把手上高峯 佛性泰

三種病兮二種光法身於此露堂堂時人不會箇中意猶把法身謾度量 楚安方

續收 動絃別曲聞一知十手搦手橦以膠投漆庵內不見菴外無孔鐵鎚不會人生相識貴知音水入水兮金博金 圓悟勤

庵內不知庵外事鐵額銅頭不相似定花板上打獃驢猛虎舌頭書卍字 晦堂遠

乾峯因僧問十方薄伽梵一路涅槃門未審路頭在甚麼處師以拄杖劃云在這裏僧後請益雲門門拈起扇子云扇子𨁝跳上三十三天築著帝釋鼻孔東海鯉魚打一棒雨似傾盆會麼

頌曰

入手還將死馬醫返魂香欲起君危一期撑出通身汗方信儂家不惜眉 天童覺

樓閣重重擊不開乾峯劃破露崔嵬十方佛刹全彰處一一門中見善財 佛心才

須彌頭倒卓大海起清風東弗巳提落西瞿花正紅 長靈卓

撘破雲門一柄扇拗折乾峯一條杖二三千處管絃樓四五百條花柳巷 徑山杲

乾峯不用指陳雲門休打骨董自然東海鯉魚築著帝釋鼻孔 鼓山珪

續收 烏龜三眼紅如火一角麒麟快似錐土宿夜遊南膽部泥牛脚下火星飛 雪竇宗

一人向陸地行船一人向針鋒走馬同時同日到長安其中一箇較尖些 佛鑑懃

當面非將投應機皆在說乾峯與雲門兩口同一舌若是績紹人弄巧便成拙 雪菴瑾

乾峯因雲門到云請和尚答話師曰到老僧也未門曰恁麼那恁麼那師曰將謂猴白更有猴黑 頌曰

乾峯舉一不舉二雲門推手添意氣爲言只有猴白那知更有猴黑 晦堂心

弦箭相拄刹那相對發自中而箭箭不虛攝衆景而光光無礙得言句之總持住游戲之三昧妙其間也死轉徧圓必如是也縱橫自在 天童覺

增收 澧州欽山文邃禪師 嗣洞山 巨良禪客叅禮拜了便問一鏃破三關時如何師曰放出關中主看曰恁麼則知過必改師曰更待何時曰好隻箭放不著所在便出去師曰且來闍黎良回首師下禪牀擒住曰一鏃破三關即且置試爲欽山發箭看良擬議師打七棒曰且聽箇亂統漢疑三十年有僧舉似同安察安曰良公雖解發箭要且未中的僧便問未審如何得中的去安曰關中主是甚麼人僧回舉似師師曰良公若解恁麼也免得欽山口然雖如此同安不是好心亦須看始得 頌曰

一鏃破三關爭知中的難放出關中主移營還就壯雲濛鷹擊孤愁人皆閉戶甜瓜自古甜苦瓠從來苦 歎堂定

增收 欽山因巖頭問如何是真言師曰南無佛陁耶 頌曰

隨機有問隨機答不是禪兮不是玄後代無端翻譯出却將梵語作唐言 退耕寧

增收 欽山與巖頭雪峯同到德山一日問德山曰天皇也恁麼道龍潭也恁麼道未審和尚作麼生道山曰汝試舉天皇龍潭道底看師擬進語山便打師被打歸延壽堂曰是則是打我太煞巖頭曰汝恁麼道他後不得道見德山來 法眼別云是則是錯打我 頌曰

老倒忘機太作家古今皆貴絕纖瑕天皇一脉龍潭現湧出靈源萬路差差切膈欽山猶定動得無言說至今誇 汾陽昭

老將交羅事一期於中得失少人知欽山若棒無言

說若更非言更是非　延壽慧

增收 高安白水本仁禪師 嗣洞山 上堂老僧尋常不欲向聲前色後鼓弄人家男女何故且聲不是聲色不是色僧問如何是聲不是聲師曰喚作色得麼曰如何是色不是色師曰喚作聲得麼僧作禮師曰且道爲汝說答汝話若向這裏會得有箇入處　頌曰

色自色兮聲自聲新鶯啼處柳烟輕門門有路通京國三島斜横海月明　丹霞淳

聲出虛色生無聲前色後轉含糊聞不容疑安可名

横堂畫圓應沒鎠銖巧張爐鞴費分疎爭如棒下無生忍聞見聲香滿道途　圓悟勤

增收 明州天童咸啓禪師 嗣洞山 簡大德問學人卓卓上來請師的的師曰我這裏一句便了有甚麼卓卓的的曰和尚恁麼答話更買草鞋行脚好師曰近前來簡近前師曰秖如老僧恁麼答過在甚處簡無對師便打　頌曰

卓卓的的一屙便息老鼠舞三臺猫兒吹風葉烏龜舉首唱巴歌一二三四五六七　雪竇宗

增收 天童因僧問如何是應用無虧底眼師曰恰如瞎一般　頌曰

盲聾瘖瘂逈天真眼似眉毛道始親昨夜東君潛行令黃鶯啼處綠楊春　丹霞淳

增收 京兆府蜆子和尚 嗣洞山 混俗閩川不畜道具不循律儀冬夏一衲逐日沿江岸採掇蝦蜆充腹暮卽宿東山白馬廟紙錢中居民曰爲蜆子和尚華嚴靜禪師聞之欲決眞假先潛入紙錢中深夜歸嚴把住曰如何是祖師西來意師遽答曰神前酒臺盤嚴放手曰不虛與我同根生　頌曰

神前酒臺盤鐵彈大如拳一擊便擊碎不直半分錢　圓悟勤

神前撥紙問西來直截當機指酒臺赤膊袒有頭而禮禍從天降不成灾　搭堂濟

攙蜆撈蝦昧巳靈那堪古廟著渾身撞頭那畔空狼籍討甚多年鬼眼睛　本野敷

紙錢堆裏可憐生臭口纔開便葛藤蕩盡鬼家窮活計至今古廟絕人行　東山源

瑞州九峯普滿禪師 嗣洞山 問僧近離甚處曰閩中師曰遠涉不易曰不難動步便到師曰有不動步者麼曰有師曰爭得到此間僧無對師以拄杖趁下　頌曰

雲重重又水重重步不曾移到九峯遠涉若逐言不易主人却在半途中　雪巖欽

增收 台州幽棲道幽禪師 嗣洞山 一日欽鐘上堂大衆纔集師乃問甚麼人打鐘僧曰維那師曰近前來僧近前師遂打一掌却歸方丈　投子青云然自急須逃古今皆有行窮絕處試問傍人不識下情果然獲有既從相問急索端由不顧危亡得他假難雖獲小利也是暗地傷人不爲好手這僧雖然失利蓋爲自不守分致禍臨身未爲分外然雖如是終是平人横遭羅網自有傷人證據在且道證據箇甚事乃云東家不了西舍受殃復頌曰

爲路相逢借問由寸心莫便與他酬雖然重擔救人代終是慚顏暗地羞

六祖下第七世之一　南嶽下第六世之一

增收 汝州南院慧顒禪師 嗣興化 亦曰寶應 上堂諸方只具啐啄同時眼不具啐啄同時用時有僧便問如何是啐啄同時用師曰作家相見不啐啄啐啄同時失僧曰此猶未是某甲問處師曰汝問處又作麼生僧曰失師乃打之其僧不肯後於雲門會下聞別僧舉此話方悟旨却回參省師巳圓寂遂禮風穴和尚穴問曰汝當時問先師啐啄話後來還有省處也無曰巳見箇道理也穴曰作麼生曰某甲當時在燈影裏行照顧不著穴曰汝會也　此依傳燈所載五燈會元少異乃啄同時用師曰作家不啐啄啐啄同時失僧曰此猶未是某甲問處師曰汝問處作麼生僧曰失師便打其僧不肯後於雲門會下聞二僧舉此話一僧曰當時南院棒折那其僧忽契悟遂奔回省覲師已圓寂乃謁風穴穴一見便問上座莫是當時問先師啐啄同時話底麼曰是穴曰汝當時作麼生會曰某甲當時如在燈影裏行相似穴曰汝會也　頌曰

不將佛法當人情驗盡諸方鬼眼睛縱使作家不啐啄依然錯認定盤星　笑翁堪

同時啐啄不同時石火電光猶較遲燈影裏行今巳會蹉跎非是落便宜　雪巖欽

增附 雲居悟云且作麼生是啐啄同時眼若得眼明其用自備又道作家不啐啄啐啄同時失何故不啐啄所以道子若哮吼其母卽喪諸人還明得麼乃頌曰

子若哮吼其母卽喪全歸其子十方通暢大用現前理自然何必起心作模樣更若不會雲居拄杖

增收 南院上堂赤肉團上壁立千仞僧問赤肉團上壁立千仞豈不是和尚道師曰是僧便掀倒禪床師曰這瞎驢亂作 去 僧擬議師便打　頌曰

掌中擎日月舌上覆金錢壁立爭千仞毫光徹梵天　鼓山珪

赤肉團邊用得親主賓有理各難伸兩箇驢子相逢著世上如今無直人　徑山杲

電光影裏緇素匪分纖毫不犯總教滅門　木菴永

日月無光殺氣浮搖天鼉鼓戰鯤鯨捷呼從下與番

稱鄉箇兒郎不舉頭　虛堂愚

增收 南院問僧名什麼僧曰普參師曰忽遇屎撒時如何曰不審師便打　頌曰

兩箇屎撒合作一團熏天炙地誰能襲千古叢林作話端　西山亮

增收 南院因僧問古殿重興時如何師曰明堂瓦插簷曰與麼則莊嚴畢備也師曰斬草蛇頭落

頌曰

幾番之機安可測隨言生解實堪悲曉來一陣春風起吹落庭花三四枝　海印信

重興古殿辨來風瓦插重簷氣象雄怪得人前多意氣他家無法在胸中　西禪寂

增補 南院因僧問寒暑到來時如何（一作問日月迭遷寒暑謝還有不涉寒暑者也）師曰紫羅抹額綉腰裙曰上上之機今已曉向下之機事若何師曰炭庫裏藏身　頌曰

紫羅抹額綉腰裙傾國風流宛勝秦玉笛插藏人不見夜深吹起鳳樓春　雪堂行

禪宗頌古聯珠通集卷第三十

禪宗頌古聯珠通集卷第三十一

宋池州報恩光孝禪寺沙門法應集

元紹興天衣萬壽禪寺沙門普會續集

祖師機緣

六祖下第七世之二

鎮州寶壽第二世禪師 嗣寶壽沼 開堂乃先寶壽遺囑三聖爲作請主開堂日師方陞座聖便推出一僧師便打聖曰你恁麼爲人非但瞎却這僧眼瞎却鎮州一城人眼去在師擲下拄杖便下座歸方丈　頌曰

三聖擔他寶壽鍬推僧出衆擬商量塞外將軍行正令直得盲人滿大唐　汾陽昭

寶華王座始登時三聖推僧决衆疑棒下分明無老少天下盲人幾箇知　黃龍南

金槌擲下如星疾好手接來不費力當時抛向洪波中千古萬古無消息　白雲端

黑白未分著著奇任他閑漢畔頭窺不知除却神仙手更有何人敵得伊　保寧勇

探馬飛來棒下寧瞎人翻滿鎮州城太平本是將軍建不許將軍見太平　真淨文

臨濟家風兩獻酬推僧棒瞎見宗猷若非寶壽全機眼更有誰明此話頭　興國約

法眼傳來付與誰三聖推僧决衆疑將軍令嚴群夫駭直得盲聾徹四夷　真如喆

寶壽開堂座始登當時三聖便推僧要知打瞎人人眼好向曹溪問老能　智海清

當鋒更不借全機勍敵須還作者知錢馬放閑沙塞静瞎驢千古少人騎　上方益

豐城收寶劒宇宙識人稀不入張華手焉能別是非　佛心才

驀牙開時飛鐵騎電光閃處擲金槌一城瞎却渾閑事直至而今成是非　佛性泰

寰中天子勑塞外將軍令萬里掃烟塵威雄難比並曲中直細中麤瞎却人眼眞作略掀倒禪床捋虎鬚人平不語水平不流劒去久矣徒勞刻舟權柄在手專殺活大丈夫兮得自由　南華昺

矢在弦上不得不發擬議蹉過箭鋒一劄　天寧琦

寶壽開堂推出僧棒頭有眼要分明滿城人瞎誰能曉今古清風匝地生　疎山如

提起須彌第一槌電光石火太遲遲象王行處狐蹤絕獅子咆哮百獸危　徑山杲

棒頭瞎却一城人三聖撩他寶壽嗔正令只堪提一半一盲引得衆盲行　鼓山珪

養得男兒要賭錢渾身無有寸絲纏是非窠裏和身入生滅門中滿口宣　正堂辯

塞北千人帳江南萬斛船菩提窩裏坐總謂是虛傳　石菴玿

寶壽第二世在先寶壽爲供養主壽問父母未生前還我本來面目來師立至夜深下語不契翌日辭去壽曰汝何往師曰南方學佛法壽曰汝且在此作街坊若是佛法紅塵浩浩談說一日在市中見二人相打一人近前打一拳云你是甚麼面目師覩之忽然大悟歸告寶壽壽深可之　頌曰

鬧市相逢兩知識面目無來太廢力粉骨碎身未足酬一句了然超百億　海印信

南北東西是處游更深歸去月如鈎春風一陣花狼籍不覺思量瞎點頭

甚妙也甚妙於此知性命擗鼻與一拳當時便打正　五祖演

十字街中六不收本來面目絕蹤由縱饒悟得分明去已落儱家第二頭

一拳拳倒黃鶴樓一趯趯翻鸚鵡洲幸有傍人爲着力自家端坐看揚州　佛性泰

一拳打就無面目碧眼胡僧覷不足秋來黃葉落紛紛六六反成三十六　南華昺

寶壽作街坊鬧市中驀得父母未生前恁麼無面目最奇特大用現前無軌則　圓悟勤

春色依依柳色黃桃花俏夾杏花枝欲識本來無面目塵中方見丈夫兒　佛鑑懃

借路經過無面目因邪打正有來頭衲僧門下無干涉徒用精金換得鍮

汝州西院思明禪師 嗣寶壽沼 僧問如何是伽藍師曰荊棘叢林曰如何是伽藍中人師曰獾兒貉子　頌曰

毫髮不留縱橫自由閫外乾坤廓落大方無外優游明明祖師意明明百草頭識破狐疑網截斷愛河流縱有回天力爭如直下休四衢道中淨倮倮放出溈山水牯牛　圓悟勤

西院明在許州開汝州南院出世元與同參遂特去相訪纔入寺了曰啓和尚某甲無可人事自從許州來收得江西剃刀一柄上和尚院曰汝從許州來收得江西剃刀師於院手上掐一掐院曰侍者收師以袖拂一拂便行院曰阿剌剌阿剌剌　頌曰

南院門前信莫窺登臨無不喪全威許州收得江西信針芥相投只自知

池州魯祖山教禪師 因僧問如何是雙林樹師曰有相身中無相身曰如何是無相身師曰金香爐下鐵崑崙　頌曰

有相身中無相身金香爐下鐵崑崙雙林別後無消息滿路風塵來往人 方會融

增收 吉州資福如寶禪師 嗣西塔穆 因陳操尚書來師畫一圓相操曰弟子與麼來早是不著便更畫圓相師於中著一點操曰將謂是南番船主師便歸方丈閉卻門 頌曰

團團珠遶玉珊瑚馬載驢駝上鐵船分付海山無事客釣鼇時下一䥫拳復云天下衲僧跳不出 雪竇顯

布漫天網鯨鼇不上水底反身波前躍浪在彼在此千里萬里不著便處卻能回門了方丈依前來雙收雙放半合半開主賓全體用石女老黃梅 月堂昌

李公要勸張公酒卻被張公罰一盃珠遶團團休錯會還家拍手笑哈哈 別峯印

郢州芭蕉山慧清禪師 嗣南塔湧 上堂拈拄杖曰你有拄杖子我與你拄杖子你無拄杖子我奪卻你拄杖子靠拄杖下座 頌曰

有無今古兩重關正眼禪人過者難欲通大道長安路莫聽崑崙說往還 環一雲

芭蕉示眾世無儔與奪縱橫不易親雨散雲收何處去空令游子淚沾巾 正覺逸

你有面前拈取去如無背後奪將來可憐黑漆光生底擊著千門萬戶開 保寧勇

縱奪臨機得自由相逢切忌更擡眸轉身必合知時節擬議山藤便到頭 枯木成

芭蕉拄杖與奪直要當風眼活剎那纔昧隔生鼻孔遭他牽撥 佛智裕

有無與奪太譊訛拄杖當途不奈何好把斜橫禪椅畔免令就上長枝柯 文殊道

十字街道見成行貨擬欲商量漆桶蹉過 徑山杲

增收 舒無蹤卷無跡日午晴空轟霹靂衲子驚迷失路頭神號鬼哭知何極 古宗

趂水泛船隨泥作佛船行佛成水泥不物有拄杖兮與拄杖船中輕蕩槳無拄杖兮奪拄杖佛向巧出相好手芭蕉眼不開塞壑填溝何處來 月堂昌

赫日光中風雷雨雹海水逆流須彌倒卓走獸飛禽懸崖撲落塞外將軍生擒活捉猛虎頦折蒼龍角 希叟曇

相罵饒汝接觜相唾饒汝潑水等閑摸著蛇頭拍手嘿嘿哩哩 中庵節

芭蕉舉起拄杖驚動森羅萬象蝦蟇飛過梵天眉毛[illegible]元在眼上 尼無著總

蟲蟲之鄉水不可嘗沾他一滴渾家喪亡 肯堂充

你有更須當面與渠無背手奪將來蟲然夜半化龍去黑雨烏風裂地雷 虛堂愚

增附 鼓山珪云五祖以拄杖子話請益白雲雲曰要會麼多處添些子少處減些子何故神仙秘訣父子不傳白雲和尚大似一錢為本萬錢為利殊不知如人善博日勝日貧老禪道多處添些子少處減些子自然到處恰好者箇算法極省工夫你諸人要會麼乃頌曰

多添減少休那先支移折變加三倍平生有子不須教一回落賺自然會

增收 芭蕉清因僧問如何是透法身句師曰一不得問二不得休曰學人不會師曰第三度來與汝相見 頌曰

休問維摩臥病城羅山空自掩光陰流沙欲渡全無難莫聽鶯啼在那林 牧子寺

一不問兮二不休直須識取那鈎頭再三回首來相見急水波心覩綉毬 懶菴需

六祖下第七世之三 清源下第六世之一

天童 合州瑞巖師彥禪師 嗣巖頭 師尋居丹丘瑞巖坐磐石終日如愚每日喚主人公復應諾乃曰惺惺著他後莫受人謾 後有僧參玄沙沙問近離甚處曰瑞巖沙曰有何言句示徒僧舉前話沙曰一等是弄精魂也甚奇怪乃曰何不且在彼住曰已遷化也沙曰而今還喚得應麼僧無對 頌曰

一生長喚主人公不受人謾迥不同今日惺惺何處去滿山松栢起悲風 佛國白

彎彎新月聚三星誰信心王本自寧可笑瑞巖方丈老夜深呼喚強惺惺 樹印明

瑞巖家風喚主人公昨夜南山虎咬大蟲 徑山杲

一主人公死一主人公活若解弄精魂兩頭皆透脫 鼓山珪

自呼自應巳惺惺不受欺謾理不輕池內白蓮香未巳蒼前山色四時青 白楊順

增附 瑞巖常喚主人公突出須彌最上峯大地撒翻無覓處至歌一曲畫樓中 天衣懷

不施棒喝喚主人公靈王擇乳鵝類不同 高原泉

水洗水兮金博金瑞巖徹底老婆心自攜餅去沽村酒卻著衫來作主人 無量壽

學道之人不識真只為從前認識神無量劫來生死本癡人喚作本來身 無門開

瞽跎漢漢秘審昏終日加趺兩臂推縱使不曾呼喚著何曾謾得阿師來 天目禮

風前一曲動離情調古無人和得成自唱自酬還自飲至今猶自不惺惺 別山智

福州羅山道閑禪師 嗣巖頭 閩王請開堂師陞座方收衣僧伽黎乃曰珍重便下座閩王近前執手云靈山一會何異今日師曰將謂是箇俗

漢（五燈會元載云閩帥欽其法味請居羅山號法寶禪師開堂升座方斂衣便曰珍重時衆不散良久師又手去云未會衆出禮拜師拈發曰也大奇哉）心宗 趙宋 頌曰

羅山忍俊不能禁大展家風吼一音紙墨如山書莫盡衲僧休向義中尋 洞山聰

紛紛雪影耀閩天閩王欣逢倍樂然一旦春風吹大地更無一點在階前 白雲端

須彌座上欽伽黎海口潮音闡大機世主大權能藻鑒雪山爲會愈增輝 雪山如

〔續收〕一道直如弦千古思無對縱有嚙鐵機觸犢成粉碎 梅堂祥

瑞世優曇見最難異香浮動曉風寒自非世主垂青眼却作閑花野草看 雪巢瀾

〔增收〕羅山初謁石霜問起滅不停時如何霜云直須寒灰枯木去一念萬年去函蓋乾坤去純清絕點去師不契後謁巖頭理前問頭喝曰是誰起滅師於此大悟（師不契乃參巖頭亦如前問頭曰是誰起滅）頌曰

斫斷老葛藤打破狐狸窟豹披霧而變文龍乘雷而換骨咄起滅紛紛是何物 天童覺

是誰起滅就窠打劫擊殺烏龜放得跛鼈 彼六劇

起滅不停誰解看當機一撥透重關東西總是長安路蕩蕩無拘自往還 無雙氣

冷水點沸湯舌頭不出口可惜老巖頭慈悲成過咎 石田薰

〔增收〕羅山在禾山遊同行矩長老出門次師把拄杖向前一攔矩無對師曰石牛攔古路一馬勿雙駒後有僧舉似踈山山曰石牛攔古路一馬生三寅 頌曰

春有百花夏有熱秋有涼風冬有雪若無閑事掛心頭便是人間好時節 黑堂

不踏門前路春歸又一年落花紅滿地芳草碧連天 鼓山珪

出門拄手話分攜古道迢迢去莫追却笑波心遺劍者區區空記刻舟時 徑山杲

〔增收〕羅山一日問巖頭和尚三十年前在洞山來又不肯洞山是否頭曰是又問和尚豈不是承嗣德山又不肯德山頭曰是師曰不肯德山即且置只如洞山有什麼虧欠處頭良久曰洞山好佛只是無光師便禮拜 頌曰

〔續收〕一箇鐵頭銅頭一人三頭六臂二俱借人鼻孔却與洞山出氣 肉巖脉

不肯宗師滿大唐羅山禮拜錯商量洞山無佛人難措慚愧巖頭口放光 千峯師

〔增收〕羅山因無軫上座問秪如巖頭道洞山好佛秪是無光未審洞山有何虧缺便道無光師召軫軫應諾師曰灼然好箇佛秪是無光曰大師爲甚麼撥無軫話師曰甚麼處是陳老師撥你話處快道快道軫無語師打三十棒趂出軫舉似招慶慶一夏罵詈至夏末自來問師乃分明舉似

〔收〕招慶作越償佛曰消錯怪大師 頌曰

格外談驚人句惟禪和徒指注的然好箇佛無光言下迷宗空自忙賴有知音招慶在譊訛一夏爲雌黃雌黃出暗寫愁腸寄知識 佛性泰

福州玄沙師備禪師 師雪峯 示衆曰諸方老宿盡道接物利生且問汝只如盲聾瘂三種病人汝作麼生接若拈鎚豎拂他眼且不見共他說話耳又不聞口復瘂若接不得佛法盡無靈驗時有僧出曰三種病人和尚還許人商量否師曰許汝作麼生商量其僧珍重出師曰不是不是（法眼云我當時見羅山和尚與此僧語便與三拜）有僧特此語請益雲門門曰汝禮拜著僧禮拜起門以拄杖拄僧退後曰汝不是患盲復喚近前來僧近前門曰汝不是患聾門曰還會麼曰不會門曰汝不是患瘂其僧於此有省

頌曰

盲聾瘖瘂杳絕機宜天上天下堪笑堪悲離朱不辨正色師曠豈識玄絲爭如獨坐虛窗下葉落花開自有時 復云還會麼無孔鐵鎚 雪竇顯

退後近前兼對揖相逢邂逅難回面春風滿地撼庭前還見落花千萬片 白雲端

雲門老子手親眼親因風吹火不費精神盲者便覷聾者便聞驀然無語掛在口唇三種病人一種法門 佛鑑懃

盲聾瘖瘂接不得玄沙枉費閑心力爭如識盡當拱手歸三人俱是膏肓疾 鼓山珪

玄沙三種病人語遊出雲門六不收莫待是非來入耳從前知已返爲讎 徑山杲

〔增收〕權生聾瞽瘂瘵要顯吾宗驗作家金剛截鐵如泥碎透金綫動失玄沙 石門易

欲知三種人應用理常新未有纖毫法能爲中外塵 禾山泰

一二三見聞覺更是誰頻銜爍花蔟蔟庭鷓鴣啼草叢薰時驚鶩飛玄沙老玄沙老賴遇當年人一著諦當之言徒唯然中間樹子比支落 翠巖真

玄沙三種接人諸人口耳現在不要開眼床床特地穆山寨海花裏幽禽語不休風光滿地誰人買 中庵 主庵

玄沙三種病人有理不在高聲引得杳嚴老子却來

霤上懸身　雲門遠

玄沙以毒出人毒三種病人同一屋堪笑雲門老古錐河裏失錢河裏摝　或菴體

盲聾瘖瘂不相干莫被玄沙恣謾說一句與君重剖露老君頭戴楮皮冠　癡室男

聾盲瘖瘂捉敗了也更問如何聾盲瘖瘂　一林觀

曲設多方驗作家有誰親見老玄沙耳聾口瘂眼睛瞎五濁衆生數似麻　懶川田

玄沙見僧來禮拜乃曰禮拜著因我得禮拜汝　頌曰

拜我得禮你自笑沒道理豈獨玄沙瞞天下人不是

因我得禮你扶倒又扶起要行即便行要止即便止

夫子不識字達磨不會禪玄沙無此語切莫妄流傳

利刀自斷命根不要依草附木若有一法與人永入拔舌地獄

因我得禮你牽牛去飲水岸上蹄踏蹄水中觜對觜

【拈】

因我得禮你崑崙臥潭底雖然浪拍天身上無滴水

【頌】因我得禮你分明好慚愧玄沙不是癡咄開眼休瞌睡

說你說我轉見話墮大地衆生元無一箇

老鼠咬生鐵十分滋味別猫兒左右看㗂嗶也不徹

因我得禮你窮源須到底九九八十一閻羅王是鬼

因我得禮你事從叮嚀起誰知白蘋風不在秋江裏　天目禮

因我得禮你莫放屁撒屎帶累天下人錯認自家底

玄沙一日普請往海坑斫柴見一虎僧曰和尚虎師曰是汝虎歸院後僧問適來見虎云是汝未審尊意如何師曰娑婆世界有四重障若人透得許汝出陰界　東禪齊曰上座古人見了道我身心如大地虛空如今人還透得麼　雪竇云要與人天爲師前面端的是虎　頌曰

前虎後虎忘須看取凜烈威風生獰爪距今古無人

【拈】

不回顧喪身失命如何救若回顧雄雄坐斷山前路　佛慧泉

猛虎當途獨振威爪牙具箇利如錐可憐不覺亡身者碎骨收來只可悲　保寧勇

宗師方丈大慈悲是汝之言寔古錐萬里神光騰頂後肯將生死嚇愚癡　龍門遠

欲識玄沙虎觀面是誰覿直下透牢關全機超佛祖　禾山方

【頌】玄沙見虎是汝多少人明自己色聲遍滿太虛有底纖毫依倚

老玄沙太饒舌覿面明明重漏泄衲僧於此便承當驗來未免眼中屑屑誰甄別火發薪羅燒脚熱

山中有虎人世上有人虎常磨笑裏刀利牙爪可怖寄語花狸奴莫教渠上樹　或庵體

前面有虎元來是汝更問如何冤苦冤苦

玄沙　日遣僧送書上雪峯和尚峯開緘唯白紙三幅問僧會麼曰不會峯曰不見道君子千里同風僧回舉似於師師曰遮老和尚蹉過也不知　頌曰

故遣親書遠信不干文字示衆　風穴

來封報玄沙語曉通分明理更封　汾陽昭

玄沙封白紙雪老却同風曉過人難會古曲調不同　眞如喆

玄沙封白紙雪老把火拔元來不識字白日走須彌　雲蓋智

玄沙桑青眼睛烏白紙三番便當筭千里同風多錯會一條拄杖兩人扶　慈受深

踏翻漁艇承家業笑出蘆花月正圓地闊天長三幅紙同風千里為誰宣　佛心才

白紙三張通信去展開千里却同風陽春轉入胡笳曲不是風吹別調中

【頌】三番白紙問寒暄千里同風月滿船奪得高標全用處盤蛇口內打秋韆　月庵果

白紙連封寄雪峯雪峯由是喜同風中間蹉過無人識賽後工城打暮鐘　佛燈珣

白紙馳書上雪峯雪峯千里却同風玄沙蹉過人難會煎斗煎茶錢不同　介諶

鵶鴉夜夜連聲叫月下何人不忍聞啼得血流無用處不如緘口過殘春　遯庵

【拈】

三張白紙千里同風宗師蹉過衲子迷蹤金烏飛出海門東鳳從虎兮雲從龍　竹庵珪

千里同風見不差僧持此語鮮玄沙不知蹉過如何也莫是玄沙蹉過他　楊岐

【頌】玄沙因雪峯召曰備頭陀何不徧叅去師曰達磨不來東土二祖不往西天雪峯然之　頌曰

驀然趯倒便知休百尺青山更不遊從此七閩江上月至今空照釣魚舟　佛國白

釣魚船上謝三郎趯倒須彌返故鄉應笑途中未歸客伶俜旅泊向他邦　本覺一

未離閫底已還家纔踏飛烏又眼花堪笑曾郎更心壽馬藤輕放老玄沙

舉玄沙南游莆田縣排百戲迎接來日師問小塘長老昨日許多喧鬧向什麼處去也塘提起衲衣角師曰料掉沒交涉　法眼別云昨日有多少喧鬧　法燈別云今日更好笑　頌曰

夜坐藏舟澄源著棹魚龍未知水爲命折筯不妨聊一擲玄沙師小塘老面蓋葫蘆探竿影草春編也老鬼果連游戲也華麟弄漆

今日靜啾啾昨日鬧啾啾風定花猶落鳥鳴山更幽

人前提起袈裟角堪笑無端露醜惡二老風流出當家未明向上那一著　無際派

舉玄沙問鏡清教中道菩薩摩訶薩不見一法爲大過失且道不見什麼法清指露柱云莫是不見這箇法麼　師曰浙中清水白米從汝喫佛法未會在

頌曰

雪老門高見女盛又能情重負天倫把家令盡雖[illegible]似也有貪盃落草人

寄機深設穽利刃疾交鋒汗馬無人識重論[illegible]

玄沙因鏡清問學人乍入叢林乞師指箇入路師曰還聞偃谿水聲否曰聞師曰是汝入處

頌曰

從這裏入頭上脚下俱濕雖然通得咽喉未免一場氣急風浙浙浪悠悠清風何處起人在木蘭舟

一滴偃溪水四海少人聞直饒玄會得也是弄精魂　法雲秀

天生碧眼崑崙兒有藝過人自不知幾度黑風翻大海波心出沒自閒嬉　白雲端

風飄碎玉千峯雪雨滴巖花萬國春堪聽偃溪流水意潺潺終日不聞聞　雄汝州

投老玄沙付鏡清返聞來聽偃溪聲如今洗耳滄浪在誰肯臨流便濯纓　長蘆信

滔滔無問說只爲太親切有誰曾共聞山河齊漏泄　崇文方

舉玄沙指示太深深引線須憑一寸針聞與不聞門外語勸君休向偃溪尋　文殊道

乾坤獨立從這裏入風吹不著雨打不濕一派寒泉下翠微玄沙拈出爲眞機鏡清雖向聞中入流水何曾洗是非　佛心才

舉玄沙因參次聞燕子聲乃曰深談實相善說法要便下座時有僧請益曰某甲不會師曰去誰信汝　頌曰

紫燕飛來繞畫梁深談實相響浪浪千言萬語無人會又逐流鶯過短牆　本覺

讚宣帝南北長安落路塵浪浪烟雨裏深深故園春　退庵奇

舉玄沙因僧問如何是學人自己師曰用自己作麼　一作是你自己　雲門云沒量大人被語脈裏轉卻殺活交馳千聖不共教得眉毛失卻鼻孔

僧問如何是學人自己門云忽然路上有人喚衲僧爾你也隨分得飯喫　頌曰

是你自己眞相鈍置衲子兩兩三三秖道早眠晏起　大中隆

玄沙驢前雲門馬後更問如何[illegible]衲口　[illegible]

玄沙因僧問如何是清淨法身師曰膿滴滴地

頌曰

滴滴通身是爛膿釣魚船上顯家風時人只看絲綸上不見蘆花對蓼紅　天衣懷

膿滴滴地金色光法身全體露堂堂釣螺江上曾分化一葉漁舟泛渺茫　投子青

清淨法身無可比病後依前滴滴膿無爲叫斷秋光老落葉飄來一樣紅　[illegible]

滴滴通身是爛膿更無一點落西東若言不是知音者未免風吹別調中　[illegible]

舉玄沙因僧侍次以手杖指面前地上一點白問曰還見麼曰見師曰如是三問其僧三云見師曰你也見我也見爲什麼道不會　頌曰

你見我見十分成現打破荊棘林方知無背面一點從教徹古今黑白未分何處辨

玄沙因僧問如何是親切底事師曰我是謝三郎　頌曰

本是釣魚船上客偶除鬚髮著袈裟佛祖位中留不住夜來依舊宿蘆花　[illegible]

親伸端的問君言與比流沙少室傳昨夜鴈回雙[illegible]

復謝家人五月明前　[illegible]

閩山滄海浪悠悠父子生涯一釣舟忽爾時翻深徑省大家收拾去來休　[illegible]

杪秋時節水雲鄉上有蘆花木葉[illegible]責一時分付謝三郎　[illegible]

蕭蕭蘆葦映江流獨棹孤[illegible]不斷一心只在釣[illegible]

玄沙示衆曰[illegible]結果[illegible]與諸人[illegible]也只有中心樹[illegible]

任　頌曰

萬事由王老師樹子未屬你在廣額屠兒成佛二祖大師債債

祖父田園都賣了四邊界至不曾留奈何由有中心樹惱亂春風卒未休

祖父田園俱屬我中間樹子豈由他連枝帶葉和根拔要見兒孫意氣豪

玄沙曾指上頭關四海禪流覺未閑惟有漢朝天子貴彭城垓上信旗還

增收 玄沙曰亡僧面前正是觸目菩提萬里神光頂後相　頌曰

嶺中奇特是玄沙垂語諸方不易加亡僧面前眞心驗後人于細莫周遮

亡僧雖不是亡僧既是菩提道自通若更二途斟酌會非但無知兼耳聾

就中至直是玄沙觸目全眞話不賒二者面前親證驗更無偏黨絕周遮叢林浩浩爭唇吻恰似虛空捉幻花

增收 天衣懷云亡僧面前即且置只如活人背後底是箇甚麼　頌曰

且置亡僧面前事活人背後若爲逢自從打破雲南國直至如今塞北通　本覺一

增收 玄沙云萬里神光頂後相沒頂之時何處望事已成意已休此箇來蹤觸處周智者聊聞猛提取莫待須臾失却頭　頌曰

神光頂後照無邊萬里區區豈足言若問玄沙端的意霜天夜半髑髏寒　本覺一

增收 玄沙嘗訪三斗菴主纔相見主曰莫怪住山年深無坐具師曰人人盡有爲什麽菴主無曰且坐喫茶師曰菴主元來有在　頌曰

㑹菴來往路相通步步相隨躡大蹤山遠年深人不到一溪流水傍長松

增收 玄沙見鼓山來作一圓相山曰人人出者箇不得師曰情知你向驢胎馬腹裏作活計曰和尚又作麽生師曰人人出者箇不得曰和尚恁麽道得某甲爲什麽道不得師曰我得汝不得　頌曰

作者好求無病藥驢胎馬腹何處著鼓山當日可憐生鼻孔遭人白拈却

增收 玄沙見三人新到自打普請鼓三下欲歸方丈新到具威儀了亦去打普請鼓三下却入僧堂久住來白云新到輕欺和尚師曰打鐘集衆勘過大衆集新到不赴師令侍者去喚新到纔出法堂却於侍者背上拍一拍云和尚喚你侍者至師處新到便歸堂久住乃問和尚何不勘新到師曰我與你勘了也　最菴印云可惜放過這僧乃頌曰

玄沙明修棧道新到暗度陳倉夜行各不相投投明共到咸陽嚴號令按條章明明四海清如鏡更於何處覓邊疆

頌古聯珠通集卷三十一

禪宗頌古聯珠通集卷第三十二

宋池州報恩光孝禪寺沙門法應集

元紹興天衣萬壽禪寺沙門普會續集

祖師機緣

六祖下第七世之四

福州長慶慧稜禪師 雪峯存嗣 與保福遊山福問古人道妙峯山頂莫即遮箇便是也無師曰是即是可惜許　僧問鼓山只如稜和尚恁麼道意作麼生山曰孫公若無此語可謂髑髏徧野白骨連山　頌曰

因上高峯到頂頭僧人致問已圓周是即便是可惜許只恐同音別處遊 汾陽昭

妙峯孤頂草離離拈得分明付與誰不是孫公辨端的髑髏著地幾人知 雪竇顯

八萬四千非一一七金山內海滔滔妙高峯頂平如掌誰把長竿釣巨鼇 草堂清

攜手相將執共行目前唯覩妙高山雲泥不隔來時路付與兒孫觸處看 佛眼遠

增收 嘴鐵交鋒是作家不孫來問這些些知時及節因行事可惜茲人返嘆嗟

足即是兮可惜許擬心早涉三千里行人念路客思家達磨杖頭挑隻履 鼓堂元

妙高孤頂忽登臨浩浩無風日浪深除却鏡清長慶外此時誰更是知音 寶峯照

增收 長慶因僧問如何是正法眼師曰有願不撒沙　保福云不可更撒也　頌曰

颶力山高豈足誇藏身露影數如麻若非保福親曾見誰信稜公更撒沙 寶峯祥

增收 長慶曰總似今日老胡有望保福云總似今日老胡絕望　頌曰

天高鴻雁侵雲舉地肅蛩螿入草鳴渾是一秋風景裹客愁幾逐異鄉情 東叟穎

增收 長慶上堂撞著道伴交肩過一生參學事畢　頌曰

驀路相逢交臂過眉毛趯起莫蹉跎平生參學明何事悟了寧消一刹那 本覺一

增收 長慶因僧問如何得不疑不惑去師乃展兩手僧不進語師曰汝更問我與汝道僧再問師露胸而坐僧禮拜師曰汝作麼生會曰今日風起師曰恁麼道未定人見解汝於古今中有甚麼節要齊得長慶若舉得許汝作話主其僧但立而已師却問汝是甚麼人曰向北人師曰南北三千里外學妄語作麼僧無對　頌曰

展手之時萬仞摧枯河無水月無來若疑別問龐居士石女黃梅誰共陪 天童

增收 長慶因僧問有問有答賓主歷然不問不答時如何師曰相逢盡道休官去林下何曾見一人　頌曰

人人盡道我心休問著何曾有地頭口說心違護自已葉河迅速任漂流

增收 長慶因僧問眾手淘金誰是得者師曰有伎倆者得曰學人還得也無師曰大遠在　頌曰

眾手淘金得者誰纖塵窒礙豈能爲洪波浩渺黃金遠四事無成空手歸 智門祚

眾手淘金誰可得巧有伎倆必能克隋侯得珠聞京西卞和獻玉在河北 崖堂舉

漳州保福從展禪師 雪峯存嗣 長慶云寧說阿羅漢有三毒不說如來有二種語不道如來無語只是無二種語師曰作麼生是如來語曰聾人爭得聞師曰情知和尚向第二頭道慶却問作麼生是如來語師曰喫茶去雲居錫云什麼處是長慶向第二頭道處　頌曰

頭兮第一第二臥龍不鑒止水無處有月波澄有處無風浪起稜禪客稜禪客三月禹門遭點額 雪竇顯

如來語爲君舉住是聾人得聞未免和泥合土喫茶保福亦愁癡似向雷門撾布鼓

不說如來二種語三三爲九須重數何謂聾人爭得聞抵裘未免還稜汗 白雲端

無是無非歸掌握有開有見隔關山始知一種如來語不在世人情解間

第一頭第二頭清風明月兩悠悠將軍戰馬今何在野草閑花滿地愁 南華昺

增收 撞牆撞壁曲不藏直摘葉拈花與儉窣奢羅漢有三毒如來有二語聾人爭得聞依舊喫茶去保福老保福老錢眼銅睛還失了 月堂昌

便恁喫茶去還知第二頭可憐長慶老特地一場愁 寶葉源

保福因雪峯上堂曰諸上座望州亭與汝相見了也烏石嶺與汝相見了也僧堂前與汝相見了也師舉問鵝湖僧堂前相見即且置秖如望州亭烏石嶺甚麼處相見鵝湖驟步歸方丈師低頭入僧堂　頌曰

望州烏石與堂前相見相逢萬千唯有鵝湖并保福此時相見解推遷

望州烏石常相見何故禪人却背違保福鵝湖雖得意埋兵曾未展旌旗

登山過水幾區區特地相逢問道途堪笑華山藩處士長安路上倒騎驢

寂寂堂堂二二木來無物更何其疑人見了生歡喜作者相逢滿面慚 龍門遠

望州烏石與僧堂業識茫茫不可當提起衲僧拄杖子五湖四海沸如湯　徑山杲

〔續收〕纖絲引鯨驚針鋒覷芥投望州烏石嶺未唱已先酬大唐擊鼓新羅舞覿面相呈不相覩　圓悟勤

望州烏石僧堂前驟步低頭隔大千若是咬人師子子反身不在草頭邊　一翁如

〔增收〕保福因僧問雪峯平生有何言句得似羚羊掛角時師曰我不可作雪峯弟子不得　頌曰

人前慣出手退三添作九有眼未嘗看無家自能走

雪峯之句羚羊掛角作他弟子沒來由龍蛇陣上看謀略　月堂昌

雪峯未審何言句得似羚羊掛角時掛擊自然皆奉舞不須羞管隔雲吹　虛堂愚

〔增收〕保福問僧殿裏底是甚麼曰和尚定當看師曰釋迦佛曰和尚莫謾人好師曰却是汝謾我　又問僧飯頭鑊闊多少曰和尚試量看師以手作量勢曰和尚莫謾某甲師曰却是汝謾我　又問僧汝作甚麼業來得恁麼長大曰和尚短多少師踏身作短勢曰和尚莫謾人好師曰却是汝謾我　又問僧汝名甚麼曰咸澤師曰忽遇枯涸時如何曰誰是枯涸者師曰我是曰和尚莫謾人好師曰却是汝謾我　頌曰

保福四謾人眞中道理親兩兩從頭舉雙雙句後明若也更不會新羅打鐵丁　[illegible]

竿木隨身老作家逢場作戲更難加謾人謾我無人會水長船高眼裏沙　[illegible]

一箇人謾四箇人四人謾一一謾親思量一代謾人漢遍代相謾謾殺人　[illegible]

一般見得有多般若也謾他實自謾要識展公端的處水闊山高天色寒　[illegible]

保福從來不謾人問著禪流總及身浴鑊量來闊多少兩長一短是誰眞　[illegible]

〔增收〕保福因僧侍立問曰汝得恁麼麤心曰甚麼處是某甲麤心處師拈一塊土度與僧曰拋向門前著僧拋了却來曰甚麼處是某甲麤心處師曰我見築著礚著所以道汝麤心　頌曰

晨朝有粥齋時飯展鉢開單飽便休築著礚著如爲得不風流處也風流　[illegible]

〔增收〕保福與甘長老相看鄭十三娘纔坐定師乃問承聞十三娘子參見潙山是否曰是師曰潙山還化向甚麼處去鄭起身偏床而立甘曰問時說禪口似懸河何不道取鄭曰鼓這兩片皮堪作甚麼甘曰不鼓這兩片皮又作麼生鄭曰合取狗口　頌曰

潙山遷化絕音容趯起眉毛何處去十三娘子側身時放出金毛師子子　[illegible]

禪禪鄭十三娘握玉鞭正法眼更參三十年　[illegible]勝

杭州龍興寺道悟禪師　[illegible]　僧問學人未達其原請師方便師曰是什麼原曰其原師曰若是其原爭受方便僧禮拜退後侍者問曰和尚適來莫是成他問否師曰無曰莫是不成他問否師曰無曰未審畢竟意作麼生師曰一點水墨兩處成龍　[illegible]　頌曰

成龍兩處若爲分碧眼黃頭笑未聞莫怪鏡清多意氣他家曾謁聖明君　[illegible]

鏡水平湖碧湛然茫茫曾未達其源王維妙手堪圖畫一點成龍兩處全　[illegible]

手把空行未是難難中難是問其源其源未達奈何龍且看成龍點下分　雲峯悅

〔續收〕學人未問指其源句裏明機好細觀自語不能知落處傾他我作費言端　本覺一

冰稜鎖斷長河口不見人從鳥道來一陣風回脩竹裏玉闌干上雪成堆　[illegible]

源泉混混望無涯澄湛平如鏡面開兩處成龍一點墨幾人換却眼睛來　寶葉源

鏡清問僧門外什麼聲曰雨滴聲師曰衆生顛倒迷已逐物　[illegible]　和尚作麼生師曰泊不迷已曰泊不迷已意旨如何師曰出身猶可易脫體道應難　頌曰

虛堂雨滴聲作者難酬對若謂曾入流依前還不會會不會南山北山轉霶霈　雪竇顯

是甚麼聲雨滴浩浩迷已逐物衆生顛倒　楊無爲

簷前雨滴聲止在眼中鳴會他衰笠者失却舊茅亭　天童覺

顛流逆流轉物物轉良哉觀音快達其便出身脫體自分明門外依前雨滴聲　佛鑑勤

〔增收〕明頭便打暗裏閃過盡底活時死中要坐門外簷間雨滴聲衆生顛倒逐迷情可憐泊不迷已處出得身來體未明　竹菴珪

簷頭雨滴階前地濕法法現成人信不及更問如何長江水急　慈受深

簷頭雨滴聲歷歷太分明若是未歸客徒勞側耳聽　白楊順

門外依然雨滴聲萬般巧說爭如實平生心膽向人傾相見還同不相識　心聞賁

直下全提是鏡清脫離出易語分明這僧果是能親切聽得簷頭雨滴聲　寶葉源

〔增收〕鏡清問僧門外是甚麼聲曰蛇咬蝦蟆聲師曰將謂衆生苦更有苦衆生　頌曰

將謂衆生苦更有苦衆生相見易得好共住難爲人

鏡清問僧門外什麼聲曰鵓鳩聲師曰欲得不招無間業莫謗如來正法輪　頌曰

聞聲見色非聞見見色聞聲是見聞欲得不招無間業莫謗如來正法輪

鏡清因僧問聲前絕妙請師指歸師曰許由不洗耳曰爲甚麼如此師曰眷繫脚在曰某甲秖如此師意又如何師曰無端夜來鵰驚起後池秋　頌曰

飄風揚塵落花流水聲前絕妙無處着當驚起後池秋許由不洗耳容貌好西施開唇不露齒

鏡清因僧問學人啐請師啄師曰還得活也無曰若不活遭人怪笑師曰也是草裏漢　頌曰

古佛有家風對揚遭貶剝子母不相知是誰同啐啄啄覺猶在殼重遭撲天下衲僧徒名邈

語見人心苗見地▆頭痛痒喝如聾諸方開口不同用實印全機繼祖風

啐啄之機不謬傳軒轅寶鑑正當軒萬緣丧盡泥中土四海澄清月在天本分鉗鎚須煆煉自家爐鞴且磨研相逢莫問參玄事此去西天萬八千

河目海口釘觜鐵舌雖宿鳳巢素非其鴨直饒啐啄同時未免當頭一劄

鏡清因僧問如何是大道之源師曰從這裏流出　頌曰

從這裏流出滔滔無盡日巨浪湧千尋誰知無一滴

鏡清一日於僧堂前自擊鐘曰玄沙道底玄沙道底僧問玄沙道甚麼師畫一圓相僧曰若不久參爭知與麼師曰失錢遭罪

雪竇云洎被打破蔡州　圜悟云爛泥裏有硬刺　頌曰

鏡清湖心抛一餌錦鱗躍浪上鈎來幾乎掣斷竿頭線引得傍觀下釣臺　石溪月

鏡清問雪峯古人有言峯便倒卧良久起曰問甚麼師再問峯云虛生浪死漢　頌曰

尋常愛客恨無來及至人來懶話陪空卧早知眠不當虛勞紅焰落寒灰

鏡清因僧問新年頭還有佛法也無師曰有曰如何是新年頭佛法師曰元正啓祚萬物咸新曰謝師答話師曰鏡清今日失利　頌曰

七寶盃斟蒲萄酒金花紙寫清平詞春風院靜無人見閒把若王玉笛吹

新年佛法答云有小盡依前二十九玉麟掣斷黃金勒却向雲中大哮吼

又僧問明教寬新年頭還有佛法也無師曰無曰日日是好日年年是好年爲甚却無師曰張公喫酒李公醉曰老老大大龍頭蛇尾師曰明教今日失利　頌曰

新年佛法答云無會得依前在半途誰把扁舟清夜雪月明吹過洞庭湖　懶菴樞

新年佛法播真風笑殺街頭賀歲翁三級浪高何處去謾將雙翮定雌雄　雪堂行

南堂興云鏡清道有時失利明教道無亦失利且道誵訛在什麼處　徑山杲云一人向高高峯頂立不露頂一人向深深海底行不濕脚是則是未免有些誵訛　頌曰

新年景物漸舒蘇佛法徒勞問有無得失是非都喪却波斯鼻孔自來麤

穩密田地師通透戲佛法新年頭有無俱失利一槩等虛空豈容立巴鼻草上之風祖令行誰云雷霆不停擊

新年佛法鏡清有須信親言出親口新年佛法明教無西天騎子沒髭鬚可笑兩翁同失利南海波斯失却鼻太平令夜太郎當還如雪上更加霜歲寒孫臏收却鈎釣魚船上謝三郎

福州鼓山興聖神晏國師一日參雪峯峯知其緣熟忽起搊住曰是什麼師釋然了悟亦忘其了唯舉手搖曳而已峯曰子作道理耶曰何道理之有峯審其悟解撫而印之　頌曰

羣被曾郎攛著肩平生途路忽然窮無端撞手髑髏裏笑倒南方大頂峯

鼓山上堂垂語曰鼓山門下不得咳嗽時有僧咳嗽一聲師曰作甚麼曰傷風師曰傷風即得　頌曰

遼空一箭九重城雪老門風儘有聲見說禁班宣號令那邊渾不許人行　虛堂愚

鼓山有偈示衆曰直下猶難會尋言轉更賒若論佛與祖特地隔天涯師舉問僧汝作麼生會僧無語乃謂侍者曰某甲不會請代一轉語者曰和尚與麼道猶隔天涯在僧舉似師師喚侍者問汝爲這僧代語是否者曰是師便打趁出院　頌曰

國師樣子太慈悲入草何如出草時射透九重聖箭子依前特地隔天涯

明州翠巖令參禪師上堂曰今夏與諸兄弟語論看翠巖眉毛還在麼五燈會元與傳燈異乃曰一夏與兄弟東語西話看翠巖眉毛在麼　長慶云生也　雲門云關　保福云作賊人心虛　翠巖芝云爲衆竭力禍出

私門　頌曰

翠巖示徒千古無對關字相酬失錢遭罪老倒保福
抑揚難得嘮嘮翠巖分明是賊白珪無玷誰辨眞假
長慶相諳眉毛生也

青山𤆬𤆬綠水滔滔穿過鼻孔落盡眉毛
作賊保福擔枷過狀生也長慶迷眞逐妄掩關雲門
秋江月冗老倒翠巖眉在眼上

（續收）金鏈血色透雲袍闖外威權膽氣豪打破魔王山
鬼窟碧潭深處釣鯨鼇

天魔謗佛桀犬吠堯巍巍大人聖德可昭

萬鈞之弩射何人箭未離弦已喪身帶累盲龜失浮
木欲來火裏透金塵

發言先要心無愧爲事應須理處長莫學里閭無信
者從朝至暮錯商量

太原孚上座　鼓山問父母未生時鼻孔
在什麼處師曰老兄先道曰如今生也汝道在
什麼處師不肯山却問作麼生師□□手中扇
子來山與扇子再徵之師默置山罔測乃毆之
一拳　頌曰

父母未生前鼻孔在何處叢林老作家俱□□穿□

（續收）鼓山雖見機未免擇門戶搖扇太原孚播弄閒家具
山中春色深飛花落無數

父母未生前生也只如然一般拈掇能奇特直下渾
如火裏蓮煇今耀古極妙窮玄大可憐清風長滿座
一念八千年

（續收）高安灘頭百雜碎象骨峯前眼搭𤸇敢道鼓山無
鼻孔叢林千古笑嘻嘻

（增收）孚上座參雪峯峯聞乃集眾師到法堂上顧視
雪峯便下看知事明日却上禮拜曰某甲昨日
觸忤和尚峯曰知是般事便休　頌曰

李廣將軍古今無對深入虜庭全身遠害不動干戈
梟小捷至今邊塞嘉聲在

雪峯集眾待孚公上堂一顧便西東明日却云曾觸
忤公案從來是幾重

針頭削鐵牛背拔毛多將少使令作熱燒直上法堂
便下去觸忤和尚重解註知是般事休便休茫茫塞
壑與塡溝

壯氣如虹上法堂就羅縛犍恰相當若言觸忤老和
尚雪上無端又著霜

（增收）孚上座初在揚州光孝寺講涅槃經有禪者阻
雪因往聽講至三因佛性三德法身廣談法身
妙理禪者失笑師講罷請禪者喫茶曰某甲素
志狹劣依文解義適蒙見笑且望見教禪者曰
實笑座主不識法身師曰如此解說何處不是
曰請座主更說一徧師曰法身之理猶若太虛
竪窮三際橫亘十方彌綸八極包括二儀隨緣
赴感靡不周徧曰不道座主說不是祇是說得
法身量邊事實未識法身在師曰既然如是當
爲我說曰座主還信否師曰焉敢不信曰若如
是座主輟講旬日室內端然靜慮收心攝念善
惡諸緣一時放却師依所教從初夜至五更聞
鼓角聲忽契悟扣禪者門曰阿誰師曰某甲禪
者咄曰教汝傳持大教代佛說法夜來爲甚麼
醉酒臥街師曰禪德自來講經將生身父母鼻
孔搖捏從今已去更不敢如是曰且去來日相
見師遂罷講徧歷諸方　頌曰

一曲單于風引長孚公聞處是宮商至今夜夜維陽
客空聽樓頭聲斷腸

誰將畫角吹江城一曲梅花隔岸聽宿酒乍醒金鴨
冷海棠枝上月猶明

（增收）孚上座掌雪峯浴室一日玄沙上問訊雪峯曰
此間有箇老鼠子今在浴室裏沙曰待與和尚
勘破言訖到浴室遇師打水沙曰相看上座師
曰已相見了沙曰什麼劫中曾相見師曰瞌睡
作麼沙却入方丈白峯曰已勘破了峯曰作麼
生勘伊沙舉前語峯曰汝著賊也　頌曰

象王象子儘相隨岸上人看蹄踏蹄香草細餐知飽
足歸來不待日頭低

孚上座因鼓山赴大王請雪峯門送回至法堂
乃曰一隻聖箭直射九重城裏去也師曰是伊
未在峯曰渠是徹底人師曰若不信待某甲去
勘過遂趂至中路便問師兄向甚麼處去山曰
九重城裏去師曰忽遇三軍圍繞時如何山曰
他家自有通霄路師曰恁麼則離宮失殿去也
山曰何處不稱尊師拂袖便回峯問如何師曰
好隻聖箭中路折却了也遂舉前話峯乃曰奴
渠語在師曰這老凍膿却有鄉情在　頌曰

洞天無壁月無邊朝斗先生扣齒牙風撼古壇松子
脫打反頭上楮冠斜

青童雙勒玉驄嘶淚白春衫綠帶圍半夜歸來花底
過金鞭敲落亂紅飛　竹屋簡

九重城裏本非遙射折重重箭倍饒忽遇三軍圍繞
處分明有路直通霄

（拈古）韶州雲門文偃禪師　嗣雪峯　示眾曰人人自有
光明在看時不見暗昏昏作麼生是諸人自已
光明自代云厨庫三門又云好事不如無　頌
曰

自照列孤明爲君通一線花謝樹無影看時誰不見
見不見倒騎牛兮入佛殿

徹底昏昏不待看在天在地黑漫漫三門厨庫長相

對一徑松風滿院寒

恍恍惚惚若亡若存築著磕著厨庫三門金烏照不破玉兎又西奔不如是何物能為天地根

夜明簾外千峯秀鏡臺前萬象殊掃蹤滅迹不立錙銖誰為佛殿誰是香厨敲出鳳凰五色髓擊碎驪龍明月珠

黑黑無問東西與南北厨庫三門相對高撐天在地同聚壘雖然好事不如無敢保韶陽會不得

人人自有光明在看時不見暗昏昏踢倒三門與厨庫此時明暗自然分

[illegible]

雲門上堂乾坤之內宇宙之間中有一寶秘在形山拈燈籠向佛殿裏將三門來燈籠上作麼生自代云逐物意移又曰雲起雷興　頌曰

看看古岸何人把釣竿雲冉冉水漫漫明月蘆花君自看　雪竇顯

橫上白雲舒復卷天邊皓月去還來低頭却入茅簷下不覺呵呵笑幾回　白雲端

看看野草閑花極撩亂三月洞庭江上春烟霄飛過瀟湘岸

帝網交羅幾萬般形山消殞影團團拈來不是無尋處只在乾坤宇宙間　佛心才

虎豹文章麒麟頭角禪天燦地堆山積嶽撥破面門兮蓋色騎聲截斷羅籠兮解粘去縛罷却干戈百草頭萬里秋天飛一鶚

開眼也著合眼也著擬議躊躇放過一著

隱隱烟村聞犬吠欲尋尋不見人家忽於斷溪囘處流出碧桃三四花

雲門示衆曰十五日已前不問汝十五日已後道將一句來衆無對自代曰日日是好日　頌曰

去却一拈得七上下四維無等匹徐行踏斷流水聲縱觀寫出飛禽跡草茸茸烟冪冪空生巖畔花狼籍彈指堪悲舜若多莫動著動著三十棒　雪竇顯

日日是好日風來樹點頭九江烟雨裏月上謝家樓

日日是好日誰言無等匹甜瓜徹蒂甜未必甜如蜜

冰消河北岸花發樹南枝到處有春色天涯亦早歸

破二作一分三成六著串數珠數不足南辰信手攀北斗囘身觸豁開戶牖正當軒玉兎金烏如轉轆

傳不傳得不得那知陌上春條綠

日日是好日佛法世法盡周畢不須特地覓幽玄只管鉢盂兩度濕

雲門上堂聞聲悟道見色明心遂舉起手曰觀世音菩薩將錢買餬餅放下手曰元來秖是饅頭　頌曰

買得餬餅急走歸不知放手却成非直饒透過毗盧頂也落韶陽第二機

[illegible]

小院春風特地寒佳人寂寞倚闌干斷腸曲調無人聽更把琵琶月下彈　慈受深

見色心光現聞聲道已彰掣電光中分皂白海潮音裏辨宮商韶陽老慈門普發機直用千鈞弩

見色明心事已差聞聲悟道更交加觀音妙智慈悲力荆棘林中優鉢華

南無觀世音菩薩補陀巖上紅蓮舌不知成佛是何時打刀須是并州鐵

撲落非他安排不多蓋覆自在隱顯包羅擡頭失却舊時路拈篙便上別人渡轉易作難拔貧成富千人萬人恁麼去　月堂昌

頓超見色聞聲句不涉明心悟道言花落鳥啼巖下寺月明人喚渡頭船

一曲風前信是誰調高爭肯落今時見無人會曲中意又把雲簫特地吹

雲門每見僧必顧視曰鑒僧擬議乃曰咦後德山圓明大師刪去顧字謂之抽顧叢林目雲門顧鑒咦有抽顧頌　頌曰

雲門抽顧笑嘻嘻擬議遲他頓鑒咦任是張良多計策到頭於此也難施

[illegible]

雲門抽顧自有來由一點不到休休休休

韶陽一鑒生鐵餕餡直下咬破莫怪相瞞

雲門抽顧頌衲僧眼皮重眼皮重七八量雷車打不動打不動抽顧頌時念彌陀三兩聲追薦東村李鬍子生西天山裏孟八郎強健福田院裏貧兒吽喚乞與我一文大光錢　五祖戒

韶陽為人最急切未入門來已甄別若於顧鑒裏承當大棒打落天邊月

雲門因僧問如何是和尚家風師曰門前有人讀書　頌曰

叢林在處有家風且與雲門事不同門外若有讀書者任是顏回亦不通

家風施設不無私獨有雲門語可疑偏惱讀書人若到急來通報汝須知為他老杜千年詩愛我高吟落韻詩

讀書人到切須看無絃難遇知音者端的家風說與君沒階趨進真如也　佛慧泉

讀書人報來皆在之乎者孔子與周公皆不及門也

雲門因僧問如何是祖師西來意師曰日裏看

山　頌曰

日裏看山也是常西來祖意謾商量金毛獅子希逢有多是狐狸喚作狼　浩軒

日裏看山好清風拂白雲夜來何處火燒出古人墳　東京淨因佛日

日裏看山滿眼青千巖萬壑關縱橫洞門疑是雲遮斷到者須知路坦平　楊無咎

日裏看山言簡語端後進初機切在諦觀　崇勝

匪眞不惜兩莖眉日裏看山對祖機臘月火燒春又綠只宜飛走會相依　祖

雨餘江上兩三峯堆疊烟嵐不記重眼裏看來端的瞎耳根聞處出天聰　佛鑑勤

坦然曾問老師安爭似韶陽一句傳日裏華山仙掌露夜深猿叫月當軒

日裏看山大難大難重重峭壁疊疊危巒口見風光拂拂爭知瀑布潺潺　上方益

日裏看山好好在什麼處要見老雲門不落第二句　月林觀

日裏看山酬所問分明開口見心肝若於句裏求宗旨墮在差異疊嶂間　退耕寧

禪宗頌古聯珠通集卷第三十二

禪宗頌古聯珠通集卷第三十三

宋池州報恩光孝禪寺沙門法應集

元紹興天衣萬壽禪寺沙門普會續集

祖師機緣

六祖下第七世之五　青原下第六世之二

雲門因僧問如何是透法身句師曰北斗裏藏身　頌曰

藏身北斗最分明只爲人多見不精巧妙妄陳心意解却如平地作深坑昏燈日晝何曾易青竹黃花滿地生　汾陽昭

老倒雲門泛鐵船江南江北競頭看可憐無限垂鉤者隨例茫茫失釣竿　雪竇顯

雲門透法身何許人爲厄沙北塞鵲戀西秦　[illegible]

南嶽峯高北嶽低行人泣淚雨邊疑火星昨夜移牛斗照見西瞿人不知　投子青

鑿斷龍門透碧津洪流驟雨豈停塵謫仙筆月沉江底漁舟笑殺謝家人　天衣懷

要透龍門特地難却成平地起波瀾凡鱗欲得風雷便且向桃花浪裏看　佛印元

人問透法身隨宜爲指陳大地如膠漆長江波壓擊　[illegible]

北斗藏身句雲門道處看南辰分六角北斗七星攢春雨霏霏濕秋風颯颯寒崑崙牽白象謌謎入大安　浮山遠

北斗藏身爲舉揚法身從此露堂堂雲門賺殺他家子直至如今沒度量　上方益

天上有星皆拱北人間無水不朝東時人欲識藏身處拈起簸箕別處舂　普融平

雲門透法身從此沒蹤跡親盡道和風暖二春寒更新　道吾眞

東西南北上下四維橫身宇宙撥破須彌　甘露天

五陵公子遊花慣未第貧儒自古多冷地看他人富貴等閑不奈幞頭何　白雲端

北斗藏身句有由未明南北起戈矛風清月朗無雲夜莫認文星作斗牛　照覺總

東湧西沒北斗藏身法王法令德非有隣　眞淨文

北斗藏身句最玄未明向上謾勞傳黃河輥底流今古華嶽三峯頭指天　[illegible]

藏身北斗最分明四畔無雲廓太清猿鳥自啼山自寂水流巖下響冷冷　[illegible]

北斗藏身坐不安開軒落日倚危闌雲收月出空如水刹刹塵塵總一般　[illegible]

何事文星與酒星一時分付與先生高吟大醉三千首留與人間作月明　五祖演

透出毗盧頂上光夜來北斗中藏身不指天師訣也解交乾步踏罡　長靈卓

北斗藏身句商量幾萬般貪觀天上月誰覺骨毛寒　[illegible]

雲門透法身分明語露親移步登山頂峯高與月隣　楚安方

南北東西萬萬千乾坤上下兩無邊相逢相見呵呵笑屈指攏頭月半天　普雲圓

續雲門透法身劃斷釋迦音文殊休惆悵普賢謾沉吟　五祖戒

北斗藏身事坦然法身無狀透何邊後人不曉前人意水底撑船捉月天　法華舉

北斗藏身句擬議即差訛鐵大門鷂子不戀舊時窠　慈受深

飽粥飽飯一味䶧䶧早眠晏起何待封侯　典牛游

昨夜東風落萬紅半隨流水半隨風何須短艇撑明月自與桃源一派通　開善謙

藏身北斗道彌昌三脚蝦蟆著錦襠多少病猫食死鼠日中擡首眼無光　[illegible]

天地廣無邊何云藏北斗跛脚老雲門未明三八九　天目禮

北斗裏藏身虛空中出沒道得一句來日頭東畔出　橫川珙

雲門因僧問如何是一代時教師曰對一說

頌曰

對一說太孤絕無孔鐵鎚重下楔閻浮樹下笑呵呵昨夜驪龍拗角折別別韶陽老人得一橛　雪竇顯

對一說遼天鶻萬重雲只一突韶陽老韶陽老南北東西無處討　照覺總

對一說卷盡五千四十八風花雪月任流傳金剛腦後添生鐵　五祖演

對一說何卓絕冨塞虛空一團鐵飢來不顧飯如雷箇箇聚頭爭嚙齧　龍門遠

對一說五教三乘盡該攝龍宮海藏任縱橫水底泥牛吞却月　佛鑑懃

續海藏龍宮金文玉牒逗器觀機破關擊節三百餘會掀翻宗四十九年同箇舌阿剌剌對一說諦當之言如截鐵　[illegible]

雲門因僧問不是目前機亦非目前事時如何師曰倒一說　頌曰

倒一說分一節同死同生爲君決八萬四千非鳳毛三十三人入虎穴別別擾擾匆匆水裏月　雪竇顯

倒一說清人骨萬里無片雲抛下一團雪別別老大禪翁甘滅舌　[illegible]

倒一說這饒舌無端都把天機泄四海九州徒聒聒

飛出龍宮鑽蝨穴　野軒遵

是賊識賊以楔出楔鳥迹空雲鏡像水月教兒師子迷蹤訣上樹老猫安身法活鱍鱍倒一說等閑翻却狐狸穴　圓悟勤

雲門因僧問如何是塵塵三昧師曰鉢裏飯桶裏水　頌曰

鉢裏飯桶裏水多口阿師難下嘴北斗南星位不殊白浪滔天平地起擬不擬止不止箇箇無裩長者子　雪竇顯

開打三千未爲多莫打八百未爲少鉢裏飯兮桶裏水人前切忌無分曉　白雲端

塵塵三昧彼彼不外千峯向嶽百川赴海更無一法不如來只箇堂堂觀自在　天童華

見之不取思之千里杓聽將來於雞無耳二月三月花開時路岐芳馥春風起直下是休擬擬鉢裏飯桶裏水　長靈卓

鉢裏飯桶裏水開口見膽求知巳擬思便落二三機對面忽成千萬里韶陽師較此子斷合之義兮誰與相同匪石之心兮獨能如是　天童覺

塵塵三昧鉢飯桶水雲門眼中著僧身裏揑合起來

[illegible]

無處藏壓著磕著埋沒你　月堂昌

鉢裏飯桶裏水狗子咬人不露齒堪笑韶陽老古錐倒地至今猶未起　無菴全

鬧頭買貴北頭賣賤只可聞名不可見面　且菴仁

雲門因僧問如何是雲門一句師曰臘月二十五（五燈會元作問如何是雲門一曲師曰臘月二十五者如何已上見緣）　頌曰

臘月二十五一曲超今古鎮州大蘿蔔生長在深土　佛鑑懃

雲門一曲二十五不涉宮商角徵羽有人問我曲因由南山起雲北山雨　黃龍南

臘月二十五一曲無人舉韶陽老古錐屈指從頭數　上方益

一曲韶陽古調淸多年木石化爲精廣陵傳去人何在留得杜鵑啼月明　大洪遂

臘月二十五騎驢不打鼓春風斫草生塚上添新土　長靈卓

臘月二十五韶陽曲調尋欲會箇中意先天爲心祖　道祐遇

憶昔雲門老古錐曾將今日示當機奇哉一百年來

[illegible]

事長作胡笳曲調吹　圓通僊

雲門曲調格何高轉使愁人不奈何明月淸風無價數一時分付與仙陀　長靈卓

韶陽一曲二十五不屬五音亘今古剎剎觀音妙智力塵塵能救世間苦　吳才佛

臘月二十五雲門一曲新一回開舉著笑殺洛陽人　訥堂思

臘月二十五雲門沒腸肚一曲盡情彈淳音超太古明眼衲僧休莽鹵　石峯光

雲門一曲徹髓徹骨寒雪千峯寒梅破萼啐啄公子風流鳴木鐸　松源岳

雲門一曲從來無譜韻出五音調高千古就中妙旨許誰知幾擬黃金鑄子期　無準範

雲門因僧問如何是法身師曰六不收　圓悟云一不立　頌曰

一二三四五六碧眼胡僧數不足少林謾道付神光卷衣又說歸西竺西竺茫茫無處尋夜來却對孔峯宿　雪竇顯

六不收兮調最新能歌何待繞梁塵和風滿檻花千樹不換乾坤別是春　[illegible]

一不立六不收突然那更有踪由無限青山留不住落花流水太悠悠　偃溪聞

村歌社舞那伽定殀狗泥猪淸淨身透徹根塵無佛法優曇花現十洲春　秀巖瑞

六不收一不立淸淨法身何處覓夜來一陣吹葉風掃盡浮雲月照壁　坤宗

雲門因僧問如何是超佛越祖之談師曰餬餅　頌曰

超談禪客問偏多縫罅披離見也麼餬餅塑來猶不住至今天下有誵訛　雪竇顯

天皇眷子孫龍潭得一箇三代渾崙吞無人敢咬破始自韶陽拈出來爲胎其胎却胎災當時病本無人削迄至而今成禍胎　佛心才

超佛越祖若何宣充齋餬餅恣情餐湖南長鉢新羅吹大食波斯索漢船　天衣懷

杜禪和杜禪和一箇餬餅不奈何禮拜任君頭著地海東船子過新羅　法眞一

雲門餬餅樣小爭似法華爐竈大飽不一任帶刀眠誰問西來閙達磨　法華舉

超佛越祖之談說向相呈誰領不知箭過新羅動地

[illegible]

鬨爭餬餅　眞淨文

韶陽餬餅答禪人佛祖之談道最親不落言詮休擬議回頭識取自家珍　雲居祐

鷂空欲上九層霄脚下紅絲繫轉牢賴是龍泉未出匣且施一割用鉛刀　道場如

堪悲堪笑老韶陽餬餅拈來搽鼻香端的若知滋味者不勝滿面負慚惶　文殊道

作家手段不隨流餬餅拈來答話頭任是衲僧超佛祖到頭不換飽鞠鞠　[illegible]

雲門餬餅對超談多少禪流看不穿若是孔門眞答

子自然知道化三千　佛鑑勤

拈雲門一枚餬餅天下衲僧咬嚼若非鐵作牙關往麵圖吞却吞時易吐時難莫道從來麵一般踏著韶陽關棙子方能平地起波瀾

趂談餬餅應時機逐塊知非師子兒敗葉霜風都掃盡古松方見歲寒枝　水庵一

雲門因僧問如何是諸佛出身處師曰東山水上行　頌曰

東山水上行出處甚分明好看塵沙佛流濟四面生　佛陀遜

[illegible]

諸佛出身處東山水上行目前一彈指擊現自分明日面月面過佛手驢脚呈皆承此恩力言外度迷情　真淨文

諸佛東山水上行擡頭舉步落深坑誰知獨足拖泥水不為回途十萬程

諸佛出身處東山水上行促裝無伴侶獨目赴前程　大洪顯

拈續諸佛出身處東山水上行面南看北斗日午打三更　湛堂準

東山水上行禍彩不染皂壁上畫枯松後園驢喫草三十二相八十種好赤髑抵沙略爛醉和衣倒

諸佛出身處東山水上行石壓笋斜出崖懸花倒生

要會東山水上行溪邊石女夜吹笙木人把板雲中拍一曲涼州恰二更　石庵玿

東山水上行乾元利貞亨說說一箇字才了競頭爭

諸佛出身處千般設度量東山行水上眨眼過扶桑　荊叟珏

雲門因僧問如何是佛師曰乾屎橛　頌曰

稽首金容乾屎橛應物現形如水月香臭皆從佛口生凡聖從教同一舌　佛鑑勤

我佛如來乾屎橛隨機平等徧塵寰迷頭認影區區者目對慈顏似等閑　人平古

問佛唯言乾屎橛非獨抽釘兼拔楔不是韶陽老古錐爭得親言出親舌　佛燈珣

不用唐言譯休將梵語傳摩醯首羅眼對面隔西天　鼓山珪

雲門乾屎橛全超法報化無事出山遊百錢杖頭掛　雲山果

問處分明答處新半同含笑半同瞋君看陌上二三月那箇枝頭不帶春

拈韶陽乾屎橛多年硬似鐵堪笑韓獹不柰何狺狺怨恨天邊月

雲門大作師子吼剛把衷腸爲誰剖眼似流星尚憒然狂夫逐臭爭知有君不見嚴頭有語兮咬人屎橛非好狗

問佛答云乾屎橛明明此理難分雪金剛寶劍倒殺人鈍鐵止用新羅鐵

[illegible]

雲門小廝兒大作師子吼鼻孔得牛邊不知失却口　松源岳

秪箇乾屎橛雲門太饒舌喪盡目前機虛空迸出血

雲門因僧問樹凋葉落時如何師曰體露金風　頌曰

問既有宗答亦攸同三句可辨一鏃遼空大野兮涼飈颯颯長天兮疎雨濛濛君不見少林久坐未歸客靜依熊耳一藂藂

體露金風觸處周何須葉落始知秋清風樓上當年事直至如今笑未休

問釋答言答徹問宗樹凋葉落體露金風如今要識雲門老秋後霜林盡變紅

因行不妨掉臂求他不如求已面前山子街行走處無風浪起一聲鴻鴈忽聞盡在愁人耳裏

樹凋葉落何時節體露金風九月天滿目原如人不會一川風月正翛然

涼風落木楚山秋滿樹寒蟬噪不休紅蓼白蘋開兩岸不知誰在釣魚舟

金風體露復何言大道從來絕二邊一葉飄空天似水臨川人喚渡頭船　白楊順

拈皮毛脫落盡惟有真實在全體露金風超然三句外　木庵一

寂寂寥寥空索索徧界紛紛黃葉落東西南北絕遮攔萬里長天飛一鶚

樹凋葉落聊伸問體露金風錯指蹤帶累兒孫無豹變等閑落在草窠中　天目禮

雲門因僧問不起一念還有過也無師曰須彌山　頌曰

不生一念豈通宗真偽分於一句中築著眼花兼杜口須彌當面作屏風　渤山與

念不起須彌山就中崄峻路行難競向海門遙仰望四溟浩渺七金寒

作者縱橫終不虛應機湧出須彌盧人窮不到金剛際相逐年年役路途

不起一念須彌山逐語隨言會轉難錦鱗赬尾平生事剛被平人把釣竿

須彌山塞宇宙千眼大悲看不透除非自解倒騎牛一生不著隨人後　白雲昱

萬仞峯前立太平須臾眨眼落懸崖通身不損毫毛

者天上人間不敢壇　保寧勇

問答隨機或淺深雲門終是飽叢林如今競逐須彌走無限平人被陸沉　佛鑑勤

不起一念海湧須彌把來便用休別針錐　[illegible]

吾對機宜作者難眉毫無際現毫端西來穿耳攢眉過南海波斯仰面看　照覺總

須彌山聳見還難烟水漫漫萬仞攢欲覓雲門端的處把住清風一問看　地藏恩

一念沉沉過有無亘空拈出大彌盧直饒玉兔金烏怱宮殿巡遊落半途　張無盡

巍巍一座大彌盧荷負非干氣力[illegible]不會言語會却來當面受塗糊　徑山杲

明鏡當臺湛如水無端特地起塵埃積成山嶽面前立千手大悲擘不開　佛性泰

一波纔動衆波隨汩沒塵寰幾箇知突兀頂顱橫宇宙縱橫妙用更由誰　疎山如

[頌]不起一念向道須彌舌頭一擲肉山唇兩片皮雲門機用妙如許不落是非知不知　大[illegible]

石筍抽條泥牛吼月誰料同舟自胡越應機湧出須彌山一念不生何處覓金剛寶劍當頭截　圓悟勤

[illegible]

不起一念須彌山特立當頭著眼看拈一縷絲輕絆倒家家門底透長安　木庵永

不起一念突出須彌聖凡莫辯箇老古錐　松源岳

雲門因僧問如何是清淨法身師曰花藥欄曰便恁麼去時如何師曰金毛師子　頌曰

花藥欄莫顢頇星在秤兮不在盤便與麼太無端金毛師子大家看　雪竇顯

遊子奔馳不少安但知門外逐歌歡自家田地荒來久只看人間花藥欄　枯木成

是三春花藥欄五湖禪客不須看尋枝摘葉應難會牙爪分明子細觀　[illegible]

金谷春光長滿眼紅藥花梢香爛熳昨夜西風一陣寒徧地殘芳落何限王孫醉倒不知歸猶向欄邊索金盞　上方岳

清淨法身花藥欄眉毛剌倒須彌山誰將玉笛傳淒怨吹過蘆叢明月灣　[illegible]

[頌]清淨法身花藥欄分明一點不相瞞有誰得意春風裏時到增前子細看　[illegible]

雲門因僧問如何是學人自己師曰遊山翫水曰如何是和尚自己師曰賴遇維那不在　頌

[illegible]

日

南嶽山前徑山後瀑布聲如雷電吼拈却笠子露頂行踏著草鞋赤脚走　[illegible]

學人自已游山翫水只知踏破草鞋忘却來時年幾　楊無爲

游山翫水須究宗旨莫作等閑游山翫水　黃檗勝

杖藜林下步莓苔擾擾勞生眼未開好是落花隨綠水一時流出洞中來　[illegible]

游山翫水事尋常早晚歸來鬢欲霜踏破草鞋回首看數聲猿叫白雲鄉　開福寧

[頌]游山翫水數如麻誰識韶陽老作家截斷聽師三寸舌回頭總是舊生涯　[illegible]

游山翫水萬萬千千執透韶陽語中帶玄　鐵山仁

朝西天暮東土翫水游山徐行款步是則不動道場不是亦在裏許誰爲證明石霜角虎　默堂定

東村王大翁從來不瞎是却將別人田喚作自已塊　[illegible]

雲門因僧問殺父殺母佛前懺悔殺佛殺祖甚處懺悔師曰露　頌曰

石火流星曾未急旋機電轉一何遲雲門露字突然出著眼看時鷂子飛　正覺逸

擻土揚塵無避處將門直到御樓前回頭不見來時路下是黃泉上是天　白雲端

露超宗越祖人言俱爽返魂香我道伊搗塗毒鼓　天童覺

[頌]重關金鎖不用鑰匙舌根不動韶陽已知　[illegible]

椎鑼擂鼓轉船頭席卷波瀾賊激流赤脚上船乘快便順風相送下楊州　竹庵珪

雲門露猛如虎達磨師不是祖豈不見鹽官老須彌爲推虛空爲鼓又不見禾山老解打鼓休恭肉甜爪徹蒂甜苦瓠連根苦喝一喝　無示諶

手換風雷吼星移海嶽昏誰知席帽下元是昔愁人　或庵體

雲門因僧問如何是正法眼師曰普　風穴云瞎　黃龍心云吏道箇瞎儿闍黎得見　頌

日

普之一字豈尋常擡首須看劈電光擬議思量生會解堆崖刻肉作身瘡　[illegible]

普之一字天然別著眼看時如電掣宇宙茫茫無處尋秤鎚踏著硬如鐵　正覺元

說佛說法廣鋪舒矢上加尖也太愚明眼衲僧傍覷見一條拄杖兩人舁　大愚芝

頂上有來真箇瞎輝天鑒地不同時大悲千手裏休擊手獨自夜行誰得知　白雲端

但無一切心自然合大道應用在臨時莫分妙不妙　眞淨文

應機無出老韶陽法眼咨詢普字當機會若非師子子一場閑夢過瀟湘　圓通僊

[頌]正法眼普伶俐衲僧多錯舉休錯舉冬至寒食一百五　楊無爲

明暗雙雙照用分幾人親到孟嘗門街頭不識眞覇
勒却向靈山問世尊　晦堂遠

雲門因僧問如何是啐啄之機師曰響　頌曰
有問啐啄機雲門答云響昨日雷發天夜來山水長　眞淨文
啐啄之機響字酬遍空雷電忽傾湫夜來霧霈漫天
雨幾處波濤打釣舟　歸宗常
增拈 白拈問裡奴虛空翻萬象電激不停蹤谷虛誰答
響吒吒吒清機歷掌回頭轅轢範秦時舌上葛藤
長萬丈　大覺璉

一啐一啄當頭響合母不離窠子已出殼　佛鑑
雲門因僧問如何是雲門劒師曰祖　頌曰
吹毛寶劒問雲門來者投機豈更存路逢劒客如何
也難人攜手向南奔　北磵簡
吹毛寶劒不須抽迸匣清光射斗牛日用全彰人不
見雲門祖字爲君酬　雲溪恭
三尺秋光匣裏藏時逢作者露鋒鋩如今四塞狼烟
靜不展紅旗歸故鄉　圓通僊
增收 雲門因僧問如何是吹毛劒師曰骼又曰齒
頌曰
誰謂吹毛劒雲門骼可知一朝權在手方見令行時
眞淨文
雲門因僧問佛法如水中月是否師曰清波無
透路曰和尚從何得師曰再問復何來曰正與
麼時如何師曰重疊關山路　頌曰
灼然水月非難取自是時人手不親溜石老師拈出
了關山重疊越光新　白雲端
徧界不藏清波溢寂互換投機箭鋒相直提起向上
鉗鎚石火電光莫及便恁麼陽關山碧潭雲外不相
關　圓悟勤

增收 盡却命根方可關門一挨一撥電湧雷奔佛法水
中月耳裏眼裏說差之毫釐失之千里南北東西知
幾幾　月堂昌
清波無透路轉處少人知斫却月中桂清光付與誰
瞎堂遠
雲門示衆曰藥病相治盡大地是藥那箇是自
已　頌曰
藥忌由來鑒作家示徒親切病如麻十方三世諸知
識赫日光中雷電車　白雲昺
藥病相治事可嗟如何於此墮孽邪未語已前誰辨
的消予開口見萌芽不在思惟休卜度徒勞管見強
紛拏　世上多有如斯者不知羞恥數如麻　月澗
盡大地是藥古今何太錯閉門不造車通途自寂寥
錯錯鼻孔遼天亦穿却　雪竇顯
左眼不見山河右眼不見日月直得百花開時一一
爲君分別　白雲端
增頌 被裏出指水中露背屈指眼開擡背身起藥病不
相治何須盡大地反笑老雲門失却眼睛　晦堂
太饒訖全殺活絕承當無摸索褱中意氣關外籌略
倒退三千里盡大地是藥錯錯利劒已出光閃爍
圓悟勤
雲門問僧光明寂照徧河沙豈不是張拙秀才
語僧曰是師曰話墮也　頌曰
叶路縱橫得自由牢關捩轉妙全收箇中客意人難
會唱下須教水倒流　禾山方
萬丈龍門勢倚空懸崖撒手辨魚龍時人只看絲綸
上不見蘆花對蓼紅　月林果
問來答去無偏黨鐵壁銀山作麼通縱奪臨機言話
墮遂令千古動悲風　鏡山
增頌 與奪雙行定是非韶陽用處太孤危這僧若與金

剛眼超壁連城一道歸　昊古佛
分明寫出與君看意在鈎頭不在盤縱使石人開得
口不知猶較舌頭謾　松源岳
當的帝都丁伊愛乙噎嚶若教呼吸正悞殺世間人
[illegible]
增收 雲門曰衲僧家須有巴鼻方識得天下人如何
是衲僧巴鼻代云德山　頌曰
雲門舌上有龍泉愛把金針黑地穿要會衲僧巴鼻
子一條紅線兩人牽　[illegible]
增收 雲門普請搬柴擲下見僧遂拋下一片柴曰一

大藏教只說者箇　頌曰
處處綠楊堪繫馬家家門口透長安一條大路平如
掌自是時人措足難　慈受深
汝水向東流楚水從南至皆歸大海中鹹淡同一味
頂門具眼底衲僧試向其中辨淺深　佛燈
一大藏教說這箇雲門飄下是甚麼直饒於此徹根
源貶得眼來還蹉過　斷橋倫
增收 雲門因僧問生死到來如何排遣師展手曰還
我生死來　一作問生死到來如何曰在什麼處　頌曰
針眼魚吞大千界蟭螟蟲吐妙高山太虛包括無遺
漏萬象森歸指掌間起復滅去還來石橋路斷通身
黑那是華頂是天台　圓悟勤
飢便喫飯困來打眠長安城外一望平田絕中邊離
言詮將軍不識烏騅馬海底犀牛把角鞭　應菴華
增收 雲門因僧問秋初夏末前程若有人問作麼生
祇對師曰大衆退後曰未審過在甚麼處師曰
還我九十日飯錢來　頌曰
大衆退後衲僧去就豈用機關那容體究羨翁老熟
慣風波橈棹不施船放溜　天童覺
夏末秋初萬萬千石頭路滑脚皮穿這僧劒外翻身

疾也被雲門索飯錢　石田薰

增收雲門因僧問如何是法身向上事師曰向上與汝道卽不難作麽生會法身曰請和尚鑒師曰鑒卽且置作麽生會法身曰與麽與麽師曰這箇是長連床上學得底我且問你法身還解喫飯麽僧無對　頌曰

西江一吸竟無痕三世如來一口吞鳳髓龍肝香積飯萬般嘗過不須論　南堂興　三

韶陽機鋒迅雷霹靂僧問法身喫飯不喫學語之流卒說不出山河大地聊充飢四海五湖輕一吸

未識雲門向上機秖尋向下轉生疑通身是飯如何喫無口從來亦不飢

增收雲門問新到你是甚處人曰新羅人師曰將什麽過海曰草賊大敗師曰爲什麽在我手裏曰恰是師曰趯跳無對　本覺一云者兩箇有頭無尾漢乃頌曰

新羅衲子罕曾逢風月謫來也略同可惜爲山爭一簣徒勞賓主各無功

增收雲門曰三家村裏賣卜東卜西卜忽然卜著也不定僧便問忽然卜著時如何師曰伏惟　頌曰

賣卜三家村裏頭吉凶禍福辨端由忽然卜著僧來問生死唯將一句酬　本覺一

增收雲門曰平地上死人無數過得荆棘林是好手時有僧出云與麽則堂中第一座有長處也師曰蘇嚕蘇嚕　頌曰

舉手攀南斗移身倚北辰出頭天外看須是箇般人　水菴一

馨如鳴玉靜邊門誰信幽人不見君花到海棠將寂寞繡衣愉把麝香熏　虛堂愚

將軍令下閃旌旗胡騎紛紛頓失威縱有突然驍驥者不知身已陷重圍

增收雲門示衆曰古佛與露柱相交是第幾機僧無語師曰你問我與你道僧遂問師曰一條絡三十文曰如何是一條絡三十文師曰打與自代前語云南山起雲北山下雨　頌曰

南山雲北山雨四七二三面相覩新羅國裏僧上堂大唐國裏未打鼓苦中樂樂中苦誰道黃金如糞土

一道神光初不覆藏超見緣也是而無是出情量也當而無當嚴花之粉兮蜂房成蜜野草之滋兮麝臍作香隨類三尺一丈六明明觸處露堂堂　天童覺

油然南山雲沛然北山雨露柱咲呵呵燈籠趁佛祖中涌邊沒西天東土樓閣門開盡日閑野老不知何處去

古佛頭拄天露柱脚踏地上古今來成一體頭拄天兮戴帽子脚踏地兮沒草鞋同赴大悲院裏齋

禪宗頌古聯珠通集卷第三十三

禪宗頌古聯珠通集卷第三十四

宋池州報恩光孝禪寺沙門法應集

元紹興天衣萬壽禪寺沙門普會續集

祖師機緣

六祖下第七世之餘　青原下第十一世

增收 雲門有時云燈籠是你自己把鉢盂喫飯底不是你自己有僧問飯是自己時如何師曰者野狐精三家村裏漢師却曰來來不是你道飯是自己曰是師曰驢年夢見三家村裏漢　頌曰

拴鉢喫飯費工夫不識燈籠是鉢盂多少三家村裏

歇[illegible]

增收 雲門示衆曰拆半裂三針筒鼻孔在甚麼處爲

漢忙忙樹上捉鮎魚　慈受深

我一一拈出來看自代曰上中下　頌曰

昔年曾和睦州關負義忘恩當等閑見說觀音俱變盡語言渾似廣南蠻　虛堂愚

增收 雲門因僧問撥塵見佛時如何師曰佛亦是塵

卍菴顏爲廬山圓通西堂爲衆入室舉此公案問慈元菴慈隨聲便喝以手撥劄曰佛亦是塵復頌曰

撥塵見佛佛亦是塵問了答了直下翻身勸君更盡一杯酒西出陽關無故人

增收 雲門因僧問如何是雲門一路師曰親　頌曰

雲門一路親眼裏不容塵自從五代干戈後得見昇平有幾人　樵隱悟

增收 雲門示衆曰拄杖子化爲龍吞却乾坤了也山河大地甚處得來　頌曰

拄杖子吞乾坤徒說桃花浪裏奔燒尾者不在拏雲攫霧曝腮者何必喪膽忘魂拈了也聞不聞直須灑灑落落休更紛紛紜紜七十二棒且輕恕一百五十難放君　雪竇顯

養就黃龍變化材驀然平地一聲雷比圖對面教人見吞却乾坤吐出來　佛鑑勲

衲僧拄杖子爲龍却不會横拈吞佛祖倒握撼乾坤眼裏有睛皮有血直須一棒一條痕狸奴白牯休相笑只今親侍絕兒孫　枚子舒

增收 雲門因僧問久雨不晴時如何師曰劄　頌曰

久雨不晴雲門道劄陽鳴奮羽翰蛟龍縮鱗翼爲是時節爲是佛法一箭兩垛謾猜量眼裏瞳人眉搭颯　佛智裕

雲門道一劄吹毛光透匣若不是張華徒勞眼眨眨　月坡明

增收 雲門問僧近離甚處曰西禪師曰西禪有何言句僧展兩手師與一掌曰某甲話在師却展兩手僧無語師又打　頌曰

虎頭虎尾一時收凜凜威風四百州却問不知何太險師云放過一著　雪竇顯

爲成之山不進一簣老倒雲門坐而獲利釣鼇釣鯨手段高慣曾下海涉波濤縱放急收自得便浮家泛宅何飄飄　月堂昌

增收 雲門因僧問一切智通無障礙時如何師曰掃

[illegible]

地潑水相公來　頌曰

掃地潑水相公來人人明鏡掛高臺碧油幢下呵呵咲青眼何妨特地開　慈受深

掃地潑水相公來聲高隘喝繡旗開天上玉麟來瑞世堪作人間將相才　水菴一

一切智通無障礙掃地潑水相公來覿面當機如激電寒山撫掌咲咍咍　拙菴光

雲門因有講僧叅經時乃曰未到雲門時恰似初生月及乎到後曲彎彎地師得知乃召問是你道否曰是師曰甚好吾問汝作麼生是初生月僧乃斫額作望月勢師曰你如此已後失却目在僧經旬日復來師又問你還會也未曰未會師曰你問我僧便問如何是初生月師曰曲彎彎地僧因措後果然失目　頌曰

雲門新月曲彎彎僧見初明豹一斑點鐵化爲金卽易勸人除却是非難　慈受深

恰似初生月兩口無一舌到了曲彎彎把火入牛欄問他以手便斫額猴黑誰知有猴白向後失目果然是要見長人過深水　月堂昌

[illegible]

增收 雲門上堂因聞鐘聲乃曰世界與麼廣闊爲甚麼向鐘聲裏披七條僧無語師曰七里灘頭多給子　頌曰

七條披向鐘聲上徧界難藏比丘相若以色見音聲求迦葉師兄是虛妄　鼓山珪

七里灘頭多給子太陽一出口俱開平生肝膽雖然露狡鶻何曾逐臭來　無菴全

鐘聲披起歡多羅信手拈來不在多堪笑當年明上座狼忙馳逐太奔波　率菴琮

試問鐘聲披七條輕輕擊著無明發買來餬餅是餕頭苦哉觀世音菩薩　笑菴悟

會則事同一家不會萬別千差不會事同一家會則萬別千差　無門開

增收 雲門因僧問如何是祖師西來意師曰沒卽道或曰長連牀上有粥有飯或曰山河大地　頌曰

有時顚水流舟去轉柁看看又逆風船到岸時人出陸山重重又水重重　絶岸覽

黃金與瓦礫恣意亂拋擲高價無人酬一地成狼籍　介菴簡

增收 雲門曰直得乾坤大地無纖毫過患猶是轉句

不見一色始是半提更須知有全提時節　頌
曰
百尺竿頭弄嶮是非海裏橫身更有全提底時節只
堪惆悵不堪陳　松源岳
增收雲門因僧問如何是最初一句師曰七九六十
三　頌曰
七九六十三休云是對談當機如不薦更去問瞿曇　本覺一
增收雲門因僧問如何是大修行底人師曰一檣在
手　頌曰
手中一檣絕痕瑕道聽途傳轉見賒作者至今拈不
起依然獨自擎歸家
增收雲門因僧問如何是沙門行師曰會不得曰爲
甚麼會不得師曰祇守會不得　頌曰
君問沙門行沙門行最高若教人會得業性卒難逃　智門祚
增收雲門一日問明教今日喫得幾箇餬餅曰五箇
師曰露柱喫得幾箇曰請和尚茶堂裏喫茶
頌曰
等閑垂借問端由不負平生盡吐酬竭力爲人須是
徹方如茶味解人愁　投子青
韶陽門下足英明直截之才又哲英雲萃堂前凹凸
處不勞心力一齊平　正覺逸
增收雲門問僧江西湖南還聞長貲鳥說禪麼曰不
聞師拈拄杖曰禪　頌曰
鴉鳴鴉鵲鳴鵲天然自會不從人學跛腳阿師放過
一著拈起拄杖口邊吹喧喧嚕勝鷓鴣啼三月提壺
沽美酒杜鵑相勉不如歸
增收雲門拈起餬餅曰我只供養兩浙人不供養向
北人衆無語自代曰天寒日短兩人共一椀

頌曰
半在河南半河北一片虛凝如墨黑今地思量愁殺
人叵耐雲門這老賊
增收雲門齋次拈起匙筯曰我不供養南僧只供養
北僧時有僧問爲甚麼不供養南僧師曰我要
鈍置伊曰爲什麼只供養北僧師曰一箭兩垛
有僧拈問只如前意作麼生師曰好卽同染
頌曰
拈來匙筯普相呈不供南僧供北僧換卻眼睛曾莫
領熟謾都爲不惺惺　本覺一
雲門齋時問僧曰人喫飯飯喫人僧無語師自
代曰謝師答話　頌曰
老倒雲門强指迷這僧無語顯全機勸君不用他尋
覓一飽自然忘百飢　鐵山仁
增收雲門到江州陳操尚書請齋纔見便問儒書中
卽不問三乘十二分教自有座主作麼生是衲
僧行腳事師曰曾問幾人來曰卽今問上座師
曰卽今且置作麼生是教意曰黃卷赤軸師曰
這箇是文字語言作麼生是教意曰口欲談而
辭喪心欲緣而慮忘師曰口欲談而辭喪爲對
有言心欲緣而慮亡爲對妄想作麼生是教意
書無語師曰見說尚書看法華經是否曰是師
曰經中道一切治生產業皆與實相不相違背
且道非非想天有幾人退位書無語師曰尚書
且莫草草三經五論師僧拋卻特入叢林十年
二十年尚不奈何尚書又爭得會書禮拜曰某
甲罪過　頌曰
作家慣戰不齊攙奪鼓攙旗勢莫當虎驟龍驤誰辨
的反思仁義勝剛强
增收雲門上堂拈起拄杖曰凡夫實謂之有二乘析

謂之無緣覺謂之幻有菩薩當體卽空衲僧家
見拄杖便喚作拄杖行但行坐但坐不得動著
頌曰
二乘菩薩何言語諸佛凡夫早晚休世事但將公道
斷人心難似水長流　鼓山珪
掣開金殿鎖撞動玉樓鐘泣露千般草吟風一樣松
雲門是箇老鬪將衲僧巴鼻幾時知拄杖從教不得
動春來未免倒抽枝
膽逐灘灘盡心隨浪浪飛舟人報灘盡心膽一時歸
增收雲門上堂光不透脫有兩般病一切處不明面
前有物是一又透得一切法空隱隱地似有箇
物相似亦是光不透脫又法身亦有兩般病得
到法身爲法執不忘已見猶存坐在法身邊是
一直饒透得法身去放過卽不可子細檢點將
來有甚麼氣息亦是病　頌曰
森羅萬象許崢嶸透脫無方礙眼睛彼門庭誰有
力隱人須入自成情船橫野渡涵秋碧棹入蘆花照
雪明串錦老漁懷就市飄飄一葉浪頭行　大洪覺
雲門示衆曰讀經千卷紙上語　頌曰
先天後地本寥廓檢草尋芳途路樂不得春風花不
開花開又被風吹落
增收雲門因僧問達磨面壁意旨如何師曰念七
又僧問南泉達磨面壁意旨如何泉曰天寒無
被蓋　頌曰
一人會上竿一人會穿井伎倆雖不同總是一般病
識得者般病衲僧鼻孔都穿盡
雲門念七開口則失秃却舌頭有甚氣息　東山源
達磨面壁雲門念七兩箇漆桶多虛少實明眼衲僧

如何委悉當知劍去久矣不用刻舟尋跡　雲相範
增收 潭州谷山有緣禪師 嗣大光 僧問如何是祖師
西來意師曰夜半烏兒頭戴雪天明啞子抱頭
歸　頌曰
瑞霧祥烟鎖玉樓妙年王子恣優游琉璃殿上騎金
馬明月堂前輥綉毬　丹霞淳
增收 京兆白雲善藏禪師 嗣大光 僧問如何是深深
處師曰矮子渡深溪　頌曰
白頭童子智尤長半夜三更渡渺茫任運往來無間
斷不消船筏與浮囊　丹霞淳
[illegible]
增收 吉州禾山無殷禪師 嗣九峯 示衆曰習學謂之
聞絕學謂之鄰過此二者謂之眞過有僧問如
何是眞過師曰禾山解打鼓曰如何是眞諦曰
禾山解打鼓又問即心即佛則不問如何是非
心非佛師曰禾山解打鼓曰如何是向上事師
曰禾山解打鼓　頌曰
布毛拈起費人言爭似禾山一句傳打鼓一聲喧宇
宙冰寒千丈忽生蓮　投子青
一拽石二搬土發機須是千鈞弩象骨老師曾輥毬
爭似禾山解打鼓報君知莫莽鹵甜者甜兮苦者苦　雪竇顯
二三四五禾山解打鼓觀音妙智力能救世間苦　正覺逸
當陽打動番南鼓萬象森羅立地聞不是大家齊則
劇難消白日到黃昏　雲峯悅
草鞋爲冠松作釵一般瀟灑眼頭乖清音只在風簷
下終日無人不下堦　虛堂愚
禾山解打鼓大地無寸土不是鄢郢人切忌學唐步　無相範
增收 洪州鳳棲山同安常察禪師 嗣九峯 問僧眼暴

錄光如何得見僧曰北斗東轉南斗西移師曰
夫子入太廟曰與麼則同安門下道絕人荒去
也師曰橫抱孾孩擬彰皇簾　頌曰
新羅激海南嶽天台纖塵不礙豈涉去來回頭欲念
解脫門開反憶善財尋勝友百城游徧不知回　雪竇宗
增收 同安因僧問如何是鳳棲家風師曰鳳棲無家
風曰既是鳳棲爲什麼却無家風師曰不迎賓
不待客曰恁麼即四海參尋當爲何事師曰
飣自有餬人饒　頌曰
如來一口吞故山深靜月黃昏光分頂後千門
坐看春回入燒痕　自得暉
增收 同安因僧問如何是天人師師曰頭上角不全
身上毛不出　頌曰
秘殿重圍曉尚寒丹墀苔潤未排班寶香爆燭烟雲
合寂寂簾垂不露顏　丹霞淳
增收 同安因僧問新歲方來殘年已去莫有不受歲
者麼師曰有曰如何是不受歲者師曰作麼生
曰恁麼則不受歲也師曰城上已吹新歲角窗
前猶點臘年燈　頌曰
舊歲新年作兩端同安從此放顢頇漏從高樓莫吹
留大家留取倚闌干　懶菴樞
樓上鳴咿角已吹燈前蝴蝶夢中迷如今要識不還
義日出東方夜落西　無模忠
增收 新羅泊嚴和尚 五燈會元作新羅國百巖 嗣谷山藏 僧問如何是禪師曰古塚不爲家曰如何
是道師曰徒勞車馬迹曰如何是教師曰貝葉
收不盡　頌曰
故國清平久有年白頭猶自戀生緣牧童却解忘功
業懶放牛兒不把鞭　古塚不爲家　丹霞淳

四十九年成露布五千餘軸盡言詮妙明一句威音
外折角泥牛雪裏眠　月堂牧大盡
貝葉收不盡一句無私萬法印千聖滿口不能宣嶺
梅漏泄春光信　雪竇宗　二
古塚不爲家漁翁舉棹出蘆花湛水無風江月迥長
空澈蓋寒天霞
不勞車馬迹文王去後無消息月華影裏釣魚磯萬
古清風長歷歷
一鏃三關俱透脫從前汗馬休拈掇須知舊閤伏龍
丹當年曾把錦標奪
[illegible]
增收 新羅國大嶺禪師 嗣谷山藏 僧問如何是一切
處清淨師曰截瓊枝寸寸是寶析栴檀片片皆
香　頌曰
乾坤盡是黃金國萬有全彰淨妙身玉女背風無巧
樹靈苗花秀不知春　丹霞淳
增收 杭州佛日和尚 嗣雲居 夾山一日大普請維那
請師送茶師曰某甲爲佛法來不爲送茶來那
云和尚教上座送茶師曰和尚尊命即得乃將
茶去作務處搖茶碗作聲夾山回顧師曰酽茶
三五椀意在钁頭邊山曰缾有傾茶意籃中幾
箇甌師曰缾有傾茶意籃中無一甌便傾茶行
之時大衆皆舉目師曰大衆鶴望請師一言山
曰路逢死蛇莫打殺無底籃子盛將歸師曰手
執夜明符幾箇知天曉山曰大衆有人歸去
去從此住普請　頌曰
路逢死蛇莫打殺無底籃子須颺下往往事從閑話
生莫將閑話爲閑話　朴翁銛
櫓板漢没枸束餓死首陽山誓不食周粟　雲堂昂
增收 洪州鳳棲山同安丕禪師 嗣雲居 僧問如何是
和尚家風師曰金雞抱子歸霄漢玉兔懷兒向

紫微曰忽遇客來將何祇待師曰金果朝來猿
去摘玉花晚後鳳啣歸　頌曰
日午烟凝山突兀夜央天淡月嬋娟混然寂照寰㝢
永明暗圓融未兆前　丹霞淳
尺素如殘雪結成雙鯉魚要知心裏事看取腹中書
方菴顯
白玉階前金鳳舞黃金殿上玉雞鳴正中來與兼中
到昨夜雪深月正明　雪巖欽
增收同安丕因僧問依經解義三世佛寃離經一字
即同魔說此理如何師曰孤峯迥秀不挂烟蘿
片月行空白雲自異　頌曰
雲自高飛水自流海天空闊泳孤舟夜深不向蘆灣
宿迥出中間與兩頭　丹霞淳
增收歙州朱谿謙禪師 嗣雲居 韶國師到參次鬧犬
咬靈鼠聲韶便問是甚麼聲師曰犬咬靈鼠聲
曰既是靈鼠爲甚麼却被犬咬師曰咬殺也曰
好箇大師便打曰莫打某甲話頭師休去　頌
曰
針頭削鐵佛面刮金無處若有出手便驚　月堂昌
鼠既不靈官馬相踏借使乘風斷挨斷摟干戈中立
太平基業漢嘉聲振蘭若　佛燈珣
增收朱谿問僧甚處來曰廣南來師曰彼中還有奇
特尊宿麼曰奇特尊宿並無人說著只有一人
太無慚愧師曰誰僧便指師師曰果然無慚愧
曰若不是朱谿時人罔措師以手掩鼻僧近前
師便打曰恰是師曰老僧住持事繁僧拂袖便
出師呵呵大笑曰盤陀石上藕　頌曰
亂走到家來到家便亂走捉得玉麒麟咬斷別人手
月堂昌
問著奇特尊宿指出無慚愧漢力戰當場彩旗撩亂

頭尾兩全始終一貫蟠桃一熟三千年藕生石上誰
親見　佛燈珣
撥草瞻風客機鋒劈箭來盤陀石上藕一夜鐵花開
方菴顯
奇特老尊宿大無慚愧人盤陀石上藕喜見一番新
石溪月
增收雲居山第二世道膺禪師 嗣雲居 僧問孤峯獨
宿時如何師曰閑著七間僧堂不宿阿誰教你
孤峯獨宿　頌曰
法爾非修本十成平常酬答最分明端然指出長安
道無奈遊人不肯行　丹霞淳
豁開萬仞崖劈面通消息一條白練飛界破青山色
率菴琮
雲居因僧問路逢猛虎時如何師曰千人萬人
不逢如何却是你逢　頌曰
不搽紅粉色不挂綠羅衣一般閑態度淡墨畫蛾眉
率菴琮
增收雲居簡因僧問如何是朱頂王菩薩師曰問這
赤頭漢作麼　高菴悟云這箇便是超宗越格
底事直是無你會處須是悟了更能履踐始得
諸人還明得麼乃頌曰
朱頂王菩薩元是赤頭漢驚怪李三黑一生只賣炭
增收廬山歸宗懷禪師 嗣雲居 因僧問截水停輪時
如何師曰磨不轉　頌曰
千尺竿上反筋手大海波心擲釣鈎大體還他風骨
好不塗紅粉也風流　[illegible]
大用縱橫掣電機爍迦羅眼尚膠黏迷途夢裏爭脣
吻却憶隨他去一回　[illegible]
增收新羅雲住和尚 嗣雲居 僧問如何是諸佛師師
曰文殊聳耳　頌曰

無相光中未兆身清虛瀟邈豈爲隣一輪明月當軒
照玉殿蕭蕭不見人　丹霞淳
增收撫州荷玉山光慧禪師 嗣曹山 僧問如何是西
來的意師曰不禮拜更待何時　頌曰
虛堂寂寂夜深寒擕得瑤琴月下彈不是知音徒側
耳悲風流水豈相干　丹霞淳
增收衡州常寧縣育王山弘通禪師 嗣曹山 僧問如
何是和尚家風師曰渾身不直五分錢曰太煞
貧寒生師曰古代如是曰如何施設師曰隨家
豐儉　頌曰
祖代家風沒一文清貧中更是清貧著衣喫飯隨豐
儉物物頭頭用最親　丹霞淳
增收撫州金峯從志禪師 嗣曹山 拈枕子示僧曰一
切人喚作枕子金峯道不是僧曰未審和尚喚
作甚麼師拈起枕子曰恁麼則依而行之師曰
你喚作甚麼曰枕子師曰落在金峯窠裏　頌
曰
天作孽猶可違自作孽不可逭　野軒遵
金峯窠裏絕譊訛枕子拈來會也麽回鴈一聲春夢
斷始知身世悟南柯　古峯顒
渾崙拈起好風規石火明明已較遲不落金峯窠窟
裏會須赤手討便宜　石溪月
增收金峯因僧問是身無知如土木瓦石此意如何
師下禪床扭僧耳朵僧負痛作聲師曰今日始
捉著箇無知漢僧作禮出去師召闍黎僧回首
師曰若到堂中不可舉著曰何故師曰大有人
笑金峯老婆心　頌曰
扁舟劃斷曉江雲一曲高歌遠送君驚起灘頭野鴨
子海天飛去不成羣　別巖長
是身土木無知漢忍痛聲中一皺眉好是南山射石

虎縱饒沒羽亦徒爲　石溪月

【增收】金峯於僧堂喫餅次自拈一枚餅從上板頭轉一匝大衆見一時合掌師曰縱饒你十分起手也只得一半至晚有僧請益云今日行餅見僧合掌和尚道縱饒十分起手也只得一半請和尚全道師作拈餅勢復云會麼曰不會師曰金峯也只得一半　頌曰

金峯餬餅只許一半若要完全後五日看　[illegible]

【增收】金峯見僧道者來擧起經作覷衣勢以目視之僧擬坐具以目視師師曰一切人道你會禪曰

和尚作麼生師曰草賊大敗　頌曰

龍起滄海虎出林端直下來也急著眼看　石溪月

【增收】金峯因僧問四海晏清時如何師曰僧是階下漢　頌曰

四海烟塵已晏然當軒皓月照人寒大功不賜將軍賞贊馬金鞍頓懶看　丹霞淳

【增收】撫州曹山慧霞禪師　嗣曹山　僧問佛未出時如何師曰曹山不如曰出世後如何師曰不如曹山　頌曰

日隱青山瑞氣高梧栽丹鳳觀無參無端石馬潭中過鸞起泥龍翻海潮　投子青

古木靈巢鶴夢迷崑崙白象倒騎歸魚鱗水漲舟横岸羊角風生花落溪　[illegible]

曹山不如花根本艶不如曹山虎體元斑正月地暖塞北春寒一把柳絲收不得和烟搭在玉闌干　石菴玿

曹山不如是馬非驢不如曹山虎不食斑龍吟霧起虎嘯風寒達觀之士兮一見便見中下之機兮千山萬山瘥病不假驢馱藥延齡何用九還丹　[illegible]

【增收】曹山霞因僧侍立師曰道者可煞熱曰是師曰秖如熱向甚處回避曰向鑊湯爐炭裏回避師曰秖如鑊湯爐炭又作麼生回避曰衆苦不能到　頌曰

崑崙片玉火中潤碧落孤烟水底圓一念翛然無異色任從滄海變桑田　丹霞淳

衆苦不能到特地好乾坤風光都買盡不費一文錢　[illegible]

賀家湖上天華寺一一軒窓面水開不是閉門防俗客愛閑能有幾人來　天目禮

瞎却頂門三隻眼鑊湯爐炭裏優游若言衆苦不能到端的何曾有地頭　少室睦

【增收】瑞州黃檗山慧禪師　嗣疎山　問疎山納邪便去時如何山曰畐塞虛空汝作麼生去師曰畐塞虛空不如不去山便休去　頌曰

畐塞虛空不如不去前後際斷今亦無住倒騎佛殿出三門却把三門掛露柱　[illegible]

【增收】隨州護國守澄禪師　嗣疎山　因演化大師在湖南報慈值慈陞堂次化出問如何是真如佛性慈云誰無化不契遂請益師師曰汝但問來化理前問師曰誰有化於言下契悟乃[illegible]座或

在衆或住持某甲皆捨身相助後化亦繼師住護國　嗣疎山　頌曰

誰無誰有句中玄擊碎重關道宛然若是子期聽品弄肯將松韻作秋蟬　大洪遂

朝三暮四一何少暮四朝三何太多多少未能知數量有無從此見誵訛不誵訛嗄蘇嚧悉哩薩婆訶　佛性泰

誰無誰有全機道言下反身不喞𠺕直饒未擧已先行錯認鞔箕作熨斗呵呵若人便解倒騎驢一生不著隨人後　秀巖瑞

【增收】護國澄因僧問如何是本來心師曰犀因翫月紋生角象被雷驚花入牙　頌曰

三脚蝦蟆徑走一枝瑞草亂拳番崑崙含玉山光潤涼兔懷胎月未知　月堂昌

護國澄因僧問如何是梵音相師曰河北驢鳴河南犬吠　頌曰

目連求佛梵音相運盡神通不見邊誰悟驢鳴并犬吠圓音落落示人天　[illegible]

【增收】護國澄因僧問如何是本來父母師曰頭不白者曰將何來獻師曰殷勤無米飯堂前不問親

頌曰

出門俱不知已入戶靈牌不見親虛室夜寒何所有碧天明月類爲鄰　丹霞淳

【增收】護國澄因僧問鶴立枯松時如何師曰地下底一場懡㦬問會昌沙汰時護法善神向甚麼處去師曰三門前兩箇一場懡㦬問滴水滴凍時如何師曰日出後一場懡㦬　頌曰

鶴立孤松類莫齊豈同鸞鷟伴孳雞遂陽化去無跡靈木迢然鳳不棲　大洪遂

古寺門前護法神會昌沙汰鼻頭辛時來天地皆同力究竟還他有道君

冰生滴水車淸高日出東方便不牢溪澗豈能留得住終歸大海作波濤

壯志稜稜發未秋男兒不忠不封侯反思青白傳家客洗耳溪頭不飲牛　[illegible]

【增收】漳州報慈藏嶼禪師　[illegible]　僧問情生智隔想變體殊秖如情未生時如何師曰隔曰情未生時隔箇甚麼師曰這箇梢郎子未遇人在　頌曰

古人一隔納僧命脉識一貫兩箇五百　千巖長

情未生時隔金毛多失色狐狸門外走縱横笑殺衆林老禪客　楊無爲

無情由隔若爲通絲髮之間路萬重可惜兩頭空走者不能直下見其宗　白雲端

報慈一隔佛祖命脉放去收來聖凡罔測　開福寧

一隔青天無雲轟霹靂叢林衲子如稻麻不知幾箇得陀客　大中隆

江南船海南船把柁張帆知節拍隨波逐浪幾時休撒手到家頭已白　大洪遂

隔穿耳胡僧眼睛黑東院西邊是趙州觀音院裏安彌勒　石門珞

襄州萬銅山廣德延禪師　嗣岑秋崇　僧問如何是透法身句師曰無力登山水茅戶絶知音

頌曰

體妙探玄盡涉程爭如野老與中行功忘日用平懷穩免事君王寵辱驚　孤嚴啓崇

襄州石門獻蘊禪師　嗣青峯虔　僧問如何是和尚家風師曰物外獨騎千里象萬年松下擊金鐘　頌曰

夜明簾外月朦朧騎象翻身寶鐙洪韻上徹三界外諸天何事淚漣漣　丹霞淳

襄州木平山善道禪師　嗣蟠龍文　初參洛浦問一漚未發已前如何辨其水脉浦曰移舟諳水脉舉棹別波瀾師不契乃參蟠龍亦如前問龍曰移舟不別水舉棹即迷源師從此悟入　頌曰

金烏玉兔兩交馳照破威音未兆時若謂青霄別有路木人依舊皺雙眉　丹霞淳

移舟曾不別澄源舉棹波生豈更堪要會一漚初未發木人半夜好同參　中覺一

滔滔一脉混常流纔觸波瀾卒未休岸闊風清澄皓月漁翁撥棹宿汀洲　照鑑清

木平因僧問如何是西來意師曰石羊頭子向東看　頌曰

木平道高最難過人問西來意若何石羊頭子向東望月明纔上偏山坡直言不用多疑慮海澄浪息見森羅　□

老胡萬里向支那直至而今不奈何堪咲牧童誰問路一聲長笛過前坡　□□

不勞斤斧弄巧成拙壞衲通身頭髭若雪著雙破草鞋

輕踏破澄潭月祖意石羊頭向東一漚前事如何説　法雲秀

木平本自無斤斧好肉那堪著灸瘢直指西來親切意石羊頭子向東看　照覺總

石羊頭子向東看大地茫茫被眼謾月映寒潭清徹底雲收華岳露巑岏　野菴璇

石羊頭子向東看祖意明明會者難不惜當陽重指注今朝九日菊花斑　此山應

禪宗頌古聯珠通集卷第三十四

刑部郎中余懋孳玉立施貲刻此禪宗頌古聯珠通集第三十四卷　經營山風
讎定對　長洲徐普書　金陵陶宣刻
萬曆丁酉仲秋徑山寂照菴識

禪宗頌古聯珠通集卷第三十五

宋池州報恩光孝禪寺沙門法應集

元紹興天衣萬壽禪寺沙門普會續集

祖師機緣

六祖下第八世之一　南嶽下第七世

汝州風穴延沼禪師　嗣南院　師在郢州李史君衙內度夏普請大會請師陞座乃曰祖師心印狀似鐵牛之機去即印住住即印破秖如不去不住印即是不印即是還有人道得麼時有盧陂長老出問學人有鐵牛之機請師不搭印　師曰慣釣鯨鯢澄巨浪却嗟蝸步驟泥沙陂佇思師喝曰長老何不進語陂擬議師便打一拂子曰還記得話頭麼試舉看陂擬開口師又打一拂子牧主曰信知佛法與王法一般師曰見甚麼道理牧主曰當斷不斷反招其亂師便下座　頌曰

擒得盧陂跨鐵牛三玄戈甲未輕酬楚王城畔朝宗水喝下曾令却倒流　雪竇顯

鋒頭壁立鐵牛機十字縱橫寶劍揮一陣賊軍俱粉碎凱歌齊和太平歸　保寧勇

列聖風規初不放過擬跨鐵牛驀頭印破盧陂當斷却沉吟電轉星飛被活擒喝下機鋒如霹靂三玄戈甲振叢林　月堂悟

鐵牛之機印住印破透出毗盧頂顊行却來化佛古頭坐風穴當衙盧陂負墮棒頭喝下電光石火歷歷分明珠在盤眨起眉毛還蹉過　天童覺

全鋒敵勝鐵牛機電掣雷奔已是遲等閑活捉盧陂老縱饒伍略若為施君不見寰中意氣閫外威權擬議銜前總滅門　笑翁堪

一句詮如劈箭機機生擬議犯重圍分明佛法同王法只許當年牧主知　簡翁敬

風穴上堂若立一塵家國興盛野老顰蹙不立一塵家國喪亡野老安貼於此明得闍黎無分全是老僧於此不明老僧却是闍黎與老僧亦能悟却天下人亦能瞎却天下人欲識闍黎麼右邊一拍曰這裏是欲識老僧麼左邊一拍曰這裏是　頌曰

野老從教不展眉且圖家國立雄基謀臣猛將今何在萬里清風獨自知　雪竇顯

立國仍教野老欣威行閫外不揚塵縱橫莫測文兼武宇宙茫茫有幾人　白雲端

皤然渭水起垂綸何似首陽清餓人只在一塵分變泰高名勳業兩難泯　天童覺

幾許歡心幾許愁好看野老兩眉頭家邦平貼清如鏡水瘦山空一樣秋　二

五祖演云太平即不然若立一塵法堂前草深一丈不立一塵錦上鋪花何也不見道　頌曰

九九八十一窮漢受罪畢饒擬展脚眠蚊蟲獦蚤出且看雙放更雙收有底歡聲有底愁一切聖賢如電拂大千沙界海中漚　雪巖欽

家國分明得自由盛衰全在一塵收將軍戰馬眠方熟野草從教滿地愁　竹屋簡

風穴參南院院問近離甚處師曰南方曰南方一棒一喝如何商量師曰作奇特商量曰我這裏不然師曰未審此間一棒一喝如何商量曰棒下無生忍臨機不見師師便省　頌曰

有喝端如探竿草無師血脈通紅線當陽不識李將軍徒學穿楊一枝箭　南嶽勝

風穴因僧問語默涉離微如何通不犯師曰常憶江南三月裏鷓鴣啼處百花香　頌曰

鷓鴣啼處百花香拍掌呵呵笑一場因憶舊年游歷處送人雲塢入斜陽　潮印智

鷓鴣啼處百花鮮江國從來路坦然為報途中未歸客謝家人不在漁船　寶峯明

快騎駿馬上高樓南北東西得自由最好腰纏十萬貫更來騎鶴上揚州　鼓山珪

忽爾出門先見路纔方下脚便登船神仙秘訣真堪惜父子雖親不可傳　徑山杲

彩雲影裏神仙現手把紅羅扇遮面急須著眼看仙人莫看仙人手中扇　佛鑑懃

不露風骨句未語先分付進步口喃喃知君大罔措　無門開

風穴因僧問如何是佛師曰杖林山下竹筋鞭　頌曰

杖林山下竹筋鞭南北行人萬萬千莫怪相逢不下馬東西各自有前程　慈明圓

杖林山下竹筋鞭枝節蕭疏古澗邊要會宗師開正眼滿輪午夜照秋天　海印信

杖林山下竹筋鞭搭索拏鈞火裏牽拽近不能推向後回旋却到使君前　道吾真

杖林山下竹筋鞭頭尾拈來總一般莫怪玄沙不出嶺他家元是釣魚船　雲峯悅

杖林山下竹筋鞭水在深溪月在天良馬不知何處去阿難依舊世尊前　真淨文

杖林山下竹筋鞭南北行人萬萬千堪笑一堂無事客臥雲深處不朝天　雲溪恭

杖林山下竹筋鞭拈出寒巖尚帶烟扶過斷橋曾得力而今不直半分錢　上方益

杖林山下竹筋鞭六月行人口吐烟曾在祝融峯頂見十分月出在平田　東山空

杖林山下竹筋鞭倚梵鉢提舌在天高高元來諱空
手起家消息在荒田　或菴體

增收 風穴因僧問如何是清淨法身師曰金沙灘頭
馬郎婦　頌曰

金沙灘裏馬郎婦宗匠臨機發一言自笑箭穿紅日
影執云斫水不成痕　正覺逸

相逢盡道歸山去林下何曾見一人回首面南看北
斗金雞早報五更春　浮山遠

截鐵之機安可測頻開千眼莫能窺禪人到此徒名
邈錯認耷槃作乳梨　海印信

何年嫁事馬家郎鳳桃同歡碧玉牀回首畫橋離別
苦落花流水淚千行　張無盡

增收 十分美麗誰家女百倍聰明是馬郎堪笑金沙灘
畔約始終姻婭不成雙　或菴體

增收 風穴因僧問如何是佛師曰如何不是佛曰學
人未曉乞師再指師曰家住海門東扶桑最先
照　頌曰

眉間一道白毫光歷劫知將甚處藏永夜家家天未
曉更須所願望扶桑　保寧勇

增收 風穴到黃龍龍曰石角穿雲路垂條意若何師
曰紅霞籠玉像擁嶂照川原曰舊歷則相隨去
也師曰和尚低聲　頌曰

無價明珠暗處懸夜深將把木人穿誰知卻被泥牛
見吞入紅霞碧浪淵　投子青

增收 風穴因僧問如何是道師曰五鳳樓前曰如何
是道中人師曰問取城隍使　頌曰

深宮禁殿隔重關象靜簷楹紫氣垂苦地不通朝請
近家人指路莫遲疑　投子青

增收 風穴因僧問塵塵成聚如何射得塵中主曰釣
船載到瀟湘岸氣咽無容問白鷗　頌曰

禁殿重關視聽危側思偏立絳綸垂漢鄉雲斷汀洲
迥嶺莫猿啼孤月隨　投子青

增收 風穴因僧問如何是學人親切處師曰須彌南
畔舂打鼓賀蘭山前築皮毬　頌曰

親切曾伸問老翁東山歌唱北山吟弄潮須是吳江
客別語還他漢地人　投子青

風穴因僧問古曲無音韻如何和得齊師曰木
雞啼子夜芻狗吠天明　頌曰

古巖月色鎖重雲枯木迎芳曉帶春昨夜星河隔兩
斗金烏隨鳳過天輪　投子青

增收 汝州穎橋安禪師號鐵湖 嗣南院 向火次因鍾
司徒問三界焚燒如何出得師以香匙撥開火
鍾擬議師召曰司徒司徒鍾忽有省　頌曰

三界炎炎如火聚道人未有安身處迮忙撥火召司
徒眼上眉毛渾不顧眉毛落盡人還生死火寒灰解
脫坑來報禪人急跳出莫教日午打三更　佛燈珣

高聲撥火召司徒火燄炎天驀面驅祗向此間能穩
坐任教門外雪盈衢　石父川

三界焚燒要出離見春來了見春歸是他不見春來
去日出東方夜落西　閒極雲

增收 吉州資福貞邃禪師 嗣資福寶 僧問如何是古
人歌師作此○相示之　頌曰

一曲兩曲深夜彈松風和雨過前山可憐卞玉離荊
岫誰是知音卻取還　投子青

增收 郢州芭蕉山繼徹禪師 嗣芭蕉清 僧問有一人
不捨生死不證涅槃師還提攜也無師曰不提
攜曰爲甚麼不提攜師曰林溪蠢議好惡　頌
曰

百歲兒童出戶來滿身紅爛惹塵埃火中闊步清涼
地識者無因敢近擡　投子青

六祖下第八世之二　南嶽下第七世

增收 鄂州黃龍山誨機禪師 嗣玄泉彥 僧問風恬浪
靜時如何師曰百尺竿頭五兩垂　頌曰

百尺竿頭五兩垂鶴沙絕漠任風吹可憐無限滄浪
客倚把兩針定所歸　石林鞏

安州明招德謙禪師 嗣羅山 一日天寒上堂衆
纔集師曰風頭稍硬不是汝安身立命處且歸
暖室商量便歸方丈大衆隨至立定師又曰纔
到暖室便見瞌睡以拄杖一時趁下　頌曰

堂上非常凛冽衆人誰敢當頭只見西風刮地直知
一葉驚秋暖處去穩便因無人爲與塞咽喉須信高
皇功業大鴻溝兩岸一時收　佛慧泉

風頭坐斷進退難衲子相將不易看未到潼關天已
曉不堪回首望長安　照覺總

風頭稍硬難安立暖室纔通瞌睡來卻笑明招開眥
力無端兩處強差排　蔣山珪

夜半明星當午現急天爭待曉雞鳴可憐自來不知
臭又欲重新拈似人　徑山杲

風前驚出無瑕璧室內將如意珠兩處獻來渠不
識可憐流落在江湖　佛性泰

增收 鵝鶴鳥守空池魚從腳底過鵝鶴總不知　謝秀

稍硬風頭早已乖更將暖處自沉埋反令千古成蹤
跡枉喚羅山白飯來　介石朋

風頭稍硬無樓泊暖處商量一句無老倒不堪曾世
患說將毒藥當醍醐　東山源

前頭計較既不成後面安排亦不是古時若有今時
人不落他家圈樻裏　簡翁敬

增收 明招因僧問虎生七子那箇沒尾巴師曰第七
箇沒尾巴　頌曰

無尾大蟲難傷近近前便是傷人命除非自解擒虎

頭自然頭正尾亦正　缺山進

第七捻見沒尾巴食牛之氣巴堪誇叢林悱悱爭啓吻幾箇行人得到家

第七箇沒尾巴不落羣隊獨露爪牙擬心湊泊終難見須信蓮開火裏花

福州地藏桂琛禪師　問僧什麼處來曰南方來師曰南方佛法如何曰商量浩浩地師曰爭似我這裏種田博飯喫曰爭奈三界何師曰喚什麼作三界　頌曰

種田博飯喫言中認斡的午後打鐘［bar］大參甘受

十二奉僧

種田博飯喫佛法要商量言下趣三界機發妙光　靈壽淸

種田博飯待方來玄妙商量一任猜無影樹頭懸日月幾人於此便心灰　古佛

宗說般般盡強爲流傳口耳便支離種田博飯家常事不是飽參人不知參飽明知無所求子房終不貴封侯忘機歸去同魚鳥濯足滄浪烟水秋

種田博飯有來由覓見區區向外求莫謂勞心便勞力大都工拙要全收　雲峯悅

千鈞發重機千古仰遺則雖連十五城那換相如璧商量浩浩地爭如種田博飯喫一片殊勝緣兩段俱奇特要知火裏鉢曇花天上人間不可加　佛鑑懃

種田博飯喫飽臥長伸脚把將三界來安向左邊著引得龍牙老古錐手裏把柄破木杓　無準範

地藏因月曰雲動有雨去有僧曰不是雲動是風動師曰我道雲亦不動風亦不動曰和尚適來又道雲動師曰阿誰罪過　頌曰

風起心搖樹雲生性起塵若明今日事昧却本來人

若教捉物入迷津但有纖毫即是塵不信舊時無相貌外尋知識也非眞　草堂淸

雲生洞裏陰風動林間響若明今日事半斤是八兩　上方岳

樹動風搖塵生雲起太上老君何曾姓李　斷橋倫

鼎州大龍山智洪禪師　嗣白兆圖　僧問色身敗壞如何是堅固法身師曰山花開似錦澗水湛如藍　頌曰

問曾不知答還不會月冷風高古巖寒檜堪笑路逢達道人不將語默對手執白玉鞭驪珠盡擊碎不擊碎增瑕纇國有憲章三千條罪　雪竇顯

山花如錦水如藍雲在高峯月在潭兩箇泥牛鬬入海行人脫袴杖頭擔

山花如錦春長在澗水如藍碧湛然信步白雲深處去須知別有洞中天　佛鑑懃

色身敗壞世常情一點靈光到處晶澗水如藍花似錦法身何處不分明　南堂興

雲散蟾輪滿烟收岳面高泥牛穿巨海轉角起風濤　京兆府天寧璉

山花如錦水如藍親見文殊拔話訣十字街頭鬬一機兩三三對後三三

大龍景物最幽妍澗水山花照眼鮮堅固法身何必問風光長在劫壺先　天目禮

山花似錦水如藍突出乾坤不露顏曾踏武陵溪畔路洞中春色異人間　無準範

襄州白馬山行靄禪師　嗣白兆圖　僧問如何是清淨法身師曰井底蝦蟆吞却月　頌曰

九重深密視聽難玉殿瓊樓宿霧笑理盡歸臣相爭輪王不戴寶花冠　丹霞淳

潁州薦福思禪師　嗣護國演　僧問古殿無佛時如何師曰梵音何來曰不假修證如何得成師曰修證即不成　頌曰

古殿苔生像不安霜風八面逼人寒梵音忽奏誰能會人天盡聽玉珊珊

古殿無佛梵音何來夢中噴省檜開門開雲光一點絕塵埃禪古鵬今偏九垓　南堂興

洪州同安志禪師　青原下七世　僧問二機不到處如何舉唱師曰徧處不逢玄中不失　頌曰

道遠那畔總難逢一句無私不處中紅日暮沉西嶺外空留孤影照溪東　丹霞淳

同安志因僧問凡有言句盡是點今時學人上來請師直指師曰目前不說句後不迷文問如何是向上事師曰泊然不撲標的節拳　頌曰

天黑雲深飛莫窮鷺鷥立雪對蘆花寺然不屬今時事句後聲前會即差　雪巖欽

襄州廣德義禪師　僧問古人云言語道斷非去來今此理如何師曰彌勒涅槃知幾劫彼明猶未降迦維　頌曰

妙湛圓明第一機降生成道涅槃時迦維摩竭雙林樹認著元來不是伊　丹霞淳

廣德義因僧問久負不逢時如何師曰扇開人不過細其莫能收　頌曰

妙體堂堂相好全當機獨步踏金蓮千峯臺上徧坐弊垢爛衫自肯穿　丹霞淳

襄州廣德周禪師　僧問教中道闡提多不斷煩惱不修禪定佛記此人成佛無疑此理如何師曰豐又豐業又無曰豐豈業無時如何師曰愁人莫向愁人說說向愁人愁殺人

頌曰

孤放隨時雖有準出門入戶恐難論長安路子君須

到莫向深村草裏蹲

［增收］襄州石門慧徹禪師 僧問實際理地如何進步師曰鳥道無前僧曰幽谷白雲藏白雀擬心棲處隔山迷 頌曰

幽谷白雲藏白雀擬心棲處隔山迷直饒不住棲心處猶落怡山第二機

石門徹因僧問如何是三乘教外別傳一句師曰東村王老夜燒錢 頌曰

東村王老夜燒錢草鞋踏地帽指天家無白澤招禍福窮時相炒餓相煎

三乘教外別流傳僧漢多知曉作禪天下衲僧參不會東村王老夜燒錢

東村王老夜燒錢眼中無翳日中招神引鬼成妖怪三腳蝦蟆跳上天

東村王老夜燒錢野鬼開神滿目前休更逆人貪去路謝家人不在漁船

王老夜燒錢白日看星月儘頭禮総拿手把名香衣食隨分過此身贏得樂天真忽若教外別傳句未免燒錢引鬼神

王老燒錢言端語端錦包特石鐵裹泥團

［增收］石門徹因僧問雲光作牛意旨如何師曰陋巷不騎金色馬回途卻著破襴衫 頌曰

瑞草叢中懶欲眠徐行處處過脩然披毛戴角人難識爲報芒童不用鞭

［增收］郢州太陽慧堅禪師 因僧問如何是玄旨師曰壁上掛錢財 頌曰

輕輕人問玄中旨便吐肝腸說與他木人暗皺雙眉處石女多言爭奈何

玄旨玄旨壁上錢財挂起家門幸自平安白日招神引鬼

玄旨分明示學人錢財壁上挂金銀連珠六貼三千貫不濟飢寒不濟貧

［增收］鼎州德山圓明緣密禪師 上堂大衆一人呵盡乾坤直得一世諸佛口挂壁上 一人呵呵大笑若識此人參學事畢 頌曰

雙盲入暗路崎嶇日落栖庭暫得興爭似石人眠夜半免教篤讓守林居須知花綻井下木無腳行歸早歸途昨朝風起長安道元是乾坤道國收把斷襟喉風磨雲拭水今天秋錦繡兌訶無滋味

釣盡滄浪月一鈎

青山是父白雲兒雲散青山總不知玉兔青眠雲母地金烏夜宿不萌枝

岳州巴陵新開院顥鑒禪師 僧問如何是道師曰明眼人落井 頌曰

落井須明出井機直宜橫眼動瞻揮於斯倜儻無纖隔祖道汪洋得旨歸

南北東西苦問人新開多口接迷津從茲八駿追風急空望悠悠脚下塵

好箇明眼人落井叢林話會幾時休修心未到無心地萬種千般逐水流

明眼人落井覓丹遊金罷黑水崑崙奴夜遇夫豁

秋夜霜天月正明仰觀星象約三更徐六路千掌歸去何妨徹曉行

明眼人落井波斯上古臺龍門一級浪死腮

明眼人落井西方東同參足闕餅

語不邪爻不來拙老僧

三臺

巴陵一句子對面卻相謾大地平如掌何事放無端

誰解當頭領坐斷毗盧頂稽首老巴陵明眼人落井

明眼人落井恩深怨亦深海枯終見底人死不知心

巴陵因僧問如何是吹毛劍師曰珊瑚枝枝撐著月 頌曰

要平不平大巧若拙或指或掌倚天照雪大冶兮磨礱不下良工兮拂拭未歇別別珊瑚枝枝撐著月

珊瑚枝枝撐著月射斗鋒鋩未足觀四海盡來歸育後乾坤同耀寶光寒

價重三千不可圖從教千古強名模長因塞北烟塵息記得江南嘀鷓鴣

［增收］脫塵逆城戍役身卻來倫賈上園春御街前畔低聲語不覺衝他說事人

巴陵因僧問如何是提婆宗師曰銀椀裏盛雪 頌曰

老新開端的別解道銀椀裏盛雪九十六箇應自知不知卻問天邊月提婆宗提婆宗赤旛之下起清風

大冶精金澄潭皎月南北東西孰分優劣昨夜春風一陣來掃盡千山萬山雪

人天會上分緇素龍象堂前定是非選甚邪魔并異類好教齊向此中歸

銀椀裏盛雪冰壺含寶月縱具四韋陀到此虛搖舌西天今嚴此土還別

提婆宗銀椀雪泰華摧滄海竭赤旛之下起清風

吹落楊花硬如鐵　佛心才

巴陵因僧問祖意教意是同是別師曰鷄寒上樹鴨寒下水　頌曰

同別祖教問端由便將凡價與他酬絲綸收靜人垂釣曉得金烏帶月收　教子青

昨夜三更屈指輪世間休說兩三人數聲長笛離亭晚君向瀟湘我向秦

雞寒上樹鴨寒下水三百餘會不能宣九年面壁徒指懶休瞌睡上是天兮下是地

雞寒上樹鴨寒下水時節不相饒古今自然理寒松

十里吼清風流水一溪聲未已

一朶梨花春帶雨金色頭陀笑不語龍宮海藏月明前織女姮娥相對舞咲者咲舞者舞十方無虛空大地無寸土

雞寒上樹鴨寒下水鷲嶺賞分踈少林提不起千峯寒色露全機眨上眉毛千萬里

雞作蒼鷹拏鷲鼻鴨爲金翅作獰龍空王以此冊洪範錦上鋪花知幾重

般若啓柔禪師　僧問西天以蠟人爲驗未審此土以何爲驗師曰新羅人草鞋　頌曰

龜毛括得笑咍咍一擊萬重關鎖開假使蠟人似冰結當甚新羅人草鞋

益州青城香林院澄遠禪師　僧問如何是西來的的意師曰坐久成勞曰便回轉將如何師曰墮落深坑　頌曰

一箇兩箇千萬箇脫却籠頭卸角馱左轉右轉隨後來子湖要打劉鐵磨

香林無雜木一一是旃檀野火[illegible]大地寛

祖意報爾會坐久自成勞

禪家流何太錯只管追求無病藥若知煩惱即菩提

坐久成勞亦安樂

絕消息處提來有形影中走却只因攔問兒孫要把襴衫反著坐久成勞位次已高起時失却人天相無限行人認白毫

香林因僧問如何是衲衣下事師曰臘月火燒山　頌曰

臘月燒山萬種千般翹松鶴冷立雪人寒達磨不會大難大難

臘月火燒山天邊兩雁還香林曾未會空坐劒門關

僧問衣下事師答火燒山佛手遮不得人心似等閑

歲晚年來正苦寒千林木葉盡凋殘炎炎野火無流水應是隨風過別山

老大叢林快說禪不將禪挂口皮邊谷深山遠空無像何處人呼應不圓

臘月燒山特地無端錦包特石鐵裹泥團

臘月山頭火且天衲衣下事若爲傳老禾不是覷時節翻卻手伸兩脚眠

快哉臘月火燒山

巢知風穴知雨可憐謝三郎月下自搖櫓

臘月燒山對面熱謾誇然悟去身在長安咄哉無限未歸客沙裏求油實可憐

香林臘月火燒山鐵眼銅睛見亦難腦後一星輕點著三千里外髑髏乾

臘月火燒山苦口是黃連相將歲除夜寶八布衫穿大可憐把手入黃泉

衲衣下事火燒山臘月家貧徹骨寒堪咲達延曾未息眉毛焦赤面皮乾

香林臘月火燒山冷淡家風退後看閙裏果然輕踏著方知日午打三更

臘月燒山天寛地寛氣穿髓著徹骨毛寒

臘月火燒山人寛與地寛常啼菩薩苦滿市鬻心肝

臘月燒山有甚相漫漾桶不快休休要胡鑽

香林因僧問如何是衲僧沽計師曰耳裏種田　頌曰

耳裏種田滿口含烟鍮鈍槌解舞十八拍張老乘槎上九天

香林因僧問萬頃荒田是誰爲主師曰看看臘月盡　頌曰

榜毬拋出畫堂前妙轉無私體自圓真箇要行劒刃事更須再見老雲門

萬頃荒田誰是主須知答處有來由箇中若也無人委臘月看看又盡頭

看看臘月盡日用事如何留嫌千口少貪恨一身多

香林因僧問如何是室內一椀燈師曰三人證龜成鼈　頌曰

六耳同謀事不成直言心表赤心人室中燈焰誰來撥白髮兒童兩鬢新

皎皎清光徧界莫藏聲拋不出色管能彰直下斬釘截鐵刻却古今途轍高出臨濟德山三人證龜成鼈別別一回喫水一回噎

三人證龜成鼈井底泥牛氣噎直饒辯瀉懸河有理亦難分雪耿耿孤光常皎潔

三人證龜成鼈毗嵐一吹吹滅從茲暗裏穿針鼻孔七花八裂

三人證龜成鼈誰把天機漏泄木人崇上唱歌石女

眼中滴血 懶菴需

室內一盞明燈等閑一撥撥來自然不辯東西覓得

證龜成鼈 退菴奇

禪宗頌古聯珠通集卷第三十五

禪宗頌古聯珠通集卷第三十六

宋池州報恩光孝禪寺沙門法應集
元紹興天衣萬壽禪寺沙門普會續集

祖師機緣

六祖下第八世之餘　南嶽下後第七世

襄州洞山守初禪師　嗣雲門　初叅雲門門問近離甚麼處師曰楂度門曰夏在什麼處師曰湖南曰什麼時離湖南師曰去秋曰放汝三十棒師曰過在什麼處曰江西湖南便恁麼師於言下頓省　五燈會元叔曰初叅雲門門問近離甚麼處師曰查度曰夏在甚麼處師曰湖南報慈曰幾時離彼師曰八月二十五日放汝三頓棒師至明日却上問訊昨日蒙和尚放三頓棒不知過在甚麼處門曰飯袋子江西湖南便恁麼去師於言下大悟遂曰他後向無人烟處不蓄一粒米不種一莖菜接待十方往來盡與伊抽釘拔楔拈却膩脂帽子脱却鶻臭布衫教伊灑灑地作箇無事衲僧豈不快哉門曰你身如椰子大開得許大口師便禮拜　頌曰

一鏃三關破不難　如何猶在是非間　曲勞提起飯袋子　三頓方知徹骨寒　白雲端

三頓當時打不回　鉄門重擊鎖方開　堪嗟不畜一粒米　十字街頭接往來　保寧勇

從來大道透長安　步步應須著眼看　五里只知還五里　到頭方覺路岐難　枯木成

去年八月離湖南　行盡千山與萬山　不喫雲門三頓棒　不知虎體有玄斑　慈受深

坐鎮韶陽老牯牛　江西湖外遠相酬　當時鉄限高撐起　未必黃河不倒流　資壽捍

吹毛寶劍當機妙　切玉如泥孰可猜　不犯鋒鋩全正令　[illegible]爲君開　禾山方

雲門棒下[illegible]洞山脚下雲生　覷破森羅萬象　使能[illegible]　佛心才

[illegible]分明[illegible]是忠言洞山眼似制鈴

轉關被雲門三頓護　文殊道

奉君三頓曲周遮　屈辱雲門老作家　渡水穿雲五湖客　欲將何物當生涯　龍門遠

見兎放鷹因行掉臂　赤骨律窮方圓富貴　放三頓棒尚遲疑　再挨方識錐頭利　單提獨脚機關外　明曝衲僧猶不會　圓悟勤

雲門飯袋子　毒蛇當古路　觸著便傷人　誰敢正眼覷　[illegible]

洞山初因僧問如何是佛　師曰麻三斤　頌曰

麻皮三斤不用秤　秤頭那肯坐於蠅　一命纔生筋骨露　徒勞更覓定盤星　光孝新

五彩畫牛頭　黃金爲點額　春晴二月初　農人皆取則　寒食賀新正　鉄錢三五百　福嚴雅

金烏急　玉兎速　善應何曾有輕觸　展事投機見洞山　跛鼈盲龜入空谷　花簇簇　錦簇簇　南地竹兮北地木　因思長慶陸大夫　解道合笑不合哭　雪竇顯

三年一閏　大家知也　有顧預不記時　昨夜鷓鴣沙寒冷　帶霜梧葉又披披　舊本作嚴風吹綻月中枝　投子青

火麻皮子若何分　臘雪煎茶解醉君　更有路行人未到　野花含笑舊枝春　法昌遇

打鼓弄琵琶　相逢兩會家　去年一百五　今歲又還他　浮山遠

橫胖讀梵字　彈舌念真言　吹火長尖觜　柴生滿竈烟　大愚芝

如何是佛麻三斤　咄　大地茫茫愁殺人　[illegible]

一片初生月　蛾眉畫碧空　水中魚逝矣　林外鳥防弓　野軒遵

問佛三斤麻　齋僧折夜茶　春來寒食後　古木噪寒鴉　[illegible]

同袍叅學問通津　來扣宗師佛正因　爲說三斤麻最好　三斤天下說尖新　幾多匠者頻拈掇　奈緣綿未會親　子今更爲重秤過　那吒太子析全身　道吾真

洞山有語麻三斤　衲子紛紛問要津　因憶昔年看草字　張顛顛後更無人　雲峯悅

雲起千山曉風高　萬木秋　石頭城下水浪打釣魚舟　佛慧泉

斤兩分明不負君　眼中瞳子莫生瞋　百年三萬六千日　得忻忻處且忻忻　白雲端

洞山麻三斤　分明欠一著　衲僧放不下　尋言空摸索　雲蓋智

江南三月鷓鴣天　雨過諸峯景物鮮　行盡天涯諳世事　買鞋須是大光錢　三祖宗

尺璧未爲重　片言不可輕　領取鉤頭意　莫認定盤星　地藏恩

南天地暖北天寒　水陸相通見不難　無限黃花兼翠竹　任他千古往來看　草堂清

洞山的的麻三斤　明月堂前贈若人　碧眼凡眉饒暴首　又隨雲雨暗驚神　長靈卓

三斤足秤洞山麻　撥動錙銖萬里差　啼得血流無用處　夜來依舊宿蘆花　張無盡

十峯勢到岳邊住　萬派聲歸海上消　迸出紅爐金彈子　眼睛定動面皮焦　南華昺

鴻鵠一舉千里　飛錯天鷄子　與天外鳳凰不是凡間鳥　爲瑞爲祥自有時　龍門遠

洞山麻三斤　真鍮不博金　將錢買五彩　壁上畫天神　琅琊覺

洞山麻三斤　兩不設人語　稀難問事　貌古易傳神　慈受深

現前三昧　料水打碓　漏泄天機　失錢遭罪　文殊[illegible]

洞山佛話三斤麻　縛殺叢林老作家　最好風前一聲

還江賊五月落梅花　石帶明
鍾在扣谷受響池印月鏡含像曾非展事投機豈是
預擬待痒點鐵成金舉直錯枉一箭鵰一雙一個血
一掌君不見踪而不漏兮恢恢天網　圓悟勤
驢尾猪頭牛脚跡三斤麻皮露消息誌公杖頭剪刀
尺從來雨下階頭濕　玉泉璉
洞山老勿踈親答佛法麻三斤無面目得人憎見得
徹賺殺人　妙峯善
水斷流山突兀爲君放出遼天鶻擬欲風前騁鳥跡
種胼已是成窠窟非窠窟咄咄咄　塗毒策
增收　洞山初因僧問如何是正法眼師曰紙撚無油
頌曰
洞山宗匠較些些紙撚無油驗作家老倒禪和針子
眼說禪說道會如麻　翠巖真
增收　洞山初上堂言無展事語不投機承言者喪滯
句者迷還得麼你衲僧分上到這裏須具擇法
眼始得秖如洞山恁麼道也有一場過且道過
在甚麼處　頌曰
只要拔楔抽釘爲人解粘去縛如何洞山老人先自
騰蛇繞脚　鼓山珪
言無展事語不投機承言者喪滯句者迷逢人不得
錯舉　徑山杲
展事無回互投機通一線洞山無眼筋入地獄如箭
南巖勝
增收　金陵奉先深禪師 嗣雲門 同明和尚到淮河見
人牽網有魚從網透出師曰明兄俊哉一似箇
衲僧相似明曰雖然如此爭如當初不撞入網
羅好師曰明兄你欠悟在明至中夜方省 明郎金陵
清涼智明禪師諸家語錄作深明二上座　頌曰
透網金鱗是衲僧鐵壁銀山膽不驚明老三更方瞥

地任教千嶂碧層層　大潙智
網中跳出便飛騰好箇天然俊衲僧何似當初未入
網悟來方始是知音　鼓山珪
俊哉一跳透重淵霧靄追之去不還却笑龍門燒尾
者依然點額在波瀾　徑山杲
師子咬人狂狗逐塊三十里來方始悟何似當初莫
入去　冶父川
增收　饒州薦福承古禪師 嗣雲門 師古塔主 僧問如何是佛
師曰莫莫又問如何是祖師西來意師曰莫莫
頌曰
古人一莫切忌喑啄臨濟權奇德山頻蕭索截斷
佛祖機關顯出頂門一著子細審思量分明欠一著
且道欠那一著　雪堂行
莫莫拈出一條斷貫索任從我佛及衆生撩天鼻孔
都穿却　松源岳
增收　韶州雙峯興福竟欽禪師 嗣雲門 僧問賓頭盧
應供四天下還得徧也無師曰如月入水問如
何是用而不雜師曰明月堂前垂玉露水精殿
裏粲真珠　頌曰
混而不雜體常虛雪月交光類莫如應處萬端無罣
礙片雲自在卷還舒　自得暉
六祖下第九世之一　南嶽下第八世
增收　汝州首山省念禪師 嗣風穴 僧問如何是佛師
曰新婦騎驢阿家牽曰未審此語甚麼句中收
師曰三玄收不得四句豈能該曰此意如何師
曰天長地久日月齊明　頌曰
新婦騎驢阿家牽誰後復誰先張三與李四拱手賀
堯年從上諸聖總皆然起坐忪諸沒兩般有問又須
向伊道新婦騎驢阿家牽　神鼎諲
得不得傳不傳歸根得旨復何言憶昔首山曾漏泄

新婦騎驢阿家牽　黃龍南
手提巴鼻脚踏尾仰面看天聽流水天明送出路傍
邊夜靜還歸茅屋裏　道吾真
新婦騎驢阿家牽王老空中駕鐵船井底掛帆風勢
惡須彌頂上浪滔天　海印信
新婦騎驢阿家牽傍觀笑渠顛倒顚歸來舉目暮雲
合嶺上蟾蜍光未圓　京兆府天寧璉
七手八脚三頭兩面耳聽不聞眼覷不見啼得血流
無用處不如緘口過殘春　保寧勇
張顚不似首山顚不動毫芒百怪全猶得黃龍再拈
出四方明眼若爲傳新婦騎驢阿家牽低頭拾得一
文錢十字街頭拍手笑東村王老屋頭穿　眞淨文
首山有語古今傳此語休云返倒顚新婦醉騎驢子
去是人笑道阿家牽　佛國白
新婦騎驢阿家牽面如滿月目如蓮了將羅袖拈牽
挽一段風流徧人千　慈受深
新婦騎驢阿家牽體段風流得自然堪笑效顰鄰舍
女向人添醜不成妍　天童覺
莫問新婦阿家免煩上路皮吒過飯喫飯遇茶喫茶
同門出入宿世冤家　五祖演
新婦騎驢阿家牽碧玉羅紋頂上旋擔土揚塵尋不
見元來只在舊山前　文殊道
新婦騎驢阿家牽萬里滄溟駕鐵船參差島嶼分諸
國彷彿星河共一天　南華昺
阿家新婦兩同條咫尺家鄉路不遙可咲騎驢覓驢
者一生錯認馬鞍橋　鼓山珪
新婦騎驢阿家牽步步相隨不著鞭歸到畫堂人不
識從今懶更出人前　徑山杲
阿家新婦叔相憐新婦騎驢家便牽幾度醉歸明月
夜笙歌引入畫堂前　護國元

增收新婦快騎驢阿家引鞭走石筍夜抽條面南看北
斗　湛堂準

新婦騎驢阿家牽草裏尋常萬萬千誰在後兮誰在
先不須特地苦加鞭　牧菴忠

騎驢須是阿家牽媳婦嬌癡懶著鞭在舍只知七十
二出門方見化三千　簡堂機

首山因僧問親到寶山空手回時如何師曰家
家門前火把子　頌曰

家家門前火把子今古分明須記取五更鐘後聽雞
啼失曉朝官不帶帽　石門聰

門前火把寶山回玄學之徒徧九垓南海岸頭波浪
起西番戴帽樣時裁　翠巖真

空手歸時誰肯信驢馱馬載入門來家家舉起火把
子半夜天如白日開　白雲端

寶山到日事如何空手回時所得多家家門前火把
子明如日月照山河　佛鑑勤

首山因僧問如何是佛法大意師曰楚王城畔
汝水東流　頌曰

楚王古城畔汝水向東流兩岸競垂釣幾人能直鉤
正覺逸

楚王城畔水東流逐浪隨波[illegible]
在夜深明月上孤舟　佛慧泉

楚王城畔水東流樹倒藤枯笑不休好是自從投子
去更無人解道油油　眞淨文

楚王城畔水東流今古朝宗是到頭逐浪隨波如未
息輪他漁父泛孤舟　溈山秀

楚國城邊水去東發船便被打頭風蘆花蓼[illegible]漁
唱[illegible]手煎茶銚不同　三祖宗

楚王城畔水東流日夜波濤去不休巖下忽逢湘水
客謂言依舊汪悠悠　雲溪恭

千波萬浪曾無盡去棹來帆浩莫窮謝客睡醒孤月
白間吹一笛渡頭風　普融平

增收楚王城畔水東流南地禪僧北地遊眼目直教從
淺辯權衡爭奈出常流金篦為子挑除翳驢上穿靴
背打毬　翠巖眞

楚王城畔水東流獨脚山魈踢氣毬合若六幺花十
八斷頭船子下楊州　瞎堂遠

暑往寒來春復秋夕陽西去水東流茫茫宇宙人無
數那箇親曾到地頭　雪巖欽

首山因僧問如何是祖師西來意師曰風吹日
炙　頌曰

日炙風吹不計年行人塵路辨應難擬心早已深三
尺更教誰問箇中玄　洞山聰

風吹日炙少人知頂仰先賢對此機饒君曠劫生前
會穿耳胡僧也皺眉　法華舉

日炙風吹問祖來紅塵巨野眼難擡忙忙役役知多
少二月春深動地雷　翠巖眞

風吹日炙橫臥荒草觸著毒氣全身便倒　天寧璉

日炙風吹也大奇根繇疋馬將家兒皇圖自古元無
事撥動烟塵更是誰　三祖宗

日炙風吹當路頭衲僧見後莫遲留我今到此堪惆
悵葉落花紅經幾秋　雲溪恭

增收風吹日炙點朱點漆行人嗟嘆共誰相識　汾陽昭

增收首山拈竹篦示衆曰汝諸人若喚作竹篦則觸
不喚作竹篦則背汝諸人且道喚作甚麼速道
速道　頌曰

竹篦舉起成生殺豈可容人亂札錐劈脊一揮如鷹
得銀山鐵壁也光輝　照堂一

拈起竹篦子如何便到家祕魔若不會隨後却擎叉
鼓山珪

背觸非遮護明明為舉揚吹毛元不動徧地是刀鎗
徑山杲

不觸又不背徒勞生擬議開口更商量白雲千萬里
此菴元

黒漆竹篦非觸背大地山河俱粉碎咬人師子急反
身莫學韓獹徧逐塊　遯菴寅

罵他還自罵瞋他還自瞋戒之愼之出乎爾者反乎
爾者也　卍菴顏

辯龍蛇眼定乾坤縶縶一天星斗分枯起竹篦言背
觸明明刺腦入膠盆　笑翁堪

拈起竹篦行殺活令背觸交馳佛祖乞命　無門開

野干鳴師子吼衆盡生涯不容開口　虛堂愚

增收首山示衆曰諸上座不得盲喝亂喝尋常向你
道賓則始終賓主則始終主賓無二賓主無二
主若有二賓二主兩箇郎成瞎漢所以道我若
立你須坐我若坐你須立坐則共你坐立則共
你立雖然如是急著眼始得　頌曰

賓主有無俱遣外行藏須要出常情無棲泊處開門
戶月到中宵不敢明　虛堂愚

增收首山因僧問如何是學人親切處師曰五九盡
日又逢春曰畢竟如何師曰冬到寒食一百五
頌曰

日熱陰雲郊野深重陽到後菊花新不因西嶠殘冰
盡爭得東江一帶春　投子青

增收首山因僧問如何是菩提路師曰襄縣五里曰
向上事如何師曰來往不易　頌曰

問路窮途擬進程綠楊鶯語送行人牌標五里向君
說莫道常年不指陳　投子青

增收首山因僧問如何是學人用心處師曰怪你一
問遲也　頌曰

未語難明迷悟情發言方表赤心人秖貪進步求名
玉爭信靈苗不受春　投子青

六祖下第九世之二　清源下第八世之一

（續收）昇州清涼院法眼文益禪師　嗣羅漢琛　行脚次
值天雨忽作溪流暴漲暫寓城西地藏院因參
琛和尚琛問曰上座何往曰邐迤行脚去曰行
脚事作麼生師曰不知曰不知最親切師豁然
開悟　頌曰

而今飽學似當時脫盡纖塵到不知任短任長休剪
綴隨高隨下自平持家門豐儉臨時用圓覺優游信
步移三十年前行脚事分明孤負一雙眉　天童覺

（續收）法眼開堂次子方上座自長慶來師舉先長慶
稜和尚偈問曰作麼生是萬象之中獨露身子
方舉拂子師曰恁麼會又爭得曰和尚尊意如
何師曰喚甚麼作萬象曰古人不撥萬象師曰
萬象之中獨露身說什麼撥不撥子方豁然悟
解　頌曰

萬象之中獨露身一回相見一回親東西南北吾皇
化莫向江南苦問津　浮山遠

離念見佛破塵出經現成家法誰立門庭日逐舟行
江練靜春隨草上燒痕青撥不撥聽叮嚀三徑荒荒
歸便得舊年松菊尚芳馨　天童覺

法眼因僧惠超問如何是佛師曰汝是惠超僧
於是悟入　頌曰

問佛從頭理不虧莫同巧妙騁鋒機眞金若不爐中
鍛爭得將金喚作泥　汾陽昭

江國春風吹不起鷓鴣啼在深華裏三級浪高魚化
龍癡人猶戽夜塘水　雪竇顯

巇嶮行時路難有人相問北村南長安無限人來
往幾箇無鈴過得關　投子青

僧問如何是佛師云汝是惠超禮拜進前叉手當
十萬迢迢　慈明圓

道得實不相饒問佛言云是惠超嗟見衲僧生異
解認他虹虹作仙橋　天衣懷

當臺明鏡絕精麤誰道胡來便現胡縱不相饒人莫
問可憐天下亂名模　佛印元

木人行千里駿馬不移蹄落日依南土因風向北嘶　正覺逸

妙用不須霜刃劒能彈何必玉絃絲嚴冬三件夜三
點開坐開眠雲散時　翠巖眞

（續收）纔到元正便是年暖風無處不陶然途中多少尋春
客悞聽黃鸝作杜鵑　佛慧泉

一文大光錢買得箇油糍喫向肚裏了當下便不飢　白雲端

擊石乃出火火光終不然碧潭深萬丈直下見青天　草堂清

一顆靈丹大似拳服來平地便昇仙塵緣若有纖毫
在蹉過蓬萊路八千　慈受深

三千里外望家鄉雲水重重客路長向道莫行山下
去果聞猶叫斷人腸　上方益

望風鳴處因聽直伯樂回觀價萬殊可笑如今虞坂
上錯將駑馬作龍駒　普融平

問佛如何答惠超拜縱雖定價相饒雲中不見雙鵰
落箭過新羅十萬遙　長靈卓

問佛云言是惠超當機　句不相饒生遮更問途中
覓重疊關山千萬遙　雪庵泰

覿面相呈見不相謾體鑑覺前顯頂巨靈擡手擘不
破始信從前踢突關　南華昺

問佛分明答惠超半斤八兩不相饒叢林萬古爲殃
禍惡語傷人恨不消　眞歇了

病遇良醫飢逢王膳寶叉得墮雲中迸裏　圓悟勤

借婆裙子拜婆年問佛嗹言汝惠超萬古石頭城下
水終歸大海作波濤　佛燈珣

問佛還云是惠超和根帶子上枝條春風浩浩難回
避發起乾坤那一苗　楚安方

（續收）微酸梅子始生仁篤老花殘迹已陳一夜南風移
斗柄明朝烟柳不關春　正堂辯

一字入公門九牛拔不出咄這野狐精鼻孔都打失　月林觀

惠超問佛佛何遙機就機叶答惠超到此直須磨
刃不然漁父便擒去　月澗林

法眼因僧問如何是曹源一滴水師曰是曹源
一滴水　頌曰

曹源一滴水是即波濤起桃花流出洞中來漁舟夜
宿蘆花裏　楊無爲

曹源一滴是曹源萬派滔滔向海門無限乘槎人不
薦風濤鼓處有龍蟠　慈覺賾

曹源一滴久澄清流出千江絕浪聲大海幾多遊玩
者茫茫空練水邊行　白雲端

守株非得兔罔象獲玄珠一滴曹源水分明灌五湖　佛心才

曹溪一滴異常流流入滄溟徧九州垂釣幾曾波瀾
險未曾聞道失漁舟　草堂清

一滴曹源立問端清源答處在言前衆流截斷窮源
底百川依舊勢朝天　佛燈珣

（續收）得人一牛還人一馬珍重曹源可知禮也雷奔洶
湧海濤生誰解截流那下行那下行通玄日午打三
更　韶讓師

恁口曹源一滴時誰知依樣畫猫兒袖中三尺龍泉
劒落盡傾人不知　別峯印

（增收）法眼答此話時天台韶國師聞已豁然開悟平
生疑滯渙然冰釋以所悟聞于師師曰汝向後
當爲國王所師致祖道光大吾不如也　頌曰
曹源一滴水相罵饒俾觜鵓雀空啾啾嘵嘵已千里
月窟清

（增收）法眼因僧問承教有言從無住本立一切法如
何是無住本師曰形興未質名起未名　頌曰
沒蹤跡斷消息白雲無根清風何色散乾蓋而非心
持坤輿而有力洞千古之淵源造萬象之模則剎塵
道會也處處普賢樓閣門開也頭頭彌勒　天童覺

（增收）法眼問覺上座船來陸來曰船來師曰船在甚
麼處曰船在河裏覺退師却問傍僧曰你道適
來這僧具眼不具眼　頌曰
水不洗水金不博金昧毛色而得馬靡絲絃而樂琴
結繩畫卦有許事喪盡眞淳盤古心　天童覺

法眼問修山主毫釐有差天地懸隔兄作麼生
會修曰毫釐有差天地懸隔師曰與麼道又爭
得曰某甲只與麼師兄作麼生師曰毫釐有差
天地懸隔修遂禮拜　頌曰
宗師故故問同人一擊毫釐兩路分再響便能明的
旨自然清白不從聞　汾陽昭
六問當時已太平太平纔久不知兵修公擬得長蛇
陣天下人人會死生　佛印元
堪悲堪笑修山主因地起兮因地倒覿面難逢第一
機令人却憶雲門老　正覺逸
石城親切問同參不話東西便指南明暗由來作
路係佛屈曲在烟嵐　保寧勇
金鱗欲化遭乞點額舉頭看滿波瀾慢良聲不礙風
高天地寒　佛慧泉
秤頭蠅坐便欹傾萬世權衡照不平斤兩分明休見惑
的終歸輸我定盤星　天童覺

（增收）毫釐有差天地懸隔龍濟清涼何失得魚兒刀刀孰
可分水中有乳鵝王擇　本覺一
一道如弦直長安信已傳萬邦皆入貢四海息狼烟
拈室開

（增收）法眼示衆曰識得凳子周匝有餘雲門出云識
得凳子天地懸殊　頌曰
不知將甚報君恩雲起江湖浪皺痕一片古帆乘興
去與誰相逐過天門　保寧勇
一不是二不成落花流水衰啼鶯門庭雨散夜將半
片月還從海底生　泉田卿
識得凳子四腳著地要坐便坐要起便起　在菴覺

（增收）法眼因僧來參次師以手指簾時有二僧齊去
卷簾師曰一得一失　頌曰
松直棘曲鶴長鳧短羲皇世人俱忘治亂其安也潛
龍在淵其適也翔鳥悅絆夫何祖禰西來得失是非
相半蹤隨風而轉空船截流而到岸個中伶俐衲僧
看取壽公手段　天童覺
老將沉謀從白玉鞭硬驅一隊大將綱古今得失大分明
底空有西山暮雨前　正堂辯
清涼指出二僧捲起一得一失誰解相委只見桃花
逐水流幾人覷到桃源裏　肯堂充

（增收）法眼因僧問古佛堂前什麼人先到師曰不動
步者　頌曰
古佛堂前到者稀相見難逢掣電機死水有龍終不
聖驚起依前眼皺皺　天衣懷

（增收）法眼因僧問如何是塵劫來事師曰盡在于今
頌曰
塵劫來事盡在于今祖師不會面壁沉吟　場圭秀

（增收）法眼問僧從什麼處來僧云泗州來師曰大聖
今年曾出塔麼曰不出師曰去僧便去師却問
傍僧曰你道這僧會到泗州也無僧亦無對
頌曰
（增收）金地絕纖塵到者當觀無相真莫道玄門難近
曾舉頭便是塔中人　雪竇宗

（增收）法眼聞聲魚問僧還聞麼適來若聞如今不聞
如今若聞適來不聞　頌曰
耳聽如聾口說如啞法眼舌頭孰真孰假　[illegible]著

（增收）法眼因僧問聲色兩字如何透得師召大衆曰
諸上座且道這箇僧還透得也未若會此問處
透聲色即不難　頌曰
親口問來求透路作家直爲指昏朦眼耳忽然聾
覺驚吟燕語盡圓通　大洪遂
聲色本來唯兩字作家曾共辨言端若人識得其僧
問直透色聲應不難　本覺一
聲色都來兩箇字衲僧不透眼中沙黃鶴樓前吹玉
笛江城五月落梅花　慈受深

（增收）襄州清溪山洪進禪師　嗣羅漢琛　問修山主曰
明知生不生性爲什麼爲生之所流修曰筍畢
竟成竹去如今作篾使還得麼師曰汝向後自
悟去在曰紹修所見只如此上座意旨如何師
曰這箇是監院房那箇是典座房修禮謝　頌
曰
進老分明到五臺修師眞箇入闍來維那吃門相
對說着令人兩眼開　正覺逸
磊落無依高閑不羈家邦平帖到人稀此此力量分
階級蕩蕩身心絕是非絕分人方無軌轍
天童覺

（增收）撫州龍濟山主紹修禪師　嗣羅漢琛　行腳時同
梧空法眼到地藏向火次藏問山

河大地與上座自己是同是別師曰不別藏竪兩指云兩箇三人因此同叅（此萬集所載按傳燈錄與此頗異乃云初與法眼同叅地藏所得極同辭至建陽眼忽問曰古人道萬象之中獨露身是撥萬象不撥萬象師曰不撥萬象眼曰說什麼撥不撥師然却回地藏藏曰子去未久何以却來師曰有事未決豈憚跋涉山川藏曰汝跋涉許多山川也還不惡師未喻旨乃問曰古人道萬象之中獨露身意旨如何藏曰汝道古人撥萬象不撥萬象師曰不撥藏曰兩箇也師駭然沉思却問曰未審古人撥萬象不撥萬象藏曰汝喚什麼作萬象師方省悟再辭地藏）頌曰

入院高菴總不疑都緣未達祖師機妄空學問爭長短虛記閑詞一肚皮。大地山河君可別報云不別恰如癡當人被息狂迷者見成舉措不揚眉　汾陽昭

山河大地同兼別口中未有娘生舌多知禪客強分跰甕裏何曾走却鼈　佛印元

地藏當機竪指頭諸老至今猶未暫大回泄轉却等閑千古萬古兩條錢　白雲端

商量同別有多般老倒何曾擧舌端今古不能提得去一雙靈劍倚天寒　保寧勇

攔休爭自己與山河戰伐干戈不奈何有取將軍施武略兩條寒劍定龍蛇　冶父川

火爐頭話幾多般自己同時作麼觀直下起來呈伎倆山河大地黑漫漫　虛堂愚

龍濟示衆曰具足凡夫法凡夫不知具足聖人法聖人不會聖人若會即是凡夫凡夫若知即是聖人此語具一理二義若人辨得不妨於佛法中有箇入處若辨不得莫道不疑　頌曰。

凡全是聖聖全凡究實遺名直下叅瑯徹過超凡聖處無言童子口喃喃　靈源清

刬除露布葛藤不用之乎者也饒君句下精通未免喚驢作馬　北礀簡

融峯強萬丈未話足先酸若不緣雲去那知星斗寒　虛堂愚

增收 龍濟因僧問劫火洞然大千俱壞未審這箇壞不壞師曰不壞曰為什麼不壞師曰為同大千

頌曰

問若刳心答如劈腹句裏反身何勞迅速劫火俱然同大千全機不動劍鋒旋龍濟山則能退骨髓擊天上鼓驚流

增收 龍濟示衆曰是柱不見柱非柱不見柱是非已去了是非裏薦取　頌曰

是與不是俱不是亦無不是沒分付兩頭截斷歸家後獨露乾坤更是誰　靈源清

薦得是移花兼蝶至薦得非擔泉帶月歸是也好鄭州梨勝青州棗非也好象山路入蓬萊島是亦沒交涉踏著秤鎚硬似鐵非亦沒交涉金剛寶劍當頭截阿呵呵會也麼知事少時煩惱少識人多處是非多　全菴己

是是非非來却易非非是是去還難是非從此銷磨盡一顆圓明照膽寒　雲衲慶

禪宗頌古聯珠通集卷第三十六

禪宗頌古聯珠通集卷第三十七

宋池州報恩光孝禪寺沙門法應集

元紹興天衣萬壽禪寺沙門普會續集

祖師機緣

六祖下第九世之餘　清源下第八世之餘

（增收）鼎州梁山緣觀禪師　嗣同安志　僧問如何是空劫已前事師曰擊動乾坤鼓時人聽不聞　頌曰

虛空為鼓須彌槌擊者雖多聽者稀半夜祕聽驚破夢滿頭明月不思歸　丹霞淳

（增收）梁山因僧問如何是祖師西來意師曰莫亂道　頌曰

國令嚴凝者危毫釐纔動鉄輪隨心萌口應三千里齒露言來苦怨誰　投子青

（增收）梁山因僧問祖意教意是同是別師曰金烏東上人皆貴玉兎西沉佛祖迷　頌曰

靈山會上言雖普少室峯前句未形瑞草家茸含月秀寒松蒼鬱出雲青　丹霞淳

（增收）梁山因僧問如何是日用事師曰碧玉盤破瑠璃色滿目紅塵不見沙　頌曰

劫火洞然無相宅金門不鎖玉樓家寶天雲淡銀河冷浩浩波瀾豈動沙　丹霞淳

（增收）懷安軍雲頂山德敷禪師　嗣護國遠　成都帥請就衙陞座有樂營將出禮拜起回顧下馬臺曰一口吸盡西江水即不問請師吞却階前下馬臺師展兩手唱曰細抹將來營將猛省　頌曰

吞却階前下馬臺逢人有口亦難開戲衫莫怪重拈出曾是村歌社舞來　笑翁堪

（增收）袁州石門紹遠禪師　嗣石門徹　僧問如何是祖師西來意師曰布袋裏烏龜　頌曰

剖出驚人句布袋裏烏龜衲僧莫錯會黑豆未生時　洞山聰

（增收）鼎州文殊應真禪師　嗣德山密　僧問萬法歸一一歸何處師曰黃河九曲　頌曰

問法窮因歸何處黃河透過碧波瀾須知雲外千峯上別有靈松帶露寒　投子青

路窮崖斷進無門賴有山翁指出原九曲黃河清徹底誰知別是一乾坤　懶菴需

九曲那容眨眼看操舟誰解別波瀾文殊曾展回天手直得朝宗萬派乾　木菴永

（增收）文殊因僧問古人舉一足意旨如何師曰坐久成勞　頌曰

馳書擬去返匆匆一足舉酬繼後蹤坐久成勞誰委悉紅爐點雪自相通　投子青

（增收）南嶽南臺勤禪師　嗣德山密　僧問如何是祖師西來意師曰一寸龜毛重七斤　頌曰

等閒不語未逢人語便傷鋒似太親不顧火中燒鳳凰忽驚他石虎暗生嗔　投子青

蘄州五祖師戒禪師　嗣雙泉寬　僧問如何是佛師曰踏著秤鎚硬似鐵　頌曰

踏著秤鎚硬似鐵僧憶禪和猶未瞥三叉嶺上火雲生六月長天降大雪　雲峯悅

踏著秤鎚硬似鐵此時有理不能說新羅國裏火星飛直向雲門指上熱　白雲端

信步紅塵裏無人問短長歸來天欲暮片月照滄浪　京兆府天寧璉

（增收）牧童歸去倒騎牛白日城中晚未休踏著秤鎚硬似鐵那知船子下楊州　佛庵遜

（增收）五祖戒因智門問暑往寒來即不問林下相逢事若何師曰五鳳樓前聽玉漏問曰爭奈主山高案山低師曰須彌頂上擊金鐘　頌曰

高高峯頂鬣銀浪深深海底起紅塵金鐘玉箭相酬酢殺活滔滔天下人苟非作者孰聞俳鐘源同百四海良鄰君不見仲尼溫伯雪傾盖相逢忘言絕　圓悟勤

五鳳樓前聽玉漏須彌頂上擊金鐘旦寂枯手無多子較破華山千萬重　即菴覺

隨州智門光祚禪師　先住復州北塔　嗣香林遠　僧問蓮華未出水時如何師曰蓮華　問出水後如何師曰荷葉　頌曰

蓮花荷葉報君知出水還同未出時江北江南問王老一狐疑了一狐疑　雪竇顯

蓮花荷葉有由哉泥水分時絕點埃堪憶九龍初沐處東西一步一花開　白雲端

蓮花荷葉共池中花葉年年綠間紅春水漣漪清徹底一聲啼鳥五更風　張無盡

烟籠檻外差差綠風撼池中柄柄香多謝浣沙人不折雨中留得盖鴛鴦　慈受深

蓮花荷葉的須分無限清香付與君彈指若知齊漢路便能平地步青雲　長靈卓

香包冷透波心月綠葉輕搖水面風出未出時君看取都盧只在一池中　佛鑑懃

泥水未分紅菡萏雨餘先透碧波香千般意路終難會一著歸根便斷當　佛燈珣

（增收）蓮花荷葉非妙非玄岩羅森微明月圓顛好太平無一事儘教樵唱滿江村　佛心才

白藕未明非隱的紅花出水不當陽有人更用傳消息自有清風透遠香　丹霞淳

荷花荷葉為君通問答還同說向不盡須知不在藕池中　木覺一

出水何如未出水蓮花荷葉有來由定光金地遙招手智者江陵暗點頭　太瀩岳

荷葉團團擎翠蓋蓮花灼灼鬪紅粧馨香越格無人厲又逐薰風過野塘　雲耕靖

荷花荷葉意在言前神仙妙訣父子不傳　石田薰

智門因僧問如何是般若體師曰蚌含明月曰如何是般若用師曰兎子懷胎　頌曰

一片虛凝絕謂情人天從此見空生蚌含明月深深意曾與禪家作戰爭　雪竇顯

蚌含明月兎懷胎鼠眼禪人劈不開鐵眼銅睛何擬擬三千里外笑咍咍　□靈卓

蚌含明月秋波冷兎子懷胎夜魄寒敢效清光成一片直須回首好生觀　佛燈珣

增收 蚌含玄兎旨何深體用明來絕古今□□□高還和寡不知何處是知音　本覺一

玉兎懷胎蚌含明月乘時正在中秋節一顆明珠轉玉盤徹底無瑕光皎潔　慈受深

增收 智門因僧問如何是佛師曰踏著草鞋赤脚走曰如何是佛向上事師曰拄杖頭上挑日月　頌曰

路上忙忙赤脚人草鞋踏破走風塵東西南北忙中畔拄杖頻挑日月輪　佛國白

踏破草鞋赤脚走衲僧到此無巢臼拄杖頭邊挑日月九州四海任遨遊　眞如喆

智門眞得祖家風放出雲門廣長舌大智如愚大巧若拙用盡工夫終不徹莫於平地上增堆休向虛空裏釘橛　天童覺

拄杖頭上挑日月藏身北斗何殊絕三千剎海夜沉沉新出紅爐一點雪　南堂興　二

踏破草鞋赤脚走曾中憤氣衝牛斗須彌頂上擊金鐘百戰場中師子吼

踏破草鞋赤脚走堂堂向外揚家醜只知歛俠出人前不覺衣穿露兩肘　最菴印

增收 天台蓮華峯祥菴主嗣奉先深示衆曰古人到這裏爲甚麼不肯住衆無對師乃曰爲它途路不得力復曰畢竟如何以杖橫肩曰楖栗橫擔不顧人直入千峯萬峯去言畢而逝　頌曰

眼裏塵沙耳裏土千峯萬峯不肯住落花流水太茫茫剔起眉毛何處去　雪竇顯

住不住兮曰卓午蓮華菴主誰相許楖栗橫擔不顧人千峯萬峯是何處　密菴傑

作者仍甘在半途半途不住竟何如橫擔楖栗千峯去雲外何人得見渠　本覺一

石火光中爛熳遊白拈臨濟未同儔攙反華岳連天黑幾箇知身在御樓　無菴全

六祖下第十世之一　南嶽下第九世

增收 汾州太子院善昭禪師嗣首山僧問如何是祖師西來意師曰青絹扇子足風涼　頌曰

叢林傑出鎮汾陽舉走名馳振八方人問祖師西來意解云扇子足風涼　正覺逸

青絹扇子足風涼斷際全機善舉揚月明三峽猿啼夜何處人聞不斷腸　佛慧泉

青絹扇子足風涼覿得搖來始息狂只愛團團無縫者人前空自眼如羊　日雲端

青絹扇子足風涼日用何曾有覆藏堪笑塵中無限客手遮西日汗如湯　慈受深

汾陽青扇價難酬爲有涼風卒未休不見鹽官多少衆競頭爭角覓犀牛　上方益

風檢團團妙意深涼飈出示知音汗流浹背曾撫手氣衝中宵便負心　□□□　二

祖意宗師說□斷泄團團青扇足風涼禪人未曉重相問獨自□□過洛陽

親得搖來始息狂風動荷花滿座香自從一得真歸趣無意涼人人自涼　楚安方

增收 呷醋咬嚵薑波斯鼻孔長得些滋味子婆是阿爺娘　雪堂充

青絹扇子足風涼標格團團不覆藏信手拈來隨處用濟機元不在汾陽　頑石空

增收 汾陽示衆曰識得拄杖子行脚事畢　三角云識得拄杖子入地獄如箭　頌曰

平地無端立話端揭天掀地□□□饒識得拄杖子也是斫皮作信看　笑翁堪

汗漫學窮能人言枉費工自非親到者誰與解窮通　虛堂愚

增收 汾陽善著語云錯又錯三角語云錯錯老僧則不然識得拄杖子錯乃頌曰

妙米三箇錯不是無病藥龐公豈能離□□道本約

增收 汾陽示衆曰大說法者須具十智同真邪正不辨緇素不分不能與人天爲眼目決斷是非如鳥飛空而折翼如箭射的而斷弦弦斷故射的不中翼折故空不可飛弦壯翼牢空的俱徹作麼生是十智同真與諸上座點出一同一質二同大事三總同參四同真志五同徧普六同具足七同得失八同生殺九同音吼十同得入又曰與甚麼人同得入與阿誰同音吼作麼生是同生殺甚麼物同得失阿那箇同具足是甚麼同徧普何人同眞志孰能總同參那箇同大事何物同一質有點得出底麼點得出者不恡慈悲點不出來未有參學眼在

切須辨取要識是非面目見在　德山杲云汾陽大伎若無箇面目見在一場敗闕雖然如是喪我兒孫喝一喝頌曰

兔角龜毛眼裏栽鐵山當面勢崔嵬東西南北無門入曠劫無明當下灰

十智同真面目全於中一智是根源若人要識汾陽老擘破三玄作兩邊　洪覺範

十年湖海覓知音不得知音未肯休芍藥花開菩薩面椶櫚葉長夜叉頭　鼓山珪

昔得真如活花開遍展開黃鶯偷眼處不敢下枝來

正堂辯

陽春白雪人難和藻鑑冰壺豈易覷一把柳絲收不得和風搭在玉闌干　或菴體

汝州葉縣廣教院歸省禪師　嗣首山　僧問如何是學人着用心處師曰鬧市覷毬子曰意旨如何師曰溥請衆人看　頌曰

覷毬鬧市衆人看一陣清風吹面寒定亂不須雙刃劍活人何必九還丹　野菴璉

襄州谷隱山蘊聰禪師　亦曰石門聰亦曰慈照聰嗣首山　僧問日往月來還不覺年衰老還有不老者麼師曰有曰如何是不老者師曰虬龍筋力高聲叱晚後精靈轉更多　頌曰

洞裏無雲別是天桃花如錦柳如烟仙家不會論冬夏石爛松枯是一年　無量壽

慈照聰因僧問如何是道師曰臘月三十日　頌曰

臘月三十日開口便爲敕更擬問如何明朝正月一　無準範

臘月三十日真人好消息戴帽空山行穿靴水上立　雲衲慶

汝州廣慧院元璉禪師　嗣首山　初到首山山問近離甚處師曰漢上山豎拳曰漢上還有這箇麼師曰這箇是甚麼椀鳴聲山曰瞎師曰恰是拍一拍便出他日又問學人親到寶山空手回時如何山曰家家門前火把子師大悟云某甲不疑天下老和尚舌頭也山曰汝會處作麼生與我說來看師曰秖是地上水礙砂也山曰汝會也師便禮拜　頌曰

空手歸時誰肯信驢馱馬載入門來家家舉起火把子半夜天如白日開　白雲端

寶山到了事如何空手回時所得多家家門前火把子明如日月照山河　佛鑑懃

六祖下第十世之餘　清源下第九世

潭州北禪智賢禪師　嗣福嚴雅　歲夜小參曰年窮歲盡無可與諸人分歲老僧烹一頭露地白牛炊黍米飯煮野菜羹燒榾柮火大家喫了唱村田樂何故免見倚他門戶傍他墻剛被時人喚作郎下座歸方丈至夜深維那入方丈問訊曰縣裏有公人到勾和尚師曰作甚麼曰道和尚宰牛不納皮角師遂將下頭帽擲在地上那便拾去師下禪牀攔胸搊住叫曰賊賊那將帽子擲師項曰天寒且還和尚師呵呵大笑那便出去時法昌遇爲侍者師顧昌曰這公案作麼生昌曰潭州紙貴一狀領過　頌曰

納它皮角要輸機放下尋時結抄歸一任這回黃雲落滿家園火掩柴扉　白雲端

佛性要當時節顯北禪除夜啓玄津當筵獨露庖丁刃直至如今此話新　靈源清　二

來勾皮骨訪知音一語當機直萬金帽子擲來如未瞥眼前爭免拾花針

分皮納角牛何在釵釧瓶盤只一金大用莫言無軌則當機須是芥投針　草堂清

白牛露地直須烹分歲團和野菜羹莫謂箇中滋味少須知四海飽膨脝　普融平

北禪分歲烹白牛官中文字急來勾立地交他納皮角連忙擲下舊兜鍪　文殊道

增收　北禪夜分歲特地巧安排維那出隻手擲去又纔來田郎僱柏板鮑老舞三臺若教行正令活作一坑埋　石菴玿

白牛烹了正熙熙皮角官中卻要追將下帽兒輸納了燈前更鼓夜遲遲　天目禮

增收　北禪因僧問如何是佛師曰匙挑不上　頌曰

匙挑不上奢搬不開合掌讚言善哉善哉　斷山湖

增收　瑞州洞山曉聰禪師　嗣文殊應　常自負柴上山路逢一僧問山上有柴何故將去師擲柴於地曰會麼曰不會師曰我要燒　頌曰

此行莫擬幾時回北去應須到五臺若遇文殊放光處股勤爲我記歸來　虛堂愚

柴火煎熬擔在身相逢狹路不堪論淡烟落日青山外滿地難收刀斧痕　石林鞏

增收　洞山聰曰一大藏教只是箇之字　頌曰

點畫分明無道理老胡饒度提不起不如分付與將軍無限風流歸手裏　白雲端

增收　洞山聰因僧問既是泗州大聖爲甚麼在揚州出現師曰君子愛財取之有道　頌曰

泗州忽示現揚州天下宗師話路頭君子愛財取有道南海波斯鼻孔穿　憨明圓

玉堂有路通人到金榜無名只自慚長恨一儒書讀盡老來猶作一書生　佰庭永

增收　明州雪竇山重顯禪師　嗣智門祚　示衆曰龍吟

與刀斧同質利鈍懸殊驚驗與驥馬同途遲速有異　頌曰

說似琅玕猶是玉謂言鍮石又如金自慚識性多慵下未有昭昭至鑑心　佛鑑懃

增收 雪竇示衆曰譬若世界壞時大水競作其間無量衆生或沒未沒互相悲號仰望蒼蒼皆云相救當是之時四禪天人一見高聲便喝咄哉癡生我預曾報汝令頻頻上來汝却不聽如今有什麽救處乃拍手云歸堂　頌曰

劫外濤聲滿世間群生無處可躋攀寥寥天外清虛境誰解陵空上帝關　圭堂居士

增收 雪竇住翠峯時有數僧到師曰新到那僧曰是師曰參堂去僧纔行師復喚曰來僧回首師曰洞庭難得師僧到與你一椀茶喫　頌曰

入門句子已先酬喚去呼來第二頭到此不知茶味者紛紛空買洞庭舟　虛堂愚

增收 雪竇改船子漁父頌曰夜靜水寒魚不食滿船載得月明歸　頌曰

閃爍金鱗躍浪時葦亭貪睡下鈎遲誰知雪老翻舩慣不犯波濤取得伊　白雲端

增收 雪竇因僧問如何是諸佛本源師曰千峯寒色曰未審向上更有事也無師曰雨滴巖花　頌曰

千峯寒色事如何雪上加霜凍滲多若遇鄒陽吹暖律巖花應不待春和　楊無爲

千峯寒色冷堆青雨滴巖花照眼明若問箇中端的旨休將鶴唳作鶯聲　本覺一

增收 雪竇因僧問山花開似錦澗水湛如藍學人分上爲什麽不會師曰枯木裏瞠眼曰恁麽則從苗辨地因語識人也師曰三十棒且待別時　頌曰

一枝拄杖強遮羞明鏡當軒燭盡幽滿面慚惶移步去清光灼灼避無由　白雲端

增收 雪竇頌華嚴二門曰劫火曾洞然木人淚先落可憐傅大士處處失樓閣　德雲閑古錐幾下妙峯頂喚他癡聖人擔雪共填井　祖佛未生前已震塗毒鼓如今誰樂聞請試分回互　宛轉復宛轉眞金休百鍊喪却毗耶離無人解看箭　頌曰

迦葉聆箏起舞淵明聞鍾皺眉息耕斗室危坐半窗

[illegible]

凍日熙熙　虛堂愚

風卷浮雲盡青天絕點埃山川俱在目何必上高臺　鶴蓋單

增收 雪竇頌曰三分光陰二早過靈臺一點不揩磨區區日逐貪生去喚不回頭爭奈何　頌曰

業識茫茫無本可據咄哉癡漢便恁麽去　肯堂充

鋸解秤鎚油煎石燦兩手奪來有功者賞　且菴仁

無禪才云雪竇老漢顢顢頇頇儱儱侗侗更參三十年也未會禪在然雖如是士曠人稀試聽下箇註脚乃頌曰

瞎却摩醯三隻眼南北東西路不分千林落葉無人掃獨自松門展脚眠

增收 雪竇與李殿院坐次有秀才并道士到院李問云三教中那箇爲貴師側身叉手而立李曰有口何不道取師曰對夫子而難言　頌曰

五老峯前古觀基老君元是一牟尼時難只得同香火莫聽他人說是非　南堂興

增收 雪竇因僧問如何是佛師曰四山圍繞　頌曰

狂狗趂塊瞎驢趂隊只許我知不許伊會　南華昺

增收 雪竇因僧問如何是諸佛向上人師曰白雲覆青山曰莫便是和尚爲人處也無師曰淥水徒長棻　頌曰

雪嶠層層翠瑣深風生寒岫結重雲夜來丹鳳沖霄漢聽曉樵人逐鳩羣　投子青

增收 雪竇問大龍語者默者不是　頌曰

三軍不動旗閃爍龍蛇陣上看謀略令人長憶李將軍萬里晴空飛一鶚　復菴封

增收 潭州雲蓋繼鵬禪師　嗣智門祚　初謁雙泉雅禪師泉令充侍者示以芭蕉拄杖話經久無省發一日泉向火次師侍立泉忽問拄杖子話試與

[illegible]

來與子商量師擬案泉拈火箸便摵師豁然大悟　頌曰

與奪雙行驗正邪纔爭拄杖便亡家錚然鐵棒如風疾失却從前眼裏花　白雲端

擊碎髑髏敲出骨向明眼人前自彰醜拙　木菴永

增收 相州天平從漪禪師　嗣清溪進　師到西院常自曰莫道會佛法人覓箇舉話底人也無院聞而默之師異日上法堂次院召從漪師舉首院曰錯師進三兩步院又曰錯師近前院曰適來兩錯是上座錯是思明老漢錯師曰是從漪錯院曰錯錯乃曰上座且在這裏過夏共汝商量這兩錯師不肯便去後住相州天平山每舉前話曰我行脚時被惡風吹到汝州有西院長老勘過連下兩錯更留我過夏待共我商量我不道恁時錯我發足向南方去時早知錯了也　首山念云據天平作恁麽解會未夢見西院在何故話在　頌曰

禪家流愛輕薄滿肚參來用不著堪悲堪笑天平老誰謂當初悔行脚錯錯西院清風頓銷爍復云忽有箇衲僧出來道錯雪竇錯何似天平錯　雪竇顯

犯纜放船膠柱調絃遠水不救近火短綆那汲深泉天平老太忽草爲兩錯悔行脚大地茫茫愁殺人眼裏無筋一世貧　圓悟勤

彼呼我諾彼啐我啄問如不問將錯就錯明眼睛徳了換却會與不會都盧是錯　佛鑑懃

兩錯將來竟不成從而南北路頭分後來贏盡分疎語半是思君半恨君　雲衲慶

曹洞　增收　郢州太陽警玄禪師　嗣梁山觀　僧問如何是和尚家風曰滿缾傾不出大地沒飢人　頌曰

荆山美玉何須辨赤水玄珠不用拈罔象無心黃帝重下和有智楚王嫌　丹霞淳

增　太陽玄問梁山如何是無相道場山指觀音曰這箇是吳道子畫師擬進語山急索曰這箇是有相底那箇是無相底師有省便禮拜山曰何不道取一句師曰道即不辭恐上紙筆山笑曰此語上碑去在　頌曰

路窮崖仞問山翁別指巖西東嶺東擬進霧寒風色重回頭忽見太陽紅　投子青

眞空無相絕名模立底精兮畫底麤道即不辭難上紙西天髯子沒髭鬚　止泓鑑

法眼　增收　天台山德韶國師　嗣法眼　示衆曰青蘿夤緣直上寒松之頂白雲淡泞出沒太虛之中萬法本閒唯人自鬧　頌曰

等是垂慈爲你來舌頭拖地語如雷葛藤滿地無人剪狼藉春風又一回　竹屋簡

增收　韶國師示衆曰通玄峯頂不是人間心外無法滿目青山　頌曰

心外本來無一法國師見處未爲親若言滿目青山見認著還生眼裏塵　無聞聰

增收　金陵清涼泰欽法燈禪師　嗣法眼　師問僧如何是祖師西來意僧曰不東不西師不肯僧却問如何是祖師西來意師曰不東不西僧遂領旨

頌曰

西來祖意不東西猿鳥春深抱樹啼多少行人空悵望青山孤聳白雲低　保寧勇

不東不西一句全提軟似生鐵硬如爛泥撥針未諳鉢水刮膜再用金鎞雲瑣家山歸路絕回頭[illegible]咲杜鵑啼　青堂光

增附　雲居齊和尚法燈會中爲知藏燈一日謂師曰有人問我西來意答他曰不東不西藏主作麼生會師對曰不東不西燈曰與麼會又爭得曰道齊秖恁麼未審和尚尊意如何燈曰它家自有兒孫在師頓明厥旨有頌曰接物利生絕妙外生終是不肖它家自有兒孫將來用得恰好

頌曰

他家自有兒孫在父祖田園都不受平生活計剎那中東頭買得西頭賣　大洪恩

人問西來祖師意燈公對道不東西它家自有兒孫在多是隨言却自迷　本覺一

金陵報恩院玄則禪師　嗣法眼　初問青峯如何是學人自己峯曰丙丁童子來求火後謁法眼眼問甚處來師曰青峯眼曰青峯有何言句師舉前話眼曰上座作麼生會師曰丙丁屬火而更求火如將自己求自己眼曰與麼會又爭得師曰某甲秖與麼未審和尚如何眼曰你問我我與你道師問如何是學人自己眼曰丙丁童子來求火師於言下頓悟　頌曰

本上一回秤八兩又秤恰重半斤來定盤星在誰人手爭著絲毫可怪哉　白雲端

丙丁求火已躬明法眼青峯古路行行到水窮知盡處坐看雲起見平生　悟覺純

丙丁求火問青峯[illegible]韓盧逐塊蹤賴得清涼重點破一聲雷震化爲龍　大洪遂

問處分明答處親青峯八字打開門頭頭盡是吾家物何必臨岐更問津　佛燈珣

增收　丙丁童子來求火再問炎炎燒面門過現未來三世佛不離其中轉法輪　冶父川

丙丁童子來求火南方丙丁又屬火按劍宗師吞若何是君心了意不過　元菴頤

一回醉倒花樓前[illegible]

處僧婆衫子拜婆年　晚菴凝

昔見非眞今見非假字經三寫烏焉成馬　寶峯炤

杭州永明開山道潛禪師　嗣法眼　初叅法眼曰子叅請外看什麼經師曰華嚴曰總別同異成壞六相是何門攝師曰世出世間一切法皆具六相曰空具六相不師無對曰何不問去師却問空具六相不曰空師於是開悟曰子作麼生會師曰空眼然之　頌曰

空兮空兮無背面拈起豁然成兩片[illegible]向南屏山角頭千古萬古少人見要見麼（以拂子打圓相云）金烏飛上琉璃殿　斷橋倫

禪宗頌古聯珠通集卷第三十七

嘉興居士王大周爲往年生[illegible]

禪宗頌古聯珠通集卷第三十八

宋池州報恩光孝禪寺沙門法應集

元紹興天衣萬壽禪寺沙門普會續集

祖師機緣

六祖下第十一世之一　南嶽下第十世

[增]潭州石霜楚圓慈明禪師 嗣汾陽　僧問如何是佛師曰水出高原師自頌曰

水出高原也大奇禪人不會眼麻彌若也未明泥水句燈籠露柱笑嘻嘻

慈明為水出高原天下禪僧是似烟只聽清聲來耳畔不知流落那峯前　正覺逸

[illegible]

水出高原上風翻浪似銀搗毫聊一頌夢裏說昔衝斷雲根迸石來冷冷千古下崔嵬未明的的朝宗意聽取春深動地雷　溈山秀

高原水出曉晴天對答臨機豈偶然衲子不知流落處一尋寒木破溪烟　地藏恩

[增收]穿雲迸石不辭勞大抵還他出處高溪澗豈能留得住終歸大海作波濤　雪巖欽

水出高原浪拍天四維上下絕塵烟分明好箇真消息未必時人到那邊　高峯妙

[增收]慈明室中插劒一口以草鞋一緉水一盆置劒邊每見入室即曰看看至劒邊擬議者師曰險喪身失命了也便喝出　頌曰

暑往寒來春復秋夕陽西去水東流將軍戰馬今何在野草閑花滿地愁　瞎堂遠

四五百條花柳巷二三千處管絃樓縱然有搭閑田地不是栽花獻氣毬　匈堂仁

家山指出路非遙萬仞嵯峨插碧霄一片白雲橫谷口幾多歸鳥盡迷巢　木菴一

單鎗疋馬出汾陽[illegible]王將强盜水草鞋橫室內殺人更不犯鋒鋩　無際派

百花叢裏蹬鞭過佞逸風流有許多未第儒生偷眼覷滿懷無奈舊愁何　斷橋倫

[增收]慈明在衆中時到芝和尚寮中芝坐閣開合子取香在手中欲燒次師問曰作麼生燒芝便放爐中燒師曰齗郎當漢又恁麼去也　頌曰

千人萬人行一路幾箇移身不移步對面拈香爐上燒齗郎當漢又恁去　白雲端

[增收]慈明因僧問如何是古佛家風師曰銀蟾初出海何處不分明　頌曰

銀蟾出海照無私處處分明是阿誰見面不須重問訊從教日炙與風吹　高峯妙

[增收]慈明一日見僧堂作此字 二二二三几狎猫其下注曰若人識得不離四威儀中　首座見曰和尚今日放參師聞而笑　頌曰

還佛堂前光爍爍分明一柄道士劍果然堂頭放饒參首座之言有神見　野雲南

賣下畫上畫短畫長明明揭示浩浩商量何似京師出大黃　月庭忠

[增收]慈明因僧問閙中取靜時如何師曰頭枕布袋　頌曰

枕袋安眠得自由任他人物閙啾啾飢衣飽食尤無念誰管扶桑日出頭　蒲印信

[增收]慈明因僧問如何是不動尊師曰提不起　頌曰

不動尊提不起茫茫宇宙誰能委秋江清夜月澄鮮鷺鷥飛入蘆花裏　高峯妙

[增收]慈明因僧問行脚不逢人時如何師曰釣絲絞水　頌曰

攪倒慈明為指迷釣絲絞水出章機時人貪看盧花白不覺沙鷗隔岸飛　石田薰

[增收]慈明問楊歧馬祖見讓師便悟去且道迷却在甚麼處歧云要悟即易要迷即難　頌曰

要悟即易要迷即難絲毫透不盡咫尺隔山說食終不飽著衣方免寒憶昔五臺曾有語前三三與後三三　圓悟勤

衲僧悟易要迷難無限漁翁失釣竿點鐵成金猶自可點金成鐵太無端　別峯印

[增收]慈明因李駙馬問我聞西河有金毛師子是否師曰駙馬甚處得這消息來李喝一喝師曰野干鳴李又喝師曰師子吼　頌曰

逆風吹又順風吹鐵眼銅睛孰敢窺萬古碧潭空界月再三撈摝始應知　高峯妙

[增收]慈明問顒英上座近離甚處曰金鑾師曰夏在甚處曰金鑾師曰前夏在甚處曰金鑾師曰去夏在甚處曰金鑾師曰先前夏在甚處曰何不領話師曰我也不能勘得你教庫下奴子勘你且點一盞茶與你濕觜　頌曰

焦磚打著連底凍赤眼撞著火柴頭將軍但有嘉聲在何必榮封萬戶侯　石田薰

[增收]慈明頌黑黑黑道道道明明明得得得　頌曰

八十翁翁著繡靴踏開幽洞咲呵呵傍人指點忘歸路不覺腰間爛斧柯　無菴全

[增收]慈明因僧問如何是佛法大意師曰一畝之地三蛇九鼠　頌曰

一畝之地三蛇九鼠物是定價錢是足數　印空叟

[增收]滁州瑯琊山慧覺禪師 嗣汾陽　上堂汝等諸人在我這裏過夏與你點出五般病一不得向萬

里無寸草處去二不得孤峯獨宿三不得張弓
架箭四不得物外安身五不得滯於生殺何故
一處有滯自救難爲五處若通方名導師汝等
諸人若到諸方遇明眼作者與我通個消息貴
得祖風不墜若是常徒即便寢息何故縣形國
裏諸服飾想君太煞不知時　頌曰
曲蹬踏著兩頭拏啞子得夢自家笑笑到天明說向
誰烏鴉解作麒麟吽　正堂辯
瑯琊指出五般病舉世良醫發藥難直下爲君俱擊
碎延齡何必九還丹　少室睦

瑯琊因長水法師問經云清淨本然云何忽生
山河大地師厲聲曰清淨本然云何忽生山河
大地　頌曰
混混玲瓏無背面枯起有時成兩片且從依舊却相
當免被傍人來覷見　白雲端
當明不犯體全彰進步剛然要論量妍醜只因逢古
鏡回頭滿面負慚惶　大洪遂
見有不有反手覆手瑯琊山裏人不落羅是後　天
童覺
相罵饒接觜相唾饒潑水塵塵大地收花開世界起

一棒脫出絕功勳句裏投開大施門　蜀僧助
因風吹火徒爲妙借手行拳未足多清淨本然隨口
道忽生大地與山河　佛鑑懃
增收　清淨本然云何忽生山河大地大小瑯琊禪師借
人鼻孔出氣出得氣有巴臂昨夜那吒生八臂　小
堂典
青天復青天打失髑髏前看看日又過爭教人少年
松源岳
不設陷穽不揮雪刃一箭穿楊眼目不瞬反思昔日
李將軍射虎之機猶是鈍　虛堂愚

瑞州大愚山守芝禪師　嗣汾陽　僧問如何是佛
師曰鋸解秤鎚　頌曰
鋸解秤鎚無縫罅風吹日炙朝復夜雖然不許亂商
量一任稱提繞天下　白雲端
鋸解秤鎚星飛電轉左拽右拽七片八片有時落地
礙人行千眼大悲看不見　佛慧泉
鋸解秤鎚渾似鐵大愚老子曾饒舌水流灘下太忙
生雲在嶺頭閑不徹　鼓山珪
問佛如何是宗師即便酬秤鎚將鋸解言外度迷流
徑山杲

增收　手把金鞭擊鐵牛大千世界任遨遊恒沙岸上相
逢著默識無言自點頭　保寧勇
鋸解秤鎚出老杜詩香稻啄餘鸚鵡粒碧梧棲老鳳
凰枝　懷玉宣首座
鋸解秤鎚血滴滴地截斷生死疑根不是等閒兒戲
朴翁銛
增收　大愚芝上堂曰大家相聚喫莖虀若喚作一莖
虀入地獄如箭　頌曰
殺活全機覿面提大家相聚喫莖虀後生不省這箇
意只管茫茫打野榸　松源岳
苦中樂樂中苦大唐打鼓新羅舞寒山燒火滿頭灰
却笑豐干倒騎虎　石菴玿
硬如鐵軟似鐵諸人飲水須防噎堪笑灘頭老大愚
至今弄巧反成拙　枯禪鏡
增收　舒州法華院全舉禪師　嗣汾陽　到瑯琊覺和尚
處瑯問近離甚處師曰兩浙曰船來陸來師曰
船來曰船在甚處師曰步下曰不涉程途一句
作麼生道師以坐具摵一摵曰杜撰長老如麻
似粟拂袖而出瑯問侍者此是甚麼人者曰舉
上座瑯曰莫是舉師叔麼先師教我尋見伊遂
下旦過問上座莫是舉師叔麼莫怪適來相觸
忤師便喝復問長老何時到汾陽瑯曰某時到
師曰我在浙江早聞你名元來見解秖如此何
得名播寰宇瑯遂作禮曰某甲罪過　頌曰
相罵無好言相打無好拳何似風恬并浪靜一江明
月滿溪船　大洪恩
奪得驪珠即便回小根魔子盡疑猜拈來拋向洪波
裏撒手大家歸去來　徑山杲
漁翁瀟灑任東西蘆管橫吹韻不齊夜靜月明魚不
食扁舟卧入武陵溪　夢菴信

水不洗水金不博金昧毛色而得馬廢絲絃而樂琴
結繩畫卦有許事喪盡真淳盤古心　心聞賁
官路無人獨自行自家公驗甚分明路傍偷販私鹽
客草裏蹲身過一生　鼓山珪
有主有賓有禮有樂得失是非如何摸索纔摸索無
上醍醐成毒藥君不見大鵬展翼蓋十洲投窓之物
空啾啾　石菴玿
揭天撾鼓噪紅塵徧地刀鎗解出身結角羅紋隨處
入銀山鐵壁是通津　伊菴權
聞名不如見面見面不如聞名此地無金二兩俗人
沽酒三升　石鼓夷

增收　法華舉因僧問生死事大請師相救師曰洞庭
湖裏失却船　頌曰
洞庭湖裏失却船赤脚波斯水底眠盡大地人呼不
起春風吹入杏花村　雪菴瑾
增收　南岳芭蕉菴大道谷泉禪師　嗣汾陽　省同參慈
明明問白雲橫谷口道人何處來師左右顧視
曰夜來何處火燒出古人墳明日未在更道師
作虎聲明以坐具便摵師接住推明置禪床上
明却作虎聲師人笑曰我見七十餘員善知識

今日始遇作家　頌曰

問如緜裏針答似泥中刺咆哮二虎吼生獰各各利牙爪可怖坐却碧峯頭截斷當陽路直饒聲出祕魔叉路狹草深難進步相見不相逢回互不回互四七二三眼相覷雲從龍兮風從虎　冶父川

兩陣交鋒出戰時旗鎗倒卓鼓無槌絲毫不犯將軍令獨脚機關各自提　瞎堂遠

一文一武偶相逢說盡英雄各不同俱往長安朝聖王姓名終是達天聰　虛堂愚

增收 安吉州天聖皓泰禪師 嗣汾陽 僧問如何是佛

師曰黑漆聖僧　頌曰

聖僧黑漆實希奇莫把丹青點汙伊合掌燒香人不敬寒山拾得笑嘻嘻　海印信

增收 舒州浮山法遠圓鑑禪師 嗣葉縣省 僧問如何是祖師西來意師曰平地起骨堆　頌曰

嫩草踈斜徑山泉帶碧流文殊要渭水那任列莊周　投子青

平地起骨堆三春震地雷只聞千里去不見一人回　本覺一

平地起骨堆金毛師子吼誰知無味談塞斷衆人口　地藏恩

增收 浮山遠因僧問師唱誰家曲宗風嗣阿誰師曰八十翁翁輥綉毬曰與麼則一句迴然開祖曹三玄科甲振叢林師曰李陵元是漢朝臣　投子青云水深魚隱葉落巢踈復　頌曰

月裏無根草山前枯木花鴈回沙塞後砧杵落誰家古殿蕪苔滿天河斗柄垂金雞纔報曉玉女下階遲　京兆府天寧璉

師子嚬呻開口解把金毛抖擻反身時輥綉毬百獸奔騰潛走　祖印明

增收 浮山遠因僧問如何是向上一路師曰正月孟春猶寒　頌曰

正月孟春猶寒從頭萬種千般昨夜虛空落地和風搭在闌干　別峯印

增收 宋內翰楊文公億 參廣慧璉 公字大年出守汝州首謁廣慧慧接見公便問布鼓當軒擊誰是知音者慧曰來風深辨公曰恁麼則禪客相逢秖彈指也曰君子可入公應喏喏曰草賊大敗夜語次慧曰秘監曾與甚人道話來公曰某曾問雲巖諒監寺兩箇大蟲相咬時如何諒曰一合相共曰我秖管看未審恁麼道還得麼曰這裏即不然公曰請和尚別一轉語慧以手作拽鼻勢曰這畜生更跨跳在公於言下脫然無疑有偈曰八角磨盤空裏走金毛師子變作狗擬欲將身北斗藏應須合掌南辰後　頌曰

內翰攀南斗倚北辰廣慧轉天關反地軸受寒千古許誰知斷絃須是鸞膠續　石巖璉

白石鑿鑿磊爾美璞君子道晦君子斯樂　虛堂愚

增收 楊文公問廣慧承和尚有言一切罪業因財寶所生勸人踈於財寶而況閻浮提衆生以財爲命邦國以財聚人教中有財法二施何得勸人踈於財慧曰幡竿頭上鐵籠頭公曰海壇馬子似驢大慧曰楚雞不是丹山鳳公曰佛滅二千年比丘少慚愧　頌曰

夜叉頭菩薩面鬼橋穀佛跳墻同門共戶不相識邁古超今無寸長燈心戳破石人脚扁鵲盧醫爭主張　或菴體

一人牙如劒樹一人口似血盆一拳還一蹋一踢報一拳亞堅摩醯頂門眼不妨親踏上頭關　万菴琨

巧笑倩兮美目盼兮素以爲絢兮夫是之謂大年翁與廣慧師也　[illegible]

增收 楊文公問慈明如何是上座爲人一句慈曰切公曰長褫媳婦掩泥走慈曰誰聞以汝[illegible]公曰作家作家慈曰放你二十棒[illegible]裏是甚所在慈拍手曰也不得[illegible]咲　頌曰

風和日暖正春濃柳色如金花[illegible]處一聲羗笛一聲笭　祖庭永

六祖下第十一世之餘　潙源下第十世

增收 南康軍雲居曉舜禪師時號舜老夫 嗣洞山寶

自洞山如武昌行乞首謁劉公居士家士高行爲時所敬意所與奪莫不從之師時年少不知其飽參頗易之士曰老漢有一問若相契即開疏如不契即請還山遂問古鏡未磨時如何師曰黑似漆曰磨後如何師曰照天照地士長揖曰且請上人還山拂袖入宅師懞懂還洞山山問其故師具言其事山曰你問我我與你道師理前問山曰此去漢陽不遠師進後問山曰黃鶴樓前鸚鵡洲師於言下大悟機鋒不可觸　頌曰

黑雲當午蔽清虛白雨翻空失畫圖雨過雲收山色淨趙州東壁掛葫蘆　伊菴權

黃鶴樓前鸚鵡洲雲居意不在鈎頭扁舟穩泛長江淥大笑一聲烟雨收　鐵牛印

增收 荊門軍玉泉承皓禪師時稱皓布裩 嗣北塔廣 冬至上堂晷運推移布裩赫赤莫怪不洗無來換替　頌曰

衿誇富貴賤貧窮殺人可恕無禮難容　無準範

增收 越州天衣義懷禪師 嗣雪竇顯 赴杉山請初入院上堂二十年前與慕此山今日且喜因緣際會

山僧未到此山身先到此山及乎到來杉山却在山僧身內　頌曰

移身換步老天衣不惜眉毛幾箇知今日若明當日事江南日暖鷓鴣啼　慈受深

增收 天衣因僧問古鏡未磨時如何師曰撑天拄地曰磨後如何師曰夕陽影裏好藏身　頌曰

拄地撑天全體用夕陽影裏不藏身有時獨坐孤峯頂寂寂猶聞落葉頻　松源岳

增收 天衣上堂鴈過長空影沉寒水鴈無遺蹤之意水無留影之心若能如是方解向異類中行不用續鳧截鶴夷嶽盈壑放行也百醜千拙收來也攣攣拳拳用之敢與八大龍王鬬富不用都來不直半分錢希　頌曰

塞鳴高貼冷雲飛影落寒江不自知江水無情鴈無意行於異類亦如斯　本覺一

長空孤鴈一聲秋獻寶波斯舞似鈎風捲白雲歸別嶂黃昏月掛柳梢頭　萬菴柔

增收 天衣舉金剛經云若見諸相非相即見如來法眼云若見諸相非相即不見如來師曰若見諸相非相眼在什麼處此語有兩負門　頌曰

諸相非相孰能諸見與不見要須參兩處負門如透徹此時方得觀[illegible]雲　本覺一

增收 天衣示衆曰九天雲路早須尋莫道蹉跎歲月深天地懸遠向甚麼處去　頌曰

夏金烏似火當空掛最高峯插在青雲解　南堂興

增收 天衣示衆曰百骸俱潰散一物鎮長靈百骸潰散皆歸土一物長靈甚處安　頌曰

一物長靈甚處安長空雲散若天寬蓮宮佛剎花無數眨起眉毛子細觀　南堂興

增收 天衣因僧問如何是頂門上眼師曰衣穿瘦骨露屋破看星眼　頌曰

骨瘦皮枯衣服穿夜深屋破看星眼頂門不具迦羅眼莫問西來諸祖禪　本覺一

增收 洪州法昌倚遇禪師 嗣北禪賢　拈語曰我要一箇不會禪底作國師　頌曰

要箇無禪底國師纔涉毫芒便取誅堪笑這僧垂手處道無便見有偏枯　月林觀

曹洞 增收 舒州投子義青禪師 嗣太陽玄　僧問和尚適來拈香祝延聖壽且道當今皇帝壽年多少師曰月籠丹桂遠星拱北辰高　頌曰

六國清平賀聖年珠簾高捲月明前金輪那肯當堂座不用丹墀擊靜鞭　丹霞淳

增收 投子青因僧問師唱誰家曲宗風嗣阿誰師曰威音前一箭射透兩重山云如何是相付底事師曰令因淮地月得照郢陽春云恁麼則入水見長人師曰秖知荊玉異那辨楚王心隨後以拂子驀禪牀　頌曰

珊瑚枝上玉花開風透清香徧九垓勿謂乾坤成奏曲韶陽曾見睦州來　丹霞淳

法眼 增收 杭州慧日永明延壽智覺禪師 嗣韶國師　僧問如何是永明妙旨師曰更添香著曰謝師指示師曰且喜沒交涉僧禮拜師示偈曰欲識永明旨門前一湖水日照光明生風來波浪起　頌曰

門前湖水鏡容開對面和盤托出來可是水明無剩語酒濃初不在多杯　象潭泳

增收 智覺因二僧來參師問參頭曰曾到此間不曰曾到又問第二上座曰曾到此間不曰不曾到師曰一得一失少頃侍者問適來二僧未審那箇得那箇失師曰你曾識伊也僧也無者曰不識師曰同坑無異土　頌曰

到與不到一得一失不是砒霜便是石蜜舌端無眼如何喫侍者剛要詢端的莫怪同坑無異土閃電未收轟霹靂　[illegible]

增收 杭州九曲觀音院慶祥禪師 嗣韶國師　僧問險惡道中以何為津梁師曰以此為津梁曰如何是此師曰築著汝鼻孔　頌曰

温州瑞鹿寺上方遇安禪師 嗣韶國師　嘗閱首楞嚴經到知見立知即無明本知見無見斯即涅槃乃破句讀曰知見立知即無明本知見無見斯即涅槃於此有省畢生不易時謂之安楞嚴臨行乃說偈曰

不是嶺頭攜得事豈從雞足付將來自古聖賢皆若此非吾今日為君裁

春草碧色春水綠波送君南浦傷如之何　偃溪聞

六祖下第十二世之一　南嶽下第十一世之一

隆興府黃龍慧南禪師 嗣石霜圓　室中常問僧曰人人盡有生緣上座生緣在何處正當問答交鋒却復伸手曰我手何似佛手又問諸方參請宗師所得却復垂脚曰我脚何似驢脚三十餘年示此三問學者莫有契其旨脫有酬者師未嘗可否叢林目之為黃龍三關　廬山圓通旻古佛云昔見廬(?)辯首座收南禪師親筆三關頌諷誦無遺近見語方傳錄不全又多紕舛故茲注出

我手佛手兼舉禪人直下薦取不動干戈道出當處

超佛越祖
我脚驢脚並行步步踏著無生會得雲收日卷方知
此道縱橫
生緣有語人皆識水母何曾離得蝦但見日頭東畔
上誰能更喫趙州茶　復總頌曰
生緣斷處伸驢脚驢脚伸時佛手開為報五湖參學
者三關一一透將來
長江雲散水滔滔忽爾狂風浪便高不識瀟湘玄妙
意偏於浪裏颭風濤　景福順　三
南海波斯入大唐有人別寶便商量或時遇賤或時
貫日到西峯影漸長
黃龍老和尚有箇生緣語山僧承嗣伊今日為君舉
為君舉猫兒偏解捉老鼠
佛手纔開古鑑明森羅無得隱纖形朝朝日日東邊
出多少行人問丙丁　照覺總　三
驢脚伸時動地輪大洋海底播紅塵唯餘庭際青青
栢一度年來一度春
垂問生緣何處來到家禪客絕纖埃毗盧剎海周游
也休說我眉與五臺
我手何似佛手反覆誰辨好醜若非師子之兒野干
謾爲開口　眞淨文　三
我脚何似驢脚隱顯千差萬錯欲開金剛眼睛看取
目前善惡
人人盡有生緣處認著依前還失路長空雲散月華
開東西南北從君去
我手佛手誰人不有分明直用何須狂走　雲山秀　三
我脚驢脚高低踏著雨過苔青雲開日皪
問我生緣處生緣遠不疑語直心無病誰論是與非
東京法雲惟白佛國禪師淵學初至兩師法席
治二年師歸照寂然入師室問師道而師以手

生三轉語示天下學徒得叩于左右近數見印
行語錄者其間真枯或頌開闢其旨嗚呼去世未
三十年謬妄者傳習若此良可傷哉因而成頌
知師者可同味焉　頌曰
王賓相見展家風問答分明箭拄鋒伸手問君如佛
手鐵關金鎖萬千重
備參知識扣玄微偶爾相逢話道奇我脚伸為驢脚
問平生見處又生疑
莫怪相逢不相識宗師須是辨來端鄉關風月俱論
盡却問生緣道却難
我手何似佛手天上人間希有直饒總不恁麼也似
枷上著杻　海印信　三
我脚何似驢脚奉為兩僧枯却昔年有病未痊如今
又遭毒藥
若問生緣真俗氣生緣斷處墮無為二途不涉如何
也八十婆婆學畫眉
我手佛手十八十九雲散月圓癡人夜走　湛堂準　三
我脚驢脚放過一著龐老不離清平木杓
人人生緣北律南禪道吾舞笏華亭撐船
玄關將多意氣手不執寸鐵兵不用一騎八蠻輿同
要太平皆坐致困卧桑陰春日斜騰騰不識今何世
普融平
我手何似佛手從來有衫無袖有時開向人前不覺
露出雙肘　上方益　三
我脚何似驢脚寒來須要襪著莫教踏著泥水和鞋
一時失却
人人有箇生緣何須盡要粱原若問老僧生處荔枝
香滿南園
我手何似佛手爐鞴鉗鎚鐵帚曾烹紫磨金軀光射
七星牛斗　南堂興　三

我脚何似驢脚白刃紅旗閃爍坐斷百戰場中妙闘
六齡三界
人人有箇生緣視聽俯仰折旋頂𩕳裏中日月手握
閫外威權
我手何似佛手隨分拈花折柳忽然撲著蛇頭未免
遭他一口　圓悟勤　三
我脚何似驢脚趙州石橋畧彴忽若築起皮毬倒
三山五岳
人人有箇生緣騰身無地鑽研若也眼皮迸綻處他
楅底別穿
佛手驢脚生緣黃龍元無此語直饒恁麼知之我儂
未敢輕許表報四海禪人第一不得錯舉　龍門遠
佛手驢脚生緣落處便是乾坤重重無限樓閣彈指
入者無門　佛心才　三
驢脚生緣佛手打透上頭關捩脫却泥水布襯直下
心空及第
生緣佛手驢脚為君一體拈却坦然坐致太平猛將
謾誇謀略
扣關豈是丈夫兒驢脚生緣問阿誰佛手展開無處
用太平基業各豐滋　道場如
頌　我手何似佛手天上南辰北斗我脚何似驢脚往
事都來忘却人人盡有生緣箇箇足方頂圓大愚灘
頭立處孤月影射深灣會不得見還難一曲漁歌下
遠灘　白楊順
我手何似佛手黃龍鼻下無口當時所見顢頇至今
百拙千醜　正堂辯　三
我脚何似驢脚文殊親見無著好箇玻璃茶盞不要
當面諱却
人人有箇生緣從來罪過彌天不是牽犂拽杷便是
鼎鑊油煎

我手何似佛手天下衲僧無口縱饒拈起便行也是鬼窟裏走諱不得　張無垢　二

我脚何似驢脚又被鰾膠粘著反身直上兜率天已自遭他老鼠藥吐不得

人人有箇生緣鐵圍山下幾千年三災燒到四禪天者漢猶自在傍邊殺得工夫

我手何似佛手堪笑紫湖養狗撞著焦尾大蟲性命輸他一口　石菴玿　四

我脚何似驢脚擬議知君大錯進前欲飲醍醐已似遭他毒藥

人人盡有生緣且非夷狄中原鎮府出大蘿蔔趙州親見南泉

佛手驢脚生緣生緣驢脚佛手李公醉倒街頭元是張公喫酒黃龍山裏老婆禪恰似河陽新婦機

我手何似佛手二八恰恰十九年尾算到年頭家內一錢無有　伊菴權　四

我脚何似驢脚踏著趙州略彴驚得迦葉皺眉文殊却打無著

人人有箇生緣男兒氣宇衝天若是爭田競地我郎唤死如眠

佛手驢脚生緣浩浩叢林咸傳直饒一穿穿却未免十萬八千

我手何似佛手合掌面南看北斗兔推明月上千峯引得寒山開笑口　雪菴瑾　四

我脚何似驢脚急走歸家日將落自古長安如鏡平無端醉倒黃番綽

人人有箇生緣且非東土與西天擊珊瑚樹枝枝好撒水銀珠顆顆圓

佛手驢脚生緣南海波斯泛鐵船精金美玉團堆會畢竟何曾直一錢

佛手驢脚容易見最難道處是生緣黃梅不是周家子七歲傳衣便會禪　橫川珙

禪宗頌古聯珠通集卷第三十八

禪宗頌古聯珠通集卷第三十九

宋池州報恩光孝禪寺沙門法應集

元紹興天衣萬壽禪寺沙門普會續集

祖師機緣

六祖下第十二世之二　南嶽下第十一世之餘

增收 黃龍南初參泐潭澄因雲峯悅指見慈明既至福嚴時賢禪師命掌書記賢歸寂適慈明繼席一日造室明曰書記參雲門禪必善其旨如放洞山三頓棒是合喫不合喫師曰合喫明曰從朝至暮鵲鳴鵲噪皆因喫棒乃作拜之後問趙

[illegible]

州道臺山婆子我與汝勘破了也且阿那裏是他勘破婆子處師汗下不能答明日又詣室明詬罵不已師曰罵豈慈悲法施耶明曰你作罵會耶師始大悟述頌曰傑出叢林是趙州老婆勘破有來由如今四海清如鏡行人莫與路爲讎明頌之　頌曰

錯錯戲海獰龍冲霄遼鶴老慈明無著莫笑裏重重霧拴索佛手一展日月昏大江從此風濤惡　石林鞏

死水如何養活龍終歸大海鼓腥風天教一霎風雲便送出臺山烟雨中　竹屋簡二

有喫棒分無喫分當爐一煅永銀流不因踏斷臺山路千古雲峯恨莫酬

增收 黃龍南因僧問不去不來時如何師曰華嶽三峯頭倒卓曰却去却來時如何師曰風吹柳絮毛毬輥　頌曰

冰雪肌膚西舍女梳粧巧巧畫雙眉傷人筆力強傳寫戶外如何見得伊　本寂觀

增收 黃龍南住黃檗時室中每舉鐘樓上念讚牀脚下種菜衆皆下語不契一日勝首座云猛虎當路坐師乃退黃檗與勝住　頌曰

鐘樓上念讚牀脚下種菜猛虎當路蹲時人俱不會黃檗花開自有時明州有箇憨布袋　拙堂一

直出直入當面不識更擬如何著甚死急　徑山杲

猛虎當路坐游魚脚下過不學子湖老便打劉鐵磨　鼓山珪

增收 黃龍南因禾山普參普善經論兩川號爲義虎問師云阿難問迦葉世尊傳金襴外更傳何物因緣意旨如何師曰上人出蜀曾到玉泉否普曰曾到師又問曾掛搭否曰一夕便發師曰智者道場關王打供結緣住幾時何妨普良久再理前面師便直普趨出大驚曰兩川義虎不消此老一唾　頌曰

黃龍一唾絕逡巡笑殺傍觀又可悲姹女已歸霄漢去歎郎猶向火邊棲　懶菴演

袁州楊岐方會禪師嗣慈明　僧問如何是佛師曰三脚驢子弄蹄行曰莫只這便是師曰湖南長老　頌曰

三脚驢子弄蹄行奉勸行人著眼睛草裏見伊須喪命只緣蹤跡最分明　白雲端

前步高兮後步低動頭搖尾三隻蹄驀過鬧市人東

[illegible]

西湖南更有須菩提　保寧勇

三脚驢子弄蹄行驟驤追風趁不前踏破化城無覓處湖南長老重加鞭　佛鑑懃

三脚驢子弄蹄行步步蓮花襯足生堪笑草中尋覓者不知芳樹轉春鶯　佛性泰

三脚驢兒忒殺好長放後園教喫草等閒牽去向人前踢倒湖南轄長老　鼓山珪

楊岐一頭驢祇有三隻脚瀟閑倒騎歸踏殺黃犢綍　徑山杲

增收 三脚驢子弄蹄行跳透威音萬丈坑雲在嶺頭閒不徹水流澗下太忙生湖南長老誰解會行人更在青山外　梁山遠

三脚驢子弄蹄行兩浙江南秋復熱幽北先霜怯早寒閉門愁見楊花落　屯菴顏

一拽耙二牽犂平田淺地且相隨恰到飢時無草料放開頭角便東西老楊岐老楊岐直道從來解弄蹄　上方益

蹇驢三脚弄蹄時若不親騎也不知紫磨金容馱不動竹篦端勝令鉗鎚　典牛游

法出姦生燥生招前三脚驢子是誰親見若親見縲

迦老子那吒面　佛照光

三脚驢子弄蹄行鼓動清風入骨寒踏破毗盧光影斷不須平地起波瀾　月菴杲

楊岐一頭驢眼光如電爍踏殺天下人說甚三隻脚　徑山雲菴慶

一箭射落天邊鴈千人萬人著眼看不知此箭自何來湖南長老何曾見　中菴空

增收 楊岐因僧問少林面壁意旨如何師曰西天不會唐言　頌曰

天高地迥非難見水闊山重不易論萬古八風吹不入西天人不會唐言　白雲端

西天人不會唐言端坐巍巍少室前剛被流支打齒缺至今有理不能宣　佛性泰

西天人不會唐言旱地雷聲徹大千九年面壁無人會玉兔金烏火裏旋　無菴全

增收 楊岐因慈明忌辰設齋衆纔集師於真前以兩手捏拳安頭上以坐具畫一畫打一圓相便燒香退身三步作女人拜首座曰休捏怪師曰首座作麼生座曰和尚休捏怪師曰兔子喫牛妳第二座近前打一圓相便燒香亦退身三步作

女人拜師近前作聽勢座擬議師與一掌曰這漆桶也亂作　頌曰

楊岐聽勢中千差今古人愛作家但握祖師三印在不妨捏怪亂如麻　圭堂居士

一棚傀儡木雕成半是神形半鬼形歌鼓歇時天未曉尚餘寒月掛疎櫺　虛堂愚

增收　楊岐因僧問撥雲見日時如何師曰東方來者東方坐　頌曰

堯舜禹衣萬國賓撥雲見日意休陳東方來者東方坐草木重霑雨露新　白雲端

增收　楊岐因慈明上堂師出問幽鳥語喃喃辭雲入亂峯時如何明曰我行荒草裏汝又入深村師曰官不容針更借一問明便喝師曰好喝明又喝師亦喝明連喝兩喝師禮拜明曰此事是箇人方能擔荷師拂袖便行　頌曰

將出驪珠遇大商金盤撥動有餘光無煩一句論高價把手歸家笑幾場　白雲端

試問人間有底忙好將春事報春光直饒日日花前醉一季都來九十場　正堂辯

胡張三黑李四反身架箭直饒啗鏃古將軍對面髑髏穿一穿　別峯印

將杖探其水方知水淺深路遙知馬力歲久辯人心

子不孝父不慈恭而無禮親而有疎不入驚人浪難逢稱意魚　谷父川

猫全食血功虎備起屍殺無奈阿舅何不傳上樹訣　南巖勝

馬轉牛回豈足誇爛泥中刺當行家霜刃一揮全意氣坐令千載定龍蛇　無菴全

增收　楊岐問僧雲深路僻高步何來曰天無四壁師曰踏破多少草鞋僧便喝師曰一喝兩喝又作麽。師曰你看這老和尚師曰拄杖不在且坐喫茶　頌曰

高步何來釣象犀反身全不帶纖泥驀然一喝高千丈劫外相看誰得知　圭堂居士

增收　楊岐因僧問天得一以清地得一以寧衲僧得一堪作什麼師曰鉢盂口向天　頌曰

鉢盂向天底時節十方世界一團鐵少林面壁謾多年衲僧眼裏重添屑　白雲端

衲僧一撥鉢盂口鬬天下楊岐望梅止渴　松源岳

增收　楊岐問僧栗棘蓬你作麼生吞金剛圈你作麼生跳　頌曰

楊岐金圈與栗蓬吞跳依前事不同大海都來一口吸更無南北與西東　照堂一

金剛圈栗棘蓬玄沙三種病石鞏一張弓直截爲君說新羅在海東　徑山杲

楊岐老人鎖口訣萬里長城一條鐵衲僧禪客知到來不動金鎚腦門裂　鼓山珪

栗蓬吞得有何難更教吐出又心酸吞吐得來休嚼碎南辰光射北辰寒　正堂辯

射後驀生開落索風前忽布鬧叉撑那吒八臂空惆悵夜半三更白晝行　天童淨

昨夜發新雷毒蛇離窟穴居常口不開蹋著迸鮮血　或菴體

增收　楊岐入院升座畢下座九峯勤把住云今日喜得箇同參師曰作麼生是同參底事勤曰九峯牽犂楊岐拽耙師曰正恁麼時楊岐在前九峯在前勤擬議師拓開曰將謂同參元來不是　頌曰

拽耙二牽犂平田淺草且相隨恰到飢時無草料放開頭角便東西老楊岐老楊岐盡道從來解弄蹄

上方益

楊岐左眼半斤九峯右眼八兩一對無孔鐵鎚至今收拾不上　無相範

六祖下第十二世之餘　清源下第十一世

增收　東京天寧芙蓉道楷禪師　嗣投子青　僧問夜半正明天曉不露如何是不露底事師曰滿船空載月漁父宿蘆花　頌曰

星流水國夜熒煌月印江天明似鏡隱顯無私位不該依稀擬動成偏正　丹霞淳

增收　芙蓉楷上堂法身者理妙言玄頓起終始之患諸仁者莫是幻身外別有法身麼莫即幻身便是法身麼若也恁麼會去盡是依他作解蒙昧兩岐法眼未得通明不見僧問夾山如何是法身山云法身無相如何是法眼山云法眼無瑕所以道吾云本有師在忽有人問老僧如何是法身羊便乾處臥如何是法眼驢便濕處尿更有人問作麼生是法身買帽相頭作麼生是法眼坑坎堆阜若點檢將來夾山祇是學處不玄如流俗闍黎囊物不能捨得致使情關固閉識瑣難開老僧今日若不當陽顯示後學何以知歸勸汝諸人不用求真唯須息見諸見若盡昏霧不生自然智鑑洞明更無他物諸人還會麼良久云珠中有火君須信休向天邊問太陽　頌曰

道合平常絕異端行人何必歷艱難從今莫信孫臏卜龜殼無靈不用鑽　丹霞淳

增收　芙蓉楷因僧問如何是無縫塔師曰白雲籠岳頂終不露崔嵬　頌曰

層層落落影團團切忌當陽著眼看直下有無俱不立白漫漫又黑漫漫　雪巖欽

增收芙蓉楷因僧問師唱誰家曲宗風嗣阿誰師曰金鳳夜棲無影樹峯巒纔露海雲遮　頌曰

等閒應問皆安排一句全提隱顯該瀟洒依依龍古徑孤峯終不露崔嵬　丹霞淳

六祖下第十三世　南嶽下第十二世

濟顯隆興府黃龍祖心禪師　嗣黃龍南　因黃山谷太史乞指徑截處師曰秖如仲尼道二三子以我爲隱乎吾無隱乎爾太史居常如何理論公擬對師曰不是不是公迷悶不已一日侍師山行次時巖桂盛放師曰聞木樨花香麼曰聞師曰吾無隱乎爾公釋然卽拜之曰和尚得恁麼老婆心師笑曰秖要公到家耳　頌曰

渠儂家住白雲鄉南北東西路渺茫幾度欲歸歸未得忽聞巖桂送幽香　石溪月

學海波瀾捲未乾幾煩仙仗上林巒天香吹落秋風老不覺相攜到廣寒　石林鞏

水邊林下舊生涯夢裏還家未到家昨夜月明歸興動西風一陣木樨花　雪巖欽

增收晦堂室中竪拳示僧曰喚作拳頭則觸不喚作拳頭則背未審喚作甚麼　頌曰

赤體更無藏隱處黃龍未語先分付若將見解上門來他家自有通霄路　道場林

背觸人難會急君子細看片雲纔出洞遮却面前山　雪巢一

增收舒州白雲守端禪師　嗣楊岐　示衆曰此事如萬仞崖頭相似總知道放著手便撒到底只是捨命不得法華今日不動一毫頭教諸人到底去也擲下拄杖　頌曰

擬從險處放身時鄧箇商量不徹眉不動毫芒親到底瞬睛皮綻蓋藏顢　虛堂愚

增收白雲上堂舉一則公案布施大衆良久云口只堪喫飯　頌曰

白雲舉古直是希奇口堪喫飯少有人知諸禪老莫遲疑一飽自然忘百飢　遯菴演

增收白雲上堂見衆集乃拈拄杖曰大衆會麼復卓拄杖曰珊瑚枕上兩行淚半是思君半恨君

頌曰

幾回霑水又拖泥年老心孤不自知遊子不歸空悵望一溪流水落花隨　無菴全

增收白雲因僧問舊歲已去新歲到來如何是不遷義師曰眉毛在眼上　頌曰

罷釣歸來不繫船江村月落正堪眠縱饒一夜風吹去只在蘆花淺水邊　月庭忠　二

落葉已隨流水去春風未放百花舒青山面目依然在盡日橫陳對落暉

增收金陵保寧仁勇禪師　嗣楊岐　示衆曰釋迦老子四十九年說法不曾道著一字優波毱多丈室盈籌不曾度得一人達磨不居少室六祖不住曹谿誰是後昆誰爲先覺既然如是汝且無擠勿傷之也拍膝顧衆曰且喜天下太平　頌曰

烟暖土膏農事動一犂新雨破春耕郊原眇眇青無際野草閑花次第生　虛堂愚

增收保寧勇示衆曰三界唯心萬法唯識檻外雲生簷前雨滴門水湛如藍山花開似錦此時若不究根源直待當來問彌勒　頌曰

靈然不涉去來今三界都盧一點心檻外春風春蝶舞門前楊柳曉鶯吟　丹霞淳

增收比部孫居士因楊岐來尚佰視斷次公曰某爲王事所牽何由免離歧指曰要悉得麼曰望師點破歧曰此是比部弘願深廣利濟羣生曰未審如何歧示以偈曰應現宰官身廣弘悲願深爲人垂指處棒下血淋淋公於此有省　頌曰

棒下血淋淋直饒不悔金篦挑觀繡出休更覓金針　雪堂行

六祖下第十四世　南嶽下第十三世

濟顯蘄州五祖山法演禪師　嗣白雲端　初謁浮山遠和尚遠一日語師曰吾老矣恐虛度子光陰可往依白雲此老雖後生吾未識面但見其頌臨濟三頓棒話有過人處必能了子大事師潸然禮辭至白雲遂舉僧問南泉摩尼珠話請問雲叱之師領悟獻投機偈曰山前一片閑田地叉手叮嚀問祖翁幾度賣來還自買爲憐松竹引清風雲特印可　頌曰

山前田地賣還買松竹清風痛自憐堪笑夢中誇富貴覺來都直半分錢　遯菴演

忍死叮嚀見白雲一杯濁酒十分斟若教不飲空歸去田地無由被陸沉　竹室簡　二

卒風暴雨忽迷蹤撞入浮山網子中縱得白雲提得出依然只是賣柴翁

增收五祖演云老僧遊方十餘年參數十人善知識將謂了當及到浮山圓鑑會下更開口不得末後又到白雲因咬破一箇鐵餕餡直是百味具足且道餡子一句作麼生道花發雞冠媚早秋何人能染紫絲頭有時風動頻相倚似向階前鬪不休　頌曰

白雲鐵餕餡衲僧難下口忽然咬得破大作師子吼　月菴果

增收五祖演在白雲端會中作磨頭一日端下來曰磨郎你還知一件事麼師曰不知曰近有數禪客自廬山來問他皆有悟入處教伊說亦說得

有來由舉因緣向伊亦明得教下語亦下得端
良久謂師曰磨頭只是未在你道如何師聞之
心下不安得七日七夜不成腸肚正中心下乃
自思惟曰既悟了説亦説得明亦明得如何却
未在忽然中夜方會得從前寶惜一時放下遂
白端端起來手舞足蹈○佛眼遠云某甲侍先
師舉此因緣謂某甲云參学須是一時放下方
得安樂大衆還見得不乃頌曰

放得下好脱灑放不下牛拽耙堪笑諸方老古錐打
鼓説禪無尾橛無尾橛不驚怕可嗟訝解踏毗盧頂
上行不言亦自傳天下好大哥

增收　五祖演因僧問一大藏教是箇切脚未審切箇
什麽字師曰鉢囉娘　頌曰

唇上必并班豹剥舌頭當的帝都丁（且道是什麼字）自古上
賢猶不識造次凡流豈可明　石菴玿

一大藏教是切脚東山切得鉢囉娘胷中憤氣盤不
得忽作虹霓萬丈長　即菴覺

倒腹傾腸與麼來華言梵語幾曾談言前句後知端
的陸地蓮花朶朶開　荆山智

大藏教文爲切脚鉢囉娘義最深幽孔門弟子無人
識著眼胡僧暗點頭　遯菴演

增收　五祖演因僧問如何是佛師曰口是禍門　頌
曰

的的當陽句明明箭後路著靴人喫肉赤脚人趁兎
徑山杲

口是禍門電掣雷奔娑竭出海震動乾坤　鼓山珪

如何是佛口是禍門一錢不直貴與賈人　雪堂行

兵行詭道賊是家親無功受祿有理難伸　或菴體

坑坑坎坎嶮嶮巇巇一言易出駟馬難追　虛堂愚

增收　五祖演因僧問如何是佛師曰肥從口入又曰
露胷跣足　頌曰

老去肩鬚似雪霜元來習氣尚難忘少年無限傷心
事一度思量一斷腸　佛鑑懃

牙根爛嚼眞彌勒腹裏橫吞老釋迦大地虛空皆得
飽道回不到負檀家　心聞賁

增收　五祖演因僧問如何是臨濟下事師曰五逆聞
雷　頌曰

從前五逆怕聞雷不似大蟲看水磨孤峯頂上要同
行十字街頭還共坐　鼓山珪

五逆聞雷曾參顛回一粒豆子爆出冷灰　徑山杲

者僧苦下打徐峯霹靂聲中宇宙昏驚起無明金翅
鳥劈開滄海取龍吞　東山空

五逆聞雷露出屍骸人間天上無處堪埋　朴翁銛

五逆聞雷慷慷然尋常爭敢與人宜自從六十輕酬
後濟北驢名不浪傳　虛堂愚

增收　五祖演示衆曰釋迦彌勒猶是他奴且道他是
阿誰　頌曰

老年經節臘樂事甚悠悠不及兒童日都來不解愁
南堂興

他弓莫挽他馬莫騎他非莫管他事莫知　無門開

釋迦彌勒是他奴今古禪流知也無酒好不須懸望
子髆酸何必掛葫蘆　野牛平

增收　五祖演問僧曰倩女離魂那箇是眞底（王宙欲娶倩娘爲妻倩父母不許倩遂臥病在家王宙將欲遠行月下見倩來同舟而去三年後遂生一子倩遂歸父母家纔到門家中有一倩娘出來相見兩人遂合成一身）　頌曰

二女合爲一媳婦機輪截斷難回互從來往返絕蹤
由行人莫問來時路　普融藏主

只是舊時行履處等閑舉著便譊訛夜來一陣狂風
起吹落桃花知幾多　慈受深

兩女合爲一媳婦古寺基前幢子竪彷彿上有陀羅
尼多少行人盡驚怖　正堂辯

縱使百千劫所作業不忘因緣會遇時果報還自受
[illegible]菴體

涼宵愛月上危樓幾處笙歌幾處愁歌管未闌愁未
歇忽然天曉一時休　且菴仁

憶昔春風上苑行爛窺紅紫厭平生如今再到曾行
處寂寂無人草自生　萬菴柔

南枝向暖北枝寒何事春風作兩般憑仗高樓莫吹
笛大家留取倚闌看　雪菴瑾

雪月是同溪山各異萬福萬福是一是二　無門開

行弔先桃茹喪車後紙錢老胡門下客寧可入黄泉
虛堂愚

增收　五祖演垂語曰路逢達道人不將語默對且道
將甚麼對　頌曰

來說是非者便是是非人誠哉是言也弄物不知名
月林觀

路逢達道人不將語默對攔腮劈面拳直下會便會
無門開

增收　五祖演一日持錫遶廊曰莫有屬牛人問命麼
衆皆無語自曰孫臏今日開鋪更無一人番顧
可憐三尺龍鬚與作尋常破布　頌曰

無端平地起干戈爭似屬牛人更多滿目惆惶無著
處低頭依舊入烟蘿　高峯妙

增收　五祖演曰譬如水牯牛過窗櫺頭角四蹄都過
了因甚麼尾巴過不得　頌曰

牛過窗櫺錯爲安名人唐國裏不見一人　月林觀

龜本眞靈物都緣不自知一朝親脫殼直透九天飛
如菴用

等閑放出這牛兒頭角分明舉似誰若向尾巴尖上
會新羅鷂子過多時　高峯妙

增收 五祖演謝監收上堂曰人之性命第一須是
欲得成此○先須防於○若是眞○人○○
頌曰
一二三四五六圍心肝粉碎髑髏乾若將方木投圓
竅覷婦爭教得少年　息耕妙
增收 五祖演舉昔日有秀才省無鬼論一日鬼現身
云你道無我奪秀才無語師曰當時只舉手作
鷓鴣聲云谷孤故　頌曰
說有道無徒費力現身無語强分疎只消一箇鷓鴣
聲百怪千妖盡掃除　此山應
增收 五祖鷓鴣啼當機直下提隔山尋蹤跡能有幾人知　石田薰
增收 五祖演因僧問如何是爲人一句師曰門前石
塔子　頌曰
門前石塔子八白與九紫方道既分明允被巡官使　雪堂行
增收 五祖演每遇僧來請益秖曰無這閑工夫　頌
曰
彼此且無相負累行人無不失鈞錐雖然不賭衆生
眼也好拳頭劈口槌　龍門遠
開口便見膽工夫做東魯昔於豆子山也解打瓦　南嶽讓
增收 五祖演凡見僧來便曰㕰㕰僧擬作甚麽師
曰如今不屈更待何時　頌曰
盡力不奈何按牛頭喫草若無錦繡文難以論麁藎　龍門遠
鈇餡價難窮誰知屈味濃法幢光祖域正筆在箇中　南嶽瀞
增收 五祖演問僧離却四大五蘊那箇是你清淨法
身　頌曰
堂堂白日上刀梯任是崑崙眼亦迷多謝門前案山
子春來秋去泄天機　雪堂行
增收 五祖演展手問僧曰因何喚作手　頌曰
何故喚作手衲僧難開口擬議白雲飛可憐太平手　佛鑑懃
子分破華山千萬重　雪巖欽
先祖活滔無間必後人與排行難盡撞手無多
增收 隆興府兜率從悅禪師嗣真淨文 室中設三語
以驗學者一曰撥草瞻風只圖見性即今上人
性在甚麽處二曰識得自性方脫生死眼光落
地時作麽生脫三曰脫得生死便知去處四大
分離向甚麽處去　頌曰
陰森夏木杜鵑鳴日破浮空宇宙清莫對曾參問曾
皙從教孝子諱爺名　張無盡　三
人間鬼使符來取天上花冠色正萎好箇轉身時節
子莫教閻老等閑知
鼓合東村李大妻西風曠野淚沾衣碧蘆紅蓼江南
岸却作張三坐釣磯
擬放三千馬放八日透過重關未爲英傑　月林觀
一念普觀無量劫無量劫事即如今如今覷破這一
念覷破如今觀底人　無門開
增收 東京法雲佛照杲禪師嗣眞淨文 師以力參承
到語不入時每示衆常舉老僧熙寧八年文帳
在鳳翔府供中當年剃了華山四十里壓倒八
十村人家汝輩後生茄子瓠子幾時知得或問
曰寶華王座上因甚麽一向世諦師曰癡人佛
性豈有二種邪　頌曰
隔水何人敲竹枝動人情思極幽微夜深轉入單于
調月朗風高聽者稀　虛堂愚

六祖下第十五世　南嶽下十四世

增收 成都府昭覺寺克勤圓悟佛果禪師嗣五祖演
先住東京天寧師凡垂問學者擬議則一拳
頌曰
盡力當胸一拳幾箇眉鬚墮落更欲如何若何普化
空中木鐸　瞎堂遠
增收 圓悟因僧問西天以蠟人爲驗此土以何爲驗
師曰生鐵鑄就崑崙兒　頌曰
生鐵鑄就崑崙兒眼耳鼻舌如泥塊西天此土謾紛
紛鐵眼銅睛看不破　別峯印
生鐵鑄就崑崙兒頭䏝脚重肚皮大開眼衲僧盡皆
吒九十日中看不破看不破笑倒嵩山破竈墮　古文光
增收 舒州太平慧懃佛鑑禪師嗣五祖演 僧問如何
是佛師曰喫飯咬著砂　頌曰
喫飯咬著沙隱落第三牙春風纔過後拄杖亦開花　慈受深
增收 舒州龍門清遠佛眼禪師嗣五祖演 嘗請益五
祖凡有所問演即曰我不如你你自會得好或
曰我不會我不如你師愈疑遂咨決於元禮首
座禮以手引師耳繞圍爐數匝行且語曰你自
會得好師曰有與開發乃爾相戲耶禮曰你他
後悟去方知今日曲折耳　頌曰
我不會兮不如你達磨當門缺兩齒滿堂無限白蘋
風明明不自秋江起　雪堂行　二
我不會兮不如你堪咲千花生碓觜善財謾到百城
游何曾踏著自家底
我不會兮不如你楠檀林裏香風起漁歌一曲過瀟
湘攪動滄溟聲未已　歎堂定
增收 龍門示衆曰千說萬說不若親見一面縱不說
亦自分明王子寶刀喻衆盲摸象喻禪學中隔

江招手事望州亭相見事來山[illegible]處事此實
覿面而見之不在說也　頌曰
寧辨人間是與非生來漏濟眼如眉不因說著當年
事萬古千秋那得知　虛堂愚
增收金陵俞道婆市油餈爲業參瑯琊起和尚起以
臨濟無位真人話示之一日聞丐者唱蓮華樂
云不因柳毅傳書信何緣得到洞庭湖忽大悟
以餈盤投地夫曰你顛邪婆掌曰非汝境界往
見瑯琊琊望之知其造詣問那箇是無位真人
婆應聲曰有一無位人六臂三頭努力瞋一擊
華山分兩路萬年流水不知春琊印可之凡有
僧至則曰兒兒僧擬議即掩門佛燈珣和尚往
勘之婆如前所問珣曰爺在甚處婆轉身拜露
柱珣即踏倒曰將謂有多少奇特便出婆蹶起
曰兒兒來惜你則箇珣竟不顧安首座至婆問
甚處來曰德山婆曰德山泰乃老婆兒子曰婆
是甚人兒子婆曰被上座一問直得立地放尿
頌曰
柳毅傳書只自知得便宜是落便宜親夫受了都攔
却痛惜深憐乞養兒　笑翁堪
[illegible]
舊別相逢錢面皮渾家喪盡喚孩兒翻身師子施牙
爪鶻落渠儂第二機噢且道渠是阿誰　塗毒策

禪宗頌古聯珠通集卷第三十九

金壇居士于玉德施貲刻此　[illegible]
禪宗頌古聯珠通集第三十九卷　[illegible]
[illegible]
[illegible]丁酉仲春徑山興聖萬壽禪寺識

禪宗頌古聯珠通集卷第四十

宋池州報恩光孝禪寺沙門法應集
元紹興天衣萬壽禪寺沙門普會續集

祖師機緣

六祖下第十六世 南嶽下第十五世

臨濟 增收 平江虎丘紹隆禪師 嗣圜悟 初參死心心問你是甚麼僧師曰行脚僧心曰你是何處行脚僧行甚驢脚馬脚師曰屬南嶽道甚麼何不高聲道心曰却有此一衲僧氣息遂留過夏 頌曰

客裏經秋年落天涯多故人好懷舊事話得真箇

[illegible]

殘雪未消石梅英先破春徘徊殊有約東此續芳塵 虛堂愚

還后何期語笑新秋風松館客遊身先闔不語平生事到老相逢是別人 寶葉源

增收 臨安府徑山宗杲大慧普覺禪師 嗣圜悟 師至天寧一日聞悟陞堂舉僧問雲門如何是諸佛出身處門曰東山水上行若是天寧即不然忽有人問如何是諸佛出身處只向他道薰風自南來殿閣生微涼師於言下忽然前後際斷 頌曰

萬德不自有十身何處藏薰風生殿閣化日正舒長 石林鞏

諸佛東山水上行閑中無事日偏長薰風拂拂來無已無意涼人人自涼 [illegible]

增收 大慧因僧問心佛俱忘時如何師曰賈扇老婆手遮日 頌曰

賈扇老婆手遮日一種風流出當家說與途中未歸客何須向外覓波楂 月坡明

增收 大慧後來留古雲門菴學者雲集久之入閩結茅於長樂洋嶼室中舉竹篦子問學者喚作竹篦則觸不喚作竹篦則背不得下語不得無語從之得法者十有三人 頌曰

雲門舉起竹篦凡聖潛蹤匿跡金剛門外生眼木馬肚中面赤 尼無著總 二

雲門舉起竹篦纔涉思惟蹉過只遮背觸商量老人已是話墮

徑山有箇竹篦直下別無道理佛殿廚屋三門穿過衲僧眼耳 福州南禪祖

三尺筠蛇口帶腥曾吞英特十三人壓衆四壁龍蛇 竹屋簡

[illegible]

增收 安吉州道場明辯正堂禪師 嗣龍門遠 室中問學者蚯蚓爲甚麼化爲百合 頌曰

客舍并州已十霜歸心日夜憶咸陽無端更渡桑乾水却憶并州是故鄉 圓極岑

增收 潭州大溈善果月菴禪師 嗣開福寧 上堂奕仲造車一百輻拈却兩頭除却軸以拄杖打圓相曰且莫錯認定盤星卓一下下座 頌曰

海神知貴不知價留與人間光照夜碧眼胡僧笑點頭誰知用處無蹤跡 月林觀

機輪轉處達者猶迷四維上下南北東西 無門開

[illegible]

六祖下第十七世 南嶽下第十六世

臨濟 增收 明州天童應菴曇華禪師 嗣虎丘隆 示衆曰晝力道不得底句不在天台定在南嶽 頌曰

相罵饒汝接觜相唾饒汝潑水驀然摸著蛇頭拍手囉囉哩哩 肯堂充

耆婆去後無消息病者憧憧日扣門百草自知無識者叢叢垂泣在籬根 虛堂愚

增收 應菴示衆曰如世良馬見鞭影而行時佛照光和尚出衆云見鞭影者非良馬師休去 頌曰

羨殺過風第二頭不堪惆悵只堪愁一聲振鬣長鳴後萬馬皆瘖一戰收 北磵簡

增收 明州育王德光佛照禪師號拙菴 嗣大慧 宋孝宗仍對師舉靈雲頌直至如今更不疑奏曰那裏是他不疑處帝曰空手牽鉄牛 頌曰

萬機之暇探禪宗中路逢堪越六龍空手牽牛過天闕紫宸深在妙高峯 圭堂居士

增收 佛照因孝宗宣問釋迦佛入山六年所成何事師對曰將謂陛下忘却 頌曰

六年勤苦竟何如爲問君王記得無直下雖知難抵諱到頭終不受塗糊 北磵簡

[illegible]

借婆衫子拜婆年監本起挑不上[illegible]靈明星猶在九重天

問處大左旋答處地右轉太平無象眼頭見雪山高映黃金殿 覺圓明

大根大器大重修曾將機輪向上頭萬億斯年惟一佛雪山元不隔龍樓 石巖璉

增收 臨安府淨慈水菴師一禪師 嗣佛智裕 室中問僧曰西天鶖子因甚無鬚 頌曰

凝人面前不可說鶖子無鬚惺惺懂懂 無門開

牧童失却破簑衣流落年深見者稀拈來搭在籬頭上引得烏鴉逃樹飛 默堂定

六祖下第十八世 南嶽下第十七世

臨濟 增收 臨安府淨慈彥充肯堂禪師 嗣水菴一 示衆曰觀方知彼去去者不至方草鞋跟忽斷全身在帝鄉 頌曰

孰謂觀方不在方機開與口便乖張行人要覓長安路不覺全身在帝鄉 搗堂開

增收 慶元府天童密菴咸傑禪師 嗣應菴 應菴問如何是正法眼師遽答曰破沙盆菴頷之 頌曰

五陵公子少年時得意春風躍馬蹄不惜黃金爲彈

千海棠花下打黃鸝　雙杉元

法眼枯來早自誅無端錯對破沙盆而今徧界難逃避殃及叢林累子孫　梅室開

眞箇破沙盆撒翻海嶽昏頂門眞箇瞎千古累兒孫　虛堂愚

白玉琢成泥彈子黃金鑄就鐵崑崙千年滯貨無人買未免如今累子孫　大歇謙

增收 常州華藏伊菴有權禪師　嗣無菴全　嘗夜坐達旦行將者至忘展鉢鄰僧以手觸之師感悟爲偈曰黑漆崑崙把釣竿古帆高掛下驚湍蘆花影裏弄明月引得盲龜上釣船　頌曰

雲深江絕引帆孤可惜鄰僧挨轉渠方信圓明彈指事元來此語不傳虛　圭堂居士

增收 鎭江府焦山普濟禪寺或菴師體禪師　嗣此菴元　因信齋葛知府問曰夫妻二人相打通兒子作證且道證父即是證母即是師曰小出大遇乃頌曰

八臂那吒三隻眼雙槌擂鼓轉船頭巨鼇一吸滄溟竭宇宙風清四百州

生死自修同室穴因何中路隔關山一朝忽得親兒見蹬趯踏方知蓋覆難　靈堂行

六祖下第十九世　南嶽下第十八世

臨濟 增收 臨安府靈隱松源崇嶽禪師　嗣密菴　垂語曰大力量人因甚擡脚不起　頌曰

沒量大人擡脚不起眼瞎耳聾撒溺撒屎求生不生求死不死苦哉佛陀耶韓信臨朝底　朴翁銛

擡脚踏翻香水海低頭俯視四大禪一箇渾身無處著　萬嶽一句　無門開

力難擡起爲君宣神駿何勞更著鞭一躍洞天三十六到時凡骨便成仙　虛堂愚

增收 松源垂語曰開口不在舌頭上　頌曰

開口不在舌頭上咬斷牙關供死狀莫教吞了大還丹命根難斷空惆悵　朴翁銛

含糊一世無分曉開口何嘗在舌頭萬古業風吹不盡又隨月色過羅浮　虛堂愚

增收 松源垂語曰明眼衲僧因甚脚跟下紅線綫不斷　頌曰

大丈夫漢紅線不斷直饒親見松源敢保錯來批判　朴翁銛

脚根不斷紅絲線挂着乾坤自在行塞壑填溝無處著歸來依舊兩眉橫　虛堂愚

增收 松源示衆曰明眼衲僧因甚打失鼻孔有賊無贓（◉）　頌曰

殺人一萬損三千獨弄單提機不全萬頃滄波明月夜一聲短笛釣魚船　諾菴肇

六祖下第二十世　南嶽下第十九世

臨濟 增收 慶元府天童天目文禮禪師　嗣松源　因虎維那參次師問汝名什麼曰智虎師退身作怕勢虎擬議師便歸方丈　頌曰

白浪堆中下一鈎錦鱗紅尾尚悠悠漁翁不計竿頭事笑入蘆花萬頃秋　石林鞏

增收 臨安府靈隱荊叟珏禪師　嗣癡鈍　凝鈍室中舉如何是佛師曰爛冬瓜仍頌曰

如何是佛爛冬瓜咬著冰霜透齒牙根蒂雖然無著子一年一度一開花

如何是佛爛冬瓜鐵額銅頭沒奈何萬里鴻濤歸漢後八千人恨一聲歌　獨木林

六祖下第二十一世　南嶽下第二十世

臨濟 增收 臨安府徑山石溪心月佛海禪師　嗣掩室開　僧問如何是佛師曰矮子看戲　頌曰

巍巍丈六紫金容百戲場中有變通矮子看來眉卓豎鋏鏈無孔舞春風　葛廬覃

增收 臨安府徑山虛堂智愚禪師　嗣運菴巖　垂語曰已眼未明底因甚將虛空作布袴著盡地爲牢因甚透者箇不過入海算沙底因甚向針鋒頭上翹足　頌曰

縫却虛空算盡沙針頭蓋地是生涯改頭換面無人見幾度春風吹落花　閑極雲

解把虛空作袴單地牢盡出透還針鋒頭上翹雙足翁對春風話歲寒　葛廬覃

未詳承嗣

樓子和尚因從街市過經酒樓下偶整襪帶少時聞樓上人唱曲云你既無心我便休聯聞忽然大悟從此號樓子　（）出長慶懶禪師浮樛嚴經說文　頌曰

唱歌樓上語風流你既無心我也休打著奴奴心裏事平生恩愛冷啾啾　慈受深

偶聞清唱發高樓你若無心我也休直下狂心能頓歇從茲濱著不迷頭　本覺一

你既無心我亦休心無心亦無氣來喫飯困來眠花落絮隨流水流　寶峯明

你若無心我也休管教笑破幾人頭家家盡爲同淵深意咲植紗窗月正秋　寶華鑑

因過花街賣酒樓忽聞語唱卷離愁利刀剪斷紅絲線你若無心我也休　仰堂仁

增收 杜順和尚法身頌懷州牛喫禾（慈明著語云河沙世界　竹菴珪著語云懷州牛喫禾）益州馬腹脹（慈明云蟻蝡蠕走　竹菴云益州馬腹脹）天下覓醫人（慈明云生馬駒　竹菴云天下覓醫人）灸猪左膊上（慈明云畫虎成貍　竹菴云灸猪左膊上）　頌曰

古德法身頌睡語熱屎沸若學唱巴歌須是自伶俐

大溈智

一雨一陰風未和春從不快裏消磨桃花暗已隨流水空使劉郎惆悵多　心聞賁

也好笑也堪悲耳朶元來兩片皮　松源岳

增收 月氏國王聞罽賓國祇夜多尊者有大名稱與羣臣往彼國禮見問法王至彼修敬已畢乃請開演者曰大王來時好道今去亦如來時王乃歎伏　頌曰

至簡至易最尊最貴往還千聖頂𩕳頭世出世間不思議彈指圓成八萬門一超直入如來地　圓悟勤

增收 西天有一外道索馬鳴祖師論義集國王大臣并及四衆俱會論場馬鳴云汝義以何爲宗外道云凡有言說我皆能破馬鳴乃指國王云當今國土康寧大王長壽請汝破之外道屈伏

頌曰

六師不正起干戈自謂無能奈我何九十六宗令結舌不消一曲太平歌　本覺一

昔有老宿一夏並不爲師僧說話有僧自歎曰我只與麼空過一夏不敢望和尚說佛法得聞正因兩字也得老宿聞曰闍黎莫嗟我若論正因一字也無道了乃扣齒曰適來無端與麼道隣壁有老宿聞得乃曰好一釜羹被兩顆鼠糞汙却　頌曰

一夏調和一釜羹傳來猶未許爭衡莫言汙了無人見隣壁禪翁雙眼明　正覺逸

長夏無別趣調和羹一釜滋味頗馨香剛地成點汙口是禍之門舌是斬身斧賠却三斤鐵只因看鍋釜　慈受深

增收 冷冷寒澗泣秋聲誰會滄溟便泛舟見說許由曾洗耳可憐巢父更牽牛　虛堂愚

潭州茶陵郁山主不曾行脚因廬山有化士至論及宗門中事教令看僧問法燈百尺竿頭如何進步法燈曰噁凡三年一日乘驢度橋一踏橋板而墮忽然大悟遂有頌曰我有神珠一顆久被諸塵封鎖今朝塵盡光生照見山河萬朵　因此更不游方　頌曰

百尺竿頭曾進步溪橋一踏沒山河從茲不出茶川上吟嘯無非邏哩囉　白雲端

增收 進步竿頭路斷橋大虛凸處水天凹古今喫顯知多少不似闍黎這一交　北礀簡

失脚溪橋兩眼枯錯將魚目作明珠直饒塵盡光生也照破山河夢見無　無準範

拾得明珠笑口開謂言塵盡轉塵埃若無直下承當分孫負驢兒一擲來　介石朋

百尺竿頭話最親一交橋斷絕纖塵死中得活珠離蚌甘作驢前馬後人　無門開

溪橋驢子失脚處百尺竿頭進步時頂踵一時都換了依然只是郁闍黎　石溪月

一擲成狼藉茶川路轉迂却將泥彈子認作夜明珠　萬壑章

增收 昔二庵主旬日後相見上庵主曰許多時在什麼處下庵主曰在庵裏造箇無縫塔上庵主曰某甲也要造一箇就兄借樣子得麼下庵主曰何不早道恰被借去了　頌曰

無縫塔子樣兩手擡不起被人借將去至今尋未已尋未已天上人間知幾幾　月菴果

恰好被人借去了莫言鄉舍不通容團圝無縫難安筆只抹烟雲一兩重　石林鞏

昔有古德一日不赴堂侍者請赴堂德曰我今日在莊上喫油糍飽者曰和尚不曾出入德曰汝去問莊主者方出門忽見莊主歸謝和尚到莊喫油糍(南或作紫湖利和或作南泉)　頌曰

近在口皮邊遠過河沙國世間多少人不得油糍喫　鼓山珪

和尚不赴堂莊主謝臨屈一字入公門九牛車不出　徑山杲

增收 江南江北勿同倫疑了還疑笑殺人誰信一盤油熾底古今塞斷是非門　雪堂行

熱糍盡口成痕跡糍今今人便動脾何似且拈安一處家常茶飯且隨時　照堂一

背衆喫油糍對人誇好手潦倒不識羞甘死揚家醜　應菴華

喫了油糍不赴齋莽師特特謝師來千山萬水俱尋徧踏破芒鞋眼未開　無著總

古德何曾動口皮喫油糍飽幾人知而今冷地思量著賭寫愁腸寄與誰　肯堂充

增收 古德因僧問年窮歲盡時如何德曰東村王老夜燒錢　頌曰

目前無異路信手斫方圓眉毛橫眼上鼻孔大頭懸　空叟印

年窮王老夜燒錢斷送難逢下水船慚底不知身到岸隨他冤業護推遷　遯菴演

問來答去有來源一句全該徧大千歲盡年窮窮底事東村王老夜燒錢　簡翁敬

春風陌上郎得錢隨手使貨物忽相當懂箸恰却子　雪巖欽

增收 古德因僧問生死以何爲舟航德曰年盡不燒錢　頌曰

年盡不燒錢鼠穴被蛇穿直饒久會得對面隔西天　曹源生

增收古德因僧問年窮歲盡時如何德曰家家盡看野狐兒　頌曰

家家盡看野狐兒鐵笛橫拈撩亂吹吹罷不知何處去夕陽已掛柳梢西　松源岳

家家盡看野狐兒見者雖多識者稀有怪千妖俱掃跡春風已到萬年枝　晦叟光

增收古德問僧曰何不看經曰不識字德曰何不問人僧展手曰是什麼字德無對　頌曰

袖中寶劍磨星斗肘後靈符照八方撥轉目前關捩子從教天下竟茫茫　誰菴演

鶻立鈍行勢不休五天梵字鬼神愁孔門弟子無人識碧眼胡僧笑點頭　殺六巖輝

增收宋太宗皇帝因夢神人勸發菩提心次日問廷臣菩提心作麼生發群臣無對　雪竇代云實爲古今罕聞　別峯珍代各云王言如絲其出如綸　頌曰

菩提妙心作麼發日應萬機元不差回首瞥然輕覷著大千沙界是皇家　松源岳

萬里謳歌聖化成條風暖雨樂耕不因嵩岳三呼後無象誰知真太平　雙杉元

菩提心發不爲難只在君王一念間聖聖相傳皆一撥綿綿國祚泰山安　辛菴儔

增收太宗問僧近離甚處曰臥雲菴帝曰臥雲深處不朝天因甚到此僧無對　雪竇代云難逃至化　頌曰

試問臥雲深處客不知何以答昇平蕩然至化難逃避萬里堯天一點雲　北礀簡

增收太宗因僧朝見奏云陛下還記得麼帝曰甚處相見曰靈山一別直至如今帝曰以何爲驗僧無語　雪竇代云貧道得得而來　頌曰

靈山一別二千年聖世重逢豈偶然細剔清泉揩老眼撥開雲霧見青天　石溪月

增收太宗一日擎起鉢問丞相王隨曰既是大庾嶺頭提不起爲甚麼却在寡人手裏隨無對　慈明圓代云陛下有力　頌曰

大地收歸掌握間鉢盂擎起有何難箇中消息憑誰委秋水秋雲秋夜寒　雲衲慶

增收錢塘鎮使在界上爲鎮將凡見僧便問若相契即留止宿一日因二僧至遂問近離甚處曰江西馬大師處使曰馬大師有什麼方便曰道即心是佛便被揖出又有二僧到亦如前問僧曰非心非佛又被揖出　頌曰

是是非非俱請出巍巍萬仞如壁立平生心膽向人傾相識還如不相識　無際派

碧油幢下立功勛籌略雙全獨見君一片赤心來報國邊頭寸土不曾聞　虛堂愚

增收昔有一婆供養一菴主經二十餘年常令一二八女子送飯給侍一日令女子抱定云正當與麼時如何菴主曰枯木倚寒巖三冬無暖氣女歸舉似婆婆曰我二十年只供養得箇俗漢遂趁出放火燒却菴　頌曰

不見人斑見虎斑筭來莫願見人斑虎斑見後通回避唯有人斑避最難　或菴體

鐵壁銀山片片黑山帳出月團團就中明暗相陵處天外出頭誰解看　虛堂愚

貧人常妬富富者不欺貧莫信直中直須防人不仁　閒極雲

二十年來不具眼茅菴燒却是徒爲三春暖氣無多子眞實之言亦可師　横川珙

禪宗頌古聯珠通集卷第四十

禪宗頌古聯珠通集後序

青蓮瞬視金色笑微師承肇茲密著少林華敷神光印受世系由是彌彰雖枝派之有殊分然機用之無二致或縱奪而破古人之幽鍵或捭闔而發後學之靈樞大用現前纖塵不立四句獨超於言外萬法俱泯於聲先玉振禪宗珠聯祖域流通雖遠選擇未純識者尚譏況於後乎錢唐息菴介公孤標拔俗積行熏心遐扣祖機深柒法味採機緣而補前闕綴頌古而入新刊通集後先洞照今古用心亦閎矣謹遣濟侶躬索後題慚窺管而見微聊濡毫而塞請延祐戊午季夏徑山希陵題

宗門中有一千七百則公案名之今古又曰長物言之則汚人啓齒置之則迴避無門句句玉轉珠回字字冰銷瓦解歷代宗匠頌之未免畫蛇添足寶鑑師編輯於前息菴介公增收於後贓證分明不勞再勘中間一處誵訛具眼衲僧必能辨白延祐丁巳重陽日靈隱住山淳朋拜書

聯珠頌古通集變本加麗勾章棘句愈出而愈多如蜂房釀百華之蜜蟻絲穿九曲之珠食其蜜者命其蜂好其珠者慕其蟻余作是說有客進曰忽遇不食蜜不好珠不嗜語言文字者此集又將奚爲余曰病其病者不能自病客慚而退於是乎書至治春天童雲岫題

金壇居士[illegible]
禪宗頌古聯珠通集[illegible]
定制長洲徐普[illegible]
萬曆丁酉仲春[illegible]

中華大藏經(漢文部分)

校勘凡例

一 《中華大藏經(漢文部分)》的底本以《趙城金藏》爲主,《趙城金藏》缺佚,則以《高麗藏》等作底本。各卷所用底本的名稱及涉及底本的其他問題,均在校勘記的第一條中説明。

一 《中華大藏經(漢文部分)》選用的參校本共八種,即《房山雲居寺石經》(石)、宋《資福藏》(資)、《影印宋磧砂藏》(磧)、元《普寧藏》(普)、明《永樂南藏》(南)、明《徑山藏》(徑)、《清藏》(清)、《高麗藏》(麗)。

一 校勘記中的「諸本」,若底本爲金藏,即包括石、資、磧、普、南、徑、清、麗全部八種校本;若底本爲麗藏,則包括石、資、磧、普、南、徑、清全部七種校本。其他情況若用「諸本」,校勘記中則另加説明。

一 校勘採用底本與校本逐字對校的办法,只勘出經文中的異同及字句錯落,一般不加評注。參校本若有缺卷,或有殘缺、漫漶等字迹無可辨認者,則略去不校,校勘記亦不作記録。

一 一經多卷,經名、譯者、品名出現同樣性質的問題,一般只在第一卷出校,並注明以下各卷同;分卷不同時,以底本爲主出校。

一 古今字、異體字、正俗字、通假字及同義字,一般不出校。如:

古今字:宍(肉);猗(倚);歫(跋);鉾(矛);誼(義)等。

異體字:腜(槃);剎(刹);皃(貌);惱(惱);㝵(碍、礙、閡)等。

正俗字:怪(恠);滴(渧);體(躰);刺(刾);閉(閇)等。

通假字:惟(唯);嫉(疾);頻(嚬、顰);揣(摶);尠(鮮)等。

同義字:言(曰);如(若);弗(不)等。